༄། །ཤེས་རབ་ཀྱི་ཕ་རོལ་ཏུ་ཕྱིན་པ་སྟོང་ཕྲག་བརྒྱ་པ་བཞུགས་སོ། །

ཀྲུང་གོའི་བོད་རིག་པ་ཞིབ་འཇུག་ལྟེ་གནས་ཀྱི་བཀའ་བསྟན་དཔེ་སྡུར་ཁང་གིས་དཔེ་སྒྲིག་ཞུས།

ཀྲུང་གོའི་བོད་རིག་པ་དཔེ་སྐྲུན་ཁང་།

༄། །ཟབ་རྒྱས་བདུད་རྩི་སྦྱུལ་བའི་སྲས། །ཤེས་རབ་ཅན་མཆོག་ཤཱ་རིའི་བུ། །

ཨོཾ

ཨཱཿ

ཧཱུྃ།

༄། །གདེངས་ཅན་དབང་པོའི་བསྐྱི་གནས་ནས། །ཤེར་ཕྱིན་སྤྱན་འདྲེན་ཀླུ་སྒྲུབ་ཛེ། །

ༀ

ཨཱཿ

ཧཱུྃ།

དེབ་བཅུ་གཉིས་པའི་དཀར་ཆག *

འབུམ། ཨ (༡༢)

བསྟུར་མཆན།(༨༠༧) བསྟུར་འབྲས་རེའུ་མིག(༡༠༧)

* **དཀར་ཆག་གི་ཟུར་མཆན།** ཡུམ་འབུམ་པ་འདི་ལ་ལེའུ་བདུན་ཅུ་དོན་གཉིས་བཞུགས་པ་ལས། ལེའུའི་མཚན་རེ་གཉིས་ཙམ་ལས་མ་ཡིག་ཏུ་མི་གསལ་བས། དེ་དག་གཅིག་གྱུར་དང་ལྷ་ཀློག་བདེ་བའི་ཆེད་དུ་འདིར་ལེའུའི་མཚན་མ་ཡིག་ཏུ་མི་གསལ་བ་རྣམས་བསྟན་འགྱུར་དཔེ་བསྡུར་མའི་དེབ་ང་གསུམ་པའི་ཤོག་ངོས་(༣༠༢༧)པ་གཞིར་བཟུང་སྟེ་བསྒྲིགས་ཡོད།

༄། །ཟབ་རྒྱས་བདུད་རྩི་སྩོལ་བའི་སྲས། །
ཤེས་རབ་ཅན་མཆོག་ཤཱ་རིའི་བུ། །

༄། །གདེངས་ཅན་དབང་པོའི་བསྟི་གནས་ནས། །
ཤེར་ཕྱིན་སྤྱན་འདྲེན་ཀླུ་སྒྲུབ་ཞེ། །

འབུམ།

ཨ

༄། །ཤེས་རབ་ཀྱི་ཕ་རོལ་ཏུ་ཕྱིན་པ་སྟོང་ཕྲག་བརྒྱ་པ།①

༄༅། །ཤེས་རབ་ཀྱི་ཕ་རོལད་ཏུ་ཕྱིནད་པ་སྟོང་ཕྲག་བརྒྱ་པ། ཿགླེགས་བམ་བཅུ་གཉིས་པ།② བམ་པོཿདང་པོ③། དེ་ཅིའི་ཕྱིར་ཞེ་ན། རབ་འབྱོར་དེ་ནི་འདི་ལྟར་གཟུགས་ལ་རང་བཞིན་མྱེད་④དེ། གང་ལ་རང་བཞིན་མྱེད་པ་དེ་ནི་བརྗོད་དུ་མྱེད་པའོ། །ཚོར་བ་ལ་རང་བཞིན་མྱེད་དེ། གང་ལ་རང་བཞིན་མྱེད་པ་དེ་ནི་བརྗོད་དུ་མྱེད་པའོ། །འདུ་ཤེས་ལ་རང་བཞིན་མྱེད་དེ། གང་ལ་རང་བཞིན་མྱེད་པ་དེ་ནི་བརྗོད་དུ་མྱེད་པའོ། །འདུ་བྱེད་ལ་རང་བཞིན་མྱེད་དེ། གང་ལ་རང་བཞིན་མྱེད་པ་དེ་ནི་བརྗོད་དུ་མྱེད་པའོ། །རྣམ་པར་ཤེས་པ་ལ་རང་བཞིན་མྱེད་དེ། གང་ལ་རང་བཞིན་མྱེད་པ་དེ་ནི་བརྗོད་དུ་མྱེད་པའོ། །མྱིག་ལ་རང་བཞིན་མྱེད་དེ། གང་ལ་རང་བཞིན་མྱེད་པ་དེ་ནི་བརྗོད་དུ་མྱེད་པའོ། །རྣ་བ་ལ་རང་བཞིན་མྱེད་དེ། གང་ལ་རང་བཞིན་མྱེད་པ་དེ་ནི་བརྗོད་དུ་མྱེད་པའོ། །སྣ་ལ་རང་བཞིན་མྱེད་དེ། གང་ལ་རང་བཞིན་མྱེད་པ་

དེ་ནི་བརྗོད་དུ་མེད་པའོ། །ལྕེ་ལ་རང་བཞིན་མེད་དེ། གང་ལ་རང་བཞིན་མེད་པ་དེ་ནི་བརྗོད་དུ་མེད་པའོ། །ལུས་ལ་རང་བཞིན་མེད་དེ། གང་ལ་རང་བཞིན་མེད་པ་དེ་ནི་བརྗོད་དུ་མེད་པའོ། །ཡིད་ལ་རང་བཞིན་མེད་དེ། གང་ལ་རང་བཞིན་མེད་པ་དེ་ནི་བརྗོད་དུ་མེད་པའོ། །གཟུགས་ལ་རང་བཞིན་མེད་དེ། གང་ལ་རང་བཞིན་མེད་པ་དེ་ནི་བརྗོད་དུ་མེད་པའོ། །སྒྲ་ལ་རང་བཞིན་མེད་དེ། གང་ལ་རང་བཞིན་①མེད་པ་དེ་ནི་བརྗོད་དུ་མེད་པའོ། །དྲི་ལ་རང་བཞིན་མེད་དེ། གང་ལ་རང་བཞིན་མེད་པ་དེ་ནི་བརྗོད་དུ་མེད་པའོ། །རོ་ལ་རང་བཞིན་མེད་དེ། གང་ལ་རང་བཞིན་མེད་པ་དེ་ནི་བརྗོད་དུ་②མེད་པའོ། །རེག་③ལ་རང་བཞིན་མེད་དེ། གང་ལ་རང་བཞིན་མེད་པ་དེ་ནི་བརྗོད་དུ་མེད་པའོ། །ཆོས་ལ་རང་བཞིན་མེད་དེ། གང་ལ་རང་བཞིན་མེད་པ་དེ་ནི་བརྗོད་དུ་མེད་པའོ། །མིག་གི་རྣམ་པར་ཤེས་པ་ལ་རང་བཞིན་མེད་དེ། གང་ལ་རང་བཞིན་མེད་པ་དེ་④ནི་བརྗོད་དུ་མེད་པའོ། །རྣ་བའི་རྣམ་པར་ཤེས་པ་ལ་རང་བཞིན་མེད་དེ། གང་ལ་རང་བཞིན་མེད་པ་དེ་ནི་བརྗོད་དུ་མེད་པའོ། །སྣའི་རྣམ་པར་ཤེས་པ་ལ་རང་བཞིན་མེད་དེ། གང་ལ་རང་བཞིན་མེད་པ་དེ་ནི་བརྗོད་དུ་མེད་པའོ། །ལྕེའི་རྣམ་པར་ཤེས་པ་ལ་རང་བཞིན་མེད་དེ། གང་ལ་རང་བཞིན་མེད་པ་དེ་ནི་བརྗོད་དུ་མེད་པའོ། །ལུས་ཀྱི་རྣམ་པར་ཤེས་པ་ལ་རང་བཞིན་མེད་དེ། གང་ལ་རང་བཞིན་མེད་པ་དེ་ནི་བརྗོད་དུ་མེད་པའོ། །ཡིད་ཀྱི་རྣམ་པར་ཤེས་པ་ལ་རང་བཞིན་མེད་⑤དེ། གང་ལ་རང་བཞིན་མེད་པ་དེ་ནི་བརྗོད་དུ་མེད་པའོ། །མིག་གི་འདུས་ཏེ་རེག་པ་ལ་རང་བཞིན་མེད་དེ། གང་ལ་རང་བཞིན་མེད་པ་དེ་ནི་བརྗོད་དུ་མེད་པའོ། །རྣ་བའི་འདུས་ཏེ་རེག་པ་ལ་རང་བཞིན་མེད་དེ། གང་ལ་རང་⑥བཞིན་མེད་⑦པ་དེ་ནི་བརྗོད་དུ་མེད་པའོ། །སྣའི་འདུས་ཏེ་རེག་པ་ལ་

རང་བཞིན་མེད་དེ། གང་ལ་རང་བཞིན་མེད་པ་དེ་ནི་བརྗོད་དུ་མེད་པའོ། །ལྕེའི་འདུས་ཏེ་རེག་པ་ལ་རང་བཞིན་མེད་དེ། གང་ལ་རང་བཞིན་མེད་པ་དེ་ནི་བརྗོད་དུ་མེད་པའོ། །ལུས་ཀྱི་འདུས་ཏེ་རེག་པ་ལ་རང་བཞིན་མེད་དེ། གང་ལ་རང་བཞིན་མེད་པ་དེ་ནི་བརྗོད་དུ་མེད་པའོ། །ཡིད་ཀྱི་འདུས་ཏེ་རེག་པ་ལ་རང་བཞིན་མེད་དེ། གང་ལ་རང་བཞིན་མེད་པ་དེ་ནི་བརྗོད་དུ་མེད་པའོ། །མིག་གི་འདུས་ཏེ་རེག་པའི་རྐྱེན་གྱིས་ཚོར་བ་ལ་རང་བཞིན་མེད་དེ། གང་ལ་རང་བཞིན་མེད་པ་དེ་ནི་བརྗོད་དུ་མེད་པའོ། །རྣ་བའི་འདུས་ཏེ་རེག་པའི་རྐྱེན་གྱིས་ཚོར་(༡)བ་ལ་རང་བཞིན་མེད་དེ་གང་ལ་རང་བཞིན་མེད་པ་དེ་ནི་བརྗོད་དུ་མེད་པའོ།། སྣའི་འདུས་ཏེ་རེག་པའི་རྐྱེན་གྱིས་ཚོར་བ་ལ་རང་བཞིན་མེད་དེ། གང་ལ་རང་བཞིན་མེད་པ་དེ་ནི་བརྗོད་དུ་མེད་པའོ། །ལྕེའི་འདུས་ཏེ་རེག་པའི་རྐྱེན་གྱིས་ཚོར་བ་ལ་རང་བཞིན་མེད་དེ། གང་ལ་རང་བཞིན་མེད་པ་དེ་ནི་བརྗོད་དུ་མེད་པའོ། །ལུས་ཀྱི་(༢)འདུས་ཏེ་རེག་པའི་རྐྱེན་གྱིས་ཚོར་བ་ལ་རང་བཞིན་མེད་དེ། གང་ལ་རང་བཞིན་མེད་པ་དེ་ནི་བརྗོད་དུ་མེད་པའོ། །ཡིད་ཀྱི་འདུས་ཏེ་རེག་པའི་རྐྱེན་གྱིས་ཚོར་བ་ལ་རང་བཞིན་མེད་དེ། གང་ལ་རང་བཞིན་མེད་པ་དེ་ནི་བརྗོད་དུ་མེད་པའོ། །སའི་ཁམས་ལ་རང་བཞིན་མེད་དེ། གང་ལ་རང་བཞིན་མེད་པ་དེ་ནི་བརྗོད་དུ་མེད་པའོ། །ཆུའི་ཁམས་ལ་རང་བཞིན་མེད་དེ། གང་ལ་རང་བཞིན་མེད་པ་དེ་ནི་བརྗོད་དུ་མེད་པའོ། །མེའི་ཁམས་ལ་རང་བཞིན་མེད་དེ། གང་ལ་རང་བཞིན་མེད་པ་དེ་ནི་བརྗོད་དུ་མེད་པའོ། །རླུང་གི་ཁམས་ལ་རང་བཞིན་མེད་དེ། གང་ལ་རང་བཞིན་མེད་པ་དེ་ནི་བརྗོད་དུ་མེད་པའོ། །ནམ་མཁའི་(༣)ཁམས་ལ་རང་བཞིན་མེད་དེ། གང་ལ་རང་བཞིན་མེད་པ་དེ་ནི་བརྗོད་དུ་མེད་པའོ། །རྣམ་པར་ཤེས་པའི་ཁམས་ལ་རང་བཞིན་མེད་དེ། གང་ལ་རང་

བཞིན་མེད་པ་དེ་ནི་བརྗོད་དུ་མེད་པའོ། །མ་རིག་པ་ལ་རང་བཞིན་མེད་དེ། གང་ལ་རང་བཞིན་མེད་པ་དེ་ནི་བརྗོད་དུ་མེད་པའོ། །འདུ་བྱེད་ལ་རང་བཞིན་མེད་དེ། གང་ལ་རང་བཞིན་མེད་པ་དེ་ནི་བརྗོད་དུ་མེད་པའོ། །རྣམ་པར་ཤེས་པ་ལ་རང་བཞིན་མེད་དེ། གང་ལ་རང་བཞིན་མེད་པ་དེ་ནི་བརྗོད་དུ་མེད་པའོ༑ །མིང་དང་གཟུགས་ལ་རང་བཞིན་མེད་དེ། གང་ལ་རང་བཞིན་མེད་པ་དེ་ནི་བརྗོད་དུ་མེད་པའོ། །སྐྱེ་མཆེད་དྲུག་ལ་རང་བཞིན་མེད་དེ། གང་ལ་རང་བཞིན་མེད་པ་དེ་ནི་བརྗོད་དུ་མེད་པའོ། །རེག་པ་ལ་རང་བཞིན་མེད་དེ། གང་ལ་རང་བཞིན་མེད་པ་དེ་ནི་བརྗོད་དུ་མེད་པའོ། །ཚོར་བ་ལ་རང་བཞིན་མེད་དེ། གང་ལ་རང་བཞིན་མེད་པ་དེ་ནི་བརྗོད་དུ་མེད་པའོ། །སྲེད་པ་ལ་རང་བཞིན་མེད་དེ། གང་ལ་རང་བཞིན་མེད་པ་[༡]དེ་ནི་བརྗོད་དུ་མེད་པའོ། །ལེན་པ་ལ་རང་བཞིན་མེད་[༢]དེ། གང་ལ་རང་བཞིན་མེད་པ་དེ་ནི་བརྗོད་དུ་མེད་པའོ༑ །སྲིད་པ་ལ་རང་[༣]བཞིན་མེད་དེ། གང་ལ་རང་བཞིན་མེད་པ་དེ་ནི་བརྗོད་དུ་མེད་པའོ། །སྐྱེ་བ་ལ་རང་བཞིན་མེད་དེ། གང་ལ་རང་བཞིན་མེད་པ་དེ་ནི་བརྗོད་དུ་མེད་པའོ། །རྒ་ཤི་ལ་རང་བཞིན་མེད་དེ། གང་ལ་རང་བཞིན་མེད་པ་དེ་ནི་བརྗོད་དུ་མེད་པའོ། །སྦྱིན་པའི་ཕ་རོལ་ཏུ་ཕྱིན་པ་ལ་རང་བཞིན་མེད་དེ། གང་ལ་རང་བཞིན་མེད་པ་དེ་ནི་བརྗོད་དུ་མེད་པའོ། །ཚུལ་ཁྲིམས་ཀྱི་ཕ་རོལ་ཏུ་ཕྱིན་པ་ལ་རང་བཞིན་མེད་དེ། གང་ལ་རང་བཞིན་མེད་པ་དེ་ནི་བརྗོད་དུ་མེད་པའོ། །བཟོད་པའི་ཕ་རོལ་ཏུ་ཕྱིན་པ་ལ་རང་བཞིན་མེད་དེ། གང་ལ་རང་བཞིན་མེད་པ་དེ་ནི་བརྗོད་དུ་མེད་པའོ། །བརྩོན་འགྲུས་ཀྱི་ཕ་རོལ་ཏུ་ཕྱིན་པ་ལ་རང་བཞིན་མེད་དེ། གང་ལ་རང་བཞིན་མེད་པ་དེ་ནི་བརྗོད་དུ་མེད་པའོ། །བསམ་གཏན་གྱི་ཕ་རོལ་ཏུ་ཕྱིན་པ་ལ་རང་བཞིན་མེད་དེ། གང་

ལ་རང་བཞིན་མེད་པ་དེ་ནི་བརྗོད་དུ་མེད་པའོ། །ཤེས་རབ་ཀྱི་ཕ་རོལ་ཏུ་ཕྱིན་པ་ལ་རང་བཞིན་མེད་དེ། གང་ལ་རང་བཞིན་མེད་པ་དེ་ནི་བརྗོད་དུ་མེད་པའོ། །ནང་སྟོང་པ་ཉིད་ལ་རང་བཞིན་མེད་དེ། གང་ལ་རང་བཞིན་མེད་པ་དེ་ནི་བརྗོད་དུ་མེད་པའོ། །ཕྱི་སྟོང་པ་ཉིད་ལ་རང་བཞིན་མེད་དེ། གང་ལ་རང་བཞིན་མེད་པ་དེ་ནི་བརྗོད་དུ་མེད་པའོ། །ཕྱི་ནང་སྟོང་པ་ཉིད་ལ་རང་བཞིན་མེད་དེ། གང་ལ་རང་བཞིན་མེད་པ་དེ་ནི་བརྗོད་དུ་མེད་པའོ། །སྟོང་པ་ཉིད་སྟོང་པ་ཉིད་ལ་རང་བཞིན་མེད་དེ། གང་ལ་རང་བཞིན་མེད་⑦པ་དེ་ནི་བརྗོད་དུ་མེད་པའོ། །ཆེན་པོ་སྟོང་པ་ཉིད་ལ་རང་བཞིན་མེད་དེ། གང་ལ་རང་བཞིན་མེད་པ་དེ་ནི་བརྗོད་དུ་མེད་པའོ། །དོན་དམ་པ་སྟོང་པ་ཉིད་ལ་རང་བཞིན་མེད་དེ། གང་ལ་རང་བཞིན་མེད་པ་དེ་ནི་བརྗོད་དུ་མེད་པའོ། །འདུས་བྱས་སྟོང་པ་ཉིད་ལ་རང་བཞིན་མེད་དེ། གང་ལ་རང་བཞིན་མེད་པ་དེ་ནི་བརྗོད་དུ་མེད་པའོ། །འདུས་མ་བྱས་སྟོང་པ་ཉིད་ལ་རང་བཞིན་མེད་དེ། གང་ལ་རང་བཞིན་མེད་པ་དེ་ནི་བརྗོད་དུ་མེད་པའོ། །མཐའ་ལས་འདས་པ་སྟོང་པ་ཉིད་ལ་རང་བཞིན་མེད་དེ། གང་ལ་རང་བཞིན་མེད་པ་དེ་ནི་བརྗོད་དུ་མེད་པའོ། །ཐོག་མ་དང་ཐ་མ་མེད་པ་སྟོང་པ་ཉིད་ལ་རང་བཞིན་མེད་དེ། གང་ལ་རང་བཞིན་མེད་པ་དེ་ནི་བརྗོད་དུ་མེད་པའོ། །དོར་བ་མེད་པ་སྟོང་པ་ཉིད་ལ་རང་བཞིན་མེད་དེ། གང་ལ་རང་བཞིན་མེད་པ་དེ་ནི་བརྗོད་དུ་མེད་པའོ། །རང་བཞིན་སྟོང་པ་ཉིད་ལ་རང་བཞིན་མེད་དེ། གང་ལ་རང་བཞིན་མེད་པ་དེ་ནི་བརྗོད་དུ་མེད་པའོ། །ཆོས་ཐམས་ཅད་སྟོང་པ་ཉིད་ལ་རང་བཞིན་མེད་དེ། གང་ལ་རང་བཞིན་མེད་པ་དེ་ནི་བརྗོད་དུ་མེད་པའོ། །རང་གི་མཚན་ཉིད་སྟོང་པ་ཉིད་ལ་རང་བཞིན་མེད་དེ། གང་ལ་རང་བཞིན་མེད་པ་དེ་ནི་བརྗོད་དུ་མེད་པའོ། །མི་དམིགས་པ་སྟོང་པ་ཉིད་ལ་

རང་བཞིན་མེད་དེ། གང་ལ་རང་བཞིན་མེད་པ་དེ་ནི་བཛོད་དུ་མེད་པའོ། །
དངོས་པོ་མེད་པ་སྟོང་པ་ཉིད་ལ་རང་བཞིན་མེད་དེ། གང་ལ་རང་བཞིན་མེད་པ་
དེ་ནི་བཛོད་དུ་མེད་པའོ། །ངོ་བོ་ཉིད་སྟོང་པ་ཉིད་ལ་རང་བཞིན་མེད་དེ།
གང་ལ་རང་བཞིན་མེད་པ་དེ་ནི་བཛོད་དུ་མེད་པའོ། །དངོས་པོ་མེད་པའི་ངོ་བོ་
ཉིད་སྟོང་པ་ཉིད་ལ་རང་བཞིན་མེད་དེ། གང་ལ་རང་བཞིན་མེད་པ་དེ་ནི་བཛོད་
དུ་མེད་པའོ། །དྲན་པ་ཉེ་བར་གཞག་[༡]པ་རྣམས་ལ་རང་བཞིན་མེད་དེ། གང་
ལ་རང་བཞིན་མེད་པ་དེ་ནི་བཛོད་དུ་མེད་པའོ། །ཡང་དག་པར་སྤོང་བ་རྣམས་
ལ་རང་བཞིན་མེད་དེ། གང་ལ་རང་[༢]བཞིན་མེད་པ་དེ་ནི་བཛོད་དུ་མེད་པའོ། །
རྫུ་འཕྲུལ་གྱི་རྐང་པ་རྣམས་ལ་རང་བཞིན་མེད་དེ། གང་ལ་རང་བཞིན་མེད་པ་དེ་
ནི་བཛོད་དུ་མེད་པའོ། །དབང་པོ་རྣམས་ལ་རང་བཞིན་མེད་དེ། གང་ལ་རང་
བཞིན་མེད་པ་དེ་ནི་བཛོད་དུ་མེད་པའོ། །སྟོབས་རྣམས་ལ་རང་བཞིན་མེད་དེ།
གང་ལ་རང་བཞིན་མེད་པ་དེ་ནི་བཛོད་དུ་མེད་པའོ། །བྱང་ཆུབ་ཀྱི་ཡན་ལག་
རྣམས་ལ་རང་བཞིན་མེད་དེ། གང་ལ་རང་བཞིན་མེད་པ་དེ་ནི་བཛོད་དུ་མེད་
པའོ། །འཕགས་པའི་ལམ་ཡན་ལག་བརྒྱད་པ་ལ་རང་བཞིན་མེད་དེ། གང་
ལ་རང་བཞིན་མེད་པ་དེ་ནི་བཛོད་དུ་མེད་པའོ། །འཕགས་པའི་བདེན་པ་རྣམས་
ལ་རང་བཞིན་མེད་དེ། གང་ལ་རང་བཞིན་མེད་པ་དེ་ནི་བཛོད་དུ་མེད་པའོ། །
བསམ་གཏན་རྣམས་ལ་རང་བཞིན་མེད་དེ། གང་ལ་རང་བཞིན་མེད་པ་དེ་ནི་
བཛོད་དུ་མེད་པའོ། །ཚད་མེད་པ་རྣམས་ལ་རང་བཞིན་མེད་དེ། གང་ལ་རང་
བཞིན་མེད་པ་དེ་ནི་བཛོད་དུ་མེད་པའོ། །གཟུགས་མེད་པའི་སྙོམས་པར་འཇུག་
པ་རྣམས་ལ་[༣]རང་བཞིན་མེད་དེ། གང་ལ་རང་བཞིན་མེད་པ་དེ་ནི་བཛོད་དུ་
མེད་པའོ། །རྣམ་པར་ཐར་པ་བརྒྱད་ལ་རང་བཞིན་མེད་དེ། གང་ལ་རང་

བཞིན་མྱེད་པ་དེ་ནི་བརྗོད་དུ་མྱེད་པའོ། །མཐར་ཀྱིས་གནས་པའི་སྙོམས་པར་འཇུག་པ་དགུ་ལ་རང་བཞིན་མྱེད་དེ། གང་ལ་རང་བཞིན་མྱེད་པ་དེ་ནི་བརྗོད་དུ་མྱེད་པའོ། །རྣམ་པར་ཐར་པའི་སྒོ་སྟོང་པ་ཉིད་དང་། མཚན་མ་མྱེད་པ་དང་། སྨོན་པ་མྱེད་པ་ལ་རང་བཞིན་མྱེད་དེ། གང་ལ་རང་བཞིན་མྱེད་པ་དེ་ནི་བརྗོད་དུ་མྱེད་པའོ། །མངོན་པར་ཤེས་པ་རྣམས་ལ་རང་བཞིན་མྱེད་དེ། གང་ལ་རང་བཞིན་མྱེད་པ་དེ་ནི་བརྗོད་དུ་མྱེད་པའོ། །ཏིང་ངེ་འཛིན་རྣམས་ལ་རང་བཞིན་མྱེད་དེ། གང་ལ་རང་བཞིན་མྱེད་པ་དེ་ནི་བརྗོད་དུ་མྱེད་པའོ། །གཟུངས་ཀྱི་སྒོ་རྣམས་ལ་རང་བཞིན་མྱེད་དེ། གང་ལ་རང་བཞིན་མྱེད་པ་དེ་ནི་བརྗོད་དུ་མྱེད་པའོ། །དེ་བཞིན་གཤེགས་པའི་སྟོབས་བཅུ་ལ་རང་བཞིན་མྱེད་དེ། གང་ལ་རང་བཞིན་མྱེད་པ་དེ་ནི་བརྗོད་དུ་མྱེད་པའོ། །མྱི་འཇིགས་པ་བཞི་ལ་རང་བཞིན་མྱེད་དེ། གང་ལ་རང་བཞིན་མྱེད་པ་དེ་ནི་བརྗོད་དུ་མྱེད་པའོ། །སོ་སོ་ཡང་དག་པར་རིག་པ་བཞི་ལ་རང་བཞིན་མྱེད་དེ། གང་ལ་རང་བཞིན་མྱེད་པ་དེ་ནི་བརྗོད་དུ་མྱེད་པའོ། །བྱམས་པ་ཆེན་པོ་ལ་རང་བཞིན་མྱེད་དེ། གང་ལ་རང་བཞིན་མྱེད་པ་དེ་ནི་བརྗོད་དུ་མྱེད་པའོ། །སྙིང་རྗེ་ཆེན་པོ་ལ་རང་བཞིན་མྱེད་དེ། གང་ལ་རང་བཞིན་མྱེད་པ་དེ་ནི་བརྗོད་དུ་མྱེད་པའོ། །སངས་རྒྱས་ཀྱི་ཆོས་མ་འདྲེས་པ་བཙོ་[༡]བརྒྱད་ལ་རང་བཞིན་མྱེད་དེ། གང་ལ་རང་བཞིན་མྱེད་པ་དེ་ནི་བརྗོད་དུ་མྱེད་པའོ། །རྒྱུན་དུ་ཞུགས་པའི་འབྲས་བུ་ལ་རང་བཞིན་མྱེད་དེ། གང་ལ་རང་བཞིན་མྱེད་པ་དེ་ནི་བརྗོད་དུ་མྱེད་པའོ། །ལན་ཅིག་[༢]ཕྱིར་འོང་བའི་འབྲས་བུ་ལ་རང་བཞིན་མྱེད་དེ། གང་ལ་རང་བཞིན་མྱེད་པ་དེ་ནི་བརྗོད་དུ་མྱེད་པའོ། །ཕྱིར་མྱི་འོང་བའི་འབྲས་བུ་ལ་རང་བཞིན་མྱེད་དེ[༣]། གང་ལ་རང་བཞིན་མྱེད་པ་དེ་ནི་བརྗོད་དུ་མྱེད་པའོ། །དགྲ་བཅོམ་པ་ཉིད་ལ་རང་བཞིན་

མེད་དེ། གང་ལ་རང་བཞིན་མེད་པ་དེ་ནི་བརྗོད་དུ་མེད་པའོ། །རང་བྱང་ཆུབ་ལ་རང་བཞིན་མེད་དེ། གང་ལ་རང་བཞིན་མེད་པ་དེ་ནི་བརྗོད་དུ་མེད་པའོ།། ལམ་གྱི་རྣམ་པ་①ཞེས་པ་ཉིད་ལ་རང་བཞིན་མེད་དེ། གང་ལ་རང་བཞིན་མེད་པ་དེ་ནི་བརྗོད་དུ་མེད་པའོ། །རྣམ་པ་ཐམས་ཅད་མཁྱེན་པ་ཉིད་ལ་རང་བཞིན་མེད་དེ། གང་ལ་རང་བཞིན་མེད་པ་དེ་ནི་བརྗོད་དུ་མེད་པའོ། །རབ་འབྱོར་འདི་ནི་བྱང་ཆུབ་སེམས་དཔའ་སེམས་དཔའ་ཆེན་པོའི་སྐྱོན་མེད་པ་སྟེ། བྱང་ཆུབ་སེམས་དཔའ་སེམས་དཔའ་ཆེན་པོའི་②སྐྱོན་མེད་པར་ཞུགས་པ་③ཏིང་ངེ་འཛིན་དང་། སྙོམས་པར་འཇུག་པ་ཐམས་ཅད་ཡོངས་སུ་རྫོགས་པ་དེ་ནི་ཏིང་ངེ་འཛིན་དང་། སྙོམས་པར་འཇུག་པའི་དབང་གིས་ཀྱང་མི་སྐྱེ་ན། འདོད་ཆགས་སམ། ཞེ་སྡང་ངམ། གཏི་མུག་གིས་སྐྱེ་བར་འགྱུར་ཞིང་དེ་ལ་གནས་ཏེ། དེའི་ལས་མངོན་པར་འདུ་བྱེད་པ་དང་། ལས་དེ་④མངོན་པར་འདུ་⑤བྱས་པས་འགྲོ་བ་ལྔའི་འཁོར་བར་ལྷུང་བར་འགྱུར་བ་ལྟ་ཅི་སྨོས་ཏེ། དེ་ནི་གནས་མེད་དོ། །གཞན་དུ་ན་⑥སྒྱུ་མ་ལྟ་བུའི་ཆོས་རྣམས་ལ་གནས་ཤིང་། སེམས་ཅན་ཐམས་ཅད་ཀྱི་དོན་བྱེད་དེ། སེམས་ཅན་ནམ་སྒྱུ་མར་ཡང་དམིགས་པ་མེད་དོ། །དེ་སེམས་ཅན་དང་སྒྱུ་མ་མི་དམིགས་པས། སེམས་ཅན་རྣམས་ཡོངས་སུ་སྨིན་པར་བྱེད་ཅིང་། སངས་རྒྱས་ཀྱི་ཞིང་ཡོངས་སུ་འཛིན་ཏེ⑦། རབ་འབྱོར་དེ་ལྟར་ན། བྱང་ཆུབ་སེམས་དཔའ་སེམས་དཔའ་ཆེན་པོ་ཤེས་རབ་ཀྱི་ཕ་རོལ་ཏུ་ཕྱིན་པ་ལ་སྤྱོད་པའི་ཚེ། ཏིང་ངེ་འཛིན་གྱི་ཕ་རོལ་ཏུ་ཕྱིན་པ་ཡོངས་སུ་རྫོགས་པར་བྱས་ནས། ཆོས་ཀྱི་འཁོར་ལོ་བསྐོར་⑧བའི་བར་དུ་སྟེ། མི་དམིགས་པའི་འཁོར་ལོ་དང་། སྟོང་པ་ཉིད་དང་། མཚན་མ་མེད་པ་དང་། སྨོན་པ་མེད་པའི་འཁོར་ལོ་བསྐོར་⑨རོ། །རབ་འབྱོར་གཞན་⑩ཡང་བྱང་ཆུབ་སེམས་དཔའ་སེམས་དཔའ་

ཆེན་པོ་ཤེས་རབ་ཀྱི་ཕ་རོལ་ཏུ་ཕྱིན་པ་ལ་སྤྱོད་པའི་ཚེ། ཆོས་ཐམས་ཅད་རྨི་ལམ་ལྟ་བུར་ཡོངས་སུ་ཤེས་སོ། །ཆོས་ཐམས་ཅད་སྒྲ་བརྙན་ལྟ་བུར་ཡོངས་སུ་ཤེས་སོ། །ཆོས་ཐམས་ཅད་མིག་ཡོར་ལྟ་བུར་ཡོངས་སུ་ཤེས་སོ། །ཆོས་ཐམས་ཅད་སྒྱུ་མ་ལྟ་བུར་ཡོངས་སུ་ཤེས་སོ། །ཆོས་ཐམས་ཅད་སྨིག་རྒྱུ་ལྟ་བུར་ཡོངས་སུ་ཤེས་སོ། །ཆོས་ཐམས་ཅད་སྤྲུལ་པ་ལྟ་བུར་ཡོངས་སུ་ཤེས་སོ། །གསོལ་པ། བཅོམ་ལྡན་འདས་བྱང་ཆུབ་སེམས་དཔའ་སེམས་དཔའ་ཆེན་པོ་ཤེས་རབ་ཀྱི་ཕ་རོལ་ཏུ་ཕྱིན་པ་ལ་སྤྱོད་པའི་ཚེ་ཇི་ལྟར་ན་ཆོས་ཐམས་ཅད་རྨི་ལམ་ལྟ་བུར་ཡང་དག་པ་ཇི་ལྟ་བ་བཞིན་དུ་ཡོངས་སུ་འཚལ་བ་ལགས། ཇི་ལྟར་ན་ཆོས་ཐམས་ཅད་སྒྲ་བརྙན་ལྟ་བུར་ཡང་དག་པ་ཇི་ལྟ་བ་བཞིན་དུ་ཡོངས་སུ་འཚལ་བ་ལགས། ཇི་①ལྟར་ན་ཆོས་ཐམས་ཅད་མིག་ཡོར་②ལྟ་བུར་ཡང་དག་པ་ཇི་ལྟ་བ་བཞིན་དུ་ཡོངས་སུ་འཚལ་བ་ལགས། ཇི་ལྟར་ན་ཆོས་ཐམས་ཅད་སྒྱུ་མ་ལྟ་བུར་ཡང་དགཿ་པ་ཇི་ལྟ་བ་③བཞིན་དུ་ཡོངས་སུ་འཚལ་བ་ལགས། ཇི་ལྟར་ན་ཆོས་ཐམས་ཅད་སྨིག་རྒྱུ་ལྟ་བུར་ཡང་དག་པ་ཇི་ལྟ་བ་བཞིན་དུ་ཡོངས་སུ་འཚལ་བ་ལགས། ཇི་ལྟར་ན་ཆོས་ཐམས་ཅད་སྤྲུལ་པ་ལྟ་བུར་ཡང་དག་པ་ཇི་ལྟ་བ་བཞིན་དུ་ཡོངས་སུ་འཚལ་བ་ལགས། བཅོམ་ལྡན་འདས་ཀྱིས་བཀའ་སྩལ་པ། རབ་འབྱོར་འདི་ལ་བྱང་ཆུབ་སེམས་དཔའ་སེམས་དཔའ་ཆེན་པོ་ཤེས་རབ་ཀྱི་ཕ་རོལ་ཏུ་ཕྱིན་པ་ལ་སྤྱོད་པའི་ཚེ། རྨི་ལམ་མི་མཐོང་ངོ་། །རྨི་ལམ་མཐོང་བ་མི་མཐོང་ངོ་། །སྒྲ་བརྙན་མི་ཐོས་སོ། །སྒྲ་བརྙན་ཉན་པ་མི་མཐོང་ངོ་། །མིག་ཡོར་མི་མཐོང་④ངོ་། །མིག་ཡོར་མཐོང་བ་མི་མཐོང་ངོ་། །སྒྱུ་མ་མི་མཐོང་ངོ་། །སྒྱུ་མ་མཐོང་བ་མི་མཐོང་ངོ་། །སྨིག་རྒྱུ་མི་མཐོང་ངོ་། །སྨིག་རྒྱུ་མཐོང་བ་མི་མཐོང་ངོ་། །སྤྲུལ་པ་མི་མཐོང་ངོ་། །སྤྲུལ་པ་མཐོང་བ་⑤མི་མཐོང་ངོ་། །དེ་ཅིའི་ཕྱིར་ཞེ་ན། འདི་ལྟར་བྱིས་པ་སོ་

སོའི་སྐྱེ་བོ་རྣམས་ཀྱི་སྐྱེ་ལམ་ནི་ཕྱིན་ཅི་ལོག་གོ། །སྐྲ་བརྙན་ནི་ཕྱིན་ཅི་ལོག་གོ། །མིག་ཡོར་ནི་ཕྱིན་ཅི་ལོག་གོ། །སྒྱུ་མ་ནི་ཕྱིན་ཅི་ལོག་གོ། །སྨིག་རྒྱུ་ནི་ཕྱིན་ཅི་ལོག་གོ། །སྤྲུལ་པ་ནི་ཕྱིན་ཅི་ལོག་གོ། །དགྲ་བཅོམ་པ་ནི་[༡]སྐྱེ་ལམ་མི་མཐོང་ངོ་། །སྐྱེ་ལམ་མཐོང་བ་མི་མཐོང་ངོ་། །སྐྲ་བརྙན་མི་ཐོས་སོ། །སྐྲ་བརྙན་ཉན་པ་མི་མཐོང་ངོ་། །མིག་ཡོར་མི་མཐོང་ངོ་། །མིག་ཡོར་མཐོང་བ་མི་མཐོང་ངོ་། །སྒྱུ་མ་མི་མཐོང་ངོ་། །སྒྱུ་[༢]མ་མཐོང་བ་མི་མཐོང་ངོ་། །སྨིག་རྒྱུ་མི་མཐོང་ངོ་། །སྨིག་རྒྱུ་མཐོང་བ་མི་མཐོང་ངོ་། །སྤྲུལ་པ་མི་མཐོང་ངོ་། །སྤྲུལ་པ་མཐོང་བ་མི་མཐོང་ངོ་། །རང་སངས་རྒྱས་ནི་སྐྱེ་ལམ་མི་མཐོང་ངོ་། །སྐྱེ་ལམ་མཐོང་བ་མི་མཐོང་ངོ་། །སྐྲ་བརྙན་མི་ཐོས་[༣]སོ། །སྐྲ་བརྙན་ཉན་པ་མི་མཐོང་ངོ་། །མིག་ཡོར་མི་མཐོང་ངོ་། །མིག་ཡོར་མཐོང་བ་མི་མཐོང་ངོ་། །སྒྱུ་མ་མི་མཐོང་ངོ་། །སྒྱུ་མ་མཐོང་བ་མི་མཐོང་ངོ་། །སྨིག་རྒྱུ་མི་མཐོང་ངོ་། །སྨིག་རྒྱུ་མཐོང་བ་མི་མཐོང་ངོ་། །སྤྲུལ་པ་མི་མཐོང་ངོ་། །སྤྲུལ་པ་མཐོང་བ་མི་མཐོང་ངོ་། །བྱང་ཆུབ་སེམས་དཔའ་ནི་སྐྱེ་ལམ་མི་མཐོང་ངོ་། །སྐྱེ་ལམ་མཐོང་བ་མི་མཐོང་ངོ་། །སྐྲ་བརྙན་མི་ཐོས་སོ། །སྐྲ་བརྙན་ཉན་པ་མི་མཐོང་ངོ་། །མིག་ཡོར་མི་མཐོང་ངོ་། །མིག་ཡོར་མཐོང་བ་མི་མཐོང་ངོ་། །སྒྱུ་མ་མི་མཐོང་ངོ་། །སྒྱུ་མ་མཐོང་བ་མི་མཐོང་ངོ་། །སྨིག་རྒྱུ་མི་མཐོང་ངོ་། །སྨིག་རྒྱུ་མཐོང་བ་མི་མཐོང་ངོ་། །སྤྲུལ་པ་མི་མཐོང་ངོ་། །སྤྲུལ་པ་མཐོང་བ་མི་མཐོང་ངོ་། །དེ་བཞིན་གཤེགས་པ་དགྲ་བཅོམ་པ་ཡང་དག་པར་རྫོགས་པའི་སངས་རྒྱས་ནི་སྐྱེ་ལམ་མི་གཟིགས་སོ། །སྐྱེ་ལམ་མཐོང་བ་མི་གཟིགས་སོ། །སྐྲ་བརྙན་མི་གསན་ནོ[༤]། །སྐྲ་བརྙན་ཉན་པ་མི་གཟིགས་སོ། །མིག་ཡོར་མི་གཟིགས་སོ། །མིག་ཡོར་མཐོང་བ་མི་གཟིགས་སོ། །སྒྱུ་མ་མི་གཟིགས་སོ། །སྒྱུ་མ་མཐོང་བ་མི་གཟིགས་སོ། །སྨིག་རྒྱུ་མི་གཟིགས་སོ། །

སྐྱིག་རྒྱུ་མཐོང་བ་མི་གཟིགས་སོ། །སྤྲུལ་པ་མི་གཟིགས་སོ། །སྤྲུལ་པ་མཐོང་བ་མི་གཟིགས་སོ། །དེ་ཅིའི་ཕྱིར་ཞེ་ན། འདི་ལྟར་ཡང་དག་པ་[༡]མ་ཡིན་པས། ཆོས་ཐམས་ཅད་ནི་དངོས་པོ་མེད་པའི་ངོ་བོ་ཉིད་དེ། ཡོངས་སུ་མྱ་ངན་ལས་འདས་པ་དང་མཉམ་པ་སྟེ། ཡང་དག་པ་མ་ཡིན་པའི་ཕྱིར་ཆོས་ཐམས་ཅད་ཡོངས་སུ་གྲུབ་པ་མེད་ན། དེ་ལ་བྱང་ཆུབ་སེམས་དཔའ་སེམས་དཔའ་ཆེན་པོ་ཤེས་རབ་ཀྱི་ཕ་རོལ་ཏུ་ཕྱིན་པ་ལ་སྤྱོད་པའི་ཚེ། དངོས་པོའི་འདུ་ཤེས་སམ། ཡོངས་སུ་གྲུབ་པའི་འདུ་ཤེས་སམ། ཡང་དག་པའི་འདུ་ཤེས་སུ་འགྱུར་བ་ལྟ་ག་ལ་ཡོད་དེ[༢]། དེ་ནི་གནས་མེད་དོ། །དེ་ཅིའི་ཕྱིར་ཞེ་ན། གལ་ཏེ་ཆོས་ལ་ལ་ཞིག་གི་ངོ་བོ་ཉིད་དམ། ཡོངས་སུ་གྲུབ་པའམ། ཡང་དག་པར༔གྱུར་པ་ཞིག་[༣]དམིགས་ན་ནི། ཤེས་རབ་ཀྱི་ཕ་རོལ་ཏུ་ཕྱིན་པར་ཡང་མི་འགྱུར་ཏེ། བྱང་ཆུབ་སེམས་དཔའ་སེམས་དཔའ་ཆེན་པོ་ཤེས་རབ་ཀྱི་ཕ་རོལ་ཏུ་ཕྱིན་པ་ལ་དེ་ལྟར་སྤྱོད་ན། གཟུགས་ལ་ཆགས་པ་མེད་དོ། །ཚོར་བ་ལ་ཆགས་པ་མེད་དོ། །འདུ་ཤེས་ལ་ཆགས་པ་མེད་དོ། །འདུ་བྱེད་ལ་ཆགས་པ་མེད་དོ། །རྣམ་པར་ཤེས་པ་ལ་ཆགས་པ་མེད་དོ། །ཁམས་རྣམས་ལ་ཆགས་པ་མེད་དོ། །སྐྱེ་མཆེད་རྣམས་ལ་ཆགས་པ་མེད་དོ། །རྟེན་ཅིང་འབྲེལ་པར་འབྱུང་བ་ལ་ཆགས་པ་མེད་དོ། །འདོད་པའི་ཁམས་ལ་ཆགས་པ་མེད་དོ། །གཟུགས་ཀྱི་ཁམས་ལ་ཆགས་པ་མེད་དོ།། གཟུགས་མེད་པའི་ཁམས་ལ་ཆགས་པ་མེད་དོ། །སྦྱིན་པའི་ཕ་རོལ་ཏུ་ཕྱིན་པ་ལ་ཆགས་པ་མེད་དོ། །ཚུལ་ཁྲིམས་ཀྱི་ཕ་རོལ་ཏུ་ཕྱིན་པ་ལ་ཆགས་པ་མེད་དོ། །བཟོད་[༤]པའི་ཕ་རོལ་ཏུ་ཕྱིན་པ་ལ་ཆགས་པ་མེད་དོ། །བརྩོན་འགྲུས་ཀྱི་ཕ་རོལ་ཏུ་ཕྱིན་པ་ལ་ཆགས་པ་མེད་དོ། །བསམ་གཏན་གྱི་ཕ་རོལ་ཏུ་ཕྱིན་པ་ལ་ཆགས་པ་[༥]མེད་དོ། །ཤེས་རབ་ཀྱི་ཕ་རོལ་ཏུ་ཕྱིན་པ་ལ་ཆགས་པ་[༦]མེད་དོ། །ནང་སྟོང་པ་

ཉིད་ལ་ཆགས་པ་མྱེད་དོ། །ཕྱི་སྟོང་པ་ཉིད་ལ་ཆགས་པ་མྱེད་དོ། །ཕྱི་ནང་སྟོང་པ་ཉིད་ལ་ཆགས་པ་མྱེད་དོ། །སྟོང་པ་ཉིད་སྟོང་པ་ཉིད་ལ་ཆགས་པ་མྱེད་དོ། །ཆེན་པོ་སྟོང་པ་ཉིད་ལ་ཆགས་པ་[7]མྱེད་དོ། །དོན་དམ་པ་སྟོང་པ་ཉིད་ལ་ཆགས་པ་མྱེད་དོ། །འདུས་བྱས་སྟོང་པ་ཉིད་ལ་ཆགས་པ་མྱེད་དོ། །འདུས་མ་[8]བྱས་སྟོང་པ་ཉིད་ལ་ཆགས་པ་མྱེད་དོ། །མཐའ་ལས་འདས་པ་སྟོང་པ་ཉིད་ལ་ཆགས་པ་མྱེད་དོ། །ཐོག་མ་དང་ཐ་མ་མྱེད་པ་སྟོང་པ་ཉིད་ལ་ཆགས་པ་མྱེད་དོ། །དོར་བ་མྱེད་པ་སྟོང་པ་ཉིད་ལ་ཆགས་པ་མྱེད་དོ། །རང་བཞིན་སྟོང་པ་ཉིད་ལ་ཆགས་པ་མྱེད་དོ། །ཆོས་ཐམས་ཅད་སྟོང་པ་ཉིད་ལ་ཆགས་པ་མྱེད་དོ། །རང་གི་མཚན་ཉིད་སྟོང་པ་ཉིད་ལ་ཆགས་པ་མྱེད་དོ། །མྱི་དམྱིགས་པ་སྟོང་པ་ཉིད་ལ་ཆགས་པ་མྱེད་དོ། །དངོས་པོ་མྱེད་པ་སྟོང་པ་ཉིད་ལ་ཆགས་པ་མྱེད་དོ། །ངོ་བོ་ཉིད་སྟོང་པ་ཉིད་ལ་ཆགས་པ་མྱེད་དོ། །དངོས་པོ་མྱེད་པའི་ངོ་བོ་ཉིད་སྟོང་པ་ཉིད་ལ་ཆགས་པ་མྱེད་དོ། །དྲན་པ་ཉེ་བར་གཞག་པ་རྣམས་ལ་ཆགས་པ་མྱེད་དོ། །ཡང་དག་པར་སྤོང་བ་རྣམས་ལ་ཆགས་པ་མྱེད་དོ། །རྫུ་འཕྲུལ་གྱི་རྐང་པ་རྣམས་ལ་ཆགས་པ་མྱེད་དོ། །དབང་པོ་རྣམས་ལ་ཆགས་པ་མྱེད་དོ། །སྟོབས་རྣམས་ལ་ཆགས་པ་མྱེད་དོ། །བྱང་ཆུབ་ཀྱི་ཡན་ལག་རྣམས་ལ་ཆགས་པ་མྱེད་དོ། །འཕགས་པའི་ལམ་ཡན་ལག་བརྒྱད་པ་ལ་ཆགས་པ་མྱེད་དོ། །འཕགས་པའི་བདེན་པ་རྣམས་ལ་ཆགས་པ་མྱེད་དོ། །བསམ་གཏན་རྣམས་ལ་ཆགས་པ་མྱེད་དོ། །ཚད་མྱེད་པ་རྣམས་ལ་ཆགས་པ་མྱེད་དོ། །གཟུགས་མྱེད་པའི་སྙོམས་པར་འཇུག་པ་རྣམས་ལ་ཆགས་པ་མྱེད་དོ། །རྣམ་པར་ཐར་པ་བརྒྱད་ལ་ཆགས་པ་མྱེད་དོ། །མཐར་གྱིས་གནས་པའི་སྙོམས་པར་འཇུག་པ་དགུ་ལ་ཆགས་པ་མྱེད་དོ། །རྣམ་པར་ཐར་པའི་སྒོ་སྟོང་པ་ཉིད་དང་། མཚན་མ་མྱེད་པ་དང་། སྨོན་པ་མྱེད་པ་

ལ་ཆགས་པ་མྱེད་དོ། །མངོན་པར་ཤེས་པ་རྣམས་ལ་ཆགས་པ་མྱེད་དོ། །ཏིང་ངེ་འཛིན་རྣམས་ལ་ཆགས་པ་མྱེད་དོ། །གཟུངས་ཀྱི་སྒོ་རྣམས་ལ་ཆགས་པ་མྱེད་དོ།། དེ་བཞིན་གཤེགས་པའི་སྟོབས་རྣམས་ལ་ཆགས་པ་མྱེད་དོ། །མྱི་འཇིགས་པ་རྣམས་ལ་ཆགས་པ་མྱེད་དོ། །སོ་སོ་ཡང་དག་པར་རིག་པ་རྣམས་ལ་ཆགས་པ་མྱེད་དོ[༡]། །བྱམས་པ་ཆེན་པོ་ལ་ཆགས་པ་མྱེད་དོ། །སྙིང་རྗེ་ཆེན་པོ་ལ་ཆགས་པ་མྱེད་དོ། །སངས་རྒྱས་ཀྱི་ཆོས་མ་འདྲེས་པ་རྣམས་ལ་ཆགས་པ་མྱེད་དོ། །རྒྱུན་ཏུ་ཞུགས་པའི་འབྲས་བུ་ལ་ཆགས་པ་མྱེད་དོ། །ལན་ཅིག་ཕྱིར་འོང་བའི་འབྲས་བུ་ལ་ཆགས་པ་མྱེད་དོ། །ཕྱིར་མྱི་འོང་བའི་འབྲས་བུ་ལ་ཆགས་པ་མྱེད་དོ།། དགྲ་བཅོམ་པ་ཉིད་ལ་ཆགས་པ་མྱེད་དོ། །རང་བྱང་ཆུབ་ལ་ཆགས་པ་མྱེད་དོ། །ལམ་གྱི་རྣམ་པ་ཤེས་པ་ཉིད་ལ་ཆགས་པ་མྱེད་དོ། །རྣམ་པ་ཐམས་ཅད་མཁྱེན་པ་ཉིད་ལ་ཆགས་པ་མྱེད་དོ། །དེ་ཤེས་རབ་ཀྱི་ཕ་རོལ་ཏུ་ཕྱིན་པ་འདི་ལ་གནས་ཤིང་། ས་དང་པོ་ཡོངས་སུ་རྫོགས་པར་བྱེད་དེ། དེ་ལ་འདོད་པའི་འདོད་ཆགས་མྱི་སྐྱེད་དོ། །དེ་ཅིའི་ཕྱིར་ཞེ་ན། དེ་ནི་འདི་ལྟར་དེས་སཿ དེ་ཡང་[༢]མྱི་དམྱིགས་ན། དེ་ལ་འདོད་པའི་འདོད་ཆགས་སྐྱེད་པར་ལྟ་ག་ལ་འགྱུར༔ ཏེ། [༣]ཤེས་རབ་ཀྱི་ཕ་རོལ་ཏུ་ཕྱིན་པ་འདི་ལ་གནས་ཤིང་ས་གཉིས་པ་ཡོངས་སུ་རྫོགས་པར་བྱེད་དེ། དེ་ལ་འདོད་པའི་འདོད་ཆགས་མྱི་སྐྱེད་དོ། །དེ་ཅིའི་ཕྱིར་ཞེ་ན། དེ་ནི་འདི་ལྟར་དེས་ས་དེ་ཡང་མྱི་དམྱིགས་ན། དེ་ལ་འདོད་པའི་འདོད་ཆགས་སྐྱེད་པར་ལྟ་ག་ལ་འགྱུར་ཏེ[༤]། [༥]ཤེས་རབ་ཀྱི་ཕ་རོལ་ཏུ་ཕྱིན་པ་འདི་ལ་གནས་ཤིང་ས་གསུམ་པ་ཡོངས་སུ་རྫོགས་པར་བྱེད་དེ། དེ་ལ་འདོད་པའི་འདོད་ཆགས་མྱི་སྐྱེད་དོ། །དེ་ཅིའི་ཕྱིར་ཞེ་ན། དེ་ནི་འདི་ལྟར་དེས་ས་དེ་ཡང་མྱི་དམྱིགས་ན། དེ་ལ་འདོད་པའི་འདོད་ཆགས་སྐྱེད་པར་ལྟ་ག་ལ་འགྱུར་ཏེ[༦]། [༧]ཤེས་རབ་ཀྱི་ཕ་རོལ་ཏུ་ཕྱིན་

པ་འདི་ལ་གནས་ཤིང་ས་བཞི་པ་ཡོངས་སུ་རྫོགས་པར་བྱེད་དེ། དེ་ལ་འདོད་པའི་འདོད་ཆགས་མི་སྐྱེད་དོ། །དེ་ཅིའི་ཕྱིར་ཞེ་ན། དེ་ནི་འདི་[༡]ལྟར་དེས་ས་དེ་ཡང་མི་དམིགས་ན། དེ་ལ་འདོད་པའི་འདོད་ཆགས་སྐྱེད་པར་ལྟ་ག་ལ་འགྱུར་ཏེ[༢]། [༣]ཤེས་རབ་ཀྱི་ཕ་རོལ་ཏུ་ཕྱིན་པ་འདི་ལ་གནས་ཤིང་། ས་ལྔ་པ་ཡོངས་སུ་རྫོགས་པར་བྱེད་དེ། དེ་ལ་འདོད་པའི་འདོད་ཆགས་མི་སྐྱེད་དོ། །དེ་ཅིའི་ཕྱིར་ཞེ་ན། དེ་ནི་འདི་ལྟར་དེས་ས་དེ་ཡང་མི་དམིགས་ན། དེ་[༤]འདོད་པའི་འདོད་ཆགས་སྐྱེད་པར་ལྟ་ག་ལ་འགྱུར[༥]། དེ་[༦]ཤེས་རབ་ཀྱི་ཕ་རོལ་ཏུ་ཕྱིན་པ་འདི་ལ་གནས་ཤིང་། ས་དྲུག་པ་ཡོངས་སུ་རྫོགས་པར་བྱེད་དེ། དེ་ལ་འདོད་པའི་འདོད་ཆགས་མི་སྐྱེད་དོ། །དེ་ཅིའི་ཕྱིར་ཞེ་ན། དེ་ནི་འདི་ལྟར་དེས་ས་དེ་ཡང་མི་དམིགས་ན། དེ་ལ་འདོད་པའི་འདོད་ཆགས་སྐྱེད་པར་ལྟ་ག་ལ་འགྱུར་ཏེ[༧]། [༨]ཤེས་རབ་ཀྱི་ཕ་རོལ་ཏུ་ཕྱིན་པ་[༩]འདི་ལ་གནས་ཤིང་། ས་བདུན་པ་ཡོངས་སུ་རྫོགས་པར་བྱེད་དེ། དེ་ལ་འདོད་པའི་འདོད་ཆགས་མི་སྐྱེད་དོ། །དེ་ཅིའི་ཕྱིར་ཞེ་ན། དེ་ནི་འདི་ལྟར་དེས་ས་དེ་ཡང་མི་དམིགས་ན། དེ་ལ་འདོད་པའི་འདོད་ཆགས་སྐྱེད་པར་ལྟ་ག་ལ་འགྱུར་ཏེ[༡༠]། [༡༡]ཤེས་རབ་ཀྱི་ཕ་རོལ་ཏུ་ཕྱིན་པ་འདི་ལ་གནས་ཤིང་། ས་བརྒྱད་པ་ཡོངས་སུ་རྫོགས་པར་བྱེད་དེ། དེ་ལ་འདོད་པའི་འདོད་ཆགས་མི་སྐྱེད་དོ། །དེ་ཅིའི་ཕྱིར་ཞེ་ན། དེ་ནི་འདི་ལྟར་དེས་ས་དེ་ཡང་མི་དམིགས་ན། དེ་ལ་འདོད་པའི་འདོད་ཆགས་སྐྱེད་པར་ལྟ་ག་ལ་འགྱུར་ཏེ[༡༢]། [༡༣]ཤེས་རབ་ཀྱི་ཕ་རོལ་ཏུ་ཕྱིན་པ་འདི་ལ་གནས་ཤིང་། ས་དགུ་པ་ཡོངས་སུ་རྫོགས་པར་བྱེད་དེ། དེ་ལ་འདོད་པའི་འདོད་ཆགས་མི་སྐྱེད་དོ[༡༤]། །དེ་ཅིའི་ཕྱིར་ཞེ་ན། དེ་ནི་འདི་ལྟར་དེས་ས་དེ་ཡང་མི་དམིགས་ན། དེ་ལ་འདོད་པའི་འདོད་ཆགས་སྐྱེད་པར་ལྟ་ག་ལ་འགྱུར་ཏེ[༡༥]། [༡༦]ཤེས་རབ་ཀྱི་ཕ་རོལ་ཏུ་ཕྱིན་པ་འདི་ལ་གནས་

ཤེང་། ས་བཅུ་པ་ཡོངས་སུ་རྫོགས་པར་བྱེད་དེ། དེ་ལ་འདོད་པའི་འདོད་ཆགས་མི་སྐྱེད་དོ། །དེ་ཅིའི་ཕྱིར་ཞེ་ན། དེ་ནི་འདི་ལྟར་དེས་ས་དེ་ཡང་མི་དམིགས་ན། དེ་ལ་འདོད་པའི་འདོད་ཆགས་སྐྱེད་པར་ལྟ་ག་ལ་འགྱུར་ཏེ[༡]། [༢]ཤེས་རབ་ཀྱི་ཕ་རོལ་ཏུ་ཕྱིན་པ༔འདི་ལ་གནས་ཤེང་[༣]། ཤེས་རབ་ཀྱི་ཕ་རོལ་ཏུ་ཕྱིན་པ་དེ་ཡང་མི་དམིགས་སོ། །དེ་མི་དམིགས་པའི་ཤེས་རབ་ཀྱི་ཕ་རོལ་ཏུ་ཕྱིན་པ་ལ་སྤྱོད་པའི་ཚེ། ཤེས་རབ་ཀྱི་ཕ་རོལ་ཏུ་ཕྱིན་པ་དེར་ཆོས་ཐམས་ཅད་ཀྱང་[༤] འདུས་པར་མཐོང་སྟེ། ཆོས་དེ་དག་ཀྱང་མི་དམིགས་སོ། །དེ་ཅིའི་ཕྱིར་ཞེ་ན། དེ་ནི་འདི་ལྟར་ཆོས་དེ་དག་དང་། ཤེས་རབ་ཀྱི་ཕ་རོལ་ཏུ་ཕྱིན་པ་དེ་ལ་གཉིས་སུ་མེད་དེ་གཉིས་སུ་བྱར་མེད་དོ། །དེ་ཅིའི་ཕྱིར་ཞེ་ན། དེ་ནི་འདི་ལྟར་ཆོས་དེ་དག་ནི་ཐ་དད་དུ་བྱ་བ་གང་ཡང་མེད་དེ། ཆོས་ཀྱི་དབྱིངས་སུ་བསྟན་པ་དང་། དེ་བཞིན་ཉིད་[༥]དུ་བསྟན་པ་དང་། ཡང་དག་པའི་མཐར་བསྟན་པས། ཆོས་ཐམས་ཅད་དབྱེར་མེད་དོ། །གསོལ་པ། བཅོམ་ལྡན་འདས་དེ་ལྟར་ཆོས་ཐམས་ཅད་དབྱེར་མ་མཆིས་པ་ལགས་ན། ཇི་ལྟར་དགེ་བ་དང་མི་དགེ་བའི་ཆོས་རྣམས་བསྟན་པ་ལགས། ཇི་ལྟར་འཇིག་རྟེན་པ་དང་། འཇིག་རྟེན་ལས་འདས་པའི་ཆོས་རྣམས་བསྟན་པ་ལགས། ཇི་ལྟར་ཟག་པ་དང་བཅས་པ་དང་། ཟག་པ་མ་མཆིས་པའི་ཆོས་རྣམས་བསྟན་པ་ལགས། ཇི་ལྟར་འདུས་བྱས་དང་། འདུས་མ་བྱས་ཀྱི་ཆོས་རྣམས་བསྟན་པ་ལགས། བཅོམ་ལྡན་འདས་ཀྱིས་[༦]བཀའ་སྩལ་པ། རབ་འབྱོར་དེ་ཇི་སྙམ་[༧]དུ་སེམས། ཆོས་རྣམས་ཀྱི་ཆོས་ཉིད་གང་ཡིན་པ་དེ་ལ་འདུས་བྱས་སམ[༨]། འདུས་མ་བྱས་སམ། རྒྱུན་ཏུ་ཞུགས་[༩]པའི་འབྲས་བུའམ། ལན་ཅིག་ཕྱིར་འོང་བའི་འབྲས་བུའམ། ཕྱིར་མི་འོང་བའི་འབྲས་བུའམ། དགྲ་བཅོམ་པ་ཉིད་དམ། རང་བྱང་ཆུབ་བམ[༡༠]། ༔བྱང་ཆུབ་[༡༡]

སེམས་དཔའ་[༡]གང་ཡང་བརྗོད་དུ་ཡོད་དམ། གསོལ་པ། བཅོམ་ལྡན་འདས་དེ་ནི་མ་ལགས་སོ། །བཅོམ་ལྡན་འདས་ཀྱིས་[༢]བཀའ་སྩལ་པ། རབ་འབྱོར་དེ་བས་ན་ཁྱོད་ཀྱིས་རྣམ་གྲངས་དེས་འདི་ལྟར་ཆོས་ཐམས་ཅད་དབྱེར་མེད་པ་དང་། ཆོས་ཐམས་ཅད་མཚན་ཉིད་མེད་པ་དང་། སྐྱེ་བ་མེད་པ་དང་། འབྱུང་བ་མེད་པར་རིག་པར་བྱའོ། །རབ་འབྱོར་ང་[༣]སྟོན་བྱང་ཆུབ་སེམས་དཔའི་སྤྱད་པ་སྤྱོད་པའི་ཚེ། གཟུགས་ཤེས་[༤]བྱ་བའམ། ཚོར་བ་ཞེས་བྱ་བའམ། འདུ་ཤེས་ཞེས་བྱ་བའམ། འདུ་བྱེད་ཅེས་བྱ་བའམ། རྣམ་པར་ཤེས་པ་ཞེས་བྱ་བའམ། མིག་ཅེས་བྱ་བའམ། རྣ་བ་ཞེས་བྱ་བའམ། སྣ་ཞེས་བྱ་བའམ། ལྕེ་ཞེས་བྱ་བའམ། ལུས་ཤེས་བྱ་བའམ། ཡིད་ཅེས་བྱ་བའམ། གཟུགས་ཤེས་བྱ་བའམ། སྒྲ་ཞེས་བྱ་བའམ། དྲི་ཞེས་བྱ་བའམ། རོ་ཞེས་བྱ་བའམ། རེག་ཅེས་བྱ་བའམ། ཆོས་ཤེས་བྱ་བའམ། མིག་གི་རྣམ་པར་ཤེས་པ་ཞེས་བྱ་བའམ། རྣ་བའི་རྣམ་པར་ཤེས་པ་ཞེས་བྱ་བའམ། སྣའི་རྣམ་པར་ཤེས་པ་ཞེས་བྱ་བའམ། ལྕེའི་རྣམ་པར་ཤེས་པ་ཞེས་བྱ་བའམ། ལུས་ཀྱི་རྣམ་པར་ཤེས་པ་ཞེས་བྱ་བའམ། ཡིད་ཀྱི་རྣམ་པར་ཤེས་པ་ཞེས་བྱ་བའམ། མིག་གི་འདུས་ཏེ་རེག་པ་ཞེས་བྱ་བའམ། རྣ་བའི་འདུས་ཏེ་རེག་པ་ཞེས་བྱ་བའམ། སྣའི་འདུས་ཏེ་རེག་པ་ཞེས་བྱ་བའམ། ལྕེའི་འདུས་ཏེ་རེག་པ་ཞེས་བྱ་བའམ། ལུས་ཀྱི་འདུས་ཏེ་[༥]རེག་པ་ཞེས་བྱ་བའམ། ཡིད་ཀྱི་འདུས་ཏེ་རེག་པ་ཞེས་བྱ་བའམ། མིག་གི་འདུས་ཏེ་རེག་པའི་རྐྱེན་གྱིས་ཚོར་བ་ཞེས་བྱ་བའམ། རྣ་བའི་འདུས་ཏེ་རེག་པའི་རྐྱེན་གྱིས་ཚོར་བ་ཞེས་བྱ་བའམ། སྣའི་འདུས་ཏེ་རེག་པའི་རྐྱེན་གྱིས་ཚོར་བ་ཞེས་བྱ་བའམ། ལྕེའི་འདུས་ཏེ་རེག་པའི་རྐྱེན་གྱིས་ཚོར་བ་ཞེས་བྱ་བའམ། ལུས་ཀྱི་འདུས་ཏེ་རེག་པའི་རྐྱེན་གྱིས་ཚོར་བ་ཞེས་བྱ་བའམ། ཡིད་ཀྱི་འདུས་ཏེ་

རིག་པའི་རྐྱེན་གྱིས་ཚོར་བ་ཞེས་བྱ་བའམ། སའི་ཁམས་ཞེས་བྱ་བའམ། ཆུའི་ཁམས་ཞེས་བྱ་བའམ། མེའི་ཁམས་ཞེས་བྱ་བའམ། རླུང་གི་ཁམས་ཞེས་བྱ་བའམ། ནམ་མཁའི་ཁམས་ཞེས་བྱ་བའམ། རྣམ་པར་ཤེས་པའི་ཁམས་ཞེས་བྱ་བའམ། མ་རིག་པ་ཞེས་བྱ་བའམ། འདུ་བྱེད་ཅེས་བྱ་བའམ། རྣམ་པར་ཤེས་པ་ཞེས་བྱ་བའམ། མིང་དང་གཟུགས་ཞེས་བྱ་བའམ། སྐྱེ་མཆེད་དྲུག་ཅེས་བྱ་བའམ། རེག་པ་ཞེས་བྱ་བའམ། ཚོར་བ་ཞེས་བྱ་བའམ། སྲེད་པ་ཞེས་[1]བྱ་བའམ། ལེན་པ་ཞེས་བྱ་བའམ། སྲིད་པ་ཞེས་བྱ་བའམ། སྐྱེ་བ་ཞེས་བྱ་བའམ། རྒ་ཤི་ཞེས་བྱ་བའམ། སྦྱིན་པའི་ཕ་རོལ་ཏུ་ཕྱིན་པ་ཞེས་བྱ་བའམ། ཚུལ་ཁྲིམས་ཀྱི་ཕ་རོལ་ཏུ་ཕྱིན་པ་ཞེས་བྱ་བའམ། བཟོད་པའི་ཕ་རོལ་ཏུ་[2]ཕྱིན་པ་ཞེས་བྱ་བའམ། བརྩོན་འགྲུས་ཀྱི་ཕ་རོལ་ཏུ་ཕྱིན་པ་ཞེས་བྱ་བའམ། བསམ་གཏན་གྱི་[3]ཕ་རོལ་ཏུ་ཕྱིན་པ་ཞེས་བྱ་བའམ། ཤེས་རབ་ཀྱི་ཕ་རོལ་ཏུ་ཕྱིན་པ་ཞེས་བྱ་བའམ། ནང་སྟོང་པ་ཉིད་ཅེས་བྱ་བའམ། ཕྱི་སྟོང་པ་ཉིད་ཅེས་བྱ་བའམ། ཕྱི་ནང་སྟོང་པ་ཉིད་ཅེས་བྱ་བའམ། སྟོང་པ་ཉིད་སྟོང་པ་ཉིད་ཅེས་བྱ་བའམ། ཆེན་པོ་སྟོང་པ་ཉིད་ཅེས་བྱ་བའམ། དོན་དམ་པ་སྟོང་པ་ཉིད་ཅེས་བྱ་བའམ། འདུས་བྱས་སྟོང་པ་ཉིད་ཅེས་བྱ་བའམ། འདུས་མ་བྱས་སྟོང་པ་ཉིད་ཅེས་བྱ་བའམ། མཐའ་ལས་འདས་པ་སྟོང་པ་ཉིད་ཅེསཿབྱ་བའམ[4]། ཐོག་མ་དང་ཐ་མ་མེད་པ་སྟོང་པ་ཉིད་ཅེས་བྱ་བའམ། དོར་བ་མེད་པ་སྟོང་པ་ཉིད་ཅེས་བྱ་བའམ། རང་བཞིན་སྟོང་པ་ཉིད་ཅེས་བྱ་བའམ། ཆོས་ཐམས་ཅད་སྟོང་པ་ཉིད་ཅེས་བྱ་བའམ། རང་གི་མཚན་ཉིད་སྟོང་པ་ཉིད་ཅེས་བྱ་བའམ། མི་དམིགས་པ་སྟོང་པ་ཉིད་ཅེས་བྱ་བའམ། དངོས་པོ་མེད་པ་སྟོང་པ་ཉིད་ཅེས་[5]བྱ་བའམ། ངོ་བོ་ཉིད་སྟོང་པ་ཉིད་ཅེས་བྱ་བའམ། དངོས་པོ་མེད་པའི་ངོ་བོ་

ཉིད་སྟོང་པ་ཉིད་ཅེས་བྱ་བའམ། དྲན་པ་ཉེ་བར་གཞག་པ་རྣམས་ཞེས་བྱ་བའམ།
ཡང་དག་པར་སྤོང་བ་རྣམས་ཞེས་བྱ་བའམ། རྫུ་འཕྲུལ་གྱི་རྐང་པ་(༧)རྣམས་ཞེས་
བྱ་བའམ། དབང་པོ་རྣམས་ཞེས་བྱ་བའམ། སྟོབས་རྣམས་ཞེས་བྱ་བའམ།
བྱང་ཆུབ་ཀྱི་ཡན་ལག་རྣམས་ཞེས་བྱ་བའམ། འཕགས་པའི་ལམ་ཡན་ལག་བརྒྱད་
པ་ཞེས་བྱ་བའམ། འཕགས་པའི་བདེན་པ་རྣམས་ཞེས་བྱ་བའམ། བསམ་
གཏན་རྣམས་ཞེས་བྱ་བའམ། ཚད་མེད་པ་རྣམས་ཞེས་བྱ་བའམ། གཟུགས་
མེད་པའི་སྙོམས་པར་འཇུག་པ་རྣམས་ཞེས་བྱ་བའམ། རྣམ་པར་ཐར་པ་བརྒྱད་
ཅེས་བྱ་བའམ། མཐར་གྱིས་གནས་པའི་སྙོམས་པར་འཇུག་པ་དགུ་ཞེས་བྱ་བའམ།
རྣམ་པར་ཐར་པའི་སྒོ་སྟོང་པ་ཉིད་དང་མཚན་མ་མེད་པ་དང་། སྨོན་པ་མེད་པ་
རྣམས་(༢)ཞེས་བྱ་བའམ། མངོན་པར་ཤེས་པ་རྣམས་ཞེས་བྱ་བའམ། ཏིང་ངེ་
འཛིན་རྣམས་ཞེས་བྱ་བའམ། གཟུངས་ཀྱི་(༣)སྒོ་རྣམས་ཞེས་བྱ་བའམ། དེ་
བཞིན་གཤེགས་པའི་སྟོབས་བཅུ་ཞེས་བྱ་བའམ། མི་འཇིགས་པ་བཞི་ཞེས་བྱ་
བའམ། སོ་སོ་ཡང་དག་པར་རིག་པ་བཞི་ཞེས་བྱ་བའམ། བྱམས་པ་ཆེན་པོ་
ཞེས་བྱ་བའམ། སྙིང་རྗེ་ཆེན་པོ་ཞེས་བྱ་བའམ། སངས་རྒྱས་ཀྱི་ཆོས་མ་འདྲེས་
པ་བཅོ་བརྒྱད་ཅེས་བྱ་བའམ། དགེ་བའི་ཆོས་རྣམས་ཞེས་བྱ་བའམ། མི་དགེ་
བའི་ཆོས་རྣམས་ཞེས་བྱ་བའམ། ཉོན་མོངས་པ་དང་བཅས་པའི་ཆོས་རྣམས་ཞེས་
བྱ་བའམ། ཉོན་མོངས་པ་མེད་པའི་ཆོས་རྣམས་ཞེས་བྱ་བའམ། འཇིག་རྟེན་
པའི་ཆོས་རྣམས་ཞེས་བྱ་བའམ། འཇིག་རྟེན་ལས་འདས་པའི་ཆོས་རྣམས་ཞེས་བྱ་
བའམ། ཟག་པ་དང་བཅས་པའི་ཆོས་རྣམས་ཞེས་བྱ་བའམ། ཟག་པ་མེད་
པའི་ཆོས་རྣམས་ཞེས་བྱ་བའམ། ཐུན་མོང་(༦)གི་ཆོས་རྣམས་ཞེས་བྱ་བའམ།
ཐུན་མོང་(༥)མ་ཡིན་པའི་ཆོས་རྣམས་ཞེས་བྱ་བའམ། འདུས་བྱས་ཀྱི་ཆོས་རྣམས་

ཤེས་བྱ་བའམ། འདུས་མ་བྱས་ཀྱི་ཆོས་རྣམས་ཤེས་བྱ་བའམ། རྒྱུན་ཏུ་ཞུགས་པའི་འབྲས་བུ་ཞེས་བྱ་བའམ། ལན་ཅིག་ཕྱིར་འོང་བའི་འབྲས་བུ་ཞེས་བྱ་བའམ། ཕྱིར་མི་འོང་བའི་འབྲས་བུ་ཞེས་བྱ་བའམ། དགྲ་བཅོམ་པ་ཉིད་ཅེས་བྱ་བའམ། རང་བྱང་ཆུབ་ཅེས་བྱ་བའམ། ལམ་གྱི་རྣམ་པ་ཤེས་པ་ཉིད་ཅེས་བྱ་བའམ། རྣམ་པ་ཐམས་ཅད་མཁྱེན་པ་ཉིད་ཅེས་བྱ་བའམ། ཆོས་གང་གི་རང་བཞིན་ཡང་མི་དམིགས་སོ། །རབ་འབྱོར་དེ⑦ལྟར⑬བྱང་ཆུབ་སེམས་དཔའ་སེམས་དཔའ་ཆེན་པོ་ཤེས་རབ་ཀྱི་ཕ་རོལ་ཏུ་ཕྱིན་པ་ལ་སྤྱོད་པའི་ཚེ། སེམས་དང་པོ་བསྐྱེད་པ་ནས་ཉེ་བར་བཟུང་སྟེ། བླ་ན་མེད་པ་ཡང་དག་པར་རྫོགས་པའི་བྱང་ཆུབ་ཏུ་མངོན་པར་རྫོགས་པར་སངས་རྒྱས་ཀྱི་བར་དུ་མི་དམིགས་པའི་ཚུལ་གྱིས་ཆོས་ཐམས་ཅད་ཀྱི་རང་བཞིན་ལ་མཁས་པར་བྱའོ། །བྱང་ཆུབ་སེམས་དཔའ་སེམས་དཔའ་ཆེན་པོ་ཆོས་ཐམས་ཅད་ཀྱི་རང་བཞིན་ལ་མཁས་པ་ནི་བྱང་ཆུབ་ཀྱི་ལམ་ཡོངས་སུ་རྫོགས་པར་བྱེད་དོ། །སེམས་ཅན་རྣམས⑬ཡོངས་སུ་སྨིན་པར་བྱེད་དོ། །སངས་རྒྱས་ཀྱི་ཞིང་ཡོངས་སུ་འཛིན་ཏོ། །དེ་ལ་གནས་ཏེ། བླ་ན་མེད་པ་ཡང་དག་པར་རྫོགས་པའི་བྱང་ཆུབ་ཏུ་མངོན་པར་རྫོགས་པར་སངས་རྒྱས་ནས། སེམས་ཅན་རྣམས་ཅི་ནས་ཀྱང་དུལ་བར་གྱུར་ནས། སྲིད་པ་གསུམ་ན་མི་སྣང་བ་དེ་ལྟར་རྣམ་པར་བཏུལ་ལོ⑧། །རབ་འབྱོར་དེ་ལྟར་བྱང་ཆུབ་སེམས་དཔའ་སེམས་དཔའ་ཆེན་པོས་མཚན་ཉིད་མེད་པའི་ཚུལ་གྱིས། ཤེས་རབ་ཀྱི་ཕ་རོལ་ཏུ་ཕྱིན་པ་ལ་བསླབ་པར་བྱའོ། །ཤེས་རབ་ཀྱི་ཕ་རོལད་ཏུ་ཕྱིན་པ་སྟོང་ཕྲག་བརྒྱ་པ་ལས༑ ལེའུ་དྲུག་ཅུ་གཉིས་སོ⑤།། །།

དེ་ནས་ཚེ་དང་ལྡན་པ་རབ་འབྱོརད་ཀྱིས་བཅོམ་ལྡན་འདས་ལ་འདི་སྐད་

ཅེས་གསོལ་ཏོ། །བཅོམ་ལྡན་འདས་ཆོས་ཐམས་ཅད་སྨྱི་ལམ་ལྟ་བུ་དངོས་པོ་མ་མཆིས་པ། དངོས་པོ་མ་མཆིས་པའི་ངོ་བོ་ཉིད་རང་གི་མཚན་ཉིད་ཀྱིས་[༡]སྣང་བ་རྣམས་ལ་འདི་དག་ནི་དགེ་བའི་ཆོས་སོ། །འདི་དག་ནི་མྱི་དགེ་བའི་ཆོས་སོ། །འདི་དག་ནི་འཇིག་རྟེན་པའི་ཆོས་སོ། །འདི་དག་ནི་འཇིག་རྟེན་ལས་འདས་པའི་ཆོས་སོ། །འདི་དག་ནི་ཟག་པ་དང་བཅས་པའི་ཆོས་སོ། །འདི་དག་ནི་ཟག་པ་མྱེད་པའི་ཆོས་སོ། །འདི་དག་ནི་འདུས་བྱས་ཀྱི་ཆོས་སོ། །འདི་དག་ནི་འདུས་མ་བྱས་ཀྱི་ཆོས་སོ། །འདི་དག་ནི་རྒྱུན་ཏུ་ཞུགས་པའི་འབྲས་བུ་མངོན་དུ་བྱ་བའི་རྒྱུར་འགྱུར་བའོ། །འདི་དག་ནི་ལན་[༢]ཅིག་ཕྱིར་འོང་བའི་འབྲས་བུ་མངོན་དུ་བྱ་བའི་རྒྱུར་འགྱུར་བའོ། །འདི་དག་ནི་ཕྱིར་མྱི་འོང་བའི་འབྲས་བུ་མངོན་དུ་བྱ་བའི་རྒྱུར་འགྱུར་བའོ། །འདི་དག་ནི་དགྲ་བཅོམ་པའི་འབྲས་བུ་མངོན་དུ་བྱ་བའི་རྒྱུར་འགྱུར་བའོ། །འདི་དག་ནི་རང་བྱང་ཆུབ་ཀྱི་རྒྱུར་འགྱུར་བའོ། །འདི་དག་ནི་བླ་ན་མྱེད་པ་ཡང་དག་པར་རྫོགས་པའི་བྱང་ཆུབ་ཀྱི་རྒྱུར་འགྱུར་བའོ། །ཞེས་བགྱི་བར་[༣]ཇི་ལྟར་[༤]རྣམ་པར་དགོད་པར་འགྱུར། ཆོས་ཐམས་ཅད་[༥]སྒྲ་བརྙན་ལྟ་བུ། མྱིག་ཡོར་ལྟ་བུ། སྒྱུ་མ་ལྟ་བུ། སྨྱིག་རྒྱུ་ལྟ་བུ། སྤྲུལ་པ་ལྟ་བུ། དངོས་པོ་མ་མཆིས་པ[༦]། དངོས་པོ་མ་མཆིས་པའི་ངོ་བོ་ཉིད་རང་གི་མཚན་ཉིད་ཀྱིས་སྣང་བ་རྣམས་ལ། འདི་དག་ནི་དགེ་བའི་ཆོས་སོ། །འདི་དག་ནི་མྱི་དགེ་བའི་ཆོས་སོ། །འདི་དག་ནི་འཇིག་རྟེན་པའི་ཆོས་སོ། །འདི་དག་ནི་འཇིག་རྟེན་ལས་འདས་པའི་ཆོས་སོ། །འདི་དག་ནི་ཟག་པ་དང་བཅས་པའི་ཆོས་སོ། །འདི་དག་ནི་ཟག་པ་མྱེད་པའི་ཆོས་སོ། །འདི་དག་ནི་འདུས་བྱས་ཀྱི་ཆོས་སོ། །འདི་དག་ནི་འདུས་མ་བྱས་ཀྱི་ཆོས་སོ། །འདི་དག་ནི་རྒྱུན་ཏུ་ཞུགས་པའི་འབྲས་བུ་མངོན་དུ་བྱ་བའི་རྒྱུར་འགྱུར་བའོ། །འདི་དག་ནི་ལན་ཅིག་ཕྱིར་འོང་བའི་འབྲས་བུ་མངོན་དུ་བྱ

བའི་རྒྱུར་འགྱུར་བའོ། །འདི་དག་ནི་ཕྱིར་མི་འོང་བའི་འབྲས་བུ་མངོན་དུ་བྱ་བའི་རྒྱུར་འགྱུར་བའོ། །འདི་དག་ནི་དགྲ་བཅོམ་པའི་འབྲས་བུ་[1]མངོན་དུ་བྱ་བའི་རྒྱུར་འགྱུར་བའོ། །འདི་དག་ནི་རང་བྱང་ཆུབ་ཀྱི་རྒྱུར་འགྱུར་བའོ། །འདི་དག་ནི་བླ་ན་མེད་པ་ཡང་དག་པར་རྫོགས་པའི་བྱང་ཆུབ་ཀྱི་རྒྱུར་འགྱུར་བའོ་ཞེས་བགྱི་བར་ཇི་ལྟར་རྣམ་པར་དགོད་པར་འགྱུར། བཅོམ་ལྡན་འདས་ཀྱིས་བཀའ་སྩལ་པ། རབ་འབྱོར་འདི་ལཿབྱིས་པ་[2]ཐོས་པ་དང་། མི་ལྡན་པ་སོ་སོའི་[3]སྐྱེ་བོ་ནི་རྨི་ལམ་ཡང་དམིགས་ལ། རྨི་ལམ་མཐོང་བ་ཡང་དམིགས་སོ། །སྒྲ་བརྙན་ཡང་དམིགས་ལ། སྒྲ་བརྙན་ཉན་པ་ཡང་དམིགས་སོ། །མིག་ཡོར་ཡང་དམིགས་ལ། མིག་[4]ཡོར་མཐོང་བ་ཡང་དམིགས་སོ། །སྒྱུ་མ་ཡང་དམིགས་ལ། སྒྱུ་མ་མཐོང་བ་ཡང་དམིགས་སོ། །སྨིག་རྒྱུ་ཡང་དམིགས་ལ། སྨིག་རྒྱུ་མཐོང་བ་ཡང་དམིགས་སོ། །སྤྲུལ་པ་ཡང་དམིགས་ལ། སྤྲུལ་པ་མཐོང་བ་ཡང་དམིགས་སོ། །དེས་རྨི་ལམ་ཡང་[5]དམིགས[6]། རྨི་ལམ་མཐོང་བ་ཡང་དམིགས། སྒྲ་བརྙན་ཡང་དམིགས། སྒྲ་བརྙན་ཉན་པ་ཡང་དམིགས། མིག་ཡོར་ཡང་དམིགས། མིག་ཡོར་མཐོང་བ་ཡང་དམིགས། སྒྱུ་མ་ཡང་དམིགས། སྒྱུ་མ་མཐོང་བ་ཡང་དམིགས། སྨིག་རྒྱུ་ཡང་དམིགས། སྨིག་རྒྱུ་མཐོང་བ་ཡང་དམིགས། སྤྲུལ་པ་ཡང་དམིགས། སྤྲུལ་པ་[7]མཐོང་བ་ཡང་དམིགས་ནས། ལུས་དང་ངག་དང་། ཡིད་ཀྱིས་[8]དགེ་བའི་[9]འདུ་བྱ་བ་ཡང་མངོན་པར་འདུ་བྱེད་དོ། །ལུས་དང་ངག་དང་། ཡིད་ཀྱིས་མི་དགེ་བའི་[10]འདུ་བྱ་བ་ཡང་མངོན་པར་འདུ་བྱེད་དོ། །དེ་བཞིན་དུ་ལུས་དང་ངག་དང་། ཡིད་ཀྱིས་བསོད་ནམས་དང་། བསོད་ནམས་མ་ཡིན་པ་དང་། མི་གཡོ་[11]བའི་འདུ་བྱ་བ་ཡང་མངོན་པར་འདུ་བྱེད་དོ། །དེ་བས་ན་བྱང་ཆུབ་སེམས་དཔའ་[12]སེམས་དཔའ་ཆེན་པོ་ཤེས་རབ་ཀྱི་ཕ་རོལ་ཏུ་[13]

ཕྱིན་པ་ལ་སྤྱོད་པ། མཐའ་ལས་འདས་པ་སྟོང་པ་ཉིད་དང་། ཐོག་མ་དང་ཐ་མ་མེད་པ་སྟོང་པ་(༡)ཉིད་དང་། སྟོང་པ་ཉིད་གཉིས་ལ་གནས་ཤིང་། སེམས་ཅན་རྣམས་ལ་ཆོས་སྟོན་ཏེ། ཁམས་གསུམ་(༢)འདི་ནི་སྟོང་པ་སྟེ། འདི་ལ་གཟུགས་སམ། ཚོར་བའམ། འདུ་ཤེས་སམ། འདུ་བྱེད་དམ། རྣམ་པར་ཤེས་པའམ། ཕུང་པོ་རྣམས་སམ། ཁམས་རྣམས་སམ། སྐྱེ་མཆེད་རྣམས་མེད་དོ། །འདི་ནི་རྨི་ལམ། འདི་ནི་(༣)སྒྲ་བརྙན། འདི་ནི་མིག་ཡོར། འདི་ནི་སྒྱུ་མ། འདི་ནི་སྨིག་རྒྱུ། འདི་ནི་སྤྲུལ་པ་སྟེ། །འདི་ལ་(༤)ཕུང་པོ་རྣམས་སམ། ཁམས་རྣམས་སམ། སྐྱེ་མཆེད་རྣམས་མེད་དོ། །འདི་ལ་རྨི་ལམ་མེད་དོ། །རྨི་ལམ་མཐོང་བ་མེད་དོ། །སྒྲ་བརྙན་མེད་དོ། །སྒྲ་བརྙན་ཉན་པ་མེད་དོ། །མིག་ཡོར་མེད་དོ། །མིག་ཡོར་མཐོང་བ་མེད་དོ། །སྒྱུ་མ་མེད་དོ། །སྒྱུ་མ་བྱེད་པ་(༥)མེད་དོ། །སྨིག་རྒྱུ་མེད་དོ། །སྨིག་རྒྱུ་མཐོང་བ་མེད་དོ། །སྤྲུལ་པ་མེད་དོ། །སྤྲུལ་པ་བྱེད་པ་མེད་དོ(༦)། །ཆོས་འདི་དག་ཐམས་ཅད་ནི་དངོས་པོ་མེད་པ་དངོས་པོ་མེད་པའི་ངོ་བོ་ཉིད་ཡིན་ན། འོན་ཀྱང་ཁྱེད་(༧)ནི་ཕུང་པོ་མེད་པ་ལ་ཕུང་པོར་འདུ་ཤེས་པ། ཁམས་མེད་པ་ལ་ཁམས་སུ་འདུ་ཤེས་པ། སྐྱེ་མཆེད་མེད་པ་ལ་སྐྱེ་མཆེད་དུ་འདུ་ཤེས་པ་དག་སྟེ། ཆོས་འདི་དག་ཐམས་ཅད་ནི་(༨)རྟེན་ཅིང་འབྲེལ་པར་འབྱུང་བ་ཕྱིན་ཅི་ལོག་ལས་སྐྱེས་པ། ལས་ཀྱི་རྣམ་པར་སྨིན་པས་ཡོངས་སུ་བཟུང་བ་ཡིན་ན། ཁྱེད་རྣམས་ཅིའི་ཕྱིར་ཆོས་ཐམས་ཅད་དངོས་པོ་མེད་པ་ལ་དངོས་པོའི་འདུ་ཤེས་སུ་(༩)བྱེད་ཅེས་ཏེ། བྱང་ཆུབ་སེམས་དཔའ་སེམས་དཔའ་ཆེན་པོ་ཤེས་རབ་ཀྱི་ཕ་རོལ་ཏུ་ཕྱིན་པ་ལ་སྤྱོད་པའི་ཚེ། ཐབས་མཁས་པས་སེམས་ཅན་སེར་སྣ་ཅན་དག་སེར་སྣ་ལས་རྣམ་པར་བཟློག་ནས། སྦྱིན་པའི་ཕ་རོལ་ཏུ་ཕྱིན་པ་ལ་སྦྱོར་ཏེ། སྦྱིན་པ་ཡོངས་སུ་བཏང་བ་དེ་ཡང་དེ་

དག་ལ་ཡོངས་སྤྱོད་ཆེན་པོའི་རྒྱུར་འགྱུར་རོ། །དེས་དེ་(༡)དག་དེ་ལས་བསྐྱོད་ནས། ཚུལ་ཁྲིམས་ཀྱི་ཕ་རོལ་ཏུ་ཕྱིན་པ་ལ་སྦྱོར་ཏེ། ཚུལ་ཁྲིམས་ཡང་དག་པར་བླངས་པ་དེ་ཡང་དེ་དག་ལ་མཐོ་(༢)རིས་སུ་སྐྱེ་བའི་རྒྱུར་འགྱུར་རོ། །དེས་དེ་དག་དེ་ལས་བསྐྱོད་ནས། ཏིང་ངེ་འཛིན་ལ་སྦྱོར་ཏེ། ཏིང་ངེ་འཛིན་དེ་ཡང་དེ་དག་ལ་ཚངས་པའི་འཇིག་རྟེན་དུ་སྐྱེ་བའི་རྒྱུར་འགྱུར་རོ། །དེས་དེ་དག་དེ་ལས་བསྐྱོད་ནས༑ བསམ་གཏན་དང་པོ་ལ་སྦྱོར་ཏེ། བསམ་གཏན་དང་པོ་ལས་བསྐྱོད་ནས་བསམ་གཏན་གཉིས་པ་ལ་སྦྱོར་རོ། །བསམ་གཏན་གཉིས་པ་ལས་བསྐྱོད་ནས། བསམ་གཏན་གསུམ་པ་ལ་སྦྱོར་རོ། །བསམ་གཏན་གསུམ་པ་ལས་བསྐྱོད་ནས། བསམ་གཏན་བཞི་པ་ལ་སྦྱོར་རོ། །བསམ་གཏན་བཞི་པ་ལས་བསྐྱོད་ནས། ནམ་མཁའ་མཐའ་ཡས་སྐྱེ་མཆེད་ཀྱི་སྙོམས་པར་འཇུག་པ་ལ་སྦྱོར་རོ། །ནམ་མཁའ་མཐའ་ཡས་སྐྱེ་མཆེད་ཀྱི་སྙོམས་པར་འཇུག་པ་ལས་བསྐྱོད་ནས། རྣམ་ཤེས་མཐའ་ཡས་སྐྱེ་མཆེད་ཀྱི་སྙོམས་པར་འཇུག་པ་ལ་སྦྱོར་རོ། །རྣམ་ཤེས་མཐའ་ཡས་སྐྱེ་མཆེད་ཀྱི་སྙོམས་པར་འཇུག་པ་ལས་བསྐྱོད་ནས། ཆུང་(༣)ཟད་མེད་པའི་སྐྱེ་མཆེད་ཀྱི་སྙོམས་པར་འཇུག་པ་ལ་སྦྱོར་རོ། །ཆུང་ཟད་མེད་པའི་སྐྱེ་མཆེད་ཀྱི་སྙོམས་པར་འཇུག་པ་ལས་བསྐྱོད་ནས། འདུ་ཤེས་མེད་འདུ་ཤེས་མེད་མིན་སྐྱེ་མཆེད་ཀྱི་སྙོམས་(༤)པར་འཇུག་པ་ལ་སྦྱོར་རོ། །དེས་སྦྱིན་པ་དང་སྦྱིན་པའི་འབྲས་བུ་དམའ་བ་དེ་ལས་རྣམ་གྲངས་དུ་མས་བསྐྱོད་དེ། ཕུང་པོ་མ་ལུས་པའི་མྱ་ངན་ལས་འདས་པའི་དབྱིངས་སུ་དབུགས་འབྱིན་ཏོ། །གཞོག་གོ། །རབ་ཏུ་འགོད་དོ༑ །དེས༔ཚུལ་ཁྲིམས་དང་(༥)། ཚུལ་ཁྲིམས་ཀྱི་འབྲས་བུ་དེ་ལས་རྣམ་གྲངས་དུ་མས་བསྐྱོད་དེ། ཕུང་པོ་མ་ལུས་པའི་མྱ་ངན་ལས་འདས་པའི་དབྱིངས་སུ་རབ་ཏུ་གཞོག་གོ། །དེས་ཏིང་ངེ་འཛིན་དང་། ཏིང་ངེ་འཛིན་གྱི་འབྲས་བུ་དེ་ལས་

རྣམ་གྲངས་དུ་མས་བསྐྱོད་དེ། ཕུང་པོ་མ་ལུས་པའི་མྱ་ངན་ལས་འདས་པའི་དབྱིངས་སུ་རབ་ཏུ་གཞོག་[1]གོ། །དྲན་པ་ཉེ་བར་གཞག་པ་བཞི་ལ་ཡང་དག་པར་སྟོན་ཏོ། །ཡང་དག་པར་སྒྲུལ་ལོ། །ཡང་དག་པར༔གཟེང་ཟློད་[2]དོ། །ཡང་དག་པར་དགའ་བར་བྱེད་དོ། །འདུལ་ལོ། །གཞོག་གོ། །རབ་ཏུ་འགོད་དོ། །ཡང་དག་པར་སྤོང་བ་བཞི་ལ་ཡང་དག་པར་སྟོན་ཏོ[3]། །ཡང་དག་པར་སྒྲུལ་[4]ལོ། །ཡང་དག་པར་གཟེང་ཟློད་དོ། །ཡང་དག་པར་དགའ་བར་བྱེད་དོ། །འདུལ་ལོ། །གཞོག་གོ། །རབ་ཏུ་འགོད་དོ། །རྫུ་འཕྲུལ་གྱི་རྐང་[5]པ་བཞི་ལ་ཡང་དག་པར་སྟོན་ཏོ། །ཡང་དག་པར་སྒྲུལ་[6]ལོ། །ཡང་དག་པར་གཟེང་ཟློད་དོ། །ཡང་དག་པར་དགའ་བར་བྱེད་དོ། །འདུལ་ལོ། །གཞོག་གོ། །རབ་ཏུ་འགོད་དོ། །དབང་པོ་ལྔ་ལ་ཡང་དག་པར་སྟོན་ཏོ། །ཡང་དག་པར་སྒྲུལ་[7]ལོ། །ཡང་དག་པར་གཟེང་ཟློད་དོ། །ཡང་དག་པར་དགའ་བར་བྱེད་དོ། །འདུལ་ལོ། །གཞོག་གོ། །རབ་ཏུ་འགོད་དོ། །སྟོབས་ལྔ་ལ་ཡང་དག་པར་སྟོན་ཏོ། །ཡང་དག་པར་སྒྲུལ་ལོ། །ཡང་དག་པར་གཟེང་བསྟོད་[8]དོ། །ཡང་དག་པར་དགའ་བར་བྱེད་དོ། །འདུལ་ལོ། །གཞོག་གོ། །རབ་ཏུ་འགོད་དོ། །བྱང་ཆུབ་ཀྱི་ཡན་ལག་བདུན་ལ་ཡང་དག་པར་སྟོན་ཏོ། །ཡང་དག་པར་སྒྲུལ་ལོ། །ཡང་དག་པར་གཟེང་བསྟོད་[9]དོ། །ཡང་དག་པར་དགའ་བར་བྱེད་དོ། །འདུལ་ལོ། །གཞོག་གོ། །རབ་ཏུ་འགོད་དོ། །འཕགས་པའི་ལམ་ཡན་ལག་བརྒྱད་པ་ལ་ཡང་དག་པར་སྟོན་ཏོ། །ཡང་དག་པར་སྒྲུལ་ལོ། །ཡང་དག་པར་གཟེང་ཟློད་དོ། །ཡང་དག་པར་དགའ་བར་བྱེད་དོ། །འདུལ་ལོ། །གཞོག་གོ། །རབ་ཏུ་འགོད་དོ། །འཕགས་པའི་བདེན་པ་བཞི་ལ་ཡང་དག་པར་སྟོན་ཏོ། །ཡང་དག་པར་སྒྲུལ་ལོ། །ཡང་དག་པར་གཟེང་ཟློད་དོ། །ཡང་དག་པར་དགའ་བར་བྱེད་དོ། །

འདུལ་ལོ། །གཞོག་གོ། །རབ་ཏུ་འགོད་དོ། །ཿབསམ་གཏན་བཞི་①ལ་ཡང་
དག་པར་སྟོན་ཏོ། །ཡང་དག་པར་སྐུལ་ལོ། །ཡང་དག་པར་གཟེང་སྟོད་དོ། །
ཡང་དག་པར་དགའ་བར་བྱེད་དོ། །འདུལ་ལོ། །གཞོག་གོ། །རབ་ཏུ་འགོད་
དོ། །ཿཚད་མེད་པ་བཞི་ལ་ཡང་དག་པར་སྟོན་ཏོ། །ཡང་དག་པར་སྐུལ་ལོ། །
ཡང་དག་པར་གཟེང་སྟོད་དོ། །ཡང་དག་པར་དགའ་བར་བྱེད་དོ། །འདུལ་ལོ། །
གཞོག་གོ། །རབ་ཏུ་འགོད་དོ། །གཟུགས་མེད་པའི་སྙོམས་པར་འཇུག་པ་བཞི་
ལ་ཡང་དག་པར་སྟོན་ཏོ། །ཡང་དག་པར་སྐུལ་ལོ། །ཡང་དག་པར་གཟེང་
སྟོད་དོ། །ཡང་དག་པར་དགའ་བར་བྱེད་དོ། །འདུལ་ལོ། །གཞོག་གོ། །
རབ་ཏུ་འགོད་དོ། །②རྣམ་པར་ཐར་པ་③བརྒྱད་ལ་ཡང་དག་པར་སྟོན་ཏོ། །
ཡང་དག་པར་སྐུལ་ལོ། །ཡང་དག་པར་གཟེང་སྟོད་དོ། །ཡང་དག་པར་དགའ་
བར་བྱེད་དོ། །འདུལ་ལོ། །གཞོག་གོ། །རབ་ཏུ་འགོད་དོ། །མཐར་ཀྱིས་④
གནས་པའི་སྙོམས་པར་འཇུག་པ་དགུ་ལ་ཡང་དག་པར་སྟོན་ཏོ། །ཡང་དག་པར་
སྐུལ་ལོ། །ཡང་དག་པར་གཟེང་སྟོད་དོ། །ཡང་དག་པར་དགའ་བར་བྱེད་དོ། །
འདུལ་ལོ། །གཞོག་གོ། །རབ་ཏུ་འགོད་དོ། །རྣམ་པར་ཐར་པའི་སྒོ་སྟོང་པ་
ཉིད་དང་། མཚན་མ་མེད་པ་དང་། སྨོན་པ་མེད་པ་ལ་ཡང་དག་པར་སྟོན་ཏོ། །
ཡང་དག་པར་སྐུལ་ལོ། །ཡང་དག་པར་གཟེང་སྟོད་དོ། །ཡང་དག་པར་དགའ་
བར་བྱེད་དོ། །འདུལ་ལོ། །གཞོག་གོ། །རབ་ཏུ་འགོད་དོ། །མངོན་པར་
ཤེས་པ་རྣམས་ལ་ཡང་དག་པརཿསྟོན་ཏོ། །ཡང་དག་པར་⑤སྐུལ་ལོ། །ཡང་
དག་པར་གཟེང་སྟོད་དོ། །ཡང་དག་པར་དགའ་བར་བྱེད་དོ། །འདུལ་ལོ། །
གཞོག་གོ། །རབ་ཏུ་འགོད་དོ། །ཏིང་ངེ་འཛིན་རྣམས་ལ་ཡང་དག་པར་སྟོན་ཏོ། །
ཡང་དག་པར་སྐུལ་ལོ། །ཡང་དག་པར་གཟེང་སྟོད་དོ། །ཡང་དག་པར་དགའ་

བར་བྱེད་དོ། །འདུལ་ལོ། །གཞོམ་མོ། །རབ་ཏུ་འགོད་དོ། །གཟུངས་ཀྱི་སྒོ་རྣམས་ལ་ཡང་དག་པར་སྟོན་ཏོ། །ཡང་དག་པར་སྐུལ་ལོ། །ཡང་དག་པར་གཟེང་སྟོད་དོ། །ཡང་དག་པར་དགའ་བར་བྱེད་དོ། །འདུལ་ལོ། །གཞོམ་མོ། །རབ་ཏུ་འགོད་དོ། །དེ་བཞིན་གཤེགས་པའི་སྟོབས་བཅུ་ལ་ཡང་དག་པར་སྟོན་ཏོ། །ཡང་དག་པར་སྐུལ་ལོ། །ཡང་དག་པར་གཟེང་སྟོད་དོ། །ཡང་དག་པར་དགའ་བར་བྱེད་དོ། །འདུལ་ལོ། །གཞོམ་མོ། །རབ་ཏུ་འགོད་དོ། །མི་འཇིགས་པ་བཞི་ལ་ཡང་དག་པར་སྟོན་[༧]ཏོ། །ཡང་དག་པར་སྐུལ་ལོ། །ཡང་དག་པར་གཟེང་སྟོད་དོ། །ཡང་དག་པར་དགའ་བར་བྱེད་དོ། །འདུལ་ལོ། །གཞོམ་མོ། །རབ་ཏུ་འགོད་དོ། །སོ་སོ་ཡང་དག་པར་རིག་པ་བཞི་ལ་ཡང་དག་པར་སྟོན་ཏོ། །ཡང་དག་པར་སྐུལ་ལོ། །ཡང་དག་པར་གཟེང་སྟོད་དོ། །ཡང་དག་པར་དགའ་བར་བྱེད་དོ། །འདུལ་ལོ། །གཞོམ་མོ། །རབ་ཏུ་འགོད་དོ། །བྱམས་པ་ཆེན་པོ་ལ་ཡང་དག་པར་སྟོན་ཏོ། །ཡང་དག་པར་སྐུལ་ལོ། །ཡང་དག་པར་གཟེང་སྟོད་དོ། །ཡང་དག་པར་དགའ་བར་བྱེད་དོ། །འདུལ་ལོ། །གཞོམ་མོ། །རབ་ཏུ་འགོད་དོ། །སྙིང་རྗེ་ཆེན་པོ་ལ་ཡང་དག་པར་སྟོན་ཏོ། །ཡང་དག་པར་སྐུལ་ལོ། །ཡང་དག་པར་གཟེང་སྟོད་དོ། །ཡང་དག་པར་དགའ་བར་བྱེད་དོ། །འདུལ་ལོ། །གཞོམ་མོ། །རབ་ཏུ་འགོད་དོ། །སངས་རྒྱས་ཀྱི་ཆོས་མ་འདྲེས་པ་བཅོ་བརྒྱད་ལ་ཡང་དག་པར་སྟོན་ཏོ། །ཡང་དག་པར་སྐུལ་ལོ། །ཡང་དག་པར་གཟེང་སྟོད་དོ། །ཡང་དག་པར་དགའ་བར་བྱེད་དོ། །འདུལ་ལོ། །གཞོམ་མོ། །རབ་ཏུ་འགོད་དོ། །དེ་ཟག་པ་མེད་པའི་ཆོས་གཟུགས་མེད་པ་བསྟན་དུ་མེད་པ་ཐོགས་པ་མེད་པ་དེ་དག་གིས་གང་རྒྱུན་དུ་ཞུགས་པའི་འབྲས་བུ་དོན་དུ་གཉེར་བ་དེ་དག་རྒྱུན་དུ་ཞུགས་པའི་འབྲས་བུ་ལ་རབ་ཏུ་འགོད་དོ། །

གང་[1]ལན་ཅིག་ཕྱིར་འོང་བའི་འབྲས་བུ་དོན་དུ་གཉེར་བ་དེ་དག་ལན་ཅིག་ཕྱིར་འོང་བའི་འབྲས་བུ་ལ་རབ་ཏུ་འགོད་དོ། །གང་ཕྱིར་མི་འོང་[2]བའི་འབྲས་བུ་དོན་དུ་གཉེར་བ་དེ་[3]དག་ཕྱིར་མི་འོང་བའི་འབྲས་བུ་ལ་རབ་ཏུ་འགོད་དོ། །གང་དགྲ་བཅོམ་པ་ཉིད་དོན་དུ་གཉེར་བ་དེ་དག་དགྲ་བཅོམ་པ་ཉིད་ལ་རབ་ཏུ་འགོད་དོ། །གང་རང་བྱང་ཆུབ་དོན་དུ་གཉེར་བ་དེ་དག་རང་བྱང་ཆུབ་ལ་རབ་ཏུ་འགོད་དོ། །གང་བླ་ན་མེད་པ་ཡང་དག་པར་རྫོགས་པའི་བྱང་ཆུབ་དོན་དུ་གཉེར་བ་དེ་དག་ལ་[4]བྱང་ཆུབ་ཀྱི་ལམ་བརྗོད་[5]ཅིང་སྟོན་ཏོ། །ཡང་དག་པར་སྐུལ་ལོ། །ཡང་དག་པར་གཟེང་སྟོད་དོ། །ཡང་དག་ཿཔར་དགའ་[6]བར་བྱེད་དོ། །འདུལ་ལོ། །གཞོག་གོ། །རབ་ཏུ་འགོད་དོ། །རབ་འབྱོར་དེ་ལྟར་ན་[7]བྱང་ཆུབ་སེམས་དཔའ་སེམས་དཔའ་ཆེན་པོ། ཤེས་རབ་ཀྱི་ཕ་རོལ་ཏུ་ཕྱིན་པ་ལ་སྤྱོད་པའི་ཚེ། ཆོས་ཐམས་ཅད་རྨི་ལམ་ལྟ་བུ་དང་། སྒྲ་བརྙན་ལྟ་བུ་དང་ཿ ཆུ་ཟླ་ལྟ་བུ་དང་[8]མིག་ཡོར་ལྟ་བུ་དང་། སྒྱུ་མ་ལྟ་བུ་དང་། སྨིག་རྒྱུ་ལྟ་བུ་དང་། སྤྲུལ་པ་ལྟ་བུ་སྟེ[9]། དངོས་པོ་མེད་པ་དང་། དངོས་པོ་མེད་པའི་ངོ་བོ་ཉིད་དང་། རང་གི་མཚན་ཉིད་ཀྱིས་སྟོང་པ་ལ་རྣམ་པར་དགོད་[10]པར་བྱེད་དོ། །དེ་སྐད་ཅེས་བཀའ་སྩལ་པ་དང་། ཚེ་དང་ལྡན་པ་རབ་འབྱོར་གྱིས་བཅོམ་ལྡན་འདས་ལ་འདི་སྐད་ཅེས་གསོལ་ཏོ། །བཅོམ་ལྡན་འདས་དེ་ལྟར་བྱང་ཆུབ་སེམས་དཔའ་སེམས་དཔའ་ཆེན་པོ་ཤེས་རབ་ཀྱི་ཕ་རོལ་ཏུ་ཕྱིན་པ་ཟབ་མོ་འདི་ལ་སྤྱོད་པའི་ཚེ། ཆོས་ཐམས་ཅད་དངོས་པོ་མ་མཆིས་པའི་ངོ་བོ་ཉིད་དང་། ཆོས་ཐམས་ཅད་མཐའ་ལས་འདས་པ་སྟོང་པ་ཉིད་དང་། ཐོག་མ་དང་ཐ་མ་མ་[11]མཆིས་པ་སྟོང་པ་ཉིད་ལ་འདི་དག་ནི་དགེ་བའི་ཆོས་སོ། །འདི་དག་ནི་མི་དགེ་བའི་ཆོས་སོ། །འདི་དག་ནི་འཇིག་རྟེན་པའི་ཆོས་སོ། །འདི་དག་ནི་འཇིག་རྟེན་ལས་འདས་པའི་ཆོས་སོ། །འདི་

དག་ནི་ཁ་ན་མ་ཐོ་བ་དང་བཅས་པའི་ཆོས་སོ། །འདི་དག་ནི་ཁ་ན་མ་ཐོ་བ་མེད་པའི་ཆོས་སོ། །འདི་དག་ནི་ཟག་པ་དང་བཅས་པའི་ཆོས་སོ། །འདི་དག་ནི་ཟག་པ་མེད་པའི་ཆོས་སོ། །འདི་དག་ནི་འདུས་བྱས་ཀྱི་ཆོས་སོ། །འདི་དག་ནི་འདུས་མ་བྱས་ཀྱི་ཆོས་སོ། །འདི་དག་[1]ནི་རྒྱུན་དུ་ཞུགས་པའི་འབྲས་བུ་མངོན་དུ་བྱ་བའི་རྒྱུར་འགྱུར་བའོ། །འདི་དག་ནི་ལན་ཅིག་ཕྱིར་འོང་བའི་འབྲས་བུ་མངོན་དུ་བྱ་བའི་རྒྱུར་འགྱུར་བའོ། །འདི་དག་ནི་ཕྱིར་མི་འོང་བའི་འབྲས་བུ་མངོན་དུ་བྱ་བའི་རྒྱུར་འགྱུར་བའོ། །འདི་དག་ནི་དགྲ་བཅོམ་པའི་འབྲས་བུ་མངོན་དུ་བྱ་བའི་རྒྱུར་འགྱུར་བའོ། །འདི་དག་ནི་རང་བྱང་ཆུབ་ཀྱི་རྒྱུར་འགྱུར་བའོ། །འདི་དག་ནི་བླ་ན་མེད་པ་ཡང་དག་པར་རྫོགས་པའི་བྱང་ཆུབ་ཀྱི་རྒྱུར་འགྱུར་བའོ། །ཞེས་བགྱི་བར་རྣམ་པར་དགོད་པར་[2]བགྱིད་པ་ནི་ངོ་མཚར་ཏེ། རྨད་དུ་བྱུང་བའི་ཆོས་སོ། །དེ་སྐད་ཅེས་གསོལ་པ་དང་། བཅོམ་ལྡན་འདས་ཀྱིས་ཚེ་དང་ལྡན་པ་རབ་འབྱོར་ལ་འདི་སྐད་ཅེས་བཀའ་སྩལ་ཏོ། །རབ་འབྱོར་དེ་དེ་བཞིན་ནོ་དེ་དེ་བཞིན་ཏེ། དེ་ལྟར་བྱང་ཆུབ་སེམས་དཔའ་སེམས་དཔའ་ཆེན་པོ་ཤེས་རབ་ཀྱི་ཕ་རོལ་ཏུ་ཕྱིན་པ་ཟབ་མོ་འདི་ཉིད་[3]ལ་སྤྱོད་པའི་ཚེ། ཆོས་ཐམས་ཅད་དངོས་པོ་མེད་པའི་ངོ་བོ་ཉིད་དང་། ཆོས་ཐམས་ཅད་མཐའ་ལས་འདས་པ་སྟོང་པ་ཉིད་དང་། ཐོག་མ་དང་ཐ་མ་མེད་པ་སྟོང་པ་ཉིད་ལ་འདི་དག་ནི་དགེ་བའི་ཆོས་སོ། །འདི་དག་ནི་མི་དགེ་བའི་ཆོས་སོ། །འདི་དག་ནི་འཇིག་རྟེན་པའི་ཆོས་སོ། །འདི་དག་ནི་འཇིག་རྟེན་ལས་འདས་པའི་ཆོས་སོ། །འདི་དག་ནི་ཁ་ན་མ་ཐོ་བ་དང་བཅས་པའི་ཆོས་སོ། །འདི་དག་ནི་ཁ་ན་མ་ཐོ་བ་མེད་པའི་ཆོས་སོ། །འདི་དག་ནི་ཟག་པ་དང་བཅས་པའི་ཆོས་སོ། །འདི་དག་ནི་ཟག་པ་མེད་པའི་ཆོས་སོ། །འདི་དག་ནི་འདུས་བྱས་ཀྱི་ཆོས་སོ། །འདི་དག་ནི་འདུས་མ་བྱས་ཀྱི་ཆོས་སོ། །

འདི་དག་ནི་རྒྱུན་དུ་ཞུགས་པའི་འབྲས་བུ་མངོན་དུ་བྱ་བའི་རྒྱུར་འགྱུར་བའོ། །འདི་དག་ནི་ལན་ཅིག་ཕྱིར་འོང་བའི་འབྲས་བུ་མངོན་དུ་བྱ་བའི་རྒྱུར་འགྱུར་བའོ། །འདི་དག་ནི་ཕྱིར་མི་འོང་བའི་འབྲས་བུ་མངོན་དུ་བྱ་བའི་རྒྱུར་འགྱུར་བའོ། །འདི་དག་ནི་དགྲ་བཅོམ་པའི་འབྲས་བུ་མངོན་དུ་བྱ་བའི་རྒྱུར་འགྱུར་བའོ། །འདི་དག་ནི་རང་བྱང་ཆུབ་ཀྱི་རྒྱུར་འགྱུར་བའོ། །འདི་དག་ནི་བླ་ན་མེད་པ་ཡང་དག་[༡]པར་རྫོགས་པའི་བྱང་ཆུབ་ཀྱི་རྒྱུར་འགྱུར་བའོ། །ཞེས་བྱ་བར་རྣམ་པར་དགོད་པ་བྱེད་པ་དེ་ནི་ངོ་མཚར་ཏེ། རྨད་དུ་བྱུང་བའི་ཆོས་སོ། །རབ་འབྱོར་གལ་ཏེ་ཁྱོད་ཀྱིས་བྱང་ཆུབ་སེམས་དཔའ་སེམས་དཔའ་ཆེན་པོ་གང་གི་[༢]ངོ་མཚར་རྨད་ཀྱི་ཆོས་དེ་[༣]ཤེས་ཀྱང་ཉན་ཐོས་དང་། རང་སངས་རྒྱས་ཐམས་ཅད་ཀྱིས་[༤]བྱང་ཆུབ་[༥]སེམས་དཔའ་སེམས་དཔའ་ཆེན་པོ་དེ་ལ་སླར་ཕན་གདགས་པར་བྱ་བ་སླ་བ་མ་ཡིན་ཏེ། ཁྱེད་ཅག་ཐམས་ཅད་ཀྱིས་ཀྱང་བྱང་ཆུབ་སེམས་དཔའ་སེམས་དཔའ་ཆེན་པོའི་ཆོས་དེ་ཟིལ་གྱིས་གནན་[༦]པར་མི་ནུས་སོ། །རབ་འབྱོར་གྱིས་གསོལ་པ། བཅོམ་ལྡན་འདས་ཉན་ཐོས་དང་། རང་སངས་རྒྱས་ཐམས་ཅད་ལ་མ་མཆིས་པའི་ངོ་མཚར་རྨད་ཀྱི་ཆོས། བྱང་ཆུབ་སེམས་དཔའ་སེམས་དཔའ་ཆེན་པོ་ལ་མཆིས་པ་གང་ལགས། བཅོམ་ལྡན་འདས་ཀྱིས་[༧]བཀའ་སྩལ་པ། [༨]རབ་འབྱོར་དེའི་ཕྱིར་ཤིན་ཏུ་ལེགས་པར་ཉོན་ལ་ཡིད་ལ་གྱིས་ཤིག་དང་བཤད་པར་བྱའོ། །རབ་འབྱོར་འདི་ལ་བྱང་ཆུབ་སེམས་དཔའ་སེམས་དཔའ་ཆེན་པོ་ཤེས་རབ་ཀྱི་ཕ་རོལ་ཏུ་ཕྱིན་པ་ལ་སྤྱོད་པའི་ཚེ། རྣམ་པར་[༩]སྨིན་པ་ལས་བྱུང་བའི་ཕ་རོལ་ཏུ་ཕྱིན་པ་དྲུག་ལ་གནས། རྣམ་པར་སྨིན་པ་ལས་བྱུང་བའི་སྟོང་པ་ཉིད་ཐམས་ཅད་ལ་གནས། རྣམ་པར་སྨིན་པ་ལས་བྱུང་བའི་བྱང་ཆུབ་ཀྱི་ཕྱོགས་ཀྱི་ཆོས་སུམ་ཅུ་[༡༠]རྩ་བདུན་ལ་གནས། རྣམ་པར་སྨིན་པ་ལས་བྱུང་བའི་འཕགས་པའི་བདེན་པ་

བཞི་ལ་གནས། རྣམ་པར་སྨིན་པ་ལས་བྱུང་བའི་བསམ་གཏན་བཞི་ལ་གནས། རྣམ་པར་སྨིན་པ་ལས་བྱུང་བའི་ཚད་མེད་པ་བཞི་ལ་གནས། རྣམ་པར་སྨིན་པ་ལས་བྱུང་བའི་གཟུགས་མེད་པའི་སྙོམས་པར་འཇུག་པ་བཞི་ལ་གནས། རྣམ་པར་སྨིན་པ་ལས་བྱུང་བའི་རྣམ་པར་ཐར་པ་བརྒྱད་①ལ་གནས། རྣམ་པར་སྨིན་པ་ལས་བྱུང་བའི་མཐར་གྱིས་གནས་པའི་སྙོམས་པར་འཇུག་པ་དགུ་ལ་གནས། རྣམ་པར་སྨིན་པ་ལས་བྱུང་བའི་རྣམ་པར་ཐར་པའི་སྒོ་སྟོང་པ་ཉིད་དང་། མཚན་མ་མེད་པ་དང་། སྨོན་པ་མེད་པ་ལ་གནས། རྣམ་པར་སྨིན་པ་ལས་བྱུང་བའི་མངོན་པར་ཤེས་པ་ལྔ་②ལ་གནས། རྣམ་པར་སྨིན་པ་ལས་བྱུང་བའི་ཏིང་ངེ་འཛིན་རྣམས་③ལ་གནས། རྣམ་པར་སྨིན་པ་ལས་བྱུང་བའི་གཟུངས་④ཀྱི་སྒོ་རྣམས་ལ་གནས། རྣམ་པར་སྨིན་པ་ལས་བྱུང་བའི་དེ་བཞིན་གཤེགས་པའི་སྟོབས་བཅུ་ལ་གནས། རྣམ་པར་སྨིན་པ་ལས་བྱུང་བའི་མི་འཇིགས་⑤པ་བཞི་ལ་གནས། རྣམ་པར་སྨིན་པ་ལས་བྱུང་བའི་སོ་སོ་ཡང་དག་པར་རིག་པ་བཞི་ལ་གནས། རྣམ་པར་སྨིན་པ་ལས་བྱུང་བའི་བྱམས་པ་ཆེན་པོ་ལ་གནས། རྣམ་པར་སྨིན་པ་ལས་བྱུང་བའི་སྙིང་རྗེ་ཆེན་པོ་ལ་གནས། རྣམ་པར་སྨིན་པ་ལས་བྱུང་བའི་སངས་རྒྱས་ཀྱི་⑥ཆོས་མ་འདྲེས་པ་བཅོ་བརྒྱད་ལ་གནས་ཤིང་། ཕྱོགས་དང་ཕྱོགས་མཚམས་ཀྱི་འཇིག་རྟེན་གྱི་ཁམས་དག་ཏུ་སོང་ཞིང་། སེམས་ཅན་གང་ལ་སྦྱིན་པས་ཕན་གདགས་པར་བྱ་བ་དེ་དག་ལ་ནི་སྦྱིན་པས་ཕན་འདོགས་སོ། །སེམས་ཅན་གང་ལ་ཚུལ་ཁྲིམས་ཀྱིས་ཕན་གདགས་པར་བྱ་བ་དེ་དག་ལ་ནི་ཚུལ་ཁྲིམས་ཀྱིས་ཕན་འདོགས་སོ། །སེམས་ཅན་གང་ལ་བཟོད་པས་ཕན་གདགས་པར་བྱ་བ་དེ་དག་ལ་ནི་བཟོད་པས་ཕན་འདོགས་སོ། །སེམས་ཅན་གང་ལ་བརྩོན་འགྲུས་ཀྱིས་ཕན་གདགས་པར་བྱ་བ་དེ་དག་ལ་ནི་བརྩོན་འགྲུས་ཀྱིས་ཕན་འདོགས་སོ། །སེམས་

ཅན་གང་ལ་ཏིང་ངེ་འཛིན་གྱིས་ཕན་གདགས་པར་བྱ་བ་དེ་དག་ལ་ནི་ཏིང་ངེ་འཛིན་གྱིས་ཕན་འདོགས་སོ། །སེམས་ཅན་གང་ལ་ཤེས་རབ་ཀྱིས་①ཕན་གདགས་པར་བྱ་བ་དེ་དག་ལ་ནི་ཤེས་རབ་ཀྱིས་②ཕན་འདོགས་སོ། །སེམས་ཅན་གང་ལ་བསམ་གཏན་དང་པོས་ཕན་གདགས་པར་བྱ་བ་དེ་དག་ལ་③ནི་བསམ་གཏན་དང་པོས་ཕན་འདོགས་སོ། །སེམས་ཅན་གང་ལ་བསམ་གཏན་གཉིས་པས་ཕན་གདགས་པར་བྱ་བ་དེ་དག་ལ་ནི་བསམ་གཏན་གཉིས་པས་ཕན་འདོགས་སོ། །སེམས་ཅན་གང་ལ་བསམ་གཏན་གསུམ་པས་ཕན་གདགས་པར་④བྱ་བ་དེ་དག་ལ་ནི་བསམ་གཏན་གསུམ་པས་ཕན་འདོགས་སོ། །སེམས་ཅན་གང་ལ་བསམ་གཏན་བཞི་པས་ཕན་གདགས་⑤པར་བྱ་བ་དེ་དག་ལ་ནི་བསམ་གཏན་བཞི་པས་ཕན་འདོགས་སོ། །སེམས་ཅན་གང་ལ་ནམ་མཁའ་མཐའ་ཡས་སྐྱེ་མཆེད་ཀྱི་སྙོམས་པར་འཇུག་པས་ཕན་གདགས་པར་བྱ་བ་དེ་དག་ལ་ནི་ནམ་མཁའ་མཐའ་ཡས་སྐྱེ་མཆེད་ཀྱི་སྙོམས་པར་འཇུག་པས་ཕན་འདོགས་སོ། །སེམས་ཅན་གང་ལ་རྣམ་ཤེས་མཐའ་ཡས་སྐྱེ་མཆེད་ཀྱི་སྙོམས་པར་འཇུག་པས་ཕན་གདགས་པར་བྱ་བ་དེ་དག་ལ་ནི། རྣམ་ཤེས་མཐའ་⑥ཡས་སྐྱེ་མཆེད་ཀྱི་སྙོམས་པར་འཇུག་པས་ཕན་འདོགས་སོ། །སེམས་ཅན་གང་ལ་ཆུང་ཟད་མེད་པའི༔ སྐྱེ་མཆེད་ཀྱི་⑦སྙོམས་པར་འཇུག་པས་⑧ཕན་གདགས་པར་བྱ་བ་དེ་དག་ལ་ནི། ཆུང་ཟད་མེད་པའི་སྐྱེ་མཆེད་ཀྱི་སྙོམས་པར་འཇུག་⑨པས་ཕན་འདོགས་སོ། །སེམས་ཅན་གང་ལ་འདུ་ཤེས་མེད་འདུ་ཤེས་མེད་མིན་སྐྱེ་མཆེད་ཀྱི་སྙོམས་པར་འཇུག་པས་ཕན་གདགས་པར་བྱ་བ་དེ་དག་ལ་ནི། འདུ་ཤེས་མེད་འདུ་ཤེས་མེད་མིན་སྐྱེ་མཆེད་ཀྱི་སྙོམས་པར་འཇུག་པས་ཕན་འདོགས་སོ། །སེམས་ཅན་གང་ལ་བྱམས་པས་ཕན་གདགས་པར་བྱ་བ་དེ་དག་ལ་ནི་བྱམས་པས་ཕན་འདོགས་སོ། །སེམས་ཅན་གང་ལ་སྙིང་

རྗེས་ཕན་གདགས་པར་བྱ་བ་དེ་དག་ལ་ནི་སྙིང་རྗེས་ཕན་འདོགས་སོ། །སེམས་ཅན་གང་ལ་དགའ་བས་ཕན་གདགས་པར་བྱ་བ་དེ་དག་ལ་ནི་དགའ་བས་ཕན་འདོགས་སོ། །སེམས་ཅན་གང་ལ་བཏང་སྙོམས་ཀྱིས་ཕན་གདགས་པར་བྱ་བ་དེ་དག་ལ་ནི་བཏང་སྙོམས་ཀྱིས་①ཕན་འདོགས་སོ། །སེམས་ཅན་གང་ལ་དྲན་པ་ཉེ་བར་གཞག་པ་བཞིས་ཕན་གདགས་པར་བྱ་བ་དེ་དག་ལ་ནི། དྲན་པ་ཉེ་བར་གཞག་པ་བཞིས་ཕན་འདོགས་སོ། །སེམས་ཅན་གང་ལ་ཡང་དག་པར་སྤོང་བ་བཞིས་ཕན་གདགས་པར་བྱ་བ་དེ་དག་ལ་ནི། ཡང་དག་པར་སྤོང་བ་བཞིས་ཕན་འདོགས་སོ། །སེམས་ཅན་གང་ལ་རྫུ་འཕྲུལ་གྱི་རྐང་པ་བཞིས་ཕན་གདགས་པར་བྱ་བ་དེ་དག་ལ་ནི། རྫུ་འཕྲུལ་གྱི་རྐང་པ་བཞིས་ཕན་འདོགས་སོ། །སེམས་ཅན་གང་ལ་དབང་པོ་ལྔས་ཕན་གདགས་པར་བྱ་བ་དེ་དག་ལ་ནི་དབང་པོ་ལྔས་ཕན་འདོགས་སོ། །སེམས་ཅན་གང་ལ་སྟོབས་ལྔས་ཕན་གདགས་པར་བྱ་བ་དེ་དག་ལ་ནི་སྟོབས་ལྔས་ཕན་འདོགས་སོ། །སེམས་ཅན་གང་ལ་བྱང་ཆུབ་ཀྱི་ཡན་ལག་བདུན་གྱིས་ཕན་གདགས་པར་བྱ་བ་དེ་དག་ལ་ནི། བྱང་ཆུབ་ཀྱི་ཡན་ལག་བདུན་གྱིས་ཕན་འདོགས་སོ། །སེམས་ཅན་གང་ལ་འཕགས་པའི་ལམ་ཡན་ལག་བརྒྱད་པས་ཕན་གདགས་པར་བྱ་བ་དེ་དག་ལ་ནི། འཕགས་པའི་ལམ་ཡན་ལག་བརྒྱད་པས་ཕན་འདོགས་སོ། །སེམས་ཅན་གང་ལ་འཕགས་པའི་བདེན་པ་བཞིས་②ཕན་གདགས་པར་བྱ་བ་དེ་དག་ལ་ནི། འཕགས་པའི་བདེན་པ་རྣམས་ཀྱིས་③ཕན་འདོགས་སོ། །⑧སེམས་ཅན་གང་ལ་རྣམ་པར་ཐར་པ་④བརྒྱད་ཀྱིས་ཕན་གདགས་པར་བྱ་བ་དེ་དག་ལ་ནི། རྣམ་པར་ཐར་པ་བརྒྱད་ཀྱིས་ཕན་འདོགས་སོ། །སེམས་ཅན་གང་ལ་མཐར་གྱིས་གནས་པའི་སྙོམས་པར་འཇུག་པ་དགུས་ཕན་གདགས་པར་བྱ་བ་དེ་དག་ལ་ནི། མཐར་གྱིས་གནས་པའི་སྙོམས་པར་འཇུག་པ་

དགུས་ཕན་འདོགས་སོ། །སེམས་ཅན་གང་ལ་སྟོང་པ་ཉིད་ཀྱི་ཏིང་ངེ་འཛིན་གྱིས་ཕན་གདགས་པར་བྱ་བ་དེ་དག་ལ་ནི། སྟོང་པ་ཉིད་ཀྱི་ཏིང་ངེ་འཛིན་གྱིས་ཕན་འདོགས་སོ། །སེམས་ཅན་གང་ལ་མཚན་མ་མེད་པའི་ཏིང་ངེ་འཛིན་གྱིས་ཕན་གདགས་པར་བྱ་བ་དེ་དག་ལ་ནི། མཚན་མ་མེད་པའི་ཏིང་ངེ་འཛིན་གྱིས་ཕན་འདོགས་སོ། །སེམས་ཅན་གང་ལ་སྨོན་པ་མེད་པའི་ཏིང་ངེ་འཛིན་གྱིས་ཕན་གདགས་པར་བྱ་བ་དེ་དག་ལ་ནི། སྨོན་པ་མེད་པའི་ཏིང་ངེ་འཛིན་གྱིས་ཕན་འདོགས་སོ། །སེམས་ཅན་གང་ལ་མངོན་པར་ཤེས་པ་རྣམས་ཀྱིས་①ཕན་གདགས་པར་བྱ་བ་དེ་དག་ལ་ནི། མངོན་པར་ཤེས་པ་རྣམས་ཀྱིས་②ཕན་འདོགས་སོ། །སེམས་ཅན་གང་ལ་③ཏིང་ངེ་འཛིན་དང་། གཟུངས་ཀྱི་སྒོ་རྣམས་ཀྱིས་ཕན་གདགས་པར་བྱ་བ་དེ་དག་ལ་ནི། ཏིང་ངེ་འཛིན་དང་། གཟུངས་ཀྱི་སྒོ་རྣམས་ཀྱིས་ཕན་འདོགས་སོ། །སེམས་ཅན་གང་ལ་དེ་བཞིན་གཤེགས་པའི་སྟོབས་བཅུས་ཕན་གདགས་པར་བྱ་བ་དེ་དག་ལ་ནི། དེ་བཞིན་གཤེགས་པའི་སྟོབས་བཅུས་ཕན་འདོགས་④སོ། །སེམས་ཅན་གང་ལ་མྱི་འཇིགས་པ་བཞིས་ཕན་གདགས་⑤པར་བྱ་བ་དེ་དག་ལ་ནི། མྱི་འཇིགས་པ་བཞིས་ཕན་འདོགས་སོ། །སེམས་ཅན་གང་ལ་སོ་སོ་ཡང་དག་པར་རིག་པ་བཞིས་ཕན་གདགས་པར་བྱ་བ་དེ་དག་ལ་ནི། སོ་སོ་ཡང་དག་པར་རིག་པ་བཞིས་ཕན་འདོགས་སོ། །སེམས་ཅན་གང་ལ་སངས་རྒྱས་ཀྱི་ཆོས་མ་འདྲེས་པ་བཅོ་བརྒྱད་ཀྱིས་ཕན་གདགས་པར་བྱ་བ་དེ་དག་ལ་ནི། སངས་རྒྱས་ཀྱི་ཆོས་མ་འདྲེས་པ་བཅོ་བརྒྱད་ཀྱིས་ཕན་འདོགས་སོ། །སེམས་ཅན་གང་ལ་སྙིང་རྗེ་⑥ཆེན་པོས་ཕན་གདགས་པར་བྱ་བ་དེ་དག་ལ་ནི་སྙིང་རྗེ་ཆེན་པོས་ཕན་འདོགས་སོ། །སེམས་ཅན་གང་ལ་ཐམས་ཅད་ཤེས་པ་ཉིད་ཀྱིས་ཕན་གདགས་པར་བྱ་བ་དེ་དག་ལ་ནི། ཐམས་ཅད་ཤེས་པ་ཉིད་ཀྱིས་ཕན་འདོགས་སོ།།

སེམས་ཅན་གང་ལ་ལམ་གྱི་རྣམ་པ་ཤེས་པ་ཉིད་ཀྱིས་ཕན་གདགས་པར་བྱ་བ་དེ་
དག་ལ་ནི། ལམ་གྱི་རྣམ་པ་ཤེས་པ་ཉིད་ཀྱིས་ཕན་འདོགས་སོ། །སེམས་ཅན་
གང་ལ་རྣམ་པ་ཐམས་ཅད་མཁྱེན་པ་ཉིད་ཀྱིས་ཕན་གདགས་པར་བྱ་བ་དེ་དག་ལ་ནི།
རྣམ་པ་ཐམས་ཅད་མཁྱེན་པ་ཉིད་ཀྱིས་[༡]ཕན་འདོགས་[༢]སོ། །རབ་འབྱོར་གྱིས་
གསོལ་པ། བཅོམ་ལྡན་འདས་ཇི་ལྟར་ན། བྱང་ཆུབ་སེམས་དཔའ་སེམས་
དཔའ་ཆེན་པོ་[༣]སྦྱིན་པས་སེམས་ཅན་རྣམས་ལ་སྣན་[༤]འདོགས་པ་ལགས། བཅོམ་
ལྡན་འདས་ཀྱིས་བཀའ་སྩལ་པ། རབ་འབྱོར་འདི་ལ་བྱང་ཆུབ་སེམས་
དཔའ་སེམས་དཔའ་ཆེན་པོ་ཤེས་རབ་ཀྱི་ཕ་རོལ་ཏུ་ཕྱིན་པ་ལ་སྤྱོད་པའི་ཚེ། ཟས་
འདོད་པ་རྣམས་ལ་ཟས། སྐོམ་འདོད་པ་རྣམས་ལ་སྐོམ། བཞོན་[༥]པ་འདོད་པ་
རྣམས་ལ་བཞོན་[༦]པ། ཕྲེང་བ་འདོད་པ་རྣམས་ལ་ཕྲེང་བ། སྤོས་འདོད་པ་
རྣམས་ལ་སྤོས། བྱུག་པ་འདོད་པ་རྣམས་ལ་བྱུག་པ། གོས་འདོད་པ་རྣམས་ལ་
གོས། མལ་ཆ་འདོད་པ་རྣམས་ལ་མལ་[༧]ཆ། གནས་འདོད་པ་རྣམས་ལ་
གནས། ནོར་བུ་དང་། མུ་ཏིག་དང་། ཻབཻ་ཌཱུརྱ་[༨]དང་། དུང་དང་།
མན་ཤེལ་དང་། ཕྱི་[༩]རུ་དང་། གསེར་[༡༠]དང་། དངུལ་འདོད་པ་རྣམས་ལ།
ནོར་བུ་དང་། མུ་ཏིག་དང་། བཻ་ཌཱུརྱ་དང་། དུང་དང་། མན་ཤེལ་
དང་། ཕྱི་[༡༡]རུ་དང་། གསེར་དང་། དངུལ་གྱི་སྦྱིན་པ་ཡོངས་སུ་གཏོང་བ་
ནས། མིའི་ཡོ་བྱད་གང་ཡང་རུང་བའི་བར་དུ་ཡོངས་སུ་གཏོང་སྟེ། ཇི་ལྟར་
དེ་བཞིན་གཤེགས་པ་དགྲ་བཅོམ་པ་ཡང་དག་པར་རྫོགས་པའི་སངས་རྒྱས་རྣམས་
ལ་དབུལ་[༡༢]ཞིང་ཡོངས་སུ་གཏོང་བ་དང་། ཇི་ལྟར་རང་སངས་རྒྱས་རྣམས་དང་།
དགྲ་བཅོམ་པ་རྣམས་དང་། ཕྱིར་མི་འོང་བ་རྣམས་དང་། ལན་ཅིག་ཕྱིར་འོང་
བ་རྣམས་དང་། རྒྱུན་ཏུ་ཞུགས་པ་རྣམས་དང་། ཡང་དག་པར་སྤོང་[༡༣]བ་

རྣམས་དང་། ཡང་དག་པར་ཞུགས་པ་རྣམས་ལ་ཡོངས་སུ་གཏོང་བ་དེ་བཞིན་དུ།
མྱིར་གྱུར་པ་རྣམས་དང་། དེ་བཞིན་དུ་ཕྱོལ་སོང་གི་སྐྱེ་གནས་སུ་གཏོགས་པའི···
སེམས་ཅན་ཐམས་ཅད་ལ་ཡང་ཐ་དད་དུ་བྱ་བ་མྱེད་པའི་འདུ་ཤེས་ཉེ་བར་བཞག་[༡]
ཅིང་སྦྱིན་པ་ཡོངས་སུ་གཏོང་ངོ་། །དེ་ཅིའི་ཕྱིར་ཞེ་ན། འདི་ལྟར་ཆོས་ཐམས་
ཅད་ནི་ཐ་དད་དུ་བྱ་བ་མྱེད་པ་སྟེ། དེས་ཐ་དད་དུ་བྱ་བ་མྱེད་པའི་སྦྱིན་པ་བྱིན་
པས། ཐ་དད་དུ་བྱ་བ་མྱེད་པའི་ཆོས་འདི་ལྟ་སྟེ། རྣམ་པ་ཐམས་ཅད་མཁྱེན་
པ་ཉིད་ཐོབ་པར་འགྱུར་རོ། །རབ་འབྱོར་གལ་ཏེ་བྱང་ཆུབ་སེམས་དཔའ་སེམས་
དཔའ་ཆེན་པོས་ཕྱོལ་སོང་གི་སྐྱེ་གནས་སུ་གཏོགས་པའི་སྲོག་ཆགས་སྦྱིན་པའི·····
གནས་མ་ཡིན་པར་[༢]མཐོང་ནས། འདི༔སྐམ་དུ[༣]། བདག་གི་སྦྱིན་གནས་ནི···
ཡང་དག་པར་རྫོགས་པའི་སངས་རྒྱས་ཏེ། ཕྱོལ་སོང་གི་སྐྱེ་གནས་སུ་གཏོགས་པ་
མ་ཡིན་ནོ་སྙམ་ན། བྱང་ཆུབ་སེམས་དཔའི་ཆོས་མ་ཡིན་ནོ། །དེ་ཅིའི་ཕྱིར་
ཞེ་ན། བྱང་ཆུབ་སེམས་དཔའ་སེམས་དཔའ་ཆེན་པོས་ནི་བྱང་ཆུབ༔ཏུ་སེམས··
བསྐྱེད་[༤]ནས། འདི་ལྟར་བདག་གིས་སེམས་ཅན་འདི་[༥]དག་ལ་ནི་[༦]སྦྱིན་པས··
ཕན་གདགས་པར་བྱའོ། །འདི་དག་ལ་ནི་ཕན་གདགས་པར་མྱི་བྱའོ། །ཞེས་བྱ་
བར་སྣ་ན་མྱེད་པ་ཡང་དག་པར་རྫོགས་པའི་བྱང་ཆུབ་ཏུ་ཡང་དག་པར་[༧]ཞུགས་པ་
མ་ཡིན་ཏེ། དེ་དག་སྦྱིན་པས་ཕན་བཏགས་[༨]ནས། རྒྱལ་རིགས་ཆེ་ཤིང་མཐོ··
བའི་རིགས་སུ་སྐྱེ། བྲམ་ཟེ་ཆེ་ཤིང་མཐོ་བའི་རིགས་སུ་སྐྱེ། ཁྱིམ་བདག་ཆེ་ཤིང་
མཐོ་བའི་རིགས་སུ་སྐྱེ་བར་འགྱུར་ཏེ། སྦྱིན་པ་དེ་[༩]ཉིད་ཀྱིས་[༡༠]ཕན་བཏགས་པ་དེ་
དག་ཐེག་པ་གསུམ་གྱིས་[༡༡]རིམ་གྱིས་ཕུང་པོ་མ་ལུས་པའི་མྱ་ངན་ལས་[༡༢]འདས་པའི་
དབྱིངས་སུ་ཡོངས་སུ་མྱ་ངན་ལས་[༡༣]འདས་པར་འགྱུར་རོ། །གལ་ཏེ་བྱང་ཆུབ··
སེམས་དཔའ་སེམས་དཔའ་ཆེན་པོ་ལ་སྐྱེ་བོའི་ཚོགས་ཐམས་ཅད་ཀྱིས་གསད་པར··

གསོལ་བ་བཏབ་ན། དེ་ལ་བྱང་ཆུབ་སེམས་དཔའ་སེམས་དཔའ་ཆེན་པོས་སྦྱིན་ནོ་སྙམ་འམ[༡]། མི་སྦྱིན་ནོ་སྙམ་པའི་སེམས་གཞན་བསྐྱེད་པར་མི་བྱའི[༢]། འཁྲུག་པ་མེད་པའི་སེམས་ཀྱིས་སྐྱོ་བོའི་ཚིགས་དེ་དག་ལ་སྦྱིན་པར་བྱའོ། །དེ་ཅིའི་ཕྱིར་ཞེ་ན། འདི་ལྟར་དེ་ནི་སེམས་ཅན་ཐམས་ཅད་ཀྱི་དོན་དུ་བླ་ན་མེད་པ་ཡང་དག་པར་རྫོགས་པའི་བྱང་ཆུབ་ཏུ་ཡང་དག་པར་ཞུགས་པའི་ཕྱིར། གལ་ཏེ༔ དེ་ལྟར་[༣]རྣམ་པར་རྟོག་ན། སངས་རྒྱས་བཅོམ་ལྡན་འདས་དེ་དག་དང་། བྱང་ཆུབ་སེམས་དཔའ་སེམས་དཔའ་ཆེན་པོ་དེ་དག་དང་། རང་སངས་རྒྱས་རྣམས་དང་། དགྲ་བཅོམ་པ་རྣམས་དང་། སློབ་པ་རྣམས་དང་། ལྷ་དང་། མི་དང་ལྷ་མ་ཡིན་དུ་བཅས་པའི་འཇིག་རྟེན་གྱིས་སྨད་[༤]པར་འགྱུར་ཏེ། དེ་ལ་ཐོག་མར་སེམས་ཅན་ཐམས་ཅད་ཀྱི་མགོན་གྱིས་ཤིག་ཅེའམ[༥]། གནས་དང་། སྐྱབས་དང་། དཔུང་གཉེན་གྱིས་ཤིག་ཅེས་སྨྲས་གསོལ་བ༔ བཏབ་བཏབ་[༦]ཅེས་སྨད་[༧]པར་འགྱུར་ཏེ[༨]། རབ་འབྱོར་གཞན་ཡང་གལ་ཏེ་བྱང་ཆུབ་སེམས་དཔའ་སེམས་དཔའ་ཆེན་པོའི་དྲུང་དུ་མིར༔ གྱུར་པའམ[༩]། མི་མ་ཡིན་པར་གྱུར་པ་དག་འོངས་[༡༠]ནས། བདག་ནི་སྨོང་[༡༡]མོ་པའོ་ཞེས་ཡན་ལག་དང་། ཉིང་ལག་གཅད་[༡༢]པར་གསོལ་བ་བཏབ་ན། དེའི་ཚེ་དེས་སྦྱིན་ནམ་མི་སྦྱིན་སྙམ་པའི་སེམས་གཉིས་སུ་བསྐྱེད་པར་མི་བྱའོ། །དེ་ཅིའི་ཕྱིར་ཞེ་ན། དེ་ནི་འདི་ལྟར་བྱང་ཆུབ་སེམས་དཔའ་སེམས་དཔའ་ཆེན་པོ་དེས་[༡༣]སེམས་ཅན་རྣམས་ཀྱི་དོན་དུ་ཆེད་དུ༔ བསམས་ཏེ[༡༤]། ལུས་འདིས་བདག་གིས་སེམས་ཅན་ཐམས་ཅད་ཀྱི་དོན་[༡༥]བྱའོ་ཞེས་ལུས་ཡོངས་སུ་བཟུང་བས་ན། དེས་འདི་སྙམ་དུ་བདག་གིས་[༡༦]སེམས་ཅན་འདི་དག་གི་དོན་དུ་ལུས་ཡོངས་སུ༔ བཟུང་བཟུང་[༡༧]བས་དེ་དག་བསྐང་མི་དགོས་པས་[༡༨]ཁྱེར་ཞིང་དེངས་[༡༩]ཤིག་ཅེས་སེམས་བསྐྱེད་པར༔ བྱས་ཏེ[༢༠]། རབ་འབྱོར་དེ་ལྟར་བྱང་ཆུབ་སེམས

དཔའ་སེམས་དཔའ་ཆེན་པོས་ཤེས་རབ་ཀྱི་ཕ་རོལ་ཏུ་ཕྱིན་པ་ལ་[༡]བསླབ་པར་བྱའོ། །རབ་འབྱོར་གཞན་ཡང་བྱང་ཆུབ་སེམས་དཔའ་སེམས་དཔའ་ཆེན་པོས་སློངས་[༢]མོ་པ་མཐོང་ན་འདི་སྙམ་དུ་ཆོས་འདི་དག་ཐམས་ཅད་ཀྱི་རང་བཞིན་དམིགས་སུ་མེད་ན། འདི་ལ་སུ་ཞིག་ནི་སྦྱིན་པ་ཡོངས་སུ་གཏོང་[༣]། སུ་ལ་ནི་[༤]སྦྱིན་པར་བྱ། ཅི་ཞིག་ནི་སྦྱིན་པར་བྱ་ཞེས་སེམས་བསྐྱེད་པར་བྱའོ། །དེ་ཅིའི་ཕྱིར་ཞེ་ན། འདི་ལྟར་ཆོས་དེ་དག་ནི་མཐའ་ལས་འདས་པ་སྟོང་པ་ཉིད་ཀྱིས་སྟོང་པ་སྟེ། སྟོང་པ་ཉིད་ལ་ནི་[༥]གང་ལ་[༦]ཡང་ཡོངས་སུ་གཏོང་བའམ། གང་ལས་ཀྱང་འཕྲོགས་[༧]པ་མེད་དོ[༨]། །རབ་འབྱོར་དེ་ལྟར་བྱང་ཆུབ་སེམས་དཔའ་སེམས་དཔའ་ཆེན་པོ་[༩]ཤེས་རབ་ཀྱི་ཕ་རོལ་ཏུ་ཕྱིན་པ་དང་། འདི་ལྟ་སྟེ། ནང་སྟོང་པ་ཉིད་དམ། ཕྱི་སྟོང་པ་ཉིད་དམ། ཕྱི་ནང་སྟོང་པ་ཉིད་དམ། སྟོང་པ་ཉིད་སྟོང་པ་ཉིད་དམ། ཆེན་པོ་སྟོང་པ་ཉིད་དམ། དོན་[༡༠]དམ་པ་སྟོང་པ་ཉིད་དམ། འདུས་བྱས་སྟོང་པ་ཉིད་དམ། འདུས་མ་བྱས་སྟོང་པ་ཉིད་དམ། མཐའ་ལས་འདས་པ་སྟོང་པ་ཉིད་དམ། ཐོག་མ་དང་ཐ་མ་མེད་པ་སྟོང་པ་ཉིད་དམ། དོར་བ་མེད་པ་སྟོང་པ་ཉིད་དམ། རང་བཞིན་སྟོང་པ་ཉིད་དམ། ཆོས་ཐམས་ཅད་སྟོང་པ་ཉིད་དམ། རང་གི་མཚན་ཉིད་སྟོང་པ་ཉིད་དམ། མི་དམིགས་པ་སྟོང་པ་ཉིད་དམ། དངོས་པོ་མེད་པ་སྟོང་པ་ཉིད་དམ། ངོ་བོ་ཉིད་སྟོང་པ་ཉིད་དམ། དངོས་པོ་མེད་པའི་ངོ་བོ་ཉིད་སྟོང་པ་ཉིད་ལ་བསླབ་པར་བྱའོ། །དེ་སྟོང་པ་ཉིད་དེ་དག་ལ་གནས་ཤིང་། སྦྱིན་པ་གཏོང་ན། དེའི་[༡༡]སྦྱིན་པའི་ཕ་རོལ་ཏུ་ཕྱིན་པ་རྟག་[༡༢]ཏུ་རྒྱུན་མི་འཆད་པར་ཡོངས་སུ་རྫོགས་པར་འགྱུར་ཏེ། དེ་སྦྱིན་པའི་ཕ་རོལ་ཏུ་ཕྱིན་པ་ཡོངས་སུ་རྫོགས་པ་དེས། ཕྱི་དང་ནང་གི་ཆོས་ལ་གཅད་ཅིང་གཏུབས་ཀྱང་། བདག་ལ་སུ་ཡང་གཏུབ་པའམ[༡༣]། གཅད་[༡༤]དོ། །སྙམ་[༡༥]པའི་སེམས་མི་འབྱུང་ངོ་།། ||

ཞེས་རབ་ཀྱི་ཕ་རོལ་ཏུ་ཕྱིན་པ་སྟོང་ཕྲག་བརྒྱ་པ། བམ་པོ་གཉིས་[1]པ༏ རབ་འབྱོར་ངས་འདི་ནས་སངས་རྒྱས་ཀྱི་སྤྱན་གྱིས་འཇིག་རྟེན་ལ་རྣམ་པར་གཟིགས་ན། ཤར་ཕྱོགས་ཀྱི་འཇིག་རྟེན་གྱི་ཁམས་གནྷའི་[2]ཀླུང་གི་བྱེ་མ་སྙེད་དག་ན། བྱང་ཆུབ་སེམས་དཔའ་སེམས་དཔའ་ཆེན་པོ་དག་ཆེད་དུ་བསམས་[3]ཏེ། སེམས་ཅན་དམྱལ་བ་ཆེན་པོ་དག་ཏུ་དོང་ཞིང་། སེམས་ཅན་དམྱལ་བ་ཆེན་པོའི་སྡུག་བསྔལ་[4]ཞི་བར་བྱས་ནས། རྫུ་འཕྲུལ་གྱི་ཆོ་འཕྲུལ་དང་། ཡོངས་སུ་བསྟན་པའི་ཆོ་འཕྲུལ་དང་། རྗེས་སུ་བསྟན་པའི་ཆོ་འཕྲུལ་དང་། ཆོ་འཕྲུལ་གསུམ་པོ་དེ་དག་གིས་[5]སེམས་ཅན་དམྱལ་བ་པའི་སེམས་ཅན་དེ་དག་ལ་ཆོས་སྟོན་ཅིང་། རྫུ་འཕྲུལ་གྱི་ཆོ་འཕྲུལ་གྱིས་སེམས་ཅན་དམྱལ་བ་ཆེན་པོའི་སྡུག་བསྔལ་དེ་དག༔ཞི་བར་བྱས་ཏེ[6]། ཡོངས་སུ་བསྟན་པའི་ཆོ་འཕྲུལ་དང་། རྗེས་སུ་བསྟན་པའི་ཆོ་འཕྲུལ་གྱིས་ཆོས་སྟོན་པ་དང་། བྱང་ཆུབ་སེམས་དཔའ་སེམས་དཔའ་ཆེན་པོ་དེ་དག་བྱམས་པ་ཆེན་པོ་དང་། སྙིང་རྗེ་ཆེན་པོ་དང་། དགའ་བ་ཆེན་པོ་དང་། བཏང་[7]སྙོམས་ཆེན་པོས་ཆོས་[8]སྟོན་ཏེ། དེས་སེམས་ཅན་དམྱལ་བ་པའི་སེམས་ཅན་དེ་དག་བྱང་ཆུབ་སེམས་དཔའ་སེམས་དཔའ་ཆེན་པོ་དེ་དག་ལ་སེམས་སོས་པར་བྱས་ཤིང་། སེམས་ཅན་དམྱལ་བ་ཆེན་པོ་དེ་དག་ནས་རྣམ་པར་ཐར་བ་དང་། དེ་དག་སེམས་ཅན་དམྱལ་བ་ཆེན་པོ་དེ་དག་ནས་རྣམ་པར་ལངས་ནས༏ ལྷ་དང་མི་དག་དང་སྐལ་བ་མཉམ་པར་སྐྱེས་ཤིང་། རིམ་གྱིས་ཐེག་པ་གསུམ་གྱིས་སྡུག་བསྔལ་མཐར་འབྱིན་པ་མཐོང་ངོ་། །རབ་འབྱོརད་ངས་འདི་ནས་སངས་རྒྱས་ཀྱི་སྤྱན་གྱིས་འཇིག་རྟེན་ལ་རྣམ་པར་གཟིགས་ན། ལྷོ་[9]ཕྱོགས་ཀྱི་འཇིག་རྟེན་གྱི་ཁམས་གནྷའི་ཀླུང་གི་བྱེ་མ་སྙེད་དག་ན། བྱང་ཆུབ་སེམས་དཔའ་སེམས་དཔའ་ཆེན་པོ་དག་ཆེད་དུ་བསམས་ཏེ། ༔སེམས་ཅན་དམྱལ་བ་ཆེན་པོ་

དག་ཏུ་དོང་ཞིང་།[༡] སེམས་ཅན་དམྱལ་བ་ཆེན་པོའི་སྡུག་བསྔལ་ཞི་བར་བྱས་ནས[༢]། རྫུ་འཕྲུལ་གྱི་ཆོ་འཕྲུལ་དང་། ཡོངས་སུ་བསྟན་པའི་ཆོ་འཕྲུལ་དང་། རྗེས་སུ་བསྟན་པའི་ཆོ་[༣]འཕྲུལ་དང་། ཆོ་འཕྲུལ་གསུམ་པོ་དེ་དག་གིས་སེམས་ཅན་དམྱལ་བ་པའི་སེམས་ཅན་དེ་དག་ལ་ཆོས་སྟོན་ཅིང་། རྫུ་འཕྲུལ་གྱི་ཆོ་འཕྲུལ་གྱིས་སེམས་ཅན་དམྱལ་བ་ཆེན་པོའི་[༤]སྡུག་བསྔལ་དེ་དག་ཞི་བར་བྱས་ཏེ། ཡོངས་སུ་བསྟན་པའི་ཆོ་འཕྲུལ་དང་། རྗེས་སུ་བསྟན་པའི་ཆོ་འཕྲུལ་གྱིས་ཆོས་སྟོན་པ་དང་། བྱང་ཆུབ་སེམས་དཔའ་སེམས་དཔའ་ཆེན་པོ་དེ་དག་བྱམས་[༥]པ་ཆེན་པོ་[༦]དང་། སྙིང་རྗེ་ཆེན་པོ་དང་། དགའ་བ་ཆེན་པོ་དང་། བཏང་སྙོམས་ཆེན་པོས་ཆོས་སྟོན་ཏེ[༧]། དེས་སེམས་ཅན་དམྱལ་བ་པའི་སེམས་ཅན་དེ་དག་བྱང་ཆུབ་སེམས་དཔའ་སེམས་དཔའ་ཆེན་པོ་དེ་དག་ལ་སེམས་མོས་པར་བྱས་ཤིང་། སེམས་ཅན་དམྱལ་བ་ཆེན་པོ་དེ་དག་ནས་རྣམ་པར་ལྡང་བ་དང་། དེ་དག་སེམས་ཅན་དམྱལ་བ་ཆེན་པོ་དེ་དག་ནས་རྣམ་པར་ལངས་ནས། ལྷ་དང་མི་དག་དང་སྐལ་[༨]བ་མཉམ་པར་སྐྱེས་ཤིང་། རིམ་གྱིས་ཐེག་པ་གསུམ་གྱིས་སྡུག་བསྔལ་མཐར་འབྱིན་པ་མཐོང་ངོ་། །རབ་འབྱོར་ངས་འདི་ནས་སངས་རྒྱས་ཀྱི་སྤྱན་གྱིས་འཇིག་རྟེན་ལ་རྣམ་པར་གཟིགས་ན། ནུབ་ཕྱོགས་ཀྱི་འཇིག་རྟེན་གྱི་ཁམས་གངྒཱའི་ཀླུང་གི་བྱེ་མ་སྙེད་དག་ན། བྱང་ཆུབ་སེམས་དཔའ་སེམས་དཔའ་ཆེན་པོ་དག་ཆེད་དུ་བསམས་ཏེ། སེམས་ཅན་དམྱལ་བ་ཆེན་པོ་དག་ཏུ་དོང་[༩]ཞིང་སེམས་ཅན་དམྱལ་བ་ཆེན་པོའི་སྡུག་བསྔལ་ཞི་བར་བྱས་ནས། རྫུ་འཕྲུལ་གྱི་ཆོ་འཕྲུལ་དང་། ཡོངས་སུ་བསྟན་པའི་ཆོ་འཕྲུལ་དང་། རྗེས་སུ་བསྟན་པའི་ཆོ་འཕྲུལ་དང་། ཆོ་འཕྲུལ་གསུམ་པོ་དེ་དག་གིས་སེམས་ཅན་དམྱལ་བ་པའི་སེམས་ཅན་དེ་དག་ལ་ཆོས་སྟོན་ཅིང་། རྫུ་འཕྲུལ་གྱི་ཆོ་འཕྲུལ་གྱིས་སེམས་ཅན་དམྱལ་བ་

ཆེན་པོའི་སྡུག་བསྔལ་དེ་དག་ཞི་བར་བྱས་ཏེ། ཡོངས་སུ་བསྔན་པའི་ཆོ་འཕྲུལ་དང་། རྗེས་སུ་བསྟན་པའི་ཆོ་འཕྲུལ་གྱིས་[༡]ཆོས་སྟོན་པ་དང་། བྱང་ཆུབ་སེམས་དཔའ་སེམས་དཔའ་ཆེན་པོ་དེ་དག་བྱམས་པ་ཆེན་པོ་དང་། སྙིང་རྗེ་ཆེན་པོ་དང་། དགའ་བ་ཆེན་པོ་དང་། བཏང་སྙོམས་ཆེན་པོས་ཆོས་སྟོན་ཏེ[༢]། དེས་སེམས་ཅན་དམྱལ་བ་པའི་སེམས་ཅན་དེ་དག་བྱང་ཆུབ་སེམས་དཔའ་སེམས་དཔའ་ཆེན་པོ་དེ་དག་ལ་སེམས་མོས་པར་བྱས་ཤིང་། སེམས་ཅན་དམྱལ་བ་ཆེན་པོ་དེ་དག་ནས་རྣམ་པར་ལྡང་བ་དང་། དེ་དག་སེམས་ཅན་དམྱལ་བ་ཆེན་པོ་དེ་དག་ནས་[༣]རྣམ་པར་ལངས་ནས། ལྷ་དང་མི་དག་དང་སྐལ་བ་མཉམ་པར་སྐྱེས་ཤིང་། རིམ་གྱིས་ཐེག་པ་གསུམ་གྱིས་སྡུག་བསྔལ་མཐར་འབྱིན་པ་མཐོང་ངོ་། །

རབ་འབྱོར་ངས་འདི་ནས་སངས་རྒྱས་ཀྱི་སྤྱན་གྱིས། འཇིག་རྟེན་ལ་རྣམ་པར་གཟིགས་ན། བྱང་ཕྱོགས་ཀྱི་འཇིག་རྟེན་གྱི་ཁམས་གནྜའི་ཀླུང་གི་བྱེ་མ་སྙེད་དག་ན། བྱང་ཆུབ་སེམས་དཔའ་སེམས་དཔའ་ཆེན་པོ་དག་ཆེད་དུ་བསམས་ཏེ། སེམས་ཅན་དམྱལ་བ་ཆེན་པོ་དག་ཏུ་དོང་ཞིང་། སེམས་ཅན་དམྱལ་བ་ཆེན་པོའི་སྡུག་བསྔལ་ཞི་བར་བྱས་ནས། རྫུ་འཕྲུལ་གྱི་ཆོ་འཕྲུལ་དང་། ཡོངས་སུ་བསྔན་པའི་ཆོ་འཕྲུལ་དང་། རྗེས་སུ་བསྟན་པའི་ཆོ་འཕྲུལ་དང་། ཆོ་འཕྲུལ་གསུམ་པོ་དེ་དག་གིས་སེམས་ཅན་དམྱལ་[༤]བ་པའི་སེམས་ཅན་དེ་དག་ལ་ཆོས་སྟོན་ཅིང་། རྫུ་འཕྲུལ་གྱི་ཆོ་འཕྲུལ་གྱིས་སེམས་ཅན་དམྱལ་བ་ཆེན་པོའི་སྡུག་བསྔལ་དེ་དག་ཞི་བར་བྱས་ཏེ། ཡོངས་སུ་བསྔན་པའི་ཆོ་འཕྲུལ་དང་། རྗེས་སུ་བསྟན་པའི་ཆོ་འཕྲུལ་གྱིས་ཆོས་སྟོན་པ་དང་། བྱང་ཆུབ་སེམས་དཔའ་སེམས་དཔའ་ཆེན་པོ་དེ་དག་བྱམས་པ་ཆེན་པོ་དང་། སྙིང་རྗེ་ཆེན་པོ་དང་། དགའ་བ་ཆེན་པོ་དང་། བཏང་སྙོམས་ཆེན་པོས་ཆོས་སྟོན་ཏེ། དེས་སེམས་ཅན་དམྱལ་བ་པའི་སེམས་ཅན་

དེ་དག་བྱང་ཆུབ་སེམས་དཔའ་སེམས་དཔའ་ཆེན་པོ་དེ་དག་ལ་སེམས་[༧]སོས་པར་བྱས་ཤིང་། སེམས་ཅན་དམྱལ་བ་ཆེན་པོ་དེ་དག་ནས་རྣམ་པར་ལྷུང་བ་དང་། དེ་དག་སེམས་ཅན་དམྱལ་བ་ཆེན་པོ་དེ་དག་ནས། རྣམ་པར་ལངས་ནས། ལྷ་དང་མི་དག་དང་སྐལ་བ་མཉམ་པར་སྐྱེས་ཤིང་། རིམ་གྱིས་ཐེག་པ་གསུམ་གྱིས་སྡུག་བསྔལ་མཐར་འབྱིན་པ་མཐོང་ངོ་། །རབ་འབྱོར་ངས་འདི་ནས་སངས་རྒྱས་ཀྱི་སྤྱན་གྱིས་འཇིག་རྟེན་ལ་རྣམ་པར་གཟིགས་ན། བྱང་ཤར་གྱི་ཕྱོགས་མཚམས་ཀྱི་འཇིག་རྟེན་གྱི་ཁམས་གངྒའི་ཀླུང་གི་བྱེ་མ་སྙེད་དག་ན། བྱང་ཆུབ་སེམས་དཔའ་སེམས་དཔའ་ཆེན་པོ་དག་ཆེད་དུ་བསམས་ཏེ། སེམས་ཅན་དམྱལ་[༢]བ་ཆེན་པོ་དག་ཏུ་དོང་ཞིང་། སེམས་ཅན་དམྱལ་བ་ཆེན་པོའི་[༣]སྡུག་བསྔལ་ཞི་བར་བྱས་ནས། རྫུ་འཕྲུལ་གྱི་ཆོ་འཕྲུལ་དང་། ཡོངས་སུ་བསྟན་པའི་ཆོ་འཕྲུལ་དང་། རྗེས་སུ་བསྟན་པའི་ཆོ་འཕྲུལ་དང་། ཆོ་འཕྲུལ་གསུམ་པོ་དེ་དག་གིས་སེམས་ཅན་དམྱལ་བ་པའི་སེམས་ཅན་དེ་དག་ལ་ཆོས་སྟོན་ཅིང་། རྫུ་འཕྲུལ་གྱི་ཆོ་འཕྲུལ་གྱིས་སེམས་ཅན་དམྱལ་བ་ཆེན་པོའི་སྡུག་བསྔལ་[༤]དེ་དག་ཞི་བར་བྱས་ཏེ། ཡོངས་སུ་བསྟན་པའི་ཆོ་འཕྲུལ་དང་། རྗེས་སུ་བསྟན་པའི་ཆོ་འཕྲུལ་གྱིས་ཆོས་སྟོན་པ་དང་། བྱང་ཆུབ་སེམས་དཔའ་སེམས་དཔའ་ཆེན་པོ་དེ་དག་བྱམས་པ་ཆེན་པོ་དང་། སྙིང་རྗེ་ཆེན་པོ་དང་། དགའ་བ་ཆེན་པོ་དང་། བཏང་སྙོམས་ཆེན་པོས་ཆོས་སྟོན་ཏེ། དེས་སེམས་ཅན་དམྱལ་བ་པའི་སེམས་ཅན་དེ་དག་བྱང་ཆུབ་སེམས་དཔའ་སེམས་དཔའ་ཆེན་པོ་དེ་དག་ལ། སེམས་སོས་པར་བྱས་ཤིང་། སེམས་ཅན་དམྱལ་བ་ཆེན་པོ་དེ་དག་ནས་རྣམ་པར་ལྷུང་བ་དང་། དེ་དག་སེམས་ཅན་དམྱལ་བ་ཆེན་པོ་དེ་དག་ནས་རྣམ་པར་ལངས་ནས། ལྷ་དང་མི་དག་དང་སྐལ་བ་མཉམ་པར་སྐྱེས་ཤིང་། རིམ་གྱིས་ཐེག་པ་གསུམ་གྱིས་སྡུག་བསྔལ་མཐར་འབྱིན་

པ་མཛོད་ཅོ། །རབ་འབྱོར་ངས་འདི་ནས་སངས་རྒྱས་ཀྱི་སྤྱན་གྱིས་འཇིག་རྟེན་ལ་རྣམ་པར་གཟིགས་ན། ཤར་ལྷོའི་ཕྱོགས་མཚམས་ཀྱི་འཇིག་རྟེན་གྱི་ཁམས་གངྒཱའི་ཀླུང་གི་བྱེ་མ་སྙེད་དག་ན། བྱང་ཆུབ་སེམས་དཔའ་སེམས་དཔའ་ཆེན་པོ་དག་ཆེད་དུ་བསམས་ཏེ། སེམས་ཅན་དམྱལ་བ་ཆེན་པོ་དག་ཏུ་དོང་ཞིང་། སེམས་ཅན་དམྱལ་བ་ཆེན་པོའི་སྡུག་བསྔལ་ཞི་བར་བྱས་ནས། རྫུ་འཕྲུལ་གྱི་ཆོ་འཕྲུལ་དང་། ཡོངས་སུ་བསྟན་པའི་ཆོ་འཕྲུལ་དང་། རྗེས་སུ་བསྟན་པའི་ཆོ་འཕྲུལ་དང་། ཆོ་འཕྲུལ་གསུམ་པོ་དེ་དག་གིས་སེམས་ཅན་དམྱལ་བ་པའི་སེམས་ཅན་དེ་དག་ལ་ཆོས་སྟོན་ཅིང་། རྫུ་འཕྲུལ་གྱི་ཆོ་འཕྲུལ་གྱིས་སེམས་ཅན་དམྱལ་བ་ཆེན་པོའི་སྡུག་བསྔལ་དེ་དག་ཞི་བར་བྱས་ཏེ། ཡོངས་སུ་བསྟན་པའི་ཆོ་འཕྲུལ་དང་། རྗེས་སུ་བསྟན་པའི་ཆོ་འཕྲུལ་གྱིས་ཆོས་སྟོན་པ་དང་། བྱང་ཆུབ་སེམས་དཔའ་སེམས་དཔའ་ཆེན་པོ་དེ་དག་བྱམས་པ་ཆེན་པོ་དང་། སྙིང་རྗེ་ཆེན་པོ་དང་། དགའ་བ་ཆེན་པོ་དང་། བཏང་སྙོམས་ཆེན་པོས་ཆོས་སྟོན་ཏེ། དེས་སེམས་ཅན་དམྱལ་བ་པའི་སེམས་ཅན་དེ་དག་བྱང་ཆུབ་སེམས་དཔའ་སེམས་དཔའ་ཆེན་པོ་དེ་དག་ལ་སེམས་མོས་པར་བྱས་ཤིང་། སེམས་ཅན་དམྱལ་བ་ཆེན་པོ་དེ་དག་ནས་རྣམ་པར་ལྡང་བ་དང་། དེ་དག་སེམས་ཅན་དམྱལ་བ་ཆེན་པོ་དེ་དག་ནས་རྣམ་པར་ལངས་ནས། ལྷ་དང་མི་དག་དང༔ སྐལ་བ་[༡]མཉམ་པར་སྐྱེས་ཤིང་། རིམ་གྱིས་ཐེག་པ་གསུམ་གྱིས་སྡུག་བསྔལ་མཐར་འབྱིན་པ་མཛོད་ཅོ། །རབ་འབྱོར་ངས་འདི་ནས་སངས་རྒྱས་ཀྱི་སྤྱན་གྱིས་འཇིག་རྟེན་ལ་རྣམ་པར་གཟིགས་ན། ལྷོ་ནུབ་ཀྱི་ཕྱོགས་མཚམས་ཀྱི་འཇིག་རྟེན་གྱི་ཁམས་གངྒཱའི་ཀླུང་གི་བྱེ་མ་སྙེད་དག་ན་བྱང་ཆུབ་སེམས་དཔའ་སེམས་དཔའ་ཆེན་པོ་དག་ཆེད་[༢]དུ་བསམས་ཏེ། སེམས་ཅན་དམྱལ་བ་ཆེན་པོ་དག་ཏུ་དོང་ཞིང་། སེམས་ཅན་དམྱལ་བ་ཆེན་པོའི་སྡུག

བསྡུལ་ཞི་བར་བྱས་ནས། རྫུ་འཕྲུལ་གྱི་ཆོ་འཕྲུལ་དང་། ཡོངས་སུ་བསྟན་པའི་ཆོ་(༡)འཕྲུལ་དང་། རྗེས་སུ་བསྟན་པའི་ཆོ་འཕྲུལ་དང་། ཆོ་འཕྲུལ་གསུམ་པོ་དེ་དག་གིས་སེམས་ཅན་དམྱལ༔བ་པའི་(༢)སེམས་ཅན་དེ་དག་ལ་ཆོས་སྟོན་ཅིང་། རྫུ་འཕྲུལ༔གྱི་ཆོ་(༣)འཕྲུལ་གྱིས་སེམས་ཅན་དམྱལ་བ་ཆེན་པོའི་སྡུག་བསྔལ་དེ་དག་ཞི་བར་བྱས་ཏེ། ཡོངས་སུ་བསྟན་པའི་ཆོ་འཕྲུལ་དང་། རྗེས་སུ་བསྟན་པའི་ཆོ་འཕྲུལ་གྱིས་ཆོས་སྟོན་པ་དང་། བྱང་ཆུབ་སེམས་དཔའ་སེམས་དཔའ་ཆེན་པོ་དེ་དག་བྱམས་པ་ཆེན་པོ་དང་། སྙིང་རྗེ་ཆེན་པོ་དང་། དགའ་བ་ཆེན་པོ་དང་། བཏང་སྙོམས་ཆེན་པོས་ཆོས་སྟོན་ཏེ། དེས་སེམས་ཅན་དམྱལ་བ་པའི་སེམས་ཅན་དེ་དག་བྱང་ཆུབ་སེམས་དཔའ་སེམས་དཔའ་ཆེན་པོ་དེ་དག་ལ་སེམས་མོས་པར་བྱས་ཤིང་། སེམས་ཅན་དམྱལ་བ་ཆེན་པོ་དེ་དག་ནས། རྣམ་པར་ལྡང་བ་དང་། དེ་དག་སེམས་ཅན་དམྱལ་བ་ཆེན་པོ་དེ་དག་ནས་རྣམ་པར་ལངས་ནས། ལྷ་དང་མི་དག་དང༔སྐལ་བ་(༤)མཉམ་པར་སྐྱེས་ཤིང་། རིམ་གྱིས་ཐེག་པ་གསུམ་གྱིས་སྡུག་བསྔལ་མཐར་འབྱིན་པ་མཐོང་ངོ་། །རབ་འབྱོར་ངས་འདི་ནས་སངས་རྒྱས་ཀྱི་སྤྱན་གྱིས་(༥)འཇིག་རྟེན་ལ་རྣམ་པར་གཟིགས་ན། ནུབ་བྱང་གི་ཕྱོགས་མཚམས་ཀྱི་(༦)འཇིག་རྟེན་གྱི་ཁམས་གངྒཱའི་ཀླུང་གི་བྱེ་མ་སྙེད་དག་ན། བྱང་ཆུབ་སེམས་དཔའ་སེམས་དཔའ་ཆེན་པོ་དག་ཆེད་དུ་བསམས་ཏེ། སེམས་ཅན་དམྱལ་བ་ཆེན་པོ་དག་ཏུ་དོང་ཞིང་། སེམས་ཅན་དམྱལ་བ་ཆེན་པོའི་སྡུག་བསྔལ་ཞི་བར་བྱས་ནས། རྫུ་འཕྲུལ་གྱི་ཆོ་འཕྲུལ་དང་། ཡོངས་སུ་བསྟན་པའི་ཆོ་འཕྲུལ་དང་། རྗེས་སུ་བསྟན་པའི་ཆོ་འཕྲུལ་དང་། ཆོ་འཕྲུལ་གསུམ་པོ་(༧)དེ་དག་གིས་སེམས་ཅན་དམྱལ་བ་པའི་སེམས་ཅན་དེ་དག་ལ་ཆོས་སྟོན་ཅིང་། རྫུ་འཕྲུལ་གྱི་ཆོ་(༨)འཕྲུལ་གྱིས་སེམས་ཅན་དམྱལ་བ་ཆེན་པོའི་སྡུག་བསྔལ་དེ་དག་ཞི་བར་བྱས་ཏེ། ཡོངས་

སུ་བསྟན་པའི་ཆོ་འཕྲུལ་དང་། རྗེས་སུ་བསྟན་པའི་ཆོ་འཕྲུལ་གྱིས་ཆོས་སྟོན་པ་
དང་། བྱང་ཆུབ་སེམས་དཔའ་སེམས་དཔའ་ཆེན་པོ་དེ་དག་བྱམས་པ་ཆེན་པོ་
དང་། སྙིང་རྗེ་ཆེན་པོ་དང་། དགའ་བ་ཆེན་པོ་དང་། བཏང་[༧]སྙོམས་ཆེན་
པོས་ཆོས་སྟོན་ཏེ། དེས་སེམས་ཅན་དམྱལ་བ་པའི་སེམས་ཅན་དེ་དག་བྱང་
ཆུབ་སེམས་དཔའ་སེམས་དཔའ་ཆེན་པོ་དེ་དག་ལ་སེམས་མོས་པར་བྱས་ཤིང་།
སེམས་ཅན་དམྱལ་བ་ཆེན་པོ་དེ་དག་ནས་རྣམ་པར་ལྡང་བ་དང་། དེ་དག་སེམས་
ཅན་དམྱལ་བ་ཆེན་པོ་དེ་དག་ནས་རྣམ་པར་ལངས་ནས། ལྷ་དང་མི་དག་དང་
ཿསྐལ་བ་[༣]མཉམ་པར་སྐྱེས་ཤིང་། རིམ་གྱིས་ཐེག་པ་གསུམ་གྱིས་སྡུག་བསྔལ་
མཐར་འབྱིན་པ་མཐོང་ངོ་། །རབ་འབྱོར་ངས་འདི་ནས་སངས་རྒྱས་ཀྱི་སྤྱན་གྱིས་
འཇིག་རྟེན་ལ་རྣམ་པར་གཟིགས་ན། འོག་གི་ཕྱོགས་ཀྱི་འཇིག་རྟེན་གྱི་ཁམས་
གནྒའི་ཀླུང་གི་བྱེ་མ་སྙེད་དག་ན། བྱང་ཆུབ་སེམས་དཔའ་སེམས་དཔའ་ཆེན་
པོ་དག་ཆེད་དུ་བསམས་ཏེ། སེམས་ཅན་དམྱལ་བ་ཆེན་པོ་དག་ཏུ་དོང་ཞིང་།
སེམས་ཅན་དམྱལ་བ་ཆེན་པོའི་སྡུག་བསྔལ་ཞི་བར་བྱས་ནས། རྫུ་འཕྲུལ་གྱི་ཆོ་
འཕྲུལ་དང་། ཡོངས་སུ་བསྟན་[༣]པའི་ཆོ་འཕྲུལ་དང་། རྗེས་སུ་བསྟན་པའི་ཆོ་
འཕྲུལ་དང་། ཆོ་འཕྲུལ་གསུམ་པོ་དེ་དག་གིས་སེམས་ཅན་དམྱལ་བ་པའི་སེམས་
ཅན་དེ་དག་ལ་ཆོས་སྟོན་ཅིང་། རྫུ་འཕྲུལ་གྱི་ཆོ་འཕྲུལ་གྱིས་སེམས་ཅན་དམྱལ་བ་
ཆེན་པོའི་སྡུག་བསྔལ་དེ་དག་ཞི་བར་བྱས་ཏེ། ཡོངས་སུ་བསྟན་པའི་ཆོ་འཕྲུལ་
དང་། རྗེས་སུ་བསྟན་པའི་ཆོ་འཕྲུལ་གྱིས་ཆོས་སྟོན་པ་དང་། བྱང་ཆུབ་སེམས་
དཔའ་སེམས་དཔའ་ཆེན་པོ་དེ་དག་བྱམས་པ་ཆེན་པོ་དང་། སྙིང་རྗེ་ཆེན་པོ་དང་།
དགའ་བ་ཆེན་པོ་དང་། བཏང་སྙོམས་ཆེན་པོས་ཆོས་སྟོན་ཏེ། དེས་སེམས་
ཅན་དམྱལ་བ་པའི་སེམས་ཅན་དེ་དག་བྱང་ཆུབ་སེམས་དཔའ་སེམས་དཔའ་ཆེན་

པོ་དེ་དག་ལ་སེམས་མོས་པར་བྱས་ཤིང་། སེམས་ཅན་དམྱལ་བ་ཆེན་པོ་དེ་དག་ནས་རྣམ་པར་ལྡང་བ་དང་། དེ་དག་སེམས་ཅན་དམྱལ་བ་ཆེན་པོ་དེ་དག་ནས་རྣམ་པར་ལངས་ནས། ལྷ་དང་མི་དག་དང་སྐལ་བ་མཉམ་པར་སྐྱེས་ཤིང་། རིམ་གྱིས་ཐེག་པ་གསུམ་གྱིས་སྡུག་བསྔལ་མཐར་འབྱིན་པ་མཐོང་ངོ་། །རབ་འབྱོར་ངས་འདི་ནས་སངས་རྒྱས་ཀྱི་སྤྱན་གྱིས་འཇིག་རྟེན་ལ་རྣམ་པར་གཟིགས་ན། སྟེང་གི་ཕྱོགས་ཀྱི་འཇིག་རྟེན་གྱི་ཁམས་གངྒའི་ཀླུང་གི་བྱེ་མ་སྙེད་དག་ན། བྱང་ཆུབ་སེམས་དཔའ་[1]སེམས་དཔའ་ཆེན་པོ་དག་ཆེད་དུ་བསམས་ཏེ། སེམས་ཅན་དམྱལ་བ་ཆེན་པོ་དག་ཏུ་དོང་ཞིང་། སེམས་ཅན་དམྱལ་བ་ཆེན་པོའི་སྡུག་བསྔལ་ཞི་བར་བྱས་ནས། རྫུ་འཕྲུལ་གྱི་ཆོ་འཕྲུལ་དང་། ཡོངས་སུ་བསྟན་པའི་ཆོ་འཕྲུལ་དང་། རྗེས་སུ་བསྟན་པའི་ཆོ་འཕྲུལ་དང་། ཆོ་འཕྲུལ་གསུམ་པོ་དེ་དག་གིས་སེམས་ཅན་དམྱལ་བ་པའི་སེམས་ཅན་དེ་དག་ལ་ཆོས་སྟོན་ཅིང་། རྫུ་འཕྲུལ་གྱི་ཆོ་འཕྲུལ་གྱིས་སེམས་ཅན་དམྱལ་བ་ཆེན་པོའི་སྡུག་བསྔལ་དེ་དག་ཞི་བར་བྱས་ཏེ། ཡོངས་སུ་བསྟན་པའི་ཆོ་འཕྲུལ་དང་། རྗེས་སུ་བསྟན་པའི་ཆོ་འཕྲུལ་གྱིས་ཆོས་སྟོན་པ་དང་བྱང་ཆུབ་སེམས་དཔའ་སེམས་དཔའ་ཆེན་པོ་དེ་དག་བྱམས་པ་ཆེན་པོ་དང་། སྙིང་རྗེ་ཆེན་པོ་དང་། དགའ་བ་ཆེན་པོ་[2]དང་། བཏང་སྙོམས་ཆེན་པོས་ཆོས་སྟོན་ཏེ། དེས་སེམས་ཅན་དམྱལ་བ་པའི་སེམས་ཅན་དེ་དག་བྱང་ཆུབ་སེམས་དཔའ་སེམས་དཔའ་ཆེན་པོ་དེ་དག་ལ་སེམས་མོས་པར་བྱས་ཤིང་། སེམས་ཅན་དམྱལ་བ་ཆེན་པོ་དེ་དག་ནས་རྣམ་པར་ལྡང་བ་དང་། དེ་དག་སེམས་ཅན་དམྱལ་བ་ཆེན་པོ་དེ་དག་ནས་རྣམ་པར་ལངས་ནས། ལྷ་དང་མི་དག་དང་སྐལ་བ་མཉམ་པར་སྐྱེས་ཤིང་། རིམ་གྱིས་ཐེག་པ་གསུམ་གྱིས་སྡུག་བསྔལ་མཐར་འབྱིན་པ་མཐོང་ངོ་། །རབ་འབྱོར་ངས་འདི་ཉིད་[3]ནས་སངས་རྒྱས་ཀྱི་སྤྱན་གྱིས་

འཇིག་རྟེན་ལ་རྣམ་པར་གཟིགས་ན། ཤར་ཕྱོགས་ཀྱི་འཇིག་རྟེན་གྱི་ཁམས་གངྒའི་ཀླུང་གི་བྱེ་མ་སྙེད་དག་ན། བྱང་ཆུབ་སེམས་དཔའ་སེམས་དཔའ་ཆེན་པོ། སངས་རྒྱས་བཅོམ་ལྡན་འདས་རྣམས་ལ་བསྙེན་བཀུར་བྱེད་པ་རྣམས་མཐོང་སྟེ། བྱང་ཆུབ་སེམས་དཔའ་སེམས་དཔའ་ཆེན་པོ་དེ་དག་སངས་རྒྱས་བཅོམ་ལྡན་འདས་དེ་དག་ལ་དགྱེས་པར་མི་འགྱུར་བར་[༡]མ་ཡིན་གྱིས[༢]། དགྱེས་པར་འགྱུར་བ་དང་། ཐུགས་སུ་མི་ཕྱོན་པས་མ་ཡིན་གྱི། ཐུགས་སུ་ཕྱོན་པ་དང་། མ་གུས་པས་[༣]མ་ཡིན་གྱིས[༤]། གུས་པར་ཤིན་ཏུ་དད་པས་བསྙེན་བཀུར་བྱེད་ཅིང་། བྱང་ཆུབ་སེམས་དཔའ་སེམས་དཔའ་ཆེན་པོ་དེ་དག་[༥]སངས་རྒྱས་བཅོམ་ལྡན་འདས་དེ་དག་གིས་ཆོས་གང་བསྟན་པ་དེ་ཡང་འཛིན་ཅིང་། བཟུང་[༦]ནས་བླ་ན་མེད་པ་ཡང་དག་པར་རྫོགས་པའི་བྱང་ཆུབ་ཏུ་མངོན་པར་རྫོགས་པར་སངས་རྒྱས་ཀྱི་བར་དུ་འཆང་ཞིང་ནམ་དུ་ཡང་ཆུད་མི་གཟོན་[༧]ཏོ། །རབ་འབྱོར་ངས་འདི་ཉིད་ནས་སངས་རྒྱས་ཀྱི་སྤྱན་གྱིས་འཇིག་རྟེན་ལ་རྣམ་པར་གཟིགས་ན། ལྷོ་ཕྱོགས་ཀྱི་འཇིག་རྟེན་གྱི་ཁམས་གངྒའི་ཀླུང་གི་བྱེ་མ་སྙེད་དག་ན། བྱང་ཆུབ་སེམས་དཔའ་[༨]སེམས་དཔའ་ཆེན་པོ་སངས་རྒྱས་བཅོམ་ལྡན་འདས་རྣམས་ལ་བསྙེན་བཀུར་བྱེད་པ་རྣམས་མཐོང་སྟེ། བྱང་ཆུབ་སེམས་དཔའ་སེམས་དཔའ་ཆེན་པོ་དེ་དག་སངས་རྒྱས་བཅོམ་ལྡན་འདས་དེ་དག་ལ་དགྱེས་པར་མི་འགྱུར་བ་[༩]མ་ཡིན་གྱི། དགྱེས་པར་འགྱུར་བ་དང་། ཐུགས་སུ་མི་ཕྱོན་པས་མ་ཡིན་གྱི། ཐུགས་སུ་ཕྱོན་པ་དང་། མ་གུས་པས་མ་ཡིན་གྱི། གུས་པར་ཤིན་ཏུ་དད་པས་བསྙེན་བཀུར་བྱེད་ཅིང་། བྱང་ཆུབ་སེམས་དཔའ་སེམས་དཔའ་ཆེན་པོ་དེ་དག་སངས་རྒྱས་བཅོམ་ལྡན་འདས་དེ་དག་གིས་ཆོས་གང་བསྟན་པ་དེ་ཡང་འཛིན་ཅིང་། བཟུང་ནས་བླ་ན་མེད་པ་ཡང་དག་པར་རྫོགས་པའི་བྱང་ཆུབ་ཏུ་མངོན་པར་རྫོགས་པར་སངས་

རྒྱས་ཀྱི་བར་དུ་འཚང་ཞིང་ནམ་དུ་ཡང་ཆུད་མི་གཟོན་ཏོ། །རབ་འབྱོར་ངས་འདི་ཉིད་ནས་སངས་རྒྱས་ཀྱི་སྤྱན་གྱིས་འཇིག་རྟེན་ལ་རྣམ་པར་གཟིགས་ན། ནུབ་ཕྱོགས་ཀྱི་འཇིག་རྟེན་གྱི་ཁམས་གང་གཱའི་ཀླུང་གི་བྱེ་མ་སྙེད་དག་ན། བྱང་ཆུབ་སེམས་དཔའ་སེམས་དཔའ་ཆེན་པོ་སངས་རྒྱས་བཅོམ་ལྡན་འདས་རྣམས་ལ་བསྙེན་བཀུར་བྱེད་པ་རྣམས་མཐོང་ངོ་། བྱང་ཆུབ་སེམས་དཔའ་སེམས་དཔའ་ཆེན་པོ་དེ་དག་སངས་རྒྱས་བཅོམ་ལྡན་འདས་དེ་དག་ལ་དགྱེས་པར་མི་འགྱུར་བར་[༡]མ་ཡིན་གྱི། དགྱེས་པར་འགྱུར་བ་དང་། ཐུགས་སུ་མི་ཕྱོན་པས་མ་ཡིན་གྱི། ཐུགས་སུ་ཕྱོན་པ་དང་། མ་གུས་པས་མ་ཡིན་གྱི། གུས་པར་ཤིན་ཏུ་དད་པས་བསྙེན་བཀུར་བྱེད་ཅིང་། བྱང་ཆུབ་སེམས་དཔའ་སེམས་དཔའ་ཆེན་པོ་དེ་དག་སངས་རྒྱས་བཅོམ་ལྡན་འདས་དེ་དག་གིས་ཆོས་གང་བསྟན་པ་དེ་ཡང་འཛིན་ཅིང་། བཟུང་[༢]ནས་བླ་ན་མེད་པ་ཡང་དག་པར་རྫོགས་པའི་བྱང་ཆུབ་ཏུ་མངོན་པར་རྫོགས་པར་སངས་རྒྱས་ཀྱི་བར་དུ་འཚང་ཞིང་ནམ་དུ་ཡང་ཆུད་མི་གཟོན་ཏོ། །རབ་འབྱོར་ངས་འདི་ཉིད་ནས་སངས་རྒྱས་ཀྱི་སྤྱན་གྱིས་འཇིག་རྟེན་ལ་རྣམ་པར་གཟིགས་ན། བྱང་ཕྱོགས་ཀྱི་འཇིག་རྟེན་གྱི་ཁམས་གང་གཱའི་ཀླུང་གི་བྱེ་མ་སྙེད་དག་ན། བྱང་ཆུབ་སེམས་དཔའ་སེམས་དཔའ་ཆེན་པོ་སངས་རྒྱས་བཅོམ་ལྡན་འདས་རྣམས་[༣]ལ་བསྙེན་བཀུར་བྱེད་པ་རྣམས་མཐོང་ངོ་། བྱང་ཆུབ་སེམས་དཔའ་སེམས་དཔའ་ཆེན་པོ་དེ་དག་སངས་རྒྱས་བཅོམ་ལྡན་འདས་དེ་དག་ལ་དགྱེས་པར་མི་འགྱུར་བར་[༤]མ་ཡིན་གྱི། དགྱེས་པར་འགྱུར་བ་དང་། ཐུགས་སུ་མི་ཕྱོན་པས་མ་ཡིན་གྱི། ཐུགས་སུ་ཕྱོན་པ་དང་། མ་གུས་པས་མ་ཡིན་གྱི། གུས་པར་ཤིན་ཏུ་དད་པས་བསྙེན་བཀུར་བྱེད་ཅིང་[༥]། བྱང་ཆུབ་སེམས་དཔའ་སེམས་དཔའ་ཆེན་པོ་དེ་དག་སངས་རྒྱས་བཅོམ་ལྡན་འདས་དེ་དག་གིས་ཆོས་གང་བསྟན་པ་དེ་ཡང་འཛིན་ཅིང་།

བཟུང་ནས་བླ་ན་མེད་པ་ཡང་དག་པར་རྫོགས་པའི་བྱང་ཆུབ་ཏུ་མངོན་པར་རྫོགས་པར་སངས་རྒྱས་ཀྱི་བར་དུ་འཆང་ཞིང་ནམ་དུ་ཡང་ཆུད་མི་གཟོན་ཏོ། །རབ་འབྱོར་དེས་འདི་ཉིད་ནས་སངས་རྒྱས་ཀྱི་སྤྱན་གྱིས་འཇིག་རྟེན་ལ་རྣམ་པར་གཟིགས་ན། བྱང་ཤར་གྱི་ཕྱོགས་མཚམས་ཀྱི་འཇིག་རྟེན་གྱི་ཁམས་གཉྒའི་ཀླུང་གི་བྱེ་མ་སྙེད་དག་ན། བྱང་ཆུབ་སེམས་དཔའ་སེམས་དཔའ་ཆེན་པོ་[༡]སངས་རྒྱས་བཅོམ་ལྡན་འདས་ཏེ་དག་[༢]ལ་བསྙེན་བཀུར་བྱེད་པ་རྣམས་མཐོང་སྟེ། བྱང་ཆུབ་སེམས་དཔའ་སེམས་དཔའ་ཆེན་པོ་དེ་དག་སངས་རྒྱས་བཅོམ་ལྡན་འདས་དེ་དག་ལ་དགེས་པར་མི་འགྱུར་བར་[༣]མ་ཡིན་གྱི། དགེས་པར་འགྱུར་བ་དང་། ཐུགས་སུ་མི་འབྱོན་པས་མ་ཡིན་གྱི། ཐུགས་སུ་འབྱོན་པ་དང་། མ་གུས་པས་མ་ཡིན་གྱི། གུས་པར་ཤིན་ཏུ་དད་པས་བསྙེན་བཀུར་བྱེད་ཅིང་། བྱང་ཆུབ་སེམས་དཔའ་སེམས་དཔའ་ཆེན་པོ་དེ་དག །སངས་རྒྱས་བཅོམ་ལྡན་འདས་དེ་དག་གིས། ཆོས་གང་བསྟན་པ་དེ་ཡང་འཛིན་ཅིང་བཟུང་ནས་བླ་ན་མེད་པ་ཡང་དག་པར་རྫོགས་པའི་བྱང་ཆུབ་ཏུ་མངོན་པར་རྫོགས་པར་སངས་རྒྱས་ཀྱི་བར་དུ་འཆང་ཞིང་ནམ་དུ་ཡང་ཆུད་མི་གཟོན་ཏོ། །རབ་འབྱོར་དེས་འདི་ཉིད་ནས་སངས་རྒྱས་ཀྱི་སྤྱན་གྱིས་འཇིག་རྟེན་ལ་རྣམ་པར་གཟིགས་ན། ཤར་ལྷོའི་ཕྱོགས་མཚམས་ཀྱི་འཇིག་རྟེན་གྱི་ཁམས་གཉྒའི་ཀླུང་གི་བྱེ་མ་སྙེད་དག་ན། བྱང་ཆུབ་སེམས་དཔའ་སེམས་དཔའ་ཆེན་པོ་སངས་རྒྱས་བཅོམ་ལྡན་འདས་རྣམས་ལ་བསྙེན་བཀུར་བྱེད་པ་རྣམས་མཐོང་སྟེ། བྱང་ཆུབ་སེམས་དཔའ་སེམས་དཔའ་ཆེན་པོ་དེ་དག་སངས་རྒྱས་བཅོམ་ལྡན་འདས་དེ་དག་ལ་དགེས་པར་མི་འགྱུར་བར་[༤]མ་ཡིན་གྱི། དགེས་པར་འགྱུར་བ་དང་། ཐུགས་སུ་མི་[༥]འབྱོན་པས་མ་ཡིན་གྱི། ཐུགས་སུ་འབྱོན་པ་དང་། མ་གུས་པས་མ་ཡིན་གྱི། གུས་པར་ཤིན་ཏུ་དད་པས་བསྙེན

བཀུར་བྱེད་ཅིང་། བྱང་ཆུབ་སེམས་དཔའ་སེམས་དཔའ་ཆེན་པོ། དེ་དག་སངས་རྒྱས་བཅོམ་ལྡན་འདས་དེ་དག་གིས་ཆོས་གང་བསྟན་པ་དེ་ཡང་འཛིན་ཅིང་བཟུང་ནས་བླ་ན་མེད་པ་ཡང་དག་པར་རྫོགས་པའི་བྱང་ཆུབ་ཏུ་མངོན་པར་རྫོགས་པར་སངས་རྒྱས་ཀྱི་བར་དུ་འཆད་ཞིང་ནམ་དུ་ཡང་ཆུད་མི་གཟོན་ཏོ། །རབ་འབྱོར་ངས་འདི་ཉིད་ནས་སངས་རྒྱས་ཀྱི་①སྤྱན་གྱིས་འཇིག་རྟེན་ལ་རྣམ་པར་གཟིགས་ན། ལྷོ་ནུབ་ཀྱི་ཕྱོགས་མཚམས་ཀྱི་འཇིག་རྟེན་གྱི་ཁམས་གངྒཱའི་ཀླུང་གི་བྱེ་མ་སྙེད་དག་ན། བྱང་ཆུབ་སེམས་དཔའ་སེམས་དཔའ་ཆེན་པོ་སངས་རྒྱས་བཅོམ་ལྡན་འདས་རྣམས་ལ་བསྙེན་བཀུར་བྱེད་པ་རྣམས་མཐོང་སྟེ། བྱང་ཆུབ་སེམས་དཔའ་སེམས་དཔའ་ཆེན་པོ་དེ་དག་སངས་རྒྱས་བཅོམ་ལྡན་འདས་དེ་དག་ལ་དགྱེས་པར་མི་འགྱུར་བར་②མ་ཡིན་གྱི། དགྱེས་པར་འགྱུར་བ་དང་། ཐུགས་སུ་མི་ཕྱོན་པས་མ་ཡིན་གྱི། ཐུགས་སུ་ཕྱོན་པ་དང་། མ་གུས་པས་མ་ཡིན་གྱི། གུས་པར་ཤིན་ཏུ་དད་པས་བསྙེན་བཀུར་བྱེད་ཅིང་། བྱང་ཆུབ་སེམས་དཔའ་སེམས་དཔའ་ཆེན་པོ་དེ་དག་སངས་རྒྱས་བཅོམ་ལྡན་འདས་དེ་དག་གིས་ཆོས་གང་བསྟན་པ་དེ་ཡང་འཛིན་ཅིང་། བཟུང་ནས་བླ་ན་མེད་པ་ཡང་དག་པར་རྫོགས་པའི་བྱང་ཆུབ་ཏུ་མངོན་པར་རྫོགས་པར་སངས་རྒྱས་ཀྱི་བར་དུ་འཆད་ཞིང་ནམ་དུ་ཡང་ཆུད་མི་གཟོན་ཏོ། །རབ་འབྱོར་ངས་འདི་ཉིད་ནས་སངས་རྒྱས་ཀྱི་སྤྱན་གྱིས་འཇིག་རྟེན་ལ་རྣམ་པར་གཟིགས་ན། ནུབ་བྱང་གི་ཕྱོགས་མཚམས་③ཀྱི་འཇིག་རྟེན་གྱི་ཁམས་གངྒཱའི་ཀླུང་གི་བྱེ་མ་སྙེད་དག་ན། བྱང་ཆུབ་སེམས་དཔའ་སེམས་དཔའ་ཆེན་པོ་སངས་རྒྱས་བཅོམ་ལྡན་འདས་རྣམས་ལ་བསྙེན་བཀུར་བྱེད་པ་རྣམས་མཐོང་སྟེ། བྱང་④ཆུབ་སེམས་དཔའ་སེམས་དཔའ་ཆེན་པོ་དེ་དག་སངས་རྒྱས་བཅོམ་ལྡན་འདས་དེ་དག་ལ་དགྱེས་པར་མི་འགྱུར་བར་⑤མ་ཡིན་གྱི

དགེས་པར་འགྱུར་བ་དང་། ཐུགས་སུ་མི་ཕྱོན་པས་①མ་ཡིན་གྱི། ཐུགས་སུ་ཕྱོན་པ་དང་། མ་གུས་པས་མ་ཡིན་གྱི། གུས་པར་ཤིན་ཏུ་དད་པས་བསྙེན་བཀུར་བྱེད་ཅིང་། བྱང་ཆུབ་སེམས་དཔའ་སེམས་དཔའ་ཆེན་པོ་དེ་དག་སངས་རྒྱས་བཅོམ་ལྡན་འདས་དེ་དག་གིས་ཆོས་གང་བསྟན་པ་དེ་ཡང་འཛིན་ཅིང་། བཟུང་ནས་བླ་ན་མེད་པ་ཡང་དག་པར་རྫོགས་པའི་བྱང་ཆུབ་ཏུ་མངོན་པར་རྫོགས་པར་སངས་རྒྱས་ཀྱི་བར་དུ་འཆང་ཞིང་ནམ་དུ་ཡང་ཆུད་མི་གཟོན་ཏོ། །རབ་འབྱོར་ངས་འདི་ཉིད་ནས་སངས་རྒྱས་ཀྱི་སྤྱན་གྱིས་འཇིག་རྟེན་ལ་རྣམ་པར་གཟིགས་ན། འོག་གི་ཕྱོགས་ཀྱི་②འཇིག་རྟེན་གྱི་ཁམས་གངྒཱའི་ཀླུང་གི་བྱེ་མ་སྙེད་དག་ན། བྱང་ཆུབ་སེམས་དཔའ་སེམས་དཔའ་ཆེན་པོ་སངས་རྒྱས་བཅོམ་ལྡན་འདས་རྣམས་ལ་བསྙེན་བཀུར་བྱེད་པ་རྣམས་མཐོང་སྟེ། བྱང་ཆུབ་སེམས་དཔའ་སེམས་དཔའ་ཆེན་པོ་དེ་དག་སངས་རྒྱས་བཅོམ་ལྡན་འདས་དེ་དག་ལ་དགེས་པར་མི་འགྱུར་བར་③མ་ཡིན་གྱི། དགེས་པར་འགྱུར་བ་དང་། ཐུགས་སུ་མི་ཕྱོན་པས་མ་ཡིན་གྱི། ཐུགས་སུ་ཕྱོན་པ་དང་། མ་གུས་པས་མ་ཡིན་གྱི། གུས་པར་④ཤིན་ཏུ་དད་པས་བསྙེན་བཀུར་བྱེད་ཅིང་། བྱང་ཆུབ་སེམས་དཔའ་སེམས་དཔའ་ཆེན་པོ་དེ་དག་སངས་རྒྱས་བཅོམ་ལྡན་འདས་དེ་དག་གིས་ཆོས་གང་⑤བསྟན་པ་དེ་ཡང་འཛིན་ཅིང་། བཟུང་ནས་བླ་ན་མེད་པ་ཡང་དག་པར་རྫོགས་པའི་བྱང་ཆུབ་ཏུ་མངོན་པར་རྫོགས་པར་སངས་རྒྱས་ཀྱི་བར་དུ་འཆང་ཞིང་ནམ་དུ་ཡང་ཆུད་མི་གཟོན་ཏོ། །རབ་འབྱོར་ངས་འདི་ཉིད་ནས་སངས་རྒྱས་ཀྱི་སྤྱན་གྱིས་འཇིག་རྟེན་ལ་རྣམ་པར་གཟིགས་ན། སྟེང་གི་ཕྱོགས་ཀྱི་འཇིག་རྟེན་གྱི་ཁམས་གངྒཱའི་ཀླུང་གི་བྱེ་མ་སྙེད་དག་ན། བྱང་ཆུབ་སེམས་དཔའ་སེམས་དཔའ་ཆེན་པོ་སངས་རྒྱས་བཅོམ་ལྡན་འདས་རྣམས་⑥ལ་བསྙེན་བཀུར་བྱེད་པ་རྣམས་མཐོང་སྟེ། བྱང་

ཆུབ་①སེམས་དཔའ་སེམས་དཔའ་ཆེན་པོ་དེ་དག་སངས་རྒྱས་བཅོམ་ལྡན་འདས་དེ་དག་ལ་དགེས་པར་མི་འགྱུར་བར་②མ་ཡིན་གྱི། དགེས་པར་འགྱུར་བ་དང་། ཐུགས་སུ་མི་ཕྱོན་པས་མ་ཡིན་གྱི་ཐུགས་སུ་ཕྱོན་པ་དང་། མ་གུས་པས་མ་ཡིན་གྱི། གུས་པར་ཤིན་ཏུ་དད་པས་བསྙེན་བཀུར་བྱེད་ཅིང་། བྱང་ཆུབ་སེམས་དཔའ་སེམས་དཔའ་ཆེན་པོ་③དེ་དག་སངས་རྒྱས་བཅོམ་ལྡན་འདས་དེ་དག་གིས་ཆོས་གང་བསྟན་པ་དེ་ཡང་འཛིན་ཅིང་། བཟུང་ནས་བླ་ན་མེད་པ་ཡང་དག་པར་རྫོགས་པའི་བྱང་ཆུབ་ཏུ་མངོན་པར་རྫོགས་པར་སངས་རྒྱས་ཀྱི་བར་དུ་འཆང་ཞིང་ནམ་དུ་ཡང་ཆུད་མི་གཟོན་ཏོ། །རབ་འབྱོར་ངས་ཡང་④འདི་ཉིད་⑤ནས་སངས་རྒྱས་ཀྱི་སྤྱན་གྱིས་འཇིག་རྟེན་ལ་རྣམ་པར་གཟིགས་ན། ཤར་ཕྱོགས་ཀྱི་འཇིག་རྟེན་གྱི་ཁམས་གང་གཱའི་ཀླུང་གི་བྱེ་མ་སྙེད་དག་ན། བྱང་ཆུབ་སེམས་དཔའ་སེམས་དཔའ་ཆེན་པོ་⑥དག་ཕྱོལ་སོང་གི་སྐྱེ་གནས་པའི་སེམས་ཅན་རྣམས་ཀྱི་དོན་དུ་བདག་ཡོངས་སུ་གཏོང་བ་བྱེད་ཅིང་། དེ་ལ་བྱང་ཆུབ་སེམས་དཔའ་སེམས་དཔའ་ཆེན་པོ་དེ་དག་ཡན་⑦ལག་དང་ཉིང་ལག་བཅད་ཅིང་གཏུབས་ཏེ། ཕྱོགས་བཅུར་རྣམ་པར་འཐོར་བ་དང་། ཕྱོལ་སོང་གི་སྐྱེ་གནས་⑧པའི་སེམས་ཅན་དེ་དག་གིས་བྱང་ཆུབ་སེམས་དཔའ་སེམས་དཔའ་ཆེན་པོ་དེ་དག་གི་ཤ་ཟོས་ནས། དེ་དག་བྱང་ཆུབ་སེམས་དཔའ་སེམས་དཔའ་ཆེན་པོ་དེ་དག་ལ་བྱམས་པ་འཐོབ་པ་དང་། དེ་དག་བྱམས་པ་ཐོབ་པ་དེས་ཕྱོལ་སོང་གི་སྐྱེ་གནས་ནས་རྣམ་པར་ལྡང་ཞིང་། རྣམ་པར་ལངས་ནས་ལྷ་དང་། མིའི་ནང་དུ་སྐྱེ་བ་དང་། དེ་དག་ཏུ་སྐྱེས་⑨ནས་ཀྱང་སངས་རྒྱས་བཅོམ་ལྡན་འདས་རྣམས་མཉེས་པར་བྱེད་པ་དང་། དེ་དག་སངས་རྒྱས་བཅོམ་ལྡན་འདས་དེ་དག་ལ་བསྙེན་བཀུར་བྱེད་པ་དང་། དེ་དག་སངས་རྒྱས་བཅོམ་ལྡན་འདས་དེ་དག་ལས་⑩ཆོས་ཐོས་ཏེ། དེ་བཞིན་ཉིད་དུ

ནན་ཏན་[1]བྱེད་པ་དང་། དེ་དག་ཉན་ཐོས་ཀྱི་ཐེག་པའམ། རང་སངས་རྒྱས་ཀྱི་ཐེག་པའམ། ཐེག་པ་ཆེན་པོའམ། ཐེག་པ་གསུམ་པོ་དེ་དག་གིས་ཕུང་པོ་མ་ལུས་པའི་མྱ་ངན་ལས་[2]འདས་པའི་དབྱིངས་སུ་རིམ་གྱིས་ཡོངས་སུ་མྱ་ངན་ལས་འདའ་བ་མཐོང་[3]སྟེ། རབ་འབྱོར་དེ་ལྟར་ན་བྱང་ཆུབ་སེམས་དཔའ་སེམས་དཔའ་ཆེན་པོ་གང་[4]བླ་ན་མེད་པ་ཡང་དག་པར་རྫོགས་པའི་བྱང་ཆུབ་ཏུ་སེམས་བསྐྱེད་[5]ཅིང་། དེ་བཞིན་ཉིད་དུ་ནན་ཏན་བྱེད་པ་དེ་དག་ནི་དེ་ལྟར་ཕན་པ་མང་པོ་བྱེད་པའོ། །རབ་འབྱོར་ངས་ཡང་འདི་ནས་སངས་རྒྱས་ཀྱི་སྤྱན་གྱིས་འཇིག་རྟེན་ལ་རྣམ་པར་གཟིགས་ན། ཕྱོགས་ཀྱི་འཇིག་རྟེན་གྱི་ཁམས་གནྜའི་[6]ཀླུང་གི་བྱེ་མ་སྙེད་དག་ན། བྱང་ཆུབ་སེམས་དཔའ་སེམས་དཔའ་ཆེན་པོ་དག །དྱུལ་སོང་གི་སྐྱེ་གནས་[7]པའི་སེམས་ཅན་རྣམས་ཀྱི་དོན་དུ་བདག་ཡོངས་སུ་གཏོང་བ་བྱེད་ཅིང་། དེ་ལ་བྱང་ཆུབ་སེམས་དཔའ་སེམས་དཔའ་ཆེན་པོ་དེ་དག་ཡན་ལག་དང་། ཉིང་ལག་བཅད་ཅིང་གཏུབས་ཏེ། ཕྱོགས་བཅུར་[8]རྣམ་པར་འཐོར་བ་དང་། དྱུལ་སོང་[9]གི་སྐྱེ་གནས་སུ་གཏོགས་པའི་སེམས་ཅན་དེ་དག་གིས་བྱང་ཆུབ་སེམས་དཔའ་སེམས་དཔའ་ཆེན་པོ་[10]དེ་དག་གི་ཤ་ཟོས་ནས། དེ་དག་བྱང་ཆུབ་སེམས་དཔའ་སེམས་དཔའ་ཆེན་པོ་དེ་[11]དག་ལ་བྱམས་པ་འཐོབ་པ་དང་། དེ་དག་བྱམས་པ་ཐོབ་པ་དེས་དྱུལ་སོང་གི་སྐྱེ་[12]གནས་ནས་རྣམ་པར་ལྡང་ཞིང་། རྣམ་པར་ལངས་ནས་ལྷ་དང་། མིའི་ནང་དུ་སྐྱེ་བ་དང་། དེ་དག་ཏུ་སྐྱེས་ནས་ཀྱང་[13]སངས་རྒྱས་བཅོམ་ལྡན་འདས་རྣམས་མཉེས་པར་བྱེད་པ་དང་། དེ་དག་སངས་རྒྱས་བཅོམ་ལྡན་འདས་དེ་དག་ལ་[14]བསྙེན་བཀུར་བྱེད་པ་དང་། དེ་དག་སངས་རྒྱས་བཅོམ་ལྡན་འདས་དེ་དག་ལས་ཆོས་ཐོས་ཏེ། དེ་བཞིན་ཉིད་[15]དུ་ནན་ཏན་བྱེད་པ་དང་། དེ་དག་ཉན་ཐོས་ཀྱི་ཐེག་པའམ། རང་སངས་རྒྱས་

ཀྱི་ཐེག་པའམ། ཐེག་པ་ཆེན་པོའམ། ཐེག་པ་གསུམ་པོ་[༡]དེ་དག་གིས་ཕུང་པོ་མ་ལུས་པའི་མྱ་ངན་ལས་འདས་པའི་དབྱིངས་སུ་རིམ་གྱིས་ཡོངས་སུ་མྱ་ངན་ལས་འདའ་བ་[༢]མཐོང་སྟེ། རབ་འབྱོར་དེ་ལྟར་ན་བྱང་ཆུབ་སེམས་དཔའ་སེམས་དཔའ་ཆེན་པོ་གང་[༣]བླ་ན་མེད་པ་ཡང་དག་པར་རྫོགས་པའི་བྱང་ཆུབ་ཏུ་སེམས་བསྐྱེད་ཅིང་། དེ་བཞིན་ཉིད་དུ་ནན་ཏན་བྱེད་པ་དེ་དག་ནི་དེ་ལྟར་ཕན་པ་མང་པོ་བྱེད་པའོ། །རབ་འབྱོར་ངས་ཡང་འདི་ནས་སངས་རྒྱས་ཀྱི་སྤྱན་གྱིས་འཇིག་རྟེན་ལ་རྣམ་པར་གཟིགས་ན། ཤར་ཕྱོགས་ཀྱི་འཇིག་རྟེན་གྱི་ཁམས་གངྒཱའི་ཀླུང་གི་བྱེ་མ་སྙེད་དག་ན། བྱང་ཆུབ་སེམས་དཔའ་སེམས་དཔའ་ཆེན་པོ་དག་ཕྱིལ་སོང་གི་སྐྱེ་གནས་པའི་སེམས་ཅན་རྣམས་ཀྱི་དོན་དུ་བདག་ཡོངས་སུ་གཏོང་བ་བྱེད་ཅིང་། དེ་ལ་བྱང་ཆུབ་སེམས་དཔའ་སེམས་དཔའ་ཆེན་པོ་དེ་དག་ཡན་ལག་དང་། ཉིང་ལག་བཅད་ཅིང་གཏུབས་ཏེ[༤]། ཕྱོགས་བཅུར་རྣམ་པར་འཐོར་བ་དང་། ཕྱིལ་སོང་གི་སྐྱེ་གནས་སུ་གཏོགས་པའི་སེམས་ཅན་དེ་དག་གིས་བྱང་ཆུབ་སེམས་དཔའ་སེམས་དཔའ་ཆེན་པོ་དེ་དག་གི་ཤ་ཟོས་ནས། དེ་དག་བྱང་ཆུབ་སེམས་དཔའ་སེམས་དཔའ་ཆེན་པོ་དེ་དག་ལ་བྱམས་པ་འཐོབ་པ་དང་། དེ་དག་བྱམས་པ་ཐོབ་པ་དེས་ཕྱིལ་སོང་གི་སྐྱེ་གནས་ནས་རྣམ་པར་ལྷུང་ཞིང་རྣམ་པར་ལངས་ནས་ལྷ་དང་མིའི་ནང་དུ་སྐྱེ་བ་དང་། དེ་དག་ཏུ་སྐྱེས་ནས་ཀྱང་སངས་རྒྱས་བཅོམ་ལྡན་འདས་རྣམས་མཉེས་པར་བྱེད་པ་དང་། དེ་དག་སངས་རྒྱས་བཅོམ་ལྡན་འདས་དེ་དག་ལ་བསྙེན་བཀུར་བྱེད་པ་དང་། དེ་དག་སངས་རྒྱས་བཅོམ་ལྡན་འདས་དེ་དག་ལས་ཆོས་ཐོས་ཏེ། དེ་བཞིན་ཉིད་[༥]དུ་ནན་ཏན་བྱེད་པ་དང་། དེ་དག་ཉན་ཐོས་ཀྱི་ཐེག་པའམ། རང་སངས་རྒྱས་ཀྱི་ཐེག་པའམ། [༦]ཐེག་པ་ཆེན་པོའམ། ཐེག་པ་གསུམ་པོ་དེ་དག་གིས་ཕུང་པོ་མ་ལུས་པའི་མྱ་ངན་ལས་

འདས་པའི་དབྱིངས་སུ་རིམ་གྱིས་ཡོངས་སུ་མྱ་ངན་ལས་འདའ་བ་མཐོང་སྟེ། རབ་འབྱོར་དེ་ལྟར་ན་བྱང་ཆུབ་སེམས་དཔའ་སེམས་དཔའ་ཆེན་པོ་གང་བླ་ན་མེད་པ་ཡང་དག་པར་རྫོགས་པའི་བྱང་ཆུབ་ཏུ་སེམས་བསྐྱེད་ཅིང་། དེ་བཞིན་ཉིད་དུ་ནན་ཏན་བྱེད་པ་དེ་དག་ནི་དེ་ལྟར་ཕན་པ་མང་པོ་བྱེད་པའོ། །རབ་འབྱོར་ངས་ཡང་འདི་ནས་སངས་རྒྱས་ཀྱི་སྤྱན་གྱིས་འཇིག་རྟེན་ལ་རྣམ་པར་གཟིགས་ན། བྱང་ཕྱོགས་ཀྱི་འཇིག་རྟེན་གྱི་ཁམས་གངྒའི་ཀླུང་གི་བྱེ་མ་སྙེད་དག་ན། བྱང་ཆུབ་སེམས་དཔའ་སེམས་དཔའ་ཆེན་པོ་དག་ཕྱོལ་སོང་གི་སྐྱེ་གནས་པའི་སེམས་ཅན་རྣམས་ཀྱི་དོན་དུ་བདག་ཡོངས་སུ་གཏོང་བ་བྱེད་ཅིང་། དེ་ལ་བྱང་ཆུབ་སེམས་དཔའ་སེམས་དཔའ་ཆེན་པོ་དེ་དག་ཡན་ལག་དང་། ཉིང་ལག་བཅད་ཅིང་གཏུབས་ཏེ། ཕྱོགས་བཅུར་རྣམ་པར་འཐོར་བ་དང་། ཕྱོལ་སོང་གི་སྐྱེ་གནས་སུ་གཏོགས་པའི་སེམས་ཅན་དེ་དག་གིས། བྱང་ཆུབ་སེམས་དཔའ་སེམས་དཔའ་ཆེན་པོ་དེ་དག་གི་ཤ་ཟོས་ནས། དེ་དག་བྱང་ཆུབ་སེམས་དཔའ་སེམས་དཔའ་ཆེན་པོ་དེ་དག་ལ་བྱམས་པ་འཐོབ་པ་དང་། དེ་དག་བྱམས་པ་ཐོབ་པ་དེས་ཕྱོལ་སོང་གི་སྐྱེ་གནས་ནས་རྣམ་པར་ལྡང་ཞིང་། རྣམ་པར་ལངས་ནས་ལྷ་དང་མིའི་ནང་དུ་སྐྱེ་བ[1]དང་། དེ་དག་ཏུ་སྐྱེས་ནས་ཀྱང་[2]། སངས་རྒྱས་བཅོམ་ལྡན་འདས་རྣམས་མཉེས་པར་བྱེད་པ་དང་། དེ་དག་སངས་རྒྱས་བཅོམ་ལྡན་འདས་དེ་དག་ལ་བསྙེན་བཀུར[3]བྱེད་པ་དང་། དེ་དག་སངས་རྒྱས་བཅོམ་ལྡན་འདས་དེ་དག་ལས་ཆོས་ཐོས་ཏེ། དེ་བཞིན་ཉིད་དུ་ནན་ཏན་བྱེད་པ་དང་། དེ་དག་ཉན་ཐོས་ཀྱི་ཐེག་པའམ། རང་སངས་རྒྱས་ཀྱི་ཐེག་པའམ། ཐེག་པ་ཆེན་པོའམ། ཐེག་པ་གསུམ་པོ་དེ་དག་གིས་ཕུང་པོ་མ་ལུས་པའི་མྱ་ངན་ལས་འདས་པའི་དབྱིངས་སུ་རིམ་གྱིས་ཡོངས་སུ་མྱ་ངན་ལས་འདའ་བ་མཐོང་སྟེ། རབ་འབྱོར་དེ་ལྟར་

ན་བྱང་ཆུབ་སེམས་དཔའ་སེམས་དཔའ་ཆེན་པོ་གང་་ན་མེད་པ་ཡང་དག་པར་རྫོགས་པའི་བྱང་ཆུབ་ཏུ་སེམས་བསྐྱེད་ཅིང་། དེ་བཞིན་ཉིད་དུ་ནན་ཏན་བྱེད་པ་དེ་དག་ནི་དེ་ལྟར་ཕན་པ་མང་པོ་བྱེད་པའོ། །རབ་འབྱོར་ངས་ཡང་འདི་ནས་སངས་རྒྱས་ཀྱི་སྤྱན་གྱིས་འཇིག་རྟེན་ལ་རྣམ་པར་གཟིགས་ན། བྱང་ཤར་གྱི་ཕྱོགས་མཚམས་ཀྱི་འཇིག་རྟེན་གྱི་ཁམས་གནྒའི་ཀླུང་གི་བྱེ་མ་སྙེད་དག་ན། བྱང་ཆུབ་སེམས་དཔའ་སེམས་དཔའ་ཆེན་པོ་དག་ཕྱོལ་སོང་གི་སྐྱེ་གནས་པའི་སེམས་ཅན་རྣམས་ཀྱི་དོན་དུ་བདག་ཡོངས་སུ་གཏོང་བ་བྱེད་ཅིང་། དེ་ལ་བྱང་ཆུབ་སེམས་དཔའ་སེམས་དཔའ་ཆེན་པོ་དེ་དག་ཡན་ལག་དང་། ཉིང་ལག་བཅད་ཅིང་གཏུབས་ཏེ། ཕྱོགས་བཅུར་རྣམ་པར་འཐོར་བ་དང་། ཕྱོལ་སོང་གི་སྐྱེ་གནས་སུ་གཏོགས་པའི་སེམས་ཅན་དེ་དག་གིས་བྱང་ཆུབ་སེམས་དཔའ་སེམས་དཔའ་ཆེན་པོ་དེ་དག་གི་ཤ་ཟོས་ནས། དེ་དག་བྱང་ཆུབ་སེམས་དཔའ་སེམས་དཔའ་ཆེན་པོ་དེ་དག་ལ་བྱམས་པ་འཐོབ་པ་དང་། དེ་དག་བྱམས་པ་ཐོབ་པ་དེས་ཕྱོལ་སོང་གི་སྐྱེ་གནས་ནས་རྣམ་པར་ལྷུང་ཞིང་། རྣམ་པར་ལངས་ནས་ལྷ་དང་མིའི་ནང་དུ་སྐྱེ་བ་དང་། དེ་དག་ཏུ་སྐྱེས་ནས་ཀྱང་། སངས་རྒྱས་བཅོམ་ལྡན་འདས་རྣམས་མཉེས་པར་བྱེད་པ་དང་། དེ་དག་སངས་རྒྱས་བཅོམ་ལྡན་འདས་དེ་དག་ལ་བསྙེན་བཀུར་བྱེད་པ་དང་། དེ་དག་སངས་རྒྱས་བཅོམ་ལྡན་འདས་དེ་དག་ལས་ཆོས་ཐོས་ཏེ། དེ་བཞིན་ཉིད་དུ་ནན་ཏན་བྱེད་པ་དང་། དེ་དག་ཉན་ཐོས་ཀྱི་ཐེག་པའམ། རང་སངས་རྒྱས་ཀྱི་ཐེག་པའམ། ཐེག་པ་ཆེན་པོའམ[2]། ཐེག་པ་གསུམ་པོ་དེ་དག་གིས་ཕུང་པོ་མ་ལུས་པའི་མྱ་ངན་ལས་འདས་པའི་དབྱིངས་སུ་རིམ་གྱིས་ཡོངས་སུ་མྱ་ངན་ལས༔ འདའ་བ[3]་མཐོང་སྟེ། རབ་འབྱོར་དེ་ལྟར་ན་བྱང་ཆུབ་སེམས་དཔའ་སེམས་དཔའ་ཆེན་པོ་གང་་ན་མེད་

པ་ཡང་དག་པར་རྫོགས་པའི་བྱང་ཆུབ་ཏུ་སེམས་བསྐྱེད་ཅིང་། དེ་བཞིན་ཉིད་དུ་
ནན་ཏན་བྱེད་པ་དེ་དག་ནི་དེ་ལྟར་ཕན་པ་མང་པོ་བྱེད་པའོ། །རབ་འབྱོར་ངས་
ཡང་འདི་ནས་སངས་རྒྱས་ཀྱི་སྤྱན་གྱིས་འཇིག་རྟེན་ལ་རྣམ་པར་གཟིགས་ན་ཤར་
ལྷོའི་ཕྱོགས་མཚམས་ཀྱི་འཇིག་རྟེན་གྱི་ཁམས་གནྡའི་གླིང་གི་བྱེ་མ་སྙེད་དག་ན།
བྱང་ཆུབ་སེམས་དཔའ་སེམས་དཔའ་ཆེན་པོ་⑦དག་ཕྱོལ་སོང་གི་སྐྱེ་གནས་པའི་
སེམས་ཅན་རྣམས་ཀྱི་དོན་དུ་བདག་ཡོངས་སུ་གཏོང་བ་བྱེད་ཅིང་། དེ་ལ་བྱང་
ཆུབ་སེམས་དཔའ་སེམས་དཔའ་ཆེན་པོ་དེ་དག་ཡན་ལག་དང་། ཉིང་ལག་
བཅད་ཅིང་གཏུབས་ཏེ། ཕྱོགས་བཅུར་རྣམ་པར་འཐོར་བ་དང་③། ཕྱོལ་
སོང་གི་སྐྱེ་གནས་སུ་གཏོགས་པའི་སེམས་ཅན་དེ་དག་གིས་བྱང་ཆུབ་སེམས་དཔའ་
སེམས་དཔའ་ཆེན་པོ་དེ་དག་གི་ཤ་ཟོས་ནས། དེ་དག་བྱང་ཆུབ་སེམས་དཔའ་
སེམས་དཔའ་ཆེན་པོ་དེ་དག་ལ་བྱམས་པ་འཐོབ་པ་དང་། དེ་དག་བྱམས་པ་ཐོབ་
པ་དེས། ཕྱོལ་སོང་གི་སྐྱེ་གནས་ནས་རྣམ་པར་ལྡང་ཞིང་། རྣམ་པར་ལངས་
ནས། ལྷ་དང་མིའི་ནང་དུ་སྐྱེ་བ་དང་། དེ་དག་ཏུ་སྐྱེས་ནས་ཀྱང་། སངས་
རྒྱས་བཅོམ་ལྡན་འདས་རྣམས་མཉེས་པར་བྱེད་པ་དང་། དེ་དག་སངས་རྒྱས་
བཅོམ་ལྡན་འདས་དེ་དག་ལ་བསྙེན་③བཀུར་བྱེད་པ་དང་། དེ་དག་སངས་རྒྱས་
བཅོམ་ལྡན་འདས་དེ་དག་ལས་⑧ཆོས་ཐོས་ཏེ⑤། དེ་བཞིན་ཉིད་དུ་ནན་ཏན་བྱེད་
པ་དང་། དེ་དག་ཉན་ཐོས་ཀྱི་ཐེག་པའམ། རང་སངས་རྒྱས་ཀྱི་ཐེག་པའམ།
ཐེག་པ་ཆེན་པོའམ། ཐེག་པ་གསུམ་པོ་དེ་དག་གིས་ཕུང་པོ་མ་ལུས་པའི་མྱ་ངན་
ལས་འདས་པའི་དབྱིངས་སུ ཻརིམ་གྱིས་ཡོངས་སུ་⑥མྱ་ངན་ལས་འདའ་བ་⑦མཐོང་ངོ།
རབ་འབྱོར་དེ་ལྟར་ན་བྱང་ཆུབ་སེམས་དཔའ་སེམས་དཔའ་ཆེན་པོ་གང་བླ་ན་མེད་
པ་ཡང་དག་པར་རྫོགས་པའི་བྱང་ཆུབ་ཏུ་སེམས་བསྐྱེད་①ཅིང་། དེ་བཞིན་ཉིད་

ཏུ་ནན་ཏན་བྱེད་པ་དེ་དག་ནི་དེ་ལྟར་ཕན་པ་མང་པོ་བྱེད་པའོ། །རབ་འབྱོར་ངས་ཡང་འདི་ནས་སངས་རྒྱས་ཀྱི་སྤྱན་གྱིས་འཇིག་རྟེན་ལ་རྣམ་པར་གཟིགས་ན། ལྷོ་ནུབ་ཀྱི་ཕྱོགས་མཚམས་ཀྱི་འཇིག་རྟེན་གྱི་ཁམས་གནྒའི་ཀླུང་གི་བྱེ་མ་སྙེད་དག་ན། བྱང་ཆུབ་སེམས་དཔའ་སེམས་དཔའ་ཆེན་པོ་དག །ཕྱོལ་སོང་གི་སྐྱེ་གནས་པའི་སེམས་ཅན་རྣམས་ཀྱི་དོན་དུ་བདག་ཡོངས་སུ་གཏོང་བ[༡]བྱེད་ཅིང་། དེ་ལ་བྱང་ཆུབ་སེམས་དཔའ་སེམས་དཔའ་ཆེན་པོ་དེ་དག་ཡན་ལག་དང་། ཉིང་ལག་བཅད་ཅིང་གཏུབས་ཏེ། ཕྱོགས་བཅུར་རྣམ་པར་འཐོར་བ་དང་། ཕྱོལ་སོང་གི་སྐྱེ[༢]གནས་སུ་གཏོགས་པའི་སེམས་ཅན་དེ་དག་གིས་བྱང་ཆུབ་སེམས་དཔའ་སེམས་དཔའ་ཆེན་པོ་དེ་དག་གི་ཤ་ཟོས་ནས། དེ་དག་བྱང་ཆུབ་སེམས་དཔའ་སེམས་དཔའ་ཆེན་པོ་དེ་དག་ལ་བྱམས་པ་འཐོབ་པ་དང་། དེ་དག་བྱམས་པ་ཐོབ[༣]པ་དེས་ཕྱོལ་སོང་གི་སྐྱེ་གནས་ནས་རྣམ་པར་ལྡང་ཞིང་རྣམ་པར་ལངས་ནས། ལྷ་དང་མིའི་ནང་དུ་སྐྱེ་བ་དང་། དེ་དག་ཏུ་སྐྱེས་ནས་཭ང་སངས་རྒྱས་བཅོམ་ལྡན་འདས་རྣམས་མཉེས་པར་བྱེད་པ་དང་། དེ་དག་སངས་རྒྱས་བཅོམ་ལྡན་འདས་དེ་དག་ལ་བསྙེན་བཀུར་བྱེད་པ་དང་དེ་དག་སངས་རྒྱས་བཅོམ་ལྡན་འདས་དེ་དག་ལས[༤]ཆོས་ཐོས་ཏེ། དེ་བཞིན་ཉིད་དུ་ནན་ཏན་བྱེད་པ་དང[༥]། དེ་དག་ཉན་ཐོས་ཀྱི་ཐེག་པའམ། རང་སངས་རྒྱས་ཀྱི་ཐེག་པའམ། ཐེག་པ་ཆེན་པོའམ། ཐེག་པ་གསུམ་པོ་དེ་དག་གིས་ཕུང་པོ་མ་ལུས་པའི་མྱ་ངན་ལས་འདས་པའི་དབྱིངས་སུ་རིམ[༦]གྱིས་ཡོངས་སུ་མྱ་ངན་ལས་འདའ་བ[༧]མཐོང་སྟེ། རབ་འབྱོར་དེ་ལྟར་ན་བྱང་ཆུབ་སེམས་དཔའ་སེམས་དཔའ་ཆེན་པོ་གང་བླ་ན་མེད་པ་ཡང་དག་པར་རྫོགས་པའི་བྱང་ཆུབ་ཏུ་སེམས་བསྐྱེད་ཅིང་། དེ་བཞིན་ཉིད་དུ་ནན་ཏན་བྱེད་པ་དེ་དག་ནི་དེ་ལྟར་ཕན་པ་མང་པོ་བྱེད་པའོ། །རབ་འབྱོར་ངས་ཡང་འདི་ནས་

སངས་རྒྱས་ཀྱི་སྤྱན་གྱིས་འཇིག་རྟེན་ལ་རྣམ་པར་གཟིགས་ན། ནུབ་བྱང་གི་ཕྱོགས་མཚམས་ཀྱི་འཇིག་རྟེན་གྱི་ཁམས་གཏན་འི་གླུང་གི་བྱེ་མ་སྙེད་དག་ན། བྱང་ཆུབ་སེམས་དཔའ་སེམས་དཔའ་ཆེན་པོ་དག་ཕྱོལ་སོང་གི་སྐྱེ་གནས་པའི་སེམས་ཅན་རྣམས་ཀྱི་དོན་དུ་བདག་ཡོངས་སུ་གཏོང་བ་བྱེད་ཅིང་། དེ་ལ་བྱང་ཆུབ་སེམས་དཔའ་སེམས་དཔའ་ཆེན་པོ་དེ་དག་ཡན་ལག་དང་ཉིང་ལག་བཅད་ཅིང་གཏུབས་ཏེ། ཕྱོགས་བཅུར་རྣམ་པར་འཐོར་བ་དང་། ཕྱོལ་སོང་གི་སྐྱེ་གནས་སུ་གཏོགས་པའི་སེམས་ཅན་དེ་དག་གིས་བྱང་ཆུབ་སེམས་དཔའ་སེམས་དཔའ་ཆེན་པོ་དེ་དག་གི་ཤ་ཟོས་ནས། དེ་དག་བྱང་ཆུབ་སེམས་དཔའ་སེམས་དཔའ་ཆེན་པོ་དེ་དག་ལ་བྱམས་པ་འཐོབ་པ་དང་། དེ་དག་བྱམས་པ་ཐོབ་པ་དེས། ཕྱོལ་སོང་གི་སྐྱེ་གནས་ནས་རྣམ་པར་ལྷུང་ཞིང་། རྣམ་པར་ལངས་ནས་ལྷ་དང་མིའི་ནང་དུ་སྐྱེ་བ་དང་། དེ་དག་ཏུ་སྐྱེས་ནས་ཀྱང་སངས་རྒྱས་བཅོམ་ལྡན་འདས་རྣམས་མཉེས་པར་བྱེད་པ་དང་། དེ་དག་སངས་རྒྱས་བཅོམ་ལྡན་འདས་དེ་དག་ལ་བསྙེན་བཀུར་བྱེད་པ་དང་། དེ་དག་སངས་རྒྱས་བཅོམ་ལྡན་འདས་དེ་དག་ལས་ཆོས་ཐོས་ཏེ[1]། དེ་བཞིན་ཉིད་དུ་ནན་ཏན་བྱེད་པ་དང་། དེ་དག་ཉན་ཐོས་ཀྱི་ཐེག་པའམ། རང་སངས་རྒྱས་ཀྱི་ཐེག་པའམ། ཐེག་པ་ཆེན་པོའམ། ཐེག་པ་གསུམ་པོ་དེ་དག་གིས་ཕུང་པོ་མ་ལུས་པའི་མྱ་ངན་ལས་འདས་པའི་དབྱིངས་སུ་རིམ་གྱིས་ཡོངས་སུ་མྱ་ངན་ལས་འདའ་བ་མཐོང་སྟེ། རབ་འབྱོར་དེ་ལྟར་ན་བྱང་ཆུབ་སེམས་དཔའ་སེམས་དཔའ་ཆེན་པོ་གང་བླ་ན་མེད་པ[2]ཡང་དག་པར་རྫོགས་པའི་བྱང་ཆུབ་ཏུ་སེམས་བསྐྱེད་ཅིང་། དེ་བཞིན་ཉིད་དུ་ནན་ཏན་བྱེད་པ[3]དེ་དག་ནི་དེ་ལྟར་ཕན་པ་མང་པོ་བྱེད་པའོ། །རབ་འབྱོར་ངས་ཡང་འདི་ནས་སངས་རྒྱས་ཀྱི་སྤྱན་གྱིས་འཇིག་རྟེན་ལ[4]རྣམ་པར་གཟིགས་ན། འོག་གི་ཕྱོགས

ཀྱི་འཇིག་རྟེན་གྱི་ཁམས་གང་གཱའི་ཀླུང་གི་བྱེ་མ་སྙེད་དག་ན། བྱང་ཆུབ་སེམས་དཔའ་སེམས་དཔའ་ཆེན་པོ་དག་ཕྱོལ་སོང་གི་སྐྱེ་གནས་པའི་སེམས་ཅན་རྣམས་ཀྱི་དོན་དུ་བདག་ཡོངས་སུ་གཏོང་བ་བྱེད་ཅིང་། དེ་ལ་བྱང་ཆུབ་སེམས་དཔའ་སེམས་དཔའ་ཆེན་པོ་དེ་དག་ཡན་ལག་དང་། ཉིང་ལག་བཅད་ཅིང་གཏུབས་ཏེ། ཕྱོགས་བཅུར་རྣམ་པར་འཐོར་བ་དང་། ཕྱོལ་སོང་གི་སྐྱེ་གནས་སུ་གཏོགས་པའི་སེམས་ཅན་དེ་དག་གིས་བྱང་ཆུབ་སེམས་དཔའ་སེམས་དཔའ་ཆེན་པོ་དེ་དག་གི་ཤ་ཟོས་ནས། དེ་དག་བྱང་ཆུབ་སེམས་དཔའ་སེམས་དཔའ་ཆེན་པོ་དེ་དག་ལ་བྱམས་པ་འཐོབ་པ་དང་། དེ་དག་བྱམས་པ་ཐོབ་པ་དེས། ཕྱོལ་སོང་གི་སྐྱེ་གནས་ནས་རྣམ་པར་ལྡང་ཞིང་། རྣམ་པར་ལངས་ནས་ལྷ་དང་མིའི་ནང་དུ་སྐྱེ་བ་དང་། དེ་དག་ཏུ་སྐྱེས་ནས་ཀྱང་། སངས་རྒྱས་བཅོམ་ལྡན་འདས་རྣམས་མཉེས་པར་བྱེད་པ་དང་། དེ་དག་སངས་རྒྱས་བཅོམ་ལྡན་འདས་དེ་དག་ལ་བསྙེན་བཀུར་བྱེད་པ་དང་། དེ་དག་སངས་རྒྱས་བཅོམ་ལྡན་འདས་དེ་དག་ལས་ཆོས་ཐོས་ཏེ། དེ་བཞིན་ཉིད་དུ་ནན་ཏན་བྱེད་པ་དང་། དེ་དག་ཉན་ཐོས་ཀྱི་ཐེག་པའམ། རང་སངས་རྒྱས་ཀྱི་ཐེག་པའམ། ཐེག་པ་ཆེན་པོའམ། ཐེག་པ་གསུམ་པོ་དེ་དག་གིས་ཕུང་པོ་མ་ལུས་པའི་མྱ་ངན་ལས་འདས་པའི་དབྱིངས་སུ་རིམ་གྱིས་ཡོངས་སུ་མྱ་ངན་ལས་འདའ་བ་མཐོང་སྟེ། རབ་འབྱོར་དེ་ལྟར་ན་བྱང་ཆུབ་སེམས་དཔའ་སེམས་དཔའ་ཆེན་པོ་གང་བླ་ན་མེད་པ་ཡང་དག་པར་རྫོགས་པའི་བྱང་ཆུབ་ཏུ་སེམས་བསྐྱེད་[༡]ཅིང་། དེ་བཞིན་ཉིད་དུ་ནན་ཏན་བྱེད་པ་དེ་དག་ནི་དེ་ལྟར་ཕན་པ་མང་པོ་བྱེད་པའོ། །རབ་འབྱོར་ངས་ཡང་འདི་ནས་སངས་རྒྱས་ཀྱི་སྤྱན་གྱིས་འཇིག་རྟེན་ལ་རྣམ་པར་གཟིགས་ན། སྟེང་གི་ཕྱོགས་ཀྱི་འཇིག་རྟེན་གྱི་[༢]ཁམས་གང་གཱའི་ཀླུང་གི་བྱེ་མ་སྙེད་དག་ན། བྱང་ཆུབ་སེམས་དཔའ་སེམས་དཔའ་

ཆེན་པོ་དག་ཕྱོལ་སོང་གི་སྐྱེ་གནས་པའི་སེམས་ཅན་རྣམས་ཀྱི་དོན་དུ་བདག་ཡོངས་སུ་གཏོང་བ་བྱེད་ཅིང་། དེ་ལ་བྱང་ཆུབ་སེམས་དཔའ་སེམས་དཔའ་ཆེན་པོ་དེ་དག་ཡན་ལག་དང་། ཉིང་ལག་བཅད་ཅིང་གཏུབས་ཏེ། ཕྱོགས་བཅུར་རྣམ་པར་འཐོར་བ་དང་། ཕྱོལ་སོང་གི་སྐྱེ་གནས་སུ་གཏོགས་པའི་སེམས་ཅན་དེ་དག་གིས་བྱང་ཆུབ་སེམས་དཔའ་སེམས་དཔའ་ཆེན་པོ་དེ་དག་གི་ཤ་ཟོས་ནས། དེ་དག་བྱང་ཆུབ་སེམས་དཔའ་སེམས་དཔའ་ཆེན་པོ་དེ་དག་ལ་བྱམས་པཿའཐོབ་པ་དང་། དེ་དག་བྱམས་པ་[༡]ཐོབ་པ་དེས། ཕྱོལ་སོང་གི་སྐྱེ་གནས་ནས་རྣམ་པར་ལྡང་ཞིང་། རྣམ་པར་ལངས་ནས་ལྷ་དང་མིའི་ནང་དུ་སྐྱེ་བ་དང་། དེ་དག་ཏུ་སྐྱེས་ནས་ཀྱང་། སངས་རྒྱས་བཅོམ་ལྡན་འདས་རྣམས་མཉེས་པར་བྱེད་པ་དང་། དེ་དག་སངས་རྒྱས་བཅོམ་ལྡན་འདས་དེ་དག་ལ་བསྙེན་བཀུར་བྱེད་པ་དང་། དེ་དག་སངས་རྒྱས་བཅོམ་ལྡན་འདས་དེ་དག་ལས་ཆོས་ཐོས་ཏེ[༢]། དེ་བཞིན་ཉིད་དུ་ནན་ཏན་བྱེད་པ་དང་། དེ་དག་ཉན་ཐོས་ཀྱི་ཐེག་པའམ། རང་སངས་རྒྱས་ཀྱི་ཐེག་པའམ། ཐེག་པ་ཆེན་པོའམ། ཐེག་པ་གསུམ་པོ་དེ་དག་གིས་ཕུང་པོ་མ་ལུས་པའི་མྱ་ངན་ལས་འདས་པའི་དབྱིངས་སུ་རིམ་གྱིས་ཡོངས་སུ་མྱ་ངན་ལས་འདའ་[༣]བ་མཐོང་སྟེ། རབ་འབྱོར་དེ་ལྟར་ན་བྱང་ཆུབ་སེམས་དཔའ་སེམས་དཔའ་ཆེན་པོ་གང་བླ་ན་མེད་པ་ཡང་དག་པར་རྫོགས་པའི་བྱང་ཆུབ་ཏུ་སེམས་བསྐྱེད་[༤]ཅིང་། དེ་བཞིན་ཉིད་དུ་ནན་ཏན་བྱེད་པ་དེ་དག་ནི་དེ་ལྟར་ཕན་པ་མང་པོ་བྱེད་པའོ།། ||[༥]

ཤེས་རབ་ཀྱི་ཕ་རོལ་ཏུ་ཕྱིན་པ་སྟོང་ཕྲག་བརྒྱ་པ། བམ་པོ་གསུམ་[༦]པ། རབ་འབྱོར་ངས་[༧]འདི་ནས་སངས་རྒྱས་ཀྱི་སྤྱན་གྱིས་འཇིག་རྟེན་ལ་རྣམ་པར་གཟིགས་ན། ཤར་ཕྱོགས་ཀྱི་འཇིག་རྟེན་གྱི་ཁམས་གང་གཱའི་ཀླུང་གི་བྱེ་མ་སྙེད་དག་

ན༔ བྱང་ཆུབ་སེམས་དཔའ་སེམས་དཔའ་ཆེན་པོ་སེམས་ཅན་ཡི་དགས་[1]ཀྱི་ཡུལ་པ་རྣམས་ཀྱི། ཡི་དགས་ཀྱི་ཡུལ་དེ་དག་ན། སྡུག་བསྔལ་ཛེ་སླེད་ཅིག་ཡོད་པ་དེ་དག་ཐམས་ཅད་རབ་ཏུ་འཇིལ་ཞིང་སེར་སྣ་སྤང་བའི་ཕྱིར་ཆོས་སྟོན་པ་དང་། དེ་དག་ན་སེམས་ཅན་ཡི་དགས་ཀྱི་ཡུལ་པ་དེ་དག་བྱང་ཆུབ་སེམས་དཔའ་སེམས་དཔའ་ཆེན་པོ་དེ་དག་ལ་བྱམས་པའི་སེམས་བསྐྱེད་[2]ཅིང་། ཡི་དགས་ཀྱི་སྐྱེ་གནས་དེ་དག་ནས་རྣམ་པར་ལྡང་བ་དང་། དེ་དག་ཡི་དགས་ཀྱི་སྐྱེ་གནས་དེ་དག་ནས་རྣམ་པར་ལངས་ནས། དགེ་བའི་རྩ་བ་དེ་ཉིད་ཀྱིས་ལྷའི་འཇིག་རྟེན་དང་མིའི་འཇིག་རྟེན་དུ་སྐྱེས་ཏེ[3]། ཕུང་པོ་མ་ལུས་པའི་མྱ་ངན་ལས་འདས་པའི་དབྱིངས་སུ་ཡོངས་སུ་མྱ་ངན་ལས་འདས་ཀྱི་བར་དུ་སངས་རྒྱས་བཅོམ་ལྡན་འདས་རྣམས་དང་། ནམ་ཡང་འབྲལ་བར་མི་འགྱུར་བ་དག་མཐོང་ངོ་། །རབ་འབྱོར་ངས་འདི་ནས་སངས་རྒྱས་ཀྱི་སྤྱན་གྱིས་འཇིག་རྟེན་ལ་རྣམ་པར་གཟིགས་ན། ལྷོ་ཕྱོགས་ཀྱི་འཇིག་རྟེན་གྱི་ཁམས་གང་གཱའི་ཀླུང་གི་བྱེ་མ་སྙེད་དག་ན། བྱང་ཆུབ་སེམས་དཔའ་སེམས་དཔའ་ཆེན་པོ་སེམས་ཅན་ཡི་དགས་ཀྱི་ཡུལ་པ་རྣམས་[4]ཡི་དགས་ཀྱི་ཡུལ་དེ་དག་ན་སྡུག་བསྔལ་ཛེ་སླེད་ཅིག་ཡོད་པ་དེ་དག་ཐམས་ཅད་རབ་ཏུ་འཇིལ་ཞིང་སེར་སྣ་སྤང་བའི་ཕྱིར་ཆོས་སྟོན་པ་དང་། དེ་དག་ན་སེམས་ཅན་ཡི་དགས་ཀྱི་ཡུལ་པ་དེ་དག་བྱང་ཆུབ་སེམས་དཔའ་སེམས་དཔའ་ཆེན་པོ་དེ་དག་ལ་བྱམས་པའི་སེམས་བསྐྱེད་[5]ཅིང་། ཡི་དགས་ཀྱི་སྐྱེ་གནས་དེ་དག་ནས་རྣམ་པར་ལྡང་བ་དང་། དེ་དག་ཡི་དགས་ཀྱི་སྐྱེ་གནས་དེ་དག་ནས། རྣམ་པར་ལངས་ནས་དགེ་བའི་རྩ་བ་དེ་ཉིད་ཀྱིས་ལྷའི་འཇིག་རྟེན་དང་། མིའི་འཇིག་རྟེན་དུ༔ སྐྱེས་ཏེ་[6]ཕུང་པོ་མ་ལུས་པའི་མྱ་ངན་ལས་འདས་པའི་དབྱིངས་སུ་ཡོངས་སུ་མྱ་ངན་ལས་འདས་ཀྱི་བར་དུ་སངས་རྒྱས་བཅོམ་ལྡན་འདས་རྣམས་དང་ནམ་ཡང་འབྲལ་བར་

མི་འགྱུར་བ་དག་མཐོང་ངོ་། །རབ་འབྱོར་ངས་འདི་ནས་སངས་རྒྱས་ཀྱི་སྤྱན་གྱིས་
འཇིག་རྟེན་ལ་རྣམ་པར་གཟིགས་ན། ནུབ་ཕྱོགས་ཀྱི་འཇིག་རྟེན་གྱི་ཁམས་གནྒའི་
ཀླུང་གི་བྱེ་མ་སྙེད་དག་ན། བྱང་ཆུབ་སེམས་དཔའ་སེམས་དཔའ་ཆེན་པོ་སེམས་
ཅན་ཡི་དགས་ཀྱི་ཡུལ་པ་རྣམས་ཀྱི་ཡི་དགས་ཀྱི་ཡུལ་དེ་དག་ན། སྡུག་་
བསྔལ་ཇི་སྙེད་ཅིག་ཡོད་པ་དེ་དག་ཐམས་ཅད་རབ་ཏུ་འཇིལ་ཞིང་སེར་སྣ་སྤྱང་བའི་
ཕྱིར་ཆོས་སྟོན་པ་དང་། དེ་དག་ན་སེམས་ཅན་ཡི་དགས་ཀྱི་ཡུལ་པ་དེ་དག་བྱང་
ཆུབ་སེམས་དཔའ་སེམས་དཔའ་ཆེན་པོ་དེ་དག་ལ་བྱམས་པའི་སེམས་བསྐྱེད་(༡)ཅིང་།
ཡི་དགས་ཀྱི་སྐྱེ་གནས་དེ་དག་ནས་རྣམ་པར་ལྡང་བ་དང་། དེ་དག་ཡི་དགས་ཀྱི་
སྐྱེ་གནས་དེ་དག་ནས་རྣམ་པར་ལངས་ནས། དགེ་བའི་རྩ་བ་དེ་ཉིད་ཀྱིས་(༢)ལྷའི་
འཇིག་རྟེན་དང་། མིའི་འཇིག་རྟེན་དུ་སྐྱེས་ཏེ། ཕུང་པོ་མ་ལུས་པའི་མྱ་ངན་་
ལས་འདས་པའི་དབྱིངས་སུ་ཡོངས་སུ་མྱ་ངན་ལས་འདས་ཀྱི་བར་དུ། སངས་་
རྒྱས་བཅོམ་ལྡན་འདས་རྣམས་དང་། ནམ་ཡང་འབྲལ་བར་མི་འགྱུར་བ་དག་་་
མཐོང་ངོ་། །རབ་འབྱོར་ངས་འདི་ནས་སངས་རྒྱས་ཀྱི་སྤྱན་གྱིས་(༣)འཇིག་རྟེན་ལ་
རྣམ་པར་གཟིགས་ན། བྱང་ཕྱོགས་ཀྱི་འཇིག་རྟེན་གྱི་ཁམས་གནྒའི་ཀླུང་གི་བྱེ་མ་
སྙེད་དག་ན། བྱང་ཆུབ་སེམས་དཔའ་སེམས་དཔའ་ཆེན་པོ་སེམས་ཅན་ཡི་དགས་
ཀྱི་ཡུལ་པ་རྣམས་ཀྱི་ཡི་དགས་ཀྱི་ཡུལ་དེ་དག་ན་སྡུག་བསྔལ་ཇི་སྙེད་ཅིག་ཡོད་པ་་
དེ་དག་ཐམས་ཅད་རབ་ཏུ་འཇིལ་ཞིང་སེར་སྣ་སྤྱང་བའི་ཕྱིར་ཆོས་སྟོན་པ་དང་།
དེ་དག་ན་སེམས་ཅན་ཡི་དགས་ཀྱི་ཡུལ་པ་དེ་དག་བྱང་ཆུབ་སེམས་དཔའ་སེམས་་་
དཔའ་ཆེན་པོ་དེ་དག་ལ་བྱམས་པའིཿསེམས་བསྐྱེད་(༤)ཅིང་། ཡི་དགས་ཀྱི་སྐྱེ་་
གནསཿདེ་དག་(༥)ནས། རྣམ་པར་ལྡང་བ་དང་། དེ་དག་ཡི་དགས་ཀྱི་སྐྱེ་གནས་
དེ་དག་ནས་རྣམ་པར་ལངས་ནས། དགེ་བའི་རྩ་བ་(༦)དེ་ཉིད་ཀྱིས་ལྷའི་འཇིག་རྟེན་

དང་། ཕྱིའི་འཇིག་རྟེན་དུ་སྐྱེས་ཏེ། ཕུང་པོ་མ་ལུས་པའི་མྱ་ངན་ལས་འདས་པའི་དབྱིངས་སུ་ཡོངས་སུ་མྱ་ངན་ལས་འདས་ཀྱི་བར་དུ་སངས་རྒྱས་བཅོམ་ལྡན་འདས་རྣམས་དང་ནམ་ཡང་འབྲལ་བར་མི་འགྱུར་བ་དག་མཐོང་ངོ་། །རབ་འབྱོར་ངས་འདི་ནས་སངས་རྒྱས་ཀྱི་སྤྱན་གྱིས་འཇིག་རྟེན་ལ་རྣམ་པར་གཟིགས་ན། བྱང་ཤར་གྱི་ཕྱོགས་མཚམས་ཀྱི་འཇིག་རྟེན་གྱི་ཁམས་གངྒཱའི་ཀླུང་གི་བྱེ་མ་སྙེད་དག་ན། བྱང་ཆུབ་སེམས་དཔའ་སེམས་དཔའ་ཆེན་པོ་སེམས་ཅན་ཡི་དགས་ཀྱི་ཡུལ་པ་རྣམས་ཀྱི་ཡི་དགས་ཀྱི་ཡུལ་དེ་དག་ན་སྡུག་བསྔལ་ཇི་སྙེད་ཅིག་ཡོད་པ་དེ་དག་ཐམས་ཅད་རབ་ཏུ་འཇིལ་ཞིང་སེར་སྣ་སྤང་བའི་ཕྱིར་ཆོས་སྟོན་པ་དང་། དེ་དག་ན་སེམས་ཅན་ཡི་དགས་ཀྱི་ཡུལ་པ་དེ་དག་བྱང་ཆུབ་སེམས་དཔའ་སེམས་དཔའ་ཆེན་པོ་དེ་དག་ལ་བྱམས་པའི་སེམས་བསྐྱེད་[1]ཅིང་། ཡི་དགས་ཀྱི་སྐྱེ་གནས་དེ་དག་ནས་རྣམ་པར་ལྡང་བ་དང་། དེ་དག་ཡི་དགས་ཀྱི་སྐྱེ་གནས་དེ་དག་ནས་རྣམ་པར་ལངས་ནས། དགེ་བའི་རྩ་བ་དེ་ཉིད་ཀྱིས་ལྷའི་འཇིག་རྟེན་དང་། ཕྱིའི་འཇིག་རྟེན་དུ་སྐྱེས་ཏེ། ཕུང་པོ་མ་ལུས་པའི་མྱ་ངན་ལས་འདས་པའི་དབྱིངས་སུ་ཡོངས་སུ་མྱ་ངན་ལས་འདས་ཀྱི་བར་དུ། སངས་རྒྱས་བཅོམ་ལྡན་འདས་རྣམས་དང་། ནམ་ཡང་འབྲལ་བར་མི་འགྱུར་བ་དག་མཐོང་ངོ་། །རབ་འབྱོར་ངས་འདི་ནས་སངས་རྒྱས་ཀྱི་སྤྱན་གྱིས་འཇིག་རྟེན་ལ་རྣམ་པར་གཟིགས་ན། ཤར་ལྷོའི་ཕྱོགས་མཚམས་ཀྱི་འཇིག་རྟེན་གྱི་ཁམས་གངྒཱའི་ཀླུང་གི་བྱེ་མ་སྙེད་དག་ན། བྱང་ཆུབ་སེམས་དཔའ་སེམས་དཔའ་ཆེན་པོ་སེམས་ཅན་ཡི་དགས་ཀྱི་ཡུལ་པ་རྣམས་ཀྱི་ཡི་དགས་ཀྱི་ཡུལ་དེ་དག་ན་སྡུག་བསྔལ་ཇི་སྙེད་ཅིག་ཡོད་པ་དེ་དག་ཐམས་ཅད་རབ་ཏུ་འཇིལ་ཞིང་སེར་སྣ་སྤང་བའི་ཕྱིར་ཆོས་སྟོན་པ་དང་། དེ་དག་ན་སེམས་ཅན་ཡི་དགས་ཀྱི་ཡུལ་པ་དེ་དག་བྱང་ཆུབ་སེམས་དཔའ་སེམས་དཔའ་

ཆེན་པོ་དེ་དག་ལ་བྱམས་པའི་སེམས་བསྐྱེད་[༡]ཅིང་། ཡི་དགས་ཀྱི་སྐྱེ་གནས་དེ་དག་ནས་རྣམ་པར་ལྡང་བ་དང་། དེ་དག་ཡི་དགས་ཀྱི་སྐྱེ་[༢]གནས་དེ་དག་ནས་རྣམ་པར་ལངས་ནས། དགེ་བའི་རྩ་བ་དེ་ཉིད་ཀྱིས་ལྷའི་འཇིག་རྟེན་དང་། མིའི་འཇིག་རྟེན་དུ་སྐྱེས་ཏེ། ཕུང་པོ་མ་ལུས་པའི་མྱ་ངན་ལས་འདས་པའི་[༣]དབྱིངས་སུ་ཡོངས་སུ་མྱ་ངན་ལས་འདས་ཀྱི་བར་དུ། སངས་རྒྱས་བཅོམ་ལྡན་འདས་རྣམས་དང་ནམ་ཡང་འབྲལ་བར་མི་འགྱུར་བ་དག་མཐོང་ངོ་། །རབ་འབྱོརད་ངས་འདི་ནས་སངས་རྒྱས་ཀྱི་སྤྱན་གྱིས་འཇིག་རྟེན་ལ་རྣམ་པར་གཟིགས་ན། ལྷོ་ནུབ་ཀྱི་ཕྱོགས་མཚམས་ཀྱི་འཇིག་རྟེན་གྱི་ཁམས་གངྒཱའི་ཀླུང་གི་བྱེ་མ་སྙེད་དག་[༤]ན། བྱང་ཆུབ་སེམས་དཔའ་སེམས་དཔའ་ཆེན་པོ་སེམས་ཅན་ཡི་དགས་ཀྱི་ཡུལ་པ་རྣམས་ཀྱི་ཡི་དགས་ཀྱི་ཡུལ་དེ་དག་ན་སྡུག་བསྔལ་ཇི་སྙེད་ཅིག་ཡོད་པ་དེ་དག་ཐམས་ཅད་རབ་ཏུ་འཇིལ་ཞིང་སེར་སྣ་སྤྱང་བའི་ཕྱིར་ཆོས་སྟོན་པ་དང་། དེ་དག་ན་སེམས་ཅན་ཡི་དགས་ཀྱི་ཡུལ་པ་དེ་དག་བྱང་ཆུབ་སེམས་དཔའ་སེམས་དཔའ་ཆེན་པོ་དེ་དག་ལ་བྱམས་པའི་སེམས་བསྐྱེད་[༥]ཅིང་། ཡི་དགས་ཀྱི་སྐྱེ་གནས་དེ་དག་ནས་རྣམ་པར་ལྡང་བ་དང་། དེ་དག་ཡི་དགས་ཀྱི་སྐྱེ་གནས་དེ་དག་ནས། རྣམ་པར་ལངས་ནས། དགེ་བའི་རྩ་བ་དེ་ཉིད་ཀྱིས་ལྷའི་འཇིག་རྟེན་དང་། མིའི་འཇིག་རྟེན་དུ་སྐྱེས་ཏེ། ཕུང་པོ་མ་ལུས་པའི་མྱ་ངན་ལས་འདས་པའི་དབྱིངས་སུ་ཡོངས་སུ་མྱ་ངན་ལས་འདས་ཀྱི་བར་དུ་སངས་རྒྱས་བཅོམ་ལྡན་འདས་རྣམས་དང་། ནམ་ཡང་འབྲལ་བར་མི་འགྱུར་བ་དག་མཐོང་ངོ་། །རབ་འབྱོར་ངས་འདི་ནས་སངས་རྒྱས་ཀྱི་སྤྱན་གྱིས་འཇིག་རྟེན་ལ་རྣམ་[༦]པར་གཟིགས་ན། ནུབ་བྱང་གི་ཕྱོགས་མཚམས་ཀྱི་འཇིག་རྟེན་གྱི་ཁམས་གངྒཱའི་ཀླུང་གི་བྱེ་མ་སྙེད་དག་ན། བྱང་ཆུབ་སེམས་དཔའ་སེམས་དཔའ་ཆེན་པོ་སེམས་ཅན་ཡི་དགས་ཀྱི་ཡུལ་

པ་རྣམས་ཀྱི་ཡི་དགས་ཀྱི་ཡུལ་[༡]དེ་དག་ན་སྡུག་བསྔལ་ཇི་སྙེད་ཅིག་ཡོད་པ་དེ་དག་ཐམས་ཅད་རབ་ཏུ་འཇིལ་ཞིང་སེར་སྣ་སྤང་བའི་ཕྱིར་ཆོས་སྟོན་པ་དང་། དེ་དག་ན་[༢]སེམས་ཅན་ཡི་དགས་ཀྱི་ཡུལ་པ་དེ་དག་བྱང་ཆུབ་སེམས་དཔའ་སེམས་དཔའ་ཆེན་པོ་དེ་དག་ལ་བྱམས་པའི་སེམས་བསྐྱེད་[༣]ཅིང་། ཡི་དགས་ཀྱི་སྐྱེ་གནས་དེ་དག་ནས་རྣམ་པར་ལྡང་བ་དང་། དེ་དག་ཡི་དགས་ཀྱི་སྐྱེ་གནས་དེ་དག་ནས་རྣམ་པར་ལངས་ནས། དགེ་བའི་རྩ་བ་དེ་ཉིད་ཀྱིས་ལྷའི་འཇིག་རྟེན་དང་། མིའི་འཇིག་རྟེན་དུ་སྐྱེས་ཏེ། ཕུང་པོ་མ་ལུས་པའི་མྱ་ངན་ལས་འདས་པའི་དབྱིངས་སུ་ཡོངས་སུ་མྱ་ངན་ལས་འདས་ཀྱི་བར་དུ། སངས་རྒྱས་བཅོམ་ལྡན་འདས་རྣམས་དང་ནམ་ཡང་འབྲལ་བར་མི་འགྱུར་བ་དག་མཐོང་ངོ་། །རབ་འབྱོར་ངས་འདི་ནས་སངས་རྒྱས་ཀྱི་སྤྱན་གྱིས་འཇིག་རྟེན་ལ་རྣམ་པར་གཟིགས་ན། འོག་གི་ཕྱོགས་ཀྱི་འཇིག་རྟེན་གྱི་ཁམས་གངྒཱའི་ཀླུང་གི་བྱེ་མ་སྙེད་དག་ན། བྱང་ཆུབ་སེམས་དཔའ་སེམས་དཔའ་ཆེན་པོ་སེམས་ཅན་ཡི་དགས་ཀྱི་ཡུལ་པ་རྣམས་ཀྱི་ཡི་དགས་ཀྱི་ཡུལ་དེ་དག་ན་སྡུག་བསྔལ་ཇི་[༤]སྙེད་ཅིག་[༥]ཡོད་པ་དེ་དག་ཐམས་ཅད་རབ་ཏུ་འཇིལ་ཞིང་སེར་སྣ་སྤང་བའི་ཕྱིར་ཆོས་སྟོན་པ་དང་། དེ་དག་ན་སེམས་ཅན་ཡི་དགས་ཀྱི་ཡུལ་པ་དེ་དག་བྱང་ཆུབ་སེམས་དཔའ་སེམས་དཔའ་ཆེན་པོ་དེ་དག་ལ་བྱམས་པའི་སེམས་བསྐྱེད་[༦]ཅིང་། ཡི་དགས་ཀྱི་སྐྱེ་གནས་དེ་དག་ནས། རྣམ་པར་ལྡང་བ་དང་། དེ་དག་ཡི་དགས་ཀྱི་སྐྱེ་གནས་དེ་དག་ནས་རྣམ་པར་ལངས་ནས། དགེ་བའི་རྩ་བ་དེ་ཉིད་ཀྱིས་ལྷའི་འཇིག་རྟེན་དང་། མིའི་འཇིག་རྟེན་དུ་སྐྱེས་ཏེ། ཕུང་པོ་མ་ལུས་པའི་མྱ་ངན་ལས་འདས་པའི་དབྱིངས་སུ་ཡོངས་སུ་མྱ་ངན་ལས་འདས་ཀྱི་བར་དུ་སངས་རྒྱས་བཅོམ་ལྡན་འདས་རྣམས་དང་། ནམ་ཡང་འབྲལ་བར་མི་འགྱུར་བ་དག་མཐོང་ངོ་། །རབ་འབྱོར་ངས་འདི་ནས་

སངས་རྒྱས་ཀྱི་སྤྱན་གྱིས་འཇིག་རྟེན་ལ་རྣམ་པར་གཟིགས་ན། སྟེང་གི་ཕྱོགས་ཀྱི་འཇིག་རྟེན་གྱི་ཁམས་གཉྫའི་ཀླུང་གི་བྱེ་མ་སྙེད་དག་ན། བྱང་ཆུབ་སེམས་དཔའ་སེམས་དཔའ་ཆེན་པོ་སེམས་ཅན་ཡི་དགས་ཀྱི་ཡུལ་པ་རྣམས་ཀྱིཿཡི་དགས་[1]ཀྱི་ཡུལ་དེ་དག་ན་སྡུག་བསྔལ་ཇི་སྙེད་ཅིག་ཡོད་པ་དེ་དག་ཐམས་ཅད་རབ་ཏུ་འཇིལ་ཞིང་། སེར་སྣཿཡོངས་སུ[2]སྤང་བའི་ཕྱིར་ཆོས་སྟོན་པ་དང་། དེ་དག་ན་[3]སེམས་ཅན་ཡི་དགས་ཀྱི་ཡུལ་པ་[4]དེ་དག་[5]བྱང་ཆུབ་སེམས་དཔའ་སེམས་དཔའ་ཆེན་པོ་དེ་དག་ལ་བྱམས་པའི་སེམས་བསྐྱེད་[6]ཅིང་། ཡི་དགས་ཀྱི་སྐྱེ་གནས་དེ་དག་ནས་རྣམ་པར་ལྷུང་བ་དང་། དེ་དག་ཡི་དགས་ཀྱི་སྐྱེ་གནས་དེ་དག་ནས་རྣམ་པར་ལངས་ནས༑ དགེ་བའི་རྩ་བ་དེ་ཉིད་ཀྱིས་ལྷའི་འཇིག་རྟེན་དང་། མིའི་འཇིག་རྟེན་དུ་སྐྱེས་ཏེ། ཕུང་པོ་མ་ལུས་པའི་མྱ་ངན་ལས་[7]འདས་པའི་དབྱིངས་སུ་ཡོངས་སུ་མྱ་ངན་ལས་[8]འདས་ཀྱི་བར་དུ། སངས་རྒྱས་བཅོམ་ལྡན་འདས་རྣམས་དང་ནམ་ཡང་འབྲལ་བར་མི་འགྱུར་བ་དག་མཐོང་ངོ་། །རབ་འབྱོར་ངས་ཡང་འདི་ནས་སངས་རྒྱས་ཀྱི་སྤྱན་གྱིས་འཇིག་རྟེན་ལ་རྣམ་པར་གཟིགས་ན། ཤར་ཕྱོགས་ཀྱི་འཇིག་རྟེན་གྱི་ཁམས་གཉྫའི་ཀླུང་གི་བྱེ་མ་སྙེད་དག་ན། བྱང་ཆུབ་སེམས་དཔའ་སེམས་དཔའ་ཆེན་པོ་རྒྱལ་ཆེན་བཞིའི་རིས་ཀྱི་ལྷ་རྣམས་ལ་ཆོས་སྟོན་པ་དང་། སུམ་ཅུ་རྩ་གསུམ་དང་། མཚེ་མ་དང་། དགའ་ལྡན་དང་། འཕྲུལ་དགའ་དང་། གཞན་འཕྲུལ་དབང་བྱེད་ཀྱི་ལྷ་རྣམས་ལ་ཆོས་སྟོན་པ་དང་། བྱང་ཆུབ་སེམས་དཔའ་སེམས་དཔའ་ཆེན་པོ་དེ་དག་ལས་ལྷའི་བུ་དེ་དག་གིས་[9]ཆོས་དེ་ཐོས་ནས༑ ཐེག་པ་གསུམ་པོས་རིམ་གྱིས་ཡོངས་སུ་མྱ་ངན་ལས་འདས་པར་གྱུར་པ་དང་། ཡོངས་སུ་མྱ་ངན་ལས་འདའ་བ་དང་། ཡོངས་སུ་མྱ་ངན་ལས་འདའ་བར་འགྱུར་བ་མཐོང་སྟེ། རབ་འབྱོར་དེ་ལ་ལྷའི་བུ་གང་འདོད་པའི་ཡོན་ཏན

ལྷུས་ཤས་[༧]ཆེར་སྤྲོས་པ་དེ་དག་ལ་གཞལ་མེད་ཁང་དེ་དག་འབར་བར་སྣང་བར་བྱས་ཤིང་། དེ་དག་སྐྱོ་བར་གྱུར་པར་ཤེས་ནས་འདི་སྐད་དུ་གྲོགས་པོ་དག་འདུ་བྱེད་ཐམས་ཅད་ནི་མི་རྟག་པ་འདུ་བྱེད་ཐམས་ཅད་ནི་སྡུག་བསྔལ་བ། འདུ་བྱེད་ཐམས་ཅད་ནི་བདག་མེད་པ་འདུ་བྱེད་ཐམས་ཅད་ནི་མི་བརྟན་པ། འདུ་བྱེད་ཐམས་ཅད་ནི་ཡིད་བརྟན་དུ་མི་རུང་བ། འདུ་བྱེད་ཐམས་ཅད་ནི་རྣམ་པར་འགྱུར་བའི་ཆོས་ཅན་ཡིན་ན། འདུ་བྱེད་རྣམས་ལ་ལྟ་སུ་ཞིག་ཡིད་ཕེབས་པར་གནས་ཤེས་ཆོས་སྟོན་ཏོ། །རབ་འབྱོར་ངས་ཡང་འདི་ནས་སངས་རྒྱས་ཀྱི་སྤྱན་གྱིས་འཇིག་རྟེན་ལ་རྣམ་པར་གཟིགས་ན། ལྷོ་ཕྱོགས་ཀྱི་འཇིག་རྟེན་གྱི་ཁམས་གངྒཱའི་ཀླུང་གི་བྱེ་མ་སྙེད་དག་ན། བྱང་ཆུབ་སེམས་དཔའ་སེམས་དཔའ་ཆེན་པོ་རྒྱལ་ཆེན་བཞིའི་རིས་ཀྱི་ལྷ་རྣམས་ལ་ཆོས་སྟོན་པ་དང་། སུམ་ཅུ་རྩ་གསུམ་དང་། མཚོ་མ་དང་། དགའ་ལྡན་དང་། འཕྲུལ་དགའ་དང་། གཞན་འཕྲུལ་དབང་བྱེད་ཀྱི་ལྷ་རྣམས་ལ་ཆོས་སྟོན་པ་དང་། བྱང་ཆུབ་སེམས་དཔའ་སེམས་དཔའ་ཆེན་པོ་དེ་དག་ལས་ལྷའི་བུ་དེ་དག་གིས་ཆོས་དེ་ཐོས་ནས་ཐེག་པ་གསུམ་པོས་རིམ་གྱིས་ཡོངས་སུ་མྱ་ངན་ལས་འདས་པར་གྱུར་པ་དང་། ཡོངས་སུ་མྱ་ངན་ལས་འདའ་བ་དང་། ཡོངས་སུ་མྱ་ངན་ལས་འདའ་བར་འགྱུར་བ་མཐོང་ངོ། རབ་འབྱོར་དེ་ལ་ལྷའི་བུ་གང་འདོད་པའི་ཡོན་ཏན་ལྷུས་ཤས་[༣]ཆེར་སྤྲོས་པ་དེ་དག་ལ། གཞལ་མེད་ཁང་དེ་དག་འབར་བར་སྣང་བར་བྱས་ཤིང་། དེ་དག་སྐྱོ་བར་གྱུར་པར་ཤེས་ནས། འདི་སྐད་དུ་གྲོགས་པོ་དག་འདུ་བྱེད་ཐམས་ཅད་ནི་མི་རྟག་པ། འདུ་བྱེད་ཐམས་ཅད་ནི་སྡུག་བསྔལ་བ། འདུ་བྱེད་ཐམས་ཅད་ནི་བདག་མེད་པ། འདུ་བྱེད་ཐམས་ཅད་ནི་མི་བརྟན་པ། འདུ་བྱེད་ཐམས་ཅད་ནི་ཡིད་བརྟན་དུ་མི་རུང་བ། འདུ་བྱེད་ཐམས་ཅད་ནི་རྣམ་པར་འགྱུར་བའི་ཆོས་

ཅན་ཡིན་ན། འདུ་བྱེད་རྣམས་ལ་ལྷ་སུ་ཞིག་ཡིད་ཕེབས་པར་གནས་ཤེས་ཆོས་སྟོན་ཏོ། །རབ་འབྱོར་ངས་ཡང་འདི་ནས་སངས་རྒྱས་ཀྱི་སྤྱན་གྱིས་འཇིག་རྟེན་ལ་རྣམ་པར་གཟིགས་ན། ནུབ་ཕྱོགས་ཀྱི་འཇིག་རྟེན་གྱི་ཁམས་གནྣའི་གླུང་གི་བྱེ་མ་སྙེད་དག་ན། བྱང་ཆུབ་སེམས་དཔའ་སེམས་དཔའ་ཆེན་པོ་རྒྱལ་ཆེན་བཞིའི་རིས་ཀྱི་ལྷ་རྣམས་ལ་ཆོས་སྟོན་པ་དང་། སུམ་ཅུ་རྩ་གསུམ་དང་། མཚོ་མ་དང་། དགའ་ལྡན་དང་། འཕྲུལ་དགའ་དང་། གཞན་འཕྲུལ་དབང་བྱེད་ཀྱི་ལྷ་རྣམས་ལ་ཆོས་སྟོན་པ་དང་། བྱང་ཆུབ་སེམས་དཔའ་སེམས་དཔའ་ཆེན་པོ་དེ་དག་ལས་ལྷའི་བུ་དེ་དག་གིས་ཆོས་དེ་ཐོས་ནས། ཐེག་པ་གསུམ་པོས་རིམ་གྱིས་ཡོངས་སུ་མྱ་ངན་ལས་འདས་པར་གྱུར་པ་དང་། ཡོངས་སུ་མྱ་ངན་ལས་འདའ་བ་དང་། ཡོངས་སུ་མྱ་ངན་ལས་འདའ་བར་འགྱུར་བ་མཐོང་སྟེ། རབ་འབྱོར་དེ་ལ་ལྷའི་བུ་གང་འདོད་པའི་ཡོན་ཏན་ལྔས་ཤས་[༡]ཆེར་སྤྱོས་པ་དེ་དག་ལ། གཞལ་མེད་ཁང་དེ་དག་འབར་བར་སྣང་བར་བྱས་ཤིང་། དེ་དག་སྐྱོ་[༢]བར་གྱུར་པར་ཤེས་ནས། འདི་སྐད་དུ་གྲོགས་པོ་དག་འདུ་བྱེད་ཐམས་ཅད་ནི་མི་རྟག་པ། འདུ་བྱེད་ཐམས་ཅད་ནི་སྡུག་བསྔལ་བ། འདུ་བྱེད་ཐམས་ཅད་ནི་བདག་མེད་པ། འདུ་བྱེད་ཐམས་ཅད་ནི་མི་བརྟན་པ། འདུ་བྱེད་ཐམས་ཅད་ནི་ཡིད་བརྟན་དུ་མི་རུང་བ[༣]། འདུ་བྱེད་ཐམས་ཅད་ནི་རྣམ་པར་འགྱུར་བའི་ཆོས་ཅན་ཡིན་ན[༤]། འདུ་བྱེད་རྣམས་ལ་[༥]ལྷ་སུ་ཞིག་ཡིད་ཕེབས་པར་གནས་ཤེས་ཆོས་སྟོན་ཏོ། །རབ་འབྱོར་ངས་ཡང་འདི་ནས་སངས་རྒྱས་ཀྱི་སྤྱན་གྱིས་འཇིག་རྟེན་ལ་རྣམ་པར་གཟིགས་ན། བྱང་[༦]ཕྱོགས་ཀྱི་འཇིག་རྟེན་གྱི་ཁམས་གནྣའི་གླུང་གི་བྱེ་མ་སྙེད་དག་ན། བྱང་ཆུབ་སེམས་དཔའ་སེམས་དཔའ་ཆེན་པོ་རྒྱལ་ཆེན་བཞིའི་རིས་ཀྱི་ལྷ་རྣམས་ལ་ཆོས་སྟོན་པ་དང་། སུམ་ཅུ་རྩ་གསུམ་དང་། མཚོ་མ་དང་།

དགའ་ལྡན་དང་། འཕྲུལ་དགའ་དང་། གཞན་འཕྲུལ་དབང་བྱེད་ཀྱི་ལྷ་རྣམས་ལ་ཆོས་སྟོན་པ་དང་། བྱང་ཆུབ་སེམས་དཔའ་སེམས་དཔའ་ཆེན་པོ་དེ་དག་ལས་②ལྷའི་བུ་དེ་དག་གིས་ཆོས་དེ་ཐོས་ནས། ཐེག་པ་གསུམ་པོས་རིམ་གྱིས་ཡོངས་སུ་མྱ་ངན་ལས་འདས་པར་གྱུར་པ་དང་། ཡོངས་སུ་མྱ་ངན་ལས་འདའ་བ་དང་། ཡོངས་སུ་མྱ་ངན་ལས་འདའ་བར་འགྱུར་བ་མཐོང་སྟེ། རབ་འབྱོར་དེ་ལ་ལྷའི་བུ་གང་འདོད་པའི་ཡོན་ཏན་ལྔས་ཤས་ཆེར་སྤྱོས་པ་དེ་དག་ལ། གཞལ་མེད་ཁང་དེ་དག་འབར་བར་སྣང་བར་བྱས་ཤིང་དེ་དག་སྐྱོ་བར་གྱུར་པར་ཤེས་ནས། འདི་སྐད་དུ་གྲོགས་པོ་དག་འདུ་བྱེད་ཐམས་ཅད་ནི་མི་རྟག་པ། འདུ་བྱེད་ཐམས་ཅད་ནི་སྡུག་བསྔལ་བ། འདུ་བྱེད་ཐམས་ཅད་ནི་བདག་མེད་པ། འདུ་བྱེད་ཐམས་ཅད་ནི་མི་བརྟན་པ། འདུ་བྱེད་ཐམས་ཅད་ནི་ཡིད་བརྟན་དུ་མི་རུང་བ། འདུ་བྱེད་ཐམས་ཅད་ནི་རྣམ་པར་འགྱུར་བའི་ཆོས་ཅན་ཡིན་ན། འདུ་བྱེད་རྣམས་ལ་ལྟ་སུ་ཞིག་ཡིད་ཕེབས་པར་གནས་ཞེས་ཆོས་སྟོན་ཏོ། །རབ་འབྱོར་ངས་ཡང་འདི་ནས་སངས་རྒྱས་ཀྱི་སྤྱན་གྱིས་འཇིག་རྟེན་ལ་རྣམ་པར་གཟིགས་ན། བྱང་ཤར་གྱི་ཕྱོགས་མཚམས་ཀྱི་འཇིག་རྟེན་གྱི་ཁམས་གངྒཱའི་ཀླུང་གི་བྱེ་མ་སྙེད་དག་ན། བྱང་ཆུབ་སེམས་དཔའ་སེམས་དཔའ་ཆེན་པོ་རྒྱལ་ཆེན་བཞིའི་རིས་ཀྱི་ལྷ་རྣམས་ལ་ཆོས་སྟོན་པ་དང་། སུམ་ཅུ་རྩ་གསུམ་དང་། མཆེ་མ་དང་། དགའ་ལྡན་དང་། འཕྲུལ་དགའ་དང་། གཞན་འཕྲུལ་དབང་བྱེད་ཀྱི་ལྷ་རྣམས་ལ་ཆོས་སྟོན་པ་དང་། བྱང་ཆུབ་སེམས་དཔའ་སེམས་དཔའ་ཆེན་པོ་དེ་དག་ལས་ལྷའི་བུ་དེ་དག་གིས་③ཆོས་དེ་ཐོས་ནས། ཐེག་པ་གསུམ་པོས་རིམ་གྱིས་ཡོངས་སུ་མྱ་ངན་ལས༔འདས་པར་③གྱུར་པ་དང་། ཡོངས་སུ་མྱ་ངན་ལས་འདའ་བ་དང་། ཡོངས་སུ་མྱ་ངན་ལས་འདའ་བར་འགྱུར་བ་མཐོང་སྟེ། རབ་འབྱོར་

དེ་ལ་ལྷའི་བུ་གང་འདོད་པའི་ཡོན་ཏན་ལྔས་ཤས་ཆེར་མྱོས་པ་དེ་དག་ལ་གཞལ་མེད་ཁང་དེ་དག་འབར་བར་སྣང་བར་བྱས་ཤིང་། དེ་དག་སྐྱོ་བར་གྱུར་པར་ཤེས་ནས། འདི་སྐད་དུ་གྲོགས་པོ་དག་འདུ་བྱེད་ཐམས་ཅད་ནི་མི་རྟག་པ། འདུ་བྱེད་ཐམས་ཅད་ནི་སྡུག་བསྔལ་བ། འདུ་བྱེད་ཐམས་ཅད་ནི་བདག་མེད་པ། འདུ་བྱེད་ཐམས་ཅད་ནི་མི་བརྟན་པ། འདུ་བྱེད་ཐམས་ཅད་ནི་ཡིད་བརྟན་དུ་མི་རུང་བ། འདུ་བྱེད་ཐམས་ཅད་ནི་རྣམ་པར་འགྱུར་བའི་ཆོས་ཅན་ཡིན་ན། འདུ་བྱེད་རྣམས་①ལ་ལྟ་སུ་ཞིག་ཡིད་ཕེབས་པར་གནས་ཤེས་ཆོས་སྟོན་ཏོ། །

རབ་འབྱོར་ངས་ཡང་འདི་ནས་སངས་རྒྱས་ཀྱི་སྤྱན་གྱིས་འཇིག་རྟེན་ལ་རྣམ་པར་གཟིགས་ན། ཤར་ཕྱོགས་ཀྱི་ཕྱོགས་མཚམས་ཀྱི་འཇིག་རྟེན་གྱི་ཁམས་གང྄ྒཱའི་ཀླུང་གི་བྱེ་མ་སྙེད་དག་ན། བྱང་ཆུབ་སེམས་དཔའ་སེམས་དཔའ་ཆེན་པོ་རྒྱལ་ཆེན་བཞིའི་རིས་ཀྱི་ལྷ་རྣམས་ལ་ཆོས་སྟོན་པ་དང་། སུམ་ཅུ་རྩ་གསུམ་དང་། མཐོ་མ་དང་། དགའ་ལྡན་དང་། འཕྲུལ་དགའ་དང་། གཞན་འཕྲུལ་དབང་བྱེད་ཀྱི་ལྷ་རྣམས་ལ་ཆོས་སྟོན་པ་དང་། བྱང་ཆུབ་སེམས་དཔའ་སེམས་དཔའ་ཆེན་པོ་དེ་དག་ལས་ལྷའི་བུ་དེ་དག་གིས་ཆོས་དེ་ཐོས་ནས། ཐེག་པ་གསུམ་པོས་རིམ་གྱིས་ཡོངས་སུ་མྱ་ངན་ལས་འདས་པར་གྱུར་པ་དང་། ཡོངས་སུ་མྱ་ངན་ལས་འདའ་བ་དང་། ཡོངས་སུ་མྱ་ངན་ལས་འདའ་བར་འགྱུར་བ་མཐོང་ངོ། རབ་འབྱོར་དེ་ལ་ལྷའི་བུ་གང་འདོད་པའི་ཡོན་ཏན་ལྔས་ཤས་ཆེར་མྱོས་པ་དེ་དག་ལ་གཞལ་མེད་ཁང་དེ་དག་འབར་བར་སྣང་བར་བྱས་ཤིང་། དེ་དག་སྐྱོ་བར་གྱུར་པར་ཤེས་ནས། འདི་སྐད་དུ་གྲོགས་པོ་དག་འདུ་བྱེད་ཐམས་ཅད་ནི་མི་རྟག་པ། འདུ་བྱེད་ཐམས་ཅད་ནི་སྡུག་བསྔལ་བ། འདུ་བྱེད་ཐམས་ཅད་ནི་བདག་མེད་པ། འདུ་བྱེད་ཐམས་ཅད་ནི་མི་བརྟན་པ། འདུ་བྱེད་ཐམས་ཅད་ནི་ཡིད་བརྟན་དུ་མི་རུང་བ།

འདུ་བྱེད་ཐམས་ཅད་ནི་①རྣམ་པར་འགྱུར་བའི་ཆོས་ཅན་ཡིན་ན། འདུ་བྱེད་རྣམས་ལ་ལྟ་སུ་ཞིག་ཡིད་②ཕེབས་པར་གནས་ཤེས་ཆོས་སྟོན་ཏོ། །རབ་འབྱོར་ངས་ཡང་འདི་ནས་སངས་རྒྱས་ཀྱི་སྤྱན་གྱིས་③འཇིག་རྟེན་ལ་རྣམ་པར་གཟིགས་ན། ལྷོ་ནུབ་ཀྱི་ཕྱོགས་མཚམས་ཀྱི་འཇིག་རྟེན་གྱི་ཁམས་གནྜའི་ཀླུང་གི་བྱེ་མ་སྙེད་དག་ན། བྱང་ཆུབ་སེམས་དཔའ་སེམས་དཔའ་ཆེན་པོ་རྒྱལ་ཆེན་བཞིའི་རིས་ཀྱི་ལྷ་རྣམས་ལ་ཆོས་སྟོན་པ་དང་། སུམ་ཅུ་རྩ་གསུམ་དང་། མཚེ་མ་དང་། དགའ་ལྡན་དང་། འཕྲུལ་དགའ་དང་། གཞན་འཕྲུལ་དབང་བྱེད་ཀྱི་ལྷ་རྣམས་ལ་ཆོས་སྟོན་པ་དང་། བྱང་ཆུབ་སེམས་དཔའ་སེམས་དཔའ་ཆེན་པོ་དེ་དག་ལས་ལྷའི་བུ་དེ་དག་གིས་ཆོས་དེ་ཐོས་ནས། ཐེག་པ་གསུམ་པོས་④རིམ་གྱིས་ཡོངས་སུ་མྱ་ངན་ལས་འདས་པར་གྱུར་པ་དང་། ཡོངས་སུ་མྱ་ངན་ལས༔འདའ་བ་⑤དང་། ཡོངས་སུ་མྱ་ངན་ལས་འདའ་བར་འགྱུར་བ་མཐོང་སྟེ། རབ་འབྱོར་དེ་ལ་ལྷའི་བུ་གང་འདོད་པའི་ཡོན་ཏན་ལྔས་ཤས་ཆེར་སྤྱོས་པ་དེ་དག་ལ་གཞལ་མེད་ཁང་དེ་དག་འབར་བར་སྣང་བར་བྱས་ཤིང་། དེ་དག་སྐྱོ་བར་གྱུར་པར་ཤེས་ནས། འདི་སྐད་དུ་གྲོགས་པོ་དག་འདུ་བྱེད་ཐམས་ཅད་ནི་མི་རྟག་པ། འདུ་བྱེད་ཐམས་ཅད་ནི་སྡུག་བསྔལ་བ། འདུ་བྱེད་ཐམས་ཅད་ནི་བདག་མེད་པ། འདུ་བྱེད་ཐམས་ཅད་ནི་མི་བརྟན་པ། འདུ་བྱེད་ཐམས་ཅད་ནི་ཡིད་བརྟན་དུ་མི་རུང་བ། འདུ་བྱེད་ཐམས་ཅད་ནི་རྣམ་པར་འགྱུར་བའི་ཆོས་ཅན་ཡིན་ན། འདུ་བྱེད་རྣམས་ལ་⑥ལྟ་སུ་ཞིག་ཡིད་ཕེབས་⑦པར་གནས་ཤེས་ཆོས་སྟོན་ཏོ། །རབ་འབྱོར་ངས་ཡང་འདི་ནས་སངས་རྒྱས་ཀྱི་སྤྱན་གྱིས་འཇིག་རྟེན་ལ་རྣམ་པར་གཟིགས་ན། ནུབ་བྱང་གི་ཕྱོགས་མཚམས་ཀྱི་འཇིག་རྟེན་⑧གྱི་ཁམས་གནྜའི་ཀླུང་གི་བྱེ་མ་སྙེད་དག་ན། བྱང་ཆུབ་སེམས་དཔའ་སེམས་དཔའ་ཆེན་པོ་རྒྱལ་ཆེན་བཞིའི་རིས་ཀྱི་ལྷ་རྣམས་ལ་

ཆོས་སྟོན་པ་དང་། སུམ་ཅུ་རྩ་གསུམ་དང་། མཚེ་མ་དང་། དགའ་ལྡན་དང་། འཕྲུལ་དགའ་དང་། གཞན་འཕྲུལ་དབང་བྱེད་ཀྱི་ལྷ་རྣམས་ལ་ཆོས་སྟོན་པ་དང་། བྱང་ཆུབ་སེམས་དཔའ་སེམས་དཔའ་ཆེན་པོ་དེ་དག་ལས་ལྷའི་བུ①དེ་དག་གིས་ཆོས་དེ②ཐོས་ནས། ཐེག་པ་གསུམ་པོས་རིམ་གྱིས་ཡོངས་སུ་མྱ་ངན་ལས་འདས་པར་གྱུར་པ་དང་། ཡོངས་སུ་མྱ་ངན་ལས་འདའ་བ་དང་། ཡོངས་སུ་མྱ་ངན་ལས③འདའ་བར་འགྱུར་བ་མཐོང་སྟེ། རབ་འབྱོར་དེ་ལ་ལྷའི་བུ་གང་འདོད་པའི་ཡོན་ཏན་ལྔས་ཤས་ཆེར་མྱོས་པ་དེ་དག་ལ་གཞལ་མེད་ཁང་དེ་དག་འབར་བར་སྣང་བར་བྱས་ཤིང་། དེ་དག་སྐྱོ་བར④གྱུར་པར་ཤེས་ནས། འདི་སྐད་དུ་གྲོགས་པོ་དག་འདུ་བྱེད་ཐམས་ཅད་ནི་མི་རྟག་པ། འདུ་བྱེད་ཐམས་ཅད་ནི་སྡུག་བསྔལ་བ། འདུ་བྱེད་ཐམས་ཅད་ནི་བདག་མེད་པ། འདུ་བྱེད་ཐམས་ཅད་ནི་མི་བརྟན་པ། འདུ་བྱེད་ཐམས་ཅད་ནི་ཡིད་བརྟན་དུ་མི་རུང་བ། འདུ་བྱེད་ཐམས་ཅད་ནི་རྣམ་པར་འགྱུར་བའི་ཆོས་ཅན⑤ཡིན་ན། འདུ་བྱེད་རྣམས་ལ་ལྟ་སུ་ཞིག་ཡིད་ཕེབས་པར་གནས་ཤེས་ཆོས་སྟོན་ཏོ། །རབ་འབྱོར་ངས་ཡང་འདི་ནས་སངས་རྒྱས་ཀྱི་སྤྱན་གྱིས་འཇིག་རྟེན་ལ་རྣམ་པར་གཟིགས་ན། འོག་གི་ཕྱོགས་ཀྱི་འཇིག་རྟེན་གྱི་ཁམས་གཏྲའི་ཀླུང་གི་བྱེ་མ་སྙེད་དག་ན། བྱང་ཆུབ་སེམས་དཔའ་སེམས་དཔའ་ཆེན་པོ་རྒྱལ་ཆེན་བཞིའི་རིས་ཀྱི་ལྷ་རྣམས་ལ་ཆོས་སྟོན་པ་དང་། སུམ་ཅུ་རྩ་གསུམ་དང་། མཚེ་མ་དང་། དགའ་ལྡན་དང་། འཕྲུལ་དགའ་དང་། གཞན་འཕྲུལ་དབང་བྱེད་ཀྱི་ལྷ་རྣམས་ལ་ཆོས་སྟོན་པ་དང་། བྱང་ཆུབ་སེམས་དཔའ་སེམས་དཔའ་ཆེན་པོ་དེ་དག་ལས་ལྷའི་བུ་དེ་དག་གིས་ཆོས་དེ་ཐོས་ནས། ཐེག་པ་གསུམ་པོས་རིམ་གྱིས་ཡོངས་སུ་མྱ་ངན་ལས་འདས་པར་གྱུར་པ་དང་། ཡོངས་སུ་མྱ་ངན་ལས་འདའ་བ་དང་། ཡོངས་སུ་མྱ་ངན་ལས་

འདའ་བར་འགྱུར་བ་མཐོང་སྟེ། རབ་འབྱོར་དེ་ལ་ལྷའི་བུ་གང་(༡)འདོད་པའི་ཡོན་ཏན་ལྔས་ཤས་ཆེར་སྤྱོས་པ་དེ་དག་ལ་གཞལ་མེད་ཁང་དེ་དག་འབར་བར་སྣང་བར་བྱས་ཤིང་། དེ་དག་སྐྱོ་བར་གྱུར་པར་(༢)ཤེས་ནས། འདི་སྐད་དུ་གྲོགས་པོ་དག་འདུ་བྱེད་(༣)ཐམས་ཅད་ནི་མི་རྟག་པ། འདུ་བྱེད་ཐམས་ཅད་ནི་སྡུག་བསྔལ་བ། འདུ་བྱེད་ཐམས་ཅད་ནི་བདག་མེད་པ། འདུ་བྱེད་ཐམས་ཅད་ནི་མི་བརྟན་པ། འདུ་བྱེད་ཐམས་ཅད་ནི་ཡིད་བརྟན་དུ་མི་རུང་བ། འདུ་བྱེད་ཐམས་ཅད་(༤)ནི་རྣམ་པར་འགྱུར་བའི་ཆོས་ཅན་ཡིན་ན། འདུ་བྱེད་རྣམས་ལ་ལྷ་སུ་ཞིག་ཡིད་ཕེབས་པར་གནས་ཤེས་ཆོས་སྟོན་ཏོ། །རབ་འབྱོར་ངས་ཡང་འདི་ནས་སངས་རྒྱས་ཀྱི་སྤྱན་གྱིས་འཇིག་རྟེན་ལ་རྣམ་པར་གཟིགས་ན། སྟེང་གི་ཕྱོགས་ཀྱི་འཇིག་རྟེན་གྱི་ཁམས་གནྒཱའི་ཀླུང་གི་བྱེ་མ་སྙེད་དག་ན། བྱང་ཆུབ་སེམས་དཔའ་སེམས་དཔའ་ཆེན་པོ་རྒྱལ་ཆེན་བཞིའི་རིས་ཀྱི་ལྷ་རྣམས་ལ་ཆོས་སྟོན་པ་དང་། སུམ་ཅུ་རྩ་གསུམ་དང་། མཚོ་མ་དང་། དགའ་ལྡན་དང་། འཕྲུལ་དགའ་དང་། གཞན་འཕྲུལ་དབང་བྱེད་ཀྱི་ལྷ་རྣམས་ལ་ཆོས་སྟོན་པ་དང་། བྱང་ཆུབ་སེམས་དཔའ་སེམས་དཔའ་ཆེན་པོ་(༥)དེ་དག་ལས་ལྷའི་བུ་(༦)དེ་དག་གིས་ཆོས་དེ་ཐོས་ནས། ཐེག་པ་གསུམ་པོས་རིམ་གྱིས་ཡོངས་སུ་མྱ་ངན་ལས་འདས་པར་གྱུར་པ་དང་། ཡོངས་སུ་མྱ་ངན་ལས་འདའ་བ་དང་། ཡོངས་སུ་མྱ་ངན་ལས་(༧)འདའ་བར་འགྱུར་བ་མཐོང་སྟེ། རབ་འབྱོར་དེ་ལ་ལྷའི་བུ་གང་འདོད་པའི་ཡོན་ཏན་ལྔས་ཤས་ཆེར་སྤྱོས་པ་དེ་དག་ལ་གཞལ་མེད་ཁང་དེ་དག་འབར་བར་སྣང་བར་བྱས་ཤིང་། དེ་དག་སྐྱོ་བར༔གྱུར་པར་(༨)ཤེས་ནས། འདི་སྐད་དུ་གྲོགས་པོ་དག་འདུ་བྱེད་ཐམས་ཅད་ནི་མི་རྟག་པ། འདུ་བྱེད་ཐམས་ཅད་ནི་སྡུག་བསྔལ་བ། འདུ་བྱེད་ཐམས་ཅད་ནི་བདག་མེད་པ། འདུ་བྱེད་ཐམས་ཅད་ནི་

མི་བརྟན་པ། འདུ་བྱེད་ཐམས་ཅད་ནི་ཡིད་བརྟན་དུ་མི་རུང་བ། འདུ་བྱེད་ཐམས་ཅད་ནི་རྣམ་པར་འགྱུར་བའི་ཆོས་ཅན་ཡིན་ན། འདུ་བྱེད་རྣམས[༡]ལ་ལྟ་སུ་ཞིག་ཡིད་ཕེབས་པར་གནས་ཞེས་ཆོས་སྟོན་ཏོ། །རབ་འབྱོར་ངས་ཡང་འདི་ནས་སངས་རྒྱས་ཀྱི་སྤྱན་གྱིས་འཇིག་རྟེན་ལ་རྣམ་པར་གཟིགས་ན། ཤར་ཕྱོགས་ཀྱི་འཇིག་རྟེན་གྱི་ཁམས་གངྒཱའི་ཀླུང་གི་བྱེ་མ་སྙེད་དག་ན། བྱང་ཆུབ་སེམས་དཔའ་སེམས་དཔའ་ཆེན་པོ་རྣམས་སེམས་ཅན་གང་ཚངས་པའི་ལྟ་བ་ལ་མངོན་པར་ཞེན་པ་དེ་དག་ལ། ཀྱེ་གྲོགས་པོ་དག་ཆོས་ཐམས་ཅད་སྟོང་པ་ལ་ཅི་ཞིག་ལྟ་བ་སྐྱེད[༢]། ཆོས་ཐམས་ཅད་གསོག་དང་གསོབ་ཤ་སྟག་ལ་ཅི་ཞིག་ལྟ་བ་སྐྱེད་ཅེས་ལྟ་བའི་རྣམ་པ་དེ་དག་དང་བྲལ་བར་བྱེད་པ་མཐོང་སྟེ། རབ་འབྱོར་དེ་ལྟར་བྱང་ཆུབ་སེམས་དཔའ་སེམས་དཔའ་ཆེན་པོ་རྣམས་སྙིང་རྗེ་ཆེན་པོ་ལ་གནས་ཤིང་། སེམས་ཅན་རྣམས་ལ་ཆོས་སྟོན་ཏོ། །རབ་འབྱོར་དེ་ནི་ངོ་མཚར་ཆེ་སྟེ། བྱང་ཆུབ་སེམས་དཔའ་སེམས་དཔའ་ཆེན་པོ་རྣམས་ཀྱི་རྨད་དུ་བྱུང་བའི་ཆོས་སོ། །རབ་འབྱོར་ངས་ཡང་འདི་ནས་སངས་རྒྱས་ཀྱི་སྤྱན་གྱིས་འཇིག་རྟེན་ལ་རྣམ་པར་གཟིགས་ན། ལྷོ་ཕྱོགས་ཀྱི་འཇིག་རྟེན་གྱི་ཁམས་གངྒཱའི་ཀླུང་གི་བྱེ་མ་སྙེད་དག་ན། བྱང་ཆུབ་སེམས་དཔའ་སེམས་དཔའ་ཆེན་པོ་རྣམས་སེམས་ཅན་གང་ཚངས་པའི་ལྟ་བ་ལ་མངོན་པར་ཞེན་པ་དེ་དག་ལ། ཀྱེ་གྲོགས་པོ་དག་ཆོས་ཐམས་ཅད་སྟོང་པ་ལ་ཅི་ཞིག་ལྟ་བ་སྐྱེད། ཆོས་ཐམས་ཅད[༣]གསོག་དང་། གསོབ་ཤ་སྟག་ལ་ཅི་ཞིག་ལྟ་བ་སྐྱེད་ཅེས་ལྟ་བའི་རྣམ་པ་དེ་དག་དང་བྲལ་བར་བྱེད་པ་མཐོང་སྟེ། རབ་འབྱོར་དེ་ལྟར་བྱང་ཆུབ་སེམས་དཔའ་སེམས་དཔའ་ཆེན་པོ་རྣམས་སྙིང་རྗེ་ཆེན་པོ་ལ་གནས་ཤིང་། སེམས་ཅན་རྣམས་ལ་ཆོས་སྟོན་ཏོ། །རབ་འབྱོར་དེ་ནི་ངོ་མཚར་ཆེ་སྟེ། བྱང་ཆུབ་སེམས་དཔའ་སེམས་དཔའ་ཆེན་པོ་རྣམས་ཀྱི་རྨད་

དུ་བྱུང་བའི་ཆོས་སོ། །རབ་འབྱོར་ངས་ཡང་འདི་ནས་སངས་རྒྱས་ཀྱི་སྤྱན་གྱིས་འཇིག་རྟེན་ལ་རྣམ་པར་གཟིགས་ན། ནུབ་ཕྱོགས་ཀྱི་འཇིག་རྟེན་གྱི་ཁམས་གངྒཱའི་ཀླུང་གི་བྱེ་མ་སྙེད་དག་ན། བྱང་ཆུབ་སེམས་དཔའ་སེམས་དཔའ་ཆེན་པོ་རྣམས་སེམས་ཅན་གང་ཚངས་པའི་ལྟ་བ་ལ་མངོན་པར་ཞེན་པ་དེ་དག་ལ། ཀྱེ་གྲོགས་པོ་དག་ཆོས་ཐམས་ཅད་སྟོང་པ་ལ་ཅི་ཞིག་ལྟ་བ་སྐྱེད། ཆོས་ཐམས་ཅད་གསོག་དང་། གསོབ་ཤ་སྟག་ལ་ཅི་ཞིག་ལྟ་བ་སྐྱེད་ཅེས་ལྟ་བའི་རྣམ་པ་དེ་དག་དང་བྲལ་བར་བྱེད་པ་མཐོང་ངོ་། རབ་འབྱོར་དེ་ལྟར་བྱང་ཆུབ་སེམས་དཔའ་སེམས་དཔའ་ཆེན་པོ་རྣམས་སྙིང་རྗེ་ཆེན་པོ་ལ་གནས་ཤིང་། སེམས་ཅན་རྣམས་ལ་ཆོས་སྟོན་ཏོ། །རབ་འབྱོར་དེ་ནི་ངོ་མཚར་ཆེ་སྟེ། བྱང་ཆུབ་སེམས་དཔའ་སེམས་དཔའ་ཆེན་པོ་རྣམས་ཀྱི་རྨད་དུ་བྱུང་བའི་ཆོས་སོ། །རབ་འབྱོར་ངས་ཡང་འདི་ནས་སངས་རྒྱས་ཀྱི་སྤྱན་གྱིས་འཇིག་རྟེན་ལ་རྣམ་པར་གཟིགས་ན། བྱང་ཕྱོགས་ཀྱི་འཇིག་རྟེན་གྱི་ཁམས་གངྒཱའི་ཀླུང་གི་བྱེ་མ་སྙེད་དག་ན། བྱང་ཆུབ་སེམས་དཔའ་སེམས་དཔའ་ཆེན་པོ་རྣམས་སེམས་ཅན་གང་ཚངས་པའི་ལྟ་བ་ལ་མངོན་པར་ཞེན་པ་དེ་དག་ལ། ཀྱེ་གྲོགས་པོ་དག་ཆོས་ཐམས་ཅད་སྟོང་པ་ལ་ཅི་ཞིག་ལྟ་བ་སྐྱེད། ཆོས་ཐམས་ཅད་གསོག་དང་གསོབ་ཤ་སྟག་ལ་ཅི་ཞིག་ལྟ་བ་སྐྱེད་ཅེས་ལྟ་བའི་རྣམ་པ་དེ་དག་དང་བྲལ་བར་བྱེད་པ་མཐོང་ངོ་། རབ་འབྱོར་དེ་ལྟར་[7]བྱང་ཆུབ་སེམས་དཔའ་སེམས་དཔའ་ཆེན་པོ་རྣམས་སྙིང་རྗེ་ཆེན་པོ་ལ་གནས་ཤིང་། སེམས་ཅན་རྣམས་ལ་ཆོས་སྟོན་ཏོ། །རབ་འབྱོར་དེ་ནི་ངོ་མཚར་ཆེ་སྟེ། བྱང་ཆུབ་སེམས་དཔའ་སེམས་དཔའ་ཆེན་པོ་རྣམས་ཀྱི་རྨད་དུ་བྱུང་བའི་ཆོས་སོ། །རབ་འབྱོར་ངས་ཡང་འདི་ནས་སངས་རྒྱས་ཀྱི་སྤྱན་གྱིས་འཇིག་རྟེན་ལ་རྣམ་པར་གཟིགས་ན། བྱང་ཤར་གྱི་ཕྱོགས་མཚམས་ཀྱི་འཇིག་རྟེན་གྱི་ཁམས་གངྒཱའི་ཀླུང་གི་བྱེ་མ་སྙེད་དག་ན། བྱང་

ཆུབ་སེམས་དཔའ་སེམས་དཔའ་ཆེན་པོ་རྣམས་སེམས་ཅན་གང་ཚངས་པའི་ལྷ་བ་ལ་མངོན་པར་ཞེན་པ་དེ་དག་ལ། ཀྱེ་གྲོགས་པོ་དག་ཆོས་ཐམས་ཅད་སྟོང་པ་ལ་ཅི་ཞིག་⑦ལྟ་བ་སྐྱེད། ཆོས་ཐམས་ཅད་གསོག་དང་གསོབ་ཤ་སྟག་ལ་ཅི་ཞིག་ལྟ་བ་སྐྱེད་ཅེས། ལྟ་བའི་རྣམ་པ་དེ་དག་དང་བྲལ་བར་བྱེད་པ་མཐོང་སྟེ། རབ་འབྱོར་དེ་ལྟར་བྱང་ཆུབ་སེམས་དཔའ་སེམས་དཔའ་ཆེན་པོ་རྣམས་སྙིང་རྗེ་ཆེན་པོ་ལ་གནས་ཤིང་། སེམས་ཅན་རྣམས་ལ་ཆོས་སྟོན་ཏོ། །རབ་འབྱོར་དེ་ནི་ངོ་མཚར་ཆེ་སྟེ། བྱང་ཆུབ་སེམས་དཔའ༑སེམས་དཔའ་①ཆེན་པོ་རྣམས་ཀྱི་རྨད་དུ་བྱུང་བའི་ཆོས་སོ། །རབ་འབྱོར་ངས་ཡང་འདི་ནས་སངས་རྒྱས་ཀྱི་སྤྱན་གྱིས་འཇིག་རྟེན་ལ་རྣམ་པར་གཟིགས་ན། ཤར་ཕྱོགས་ཀྱི་ཕྱོགས་མཚམས་ཀྱི་འཇིག་རྟེན་གྱི་ཁམས་གང྄་གའི་ཀླུང་གི་བྱེ་མ་སྙེད་དག་ན། བྱང་ཆུབ་སེམས་དཔའ་སེམས་དཔའ་ཆེན་པོ་རྣམས་སེམས་ཅན་གང་ཚངས་པའི་ལྟ་བ་ལ་མངོན་པར་ཞེན་པ་དེ་དག་ལ། ཀྱེ་གྲོགས་པོ་དག་ཆོས་ཐམས་ཅད་སྟོང་པ་ལ་ཅི་①ཞིག་ལྟ་བ་སྐྱེད། ཆོས་ཐམས་ཅད་གསོག་དང་གསོབ་ཤ་སྟག་ལ་ཅི་ཞིག་ལྟ་བ་སྐྱེད་ཅེས་ལྟ་བའི་རྣམ་པ་དེ་དག་དང་བྲལ་བར་བྱེད་པ་མཐོང་སྟེ། རབ་འབྱོར་དེ་ལྟར་བྱང་ཆུབ་སེམས་དཔའ་སེམས་དཔའ་ཆེན་པོ་རྣམས་སྙིང་རྗེ་ཆེན་པོ་ལ་གནས་ཤིང་སེམས་ཅན་རྣམས་ལ་ཆོས་སྟོན་ཏོ། །རབ་འབྱོར་དེ་ནི་ངོ་མཚར་ཆེ་སྟེ། བྱང་ཆུབ་སེམས་དཔའ་སེམས་དཔའ་ཆེན་པོ་རྣམས་ཀྱི་རྨད་དུ་བྱུང་བའི་ཆོས་སོ། །རབ་འབྱོར་ངས་ཡང་འདི་ནས་སངས་རྒྱས་ཀྱི་སྤྱན་གྱིས་འཇིག་རྟེན་ལ་རྣམ་པར་གཟིགས་ན། ལྷོ་ནུབ་ཀྱི་ཕྱོགས་མཚམས་ཀྱི་འཇིག་རྟེན་གྱི་ཁམས་གང྄་གའི་ཀླུང་གི་བྱེ་མ་སྙེད་དག་ན། བྱང་ཆུབ་སེམས་དཔའ་སེམས་དཔའ་ཆེན་པོ་རྣམས་སེམས་ཅན་གང་ཚངས་པའི་ལྟ་བ་ལ་མངོན་པར་ཞེན་པ་དེ་དག་ལ། ཀྱེ་གྲོགས་པོ་དག་ཆོས་ཐམས་ཅད་སྟོང་པ་

ལ་ཅི་ཞིག་ལྟ་བ་སྐྱེད། ཆོས་ཐམས་ཅད་གསོག་དང་གསོབ་ཤ་སྟག་ལ་ཅི་ཞིག་ལྟ་བ་སྐྱེད་ཅེས་ལྟ་བའི་རྣམ་པ་[༡]དེ་དག་དང་བྲལ་བར་བྱེད་པ་མཐོང་སྟེ། རབ་འབྱོར་དེ་ལྟར་བྱང་ཆུབ་སེམས་དཔའ་སེམས་དཔའ་ཆེན་པོ་རྣམས་སྙིང་རྗེ་ཆེན་པོ་ལ་གནས་ཤིང་། སེམས་ཅན་རྣམས་ལ་ཆོས་སྟོན་ཏོ། །རབ་འབྱོར་དེ་ནི་ངོ་མཚར་ཆེ་སྟེ། བྱང་ཆུབ་སེམས་དཔའ་སེམས་དཔའ་ཆེན་པོ་རྣམས་ཀྱི་རྨད་དུ་བྱུང་བའི་ཆོས་སོ། །རབ་འབྱོར་ངས་ཡང་འདི་ནས་སངས་རྒྱས་ཀྱི་སྤྱན་གྱིས་འཇིག་རྟེན་ལ་རྣམ་པར་གཟིགས་ན། ནུབ་ཕྱོགས་ཀྱི་ཕྱོགས་མཚམས་ཀྱི་འཇིག་རྟེན་གྱི་ཁམས་གཀླའི་ཀླུང་གི་བྱེ་མ་སྙེད་དག་ན། བྱང་ཆུབ་སེམས་དཔའ་སེམས་དཔའ་ཆེན་པོ་རྣམས་སེམས་ཅན་གང་ཚངས་པའི་ལྟ་བ་ལ་མངོན་པར་ཞེན་པ་དེ་དག་ལ། ཀྱེ་གྲོགས་པོ་དག་ཆོས་ཐམས་ཅད་སྟོང་པ་ལ་ཅི་ཞིག་ལྟ་བ་སྐྱེད། ཆོས་ཐམས་ཅད་གསོག་དང་གསོབ་ཤ་སྟག་ལ་ཅི་ཞིག་ལྟ་བ་སྐྱེད་ཅེས་ལྟ་བའི་རྣམ་པ་དེ་དག་དང་བྲལ་བར་བྱེད་པ་མཐོང་སྟེ། [༢]རབ་འབྱོར་དེ་ལྟར་བྱང་ཆུབ་སེམས་དཔའ་སེམས་དཔའ་ཆེན་པོ་རྣམས་སྙིང་རྗེ་ཆེན་པོ་ལ་གནས་ཤིང་། སེམས་ཅན་རྣམས་ལ་ཆོས་སྟོན་ཏོ[༣]། །རབ་འབྱོར་དེ་ནི་ངོ་མཚར་ཆེ་སྟེ། བྱང་ཆུབ་སེམས་དཔའ་སེམས་དཔའ་ཆེན་པོ་རྣམས་ཀྱི་རྨད་[༤]དུ་བྱུང་བའི་ཆོས་སོ། །རབ་འབྱོར་ངས་ཡང་འདི་ནས་སངས་རྒྱས་ཀྱི་སྤྱན་གྱིས་འཇིག་རྟེན་ལ་རྣམ་པར་གཟིགས་ན། འོག་གི་ཕྱོགས་ཀྱི་འཇིག་རྟེན་གྱི་ཁམས་གཀླའི་ཀླུང་གི་བྱེ་[༥]མ་སྙེད་དག་ན། བྱང་ཆུབ་སེམས་དཔའ་སེམས་དཔའ་ཆེན་པོ་རྣམས་སེམས་ཅན་གང་ཚངས་པའི་ལྟ་བ་ལ་མངོན་པར་ཞེན་པ་དེ་དག་ལ། ཀྱེ་གྲོགས་པོ་དག་ཆོས་ཐམས་ཅད་སྟོང་པ་ལ་ཅི་ཞིག་ལྟ་བ་སྐྱེད། ཆོས་ཐམས་ཅད་གསོག་དང་གསོབ་ཤ་སྟག་ལ་ཅི་ཞིག༔ ལྟ་བ་སྐྱེད་ཅེས་[༦]ལྟ་བའི་རྣམ་པ་དེ་དག་དང་བྲལ་བར་[༧]བྱེད་པ་

མཐོང་སྟེ། རབ་འབྱོར་དེ་ལྟར་བྱང་ཆུབ་སེམས་དཔའ་སེམས་དཔའ་ཆེན་པོ་རྣམས་སྙིང་རྗེ་ཆེན་པོ་ལ་གནས་ཤིང་། སེམས་ཅན་རྣམས་ལ་ཆོས་སྟོན་ཏོ། །རབ་འབྱོར་དེ་ནི་ངོ་མཚར་ཆེ་སྟེ། བྱང་ཆུབ་སེམས་དཔའ་སེམས་དཔའ་ཆེན་པོ་རྣམས་ཀྱི་རྨད་དུ་བྱུང་བའི་ཆོས་སོ། །རབ་འབྱོར་ངས་ཡང་འདི་ནས་སངས་རྒྱས་ཀྱི་སྤྱན་གྱིས་འཇིག་རྟེན་ལ་རྣམ་པར་གཟིགས་ན། སྟེང་གི་ཕྱོགས་ཀྱི་འཇིག་རྟེན་གྱི་ཁམས་གཉྐའི་ཀླུང་གི་བྱེ་མ་སྙེད་དག་ན། བྱང་ཆུབ་སེམས་དཔའ་སེམས་དཔའ་ཆེན་པོ་རྣམས་སེམས་ཅན་གང་ཚངས་པའི་ལྟ་བ་ལ་མངོན་པར་ཞེན་པ་དེ་དག་ལ། ཀྱེ་གྲོགས་པོ་དག་ཆོས་ཐམས་ཅད་སྟོང་པ་ལ་ཅི་ཞིག་ལྟ་བ་སྐྱེད། ཆོས་ཐམས་ཅད་གསོག་དང་གསོབ་ཤ་སྟག་ལ་ཅི་ཞིག་ལྟ་བ་སྐྱེད་ཅེས་ལྟ་བའི་རྣམ་པ་དེ་དག་དང་བྲལ་བར་བྱེད་པ་མཐོང་སྟེ། རབ་འབྱོར་དེ་ལྟར་བྱང་ཆུབ་སེམས་དཔའ་སེམས་དཔའ་ཆེན་པོ་རྣམས་སྙིང་རྗེ་ཆེན་པོ་[1]ལ་གནས་ཤིང་། སེམས་ཅན་རྣམས་ལ་ཆོས་སྟོན་ཏོ[2]། །རབ་འབྱོར་དེ་ནི་ངོ་མཚར་ཆེ་སྟེ། བྱང་ཆུབ་སེམས་དཔའ་སེམས་དཔའ་ཆེན་པོ་རྣམས་ཀྱི་རྨད་དུ་བྱུང་བའི་ཆོས་སོ། །རབ་འབྱོར་ངས་ཡང་འདི་ནས་སངས་རྒྱས་ཀྱི་སྤྱན་གྱིས་[3]འཇིག་རྟེན་[4]ལ་རྣམ་པར་གཟིགས་ན། ཤར་ཕྱོགས་ཀྱི་འཇིག་རྟེན་གྱི་ཁམས་གཉྐའི་ཀླུང་གི་བྱེ་མ་སྙེད་དག་ན༔ བྱང་ཆུབ་སེམས་དཔའ་སེམས་དཔའ་ཆེན་པོ་དག་མི་རྣམས་བསྡུ་བའི་དངོས་པོ་བཞིས་སྡུད་པ་མཐོང་སྟེ། བཞི་གང་ཞེ་ན། སྦྱིན་པ་དང་། ཚིག་སྙན་པ་དང་། དོན་སྤྱོད་[5]པ་དང་། དོན་མཐུན་[6]པའོ། །རབ་འབྱོར་ངས་ཡང་འདི་ནས་སངས་རྒྱས་ཀྱི་སྤྱན་གྱིས་འཇིག་རྟེན་ལ་རྣམ་པར་གཟིགས་ན། ལྷོ་ཕྱོགས་ཀྱི་འཇིག་རྟེན་གྱི་ཁམས་གཉྐའི་ཀླུང་གི་བྱེ་མ་སྙེད་དག་ན། བྱང་ཆུབ་སེམས་དཔའ་སེམས་དཔའ་ཆེན་པོ་དག་མི་རྣམས་བསྡུ་བའི་དངོས་པོ་བཞིས་སྡུད་

པ་མཐོང་སྟེ། བཞི་གང་ཞེ་ན། སྦྱིན་པ་དང་། ཚིག་སྙན་པ་དང་། དོན་སྤྱོད་པ་དང་། དོན་མཐུན་པའོ། །རབ་འབྱོར་ངས་ཡང་①འདི་ནས་སངས་རྒྱས་ཀྱི་སྤྱན་གྱིས་②འཇིག་རྟེན་ལ་རྣམ་པར་གཟིགས་ན། ནུབ་ཕྱོགས་ཀྱི་འཇིག་རྟེན་གྱི་ཁམས་གངྒའི་ཀླུང་གི་བྱེ་མ་སྙེད་དག་ན། བྱང་ཆུབ་སེམས་དཔའ་སེམས་དཔའ་ཆེན་པོ་དག་མི་རྣམས་བསྡུ་བའི་དངོས་པོ་བཞིས་སྡུད་པ་མཐོང་སྟེ། བཞི་གང་ཞེ་ན། སྦྱིན་པ་དང་། ཚིག་སྙན་པ་དང་། དོན་སྤྱོད་པ་དང་། དོན་མཐུན་པའོ། །རབ་འབྱོརཿངས་ཡང་③འདི་ནས་སངས་རྒྱས་ཀྱི་སྤྱན་གྱིས་འཇིག་རྟེན་ལ་རྣམ་པར་གཟིགས་ན། བྱང་ཕྱོགས་ཀྱི་འཇིག་རྟེན་གྱི་ཁམས་གངྒའི་ཀླུང་གི་བྱེ་མ་སྙེད་དག་ན། བྱང་ཆུབ་སེམས་དཔའ་སེམས་དཔའཿཆེན་པོ་④དག་མི་རྣམས་བསྡུ་བའི་དངོས་པོ་བཞིས་སྡུད་⑤པ་མཐོང་སྟེ། བཞི་གང་ཞེ་ན། སྦྱིན་པ་དང་། ཚིག་སྙན་པ་དང་། དོན་སྤྱོད་པ་དང་། དོན་མཐུན་པའོ། །རབ་འབྱོར་ངས་ཡང་འདི་ནས་སངས་རྒྱས་ཀྱི་སྤྱན་གྱིས་འཇིག་རྟེན་ལ་རྣམ་པར་གཟིགས་ན། བྱང་ཤར་གྱི་ཕྱོགས་མཚམས་ཀྱི་འཇིག་རྟེན་གྱི་ཁམས་གངྒའི་ཀླུང་གི་བྱེ་མ་སྙེད་དག་ན། བྱང་ཆུབ་སེམས་དཔའ་སེམས་དཔའ་ཆེན་པོ་དག་མི་རྣམས་བསྡུ་⑥བའི་དངོས་པོ་བཞིས་སྡུད་པ་མཐོང་སྟེ། བཞི་གང་ཞེ་ན། སྦྱིན་པ་དང་། ཚིག་སྙན་པ་དང་། དོན་སྤྱོད་པ་དང་། དོན་མཐུན་པའོ། རབ་འབྱོར་ངས་ཡང་འདི་ནས་སངས་རྒྱས་ཀྱི་སྤྱན་གྱིས་འཇིག་རྟེན་ལ་རྣམ་པར་གཟིགས་ན། ཤར་ལྷོའི་ཕྱོགས་མཚམས་ཀྱི་འཇིག་རྟེན་གྱི་ཁམས་གངྒའི་ཀླུང་གི་བྱེ་མ་སྙེད་དག་ན། བྱང་ཆུབ་སེམས་དཔའ་སེམས་དཔའ་ཆེན་པོ་དག་མི་རྣམས་བསྡུ་བའི་དངོས་པོ་བཞིས་སྡུད་པ་མཐོང་སྟེ། བཞི་གང་ཞེ་ན། སྦྱིན་པ་དང་། ཚིག་སྙན་པ་དང་། དོན་སྤྱོད་པ་དང་། དོན་མཐུན་པའོ། །རབ་འབྱོར་ངས་ཡང་འདི་ནས་སངས་

རྒྱས་ཀྱིː སྤྱན་གྱིས་[1]འཇིག་རྟེན་ལ་རྣམ་པར་གཟིགས་ན། ལྷོ་ནུབ་ཀྱི་ཕྱོགས་མཚམས་ཀྱི་འཇིག་རྟེན་གྱི་ཁམས་གཀླའི་ཀླུང་གི་བྱེ་མ་སྙེད་དག་ན། བྱང་ཆུབ་སེམས་དཔའ་སེམས་དཔའ་ཆེན་པོ་དག་མི་རྣམས་བསྐྱུ་བའི་དངོས་པོ་བཞིས་སྡུད་པ་མཐོང་སྟེ། བཞི་གང་ཞེ་ན། སྦྱིན་པ་དང་། ཚིག་སྙན་པ་དང་། དོན་སྤྱོད་པ་དང་། དོན་མཐུན་པའོ། །རབ་འབྱོར་ངས་ཡང་འདི་ནས་སངས་རྒྱས་ཀྱི་སྤྱན་གྱིས་[2]འཇིག་རྟེན་ལ་རྣམ་པར་གཟིགས་ན། ནུབ་བྱང་གི་ཕྱོགས་མཚམས་ཀྱི་འཇིག་རྟེན་གྱི་ཁམས་གཀླའི་ཀླུང་གི་བྱེ་མ་སྙེད་དག་ན། བྱང་ཆུབ་སེམས་དཔའ་སེམས་དཔའ་ཆེན་པོ་དག །མི་རྣམས་བསྐྱུ་བའི་དངོས་པོ་བཞིས་སྡུད་པ་མཐོང་སྟེ། བཞི་གང་ཞེ་ན། སྦྱིན་པ་དང་། ཚིག་སྙན་པ་དང་། དོན་སྤྱོད་པ་དང་། དོན་མཐུན་པའོ། །རབ་འབྱོར་ངས་ཡང་འདི་ནས་སངས་རྒྱས་ཀྱི་སྤྱན་གྱིས་[3]འཇིག་རྟེན་ལ་རྣམ་པར་གཟིགས་ན། འོག་གི་ཕྱོགས་ཀྱི་འཇིག་རྟེན་གྱི་ཁམས་གཀླའི་ཀླུང་གི་བྱེ་མ་སྙེད་དག་ན། བྱང་ཆུབ་སེམས་དཔའ་སེམས་དཔའ་ཆེན་པོ་དག་མིː རྣམས་བསྐྱུ་[4]བའི་དངོས་པོ་བཞིས་སྡུད་པ་མཐོང་སྟེ། བཞི་གང་ཞེ་ན། སྦྱིན་པ་དང་། ཚིག་སྙན་པ་དང་། དོན་སྤྱོད་པ་དང་། དོན་མཐུན་པའོ། །རབ་འབྱོར་ངས་ཡང་འདི་ནས་སངས་རྒྱས་ཀྱི་སྤྱན་གྱིས་འཇིག་རྟེན་ལ་རྣམ་པར་གཟིགས་ན། སྟེང་གི་ཕྱོགས་ཀྱི་འཇིག་རྟེན་གྱི་ཁམས་གཀླའི་ཀླུང་གི་བྱེ་མ་སྙེད་དག་ན། བྱང་ཆུབ་སེམས་དཔའ་སེམས་དཔའ་ཆེན་པོ་དག་མི་རྣམས་བསྐྱུ་བའི་དངོས་པོ་བཞིས་སྡུད་པ་མཐོང་སྟེ། བཞི་གང་ཞེ་ན། སྦྱིན་པ་དང་། ཚིག་སྙན་པ་དང་། དོན་སྤྱོད་པ་དང་། དོན་མཐུན་པའོ།། ||

ཤེས་རབ་ཀྱི་ཕ་རོལ་ཏུ་ཕྱིན་པ་སྟོང་ཕྲག་བརྒྱ་པ། བམ་པོ་བཞི་[5]པ། རབ་འབྱོར་ཇི་ལྟར་ན་བྱང་ཆུབ་སེམས་དཔའ་སེམས་དཔའ་ཆེན་པོ་སྦྱིན་པས་

སེམས་ཅན་རྣམས་སྡུད་པ་ཡིན་ཞེ་ན། རབ་འབྱོར་འདི་ལ་བྱང་ཆུབ་སེམས་དཔའ་སེམས་དཔའ་ཆེན་པོ་སྦྱིན་པ་གཉིས་ཀྱིས་སེམས་ཅན་རྣམས་སྡུད་དེ། གཉིས་གང་ཞེ་ན། འདི་ལྟ་སྟེ། ཟང་ཟིང་[1]སྦྱིན་པ་དང་། ཆོས་[2]སྦྱིན་པའོ། །རབ་འབྱོར་ཇི་ལྟར་ན། བྱང་ཆུབ་སེམས་དཔའ་སེམས་དཔའ་ཆེན་པོ་ཟང་ཟིང་གི་སྦྱིན་པས་སེམས་ཅན་རྣམས་སྡུད་པ་ཡིན་ཞེ་ན། བྱང་ཆུབ་སེམས་དཔའ་སེམས་དཔའ་ཆེན་པོ། ཤེས་རབ་ཀྱི་ཕ་རོལ་ཏུ་ཕྱིན་པ་ལ་སྤྱོད་པའི་ཚེ། གསེར་རམ། དངུལ་ལམ[3]། ནོར་བུའམ། མུ་ཏིག་གམ། བཻ་ཌཱུརྻ་འམ། དུང་ངམ། མན་ཤེལ་ལམ། བྱུ་[4]རུ་འམ། ས་ལེ་སྦྲམ་མམ[5]། ཟས་སམ། སྐོམ་མམ[6]། གདུགས་སམ། གོས་སམ། སྤོས་སམ། འཕྲེང་[7]བའམ། བྱུག་པའམ། མལ་ཆའམ། སྨན་ནམ། འཚོ་བའམ། བུད་མེད་དམ། སྐྱེས་པའམ། རྟའམ། གླང་པོའམ[8]། ཿབདག་པོ་[9]ཡོངས་སུ་གཏོང་ན། འདི་སྐད་དུ་ཀྱེ་སེམས་ཅན་དག་ཚུར་ཤོག[10]། བདག་ཉིད་ཀྱི་དང་འདྲ་བར་བསླང་མི་དགོས་པར་ཁྱེར་ཅིག །ཡོང་[11]ལ་དེངས་[12]ཤིག་ཅེས་བརྗོད་དེ། ཿསྦྱིན་པ་[13]དེས་སྦྱིན་པ་[14]བྱིན་ནས། སངས་རྒྱས་ལ་སྐྱབས་སུ་གཏོང་ངོ་། །ཆོས་ལ་སྐྱབས་སུ་གཏོང་ངོ་། །དགེ་འདུན་ལ་སྐྱབས་སུ་གཏོང་ངོ་། །ལ་ལ་ནི་བསླབ་པའི་གནས་ལྔ་[15]འཛིན་དུ་འཇུག་དོ། །ལ་ལ་ནི་ཡན་ལག་བརྒྱད་དང་ལྡན་པའི་ཉེ་བར་གནས་པ་ལ་ཉེ་བར་གནས་པར་བྱེད་དོ། །ལ་ལ་ནི་དགེ་བ་བཅུའིཿལས་ཀྱི་[16]ལམ་རྣམས་ལ་འགོད་དོ། །ལ་ལ་ནི་བསམ་གཏན་དང་པོ་ལ་འགོད་དོ། །ལ་ལ་ནི་བསམ་གཏན་གཉིས་པ་ལ་འགོད་དོ། །ལ་ལ་ནི་བསམ་གཏན་གསུམ་པ་ལ་འགོད་དོ། །ལ་ལ་ནི་བསམ་གཏན་བཞི་པ་ལ་འགོད་དོ། །ལ་ལ་ནི་བྱམས་པ་ལ་འགོད་དོ། །ལ་ལ་ནི་སྙིང་རྗེ་ལ་འགོད་དོ། །ལ་ལ་ནི་དགའ་བ་ལ་འགོད་དོ། །

ལ་ལ་ནི་[1]བཏང་སྙོམས་ལ་འགོད་དོ། །ལ་ལ་ནི་ནམ་མཁའ་མཐའ་ཡས་སྐྱེ་མཆེད་ལ་འགོད་དོ། །ལ་ལ་ནི་རྣམ་ཤེས་མཐའ་ཡས་སྐྱེ་མཆེད་ལ་འགོད་དོ། །ལ་ལ་ནི་ཆུང་ཟད་མེད་པའི་སྐྱེ་མཆེད་ལ་འགོད་དོ། །ལ་ལ་ནི་འདུ་ཤེས་མེད་འདུ་ཤེས་མེད་མིན་སྐྱེ་མཆེད་ལ་འགོད་དོ། །ལ་ལ་ནི་སངས་རྒྱས་རྗེས་སུ་དྲན་པ་ལ་ཡང་དག་པར་སྐུལ་ལོ། །ལ་ལ་ནི་ཆོས་རྗེས་སུ་དྲན་པ་ལ་ཡང་དག་པར་སྐུལ་ལོ། །ལ་ལ་ནི་དགེ་འདུན་རྗེས་སུ་དྲན་པ་ལ་ཡང་དག་པར་སྐུལ་ལོ། །ལ་ལ་ནི་ཚུལ་ཁྲིམས་རྗེས་སུ་དྲན་པ་ལ་ཡང་དག་པར་སྐུལ་ལོ། །ལ་ལ་ནི་གཏོང་བ་རྗེས་སུ་དྲན་པ་ལ་ཡང་དག་པར་སྐུལ་ལོ། །ལ་ལ་ནི་ལྷ་[2]རྗེས་སུ་དྲན་པ་ལ་ཡང་དག་པར་སྐུལ་ལོ། །ལ་ལ་ནི་ལུས་ལ་མི་གཙང་[3]བ༔ལས་སྟོགས་[4]པའི་འདུ་ཤེས་[5]སོ་སོར་བརྟག་[6]པ་ལ་ཡང་དག་པར་སྐུལ་ལོ། །ལ་ལ་ནི་རྣམ་པར་དག་པ་ལ་ཡང་དག་པར་སྐུལ་ལོ། །ལ་ལ་ནི་དྲན་པ་ཉེ་བར་གཞག་པ་བཞི་ལ་ཡང་དག་པར་སྐུལ་ལོ། །ལ་ལ་ནི་ཡང་དག་པར་སྤོང་བ་བཞི་ལ་ཡང་དག་པར་སྐུལ་ལོ། །ལ་ལ་ནི་རྫུ་འཕྲུལ་གྱི་རྐང་པ་བཞི་ལ་ཡང་དག་པར་སྐུལ་ལོ། །ལ་ལ་ནི་དབང་པོ་ལྔ་ལ་ཡང་དག་པར་སྐུལ་ལོ། །ལ་ལ་ནི་སྟོབས་ལྔ་ལ་ཡང་དག་པར་སྐུལ་ལོ། །ལ་ལ་ནི་བྱང་ཆུབ་ཀྱི་ཡན་ལག་བདུན་ལ་ཡང་དག་པར་སྐུལ་ལོ། །ལ་ལ་ནི་འཕགས་པའི་ལམ་ཡན་[7]ལག་བརྒྱད་པ་ལ་ཡང་དག་པར་སྐུལ་ལོ། །ལ་ལ་ནི་སྟོང་པ་ཉིད་དང་། མཚན་མ་མེད་པ་དང་། སྨོན་པ་མེད་པའི་ཏིང་ངེ་འཛིན་ལ་ཡང་དག་པར་སྐུལ་ལོ། །ལ་ལ་ནི་རྣམ་པར་ཐར་པ་བརྒྱད་ལ་ཡང་དག་པར་སྐུལ་ལོ། །ལ་ལ་ནི་མཐར་གྱིས་གནས་པའི་སྙོམས་པར་འཇུག་པ་དགུ་ལ་ཡང་དག་པར་སྐུལ་[8]ལོ། །ལ་ལ་ནི་དེ་བཞིན་གཤེགས་པའི་སྟོབས་བཅུ་ལ་ཡང་དག་པར་སྐུལ་ལོ། །ལ་ལ་ནི་མི་འཇིགས་[9]པ་བཞི་ལ་ཡང་དག་པར་སྐུལ་[10]ལོ། །ལ་ལ་ནི་སོ་སོ་ཡང་དག་པར་རིག་པ་བཞི་ལ་

ཡང་དག་པར་སྐྱུལ་ལོ། །ལ་ལ་ནི་བྱམས་པ་ཆེན་པོ་ལ་ཡང་དག་པར་སྐྱུལ་[1]ལོ། །ལ་ལ་ནི་སྙིང་རྗེ་ཆེན་པོ་ལ་ཡང་དག་པར་སྐྱུལ་[2]ལོ། །ལ་ལ་ནི་སངས་རྒྱས་ཀྱི་ཆོས་མ་འདྲེས་པ་བཅོ་བརྒྱད་ལ་ཡང་དག་པར་སྐྱུལ་ལོ། །ལ་ལ་ནི་སྐྱེ་ཆེན་པོའི་མཚན་སུམ་ཅུ་རྩ་གཉིས་ཡོངས་སུ་གྲུབ་པར་བྱ་བ་ལ་ཡང་དག་པར་སྐྱུལ་ལོ། །ལ་ལ་ནི་དཔེ་[3]བྱད་བཟང་པོ་བརྒྱད་ཅུ་ལ་ཡང་དག་པར་སྐྱུལ་ལོ། །ལ་ལ་ནི་རྒྱུན་ཏུ་ཞུགས་པའི་འབྲས་བུ་ལ་ཡང་དག་པར་སྐྱུལ་ལོ། །ལ་ལ་ནི་ལན་ཅིག་ཕྱིར་འོང་བའི་འབྲས་བུ་ལ་ཡང་དག་པར་སྐྱུལ་ལོ། །ལ་ལ་ནི་ཕྱིར་མི་འོང་བའི་འབྲས་བུ་ལ་ཡང་དག་པར་སྐྱུལ་ལོ། །ལ་ལ་ནི་དགྲ་བཅོམ་པ་ཉིད་ལ་ཡང་དག་པར་སྐྱུལ་ལོ། །ལ་ལ་ནི་རང་བྱུང་[4]ཆུབ་ལ་ཡང་དག་པར་སྐྱུལ་ལོ། །ལ་ལ་ནི་ལམ་གྱི་རྣམ་པ་[5]ཤེས་པ་ཉིད་ལ་[6]ཡང་དག་པར་སྐྱུལ་[7]ལོ། །ལ་ལ་ནི་རྣམ་པ་ཐམས་ཅད་མཁྱེན་པ་ཉིད་ལ་ཡང་དག་པར་སྐྱུལ་ལོ། །རབ་འབྱོར་དེ་ལྟར་ན་[8]བྱང་ཆུབ་སེམས་དཔའ་སེམས་དཔའ་ཆེན་པོ་ཤེས་རབ་ཀྱི་ཕ་རོལ་ཏུ་ཕྱིན་པ་ལ་སྤྱོད་པའི་ཚེ། སེམས་ཅན་རྣམས་ལ་ཟང་ཟིང་གི་སྦྱིན་པ་ཡོངས་སུ་གཏོང་[9]ཞིང་ཐབས་མཁས་པས་བླ་ན་མེད་པའི་[10]བདེ་བ་དང་ལྡན་པར་འགོད་དེ། རབ་འབྱོར་དེ་ནི་བྱང་ཆུབ་སེམས་དཔའ་སེམས་དཔའ་ཆེན་པོའི་ཟང་ཟིང་དང་ཟས་ཀྱི་རྣམ་པ་ཚོགས་ཀྱི་ཆོས་སོ། །རབ་འབྱོར་ཇི་ལྟར་ན་བྱང་ཆུབ་སེམས་དཔའ་སེམས་དཔའ་ཆེན་པོ་ཤེས་རབ་ཀྱི་ཕ་རོལ་ཏུ་ཕྱིན་པ་ལ་སྤྱོད་པའི་ཚེ། ཆོས་ཀྱི་སྦྱིན་པས་སེམས་ཅན་རྣམས་སྡུད་པ་ཡིན་ཞེ་ན། རབ་འབྱོར་གཉིས་པོ་འདི་དག་ནི་ཆོས་ཀྱི་སྦྱིན་པ་སྟེ། འཇིག་རྟེན་པ་དང་འཇིག་རྟེན་ལས་འདས་པའོ། །རབ་འབྱོར་འཇིག་རྟེན་པའི་ཆོས་ཀྱི་སྦྱིན་པ་གང་ཞེ་ན། འཇིག་རྟེན་པའི་ཆོས་རྣམས་བརྗོད་པ་དང༌། བཤད་པ་དང༌། ༔མ་ནོར་བར་[11]བསྟན་པ་སྟེ། འདི་ལྟར་མི་གཙང་བའི་རྣམ་པ་དང༌། བསམ་གཏན་བཞི་དང༌།

ཚངས་པའི་རྣམ་པར་སྤྱོད་པ་བཞི་དང་། གཟུགས་མེད་པའི་སྙོམས་པར་འཇུག་པ་བཞི་དང་། མངོན་པར་ཤེས་པ་ལྔ་དང་། གཞན་ཡང་འཇིག་རྟེན་པའི་ཆོས་བྱིས་པ་སོ་སོའི་སྐྱེ་བོ་དག[1]དང་། ཐུན་མོང་དུ་གྱུར་པ་རྣམས་ཏེ། རབ་འབྱོར་དེ་ནི་འཇིག་རྟེན་པའི་ཆོས་ཀྱི་སྦྱིན་པའོ། །རབ་འབྱོར་བྱང་ཆུབ་སེམས་དཔའ་སེམས་དཔའ་ཆེན་པོ་དེས་འཇིག་རྟེན་པའི་[2]ཆོས་ཀྱི་སྦྱིན་པ་དེ་བཏང་ནས། རྣམ་གྲངས་དུ་མས་འཇིག་རྟེན་གྱི་[3]ཆོས་མ་ནོར་བར་སྣང་བ[4]པ་དེ་ལསཿབསྐྱེད་དེ་དེ་ལས་[5]བསྐྱེད་ནས། ཐབས་མཁས་པས་འཕགས་པའི་ཆོས་རྣམས་དང་། འཕགས་པའི་ཆོས་རྣམས་[6]ཀྱི་འབྲས་བུ་དག་ལ་རབ་ཏུ་འགོད་དོ། །དེ་ལ་འཕགས་པའི་ཆོས་རྣམས་ནི་གང་། འཕགས་པའི་ཆོས་རྣམས་ཀྱི་འབྲས་བུ་ནི་གང་ཞེ་ན། འཕགས་པའི་ཆོས་ཞེས་བྱ་བ་ནི། དྲན་པ་ཉེ་བར་གཞག་པ་བཞི་དང་། ཡང་དག་པར་སྤོང་བ་བཞི་དང་། རྫུ་འཕྲུལ་གྱི་རྐང་པ་བཞི་དང་། དབང་པོ་ལྔ་དང་། སྟོབས་ལྔ་དང་། བྱང་ཆུབ་ཀྱི་ཡན་ལག་བདུན་དང་། འཕགས་པའི་ལམ་ཡན་ལག་བརྒྱད་པ་དང་། རྣམ་པར་ཐར་པའི་སྒོ་སྟོང་པ་ཉིད་དང་། མཚན་མ་མེད་པ་དང་། སྨོན་པ་མེད་པ་རྣམས་སོ། །འཕགས་པའི་ཆོས་རྣམས་ཀྱི་འབྲས་བུ་ནི་རྒྱུན་དུ་ཞུགས་པའི་འབྲས་བུ་དང་། ལན་ཅིག་ཕྱིར་འོང་བའི་འབྲས་བུ་དང་། ཕྱིར་མི་འོང་བའི་འབྲས་བུ་དང་། དགྲ་བཅོམ་པ་ཉིད་དེ། རབ་འབྱོར་བྱང་ཆུབ་སེམས་དཔའ་སེམས་དཔའ་ཆེན་པོའི་འཕགས་པའི་ཆོས་ནི། རྒྱུན་དུ་ཞུགས་པའི་འབྲས་བུ་ཤེས་པའོ། །ལན་ཅིག་ཕྱིར་འོང་བའི་འབྲས་བུ་ཤེས་པའོ། །ཕྱིར་མི་འོང་བའི་འབྲས་བུ་ཤེས་པའོ། །དགྲ་བཅོམ་པ་ཉིད་ཤེས་པའོ། །སྦྱིན་པའི་ཕ་རོལ་ཏུ་ཕྱིན་པ་ཤེས་པའོ། །ཚུལ་ཁྲིམས་ཀྱི་ཕ་རོལ་ཏུ་ཕྱིན་པ་ཤེས་པའོ། །བཟོད་པའི་ཕ་རོལ་ཏུ་ཕྱིན་པ་ཤེས་པའོ། །བརྩོན་

འགྲུས་ཀྱི་ཕ་རོལ་ཏུ་ཕྱིན་པ་ཞེས་པའོ། །བསམ་གཏན་གྱི་ཕ་རོལ་ཏུ་ཕྱིན་པ་ཞེས་པའོ༏ །ཤེས་རབ་ཀྱི་ཕ་རོལ་ཏུ་ཕྱིན་པ་ཞེས་པའོ། །ནང་སྟོང་པ་ཉིད་ཞེས་པའོ།། ཕྱི་སྟོང་པ་ཉིད་ཞེས་པའོ། །ཕྱི་ནང་སྟོང་པ་ཉིད་ཞེས་པའོ། །སྟོང་པ་ཉིད་སྟོང་པ་ཉིད་ཞེས་པའོ། །ཆེན་པོ་སྟོང་པ་ཉིད་ཞེས་པའོ། །དོན་དམ་པ་སྟོང་པ་ཉིད་ཞེས་པའོ། །འདུས་བྱས་སྟོང་པ་ཉིད་ཞེས་པའོ། །འདུས་མ་བྱས་སྟོང་པ་ཉིད་ཞེས་པའོ། །མཐའ་ལས་འདས་པ་སྟོང་པ་ཉིད༑ ཞེས་པའོ[༧]། །ཐོག་མ་དང་ཐ་མ་མེད་པ་སྟོང་པ་ཉིད་ཞེས་པའོ། །དོར་བ་མེད་པ་སྟོང་པ་ཉིད་ཞེས་པའོ། །རང་བཞིན་སྟོང་པ་ཉིད་ཞེས་པའོ། །ཆོས་ཐམས་ཅད་སྟོང་པ་ཉིད་ཞེས་པའོ། །རང་གི་མཚན་ཉིད་སྟོང་པ་ཉིད་ཞེས་པའོ། །མི་དམིགས་པ་སྟོང་པ་ཉིད་ཞེས་པའོ།། དངོས་པོ་མེད་པ་སྟོང་པ་[༣]ཉིད་ཞེས་པའོ། །ངོ་བོ་ཉིད་སྟོང་པ་ཉིད་ཞེས་པའོ། །དངོས་པོ་མེད་པའི་ངོ་བོ་ཉིད་སྟོང་པ་ཉིད་ཞེས་པའོ། །དྲན་པ་ཉེ་བར་གཞག་པ་བཞི་ཞེས་པའོ། །ཡང་དག་པར་[༩]སྤོང་བ་བཞི་ཞེས་པའོ། །རྫུ་འཕྲུལ་གྱི་རྐང་པ་བཞི་ཞེས་པའོ། །དབང་པོ་ལྔ་ཞེས་པའོ། །སྟོབས་ལྔ་ཞེས་པའོ། །བྱང་ཆུབ་ཀྱི་ཡན་ལག་བདུན་ཞེས་པའོ། །འཕགས་པའི་ལམ་ཡན་ལག་བརྒྱད་པ་ཞེས་པའོ།། འཕགས་པའི་བདེན་པ་བཞི་ཞེས་པའོ། །བསམ་གཏན་བཞི་ཞེས་པའོ། །ཚད་མེད་པ་བཞི་ཞེས་པའོ། །གཟུགས་མེད་པའི་སྙོམས་པར་འཇུག་པ་བཞི་ཞེས་པའོ།། རྣམ་པར་ཐར་པ་བརྒྱད་ཞེས་པའོ། །མཐར་གྱིས་གནས་པའི་སྙོམས་པར་འཇུག་པ་དགུ་ཞེས་པའོ། །རྣམ་པར་ཐར་པའི་སྒོ་སྟོང་པ་ཉིད་དང་། མཚན་མ་མེད་པ་དང་། སྨོན་པ་མེད་པ་ཞེས་པའོ། །མངོན་པར་ཤེས་པ་རྣམས་ཞེས་པའོ། །ཏིང་ངེ་འཛིན་རྣམས་ཞེས་པའོ། །གཟུངས་ཀྱི་སྒོ་རྣམས་ཞེས་པའོ། །དེ་བཞིན་གཤེགས་པའི་སྟོབས་བཅུ་ཞེས་པའོ། །མི་འཇིགས་པ་བཞི་ཞེས་པའོ། །སོ་སོ་

ཡང་དག་པར་རིག་པ་བཞི་ཞེས་པའོ། །སངས་རྒྱས་ཀྱི་ཆོས་མ་འདྲེས་པ་བཅོ་བརྒྱད་ཞེས་པའོ། །བྱམས་པ་ཆེན་པོ་ཞེས་པའོ། །སྙིང་རྗེ་ཆེན་པོ་ཞེས་པའོ། །དགའ་བ་ཆེན་པོ་ཞེས་པའོ①། །བཏང་སྙོམས་ཆེན་པོ་ཞེས་པའོ། །གཞན་ཡང་འཇིག་རྟེན་པ་དང་། འཇིག་རྟེན་ལས་འདས་པའི་ཆོས་རྣམས་དང་། ཟག་པ་དང་བཅས་པ་དང་། ཟག་པ་མེད་པའི་ཆོས་རྣམས་དང་། འདུས་བྱས་དང་། འདུས་མ་བྱས་ཀྱི་ཆོས་རྣམས་ཞེས་པ་སྟེ། རྣམ་པ་ཐམས་ཅད་མཁྱེན་པ་ཉིད་ཀྱི་ཡེ་ཤེས་མ་གཏོགས②པར། དེ་དག་བྱང་ཆུབ་སེམས་དཔའ་སེམས་དཔའ་ཆེན་པོའི་འཕགས་པའི་ཆོས་རྣམས③སོ། །བྱང་ཆུབ་སེམས་དཔའ་སེམས་དཔའ་ཆེན་པོའི་འཕགས་པའི་ཆོས་རྣམས་ཀྱི་འབྲས་བུ་གང་ཞེ་ན། བག་ཆགས་ཀྱི་མཚམས་སྦྱོར་བའི་ཉོན་མོངས་པ་ཐམས་ཅད་སྤོང་བ་སྟེ། འདི་ནི་བྱང་ཆུབ་སེམས་དཔའ་སེམས་དཔའ་ཆེན་པོའི་འཕགས་པའི་ཆོས་རྣམས་ཀྱི་འབྲས་བུའོ། །དེ་ནས་ཚེ་དང་ལྡན་པ་རབ་འབྱོར་ཀྱིས④བཅོམ་ལྡན་འདས་ལ་འདི་སྐད་ཅེས་གསོལ་ཏོ། །བཅོམ་ལྡན་འདས་ཅི་ལགས། བྱང་ཆུབ་སེམས་དཔའ་སེམས་དཔའ་ཆེན་པོས་རྣམ་པ་ཐམས་ཅད་མཁྱེན་པ་ཉིད་འཐོབ⑤པར་འགྱུར་རམ། བཅོམ་ལྡན་འདས་ཀྱིས་བཀའ་སྩལ་པ། རབ་འབྱོར་དེ་དེ་བཞིན་ནོ། །དེ་དེ་བཞིན་ཏེ། བྱང་ཆུབ་སེམས་དཔའ་སེམས་དཔའ་ཆེན་པོ⑥ནི་རྣམ་པ་ཐམས་ཅད་མཁྱེན་པ་ཉིད་ཐོབ་པར་འགྱུར་རོ། །གསོལ་པ། བཅོམ་ལྡན་འདས་གལ་ཏེ་བྱང་ཆུབ་སེམས་དཔའ་སེམས་དཔའ་ཆེན་པོས⑦རྣམ་པ་ཐམས་ཅད་མཁྱེན་པ་ཉིད་ཐོབ་པར་འགྱུར་ན༎ བྱང་ཆུབ་སེམས་དཔའ་སེམས་དཔའ་ཆེན་པོ་དང་། དེ་བཞིན་གཤེགས་པ་ལ་བྱེ་བྲག་ཅི་ཞིག་མཆིས། བཅོམ་ལྡན་འདས་ཀྱིས་བཀའ་སྩལ་པ། བྱེ་བྲག་ཡོད་དོ། །གསོལ་པ། བྱེ་བྲག་ཇི་ལྟ་བུ་ཞིག་མཆིས། བཅོམ་ལྡན་འདས་ཀྱིས་

བཀའ་སྩལ་པ། བྱང་ཆུབ་སེམས་དཔའ་སེམས་དཔའ་ཆེན་པོ་(༡)ནི་རྣམ་པ་ཐམས་ཅད་མཁྱེན་པ་ཉིད་ཐོབ་པར་འགྱུར་བའོ། །དེ་བཞིན་གཤེགས་པ་ནི་ཡེ་ཤེས་བརྙེས་པ་ཞེས་བྱའོ། །དེ་ཅིའི་ཕྱིར་ཞེ་ན། གང་ལ་གནས་ཤིང་། ཆོས་ཐམས་ཅད་(༢)མུན་པ་མེད་པ་ཐོབ་(༣)པ་ལ། བྱང་ཆུབ་སེམས་དཔའི་སེམས་ཀྱང་གཞན་ལ༑ དེ་བཞིན་གཤེགས་པ་དགྲ་བཅོམ་པ་ཡང་དག་པར་རྫོགས་པའི་སངས་རྒྱས་ཀྱི་ཐུགས་ཀྱང་གཞན་ཞེས་བྱ་བ་མེད་དོ། །རབ་འབྱོར་དེ་ནི་བྱང་ཆུབ་སེམས་དཔའ་སེམས་དཔའ་ཆེན་པོའི་འཇིག་རྟེན་པའི་ཆོས་ཀྱི་སྒྲིབ་པ་སྟེ། དེ་ལ་བརྟེན་(༤)པས་འཇིག་རྟེན་ལས་འདས་པའི་ཆོས་ཀྱི་སྒྲིབ་པ་འབྱུང་ངོ་། །རབ་འབྱོར་དེ་ལྟར་ན་བྱང་ཆུབ་སེམས་དཔའ་སེམས་དཔའ་ཆེན་པོ་སེམས་ཅན་རྣམས་འཇིག་རྟེན་པའི་ཆོས་ཀྱི་སྒྲིབ་པ་ལ་སྦྱོར་ཞིང་ཐབས་མཁས་པས་འཕགས་པའི་ཆོས་འཇིག་རྟེན་ལས་འདས༔ པའི་སྒྲིབ་(༥)པ་ལ་བཀོད་ནས། རྣམ་པ་ཐམས་ཅད་མཁྱེན་པ་ཉིད་ཀྱི་བར་ལ་འགོད་པ་ཡིན་ནོ། །རབ་འབྱོར་བྱང་ཆུབ་སེམས་དཔའ་སེམས་དཔའ་ཆེན་པོའི་འཇིག་རྟེན་ལས་འདས་པའི་ཆོས་ཀྱི་སྒྲིབ་པ་བྱིས་(༦)པ་སོ་སོའི་སྐྱེ་བོ་ཐམས་ཅད་དང་ཐུན་མོང་མ་ཡིན་པ་གང་ཞེ་ན། འདི་ལྟ་སྟེ། དྲན་པ་ཉེ་བར་གཞག་པ་བཞི་དང་། ཡང་དག་པར་སྤོང་བ་བཞི་དང་། རྫུ་འཕྲུལ་གྱི་རྐང་པ་བཞི་དང་། དབང་པོ་ལྔ་དང་། སྟོབས་ལྔ་དང་། བྱང་ཆུབ་ཀྱི་ཡན་ལག་བདུན་དང་། འཕགས་པའི་ལམ་ཡན་ལག་བརྒྱད་པ་དང་། ༔ཚད་མེད་པ་བཞི་དང་།(༧) རྣམ་པར་ཐར་པའི་སྒོ་གསུམ་དང་། རྣམ་པར་ཐར་པ་བརྒྱད་དང་། མཐར་གྱིས་གནས་པའི་སྙོམས་པར་འཇུག་པ་དགུ་དང་། ༔卐མཐའ་དག་གི་སྐྱེ་མཆེད་བཅུ་དང་། ཟིལ་གྱིས་གནོན་པའི་སྐྱེ་མཆེད་བརྒྱད་དང་། ཉོན་མོངས་པ་མེད་པའི་ཏིང་ངེ་འཛིན་དང་། སྨོན་ནས་(༨)མཁྱེན་པ་དང་། མངོན་པར་ཤེས་པ་དྲུག

དང་། རྣམ་པ་ཐམས་ཅད་དུ་ཡོངས་སུ་དག་པ་བཞི་དང་། དབང་བཅུ་དང་།[1] དེ་བཞིན་གཤེགས་པའི་སྟོབས་བཅུ་དང་། མི་འཇིགས་པ་བཞི་དང་། སོ་སོ་[2] ཡང་དག་པར་རིག་པ་བཞི་དང་། ༔བསྲུང་དུ་མེད་པ་གསུམ་དང་། དྲན་པ་ཉེ་བར་གཞག་པ་གསུམ་དང་། བསྐྱེལ་བ་མི་མངའ་བའི་ཆོས་ཉིད་དང་། བག་ཆགས་ཡང་དག་པར་བཅོམ་པ་དང་། བྱམས་པ་ཆེན་པོ་དང་། སྙིང་རྗེ་ཆེན་པོ་དང་།[3] སངས་རྒྱས་ཀྱི་ཆོས་མ་འདྲེས་པ་བཅོ་བརྒྱད་དང་། ༔རྣམ་པ་ཐམས་ཅད་མཁྱེན་པ་ཉིད་[4]དང་། མི་ཆེན་པོའི་མཚན་སུམ་ཅུ་རྩ་གཉིས་དང་། དཔེ་བྱད་བཟང་པོ་བརྒྱད་ཅུ་དང་། གཟུངས་ཀྱི་སྒོ་ལྔ་བརྒྱ་དང་། ཏིང་ངེ་འཛིན་གྱི་སྒོ་རྣམས་ཏེ། འདི་ནི་འཇིག་རྟེན་ལས་འདས་པའི་ཆོས་ཀྱི་སྦྱིན་པ་ཞེས་བྱའོ། །རབ་འབྱོར་དེ་ལ་དྲན་པ་ཉེ་བར་གཞག་པ་བཞི་གང་ཞེ་ན། འདི་ལྟ་སྟེ། ནང་གི་ལུས་དང་། ཕྱིའི་ལུས་དང་། ཕྱི་ནང་གི་ལུས་ལ་ལུས་ཀྱི་རྗེས་སུ་ལྟ་ཞིང་། བརྩོན་འགྲུས་ཅན་ཤེས་བཞིན་དང་ལྡན་པ། དྲན་པ་དང་ལྡན་པས། འཇིག་རྟེན་གྱི་ཆགས་སེམས་དང་། ཡིད་མི་བདེ་བ་རྣམ་པར་བསལ་[5]ཅིང་རྣམ་པར་སྤྱོད་དོ། །༔ལུས་ལ་ཀུན་འབྱུང་བའི་རྗེས་སུ་ལྟ་ཞིང་རྣམ་པར་སྤྱོད་དོ། །[6]ལུས་ལ་ཟད་པའི་རྗེས་སུ་ལྟ་ཞིང་རྣམ་པར་སྤྱོད་དོ། །ལུས་ལ་ཀུན་འབྱུང་བ་དང་། ཟད་པའི་རྗེས་སུ་ལྟ་ཞིང་རྣམ་པར་སྤྱོད་དོ། །ལུས་ལ་མི་གནས་པར་རྣམ་པར་སྤྱོད་ཅིང་། འཇིག་རྟེན་དུ་གང་ཡང་ཉེ་བར་ལེན་པ་མེད་དོ། །ནང་གི་ཚོར་བ་དང་། ཕྱིའི་ཚོར་བ་དང་། ཕྱི་ནང་གི་ཚོར་བ་ལ་ཚོར་བའི་རྗེས་སུ་ལྟ་ཞིང་། བརྩོན་འགྲུས་ཅན་ཤེས་བཞིན་དང་ལྡན་པ། དྲན་པ་དང་ལྡན་པས། འཇིག་རྟེན་གྱི་ཆགས་སེམས་དང་། ཡིད་མི་བདེ་བ་རྣམ་པར་བསལ་[7]ཅིང་རྣམ་པར་སྤྱོད་དོ། །ཚོར་བ་ལ་ཀུན་དུ་[8]འབྱུང་བའི་རྗེས་སུ་ལྟ་ཞིང་རྣམ་པར་སྤྱོད་དོ། །

ཚོར་བ་ལ་ཟད་པའི་རྗེས་སུ་ལྟ་ཞིང་རྣམ་པར་སྤྱོད་དོ། །ཚོར་བ་ལ་ཀུན་འབྱུང་བ་
དང་། ཟད་པའི་རྗེས་སུ་ལྟ་ཞིང་རྣམ་པར་སྤྱོད་དོ། །ཚོར་བ་ལ་མི་གནས་
པར༔རྣམ་པར་①སྤྱོད་ཅིང་། འཇིག་རྟེན་དུ་གང་ཡང་ཉེ་བར་ལེན་པ་མེད་དོ། །
ནང་གི་སེམས་དང་། ཕྱིའི་སེམས་དང་། ཕྱི་②ནང་གི༔སེམས་ལ་③སེམས་ཀྱི་
རྗེས་སུ་ལྟ་ཞིང་། བརྩོན་འགྲུས་ཅན་ཤེས་བཞིན་དང་ལྡན་པ། དྲན་པ་དང་
ལྡན་པས་འཇིག་རྟེན་གྱི་ཆགས་སེམས་དང་། ཡིད་མི་བདེ་བ་རྣམ་པར་བསལ་④
ཅིང་རྣམ་པར་སྤྱོད་དོ། །སེམས་ལ་ཀུན་འབྱུང་བའི་རྗེས་སུ་ལྟ་ཞིང་རྣམ་པར་སྤྱོད་
དོ། །སེམས་ལ་ཟད་པའི་རྗེས་སུ་ལྟ་ཞིང་རྣམ་པར་སྤྱོད་དོ། །སེམས་ལ་ཀུན་
འབྱུང་བ་དང་། ཟད་པའི་རྗེས་སུ་ལྟ་ཞིང་རྣམ་པར་སྤྱོད་དོ། །སེམས་ལ་མི་
གནས་པར་རྣམ་པར་སྤྱོད་ཅིང་། འཇིག་རྟེན་དུ་གང་ཡང་ཉེ་བར་ལེན་པ་མེད་དོ།།
ནང་གི་ཆོས་དང་། ཕྱིའི་ཆོས་དང་། ཕྱི་ནང་གི༔ཆོས་ལ་⑤ཆོས་ཀྱི་རྗེས་སུ་ལྟ་
ཞིང་བརྩོན་འགྲུས་ཅན་ཤེས་བཞིན་དང་ལྡན་པ། དྲན་པ་དང་ལྡན་པས་འཇིག་
རྟེན་གྱི་ཆགས་སེམས་དང་། ཡིད་མི་བདེ་བ་རྣམ་པར་བསལ་⑥ཅིང་རྣམ་པར་
སྤྱོད་དོ། །༔ཆོས་ལ་ཀུན་འབྱུང་བའི་རྗེས་སུ་ལྟ་ཞིང་རྣམ་པར་སྤྱོད་དོ། །ཆོས་
ལ་ཟད་པའི་རྗེས་སུ་ལྟ་ཞིང་རྣམ་པར་སྤྱོད་དོ། །⑦ཆོས་ལ་ཀུན་འབྱུང་བ་དང་།
ཟད་པའི་རྗེས་སུ་ལྟ་ཞིང་རྣམ་པར་སྤྱོད་དོ། །ཆོས་ལ་མི་གནས་པར་རྣམ་པར་
སྤྱོད་ཅིང་། འཇིག་རྟེན་དུ་གང་ཡང་ཉེ་བར་ལེན་པ་མེད་དོ། །རབ་འབྱོར་
ཡང་དག་པར་སྤོང་བ་བཞི་གང་ཞེ་ན། སྡིག་ཏོ་མི་དགེ་བའི་ཆོས་མ་སྐྱེས་པ་
རྣམས་མི་སྐྱེད་པའི་ཕྱིར་མོས་པ་སྐྱེད་པ་དང་། སྐྱེས་པ་རྣམས་སྤོང་⑧བའི་ཕྱིར་
རྩོལ་བ་དང་། དགེ་བའི་ཆོས་མ་སྐྱེས་པ་རྣམས་བསྐྱེད་པའི་ཕྱིར་མོས་པ་སྐྱེད་ཅིང་
བརྩོན་འགྲུས་རྩོམ་པ་དང་། སྐྱེས་པ་རྣམས་འཕེལ་ཞིང་། ཤིན་ཏུ་རྒྱས་པར་བྱ་

བ་དང་། བསྒོམ་[༡]པ་ཡོངས་སུ་རྫོགས་པར་བྱ་བའི་ཕྱིར་མོས་པ་སྐྱེད་པའོ། ། རབ་འབྱོར་རྫུ་འཕྲུལ་གྱི་རྐང་པ་བཞི་གང་ཞེ་ན། མོས་པའི་ཏིང་ངེ་འཛིན་སྤོང་བའི་འདུ་བྱེད་དང་ལྡན་པའི་རྫུ་འཕྲུལ་གྱི་རྐང་པ་དང་། སེམས་ཀྱི་ཏིང་ངེ་འཛིན་སྤོང་བའི་འདུ་བྱེད་དང་ལྡན་པའི་རྫུ་འཕྲུལ་གྱི་རྐང་པ་དང་། བརྩོན་འགྲུས་ཀྱི་ཏིང་ངེ་འཛིན་སྤོང་བའི་འདུ་བྱེད་དང་ལྡན་པའི་རྫུ་འཕྲུལ་གྱི་རྐང་པ་དང་། དཔྱོད་པའི་ཏིང་ངེ་འཛིན་སྤོང་བའི་འདུ་བྱེད་དང་ལྡན་པའི་རྫུ་འཕྲུལ་གྱི་རྐང་པའོ།། དབང་པོ་ལྔ་གང་ཞེ་ན། དད་པའི་དབང་པོ་དང་། བརྩོན་འགྲུས་ཀྱི་དབང་པོ་དང་། དྲན་པའི་དབང་པོ་དང་། ཏིང་ངེ་འཛིན་གྱི་དབང་པོ་དང་། ཤེས་རབ་ཀྱི་དབང་པོ་སྟེ། དེ་དག་ནི་དབང་པོ་ལྔ་ཞེས་བྱའོ། །སྟོབས་ལྔ་གང་ཞེ་ན། དད་པའི་སྟོབས་དང་། བརྩོན་འགྲུས་ཀྱི་སྟོབས་དང་། དྲན་པའི་སྟོབས་དང་། ཏིང་ངེ་འཛིན་གྱི་སྟོབས་དང་། ཤེས་རབ་ཀྱི་སྟོབས་ཏེ[༢]། དེ་དག་ནི་སྟོབས་ལྔ་ཞེས་བྱའོ། །རབ་འབྱོར་བྱང་ཆུབ་ཀྱི་ཡན་ལག་བདུན་གང་ཞེ་ན། དྲན་པ་ཡང་དག་བྱང་ཆུབ་ཀྱི་ཡན་ལག་དང་། ཆོས་རྣམ་པར་འབྱེད་པ་ཡང་དག་བྱང་ཆུབ་ཀྱི་ཡན་ལག་དང་། བརྩོན་འགྲུས་ཡང་དག་བྱང་ཆུབ་ཀྱི་ཡན་ལག་དང་། ༔དགའ་བ་[༣]ཡང་དག་བྱང་ཆུབ་ཀྱི་ཡན་ལག་དང་། ཤིན་ཏུ༔བྱང་བ་[༤]ཡང་དག་བྱང་ཆུབ་ཀྱི་ཡན་ལག་དང་། ཏིང་ངེ་འཛིན་ཡང་དག་བྱང་ཆུབ་ཀྱི་ཡན་ལག་དང་། བཏང་སྙོམས་ཡང་དག་བྱང་ཆུབ་ཀྱི་ཡན་ལག་སྟེ་དེ་དག་ནི་བྱང་ཆུབ་ཀྱི་ཡན་ལག་བདུན་ཞེས་བྱའོ། །རབ་འབྱོར་འཕགས་པའི་ལམ་ཡན་ལག་བརྒྱད་པ་གང་ཞེ་ན། འདི་ལྟ་སྟེ། ཡང་དག་པའི་ལྟ་བ་དང་། ཡང་དག་པའི་[༥]རྟོག་པ་དང་། ཡང་དག་པའི་ངག་དང་། ཡང་དག་པའི་ལས་ཀྱི་མཐའ་དང་། ཡང་དག་པའི་འཚོ་བ་དང་། ཡང་དག་པའི་རྩོལ་བ་དང་། ཡང་དག་པའི་དྲན་པ་དང་། ཡང་

དག་པའི་ཏིང་ངེ་འཛིན་ཏེ། དེ་དག་ནི་འཕགས་པའི་ལམ་ཡན་ལག་བརྒྱད་པ་ཞེས་བྱའོ། །དེ་ལ་ཏིང་ངེ་འཛིན་གསུམ་གང་ཞེ་ན། སྟོང་པ་ཉིད་ཀྱི་ཏིང་ངེ་འཛིན་དང་། མཚན་མ་མེད་པའི་ཏིང་ངེ་འཛིན་དང་། སྨོན་པ་མེད་པའི་ཏིང་ངེ་འཛིན་ནོ། །སྟོང་པ་ཉིད་ཀྱི་ཏིང་ངེ་འཛིན་གང་ཞེ་ན། སྟོང་པའི་རྣམ་པ་དང་། དབེན་པའི་རྣམ་པར་སེམས་རྩེ་གཅིག་པ་སྟེ། དེ་ནི་སྟོང་ཿ་པ་ཉིད་ཀྱི་⑦ ཏིང་ངེ་འཛིན་ཅེས་བྱའོ། །མཚན་མ་མེད་པའི་ཏིང་ངེ་འཛིན་གང་ཞེ་ན། ཞི་བའི་རྣམ་པ་དང་། མཚན་མ་མེད་པའི་རྣམ་པར་སེམས་རྩེ་གཅིག་པ་སྟེ། དེ་ནི་མཚན་མ་མེད་པའི་ཏིང་ངེ་འཛིན་ཅེས་བྱའོ། །སྨོན་པ་མེད་པའི་ཏིང་ངེ་འཛིན་གང་ཞེ་ན། མི་རྟག་པའི་རྣམ་པ་དང་། སྡུག་བསྔལ་གྱི་རྣམ་པར་སེམས་རྩེ་གཅིག་པ་སྟེ། དེ་ནི་སྨོན་པ་མེད་པའི་ཏིང་ངེ་འཛིན་ཅེས་བྱའོ། །རྣམ་པར་ཐར་པ་བརྒྱད་གང་ཞེ་ན། གཟུགས་ཅན་གྱིས་གཟུགས་རྣམས་མཐོང་བ་འདི་ནི་རྣམ་པར་ཐར་པ་དང་པོའོ། །ནང་གཟུགས་མེད་པའི་འདུ་ཤེས་དང་ལྡན་པས། ཕྱི་རོལ་གྱི་གཟུགས་རྣམས་མཐོང་བ་འདི་ནི་རྣམ་པར་ཐར་པ་གཉིས་པའོ། །བཟང་བར་མོས་པ་འདི་ནི་རྣམ་པར་ཐར་པ་གསུམ་པའོ། །ནམ་མཁའ་མཐའ་ཡས་སྐྱེ་མཆེད་ལ་ཉེ་བར་བསྒྲུབས་ཏེ་གནས་པ་འདི་ནི་རྣམ་པར་ཐར་པ་བཞི་པའོ། །རྣམ་ཤེས་མཐའ་ཡས་སྐྱེ་མཆེད་ལ་ཉེ་བར་བསྒྲུབས་ཏེ་གནས་པ་འདི་ནི་རྣམ་པར་ཐར་པ་ལྔ་པའོ། །ཆུང་ཟད་མེད་པའི་སྐྱེ་མཆེད་ལ་ཉེ་བར་བསྒྲུབས་ཏེ་གནས་པ་འདི་ནི་རྣམ་པར་ཐར་པ་དྲུག་པའོ། །འདུ་ཤེས་མེད་འདུ་ཤེས་མེད་མིན་སྐྱེ་མཆེད་ལ་ཉེ་བར་བསྒྲུབས་ཏེ་གནས་པ་འདི་ནི་རྣམ་པར་ཐར་པ་བདུན་པའོ། འདུ་ཤེས་དང་། ཚོར་བ་འགོག་པ་ལ་③ ཉེ་བར་བསྒྲུབས་ཏེ་གནས་པ་འདི་ནི་རྣམ་པར་ཐར་པ་བརྒྱད་པ་སྟེ། དེ་དག་ནི་རྣམ་པར་ཐར་པ་བརྒྱད་ཅེས་བྱའོ། །མཐར་གྱིས

གནས་པའི་སྙོམས་པར་འཇུག་པ་དགུ་གང་ཞེ་ན། འདི་ལ་ལ་ལ་འདོད་པས···
དབེན་སྡིག་ཧོ་[1]མི་དགེ་བའི་ཆོས་ཀྱིས་[2]དབེན་པ། རྟོག་པ་དང་བཅས་པ[3]།
དཔྱོད་པ་དང་བཅས་པ་དབེན་པ་ལས་སྐྱེས་པའི་དགའ་བ་དང་། བདེ་བ་[4]ཅན་
བསམ་གཏན་དང་པོ་ལ་[5]ཉེ་བར་བསྒྲུབས་ཏེ་གནས་སོ། །དེ་[6]རྣམ་པར་རྟོག་
པ་དང་། རྣམ་[7]པར་དཔྱོད་པ་ཉེ་བར་ཞི་ནས། ནང་[8]ཡོངས་སུ་དང་སྟེ།
སེམས་ཀྱི་རྒྱུད་གཅིག་[9]ཏུ་གྱུར་པས། རྟོག་པ་མེད་པ་[10]དཔྱོད་པ་མེད་པ[11]།
ཏིང་ངེ་འཛིན་ལས་སྐྱེས་པའི་དགའ་བ་དང་བདེ་བ་[12]ཅན་བསམ་གཏན་གཉིས་པ··
ལ་ཉེ་བར་བསྒྲུབས་ཏེ་གནས་སོ། །དེ་དགའ་བ་ལས་འདོད་ཆགས་དང་བྲལ་བས་
དྲན་པ་དང་ལྡན་ཞིང་། ཤེས་བཞིན་དུ་བཏང་སྙོམས་སུ་གནས་ཏེ། བདེ་བ···
ལུས་ཀྱིས་མྱོང་ལ་[13]འཕགས་པ་རྣམས་ཀྱིས་དེ་ལ་དྲན་པ་དང་ལྡན་པ། བདེ་བ་ལ་
རྣམ་པར་སྤྱོད་པ། བཏང་སྙོམས་པའོ་ཞེས་བརྗོད་པ་སྟེ། དགའ་བ་མེད་པའི་
བསམ་གཏན་གསུམ་པ་ལ་ཉེ་བར་བསྒྲུབས་ཏེ་གནས་སོ། །དེ་བདེ་བ་ཡང་སྤངས་
སྡུག་བསྔལ་ཡང་སྤངས་ཤིང་། ཡིད་བདེ་བ་དང་ཡིད་མི་བདེ་བ་སྔ་ནས་ཀྱང་ནུབ་
པས་བདེ་བ་ཡང་མེད་སྡུག་བསྔལ་བ་[14]ཡང་མེད་པ། བཏང་[15]སྙོམས་དང་དྲན···
པས་[16]ཡོངས་སུ་དག་པ། བསམ་གཏན་བཞི་པ་ལ་ཉེ་བར་བསྒྲུབས་ཏེ་གནས་སོ། །
དེ་རྣམ་པ་ཐམས་ཅད་དུ་གཟུགས་ཀྱི་འདུ་ཤེས་ལས་ཡང་དག་པར་འདས་ཏེ།
ཐོགས་པའི་འདུ་ཤེས་རྣམས་ནུབ་པར་གྱུར་ཅིང་། སྣ་ཚོགས་ཀྱི་འདུ་ཤེས་ཡིད་ལ་
མི་བྱེད་པས་ནམ་མཁའ་མཐའ་ཡས་སོ་ཞེས་ཏེ། ནམ་མཁའ་མཐའ་ཡས་སྐྱེ···
མཆེད་ལ་ཉེ་བར་བསྒྲུབས་ཏེ་གནས་སོ། །དེ་རྣམ་པ་ཐམས་ཅད་དུ་ནམ་མཁའ···
མཐའ་ཡས་སྐྱེ་མཆེད་ལས་[17]ཡང་དག་པར་འདས་ཏེ། རྣམ་པར་ཤེས་པ་མཐའ··
ཡས་སོ་ཞེས་ཏེ[18]། རྣམ་ཤེས་མཐའ་ཡས་སྐྱེ་མཆེད་ལ་ཉེ་བར་བསྒྲུབས་ཏེ་གནས་

སོ༔ །དེ་རྣམ་པ་ཐམས་ཅད་དུ་རྣམ་ཤེས་མཐའ་ཡས་སྐྱེ་མཆེད་ལས་ཡང་དག་པར་འདས་ཏེ། ཆུང་ཟད་མ་ཡོད་དོ་ཞེས་ཆུང་ཟད་མེད་པའི་སྐྱེ་མཆེད་ལ་ཉེ་བར་བསྒྲུབས་ཏེ་གནས་སོ། །དེ་རྣམ་པ་ཐམས་ཅད་དུ་ཆུང་ཟད་མེད་པའི་སྐྱེ་མཆེད་ལས་ཡང་དག་པར་འདས་ཏེ། འདུ་ཤེས་མེད་འདུ་ཤེས་མེད་མིན་སྐྱེ་མཆེད་ལ་ཉེ་བར་བསྒྲུབས་ཏེ་གནས་སོ། །དེ་རྣམ་པ་ཐམས་ཅད་དུ་འདུ་ཤེས་མེད་འདུ་ཤེས་མེད་མིན་སྐྱེ་མཆེད་ལས་ཡང་དག་པར་འདས་ཏེ། འདུ་ཤེས་དང་ཚོར་བ་འགོག་པ་ལ་ཉེ་བར་བསྒྲུབས་ཤིང་[1]གནས་ཏེ། འདི་ནི་མཐར་གྱིས་གནས་པའི་སྙོམས་པར་འཇུག་པ་དགུ་ཞེས་བྱའོ། །དེ་ལ་མཐའ་དག་གི་སྐྱེ་མཆེད་བཅུ་གང་ཞེ་ན། མཐའ་དག་ས་དང་། མཐའ་དག་ཆུ་དང་། མཐའ་དག་མེ་དང་། མཐའ་དག་རླུང་དང་། མཐའ་དག་སྔོན་པོ་དང་། མཐའ་དག་སེར་པོ་དང་། མཐའ་དག་དམར་པོ་དང་། མཐའ་དག་དཀར་པོ་དང་། མཐའ་དག་རྣམ་པར་ཤེས་པ་དང་། མཐའ་དག་ནམ་མཁའ་སྟེ། དེ་དག་ནི་མཐའ་དག་གི་སྐྱེ་མཆེད་བཅུ་ཞེས་བྱའོ། །དེ་ལ་ཟིལ་གྱིས་གནོན་[2]པའི་སྐྱེ་མཆེད་བརྒྱད་གང་ཞེ་ན། ནང་གཟུགས་སུ་འདུ་ཤེས་ཤིང་། ཕྱི་རོལ་གྱི་གཟུགས་ཕྲ་མོ་དང་། ཁ་དོག་སྡུག་གུ་[3]དང་། ཁ་དོག་མི་སྡུག་པ་མཐོང་ཡང་གཟུགས་དེ་དག་ཟིལ་གྱིས་མནན་ཏེ་ཤེས། ཟིལ་གྱིས་མནན་ཏེ་མཐོང་ཞིང་། དེ་ལྟར་འདུ་ཤེས་པ་དེ་ནི་ཟིལ་གྱིས་གནོན་པའི་སྐྱེ་མཆེད་དང་པོའོ། །ནང་གཟུགས་སུ་འདུ་ཤེས་ཤིང་ཕྱི་རོལ་གྱི་གཟུགས་རགས་པ་དང་། ཁ་དོག་སྡུག་པ་དང་། ཁ་དོག་མི་སྡུག་པ་མཐོང་ཡང་གཟུགས་དེ་དག་ཟིལ་གྱིས་མནན་ཏེ་ཤེས། ཟིལ་གྱིས་མནན་ཏེ་མཐོང་ཞིང་དེ་ལྟར་འདུ་ཤེས་པ་དེ་ནི་ཟིལ་གྱིས་གནོན་པའི་སྐྱེ་མཆེད་གཉིས་པའོ། །ནང་གཟུགས་མེད་པར་འདུ་ཤེས་ཤིང་། ཕྱི་རོལ་གྱི་གཟུགས་ཕྲ་བ་[4]དང་། ཁ་དོག་

སྨུག་གུ་[1]དང་། ཁ་དོག་སྨྱི་སྨུག་པ་མཐོང་ཡང་གཟུགས་དེ་དག་ཟིལ་གྱིས་མནན་ཏེ་ཤེས། ཟིལ་གྱིས་མནན་ཏེ་མཐོང་ཞིང་དེ་ལྟར་འདུ་ཤེས་པ་དེ་ནི་ཟིལ་ཀྱིས་གནོན་[2]པའི་སྐྱེ་མཆེད་གསུམ་པའོ། །ནང་གཟུགས་མྱེད་པར་འདུ་ཤེས་ཤིང་། ཕྱི་རོལ་གྱི་གཟུགས་རགས་པ་དང་། ཁ་དོག་སྨུག་པ་[3]དང་། ཁ་དོག་སྨྱི་སྨུག་པ་མཐོང་ཡང་གཟུགས་དེ་དག་ཟིལ་གྱིས་མནན་ཏེ་ཤེས། ཟིལ་གྱིས་མནན་ཏེ་མཐོང་ཞིང་དེ་ལྟར་འདུ་ཤེས་པ་དེ་[4]ནི་ཟིལ་གྱིས་གནོན་པའི་སྐྱེ་མཆེད་བཞི་པའོ། །ནང་གཟུགས་མྱེད་པར་འདུ་ཤེས་ཤིང་ཕྱི་རོལ་གྱི་གཟུགས་སྔོན་པོ། ཁ་དོག་སྔོན་པོ། སྔོན་པོར་[5]སྣང་བ། མདོག་[6]སྔོན་པོ་འདི་ལྟ་སྟེ། དཔེར་ན་མེ་ཏོག་ཨོ་མ་ག་ལྟ་བུའམ། ཡུལ་བ་ར་ན་སེར་[7]བྱུས་པའི་གོས་ལྟར་སྔོ་བ[8]། ཁ་དོག་སྔོ་བ། སྔོ་བར་སྣང་བ། མདོག་[9]སྔོ་བར་མཐོང་ཡང་གཟུགས་དེ་དག་ཟིལ་གྱིས་མནན་ཏེ་ཤེས། ཟིལ་གྱིས་མནན་ཏེ་མཐོང་ཞིང་། དེ་ལྟར་འདུ་ཤེས་པ་འདི་ནི་ཟིལ་གྱིས་གནོན་པའི་སྐྱེ་མཆེད་ལྔ་པའོ། །ནང་གཟུགས་མྱེད་པར་འདུ་ཤེས་ཤིང་། ཕྱི་རོལ་གྱི་གཟུགས་སེར་པོ། ཁ་དོག་སེར་པོ། སེར་པོར་སྣང་བ། མདོག་སེར་པོ་འདི་ལྟ་སྟེ། དཔེར་ན་ཤིང་ཀར་ཎི་ཀ་རིའི་[10]མེ་ཏོག་ལྟ་བུའམ། ཡུལ་བ་ར་ན་སེར་[11]བྱུས་པའི་གོས་ལྟར་སེར་བ་ཁ་དོག་སེར་བ། སེར་བར་[12]སྣང་བ། མདོག་སེར་བར་མཐོང་ཡང་གཟུགས་[13]དེ་དག་ཟིལ་གྱིས་མནན་ཏེ་ཤེས། ཟིལ་གྱིས་མནན་ཏེ་མཐོང་ཞིང་། དེ་ལྟར་འདུ་ཤེས་པ་འདི་ནི་ཟིལ་གྱིས་གནོན་པའི་སྐྱེ་མཆེད་དྲུག་པའོ། །ནང་གཟུགས་མྱེད་པར་འདུ་ཤེས་ཤིང་། ཕྱི་རོལ་གྱི་གཟུགས་དམར་པོ། ཁ་དོག་དམར་པོ། དམར་པོར་[14]སྣང་བ། མདོག་དམར་པོ་འདི་ལྟ་སྟེ། དཔེར་ན་བན་དུ་ཛི་[15]བ་ཀའི་མེ་ཏོག་ལྟ་བུའམ། ཡུལ་བ་ར་ན་སེར་[16]བྱུས་པའི་གོས་ལྟར་དམར་བ། ཁ་དོག་དམར་བ་དམར་བར་

སྔང་བ་མདོག་དམར་བར་མཐོང་ཡང་གཟུགས་དེ་དག་ཟིལ་ཀྱིས་མནན་ཏེ་ཤེས། ཟིལ་ཀྱིས་མནན་ཏེ་མཐོང་ཞིང་དེ་ལྟར་འདུ་ཤེས་པ་འདི་ནི་ཟིལ་ཀྱིས་གནོན་པའི་སྐྱེ་མཆེད་བདུན་པའོ། །ནང་གཟུགས་མེད་པར་འདུ་ཤེས་ཤིང་། ཕྱི་རོལ་གྱི་གཟུགས་དཀར་པོ། ཁ་དོག་དཀར་པོ་དཀར་པོར(༡)སྣང་བ། མདོག་དཀར་པོ་འདི་ལྟ་སྟེ། དཔེར་ན་སྐར་མ་པ་བ་སངས་ཀྱི་འོད་ལྟ་བུའམ། ཡུལ་བ་ར་ན་སེར(༢)བྱས་པའི་གོས་ལྟར་དཀར་བ། ཁ་དོག་དཀར་བ་དཀར་བར་སྣང་བ། མདོག་དཀར་བར་མཐོང་ཡང་གཟུགས་དེ་དག་ཟིལ་ཀྱིས(༣)མནན་ཏེ༑ ཤེས། ཟིལ་ཀྱིས་མནན་ཏེ(༤)མཐོང་ཞིང་། དེ་ལྟར་འདུ་ཤེས་པ་འདི་ནི་ཟིལ་ཀྱིས་གནོན་པའི་སྐྱེ་མཆེད་བརྒྱད་པའོ། །དེ་ལ་ཉོན་མོངས་པ་མེད་པ་གང་ཞེ་ན། བསམ་གཏན་ལ་གནས་ནས་བྱང་ཆུབ་སེམས་དཔའ་སེམས་དཔའ་ཆེན་པོའི་རྣམ་པར་སྤྱོད་པ། སེམས་ཅན་ཕ་རོལ་དང་། གང་ཟག་ཕ་རོལ་གྱི་ཉོན་མོངས་པ་མི་སྐྱེ་བའི་མཐུ་ཡོད་པ(༥)ཏིང་ངེ་འཛིན་གང་གིས་འགྲུབ(༦)པ་དེ་ནི་ཉོན་མོངས་པ་མེད་པ་ཞེས་བྱའོ།། ༑དེ་ལ(༧)སྨོན་ལམ་གྱི་ཤེས་པ་གང་ཞེ་ན། བསམ་གཏན་ལ་གནས་ཏེ། འདི་ཤེས་པར་བྱའོ་ཞེས་བྱང་ཆུབ་སེམས་དཔའ་སེམས་དཔའ་ཆེན་པོ་དུས་གསུམ་གྱི་ཤེས་པའམ། ཤེས་པ་གང་དང་གང་འདོད་པར་གྱུར་པ་དེ་ལ་ཡིད་ཀྱིས(༨)སྨོན་པ་བྱེད་དེ། དེ་ཉིང་ངེ་འཛིན་དེ་ལས་ལངས་ནས་དེའི་སྨོན་ལམ་དེ་ཡོངས་སུ་གྲུབ་པར་གྱུར་ཅིག(༩) །ཤེས་བྱ་དེ་ཡང་ཤེས་པ་དེ་ནི་སྨོན་ལམ་གྱི་ཤེས་པ་ཞེས་བྱའོ། ། དེ་ལ་མངོན་པར་ཤེས་པ་དྲུག་གང་ཞེ་ན། རྫུ་འཕྲུལ་གྱི་མངོན་པར་ཤེས་པ་དང་། ལྷའི་མིག་གི་མངོན་པར་ཤེས་པ་དང་། ལྷའི་རྣ་བའི་མངོན་པར་ཤེས་པ་དང་། ཕ་རོལ་གྱི་སེམས་ཤེས་པའི་མངོན་པར་ཤེས་པ་དང་། སྔོན་གྱི་གནས་རྗེས་སུ་དྲན་པའི་མངོན་པར་ཤེས་པ་དང་། ཟག་པ་ཟད་པ་ཤེས་པའི་མངོན་པར་ཤེས་པ་སྟེ།

བཞི་པ་དེ་དག་གོ། །དེ་ལ་ཡོངས་སུ་དག་པ་བཞི་གང་ཞེ་ན། ལུས་ཡོངས་སུ་དག་པ་དང་། དམིགས་པ་ཡོངས་སུ་དག་པ་དང་། སེམས་ཡོངས་སུ་དག་པ་དང་། ཡེ་ཤེས་ཡོངས་སུ་དག་པ་སྟེ། བཞི་པོ་དེ་དག་གོ། །དེ་ལ་དབང་བཅུ་གང་ཞེ་ན། ཚེ་ལ་དབང་བ་དང་། སེམས་ལ་དབང་བ་དང་། ཡོ་བྱད་ལ་དབང་བ་དང་། ལས་ལ་དབང་བ་[༡]དང་། སྐྱེ་བ་ལ་དབང་བ་དང་། མོས་པ་ལ་དབང་བ་དང་། སྨོན་ལམ་ལ་དབང་བ་དང་། རྫུ་འཕྲུལ་ལ་དབང་བ་དང་། ཡེ་ཤེས་ལ་དབང་བ་དང་། ཆོས་ལ་དབང་བ་སྟེ། བཅུ་པོ་དེ་དག་གོ། །རབ་འབྱོར་དེ་བཞིན་གཤེགས་པའི་སྟོབས་བཅུ་གང་ཞེ་ན། རབ་འབྱོར་འདི་ལ་དེ་བཞིན་གཤེགས་པ་ནི་[༢]གནས་ལ་ཡང་གནས་སུ་ཡང་དག་པ་ཇི་ལྟ་བ་བཞིན་དུ་རབ་ཏུ་མཁྱེན་ཏོ། །གནས་མ་ཡིན་པ་ལ་ཡང་གནས་མ་ཡིན་པར་ཡང་དག་པ་ཇི་ལྟ་བ་བཞིན་དུ་རབ་ཏུ་མཁྱེན་ཏོ། །འདས་པ་དང་མ་འོངས་པ་དང་། ད་ལྟར་བྱུང་བའི་ལས་དང་། ལས་ཡོངས་སུ་བླངས་པའི་རྣམ་པར་སྨིན་པ་གནས་ཀྱི་རྣམ་པ་དང་། རྒྱུའི་རྣམ་པར་ཡང་དག་པ་[༣]ཇི་ལྟ་བ་བཞིན་དུ་རབ་ཏུ་མཁྱེན་ཏོ། །ཁམས་སྣ་ཚོགས་ཅན་དང་། ཁམས་དུ་མ་ཅན་གྱི་འཇིག་རྟེན་ཡང་དག་པ་ཇི་ལྟ་བ་བཞིན་དུ༔ རབ་ཏུ་[༤]མཁྱེན་ཏོ། །སེམས་ཅན་གཞན་དང་གང་ཟག་གཞན་གྱིས་[༥]མོས་པ་སྣ་ཚོགས་དང་། མོས་པ་དུ་མ་ཡང་དག་པ་ཇི་ལྟ་བ་བཞིན་དུ་རབ་ཏུ་མཁྱེན་ཏོ། །སེམས་ཅན་གཞན་དང་གང་ཟག་གཞན་གྱི་དབང་པོ་རབ་དང་། ཐ་མ་ཤེས་པར་བྱ་བ་ཡང་དག་པ་ཇི་ལྟ་བ་བཞིན་དུ་རབ་ཏུ་མཁྱེན་ཏོ། །ཀུན་ཏུ་འགྲོ་བའི་ལམ་ཡང་དག་པ་[༦]ཇི་ལྟ་བ་བཞིན་དུ་རབ་ཏུ་མཁྱེན་ཏོ། །དབང་པོ་དང་། སྟོབས་དང་། བྱང་ཆུབ་ཀྱི་ཡན་ལག་དང་། བསམ་གཏན་དང་། རྣམ་པར་ཐར་པ་དང་། ཏིང་ངེ་འཛིན་དང་། སྙོམས་པར་འཇུག་པ་དང་།

ཀུན་ནས་ཉོན་མོངས་པ་དང་། རྣམ་པར་བྱང་བ་རྣམ་པར་དགོད་[1]པ་ཡང་དག་པ་ཇི་ལྟ་བ་བཞིན་དུ་རབ་ཏུ་མཁྱེན་ཏོ། །རྣམ་པ་དུ་མར་སྔོན་གྱི་གནས་རྗེས་སུ་དགོངས་ཏེ། ཚེ་རབས་གཅིག་ཀྱང་རྗེས་སུ་དགོངས་པ་ནས། ཚེ་རབས་བརྒྱ་དང་། ཚེ་རབས་སྟོང་དང་། ཚེ་རབས་བརྒྱ་སྟོང་དང་།[2] ཚེ་རབས་[3]བྱེ་བ་ཁྲག་ཁྲིག་བརྒྱ་ཕྲག་སྟོང་གི་བར་དུ་ཡང་རྗེས་སུ་དགོངས་སོ། །བསྐལ་པ་གཅིག་ཀྱང་རྗེས་སུ་དགོངས་པ་ནས། བསྐལ་པ་བརྒྱའི་བར་དང་། བསྐལ་པ་བརྒྱ་ཕྲག་དུ་མ་དང་། བསྐལ་པ་སྟོང་ཕྲག་དུ་མ་དང་། བསྐལ་པ་བརྒྱ་སྟོང་ཕྲག་[4]དུ་མ་དང་། བསྐལ་པ་བྱེ་བ་ཁྲག་ཁྲིག་བརྒྱ་སྟོང་ཕྲག་[5]དུ་མའི་བར་དག་ཀྱང་རྗེས་སུ་དགོངས་ཏེ། བདག་ནི་འདི་ལྟ་བུ་ཞིག་ན་འདུག་འདུག་གོ། །མིང་ནི་འདི་ཞེས་བྱ་བར་གྱུར་ཏོ། །རིགས་ནི་[6]འདི་ཞེས་བྱ་བར་གྱུར་ཏོ། །རུས་ནི་འདི་ཞེས་བྱ་བར་གྱུར་ཏོ། །ཟས་ནི་འདི་ཟ་ཟའོ། །ཡུན་ནི་འདི་སྲིད་ཅིག་ཏུ་གནས་གནས་སོ། །ཚེའི་མཐའ་[7]ནི་འདི་ཙམ་ཞིག་ཏུ་གྱུར་ཏེ། བདག་དེ་ནས་ཤི་འཕོས་ནས་ཆེ་གེ་མོ་ཞིག་ཏུ་སྐྱེས་སོ་ཞེས་བྱ་བ་ནས། དེ་ནས་ཤི་འཕོས་ནས་ཀྱང་འདིར་སྐྱེས་སོ་ཞེས་བྱ་བའི་བར་དུ་རྣམ་པ་དང་བཅས། ས་མལ་དང་བཅས། གཏན་ཚིགས་དང་བཅས་པར་རྣམ་པ་དུ་མར་སྔོན་གྱི་གནས་རྗེས་སུ་དགོངས་སོ། །ལྷའི་མིག་རྣམ་པར་དག་པ་མིའི་ལས་འདས་པས་སེམས་ཅན་འཆི་འཕོ་བ་དང་། སྐྱེ་བ་དག་ཀྱང་གཟིགས་སོ། །ཁ་དོག་སྡུག་པ་དང་། མི་སྡུག་པ་དང་། བཟང་བ་དང་ངན་པ་དང་། བདེ་འགྲོ་ན་འཁོད་པ་དང་། ངན་སོང་ན་འཁོད་པ་དང་། ལས་ཇི་ལྟ་བ་བཞིན་དུ་ཉེ་བར་འདོང་བའི་[8]སེམས་ཅན་རྣམས་རབ་ཏུ་མཁྱེན་ཏེ[9]། སེམས་ཅན་འདི་དག་ནི་ལུས་ཀྱིས་ངན་དུ་སྤྱོད་པ་དང་ལྡན་པ[10]། ངག་གིས་ངན་དུ་སྤྱོད་པ་དང་ལྡན་པ། ཡིད་ཀྱིས་ངན་དུ་སྤྱོད་པ་དང་ལྡན་པ[11]།

འཕགས་པ་ལ་སྐུར་པ་འདེབས་པ། ལོག་པར་ལྟ་བ་དག་སྟེ། དེའི་རྒྱུ་དེའི་རྐྱེན་ཀྱིས་ལུས་ཞིག་ནས་ངན་སོང་ལོག་པར་ལྟུང་བ་སེམས་ཅན་དམྱལ་བར་སྐྱེའོ། །སེམས་ཅན་འདི་དག་ནི་ལུས་ཀྱིས་[1]ལེགས་པར་སྤྱོད་པ་དང་ལྡན་པ། ངག་གིས་ལེགས་པར་སྤྱོད་པ་དང་ལྡན་པ། ཡིད་ཀྱིས་ལེགས་པར་སྤྱོད་པ་དང་ལྡན་པ། འཕགས་པ་ལ་[2]སྐུར་པ་[3]མི་འདེབས་པ་ཡང་དག་པར་ལྟ་བ་དག་སྟེ། དེའི་རྒྱུ་དེའི་རྐྱེན་ཀྱིས་ལུས་ཞིག་ནས་བདེ་འགྲོ་མཐོ་རིས་ཀྱི་འཇིག་རྟེན་ལྷའི་ནང་དུ་སྐྱེའོ་ཞེས་བྱ་བར་རབ་ཏུ་མཁྱེན་ཏོ། །ཟག་པ་རྣམས་ཟད་པའི་ཕྱིར་སེམས་རྣམ་པར་གྲོལ་བ་དང་། ཤེས་རབ་རྣམ་པར་གྲོལ་བ་དང་[4]། ཟག་པ་མེད་པ་ཡང་དག་པ་ཇི་ལྟ་བ་བཞིན་དུ་རབ་ཏུ་མཁྱེན་ཏེ[5]། བཅུ་པོ་དེ་དག་ནི་དེ་བཞིན་གཤེགས་པའི་སྟོབས་སོ། །རབ་འབྱོར་དེ་བཞིན་གཤེགས་པའི་མི་འཇིགས་པ་བཞི་གང་ཞེ་ན༏ བདག་གིས་ཡང་དག་པར་རྫོགས་པའི་[6]སངས་རྒྱས་སོ་ཞེས་དམ་བཅས་ན[7]། དེ་ལ་ཆོས་འདི་རྣམས་མངོན་པར་སངས་མ་རྒྱས་སོ[8]། །ཞེས་བྱ་བར་[9]བདག་ལ་དགེ་སྦྱོང་ངམ། བྲམ་ཟེའམ། ལྷའམ། བདུད་དམ། ཚངས་པའམ། སྐྱེ་དགུའི་[10]ཚོགས་གཞན་སུ་ཡང་རུང་སྟེ། འཇིག་རྟེན་ན་ཆོས་དང་ལྡན་པར་རྒོལ་བར་འགྱུར་རོ། །ཞེས་བྱ་བའི་རྒྱུ་ཡང་[11]ཡང་དག་པར་རྗེས་སུ་མི་མཐོང་སྟེ། རྒྱུ་ཡང་དག་པར་རྗེས་སུ་མ་མཐོང་བས། ༔དེ་ལ་[12]བདག་བདེ་བ་ཐོབ་པ་དང་། བག་ཚ་བ་མེད་པ་ཐོབ་པ་དང་། མི་འཇིགས་པ་ཐོབ་པར་རྣམ་པར་སྤྱོད་དེ། ཁྱུ་མཆོག་རླབས་པོ་ཆེའི་གནས་སུ་དམ་བཅའོ། །འཁོར་གྱི་ནང་དུ་སེང་གེའི་སྒྲ་བསྒྲག་[13]གོ། །ཚངས་པའི་འཁོར་ལོ་འཇིག་རྟེན་ན་དགེ་སྦྱོང་ངམ། བྲམ་ཟེའམ་ལྷའམ༏ བདུད་དམ་ཚངས་པའམ། གཞན་སུས་ཀྱང་རུང་སྟེ། ཆོས་དང་ལྡན་པར་བསྐོར་བར་མི་ནུས་པ་བདག་གིས་[14]རབ་ཏུ་བསྐོར་བར་བྱའོ། །བདག་

ཟག་པ་ཟད་དོ་ཞེས་དམ་བཅས་ན། དེ་ལ་ཟག་པ་འདི་རྣམས་ཡོངས་སུ་ཟད་པར་
མ་གྱུར་ཏོ་ཞེས་བྱ་བར་བདག་ལ་དགེ་སྦྱོང་ངམ། བྲམ་ཟེའམ་ལྷའམ། བདུད་
དམ། ཚངས་པའམ། ཿསྐྱེ་དགུའི་[༡]ཚོགས་གཞན་སུའང་[༢]ཉུང་སྟེ། འཇིག་
རྟེན་ན་ཆོས་དང་ལྡན་པར་རྒོལ་བར་འགྱུར་རོ་ཞེས་བྱ་བའི་རྒྱུ་ཡང་ཡང་དག་པར་
རྗེས་སུ་མི་མཐོང་སྟེ། རྒྱུ་ཡང་དག་པར་རྗེས་སུ་མ་མཐོང་བས། དེ་ལ་བདག་
བདེ་བ་ཐོབ་[༣]པ་དང་། བག་ཚ་བ་མེད་པ་ཐོབ་པ་དང་། མི་འཇིགས་པ་ཐོབ་
པ་[༤]རྣམ་པར་སྤྱོད་དེ། ཁྱུ་མཆོག་རླབས་པོ་ཆེའི་གནས་སུ་དམ་བཅའོ། །
འཁོར་གྱི་ནང་དུ་སེང་གེའི་སྒྲ་བསྒྲག་[༥]གོ། །ཚངས་པའི་འཁོར་ལོ་འཇིག་རྟེན་ན་
དགེ་སྦྱོང་ངམ། བྲམ་ཟེའམ། ལྷའམ། བདུད་དམ། ཚངས་པའམ།
གཞན་སུས་ཀྱང་ཉུང་སྟེ། ཆོས་དང་ལྡན་པར་བསྐོར་བར་མི་ནུས་པ་བདག་གིས་
རབ་ཏུ་བསྐོར་བར་བྱའོ། །གང་ཡང་བདག་[༦]གིསཿབར་ཆད་ཀྱི་ཆོས་[༧]སུ་བསྟན་[༨]
པ་དེ་དག་ལ་བསྟེན་[༩]ན། བར་ཆད་ཀྱི་ཆོས་སུ་མི་འགྱུར་རོ། །ཞེས་དགེ་སྦྱོང་
ངམ། བྲམ་ཟེའམ། ལྷའམ། བདུད་དམ། ཚངས་པའམ། སྐྱེ་དགུའི་[༡༠]
ཚོགས་གཞན་སུའང་[༡༡]ཉུང་སྟེ། འཇིག་རྟེན་ན་ཆོས་དང་ལྡན་པར་རྒོལ་བར་
འགྱུར་རོ་ཞེས་བྱ་བའི་རྒྱུ་ཡང་ཡང་དག་པར་རྗེས་སུ་མི་མཐོང་སྟེ། རྒྱུ་ཡང་དག་
པར་རྗེས་སུ་མ་[༡༢]མཐོང་བས། དེ་ལ་བདག་བདེ་བ་ཐོབ་པ་དང་། བག་ཚ་བ་
མེད་པ་ཐོབ་པ་དང་། མི་འཇིགས་པ་ཐོབ་པ་[༡༣]རྣམ་པར་སྤྱོད་དེ། ཁྱུ་མཆོག་
རླབས་[༡༤]པོ་ཆེའི་གནས་སུ་དམ་བཅའོ། །འཁོར་གྱི་ནང་དུ་སེང་གེའི་སྒྲ་བསྒྲག་[༡༥]གོ། །
ཚངས་པའི་འཁོར་ལོ་འཇིག་རྟེན་ན་དགེ་སྦྱོང་ངམ། བྲམ་ཟེའམ། ལྷའམ།
བདུད་དམ། ཚངས་པའམ། གཞན་སུས་ཀྱང་ཉུང་སྟེ། ཆོས་དང་ལྡན་པར་
བསྐོར་བར་མི་ནུས་པ་བདག་གིས་རབ་ཏུ་བསྐོར་བར་བྱའོ། །གང་ཡང་བདག་

གིས་ལམ་འཕགས་པའི་འབྱུང་བ་རྗོགས་པར་འགྱུར་བ་དེ་བྱེད་པའི་སྡུག་བསྔལ་ཡང་དག་པར་ཟད་པར་འགྱུར་བར་བསྟན་པ་དེ་དག་ལ་ནན་ཏན་བྱས་ན། སྡུག་བསྔལ་ཡང་དག་པར་ཟད་པར་འགྱུར་བ(༡)མི་འབྱུང་ངོ་ཞེས། དགེ་སློང་ངམ། བྲམ་ཟེའམ། ལྷའམ། བདུད་དམ། ཚངས་པའམ། སྐྱེ་དགུའི(༢)ཚོགས་གཞན་སུའང(༣)རུང་སྟེ། འཇིག་རྟེན་ན(༤)ཆོས་དང་ལྡན་པར་རྒོལ་བར་འགྱུར་རོ།། ཞེས་བྱ་བའི་རྒྱུ་ཡང་ཡང་དག་པར་རྗེས་སུ་མི་མཐོང་སྟེ། རྒྱུ་ཡང་དག་པར་རྗེས་སུ་མ་མཐོང་བས། དེ་ལ་བདག(༥)བདེ་བ་ཐོབ་པ(༦)དང་། བག་ཚ་བ་མེད་པ་ཐོབ་པ་དང་། མི་འཇིགས་པར་ཐོབ་པར(༧)རྣམ་པར་སྤྱོད་དེ། ཁྱུ་མཆོག་གི་གནས་སྐབས(༨)པོ་ཆེའི་གནས་སུ་དམ་བཅའོ། །འཁོར་གྱི་ནང་དུ་སེང་གེའི་སྒྲ་བསྒྲག(༩)གོ། །ཚངས་པའི་འཁོར་ལོ་འཇིག་རྟེན་ན་དགེ་སློང་ངམ། བྲམ་ཟེའམ། ལྷའམ། བདུད་དམ། ཚངས་པའམ། གཞན་སུས་ཀྱང(༡༠)རུང་སྟེ། ཆོས་དང་ལྡན་པར་བསྐོར་བར་མི་ནུས་པ་བདག་གིས(༡༡)རབ་ཏུ་བསྐོར་བར་བྱའོ་ཞེས་བྱ་བ་སྟེ། བཞི་པོ་དེ་དག་ནི་མི་འཇིགས་པའོ། །(༡༢)དེ་བཞིན་གཤེགས་པའི་སོ་སོ་ཡང་དག་པར་རིག་པ་བཞི་གང་ཞེ་ན། འདི་ལྟ་སྟེ། དོན་སོ་སོ(༡༣)ཡང་དག་པར་རིག་པ་དང་། ཆོས་སོ་སོ་ཡང་དག་པར་རིག་པ་དང་། ངེས་པའི་ཚིག་སོ་སོ་ཡང་དག་པར་རིག་པ་དང་། སྤོབས་པ་སོ་སོ་ཡང་དག་པར་རིག་པ་སྟེ། དེ་དག་ཀྱང་གང་ཞེ་ན། དོན་ལ་དམིགས་པ་དང་། ཆོས་ལ་དམིགས་པ་དང་། ངེས་པའི་ཚིག་ལ་དམིགས་པ་དང་། སྤོབས་པ་ལ་དམིགས་པའོ། །རབ་འབྱོར་དེ་བཞིན་གཤེགས་པའི་བསྲུང་བ་མེད་པ་གསུམ་གང་ཞེ་ན། དེ་བཞིན་གཤེགས་པ་ནི་སྐུའི་སྤྱོད་པ་ཡོངས་སུ་དག་པ་དང་ལྡན་པ་སྟེ། དེ་བཞིན་གཤེགས་པ་ལ་སྐུའི་སྤྱོད་པ་ཡོངས་སུ་མ་དག་པ་མི་མངའ་བས། ལ་ལས་ཤེས་སུ་འོང(༡༤)ཞེས་གང་ཡང་བཅབ(༡༥)

པར་དགོངས་པ་དེ་བཞིན་གཤེགས་པ་ལ་མི་མངའ་སྟེ། འདི་ནི་བསྲུང་བ་མེད་པ་དང་པོའོ། །དེ་བཞིན་གཤེགས་པ་ནི་གསུང་གི་སྤྱོད་པ་ཡོངས་སུ་དག་པ་དང་ལྡན་པ་སྟེ། དེ་བཞིན་གཤེགས་པ་ལ་གསུང་གི་སྤྱོད་པ་ཡོངས་སུ་མ་དག་པ་མི་མངའ་བས༑ ལ་ལས་ཤེས་སུ་འོང་ཞེས་གང་ཡང་བཙབ་[1]པར་དགོངས་པ་དེ་བཞིན་གཤེགས་པ་ལ་མི་མངའ་སྟེ། འདི་ནི་བསྲུང་བ་མེད་པ་གཉིས་པའོ། །དེ་བཞིན་གཤེགས་པ་ནི་ཐུགས་ཀྱི་སྤྱོད་པ་ཡོངས་སུ་དག་པ་དང་ལྡན་པ་སྟེ། དེ་བཞིན་གཤེགས་པ་ལ་ཐུགས་ཀྱི་སྤྱོད་པ་ཡོངས་སུ་མ་དག་པ་[2]མི་མངའ་བས། ལ་ལས་ཤེས་སུ་འོང་ཞེས་གང་ཡང་བཙབ་[3]པར་དགོངས་པ་དེ་བཞིན་གཤེགས་པ་ལ་མི་མངའ་སྟེ། འདི་ནི་བསྲུང་བ་མེད་པ་གསུམ་པའོ། །དེ་ལ་དེ་བཞིན་གཤེགས་པའི་དགོངས་པ་ཉེ་བར་གཞག་པ་གསུམ་གང་ཞེ་ན། དེ་བཞིན་གཤེགས་པ་ཆོས་སྟོན་པའི་ཚེ[4]། ༑ལ་ལ་[5]རྣ་[6]བ་ཏུད་དེ་རིམ་གྲོར་ཉན་ཅིང་བཀའ་ཉན་[7]པའི་སེམས་ཉེ་བར་གཞོག་[8]པ་དང་། ཆོས་དང་གཉེར་བའི་ཆོས་ལ་ནན་ཏན་དུ་བྱེད་ན། ཡང་དེས་དེ་བཞིན་གཤེགས་པ་དགྱེས་པར་མི་འགྱུར། ཡིད་བདེ་བར་མི་འགྱུར། ཐུགས་ཡིད་ཡིད་པོར་མི་འགྱུར་ཏེ། འདི་ནི་དགོངས་པ་ཉེ་བར་གཞག་པ་དང་པོའོ༑ །ལ་ལ་རྣ་[9]བ་ཏུད་དེ། རིམ་གྲོར་ཉན་ཅིང་། བཀའ་ཉན་[10]པའི་སེམས་ཉེ་བར་གཞོག་པ་མེད་པ་དང་། ཆོས་དང་གཉེར་བའི་ཆོས་ལ་ནན་ཏན་དུ་མི་བྱེད་ན་[11]ཡང་དེས་དེ་བཞིན་གཤེགས་པའི་ཐུགས་ཁྲོ་བར་མི་འགྱུར། མི་བཟོད་པར་མི་འགྱུར། ཐུགས་མི་ཆེས་[12]པར་མི་འགྱུར་ཏེ། འདི་ནི་དགོངས་པ་ཉེ་བར་གཞག་པ་གཉིས་པའོ། །ལ་ལ་རྣ་[13]བ་ཏུད་དེ་རིམ་གྲོར་[14]ཉན་ཅིང་བཀའ་ཉན་[15]པའི་སེམས་ཉེ་བར་གཞོག་ལ། ཆོས་དང་གཉེར་བའི་ཆོས་ལ་ནན་ཏན་དུ་བྱེད། ལ་ལ་རྣ་[16]བ་ཏུད་དེ་རིམ་གྲོར་མི་ཉན་ཅིང་། བཀའ་ཉན་[17]པའི་སེམས་ཉེ་བར

གཞོག་པ་མེད་དེ། ཆོས་དང་གཉེར་བའི་ཆོས་ལ་ནན་ཏན་དུ་མི་བྱེད་ཀྱང་། དེས་དེ་བཞིན་གཤེགས་པ་དགྱེས་པའམ། ཐུགས་ཁྲོ་བ་གཉིས་སུ་མི་འགྱུར་ཏེ། ཐམས་ཅད་དུ་དགོངས་པ་དང་ལྡན་ཞིང་མཁྱེན་པར(༡)བཏང་སྙོམས་སུ་རྣམ་པར་སྤྱོད་པ་འདི་ནི་དགོངས་པ་ཉེ་བར་གཞག་པ་གསུམ་པའོ། །དེ་ལ་དེ་བཞིན་གཤེགས་པའི(༢)ཉམས་པ་མེད་པའི་ཆོས་ཉིད་གང་ཞེ་ན། གང་གིས་སངས་རྒྱས་བཅོམ་ལྡན་འདས་རྣམས་དོན་ཡོད་པའི་ཆོས་སྟོན་པའི་ཕྱིར་སེམས་ཅན་ཐམས་ཅད་ཀྱི་དོན་མཛད་པ་ལ་དུས་ལས་མི་འདའ་བ་སྟེ། དེ་ནི་ཉམས་པ་མེད་པའི་ཆོས་ཉིད་ཅེས་བྱའོ། །དེ་ལ་དེ་བཞིན་གཤེགས་པའི་བག་ཆགས་ཀྱི་སྒྲིབ་པ་རབ་ཏུ་སྤངས་པ་གང་ཞེ་ན། ཉན་ཐོས་དང་། རང་སངས་རྒྱས་ཐམས་ཅད་ནི་ཉོན་མོངས་པ་སྤངས་ཀྱང་དེ་དག་ལ་ལུས་ཀྱི་འགྱུར(༣)བ་ཡོད་ཀྱི། དེ་བཞིན་གཤེགས་པ་ལ་ནི་དེ་ལྟ་བུ་ཡང་མི་མངའ(༤)སྟེ། དེ་ནི་བག་ཆགས་ཀྱི་སྒྲིབ་པ་རབ་ཏུ་སྤངས་པ་ཞེས་བྱའོ། །དེ་ལ་དེ་བཞིན་གཤེགས་པའི་ཐུགས་རྗེ་ཆེན་པོ་གང་ཞེ་ན། དེ་བཞིན་གཤེགས་པ(༥)ཐུགས་རྗེ་ཆེན་པོ་གང་དང་ལྡན་པས། འཇིག་རྟེན་གྱི་བརྗ(༦)ཉེ་བར་བཟུང་སྟེ། དགེ་བའི༑ རྩ་བ་གཟིགས(༧)པའི་ཕྱིར་དུས་ཐམས་ཅད་དུ་འཇིག་རྟེན་ལ་ཉིན་ལན་གསུམ་མཚན་ལན་གསུམ་དུ་རྟོག་པ་མཛད་ཅེས་བྱ་སྟེ། དངོས་སུ་ན་སངས་རྒྱས་བཅོམ་ལྡན་འདས་རྣམས་ཀྱི་ཐུགས་རྗེ་ཆེན་པོ། །སེམས་ཅན་མཐའ་ཡས་པ་ཡོངས་སུ་སྨིན་པར་བྱ་བ་ལ(༨)གཟིགས་པ་རྟག(༩)པར་འབྱུང་སྟེ། དེ་ནི་ཐུགས་རྗེ་ཆེན་པོ་ཞེས་བྱའོ། །རབ་འབྱོར་དེ་བཞིན་གཤེགས་པའི་སངས་རྒྱས་ཀྱི་ཆོས་མ་འདྲེས་པ་བཅོ་བརྒྱད་གང་ཞེ་ན། དེ་བཞིན་གཤེགས་པ་ལ་འཁྲུལ་པ་མི་མངའོ(༡༠)། །ཅ་ཅོ་མི་མངའོ། །དགོངས་པ་ཉམས་པ་མི་མངའོ། །འདུ་ཤེས་སྣ་ཚོགས(༡༡)མི་མངའོ། །ཐུགས་མཉམ་པར་མ་བཞག(༡༢)པ་མི་མངའོ། །མ་

བརྟགས་པའི་བཏང་སྙོམས་ མི་མངའོ། །མོས་པ་ཡོངས་སུ་ཉམས་པ་མི་མངའོ། །བརྩོན་འགྲུས་ཡོངས་སུ་ཉམས་པ་མི་མངའོ། །དགོངས་པ་ཡོངས་སུ་ཉམས་པ་མི་མངའོ། །ཏིང་ངེ་འཛིན་ཡོངས་སུ་ཉམས་པ་མི་མངའོ། །ཤེས་རབ་ཡོངས་སུ་ཉམས་པ་མི་མངའོ། །རྣམ་པར་གྲོལ་བ་ཡོངས་སུ་ཉམས་པ་མི་མངའོ། །རྣམ་པར་གྲོལ་བའི་ཡེ་ཤེས་གཟིགས་པ་ཡོངས་སུ་ཉམས་པ་མི་མངའོ། །སྐུའི་འཕྲིན་[1]ལས་ཐམས་ཅད་ཡེ་ཤེས་སྔོན་དུ་འགྲོ་བ་[2]སྟེ། ཡེ་ཤེས་ཀྱི་རྗེས་སུ་འབྲང་ངོ་། །གསུང་གི་ཕྲིན་[3]ལས་ཐམས་ཅད་ཡེ་ཤེས་[4]སྔོན་དུ་འགྲོ་བ་སྟེ། ཡེ་ཤེས་ཀྱི་རྗེས་སུ་འབྲང་ངོ་། །ཐུགས་ཀྱི་ཕྲིན་[5]ལས་ཐམས་ཅད་ཡེ་ཤེས་སྔོན་དུ་འགྲོ་བ་[6]སྟེ། ཡེ་ཤེས་ཀྱི་རྗེས་སུ་འབྲང་ངོ་། །འདས་པའི་དུས་ལ་མ་ཆགས་མ་ཐོགས་པའི་ཡེ་ཤེས་གཟིགས་པ་འཇུག་གོ། །མ་འོངས་པའི་དུས་ལ་མ་ཆགས་མ་ཐོགས་པའི་ཡེ་ཤེས་གཟིགས་པ་འཇུག་གོ[7]། །ད་ལྟར་བྱུང་བའི་དུས་ལ་མ་ཆགས་མ་ཐོགས་པའི་ཡེ་ཤེས་གཟིགས་པ་འཇུག་པ་[8]སྟེ། དེ་དག་ནི་སངས་རྒྱས་ཀྱི་ཆོས་མ་འདྲེས་པ་རྣམས་སོ། །རབ་འབྱོར་དེ་བཞིན་གཤེགས་པའི་རྣམ་པ་ཐམས་ཅད་མཁྱེན་པ་ཉིད་གང་ཞེ་ན། གང་ལ་དམིགས་པ་མེད་པ་དང་[9]། དྲན་པས་དབང་སྐྱུར་[10]བ། ཞི་བའི་རྣམ་པ་དང་ལྡན་པ[11]། མཚན་ཉིད་མེད་པའི་མཚན་ཉིད་ནི་[12]རྣམ་པ་ཐམས་ཅད་མཁྱེན་པ་ཉིད་ཅེས་བྱའོ། །དེ་ལ་དེ་བཞིན་གཤེགས་པའི་མི་ཆེན་པོའི་མཚན་སུམ་ཅུ་རྩ་གཉིས་གང་ཞེ་ན། ཕྱག་དང་ཞབས་འཁོར་ལོའི་མཚན་དང་ལྡན་པ་དང་། ཞབས་ཤིན་ཏུ་གནས་པ་དང་། ཕྱག་དང་ཞབས་དྲ་བར་[13]འབྲེལ་པ་དང་། ཕྱག་དང་ཞབས་གཞོན་ཞིང་འཇམ་པ་དང་། བདུན་ཤིན་ཏུ་མཐོ་བ་དང་སོར་མོ་རིང་བ་དང་། རྟིང་པ་ཡངས་པ་དང་། སྐུ་ཆེ་ཞིང་དྲང་བ་དང་། ཞབས་ལོགས་པར་མཐོ་བ་དང་། ཡན་ལག་གི་སྤུ་གྱེན་དུ་འཁྱིལ་པ་

དང་། ཐེ་དགས་ཨེ་ན་[༡]ཡའི་བྱིན་པ་ལྟ་བུ་དང་། ཕྱག་བརྐྱ་དྲང་པོར་སློབས་[༢]པ་དང་། གསང་བའི་གནས་སྦུབས་སུ་ནུབ་པ་དང་། གསེར་གྱི་ཁ་དོག་དང་། མདོག་ཤིན་ཏུ་འཛམ་པ་དང་། སྤུ་རེ་རེ་ནས་གཡས་ཕྱོགས་སུ་འཁྱིལ་པ་དང་། ཞལ་མཛོད་སྤུས་བརྒྱན་པ་དང་། སེང་གེའི་རོ་སྟོད་ལྟ་བུ་དང་། ཕྲག་པའི་ལྷུན་མཛེས་པར་གྲུབ་པ་དང་། ཕྲག་སོ་ཤིན་ཏུ་རྒྱས་པ་དང་། རོ་བྲོ་བའི་མཆོག་དང༌ལྡན་པ་དང་[༣]། ཤིང་ཉ༔གྲོ་ད་[༤]ལྟར་ཆུ་ཞེང་གབ་པ་དང་། དབུ་སྤྱི་གཙུག་དང་ལྡན་པ་དང་། ལྗགས་ཤིན་ཏུ་ཡངས་པ་དང་། ཚངས་པའི་དབྱངས་དང་། སེང་གེའི་འགྲམ་པ༔ལྟ་བུ་[༥]དང་། ཚེམས་ཤིན་ཏུ་དཀར་བ་དང་། ཚེམས་[༦]མཉམ་པ་དང་། ཚེམས་ཐགས་བཟང་བ་དང་། ཚེམས་མཉམ་ཞིང་བཞི་བཅུ་ཚང་བ་དང་། སྤྱན་དཀར་ནག་[༧]འབྱེས་པ་དང་། བའི་རྫི་མ་ལྟ་བུ་སྟེ། དེ་ལ་དེ་བཞིན་གཤེགས་པའི་ཕྱག་དང་ཞབས་ཀྱི་མཐིལ་ལ་འཁོར་ལོའི་[༨]རྩིབས་སྟོང་དང་ལྡན་པ། མུ་ཁྱུད་ཅན་ལྟེ་བ་དང་བཅས་པ་རྣམ་པ་ཐམས་ཅད་དུ་[༩]ཡོངས་སུ་རྫོགས་པ་འདི་ལྟ་སྟེ། ཉུས་པའམ་བ་སོ་ལ་གཟུགས་བརྐོས་[༡༠]པ་དང་འདྲ་བ་མངའ་བས་ཕྱག་དང་ཞབས་འཁོར་ལོའི་མཚན་དང་ལྡན་པའོ། །ཞབས་ཀྱི་[༡༡]མཐིལ་གཉིས་མཉམ་པར་ས་ལ་འཛོག་ཅིང་། ཞབས་ཞུམ་པ་མེད་པས། ཞབས་ཤིན་ཏུ་གནས་པའོ། །ངང་པའི་རྒྱལ་པོ་ལྟར་ཕྱག་དང་ཞབས་ཀྱི་སོར་མོ་དྲ་བར་འབྲེལ་པས་[༡༢]ཕྱག་དང་ཞབས་དྲ་བར་[༡༣]འབྲེལ་པའོ། །ཤིང་བལ་གྱི་ཡེའུ་[༡༤]ལྟར་ཤིན་ཏུ་འཛམ་ཞིང་གཞོན་པས་ཕྱག་དང་ཞབས་གཞོན་ཞིང་འཛམ་པའོ། །ཕྱག་དང་ཞབས་དང་མགུར་གྱི་[༡༥]ལྷུན༔དང་ལྟག་པའི་ཕྱོགས་ན་[༡༦]ཤིན་ཏུ་མཐོ་བས་བདུན་ཤིན་ཏུ་མཐོ་བའོ། །ཕྱག་དང་ཞབས་ཀྱི༔སོར་མོ་རིང་བས་[༡༧]སོར་མོ་རིང་བའོ། །རྟིང་པ་རིང་བས་རྟིང་པ་ཡངས་པའོ། །སྐུ་ལག་པ་མདུན་[༡༨]དུ

འཕགས་ལ་དྲང་བས་སྐུ་ཆེ་ཞིང་དྲང་བའོ[༡]། །ཕྱུས་སྨོའི་[༢]ལྷ་ང་དང་། ཡོང་བུ་
མཛེས་པར་ནུབ་པས་ཞབས་ལེགས་པར་མཐོ་བའོ། །སྤྱུ་གྱེན་དུ་གཡས་ཕྱོགས་སུ་
འཁྱིལ་པས། ཡན་ལག་གི་སྤྱུ་གྱེན་དུ་འཁྱིལ་པའོ། །རི་དགས་ཨེ་ན་[༣]ཡའི་བྱིན་
པ་དང་། སྨྱིག་མ་དང་ལྷུམ་[༤]བུ་དར་བ་[༥]ལྟར་དྲང་ཞིང་ཿམ་ཉམས་[༦]ལཿ རིམ་གྱིས་[༧]
གཞོལ་བར་གྲུབ་ཅིང་། བྱིན་པ་ཟླུམ་པས་རི་དགས་ཨེ་ན་[༨]ཡའི་བྱིན་པ་ལྟ་བུའོ། །
བརླ་དྲང་པོར་བཞག་སྟེ་མ་བཏུད་[༩]ཀྱང་། ཕྱག་གི་མཐིལ་གཉིས་ཀྱིས་[༡༠]ཕྱུས་སྨོའི་
ལྷ་ང་ལ་རེག་པས། ཕྱག་བརླ་དྲང་པོར་སླེབས་[༡༡]པའོ། །གླང་པོ་དང་རྟ་ཙང་
ཤེས་ལྟར་གསང་བའི་གནས་ཤིན་ཏུ་མཛེས་པར་སྦུབས་སུ་ནུབ་པས། གསང་བའི་
གནས་སྦུབས་སུ་ནུབ་པའོ། །ཤིན་ཏུ་སྦྲངས་པའི་གསེར་གྱི་ཁ་དོག་ལྟ་བུ་དང་ལྡན་
པས་གསེར་གྱི་ཁ་དོག་གོ། །གསེར་དང་དངུལ་ཤིན་ཏུ་སྦྱངས་པ་ལྟར་འཛམ་ཞིང་
སྣུམས་པའི་མདོག་ཏུ་འདུག་[༡༢]ལ་སྐྱ་ལ་རྡུལ་མི་འགོ་བས་མདོག་ཤིན་ཏུ་འཛམ་པའོ། །
ཤིན་ཏུ་རྣམ་པར་ཕྱེ་བའི་སྤྱུ་རེ་རེར་སྐྱེས་ཤིང་གཉིས་སུ་མེད་པས[༡༣]། སྤྱུ་རེ་རེ་
ནས་གཡས་ཕྱོགས་སུ་འཁྱིལ་བའོ། །མེ་ཏོག་ཀུན་ད་དང་ཟླ་བ་དང་། འོ་མ་
དང་། བ་སྨོའི་མདོག་ལྟར་འདུག་ལ། ཉི་མ་དང་ཟླ་བ་བརྒྱ་[༡༤]ལས་ཀྱང་
འཕགས་པར་འོད་གསལ་བའི་མཛོད་སྤུས་སྨིན་མཚམས་ཤིན་ཏུ་བརྒྱན་པས། ཞལ་
མཛོད་སྤུས་བརྒྱན་པའོ། །རོ་སྟོད་ཆེ་བས་སེང་གེའི་རོ་སྟོད་དོ། །མགུར་
དང་རྒྱུད་ལེགས་པར་འབྲེལ་ཅིང་ལྷུན་ཟླུམ་པས། ཕྲག་པའི་ལྷུན་མཛེས་པར་[༡༥]
གྲུབ་པའོ། །གསེར་གྱི་གཏན་པ་ཤིན་ཏུ་ཕྱིས་[༡༦]པ་ལྟར་ཕྲག་སོ་ལེགས་པར་གྲུབ་
པས་ཕྲག་སོ་ཤིན་ཏུ་རྒྱས་པའོ། །རླུང་དང་། མཁྲིས་[༡༧]པ་དང་། བད་ཀན་
གྱིས་མ་ཉམས་ཤིང་རྣམ་པར་ཤེས་པ་འདྲ་བ་མེད་པས། རོ་བྲོ་བའི་མཆོག་གོ། །
སྐུ་ཚུ་ཞིང་[༡༨]འདོམ་[༡༩]དུ་མཉམ་པས་ཤིང་ཉྒྲོ་དྷ་[༢༠]ལྟར་ཚུ་ཞིང་གབ་པའོ། །སྤྱི་

གཙུག་ཚུམ་ཞིང་ལེགས་ལ་གཡས་ཕྱོགས་སུ་འཁྱིལ་པ་དང་ལྡན་པའི་དབུ་མཉམ་ཞིང་[1]ལེགས་པར་གྲུབ་ལ་མཛེས་པ་མངའ་བས་དབུ་སྤྱི་གཙུག་དང་ལྡན་པའོ། །སྨྲེ་ཧོ་ག་ཨུད་པ་ལ་དམར་པོའི་འདབ་[2]མའི་ཁ་དོག་ཱ་ལྟ་བུར་[3]འདུག་ཅིང་ཤིན་ཏུ་ཡངས་པས་ལྷགས་ཤིན་ཏུ་ཡངས་ཤིང་སྲབ་པའོ། །ཚངས་པ་དང་ཀ་ལ་པིང་ཀ་ལྟ་བུའི་གསུང་མངའ་བས། ཚངས་པའི་དབྱངས་སོ། །འགྲམ་པ་སྨྲེ་ལྟོང་གི་དཀྱིལ་འཁོར་ལྟར་ལེགས་པར་གྲུབ་ཅིང་མཛེས་པར་སྐྱེས་ཏེ། ཡིད་དུ་འོང་བས་སེང་གེའི་འགྲམ་པ་ལྟ་བུའོ། །སྨྲེ་ཧོ་ག་ཀུན་ད་དང་དུང་གི་བཅག་འཕྲོ་ལྟར་ཤིན་ཏུ་དཀར་བའི་ཚེམས་མངའ་བས་ཚེམས་ཤིན་ཏུ་དཀར་བའོ། །ཚེམས་ལ་མཐོ་[4]དམན་མེད་པས་[5]ཚེམས་མཉམ་པའོ། །ཚེམས་ལ་[6]མཚམས་མ་དོད་[7]པས་ཚེམས་ཐགས་བཟང་བའོ། །བླ་འོག་ཏུ་ཁེ་གུ་[8]མེད་པས་ཚེམས་མཉམ་ཞིང་བཞི་བཅུ་ཚང་བའོ། །དཀར་ནག་གི་ཆ་མ་འདྲེས་ལ་ཤིན་[9]ཏུ་རྣམ་པར་དག་ཅིང་མདོག་དམར་པོས་མ་ཡོགས་[10]པས་སྤྱན་དཀར་ནག་[11]འབྱེས་པའོ། །རྫི་མ་བླ་འོག་ཤིན་ཏུ་ལེགས་པར་གནས་ལ་མ་འཛིངས་པས་བའི་རྫི་མ་ལྟ་བུའོ། །དེ་ལ་བླ་མའི་བསྟུ་བསྐྱལ་[12]དང་། ཆོས་མཉན་པ་ལ་སྤོད་པ་དང་། གཙུག་ལག་ཁང་དང་མཆོད་རྟེན་རྫེས་སུ་སྦྱུབ་[13]པ་ལ་སྟོགས་པ་ལ་ཕྱུ་དུད་དུ་[14]བྱས་པས་ཕྱག་[15]དང་ཞབས་འཁོར་ལོའི་མཚན་དང་ལྡན་པ་སྟེ། དེ་ནི་འཁོར་ཤིན་ཏུ་མང་བའི་སྔ་ལྟས་སོ། །ཡི་དམ་ལ་བརྟན་པས་ཞབས་ཤིན་ཏུ་གནས་པ་སྟེ། དེ་ནི་སྨྲི་གཡོ་[16]ཞིང་ཤིན་ཏུ་བརྟན་པའི་སྔ་ལྟས་སོ། །སྦྱིན་པ་དང་། ངག་སྙན་པ་དང་། དོན་སྤྱོད་[17]པ་དང་། དོན་མཐུན་པའི་བསྡུ་[18]བ་རྣམ་བཞི་གོམས་པར་བྱས་པས་ཕྱག་དང་ཞབས་དྲ་བར་[19]འབྲེལ་པ་སྟེ། དེ་ནི་མྱུར་དུ་འདུ་[20]བའི་སྔ་ལྟས་སོ། །བཟའ་བ་དང་། བཅའ་བ་དང་། བཏུང་བ་ཞིམ་ཞིང་ཉམས་སུ་བདེ་བ་བྱིན་པས་ཕྱག

དང་ཞབས་གཞོན་ཞིང་། འཇམ་པ་དང་། བདུན་ཤིན་ཏུ་མཐོ་བ་སྟེ། དེ་གཉིས་ནི་བཟའ་བ་དང་བཅའ་བ་དང་བཏུང་བ༔ཤིན་ཏུ[༡]ཞིམ་ཞིང་ཉམས་སུ་བདེ་བ་ཐོབ[༢]པའི་སྤྱི་ལུགས་སོ། །བཅིངས་པ་བཀྲོལ་བ་དང་། ཿསྲོག་གི་རིམ་གྲོ་བྱས་པ་དང་།[༣] སྲོག་གཅོད་པ་སྤངས་པས་སོར་མོ་རིང་བ་དང་། རྟིང་པ་ཡངས་པ་དང་། སྐུ་ཆེ་ཞིང་དྲང་བ་སྟེ། དེ་ནི་སྐུ་ཚེ་རིང་བའི་སྤྱི་ལུགས་སོ། །དགེ་བའི་ཆོས་ཡང་དག་པར་བླངས་པ་དང་། བཟུང་བ་མངོན་པར་སྤེལ་ཞིང[༤]འགྲིབ་པར་མ་བྱས་པས་ཞབས་ཀྱི་གོང་མཐོ་བ་དང་། ཡན་ལག་གི་སྦུ་གྱེན་དུ་འཁྱིལ་པ་སྟེ། དེ་ནི་མི་ཉམ[༥]པའི་ཆོས་དང་ལྡན་པའི་སྤྱི་ལུགས་སོ། །རིག་པ་དང་བཟོའི་ལས་རིམ་གྲོར་བྱས་ཤིང་གཞན[༦]བྱིན་པ་དང་། བདག་གིས་བླངས་པས་རི་དགས་ཨེ་ན[༧]ཡའི་བྱིན་པ་ལྟ་བུ་སྟེ། དེ་ནི་མྱུར་དུ་འཛིན་པའི་སྤྱི་ལུགས་སོ། །བདོག་ཅིང་ཡོད་པའི་ནོར་ལ་བསླངས[༨]ན་མི་འགོང་བར་གཏོང་ཞིང་མྱེད་ཅེས་མ་བྱས་པས་ཕྱག་བརླ་དྲང་པོར་སླེབས[༩]པ་སྟེ། དེ་ནི་ཡོ་བྱད་ལ་མངའ་བ་དང་དབུལ་བའི་སྤྱི་ལུགས་སོ། །གྲོགས[༡༠]པོ་དང་མཛའ་བཤེས་དང་གཉེན༔མ་བྱེ[༡༡]བ་དང་། བྱེ་བར་གྱུར་པའི་སེམས་ཅན་རྣམས༔བསྡུམས་པ་དང་།[༡༢] ཚངས་པའི་སྤྱོད་པ་ལ་ཡང་དག་པར་བསྐྱལ[༡༣]བ་དང་། གསང་བའི་ཚིག་ཡོངས་སུ༔བསྲུངས་པས[༡༤]། གསང་བའི་གནས་སྦུབས་སུ་ནུབ་པ་སྟེ། དེ་ནི་བུ༔མང་བའི[༡༥]སྤྱི་ལུགས་སོ། །སྣན་དང་། གོས་དང་། ཁང་པ་དང་། གཞལ་མྱེད་ཁང་དང་། གནས་བཟང་པོ་བྱིན་པས་གསེར་གྱི་ཁ་དོག་དང་མདོག་ཤིན་ཏུ་འཇམ་པ་སྟེ། དེ་གཉིས་ནི་གདན་དང་ན་བཟའ་དང་། ཁང་པ་དང་། གཞལ་མེད་ཁང་དང་། གནས་བཟང་པོ་ཐོབ[༡༦]པའི་སྤྱི་ལུགས་སོ། །འདུ་འཛི་སྤངས་པ་དང་། མཁན་པོ་དང་། སློབ་དཔོན་དང་། ཕ་མ་དང་ཕུ་ནུ་ལ་སོགས་པ་བླ་མ་རྣམས་ལ་ཚུལ་

དང་འདྲ་བར་རིམ་གྲོར་[༡]བྱས་པ་དང་། བརྩུན་པར་བྱས་པ་དང་། བཙོལ་པ་རྣ་ལ་མ་གཟན་པས་སྲུ་རེ་རེ་ནས་གཡས་ཕྱོགས་སུ་[༢]འཁྱིལ་པ་དང་། ཞལ་མཛོད་སྤྲུས་བརྒྱན་པ་སྟེ། དེ་ནི་མཉམ་པ་མེད་པའི་སྐྱ་ལྷས་སོ། །མི་སྨན་པར་མི་ཟེར་ཞིང་མི་[༣]སྨོད་ལ་སྨན་པར་སྨྲ་ཞིང་། ལེགས་པར་བཤད་པ་མཐུན་པར་འཛིན་པས་སེང་གེའི་རོ་སྟོད་ལྟ་བུ་དང་། ཐྲག་པའི་ལྷུན་མཛེས་པར་གྲུབ་པ་སྟེ། དེ་ནིཿ ཐུབ་པ་མེད་པའི་[༤]སྐྱ་ལྷས་སོ། །ན་[༥]བ་རྣམས་ལ་སྨི་དང་། རིམ་གྲོ་དང་། སྨན་[༦]དང་ཉམས་སུ་ཕན་པའི་ཟས་བྱིན་པ་དང་། རིམ་གྲོ་[༧]བྱས་པས་ཐྲག་སོ་ཤིན་ཏུ་རྒྱས་པ་དང་། རོ་བྲོ་བའི་མཆོག་སྟེ། དེ་ནི་ནད་ཉུང་བའི་སྐྱ་ལྷས་སོ། །སྐྱེད་མོས་ཚལ་[༨]དང་། འཁོར་དང་། བཏུང་བ་དང་། ཐེང་བུ་དང་། རྐལ་དཀའ་བའི་ཟམ་པ་དང་། ཁ་ཟས་དང་། འཕྲེང་[༩]བའི་གནས་དང་། སྟེགས་དང་། གཙུག་ལག་ཁང་བྱ་བ་ལ་སྐུགས་པ་ལ་གཞན་མོས་པར་བྱ་བ་སྟོན་ཏུ་གཏོང་ཞིང་། བདག་གིས་གཞན་བྱིན་པས་ཤིང་ཉ་གྲོ་ད་[༡༠]ལྟར་ཚུ་ཞིང་གབ་པ་དང་། དབུ་སྤྱི་གཙུག་[༡༡]དང་ལྡན་པ་སྟེ། དེ་ནི་མངའ་[༡༢]ཆེན་པོ་མངའ་བའི་སྐྱ་ལྷས་སོ། །ཡུན་རིང་པོར་ཚིག་སྨན་ཅིང་འཇམ་པ་དང་། ཉམས་སུ་བདེ་བར་སྨྲས་པས་ལྗགས་ཤིན་ཏུ་ཡངས་ཤིང་སྲབ་པ་དང་། ཚངས་[༡༣]པའི་དབྱངས་ཏེ[༡༤]། དེ་གཉིས་ནི་ཡན་ལག་ལྔ་དང་ལྡན་པའི་གསུང་མངའ་[༡༥]བའི་སྐྱ་ལྷས་སོ། །གསུང་ཡན་ལག་ལྔ་དང་ལྡན་པ་ཞེས་བྱ་བ་ནི་ཡོངས་སུ་ཤེས་ཤིང་། རྣམ་པར་ཤེས་པར་འགྱུར་བ་དང་། མཉན་ན་དགའ་ཞིང་མི་མཐུན་པ་མེད་པ་དང་། ཟབ་[༡༦]ཅིང་དབྱངས་རྗེས་སུ་འབྱུང་བ་དང་། གཏང་[༡༧]མི་བྲ་ཞིང་རྣར་སྨན་པ་དང་། མ་འཁྲུགས་ཤིང་གསལ་བའོ། །ཡུན་རིང་པོ་ནས་ཚིག་ཀྱལ་[༡༨]པ་སྤངས་ཤིང་། དུས་སུ་སྨྲ་སྨྲ་བས་སེང་གེའི་འགྲམ་པ་ལྟ་བུ་སྟེ། དེ་ནི་ཚིག་ཀུན་གྱིས་མཉན་པའི་

སྔ་ལྟས་སོ། །རིམ་གྲོར་བྱ་བ་དང་བརྟས་པ་མྱེད་པ་གཉིས་ཀྱིས་(༡)འཚོ་བ་ཡོངས་
སུ་དག་པས། ཚེམས་ཤིན་ཏུ་དཀར་བ་དང་མཉམ་པ་སྟེ། དེ་ནི་འཁོར་སྔ་ནས་
བསྒྱུགས་(༢)པའི་སྔ་ལྟས་སོ། །ཡུན་རིང་པོ་ནས་བདེན་ཞིང་ཕྲ་མ་མྱེད་པའི་ཚིག་(༣)
སྨྲ་སྨྲ་བས་(༤)ཚེམས་ཐགས་(༥)བཟང་བ་དང་། ཚེམས་མཉམ་ཞིང་བཞི་བཅུ་(༦)ཚང་
བ་སྟེ། དེ་ནི་འཁོར་དབྱེར་མྱི་ཕྱེད་པའི་སྔ་ལྟས་སོ། །པང་གིས་མཁྱུད་(༧)པ་
བཞིན་དུ་ཉེས་པར་བསམ་(༨)པ་མྱེད་ལ། མ་ཆགས་མྱི་སྣང་(༩)བ་དང་། རྙོངས་
པ་མྱེད་པའི་མྱིག་གིས་ལྟ་ལྟ་བས། (༡༠)སྤྱན་དཀར་ནག་(༡༡)འབྱེས་པ་དང་། བའི་
རྫི་མ་ལྟ་བུ་སྟེ། དེ་ནི་ཀུན་ནས་མཛེས་པའི་སྔ་ལྟས་སོ། །རབ་འབྱོར་དེ་དག་ནི་
དེ་བཞིན་གཤེགས་པའི་(༡༢)མཚན་སུམ་ཅུ་རྩ་གཉིས་སོ། །དེ་ལ་དེ་བཞིན་གཤེགས་
པའི་དཔེ་བྱད་བཟང་པོ་བརྒྱད་ཅུ་གང་ཞེ་ན། འདི་ལྟ་སྟེ། སངས་རྒྱས་
བཅོམ་ལྡན་འདས་རྣམས་ནི་(༡༣)མངོན་པར་འདུ་བྱ་བ་ཐམས་ཅད་ལས་དབེན་པ་སྟེ།
སེན་མོ་ཟངས་(༡༤)ཀྱི་མདོག་ལྟར་འདུག་པ་ཡིན། སངས་རྒྱས་བཅོམ་ལྡན་འདས་
རྣམས་ནི་གཉེན་བཤེས་བྱམས་པ་དང་འདྲ་བར་སེམས་ཅན་ལ་ཕན་པ་དང་བདེ་
བའི་ཐུགས་མངའ་བ་སྟེ། སེན་མོའི་མདོག་སྣུམ་པ་ཡིན། སངས་རྒྱས་བཅོམ་
ལྡན་འདས་རྣམས་ནི་རིགས་(༡༥)དང་རྒྱུད་མཐོན་པོར་བྱུང་(༡༦)བ་སྟེ། སེན་མོ་མཐོ་
བ་ཡིན། སངས་རྒྱས་བཅོམ་ལྡན་འདས་རྣམས་ནི་ཚུལ་ལ་(༡༧)ཁ་ན་མ་ཐོ་བ་མྱི་
མངའ་བ་(༡༨)སྟེ། སོར་མོ་བླུམ་པ་ཡིན། སངས་རྒྱས་བཅོམ་ལྡན་འདས་རྣམས་ནི་
དགེ་བའི་རྩ་བ་ཤིན་ཏུ་ཚོགས་པ་སྟེ། སོར་མོ་རྒྱས་པ་ཡིན། སངས་རྒྱས་བཅོམ་
ལྡན་འདས་(༡༩)རྣམས་ནི་དགེ་བའི་རྩ་བ་རིམ་གྱིས་གྲུབ་པ་སྟེ། སོར་མོ་རིམ་གྱིས་
གཞོལ་(༢༠)བ་ཡིན། སངས་རྒྱས་བཅོམ་ལྡན་འདས་(༢༡)རྣམས་ནི་ཐུགས་དང་།
གསུང་དང་སྐུའི་འཕྲིན་(༢༢)ལས་དང་འཚོ་བ་ཤིན་ཏུ་དབེན་པ་སྟེ། རྩ་མི་མངོན་པ་

ཡིན༑ སངས་རྒྱས་བཅོམ་ལྡན་འདས་རྣམས་ནི་ཉོན་མོངས་པའི་མདུད་པ་འགྲེལ་①པ་སྟེ། རྩ་ལ་མདུད་པ་མེད་པ་ཡིན། སངས་རྒྱས་བཅོམ་ལྡན་འདས་རྣམས་ནི་ཤིན་ཏུ་དབེན་པའི་ཆོས་མངའ་བ་སྟེ། ཡོང་བུ་མི་མངོན་པ་ཡིན། སངས་རྒྱས་བཅོམ་ལྡན་འདས་རྣམས་ནི་མི་མཉམ་པ་ཐམས་ཅད་ལས་②གྲོལ་བ་སྟེ་ཞབས་མི་མཉམ་པ་མེད་པ་ཡིན། སངས་③རྒྱས་བཅོམ་ལྡན་འདས་རྣམས་ནི་མིའི་སེང་གེ་སྟེ། སེང་གེའི་འགྲོས་སུ་བཞུད་པ་ཡིན། སངས་རྒྱས་བཅོམ་ལྡན་འདས་རྣམས་ནི་མིའི་གླང་པོ་སྟེ། གླང་པོའི་འགྲོས་སུ་བཞུད་པ་ཡིན། སངས་རྒྱས་བཅོམ་ལྡན་འདས་རྣམས་ནི་ངང་པའི་རྒྱལ་པོ་ལྟར་ནམ་མཁའ་ལ་④བཞུད་པ་སྟེ། ངང་པའི་སྟབས་སུ་བཞུད་པ་ཡིན། སངས་རྒྱས་བཅོམ་ལྡན་འདས་རྣམས་ནི་མིའི་ཁྱུ་མཆོག་སྟེ། ཁྱུ་མཆོག་གི་སྟབས་སུ་བཞུད་པ་ཡིན། སངས་རྒྱས་བཅོམ་ལྡན་འདས་རྣམས་ནི་མཐུན་པའི་ལམ་མངའ་བ་སྟེ། གཡས་ཕྱོགས་སུ་བཞུད་པ་ཡིན། སངས་རྒྱས་བཅོམ་ལྡན་འདས་རྣམས་ནི་བལྟ་ན་མཛེས་པ་སྟེ། མཛེས་པར་བཞུད་པ་ཡིན། སངས་རྒྱས་བཅོམ་ལྡན་འདས་རྣམས་ནི་རྟག་ཏུ་ཐུགས་ཡོན་པོ་མི་མངའ་བ་སྟེ་མ་ཡོ་བར་བཞུད་པ་ཡིན། སངས་རྒྱས་བཅོམ་ལྡན་འདས་རྣམས་ནི་ཚུལ་རྣམ་པར་དག་པའི་ཡོན་ཏན་སྟོན་པ་སྟེ། སྐུ་ཤིན་ཏུ་ལེགས་པ་ཡིན། སངས་རྒྱས་བཅོམ་ལྡན་འདས་རྣམས་ནི་སྡིག་པའི་ཆོས་རྣམས་ཤིན་ཏུ་སྦྱངས་པ་སྟེ། སྐུ་ཤིན་ཏུ་སྦྱངས་པ་ཡིན། སངས་རྒྱས་བཅོམ་ལྡན་འདས་རྣམས་ནི། ཆོས་རིམ་གྱིས་སྟོན་པ་སྟེ། སྐུ་རིམ་གྱིས་གཞོལ་བ་ཡིན། སངས་རྒྱས་བཅོམ་ལྡན་འདས་རྣམས་ནི། སྐུ་དང་། གསུང་དང་། ཐུགས་གཙང་མ་དང་ལྡན་པ་སྟེ། སྐུ་ཤིན་ཏུ་གཙང་བ་ཡིན། སངས་རྒྱས་བཅོམ་ལྡན་འདས་རྣམས་ནི་རང་བཞིན་གྱིས་ཐུགས་འཛམ་པ་དང་ལྡན་པ་སྟེ། སྐུ་ཤིན་ཏུ་འཛམ་པ་ཡིན། སངས་རྒྱས་

བཅོམ་ལྡན་འདས་རྣམས་ནི་རང་བཞིན་གྱིས་རྣམ་པར་དག་པའི་ཐུགས་མངའ་བ་སྟེ། སྐུ་ཤིན་ཏུ་རྣམ་པར་དག་པ་ཡིན། སངས་རྒྱས་བཅོམ་ལྡན་འདས་རྣམས་ནི་ཆོས་དང་འདུལ་བ་ཤིན་ཏུ་རྫོགས་པ་སྟེ། དཔེ་བྱད་ཤིན་ཏུ་རྫོགས་པ་ཡིན། སངས་རྒྱས་བཅོམ་ལྡན་འདས་རྣམས་ནི་ཡོན་ཏན་ཡངས་ཤིང་བཟང་བ་སྟོན་པ་སྟེ། སྐུ་ཆེ་ཞིང་མཛེས་པ་ཡིན། སངས་རྒྱས་བཅོམ་ལྡན་འདས་རྣམས་ནི་སེམས་ཅན་ཐམས་ཅད་ལ་མཉམ་པའི་ཐུགས་མངའ་བ་སྟེ། སྐུ་ལེགས་པར་མཉམ་པ་ཡིན། སངས་རྒྱས་བཅོམ་ལྡན་འདས་རྣམས་ནི་མཆོག་ཏུ་འཇམ་པའི་ཆོས་སྟོན་པ་སྟེ། སྐུ[༡]ཤིན་ཏུ་གཞོན་པ་ཡིན། སངས་རྒྱས་བཅོམ་ལྡན་འདས་རྣམས་ནི་རྟག་ཏུ་ཞུམ་པ་མེད་པའི་ཐུགས་མངའ་བ་སྟེ། སྐུ་ཞུམ་པ་མེད་པ་ཡིན། སངས་རྒྱས་བཅོམ་ལྡན་འདས་རྣམས་ནི་མི་དགེ་བའི་རྩ་བ་ཐམས་ཅད་བྱང་བ་སྟེ། སྐུ་ཤིན་ཏུ་རྒྱས་པ་ཡིན། སངས་རྒྱས་བཅོམ་ལྡན་འདས་རྣམས་ནི་ཡང་འབྱུང་བ་ཤིན་ཏུ་བཅོམ་ཞིང་ཟད་པ་སྟེ། སྐུ་ཤིན་ཏུ་མཁྲིགས[༢]པ་ཡིན། སངས་རྒྱས་བཅོམ་ལྡན་འདས་རྣམས་ནི་རྟེན་ཅིང་འབྲེལ་པར་འབྱུང་བའི་ཡན་ལག་དང་། ཉིང་ལག་ལེགས་པར་སྟོན་པ་སྟེ། ཡན་ལག་དང་ཉིང་ལག་ སྤྱ་བར་མཛེས་པ་ཡིན། སངས་རྒྱས་བཅོམ་ལྡན་འདས་རྣམས་ནི་གཟིགས་པ་ཤིན་ཏུ་རྣམ་པར་དག་པ་སྟེ། སྣང་བ་རབ་རིབ་མེད་ཅིང་རྣམ་པར་དག་པ་ཡིན། སངས་རྒྱས་བཅོམ་ལྡན་འདས་རྣམས་ནི་ཚུལ་དང་ལྡན་པའི་སློབ་མ་མངའ་བ་སྟེ། ཕྱལ་ཟླུམ་པ་ཡིན། སངས་རྒྱས་བཅོམ་ལྡན་འདས་རྣམས་ནི་འཁོར་བའི་ཉེས་པ་ཐམས་ཅད་ཤིན་ཏུ་སྤྲངས་པ་སྟེ། ཕྱལ་ཤིན་ཏུ་བྱང་བ་དང་ལྡན་པ་ཡིན། སངས་རྒྱས་བཅོམ་ལྡན་འདས་རྣམས་ནི་ང་རྒྱལ་གྱི་དེའུ་བཅོམ་པ་སྟེ། ཕྱལ་མ་ཞོམ[༣]པ་ཡིན། སངས་རྒྱས་བཅོམ་ལྡན་འདས་རྣམས་ནི་ཆོས་ཟད[༤]པ་རྣམ་པར་ཟློག[༥]པ་སྟེ། ཕྱལ་ཕྱམ་

མེར་འདུག་པ་ཡིན། སངས་རྒྱས་བཅོམ་ལྡན་འདས་རྣམས་ནི་ཆོས་ཟབ་མོ་ཤིན་ཏུ་ཐུགས་སུ་ཆུད་པ[༡]སྟེ། ལྟེ་བ་ཟབ་པ་ཡིན། སངས་རྒྱས་བཅོམ་ལྡན་འདས་རྣམས་ནི་མཐུན་པར་འཛིན་པའི་སློབ་མ་མང་བ་སྟེ། ལྟེ་བ་གཡས་ཕྱོགས་སུ་འཁྱིལ་པ་ཡིན། སངས་རྒྱས་བཅོམ་ལྡན་འདས་རྣམས་ནི་སློབ་མ་ཀུན་ནས་མཛེས་པའི་དགེ་འདུན་མང་བ་སྟེ། ཀུན་ནས་མཛེས་པ་ཡིན། སངས་རྒྱས་བཅོམ་ལྡན་འདས་རྣམས་ནི་ཐུགས་ཤིན་ཏུ་གཙང་མ[༢]དང་ལྡན་པ་སྟེ། ཀུན་སྤྱོད་པ་ཤིན་ཏུ་གཙང་བ་ཡིན། སངས་རྒྱས་བཅོམ་ལྡན་འདས་རྣམས་ནི་ཆོས་ནག་པོ་བསྟན་པ་དང་བྲལ་བའི་ཆོས་དང་འདུལ་བ་མང་བ[༣]སྟེ། སྐུ་ལ་སྨེ་བཿདང་གནག་བག[༤]མེད་པ་ཡིན། སངས་རྒྱས་བཅོམ་ལྡན་འདས་རྣམས་ནི་ཤིང་བལ་ལྟར་ཡང་བ་རབ་ཏུ་ཐོབ[༥]པའི་ཆོས་སྟོན་པ་སྟེ། ཕྱག་ཤིང་བལ་ལྟར་ཤིན་ཏུ་འཇམ་པ་ཡིན། སངས་རྒྱས་བཅོམ་ལྡན་འདས་རྣམས་ནི་རང་གི་སྐྱེ་བོ་དང་། སྐྱེ་བོ[༦]ཕལ་ལ་བྱམས་པས་དགེ་སློང[༧]ཆེན་པོ་བརྙེས་པ་སྟེ། ཕྱག་གི་རི་མོ་སྣུམ་པ་ཡིན། སངས་རྒྱས་བཅོམ་ལྡན་འདས་རྣམས་ནི་ཤིན་ཏུ་ཟབ་ཅིང་བརྟན་པར་བཞུགས་པ་སྟེ། ཕྱག་གི་རི་མོ་ཟབ་པ་ཡིན། སངས་རྒྱས་བཅོམ་ལྡན་འདས་རྣམས་ནི[༨]བཟོད་པའི་ཆོས་ཡངས་པ་སྟོན་པ་སྟེ། ཕྱག་གི་རི་མོ་རིང་བ་ཡིན། སངས་རྒྱས་བཅོམ་ལྡན་འདས་རྣམས་ནི་བསླབ་པའི་གནས་ཏ་ཙང་ཡང་མི[༩]རིང་བར་འཆའ་བ་སྟེ། ཞལ་ཏ་ཙང་ཡང[༡༠]མི་རིང་བ་ཡིན། སངས་རྒྱས་བཅོམ་ལྡན་འདས་རྣམས་ནི་གཟུགས་བརྙན་འཇིག་རྟེན་ཐམས་ཅད་དུ་བཀྱེ[༡༡]བ་སྟེ། ཞལ་ལ[༡༢]གཟུགས་ཀྱི་གཟུགས་བརྙན་སྣང་བ་ཡིན། སངས་རྒྱས་བཅོམ་ལྡན་འདས་རྣམས་ནི་འཇམ་པ་སྨོན་དུ་བཏང་ཞིང་འདུལ་བ་སྟེ། ཞལ་ཤིན་ཏུ་འཇམ་པ་ཡིན། སངས་རྒྱས་བཅོམ་ལྡན་འདས་རྣམས་ནི་ཡོན་ཏན་ཁྲ་བའི་ཚོགས་

དང་ལྡན་པ་སྟེ། ལྷག་པ་ཤིན་ཏུ་སྣབ་པ་ཡིན། སངས་རྒྱས་བཅོམ་ལྡན་འདས་
རྣམས་ནི་བྱིས་པའི་[1]སྐྱེ་བོ་འདོད་ཆགས་པ་[2]རྣམས་ཀྱི་[3]ཆོས་དང་འདུལ་བ་གཉིང་
དཔག་པར་[4]དཀའ་བ་སྟེ། ལྷག་པ་ཤིན་ཏུ་དམར་བ་ཡིན། སངས་རྒྱས་བཅོམ་
ལྡན་འདས་རྣམས་ནི་གླང་པོའི་[5]སྒྲ་དང་[6]འབྲུག་གི་སྒྲ་ལྟ་བུས་[7]བསྙེངས་པ་མྱི་
མངའ་བ་སྟེ། གླང་པོའི་ང་རོ་དང་འབྲུག་གི་དབྱངས་དང་ལྡན་པ་ཡིན།
སངས་རྒྱས་བཅོམ་ལྡན་འདས་རྣམས་ནི་སྐན་ཅིང་འཇམ་པ་དང་། ཉམས་སུ་
བདེ ཿབར་སྨྲ་[8]བའི་སྨྲོབ་མ་མངའ་བ་སྟེ། སྐན་ཅིང་འཇམ་པ་དང་། ཉམས་སུ་
བདེ་བའི་གསུང་དང་ལྡན་པ་ཡིན། སངས་རྒྱས་བཅོམ་ལྡན་འདས་རྣམས་ནི་སྲིད་
པ་ཀུན་ཏུ་སྦྱོར་བ་ལས་འདས་པ་སྟེ། ཚེམས་མཆེ་བ་ཤིན་ཏུ་ཟླུམ་པ་ཡིན།
སངས་རྒྱས་བཅོམ་ལྡན་འདས་རྣམས་ནི་སྐྱེ་བོ་རྣོ་བ་རྣམས་འདུལ་བ་སྟེ། ཚེམས་
མཆེ་བ་རྣོ་བ་དང་ལྡན་པ་ཡིན། སངས་རྒྱས་བཅོམ་ལྡན་འདས་རྣམས་ནི་ཆོས་
དང་འདུལ་བ་ཤིན་ཏུ་དཀར་བ་སྟེ། ཚེམས་མཆེ་བ་ཤིན་ཏུ་དཀར་བ་ཡིན།
སངས་རྒྱས་བཅོམ་ལྡན་འདས་རྣམས་ནི་སའི་ཕྱོགས་མཉམ་པ་ལ་བཞུགས་པ་སྟེ།
[9]མཆེ་བ་མཉམ་པ་དང་ལྡན་པ་ཡིན། སངས་རྒྱས་བཅོམ་ལྡན་འདས་རྣམས་ནི་
རིམ་གྱིས་མངོན་པར་རྟོགས་པའི་ཆོས་སྟོན་པ་སྟེ། ཚེམས་མཆེ་བ་རིམ་གྱིས་
གཞོལ་བ་ཡིན། སངས་རྒྱས་བཅོམ་ལྡན་འདས་རྣམས་[10]ནི་ཤེས་རབ་ཀྱི་རི་བོ་[11]
མཐོན་པོ་ལ་བཞུགས་པ་སྟེ། ཤངས་ལེགས་པར་མཐོ་བ་དང་ལྡན་པ་ཡིན།
སངས་རྒྱས་བཅོམ་ལྡན་འདས་རྣམས་ནི་འདུལ་བའི་སྐྱེ་བོ་གཙང་མ་མངའ་བ་སྟེ།
ཤངས་ཤིན་ཏུ་གཙང་བ་ཡིན། སངས་རྒྱས་བཅོམ་ལྡན་འདས་རྣམས་ནི་སངས་
རྒྱས་ཀྱི་ཆོས་ཡུལ་དུ་ཡངས་པ་མངའ་བ་སྟེ། སྦྱུན་རིང་[12]བ་དང་ལྡན་པ་ཡིན།
སངས་རྒྱས་བཅོམ་ལྡན་འདས་རྣམས་ནི་གཟིགས་པ་ཤིན་ཏུ་རྣམ་པར་དག་པ་སྟེ་

སྤྱན་རྣམ་པར་དག་པ་ཡིན། སངས་རྒྱས་བཅོམ་ལྡན་འདས་རྣམས་ནི་སེམས་ཅན་གྱི་ཚོགས་ཤིན་ཏུ་བསྡུགས[༡]པ་སྟེ། རྫི་མ་སྟུག་པ་ཡིན། སངས་རྒྱས་བཅོམ་ལྡན་འདས་རྣམས་ནི་ལྷ་དང་ལྷ་མ་ཡིན་དང་། སྐྱེས་བུ་དང་། ན་ཆུང་མཆོག[༢]མྱིག་དཀར་ནག[༣]འབྱེས་ཤིང་པད་མོའི་འདབ[༤]མ་ལྟར་འདུག་པ་རྣམས་ཀྱིས་མཛོན་པར་དགའ་བརཿབྱས་པ[༥]སྟེ། སྤྱན་དཀར་ནག[༦]འབྱེས་ཤིང་པད་མོའི་འདབ[༧]མ་ལྟར་འདུག་པ་ཡིན། སངས་རྒྱས་བཅོམ་ལྡན་འདས་རྣམས་ནི་རྟག་ཏུ་ཡངས་པ་གཟིགས་པ་སྟེ། སྤྱིན་མ་རིང་བ་དང་ལྡན་པ་ཡིན། སངས་རྒྱས་བཅོམ་ལྡན་འདས་རྣམས་ནི་འཇམ་པར་འདུལ་བ་ལ་མཁས་པ་སྟེ། སྤྱིན་མ་འཇམ་པ་དང་ལྡན་པ་ཡིན། སངས་རྒྱས་བཅོམ་ལྡན་འདས་རྣམས་ནི་སྐྱོན་ཐམས་ཅད་མཁྱེན་པ་སྟེ། སྤྱིན་མའི་སྤུ་མཉམ་པ་དང་ལྡན་པ་ཡིན། སངས་རྒྱས་བཅོམ་ལྡན་འདས་རྣམས་ནི་དགེ་བའི་རྩ་བའི་སྣུམ་གྱིས་སེམས་སྣུམ་པར་གྱུར་པའི་སྐྱེ་བོ་འདུལ་བ་སྟེ། སྤྱིན་མ་སྣུམ་པ་དང་ལྡན་པ་ཡིན། སངས་རྒྱས་བཅོམ་ལྡན་འདས་རྣམས་ནི་ཆོས་མཆོག་ཏུ་ཡངས་ཤིང་དོན་དང་ལྡན་པ་མངའ་བ་སྟེ། སྨིན་ལེགས་ཤིང་སྨིན་ཤལ་རིང་བ་ཡིན། སངས་རྒྱས་བཅོམ་ལྡན་འདས་རྣམས་ནི་ཉོན་མོངས་པའི་རྒྱུད་ལས་རྣམ་པར་རྒྱལ་བ་སྟེ། སྨིན་མཉམ་པ་ཡིན། སངས་རྒྱས་བཅོམ་ལྡན་འདས་རྣམས་ནི་སེམས་ཅན་བསམ་པ་མ་ཉམས་པ་འདུལ་བ་སྟེ། སྨིན་གྱི་དབང་པོ་མ་ཉམས་པ་དང་ལྡན་པ་ཡིན། སངས་རྒྱས་བཅོམ་ལྡན་འདས་རྣམས་ནི་ལྟ་བའི་རྣམ་པ་ཐམས་ཅད་ཡོངས་སུ་བྱང་བ་སྟེ། ཞལ་འཕྲུལ་བ་ལེགས་པར་གྲུབ་པ་དང་ལྡན་པ་ཡིན། སངས་རྒྱས་བཅོམ་ལྡན་འདས་རྣམས་ནི་ཕས་ཀྱི[༨]རྩོལ་བ་ཤིན་ཏུ་འདུལ་བ་སྟེ། ཞལ་འཕྲུལ་བཿཡངས་པ[༩]དང་ལྡན་པ་ཡིན། སངས་རྒྱས་བཅོམ་ལྡན་འདས་རྣམས་ནི་སྨོན[༡༠]ལམ་དམ་པ་ཤིན་ཏུ་རྫོགས་པ་སྟེ།

དགུ་ཤིན་ཏུ་རྒྱས་པ་ཡིན། སངས་རྒྱས་བཅོམ་ལྡན་འདས་རྣམས་ནི་ཡུལ་གྱི་བྱུང་བ་[1]རྣམ་པར་གློག་[2]པ་སྟེ། དགུ་བྱུང་བ་ལྟར་གནག་པ་དང་ལྡན་པ་ཡིན། སངས་རྒྱས་བཅོམ་ལྡན་འདས་རྣམས་ནི་མཐོང་བ་དང་བསྒོམ་པས་སྤང་[3]བའི་བག་ལ་ཉལ་བ་ཟད་པར་བྱས་པ་སྟེ། དགུ་[4]སྡུག་པ་ཡིན། སངས་རྒྱས་བཅོམ་ལྡན་འདས་རྣམས་ནི་ཐུགས་འཇམ་པས་བསྟན་པའི་སྙིང་པོ་ཐུགས་སུ་ཆུད་པ་སྟེ། དགུ་འཇམ་པ་ཡིན། སངས་རྒྱས་བཅོམ་ལྡན་འདས་རྣམས་ནི་རྟག་ཏུ་མ་འཁྲུགས་པའི་ཐུགས་དང་ལྡན་པ་སྟེ། དགུ་མི༔འཛིངས་པ་[5]ཡིན། སངས་རྒྱས་བཅོམ་ལྡན་འདས་རྣམས་ནི་བརླང་བའི་གསུང་དང་ཡོངས་སུ་བྲལ་བ་སྟེ། དགུ་མི་རྩུབ་པ་ཡིན། སངས་རྒྱས་བཅོམ་ལྡན་འདས་རྣམས་ནི་བྱང་ཆུབ་ཀྱི་ཡན་ལག་སྡོམས་ཀྱི་མེ་ཏོག་གིས་སྐྱེ་བོ་མཐུན་པར་[6]བསྒྲུབས་པ་སྟེ། དགུ་དྲི་ཞིམ་པ་ཡིན། སངས་རྒྱས་བཅོམ་ལྡན་འདས་རྣམས་ནི་ཕྱག་དང་ཞབས་དཔལ་གྱི་བེའུ་དང་། བཀྲ་ཤིས་དང་། དགའ་བ་འཁྱིལ་པས་བརྒྱན་པ་ཡིན[7]། རབ་འབྱོར་དེ་དག་ནི་དེ་བཞིན་གཤེགས་པ་དགྲ་བཅོམ་པ་ཡང་དག་པར་རྫོགས་པའི་སངས་རྒྱས་ཀྱི་དཔེ་བྱད་བཟང་པོ་བརྒྱད་ཅུའོ། །རབ་འབྱོར་དེ་ལྟར་དེ་ལྟ་བུའི་ཆོས་ཀྱི་རྣམ་པ་དེ་དག་གཞན་ལ་བཤད་པ་དང་། བསྟན་པ་དང་། ཡང་དག་པར་བསྟན་པ་དེ་ནི་འཇིག་རྟེན་ལས་འདས་པའི་ཆོས་ཀྱི་སྦྱིན་པ་ཞེས་བྱ་སྟེ། རབ་འབྱོར་དེ་ལྟར་ན་བྱང་ཆུབ་སེམས་དཔའ་སེམས་དཔའ་ཆེན་པོ། སེམས་ཅན་རྣམས་ཟང་ཟིང་གི་སྦྱིན་པ་དང་ཆོས་ཀྱི་སྦྱིན་པས་སྡུད་པ་ཡིན་ཏེ། རབ་འབྱོར་དེ་ནི་བྱང་ཆུབ་སེམས་དཔའ་སེམས་དཔའ་ཆེན་པོ་རྣམས་ཀྱི་ངོ་མཚར་དང་[8]རྨད་དུ་བྱུང་བའི་ཆོས་སོ།། ||[9]

ཤེས་རབ་ཀྱི་ཕ་རོལ་ཏུ་ཕྱིན་པ་སྟོང་ཕྲག་བརྒྱ་པ། [10]བམ་པོ་ལྔ་[11]པ།

རབ་འབྱོར་ཇི་ལྟར་ན་བྱང་ཆུབ་སེམས་དཔའ་སེམས་དཔའ་ཆེན་པོ་[12]ཚིག་སྙན་པས་

སེམས་ཅན་རྣམས་སྨྱུད་པ་ཡིན་ཞེ་ན། རབ་འབྱོར་འདི་ལ་བྱང་ཆུབ་སེམས་དཔའ་སེམས་དཔའ་ཆེན་པོ་ཕ་རོལ་ཏུ་ཕྱིན་པ་དྲུག་གིས་སེམས་ཅན་རྣམས་①སྨྱུད་པ་ཡིན་ཏེ། འདི་ལྟར་སྦྱིན་པའི་ཕ་རོལ་ཏུ་ཕྱིན་པ་དང་། ཚུལ་ཁྲིམས་ཀྱི་ཕ་རོལ་ཏུ་ཕྱིན་པ་དང་། བཟོད་པའི་ཕ་རོལ་ཏུ་ཕྱིན་པ་དང་། བརྩོན་འགྲུས་ཀྱི་ཕ་རོལ་ཏུ་ཕྱིན་པ་དང་། བསམ་གཏན་གྱི་ཕ་རོལ་ཏུ་ཕྱིན་པ་དང་། ཤེས་རབ་ཀྱི་ཕ་རོལ་ཏུ་ཕྱིན་པ་དང་། ཕ་རོལ་ཏུ་ཕྱིན་པ་དྲུག་པོ་དེ་དག་གིས་བྱང་ཆུབ་སེམས་དཔའ་སེམས་དཔའ་ཆེན་པོ་སྙན་པར་སྨྲ་བས་སེམས་ཅན་རྣམས་སྨྱུད་དོ། །དེ་ཅིའི་ཕྱིར་ཞེ་ན། དེ་ནི་འདི་ལྟར་ཕ་རོལ་ཏུ་ཕྱིན་པ་དྲུག་པོ་དེ་དག་གིས་དགེ་བའི་ཆོས་ཐམས་ཅད་མ་འདུས་②པ་མྱེད་དེ③། རབ་འབྱོར་④དེ་ལྟར་ན་བྱང་ཆུབ་སེམས་དཔའ་སེམས་དཔའ་ཆེན་པོ་ཚིག་སྙན་པར་སྨྲ་བས་སེམས་ཅན་རྣམས་སྨྱུད་དོ། །རབ་འབྱོར་ཇི་ལྟར་ན་བྱང་ཆུབ་སེམས་དཔའ་སེམས་དཔའ་ཆེན་པོ་དོན་བྱ་བས་སེམས་ཅན་རྣམས་⑤སྨྱུད་པ་ཡིན་ཞེ་ན། རབ་འབྱོར་འདི་ལ་བྱང་ཆུབ་སེམས་དཔའ་སེམས་དཔའ་ཆེན་པོ་ཕ་རོལ་ཏུ་ཕྱིན་པ་དྲུག་པོ་དེ་དག་གིས་⑥དོན་བྱ་བས་སེམས་ཅན་རྣམས་སྨྱུད་དོ། །དེ་ཅིའི་ཕྱིར་ཞེ་ན། འདི་ལྟར་ཕ་རོལ་ཏུ་ཕྱིན་པ་དྲུག་པོ་དེ་དག་གིས་དགེ་བའི་ཆོས་ཐམས་ཅད་མ་འདུས་⑦པ་མྱེད་དེ། རབ་འབྱོར་དེ་ལྟར་ན་⑧བྱང་ཆུབ་སེམས་དཔའ་སེམས་དཔའ་ཆེན་པོ་དོན་བྱ་བས་སེམས་ཅན་རྣམས་སྨྱུད་དོ། །རབ་འབྱོར་ཇི་ལྟར་ན་བྱང་ཆུབ་སེམས་དཔའ་སེམས་དཔའ་ཆེན་པོ་དོན་མཐུན་པས་སེམས་ཅན་རྣམས་སྨྱུད་པ་ཡིན་ཞེ་ན། རབ་འབྱོར་འདི་ལ་བྱང་ཆུབ་སེམས་དཔའ་སེམས་དཔའ་ཆེན་པོ་ཕ་རོལ་ཏུ་ཕྱིན་པ་དྲུག་པོ་དེ་དག་གིས་དོན་མཐུན་པས་སེམས་ཅན་རྣམས་སྨྱུད་དོ། །དེ་ཅིའི་ཕྱིར་ཞེ་ན། འདི་ལྟར་ཕ་རོལ་ཏུ་ཕྱིན་པ་དྲུག་པོ་དེ་དག་གིས་དགེ་བའི་ཆོས་ཐམས་ཅད་མ་

འདུས་[༡]པ་མེད་དེ། རབ་འབྱོར་དེ་ལྟར་ན་བྱང་ཆུབ་སེམས་དཔའ་སེམས་དཔའ་ཆེན་པོ་དོན་མཐུན་པས་སེམས་ཅན་རྣམས་[༢]སྡུད་དོ། །རབ་འབྱོར་དེ་ཡང་བྱང་ཆུབ་སེམས་དཔའ་སེམས་དཔའ་ཆེན་པོ་རྣམས་ཀྱི་ངོ་མཚར་དང་། རྨད་དུ་བྱུང་བའི་ཆོས་སོ། །རབ་འབྱོར་གཞན་ཡང་བྱང་ཆུབ་སེམས་དཔའ་སེམས་དཔའ་ཆེན་པོ་ཤེས་རབ་ཀྱི་ཕ་རོལ་ཏུ་ཕྱིན་པ་ལ་སྤྱོད་པའི་ཚེ། བྱང་ཆུབ་སེམས་དཔའ་སེམས་དཔའ་ཆེན་པོ་གཞན་དག་ལ་འདི་སྐད་ དུ་འདེམས་[༣]ཤིང་འདི་སྐད་སྟོན་ཏོ། །རིགས་ཀྱི་བུ་ཁྱེད་ཚུར་ཤོག[༤] །ཡི་གེ་མངོན་པར་བསྒྲུབ་[༥]པ་ལ་མཁས་པར་གྱིས་ཤིག །ཡི་གེ་གཅིག་ལ་མཁས་པར་གྱིས་ཤིག །ཡི་གེ་གཉིས་ནས་ཡི་གེ་བཞི་བཅུ་རྩ་གཉིས་ཀྱི་བར་ལ་མཁས་པར་གྱིས་ཤིག །ཡི་གེ་གཅིག་གིས་བྱང་བའི་རང་བཞིན་ཐམས་ཅད་ཤེས་པར་གྱིས་ཤིག །ཡི་གེ་གཉིས་ཀྱིས་བྱང་བའི་རང་བཞིན་ཐམས་ཅད་ཤེས་པར་གྱིས་ཤིག །ཡི་གེ་བཞི་བཅུ་རྩ་གཉིས་ཀྱི་བར་གྱིས་བྱང་བའི་རང་བཞིན་ཐམས་ཅད་ཤེས་པར་གྱིས་ཤིག །ཡི་གེ་གཅིག་ཏུ་ཡི་གེ་བཞི་བཅུ་རྩ་གཉིས་འདུས་པར་སློམས་ཤིག །ཡི་གེ་བཞི་བཅུ་རྩ་གཉིས་སུ་ཡི་གེ་གཅིག་འདུས་པར་སློམས་ཤིག་ཅེས་སྟོན་ཏོ། །རབ་འབྱོར་བྱང་ཆུབ་སེམས་དཔའ་སེམས་དཔའ་ཆེན་པོ་དེ་ཡང་ཡི་གེ་གཅིག་ལ་མཁས་པ་ཡིན། ཡི་གེ་བཞི་བཅུ་རྩ་གཉིས་ཀྱི་བར་ལ་མཁས་པ་ཡིན། ཡི་གེ་གཅིག་གི་ནང་དུ་ཡི་གེ་བཞི་བཅུ་རྩ་གཉིས་འདུས་པར་བསློམ་[༦]པ་ལ་མཁས་པ་ཡིན། ཡི་གེ་བཞི་བཅུ་རྩ་གཉིས་སུ་ཡི་གེ་གཅིག་འདུས་པར་བསློམ་[༧]པ་ལ་མཁས་པ་ཡིན་ཏེ། དེ་དེ་ལྟར་ཡི་གེ་མངོན་པར་བསྒྲུབ་[༨]པ་ལ་[༩]མཁས་པར་བྱས་ནས། ལ་[༡༠]ལ་གོམས་ཤིང་ཡི་གེ་མེད་པ་མངོན་པར་བསྒྲུབ་[༡༡]པ་ལ་མཁས་པ་ཡིན་ནོ། །རབ་འབྱོར་འདི་ལྟ་སྟེ་དཔེར་ན། དེ་བཞིན་གཤེགས་པ་དགྲ་བཅོམ་པ་ཡང་དག་པར་རྫོགས་པའི་སངས་རྒྱས་ནི་[༡༢]ཆོས་ལ་མཁས་པ་དང་།

ཡི་གེ་ལ་མཁས་པ་ཡིན་ཏེ། དེ་①ཆོས་ལ་མཁས་པ་དང་། ཡི་གེ་ལ་མཁས་པས་ཡི་གེ་མང་པོས་ཡི་གེ་མེད་པའི་ཆོས་སྟོན་ཀྱང་། རབ་འབྱོར་ཆོས་དེ་ཡི་གེའི་རྣམ་པ་དང་འབྲལ་②བ་ཡང་མ་ཡིན་ཏེ། རབ་འབྱོར་དེ་ཡང་བྱང་ཆུབ་སེམས་དཔའ་སེམས་དཔའ་ཆེན་པོ་རྣམས་ཀྱི་ངོ་མཚར་དང་རྨད་དུ་བྱུང་བའི་ཆོས་ཏེ། གང་ཉན་ཐོས་དང་། རང་སངས་རྒྱས་ཐམས་ཅད་དང་ཐུན་མོང་མ་ཡིན་ནོ། །དེ་ནས་ཚེ་དང་ལྡན་པ་རབ་འབྱོར་གྱིས་བཅོམ་ལྡན་འདས་ལ་འདི་སྐད་ཅེས་གསོལ་ཏོ།། བཅོམ་ལྡན་འདས་གལ་ཏེ་མཐའ་ལས་འདས་པ་དང་ཐོག་མ་དང་ཐ་མ་མེད་པ་③སྟོང་པ་ཉིད་ཉེ་བར་བཟུང་སྟེ། སེམས་ཅན་ཡང་ཤིན་ཏུ་མི་དམིགས། ཆོས་ཀྱང་མི་དམིགས། ཆོས་ཀྱི་དངོས་པོ་ཡང་མི་དམིགས་པ་ལགས་ན། བཅོམ་ལྡན་འདས་ཇི་ལྟར་བྱང་ཆུབ་སེམས་དཔའ་སེམས་དཔའ་ཆེན་པོ་ཤེས་རབ་ཀྱི་ཕ་རོལ་ཏུ་ཕྱིན་པ་དང་། བསམ་གཏན་གྱི་ཕ་རོལ་ཏུ་ཕྱིན་པ་དང་། བརྩོན་འགྲུས་ཀྱི་ཕ་རོལ་ཏུ་ཕྱིན་པ་དང་། བཟོད་པའི་ཕ་རོལ་ཏུ་ཕྱིན་པ་དང་། ཚུལ་ཁྲིམས་ཀྱི་ཕ་རོལ་ཏུ་ཕྱིན་པ་དང་། སྦྱིན་པའི་ཕ་རོལ་ཏུ་ཕྱིན་པ་④དང་། བསམ་གཏན་བཞི་དང་། ཚད་མེད་པ་བཞི་དང་། གཟུགས་མེད་པའི་སྙོམས་པར་འཇུག་པ་བཞི་ལ་སྤྱོད་པ་དང་། བྱང་ཆུབ་ཀྱི་ཕྱོགས་ཀྱི་⑤ཆོས་སུམ་ཅུ་རྩ་བདུན་ལ་སྤྱོད་པ་དང་། སྟོང་པ་ཉིད་⑥བཅུ་⑦བཞི་ལ་སྤྱོད་པ་དང་། སྟོང་པ་ཉིད་ཀྱི་ཏིང་ངེ་འཛིན་དང་། མཚན་མ་མེད་པའི་ཏིང་ངེ་འཛིན་དང་། སྨོན་པ་མེད་པའི་ཏིང་ངེ་འཛིན་ལ་སྤྱོད་པ་དང་། རྣམ་པར་ཐར་པ་བརྒྱད་ལ་སྤྱོད་པ་དང་། མཐར་གྱིས་⑧གནས་པའི་སྙོམས་པར་འཇུག་པ་དགུ་དང་། དེ་བཞིན་གཤེགས་པའི་སྟོབས་བཅུ་དང་། མི་འཇིགས་པ་བཞི་དང་། སོ་སོ་ཡང་དག་པར་⑨རིག་པ་བཞི་དང་། བྱམས་པ་ཆེན་པོ་དང་། སྙིང་རྗེ་ཆེན་པོ་དང་།

སངས་རྒྱས་ཀྱི་ཆོས་མ་འདྲེས་པ་བཅོ་བརྒྱད་དང་། མི་ཆེན་པོའི་མཚན་སུམ་ཅུ་རྩ་གཉིས་དང་། དཔེ་བྱད་བཟང་པོ་བརྒྱད་ཅུ་ལ་སྤྱོད་ཅིང་། རྣམ་པར་སྨིན་པ་ལས་བྱུང་བའི་མངོན་པར་ཤེས་པ་དྲུག་ལ་གནས་ནས་སེམས་ཅན་རྣམས་ལ་ཆོས་སྟོན་པར་འགྱུར། དེ་ལ་ནི་སེམས་ཅན་མི་དམིགས་ཏེ། སེམས་ཅན་དུ་གདགས་པ་ཡང་མི་དམིགས་སོ། །སེམས་ཅན་མི་དམིགས་པས་གཟུགས་དམིགས་སུ་མ་མཆིས་སོ། །སེམས་ཅན་མི་དམིགས་པས་ཚོར་བ་དམིགས་སུ་མ་མཆིས་སོ། །སེམས་ཅན་མི་དམིགས་པས་འདུ་ཤེས་དམིགས་སུ་མ་མཆིས་སོ། །སེམས་ཅན་མི་དམིགས་པས་འདུ་བྱེད་དམིགས་སུ་མ་མཆིས་སོ། །སེམས་ཅན་མི་དམིགས་པས་རྣམ་པར་ཤེས་པ་དམིགས་སུ་མ་མཆིས་སོ། །སེམས་ཅན་མི་དམིགས་པས་མིག་དམིགས་སུ་མ་མཆིས་སོ། །སེམས་ཅན་མི་དམིགས་པས། རྣ་བ་དམིགས་སུ་མ་མཆིས་སོ། །སེམས་ཅན་མི་དམིགས་པས། སྣ་དམིགས་སུ་མ་མཆིས་སོ། །སེམས་ཅན་མི་དམིགས་པས། ལྕེ་དམིགས་སུ་མ་མཆིས་སོ། །སེམས་ཅན་མི་དམིགས་པས། ལུས་དམིགས་སུ་མ་མཆིས་སོ། །སེམས་ཅན་མི་དམིགས་པས། ཡིད་དམིགས་སུ་མ་མཆིས་སོ། །སེམས་ཅན་མི་དམིགས་པས། གཟུགས་དམིགས་སུ་མ་མཆིས་སོ། །སེམས་ཅན་མི་དམིགས་པས། སྒྲ་དམིགས་སུ་མ་མཆིས་སོ། །སེམས་ཅན་མི་དམིགས་པས། དྲི་དམིགས་སུ་མ་མཆིས་སོ། །སེམས་ཅན་མི་དམིགས་པས། རོ་དམིགས་སུ་མ་མཆིས་སོ། །སེམས་ཅན་མི་དམིགས་པས། རེག་དམིགས་སུ་མ་མཆིས་སོ། །སེམས་ཅན་མི་དམིགས་པས། ཆོས་དམིགས་སུ་མ་མཆིས་སོ། །སེམས་ཅན་མི་དམིགས་པས། མིག་གི་རྣམ་པར་ཤེས་པ་དམིགས་སུ་མ་མཆིས་སོ། །སེམས་ཅན་མི་དམིགས་པས། རྣ་བའི་རྣམ་པར་ཤེས་པ་དམིགས་སུ་མ་མཆིས་སོ། །སེམས་ཅན་མི་དམིགས་པས།

སྣའི་རྣམ་པར་ཤེས་པ་དམིགས་སུ་མ་མཆིས་སོ། །སེམས་ཅན་མི་དམིགས་པས།
ལྕེའི་རྣམ་པར་ཤེས་པ་དམིགས་སུ་མ་མཆིས་སོ། །སེམས་ཅན་མི་དམིགས་པས།
ལུས་ཀྱི་རྣམ་པར་ཤེས་པ་དམིགས་སུ་མ་མཆིས་སོ། །སེམས་ཅན་མི་དམིགས་པས།
ཡིད་ཀྱི་རྣམ་པར་ཤེས་པ་དམིགས་སུ་མ་མཆིས་སོ། །སེམས་ཅན་མི་དམིགས་པས།
མིག་གི་འདུས་ཏེ་རེག་པ་དམིགས་སུ་མ་མཆིས་སོ། །སེམས་ཅན་མི་དམིགས་པས།
རྣ་བའི་འདུས་ཏེ་རེག་པ་དམིགས་སུ་མ་མཆིས་སོ། །སེམས་ཅན་མི་དམིགས་པས།
སྣའི་འདུས་ཏེ་རེག་པ་དམིགས་སུ་མ་①མཆིས་སོ། །སེམས་ཅན་མི་དམིགས་པས།
ལྕེའི་འདུས་ཏེ་རེག་པ་དམིགས་སུ་མ་མཆིས་སོ། །སེམས་ཅན་མི་དམིགས་པས།
ལུས་ཀྱི་འདུས་ཏེ་རེག་པ་དམིགས་སུ་མ་མཆིས་སོ། །སེམས་ཅན་མི་དམིགས་པས།
ཡིད་ཀྱི་འདུས་ཏེ་རེག་པ་དམིགས་སུ་མ་མཆིས་སོ། །སེམས་ཅན་མི་དམིགས་པས།
མིག་གི་འདུས་ཏེ་རེག་པའི་རྐྱེན་གྱིས་ཚོར་བ་དམིགས་སུ་མ་མཆིས་སོ། །སེམས་ཅན་མི་དམིགས་པས། རྣ་བའི་འདུས་ཏེ་རེག་པའི་རྐྱེན་གྱིས་ཚོར་བ་དམིགས་སུ་མ་མཆིས་སོ། །སེམས་ཅན་མི་དམིགས་པས། སྣའི་འདུས་ཏེ་རེག་པའི་རྐྱེན་གྱིས་ཚོར་བ་དམིགས་སུ་མ་མཆིས་སོ། །སེམས་ཅན་མི་དམིགས་པས། ལྕེའི་འདུས་ཏེ་རེག་པའི་རྐྱེན་གྱིས་ཚོར་བ་དམིགས་སུ་མ་མཆིས་སོ། །སེམས་ཅན་མི་དམིགས་པས། ལུས་ཀྱི་འདུས་ཏེ་རེག་པའི་རྐྱེན་གྱིས་ཚོར་བ་དམིགས་སུ་མ་མཆིས་སོ། །སེམས་ཅན་མི་དམིགས་པས། ཡིད་ཀྱི་འདུས་ཏེ་རེག་པའི་རྐྱེན་གྱིས་ཚོར་བ་དམིགས་སུ་མ་མཆིས་སོ། །སེམས་ཅན་མི་དམིགས་པས། སའི་ཁམས་②དམིགས་སུ་མ་མཆིས་སོ། །སེམས་ཅན་མི་དམིགས་པས། ཆུའི་ཁམས་དམིགས་སུ་མ་མཆིས་སོ། །སེམས་ཅན་མི་དམིགས་པས། མེའི་ཁམས་དམིགས་སུ་མ་མཆིས་སོ། །སེམས་ཅན་མི་དམིགས་པས་རླུང་གི་ཁམས་དམིགས་སུ་མ་

མཆིས་སོ། །སེམས་ཅན་མི་དམིགས་པས། ནམ་མཁའི་ཁམས་དམིགས་སུ་མ་
མཆིས་སོ། །སེམས་ཅན་མི་དམིགས་པས། རྣམ་པར་ཤེས་པའི་ཁམསཿདམིགས་
སུ་①མ་མཆིས་སོ། །སེམས་ཅན་མི་དམིགས་པས། མ་རིག་པ་དམིགས་སུ་མ་
མཆིས་སོ། །སེམས་ཅན་མི་དམིགས་པས། འདུ་བྱེད་དམིགས་སུ་མ་མཆིས་སོ། །
སེམས་ཅན་མི་དམིགས་པས། རྣམ་པར་ཤེས་པ་དམིགས་སུ་མ་མཆིས་སོ། །
སེམས་ཅན་མི་དམིགས་པས། མིང་དང་གཟུགས་དམིགས་སུ་མ་མཆིས་སོ། །
སེམས་ཅན་མི་དམིགས་པས། སྐྱེ་མཆེད་དྲུག་དམིགས་སུ་མ་མཆིས་སོ། །
སེམས་ཅན་མི་དམིགས་པས། རེག་པ་དམིགས་སུ་མ་མཆིས་སོ། །སེམས་ཅན་
མི་དམིགས་པས། ཚོར་བ་དམིགས་སུ་མ་མཆིས་སོ། །སེམས་ཅན་མི་དམིགས་
པས། སྲེད་པ་དམིགས་སུ་མ་མཆིས་སོ། །སེམས་ཅན་མི་དམིགས་པས།
ལེན་པ་དམིགས་སུཿམ་མཆིས་②སོ། །སེམས་ཅན་མི་དམིགས་པས། སྲིད་པ་
དམིགས་སུ་མ་མཆིས་སོ། །སེམས་ཅན་མི་དམིགས་པས། སྐྱེ་བ་དམིགས་སུ་③
མ་མཆིས་སོ། །སེམས་ཅན་མི་དམིགས་པས། རྒ་ཤི་དམིགས་སུ་མ་མཆིས་སོ། །
སེམས་ཅན་མི་དམིགས་པས། སྦྱིན་པའི་ཕ་རོལ་ཏུ་ཕྱིན་པ་དམིགས་སུ་མ་མཆིས་
སོ། །སེམས་ཅན་མི་དམིགས་པས། ཚུལ་ཁྲིམས་ཀྱི་ཕ་རོལ་ཏུ་ཕྱིན་པ་
དམིགས་སུ་མ་མཆིས་སོ། །སེམས་ཅན་མི་དམིགས་པས། བཟོད་པའི་ཕ་རོལ་
ཏུ་ཕྱིན་པ་དམིགས་སུ་མ་མཆིས་སོ། །སེམས་ཅན་མི་དམིགས་པས། བརྩོན་
འགྲུས་ཀྱི་ཕ་རོལ་ཏུ་ཕྱིན་པ་དམིགས་སུ་མ་མཆིས་སོ། །སེམས་ཅན་མི་དམིགས་
པས། བསམ་གཏན་གྱི་④ཕ་རོལ་ཏུ་ཕྱིན་པ་དམིགས་སུ་མ་མཆིས་སོ། །སེམས་
ཅན་མི་དམིགས་པས། ཤེས་རབ་ཀྱི་ཕ་རོལ་ཏུ་ཕྱིན་པ་དམིགས་སུ་མ་མཆིས་སོ། །
སེམས་ཅན་མི་དམིགས་པས། ནང་སྟོང་པ་ཉིད་དམིགས་སུ་མ་མཆིས་སོ། །

སེམས་ཅན་མི་དམིགས་པས། ཕྱི་སྟོང་པ་ཉིད་དམིགས་སུ་མ་མཆིས་སོ། །སེམས་ཅན་མི་དམིགས་པས། ཕྱི་ནང་སྟོང་པ་ཉིད་དམིགས་སུ་མ་མཆིས་སོ། །སེམས་ཅན་མི་དམིགས་པས། སྟོང་པ་ཉིད་སྟོང་པ་ཉིད་དམིགས་སུ་མ་མཆིས་སོ། །སེམས་ཅན་མི་དམིགས་པས། ཆེན་པོ་སྟོང་པ་ཉིད་དམིགས་སུ་མ་མཆིས་སོ། །སེམས་ཅན་མི་དམིགས་པས། དོན་དམ་པ་སྟོང་པ་ཉིད་དམིགས་སུ་མ་མཆིས་སོ། །སེམས་ཅན་མི་དམིགས་པས། འདུས་བྱས་སྟོང་པ་ཉིད་དམིགས་སུ་མ་མཆིས་སོ། །སེམས་ཅན་མི་དམིགས་པས། འདུས་མ་བྱས་[༡]སྟོང་པ་ཉིད་དམིགས་སུ་མ་མཆིས་སོ། །སེམས་ཅན་མི་དམིགས་པས། མཐའ་ལས་འདས་པ་སྟོང་པ་ཉིད་དམིགས་སུ་མ་མཆིས་སོ། །སེམས་ཅན་མི་དམིགས་པས། ཐོག་མ་དང་ཐ་མ་མེད་པ་སྟོང་པ་ཉིད་དམིགས་སུ་མ་མཆིས་སོ། །སེམས་ཅན་མི་དམིགས་པས། དོར་བ་མེད་པ་སྟོང་པ་ཉིད་དམིགས་སུ་མ་མཆིས་སོ། །སེམས་ཅན་མི་དམིགས་པས། རང་བཞིན་སྟོང་པ་ཉིད་དམིགས་སུ་མ་མཆིས་སོ། །སེམས་ཅན་མི་དམིགས་པས། ཆོས་ཐམས་ཅད་སྟོང་པ་ཉིད་དམིགས་སུ་མ་མཆིས་སོ། །སེམས་ཅན་མི་དམིགས་པས། རང་གི་མཚན་ཉིད་སྟོང་པ་ཉིད་[༢]དམིགས་སུ་མ་མཆིས་སོ། །སེམས་ཅན་མི་དམིགས་པས། མི་དམིགས་པ་སྟོང་པ་ཉིད་དམིགས་སུ་མ་མཆིས་སོ། །སེམས་ཅན་མི་དམིགས་པས། དངོས་པོ་མེད་པ་སྟོང་པ་ཉིད་དམིགས་སུ་མ་མཆིས་སོ། །སེམས་ཅན་མི་དམིགས་པས། ངོ་བོ་ཉིད་སྟོང་པ་ཉིད་དམིགས་སུ་མ་མཆིས་སོ། །སེམས་ཅན་མི་དམིགས་པས་དངོས་པོ་མེད་པའི་ངོ་བོ་ཉིད་སྟོང་པ་ཉིད་དམིགས་སུ་མ་མཆིས་སོ། །སེམས་ཅན་མི་དམིགས་པས། དྲན་པ་ཉེ་བར་གཞག་པ་དམིགས་སུ་མ་མཆིས་སོ། །སེམས་ཅན་མི་དམིགས་པས། ཡང་དག་པར་སྤོང་བ་དམིགས་སུ་མ་མཆིས་སོ། །

སེམས་ཅན་མི་དམིགས་པས། རྫུ་འཕྲུལ་གྱི་རྐང་པ་དམིགས་སུ་མ་མཆིས་སོ། །
སེམས་ཅན་མི་དམིགས་པས། དབང་པོ་ལྔ་དམིགས་སུ་མ་མཆིས་སོ། །སེམས་
ཅན་མི་དམིགས་པས། སྟོབས་ལྔ་⑦དམིགས་སུ་མ་མཆིས་སོ། །སེམས་ཅན་མི་
དམིགས་པས། བྱང་ཆུབ་ཀྱི་ཡན་ལག་བདུན་དམིགས་སུ་མ་མཆིས་སོ། །
སེམས་ཅན་མི་དམིགས་པས། འཕགས་པའི་ལམ་ཡན་ལག་བརྒྱད་པ་དམིགས་སུ་
མ་མཆིས་སོ། །སེམས་ཅན་མི་དམིགས་པས། འཕགས་པའི་བདེན་པ་དམིགས་
སུ་མ་མཆིས་སོ། །སེམས་ཅན་མི་དམིགས་པས། བསམ་གཏན་དམིགས་སུ་མ་
མཆིས་སོ། །སེམས་ཅན་མི་དམིགས་པས། ཚད་མེད་པ་དམིགས་སུ་མ་མཆིས་
སོ། །སེམས་ཅན་མི་དམིགས་པས། གཟུགས་མེད་པའི་སྙོམས་པར་འཇུག་པ་
དམིགས་སུ་མ་མཆིས་སོ། །སེམས་ཅན་མི་དམིགས་པས། རྣམ་པར་ཐར་པ་
བརྒྱད་དམིགས་སུ་མ་མཆིས་སོ། །སེམས་ཅན་མི་དམིགས་པས། མཐར་གྱིས་
གནས་པའི་སྙོམས་པར་འཇུག་པ་དགུ་དམིགས་སུ་མ་མཆིས་སོ། །སེམས་ཅན་མི་
དམིགས་པས། སྟོང་པ་ཉིད་དང་། མཚན་མ་མེད་པ་དམིགས་སུ་མ་མཆིས་སོ། །
སེམས་ཅན་མི་དམིགས་པས། སྨོན་པ་མེད་པ་དམིགས་སུ་མ་མཆིས་སོ། །
སེམས་ཅན་མི་དམིགས་པས། མངོན་པར་ཤེས་པ་དམིགས་སུ་མ་མཆིས་སོ། །
སེམས་ཅན་མི་དམིགས་པས། ཏིང་ངེ་འཛིན་དམིགས་སུ་མ་མཆིས་སོ། །
སེམས་ཅན་མི་དམིགས་པས། གཟུངས་ཀྱི་སྒོ་དམིགས་སུ་མ་མཆིས་སོ། །
སེམས་ཅན་མི་དམིགས་པས། དེ་བཞིན་གཤེགས་པའི་སྟོབས་བཅུ་དམིགས་སུ་མ་
མཆིས་སོ། །སེམས་ཅན་མི་དམིགས་པས། མི་འཇིགས་པ་བཞི་དམིགས་སུ་མ་
མཆིས་སོ། །སེམས་ཅན་མི་དམིགས་པས་སོ་སོ་ཡང་དག་པར་རིག་③པ་བཞི་
དམིགས་སུ་མ་མཆིས་སོ། །སེམས་ཅན་མི་དམིགས་པས། བྱམས་པ་ཆེན་པོ་

དམིགས་སུ་མ་མཆིས་སོ། །སེམས་ཅན་མྱི་དམིགས་པས། སྙིང་རྗེ་ཆེན་པོ་
དམིགས་སུ་མ་མཆིས་སོ། །སེམས་ཅན་མྱི་དམིགས་པས། སངས་རྒྱས་ཀྱི་ཆོས་
མ་འདྲེས་པ་བཅོ་བརྒྱད་དམིགས་སུ་མ་མཆིས་སོ། །སེམས་ཅན་མྱི་དམིགས་པས།
རྒྱུན་དུ་ཞུགས་པའི་འབྲས་བུ་དམིགས་སུ་མ་མཆིས་སོ། །སེམས་ཅན་མྱི་དམིགས་
པས༑ ལན་ཅིག་ཕྱིར་འོང་བའི་འབྲས་བུ་དམིགས་སུ་མ་མཆིས་སོ། །སེམས་
ཅན་མྱི་དམིགས་པས། ཕྱིར་མྱི་འོང་བའི་འབྲས་བུ་དམིགས་སུ་མ་མཆིས་སོ། །
སེམས་ཅན་མྱི་དམིགས་པས། དགྲ་བཅོམ་པ་ཉིད་དམིགས་སུ་མ་མཆིས་སོ། །
སེམས་ཅན་མྱི་དམིགས་པས། རང་བྱང་ཆུབ་དམིགས་སུ་མ་མཆིས་སོ། །
སེམས་ཅན་མྱི་དམིགས་པས། ལམ་གྱི་རྣམ་པ་ཤེས་པ་ཉིད་དམིགས་སུ་མ་མཆིས་
སོ༑ །སེམས་ཅན་མི་དམིགས་པས། རྣམ་པ་ཐམས་ཅད་མཁྱེན་པ་ཉིད་
དམིགས་སུ་མ་མཆིས་སོ། །སེམས་ཅན་མྱི་དམིགས་པས། མྱི་ཆེན་པོའི་མཚན་
སུམ་ཅུ་རྩ་གཉིས་དམིགས་སུ་མ་མཆིས་སོ། །སེམས་ཅན་མྱི་དམིགས་པས།
དཔེ་བྱད་བཟང་པོ་བརྒྱད་ཅུ་དམིགས་སུ་མ་མཆིས་སོ། །སེམས་ཅན་དམིགས་སུ་
མ་མཆིས་པ་ལ་ནི། སེམས་ཅན་མ་མཆིས་སོ། །གཟུགས་མ་མཆིས་སོ། །ཚོར་
བ་མ་མཆིས་སོ། །འདུ་ཤེས་མ་མཆིས་སོ། །འདུ་བྱེད་མ་མཆིས་སོ། །རྣམ་
པར་ཤེས་པ་མ་མཆིས་སོ། །མྱིག་མ་མཆིས་སོ། །རྣ་བ་མ་མཆིས་སོ། །སྣ་མ་
མཆིས་སོ། །ལྗེ་མ་མཆིས་སོ། །ལུས་མ་མཆིས་སོ། །ཡིད་མ་མཆིས་སོ། །
གཟུགས་མ་མཆིས་སོ། །སྒྲ་མ་མཆིས་སོ། །དྲི་མ་མཆིས་སོ། །རོ་མ་མཆིས་སོ། །
རེག་མ་མཆིས་སོ། །ཆོས་མ་མཆིས་སོ། །མྱིག་གི་རྣམ་པར་ཤེས་པ་མ་མཆིས་སོ། །
རྣ་བའི་རྣམ་པར་ཤེས་པ་མ་མཆིས་སོ། །སྣའི་རྣམ་པར་ཤེས་པ་མ་མཆིས་སོ། །
ལྗེའི་རྣམ་པར་ཤེས་པ་མ་མཆིས་སོ། །ལུས་ཀྱི་རྣམ་པར་ཤེས་པ་མ་མཆིས་སོ། །

ཡིད་ཀྱི་རྣམ་པར་ཤེས་པ་མ་མཆིས་སོ། །མིག་གི་འདུས་ཏེ་རེག་པ་མ་མཆིས་སོ། །རྣ་བའི་འདུས་ཏེ་རེག་པ་མ་མཆིས་སོ། །སྣའི་འདུས་ཏེ་རེག་པ་མ་མཆིས་སོ། །ལྕེའི་འདུས་ཏེ་རེག་པ་མ་མཆིས་སོ། །ལུས་ཀྱི་འདུས་ཏེ་རེག་པ་མ་མཆིས་སོ། །ཡིད་ཀྱི་འདུས་ཏེ་རེག་པ་མ་མཆིས་སོ། །མིག་གི་འདུས་ཏེ་རེག་པའི་རྐྱེན་གྱིས་ཚོར་བ་མ་མཆིས་སོ། །རྣ་བའི་འདུས་ཏེ་རེག་པའི་རྐྱེན་གྱིས་ཚོར་བ་མ་མཆིས་སོ། །སྣའི་འདུས་ཏེ་རེག་པའི་རྐྱེན་གྱིས་ཚོར་བ་མ་མཆིས་སོ། །ལྕེའི་འདུས་ཏེ་རེག་པའི་རྐྱེན་གྱིས་ཚོར་བ་མ་མཆིས་སོ། །ལུས་ཀྱི་འདུས་ཏེ་རེག་པའི་རྐྱེན་གྱིས་ཚོར་བ་མ་མཆིས་སོ། །ཡིད་ཀྱི་འདུས་ཏེ་རེག་པའི་རྐྱེན་གྱིས་ཚོར་བ་མ་མཆིས་སོ། །སའི་ཁམས་མ་མཆིས་སོ། །ཆུའི་ཁམས་མ་མཆིས་སོ། །མེའི་ཁམས་མ་མཆིས་སོ། །རླུང་གི་ཁམས་མ་མཆིས་སོ། །ནམ་མཁའི་ཁམས་མ་མཆིས་སོ། །རྣམ་པར་ཤེས་པའི་ཁམས་མ་མཆིས་སོ། །མ་རིག་པ་མ་མཆིས་སོ། །འདུ་[1]བྱེད་མ་མཆིས་སོ། །རྣམ་པར་ཤེས་པ་མ་མཆིས་སོ། །མིང་དང་གཟུགས་མ་མཆིས་སོ། །སྐྱེ་མཆེད་དྲུག་མ་མཆིས་སོ། །རེག་པ་མ་མཆིས་སོ། །ཚོར་བ་མ་མཆིས་སོ། །སྲེད་པ་མ་མཆིས་སོ། །ལེན་པ་མ་མཆིས་སོ། །སྲིད་པ་མ་མཆིས་སོ། །སྐྱེ་བ་མ་མཆིས་སོ། །ག་ཤི་མ་མཆིས་སོ། །སྦྱིན་པའི་ཕ་རོལ་ཏུ་ཕྱིན་པ་མ་མཆིས་སོ། །ཚུལ་ཁྲིམས་ཀྱི་ཕ་རོལ་ཏུ་ཕྱིན་པ་མ་མཆིས་སོ། །བཟོད་པའི་ཕ་རོལ་ཏུ་ཕྱིན་པ་མ་མཆིས་སོ། །བརྩོན་འགྲུས་ཀྱི་ཕ་རོལ་ཏུ་ཕྱིན་པ་མ་མཆིས་སོ། །བསམ་གཏན་གྱི་ཕ་རོལ་ཏུ་ཕྱིན་པ་མ་མཆིས་སོ། །ཤེས་རབ་ཀྱི་ཕ་རོལ་ཏུ་ཕྱིན་པ་མ་མཆིས་སོ། །ནང་སྟོང་པ་ཉིད་མ་མཆིས་སོ། །ཕྱི་སྟོང་པ་ཉིད་མ་མཆིས་སོ། །ཕྱི་ནང་སྟོང་པ་ཉིད་མ་མཆིས་སོ། །སྟོང་པ་ཉིད་སྟོང་པ་ཉིད་མ་མཆིས་སོ། །ཆེན་པོ་སྟོང་པ་ཉིད་མ་མཆིས་སོ། །དོན་དམ་པ་སྟོང་པ་ཉིད་མ་མཆིས་སོ། །འདུས་བྱས་སྟོང་པ་ཉིད་

མ་མཆིས་སོ། །འདུས་མ་བྱས་སྟོང་པ་ཉིད་མ་མཆིས་སོ། །མཐའ་ལས་འདས་པ་སྟོང་པ་ཉིད་མ་མཆིས་སོ། །ཐོག་མ་དང་ཐ་མ་མེད་པ་སྟོང་པ་ཉིད་མ་མཆིས་སོ།། དོར་བ་མེད་པ་སྟོང་པ་ཉིད་མ་མཆིས་སོ། །རང་བཞིན་སྟོང་པ་ཉིད་མ་མཆིས་སོ།། ཆོས་ཐམས་ཅད་སྟོང་པ་ཉིད་མ་མཆིས་སོ། །རང་གི་མཚན་ཉིད་སྟོང་པ་ཉིད་མ་མཆིས་སོ། །མི་དམིགས་པ་སྟོང་པ་ཉིད་[1]མ་མཆིས་སོ། །དངོས་པོ་མེད་པ་སྟོང་པ་ཉིད་མ་མཆིས་སོ། །ངོ་བོ་ཉིད་སྟོང་པ་ཉིད་མ་མཆིས་སོ། །དངོས་པོ་མེད་པའི་ངོ་བོ་ཉིད་སྟོང་པ་ཉིད་མ་མཆིས་སོ། །དྲན་པ་ཉེ་བར་གཞག་པ་རྣམས་མ་མཆིས་སོ། །ཡང་དག་པར་སྤོང་བ་རྣམས་མ་མཆིས་སོ། །རྫུ་འཕྲུལ་གྱི་རྐང་པ་རྣམས་མ་མཆིས་སོ། །དབང་པོ་རྣམས་[2]མ་མཆིས་སོ། །སྟོབས་རྣམས་[3]མ་མཆིས་སོ། །བྱང་ཆུབ་ཀྱི་ཡན་ལག་བདུན་མ་མཆིས་སོ། །འཕགས་པའི་ལམ་ཡན་ལག་བརྒྱད་པ་མ་མཆིས་སོ། །འཕགས་པའི་བདེན་པ་རྣམས་མ་མཆིས་སོ། །བསམ་གཏན་རྣམས་མ་མཆིས་སོ། །ཚད་མེད་པ་རྣམས་མ་མཆིས་སོ། །གཟུགས་མེད་པའི་སྙོམས་པར་འཇུག་པ་རྣམས་མ་མཆིས་སོ། །རྣམ་པར་ཐར་པ་བརྒྱད་མ་མཆིས་སོ། །མཐར་གྱིས་[4]གནས་པའི་སྙོམས་པར་འཇུག་པ་དགུ་མ་མཆིས་སོ། །[5]སྟོང་པ་ཉིད་མ་མཆིས་སོ། །མཚན་མ་མེད་པ་མ་མཆིས་སོ། །སྨོན་པ་མེད་པ་མ་མཆིས་སོ། །མངོན་པར་ཤེས་པ་རྣམས་མ་མཆིས་སོ། །ཏིང་ངེ་འཛིན་རྣམས་མ་མཆིས་སོ། །གཟུངས་ཀྱི་སྒོ་རྣམས་མ་མཆིས་སོ། །དེ་བཞིན་གཤེགས་པའི་སྟོབས་བཅུ་མ་མཆིས་སོ། །མི་འཇིགས་པ་བཞི་མ་མཆིས་སོ། །སོ་སོ་ཡང་དག་པར་རིག་པ་བཞི་མ་མཆིས་སོ། །བྱམས་པ་ཆེན་པོ་མ་མཆིས་སོ། །སྙིང་རྗེ་ཆེན་པོ་མ་མཆིས་སོ། །སངས་རྒྱས་ཀྱི་ཆོས་མ་འདྲེས་པ་བཅོ་བརྒྱད་མ་མཆིས་སོ། །རྒྱུན་དུ་ཞུགས་པའི་འབྲས་བུ་མ་མཆིས་སོ། །ལན་ཅིག་ཕྱིར་འོང་

བའི་འབྲས་བུ་མ་མཆིས་སོ། །ཕྱིར་མི་འོང་བའི་འབྲས་བུ་མ་མཆིས་སོ། །དགྲ་
བཅོམ་པ་ཉིད་མ་མཆིས་སོ། །རང་བྱང་ཆུབ་མ་མཆིས་སོ། །ལམ་གྱི་རྣམ་པ་[1]
ཤེས་པ་ཉིད་མ་མཆིས་སོ། །རྣམ་པ་ཐམས་ཅད་མཁྱེན་པ་ཉིད་མ་མཆིས་སོ། །
སྐྱེས་བུ་ཆེན་པོའི་མཚན་སུམ་ཅུ་རྩ་གཉིས་མ་མཆིས་སོ། །དཔེ་བྱད་བཟང་པོ་བརྒྱད་ཅུ་
མ་མཆིས་སོ། །དེ་ཅིའི་སླད་དུ་ཞེ་ན། བཅོམ་ལྡན་འདས་དེ་ནི་འདི་ལྟར་བྱང་
ཆུབ་སེམས་དཔའ་སེམས་དཔའ་ཆེན་པོ་ཤེས་རབ་ཀྱི་ཕ་རོལ་ཏུ་ཕྱིན་པ་ལ་སྤྱོད་པའི་
ཚེ། བྱང་ཆུབ་སེམས་དཔའ་ཉིད་ཀྱང་མི་དམིགས་ན། བྱང་ཆུབ་ཀྱི་ཕྱོགས་ཀྱི་
ཆོས་རྣམས་ལ་དམིགས་པར་འགྱུར་བ་ལྟ་[2]ག་ལས་མཆིས[3]། བཅོམ་ལྡན་འདས་
ཀྱིས་བཀའ་སྩལ་པ[4]། རབ་འབྱོར་དེ་དེ་བཞིན་ནོ། །དེ་དེ་བཞིན་ཏེ། ཇི···
སྐད་དུ་སྨྲས་པ་བཞིན་ནོ། །རབ་འབྱོར་དེ་[5]ལྟར་སེམས་ཅན་མི་དམིགས་པས་[6]
ནང་སྟོང་པ་ཉིད་དུ་རིག་པར་བྱའོ། །ཕྱི་སྟོང་པ་ཉིད་དུ་རིག་པར་བྱའོ། །ཕྱི···
ནང་སྟོང་པ་ཉིད་དུ་རིག་པར་བྱའོ། །སྟོང་པ་ཉིད་སྟོང་པ་ཉིད་དུ་རིག་པར་བྱའོ། །
ཆེན་པོ་སྟོང་པ་ཉིད་དུ་རིག་པར་བྱའོ། །དོན་དམ་པ་སྟོང་པ་ཉིད་དུ་རིག་པར···
བྱའོ། །འདུས་བྱས་སྟོང་པ་ཉིད་དུ་རིག་པར་བྱའོ། །འདུས་མ་བྱས་སྟོང་པ···
ཉིད་དུ་རིག་པར་བྱའོ། །མཐའ་ལས་འདས་པ་སྟོང་པ་ཉིད་དུ་རིག་པར་བྱའོ། །
ཐོག་མ་དང་ཐ་མ་མེད་པ་སྟོང་པ་ཉིད་དུ་རིག་པར་བྱའོ། །དོར་བ་མེད་པ་སྟོང་པ་
ཉིད་དུ་རིག་པར་བྱའོ། །རང་བཞིན་སྟོང་པ་ཉིད་དུ་རིག་པར་བྱའོ། །ཆོས···
ཐམས་ཅད་སྟོང་པ་ཉིད་དུ་རིག་པར་བྱའོ། །རང་གི་མཚན་ཉིད་སྟོང་པ་ཉིད་དུ···
རིག་པར་བྱའོ། །མི་དམིགས་པ་སྟོང་པ་ཉིད་དུ་རིག་པར་བྱའོ། །དངོས་པོ·····
མེད་པ་སྟོང་པ་ཉིད་དུ་རིག་པར་བྱའོ། །ངོ་བོ་ཉིད་སྟོང་པ་ཉིད་དུ་རིག་པར་བྱའོ། །
དངོས་པོ་མེད་པའི་ངོ་བོ་ཉིད་སྟོང་པ་ཉིད་དུ་རིག་པར་བྱའོ། །ཕུང་པོ་སྟོང་པ···

ཉིད་དུ་རིག་པར་བྱའོ། །ཁམས་སྟོང་པ་ཉིད་དུ་རིག་པར་བྱའོ། །སྐྱེ་མཆེད་སྟོང་པ་ཉིད་དུ་རིག་པར་བྱའོ། །རྟེན་ཅིང་འབྲེལ་པར་འབྱུང་བ་སྟོང་པ་①ཉིད་དུ་རིག་པར་བྱའོ། །བདེན་པ་སྟོང་པ་ཉིད་དུ་རིག་པར་བྱའོ། །བདག་སྟོང་པ་ཉིད་དུ་རིག་པར་བྱའོ། །སེམས་ཅན་སྟོང་པ་ཉིད་དུ་རིག་པར་བྱའོ། །སྲོག་སྟོང་པ་ཉིད་དུ་རིག་པར་བྱའོ། །འགྲོ་བ་སྟོང་པ་ཉིད་དུ་རིག་པར་བྱའོ། །གསོ་②བ་སྟོང་པ་ཉིད་དུ་རིག་པར་བྱའོ། །སྐྱེས་བུ་སྟོང་པ་ཉིད་དུ་རིག་པར་བྱའོ། །གང་ཟག་སྟོང་པ་ཉིད་དུ་རིག་པར་བྱའོ། །ཤེད་ཅན་སྟོང་པ་ཉིད་དུ་རིག་པར་བྱའོ། །ཤེད་བདག་སྟོང་པ་ཉིད་དུ་རིག་པར་བྱའོ། །བྱེད་པ་པོ་སྟོང་པ་ཉིད་དུ་རིག་པར་བྱའོ། །བྱེད་དུ་འཇུག་པ་པོ་སྟོང་པ་ཉིད་དུ་རིག་པར་བྱའོ། །སློང་བ་པོ་སྟོང་པ་ཉིད་དུ་རིག་པར་བྱའོ། །ཀུན་ནས་སློང་བ་པོ་སྟོང་པ་ཉིད་དུ་རིག་པར་བྱའོ། །ཚོར་བ་པོ་སྟོང་པ་ཉིད་དུ་རིག་པར་བྱའོ། །ཚོར་བར་བྱེད་པ་པོ་སྟོང་པ་ཉིད་དུ་རིག་པར་བྱའོ། །ཤེས་པ་པོ་སྟོང་པ་ཉིད་དུ་རིག་པར་བྱའོ། །མཐོང་བ་པོ་སྟོང་པ་ཉིད་དུ་རིག་པར་③བྱའོ། །དྲན་པ་ཉེ་བར་གཞག་པ་སྟོང་པ་ཉིད་དུ་རིག་པར་བྱའོ། །ཡང་དག་པར་སྤོང་བ་སྟོང་པ་ཉིད་དུ་རིག་པར་བྱའོ། །རྫུ་འཕྲུལ་གྱི་རྐང་པ་སྟོང་པ་ཉིད་དུ་རིག་པར་བྱའོ། །དབང་པོ་སྟོང་པ་ཉིད་དུ་རིག་པར་བྱའོ། །སྟོབས་སྟོང་པ་ཉིད་དུ་རིག་པར་བྱའོ། །བྱང་ཆུབ་ཀྱི་ཡན་ལག་སྟོང་པ་ཉིད་དུ་རིག་པར་བྱའོ། །འཕགས་པའི་ལམ་ཡན་ལག་བརྒྱད་པ་སྟོང་པ་ཉིད་དུ་རིག་པར་བྱའོ། །འཕགས་པའི་བདེན་པ་སྟོང་པ་ཉིད་དུ་རིག་པར་བྱའོ། །བསམ་གཏན་སྟོང་པ་ཉིད་དུ་རིག་པར་བྱའོ། །ཚད་མེད་པ་སྟོང་པ་ཉིད་དུ་རིག་པར་བྱའོ། །གཟུགས་མེད་པའི་སྙོམས་པར་འཇུག་པ་སྟོང་པ་ཉིད་དུ་རིག་པར་བྱའོ། །རྣམ་པར་ཐར་པ་བརྒྱད་སྟོང་པ་ཉིད་དུ་རིག་པར་བྱའོ། །མཐར་གྱིས་གནས་པའི་

སྙོམས་པར་འཇུག་པ་དགུ་སྟོང་པ་ཉིད་དུ་རིག་པར་བྱའོ། །རྣམ་པར་ཐར་པའི་སྒོ་སྟོང་པ་ཉིད་དང་མཚན་མ་མེད་པ་དང་། སྨོན་པ་མེད་པ་སྟོང་པ་ཉིད་དུ་རིག་པར་བྱའོ། །[1]དེ་བཞིན་གཤེགས་པའི་སྟོབས་བཅུ་སྟོང་པ་ཉིད་དུ་རིག་པར་བྱའོ། །མི་འཇིགས་པ་[2]བཞི་སྟོང་པ་ཉིད་དུ་རིག་པར་བྱའོ། །སོ་སོ་ཡང་དག་པར་རིག་པ་བཞི་སྟོང་པ་ཉིད་དུ་རིག་པར་བྱའོ། །བྱམས་པ་ཆེན་པོ་སྟོང་པ་ཉིད་དུ་རིག་པར་བྱའོ། །སྙིང་རྗེ་ཆེན་པོ་སྟོང་པ་ཉིད་དུ་རིག་པར་བྱའོ། །སངས་རྒྱས་ཀྱི་ཆོས་མ་འདྲེས་པ་བཅོ་བརྒྱད་སྟོང་པ་ཉིད་དུ་རིག་པར་བྱའོ། །རྒྱུན་ཏུ་ཞུགས་པའི་འབྲས་བུ་སྟོང་པ་ཉིད་དུ་རིག་པར་བྱའོ། །ལན་ཅིག་[3]ཕྱིར་འོང་བའི་འབྲས་བུ་སྟོང་པ་ཉིད་དུ་རིག་པར་བྱའོ། །ཕྱིར་མི་འོང་བའི་འབྲས་བུ་སྟོང་པ་ཉིད་དུ་རིག་པར་བྱའོ། །དགྲ་བཅོམ་པ་ཉིད་སྟོང་པ་ཉིད་དུ་རིག་པར་བྱའོ། །རང་བྱང་ཆུབ་སྟོང་པ་ཉིད་དུ་རིག་པར་བྱའོ། །ལམ་གྱི་རྣམ་པ་ཤེས་པ་ཉིད་སྟོང་པ་ཉིད་[4]དུ་རིག་པར་བྱའོ། །རྣམ་པ་ཐམས་ཅད་མཁྱེན་[5]པ་ཉིད་སྟོང་པ་ཉིད་དུ་རིག་པར་བྱའོ། །སངས་རྒྱས་ཀྱི་ཞིང་སྟོང་པ་ཉིད་དུ་རིག་པར་བྱའོ། །སངས་རྒྱས་སྟོང་པ་ཉིད་དུ་རིག་པར་བྱའོ། །བྱང་ཆུབ་སེམས་དཔའ་སྟོང་པ་ཉིད་དུ་རིག་པར་བྱའོ།། རབ་འབྱོར་དེ་ལ་བྱང་ཆུབ་སེམས་དཔའ་སེམས་དཔའ་ཆེན་པོ་ཤེས་རབ་ཀྱི་ཕ་རོལ་ཏུ་ཕྱིན་པ་ལ་སྤྱོད་པའི་ཚེ། ཆོས་དེ་དག་ཐམས་ཅད་སྟོང་པར་མཐོང་ནས། ཕྱིན་ཅི་ལོག་ཏུ་གྱུར་པའི་[6]སེམས་ཅན་རྣམས་ལ་ཆོས་སྟོན་ཏོ། །ཇི་[7]ལྟར་སྟོང་པ་ཉིད་[8]དེ་དག་ལ་ཡང་མི་འཇུག་པ་དེ་ལྟར་སྟོན་ཏོ། །དེས་དེ་ལྟར་མཐོང་ནས་ཆོས་ཐམས་ཅད་སྒྲིབ་པ་མེད་པར་ཤེས་ཏེ། ཆོས་གང་ཡང་འགྲུག་པར་མི་བྱེད། གཉིས་སུ་མི་བྱེད་དོ། །ཡང་དག་པ་ཇི་ལྟ་བ་བཞིན་དུ་ཡང་སྟོན་པ་བྱེད་དོ། ། རབ་འབྱོར་འདི་ལྟ་སྟེ་དཔེར་ན། དེ་བཞིན་གཤེགས་པའི་[9]སྤྲུལ་པ་ནི། སྤྲུལ་

པ་བྱེ་བ་ཕྲག་དུ་མ་སྤྲུལ་ཅིང་། སེམས་ཅན་ལ་ལ་སྦྱིན་པའི་ཕ་རོལ་ཏུ་ཕྱིན་པ་ལ་སྦྱོར། ལ་ལ་ཚུལ་ཁྲིམས་ཀྱི་ཕ་རོལ་ཏུ་ཕྱིན་པ་ལ་སྦྱོར། ལ་ལ་བཟོད་པའི་ཕ་རོལ་ཏུ་ཕྱིན་པ་ལ་སྦྱོར། ལ་ལ་བརྩོན་འགྲུས་ཀྱི་ཕ་རོལ་ཏུ་ཕྱིན་པ་ལ་སྦྱོར། ལ་ལ་བསམ་གཏན་གྱི་ཕ་རོལ་ཏུ་ཕྱིན་པ་ལ་སྦྱོར། ལ་ལ་ཤེས་རབ་ཀྱི་ཕ་རོལ་ཏུ་ཕྱིན་པ་ལ་སྦྱོར། ལ་ལ་བསམ་གཏན་བཞི་ལ་སྦྱོར། ལ་ལ་ཚད་མེད་པ་བཞི་ལ་སྦྱོར། ལ་ལ་གཟུགས་མེད་པའི་སྙོམས་པར་འཇུག་པ་བཞི་ལ་སྦྱོར། ལ་ལ་དྲན་པ་ཉེ་བར་གཞག་པ་བཞི་ལ་སྦྱོར། ལ་ལ་ཡང་དག་པར་སྤོང་བ་བཞི་ལ་སྦྱོར། ལ་ལ་རྫུ་འཕྲུལ་གྱི་རྐང་པ་བཞི་ལ་སྦྱོར། ལ་ལ་དབང་པོ་ལྔ་ལ་སྦྱོར། ལ་ལ་སྟོབས་ལྔ་ལ་སྦྱོར། ལ་ལ་བྱང་ཆུབ་ཀྱི་ཡན་ལག་བདུན་ལ་སྦྱོར། ལ་ལ་འཕགས་པའི་ལམ་ཡན་ལག་བརྒྱད་པ་ལ་སྦྱོར། ལ་ལ་འཕགས་པའི་བདེན་པ་བཞི་[1]ལ་སྦྱོར། ལ་ལ་རྣམ་པར་ཐར་པ་བརྒྱད་ལ་སྦྱོར། ལ་ལ་མཐར་གྱིས་[2]གནས་པའི་སྙོམས་པར་འཇུག་པ་དགུ་ལ་སྦྱོར། ལ་ལ་རྣམ་པར་ཐར་པའི་སྒོ་སྟོང་པ་ཉིད་དང་མཚན་མ་མེད་པ་དང་སྨོན་པ་མེད་པ་ལ་སྦྱོར། ལ་ལ་མངོན་པར་ཤེས་པ་ལྔ་ལ་སྦྱོར། ལ་ལ་ཏིང་ངེ་འཛིན་ཐམས་ཅད་ལ་སྦྱོར། ལ་ལ་གཟུངས་ཀྱི་སྒོ་ཐམས་ཅད་ལ་སྦྱོར། ལ་ལ་དེ་བཞིན་གཤེགས་པའི་སྟོབས་བཅུ་ལ་སྦྱོར། ལ་ལ་མི་འཇིགས་པ་བཞི་ལ་སྦྱོར། ལ་ལ་སོ་སོ་ཡང་དག་པར་རིག་པ་བཞི་ལ་སྦྱོར། ལ་ལ་བྱམས་པ་ཆེན་པོ་ལ་སྦྱོར། ལ་ལ་སྙིང་རྗེ་ཆེན་པོ་ལ་སྦྱོར། ལ་ལ་སངས་རྒྱས་ཀྱི་ཆོས་མ་འདྲེས་པ་བཅོ་བརྒྱད་ལ་སྦྱོར། ལ་ལ་རྒྱུན་དུ་ཞུགས་པའི་འབྲས་བུ་ལ་སྦྱོར། ལ་ལ་ལན་ཅིག་ཕྱིར་འོང་བའི་འབྲས་བུ་ལ་སྦྱོར། ཿལ་ལ་ཕྱིར་མི་འོང་བའི་འབྲས་བུ་ལ་སྦྱོར།[3] ལ་ལ་དགྲ་བཅོམ་པ་ཉིད་ལ་སྦྱོར། ལ་ལ་རང་བྱང་ཆུབ་ལ་སྦྱོར། ལ་ལ་ལམ་གྱི་རྣམ་པ་[4]ཤེས་པ་ཉིད་ལ་སྦྱོར། ལ་ལ་རྣམ་པ་ཐམས་ཅད་མཁྱེན་པ་

ཉིད་ལ་སྤྱོར་ན། རབ་འབྱོར་དེ་ལ་①ཇི་སྙམ་དུ་སེམས། སྤྲུལ་པ་དེས་ཆོས་ལ་ལ་ཞིག་ཐ་དད་དུ་ཕྱེ་བ་ཡོད་དམ། གསོལ་པ། བཅོམ་ལྡན་འདས་དེ་ནི་མ་ལགས་སོ༑ །བཅོམ་ལྡན་འདས་ཀྱིས②བཀའ་སྩལ་པ། རབ་འབྱོར་དེ་བཞིན་དུ་བྱང་ཆུབ་སེམས་དཔའ་སེམས་དཔའ་ཆེན་པོ་③ཤེས་རབ་ཀྱི་ཕ་རོལ་ཏུ་ཕྱིན་པ་ལ་སྤྱོད་པའི་ཚེ། སེམས་ཅན་རྣམས་ལ་ཆོས་སྟོན་ཏེ④། དེ་དག་⑤ཕྱིན་ཅི་ལོག་རྣམས་ལས་ཡོངས་སུ་བཀྲོལ་⑥ནས། མ་བཅིངས་མ་གྲོལ་བའི་ཚུལ་དུ་ཡང་དག་པ་ཇི་ལྟ་བ་བཞིན་དུ༔ རབ་ཏུ་⑦འགོད་དོ། །དེ་ཅིའི་ཕྱིར་ཞེ་ན། རབ་འབྱོར་དེ་ནི་འདི་ལྟར་གཟུགས་མ་བཅིངས་མ་གྲོལ་བ། ཚོར་བ་མ་བཅིངས་མ་གྲོལ་བ། འདུ་ཤེས་མ་བཅིངས་མ་གྲོལ་བ། འདུ་བྱེད་མ་བཅིངས་མ་གྲོལ་བ། རྣམ་པར་ཤེས་པ་མ་བཅིངས་མ་གྲོལ་བ། མིག་མ་བཅིངས་མ་གྲོལ་བ། རྣ་བ་མ་བཅིངས་མ་གྲོལ་བ། སྣ་མ་བཅིངས་མ་གྲོལ་བ། ལྕེ་མ་བཅིངས་མ་གྲོལ་བ། ལུས་མ་བཅིངས་མ་གྲོལ་བ། ཡིད་མ་བཅིངས་མ་གྲོལ་བ། གཟུགས་མ་བཅིངས་མ་གྲོལ་བ། སྒྲ་མ་བཅིངས་⑧མ་གྲོལ་བ། དྲི་མ་བཅིངས་མ་གྲོལ་བ། རོ་མ་བཅིངས་མ་གྲོལ་བ། རེག་མ་བཅིངས་མ་གྲོལ་བ། ཆོས་⑨མ་བཅིངས་མ་གྲོལ་བ། མིག་གི་རྣམ་པར་ཤེས་པ་མ་བཅིངས་མ་གྲོལ་བ། རྣ་བའི་རྣམ་པར་ཤེས་པ་མ་བཅིངས་མ་གྲོལ་བ། སྣའི་རྣམ་པར་ཤེས་པ་མ་བཅིངས་མ་གྲོལ་བ། ལྕེའི་རྣམ་པར་ཤེས་པ་མ་བཅིངས་མ་གྲོལ་བ། ལུས་ཀྱི་རྣམ་པར་ཤེས་པ་མ་བཅིངས་མ་གྲོལ་བ༑ ཡིད་ཀྱི་རྣམ་པར་ཤེས་པ་མ་བཅིངས་མ་གྲོལ་བ། མིག་གི་འདུས་ཏེ་རེག་པ་མ་བཅིངས་མ་གྲོལ་བ། རྣ་བའི་འདུས་ཏེ་རེག་པ་མ་བཅིངས་མ་གྲོལ་བ། སྣའི་འདུས་ཏེ་རེག་པ་མ་བཅིངས་མ་གྲོལ་བ། ལྕེའི་འདུས་ཏེ་རེག་པ་མ་བཅིངས་མ་གྲོལ་བ། ལུས་ཀྱི་འདུས་ཏེ་རེག་པ་མ་བཅིངས་མ་གྲོལ་བ། ཡིད་ཀྱི་འདུས་

ཏེ་རེག་པ་མ་བཅིངས་མ་གྲོལ་བ། མིག་གི་འདུས་ཏེ་རེག་པའི་རྐྱེན་གྱིས་ཚོར་བ་མ་བཅིངས་མ་གྲོལ་བ། རྣ་བའི་འདུས་ཏེ་རེག་པའི་རྐྱེན་གྱིས་ཚོར་བ་མ་བཅིངས་མ་གྲོལ་བ། སྣའི་འདུས་ཏེ་རེག་པའི་རྐྱེན་གྱིས་ཚོར་བ་མ་བཅིངས་མ་གྲོལ་བ། ལྕེའི་འདུས་ཏེ་རེག་པའི་རྐྱེན་གྱིས་ཚོར་བ་མ་བཅིངས་མ་གྲོལ་བ། ལུས་ཀྱི་འདུས་ཏེ་རེག་པའི་རྐྱེན་གྱིས་ཚོར་བ་①མ་བཅིངས་མ་གྲོལ་བ། ཡིད་ཀྱི་འདུས་ཏེ་རེག་པའི་རྐྱེན་གྱིས་ཚོར་བ་མ་བཅིངས་མ་གྲོལ་བ། སའི་ཁམས་མ་བཅིངས་མ་གྲོལ་བ། ཆུའི་ཁམས་མ་བཅིངས་མ་གྲོལ་བ། མེའི་ཁམས་མ་བཅིངས་མ་གྲོལ་བ། རླུང་གི་ཁམས་མ་②བཅིངས་མ་གྲོལ་བ། ནམ་མཁའི་ཁམས་མ་བཅིངས་མ་གྲོལ་བ། རྣམ་པར་ཤེས་པའི་ཁམས་མ་བཅིངས་མ་གྲོལ་བ། མ་རིག་པ་མ་བཅིངས་མ་གྲོལ་བ། འདུ་བྱེད་མ་བཅིངས་མ་གྲོལ་བ། རྣམ་པར་ཤེས་པ་མ་བཅིངས་མ་གྲོལ་བ། མིང་དང་གཟུགས་མ་བཅིངས་མ་གྲོལ་བ། སྐྱེ་མཆེད་དྲུག་མ་བཅིངས་མ་གྲོལ་བ། རེག་པ་མ་བཅིངས་མ་གྲོལ་བ། ཚོར་བ་མ་བཅིངས་མ་གྲོལ་བ། སྲིད་པ་མ་བཅིངས་མ་གྲོལ་བ། ལེན་པ་མ་བཅིངས་མ་གྲོལ་བ། སྲིད་ཿཔ་མ་③བཅིངས་མ་གྲོལ་བ། ཿསྐྱེ་བ་④མ་བཅིངས་མ་གྲོལ་བ། རྒ་ཤི་མ་བཅིངས་མ་གྲོལ་བ། སྦྱིན་པའི་ཕ་རོལ་ཏུ་ཕྱིན་པ་མ་བཅིངས་མ་གྲོལ་བ། ཚུལ་ཁྲིམས་ཀྱི་ཕ་རོལ་ཏུ་ཕྱིན་པ་མ་བཅིངས་མ་གྲོལ་བ། བཟོད་པའི་ཕ་རོལ་ཏུ་ཕྱིན་པ་མ་བཅིངས་མ་གྲོལ་བ། བརྩོན་འགྲུས་ཀྱི་ཕ་རོལ་ཏུ་ཕྱིན་པ་མ་བཅིངས་མ་གྲོལ་བ། བསམ་གཏན་གྱི་ཕ་རོལ་ཏུ་ཕྱིན་པ་མ་བཅིངས་མ་གྲོལ་བ། ཤེས་རབ་ཀྱི་ཕ་རོལ་ཏུ་ཕྱིན་པ་མ་བཅིངས་མ་གྲོལ་བ། ནང་སྟོང་པ་ཉིད་མ་བཅིངས་མ་གྲོལ་བ། ཕྱི་སྟོང་པ་ཉིད་མ་བཅིངས་མ་གྲོལ་བ། ཕྱི་ནང་སྟོང་པ་ཉིད་མ་བཅིངས་མ་གྲོལ་བ། སྟོང་པ་ཉིད་སྟོང་པ་ཉིད་མ་བཅིངས་མ་གྲོལ་བ། ཆེན་པོ་སྟོང་པ་ཉིད་མ་བཅིངས་

མ་གྲོལ་བ། དོན་དམ་པ་སྟོང་པ་ཉིད་མ་བཅིངས་མ་གྲོལ་བ། འདུས་བྱས་སྟོང་པ་ཉིད་མ་བཅིངས་མ་གྲོལ་བ། འདུས་མ་བྱས་སྟོང་པ་ཉིད་མ་བཅིངས་མ་གྲོལ་བ། མཐའ་ལས་འདས་པ་སྟོང་པ་ཉིད་མ་བཅིངས་མ་གྲོལ་བ། ཐོག་མ་དང་ཐ་མ་མེད་པ་སྟོང་པ་ཉིད་མ་བཅིངས་མ་གྲོལ་བ། དོར་བ་མེད་པ་སྟོང་པ་ཉིད་མ་བཅིངས་མ་གྲོལ་བ། རང་བཞིན་སྟོང་པ་ཉིད་མ་བཅིངས་མ་གྲོལ་བ། ཆོས་ཐམས་ཅད་སྟོང་པ་ཉིད་མ་བཅིངས་མ་གྲོལ་བ། རང་གི་མཚན་ཉིད་སྟོང་པ་ཉིད་མ་བཅིངས་མ་གྲོལ་བ། མི་དམིགས་[1]པ་སྟོང་པ་ཉིད་མ་བཅིངས་མ་གྲོལ་བ། དངོས་པོ་མེད་པ་སྟོང་པ་ཉིད་མ་བཅིངས་མ་གྲོལ་བ། ངོ་བོ་ཉིད་སྟོང་པ་ཉིད་མ་བཅིངས་མ་གྲོལ་བ། དངོས་པོ་མེད་པའི་ངོ་བོ་ཉིད་སྟོང་པ་ཉིད་མ་བཅིངས་མ་གྲོལ་བ། དྲན་པ་ཉེ་བར་གཞག་པ་རྣམས་མ་བཅིངས་མ་གྲོལ་བ། ཡང་དག་པར་སྤོང་བ་རྣམས་མ་བཅིངས་མ་གྲོལ་བ། རྫུ་འཕྲུལ་གྱི་རྐང་པ་རྣམས་མ་བཅིངས་མ་གྲོལ་བ། དབང་པོ་རྣམས་མ་བཅིངས་མ་གྲོལ་བ། སྟོབས་རྣམས་མ་བཅིངས་མ་གྲོལ་བ། བྱང་ཆུབ་ཀྱི་ཡན་ལག་རྣམས་མ་བཅིངས་མ་གྲོལ་བ། འཕགས་པའི་[2]ལམ་ཡན་ལག་བརྒྱད་པ་མ་བཅིངས་མ་གྲོལ་བ། འཕགས་པའི་བདེན་པ་རྣམས་མ་བཅིངས་མ་གྲོལ་བ། བསམ་གཏན་རྣམས་མ་བཅིངས་མ་གྲོལ་བ། ཚད་མེད་པ་རྣམས་མ་བཅིངས་མ་གྲོལ་བ། གཟུགས་མེད་པའི་སྙོམས་པར་འཇུག་པ་རྣམས་མ་བཅིངས་མ་གྲོལ་བ། རྣམ་པར་ཐར་པ་རྣམས་མ་བཅིངས་མ་གྲོལ་བ། མཐར་གྱིས་གནས་པའི་སྙོམས་པར་འཇུག་པ་[3]དགུ་མ་[4]བཅིངས་མ་གྲོལ་བ། རྣམ་པར་ཐར་པའི་སྒོ་སྟོང་པ་ཉིད་དང་། མཚན་མ་མེད་པ་དང་། སྨོན་པ་མེད་པ་མ་བཅིངས་མ་གྲོལ་བ། མངོན་པར་ཤེས་པ་རྣམས་མ་བཅིངས་མ་གྲོལ་བ། ཏིང་ངེ་འཛིན་རྣམས་མ་བཅིངས་མ་གྲོལ་བ། གཟུངས་ཀྱི་སྒོ་རྣམས་མ་བཅིངས་མ་

གྲོལ་བ། དེ་བཞིན་གཤེགས་པའི་སྟོབས་བཅུ་མ་བཅིངས་མ་གྲོལ་བ། མི་འཇིགས་པ་བཞི་མ་བཅིངས་མ་གྲོལ་བ། སོ་སོ་ཡང་དག་པར་རིག་པ་བཞི་མ་བཅིངས་མ་གྲོལ་བ། བྱམས་པ་ཆེན་པོ་མ་བཅིངས་མ་གྲོལ་བ། སྙིང་རྗེ་ཆེན་པོ་མ་བཅིངས་མ་གྲོལ་བ། སངས་རྒྱས་ཀྱི་ཆོས་མ་འདྲེས་པ་བཅོ་བརྒྱད་མ་བཅིངས་མ་གྲོལ་བ། རྒྱུན་དུ་ཞུགས་པའི་འབྲས་བུ་མ་བཅིངས་མ་གྲོལ་བ། ལན་ཅིག་ཕྱིར་འོང་བའི་འབྲས་བུ་མ་བཅིངས་མ་གྲོལ་བ། ཕྱིར་མི་འོང་བའི་འབྲས་བུ་མ་བཅིངས་མ་གྲོལ་བ། དགྲ་བཅོམ་པ་ཉིད་མ་བཅིངས་མ་གྲོལ་བ། རང་བྱང་ཆུབ་མ་བཅིངས་མ་གྲོལ་བ། ལམ་གྱི་རྣམ་པ་[1]ཤེས་པ་ཉིད་མ་བཅིངས་མ་གྲོལ་བ། རྣམ་པ་ཐམས་ཅད་མཁྱེན་པ་ཉིད་མ་བཅིངས་མ་གྲོལ་བ་སྟེ[2]། གཟུགས་ཀྱི་མ་བཅིངས་མ་གྲོལ་བ་ཉིད་གང་ཡིན་པ་དེ་གཟུགས་མ་ཡིན་ནོ། །ཚོར་བའི་[3]མ་བཅིངས་མ་གྲོལ་བ་ཉིད་གང་ཡིན་པ་དེ་ཚོར་བ་མ་ཡིན་ནོ། །འདུ་ཤེས་ཀྱི་མ་བཅིངས་མ་གྲོལ་བ་ཉིད་གང་ཡིན་པ་དེ་འདུ་ཤེས་མ་ཡིན་ནོ། །འདུ་བྱེད་ཀྱི་མ་བཅིངས་མ་གྲོལ་བ་ཉིད་གང་ཡིན་པ་དེ་འདུ་བྱེད་མ་ཡིན་ནོ། །རྣམ་པར་ཤེས་པའི་མ་བཅིངས་མ་གྲོལ་བ་ཉིད་གང་ཡིན་པ་དེ་རྣམ་པར་ཤེས་པ་མ་ཡིན་ནོ། །མིག་གི་མ་བཅིངས་མ་གྲོལ་བ་ཉིད་གང་ཡིན་པ་དེ་མིག་མ་ཡིན་ནོ། །རྣ་བའི་མ་བཅིངས་མ་གྲོལ་བ་ཉིད་གང་ཡིན་པ་དེ་རྣ་བ་མ་ཡིན་ནོ། །སྣའི་མ་བཅིངས་མ་གྲོལ་བ་ཉིད་གང་ཡིན་པ་དེ་སྣ་མ་ཡིན་ནོ། །ལྕེའི་མ་བཅིངས་མ་གྲོལ་བ་ཉིད་གང་ཡིན་པ་དེ་ལྕེ་མ་ཡིན་ནོ། །ལུས་ཀྱི་མ་བཅིངས་མ་གྲོལ་བ་ཉིད་གང་ཡིན་པ་དེ་ལུས་མ་ཡིན་ནོ། །ཡིད་ཀྱི་མ་བཅིངས་མ་གྲོལ་བ་ཉིད་གང་ཡིན་པ་དེ་ཡིད་མ་ཡིན་ནོ། །གཟུགས་ཀྱི་མ་བཅིངས་མ་གྲོལ་བ་ཉིད་གང་ཡིན་པ་དེ་གཟུགས་མ་ཡིན་ནོ། །སྒྲའི་མ་བཅིངས་མ་གྲོལ་བ་ཉིད་གང་ཡིན་པ་དེ་སྒྲ་མ་ཡིན་ནོ། །དྲིའི་མ་བཅིངས་མ་

གྲོལ་བ་ཉིད་གང་ཡིན་པ་དེ་དྲི་མ་ཡིན་ནོ། །རོའི་མ་བཅིངས་མ་གྲོལ་བ་ཉིད་གང་ཡིན་པ་དེ་རོ་མ་ཡིན་ནོ། །རེག་གི་མ་བཅིངས་མ་གྲོལ་བ་ཉིད་གང་ཡིན་པ་དེ་རེག་མ་ཡིན་ནོ། །ཆོས་ཀྱི་མ་བཅིངས་མ་གྲོལ་བ་ཉིད་གང་ཡིན་པ་དེ་ཆོས་མ་ཡིན་ནོ། །མིག་གི་རྣམ་པར་ཤེས་པའི་མ་བཅིངས་མ་གྲོལ་བ་ཉིད་①གང་ཡིན་པ་དེ་མིག་གི་རྣམ་པར་ཤེས་པ་མ་ཡིན་ནོ། །རྣ་བའི་རྣམ་པར་ཤེས་པའི་མ་བཅིངས་མ་གྲོལ་བ་ཉིད་གང་ཡིན་པ་དེ་རྣ་བའི་རྣམ་པར་ཤེས་པ་མ་ཡིན་ནོ། །སྣའི་རྣམ་པར་ཤེས་པའི་མ་བཅིངས་མ་གྲོལ་བ་ཉིད་གང་ཡིན་པ་དེ་སྣའི་རྣམ་པར་ཤེས་པ་མ་ཡིན་ནོ། །ལྕེའི་རྣམ་པར་ཤེས་པའི་མ་བཅིངས་མ་གྲོལ་བ་ཉིད་གང་ཡིན་པ་དེ་ལྕེའི་རྣམ་པར་ཤེས་པ་མ་ཡིན་ནོ། །ལུས་ཀྱི་རྣམ་པར་ཤེས་པའི་མ་བཅིངས་མ་གྲོལ་བ་ཉིད་གང་ཡིན་པ་དེ་ལུས་ཀྱི་རྣམ་པར་ཤེས་པ་མ་ཡིན་ནོ། །ཡིད་ཀྱི་རྣམ་པར་ཤེས་པའི་མ་བཅིངས་མ་གྲོལ་བ་ཉིད་གང་ཡིན་པ་དེ་ཡིད་ཀྱི་རྣམ་པར་ཤེས་པ་མ་ཡིན་ནོ། །མིག་གི་འདུས་ཏེ་རེག་པའི་མ་བཅིངས་མ་གྲོལ་བ་ཉིད་གང་ཡིན་པ་དེ་མིག་གི་འདུས་ཏེ་རེག་པ་མ་ཡིན་ནོ། །རྣ་བའི་འདུས་ཏེ་རེག་པའི་མ་བཅིངས་མ་གྲོལ་བ་ཉིད་གང་ཡིན་པ་དེ་རྣ་བའི་འདུས་ཏེ་རེག་པ་མ་ཡིན་ནོ། །སྣའི་འདུས་ཏེ་རེག་པའི་མ་བཅིངས་མ་གྲོལ་བ་ཉིད་གང་ཡིན་པ་དེ་སྣའི་འདུས་ཏེ་རེག་པ་མ་ཡིན་ནོ། །ལྕེའི་འདུས་ཏེ་རེག་པའི་མ་བཅིངས་མ་གྲོལ་བ་ཉིད་གང་ཡིན་པ་དེ་ལྕེའི་འདུས་ཏེ་རེག་པ་མ་ཡིན་ནོ། །ལུས་ཀྱི་འདུས་ཏེ་རེག་པའི་མ་བཅིངས་མ་གྲོལ་བ་ཉིད་གང་ཡིན་པ་དེ་ལུས་ཀྱི་འདུས་ཏེ་རེག་པ་མ་ཡིན་ནོ། །ཡིད་ཀྱི་འདུས་ཏེ་རེག་པའི་མ་བཅིངས་མ་གྲོལ་བ་ཉིད་གང་ཡིན་པ་དེ་ཡིད་ཀྱི་འདུས་ཏེ་རེག་པ་མ་ཡིན་ནོ། །མིག་གི་འདུས་ཏེ་རེག་པའི་རྐྱེན་གྱིས②ཚོར་བའི་མ་བཅིངས་མ་གྲོལ་བ་ཉིད་གང་ཡིན་པ་དེ་མིག་གི་འདུས་ཏེ་རེག་པའི་རྐྱེན་གྱིས་ཚོར་བ་མ་ཡིན་ནོ། །རྣ་བའི་

འདུས་ཏེ་རེག་པའི་རྐྱེན་གྱིས་ཚོར་བའི་མ་བཅིངས་མ་གྲོལ་བ་ཉིད་གང་ཡིན་པ་དེ་རྣ་བའི་འདུས་ཏེ་རེག་པའི་རྐྱེན་གྱིས་ཚོར་བ་མ་ཡིན་ནོ། །སྣའི་འདུས་ཏེ་རེག་པའི་རྐྱེན་གྱིས་ཚོར་བའི་མ་བཅིངས་མ་གྲོལ་བ་ཉིད་གང་ཡིན་པ་དེ་སྣའི་འདུས་ཏེ་རེག་པའི་རྐྱེན་གྱིས་ཚོར་བ་མ་ཡིན་ནོ། །ལྕེའི་འདུས་ཏེ་རེག་པའི་རྐྱེན་གྱིས་ཚོར་བའི་མ་བཅིངས་མ་གྲོལ་བ་ཉིད་གང་ཡིན་པ་དེ་ལྕེའི་འདུས་ཏེ་རེག་པའི་རྐྱེན་གྱིས་ཚོར་བ་མ་ཡིན་ནོ། །ལུས་ཀྱི་འདུས་ཏེ་རེག་པའི་རྐྱེན་གྱིས་ཚོར་བའི་མ་བཅིངས་མ་གྲོལ་བ་ཉིད་གང་ཡིན་པ་དེ་ལུས་ཀྱི་[༡]འདུས་ཏེ་རེག་པའི་རྐྱེན་གྱིས་ཚོར་བ་མ་ཡིན་ནོ། །ཡིད་ཀྱི་འདུས་ཏེ་རེག་པའི་རྐྱེན་གྱིས་ཚོར་བའི་མ་བཅིངས་མ་གྲོལ་བ་ཉིད་གང་ཡིན་པ་དེ་ཡིད་ཀྱི་འདུས་ཏེ་རེག་པའི་རྐྱེན་གྱིས་ཚོར་བ་མ་ཡིན་ནོ། །སའི་ཁམས་ཀྱི་མ་བཅིངས་མ་གྲོལ་བ་ཉིད་གང་ཡིན་པ་དེ་སའི་ཁམས་མ་ཡིན་ནོ། །ཆུའི་ཁམས་ཀྱི་མ་བཅིངས་མ་གྲོལ་བ་ཉིད་གང་ཡིན་པ་དེ་ཆུའི་ཁམས་མ་ཡིན་ནོ། །མེའི་ཁམས་ཀྱི་མ་བཅིངས་མ་གྲོལ་བ་ཉིད་གང་ཡིན་པ་དེ་མེའི་ཁམས་མ་ཡིན་ནོ། །རླུང་གི་ཁམས་ཀྱི་མ་བཅིངས་མ་གྲོལ་བ་ཉིད་གང་ཡིན་པ་དེ་རླུང་གི་ཁམས་མ་ཡིན་ནོ། །ནམ་མཁའི་ཁམས་ཀྱི་མ་བཅིངས་མ་གྲོལ་བ་ཉིད་གང་ཡིན་པ་དེ་ནམ་[༢]མཁའི་ཁམས་མ་ཡིན་ནོ། །རྣམ་པར་ཤེས་པའི་ཁམས་ཀྱི་མ་བཅིངས་མ་གྲོལ་བ་ཉིད་གང་ཡིན་པ་དེ་རྣམ་པར་ཤེས་པའི་ཁམས་མ་ཡིན་ནོ། །མ་རིག་པའི་[༣]མ་བཅིངས་མ་གྲོལ་བ་ཉིད་གང་ཡིན་པ་དེ་མ་རིག་པ་མ་ཡིན་ནོ། །འདུ་བྱེད་ཀྱི་མ་བཅིངས་མ་གྲོལ་བ་ཉིད་གང་ཡིན་པ་དེ་འདུ་བྱེད་མ་ཡིན་ནོ། །རྣམ་པར་ཤེས་པའི་མ་བཅིངས་མ་གྲོལ་བ་ཉིད་གང་ཡིན་པ་དེ་རྣམ་པར་ཤེས་པ་མ་ཡིན་ནོ། །མིང་དང་གཟུགས་ཀྱི་མ་བཅིངས་མ་གྲོལ་བ་ཉིད་གང་ཡིན་པ་དེ་མིང་དང་གཟུགས་མ་ཡིན་ནོ། །སྐྱེ་མཆེད་དྲུག་གི་མ་བཅིངས་མ་གྲོལ་བ་ཉིད་གང་ཡིན་པ་དེ་སྐྱེ་

མཆེད་དྲུག་མ་ཡིན་ནོ། །རེག་པའི་མ་བཅིངས་མ་གྲོལ་བ་ཉིད་གང་ཡིན་པ་དེ་རེག་པ་མ་ཡིན་ནོ། །ཚོར་བའི་མ་བཅིངས་མ་གྲོལ་བ་ཉིད་གང་ཡིན་པ་དེ་ཚོར་བ་མ་ཡིན་ནོ། །ཿ སྲིད་པའི་①མ་བཅིངས་མ་གྲོལ་བ་ཉིད་②གང་ཡིན་པ་དེཿ སྲིད་པ་③མ་ཡིན་ནོ། །ལེན་པའི་མ་བཅིངས་མ་གྲོལ་བ་ཉིད་གང་ཡིན་པ་དེ་ལེན་པ་མ་ཡིན་ནོ། །སྲིད་④པའི་མ་བཅིངས་མ་གྲོལ་བ་ཉིད་གང་ཡིན་པ་དེ་སྲིད་པ་མ་ཡིན་ནོ། །སྐྱེ་བའི་མ་བཅིངས་མ་གྲོལ་བ་ཉིད་གང་ཡིན་པ་དེ་སྐྱེ་བ་མ་ཡིན་ནོ། །རྒ་ཤིའི་མ་བཅིངས་མ་གྲོལ་བ་ཉིད་གང་ཡིན་པ་དེ་རྒ་ཤི་⑤མ་ཡིན་ནོ། །སྦྱིན་པའི་ཕ་རོལ་ཏུ་ཕྱིན་པའི་མ་བཅིངས་མ་གྲོལ་བ་ཉིད་གང་ཡིན་པ་དེ་སྦྱིན་པའི་ཕ་རོལ་ཏུ་ཕྱིན་པ་མ་ཡིན་ནོ། །ཚུལ་ཁྲིམས་ཀྱི་ཕ་རོལ་ཏུ་ཕྱིན་པའི་མ་བཅིངས་མ་གྲོལ་བ་ཉིད་གང་ཡིན་པ་དེ་ཚུལ་ཁྲིམས་ཀྱི་ཕ་རོལ་ཏུ་ཕྱིན་པ་མ་ཡིན་ནོ། །བཟོད་པའི་ཕ་རོལ་ཏུ་ཕྱིན་པའི་མ་བཅིངས་མ་གྲོལ་བ་ཉིད་གང་ཡིན་པ་དེ་བཟོད་པའི་ཕ་རོལ་ཏུ་ཕྱིན་པ་མ་ཡིན་ནོ། །བརྩོན་འགྲུས་ཀྱི་ཕ་རོལ་ཏུ་ཕྱིན་པའི་མ་བཅིངས་མ་གྲོལ་བ་ཉིད་གང་ཡིན་པ་དེ་བརྩོན་འགྲུས་ཀྱི་ཕ་རོལ་ཏུ་ཕྱིན་པ་མ་ཡིན་ནོ། །བསམ་གཏན་གྱི་ཕ་རོལ་ཏུ་ཕྱིན་པའི་མ་བཅིངས་མ་གྲོལ་བ་ཉིད་གང་ཡིན་པ་དེ་བསམ་གཏན་གྱི་ཕ་རོལ་ཏུ་ཕྱིན་པ་མ་ཡིན་ནོ། །ཤེས་རབ་ཀྱི་ཕ་རོལ་ཏུ་ཕྱིན་པའི་མ་བཅིངས་མ་གྲོལ་བ་ཉིད་གང་ཡིན་པ་དེ་ཤེས་རབ་ཀྱི་ཕ་རོལ་ཏུ་ཕྱིན་པ་མ་ཡིན་ནོ། །ནང་སྟོང་པ་ཉིད་ཀྱི་མ་བཅིངས་མ་གྲོལ་བ་ཉིད་གང་ཡིན་པ་དེ་ནང་སྟོང་པ་ཉིད་མ་ཡིན་ནོ། །ཕྱི་སྟོང་པ་ཉིད་ཀྱི་མ་བཅིངས་མ་གྲོལ་བ་ཉིད་གང་ཡིན་པ་དེ་ཕྱི་སྟོང་པ་ཉིད་མ་ཡིན་ནོ། །ཕྱི་ནང་སྟོང་པ་ཉིད་ཀྱི་མ་བཅིངས་མ་གྲོལ་བ་ཉིད་གང་ཡིན་པ་དེ་ཕྱི་ནང་སྟོང་པ་ཉིད་མ་ཡིན་ནོ། །སྟོང་པ་ཉིད་སྟོང་པ་ཉིད་ཀྱི་མ་བཅིངས་མ་གྲོལ་བ་ཉིད་གང་ཡིན་པ་དེ་སྟོང་པ་ཉིད་སྟོང་པ་ཉིད་མ་ཡིན་ནོ། །ཆེན་པོ་སྟོང་པ་ཉིད་ཀྱི་མ་

བཅིངས་མ་གྲོལ་བ་ཉིད་གང་ཡིན་པ་དེ་ཆེན་པོ་སྟོང་པ་ཉིད་མ་ཡིན་ནོ། །དོན་དམ་པ་སྟོང་པ་ཉིད་ཀྱི་མ་བཅིངས་མ་གྲོལ་བ་ཉིད་གང་ཡིན་པ་དེ་དོན་དམ་པ་སྟོང་པ་ཉིད་མ་ཡིན་ནོ། །འདུས་བྱས་སྟོང་པ་ཉིད་ཀྱི་མ་བཅིངས་མ་གྲོལ་བ་ཉིད་གང་ཡིན་པ་དེ་འདུས་བྱས་སྟོང་པ་ཉིད་མ་ཡིན་ནོ། །འདུས་མ་བྱས་སྟོང་པ་ཉིད་ཀྱི་མ་བཅིངས་མ་གྲོལ་བ་ཉིད་གང་ཡིན་པ་དེ་འདུས་མ་བྱས་སྟོང་པ་ཉིད་མ་ཡིན་ནོ། །མཐའ་ལས་འདས་པ་སྟོང་པ་ཉིད་ཀྱི་མ་བཅིངས་མ་གྲོལ་བ་ཉིད་གང་ཡིན་པ་དེ་མཐའ་ལས་འདས་པ་སྟོང་པ་ཉིད་མ་ཡིན་ནོ། །ཐོག་མ་དང་ཐ་མ་མེད་པ་སྟོང་པ་ཉིད་ཀྱི་མ་བཅིངས་མ་གྲོལ་བ་ཉིད་གང་ཡིན་པ་དེ་ཐོག་མ་དང་ཐ་མ་མེད་པ་སྟོང་པ་ཉིད་མ་ཡིན་ནོ། །དོར་བ་མེད་པ་སྟོང་པ་ཉིད་ཀྱི་མ་བཅིངས་མ་གྲོལ་བ་ཉིད་གང་ཡིན་པ་དེ་དོར་བ་མེད་པ་སྟོང་པ་ཉིད་མ་ཡིན་ནོ། །རང་བཞིན་སྟོང་པ་ཉིད་ཀྱི་མ་བཅིངས་མ་གྲོལ་བ་ཉིད་གང་ཡིན་པ་དེ་རང་བཞིན་སྟོང་པ་ཉིད་མ་ཡིན་ནོ། །ཆོས་ཐམས་ཅད་སྟོང་པ་ཉིད་ཀྱི་མ་བཅིངས་མ་གྲོལ་བ་ཉིད་གང་ཡིན་པ་དེ་ཆོས་ཐམས་ཅད་སྟོང་པ་ཉིད་མ་ཡིན་ནོ། །རང་གི་མཚན་ཉིད་སྟོང་པ་ཉིད་ཀྱི་མ་བཅིངས་མ་གྲོལ་བ་ཉིད་གང་ཡིན་པ་དེ་རང་གི་མཚན་ཉིད་སྟོང་པ་ཉིད་མ་ཡིན་ནོ། །མི་དམིགས་པ་སྟོང་པ་ཉིད་ཀྱི་མ་བཅིངས་མ་གྲོལ་བ་ཉིད་གང་ཡིན་པ་དེ་མི་དམིགས་པ་སྟོང་པ་ཉིད་མ་ཡིན་ནོ། །དངོས་པོ་མེད་པ་སྟོང་པ་ཉིད་ཀྱི་མ་བཅིངས་མ་གྲོལ་བ་ཉིད་གང་ཡིན་པ་དེ་དངོས་པོ་མེད་པ་སྟོང་པ་ཉིད་མ་ཡིན་ནོ། །ངོ་བོ་ཉིད་སྟོང་པ་ཉིད་ཀྱི་མ་བཅིངས་མ་གྲོལ་བ་ཉིད་གང་ཡིན་པ་དེ་ངོ་བོ་ཉིད་སྟོང་པ་ཉིད་མ་ཡིན་ནོ། །དངོས་པོ་མེད་པའི་ངོ་བོ་ཉིད༔ སྟོང་པ་ཉིད་⑦ཀྱི་མ་བཅིངས་མ་གྲོལ་བ་ཉིད་གང་ཡིན་པ་དེ་དངོས་པོ་མེད་པའི་ངོ་བོ་ཉིད་སྟོང་པ་ཉིད་མ་ཡིན་ནོ། །དྲན་པ་ཉེ་བར་གཞག་པ་རྣམས་ཀྱི་མ་བཅིངས་མ་གྲོལ་བ་ཉིད་གང་ཡིན་པ་དེ་དྲན་

པ་ཉེ་བར་གཞག་པ་རྣམས་མ་ཡིན་ནོ། །ཡང་དག་པར་སྤོང་བ་རྣམས་ཀྱི་མ་བཅིངས་མ་གྲོལ་བ་ཉིད་གང་ཡིན་པ་དེ་ཡང་དག་པར་སྤོང་བ་རྣམས་མ་ཡིན་ནོ། །རྫུ་འཕྲུལ་གྱི་རྐང་པ་རྣམས་ཀྱི་མ་བཅིངས་མ་གྲོལ་བ་ཉིད་གང་ཡིན་པ་དེ་རྫུ་འཕྲུལ་གྱི་རྐང་པ་རྣམས་མ་ཡིན་ནོ། །དབང་པོ་རྣམས་ཀྱི་མ་བཅིངས་མ་གྲོལ་བ་ཉིད་གང་ཡིན་པ་དེ་དབང་པོ་རྣམས་མ་ཡིན་ནོ། །སྟོབས་རྣམས་ཀྱི་མ་བཅིངས་མ་གྲོལ་བ་ཉིད་གང་ཡིན་པ་དེ་སྟོབས་རྣམས་མ་ཡིན་ནོ། །བྱང་ཆུབ་ཀྱི་ཡན་ལག་རྣམས་ཀྱི་མ་བཅིངས་མ་གྲོལ་བ་ཉིད་གང་ཡིན་པ་དེ་བྱང་ཆུབ་ཀྱི་ཡན་ལག་རྣམས་མ་ཡིན་ནོ། །འཕགས་པའི་ལམ་ཡན་ལག་བརྒྱད་པའི་མ་བཅིངས་མ་གྲོལ་བ་ཉིད་གང་ཡིན་པ་དེ་འཕགས་པའི་ལམ་ཡན་ལག་བརྒྱད་པ་མ་ཡིན་ནོ། །འཕགས་པའི་བདེན་པ་རྣམས་ཀྱི་མ་བཅིངས་མ་གྲོལ་བ་ཉིད་གང་ཡིན་པ་དེ་འཕགས་པའི་བདེན་པ་རྣམས་མ་ཡིན་ནོ། །བསམ་གཏན་རྣམས་ཀྱི་མ་བཅིངས་མ་གྲོལ་བ་ཉིད་གང་ཡིན་པ་དེ་བསམ་གཏན་རྣམས་མ་ཡིན་ནོ། །ཚད་མེད་པ་རྣམས་ཀྱི་མ་བཅིངས་མ་གྲོལ་བ་ཉིད་གང་ཡིན་པ་དེ་ཚད་མེད་པ་རྣམས་མ་ཡིན་ནོ། །གཟུགས་མེད་པའི་སྙོམས་པར་འཇུག་པ་རྣམས་ཀྱི་མ་བཅིངས་མ་གྲོལ་བ་ཉིད་གང་ཡིན་པ་དེ་གཟུགས་མེད་པའི་སྙོམས་པར་འཇུག་པ་རྣམས་མ་ཡིན་ནོ། །རྣམ་པར་ཐར་པ་བརྒྱད་ཀྱི་མ་བཅིངས་མ་གྲོལ་བ་ཉིད་གང་ཡིན་པ་དེ་རྣམ་པར་ཐར་པ་བརྒྱད་མ་ཡིན་ནོ། །མཐར་གྱིས་གནས་པའི་སྙོམས་པར་འཇུག་པ་དགུའི་མ་བཅིངས་མ་གྲོལ་བ་ཉིད་གང་ཡིན་པ་དེ་མཐར་གྱིས་གནས་པའི་སྙོམས་པར་འཇུག་པ་དགུ་མ་ཡིན་ནོ། །རྣམ་པར་ཐར་པའི་སྒོ་སྟོང་པ་ཉིད་དང་མཚན་མ་མེད་པ་དང་སྨོན་པ་མེད་པའི་མ་བཅིངས་མ་གྲོལ་བ་ཉིད་གང་ཡིན་པ་དེ། རྣམ་པར་ཐར་པའི་སྒོ་སྟོང་པ་ཉིད་དང་མཚན་མ་མེད་པ་དང་སྨོན་པ་མེད་པ་མ་ཡིན་ནོ། །མངོན་པར་ཤེས་པ་རྣམས་ཀྱི་

མ་བཅིངས་མ་གྲོལ་བ་ཉིད་གང་ཡིན་པ་དེ་མངོན་པར་ཤེས་པ་རྣམས་མ་ཡིན་ནོ། །ཏིང་ངེ་འཛིན་རྣམས་ཀྱི་མ་བཅིངས་མ་གྲོལ་བ་ཉིད་གང་ཡིན་པ་དེ་ཏིང་ངེ་འཛིན་རྣམས་མ་ཡིན་ནོ། །གཟུངས་ཀྱི་སྒོ་རྣམས་ཀྱི་མ་བཅིངས་མ་གྲོལ་བ་ཉིད་གང་ཡིན་པ་དེ་གཟུངས་ཀྱི་སྒོ་རྣམས་མ་ཡིན་ནོ། །དེ་བཞིན་གཤེགས་པའི་སྟོབས་བཅུའི་མ་བཅིངས་མ་གྲོལ་བ་ཉིད་གང་ཡིན་པ་དེ། དེ་བཞིན་གཤེགས་པའི་སྟོབས་བཅུ་[1]མ་ཡིན་ནོ། །མི་འཇིགས་པ་བཞིའི་མ་བཅིངས་མ་གྲོལ་བ་ཉིད་གང་ཡིན་པ་དེ། མི་འཇིགས་པ་བཞི་[2]མ་ཡིན་ནོ། །སོ་སོ་ཡང་དག་པར་རིག་པ་བཞིའི་མ་བཅིངས་མ་གྲོལ་བ་ཉིད་གང་ཡིན་པ་དེ། སོ་སོ་ཡང་དག་པར་རིག་པ་བཞི་[3]མ་ཡིན་ནོ། །བྱམས་པ་ཆེན་པོའི་མ་བཅིངས་མ་གྲོལ་བ་ཉིད་གང་ཡིན་པ་དེ་བྱམས་པ་ཆེན་པོ་མ་ཡིན་ནོ། །སྙིང་རྗེ་ཆེན་པོའི་མ་བཅིངས་མ་གྲོལ་བ་ཉིད་གང་ཡིན་པ་དེ་སྙིང་རྗེ་ཆེན་པོ་མ་ཡིན་ནོ། །སངས་རྒྱས་ཀྱི་ཆོས་མ་འདྲེས་པ་བཅོ་བརྒྱད་ཀྱི་མ་བཅིངས་མ་གྲོལ་བ་ཉིད་གང་ཡིན་པ་དེ་སངས་རྒྱས་ཀྱི་ཆོས་མ་འདྲེས་པ་བཅོ་བརྒྱད་མ་ཡིན་ནོ། །རྒྱུན་དུ་ཞུགས་པའི་འབྲས་བུའི་མ་བཅིངས་མ་གྲོལ་བ་ཉིད་གང་ཡིན་པ་དེ། རྒྱུན་དུ་ཞུགས་པའི་འབྲས་བུ་མ་ཡིན་ནོ། །ལན་ཅིག་ཕྱིར་འོང་བའི་འབྲས་བུའི་མ་བཅིངས་མ་གྲོལ་བ་ཉིད་གང་ཡིན་པ་དེ་ལན་ཅིག་ཕྱིར་འོང་བའི་འབྲས་བུ་མ་ཡིན་ནོ། །ཕྱིར་མི་འོང་བའི་འབྲས་བུའི་མ་བཅིངས་མ་གྲོལ་བ་ཉིད་གང་ཡིན་པ་དེ་ཕྱིར་མི་འོང་བའི་འབྲས་བུ་མ་ཡིན་ནོ། །དགྲ་བཅོམ་པ་ཉིད་ཀྱི་མ་བཅིངས་མ་གྲོལ་བ་ཉིད་གང་ཡིན་པ་དེ་དགྲ་བཅོམ་པ་ཉིད་མ་ཡིན་ནོ། །རང་བྱང་ཆུབ་ཀྱི་མ་བཅིངས་མ་གྲོལ་བ་ཉིད་གང་ཡིན་པ་དེ་རང་བྱང་ཆུབ་མ་ཡིན་ནོ། །[4]བླ་ན་མེད་པ་ཡང་དག་པར་རྫོགས་པའི་བྱང་ཆུབ་ཀྱི་མ་བཅིངས་མ་གྲོལ་བ་ཉིད་གང་ཡིན་པ་དེ་བླ་ན་མེད་པ་ཡང་དག་པར་རྫོགས་པའི་བྱང་ཆུབ་མ་ཡིན་ནོ། །དེ་ཅིའི་ཕྱིར་ཞེ་

ན༑ དེ་ནི་འདི་ལྟར་གཟུགས་ནི་ཤིན་ཏུ་རྣམ་པར་དག་པའོ། །ཚོར་བ་ནི་ཤིན་ཏུ་རྣམ་པར་དག་པའོ། །འདུ་ཤེས་ནི་ཤིན་ཏུ་རྣམ་པར་དག་པའོ། །འདུ་བྱེད་ནི་ཤིན་ཏུ་རྣམ་པར་དག་པའོ། །རྣམ་པར་ཤེས་པ་ནི་ཤིན་ཏུ་རྣམ་པར་དག་པའོ།། མིག་ནི་ཤིན་ཏུ་རྣམ་པར་དག་པའོ། །རྣ་བ་ནི་ཤིན་ཏུ་རྣམ་པར་དག་པའོ། །སྣ་ནི་ཤིན་ཏུ་རྣམ་པར་དག་པའོ། །ལྕེ་ནི་ཤིན་ཏུ་རྣམ་པར་དག་པའོ། །ལུས་ནི་ཤིན་ཏུ་རྣམ་པར་དག་པའོ། །ཡིད་ནི་ཤིན་ཏུ་རྣམ་པར་དག་པའོ། །གཟུགས་ནི་ཤིན་ཏུ་རྣམ་པར་དག་པའོ། །སྒྲ་ནི་ཤིན་ཏུ་རྣམ་པར་དག་པའོ། །དྲི་ནི་ཤིན་ཏུ་རྣམ་པར་དག་པའོ། །རོ་ནི་ཤིན་ཏུ་རྣམ་པར་དག་པའོ། །རེག་ནི་ཤིན་ཏུ་རྣམ་པར་དག་པའོ། །ཆོས་ནི་ཤིན་ཏུ་རྣམ་པར་དག་པའོ། །མིག་གི་རྣམ་པར་ཤེས་པ་ནི་ཤིན་ཏུ་རྣམ་པར་དག་པའོ། །རྣ་བའི་རྣམ་པར་ཤེས་པ་ནི་ཤིན་ཏུ་རྣམ་པར་དག་པའོ། །སྣའི་རྣམ་པར་ཤེས་པ་ནི་ཤིན་ཏུ་རྣམ་པར་དག་པའོ། །ལྕེའི་རྣམ་པར་ཤེས་པ་ནི་ཤིན་ཏུ་རྣམ་པར་དག་པའོ། །ལུས་ཀྱི་རྣམ་པར་ཤེས་པ་ནི་ཤིན་ཏུ་རྣམ་པར་དག་པའོ། །ཡིད་ཀྱི་རྣམ་པར་ཤེས་པ་ནི་ཤིན་ཏུ་རྣམ་པར་དག་པའོ༑ །མིག་གི་འདུས་ཏེ་རེག་པ་ནི་ཤིན་ཏུ་རྣམ་པར་དག་པའོ། །རྣ་བའི་འདུས་ཏེ་རེག་པ་ནི་ཤིན་ཏུ་རྣམ་པར་དག་པའོ། །སྣའི་འདུས་ཏེ་རེག་པ་ནི་ཤིན་ཏུ་རྣམ་པར་དག་པའོ། །ལྕེའི་འདུས་ཏེ་རེག་པ་ནི་ཤིན་ཏུ་རྣམ་པར་དག་པའོ། །ལུས་ཀྱི་འདུས་ཏེ་རེག་པ་ནི་ཤིན་ཏུ་རྣམ་པར་དག་པའོ། །ཡིད་ཀྱི་འདུས་ཏེ་རེག་པ་ནི་ཤིན་ཏུ་རྣམ་པར་དག་པའོ། །མིག་གི་འདུས་ཏེ་རེག་པ་ལས་བྱུང་བའི་ཚོར་བ་ནི་ཤིན་ཏུ་རྣམ་པར་དག་པའོ། །རྣ་བའི་འདུས་ཏེ་རེག་པ་ལས་བྱུང་བའི་ཚོར་བ་ནི་ཤིན་ཏུ་རྣམ་པར་དག་པའོ། །སྣའི་འདུས་ཏེ་རེག་པ་ལས་བྱུང་བའི་ཚོར་བ་ནི་ཤིན་ཏུ་རྣམ་པར་དག་པའོ། །ལྕེའི་འདུས་ཏེ་རེག་པ་ལས་བྱུང་བའི་ཚོར་བ་ནི་

ཤིན་ཏུ་རྣམ་པར་དག་པའོ། །ལུས་ཀྱི་འདུས་ཏེ་རེག་པ་ལས་བྱུང་བའི་ཚོར་བ་ནི་ཤིན་ཏུ་རྣམ་པར་དག་པའོ། །ཡིད་ཀྱི་འདུས་ཏེ་རེག་པ་ལས་བྱུང་བའི་ཚོར་བ་ནི་ཤིན་ཏུ་རྣམ་པར་དག་པའོ། །སའི་ཁམས་ནི་ཤིན་ཏུ་རྣམ་པར་དག་པའོ། །ཆུའི་ཁམས་ནི་ཤིན་ཏུ་རྣམ་པར་དག་པའོ། །མེའི་ཁམས་ནི་ཤིན་ཏུ་རྣམ་པར་དག་པའོ། །རླུང་གི་ཁམས་ནི་ཤིན་ཏུ་རྣམ་པར་དག་པའོ། །ནམ་མཁའི་ཁམས་ནི་ཤིན་ཏུ་རྣམ་པར་དག་པའོ། །རྣམ་པར་ཤེས་པའི་ཁམས་ནི་ཤིན་ཏུ་རྣམ་པར་དག་པའོ། །མ་རིག་པ་ནི་ཤིན་ཏུ་རྣམ་པར་དག་པའོ། །འདུ་བྱེད་ནི་ཤིན་ཏུ་རྣམ་པར་དག་པའོ། །རྣམ་པར་①ཤེས་པ་ནི་ཤིན་ཏུ་རྣམ་པར་དག་པའོ། །མིང་དང་གཟུགས་ནི་ཤིན་ཏུ་རྣམ་པར་དག་པའོ། །སྐྱེ་མཆེད་དྲུག་ནི་ཤིན་ཏུ་རྣམ་པར་དག་པའོ། །རེག་པ་ནི་ཤིན་ཏུ་རྣམ་པར་དག་པའོ། །ཚོར་བ་ནི་ཤིན་ཏུ་རྣམ་པར་དག་པའོ། །སྲེད་པ་ནི་ཤིན་ཏུ་རྣམ་པར་དག་པའོ། །ལེན་པ་ནི་ཤིན་ཏུ་རྣམ་པར་དག་པའོ། །སྲིད་པ་ནི་ཤིན་ཏུ་རྣམ་པར་དག་པའོ། །སྐྱེ་བ་ནི་ཤིན་ཏུ་རྣམ་པར་དག་པའོ། །རྒ་ཤི་ནི་ཤིན་ཏུ་རྣམ་པར་དག་པའོ། །སྦྱིན་པའི་ཕ་རོལ་ཏུ་ཕྱིན་པ་ནི་ཤིན་ཏུ་རྣམ་པར་དག་པའོ། །ཚུལ་ཁྲིམས་ཀྱི་ཕ་རོལ་ཏུ་ཕྱིན་པ་ནི་ཤིན་ཏུ་རྣམ་པར་དག་པའོ། །བཟོད་པའི་ཕ་རོལ་ཏུ་ཕྱིན་པ་ནི་ཤིན་ཏུ་རྣམ་པར་དག་པའོ། །བརྩོན་འགྲུས་ཀྱི་ཕ་རོལ་ཏུ་ཕྱིན་པ་ནི་ཤིན་ཏུ་རྣམ་པར་དག་པའོ། །བསམ་གཏན་གྱི་ཕ་རོལ་ཏུ་ཕྱིན་པ་ནི་ཤིན་ཏུ་རྣམ་པར་དག་པའོ། །ཤེས་རབ་ཀྱི་ཕ་རོལ་ཏུ་ཕྱིན་པ་ནི་ཤིན་ཏུ་རྣམ་པར་དག་པའོ། །ནང་སྟོང་པ་ཉིད་ནི་ཤིན་ཏུ་རྣམ་པར་དག་པའོ། །ཕྱི་སྟོང་པ་ཉིད་ནི་ཤིན་ཏུ་རྣམ་པར་དག་པའོ། །ཕྱི་ནང་སྟོང་པ་ཉིད་ནི་ཤིན་ཏུ་རྣམ་པར་དག་པའོ། །སྟོང་པ་ཉིད་སྟོང་པ་ཉིད་ནི་ཤིན་ཏུ་རྣམ་པར་དག་པའོ། །ཆེན་པོ་སྟོང་པ་ཉིད་ནི་ཤིན་ཏུ་རྣམ་པར་དག་པའོ། །

དོན་དམ་པ་སྟོང་པ་ཉིད་ནི་ཤིན་ཏུ་རྣམ་པར་དག་པའོ། །འདུས་བྱས་སྟོང་པ་ཉིད་ནི་ཤིན་ཏུ་རྣམ་པར་དག་པའོ། །འདུས་མ་བྱས་སྟོང་པ་ཉིད་ནི་ཤིན་ཏུ་རྣམ་པར་དག་པའོ། །མཐའ་ལས་འདས་པ་སྟོང་པ་ཉིད་ནི་ཤིན་ཏུ་རྣམ་པར་དག་པའོ། །ཐོག་མ་དང་ཐ་མ་མེད་པ་སྟོང་པ་ཉིད་ནི་ཤིན་ཏུ་རྣམ་པར་དག་པའོ། །དོར་བ་མེད་པ་སྟོང་པ་ཉིད་ནི་ཤིན་ཏུ་རྣམ་པར་དག་པའོ། །རང་བཞིན་སྟོང་པ་ཉིད་ནི་ཤིན་ཏུ་རྣམ་པར་དག་པའོ། །ཆོས་ཐམས་ཅད་སྟོང་པ་ཉིད་ནི་ཤིན་ཏུ་རྣམ་པར་དག་པའོ། །རང་གི་མཚན་ཉིད་སྟོང་པ་ཉིད་ནི་ཤིན་ཏུ་རྣམ་པར་དག་པའོ། །མི་དམིགས་པ་སྟོང་པ་ཉིད་ནི་ཤིན་ཏུ་རྣམ་པར་དག་པའོ། །དངོས་པོ་མེད་པ་སྟོང་པ་ཉིད་ནི་ཤིན་ཏུ་རྣམ་པར་དག་པའོ། །ངོ་བོ་ཉིད་སྟོང་པ་ཉིད་ནི་ཤིན་ཏུ་རྣམ་པར་དག་པའོ། །དངོས་པོ་མེད་པའི་ངོ་བོ་ཉིད་སྟོང་པ་ཉིད་ནི་ཤིན་ཏུ་རྣམ་པར་དག་པའོ། །དྲན་པ་ཉེ་བར་གཞག་པ་རྣམས་ནི་ཤིན་ཏུ་རྣམ་པར་དག་པའོ། །ཡང་དག་པར་སྤོང་བ་རྣམས་ནི་ཤིན་ཏུ་རྣམ་པར་དག་པའོ། །རྫུ་འཕྲུལ་གྱི་རྐང་པ་རྣམས་ནི་ཤིན་ཏུ་རྣམ་པར་དག་པའོ། །དབང་པོ་རྣམས་[༡]ནི་ཤིན་ཏུ་རྣམ་པར་དག་པའོ། །སྟོབས་རྣམས་[༢]ནི་ཤིན་ཏུ་རྣམ་པར་དག་པའོ། །བྱང་ཆུབ་ཀྱི་ཡན་ལག་བདུན་ནི་ཤིན་ཏུ་རྣམ་པར་དག་པའོ། །འཕགས་པའི་ལམ་ཡན་ལག་བརྒྱད་པ་ནི་ཤིན་ཏུ་རྣམ་པར་དག་པའོ། །འཕགས་པའི་བདེན་པ་རྣམས་ནི་ཤིན་ཏུ་རྣམ་པར་དག་པའོ། །བསམ་གཏན་རྣམས་ནི་ཤིན་ཏུ་རྣམ་པར་དག་པའོ། །ཚད་མེད་པ་རྣམས་ནི་ཤིན་ཏུ་རྣམ་པར་དག་པའོ། །གཟུགས་མེད་པའི་སྙོམས་པར་འཇུག་པ་རྣམས་ནི་ཤིན་ཏུ་རྣམ་པར་དག་པའོ། །རྣམ་པར་ཐར་པ་བརྒྱད་ནི་ཤིན་ཏུ་རྣམ་པར་དག་པའོ། །མཐར་གྱིས་གནས་པའི་སྙོམས་པར་འཇུག་པ་དགུ་ནི་ཤིན་ཏུ་རྣམ་པར་[༣]དག་པའོ། །རྣམ་པར་ཐར་པའི་སྒོ་སྟོང་པ་ཉིད་དང་།

མཚན་མ་མེད་པ་དང་སྨོན་པ་མེད་པ་ནི་ཤིན་ཏུ་རྣམ་པར་དག་པའོ། །མངོན་པར་ཤེས་པ་རྣམས་ནི་ཤིན་ཏུ་རྣམ་པར་དག་པའོ། །ཏིང་ངེ་འཛིན་རྣམས་ནི་ཤིན་ཏུ་རྣམ་པར་དག་པའོ། །གཟུངས་ཀྱི་སྒོ་རྣམས་ནི་ཤིན་ཏུ་རྣམ་པར་དག་པའོ། །དེ་བཞིན་གཤེགས་པའི་སྟོབས་བཅུ་ནི་ཤིན་ཏུ་རྣམ་པར་དག་པའོ། །མི་འཇིགས་པ་བཞི་ནི་ཤིན་ཏུ་རྣམ་པར་དག་པའོ། །སོ་སོ་ཡང་དག་པར་རིག་པ་བཞི་ནི་ཤིན་ཏུ་རྣམ་པར་དག་པའོ། །བྱམས་པ་ཆེན་པོ་ནི་ཤིན་ཏུ་རྣམ་པར་དག་པའོ། །སྙིང་རྗེ་ཆེན་པོ་ནི་ཤིན་ཏུ་རྣམ་པར་དག་པའོ། །སངས་རྒྱས་ཀྱི་ཆོས་མ་འདྲེས་པ་བཅོ་བརྒྱད་ནི་ཤིན་ཏུ་རྣམ་པར་དག་པའོ། །རྒྱུན་དུ་ཞུགས་པའི་འབྲས་བུ་ནི་ཤིན་[༡]ཏུ་རྣམ་པར་དག་པའོ། །ལན་ཅིག་ཕྱིར་འོང་བའི་འབྲས་བུ་ནི་ཤིན་ཏུ་རྣམ་པར་དག་པའོ། །ཕྱིར་མི་འོང་བའི་འབྲས་བུ་ནི་ཤིན་ཏུ་རྣམ་པར་དག་པའོ། །དགྲ་བཅོམ་པ་ཉིད་ནི་ཤིན་ཏུ་རྣམ་པར་དག་པའོ། །རང་བྱང་ཆུབ་ནི་ཤིན་ཏུ་རྣམ་པར་དག་པའོ། །ལམ་གྱི་རྣམ་པ་[༢]ཤེས་པ་ཉིད་ནི་ཤིན་ཏུ་རྣམ་པར་དག་པའོ། །རྣམ་པ་ཐམས་ཅད་མཁྱེན་པ་ཉིད་ནི་ཤིན་ཏུ་རྣམ་པར་དག་པའོ། །རབ་འབྱོར་དེ་ལྟར་ན་བྱང་ཆུབ་སེམས་དཔའ་སེམས་དཔའ་ཆེན་པོ་ཤེས་རབ་ཀྱི་ཕ་རོལ་ཏུ་ཕྱིན་པ་ལ་སྤྱོད་པའི་ཚེ། སེམས་ཅན་རྣམས་ལ་ཆོས་སྟོན་ཀྱང་སེམས་ཅན་དུ་མི་དམིགས་སོ། །བྱང་ཆུབ་སེམས་དཔའ་སེམས་དཔའ་ཆེན་པོ་ནི་ཆོས་ཐམས་ཅད་མི་དམིགས་པ་ལ་དེ་མི་གནས་པའི་ཚུལ་གྱིས་གནས་ཏེ། གཟུགས་སྟོང་པ་ཉིད་མི་གནས་པའི་ཚུལ་དང་། ཚོར་བ་སྟོང་པ་ཉིད་མི་གནས་པའི་ཚུལ་དང་། འདུ་ཤེས་སྟོང་པ་ཉིད་མི་གནས་པའི་ཚུལ་དང་། འདུ་བྱེད་སྟོང་པ་ཉིད་མི་གནས་པའི་ཚུལ་དང་། རྣམ་པར་ཤེས་པ་སྟོང་པ་ཉིད་མི་གནས་པའི་ཚུལ་དང་། མིག་སྟོང་པ་ཉིད་མི་གནས་པའི་ཚུལ་དང་། རྣ་བ་སྟོང་པ་ཉིད་མི་གནས་པའི་ཚུལ་

དང་། སྣ་སྟོང་པ་ཉིད་ཀྱི་གནས་པའི་ཚུལ་དང་། ལྕེ་སྟོང་པ་ཉིད་ཀྱི་གནས་པའི་ཚུལ་དང་། ལུས་སྟོང་པ་ཉིད་ཀྱི་གནས་པའི་ཚུལ་དང་། ཡིད་སྟོང་པ་ཉིད་ཀྱི་གནས་པའི་ཚུལ་དང་། གཟུགས་སྟོང་པ་ཉིད་ཀྱི་གནས་པའི་ཚུལ་དང་། སྒྲ་སྟོང་པ་ཉིད་ཀྱི་གནས་པའི་ཚུལ་དང་། དྲི་སྟོང་པ་ཉིད་ཀྱི་གནས་པའི་ཚུལ་དང་། རོ་སྟོང་པ་ཉིད་ཀྱི་གནས་པའི་ཚུལ་དང་། རེག་སྟོང་པ་ཉིད་ཀྱི་གནས་པའི་ཚུལ་དང་། ཆོས་སྟོང་པ་ཉིད་ཀྱི་གནས་པའི་ཚུལ་དང་། མིག་གི་རྣམ་པར་ཤེས་པ་སྟོང་པ་ཉིད་ཀྱི་གནས་པའི་ཚུལ་དང་། རྣ་བའི་རྣམ་པར་ཤེས་པ་སྟོང་པ་ཉིད་ཀྱི་གནས་པའི་ཚུལ་དང་། སྣའི་རྣམ་པར་ཤེས་པ་སྟོང་པ་ཉིད་ཀྱི་གནས་པའི་ཚུལ་དང་། ལྕེའི་རྣམ་པར་ཤེས་པ་སྟོང་པ་ཉིད་ཀྱི་གནས་པའི་ཚུལ་དང་། ལུས་ཀྱི་རྣམ་པར་ཤེས་པ་སྟོང་པ་ཉིད་ཀྱི་གནས་པའི་ཚུལ་དང་། ཡིད་ཀྱི་རྣམ་པར་ཤེས་པ་སྟོང་པ་ཉིད་ཀྱི་གནས་པའི་ཚུལ་དང་། མིག་གི་འདུས་ཏེ་རེག་པ་སྟོང་པ་ཉིད་ཀྱི་གནས་པའི་ཚུལ་དང་། རྣ་བའི་འདུས་ཏེ་རེག་པ་སྟོང་པ་ཉིད་ཀྱི་གནས་པའི་ཚུལ་དང་། སྣའི་འདུས་ཏེ་རེག་པ་སྟོང་པ་ཉིད་ཀྱི་གནས་པའི་ཚུལ་དང་། ལྕེའི་འདུས་ཏེ་རེག་པ་སྟོང་པ་ཉིད་ཀྱི་གནས་པའི་ཚུལ་དང་། ལུས་ཀྱི་འདུས་ཏེ་རེག་པ་སྟོང་པ་ཉིད་ཀྱི་གནས་པའི་ཚུལ་དང་། ཡིད་ཀྱི་འདུས་ཏེ་རེག་པ་སྟོང་པ་ཉིད་ཀྱི་གནས་པའི་ཚུལ་དང་། མིག་གི་འདུས་ཏེ་རེག་པའི་རྐྱེན་གྱིས་ཚོར་བ་སྟོང་པ་ཉིད་ཀྱི་གནས་པའི་ཚུལ་དང་། རྣ་བའི་འདུས་ཏེ་རེག་པའི་རྐྱེན་གྱིས་ཚོར་བ་སྟོང་པ་ཉིད་ཀྱི་གནས་པའི་ཚུལ་དང་། སྣའི་འདུས་ཏེ་རེག་པའི་རྐྱེན་གྱིས་ཚོར་བ་སྟོང་པ་ཉིད་ཀྱི་གནས་པའི་ཚུལ་དང་། ལྕེའི་འདུས་ཏེ་རེག་པའི་རྐྱེན་གྱིས་ཚོར་བ་སྟོང་པ་ཉིད་ཀྱི་གནས་པའི་ཚུལ་དང་། ལུས་ཀྱི་འདུས་ཏེ་རེག་པའི་རྐྱེན་གྱིས་ཚོར་བ་སྟོང་པ་ཉིད་ཀྱི་གནས་པའི་ཚུལ་དང་། ཡིད་ཀྱི་འདུས་

ཏེ་རིག་པའི་རྐྱེན་གྱིས་ཚོར་བ་སྟོང་པ་ཉིད་ཀྱི་གནས་པའི་ཚུལ་དང་། སའི་ཁམས་སྟོང་པ་ཉིད་ཀྱི་གནས་པའི་ཚུལ་དང་། ཆུའི་ཁམས་སྟོང་པ་ཉིད་ཀྱི་གནས་པའི་ཚུལ་དང་། མེའི་ཁམས་སྟོང་པ་ཉིད་ཀྱི་གནས་པའི་ཚུལ་དང་། རླུང་གི་ཁམས་སྟོང་པ་ཉིད་ཀྱི་གནས་པའི་ཚུལ་དང་། ནམ་མཁའི་ཁམས་སྟོང་པ་ཉིད་ཀྱི་གནས་པའི་ཚུལ་དང་། རྣམ་པར་ཤེས་པའི་ཁམས་སྟོང་པ་ཉིད་ཀྱི་གནས་པའི་ཚུལ་དང་། མ་རིག་པ་སྟོང་པ་ཉིད་ཀྱི་གནས་པའི་ཚུལ་དང་། འདུ་བྱེད་སྟོང་པ་②ཉིད་ཀྱི་གནས་པའི་ཚུལ་དང་། རྣམ་པར་ཤེས་པ་སྟོང་པ་ཉིད་ཀྱི་གནས་པའི་ཚུལ་དང་། མིང་དང་གཟུགས་སྟོང་པ་ཉིད་ཀྱི་གནས་པའི་ཚུལ་དང་། སྐྱེ་མཆེད་དྲུག་སྟོང་པ་ཉིད་ཀྱི་གནས་པའི་ཚུལ་དང་། རེག་པ་སྟོང་པ་ཉིད་ཀྱི་གནས་པའི་ཚུལ་དང་། ཚོར་བ་སྟོང་པ་ཉིད་ཀྱི་གནས་པའི་ཚུལ་དང་། སྲེད་པ་སྟོང་པ་ཉིད་ཀྱི་གནས་པའི་ཚུལ་དང་། ལེན་པ་སྟོང་པ་ཉིད་ཀྱི་གནས་པའི་ཚུལ་དང་། སྲིད་པ་སྟོང་པ་ཉིད་ཀྱི་གནས་པའི་ཚུལ་དང་། སྐྱེ་བ་སྟོང་པ་ཉིད་ཀྱི་གནས་པའི་ཚུལ་དང་། རྒ་ཤི་སྟོང་པ་ཉིད་ཀྱི་གནས་པའི་ཚུལ་དང་། སྦྱིན་པའི་ཕ་རོལ་ཏུ་ཕྱིན་པ་སྟོང་པ་ཉིད་ཀྱི་གནས་པའི་ཚུལ་དང་། ཚུལ་ཁྲིམས་ཀྱི་ཕ་རོལ་ཏུ་ཕྱིན་པ་སྟོང་པ་ཉིད་ཀྱི་གནས་པའི་ཚུལ་དང་། བཟོད་པའི་ཕ་རོལ་ཏུ་ཕྱིན་པ་སྟོང་པ་ཉིད་ཀྱི་གནས་པའི་ཚུལ་དང་། བརྩོན་འགྲུས་ཀྱི་ཕ་རོལ་ཏུ་ཕྱིན་པ་སྟོང་པ་ཉིད་ཀྱི་གནས་པའི་ཚུལ་དང་། བསམ་གཏན་གྱི་ཕ་རོལ་ཏུ་ཕྱིན་པ་སྟོང་པ་ཉིད་ཀྱི་གནས་པའི་ཚུལ་དང་། ཤེས་རབ་ཀྱི་ཕ་རོལ་ཏུ་ཕྱིན་པ་སྟོང་པ་ཉིད་ཀྱི་གནས་པའི་ཚུལ་དང་། ནང་སྟོང་པ་ཉིད་ཀྱི་གནས་པའི་ཚུལ་དང་། ཕྱི་སྟོང་པ་ཉིད་ཀྱི་གནས་པའི་ཚུལ་དང་། ཕྱི་ནང་སྟོང་པ་ཉིད་ཀྱི་གནས་པའི་ཚུལ་དང་། སྟོང་པ་ཉིད་སྟོང་པ་ཉིད་ཀྱི་གནས་པའི་ཚུལ་དང་། ཆེན་པོ་སྟོང་པ་ཉིད་ཀྱི་གནས་པའི་ཚུལ་དང་། དོན་

དམ་པ་སྟོང་པ་ཉིད་ཀྱི་གནས་པའི་ཚུལ་དང་། འདུས་བྱས་སྟོང་པ་ཉིད་ཀྱི་གནས་པའི་ཚུལ་དང་། འདུས་མ་བྱས་སྟོང་པ་ཉིད་ཀྱི་གནས་པའི་ཚུལ་དང་། མཐའ་ལས་འདས་པ་སྟོང་པ་ཉིད་ཀྱི་གནས་པའི་ཚུལ་དང་། ཐོག་མ་དང་ཐ་མ་མེད་པ་སྟོང་པ་ཉིད་ཀྱི་གནས་པའི་ཚུལ་དང་། དོར་བ་མེད་པ་སྟོང་པ་ཉིད་ཀྱི་གནས་པའི་ཚུལ་དང་། རང་བཞིན་སྟོང་པ་ཉིད་ཀྱི་གནས་པའི་ཚུལ་དང་། ཆོས་ཐམས་ཅད་སྟོང་པ་ཉིད་ཀྱི་གནས་པའི་ཚུལ་དང་། རང་གི་མཚན་ཉིད་སྟོང་པ་ཉིད་ཀྱི་གནས་པའི་ཚུལ་དང་། མི་དམིགས་པ་སྟོང་པ་ཉིད་ཀྱི་གནས་པའི་ཚུལ་དང་། དངོས་པོ་མེད་པ་སྟོང་པ་ཉིད་ཀྱི་གནས་པའི་ཚུལ་དང་། ངོ་བོ་ཉིད་སྟོང་པ་ཉིད་ཀྱི་གནས་པའི་ཚུལ་དང་། དངོས་པོ་མེད་པའི་ངོ་བོ་ཉིད་སྟོང་པ་ཉིད་ཀྱི་གནས་པའི་ཚུལ་དང་། དྲན་པ་ཉེ་བར་གཞག་པ་སྟོང་པ་ཉིད་ཀྱི་གནས་པའི་ཚུལ་དང་། ཡང་དག་པར་སྤོང་བ་སྟོང་པ་ཉིད་ཀྱི་གནས་པའི་ཚུལ་དང་། རྫུ་འཕྲུལ་གྱི་རྐང་པ་སྟོང་པ་ཉིད་ཀྱི་གནས་པའི་ཚུལ་དང་། དབང་པོ་སྟོང་པ་ཉིད་ཀྱི་གནས་པའི་ཚུལ་དང་། སྟོབས་སྟོང་པ་ཉིད་ཀྱི་གནས་པའི་ཚུལ་དང་། བྱང་ཆུབ་ཀྱི་ཡན་ལག་སྟོང་པ་ཉིད་ཀྱི་གནས་པའི་ཚུལ་དང་། འཕགས་པའི་ལམ་ཡན་ལག་བརྒྱད་པ་སྟོང་པ་ཉིད་ཀྱི་གནས་པའི་ཚུལ་དང་། འཕགས་པའི་བདེན་པ་སྟོང་པ་ཉིད་ཀྱི་གནས་པའི་ཚུལ་དང་། བསམ་གཏན་སྟོང་པ་ཉིད་ཀྱི་གནས་པའི་ཚུལ་དང་། ཚད་མེད་པ་སྟོང་པ་ཉིད་ཀྱི་གནས་པའི་ཚུལ་དང་། གཟུགས་མེད་པའི་སྙོམས་པར་འཇུག་པ་སྟོང་པ་ཉིད་ཀྱི་གནས་པའི་ཚུལ་དང་། རྣམ་པར་ཐར་པ་སྟོང་པ་ཉིད་ཀྱི་གནས་པའི་ཚུལ་དང་། མཐར་གྱིས་གནས་པའི་སྙོམས་པར་འཇུག་པ་སྟོང་པ་ཉིད་ཀྱི་གནས་པའི་ཚུལ་དང་། རྣམ་པར་ཐར་པའི་སྒོ་སྟོང་པ་ཉིད་དང་མཚན་མ་མེད་པ་དང་། སྨོན་པ་མེད་པ་སྟོང་པ་ཉིད་ཀྱི་གནས་

པའི་ཚུལ་དང་། ༔མངོན་པར་ཤེས་པ་སྟོང་པ་ཉིད་ཀྱི་གནས་པའི་ཚུལ་དང་།① ཏིང་ངེ་འཛིན་སྟོང་པ་ཉིད་ཀྱི་གནས་པའི་ཚུལ་དང་། གཟུངས་ཀྱི་སྒོ་སྟོང་པ་ཉིད་ཀྱི་གནས་པའི་ཚུལ་དང་། དེ་བཞིན་གཤེགས་པའི་སྟོབས་བཅུ་སྟོང་པ་ཉིད་ཀྱི་གནས་པའི་ཚུལ་དང་། མི་འཇིགས་པ་བཞི་སྟོང་པ་ཉིད་ཀྱི་གནས་པའི་ཚུལ་དང་། སོ་སོ་ཡང་དག་པར་རིག་པ་②སྟོང་པ་ཉིད་ཀྱི་གནས་པའི་ཚུལ་དང་། བྱམས་པ་ཆེན་པོ་སྟོང་པ་ཉིད་ཀྱི་གནས་པའི་ཚུལ་དང་། སྙིང་རྗེ་ཆེན་པོ་སྟོང་པ་ཉིད་ཀྱི་གནས་པའི་ཚུལ་དང་། སངས་རྒྱས་ཀྱི་ཆོས་མ་འདྲེས་པ་བཅོ་བརྒྱད་སྟོང་པ་ཉིད་ཀྱི་གནས་པའི་ཚུལ་དང་། རྒྱུན་དུ་ཞུགས་པའི་འབྲས་བུ་སྟོང་པ་ཉིད་ཀྱི་གནས་པའི་ཚུལ་དང་། ལན་ཅིག་ཕྱིར་འོང་བའི་འབྲས་བུ་སྟོང་པ་ཉིད་ཀྱི་གནས་པའི་ཚུལ་དང་། ཕྱིར་མི་འོང་བའི་འབྲས་བུ་སྟོང་པ་ཉིད་ཀྱི་གནས་པའི་ཚུལ་དང་། དགྲ་བཅོམ་པ་ཉིད་སྟོང་པ་ཉིད་ཀྱི་གནས་པའི་ཚུལ་དང་། རང་བྱང་ཆུབ་སྟོང་པ་ཉིད་ཀྱི་གནས་པའི་ཚུལ་དང་། ལམ་གྱི་རྣམ་པ་③ཤེས་པ་ཉིད་སྟོང་པ་ཉིད་ཀྱི་གནས་པའི་ཚུལ་དང་། རྣམ་པ་ཐམས་ཅད་མཁྱེན་པ་ཉིད༔སྟོང་པ་ཉིད་ཀྱི་གནས་པའི་ཚུལ་དང་། འདུས་བྱས་ཀྱི་ཆོས་རྣམས་སྟོང་པ་ཉིད་ཀྱི་གནས་པའི་ཚུལ་དང་། འདུས་མ་བྱས་ཀྱི་ཆོས་རྣམས་④སྟོང་པ་ཉིད་ཀྱི་གནས་པའི་ཚུལ་གྱིས་གནས་ཏེ། འདུས་བྱས་དང་འདུས་མ་བྱས་ཀྱི་ཆོས་རྣམས་⑤ནི་གང་ཡང་གནས་པ་མེད་དོ། །དེ་ཅིའི་ཕྱིར་ཞེ་ན། དེ་ནི་འདི་ལྟར་གང་ལ་གནས་པར་བྱ་བ་དེ་ལྟ་བུའི་ངོ་བོ་ཉིད་ཀྱི་དམིགས་ཏེ། དངོས་པོ་མེད་པ་ལ་དངོས་པོ་⑥མེད་པ་མི་གནས་སོ། །རང་བཞིན་ལ་རང་བཞིན་མི་གནས་སོ། །གཞན་གྱི་དངོས་པོ་ལ་གཞན་གྱི་དངོས་པོ་མི་གནས་སོ། །དེ་ཅིའི་ཕྱིར་ཞེ་ན། དེ་ནི་འདི་ལྟར་དེ་དག་ཐམས་ཅད་དམིགས་སུ་མེད་དེ། གང་དམིགས་སུ་མེད་པ་དེ་ནི་གང་ལ་ཡང་མི་གནས་སོ། །རབ

འབྱོར་དེ་ལྟར་ན་བྱང་ཆུབ་སེམས་དཔའ་སེམས་དཔའ་ཆེན་པོ་ཤེས་རབ་ཀྱི་ཕ་རོལ་ཏུ་ཕྱིན་པ་ལ་སྤྱོད་པའི་ཚེ། ཆོས་དེ་དག་ཐམས་ཅད་སྟོང་པ་ཉིད་ཐམས་ཅད་ཀྱིས་རབ་ཏུ་འབྱེད་དེ། རབ་འབྱོར་ཤེས་རབ་ཀྱི་ཕ་རོལ་ཏུ་ཕྱིན་པ་ལ་དེ་ལྟར་སྤྱོད་པའི་(༡)བྱང་ཆུབ་སེམས་དཔའ་སེམས་དཔའ་ཆེན་པོས་སངས་རྒྱས་བཅོམ་ལྡན་འདས་རྣམས་དང་། བྱང་ཆུབ་སེམས་དཔའ་སེམས་དཔའ་ཆེན་པོ་རྣམས་དང་། རང་སངས་རྒྱས་རྣམས་དང་། ཉན་ཐོས་རྣམས་དང་། འཕགས་པ་ཐམས་ཅད་ཀྱི་སྐྱོན་དུ་མི་བྱའོ། །དེ་ཅིའི་ཕྱིར་ཞེ་ན། དེ་ནི་འདི་ལྟར་སངས་རྒྱས་བཅོམ་ལྡན་འདས་དེ་དག་དང་། བྱང་ཆུབ་སེམས་དཔའ་སེམས་དཔའ་ཆེན་པོ་དེ་དག་དང་། རང་སངས་རྒྱས་དེ་དག་དང་། ཉན་ཐོས་དེ་དག་གིས་ཀྱང་ཆོས་ཉིད་དེ་རྗེས་སུ་རྟོགས་ཏེ། ཆོས་ཉིད་དེ་རྗེས་སུ་རྟོགས་ནས་(༢)ཀྱང་། སེམས་ཅན་རྣམས་ལ་ཆོས་སྟོན་ཏེ། དེ་ཡང་(༣)ཆོས་རྣམས་ཀྱི་ཆོས་ཉིད་ལས་མི་འདའོ། །དེ་ཅིའི་ཕྱིར་ཞེ་ན། རབ་འབྱོར་ཆོས་ཀྱི་དབྱིངས་ནི་འདའ་བ་མེད་དོ། །དེ་བཞིན་ཉིད་དང་ཡང་དག་པའི་མཐའ་ནི་འདའ་བ་མེད་དོ། །དེ་ཅིའི་ཕྱིར་ཞེ་ན། དེ་དག་ལ་གང་འདའ་བར་འགྱུར་བའི་རང་བཞིན་མེད་དོ།། །།

ཤེས་རབ་ཀྱི་ཕ་རོལད་ཏུ་ཕྱིནད་པ་སྟོང་ཕྲག་བརྒྱ་པ། བམ་པོ་དྲུག་(༤)པ། དེ་ནས་ཚེ་དང་ལྡན་པ་རབ་འབྱོརད་ཀྱིས་བཅོམ་ལྡན་འདས་ལ་འདི་སྐད་ཅེས་གསོལ་ཏོ། །བཅོམ་ལྡན་འདས་གལ་ཏེ་དེ་ལྟར་ཆོས་ཀྱི་དབྱིངས་ལ་ཡང་འདའ་བ་མ་མཆིས། དེ་བཞིན་ཉིད་དང་ཡང་དག་པའི་མཐའ་ལ་ཡང་འདའ་བ་མ་མཆིས་ན་ཅི་ལགས། འོ་ན་གཟུགས་ཀྱང་གཞན་ལ། ཆོས་ཀྱི་དབྱིངས་ཀྱང་གཞན་དེ་བཞིན་ཉིད་ཀྱང་གཞན། ཡང་དག་པའི་མཐའ་ཡང་གཞན་ཞིག་ལགས་སམ། ཚོར་བ་ཡང་གཞན་ལ། ཆོས་ཀྱི་དབྱིངས་ཀྱང་གཞན། དེ་བཞིན་ཉིད་ཀྱང་

གཞན། ཡང་དག་པའི་མཐའ་ཡང་གཞན་ཞིག་ལགས་སམ། འདུ་ཤེས་ཀྱང་གཞན་ལ། ཆོས་ཀྱི་དབྱིངས་ཀྱང་གཞན། དེ་བཞིན་ཉིད་ཀྱང་གཞན། ཡང་དག་པའི་མཐའ་ཡང་གཞན་ཞིག་ལགས་སམ། འདུ་བྱེད་ཀྱང་གཞན་ལ། ཆོས་ཀྱི་དབྱིངས་ཀྱང་གཞན། དེ་བཞིན་ཉིད་ཀྱང་གཞན། ཡང་དག་པའི་མཐའ་ཡང་གཞན་ཞིག་ལགས་སམ། རྣམ་པར་ཤེས་པ་ཡང་གཞན་ལ། ཆོས་ཀྱི་དབྱིངས་ཀྱང་གཞན། དེ་བཞིན་ཉིད་ཀྱང་གཞན། ཡང་དག་པའི་མཐའ་ཡང་གཞན་ཞིག་ལགས་སམ། མིག་ཀྱང་གཞན་ལ། ཆོས་ཀྱི་དབྱིངས་ཀྱང་གཞན། དེ་བཞིན་ཉིད་ཀྱང་གཞན། ཡང་དག་པའི་མཐའ་ཡང་གཞན་ཞིག་ལགས་སམ། རྣ་བ་ཡང་གཞན་ལ། ཆོས་ཀྱི་དབྱིངས་ཀྱང་གཞན། དེ་བཞིན་ཉིད་ཀྱང་གཞན། ཡང་དག་པའི་མཐའ་ཡང་གཞན་ཞིག་ལགས་སམ། སྣ་ཡང་གཞན་ལ། ཆོས་ཀྱི་དབྱིངས་ཀྱང་གཞན། དེ་བཞིན་ཉིད་ཀྱང་གཞན། ཡང་དག་པའི་མཐའ་ཡང་གཞན་ཞིག་ལགས་སམ། ལྕེ་ཡང་གཞན་ལ། ཆོས་ཀྱི་དབྱིངས་ཀྱང་གཞན། དེ་བཞིན་ཉིད་ཀྱང་གཞན། ཡང་དག་པའི་མཐའ་ཡང་གཞན་ཞིག་ལགས་སམ། ལུས་ཀྱང་གཞན་ལ། ཆོས་ཀྱི་དབྱིངས་ཀྱང་གཞན། དེ་བཞིན་ཉིད་ཀྱང་གཞན། ཡང་དག་པའི་མཐའ་ཡང་གཞན་ཞིག་ལགས་སམ། ཡིད་ཀྱང་གཞན་ལ། ཆོས་ཀྱི་དབྱིངས་ཀྱང་གཞན། དེ་བཞིན་ཉིད་ཀྱང་གཞན། ཡང་དག་པའི་མཐའ་ཡང་གཞན་ཞིག་ལགས་སམ། གཟུགས་ཀྱང་གཞན་ལ། ཆོས་ཀྱི་དབྱིངས་ཀྱང་གཞན། དེ་བཞིན་ཉིད་ཀྱང་གཞན། ཡང་དག་པའི་མཐའ་ཡང་གཞན་ཞིག་ལགས་སམ། སྒྲ་ཡང་གཞན་ལ། ཆོས་ཀྱི་དབྱིངས་ཀྱང་གཞན། དེ་བཞིན་ཉིད་ཀྱང་གཞན། ཡང་དག་པའི་མཐའ་ཡང་གཞན་ཞིག་ལགས་སམ། དྲི་ཡང་གཞན་ལ། ཆོས་ཀྱི་དབྱིངས་ཀྱང་གཞན། དེ་བཞིན་ཉིད་ཀྱང་གཞན།

ཡང་དག་པའི་མཐའ་ཡང་གཞན་ཞིག་ལགས་སམ། རོ་ཡང་གཞན་ལ། ཆོས་ཀྱི་དབྱིངས་ཀྱང་གཞན། དེ་བཞིན་ཉིད་ཀྱང་གཞན། ཡང་དག་པའི་མཐའ་ཡང་གཞན་ཞིག་ལགས་སམ། རེག་ཀྱང་གཞན་ལ། ཆོས་ཀྱི་དབྱིངས་ཀྱང་གཞན། དེ་བཞིན་ཉིད་ཀྱང་གཞན། ཡང་དག་པའི་མཐའ་ཡང་གཞན་ཞིག་ལགས་སམ། ཆོས་ཀྱང་གཞན་ལ། ཆོས་ཀྱི་དབྱིངས་ཀྱང་གཞན། དེ་བཞིན་ཉིད་ཀྱང་གཞན། ཡང་དག་པའི་མཐའ་ཡང་གཞན་ཞིག་ལགས་སམ། མིག་གི་རྣམ་པར་ཤེས་པ་ཡང་[༡]གཞན་ལ། ཆོས་ཀྱི་དབྱིངས་ཀྱང་གཞན། དེ་བཞིན་ཉིད་ཀྱང་གཞན། ཡང་དག་པའི་མཐའ་ཡང་གཞན་ཞིག་ལགས་སམ། རྣ་བའི་རྣམ་པར་ཤེས་པ་ཡང་གཞན་ལ། ཆོས་ཀྱི་དབྱིངས་ཀྱང་གཞན། དེ་བཞིན་ཉིད་ཀྱང་གཞན། ཡང་དག་པའི་མཐའ་ཡང་གཞན་ཞིག་ལགས་སམ། སྣའི་རྣམ་པར་ཤེས་པ་ཡང་གཞན་ལ། ཆོས་ཀྱི་དབྱིངས་ཀྱང་གཞན། དེ་བཞིན་ཉིད་ཀྱང་གཞན། ཡང་དག་པའི་མཐའ་ཡང་གཞན་ཞིག་ལགས་སམ། ལྗེའི་རྣམ་པར་ཤེས་པ་ཡང་གཞན་ལ། ཆོས་ཀྱི་དབྱིངས་ཀྱང་གཞན། དེ་བཞིན་ཉིད་ཀྱང་གཞན། ཡང་དག་པའི་མཐའ་ཡང་གཞན་ཞིག་ལགས་སམ། ལུས་ཀྱི་རྣམ་པར་ཤེས་པ་ཡང་གཞན་ལ། ཆོས་ཀྱི་དབྱིངས་ཀྱང་གཞན། དེ་བཞིན་ཉིད་ཀྱང་གཞན། ཡང་དག་པའི་མཐའ་ཡང་གཞན་ཞིག་ལགས་སམ། ཡིད་ཀྱི་རྣམ་པར་ཤེས་པ་ཡང་གཞན་ལ། ཆོས་ཀྱི་དབྱིངས་ཀྱང་གཞན། དེ་བཞིན་ཉིད་ཀྱང་གཞན། ཡང་དག་པའི་མཐའ་ཡང་གཞན་ཞིག་ལགས་སམ། མིག་གི་འདུས་ཏེ་རེག་པ་ཡང་གཞན་ལ། ཆོས་ཀྱི་དབྱིངས་ཀྱང་གཞན། དེ་བཞིན་ཉིད་ཀྱང་གཞན། ཡང་དག་པའི་མཐའ་ཡང་གཞན་ཞིག་ལགས་སམ། རྣ་བའི་འདུས་ཏེ་རེག་པ་ཡང་གཞན་ལ། ཆོས་ཀྱི་དབྱིངས་ཀྱང་གཞན། དེ་བཞིན་

ཉིད་ཀྱང་གཞན། ཡང་དག་པའི་མཐའ་ཡང་གཞན་ཞིག་ལགས་སམ། སྣའི་འདུས་ཏེ་རེག་པ་ཡང་གཞན་ལ། ཆོས་ཀྱི་དབྱིངས་ཀྱང་གཞན། དེ་བཞིན་ཉིད་ཀྱང་གཞན། ཡང་དག་པའི་མཐའ་ཡང་གཞན་ཞིག་ལགས་སམ། ལྕེའི་འདུས་ཏེ་རེག་པ་ཡང་གཞན་ལ། ⑦ཆོས་ཀྱི་དབྱིངས་ཀྱང་གཞན། དེ་བཞིན་ཉིད་ཀྱང་གཞན། ཡང་དག་པའི་མཐའ་ཡང་གཞན་ཞིག་ལགས་སམ། ལུས་ཀྱི་འདུས་ཏེ་རེག་པ་ཡང་གཞན་ལ། ཆོས་ཀྱི་དབྱིངས་ཀྱང་གཞན། དེ་བཞིན་ཉིད་ཀྱང་གཞན། ཡང་དག་པའི་མཐའ་ཡང་གཞན་ཞིག་ལགས་སམ། ཡིད་ཀྱི་འདུས་ཏེ་རེག་པ་ཡང་གཞན་ལ། ཆོས་ཀྱི་དབྱིངས་ཀྱང་གཞན། དེ་བཞིན་ཉིད་ཀྱང་གཞན། ཡང་དག་པའི་མཐའ་ཡང་གཞན་ཞིག་ལགས་སམ། མིག་གི་འདུས་ཏེ་རེག་པའི་རྐྱེན་གྱིས་ཚོར་བ་ཡང་གཞན་ལ། ཆོས་ཀྱི་དབྱིངས་ཀྱང་གཞན། དེ་བཞིན་ཉིད་ཀྱང་གཞན། ཡང་དག་པའི་མཐའ་ཡང་གཞན་ཞིག་ལགས་སམ། རྣ་བའི་འདུས་ཏེ་རེག་པའི་རྐྱེན་གྱིས་ཚོར་བ་ཡང་གཞན་ལ། ཆོས་ཀྱི་དབྱིངས་ཀྱང་གཞན། དེ་བཞིན་ཉིད་ཀྱང་གཞན། ཡང་དག་པའི་མཐའ་ཡང་གཞན་ཞིག་ལགས་སམ། སྣའི་འདུས་ཏེ་རེག་པའི་རྐྱེན་གྱིས་ཚོར་བ་ཡང་གཞན་ལ། ཆོས་ཀྱི་དབྱིངས་ཀྱང་གཞན། དེ་བཞིན་ཉིད་ཀྱང་གཞན། ཡང་དག་པའི་མཐའ་ཡང་གཞན་ཞིག་ལགས་སམ། ལྕེའི་འདུས་ཏེ་རེག་པའི་རྐྱེན་གྱིས་ཚོར་བ་ཡང་གཞན་ལ། ཆོས་ཀྱི་དབྱིངས་ཀྱང་གཞན། དེ་བཞིན་ཉིད་ཀྱང་གཞན། ཡང་དག་པའི་མཐའ་ཡང་གཞན་ཞིག་ལགས་སམ། ལུས་ཀྱི་འདུས་ཏེ་རེག་པའི་རྐྱེན་གྱིས་ཚོར་བ་ཡང་གཞན་ལ། ཆོས་ཀྱི་དབྱིངས་ཀྱང་གཞན། དེ་བཞིན་ཉིད་ཀྱང་གཞན། ཡང་དག་པའི་མཐའ་ཡང་གཞན་ཞིག་ལགས་སམ། ཡིད་ཀྱི་འདུས་ཏེ་རེག་པའི་རྐྱེན་གྱིས་ཚོར་བ་ཡང་གཞན་ལ། ཆོས་ཀྱི་དབྱིངས་ཀྱང་གཞན།

དེ་བཞིན་ཉིད་ཀྱང་གཞན། ཡང་དག་པའི་མཐའ་ཡང་གཞན་ཞིག་ལགས་སམ། སའི་ཁམས་ཀྱང་གཞན་ལ། ཆོས་ཀྱི་དབྱིངས་ཀྱང་གཞན། དེ་བཞིན་ཉིད་ཀྱང་གཞན། ཡང་དག་པའི་མཐའ་ཡང་གཞན་ཞིག་ལགས་སམ། ཆུའི་ཁམས་ཀྱང་གཞན་ལ། ཆོས་ཀྱི་དབྱིངས་ཀྱང་གཞན་དེ་བཞིན་ཉིད་ཀྱང་གཞན། ཡང་དག་པའི་མཐའ་ཡང་གཞན་ཞིག་ལགས་སམ། མེའི་ཁམས་ཀྱང་གཞན་ལ། ཆོས་ཀྱི་དབྱིངས་ཀྱང་གཞན། དེ་བཞིན་ཉིད་ཀྱང་གཞན། ཡང་དག་པའི་མཐའ་ཡང་གཞན་ཞིག་ལགས་སམ། རླུང་གི་ཁམས་ཀྱང་གཞན་ལ། ཆོས་ཀྱི་དབྱིངས་ཀྱང་གཞན། དེ་བཞིན་ཉིད་ཀྱང་གཞན། ཡང་དག་པའི་མཐའ་ཡང་གཞན་ཞིག་ལགས་སམ། ནམ་མཁའི་ཁམས་ཀྱང་གཞན་ལ། ཆོས་ཀྱི་དབྱིངས་ཀྱང་གཞན། དེ་བཞིན་ཉིད་ཀྱང་གཞན། ཡང་དག་པའི་མཐའ་ཡང་གཞན་ཞིག་ལགས་སམ། རྣམ་པར་ཤེས་པའི་ཁམས་ཀྱང་གཞན་ལ། ཆོས་ཀྱི་དབྱིངས་ཀྱང་གཞན། དེ་བཞིན་ཉིད་ཀྱང་གཞན། ཡང་དག་པའི་མཐའ་ཡང་གཞན་ཞིག་ལགས་སམ། མ་རིག་པ་ཡང་གཞན་ལ། ཆོས་ཀྱི་དབྱིངས་ཀྱང་གཞན། དེ་བཞིན་ཉིད་ཀྱང་གཞན། ཡང་དག་པའི་མཐའ་ཡང་གཞན་ཞིག་ལགས་སམ། འདུ་བྱེད་ཀྱང་གཞན་ལ། ཆོས་ཀྱི་དབྱིངས་ཀྱང་གཞན། དེ་བཞིན་ཉིད་ཀྱང་གཞན། ཡང་དག་པའི་མཐའ་ཡང་གཞན་ཞིག་ལགས་སམ། རྣམ་པར་ཤེས་པ་ཡང་གཞན་ལ། ཆོས་ཀྱི་དབྱིངས་ཀྱང་གཞན། དེ་བཞིན་ཉིད་ཀྱང་གཞན། ཡང་དག་པའི་མཐའ་ཡང་གཞན་ཞིག་ལགས་སམ། མིང་དང་གཟུགས་ཀྱང་གཞན་ལ། ཆོས་ཀྱི་དབྱིངས་ཀྱང་གཞན། དེ་བཞིན་ཉིད་ཀྱང་གཞན། ཡང་དག་པའི་མཐའ་ཡང་གཞན་ཞིག་ལགས་སམ། སྐྱེ་མཆེད་དྲུག་ཀྱང་གཞན་ལ། ཆོས་ཀྱི་དབྱིངས་ཀྱང་གཞན། དེ་བཞིན་ཉིད་ཀྱང་གཞན། ཡང་དག་པའི་མཐའ་ཡང་གཞན་

ཞིག་ལགས་སམ། རེག་པ་ཡང་གཞན་ལ། ཆོས་ཀྱི་དབྱིངས་ཀྱང་གཞན། དེ་བཞིན་ཉིད་ཀྱང་གཞན། ཡང་དག་པའི་མཐའ་ཡང་གཞན་ཞིག་ལགས་སམ། ཚོར་བ་ཡང་གཞན་ལ། ཆོས་ཀྱི་དབྱིངས་ཀྱང་གཞན། དེ་བཞིན་ཉིད་ཀྱང་གཞན། ཡང་དག་པའི་མཐའ་ཡང་གཞན་ཞིག་ལགས་སམ། སྲེད་པ་ཡང་གཞན་ལ། ཆོས་ཀྱི་དབྱིངས་ཀྱང་གཞན། དེ་བཞིན་ཉིད་ཀྱང་གཞན། ཡང་དག་པའི་མཐའ་ཡང་གཞན་ཞིག་ལགས་སམ། ལེན་པ་ཡང་གཞན་ལ། ཆོས་ཀྱི་དབྱིངས་ཀྱང་གཞན། དེ་བཞིན་ཉིད་ཀྱང་གཞན། ཡང་དག་པའི་མཐའ་ཡང་གཞན་ཞིག་ལགས་སམ། སྲིད་པ་ཡང་གཞན་ལ། ཆོས་ཀྱི་དབྱིངས་ཀྱང་གཞན། དེ་བཞིན་ཉིད་ཀྱང་གཞན། ཡང་དག་པའི་མཐའ་ཡང་གཞན་ཞིག་ལགས་སམ། སྐྱེ་བ་ཡང་གཞན་ལ། ཆོས་ཀྱི་དབྱིངས་ཀྱང་གཞན། དེ་བཞིན་ཉིད་ཀྱང་གཞན། ཡང་དག་པའི་མཐའ་ཡང་གཞན་ཞིག་ལགས་སམ། རྒ་ཤི་ཡང་གཞན་ལ། ཆོས་ཀྱི་དབྱིངས་ཀྱང་གཞན། དེ་བཞིན་ཉིད་ཀྱང་གཞན། ཡང་དག་པའི་མཐའ་ཡང་གཞན་ཞིག་ལགས་སམ། སྦྱིན་པའི་ཕ་རོལ་ཏུ་ཕྱིན་པ་ཡང་གཞན་ལ། ཆོས་ཀྱི་དབྱིངས་ཀྱང་གཞན། དེ་བཞིན་ཉིད་ཀྱང་གཞན། ཡང་དག་པའི་མཐའ་ཡང་གཞན་ཞིག་ལགས་སམ། ཚུལ་ཁྲིམས་ཀྱི་ཕ་རོལ་ཏུ་ཕྱིན་པ་ཡང་གཞན་ལ། ཆོས་ཀྱི་དབྱིངས་ཀྱང་གཞན། དེ་བཞིན་ཉིད་ཀྱང་གཞན། ཡང་དག་པའི་མཐའ་ཡང་གཞན་ཞིག་ལགས་སམ། བཟོད་པའི་ཕ་རོལ་ཏུ་ཕྱིན་པ་ཡང་གཞན་ལ། ཆོས་ཀྱི་དབྱིངས་ཀྱང་གཞན། དེ་བཞིན་ཉིད་ཀྱང་གཞན། ཡང་དག་པའི་མཐའ་ཡང་གཞན་ཞིག་ལགས་སམ། བརྩོན་འགྲུས་ཀྱི་ཕ་རོལ་ཏུ་ཕྱིན་པ་ཡང་གཞན་ལ། ཆོས་ཀྱི་དབྱིངས་ཀྱང་གཞན། དེ་བཞིན་ཉིད་ཀྱང་གཞན། ཡང་དག་པའི་མཐའ་ཡང་གཞན་ཞིག་ལགས་སམ།

བསམ་གཏན་གྱི་ཕ་རོལ་ཏུ་ཕྱིན་པ་ཡང་གཞན་ལ། ཆོས་ཀྱི་དབྱིངས་ཀྱང་གཞན། དེ་བཞིན་ཉིད་ཀྱང་གཞན། ཡང་དག་པའི་མཐའ་ཡང་གཞན་ཞིག་ལགས་སམ། ཤེས་རབ་ཀྱི་ཕ་རོལ་ཏུ་ཕྱིན་པ་ཡང་གཞན་ལ། ཆོས་ཀྱི་དབྱིངས་ཀྱང་གཞན། དེ་བཞིན་ཉིད་ཀྱང་གཞན། ཡང་དག་པའི་མཐའ་ཡང་གཞན་ཞིག་ལགས་སམ། ནང་སྟོང་པ་ཉིད་ཀྱང་གཞན་ལ། ཆོས་ཀྱི་དབྱིངས་ཀྱང་གཞན། དེ་བཞིན་ཉིད་ཀྱང་གཞན། ཡང་དག་པའི་མཐའ་ཡང་གཞན་ཞིག་ལགས་སམ། ཕྱི་སྟོང་པ་ཉིད་ཀྱང་གཞན་ལ། ཆོས་ཀྱི་དབྱིངས་ཀྱང་གཞན། དེ་བཞིན་ཉིད་ཀྱང་གཞན། ཡང་དག་པའི་མཐའ་ཡང་གཞན་ཞིག་ལགས་སམ། ཕྱི་ནང་སྟོང་པ་ཉིད་ཀྱང་གཞན་ལ། ཆོས་ཀྱི་དབྱིངས་ཀྱང་གཞན། དེ་བཞིན་ཉིད་ཀྱང་གཞན། ཡང་དག་པའི་མཐའ་ཡང་གཞན་ཞིག་ལགས་སམ། སྟོང་པ་ཉིད་སྟོང་པ་ཉིད་ཀྱང་གཞན་ལ། ཆོས་ཀྱི་དབྱིངས་ཀྱང་གཞན། དེ་བཞིན་ཉིད་ཀྱང་གཞན། ཡང་དག་པའི་མཐའ་ཡང་གཞན་ཞིག་ལགས་སམ། ཆེན་པོ་སྟོང་པ་ཉིད་ཀྱང་གཞན་ལ། ཆོས་ཀྱི་དབྱིངས་ཀྱང་གཞན། དེ་བཞིན་ཉིད་ཀྱང་གཞན། ཡང་དག་པའི་མཐའ་ཡང་གཞན་ཞིག་ལགས་སམ། དོན་དམ་པ་སྟོང་པ་ཉིད་ཀྱང་གཞན་ལ། ཆོས་ཀྱི་དབྱིངས་ཀྱང་གཞན། དེ་བཞིན་ཉིད་ཀྱང་གཞན། ཡང་དག་པའི་མཐའ་ཡང་གཞན་ཞིག་ལགས་སམ། འདུས་བྱས་སྟོང་པ་ཉིད་ཀྱང་གཞན་ལ། ཆོས་ཀྱི་དབྱིངས་ཀྱང་གཞན། དེ་བཞིན་ཉིད་ཀྱང་གཞན། ཡང་དག་པའི་མཐའ་ཡང་གཞན་ཞིག་ལགས་སམ། འདུས་མ་བྱས་སྟོང་པ་ཉིད་ཀྱང་གཞན་ལ། ཆོས་ཀྱི་དབྱིངས་ཀྱང་གཞན། དེ་བཞིན་ཉིད་ཀྱང་གཞན། ཡང་དག་པའི་མཐའ་ཡང་གཞན་ཞིག་ལགས་སམ། མཐའ་ལས་འདས་པ་སྟོང་པ་ཉིད་ཀྱང་གཞན་ལ། ཆོས་ཀྱི་དབྱིངས་ཀྱང་གཞན། དེ་བཞིན་ཉིད་ཀྱང་གཞན།

ཡང་དག་པའི་མཐའ་ཡང་གཞན་ཞིག་ལགས་སམ། ཐོག་མ་དང་ཐ་མ་མེད་པ་སྟོང་པ་ཉིད་ཀྱང་གཞན་ལ། ཆོས་ཀྱི་དབྱིངས་ཀྱང་གཞན། དེ་བཞིན་ཉིད་ཀྱང་གཞན། ཡང་དག་པའི་མཐའ་ཡང་གཞན་ཞིག་ལགས་སམ། དོར་བ་མེད་པ་སྟོང་པ་ཉིད་ཀྱང་གཞན་ལ། ཆོས་ཀྱི་དབྱིངས་ཀྱང་གཞན་དེ་བཞིན་ཉིད་ཀྱང་གཞན༑ ཡང་དག་པའི་མཐའ་ཡང་གཞན་ཞིག་ལགས་སམ། རང་བཞིན་སྟོང་པ་ཉིད་ཀྱང་གཞན་ལ། ཆོས་ཀྱི་དབྱིངས་ཀྱང་གཞན། དེ་བཞིན་ཉིད་ཀྱང་གཞན༑ ཡང་དག་པའི་མཐའ་ཡང་གཞན་ཞིག་ལགས་སམ། ཆོས་ཐམས་ཅད་སྟོང་པ་ཉིད་ཀྱང་གཞན་ལ། ཆོས་ཀྱི་དབྱིངས་①ཀྱང་གཞན། དེ་བཞིན་ཉིད་ཀྱང་གཞན། ཡང་དག་པའི་མཐའ་ཡང་གཞན་ཞིག་ལགས་སམ། རང་གི་མཚན་ཉིད་སྟོང་པ་ཉིད་ཀྱང་གཞན་ལ། ཆོས་ཀྱི་དབྱིངས་ཀྱང་གཞན། དེ་བཞིན་ཉིད་ཀྱང་གཞན། ཡང་དག་པའི་མཐའ་ཡང་གཞན་ཞིག་ལགས་སམ། མི་དམིགས་པ་སྟོང་པ་ཉིད་ཀྱང་གཞན་ལ། ཆོས་ཀྱི་དབྱིངས་ཀྱང་གཞན། དེ་བཞིན་ཉིད་ཀྱང་གཞན། ཡང་དག་པའི་མཐའ་ཡང་གཞན་ཞིག་ལགས་སམ། དངོས་པོ་མེད་པ་སྟོང་པ་ཉིད་ཀྱང་གཞན་ལ། ཆོས་ཀྱི་དབྱིངས་ཀྱང་གཞན། དེ་བཞིན་ཉིད་ཀྱང་གཞན། ཡང་དག་པའི་མཐའ་ཡང་གཞན་ཞིག་ལགས་སམ། ངོ་བོ་ཉིད་②སྟོང་པ་ཉིད་ཀྱང་གཞན་ལ། ཆོས་ཀྱི་དབྱིངས་ཀྱང་གཞན། དེ་བཞིན་ཉིད་ཀྱང་གཞན། ཡང་དག་པའི་མཐའ་ཡང་གཞན་ཞིག་ལགས་སམ། དངོས་པོ་མེད་པའི་ངོ་བོ་ཉིད་སྟོང་པ་ཉིད་ཀྱང་གཞན་ལ། ཆོས་ཀྱི་དབྱིངས་ཀྱང་གཞན༑ དེ་བཞིན་ཉིད་ཀྱང་གཞན། ཡང་དག་པའི་མཐའ་ཡང་གཞན་ཞིག་ལགས་སམ། དྲན་པ་ཉེ་བར་གཞག་པ་རྣམས་ཀྱང་གཞན་ལ། ཆོས་ཀྱི་དབྱིངས་ཀྱང་གཞན། དེ་བཞིན་ཉིད་ཀྱང་གཞན། ཡང་དག་པའི་མཐའ་ཡང་

གཞན་ཞིག་ལགས་སམ། ཡང་དག་པར་སྤོང་བ་རྣམས་ཀྱང་གཞན་ལ། ཆོས་ཀྱི་དབྱིངས་ཀྱང་གཞན། དེ་བཞིན་ཉིད་ཀྱང་གཞན། ཡང་དག་པའི་མཐའ་ཡང་གཞན་ཞིག་ལགས་སམ། རྫུ་འཕྲུལ་གྱི་རྐང་པ་རྣམས་ཀྱང་གཞན་ལ། ཆོས་ཀྱི་དབྱིངས་ཀྱང་གཞན། དེ་བཞིན་ཉིད་ཀྱང་གཞན། ཡང་དག་པའི་མཐའ་ཡང་གཞན་ཞིག་ལགས་སམ། དབང་པོ་རྣམས་ཀྱང་གཞན་ལ། ཆོས་ཀྱི་དབྱིངས་ཀྱང་གཞན། དེ་བཞིན་ཉིད་ཀྱང་གཞན། ཡང་དག་པའི་མཐའ་ཡང་གཞན་ཞིག་ལགས་སམ། སྟོབས་རྣམས་ཀྱང་གཞན་ལ། ཆོས་ཀྱི་དབྱིངས་ཀྱང་གཞན་དེ་བཞིན་ཉིད་ཀྱང་གཞན་ཡང་དག་པའི་མཐའ་ཡང་གཞན་ཞིག་ལགས་སམ། བྱང་ཆུབ་ཀྱི་ཡན་ལག་རྣམས་ཀྱང་གཞན་ལ། ཆོས་ཀྱི་དབྱིངས་ཀྱང་གཞན། དེ་བཞིན་ཉིད་ཀྱང་གཞན། ཡང་དག་པའི་མཐའ་ཡང་གཞན་ཞིག་ལགས་སམ། འཕགས་པའི་ལམ་ཡན་ལག་བརྒྱད་པ་ཡང་གཞན་ལ། ཆོས་ཀྱི་དབྱིངས་ཀྱང་གཞན། དེ་བཞིན་ཉིད་ཀྱང་གཞན། ཡང་དག་པའི་མཐའ་ཡང་གཞན་ཞིག་ལགས་སམ། འཕགས་པའི་བདེན་པ་རྣམས་ཀྱང་གཞན་ལ། ཆོས་ཀྱི་དབྱིངས་ཀྱང་གཞན། དེ་བཞིན་ཉིད་ཀྱང་གཞན། ཡང་དག་པའི་མཐའ་ཡང་གཞན་ཞིག་ལགས་སམ། བསམ་གཏན་རྣམས་ཀྱང་གཞན་ལ། ཆོས་ཀྱི་དབྱིངས་ཀྱང་གཞན། དེ་བཞིན་ཉིད་ཀྱང་གཞན། ཡང་དག་པའི་མཐའ་ཡང་གཞན་ཞིག་ལགས་སམ། ཚད་མེད་པ་རྣམས་ཀྱང་གཞན་ལ། ཆོས་ཀྱི་དབྱིངས་ཀྱང་གཞན། དེ་བཞིན་ཉིད་ཀྱང་གཞན། ཡང་དག་པའི་མཐའ་ཡང་གཞན་ཞིག་ལགས་སམ། གཟུགས་མེད་པའི་སྙོམས་པར་འཇུག་པ་རྣམས་ཀྱང་གཞན་ལ། ཆོས་ཀྱི་དབྱིངས་ཀྱང་གཞན། དེ་བཞིན་ཉིད་ཀྱང་གཞན། ཡང་དག་པའི་མཐའ་ཡང་གཞན་ཞིག་ལགས་སམ། རྣམ་པར་ཐར་པ་བརྒྱད་ཀྱང་གཞན་ལ། ཆོས་ཀྱི་དབྱིངས་

ཀྱང་གཞན། དེ་བཞིན་ཉིད་ཀྱང་གཞན། ཡང་དག་པའི་མཐའ་ཡང་གཞན་ཞིག་ལགས་སམ། མཐར་ཀྱིས་གནས་པའི་སྙོམས་པར་འཇུག་པ་དགུ་ཡང་གཞན་ལ། ཆོས་ཀྱི་དབྱིངས་ཀྱང་གཞན། དེ་བཞིན་ཉིད་ཀྱང་གཞན། ཡང་དག་པའི་མཐའ་ཡང་གཞན་ཞིག་ལགས་སམ། རྣམ་པར་ཐར་པའི་སྒོ་སྟོང་པ་ཉིད་དང་། མཚན་མ་མེད་པ་དང་། སྨོན་པ་མེད་པ་ཡང་གཞན་ལ། ཆོས་ཀྱི་དབྱིངས་ཀྱང་གཞན། དེ་བཞིན་ཉིད་ཀྱང་གཞན། ཡང་དག་པའི་མཐའ་ཡང་གཞན་ཞིག་ལགས་སམ། མངོན་པར་ཤེས་པ་རྣམས་ཀྱང་གཞན་ལ། ཆོས་ཀྱི་དབྱིངས་ཀྱང་གཞན། དེ་བཞིན་ཉིད་ཀྱང་གཞན། ཡང་དག་པའི་མཐའ་ཡང་གཞན་ཞིག་ལགས་སམ། ཏིང་ངེ་འཛིན་རྣམས་ཀྱང་གཞན་ལ། ཆོས་ཀྱི་དབྱིངས་ཀྱང་གཞན། དེ་བཞིན་ཉིད་ཀྱང་གཞན། ཡང་དག་པའི་མཐའ་ཡང་གཞན་ཞིག་ལགས་སམ། གཟུངས་[7]ཀྱི་སྒོ་རྣམས་ཀྱང་གཞན་ལ། ཆོས་ཀྱི་དབྱིངས་ཀྱང་གཞན། དེ་བཞིན་ཉིད་ཀྱང་གཞན། ཡང་དག་པའི་མཐའ་ཡང་གཞན་ཞིག་ལགས་སམ། དེ་བཞིན་གཤེགས་པའི་སྟོབས་བཅུ་ཡང་གཞན་ལ། ཆོས་ཀྱི་དབྱིངས་ཀྱང་གཞན། དེ་བཞིན་ཉིད་ཀྱང་གཞན། ཡང་དག་པའི་མཐའ་ཡང་གཞན་ཞིག་ལགས་སམ། མི་འཇིགས་པ་བཞི་ཡང་གཞན་ལ། ཆོས་ཀྱི་དབྱིངས་ཀྱང་གཞན། དེ་བཞིན་ཉིད་ཀྱང་གཞན། ཡང་དག་པའི་མཐའ་ཡང་གཞན་ཞིག་ལགས་སམ། སོ་སོ་ཡང་དག་པར་རིག་པ་བཞི་ཡང་གཞན་ལ། ཆོས་ཀྱི་དབྱིངས་ཀྱང་གཞན། དེ་བཞིན་ཉིད་ཀྱང་གཞན། ཡང་དག་པའི་མཐའ་ཡང་གཞན་ཞིག་ལགས་སམ། བྱམས་པ་ཆེན་པོ་ཡང་གཞན་ལ། ཆོས་ཀྱི་དབྱིངས་ཀྱང་གཞན། དེ་བཞིན་ཉིད་ཀྱང་གཞན། ཡང་དག་པའི་མཐའ་ཡང་གཞན་ཞིག་ལགས་སམ། སྙིང་རྗེ་ཆེན་པོ་ཡང་གཞན་ལ། ཆོས་ཀྱི་

དབྱིངས་ཀྱང་གཞན[1]། དེ་བཞིན་ཉིད་ཀྱང་གཞན། ཡང་དག་པའི་མཐའ་ཡང་གཞན་ཞིག་ལགས་སམ། སངས་རྒྱས་ཀྱི་ཆོས་མ་འདྲེས་པ་བཅོ་བརྒྱད་ཀྱང་གཞན་ལ། ཆོས་ཀྱི་དབྱིངས་ཀྱང་གཞན། དེ་བཞིན་ཉིད་ཀྱང་གཞན། ཡང་དག་པའི་མཐའ་ཡང་གཞན་ཞིག་ལགས་སམ། རྒྱུན་དུ་ཞུགས་པའི་འབྲས་བུ་ཡང་གཞན་ལ། ཆོས་ཀྱི་དབྱིངས་ཀྱང་གཞན། དེ་བཞིན་ཉིད་ཀྱང་གཞན། ཡང་དག་པའི་མཐའ་ཡང་གཞན་ཞིག་ལགས་སམ། ལན་ཅིག་ཕྱིར་འོང་བའི་འབྲས་བུ་ཡང་གཞན་ལ། ཆོས་ཀྱི་དབྱིངས་ཀྱང་གཞན། དེ་བཞིན་ཉིད་ཀྱང་གཞན། ཡང་དག་པའི་མཐའ་ཡང་གཞན་ཞིག་ལགས་སམ། ཕྱིར་མི་འོང་བའི་འབྲས་བུ་ཡང་གཞན་ལ། ཆོས་ཀྱི་དབྱིངས་ཀྱང་གཞན། དེ་བཞིན་ཉིད་ཀྱང་གཞན། ཡང་དག་པའི་མཐའ་ཡང་གཞན་ཞིག་ལགས་སམ། དགྲ་བཅོམ་པ་ཉིད་ཀྱང་གཞན་ལ། ཆོས་ཀྱི་དབྱིངས་ཀྱང་གཞན། དེ་བཞིན་ཉིད་ཀྱང་གཞན། ཡང་དག་པའི་མཐའ་ཡང་གཞན་ཞིག་ལགས་སམ། རང་བྱང་ཆུབ[3]ཀྱང་གཞན་ལ། ཆོས་ཀྱི་དབྱིངས་ཀྱང་གཞན། དེ་བཞིན་ཉིད་ཀྱང་གཞན། ཡང་དག་པའི་མཐའ་ཡང་གཞན་ཞིག་ལགས་སམ། ལམ་གྱི་རྣམ་པ་ཤེས་པ་ཉིད་ཀྱང་གཞན་ལ། ཆོས་ཀྱི་དབྱིངས་ཀྱང་གཞན། དེ་བཞིན་ཉིད་ཀྱང་གཞན། ཡང་དག་པའི་མཐའ་ཡང་གཞན་ཞིག་ལགས་སམ། རྣམ་པ་ཐམས་ཅད་མཁྱེན་པ་ཉིད་ཀྱང་གཞན་ལ། ཆོས་ཀྱི་དབྱིངས་ཀྱང་གཞན། དེ་བཞིན་ཉིད་ཀྱང་གཞན། ཡང་དག་པའི་མཐའ་ཡང་གཞན་ཞིག་ལགས་སམ། བཅོམ་ལྡན་འདས་ཀྱིས་བཀའ་སྩལ་པ། རབ་འབྱོར་དེ་ནི་མ་ཡིན་ནོ། །གཟུགས་ཀྱང་གཞན་ལ། ཆོས་ཀྱི་དབྱིངས་ཀྱང་གཞན། དེ་བཞིན་ཉིད་ཀྱང་གཞན། ཡང་དག་པའི་མཐའ་ཡང་གཞན་པ་མ་ཡིན་ནོ། །ཚོར་བ་ཡང་གཞན་ལ། ཆོས་ཀྱི་དབྱིངས་ཀྱང་གཞན།

དེ་བཞིན་ཉིད་ཀྱང་གཞན། ཡང་དག་པའི་མཐའ་ཡང་གཞན་པ་མ་ཡིན་ནོ། །འདུ་ཤེས་ཀྱང་གཞན་ལ། ཆོས་ཀྱི་དབྱིངས་ཀྱང་གཞན། དེ་བཞིན་ཉིད་ཀྱང་གཞན། ཡང་དག་པའི་མཐའ་ཡང་གཞན་པ་མ་ཡིན་ནོ། །འདུ་བྱེད་ཀྱང་གཞན་ལ། ཆོས་ཀྱི་དབྱིངས་ཀྱང་གཞན། དེ་བཞིན་ཉིད་ཀྱང་གཞན། ཡང་དག་པའི་མཐའ་ཡང་གཞན་པ་མ་ཡིན་ནོ། །རྣམ་པར་ཤེས་པ་ཡང་གཞན་ལ། ཆོས་ཀྱི་དབྱིངས་ཀྱང་གཞན། དེ་བཞིན་ཉིད་ཀྱང་གཞན། ཡང་དག་པའི་མཐའ་ཡང་གཞན་པ་མ་ཡིན་ནོ། །རབ་འབྱོར་མིག་ཀྱང་གཞན་ལ། ཆོས་ཀྱི་དབྱིངས་ཀྱང་གཞན། དེ་བཞིན་ཉིད་ཀྱང་གཞན། ཡང་དག་པའི་མཐའ་ཡང་གཞན་པ་མ་ཡིན་ནོ། །རྣ་བ་ཡང་གཞན་ལ། ཆོས་ཀྱི་དབྱིངས་ཀྱང་གཞན། དེ་བཞིན་ཉིད་ཀྱང་གཞན། ཡང་དག་པའི་མཐའ་ཡང་གཞན་པ་མ་ཡིན་ནོ། །སྣ་ཡང་གཞན་ལ། ཆོས་ཀྱི་དབྱིངས་ཀྱང་གཞན། དེ་བཞིན་ཉིད་ཀྱང་གཞན། ཡང་དག་པའི་མཐའ་ཡང་གཞན་པ་མ་ཡིན་ནོ། །ལྕེ་ཡང་གཞན་ལ། ཆོས་ཀྱི་དབྱིངས་ཀྱང་གཞན། དེ་བཞིན་ཉིད་ཀྱང་གཞན། ཡང་དག་པའི་མཐའ་ཡང་གཞན་པ་མ་ཡིན་ནོ། །ལུས་ཀྱང་གཞན་ལ། ཆོས་ཀྱི་དབྱིངས་ཀྱང་གཞན། དེ་བཞིན་ཉིད་ཀྱང་གཞན། ཡང་དག་པའི་མཐའ་ཡང་གཞན་པ་མ་ཡིན་ནོ། །ཡིད་ཀྱང་གཞན་ལ། ཆོས་ཀྱི་དབྱིངས་ཀྱང་གཞན། དེ་བཞིན་ཉིད་ཀྱང་གཞན། ཡང་དག་པའི་མཐའ་ཡང་གཞན་པ་མ་ཡིན་ནོ། །རབ་འབྱོར་གཟུགས་ཀྱང་གཞན་ལ། ཆོས་ཀྱི་དབྱིངས་ཀྱང་གཞན། དེ་བཞིན་ཉིད་ཀྱང་གཞན། ཡང་དག་པའི་མཐའ་ཡང་གཞན་པ་མ་ཡིན་ནོ། །སྒྲ་ཡང་གཞན་ལ། ཆོས་ཀྱི་དབྱིངས་ཀྱང་གཞན། དེ་བཞིན་ཉིད་ཀྱང་གཞན། ཡང་དག་པའི་མཐའ་ཡང་གཞན་པ་མ་[༡]ཡིན་ནོ། །དྲི་ཡང་གཞན་ལ། ཆོས་ཀྱི་དབྱིངས་ཀྱང་གཞན།

དེ་བཞིན་ཉིད་ཀྱང་གཞན། ཡང་དག་པའི་མཐའ་ཡང་གཞན་པ་མ་ཡིན་ནོ། །རོ་ཡང་གཞན་ལ། ཆོས་ཀྱི་དབྱིངས་ཀྱང་གཞན། དེ་བཞིན་ཉིད་ཀྱང་གཞན། ཡང་དག་པའི་མཐའ་ཡང་གཞན་པ་མ་ཡིན་ནོ། །རེག་ཀྱང་གཞན་ལ། ཆོས་ཀྱི་དབྱིངས་ཀྱང་གཞན། དེ་བཞིན་ཉིད་ཀྱང་གཞན། ཡང་དག་པའི་མཐའ་ཡང་གཞན་པ་མ་ཡིན་ནོ། །ཆོས་ཀྱང་གཞན་ལ། ཆོས་ཀྱི་དབྱིངས་ཀྱང་གཞན། དེ་བཞིན་ཉིད་ཀྱང་གཞན། ཡང་དག་པའི་མཐའ་ཡང་གཞན་པ་མ་ཡིན་ནོ། །རབ་འབྱོར་མིག་གི་རྣམ་པར་ཤེས་པ་ཡང་གཞན་ལ། ཆོས་ཀྱི་དབྱིངས་ཀྱང་གཞན། དེ་བཞིན་ཉིད་ཀྱང་གཞན། ཡང་དག་པའི་མཐའ་ཡང་གཞན་པ་མ་ཡིན་ནོ། །རྣ་བའི་རྣམ་པར་ཤེས་པ་ཡང་གཞན་ལ། ཆོས་ཀྱི་དབྱིངས་ཀྱང་གཞན། དེ་བཞིན་ཉིད་ཀྱང་གཞན། ཡང་དག་པའི་མཐའ་ཡང་གཞན་པ་མ་ཡིན་ནོ། །སྣའི་རྣམ་པར་ཤེས་པ་ཡང་གཞན་ལ། ཆོས་ཀྱི་དབྱིངས་ཀྱང་གཞན། དེ་བཞིན་ཉིད་ཀྱང་གཞན། ཡང་དག་པའི་མཐའ་ཡང་གཞན་པ་མ་ཡིན་ནོ། །ལྕེའི་རྣམ་པར་ཤེས་པ་ཡང་གཞན་ལ། ཆོས་ཀྱི་དབྱིངས་ཀྱང་གཞན། དེ་བཞིན་ཉིད་ཀྱང་གཞན། ཡང་དག་པའི་མཐའ་ཡང་གཞན་པ་མ་ཡིན་ནོ། །ལུས་ཀྱི་རྣམ་པར་ཤེས་པ་ཡང་གཞན་ལ། ཆོས་ཀྱི་དབྱིངས་ཀྱང་གཞན། དེ་བཞིན་ཉིད་ཀྱང་གཞན། ཡང་དག་པའི་མཐའ་ཡང་གཞན་པ་མ་ཡིན་ནོ། །ཡིད་ཀྱི་རྣམ་པར་ཤེས་པ་ཡང་གཞན་ལ། ཆོས་ཀྱི་དབྱིངས་ཀྱང་གཞན། དེ་བཞིན་ཉིད་ཀྱང་གཞན། ཡང་དག་པའི་མཐའ་ཡང་གཞན་པ་མ་ཡིན་ནོ། །རབ་འབྱོར་མིག་གི་འདུས་ཏེ་རེག་པ་ཡང་གཞན་ལ། ཆོས་ཀྱི་དབྱིངས་ཀྱང་གཞན། དེ་བཞིན་ཉིད་ཀྱང་གཞན། ཡང་དག་པའི་མཐའ་ཡང་གཞན་པ་མ་ཡིན་ནོ། །རྣ་བའི་འདུས་ཏེ་རེག་པ་ཡང་གཞན་ལ། ཆོས་ཀྱི་དབྱིངས་ཀྱང་གཞན། དེ་

བཞིན་ཉིད་ཀྱང་གཞན། ཡང་དག་པའི་མཐའ་ཡང་གཞན་པ་མ་ཡིན་ནོ། །
སྣའི་འདུས་ཏེ་རེག་པ་ཡང་གཞན་ལ། ཆོས་ཀྱི་དབྱིངས་ཀྱང་གཞན། དེ་
བཞིན་ཉིད་ཀྱང་གཞན། ཡང་དག་པའི་མཐའ་ཡང་གཞན་པ་མ་ཡིན་ནོ། །
ལྕེའི་འདུས་ཏེ་རེག་པ་ཡང་གཞན་ལ། ཆོས་ཀྱི་དབྱིངས་ཀྱང་གཞན། དེ་
བཞིན་ཉིད་ཀྱང་གཞན། ཡང་དག་པའི་མཐའ་ཡང་གཞན་པ་མ་ཡིན་ནོ། །
ལུས་ཀྱི་འདུས་ཏེ་རེག་པ་ཡང་གཞན་ལ། ཆོས་ཀྱི་དབྱིངས་ཀྱང་གཞན། དེ་
བཞིན་ཉིད་ཀྱང་གཞན། ཡང་དག་པའི་མཐའ་ཡང་གཞན་པ་མ་ཡིན་ནོ། །
ཡིད་ཀྱི་འདུས་ཏེ་རེག་པ་ཡང་གཞན་ལ། ཆོས་ཀྱི་དབྱིངས་ཀྱང་གཞན། དེ་
བཞིན་ཉིད་ཀྱང་གཞན། ཡང་དག་པའི་མཐའ་ཡང་གཞན་པ་མ་ཡིན་ནོ། །
རབ་འབྱོར་མིག་གི་འདུས་ཏེ་རེག་པའི་རྐྱེན་གྱིས་ཚོར་བ་ཡང་གཞན་ལ། ཆོས་ཀྱི་
དབྱིངས་ཀྱང་གཞན། དེ་བཞིན་ཉིད་ཀྱང་གཞན། ཡང་དག་པའི་མཐའ་ཡང་
གཞན་པ་མ་ཡིན་ནོ། །རྣ་བའི་འདུས་ཏེ་རེག་པའི་རྐྱེན་གྱིས་ཚོར་བ་ཡང་གཞན་ལ།
ཆོས་ཀྱི་དབྱིངས་ཀྱང་གཞན[1]། དེ་བཞིན་ཉིད་ཀྱང་གཞན། ཡང་དག་པའི་
མཐའ་ཡང་གཞན་པ་མ་ཡིན་ནོ། །སྣའི་འདུས་ཏེ་རེག་པའི་རྐྱེན་གྱིས་ཚོར་བ་ཡང་
གཞན་ལ། ཆོས་ཀྱི་དབྱིངས་ཀྱང་གཞན། དེ་བཞིན་ཉིད་ཀྱང་གཞན། ཡང་
དག་པའི་མཐའ་ཡང་གཞན་པ་མ་ཡིན་ནོ། །ལྕེའི་འདུས་ཏེ་རེག་པའི་རྐྱེན་གྱིས་
ཚོར་བ་ཡང་གཞན་ལ། ཆོས་ཀྱི་དབྱིངས་ཀྱང་གཞན། དེ་བཞིན་ཉིད་ཀྱང་
གཞན། ཡང་དག་པའི་མཐའ་ཡང་གཞན་པ་མ་ཡིན་ནོ། །ལུས་ཀྱི་འདུས་ཏེ་
རེག་པའི་རྐྱེན་གྱིས་ཚོར་བ་ཡང་གཞན་ལ། ཆོས་ཀྱི་དབྱིངས་ཀྱང་གཞན། དེ་
བཞིན་ཉིད་ཀྱང་གཞན། ཡང་དག་པའི་མཐའ་ཡང་གཞན་པ་མ་ཡིན་ནོ། །
ཡིད་ཀྱི་འདུས་ཏེ་རེག་པའི་རྐྱེན་གྱིས་ཚོར་བ་ཡང་གཞན་ལ། ཆོས་ཀྱི་དབྱིངས་

ཀྱང་གཞན། དེ་བཞིན་ཉིད་ཀྱང་གཞན། ཡང་དག་པའི་མཐའ་ཡང་གཞན་པ་མ་ཡིན་ནོ། །རབ་འབྱོར་སའི་ཁམས་ཀྱང་གཞན་ལ། ཆོས་ཀྱི་དབྱིངས་ཀྱང་གཞན། དེ་བཞིན་ཉིད་ཀྱང་གཞན། ཡང་དག་པའི་མཐའ་ཡང་གཞན་པ་མ་ཡིན་ནོ། །ཆུའི་ཁམས་ཀྱང་གཞན་ལ། ཆོས་ཀྱི་དབྱིངས་ཀྱང་གཞན། དེ་བཞིན་ཉིད་ཀྱང་གཞན། ཡང་དག་པའི་མཐའ་ཡང་གཞན་པ་མ་ཡིན་ནོ། །མེའི་ཁམས་ཀྱང་གཞན་ལ། ཆོས་ཀྱི་དབྱིངས་ཀྱང་གཞན། དེ་བཞིན་ཉིད་ཀྱང་གཞན། ཡང་དག་པའི་མཐའ་ཡང་གཞན་པ་མ་ཡིན་ནོ། །རླུང་གི་ཁམས་ཀྱང་གཞན་ལ། ཆོས་ཀྱི་དབྱིངས་ཀྱང་གཞན། དེ་བཞིན་ཉིད་ཀྱང་གཞན། ཡང་དག་པའི་མཐའ་ཡང་གཞན་པ་མ་ཡིན་ནོ། །ནམ་མཁའི་ཁམས་ཀྱང་གཞན་ལ། ཆོས་ཀྱི་དབྱིངས་ཀྱང་གཞན། དེ་བཞིན་ཉིད་ཀྱང་གཞན། ཡང་དག་པའི་མཐའ་ཡང་གཞན་པ་མ་ཡིན་ནོ། །རྣམ་པར་ཤེས་པའི་ཁམས་ཀྱང་གཞན་ལ། ཆོས་ཀྱི་དབྱིངས་ཀྱང་གཞན། དེ་བཞིན་ཉིད་ཀྱང་གཞན། ཡང་དག་པའི་མཐའ་ཡང་གཞན་པ་མ་ཡིན་ནོ། །རབ་འབྱོར་མ་རིག་པ་ཡང་གཞན་ལ། ཆོས་ཀྱི་དབྱིངས་ཀྱང་གཞན། དེ་བཞིན་ཉིད་ཀྱང་གཞན། ཡང་དག་པའི་མཐའ་ཡང་གཞན་པ་མ་ཡིན་ནོ། །འདུ་བྱེད་ཀྱང་གཞན་ལ། ཆོས་ཀྱི་དབྱིངས་ཀྱང་གཞན། དེ་བཞིན་ཉིད་ཀྱང་གཞན། ཡང་དག་པའི་མཐའ་ཡང་གཞན་པ་མ་ཡིན་ནོ། །རྣམ་པར་ཤེས་པ་ཡང་གཞན་ལ། ཆོས་ཀྱི་དབྱིངས་ཀྱང་གཞན། དེ་བཞིན་ཉིད་ཀྱང་གཞན། ཡང་དག་པའི་མཐའ་ཡང་གཞན་པ་མ་ཡིན་ནོ། །མིང་དང་གཟུགས་ཀྱང་གཞན་ལ། ཆོས་ཀྱི་དབྱིངས་ཀྱང་གཞན། དེ་བཞིན་ཉིད་ཀྱང་གཞན། ཡང་དག་པའི་མཐའ་ཡང་གཞན་པ་མ་ཡིན་ནོ། །སྐྱེ་མཆེད་དྲུག་ཀྱང་གཞན་ལ། ཆོས་ཀྱི་དབྱིངས་ཀྱང་གཞན། དེ་བཞིན་ཉིད་ཀྱང་གཞན།

ཡང་དག་པའི་མཐའ་ཡང་གཞན་པ་མ་ཡིན་ནོ། །རེག་པ་ཡང་གཞན་ལ། ཆོས་ཀྱི་དབྱིངས་ཀྱང་གཞན། དེ་བཞིན་ཉིད་ཀྱང་གཞན། ཡང་དག་པའི་མཐའ་ཡང་གཞན་པ་མ་ཡིན་ནོ། །ཚོར་བ་ཡང་གཞན་ལ། ཆོས་ཀྱི་དབྱིངས་ཀྱང་གཞན། དེ་བཞིན་ཉིད་ཀྱང་གཞན། ཡང་དག་པའི་མཐའ་ཡང་གཞན་པ་མ་ཡིན་ནོ། །སྲིད་པ་ཡང་གཞན་ལ། ཆོས་ཀྱི་དབྱིངས་ཀྱང་གཞན། དེ་བཞིན་ཉིད་ཀྱང་གཞན། ཡང་དག་པའི་མཐའ་ཡང་གཞན་པ་མ་ཡིན་ནོ། །ལེན་པ་ཡང་གཞན་ལ། ཆོས་ཀྱི་དབྱིངས་ཀྱང་གཞན། དེ་བཞིན་ཉིད་ཀྱང་གཞན། ཡང་དག་པའི་མཐའ་ཡང་གཞན་པ་མ་ཡིན་ནོ། །སྲིད་པ་ཡང་གཞན་ལ། ཆོས་ཀྱི་དབྱིངས་ཀྱང་གཞན། དེ་བཞིན་ཉིད་ཀྱང་གཞན། ཡང་དག་པའི་མཐའ་ཡང་གཞན་པ་མ་ཡིན་ནོ། །སྐྱེ་བ་ཡང་གཞན་ལ། ཆོས་ཀྱི་དབྱིངས་ཀྱང་གཞན། དེ་བཞིན་ཉིད་ཀྱང་གཞན། ཡང་དག་པའི་མཐའ་ཡང་གཞན་པ་མ་ཡིན་ནོ། །རྒ་ཤི་ཡང་གཞན་ལ། ཆོས་ཀྱི་དབྱིངས་ཀྱང་གཞན། དེ་བཞིན་ཉིད་ཀྱང་གཞན། ཡང་དག་པའི་མཐའ་ཡང་གཞན་པ་མ་ཡིན་ནོ། །སྦྱིན་པའི་ཕ་རོལ་ཏུ་ཕྱིན་པ་ཡང་གཞན་ལ། ཆོས་ཀྱི་དབྱིངས་ཀྱང་གཞན། དེ་བཞིན་ཉིད་ཀྱང་གཞན། ཡང་དག་པའི་མཐའ་ཡང་གཞན་པ་མ་ཡིན་ནོ། །ཚུལ་ཁྲིམས་ཀྱི་ཕ་རོལ་ཏུ་ཕྱིན་པ་ཡང་གཞན་ལ། ཆོས་ཀྱི་དབྱིངས་ཀྱང་གཞན། དེ་བཞིན་ཉིད་ཀྱང་གཞན། ཡང་དག་པའི་མཐའ་ཡང་གཞན་པ་མ་ཡིན་ནོ། །བཟོད་པའི་ཕ་རོལ་ཏུ་ཕྱིན་པ་ཡང་གཞན་ལ། ཆོས་ཀྱི་དབྱིངས་ཀྱང་གཞན། དེ་བཞིན་ཉིད་ཀྱང་གཞན། ཡང་དག་པའི་མཐའ་ཡང་གཞན་པ་མ་ཡིན་ནོ། །བརྩོན་འགྲུས་ཀྱི་ཕ་རོལ་ཏུ་ཕྱིན་པ་ཡང་གཞན་ལ། ཆོས་ཀྱི་དབྱིངས་ཀྱང་གཞན། དེ་བཞིན་ཉིད་ཀྱང་གཞན། ཡང་དག་པའི་མཐའ་ཡང་གཞན་པ་མ་ཡིན་ནོ། །བསམ་གཏན་གྱི་ཕ་རོལ་ཏུ་ཕྱིན་

པ་ཡང་གཞན་ལ། ཆོས་ཀྱི་དབྱིངས་ཀྱང་གཞན། དེ་བཞིན་ཉིད་ཀྱང་གཞན། ཡང་དག་པའི་མཐའ་ཡང་གཞན་པ་མ་ཡིན་ནོ། །ཤེས་རབ་ཀྱི་ཕ་རོལ་ཏུ་ཕྱིན་པ་ཡང་གཞན་ལ། ཆོས་ཀྱི་དབྱིངས་ཀྱང་གཞན། དེ་བཞིན་ཉིད་ཀྱང་གཞན། ཡང་དག་པའི་①མཐའ་ཡང་གཞན་པ་མ་ཡིན་ནོ། །ནང་སྟོང་པ་ཉིད་ཀྱང་གཞན་ལ། ཆོས་ཀྱི་དབྱིངས་ཀྱང་གཞན། དེ་བཞིན་ཉིད་ཀྱང་གཞན། ཡང་དག་པའི་མཐའ་ཡང་གཞན་པ་མ་ཡིན་ནོ། །ཕྱི་སྟོང་པ་ཉིད་ཀྱང་གཞན་ལ། ཆོས་ཀྱི་དབྱིངས་ཀྱང་གཞན། དེ་བཞིན་ཉིད་ཀྱང་གཞན། ཡང་དག་པའི་མཐའ་ཡང་གཞན་པ་མ་ཡིན་ནོ། །ཕྱི་ནང་སྟོང་པ་ཉིད་ཀྱང་གཞན་ལ། ཆོས་ཀྱི་དབྱིངས་ཀྱང་གཞན། དེ་བཞིན་ཉིད་ཀྱང་གཞན། ཡང་དག་པའི་མཐའ་ཡང་གཞན་པ་མ་ཡིན་ནོ། །སྟོང་པ་ཉིད་སྟོང་པ་ཉིད་ཀྱང་གཞན་ལ། ཆོས་ཀྱི་དབྱིངས་ཀྱང་གཞན། དེ་བཞིན་ཉིད་ཀྱང་གཞན། ཡང་དག་པའི་མཐའ་ཡང་གཞན་པ་མ་ཡིན་ནོ། །ཆེན་པོ་སྟོང་པ་ཉིད་ཀྱང་གཞན་ལ། ཆོས་ཀྱི་དབྱིངས་ཀྱང་གཞན། དེ་བཞིན་ཉིད་ཀྱང་གཞན། ཡང་དག་པའི་མཐའ་ཡང་གཞན་པ་མ་ཡིན་ནོ། །དོན་དམ་པ་སྟོང་པ་ཉིད་ཀྱང་གཞན་ལ། ཆོས་ཀྱི་དབྱིངས་ཀྱང་གཞན། དེ་བཞིན་ཉིད་ཀྱང་གཞན། ཡང་དག་པའི་②མཐའ་ཡང་གཞན་པ་མ་ཡིན་ནོ། །འདུས་བྱས་སྟོང་པ་ཉིད་ཀྱང་གཞན་ལ། ཆོས་ཀྱི་དབྱིངས་ཀྱང་གཞན། དེ་བཞིན་ཉིད་ཀྱང་གཞན། ཡང་དག་པའི་མཐའ་ཡང་གཞན་པ་མ་ཡིན་ནོ། །འདུས་མ་བྱས་སྟོང་པ་ཉིད་ཀྱང་གཞན་ལ། ཆོས་ཀྱི་དབྱིངས་ཀྱང་གཞན། དེ་བཞིན་ཉིད་ཀྱང་གཞན། ཡང་དག་པའི་མཐའ་ཡང་གཞན་པ་མ་ཡིན་ནོ། །མཐའ་ལས་འདས་པ་སྟོང་པ་ཉིད་ཀྱང་གཞན་ལ། ཆོས་ཀྱི་དབྱིངས་ཀྱང་གཞན། དེ་བཞིན་ཉིད་ཀྱང་གཞན། ཡང་དག་པའི་མཐའ་ཡང་གཞན་པ་

མ་ཡིན་ནོ། །ཐོག་མ་དང་ཐ་མ་མེད་པ་སྟོང་པ་ཉིད་ཀྱང་གཞན་ལ། ཆོས་ཀྱི་དབྱིངས་ཀྱང་གཞན། དེ་བཞིན་ཉིད་ཀྱང་གཞན། ཡང་དག་པའི་མཐའ་ཡང་གཞན་པ་མ་ཡིན་ནོ། །དོར་བ་མེད་པ་སྟོང་པ་ཉིད་ཀྱང་གཞན་ལ། ཆོས་ཀྱི་དབྱིངས་ཀྱང་གཞན། དེ་བཞིན་ཉིད་ཀྱང་གཞན། ཡང་དག་པའི་མཐའ་ཡང་གཞན་པ་མ་ཡིན་ནོ། །རང་བཞིན་སྟོང་པ་ཉིད་ཀྱང་གཞན་ལ། ཆོས་ཀྱི་དབྱིངས་ཀྱང་གཞན། དེ་བཞིན་ཉིད་ཀྱང་གཞན། ཡང་དག་པའི་མཐའ་ཡང་གཞན་པ་མ་ཡིན་ནོ། །ཆོས་ཐམས་ཅད་སྟོང་པ་ཉིད་ཀྱང་གཞན་ལ། ཆོས་ཀྱི་དབྱིངས་ཀྱང་གཞན། དེ་བཞིན་ཉིད་ཀྱང་གཞན། ཡང་དག་པའི་མཐའ་ཡང་གཞན་པ་མ་ཡིན་ནོ། །རང་གི་མཚན་ཉིད་སྟོང་པ་ཉིད་ཀྱང་གཞན་ལ། ཆོས་ཀྱི་དབྱིངས་ཀྱང་གཞན། དེ་བཞིན་ཉིད་ཀྱང་གཞན། ཡང་དག་པའི་མཐའ་ཡང་གཞན་པ་མ་ཡིན་ནོ། །མི་དམིགས་པ་སྟོང་པ་ཉིད་ཀྱང་གཞན་ལ། ཆོས་ཀྱི་དབྱིངས་ཀྱང་གཞན། དེ་བཞིན་ཉིད་ཀྱང་གཞན། ཡང་དག་པའི་མཐའ་ཡང་གཞན་པ་མ་ཡིན་ནོ། །དངོས་པོ་མེད་པ་སྟོང་པ་ཉིད་ཀྱང་གཞན་ལ། ཆོས་ཀྱི་དབྱིངས་ཀྱང་གཞན། དེ་བཞིན་ཉིད་ཀྱང་གཞན། ཡང་དག་པའི་མཐའ་ཡང་གཞན་པ་མ་ཡིན་ནོ། །ངོ་བོ་ཉིད་སྟོང་པ་ཉིད་ཀྱང་གཞན་ལ། ཆོས་ཀྱི་དབྱིངས་ཀྱང་གཞན། དེ་བཞིན་ཉིད་ཀྱང་གཞན། ཡང་དག་པའི་མཐའ་ཡང་གཞན་པ་མ་ཡིན་ནོ། །དངོས་པོ་མེད་པའི་ངོ་བོ་ཉིད་སྟོང་པ་ཉིད་ཀྱང་གཞན་ལ། ཆོས་ཀྱི་དབྱིངས་ཀྱང་གཞན། དེ་བཞིན་ཉིད་ཀྱང་གཞན། ཡང་དག་པའི་མཐའ་ཡང་གཞན་པ་མ་ཡིན་ནོ། །དྲན་པ་ཉེ་བར་གཞག་པ་རྣམས་ཀྱང་གཞན་ལ། ཆོས་ཀྱི་དབྱིངས་ཀྱང་གཞན། དེ་བཞིན་ཉིད་ཀྱང་གཞན། ཡང་དག་པའི་མཐའ་ཡང་གཞན་པ་མ་ཡིན་ནོ། །ཡང་དག་པར་སྤོང་བ་རྣམས་

ཀྱང་གཞན་ལ། ཆོས་ཀྱི་དབྱིངས་ཀྱང་གཞན། དེ་བཞིན་ཉིད་ཀྱང་གཞན། ཡང་དག་པའི་མཐའ་ཡང་གཞན་པ་མ་ཡིན་ནོ། །རྫུ་འཕྲུལ་གྱི་རྐང་པ་རྣམས་ཀྱང་གཞན་ལ། ཆོས་ཀྱི་དབྱིངས་ཀྱང་གཞན། དེ་བཞིན་ཉིད་ཀྱང་གཞན། ཡང་དག་པའི་མཐའ་ཡང་གཞན་པ་མ་ཡིན་ནོ། །དབང་པོ་རྣམས་ཀྱང་གཞན་ལ། ཆོས་ཀྱི་དབྱིངས་ཀྱང་གཞན། དེ་བཞིན་ཉིད་ཀྱང་གཞན། ཡང་དག་པའི་མཐའ་ཡང་གཞན་པ་མ་ཡིན་ནོ། །སྟོབས་རྣམས་ཀྱང་གཞན་ལ། ཆོས་ཀྱི་དབྱིངས་ཀྱང་གཞན། དེ་བཞིན་ཉིད་ཀྱང་གཞན། ཡང་དག་པའི་མཐའ་ཡང་གཞན་པ་མ་ཡིན་ནོ། །བྱང་ཆུབ་ཀྱི་ཡན་ལག་རྣམས་ཀྱང་གཞན་ལ། ཆོས་ཀྱི་དབྱིངས་ཀྱང་གཞན། དེ་བཞིན་ཉིད་ཀྱང་གཞན། ཡང་དག་པའི་མཐའ་ཡང་གཞན་པ་མ་ཡིན་ནོ། །འཕགས་པའི་ལམ་ཡན་ལག་བརྒྱད་པ་ཡང་གཞན་ལ། ཆོས་ཀྱི་དབྱིངས་ཀྱང་གཞན། དེ་བཞིན་ཉིད་ཀྱང་གཞན། ཡང་དག་པའི་མཐའ་ཡང་གཞན་པ་མ་ཡིན་ནོ། །འཕགས་པའི་བདེན་པ་རྣམས་ཀྱང་གཞན་ལ། ཆོས་ཀྱི་དབྱིངས་ཀྱང་གཞན། དེ་བཞིན་ཉིད་ཀྱང་གཞན། ཡང་དག་པའི་མཐའ་ཡང་གཞན་པ་མ་ཡིན་ནོ། །བསམ་གཏན་རྣམས་ཀྱང་གཞན་ལ། ཆོས་ཀྱི་དབྱིངས་ཀྱང་གཞན། དེ་བཞིན་ཉིད་ཀྱང་གཞན། ཡང་དག་པའི་མཐའ་ཡང་གཞན་པ་མ་ཡིན་ནོ། །ཚད་མེད་པ་རྣམས་ཀྱང་གཞན་ལ། ཆོས་ཀྱི་དབྱིངས་ཀྱང་གཞན། དེ་བཞིན་ཉིད་ཀྱང་གཞན། ཡང་དག་པའི་མཐའ་ཡང་གཞན་པ་མ་ཡིན་ནོ། །གཟུགས་མེད་པའི་སྙོམས་པར་འཇུག་པ་རྣམས་ཀྱང་གཞན་ལ། ཆོས་ཀྱི་དབྱིངས་ཀྱང་གཞན། དེ་བཞིན་ཉིད་ཀྱང་གཞན། ཡང་དག་པའི་མཐའ་ཡང་གཞན་པ་མ་ཡིན་ནོ། །རྣམ་པར་ཐར་པ་བརྒྱད་ཀྱང་གཞན་ལ། ཆོས་ཀྱི་དབྱིངས་ཀྱང་གཞན། དེ་བཞིན་ཉིད་ཀྱང་གཞན། ཡང་དག་

པའི་མཐའ་ཡང་གཞན་པ་མ་ཡིན་ནོ། །མཐར་གྱིས་གནས་པའི་སྙོམས་པར་འཇུག་པ་དགུ་ཡང་གཞན་ལ། ཆོས་ཀྱི་དབྱིངས་ཀྱང་གཞན། དེ་བཞིན་ཉིད་ཀྱང་གཞན། ཡང་དག་པའི་མཐའ་ཡང་གཞན་པ་མ་ཡིན་ནོ། །རྣམ་པར་ཐར་པའི་སྒོ་སྟོང་པ་ཉིད་དང་། མཚན་མ་མེད་པ་དང་། སྨོན་པ་མེད་པ་ཡང་གཞན་ལ། ཆོས་ཀྱི་དབྱིངས་ཀྱང་གཞན། དེ་བཞིན་ཉིད་ཀྱང་གཞན། ཡང་དག་པའི་མཐའ་ཡང་གཞན་པ་མ་ཡིན་ནོ། །མངོན་པར་ཤེས་པ་རྣམས་ཀྱང་གཞན་ལ། ཆོས་ཀྱི་དབྱིངས་ཀྱང་གཞན། དེ་བཞིན་ཉིད་ཀྱང་གཞན། ཡང་དག་པའི་མཐའ་ཡང་གཞན་པ་མ་ཡིན་ནོ། །ཏིང་ངེ་འཛིན་རྣམས་ཀྱང་གཞན་ལ། ཆོས་ཀྱི་དབྱིངས་ཀྱང་གཞན། དེ་བཞིན་ཉིད་ཀྱང་གཞན། ཡང་དག་པའི་མཐའ་ཡང་གཞན་པ་མ་ཡིན་ནོ། །གཟུངས་ཀྱི་སྒོ་རྣམས་ཀྱང་གཞན་ལ། ཆོས་ཀྱི་དབྱིངས་ཀྱང་གཞན། དེ་བཞིན་ཉིད་ཀྱང་གཞན། ཡང་དག་པའི་མཐའ་ཡང་གཞན་པ་མ་ཡིན་ནོ། །དེ་བཞིན་གཤེགས་པའི་སྟོབས་བཅུ་ཡང་གཞན་ལ། ཆོས་ཀྱི་དབྱིངས་ཀྱང་གཞན། དེ་བཞིན་ཉིད་ཀྱང་གཞན། ཡང་དག་པའི་མཐའ་ཡང་གཞན་པ་མ་ཡིན་ནོ། །མི་འཇིགས་པ་བཞི་ཡང་གཞན་ལ། ཆོས་ཀྱི་དབྱིངས་ཀྱང་གཞན། དེ་བཞིན་ཉིད་ཀྱང་གཞན། ཡང་དག་པའི་མཐའ་ཡང་གཞན་པ་མ་ཡིན་ནོ། །སོ་སོ་ཡང་དག་པར་རིག་པ་བཞི་ཡང་གཞན་ལ། ཆོས་ཀྱི་དབྱིངས་ཀྱང་གཞན། དེ་བཞིན་ཉིད་ཀྱང་གཞན། ཡང་དག་པའི་མཐའ་ཡང་གཞན་པ་མ་ཡིན་ནོ། །བྱམས་པ་ཆེན་པོ་ཡང་གཞན་ལ། ཆོས་ཀྱི་དབྱིངས་ཀྱང་གཞན། དེ་བཞིན་ཉིད་ཀྱང་གཞན། ཡང་དག་པའི་མཐའ་ཡང་གཞན་པ་མ་ཡིན་ནོ། །སྙིང་རྗེ་ཆེན་པོ་ཡང་གཞན་ལ། ཆོས་ཀྱི་དབྱིངས་ཀྱང་གཞན། དེ་བཞིན་ཉིད་ཀྱང་གཞན། ཡང་དག་པའི་མཐའ་ཡང་གཞན་པ་མ་ཡིན་ནོ། །

སངས་རྒྱས་ཀྱི་ཆོས་མ་འདྲེས་པ་བཅོ་བརྒྱད་ཀྱང་གཞན་ལ། ཆོས་ཀྱི་དབྱིངས་ཀྱང་གཞན། དེ་བཞིན་ཉིད་ཀྱང་གཞན། ཡང་དག་པའི་མཐའ་ཡང་གཞན་པ་མ་ཡིན་ནོ། །རྒྱུན་དུ་ཞུགས་པའི་འབྲས་བུ་ཡང་གཞན་ལ། ཆོས་ཀྱི་དབྱིངས་ཀྱང་གཞན། དེ་བཞིན་ཉིད་ཀྱང་གཞན། ཡང་དག་པའི་མཐའ་ཡང་གཞན་པ་མ་ཡིན་ནོ། །ལན་ཅིག་ཕྱིར་འོང་བའི་འབྲས་བུ་ཡང་གཞན་ལ། ཆོས་ཀྱི་དབྱིངས་ཀྱང་གཞན། དེ་བཞིན་ཉིད་ཀྱང་གཞན། ཡང་དག་པའི་མཐའ་ཡང་གཞན་པ་མ་ཡིན་ནོ། །ཕྱིར་མི་འོང་བའི་འབྲས་བུ་ཡང་གཞན་ལ། ཆོས་ཀྱི་དབྱིངས་ཀྱང་གཞན། དེ་བཞིན་ཉིད་ཀྱང་གཞན། ཡང་དག་པའི་མཐའ་ཡང་གཞན་པ་མ་ཡིན་ནོ། །དགྲ་བཅོམ་པ་ཉིད་ཀྱང་གཞན་ལ། ཆོས་ཀྱི་དབྱིངས་ཀྱང་གཞན། དེ་བཞིན་ཉིད་ཀྱང་གཞན་ཡང་དག་པའི་མཐའ་ཡང་གཞན་པ་མ་ཡིན་ནོ། །རང་བྱང་ཆུབ་ཀྱང་གཞན་ལ། ཆོས་ཀྱི་དབྱིངས་ཀྱང་གཞན། དེ་བཞིན་ཉིད་ཀྱང་གཞན། ཡང་དག་པའི་མཐའ་ཡང་གཞན་པ་མ་ཡིན་ནོ། །ལམ་གྱི་རྣམ་པ་ཤེས་པ་ཉིད་ཀྱང་གཞན་ལ། ཆོས་ཀྱི་དབྱིངས་ཀྱང་གཞན། དེ་བཞིན་ཉིད་ཀྱང་གཞན། ཡང་དག་པའི་མཐའ་ཡང་གཞན་པ་མ་ཡིན་ནོ། །རྣམ་པ་ཐམས་ཅད་མཁྱེན་པ་ཉིད་ཀྱང་གཞན་ལ། ཆོས་ཀྱི་དབྱིངས་ཀྱང་གཞན། དེ་བཞིན་ཉིད་ཀྱང་གཞན། ཡང་དག་པའི་མཐའ་ཡང་གཞན་པ་མ་ཡིན་ནོ། །གསོལ་པ། བཅོམ་ལྡན་འདས་གལ་ཏེ་གཟུགས་ཀྱང་གཞན་ལ། ཆོས་ཀྱི་དབྱིངས་ཀྱང་གཞན། དེ་བཞིན་ཉིད་ཀྱང་གཞན། ཡང་དག་པའི་མཐའ་ཡང་གཞན་པ་མ་ལགས། ཚོར་བ་ཡང་གཞན་ལ། ཆོས་ཀྱི་དབྱིངས་ཀྱང་གཞན། དེ་བཞིན་ཉིད་ཀྱང་གཞན། ཡང་དག་པའི་མཐའ་ཡང་གཞན་པ་མ་ལགས། འདུ་ཤེས་ཀྱང་གཞན་ལ། ཆོས་ཀྱི་དབྱིངས་ཀྱང་གཞན། དེ་བཞིན་ཉིད་ཀྱང་

གཞན། ཡང་དག་པའི་མཐའ་ཡང་གཞན་པ་མ་ལགས། འདུ་བྱེད་ཀྱང་གཞན་ལ། ཆོས་ཀྱི་དབྱིངས་ཀྱང་གཞན། དེ་བཞིན་ཉིད་ཀྱང་གཞན། ཡང་དག་པའི་མཐའ་ཡང་གཞན་པ་མ་ལགས། རྣམ་པར་ཤེས་པ་ཡང་གཞན་ལ། ཆོས་ཀྱི་དབྱིངས་ཀྱང་གཞན། དེ་བཞིན་ཉིད་ཀྱང་གཞན། ཡང་དག་པའི་མཐའ་ཡང་གཞན་པ་མ་ལགས། མིག་ཀྱང་གཞན་ལ། ཆོས་ཀྱི་དབྱིངས་ཀྱང་[༡]གཞན། དེ་བཞིན་ཉིད་ཀྱང་གཞན། ཡང་དག་པའི་མཐའ་ཡང་གཞན་པ་མ་ལགས། རྣ་བ་ཡང་གཞན་ལ། ཆོས་ཀྱི་དབྱིངས་ཀྱང་གཞན། དེ་བཞིན་ཉིད་ཀྱང་གཞན། ཡང་དག་པའི་མཐའ་ཡང་གཞན་པ་མ་ལགས། སྣ་ཡང་གཞན་ལ། ཆོས་ཀྱི་དབྱིངས་ཀྱང་གཞན། དེ་བཞིན་ཉིད་ཀྱང་གཞན་ཡང་དག་པའི་མཐའ་ཡང་གཞན་པ་མ་ལགས། ལྕེ་ཡང་གཞན་ལ། ཆོས་ཀྱི་དབྱིངས་ཀྱང་གཞན། དེ་བཞིན་ཉིད་ཀྱང་གཞན། ཡང་དག་པའི་མཐའ་ཡང་གཞན་པ་མ་ལགས། ལུས་ཀྱང་གཞན་ལ། ཆོས་ཀྱི་དབྱིངས་ཀྱང་གཞན། དེ་བཞིན་ཉིད་ཀྱང་གཞན་ཡང་དག་པའི་མཐའ་ཡང་གཞན་པ་མ་ལགས། ཡིད་ཀྱང་གཞན་ལ། ཆོས་ཀྱི་དབྱིངས་ཀྱང་གཞན། དེ་བཞིན་ཉིད་ཀྱང་གཞན། ཡང་དག་པའི་མཐའ་ཡང་གཞན་པ་མ་ལགས། གཟུགས་ཀྱང་གཞན་ལ། ཆོས་ཀྱི་དབྱིངས་ཀྱང་གཞན། དེ་བཞིན་ཉིད་ཀྱང་གཞན། ཡང་དག་པའི་མཐའ་ཡང་གཞན་པ་མ་ལགས། སྒྲ་ཡང་གཞན་ལ། ཆོས་ཀྱི་དབྱིངས་ཀྱང་གཞན། དེ་བཞིན་ཉིད་ཀྱང་གཞན། ཡང་དག་པའི་མཐའ་ཡང་གཞན་པ་མ་ལགས། དྲི་ཡང་གཞན་ལ། ཆོས་ཀྱི་དབྱིངས་ཀྱང་གཞན། དེ་བཞིན་ཉིད་ཀྱང་གཞན། ཡང་དག་པའི་མཐའ་ཡང་གཞན་པ་མ་ལགས། རོ་ཡང་གཞན་ལ། ཆོས་ཀྱི་དབྱིངས་ཀྱང་གཞན། དེ་བཞིན་ཉིད་ཀྱང་གཞན། ཡང་དག་པའི་མཐའ་ཡང་

གཞན་པ་མ་ལགས། རེག་ཀྱང་གཞན་ལ། ཆོས་ཀྱི་དབྱིངས་ཀྱང་གཞན། དེ་བཞིན་ཉིད་ཀྱང་གཞན། ཡང་དག་པའི་མཐའ་ཡང་གཞན་པ་མ་ལགས། ཆོས་ཀྱང་གཞན་ལ། ཆོས་ཀྱི་དབྱིངས་ཀྱང་གཞན། དེ་བཞིན་ཉིད་ཀྱང་གཞན། ཡང་དག་པའི་མཐའ་ཡང་གཞན་པ་མ་ལགས། མིག་གི་རྣམ་པར་ཤེས་པ་ཡང་གཞན་ལ། ཆོས་ཀྱི་དབྱིངས་ཀྱང་གཞན། དེ་བཞིན་ཉིད་ཀྱང་གཞན། ཡང་དག་པའི་མཐའ་ཡང་གཞན་པ་མ་ལགས། རྣ་བའི་རྣམ་པར་ཤེས་པ་ཡང་གཞན་ལ། ཆོས་ཀྱི་དབྱིངས་ཀྱང་གཞན། དེ་བཞིན་ཉིད་ཀྱང་གཞན། ཡང་དག་པའི་མཐའ་ཡང་གཞན་པ་མ་ལགས། སྣའི་རྣམ་པར་ཤེས་པ་ཡང་གཞན་ལ་ཆོས་ཀྱི་དབྱིངས་ཀྱང་གཞན་དེ་བཞིན་ཉིད་ཀྱང་གཞན། ཡང་དག་པའི་མཐའ་ཡང་གཞན་པ་མ་ལགས། ལྗེའི་རྣམ་པར་ཤེས་པ་ཡང་གཞན་ལ། ཆོས་ཀྱི་དབྱིངས་ཀྱང་གཞན། དེ་བཞིན་ཉིད་ཀྱང་གཞན། ཡང་དག་པའི་མཐའ་ཡང་གཞན་པ་མ་ལགས། ལུས་ཀྱི་རྣམ་པར་ཤེས་པ་ཡང་གཞན་ལ། ཆོས་ཀྱི་དབྱིངས་ཀྱང་གཞན། དེ་བཞིན་ཉིད་ཀྱང་གཞན། ཡང་དག་པའི་མཐའ་ཡང་གཞན་པ་མ་ལགས། ཡིད་ཀྱི་རྣམ་པར་ཤེས་པ་ཡང་གཞན་ལ། ཆོས་ཀྱི་དབྱིངས་ཀྱང་གཞན། དེ་བཞིན་ཉིད་ཀྱང་གཞན། ཡང་དག་པའི་མཐའ་ཡང་གཞན་པ་མ་ལགས། མིག་གི་འདུས་ཏེ་རེག་པ་ཡང་གཞན་ལ། ཆོས་ཀྱི་དབྱིངས་ཀྱང་གཞན། དེ་བཞིན་ཉིད་ཀྱང་གཞན། ཡང་དག་པའི་མཐའ་ཡང་གཞན་པ་མ་ལགས། རྣ་བའི་འདུས་ཏེ་རེག་པ་ཡང་གཞན་ལ། ཆོས་ཀྱི་དབྱིངས་ཀྱང་གཞན། དེ་བཞིན་ཉིད་ཀྱང་⑦གཞན། ཡང་དག་པའི་མཐའ་ཡང་གཞན་པ་མ་ལགས། སྣའི་འདུས་ཏེ་རེག་པ་ཡང་གཞན་ལ། ཆོས་ཀྱི་དབྱིངས་ཀྱང་གཞན། དེ་བཞིན་ཉིད་ཀྱང་གཞན། ཡང་དག་པའི་མཐའ་ཡང་གཞན་པ་མ་ལགས།

ལྗེའི་འདུས་ཏེ་རེག་པ་ཡང་གཞན་ལ། ཆོས་ཀྱི་དབྱིངས་ཀྱང་གཞན། དེ་བཞིན་ཉིད་ཀྱང་གཞན། ཡང་དག་པའི་མཐའ་ཡང་གཞན་པ་མ་ལགས། ལུས་ཀྱི་འདུས་ཏེ་རེག་པ་ཡང་གཞན་ལ། ཆོས་ཀྱི་དབྱིངས་ཀྱང་གཞན། དེ་བཞིན་ཉིད་ཀྱང་གཞན། ཡང་དག་པའི་མཐའ་ཡང་གཞན་པ་མ་ལགས། ཡིད་ཀྱི་འདུས་ཏེ་རེག་པ་ཡང་གཞན་ལ། ཆོས་ཀྱི་དབྱིངས་ཀྱང་གཞན། དེ་བཞིན་ཉིད་ཀྱང་གཞན། ཡང་དག་པའི་མཐའ་ཡང་གཞན་པ་མ་ལགས། མིག་གི་འདུས་ཏེ་རེག་པའི་རྐྱེན་གྱིས་ཚོར་བ་ཡང་གཞན་ལ། ཆོས་ཀྱི་དབྱིངས་ཀྱང་གཞན། དེ་བཞིན་ཉིད་ཀྱང་གཞན། ཡང་དག་པའི་མཐའ་ཡང་གཞན་པ་མ་ལགས། རྣ་བའི་འདུས་ཏེ་རེག་པའི་རྐྱེན་གྱིས་ཚོར་བ་ཡང་གཞན་ལ། ཆོས་ཀྱི་དབྱིངས་ཀྱང་གཞན། དེ་བཞིན་ཉིད་ཀྱང་གཞན། ཡང་དག་པའི་མཐའ་ཡང་གཞན་པ་མ་ལགས། སྣའི་འདུས་ཏེ་རེག་པའི་རྐྱེན་གྱིས་ཚོར་བ་ཡང་གཞན་ལ། ཆོས་ཀྱི་དབྱིངས་ཀྱང་གཞན། དེ་བཞིན་ཉིད་ཀྱང་གཞན། ཡང་དག་པའི་མཐའ་ཡང་གཞན་པ་མ་ལགས། ལྗེའི་འདུས་ཏེ་རེག་པའི་རྐྱེན་གྱིས་ཚོར་བ་ཡང་གཞན་ལ། ཆོས་ཀྱི་དབྱིངས་ཀྱང་གཞན། དེ་བཞིན་ཉིད་ཀྱང་གཞན། ཡང་དག་པའི་མཐའ་ཡང་གཞན་པ་མ་ལགས། ལུས་ཀྱི་འདུས་ཏེ་རེག་པའི་རྐྱེན་གྱིས་ཚོར་བ་ཡང་གཞན་ལ། ཆོས་ཀྱི་དབྱིངས་ཀྱང་གཞན་དེ་བཞིན་ཉིད་ཀྱང་གཞན། ཡང་དག་པའི་མཐའ་ཡང་གཞན་པ་མ་ལགས། ཡིད་ཀྱི་འདུས་ཏེ་རེག་པའི་རྐྱེན་གྱིས་ཚོར་བ་ཡང་གཞན་ལ། ཆོས་ཀྱི་དབྱིངས་ཀྱང་གཞན། དེ་བཞིན་ཉིད་ཀྱང་གཞན། ཡང་དག་པའི་མཐའ་ཡང་གཞན་པ་མ་ལགས། སའི་ཁམས་ཀྱང་གཞན་ལ། ཆོས་ཀྱི་དབྱིངས་ཀྱང་གཞན། དེ་བཞིན་ཉིད་ཀྱང་གཞན། ཡང་དག་པའི་མཐའ་ཡང་གཞན་པ་མ་ལགས། ཆུའི་ཁམས་ཀྱང་གཞན་ལ། ཆོས་

ཀྱི་དབྱིངས་ཀྱང་གཞན། དེ་བཞིན་ཉིད་ཀྱང་གཞན། ཡང་དག་པའི་མཐའ་ཡང་གཞན་པ་མ་ལགས། མེའི་ཁམས་ཀྱང་གཞན་ལ། ཆོས་ཀྱི་དབྱིངས་ཀྱང་གཞན༏ དེ་བཞིན་ཉིད་ཀྱང་གཞན། ཡང་དག་པའི་མཐའ་ཡང་གཞན་པ་མ་ལགས༏ རླུང་གི་ཁམས་ཀྱང་གཞན་ལ། ཆོས་ཀྱི་དབྱིངས་ཀྱང་གཞན། དེ་བཞིན་ཉིད་ཀྱང་གཞན། ཡང་དག་པའི་མཐའ་ཡང་གཞན་པ་མ་ལགས། ནམ་མཁའི་ཁམས་ཀྱང་གཞན་ལ། ཆོས་ཀྱི་དབྱིངས་ཀྱང་གཞན། དེ་བཞིན་ཉིད་ཀྱང་གཞན། ཡང་དག་པའི་མཐའ་ཡང་གཞན་པ་མ་ལགས། རྣམ་པར་ཤེས་པའི་ཁམས་ཀྱང་གཞན་ལ། ཆོས་ཀྱི་①དབྱིངས་ཀྱང་གཞན། དེ་བཞིན་ཉིད་ཀྱང་གཞན། ཡང་དག་པའི་མཐའ་ཡང་གཞན་པ་མ་ལགས། མ་རིག་པ་ཡང་གཞན་ལ། ཆོས་ཀྱི་དབྱིངས་ཀྱང་གཞན། དེ་བཞིན་ཉིད་ཀྱང་གཞན། ཡང་དག་པའི་མཐའ་ཡང་གཞན་པ་མ་ལགས། འདུ་བྱེད་ཀྱང་གཞན་ལ། ཆོས་ཀྱི་དབྱིངས་ཀྱང་གཞན། དེ་བཞིན་ཉིད་ཀྱང་གཞན། ཡང་དག་པའི་མཐའ་ཡང་གཞན་པ་མ་ལགས། རྣམ་པར་ཤེས་པ་ཡང་③གཞན་ལ། ཆོས་ཀྱི་དབྱིངས་ཀྱང་གཞན༏ དེ་བཞིན་ཉིད་ཀྱང་གཞན། ཡང་དག་པའི་མཐའ་ཡང་གཞན་པ་མ་ལགས༏ མིང་དང་གཟུགས་ཀྱང་གཞན་ལ། ཆོས་ཀྱི་དབྱིངས་ཀྱང་གཞན། དེ་བཞིན་ཉིད་ཀྱང་གཞན། ཡང་དག་པའི་མཐའ་ཡང་གཞན་པ་མ་ལགས། སྐྱེ་མཆེད་དྲུག་ཀྱང་གཞན་ལ། ཆོས་ཀྱི་དབྱིངས་ཀྱང་གཞན། དེ་བཞིན་ཉིད་ཀྱང་གཞན། ཡང་དག་པའི་མཐའ་ཡང་གཞན་པ་མ་ལགས། རེག་པ་ཡང་གཞན་ལ། ཆོས་ཀྱི་དབྱིངས་ཀྱང་གཞན། དེ་བཞིན་ཉིད་ཀྱང་③གཞན། ཡང་དག་པའི་མཐའ་ཡང་གཞན་པ་མ་ལགས། ཚོར་བ་ཡང་གཞན་ལ། ཆོས་ཀྱི་དབྱིངས་ཀྱང་གཞན། དེ་བཞིན་ཉིད་ཀྱང་གཞན། ཡང་དག་པའི་མཐའ་

ཡང་གཞན་པ་མ་ལགས། སྲིད་པ་ཡང་གཞན་ལ། ཆོས་ཀྱི་དབྱིངས་ཀྱང་གཞན། དེ་བཞིན་ཉིད་ཀྱང་གཞན། ཡང་དག་པའི་མཐའ་ཡང་གཞན་པ་མ་ལགས། ཞིན་པ་ཡང་གཞན་ལ། ཆོས་ཀྱི་དབྱིངས་ཀྱང་གཞན། དེ་བཞིན་ཉིད་ཀྱང་གཞན། ཡང་དག་པའི་མཐའ་ཡང་གཞན་པ་མ་ལགས། སྲིད་པ་ཡང་གཞན་ལ། ཆོས་ཀྱི་དབྱིངས་ཀྱང་གཞན། དེ་བཞིན་ཉིད་ཀྱང་གཞན། ཡང་དག་པའི་མཐའ་ཡང་གཞན་པ་མ་ལགས། སྐྱེ་བ་ཡང་གཞན་ལ། ཆོས་ཀྱི་དབྱིངས་ཀྱང་གཞན། དེ་བཞིན་ཉིད་ཀྱང་གཞན། ཡང་དག་པའི་མཐའ་ཡང་གཞན་པ་མ་ལགས། རྒ་ཤི་ཡང་གཞན་ལ། ཆོས་ཀྱི་དབྱིངས་ཀྱང་གཞན། དེ་བཞིན་ཉིད་ཀྱང་གཞན། ཡང་དག་པའི་མཐའ་ཡང་གཞན་པ་མ་ལགས། སྦྱིན་པའི་ཕ་རོལ་ཏུ་ཕྱིན་པ་ཡང་གཞན་ལ། ཆོས་ཀྱི་དབྱིངས་ཀྱང་གཞན། དེ་བཞིན་ཉིད་ཀྱང་གཞན་ཡང་དག་པའི་མཐའ་ཡང་གཞན་པ་མ་ལགས། ཚུལ་ཁྲིམས་ཀྱི་ཕ་རོལ་ཏུ་ཕྱིན་པ་ཡང་གཞན་ལ། ཆོས་ཀྱི་དབྱིངས་ཀྱང་གཞན། དེ་བཞིན་ཉིད་ཀྱང་གཞན། ཡང་དག་པའི་མཐའ་ཡང་གཞན་པ་མ་ལགས། བཟོད་པའི་ཕ་རོལ་ཏུ་ཕྱིན་པ་ཡང་གཞན་ལ། ཆོས་ཀྱི་དབྱིངས་ཀྱང་གཞན། དེ་བཞིན་ཉིད་ཀྱང་གཞན། ཡང་དག་པའི་མཐའ་ཡང་གཞན་པ་མ་ལགས། བརྩོན་འགྲུས་ཀྱི་ཕ་རོལ་ཏུ་ཕྱིན་པ་ཡང་གཞན་ལ། ཆོས་ཀྱི་དབྱིངས་ཀྱང་གཞན། དེ་བཞིན་ཉིད་ཀྱང་གཞན། ཡང་དག་པའི་མཐའ་ཡང་གཞན་པ་མ་ལགས། བསམ་གཏན་གྱི་ཕ་རོལ་ཏུ་ཕྱིན་པ་ཡང་གཞན་ལ། ཆོས་ཀྱི་དབྱིངས་ཀྱང་གཞན། དེ་བཞིན་ཉིད་ཀྱང་གཞན། ཡང་དག་པའི་མཐའ་ཡང་གཞན་པ་མ་ལགས། ཤེས་རབ་ཀྱི་ཕ་རོལ་ཏུ་ཕྱིན་པ་ཡང་གཞན་ལ། ཆོས་ཀྱི་དབྱིངས་ཀྱང་གཞན། དེ་བཞིན་ཉིད་ཀྱང་གཞན། ཡང་དག་པའི་མཐའ་ཡང་གཞན་པ་མ་ལགས།

ནང་སྟོང་པ་ཉིད་ཀྱང་གཞན་ལ། ཆོས་ཀྱི་དབྱིངས་ཀྱང་གཞན། དེ་བཞིན་ཉིད་ཀྱང་གཞན། ཡང་དག་པའི་མཐའ་ཡང་གཞན་པ་མ་ལགས། ཕྱི་སྟོང་པ་ཉིད་ཀྱང་གཞན་ལ། ཆོས་ཀྱི་དབྱིངས་ཀྱང་གཞན། དེ་བཞིན་ཉིད་ཀྱང་གཞན། ཡང་དག་པའི་མཐའ་ཡང་གཞན་པ་མ་ལགས། ཕྱི་ནང་སྟོང་པ་ཉིད་ཀྱང་གཞན་ལ། ཆོས་ཀྱི་དབྱིངས་ཀྱང་གཞན། དེ་བཞིན་ཉིད་ཀྱང་གཞན། ཡང་དག་པའི་མཐའ་ཡང་གཞན་པ་མ་ལགས། སྟོང་པ་ཉིད་སྟོང་པ་ཉིད་ཀྱང་གཞན་ལ། ཆོས་ཀྱི་དབྱིངས་ཀྱང་གཞན། དེ་བཞིན་ཉིད་ཀྱང་གཞན། ཡང་དག་པའི་མཐའ་ཡང་གཞན་པ་མ་ལགས། ཆེན་པོ་སྟོང་པ་ཉིད་ཀྱང་གཞན་ལ། ཆོས་ཀྱི་དབྱིངས་ཀྱང་གཞན། དེ་བཞིན་ཉིད་ཀྱང་གཞན། ཡང་དག་པའི་མཐའ་ཡང་གཞན་པ་མ་ལགས། དོན་དམ་པ་སྟོང་པ་ཉིད་ཀྱང་གཞན་ལ། ཆོས་ཀྱི་དབྱིངས་ཀྱང་གཞན། དེ་བཞིན་ཉིད་ཀྱང་གཞན། ཡང་དག་པའི་མཐའ་ཡང་གཞན་པ་མ་ལགས། འདུས་བྱས་སྟོང་པ་ཉིད་ཀྱང་གཞན་ལ། ཆོས་ཀྱི་དབྱིངས་ཀྱང་གཞན། དེ་བཞིན་ཉིད་ཀྱང་གཞན། ཡང་དག་པའི་མཐའ་ཡང་གཞན་པ་མ་ལགས། འདུས་མ་བྱས་སྟོང་པ་ཉིད་ཀྱང་གཞན་ལ། ཆོས་ཀྱི་དབྱིངས་ཀྱང་གཞན། དེ་བཞིན་ཉིད་ཀྱང་གཞན། ཡང་དག་པའི་མཐའ་ཡང་གཞན་པ་མ་ལགས། མཐའ་ལས་①འདས་པ་སྟོང་པ་ཉིད་ཀྱང་གཞན་ལ། ཆོས་ཀྱི་དབྱིངས་ཀྱང་གཞན། དེ་བཞིན་ཉིད་ཀྱང་གཞན། ཡང་དག་པའི་མཐའ་ཡང་གཞན་པ་མ་ལགས། ཐོག་མ་དང་ཐ་མ་མེད་པ་②ཉིད་ཀྱང་གཞན་ལ། ཆོས་ཀྱི་དབྱིངས་ཀྱང་གཞན། དེ་བཞིན་ཉིད་ཀྱང་གཞན། ཡང་དག་པའི་མཐའ་ཡང་གཞན་པ་མ་ལགས། དོར་བ་མེད་པ་སྟོང་པ་ཉིད་ཀྱང་གཞན་ལ། ཆོས་ཀྱི་དབྱིངས་ཀྱང་གཞན། དེ་བཞིན་ཉིད་ཀྱང་གཞན། ཡང་དག་པའི་

མཐའ་ཡང་གཞན་པ་མ་ལགས། རང་བཞིན་སྟོང་པ་ཉིད་ཀྱང་གཞན་ལ། ཆོས་ཀྱི་དབྱིངས་ཀྱང་གཞན། དེ་བཞིན་ཉིད་ཀྱང་གཞན། ཡང་དག་པའི་མཐའ་ཡང་གཞན་པ་མ་ལགས། ཆོས་ཐམས་ཅད་སྟོང་པ་ཉིད་ཀྱང་གཞན་ལ། ཆོས་ཀྱི་དབྱིངས་ཀྱང་གཞན། དེ་བཞིན་ཉིད་ཀྱང་གཞན། ཡང་དག་པའི་མཐའ་ཡང་གཞན་པ་མ་ལགས། རང་གི་མཚན་ཉིད་སྟོང་པ་ཉིད་ཀྱང་གཞན་ལ། ཆོས་ཀྱི་དབྱིངས་ཀྱང་གཞན། དེ་བཞིན་ཉིད་ཀྱང་གཞན། ཡང་དག་པའི་མཐའ་ཡང་གཞན་པ་མ་ལགས། མི་དམིགས་པ་སྟོང་པ་ཉིད་ཀྱང་གཞན་ལ། ཆོས་ཀྱི་དབྱིངས་ཀྱང་གཞན། དེ་བཞིན་ཉིད་ཀྱང་གཞན། ཡང་དག་པའི་མཐའ་ཡང་གཞན་པ་མ་ལགས། དངོས་པོ་མེད་པ་སྟོང་པ་ཉིད་ཀྱང་གཞན་ལ། ཆོས་ཀྱི་དབྱིངས་ཀྱང་གཞན། དེ་བཞིན་ཉིད་ཀྱང་གཞན། ཡང་དག་པའི་མཐའ་ཡང་གཞན་པ་མ་ལགས། ངོ་བོ་ཉིད་སྟོང་པ་ཉིད་ཀྱང་གཞན་ལ། ཆོས་ཀྱི་དབྱིངས་ཀྱང་⑦གཞན། དེ་བཞིན་ཉིད་ཀྱང་གཞན། ཡང་དག་པའི་མཐའ་ཡང་གཞན་པ་མ་ལགས། དངོས་པོ་མེད་པའི་ངོ་བོ་ཉིད་སྟོང་པ་ཉིད་ཀྱང་གཞན་ལ། ཆོས་ཀྱི་དབྱིངས་ཀྱང་གཞན། དེ་བཞིན་ཉིད་ཀྱང་གཞན། ཡང་དག་པའི་མཐའ་ཡང་གཞན་པ་མ་ལགས། དྲན་པ་ཉེ་བར་གཞག་པ་རྣམས་ཀྱང་གཞན་ལ། ཆོས་ཀྱི་དབྱིངས་ཀྱང་གཞན། དེ་བཞིན་ཉིད་ཀྱང་གཞན། ཡང་དག་པའི་མཐའ་ཡང་གཞན་པ་མ་ལགས། ཡང་དག་པར་སྤོང་བ་རྣམས་ཀྱང་གཞན་ལ། ཆོས་ཀྱི་དབྱིངས་ཀྱང་གཞན། དེ་བཞིན་ཉིད་ཀྱང་གཞན། ཡང་དག་པའི་མཐའ་ཡང་གཞན་པ་མ་ལགས། རྫུ་འཕྲུལ་གྱི་རྐང་པ་རྣམས་ཀྱང་གཞན་ལ། ཆོས་ཀྱི་དབྱིངས་ཀྱང་གཞན། དེ་བཞིན་ཉིད་ཀྱང་གཞན། ཡང་དག་པའི་མཐའ་ཡང་གཞན་པ་མ་ལགས། དབང་པོ་རྣམས་ཀྱང་གཞན་ལ།

ཆོས་ཀྱི་དབྱིངས་ཀྱང་གཞན། དེ་བཞིན་ཉིད་ཀྱང་གཞན། ཡང་དག་པའི་མཐའ་ཡང་གཞན་པ་མ་ལགས། སྟོབས་རྣམས་ཀྱང་གཞན་ལ། ཆོས་ཀྱི་དབྱིངས་ཀྱང་གཞན། དེ་བཞིན་ཉིད་ཀྱང་གཞན། ཡང་དག་པའི་མཐའ་ཡང་གཞན་པ་མ་ལགས། བྱང་ཆུབ་ཀྱི་ཡན་ལག་རྣམས་ཀྱང་གཞན་ལ། ཆོས་ཀྱི་དབྱིངས་ཀྱང་གཞན། དེ་བཞིན་ཉིད་ཀྱང་གཞན། ཡང་དག་པའི་མཐའ་ཡང་གཞན་པ་མ་ལགས། འཕགས་པའི་ལམ་ཡན་ལག་བརྒྱད་པ་ཡང་གཞན་ལ། ཆོས་ཀྱི་དབྱིངས་ཀྱང་གཞན། དེ་བཞིན་ཉིད་ཀྱང་གཞན། ཡང་དག་པའི་མཐའ་ཡང་གཞན་པ་མ་ལགས། འཕགས་པའི་བདེན་པ་རྣམས་ཀྱང་གཞན་ལ། ཆོས་ཀྱི་དབྱིངས་ཀྱང་གཞན། དེ་བཞིན་ཉིད་ཀྱང་གཞན། ཡང་དག་པའི་མཐའ་ཡང་གཞན་པ་མ་ལགས། བསམ་གཏན་རྣམས་ཀྱང་གཞན་ལ། ཆོས་ཀྱི་དབྱིངས་ཀྱང་གཞན། དེ་བཞིན་ཉིད་ཀྱང་གཞན། ཡང་དག་པའི་མཐའ་ཡང་གཞན་པ་མ་ལགས། ཚད་མེད་པ་རྣམས་ཀྱང་གཞན་ལ། ཆོས་ཀྱི་དབྱིངས་ཀྱང་གཞན། དེ་བཞིན་ཉིད་ཀྱང་གཞན། ཡང་དག་པའི་མཐའ་ཡང་གཞན་པ་མ་ལགས། གཟུགས་མེད་པའི་སྙོམས་པར་འཇུག་པ་རྣམས་ཀྱང་གཞན་ལ། ཆོས་ཀྱི་དབྱིངས་ཀྱང་གཞན། དེ་བཞིན་ཉིད་ཀྱང་གཞན། ཡང་དག་པའི་མཐའ་ཡང་གཞན་པ་མ་ལགས། རྣམ་པར་ཐར་པ་བརྒྱད་ཀྱང་གཞན་ལ། ཆོས་ཀྱི་[༡]དབྱིངས་ཀྱང་གཞན། དེ་བཞིན་ཉིད་ཀྱང་གཞན། ཡང་དག་པའི་མཐའ་ཡང་གཞན་པ་མ་ལགས། མཐར་གྱིས་[༢]གནས་པའི་སྙོམས་པར་འཇུག་པ་དགུ་ཡང་གཞན་ལ། ཆོས་ཀྱི་དབྱིངས་ཀྱང་གཞན། དེ་བཞིན་ཉིད་ཀྱང་གཞན། ཡང་དག་པའི་མཐའ་ཡང་གཞན་པ་མ་ལགས། རྣམ་པར་ཐར་པའི་སྒོ་སྟོང་པ་ཉིད་དང་། མཚན་མ་མེད་པ་དང་། སྨོན་པ་མེད་པ་ཡང་གཞན་ལ། ཆོས་

ཀྱི་དབྱིངས་ཀྱང་གཞན། དེ་བཞིན་ཉིད་ཀྱང་གཞན། ཡང་དག་པའི་མཐའ་ཡང་གཞན་པ་མ་ལགས། མངོན་པར་ཤེས་པ་རྣམས་ཀྱང་གཞན་ལ། ཆོས་ཀྱི་དབྱིངས་ཀྱང་གཞན། དེ་བཞིན་ཉིད་ཀྱང་གཞན། ཡང་དག་པའི་མཐའ་ཡང་གཞན་པ་མ་ལགས། ཏིང་ངེ་འཛིན་རྣམས་ཀྱང་གཞན་ལ། ཆོས་ཀྱི་དབྱིངས་ཀྱང་གཞན་ལ[༡]། དེ་བཞིན་ཉིད་ཀྱང་གཞན། ཡང་དག་པའི་མཐའ་ཡང་གཞན་པ་མ་ལགས། གཟུངས་ཀྱི་སྒོ་རྣམས་ཀྱང་གཞན་ལ། ཆོས་ཀྱི་དབྱིངས་ཀྱང་གཞན། དེ་བཞིན་ཉིད་ཀྱང་གཞན། ཡང་དག་པའི་མཐའ་ཡང་གཞན་པ་མ་ལགས། དེ་བཞིན་གཤེགས་པའི་སྟོབས་བཅུ་ཡང་གཞན་ལ། ཆོས་ཀྱི་དབྱིངས་ཀྱང་གཞན། དེ་བཞིན་ཉིད་ཀྱང་གཞན། ཡང་དག་པའི་མཐའ་ཡང་གཞན་པ་མ་ལགས། མི་འཇིགས་པ་བཞི་ཡང་གཞན་ལ། ཆོས་ཀྱི་དབྱིངས་ཀྱང་གཞན། དེ་བཞིན་ཉིད་ཀྱང་གཞན། ཡང་དག་པའི་མཐའ་ཡང་གཞན་པ་མ་ལགས། སོ་སོ་ཡང་དག་པར་རིག་པ་བཞི་ཡང་གཞན་ལ། ཆོས་ཀྱི་དབྱིངས་ཀྱང་གཞན། དེ་བཞིན་ཉིད་ཀྱང་གཞན། ཡང་དག་པའི་མཐའ་ཡང་གཞན་པ་མ་ལགས། བྱམས་པ་ཆེན་པོ་[༢]ཡང་གཞན་ལ། ཆོས་ཀྱི་དབྱིངས་ཀྱང་གཞན། དེ་བཞིན་ཉིད་ཀྱང་གཞན། ཡང་དག་པའི་མཐའ་ཡང་གཞན་པ་མ་ལགས། སྙིང་རྗེ་ཆེན་པོ་ཡང་གཞན་ལ། ཆོས་ཀྱི་དབྱིངས་ཀྱང་གཞན། དེ་བཞིན་ཉིད་ཀྱང་གཞན། ཡང་དག་པའི་མཐའ་ཡང་གཞན་པ་མ་ལགས། སངས་རྒྱས་ཀྱི་ཆོས་མ་འདྲེས་པ་བཅོ་བརྒྱད་ཀྱང་གཞན་ལ། ཆོས་ཀྱི་དབྱིངས་ཀྱང་གཞན། དེ་བཞིན་ཉིད་ཀྱང་གཞན། ཡང་དག་པའི་མཐའ་ཡང་གཞན་པ་མ་ལགས། བཅོམ་ལྡན་འདས་གལ་ཏེ་དེ་ལྟར་རྒྱུན་དུ་ཞུགས་[༣]པའི་འབྲས་བུ་ཡང་གཞན་ལ། ཆོས་ཀྱི་དབྱིངས་ཀྱང་གཞན། དེ་བཞིན་ཉིད་ཀྱང་གཞན། ཡང་དག་པའི་

མཐའ་ཡང་གཞན་པ་མ་ལགས། ལན་ཅིག་ཕྱིར་འོང་བའི་འབྲས་བུ་ཡང་གཞན་ལ། ཆོས་ཀྱི་དབྱིངས་ཀྱང་གཞན། དེ་བཞིན་ཉིད་ཀྱང་གཞན། ཡང་དག་པའི་མཐའ་ཡང་གཞན་པ་མ་ལགས། ཕྱིར་མི་འོང་བའི་འབྲས་བུ་ཡང་གཞན་ལ། ཆོས་ཀྱི་དབྱིངས་ཀྱང་གཞན། དེ་བཞིན་ཉིད་ཀྱང་གཞན། ཡང་དག་པའི་མཐའ་ཡང་གཞན་པ་མ་ལགས། དགྲ་བཅོམ་པ་ཉིད་ཀྱང་གཞན་ལ། ཆོས་ཀྱི་དབྱིངས་ཀྱང་གཞན། དེ་བཞིན་ཉིད་ཀྱང་གཞན། ཡང་དག་པའི་མཐའ་ཡང་གཞན་པ་མ་ལགས། རང་བྱང་ཆུབ་ཀྱང་གཞན་ལ། ཆོས་ཀྱི་[༡]དབྱིངས་ཀྱང་གཞན༑ དེ་བཞིན་ཉིད་ཀྱང་གཞན། ཡང་དག་པའི་མཐའ་ཡང་གཞན་པ་མ་ལགས༑ ལམ་གྱི་རྣམ་པ་[༢]ཤེས་པ་[༣]ཉིད་ཀྱང་གཞན་ལ། ཆོས་ཀྱི་དབྱིངས་ཀྱང་གཞན། དེ་བཞིན་ཉིད་ཀྱང་གཞན། ཡང་དག་པའི་མཐའ་ཡང་གཞན་པ་མ་ལགས། རྣམ་པ་ཐམས་ཅད་མཁྱེན་པ་ཉིད་ཀྱང་གཞན་ལ། ཆོས་ཀྱི་དབྱིངས་ཀྱང་གཞན། དེ་བཞིན་ཉིད་ཀྱང་གཞན། ཡང་དག་པའི་མཐའ་ཡང་གཞན་པ་མ་ལགས་ན། འོ་ན་ཇི་ལྟར་ཆོས་རྣམས་ཀྱི་འབྲས་བུ་རྣམ་པར་དགོད་ཅིང་། ནག་པོའི་ཆོས་རྣམས་ཀྱི་རྣམ་པར་སྨིན་པ་ནག་པོ་ནི། སེམས་ཅན་དམྱལ་བ་དང་། ཕྱུགས་སོང་གི་སྐྱེ་གནས་དང་། གཤིན་རྗེའི་འཇིག་རྟེན[༤]། དཀར་པོའི་ཆོས་རྣམས་ཀྱི་རྣམ་པར་སྨིན་པ་དཀར་པོ་ནི། ལྷ་དང་མི་[༥]དཀར་ནག་གི་ཆོས་རྣམས་ཀྱི་རྣམ་པར་སྨིན་པ་དཀར་ནག་[༦]ནི། བདེ་བ་དང་སྡུག་བསྔལ་རྣམས་[༧]ཉམས་[༨]སུ་མྱོང་བ། མི་གནག་[༩]ཅིང་[༡༠]དཀར་བའི་ཆོས་རྣམས་ཀྱི་རྣམ་པར་སྨིན་པ་མི་གནག་ཅིང་[༡༡]དཀར་བ་ནི། རྒྱུན་དུ་ཞུགས་པའི་འབྲས་བུ་དང་། ལན་ཅིག་ཕྱིར་འོང་བའི་འབྲས་བུ་དང་། ཕྱིར་མི་འོང་བའི་འབྲས་བུ་དང་། དགྲ་བཅོམ་པ་ཉིད་དང་། རང་བྱང་ཆུབ་དང་། བླ་ན་མེད་པ་

ཡང་དག་པར་རྫོགས་པའི་བྱང་ཆུབ་བོ་ཞེས་བགྱི་བར་རྣམ་པར་དགོད་པར་འགྱུར། བཅོམ་ལྡན་འདས་ཀྱིས་བཀའ་སྩལ་པ། རབ་འབྱོར་ཀུན་རྫོབ་ཀྱི་བདེན་པ་ཚད་མར་བྱས་ཏེ། འབྲས་བུ་རྣམ་པར་དགོད་པ་[༡]བསྟན་གྱི། དོན་དམ་པའི་བདེན་པས་ནི་འབྲས་བུ་རྣམ་པར་དགོད་པར་[༢]བསྟན་པར་མྱི་ནུས་སོ། །དེ་ཅིའི་ཕྱིར་ཞེ་ན། ཆོས་དེ་ནི་རྣམ་པར་བརྟག་[༣]ཏུ་མྱེད་པ། བརྗོད་[༤]དུ་མྱེད་པ། ཐ་སྙད་[༥]མྱེད་པ་སྟེ། འདི་ལྟར་མྱིང་[༦]བདེན་པ་དང་། གཟུགས་བདེན་[༧]པ་དང་། སྐྱེ་བ་མྱེད་པ་དང་། འགག་པ་མྱེད་པ་དང་། ཀུན་ནས་ཉོན་མོངས་པ་མྱེད་པ་དང་། རྣམ་པར་བྱང་བ་མེད་པ་སྟེ། འདི་ནི་མཐའ་ལས་འདས་པ་སྟོང་པ་ཉིད་དང་། ཐོག་མ་དང་ཐ་མ་མྱེད་པ་སྟོང་པ་ཉིད་དོ། །གསོལ་པ། བཅོམ་ལྡན་འདས་གལ་ཏེ་དེ་ལྟར་[༨]ཀུན་རྫོབ་ཀྱི་བདེན་པ་ཉེ་བར་བཟུང་སྟེ། འབྲས་བུ་རྣམ་པར་དགོད་པ་ལགས་ཀྱི། དོན་དམ་པའི་བདེན་པར་མ་ལགས་ན། བྱིས་པ་སོ་སོའི་སྐྱེ་བོ་ཐམས་ཅད་ཀྱང་རྒྱུན་དུ་ཞུགས་པའི་འབྲས་བུ་དང་། ལན་ཅིག་ཕྱིར་འོང་བའི་འབྲས་བུ་དང་། ༔ཕྱིར་མྱི་འོང་བའི་འབྲས་བུ་དང་།[༩] དགྲ་བཅོམ་པ་ཉིད་དང་། རང་བྱང་ཆུབ་དང་། བླ་ན་མྱེད་པ་ཡང་དག་པར་རྫོགས་པའི་བྱང་ཆུབ་ཏུ་འགྱུར་རོ། །བཅོམ་ལྡན་འདས་ཀྱིས་བཀའ་སྩལ་པ། རབ་འབྱོར་ཅེ་[༡༠]བྱིས་པ་སོ་སོའི་སྐྱེ་བོ་རྣམས་ཀུན་རྫོབ་ཀྱི་བདེན་པའམ། དོན་དམ་པའི་བདེན་པ་ཤེས་སམ། གལ་ཏེ་ཤེས་ན་ནི་དེ་དག་ཀྱང་རྒྱུན་དུ་ཞུགས་པའི་འབྲས་བུའམ། ལན་ཅིག་ཕྱིར་[༡༡]འོང་བའི་འབྲས་བུའམ། ཕྱིར་མྱི་[༡༢]འོང་བའི་འབྲས་བུའམ། དགྲ་བཅོམ་པ་ཉིད་དམ། རང་བྱང་ཆུབ་བམ[༡༣]། བླ་ན་མྱེད་པ་ཡང་དག་པར་རྫོགས་པའི་བྱང་ཆུབ་ཏུ་རྣམ་པར་དགོད་[༡༤]པར་འགྱུར་ན། རབ་འབྱོར་བྱིས་པ་སོ་སོའི་སྐྱེ་བོ་རྣམས་ལ་ལམ་ཡང་མྱེད། ལམ་རྣམ་པར་དགོད་

པ་ཡང་མེད། ལམ་བསྒོམ[1]པ་ཡང་མེད་པར་བྱིས་པ་སོ་སོའི་སྐྱེ་བོ་རྣམས་ལ་འབྲས་བུ་རྣམ་པར་དགོད་པར[2]ལྟ་ག་ལས་འོང་། རབ་འབྱོར་འཕགས་པའི་གང་ཟག་རྣམས་ལ་ནི་ལམ་ཡང་ཡོད། ལམ་བསྒོམ[3]པ་ཡང་ཡོད་པས་ན། དེའི[4]ཕྱིར་འཕགས་པའི་གང་ཟག་དེ་དག་ལ་འབྲས་བུ་རྣམ་པར་དགོད་པ་ཡོད་དོ།། གསོལ་པ། བཅོམ་ལྡན་འདས་ཅི་ལགས། ལམ་བསྒོམས[5]པས་འབྲས་བུ་འཐོབ[6]པའམ། འབྲས་བུ་འཐོབ་པར་བགྱི་བ[7]མཆིས་སམ། བཅོམ་ལྡན་འདས་ཀྱིས་བཀའ་སྩལ་པ། རབ་འབྱོར་དེ་ནི་མ་ཡིན་ཏེ། ལམ་བསྒོམས[8]པས་འབྲས་བུ་འཐོབ་པའམ། འབྲས་བུ་འཐོབ་པར་བྱ་བ་མེད་དོ། །རབ་འབྱོར་ལམ་མ་བསྒོམས[9]པར་ཡང་འབྲས་བུ་འཐོབ[10]པ་མེད་དེ། ལམ་གྱིས[11]འབྲས་བུ་འཐོབ[12]པར་བྱ་བ[13]ཡང་མེད་དོ། །ལམ་ལ་མ་གནས་པར་ཡང་འབྲས་བུ་འཐོབ་པར་མི་འགྱུར་ཏེ། རབ་འབྱོར་དེ་ལྟར་ན་བྱང་ཆུབ་སེམས་དཔའ་སེམས་དཔའ་ཆེན་པོ་ཤེས་རབ་ཀྱི་ཕ་རོལ་ཏུ་ཕྱིན་པ་ལ་སྤྱོད་པའི་ཚེ། ཐབས་མཁས་པས་སེམས་ཅན་རྣམས་ཀྱི་འབྲས་བུ་རྣམ་པར་དགོད་པ་བྱེད་དེ། འདུས་བྱས་ཀྱི་ཁམས་སམ། འདུས་མ་བྱས་ཀྱི་ཁམས་རིས་སུ་བཅད་ཅིང་འབྲས་བུ་རྣམ་པར་དགོད་པ་མི་བྱེད་དོ།། གསོལ་པ། བཅོམ་ལྡན་འདས་གལ་ཏེ་དེ་ལྟར་འདུས་བྱས་ཀྱི་ཁམས་སམ། འདུས་མ་བྱས་ཀྱི་ཁམས་རིས་སུ་བཅད་ཅིང་འབྲས་བུ་རྣམ[14]པར་དགོད་པ་མ་མཆིས་ན། བཅོམ་ལྡན་འདས་ཀྱིས་འདི་ནི་ཀུན་ཏུ་སྦྱོར་བ་གསུམ་སྤངས་པས། རྒྱུན་ཏུ་ཞུགས་པའི་འབྲས་བུའོ། །འདོད་པའི་འདོད་ཆགས་དང་། གནོད་སེམས་བསྲབས[15]པས། ལན་ཅིག་ཕྱིར་འོང་བའི་འབྲས་བུའོ། །འོག་མའི་ཆ་ཅན་གྱི[16]ཀུན་ཏུ་སྦྱོར་བ་ལྔ་སྤངས་པས[17]ཕྱིར་མི་འོང་བའི་འབྲས་བུའོ། །གོང་མའི་ཆ་ཅན་གྱི[18]ཀུན་ཏུ་སྦྱོར་བ་ལྔ་སྤངས་པས་དགྲ་བཅོམ་པ་ཉིད་དོ། །གང་ཅི་ཡང་

ཏིང་ངེ་ཀུན་འབྱུང་བའི་ཆོས་དེ་དག་ཐམས་ཅད་འགོག་པའི་ཆོས་[༡]ཅན་དུ་[༢]ཞེས་པས་རང་བྱང་ཆུབ་བོ། །བག་ཆགས་ཀྱི་མཚམས་[༣]སྦྱོར་བའི་ཉོན་མོངས་པ་ཐམས་ཅད་སྤངས་པས། ཡང་དག་པར་རྫོགས་པའི་བྱང་ཆུབ་བོ་ཞེས་གསུངས་ན། བཅོམ་ལྡན་འདས་རིས་སུ་བཅད་[༤]ཅིང་འདུས་བྱས་སམ། འདུས་མ་བྱས་ཀྱི་ཆོས་རྣམས་ཀྱི་འབྲས་བུ་རྣམ་པར་གཞག་པ་མ་མཆིས་ན། གསུངས་པའི་དོན་དེ་བདག་གིས་ཇི་ལྟར་འཚལ་བར་བགྱི། བཅོམ་ལྡན་འདས་ཀྱིས་བཀའ་སྩལ་པ། རབ་འབྱོར་རྒྱུན་ཏུ་ཞུགས་པའི་འབྲས་བུའམ། ལན་ཅིག་ཕྱིར་འོང་བའི་འབྲས་བུའམ། ཕྱིར་མི་འོང་བའི་འབྲས་བུའམ། དགྲ་བཅོམ་པ་ཉིད་དམ། རང་བྱང་ཆུབ་བམ[༥]། བླ་ན་མེད་པ་ཡང་དག་པར་རྫོགས་པའི་བྱང་ཆུབ་འདུས་བྱས་སམ། འོན་ཏེ་འདུས་མ་བྱས་པ་ཡིན། གསོལ་པ། བཅོམ་ལྡན་འདས་དེ་ནི་འདུས་མཿབགྱིས་པའོ[༦]། །བདེ་བར་གཤེགས་པ་དེ་ནི་འདུས་མ་བགྱིས་པའོ། །བཅོམ་ལྡན་འདས་ཀྱིས་བཀའ་སྩལ་པ། རབ་འབྱོར་འོ་ན་འདུས་མ་བྱས་ཀྱི་ཆོས་ལ་རིས་སུ་བཅད་[༧]པ་ཡོད་དམ། གསོལ་པ། བཅོམ་ལྡན་འདས་དེ་ནི་མ་ལགས་སོ། །བཅོམ་ལྡན་འདས་ཀྱིས་བཀའ་སྩལ་པ། རབ་འབྱོར་དེ་ཇི་སྙམ་དུ་སེམས། གང་གི་ཚེ་རིགས་ཀྱི་བུའམ། རིགས་ཀྱི་བུ་མོ་ལ་ལས་འདུས་བྱས་དང་། འདུས་མ་བྱས་ཀྱི་ཆོས་རྣམས་འདི་ལྟ་སྟེ། མཚན་ཉིད་མེད་པར་མཚན་ཉིད་གཅིག་ཏུ་ཆུད་པར་གྱུར་ན། དེའི་ཚེ་འདུས་བྱས་ཤེའམ[༨]། འདུས་མ་བྱས་ཤེས་ཆོས་གང་ལ་ཡང་རིས་སུ་གཅོད་པ་ཡོད་དམ། གསོལ་པ། བཅོམ་ལྡན་འདས་དེ་ནི་མ་ལགས་སོ། །བཅོམ་ལྡན་འདས་ཀྱིས་བཀའ་སྩལ་པ། རབ་འབྱོར་དེ་བཞིན་དུ་བྱང་ཆུབ་སེམས་དཔའ་སེམས་དཔའ་ཆེན་པོ་ཡང་ཤེས་རབ་[༩]ཀྱི་པ་རོལ་ཏུ་ཕྱིན་པ་ལ་སྤྱོད་པའི་ཚེ། འདི་ལྟ་སྟེ། ནང་སྟོང་པ་ཉིད་དང་། ཕྱི་

སྟོང་པ་ཉིད་དང་། ཕྱི་ནང་སྟོང་པ་ཉིད་དང་། སྟོང་པ་ཉིད་སྟོང་པ་ཉིད་དང་།
ཆེན་པོ་སྟོང་པ་ཉིད་དང་། དོན་དམ་པ་སྟོང་པ་ཉིད་དང་། འདུས་བྱས་སྟོང་
པ་ཉིད་དང་། འདུས་མ་བྱས་སྟོང་པ་ཉིད་དང་། མཐའ་ལས་འདས་པ་སྟོང་
པ་ཉིད་དང་། ཐོག་མ་དང་ཐ་མ་མེད་པ་སྟོང་པ་ཉིད་དང་། དོར་བ་མེད་པ་
སྟོང་པ་ཉིད་དང་། རང་བཞིན་སྟོང་པ་ཉིད་དང་། ཆོས་ཐམས་ཅད་སྟོང་པ་
ཉིད་དང་། རང་གི་མཚན་ཉིད་སྟོང་པ་ཉིད་དང་། མི་དམིགས་པ་སྟོང་པ་
ཉིད་དང་། དངོས་པོ་མེད་པ་སྟོང་པ་ཉིད་དང་། ངོ་བོ་ཉིད་སྟོང་པ་ཉིད་དང་།
དངོས་པོ་མེད་པའི་ངོ་བོ་ཉིད་སྟོང་པ་ཉིད་ཉེ་བར་བཟུང་[༡]སྟེ། སེམས་ཅན་
རྣམས་ལ་རིས་སུ་བཅད་[༢]པས་ཆོས་ཀྱི་སྟོན་ཏོ། །དེ་བདག་ཀྱང་སྦྱིན་པའི་ཕ་རོལ་
ཏུ་ཕྱིན་པའམ། ཚུལ་ཁྲིམས་ཀྱི་ཕ་རོལ་ཏུ་[༣]ཕྱིན་པའམ། བཟོད་པའི་ཕ་རོལ་
ཏུ་ཕྱིན་པའམ། བརྩོན་འགྲུས་ཀྱི་ཕ་རོལ་ཏུ་ཕྱིན་པའམ། བསམ་གཏན་གྱི་ཕ་
རོལ་ཏུ་ཕྱིན་པའམ། ཤེས་རབ་ཀྱི་ཕ་རོལ་ཏུ་ཕྱིན་པའམ། བསམ་གཏན་དང་
པོའམ༏ བསམ་གཏན་གཉིས་པའམ། བསམ་གཏན་གསུམ་པའམ།
བསམ་གཏན་བཞི་པའམ། བྱམས་པའམ[༤]། སྙིང་རྗེའམ[༥]། དགའ་བའམ།
བཏང་སྙོམས་སམ། ནམ་མཁའ་མཐའ་ཡས་སྐྱེ་མཆེད་ཀྱི་སྙོམས་པར་འཇུག་
པའམ༏ རྣམ་ཤེས་མཐའ་ཡས་སྐྱེ་མཆེད་ཀྱི་སྙོམས་པར་འཇུག་པའམ། ཅུང་
ཟད་མེད་པའི་སྐྱེ་མཆེད་ཀྱི་སྙོམས་པར་འཇུག་པའམ། འདུ་ཤེས་མེད་འདུ་ཤེས་
མེད་མིན་སྐྱེ་མཆེད་ཀྱི་སྙོམས་པར་འཇུག་པའམ། དྲན་པ་ཉེ་བར་གཞག་པ་
རྣམས་སམ། ཡང་དག་པར་སྤོང་བ་རྣམས་སམ། རྫུ་འཕྲུལ་གྱི་རྐང་པ་རྣམས་
སམ༏ དབང་པོ་རྣམས་སམ། སྟོབས་རྣམས་སམ། བྱང་ཆུབ་ཀྱི་ཡན་ལག་
རྣམས་སམ། ༔འཕགས་པའི་ལམ་ཡན་ལག་བརྒྱད་པའམ།[༦] འཕགས་པའི་····

བདེན་པ་རྣམས་སམ། བསམ་གཏན་རྣམས་སམ། ཚད་མེད་པ་རྣམས་སམ། གཟུགས་མེད་པའི་སྙོམས་པར་འཇུག་པ་རྣམས་སམ། རྣམ་པར་ཐར་པ་རྣམས་སམ། མཐར་གྱིས་གནས་པའི་སྙོམས་པར་འཇུག་པ་རྣམས་སམ། སྟོང་པ་ཉིད་དང་། མཚན་མ་མེད་པ་དང་། སྨོན་པ་མེད་པའམ། མངོན་པར་ཤེས་པ་རྣམས་སམ། ཏིང་ངེ་འཛིན①རྣམས་སམ། གཟུངས་ཀྱི་སྒོ་རྣམས་སམ། དེ་བཞིན་གཤེགས་པའི་སྟོབས་རྣམས་སམ། མི་འཇིགས་པ་རྣམས་སམ། སོ་སོ་ཡང་དག་པར་རིག་པ་རྣམས་སམ། བྱམས་པ②ཆེན་པོའམ། སྙིང་རྗེ་ཆེན་པོའམ། སངས་རྒྱས་ཀྱི་ཆོས་མ་འདྲེས་པ་རྣམས་སམ། ཐམས་ཅད་ཤེས་པ་ཉིད་དམ། ལམ་གྱི་རྣམ་པ་ཤེས་པ་ཉིད་དམ། རྣམ་པ་ཐམས་ཅད་མཁྱེན་པ་ཉིད་དམ། ཆོས་གང་ལ་ཡང་མངོན་པར་ཞེན་པ་མེད་དོ། །དེ③མངོན་པར་ཞེན་པ་མེད་པས④གང་ལ་ཡང་ཆགས་པ་མེད་དོ། །འདི་ལྟ་སྟེ⑤དཔེར་ན། དེ་བཞིན་གཤེགས་པའི་སྤྲུལ་པ་སྦྱིན་པ་ཡོངས་སུ་གཏོང་ཡང་། སྦྱིན་པའི་འབྲས་བུ་ལ་ཆགས་པ་མེད་དོ⑥། །སྦྱིན་པའི་འབྲས་བུ་ཉམས་སུ་མྱོང་བ་མེད་དོ⑦། །གཞན་དུ་ན་སེམས་ཅན་ཐམས་ཅད་ཡོངས་སུ་མྱ་ངན་ལས་བཟླ⑧བའི་དོན་དུ་སྦྱིན་པ་ཡོངས་སུ་གཏོང་ངོ་། །ཚུལ་ཁྲིམས་སྲུང་⑨ཡང་ཚུལ་ཁྲིམས་ཀྱི་འབྲས་བུ་ལ་ཆགས་པ་མེད། ཚུལ་ཁྲིམས་ཀྱི་འབྲས་བུ་ཉམས་སུ་མྱོང་བ་མེད་དེ། གཞན་དུ་ན་སེམས་ཅན་ཐམས་ཅད་ཡོངས་སུ་མྱ་ངན༔ལས་བཟླ⑩བའི་དོན་དུ་ཚུལ་ཁྲིམས་སྲུང་ངོ་། །བཟོད་པ་སྒོམ⑪ཡང་བཟོད་པའི་འབྲས་བུ་ལ་ཆགས་པ་མེད། བཟོད་པའི་འབྲས་བུ་ཉམས་སུ་མྱོང་བ་མེད་དོ⑫། །གཞན་དུ་ན་སེམས་ཅན་ཐམས་ཅད་ཡོངས་སུ་མྱ་ངན་ལས་བཟླ⑬བའི་དོན་ཏུ་བཟོད་པ་སྒོམ⑭མོ། །བརྩོན་འགྲུས་རྩོམ་ཡང་བརྩོན་འགྲུས་ཀྱི་འབྲས་བུ་ལ་ཆགས་པ་མེད། བརྩོན་

འགྲུས་ཀྱི་འབྲས་བུ་ཉམས་སུ་མྱོང་བ་མེད་དེ། གཞན་དུ་ན་སེམས་ཅན་ཐམས་ཅད་ཡོངས་སུ་མྱ་ངན་ལས་བཟླ[༡]བའི་དོན་དུ་བརྩོན་འགྲུས་རྩོམ[༢]མོ། །བསམ་གཏན་ལ་སྙོམས་པར་འཇུག་ཀྱང་། བསམ་གཏན་གྱི་འབྲས་བུ་ལ་ཆགས་པ་མེད། བསམ་གཏན་གྱི་འབྲས་བུ་ཉམས་སུ་མྱོང་བ་མེད་དེ། གཞན་དུ་ན་སེམས་ཅན་ཐམས་ཅད་ཡོངས་སུ་མྱ་ངན་ལས་བཟླ[༣]བའི་དོན་དུ་བསམ་གཏན་ལ་སྙོམས་པར་འཇུག་གོ། །ཤེས་རབ་སྒོམ[༤]ཡང་ཤེས་རབ་ཀྱི་འབྲས་བུ་ལ་ཆགས་པ་མེད། ཤེས་རབ་ཀྱི་འབྲས་བུ་ཉམས་སུ་མྱོང་བ་མེད་དེ། གཞན་དུ་ན་སེམས་ཅན་ཐམས་ཅད་ཡོངས་སུ་མྱ་ངན་ལས་བཟླ[༥]བའི་དོན་དུ་ཤེས་རབ་སྒོམ[༦]མོ། །ཟག་པ་དང་བཅས་པ་དང་། ཟག་པ་མེད་པའི་ཆོས་རྣམས་སྒོམ[༧]ཡང་། ཟག་པ་དང་བཅས་པ་དང་། ཟག་པ་མེད་པའི་ཆོས་ཀྱི་འབྲས་བུ་ལ་ཆགས་པ་མེད། ཟག་པ་དང་བཅས་པ་དང་། ཟག་པ་མེད་པའི་ཆོས་ཀྱི་འབྲས་བུ་ཉམས་སུ་མྱོང་བ་མེད་དེ། གཞན་དུ་ན་སེམས་ཅན་ཐམས་ཅད་ཡོངས་སུ་མྱ་ངན་ལས་བཟླ[༨]བའི་དོན་དུ་ཟག་པ་དང་བཅས་པ་དང་ཟག་པ་མེད་པའི་ཆོས་རྣམས་སྒོམ[༩]མོ། །ཿའཇིག་རྟེན་པ་དང་།[༡༠] འཇིག་རྟེན་ལས་འདས་པའི་ཆོས་རྣམས་སྒོམ[༡༡]ཡང་། འཇིག་རྟེན་པ་དང་། འཇིག་རྟེན་ལས་འདས་པའི་ཆོས་ཀྱི་འབྲས་བུ་ལ་ཆགས་པ་མེད། འཇིག་རྟེན་པ་དང་། འཇིག་རྟེན་ལས་འདས་པའི་ཆོས་ཀྱི་འབྲས་བུ་ཉམས་སུ་མྱོང་བ་མེད་དེ། གཞན་དུ་ན་སེམས་ཅན་ཐམས་ཅད་ཡོངས་སུ་མྱ་ངན་ལས་བཟླ[༡༢]བའི་དོན་དུ་འཇིག་རྟེན་པ་དང་། འཇིག་རྟེན་ལས་འདས་པའི་ཆོས་རྣམས་སྒོམ[༡༣]མོ། །འདུས་བྱས་དང་འདུས་མ་བྱས་ཀྱི་ཆོས་རྣམསཿ སྒོམ་མོ[༡༤]། །འདུས་བྱས་དང་འདུས་མ་བྱས་ཀྱི་ཆོས་ཀྱི་འབྲས་བུ་ལ་ཆགས་པ་མེད[༡༥]། འདུས་བྱས་དང་འདུས་མ་བྱས་ཀྱི་ཆོས་ཀྱི་འབྲས་བུ་ཉམས་སུ་མྱོང་བ་མེད་དེ། གཞན་དུ་

ན་[༡]སེམས་ཅན་ཐམས་ཅད་ཡོངས་སུ་མྱ་ངན་ལས་བཟླ་[༢]བའི་དོན་དུ་འདུས་བྱས་དང་འདུས་མ་བྱས་ཀྱི་ཆོས་རྣམས་སྨྲམ་[༣]མོ། །རབ་འབྱོར་དེ་བཞིན་དུ་བྱང་ཆུབ་སེམས་དཔའ་སེམས་དཔའ་ཆེན་པོ་ཡང་སྦྱིན་པའི་ཕ་རོལ་ཏུ་ཕྱིན་པ་དང་། ཚུལ་ཁྲིམས་ཀྱི་ཕ་རོལ་ཏུ་ཕྱིན་པ་དང་། བཟོད་པའི་ཕ་རོལ་ཏུ་ཕྱིན་པ་དང་། བརྩོན་འགྲུས་ཀྱི་ཕ་རོལ་ཏུ་ཕྱིན་པ་དང་། བསམ་གཏན་གྱི་ཕ་རོལ་ཏུ་ཕྱིན་པ་དང་། ཤེས་རབ་ཀྱི་ཕ་རོལ་ཏུ་ཕྱིན་པ་དང་། ཆོས་ཐམས་ཅད་ལ་སྤྱོད་དེ། ཆོས་གང་ལ་ཡང་གནས་པའམ། ཆགས་པ་མེད་དོ། །དེ་ཅིའི་ཕྱིར་ཞེ་ན། འདི་ལྟར་དེས་ཆོས་རྣམས་ཀྱིཿཆོས་ཀྱི་[༤]མཚན་ཉིད་ཤིན་ཏུ་ཁོང་དུ་ཆུད་དོ། །ཤེས་རབ་ཀྱི་ཕ་རོལད་ཏུ་ཕྱིནད་པ་སྟོང་ཕྲག་བརྒྱ་པ་ལས། མཚན་དང་དཔེ་བྱད་བཟང་པོ་མངོན་པར་བསྒྲུབ་[༥]པ་དང་། ཕ་རོལད་ཏུ་ཕྱིནད་པ་བསྟན་པའི་ལེའུ་སྟེ་དྲུག་ཅུཿགསུམ་མོ[༦]།། །།

ཤེས་རབ་ཀྱི་ཕ་རོལ་ཏུ་ཕྱིན་པ་སྟོང་ཕྲག་བརྒྱ་པ། བམ་པོ་བདུན་[༡]པ། ཿདེ་ནས་[༢]ཚེ་དང་ལྡན་པ་རབ་འབྱོར་གྱིས་བཅོམ་ལྡན་འདས་ལ་འདི་སྐད་ཅེས་གསོལ་ཏོ། །བཅོམ་ལྡན་འདས་ཇི་ལྟར་ན། བྱང་ཆུབ་སེམས་དཔའ་སེམས་དཔའ་ཆེན་པོས་ཆོས་རྣམས་ཀྱི་ཆོས་ཀྱི་མཚན་ཉིད་རབ་ཏུ་རྟོགས་པ་ལགས། བཅོམ་ལྡན་འདས་ཀྱིས་བཀའ་སྩལ་པ། རབ་འབྱོར་སྤྲུལ་པ་ནི་འདོད་ཆགས་དང་། ཞེ་སྡང་དང་། གཏི་མུག་ལ་ཡོངས་སུ་སྤྱོད་པ་མེད་དོ། །བག་ལ་ཉལ་བ་[༣]དང་། ཀུན་ནས་ལྡང་བ་ལ་ཡོངས་སུ་སྤྱོད་པ་མེད་དོ། །ཕྱི་ནང་གི་ཆོས་རྣམས་ལ་ཡོངས་སུ་སྤྱོད་པ་མེད་དོ། །ཟག་པ་དང་བཅས་པ་དང་། ཟག་པ་མེད་པའི་ཆོས་རྣམས་ལ་ཡོངས་སུ་སྤྱོད་པ་མེད་དོ། །འདུས་བྱས་དང་འདུས་མ་བྱས་ཀྱི་ཆོས་

རྣམས་ལ་ཡོངས་སུ་སྤྱོད་པ་མེད་དོ། །གཟུགས་ལ་ཡོངས་སུ་སྤྱོད་པ་མེད་དོ། །ཚོར་བ་ལ་ཡོངས་སུ་སྤྱོད་པ་མེད་དོ། །འདུ་ཤེས་ལ་ཡོངས་སུ་སྤྱོད་པ་མེད་དོ། །འདུ་བྱེད་ལ་ཡོངས་སུ་སྤྱོད་པ་མེད་དོ། །རྣམ་པར་ཤེས་པ་ལ་ཡོངས་སུ་སྤྱོད་པ་མེད་དོ། །མིག་ལ་ཡོངས་སུ་སྤྱོད་པ་མེད་དོ། །རྣ་བ་ལ་ཡོངས་སུ་སྤྱོད་པ་མེད་དོ། །སྣ་ལ་ཡོངས་སུ་སྤྱོད་པ་མེད་དོ། །ལྕེ་ལ་ཡོངས་སུ་སྤྱོད་པ་མེད་དོ། །ལུས་ལ་ཡོངས་སུ་སྤྱོད་པ་མེད་དོ། །ཡིད་ལ་ཡོངས་སུ་སྤྱོད་པ་མེད་དོ། །གཟུགས་ལ་ཡོངས་སུ་སྤྱོད་པ་མེད་དོ། །སྒྲ་ལ་ཡོངས་སུ་སྤྱོད་པ་མེད་དོ། །དྲི་ལ་ཡོངས་སུ་སྤྱོད་པ་མེད་དོ། །རོ་ལ་ཡོངས་སུ་སྤྱོད་པ་མེད་དོ། །རེག་ལ་ཡོངས་སུ་སྤྱོད་པ་མེད་དོ། །ཆོས་ལ་ཡོངས་སུ་སྤྱོད་པ་མེད་དོ། །མིག་གི་རྣམ་པར་ཤེས་པ་ལ་ཡོངས་སུ་སྤྱོད་པ་མེད་དོ། །རྣ་བའི་རྣམ་པར་ཤེས་པ་ལ་ཡོངས་སུ་སྤྱོད་པ་མེད་དོ། །སྣའི་རྣམ་པར་ཤེས་པ་ལ་ཡོངས་སུ་སྤྱོད་པ་མེད་དོ། །ལྕེའི་རྣམ་པར་ཤེས་པ་ལ་ཡོངས་སུ་སྤྱོད་པ་མེད་དོ། །ལུས་ཀྱི་རྣམ་པར་ཤེས་པ་ལ་ཡོངས་སུ་སྤྱོད་པ་མེད་དོ། །ཡིད་ཀྱི་རྣམ་པར་ཤེས་པ་ལ་[༡]ཡོངས་སུ་སྤྱོད་པ་མེད་དོ། །མིག་གི་འདུས་ཏེ་རེག་པ་ལ་ཡོངས་སུ་སྤྱོད་པ་མེད་དོ། །རྣ་བའི་འདུས་ཏེ་རེག་པ་ལ་ཡོངས་སུ་སྤྱོད་པ་མེད་དོ། །སྣའི་འདུས་ཏེ་རེག་པ་ལ་ཡོངས་སུ་སྤྱོད་པ་མེད་དོ། །ལྕེའི་འདུས་ཏེ་རེག་པ་ལ་ཡོངས་སུ་སྤྱོད་པ་མེད་དོ། །ལུས་ཀྱི་འདུས་ཏེ་རེག་པ་ལ་ཡོངས་སུ་སྤྱོད་པ་མེད་དོ། །ཡིད་ཀྱི་འདུས་ཏེ་རེག་པ་ལ་ཡོངས་སུ་སྤྱོད་པ་མེད་དོ། །མིག་གི་འདུས་ཏེ་རེག་པ་ལས་བྱུང་བའི་ཚོར་བ་ལ་ཡོངས་སུ་སྤྱོད་པ་མེད་དོ། །རྣ་བའི་འདུས་ཏེ་རེག་པ་ལས་བྱུང་བའི་ཚོར་བ་ལ་ཡོངས་སུ་སྤྱོད་པ་མེད་དོ། །སྣའི་འདུས་ཏེ་རེག་པ་ལས་བྱུང་བའི་ཚོར་བ་ལ་ཡོངས་སུ་སྤྱོད་པ་མེད་དོ། །ལྕེའི་འདུས་ཏེ་རེག་པ་ལས་བྱུང་བའི་ཚོར་བ་ལ་ཡོངས་སུ་སྤྱོད་པ་མེད་དོ། །ལུས་ཀྱི་

འདུས་ཏེ་རེག་པ་ལས་བྱུང་བའི་ཚོར་བ་ལ་ཡོངས་སུ་སྨྲོད་པ་མྱེད་དོ། །ཡིད་ཀྱི་
འདུས་ཏེ་རེག་པ་ལས་བྱུང་བའི་ཚོར་བ་ལ་ཡོངས་སུ་སྨྲོད་པ་མྱེད་དོ། །སའི་
ཁམས་ལ་ཡོངས་སུ་སྨྲོད་པ་མྱེད་དོ། །ཆུའི་ཁམས་ལ་ཡོངས་སུ་སྨྲོད་པ་མྱེད་དོ། །
མྱེའི་ཁམས་ལ་ཡོངས་སུ་སྨྲོད་པ་མྱེད་དོ། །རླུང་གི་ཁམས་ལ་ཡོངས་སུ་སྨྲོད་པ་
མྱེད་དོ། །ནམ་མཁའི་ཁམས་ལ་ཡོངས་སུ་སྨྲོད་པ་མྱེད་དོ། །རྣམ་པར་ཤེས་
པའི་ཁམས་ལ་ཡོངས་སུ་སྨྲོད་པ་མྱེད་དོ། །རྟེན་ཅིང་འབྲེལ་པར་འབྱུང་བ་ལ་
ཡོངས་སུ་སྨྲོད་པ་མྱེད་དོ། །མ་རིག་པ་ལ་ཡོངས་སུ་སྨྲོད་པ་མྱེད་དོ། །འདུ་བྱེད་
ལ་ཡོངས་སུ་སྨྲོད་པ་མྱེད་དོ། །རྣམ་པར་ཤེས་པ་ལ་ཡོངས་སུ་སྨྲོད་པ་མྱེད་དོ། །
མྱིང་དང་གཟུགས་ལ་ཡོངས་སུ་སྨྲོད་པ་མྱེད་དོ། །སྐྱེ་མཆེད་དྲུག་ལ་ཡོངས་སུ་སྨྲོད་
པ་མྱེད་དོ། །རེག་པ་ལ་ཡོངས་སུ་སྨྲོད་པ་མྱེད་དོ། །ཚོར་བ་ལ་ཡོངས་སུ་སྨྲོད་
པ་མྱེད་དོ། །སྲིད་པ་ལ་ཡོངས་སུ་སྨྲོད་པ་མྱེད་དོ། །ལེན་པ་ལ་ཡོངས་སུ་སྨྲོད་
པ་མྱེད་དོ། །སྲིད་པ་ལ་ཡོངས་སུ་སྨྲོད་པ་མྱེད་དོ། །སྐྱེ་བ་ལ་ཡོངས་སུ་སྨྲོད་པ་
མྱེད་དོ། །རྒ་ཤི་ལ་ཡོངས་སུ་སྨྲོད་པ་མྱེད་དོ། །སྦྱིན་པའི་ཕ་རོལ་ཏུ་ཕྱིན་པ་ལ་
ཡོངས་སུ་སྨྲོད་པ་མྱེད་དོ། །ཚུལ་ཁྲིམས་ཀྱི་ཕ་རོལ་ཏུ་ཕྱིན་པ་ལ་ཡོངས་སུ་སྨྲོད་པ་
མྱེད་དོ། །བཟོད་པའི་ཕ་རོལ་ཏུ་ཕྱིན་པ་ལ་ཡོངས་སུ་སྨྲོད་པ་མྱེད་དོ། །བརྩོན་
འགྲུས་ཀྱི་ཕ་རོལ་ཏུ་ཕྱིན་པ་ལ་ཡོངས་སུ་སྨྲོད་པ་མྱེད་དོ། །བསམ་གཏན་གྱི་ཕ་
རོལ་ཏུ་ཕྱིན་པ་ལ་ཡོངས་སུ་སྨྲོད་པ་མྱེད་དོ། །ཤེས་རབ་ཀྱི་[7]ཕ་རོལ་ཏུ་ཕྱིན་པ་ལ་
ཡོངས་སུ་སྨྲོད་པ་མྱེད་དོ། །ནང་སྟོང་པ་ཉིད་ལ་ཡོངས་སུ་སྨྲོད་པ་མྱེད་དོ། །ཕྱི་
སྟོང་པ་ཉིད་ལ་ཡོངས་སུ་སྨྲོད་པ་མྱེད་དོ། །ཕྱི་ནང་སྟོང་པ་ཉིད་ལ་ཡོངས་སུ་སྨྲོད་
པ་མྱེད་དོ། །སྟོང་པ་ཉིད་སྟོང་པ་ཉིད་ལ་ཡོངས་སུ་སྨྲོད་པ་མྱེད་དོ། །ཆེན་པོ་
སྟོང་པ་ཉིད་ལ་ཡོངས་སུ་སྨྲོད་པ་མྱེད་དོ། །དོན་དམ་པ་སྟོང་པ་ཉིད་ལ་ཡོངས་སུ་

སྤྱོད་པ་མེད་དོ། །འདུས་བྱས་སྟོང་པ་ཉིད་ལ་ཡོངས་སུ་སྤྱོད་པ་མེད་དོ། །འདུས་མ་བྱས་སྟོང་པ་ཉིད་ལ་ཡོངས་སུ་སྤྱོད་པ་མེད་དོ། །མཐའ་ལས་འདས་པ་སྟོང་པ་ཉིད་ལ་ཡོངས་སུ་སྤྱོད་པ་མེད་དོ། །ཐོག་མ་དང་ཐ་མ་མེད་པ་སྟོང་པ་ཉིད་ལ་ཡོངས་སུ་སྤྱོད་པ་མེད་དོ། །དོར་བ་མེད་པ་སྟོང་པ་ཉིད་ལ་ཡོངས་སུ་སྤྱོད་པ་མེད་དོ། །རང་བཞིན་སྟོང་པ་ཉིད་ལ་ཡོངས་སུ་སྤྱོད་པ་མེད་དོ། །ཆོས་ཐམས་ཅད་སྟོང་པ་ཉིད་ལ་ཡོངས་སུ་སྤྱོད་པ་མེད་དོ། །རང་གི་མཚན་ཉིད་སྟོང་པ་ཉིད་ལ་ཡོངས་སུ་སྤྱོད་པ་མེད་དོ། །མི་དམིགས་པ་སྟོང་པ་ཉིད་ལ་ཡོངས་སུ་སྤྱོད་པ་མེད་དོ། །དངོས་པོ་མེད་པ་སྟོང་པ་ཉིད་ལ་ཡོངས་སུ་སྤྱོད་པ་མེད་དོ། །ངོ་བོ་ཉིད་སྟོང་པ་ཉིད་ལ་ཡོངས་སུ་སྤྱོད་པ་མེད་དོ། །དངོས་པོ་མེད་པའི་ངོ་བོ་ཉིད་སྟོང་པ་ཉིད་ལ་ཡོངས་སུ་སྤྱོད་པ་མེད་དོ། །དྲན་པ་ཉེ་བར་གཞག་པ་རྣམས་ལ་ཡོངས་སུ་སྤྱོད་པ་མེད་དོ། །ཡང་དག་པར་སྤོང་བ་རྣམས་ལ་ཡོངས་སུ་སྤྱོད་པ་མེད་དོ། །རྫུ་འཕྲུལ་གྱི་རྐང་པ་རྣམས་ལ་ཡོངས་སུ་སྤྱོད་པ་མེད་དོ། །དབང་པོ་རྣམས་ལ་ཡོངས་སུ་སྤྱོད་པ་མེད་དོ། །སྟོབས་རྣམས་ལ་ཡོངས་སུ་སྤྱོད་པ་མེད་དོ། །བྱང་ཆུབ་ཀྱི་ཡན་ལག་རྣམས་ལ་ཡོངས་སུ་སྤྱོད་པ་མེད་དོ། །འཕགས་པའི་ལམ་ཡན་ལག་[7]བརྒྱད་པ་ལ་ཡོངས་སུ་སྤྱོད་པ་མེད་དོ། །འཕགས་པའི་བདེན་པ་རྣམས་ལ་ཡོངས་སུ་སྤྱོད་པ་མེད་དོ། །བསམ་གཏན་རྣམས་ལ་ཡོངས་སུ་སྤྱོད་པ་མེད་དོ། །ཚད་མེད་པ་རྣམས་ལ་ཡོངས་སུ་སྤྱོད་པ་མེད་དོ། །གཟུགས་མེད་པའི་སྙོམས་པར་འཇུག་པ་རྣམས་ལ་ཡོངས་སུ་སྤྱོད་པ་མེད་དོ། །རྣམ་པར་ཐར་པ་བརྒྱད་ལ་ཡོངས་སུ་སྤྱོད་པ་མེད་དོ། །མཐར་གྱིས་གནས་པའི་སྙོམས་པར་འཇུག་པ་དགུ་ལ་ཡོངས་སུ་སྤྱོད་པ་མེད་དོ། །རྣམ་པར་ཐར་པའི་སྒོ་སྟོང་པ་ཉིད་དང་། མཚན་མ་མེད་པ་དང་། སྨོན་པ་མེད་པ་ལ་ཡོངས་སུ་སྤྱོད་པ་མེད་དོ། །མངོན་

པར་ཤེས་པ་རྣམས་ལ་ཡོངས་སུ་སྤྱོད་པ་མེད་དོ། །ཏིང་ངེ་འཛིན་རྣམས་ལ་ཡོངས་སུ་སྤྱོད་པ་མེད་དོ། །གཟུངས་ཀྱི་སྒོ་རྣམས་ལ་ཡོངས་སུ་སྤྱོད་པ་མེད་དོ། །དེ་བཞིན་གཤེགས་པའི་སྟོབས་བཅུ་ལ་ཡོངས་སུ་སྤྱོད་པ་མེད་དོ། །མི་འཇིགས་པ་བཞི་ལ་ཡོངས་སུ་སྤྱོད་པ་མེད་དོ། །སོ་སོ་ཡང་དག་པར་རིག་པ་བཞི་ལ་ཡོངས་སུ་སྤྱོད་པ་མེད་དོ། །བྱམས་པ་ཆེན་པོ་ལ་ཡོངས་སུ་སྤྱོད་[༡]པ་མེད་དོ། །སྙིང་རྗེ་ཆེན་པོ་ལ་ཡོངས་སུ་སྤྱོད་པ་མེད་དོ། །སངས་རྒྱས་ཀྱི་ཆོས་མ་འདྲེས་པ་བཅོ་བརྒྱད་ལ་ཡོངས་སུ་སྤྱོད་པ་མེད་དོ། །རྒྱུན་དུ་ཞུགས་པའི་འབྲས་བུ་ལ་ཡོངས་སུ་སྤྱོད་པ་མེད་དོ། །ལན་ཅིག་ཕྱིར་འོང་བའི་འབྲས་བུ་ལ་ཡོངས་སུ་སྤྱོད་པ་མེད་དོ། །ཕྱིར་མི་འོང་བའི་འབྲས་བུ་ལ་ཡོངས་སུ་སྤྱོད་པ་མེད་དོ། །དགྲ་བཅོམ་པ་ཉིད་ལ་ཡོངས་སུ་སྤྱོད་པ་མེད་དོ། །རང་བྱང་ཆུབ་ལ་ཡོངས་སུ་སྤྱོད་པ་མེད་དོ། །ལམ་གྱི་རྣམ་པ་ཤེས་པ་ཉིད་ལ་ཡོངས་སུ་སྤྱོད་པ་མེད་དོ། །རྣམ་པ་ཐམས་ཅད་མཁྱེན་པ་ཉིད་ལ་ཡོངས་སུ་སྤྱོད་པ་མེད་དོ། །རབ་འབྱོར་དེ་བཞིན་དུ་བྱང་ཆུབ་སེམས་དཔའ་སེམས་དཔའ་ཆེན་པོ་ཡང་ཆོས་ཐམས་ཅད་ལ་[༢]ཡོངས་སུ་སྤྱོད་པ་མེད་དོ[༢]། །རབ་འབྱོར་དེ་ལྟར་ན་བྱང་ཆུབ་སེམས་དཔའ་སེམས་དཔའ་ཆེན་པོས་ཆོས་རྣམས་ཀྱི་ཆོས་ཀྱི་མཚན་ཉིད་རབ་ཏུ་རྟོགས་པ་ཡིན་ནོ། །གསོལ་པ། བཅོམ་ལྡན་འདས་སྤྲུལ་པས་ལམ་བསྒོམ་པ་ལ་བརྟེན་ཀྱང་། ཀུན་ནས་ཉོན་མོངས་[༣]པར་ཡང་མི་འགྱུར། རྣམ་པར་བྱང་བར་[༤]ཡང་མི་འགྱུར་ལ་འགྲོ་བ་ལྔའི་འཁོར་བ་ན་ཡང་མི་གདའ་[༥]ན། ལམ་བསྒོམ་དུ་ཅི་མཆིས། བཅོམ་ལྡན་འདས་ཀྱིས་བཀའ་སྩལ་པ། རབ་འབྱོར་དེ་ཇི་སྙམ་དུ་སེམས། དེ་བཞིན་གཤེགས་པའི་སྤྲུལ་པ་[༦]དངོས་པོ་ལ་ལ་ཞིག་ལ་བརྟེན་ཏེ། ཀུན་ནས་ཉོན་མོངས་པར་འགྱུར་བའམ། རྣམ་པར་བྱང་བར་འགྱུར་བའམ། འགྲོ་བ་ལྔའི་འཁོར་བ་ན་སྣང་བར་འགྱུར་བ་

དེ་ལྟ་བུའི་དངོས་པོ་གང་ཡང་ཡོད་དམ། གསོལ་པ། བཅོམ་ལྡན་འདས་དེ་ནི་མ་ལགས་ཏེ། བཅོམ་ལྡན་འདས་དེ་བཞིན་གཤེགས་པའི་སྤྲུལ་པས་[1]དངོས་པོ་ལ་ལ་ཞིག་ལ་བརྟེན་ཏེ། ཀུན་ནས་ཉོན་མོངས་པར་འགྱུར་བའམ། རྣམ་པར་བྱང་བར་འགྱུར་བའམ། འགྲོ་བ་ལྔའི་འཁོར་བ་ན་གདའ་བར་འགྱུར་བའི་དངོས་པོ་དེ་ལྟ་བུ་གང་ཡང་མ་མཆིས་སོ། །བཅོམ་ལྡན་འདས་ཀྱིས་བཀའ་སྩལ་པ། རབ་འབྱོར་དེ་ལྟར་ན་བྱང་ཆུབ་སེམས་དཔའ་སེམས་དཔའ་ཆེན་པོས་ཆོས་རྣམས་ཀྱི་ཆོས་ཀྱི་ཚུལ་རབ་ཏུ་རྟོགས་པ་ཡིན་នོ། །གསོལ་པ། བཅོམ་ལྡན་འདས་ཅི་ལགས། གཟུགས་ཐམས་ཅད་སྤྲུལ་པ་ལྟ་བུ་ལགས་སམ། ཚོར་བ་ཐམས་ཅད་སྤྲུལ་པ་ལྟ་བུ་ལགས་སམ། འདུ་ཤེས་ཐམས་ཅད་སྤྲུལ་པ་ལྟ་བུ་ལགས་སམ། འདུ་བྱེད་ཐམས་ཅད་སྤྲུལ་པ་ལྟ་བུ་ལགས་སམ། རྣམ་པར་ཤེས་པ་ཐམས་ཅད་སྤྲུལ་པ་ལྟ་བུ་ལགས་སམ། བཅོམ་ལྡན་འདས་ཀྱིས་བཀའ་སྩལ་པ། རབ་འབྱོར་གཟུགས་ཐམས་ཅད་ནི་སྤྲུལ་པ་ལྟ་བུའོ། །ཚོར་བ་ཐམས་ཅད་ནི་སྤྲུལ་པ་ལྟ་བུའོ། །འདུ་ཤེས་ཐམས་ཅད་ནི་སྤྲུལ་པ་ལྟ་བུའོ། །འདུ་བྱེད་ཐམས་ཅད་ནི་སྤྲུལ་པ་ལྟ་བུའོ། །རྣམ་པར་ཤེས་པ་ཐམས་ཅད་ནི་སྤྲུལ་པ་ལྟ་བུའོ། །གསོལ་པ། བཅོམ་ལྡན་འདས་དེ་ལྟར་གཟུགས་ཐམས་ཅད་[2]སྤྲུལ་པ་ལྟ་བུ། ཚོར་བ་ཐམས་ཅད་སྤྲུལ་པ་ལྟ་བུ། འདུ་ཤེས་ཐམས་ཅད་སྤྲུལ་པ་ལྟ་བུ། འདུ་བྱེད་ཐམས་ཅད་སྤྲུལ་པ་ལྟ་བུ། རྣམ་པར་ཤེས་པ་ཐམས་ཅད་སྤྲུལ་པ་ལྟ་བུ་[3]ལགས་ན། བཅོམ་ལྡན་འདས་སྤྲུལ་པ་ལ་ནི། གཟུགས་མ་མཆིས[4]། ཚོར་བ་མ་མཆིས། འདུ་ཤེས་མ་མཆིས། འདུ་བྱེད་མ་མཆིས། རྣམ་པར་ཤེས་པ་མ་མཆིས། ཀུན་ནས་ཉོན་མོངས་པ་མ་མཆིས། རྣམ་པར་བྱང་བ་མ་མཆིས། གང་ལས་འགྲོལ་བར་འགྱུར་བའི་འགྲོ་བ་ལྔའི་འཁོར་བ་མ་མཆིས་ན། ཇི་ལྟར་བྱང་ཆུབ་སེམས་

དཔའ་སེམས་དཔའ་ཆེན་པོའི་མཐུར་འགྱུར། བཅོམ་ལྡན་འདས་ཀྱིས་བཀའ་སྩལ་པ། རབ་འབྱོར་དེ་ཇི་སྙམ་དུ་སེམས། བྱང་ཆུབ་སེམས་དཔའ་སེམས་དཔའ་ཆེན་པོ། བྱང་ཆུབ་སེམས་དཔའི་སྤྱད་པ་སྤྱོད་པའི་ཚེ། སེམས་ཅན་དམྱལ་བའམ། ཡུལ་སོང་གི་སྐྱེ་གནས་སམ། གཤིན་རྗེའི་འཇིག་རྟེན་ནམ། ལྷའམ། མི་དག་ལས་ཡོངས་སུ་གྲོལ་བར་བྱ་བའི་སེམས་ཅན་གང་ཡང་དམིགས་སམ། གསོལ་པ། བཅོམ་ལྡན་འདས་དེ་ནི་མ་ལགས་སོ། །བཅོམ་ལྡན་འདས་ཀྱིས་བཀའ་སྩལ་པ། རབ་འབྱོར་དེ་དེ་བཞིན་នོ། །དེ་དེ་བཞིན་ཏེ། བྱང་ཆུབ་སེམས་དཔའ་སེམས་དཔའ་ཆེན་པོས་ཁམས་གསུམ་ནས་ཡོངས་སུ་གྲོལ་བར་བྱ་བའི་སེམས་ཅན་གང་ཡང་མི་དམིགས་སོ། །དེ་ཅིའི་ཕྱིར་ཞེ་ན། འདི་ལྟར་དེས་ནི་ཆོས་ཐམས་ཅད་སྒྱུ་མ་ལྟ་བུར་ཤེས་སོ། །མཐོང་ངོ་རྟོགས་སོ། །སྤྲུལ་པ་ལྟ[༡]བུར་ཤེས་སོ། །མཐོང་ངོ་རྟོགས་སོ། །གསོལ་པ། བཅོམ་ལྡན་འདས་གལ་ཏེ་དེ་ལྟར་བྱང་ཆུབ་སེམས་དཔའ་སེམས་དཔའ་ཆེན་པོས་ཆོས་ཐམས་ཅད༔ སྒྱུ་མ[༢]ལྟ་བུར་འཚལ་ཅིང་མཐོང་སྟེ[༣]། རྟོགས་ལ[༤]སྤྲུལ་པ་ལྟ་བུར་འཚལ་ཅིང་མཐོང་སྟེ། རྟོགས་པ་ལགས་ན། གང་གི་དོན་དུ་བྱང་ཆུབ་སེམས་དཔའ་སེམས་དཔའ་ཆེན་པོ་ཕ་རོལ་ཏུ་ཕྱིན་པ་དྲུག་ལ་སྤྱོད་པ་ལགས། བསམ་གཏན་བཞི་ལ་སྤྱོད་པ་ལགས། ཚད་མེད་པ་བཞི་ལ་སྤྱོད་པ་ལགས། གཟུགས་མེད་པའི་སྙོམས་པར་འཇུག་པ་བཞི་ལ་སྤྱོད་པ་ལགས། མངོན་པར་ཤེས་པ་ལྔ་ལ་སྤྱོད་པ་ལགས། བྱང་ཆུབ་ཀྱི་ཕྱོགས་ཀྱི་ཆོས་སུམ་ཅུ་རྩ་བདུན་ལ་སྤྱོད་པ་ལགས། འཕགས་པའི་བདེན་པ་བཞི་ལ་སྤྱོད་པ་ལགས། རྣམ་པར་ཐར་པ་བརྒྱད་ལ་སྤྱོད་པ་ལགས། མཐར་གྱིས་གནས་པའི་སྙོམས་པར་འཇུག་པ་དགུ་ལ་སྤྱོད་པ་ལགས། རྣམ་པར་ཐར་པའི་སྒོ་སྟོང་པ་ཉིད་དང་། མཚན་མ་མེད་པ་དང་། སྨོན་པ་

མྱེད་པ་ལ་སྤྱོད་པ་ལགས། ཏིང་ངེ་འཛིན་ཐམས་ཅད་ལ་སྤྱོད་པ་ལགས། གཟུངས་ཀྱི་སྒོ་ཐམས་ཅད་ལ་སྤྱོད་པ་ལགས། དེ་བཞིན་གཤེགས་པའི་སྟོབས་བཅུ་ལ་སྤྱོད་པ་ལགས། མི་འཇིགས་པ་བཞི་ལ་སྤྱོད་པ་ལགས། སོ་སོ་ཡང་དག་པར་རིག་པ་བཞི་ལ་སྤྱོད་པ་ལགས། བྱམས་པ་ཆེན་པོ་ལ་[1]སྤྱོད་པ་ལགས། སྙིང་རྗེ་ཆེན་པོ་ལ་སྤྱོད་པ་ལགས། སངས་རྒྱས་ཀྱི་ཆོས་མ་འདྲེས་པ་བཅོ་བརྒྱད་ལ་སྤྱོད་པ་ལགས། དེ་ཅིའི་སླད་དུ་བྱང་ཆུབ་སེམས་དཔའ་སེམས་དཔའ་ཆེན་པོ་བྱང་ཆུབ་ཀྱི་ལམ་གྱི་བར་ལ་སྤྱོད་པ་ལགས། སངས་རྒྱས་ཀྱི་ཞིང་ཡོངས་སུ་དག་པར་བགྱིད་པ་དང་། སེམས་ཅན་རྣམས་ཡོངས་སུ་སྨིན་པར་བགྱིད་པ་ལགས། བཅོམ་ལྡན་འདས་ཀྱིས་བཀའ་སྩལ་པ། རབ་འབྱོར་གལ་ཏེ་སེམས་ཅན་རྣམས་རང་རང་གིས་ཆོས་ཐམས་ཅད་སྤྲུལ་པ་ལྟ་བུར་ཤེས་སུ་ཟིན་ན་ནི། བྱང་ཆུབ་སེམས་དཔའ་སེམས་དཔའ་ཆེན་པོ་ཡང་སེམས་ཅན་རྣམས་ཀྱི་དོན་དུ་བསྐལ་[2]པ་གྲངས་མྱེད་པར། བྱང་ཆུབ་སེམས་དཔའི་སྤྱད་པ་[3]མི་སྤྱོད་དེ། རབ་འབྱོར་སེམས་ཅན་རྣམས་རང་རང་གིས་ཆོས་ཐམས་ཅད་སྤྲུལ་པ་ལྟ་བུར་མི་[4]ཤེས་པས། དེའི་ཕྱིར་བྱང་ཆུབ་སེམས་དཔའ་སེམས་དཔའ་ཆེན་པོ་བསྐལ་[5]པ་གྲངས་མྱེད་པར་ཕ་རོལ་ཏུ་ཕྱིན་པ་དྲུག་ལ་སྤྱོད་དོ། །སེམས་ཅན་རྣམས་ཡོངས་སུ་སྨིན་པར་བྱེད་དོ། །སངས་རྒྱས་ཀྱི་ཞིང་ཡང་ཡོངས་སུ་དག་པར་བྱེད་དོ། །རབ་འབྱོར་གྱིས་གསོལ་པ། བཅོམ་ལྡན་འདས་གལ་ཏེ་ཆོས་ཐམས་ཅད་རྨི་ལམ་ལྟ་བུ། བྲག་བརྙན་ལྟ་བུ། སྨིག་རྒྱུ་ལྟ་བུ། མིག་ཡོར་ལྟ་བུ། སྒྱུ་མ་ལྟ་བུ། སྤྲུལ་པ་ལྟ་བུ་ལགས་ན། བཅོམ་ལྡན་འདས་སེམས་ཅན་རྣམས་ཅི་ལ་གནས་ན[6]། བྱང་ཆུབ་སེམས་དཔའ་སེམས་དཔའ་ཆེན་པོ། ཤེས་རབ་ཀྱི་ཕ་རོལ་ཏུ་ཕྱིན་པ་ལ་[7]སྤྱོད་ཅིང་སེམས་ཅན་རྣམས་གྱེན་དུ་སྐྱོད་[8]པར་བགྱིད། བཅོམ་ལྡན་འདས་ཀྱིས་བཀའ་སྩལ་པ། རབ

འགྲོར་སེམས་ཅན་རྣམས་ནི་མྱིང་དང་མཚན་མ་ཡང་དག་པ་མ་ཡིན་པར་ཡོངས་སུ་བརྟགས་[༡]པ་ལ་གནས་པས་ན། བྱང་ཆུབ་སེམས་དཔའ་སེམས་དཔའ་ཆེན་པོ་ཤེས་རབ་ཀྱི་ཕ་རོལ་ཏུ་ཕྱིན་པ་ལ་སྤྱོད་ཅིང་། དེ་དག་མྱིང་དང་མཚན་མ་ལས་གྱིན་ཏུ་སྤྱོད་དོ། །གསོལ་པ། བཅོམ་ལྡན་འདས་མྱིང་ནི་གང་ལགས། མཚན་མ་ནི་གང་ལགས། བཅོམ་ལྡན་འདས་ཀྱིས་བཀའ་སྩལ་པ། རབ་འབྱོར་འདི་ལྟ་སྟེ། མྱིང་ཞེས་བྱ་བའམ། མཚན་མ་ཞེས་བྱ་བ་འདི་ནི་གློ་བུར་གྱི་མྱིང་གིས་[༢]སྒྲོ་བཏགས་པའོ། །འདི་ལྟ་སྟེ་མྱིང་ཞེས་བྱ་བའམ། མཚན་མ་ཞེས་བྱ་བའམ། གཟུགས་ཤེས་བྱ་བའམ། ཚོར་བ་ཞེས་བྱ་བའམ། འདུ་ཤེས་ཤེས་[༣]བྱ་བའམ། འདུ་བྱེད་ཅེས་བྱ་བའམ། རྣམ་པར་ཤེས་པ་ཞེས་བྱ་བའམ། བུད་མྱེད་ཅེས་བྱ་བའམ། སྐྱེས་པ་ཞེས་བྱ་བའམ། ཁྱེའུ་ཞེས་བྱ་བའམ། བུ་མོ་ཞེས་བྱ་བའམ། སེམས་ཅན་དམྱལ་བ་[༤]ཞེས་བྱ་བའམ། ཕྱུལ་སོང་གི་སྐྱེ་གནས་[༥]ཞེས་བྱ་བའམ། གཤིན་རྗེའི་འཇིག་རྟེན་[༦]ཞེས་བྱ་བའམ། ལྷ་ཞེས་བྱ་བའམ། མྱི་ཞེས་བྱ་བའམ། འདུས་བྱས་ཀྱི་ཆོས་ཞེས་བྱ་བའམ། འདུས་མ་བྱས་ཀྱི་ཆོས་ཞེས་བྱ་བའམ། རྒྱུན་ཏུ་ཞུགས་པའི་འབྲས་བུ་ཞེས་བྱ་བའམ། ལན་ཅིག་ཕྱིར་འོང་བའི་འབྲས་བུ་ཞེས་བྱ་བའམ། ཕྱིར་མྱི་འོང་བའི་འབྲས་བུ་ཞེས་བྱ་བའམ། དགྲ་བཅོམ་པ་ཉིད་ཅེས་བྱ་བའམ། རང་བྱང་ཆུབ་ཅེས་བྱ་བའམ། ཡང་དག་པར་རྫོགས་པའི་བྱང་ཆུབ་ཅེས་བྱ་བ་འདི་[༧]ནི་སྒྱུ་མའི་མྱིང་གིས་སྒྲོ་བཏགས་པ་སྟེ། ༔རབ་འབྱོར་མྱིང་ནི་ཐམས་ཅད་མྱིང་གི་དོན་གྱིས་བཏགས་པ་སྟེ།[༨] བྱིས་པ་སོ་སོའི་སྐྱེ་བོ་རྣམས་གང་ལ་ཆགས་པར་གྱུར་པའི་འདུས་[༩]བྱས་ཐམས་ཅད་ནི་མྱིང་ཙམ་སྟེ། དེ་དག་ལ་བྱང་ཆུབ་སེམས་དཔའ་སེམས་དཔའ་ཆེན་པོ། ཤེས་རབ་ཀྱི་ཕ་རོལ་ཏུ་ཕྱིན་པ་ལ་སྤྱོད་པའི་ཚེ།

ཐབས་མཁས་པས་མྱིང་ཐམས་ཅད་ནི་ཡོངས་སུ་རྟོག་པ་ལས་བྱུང་བ་ཡིན་ཀྱིས[1]། ཡོངས་སུ་བརྟགས་པ[2]དངོས་པོ་མྱེད་པ[3]ངོ་བོ་ཉིད་ཀྱིས་སྟོང་པ་ལ་ཁྱིད་ཆགས་པར་མ་བྱེད་ཅིག །ཆོས་ཐམས་ཅད་སྟོང་པ་ལ། མཁས་པ་རྣམས་ནི་མངོན་པར་ཞེན་པར་མྱི་བྱེད་དོ་ཞེས་སྐུལ་བར[4]བྱེད་དེ། རབ་འབྱོར་དེ་ལྟར་ན་བྱང་ཆུབ་སེམས་དཔའ་སེམས་དཔའ་ཆེན་པོ་ཤེས་རབ་ཀྱི་ཕ་རོལ་ཏུ་ཕྱིན་པ་ལ་སྤྱོད་པའི་ཚེ། ཐབས་མཁས་པས་སེམས་ཅན་རྣམས་ལ་ཆོས་སྟོན་པ་ཡིན་ནོ། །རབ་འབྱོར་མཚན་མ་གང་ཞེ་ན། གཉིས་པོ་འདི་དག་ནི་བྱིས་པ་སོ་སོའི་སྐྱེ་བོ་རྣམས་གང་ལ་ཆགས་པར་གྱུར་པའི[5]མཚན་མ་སྟེ། གཉིས་གང་ཞེ་ན། འདི་ལྟ་སྟེ། གཟུགས་ཀྱི་མཚན་མ་དང་། གཟུགས་མྱེད་པའི་མཚན་མའོ། །རབ་འབྱོར་གཟུགས་ཀྱི་མཚན་མ་གང་ཞེ་ན། འདས་པ་དང་། ༔མ་འོངས་པ་དང་།[6] ད་ལྟར་བྱུང་བའི་གཟུགས་རགས་པའམ། ཕྲ་བའམ། བཟང་བའམ། ངན་པའམ། རྒྱང་རིང་བའམ། ཐག་ཉེ་བ་གང་ཆོས་ཐམས་ཅད་སྐད་ཅིག་མ་ལ་ཀུན་ཏུ་རྟོག[7]པས་བཟུང[8]བ་སྟེ། འདི་ནི་གཟུགས་ཀྱི་མཚན་མ་ཞེས་བྱའོ། །རབ་འབྱོར་གཟུགས་མྱེད་པའི་མཚན་མ་གང་ཞེ་ན། གཟུགས་མྱེད་པའི་ཆོས[9]གང་ལ[10]ཡང་རུང་སྟེ། མཚན་མར་བཟུང[11]བས་ཡོངས་སུ་བརྟགས་ཤིང་ཉོན་མོངས་པ་སྐྱེ་བར་འགྱུར་བ་སྟེ། འདི་ནི་གཟུགས་མྱེད་པའི་མཚན་མ་ཞེས་བྱའོ། །དེའི་ཕྱིར་བྱང་ཆུབ་སེམས་དཔའ་སེམས་དཔའ་ཆེན་པོ་ཤེས་རབ་ཀྱི་ཕ་རོལ་ཏུ་ཕྱིན་པ་ལ་སྤྱོད་པའི་ཚེ། ཐབས་མཁས་པས་མཚན་མ་དེ་དག་ལས་བཀྲོལ་ཞིང་མཚན་མ་མྱེད་པའི་དབྱིངས་སུ་འགོད་ཅིང་རབ་ཏུ་གཞོག་སྟེ། ཅི་ནས་ཀྱང་འདི་ནི་མཚན་མའོ། །འདི་ནི་མཚན་མ་མྱེད་པའོ་ཞེས་བྱ་བ་གཉིས་སུ་མྱི་ལྡང་བ་དེ་ལྟར་འགོད་ཅིང་གཞོག་སྟེ། རབ་འབྱོར་དེ་ལྟར་ན་བྱང་ཆུབ་སེམས་དཔའ་སེམས་

དཔའ་ཆེན་པོ། ཤེས་རབ་ཀྱི་ཕ་རོལ་ཏུ་ཕྱིན་པ་ལ་སྤྱོད་པའི་ཚེ། ཐབས་མཁས་པས་སེམས་ཅན་རྣམས་མཚན་མ་ལས་རྣམ་པར་བཀྲོལ་ཞིང་[1]མཚན་མ་མེད་པའི་དབྱིངས་སུ་རབ་ཏུ་འགོད་དོ། །གསོལ་པ། བཅོམ་ལྡན་འདས་གལ་ཏེ་ཆོས་འདི་དག་ཐམས་ཅད་ནི་སྙིང་[2]ཙམ་དུ་བས་ཏེ། སྙིང་དང་མཚན་མར་བས་ལ། བཏགས་པ་ཙམ་དུ་བས་ཏེ། ཡོངས་སུ་བརྟགས་པ་ལས་བྱུང་བ་ལགས་ན། བཅོམ་ལྡན་འདས་ཇི་ལྟར་བྱང་ཆུབ་སེམས་དཔའ་སེམས་དཔའ་ཆེན་པོ་ཤེས་རབ་ཀྱི་ཕ་རོལ་ཏུ་ཕྱིན་པ་ལ་སྤྱོད་པའི་ཚེ། བདག་ཀྱང་དགེ་བའི་ཆོས་ཀྱི་ཁྱད་པར་ཐོབ་[3]ལ། གཞན་ཡང་དགེ་བའི་ཆོས་ཀྱི་ཁྱད་པར་འཐོབ་པ་[4]ལ་གཞོག་[5]ཅིང་། དགེ་བའི་རྩ་བ་དེ་དག་གིས་[6]ས་ནས་ས་ཡོངས་སུ་རྫོགས་པར་བགྱིད་པ་ལགས། སེམས་ཅན་རྣམས་ཐེག་པ་གསུམ་ལ་སྦྱོར་བ་ལགས། བཅོམ་ལྡན་འདས་ཀྱིས་བཀའ་སྩལ་པ། རབ་འབྱོར་གལ་ཏེ་དངོས་པོའམ། དངོས་པོའི་མཚན་མ་ཞིག་ཡོད་ན་ནི། རབ་འབྱོར། བྱང་ཆུབ་སེམས་དཔའ་སེམས་དཔའ་ཆེན་པོ། ཤེས་རབ་ཀྱི་ཕ་རོལ་ཏུ་ཕྱིན་པ་ལ་སྤྱོད་པའི་ཚེ། ཁྱད་པར་ཐོབ་པར་ཡང་མི་འགྱུར་ཏེ། གཞན་[7]ཡང་ཁྱད་པར་འཐོབ་[8]པ་ལ་སྦྱོར་བར་མི་འགྱུར་གྱི[9]། འདི་ལྟར་དངོས་པོའི་མཚན་མ་ཡང་མེད[10]། དངོས་པོ་ཡང་མེད་པས་ན། རབ་འབྱོར་དེའི་ཕྱིར་བྱང་ཆུབ་སེམས་དཔའ་སེམས་དཔའ་ཆེན་པོ་ཤེས་རབ་ཀྱི་ཕ་རོལ་ཏུ་ཕྱིན་པ་ལ་སྤྱོད་པའི་ཚེ། མཚན་མ་མེད་པའི་ཚུལ་གྱིས་བསམ་གཏན་གྱི་ཕ་རོལ་ཏུ་ཕྱིནད་པ་ཡོངས་སུ་རྫོགས་པར་བྱེད་དོ། །མཚན་མ་མེད་པའི་ཚུལ་གྱིས་བརྩོན་འགྲུས་ཀྱི་ཕ་རོལ་ཏུ་ཕྱིནད་པ་ཡོངས་སུ་རྫོགས་པར་བྱེད་དོ། །མཚན་མ་མེད་པའི་ཚུལ་གྱིས་[11]བཟོད་པའི་ཕ་རོལ་ཏུ་ཕྱིན་པ་ཡོངས་སུ་རྫོགས་པར་བྱེད་དོ། །མཚན་མ་[12]མེད་པའི་ཚུལ་གྱིས་ཚུལ་ཁྲིམས་ཀྱི་ཕ་རོལ་ཏུ་ཕྱིནད་པ་ཡོངས་སུ་རྫོགས་པར

བྱེད་དོ། །མཚན་མ་མེད་པའི་ཚུལ་གྱིས་སྦྱིན་པའི་ཕ་རོལ་ཏུ་ཕྱིན་པ་ཡོངས་སུ་རྫོགས་པར་བྱེད་དོ། །མཚན་མ་མེད་པའི་ཚུལ་གྱིས་བསམ་གཏན་བཞི་ཡོངས་སུ་རྫོགས་པར་བྱེད་དོ། །མཚན་མ་མེད་པའི་ཚུལ་གྱིས་ཚད་མེད་པ་བཞི་ཡོངས་སུ་རྫོགས་པར་བྱེད་དོ། །ཿམཚན་མ་མེད་པའི་ཚུལ་གྱིས་གཟུགས་མེད་པའི་སྙོམས་པར་འཇུག་པ་བཞི་ཡོངས་སུ་རྫོགས་པར་བྱེད་དོ། །⑦མཚན་མ་མེད་པའི་ཚུལ་གྱིས་དྲན་པ་ཉེ་བར་གཞག་པ་བཞི་ཡོངས་སུ་རྫོགས་པར་བྱེད་དོ། །མཚན་མ་མེད་པའི་ཚུལ་གྱིས་ཡང་དག་པར་སྤོང་བ་བཞི་ཡོངས་སུ་རྫོགས་པར་བྱེད་དོ། །མཚན་མ་མེད་པའི་ཚུལ་གྱིས་རྫུ་འཕྲུལ་གྱི་རྐང་པ་བཞི་ཡོངས་སུ་རྫོགས་པར་བྱེད་དོ། །མཚན་མ་མེད་པའི་ཚུལ་གྱིས་དབང་པོ་ལྔ་ཡོངས་སུ་རྫོགས་པར་བྱེད་དོ། །མཚན་མ་མེད་པའི་ཚུལ་གྱིས་སྟོབས་ལྔ་ཡོངས་སུ་རྫོགས་པར་བྱེད་དོ། །མཚན་མ་མེད་པའི་ཚུལ་གྱིས་བྱང་ཆུབ་ཀྱི་ཡན་ལག་བདུན་ཡོངས་སུ་རྫོགས་པར་བྱེད་དོ། །མཚན་མ་མེད་པའི་ཚུལ་གྱིས་འཕགས་པའི་ལམ་ཡན་ལག་བརྒྱད་པ་ཡོངས་སུ་རྫོགས་པར་བྱེད་དོ། །མཚན་མ་མེད་པའི་ཚུལ་གྱིས་ནང་སྟོང་པ་ཉིད་ཡོངས་སུ་རྫོགས་པར་བྱེད་དོ། །མཚན་མ་མེད་པའི་ཚུལ་གྱིས་ཕྱི་སྟོང་པ་ཉིད་ཡོངས་སུ་རྫོགས་པར་བྱེད་དོ། །མཚན་མ་མེད་པའི་ཚུལ་གྱིས་ཕྱི་ནང་སྟོང་པ་ཉིད་ཡོངས་སུ་རྫོགས་པར་བྱེད་དོ། །མཚན་མ་མེད་པའི་ཚུལ་གྱིས་སྟོང་པ་ཉིད་སྟོང་པ་ཉིད་ཡོངས་སུ་རྫོགས་པར་བྱེད་དོ། །མཚན་མ་མེད་པའི་ཚུལ་གྱིས་ཆེན་པོ་སྟོང་པ་ཉིད་ཡོངས་སུ་རྫོགས་པར་བྱེད་དོ། །མཚན་མ་མེད་པའི་ཚུལ་གྱིས་དོན་དམ་པ་སྟོང་པ་ཉིད་ཡོངས་སུ་རྫོགས་པར་བྱེད་དོ། །མཚན་མ་མེད་པའི་ཚུལ་གྱིས་འདུས་བྱས་སྟོང་པ་ཉིད་ཡོངས་སུ་རྫོགས་པར་བྱེད་དོ། །མཚན་མ་མེད་པའི་ཚུལ་གྱིས་འདུས་མ་བྱས་སྟོང་པ་ཉིད་ཡོངས་སུ་རྫོགས་པར་བྱེད་དོ། །མཚན་མ་མེད་པའི་ཚུལ་གྱིས་

མཐའ་ལས་འདས་པ་སྟོང་པ་ཉིད་ཡོངས་སུ་རྫོགས་པར་བྱེད་དོ། །མཚན་མ་མྱེད་པའི་ཚུལ་གྱིས་ཐོག་མ་དང་ཐ་མ་མྱེད་པ་སྟོང་པ་ཉིད་ཡོངས་སུ་རྫོགས་པར་བྱེད་དོ། །མཚན་མ་མྱེད་པའི་ཚུལ་གྱིས་དོར་བ་མྱེད་པ་སྟོང་པ་ཉིད་ཡོངས་སུ་རྫོགས་པར་བྱེད་དོ༑ །མཚན་མ་མྱེད་པའི་ཚུལ་གྱིས་རང་བཞིན་སྟོང་པ་ཉིད་ཡོངས་སུ་རྫོགས་པར་བྱེད་དོ། །མཚན་མ་མྱེད་པའི་ཚུལ་གྱིས་ཆོས་ཐམས་ཅད་སྟོང་པ་ཉིད་ཡོངས་སུ་རྫོགས་པར་བྱེད་དོ། །མཚན་མ་མྱེད་པའི་ཚུལ་གྱིས་རང་གི་མཚན་ཉིད་སྟོང་པ་ཉིད་ཡོངས་སུ་རྫོགས་པར་བྱེད་དོ། །མཚན་མ་མྱེད་པའི་ཚུལ་གྱིས་མྱི་དམྱིགས་པ་སྟོང་པ་ཉིད་ཡོངས་སུ་རྫོགས་པར་བྱེད་དོ། །མཚན་མ་མྱེད་པའི་ཚུལ་གྱིས་དངོས་པོ་མྱེད་པ་སྟོང་པ་ཉིད་ཡོངས་སུ་རྫོགས་པར་བྱེད་དོ། །མཚན་མ་མྱེད་པའི་ཚུལ་གྱིས་ངོ་བོ་ཉིད་སྟོང་པ་ཉིད་ཡོངས་སུ་རྫོགས་པར་བྱེད་དོ། །མཚན་མ་མྱེད་པའི་ཚུལ་གྱིས་དངོས་པོ་མྱེད་པའི་ངོ་བོ་ཉིད་སྟོང་པ་ཉིད་ཡོངས་སུ་རྫོགས་པར་བྱེད་དོ། །མཚན་མ་མྱེད་པའི་ཚུལ་གྱིས་རྣམ་པར་ཐར་པ་བརྒྱད་ཡོངས་སུ་རྫོགས་པར་བྱེད་དོ།། མཚན་མ་མྱེད་པའི་ཚུལ་གྱིས་མཐར་གྱིས་གནས་པའི་སྙོམས་པར་འཇུག་པ་དགུ་ཡོངས་སུ་རྫོགས་པར་བྱེད་དོ། །མཚན་མ་མྱེད་པའི་ཚུལ་གྱིས་འཕགས་པའི་བདེན་པ་བཞི་ཡོངས་སུ་རྫོགས་པར་བྱེད་དོ། །མཚན་མ་མྱེད་པའི་ཚུལ་གྱིས་རྣམ་པར་ཐར་པའི་སྒོ་སྟོང་[7]པ་ཉིད་དང་། མཚན་མ་མྱེད་པ་དང་། སྨོན་པ་མྱེད་པ་ཡོངས་སུ་རྫོགས་པར་བྱེད་དོ། །མཚན་མ་མྱེད་པའི་ཚུལ་གྱིས་མངོན་པར་ཤེས་པ་རྣམས་ཡོངས་སུ་རྫོགས་པར་བྱེད་དོ། །མཚན་མ་མྱེད་པའི་ཚུལ་གྱིས་ཏིང་ངེ་འཛིན་རྣམས་ཡོངས་སུ་རྫོགས་པར་བྱེད་དོ། །མཚན་མ་མྱེད་པའི་ཚུལ་གྱིས་གཟུངས་ཀྱི་སྒོ་རྣམས་ཡོངས་སུ་རྫོགས་པར་བྱེད་དོ། །མཚན་མ་མྱེད་པའི་ཚུལ་གྱིས་དེ་བཞིན་གཤེགས་པའི་སྟོབས་བཅུ་ཡོངས་སུ་རྫོགས་པར་བྱེད་དོ། །མཚན་

མ་མྱེད་པའི་ཚུལ་གྱིས་མྱི་འཇིགས་པ་བཞི་ཡོངས་སུ་རྫོགས་པར་བྱེད་དོ། །མཚན་མ་མྱེད་པའི་ཚུལ་གྱིས་སོ་སོ་ཡང་དག་པར་རིག་པ་བཞི་ཡོངས་སུ་རྫོགས་པར་བྱེད་དོ། །མཚན་མ་མྱེད་པའི་ཚུལ་གྱིས་བྱམས་པ་ཆེན་པོ་ཡོངས་སུ་རྫོགས་པར་བྱེད་དོ། །མཚན་མ་མྱེད་པའི་ཚུལ་གྱིས་སྙིང་རྗེ་ཆེན་པོ་ཡོངས་སུ་རྫོགས་པར་བྱེད་དོ། །མཚན་མ་མྱེད་པའི་ཚུལ་གྱིས་སངས་རྒྱས་ཀྱི་ཆོས་མ་འདྲེས་པ་བཅོ་བརྒྱད་ཡོངས་སུ་རྫོགས་པར་བྱེད་དོ། །དེ་དགེ་བའི་ཆོས་དེ་དག་ཡོངས་སུ་རྫོགས་པར་བྱས་ནས། མཚན་མ་མྱེད་པའི་ཚུལ་གྱིས་གཞན་ཡང་དགེ་བའི་ཆོས་དེ་དག་ལ་སྦྱོར་ཏེ། རབ་འབྱོར་གལ་ཏེ་ཆུང་ངུ་ན་སྐྲའི་རྩེ་མོའི་ཆ་ཤས་བཞག་①པ་ཙམ་གྱི་ཁྱོན་ཅིག་②མཚན་མ་ཡོད་ན་ཡང་། བྱང་ཆུབ་སེམས་དཔའ་སེམས་དཔའ་ཆེན་པོ་ཤེས་རབ་ཀྱི་ཕ་རོལ་ཏུ་ཕྱིན་པ་ལ་སྤྱོད་པའི་ཚེ། ཆོས་མཚན་མ་མྱེད་པ་③དྲན་པ་མྱེད་པ། ཡིད་ལ་བྱེད་པ་མྱེད་པ་དེ་མངོན་པར་རྫོགས་པར་འཚང་རྒྱ་བར་མྱི་འགྱུར་ཏེ། སེམས་ཅན་རྣམས་ཀྱང་དེ་བཞིན་ཉིད་དང་ཟག་པ་མྱེད་པའི་ཆོས་རྣམས་ལ་གནོག་པར་མྱི་འགྱུར་རོ། །རབ་འབྱོར་ཟག་པ་མྱེད་པའི་ཆོས་ཐམས་ཅད་ནི་མཚན་མ་མྱེད་པ་དྲན་པ་མྱེད་པ་ཡིད་ལཿབྱེད་པ་④མྱེད་པ་སྟེ། རབ་འབྱོར་དེ་ལྟར་ན་བྱང་ཆུབ་སེམས་དཔའ་སེམས་དཔའ་ཆེན་པོ། ཤེས་རབ་ཀྱི་ཕ་རོལ་ཏུ་ཕྱིན་པ་ལ་སྤྱོད་པའི་ཚེ། ཟག་པ་མྱེད་པའི་ཆོས་རྣམས་ཀྱིས་⑤སེམས་ཅན་ཐམས་ཅད་ཀྱི་དོན་བྱེད་དོ། །གསོལ་པ། བཅོམ་ལྡན་འདས་གལ་ཏེ་དེ་ལྟར་ཆོས་ཐམས་ཅད་མཚན་མ་མ་མཆིས་ཤིང་དྲན་པ་མ་མཆིས་ཏེ། ཡིད་ལ་བགྱི་བ་མ་མཆིས་ན། བཅོམ་ལྡན་འདསཿའདི་ལྟར་⑥འདི་དག་ནི་དགེ་བའི་ཆོས་སོ། །ཿའདི་དག་ནི་མྱི་དགེ་བའི་ཆོས་སོ། །⑦འདི་དག་ནི་འཇིག་རྟེན་པའི་ཆོས་སོ། །འདི་དག་ནི་འཇིག་རྟེན་ལས་འདས་པའི་ཆོས་སོ། །འདི་དག་ནི་ཟག་པ་དང་བཅས་པའི་ཆོས་སོ། །

འདི་དག་ནི་ཟག་པ་མེད་པའི་ཆོས་སོ། །འདི་དག་ནི་འདུས་བྱས་ཀྱི་ཆོས་སོ། །འདི་དག་ནི་འདུས་མ་བྱས་ཀྱི་ཆོས་སོ། །འདི་དག་ནི་ཐུན་མོང་གི་ཆོས་སོ། །འདི་དག་ནི་ཐུན་མོང་མ་ཡིན་པའི་ཆོས་སོ། །འདི་དག་ནི་ཉན་ཐོས་ཀྱི་ཆོས་སོ། །འདི་དག་ནི་རང་སངས་རྒྱས་ཀྱི་ཆོས་སོ། །འདི་དག་ནི་བྱང་ཆུབ་སེམས་དཔའི་ཆོས་སོ། །འདི་དག་ནི་སངས་རྒྱས་ཀྱི་ཆོས་སོ[༧]། །ཞེས་བགྱི་བར་ཇི་ལྟར་བགྱིད་བར་བགྱི། བཅོམ་ལྡན་འདས་ཀྱིས་བཀའ་སྩལ་པ། རབ་འབྱོར་དེ་ཇི་སྙམ་དུ་སེམས། མཚན་མ་མེད་པའང་གཞན་ལ། ཉན་ཐོས་ཀྱི་ཆོས་རྣམས་ཀྱང་གཞན་ནམ། གསོལ་པ། བཅོམ་ལྡན་འདས་དེ་ལྟ་མ་ལགས་སོ། །བཅོམ་ལྡན་འདས་ཀྱིས་བཀའ་སྩལ་པ། རབ་འབྱོར་དེ[༩]ཇི་སྙམ་དུ་སེམས། མཚན་མ་མེད་པའང་གཞན་ལ་རང་སངས་རྒྱས་ཀྱི་ཆོས་རྣམས་ཀྱང་གཞན་ནམ། མཚན་མ་མེད་པ་ཡང་གཞན་ལ། བྱང་ཆུབ་སེམས་དཔའི་ཆོས་རྣམས་ཀྱང་གཞན་ནམ། མཚན་མ་མེད་པ་ཡང་གཞན་ལ། སངས་རྒྱས་ཀྱི་ཆོས་རྣམས་ཀྱང་གཞན་ནམ། གསོལ་པ། བཅོམ་ལྡན་འདས་དེ་ལྟ་མ་ལགས་སོ། །བཅོམ་ལྡན་འདས་ཀྱིས་བཀའ་སྩལ་པ། རབ་འབྱོར་མཚན་མ་མེད་པ་ཉིད་རྒྱུན་དུ་ཞུགས་པའི་འབྲས་བུའོ། །ལན་ཅིག་ཕྱིར་འོང་བའི་འབྲས་བུའོ། །ཕྱིར་མི་འོང་བའི་འབྲས་བུའོ། །དགྲ་བཅོམ་པ་ཉིད་དོ། །རང་བྱང་ཆུབ་བོ། །བྱང་ཆུབ་སེམས་དཔའི་ཆོས་སོ། །སངས་རྒྱས་ཀྱི་ཆོས་སོ། །གསོལད་པ། བཅོམ་ལྡན་འདས་དེ་དེ[༡]ལགས་སོ། །བདེ་བར་གཤེགས་པ་དེ་དེ[༡༠]ལགས་སོ། །བཅོམ་ལྡན་འདས་ཀྱིས་བཀའ་སྩལ་པ། རབ་འབྱོར་རྣམ་གྲངས་དེས་ན་འདི་ལྟར་ཆོས་ཐམས་ཅད་ནི་མཚན་མ་མེད་པར་རིག་པར་བྱ་སྟེ། རབ་འབྱོར་ཆོས་ཐམས་ཅད[༤]མཚན་མ་མེད་པ་འདི་ལ་སློབ་པའི་བྱང་ཆུབ་སེམས་དཔའ་སེམས་དཔའ་ཆེན་པོ་ནི་དགེ་བའི་ཆོས་མང་པོས་རྣམ་

པར་འཕེལ་ཏེ། འདི་ལྟར་སྦྱིན་པའི་ཕ་རོལ་ཏུ་ཕྱིན་པ་དང་། ཚུལ་ཁྲིམས་ཀྱི་
ཕ་རོལ་ཏུ་ཕྱིནད་པ་དང་། བཟོད་པའི་ཕ་རོལ་ཏུ་ཕྱིནད་པ་དང་། བརྩོན་
འགྲུས་ཀྱི་ཕ་རོལ་ཏུ་ཕྱིནད་པ་དང་། བསམ་གཏན་གྱི་ཕ་རོལ་ཏུ་ཕྱིནད་པ་དང་།
ཤེས་རབ་ཀྱི་ཕ་རོལ་ཏུ་ཕྱིནད་པ་དང་། ནང་སྟོང་པ་ཉིད་དང་། ཕྱི་སྟོང་པ་
ཉིད་དང་། ཕྱི་ནང་སྟོང་པ་ཉིད་དང་། སྟོང་པ་ཉིད་སྟོང་པ་ཉིད་དང་།
ཆེན་པོ་སྟོང་པ་ཉིད་དང་། དོན་དམ་པ་སྟོང་པ་ཉིད་དང་། འདུས་བྱས་སྟོང་
པ་ཉིད་དང་། འདུས་མ་བྱས་སྟོང་པ་ཉིད་དང་། མཐའ་ལས་འདས་པ་སྟོང་
པ་ཉིད་དང་། ཐོག་མ་དང་ཐ་མ་མེད་པ་སྟོང་པ་ཉིད་དང་། དོར་བ་མེད་པ་
སྟོང་པ་ཉིད་དང་། རང་བཞིན་སྟོང་པ་ཉིད་དང་། ཆོས་ཐམས་ཅད་སྟོང་པ་
ཉིད་དང་། རང་གི་མཚན་ཉིད་སྟོང་པ་ཉིད་དང་། མི་དམིགས་པ་སྟོང་པ་
ཉིད་དང་། དངོས་པོ་མེད་པ་སྟོང་པ་ཉིད་དང་། ངོ་བོ་ཉིད་སྟོང་པ་ཉིད་དང་།
དངོས་པོ་མེད་པའི་ངོ་བོ་ཉིད་སྟོང་པ་ཉིད་དང་། དྲན་པ་ཉེ་བར་གཞག་པ་བཞི་
དང་། ཡང་དག་པར་སྤོང་བ་བཞི་དང་། རྫུ་འཕྲུལ་གྱི་རྐང་པ་བཞི་དང་།
དབང་པོ་ལྔ་དང་། སྟོབས་ལྔ་དང་། བྱང་ཆུབ་ཀྱི་ཡན་ལག་བདུན་དང་།
འཕགས་པའི་ལམ[7]ཡན་ལག་བརྒྱད་པ་དང་། འཕགས་པའི་བདེན་པ་བཞི་དང་།
བསམ་གཏན་བཞི་དང་། ཚད་མེད་པ་བཞི་དང་། གཟུགས་མེད་པའི་སྙོམས་
པར་འཇུག་པ་བཞི་དང་། རྣམ་པར་ཐར་པ་བརྒྱད་དང་། མཐར་གྱིས་གནས་
པའི་སྙོམས་པར་འཇུག་པ་དགུ་དང་། རྣམ་པར་ཐར་པའི་སྒོ་སྟོང་པ་ཉིད་དང་།
མཚན་མ་མེད་པ་དང་། སྨོན་པ་མེད་པ་དང་། མངོན་པར་ཤེས་པ་ལྔ་དང་།
ཏིང་ངེ་འཛིན་ཐམས་ཅད་དང་། གཟུངས་ཀྱི་སྒོ་ཐམས་ཅད་དང་། དེ་བཞིན་
གཤེགས་པའི་སྟོབས་བཅུ་དང་། མི་འཇིགས་པ་བཞི་དང་། སོ་སོ་ཡང་དག་

པར་རིག་པ་བཞི་དང་། བྱམས་པ་ཆེན་པོ་དང་། ༔སྙིང་རྗེ་ཆེན་པོ་དང་།[༡] སངས་རྒྱས་ཀྱི་ཆོས་མ་འདྲེས་པ་བཅོ་བརྒྱད་དང་། དེ་མ་ཡིན་པའི་སངས་རྒྱས་ཀྱི་ཆོས་དཔག་ཏུ་མེད་པ་དག་གིས་རྣམ་པར་འཕེལ་ལོ། །དེ་ཅིའི་ཕྱིར་ཞེ་ན། བྱང་ཆུབ་སེམས་དཔའ་སེམས་དཔའ་ཆེན་པོས་ནི་སྟོང་པ་ཉིད་དང་། མཚན་མ་མེད་པ་དང་། སྨོན་པ་མེད་པ་ལ་བསླབ་པར་བྱ་བ་མ་གཏོགས་པར་གཞན་ལ་བསླབ་པར་བྱ་བ་མེད་དོ། །དེ་ཅིའི་ཕྱིར་ཞེ་ན། རྣམ་པར་ཐར་པའི་སྒོ་འདི་[༢] གསུམ་དུ་དགེ་བའི་ཆོས་ཐམས་ཅད་མ་འདུས་པ་མེད་དེ[༣]། འདི་ལྟར་རང་གི་མཚན་ཉིད་སྟོང་པ༔ཉིད་ནི་[༤]སྟོང་པ་ཉིད་རྣམ་པར་ཐར་པའི་སྒོའོ། །མཚན་མ་དང་བྲལ་བ་ནི་མཚན་མ་མེད་པ་རྣམ་པར་ཐར་པའི་སྒོའོ། །མངོན་པར་འདུ་བྱ་བ་མེད་པ་ནི་སྨོན་པ་མེད་པ་[༥]རྣམ་པར་ཐར་པའི་སྒོ་སྟེ། རྣམ་པར་ཐར་པའི་སྒོ་གསུམ་པོ་འདི་ལ་སློབ་པའི་བྱང་ཆུབ་སེམས་དཔའ་སེམས་དཔའ་ཆེན་པོ་ནི་ཕུང་པོ་ལྔ་ལ་སློབ་པ་ཡིན། སྐྱེ་མཆེད་བཅུ་གཉིས་ལ་སློབ་པ་ཡིན། ཁམས་བཅོ་བརྒྱད་ལ་སློབ་པ་ཡིན། རྟེན་ཅིང་འབྲེལ་བར་འབྱུང་བའི་ཡན་ལག་བཅུ་གཉིས་ལ་སློབ་པ་ཡིན། སྦྱིན་པའི་ཕ་རོལ་ཏུ་ཕྱིན་དཔ་ལ་སློབ་པ་ཡིན། ཚུལ་ཁྲིམས་ཀྱི་ཕ་རོལ་ཏུ་ཕྱིནད་པ་ལ་སློབ་པ་ཡིན། བཟོད་པའི་ཕ་རོལ་ཏུ་ཕྱིནད་པ་ལ་སློབ་པ་ཡིན། བརྩོན་འགྲུས་ཀྱི་ཕ་རོལ་ཏུ་ཕྱིནད་པ་ལ་སློབ་པ་ཡིན། བསམ་གཏན་གྱི་[༦]ཕ་རོལ་ཏུ་ཕྱིནད་པ་ལ་སློབ་པ་ཡིན། ཤེས་རབ་ཀྱི་ཕ་རོལ་ཏུ་ཕྱིན་པ་ལ་སློབ་པ་ཡིན། ནང་སྟོང་པ་ཉིད་ལ་སློབ་པ་ཡིན། ཕྱི་སྟོང་པ་ཉིད་ལ་སློབ་པ་ཡིན། ཕྱི་ནང་སྟོང་པ་ཉིད་ལ་སློབ་པ་ཡིན། སྟོང་པ་ཉིད་སྟོང་པ་ཉིད་ལ་སློབ་པ་ཡིན། ཆེན་པོ་སྟོང་པ་ཉིད་ལ་སློབ་པ་ཡིན། དོན་དམ་པ་སྟོང་པ་ཉིད་ལ་སློབ་པ་ཡིན། འདུས་བྱས་སྟོང་པ་ཉིད་ལ་སློབ་པ་ཡིན། འདུས་མ་བྱས་སྟོང་པ་ཉིད་ལ་སློབ་པ་

ཡིན། མཐའ་ལས་འདས་པ་སྟོང་པ་ཉིད་ལ་སློབ་པ་ཡིན། ཐོག་མ་དང་ཐ་མ་མེད་པ་སྟོང་པ་ཉིད་ལ་སློབ་པ་ཡིན། དོར་བ་མེད་པ་སྟོང་པ་ཉིད་ལ་སློབ་པ་ཡིན། རང་བཞིན་སྟོང་པ་ཉིད་ལ་སློབ་པ་ཡིན། ཆོས་ཐམས་ཅད་སྟོང་པ་ཉིད་ལ་སློབ་པ་ཡིན། རང་གི་[7]མཚན་ཉིད་སྟོང་པ་ཉིད་ལ་སློབ་པ་ཡིན། མི་དམིགས་པ་སྟོང་པ་ཉིད་ལ་སློབ་པ་ཡིན། དངོས་པོ་མེད་པ་སྟོང་པ་ཉིད་ལ་སློབ་པ་ཡིན། ངོ་བོ་ཉིད་སྟོང་པ་ཉིད་ལ་སློབ་པ་ཡིན། དངོས་པོ་མེད་པའི་ངོ་བོ་ཉིད་སྟོང་པ་ཉིད་ལ་སློབ་པ་ཡིན། དྲན་པ་ཉེ་བར་གཞག་པ་བཞི་ལ་སློབ་པ་ཡིན། ཡང་དག་པར་སྤོང་བ་བཞི་ལ་སློབ་པ་ཡིན། རྫུ་འཕྲུལ་གྱི་རྐང་པ་བཞི་ལ་སློབ་པ་ཡིན། དབང་པོ་ལྔ་ལ་སློབ་པ་ཡིན། སྟོབས་ལྔ་ལ་སློབ་པ་ཡིན། བྱང་ཆུབ་ཀྱི་ཡན་ལག་བདུན་ལ་སློབ་པ་ཡིན། འཕགས་པའི་ལམ་ཡན་ལག་བརྒྱད་པ་ལ་སློབ་པ་ཡིན། འཕགས་པའི་བདེན་པ་བཞི་ལ་སློབ་པ་ཡིན། བསམ་གཏན་བཞི་ལ་སློབ་པ་ཡིན། ཚད་མེད་པ་བཞི་ལ་སློབ་པ་ཡིན། གཟུགས་མེད་པའི་སྙོམས་པར་འཇུག་པ་བཞི་ལ་སློབ་པ་ཡིན། རྣམ་པར་ཐར་པ་བརྒྱད་ལ་སློབ་པ་ཡིན། མཐར་གྱིས་གནས་པའི་སྙོམས་པར་འཇུག་པ་དགུ་ལ་སློབ་པ་ཡིན། རྣམ་པར་ཐར་པའི་སྒོ་སྟོང་པ་ཉིད་དང་། མཚན་མ་མེད་པ་དང་། སྨོན་པ་མེད་པ་ལ་སློབ་པ་ཡིན། མངོན་པར་ཤེས་པ་ལྔ་ལ་སློབ་པ་ཡིན། ཏིང་ངེ་འཛིན་ཐམས་ཅད་ལ་སློབ་པ་ཡིན། གཟུངས་ཀྱི་སྒོ་ཐམས་ཅད་ལ་སློབ་པ་ཡིན། དེ་བཞིན་གཤེགས་པའི་སྟོབས་བཅུ་ལ་སློབ་པ་ཡིན། མི་འཇིགས་པ་བཞི་ལ་སློབ་པ་ཡིན། སོ་སོ་ཡང་དག་པར་རིག་པ་བཞི་ལ་སློབ་པ་ཡིན། བྱམས་པ་ཆེན་པོ་ལ་སློབ་པ་ཡིན། སྙིང་རྗེ་ཆེན་པོ་ལ་སློབ་པ་ཡིན། སངས་རྒྱས་ཀྱི་ཆོས་མ་འདྲེས་པ་བཅོ་བརྒྱད་ལ་སློབ་པ་ཡིན། ཐམས་ཅད་ཤེས་པ་ཉིད་ལ་སློབ་པ་ཡིན། ལམ་གྱི་རྣམ་

པ་ཞེས་པ་ཉིད་ལ་སློབ་པ་ཡིན། རྣམ་པ་ཐམས་ཅད་མཁྱེན་པ་ཉིད་ལ་སློབ་པ་ཡིན། རབ་འབྱོར་གྱིས་གསོལ་པ། བཅོམ་ལྡན་འདས་རྣམ་པ་གང་གི་[1]ཚུལ་དུ་ཇི་[2]ལྟར་བྱང་ཆུབ་སེམས་དཔའ་སེམས་དཔའ་ཆེན་པོ་ཤེས་རབ་ཀྱི་ཕ་རོལ་ཏུ་ཕྱིན་པ་ལ་སྤྱོད་པའི་ཚེ། ཉེ་བར་ལེན་པའི་ཕུང་པོ་ལྔ་ལ་སློབ་པ་ལགས། བཅོམ་ལྡན་འདས་ཀྱིས་བཀའ་སྩལ་པ། རབ་འབྱོར་འདི་ལ་བྱང་ཆུབ་སེམས་དཔའ་སེམས་དཔའ་ཆེན་པོ་ཤེས་རབ་ཀྱི་ཕ་རོལ་ཏུ་ཕྱིན་པ་ལ་སྤྱོད་པའི་ཚེ། གཟུགས་རབ་ཏུ་ཤེས་ཏེ། གཟུགས་ཇི་ལྟར་སྐྱེ་བ་དང་། གཟུགས་ཇི་ལྟར་འགག་པ་དང་། གཟུགས་ཀྱི་དེ་བཞིན་ཉིད་ཇི་ལྟ་བུ་ཡིན་པ་[3]རབ་ཏུ་ཤེས་སོ། །དེ་ལ་ཇི་ལྟར་ན་གཟུགས་ཤེས་པ་ཡིན་ཞེ་ན། འདི་ལྟ་སྟེ་དཔེར་ན། དབུ་བའི་ཕུང་པོ་[4]སྙིང་པོ་མེད་པ་ལྟར་ཤིན་ཏུ་གསོང་སྟོང་[5]དང་། ཤིན་ཏུ་གསེ་[6]ཚགས་དང་། ཤིན་ཏུ་སྙིང་པོ་མེད་པར་[7]རབ་ཏུ་ཤེས་ཏེ། དེ་ལྟར་ན་གཟུགས་ཤེས་པ་ཡིན་ནོ། །ཇི་ལྟར་[8]གཟུགས་ཀྱི་སྐྱེ་བ་དང་། འཇིག་[9]པ་ཤེས་པ་ཡིན་ཞེ་ན། གཟུགས་ནི་གང་ནས་ཀྱང་འོང་བ་མེད་ཅིང་། གང་དུ་ཡང་འགྲོ་བ་མེད་པས། གང་ནས་ཀྱང་མི་འོང་གང་དུ་ཡང་མི་འགྲོ་བ་སྟེ། གང་གང་ནས་ཀྱང་མ་འོངས་པ་དེ་གང་དུ་ཡང་མ་སོང་བར་ཤེས༔པ་སྟེ[10]། དེ་ལྟར་ན་[11]གཟུགས་ཀྱི་སྐྱེ་བ་དང་འཇིག་པ་ཤེས་པ་ཡིན་ནོ། །ཇི་ལྟར་ན་[12]གཟུགས་ཀྱི་དེ་བཞིན་ཉིད་ཤེས་པ་ཡིན་ཞེ་ན། གཟུགས་ཀྱི་དེ་བཞིན་ཉིད་ནི་མི་སྐྱེ་མི་འགག་འོང་བ་མེད། འགྲོ་བ་མེད་ཀུན་ནས་ཉོན་མོངས་པ་མ་ཡིན། རྣམ་པར་བྱང་བ་མ་ཡིན། འབྲི་བ་མ་ཡིན་འཕེལ་བ་མ་ཡིན་ཏེ[13]། ཕྱིན་ཅི་ལོག་[14]མ་ཡིན་ཞིང་། དེ་བཞིན་[15]དུ་གནས་པ་སྟེ། དེའི་ཕྱིར་དེ་བཞིན་ཉིད་ཅེས་བྱའོ། །དེ་ལྟར་ན་གཟུགས་ཀྱི་དེ་བཞིན་ཉིད་ཤེས་པ་ཡིན་ནོ། །ཇི་ལྟར་ན་ཚོར་བ། ཤེས་པ་ཡིན་[16]ཞེ་ན། འདི་ལྟ་སྟེ་དཔེར་ན་

ཚུའི་ཚུ་བུར་གསོག་ཏུ་འདུག་པ་སྐྱེ་ཞིང་། འགག་པ་ལྟར་ཤེས་པ་སྟེ་དེ་ལྟར་ན་ཚོར་བ་ཤེས་པ་ཡིན་ནོ། །ཇི་ལྟར་ན་ཚོར་བའི་སྐྱེ་བ་དང་། འཇིག②པ་ཤེས་པ་ཡིན་ཞེ་ན། ཚོར་བ་ནི་གང་ནས་ཀྱང་འོང་བ་མེད་ཅིང་གང་དུ་ཡང་འགྲོ་བ་མེད་པས། གང་ནས་ཀྱང་མི་འོང་གང་དུ་ཡང་མི་འགྲོ་བ་སྟེ། གང་གང་ནས་ཀྱང་མ་འོངས་པ་དེ་གང་དུ་ཡང་མ་སོང་བར་ཤེས་པ་སྟེ། དེ་ལྟར་ན་ཚོར་བའི་སྐྱེ་བ་དང་འཇིག③པ་ཤེས་པ་ཡིན་ནོ། །ཇི་ལྟར་ན་ཚོར་བའི་དེ་བཞིན་ཉིད་ཤེས་པ་ཡིན་ཞེ་ན། ཚོར་བའི་དེ་བཞིན་ཉིད་ནི་མི་སྐྱེ་མི་འགག་འོང་བ་མེད་འགྲོ་བ་མེད། ཀུན་ནས་ཉོན་མོངས་པ་མ་ཡིན། རྣམ་པར་བྱང་བ་མ་ཡིན། འབྲི་བ་མ་ཡིན། འཕེལ་བ་མ་ཡིན་ཏེ། ཕྱིན་ཅི་ལོག་མ་ཡིན་ཞིང་དེ་བཞིན④དུ་གནས་པ་སྟེ། དེའི⑤ཕྱིར་དེ་བཞིན་ཉིད་ཅེས་བྱའོ། །དེ་ལྟར་ན་ཚོར་བའི་དེ་བཞིན་ཉིད་ཤེས་པ་ཡིན་ནོ། །ཇི་ལྟར་ན་འདུ་ཤེས་ཤེས་པ་ཡིན་ཞེ་ན། འདི་ལྟ་སྟེ་དཔེར་ན། སྨིག་རྒྱུ་ལ་ཆུཿཤིན་ཏུ⑥མི་དམིགས་པ་ལྟར་ཤེས་པ་སྟེ། དེ་ལྟར་ན་འདུ་ཤེས་ཤེས་པ་ཡིན་ནོ། །ཇི་ལྟར་ན་འདུ་ཤེས་ཀྱི་སྐྱེ་བ་དང་། འཇིག་པ་ཤེས་པ་ཡིན་ཞེ་ན། འདུ་ཤེས་ནི་གང་ནས་ཀྱང་འོང་བ་མེད་ཅིང་། གང་དུ་ཡང་འགྲོ་བ་མེད་པས་གང་ནས་ཀྱང་མི་འོང་གང་དུ་ཡང་མི་འགྲོ་བ་སྟེ། གང་གང་ནས་ཀྱང་མ་འོངས་པ་དེ་གང་དུ་ཡང་མ་སོང་བར་ཤེས་པ་སྟེ། དེ་ལྟར་ན་འདུ་ཤེས་ཀྱི་སྐྱེ་བ་དང་འཇིག་པ་ཤེས་པ་ཡིན་ནོ། །ཇི་ལྟར་ན་འདུ་ཤེས་ཀྱི་དེ་བཞིན་ཉིད་ཤེས་པ་ཡིན་ཞེ་ན། འདུ་ཤེས་ཀྱི་དེ་བཞིན་ཉིད་ནི་མི་སྐྱེ་མི་འགག་འོང་བ་མེད་འགྲོ་བ་མེད། ཀུན་ནས་ཉོན་མོངས་པ་མ་ཡིན། རྣམ་པར་བྱང་བ་མ་ཡིན། འབྲི་བ་མ་ཡིན། འཕེལ་བ་མ་ཡིན་ཏེ། ⑦ཕྱིན་ཅི་ལོག་མ་ཡིན་ཞིང་། དེ་བཞིན⑧དུ་གནས་པ་སྟེ། དེའི⑨ཕྱིར་དེ་བཞིན་ཉིད་ཅེས་བྱའོ། །དེ་ལྟར་ན་འདུ་ཤེས་ཀྱི་དེ་བཞིན་ཉིད་ཤེས་

པ་ཡིན་ནོ[1]། །ཇི་ལྟར་ན[2]་འདུ་བྱེད་ཤེས་པ་ཡིན་ཞེ་ན། འདི་ལྟ་སྟེ་དཔེར་ན། ཆུ་ཤིང་ཤུན་པ་སོ་སོར་ཕྱེ་ན[3]། སྙིང་པོ་ཤིན་ཏུ་མི་དམིགས་པ་ལྟར་ཤེས་པ་སྟེ། དེ་ལྟར་ན་འདུ་བྱེད་ཤེས་པ་ཡིན་ནོ། །ཇི་ལྟར་ན་འདུ་བྱེད་ཀྱི་སྐྱེ་བ་དང་འཇིག་པ་ཤེས་པ་ཡིན་ཞེ་ན། འདུ་བྱེད་ནི་གང་ནས་ཀྱང་འོང་བ་མེད་ཅིང་། གང་དུ་ཡང་འགྲོ་བ་མེད་པས། གང་ནས་ཀྱང་མི་འོང་གང་དུ་ཡང་མི་འགྲོ་བ་སྟེ། གང་གང་ནས་ཀྱང་མ་འོངས་པ་དེ། གང་དུ་ཡང་མ་སོང་བར་ཤེས་པ་སྟེ། དེ་ལྟར་ན་འདུ་བྱེད་ཀྱི་སྐྱེ་བ་དང་འཇིག་པ་ཤེས་པ་ཡིན་ནོ། །ཇི་ལྟར་ན་འདུ་བྱེད་ཀྱི་དེ་བཞིན་ཉིད་ཤེས་པ་ཡིན་ཞེ་ན། འདུ་བྱེད་ཀྱི་དེ་བཞིན་ཉིད་ནི་མི་སྐྱེ་མི་འགག་འོང་བ་མེད་འགྲོ་བ་མེད། ཀུན་ནས་ཉོན་མོངས་པ་མ་ཡིན། རྣམ་པར་བྱང་བ་མ་ཡིན། འབྲི་བ་མ་ཡིན། འཕེལ་བ་མ་ཡིན་ཏེ། ཕྱིན་ཅི་ལོག་མ་ཡིན་ཞིང་། དེ་བཞིན[4]་དུ་གནས་པ་སྟེ། དེའི་ཕྱིར་དེ་བཞིན་ཉིད་ཅེས་བྱའོ། །དེ་ལྟར་ན་འདུ་བྱེད་ཀྱི་དེ་བཞིན་ཉིད་ཤེས་པ་ཡིན་ནོ། །ཇི་ལྟར་ན་རྣམ་པར་ཤེས་པ་ཤེས་པ་ཡིན་ཞེ་ན། འདི་ལྟ་སྟེ་དཔེར་ན། སྒྱུ་མ་བྱེད་པས་སྤྲུལ་པའི་དཔུང་གི་ཚོགས་ཡན་ལག་བཞི་པ་ལྟར་ཤེས་པ་སྟེ། དེ་ལྟར་ན་རྣམ་པར་ཤེས་པ་ཤེས་པ་ཡིན་ནོ། །ཇི་ལྟར་ན་རྣམ་པར་ཤེས་པའི་སྐྱེ་བ་དང་། འཇིག་པ་ཤེས་པ་ཡིན་ཞེ་ན། རྣམ་པར་ཤེས་པ་ནི་གང་ནས་ཀྱང་འོང་བ་མེད་ཅིང་། གང་དུ་ཡང་འགྲོ་བ་མེད་པས། གང་ནས་ཀྱང་མི་འོང[5]། གང་དུ་ཡང་མི་འགྲོ་བ་སྟེ། གང་གང་ནས་ཀྱང་མ་འོངས་པ་དེ་གང་དུ་ཡང་མ་སོང་བར་ཤེས་པ་སྟེ། ༔དེ་ལྟར་ན[6]་རྣམ་པར་ཤེས་པའི་སྐྱེ་བ་དང་། འཇིག་པ་ཤེས་པ་ཡིན་ནོ། །ཇི་ལྟར་ན་རྣམ་པར་ཤེས་པའི་དེ་བཞིན་ཉིད་ཤེས་པ་ཡིན་ཞེ་ན། རྣམ་པར་ཤེས་པའི་དེ་བཞིན་ཉིད་ནི་མི་སྐྱེ་མི་འགག་འོང་བ་མེད་འགྲོ་བ་མེད། ཀུན་ནས་ཉོན་མོངས་པ་མ་ཡིན། རྣམ་པར་

བྱང་བ་མ་ཡིན། འབྲི་བ་མ་ཡིན། འཕེལ་བ་མ་ཡིན་ཏེ། ཕྱིན་ཅི་ལོག་མ་ཡིན་ཞིང་། དེ་བཞིན་[༡]དུ་གནས་པ་སྟེ། དེའི་ཕྱིར་དེ་བཞིན་ཉིད་ཅེས་བྱའོ། །དེ་ལྟར་ན་རྣམ་པར་ཤེས་པའི་དེ་བཞིན་ཉིད་ཤེས་པ་ཡིན་ནོ། །ཇི་ལྟར་ན་སྐྱེ་མཆེད་རྣམས་ཤེས་པ་ཡིན་ཞེ་ན། ནང་གི་ཆོས་རྣམས་ནི་ནང་གི་ཆོས་རྣམས་ཀྱིས་[༢]སྟོང་། ཕྱིའི་ཆོས་རྣམས་ཀྱང་ཕྱིའི་ཆོས་རྣམས་ཀྱིས་སྟོང་པར་ཤེས་པ་སྟེ། དེ་ལྟར་ན་སྐྱེ་མཆེད་རྣམས་ཤེས་པ་ཡིན་ནོ། །ཇི་ལྟར་ན་ཁམས་རྣམས་ཤེས་པ་ཡིན་ཞེ་ན། མིག་གི་ཁམས་ཀྱང་མིག་གི་ཁམས་ཀྱི་རང་བཞིན་གྱིས་སྟོང་ངོ་། །གཟུགས་ཀྱི་ཁམས་ཀྱང་གཟུགས་ཀྱི་ཁམས་ཀྱི་རང་བཞིན་གྱིས་སྟོང་ངོ་། །མིག་གི་རྣམ་པར་ཤེས་པའི་ཁམས་ཀྱང་མིག་གི་རྣམ་པར་ཤེས་པའི་ཁམས་ཀྱི་རང་བཞིན་གྱིས་སྟོང་ངོ་། །རྣ་བའི་ཁམས་ཀྱང་རྣ་བའི་ཁམས་ཀྱི་རང་བཞིན་གྱིས་སྟོང་ངོ་། །སྒྲའི་ཁམས་ཀྱང་སྒྲའི་ཁམས་ཀྱི་རང་བཞིན་གྱིས་སྟོང་ངོ་། །རྣ་བའི་རྣམ་པར་ཤེས་པའི་ཁམས་ཀྱང་རྣ་བའི་རྣམ་པར་ཤེས་པའི་ཁམས་ཀྱི་རང་བཞིན་གྱིས་སྟོང་ངོ་། །སྣའི་ཁམས་ཀྱང་སྣའི་ཁམས་ཀྱི་རང་བཞིན་གྱིས་སྟོང་ངོ་། །དྲིའི་ཁམས་ཀྱང་དྲིའི་ཁམས་ཀྱི་རང་བཞིན་གྱིས་སྟོང་ངོ་། །སྣའི་རྣམ་པར་ཤེས་པའི་ཁམས་ཀྱང་སྣའི་རྣམ་པར་ཤེས་པའི་ཁམས་ཀྱི་རང་བཞིན་གྱིས་སྟོང་ངོ་། །ལྗེའི་ཁམས་ཀྱང་ལྗེའི་ཁམས་ཀྱི་རང་བཞིན་གྱིས་སྟོང་ངོ་། །རོའི་ཁམས་ཀྱང་རོའི་ཁམས་ཀྱི་[༣]རང་བཞིན་གྱིས་སྟོང་ངོ་། །ལྗེའི་རྣམ་པར་ཤེས་པའི་ཁམས་ཀྱང་ལྗེའི་རྣམ་པར་ཤེས་པའི་ཁམས་ཀྱི་རང་བཞིན་གྱིས་སྟོང་ངོ་། །ལུས་ཀྱི་ཁམས་ཀྱང་ལུས་ཀྱི་ཁམས་ཀྱི་རང་བཞིན་གྱིས་སྟོང་ངོ་། །རེག་གི་ཁམས་ཀྱང་རེག་གི་[༤]ཁམས་ཀྱི་རང་བཞིན་གྱིས་སྟོང་ངོ་། །ལུས་ཀྱི་རྣམ་པར་ཤེས་པའི་ཁམས་ཀྱང་ལུས་ཀྱི་རྣམ་པར་ཤེས་པའི་ཁམས་ཀྱི་རང་བཞིན་གྱིས་སྟོང་ངོ་། །ཡིད་ཀྱི་ཁམས་ཀྱང་ཡིད་ཀྱི་ཁམས་ཀྱི་

རང་བཞིན་གྱིས་སྟོང་ངོ་། །ཆོས་ཀྱི་ཁམས་ཀྱང་ཆོས་ཀྱི་ཁམས་ཀྱི་རང་བཞིན་གྱིས་སྟོང་ངོ་། །ཡིད་ཀྱི་རྣམ་པར་ཤེས་པའི་ཁམས་ཀྱང་ཡིད་ཀྱི་རྣམ་པར་ཤེས་པའི་ཁམས་ཀྱི་རང་བཞིན་གྱིས་སྟོང་ངོ་། །ཞེས་བྱ་བར་ཤེས་ཏེ[1]། དེ་ལྟར་ན་ཁམས་རྣམས་ཤེས་པ་ཡིན་ནོ། །ཇི་ལྟར་ན་རྟེན་ཅིང་འབྲེལ་པར་འབྱུང་བ་ཤེས་པ[2]ཡིན་ཞེ་ན། རྟེན་ཅིང་འབྲེལ་པར་འབྱུང་བ་སྐྱེ་བ་མེད་པར་ཤེས་པ་དང་། དེ་བཞིན་དུ་རྟེན་ཅིང་འབྲེལ་པར[3]འབྱུང་བ་འགག་པ་མེད་པ་དང་། ཆད་པ་མེད་པ་དང་། རྟག་པ་མེད་པ་དང་། དོན་གཅིག[4]པ་མ་ཡིན་པ་དང་། དོན་ཐ་དད་པ་མ་ཡིན་པ་དང་། འོང་བ་མེད་པ་དང་། འགྲོ་བ་མེད་པ་དང་། སྤྲོས་པ་དང་བྲལ་ཞིང་ཞི་བར་ཤེས་པ[5]དེ་ལྟར་ན་རྟེན་ཅིང་འབྲེལ་པར་འབྱུང་བ་ཤེས་པ་ཡིན་ནོ། །ཇི་ལྟར་ན་འཕགས་པའི་བདེན་པ་རྣམས་ཤེས་པ་ཡིན་ཞེ་ན་སྡུག་བསྔལ་འཕགས་པའི་བདེན་པ་ཤེས་པ་ཡིན། ཀུན་འབྱུང་བ་དང་། འགོག་པ་དང་། འགོག་པར་འགྲོ་བའི་ལམ་འཕགས་པའི་བདེན་པ་ཤེས་པ་ཡིན[6]། ཇི་ལྟར་ན་སྡུག་བསྔལ་འཕགས་པའི་བདེན་པ་ཤེས་པ་ཡིན་ཞེ་ན། སྡུག་བསྔལ་ཤེས་པ་ཡིན། བདེན་པ་ཤེས་པ་ཡིན། འཕགས་པའི་བདེན་པ་ཤེས་པ་ཡིན། གཉིས་ལས་རྣམ་པར་གྲོལ་བ་འཕགས་པའི་བདེན་པ་སྟེ། གཉིས་སུ་མེད་པ་ནི་འཕགས་པའི་བདེན་པ་ཞེས་བྱ་བར་ཤེས་པ་ཡིན་ནོ། །དེ་བཞིན་དུ་ཀུན་འབྱུང་བ་དང་། འགོག་པ་དང་། འགོག་པར་འགྲོ་བའི་ལམ་འཕགས་པའི་བདེན་པ་ཤེས་པ་ཡིན་ཏེ། དེ་ལྟར་ན་འཕགས་པའི་བདེན་པ་རྣམས་ཤེས་པ་ཡིན་ནོ། །ཇི་ལྟར་ན[7]སྡུག་བསྔལ་གྱི་དེ་བཞིན་ཉིད་ཤེས་པ་ཡིན་ཞེ་ན། སྡུག་བསྔལ་གྱི་དེ་བཞིན་ཉིད་ནི་མ་ནོར་བ་ཞེས་བྱ་བར་ཤེས་པ་ཡིན[8]། དེ་བཞིན་དུ་ཀུན་འབྱུང་བ་དང་། འགོག་པ་དང་། ལམ་གྱི་དེ་བཞིན་ཉིད་ཀྱང་རབ་ཏུ་ཤེས་པ་ཡིན་ཏེ[9]། དེ་ལྟར་

ན་འཕགས་པའི་བདེན་པ་རྣམས་ཀྱི་དེ་བཞིན་ཉིད་ཤེས་པ་ཡིན་ནོ། །དེ་ནས་ཚེ་དང་ལྡན་པ་རབ་འབྱོར་རད་ཀྱིས། བཅོམ་ལྡན་འདས་ལ་འདི་སྐད་ཅེས་གསོལ་ཏོ། །བཅོམ་ལྡན་འདས་གལ་ཏེ་དེ་ལྟར་བྱང་ཆུབ་སེམས་དཔའ་སེམས་དཔའ་ཆེན་པོ་ཤེས་རབ་ཀྱི་ཕ་རོལ་ཏུ་ཕྱིན་པ་ལ་སྤྱོད་པའི་ཚེ། ཕན་ཚུན་ཐ་དད་པའི་ཆོས་དེ་དག་དེ་ལྟར་འཚལ་ན། དེས་ཆོས་ཀྱི་དབྱིངས་རྣམ་པར་དཀྲུགས་[1]པར་མི་འགྱུར་རམ[2]། བཅོམ་ལྡན་འདས་ཀྱིས་བཀའ་སྩལ་པ། རབ་འབྱོར་གལ་ཏེ་ཆོས་ཀྱི་དབྱིངས་སུ་མ་གཏོགས་པའི་ཆོས་ལ་ལ་ཞིག་ཡོད་ན་ནི། རྣམ་པར་དཀྲུགས་[3]པར་ཡང་འགྱུར་ཏེ། རབ་འབྱོར་ཆོས་ཀྱི་དབྱིངས་སུ་མ་གཏོགས་པའི་ཆོས་གཞན་གང་ཡང་མི་དམིགས་སོ། །གལ་ཏེ་དམིགས་ན་ནི་ཆོས་ཀྱི་དབྱིངས་ཀྱང་རྣམ་པར་འཁྲུག་པར་འགྱུར་རོ། །དེ་ཅིའི་ཕྱིར་ཞེ་ན། རབ་འབྱོར་དེ་བཞིན་གཤེགས་པའམ། བྱང་ཆུབ་སེམས་དཔའ་འམ[4]། རང་སངས་རྒྱས་སམ། དེ་བཞིན་གཤེགས་པའི་ཉན་ཐོས་ཀྱི་[5]ཆོས་ཀྱི་དབྱིངས་སུ་མ་གཏོགས་པའི་ཆོས་གང་ཡང་མ་[6]དམིགས་སོ། །དེ་ལྟར་མ་[7]དམིགས་པས་ཆོས་ཀྱི་དབྱིངས་སུ་མ་གཏོགས་པའི་ཆོས་གཞན་ནོ་ཞེས་བྱ་བར་བཏགས་པ་མེད་དོ། །རབ་འབྱོར་དེ་ལྟར་[8]བྱང་ཆུབ་སེམས་དཔའ་སེམས་དཔའ་ཆེན་པོ་ཤེས་རབ་ཀྱི་ཕ་རོལ་ཏུ་ཕྱིན་པ་ལ་སྤྱོད་པས་ཆོས་ཀྱི་དབྱིངས་ལ་བསླབ་པར་བྱའོ། །རབ་འབྱོར་གྱིས་གསོལ་པ། བཅོམ་ལྡན་འདས་བྱང་ཆུབ་སེམས་དཔའ་སེམས་དཔའ་ཆེན་པོ་ཆོས་ཀྱི་དབྱིངས་ལ་སློབ་པས་གང་ལ་བསླབ་[9]པར་འགྱུར། བཅོམ་ལྡན་འདས་ཀྱིས་བཀའ་སྩལ་པ། རབ་འབྱོར་ཆོས་ཀྱི་དབྱིངས་ལ་སྤྱོད་པའི་བྱང་ཆུབ་སེམས་དཔའ་སེམས་དཔའ་ཆེན་པོས་ནི་ཆོས་ཐམས་ཅད་ལ་བསླབས་[10]པར་འགྱུར་ཏེ། དེ་ཅིའི་ཕྱིར་ཞེ་ན། རབ་འབྱོར་འདི་ལྟར་ཆོས་ཐམས་ཅད་ནི་ཆོས་ཀྱི་དབྱིངས་སོ། །གསོལ་པ། བཅོམ་

ལྡན་འདས་ཅིའི་སླད་དུ་ཆོས་ཐམས་ཅད་ཆོས་ཀྱི་དབྱིངས་ལགས། བཅོམ་ལྡན་འདས་ཀྱིས་བཀའ་སྩལ་པ། རབ་འབྱོར་འདི[1]ལྟར་དེ་བཞིན་གཤེགས་པ་རྣམས་བྱུང་ཡང་རུང་མ་བྱུང་ཡང་རུང་སྟེ། དབྱེར་མེད་པའི་ཚུལ་གྱིས་ཆོས་རྣམས་ཀྱི་ཆོས་ཀྱི་དབྱིངས་ནི་དེ་བཞིན་དུ་གནས་པ་སྟེ། རབ་འབྱོར་ཆོས་ཀྱི་དབྱིངས་དེ་ནི་འདི་ལྟ་སྟེ། དགེ་བ་དང་མི་དགེ་བའི་ཆོས་དང་། འཇིག་རྟེན་པ་དང་། འཇིག་རྟེན་ལས་འདས་པའི་ཆོས་དང་། ཟག་པ་དང་བཅས་པ་དང་། ཟག་པ་མེད་པའི་ཆོས་དང་། ཁ་ན་མ་ཐོ་བ་དང་བཅས་པ་དང་། ཁ་ན་མ་ཐོ་བ་མེད་པའི་ཆོས་དང་། འདུས་བྱས་དང་། འདུས་མ་བྱས་ཀྱི[2]ཆོས་ཐམས་ཅད་དེ[3]། རབ་འབྱོར་དེ་ལྟར་ན་བྱང་ཆུབ་སེམས་དཔའ་སེམས་དཔའ་ཆེན་པོ་ཤེས་རབ་ཀྱི་ཕ་རོལ་ཏུ་ཕྱིན་པ་ལ་སྤྱོད་པ། ཆོས་ཀྱི་དབྱིངས་ལ་སློབ་པས། ཆོས་ཐམས་ཅད་ལ་སློབ[4]པར་འགྱུར་རོ། །གསོལ་པ། བཅོམ་ལྡན་འདས་གལ་ཏེ་ཆོས་ཐམས་ཅད་ཆོས་ཀྱི་དབྱིངས་ལགས་ན[5]། བྱང་ཆུབ་སེམས་དཔའ་སེམས་དཔའ་ཆེན་པོ་ཤེས་རབ་ཀྱི་ཕ་རོལད་ཏུ་ཕྱིནད་པ་ལ་སྤྱོད་པས། ཇི་ལྟར་གཟུགས་ལ་བསླབ[6]པར་བགྱི། ཇི་ལྟར་ཚོར་བ་ལ་བསླབ་པར་བགྱི། ཇི་ལྟར་འདུ་ཤེས་ལ་བསླབ་པར་བགྱི། ཇི་ལྟར་འདུ་བྱེད་ལ་བསླབ་པར་བགྱི། ཇི་ལྟར་རྣམ་པར་ཤེས་པ་ལ་བསླབ་པར་བགྱི། ཇི་ལྟར་ཁམས་དང་སྐྱེ་མཆེད་རྣམས་དང་། རྟེན་ཅིང་འབྲེལ་པར་འབྱུང་བ་ལ་བསླབ་པར་བགྱི། ཇི་ལྟར་སྦྱིན་པའི་ཕ་རོལ་ཏུ་ཕྱིན་པ་ལ་བསླབ་པར་བགྱི། ཇི་ལྟར་ཚུལ་ཁྲིམས་ཀྱི་ཕ་རོལ་ཏུ་ཕྱིན་པ་ལ་བསླབ་པར་བགྱི། ཇི་ལྟར་བཟོད་པའི་ཕ་རོལ་ཏུ་ཕྱིན་པ་ལ་བསླབ་པར་བགྱི། ཇི་ལྟར་བརྩོན་འགྲུས་ཀྱི[7]ཕ་རོལ་ཏུ་ཕྱིན་པ་ལ་བསླབ་པར་བགྱི། ཇི་ལྟར༔ཏིང་ངེ་འཛིན[8]གྱི་ཕ་རོལ་ཏུ་ཕྱིན་པ་ལ་བསླབ་པར་བགྱི། ཇི་ལྟར་ཤེས་རབ་ཀྱི་ཕ་རོལ་ཏུ་ཕྱིན་པ་ལ་བསླབ་

པར་བགྱི། དེ་ལྟར་ནང་སྟོང་པ་ཉིད་ལ་བསླབ་པར་བགྱི། དེ་ལྟར་ཕྱི་སྟོང་པ་ཉིད་ལ་བསླབ་པར་བགྱི། དེ་ལྟར་ཕྱི་ནང་སྟོང་པ་ཉིད་ལ་བསླབ་པར་བགྱི། དེ་ལྟར་སྟོང་པ་ཉིད་སྟོང་པ་ཉིད་ལ་བསླབ་པར་བགྱི། དེ་ལྟར་ཆེན་པོ་སྟོང་པ་ཉིད་ལ་བསླབ་པར་བགྱི། དེ་ལྟར་དོན་དམ་པ་སྟོང་པ་ཉིད་ལ་བསླབ་པར་[༧]བགྱི། དེ་ལྟར་འདུས་བྱས་སྟོང་པ་ཉིད་ལ་བསླབ་པར་བགྱི། དེ་ལྟར་འདུས་མ་བྱས་སྟོང་པ་ཉིད་ལ་བསླབ་པར་བགྱི། དེ་ལྟར་མཐའ་ལས་འདས་པ་སྟོང་པ་ཉིད་ལ་བསླབ་པར་བགྱི། དེ་ལྟར་ཐོག་མ་དང་ཐ་མ་མེད་པ་སྟོང་པ་ཉིད་ལ་བསླབ་པར་བགྱི། དེ་ལྟར་དོར་བ་མེད་པ་སྟོང་པ་ཉིད་ལ་བསླབ་པར་བགྱི། དེ་ལྟར་རང་བཞིན་སྟོང་པ་ཉིད་ལ་བསླབ་པར་བགྱི། དེ་ལྟར་ཆོས་ཐམས་ཅད་སྟོང་པ་ཉིད་ལ་བསླབ་པར་བགྱི། དེ་ལྟར་རང་གི་མཚན་ཉིད་སྟོང་པ་ཉིད་ལ་བསླབ་པར་བགྱི། དེ་ལྟར་མི་དམིགས་པ་སྟོང་པ་ཉིད་ལ་བསླབ་པར་བགྱི། དེ་ལྟར་དངོས་པོ་མེད་པ་སྟོང་པ་ཉིད་ལ་བསླབ་པར་བགྱི། དེ་ལྟར་ངོ་བོ་ཉིད་སྟོང་པ་ཉིད་ལ་བསླབ་པར་བགྱི། དེ་ལྟར་དངོས་པོ་མེད་པའི་ངོ་བོ་ཉིད་སྟོང༔པ་ཉིད་[༣]ལ་བསླབ་པར་བགྱི། དེ་ལྟར་དྲན་པ་ཉེ་བར་གཞག་པ་བཞི་ལ་བསླབ་པར་བགྱི། དེ་ལྟར་ཡང་དག་པར་སྤོང་བ་བཞི་ལ་བསླབ་པར་བགྱི། དེ་ལྟར་རྫུ་འཕྲུལ་གྱི་རྐང་པ་བཞི་ལ་བསླབ་པར་བགྱི། དེ་ལྟར་དབང་པོ་ལྔ་ལ་བསླབ་པར་བགྱི། དེ་ལྟར་སྟོབས་ལྔ་ལ་བསླབ་པར་བགྱི། དེ་ལྟར་བྱང་ཆུབ་ཀྱི་ཡན་ལག་བདུན་ལ་བསླབ་པར་བགྱི། དེ་ལྟར་འཕགས་པའི་ལམ་ཡན་ལག་བརྒྱད་པ་ལ་བསླབ་པར་བགྱི། དེ་ལྟར་འཕགས་པའི་བདེན་པ་བཞི་ལ་བསླབ་པར་བགྱི། དེ་ལྟར་བསམ་གཏན་བཞི་ལ་བསླབ་པར་བགྱི། དེ་ལྟར་ཚད་མེད་པ་བཞི་ལ་བསླབ་པར་བགྱི། དེ་ལྟར་གཟུགས་མེད་པའི་སྙོམས་པར་འཇུག་པ་བཞི་ལ་བསླབ་པར་བགྱི། དེ་ལྟར་རྣམ་པར་ཐར་པ་བརྒྱད་ལ་

བསྔབ་པར་བགྱི། དེ་ལྟར་མཐར་ཀྱིས་[༧]གནས་པའི་སྙོམས་པར་འཇུག་པ་དགུ་ལ་བསྔབ་པར་བགྱི། དེ་ལྟར་རྣམ་པར་ཐར་པའི་སྒོ་སྟོང་པ་ཉིད་དང་། མཚན་མ་མེད་པ་དང་། སྨོན་པ་མེད་པ་ལ་བསྔབ་པར་བགྱི། དེ་ལྟར་མངོན་པར་ཤེས་པ་དྲུག་ལ་བསྔབ་པར་བགྱི། དེ་ལྟར་ཏིང་ངེ་འཛིན་ཐམས་ཅད་ལ་བསྔབ་པར་བགྱི། དེ་ལྟར་གཟུངས་ཀྱི་སྒོ་ཐམས་ཅད་ལ་བསྔབ་པར་བགྱི། དེ་ལྟར་དེ་བཞིན་གཤེགས་པའི་སྟོབས་བཅུ་ལ་བསྔབ་པར་བགྱི། དེ་ལྟར་མི་འཇིགས་[༣]པ་བཞི་ལ་བསྔབ་པར་བགྱི། དེ་ལྟར་སོ་སོ་ཡང་དག་པར་རིག་པ་བཞི་ལ་བསྔབ་པར་བགྱི། དེ་ལྟར་བྱམས་པ་ཆེན་པོ་ལ་བསྔབ་པར་བགྱི། དེ་ལྟར་སྙིང་རྗེ་ཆེན་པོ་ལ་བསྔབ་པར་བགྱི། དེ་ལྟར་དགའ་བ་ཆེན་པོ་ལ་བསྔབ་པར་བགྱི། དེ་ལྟར་བཏང་སྙོམས་ཆེན་པོ་ལ་བསྔབ་པར་བགྱི། དེ་ལྟར་སངས་རྒྱས་ཀྱི་ཆོས་མ་འདྲེས་པ་བཅོ་བརྒྱད་ལ་བསྔབ་པར་བགྱི། དེ་ལྟར་མི་ཆེན་པོའི་མཚན་སུམ་ཅུ་རྩ་གཉིས་དང་། དཔེ་བྱད་བཟང་པོ་བརྒྱད་ཅུ་ཡོངས་སུ་གྲུབ་[༤]པར་བགྱི་བ་ལ་བསྔབ་པར་བགྱི། དེ་ལྟར་རྒྱལ་རིགས་ཆེ་ཞིང་མཐོ་བའི་རིགས་སུ་སྐྱེ་བར་བགྱི་བ་ལ་བསྔབ་པར་བགྱི། དེ་ལྟར་བྲམ་ཟེ་[༨]ཆེ་ཞིང་མཐོ་བའི་རིགས་སུ་སྐྱེ་བར་བགྱི་བ་ལ་བསྔབ་པར་བགྱི། དེ་ལྟར་ཁྱིམ་བདག་ཆེ་ཞིང་མཐོ་བའི་རིགས་སུ་སྐྱེ་བར་བགྱི་བ་ལ་བསྔབ་པར་བགྱི། དེ་ལྟར་རྒྱལ་ཆེན་བཞིའི་རིས་ཀྱི་ལྷར་སྐྱེ་བར་བགྱི་བ་ལ་བསྔབ་པར་བགྱི། དེ་ལྟར་སུམ་ཅུ་རྩ་གསུམ་གྱི་ལྷར་སྐྱེ་བར་བགྱི་བ་ལ་བསྔབ་པར་བགྱི། དེ་ལྟར་མཐའ་མའི་ལྷར་སྐྱེ་བར་བགྱི་བ་ལ་བསྔབ་པར་བགྱི། དེ་ལྟར་དགའ་ལྡན་གྱི་ལྷར་སྐྱེ་བར་བགྱི་བ་ལ་བསྔབ་པར་བགྱི། དེ་ལྟར་[༥]འཕྲུལ་དགའི་ལྷར་སྐྱེ་བར་བགྱི་བ་ལ་བསྔབ་པར་བགྱི། དེ་ལྟར་གཞན་འཕྲུལ་དབང་བྱེད་ཀྱི་ལྷར་སྐྱེ་བར་བགྱི་བ་ལ་བསྔབ་པར་བགྱི། དེ་ལྟར་ཚངས་རིས་ཀྱི་ལྷར་སྐྱེ་བར་བགྱི་བ་ལ་བསྔབ

པར་བགྱི། ཇི་ལྟར་ཚངས་ལྷ་ཉེ་ཕན་གྱི་ལྷར་སྐྱེ་བར་བགྱི་བ་ལ་བསླབ་པར་བགྱི། ཇི་ལྟར་ཚངས་པ་ཀུན་འཁོར་གྱི་ལྷར་སྐྱེ་བར་བགྱི་བ་ལ་བསླབ་པར་བགྱི། ཇི་ལྟར་ཚངས་ཆེན་གྱི་ལྷར་སྐྱེ་བར་བགྱི་བ་ལ་བསླབ་པར་བགྱི། ཇི་ལྟར་ཆུང་སྣང་གི་ལྷར་སྐྱེ་བར་བགྱི་(༡)བ་ལ་བསླབ་པར་བགྱི། ཇི་ལྟར་ཚད་མེད་སྣང་བའི་ལྷར་(༢)སྐྱེ་བར་བགྱི་བ་ལ་བསླབ་པར་བགྱི། ཇི་ལྟར་ཀུན་སྣང་དང་བའི་ལྷར་སྐྱེ་བར་བགྱི་བ་ལ་བསླབ་པར་བགྱི། ཇི་ལྟར་ཆུང་(༣)དགེའི་ལྷར་སྐྱེ་བར་བགྱི་བ་ལ་བསླབ་པར་བགྱི། (༤)ཇི་ལྟར་ཚད་མེད་དགེ་བའི་ལྷར་སྐྱེ་བར་བགྱི་བ་ལ་བསླབ་པར་བགྱི། ཇི་ལྟར་དགེ་རྒྱས་ཀྱི་ལྷར་སྐྱེ་བར་བགྱི་བ་ལ་བསླབ་པར་བགྱི། ཇི་ལྟར་ཆུང་ཆེའི་(༥)ལྷར་སྐྱེ་བར་བགྱི་བ་ལ་བསླབ་པར་བགྱི། ཇི་ལྟར་ཚད་མེད་ཆེ་བའི་ལྷར་སྐྱེ་བར་བགྱི་བ་ལ་བསླབ་པར་བགྱི། ཇི་ལྟར་འབྲས་བུ་ཆེ་བའི་ལྷར་སྐྱེ་བར་བགྱི་བ་ལ་བསླབ་པར་བགྱི། ཇི་ལྟར་འདུ་ཤེས་མེད་པའི་སེམས་ཅན་དུ་(༦)སྐྱེ་བར་བགྱིཿབའི་སླད་དུ་(༧)བསླབ་པར་བགྱི། ཇི་ལྟར་གནས་གཙང་མའི་རིས་ཀྱི་ལྷར་སྐྱེ་བར་བགྱི་བ་ལ་བསླབ་ཅིང་། དེར་ཡང་མི་སྐྱེ་བར་བགྱི། ཇི་ལྟར་ནམ་མཁའ་མཐའ་ཡས་སྐྱེ་མཆེད་ཀྱི་ལྷར་སྐྱེ་བར་བགྱི་བ་ལ་བསླབ་ཅིང་དེར་ཡང་མི་སྐྱེ་བར་བགྱི། ཇི་ལྟར་རྣམ་ཤེས་མཐའ་ཡས་སྐྱེ་མཆེད་ཀྱི་ལྷར་སྐྱེ་བར་བགྱི་བ་ལ་བསླབ་ཅིང་དེར་ཡང་མི་སྐྱེ་བར་བགྱི། ཇི་ལྟར་ཆུང་ཟད་མེད་པའི་སྐྱེ་མཆེད་ཀྱི་ལྷར་སྐྱེ་བར་བགྱི་བ་ལ་བསླབ་ཅིང་དེར་(༨)ཡང་མི་སྐྱེ་བར་བགྱི། ཇི་ལྟར་འདུ་ཤེས་མེད་འདུ་ཤེས་མེད་མིན་སྐྱེ་མཆེད་ཀྱི་ལྷར་སྐྱེ་བར་བགྱི་བ་ལ་བསླབ་ཅིང་དེར་ཡང་མི་སྐྱེ་བར་བགྱི། ཇི་ལྟར་སེམས་དང་པོ་བསྐྱེད་པ་ལ་བསླབ་པར་བགྱི། ཇི་ལྟར་སེམས་བསྐྱེད་པ་གཉིས་པ་ལ་བསླབ་པར་བགྱི། ཇི་ལྟར་སེམས་བསྐྱེད་པ་གསུམ་པ་ལ་བསླབ་པར་བགྱི། ཇི་ལྟར་སེམས་བསྐྱེད་པ་བཞི་པ་(༩)ལ་བསླབ་པར་བགྱི། ཇི་ལྟར་སེམས་

བསྐྱེད་པ་ལྔ་པ་ལ་བསླབ་པར་བགྱི། ཇི་ལྟར་སེམས་བསྐྱེད་པ་དྲུག་པ་ལ་བསླབ་པར་བགྱི། ཇི་ལྟར་སེམས་བསྐྱེད་པ་བདུན་པ་ལ་བསླབ་པར་བགྱི། ཇི་ལྟར་སེམས་བསྐྱེད་པ་བརྒྱད་པ་ལ་བསླབ་པར་བགྱི། ཇི་ལྟར་སེམས་བསྐྱེད་པ་དགུ་པ་ལ་བསླབ་པར་བགྱི། ཇི་ལྟར་སེམས་བསྐྱེད་པ་བཅུ་པ་ལ་བསླབ་པར་བགྱི། ཇི་ལྟར་ཉན་ཐོས་ཀྱི་ས་ལ་བསླབ་པར་བགྱི། ཇི་ལྟར་རང་སངས་རྒྱས་ཀྱི་ས་ལ་བསླབ་པར་བགྱི། ཇི་ལྟར་བྱང་ཆུབ་སེམས་དཔའི་སྐྱོན་མ་མཆིས་པ་ལ་བསླབ་པར་བགྱི། ཇི་ལྟར་སེམས་ཅན་ཡོངས་སུ་སྨིན་པར་བགྱི་བ་ལ་བསླབ་པར་བགྱི། ཇི་ལྟར་སངས་རྒྱས་ཀྱི་ཞིང་ཡོངས་སུ་དག་པར་བགྱི་བ་ལ་བསླབ་པར་བགྱི། ཇི་ལྟར་བྱང་ཆུབ་ཀྱི་ལམ་ལ༔ བསླབས་ཞིང་[7]། ཆོས་ཐམས་ཅད་རྣམ་པ་ཐམས་ཅད་དུ་འཚལ་བར་བགྱི་བའི་བྱང་ཆུབ་ཀྱི་ལམ་ལ་བསླབ་པར་བགྱི། བཅོམ་ལྡན་འདས་གལ་ཏེ་བྱང་ཆུབ་སེམས་དཔའ་སེམས་དཔའ་ཆེན་པོ་ཤེས་རབ་ཀྱི་ཕ་རོལ་ཏུ་ཕྱིན་པ་ལ་སྤྱོད་པས། གཟུགས་ལ་བསླབ་པར་བགྱི། ཚོར་བ་ལ་བསླབ་པར་བགྱི། འདུ་ཤེས་ལ་བསླབ་པར་བགྱི། འདུ་བྱེད་ལ་བསླབ་པར་བགྱི། རྣམ་པར་ཤེས་པ་ལ་བསླབ་པར་བགྱི། མིག་ལ་བསླབ་པར་བགྱི། རྣ་བ་ལ་བསླབ་པར་བགྱི། སྣ་ལ་བསླབ་པར་བགྱི། ལྕེ་ལ་བསླབ་པར་བགྱི། ལུས་ལ་བསླབ་པར་བགྱི། ཡིད་ལ་བསླབ་པར་བགྱི། གཟུགས་ལ་བསླབ་པར་བགྱི། སྒྲ་ལ་བསླབ་པར་བགྱི། དྲི་ལ་བསླབ་པར་བགྱི། རོ་ལ་བསླབ་པར་བགྱི། རེག་ལ་བསླབ་པར་བགྱི། ཆོས་ལ་བསླབ་པར་བགྱི། མིག་གི་རྣམ་པར་ཤེས་པ་ལ་བསླབ་པར་བགྱི། རྣ་བའི་རྣམ་པར་ཤེས་པ་ལ་བསླབ་པར་བགྱི། སྣའི་རྣམ་པར་ཤེས་པ་ལ་བསླབ་པར་བགྱི། ལྕེའི་རྣམ་པར་ཤེས་པ་ལ་བསླབ་པར་བགྱི། ལུས་ཀྱི་རྣམ་པར་ཤེས་པ་ལ་བསླབ་པར་བགྱི། ཡིད་ཀྱི་རྣམ་པར་ཤེས་པ་ལ་བསླབ་པར་བགྱི། མིག་གི་

འདུས་ཏེ་རེག་པ་ལ་བསླབ་པར་བགྱི། རྣ་བའི་འདུས་ཏེ་རེག་པ་ལ་བསླབ་པར་བགྱི། སྣའི་འདུས་ཏེ་རེག་པ་ལ་བསླབ་པར་བགྱི། ལྕེའི་འདུས་ཏེ་རེག་པ་ལ་བསླབ་པར་བགྱི། ལུས་ཀྱི་འདུས་ཏེ་རེག་པ་ལ་བསླབ་པར་བགྱི། ཡིད་ཀྱི་འདུས་ཏེ་རེག་པ་ལ་བསླབ་པར་བགྱི། མིག་གི་འདུས་ཏེ་རེག་པའི་རྐྱེན་གྱིས་ཚོར་བ་ལ་བསླབ་པར་བགྱི། རྣ་བའི་འདུས་ཏེ་རེག་པའི་རྐྱེན་གྱིས་ཚོར་བ་ལ་བསླབ་པར་བགྱི། སྣའི་འདུས་ཏེ་རེག་པའི་རྐྱེན་གྱིས་ཚོར་བ་ལ་བསླབ་པར་བགྱི། ལྕེའི་འདུས་ཏེ་རེག་པའི་རྐྱེན་གྱིས་ཚོར་བ་ལ་བསླབ་པར་བགྱི། ལུས་ཀྱི་འདུས་ཏེ་རེག་པའི་རྐྱེན་གྱིས་ཚོར་བ་ལ་བསླབ་པར་བགྱི། ཡིད་ཀྱི་འདུས་ཏེ་རེག་པའི་རྐྱེན་གྱིས་ཚོར་བ་ལ་བསླབ་པར་བགྱི། སའི་ཁམས་ལ་བསླབ་པར་བགྱི། ཆུའི་ཁམས་ལ་བསླབ་པར་བགྱི། མེའི་ཁམས་ལ་བསླབ་པར་བགྱི། རླུང་གི་ཁམས་ལ་བསླབ་པར་བགྱི། ནམ་མཁའི་ཁམས་ལ་བསླབ་པར་བགྱི། རྣམ་པར་ཤེས་པའི་ཁམས་ལ་བསླབ་པར་བགྱི། མ་རིག་པ་ལ་བསླབ་པར་བགྱི། འདུ་བྱེད་ལ་བསླབ་པར་བགྱི། རྣམ་པར་ཤེས་པ་ལ་བསླབ་པར་བགྱི། མིང་དང་གཟུགས་ལ་བསླབ་པར་བགྱི། སྐྱེ་མཆེད་དྲུག་ལ་བསླབ་པར་བགྱི། རེག་པ་ལ་བསླབ་པར་བགྱི། ཚོར་བ་ལ་བསླབ་པར་བགྱི། སྲེད་པ་ལ་བསླབ་པར་བགྱི། ལེན་པ་ལ་བསླབ་པར་བགྱི། སྲིད་པ་ལ་བསླབ་པར་བགྱི། སྐྱེ་བ་ལ་བསླབ་པར་བགྱི། རྒ་ཤི་ལ་བསླབ་པར་བགྱི། སྦྱིན་པའི་ཕ་རོལ་ཏུ་ཕྱིན་པ་ལ་བསླབ་པར་བགྱི། ཚུལ་ཁྲིམས་ཀྱི་ཕ་རོལ་ཏུ་ཕྱིན་པ་ལ་བསླབ་པར་བགྱི། བཟོད་པའི་ཕ་རོལ་ཏུ་ཕྱིན་པ་ལ་བསླབ་པར་བགྱི། བརྩོན་འགྲུས་ཀྱི་ཕ་རོལ་ཏུ་ཕྱིན་པ་ལ་བསླབ་པར་བགྱི། བསམ་གཏན་གྱི་ཕ་རོལ་ཏུ་ཕྱིན་པ་ལ་བསླབ་པར་བགྱི①། ཤེས་རབ་ཀྱི་ཕ་རོལ་ཏུ་ཕྱིན་པ་ལ་བསླབ་པར་བགྱི། ནང་སྟོང་པ་ཉིད་ལ་བསླབ་པར་བགྱི། ཕྱི་སྟོང་པ་

ཉིད་ལ་བསླབ་པར་བགྱི། ཕྱི་ནང་སྟོང་པ་ཉིད་ལ་བསླབ་པར་བགྱི། སྟོང་པ་ཉིད་སྟོང་པ་ཉིད་ལ་བསླབ་པར་བགྱི། ཆེན་པོ་སྟོང་པ་ཉིད་ལ་བསླབ་པར་བགྱི། དོན་དམ་པ་སྟོང་པ་ཉིད་ལ་བསླབ་པར་བགྱི། འདུས་བྱས་སྟོང་པ་ཉིད་ལ་བསླབ་པར་བགྱི། འདུས་མ་བྱས་སྟོང་པ་ཉིད་ལ་བསླབ་པར་བགྱི། མཐའ་ལས་འདས་པ་སྟོང་པ་ཉིད་ལ་བསླབ་པར་བགྱི། ཐོག་མ་དང་ཐ་མ་མེད་པ་སྟོང་པ་ཉིད་ལ་བསླབ་པར་བགྱི། དོར་བ་མེད་པ་སྟོང་པ་ཉིད་ལ་བསླབ་པར་བགྱི། རང་བཞིན་སྟོང་པ་ཉིད་ལ་བསླབ་པར་བགྱི། ཆོས་ཐམས་ཅད་སྟོང་པ་ཉིད་ལ་བསླབ་པར་བགྱི། རང་གི་མཚན་ཉིད་སྟོང་པ་ཉིད་ལ་བསླབ་པར་བགྱི། མི་དམིགས་པ་སྟོང་པ་ཉིད་ལ་བསླབ་པར་བགྱི། དངོས་པོ་མེད་པ་སྟོང་པ་ཉིད་ལ་བསླབ་པར་བགྱི། ངོ་བོ་ཉིད་སྟོང་པ་ཉིད་ལ་བསླབ་པར་བགྱི། དངོས་པོ་མེད་པའི་ངོ་བོ་ཉིད་སྟོང་པ་ཉིད་ལ་བསླབ་པར་བགྱི། དྲན་པ་ཉེ་བར་གཞག་པ་རྣམས་ལ་བསླབ་པར་བགྱི། ཡང་དག་པར་སྤོང་བ་རྣམས་ལ་བསླབ་པར་བགྱི། རྫུ་འཕྲུལ་གྱི་རྐང་པ་རྣམས་ལ་བསླབ་པར་བགྱི། དབང་པོ་རྣམས་ལ་བསླབ་པར་བགྱི། སྟོབས་རྣམས་ལ་བསླབ་པར་བགྱི། བྱང་ཆུབ་ཀྱི་ཡན་ལག་རྣམས་ལ་བསླབ་པར་བགྱི། འཕགས་པའི་ལམ་ཡན་ལག་བརྒྱད་པ་ལ་བསླབ་པར་བགྱི། འཕགས་པའི་བདེན་པ་རྣམས་ལ་བསླབ་པར་བགྱི། བསམ་གཏན་རྣམས་ལ་བསླབ་པར་བགྱི། ཚད་མེད་པ་རྣམས་ལ་བསླབ་པར་བགྱི། གཟུགས་མེད་པའི་སྙོམས་པར་འཇུག་པ་རྣམས་ལ་བསླབ་པར་བགྱི། རྣམ་པར་ཐར་པ་[7]བརྒྱད་ལ་བསླབ་པར་བགྱི། མཐར་གྱིས་གནས་པའི་སྙོམས་པར་འཇུག་པ་དགུ་ལ་བསླབ་པར་བགྱི། རྣམ་པར་ཐར་པའི་སྒོ་སྟོང་པ་ཉིད་དང་། མཚན་མ་མེད་པ་དང་། སྨོན་པ་མེད་པ་ལ་བསླབ་པར་བགྱི། མངོན་པར་ཤེས་པ་རྣམས་ལ་བསླབ་པར་བགྱི།

ཏིང་ངེ་འཛིན་རྣམས་ལ་བསླབ་པར་བགྱི། གཟུངས་ཀྱི་སྒོ་རྣམས་ལ་བསླབ་པར་བགྱི། དེ་བཞིན་གཤེགས་པའི་སྟོབས་རྣམས་ལ་བསླབ་པར་བགྱི། མི་འཇིགས་པ་རྣམས་ལ་བསླབ་པར་བགྱི། སོ་སོ་ཡང་དག་པར་རིག་པ་རྣམས་ལ་བསླབ་པར་བགྱི། བྱམས་པ་ཆེན་པོ་ལ་བསླབ་པར་བགྱི། སྙིང་རྗེ་ཆེན་པོ་ལ་བསླབ་པར་བགྱི། སངས་རྒྱས་ཀྱི་ཆོས་མ་འདྲེས་པ་རྣམས་ལ་བསླབ་པར་བགྱི། རྒྱུན་དུ་ཞུགས་པའི་འབྲས་བུ་ལ་བསླབ་པར་བགྱི། ལན་ཅིག་ཕྱིར་འོང་བའི་འབྲས་བུ་ལ་བསླབ་པར་བགྱི། ཕྱིར་མི་འོང་བའི་འབྲས་བུ་ལ་བསླབ་པར་བགྱི། དགྲ་བཅོམ་པ་ཉིད་ལ་བསླབ་པར་བགྱི། རང་བྱང་ཆུབ་ལ་བསླབ་པར་བགྱི། ལམ་གྱི་རྣམ་པ་ཤེས་པ་ཉིད་ལ་བསླབ་པར་བགྱི། རྣམ་པ་ཐམས་ཅད་མཁྱེན་པ་ཉིད་ལ་བསླབ་པར་བགྱི་ན། བཅོམ་ལྡན་འདས་དེའི་སླད་དུ། བྱང་ཆུབ་སེམས་དཔའ་སེམས་དཔའ་ཆེན་པོ་ཕྱིན་ཅི་ལོག་ལ་སྤྱོད་པའམ། མི་སྤྲོ་བ་སྤྲོས་པར་བགྱིད་པར་མི་འགྱུར་ལགས་གྲང་།། །།

ཤེས་རབ་ཀྱི་ཕ་རོལད་ཏུ་ཕྱིནད་པ་སྟོང་ཕྲག་བརྒྱ་པ། བམ་པོ་བརྒྱད[7]པ། བཅོམ་ལྡན་འདས་དེ་ཅིའི་སླད་དུ་ཞེ་ན། ཆོས་ཀྱི་དབྱིངས་ལ་ནི་རྣམ་པར་རྟོག་པ་དེ་དག་མ་མཆིས་ཏེ། གཟུགས་ཀྱང་ཆོས་ཀྱི་དབྱིངས་མ་ལགས། གཟུགས་ལས་གུད་ན་ཡང་ཆོས་ཀྱི་དབྱིངས་མ་མཆིས་ཏེ། གཟུགས་ཉིད་ཀྱང་ཆོས་ཀྱི་དབྱིངས་སོ། །ཆོས་ཀྱི་དབྱིངས་ཉིད་ཀྱང་གཟུགས་སོ། །ཚོར་བ་ཡང་ཆོས་ཀྱི་དབྱིངས་མ་ལགས། ཚོར་བ་ལས་གུད་ན་ཡང་ཆོས་ཀྱི་དབྱིངས་མ་མཆིས་ཏེ། ཚོར་བ་ཉིད་ཀྱང་ཆོས་ཀྱི་དབྱིངས་སོ། །ཆོས་ཀྱི་དབྱིངས་ཉིད་ཀྱང་ཚོར་བའོ། །འདུ་ཤེས་ཀྱང་ཆོས་ཀྱི་དབྱིངས་མ་ལགས། འདུ་ཤེས་ལས་གུད་ན་ཡང་ཆོས་ཀྱི་དབྱིངས་མ་མཆིས་ཏེ། འདུ་ཤེས་ཉིད་ཀྱང་ཆོས་ཀྱི་དབྱིངས་སོ། །ཆོས་ཀྱི་དབྱིངས་ཉིད་ཀྱང་འདུ་ཤེས་སོ།།

འདུ་བྱེད་ཀྱང་ཆོས་ཀྱི་དབྱིངས་མ་ལགས། འདུ་བྱེད་ལས་གུད་ན་ཡང་ཆོས་ཀྱི་དབྱིངས་མ་མཆིས་ཏེ། འདུ་བྱེད་ཉིད་ཀྱང་ཆོས་ཀྱི་དབྱིངས་སོ། །ཆོས་ཀྱི་དབྱིངས་ཉིད་ཀྱང་འདུ་བྱེད་དོ། །རྣམ་པར་ཤེས་པ་ཡང་ཆོས་ཀྱི་དབྱིངས་མ་ལགས། རྣམ་པར་ཤེས་པ་ལས་གུད་ན་ཡང་ཆོས་ཀྱི་དབྱིངས་མ་མཆིས་ཏེ། རྣམ་པར་ཤེས་པ་ཉིད་ཀྱང་ཆོས་ཀྱི་དབྱིངས་སོ། །ཆོས་ཀྱི་དབྱིངས་ཉིད་ཀྱང་རྣམ་པར་ཤེས་པའོ། །མིག་ཀྱང་ཆོས་ཀྱི་དབྱིངས་མ་ལགས། མིག་ལས་གུད་ན་ཡང་ཆོས་ཀྱི་དབྱིངས་མ་མཆིས་ཏེ། མིག་ཉིད་ཀྱང་ཆོས་ཀྱི་དབྱིངས་སོ། །ཆོས་ཀྱི་དབྱིངས་ཉིད་ཀྱང་མིག་གོ། །རྣ་བ་ཡང་ཆོས་ཀྱི་དབྱིངས་མ་ལགས། རྣ་བ་ལས་གུད་ན་ཡང་ཆོས་ཀྱི་དབྱིངས་མ་མཆིས་ཏེ། རྣ་བ་ཉིད་ཀྱང་ཆོས་ཀྱི་དབྱིངས་སོ། །ཆོས་ཀྱི་དབྱིངས་ཉིད་ཀྱང་རྣ་བའོ། །སྣ་ཡང་ཆོས་ཀྱི་དབྱིངས་མ་ལགས། སྣ་ལས་གུད་ན་ཡང་ཆོས་ཀྱི་དབྱིངས་མ་མཆིས་ཏེ། སྣ་ཉིད་ཀྱང་ཆོས་ཀྱི་དབྱིངས་སོ།། ཆོས་ཀྱི་དབྱིངས་ཉིད་ཀྱང་སྣའོ། །ལྕེ་ཡང་ཆོས་ཀྱི་དབྱིངས་མ་ལགས། ལྕེ་ལས་གུད་ན་ཡང་ཆོས་ཀྱི་དབྱིངས་མ་མཆིས་ཏེ། ལྕེ་ཉིད་ཀྱང་ཆོས་ཀྱི་དབྱིངས་སོ། །ཆོས་ཀྱི་དབྱིངས་ཉིད་ཀྱང་ལྕེའོ། །ལུས་ཀྱང་ཆོས་ཀྱི་དབྱིངས་མ་ལགས། ལུས་ལས་གུད་ན་ཡང་ཆོས་ཀྱི་དབྱིངས་མ་མཆིས་ཏེ། ལུས་ཉིད་ཀྱང་ཆོས་ཀྱི་དབྱིངས་སོ། །ཆོས་ཀྱི་དབྱིངས་ཉིད་ཀྱང་ལུས་སོ། །ཡིད་[༡]ཀྱང་ཆོས་ཀྱི་དབྱིངས་མ་ལགས། ཡིད་ལས་གུད་ན་ཡང་ཆོས་ཀྱི་དབྱིངས་མ་མཆིས་ཏེ། ཡིད་ཉིད་ཀྱང་ཆོས་ཀྱི་དབྱིངས་སོ། །ཆོས་ཀྱི་དབྱིངས་ཉིད་ཀྱང་ཡིད་དོ། །གཟུགས་[༢]ཀྱང་ཆོས་ཀྱི་དབྱིངས་མ་ལགས། གཟུགས་ལས་གུད་ན་ཡང་ཆོས་ཀྱི་དབྱིངས་མ་མཆིས་ཏེ། གཟུགས་ཉིད་ཀྱང་ཆོས་ཀྱི་དབྱིངས་སོ། །ཆོས་ཀྱི་དབྱིངས་ཉིད་ཀྱང་གཟུགས་སོ། །སྒྲ་ཡང་ཆོས་ཀྱི་དབྱིངས་མ་ལགས། སྒྲ་ལས་གུད་ན་ཡང་ཆོས་ཀྱི་

དབྱིངས་མ་མཆིས་ཏེ། སྨྲ་ཉིད་ཀྱང་ཆོས་ཀྱི་དབྱིངས་སོ། །ཆོས་ཀྱི་དབྱིངས་ཉིད་ཀྱང་སྨྲའོ། །དྲི་ཡང་ཆོས་ཀྱི་དབྱིངས་མ་ལགས། དྲི་ལས་གུད་ན་ཡང་ཆོས་ཀྱི་དབྱིངས་མ་མཆིས་ཏེ། དྲི་ཉིད་ཀྱང་ཆོས་ཀྱི་དབྱིངས་སོ། །ཆོས་ཀྱི་དབྱིངས་ཉིད་ཀྱང་དྲིའོ། །རོ་ཡང་ཆོས་ཀྱི་དབྱིངས་མ་ལགས། རོ་ལས་གུད་ན་ཡང་ཆོས་ཀྱི་དབྱིངས་མ་མཆིས་ཏེ། རོ་ཉིད་ཀྱང་ཆོས་ཀྱི་དབྱིངས་སོ། །ཆོས་ཀྱི་དབྱིངས་ཉིད་ཀྱང་རོའོ། །རེག་ཀྱང་ཆོས་ཀྱི་དབྱིངས་མ་ལགས། རེག་ལས་གུད་ན་ཡང་ཆོས་ཀྱི་དབྱིངས་མ་མཆིས་ཏེ། རེག་ཉིད་ཀྱང་ཆོས་ཀྱི་དབྱིངས་སོ། །ཆོས་ཀྱི་དབྱིངས་ཉིད་ཀྱང་རེག་གོ། །ཆོས་ཀྱང་ཆོས་ཀྱི་དབྱིངས་མ་ལགས། ཆོས་ལས་[༧]གུད་ན་ཡང་ཆོས་ཀྱི་དབྱིངས་མ་མཆིས་ཏེ། ཆོས་ཉིད་ཀྱང་ཆོས་ཀྱི་དབྱིངས་སོ། །ཆོས་ཀྱི་དབྱིངས་ཉིད་ཀྱང་ཆོས་སོ། །མིག་གི་རྣམ་པར་ཤེས་པ་ཡང་ཆོས་ཀྱི་དབྱིངས་མ་ལགས། མིག་གི་རྣམ་པར་ཤེས་པ་ལས་གུད་ན་ཡང་ཆོས་ཀྱི་དབྱིངས་མ་མཆིས་ཏེ། མིག་གི་རྣམ་པར་ཤེས་པ་ཉིད་ཀྱང་ཆོས་ཀྱི་དབྱིངས་སོ། །ཆོས་ཀྱི་དབྱིངས་ཉིད་ཀྱང་མིག་གི་རྣམ་པར་ཤེས་པའོ། །རྣ་བའི་རྣམ་པར་ཤེས་པ་ཡང་ཆོས་ཀྱི་དབྱིངས་མ་ལགས། རྣ་བའི་རྣམ་པར་ཤེས་པ་ལས་གུད་ན་ཡང་ཆོས་ཀྱི་དབྱིངས་མ་མཆིས་ཏེ། རྣ་བའི་རྣམ་པར་ཤེས་པ་ཉིད་ཀྱང་[༢]ཆོས་ཀྱི་དབྱིངས་སོ། །ཆོས་ཀྱི་དབྱིངས་ཉིད་ཀྱང་རྣ་བའི་རྣམ་པར་ཤེས་པའོ། །སྣའི་རྣམ་པར་ཤེས་པ་ཡང་ཆོས་ཀྱི་དབྱིངས་མ་ལགས། སྣའི་རྣམ་པར་ཤེས་པ་ལས་གུད་ན་ཡང་ཆོས་ཀྱི་དབྱིངས་མ་མཆིས་ཏེ། སྣའི་རྣམ་པར་ཤེས་པ་ཉིད་ཀྱང་ཆོས་ཀྱི་དབྱིངས་སོ། །ཆོས་ཀྱི་དབྱིངས་ཉིད་ཀྱང་སྣའི་རྣམ་པར་ཤེས་པའོ། །ལྗེའི་རྣམ་པར་ཤེས་པ་ཡང་ཆོས་ཀྱི་དབྱིངས་མ་ལགས། ལྗེའི་རྣམ་པར་ཤེས་པ་ལས་གུད་ན་ཡང་ཆོས་ཀྱི་དབྱིངས་མ་མཆིས་ཏེ། ལྗེའི་རྣམ་པར་ཤེས་པ་ཉིད་ཀྱང་ཆོས་ཀྱི་དབྱིངས་སོ། །

ཆོས་ཀྱི་དབྱིངས་ཉིད་ཀྱང་ལྕེའི་རྣམ་པར་ཤེས་པའོ། །ལུས་ཀྱི་རྣམ་པར་ཤེས་པ་ཡང་ཆོས་ཀྱི་དབྱིངས་མ་ལགས། ལུས་ཀྱི་རྣམ་པར་ཤེས་པ་ལས་གུད་ན་ཡང་ཆོས་ཀྱི་དབྱིངས་མ་མཆིས་ཏེ། ལུས་ཀྱི་རྣམ་པར་ཤེས་པ་ཉིད་ཀྱང་ཆོས་ཀྱི་དབྱིངས་སོ།། ཆོས་ཀྱི་དབྱིངས་ཉིད་ཀྱང་ལུས་ཀྱི་རྣམ་པར་ཤེས་པའོ། །ཡིད་ཀྱི་རྣམ་པར་ཤེས་པ་ཡང་ཆོས་ཀྱི་དབྱིངས་མ་ལགས། ཡིད་ཀྱི་རྣམ་པར་ཤེས་པ་ལས་གུད་ན་ཡང་ཆོས་ཀྱི་དབྱིངས་མ་མཆིས་ཏེ། ཡིད་ཀྱི་རྣམ་པར་ཤེས་པ་ཉིད་ཀྱང་ཆོས་ཀྱི་དབྱིངས་སོ།། ཆོས་ཀྱི་དབྱིངས་ཉིད་ཀྱང་ཡིད་ཀྱི་རྣམ་པར་ཤེས་པའོ། །མིག་གི་འདུས་ཏེ་རེག་པ་ཡང་ཆོས་ཀྱི་དབྱིངས་མ་ལགས། མིག་གི་འདུས་ཏེ་རེག་པ་ལས་གུད་ན་ཡང་ཆོས་ཀྱི་དབྱིངས་མ་མཆིས་ཏེ། མིག་གི་འདུས་ཏེ་རེག་པ་ཉིད་ཀྱང་ཆོས་ཀྱི་དབྱིངས་སོ།། ཆོས་ཀྱི་དབྱིངས་ཉིད་ཀྱང་མིག་གི་འདུས་ཏེ་རེག་པའོ། །རྣ་བའི་འདུས་ཏེ་རེག་པ་ཡང་ཆོས་ཀྱི་དབྱིངས་མ་ལགས། རྣ་བའི་འདུས་ཏེ་རེག་པ་ལས་གུད་ན་ཡང་ཆོས་ཀྱི་དབྱིངས་མ་མཆིས་ཏེ། རྣ་བའི་འདུས་ཏེ་རེག་པ་ཉིད་ཀྱང་ཆོས༔ཀྱི་དབྱིངས་[1]སོ། །ཆོས་ཀྱི་དབྱིངས་ཉིད་ཀྱང་རྣ་བའི་འདུས་ཏེ་རེག་པའོ། །སྣའི་འདུས་ཏེ་རེག་པ་ཡང་ཆོས་ཀྱི་དབྱིངས་མ་ལགས། སྣའི་འདུས་ཏེ་རེག་པ་ལས་གུད་ན་ཡང་ཆོས་ཀྱི་དབྱིངས་མ་མཆིས་ཏེ། སྣའི་འདུས་ཏེ་རེག་པ་ཉིད་ཀྱང་ཆོས་ཀྱི་དབྱིངས་སོ། །ཆོས་ཀྱི་དབྱིངས་ཉིད་ཀྱང་སྣའི་འདུས་ཏེ་རེག་པའོ། །ལྕེའི་འདུས་ཏེ་རེག་པ་ཡང་ཆོས་ཀྱི་དབྱིངས་མ་ལགས། ལྕེའི་འདུས་ཏེ་རེག་པ་ལས་གུད་ན་ཡང་ཆོས་ཀྱི་དབྱིངས་མ་མཆིས་ཏེ། ལྕེའི་འདུས་ཏེ་རེག་པ་ཉིད་ཀྱང་ཆོས་ཀྱི་དབྱིངས་སོ། །ཆོས་ཀྱི་དབྱིངས་ཉིད་ཀྱང་ལྕེའི་འདུས་ཏེ་རེག་པའོ། །ལུས་ཀྱི་འདུས་ཏེ་རེག་པ་ཡང་ཆོས་ཀྱི་དབྱིངས་མ་ལགས། ལུས་ཀྱི་འདུས་ཏེ་རེག་པ་ལས་གུད་ན་ཡང་ཆོས་ཀྱི་དབྱིངས་མ་མཆིས་ཏེ། ལུས་ཀྱི་འདུས་ཏེ་རེག་པ་ཉིད་ཀྱང་ཆོས་ཀྱི་

དབྱིངས་སོ། །ཆོས་ཀྱི་དབྱིངས་ཉིད་ཀྱང་ལུས་ཀྱི་འདུས་ཏེ་རེག་པའོ། །ཡིད་ཀྱི་
འདུས་ཏེ་རེག་པ་ཡང་ཆོས་ཀྱི་དབྱིངས་མ་ལགས། ཡིད་ཀྱི་འདུས་ཏེ་རེག་པ་ལས་
གུད་ན་ཡང་ཆོས་ཀྱི་དབྱིངས་མ་མཆིས་ཏེ། ཡིད་ཀྱི་འདུས་ཏེ་རེག་པ་ཉིད་ཀྱང་
ཆོས་ཀྱི་དབྱིངས་སོ། །ཆོས་ཀྱི་དབྱིངས་ཉིད་ཀྱང་ཡིད་ཀྱི་འདུས་ཏེ་རེག་པའོ། །
མིག་གི་འདུས་ཏེ་རེག་པའི་རྐྱེན་གྱིས་ཚོར་བ་ཡང་ཆོས་ཀྱི་དབྱིངས་མ་ལགས།
མིག་གི་འདུས་ཏེ་རེག་པའི་རྐྱེན་གྱིས་ཚོར་བ་ལས་གུད་ན་ཡང་ཆོས་ཀྱི་དབྱིངས་མ་
མཆིས་ཏེ། མིག་གི་འདུས་ཏེ་རེག་པའི་རྐྱེན་གྱིས་ཚོར་བ་ཉིད་ཀྱང་ཆོས་ཀྱི་
དབྱིངས་སོ། །ཆོས་ཀྱི་དབྱིངས་ཉིད་ཀྱང་མིག་གི་འདུས་ཏེ་རེག་པའི་རྐྱེན་གྱིས་
ཚོར་བའོ། །རྣ་བའི་འདུས་ཏེ་རེག་པའི་རྐྱེན་གྱིས་ཚོར་བ་ཡང་ཆོས་ཀྱི་དབྱིངས་མ་
ལགས། རྣ་བའི་འདུས་ཏེ་རེག་པའི་རྐྱེན་གྱིས་ཚོར་བ་ལས་གུད་ན་ཡང་ཆོས་ཀྱི་
དབྱིངས་མ་མཆིས་ཏེ། རྣ་བའི་འདུས་ཏེ་རེག་པའི་རྐྱེན་གྱིས་ཚོར་བ་ཉིད་ཀྱང་
ཆོས་ཀྱི་དབྱིངས་སོ། །ཆོས་ཀྱི་དབྱིངས་ཉིད་ཀྱང་རྣ་བའི་འདུས་ཏེ་རེག་པའི་རྐྱེན་
གྱིས་ཚོར་བའོ། །སྣའི་འདུས་ཏེ་རེག་པའི་རྐྱེན་གྱིས་ཚོར་བ་ཡང་ཆོས་ཀྱི་དབྱིངས་
མ་ལགས། སྣའི་འདུས་ཏེ་རེག་པའི་རྐྱེན་གྱིས་ཚོར་བ་ལས་གུད་ན་ཡང་ཆོས་ཀྱི་
དབྱིངས་མ་མཆིས་ཏེ། སྣའི་འདུས་ཏེ་རེག་པའི་རྐྱེན་གྱིས་ཚོར་བ་ཉིད་ཀྱང་ཆོས་
ཀྱི་དབྱིངས་སོ། །ཆོས་ཀྱི་དབྱིངས་ཉིད་ཀྱང་སྣའི་འདུས་ཏེ་རེག་པའི་རྐྱེན་གྱིས་
ཚོར་བའོ། །ལྗེའི་འདུས་ཏེ་རེག་པའི་རྐྱེན་གྱིས་ཚོར་བ་ཡང་ཆོས་ཀྱི་དབྱིངས་མ་
ལགས། ལྗེའི་འདུས་ཏེ་རེག་པའི་རྐྱེན་གྱིས་ཚོར་བ་ལས་གུད་ན་ཡང་ཆོས་ཀྱི་
དབྱིངས་མ་མཆིས་ཏེ། ལྗེའི་འདུས་ཏེ་རེག་པའི་རྐྱེན་གྱིས་ཚོར་བ་ཉིད་ཀྱང་ཆོས་
ཀྱི་དབྱིངས་སོ། །ཆོས་ཀྱི་དབྱིངས་ཉིད་ཀྱང་ལྗེའི་འདུས་ཏེ་རེག་པའི་རྐྱེན་གྱིས་
ཚོར་བའོ། །ལུས་ཀྱི་འདུས་ཏེ་རེག་པའི་རྐྱེན་གྱིས་ཚོར་བ་ཡང་ཆོས་ཀྱི་དབྱིངས་མ་

ལགས། ལུས་ཀྱི་འདུས་ཏེ་རེག་པའི་རྐྱེན་གྱིས་ཚོར་བ་ལས་གུད་ན་ཡང་ཆོས་ཀྱི་དབྱིངས་མ་མཆིས་ཏེ། ལུས་ཀྱི་འདུས་ཏེ་རེག་པའི་རྐྱེན་གྱིས་ཚོར་བ་ཉིད་ཀྱང་ཆོས་ཀྱི་དབྱིངས་སོ། །ཆོས་ཀྱི་དབྱིངས་ཉིད་ཀྱང་ལུས་ཀྱི་འདུས་ཏེ་རེག་པའི་རྐྱེན་གྱིས་ཚོར་བའོ། །ཡིད་ཀྱི་འདུས་ཏེ་རེག་པའི་རྐྱེན་གྱིས་ཚོར་བ་ཡང་ཆོས་ཀྱི་དབྱིངས་མ་ལགས། ཡིད་ཀྱི་འདུས་ཏེ་རེག་པའི་རྐྱེན་གྱིས་ཚོར་བ་ལས་གུད་ན་ཡང་ཆོས་ཀྱི་དབྱིངས་མ་མཆིས་ཏེ[1]། ཡིད་ཀྱི་འདུས་ཏེ་རེག་པའི་རྐྱེན་གྱིས་ཚོར་བ་ཉིད་ཀྱང་ཆོས་ཀྱི་དབྱིངས་སོ། །ཆོས་ཀྱི་དབྱིངས་ཉིད་ཀྱང་ཡིད་ཀྱི་འདུས་ཏེ་རེག་པའི་རྐྱེན་གྱིས་ཚོར་བའོ། །སའི་ཁམས་ཀྱང་ཆོས་ཀྱི་དབྱིངས་མ་ལགས། སའི་ཁམས་ལས་གུད་ན་ཡང་ཆོས་ཀྱི་དབྱིངས་མ་མཆིས་ཏེ། སའི་ཁམས་ཉིད་ཀྱང་ཆོས་ཀྱི་དབྱིངས་སོ། །ཆོས་ཀྱི་དབྱིངས་ཉིད་ཀྱང་སའི་ཁམས་སོ། །ཆུའི་ཁམས་ཀྱང་ཆོས་ཀྱི་དབྱིངས་མ་ལགས། ཆུའི་ཁམས་ལས་གུད་ན་ཡང་ཆོས་ཀྱི་དབྱིངས་མ་མཆིས་ཏེ། ཆུའི་ཁམས་ཉིད་ཀྱང་ཆོས་ཀྱི་དབྱིངས་སོ། །ཆོས་ཀྱི་དབྱིངས་ཉིད་ཀྱང་ཆུའི་ཁམས་སོ། །མེའི་ཁམས་ཀྱང་ཆོས་ཀྱི་དབྱིངས་མ་ལགས། མེའི་ཁམས་ལས་གུད་ན་ཡང་ཆོས་ཀྱི་དབྱིངས་མ་མཆིས་ཏེ། མེའི་ཁམས་ཉིད་ཀྱང་ཆོས་ཀྱི་དབྱིངས་སོ། །ཆོས་ཀྱི་དབྱིངས་ཉིད་ཀྱང་མེའི་ཁམས་སོ། །རླུང་གི་ཁམས་ཀྱང་ཆོས་ཀྱི་དབྱིངས་མ་ལགས། རླུང་གི་ཁམས་ལས་གུད་ན་ཡང་ཆོས་ཀྱི་དབྱིངས་མ་མཆིས་ཏེ། རླུང་གི་ཁམས་ཉིད་ཀྱང་ཆོས་ཀྱི་དབྱིངས་སོ། །ཆོས་ཀྱི་དབྱིངས་ཉིད་ཀྱང་རླུང་གི་ཁམས་སོ། །ནམ་མཁའི་ཁམས་ཀྱང་ཆོས་ཀྱི་དབྱིངས་མ་ལགས། ནམ་མཁའི་ཁམས་ལས་གུད་[2]ན་ཡང་ཆོས་ཀྱི་དབྱིངས་མ་མཆིས་ཏེ། ནམ་མཁའི་ཁམས་ཉིད་ཀྱང་ཆོས་ཀྱི་དབྱིངས་སོ། །ཆོས་ཀྱི་དབྱིངས་ཉིད་ཀྱང་ནམ་མཁའི་ཁམས་སོ། །རྣམ་པར་ཤེས་པའི་ཁམས་ཀྱང་ཆོས་ཀྱི་དབྱིངས་མ་ལགས།

རྣམ་པར་ཤེས་པའི་ཁམས་ལས་གུད་ན་ཡང་ཆོས་ཀྱི་དབྱིངས་མ་མཆིས་ཏེ། རྣམ་པར་ཤེས་པའི་ཁམས་ཉིད་[༡]ཀྱང་ཆོས་ཀྱི་དབྱིངས་སོ། །ཆོས་ཀྱི་དབྱིངས་ཉིད་ཀྱང་རྣམ་པར་ཤེས་པའི་ཁམས་སོ། །མ་རིག་པ་ཡང་ཆོས་ཀྱི་དབྱིངས་མ་ལགས། མ་རིག་པ་ལས་གུད་ན་ཡང་ཆོས་ཀྱི་དབྱིངས་མ་མཆིས་ཏེ། མ་རིག་པ་ཉིད་ཀྱང་ཆོས་ཀྱི་དབྱིངས་སོ། །ཆོས་ཀྱི་དབྱིངས་ཉིད་ཀྱང་མ་རིག་པའོ། །འདུ་བྱེད་ཀྱང་ཆོས་ཀྱི་དབྱིངས་མ་ལགས། འདུ་བྱེད་ལས་གུད་ན་ཡང་ཆོས་ཀྱི་དབྱིངས་མ་མཆིས་ཏེ། འདུ་བྱེད་ཉིད་[༢]ཀྱང་ཆོས་ཀྱི་དབྱིངས་སོ། །ཆོས་ཀྱི་དབྱིངས་ཉིད་[༣]ཀྱང་འདུ་བྱེད་དོ། །རྣམ་པར་ཤེས་པ་ཡང་ཆོས་ཀྱི་དབྱིངས་མ་ལགས། རྣམ་པར་ཤེས་པ་ལས་གུད་ན་ཡང་ཆོས་ཀྱི་དབྱིངས་མ་མཆིས་ཏེ། རྣམ་པར་ཤེས་པ་ཉིད་ཀྱང་ཆོས་ཀྱི་དབྱིངས་སོ། །ཆོས་ཀྱི་དབྱིངས་ཉིད་ཀྱང་རྣམ་པར་ཤེས་པའོ། །མིང་དང་གཟུགས་ཀྱང་ཆོས་ཀྱི་དབྱིངས་མ་ལགས། མིང་དང་གཟུགས་ལས་གུད་ན་ཡང་ཆོས་ཀྱི་དབྱིངས་མ་མཆིས་ཏེ། མིང་དང་གཟུགས་ཉིད་ཀྱང་ཆོས་ཀྱི་དབྱིངས་སོ། །ཆོས་ཀྱི་དབྱིངས་ཉིད་ཀྱང་མིང་དང་གཟུགས་སོ། །སྐྱེ་མཆེད་དྲུག་ཀྱང་ཆོས་ཀྱི་དབྱིངས་མ་ལགས། སྐྱེ་མཆེད་དྲུག་ལས་གུད་ན་ཡང་ཆོས་ཀྱི་དབྱིངས་མ་མཆིས་ཏེ། སྐྱེ་མཆེད་དྲུག་ཉིད་ཀྱང་ཆོས་ཀྱི་དབྱིངས་སོ། །ཆོས་ཀྱི་དབྱིངས་ཉིད་ཀྱང་སྐྱེ་མཆེད་དྲུག་གོ། །རེག་པ་ཡང་ཆོས་ཀྱི་དབྱིངས་མ་ལགས། རེག་པ་ལས་གུད་ན་ཡང་ཆོས་ཀྱི་དབྱིངས་མ་མཆིས་ཏེ། རེག་པ་ཉིད་ཀྱང་ཆོས་ཀྱི་དབྱིངས་སོ། །ཆོས་ཀྱི་དབྱིངས་ཉིད་ཀྱང་རེག་པའོ། །ཚོར་བ་ཡང་ཆོས་ཀྱི་དབྱིངས་མ་ལགས། ཚོར་བ་ལས་གུད་ན་ཡང་ཆོས་ཀྱི་དབྱིངས་མ་མཆིས་ཏེ། ཚོར་བ་ཉིད་ཀྱང་ཆོས་ཀྱི་དབྱིངས་སོ། །ཆོས་ཀྱི་དབྱིངས་ཉིད་ཀྱང་ཚོར་བའོ། །སྲེད་པ་ཡང་ཆོས་ཀྱི་དབྱིངས་མ་ལགས། སྲེད་པ་ལས་གུད་ན་ཡང་ཆོས་ཀྱི་

དབྱིངས་མ་མཆིས་ཏེ། སྲིད་པ་ཉིད་ཀྱང་ཆོས་ཀྱི་དབྱིངས་སོ། །ཆོས་ཀྱི་དབྱིངས་ཉིད་ཀྱང་སྲིད་པའོ། །ལེན་པ་ཡང་ཆོས་ཀྱི་དབྱིངས་མ་ལགས། ལེན་པ་ལས་གུད་ན་ཡང་ཆོས་ཀྱི་དབྱིངས་མ་མཆིས་ཏེ། ལེན་པ་ཉིད་ཀྱང་ཆོས་ཀྱི་དབྱིངས་སོ། །ཆོས་ཀྱི་དབྱིངས་ཉིད་ཀྱང་ལེན་པའོ། །སྲིད་པ་ཡང་ཆོས་ཀྱི་དབྱིངས་མ་ལགས། སྲིད་པ་ལས་གུད་ན་ཡང་ཆོས་ཀྱི་དབྱིངས་མ་མཆིས་ཏེ། སྲིད་པ་ཉིད་ཀྱང་ཆོས་ཀྱི་དབྱིངས་སོ། །ཆོས་ཀྱི་དབྱིངས་ཉིད་ཀྱང་སྲིད་པའོ། །སྐྱེ་བ་ཡང་ཆོས་ཀྱི་དབྱིངས་མ་ལགས། སྐྱེ་བ་ལས་གུད་ན་ཡང་ཆོས་ཀྱི་དབྱིངས་མ་མཆིས་ཏེ། སྐྱེ་བ་ཉིད་ཀྱང་ཆོས་ཀྱི་དབྱིངས་སོ། །ཆོས་ཀྱི་དབྱིངས་ཉིད་ཀྱང་སྐྱེ་བའོ། །རྒ་ཤི་ཡང་ཆོས་ཀྱི་དབྱིངས་མ་ལགས། རྒ་ཤི་ལས་གུད་ན་ཡང་ཆོས་ཀྱི་དབྱིངས་མ་མཆིས་ཏེ། རྒ་ཤི་ཉིད་ཀྱང་ཆོས་ཀྱི་དབྱིངས་སོ། །ཆོས་ཀྱི་དབྱིངས་ཉིད་ཀྱང་རྒ་ཤིའོ། །སྦྱིན་པའི་ཕ་རོལ་ཏུ་ཕྱིན་པ་ཡང་ཆོས་ཀྱི་དབྱིངས་མ་ལགས། སྦྱིན་པའི་ཕ་རོལ་ཏུ་ཕྱིན་པ་ལས་གུད་ན་ཡང་ཆོས་ཀྱི་དབྱིངས་མ་མཆིས་ཏེ། སྦྱིན་པའི་ཕ་རོལ་ཏུ་ཕྱིན་པ་ཉིད་ཀྱང་ཆོས་ཀྱི་དབྱིངས་སོ། །ཆོས་ཀྱི་དབྱིངས་ཉིད་ཀྱང་སྦྱིན་པའི་ཕ་རོལ་ཏུ་ཕྱིན་པའོ། །ཚུལ་ཁྲིམས་ཀྱི་ཕ་རོལ་ཏུ་ཕྱིན་པ་ཡང་ཆོས་ཀྱི་དབྱིངས་མ་ལགས། ཚུལ་ཁྲིམས་ཀྱི་ཕ་རོལ་ཏུ་ཕྱིན་པ་ལས་གུད་ན་ཡང་ཆོས་ཀྱི་དབྱིངས་མ་མཆིས་ཏེ། ཚུལ་ཁྲིམས་ཀྱི་ཕ་རོལ་ཏུ་ཕྱིན་པ་ཉིད་ཀྱང་ཆོས་ཀྱི་དབྱིངས་སོ། །ཆོས་ཀྱི་དབྱིངས་ཉིད་ཀྱང་ཚུལ་ཁྲིམས་ཀྱི་ཕ་རོལ་ཏུ་ཕྱིན་པའོ། །བཟོད་པའི་ཕ་རོལ་ཏུ་ཕྱིན་པ་ཡང་ཆོས་ཀྱི་དབྱིངས་མ་ལགས། བཟོད་པའི་ཕ་རོལ་ཏུ་ཕྱིན་པ་ལས་གུད་ན་ཡང་ཆོས་ཀྱི་དབྱིངས་མ་མཆིས་ཏེ། བཟོད་པའི་ཕ་རོལ་ཏུ་ཕྱིན་པ་ཉིད་ཀྱང་ཆོས་ཀྱི་དབྱིངས་སོ། །ཆོས་ཀྱི་དབྱིངས་ཉིད་ཀྱང་བཟོད་པའི་ཕ་རོལ་ཏུ་ཕྱིན་པའོ། །བརྩོན་འགྲུས་ཀྱི་ཕ་རོལ་ཏུ་ཕྱིན་པ་ཡང་ཆོས་ཀྱི་

དབྱིངས་མ་ལགས། བརྩོན་འགྲུས་ཀྱི་ཕ་རོལ་ཏུ་ཕྱིན་པ་ལས་གུད་ན་ཡང་ཆོས་ཀྱི་དབྱིངས་མ་མཆིས་ཏེ། བརྩོན་འགྲུས་ཀྱི་ཕ་རོལ་ཏུ་ཕྱིན་པ་ཉིད་ཀྱང་ཆོས་ཀྱི་དབྱིངས་སོ། །ཆོས་ཀྱི་དབྱིངས་ཉིད་ཀྱང་བརྩོན་འགྲུས་ཀྱི་ཕ་རོལ་ཏུ་ཕྱིན་པའོ། །བསམ་གཏན་གྱི་ཕ་རོལ་ཏུ་ཕྱིན་པ་ཡང་ཆོས་ཀྱི་དབྱིངས་མ་ལགས། བསམ་གཏན་གྱི་ཕ་རོལ་ཏུ་ཕྱིན་པ་ལས་གུད་ན་ཡང་ཆོས་ཀྱི་དབྱིངས་མ་མཆིས་ཏེ། བསམ་གཏན་གྱི་ཕ་རོལ་ཏུ་ཕྱིན་པ་ཉིད་ཀྱང་ཆོས་ཀྱི་དབྱིངས་སོ། །ཆོས་ཀྱི་དབྱིངས་ཉིད་ཀྱང་བསམ་གཏན་གྱི་ཕ་རོལ་ཏུ་ཕྱིན་པའོ། །ཤེས་རབ་ཀྱི་ཕ་རོལ་ཏུ་ཕྱིན་པ་ཡང་ཆོས་ཀྱི་དབྱིངས་མ་ལགས། ཤེས་རབ་ཀྱི་ཕ་རོལ་ཏུ་ཕྱིན་པ་ལས་གུད་ན་ཡང་ཆོས་ཀྱི་དབྱིངས་མ་མཆིས་ཏེ། ཤེས་རབ་ཀྱི་ཕ་རོལ་ཏུ་ཕྱིན་པ་ཉིད་ཀྱང་ཆོས་ཀྱི་དབྱིངས་སོ། །ཆོས་ཀྱི་དབྱིངས་ཉིད་ཀྱང་ཤེས་རབ་ཀྱི་ཕ་རོལ་ཏུ་ཕྱིན་པའོ།། ནང་སྟོང་པ་ཉིད་ཀྱང་ཆོས་ཀྱི་དབྱིངས་མ་ལགས། ནང་སྟོང་པ་ཉིད་ལས་གུད་ན་ཡང་ཆོས་ཀྱི་དབྱིངས་མ་མཆིས་ཏེ། ནང་སྟོང་པ་ཉིད་ཉིད་ཀྱང་ཆོས་ཀྱི་དབྱིངས་སོ༑ །ཆོས་ཀྱི་དབྱིངས་ཉིད་ཀྱང་ནང་སྟོང་པ་ཉིད་དོ། །ཕྱི་སྟོང་པ་ཉིད་ཀྱང་ཆོས་ཀྱི་དབྱིངས་མ་ལགས། ཕྱི་སྟོང་པ་ཉིད་ལས་གུད་ན་ཡང་ཆོས་ཀྱི་དབྱིངས་མ་མཆིས་ཏེ། ཕྱི་སྟོང་པ་ཉིད་ཉིད་ཀྱང་ཆོས་ཀྱི་དབྱིངས་སོ། །ཆོས་ཀྱི་དབྱིངས་ཉིད་ཀྱང་ཕྱི་སྟོང་པ་ཉིད་དོ། །ཕྱི་ནང་སྟོང་པ་ཉིད་ཀྱང་ཆོས་ཀྱི་དབྱིངས་མ་ལགས། ཕྱི་ནང་སྟོང་པ་ཉིད་ལས་གུད་ན་ཡང་ཆོས་ཀྱི་དབྱིངས་མ་མཆིས་ཏེ། ཕྱི་ནང་སྟོང་པ་ཉིད་ཉིད་ཀྱང་ཆོས་ཀྱི་དབྱིངས་སོ། །ཆོས་ཀྱི་དབྱིངས་ཉིད་ཀྱང་ཕྱི་ནང་སྟོང་པ་ཉིད་དོ། །སྟོང་པ་ཉིད་སྟོང་པ་ཉིད་ཀྱང་ཆོས་ཀྱི་དབྱིངས་མ་ལགས། སྟོང་པ་ཉིད་སྟོང་པ་ཉིད་ལས་གུད་ན་ཡང་ཆོས་ཀྱི་དབྱིངས་མ་མཆིས་ཏེ། སྟོང་པ་ཉིད་སྟོང་པ་ཉིད་ཉིད་[7]ཀྱང་ཆོས་ཀྱི་དབྱིངས་སོ། །ཆོས་ཀྱི་དབྱིངས་ཉིད་ཀྱང་སྟོང་པ་

ཉིད་སྟོང་པ་ཉིད་དོ། །ཆེན་པོ་སྟོང་པ་ཉིད་ཀྱང་ཆོས་ཀྱི་དབྱིངས་མ་ལགས། ཆེན་པོ་སྟོང་པ་ཉིད་ལས་གུད་ན་ཡང་ཆོས་ཀྱི་དབྱིངས་མ་མཆིས་ཏེ། ཆེན་པོ་སྟོང་པ་ཉིད་ཉིད་[༧]ཀྱང་ཆོས་ཀྱི་དབྱིངས་སོ། །ཆོས་ཀྱི་དབྱིངས་ཉིད་ཀྱང་ཆེན་པོ་སྟོང་པ་ཉིད་དོ། །དོན་དམ་པ་སྟོང་པ་ཉིད་ཀྱང་ཆོས་ཀྱི་དབྱིངས་མ་ལགས། དོན་དམ་པ་སྟོང་པ་ཉིད་ལས་གུད་ན་ཡང་ཆོས་ཀྱི་དབྱིངས་མ་མཆིས་ཏེ། དོན་དམ་པ་སྟོང་པ་ཉིད་ཉིད་ཀྱང་ཆོས་ཀྱི་དབྱིངས་སོ། །ཆོས་ཀྱི་དབྱིངས་ཉིད་ཀྱང་དོན་དམ་པ་སྟོང་པ་ཉིད་དོ། །འདུས་བྱས་སྟོང་པ་ཉིད་ཀྱང་ཆོས་ཀྱི་དབྱིངས་མ་ལགས། འདུས་བྱས་སྟོང་པ་ཉིད་ལས་གུད་ན་ཡང་ཆོས་ཀྱི་དབྱིངས་མ་མཆིས་ཏེ། འདུས་བྱས་སྟོང་པ་ཉིད་ཉིད་ཀྱང་ཆོས་ཀྱི་དབྱིངས་སོ། །ཆོས་ཀྱི་དབྱིངས་ཉིད་ཀྱང་འདུས་བྱས་སྟོང་པ་ཉིད་དོ། །འདུས་མ་བྱས་སྟོང་པ་ཉིད་ཀྱང་ཆོས་ཀྱི་དབྱིངས་མ་ལགས། འདུས་མ་བྱས་སྟོང་པ་ཉིད་ལས་གུད་ན་ཡང་ཆོས་ཀྱི་དབྱིངས་མ་མཆིས་ཏེ། འདུས་མ་བྱས་སྟོང་པ་ཉིད་ཉིད་[༨]ཀྱང་ཆོས་ཀྱི་དབྱིངས་སོ། །ཆོས་ཀྱི་དབྱིངས་ཉིད་ཀྱང་འདུས་མ་བྱས་སྟོང་པ་ཉིད་དོ། །མཐའ་ལས་འདས་པ་སྟོང་པ་ཉིད་ཀྱང་ཆོས་ཀྱི་དབྱིངས་མ་ལགས། མཐའ་ལས་འདས་པ་སྟོང་པ་ཉིད་ལས་གུད་ན་ཡང་ཆོས་ཀྱི་དབྱིངས་མ་མཆིས་ཏེ། མཐའ་ལས་འདས་པ་སྟོང་པ་ཉིད་ཉིད་ཀྱང་ཆོས་ཀྱི་དབྱིངས་སོ། །ཆོས་ཀྱི་དབྱིངས་ཉིད་[༩]ཀྱང་མཐའ་ལས་འདས་པ་སྟོང་པ་ཉིད་དོ། །ཐོག་མ་དང་ཐ་མ་མེད་པ་སྟོང་པ་ཉིད་ཀྱང་ཆོས་ཀྱི་དབྱིངས་མ་ལགས། ཐོག་མ་དང་ཐ་མ་མེད་པ་སྟོང་པ་ཉིད་ལས་གུད་ན་ཡང་ཆོས་ཀྱི་དབྱིངས་མ་མཆིས་ཏེ། ཐོག་མ་དང་ཐ་མ་མེད་པ་སྟོང་པ་ཉིད་ཉིད་ཀྱང་ཆོས་ཀྱི་དབྱིངས་སོ། །ཆོས་ཀྱི་དབྱིངས་ཉིད་ཀྱང་ཐོག་མ་དང་ཐ་མ་མེད་པ་སྟོང་པ་ཉིད་དོ།། དོར་བ་མེད་པ་སྟོང་པ་ཉིད་ཀྱང་ཆོས་ཀྱི་དབྱིངས་མ་ལགས། དོར་བ་མེད་པ་སྟོང་

པ་ཉིད་ལས་གུད་ན་ཡང་ཆོས་ཀྱི་དབྱིངས་མ་མཆིས་ཏེ། དོར་བ་མེད་པ་སྟོང་པ་ཉིད་ཉིད་ཀྱང་ཆོས་ཀྱི་དབྱིངས་སོ། །ཆོས་ཀྱི་དབྱིངས་ཉིད་ཀྱང་དོར་བ་མེད་པ་སྟོང་པ་ཉིད་དོ། །རང་བཞིན་སྟོང་པ་ཉིད་ཀྱང་ཆོས་ཀྱི་དབྱིངས་མ་ལགས། རང་བཞིན་སྟོང་པ་ཉིད་ལས་གུད་ན་ཡང་ཆོས་ཀྱི་དབྱིངས་མ་མཆིས་ཏེ། རང་བཞིན་སྟོང་པ་ཉིད་ཉིད་ཀྱང་ཆོས་ཀྱི་དབྱིངས་སོ། །ཆོས་ཀྱི་དབྱིངས་ཉིད་ཀྱང་རང་བཞིན་སྟོང་པ་ཉིད་དོ། །ཆོས་ཐམས་ཅད་སྟོང་པ་ཉིད་ཀྱང་ཆོས་ཀྱི་དབྱིངས་མ་ལགས། ཆོས་ཐམས་ཅད་སྟོང་པ་ཉིད་ལས་གུད་ན་ཡང་ཆོས་ཀྱི་དབྱིངས་མ་མཆིས་ཏེ། ཆོས་ཐམས་ཅད་སྟོང་པ་ཉིད་ཉིད་ཀྱང་ཆོས་ཀྱི་དབྱིངས་སོ། །ཆོས་ཀྱི་དབྱིངས་ཉིད་ཀྱང་ཆོས་ཐམས་ཅད་སྟོང་པ་ཉིད་དོ། །རང་གི་མཚན་ཉིད་སྟོང་པ་ཉིད་ཀྱང་ཆོས་ཀྱི་དབྱིངས་མ་ལགས། རང་གི་མཚན་ཉིད་སྟོང་པ་ཉིད་ལས་གུད་ན་ཡང་ཆོས་ཀྱི་དབྱིངས་མ་མཆིས་ཏེ། རང་གི་མཚན་ཉིད་སྟོང་པ་ཉིད་ཉིད་①ཀྱང་ཆོས་ཀྱི་དབྱིངས་སོ། །ཆོས་ཀྱི་དབྱིངས་ཉིད་ཀྱང་②རང་གི་མཚན་ཉིད་སྟོང་པ་ཉིད་དོ། །མི་དམིགས་པ་སྟོང་པ་ཉིད་ཀྱང་ཆོས་ཀྱི་དབྱིངས་མ་ལགས། མི་དམིགས་པ་སྟོང་པ་ཉིད་ལས་③གུད་ན་ཡང་ཆོས་ཀྱི་དབྱིངས་མ་མཆིས་ཏེ། མི་དམིགས་པ་སྟོང་པ་ཉིད་ཉིད་ཀྱང་ཆོས་ཀྱི་དབྱིངས་སོ། །ཆོས་ཀྱི་དབྱིངས་ཉིད་ཀྱང་མི་དམིགས་པ་སྟོང་པ་ཉིད་དོ། །དངོས་པོ་མེད་པ་སྟོང་པ་ཉིད་ཀྱང་ཆོས་ཀྱི་དབྱིངས་མ་ལགས། དངོས་པོ་མེད་པ་སྟོང་པ་ཉིད་ལས་གུད་ན་ཡང་ཆོས་ཀྱི་དབྱིངས་མ་མཆིས་ཏེ། དངོས་པོ་མེད་པ་སྟོང་པ་ཉིད་ཉིད་④ཀྱང་ཆོས་ཀྱི་དབྱིངས་སོ། །ཆོས་ཀྱི་དབྱིངས་ཉིད་ཀྱང་དངོས་པོ་མེད་པ་སྟོང་པ་ཉིད་དོ། །ངོ་བོ་ཉིད་སྟོང་པ་ཉིད་ཀྱང་ཆོས་ཀྱི་དབྱིངས་མ་ལགས། ངོ་བོ་ཉིད་སྟོང་པ་ཉིད་ལས་གུད་ན་ཡང་ཆོས་ཀྱི་དབྱིངས་མ་མཆིས་ཏེ། ངོ་བོ་ཉིད་སྟོང་པ་ཉིད་ཉིད་⑤

ཀྱང་ཆོས་ཀྱི་དབྱིངས་སོ། །ཆོས་ཀྱི་དབྱིངས་ཉིད་ཀྱང་ངོ་བོ་ཉིད་⑦སྟོང་པ་ཉིད་དོ། །དངོས་པོ་མེད་པའི་ངོ་བོ་ཉིད་སྟོང་པ་ཉིད་ཀྱང་ཆོས་ཀྱི་དབྱིངས་མ་ལགས། དངོས་པོ་མེད་པའི་ངོ་བོ་ཉིད་སྟོང་པ་ཉིད་ལས་གུད་ན་ཡང་ཆོས་ཀྱི་དབྱིངས་མ་མཆིས་ཏེ། དངོས་པོ་མེད་པའི་ངོ་བོ་ཉིད་སྟོང་པ་ཉིད་ཉིད་ཀྱང་ཆོས་ཀྱི་དབྱིངས་སོ། །ཆོས་ཀྱི་དབྱིངས་ཉིད་ཀྱང་དངོས་པོ་མེད་པའི་ངོ་བོ་ཉིད་སྟོང་པ་ཉིད་དོ། །དྲན་པ་ཉེ་བར་གཞག་པ་རྣམས་ཀྱང་ཆོས་ཀྱི་དབྱིངས་མ་ལགས། དྲན་པ་ཉེ་བར་གཞག་③པ་རྣམས་ལས་གུད་ན་ཡང་ཆོས་ཀྱི་དབྱིངས་མ་མཆིས་ཏེ། དྲན་པ་ཉེ་བར་གཞག་པ་ཉིད་ཀྱང་ཆོས་ཀྱི་དབྱིངས་སོ། །ཆོས་ཀྱི་དབྱིངས་ཉིད་ཀྱང་དྲན་པ་ཉེ་བར་གཞག་པ་རྣམས་སོ། །ཡང་དག་པར་སྤོང་བ་རྣམས་ཀྱང་ཆོས་ཀྱི་དབྱིངས་མ་ལགས། ཡང་དག་པར་སྤོང་བ་རྣམས་ལས་གུད་ན་ཡང་ཆོས་ཀྱི་དབྱིངས་མ་མཆིས་ཏེ། ཡང་དག་པར་སྤོང་བ་ཉིད་ཀྱང་ཆོས་ཀྱི་དབྱིངས་སོ། །ཆོས་ཀྱི་དབྱིངས་ཉིད་ཀྱང་ཡང་དག་པར་སྤོང་བ་རྣམས་སོ། །རྫུ་འཕྲུལ་གྱི་རྐང་པ་རྣམས་ཀྱང་ཆོས་ཀྱི་དབྱིངས་མ་ལགས། རྫུ་འཕྲུལ་གྱི་རྐང་པ་རྣམས་ལས་གུད་ན་ཡང་ཆོས་ཀྱི་དབྱིངས་མ་མཆིས་ཏེ། རྫུ་འཕྲུལ་གྱི་རྐང་པ་ཉིད་ཀྱང་ཆོས་ཀྱི་དབྱིངས་སོ།། ཆོས་ཀྱི་དབྱིངས་ཉིད་ཀྱང་རྫུ་འཕྲུལ་གྱི་རྐང་པ་རྣམས་སོ། །དབང་པོ་རྣམས་ཀྱང་ཆོས་ཀྱི་དབྱིངས་མ་ལགས། དབང་པོ་རྣམས་ལས་གུད་ན་ཡང་ཆོས་ཀྱི་དབྱིངས་མ་མཆིས་ཏེ། དབང་པོ་ཉིད་ཀྱང་ཆོས་ཀྱི་དབྱིངས་སོ། །ཆོས་ཀྱི་དབྱིངས་ཉིད་ཀྱང་དབང་པོ་རྣམས་སོ། །སྟོབས་རྣམས་ཀྱང་ཆོས་ཀྱི་དབྱིངས་མ་ལགས། སྟོབས་རྣམས་ལས་གུད་ན་ཡང་ཆོས་ཀྱི་དབྱིངས་མ་མཆིས་ཏེ། སྟོབས་ཉིད་ཀྱང་ཆོས་ཀྱི་དབྱིངས་སོ། །ཆོས་ཀྱི་དབྱིངས་ཉིད་ཀྱང་སྟོབས་རྣམས་སོ། །བྱང་ཆུབ་ཀྱི་ཡན་ལག་རྣམས་ཀྱང་ཆོས་ཀྱི་དབྱིངས་མ་ལགས། བྱང་ཆུབ་ཀྱི་ཡན་ལག་

རྣམས་ལས་གུད་ན་ཡང་ཆོས་ཀྱི་དབྱིངས་མ་མཆིས་ཏེ། བྱང་ཆུབ་ཀྱི་ཡན་ལག་ཉིད་ཀྱང་ཆོས་ཀྱི་དབྱིངས་སོ། །ཆོས་ཀྱི་དབྱིངས་ཉིད་ཀྱང་བྱང་ཆུབ་ཀྱི་ཡན་ལག་རྣམས་སོ། །ལམ་ཡང་ཆོས་ཀྱི་དབྱིངས་མ་ལགས། ལམ་ལས་གུད་ན་ཡང་ཆོས་ཀྱི་དབྱིངས་མ་མཆིས་ཏེ། ལམ་ཉིད་ཀྱང་ཆོས་ཀྱི་དབྱིངས་སོ། །ཆོས་ཀྱི་དབྱིངས་ཉིད་ཀྱང་ལམ་མོ། །འཕགས་པའི་བདེན་པ་རྣམས་ཀྱང་ཆོས་ཀྱི་དབྱིངས་མ་ལགས། འཕགས་པའི་བདེན་པ་རྣམས་ལས་གུད་ན་ཡང་ཆོས་ཀྱི་དབྱིངས་མ་མཆིས་ཏེ། འཕགས་པའི་བདེན་པ་ཉིད་ཀྱང་ཆོས་ཀྱི་དབྱིངས་སོ། །ཆོས་ཀྱི་དབྱིངས་ཉིད་ཀྱང་འཕགས་པའི་བདེན་པ་རྣམས་སོ། །བསམ་གཏན་རྣམས་ཀྱང་ཆོས་ཀྱི་དབྱིངས་མ་ལགས། བསམ་གཏན་རྣམས་[7]ལས་གུད་ན་ཡང་ཆོས་ཀྱི་དབྱིངས་མ་མཆིས་ཏེ། བསམ་གཏན་ཉིད་ཀྱང་ཆོས་ཀྱི་དབྱིངས་སོ། །ཆོས་ཀྱི་དབྱིངས་ཉིད་ཀྱང་བསམ་གཏན་རྣམས་སོ། །ཚད་མེད་པ་རྣམས་ཀྱང་ཆོས་ཀྱི་དབྱིངས་མ་ལགས། ཚད་མེད་པ་རྣམས་ལས་གུད་ན་ཡང་ཆོས་ཀྱི་དབྱིངས་མ་མཆིས་ཏེ། ཚད་མེད་པ་ཉིད་ཀྱང་ཆོས་ཀྱི་དབྱིངས་སོ། །ཆོས་ཀྱི་དབྱིངས་ཉིད་ཀྱང་ཚད་མེད་པ་རྣམས་སོ། །གཟུགས་མེད་པའི་སྙོམས་པར་འཇུག་པ་རྣམས་ཀྱང་ཆོས་ཀྱི་དབྱིངས་མ་ལགས། གཟུགས་མེད་པའི་སྙོམས་པར་འཇུག་པ་རྣམས་ལས་གུད་ན་ཡང་ཆོས་ཀྱི་དབྱིངས་མ་མཆིས་ཏེ། གཟུགས་མེད་པའི་སྙོམས་པར་འཇུག་པ་ཉིད་ཀྱང་ཆོས་ཀྱི་དབྱིངས་སོ། །ཆོས་ཀྱི་དབྱིངས་ཉིད་ཀྱང་གཟུགས་མེད་པའི་སྙོམས་པར་འཇུག་པ་རྣམས་སོ། །རྣམ་པར་ཐར་པ་རྣམས་ཀྱང་ཆོས་ཀྱི་དབྱིངས་མ་ལགས། རྣམ་པར་ཐར་པ་རྣམས་ལས་གུད་ན་ཡང་ཆོས་ཀྱི་དབྱིངས་མ་མཆིས་ཏེ། རྣམ་པར་ཐར་པ་ཉིད་ཀྱང་ཆོས་ཀྱི་དབྱིངས་སོ། །ཆོས་ཀྱི་དབྱིངས་ཉིད་ཀྱང་རྣམ་པར་ཐར་པ་རྣམས་སོ། །མཐར་གྱིས་གནས་པའི་སྙོམས་

པར་འཇུག་པ་རྣམས་ཀྱང་ཆོས་ཀྱི་དབྱིངས་མ་ལགས། མཐར་གྱིས་གནས་པའི་སྙོམས་པར་འཇུག་པ་རྣམས་ལས་གུད་ན་ཡང་ཆོས་ཀྱི་དབྱིངས་མ་མཆིས་ཏེ། མཐར་གྱིས་གནས་པའི་སྙོམས་པར་འཇུག་པ་ཉིད་ཀྱང་ཆོས་ཀྱི་དབྱིངས་སོ། །ཆོས་ཀྱི་དབྱིངས་ཉིད་ཀྱང་མཐར་གྱིས་གནས་པའི་སྙོམས་པར་འཇུག་པ་རྣམས་སོ། །རྣམ་པར་ཐར་པའི་སྒོ་སྟོང་པ་ཉིད་དང་། མཚན་མ་མེད་པ་དང་། སྨོན་པ་མེད་པ་ཡང་ཆོས་ཀྱི་དབྱིངས་མ་ལགས། རྣམ་པར་ཐར་པའི་སྒོ་སྟོང་པ་ཉིད་དང་། མཚན་མ་མེད་པ་དང་། སྨོན་པ་མེད་པ་ལས་གུད་ན་ཡང་ཆོས་ཀྱི་དབྱིངས་མ་མཆིས་ཏེ། རྣམ་པར་ཐར་པའི་སྒོ་སྟོང་པ་ཉིད་དང་། མཚན་མ་མེད་པ་དང་། སྨོན་པ་མེད་པ་ཉིད་ཀྱང་ཆོས་ཀྱི་དབྱིངས་སོ། །ཆོས་ཀྱི་དབྱིངས་ཉིད་ཀྱང་རྣམ་པར་ཐར་པའི་སྒོ་སྟོང་པ་ཉིད་དང་། མཚན་མ་མེད་པ་དང་། སྨོན་པ་མེད་པའོ། །མངོན་པར་ཤེས་པ་རྣམས་ཀྱང་ཆོས་ཀྱི་དབྱིངས་མ་ལགས། མངོན་པར་ཤེས་པ་རྣམས་ལས་གུད་ན་ཡང་ཆོས་ཀྱི་དབྱིངས་མ་མཆིས་ཏེ། མངོན་པར་ཤེས་པ་ཉིད་ཀྱང་ཆོས་ཀྱི་དབྱིངས་སོ། །ཆོས་ཀྱི་དབྱིངས་ཉིད་ཀྱང་མངོན་པར་ཤེས་པ་རྣམས་སོ། །ཏིང་ངེ་འཛིན་རྣམས་ཀྱང་ཆོས་ཀྱི་དབྱིངས་མ་ལགས། ཏིང་ངེ་འཛིན་རྣམས་ལས་གུད་ན་⑦ཡང་ཆོས་ཀྱི་དབྱིངས་མ་མཆིས་ཏེ། ཏིང་ངེ་འཛིན་ཉིད་ཀྱང་ཆོས་ཀྱི་དབྱིངས་སོ། །ཆོས་ཀྱི་དབྱིངས་ཉིད་ཀྱང་ཏིང་ངེ་འཛིན་རྣམས་སོ། །གཟུངས་ཀྱི་སྒོ་རྣམས་ཀྱང་ཆོས་ཀྱི་དབྱིངས་མ་ལགས། གཟུངས་ཀྱི་སྒོ་རྣམས་ལས་གུད་ན་ཡང་ཆོས་ཀྱི་དབྱིངས་མ་མཆིས་ཏེ། གཟུངས་ཀྱི་སྒོ་ཉིད་ཀྱང་ཆོས་ཀྱི་དབྱིངས་སོ། །ཆོས་ཀྱི་དབྱིངས་ཉིད་ཀྱང་གཟུངས་ཀྱི་སྒོ་རྣམས་སོ། །དེ་བཞིན་གཤེགས་པའི་སྟོབས་རྣམས་ཀྱང་ཆོས་ཀྱི་དབྱིངས་མ་ལགས། དེ་བཞིན་གཤེགས་པའི་སྟོབས་རྣམས་ལས་གུད་ན་ཡང་ཆོས་ཀྱི་དབྱིངས་མ་མཆིས་ཏེ། དེ་

བཞིན་གཤེགས་པའི་སྟོབས་ཉིད་ཀྱང་ཆོས་ཀྱི་དབྱིངས་སོ། །ཆོས་ཀྱི་དབྱིངས་ཉིད་ཀྱང་དེ་བཞིན་གཤེགས་པའི་སྟོབས་རྣམས་སོ། །མི་འཇིགས་པ་རྣམས་ཀྱང་ཆོས་ཀྱི་དབྱིངས་མ་ལགས། མི་འཇིགས་པ་རྣམས་ལས་གུད་ན་ཡང་ཆོས་ཀྱི་དབྱིངས་མ་མཆིས་ཏེ། མི་འཇིགས་པ་ཉིད་ཀྱང་ཆོས་ཀྱི་དབྱིངས་སོ། །ཆོས་ཀྱི་དབྱིངས་ཉིད་ཀྱང་མི་འཇིགས་པ་རྣམས་སོ། །སོ་སོ་ཡང་དག་པར་⑦རིག་པ་རྣམས་ཀྱང་ཆོས་ཀྱི་དབྱིངས་མ་ལགས། སོ་སོ་ཡང་དག་པར་རིག་པ་རྣམས་ལས་གུད་ན་ཡང་ཆོས་ཀྱི་དབྱིངས་མ་མཆིས་ཏེ། སོ་སོ་ཡང་དག་པར་རིག་པ་ཉིད་ཀྱང་ཆོས་ཀྱི་དབྱིངས་སོ༑ །ཆོས་ཀྱི་དབྱིངས་ཉིད་ཀྱང་སོ་སོ་ཡང་དག་པར་རིག་པ་རྣམས་སོ། །བྱམས་པ་ཆེན་པོ་ཡང་ཆོས་ཀྱི་དབྱིངས་མ་ལགས། བྱམས་པ་ཆེན་པོ་ལས་གུད་ན་ཡང་ཆོས་ཀྱི་དབྱིངས་མ་མཆིས་ཏེ། བྱམས་པཿཆེན་པོ་③ཉིད་ཀྱང་ཆོས་ཀྱི་དབྱིངས་སོ། །ཆོས་ཀྱི་དབྱིངས་ཉིད་ཀྱང་བྱམས་པ་ཆེན་པོའོ། །སྙིང་རྗེ་ཆེན་པོ་ཡང་ཆོས་ཀྱི་དབྱིངས་མ་ལགས། སྙིང་རྗེ་ཆེན་པོ་ལས་གུད་ན་ཡང་ཆོས་ཀྱི་དབྱིངས་མ་མཆིས་ཏེ། སྙིང་རྗེ་ཆེན་པོ་ཉིད་ཀྱང་ཆོས་ཀྱི་དབྱིངས་སོ། །ཆོས་ཀྱི་དབྱིངས་ཉིད་ཀྱང་སྙིང་རྗེ་ཆེན་པོའོ། །སངས་རྒྱས་ཀྱི་ཆོས་མ་འདྲེས་པ་རྣམས་ཀྱང་ཆོས་ཀྱི་དབྱིངས་མ་ལགས། སངས་རྒྱས་ཀྱི་ཆོས་མ་འདྲེས་པ་རྣམས་ལས་གུད་ན་ཡང་ཆོས་ཀྱི་དབྱིངས་མ་མཆིས་ཏེ། སངས་རྒྱས་ཀྱི་ཆོས་མ་འདྲེས་པ་ཉིད་ཀྱང་ཆོས་ཀྱི་དབྱིངས་སོ། །ཆོས་ཀྱི་དབྱིངས་ཉིད་ཀྱང་སངས་རྒྱས་ཀྱི་ཆོས་མ་འདྲེས་པ་རྣམས་སོ། །རྒྱུན་ཏུ་ཞུགས་པའི་འབྲས་བུ་ཡང་ཆོས་ཀྱི་དབྱིངས་མ་ལགས༑ རྒྱུན་ཏུ་ཞུགས་པའི་འབྲས་བུ་ལས་གུད་ན་ཡང་ཆོས་ཀྱི་དབྱིངས་མ་མཆིས་ཏེ། རྒྱུན་ཏུ་ཞུགས་པའི་འབྲས་བུ་ཉིད་ཀྱང་ཆོས་ཀྱི་དབྱིངས་སོ། །ཆོས་ཀྱི་དབྱིངས་ཉིད་ཀྱང་རྒྱུན་ཏུ་ཞུགས་པའི་འབྲས་བུའོ། །ལན་ཅིག་ཕྱིར་འོང་བའི་

འབྲས་བུ་ཡང་ཆོས་ཀྱི་དབྱིངས་མ་ལགས། ལན་ཅིག་ཕྱིར་འོང་བའི་འབྲས་བུ་ལས་གུད་ན་ཡང་ཆོས་ཀྱི་དབྱིངས་མ་མཆིས་ཏེ། ལན་ཅིག་ཕྱིར་འོང་བའི་འབྲས་བུ་ཉིད་ཀྱང་ཆོས་ཀྱི་དབྱིངས་སོ། །ཆོས་ཀྱི་དབྱིངས་ཉིད་ཀྱང་ལན་ཅིག་ཕྱིར་འོང་བའི་འབྲས་བུའོ། །ཕྱིར་མི་འོང་བའི་འབྲས་བུ་ཡང་ཆོས་ཀྱི་དབྱིངས་མ་ལགས། ཕྱིར་མི་འོང་བའི་འབྲས་བུ་ལས་གུད་ན་ཡང་ཆོས་ཀྱི་དབྱིངས་མ་མཆིས་ཏེ། ཕྱིར་མི་འོང་བའི་འབྲས་བུ༔ཉིད་ཀྱང་[༡]ཆོས་ཀྱི་དབྱིངས་སོ། །ཆོས་ཀྱི་དབྱིངས་ཉིད་ཀྱང་ཕྱིར་མི་འོང་བའི་འབྲས་བུའོ། །དགྲ་བཅོམ་པ་ཉིད་ཀྱང་ཆོས་ཀྱི་དབྱིངས་མ་ལགས༑ དགྲ་བཅོམ་པ་ཉིད་ལས་གུད་ན་ཡང་ཆོས་ཀྱི་དབྱིངས་མ་མཆིས་ཏེ། དགྲ་བཅོམ་པ་ཉིད་ཉིད་[༢]ཀྱང་ཆོས་ཀྱི་དབྱིངས་སོ། །ཆོས་ཀྱི་དབྱིངས་ཉིད་ཀྱང་དགྲ་བཅོམ་པ་ཉིད་དོ། །རང་བྱུང་ཆུབ་ཉིད་[༣]ཀྱང་ཆོས་ཀྱི་དབྱིངས་མ་ལགས། རང་བྱུང་ཆུབ་ལས་གུད་ན་ཡང་ཆོས་ཀྱི་དབྱིངས་མ་མཆིས་ཏེ། རང་བྱུང་ཆུབ་ཉིད་[༤]ཀྱང་ཆོས་ཀྱི་དབྱིངས་སོ། །ཆོས་ཀྱི་དབྱིངས་ཉིད་ཀྱང་རང་བྱུང་ཆུབ་བོ། །ལམ་གྱི་རྣམ་པ་ཤེས་པ་ཉིད་ཀྱང་ཆོས་ཀྱི་དབྱིངས་མ་ལགས། ལམ་གྱི་རྣམ་པ་ཤེས་པ་ཉིད་ལས་གུད་ན་ཡང་ཆོས་ཀྱི་དབྱིངས་མ་མཆིས་ཏེ། ལམ་གྱི་རྣམ་པ་ཤེས་པ་ཉིད་ཉིད་[༥]ཀྱང་ཆོས་ཀྱི་དབྱིངས་སོ། །ཆོས་ཀྱི་དབྱིངས་ཉིད་ཀྱང་ལམ་གྱི་རྣམ་པ་ཤེས་པ་ཉིད་དོ། །རྣམ་པ་ཐམས་ཅད་མཁྱེན་པ་ཉིད་ཀྱང་ཆོས་ཀྱི་དབྱིངས་མ་ལགས༑ རྣམ་པ་ཐམས་ཅད་མཁྱེན་པ་ཉིད་ལས་གུད་ན་ཡང་ཆོས་ཀྱི་དབྱིངས་མ་མཆིས་ཏེ། རྣམ་པ་ཐམས་ཅད་མཁྱེན་པ་ཉིད་ཉིད་[༦]ཀྱང་ཆོས་ཀྱི་དབྱིངས་སོ། །ཆོས་ཀྱི་དབྱིངས་ཉིད་ཀྱང་རྣམ་པ་ཐམས་ཅད་མཁྱེན་པ་ཉིད་དོ། །བཅོམ་ལྡན་འདས་ཀྱིས་བཀའ་སྩལ་པ། རབ་འབྱོར་དེ་དེ་བཞིན་ནོ། །དེ་དེ་བཞིན་ཏེ། ཇི་སྐད་དུ་[༧]སྨྲས་པ་[༨]བཞིན་ནོ། །གཟུགས་ཉིད་ཀྱང་ཆོས་ཀྱི་དབྱིངས་སོ། །

ཆོས་ཀྱི་དབྱིངས་ཉིད་ཀྱང་གཟུགས་སོ། །ཚོར་བ་ཉིད་ཀྱང་ཆོས་ཀྱི་དབྱིངས་སོ། །ཆོས་ཀྱི་དབྱིངས་ཉིད་ཀྱང་ཚོར་བའོ། །འདུ་ཤེས་ཉིད་ཀྱང་ཆོས་ཀྱི་དབྱིངས་སོ། །ཆོས་ཀྱི་དབྱིངས་ཉིད་ཀྱང་འདུ་ཤེས་སོ། །འདུ་བྱེད་ཉིད་ཀྱང་ཆོས་ཀྱི་དབྱིངས་སོ། །ཆོས་ཀྱི་དབྱིངས་ཉིད་ཀྱང་འདུ་བྱེད་དོ། །རྣམ་པར་ཤེས་པ་ཉིད་ཀྱང་ཆོས་ཀྱི་དབྱིངས་སོ། །ཆོས་ཀྱི་དབྱིངས་ཉིད་ཀྱང་རྣམ་པར་ཤེས་པའོ། །མིག་ཉིད་ཀྱང་ཆོས་ཀྱི་དབྱིངས་སོ། །ཆོས་ཀྱི་དབྱིངས་ཉིད་ཀྱང་མིག་གོ། །རྣ་བ་ཉིད་ཀྱང་ཆོས་ཀྱི་དབྱིངས་སོ། །ཆོས་ཀྱི་དབྱིངས་ཉིད་ཀྱང་རྣ་བའོ། །སྣ་ཉིད་ཀྱང་ཆོས་ཀྱི་དབྱིངས་སོ། །ཆོས་ཀྱི་དབྱིངས་ཉིད་ཀྱང་སྣའོ། །ལྕེ་ཉིད་ཀྱང་ཆོས་ཀྱི་དབྱིངས་སོ། །ཆོས་ཀྱི་དབྱིངས་ཉིད་ཀྱང་ལྕེའོ། །ལུས་ཉིད་ཀྱང་ཆོས་ཀྱི་དབྱིངས་སོ། །ཆོས་ཀྱི་དབྱིངས་ཉིད་ཀྱང་ལུས་སོ། །ཡིད་ཉིད་ཀྱང་ཆོས་ཀྱི་དབྱིངས་སོ། །ཆོས་ཀྱི་དབྱིངས་ཉིད་ཀྱང་ཡིད་དོ། །གཟུགས་ཉིད་ཀྱང་(༡)ཆོས་ཀྱི་དབྱིངས་སོ། །ཆོས་ཀྱི་དབྱིངས་ཉིད་ཀྱང་གཟུགས་སོ། །སྒྲ་ཉིད་ཀྱང་ཆོས་ཀྱི་དབྱིངས་སོ། །ཆོས་ཀྱི་དབྱིངས་ཉིད་ཀྱང་སྒྲའོ། །དྲི་ཉིད་ཀྱང་ཆོས་ཀྱི་དབྱིངས་སོ། །ཆོས་ཀྱི་དབྱིངས་ཉིད་ཀྱང་དྲིའོ། །རོ་ཉིད་ཀྱང་ཆོས་ཀྱི་དབྱིངས་སོ། །ཆོས་ཀྱི་དབྱིངས་ཉིད་ཀྱང་རོའོ། །རེག་ཉིད་ཀྱང་ཆོས་ཀྱི་དབྱིངས་སོ། །ཆོས་ཀྱི་དབྱིངས་ཉིད་ཀྱང་རེག་གོ། །ཆོས་ཉིད་ཀྱང་ཆོས་ཀྱི་དབྱིངས་སོ། །ཆོས་ཀྱི་དབྱིངས་ཉིད་ཀྱང་ཆོས་(༢)སོ། །མིག་གི་རྣམ་པར་ཤེས་པ་ཉིད་ཀྱང་ཆོས་ཀྱི་དབྱིངས་སོ། །ཆོས་ཀྱི་དབྱིངས་ཉིད་ཀྱང་མིག་གི་རྣམ་པར་ཤེས་པའོ། །རྣ་བའི་རྣམ་པར་ཤེས་པ་ཉིད་ཀྱང་ཆོས་ཀྱི་དབྱིངས་སོ། །ཆོས་ཀྱི་དབྱིངས་ཉིད་ཀྱང་རྣ་བའི་རྣམ་པར་ཤེས་པའོ། །སྣའི་རྣམ་པར་ཤེས་པ་ཉིད་ཀྱང་ཆོས་ཀྱི་དབྱིངས་སོ། །ཆོས་ཀྱི་དབྱིངས་ཉིད་ཀྱང་སྣའི་རྣམ་པར་ཤེས་པའོ། །ལྕེའི་རྣམ་པར་ཤེས་པ་(༣)ཉིད་ཀྱང་ཆོས་ཀྱི་དབྱིངས་སོ། །

ཆོས་ཀྱི་དབྱིངས་ཉིད་ཀྱང་ལྕེའི་རྣམ་པར་ཤེས་པའོ། །ལུས་ཀྱི་རྣམ་པར་ཤེས་པ་ཉིད་ཀྱང་ཆོས་ཀྱི་དབྱིངས་སོ། །ཆོས་ཀྱི་དབྱིངས་ཉིད་ཀྱང་ལུས་ཀྱི་རྣམ་པར་ཤེས་པའོ། །ཡིད་ཀྱི་རྣམ་པར་ཤེས་པ་ཉིད་ཀྱང་ཆོས་ཀྱི་དབྱིངས་སོ། །ཆོས་ཀྱི་དབྱིངས་ཉིད་ཀྱང་ཡིད་ཀྱི་རྣམ་པར་ཤེས་པའོ། །མིག་གི་འདུས་ཏེ་རེག་པ་ཉིད་ཀྱང་ཆོས་ཀྱི་དབྱིངས་སོ། །ཆོས་ཀྱི་དབྱིངས་ཉིད་ཀྱང་མིག་གི་འདུས་ཏེ་རེག་པའོ། །རྣ་བའི་འདུས་ཏེ་རེག་པ་ཉིད་ཀྱང་ཆོས་ཀྱི་དབྱིངས་སོ། །ཆོས་ཀྱི་དབྱིངས་ཉིད་ཀྱང་རྣ་བའི་འདུས་ཏེ་རེག་པའོ། །སྣའི་འདུས་ཏེ་རེག་པ་ཉིད་ཀྱང་ཆོས་ཀྱི་དབྱིངས་སོ། །ཆོས་ཀྱི་དབྱིངས་ཉིད་ཀྱང་སྣའི་འདུས་ཏེ་རེག་པའོ། །ལྕེའི་འདུས་ཏེ་རེག་པ་ཉིད་ཀྱང་ཆོས་ཀྱི་དབྱིངས་སོ། །ཆོས་ཀྱི་དབྱིངས་ཉིད་ཀྱང་ལྕེའི་འདུས་ཏེ་རེག་པའོ། །ལུས་ཀྱི་འདུས་ཏེ་རེག་པ་ཉིད་ཀྱང་ཆོས་ཀྱི་དབྱིངས་སོ། །ཆོས་ཀྱི་དབྱིངས་ཉིད་ཀྱང་ལུས་ཀྱི་འདུས་ཏེ་རེག་པའོ། །ཡིད་ཀྱི་འདུས་ཏེ་རེག་པ་ཉིད་ཀྱང་ཆོས་ཀྱི་དབྱིངས་སོ། །ཆོས་ཀྱི་དབྱིངས་ཉིད་ཀྱང་ཡིད་ཀྱི་འདུས་ཏེ་རེག་པའོ། །མིག་གི་འདུས་ཏེ་རེག་པའི་རྐྱེན་གྱིས་ཚོར་བ་ཉིད་ཀྱང་ཆོས་ཀྱི་དབྱིངས་སོ། །ཆོས་ཀྱི་དབྱིངས་ཉིད་ཀྱང་མིག་གི་འདུས་ཏེ་རེག་པའི་རྐྱེན་གྱིས་ཚོར་བའོ། །རྣ་བའི་འདུས་ཏེ་རེག་པའི་རྐྱེན་གྱིས་ཚོར་བ་ཉིད་ཀྱང་ཆོས་ཀྱི་དབྱིངས་སོ། །ཆོས་ཀྱི་དབྱིངས་ཉིད་ཀྱང་རྣ་བའི་འདུས་ཏེ་རེག་པའི་རྐྱེན་གྱིས་ཚོར་བའོ། །སྣའི་འདུས་ཏེ་རེག་པའི་རྐྱེན་གྱིས་ཚོར་བཿཉིད་ཀྱང་[༡]ཆོས་ཀྱི་དབྱིངས་སོ། །ཆོས་ཀྱི་དབྱིངས་ཉིད་ཀྱང་སྣའི་འདུས་ཏེ་རེག་པའི་རྐྱེན་གྱིས་ཚོར་བའོ། །ལྕེའི་འདུས་ཏེ་རེག་པའི་རྐྱེན་གྱིས་ཚོར་བཿཉིད་ཀྱང་[༢]ཆོས་ཀྱི་དབྱིངས་སོ། །ཆོས་ཀྱི་དབྱིངས་ཉིད་ཀྱང་ལྕེའི་འདུས་ཏེ་རེག་པའི་རྐྱེན་གྱིས་ཚོར་བའོ། །ལུས་ཀྱི་འདུས་ཏེ་རེག་པའི་རྐྱེན་གྱིས་ཚོར་བཿཉིད་ཀྱང་[༣]ཆོས་ཀྱི་དབྱིངས་སོ། །ཆོས་ཀྱི་དབྱིངས་ཉིད་

ཀྱང་ལུས་ཀྱི་འདུས་ཏེ་རེག་པའི་རྐྱེན་གྱིས་ཚོར་བའོ། །ཡིད་ཀྱི་འདུས་ཏེ་རེག་པའི་རྐྱེན་གྱིས་ཚོར་བ་ཉིད་ཀྱང་[༧]ཆོས་ཀྱི་དབྱིངས་སོ། །ཆོས་ཀྱི་དབྱིངས་ཉིད་ཀྱང་ཡིད་ཀྱི་འདུས་ཏེ་རེག་པའི་རྐྱེན་གྱིས་ཚོར་བའོ། །སའི་ཁམས་ཉིད་ཀྱང་ཆོས་ཀྱི་དབྱིངས་སོ། །ཆོས་ཀྱི་དབྱིངས་ཉིད་ཀྱང་སའི་ཁམས་སོ། །ཆུའི་ཁམས་ཉིད་ཀྱང་ཆོས་ཀྱི་དབྱིངས་སོ། །ཆོས་ཀྱི་དབྱིངས་ཉིད་ཀྱང་ཆུའི་ཁམས་སོ། །མེའི་ཁམས་ཉིད་ཀྱང་ཆོས་ཀྱི་དབྱིངས་སོ། །ཆོས་ཀྱི་དབྱིངས་ཉིད་ཀྱང་མེའི་ཁམས་སོ། །རླུང་གི་ཁམས་ཉིད་ཀྱང་ཆོས་ཀྱི་དབྱིངས་སོ། །ཆོས་ཀྱི་དབྱིངས་ཉིད་ཀྱང་རླུང་གི་ཁམས་སོ། །ནམ་མཁའི་ཁམས་ཉིད་ཀྱང་ཆོས་ཀྱི་དབྱིངས་སོ། །ཆོས་ཀྱི་དབྱིངས་ཉིད་ཀྱང་ནམ་མཁའི་ཁམས་སོ། །རྣམ་པར་ཤེས་པའི་ཁམས་ཉིད་ཀྱང་ཆོས་ཀྱི་དབྱིངས་སོ། །ཆོས་ཀྱི་དབྱིངས་ཉིད་ཀྱང་རྣམ་པར་ཤེས་པའི་ཁམས་སོ། །མ་རིག་པ་ཉིད་ཀྱང་ཆོས་ཀྱི་དབྱིངས་སོ། །ཆོས་ཀྱི་དབྱིངས་ཉིད་ཀྱང་མ་རིག་པའོ། །འདུ་བྱེད་ཉིད་ཀྱང་ཆོས་ཀྱི་དབྱིངས་སོ། །ཆོས་ཀྱི་དབྱིངས་ཉིད་ཀྱང་འདུ་བྱེད་དོ། །རྣམ་པར་ཤེས་པ་ཉིད་ཀྱང་ཆོས་ཀྱི་དབྱིངས་སོ། །ཆོས་ཀྱི་དབྱིངས་ཉིད་ཀྱང་རྣམ་པར་ཤེས་པའོ། །མིང་དང་གཟུགས་ཉིད་ཀྱང་ཆོས་ཀྱི་དབྱིངས་སོ། །ཆོས་ཀྱི་དབྱིངས་ཉིད་ཀྱང་མིང་དང་གཟུགས་སོ། །སྐྱེ་མཆེད་དྲུག་ཉིད་ཀྱང་ཆོས་ཀྱི་དབྱིངས་སོ། །ཆོས་ཀྱི་དབྱིངས་ཉིད་ཀྱང་སྐྱེ་མཆེད་དྲུག་གོ། །རེག་པ་ཉིད་ཀྱང་ཆོས་ཀྱི་དབྱིངས་སོ། །ཆོས་ཀྱི་དབྱིངས་ཉིད་ཀྱང་རེག་པའོ། །ཚོར་བ་ཉིད་ཀྱང་ཆོས་ཀྱི་དབྱིངས་སོ། །ཆོས་ཀྱི་དབྱིངས་ཉིད་ཀྱང་ཚོར་བའོ། །སྲེད་པ་ཉིད་ཀྱང་ཆོས་ཀྱི་དབྱིངས་སོ། །ཆོས་ཀྱི་དབྱིངས་ཉིད་ཀྱང་སྲེད་པའོ། །ལེན་པ་ཉིད་ཀྱང་ཆོས་ཀྱི་དབྱིངས་སོ། །ཆོས་ཀྱི་དབྱིངས་ཉིད་ཀྱང་ལེན་པའོ། །སྲིད་པ་ཉིད་ཀྱང་ཆོས་ཀྱི་དབྱིངས་སོ། །ཆོས་ཀྱི་དབྱིངས་ཉིད་ཀྱང་སྲིད་པའོ། །སྐྱེ་བ་ཉིད་ཀྱང་

ཆོས་ཀྱི་དབྱིངས་སོ། །ཆོས་ཀྱི་དབྱིངས་ཉིད་ཀྱང་སྐྱེ་བའོ། །རྒ་ཤི་ཉིད་ཀྱང་
ཆོས་ཀྱི་དབྱིངས་སོ། །ཆོས་ཀྱི་དབྱིངས་ཉིད་ཀྱང་རྒ་ཤིའོ། །སྦྱིན་པའི་ཕ་རོལ་
ཏུ་ཕྱིན་པ་ཉིད་ཀྱང་ཆོས་ཀྱི་དབྱིངས་སོ། །ཆོས་ཀྱི་དབྱིངས་ཉིད་ཀྱང་སྦྱིན་པའི་ཕ་
རོལ་ཏུ་ཕྱིན་པའོ། །ཚུལ་ཁྲིམས་ཀྱི་ཕ་རོལ་ཏུ་ཕྱིན་པ་ཉིད་ཀྱང་ཆོས་ཀྱི་དབྱིངས་སོ། །
ཆོས་ཀྱི་དབྱིངས་ཉིད་ཀྱང་ཚུལ་ཁྲིམས་ཀྱི་ཕ་རོལ་ཏུ་ཕྱིན་པའོ། །བཟོད་པའི་ཕ་
རོལ་ཏུ་ཕྱིན་པ་ཉིད་ཀྱང་ཆོས་ཀྱི་དབྱིངས་སོ། །ཆོས་ཀྱི་དབྱིངས་ཉིད་ཀྱང་བཟོད་
པའི་ཕ་རོལ་ཏུ་ཕྱིན་པའོ། །བརྩོན་འགྲུས་ཀྱི་ཕ་རོལ་ཏུ་ཕྱིན་པ་ཉིད་ཀྱང་ཆོས་ཀྱི་
དབྱིངས་སོ། །ཆོས་ཀྱི་དབྱིངས་ཉིད་ཀྱང་བརྩོན་འགྲུས་ཀྱི་ཕ་རོལ་ཏུ་ཕྱིན་པའོ། །
བསམ་གཏན་གྱི་ཕ་རོལ་ཏུ་ཕྱིན་པ་ཉིད་ཀྱང་ཆོས་ཀྱི་དབྱིངས་སོ། །ཆོས་ཀྱི་
དབྱིངས་ཉིད་ཀྱང་བསམ་གཏན་གྱི་ཕ་རོལ་ཏུ་ཕྱིན་པའོ། །ཤེས་རབ་ཀྱི་ཕ་རོལ་ཏུ་
ཕྱིན་པ་ཉིད་ཀྱང་ཆོས་ཀྱི་དབྱིངས་སོ། །ཆོས་ཀྱི་དབྱིངས་ཉིད་ཀྱང་ཤེས་རབ་ཀྱི་ཕ་
རོལ་ཏུ་ཕྱིན་པའོ། །ནང་སྟོང་པ་ཉིད་ཉིད་(༡)ཀྱང་ཆོས་ཀྱི་དབྱིངས་སོ། །ཆོས་ཀྱི་
དབྱིངས་ཉིད་ཀྱང་ནང་སྟོང་པ་ཉིད་དོ། །ཕྱི་སྟོང་པ་ཉིད་ཉིད་(༢)ཀྱང་ཆོས་ཀྱི་
དབྱིངས་སོ། །ཆོས་ཀྱི་དབྱིངས་ཉིད་ཀྱང་ཕྱི་སྟོང་པ་ཉིད་དོ། །ཕྱི་ནང་སྟོང་པ་
ཉིད་ཉིད་(༣)ཀྱང་ཆོས་ཀྱི་དབྱིངས་སོ། །ཆོས་ཀྱི་དབྱིངས་ཉིད་ཀྱང་ཕྱི་ནང་སྟོང་པ་
ཉིད་དོ། །སྟོང་པ་ཉིད་སྟོང་པ་ཉིད་ཉིད་(༤)ཀྱང་ཆོས་ཀྱི་དབྱིངས་སོ། །ཆོས་ཀྱི་
དབྱིངས་ཉིད་ཀྱང་སྟོང་པ་ཉིད་སྟོང་པ་ཉིད་དོ། །ཆེན་པོ་སྟོང་པ་ཉིད་ཉིད་(༥)ཀྱང་
ཆོས་ཀྱི་དབྱིངས་སོ། །ཆོས་ཀྱི་དབྱིངས་ཉིད་ཀྱང་ཆེན་པོ་སྟོང་པ་ཉིད་དོ། །
དོན་དམ་པ་སྟོང་པ་ཉིད་ཉིད་(༦)ཀྱང་ཆོས་ཀྱི་དབྱིངས་སོ། །ཆོས་ཀྱི་དབྱིངས་ཉིད་
ཀྱང་དོན་དམ་པ་སྟོང་པ་ཉིད་དོ། །འདུས་བྱས་སྟོང་པ་ཉིད་ཉིད་(༧)ཀྱང་ཆོས་ཀྱི་
དབྱིངས་སོ། །ཆོས་ཀྱི་དབྱིངས་ཉིད་ཀྱང་འདུས་བྱས་སྟོང་པ་ཉིད་དོ། །འདུས་

མ་བྱས་སྟོང་པ་ཉིད་ཉིད་(༡)ཀྱང་ཆོས་ཀྱི་དབྱིངས་སོ། །ཆོས་ཀྱི་དབྱིངས་ཉིད་ཀྱང་འདུས་མ་བྱས་སྟོང་པ་ཉིད་དོ། །མཐའ་ལས་འདས་པ་སྟོང་པ་ཉིད་ཉིད་(༢)ཀྱང་ཆོས་ཀྱི་དབྱིངས་སོ། །ཆོས་ཀྱི་དབྱིངས་ཉིད་ཀྱང་མཐའ་ལས་འདས་པ་སྟོང་པ་ཉིད་དོ། །ཐོག་མ་དང་ཐ་མ་མེད་པ་སྟོང་པ་ཉིད་ཉིད་(༣)ཀྱང་ཆོས་ཀྱི་དབྱིངས་སོ། །ཆོས་ཀྱི་དབྱིངས་ཉིད་ཀྱང་ཐོག་མ་དང་ཐ་མ་མེད་པ་སྟོང་པ་ཉིད་དོ། །དོར་བ་མེད་པ་སྟོང་པ་ཉིད་ཉིད་(༤)ཀྱང་ཆོས་ཀྱི་དབྱིངས་སོ། །ཆོས་ཀྱི་དབྱིངས་ཉིད་ཀྱང་དོར་བ་མེད་པ་སྟོང་པ་ཉིད་དོ། །རང་བཞིན་སྟོང་པ་ཉིད་ཉིད་(༥)ཀྱང་ཆོས་ཀྱི་དབྱིངས་སོ། །ཆོས་ཀྱི་དབྱིངས་ཉིད་ཀྱང་རང་བཞིན་སྟོང་པ་ཉིད་དོ། །ཆོས་ཐམས་ཅད་སྟོང་པ་ཉིད་ཉིད་(༦)ཀྱང་ཆོས་ཀྱི་དབྱིངས་སོ། །ཆོས་ཀྱི་དབྱིངས་ཉིད་ཀྱང་ཆོས་ཐམས་ཅད་སྟོང་པ་ཉིད་དོ། །རང་གི་མཚན་ཉིད་སྟོང་པ་ཉིད་ཉིད་(༧)ཀྱང་ཆོས་ཀྱི་དབྱིངས་སོ། །ཆོས་ཀྱི་དབྱིངས་ཉིད་ཀྱང་རང་གི་མཚན་ཉིད་སྟོང་པ་ཉིད་དོ། །མི་དམིགས་པ་སྟོང་པ་ཉིད་ཉིད་(༨)ཀྱང་ཆོས་ཀྱི་དབྱིངས་སོ། །ཆོས་ཀྱི་དབྱིངས་ཉིད་ཀྱང་མི་དམིགས་པ་སྟོང་པ་ཉིད་དོ། །དངོས་པོ་མེད་པ་སྟོང་པ་ཉིད་ཉིད་(༩)ཀྱང་ཆོས་ཀྱི་དབྱིངས་སོ། །ཆོས་ཀྱི་དབྱིངས་ཉིད་ཀྱང་དངོས་པོ་མེད་པ་སྟོང་པ་ཉིད་དོ། །ངོ་བོ་ཉིད་སྟོང་པ་ཉིད་ཉིད་(༡༠)ཀྱང་ཆོས་ཀྱི་དབྱིངས་སོ། །ཆོས་ཀྱི་དབྱིངས་ཉིད་ཀྱང་ངོ་བོ་ཉིད་སྟོང་པ་ཉིད་དོ། །དངོས་པོ་མེད་པའི་ངོ་བོ་ཉིད་སྟོང་པ་ཉིད་ཉིད་(༡༡)ཀྱང་ཆོས་ཀྱི་དབྱིངས་སོ། །ཆོས་ཀྱི་དབྱིངས་ཉིད་ཀྱང་དངོས་པོ་མེད་པའི་ངོ་བོ་ཉིད་སྟོང་པ་ཉིད་དོ། །དྲན་པ་ཉེ་བར་གཞག་པ་ཉིད་ཀྱང་ཆོས་ཀྱི་དབྱིངས་སོ། །ཆོས་ཀྱི་དབྱིངས་ཉིད་ཀྱང་དྲན་པ་ཉེ་བར་གཞག་པ་རྣམས་སོ། །ཡང་དག་པར་སྤོང་བ་ཉིད་ཀྱང་ཆོས་ཀྱི་དབྱིངས་སོ། །ཆོས་ཀྱི་དབྱིངས་ཉིད་ཀྱང་ཡང་དག་པར་སྤོང་བ་རྣམས་སོ། །རྫུ་འཕྲུལ་གྱི་རྐང་པ་ཉིད་

ཀྱང་ཆོས་ཀྱི་དབྱིངས་སོ། །ཆོས་ཀྱི་དབྱིངས་ཉིད་ཀྱང་རྫུ་འཕྲུལ་གྱི་རྐང་པ་རྣམས་སོ། །དབང་པོ་ཉིད་ཀྱང་ཆོས་ཀྱི་དབྱིངས་སོ། །ཆོས་ཀྱི་དབྱིངས་ཉིད་ཀྱང་དབང་པོ་རྣམས་སོ། །སྟོབས་ཉིད་ཀྱང་ཆོས་ཀྱི་དབྱིངས་སོ། །ཆོས་ཀྱི་དབྱིངས་ཉིད་ཀྱང་སྟོབས་རྣམས་སོ། །བྱང་ཆུབ་ཀྱི་ཡན་ལག་ཉིད་ཀྱང་ཆོས་ཀྱི་དབྱིངས་སོ།། ཆོས་ཀྱི་དབྱིངས་ཉིད་ཀྱང་བྱང་ཆུབ་ཀྱི་ཡན་ལག་རྣམས་སོ། །འཕགས་པའི་ལམ་ཡན་ལག་བརྒྱད་པ་ཉིད་ཀྱང་ཆོས་ཀྱི་དབྱིངས་སོ། །ཆོས་ཀྱི་དབྱིངས་ཉིད་ཀྱང་འཕགས་པའི་ལམ་ཡན་ལག་བརྒྱད་པའོ། །འཕགས་པའི་བདེན་པ་ཉིད་ཀྱང་ཆོས་ཀྱི་དབྱིངས་སོ། །ཆོས་ཀྱི་དབྱིངས་ཉིད་ཀྱང་འཕགས་པའི་བདེན་པ་རྣམས་སོ། །བསམ་གཏན་ཉིད་ཀྱང་ཆོས་ཀྱི་དབྱིངས་སོ། །ཆོས་ཀྱི་དབྱིངས་ཉིད་ཀྱང་བསམ་གཏན་རྣམས་སོ། །ཚད་མེད་པ་ཉིད་ཀྱང་ཆོས་ཀྱི་དབྱིངས་སོ། །ཆོས་ཀྱི་དབྱིངས་ཉིད་ཀྱང་ཚད་མེད་པ་རྣམས་སོ། །གཟུགས་མེད་པའི་སྙོམས་པར་འཇུག་པ་ཉིད་ཀྱང་ཆོས་ཀྱི་དབྱིངས་སོ། །ཆོས་ཀྱི་དབྱིངས་ཉིད་ཀྱང་གཟུགས་མེད་པའི་སྙོམས་པར་འཇུག་པ་རྣམས་སོ། །རྣམ་པར་ཐར་པ་ཉིད་ཀྱང་ཆོས་ཀྱི་དབྱིངས་སོ།། ཆོས་ཀྱི་དབྱིངས་ཉིད་ཀྱང་རྣམ་པར་ཐར་པ་རྣམས་སོ། །མཐར་གྱིས་གནས་པའི་སྙོམས་པར་འཇུག་པ་ཉིད་ཀྱང་ཆོས་ཀྱི་དབྱིངས་སོ། །ཆོས་ཀྱི་དབྱིངས་ཉིད་ཀྱང་མཐར་གྱིས་གནས་པའི་སྙོམས་པར་འཇུག་པ་རྣམས་སོ། །རྣམ་པར་ཐར་པའི་སྒོ་སྟོང་པ་ཉིད་དང་། མཚན་མ་མེད་པ་དང་། སྨོན་པ་མེད་པ་[7]ཉིད་ཀྱང་ཆོས་ཀྱི་དབྱིངས་སོ། །ཆོས་ཀྱི་དབྱིངས་ཉིད་ཀྱང་རྣམ་པར་ཐར་པའི་སྒོ་སྟོང་པ་ཉིད་དང་། མཚན་མ་མེད་པ་དང་། སྨོན་པ་མེད་པའོ། །མངོན་པར་ཤེས་པ་ཉིད་ཀྱང་ཆོས་ཀྱི་དབྱིངས་སོ། །ཆོས་ཀྱི་དབྱིངས་ཉིད་ཀྱང་མངོན་པར་ཤེས་པ་རྣམས་སོ། །ཏིང་ངེ་འཛིན་ཉིད་ཀྱང་ཆོས་ཀྱི་དབྱིངས་སོ། །ཆོས་ཀྱི་དབྱིངས་

ཉིད་ཀྱང་ཏིང་ངེ་འཛིན་རྣམས་སོ། །གཟུངས་ཀྱི་སྒོ་ཉིད་ཀྱང་ཆོས་ཀྱི་དབྱིངས་སོ།། ཆོས་ཀྱི་དབྱིངས་ཉིད་ཀྱང་གཟུངས་ཀྱི་སྒོ་རྣམས་སོ། །དེ་བཞིན་གཤེགས་པའི་སྟོབས་ཉིད་ཀྱང་ཆོས་ཀྱི་དབྱིངས་སོ། །ཆོས་ཀྱི་དབྱིངས་ཉིད་ཀྱང་དེ་བཞིན་གཤེགས་པའི་སྟོབས་རྣམས་སོ། །མི་འཇིགས་པ་ཉིད་ཀྱང་ཆོས་ཀྱི་དབྱིངས་སོ། །ཆོས་ཀྱི་དབྱིངས་ཉིད་ཀྱང་མི་འཇིགས་པ་རྣམས་སོ། །སོ་སོ་ཡང་དག་པར་རིག་པ་ཉིད་ཀྱང་ཆོས་ཀྱི་དབྱིངས་སོ། །ཆོས་ཀྱི་དབྱིངས་ཉིད་ཀྱང་སོ་སོ་ཡང་དག་པར་རིག་པ་རྣམས་སོ། །བྱམས་པ་ཆེན་པོ་ཉིད་ཀྱང་ཆོས་ཀྱི་དབྱིངས་སོ། །ཆོས་ཀྱི་དབྱིངས་ཉིད་ཀྱང་བྱམས་པ་ཆེན་པོའོ། །སྙིང་རྗེ་ཆེན་པོ་ཉིད་ཀྱང་ཆོས་ཀྱི་དབྱིངས་སོ། །ཆོས་ཀྱི་དབྱིངས་ཉིད་ཀྱང་སྙིང་རྗེ་ཆེན་པོའོ། །སངས་རྒྱས་ཀྱི་ཆོས་མ་འདྲེས་པ་ཉིད་ཀྱང་ཆོས་ཀྱི་དབྱིངས་སོ། །ཆོས་ཀྱི་དབྱིངས་ཉིད་ཀྱང་སངས་རྒྱས་ཀྱི་ཆོས་མ་འདྲེས་པ་རྣམས་སོ། །རྒྱུན་དུ་ཞུགས་པའི་འབྲས་བུ་ཉིད་ཀྱང་ཆོས་ཀྱི་དབྱིངས་སོ། །ཆོས་ཀྱི་དབྱིངས་ཉིད་ཀྱང་རྒྱུན་དུ་ཞུགས་པའི་འབྲས་བུའོ། །ལན་ཅིག་ཕྱིར་འོང་བའི་འབྲས་བུ་ཉིད་ཀྱང་ཆོས་ཀྱི་དབྱིངས་སོ། །ཆོས་ཀྱི་དབྱིངས་ཉིད་ཀྱང་ལན་ཅིག་ཕྱིར་འོང་བའི་འབྲས་བུའོ། །ཕྱིར་མི་འོང་བའི་འབྲས་བུ་ཉིད་ཀྱང་ཆོས་ཀྱི་དབྱིངས་སོ། །ཆོས་ཀྱི་དབྱིངས་ཉིད་ཀྱང་ཕྱིར་མི་འོང་བའི་འབྲས་བུའོ། །དགྲ་བཅོམ་པ་ཉིད་ཉིད་(༧)ཀྱང་ཆོས་ཀྱི་དབྱིངས་སོ། །ཆོས་ཀྱི་དབྱིངས་ཉིད་ཀྱང་དགྲ་བཅོམ༔པ་ཉིད་དོ(༡)། །རང་བྱང་ཆུབ་ཉིད་ཀྱང་ཆོས་ཀྱི་དབྱིངས་སོ། །ཆོས་ཀྱི་དབྱིངས་ཉིད་ཀྱང་རང་བྱང་ཆུབ་བོ། །ལམ་གྱི་རྣམ་པ་ཤེས་པ་ཉིད་ཉིད་(༣)ཀྱང་ཆོས་ཀྱི་དབྱིངས་སོ། །ཆོས་ཀྱི་དབྱིངས་ཉིད་ཀྱང་ལམ་གྱི་རྣམ་པ་ཤེས་པ་ཉིད་དོ། །རྣམ་པ་ཐམས་ཅད་མཁྱེན་པ་ཉིད་ཉིད་(༨)ཀྱང་ཆོས་ཀྱི་དབྱིངས་སོ། །ཆོས་ཀྱི་དབྱིངས་ཉིད་ཀྱང་རྣམ་པ་ཐམས་ཅད་མཁྱེན་པ

ཉིད་དོ། །ཿརབ་འབྱོར་གལ་ཏེ་ཡང་[༡]བྱང་ཆུབ་སེམས་དཔའ་སེམས་དཔའ་ཆེན་པོ་ཤེས་རབ་ཀྱི་ཕ་རོལ་ཏུ་ཕྱིན་པ་ལ་སྤྱོད་པའི་ཚེ། ཆོས་ཀྱི་དབྱིངས་ལ་མ་གཏོགས་པའི་ཆོས་འགའ་ཞིག་མཐོང་ན་ནི། བླ་ན་མེད་པ་ཡང་དག་པར་རྫོགས་པའི་བྱང་ཆུབ་ལ་གནས་པར་ཡང་མི་འགྱུར་ཏེ། ཆོས་ཐམས་ཅད་ནི་ཆོས་ཀྱི་དབྱིངས་ཡིན་པས། དེའི་ཕྱིར་བྱང་ཆུབ་སེམས་དཔའ་སེམས་དཔའ་ཆེན་པོ་ཤེས་རབ་ཀྱི་ཕ་རོལ་ཏུ་ཕྱིན་པ་ལ་སྤྱོད་པའི་ཚེ། ཆོས་ཐམས་ཅད་ཆོས་ཀྱི་དབྱིངས་སུ་ཤེས་ནས། ཆོས་ཐམས་ཅད་མིང་མེད་པ་ལ་མིང་གི་བརྡས་ཆོས་སྟོན་ཏེ། འདི་ནི་གཟུགས་ཞེས་བྱའོ། །འདི་ནི་ཚོར་བ་ཞེས་བྱའོ། །འདི་ནི་འདུ་ཤེས་ཞེས་བྱའོ། །འདི་ནི་འདུ་བྱེད་ཅེས་བྱའོ། །འདི་ནི་རྣམ་པར་ཤེས་པ་ཞེས་བྱའོ། །འདི་ནི་མིག་ཅེས་བྱའོ། །འདི་ནི་རྣ་བ་ཞེས་བྱའོ། །འདི་ནི་སྣ་ཞེས་བྱའོ། །འདི་ནི་ལྕེ་ཞེས་བྱའོ། །འདི་ནི་ལུས་ཞེས་བྱའོ། །འདི་ནི་ཡིད་ཅེས་བྱའོ། །འདི་ནི་གཟུགས་ཤེས་བྱའོ། །འདི་ནི་སྒྲ་ཞེས་བྱའོ། །འདི་ནི་དྲི་ཞེས་བྱའོ། །འདི་ནི་རོ་ཞེས་བྱའོ། །འདི་ནི་རེག་ཅེས་བྱའོ། །འདི་ནི་ཆོས་ཞེས་བྱའོ། །འདི་ནི་མིག་གི་རྣམ་པར་ཤེས་པ་ཞེས་བྱའོ། །འདི་ནི་རྣ་བའི་རྣམ་པར་ཤེས་པ་ཞེས་བྱའོ། །འདི་ནི་སྣའི་རྣམ་པར་ཤེས་པ་ཞེས་བྱའོ། །འདི་ནི་ལྕེའི་རྣམ་པར་ཤེས་པ་ཞེས་བྱའོ། །འདི་ནི་ལུས་ཀྱི་རྣམ་པར་ཤེས་པ་ཞེས་བྱའོ། །འདི་ནི་ཡིད་ཀྱི་རྣམ་པར་ཤེས་པ་ཞེས་བྱའོ། །འདི་ནི་མིག་གི་འདུས་ཏེ་རེག་པ་ཞེས་བྱའོ། །འདི་ནི་རྣ་བའི་འདུས་ཏེ་རེག་པ་ཞེས་བྱའོ། །འདི་ནི་སྣའི་འདུས་ཏེ་རེག་པ་ཞེས་བྱའོ། །འདི་ནི་ལྕེའི་འདུས་ཏེ་རེག་པ་ཞེས་བྱའོ། །འདི་ནི་ལུས་ཀྱི་འདུས་ཏེ་རེག་པ་ཞེས་བྱའོ། །འདི་ནི་ཡིད་ཀྱི་འདུས་ཏེ་རེག་པ་ཞེས་བྱའོ། །འདི་ནི་མིག་གི་འདུས་ཏེ་རེག་པའི་རྐྱེན་གྱིས་ཚོར་བ་ཞེས་བྱའོ། །འདི་ནི་རྣ་བའི་འདུས་ཏེ་རེག་པའི་རྐྱེན་གྱིས་ཚོར་

པ་ཞེས་བྱའོ། །འདི་ནི་སྣའི་འདུས་ཏེ་རེག་པའི་རྐྱེན་གྱིས་ཚོར་བ་ཞེས་བྱའོ། །འདི་ནི་ལྕེའི་འདུས་ཏེ་རེག་པའི་རྐྱེན་གྱིས་ཚོར་བ་ཞེས་བྱའོ། །འདི་ནི་ལུས་ཀྱི་འདུས་ཏེ་རེག་པའི་རྐྱེན་གྱིས་ཚོར་བ་ཞེས་བྱའོ། །འདི་ནི་ཡིད་ཀྱི་འདུས་ཏེ་རེག་པའི་རྐྱེན་གྱིས་ཚོར་བ་ཞེས་བྱའོ། །འདི་ནི་སའི་ཁམས་ཞེས་བྱའོ། །འདི་ནི་ཆུའི་ཁམས་ཞེས་བྱའོ། །འདི་ནི་མེའི་ཁམས་ཞེས་བྱའོ། །འདི་ནི་རླུང་གི་ཁམས་ཞེས་བྱའོ། །འདི་ནི་ནམ་མཁའི་ཁམས་ཞེས་བྱའོ། །འདི་ནི་རྣམ་པར་ཤེས་པའི་ཁམས་ཞེས་བྱའོ། །འདི་ནི་མ་རིག་པ་ཞེས་བྱའོ། །འདི་ནི་འདུ་བྱེད་ཅེས་བྱའོ། །འདི་ནི་རྣམ་པར་ཤེས་པ་ཞེས་བྱའོ། །འདི་ནི་མིང་དང་གཟུགས་ཞེས་བྱའོ། །འདི་ནི་སྐྱེ་མཆེད་དྲུག་ཅེས་⑦བྱའོ། །འདི་ནི་རེག་པ་ཞེས་བྱའོ། །འདི་ནི་ཚོར་བ་ཞེས་བྱའོ། །འདི་ནི་སྲེད་པ་ཞེས་བྱའོ། །འདི་ནི་ལེན་པ་ཞེས་བྱའོ། །འདི་ནི་སྲིད་པ་ཞེས་བྱའོ། །འདི་ནི་སྐྱེ་བ་ཞེས་བྱའོ། །འདི་ནི་རྒ་ཤི་ཞེས་བྱའོ། །འདི་ནི་སྦྱིན་པའི་ཕ་རོལ་ཏུ་ཕྱིན་པ་ཞེས་བྱའོ། །འདི་ནི་ཚུལ་ཁྲིམས་ཀྱི་ཕ་རོལ་ཏུ་ཕྱིན་པ་ཞེས་བྱའོ། །འདི་ནི་བཟོད་པའི་ཕ་རོལ་ཏུ་ཕྱིན་པ་ཞེས་བྱའོ། །འདི་ནི་བརྩོན་འགྲུས་ཀྱི་ཕ་རོལ་ཏུ་ཕྱིན་པ་ཞེས་བྱའོ། །འདི་ནི་བསམ་གཏན་གྱི་ཕ་རོལ་ཏུ་ཕྱིན་པ་ཞེས་བྱའོ། །འདི་ནི་ཤེས་རབ་ཀྱི་ཕ་རོལ་ཏུ་ཕྱིན་པ་ཞེས་བྱའོ། །འདི་ནི་ནང་སྟོང་པ་ཉིད་ཅེས་བྱའོ། །འདི་ནི་ཕྱི་སྟོང་པ་ཉིད་ཅེས་བྱའོ། །འདི་ནི་ཕྱི་ནང་སྟོང་པ་ཉིད་ཅེས་བྱའོ། །འདི་ནི་སྟོང་པ་ཉིད་སྟོང་པ་ཉིད་ཅེས་བྱའོ། །འདི་ནི་ཆེན་པོ་སྟོང་པ་ཉིད་ཅེས་བྱའོ། །འདི་ནི་དོན་དམ་པ་སྟོང་པ་ཉིད་ཅེས་བྱའོ། །འདི་ནི་འདུས་བྱས་སྟོང་པ་ཉིད་ཅེས་བྱའོ། །འདི་ནི་འདུས་མ་བྱས་སྟོང་པ་ཉིད་ཅེས་བྱའོ། །འདི་ནི་མཐའ་ལས་འདས་པ་སྟོང་པ་ཉིད་ཅེས་བྱའོ། །འདི་ནི་ཐོག་མ་དང་ཐ་མ་མེད་པ་སྟོང་པ་ཉིད་ཅེས་བྱའོ། །འདི་ནི་དོར་བ་མེད་པ་

སྟོང་པ་ཉིད་ཅེས་བྱའོ། །འདི་ནི་རང་བཞིན་སྟོང་པ་ཉིད་ཅེས་བྱའོ། །འདི་ནི་
ཆོས་ཐམས་ཅད་སྟོང་པ་ཉིད་ཅེས་བྱའོ། །འདི་ནི་རང་གི་མཚན་ཉིད་སྟོང་པ་ཉིད་
ཅེས་བྱའོ། །འདི་ནི་མི་དམིགས་པ་སྟོང་པ་ཉིད་ཅེས་བྱའོ། །འདི་ནི་དངོས་པོ་
མེད་པ་སྟོང་པ་ཉིད་ཅེས་བྱའོ། །འདི་ནི་ངོ་བོ་ཉིད་སྟོང་པ་ཉིད་ཅེས་བྱའོ། །
འདི་ནི་དངོས་པོ་མེད་པའི་ངོ་བོ་ཉིད་སྟོང་པ་ཉིད་ཅེས་བྱའོ། །འདི་དག་ནི་དྲན་
པ་ཉེ་བར་གཞག་པ་རྣམས་ཞེས་བྱའོ། །འདི་དག་ནི་ཡང་དག་པར་སྤོང་བ་རྣམས་
ཞེས་བྱའོ། །འདི་དག་ནི་རྫུ་འཕྲུལ་གྱི་རྐང་པ་རྣམས་ཞེས་བྱའོ། །འདི་དག་ནི་
དབང་པོ་རྣམས་ཞེས་བྱའོ། །འདི་དག་ནི་སྟོབས་རྣམས་ཞེས་བྱའོ། །འདི་དག་
ནི་བྱང་ཆུབ་ཀྱི་ཡན་ལག་རྣམས་ཞེས་བྱའོ། །འདི་དག་ནི་འཕགས་པའི་ལམ་ཡན་
ལག་བརྒྱད་པ་ཞེས་བྱའོ། །འདི་དག་ནི་འཕགས་པའི་བདེན་པ་རྣམས་ཞེས་བྱའོ། །
འདི་དག་ནི་བསམ་གཏན་རྣམས་ཞེས་བྱའོ། །འདི་དག་ནི་ཚད་མེད་པ་རྣམས····
ཞེས་བྱའོ། །འདི་དག་ནི་གཟུགས་མེད་པའི་སྙོམས་པར་འཇུག་པ་རྣམས་ཞེས་བྱའོ། །
འདི་དག་ནི་རྣམ་པར་ཐར་པ་བརྒྱད་ཅེས་བྱའོ། །འདི་དག་ནི་མཐར་གྱིས་གནས་
པའི་སྙོམས་པར་འཇུག་པ་དགུ་ཞེས་བྱའོ། །འདི་དག་ནི་རྣམ་པར་ཐར་པའི་སྒོ···
སྟོང་པ་ཉིད་དང་། མཚན་མ་མེད་པ་དང་། སྨོན་པ་མེད་པ་ཞེས་བྱའོ། །
འདི་དག་ནི་མངོན་པར་ཤེས་པ་རྣམས་ཞེས་བྱའོ། །འདི་དག་ནི་ཏིང་ངེ་འཛིན···
རྣམས་ཞེས་བྱའོ། །འདི་དག་ནི་གཟུངས་ཀྱི་སྒོ་རྣམས་ཞེས་བྱའོ། །འདི་དག་ནི་
དེ་བཞིན་གཤེགས་པའི་སྟོབས་རྣམས་ཞེས་བྱའོ། །འདི་དག་ནི་མི་འཇིགས་པ·····
རྣམས་ཞེས་བྱའོ། །འདི་དག་ནི་སོ་སོ་ཡང་དག་པར་རིག་པ་རྣམས་ཞེས་བྱའོ། །
འདི་①ནི་བྱམས་པ་ཆེན་པོ་ཞེས་བྱའོ། །འདི་②ནི་སྙིང་རྗེ་ཆེན་པོ་ཞེས་བྱའོ། །
འདི་དག་ནི་སངས་རྒྱས་ཀྱི་ཆོས་མ་འདྲེས་པ་རྣམས་ཞེས་བྱའོ། །འདི་③ནི་རྒྱུན་ཏུ་

ཞུགས་པའི་འབྲས་བུ་ཞེས་བྱའོ། །འདི་ནི་ལན་ཅིག་ཕྱིར་འོང་བའི་འབྲས་བུ་ཞེས་བྱའོ༔ །འདི་ནི་ཕྱིར་མི་འོང་བའི་འབྲས་བུ་ཞེས་བྱའོ། །འདི་ནི་དགྲ་བཅོམ་པ་ཉིད་ཅེས་བྱའོ། །འདི་ནི་རང་བྱང་ཆུབ་ཅེས་བྱའོ། །འདི་ནི་ལམ་གྱི་རྣམ་པ་ཤེས་པ་ཉིད་ཅེས་བྱའོ། །འདི་ནི་བླ་ན་མེད་པ་ཡང་དག་པར་རྫོགས་པའི་བྱང་ཆུབ་ཅེས་བྱའོ་ཞེས་[༡]སྟོན་ཏོ། །རབ་འབྱོར་འདི་ལྟ་སྟེ་དཔེར་ན། སྒྱུ་མའི་མཁན་པོའམ། སྒྱུ་མ་བྱེད་པའི་མཆན་བུ་མཁས་པ་ཞིག་གིས་རྫས་ཀྱི་རྣམ་པ་གྱི་ན་ཞིག་ལ་བརྟེན་ཏེ[༢]། གཟུགས་ཀྱི་བྱེ་བྲག་སྣ་ཚོགས་འདི་ལྟ་སྟེ། གླང་པོའི་གཟུགས་སམ། རྟའི་གཟུགས་སམ། བ་ལང་[༣]གི་གཟུགས་སམ། ཛ་མོ་དང་ལུག་གི་གཟུགས་སམ། སྐྱེས་པ་དང་། བུད་མེད་དང་། ཁྱེའུ་དང་། བུ་མོའི་གཟུགས་སམ། སྐྱེད་མོས་ཚལ་དང་། གཞལ་མེད་ཁང་དང་། དགའ་ཐུབ་ཀྱི་ནགས་ཚལ་དང་། ཀུན་དགའི་[༤]ར་བ་མདངས་དགའ་བའམ། ༔ཆུ་ལྷུང་ཉམས་དགའ་བ་དག་གམ།[༥] རྫིང་བུ་མདངས་དགའ་བ་འམ། ནགས་ཚལ་མདངས་དགའ་བ་དག་སྤྲུལ་ཅིང་། དེ་དག་ཏུ་སྟོན་དང་། འཁོར་གྱི་སྟོན་དང་། གཞི་རྣམ་པ་སྣ་ཚོགས་བཏིང་སྟེ། མེ་ཏོག་དང་། ཕྲེང་བ་དང་། སྤོས་དང་། བྱུག་པ་དང་། ཁ་ཟས་དང་། སྐྱུན་གཟིགས་ཞིམ་པོ་དག་བསྟན་ཏམ༔ གླུ་དང་སིལ་སྙན་གྱིས་སྐྱེ་བོ་དགའ་བར་བྱས་སམ། སྦྱིན་པ་ཡོངས་སུ་གཏང་[༦]བའམ། ཚུལ་ཁྲིམས༔བསྲུང་བའམ[༧]། བཟོད༔པ་བསྒྲུབ་[༨]པའམ། བརྩོན་འགྲུས་བརྩམ་[༩]པའམ། ཏིང་ངེ་འཛིན་གྱིས་རྣམ་པར༔རྩེ་བའམ།[༡༠] ཤེས་རབ་བསྒོམ་[༡༡]པའམ། རྣམ་པ་དེ་ལྟ་བུ་དག་གིས་སྐྱེ་བོ་དགའ་བར་བྱས་ཏེ། རྒྱལ་རིགས་ཆེ་ཞིང་མཐོ་བའི་རིགས་བསྟན་ཏམ། བྲམ་ཟེ་[༡༢]ཆེ་ཞིང་མཐོ་བའི་རིགས་བསྟན་ཏམ། ཁྱིམ་བདག་ཆེ་ཞིང་མཐོ་བའི་རིགས་བསྟན་ཏམ། རི་རབ་

བསྟན་ཏམ། རྒྱལ་ཆེན་བཞིའི་རིས་ཀྱི་ལྷ་རྣམས་བསྟན་ཏམ། སུམ་ཅུ་རྩ་གསུམ་གྱི་ལྷ་རྣམས་བསྟན་ཏམ། མཚོ་མའི་ལྷ་རྣམས་བསྟན་ཏམ། དགའ་ལྡན་གྱི་ལྷ་རྣམས་བསྟན་ཏམ། འཕྲུལ་དགའི་ལྷ་རྣམས་བསྟན་ཏམ། གཞན་འཕྲུལ་དབང་བྱེད་ཀྱི་ལྷ་རྣམས་བསྟན་ཏམ། ཚངས་རིས་ཀྱི་ལྷ་རྣམས་བསྟན་ཏམ། ཚངས་ལྷ་ཉེ་ཕན་གྱི་ལྷ་རྣམས་བསྟན་ཏམ། ཚངས་པ་ཀུན་འཁོར་གྱི་ལྷ་རྣམས་བསྟན་ཏམ། ཚངས་ཆེན་གྱི་ལྷ་རྣམས་བསྟན་ཏམ། སྣང་བའི་ལྷ་རྣམས་བསྟན་ཏམ། ཆུང་སྣང་གི་ལྷ་རྣམས་བསྟན་ཏམ། ཚད་མེད་སྣང་བའི་ལྷ་རྣམས་བསྟན་ཏམ། ཀུན་སྣང་དང་བའི་ལྷ་རྣམས་བསྟན་ཏམ། དགེ་བའི་ལྷ་རྣམས་བསྟན་ཏམ། ཆུང་དགེའི་⑦ལྷ་རྣམས་བསྟན་ཏམ། ཚད་མེད་དགེ་བའི་ལྷ་རྣམས་བསྟན་ཏམ། དགེ་རྒྱས་ཀྱི་ལྷ་རྣམས་བསྟན་ཏམ། ཆེ་བའི་ལྷ་རྣམས་བསྟན་ཏམ། ཆུང་ཆེའི་ལྷ་རྣམས་བསྟན་ཏམ། ཚད་མེད་ཆེ་བའི་ལྷ་རྣམས་བསྟན་ཏམ། འབྲས་བུ་ཆེ་བའི་ལྷ་རྣམས་བསྟན་ཏམ། མི་ཆེ་བའི་ལྷ་རྣམས་བསྟན་ཏམ། མི་གདུང་བའི་ལྷ་རྣམས་བསྟན་ཏམ། ཤིན་ཏུ་མཐོང་བའི་ལྷ་རྣམས་བསྟན་ཏམ། གྱ་ནོམ་སྣང་བའི་ལྷ་རྣམས་བསྟན་ཏམ། འོག་མིན་གྱི་ལྷ་རྣམས་བསྟན་ཏམ། ནམ་མཁའ་མཐའ་ཡས་སྐྱེ་མཆེད་ཀྱི་ལྷ་རྣམས་བསྟན་ཏམ། རྣམ་ཤེས་མཐའ་ཡས་སྐྱེ་མཆེད་ཀྱི་ལྷ་རྣམས་བསྟན་ཏམ། ཆུང་ཟད་མེད་པའི་སྐྱེ་མཆེད་ཀྱི་ལྷ་རྣམས་བསྟན་ཏམ། འདུ་ཤེས་མེད་འདུ་ཤེས་མེད་མིན་སྐྱེ་མཆེད་ཀྱི་ལྷ་⑧ཿགཟུགས་མེད་པ་⑨རྣམས་བསྟན་ཏམ། རྒྱུན་ཏུ་ཞུགས་པ་དང་། ལན་ཅིག་ཕྱིར་འོང་བ་དང་། ཕྱིར་མི་འོང་བ་དང་། དགྲ་བཅོམ་པ་⑩དང་། རང་སངས་རྒྱས་མང་པོ་བསྟན་ཏམ། བྱང་ཆུབ་སེམས་དཔའ་སེམས་དཔའ་ཆེན་པོ་སེམས་དང་པོ་བསྐྱེད་པ་ནས་ཉེ་བར་བཟུང་སྟེ། སྦྱིན་པའི་ཕ་རོལ་ཏུ་ཕྱིན་པ་ལ་

སྤྱོད་པ་དང་། ཚུལ་ཁྲིམས་ཀྱི་ཕ་རོལ་ཏུ་ཕྱིན་པ་ལ་སྤྱོད་པ་དང་། བཟོད་པའི་ཕ་རོལ་ཏུ་ཕྱིན་པ་ལ་སྤྱོད་པ་དང་། བརྩོན་འགྲུས་ཀྱི་ཕ་རོལ་ཏུ་ཕྱིན་པ་ལ་སྤྱོད་པ་དང་། བསམ་གཏན་གྱི་ཕ་རོལ་ཏུ་ཕྱིན་པ་ལ་སྤྱོད་པ་དང་། ཤེས་རབ་ཀྱི་ཕ་རོལ་ཏུ་ཕྱིནད་པ་ལ་སྤྱོད་པ་དང་། ནང་སྟོང་པ་ཉིད་ལ་སྤྱོད་པ་དང་། ཕྱི་སྟོང་པ་ཉིད་ལ་སྤྱོད་པ་དང་། ཕྱི་ནང་སྟོང་པ་ཉིད་ལ་སྤྱོད་པ་དང་། སྟོང་པ་ཉིད་སྟོང་པ་ཉིད་ལ་སྤྱོད་པ་དང་། ཆེན་པོ་སྟོང་པ་ཉིད་ལ་སྤྱོད་པ་དང་། དོན་དམ་པ་སྟོང་པ་ཉིད་ལ་སྤྱོད་པ་དང་། འདུས་བྱས་སྟོང་པ་ཉིད་ལ་སྤྱོད་པ་དང་། འདུས་མ་བྱས་སྟོང་པ་ཉིད་ལ་སྤྱོད་པ་དང་། མཐའ་ལས་འདས་པ་སྟོང་པ་ཉིད་ལ་སྤྱོད་པ་དང་། ཐོག་མ་དང་ཐ་མ་མེད་པ་སྟོང་པ་ཉིད་ལ་སྤྱོད་པ་དང་། དོར་བ་མེད་པ་སྟོང་པ་ཉིད་ལ་སྤྱོད་པ་དང་། རང་བཞིན་སྟོང་པ་ཉིད་ལ་སྤྱོད་པ་དང་། ཆོས་ཐམས་ཅད་སྟོང་པ་ཉིད་ལ་སྤྱོད་པ་དང་། རང་གི་མཚན་ཉིད་སྟོང་པ་ཉིད་ལ་སྤྱོད་པ་དང་། མི་དམིགས་པ་སྟོང་པ་ཉིད་ལ་སྤྱོད་པ་དང་། དངོས་པོ་མེད་པ་སྟོང་པ་ཉིད་ལ་སྤྱོད་པ་དང་། ངོ་བོ་ཉིད་སྟོང་པ་ཉིད་ལ་སྤྱོད་པ་དང་། དངོས་པོ་མེད་པའི་ངོ་བོ་ཉིད་སྟོང་པ་ཉིད་ལ་སྤྱོད་པ་དང་། དྲན་པ་ཉེ་བར་གཞག་པ་རྣམས་ལ་སྤྱོད་པ་དང་། ཡང་དག་པར་སྤོང་བ་རྣམས་ལ་སྤྱོད་པ་དང་། རྫུ་འཕྲུལ་གྱི་རྐང་པ་རྣམས་ལ་སྤྱོད་པ་དང་། དབང་པོ་རྣམས་ལ་སྤྱོད་པ་དང་། སྟོབས་རྣམས་ལ་སྤྱོད་པ་དང་། བྱང་ཆུབ་ཀྱི་ཡན་ལག་རྣམས་ལ་སྤྱོད་པ་དང་། འཕགས་པའི་ལམ་ཡན་ལག་བརྒྱད་པ་ལ་སྤྱོད་པ་དང་། ⑦བསམ་གཏན་དང་། རྣམ་པར་ཐར་པ་དང་། ཏིང་ངེ་འཛིན་དང་། སྙོམས་པར་འཇུག་པ་ལ་སྤྱོད་པ་དང་། ས་དང་པོ་ཡོངས་སུ་རྫོགས་པར་བྱེད་པ་དང་། ས་གཉིས་པ་ཡོངས་སུ་རྫོགས་པར་བྱེད་པ་དང་། ས་གསུམ་པ་ཡོངས་སུ་རྫོགས་

པར་བྱེད་པ་དང་། ས་བཞི་པ་ཡོངས་སུ་རྫོགས་པར་བྱེད་པ་དང་། ས་ལྔ་པ་ཡོངས་སུ་རྫོགས་པར་བྱེད་པ་དང་། ས་དྲུག་པ་ཡོངས་སུ་རྫོགས་པར་བྱེད་པ་དང་། ས་བདུན་པ་ཡོངས་སུ་རྫོགས་པར་བྱེད་པ་དང་། ས་བརྒྱད་པ་ཡོངས་སུ་རྫོགས་པར་བྱེད་པ་དང་། ས་དགུ་པ་ཡོངས་སུ་རྫོགས་པར་བྱེད་པ་དང་། ས་བཅུ་པ་ཡོངས་སུ་རྫོགས་པར་བྱེད་པ་དང་། བྱང་ཆུབ་སེམས་དཔའི་[༡]སྐྱོན་མེད་[༢]པ་དང་། མངོན་པར་ཤེས་པ་མངོན་པར་སྒྲུབ་[༣]པ་དང་། མངོན་པར་ཤེས་པ་དེ་དག་གིས་རྣམ་པར་རྩེ་[༤]ཞིང་། འཇིག་རྟེན་གྱི་ཁམས་རྣམས་སྣང་བར་བྱེད་པ་དང་། སེམས་ཅན་རྣམས་ཡོངས་སུ་སྨིན་པར་བྱེད་པ་དང་། སངས་རྒྱས་ཀྱི་ཞིང་[༥]ཡོངས་སུ་དག་པར་བྱེད་པ་དང་། ཡན་ལག་དང་ཉིང་ལག་[༦]ཡོངས་སུ་གཏང་[༧]བ་དང་། སྤྱོད་པར་དཀའ་བའི་སྤྱོད་པ་སྤྱོད་པ་དང་། དེ་བཞིན་གཤེགས་པའི་སྟོབས་རྣམས་ཡོངས་སུ་སྒྲུབ་[༨]པ་དང་། མི་འཇིགས་པ་རྣམས་ཡོངས་སུ་སྒྲུབ་[༩]པ་དང་། སོ་སོ་ཡང་དག་པར་རིག་པ་རྣམས་ཡོངས་སུ་སྒྲུབ་[༡༠]པ་དང་། སངས་རྒྱས་ཀྱི་ཆོས་མ་འདྲེས་པ་རྣམས་ཡོངས་སུ་སྒྲུབ་[༡༡]པ་དང་། [༡༢]སྙིང་རྗེ་ཆེན་པོ་མངོན་པར་སྒྲུབ་[༡༣]པ་དེ་དག་བསྟན་ཏམ། སངས་རྒྱས་ཀྱི་སྐུ་ཡན་ལག་དང་། ཉིང་ལག་ཐམས་ཅད་[༡༤]ཡོངས་སུ་རྫོགས་པར་བསྟན་ན། དེ་ལ་སེམས་ཅན་བྱིས་པའི་ངང་ཚུལ་ཅན་དག་འདི་སྙམ་དུ་[༡༥]སེམས་ཏེ། ཀྱི་མ་མི་འདིས་ལེགས་པར་བསླབས་[༡༦]པ་ངོ་མཚར་ཆེའི་[༡༧]རེ་མཛེས་དག་བྱེད། དེ་ལྟར་སྐྱེ་བོ་[༡༨]དགའ་བར་བྱེད་ཅིང་། གཟུགས་ཀྱི་བྱེ་བྲག་སྣ་ཚོགས་འདི་ལྟ་སྟེ། གླང་པོའི་[༡༩]གཟུགས་དང་། རྟའི་གཟུགས་དང་། བ་[༢༠]ལང་གི་གཟུགས་དང་། ཚ་མོ་དང་ལུག་གི་གཟུགས་དང་། སྐྱེས་པ་དང་། བུད་མེད་དང་། ཁྱེའུ་དང་། བུ་མོའི་གཟུགས་སྟོན་པ་དང་། སྐྱེད་མོས་ཚལ་དང་། གཞལ་མེད་ཁང་དང་།

དཀའ་ཐུབ་ཀྱི་ནགས་ཚལ་དང་། ཀུན་དགའི་ར་བ་མདངས་དགའ་བ་[1]སྟོན་པ་དང་། རྫིང་བུ་མདངས་དགའ་བ་[2]སྟོན་པ་དང་། ནགས་ཚལ་མདངས་དགའ་བ་[3]སྟོན་པ་དང་། དེ་དག་ཏུ་སྟན་དང་། འཁོར་གྱི་སྟན་དང་། གཞི་རྣམ་པ་སྣ་ཚོགས་བཏིང་སྟེ། མེ་ཏོག་དང་། ཕྲེང་བ་དང་། སྤོས་དང་། བྱུག་པ་དང་། ཁ་ཟས་དང་། སྐྱུན་གཟིགས་མང་པོ་དེ་ལྟ་བུ་[4]སྟོན་པ་དང་། གླུ་དང་སིལ་སྙན་གྱིས་སྐྱེ་བོ་དགའ་བར་བྱེད་ཅིང་། སྦྱིན་པ་ཡོངས་སུ་གཏང་[5]བ་དང་། ཚུལ་ཁྲིམས་བསྲུང་[6]བ་དང་། བཟོད་པ་བསྒྲུབ་[7]པ་དང་། བརྩོན་འགྲུས་བརྩམ་[8]པ་དང་། ཏིང་ངེ་འཛིན་གྱིས་རྣམ་པར་རྟེ་[9]བ་དང་། ཤེས་རབ་བསྒོམ་[10]པ་དང་། རྣམ་པ་འདི་དག་གིས་སྐྱེ་བོ་དགའ་བར་བྱེད་ཅིང་། རྒྱལ་རིགས་ཆེ་ཞིང་མཐོ་བའི་རིགས་སྟོན་པ་དང་། བྲམ་ཟེ་ཆེ་ཞིང་མཐོ་བའི་རིགས་སྟོན་པ་དང་། ཁྱིམ་བདག་ཆེ་ཞིང་མཐོ་བའི་རིགས་སྟོན་པ་དང་། རི་རབ་སྟོན་པ་དང་། རྒྱལ་ཆེན་བཞིའི་རིས་ཀྱི་ལྷ་རྣམས་སྟོན་པ་དང་། སུམ་ཅུ་རྩ་གསུམ་གྱི་ལྷ་རྣམས་སྟོན་པ་དང་། མཆེ་མའི་ལྷ་རྣམས་སྟོན་པ་དང་། དགའ་ལྡན་གྱི་ལྷ་རྣམས་སྟོན་པ་དང་། འཕྲུལ་དགའི་ལྷ་རྣམས་སྟོན་པ་དང་། གཞན་འཕྲུལ་དབང་བྱེད་ཀྱི་ལྷ་རྣམས་སྟོན་པ་དང་། ཚངས་རིས་ཀྱི་ལྷ་རྣམས་སྟོན་པ་དང་། ཚངས་ལྷ་ཉེ་ཕན་གྱི་ལྷ་རྣམས་སྟོན་པ་དང་། ཚངས་པ་ཀུན་འཁོར་གྱི་ལྷ་རྣམས་སྟོན་པ་དང་། ཚངས་ཆེན་གྱི་ལྷ་རྣམས་སྟོན་པ་དང་། སྣང་བའི་ལྷ་རྣམས་སྟོན་པ་དང་། ཆུང་སྣང་གི་ལྷ་རྣམས་སྟོན་པ་དང་། ཚད་མེད་སྣང་བའི་ལྷ་རྣམས་སྟོན་པ་དང་། ཀུན་སྣང་དང་བའི་ལྷ་རྣམས་སྟོན་པ་དང་། དགེ་བའི་ལྷ་རྣམས་སྟོན་པ་དང་། ཆུང་དགེའི་ལྷ་རྣམས་སྟོན་པ་དང་། ཚད་མེད་དགེ་བའི་ལྷ་རྣམས་སྟོན་པ་དང་། དགེ་རྒྱས་ཀྱི་ལྷ་རྣམས་སྟོན་པ་དང་།

ཆེ་བའི་ལྷ་རྣམས་སྟོན་པ་དང་། ཆུང་ཆེའི་ལྷ་རྣམས་①སྟོན་པ་དང་། ཚད་མེད་ཆེ་བའི་ལྷ་རྣམས་སྟོན་པ་དང་། འབྲས་བུ་ཆེ་བའི་ལྷ་རྣམས་སྟོན་པ་དང་། མི་ཆེ་བའི་ལྷ་རྣམས་སྟོན་པ་དང་། མི་གདུང་བའི་ལྷ་རྣམས་སྟོན་པ་དང་། ཤིན་ཏུ་མཐོང་བའི་ལྷ་རྣམས་སྟོན་པ་དང་། གྱ་ནོམ་སྣང་བའི་ལྷ་རྣམས་སྟོན་པ་དང་། འོག་མིན་གྱི་②ལྷ་རྣམས་སྟོན་པ་དང་། ནམ་མཁའ་མཐའ་ཡས་སྐྱེ་མཆེད་ཀྱི་ལྷ་རྣམས་སྟོན་པ་དང་། རྣམ་ཤེས་མཐའ་ཡས་སྐྱེ་མཆེད་ཀྱི་ལྷ་རྣམས་སྟོན་པ་དང་། ཆུང་ཟད་མེད་པའི་སྐྱེ་མཆེད་ཀྱི་ལྷ་རྣམས་སྟོན་པ་དང་། འདུ་ཤེས་མེད་འདུ་ཤེས་མེད་མིན་སྐྱེ་མཆེད་ཀྱི་ལྷ་③གཟུགས་མེད་པ་④རྣམས་སྟོན་པ་དང་། རྒྱུན་ཏུ་ཞུགས་པ་⑤རྣམས་སྟོན་པ་དང་། ལན་ཅིག་ཕྱིར་འོང་བ་རྣམས་⑥དང་། ཕྱིར་མི་འོང་བ་དང་། དགྲ་བཅོམ་པ་དང་། རང་སངས་རྒྱས་མང་པོ་རྣམས་སྟོན་ཅིང་། བྱང་ཆུབ་སེམས་དཔའ་སེམས་དཔའ་ཆེན་པོ་⑦རྣམས་སེམས་དང་པོ་བསྐྱེད་པ་ནས་ཉེ་བར་བཟུང་སྟེ། སྦྱིན་པའི་ཕ་རོལ་ཏུ་ཕྱིན་པ་ལ་སྤྱོད་པ་དང་། ཚུལ་ཁྲིམས་ཀྱི་ཕ་རོལ་ཏུ་ཕྱིན་པ་ལ་སྤྱོད་པ་དང་། བཟོད་པའི་ཕ་རོལ་ཏུ་ཕྱིན་པ་ལ་སྤྱོད་པ་དང་། བརྩོན་འགྲུས་ཀྱི་ཕ་རོལ་ཏུ་ཕྱིན་པ་ལ་སྤྱོད་པ་དང་། བསམ་གཏན་གྱི་ཕ་རོལ་ཏུ་ཕྱིན་པ་ལ་སྤྱོད་པ་དང་། ཤེས་རབ་ཀྱི་ཕ་རོལ་ཏུ་ཕྱིན་པ་ལ་སྤྱོད་པ་དང་། ནང་སྟོང་པ་ཉིད་ལ་སྤྱོད་པ་དང་། ཕྱི་སྟོང་པ་ཉིད་ལ་སྤྱོད་པ་དང་། ཕྱི་ནང་སྟོང་པ་ཉིད་ལ་སྤྱོད་པ་དང་། སྟོང་པ་ཉིད་སྟོང་པ་ཉིད་ལ་སྤྱོད་པ་དང་། ཆེན་པོ་སྟོང་པ་ཉིད་ལ་སྤྱོད་པ་དང་། དོན་དམ་པ་སྟོང་པ་⑧ཉིད་ལ་སྤྱོད་པ་དང་། འདུས་བྱས་སྟོང་པ་ཉིད་ལ་སྤྱོད་པ་དང་། འདུས་མ་བྱས་སྟོང་པ་ཉིད་ལ་སྤྱོད་པ་དང་། མཐའ་ལས་འདས་པ་སྟོང་པ་ཉིད་ལ་སྤྱོད་པ་དང་། ཐོག་མ་དང་ཐ་མ་མེད་པ་སྟོང་པ་ཉིད་ལ་སྤྱོད་པ་དང་། དོར་བ་མེད་པ་སྟོང་པ་

ཉིད་ལ་སྤྱོད་པ་དང་། རང་བཞིན་སྟོང་པ་ཉིད་ལ་སྤྱོད་པ་དང་། ཆོས་ཐམས་ཅད་སྟོང་པ་ཉིད་ལ་སྤྱོད་པ་དང་། རང་གི་མཚན་ཉིད་སྟོང་པ་ཉིད་ལ་སྤྱོད་པ་དང་། མི་དམིགས་པ་སྟོང་པ་ཉིད་ལ་སྤྱོད་པ་དང་། དངོས་པོ་མེད་པ་སྟོང་པ་ཉིད་ལ་སྤྱོད་པ་དང་། ངོ་བོ་ཉིད་སྟོང་པ་ཉིད་ལ་སྤྱོད་པ་དང་། དངོས་པོ་མེད་པའི་ངོ་བོ་ཉིད་སྟོང་པ་ཉིད་ལ་སྤྱོད་པ་དང་། དྲན་པ་ཉེ་བར་གཞག་པ་རྣམས་ལ་སྤྱོད་པ་དང་། ཡང་དག་པར་སྤོང་བ་རྣམས་ལ་སྤྱོད་པ་དང་། རྫུ་འཕྲུལ་གྱི་རྐང་པ་རྣམས་ལ་སྤྱོད་པ་དང་། དབང་པོ་རྣམས་ལ་སྤྱོད་པ་དང་། སྟོབས་རྣམས་ལ་སྤྱོད་པ་དང་། བྱང་ཆུབ་ཀྱི་ཡན་ལག་རྣམས་ལ་སྤྱོད་པ་དང་། འཕགས་པའི་ལམ་ཡན་ལག་བརྒྱད་པ་ལ་སྤྱོད་པ་དང་། [༡]བསམ་གཏན་དང་། རྣམ་པར་ཐར་པ་དང་། ཏིང་ངེ་འཛིན་དང་སྙོམས་པར་འཇུག་པ་རྣམས་ལ་སྤྱོད་པ་དང་། ས་དང་པོ་ཡོངས་སུ་རྫོགས་པར་བྱེད་པ་དང་། ས་གཉིས་པ་[༢]ཡོངས་སུ་རྫོགས་པར་བྱེད་པ་དང་། ས་གསུམ་པ་[༣]ཡོངས་སུ་རྫོགས་པར་བྱེད་པ་དང་། ས་བཞི་པ་[༤]ཡོངས་སུ་རྫོགས་པར་བྱེད་པ་དང་། ས་ལྔ་པ་[༥]ཡོངས་སུ་རྫོགས་པར་བྱེད་པ་དང་། ས་དྲུག་པ་[༦]ཡོངས་སུ་རྫོགས་པར་བྱེད་པ་དང་། ས་བདུན་པ་[༧]ཡོངས་སུ་རྫོགས་པར་བྱེད་པ་དང་། ས་བརྒྱད་པ་[༨]ཡོངས་སུ་རྫོགས་པར་བྱེད་པ་དང་། ས་དགུ་པ་[༩]ཡོངས་སུ་རྫོགས་པར་བྱེད་པ་དང་། ས་བཅུ་པ་[༡༠]ཡོངས་སུ་རྫོགས་པར་བྱེད་པ་དང་། བྱང་ཆུབ་སེམས་དཔའི་སྐྱོན་མེད་པར་འཇུག་པ་དང་། མངོན་པར་ཤེས་པ་རྣམས་མངོན་པར་སྒྲུབ་[༡༡]པ་དང་། མངོན་པར་ཤེས་པ་དེ་དག་གིས་རྣམ་པར་རྩེ་[༡༢]བ་དང་། འཇིག་རྟེན་གྱི་ཁམས་རྣམས་སྣང་བར་བྱེད་པ་དང་། སེམས་ཅན་རྣམས་ཡོངས་སུ་སྨིན་པར་བྱེད་པ་དང་། སངས་རྒྱས་ཀྱི་ཞིང་ཡོངས་སུ་དག་པར་བྱེད་པ་དང་། ཡན་ལག་དང་ཉིང་ལག་ཡོངས་སུ་གཏོང་

བ་དང་། དགའ་བའི་སྤྱད་པ་སྤྱོད་པ་དང་། དེ་བཞིན་གཤེགས་པའི་སྟོབས་རྣམས་ཡོངས་སུ་སྒྲུབ་པ་དང་། མི་འཇིགས་པ་རྣམས་ཡོངས་སུ་སྒྲུབ་པ་དང་། སོ་སོ་ཡང་དག་པར་རིག་པ་རྣམས་ཡོངས་སུ་སྒྲུབ་པ་དང་། སངས་རྒྱས་ཀྱི་ཆོས་མ་འདྲེས་པ་རྣམས་ཡོངས་སུ་སྒྲུབ་པ་དང་། བྱམས་པ་ཆེན་པོ་མངོན་པར་སྒྲུབ་པ་དང་། སྙིང་རྗེ་ཆེན་པོ་མངོན་པར་སྒྲུབ་པ་དེ་དག་ཀྱང་སྟོན་ཅིང་། སངས་རྒྱས་ཀྱི་སྐུ[༡]ཡན་ལག་དང་། ཉིང་ལག་ཐམས་ཅད་ཡོངས་སུ་རྫོགས་པར[༢]སྟོན་པ་ནི་ངོ་མཚར་ཆེའོ་ཞེས་ངོ་མཚར་ཆེར་འཛིན་ཏོ[༣]། །དེ་ལ་སྐྱེས་བུ་མཁས་ཤིང་གསལ་ལ[༤]། ཡིད་རྣོ་བ་དང་ལྡན་པ། དཔྱོད་པ་དམ་པ་དང་ལྡན་པ་རྣམས་ནི་འདི་སྙམ་སྟེ། འདི་ལ་ཆོས་གང་ཡང་དམིགས་སུ་མེད་ན། མི་འདི་དེ་ལྟར་མེད་པའི་ཆོས་ཀྱིས་སྐྱེ་བོ་མང་པོ་འདི་དག་དགའ་བར་བྱེད་པ་ནི། ངོ་མཚར་རྨད་དུ་བྱུང་བའི་ཆོས་སོ་སྙམ་སྟེ། སེམས་ཅན་འདི་དག་ནི་དངོས་པོ[༥]མེད་པ་ལ། དངོས་པོར་འདུ་ཤེས་པའོ་ཞེས་བྱ་བར་དེ་དག་གི་ཤེས་པ་འབྱུང་ངོ་། །རབ་འབྱོར་དེ་བཞིན་དུ་བྱང་ཆུབ་སེམས་དཔའ་སེམས་དཔའ་ཆེན་པོ་ཡང[༦]ཤེས་རབ་ཀྱི་ཕ་རོལ་ཏུ་ཕྱིན་པ་ལ་སྤྱོད་པའི་ཚེ། ཆོས་ཀྱི་དབྱིངས་སུ་མ་གཏོགས་པའི་ཆོས་གང་ཡང་མི་མཐོང་སྟེ། ཐབས་མཁས་པས་སེམས་ཅན་རྣམས་ཡོངས་སུ་སྨིན་པར་བྱེད་ཀྱང་སེམས་ཅན་དུ་མི་དམིགས། སེམས་ཅན་དུ་གདགས་པ་ཡང་མི་དམིགས་ཏེ། བདག་ཀྱང་སྦྱིན་པ་གཏོང་བ་ཡིན། གཞན་ཡང་སྦྱིན་པ་ལ་ཡང་དག་པར་སྐུལ་བ་ཡིན། སྦྱིན་པའི་ལེགས་པ་བརྗོད[༧]པ་ཡིན། སེམས་ཅན་གཞན་གང་སྦྱིན་པ་གཏོང་བ་དེ་དག་གི་ལེགས་པ་བརྗོད་ཅིང་མཐུན་པས་དགའ་བར་སྤྱོད་པ་ཡིན། བདག་ཀྱང་ཚུལ་ཁྲིམས་སྲུང་བ་ཡིན། གཞན་ཡང་ཚུལ་ཁྲིམས་ལ་ཡང་དག་པར་སྐུལ་བ་ཡིན། ཚུལ་ཁྲིམས་ཀྱི་ལེགས་པ་བརྗོད་པ་ཡིན། སེམས་ཅན་གཞན་གང་

ཚུལ་ཁྲིམས་སྲུང་བ་དེ་དག་གི་ལེགས་པ་བརྗོད་ཅིང་མཐུན་པས་དགའ་བར་སྤྱོད་པ་ཡིན། བདག་ཀྱང་བཟོད་པ་སྒོམ་(༡)པ་ཡིན། གཞན་ཡང་བཟོད་པ་ལ་ཡང་དག་པར་སྐུལ་བ་ཡིན། བཟོད་པའི་ལེགས་པ་བརྗོད་པ་ཡིན། སེམས་ཅན་གཞན་གང་བཟོད་པ་སྒོམ་པ་དེ་དག་གི་ལེགས་པ་བརྗོད་ཅིང་། མཐུན་པས་དགའ་བར་སྤྱོད་པ་ཡིན། བདག་ཀྱང་བརྩོན་འགྲུས་རྩོམ་པ་ཡིན། གཞན་ཡང་བརྩོན་འགྲུས་ལ་ཡང་དག་པར་སྐུལ་བ་ཡིན། བརྩོན་འགྲུས་ཀྱི་ལེགས་པ་བརྗོད་པ་ཡིན། སེམས་ཅན་གཞན་གང་བརྩོན་འགྲུས་རྩོམ་པ་དེ་དག་གི་ལེགས་པ་བརྗོད་ཅིང་མཐུན་པས་དགའ་བར་སྤྱོད་པ་ཡིན། བདག་ཀྱང་ཏིང་ངེ་འཛིན་ལ་སྙོམས་པར་འཇུག་པ་ཡིན། གཞན་ཡང་ཏིང་ངེ་འཛིན་ལ་ཡང་དག་པར་སྐུལ་བ་ཡིན། ཏིང་ངེ་འཛིན་གྱི་ལེགས་པ་བརྗོད་པ་ཡིན། སེམས་ཅན་གཞན་གང་ཏིང་ངེ་འཛིན་ལ་སྙོམས་པར་འཇུག་པ་དེ་དག་གི་ལེགས་པ་བརྗོད་ཅིང་མཐུན་པས་དགའ་བར་སྤྱོད་པ་ཡིན། བདག་ཀྱང་ཤེས་རབ་སྒོམ་པ་ཡིན། གཞན་ཡང་ཤེས་རབ་ལ་ཡང་དག་པར་སྐུལ་བ་ཡིན། ཤེས་རབ་ཀྱི་ལེགས་པ་བརྗོད་པ་ཡིན། སེམས་ཅན་གཞན་གང་ཤེས་རབ་སྒོམ་པ་དེ་དག་གི་ལེགས་པ་བརྗོད་ཅིང་མཐུན་པས་དགའ་བར་སྤྱོད་པ་ཡིན། བདག་ཀྱང་དགེ་བ་བཅུའི་ལས་ཀྱི་ལམ་ཡང་དག་པར་འཛིན་པ་ཡིན། གཞན་ཡང་དགེ་བ་བཅུའི་ལས་ཀྱི་ལམ་ལ་ཡང་དག་པར་སྐུལ་བ་ཡིན། དགེ་བ་བཅུའི་ལས་ཀྱི་ལམ་གྱི་ལེགས་པ་བརྗོད་པ་ཡིན། སེམས་ཅན་གཞན་གང་དགེ་བ་བཅུའི་ལས་ཀྱི་ལམ་ཡང་དག་པར་འཛིན་པ་དེ་དག་གི་ལེགས་པ་བརྗོད་ཅིང་མཐུན་པས་དགའ་བར་སྤྱོད་པ་ཡིན། བདག་ཀྱང་ཡན་ལག་བརྒྱད་དང་ལྡན་པའི་གསོ་སྦྱིན་ལ་ཉེ་བར་གནས་པ་ཡིན། གཞན་ཡང་ཡན་ལག་བརྒྱད་དང་ལྡན་པའི་གསོ་(༢)སྦྱིན་ལ་ཡང་དག་པར་སྐུལ་བ་ཡིན། ཡན་ལག་བརྒྱད་དང་ལྡན་པའི་གསོ་(༢)སྦྱིན་

ཀྱི་ལེགས་པ་རྫོགས་པ་ཡིན། སེམས་ཅན་གཞན་གང་ཡན་ལག་བརྒྱད་དང་ལྡན······པའི་གསོ་སྦྱིན་ལ་ཉེ་བར་གནས་པ་དེ་དག་གི་ལེགས་པ་རྫོགས་ཅིང་མཐུན་པས་དགའ་བར་སྤྱོད་པ་ཡིན། བདག་ཀྱང་བསླབ་པའི་གནས་ལྔ་ཡང་དག་པར་འཛིན་པ་ཡིན། གཞན་ཡང་བསླབ་པའི་གནས་ལྔ་ལ་ཡང་དག་པར་སྐུལ་བ་ཡིན། བསླབ་པའི་གནས་ལྔའི་ལེགས་པ་རྫོགས་པ་ཡིན། སེམས་ཅན་གཞན་གང་བསླབ་པའི་གནས་ལྔ་ཡང་དག་པར་འཛིན་པ་དེ་དག་གི་ལེགས་པ་རྫོགས་ཅིང་མཐུན་པས་དགའ་བར་སྤྱོད་པ་ཡིན། བདག་ཀྱང་བསམ་གཏན་དང་པོ་ལ་སྙོམས་པར་འཇུག་པ་ཡིན། ཿསེམས་ཅན་[༡]གཞན་ཡང་བསམ་གཏན་དང་པོ་ལ་ཡང་དག་པར་སྐུལ་བ་ཡིན། བསམ་གཏན་དང་པོའི་ལེགས་པ་རྫོགས་པ་ཡིན། སེམས་ཅན་གཞན་གང་[༢]བསམ་གཏན་དང་པོ་ལ་སྙོམས་པར་འཇུག་པ་དེ་དག་གི་ལེགས་པ་རྫོགས་ཅིང་མཐུན་པས་དགའ་བར་སྤྱོད་པ་ཡིན། བདག་ཀྱང་བསམ་གཏན་གཉིས་པ་ལ་སྙོམས་པར་འཇུག་པ་ཡིན། གཞན་ཡང་བསམ་གཏན་གཉིས་པ་ལ་ཡང་དག་པར་སྐུལ་བ་ཡིན། བསམ་གཏན་གཉིས་པའི་ལེགས་པ་རྫོགས་པ་ཡིན། སེམས་ཅན་གཞན་གང་བསམ་གཏན་གཉིས་པ་ལ་སྙོམས་པར་འཇུག་པ་དེ་དག་གི་ལེགས་པ་རྫོགས་ཅིང་མཐུན་པས་དགའ་བར་སྤྱོད་པ་ཡིན། བདག་ཀྱང་བསམ་གཏན་གསུམ་པ་ལ་སྙོམས་པར་འཇུག་པ་ཡིན། གཞན་ཡང་བསམ་གཏན་གསུམ་པ་ལ་ཡང་དག་པར་སྐུལ་བ་ཡིན། བསམ་གཏན་གསུམ་པའི་ལེགས་པ་རྫོགས་པ་ཡིན། སེམས་ཅན་གཞན་གང་[༣]བསམ་གཏན་གསུམ་པ་ལ་སྙོམས་པར་འཇུག་པ་དེ་དག་གི་ལེགས་པ་རྫོགས་ཅིང་མཐུན་པས་དགའ་བར་སྤྱོད་པ་ཡིན། བདག་ཀྱང་བསམ་གཏན་བཞི་པ་ལ་སྙོམས་པར་འཇུག་པ་ཡིན། གཞན་ཡང་བསམ་གཏན་བཞི་པ་ལ་ཡང་དག་པར་སྐུལ་བ་ཡིན། བསམ་གཏན་བཞི་པའི་ལེགས་པ་རྫོགས་པ་ཡིན། སེམས་ཅན་གཞན་

གང་[7]བསམ་གཏན་བཞི་པ་ལ་སྙོམས་པར་འཇུག་པ་དེ་དག་གི་ལེགས་པ་བརྗོད་ཅིང་མཐུན་པས་དགའ་བར་སྤྱོད་པ་ཡིན། བདག་ཀྱང་བྱམས་པ་ལ་སྙོམས་པར་འཇུག་པ་ཡིན། གཞན་ཡང་བྱམས་པ་ལ་ཡང་དག་པར་སྐུལ་བ་ཡིན། བྱམས་པའི་ལེགས་པ་བརྗོད་པ་ཡིན། སེམས་ཅན་གཞན་གང་བྱམས་པ་ལ་སྙོམས་པར་འཇུག་པ་དེ་དག་གི་ལེགས་པ་བརྗོད་ཅིང་མཐུན་པས་དགའ་བར་སྤྱོད་པ་ཡིན། བདག་ཀྱང་སྙིང་རྗེ་ལ་སྙོམས་པར་འཇུག་པ་ཡིན། གཞན་ཡང་སྙིང་རྗེ་ལ་ཡང་དག་པར་སྐུལ་བ་ཡིན། སྙིང་རྗེའི་ལེགས་པ་བརྗོད་པ་ཡིན། སེམས་ཅན་གཞན་གང་སྙིང་རྗེ་ལ་སྙོམས་པར་འཇུག་པ་དེ་དག་གི་ལེགས་པ་བརྗོད་ཅིང་མཐུན་པས་དགའ་བར་སྤྱོད་པ་ཡིན། བདག་ཀྱང་དགའ་བ་ལ་སྙོམས་པར་འཇུག་པ་ཡིན། གཞན་ཡང་དགའ་བ་ལ་ཡང་དག་པར་སྐུལ་བ་ཡིན། དགའ་བའི་ལེགས་པ་བརྗོད་པ་ཡིན། སེམས་ཅན་གཞན་གང་དགའ་བ་ལ་སྙོམས་པར་འཇུག་པ་དེ་དག་གི་ལེགས་པ་བརྗོད་ཅིང་མཐུན་པས་དགའ་བར་སྤྱོད་པ་ཡིན། བདག་ཀྱང་བཏང་སྙོམས་ལ་སྙོམས་པར་འཇུག་པ་ཡིན། གཞན་ཡང་བཏང་སྙོམས་ལ་ཡང་དག་པར་སྐུལ་བ་ཡིན། བཏང་སྙོམས་ཀྱི་ལེགས་པ་བརྗོད་པ་ཡིན། སེམས་ཅན་གཞན་གང་བཏང་སྙོམས་ལ་སྙོམས་པར་འཇུག་པ་དེ་དག་གི་ལེགས་པ་བརྗོད་ཅིང་མཐུན་པས་དགའ་བར་སྤྱོད་པ་ཡིན༑ བདག་ཀྱང་ནམ་མཁའ་མཐའ་[3]ཡས་སྐྱེ་མཆེད་ལ་སྙོམས་པར་འཇུག་པ་ཡིན༑ གཞན་ཡང་ནམ་མཁའ་མཐའ་ཡས་སྐྱེ་མཆེད་ལ་ཡང་དག་པར་སྐུལ་བ་ཡིན༑ ནམ་མཁའ་མཐའ་ཡས་སྐྱེ་མཆེད་ཀྱི་ལེགས་པ་བརྗོད་པ་ཡིན། སེམས་ཅན་གཞན་གང་ནམ་མཁའ་མཐའ་ཡས་སྐྱེ་མཆེད་ལ་སྙོམས་པར་འཇུག་པ་དེ་དག་གི་ལེགས་པ་བརྗོད་ཅིང་མཐུན་པས་དགའ་བར་སྤྱོད་པ་ཡིན། བདག་ཀྱང་རྣམ་ཤེས་མཐའ་ཡས་སྐྱེ་མཆེད་ལ་སྙོམས་པར་འཇུག་པ་ཡིན། གཞན་ཡང་རྣམ་ཤེས་

མཐའ་ཡས་སྐྱེ་མཆེད་ལ་ཡང་དག་པར་སྐྱུལ་བ་ཡིན། རྣམ་ཤེས་མཐའ་ཡས་སྐྱེ་མཆེད་ཀྱི་ལེགས་པ་རྗོད་པ་ཡིན། སེམས་ཅན་གཞན་གང་རྣམ་ཤེས་མཐའ་ཡས་སྐྱེ་མཆེད་ལ་སྙོམས་པར་འཇུག་པ་དེ་དག་གི་ལེགས་པ་རྗོད་ཅིང་མཐུན་པས་དགའ་བར་སྤྱོད་པ་ཡིན། བདག་ཀྱང་ཆུང་ཟད་མྱེད་པའི་སྐྱེ་མཆེད་ལ་སྙོམས་པར་འཇུག་པ་ཡིན། གཞན་ཡང་ཆུང་ཟད་མྱེད་པའི་སྐྱེ་མཆེད་ལ་ཡང་དག་པར་སྐྱུལ་བ་ཡིན། ཆུང་ཟད་མྱེད་པའི་སྐྱེ་མཆེད་ཀྱི་ལེགས་པ་རྗོད་པ་ཡིན། སེམས་ཅན་གཞན་གང་ཆུང་ཟད་མྱེད་པའི་སྐྱེ་མཆེད་ལ་སྙོམས་པར་འཇུག་པ་དེ་དག་གི་ལེགས་པ་རྗོད་ཅིང་མཐུན་པས་དགའ་བར་སྤྱོད་པ་ཡིན། བདག་ཀྱང་འདུ་ཤེས་མྱེད་འདུ་ཤེས་མྱེད་མྱིན་སྐྱེ་མཆེད་ལ་སྙོམས་པར་འཇུག་པ་ཡིན། གཞན་ཡང་འདུ་ཤེས་མྱེད་འདུ་ཤེས་མྱེད་མྱིན་སྐྱེ་མཆེད་ལ་ཡང་དག་པར་སྐྱུལ་བ་ཡིན། འདུ་ཤེས་མྱེད་འདུ་ཤེས་མྱེད་མྱིན་སྐྱེ་མཆེད་ཀྱི་ལེགས་པ་རྗོད་པ་ཡིན། སེམས་ཅན་གཞན་གང་འདུ་ཤེས་མྱེད་འདུ་ཤེས་མྱེད་མྱིན་སྐྱེ་མཆེད་ལ་སྙོམས་པར་འཇུག་པ་དེ་དག་གི་ལེགས་པ་རྗོད་ཅིང་མཐུན་པས་དགའ་བར་སྤྱོད་པ་ཡིན། བདག་ཀྱང་དྲན་པ་ཉེ་བར་གཞག་པ་རྣམས་སྒོམ་པ་ཡིན། གཞན་ཡང་དྲན་པ་ཉེ་བར་གཞག་པ་རྣམས་ལ་ཡང་དག་པར་སྐྱུལ་བ་ཡིན། དྲན་པ་ཉེ་བར་གཞག་པ་རྣམས་ཀྱི་ལེགས་པ་རྗོད་པ་ཡིན། སེམས་ཅན་གཞན་གང་དྲན་པ་ཉེ་བར་གཞག་པ་རྣམས་སྒོམ་པ་དེ་དག་གི་ལེགས་པ་རྗོད་ཅིང་མཐུན་པས་དགའ་བར་སྤྱོད་པ་ཡིན། བདག་ཀྱང་ཡང་དག་པར་སྤོང་བ་རྣམས་སྒོམ་པ་ཡིན། གཞན་ཡང་ཡང་དག་པར་སྤོང་བ་རྣམས་ལཿཡང་དག་པར་[7]སྐྱུལ་བ་ཡིན། ཡང་དག་པར་སྤོང་བ་རྣམས་ཀྱི་ལེགས་པ་རྗོད་པ་ཡིན། སེམས་ཅན་གཞན་གང་ཡང་དག་པར་སྤོང་བ་རྣམས་སྒོམ་པ་དེ་དག་གི་ལེགས་པ་རྗོད་ཅིང་མཐུན་པས་དགའ་བར་སྤྱོད་པ་ཡིན། བདག་ཀྱང་རྫུ་འཕྲུལ་

ཀྱི་རྐང་པ་རྣམས་སྒོམ་པ་ཡིན། གཞན་ཡང་རྫུ་འཕྲུལ་གྱི་རྐང་པ་རྣམས་ལ་ཡང་
དག་པར་སྐྱུལ་བ་ཡིན། རྫུ་འཕྲུལ་གྱི་རྐང་པ་རྣམས་ཀྱི་ལེགས་པ་བརྗོད་པ་ཡིན།
སེམས་ཅན་གཞན་གང་རྫུ་འཕྲུལ་གྱི་རྐང་པ་རྣམས་སྒོམ་པ་དེ་དག་གི་ལེགས་པ་བརྗོད་
ཅིང་མཐུན་པས་དགའ་བར་སྤྱོད་པ་ཡིན། བདག་ཀྱང་དབང་པོ་རྣམས་སྒོམ་པ་
ཡིན། གཞན་ཡང་དབང་པོ་རྣམས་ལ་ཡང་དག་པར་སྐྱུལ་བ་ཡིན། དབང་པོ་
རྣམས་ཀྱི་ལེགས་པ་བརྗོད་པ་ཡིན། སེམས་ཅན་གཞན་གང་དབང་པོ་རྣམས་སྒོམ་
པ་དེ་དག་གི་ལེགས་པ་བརྗོད་ཅིང་མཐུན་པས་དགའ་བར་སྤྱོད་པ་ཡིན། བདག་
ཀྱང་སྟོབས་རྣམས་སྒོམ་པ་ཡིན། གཞན་ཡང་སྟོབས་རྣམས་ལ་ཡང་དག་པར་སྐྱུལ་
བ་ཡིན། སྟོབས་རྣམས་ཀྱི་ལེགས་པ་བརྗོད་པ་ཡིན། སེམས་ཅན་གཞན་གང་
སྟོབས་རྣམས་སྒོམ་པ་དེ་དག་གི་ལེགས་པ་བརྗོད་ཅིང་མཐུན་པས་དགའ་བར་སྤྱོད་པ་
ཡིན། བདག་ཀྱང་བྱང་ཆུབ་ཀྱི་ཡན་ལག་རྣམས་སྒོམ་པ་ཡིན། གཞན་ཡང་
བྱང་ཆུབ་ཀྱི་ཡན་ལག་རྣམས་ལ་ཡང་དག་པར་སྐྱུལ་བ་ཡིན། བྱང་ཆུབ་ཀྱི་ཡན་
ལག་རྣམས་ཀྱི་ལེགས་པ་བརྗོད་པ་ཡིན། སེམས་ཅན་གཞན་གང་བྱང་ཆུབ་ཀྱི་ཡན་
ལག་རྣམས་སྒོམ་པ་དེ་དག་གི་ལེགས་པ་བརྗོད་ཅིང་མཐུན་པས་དགའ་བར་སྤྱོད་
པ་ཡིན། བདག་ཀྱང་འཕགས་པའི་ལམ་ཡན་ལག་བརྒྱད་པ་སྒོམ་པ་ཡིན།
གཞན་ཡང་འཕགས་པའི་ལམ་ཡན་ལག་བརྒྱད་པ་ལ་ཡང་དག་པར་སྐྱུལ་བ་ཡིན།
འཕགས་པའི་ལམ་ཡན་ལག་བརྒྱད་པའི་ལེགས་པ་བརྗོད་པ་ཡིན། སེམས་ཅན་
གཞན་གང་འཕགས་པའི་ལམ་ཡན་ལག་བརྒྱད་པ་སྒོམ་པ་དེ་དག་གི་ལེགས་པ་བརྗོད་
ཅིང་མཐུན་པས་དགའ་བར་སྤྱོད་པ་ཡིན། བདག་ཀྱང་རྣམ་པར་ཐར་པའི་སྒོ་
གསུམ་སྒོམ་པ་ཡིན། གཞན་ཡང་རྣམ་པར་ཐར་པའི་སྒོ་གསུམ་[༡]ལ་ཡང་དག་
པར་སྐྱུལ་བ་ཡིན། རྣམ་པར་ཐར་པའི་སྒོ་གསུམ་གྱི་ལེགས་པ་བརྗོད་པ་ཡིན།

སེམས་ཅན་གཞན་གང་རྣམ་པར་ཐར་པའི་སྒོ་གསུམ་①དེ་དག་གི་ལེགས་པ་རྗོད་ཅིང་མཐུན་པས་དགའ་བར་སྤྱོད་པ་ཡིན། བདག་ཀྱང་རྣམ་པར་ཐར་པ་བརྒྱད་སྒོམ་པ་ཡིན། གཞན་ཡང་རྣམ་པར་ཐར་པ་བརྒྱད་ལ་ཡང་དག་པར་སྐུལ་བ་ཡིན། རྣམ་པར་ཐར་པ་བརྒྱད་ཀྱི་ལེགས་པ་རྗོད་པ་ཡིན། སེམས་ཅན་གཞན་གང་རྣམ་པར་ཐར་པ་བརྒྱད་སྒོམ་པ་དེ་དག་གི་ལེགས་པ་རྗོད་ཅིང་མཐུན་པས་དགའ་བར་སྤྱོད་པ་ཡིན། བདག་ཀྱང་མཐར་གྱིས་གནས་པའི་སྙོམས་པར་འཇུག་པ་དགུ་སྒོམ་པ་ཡིན། གཞན་ཡང་མཐར་གྱིས་གནས་པའི་སྙོམས་པར་འཇུག་པ་དགུ་ལ་ཡང་དག་པར་སྐུལ་བ་ཡིན། མཐར་གྱིས་གནས་པའི་སྙོམས་པར་འཇུག་པ་དགུའི་ལེགས་པ་རྗོད་པ་ཡིན། སེམས་ཅན་གཞན་གང་མཐར་གྱིས་གནས་པའི་སྙོམས་པར་འཇུག་པ་དགུ་སྒོམ་པ་དེ་དག་གི་ལེགས་པ་རྗོད་ཅིང་མཐུན་པས་དགའ་བར་སྤྱོད་པ་ཡིན། བདག་ཀྱང་མངོན་པར་ཤེས་པ་ལྔ་སྒོམ་པ་ཡིན། གཞན་ཡང་མངོན་པར་ཤེས་པ་ལྔ་ལ་ཡང་དག་པར་སྐུལ་བ་ཡིན། མངོན་པར་ཤེས་པ་ལྔའི་ལེགས་པ་རྗོད་པ་ཡིན། སེམས་ཅན་གཞན་གང་②མངོན་པར་ཤེས་པ་ལྔ་སྒོམ་པ་དེ་དག་གི་ལེགས་པ་རྗོད་ཅིང་མཐུན་པས་དགའ་བར་སྤྱོད་པ་ཡིན། བདག་ཀྱང་ཏིང་ངེ་འཛིན་རྣམས་ལ་སྙོམས་པར་འཇུག་པ་ཡིན། གཞན་ཡང་ཏིང་ངེ་འཛིན་③ལ་སྙོམས་པར་འཇུག་པ་ལ་ཡང་དག་པར་སྐུལ་བ་ཡིན། ཏིང་ངེ་འཛིན་④ལ་སྙོམས་པར་འཇུག་པའི་ལེགས་པ་རྗོད་པ་ཡིན། སེམས་ཅན་གཞན་གང་ཏིང་ངེ་འཛིན་རྣམས་⑤ལ་སྙོམས་པར་འཇུག་པ་དེ་དག་གི་ལེགས་པ་རྗོད་ཅིང་མཐུན་པས་དགའ་བར་སྤྱོད་པ་ཡིན། བདག་ཀྱང་གཟུངས་ཀྱི་སྒོ་རྣམས་སྒོམ་པ་ཡིན། གཞན་ཡང་གཟུངས་ཀྱི་སྒོ་རྣམས་ལ་ཡང་དག་པར་སྐུལ་བ་ཡིན། གཟུངས་ཀྱི་སྒོ་རྣམས་ཀྱི་ལེགས་པ་རྗོད་པ་ཡིན། སེམས་ཅན་གཞན་གང་གཟུངས་ཀྱི་སྒོ་

རྣམས་སྒོམ་པ་དེ་དག་གི་ལེགས་པ་རྗོད་ཅིང་མཐུན་པས་དགའ་བར་སྤྱོད་པ་ཡིན། བདག་ཀྱང་དེ་བཞིན་གཤེགས་པའི་སྟོབས་བཅུ་སྒོམ་པ་ཡིན། གཞན་ཡང་དེ་བཞིན་གཤེགས་པའི་སྟོབས་བཅུ་ལ་ཡང་དག་པར་སྐུལ་བ་ཡིན། དེ་བཞིན་གཤེགས་པའི་①སྟོབས་བཅུའི་ལེགས་པ་རྗོད་པ་ཡིན། སེམས་ཅན་གཞན་གང་②དེ་བཞིན་གཤེགས་པའི་སྟོབས་བཅུ་སྒོམ་པ་དེ་དག་གི་ལེགས་པ་རྗོད་ཅིང་མཐུན་པས་དགའ་བར་སྤྱོད་པ་ཡིན། བདག་ཀྱང་མི་འཇིགས་པ་བཞི་སྒོམ་པ་ཡིན། གཞན་ཡང་མི་འཇིགས་པ་བཞི་ལ་ཡང་དག་པར་སྐུལ་བ་ཡིན། མི་འཇིགས་པ་བཞིའི་ལེགས་པ་རྗོད་པ་ཡིན། སེམས་ཅན་གཞན་གང་མི་འཇིགས་པ་བཞི་སྒོམ་པ་དེ་དག་གི་ལེགས་པ་རྗོད་ཅིང་མཐུན་པས་དགའ་བར་སྤྱོད་པ་ཡིན། བདག་ཀྱང་སོ་སོ་ཡང་དག་པར་རིག་པ་བཞི་སྒོམ་པ་ཡིན། གཞན་ཡང་སོ་སོ་ཡང་དག་པར་རིག་པ་བཞི་ལ་ཡང་དག་པར་སྐུལ་བ་ཡིན། སོ་སོ་ཡང་དག་པར་རིག་པ་བཞིའི་ལེགས་པ་རྗོད་པ་ཡིན། སེམས་ཅན་གཞན་གང་སོ་སོ་ཡང་དག་པར་རིག་པ་བཞི་སྒོམ་པ་དེ་དག་གི་ལེགས་པ་རྗོད་ཅིང་མཐུན་པས་དགའ་བར་སྤྱོད་པ་ཡིན། བདག་ཀྱང་བྱམས་པ་ཆེན་པོ་སྒོམ་པ་ཡིན། གཞན་ཡང་བྱམས་པ་ཆེན་པོ་ལ་ཡང་དག་པར་སྐུལ་བ་ཡིན། བྱམས་པ་ཆེན་པོའི་ལེགས་པ་རྗོད་པ་ཡིན། སེམས་ཅན་གཞན་གང་བྱམས་པ་ཆེན་པོ་སྒོམ་པ་དེ་དག་གི་ལེགས་པ་རྗོད་ཅིང་མཐུན་པས་དགའ་བར་སྤྱོད་པ་ཡིན། བདག་ཀྱང་སྙིང་རྗེ་ཆེན་པོ་སྒོམ་པ་ཡིན། གཞན་ཡང་སྙིང་རྗེ་ཆེན་པོ་ལ་ཡང་དག་པར་སྐུལ་བ་ཡིན། སྙིང་རྗེ་ཆེན་པོའི་ལེགས་པ་རྗོད་པ་ཡིན། སེམས་ཅན་གཞན་གང་སྙིང་རྗེ་ཆེན་པོ་སྒོམ་པ་དེ་དག་གི་ལེགས་པ་རྗོད་ཅིང་མཐུན་པས་དགའ་བར་སྤྱོད་པ་ཡིན། བདག་ཀྱང་སངས་རྒྱས་ཀྱི་ཆོས་མ་འདྲེས་པ་བཅོ་བརྒྱད་སྒོམ་པ་ཡིན། གཞན་ཡང་སངས་རྒྱས་ཀྱི་ཆོས་མ་འདྲེས་

པ་བཅོ་བརྒྱད་ལ་ཡང་དག་པར་སྐྱུལ་བ་ཡིན། སངས་རྒྱས་ཀྱི་ཆོས་མ་འདྲེས་པ་བཅོ་བརྒྱད་ཀྱི་ལེགས་པཿ རྫོད་པ་[༡]ཡིན། སེམས་ཅན་གཞན་གང་སངས་རྒྱས་ཀྱི་ཆོས་མ་འདྲེས་པ་བཅོ་བརྒྱད་སྒོམ་པ་དེ་དག་གི་ལེགས་པ་རྫོད་ཅིང་མཐུན་པས་དགའ་བར་སྤྱོད་པ་ཡིན། བདག་ཀྱང་སྐྱེ་ཆེན་པོའི་མཚན་སུམ་ཅུ་རྩ་གཉིས་སྒྲུབ་པ་ཡིན། གཞན་ཡང་སྐྱེ་ཆེན་པོའི་མཚན་སུམ་ཅུ་རྩ་གཉིས་ལ་ཡང་དག་པར་སྐྱུལ་བ་ཡིན། སྐྱེ་ཆེན་པོའི་མཚན་སུམ་ཅུ་རྩ་གཉིས་ཀྱི་ལེགས་པ་རྫོད་པ་ཡིན། སེམས་ཅན་གཞན་གང་སྐྱེ་ཆེན་པོའི་མཚན་སུམ་ཅུ་རྩ་གཉིས་སྒྲུབ་པ་དེ་དག་གི་ལེགས་པ་རྫོད་ཅིང་མཐུན་པས་དགའ་བར་སྤྱོད་པ་ཡིན། བདག་ཀྱང་དཔེ་བྱད་བཟང་པོ་བརྒྱད་ཅུ་སྒྲུབ་པ་ཡིན། གཞན་ཡང་དཔེ་བྱད་བཟང་པོ་བརྒྱད་ཅུ་ལ་ཡང་དག་པར་སྐྱུལ་བ་ཡིན། དཔེ་བྱད་བཟང་པོ་བརྒྱད་ཅུའི་ལེགས་པ་རྫོད་པ་ཡིན། སེམས་ཅན་གཞན་གང་དཔེ་བྱད་བཟང་པོ་བརྒྱད་ཅུ་སྒྲུབ་པ་དེ་དག་གི་ལེགས་པ་རྫོད་ཅིང་མཐུན་པས་དགའ་བར་སྤྱོད་པ་ཡིན། རབ་འབྱོར་གལ་ཏེ་ཆོས་ཀྱི་དབྱིངསཿ དེ་སྟོན་[༢]ཛེ་ལྟ་བར་ཕྱིས་ཀྱང་དེ་བཞིན་མ་ཡིན་ནམ། བར་དུ་ཡང་དེ་བཞིན་[༣]མ་ཡིན་དུ་ཟིན་ན་ནི། བྱང་ཆུབ་སེམས་དཔའ་སེམས་དཔའ་ཆེན་པོ་ཤེས་རབ་ཀྱི་ཕ་རོལ་ཏུ་ཕྱིན་པ་ལ་སྤྱོད་པའི་ཚེ། ཐབས་མཁས་པས་སེམས་ཅན་རྣམས་ལ་ཆོས་ཀྱི་དབྱིངས་སྟོན་པར་མི་འགྱུར། སེམས་ཅན་རྣམས་ཡོངས་སུ་སྨིན་པརཿ བྱེད་པར་[༤]མི་འགྱུར། སངས་རྒྱས་ཀྱི་ཞིང་ཡོངས་སུ་དག་པར་བྱེད་པར་མི་འགྱུར་ཏེ། རབ་འབྱོར་ཆོས་ཀྱི་དབྱིངས་དེ་སྟོན་ཛེ་ལྟ་བར་ཕྱིས་ཀྱང་དེ་བཞིན་བར་[༥]དུ་ཡང་དེ་བཞིན་པས་ན་དེའི་ཕྱིར་བྱང་ཆུབ་སེམས་དཔའ་སེམས་དཔའ་ཆེན་པོ་ཡང་ཤེས་རབ་ཀྱི་ཕ་རོལ་ཏུ་ཕྱིན་པ་ལ་སྤྱོད་པའི་ཚེ། ཐབས་མཁས་པས་སེམས་ཅན་རྣམས་ལ་ཆོས་ཀྱི་དབྱིངས་སྟོན་ཏོ། །སེམས་ཅན་རྣམས་ཀྱི་དོན

ཏུ་བྱང་ཆུབ་སེམས་དཔའི་སྤྱོད་པ་སྤྱོད་དོ། །སེམས་ཅན་རྣམས་ཡོངས་སུ་སྨིན་པར་བྱེད་དོ། །སངས་རྒྱས་ཀྱི་ཞིང་ཡོངས་སུ་དག་པར་བྱེད་དོ། །ཤེས་རབ་ཀྱི་[1]ཕ་རོལ་ཏུ་ཕྱིན་པ་སྟོང་ཕྲག་བརྒྱ་པ་ལས། ༔མཉམ་པ་ཉིད་དུ་བསྟན་པའི་[2]ལེའུ་སྟེ།[3] དྲུག་ཅུ་བཞི་པོ[4]།། །།

ཤེས་རབ་ཀྱི་ཕ་རོལ་ཏུ་ཕྱིན་པ་སྟོང་ཕྲག་བརྒྱ་པ། བམ་པོ་དགུ[5]པ། དེ་ནས་ཚེ་དང་ལྡན་པ་རབ་འབྱོར་རད་ཀྱིས། བཅོམ་ལྡན་འདས་ལ་འདི་སྐད་ཅེས་གསོལ་ཏོ། །བཅོམ་ལྡན་འདས་དེ་ལྟར་གལ་ཏེ་སེམས་ཅན་ཡང་ཤིན་ཏུ་དམིགས་སུ་མ་མཆིས་ལ། སེམས་ཅན་དུ་དམིགས་པ་ཡང་མ་མཆིས་ན། སུའི་དོན་དུ་བྱང་ཆུབ་སེམས་དཔའ་སེམས་དཔའ་ཆེན་པོ་ཤེས་རབ་ཀྱི་ཕ་རོལ་ཏུ་ཕྱིན་པ་སྒོམ་པ་ལགས། དེ་སྐད་ཅེས་གསོལ་པ་དང་། བཅོམ་ལྡན་འདས་ཀྱིས་ཚེ་དང་ལྡན་པ་རབ་འབྱོར་ལ་འདི་སྐད་ཅེས་བཀའ་སྩལ་ཏོ། །རབ་འབྱོར་བྱང་ཆུབ་སེམས་དཔའ་སེམས་དཔའ་ཆེན་པོ་ནི་ཡང་དག་པའི་མཐའ་ཚད་མར་བྱས་ཤིང་། ཤེས་རབ་ཀྱི་ཕ་རོལ་ཏུ་ཕྱིན་པ་སྒོམ་སྟེ། རབ་འབྱོར་གལ་ཏེ་ཡང་དག་པའི་མཐའ་ཡང་གཞན་ལ། སེམས་ཅན་གྱི་མཐའ་ཡང་གཞན་[6]ཡིན་ན་ནི། བྱང་ཆུབ་སེམས་དཔའ་སེམས་དཔའ་ཆེན༔པོ་ཡང་[7]ཤེས་རབ་ཀྱི་ཕ་རོལ་ཏུ་ཕྱིན་པ་ལ་སྒོམ་པར་མི་འགྱུར་ཏེ། རབ་འབྱོར་ཡང་དག་པའི་མཐའ་ཡང་གཞན་མ་ཡིན། སེམས་ཅན་གྱི་མཐའ་ཡང་གཞན་མ་ཡིན་པས། དེའི་ཕྱིར་བྱང་ཆུབ་སེམས་དཔའ་སེམས་དཔའ་ཆེན་པོ་ཡང་སེམས་ཅན་རྣམས་ཀྱི་དོན་དུ་ཤེས་རབ་ཀྱི་ཕ་རོལ་ཏུ་ཕྱིན་པ་སྒོམ་སྟེ། ཤེས་རབ་ཀྱི་ཕ་རོལ་ཏུ་ཕྱིན་པ་ལ་སྒོམ་པའི་བྱང་ཆུབ་སེམས་དཔའ་སེམས་དཔའ་ཆེན་པོ་ཡང་དག་པའི་མཐའ་རྣམ་པར་འཇིག་པ་མེད་པར། སེམས

ཅན་རྣམས་ཡང་དག་པའི་མཐའ་ལ་འགོད་དོ། །གསོལ་པ། བཅོམ་ལྡན་འདས་གལ་ཏེ་དེ་ལྟར་ཡང་དག་པའི་མཐའ་ཡང་གཞན་མ་ལགས། སེམས་ཅན་གྱི་མཐའ་ཡང་གཞན་མ་ལགས་ན། ཡང་དག་པའི་མཐའ་ཡང་དག་པའི་མཐའ་[1]ལ་གནས་པར་འགྱུར་རམ། བཅོམ་ལྡན་འདས་གལ་ཏེ་ཡང་དག་པའི་མཐའ་ཡང་དག་པའི་མཐའ་ལ་གནས་པར་གྱུར་[2]ན་ནི། དེས་རང་བཞིན་ལ་རང་བཞིན་གནས་པར་གྱུར་[3]ཏེ། བཅོམ་ལྡན་འདས་རང་བཞིན་ལ་ནི་རང་བཞིན་གནས་པ་མ་མཆིས་ན། བཅོམ་ལྡན་འདས་ཇི་ལྟར་བྱང་ཆུབ་སེམས་དཔའ་སེམས་དཔའ་ཆེན་པོ་ཤེས་རབ་ཀྱི་ཕ་རོལ་ཏུ་ཕྱིན་པ་ལ་སྤྱོད་པའི་ཚེ། སེམས་ཅན་རྣམས་ཡང་དག་པའི་མཐའ་ལ་འགོད་པ་ལགས། བཅོམ་ལྡན་འདས་ཀྱིས་བཀའ་སྩལ་པ། རབ་འབྱོར་ཡང་དག་པའི་མཐའ་ལ་ཡང་དག་པའི་མཐའ་གནས་པར་འགྱུར་བ་ཡང་མེད། རང་བཞིན་ལ་རང་བཞིན་གནས་པར་འགྱུར་བ་ཡང་མེད་ན[4]། འོན་ཀྱང་བྱང་ཆུབ་སེམས་དཔའ་སེམས་དཔའ་ཆེན་པོ་ཤེས་རབ་ཀྱི་ཕ་རོལ་ཏུ་ཕྱིན་པ་ལ་སྤྱོད་པའི་ཚེ། ཐབས་མཁས་པས་སེམས་ཅན་གྱི་མཐའ་ཡང་དག་པའི་མཐའ་ལ་འགོད་དེ[5]། ཡང་དག་པའི་མཐའ་རྣམ་པར་འཕྲུགས[6]པར་མི་བྱེད་དོ།། དེ་ཅིའི་ཕྱིར་ཞེ་ན། སེམས་ཅན་གྱི་མཐའ་ཡང་གཞན་མ་ཡིན། ཡང་དག་པའི་མཐའ་ཡང་གཞན་པ་[7]མ་ཡིན་ཏེ། དེ་ལྟར་ན་སེམས་ཅན་གྱི་མཐའ་དང་། ཡང་དག་པའི་མཐའ་དེ་ལ་གཉིས་སུ་མེད་དེ་གཉིས་སུ་བྱར་མེད་དོ། །གསོལ་པ། བཅོམ་ལྡན་འདས་བྱང་ཆུབ་སེམས་དཔའ་སེམས་དཔའ་ཆེན་པོ་ཤེས་རབ་ཀྱི་ཕ་རོལ་ཏུ་ཕྱིན་པ་ལ་སྤྱོད་པའི་ཚེ། ཐབས་མཁས་པ་དང་ལྡན་པས་སེམས་ཅན་རྣམས་ཡང་དག་པའི་མཐའ་ལ་འགོད་ཀྱང་། ཡང་དག་པའི་མཐའ་རྣམ་པར་འཕྲུག་པར་མི་བགྱིད་པ་དེ་ལྟ་བུའི་ཐབས་ལ་མཁས་པ་དེ[8]གང་ལགས། བཅོམ་

ལྡན་འདས་ཀྱིས་བཀའ་སྩལ་པ། རབ་འབྱོར་འདི་ལ་བྱང་ཆུབ་སེམས་དཔའ་སེམས་དཔའ་ཆེན་པོ་ཤེས་རབ་ཀྱི་ཕ་རོལ་ཏུ་ཕྱིན་པ་ལ་སྤྱོད་པའི་ཚེ། སེམས་དང་པོ་བསྐྱེད་པ་ནས་ཉེ་བར་བཟུང་སྟེ། སེམས་ཅན་རྣམས་སྦྱིན་པ་ལ་རབ་ཏུ་འགོད་དོ། །སྦྱིན་པ་ལ་རབ་ཏུ་བཀོད[1]ནས། སྦྱིན་པ་དེ[2]ཐོག་མའི་མཐའ་དང་། ཐ་མའི་མཐའ་དང་དབུས་སྟོང་སྟེ[3]། ཇི་ལྟར་སྦྱིན་པ་དེའི་ཐོག་མའི་མཐའ་ཡང་སྟོང་། ཐ་མའི་མཐའ་ཡང་སྟོང་། དབུས་ཀྱང་སྟོང་པ་དེ་ལྟར་སྦྱིན་པའི་འབྲས་བུ་ཡང་སྟོང་། སྦྱིན་བདག་ཀྱང་སྟོང་། ལེན་པ་ཡང་སྟོང་པར་སྟོན་ཅིང་། རིགས་ཀྱི་བུ་དེ་ལྟར་ཡང་དག་པའི་མཐའ་ལ་དོན་དེ་དག་མྱེད་ཀྱིས[4]། སྦྱིན་པ་ཡང་གཞན་ལ། སྦྱིན་པའི་འབྲས་བུ་ཡང་གཞན་ནོ་སྙམ་ཏུ་མ་སེམས་ཤིག །སྦྱིན་བདག་ཀྱང་གཞན་ལ། ལེན་པ་ཡང་གཞན་ནོ། སྙམ་དུ་མ་སེམས་ཤིག །རིགས་ཀྱི་བུ་ཁྱོད་ནམ་སྦྱིན་པ་ཡང་གཞན་ལ། སྦྱིན་པའི་འབྲས་བུ་ཡང་གཞན་ནོ་སྙམ་དུ་མྱི་སེམས། སྦྱིན་བདག་ཀྱང་གཞན་ལ་ལེན་པ་ཡང་གཞན་ནོ་སྙམ་དུ་མྱི་སེམས་པ་དེའི་ཚེ། ཁྱོད་ཀྱི་སྦྱིན་པ་འདི་བདུད་རྩི་དང་། བདུད་རྩིའི་འབྲས་བུ་དང་། མཐར་བདུད་རྩིར་འགྱུར་ཏེ། སྦྱིན་པ་འདིས[5]གཟུགས་ཡོངས་སུ་མ་འཛིན་ཅིག །ཚོར་བ་དང་། འདུ་ཤེས་དང་། འདུ་བྱེད་དང་། རྣམ་པར་ཤེས་པ་ཡོངས་སུ་མ་འཛིན་ཅིག །དེ་ཅིའི་ཕྱིར་ཞེ་ན། འདི་ལྟར་ཁྱོད་ཀྱི་སྦྱིན་པ་འདི་ནི་སྦྱིན་པས་སྟོང་ངོ་། །དེའི་འབྲས་བུ་ཡང་འབྲས་བུས་སྟོང་ངོ་། །སྦྱིན་བདག་ཀྱང་སྦྱིན་བདག་གིས་སྟོང་ངོ་། །ལེན་པ་ཡང་ལེན་པས་སྟོང་སྟེ། སྟོང་པ་ཉིད་ལ་ནི་སྦྱིན་པ་མྱི་དམྱིགས། སྦྱིན་པའི་འབྲས་བུ་དང་། སྦྱིན་བདག་དང་། ལེན་པ་མྱི་དམྱིགས་སོ། །དེ་ཅིའི་ཕྱིར་ཞེ་ན། འདི་ལྟར་ཆོས་དེ་དག་ནི་ངོ་བོ་ཉིད་ཀྱིས[6]ཤིན་ཏུ་སྟོང་ངོ་ཞེས་རྗོད་དོ། །གཞན་ཡང་རབ་འབྱོར་བྱང་ཆུབ

སེམས་དཔའ་སེམས་དཔའ་ཆེན་པོ་ཤེས་རབ་ཀྱི་ཕ་རོལ་ཏུ་ཕྱིན་ཿཔ་ལ་[1]སྤྱོད་པའི་ཚེ། ཐབས་མཁས་པས་སེམས་ཅན་རྣམས་ཚུལ་ཁྲིམས་ལ་འགོད་དོ[2]། །ཚུར་རིགས་ཀྱི་བུ་[3]སྲོག་གཅོད་པ་སྤོངས་ལ། སྲོག་གཅོད་པ་ལས་ཕྱིར་ལྡོག་པར་གྱིས་ཤིག །མ་བྱིན་པར་ལེན་པ་སྤོངས་ལ། མ་བྱིན་པར་ལེན་པ་ལས་ཕྱིར་ལྡོག་པར་གྱིས་ཤིག །འདོད་པས་ལོག་པར་གཡེམ་པ་སྤོངས་ལ། འདོད་པས་ལོག་པར་གཡེམ་པ་ལས་ཕྱིར་ལྡོག་པར་གྱིས་ཤིག །རྫུན་[4]དུ་སྨྲ་བ་སྤོངས་ལ། བརྫུན་དུ་སྨྲ་བ་ལས་ཕྱིར་ལྡོག་པར་གྱིས་ཤིག །ཕྲ་མཿསྤོངས་ལ[5]། ཕྲ་མ་ལས་ཕྱིར་ལྡོག་པར་གྱིས་ཤིག །ཞེ་གཅོད་པའི་ཚིག་སྤོངས་ལ། ཞེ་གཅོད་པའི་ཚིག་ལས་ཕྱིར་ལྡོག་པར་གྱིས་ཤིག །ཚིག་ཀྱལ་[6]པ་སྤོངས་ལ། ཚིག་ཀྱལ་[7]པ་ལས་ཕྱིར་ལྡོག་པར་གྱིས་ཤིག །ཆགས་སེམས་སྤོངས་ལ། ཆགས་སེམས་ལས་ཕྱིར་ལྡོག་པར་གྱིས་ཤིག །གནོད་སེམས་སྤོངས་ལ། གནོད་སེམས་ལས་ཕྱིར་ལྡོག་པར་གྱིས་ཤིག །ལོག་པར་ལྟ་བ་སྤོངས་ལ་ལོག་པར་ལྟ་བ་ལས་ཕྱིར་ལྡོག་པར་གྱིས་ཤིག །རིགས་ཀྱི་བུ་ཆོས་[8]འདི་དག་ལ་ཇི་ལྟར་ཡོངས་སུ་བརྟགས་པ་དེ་ལྟ་བུའི་རང་བཞིན་གང་ཡང་མྱེད་ཀྱིས[9]། རིགས་ཀྱི་བུཿསེམས་དང་[10]གང་ལ་[11]སྲོག་གཅད་[12]པར་བྱ་བའི་སྲོག་ཆགས་དང་། ཿསྲོག་གཅད་པར་བཏགས་པ་དང་།[13] གང་གིས་སྲོག་གཅད་[14]པར་བྱ་བ་དེ་ལྟ་བུའི་ཆོས་ཀྱང་གང་ཞིག་ཡིན། གང་མ་བྱིན་པར་བླང་བ་དང་། མ་བྱིན་པར་ལེན་པར་བཏགས་པ་དང་། གང་གིས་བླང་བ་དེ་ལྟ་བུའི་ཆོས་ཀྱང་གང་ཞིག་ཡིན། གང་འདོད་པས་ལོག་པར་གཡེམ་པ་དང་། འདོད་པས་ལོག་པར་གཡེམ་པར་བཏགས་པ་དང་[15]། གང་གིས་འདོད་པས་ལོག་པར་གཡེམ་པར་བྱ་བ་དེ་ལྟ་བུའི་ཆོས་ཀྱང་གང་ཞིག་ཡིན། གང་བརྫུན་[16]དུ་སྨྲ་བ་དང་། རྫུན་[17]དུ་སྨྲ་བར་བཏགས་པ་དང་། གང་གིས་བརྫུན་དུ་སྨྲ་བར་བྱ་བ་དེ་ལྟ་བུའི་ཆོས་ཀྱང་གང་

ཞིག་ཡིན། གང་ཕྲ་མ་སྨྲ་བ་དང་། ཕྲ་མ་[1]སྨྲ་བར་བརྟགས་པ་དང་། གང་གིས་ཕྲ་མར་སྨྲ་བ་དེ་ལྟ་བུའི་ཆོས་ཀྱང་གང་ཞིག་ཡིན། གང་ཞེ་གཅོད་པའི་ཚིག་སྨྲ་བ་དང་། ཞེ་གཅོད་པར་བརྟགས་པ་དང་། གང་གིས་ཞེ་གཅོད་པའི་ཚིག་ཏུ་སྨྲ་[2]བ་དེ་ལྟ་བུའི་ཆོས་ཀྱང་གང་ཞིག་ཡིན། གང་ཚིག་ཀྱལ་[3]པ་སྨྲ་བ་དང་། ཚིག་ཀྱལ་[4]པར་བརྟགས་པ་དང་། གང་གིས་ཚིག་ཀྱལ་[5]པར་སྨྲ་བ་དེ་ལྟ་བུའི་ཆོས་ཀྱང་གང་ཞིག་ཡིན། གང་ཆགས་སེམས་སྐྱེད་པ་དང་། ཆགས་སེམས་སུ་བརྟགས་པ་དང་། གང་གིས་ཆགས་སེམས་སྐྱེད་པ་དེ་ལྟ་བུའི་ཆོས་ཀྱང་གང་ཞིག་ཡིན། གང་གནོད་སེམས་སྐྱེད་པ་དང་། གནོད་སེམས་སུ་བརྟགས་པ་དང་། གང་གིས་གནོད་སེམས་སུ་བྱ་བ་དེ་ལྟ་བུའི་ཆོས་ཀྱང་གང་ཞིག་ཡིན། གང་ལོག་པར་ལྟ་བ་དང་། ལོག་པར་ལྟ་བར་བརྟགས་པ་དང་། གང་གིས་ལོག་པར་[6]མཐོང་བ་དེ་ལྟ་བུའི་ཆོས་ཀྱང་གང་ཞིག་ཡིན་ཞེས་སྟོན་ཅིང་། ཚུལ་ཁྲིམས་ལ་འགོད་དེ། རབ་འབྱོར་བྱང་ཆུབ་སེམས་དཔའ་སེམས་དཔའ་ཆེན་པོ་ཐབས་མཁས་པ་དེ་ལྟ་བུ་དང་ལྡན་པས། ཤེས་རབ་ཀྱི་ཕ་རོལ་ཏུ་ཕྱིན་པ་ལ་སྤྱོད་པའི་ཚེ། སེམས་ཅན་རྣམས་ཡོངས་སུ་སྨིན་པར་བྱེད་དོ། །དེས་དེ་ལ་སྦྱིན་པ་དང་། ཚུལ་ཁྲིམས་ཀྱི་འབྲས་བུ་བསྟན་ཏེ། སྦྱིན་པའི་འབྲས་བུ་དང་། ཚུལ་ཁྲིམས་ཀྱི་འབྲས་བུ་དེ་ཡང་ངོ་བོ་ཉིད་ཀྱིས་སྟོང་པར་བསྟན་པས། རིགས་ཀྱི་བུ་དེས་སྦྱིན་པ་དང་། ཚུལ་ཁྲིམས་ཀྱི་འབྲས་བུ་ངོ་བོ་ཉིད་ཀྱིས་སྟོང་པ་[7]རིག་ནས། དེ་ལ་མངོན་པར་ཞེན་པ་[8]མི་བྱེད་དོ། །མངོན་པར་ཞེན་པ་མེད་པས། འཁྲུག་པར་མི་འགྱུར་ཞིང་[9]ཤེས་རབ་སྐྱེད་དོ། །ཤེས་རབ་དེས་ཀྱང་བག་ལ་ཉལ་བ་དང་། ཀུན་ནས་ལྡང་བ་ཐམས་ཅད་བཅད་ནས་ཕུང་པོ་མ་ལུས་པའི་མྱ་ངན་ལས་འདས་པའི་དབྱིངས་སུ་ཡོངས་སུ་མྱ་ངན་ལས་འདའ་སྟེ[10]། དེ་ཡང་འཇིག་རྟེན་གྱི་ཐ་

སྐད་ཀྱི་[1]དོན་དམ་པར་[2]མ་ཡིན་ནོ། །དེ་ཅིའི་ཕྱིར་ཞེ་ན། སྟོང་པ་ཉིད་ལ་གང་
ཡོངས་སུ་མྱ་ངན་ལས་འདའ་བའམ། ཡོངས་སུ་མྱ་ངན་ལས་འདས་པ་ཞེས་བྱ་བ་
དེ་ལྟ་བུའི་ཆོས་གང་ཡང་མི་དམིགས་ཏེ། དེའི་མྱ་ངན་ལས་འདས་པ་ཞེས་བྱ་བ་
ནི་འདི་ལྟ་སྟེ། མཐའ་ལས་འདས་པ་[3]སྟོང་པ་ཉིད་དོ། །རབ་འབྱོར་གཞན་
ཡང་བྱང་ཆུབ་སེམས་དཔའ་སེམས་དཔའ་ཆེན་པོ་ཤེས་རབ་ཀྱི་ཕ་རོལ་ཏུ་ཕྱིན་པ་ལ་
སྤྱོད་པའི་ཚེ། སེམས་ཅན་ཕན་ཚུན་གནོད་པར་སེམས་ཤིང་། འཁྲུགས་པར་
གྱུར་པ་དང་ལྡན་པ་དག་མཐོང་ན་འདི་སྐད་དུ་འདེམས་[4]ཤིང་སྟོན་ཏེ། རིགས་
ཀྱི་བུ་བཟོད་ཿཔ་སྒྲུབས་[5]ཤིག །བཟོད་པ་སྒོམས་ཤིག །ངེས་པ་དང་སེམས་ཞི་
བ་དང་། ཿདང་དུ་[6]སེམས་པའི་ངང་ཚུལ་ཅན་དུ་གྱིས་ཤིག །གང་[7]གནོད་
པར་བྱེད་པ་དང་། གང་གིས་གནོད་པར་བྱ་བ་དང་། གང་ལ་གནོད་པར་བྱ་
བའི་ཆོས་དེ་དག་ནི་ཐམས་ཅད་ཀྱང་། རང་བཞིན་གྱི་[8]སྟོང་པ་ཡིན་གྱིས་[9]
རིགས་ཀྱི་བུ་གནོད་པར་བྱེད་པ་ནི་སུ་ཡོད། གནོད་པར་ནི་སུ་ལ་བྱ། ཅིས་ནི་
གནོད་པར་བྱ། སེམས་[10]དང་ཆོས་དེ་དག་ཐམས་ཅད་རང་བཞིན་གྱིས་སྟོང་པ་སྟེ།
རང་བཞིན་གྱིས་སྟོང་པ་ཉིད་གང་ཡིན་པ་དེས་[11]ནི་ནམ་ཡང་མི་སྟོང་པར་[12]མི་
འགྱུར་ཏེ། དེ་ནི་དེ་བཞིན་གཤེགས་པ་རྣམས་ཀྱིས་མ་མཛད་དོ། །བྱང་ཆུབ་
སེམས་དཔའ་རྣམས་ཀྱིས་མ་བྱས་སོ། །རང་སངས་རྒྱས་རྣམས་ཀྱིས་མ་བྱས་སོ། །
ཉན་ཐོས་རྣམས་ཀྱིས་མ་བྱས་སོ། །ལྷ་རྣམས་ཀྱིས་མ་བྱས་སོ། །ཀླུ་རྣམས་ཀྱིས་
མ་བྱས་སོ། །གནོད་སྦྱིན་རྣམས་ཀྱིས་མ་བྱས་སོ། །དྲི་ཟ་རྣམས་ཀྱིས་མ་བྱས་སོ[13]། །
ལྷ་མ་ཡིན་རྣམས་ཀྱིས་མ་བྱས་སོ། །ནམ་མཁའ་ལྡིང་རྣམས་ཀྱིས་མ་བྱས་སོ། །
མི་འམ་ཅི་རྣམས་ཀྱིས་མ་བྱས་སོ། །ལྟོ་འཕྱེ་ཆེན་པོ་རྣམས་ཀྱིས་མ་བྱས་སོ། །
རྒྱལ་ཆེན་བཞིའི་རིས་ཀྱི་ལྷ་རྣམས་ཀྱིས་མ་བྱས་སོ། །སུམ་ཅུ་རྩ་གསུམ་དང་།

མཆི་མ་དང་། དགའ་ལྡན་དང་། འཕྲུལ་དགའ་དང་། གཞན་འཕྲུལ་དབང་བྱེད་དང་། ཚངས་(༡)པ་དང་། ༑ཀུན་སྣང་དང་བ་དང་།(༢) དགེ་རྒྱས་དང་། གནས་གཙང་མ་དང་། ནམ་མཁའ་མཐའ་ཡས་སྐྱེ་མཆེད་དང་། རྣམ་ཤེས་མཐའ་ཡས་སྐྱེ་མཆེད་དང་། ཆུང་ཟད་མེད་པའི་སྐྱེ་མཆེད་དང་། འདུ་ཤེས་མེད་འདུ་ཤེས་མེད་མིན་སྐྱེ་མཆེད་ཀྱི་ལྷ་རྣམས་ཀྱིས་མ་བྱས་ཏེ། དེ་ནི་རྟག་པར་ཡང་རང་བཞིན་གྱིས་སྟོང་པའོ། །རང་བཞིན་(༣)སྟོང་པ་ནི་སུ་ལ་ཡང་གནོད་པར་མི་བྱེད་དོ་ཞེས་ནས། རབ་འབྱོར་དེ་ལྟར་བྱང་ཆུབ་སེམས་དཔའ་སེམས་དཔའ་ཆེན་པོ་ཤེས་རབ་ཀྱི་ཕ་རོལ་ཏུ་ཕྱིན་པ་ལ་སྤྱོད་ཅིང་། སེམས་ཅན་རྣམས་ཐབས་མཁས་པས་རང་བཞིན་སྟོང་པ་ཉིད་དང་། རྒྱུ་དང་འབྲས་བུ་ལ་སྦྱོར་ཏེ། རང་བཞིན་གྱིས་(༤)སྟོང་པ་ཉིད་ལ་བཀོད་ཅིང་། རིམ་གྱིས་བླ་ན་མེད་པ་ཡང་དག་པར་རྫོགས་པའི་བྱང་ཆུབ་ཏུ་ཡང་དག་པར་སྟོན་ཏོ། །ཡང་དག་པར་སྐུལ་ལོ། །ཡང་དག་པར་གཟེང་སྟོད་དོ། །ཡང་དག་པར་དགའ་བར་བྱེད་དོ། །གཞོག་གོ། །འདུལ་ལོ། །རབ་ཏུ་འགོད་དོ། །དེ་ཡང་འཇིག་རྟེན་གྱི་ཐ་སྙད་ཀྱི་དོན་དམ་པར་མ་ཡིན་នོ། །དེ་ཅིའི་ཕྱིར་ཞེ་ན། རང་བཞིན་སྟོང་པ་ཉིད་ལ་གང་ཐོབ་པར་བྱེད་པ་དང་། གང་གིས་ཐོབ་པར་བྱ་བ་དང་། གང་ཐོབ་པར་བྱ་བ་གང་ཡང་མེད་དོ། །རབ་འབྱོར་འདི་ནི་ཡང་དག་པའི་མཐའ་སྟོང་པ་ཉིད་དེ། དེ་ལ་གནས་ཤིང་བྱང་ཆུབ་སེམས་དཔའ་སེམས་དཔའ་ཆེན་པོ་སེམས་ཅན་རྣམས་ཀྱི་དོན་དུ་གང་(༥)ཤེས་རབ་ཀྱི་ཕ་རོལ་ཏུ་ཕྱིན་པ་ལ་སྤྱོད་དོ(༦)། །དེ་ལ་སེམས་ཅན་དུ་དམིགས་པ་མེད་དོ། །སེམས་ཅན་དུ་གདགས་པར་(༧)དམིགས་པ་མེད་དོ། །དེ་ཅིའི་ཕྱིར་ཞེ་ན། འདི་ལྟར་ཆོས་ཐམས་ཅད་ནི་སེམས་ཅན་གྱིས་དབེན་པའོ། །རབ་འབྱོར་གཞན་ཡང་བྱང་ཆུབ་སེམས་དཔའ་སེམས་དཔའ་ཆེན་པོ་ཤེས་རབ་ཀྱི་

པ་རོལ་ཏུ་ཕྱིན་པ་ལ་སྤྱོད་པའི་ཚེ། ཐབས་མཁས་པས་སེམས་ཅན་ལེ་ལོ་ཅན་བརྩོན་འགྲུས་ཆུང་བ་དག་མཐོང་ན། འདི་ལྟར་ལུས་དང་སེམས་ཀྱི་བརྩོན་འགྲུས་ལ་ཡང་དག་པར་སྐུལ་ཏེ། རིགས་ཀྱི་བུ་དག་རང་བཞིན་གྱིས་སྟོང་པ་ཉིད་ལ་ནི། ཆོས་གང་ཡང་ཞུམ་ཞིང་ལེ་ལོར་འགྱུར་བའམ་གང་ལ་ཞུམ་ཞིང་ལེ་ལོར་འགྱུར་བའམ་གང་གིས་ཞུམ་ཞིང་ལེ་ལོར་འགྱུར་བའམ། གང་ཞུམ་ཞིང་ལེ་ལོར་འགྱུར་བའི་ཆོས་གང་ཡང་མེད་དེ། ཆོས་དེ་དག་ནི་ཐམས་ཅད་ཀྱང་རང་བཞིན་གྱིས་[1] སྟོང་པ་ཉིད་ལས་མི་འདའ་བ་ཡིན་གྱིས[2]། ལུས་དང་། སེམས་ཀྱི་བརྩོན་འགྲུས་སྙིད་ལ། ལེ་ལོ་བོར་[3]ཏེ། དགེ་བའི་ཆོས་སྦྱིན་པ་འམ། ཚུལ་ཁྲིམས་སམ། བཟོད་པ་འམ། བརྩོན་འགྲུས་སམ། བསམ་གཏན་ནམ། ཤེས་རབ་བམ[4]། ནང་སྟོང་པ་ཉིད་དམ། ཕྱི་སྟོང་པ་ཉིད་དམ། ཕྱི་ནང་སྟོང་པ་ཉིད་དམ། སྟོང་པ་ཉིད་སྟོང་པ་ཉིད་དམ། ཆེན་པོ་སྟོང་པ་ཉིད་དམ། དོན་དམ་པ་སྟོང་པ་ཉིད་དམ། འདུས་བྱས་སྟོང་པ་ཉིད་དམ། འདུས་མ་བྱས་སྟོང་པ་ཉིད་དམ། མཐའ་ལས་འདས་པ་སྟོང་པ་ཉིད་དམ། ཐོག་མ་དང་ཐ་མ་མེད་པ་སྟོང་པ་ཉིད་དམ། དོར་བ་མེད་པ་སྟོང་པ་ཉིད་དམ། རང་བཞིན་སྟོང་པ་ཉིད་དམ། ཆོས་ཐམས་ཅད་སྟོང་པ་ཉིད་དམ། རང་གི་མཚན་ཉིད་སྟོང་པ་ཉིད་དམ། མི་དམིགས་པ་སྟོང་པ་ཉིད་དམ། དངོས་པོ་མེད་པ་སྟོང་པ་ཉིད་དམ། ངོ་བོ་ཉིད་སྟོང་པ་ཉིད་དམ། དངོས་པོ་མེད་པའི་ངོ་བོ་ཉིད་སྟོང་པ་ཉིད་དམ། དྲན་པ་ཉེ་བར་གཞག་པ་རྣམས་སམ། ཡང་དག་པར་སྤོང་བ་རྣམས་སམ། རྫུ་འཕྲུལ་གྱི་རྐང་པ་རྣམས་སམ། དབང་པོ་རྣམས་སམ། སྟོབས་རྣམས་སམ། བྱང་ཆུབ་ཀྱི་ཡན་ལག་རྣམས་སམ། འཕགས་པའི་ལམ་ཡན་ལག་བརྒྱད་པའམ། འཕགས་པའི་བདེན་པ་རྣམས་སམ། བསམ་གཏན་

རྣམས་སམ། ཚད་མེད་པ་རྣམས་སམ། གཟུགས་མེད་པའི་སྙོམས་པར་འཇུག་པ་རྣམས་སམ། རྣམ་པར་ཐར་པ་རྣམས་སམ། མཐར་གྱིས་གནས་པའི་སྙོམས་པར་འཇུག་པ་རྣམས་སམ། རྣམ་པར་ཐར་པའི་སྒོ་སྟོང་པ་ཉིད་དང་། མཚན་མ་མེད་པ་དང་། སྨོན་པ་མེད་པ་འམ། མངོན་པར་ཤེས་པ་རྣམས་སམ། ཏིང་ངེ་འཛིན་རྣམས་སམ། གཟུངས་ཀྱི་སྒོ་རྣམས་སམ། དེ་བཞིན་གཤེགས་པའི་སྟོབས་རྣམས་སམ། མི་འཇིགས་པ་རྣམས་སམ། སོ་སོ་ཡང་དག་པར་རིག་པ་རྣམས་སམ། བྱམས་པ་ཆེན་པོ་འམ། སྙིང་རྗེ་ཆེན་པོ་འམ། སངས་རྒྱས་ཀྱི་ཆོས་མ་འདྲེས་པ་དག་ལ་བརྟེན་པར་གྱིས་ཤིག །རིགས་ཀྱི་བུ་དག་སྟོང་པ་ཉིད་ཀྱིས་ཆོས་དེ་དག་ཐམས་ཅད་སྒྲིབ་པ་མེད་པར་རྟོགས་ཤིག །སྒྲིབ་པ་མེད་པའི་ཆོས་ལ་ཞུམ་པར་འགྱུར་བ་གང་ཡང་མེད་དོ་ཞེས། རབ་འབྱོར་དེ་ལྟར་བྱང་ཆུབ་སེམས་དཔའ་སེམས་དཔའ་ཆེན་པོ་ཤེས་རབ་ཀྱི་ཕ་རོལ་ཏུ་ཕྱིན་པ་ལ་སྤྱོད་པའི་ཚེ། ཐབས་མཁས་པས་སེམས་ཅན་རྣམས་ལ་① རང་བཞིན་སྟོང་པ་ཉིད་② ཡང་དག་པར་སྟོན་ཏོ། །ཡང་དག་པར་སྐུལ་ལོ། །ཡང་དག་པར་གཟེང་སྟོད་དོ། །ཡང་དག་པར་དགའ་བར་བྱེད་དོ། །གཞོག་གོ། །འདུལ་ལོ་རབ་ཏུ་འགོད་དོ། །ཅི་ནས་ཀྱང་གཉིས་ལ་མི་གནས་པ་དེ་ལྟར་རབ་ཏུ་འགོད་དོ། །དེ་ཅིའི་ཕྱིར་ཞེ་ན། རང་བཞིན་སྟོང་པ་ཉིད་ནི་གཉིས་སུ་མེད་དེ་གཉིས་སུ་བྱར་མེད་དོ། །གཉིས་སུ་བྱར་③ མེད་པའི་ཆོས་ནི་གང་ལ་ཡང་གནས་པ་མེད་དོ། །རབ་འབྱོར་གཞན་ཡང་བྱང་ཆུབ་སེམས་དཔའ་སེམས་དཔའ་ཆེན་པོ་ཤེས་རབ་ཀྱི་ཕ་རོལ་ཏུ་ཕྱིན་པ་ལ་སྤྱོད་པའི་ཚེ། ཐབས་མཁས་པས་སེམས་ཅན་རྣམས་རང་བཞིན་སྟོང་པ་ཉིད་ཀྱི་བརྟེན་འགྲུས་ལ་འདེམས་ཤིང་རྗེས་སུ་སྟོན་ཏེ④། ཚུར་རིགས་ཀྱི་བུ་སྦྱིན་པ་འམ། ཚུལ་ཁྲིམས་སམ། བཟོད་པ་འམ། བརྟོན་འགྲུས་སམ། བསམ་གཏན་ནམ།

ཤེས་རབ་བམ[༧]། ནང་སྟོང་པ་ཉིད་དམ། ཕྱི་སྟོང་པ་ཉིད་དམ། ཕྱི་ནང་སྟོང་པ་ཉིད་དམ། སྟོང་པ་ཉིད་སྟོང་པ་ཉིད་དམ། ཆེན་པོ་སྟོང་པ་ཉིད་དམ། དོན་དམ་པ་སྟོང་པ་ཉིད་དམ། འདུས་བྱས་སྟོང་པ་ཉིད་དམ། འདུས་མ་བྱས་སྟོང་པ་ཉིད་དམ། མཐའ་ལས་འདས་པ་སྟོང་པ་ཉིད་དམ། ཐོག་མ་དང་ཐ་མ་མེད་པ་སྟོང་པ་ཉིད་དམ། དོར་བ་མེད་པ་སྟོང་པ་ཉིད་དམ། རང་བཞིན་སྟོང་པ་ཉིད་དམ། ཆོས་ཐམས་ཅད་སྟོང་པ་ཉིད་དམ། རང་གི་མཚན་ཉིད་སྟོང་པ་ཉིད་དམ། མི་དམིགས་པ་སྟོང་པ་ཉིད་དམ། དངོས་པོ་མེད་པ་སྟོང་པ་ཉིད་དམ། ངོ་བོ་ཉིད་སྟོང་པ་ཉིད་དམ། དངོས་པོ་མེད་པའི་ངོ་བོ་ཉིད་སྟོང་པ་ཉིད་དམ། དྲན་པ་ཉེ་བར་གཞག་པ་རྣམས་སམ། ཡང་དག་པར་སྤོང་བ་རྣམས་སམ། རྫུ་འཕྲུལ་གྱི་རྐང་པ་རྣམས་སམ། དབང་པོ་རྣམས་སམ། སྟོབས་རྣམས་སམ། བྱང་ཆུབ་ཀྱི་ཡན་ལག་རྣམས་སམ། འཕགས་པའི་ལམ་ཡན་ལག་བརྒྱད་པའམ། འཕགས་པའི་བདེན་པ་རྣམས་སམ། བསམ་གཏན་རྣམས་སམ། ཚད་མེད་པ་རྣམས་སམ། གཟུགས་མེད་པའི་སྙོམས་པར་འཇུག་པ་རྣམས་སམ། རྣམ་པར་ཐར་པ་རྣམས་སམ། མཐར་གྱིས་གནས་པའི་སྙོམས་པར་འཇུག་པ་རྣམས་སམ། རྣམ་པར་ཐར་པའི་སྒོ་སྟོང་པ་ཉིད་དང་། མཚན་མ་མེད་པ་དང་། སྨོན་པ་མེད་པ་འམ། མངོན་པར་ཤེས་པ་རྣམས་སམ། ཏིང་ངེ་འཛིན་རྣམས་སམ། གཟུངས་ཀྱི་སྒོ་རྣམས་སམ། དེ་བཞིན་གཤེགས་པའི་སྟོབས་རྣམས་སམ། མི་འཇིགས་པ་རྣམས་སམ། སོ་སོ་ཡང་དག་པར་རིག་པ་རྣམས་སམ། ༔ཡང་ན་[༢]བྱམས་པ་ཆེན་པོ་འམ། སྙིང་རྗེ་ཆེན་པོ་འམ། སངས་རྒྱས་ཀྱི་[༣]ཆོས་མ་འདྲེས་པ་དག་ལ་བརྟེན་འགྱུར་རྟོགས་[༨]ལ། ཆོས་དེ་དག་གཉིས་པར་ཡང་ཡོད་ལ་མ་བྱེད་ཅིག །མི་གཉིས་པར་ཡང་ཡོད་ལ་མ་བྱེད་ཅིག །

དེ་ཅིའི་ཕྱིར་ཞེ་ན། ཆོས་དེ་དག་ནི་རང་བཞིན་གྱིས་སྟོང་པ་[༡]སྟེ། རང་བཞིན་གྱིས་སྟོང་པ་ཉིད་ནི་གཉིས་པར་ཡང་[༢]ཡོད་ལ་བྱ་བ་མ་ཡིན། མི་གཉིས་པར་ཡང་[༣]ཡོད་ལ་བྱ་བ་མ་ཡིན་ནོ། །རབ་འབྱོར་དེ་ལྟར་བྱང་ཆུབ་སེམས་དཔའ་སེམས་དཔའ་ཆེན་པོ་ཤེས་རབ་ཀྱི་ཕ་རོལ་ཏུ་ཕྱིན་པ་ལ་སྤྱོད་པའི་ཚེ། ཐབས་[༤]མཁས་པས་སེམས་ཅན་རྣམས་རང་བཞིན་སྟོང་པ་ཉིད་ལ་ཡོངས་སུ་སྨིན་པར་བྱེད་དེ། ཡོངས་སུ་སྨིན་པར་བྱས་ནས། རིམ་གྱིས་རྒྱུན་དུ་ཞུགས་པའི་འབྲས་བུ་ལ་འགོད་དོ། །ལན་ཅིག་ཕྱིར་འོང་བའི་འབྲས་བུ་ལ་འགོད་དོ། །ཕྱིར་མི་འོང་བའི་འབྲས་བུ་ལ་[༥]འགོད་དོ། །དགྲ་བཅོམ་པ་ཉིད་ལ་འགོད་དོ། །རང་བྱང་ཆུབ་ལ་འགོད་དོ། །ལམ་གྱི་རྣམ་པ་ཤེས་པ་ཉིད་ལ་འགོད་དོ། །བླ་ན་མེད་པ་ཡང་དག་པར་རྫོགས་པའི་བྱང་ཆུབ་ལ་འགོད་དོ། །རབ་འབྱོར་གཞན་ཡང་བྱང་ཆུབ་སེམས་དཔའ་སེམས་དཔའ་ཆེན་པོ་ཤེས་རབ་ཀྱི་ཕ་རོལ་ཏུ་ཕྱིན་པ་ལ་སྤྱོད་པའི་ཚེ། ཐབས་མཁས་པས་སེམས་ཅན་སེམས་གཡེང་བ་རྣམས་ལ་འདི་སྐད་དུ་འདེམས་ཤིང་རྗེས་སུ་སྟོན་ཏེ། ཚུར་[༦]རིགས་ཀྱི་བུ་ཏིང་ངེ་འཛིན་སྒོམས་ཤིག །གཡེང་བའི་འདུ་ཤེས་སམ། ཏིང་ངེ་འཛིན་གྱི་འདུ་ཤེས་སུ་མ་བྱེད་ཅིག །དེ་ཅིའི་ཕྱིར་ཞེ་ན། ཆོས་དེ་དག་ནི་རང་བཞིན་གྱིས་སྟོང་པ་སྟེ། རང་བཞིན་[༧]སྟོང་པ་ཉིད་ལ་ནི་གང་གཡེང་བའམ[༨]། རྩེ་གཅིག་ཏུ་འགྱུར་བའི་ཆོས་གང་ཡང་དམིགས་སུ་མེད་དོ། །ཁྱོད་[༩]ཀྱིས་ཏིང་ངེ་འཛིན་དེ་ལ་གནས་ཏེ། རང་བཞིན་སྟོང་པ་ཉིད་ལ་[༡༠]སྤྱད་ན། ལུས་དང་ངག་དང་ཡིད་ཀྱིས་དགེ་[༡༡]བའི་ཆོས་གང་ཅི་བྱེད་ཀྱང་རུང་སྟེ། སྦྱིན་པ་གཏོང་ངམ། ཚུལ་ཁྲིམས་སྲུང་[༡༢]ངམ། བཟོད་པ་སྒྲུབ་བམ[༡༣]། བརྩོན་འགྲུས་རྩོམ་མམ[༡༤]། ཏིང་ངེ་འཛིན་སྐྱེད་དམ[༡༥]། ཤེས་རབ་སྒོམ་མམ[༡༦]། ནང་སྟོང་པ་ཉིད་ལ་སྤྱོད་དམ། ཕྱི་སྟོང་པ་ཉིད་ལ་སྤྱོད་དམ། ཕྱི་ནང་སྟོང་པ་ཉིད་

ལ་སྐྱོད་དམ། སྟོང་པ་ཉིད་སྟོང་པ་ཉིད་ལ་སྐྱོད་དམ། ཆེན་པོ་སྟོང་པ་ཉིད་ལ་སྐྱོད་དམ། དོན་དམ་པ་སྟོང་པ་ཉིད་ལ་སྐྱོད་དམ། འདུས་བྱས་སྟོང་པ་ཉིད་ལ་སྐྱོད་དམ། འདུས་མ་བྱས་སྟོང་པ་ཉིད་ལ་སྐྱོད་དམ། མཐའ་ལས་འདས་པ་སྟོང་པ་ཉིད་ལ་སྐྱོད་དམ། ཐོག་མ་དང་ཐ་མ་མེད་པ་སྟོང་པ་ཉིད་ལ་སྐྱོད་དམ། དོར་བ་མེད་པ་སྟོང་པ་ཉིད་ལ་སྐྱོད་དམ། རང་བཞིན་སྟོང་པ་ཉིད་ལ་སྐྱོད་དམ། ཆོས་ཐམས་ཅད་སྟོང་པ་ཉིད་ལ་སྐྱོད་དམ། རང་གི་མཚན་ཉིད་སྟོང་པ་ཉིད་ལ་སྐྱོད་དམ། མི་དམིགས་པ་སྟོང་པ་ཉིད་ལ་སྐྱོད་དམ། དངོས་པོ་མེད་པ་སྟོང་པ་ཉིད་ལ་སྐྱོད་དམ། ངོ་བོ་ཉིད་སྟོང་པ་ཉིད་ལ་སྐྱོད་དམ། དངོས་པོ་མེད་པའི་ངོ་བོ་ཉིད་སྟོང་པ་ཉིད་ལ་སྐྱོད་དམ། དྲན་པ་ཉེ་བར་གཞག་པ་རྣམས་ལ་སྐྱོད་དམ། ཡང་དག་པར་སྤོང་བ་རྣམས་ལ་སྐྱོད་དམ། རྫུ་འཕྲུལ་གྱི་རྐང་པ་རྣམས་ལ་སྐྱོད་དམ། དབང་པོ་རྣམས་ལ་སྐྱོད་དམ། སྟོབས་རྣམས་ལ་སྐྱོད་དམ། བྱང་ཆུབ་ཀྱི་ཡན་ལག་བདུན[7]ལ་སྐྱོད་དམ། འཕགས་པའི་ལམ་ཡན་ལག་བརྒྱད་པ་ལ་སྐྱོད་དམ། འཕགས་པའི་བདེན་པ་རྣམས་ལ་སྐྱོད་དམ། བསམ་གཏན་རྣམས་ལ་སྐྱོད་དམ། ཚད་མེད་པ་རྣམས་ལ་སྐྱོད་དམ། གཟུགས་མེད་པའི་སྙོམས་པར་འཇུག་པ་རྣམས་ལ་སྐྱོད་དམ། རྣམ་པར་ཐར་པ་བརྒྱད་ལ་སྐྱོད་དམ། མཐར་གྱིས་གནས་པའི་སྙོམས་པར་འཇུག་པ་དགུ་ལ་སྐྱོད་དམ། རྣམ་པར་ཐར་པའི་སྒོ་སྟོང་པ་ཉིད་དང་། མཚན་མ་མེད་པ་དང་། སྨོན་པ་མེད་པ་ལ་སྐྱོད་དམ། མངོན་པར་ཤེས་པ་རྣམས་ལ་སྐྱོད་དམ། ཏིང་ངེ་འཛིན་རྣམས་ལ་སྐྱོད་དམ། གཟུངས་ཀྱི་སྒོ་རྣམས་ལ་སྐྱོད་དམ། དེ་བཞིན་གཤེགས་པའི་སྟོབས་བཅུ་ལ་སྐྱོད་དམ། མི་འཇིགས་པ་བཞི་ལ་སྐྱོད་དམ། སོ་སོ་ཡང་དག་པར་རིག་པ་བཞི་ལ་སྐྱོད་དམ། བྱམས་པ་ཆེན་པོ་ལ་སྐྱོད་དམ། སྙིང་རྗེ་ཆེན་པོ་ལ་སྐྱོད་

དམ། དགའ་བ་ཆེན་པོ་ལ་སྤྱོད་དམ། བཏང་སྙོམས་ཆེན་པོ་ལ་སྤྱོད་དམ། སངས་རྒྱས་ཀྱི་ཆོས་མ་འདྲེས་པ་བཅོ་བརྒྱད་ལ་སྤྱོད་དམ། སྐྱེ་ཆེན་པོའི་མཚན་སུམ་ཅུ་རྩ་གཉིས་ལ་སྤྱོད་དམ། དཔེ་བྱད་བཟང་པོ་བརྒྱད་ཅུ་ལ་སྤྱོད་དམ། ཉན་ཐོས་ཀྱི་ལམ་ལ་སྤྱོད་དམ། རང་སངས་རྒྱས་ཀྱི་ལམ་ལ་སྤྱོད་དམ། བྱང་ཆུབ་སེམས་དཔའི་ལམ་ལ་སྤྱོད་དམ། སངས་རྒྱས་ཀྱི་ལམ་ལ་སྤྱོད་དམ། རྒྱུན་དུ་ཞུགས་པའི་འབྲས་བུ་ལ་སྤྱོད་དམ། ལན་ཅིག་ཕྱིར་འོང་བའི་འབྲས་བུ་ལ་སྤྱོད་དམ། ཕྱིར་མི་འོང་བའི་འབྲས་བུ་ལ་སྤྱོད་དམ། དགྲ་བཅོམ་པ་ཉིད་ལ་སྤྱོད་དམ། རང་བྱང་ཆུབ་ལ་སྤྱོད་དམ། རྣམ་པ་ཐམས་ཅད་མཁྱེན་པ་ཉིད་ལ་སྤྱོད་དམ། སེམས་ཅན་ཡོངས་སུ་སྨིན་པར་བྱ་བ་ལ་སྤྱོད་དམ། སངས་རྒྱས་ཀྱི་ཞིང་ཡོངས་སུ་དག་པར་བྱ་བ་ལ་སྤྱོད་ཀྱང་རུང་སྟེ། དགེ་བའི་ཆོས་དེ་དག་ལས་[1] ཡོན་ཆུང་ངུས་འགྲུབ་པར་འགྱུར་རོ་ཞེས་འདེམས་ཤིང་རྗེས་སུ་སྟོན་ཏེ[2]། རབ་འབྱོར་དེ་ལྟར་བྱང་ཆུབ་སེམས་དཔའ་སེམས་དཔའ་ཆེན་པོ་ཤེས་རབ་ཀྱི་ཕ་རོལ་ཏུ་ཕྱིན་པ་ལ་སྤྱོད་པའི་ཚེ། ཐབས་མཁས་པས་སེམས་ཅན་རྣམས་ཀྱི་དོན་བྱེད་དེ[3]། སེམས་དང་པོ་བསྐྱེད་པ་ནས་ཉེ་བར་བཟུང་ནས། བར་འགའ་ཡང་ལས་མི་བྱེད་པར་མི་འགྱུར་གྱི། དགེ་བ་ཐམས་ཅད་ཚོལ་ཞིང་སེམས་ཅན་རྣམས་ཀྱི་དོན་བྱེད་དེ། སངས་རྒྱས་བཅོམ་ལྡན་འདས་རྣམས་ལ་རྟག་ཏུ་རྒྱུན་མི་ཆད་[4] པར་བསྙེན་བཀུར་བྱེད་ཅིང་། སངས་རྒྱས་ཀྱི་ཞིང་ནས་སངས་རྒྱས་ཀྱི་ཞིང་དུ་འགྲོ་སྟེ། སངས་རྒྱས་བཅོམ་ལྡན་འདས་དེ་དག་ལས་ཆོས་ཐོས་པ་དེ་ཡང་བླ་ན་མེད་པ་ཡང་དག་པར་རྫོགས་པའི་བྱང་ཆུབ་ཏུ་མངོན་པར་སངས་མ་[5] རྒྱས་ཀྱི་བར་དུ[6]། ཚེ་རབས་རྗེས་[7] ཀྱང་ནམ་དུ་ཡང་རྣམ་པར་ཆུད་མི་ཟ་སྟེ། རྟག་ཏུ་རྒྱུན་མི་འཆད་[8] པར་གཟུངས་ཐོབ་[9] ཅིང་། ལུས་ཀྱི་དབང་པོ་འཛམ། ངག་གི་དབང་པོ་འཛམ།

ཡོད་ཀྱི་དབང་པོ་སྐྱི་ཉམས་[1]པ་ཡིན། དེ་ཅིའི་ཕྱིར་ཞེ་ན། དེ་ནི་འདི་ལྟར་བྱང་ཆུབ་སེམས་དཔའ་སེམས་དཔའ་ཆེན་པོ་དེས་རྟག་ཏུ་རྒྱུན་མི་འཆད་[2]པར་རྣམ་པ་ཐམས་ཅད་མཁྱེན་པ་ཉིད་ཤིན་ཏུ་བསྒོམས་པས་རྣམ་པ་ཐམས་ཅད་མཁྱེན་པ་ཉིད་[3]ཤིན་ཏུ་བསྒོམས་པ་དེས་[4]ལམ་ཐམས་ཅད་ཤིན་ཏུ་བསྒོམས་[5]པར་འགྱུར་ཏེ། ཉན་ཐོས་ཀྱི་ལམ་མམ[6]། རང་སངས་རྒྱས་ཀྱི་ལམ་མམ[7]། བྱང་ཆུབ་སེམས་དཔའི་ལམ་མམ[8]། སངས་རྒྱས་ཀྱི་ལམ་ཤིན་ཏུ་བསྒོམས་[9]པར་འགྱུར། མངོན་པར་ཤེས་པ་གང་བྱང་ཆུབ་སེམས་དཔའ་སེམས་དཔའ་ཆེན་པོ་ལ་རྣམ་པར་ཆུད་མི་ཟ་བའི་ཚུལ་གྱིས་ཕན་པར་[10]འགྱུར་བ་དེ་དག་ཀྱང་ཤིན་ཏུ་བསྒོམས་[11]པར་འགྱུར་ཏེ། རྣམ་པར་སྨིན་པ་ལས་བྱུང་བའི་མངོན་པར་ཤེས་པ་དེ་དག་ལ་གནས་ཤིང་། སེམས་ཅན་རྣམས་ཀྱི་དོན་བྱེད་ན[12]། འགྲོ་བ་ལྔའི་འཁོར་བར་འཁོར་ཡང་རྣམ་པ་ཐམས་ཅད་མཁྱེན་པ་ཉིད་ལས་ཀྱང་[13]ཡོངས་སུ་མི་ཉམས་སོ[14]། །རབ་འབྱོར་དེ་ལྟར་བྱང་ཆུབ་སེམས་དཔའ་སེམས་དཔའ་ཆེན་པོ་ཤེས་རབ་ཀྱི་ཕ་རོལ་ཏུ་ཕྱིན་པ་ལ་སྤྱོད་པའི་ཚེ། རང་བཞིན་སྟོང་པ་ཉིད་ལ་གནས་ཤིང་ཐབས་མཁས་པས་སེམས་ཅན་རྣམས་ཀྱི་དོན་[15]བྱེད་དོ། །རབ་འབྱོར་གཞན་ཡང་བྱང་ཆུབ་སེམས་དཔའ་སེམས་དཔའ་ཆེན་པོ་ཤེས་རབ་ཀྱི་ཕ་རོལ་ཏུ་ཕྱིན་པ་ལ་སྤྱོད་པའི་ཚེ། རང་བཞིན་སྟོང་པ་ཉིད་ལ་གནས་ཤིང་། སེམས་ཅན་ཤེས་རབ་འཆལ་བ་ཅན་བློ་ཆུང་བ་རྣམས་མཐོང་ན། འདི་སྐད་[16]འདེམས་ཤིང་རྗེས་སུ་སྟོན་ཏེ། ཚུར་རིགས་ཀྱི་བུ་ལུས་དང་ངག་དང་[17]ཡིད་ཀྱི་ལས་གང་ཅི་བྱེད་ཀྱང་རུང་སྟེ། དེ་ཐམས་ཅད་རང་བཞིན་སྟོང་པ་ཉིད་དུ་རྟོགས་ཤིག་དང་[18]། ཁྱོད་ཀྱི་ལས་ཐམས་ཅད་བདུད་རྩིའི་འབྲས་བུར་འགྱུར་ཏེ། མཐར་བདུད་རྩིར་འགྱུར་རོ། །རང་བཞིན་སྟོང་པ་ཉིད་ལ་ནི་གང་འཛིག་པར་འགྱུར་བའམ། ཡོངས་སུ་ཉམས་[19]པར་འགྱུར་བ་དེ་ལྟ་

བུའི་ཆོས་གང་ཡང་དམིགས་སུ་མེད་དོ། །དེ་ཅིའི་ཕྱིར་ཞེ་ན། རང་བཞིན་སྟོང་པ་ཉིད་ནི་ཡོངས་སུ་ཉམས[1]པར་མི་འགྱུར། རང་བཞིན་སྟོང་པ་ཉིད་ལས་ཡོངས་སུ་ཉམས[2]པའི་ཆོས་ཀུང་གང་ཡང་མེད་དོ། །དེ་ཅིའི་ཕྱིར་ཞེ་ན། འདི་ལྟར་རང་བཞིན་གྱིས་སྟོང་པ་ཉིད་ནི་དངོས་པོ་ཡོད་པ་ཡང་མ་ཡིན། དངོས་པོ་མེད་པ་ཡང་མ་ཡིན། ཆོས་ཐམས་ཅད་དངོས་པོ་མེད་པའི་ངོ་བོ་ཉིད་ལ་ཅི[3]ཞིག་ཡོངས་སུ་ཉམས[4]པར[5]འགྱུར་ཞེས། རབ་འབྱོར་དེ་ལྟར་བྱང་ཆུབ་སེམས་དཔའ་སེམས་དཔའ་ཆེན་པོ་ཤེས་རབ་ཀྱི་ཕ་རོལ་ཏུ་ཕྱིན་པ་ལ་སྤྱོད་པའི་ཚེ། ཐབས་མཁས་པས་སེམས་ཅན་རྣམས་ལ་འདེམས་ཤིང་རྗེས་སུ་སྟོན༔པར་བྱེད་དེ་རང་བཞིན་གྱིས་སྟོང་པ་ཉིད་ལ་འཛུད་པར་བྱེད[6]དོ[7]། །དེ་ལྟར་འདེམས་ཤིང་རྗེས་སུ་སྟོན༔པ་དང་། རང་བཞིན་གྱིས་སྟོང་པ་ཉིད་ལ་འཛུད[8]པའི་ཚེ། ནམ་དུ[9]ཡང་རྗེས་སུ་མ་བསྒྲུབས[10]པ་མ་ཡིན། དེ་ནི་བདག་ཀུང་དགེ་བ་བཅུའི༔ལས་ཀྱི[11]ལམ་ཡང་དག་པར་བླངས་ཤིང་གནས་པ་ཡིན། གཞན་ཡང་དགེ་བ་བཅུའི་ལས་ཀྱི་ལམ་ལ་ཡང་དག་པར་སྐུལ་བ་ཡིན། བདག་ཀུང་བསླབ་པའི་གནས་ལྔ་ཡང་དག་པར་བླངས་ཤིང་གནས་པ་ཡིན། གཞན་ཡང་བསླབ་པའི་གནས་ལྔ་ལ་ཡང་དག་པར་སྐུལ་བ་ཡིན། བདག་ཀུང་ཡན་ལག་བརྒྱད་དང་ལྡན་པའི་གསོ་སྦྱིན་ལ་ཉེ་བར་གནས་པར་ཡང་དག་པར་བླངས་ཤིང་གནས་པ[12]ཡིན། གཞན་ཡང་ཡན་ལག་བརྒྱད་དང་ལྡན་པའི་གསོ་སྦྱིན་ལ་ཉེ་བར་གནས་པར་ཡང་དག་པར་སྐུལ་བ་ཡིན། བདག་ཀུང་བསམ་གཏན་དང་པོ་ལ་སྙོམས་པར་འཇུག་པ་ཡིན། གཞན་ཡང་བསམ་གཏན་དང་པོ་ལ་ཡང་དག་པར་སྐུལ་བ་ཡིན། བདག་ཀུང་བསམ་གཏན་གཉིས་པ་ལ་སྙོམས་པར་འཇུག་པ་ཡིན། གཞན་ཡང་བསམ་གཏན་གཉིས་པ་ལ་ཡང་དག་པར་སྐུལ་བ་ཡིན། བདག་ཀུང་བསམ་གཏན་གསུམ་པ་ལ་སྙོམས་པར་

འཇུག་པ་ཡིན[༡]། གཞན་ཡང་བསམ་གཏན་གསུམ་པ་ལ་ཡང་དག་པར་སྐུལ་བ་ཡིན། བདག་ཀྱང་བསམ་གཏན་བཞི་པ་ལ་སྙོམས་པར་འཇུག་པ་ཡིན། གཞན་ཡང་བསམ་གཏན་བཞི་པ་ལ་ཡང་དག་པར་སྐུལ་བ་ཡིན། བདག་ཀྱང་རྟག་ཏུ་རྒྱུན་གྱི་འཆད་[༢]པར་བྱམས་པ་ལ་གནས་པ་ཡིན། གཞན་ཡང་རྟག་ཏུ་རྒྱུན་གྱི་འཆད་[༣]པར་བྱམས་པ་སྒོམ་[༤]པ་ལ་ཡང་དག་པར་སྐུལ་བ་ཡིན། བདག་ཀྱང་རྟག་ཏུ་རྒྱུན་གྱི་འཆད་[༥]པར་སྙིང་རྗེ་ལ་གནས་པ་ཡིན། གཞན་ཡང་རྟག་ཏུ་རྒྱུན་གྱི་འཆད་[༦]པར་སྙིང་རྗེ་སྒོམ་[༧]པ་ལ་ཡང་དག་པར་སྐུལ་བ་ཡིན། བདག་ཀྱང་རྟག་ཏུ་རྒྱུན་གྱི་འཆད་[༨]པར་དགའ་བ་ལ་གནས་པ་ཡིན། གཞན་ཡང་རྟག་ཏུ་རྒྱུན་གྱི་འཆད་[༩]པར་དགའ་བ་སྒོམ་པ་ལ་[༡༠]ཡང་དག་པར་སྐུལ་བ་ཡིན། བདག་ཀྱང་རྟག་ཏུ་རྒྱུན་གྱི་འཆད་[༡༡]པར་བཏང་སྙོམས་ལ་གནས་པ་ཡིན། གཞན་ཡང་རྟག་ཏུ་རྒྱུན་གྱི་འཆད་[༡༢]པར་བཏང་སྙོམས༔སྒོམ་པ་[༡༣]ལ་ཡང་དག་པར་སྐུལ་བ་ཡིན། བདག་ཀྱང་[༡༤]ནམ་མཁའ་[༡༥]མཐའ་ཡས་སྐྱེ་མཆེད་ཀྱི་སྙོམས་པར་འཇུག་པ་ལ་སྙོམས་པར་འཇུག་པ་ཡིན། གཞན་ཡང་ནམ་མཁའ་མཐའ་ཡས་སྐྱེ་མཆེད་ཀྱི་སྙོམས་པར་འཇུག་པ་ལ་ཡང་དག་པར་སྐུལ་བ་ཡིན། བདག་ཀྱང་རྣམ་ཤེས་མཐའ་ཡས་སྐྱེ་མཆེད་ཀྱི་སྙོམས་པར་འཇུག་པ་ལ་སྙོམས་པར་འཇུག་པ་ཡིན། གཞན་ཡང་རྣམ་ཤེས་མཐའ་ཡས་སྐྱེ་མཆེད་ཀྱི་སྙོམས་པར་འཇུག་པ་ལ་ཡང་དག་པར་སྐུལ་བ་ཡིན། བདག་ཀྱང་ཅུང་ཟད་མེད་པའི་སྐྱེ་མཆེད་ཀྱི་སྙོམས་པར་འཇུག་པ་ལ་སྙོམས་པར་འཇུག་པ་ཡིན། གཞན་ཡང་ཅུང་ཟད་མེད་པའི་སྐྱེ་མཆེད་ཀྱི་སྙོམས་པར་འཇུག་པ་ལ་ཡང་དག་པར་སྐུལ་བ་ཡིན། བདག་ཀྱང་འདུ་ཤེས་མེད་འདུ་ཤེས་མེད་མིན་སྐྱེ་མཆེད་ཀྱི་སྙོམས་པར་འཇུག་པ་ལ་སྙོམས་པར་འཇུག་པ་ཡིན། གཞན་ཡང་འདུ་ཤེས་མེད་འདུ་ཤེས་མེད་མིན་སྐྱེ་མཆེད་ཀྱི་

སྒོམས་པར་འཇུག་པ་ལ་ཡང་དག་པར་སྐུལ་བ་ཡིན། བདག་ཀྱང་སྦྱིན་པའི་ཕ་རོལ་ཏུ་ཕྱིན་པ་ལ་གནས་པ་ཡིན། གཞན་ཡང་སྦྱིན་པའི་ཕ་རོལ་ཏུ་ཕྱིན་པ་ལ་⑦ཡང་དག་པར་སྐུལ་བ་ཡིན། བདག་ཀྱང་ཚུལ་ཁྲིམས་ཀྱི་ཕ་རོལ་ཏུ་ཕྱིན་པ་ལ་གནས་པ་ཡིན། གཞན་ཡང་ཚུལ་ཁྲིམས་ཀྱི་ཕ་རོལ་ཏུ་ཕྱིན་པ་ལ་ཡང་དག་པར་སྐུལ་བ་ཡིན། བདག་ཀྱང་བཟོད་པའི་ཕ་རོལ་ཏུ་ཕྱིན་པ་ལ་གནས་པ་ཡིན། གཞན་ཡང་བཟོད་པའི་ཕ་རོལ་ཏུ་ཕྱིན་པ་ལ་ཡང་དག་པར་སྐུལ་བ་ཡིན། བདག་ཀྱང་བརྩོན་འགྲུས་ཀྱི་ཕ་རོལ་ཏུ་ཕྱིན་པ་ལ་གནས་པ་ཡིན། གཞན་ཡང་བརྩོན་འགྲུས་ཀྱི་ཕ་རོལ་ཏུ་ཕྱིན་པ་ལ་ཡང་དག་པར་སྐུལ་བ་ཡིན། བདག་ཀྱང་བསམ་གཏན་གྱི་ཕ་རོལ་ཏུ་ཕྱིན་པ་ལ་གནས་པ་ཡིན། གཞན་ཡང་བསམ་གཏན་གྱི་ཕ་རོལ་ཏུ་ཕྱིན་པ་ལ་ཡང་དག་པར་སྐུལ་བ་ཡིན། བདག་ཀྱང་ཤེས་རབ་ཀྱི་ཕ་རོལ་ཏུ་ཕྱིན་པ་ལ་གནས་པ་ཡིན། གཞན་ཡང་ཤེས་རབ་ཀྱི་ཕ་རོལ་ཏུ་ཕྱིན་པ་ལ་ཡང་དག་པར་③སྐུལ་བ་ཡིན། བདག་ཀྱང་ནང་སྟོང་པ་ཉིད་སྒོམ་པ་ཡིན། གཞན་ཡང་ནང་སྟོང་པ་ཉིད་ལ་ཡང་དག་པར་སྐུལ་བ་ཡིན། བདག་ཀྱང་ཕྱི་སྟོང་པ་ཉིད་སྒོམ་པ་ཡིན། གཞན་ཡང་ཕྱི་སྟོང་པ་ཉིད་ལ་ཡང་དག་པར་སྐུལ་བ་ཡིན། བདག་ཀྱང་ཕྱི་ནང་སྟོང་པ་ཉིད་སྒོམ་པ་ཡིན། གཞན་ཡང་ཕྱི་ནང་སྟོང་པ་ཉིད་ལ་ཡང་དག་པར་སྐུལ་བ་ཡིན། བདག་ཀྱང་སྟོང་པ་ཉིད་སྟོང་པ་ཉིད་སྒོམ་པ་ཡིན། གཞན་ཡང་སྟོང་པ་ཉིད་སྟོང་པ་ཉིད་ལ་ཡང་དག་པར་སྐུལ་བ་ཡིན། བདག་ཀྱང་ཆེན་པོ་སྟོང་པ་ཉིད་སྒོམ་པ་ཡིན། གཞན་ཡང་ཆེན་པོ་སྟོང་པ་ཉིད་ལ་ཡང་དག་པར་སྐུལ་བ་ཡིན། བདག་ཀྱང་དོན་དམ་པ་སྟོང་པ་ཉིད་སྒོམ་པ་ཡིན། གཞན་ཡང་དོན་དམ་པ་སྟོང་པ་ཉིད་ལ་ཡང་དག་པར་སྐུལ་བ་ཡིན། བདག་ཀྱང་འདུས་བྱས་སྟོང་པ་ཉིད་སྒོམ་པ་ཡིན། གཞན་ཡང་འདུས་བྱས་སྟོང་

པ་ཉིད་ལ་ཡང་དག་པར་སྐུལ་བ་ཡིན། བདག་ཀྱང་འདུས་མ་བྱས་སྟོང་པ་ཉིད་སྒོམ་པ་ཡིན། གཞན་ཡང་འདུས་མ་བྱས་སྟོང་པ་ཉིད་ལ་ཡང་དག་པར་སྐུལ་བ་ཡིན། བདག་ཀྱང་མཐའ་ལས་འདས་པ་སྟོང་པ་ཉིད་སྒོམ་པ་ཡིན། གཞན་ཡང་མཐའ་ལས་འདས་པ་སྟོང་པ་ཉིད་ལ་ཡང་དག་པར་སྐུལ་བ་ཡིན། བདག་ཀྱང་ཐོག་མ་དང་ཐ་མ་མེད་པ་སྟོང་པ་ཉིད་སྒོམ་པ་ཡིན། གཞན་ཡང་ཐོག་མ་དང་ཐ་མ་མེད་པ་སྟོང་པ་ཉིད་ལ་ཡང་དག་པར་སྐུལ་བ་ཡིན། བདག་ཀྱང་དོར་བ་མེད་པ་སྟོང་པ་ཉིད་སྒོམ་པ་ཡིན། གཞན་ཡང་དོར་བ་མེད་པ་སྟོང་པ་ཉིད་ལ་ཡང་དག་པར་སྐུལ་བ་ཡིན། བདག་ཀྱང་རང་བཞིན་སྟོང་པ་ཉིད་སྒོམ་པ་ཡིན། གཞན་ཡང་རང་བཞིན་སྟོང་པ་ཉིད་ལ་ཡང་དག་པར་སྐུལ་བ་ཡིན། བདག་ཀྱང་ཆོས་ཐམས་ཅད་སྟོང་པ་ཉིད་སྒོམ་པ་ཡིན། གཞན་ཡང་ཆོས་ཐམས་ཅད་སྟོང་པ་ཉིད་ལ་ཡང་དག་པར་སྐུལ་བ་ཡིན། བདག་ཀྱང་རང་གི་མཚན་ཉིད་སྟོང་པ་ཉིད་སྒོམ་པ་ཡིན། གཞན་ཡང་རང་གི་མཚན་ཉིད་སྟོང་པ་ཉིད་ལ་ཡང་དག་པར་སྐུལ་བ་ཡིན། བདག་ཀྱང་མི་དམིགས་པ་སྟོང་པ་ཉིད་སྒོམ་པ་ཡིན། གཞན་ཡང་མི་དམིགས་པ་སྟོང་པ་ཉིད་ལ་ཡང་དག་པར་སྐུལ་བ་ཡིན། བདག་ཀྱང་དངོས་པོ་མེད་པ་སྟོང་པ་ཉིད་སྒོམ་པ་ཡིན། གཞན་ཡང་དངོས་པོ་མེད་པ་སྟོང་པ་ཉིད་ལ་ཡང་དག་པར་སྐུལ་བ་ཡིན། བདག་ཀྱང་ངོ་བོ་ཉིད་སྟོང་པ་ཉིད་སྒོམ་པ་ཡིན། གཞན་ཡང་ངོ་བོ་ཉིད་སྟོང་པ་ཉིད་ལ་ཡང་དག་པར་སྐུལ་བ་ཡིན། བདག་ཀྱང་དངོས་པོ་མེད་པའི་ངོ་བོ་ཉིད་སྟོང་པ་ཉིད་སྒོམ་པ་ཡིན། གཞན་ཡང་དངོས་པོ་མེད་པའི་ངོ་བོ་ཉིད་སྟོང་པ་ཉིད་ལ་ཡང་དག་པར་སྐུལ་བ་ཡིན། བདག་ཀྱང་དྲན་པ་ཉེ་བར་གཞག་པ་རྣམས་སྒོམ་པ་ཡིན། གཞན་ཡང་དྲན་པ་ཉེ་བར་གཞག་པ་རྣམས་ལ་ཡང་དག་པར་སྐུལ་བ་ཡིན། བདག་ཀྱང་ཡང་དག་པར་སྤོང་བ་རྣམས་

སྒོམ་པ་ཡིན། གཞན་ཡང་ཡང་དག་པར་སྤོང་བ་རྣམས་ལ་ཡང་དག་པར་སྐྱུལ་བ་ཡིན། བདག་ཀྱང་རྫུ་འཕྲུལ་གྱི་རྐང་པ་རྣམས་སྒོམ་པ་ཡིན། གཞན་ཡང་རྫུ་འཕྲུལ་གྱི་རྐང་པ་རྣམས་ལ་ཡང་དག་པར་སྐྱུལ་བ་ཡིན་བདག་ཀྱང་དབང་པོ་རྣམས་སྒོམ་པ་ཡིན། གཞན་ཡང་དབང་པོ་རྣམས་ལ་ཡང་དག་པར་སྐྱུལ་བ་ཡིན། བདག་ཀྱང་སྟོབས་རྣམས་སྒོམ་པ་ཡིན། གཞན་ཡང་སྟོབས་རྣམས་ལ་ཡང་དག་པར་སྐྱུལ་བ་ཡིན། བདག་ཀྱང་བྱང་ཆུབ་ཀྱི་ཡན་ལག་རྣམས་ལ་[1]སྒོམ་པ་ཡིན། གཞན་ཡང་བྱང་ཆུབ་ཀྱི་ཡན་ལག་རྣམས་ལ་ཡང་དག་པར་སྐྱུལ་བ་ཡིན། བདག་ཀྱང་འཕགས་པའི་ལམ་ཡན་ལག་བརྒྱད་པ་སྒོམ་པ་ཡིན། གཞན་ཡང་འཕགས་པའི་ལམ་ཡན་ལག་བརྒྱད་པ་ལ་ཡང་དག་པར་སྐྱུལ་བ་ཡིན། བདག་ཀྱང་རྣམ་པར་ཐར་པའི་སྒོ་གསུམ་ལ་སློབ་པ་ཡིན། གཞན་ཡང་རྣམ་པར་ཐར་པའི་སྒོ་གསུམ་ལ་ཡང་དག་པར་སྐྱུལ་བ་ཡིན། བདག་ཀྱང་འཕགས་པའི་བདེན་པ་རྣམས་སྒོམ་པ་ཡིན། གཞན་ཡང་འཕགས་པའི་བདེན་པ་རྣམས་ལ་ཡང་དག་པར་སྐྱུལ་བ་ཡིན། བདག་ཀྱང་རྣམ་པར་ཐར་པ་བརྒྱད་ལ་སློབ་པ་ཡིན། གཞན་ཡང་རྣམ་པར་ཐར་པ་བརྒྱད་ལ་ཡང་དག་པར་སྐྱུལ་བ་ཡིན། བདག་ཀྱང་མཐར་གྱིས་གནས་པའི་སྙོམས་པར་འཇུག་པ་དགུ་ལ་སློབ་པ་ཡིན། གཞན་ཡང་མཐར་གྱིས་གནས་པའི་སྙོམས་པར་འཇུག་པ་དགུ་[2]ལ་ཡང་དག་པར་སྐྱུལ་བ་ཡིན། བདག་ཀྱང་མངོན་པར་ཤེས་པ་རྣམས་ལ་སློབ་པ་ཡིན། གཞན་ཡང་མངོན་པར་ཤེས་པ་རྣམས་ལ་ཡང་དག་པར་སྐྱུལ་བ་ཡིན། བདག་ཀྱང་ཏིང་ངེ་འཛིན་རྣམས་ལ་སློབ་པ་ཡིན། གཞན་ཡང་ཏིང་ངེ་འཛིན་རྣམས་ལ་ཡང་དག་པར་སྐྱུལ་བ་ཡིན། བདག་ཀྱང་གཟུངས་ཀྱི་སྒོ་རྣམས་ལ་སློབ་པ་ཡིན། གཞན་ཡང་གཟུངས་ཀྱི་སྒོ་རྣམས་ལ་ཡང་དག་པར་སྐྱུལ་བ་ཡིན། བདག་ཀྱང་དེ་བཞིན་གཤེགས་པའི་སྟོབས་བཅུ་ལ་སློབ་

པ་ཡིན། གཞན་ཡང་དེ་བཞིན་གཤེགས་པའི་སྟོབས་བཅུ་ལ་ཡང་དག་པར་སྐྱུལ་བ་ཡིན། བདག་ཀྱང་མི་འཇིགས་པ་བཞི་ལ་སློབ་པ་ཡིན། གཞན་ཡང་མི་འཇིགས་པ་བཞི་ལ་ཡང་དག་པར་སྐྱུལ་བ་ཡིན། བདག་ཀྱང་སོ་སོ་ཡང་དག་པར་རིག་པ་བཞི་ལ་སློབ་པ་ཡིན། གཞན་ཡང་སོ་སོ་ཡང་དག་པར་རིག་པ་བཞི་ལ་ཡང་དག་པར་སྐྱུལ་བ་ཡིན། བདག་ཀྱང་བྱམས་པ་ཆེན་པོ་ལ་སློབ་པ་ཡིན། གཞན་ཡང་བྱམས་པ་ཆེན་པོ་ལ་ཡང་དག་པར་སྐྱུལ་བ་ཡིན། བདག་ཀྱང་སྙིང་རྗེ་ཆེན་པོ་ལ་སློབ་པ་ཡིན། གཞན་ཡང་སྙིང་རྗེ་ཆེན་པོ་ལ་ཡང་དག་པར་སྐྱུལ་བ་ཡིན། བདག་ཀྱང་སངས་རྒྱས་ཀྱི་ཆོས་མ་འདྲེས་པ་བཅོ་བརྒྱད་ལ་སློབ་པ་ཡིན། གཞན་ཡང་སངས་རྒྱས་ཀྱི་ཆོས་མ་འདྲེས་པ་བཅོ་བརྒྱད་ལ་ཡང་དག་པར་སྐྱུལ་བ་ཡིན། བདག་ཀྱང་མི་ཆེན་པོའི་མཚན་སུམ་ཅུ་རྩ་གཉིས་ལ་སློབ་པ་ཡིན། གཞན་ཡང་མི་ཆེན་པོའི་མཚན་སུམ་ཅུ་རྩ་གཉིས་ལ་ཡང་དག་པར་སྐྱུལ་བ་ཡིན། བདག་ཀྱང་དཔེ་བྱད་བཟང་པོ་བརྒྱད་ཅུ་ལ་སློབ་པ་ཡིན། གཞན་ཡང་དཔེ་བྱད་བཟང་པོ་བརྒྱད་ཅུ་ལ་ཡང་དག་པར་སྐྱུལ་བ་ཡིན། བདག་ཀྱང་རྒྱུན་དུ་ཞུགས་པའི་འབྲས་བུའི་ཤེས་པ་སྐྱེད་ཅིང་དེ་ལ་ཡང་མི་གནས་པ་ཡིན། གཞན་ཡང་རྒྱུན་དུ་ཞུགས་པའི་འབྲས་བུ་ལ་འགོད་པ་ཡིན། བདག་ཀྱང་ལན་ཅིག་ཕྱིར་འོང་བའི་འབྲས་བུའི་ཤེས་པ་སྐྱེད་ཅིང་དེ་ལ་ཡང་མི་གནས་པ་ཡིན། གཞན་ཡང་ལན་ཅིག་ཕྱིར་འོང་བའི་འབྲས་བུ་ལ་འགོད་པ་ཡིན། བདག་ཀྱང་ཕྱིར་མི་འོང་བའི་[1]འབྲས་བུའི་ཤེས་པ་སྐྱེད་ཅིང་དེ་ལ་ཡང་[2]མི་གནས་པ་ཡིན། གཞན་ཡང་ཕྱིར་མི་འོང་བའི་འབྲས་བུ་ལ་འགོད་པ་ཡིན། བདག་ཀྱང་དགྲ་བཅོམ་པའི་འབྲས་བུའི་ཤེས་པ་སྐྱེད་ཅིང་། དེ་ལ་ཡང་མི་གནས་པ་ཡིན། གཞན་ཡང་དགྲ་བཅོམ་པ་ཉིད་ལ་འགོད་པ་ཡིན། བདག་ཀྱང་རང་བྱང་ཆུབ་ཀྱི་ཤེས་པ་སྐྱེད་ཅིང་དེ་ལ་ཡང་མི་

གནས་པ་ཡིན། གཞན་ཡང་རང་བྱང་ཆུབ་ལ་འགོད་པ་ཡིན། བདག་ཀྱང་བླ་ན་མེད་པ་ཡང་དག་པར་རྫོགས་པའི་བྱང་ཆུབ་ཀྱི་ལམ་སྐྱེད་པ་ཡིན། གཞན་ཡང་ལམ་དེ་ལ་འདེམས་ཤིང་རྗེས་སུ་སྟོན་པ་དང་། གཙོག་ཅིང་འདུལ་བ་དང་འགོད་པ་ཡིན་ཏེ①། རབ་འབྱོར་དེ་ལྟར་བྱང་ཆུབ་སེམས་དཔའ་སེམས་དཔའ་ཆེན་པོ་ཤེས་རབ་ཀྱི་ཕ་རོལ་ཏུ་ཕྱིན་པ་ལ་སྤྱོད་པའི་ཚེ། སེམས་དང་པོ་བསྐྱེད་པ་ནས་ཉེ་བར་བཟུང་སྟེ། རང་བཞིན་སྟོང་པ་ཉིད་ལ་གནས་ཤིང་། སེམས་ཅན་རྣམས་ཀྱི་དོན་བྱེད་པའི་ཚེ། ནམ་ཡང་ལས་མེད་པར②གནས་པ་མ་ཡིན་ནོ། །གསོལ་པ། བཅོམ་ལྡན་འདས་གལ་ཏེ་དེ་ལྟར་ཆོས་ཐམས་ཅད་རང་བཞིན་གྱིས་སྟོང་པ་ལགས་ན། རང་བཞིན་སྟོང་པ་ཉིད་ལ③ནི་སེམས་ཅན་ཡང་མི་དམིགས། ཆོས་ཀྱང་མི་དམིགས། ཆོས་མ་ལགས་པ་ཡང་མི་དམིགས་ན། བཅོམ་ལྡན་འདས་ཇི་ལྟར་བྱང་ཆུབ་སེམས་དཔའ་སེམས་དཔའ་ཆེན་པོ་རྣམ་པ་ཐམས་ཅད་མཁྱེན་པ་ཉིད་ཀྱི་དོན་དུ་ཡང་དག་པར་འཇུག་པ་ལགས། བཅོམ་ལྡན་འདས་ཀྱིས་བཀའ་སྩལ་པ། རབ་འབྱོར་དེ་དེ་བཞིན་ནོ། །དེ་དེ་བཞིན་ཏེ། ཇི་སྐད་དུ་སྨྲས་པ་བཞིན་ནོ། །ཆོས་ཐམས་ཅད་ནི་རང་བཞིན་གྱིས་སྟོང་པ་སྟེ། རང་བཞིན་གྱིས④སྟོང་པ་ཉིད་ལ་ནི་སེམས་ཅན་མི་དམིགས་སོ། །ཆོས་མི་དམིགས་སོ། །ཆོས་མ་ཡིན་པ་མི་དམིགས་སོ། །རབ་འབྱོར་གལ་ཏེ་ཆོས་ཐམས་ཅད་རང་བཞིན་གྱིས་སྟོང་པ་ཞིག⑤མ་ཡིན་ན་ནི། བྱང་ཆུབ་སེམས་དཔའ་སེམས་དཔའ་ཆེན་པོ་ཡང་རང་བཞིན་སྟོང་པ་ཉིད་ལ་གནས་པར་མི་འགྱུར་ཏེ། བླ་ན་མེད་པ་ཡང་དག་པར་རྫོགས་པའི་བྱང་ཆུབ་ཏུ་མངོན་པར་རྫོགས་པར་སངས་རྒྱས་ནས་ཀྱང་⑥། ཆོས་རྣམས་རང་བཞིན་གྱིས་སྟོང་པར་མི་སྟོན་ཏོ། །རང་བཞིན་གྱིས་སྟོང་པའི་ཆོས་དེ་དག་ཀྱང་གང་ཞེ་ན། རབ་འབྱོར་གཟུགས་ནི་རང་བཞིན་གྱིས་སྟོང་ངོ་། །ཚོར་

པ་ནི་རང་བཞིན་གྱིས་སྟོང་ངོ་། །འདུ་ཤེས་ནི་རང་བཞིན་གྱིས་སྟོང་ངོ་། །འདུ་བྱེད་ནི་རང་བཞིན་གྱིས་སྟོང་ངོ་། །རྣམ་པར་ཤེས་པ་ནི་རང་བཞིན་གྱིས་སྟོང་ངོ་།། རབ་འབྱོར་མིག་ནི་རང་བཞིན་གྱིས་སྟོང་ངོ་། །རྣ་བ་ནི་རང་བཞིན་གྱིས་སྟོང་ངོ་།། སྣ་ནི་རང་བཞིན་གྱིས་སྟོང་ངོ་། །ལྕེ་ནི་རང་བཞིན་གྱིས་སྟོང་ངོ་། །ལུས་ནི་རང་བཞིན་གྱིས་སྟོང་ངོ་། །ཡིད་ནི་རང་བཞིན་གྱིས་སྟོང་ངོ་། །རབ་འབྱོར་གཟུགས་ནི་རང་བཞིན་གྱིས་སྟོང་ངོ་། །སྒྲ་ནི་རང་བཞིན་གྱིས་སྟོང་ངོ་། །དྲི་ནི་རང་བཞིན་གྱིས་སྟོང་ངོ་། །རོ་ནི་རང་བཞིན་གྱིས་སྟོང་ངོ་། །རེག་ནི་རང་བཞིན་གྱིས་སྟོང་ངོ་། །ཆོས་ནི་རང་བཞིན་གྱིས་སྟོང་ངོ་། །རབ་འབྱོར་མིག་གི་རྣམ་པར་ཤེས་པ་ནི་རང་བཞིན་གྱིས་སྟོང་ངོ་། །རྣ་བའི་རྣམ་པར་ཤེས་པ་ནི་རང་བཞིན་གྱིས་སྟོང་ངོ་། །སྣའི་རྣམ་པར་ཤེས་པ་ནི་རང་བཞིན་གྱིས་སྟོང་ངོ་། །ལྕེའི་རྣམ་པར་ཤེས་པ་ནི་རང་བཞིན་གྱིས་སྟོང་ངོ་། །ལུས་ཀྱི་རྣམ་པར་ཤེས་པ་ནི་རང་བཞིན་གྱིས་སྟོང་ངོ་། །ཡིད་ཀྱི་རྣམ་པར་ཤེས་པ་ནི་རང་བཞིན་གྱིས་སྟོང་ངོ་།། རབ་འབྱོར་མིག་གི་འདུས་ཏེ་རེག་པ་ནི་རང་བཞིན་གྱིས་སྟོང་ངོ་། །རྣ་བའི་འདུས་ཏེ་རེག་པ་ནི་རང་བཞིན་གྱིས་སྟོང་ངོ་། །སྣའི་འདུས་ཏེ་རེག་པ་ནི་རང་བཞིན་གྱིས་སྟོང་ངོ་། །ལྕེའི་འདུས་ཏེ་རེག[7]པ་ནི་རང་བཞིན་གྱིས་སྟོང་ངོ་། །ལུས་ཀྱི་འདུས་ཏེ་རེག་པ་ནི་རང་བཞིན་གྱིས་སྟོང་ངོ་། །ཡིད་ཀྱི་འདུས་ཏེ་རེག་པ་ནི་རང་བཞིན་གྱིས་སྟོང་ངོ་། །རབ་འབྱོར་མིག་གི་འདུས་ཏེ་རེག་པའི་རྐྱེན་གྱིས་ཚོར་བ་ནི་རང་བཞིན་གྱིས་སྟོང་ངོ་། །རྣ་བའི་འདུས་ཏེ་རེག་པའི་རྐྱེན་གྱིས་ཚོར་བ་ནི་རང་བཞིན་གྱིས་སྟོང་ངོ་། །སྣའི་འདུས་ཏེ་རེག་པའི་རྐྱེན་གྱིས་ཚོར་བ་ནི་རང་བཞིན་གྱིས་སྟོང་ངོ་། །ལྕེའི་འདུས་ཏེ་རེག་པའི་རྐྱེན་གྱིས་ཚོར་བ་ནི་རང་བཞིན་གྱིས་སྟོང་ངོ་། །ལུས་ཀྱི་འདུས་ཏེ་རེག་པའི་རྐྱེན་གྱིས་ཚོར་བ་ནི་རང་

བཞིན་གྱིས་སྟོང་ངོ་། །ཡིད་ཀྱི་འདུས་ཏེ་རེག་[7]པའི་རྐྱེན་གྱིས་ཚོར་བ་ནི་རང་བཞིན་གྱིས་སྟོང་ངོ་། །རབ་འབྱོར་སའི་ཁམས་ནི་རང་བཞིན་གྱིས་སྟོང་ངོ་། །ཆུའི་ཁམས་ནི་རང་བཞིན་གྱིས་སྟོང་ངོ་། །མེའི་ཁམས་[8]ནི་རང་བཞིན་གྱིས་སྟོང་ངོ་། །རླུང་གི་ཁམས་ནི་རང་བཞིན་གྱིས་སྟོང་ངོ་། །ནམ་མཁའི་ཁམས་ནི་རང་བཞིན་གྱིས་སྟོང་ངོ་། །རྣམ་པར་ཤེས་པའི་ཁམས་ནི་རང་བཞིན་གྱིས་སྟོང་ངོ་། །རབ་འབྱོར་མ་རིག་པ་ནི་རང་བཞིན་གྱིས་སྟོང་ངོ་། །འདུ་བྱེད་ནི་རང་བཞིན་[9]གྱིས་སྟོང་ངོ་། །རྣམ་པར་ཤེས་པ་ནི་རང་བཞིན་གྱིས་སྟོང་ངོ་། །མིང་དང་གཟུགས་ནི་རང་བཞིན་གྱིས་སྟོང་ངོ་། །སྐྱེ་མཆེད་དྲུག་ནི་རང་བཞིན་གྱིས་སྟོང་ངོ་།། རེག་པ་ནི་རང་བཞིན་གྱིས་སྟོང་ངོ་། །ཚོར་བ་ནི་རང་བཞིན་གྱིས་སྟོང་ངོ་། །སྲེད་པ་ནི་རང་བཞིན་གྱིས་སྟོང་ངོ་། །ལེན་པ་ནི་རང་བཞིན་གྱིས་སྟོང་ངོ་། །སྲིད་པ་ནི་རང་བཞིན་གྱིས་སྟོང་ངོ་། །སྐྱེ་བ་ནི་རང་བཞིན་གྱིས་སྟོང་ངོ་། །རྒ་ཤི་ནི་རང་བཞིན་གྱིས་སྟོང་ངོ་། །རབ་འབྱོར་སྦྱིན་པའི་ཕ་རོལ་ཏུ་ཕྱིན་པ་ནི་རང་བཞིན་གྱིས་སྟོང་ངོ་། །ཚུལ་ཁྲིམས་ཀྱི་ཕ་རོལ་ཏུ་ཕྱིན་པ་ནི་རང་བཞིན་གྱིས་སྟོང་ངོ་། །བཟོད་པའི་ཕ་རོལ་ཏུ་ཕྱིན་པ་ནི་རང་བཞིན་གྱིས་སྟོང་ངོ་། །བརྩོན་འགྲུས་ཀྱི་ཕ་རོལ་ཏུ་ཕྱིན་པ་ནི་རང་བཞིན་གྱིས་སྟོང་ངོ་། །བསམ་གཏན་གྱི་[10]ཕ་རོལ་ཏུ་ཕྱིན་པ་ནི་རང་བཞིན་གྱིས་སྟོང་ངོ་། །ཤེས་རབ་ཀྱི་ཕ་རོལ་ཏུ་ཕྱིན་པ་ནི་རང་བཞིན་གྱིས་སྟོང་ངོ་། །རབ་འབྱོར་ནང་སྟོང་པ་ཉིད་ནི་རང་བཞིན་གྱིས་སྟོང་ངོ་། །ཕྱི་སྟོང་པ་ཉིད་ནི་རང་བཞིན་གྱིས་སྟོང་ངོ་། །ཕྱི་ནང་སྟོང་པ་ཉིད་ནི་རང་བཞིན་གྱིས་སྟོང་ངོ་། །སྟོང་པ་ཉིད་སྟོང་པ་ཉིད་ནི་རང་བཞིན་གྱིས་སྟོང་ངོ་།། ཆེན་པོ་སྟོང་པ་ཉིད་ནི་རང་བཞིན་གྱིས་སྟོང་ངོ་། །དོན་དམ་པ་སྟོང་པ་ཉིད་ནི་རང་བཞིན་གྱིས་སྟོང་ངོ་། །འདུས་བྱས་སྟོང་པ་ཉིད་ནི་རང་བཞིན་གྱིས་སྟོང་ངོ་།།

འདུས་མ་བྱས་སྟོང་པ་ཉིད་ནི་རང་བཞིན་གྱིས་སྟོང་ངོ་། །མཐའ་ལས་འདས་པ་
སྟོང་པ་ཉིད་ནི་རང་བཞིན་གྱིས་སྟོང་ངོ་། །ཐོག་མ་དང་ཐ་མ་མེད་པ་སྟོང་པ་ཉིད་
ནི་རང་བཞིན་གྱིས་སྟོང་ངོ་། །དོར་བ་མེད་པ་སྟོང་པ་ཉིད་ནི་རང་བཞིན་གྱིས་
སྟོང་ངོ་། །རང་བཞིན་སྟོང་པ་ཉིད་ནི་རང་བཞིན་གྱིས་སྟོང་ངོ་། །ཆོས་ཐམས་
ཅད་སྟོང་པ་ཉིད་ནི་རང་བཞིན་གྱིས་སྟོང་ངོ་། །རང་གི་མཚན་ཉིད་སྟོང་པ་ཉིད་
ནི་རང་བཞིན་གྱིས་སྟོང་ངོ་། །མི་དམིགས་པ་སྟོང་པ་ཉིད་ནི་རང་བཞིན་གྱིས་
སྟོང་ངོ་། །དངོས་པོ་མེད་པ་སྟོང་པ་ཉིད་ནི་རང་བཞིན་གྱིས་སྟོང་ངོ་། །ངོ་བོ་
ཉིད་སྟོང་པ་ཉིད་ནི་རང་བཞིན་གྱིས་སྟོང་ངོ་། །དངོས་པོ་མེད་པའི་ངོ་བོ་ཉིད་
སྟོང་པ་ཉིད་ནི་རང་བཞིན་གྱིས་སྟོང་ངོ་། །རབ་འབྱོར་དྲན་པ་ཉེ་བར་གཞག་པ་
རྣམས་ནི་རང་བཞིན་གྱིས་སྟོང་ངོ་། །ཡང་དག་པར་སྤོང་བ་རྣམས་ནི་རང་བཞིན་
གྱིས་སྟོང་ངོ་། །རྫུ་འཕྲུལ་གྱི་རྐང་པ་རྣམས་ནི་རང་བཞིན་གྱིས་སྟོང་ངོ་། །
དབང་པོ་རྣམས་ནི་རང་བཞིན་གྱིས་སྟོང་ངོ་། །སྟོབས་རྣམས་ནི་རང་བཞིན་གྱིས་
སྟོང་ངོ་། །བྱང་ཆུབ་ཀྱི་ཡན་ལག་རྣམས་ནི་རང་བཞིན་གྱིས་སྟོང་ངོ་། །
འཕགས་པའི་ལམ་ཡན་ལག་བརྒྱད་པ་ནི་རང་བཞིན་གྱིས་སྟོང་ངོ་། །འཕགས་
པའི་བདེན་པ་རྣམས་ནི་རང་བཞིན་གྱིས་སྟོང་ངོ་། །བསམ་གཏན་རྣམས་ནི་རང་
བཞིན་གྱིས་སྟོང་ངོ་། །ཚད་མེད་པ་རྣམས་ནི་རང་བཞིན་གྱིས་སྟོང་ངོ་། །
གཟུགས་མེད་པའི་སྙོམས་པར་འཇུག་པ་རྣམས་ནི་རང་བཞིན་གྱིས་སྟོང་ངོ་། །
རྣམ་པར་ཐར་པ་རྣམས་ནི་རང་བཞིན་གྱིས་སྟོང་ངོ་། །མཐར་གྱིས་གནས་པའི་
སྙོམས་པར་འཇུག་པ་རྣམས་ནི་རང་བཞིན་གྱིས་སྟོང་ངོ་། །རྣམ་པར་ཐར་པའི་སྒོ་
སྟོང་པ་ཉིད་དང་། མཚན་མ་མེད་པ་དང་། སྨོན་པ་མེད་པ་ནི་རང་བཞིན་
གྱིས་སྟོང་ངོ་། །མངོན་པར་ཤེས་པ་རྣམས་ནི་རང་བཞིན་གྱིས་སྟོང་ངོ་། །ཏིང་

ང་འཛིན་རྣམས་ནི་རང་བཞིན་གྱིས་སྟོང་ངོ་། །གཟུངས་ཀྱི་སྒོ་རྣམས་ནི་རང་བཞིན་གྱིས་སྟོང་ངོ་། །དེ་བཞིན་གཤེགས་པའི་སྟོབས་རྣམས་ནི་རང་བཞིན་གྱིས་སྟོང་ངོ་། །མི་འཇིགས་པ་རྣམས་ནི་རང་བཞིན་གྱིས་སྟོང་ངོ་། །སོ་སོ་ཡང་དག་པར་རིག་པ་རྣམས་ནི་རང་བཞིན་གྱིས་སྟོང་ངོ་། །བྱམས་པ་ཆེན་པོ་ནི་རང་བཞིན་གྱིས་སྟོང་ངོ་། །སྙིང་རྗེ་ཆེན་པོ་ནི་རང་བཞིན་གྱིས་སྟོང་ངོ་། །དགའ་བ་ཆེན་པོ་ནི་རང་བཞིན་གྱིས་སྟོང་ངོ་། །བཏང་སྙོམས་ཆེན་པོ་ནི་རང་བཞིན་གྱིས་སྟོང་ངོ་། །སངས་རྒྱས་ཀྱི་ཆོས་མ་འདྲེས་པ་རྣམས་ནི་རང་བཞིན་གྱིས་སྟོང་ངོ་། །སྐྱེས་བུ་ཆེན་པོའི་མཚན་སུམ་ཅུ་རྩ་གཉིས་ནི་རང་བཞིན་གྱིས་སྟོང་ངོ་། །དཔེ་བྱད་བཟང་པོ་[༡]བརྒྱད་ཅུ་ནི་རང་བཞིན་གྱིས་སྟོང་ངོ་། །རྒྱུན་དུ་ཞུགས་པའི་འབྲས་བུ་ནི་རང་བཞིན་གྱིས་སྟོང་ངོ་། །ལན་ཅིག་ཕྱིར་འོང་བའི་འབྲས་བུ་ནི་རང་བཞིན་གྱིས་སྟོང་ངོ་། །ཕྱིར་མི་འོང་བའི་འབྲས་བུ་ནི་རང་བཞིན་གྱིས་སྟོང་ངོ་། །དགྲ་བཅོམ་པ་ཉིད་[༢]ནི་རང་བཞིན་གྱིས་སྟོང་ངོ་། །རང་བྱང་ཆུབ་ནི་རང་བཞིན་གྱིས་སྟོང་ངོ་། །ལམ་གྱི་རྣམ་པ་ཤེས་པ་ཉིད་ནི་རང་བཞིན་གྱིས་སྟོང་ངོ་། །རྣམ་པ་ཐམས་ཅད་མཁྱེན་པ་ཉིད་ནི་རང་བཞིན་གྱིས་སྟོང་ངོ་། །དེ་བས་ན་བྱང་ཆུབ་སེམས་དཔའ་སེམས་དཔའ་ཆེན་པོ་ཤེས་རབ་ཀྱི་ཕ་རོལ་ཏུ་ཕྱིན་པ་ལ་སྤྱོད་པའི་ཚེ། ཕུང་པོ་ལྔ་ནི་རང་བཞིན་གྱིས་སྟོང་ངོ་ཞེས་བྱ་བར་ཆོས་སྟོན་ཏོ། །སྐྱེ་མཆེད་བཅུ་གཉིས་ནི་རང་བཞིན་གྱིས་སྟོང་ངོ་ཞེས་བྱ་བར་ཆོས་སྟོན་ཏོ། །ཁམས་བཅོ་བརྒྱད་ནི་རང་བཞིན་གྱིས་སྟོང་ངོ་ཞེས་བྱ་བར་ཆོས་སྟོན་ཏོ། །རྟེན་ཅིང་འབྲེལ་བར་འབྱུང་བ་ནི་རང་བཞིན་གྱིས་སྟོང་ངོ་ཞེས་བྱ་བར་ཆོས་སྟོན་ཏོ། །ཕ་རོལ་ཏུ་ཕྱིན་པ་ཐམས་ཅད་ནི་རང་བཞིན་གྱིས་སྟོང་ངོ་ཞེས་བྱ་བར་ཆོས་སྟོན་ཏོ། །སྟོང་པ་ཉིད་ཐམས་ཅད་ནི་རང་བཞིན་གྱིས་སྟོང་ངོ་ཞེས་བྱ་བར་ཆོས་སྟོན་ཏོ། །དྲན་

པ་ཉེ་བར་གཞག་པ་བཞི་ནི་རང་བཞིན་གྱིས་སྟོང་ངོ་ཞེས་བྱ་བར་ཆོས་སྟོན་ཏོ། །
ཡང་དག་པར་སྤོང་བ་བཞི་ནི་རང་བཞིན་གྱིས་སྟོང་ངོ་ཞེས་བྱ་བར་ཆོས་སྟོན་ཏོ། །
རྫུ་འཕྲུལ་གྱི་རྐང་པ་བཞི་ནི་རང་བཞིན་གྱིས་སྟོང་ངོ་ཞེས་བྱ་བར་ཆོས་སྟོན་ཏོ། །
དབང་པོ་ལྔ་ནི་རང་བཞིན་གྱིས་སྟོང་ངོ་ཞེས་བྱ་བར་ཆོས་སྟོན་ཏོ། །སྟོབས་ལྔ་ནི་
རང་བཞིན་གྱིས་སྟོང་ངོ་ཞེས་བྱ་བར་ཆོས་སྟོན་ཏོ། །བྱང་ཆུབ་ཀྱི་ཡན་ལག་བདུན་
ནི་རང་བཞིན་གྱིས་སྟོང་ངོ་ཞེས་བྱ་བར་ཆོས་སྟོན་ཏོ། །འཕགས་པའི་ལམ་ཡན···
ལག་བརྒྱད་པ་ནི་རང་བཞིན་གྱིས་སྟོང་ངོ་ཞེས་བྱ་བར་ཆོས་སྟོན་ཏོ། །ཿའཕགས་
པའི་བདེན་པ་བཞི་ནི་རང་བཞིན་གྱིས་སྟོང་ངོ་ཞེས་བྱ་བར་ཆོས་སྟོན་ཏོ། །[1]
བསམ་གཏན་བཞི་ནི་རང་བཞིན་གྱིས་སྟོང་ངོ་ཞེས་བྱ་བར་ཆོས་སྟོན་ཏོ། །ཚད···
མེད་པ་བཞི་ནི་རང་བཞིན་གྱིས་སྟོང་ངོ་ཞེས་བྱ་བར་ཆོས་སྟོན་ཏོ། །གཟུགས་མེད་
པའི་སྙོམས་པར་འཇུག་པ་བཞི་ནི་རང་བཞིན་གྱིས་སྟོང་ངོ་ཞེས་བྱ་བར་ཆོས་སྟོན་ཏོ། །
རྣམ་པར་ཐར་པ་བརྒྱད་ནི་རང་བཞིན་གྱིས་སྟོང་ངོ་ཞེས་བྱ་བར་ཆོས་སྟོན་ཏོ། །
མཐར་གྱིས་གནས་པའི་སྙོམས་པར་འཇུག་པ་དགུ་ནི་རང་བཞིན་གྱིས་སྟོང་ངོ་ཞེས་
བྱ་བར་ཆོས་སྟོནད་ཏོ། །རྣམ་པར་ཐར་པའི་སྒོ་སྟོང་པ་ཉིད་དང་། མཚན་མ་
མེད་པ་དང་སྨོན་པ་མེད་པ་ནི་རང་བཞིན་གྱིས་སྟོང་ངོ་ཞེས་བྱ་བར་ཆོས་སྟོན་ཏོ། །
མངོན་པར་ཤེས་པ་ལྔ་ནི་རང་བཞིན་གྱིས་སྟོང་ངོ་ཞེས་བྱ་བར་ཆོས་སྟོན་ཏོ། །
ཏིང་ངེ་འཛིན་ཐམས་ཅད་ནི་རང་བཞིན་གྱིས་སྟོང་ངོ་ཞེས་བྱ་བར་ཆོས་སྟོན་ཏོ། །
གཟུངས་ཀྱི་སྒོ་ཐམས་ཅད་ནི་རང་བཞིན་གྱིས་སྟོང་ངོ་ཞེས་བྱ་བར་ཆོས་སྟོན་ཏོ། །
དེ་བཞིན་གཤེགས་པའི་སྟོབས་བཅུ་ནི་རང་བཞིན་གྱིས་སྟོང་ངོ་ཞེས་བྱ་བར་ཆོས···
སྟོན་ཏོ། །མི་འཇིགས་པ་བཞི་ནི་རང་བཞིན་གྱིས་སྟོང་ངོ་ཞེས་བྱ་བར་ཆོས་སྟོན་ཏོ། །
སོ་སོ་ཡང་དག་པར་རིག་པ་བཞི་ནི་རང་བཞིན་གྱིས་སྟོང་ངོ་ཞེས་བྱ་བར་ཆོས་སྟོན་

ངོ། །བྱམས་པ་ཆེན་པོ་ནི་རང་བཞིན་གྱིས་སྟོང་ངོ་[༧]ཞེས་བྱ་བར་ཆོས་སྟོན་ཏོ། །སྙིང་རྗེ་ཆེན་པོ་ནི་རང་བཞིན་གྱིས་སྟོང་ངོ་ཞེས་བྱ་བར་ཆོས་སྟོན་ཏོ། །དགའ་བ་ཆེན་པོ་ནི་རང་བཞིན་གྱིས་སྟོང་ངོ་ཞེས་བྱ་བར་ཆོས་སྟོན་ཏོ། །བཏང་སྙོམས་ཆེན་པོ་ནི་རང་བཞིན་གྱིས་སྟོང་ངོ་ཞེས་བྱ་བར་ཆོས་སྟོན་ཏོ། །སངས་རྒྱས་ཀྱི་ཆོས་མ་འདྲེས་པ་བཅོ་བརྒྱད་ནི་རང་བཞིན་གྱིས་སྟོང་ངོ་ཞེས་བྱ་བར་ཆོས་སྟོན་ཏོ། །སྐྱེས་ཆེན་པོའི་མཚན་སུམ་ཅུ་རྩ་གཉིས་ནི་རང་བཞིན་གྱིས་སྟོང་ངོ་ཞེས་བྱ་བར་ཆོས་སྟོན་ཏོ། །དཔེ་བྱད་བཟང་པོ་བརྒྱད་ཅུ་ནི་རང་བཞིན་གྱིས་སྟོང་ངོ་ཞེས་བྱ་བར་ཆོས་སྟོན་ཏོ། །རྒྱུན་དུ་ཞུགས་པའི་འབྲས་བུ་ནི་རང་བཞིན་གྱིས་སྟོང་ངོ་ཞེས་བྱ་བར་ཆོས་སྟོན་ཏོ། །ལན་ཅིག་ཕྱིར་འོང་བའི་འབྲས་བུ་ནི་རང་བཞིན་གྱིས་སྟོང་ངོ་ཞེས་བྱ་བར་ཆོས་སྟོན་ཏོ། །ཕྱིར་མི་འོང་བའི་འབྲས་བུ་ནི་རང་བཞིན་གྱིས་སྟོང་ངོ་ཞེས་བྱ་བར་ཆོས་སྟོན་ཏོ། །དགྲ་བཅོམ་པ་ཉིད་ནི་རང་བཞིན་གྱིས་སྟོང་ངོ་ཞེས་བྱ་བར་ཆོས་སྟོན་ཏོ། །རང་བྱང་ཆུབ་ནི་རང་བཞིན་གྱིས་སྟོང་ངོ་ཞེས་བྱ་བར་ཆོས་སྟོན་ཏོ། །ལམ་གྱི་རྣམ་པ་ཤེས་པ་ཉིད་ནི་རང་བཞིན་གྱིས་སྟོང་ངོ་ཞེས་བྱ་བར་ཆོས་སྟོན་ཏོ། །རྣམ་པ་ཐམས་ཅད་མཁྱེན་པ་ཉིད་ནི་རང་བཞིན་གྱིས་སྟོང་ངོ་ཞེས་བྱ་བར་ཆོས་སྟོན་ཏོ། །བག་ཆགས་ཀྱི་མཚམས་སྦྱོར་བ་ཐམས་ཅད་སྤོང་བ་ནི་རང་བཞིན་གྱིས་སྟོང་ངོ་ཞེས་བྱ་བར་ཆོས་སྟོན་ཏོ། །རབ་འབྱོར་གལ་ཏེ་ནང་སྟོང་པ་ཉིད་རང་བཞིན་གྱིས་སྟོང་པ་མ་ཡིན་ན་ནི། བྱང་ཆུབ་སེམས་དཔའ་སེམས་དཔའ་ཆེན་པོས་ཀྱང་ཆོས་ཐམས་ཅད་རང་བཞིན་གྱིས་སྟོང་ངོ་ཞེས་བྱ་བར་ཆོས་བསྟན་[༢]པར་མི་འགྱུར་རོ། །གལ་ཏེ་ཕྱི་སྟོང་པ་ཉིད་རང་བཞིན་གྱིས་སྟོང་པ་མ་ཡིན་ན་ནི། བྱང་ཆུབ་སེམས་དཔའ་སེམས་དཔའ་ཆེན་པོས་ཀྱང་ཆོས་ཐམས་ཅད་རང་བཞིན་གྱིས་སྟོང་ངོ་ཞེས་བྱ་བར་ཆོས་བསྟན་པར་མི་འགྱུར་རོ། །གལ་

དེ་ཕྱི་ནང་སྟོང་པ་ཉིད་རང་བཞིན་གྱིས་སྟོང་པ་མ་ཡིན་ན་ནི། བྱང་ཆུབ་སེམས་དཔའ་སེམས་དཔའ་ཆེན་པོས་ཀྱང་ཆོས་ཐམས་ཅད་རང་བཞིན་གྱིས་སྟོང་ངོ་ཞེས་བྱ་བར་ཆོས་བསྟན་པར་མི་འགྱུར་རོ། །གལ་ཏེ་སྟོང་པ་ཉིད་སྟོང་པ་ཉིད་རང་བཞིན་གྱིས་སྟོང་པ་མ་ཡིན་ན་ནི། བྱང་ཆུབ་སེམས་དཔའ་སེམས་དཔའ་ཆེན་པོས་ཀྱང་ཆོས་ཐམས་ཅད་རང་བཞིན་གྱིས་སྟོང་ངོ་ཞེས་བྱ་བར་ཆོས་བསྟན་པར་མི་འགྱུར་རོ། །གལ་ཏེ་ཆེན་པོ་སྟོང་པ་ཉིད་རང་བཞིན་གྱིས་སྟོང་པ་མ་ཡིན་ན་ནི། བྱང་ཆུབ་སེམས་དཔའ་སེམས་དཔའ་ཆེན་པོས་ཀྱང་ཆོས་ཐམས་ཅད་རང་བཞིན་གྱིས་སྟོང་ངོ་ཞེས་བྱ་བར་ཆོས་བསྟན་པར་མི་འགྱུར་རོ། །གལ་ཏེ་དོན་དམ་པ་སྟོང་པ་ཉིད་རང་བཞིན་གྱིས་སྟོང་པ་མ་ཡིན་ན་ནི། བྱང་ཆུབ་སེམས་དཔའ་སེམས་དཔའ་ཆེན་པོས་ཀྱང་ཆོས་ཐམས་ཅད་རང་བཞིན་གྱིས་སྟོང་ངོ་ཞེས་བྱ་བར་ཆོས་བསྟན་པར་མི་འགྱུར་རོ། །གལ་ཏེ་འདུས་བྱས་སྟོང་པ་ཉིད་[1]རང་བཞིན་གྱིས་སྟོང་པ་མ་ཡིན་ན་ནི། བྱང་ཆུབ་སེམས་དཔའ་སེམས་དཔའ་ཆེན་པོས་ཀྱང་ཆོས་ཐམས་ཅད་རང་བཞིན་གྱིས་སྟོང་ངོ་ཞེས་བྱ་བར་ཆོས་བསྟན་པར་མི་འགྱུར་རོ། །གལ་ཏེ་འདུས་མ་བྱས་སྟོང་པ་ཉིད་རང་བཞིན་གྱིས་[2]སྟོང་པ་མ་ཡིན་ན་ནི། བྱང་ཆུབ་སེམས་དཔའ་སེམས་དཔའ་ཆེན་པོས་ཀྱང་ཆོས་ཐམས་ཅད་རང་བཞིན་གྱིས་སྟོང་ངོ་ཞེས་བྱ་བར་ཆོས་བསྟན་པར་མི་འགྱུར་རོ། །གལ་ཏེ་མཐའ་ལས་འདས་པ་སྟོང་པ་ཉིད་རང་བཞིན་གྱིས་སྟོང་པ་མ་ཡིན་ན་ནི། བྱང་ཆུབ་སེམས་དཔའ་སེམས་དཔའ་ཆེན་པོས་ཀྱང་ཆོས་ཐམས་ཅད་རང་བཞིན་གྱིས་སྟོང་ངོ་ཞེས་བྱ་བར་ཆོས་བསྟན་པར་མི་འགྱུར་རོ། །གལ་ཏེ་ཐོག་མ་དང་ཐ་མ་མྱེད་པ་སྟོང་པ་ཉིད་རང་བཞིན་གྱིས་སྟོང་པ་མ་ཡིན་ན་ནི། བྱང་ཆུབ་སེམས་དཔའ་སེམས་དཔའ་ཆེན་པོས་ཀྱང་ཆོས་ཐམས་ཅད་རང་བཞིན་གྱིས་སྟོང་ངོ་ཞེས་བྱ་བར་ཆོས་བསྟན་

པར་མི་འགྱུར་རོ། །གལ་ཏེ་དོར་བ་མེད་པ་སྟོང་པ་ཉིད་རང་བཞིན་གྱིས་སྟོང་པ་མ་ཡིན་ན་ནི། བྱང་ཆུབ་སེམས་དཔའ་སེམས་དཔའ་ཆེན་པོས་ཀྱང་ཆོས་ཐམས་ཅད་རང་བཞིན་གྱིས་སྟོང་ངོ་ཞེས་བྱ་བར་ཆོས་བསྟན་པར་མི་འགྱུར་རོ། །གལ་ཏེ་རང་བཞིན་སྟོང་པ་ཉིད་རང་བཞིན་གྱིས་སྟོང་པ་མ་ཡིན་ན་ནི། བྱང་ཆུབ་སེམས་དཔའ་སེམས་དཔའ་ཆེན་པོས་ཀྱང་ཆོས་ཐམས་ཅད་རང་བཞིན་གྱིས་སྟོང་ངོ་ཞེས་བྱ་བར་ཆོས་བསྟན་པར་མི་འགྱུར་རོ། །གལ་ཏེ་ཆོས་ཐམས་ཅད་སྟོང་པ་ཉིད་རང་བཞིན་གྱིས་སྟོང་པ་མ་ཡིན་ན་ནི། བྱང་ཆུབ་སེམས་དཔའ་སེམས་དཔའ་ཆེན་པོས་ཀྱང་ཆོས་ཐམས་ཅད་རང་བཞིན་གྱིས་སྟོང་ངོ་ཞེས་བྱ་བར་ཆོས་བསྟན་པར་མི་འགྱུར་རོ། །གལ་ཏེ་རང་གི་མཚན་ཉིད་སྟོང་པ་ཉིད་རང་བཞིན་གྱིས་སྟོང་པ་མ་ཡིན་ན་ནི། བྱང་ཆུབ་སེམས་དཔའ་སེམས་དཔའ་ཆེན་པོས་ཀྱང་ཆོས་ཐམས་ཅད་རང་བཞིན་གྱིས་སྟོང་ངོ་ཞེས་བྱ་བར་ཆོས་བསྟན་པར་མི་འགྱུར་རོ། །གལ་ཏེ་མི་དམིགས་པ་སྟོང་པ་ཉིད་རང་བཞིན་གྱིས་སྟོང་པ་མ་ཡིན་ན་ནི། བྱང་ཆུབ་སེམས་དཔའ་སེམས་དཔའ་ཆེན་པོས་ཀྱང་ཆོས་ཐམས་ཅད་རང་བཞིན་གྱིས་སྟོང་ངོ་ཞེས་བྱ་བར་ཆོས་བསྟན་པར་མི་འགྱུར་རོ། །གལ་ཏེ་དངོས་པོ་མེད་པ[7]སྟོང་པ་ཉིད་རང་བཞིན་གྱིས་སྟོང་པ་མ་ཡིན་ན་ནི། བྱང་ཆུབ་སེམས་དཔའ་སེམས་དཔའ་ཆེན་པོས་ཀྱང་ཆོས་ཐམས་ཅད་རང་བཞིན་གྱིས་སྟོང་ངོ་ཞེས་བྱ་བར་ཆོས་བསྟན་པར་མི་འགྱུར་རོ། །གལ་ཏེ་ངོ་བོ་ཉིད་སྟོང་པ་ཉིད་རང་བཞིན་གྱིས་སྟོང་པ་མ་ཡིན་ན་ནི། བྱང་ཆུབ་སེམས་དཔའ་སེམས་དཔའ་ཆེན་པོས་ཀྱང་ཆོས་ཐམས་ཅད་རང་བཞིན་གྱིས་སྟོང་ངོ་ཞེས་བྱ་བར་ཆོས་བསྟན་པར་མི་འགྱུར་རོ། །གལ་ཏེ་དངོས་པོ་མེད་པའི་ངོ་བོ་ཉིད་སྟོང་པ་ཉིད་རང་བཞིན་གྱིས་སྟོང་པ་མ་ཡིན་ན་ནི། བྱང་ཆུབ་སེམས་དཔའ་སེམས་དཔའ་ཆེན་པོས་ཀྱང་ཆོས་ཐམས་ཅད་རང་བཞིན་

གྱིས་སྟོང་ངོ་ཞེས་བྱ་བར་ཆོས་བསྟན་པར་མི་འགྱུརཿཏེ། དེའི་[༡]ཕྱིར་[༢]རང་བཞིན་སྟོང་པ་ཉིད་ཀྱང་བཤིག་པར་འགྱུར་ན། རང་བཞིན་སྟོང་པ་ཉིད་ནི་འཇིག་པར་མི་འགྱུར་རྟག་པ་མ་ཡིན་ཏེ། ཕྱིས་མེད་པར་འགྲོ་བ་ཡང་མ་ཡིན་ནོ། །དེ་ཅིའི་ཕྱིར་ཞེ་ན། དེ་ནི་ཡུལ་ན་[༣]མི་གནས། ཕྱོགས་ན་[༤]མི་གནས་པ་སྟེ། དེ་ནི་གང་ནས་ཀྱང་འོང་བ་ཡང་[༥]མ་ཡིན། གང་དུ་འགྲོ་བ་[༦]ཡང་མ་ཡིན་ཏེ། དེ་ནི་ཆོས་གནས་པ་ཉིད་དོ། །དེ་ལ་ནི་ཆོསཿགང་ཡང་[༧]འཕེལ་བར་[༨]དམིགས་པའམ། འགྲིབ་[༩]པ་དམིགས་པའམ། ༔འགོང་བ་[༡༠]དམིགས་པ་འམ། སྐྱེ་བ་དམིགས་པ་འམ། འབྱུང་བ་དམིགས་པ་འམ། འགག་པ་དམིགས་པ་འམ། ཀུན་ནས་ཉོན་མོངསཿཔ་དམིགས་[༡༡]པའམ། རྣམ་པར་བྱང་བ་དམིགས་པ་མེད་དོ། །དེ་ནི་ཆོས་རྣམས་ཀྱི་རང་བཞིན་ཏེ་དེ་ལ་གནས་ཤིང་བྱང་ཆུབ་སེམས་དཔའ་སེམས་དཔའ་ཆེན་པོ་རྣམས། བླ་ན་མེད་པ་ཡང་དག་པར་རྫོགས་པའི་བྱང་ཆུབ་ཏུ་ཡང་དག་པར་འཇུག་སྟེ། ཆོས་གང་ཡང་འཇུག་པ་འམ། མི་འཇུག་པར་མཐོང་བ་མེད་དོ། །ཆོས་ཐམས་ཅད་ནི་འཇུག་པ་མེད་ཅིང་གནས་པ་མེད་པ་སྟེ། དེ་ནི་ཆོས་རྣམས་ཀྱི་ཆོས་གནས་པའོ། །དེ་བས་ན་བྱང་ཆུབ་[༡༢]སེམས་དཔའ་སེམས་དཔའ་ཆེན་པོ་ཤེས་རབ་ཀྱི་ཕ་རོལ་ཏུ་ཕྱིན་པ་ལ་[༡༣]སྤྱོད་པའི་ཚེ། ཆོས་ཐམས་ཅད་རང་བཞིན་གྱིས་སྟོང་པར་[༡༤]མཐོང་ནས། བླ་ན་མེད་པ་[༡༥]ཡང་དག་པར་རྫོགས་པའི་བྱང་ཆུབ་ལས་ཕྱིར་མི་ལྡོག་གོ། །དེ་ཅིའི་ཕྱིར་ཞེ་ན། དེ་ནི་འདི་ལྟར་དེས་སྒྲིབ་པའི་ཆོས་གང་ཡང་ཡང་དག་པར་རྗེས་སུ་མི་མཐོང་སྟེ། ཆོས་ཐམས་ཅད་ནི་སྒྲིབ་པ་མེད་པར་ཡང་དག་པར་རྗེས་སུ་[༡༦]མཐོང་ངོ་། །དེ་ནི་འདི་ལྟར་རང་བཞིན་སྟོང་པ་ཉིད་ལ་བདག་མི་དམིགས། བདག་ཏུ་གདགས་[༡༧]པ་ཡང་མི་དམིགས། སེམས་ཅན་[༡༨]མི་དམིགས། སེམས་ཅན་དུ་གདགས་པ་ཡང་མི་

དམིགས། སྲོག་མི་དམིགས། སྲོག་ཏུ་གདགས་པ་ཡང་མི་དམིགས། འགྲོ་བའང་མི་དམིགས། འགྲོ་བར་གདགས་པ་ཡང་མི་དམིགས། གསོ་བ་ཡང་མི་དམིགས། གསོ་བར་གདགས་པ་ཡང་མི་དམིགས། སྐྱེས་བུ་[༧]ཡང་མི་དམིགས། སྐྱེས་བུར་གདགས་པ་ཡང་མི་དམིགས། གང་ཟག་ཀྱང་མི་དམིགས། གང་ཟག་ཏུ་གདགས་པ་ཡང་མི་དམིགས། ཤེད་ཅན་ཡང་མི་དམིགས། ཤེད་ཅན་དུ་གདགས་པ་ཡང་མི་དམིགས། ཤེད་བདག་ཀྱང་མི་དམིགས། ཤེད་བདག་ཏུ་གདགས་པ་ཡང་མི་དམིགས། བྱེད་པ་པོ་ཡང་མི་དམིགས། བྱེད་པ་པོར་གདགས་པ་ཡང་མི་དམིགས། ཚོར་བ་པོ་ཡང་མི་དམིགས། ཚོར་བ་པོར་གདགས་པ་ཡང་མི་དམིགས། ཚོར་བར་བྱེད་པ་ཡང་མི་དམིགས། ཚོར་བར་བྱེད་པར་གདགས་པ་ཡང་མི་དམིགས། སློང་བ་[༢]ཡང་མི་དམིགས། སློང་བར་གདགས་པ་ཡང་མི་དམིགས། ཀུན་ནས་སློང་བ་[༣]ཡང་མི་དམིགས། ཀུན་ནས་སློང་བར་གདགས་པ་ཡང་མི་དམིགས། ཤེས་པ་པོ་ཡང་མི་དམིགས། ཤེས་པ་པོར་གདགས་པ་ཡང་མི་དམིགས། མཐོང་བ་པོ་ཡང་མི་དམིགས། མཐོང་བ་པོར་གདགས་པ་ཡང་མི་དམིགས། གཟུགས་ཀྱང་མི་དམིགས། གཟུགས་སུ་གདགས་པ་ཡང་མི་དམིགས། ཚོར་བ་ཡང་མི་དམིགས། ཚོར་བར་གདགས་པ་ཡང་མི་དམིགས། འདུ་ཤེས་ཀྱང་མི་དམིགས། འདུ་ཤེས་སུ་གདགས་པ་ཡང་མི་དམིགས། འདུ་བྱེད་ཀྱང་མི་དམིགས། འདུ་བྱེད་དུ་གདགས་པ་ཡང་མི་དམིགས། རྣམ་པར་ཤེས་པ་ཡང་མི་དམིགས། རྣམ་པར་ཤེས་པར་གདགས་པ་ཡང་མི་དམིགས། མིག་ཀྱང་མི་དམིགས། མིག་ཏུ་གདགས་པ་ཡང་མི་དམིགས། རྣ་བ་ཡང་མི་དམིགས། རྣ་བར་གདགས་པ་ཡང་མི་དམིགས། སྣ་ཡང་མི་དམིགས། སྣར་གདགས་པ་ཡང་མི་དམིགས།

ལྕེ་ཡང་མི་དམིགས། ལྕེར་གདགས་པ་ཡང་མི་དམིགས། ལུས་ཀྱང་མི་དམིགས། ལུས་སུ་གདགས་པ་ཡང་མི་དམིགས། ཡིད་ཀྱང་མི་དམིགས། ཡིད་དུ་གདགས་པ་ཡང་མི་དམིགས། གཟུགས་ཀྱང་མི་དམིགས། གཟུགས་སུ་གདགས་པ་ཡང་མི་དམིགས། སྒྲ་ཡང་མི་དམིགས། སྒྲར་གདགས་པ་ཡང་མི་དམིགས། དྲི་ཡང་མི་དམིགས། དྲིར་གདགས་པ་ཡང་མི་དམིགས། རོ་ཡང་མི་དམིགས། རོར་གདགས་པ་ཡང་མི་དམིགས། རེག་ཀྱང་མི་དམིགས། རེག་ཏུ་གདགས་པ་ཡང་མི་དམིགས། ཆོས་ཀྱང་མི་དམིགས། ཆོས་སུ་གདགས་པ་ཡང་མི་དམིགས། མིག་གི་རྣམ་པར་ཤེས་པ་ཡང་མི་དམིགས། མིག་གི་རྣམ་པར་ཤེས་པར་གདགས་པ་ཡང་མི་དམིགས། རྣ་བའི་རྣམ་པར་ཤེས་པ་ཡང་མི་དམིགས། རྣ་བའི་རྣམ་པར་ཤེས་པར་གདགས་པ་ཡང་མི་དམིགས། སྣའི་རྣམ་པར་ཤེས་པ་ཡང་མི་དམིགས། སྣའི་རྣམ་པར་ཤེས་པར་གདགས་པ་ཡང་མི་དམིགས། ལྕེའི་རྣམ་པར་ཤེས་པ་ཡང་མི་དམིགས། ལྕེའི་རྣམ་པར་ཤེས་པར་གདགས་པ་ཡང་མི་དམིགས། ལུས་ཀྱི་རྣམ་པར་ཤེས་པ་ཡང་མི་དམིགས། ལུས་ཀྱི་རྣམ་པར་ཤེས་པར། གདགས་པ་ཡང་མི་དམིགས། ཡིད་ཀྱི་རྣམ་པར་ཤེས་པ་ཡང་མི་དམིགས། ཡིད་ཀྱི་རྣམ་པར་ཤེས་པར། གདགས་པ་ཡང་མི་དམིགས། མིག་གི་འདུས་ཏེ་རེག་པ་ཡང་མི་དམིགས། མིག་གི་འདུས་ཏེ་རེག་པར་གདགས་པ་ཡང་མི་དམིགས། རྣ་བའི་འདུས་ཏེ་རེག་པ་ཡང་མི་དམིགས། རྣ་བའི་འདུས་ཏེ་རེག་པར་གདགས་པ་ཡང་མི་དམིགས། སྣའི་འདུས་ཏེ་རེག་པ་ཡང་མི་དམིགས། སྣའི་འདུས་ཏེ་རེག་པར་གདགས་པ་ཡང་མི་དམིགས། ལྕེའི་འདུས་ཏེ་རེག་པ་ཡང་མི་དམིགས། ལྕེའི་འདུས་ཏེ་རེག་པར་གདགས་པ་ཡང་མི་དམིགས། ལུས་ཀྱི་འདུས་ཏེ་རེག་པ་ཡང་མི་དམིགས། ལུས་ཀྱི་འདུས་ཏེ་རེག་པར་གདགས་

པ་ཡང་མི་དམིགས། ཡིད་ཀྱི་འདུས་ཏེ་རེག་པ་ཡང་མི་དམིགས། ཡིད་ཀྱི་འདུས་ཏེ་རེག་པར་གདགས་པ་ཡང་མི་དམིགས། མིག་གི་འདུས་ཏེ་རེག་པའི་རྐྱེན་གྱིས་ཚོར་བ་ཡང་མི་དམིགས། མིག་གི་འདུས་ཏེ་རེག་པའི་རྐྱེན་གྱིས་ཚོར་བར་གདགས་པ་ཡང་མི་དམིགས། རྣ་བའི་འདུས་ཏེ་རེག་པའི་རྐྱེན་གྱིས་ཚོར་བ་ཡང་མི་དམིགས། རྣ་བའི་འདུས་ཏེ་རེག་པའི་རྐྱེན་གྱིས་ཚོར་བར་གདགས་པ་ཡང་མི་དམིགས། སྣའི་འདུས་ཏེ་རེག་པའི་རྐྱེན་གྱིས་ཚོར་བ་ཡང་མི་དམིགས། སྣའི་འདུས་ཏེ་རེག་པའི་རྐྱེན་གྱིས་ཚོར་བར་གདགས་པ་ཡང་མི་དམིགས། ལྕེའི་འདུས་ཏེ་རེག་པའི་རྐྱེན་གྱིས་ཚོར་བ་ཡང་མི་དམིགས། ལྕེའི་འདུས་ཏེ་རེག་པའི་རྐྱེན་གྱིས་ཚོར་བར་གདགས་པ་ཡང་མི་དམིགས། ལུས་ཀྱི་འདུས་ཏེ་རེག་པའི་རྐྱེན་གྱིས་ཚོར་བ་ཡང་མི་དམིགས། ལུས་ཀྱི་འདུས་ཏེ་རེག་པའི་རྐྱེན་གྱིས་ཚོར་བར་གདགས་པ་ཡང་མི་དམིགས། ཡིད་ཀྱི་འདུས་ཏེ་རེག་པའི་རྐྱེན་གྱིས་ཚོར་བ་ཡང་མི་དམིགས། ཡིད་ཀྱི་འདུས་ཏེ་རེག་པའི་རྐྱེན་གྱིས་ཚོར་བར་གདགས་པ་ཡང་མི་དམིགས། སའི་ཁམས་ཀྱང་མི་དམིགས། སའི་ཁམས་སུ་གདགས་པ་ཡང་མི་དམིགས། ཆུའི་ཁམས་ཀྱང་མི་དམིགས། ཆུའི་ཁམས་སུ་གདགས་པ་ཡང་མི་དམིགས། མེའི་ཁམས་ཀྱང་མི་དམིགས། མེའི་ཁམས་སུ་གདགས་པ་ཡང་མི་དམིགས། རླུང་གི་ཁམས་ཀྱང་མི་དམིགས། རླུང་གི་ཁམས་སུ་གདགས་པ་ཡང་མི་དམིགས། ནམ་མཁའི་ཁམས་ཀྱང་མི་དམིགས། ནམ་མཁའི་ཁམས་སུ་གདགས་པ་ཡང་མི་དམིགས། རྣམ་པར་ཤེས་པའི་ཁམས་ཀྱང་མི་དམིགས། རྣམ་པར་ཤེས་པའི་ཁམས་སུ་གདགས་པ་ཡང་མི་དམིགས། མ་རིག་པ་ཡང་མི་དམིགས། མ་རིག་པར་གདགས་པ་ཡང་མི་དམིགས། འདུ་བྱེད་ཀྱང་མི་དམིགས། འདུ་བྱེད་དུ་གདགས་པ་ཡང་མི་དམིགས། རྣམ་པར་ཤེས་པ་ཡང་

མི་དམིགས། རྣམ་པར་ཤེས་པར་གདགས་པ་ཡང་མི་དམིགས། མིང་དང་གཟུགས་ཀྱང་མི་དམིགས། མིང་དང་གཟུགས་སུ་གདགས་པ་ཡང་མི་དམིགས། སྐྱེ་མཆེད་དྲུག་ཀྱང་མི་དམིགས། སྐྱེ་མཆེད་དྲུག་ཏུ་གདགས་པ་ཡང་མི་དམིགས། རེག་པ་ཡང་མི་དམིགས། རེག་པར་གདགས་པ་ཡང་མི་དམིགས། ཚོར་བ་ཡང་མི་དམིགས། ཚོར་བར་གདགས་པ་ཡང་མི་དམིགས། སྲེད་པ་ཡང་མི་དམིགས། སྲེད་པར་གདགས་པ་ཡང་མི་དམིགས། ལེན་པ་ཡང་མི་དམིགས། ལེན་པར་གདགས་པ་ཡང་མི་དམིགས། སྲིད་པ་ཡང་མི་དམིགས། སྲིད་པར་གདགས་པ་ཡང་མི་དམིགས། སྐྱེ་བ་ཡང་མི་དམིགས། སྐྱེ་བར་གདགས་པ་ཡང་མི་དམིགས། རྒ་ཤི་ཡང་མི་དམིགས། རྒ་ཤིར་གདགས་པ་ཡང་མི་དམིགས། སྦྱིན་པའི་ཕ་རོལ་ཏུ་ཕྱིན་པ་ཡང་མི་དམིགས། སྦྱིན་པའི་ཕ་རོལ་ཏུ་ཕྱིན་པར་གདགས་པ་ཡང་མི་དམིགས། ཚུལ་ཁྲིམས་ཀྱི་ཕ་རོལ་ཏུ་ཕྱིན་པ་ཡང་མི་དམིགས། ཚུལ་ཁྲིམས་ཀྱི་ཕ་རོལ་ཏུ་ཕྱིན་པར་གདགས་པ་ཡང་མི་དམིགས། བཟོད་པའི་ཕ་རོལ་ཏུ་ཕྱིན་པ་ཡང་མི་དམིགས། བཟོད་པའི་ཕ་རོལ་ཏུ་ཕྱིན་པར་གདགས་པ་ཡང་མི་དམིགས། བརྩོན་འགྲུས་ཀྱི་ཕ་རོལ་ཏུ་ཕྱིན་པ་ཡང་མི་དམིགས། བརྩོན་འགྲུས་ཀྱི་ཕ་རོལ་ཏུ་ཕྱིན་པར་གདགས་པ་ཡང་མི་དམིགས། བསམ་གཏན་གྱི་ཕ་རོལ་ཏུ་ཕྱིན་པ་ཡང་མི་དམིགས། བསམ་གཏན་གྱི་ཕ་རོལ་ཏུ་ཕྱིནད་པར་གདགས་པ་ཡང་མི་དམིགས། ཤེས་རབ་ཀྱི་ཕ་རོལ་ཏུ་ཕྱིན་པ་ཡང་མི་དམིགས། ཤེས་རབ་ཀྱི་ཕ་རོལ་ཏུ་ཕྱིན་པར་གདགས་པ་ཡང་མི་དམིགས། ནང་སྟོང་པ་ཉིད་ཀྱང་མི་དམིགས། ནང་སྟོང་པ་ཉིད་དུ་གདགས་པ་ཡང་མི་དམིགས། ཕྱི་སྟོང་པ་ཉིད་ཀྱང་མི་དམིགས། ཕྱི་སྟོང་པ་ཉིད་དུ་གདགས་པ་ཡང་མི་དམིགས། ཕྱི་ནང་སྟོང་པ་ཉིད་ཀྱང་མི་དམིགས། ཕྱི་ནང་སྟོང་པ་ཉིད་དུ་གདགས་པ་ཡང་མི་

དམིགས། སྟོང་པ་ཉིད་སྟོང་པ་ཉིད་ཀྱང་མི་དམིགས། སྟོང་པ་ཉིད་སྟོང་པ་ཉིད་དུ་གདགས་པ་ཡང་མི་དམིགས། ཆེན་པོ་སྟོང་པ་ཉིད་ཀྱང་མི་དམིགས། ཆེན་པོ་སྟོང་པ་ཉིད་དུ་གདགས་པ་ཡང་མི་དམིགས། དོན་དམ་པ་སྟོང་པ་ཉིད་ཀྱང་མི་དམིགས། དོན་དམ་པ་སྟོང་པ་ཉིད་དུ་གདགས་པ་ཡང་མི་དམིགས། འདུས་བྱས་སྟོང་པ་ཉིད་ཀྱང་མི་དམིགས། འདུས་བྱས་སྟོང་པ་ཉིད་དུ་གདགས་པ་ཡང་མི་དམིགས། འདུས་མ་བྱས་སྟོང་པ་ཉིད་ཀྱང་མི་དམིགས། འདུས་མ་བྱས་སྟོང་པ་ཉིད་དུ་གདགས་པ་ཡང་མི་དམིགས། མཐའ་ལས་འདས་པ་སྟོང་པ་ཉིད་ཀྱང་མི་དམིགས། མཐའ་ལས་འདས་པ་སྟོང་པ་ཉིད་དུ་གདགས་པ་ཡང་མི་དམིགས། ཐོག་མ་དང་ཐ་མ་མེད་པ་སྟོང་པ་ཉིད་ཀྱང་མི་དམིགས། ཐོག་མ་དང་ཐ་མ་མེད་པ་སྟོང་པ་ཉིད་དུ་གདགས་པ་ཡང་མི་དམིགས། དོར་བ་མེད་པ་སྟོང་པ་ཉིད་ཀྱང་མི་དམིགས། དོར་བ་མེད་པ་སྟོང་པ་ཉིད་དུ་གདགས་པ་ཡང་མི་དམིགས། རང་བཞིན་སྟོང་པ་ཉིད་ཀྱང་མི་དམིགས། རང་བཞིན་སྟོང་པ་ཉིད་དུ་གདགས་པ་ཡང་མི་དམིགས། ཆོས་ཐམས་ཅད་སྟོང་པ་ཉིད་ཀྱང་མི་དམིགས། ཆོས་ཐམས་ཅད་སྟོང་པ་ཉིད་དུ་གདགས་པ་ཡང་མི་དམིགས། རང་གི་མཚན་ཉིད་སྟོང་པ་ཉིད་ཀྱང་མི་དམིགས། རང་གི་མཚན་ཉིད་སྟོང་པ་ཉིད་དུ་གདགས་པ་ཡང་མི་དམིགས། མི་དམིགས་པ་སྟོང་པ་ཉིད་ཀྱང་མི་དམིགས། མི་དམིགས་པ་སྟོང་པ་ཉིད་དུ་གདགས་པ་ཡང་མི་དམིགས། དངོས་པོ་མེད་པ་སྟོང་པ་ཉིད་ཀྱང་མི་དམིགས། དངོས་པོ་མེད་པ་སྟོང་པ་ཉིད་དུ་གདགས་པ་ཡང་མི་དམིགས། ངོ་བོ་ཉིད་སྟོང་པ་ཉིད་ཀྱང་མི་དམིགས། ངོ་བོ་ཉིད་སྟོང་པ་ཉིད་དུ་གདགས་པ་ཡང་མི་དམིགས། དངོས་པོ་མེད་པའི་ངོ་བོ་ཉིད་སྟོང་པ་ཉིད་ཀྱང་མི་དམིགས། དངོས་པོ་མེད་པའི་ངོ་བོ་ཉིད་སྟོང་པ་ཉིད་དུ་གདགས་པ་ཡང་མི་

དམིགས། དྲན་པ་ཉེ་བར་གཞག་པ་རྣམས་ཀྱང་མི་དམིགས། དྲན་པ་ཉེ་བར་གཞག་པར་གདགས་པ་ཡང་མི་དམིགས། ཡང་དག་པར་སྤོང་བ་རྣམས་ཀྱང་མི་དམིགས། ཡང་དག་པར་སྤོང་བར་གདགས་པ་ཡང་མི་དམིགས། རྫུ་འཕྲུལ་གྱི་རྐང་པ་རྣམས་ཀྱང་མི་དམིགས། རྫུ་འཕྲུལ་གྱི་རྐང་པར་གདགས་པ་ཡང་མི་དམིགས། དབང་པོ་རྣམས་ཀྱང་མི་དམིགས། དབང་པོར་གདགས་པ་ཡང་མི་དམིགས། སྟོབས་རྣམས་ཀྱང་མི་དམིགས། སྟོབས་སུ་གདགས་པ་ཡང་མི་དམིགས། བྱང་ཆུབ་ཀྱི་ཡན་ལག་རྣམས་ཀྱང་མི་དམིགས། བྱང་ཆུབ་ཀྱི་ཡན་ལག་ཏུ་གདགས་པ་ཡང་མི་དམིགས། འཕགས་པའི་ལམ་ཡན་ལག་བརྒྱད་པ་ཡང་མི་དམིགས། འཕགས་པའི་ལམ་ཡན་ལག་བརྒྱད་པར་གདགས་པ་ཡང་མི་དམིགས། འཕགས་པའི་བདེན་པ་རྣམས་ཀྱང་མི་དམིགས། འཕགས་པའི་བདེན་པར་གདགས་པ་ཡང་མི་དམིགས། བསམ་གཏན་རྣམས་ཀྱང་མི་དམིགས། བསམ་གཏན་དུ་གདགས་པ་ཡང་མི་དམིགས། ཚད་མེད་པ་རྣམས་ཀྱང་མི་དམིགས། ཚད་མེད་པར་གདགས་པ་ཡང་མི་དམིགས། གཟུགས་མེད་པའི་སྙོམས་པར་འཇུག་པ་རྣམས་ཀྱང་མི་དམིགས། གཟུགས་མེད་པའི་སྙོམས་པར་འཇུག་པར་གདགས་པ་ཡང་མི་དམིགས། རྣམ་པར་ཐར་པ་རྣམས་ཀྱང་མི་དམིགས། རྣམ་པར་ཐར་པར་གདགས་པ་ཡང་མི་དམིགས། མཐར་གྱིས་གནས་པའི་སྙོམས་པར་འཇུག་པ་རྣམས་ཀྱང་མི་དམིགས། མཐར་གྱིས་གནས་པའི་སྙོམས་པར་འཇུག་པར་གདགས་པ་ཡང་མི་དམིགས། རྣམ་པར་ཐར་པའི་སྒོ་སྟོང་པ་ཉིད་དང་། མཚན་མ་མེད་པ་དང་། སྨོན་པ་མེད་པ་ཡང་མི་དམིགས། རྣམ་པར་ཐར་པའི་སྒོ་སྟོང་པ་ཉིད་དང་། མཚན་མ་མེད་པ་དང་། སྨོན་པ་མེད་པར་གདགས་པ་ཡང་མི་དམིགས། མངོན་པར་ཤེས་པ་རྣམས་ཀྱང་མི་

དམིགས། མངོན་པར་ཤེས་པར་གདགས་པ་ཡང་མི་དམིགས། ཏིང་ངེ་འཛིན་རྣམས་ཀྱང་མི་དམིགས། ཏིང་ངེ་འཛིན་དུ་གདགས་པ་ཡང་མི་དམིགས། གཟུངས་ཀྱི་སྒོ་རྣམས་ཀྱང་མི་དམིགས། གཟུངས་ཀྱི་སྒོར་གདགས་པ་ཡང་མི་དམིགས། དེ་བཞིན་གཤེགས་པའི་སྟོབས་རྣམས་ཀྱང་མི་དམིགས། དེ་བཞིན་གཤེགས་པའི་སྟོབས་སུ་གདགས་པ་ཡང་མི་དམིགས། མི་འཇིགས་པ་རྣམས་ཀྱང་མི་དམིགས། མི་འཇིགས་པར་གདགས་པ་ཡང་མི་དམིགས། སོ་སོ་ཡང་དག་པར་རིག་པ་རྣམས་ཀྱང་མི་དམིགས། སོ་སོ་ཡང་དག་པར་རིག་པར་གདགས་པ་ཡང་མི་དམིགས། བྱམས་པ་ཆེན་པོ་ཡང་མི་དམིགས། བྱམས་པ་ཆེན་པོར་གདགས་པ་ཡང་མི་དམིགས། སྙིང་རྗེ་ཆེན་པོ་ཡང་མི་དམིགས། སྙིང་རྗེ་ཆེན་པོར་གདགས་པ་ཡང་མི་དམིགས། སངས་རྒྱས་ཀྱི་ཆོས་མ་འདྲེས་པ་བཅོ་བརྒྱད་ཀྱང་མི་དམིགས། སངས་རྒྱས་ཀྱི་ཆོས་མ་འདྲེས་པ་བཅོ་བརྒྱད་དུ་གདགས་པ་ཡང་མི་དམིགས། རྒྱུན་དུ་ཞུགས་པའི་འབྲས་བུ་ཡང་མི་དམིགས། རྒྱུན་དུ་ཞུགས་པའི་འབྲས་བུར་གདགས་པ་ཡང་མི་དམིགས། ལན་ཅིག་ཕྱིར་འོང་བའི་འབྲས་བུ་ཡང་མི་དམིགས། ལན་ཅིག་ཕྱིར་འོང་བའི་འབྲས་བུར་གདགས་པ་ཡང་མི་དམིགས། ཕྱིར་མི་འོང་བའི་འབྲས་བུ་ཡང་མི་དམིགས། ཕྱིར་མི་འོང་བའི་འབྲས་བུར་གདགས་པ་ཡང་མི་དམིགས། དགྲ་བཅོམ་པ་ཉིད་ཀྱང་མི་དམིགས། དགྲ་བཅོམ་པ་ཉིད་དུ་གདགས་པ་ཡང་མི་དམིགས། རང་བྱང་ཆུབ་ཀྱང་མི་དམིགས། རང་བྱང་ཆུབ་ཏུ་གདགས་པ་ཡང་མི་དམིགས། ལམ་གྱི་རྣམ་པ་ཤེས་པ་ཉིད་ཀྱང་མི་དམིགས། ལམ་གྱི་རྣམ་པ་ཤེས་པ་ཉིད་དུ་གདགས་པ་ཡང་མི་དམིགས། རྣམ་པ་ཐམས་ཅད་མཁྱེན་པ་ཉིད་ཀྱང་མི་དམིགས། རྣམ་པ་ཐམས་ཅད་མཁྱེན་པ་ཉིད་དུ་གདགས་པ་ཡང་མི་དམིགས[7]། མི་ཆེན་པོའི་མཚན་

སུམ་ཅུ་རྩ་གཉིས་ཀྱང་[༡]མི་དམིགས། མི་ཆེན་པོའི་མཚན་སུམ་ཅུ་རྩ་གཉིས་སུ་གདགས་པ་ཡང་མི་དམིགས། དཔེ་བྱད་བཟང་པོ་བརྒྱད་ཅུ་ཡང་མི་དམིགས། དཔེ་བྱད་བཟང་པོ་བརྒྱད་[༢]ཅུར་གདགས་པ་ཡང་མི་དམིགས་ན་བླ་ན་མེད་པ་ཡང་དག་པར་རྫོགས་པའི་བྱང་ཆུབ་ལ་ཐེ་ཚོམ་[༣]ཟ་བར་འགྱུར་བ་ལྟ་ག་ལས་འོང་། རབ་འབྱོར་འདི་ལྟ་སྟེ་དཔེར་ན། དེ་བཞིན་གཤེགས་པས་[༤]སྤྲུལ་པའི་དགེ་སློང་ངམ། དགེ་སློང་མ་འམ། དགེ་བསྙེན་ནམ། དགེ་བསྙེན་མ་ལ་བསྐལ་པ་བྱེ་བ་ཁྲག་ཁྲིག་བརྒྱ་སྟོང་། དུ་མར་རྒྱུན་དུ། ཆོས་བསྟན་ན། རབ་འབྱོར་དེ་ཇི་སྙམ་དུ་སེམས། སྤྲུལ་པ་དེ་དག་ལ་རྒྱུན་དུ་ཞུགས་པའི་འབྲས་བུ་རྗེས་སུ་ཐོབ་པར་འགྱུར་བའི་སྐལ་བ་ལྟ་ཡོད་དམ[༥]། ལན་ཅིག་ཕྱིར་འོང་བའི་འབྲས་བུའམ། ཕྱིར་མི་འོང་བའི་འབྲས་བུའམ། དགྲ་བཅོམ་པ་ཉིད་དམ། རང་བྱང་ཆུབ་བམ། བླ་ན་མེད་པ་ཡང་དག་པར་རྫོགས་པའི་བྱང་ཆུབ་ཐོབ་པར་འགྱུར་བའི་སྐལ་བ་ཡོད་དམ། གསོལ་པ། བཅོམ་ལྡན་འདས་དེ་ནི་མ་ལགས་ཏེ། དེ་ཅིའི་སླད་དུ་ཞེ་ན། འདི་ལྟར་དེ་དག་ལ་དངོས་པོ་མ་མཆིས་སོ། །བཅོམ་ལྡན་འདས་ཀྱིས་བཀའ་སྩལ་པ། རབ་འབྱོར་དེ་དེ་བཞིན་ནོ། །དེ་དེ་བཞིན་ཏེ། ཆོས་ཐམས་ཅད་ལ་དངོས་པོ་མེད་ན་སེམས་ཅན་གང་ཞིག་བྱང་ཆུབ་སེམས་དཔའ་སེམས་དཔའ་ཆེན་པོས་རྒྱུན་དུ་ཞུགས་པའི་འབྲས་བུའམ། ལན་ཅིག་ཕྱིར་འོང་བའི་འབྲས་བུའམ། ཕྱིར་མི་འོང་བའི་འབྲས་བུའམ། དགྲ་བཅོམ་པ་[༦]ཉིད་དམ། རང་བྱང་ཆུབ་བམ། བླ་ན་མེད་པ་ཡང་དག་པར་རྫོགས་པའི་བྱང་ཆུབ་ཏུ་དགོད་པར་བྱ་སྟེ[༧]། གཞན་དུ་ན་ཕྱིན་ཅི་ལོག་གིས་ཡོངས་སུ་འཁྲིས་[༨]པའི་སྐྱེ་དགུ་[༩]དག་ཕྱིན་ཅི་ལོག་མེད་པ་ལ་གཞག་གོ། །འདུལ་ལོ། །རབ་ཏུ་འགོད་དོ། །ཕྱིན་ཅི་ལོག་གང་ཡིན་པ་དེ་ཡང་རྟོག་པའི་རྒྱུ་ལས་བྱུང་བའི་ཕྱིར། ཕྱིན་ཅི་ལོག

མ་ཡིན་པ་སྟེ། རྣམ་པར་རྟོག་①པཿམེད་པ་②ནི་ཕྱིན་ཅི་ལོག་མ་ཡིན་པའོ། །གང་ལ་ཕྱིན་ཅི་ལོག་མེད་པ་དེ་ལ་བདག་མེད་དོ། །སེམས་ཅན་མེད་དོ། །སྲོག་མེད་དོ། །འགྲོ་བ་མེད་དོ། །གསོ་བ་མེད་དོ། །སྐྱེས་③བུ་མེད་དོ། །གང་ཟག་མེད་དོ། །ཤེད་ཅན་མེད་དོ། །ཤེད་བདག་མེད་དོ། །བྱེད་པ་པོ་མེད་དོ། །ཚོར་བ་པོ་མེད་དོ། །ཤེས་པ་པོ་མེད་དོ། །མཐོང་བ་པོ་མེད་དོ། །དེ་ལ་གཟུགས་མེད་དོ། །ཚོར་བ་མེད་དོ། །འདུ་ཤེས་མེད་དོ། །འདུ་བྱེད་མེད་དོ། །རྣམ་པར་ཤེས་པ་མེད་དོ། །དེ་ལ་མིག་མེད་དོ། །རྣ་བ་མེད་དོ། །སྣ་མེད་དོ། །ལྕེ་མེད་དོ། །ལུས་མེད་དོ། །ཡིད་མེད་དོ། །དེ་ལ་གཟུགས་མེད་དོ། །སྒྲ་མེད་དོ། །དྲི་མེད་དོ། །རོ་མེད་དོ། །རེག་མེད་དོ། །ཆོས་མེད་དོ། །དེ་ལ་མིག་གི་རྣམ་པར་ཤེས་པ་མེད་དོ། །རྣ་བའི་རྣམ་པར་ཤེས་པ་མེད་དོ། །སྣའི་རྣམ་པར་ཤེས་པ་མེད་དོ། །ལྕེའི་རྣམ་པར་ཤེས་པ་མེད་དོ། །ལུས་ཀྱི་རྣམ་པར་ཤེས་པ་མེད་དོ། །ཡིད་ཀྱི་རྣམ་པར་ཤེས་པ་མེད་དོ། །དེ་ལ་མིག་གི་འདུས་ཏེ་རེག་པ་མེད་དོ། །རྣ་བའི་འདུས་ཏེ་རེག་པ་མེད་དོ། །སྣའི་འདུས་ཏེ་རེག་པ་མེད་དོ། །ལྕེའི་འདུས་ཏེ་རེག་པ་མེད་དོ། །ལུས་ཀྱི་འདུས་ཏེ་རེག་པ་མེད་དོ། །ཡིད་ཀྱི་འདུས་ཏེ་རེག་པ་མེད་དོ། །དེ་ལ་མིག་གི་འདུས་ཏེ་རེག་པའི་རྐྱེན་གྱིས་ཚོར་བ་མེད་དོ། །རྣ་བའི་འདུས་ཏེ་རེག་པའི་རྐྱེན་གྱིས་ཚོར་བ་མེད་དོ། །སྣའི་འདུས་ཏེ་རེག་པའི་རྐྱེན་གྱིས་ཚོར་བ་མེད་དོ། །ལྕེའི་འདུས་ཏེ་རེག་པའི་རྐྱེན་གྱིས་ཚོར་བ་མེད་དོ། །ལུས་ཀྱི་འདུས་ཏེ་རེག་པའི་རྐྱེན་གྱིས་ཚོར་བ་མེད་དོ། །ཡིད་ཀྱི་འདུས་ཏེ་རེག་པའི་རྐྱེན་གྱིས་ཚོར་བ་མེད་དོ། །དེ་ལ་སའི་ཁམས་མེད་དོ། །ཆུའི་ཁམས་མེད་དོ། །མེའི་ཁམས་མེད་དོ། །རླུང་གི་ཁམས་མེད་དོ། །ནམ་མཁའི་ཁམས་མེད་དོ། །རྣམ་པར་ཤེས་པའི་ཁམས་མེད་དོ། །དེ་ལ་མ་རིག་པ་

མེད་དོ། །འདུ་བྱེད་མེད་དོ། །རྣམ་པར་ཤེས་པ་མེད་དོ། །མིང་དང་གཟུགས་མེད་དོ། །སྐྱེ་མཆེད་དྲུག་མེད་དོ། །རེག་པ་མེད་དོ། །ཚོར་བ་མེད་དོ༑ །སྲེད་པ་མེད་དོ། །ལེན་པ་མེད་དོ། །སྲིད་པ་མེད་དོ། །སྐྱེ་བ་མེད་དོ།། ཀ་ཤི་མེད་དོ། །དེ་ལ་སྦྱིན་པའི་ཕ་རོལ་ཏུ་ཕྱིན་པ་མེད་དོ། །ཚུལ་ཁྲིམས་ཀྱི་ཕ་རོལད་ཏུ་ཕྱིནད་པ་མེད་དོ། །བཟོད་པའི་ཕ་རོལ་ཏུ་ཕྱིན་པ་མེད་དོ། །བརྩོན་འགྲུས་ཀྱི་ཕ་རོལ་ཏུ་ཕྱིན་པ་མེད་དོ། །བསམ་གཏན་གྱི་ཕ་རོལ་ཏུ་ཕྱིན་པ་མེད་དོ།། ཤེས་རབ་ཀྱི་ཕ་རོལ་ཏུ་ཕྱིན་པ་མེད་དོ། །དེ་ལ་ནང་སྟོང་པ་ཉིད་མེད་དོ། །ཕྱི་སྟོང་པ་ཉིད་མེད་དོ། །ཕྱི་ནང་སྟོང་པ་ཉིད་མེད་དོ། །སྟོང་པ་ཉིད་སྟོང་པ་ཉིད་མེད་དོ། །ཆེན་པོ་སྟོང་པ་ཉིད་མེད་དོ། །དོན་དམ་པ་སྟོང་པ་ཉིད་མེད་དོ། །འདུས་བྱས་སྟོང་པ་ཉིད་མེད་དོ། །འདུས་མ་བྱས་སྟོང་པ་ཉིད་མེད་དོ། །མཐའ་ལས་འདས་པ་སྟོང་པ་ཉིད་མེད་དོ། །ཐོག་མ་དང་ཐ་མ་མེད་པ་སྟོང་པ་ཉིད་མེད་དོ། །དོར་བ་མེད་པ་སྟོང་པ་ཉིད་མེད་དོ། །རང་བཞིན་སྟོང་པ་ཉིད་མེད་དོ། །ཆོས་ཐམས་ཅད་སྟོང་པ་ཉིད་མེད་དོ། །རང་གི་མཚན་ཉིད་སྟོང་པ་ཉིད་མེད་དོ། །མི་དམིགས་པ་སྟོང་པ་ཉིད་མེད་དོ། །དངོས་པོ་མེད་པ་སྟོང་པ་ཉིད་མེད་དོ། །ངོ་བོ་ཉིད་སྟོང་པ་ཉིད་མེད་དོ། །དངོས་པོ་མེད་པའི་ངོ་བོ་ཉིད་སྟོང་པ་ཉིད་མེད་དོ། །དེ་ལ་དྲན་པ་ཉེ་བར་གཞག་པ་རྣམས་མེད་དོ། །ཡང་དག་པར་[༡]སྤོང་བ་རྣམས་མེད་དོ། །རྫུ་འཕྲུལ་གྱི་རྐང་པ་རྣམས་མེད་དོ། །དབང་པོ་རྣམས་མེད་དོ། །སྟོབས་རྣམས་མེད་དོ། །བྱང་ཆུབ་ཀྱི་ཡན་ལག་རྣམས་མེད་དོ། །འཕགས་པའི་ལམ་ཡན་ལག་བརྒྱད་པ་མེད་དོ། །དེ་ལ་འཕགས་པའི་བདེན་པ་རྣམས་མེད་དོ། །བསམ་གཏན་རྣམས་མེད་དོ། །ཚད་མེད་པ་[༣]རྣམས་མེད་དོ། །གཟུགས་མེད་པའི་སྙོམས་པར་འཇུག་པ་རྣམས་མེད་དོ།།

དེ་ལ་རྣམ་པར་ཐར་པ་རྣམས་མེད་དོ། །མཐར་གྱིས་གནས་པའི་སྙོམས་པར་འཇུག་པ་རྣམས་མེད་དོ། །རྣམ་པར་ཐར་①པའི་སྒོ་སྟོང་པ་ཉིད་དང་། མཚན་མ་མེད་པ་དང་། སྨོན་པ་མེད་པ་མེད་དོ། །མངོན་པར་ཤེས་པ་རྣམས་མེད་དོ།། ཏིང་ངེ་འཛིན་རྣམས་མེད་དོ། །ཟུངས་ཀྱི་སྒོ་རྣམས་མེད་དོ། །②༔དེ་ལ་③དེ་བཞིན་གཤེགས་པའི་སྟོབས་རྣམས་མེད་དོ། །④མི་འཇིགས་པ་རྣམས་མེད་དོ། །སོ་སོ་ཡང་དག་པར་རིག་པ་རྣམས་མེད་དོ། །བྱམས་པ་ཆེན་པོ་མེད་དོ། །སྙིང་རྗེ་ཆེན་པོ་མེད་དོ། །སངས་རྒྱས་ཀྱི་ཆོས་མ་འདྲེས་པ་བཅོ་བརྒྱད་མེད་དོ། །དེ་ལ་རྒྱུན་ཏུ་ཞུགས་པའི་འབྲས་བུ་མེད་དོ། །ལན་ཅིག་ཕྱིར་འོང་བའི་འབྲས་བུ་མེད་དོ། །ཕྱིར་མི་འོང་བའི་འབྲས་བུ་མེད་དོ། །དགྲ་བཅོམ་པ་ཉིད་མེད་དོ། །རང་བྱང་ཆུབ་མེད་དོ། །⑤དེ་ལ་ལམ་གྱི་རྣམ་པ་ཤེས་པ་ཉིད་མེད་དོ། །རྣམ་པ་ཐམས་ཅད་མཁྱེན་པ་ཉིད་མེད་དོ།། །།

ཤེས་རབ་ཀྱི་ཕ་རོལད་ཏུ་ཕྱིནད་པ་སྟོང་ཕྲག་བརྒྱ་པ། བམ་པོ་བཅུ⑥པ། གང་ལ་གཟུགས་མེད་པ་དང་། ཚོར་བ་མེད་པ་དང་། འདུ་ཤེས་མེད་པ་དང་། འདུ་བྱེད་⑦མེད་པ་དང་། རྣམ་པར་ཤེས་པ་མེད་པ་དང་། གང་ལ་མིག་མེད་པ་དང་། རྣ་བ་མེད་པ་དང་། སྣ་མེད་པ་དང་། ལྕེ་མེད་པ་དང་། ལུས་མེད་པ་དང་། ཡིད་མེད་པ་དང་། གང་ལ་གཟུགས་མེད་པ་དང་། སྒྲ་མེད་པ་དང་། དྲི་མེད་པ་དང་། རོ་མེད་པ་དང་། རེག་མེད་པ་དང་། ཆོས་མེད་པ་དང་། གང་ལ་མིག་གི་རྣམ་པར་ཤེས་པ་མེད་པ་དང་། རྣ་བའི་རྣམ་པར་ཤེས་པ་མེད་པ་དང་། སྣའི་རྣམ་པར་ཤེས་པ་མེད་པ་དང་། ལྕེའི་རྣམ་པར་ཤེས་པ་མེད་པ་དང་། ལུས་ཀྱི་རྣམ་པར་ཤེས་པ་མེད་པ་དང་། ཡིད་ཀྱི་རྣམ་པར་ཤེས་པ་མེད་པ་དང་། གང་ལ་མིག་གི་འདུས་ཏེ་རེག་པ་མེད་པ་དང་།

རྣ་བའི་འདུས་ཏེ་རེག་པ་མེད་པ་དང་། སྣའི་འདུས་ཏེ་རེག་པ་མེད་པ་དང་།
ལྕེའི་འདུས་ཏེ་རེག་པ་མེད་པ་དང་། ལུས་ཀྱི་འདུས་ཏེ་རེག་པ་མེད་པ་དང་།
ཡིད་ཀྱི་འདུས་ཏེ་རེག་པ་མེད་པ་དང་། གང་ལ་མིག་གི་འདུས་ཏེ་རེག་པའི་རྐྱེན་
གྱིས་ཚོར་བ་མེད་པ་དང་། རྣ་བའི་འདུས་ཏེ་རེག་པའི་རྐྱེན་གྱིས་ཚོར་བ་མེད་པ་
དང་། སྣའི་འདུས་ཏེ་རེག་པའི་རྐྱེན་གྱིས་ཚོར་བ་མེད་པ་དང་། ལྕེའི་འདུས་
ཏེ་རེག་པའི་རྐྱེན་གྱིས་ཚོར་བ་མེད་པ་དང་། ལུས་ཀྱི་འདུས་ཏེ་རེག་པའི་རྐྱེན་
གྱིས་ཚོར་བ་མེད་པ་དང་། ཡིད་ཀྱི་འདུས་ཏེ་རེག་པའི་རྐྱེན་གྱིས་ཚོར་བ་མེད་པ་
དང་། གང་ལ་སའི་ཁམས་མེད་པ་དང་། ཆུའི་ཁམས་མེད་པ་དང་། མེའི་
ཁམས་མེད་པ་དང་། རླུང་གི་ཁམས་མེད་པ་དང་། ནམ་མཁའི་ཁམས་མེད་པ་
དང་། རྣམ་པར་ཤེས་པའི་ཁམས་མེད་པ་དང་། གང་ལ་མ་རིག་པ་མེད་པ་
དང་། འདུ་བྱེད་མེད་པ་དང་། རྣམ་པར་ཤེས་པ་མེད་པ་དང་། མིང་དང་
གཟུགས་མེད་པ་དང་། སྐྱེ་མཆེད་དྲུག་མེད་པ་དང་། རེག་པ་མེད་པ་དང་།
ཚོར་བ་མེད་པ་དང་། སྲེད་པ་མེད་པ་དང་། ལེན་པ་མེད་པ་དང་། སྲིད་པ་
མེད་པ་དང་། སྐྱེ་བ་མེད་པ་དང་། རྒ་ཤི་མེད་པ་དང་། གང་ལ་སྦྱིན་པའི་
ཕ་རོལ་ཏུ་ཕྱིན་པ་མེད་པ་དང་། ཚུལ་ཁྲིམས་ཀྱི་ཕ་རོལ་ཏུ་ཕྱིན་པ་མེད་པ་དང་།
བཟོད་པའི་ཕ་རོལ་ཏུ་ཕྱིན་པ་མེད་པ་དང་། བརྩོན་འགྲུས་ཀྱི་ཕ་རོལ་ཏུ་ཕྱིན་པ་
མེད་པ་དང་། བསམ་གཏན་གྱི་ཕ་རོལ་ཏུ་ཕྱིན་པ་མེད་པ་དང་། ཤེས་རབ་ཀྱི་
ཕ་རོལ་ཏུ་ཕྱིན་པ་མེད་པ་དང་། གང་ལ་ནང་སྟོང་པ་ཉིད་མེད་པ་དང་། ཕྱི་
སྟོང་པ་ཉིད་མེད་པ་དང་། ཕྱི་ནང་སྟོང་པ་ཉིད་མེད་པ་དང་། སྟོང་པ་ཉིད་
སྟོང་པ་ཉིད་མེད་པ་དང་། ཆེན་པོ་སྟོང་པ་ཉིད་མེད་པ་དང་། དོན་དམ་པ་
སྟོང་པ་ཉིད་མེད་པ་དང་། འདུས་བྱས་སྟོང་པ་ཉིད་མེད་པ་དང་། འདུས་མ་

བྱས་སྟོང་པ་ཉིད་མྱེད་པ་དང་། མཐའ་ལས་འདས་པ་སྟོང་པ་ཉིད་མྱེད་པ་དང་། ཐོག་མ་དང་ཐ་མ་མྱེད་པ་སྟོང་པ་ཉིད་མྱེད་པ་དང་། དོར་བ་མྱེད་པ་སྟོང་པ་ཉིད་མྱེད་པ་དང་། རང་བཞིན་སྟོང་པ་ཉིད་མྱེད་པ་དང་། ཆོས་ཐམས་ཅད་སྟོང་པ་ཉིད་མྱེད་པ་དང་། རང་གི་མཚན་ཉིད་སྟོང་པ་ཉིད་མྱེད་པ་དང་། མྱི་དམྱིགས་པ་སྟོང་པ་ཉིད་མྱེད་པ་དང་། དངོས་པོ་མྱེད་པ་སྟོང་པ་ཉིད་མྱེད་པ་དང་། ངོ་བོ་ཉིད་སྟོང་[༡]པ་ཉིད་མྱེད་པ་དང་། དངོས་པོ་མྱེད་པའི་ངོ་བོ་ཉིད་སྟོང་པ་ཉིད་མྱེད་པ་དང་། གང་ལ་དྲན་པ་ཉེ་བར་གཞག་པ་རྣམས་མྱེད་པ་དང་། ཡང་དག་པར་སྤོང་བ་རྣམས་མྱེད་པ་དང་། རྫུ་འཕྲུལ་གྱི་རྐང་པ་རྣམས་མྱེད་པ་དང་། དབང་པོ་རྣམས་མྱེད་པ་དང་། སྟོབས་རྣམས་མྱེད་པ་དང་། བྱང་ཆུབ་ཀྱི་ཡན་ལག་རྣམས་མྱེད་པ་དང་། འཕགས་པའི་ལམ་ཡན་ལག་བརྒྱད་པ་མྱེད་པ་དང་། གང་ལ་འཕགས་པའི་བདེན་པ་རྣམས་མྱེད་པ་དང་། བསམ་གཏན་རྣམས་མྱེད་པ་དང་། ཚད་མྱེད་པ་རྣམས་མྱེད་པ་དང་། གཟུགས་མྱེད་པའི་སྙོམས་པར་འཇུག་པ་རྣམས་མྱེད་པ་དང་། གང་ལ་རྣམ་པར་ཐར་པ་བརྒྱད་[༢]མྱེད་པ་དང་། མཐར་གྱིས་གནས་པའི་སྙོམས་པར་འཇུག་པ་རྣམས་[༣]མྱེད་པ་དང་། རྣམ་པར་ཐར་པའི་སྒོ་སྟོང་པ་ཉིད་དང་། མཚན་མ་མྱེད་པ་དང་། སྨོན་པ་མྱེད་པཿམྱེད་པ་[༤]དང་། མངོན་པར་ཤེས་པ་རྣམས་མྱེད་པ་དང་། ཏིང་ངེ་འཛིན་རྣམས་མྱེད་པ་དང་། གཟུངས་ཀྱི་སྒོ་རྣམས་མྱེད་པ་དང་། གང་ལ་དེ་བཞིན་གཤེགས་པའི་སྟོབས་རྣམས་མྱེད་པ་དང་། མྱི་འཇིགས་པ་རྣམས་མྱེད་པ་དང་། སོ་སོ་ཡང་དག་པར་རིག་པ་རྣམས་མྱེད་པ་དང་། བྱམས་པ་ཆེན་པོ་མྱེད་པ་དང་། སྙིང་རྗེ་ཆེན་པོ་མྱེད་པ་དང་། སངས་རྒྱས་ཀྱི་ཆོས་མ་འདྲེས་པ་བཅོ་བརྒྱད་མྱེད་པ་དང་། གང་ལ་རྒྱུན་དུ་ཞུགས་པའི་འབྲས་བུ་མྱེད་པ་

དང་། ལན་ཅིག་ཕྱིར་འོང་བའི་འབྲས་བུ་མེད་པ་དང་། ཕྱིར་མི་འོང་བའི་འབྲས་བུ་མེད་པ་དང་། དགྲ་བཅོམ་པ་ཉིད་མེད་པ་དང་། རང་བྱང་ཆུབ་མེད་པ་དང་། [༡]ལམ་གྱི་རྣམ་པ་ཤེས་པ་ཉིད་མེད་པ་དང་། བླ་ན་མེད་པ་ཡང་དག་པར་རྫོགས་པའི་བྱང་ཆུབ་མེད་པ་དེ་ནི་རང་བཞིན་སྟོང་པ་ཉིད་དེ། དེ་ལ་གནས་ཤིང་བྱང་ཆུབ་སེམས་དཔའ་སེམས་དཔའ་ཆེན་པོ༔ ཤེས་རབ་ཀྱི་ཕ་རོལ་ཏུ་ཕྱིན་པ་ལ་སྤྱོད་དེ[༢]། ཤེས་རབ་ཀྱི་ཕ་རོལ་ཏུ་ཕྱིན་པ་ལ་སྤྱོད་ཅིང་། སེམས་ཅན་ཕྱིན་ཅི་ལོག་ཏུ་གྱུར་པ་རྣམས་སེམས་ཅན་གྱི་འདུ་ཤེས་ལས་འགྲེལ་ཏེ[༣]། གཟུགས་ཀྱི་འདུ་ཤེས་ལས་འགྲེལ་ཏོ། །གཟུགས་མེད་པའི་འདུ་ཤེས་ལས་འགྲེལ་ཏོ། །ཟག་པ་དང་བཅས་པའི་ཆོས་[༤]ཐམས་ཅད་ཀྱི་བར་ལས་འགྲེལ་ཏོ། །ཟག་པ་མེད་པའི་ཆོས་འདི་ལྟ་སྟེ། དྲན་པ་ཉེ་བར་གཞག་པ་བཞི་དང་། ཡང་དག་པར་སྤོང་བ་བཞི་དང་། རྫུ་འཕྲུལ་གྱི་རྐང་པ་བཞི་དང་། དབང་པོ་ལྔ་དང་། སྟོབས་ལྔ་དང་། བྱང་ཆུབ་ཀྱི་ཡན་ལག་བདུན་དང་། འཕགས་པའི་ལམ་ཡན་ལག་བརྒྱད་པ་དང་། རྣམ་པར་ཐར་པའི་སྒོ་གསུམ་དང་། འཕགས་པའི་བདེན་པ་བཞི་དང་། [༥]རྣམ་པར་ཐར་པ་བརྒྱད་དང་། མཐར་གྱིས་གནས་པའི་སྙོམས་པར་འཇུག་པ་དགུ་དང་། ཏིང་ངེ་འཛིན་ཐམས་ཅད་དང་། གཟུངས་ཀྱི་སྒོ་ཐམས་ཅད་དང་། དེ་བཞིན་གཤེགས་པའི་སྟོབས་བཅུ་དང་། མི་འཇིགས་པ་བཞི་དང་། སོ་སོ་ཡང་དག་པར་རིག་པ་བཞི་དང་། བྱམས་པ་ཆེན་པོ་དང་། སྙིང་རྗེ་ཆེན་པོ་དང་། སངས་རྒྱས་ཀྱི་ཆོས་མ་འདྲེས་པ་བཅོ་བརྒྱད་པོ་དེ་དག་ཀྱང་དེ་ལ་དོན་དམ་པའི་རྣམ་པ་གང་ཡིན་པ་དེ་ལྟ་བུ་མ་ཡིན་ཏེ། འདི་ལྟར་འདུས་མ་བྱས་པ་དང་། མ་སྐྱེས་པ་དང་། དངོས་པོ་མེད་པ་དང་། འབྱུང་བ་མེད་པ་འདི་ནི་རང་བཞིན་སྟོང་པ་ཉིད་དོ། །དེ་[༦]ནི་སངས་རྒྱས་བཅོམ་

ལྷན་འདས་རྣམས་ཀྱི་བྱང་ཆུབ་སྟེ། དེ་ལ་བདག་མེད་དོ། །སེམས་ཅན་མེད་དོ། །
སྲོག་མེད་དོ། །སྐྱེ་བ་པོ་[༧]མེད་དོ། །གསོ་བ་[༣]མེད་དོ། །སྐྱེས་བུ་མེད་དོ། །
གང་ཟག་མེད་དོ། །ཤེད་ཅན་མེད་དོ། །ཤེད་བདག་མེད་དོ། །བྱེད་པ་པོ་
མེད་དོ། །ཚོར་བ་པོ་མེད་དོ། །ཤེས་པ་པོ་མེད་དོ། །མཐོང་བ་པོ་མེད་དོ། །
གཟུགས་མེད་དོ། །ཚོར་བ་མེད་དོ། །འདུ་ཤེས་མེད་དོ། །འདུ་བྱེད་མེད་དོ། །
རྣམ་པར་ཤེས་པ་མེད་དོ། །མིག་མེད་དོ། །རྣ་བ་མེད་དོ། །སྣ་མེད་དོ། །
ལྕེ་མེད་དོ། །ལུས་མེད་དོ། །ཡིད་མེད་དོ། །གཟུགས་མེད་དོ། །སྒྲ་མེད་དོ། །
དྲི་མེད་དོ། །རོ་མེད་དོ། །རེག་མེད་དོ། །ཆོས་མེད་དོ། །མིག་གི་རྣམ་པར་
ཤེས་པ་མེད་དོ། །རྣ་བའི་རྣམ་པར་ཤེས་པ་མེད་དོ། །སྣའི་རྣམ་པར་ཤེས་པ་
མེད་དོ། །ལྕེའི་རྣམ་པར་ཤེས་པ་མེད་དོ། །ལུས་ཀྱི་རྣམ་པར་ཤེས་པ་མེད་དོ། །
ཡིད་ཀྱི་རྣམ་པར་ཤེས་པ་མེད་དོ། །མིག་གི་འདུས་ཏེ་རེག་པ་མེད་དོ། །རྣ་བའི་
འདུས་ཏེ་རེག་པ་མེད་དོ། །སྣའི་འདུས་ཏེ་རེག་པ་མེད་དོ། །ལྕེའི་འདུས་ཏེ་
རེག་པ་མེད་དོ། །ལུས་ཀྱི་འདུས་ཏེ་རེག་པ་མེད་དོ། །ཡིད་ཀྱི་[༣]འདུས་ཏེ་རེག་
པ་མེད་དོ། །མིག་གི་འདུས་ཏེ་རེག་པའི་རྐྱེན་གྱིས་ཚོར་བ་མེད་དོ། །རྣ་བའི་
འདུས་ཏེ་རེག་པའི་རྐྱེན་གྱིས་ཚོར་བ་མེད་དོ། །སྣའི་འདུས་ཏེ་རེག་པའི་རྐྱེན་གྱིས་
ཚོར་བ་མེད་དོ། །ལྕེའི་འདུས་ཏེ་རེག་པའི་རྐྱེན་གྱིས་ཚོར་བ་མེད་དོ། །ལུས་ཀྱི་
འདུས་ཏེ་རེག་པའི་རྐྱེན་གྱིས་ཚོར་བ་མེད་དོ། །ཡིད་ཀྱི་འདུས་ཏེ་རེག་པའི་རྐྱེན་
གྱིས་ཚོར་བ་མེད་དོ། །སའི་ཁམས་མེད་དོ། །ཆུའི་ཁམས་མེད་དོ། །མེའི་
ཁམས་མེད་དོ། །རླུང་གི་ཁམས་མེད་དོ། །ནམ་མཁའི་ཁམས་མེད་དོ། །རྣམ་
པར་ཤེས་པའི་ཁམས་མེད་དོ། །མ་རིག་པ་མེད་དོ། །འདུ་བྱེད་མེད་དོ། །
རྣམ་པར་ཤེས་པ་མེད་དོ། །མིང་དང་གཟུགས་མེད་དོ། །སྐྱེ་མཆེད་དྲུག་མེད་དོ།།

རིག་པ་མེད་དོ། །ཚོར་བ་མེད་དོ། །སྲེད་པ་མེད་དོ། །ལེན་པ་མེད་དོ། །སྲིད་པ་མེད་དོ། །སྐྱེ་བ་མེད་དོ། །རྒ་ཤི་མེད་དོ། །སྦྱིན་པའི་ཕ་རོལ་ཏུ་ཕྱིན་པ་མེད་དོ། །ཚུལ་ཁྲིམས་ཀྱི་ཕ་རོལ་ཏུ་ཕྱིན་པ་མེད་དོ། །བཟོད་པའི་ཕ་རོལ་ཏུ་ཕྱིནད་པ་མེད་དོ། །བརྩོན་འགྲུས་ཀྱི་ཕ་རོལ་ཏུ་ཕྱིན་པ་མེད་དོ། །བསམ་གཏན་གྱི་ཕ་རོལ་ཏུ་ཕྱིན་པ་མེད་དོ། །ཤེས་རབ་ཀྱི་ཕ་རོལ་ཏུ་ཕྱིན་པ་མེད་དོ། །ནང་སྟོང་པ་ཉིད་མེད་དོ། །ཕྱི་སྟོང་པ་ཉིད་མེད་དོ། །ཕྱི་ནང་སྟོང་པ་ཉིད་མེད་དོ། །སྟོང་པ་ཉིད་སྟོང་པ་ཉིད་མེད་དོ། །ཆེན་པོ་སྟོང་པ་ཉིད་མེད་དོ། །དོན་དམ་པ་སྟོང་པ་ཉིད་མེད་དོ། །འདུས་བྱས་སྟོང་པ་ཉིད་མེད་དོ། །འདུས་མ་བྱས་སྟོང་པ་ཉིད་མེད་དོ། །མཐའ་ལས་འདས་པ་སྟོང་པ་ཉིད་མེད་དོ། །ཐོག་མ་དང་ཐ་མ་མེད་པ་སྟོང་པ་ཉིད་མེད་དོ། །དོར་བ་མེད་པ་[7]སྟོང་པ་ཉིད་མེད་དོ། །རང་བཞིན་སྟོང་པ་ཉིད་མེད་དོ། །ཆོས་ཐམས་ཅད་སྟོང་པ་ཉིད་མེད་དོ། །རང་གི་མཚན་ཉིད་སྟོང་པ་ཉིད་མེད་དོ། །མི་དམིགས་པ་སྟོང་པ་ཉིད་མེད་དོ། །དངོས་པོ་མེད་པ་སྟོང་པ་ཉིད་མེད་དོ། །ངོ་བོ་ཉིད་སྟོང་པ་ཉིད་མེད་དོ། །དངོས་པོ་མེད་པའི་ངོ་བོ་ཉིད་སྟོང་པ་ཉིད་མེད་དོ། །དྲན་པ་ཉེ་བར་གཞག་པ་རྣམས་མེད་དོ། །ཡང་དག་པར་སྤོང་བ་རྣམས་མེད་དོ། །རྫུ་འཕྲུལ་གྱི་རྐང་པ་རྣམས་མེད་དོ། །དབང་པོ་རྣམས་མེད་དོ། །སྟོབས་རྣམས་མེད་དོ། །བྱང་ཆུབ་ཀྱི་ཡན་ལག་རྣམས་མེད་དོ། །འཕགས་པའི་ལམ་ཡན་ལག་བརྒྱད་པ་མེད་དོ། །འཕགས་པའི་བདེན་པ་རྣམས་མེད་དོ། །བསམ་གཏན་རྣམས་མེད་དོ། །ཚད་མེད་པ་རྣམས་མེད་དོ། །གཟུགས་མེད་པའི་སྙོམས་པར་འཇུག་པ་རྣམས་མེད་དོ། །རྣམ་པར་ཐར་པ་བརྒྱད་མེད་དོ། །མཐར་གྱིས་གནས་པའི་སྙོམས་པར་འཇུག་པ་དགུ་མེད་དོ། །རྣམ་པར་ཐར་པའི་སྒོ་སྟོང་པ་ཉིད་དང་།

མཚན་མ་མེད་པ་དང་། སྨོན་པ་མེད་པ་མེད་དོ། །མངོན་པར་ཤེས་པ་རྣམས་མེད་དོ། །ཏིང་ངེ་འཛིན་རྣམས་མེད་དོ། །གཟུངས་ཀྱི་སྒོ་རྣམས་མེད་དོ། །དེ་བཞིན་གཤེགས་པའི་སྟོབས་བཅུ་[1]མེད་དོ། །མི་འཇིགས་པ་བཞི་[2]མེད་དོ། །སོ་སོ་ཡང་དག་པར་རིག་པ་བཞི་མེད་དོ། །བྱམས་པ་ཆེན་པོ་མེད་དོ། །སྙིང་རྗེ་ཆེན་པོ་མེད་དོ། །སངས་རྒྱས་ཀྱི་ཆོས་མ་འདྲེས་པ་བཅོ་བརྒྱད་མེད་དོ། །སྐྱེས་ཆེན་པོའི་མཚན་སུམ་[3]ཅུ་རྩ་གཉིས་མེད་དོ། །དཔེ་བྱད་བཟང་པོ་བརྒྱད་ཅུ་མེད་དོ། །རྒྱུན་དུ་ཞུགས་པའི་འབྲས་བུ་མེད་དོ། །ལན་ཅིག་ཕྱིར་འོང་བའི་འབྲས་བུ་མེད་དོ། །ཕྱིར་མི་འོང་བའི་འབྲས་བུ་མེད་དོ། །དགྲ་བཅོམ་པ་ཉིད་མེད་དོ།། རང་བྱང་ཆུབ་མེད་དོ། །[4]ལམ་གྱི་རྣམ་པ་ཤེས་པ་ཉིད་མེད་དོ། །རྣམ་པ་ཐམས་ཅད་མཁྱེན་པ་ཉིད་མེད་དོ། །བྱང་ཆུབ་སེམས་དཔའ་སེམས་དཔའ་ཆེན་པོ་དེ་ནི་གཞན་དུ་ན། རང་བཞིན་སྟོང་པ་ཉིད་ཡོངས་སུ་ཤེས་པ་ལས་ལམ་གྱི་དོན་དུ། བླ་ན་མེད་པ་ཡང་དག་པར་རྫོགས་པའི་བྱང་ཆུབ་ཏུ་འཇུག་པ་མེད་དེ[5]། རང་བཞིན་སྟོང་པ་ཉིད་དེ་ཡང་སྔ་ནས་ཀྱང་རང་བཞིན་[6]སྟོང་པ་ཉིད་ཕྱིན་ཆད་[7]ཀྱང་རང་བཞིན་[8]སྟོང་པ་ཉིད་བར་དུ་ཡང་རང་བཞིན་[9]སྟོང་པ་ཉིད་དེ། དེ་ནམ་ཡང་རང་བཞིན་གྱིས་མི་སྟོང་པ་མ་ཡིན་ནོ། །དེ་བས་ན་བྱང་ཆུབ་སེམས་དཔའ་སེམས་དཔའ་ཆེན་པོ་ཡང་རང་བཞིན་གྱིས་[10]སྟོང་པ་ཉིད་ཀྱི་ཕ་རོལ་ཏུ་ཕྱིན་པ་ལ་སྤྱོད་ཅིང་། སེམས་ཅན་དུ་འདུ་ཤེས་པའི༔ སེམས་ཅན་རྣམས་ཀྱི་[11]སེམས་ཅན་གྱི་འདུ་ཤེས་ཡོངས་[12]སུ་དགྲོལ་བའི་ཕྱིར་ལམ་གྱི་རྣམ་པ་ཤེས་པ་ཉིད་ལ་སྤྱོད་དོ།། དེ་[13]ལམ་གྱི་རྣམ་པ་ཤེས་པ་ཉིད་ལ་སྤྱོད་པའི་ཚེ། འདི་ལྟ་སྟེ། ཉན་ཐོས་ཀྱི་ལམ་དང་། རང་སངས་རྒྱས་ཀྱི་ལམ་དང་། བྱང་ཆུབ་སེམས་དཔའི་ལམ་དང་། ལམ་ཐམས་ཅད་ལ་སྤྱོད་དེ[14]། བྱང་ཆུབ་སེམས་དཔའ་སེམས་དཔའ་ཆེན་པོ་དེ་

ལམ་ཐམས་ཅད་ཡོངས་སུ་རྫོགས་པར་བྱས། སེམས་ཅན་[1]ཡོངས་སུ་སྨིན་པར་བྱས། སངས་རྒྱས་ཀྱི་ཞིང་ཡོངས་སུ་དག་པར་བྱས་ནས། ཚེའི་[2]འདུ་བྱེད་བྱིན་གྱིས་བརླབས་ཏེ། བླ་ན་མེད་པ་ཡང་དག་པར་རྫོགས་པའི་བྱང་ཆུབ་ཏུ་མངོན་པར་རྫོགས་པར་འཚང་རྒྱའོ། །དེ་བླ་ན་མེད་པ་ཡང་དག་པར༔རྫོགས་པའི་བྱང་ཆུབ་ཏུ་མངོན་པར་[3]རྫོགས་པར་སངས་རྒྱས་ནས། འདི་ལྟ་སྟེ། སངས་རྒྱས་ཀྱི་ཚུལ་རང་བཞིན་སྟོང་པ་ཉིད་ཀྱི་[4]རྒྱུན་མི་གཅོད་དོ། །དེ་ནི་སངས་རྒྱས་བཅོམ་ལྡན་འདས་རྣམས་ཀྱི་སངས་རྒྱས་ཀྱི་ཚུལ་ཏེ། འདས་པའི་དུས་ཀྱི་སངས་རྒྱས་བཅོམ་ལྡན་འདས་གང་ཇི་སྙེད་ཅིག་བྱུང་བ་དེ་དག་གི་སངས་རྒྱས་ཀྱི་ཚུལ་ཡང་འདི་ལྟ་སྟེ། རང་བཞིན་སྟོང་པ་ཉིད་དོ། །མ་འོངས་པའི་དུས་ན་སངས་རྒྱས་བཅོམ་ལྡན་འདས་གང་ཇི་སྙེད་ཅིག་[5]འབྱུང་བར་འགྱུར་བ་དེ་དག་གི་སངས་རྒྱས་ཀྱི་ཚུལ་ཡང་འདི་ལྟ་སྟེ། རང་བཞིན་སྟོང་པ་ཉིད་དོ། །ད་[6]ལྟར་ཕྱོགས་བཅུའི་འཇིག་རྟེན་གྱི་ཁམས་ན་སངས་རྒྱས་བཅོམ་ལྡན་འདས་གང་ཇི་སྙེད་ཅིག[7] །བཞུགས་ཤིང་འཚོ་སྐྱོང་བ་དེ་དག་གི་[8]སངས་རྒྱས་ཀྱི་ཚུལ་ཡང་འདི་ལྟ་སྟེ། རང་བཞིན་སྟོང་པ་ཉིད་དོ[9]། །རང་བཞིན་སྟོང་པ་ཉིད་[10]ནི་སངས་རྒྱས་བཅོམ་ལྡན་འདས་རྣམས་མ་གཏོགས་པར་གཞན་ལས་འཇིག་རྟེན་དུ་འབྱུང་བར་མི་འགྱུར་རོ། །དེ་བས་ན་བྱང་ཆུབ་སེམས་དཔའ་སེམས་དཔའ་ཆེན་པོས་རང་བཞིན་སྟོང་པ་ཉིད་ཀྱི་ཕ་རོལ་ཏུ་ཕྱིན་པ་ལ་སྤྱད་པར་བྱ་སྟེ། དེ་ལ་སྤྱོད་པའི་བྱང་ཆུབ་སེམས་དཔའ་སེམས་དཔའ་ཆེན་པོ་ནི་རྣམ་པ་ཐམས་ཅད་མཁྱེན་པ་ཉིད་ལས་ཡོངས་སུ་ཉམས་[11]པར་མི་འགྱུར་རོ། །རབ་འབྱོར་གྱིས་གསོལ་པ། བཅོམ་ལྡན་འདས་དེ་ལྟར་བྱང་ཆུབ་སེམས་དཔའ་སེམས་དཔའ་ཆེན་པོ་རྣམས་རང་བཞིན་སྟོང་པ་ཉིད་ཀྱི་ཆོས་ཐམས་ཅད་ལ་སྤྱོད་ཅིང་། གཟུགས་ཀྱང་གཞན་ནོ། །རང་བཞིན་སྟོང་པ་

ཉིད་ཀྱང་གཞན་ནོ། །ཚོར་བ་ཡང་གཞན་ནོ། །རང་བཞིན་སྟོང་པ་ཉིད་ཀྱང་
གཞན་ནོ། །འདུ་ཤེས་ཀྱང་གཞན་ནོ། །རང་བཞིན་སྟོང་པ་ཉིད་ཀྱང་གཞན་ནོ། །
འདུ་བྱེད་ཀྱང་གཞན་ནོ། །རང་བཞིན་སྟོང་པ་ཉིད་ཀྱང་གཞན་ནོ། །རྣམ་པར་
ཤེས་པ་ཡང་གཞན་ནོ། །རང་བཞིན་སྟོང་པ་ཉིད་ཀྱང་གཞན་ནོ། །མིག་ཀྱང་
གཞན་ནོ། །རང་བཞིན་སྟོང་པ་ཉིད་ཀྱང་གཞན་ནོ། །རྣ་བ་ཡང་གཞན་ནོ། །
རང་བཞིན་སྟོང་པ་ཉིད་ཀྱང་གཞན་ནོ། །སྣ་ཡང་གཞན་ནོ། །རང་བཞིན་སྟོང་
པ་ཉིད་ཀྱང་གཞན་ནོ། །ལྕེ་ཡང་གཞན་ནོ། །རང་བཞིན་སྟོང་པ་ཉིད་ཀྱང་
གཞན་ནོ། །ལུས་ཀྱང་གཞན་ནོ། །[༢]རང་བཞིན་སྟོང་པ་ཉིད་ཀྱང་གཞན་[༣]ནོ། །
ཡིད་ཀྱང་གཞན་ནོ། །རང་བཞིན་སྟོང་པ་ཉིད་ཀྱང་གཞན་ནོ། །གཟུགས་ཀྱང་
གཞན་ནོ། །རང་བཞིན་སྟོང་པ་ཉིད་ཀྱང་གཞན་ནོ། །སྒྲ་ཡང་གཞན་ནོ། །
རང་བཞིན་སྟོང་པ་ཉིད་ཀྱང་གཞན་ནོ། །དྲི་ཡང་གཞན་ནོ། །རང་བཞིན་སྟོང་
པ་ཉིད་ཀྱང་གཞན་ནོ། །རོ་ཡང་གཞན་ནོ། །རང་བཞིན་སྟོང་པ་ཉིད་ཀྱང་
གཞན་ནོ། །རེག་ཀྱང་གཞན་ནོ། །རང་བཞིན་སྟོང་པ་ཉིད་ཀྱང་གཞན་ནོ། །
ཆོས་ཀྱང་གཞན་ནོ། །རང་བཞིན་སྟོང་པ་ཉིད་ཀྱང་གཞན་ནོ། །མིག་གི་རྣམ་
པར་ཤེས་པ་ཡང་གཞན་ནོ། །རང་བཞིན་སྟོང་པ་ཉིད་ཀྱང་གཞན་ནོ། །རྣ་
བའི་རྣམ་པར་ཤེས་པ་ཡང་གཞན་ནོ། །རང་བཞིན་སྟོང་པ་ཉིད་ཀྱང་གཞན་ནོ། །
སྣའི་རྣམ་པར་ཤེས་པ་ཡང་གཞན་ནོ། །རང་བཞིན་སྟོང་པ་ཉིད་ཀྱང་གཞན་ནོ། །
ལྕེའི་རྣམ་པར་ཤེས་པ་ཡང་གཞན་ནོ། །རང་བཞིན་སྟོང་པ་ཉིད་ཀྱང་གཞན་ནོ། །
ལུས་ཀྱི་རྣམ་པར་ཤེས་པ་ཡང་གཞན་ནོ། །རང་བཞིན་སྟོང་པ་ཉིད་ཀྱང་གཞན་ནོ།།
ཡིད་ཀྱི་རྣམ་པར་ཤེས་པ་ཡང་གཞན་ནོ། །རང་བཞིན་སྟོང་པ་ཉིད་ཀྱང་གཞན་ནོ།།
མིག་གི་འདུས་ཏེ་རེག་པ་ཡང་གཞན་ནོ། །རང་བཞིན་སྟོང་པ་ཉིད་ཀྱང་གཞན་ནོ།།

རྣ་བའི་འདུས་ཏེ་རེག་པ་ཡང་གཞན་ནོ། །རང་བཞིན་སྟོང་པ་ཉིད་ཀྱང་གཞན་ནོ།། སྣའི་འདུས་ཏེ་རེག་པ་ཡང་གཞན་ནོ། །རང་བཞིན་སྟོང་པ་ཉིད་ཀྱང་གཞན་ནོ། །ལྗེའི་འདུས་ཏེ་རེག་པ་ཡང་གཞན་ནོ། །རང་བཞིན་སྟོང་པ་ཉིད་ཀྱང་གཞན་ནོ། །ལུས་ཀྱི་འདུས་ཏེ་རེག་པ་ཡང་གཞན་ནོ། །རང་བཞིན་སྟོང་པ་ཉིད་ཀྱང་གཞན་ནོ།། ཡིད་ཀྱི་འདུས་ཏེ་རེག་པ་ཡང་གཞན་ནོ། །རང་བཞིན་སྟོང་པ་ཉིད་ཀྱང་གཞན་ནོ།། མིག་གི་འདུས་ཏེ་རེག་པའི་རྐྱེན་གྱིས་ཚོར་བ་ཡང་གཞན་ནོ། །རང་བཞིན་སྟོང་པ་ཉིད་ཀྱང་གཞན་ནོ། །རྣ་བའི་འདུས་ཏེ་རེག་པའི་རྐྱེན་གྱིས་ཚོར་བ་ཡང་གཞན་ནོ།། རང་བཞིན་སྟོང་པ་ཉིད་ཀྱང་གཞན་ནོ། །སྣའི་འདུས་ཏེ་རེག་པའི་རྐྱེན་གྱིས་ཚོར་བ་ཡང་གཞན་ནོ། །རང་བཞིན་སྟོང་པ་ཉིད་ཀྱང་གཞན་ནོ། །ལྗེའི་འདུས་ཏེ་རེག་པའི་རྐྱེན་གྱིས་ཚོར་བ་ཡང་གཞན་ནོ། །རང་བཞིན་སྟོང་པ་ཉིད་ཀྱང་གཞན་ནོ། །ལུས་ཀྱི་འདུས་ཏེ་རེག་པའི་རྐྱེན་གྱིས་ཚོར་བ་ཡང་གཞན་ནོ། །རང་བཞིན་སྟོང་པ་ཉིད་ཀྱང་གཞན་ནོ། །ཡིད་ཀྱི་འདུས་ཏེ་རེག་པའི་རྐྱེན་གྱིས་ཚོར་བ་ཡང་གཞན་ནོ། །རང་བཞིན་སྟོང་པ་ཉིད་ཀྱང་གཞན་ནོ། །སའི་ཁམས་ཀྱང་གཞན་ནོ། །རང་བཞིན་སྟོང་པ་ཉིད་ཀྱང་གཞན་ནོ། །ཆུའི་ཁམས་ཀྱང་གཞན་ནོ། །རང་བཞིན་སྟོང་པ་ཉིད་ཀྱང་གཞན་ནོ། །མེའི་ཁམས་ཀྱང་གཞན་ནོ། །རང་བཞིན་སྟོང་པ་ཉིད་ཀྱང་གཞན་ནོ། །རླུང་གི་ཁམས་ཀྱང་གཞན་ནོ། །རང་བཞིན་སྟོང་པ་ཉིད་ཀྱང་གཞན་ནོ། །ནམ་མཁའི་ཁམས་ཀྱང་གཞན་ནོ། །རང་བཞིན་སྟོང་པ་ཉིད་ཀྱང་གཞན་ནོ། །རྣམ་པར་ཤེས་པའི་ཁམས་ཀྱང་གཞན་ནོ། །རང་བཞིན་སྟོང་པ་ཉིད་ཀྱང་གཞན་ནོ། །མ་རིག་པ་ཡང་གཞན་ནོ། །རང་བཞིན་སྟོང་པ་ཉིད་ཀྱང་གཞན་ནོ། །འདུ་བྱེད་ཀྱང་གཞན་ནོ། །རང་བཞིན་སྟོང་པ་ཉིད་ཀྱང་གཞན་ནོ། །རྣམ་པར་ཤེས་པ་ཡང་གཞན་ནོ། །རང་བཞིན་

སྟོང་པ་ཉིད་ཀྱང་གཞན་ནོ། །མིང་དང་གཟུགས་ཀྱང་གཞན་ནོ། །རང་བཞིན་སྟོང་པ་ཉིད་ཀྱང་གཞན་ནོ། །སྐྱེ་མཆེད་དྲུག་ཀྱང་གཞན་ནོ། །རང་བཞིན་སྟོང་པ་ཉིད་ཀྱང་གཞན་ནོ། །རེག་པ་ཡང་གཞན་ནོ། །རང་བཞིན་སྟོང་པ་ཉིད་ཀྱང་གཞན་ནོ། །ཚོར་བ་ཡང་གཞན་ནོ། །རང་བཞིན་སྟོང་པ་ཉིད་ཀྱང་གཞན་ནོ། །སྲེད་པ་ཡང་གཞན་ནོ། །རང་བཞིན་སྟོང་པ་ཉིད་ཀྱང་གཞན་ནོ། །ལེན་པ་ཡང་གཞན་ནོ། །རང་བཞིན་སྟོང་པ་ཉིད་ཀྱང་གཞན་ནོ། །སྲིད་པ་ཡང་གཞན་ནོ། །རང་བཞིན་སྟོང་པ་ཉིད་ཀྱང་གཞན་ནོ། །སྐྱེ་བ་ཡང་གཞན་ནོ།། རང་བཞིན་སྟོང་པ་ཉིད་ཀྱང་གཞན་ནོ། །རྒ་ཤི་ཡང་གཞན་ནོ། །རང་བཞིན་[1]སྟོང་པ་ཉིད་ཀྱང་གཞན་ནོ། །སྦྱིན་པའི་ཕ་རོལ་ཏུ་ཕྱིན་པ་ཡང་གཞན་ནོ། །རང་བཞིན་སྟོང་པ་ཉིད་ཀྱང་གཞན་ནོ། །ཚུལ་ཁྲིམས་ཀྱི་ཕ་རོལ་ཏུ་ཕྱིན་པ་ཡང་གཞན་ནོ། །རང་བཞིན་སྟོང་པ་ཉིད་ཀྱང་གཞན་ནོ། །བཟོད་པའི་ཕ་རོལ་ཏུ་ཕྱིན་པ་ཡང་གཞན་ནོ། །རང་བཞིན་སྟོང་པ་ཉིད་ཀྱང་གཞན་ནོ། །བརྩོན་འགྲུས་ཀྱི་ཕ་རོལ་ཏུ་ཕྱིན་པ་ཡང་གཞན་ནོ། །རང་བཞིན་སྟོང་པ་ཉིད་ཀྱང་གཞན་ནོ། །བསམ་གཏན་གྱི་ཕ་རོལ་ཏུ་ཕྱིན་པ་ཡང་གཞན་ནོ། །རང་བཞིན་སྟོང་པ་ཉིད་ཀྱང་གཞན་ནོ། །ཤེས་རབ་ཀྱི་ཕ་རོལ་ཏུ་ཕྱིན་པ་ཡང་གཞན་ནོ། །རང་བཞིན་སྟོང་པ་ཉིད་ཀྱང་གཞན་ནོ། །ནང་སྟོང་པ་ཉིད་ཀྱང་གཞན་ནོ། །རང་བཞིན་སྟོང་པ་ཉིད་ཀྱང་གཞན་ནོ། །ཕྱི་སྟོང་པ་ཉིད་ཀྱང་གཞན་ནོ། །རང་བཞིན་སྟོང་པ་ཉིད་ཀྱང་གཞན་ནོ། །ཕྱི་ནང་སྟོང་པ་ཉིད་ཀྱང་གཞན་ནོ། །རང་བཞིན་སྟོང་པ་ཉིད་ཀྱང་གཞན་ནོ། །སྟོང་པ་ཉིད་སྟོང་པ་ཉིད་ཀྱང་གཞན་ནོ།། རང་བཞིན་སྟོང་པ་ཉིད་ཀྱང་གཞན་ནོ། །ཆེན་པོ་སྟོང་པ་ཉིད་ཀྱང་གཞན་ནོ། །རང་བཞིན་སྟོང་པ་ཉིད་ཀྱང་གཞན་ནོ། །དོན་དམ་པ་སྟོང་པ་ཉིད་ཀྱང་གཞན་ནོ།།

རང་བཞིན་སྟོང་པ་ཉིད་ཀྱང་གཞན་ནོ། །འདུས་བྱས་སྟོང་པ་ཉིད་ཀྱང་གཞན་ནོ།། རང་བཞིན་སྟོང་པ་ཉིད་ཀྱང་གཞན་ནོ། །འདུས་མ་བྱས་སྟོང་པ་ཉིད་ཀྱང་གཞན་ནོ། །རང་བཞིན་སྟོང་པ་ཉིད་ཀྱང་གཞན་ནོ། །མཐའ་ལས་འདས་པ་སྟོང་པ་ཉིད་ཀྱང་གཞན་ནོ། །རང་བཞིན་སྟོང་པ་ཉིད་ཀྱང་གཞན་ནོ། །ཐོག་མ་དང་ཐ་མ་མེད་པ་སྟོང་པ་ཉིད་ཀྱང་གཞན་ནོ། །རང་བཞིན་སྟོང་པ་ཉིད་ཀྱང་གཞན་ནོ།། དོར་བ་མེད་པ་སྟོང་པ་ཉིད་ཀྱང་གཞན་ནོ། །རང་བཞིན་སྟོང་པ་ཉིད་ཀྱང་གཞན་ནོ། །ཿརང་བཞིན་སྟོང་པ་ཉིད་ཀྱང་གཞན་ནོ། །རང་བཞིན་སྟོང་པ་ཉིད་ཀྱང་གཞན་ནོ། །[༧]ཆོས་ཐམས་ཅད་སྟོང་པ་ཉིད་ཀྱང་གཞན་ནོ། །རང་བཞིན་སྟོང་པ་ཉིད་ཀྱང་གཞན་ནོ། །རང་གི་མཚན་ཉིད་སྟོང་པ་ཉིད་ཀྱང་གཞན་ནོ། །རང་བཞིན་སྟོང་པ་ཉིད་ཀྱང་གཞན་ནོ། །མི་དམིགས་པ་སྟོང་པ་ཉིད་ཀྱང་གཞན་ནོ། །རང་བཞིན་སྟོང་པ་ཉིད་ཀྱང་གཞན་ནོ། །དངོས་པོ་མེད་པ་སྟོང་པ་ཉིད་ཀྱང་གཞན་ནོ། །རང་བཞིན་སྟོང་པ་ཉིད་ཀྱང་གཞན་ནོ། །ངོ་བོ་ཉིད་སྟོང་པ་ཉིད་ཀྱང་གཞན་ནོ། །རང་བཞིན་སྟོང་པ་ཉིད་ཀྱང་གཞན་ནོ། །དངོས་པོ་མེད་པའི་ངོ་བོ་ཉིད་སྟོང་པ་ཉིད་ཀྱང་གཞན་ནོ། །རང་བཞིན་སྟོང་པ་ཉིད་ཀྱང་གཞན་ནོ། །དྲན་པ་ཉེ་བར་གཞག་པ་རྣམས་ཀྱང་གཞན་ནོ། །རང་བཞིན་སྟོང་པ་ཉིད་ཀྱང་གཞན་ནོ། །ཡང་དག་པར་སྤོང་བ་རྣམས་ཀྱང་གཞན་ནོ། །རང་བཞིན་སྟོང་པ་ཉིད་ཀྱང་གཞན་ནོ། །རྫུ་འཕྲུལ་གྱི་རྐང་པ་རྣམས་ཀྱང་གཞན་ནོ། །རང་བཞིན་སྟོང་པ་ཉིད་ཀྱང་གཞན་ནོ། །དབང་པོ་རྣམས་ཀྱང་གཞན་ནོ། །རང་བཞིན་སྟོང་པ་ཉིད་ཀྱང་གཞན་ནོ། །སྟོབས་རྣམས་ཀྱང་གཞན་ནོ། །རང་བཞིན་སྟོང་པ་ཉིད་ཀྱང་གཞན་ནོ། །བྱང་ཆུབ་ཀྱི་ཡན་ལག་རྣམས་ཀྱང་གཞན་ནོ།། རང་བཞིན་སྟོང་པ་ཉིད་ཀྱང་གཞན་ནོ། །འཕགས་པའི་ལམ་ཡན་ལག་བརྒྱད་པ་

ཡང་གཞན་ནོ། །རང་བཞིན་སྟོང་པ་ཉིད་ཀྱང་གཞན་ནོ། །འཕགས་པའི་[༡]
བདེན་པ་རྣམས་ཀྱང་གཞན་ནོ། །རང་བཞིན་སྟོང་པ་ཉིད་ཀྱང་གཞན་ནོ། །
བསམ་གཏན་རྣམས་ཀྱང་གཞན་ནོ། །རང་བཞིན་སྟོང་པ་ཉིད་ཀྱང་གཞན་ནོ། །
ཚད་མེད་པ་རྣམས་ཀྱང་གཞན་ནོ། །རང་བཞིན་སྟོང་པ་ཉིད་ཀྱང་གཞན་ནོ། །
གཟུགས་མེད་པའི་སྙོམས་པར་འཇུག་པ་རྣམས་ཀྱང་གཞན་ནོ། །རང་བཞིན་སྟོང་
པ་ཉིད་ཀྱང་གཞན་ནོ། །རྣམ་པར་ཐར་པ་བརྒྱད་ཀྱང་གཞན་ནོ། །རང་བཞིན་
སྟོང་པ་ཉིད་ཀྱང་གཞན་ནོ། །མཐར་གྱིས་གནས་པའི་སྙོམས་པར་འཇུག་པ་དགུ་[༢]
ཡང་གཞན་ནོ། །རང་བཞིན་སྟོང་པ་ཉིད་ཀྱང་གཞན་ནོ། །རྣམ་པར་ཐར་པའི་
སྒོ་སྟོང་པ་ཉིད་དང་། མཚན་མ་མེད་པ་དང་། སྨོན་པ་མེད་པ་ཡང་གཞན་ནོ།།
རང་བཞིན་སྟོང་པ་ཉིད་ཀྱང་གཞན་ནོ། །མངོན་པར་ཤེས་པ་རྣམས་ཀྱང་གཞན་
ནོ༑ །རང་བཞིན་སྟོང་པ་ཉིད་ཀྱང་གཞན་ནོ། །ཏིང་ངེ་འཛིན་རྣམས་ཀྱང་་་
གཞན་ནོ། །རང་བཞིན་སྟོང་པ་ཉིད་ཀྱང་གཞན་ནོ། །གཟུངས་ཀྱི་སྒོ་རྣམས་་་
ཀྱང་གཞན་ནོ། །རང་བཞིན་སྟོང་པ་ཉིད་ཀྱང་གཞན་ནོ། །དེ་བཞིན་གཤེགས་
པའི་སྟོབས་བཅུ་ཡང་གཞན་ནོ། །རང་བཞིན་སྟོང་པ་ཉིད་ཀྱང་གཞན་ནོ། །མི་
འཇིགས་པ་བཞི་ཡང་གཞན་ནོ། །རང་བཞིན་སྟོང་པ་ཉིད་ཀྱང་གཞན་ནོ། །སོ་
སོ་ཡང་དག་པར་རིག་པ་བཞི་ཡང་གཞན་ནོ། །རང་བཞིན་སྟོང་པ་ཉིད་ཀྱང་་་་་
གཞན་ནོ། །བྱམས་པ་ཆེན་པོ་ཡང་གཞན་ནོ། །རང་བཞིན་སྟོང་པ་ཉིད་ཀྱང་་
གཞན་ནོ། །སྙིང་རྗེ་ཆེན་པོ་ཡང་གཞན་ནོ། །རང་བཞིན་སྟོང་པ་ཉིད་ཀྱང་་
གཞན་ནོ། །སངས་རྒྱས་ཀྱི་ཆོས་མ་འདྲེས་པ་བཅོ་བརྒྱད་ཀྱང་གཞན་ནོ། །རང་
བཞིན་སྟོང་པ་ཉིད་ཀྱང་གཞན་ནོ། །རྒྱུན་དུ་ཞུགས་པའི་འབྲས་བུ་ཡང་གཞན་ནོ།།
རང་བཞིན་སྟོང་པ་ཉིད་ཀྱང་གཞན་ནོ། །ལན་ཅིག་ཕྱིར་འོང་བའི་འབྲས་བུ་ཡང་

གཞན་ནོ། །རང་བཞིན་སྟོང་པ་ཉིད་ཀྱང་གཞན་ནོ། །ཕྱིར་མི་ལྡོག་པའི་འབྲས་
བུ་ཡང་གཞན་ནོ། །རང་བཞིན་སྟོང་པ་ཉིད་ཀྱང་གཞན་ནོ། །དགྲ་བཅོམ་པ་་
ཉིད་ཀྱང་གཞན་ནོ། །རང་བཞིན་སྟོང་པ་ཉིད་ཀྱང་གཞན་ནོ། །རང་བྱུང་ཆུབ་
ཀྱང་གཞན་ནོ། །རང་བཞིན་སྟོང་པ་ཉིད་ཀྱང་གཞན་ནོ། །ལམ་ཀྱི་རྣམ་པ་་
ཤེས་པ་ཉིད་ཀྱང་གཞན་ནོ། །རང་བཞིན་སྟོང་པ་ཉིད་ཀྱང་གཞན་ནོ། །རྣམ་་
པ་ཐམས་ཅད་མཁྱེན་པ་ཉིད་ཀྱང་གཞན་ནོ། །རང་བཞིན་སྟོང་པ་ཉིད་ཀྱང་་
གཞན་ནོ། །ཞེས་བགྱི་བར་རང་བཞིན་སྟོང་པ་ཉིད་རྣམ་པར་འབྲུག་[༡]པར་མི་་
བགྱིད་[༢]ཀྱི་གཟུགས་ཉིད་ཀྱང་རང་བཞིན་སྟོང་པ་ཉིད་དོ། །རང་བཞིན་སྟོང་པ་
ཉིད་ཀྱང་གཟུགས་སོ། །ཚོར་བ་ཉིད་ཀྱང་རང་བཞིན་སྟོང་པ་ཉིད་དོ། །རང་་
བཞིན་སྟོང་པ་ཉིད་ཀྱང་ཚོར་བའོ། །འདུ་ཤེས་ཉིད་ཀྱང་རང་བཞིན་སྟོང་པ་ཉིད་
དོ། །རང་བཞིན་སྟོང་པ་ཉིད་ཀྱང་འདུ་ཤེས་སོ། །འདུ་བྱེད་ཉིད་ཀྱང་རང་་་
བཞིན་སྟོང་པ་ཉིད་དོ། །རང་བཞིན་སྟོང་པ་ཉིད་ཀྱང་འདུ་བྱེད་དོ། །རྣམ་་
པར་ཤེས་པ་ཉིད་ཀྱང་རང་བཞིན་སྟོང་པ་ཉིད་དོ། །རང་བཞིན་སྟོང་པ་ཉིད་ཀྱང་
རྣམ་པར་ཤེས་པའོ། །མིག་ཉིད་ཀྱང་རང་བཞིན་སྟོང་པ་ཉིད་དོ། །རང་བཞིན་
སྟོང་པ་ཉིད་ཀྱང་མིག་གོ། །རྣ་བ་ཉིད་ཀྱང་རང་བཞིན་སྟོང་པ་ཉིད་དོ[༣]། །
རང་བཞིན་སྟོང་པ་ཉིད་ཀྱང་རྣ་བའོ། །སྣ་ཉིད་ཀྱང་རང་བཞིན་སྟོང་པ་ཉིད་དོ། །
རང་བཞིན་སྟོང་པ་ཉིད་ཀྱང་སྣའོ། །ལྕེ་ཉིད་ཀྱང་རང་བཞིན་སྟོང་པ་ཉིད་དོ། །
རང་བཞིན་སྟོང་པ་ཉིད་ཀྱང་ལྕེའོ། །ལུས་ཉིད་ཀྱང་རང་བཞིན་སྟོང་པ་ཉིད་དོ། །
རང་བཞིན་སྟོང་པ་ཉིད་ཀྱང་ལུས་སོ། །ཡིད་ཉིད་ཀྱང་རང་བཞིན་སྟོང་པ་ཉིད་དོ། །
རང་བཞིན་སྟོང་པ་ཉིད་ཀྱང་ཡིད་དོ། །གཟུགས་ཉིད་ཀྱང་རང་བཞིན་སྟོང་པ་་་
ཉིད་དོ། །རང་བཞིན་སྟོང་པ་ཉིད་ཀྱང་གཟུགས་སོ། །སྒྲ་ཉིད་ཀྱང་རང་བཞིན་

སྟོང་པ་ཉིད་དོ། །རང་བཞིན་སྟོང་པ་ཉིད་ཀྱང་སྣའོ། །དྲི་ཉིད་ཀྱང་རང་བཞིན་སྟོང་པ་ཉིད་དོ། །རང་བཞིན་སྟོང་པ་ཉིད་ཀྱང་དྲིའོ། །རོ་ཉིད་ཀྱང་རང་བཞིན་སྟོང་པ་ཉིད་དོ། །རང་བཞིན་སྟོང་པ་ཉིད་ཀྱང་རོའོ། །རེག་ཉིད་ཀྱང་རང་བཞིན་སྟོང་པ་ཉིད་དོ། །རང་བཞིན་སྟོང་པ་ཉིད་ཀྱང་རེག་གོ། །ཆོས་ཉིད་ཀྱང་རང་བཞིན་སྟོང་པ་ཉིད་དོ། །རང་བཞིན་སྟོང་པ་ཉིད་ཀྱང་ཆོས་སོ།། མིག་གི་རྣམ་པར་ཤེས་པ་ཉིད་ཀྱང་རང་བཞིན་སྟོང་པ་ཉིད་དོ། །རང་བཞིན་སྟོང་པ་ཉིད་ཀྱང་མིག་གི་རྣམ་པར་ཤེས་པའོ། །རྣ་བའི་རྣམ་པར་ཤེས་པ་ཉིད་ཀྱང་རང་བཞིན་སྟོང་པ་ཉིད་དོ། །རང་བཞིན་སྟོང་པ་ཉིད་ཀྱང་རྣ་བའི་རྣམ་པར་ཤེས་པའོ། །སྣའི་རྣམ་པར་ཤེས་པ་ཉིད་ཀྱང་རང་བཞིན་སྟོང་པ་ཉིད་དོ། །རང་བཞིན་སྟོང་པ་ཉིད་ཀྱང་སྣའི་རྣམ་པར་ཤེས་པའོ། །ལྗེའི་རྣམ་པར་ཤེས་པ་ཉིད་ཀྱང་རང་བཞིན་སྟོང་པ་ཉིད་དོ། །རང་བཞིན་སྟོང་པ་ཉིད་ཀྱང་ལྗེའི་རྣམ་པར་ཤེས་པའོ། །ལུས་ཀྱི་རྣམ་པར་ཤེས་པ་ཉིད་ཀྱང་རང་བཞིན་སྟོང་པ་ཉིད་དོ། །རང་བཞིན་སྟོང་པ་ཉིད་ཀྱང་ལུས་ཀྱི་རྣམ་པར་ཤེས་པའོ། །ཡིད་ཀྱི་རྣམ་པར་ཤེས་པ་ཉིད་ཀྱང་རང་བཞིན་སྟོང་པ་ཉིད་དོ། །རང་བཞིན་སྟོང་པ་ཉིད་ཀྱང་ཡིད་ཀྱི་རྣམ་པར་ཤེས་པའོ། །མིག་གི་འདུས་ཏེ་རེག་པ་ཉིད་ཀྱང་རང་བཞིན་སྟོང་པ་ཉིད་དོ། །རང་བཞིན་སྟོང་པ་ཉིད་ཀྱང་མིག་གི་འདུས་ཏེ་རེག་པའོ། །རྣ་བའི་འདུས་ཏེ་རེག་པ་ཉིད་ཀྱང་རང་བཞིན་སྟོང་པ་ཉིད་དོ། །རང་བཞིན་སྟོང་པ་ཉིད་ཀྱང་རྣ་བའི་འདུས་ཏེ་རེག་པའོ། །སྣའི་འདུས་ཏེ་རེག་པ་ཉིད་ཀྱང་རང་བཞིན་སྟོང་པ་ཉིད་དོ། །རང་བཞིན་སྟོང་པ་ཉིད་ཀྱང་སྣའི་འདུས་ཏེ་རེག་པའོ། །ལྗེའི་འདུས་ཏེ་རེག་པ་ཉིད་ཀྱང་རང་བཞིན་སྟོང་པ་ཉིད་དོ། །རང་བཞིན་སྟོང་པ་ཉིད་ཀྱང་ལྗེའི་འདུས་ཏེ་རེག་པའོ། །ལུས་ཀྱི་འདུས་ཏེ་རེག་པ་ཉིད་ཀྱང་རང་

བཞིན་སྟོང་པ་ཉིད་དོ། །རང་བཞིན་སྟོང་པ་ཉིད་ཀྱང་ལུས་ཀྱི་འདུས་ཏེ་རེག་པའོ། །ཡིད་ཀྱི་འདུས་ཏེ་རེག་པ་ཉིད་ཀྱང་རང་བཞིན་སྟོང་པ་ཉིད་དོ། །རང་བཞིན་སྟོང་པ་ཉིད་ཀྱང་ཡིད་ཀྱི་འདུས་ཏེ་རེག་པའོ། །མིག་གི་འདུས་ཏེ་རེག་པའི་རྐྱེན་གྱིས་ཚོར་བ་ཉིད་ཀྱང་རང་བཞིན་སྟོང་པ་ཉིད་དོ། །རང་བཞིན་སྟོང་པ་ཉིད་ཀྱང་མིག་གི་འདུས་ཏེ་རེག་པའི་རྐྱེན་གྱིས་ཚོར་བའོ། །རྣ་བའི་འདུས་ཏེ་རེག་པའི་རྐྱེན་གྱིས་ཚོར་བ་ཉིད་ཀྱང་རང་བཞིན་སྟོང་པ་ཉིད་དོ། །རང་བཞིན་སྟོང་པ་ཉིད་ཀྱང་རྣ་བའི་འདུས་ཏེ་རེག་པའི་རྐྱེན་གྱིས་ཚོར་བའོ། །སྣའི་འདུས་ཏེ་རེག་པའི་རྐྱེན་གྱིས་ཚོར་བ་ཉིད་ཀྱང་རང་བཞིན་སྟོང་པ་ཉིད་དོ། །རང་བཞིན་སྟོང་པ་ཉིད་ཀྱང་སྣའི་འདུས་ཏེ་རེག་པའི་རྐྱེན་གྱིས་ཚོར་བའོ། །ལྕེའི་འདུས་ཏེ་རེག་པའི་རྐྱེན་གྱིས་ཚོར་བ་ཉིད་ཀྱང༔ རང་བཞིན་①སྟོང་པ་ཉིད་དོ། །རང་བཞིན་སྟོང་པ་ཉིད་ཀྱང་ལྕེའི་འདུས་ཏེ་རེག་པའི་རྐྱེན་གྱིས་ཚོར་བའོ། །ལུས་ཀྱི་འདུས་ཏེ་རེག་པའི་རྐྱེན་གྱིས་ཚོར་བ་ཉིད་ཀྱང་རང་བཞིན་སྟོང་པ་ཉིད་དོ། །རང་བཞིན་སྟོང་པ་ཉིད་ཀྱང་ལུས་ཀྱི་འདུས་ཏེ་རེག་པའི་རྐྱེན་གྱིས་ཚོར་བའོ། །ཡིད་ཀྱི་འདུས་ཏེ་རེག་པའི་རྐྱེན་གྱིས་ཚོར་བ་ཉིད་ཀྱང་རང་བཞིན་སྟོང་པ་ཉིད་དོ། །རང་བཞིན་སྟོང་པ་ཉིད་ཀྱང་ཡིད་ཀྱི་འདུས་ཏེ་རེག་པའི་རྐྱེན་གྱིས་ཚོར་བའོ། །སའི་ཁམས་ཉིད་ཀྱང་རང་བཞིན་སྟོང་པ་ཉིད་དོ། །རང་བཞིན་སྟོང་པ་ཉིད་ཀྱང་སའི་ཁམས་སོ། །ཆུའི་ཁམས་ཉིད་ཀྱང་རང་བཞིན་སྟོང་པ་ཉིད་དོ། །རང་བཞིན་སྟོང་པ་ཉིད་ཀྱང་ཆུའི་ཁམས་སོ། །མེའི་ཁམས་ཉིད་ཀྱང་རང་བཞིན་སྟོང་པ་ཉིད་དོ། །རང་བཞིན་སྟོང་པ་ཉིད་ཀྱང་མེའི་ཁམས་སོ། །རླུང་གི་ཁམས་ཉིད་ཀྱང་རང་བཞིན་སྟོང་པ་ཉིད་དོ། །རང་བཞིན་སྟོང་པ་ཉིད་ཀྱང་རླུང་གི་ཁམས་སོ། །ནམ་མཁའི་ཁམས་ཉིད་ཀྱང་རང་བཞིན་སྟོང་པ་ཉིད་དོ། །རང་བཞིན་སྟོང་པ་ཉིད་ཀྱང་ནམ་མཁའི་ཁམས་སོ།།

རྣམ་པར་ཤེས་པའི་ཁམས་ཉིད་ཀྱང་རང་བཞིན་སྟོང་པ་ཉིད་དོ། །རང་བཞིན་སྟོང་པ་ཉིད་ཀྱང་རྣམ་པར་ཤེས་པའི་ཁམས་སོ། །མ་རིག་པ་ཉིད་ཀྱང་རང་བཞིན་སྟོང་པ་ཉིད་དོ། །རང་བཞིན་སྟོང་པ་ཉིད་ཀྱང་མ་རིག་པའོ། །འདུ་བྱེད་ཉིད་ཀྱང་རང་བཞིན་སྟོང་པ་ཉིད་དོ། །རང་བཞིན་སྟོང་པ་ཉིད་ཀྱང་འདུ་བྱེད་དོ། །རྣམ་པར་ཤེས་པ་ཉིད་ཀྱང་རང་བཞིན་སྟོང་པ་ཉིད་དོ། །རང་བཞིན་སྟོང་པ་ཉིད་ཀྱང་རྣམ་པར་ཤེས་པའོ། །མིང་དང་གཟུགས་ཉིད་ཀྱང་རང་བཞིན་སྟོང་པ་ཉིད་དོ། །རང་བཞིན་སྟོང་པ་ཉིད་ཀྱང་མིང་དང་གཟུགས་སོ། །སྐྱེ་མཆེད་དྲུག་ཉིད་ཀྱང་རང་བཞིན་སྟོང་པ་ཉིད་དོ། །རང་བཞིན་སྟོང་པ་ཉིད་ཀྱང་སྐྱེ་མཆེད་དྲུག་གོ། །རེག་པ་ཉིད་ཀྱང་རང་བཞིན་སྟོང་པ་ཉིད་དོ། །རང་བཞིན་སྟོང་པ་ཉིད་ཀྱང་རེག་པའོ། །ཚོར་བ་ཉིད་ཀྱང་རང་བཞིན་སྟོང་པ་ཉིད་དོ། །རང་བཞིན་སྟོང་པ་ཉིད་ཀྱང་ཚོར་བའོ། །སྲེད་པ་ཉིད་ཀྱང་རང་བཞིན་སྟོང་པ་ཉིད་དོ། །རང་བཞིན་སྟོང་པ་ཉིད་ཀྱང་སྲེད་པའོ། །ལེན་པ་ཉིད་ཀྱང་རང་བཞིན་སྟོང་པ་ཉིད་དོ། །རང་བཞིན་སྟོང་པ་ཉིད་ཀྱང་ལེན་པའོ། །སྲིད་པ་ཉིད་ཀྱང་རང་བཞིན་སྟོང་པ་ཉིད་དོ། །རང་བཞིན་སྟོང་པ་ཉིད་ཀྱང་སྲིད་པའོ། །སྐྱེ་བ་ཉིད་ཀྱང་རང་བཞིན་སྟོང་པ་ཉིད་དོ། །རང་བཞིན་སྟོང་པ་ཉིད་ཀྱང་སྐྱེ་བའོ། །རྒ་ཤི་ཉིད་ཀྱང་རང་བཞིན་སྟོང་པ་ཉིད་དོ། །རང་བཞིན་སྟོང་པ་ཉིད་ཀྱང་རྒ་ཤིའོ། །སྦྱིན་པའི་ཕ་རོལ་ཏུ་ཕྱིན་པ་ཉིད་ཀྱང་རང་བཞིན་སྟོང་པ་ཉིད་དོ། །རང་བཞིན་སྟོང་པ་ཉིད་ཀྱང་སྦྱིན་པའི་ཕ་རོལ་ཏུ་ཕྱིན་པའོ། །ཚུལ་ཁྲིམས་ཀྱི་ཕ་རོལ་ཏུ་ཕྱིན་པ་ཉིད་ཀྱང་རང་བཞིན་སྟོང་པ་ཉིད་དོ། །རང་བཞིན་སྟོང་པ་ཉིད་ཀྱང་ཚུལ་ཁྲིམས་ཀྱི་ཕ་རོལ་ཏུ་ཕྱིན་པའོ། །བཟོད་པའི་ཕ་རོལ་ཏུ་ཕྱིན་པ་ཉིད་ཀྱང་རང་བཞིན་སྟོང་པ་ཉིད་དོ། །རང་བཞིན་སྟོང་པ་ཉིད་ཀྱང་བཟོད་པའི་ཕ་རོལ་ཏུ་ཕྱིན་

པའོ། །བརྩོན་འགྲུས་ཀྱི་ཕ་རོལ་ཏུ་ཕྱིན་པ་ཉིད་ཀྱང་རང་བཞིན་སྟོང་པ་ཉིད་དོ། །རང་བཞིན་སྟོང་པ་ཉིད་ཀྱང་བརྩོན་འགྲུས་ཀྱི་ཕ་རོལ་ཏུ་ཕྱིན་པའོ། །བསམ་གཏན་གྱི་ཕ་རོལ་ཏུ་ཕྱིན་པ་ཉིད་ཀྱང་རང་བཞིན་སྟོང་པ་ཉིད་དོ། །རང་བཞིན་སྟོང་པ་ཉིད་ཀྱང་བསམ་གཏན་གྱི་ཕ་རོལ་ཏུ་ཕྱིན་པའོ། །ཤེས་རབ་ཀྱི་ཕ་རོལ་ཏུ་ཕྱིན་པ་ཉིད་ཀྱང་རང་བཞིན་སྟོང་པ་ཉིད་དོ། །རང་བཞིན་སྟོང་པ་ཉིད་ཀྱང་ཤེས་རབ་ཀྱི་ཕ་རོལ་ཏུ་ཕྱིན་པའོ། །ནང་སྟོང་པ་ཉིད་ཀྱང་རང་བཞིན་སྟོང་པ་ཉིད་དོ། །རང་བཞིན་སྟོང་པ་ཉིད་ཀྱང་ནང་སྟོང་པ་ཉིད་དོ། །ཕྱི་སྟོང་པ་ཉིད་ཀྱང་རང་བཞིན་སྟོང་པ་ཉིད་དོ། །རང་བཞིན་སྟོང་པ་ཉིད་ཀྱང་ཕྱི་སྟོང་པ་ཉིད་དོ། །ཕྱི་ནང་སྟོང་པ་ཉིད་ཀྱང་རང་བཞིན་སྟོང་པ་ཉིད་དོ། །རང་བཞིན་སྟོང་པ་ཉིད་ཀྱང་ཕྱི་ནང་སྟོང་པ་ཉིད་དོ། །སྟོང་པ་ཉིད་སྟོང་པ་ཉིད་ཀྱང་རང་བཞིན་སྟོང་པ་ཉིད་དོ། །རང་བཞིན་སྟོང་པ་ཉིད་ཀྱང་སྟོང་པ་ཉིད་སྟོང་པ་ཉིད་དོ། །ཆེན་པོ་སྟོང་པ་ཉིད་ཀྱང་རང་བཞིན་སྟོང་པ་ཉིད་དོ། །རང་བཞིན་སྟོང་པ་ཉིད་ཀྱང་ཆེན་པོ་སྟོང་པ་ཉིད་དོ། །དོན་དམ་པ་སྟོང་པ་ཉིད་ཀྱང་རང་བཞིན་སྟོང་པ་ཉིད་དོ། །རང་བཞིན་སྟོང་པ་ཉིད་ཀྱང་དོན་དམ་པ་སྟོང་པ་ཉིད་དོ། །འདུས་བྱས་སྟོང་པ་ཉིད་ཀྱང་རང་བཞིན་སྟོང་པ་ཉིད་དོ། །རང་བཞིན་སྟོང་པ་ཉིད་ཀྱང་འདུས་བྱས་སྟོང་པ་ཉིད་དོ། །འདུས་མ་བྱས་སྟོང་པ་ཉིད་ཀྱང་རང་བཞིན་སྟོང་པ་ཉིད་དོ། །རང་བཞིན་སྟོང་པ་ཉིད་ཀྱང་འདུས་མ་བྱས་སྟོང་པ་ཉིད་དོ། །མཐའ་ལས་འདས་པ་སྟོང་པ་ཉིད་ཀྱང་རང་བཞིན་སྟོང་པ་ཉིད་དོ། །རང་བཞིན་སྟོང་པ་ཉིད་ཀྱང་མཐའ་ལས་འདས་པ་སྟོང་པ་ཉིད་དོ། །ཐོག་མ་དང་ཐ་མ་མེད་པ་སྟོང་པ་ཉིད་ཀྱང་རང་བཞིན་སྟོང་པ་ཉིད་དོ། །རང་བཞིན་སྟོང་པ་ཉིད་ཀྱང་ཐོག་མ་དང་ཐ་མ་མེད་པ་སྟོང་པ་ཉིད་དོ། །དོར་བ་མེད་པ་སྟོང་པ་ཉིད་ཀྱང་རང་བཞིན་སྟོང་པ་

ཉིད་དོ། །རང་བཞིན་སྟོང་པ་ཉིད་ཀྱང་དངོས་པོ་མེད་པ་སྟོང་པ་ཉིད་དོ། །རང་བཞིན་སྟོང་པ་ཉིད་ཀྱང་རང་བཞིན་སྟོང་པ་ཉིད་དོ། །རང་བཞིན་སྟོང་པ་ཉིད་ཀྱང་རང་བཞིན་སྟོང་པ་ཉིད་དོ། །①ཆོས་ཐམས་ཅད་སྟོང་པ་ཉིད་ཀྱང་རང་བཞིན་སྟོང་པ་ཉིད་དོ། །རང་བཞིན་སྟོང་པ་ཉིད་ཀྱང་ཆོས་ཐམས་ཅད་སྟོང་པ་ཉིད་དོ། །རང་གི་མཚན་ཉིད་སྟོང་པ་ཉིད་ཀྱང་རང་བཞིན་སྟོང་པ་ཉིད་དོ། །རང་བཞིན་སྟོང་པ་ཉིད་ཀྱང་རང་གི་མཚན་ཉིད་སྟོང་པ་ཉིད་དོ། །མི་དམིགས་པ་སྟོང་པ་ཉིད་ཀྱང་རང་བཞིན་སྟོང་པ་ཉིད་དོ། །རང་བཞིན་སྟོང་པ་ཉིད་ཀྱང་མི་དམིགས་པ་སྟོང་པ་ཉིད་དོ། །དངོས་པོ་མེད་པ་②སྟོང་པ་ཉིད་ཀྱང་རང་བཞིན་སྟོང་པ་ཉིད་དོ། །རང་བཞིན་སྟོང་པ་ཉིད་ཀྱང་དངོས་པོ་མེད་པ་སྟོང་པ་ཉིད་དོ། །ངོ་བོ་ཉིད་སྟོང་པ་ཉིད་ཀྱང་རང་བཞིན་སྟོང་པ་ཉིད་དོ། །རང་བཞིན་སྟོང་པ་ཉིད་ཀྱང་ངོ་བོ་ཉིད་སྟོང་པ་③ཉིད་དོ། །དངོས་པོ་མེད་པའི་ངོ་བོ་ཉིད་སྟོང་པ་ཉིད་ཀྱང་རང་བཞིན་སྟོང་པ་ཉིད་དོ། །རང་བཞིན་སྟོང་པ་ཉིད་ཀྱང་དངོས་པོ་མེད་པའི་ངོ་བོ་ཉིད་སྟོང་པ་ཉིད་དོ། །དྲན་པ་ཉེ་བར་གཞག་པ་ཉིད་ཀྱང་རང་བཞིན་སྟོང་པ་ཉིད་དོ། །རང་བཞིན་སྟོང་པ་ཉིད་ཀྱང་དྲན་པ་ཉེ་བར་གཞག་པ་རྣམས་སོ། །ཡང་དག་པར་སྤོང་བ་ཉིད་ཀྱང་རང་བཞིན་སྟོང་པ་ཉིད་དོ། །རང་བཞིན་སྟོང་པ་ཉིད་ཀྱང་ཡང་དག་པར་སྤོང་བ་རྣམས་སོ། །རྫུ་འཕྲུལ་གྱི་རྐང་པ་ཉིད་ཀྱང་རང་བཞིན་སྟོང་པ་ཉིད་དོ། །རང་བཞིན་སྟོང་པ་ཉིད་ཀྱང་རྫུ་འཕྲུལ་གྱི་རྐང་པ་རྣམས་སོ། །དབང་པོ་ཉིད་ཀྱང་རང་བཞིན་སྟོང་པ་ཉིད་དོ། །རང་བཞིན་སྟོང་པ་ཉིད་ཀྱང་དབང་པོ་རྣམས་སོ། །སྟོབས་ཉིད་ཀྱང་རང་བཞིན་སྟོང་པ་ཉིད་དོ། །རང་བཞིན་སྟོང་པ་ཉིད་ཀྱང་སྟོབས་རྣམས་སོ། །བྱང་ཆུབ་ཀྱི་④ཡན་ལག་ཉིད་⑤ཀྱང་རང་བཞིན་སྟོང་པ་ཉིད་དོ། །རང་བཞིན་སྟོང་པ་ཉིད་ཀྱང་

བྱང་ཆུབ་ཀྱི་ཡན་ལག་རྣམས་སོ། །འཕགས་པའི་ལམ་ཡན་ལག་བརྒྱད་པ་ཉིད་ཀྱང་རང་བཞིན་སྟོང་པ་ཉིད་དོ། །རང་བཞིན་སྟོང་པ་ཉིད་ཀྱང་འཕགས་པའི་ལམ་ཡན་ལག་བརྒྱད་པའོ། །འཕགས་པའི་བདེན་པ་ཉིད་ཀྱང་རང་བཞིན་སྟོང་པ་ཉིད་དོ། །རང་བཞིན་སྟོང་པ་ཉིད་ཀྱང་འཕགས་པའི་བདེན་པ་རྣམས་སོ། །བསམ་གཏན་ཉིད་ཀྱང་རང་བཞིན་སྟོང་པ་ཉིད་དོ། །རང་བཞིན་སྟོང་པ་ཉིད་ཀྱང་བསམ་གཏན་རྣམས་སོ། །ཚད་མེད་པ་ཉིད་[1]ཀྱང་རང་བཞིན་སྟོང་པ་ཉིད་དོ། །རང་བཞིན་སྟོང་པ་ཉིད་ཀྱང་ཚད་མེད་པ་རྣམས་སོ། །གཟུགས་མེད་པའི་སྙོམས་པར་འཇུག་པ་ཉིད་ཀྱང་རང་བཞིན་སྟོང་པ་ཉིད་དོ། །རང་བཞིན་སྟོང་པ་ཉིད་ཀྱང་གཟུགས་མེད་པའི་སྙོམས་པར་འཇུག་པ་རྣམས་སོ། །རྣམ་པར་ཐར་པ་ཉིད་ཀྱང་རང་བཞིན་སྟོང་པ་ཉིད་དོ། །རང་བཞིན་སྟོང་པ་ཉིད་ཀྱང་རྣམ་པར་ཐར་པ་རྣམས་སོ། །མཐར་གྱིས་གནས་པའི་སྙོམས་པར་འཇུག་པ་ཉིད་ཀྱང་རང་བཞིན་སྟོང་པ་ཉིད་དོ། །རང་བཞིན་སྟོང་པ་ཉིད་ཀྱང་མཐར་གྱིས་གནས་པའི་སྙོམས་པར་འཇུག་པ་རྣམས་སོ། །རྣམ་པར་ཐར་པའི་སྒོ་སྟོང་པ་ཉིད་དང་། མཚན་མ་མེད་པ་དང་། སྨོན་པ་མེད་པ་ཉིད་ཀྱང་རང་བཞིན་སྟོང་པ་ཉིད་དོ། །རང་བཞིན་སྟོང་པ་ཉིད་ཀྱང་རྣམ་པར་ཐར་པའི་སྒོ་སྟོང་པ་ཉིད་དང་། མཚན་མ་མེད་པ་དང་། སྨོན་པ་མེད་པའོ། །མངོན་པར་ཤེས་པ་ཉིད་ཀྱང་རང་བཞིན་སྟོང་པ་ཉིད་དོ། །རང་བཞིན་སྟོང་པ་ཉིད་ཀྱང་མངོན་པར་ཤེས་པ་རྣམས་སོ། །ཏིང་ངེ་འཛིན་ཉིད་ཀྱང་རང་བཞིན་སྟོང་པ་ཉིད་དོ། །རང་བཞིན་སྟོང་པ་ཉིད་ཀྱང་ཏིང་ངེ་འཛིན་རྣམས་སོ། །གཟུངས་ཀྱི་སྒོ་ཉིད་ཀྱང་རང་བཞིན་སྟོང་པ་ཉིད་དོ། །རང་བཞིན་སྟོང་པ་ཉིད་ཀྱང་གཟུངས་ཀྱི་སྒོ་རྣམས་སོ། །དེ་བཞིན་གཤེགས་པའི་སྟོབས་ཉིད་ཀྱང་རང་བཞིན་སྟོང་པ་ཉིད་དོ། །རང་བཞིན་སྟོང་པ་

ཉིད་ཀྱང་དེ་བཞིན་གཤེགས་པའི་སྟོབས་རྣམས་སོ། །མི་འཇིགས་པ་ཉིད་ཀྱང་རང་བཞིན་སྟོང་པ་ཉིད་དོ། །རང་བཞིན་སྟོང་པ་ཉིད་ཀྱང་མི་འཇིགས་པ་རྣམས་སོ། །སོ་སོ་ཡང་དག་པར་རིག་པ་ཉིད་ཀྱང་རང་བཞིན་སྟོང་པ་ཉིད་དོ། །རང་བཞིན་སྟོང་པ་ཉིད་ཀྱང་སོ་སོ་ཡང་དག་པར་རིག་པ་རྣམས་སོ། །བྱམས་པ་ཆེན་པོ་ཉིད་ཀྱང་རང་བཞིན་སྟོང་པ་ཉིད་དོ། །རང་བཞིན་སྟོང་པ་ཉིད་ཀྱང་བྱམས་པ་ཆེན་པོའོ། །སྙིང་རྗེ་ཆེན་པོ་ཉིད་ཀྱང་རང་བཞིན་སྟོང་པ་ཉིད་དོ། །རང་བཞིན་སྟོང་པ་ཉིད་ཀྱང་སྙིང་རྗེ་ཆེན་པོའོ། །སངས་རྒྱས་ཀྱི་ཆོས་མ་འདྲེས་པ་ཉིད་ཀྱང་རང་བཞིན་སྟོང་པ་ཉིད་དོ། །རང་བཞིན་སྟོང་པ་ཉིད་ཀྱང་སངས་རྒྱས་ཀྱི་ཆོས་མ་འདྲེས་པ་རྣམས་སོ། །རྒྱུན་དུ་ཞུགས་པའི་འབྲས་བུ་ཉིད་ཀྱང་རང་བཞིན་སྟོང་པ་ཉིད་དོ། །རང་བཞིན་སྟོང་པ་ཉིད་ཀྱང་རྒྱུན་དུ་ཞུགས་པའི་འབྲས་བུའོ། །ལན་ཅིག་ཕྱིར་འོང་བའི་འབྲས་བུ་ཉིད་ཀྱང་རང་བཞིན་སྟོང་པ་ཉིད་དོ། །རང་བཞིན་སྟོང་པ་ཉིད་ཀྱང་ལན་ཅིག་ཕྱིར་འོང་བའི་འབྲས་བུའོ། །ཕྱིར་མི་འོང་བའི་འབྲས་བུ་ཉིད་ཀྱང་རང་བཞིན་སྟོང་པ་ཉིད་དོ། །རང་བཞིན་སྟོང་པ་ཉིད་ཀྱང་ཕྱིར་མི་འོང་བའི་འབྲས་བུའོ། །དགྲ་བཅོམ་པ་ཉིད་ཀྱང་རང་བཞིན་སྟོང་པ་ཉིད་དོ། །རང་བཞིན་སྟོང་པ་ཉིད་ཀྱང་དགྲ་བཅོམ་པ་ཉིད་དོ། །རང་བྱང་ཆུབ་ཉིད་ཀྱང་རང་བཞིན་སྟོང་པ་ཉིད་དོ། །རང་བཞིན་སྟོང་པ་ཉིད་ཀྱང་རང་བྱང་⑦ཆུབ་བོ། །ལམ་གྱི་རྣམ་པ་ཤེས་པ་ཉིད་ཀྱང་རང་བཞིན་སྟོང་པ་ཉིད་དོ། །རང་བཞིན་སྟོང་པ་ཉིད་ཀྱང་ལམ་གྱི་རྣམ་པ་ཤེས་པ་ཉིད་དོ། །རྣམ་པ་ཐམས་ཅད་མཁྱེན་པ་ཉིད་ཀྱང་རང་བཞིན་སྟོང་པ་ཉིད་དོ། །རང་བཞིན་སྟོང་པ་ཉིད་ཀྱང་རྣམ་པ་ཐམས་ཅད་མཁྱེན་པ་ཉིད་དོ། །ཞེས་བགྱི་③བར་སྤྱོད་པ་ངོ་མཚར་ཆེའོ། །བཅོམ་ལྡན་འདས་ཀྱིས་བཀའ་སྩལ་པ། རབ་འབྱོར་དེ་དེ་བཞིན་ནོ། །

དེ་དེ་བཞིན་ཏེ། ཇི་སྐད་དུ་སྨྲས་པ་[༧]བཞིན་ཏེ། རབ་འབྱོར་གལ་ཏེ་གཟུགས་ཀྱང་གཞན་ལ། རང་བཞིན་སྟོང་པ་ཉིད་ཀྱང་གཞན། ཚོར་བ་ཡང་གཞན་ལ། རང་བཞིན་སྟོང་པ་ཉིད་ཀྱང་གཞན། འདུ་ཤེས་ཀྱང་གཞན་ལ། རང་བཞིན་སྟོང་པ་ཉིད་ཀྱང་གཞན། འདུ་བྱེད་ཀྱང་གཞན་ལ། རང་བཞིན་སྟོང་པ་ཉིད་ཀྱང་གཞན། རྣམ་པར་ཤེས་པ་ཡང་གཞན་ལ། རང་བཞིན་སྟོང་པ་ཉིད་ཀྱང་གཞན༑ མིག་ཀྱང་གཞན་ལ། རང་བཞིན་སྟོང་པ་ཉིད་ཀྱང་གཞན། རྣ་བ་ཡང་གཞན་ལ། རང་བཞིན་སྟོང་པ་ཉིད་ཀྱང་གཞན། སྣ་ཡང་གཞན་ལ། རང་བཞིན་སྟོང་པ་ཉིད་ཀྱང་གཞན། ལྕེ་ཡང་གཞན་ལ། རང་བཞིན་སྟོང་པ་ཉིད་ཀྱང་གཞན། ལུས་ཀྱང་གཞན་ལ། རང་བཞིན་སྟོང་པ་ཉིད་ཀྱང་གཞན། ཡིད་ཀྱང་གཞན་ལ། རང་བཞིན་སྟོང་པ་ཉིད་ཀྱང་གཞན། གཟུགས་ཀྱང་གཞན་ལ། རང་བཞིན་སྟོང་པ་ཉིད་ཀྱང་གཞན། སྒྲ་ཡང་གཞན་ལ། རང་བཞིན་སྟོང་པ་ཉིད་ཀྱང་གཞན། དྲི་ཡང་གཞན་ལ། རང་བཞིན་སྟོང་པ་ཉིད་ཀྱང་གཞན། རོ་ཡང་གཞན་ལ། རང་བཞིན་སྟོང་པ་ཉིད་ཀྱང་གཞན། རེག་ཀྱང་གཞན་ལ། རང་བཞིན་སྟོང་པ་ཉིད་ཀྱང་གཞན། ཆོས་ཀྱང་གཞན་ལ། རང་བཞིན་སྟོང་པ་ཉིད་ཀྱང་གཞན། མིག་གི་རྣམ་པར་ཤེས་པ་ཡང་གཞན་ལ། རང་བཞིན་སྟོང་པ་ཉིད་ཀྱང་གཞན། རྣ་བའི་རྣམ་པར་ཤེས་པ་ཡང་གཞན་ལ། རང་བཞིན་སྟོང་པ་ཉིད་ཀྱང་གཞན། སྣའི་རྣམ་པར་ཤེས་པ་ཡང་གཞན་ལ། རང་བཞིན་སྟོང་པ་ཉིད་ཀྱང་གཞན། ལྕེའི་རྣམ་པར་ཤེས་པ་ཡང་གཞན་ལ། རང་བཞིན་སྟོང་པ་ཉིད་ཀྱང་གཞན། ལུས་ཀྱི་རྣམ་པར་ཤེས་པ་ཡང་གཞན་ལ། རང་བཞིན་སྟོང་པ་ཉིད་ཀྱང་གཞན། ཡིད་ཀྱི་རྣམ་པར་ཤེས་པ་ཡང་གཞན་ལ། རང་བཞིན་སྟོང་པ་ཉིད་ཀྱང་གཞན། མིག་གི་འདུས་ཏེ་རེག་པ་ཡང་གཞན་ལ།

རང་བཞིན་སྟོང་པ་ཉིད་ཀྱང་གཞན། རྣ་བའི་འདུས་ཏེ་རེག་པ་ཡང་གཞན་ལ། རང་བཞིན་སྟོང་པ་ཉིད་ཀྱང་གཞན། སྣའི་འདུས་ཏེ་རེག་པ་ཡང་གཞན་ལ། རང་བཞིན་སྟོང་པ་ཉིད་ཀྱང་གཞན། ལྕེའི་འདུས་ཏེ་རེག་པ་ཡང་གཞན་ལ། རང་བཞིན་སྟོང་པ་ཉིད་ཀྱང་གཞན། ལུས་ཀྱི་འདུས་ཏེ་རེག་པ་ཡང་གཞན་ལ། རང་བཞིན་སྟོང་པ་ཉིད་ཀྱང་གཞན། ཡིད་ཀྱི་འདུས་ཏེ་རེག་པ་ཡང་གཞན་ལ། རང་བཞིན་སྟོང་པ་ཉིད་ཀྱང་གཞན། མིག་གི་འདུས་ཏེ་རེག་པའི་རྐྱེན་གྱིས་ཚོར་བ་ཡང་གཞན་ལ། རང་བཞིན་སྟོང་པ་ཉིད་ཀྱང་གཞན། རྣ་བའི་འདུས་ཏེ་རེག་པའི་རྐྱེན་གྱིས་ཚོར་བ་ཡང་གཞན་ལ། རང་བཞིན་སྟོང་པ་ཉིད་ཀྱང་གཞན། སྣའི་འདུས་ཏེ་རེག་པའི་རྐྱེན་གྱིས་ཚོར་བ་ཡང་གཞན་ལ། རང་བཞིན་སྟོང་པ་ཉིད་ཀྱང་གཞན། ལྕེའི་འདུས་ཏེ་རེག་པའི་རྐྱེན་གྱིས་ཚོར་བ་ཡང་གཞན་ལ། རང་བཞིན་སྟོང་པ་ཉིད་ཀྱང་གཞན། ལུས་ཀྱི་འདུས་ཏེ་རེག་པའི་རྐྱེན་གྱིས་ཚོར་བ་ཡང་གཞན་ལ། རང་བཞིན་སྟོང་པ་ཉིད་ཀྱང་གཞན། ཡིད་ཀྱི་འདུས་ཏེ་རེག་པའི་རྐྱེན་གྱིས་ཚོར་བ་ཡང་གཞན་ལ། རང་བཞིན་སྟོང་པ་ཉིད་ཀྱང་གཞན། སའི་ཁམས་ཀྱང་གཞན་ལ། རང་བཞིན་སྟོང་པ་ཉིད་ཀྱང་གཞན། ཆུའི་ཁམས་ཀྱང་གཞན་ལ། རང་བཞིན་སྟོང་པ་ཉིད་ཀྱང་གཞན། མེའི་ཁམས་ཀྱང་གཞན་ལ། རང་བཞིན་སྟོང་པ་ཉིད་ཀྱང་གཞན། རླུང་གི་ཁམས་ཀྱང་གཞན་ལ། རང་བཞིན་སྟོང་པ་ཉིད་ཀྱང་གཞན། ནམ་མཁའི་ཁམས་ཀྱང་གཞན་ལ། རང་བཞིན་སྟོང་པ་ཉིད་ཀྱང་གཞན། རྣམ་པར་ཤེས་པའི་ཁམས་ཀྱང་གཞན་ལ། རང་བཞིན་སྟོང་པ་ཉིད་ཀྱང་གཞན། མ་རིག་པ་ཡང་གཞན་ལ། རང་བཞིན་སྟོང་པ་ཉིད་ཀྱང་གཞན། འདུ་བྱེད་ཀྱང་གཞན་ལ། རང་བཞིན་སྟོང་པ་ཉིད་ཀྱང་གཞན། རྣམ་པར་ཤེས་པ་ཡང་གཞན་ལ། རང་བཞིན་སྟོང་པ་ཉིད་ཀྱང་

གཞན། མིང་དང་གཟུགས་ཀྱང་གཞན་ལ། རང་བཞིན་སྟོང་པ་ཉིད་ཀྱང་
གཞན། སྐྱེ་མཆེད་དྲུག་ཀྱང་གཞན་ལ། རང་བཞིན་སྟོང་པ་ཉིད་ཀྱང་གཞན།
རེག་པ་ཡང་གཞན་ལ། རང་བཞིན་སྟོང་པ་ཉིད་ཀྱང་གཞན། ཚོར་བ་ཡང་
གཞན་ལ། རང་བཞིན་སྟོང་པ་ཉིད་ཀྱང་གཞན། སྲེད་པ་ཡང་གཞན་ལ།
རང་བཞིན་སྟོང་པ་ཉིད་ཀྱང་གཞན། ལེན་པ་ཡང་གཞན་ལ། རང་བཞིན་
སྟོང་པ་ཉིད་ཀྱང་གཞན། སྲིད་པ་ཡང་གཞན་ལ། རང་བཞིན་སྟོང་པ་ཉིད་
ཀྱང་གཞན། སྐྱེ་བ་ཡང་གཞན་ལ། རང་བཞིན་སྟོང་པ་ཉིད་ཀྱང་གཞན།
རྒ་ཤི་ཡང་གཞན་ལ། རང་བཞིན་སྟོང་པ་ཉིད་ཀྱང་གཞན། སྦྱིན་པའི་ཕ་རོལ་
ཏུ་ཕྱིན་པ་ཡང་གཞན་ལ། རང་བཞིན་སྟོང་པ་ཉིད་ཀྱང་གཞན། ཚུལ་ཁྲིམས་
ཀྱི་ཕ་རོལ་ཏུ་ཕྱིན་པ་ཡང་གཞན་ལ། རང་བཞིན་སྟོང་པ་ཉིད་ཀྱང་གཞན།
བཟོད་པའི་ཕ་རོལ་ཏུ་ཕྱིན་པ་ཡང་གཞན་ལ། རང་བཞིན་སྟོང་པ་ཉིད་ཀྱང་
གཞན། བརྩོན་འགྲུས་ཀྱི་ཕ་རོལ་ཏུ་ཕྱིན་པ་ཡང་གཞན་ལ། རང་བཞིན་སྟོང་
པ་ཉིད་ཀྱང་གཞན། བསམ་གཏན་གྱི་ཕ་རོལ་ཏུ་ཕྱིན་པ་ཡང་གཞན་ལ། རང་
བཞིན་སྟོང་པ་ཉིད་ཀྱང་གཞན། ཤེས་རབ་ཀྱི་ཕ་རོལ་ཏུ་ཕྱིན་པ་ཡང་གཞན་ལ།
རང་བཞིན་སྟོང་པ་ཉིད་ཀྱང་གཞན། ནང་སྟོང་པ་ཉིད་ཀྱང་གཞན་ལ། རང་
བཞིན་སྟོང་པ་ཉིད་ཀྱང་གཞན། ཕྱི་སྟོང་པ་ཉིད་ཀྱང་གཞན་ལ། རང་བཞིན་
སྟོང་པ་ཉིད་ཀྱང་གཞན། ཕྱི་ནང་སྟོང་པ་ཉིད་ཀྱང་གཞན་ལ། རང་བཞིན་
སྟོང་པ་ཉིད་ཀྱང་གཞན། སྟོང་པ་ཉིད་སྟོང་པ་ཉིད་ཀྱང་གཞན་ལ། རང་
བཞིན་སྟོང་པ་ཉིད་ཀྱང་གཞན། ཆེན་པོ་སྟོང་པ་ཉིད་ཀྱང་གཞན་ལ། རང་
བཞིན་སྟོང་པ་ཉིད་ཀྱང་གཞན། དོན་དམ་པ་སྟོང་པ་ཉིད་ཀྱང་གཞན་ལ།
རང་བཞིན་སྟོང་པ་ཉིད་ཀྱང་གཞན། འདུས་བྱས་སྟོང་པ་ཉིད་ཀྱང་གཞན་ལ།

རང་བཞིན་སྟོང་པ་ཉིད་ཀྱང་གཞན། འདུས་མ་བྱས་སྟོང་པ་ཉིད་ཀྱང་གཞན་ལ།
རང་བཞིན་སྟོང་པ་ཉིད་ཀྱང་གཞན[༧]། མཐའ་ལས་འདས་པ་སྟོང་པ་ཉིད་ཀྱང་
གཞན་ལ། རང་བཞིན་སྟོང་པ་ཉིད་ཀྱང་གཞན། ཐོག་མ་དང་ཐ་མ་མེད་པ་
སྟོང་པ་ཉིད་ཀྱང་གཞན་ལ། རང་བཞིན་སྟོང་པ་ཉིད་ཀྱང་གཞན། དོར་བ་
མེད་པ་སྟོང་པ་ཉིད་ཀྱང་གཞན་ལ། རང་བཞིན་སྟོང་པ་ཉིད་ཀྱང་གཞན།
ཿརང་བཞིན་སྟོང་པ་ཉིད་ཀྱང་གཞན་ལ། རང་བཞིན་སྟོང་པ་ཉིད་ཀྱང་གཞན།[༨]
ཆོས་ཐམས་ཅད་སྟོང་པ་ཉིད་ཀྱང་གཞན་ལ། རང་བཞིན་སྟོང་པ་ཉིད་ཀྱང་གཞན།
རང་གི་མཚན་ཉིད་སྟོང་པ་ཉིད་ཀྱང་གཞན་ལ། རང་བཞིན་སྟོང་པ་ཉིད་ཀྱང་
གཞན། མི་དམིགས་པ་སྟོང་པ་ཉིད་ཀྱང་གཞན་ལ། རང་བཞིན་སྟོང་པ་ཉིད་
ཀྱང་གཞན། དངོས་པོ་མེད་པ་སྟོང་པ་ཉིད་ཀྱང་གཞན་ལ། རང་བཞིན་སྟོང་
པ་ཉིད་ཀྱང་གཞན། ངོ་བོ་ཉིད་སྟོང་པ་ཉིད་ཀྱང་གཞན་ལ། རང་བཞིན་སྟོང་
པ་ཉིད་ཀྱང་གཞན། དངོས་པོ་མེད་པའི་ངོ་བོ་ཉིད་སྟོང་པ་ཉིད་ཀྱང་གཞན་ལ།
རང་བཞིན་སྟོང་པ་ཉིད་ཀྱང་གཞན[༩]། དྲན་པ་ཉེ་བར་གཞག་པ་རྣམས་ཀྱང་
གཞན་ལ། རང་བཞིན་སྟོང་པ་ཉིད་ཀྱང་གཞན། ཡང་དག་པར་སྤོང་བ་
རྣམས་ཀྱང་གཞན་ལ། རང་བཞིན་སྟོང་པ་ཉིད་ཀྱང་གཞན། རྫུ་འཕྲུལ་གྱི་
རྐང་པ་རྣམས་ཀྱང་གཞན་ལ། རང་བཞིན་སྟོང་པ་ཉིད་ཀྱང་གཞན། དབང་
པོ་རྣམས་ཀྱང་གཞན་ལ། རང་བཞིན་སྟོང་པ་ཉིད་ཀྱང་གཞན། སྟོབས་རྣམས་
ཀྱང་གཞན་ལ། རང་བཞིན་སྟོང་པ་ཉིད་ཀྱང་གཞན། བྱང་ཆུབ་ཀྱི་ཡན་ལག་
རྣམས་ཀྱང་གཞན་ལ། རང་བཞིན་སྟོང་པ་ཉིད་ཀྱང་གཞན། འཕགས་པའི་
ལམ་ཡན་ལག་བརྒྱད་པ་ཡང་གཞན་ལ། རང་བཞིན་སྟོང་པ་ཉིད་ཀྱང་གཞན།
འཕགས་པའི་བདེན་པ་རྣམས་ཀྱང་གཞན་ལ། རང་བཞིན་སྟོང་པ་ཉིད་ཀྱང་

གཞན། བསམ་གཏན་རྣམས་ཀྱང་གཞན་ལ། རང་བཞིན་སྟོང་པ་ཉིད་ཀྱང་གཞན། ཚད་མེད་པ་རྣམས་ཀྱང་གཞན་ལ། རང་བཞིན་སྟོང་པ་ཉིད་ཀྱང་གཞན། གཟུགས་མེད་པའི་སྙོམས་པར་འཇུག་པ་རྣམས་ཀྱང་གཞན་ལ། རང་བཞིན་སྟོང་པ་ཉིད་ཀྱང་གཞན། རྣམ་པར་ཐར་པ་བརྒྱད་ཀྱང་གཞན་ལ། རང་བཞིན་སྟོང་པ་ཉིད་ཀྱང་གཞན། མཐར་གྱིས་གནས་པའི་སྙོམས་པར་འཇུག་པ་དགུ་ཡང་[7]གཞན་ལ། རང་བཞིན་སྟོང་པ་ཉིད་ཀྱང་གཞན། རྣམ་པར་ཐར་པའི་སྒོ་སྟོང་པ་ཉིད་དང་། མཚན་མ་མེད་པ་དང་། སྨོན་པ་མེད་པ་ཡང་གཞན་ལ། རང་བཞིན་སྟོང་པ་ཉིད་ཀྱང་གཞན། མངོན་པར་ཤེས་པ་རྣམས་ཀྱང་གཞན་ལ། རང་བཞིན་སྟོང་པ་ཉིད་ཀྱང་གཞན། ཏིང་ངེ་འཛིན་རྣམས་ཀྱང་གཞན་ལ། རང་བཞིན་སྟོང་པ་ཉིད་ཀྱང་གཞན། གཟུངས་ཀྱི་སྒོ་རྣམས་ཀྱང་གཞན་ལ། རང་བཞིན་སྟོང་པ་ཉིད་ཀྱང་གཞན། དེ་བཞིན་གཤེགས་པའི་སྟོབས་རྣམས་ཀྱང་གཞན་ལ། རང་བཞིན་སྟོང་པ་ཉིད་ཀྱང་གཞན། མི་འཇིགས་པ་རྣམས་ཀྱང་གཞན་ལ། རང་བཞིན་སྟོང་པ་ཉིད་ཀྱང་གཞན། སོ་སོ་ཡང་དག་པར་རིག་པ་རྣམས་ཀྱང་གཞན་ལ། རང་བཞིན་སྟོང་པ་ཉིད་ཀྱང་གཞན། བྱམས་པ་ཆེན་པོ་ཡང་གཞན་ལ། རང་བཞིན་སྟོང་པ་ཉིད་ཀྱང་གཞན། སྙིང་རྗེ་ཆེན་པོ་ཡང་གཞན་ལ། རང་བཞིན་སྟོང་པ་ཉིད་ཀྱང་གཞན། སངས་རྒྱས་ཀྱི་ཆོས་མ་འདྲེས་པ་བཅོ་བརྒྱད་ཀྱང་གཞན་ལ། རང་བཞིན་སྟོང་པ་ཉིད་ཀྱང་གཞན། རྒྱུན་དུ་ཞུགས་པའི་འབྲས་བུ་ཡང་གཞན་ལ། རང་བཞིན་སྟོང་པ་ཉིད་ཀྱང་གཞན། ལན་ཅིག་ཕྱིར་འོང་བའི་འབྲས་བུ་ཡང་གཞན་ལ། རང་བཞིན་སྟོང་པ་ཉིད་ཀྱང་གཞན། ཕྱིར་མི་འོང་བའི་འབྲས་བུ་ཡང་གཞན་ལ། རང་བཞིན་སྟོང་པ་ཉིད་ཀྱང་གཞན། དགྲ་བཅོམ་པ་ཉིད་ཀྱང་གཞན་ལ།

རང་བཞིན་སྟོང་པ་ཉིད་ཀྱང་གཞན། རང་བྱང་ཆུབ་ཀྱང་གཞན་ལ། རང་བཞིན་སྟོང་པ་ཉིད་ཀྱང་གཞན། ལམ་གྱི་རྣམ་པ་ཤེས་པ་ཉིད་ཀྱང་གཞན་ལ། རང་བཞིན་སྟོང་པ་ཉིད་ཀྱང་གཞན། རྣམ་པ་ཐམས་ཅད་མཁྱེན་པ་ཉིད་ཀྱང་གཞན་ལ། རང་བཞིན་སྟོང་པ་ཉིད་ཀྱང་གཞན་⑦ཏེ། ༑གལ་ཏེ་⑧གཟུགས་རང་བཞིན་གྱིས་སྟོང་པ་ཞིག་⑨མ་ཡིན་ན་ནི། བྱང་ཆུབ་སེམས་དཔའ་སེམས་དཔའ་ཆེན་པོ་ཡང་བླ་ན་མེད་པ་ཡང་དག་པར་རྫོགས་པའི་བྱང་ཆུབ་ཏུ་མངོན་པར་རྫོགས་པར་འཚང་མི་རྒྱ་སྟེ། རབ་འབྱོར་གང་གི་ཕྱིར་གཟུགས་རང་བཞིན་གྱིས་སྟོང་པས་ན། དེའི་ཕྱིར་བྱང་ཆུབ་སེམས་དཔའ་སེམས་དཔའ་ཆེན་པོ་གཟུགས་རང་བཞིན་གྱིས་སྟོང་ངོ་ཞེས་བྱ་བར་ཡོང་དུ་ཆུད་པར་བྱས་ཤིང་། བླ་ན་མེད་པ་ཡང་དག་པར་རྫོགས་པའི་བྱང་ཆུབ་ཏུ་མངོན་པར་རྫོགས་པར་འཚང་རྒྱའོ། །གལ་ཏེ་ཚོར་བ་རང་བཞིན་གྱིས་སྟོང་པ་ཞིག་མ་ཡིན་ན་ནི། བྱང་ཆུབ་སེམས་དཔའ་སེམས་དཔའ་ཆེན་པོ་ཡང་བླ་ན་མེད་པ་ཡང་དག་པར་རྫོགས་པའི་བྱང་ཆུབ་ཏུ་མངོན་པར་རྫོགས་པར་འཚང་མི་རྒྱ་སྟེ། རབ་འབྱོར་གང་གི་ཕྱིར་ཚོར་བ་རང་བཞིན་གྱིས་སྟོང་པས་ན། དེའི་ཕྱིར་བྱང་ཆུབ་སེམས་དཔའ་སེམས་དཔའ་ཆེན་པོ་ཚོར་བ་རང་བཞིན་གྱིས་སྟོང་ངོ་ཞེས་བྱ་བར་ཡོང་དུ་ཆུད་པར་བྱས་ཤིང་། བླ་ན་མེད་པ་ཡང་དག་པར་རྫོགས་པའི་བྱང་ཆུབ་ཏུ་མངོན་པར་རྫོགས་པར་འཚང་རྒྱའོ། །གལ་ཏེ་འདུ་ཤེས་རང་བཞིན་གྱིས་སྟོང་པ་ཞིག་མ་ཡིན་ན་ནི། བྱང་ཆུབ་སེམས་དཔའ་སེམས་དཔའ་ཆེན་པོ་ཡང་བླ་ན་མེད་པ་ཡང་དག་པར་རྫོགས་པའི་བྱང་ཆུབ་ཏུ་མངོན་པར་རྫོགས་པར་འཚང་མི་རྒྱ་སྟེ། རབ་འབྱོར་གང་གི་ཕྱིར་འདུ་ཤེས་རང་བཞིན་གྱིས་སྟོང་པས་ན། དེའི་ཕྱིར་བྱང་ཆུབ་སེམས་དཔའ་སེམས་དཔའ་ཆེན་པོ་འདུ་ཤེས་རང་བཞིན་གྱིས་སྟོང་ངོ་ཞེས་བྱ་བར་ཡོང་དུ་ཆུད་པར་བྱས་ཤིང་།

བླ་ན་མེད་པ་ཡང་དག་པར་རྫོགས་པའི་བྱང་ཆུབ་ཏུ་མངོན་པར་རྫོགས་པར་འཚང་རྒྱའོ། །གལ་ཏེ་འདུ་བྱེད་རང་བཞིན་གྱིས་སྟོང་པ་ཞིག་མ་ཡིན་ན་ནི། བྱང་ཆུབ་སེམས་དཔའ་སེམས་དཔའ་ཆེན་པོ་ཡང་བླ་ན་མེད་པ་ཡང་དག་པར་རྫོགས་པའི་བྱང་ཆུབ་ཏུ་མངོན་པར་རྫོགས་པར་འཚང་མི་རྒྱ་སྟེ། རབ་འབྱོར་གང་གི་ཕྱིར་འདུ་བྱེད་རང་བཞིན་གྱིས་སྟོང་པས་ན། དེའི་ཕྱིར་བྱང་ཆུབ་སེམས་དཔའ་སེམས་དཔའ་ཆེན་པོ་འདུ་བྱེད་རང་བཞིན་གྱིས་སྟོང་ངོ་ཞེས་བྱ་བར་ཡོངས་སུ་ཚུད་པར་བྱས་ཤིང་། བླ་ན་མེད་པ་ཡང་དག་པར་རྫོགས་པའི་བྱང་ཆུབ་ཏུ་མངོན་པར་རྫོགས་པར་འཚང་རྒྱའོ། །གལ་ཏེ་རྣམ་པར་ཤེས་པ་རང་བཞིན་གྱིས་སྟོང་པ་ཞིག་མ་ཡིན་ན་ནི། བྱང་ཆུབ་སེམས་དཔའ་སེམས་དཔའ་ཆེན་པོ་ཡང་བླ་ན་མེད་པ་ཡང་དག་པར་རྫོགས་པའི་བྱང་ཆུབ་ཏུ་མངོན་པར་རྫོགས་པར་འཚང་མི་རྒྱ་སྟེ། རབ་འབྱོར་གང་གི་ཕྱིར་རྣམ་པར་ཤེས་པ་རང་བཞིན་གྱིས་སྟོང་པས་ན། དེའི་ཕྱིར་བྱང་ཆུབ་སེམས་དཔའ་སེམས་དཔའ་ཆེན་པོ་རྣམ་པར་ཤེས་པ་རང་བཞིན་གྱིས་སྟོང་ངོ་ཞེས་བྱ་བར་ཡོངས་སུ་ཚུད་པར་བྱས་ཤིང་། བླ་ན་མེད་པ་ཡང་དག་པར་རྫོགས་པའི་བྱང་ཆུབ་ཏུ་མངོན་པར་རྫོགས་པར་འཚང་རྒྱའོ། །གལ་ཏེ་མིག་རང་བཞིན་གྱིས་སྟོང་པ་ཞིག་མ་ཡིན་ན་ནི། བྱང་ཆུབ་སེམས་དཔའ་སེམས་དཔའ་ཆེན་པོ་ཡང་བླ་ན་མེད་པ་ཡང་དག་པར་རྫོགས་པའི་བྱང་ཆུབ་ཏུ་མངོན་པར་རྫོགས་པར་འཚང་མི་རྒྱ་སྟེ། རབ་འབྱོར་གང་གི་ཕྱིར་མིག་རང་བཞིན་གྱིས་སྟོང་པས་ན། དེའི་ཕྱིར་བྱང་ཆུབ་སེམས་དཔའ་སེམས་དཔའ་ཆེན་པོ་མིག་རང་བཞིན་གྱིས་སྟོང་ངོ་ཞེས་བྱ་བར་ཡོངས་སུ་ཚུད་པར་བྱས་ཤིང་། བླ་ན་མེད་པ་ཡང་དག་པར་རྫོགས་པའི་བྱང་ཆུབ་ཏུ་མངོན་པར་རྫོགས་པར་འཚང་རྒྱའོ། །གལ་ཏེ་རྣ་བ་རང་བཞིན་གྱིས་སྟོང་པ་ཞིག་མ་ཡིན་ན་ནི། བྱང་ཆུབ་སེམས་དཔའ་སེམས་

དཔའ་ཆེན་པོ་ཡང་བླ་ན་མེད་པ་ཡང་དག་པར་རྫོགས་པའི་བྱང་ཆུབ་ཏུ་མངོན་པར་རྫོགས་པར་འཚང་མི་རྒྱ་སྟེ། རབ་འབྱོར་གང་གི་ཕྱིར་རྣ་བ་རང་བཞིན་གྱིས་སྟོང་པས་ན། དེའི་ཕྱིར་བྱང་ཆུབ་སེམས་དཔའ་སེམས་དཔའ་ཆེན་པོ་རྣ་བ་རང་བཞིན་གྱིས་སྟོང་ངོ་ཞེས་བྱ་བར་ཁོང་དུ་ཆུད་པར་བྱས་ཤིང་། བླ་ན་མེད་པ་ཡང་དག་པར་རྫོགས་པའི་བྱང་ཆུབ་ཏུ་མངོན་པར་རྫོགས་པར་འཚང་རྒྱའོ། །གལ་ཏེ་སྣ་རང་བཞིན་གྱིས་སྟོང་པ་ཞིག་མ་ཡིན་ན་ནི། བྱང་ཆུབ་སེམས་དཔའ་སེམས་དཔའ་ཆེན་པོ་ཡང་བླ་ན་མེད་པ་ཡང་དག་པར་རྫོགས་པའི་བྱང་ཆུབ་ཏུ་མངོན་པར་རྫོགས་པར་འཚང་མི་རྒྱ་སྟེ། རབ་འབྱོར་གང་གི་ཕྱིར་སྣ་རང་བཞིན་གྱིས་སྟོང་པས་ན། དེའི་ཕྱིར་བྱང་ཆུབ་སེམས་དཔའ་སེམས་དཔའ་ཆེན་པོ་སྣ་རང་བཞིན་གྱིས་སྟོང་ངོ་ཞེས་བྱ་བར་ཁོང་དུ་ཆུད་པར་བྱས་ཤིང་། བླ་ན་མེད་པ་ཡང་དག་པར་རྫོགས་པའི་བྱང་ཆུབ་ཏུ་མངོན་པར་རྫོགས་པར་འཚང་རྒྱའོ། །གལ་ཏེ་ལྕེ་རང་བཞིན་གྱིས་སྟོང་པ་ཞིག་མ་ཡིན་ན་ནི། བྱང་ཆུབ་སེམས་དཔའ་སེམས་དཔའ་ཆེན་པོ་ཡང་བླ་ན་མེད་པ་ཡང་དག་པར་རྫོགས་པའི་བྱང་ཆུབ་ཏུ་མངོན་པར་རྫོགས་པར་འཚང་མི་རྒྱ་སྟེ། རབ་འབྱོར་གང་གི་ཕྱིར་ལྕེ་རང་བཞིན་གྱིས་སྟོང་པས་ན། དེའི་ཕྱིར་བྱང་ཆུབ་སེམས་དཔའ་སེམས་དཔའ་ཆེན་པོ་ལྕེ་རང་བཞིན་གྱིས་སྟོང་ངོ་ཞེས་བྱ་བར་ཁོང་དུ་ཆུད་པར་བྱས་ཤིང་། བླ་ན་མེད་པ་ཡང་དག་པར་རྫོགས་པའི་བྱང་ཆུབ་ཏུ་མངོན་པར་རྫོགས་པར་འཚང་རྒྱའོ། །གལ་ཏེ་ལུས་རང་བཞིན་གྱིས་སྟོང་པ་ཞིག་མ་ཡིན་ན་ནི། བྱང་ཆུབ་སེམས་དཔའ་སེམས་དཔའ་ཆེན་པོ་ཡང་བླ་ན་མེད་པ་ཡང་དག་པར་རྫོགས་པའི་བྱང་ཆུབ་ཏུ་མངོན་པར་རྫོགས་པར་འཚང་མི་རྒྱ་སྟེ། རབ་འབྱོར་གང་གི་ཕྱིར་ལུས་རང་བཞིན་གྱིས་སྟོང་པས་ན། དེའི་ཕྱིར་བྱང་ཆུབ་སེམས་དཔའ་སེམས་དཔའ་ཆེན་པོ་ལུས་རང་བཞིན་

ཀྱིས་སྟོང་ངོ་ཞེས་བྱ་བར་ཁོང་དུ་ཆུད་པར་བྱས་ཤིང་། བླ་ན་མེད་པ་ཡང་དག་པར་རྫོགས་པའི་བྱང་ཆུབ་ཏུ་མངོན་པར་རྫོགས་པར་འཚང་རྒྱའོ། །གལ་ཏེ་ཡིད་རང་བཞིན་གྱིས་སྟོང་པ་ཞིག་མ་ཡིན་ན་ནི། བྱང་ཆུབ་སེམས་དཔའ་སེམས་དཔའ་ཆེན་པོ་ཡང་བླ་ན་མེད་པ་ཡང་དག་པར་རྫོགས་པའི་བྱང་ཆུབ་ཏུ་མངོན་པར་རྫོགས་པར་འཚང་མི༔རྒྱ་སྐྱེ[1]། རབ་འབྱོར་གང་གི་ཕྱིར་ཡིད་རང་བཞིན་གྱིས་སྟོང་པས་ན། དེའི་ཕྱིར་བྱང་ཆུབ་སེམས་དཔའ་སེམས་དཔའ་ཆེན་པོ་ཡིད་རང་བཞིན་གྱིས་སྟོང་ངོ་ཞེས་བྱ་བར་ཁོང་དུ་ཆུད་པར་བྱས་ཤིང་། བླ་ན་མེད་པ་ཡང་དག་པར་རྫོགས་པའི་བྱང་ཆུབ་ཏུ་མངོན་པར་རྫོགས་པར་འཚང་རྒྱའོ། །གལ་ཏེ་གཟུགས་རང་བཞིན་གྱིས་སྟོང་པ་ཞིག་མ་ཡིན་ན་[2]ནི། བྱང་ཆུབ་སེམས་དཔའ་སེམས་དཔའ་ཆེན་པོ་[3]བླ་ན་མེད་པ་ཡང་དག་པར་རྫོགས་པའི་བྱང་ཆུབ་ཏུ་མངོན་པར་རྫོགས་པར་འཚང་མི་རྒྱ་སྐྱེ། རབ་འབྱོར་གང་གི་ཕྱིར་གཟུགས་རང་བཞིན་གྱིས་སྟོང་པས་ན། དེའི་ཕྱིར་བྱང་ཆུབ་སེམས་དཔའ་སེམས་དཔའ་ཆེན་པོ་གཟུགས་རང་བཞིན་གྱིས་སྟོང་ངོ་ཞེས་བྱ་བར་ཁོང་དུ་ཆུད་པར་བྱས་ཤིང་། བླ་ན་མེད་པ་ཡང་དག་པར་རྫོགས་པའི་བྱང་ཆུབ་ཏུ་མངོན་པར་རྫོགས་པར་འཚང་རྒྱའོ། །གལ་ཏེ་སྒྲ་རང་བཞིན་གྱིས་སྟོང་པ་ཞིག་མ་ཡིན་ན་ནི། བྱང་ཆུབ་སེམས་དཔའ་སེམས་དཔའ་ཆེན་པོ་ཡང་བླ་ན་མེད་པ་ཡང་དག་པར་རྫོགས་པའི་བྱང་ཆུབ་ཏུ་མངོན་པར་རྫོགས་པར་འཚང་མི༔རྒྱ་སྐྱེ[4]། རབ་འབྱོར་གང་གི་ཕྱིར་སྒྲ་རང་བཞིན་གྱིས་སྟོང་པས་ན། དེའི་ཕྱིར་བྱང་ཆུབ་སེམས་དཔའ་སེམས་དཔའ་ཆེན་པོ་སྒྲ་རང་བཞིན་གྱིས་སྟོང་ངོ་ཞེས་བྱ་བར་ཁོང་དུ་ཆུད་པར་བྱས་ཤིང་། བླ་ན་མེད་པ་ཡང་དག་པར་རྫོགས་པའི་བྱང་ཆུབ་[5]ཏུ་མངོན་པར་རྫོགས་པར་འཚང་རྒྱའོ། །གལ་ཏེ་དྲི་རང་བཞིན་གྱིས་སྟོང་པ་ཞིག་མ་ཡིན་ན་ནི། བྱང་ཆུབ་སེམས་དཔའ་

སེམས་དཔའ་ཆེན་པོ་ཡང་བླ་ན་མེད་པ་ཡང་དག་པར་རྫོགས་པའི་བྱང་ཆུབ་ཏུ་མངོན་པར་རྫོགས་པར་འཚང་མི་རྒྱ་སྟེ། རབ་འབྱོར་གང་གི་ཕྱིར་དྲི་རང་བཞིན་གྱིས་སྟོང་པས་ན། དེའི་ཕྱིར་བྱང་ཆུབ་སེམས་དཔའ་སེམས་དཔའ་ཆེན་པོ་དྲི་རང་བཞིན་གྱིས་སྟོང་ངོ་ཞེས་བྱ་བར་ཁོང་དུ་ཆུད་པར་བྱས་ཤིང་། བླ་ན་མེད་པ་ཡང་དག་པར་རྫོགས་པའི་བྱང་ཆུབ་ཏུ་མངོན་པར་རྫོགས་པར་འཚང་རྒྱའོ། །

གལ་ཏེ་རོ་རང་བཞིན་གྱིས་སྟོང་པ་ཞིག་མ་ཡིན་ན་ནི། བྱང་ཆུབ་སེམས་དཔའ་སེམས་དཔའ་ཆེན་པོ་ཡང་བླ་ན་མེད་པ་ཡང་དག་པར་རྫོགས་པའི་བྱང་ཆུབ་ཏུ་མངོན་པར་རྫོགས་པར་འཚང་མི་རྒྱ་སྟེ། རབ་འབྱོར་གང་གི་ཕྱིར་རོ་⑦རང་བཞིན་གྱིས་སྟོང་པས་ན། དེའི་ཕྱིར་བྱང་ཆུབ་སེམས་དཔའ་སེམས་དཔའ་ཆེན་པོ་རོ་རང་བཞིན་གྱིས་སྟོང་ངོ་ཞེས་བྱ་བར་ཁོང་དུ་ཆུད་པར་བྱས་ཤིང་། བླ་ན་མེད་པ་ཡང་དག་པར་རྫོགས་པའི་བྱང་ཆུབ་ཏུ་མངོན་པར་རྫོགས་པར་འཚང་རྒྱའོ། །

གལ་ཏེ་རེག་རང་བཞིན་གྱིས་སྟོང་པ་ཞིག་མ་ཡིན་ན་ནི། བྱང་ཆུབ་སེམས་དཔའ་སེམས་དཔའ་ཆེན་པོ་ཡང་བླ་ན་མེད་པ་ཡང་དག་པར་རྫོགས་པའི་བྱང་ཆུབ་ཏུ་མངོན་པར་རྫོགས་པར་འཚང་མི་རྒྱ་སྟེ། རབ་འབྱོར་གང་གི་ཕྱིར་རེག་རང་བཞིན་གྱིས་སྟོང་པས་ན། དེའི་ཕྱིར་བྱང་ཆུབ་སེམས་དཔའ་སེམས་དཔའ་ཆེན་པོ་རེག་རང་བཞིན་གྱིས་སྟོང་ངོ་ཞེས་བྱ་བར་ཁོང་དུ་ཆུད་པར་བྱས་ཤིང་། བླ་ན་མེད་པ་ཡང་དག་པར་རྫོགས་པའི་བྱང་ཆུབ་ཏུ་མངོན་པར་རྫོགས་པར་འཚང་རྒྱའོ། །

གལ་ཏེ་ཆོས་རང་བཞིན་གྱིས་སྟོང་པ་ཞིག་མ་ཡིན་ན་ནི། བྱང་ཆུབ་སེམས་དཔའ་སེམས་དཔའ་ཆེན་པོ་ཡང་བླ་ན་མེད་པ་ཡང་དག་པར་རྫོགས་པའི་བྱང་ཆུབ་ཏུ་མངོན་པར་རྫོགས་པར་འཚང་མི་རྒྱ་སྟེ། རབ་འབྱོར་གང་གི་ཕྱིར་ཆོས་རང་བཞིན་གྱིས་སྟོང་པས་ན། དེའི་ཕྱིར་བྱང་ཆུབ་སེམས་དཔའ་སེམས་དཔའ་ཆེན་པོ་

ཆོས་རང་བཞིན་གྱིས་སྟོང་ངོ་ཞེས་བྱ་བར་ཡོངས་སུ་ཆུད་པར་བྱས་ཤིང་། བླ་ན་མེད་པ་ཡང་དག་པར་རྫོགས་པའི་བྱང་ཆུབ་ཏུ་མངོན་པར་རྫོགས་པར་འཚང་རྒྱའོ། །གལ་ཏེ་མིག་གི་རྣམ་པར་ཤེས་པ་རང་བཞིན་གྱིས་སྟོང་པ་ཞིག་མ་ཡིན་ན་ནི། བྱང་ཆུབ་སེམས་དཔའ་སེམས་དཔའ་ཆེན་པོ་ཡང་བླ་ན་མེད་པ་ཡང་དག་པར་རྫོགས་པའི་བྱང་ཆུབ་ཏུ་མངོན་པར་རྫོགས་པར་འཚང་མི་རྒྱ་སྟེ། རབ་འབྱོར་གང་གི་ཕྱིར་མིག་གི་རྣམ་པར་ཤེས་པ་རང་བཞིན་གྱིས་སྟོང་པས་ན། དེའི་ཕྱིར་བྱང་ཆུབ་སེམས་དཔའ་སེམས་དཔའ་ཆེན་པོ་མིག་གི་རྣམ་པར་ཤེས་པ་རང་བཞིན་གྱིས་སྟོང་ངོ་ཞེས་བྱ་བར་ཡོངས་སུ་ཆུད་པར་བྱས་ཤིང་། བླ་ན་མེད་པ་ཡང་དག་པར་རྫོགས་པའི་བྱང་ཆུབ་ཏུ་མངོན་པར་རྫོགས་པར་འཚང་རྒྱའོ། །གལ་ཏེ་རྣ་བའི་རྣམ་པར་ཤེས་པ་རང་བཞིན་གྱིས་སྟོང་པ་ཞིག་མ་ཡིན་ན་ནི། བྱང་ཆུབ་སེམས་དཔའ་སེམས་དཔའ་ཆེན་པོ་ཡང་བླ་ན་མེད་པ་ཡང་དག་པར་རྫོགས་པའི་བྱང་ཆུབ་ཏུ་མངོན་པར་རྫོགས་པར་འཚང་མི་རྒྱ་སྟེ། རབ་འབྱོར་གང་གི་ཕྱིར་རྣ་བའི་རྣམ་པར་ཤེས་པ་རང་བཞིན་གྱིས་སྟོང་པས་ན། དེའི་ཕྱིར་བྱང་ཆུབ་སེམས་དཔའ་སེམས་དཔའ་ཆེན་པོ་རྣ་བའི་རྣམ་པར་ཤེས་པ་རང་བཞིན་གྱིས་སྟོང་ངོ་ཞེས་བྱ་བར་ཡོངས་སུ་ཆུད་པར་བྱས་ཤིང་། བླ་ན་མེད་པ་[1]ཡང་དག་པར་རྫོགས་པའི་བྱང་ཆུབ་ཏུ་མངོན་པར་རྫོགས་པར་འཚང་རྒྱའོ། །གལ་ཏེ་སྣའི་རྣམ་པར་ཤེས་པ་རང་བཞིན་གྱིས་སྟོང་པ་ཞིག་མ་ཡིན་ན་ནི། བྱང་ཆུབ་སེམས་དཔའ་སེམས་དཔའ་ཆེན་པོ་ཡང་བླ་ན་མེད་པ་ཡང་དག་པར་རྫོགས་པའི་བྱང་ཆུབ་ཏུ་མངོན་པར་རྫོགས་པར་འཚང་མི་རྒྱ་སྟེ། རབ་འབྱོར་གང་གི་ཕྱིར་སྣའི་རྣམ་པར་ཤེས་པ་རང་བཞིན་གྱིས་སྟོང་པས་ན། དེའི་ཕྱིར་བྱང་ཆུབ་སེམས་དཔའ་སེམས་དཔའ་ཆེན་པོ་སྣའི་རྣམ་པར་ཤེས་པ་རང་བཞིན་གྱིས་སྟོང་ངོ་ཞེས་བྱ་བར་ཡོངས་སུ་ཆུད་པར་བྱས་

ཤིང་། བླ་ན་མེད་པ་ཡང་དག་པར་རྫོགས་པའི་བྱང་ཆུབ་ཏུ་མངོན་པར་རྫོགས་པར་འཚང་རྒྱའོ། །གལ་ཏེ་ལྗེའི་རྣམ་པར་ཤེས་པ་རང་བཞིན་གྱིས་སྟོང་པ་ཞིག་མ་ཡིན་ན་ནི། བྱང་ཆུབ་སེམས་དཔའ་སེམས་དཔའ་ཆེན་པོ་ཡང་བླ་ན་མེད་པ་ཡང་དག་པར་རྫོགས་པའི་བྱང་ཆུབ་ཏུ་མངོན་པར་རྫོགས་པར་འཚང་མི་རྒྱ་སྟེ། རབ་འབྱོར་གང་གི་ཕྱིར་ལྗེའི་རྣམ་པར་ཤེས་པ་རང་བཞིན་གྱིས་སྟོང་པས་ན། དེའི་ཕྱིར་བྱང་ཆུབ་སེམས་དཔའ་སེམས་དཔའ་ཆེན་པོ་ལྗེའི་རྣམ་པར་ཤེས་པ་རང་བཞིན་གྱིས་སྟོང་ངོ་ཞེས་བྱ་བར་ཁོང་དུ་ཆུད་པར་བྱས་ཤིང་། བླ་ན་མེད་པ་ཡང་དག་པར་རྫོགས་པའི་བྱང་ཆུབ་ཏུ་མངོན་པར་རྫོགས་པར་འཚང་རྒྱའོ། །གལ་ཏེ་ལུས་ཀྱི་རྣམ་པར་ཤེས་པ་རང་བཞིན་གྱིས་སྟོང་པ་ཞིག་མ་ཡིན་ན་ནི། བྱང་ཆུབ་སེམས་དཔའ་སེམས་དཔའ་ཆེན་པོ་ཡང་བླ་ན་མེད་པ་ཡང་དག་པར་རྫོགས་པའི་བྱང་ཆུབ་ཏུ་མངོན་པར་རྫོགས་པར་འཚང་མི་རྒྱ་སྟེ། རབ་འབྱོར་གང་གི་ཕྱིར་ལུས་ཀྱི་རྣམ་པར་ཤེས་པ་རང་བཞིན་གྱིས་སྟོང་པས་ན། དེའི་ཕྱིར་བྱང་ཆུབ་སེམས་དཔའ་སེམས་དཔའ་ཆེན་པོ་ལུས་ཀྱི་རྣམ་པར་ཤེས་པ་རང་བཞིན་གྱིས་སྟོང་ངོ་ཞེས་བྱ་བར་ཁོང་དུ་ཆུད་པར་བྱས་ཤིང་། བླ་ན་མེད་པ་ཡང་དག་པར་རྫོགས་པའི་བྱང་ཆུབ་ཏུ་མངོན་པར་རྫོགས་པར་འཚང་རྒྱའོ། །གལ་ཏེ་ཡིད་ཀྱི་རྣམ་པར་ཤེས་པ་རང་བཞིན་གྱིས་སྟོང་པ་ཞིག་མ་ཡིན་ན་ནི། བྱང་ཆུབ་སེམས་དཔའ་སེམས་དཔའ་ཆེན་པོ་ཡང་བླ་ན་མེད་པ་ཡང་དག་པར་རྫོགས་པའི་བྱང་ཆུབ་[༡]ཏུ་མངོན་པར་རྫོགས་པར་འཚང་མི་རྒྱ་སྟེ། རབ་འབྱོར་གང་གི་ཕྱིར་ཡིད་ཀྱི་རྣམ་པར་ཤེས་པ་རང་བཞིན་གྱིས་སྟོང་པས་ན། དེའི་ཕྱིར་བྱང་ཆུབ་སེམས་དཔའ་སེམས་དཔའ་ཆེན་པོ་ཡིད་ཀྱི་རྣམ་པར་ཤེས་པ་རང་བཞིན་གྱིས་[༢]སྟོང་ངོ་ཞེས་བྱ་བར་ཁོང་དུ་ཆུད་པར་བྱས་ཤིང་། བླ་ན་མེད་པ་ཡང་དག་པར་རྫོགས་པའི་བྱང་

ཆུབ་ཏུ་མངོན་པར་རྫོགས་པར་འཚང་རྒྱའོ། །གལ་ཏེ་མིག་གི་འདུས་ཏེ་རེག་པ་རང་བཞིན་གྱིས་སྟོང་པ་ཞིག་མ་ཡིན་ན་ནི། བྱང་ཆུབ་སེམས་དཔའ་སེམས་དཔའ་ཆེན་པོ་ཡང་བླ་ན་མེད་པ་ཡང་དག་པར་རྫོགས་པའི་བྱང་ཆུབ་ཏུ་མངོན་པར་རྫོགས་པར་འཚང་མི་རྒྱ་སྟེ། རབ་འབྱོར་གང་གི་ཕྱིར་མིག་གི་འདུས་ཏེ་རེག་པ་རང་བཞིན་གྱིས་སྟོང་པས་ན། དེའི་ཕྱིར་བྱང་ཆུབ་སེམས་དཔའ་སེམས་དཔའ་ཆེན་པོ་མིག་གི་འདུས་ཏེ་རེག་པ་རང་བཞིན་གྱིས་སྟོང་ངོ་ཞེས་བྱ་བར་ཁོང་དུ་ཆུད་པར་བྱས་ཤིང་། བླ་ན་མེད་པ་ཡང་དག་པར་རྫོགས་པའི་བྱང་ཆུབ་ཏུ་མངོན་པར་རྫོགས་པར་འཚང་རྒྱའོ། །གལ་ཏེ་རྣ་བའི་འདུས་ཏེ་རེག་པ་རང་བཞིན་གྱིས་སྟོང་པ་ཞིག་མ་ཡིན་ན་ནི། བྱང་ཆུབ་སེམས་དཔའ་སེམས་དཔའ་ཆེན་པོ་ཡང་བླ་ན་མེད་པ་ཡང་དག་པར་རྫོགས་པའི་⑦བྱང་ཆུབ་ཏུ་མངོན་པར་རྫོགས་པར་འཚང་མི་རྒྱ་སྟེ། རབ་འབྱོར་གང་གི་ཕྱིར་རྣ་བའི་འདུས་ཏེ་རེག་པ་རང་བཞིན་གྱིས་སྟོང་པས་ན། དེའི་ཕྱིར་བྱང་ཆུབ་སེམས་དཔའ་སེམས་དཔའ་ཆེན་པོ་རྣ་བའི་འདུས་ཏེ་རེག་པ་རང་བཞིན་གྱིས་སྟོང་ངོ་ཞེས་བྱ་བར་ཁོང་དུ་ཆུད་པར་བྱས་ཤིང་། བླ་ན་མེད་པ་ཡང་དག་པར་རྫོགས་པའི་བྱང་ཆུབ་ཏུ་མངོན་པར་རྫོགས་པར་འཚང་རྒྱའོ། །གལ་ཏེ་སྣའི་འདུས་ཏེ་རེག་པ་རང་བཞིན་གྱིས་སྟོང་པ་ཞིག་མ་ཡིན་ན་ནི། བྱང་ཆུབ་སེམས་དཔའ་སེམས་དཔའ་ཆེན་པོ་ཡང་བླ་ན་མེད་པ་ཡང་དག་པར་རྫོགས་པའི་བྱང་ཆུབ་ཏུ་མངོན་པར་རྫོགས་པར་འཚང་མི་རྒྱ་སྟེ། རབ་འབྱོར་གང་གི་ཕྱིར་སྣའི་འདུས་ཏེ་རེག་པ་རང་བཞིན་གྱིས་སྟོང་པས་ན། དེའི་ཕྱིར་བྱང་ཆུབ་སེམས་དཔའ་སེམས་དཔའ་ཆེན་པོ་སྣའི་འདུས་ཏེ་རེག་པ་རང་བཞིན་གྱིས་སྟོང་ངོ་ཞེས་བྱ་བར་ཁོང་དུ་ཆུད་པར་བྱས་ཤིང་། བླ་ན་མེད་པ་ཡང་དག་པར་རྫོགས་པའི་བྱང་ཆུབ་ཏུ་མངོན་པར་རྫོགས་པར་འཚང་རྒྱའོ། །གལ་ཏེ་ལྕེའི་

འདུས་ཏེ་རེག་པ་རང་བཞིན་གྱིས་སྟོང་པ་ཞིག་མ་ཡིན་ན་ནི། བྱང་ཆུབ་སེམས་དཔའ་སེམས་དཔའ་ཆེན་པོ་ཡང་བླ་ན་མེད་པ་ཡང་དག་པར་རྫོགས་པའི་བྱང་ཆུབ་ཏུ་མངོན་པར་རྫོགས་པར་འཚང་མི་རྒྱ་སྟེ། རབ་འབྱོར་གང་གི་ཕྱིར་ལྕེའི་འདུས་ཏེ་རེག་པ་རང་བཞིན་གྱིས་སྟོང་པས་ན། དེའི་ཕྱིར་བྱང་ཆུབ་སེམས་དཔའ་སེམས་དཔའ་ཆེན་པོ་ལྕེའི་འདུས་ཏེ་རེག་པ་རང་བཞིན་གྱིས་སྟོང་ངོ་ཞེས་བྱ་བར་ཡོང་དུ་ཆུད་པར་བྱས་ཤིང་། བླ་ན་མེད་པ་ཡང་དག་པར་རྫོགས་པའི་བྱང་ཆུབ་ཏུ་མངོན་པར་རྫོགས་པར་འཚང་རྒྱའོ། །གལ་ཏེ་ལུས་ཀྱི་འདུས་ཏེ་རེག་པ་རང་བཞིན་གྱིས་སྟོང་པ་ཞིག་མ་ཡིན་ན་ནི། བྱང་ཆུབ་སེམས་དཔའ་སེམས་དཔའ་ཆེན་པོ་ཡང་བླ་ན་མེད་པ་ཡང་དག་པར་རྫོགས་པའི་བྱང་ཆུབ་ཏུ་མངོན་པར་རྫོགས་པར་འཚང་མི་རྒྱ་སྟེ། རབ་འབྱོར་གང་གི་ཕྱིར་ལུས་ཀྱི་འདུས་ཏེ་རེག་པ་རང་བཞིན་གྱིས་སྟོང་པས་ན། དེའི་ཕྱིར་བྱང་ཆུབ་སེམས་དཔའ་སེམས་དཔའ་ཆེན་པོ་ལུས་ཀྱི་འདུས་ཏེ་རེག་པ་རང་བཞིན་གྱིས་སྟོང་ངོ་ཞེས་བྱ་བར་ཡོང་དུ་ཆུད་པར་བྱས་ཤིང་། བླ་ན་མེད་པ་ཡང་དག་པར་རྫོགས་པའི་བྱང་ཆུབ་ཏུ་མངོན་པར་རྫོགས་པར་འཚང་རྒྱའོ། །གལ་ཏེ་ཡིད་ཀྱི་འདུས་ཏེ་རེག་པ་རང་བཞིན་གྱིས་སྟོང་པ་ཞིག་མ་ཡིན་ན་ནི། བྱང་ཆུབ་སེམས་དཔའ་སེམས་དཔའ་ཆེན་པོ་ཡང་བླ་ན་མེད་པ་ཡང་དག་པར་རྫོགས་པའི་བྱང་ཆུབ་ཏུ་མངོན་པར་རྫོགས་པར་འཚང་མི་རྒྱ་སྟེ། རབ་འབྱོར་གང་གི་ཕྱིར་ཡིད་ཀྱི་འདུས་ཏེ་རེག་པ་རང་བཞིན་གྱིས་སྟོང་པས་ན། དེའི་ཕྱིར་བྱང་ཆུབ་སེམས་དཔའ་སེམས་དཔའ་ཆེན་པོ་ཡིད་ཀྱི་འདུས་ཏེ་རེག་པ་རང་བཞིན་གྱིས་སྟོང་ངོ་ཞེས་བྱ་བར་ཡོང་དུ་ཆུད་པར་བྱས་ཤིང་། བླ་ན་མེད་པ་ཡང་དག་པར་རྫོགས་པའི་བྱང་ཆུབ་ཏུ་མངོན་པར་རྫོགས་པར་འཚང་རྒྱའོ། །གལ་ཏེ་མིག་གི་འདུས་ཏེ་རེག་པའི་རྐྱེན་གྱིས་ཚོར་བ་རང་བཞིན་གྱིས་

སྟོང་པ་ཞིག་མ་ཡིན་ན་ནི། བྱང་ཆུབ་སེམས་དཔའ་སེམས་དཔའ་ཆེན་པོ་ཡང་བླ་ན་མེད་པ་ཡང་དག་པར་རྫོགས་པའི་བྱང་ཆུབ་ཏུ་མངོན་པར་རྫོགས་པར་འཚང་མི་རྒྱ་སྟེ། རབ་འབྱོར་གང་གི་ཕྱིར་མིག་གི་འདུས་ཏེ་རེག་པའི་རྐྱེན་གྱིས་ཚོར་བ་རང་བཞིན་གྱིས་སྟོང་པས་ན། དེའི་ཕྱིར་བྱང་ཆུབ་སེམས་དཔའ་སེམས་དཔའ་ཆེན་པོ་མིག་གི་འདུས་ཏེ་རེག་པའི་རྐྱེན་གྱིས་ཚོར་བ་རང་བཞིན་གྱིས་སྟོང་ངོ་ཞེས་བྱ་བར་ཁོང་དུ་ཆུད་པར་བྱས་ཤིང་། བླ་ན་མེད་པ་ཡང་དག་པར་རྫོགས་པའི་བྱང་ཆུབ་ཏུ་མངོན་པར་རྫོགས་པར་འཚང་རྒྱའོ། །གལ་ཏེ་རྣ་བའི་འདུས་ཏེ་རེག་པའི་རྐྱེན་གྱིས་ཚོར་བ་རང་བཞིན་གྱིས་སྟོང་པ་ཞིག་མ་ཡིན་ན་ནི། བྱང་ཆུབ་སེམས་དཔའ་སེམས་དཔའ་ཆེན་པོ་ཡང་བླ་ན་མེད་པ་ཡང་དག་པར་རྫོགས་པའི་བྱང་ཆུབ་ཏུ་མངོན་པར་རྫོགས་པར་འཚང་མི་རྒྱ་སྟེ། རབ་འབྱོར་གང་གི་ཕྱིར་རྣ་བའི་འདུས་ཏེ་རེག་པའི་རྐྱེན་གྱིས་ཚོར་བ་རང་བཞིན་གྱིས་སྟོང་པས་ན། དེའི་ཕྱིར་བྱང་ཆུབ་སེམས་དཔའ་སེམས་དཔའ་ཆེན་པོ་རྣ་བའི་འདུས་ཏེ་རེག་པའི་རྐྱེན་གྱིས་ཚོར་བ་རང་བཞིན་གྱིས་སྟོང་ངོ་ཞེས་བྱ་བར་ཁོང་དུ་ཆུད་པར་བྱས་ཤིང་། བླ་ན་མེད་པ་ཡང་དག་པར་རྫོགས་པའི་བྱང་ཆུབ་ཏུ་མངོན་པར་རྫོགས་པར་འཚང་རྒྱའོ། །གལ་ཏེ་སྣའི་འདུས་ཏེ་རེག་པའི་རྐྱེན་གྱིས་ཚོར་བ་རང་བཞིན་གྱིས་སྟོང་པ་ཞིག་མ་ཡིན་ན་ནི། བྱང་ཆུབ་སེམས་དཔའ་སེམས་དཔའ་ཆེན་པོ་ཡང་བླ་ན་མེད་པ་ཡང་དག་པར་རྫོགས་པའི་བྱང་ཆུབ་ཏུ་མངོན་པར་རྫོགས་པར་འཚང་མི་རྒྱ་སྟེ། རབ་འབྱོར་གང་གི་ཕྱིར་སྣའི་འདུས་ཏེ་རེག་པའི་རྐྱེན་གྱིས་ཚོར་བ་རང་བཞིན་གྱིས་སྟོང་པས་ན། དེའི་ཕྱིར་བྱང་ཆུབ་སེམས་དཔའ་སེམས་དཔའ་ཆེན་པོ་སྣའི་འདུས་ཏེ་རེག་པའི་རྐྱེན་གྱིས་ཚོར་བ་རང་བཞིན་གྱིས་སྟོང་ངོ་ཞེས་བྱ་བར་ཁོང་དུ་ཆུད་པར་བྱས་ཤིང་། བླ་ན་མེད་པ་ཡང་དག་པར་རྫོགས་པའི་བྱང་ཆུབ་ཏུ་མངོན་པར་

རྫོགས་པར་འཚང་རྒྱའོ། །གལ་ཏེ་ལྕེའི་འདུས་ཏེ་རེག་པའི་རྐྱེན་གྱིས་ཚོར་བ་རང་བཞིན་གྱིས་སྟོང་པ་ཞིག་མ་ཡིན་ན་ནི། བྱང་ཆུབ་སེམས་དཔའ་སེམས་དཔའ་ཆེན་པོ་ཡང་བླ་ན་མེད་པ་ཡང་དག་པར་རྫོགས་པའི་བྱང་ཆུབ་ཏུ་མངོན་པར་རྫོགས་པར་འཚང་མི་རྒྱ་སྟེ། རབ་འབྱོར་གང་གི་ཕྱིར་ལྕེའི་འདུས་ཏེ་རེག་པའི་རྐྱེན་གྱིས་ཚོར་བ་རང་བཞིན་གྱིས་སྟོང་པས་ན། དེའི་ཕྱིར་བྱང་ཆུབ་སེམས་དཔའ་སེམས་དཔའ་ཆེན་པོ་ལྕེའི་འདུས་ཏེ་རེག་པའི་རྐྱེན་གྱིས་ཚོར་བ་རང་བཞིན་གྱིས་སྟོང་ངོ་ཞེས་བྱ་བར་ཡོངས་སུ་ཚུད་པར་བྱས་ཤིང་། བླ་ན་མེད་པ་ཡང་དག་པར་རྫོགས་པའི་བྱང་ཆུབ་ཏུ་མངོན་པར་རྫོགས་པར་འཚང་རྒྱའོ། །གལ་ཏེ་ལུས་ཀྱི་འདུས་ཏེ་རེག་པའི་རྐྱེན་གྱིས་ཚོར་བ་རང་བཞིན་གྱིས་སྟོང་པ་ཞིག་མ་ཡིན་ན་ནི། བྱང་ཆུབ་སེམས་དཔའ་སེམས་དཔའ་ཆེན་པོ་ཡང་བླ་ན་མེད་པ་ཡང་དག་པར་རྫོགས་པའི་བྱང་ཆུབ་ཏུ་མངོན་པར་རྫོགས་པར་འཚང་མི་རྒྱ་སྟེ། རབ་འབྱོར་གང་གི་ཕྱིར་ལུས་ཀྱི་འདུས་ཏེ་རེག་པའི་རྐྱེན་གྱིས་ཚོར་བ་རང་བཞིན་གྱིས་སྟོང་པས་ན། དེའི་ཕྱིར་བྱང་ཆུབ་སེམས་དཔའ་སེམས་དཔའ་ཆེན་པོ་ལུས་ཀྱི་⑦འདུས་ཏེ་རེག་པའི་རྐྱེན་གྱིས་ཚོར་བ་རང་བཞིན་གྱིས་སྟོང་ངོ་ཞེས་བྱ་བར་ཡོངས་སུ་ཚུད་པར་བྱས་ཤིང་། བླ་ན་མེད་པ་ཡང་དག་པར་རྫོགས་པའི་བྱང་ཆུབ་ཏུ་མངོན་པར་རྫོགས་པར་འཚང་རྒྱའོ། །གལ་ཏེ་ཡིད་ཀྱི་འདུས་ཏེ་རེག་པའི་རྐྱེན་གྱིས་ཚོར་བ་རང་བཞིན་གྱིས་སྟོང་པ་ཞིག་མ་ཡིན་ན་ནི། བྱང་ཆུབ་སེམས་དཔའ་སེམས་དཔའ་ཆེན་པོ་ཡང་བླ་ན་མེད་པ་ཡང་དག་པར་རྫོགས་པའི་བྱང་ཆུབ་ཏུ་མངོན་པར་རྫོགས་པར་འཚང་མི་རྒྱ་སྟེ། རབ་འབྱོར་གང་གི་ཕྱིར་ཡིད་ཀྱི་འདུས་ཏེ་རེག་པའི་རྐྱེན་གྱིས་ཚོར་བ་རང་བཞིན་གྱིས་སྟོང་པས་ན། དེའི་ཕྱིར་བྱང་ཆུབ་སེམས་དཔའ་སེམས་དཔའ་ཆེན་པོ་ཡིད་ཀྱི་འདུས་ཏེ་རེག་པའི་རྐྱེན་གྱིས་ཚོར་བ་རང་བཞིན་གྱིས་སྟོང་ངོ་ཞེས་བྱ་བར་

ཁོང་དུ་ཆུད་པར་བྱས་ཤིང་། བླ་ན་མེད་པ་ཡང་དག་པར་རྫོགས་པའི་བྱང་ཆུབ་ཏུ་མངོན་པར་རྫོགས་པར་འཚང་རྒྱའོ། །གལ་ཏེ་སའི་ཁམས་རང་བཞིན་གྱིས་སྟོང་པ་ཞིག་མ་ཡིན་ན་ནི། བྱང་ཆུབ་སེམས་དཔའ་སེམས་དཔའ་ཆེན་པོ་ཡང་བླ་ན་མེད་པ་ཡང་དག་པར་རྫོགས་པའི་བྱང་ཆུབ་ཏུ་མངོན་པར་རྫོགས་པར་འཚང་མི་རྒྱ་སྟེ། རབ་འབྱོར་གང་གི་ཕྱིར་སའི་ཁམས་རང་བཞིན་གྱིས་སྟོང་པས་ན། དེའི་ཕྱིར་བྱང་ཆུབ་སེམས་དཔའ་སེམས་དཔའ་ཆེན་པོ་སའི་ཁམས་རང་བཞིན་གྱིས་སྟོང་ངོ་ཞེས་བྱ་བར་ཁོང་དུ་ཆུད་པར་བྱས་ཤིང་། བླ་ན་མེད་པ་ཡང་དག་པར་རྫོགས་པའི་བྱང་ཆུབ་ཏུ་མངོན་པར་རྫོགས་པར་འཚང་རྒྱའོ། །གལ་ཏེ་ཆུའི་ཁམས་རང་བཞིན་གྱིས་སྟོང་པ་ཞིག་མ་ཡིན་ན་ནི། བྱང་ཆུབ་སེམས་དཔའ་སེམས་དཔའ་ཆེན་པོ་ཡང་བླ་ན་མེད་པ་ཡང་དག་པར་རྫོགས་པའི་བྱང་ཆུབ་ཏུ་མངོན་པར་རྫོགས་པར་འཚང་མི་རྒྱ་སྟེ། རབ་འབྱོར་གང་གི་ཕྱིར་ཆུའི་ཁམས་རང་བཞིན་གྱིས་སྟོང་པས་ན། དེའི་ཕྱིར་བྱང་ཆུབ་སེམས་དཔའ་སེམས་དཔའ་ཆེན་པོ་ཆུའི་ཁམས་རང་བཞིན་གྱིས་སྟོང་ངོ་ཞེས་བྱ་བར་ཁོང་དུ་ཆུད་པར་བྱས་ཤིང་། བླ་ན་མེད་པ་ཡང་དག་པར་རྫོགས་པའི་བྱང་ཆུབ་ཏུ་མངོན་པར་རྫོགས་པར་འཚང་རྒྱའོ། །གལ་ཏེ་མེའི་ཁམས་རང་བཞིན་གྱིས་སྟོང་པ་ཞིག་མ་ཡིན་ན་ནི། བྱང་ཆུབ་སེམས་དཔའ་སེམས་[7]དཔའ་ཆེན་པོ་ཡང་བླ་ན་མེད་པ་ཡང་དག་པར་རྫོགས་པའི་བྱང་ཆུབ་ཏུ་མངོན་པར་རྫོགས་པར་འཚང་མི་རྒྱ་སྟེ། རབ་འབྱོར་གང་གི་ཕྱིར་མེའི་ཁམས་རང་བཞིན་གྱིས་སྟོང་པས་ན། དེའི་ཕྱིར་བྱང་ཆུབ་སེམས་དཔའ་སེམས་དཔའ་ཆེན་པོ་མེའི་ཁམས་རང་བཞིན་གྱིས་སྟོང་ངོ་ཞེས་བྱ་བར་ཁོང་དུ་ཆུད་པར་བྱས་ཤིང་། བླ་ན་མེད་པ་ཡང་དག་པར་རྫོགས་པའི་བྱང་ཆུབ་ཏུ་མངོན་པར་རྫོགས་པར་འཚང་རྒྱའོ། །གལ་ཏེ་རླུང་གི་ཁམས་རང་བཞིན་གྱིས་སྟོང་པ་ཞིག་མ་

ཡིན་ན་ནི། བྱང་ཆུབ་སེམས་དཔའ་སེམས་དཔའ་ཆེན་པོ་ཡང་བླ་ན་མེད་པ་ཡང་དག་པར་རྫོགས་པའི་བྱང་ཆུབ་ཏུ་མངོན་པར་རྫོགས་པར་འཚང་མི་རྒྱ་སྟེ། རབ་འབྱོར་གང་གི་ཕྱིར་རླུང་གི་ཁམས་རང་བཞིན་གྱིས་སྟོང་པས་ན། དེའི་ཕྱིར་བྱང་ཆུབ་སེམས་དཔའ་སེམས་དཔའ་ཆེན་པོ་རླུང་གི་ཁམས་རང་བཞིན་གྱིས་སྟོང་ངོ་ཞེས་བྱ་བར་ཁོང་དུ་ཆུད་པར་བྱས་ཤིང་། བླ་ན་མེད་པ་ཡང་དག་པར་རྫོགས་པའི་བྱང་ཆུབ་ཏུ་མངོན་པར་རྫོགས་པར་འཚང་རྒྱའོ། །གལ་ཏེ་ནམ་མཁའི་ཁམས་རང་བཞིན་གྱིས་སྟོང་པ་ཞིག་མ་ཡིན་ན་ནི། བྱང་ཆུབ་སེམས་དཔའ་སེམས་དཔའ་ཆེན་པོ་ཡང་བླ་ན་མེད་པ་ཡང་དག་པར་རྫོགས་པའི་བྱང་ཆུབ་ཏུ་མངོན་པར་རྫོགས་པར་འཚང་མི་རྒྱ་སྟེ། རབ་འབྱོར་གང་གི་ཕྱིར་ནམ་མཁའི་ཁམས་རང་བཞིན་གྱིས་སྟོང་པས་ན། དེའི་ཕྱིར་བྱང་ཆུབ་སེམས་དཔའ་སེམས་དཔའ་ཆེན་པོ་ནམ་མཁའི་ཁམས་རང་བཞིན་གྱིས་སྟོང་ངོ་ཞེས་བྱ་བར་ཁོང་དུ་ཆུད་པར་བྱས་ཤིང་། བླ་ན་མེད་པ་ཡང་དག་པར་རྫོགས་པའི་བྱང་ཆུབ་ཏུ་མངོན་པར་རྫོགས་པར་འཚང་རྒྱའོ། །གལ་ཏེ་རྣམ་པར་ཤེས་པའི་ཁམས་རང་བཞིན་གྱིས་སྟོང་པ་ཞིག་མ་ཡིན་ན་ནི། བྱང་ཆུབ་སེམས་དཔའ་སེམས་དཔའ་ཆེན་པོ་ཡང་བླ་ན་མེད་པ་ཡང་དག་པར་རྫོགས་པའི་བྱང་ཆུབ་ཏུ་མངོན་པར་རྫོགས་པར་འཚང་མི་རྒྱ་སྟེ། རབ་འབྱོར་གང་གི་ཕྱིར་རྣམ་པར་ཤེས་པའི་ཁམས་རང་བཞིན་གྱིས་སྟོང་པས་ན། དེའི་ཕྱིར་བྱང་ཆུབ་སེམས་དཔའ་སེམས་དཔའ་ཆེན་པོ་རྣམ་པར་ཤེས་པའི་ཁམས་རང་བཞིན་གྱིས་སྟོང་ངོ་ཞེས་བྱ་བར་ཁོང་དུ་ཆུད་པར་བྱས་ཤིང་། བླ་ན་མེད་པ་ཡང་དག་པར་རྫོགས་པའི་བྱང་ཆུབ་ཏུ་མངོན་པར་རྫོགས་པར་འཚང་རྒྱའོ། །གལ་ཏེ་མ་རིག་པ་རང་བཞིན་གྱིས་སྟོང་པ་ཞིག་མ་ཡིན་ན་ནི། བྱང་ཆུབ་སེམས་དཔའ་སེམས་དཔའ་ཆེན་པོ་ཡང་བླ་ན་མེད་པ་ཡང་དག་པར་རྫོགས་

པའི་བྱང་ཆུབ་ཏུ་མངོན་པར་རྫོགས་པར་འཚང་མི་རྒྱ་སྟེ། རབ་འབྱོར་གང་གི་ཕྱིར་མ་རིག་པ་རང་བཞིན་གྱིས་སྟོང་པས་ན། དེའི་ཕྱིར་བྱང་ཆུབ་སེམས་དཔའ་སེམས་དཔའ་ཆེན་པོ་མ་རིག་པ་རང་བཞིན་གྱིས་སྟོང་ངོ་ཞེས་བྱ་བར་ཡོངས་སུ་ཆུད་པར་བྱས་ཤིང་། བླ་ན་མེད་པ་ཡང་དག་པར་རྫོགས་པའི་བྱང་ཆུབ་ཏུ་མངོན་པར་རྫོགས་པར་འཚང་རྒྱའོ། །གལ་ཏེ་འདུ་བྱེད་རང་བཞིན་གྱིས་སྟོང་པ་ཞིག་མ་ཡིན་ན་ནི། བྱང་ཆུབ་སེམས་དཔའ་སེམས་དཔའ་ཆེན་པོ་ཡང་བླ་ན་མེད་པ་ཡང་དག་པར་རྫོགས་པའི་བྱང་ཆུབ་ཏུ་མངོན་པར་རྫོགས་པར་འཚང་མི་རྒྱ་སྟེ། རབ་འབྱོར་གང་གི་ཕྱིར་འདུ་བྱེད་རང་བཞིན་གྱིས་སྟོང་པས་ན། དེའི་ཕྱིར་བྱང་ཆུབ་སེམས་དཔའ་སེམས་དཔའ་ཆེན་པོ་འདུ་བྱེད་རང་བཞིན་གྱིས་སྟོང་ངོ་ཞེས་བྱ་བར་ཡོངས་སུ་ཆུད་པར་བྱས་ཤིང་། བླ་ན་མེད་པ་ཡང་དག་པར་རྫོགས་པའི་བྱང་ཆུབ་ཏུ་མངོན་པར་རྫོགས་པར་འཚང་རྒྱའོ། །གལ་ཏེ་རྣམ་པར་ཤེས་པ་རང་བཞིན་གྱིས་སྟོང་པ་ཞིག་མ་ཡིན་ན་ནི། བྱང་ཆུབ་སེམས་དཔའ་སེམས་དཔའ་ཆེན་པོ་ཡང་བླ་ན་མེད་པ་ཡང་དག་པར་རྫོགས་པའི་བྱང་ཆུབ་ཏུ་མངོན་པར་རྫོགས་པར་འཚང་མི་རྒྱ་སྟེ། རབ་འབྱོར་གང་གི་ཕྱིར་རྣམ་པར་ཤེས་པ་རང་བཞིན་གྱིས་སྟོང་པས་ན། དེའི་ཕྱིར་བྱང་ཆུབ་སེམས་དཔའ་སེམས་དཔའ་ཆེན་པོ་རྣམ་པར་ཤེས་པ་རང་བཞིན་གྱིས་སྟོང་ངོ་ཞེས་བྱ་བར་ཡོངས་སུ་ཆུད་པར་བྱས་ཤིང་། བླ་ན་མེད་པ་ཡང་དག་པར་རྫོགས་པའི་བྱང་ཆུབ་ཏུ་མངོན་པར་རྫོགས་པར་འཚང་རྒྱའོ། །གལ་ཏེ་མིང་དང་གཟུགས་རང་བཞིན་གྱིས་སྟོང་པ་ཞིག་མ་ཡིན་ན་ནི། བྱང་ཆུབ་སེམས་དཔའ་སེམས་དཔའ་ཆེན་པོ་ཡང་བླ་ན་མེད་པ་ཡང་དག་པར་རྫོགས་པའི་བྱང་ཆུབ་ཏུ་མངོན་པར་རྫོགས་པར་འཚང་མི་རྒྱ་སྟེ། རབ་འབྱོར་གང་གི་ཕྱིར་མིང་དང་གཟུགས་རང་བཞིན་གྱིས་སྟོང་པས་ན། དེའི་ཕྱིར་བྱང་ཆུབ་སེམས་

དཔའ་སེམས་དཔའ་ཆེན་པོ་མྱིང་དང་གཟུགས་རང་བཞིན་གྱིས་སྟོང་ངོ་ཞེས་བྱ་བར་ཁོང་དུ་ཆུད་པར་བྱས་ཤིང་། བླ་ན་མེད་པ་ཡང་དག་པར་རྫོགས་པའི་བྱང་ཆུབ་ཏུ་མངོན་པར་རྫོགས་པར་འཚང་རྒྱའོ། །གལ་ཏེ་སྐྱེ་མཆེད་དྲུག་རང་བཞིན་གྱིས་སྟོང་པ་ཞིག་མ་ཡིན་ན་ནི། བྱང་ཆུབ་སེམས་དཔའ་སེམས་དཔའ་ཆེན་པོ་ཡང་བླ་ན་མེད་པ་ཡང་དག་པར་རྫོགས་པའི་བྱང་ཆུབ་ཏུ་མངོན་པར་རྫོགས་པར་འཚང་མི་རྒྱ་སྟེ། རབ་འབྱོར་གང་གི་ཕྱིར་སྐྱེ་མཆེད་དྲུག་རང་བཞིན་གྱིས་སྟོང་པས་ན། དེའི་ཕྱིར་བྱང་ཆུབ་སེམས་དཔའ་སེམས་དཔའ་ཆེན་པོ་སྐྱེ་མཆེད་དྲུག་རང་བཞིན་གྱིས་སྟོང་ངོ་ཞེས་བྱ་བར་ཁོང་དུ་ཆུད་པར་བྱས་ཤིང་། བླ་ན་མེད་པ་ཡང་དག་པར་རྫོགས་པའི་བྱང་ཆུབ་ཏུ་མངོན་པར་རྫོགས་པར་འཚང་རྒྱའོ། །གལ་(༡)ཏེ་རེག་པ་རང་བཞིན་གྱིས་སྟོང་པ་ཞིག་མ་ཡིན་ན་ནི། བྱང་ཆུབ་སེམས་དཔའ་སེམས་དཔའ་ཆེན་པོ་ཡང་བླ་ན་མེད་པ་ཡང་དག་པར་རྫོགས་པའི་བྱང་ཆུབ་ཏུ་མངོན་པར་རྫོགས་པར་འཚང་མི་རྒྱ་སྟེ། རབ་འབྱོར་གང་གི་ཕྱིར་རེག་པ་རང་བཞིན་གྱིས་སྟོང་པས་ན། དེའི་ཕྱིར་བྱང་ཆུབ་སེམས་དཔའ་སེམས་དཔའ་ཆེན་པོ་རེག་པ་རང་བཞིན་གྱིས་སྟོང་ངོ་ཞེས་བྱ་བར་ཁོང་དུ་ཆུད་པར་བྱས་ཤིང་། བླ་ན་མེད་པ་ཡང་དག་པར་རྫོགས་པའི་བྱང་ཆུབ་ཏུ་མངོན་པར་རྫོགས་པར་འཚང་རྒྱའོ། །གལ་ཏེ་ཚོར་བ་རང་བཞིན་གྱིས་སྟོང་པ་ཞིག་མ་ཡིན་ན་ནི། བྱང་ཆུབ་སེམས་དཔའ་སེམས་དཔའ་ཆེན་པོ་ཡང་བླ་ན་མེད་པ་ཡང་དག་པར་རྫོགས་པའི་བྱང་ཆུབ་ཏུ་མངོན་པར་རྫོགས་པར་འཚང་མི་རྒྱ་སྟེ། རབ་འབྱོར་གང་གི་ཕྱིར་ཚོར་བ་རང་བཞིན་གྱིས་སྟོང་པས་ན། དེའི་ཕྱིར་བྱང་ཆུབ་སེམས་དཔའ་སེམས་དཔའ་ཆེན་པོ་ཚོར་བ་རང་བཞིན་གྱིས་སྟོང་ངོ་ཞེས་བྱ་བར་ཁོང་དུ་ཆུད་པར་བྱས་(༣)ཤིང་། བླ་ན་མེད་པ་ཡང་དག་པར་རྫོགས་པའི་བྱང་ཆུབ་ཏུ་མངོན་པར་རྫོགས་པར་འཚང་

རྒྱུའོ། །གལ་ཏེ་སྲེད་པ་རང་བཞིན་གྱིས་སྟོང་པ་ཞིག་མ་ཡིན་ན་ནི། བྱང་ཆུབ་སེམས་དཔའ་སེམས་དཔའ་ཆེན་པོ་ཡང་བླ་ན་མེད་པ་ཡང་དག་པར་རྫོགས་པའི་བྱང་ཆུབ་ཏུ་མངོན་པར་རྫོགས་པར་འཚང་མི་རྒྱ་སྟེ། རབ་འབྱོར་གང་གི་ཕྱིར་སྲེད་པ་རང་བཞིན་གྱིས་སྟོང་པས་ན། དེའི་ཕྱིར་བྱང་ཆུབ་སེམས་དཔའ་སེམས་དཔའ་ཆེན་པོ་སྲེད་པ་རང་བཞིན་གྱིས་སྟོང་ངོ་ཞེས་བྱ་བར་ཁོང་དུ་ཆུད་པར་བྱས་ཤིང་། བླ་ན་མེད་པ་ཡང་དག་པར་རྫོགས་པའི་བྱང་ཆུབ་ཏུ་མངོན་པར་རྫོགས་པར་འཚང་རྒྱའོ། །གལ་ཏེ་ལེན་པ་རང་བཞིན་གྱིས་སྟོང་པ་ཞིག་མ་ཡིན་ན་ནི། བྱང་ཆུབ་སེམས་དཔའ་སེམས་དཔའ་ཆེན་པོ་ཡང་བླ་ན་མེད་པ་ཡང་དག་པར་རྫོགས་པའི་བྱང་ཆུབ་ཏུ་མངོན་པར་རྫོགས་པར་འཚང་མི་རྒྱ་སྟེ། རབ་འབྱོར་གང་གི་ཕྱིར་ལེན་པ་རང་བཞིན་གྱིས་སྟོང་པས་ན། དེའི་ཕྱིར་བྱང་ཆུབ་སེམས་དཔའ་སེམས་དཔའ་ཆེན་པོ་ལེན་པ་རང་བཞིན་གྱིས་སྟོང་ངོ་ཞེས་བྱ་བར་ཁོང་དུ་ཆུད་པར་བྱས་ཤིང་། བླ་ན་མེད་པ་ཡང་དག་པར་རྫོགས་པའི་བྱང་ཆུབ་ཏུ་མངོན་པར་རྫོགས་པར་འཚང་རྒྱའོ། །གལ་ཏེ་སྲིད་པ་རང་བཞིན་གྱིས་སྟོང་པ་ཞིག་མ་ཡིན་ན་ནི། བྱང་ཆུབ་སེམས་དཔའ་སེམས་དཔའ་ཆེན་པོ་ཡང་བླ་ན་མེད་པ་ཡང་དག་པར་རྫོགས་པའི་བྱང་ཆུབ་ཏུ་མངོན་པར་རྫོགས་པར་འཚང་མི་རྒྱ་སྟེ། རབ་འབྱོར་གང་གི་ཕྱིར་སྲིད་པ་རང་བཞིན་གྱིས་སྟོང་པས་ན། དེའི་ཕྱིར་བྱང་ཆུབ་སེམས་དཔའ་སེམས་དཔའ་ཆེན་པོ་སྲིད་པ་རང་བཞིན་གྱིས་སྟོང་ངོ་ཞེས་བྱ་བར་ཁོང་དུ་ཆུད་པར་བྱས་ཤིང་། བླ་ན་མེད་པ་ཡང་དག་པར་རྫོགས་པའི་བྱང་ཆུབ་ཏུ་མངོན་པར་རྫོགས་པར་འཚང་རྒྱའོ། །གལ་ཏེ་སྐྱེ་བ་རང་བཞིན་གྱིས་སྟོང་པ་ཞིག་མ་ཡིན་ན་ནི། བྱང་ཆུབ་སེམས་དཔའ་སེམས་དཔའ་ཆེན་པོ་ཡང་བླ་ན་མེད་པ་ཡང་དག་པར་རྫོགས་པའི་བྱང་ཆུབ་ཏུ་མངོན་པར་རྫོགས་པར་འཚང་མི་རྒྱ་སྟེ།

རབ་འབྱོར་གང་གི་ཕྱིར་སྐྱེ་བ་རང་བཞིན་གྱིས་སྟོང་པས་ན། དེའི་ཕྱིར་བྱང་ཆུབ་སེམས་དཔའ་སེམས་དཔའ་ཆེན་པོ་སྐྱེ་བ་རང་བཞིན་གྱིས་སྟོང་ངོ་ཞེས་བྱ་བར་ཡོངས་དུ་ཚུད་པར་བྱས་ཤིང་། བླ་ན་མེད་པ་ཡང་དག་པར་རྫོགས་པའི་བྱང་ཆུབ་ཏུ་མངོན་པར་རྫོགས་པར་འཚང་རྒྱའོ། །གལ་ཏེ་རྒ་ཤི་རང་བཞིན་གྱིས་སྟོང་པ་ཞིག་མ་ཡིན་ན་ནི། བྱང་ཆུབ་སེམས་དཔའ་སེམས་དཔའ་ཆེན་པོ་ཡང་བླ་ན་མེད་པ་ཡང་དག་པར་རྫོགས་པའི་བྱང་ཆུབ་ཏུ་མངོན་པར་རྫོགས་པར་འཚང་མི་རྒྱ་སྟེ། རབ་འབྱོར་གང་གི་ཕྱིར་རྒ་ཤི་རང་བཞིན་གྱིས་སྟོང་པས་ན། དེའི་ཕྱིར་བྱང་ཆུབ་སེམས་དཔའ་སེམས་དཔའ་ཆེན་པོ་རྒ་ཤི་རང་བཞིན་གྱིས་སྟོང་ངོ་ཞེས་བྱ་བར་ཡོངས་དུ་ཚུད་པར་བྱས་ཤིང་། བླ་ན་མེད་པ་ཡང་དག་པར་རྫོགས་པའི་བྱང་ཆུབ་ཏུ་མངོན་པར་རྫོགས་པར་འཚང་རྒྱའོ།། །།

ཤེས་རབ་ཀྱི་ཕ་རོལ་ཏུ་ཕྱིན་པ་སྟོང་ཕྲག་བརྒྱ་པ། བམ་པོ་བཅུ་གཅིག[7]པ། གལ་ཏེ་སྦྱིན་པའི་ཕ་རོལ་ཏུ་ཕྱིན་པ་རང་བཞིན་གྱིས་སྟོང་པ་ཞིག་མ་ཡིན་ན་ནི། བྱང་ཆུབ་སེམས་དཔའ་སེམས་དཔའ་ཆེན་པོ་ཡང་བླ་ན་མེད་པ་ཡང་དག་པར་རྫོགས་པའི་བྱང་ཆུབ་ཏུ་མངོན་པར་རྫོགས་པར་འཚང་མི་རྒྱ་སྟེ། རབ་འབྱོར་གང་གི་ཕྱིར་སྦྱིན་པའི་ཕ་རོལ་ཏུ་ཕྱིན་པ་རང་བཞིན་གྱིས་སྟོང་པས་ན། དེའི་ཕྱིར་བྱང་ཆུབ་སེམས་དཔའ་སེམས་དཔའ་ཆེན་པོ་སྦྱིན་པའི་ཕ་རོལ་ཏུ་ཕྱིན་པ་རང་བཞིན་གྱིས་སྟོང་ངོ་ཞེས་བྱ་བར་ཡོངས་དུ་ཚུད་པར་བྱས་ཤིང་། བླ་ན་མེད་པ་ཡང་དག་པར་རྫོགས་པའི་བྱང་ཆུབ་ཏུ་མངོན་པར་རྫོགས་པར་འཚང་རྒྱའོ། །གལ་ཏེ་ཚུལ་ཁྲིམས་ཀྱི་ཕ་རོལ་ཏུ་ཕྱིན་པ་རང་བཞིན་གྱིས་སྟོང་པ་ཞིག་མ་ཡིན་ན་ནི། བྱང་ཆུབ་སེམས་དཔའ་སེམས་དཔའ་ཆེན་པོ་ཡང་། བླ་ན་མེད་པ་ཡང་དག་པར་རྫོགས་པའི་བྱང་ཆུབ་ཏུ་མངོན་པར་རྫོགས་པར་འཚང་མི་རྒྱ་སྟེ། རབ་འབྱོར་

གང་གི་ཕྱིར། ཚུལ་ཁྲིམས་ཀྱི་ཕ་རོལ་ཏུ་ཕྱིན་པ་རང་བཞིན་གྱིས་སྟོང་པས་ན།
དེའི་ཕྱིར་བྱང་ཆུབ་སེམས་དཔའ་སེམས་དཔའ་ཆེན་པོ་ཚུལ་ཁྲིམས་ཀྱི་ཕ་རོལ་ཏུ་
ཕྱིན་པ་རང་བཞིན་གྱིས་སྟོང་ངོ་ཞེས་བྱ་བར་ཡོང་དུ་ཆུད་པར་བྱས་ཤིང་། བླ་ན་
མེད་པ་ཡང་དག་པར་རྫོགས་པའི་བྱང་ཆུབ་ཏུ་མངོན་པར་རྫོགས་པར་འཚང་རྒྱའོ། །
གལ་ཏེ་བཟོད་པའི་ཕ་རོལ་ཏུ་ཕྱིན་པ་རང་བཞིན་གྱིས་སྟོང་པ་ཞིག་མ་ཡིན་ན་ནི།
བྱང་ཆུབ་སེམས་དཔའ་སེམས་དཔའ་ཆེན་པོ་ཡང་བླ་ན་མེད་པ་ཡང་དག་པར་
རྫོགས་པའི་བྱང་ཆུབ་ཏུ་མངོན་པར་རྫོགས་པར་འཚང་མི་རྒྱ་སྟེ། རབ་འབྱོར་
གང་གི་ཕྱིར་བཟོད་པའི་ཕ་རོལ་ཏུ་ཕྱིན་པ་རང་བཞིན་གྱིས་སྟོང་པས་ན། དེའི་
ཕྱིར་བྱང་ཆུབ་སེམས་དཔའ་སེམས་དཔའ་ཆེན་པོ་བཟོད་པའི་ཕ་རོལ་ཏུ་ཕྱིན་པ་
རང་བཞིན་གྱིས་སྟོང་ངོ་ཞེས་བྱ་བར་ཡོང་དུ་ཆུད་པར་བྱས་ཤིང་། བླ་ན་མེད་པ་
ཡང་དག་པར་རྫོགས་པའི་བྱང་ཆུབ་ཏུ་མངོན་པར་རྫོགས་པར་འཚང་རྒྱའོ། །
གལ་ཏེ་བརྩོན་འགྲུས་ཀྱི་ཕ་རོལ་ཏུ་ཕྱིན་པ་རང་བཞིན་གྱིས་སྟོང་པ་ཞིག་མ་ཡིན་ན་
ནི། བྱང་ཆུབ་སེམས་དཔའ་སེམས་དཔའ་ཆེན་པོ་ཡང་བླ་ན་མེད་པ་ཡང་དག་
པར་རྫོགས་པའི་བྱང་ཆུབ་ཏུ་མངོན་པར་རྫོགས་པར་འཚང་མི་རྒྱ་སྟེ། རབ་
འབྱོར་གང་གི་ཕྱིར་བརྩོན་འགྲུས་ཀྱི་ཕ་རོལ་ཏུ་ཕྱིན་པ་རང་བཞིན་གྱིས་སྟོང་པས་ན།
དེའི་ཕྱིར་བྱང་ཆུབ་སེམས་དཔའ་སེམས་དཔའ་ཆེན་པོ་བརྩོན་འགྲུས་ཀྱི་ཕ་རོལ་ཏུ་
ཕྱིན་པ་རང་བཞིན་གྱིས་སྟོང་ངོ་ཞེས་བྱ་བར་ཡོང་དུ་ཆུད་པར་བྱས་ཤིང་། བླ་ན་
མེད་པ་ཡང་དག་པར་རྫོགས་པའི་བྱང་ཆུབ་ཏུ་མངོན་པར་རྫོགས་པར་འཚང་རྒྱའོ། །
གལ་ཏེ་བསམ་གཏན་གྱི་ཕ་རོལ་ཏུ་ཕྱིན་པ་རང་བཞིན་གྱིས་སྟོང་པ་ཞིག་མ་ཡིན་ན་
ནི། བྱང་ཆུབ་སེམས་དཔའ་སེམས་དཔའ་ཆེན་པོ་ཡང་བླ་ན་མེད་པ་ཡང་དག་
པར་རྫོགས་པའི་བྱང་ཆུབ་ཏུ་མངོན་པར་རྫོགས་པར་འཚང་མི་རྒྱ་སྟེ། རབ་

འཁོར་གང་གི་ཕྱིར་བསམ་གཏན་གྱི་ཕ་རོལ་ཏུ་ཕྱིན་པ་རང་བཞིན་གྱིས་སྟོང་པས་ན། དེའི་ཕྱིར་བྱང་ཆུབ་སེམས་དཔའ་སེམས་དཔའ་ཆེན་པོ་བསམ་གཏན་གྱི་ཕ་རོལ་ཏུ་ཕྱིན་པ་རང་བཞིན་གྱིས་སྟོང་ངོ་ཞེས་བྱ་བར་ཁོང་དུ་ཆུད་པར་བྱས་ཤིང་། བླ་ན་མེད་པ་ཡང་དག་པར་རྫོགས་པའི་བྱང་ཆུབ་ཏུ་མངོན་པར་རྫོགས་པར་འཚང་རྒྱའོ། །གལ་ཏེ་ཤེས་རབ་ཀྱི་ཕ་རོལ་ཏུ་ཕྱིན་པ་རང་བཞིན་གྱིས་སྟོང་པ་ཞིག་མ་ཡིན་ན་ནི། བྱང་ཆུབ་སེམས་དཔའ་སེམས་དཔའ་ཆེན་པོ་ཡང་བླ་ན་མེད་པ་ཡང་དག་པར་རྫོགས་པའི་བྱང་ཆུབ་ཏུ་མངོན་པར་རྫོགས་པར་འཚང་མི་རྒྱ་སྟེ། རབ་འབྱོར་གང་གི་ཕྱིར་ཤེས་རབ་ཀྱི་ཕ་རོལ་ཏུ་ཕྱིན་པ་རང་བཞིན་གྱིས་སྟོང་པས་ན། དེའི་ཕྱིར་བྱང་ཆུབ་སེམས་དཔའ་སེམས་དཔའ་ཆེན་པོ་ཤེས་རབ་ཀྱི་ཕ་རོལ་ཏུ་ཕྱིན་པ་རང་བཞིན་གྱིས་སྟོང་ངོ་ཞེས་བྱ་བར་ཁོང་དུ་ཆུད་པར་བྱས་ཤིང་། བླ་ན་མེད་པ་ཡང་དག་པར་རྫོགས་པའི་བྱང་ཆུབ་ཏུ་མངོན་པར་རྫོགས་པར་འཚང་རྒྱའོ། །གལ་ཏེ་ནང་སྟོང་པ་ཉིད་རང་བཞིན་གྱིས་སྟོང་པ་ཞིག་མ་ཡིན་ན་ནི། བྱང་ཆུབ་སེམས་དཔའ་སེམས་དཔའ་ཆེན་པོ་ཡང་བླ་ན་མེད་པ་ཡང་དག་པར་རྫོགས་པའི་བྱང་ཆུབ་ཏུ་མངོན་པར་རྫོགས་པར་འཚང་མི་རྒྱ་སྟེ། རབ་འབྱོར་གང་གི་ཕྱིར་ནང་སྟོང་པ་ཉིད་རང་བཞིན་གྱིས་[7]སྟོང་པས་ན། དེའི་ཕྱིར་བྱང་ཆུབ་སེམས་དཔའ་སེམས་དཔའ་ཆེན་པོ་ནང་སྟོང་པ་ཉིད་རང་བཞིན་གྱིས་སྟོང་ངོ་ཞེས་བྱ་བར་ཁོང་དུ་ཆུད་པར་བྱས་ཤིང་། བླ་ན་མེད་པ་ཡང་དག་པར་རྫོགས་པའི་བྱང་ཆུབ་ཏུ་མངོན་པར་རྫོགས་པར་འཚང་རྒྱའོ། །གལ་ཏེ་ཕྱི་སྟོང་པ་ཉིད་རང་བཞིན་གྱིས་སྟོང་པ་ཞིག་མ་ཡིན་ན་ནི། བྱང་ཆུབ་སེམས་དཔའ་སེམས་དཔའ་ཆེན་པོ་ཡང་བླ་ན་མེད་པ་ཡང་དག་པར་རྫོགས་པའི་བྱང་ཆུབ་ཏུ་མངོན་པར་རྫོགས་པར་འཚང་མི་རྒྱ་སྟེ། རབ་འབྱོར་གང་གི་ཕྱིར་ཕྱི་སྟོང་པ་ཉིད་རང་བཞིན་གྱིས་སྟོང་པས་ན།

དེའི་ཕྱིར་བྱང་ཆུབ་སེམས་དཔའ་སེམས་དཔའ་ཆེན་པོ་ཕྱི་སྟོང་པ་ཉིད་རང་བཞིན་གྱིས་སྟོང་ངོ་ཞེས་བྱ་བར་ཁོང་དུ་ཆུད་པར་བྱས་ཤིང་། བླ་ན་མེད་པ་ཡང་དག་པར་རྫོགས་པའི་བྱང་ཆུབ་ཏུ་མངོན་པར་རྫོགས་པར་འཚང་རྒྱའོ། །གལ་ཏེ་ཕྱི་ནང་སྟོང་པ་ཉིད་རང་བཞིན་གྱིས་སྟོང་པ་ཞིག་མ་ཡིན་ན་ནི། བྱང་ཆུབ་སེམས་དཔའ་སེམས་དཔའ་ཆེན་པོ་ཡང་བླ་ན་མེད་པ་ཡང་དག་པར་རྫོགས་པའི་བྱང་ཆུབ་ཏུ་མངོན་པར་རྫོགས་པར་འཚང་མི་རྒྱ་སྟེ། རབ་འབྱོར་གང་གི་ཕྱིར་ཕྱི་ནང་སྟོང་པ་ཉིད་རང་བཞིན་གྱིས་སྟོང་པས་ན། དེའི་ཕྱིར་བྱང་ཆུབ་སེམས་དཔའ་སེམས་དཔའ་ཆེན་པོ་ཕྱི་ནང་སྟོང་པ་ཉིད་རང་བཞིན་གྱིས་སྟོང་ངོ་ཞེས་བྱ་བར་ཁོང་དུ་ཆུད་པར་བྱས་ཤིང་། བླ་ན་མེད་པ་ཡང་དག་པར་རྫོགས་པའི་བྱང་ཆུབ་ཏུ་མངོན་པར་རྫོགས་པར་འཚང་རྒྱའོ། །གལ་ཏེ་སྟོང་པ་ཉིད་སྟོང་པ་ཉིད་རང་བཞིན་གྱིས་སྟོང་པ་ཞིག་མ་ཡིན་ན་ནི། བྱང་ཆུབ་སེམས་དཔའ་སེམས་དཔའ་ཆེན་པོ་ཡང་བླ་ན་མེད་པ་ཡང་དག་པར་རྫོགས་པའི་བྱང་ཆུབ་ཏུ་མངོན་པར་རྫོགས་པར་འཚང་མི་རྒྱ་སྟེ། རབ་འབྱོར་གང་གི་ཕྱིར་སྟོང་པ་ཉིད་སྟོང་པ་ཉིད་རང་བཞིན་གྱིས་སྟོང་པས་ན། དེའི་ཕྱིར་བྱང་ཆུབ་སེམས་དཔའ་སེམས་དཔའ་ཆེན་པོ་སྟོང་པ་ཉིད་སྟོང་པ་ཉིད་རང་བཞིན་གྱིས་སྟོང་ངོ་ཞེས་བྱ་བར་ཁོང་དུ་ཆུད་པར་བྱས་ཤིང་། བླ་ན་མེད་པ་ཡང་དག་པར་རྫོགས་པའི་བྱང་ཆུབ་ཏུ་མངོན་པར་རྫོགས་པར་འཚང་རྒྱའོ། །གལ་ཏེ་ཆེན་པོ་སྟོང་པ་ཉིད་རང་བཞིན་གྱིས་སྟོང་པ་ཞིག་མ་ཡིན་ན་ནི། བྱང་ཆུབ་སེམས་དཔའ་སེམས་དཔའ་ཆེན་པོ་ཡང་བླ་ན་མེད་པ་ཡང་དག་པར་རྫོགས་པའི་བྱང་ཆུབ་ཏུ་མངོན་པར་རྫོགས་པར་འཚང་མི་རྒྱ་སྟེ། རབ་འབྱོར་གང་གི་ཕྱིར་ཆེན་པོ་སྟོང་པ་ཉིད་རང་བཞིན་གྱིས་སྟོང་པས་ན། དེའི་ཕྱིར་བྱང་ཆུབ་སེམས་དཔའ་སེམས་དཔའ་ཆེན་པོ༔ ཆེན་པོ་①སྟོང་པ་ཉིད་རང་བཞིན་གྱིས་

སྟོང་ངོ་ཞེས་བྱ་བར་ཁོང་དུ་ཆུད་པར་བྱས་ཤིང་། བླ་ན་མེད་པ་ཡང་དག་པར་རྫོགས་པའི་བྱང་ཆུབ་ཏུ་མངོན་པར་རྫོགས་པར་འཚང་རྒྱའོ། །གལ་ཏེ་དོན་དམ་པ་སྟོང་པ་ཉིད་རང་བཞིན་གྱིས་སྟོང་པ་ཞིག་མ་ཡིན་ན་ནི། བྱང་ཆུབ་སེམས་དཔའ་སེམས་དཔའ་ཆེན་པོ་ཡང་བླ་ན་མེད་པ་ཡང་དག་པར་རྫོགས་པའི་བྱང་ཆུབ་ཏུ་མངོན་པར་རྫོགས་པར་འཚང་མི་རྒྱ་སྟེ། རབ་འབྱོར་གང་གི་ཕྱིར་དོན་དམ་པ་སྟོང་པ་ཉིད་རང་བཞིན་གྱིས་སྟོང་པས་ན། དེའི་ཕྱིར་བྱང་ཆུབ་སེམས་དཔའ་སེམས་དཔའ་ཆེན་པོ་དོན་དམ་པ་སྟོང་པ་ཉིད་རང་བཞིན་གྱིས་སྟོང་ངོ་ཞེས་བྱ་བར་ཁོང་དུ་ཆུད་པར་བྱས་ཤིང་། བླ་ན་མེད་པ་ཡང་དག་པར་རྫོགས་པའི་བྱང་ཆུབ་ཏུ་མངོན་པར་རྫོགས་པར་འཚང་རྒྱའོ། །གལ་ཏེ་འདུས་བྱས་སྟོང་པ་ཉིད་རང་བཞིན་གྱིས་སྟོང་པ་ཞིག་མ་ཡིན་ན་ནི། བྱང་ཆུབ་སེམས་དཔའ་སེམས་དཔའ་ཆེན་པོ་ཡང་བླ་ན་མེད་པ་ཡང་དག་པར་རྫོགས་པའི་བྱང་ཆུབ་ཏུ་མངོན་པར་རྫོགས་པར་འཚང་མི་རྒྱ་སྟེ། རབ་འབྱོར་གང་གི་ཕྱིར་འདུས་བྱས་སྟོང་པ་ཉིད་རང་བཞིན་གྱིས་སྟོང་པས་ན། དེའི་ཕྱིར་བྱང་ཆུབ་སེམས་དཔའ་སེམས་དཔའ་ཆེན་པོ་འདུས་བྱས་སྟོང་པ་ཉིད་རང་བཞིན་གྱིས་སྟོང་ངོ་ཞེས་བྱ་བར་ཁོང་དུ་ཆུད་པར་བྱས་ཤིང་། བླ་ན་མེད་པ་ཡང་དག་པར་རྫོགས་པའི་བྱང་ཆུབ་ཏུ་མངོན་པར་རྫོགས་པར་འཚང་རྒྱའོ། །གལ་ཏེ་འདུས་མ་བྱས་སྟོང་པ་ཉིད་རང་བཞིན་གྱིས་སྟོང་པ་ཞིག་མ་ཡིན་ན་ནི། བྱང་ཆུབ་སེམས་དཔའ་སེམས་དཔའ་ཆེན་པོ་ཡང་བླ་ན་མེད་པ་ཡང་དག་པར་རྫོགས་པའི་བྱང་ཆུབ་ཏུ་མངོན་པར་རྫོགས་པར་འཚང་མི་རྒྱ་སྟེ། རབ་འབྱོར་གང་གི་ཕྱིར་འདུས་མ་བྱས་སྟོང་པ་ཉིད་རང་བཞིན་གྱིས་སྟོང་པས་ན། དེའི་ཕྱིར་བྱང་ཆུབ་སེམས་དཔའ་སེམས་དཔའ་ཆེན་པོ་འདུས་མ་བྱས་སྟོང་པ་ཉིད་རང་བཞིན་གྱིས་སྟོང་ངོ་ཞེས་བྱ་བར་ཁོང་དུ་ཆུད་པར་བྱས་ཤིང་། བླ་ན་མེད་པ་

ཡང་དག་པར་རྫོགས་པའི་བྱང་ཆུབ་ཏུ་མངོན་པར་རྫོགས་པར་འཚང་རྒྱའོ། །
གལ་ཏེ་མཐའ་ལས་འདས་པ་སྟོང་པ་ཉིད་རང་བཞིན་གྱིས་སྟོང་པ་ཞིག་མ་ཡིན་ན་ནི།
བྱང་ཆུབ་སེམས་དཔའ་སེམས་དཔའ་ཆེན་པོ་ཡང་བླ་ན་མེད་པ་ཡང་དག་པར་
རྫོགས་པའི་བྱང་ཆུབ་ཏུ་མངོན་པར་རྫོགས་པར་འཚང་མི་རྒྱ་སྟེ། རབ་འབྱོར་
གང་གི་ཕྱིར་མཐའ་ལས་འདས་པ་སྟོང་པ་ཉིད་རང་བཞིན་གྱིས་སྟོང་པས་ན།
དེའི་ཕྱིར་བྱང་ཆུབ་སེམས་དཔའ་སེམས་དཔའ་ཆེན་པོ་མཐའ་ལས་འདས་པ་སྟོང་
པ་ཉིད་རང་བཞིན་གྱིས་སྟོང་ངོ་ཞེས་བྱ་བར་ཡོངས་སུ་ཆུད་པར་བྱས་ཤིང་། བླ་ན་
མེད་པ་ཡང་དག་པར་རྫོགས་པའི་བྱང་ཆུབ་ཏུ་མངོན་པར་རྫོགས་པར་འཚང་རྒྱའོ། །
གལ་ཏེ་ཐོག་མ་དང་ཐ་མ་མེད་པ་སྟོང་པ་ཉིད་རང་བཞིན་གྱིས་སྟོང་པ་ཞིག་མ་ཡིན་
ན་ནི། བྱང་ཆུབ་སེམས་དཔའ་སེམས་དཔའ་ཆེན་པོ་ཡང་བླ་ན་མེད་པ་ཡང་དག་
པར་རྫོགས་པའི་བྱང་ཆུབ་ཏུ་མངོན་པར་རྫོགས་པར་འཚང་མི་རྒྱ་སྟེ། རབ་
འབྱོར་གང་གི་ཕྱིར་ཐོག་མ་དང་ཐ་མ་མེད་པ་སྟོང་པ་ཉིད་རང་བཞིན་གྱིས་སྟོང་
པས་ན། དེའི་ཕྱིར་བྱང་ཆུབ་སེམས་དཔའ་སེམས་དཔའ་ཆེན་པོ་ཐོག་མ་དང་ཐ་
མ་མེད་པ་སྟོང་པ་ཉིད་རང་བཞིན་གྱིས་སྟོང་ངོ་ཞེས་བྱ་བར་ཡོངས་སུ་ཆུད་པར་བྱས་
ཤིང་། བླ་ན་མེད་པ་ཡང་དག་པར་རྫོགས་པའི་བྱང་ཆུབ་ཏུ་མངོན་པར་རྫོགས་
པར་འཚང་རྒྱའོ། །གལ་ཏེ་དོར་བ་མེད་པ་སྟོང་པ་ཉིད་རང་བཞིན་གྱིས་སྟོང་པ་
ཞིག་མ་ཡིན་ན་ནི། བྱང་ཆུབ་སེམས་དཔའ་སེམས་དཔའ་ཆེན་པོ་ཡང་[༡]བླ་ན་
མེད་པ་ཡང་དག་པར་རྫོགས་པའི་བྱང་ཆུབ་ཏུ་མངོན་པར་རྫོགས་པར་འཚང་མི་རྒྱ་
སྟེ། རབ་འབྱོར་གང་གི་ཕྱིར་དོར་བ་མེད་པ་སྟོང་པ་ཉིད་རང་བཞིན་གྱིས་སྟོང་
པས་ན། དེའི་ཕྱིར་བྱང་ཆུབ་སེམས་དཔའ་སེམས་དཔའ་ཆེན་པོ་དོར་བ་མེད་པ་
སྟོང་པ་ཉིད་རང་བཞིན་གྱིས་སྟོང་ངོ་[༢]ཞེས་བྱ་བར་ཡོངས་སུ་ཆུད་པར་བྱས་ཤིང་།

བླ་ན་མེད་པ་ཡང་དག་པར་རྫོགས་པའི་བྱང་ཆུབ་ཏུ་མངོན་པར་རྫོགས་པར་འཚང་རྒྱའོ། །གལ་ཏེ་རང་བཞིན་སྟོང་པ་ཉིད་རང་བཞིན་གྱིས་སྟོང་པ་ཞིག་མ་ཡིན་ན་ནི། བྱང་ཆུབ་སེམས་དཔའ་སེམས་དཔའ་ཆེན་པོ་ཡང་བླ་ན་མེད་པ་ཡང་དག་པར་རྫོགས་པའི་བྱང་ཆུབ་ཏུ་མངོན་པར་རྫོགས་པར་འཚང་མི་རྒྱ་སྟེ། རབ་འབྱོར་གང་གི་ཕྱིར་རང་བཞིན་སྟོང་པ་ཉིད་རང་བཞིན་གྱིས་སྟོང་པས་ན། དེའི་ཕྱིར་བྱང་ཆུབ་སེམས་དཔའ་སེམས་དཔའ་ཆེན་པོ་རང་བཞིན་སྟོང་པ་ཉིད་རང་བཞིན་གྱིས་སྟོང་ངོ་ཞེས་བྱ་བར་ཡོང་དུ་ཚུད་པར་བྱས་ཤིང་། བླ་ན་མེད་པ་ཡང་དག་པར་རྫོགས་པའི་བྱང་ཆུབ་ཏུ་མངོན་པར་རྫོགས་པར་འཚང་རྒྱའོ། །གལ་ཏེ་ཆོས་ཐམས་ཅད་སྟོང་པ་ཉིད་རང་བཞིན་གྱིས་སྟོང་པ་ཞིག་མ་ཡིན་ན་ནི། བྱང་ཆུབ་སེམས་དཔའ་སེམས་དཔའ་ཆེན་པོ་ཡང་བླ་ན་མེད་པ་ཡང་དག་པར་རྫོགས་པའི་བྱང་ཆུབ་ཏུ་མངོན་པར་རྫོགས་པར་འཚང་མི་རྒྱ་སྟེ། རབ་འབྱོར་གང་གི་ཕྱིར་ཆོས་ཐམས་ཅད་སྟོང་པ་ཉིད་རང་བཞིན་གྱིས་སྟོང་པས་ན། དེའི་ཕྱིར་བྱང་ཆུབ་སེམས་དཔའ་སེམས་དཔའ་ཆེན་པོ་ཆོས་ཐམས་ཅད་སྟོང་པ་ཉིད་རང་བཞིན་གྱིས་སྟོང་ངོ་ཞེས་བྱ་བར་ཡོང་དུ་ཚུད་པར་བྱས་ཤིང་། བླ་ན་མེད་པ་ཡང་དག་པར་རྫོགས་པའི་བྱང་ཆུབ་ཏུ་མངོན་པར་རྫོགས་པར་འཚང་རྒྱའོ། །གལ་ཏེ་རང་གི་མཚན་ཉིད་སྟོང་པ་ཉིད་རང་བཞིན་གྱིས་སྟོང་པ་ཞིག་མ་ཡིན་ན་ནི། བྱང་ཆུབ་སེམས་དཔའ་སེམས་དཔའ་ཆེན་པོ་ཡང་བླ་ན་མེད་པ་ཡང་དག་པར་རྫོགས་པའི་བྱང་ཆུབ་ཏུ་མངོན་པར་རྫོགས་པར་འཚང་མི་རྒྱ་སྟེ། རབ་འབྱོར་གང་གི་ཕྱིར་རང་གི་མཚན་ཉིད་སྟོང་པ་ཉིད་རང་བཞིན་གྱིས་སྟོང་པས་ན། དེའི་ཕྱིར་བྱང་ཆུབ་སེམས་དཔའ་སེམས་དཔའ་ཆེན་པོ་རང་གི་མཚན་ཉིད་སྟོང་པ་ཉིད་རང་བཞིན་གྱིས་སྟོང་ངོ་ཞེས་བྱ་བར་ཡོང་དུ་ཚུད་པར་བྱས་ཤིང་། བླ་ན་མེད་པ་ཡང་

དག་པར་རྫོགས་པའི་བྱང་ཆུབ་ཏུ་མངོན་པར་རྫོགས་པར་འཚང་རྒྱའོ། །གལ་ཏེ་ཕྱི་དམིགས་པ་སྟོང་པ་ཉིད་རང་བཞིན་གྱིས་སྟོང་པ་ཞིག་མ་ཡིན་ན་ནི། བྱང་ཆུབ་སེམས་དཔའ་སེམས་དཔའ་ཆེན་པོ་ཡང་བླ་ན་མེད་པ་ཡང་དག་པར་རྫོགས་པའི་བྱང་ཆུབ་ཏུ་མངོན་པར་རྫོགས་པར་འཚང་མི་རྒྱ་སྟེ། རབ་འབྱོར་གང་གི་ཕྱིར་ཕྱི་དམིགས་པ་སྟོང་པ་ཉིད་རང་བཞིན་གྱིས་སྟོང་པས་ན། དེའི་ཕྱིར་བྱང་ཆུབ་སེམས་དཔའ་སེམས་དཔའ་ཆེན་པོ་ཕྱི་དམིགས་པ་སྟོང་པ་ཉིད་རང་བཞིན་གྱིས་སྟོང་ངོ་ཞེས་བྱ་བར་ཁོང་དུ་ཆུད་པར་བྱས་ཤིང་། བླ་ན་མེད་པ་ཡང་དག་པར་རྫོགས་པའི་བྱང་ཆུབ་ཏུ་མངོན་པར་རྫོགས་པར་འཚང་རྒྱའོ། །གལ་ཏེ་དངོས་པོ་མེད་པ་སྟོང་པ་ཉིད་རང་བཞིན་གྱིས་སྟོང་པ་ཞིག་མ་ཡིན་ན་ནི། བྱང་ཆུབ་སེམས་དཔའ་སེམས་དཔའ་ཆེན་པོ་ཡང་བླ་ན་མེད་པ་ཡང་དག་པར་རྫོགས་པའི་བྱང་ཆུབ་ཏུ་མངོན་པར་རྫོགས་པར་འཚང་མི་རྒྱ་སྟེ། རབ་འབྱོར་གང་གི་ཕྱིར་དངོས་པོ་མེད་པ་སྟོང་པ་ཉིད་རང་བཞིན་གྱིས་སྟོང་པས་ན། དེའི་ཕྱིར་བྱང་ཆུབ་སེམས་དཔའ་སེམས་དཔའ་ཆེན་པོ་དངོས་པོ་མེད་པ་སྟོང་པ་ཉིད་རང་བཞིན་གྱིས་སྟོང་ངོ་ཞེས་བྱ་བར་ཁོང་དུ་ཆུད་པར་བྱས་ཤིང་། བླ་ན་མེད་པ་ཡང་དག་པར་རྫོགས་པའི་བྱང་ཆུབ་ཏུ་མངོན་པར་རྫོགས་པར་འཚང་རྒྱའོ། །གལ་ཏེ་ངོ་བོ་ཉིད་སྟོང་པ་ཉིད་རང་བཞིན་གྱིས་སྟོང་པ་ཞིག་མ་ཡིན་ན་ནི། བྱང་ཆུབ་སེམས་དཔའ་སེམས་དཔའ་ཆེན་པོ་ཡང་བླ་ན་མེད་པ་ཡང་དག་པར་རྫོགས་པའི་བྱང་ཆུབ་ཏུ་མངོན་པར་རྫོགས་པར་འཚང་མི་རྒྱ་སྟེ། རབ་འབྱོར་གང་གི་ཕྱིར་ངོ་བོ་ཉིད་སྟོང་པ་ཉིད་རང་བཞིན་གྱིས་སྟོང་པས་ན། དེའི་ཕྱིར་བྱང་ཆུབ་སེམས་དཔའ་སེམས་དཔའ་ཆེན་པོ་ངོ་བོ་ཉིད་སྟོང་པ་ཉིད་རང་བཞིན་གྱིས་སྟོང་ངོ་ཞེས་བྱ་བར་ཁོང་དུ་ཆུད་པར་བྱས་ཤིང་། བླ་ན་མེད་པ་ཡང་དག་པར་རྫོགས་པའི་བྱང་ཆུབ་ཏུ་མངོན་པར་རྫོགས་

པར་འཚང་རྒྱའོ། །གལ་ཏེ་དངོས་པོ་མེད་པའི་ངོ་བོ་ཉིད་སྟོང་པ་ཉིད་རང་བཞིན་གྱིས་སྟོང་པ་ཞིག་མ་ཡིན་ན་ནི། བྱང་ཆུབ་སེམས་དཔའ་སེམས་དཔའ་ཆེན་པོ་ཡང་བླ་ན་མེད་པ་ཡང་དག་པར་རྫོགས་པའི་བྱང་ཆུབ་ཏུ་མངོན་པར་རྫོགས་པར་འཚང་མི་རྒྱ་སྟེ། རབ་འབྱོར་གང་གི་ཕྱིར་དངོས་པོ་མེད་པའི་ངོ་བོ་ཉིད་སྟོང་པ་ཉིད་རང་བཞིན་གྱིས་སྟོང་པས་ན། དེའི་ཕྱིར་བྱང་ཆུབ་སེམས་དཔའ་སེམས་དཔའ་ཆེན་པོ་དངོས་པོ་མེད་པའི་ངོ་བོ་ཉིད་སྟོང་པ་ཉིད་རང་བཞིན་གྱིས་སྟོང་ངོ་ཞེས་བྱ་བར་ཁོང་དུ་ཆུད་པར་བྱས་ཤིང་། བླ་ན་མེད་པ་ཡང་དག་པར་རྫོགས་པའི་བྱང་ཆུབ་ཏུ་མངོན་པར་རྫོགས་པར་འཚང་རྒྱའོ། །གལ་ཏེ་དྲན་པ་ཉེ་བར་གཞག[2]པ་རྣམས་རང་བཞིན་གྱིས་སྟོང་པ་ཞིག་མ་ཡིན་ན་ནི། བྱང་ཆུབ་སེམས་དཔའ་སེམས་དཔའ་ཆེན་པོ་ཡང་བླ་ན་མེད་པ་ཡང་དག་པར་རྫོགས་པའི་བྱང་ཆུབ་ཏུ་མངོན་པར་རྫོགས་པར་འཚང་མི་རྒྱ་སྟེ། རབ་འབྱོར་གང་གི་ཕྱིར་དྲན་པ་ཉེ་བར་གཞག་པ་རྣམས་རང་བཞིན་གྱིས་སྟོང་པས་ན། དེའི་ཕྱིར་བྱང་ཆུབ་སེམས་དཔའ་སེམས་དཔའ་ཆེན་པོ་དྲན་པ་ཉེ་བར་གཞག་པ་རྣམས་རང་བཞིན་གྱིས་སྟོང་ངོ་ཞེས་བྱ་བར་ཁོང་དུ་ཆུད་པར་བྱས་ཤིང་། བླ་ན་མེད་པ་ཡང་དག་པར[3]རྫོགས་པའི་བྱང་ཆུབ་ཏུ་མངོན་པར་རྫོགས་པར་འཚང་རྒྱའོ། །གལ་ཏེ་ཡང་དག་པར་སྤོང་བ་རྣམས་རང་བཞིན་གྱིས་སྟོང་པ་ཞིག་མ་ཡིན་ན་ནི། བྱང་ཆུབ་སེམས་དཔའ་སེམས་དཔའ་ཆེན་པོ་ཡང་བླ་ན་མེད་པ་ཡང་དག་པར་རྫོགས་པའི་བྱང་ཆུབ་ཏུ་མངོན་པར་རྫོགས་པར་འཚང་མི་རྒྱ་སྟེ། རབ་འབྱོར་གང་གི་ཕྱིར་ཡང་དག་པར་སྤོང་བ་རྣམས་རང་བཞིན་གྱིས་སྟོང་པས་ན། དེའི་ཕྱིར་བྱང་ཆུབ་སེམས་དཔའ་སེམས་དཔའ་ཆེན་པོ་ཡང་དག་པར་སྤོང་བ་རྣམས་རང་བཞིན་གྱིས་སྟོང་ངོ་ཞེས་བྱ་བར་ཁོང་དུ་ཆུད་པར་བྱས་ཤིང་། བླ་ན་མེད་པ་ཡང་དག་པར་རྫོགས་

པའི་བྱང་ཆུབ་ཏུ་མངོན་པར་རྫོགས་པར་འཚང་རྒྱའོ། །གལ་ཏེ་རྫུ་འཕྲུལ་གྱི་རྐང་པ་རྣམས་རང་བཞིན་གྱིས་སྟོང་པ་ཞིག་མ་ཡིན་ན་ནི། བྱང་ཆུབ་སེམས་དཔའ་སེམས་དཔའ་ཆེན་པོ་ཡང་བླ་ན་མེད་པ་ཡང་དག་པར་རྫོགས་པའི་བྱང་ཆུབ་ཏུ་མངོན་པར་རྫོགས་པར་འཚང་མི་རྒྱ་སྟེ། རབ་འབྱོར་གང་གི་ཕྱིར་རྫུ་འཕྲུལ་གྱི་རྐང་པ་རྣམས་རང་བཞིན་གྱིས་སྟོང་པས་ན། དེའི་ཕྱིར་བྱང་ཆུབ་①སེམས་དཔའ་སེམས་དཔའ་ཆེན་པོ་རྫུ་འཕྲུལ་གྱི་རྐང་པ་རྣམས་རང་བཞིན་གྱིས་སྟོང་ངོ་ཞེས་བྱ་བར་ཡོང་དུ་ཚུད་པར་བྱས་ཤིང་། བླ་ན་མེད་པ་ཡང་དག་པར་རྫོགས་པའི་བྱང་ཆུབ་ཏུ་མངོན་པར་རྫོགས་པར་འཚང་རྒྱའོ། །གལ་ཏེ་དབང་པོ་རྣམས་རང་བཞིན་གྱིས་སྟོང་པ་ཞིག་མ་ཡིན་ན་ནི། བྱང་ཆུབ་སེམས་དཔའ་སེམས་དཔའ་ཆེན་པོ་ཡང་བླ་ན་མེད་པ་ཡང་དག་པར་རྫོགས་པའི་བྱང་ཆུབ་ཏུ་མངོན་པར་རྫོགས་པར་འཚང་མི་རྒྱ་སྟེ། རབ་འབྱོར་གང་གི་ཕྱིར་དབང་པོ་རྣམས་རང་བཞིན་གྱིས་སྟོང་པས་ན། དེའི་ཕྱིར་བྱང་ཆུབ་སེམས་དཔའ་སེམས་དཔའ་ཆེན་པོ་དབང་པོ་རྣམས་རང་བཞིན་གྱིས་སྟོང་ངོ་ཞེས་བྱ་བར་ཡོང་དུ་ཚུད་པར་བྱས་ཤིང་། བླ་ན་མེད་པ་ཡང་དག་པར་རྫོགས་པའི་བྱང་ཆུབ་ཏུ་མངོན་པར་རྫོགས་པར་འཚང་རྒྱའོ། །གལ་ཏེ་སྟོབས་རྣམས་རང་བཞིན་གྱིས་སྟོང་པ་ཞིག་མ་ཡིན་ན་ནི། བྱང་ཆུབ་སེམས་དཔའ་སེམས་དཔའ་ཆེན་པོ་ཡང་བླ་ན་མེད་པ་ཡང་དག་པར་རྫོགས་པའི་བྱང་ཆུབ་ཏུ་མངོན་པར་རྫོགས་པར་འཚང་མི་རྒྱ་སྟེ། རབ་འབྱོར་གང་གི་ཕྱིར་སྟོབས་རྣམས་རང་བཞིན་གྱིས་སྟོང་པས་ན། དེའི་ཕྱིར་བྱང་ཆུབ་སེམས་དཔའ་སེམས་དཔའ་ཆེན་པོ་སྟོབས་རྣམས་རང་བཞིན་གྱིས་སྟོང་ངོ་ཞེས་བྱ་བར་ཡོང་དུ་ཚུད་པར་བྱས་ཤིང་། བླ་ན་མེད་པ་ཡང་དག་པར་རྫོགས་པའི་བྱང་ཆུབ་ཏུ་མངོན་པར་རྫོགས་པར་འཚང་རྒྱའོ། །གལ་ཏེ་བྱང་ཆུབ་ཀྱི་ཡན་ལག་རྣམས་རང་བཞིན

ཀྱིས་⑦སྟོང་པ་ཞིག་མ་ཡིན་ན་ནི། བྱང་ཆུབ་སེམས་དཔའ་སེམས་དཔའ་ཆེན་པོ་ཡང་བླ་ན་མེད་པ་ཡང་དག་པར་རྫོགས་པའི་བྱང་ཆུབ་ཏུ་མངོན་པར་རྫོགས་པར་འཚང་མི་རྒྱ་སྟེ། རབ་འབྱོར་གང་གི་ཕྱིར་བྱང་ཆུབ་ཀྱི་ཡན་ལག་རྣམས་རང་བཞིན་གྱིས་སྟོང་པས་ན། དེའི་ཕྱིར་བྱང་ཆུབ་སེམས་དཔའ་སེམས་དཔའ་ཆེན་པོ་བྱང་ཆུབ་ཀྱི་ཡན་ལག་རྣམས་རང་བཞིན་གྱིས་སྟོང་ངོ་ཞེས་བྱ་བར་ཁོང་དུ་ཆུད་པར་བྱས་ཤིང་། བླ་ན་མེད་པ་ཡང་དག་པར་རྫོགས་པའི་བྱང་ཆུབ་ཏུ་མངོན་པར་རྫོགས་པར་འཚང་རྒྱའོ། །གལ་ཏེ་འཕགས་པའི་ལམ་ཡན་ལག་བརྒྱད་པ་རང་བཞིན་གྱིས་སྟོང་པ་ཞིག་མ་ཡིན་ན་ནི། བྱང་ཆུབ་སེམས་དཔའ་སེམས་དཔའ་ཆེན་པོ་ཡང་བླ་ན་མེད་པ་ཡང་དག་པར་རྫོགས་པའི་བྱང་ཆུབ་ཏུ་མངོན་པར་རྫོགས་པར་འཚང་མི་རྒྱ་སྟེ། རབ་འབྱོར་གང་གི་ཕྱིར་འཕགས་པའི་ལམ་ཡན་ལག་བརྒྱད་པ་རང་བཞིན་གྱིས་སྟོང་པས་ན། དེའི་ཕྱིར་བྱང་ཆུབ་སེམས་དཔའ་སེམས་དཔའ་ཆེན་པོ་འཕགས་པའི་ལམ་ཡན་ལག་བརྒྱད་པ་རང་བཞིན་གྱིས་སྟོང་ངོ་ཞེས་བྱ་བར་ཁོང་དུ་ཆུད་པར་བྱས་ཤིང་། བླ་ན་མེད་པ་ཡང་དག་པར་རྫོགས་པའི་བྱང་ཆུབ་ཏུ་མངོན་པར་རྫོགས་པར་འཚང་རྒྱའོ། །གལ་ཏེ་འཕགས་པའི་བདེན་པ་རྣམས་རང་བཞིན་གྱིས་སྟོང་པ་ཞིག་མ་ཡིན་ན་ནི། བྱང་ཆུབ་སེམས་དཔའ་སེམས་དཔའ་ཆེན་པོ་ཡང་བླ་ན་མེད་པ་ཡང་དག་པར་རྫོགས་པའི་བྱང་ཆུབ་ཏུ་མངོན་པར་རྫོགས་པར་འཚང་མི་རྒྱ་སྟེ། རབ་འབྱོར་གང་གི་ཕྱིར་འཕགས་པའི་བདེན་པ་རྣམས་རང་བཞིན་གྱིས་སྟོང་པས་ན། དེའི་ཕྱིར་བྱང་ཆུབ་སེམས་དཔའ་སེམས་དཔའ་ཆེན་པོ་འཕགས་པའི་བདེན་པ་རྣམས་རང་བཞིན་གྱིས་སྟོང་ངོ་ཞེས་བྱ་བར་ཁོང་དུ་ཆུད་པར་བྱས་ཤིང་། བླ་ན་མེད་པ་ཡང་དག་པར་རྫོགས་པའི་བྱང་ཆུབ་ཏུ་མངོན་པར་རྫོགས་པར་འཚང་རྒྱའོ། །གལ་ཏེ་བསམ་གཏན་རྣམས

རང་བཞིན་གྱིས་སྟོང་པ་ཞིག་མ་ཡིན་ན་ནི། བྱང་ཆུབ་སེམས་དཔའ་སེམས་དཔའ་ཆེན་པོ་⑦ཡང་བླ་ན་མེད་པ་ཡང་དག་པར་རྫོགས་པའི་བྱང་ཆུབ་ཏུ་མངོན་པར་རྫོགས་པར་འཚང་མི་རྒྱ་སྟེ། རབ་འབྱོར་གང་གི་ཕྱིར་བསམ་གཏན་རྣམས་རང་བཞིན་གྱིས་སྟོང་པས་ན། དེའི་ཕྱིར་བྱང་ཆུབ་སེམས་དཔའ་སེམས་དཔའ་ཆེན་པོ་བསམ་གཏན་རྣམས་རང་བཞིན་གྱིས་སྟོང་ངོ་ཞེས་བྱ་བར་ཁོང་དུ་ཆུད་པར་བྱས་ཤིང་། བླ་ན་མེད་པ་ཡང་དག་པར་རྫོགས་པའི་བྱང་ཆུབ་ཏུ་མངོན་པར་རྫོགས་པར་འཚང་རྒྱའོ། །གལ་ཏེ་ཚད་མེད་པ་རྣམས་རང་བཞིན་གྱིས་སྟོང་པ་ཞིག་མ་ཡིན་ན་ནི། བྱང་ཆུབ་སེམས་དཔའ་སེམས་དཔའ་ཆེན་པོ་ཡང་བླ་ན་མེད་པ་ཡང་དག་པར་རྫོགས་པའི་བྱང་ཆུབ་ཏུ་མངོན་པར་རྫོགས་པར་འཚང་མི་རྒྱ་སྟེ། རབ་འབྱོར་གང་གི་ཕྱིར་ཚད་མེད་པ་རྣམས་རང་བཞིན་གྱིས་སྟོང་པས་ན། དེའི་ཕྱིར་བྱང་ཆུབ་སེམས་དཔའ་སེམས་དཔའ་ཆེན་པོ་ཚད་མེད་པ་རྣམས་རང་བཞིན་གྱིས་སྟོང་ངོ་ཞེས་བྱ་བར་ཁོང་དུ་ཆུད་པར་བྱས་ཤིང་། བླ་ན་མེད་པ་ཡང་དག་པར་རྫོགས་པའི་བྱང་ཆུབ་ཏུ་མངོན་པར་རྫོགས་པར་འཚང་རྒྱའོ། །གལ་ཏེ་གཟུགས་མེད་པའི་སྙོམས་པར་འཇུག་པ་རྣམས་རང་བཞིན་གྱིས་སྟོང་པ་ཞིག་མ་ཡིན་ན་ནི། བྱང་ཆུབ་སེམས་དཔའ་སེམས་དཔའ་ཆེན་པོ་ཡང་བླ་ན་མེད་པ་ཡང་དག་པར་རྫོགས་པའི་བྱང་ཆུབ་ཏུ་མངོན་པར་རྫོགས་པར་འཚང་མི་རྒྱ་སྟེ། རབ་འབྱོར་གང་གི་ཕྱིར་གཟུགས་མེད་པའི་སྙོམས་པར་འཇུག་པ་རྣམས་རང་བཞིན་གྱིས་སྟོང་པས་ན། དེའི་ཕྱིར་བྱང་ཆུབ་སེམས་དཔའ་སེམས་དཔའ་ཆེན་པོ་གཟུགས་མེད་པའི་སྙོམས་པར་འཇུག་པ་རྣམས་རང་བཞིན་གྱིས་སྟོང་ངོ་ཞེས་བྱ་བར་ཁོང་དུ་ཆུད་པར་བྱས་ཤིང་། བླ་ན་མེད་པ་ཡང་དག་པར་རྫོགས་པའི་བྱང་ཆུབ་ཏུ་མངོན་པར་རྫོགས་པར་འཚང་རྒྱའོ། །གལ་ཏེ་རྣམ་པར་ཐར་པ་བརྒྱད་རང་བཞིན་གྱིས་

སྟོང་པ་ཞིག་མ་ཡིན་ན་ནི། བྱང་ཆུབ་སེམས་དཔའ་སེམས་དཔའ་ཆེན་པོ་ཡང་བླ་ན་མེད་པ་ཡང་དག་པར་རྫོགས་པའི་བྱང་ཆུབ་ཏུ་མངོན་པར་རྫོགས་པར་འཚང་མི་རྒྱ་སྟེ། རབ་འབྱོར་གང་གི་ཕྱིར་རྣམ་པར་ཐར་པ་རྣམས་རང་བཞིན་གྱིས་སྟོང་པས་ན། དེའི་ཕྱིར་བྱང་ཆུབ་སེམས་དཔའ་སེམས་དཔའ་ཆེན་པོ་༧རྣམ་པར་ཐར་པ་རྣམས་རང་བཞིན་གྱིས་སྟོང་ངོ་ཞེས་བྱ་བར་ཁོང་དུ་ཆུད་པར་བྱས་ཤིང་། བླ་ན་མེད་པ་ཡང་དག་པར་རྫོགས་པའི་བྱང་ཆུབ་ཏུ་མངོན་པར་རྫོགས་པར་འཚང་རྒྱའོ། །གལ་ཏེ་མཐར་གྱིས་གནས་པའི་སྙོམས་པར་འཇུག་པ་དགུ་རང་བཞིན་གྱིས་སྟོང་པ་ཞིག་མ་ཡིན་ན་ནི། བྱང་ཆུབ་སེམས་དཔའ་སེམས་དཔའ་ཆེན་པོ་ཡང་བླ་ན་མེད་པ་ཡང་དག་པར་༢རྫོགས་པའི་བྱང་ཆུབ་ཏུ་མངོན་པར་རྫོགས་པར་འཚང་མི་རྒྱ་སྟེ། རབ་འབྱོར་གང་གི་ཕྱིར་མཐར་གྱིས་གནས་པའི་སྙོམས་པར་འཇུག་པ་རྣམས་༣རང་བཞིན་གྱིས་སྟོང་པས་ན། དེའི་ཕྱིར་བྱང་ཆུབ་སེམས་དཔའ་སེམས་དཔའ་ཆེན་པོ་མཐར་གྱིས་གནས་པའི་སྙོམས་པར་འཇུག་པ་རྣམས་རང་བཞིན་གྱིས་སྟོང་ངོ་ཞེས་བྱ་བར་ཁོང་དུ་ཆུད་པར་བྱས་ཤིང་། བླ་ན་མེད་པ་ཡང་དག་པར་རྫོགས་པའི་བྱང་ཆུབ་ཏུ་མངོན་པར་རྫོགས་པར་འཚང་རྒྱའོ། །གལ་ཏེ་རྣམ་པར་ཐར་པའི་སྒོ་སྟོང་པ་ཉིད་དང་། མཚན་མ་མེད་པ་དང་། སྨོན་པ་མེད་པ་རང་བཞིན་གྱིས་སྟོང་པ་ཞིག་མ་ཡིན་ན་ནི། བྱང་ཆུབ་སེམས་དཔའ་སེམས་དཔའ་ཆེན་པོ་ཡང་བླ་ན་མེད་པ་ཡང་དག་པར་རྫོགས་པའི་བྱང་ཆུབ་ཏུ་མངོན་པར་རྫོགས་པར་འཚང་མི་རྒྱ་སྟེ། རབ་འབྱོར་གང་གི་ཕྱིར་རྣམ་པར་ཐར་པའི་སྒོ་སྟོང་པ་ཉིད་དང་། མཚན་མ་མེད་པ་དང་། སྨོན་པ་མེད་པ་རང་བཞིན་གྱིས་སྟོང་པས་ན། དེའི་ཕྱིར་བྱང་ཆུབ་སེམས་དཔའ་སེམས་དཔའ་ཆེན་པོ་རྣམ་པར་ཐར་པའི་སྒོ་སྟོང་པ་ཉིད་དང་། མཚན་མ་མེད་པ་དང་། སྨོན་པ་

མེད་པ་རང་བཞིན་གྱིས་སྟོང་ངོ་ཞེས་བྱ་བར་ཁོང་དུ་ཆུད་པར་བྱས་ཤིང་། བླ་ན་མེད་པ་ཡང་དག་པར་རྫོགས་པའི་བྱང་ཆུབ་ཏུ་མངོན་པར་རྫོགས་པར་འཚང་རྒྱའོ། །གལ་ཏེ་མངོན་པར་ཤེས་པ་རྣམས་རང་བཞིན་གྱིས་སྟོང་པ་ཞིག་མ་ཡིན་ན་ནི། བྱང་ཆུབ་སེམས་དཔའ་སེམས་དཔའ་ཆེན་པོ་ཡང་བླ་ན་མེད་པ་ཡང་དག་པར་རྫོགས་པའི་བྱང་ཆུབ་ཏུ་མངོན་པར་རྫོགས་པར་འཚང་མི་རྒྱ་སྟེ། རབ་འབྱོར་གང་གི་ཕྱིར་མངོན་པར་ཤེས་པ་རྣམས་རང་བཞིན་གྱིས་སྟོང་པས་ན། དེའི་ཕྱིར་བྱང་ཆུབ་སེམས་དཔའ་སེམས་དཔའ་ཆེན་པོ་མངོན་པར་ཤེས་པ་རྣམས་རང་བཞིན་གྱིས་སྟོང་ངོ་ཞེས་བྱ་བར་ཁོང་དུ་ཆུད་པར་བྱས་ཤིང་། བླ་ན་མེད་པ་ཡང་དག་པར་རྫོགས་པའི་བྱང་ཆུབ་ཏུ་མངོན་པར་རྫོགས་པར་འཚང་རྒྱའོ། །གལ་ཏེ་ཏིང་ངེ་འཛིན་རྣམས་རང་བཞིན་གྱིས་སྟོང་པ་ཞིག་མ་ཡིན་ན་ནི། བྱང་ཆུབ་སེམས་དཔའ་སེམས་དཔའ་ཆེན་པོ་ཡང་བླ་ན་མེད་པ་ཡང་དག་པར་རྫོགས་པའི་བྱང་ཆུབ་ཏུ་མངོན་པར་རྫོགས་པར་འཚང་མི་རྒྱ་སྟེ། རབ་འབྱོར་གང་གི་ཕྱིར་ཏིང་ངེ་འཛིན་རྣམས་རང་བཞིན་གྱིས་སྟོང་པས་ན། དེའི་ཕྱིར་བྱང་ཆུབ་སེམས་དཔའ་སེམས་དཔའ་ཆེན་པོ་ཏིང་ངེ་འཛིན་རྣམས་རང་བཞིན་གྱིས་སྟོང་ངོ་ཞེས་བྱ་བར་ཁོང་དུ་ཆུད་པར་བྱས་ཤིང་། བླ་ན་མེད་པ་ཡང་དག་པར་རྫོགས་པའི་བྱང་ཆུབ་ཏུ་མངོན་པར་རྫོགས་པར་འཚང་རྒྱའོ། །གལ་ཏེ་གཟུངས་ཀྱི་སྒོ་རྣམས་རང་བཞིན་གྱིས་སྟོང་པ་ཞིག་མ་ཡིན་ན་ནི། བྱང་ཆུབ་སེམས་དཔའ་སེམས་དཔའ་ཆེན་པོ་ཡང་བླ་ན་མེད་པ་ཡང་དག་པར་རྫོགས་པའི་བྱང་ཆུབ་ཏུ་མངོན་པར་རྫོགས་པར་འཚང་མི་རྒྱ་སྟེ། རབ་འབྱོར་གང་གི་ཕྱིར་གཟུངས་ཀྱི་སྒོ་རྣམས་[7]རང་བཞིན་གྱིས་སྟོང་པས་ན། དེའི་ཕྱིར་བྱང་ཆུབ་སེམས་དཔའ་སེམས་དཔའ་ཆེན་པོ་གཟུངས་ཀྱི་སྒོ་རྣམས་རང་བཞིན་གྱིས་སྟོང་ངོ་ཞེས་བྱ་བར་ཁོང་དུ་ཆུད་པར་བྱས་

ཤིང་། བླ་ན་མེད་པ་ཡང་དག་པར་རྫོགས་པའི་བྱང་ཆུབ་ཏུ་མངོན་པར་རྫོགས་པར་འཚང་རྒྱའོ། །གལ་ཏེ་དེ་བཞིན་གཤེགས་པའི་སྟོབས་རྣམས་རང་བཞིན་གྱིས་སྟོང་པ་ཞིག་མ་ཡིན་ན་ནི། བྱང་ཆུབ་སེམས་དཔའ་སེམས་དཔའ་ཆེན་པོ་ཡང་བླ་ན་མེད་པ་ཡང་དག་པར་རྫོགས་པའི་བྱང་ཆུབ་ཏུ་མངོན་པར་རྫོགས་པར་འཚང་མི་རྒྱ་སྟེ། རབ་འབྱོར་གང་གི་ཕྱིར་དེ་བཞིན་གཤེགས་པའི་སྟོབས་རྣམས་རང་བཞིན་གྱིས་སྟོང་པས་ན། དེའི་ཕྱིར་བྱང་ཆུབ་སེམས་དཔའ་སེམས་དཔའ་ཆེན་པོ་དེ་བཞིན་གཤེགས་པའི་སྟོབས་རྣམས་རང་བཞིན་གྱིས་སྟོང་ངོ་ཞེས་བྱ་བར་ཤོང་དུ་ཆུད་པར་བྱས་ཤིང་། བླ་ན་མེད་པ་ཡང་དག་པར་རྫོགས་པའི་བྱང་ཆུབ་ཏུ་མངོན་པར་རྫོགས་པར་འཚང་རྒྱའོ། །གལ་ཏེ་མི་འཇིགས་པ་རྣམས་རང་བཞིན་གྱིས་སྟོང་པ་ཞིག་མ་ཡིན་ན་ནི། བྱང་ཆུབ་སེམས་དཔའ་སེམས་དཔའ་ཆེན་པོ་ཡང་བླ་ན་མེད་པ་ཡང་དག་པར་རྫོགས་པའི་བྱང་ཆུབ་ཏུ་མངོན་པར་རྫོགས་པར་འཚང་མི་རྒྱ་སྟེ། རབ་འབྱོར་གང་གི་ཕྱིར་མི་འཇིགས་པ་རྣམས་རང་བཞིན་གྱིས་སྟོང་པས་ན། དེའི་ཕྱིར་བྱང་ཆུབ་སེམས་དཔའ་སེམས་དཔའ་ཆེན་པོ་མི་འཇིགས་པ་རྣམས་རང་བཞིན་གྱིས་སྟོང་ངོ་ཞེས་བྱ་བར་ཤོང་དུ་ཆུད་པར་བྱས་ཤིང་། བླ་ན་མེད་པ་ཡང་དག་པར་རྫོགས་པའི་བྱང་ཆུབ་ཏུ་མངོན་པར་རྫོགས་པར་འཚང་རྒྱའོ། །གལ་ཏེ་སོ་སོ་ཡང་དག་པར་རིག་པ་རྣམས་རང་བཞིན་གྱིས་སྟོང་པ་ཞིག་མ་ཡིན་ན་ནི། བྱང་ཆུབ་སེམས་དཔའ་སེམས་དཔའ་ཆེན་པོ་ཡང་བླ་ན་མེད་པ་ཡང་དག་པར་རྫོགས་པའི་བྱང་ཆུབ་ཏུ་མངོན་པར་རྫོགས་པར་འཚང་མི་རྒྱ་སྟེ། རབ་འབྱོར་གང་གི་ཕྱིར་སོ་སོ་ཡང་དག་པར་རིག་པ་རྣམས་རང་བཞིན་གྱིས་སྟོང་པས་ན། དེའི་ཕྱིར་བྱང་ཆུབ་སེམས་དཔའ་སེམས་དཔའ་ཆེན་པོ་[7]སོ་སོ་ཡང་དག་པར་རིག་པ་རྣམས་རང་བཞིན་གྱིས་སྟོང་ངོ་ཞེས་བྱ་བར་ཤོང་དུ་ཆུད་པར་བྱས་ཤིང་། བླ་

ན་མེད་པ་ཡང་དག་པར་རྫོགས་པའི་བྱང་ཆུབ་ཏུ་མངོན་པར་རྫོགས་པར་འཚང་རྒྱའོ། །གལ་ཏེ་བྱམས་པ་ཆེན་པོ་རང་བཞིན་གྱིས་སྟོང་པ་ཞིག་མ་ཡིན་ན་ནི། བྱང་ཆུབ་སེམས་དཔའ་སེམས་དཔའ་ཆེན་པོ་ཡང་བླ་ན་མེད་པ་ཡང་དག་པར་རྫོགས་པའི་བྱང་ཆུབ་ཏུ་མངོན་པར་རྫོགས་པར་འཚང་མི་རྒྱ་སྟེ། རབ་འབྱོར་གང་གི་ཕྱིར་བྱམས་པ་ཆེན་པོ་རང་བཞིན་གྱིས་སྟོང་པས་ན། དེའི་ཕྱིར་བྱང་ཆུབ་སེམས་དཔའ་སེམས་དཔའ་ཆེན་པོ་བྱམས་པ་ཆེན་པོ་རང་བཞིན་གྱིས་སྟོང་ངོ་ཞེས་བྱ་བར་ཁོང་དུ་ཆུད་པར་བྱས་ཤིང་། བླ་ན་མེད་པ་ཡང་དག་པར་རྫོགས་པའི་བྱང་ཆུབ་ཏུ་མངོན་པར་རྫོགས་པར་འཚང་རྒྱའོ། །གལ་ཏེ་སྙིང་རྗེ་ཆེན་པོ་རང་བཞིན་གྱིས་སྟོང་པ་ཞིག་མ་ཡིན་ན་ནི། བྱང་ཆུབ་སེམས་དཔའ་སེམས་དཔའ་ཆེན་པོ་ཡང་བླ་ན་མེད་པ་ཡང་དག་པར་རྫོགས་པའི་བྱང་ཆུབ་ཏུ་མངོན་པར་རྫོགས་པར་འཚང་མི་རྒྱ་སྟེ། རབ་འབྱོར་གང་གི་ཕྱིར་སྙིང་རྗེ་ཆེན་པོ་རང་བཞིན་གྱིས་སྟོང་པས་ན། དེའི་ཕྱིར་བྱང་ཆུབ་སེམས་དཔའ་སེམས་དཔའ་ཆེན་པོ་སྙིང་རྗེ་ཆེན་པོ་རང་བཞིན་གྱིས་སྟོང་ངོ་ཞེས་བྱ་བར་ཁོང་དུ་ཆུད་པར་བྱས་ཤིང་། བླ་ན་མེད་པ་ཡང་དག་པར་རྫོགས་པའི་བྱང་ཆུབ་ཏུ་མངོན་པར་རྫོགས་པར་འཚང་རྒྱའོ། །གལ་ཏེ་སངས་རྒྱས་ཀྱི་ཆོས་མ་འདྲེས་པ་བཅོ་བརྒྱད་རང་བཞིན་གྱིས་སྟོང་པ་ཞིག་མ་ཡིན་ན་ནི། བྱང་ཆུབ་སེམས་དཔའ་སེམས་དཔའ་ཆེན་པོ་ཡང་བླ་ན་མེད་པ་ཡང་དག་པར་རྫོགས་པའི་བྱང་ཆུབ་ཏུ་མངོན་པར་རྫོགས་པར་འཚང་མི་རྒྱ་སྟེ། རབ་འབྱོར་གང་གི་ཕྱིར་སངས་རྒྱས་ཀྱི་ཆོས་མ་འདྲེས་པ་རྣམས་[1]རང་བཞིན་གྱིས་སྟོང་པས་ན། དེའི་ཕྱིར་བྱང་ཆུབ་སེམས་དཔའ་སེམས་དཔའ་ཆེན་པོ་སངས་རྒྱས་ཀྱི་ཆོས་མ་འདྲེས་པ་རྣམས་[2]རང་བཞིན་གྱིས་སྟོང་ངོ་ཞེས་བྱ་བར་ཁོང་དུ་ཆུད་པར་བྱས་ཤིང་། བླ་ན་མེད་པ་ཡང་དག་པར་རྫོགས་པའི་བྱང་ཆུབ་ཏུ་མངོན་པར་

རྫོགས་པར་འཚང་རྒྱའོ། །གལ་ཏེ་རྒྱུན་ཏུ་ཞུགས་པའི་འབྲས་བུ་རང་བཞིན་གྱིས་སྟོང་པ་ཞིག་མ་ཡིན་ན་ནི། བྱང་ཆུབ་སེམས་དཔའ་སེམས་དཔའ་ཆེན་པོ་ཡང་བླ་ན་མེད་པ་ཡང་དག་པར་རྫོགས་པའི་བྱང་ཆུབ་ཏུ་མངོན་པར་རྫོགས་པར་འཚང་མི་རྒྱ་སྟེ། རབ་འབྱོརཿགང་གི་ཕྱིར་①རྒྱུན་ཏུ་ཞུགས་པའི་འབྲས་བུ་རང་བཞིན་གྱིས་སྟོང་པས་ན། དེའི་ཕྱིར་བྱང་ཆུབ་སེམས་དཔའ་སེམས་དཔའ་ཆེན་པོ་རྒྱུན་ཏུ་ཞུགས་པའི་འབྲས་བུ་རང་བཞིན་གྱིས་སྟོང་ངོ་ཞེས་བྱ་བར་ཡོང་དུ་ཆུད་པར་བྱས་ཤིང་། བླ་ན་མེད་པ་ཡང་དག་པར་རྫོགས་པའི་བྱང་ཆུབ་ཏུ་མངོན་པར་རྫོགས་པར་འཚང་རྒྱའོ། །གལ་ཏེ་ལན་ཅིག་ཕྱིར་འོང་བའི་འབྲས་བུ་རང་བཞིན་གྱིས་སྟོང་པ་ཞིག་མ་ཡིན་ན་ནི། བྱང་ཆུབ་སེམས་དཔའ་སེམས་དཔའ་ཆེན་པོ་ཡང་བླ་ན་མེད་པ་ཡང་དག་པར་རྫོགས་པའི་བྱང་ཆུབ་ཏུ་མངོན་པར་རྫོགས་པར་འཚང་མི་རྒྱ་སྟེ། རབ་འབྱོར་གང་གི་ཕྱིར་ལན་ཅིག་ཕྱིར་འོང་བའི་འབྲས་བུ་རང་བཞིན་གྱིས་སྟོང་པས་ན། དེའི་ཕྱིར་བྱང་ཆུབ་སེམས་དཔའ་སེམས་དཔའ་ཆེན་པོ་ལན་ཅིག་ཕྱིར་འོང་བའི་འབྲས་བུ་རང་བཞིན་གྱིས་སྟོང་ངོ་ཞེས་བྱ་བར་ཡོང་དུ་ཆུད་པར་བྱས་ཤིང་། བླ་ན་མེད་པ་ཡང་དག་པར་རྫོགས་པའི་བྱང་ཆུབ་ཏུ་མངོན་པར་རྫོགས་པར་འཚང་རྒྱའོ། །གལ་ཏེ་ཕྱིར་མི་འོང་བའི་འབྲས་བུ་རང་བཞིན་གྱིས་སྟོང་པ་ཞིག་མ་ཡིན་ན་ནི། བྱང་ཆུབ་སེམས་དཔའ་སེམས་དཔའ་ཆེན་པོ་ཡང་བླ་ན་མེད་པ་ཡང་དག་པར་རྫོགས་པའི་བྱང་ཆུབ་ཏུ་མངོན་པར་རྫོགས་པར་འཚང་མི་རྒྱ་སྟེ། རབ་འབྱོར་གང་གི་②ཕྱིར་ཕྱིར་③མི་འོང་བའི་འབྲས་བུ་རང་བཞིན་གྱིས་སྟོང་པས་ན། དེའི་ཕྱིར་བྱང་ཆུབ་སེམས་དཔའ་སེམས་དཔའ་ཆེན་པོ་ཕྱིར་མི་འོང་བའི་འབྲས་བུ་རང་བཞིན་གྱིས་སྟོང་ངོ་ཞེས་བྱ་བར་ཡོང་དུ་ཆུད་པར་བྱས་ཤིང་། བླ་ན་མེད་པ་ཡང་དག་པར་རྫོགས་པའི་བྱང་ཆུབ་ཏུ་མངོན་པར་རྫོགས་པར་འཚང་

རྒྱུར། །གལ་ཏེ་དགྲ་བཅོམ་པ་(༡)ཉིད་རང་བཞིན་གྱིས་སྟོང་པ་ཞིག་མ་ཡིན་ན་ནི། བྱང་ཆུབ་སེམས་དཔའ་སེམས་དཔའ་ཆེན་པོ་ཡང་བླ་ན་མེད་པ་ཡང་དག་པར་རྫོགས་པའི་བྱང་ཆུབ་ཏུ་མངོན་པར་རྫོགས་པར་འཚང་མི་རྒྱ་སྟེ། རབ་འབྱོར་གང་གི་ཕྱིར་དགྲ་བཅོམ་པ་ཉིད་རང་བཞིན་གྱིས་སྟོང་པས་ན། དེའི་ཕྱིར་བྱང་ཆུབ་སེམས་དཔའ་སེམས་དཔའ་ཆེན་པོ་དགྲ་བཅོམ་པ་ཉིད་རང་བཞིན་གྱིས་སྟོང་ངོ་ཞེས་བྱ་བར་ཁོང་དུ་ཆུད་པར་བྱས་ཤིང་། བླ་ན་མེད་པ་ཡང་དག་པར་རྫོགས་པའི་བྱང་ཆུབ་ཏུ་མངོན་པར༔ རྫོགས་པར་(༢)འཚང་རྒྱའོ། །གལ་ཏེ་རང་བྱང་ཆུབ་རང་བཞིན་གྱིས་སྟོང་པ་ཞིག་མ་ཡིན་ན་ནི། བྱང་ཆུབ་སེམས་དཔའ་སེམས་དཔའ་ཆེན་པོ་ཡང་བླ་ན་མེད་པ་ཡང་དག་པར་རྫོགས་པའི་བྱང་ཆུབ་ཏུ་མངོན་པར་རྫོགས་པར་འཚང་མི་རྒྱ་སྟེ། རབ་འབྱོར་གང་གི་ཕྱིར་རང་བྱང་ཆུབ་རང་བཞིན་གྱིས་སྟོང་པས་ན། དེའི་ཕྱིར་བྱང་ཆུབ་སེམས་དཔའ་སེམས་དཔའ་ཆེན་པོ་རང་བྱང་ཆུབ་རང་བཞིན་གྱིས་སྟོང་ངོ་ཞེས་བྱ་བར་ཁོང་དུ་ཆུད་པར་བྱས་ཤིང་། བླ་ན་མེད་པ་ཡང་དག་པར་རྫོགས་པའི་བྱང་ཆུབ་ཏུ་མངོན་པར་རྫོགས་པར་འཚང་རྒྱའོ། །གལ་ཏེ་ལམ་གྱི་རྣམ་པ་ཤེས་པ་ཉིད་རང་བཞིན་གྱིས་སྟོང་པ་ཞིག་མ་ཡིན་ན་ནི། བྱང་ཆུབ་སེམས་དཔའ་སེམས་དཔའ་ཆེན་པོ་ཡང་བླ་ན་མེད་པ་ཡང་དག་པར་རྫོགས་པའི་བྱང་ཆུབ་ཏུ་མངོན་པར་རྫོགས་པར་འཚང་མི་རྒྱ་སྟེ། རབ་འབྱོར་གང་གི་ཕྱིར་ལམ་གྱི་(༣)རྣམ་པ་ཤེས་པ་ཉིད་རང་བཞིན་གྱིས་སྟོང་པས་ན། དེའི་ཕྱིར་བྱང་ཆུབ་སེམས་དཔའ་སེམས་དཔའ་ཆེན་པོ་ལམ་གྱི་རྣམ་པ་ཤེས་པ་ཉིད་རང་བཞིན་གྱིས་སྟོང་ངོ་ཞེས་བྱ་བར་ཁོང་དུ་ཆུད་པར་བྱས་ཤིང་། བླ་ན་མེད་པ་ཡང་དག་པར་རྫོགས་པའི་བྱང་ཆུབ་ཏུ་མངོན་པར་རྫོགས་པར་འཚང་རྒྱའོ། །(༤)གལ་ཏེ་རྣམ་པ་ཐམས་ཅད་མཁྱེན་པ་ཉིད་རང་བཞིན་གྱིས་སྟོང་པ་ཞིག་མ་ཡིན་ན

ནི། བྱང་ཆུབ་སེམས་དཔའ་སེམས་དཔའ་ཆེན་པོ་ཡང་བླ[1]་ན་མེད་པ་ཡང་དག་པར་རྫོགས་པའི་བྱང་ཆུབ་ཏུ་མངོན་པར་རྫོགས་པར་འཚང་མི་རྒྱ་སྟེ། རབ་འབྱོར་གང་གི་ཕྱིར་རྣམ་པ་ཐམས་ཅད་མཁྱེན་པ་ཉིད་རང་བཞིན་གྱིས་སྟོང་པས་ན། དེའི་ཕྱིར་བྱང་ཆུབ་སེམས་དཔའ་སེམས་དཔའ་ཆེན་པོ་རྣམ་པ་ཐམས་ཅད་མཁྱེན་པ་ཉིད་རང་བཞིན་གྱིས་སྟོང་ངོ་ཞེས་བྱ་བར་ཁོང་དུ་ཆུད་པར་བྱས་ཤིང་། བླ་ན་མེད་པ་ཡང་དག་པར་རྫོགས་པའི་བྱང་ཆུབ་ཏུ་མངོན་པར་རྫོགས་པར་འཚང་རྒྱའོ། །རབ་འབྱོར[2]་གལ་ཏེ་བླ་ན་མེད་པ་ཡང་དག་པར་རྫོགས་པའི་བྱང་ཆུབ་རང་བཞིན་གྱིས་སྟོང་པ་ཞིག་མ་ཡིན་ན་ནི། བྱང་ཆུབ་སེམས་དཔའ་སེམས་དཔའ་ཆེན་པོ་ཡང་བླ་ན་མེད་པ་ཡང་དག་པར་རྫོགས་པའི་བྱང་ཆུབ་ཏུ་མངོན་པར་རྫོགས་པར་འཚང་མི་རྒྱ་སྟེ། རབ་འབྱོར་གང་གི་ཕྱིར་བླ་ན་མེད་པ་ཡང་དག་པར་རྫོགས་པའི་བྱང་ཆུབ་རང་བཞིན་གྱིས་སྟོང་པས་ན། དེའི་ཕྱིར་བྱང་ཆུབ་སེམས་དཔའ་སེམས་དཔའ་ཆེན་པོ་བླ་ན་མེད་པ་ཡང་དག་པར་རྫོགས་པའི་བྱང་ཆུབ[3]་རང་བཞིན་གྱིས་སྟོང་ངོ་ཞེས་བྱ་བར་ཁོང་དུ་ཆུད་པར་བྱས་ཤིང་། རྣམ་པ་ཐམས་ཅད་མཁྱེན་པ་ཉིད་རྗེས་སུ་ཐོབ་པར་བྱེད་དེ། རང་བཞིན[4]་སྟོང་པ་ཉིད་ལ་ནི་ཆོས་གང་ཡང་རྣམ་པར་འཇིག་པར་འགྱུར་བ་འམ། རྟག་ཏུ་གནས་པ་འམ། འགྲོ་བ་མེད་དེ། གཞན་དུ་ན་ལྷ་དང་བཅས་པའི་འཇིག་རྟེན་དང་། བདུད་དང་ཚངས་པར་བཅས[5]་པའི་འཇིག་རྟེན་རྣམས་འདི་ནི་གཟུགས་སོ། །བདག་གི་གཟུགས་སོ། །བདག་ནི་གཟུགས་དང་ལྡན་ནོ། །འདི་ནི་ཚོར་བའོ། །བདག་གི་ཚོར་བའོ། །བདག་ཿགིས་ཚོར་རོ[6]། །འདི་ནི་འདུ་ཤེས་སོ། །བདག་གི་འདུ་ཤེས་སོ། །བདག་ནི་འདུ་ཤེས་དང་ལྡན་ནོ། །འདི་ནི་འདུ་བྱེད་དོ། །བདག་གི་འདུ་བྱེད་དོ། །བདག་ནི་འདུ་བྱེད་པའོ[7]། །འདི་ནི་རྣམ[8]་པར་ཤེས་པའོ། །བདག

གི་རྣམ་པར་ཤེས་པའོ། །བདག་ནི་རྣམ་པར་ཤེས་པ་དང་ལྡན་པའི་སྐམ་དུ་རྫོངས་ཤིང་། དེ་དག་གཟུགས་ལ་མངོན་པར་ཞེན། ཚོར་བ་དང་། འདུ་ཤེས་དང་། འདུ་བྱེད་དང་། རྣམ་པར་ཤེས་པ་ལ་མངོན་པར་ཞེན་ཏོ། །བདག་ཏུ་བྱ་བ་དང་། བདག་གིར་(༡)བྱ༔བ་ལ་(༢)སྤྱོད་དོ། །བདག་ཏུ་བྱ་བ་དང་། བདག་གིར་བྱ་བ་ལ་མངོན་པར་ཞེན་ནས། ཕྱི་ནང་གི་(༣)དངོས་པོ་ལ་མངོན་པར་ཞེན་ཅིང་(༤)ཆགས་སོ། །དེ་ལྟར་མངོན་པར་ཞེན་ཅིང་ཆགས་(༥)ནས། སྐྱེ་བའི་སྐྱེ་མཆེད་དག་ཏུ་གཟུགས་དང་། ཚོར་བ་དང་། འདུ་ཤེས་དང་། འདུ་བྱེད་དང་། རྣམ་པར་ཤེས་པ་ཉེ་བར་ལེན་ཏེ། སྐྱེ་བ་དང་། རྒ་བ་དང་། ན་བ་དང་། འཆི་བ་དང་། མྱ་ངན་དང་། སྨྲེ་སྔགས་འདོན་པ་དང་། སྡུག་བསྔལ་བ་དང་། ཡིད་མི་བདེ་བ་དང་། འཁྲུག་(༦)པ་ལས་ཡོངས་སུ་མི་འགྲོལ། འགྲོ་བ་ལྔའི་འཁོར་བ་ནས་ཡོངས་སུ་མི་འགྲོལ་ལོ། །དེའི་ཕྱིར་བྱང་ཆུབ་སེམས་དཔའ་སེམས་དཔའ་ཆེན་པོ་རང་བཞིན་སྟོང་པ་ཉིད་ཀྱི་ཕ་རོལ་ཏུ་ཕྱིན་པ་རྣམས་ལ་སྤྱོད་ཅིང་། གཟུགས་སྟོང་པ་འམ། འོན་ཏམ་མི་སྟོང་ཞེས་བྱ་བར་རྣམ་པར་འཁྲུག་པར་མི་བྱེད་དོ། །ཚོར་བ་སྟོང་པ་འམ། འོན་ཏམ་མི་སྟོང་ཞེས་བྱ་བར་རྣམ་པར་འཁྲུག་པར་མི་བྱེད་དོ། །འདུ་ཤེས་སྟོང་པའམ། འོན་ཏམ་མི་སྟོང་ཞེས་བྱ་(༧)བར་རྣམ་པར་འཁྲུག་པར་མི་བྱེད་དོ། །འདུ་བྱེད་སྟོང་པའམ་འོན་ཏམ་མི་སྟོང་ཞེས་བྱ་བར་རྣམ་པར་འཁྲུག་པར་མི་བྱེད་དོ། །རྣམ་པར་ཤེས་པ་སྟོང་པའམ། འོན་ཏམ་མི་སྟོང་ཞེས་བྱ་བར་རྣམ་པར་འཁྲུག་པར་མི་བྱེད་དོ། །མིག་སྟོང་པ་འམ། འོན་ཏམ་མི་སྟོང་ཞེས་བྱ་བར་རྣམ་པར་འཁྲུག་པར་མི་བྱེད་དོ། །རྣ་བ་སྟོང་པ་འམ༑ འོན་ཏམ་མི་སྟོང་ཞེས་བྱ་བར་རྣམ་པར་འཁྲུག་པར་མི་བྱེད་དོ། །སྣ་སྟོང་པ་འམ། འོན་ཏམ་མི་སྟོང་ཞེས་བྱ་བར་རྣམ་པར་འཁྲུག་(༨)པར་མི་བྱེད་དོ། །

ལྟེ་སྟོང་པ་འམ། ངོན་ཏམ་མྱི་སྟོང་ཞེས་བྱ་བར་རྣམ་པར་འཁྲུག་པར་མྱི་བྱེད་དོ། །
ལུས་སྟོང་པ་འམ། ངོན་ཏམ་མྱི་སྟོང་ཞེས་བྱ་བར་རྣམ་པར་འཁྲུག་པར་མྱི་བྱེད་དོ། །
ཡིད་སྟོང་པ་འམ། ངོན་ཏམ་མི་སྟོང་ཞེས་བྱ་བར་རྣམ་པར་འཁྲུག་པར་མྱི་བྱེད་དོ། །
གཟུགས་སྟོང་པ་འམ། ངོན་ཏམ་མྱི་སྟོང་ཞེས་བྱ་བར་རྣམ་པར་འཁྲུག་པར་མྱི་
བྱེད་དོ། །སྒྲ་སྟོང་པ་འམ། ངོན་ཏམ་མྱི་སྟོང་ཞེས་བྱ་བར་རྣམ་པར་འཁྲུག་
པར་མྱི་བྱེད་དོ། །དྲི་སྟོང་པ་འམ། ངོན་ཏམ་མྱི་སྟོང་ཞེས་བྱ་བར་རྣམ་པར་
འཁྲུག་པར་མྱི་བྱེད་དོ། །རོ་སྟོང་པ་འམ། ངོན་ཏམ་མྱི་སྟོང་ཞེས་བྱ་བར་རྣམ་
པར་འཁྲུག་པར་མྱི་བྱེད་དོ། །རེག་སྟོང་པ་འམ། ངོན་ཏམ་མྱི་སྟོང་ཞེས་བྱ་
བར་རྣམ་པར་འཁྲུག་པར་མྱི་བྱེད་དོ། །ཆོས་སྟོང་པ་འམ། ངོན་ཏམ་མྱི་སྟོང་
ཞེས་བྱ་བར། རྣམ་པར་འཁྲུག་པར་མྱི་བྱེད་དོ། །མྱིག་གི་རྣམ་པར་ཤེས་པ་
སྟོང་པ་འམ། ངོན་ཏམ་མྱི་སྟོང་ཞེས་བྱ་བར་རྣམ་པར་འཁྲུག་པར་མྱི་(༡)བྱེད་དོ། །
རྣ་བའི་རྣམ་པར་ཤེས་པ་སྟོང་པའམ། ངོན་ཏམ་མྱི་སྟོང་ཞེས་བྱ་བར་རྣམ་པར་
འཁྲུག་པར་མྱི་བྱེད་དོ། །སྣའི་རྣམ་པར་ཤེས་པ་སྟོང་པའམ། ངོན་ཏམ་མྱི་སྟོང་
ཞེས་བྱ་བར་རྣམ་པར་འཁྲུག་པར་མྱི་བྱེད་དོ། །ལྟེའི་རྣམ་པར་ཤེས་པ་སྟོང་པ་འམ།
ངོན་ཏམ་མྱི་སྟོང་ཞེས་བྱ་བར་རྣམ་པར་འཁྲུག་པར་མྱི་བྱེད་དོ། །ལུས་ཀྱི་རྣམ་
པར་ཤེས་པ་སྟོང་པ་འམ། ངོན་ཏམ་མྱི་སྟོང་ཞེས་བྱ་བར་རྣམ་པར་འཁྲུག་པར་མྱི་
བྱེད་དོ། །ཡིད་ཀྱི་རྣམ་པར་ཤེས་པ་སྟོང་པའམ། ༔ངོན་ཏམ་(༢)མྱི་སྟོང་ཞེས་བྱ་
བར་རྣམ་པར་འཁྲུག་པར་མྱི་བྱེད་དོ། །མྱིག་གི་འདུས་ཏེ་རེག་པ་སྟོང་པ་འམ།
ངོན་ཏམ་མྱི་སྟོང་ཞེས་བྱ་བར་རྣམ་པར་འཁྲུག་པར་མྱི་བྱེད་དོ། །རྣ་བའི་འདུས་
ཏེ་རེག་པ་སྟོང་པ་འམ། ངོན་ཏམ་མྱི་སྟོང་(༣)ཞེས་བྱ་བར་རྣམ་པར་འཁྲུག་པར་མྱི་
བྱེད་དོ། །སྣའི་འདུས་ཏེ་རེག་པ་སྟོང་པའམ། ངོན་ཏམ་མྱི་སྟོང་ཞེས་བྱ་བར་

རྣམ་པར་འགྱུར་པར་མྱི་བྱེད་དོ། །ལྕེའི་འདུས་ཏེ་རེག་པ་སྟོང་པ་འམ། འོན་ཏམ་མྱི་སྟོང་ཞེས་བྱ་བར་རྣམ་པར་འགྱུར་པར་མྱི་བྱེད་དོ། །ལུས་ཀྱི་འདུས་ཏེ་རེག་པ་སྟོང་པ་འམ། འོན་ཏམ་མྱི་སྟོང་ཞེས་བྱ་བར་རྣམ་པར་འགྱུར་པར་མྱི་བྱེད་དོ། །ཡིད་ཀྱི་འདུས་ཏེ་རེག་པ་སྟོང་པའམ། འོན་ཏམ་མྱི་སྟོང་ཞེས་བྱ་བར་རྣམ་པར་འགྱུར་པར་མྱི་བྱེད་དོ། །མིག་གི་འདུས་ཏེ་རེག་པ་ལས་བྱུང་བའི་ཚོར་བ་སྟོང་པའམ། འོན་ཏམ་མྱི་སྟོང་ཞེས་བྱ་བར་རྣམ་པར་འགྱུར་པར་མྱི་བྱེད་དོ། །རྣ་བའི་འདུས་ཏེ་རེག་པ་ལས་བྱུང་བའི་ཚོར་བ་སྟོང་པའམ། འོན་ཏམ་མྱི་སྟོང་ཞེས་བྱ་བར་རྣམ་པར་འགྱུར་པར་མྱི་བྱེད་དོ། །སྣའི་འདུས་ཏེ་རེག་པ་ལས་བྱུང་བའི་ཚོར་བ་སྟོང་པའམ། འོན་ཏམ་མྱི་སྟོང་ཞེས་བྱ་བར་རྣམ་པར་འགྱུར་པར་མྱི་བྱེད་དོ། །ལྕེའི་འདུས་ཏེ་རེག་པ་ལས་བྱུང་བའི་ཚོར་བ་སྟོང་པའམ། འོན་ཏམ་མྱི་སྟོང་ཞེས་བྱ་བར་རྣམ་པར་འགྱུར་པར་མྱི་བྱེད་དོ། །ལུས་ཀྱི་འདུས་ཏེ་རེག་པ་ལས་བྱུང་བའི་ཚོར་བ་སྟོང་པའམ། འོན་ཏམ་མྱི་སྟོང་ཞེས་བྱ་བར་རྣམ་པར་འགྱུར་པར་མྱི་བྱེད་དོ། །ཡིད་ཀྱི་འདུས་ཏེ་རེག་པ་ལས་བྱུང་བའི་ཚོར་བ་སྟོང་པའམ། འོན་ཏམ་མྱི་སྟོང་ཞེས་བྱ་བར་རྣམ་པར་འགྱུར་པར་མི་བྱེད་དོ། །སའི་ཁམས་སྟོང་པའམ། འོན་ཏམ་མྱི་སྟོང་ཞེས་བྱ་བར་རྣམ་པར་འགྱུར་པར་མྱི་བྱེད་དོ། །ཆུའི་ཁམས་སྟོང་པ་འམ། འོན་ཏམ་མྱི་སྟོང་ཞེས་བྱ་བར་རྣམ་པར་འགྱུར་པར་མྱི་བྱེད་དོ། །མེའི་ཁམས་སྟོང་པ་འམ། འོན་ཏམ་མྱི་སྟོང་ཞེས་བྱ་བར་རྣམ་པར་འགྱུར་པར་མྱི་བྱེད་དོ། །རླུང་གི་ཁམས་སྟོང་པ་འམ། འོན་ཏམ་མྱི་སྟོང་ཞེས་བྱ་བར་རྣམ་པར་འགྱུར་པར་མྱི་བྱེད་དོ། །ནམ་མཁའི་ཁམས་སྟོང་པ་འམ། འོན་ཏམ་མྱི་སྟོང་ཞེས་བྱ་བར་རྣམ་པར་འགྱུར་པར་མྱི་བྱེད་དོ། །རྣམ་པར་ཤེས་པའི་ཁམས་སྟོང་པའམ། འོན་ཏམ་མྱི་སྟོང་ཞེས་བྱ་བར་རྣམ་པར་

འགྲུབ་པར་མི་བྱེད་དོ། །མ་རིག་པ་སྟོང་པ་འམ། འོན་ཏམ་མི་སྟོང་ཞེས་བྱ་བར་རྣམ་པར་འགྲུབ་པར་མི་བྱེད་དོ། །འདུ་[7]བྱེད་སྟོང་པ་འམ། འོན་ཏམ་མི་སྟོང་ཞེས་བྱ་བར་རྣམ་པར་འགྲུབ་པར་མི་བྱེད་དོ། །རྣམ་པར་ཤེས་པ་སྟོང་པ་འམ། འོན་ཏམ་མི་སྟོང་ཞེས་བྱ་བར་རྣམ་པར་འགྲུབ་པར་མི་བྱེད་དོ། །མིང་དང་གཟུགས་སྟོང་པའམ། འོན་ཏམ་མི་སྟོང་ཞེས་བྱ་བར་རྣམ་པར་འགྲུབ་པར་མི་བྱེད་དོ། །སྐྱེ་མཆེད་དྲུག་སྟོང་པ་འམ། འོན་ཏམ་མི་སྟོང་ཞེས་བྱ་བར་རྣམ་པར་འགྲུབ་པར་མི་བྱེད་དོ། །རེག་པ་སྟོང་པ་འམ། འོན་ཏམ་མི་སྟོང་ཞེས་བྱ་བར་རྣམ་པར་འགྲུབ་པར་མི་བྱེད་དོ། །ཚོར་བ་སྟོང་པ་འམ། འོན་ཏམ་མི་སྟོང་ཞེས་བྱ་བར་རྣམ་པར་འགྲུབ་པར་མི་བྱེད་དོ། །སྲེད་པ་སྟོང་པ་འམ། འོན་ཏམ་མི་སྟོང་ཞེས་བྱ་བར་རྣམ་པར་འགྲུབ་པར་མི་བྱེད་དོ། །ལེན་པ་སྟོང་པ་འམ། འོན་ཏམ་མི་སྟོང་ཞེས་བྱ་བར་རྣམ་པར་འགྲུབ་པར་མི་བྱེད་དོ། །སྲིད་པ་སྟོང་པ་འམ། འོན་ཏམ་མི་སྟོང་ཞེས་བྱ་བར་རྣམ་པར་འགྲུབ་པར་མི་བྱེད་དོ། །སྐྱེ་བ་སྟོང་པ་འམ། འོན་ཏམ་མི་སྟོང་ཞེས་བྱ་བར་རྣམ་པར་འགྲུབ་པར་མི་བྱེད་དོ། །རྒ་ཤི་སྟོང་པ་འམ། འོན་ཏམ་མི་སྟོང་ཞེས་བྱ་བར་རྣམ་པར་འགྲུབ་པར་མི་བྱེད་དོ། །སྦྱིན་པའི་ཕ་རོལ་ཏུ་ཕྱིན་པ་སྟོང་པ་འམ། འོན་ཏམ་མི་སྟོང་ཞེས་བྱ་བར་རྣམ་པར་འགྲུབ་པར་མི་བྱེད་དོ། །ཚུལ་ཁྲིམས་ཀྱི་ཕ་རོལ་ཏུ་ཕྱིན་པ་སྟོང་པའམ། འོན་ཏམ་མི་སྟོང་ཞེས་བྱ་བར་རྣམ་པར་འགྲུབ་པར་མི་བྱེད་དོ། །བཟོད་པའི་ཕ་རོལ་ཏུ་ཕྱིན་པ་སྟོང་པའམ། འོན་ཏམ་མི་སྟོང་ཞེས་བྱ་བར་རྣམ་པར་འགྲུབ་པར་མི་བྱེད་དོ། །བརྩོན་འགྲུས་ཀྱི་ཕ་རོལ་ཏུ་ཕྱིན་པ་སྟོང་པའམ། འོན་ཏམ་མི་སྟོང་ཞེས་བྱ་བར་རྣམ་པར་འགྲུབ་པར་མི་བྱེད་དོ། །བསམ་གཏན་གྱི་ཕ་རོལ་ཏུ་ཕྱིན་པ་སྟོང་པའམ། འོན་ཏམ་མི་སྟོང་ཞེས་བྱ་བར་རྣམ་པར་འགྲུབ་པར་མི་བྱེད་

དོ༔ །ཤེས་རབ་ཀྱི་ཕ་རོལ་ཏུ་ཕྱིན་པ་སྟོང་པའམ། འོན་ཏམ་སྨྱི་སྟོང་ཞེས་བྱ་བར་རྣམ་པར་འགྲུབ་པར་སྨྱི་བྱེད་དོ། །ནང་སྟོང་པ་ཉིད་སྟོང་པའམ། འོན་ཏམ་སྨྱི་སྟོང་ཞེས་བྱ་བར་རྣམ་པར་འགྲུབ་པར་སྨྱི་བྱེད་དོ། །ཕྱི་སྟོང་པ་ཉིད་སྟོང་པའམ༔ འོན་ཏམ་སྨྱི་སྟོང་ཞེས་བྱ་བར་རྣམ་པར་འགྲུབ་པར་སྨྱི་བྱེད་དོ། །ཕྱི་ནང་སྟོང་པ་ཉིད་སྟོང་པའམ། འོན་ཏམ་སྨྱི་སྟོང་ཞེས་བྱ་བར་རྣམ་པར་འགྲུབ་པར་སྨྱི་བྱེད་དོ། །སྟོང་པ་ཉིད་སྟོང་པ་ཉིད་སྟོང་པའམ། འོན་ཏམ་སྨྱི་སྟོང་ཞེས་བྱ་བར་རྣམ་པར་འགྲུབ་པར་སྨྱི་བྱེད་དོ། །ཆེན་པོ་སྟོང་པ་ཉིད་སྟོང་པའམ། འོན་ཏམ་སྨྱི་སྟོང་ཞེས་བྱ་བར་རྣམ་པར་འགྲུབ་པར་སྨྱི་བྱེད་དོ། །དོན་དམ་པ་[༡]སྟོང་པ་ཉིད་སྟོང་པའམ། འོན་ཏམ་སྨྱི་སྟོང་ཞེས་བྱ་བར་རྣམ་པར་འགྲུབ་པར་སྨྱི་བྱེད་དོ། །འདུས་བྱས་སྟོང་པ་ཉིད་སྟོང་པའམ། འོན་ཏམ་སྨྱི་སྟོང་ཞེས་བྱ་བར་རྣམ་པར་འགྲུབ་པར་སྨྱི་བྱེད་དོ། །འདུས་མ་བྱས་སྟོང་པ་ཉིད་སྟོང་པའམ། འོན་ཏམ་སྨྱི་སྟོང་ཞེས་བྱ་བར་རྣམ་པར་འགྲུབ་པར་སྨྱི་བྱེད་དོ། །མཐའ་ལས་འདས་པ་སྟོང་པ་ཉིད་སྟོང་པའམ། འོན་ཏམ་སྨྱི་སྟོང་ཞེས་བྱ་བར་རྣམ་པར་འགྲུབ་པར་སྨྱི་བྱེད་དོ། །ཐོག་མ་དང་ཐ་མ་མྱེད་པ་སྟོང་པ་ཉིད་སྟོང་པའམ། འོན་ཏམ་སྨྱི་སྟོང་ཞེས་བྱ་བར་རྣམ་པར་འགྲུབ་པར་སྨྱི་བྱེད་དོ། །དོར་བ་མྱེད་པ་སྟོང་པ་ཉིད་སྟོང་པའམ། འོན་ཏམ་སྨྱི་སྟོང་ཞེས་བྱ་བར་[༢]རྣམ་པར་འགྲུབ་པར་སྨྱི་བྱེད་དོ། །རང་བཞིན་སྟོང་པ་ཉིད་སྟོང་པའམ། འོན་ཏམ་སྨྱི་སྟོང་ཞེས་བྱ་བར་རྣམ་པར་འགྲུབ་པར་སྨྱི་བྱེད་དོ། །ཆོས་ཐམས་ཅད་སྟོང་པ་ཉིད་སྟོང་པའམ། འོན་ཏམ་སྨྱི་སྟོང་ཞེས་བྱ་བར་རྣམ་པར་འགྲུབ་པར་སྨྱི་བྱེད་དོ། །རང་གི་མཚན་ཉིད་སྟོང་པ་ཉིད་སྟོང་པ་འམ། འོན་ཏམ་སྨྱི་སྟོང་ཞེས་བྱ་བར་རྣམ་པར་འགྲུབ་པར་སྨྱི་བྱེད་དོ། །མི་དམིགས་པ་སྟོང་པ་ཉིད་སྟོང་པའམ། འོན་ཏམ་སྨྱི་སྟོང་

ཞེས་བྱ་བར་རྣམ་པར་འཁྲུག་པར་[7]མི་བྱེད་དོ། །དངོས་པོ་མེད་པ་སྟོང་པ་ཉིད་སྟོང་པའམ། འོན་ཏམ་མི་སྟོང་ཞེས་བྱ་བར་རྣམ་པར་འཁྲུག་པར་མི་བྱེད་དོ། །ངོ་བོ་ཉིད་སྟོང་པ་ཉིད་སྟོང་པའམ། འོན་ཏམ་མི་སྟོང་ཞེས་བྱ་བར་རྣམ་པར་འཁྲུག་པར་མི་བྱེད་དོ། །དངོས་པོ་མེད་པའི་ངོ་བོ་ཉིད་སྟོང་པ་ཉིད་སྟོང་པའམ། འོན་ཏམ་མི་སྟོང་ཞེས་བྱ་བར་རྣམ་པར་འཁྲུག་པར་མི་བྱེད་དོ། །དྲན་པ་ཉེ་བར་གཞག་པ་རྣམས་སྟོང་པའམ། འོན་ཏམ་མི་སྟོང་ཞེས་བྱ་བར་རྣམ་པར་འཁྲུག་པར་མི་བྱེད་དོ། །ཡང་དག་པར་སྤོང་བ་རྣམས་སྟོང་པའམ། འོན་ཏམ་མི་སྟོང་ཞེས་བྱ་བར་རྣམ་པར་འཁྲུག་པར་མི་བྱེད་དོ། །རྫུ་འཕྲུལ་གྱི་རྐང་པ་རྣམས་སྟོང་པའམ། འོན་ཏམ་མི་སྟོང་ཞེས་བྱ་བར་རྣམ་པར་འཁྲུག་པར་མི་བྱེད་དོ། །དབང་པོ་རྣམས་སྟོང་པའམ། འོན་ཏམ་མི་སྟོང་ཞེས་བྱ་བར་རྣམ་པར་འཁྲུག་པར་མི་བྱེད་དོ། །སྟོབས་རྣམས་སྟོང་པའམ། འོན་ཏམ་མི་སྟོང་ཞེས་བྱ་བར་རྣམ་པར་འཁྲུག་པར་མི་བྱེད་དོ། །བྱང་ཆུབ་ཀྱི་ཡན་ལག་རྣམས་སྟོང་པའམ། འོན་ཏམ་མི་སྟོང་ཞེས་བྱ་བར་རྣམ་པར་འཁྲུག་པར་མི་བྱེད་དོ། །འཕགས་པའི་ལམ་ཡན་ལག་བརྒྱད་པ་སྟོང་པའམ། འོན་ཏམ་མི་སྟོང་ཞེས་བྱ་བར་རྣམ་པར་འཁྲུག་པར་མི་བྱེད་དོ། །འཕགས་པའི་བདེན་པ་རྣམས་སྟོང་པའམ། འོན་ཏམ་མི་སྟོང་ཞེས་བྱ་བར་རྣམ་པར་འཁྲུག་པར་མི་བྱེད་དོ། །བསམ་གཏན་རྣམས་སྟོང་པའམ། འོན་ཏམ་མི་སྟོང་ཞེས་བྱ་བར་རྣམ་པར་འཁྲུག་པར་མི་བྱེད་དོ། །ཚད་མེད་པ་རྣམས་སྟོང་པའམ། འོན་ཏམ་མི་སྟོང་ཞེས་བྱ་བར་རྣམ་པར་འཁྲུག་པར་མི་བྱེད་དོ། །གཟུགས་མེད་པའི་སྙོམས་པར་འཇུག་པ་རྣམས་སྟོང་པའམ། འོན་ཏམ་མི་སྟོང་ཞེས་བྱ་བར་རྣམ་པར་འཁྲུག་པར་མི་བྱེད་དོ། །རྣམ་པར་ཐར་པ་རྣམས་སྟོང་པའམ། འོན་ཏམ་མི་སྟོང་ཞེས་བྱ་བར་རྣམ་པར་འཁྲུག་པར་མི་

བྱེད་དོ། །མཐར་གྱིས་གནས་པའི་སྙོམས་པར་འཇུག་པ་རྣམས་སྟོང་པའམ།
འོན་ཏམ་མྱི་སྟོང་ཞེས་བྱ་བར་རྣམ་པར་འཕྲུག་པར་མྱི་བྱེད་དོ། །རྣམ་པར་ཐར་
པའི་སྒོ་སྟོང་པ་ཉིད་དང་། མཚན་མ་མྱེད་པ་དང་། སྨོན་པ་མྱེད་པ་སྟོང་
པའམ། འོན་ཏམ་མྱི་སྟོང་ཞེས་བྱ་བརཿརྣམ་པར་①འཕྲུག་པར་མྱི་བྱེད་དོ། །
མངོན་པར་ཤེས་པ་རྣམས་སྟོང་པའམ། འོན་ཏམ་མྱི་སྟོང་ཞེས་བྱ་བར་རྣམ་པར་
འཕྲུག་པར་མྱི་བྱེད་དོ། །ཏིང་ངེ་འཛིན་རྣམས་སྟོང་པའམ། འོན་ཏམ་མྱི་སྟོང་
ཞེས་བྱ་བར་རྣམ་པར་འཕྲུག་པར་མྱི་བྱེད་དོ། །གཟུངས་ཀྱི་སྒོ་རྣམས་སྟོང་པའམ།
འོན་ཏམ་མྱི་སྟོང་ཞེས་བྱ་བར་རྣམ་པར་འཕྲུག་པར་མྱི་བྱེད་དོ། །དེ་བཞིན་
གཤེགས་པའི་སྟོབས་རྣམས་སྟོང་པའམ། འོན་ཏམ་མྱི་སྟོང་ཞེས་བྱ་བར་རྣམ་པར་
འཕྲུག་པར་མྱི་བྱེད་དོ། །མྱི་འཇིགས་②པ་རྣམས་སྟོང་པའམ། འོན་ཏམ་མྱི་
སྟོང་ཞེས་བྱ་བར་རྣམ་པར་འཕྲུག་པར་མྱི་བྱེད་དོ། །སོ་སོ་ཡང་དག་པར་རིག་པ་
རྣམས་③སྟོང་པ་འམ། འོན་ཏམ་མྱི་སྟོང་ཞེས་བྱ་བར་རྣམ་པར་འཕྲུག་པར་མྱི་
བྱེད་དོ། །བྱམས་པ་ཆེན་པོ་སྟོང་པའམ། འོན་ཏམ་མྱི་སྟོང་ཞེས་བྱ་བར་རྣམ་
པར་འཕྲུག་པར་མྱི་བྱེད་དོ། །སྙིང་རྗེ་ཆེན་པོ་སྟོང་པའམ། འོན་ཏམ་མྱི་སྟོང་
ཞེས་བྱ་བར་རྣམ་པར་འཕྲུག་པར་མྱི་བྱེད་དོ། །སངས་རྒྱས་ཀྱི་ཆོས་མ་འདྲེས་པ་
རྣམས་སྟོང་པའམ། འོན་ཏམ་མྱི་སྟོང་ཞེས་བྱ་བར་རྣམ་པར་འཕྲུག་པར་མྱི་བྱེད་
དོ། །རྒྱུན་དུ་ཞུགས་པའི་འབྲས་བུ་སྟོང་པའམ། འོན་④ཏམ་མྱི་སྟོང་ཞེས་བྱ་
བར་རྣམ་པར་འཕྲུག་པར་མྱི་བྱེད་དོ། །ལན་ཅིག་ཕྱིར་འོང་བའི་འབྲས་བུ་སྟོང་
པའམ། འོན་ཏམ་མྱི་སྟོང་ཞེས་བྱ་བར་རྣམ་པར་འཕྲུག་པར་མྱི་བྱེད་དོ། །
ཕྱིར་མྱི་འོང་བའི་འབྲས་བུ་སྟོང་པའམ། འོན་ཏམ་མྱི་སྟོང་ཞེས་བྱ་བར་⑤རྣམ་
པར་འཕྲུག་པར་མྱི་བྱེད་དོ། །དགྲ་བཅོམ་པ་ཉིད་སྟོང་པའམ། འོན་ཏམ་མྱི་

སྟོང་ཞེས་བྱ་བར་རྣམ་པར་འཁྲུག་པར་མི་བྱེད་དོ། །རང་བྱང་ཆུབ་སྟོང་པ་འམ། འོན་ཏམ་མི་སྟོང་ཞེས་བྱ་བར་རྣམ་པར་འཁྲུག་པར་མི་བྱེད་དོ། །བླ་ན་མེད་པ་ཡང་དག་པར་རྫོགས་པའི་བྱང་ཆུབ་སྟོང་པ་འམ། འོན་ཏམ་མི་སྟོང་ཞེས་བྱ་བར་རྣམ་པར་འཁྲུག་པར་མི་བྱེད་དོ། །དེ་ཅིའི་ཕྱིར་ཞེ་ན། རང་བཞིན་སྟོང་པ་ཉིད་ནི་འདི་ནི་གཟུགས་སོ། །འདི་ནི་གཟུགས་ཀྱི་སྟོང་པ་ཉིད་དོ་ཞེས་གཟུགས་རྣམ་པར་འཁྲུག་པར་མི་བྱེད་དོ། །རང་བཞིན་སྟོང་པ་ཉིད་ནི་འདི་ནི་ཚོར་བའོ། །འདི་ནི་ཚོར་བའི་སྟོང་པ་ཉིད་དོ་ཞེས་ཚོར་བ་རྣམ་པར་འཁྲུག་པར་མི་བྱེད་དོ། །རང་བཞིན་སྟོང་པ་ཉིད་ནི་འདི་ནི་འདུ་ཤེས་སོ། །འདི་ནི་འདུ་ཤེས་ཀྱི་སྟོང་པ་ཉིད་དོ་ཞེས་འདུ་ཤེས་རྣམ་པར་འཁྲུག་པར་མི་བྱེད་དོ། །རང་བཞིན་སྟོང་པ་ཉིད་ནི་འདི་ནིའདུ་བྱེད་དོ། །འདི་ནི་འདུ་བྱེད་ཀྱི་སྟོང་པ་ཉིད་དོ་ཞེས་འདུ་བྱེད་རྣམ་པར་འཁྲུག་པར་མི་བྱེད་དོ། །རང་བཞིན་སྟོང་པ་ཉིད་ནི་འདི་ནི་རྣམ་པར་ཤེས་པའོ། །འདི་ནི་རྣམ་པར་ཤེས་པའི་སྟོང་པ་ཉིད་དོ་ཞེས་རྣམ་པར་ཤེས་པ་རྣམ་པར་འཁྲུག་པར་མི་བྱེད་དོ། །རང་བཞིན་སྟོང་པ་ཉིད་ནི་འདི་ནི་མིག་གོ། །འདི་ནི་མིག་གི་སྟོང་པ་ཉིད་དོ་ཞེས་མིག་རྣམ་པར་འཁྲུག་པར་མི་བྱེད་དོ། །རང་བཞིན་སྟོང་པ་ཉིད་ནི་འདི་ནི་རྣ་བའོ། །འདི་ནི་རྣ་བའི་སྟོང་པ་ཉིད་དོ་ཞེས་རྣ་བ་རྣམ་པར་འཁྲུག་པར་མི་བྱེད་དོ། །རང་བཞིན་སྟོང་པ་ཉིད་ནི་འདི་ནི་སྣའོ། །འདི་ནི་སྣའི་སྟོང་པ་ཉིད་དོ་ཞེས་སྣ་རྣམ་པར་འཁྲུག་པར་མི་བྱེད་དོ། །རང་བཞིན་སྟོང་པ་ཉིད་ནི་འདི་ནི་ལྕེའོ། །འདི་ནི་ལྕེའི་སྟོང་པ་ཉིད་དོ་ཞེས་ལྕེ་རྣམ་པར་འཁྲུག་པར་མི་བྱེད་དོ། །རང་བཞིན་སྟོང་པ་ཉིད་ནི་འདི་ནི་ལུས་སོ། །འདི་ནི་ལུས་ཀྱི་སྟོང་པ་ཉིད་དོ་ཞེས་ལུས་རྣམ་པར་འཁྲུག་པར་མི་བྱེད་དོ། །རང་བཞིན་སྟོང་པ་ཉིད་ནི་འདི་ནི་ཡིད་དོ། །འདི་ནི་ཡིད་ཀྱི་སྟོང་པ་ཉིད་དོ་ཞེས་ཡིད་

རྣམ་པར་འཁྲུག་པར་མི་བྱེད་དོ། །རང་བཞིན་སྟོང་པ་ཉིད་ནི་འདི་ནི་གཟུགས་སོ།། འདི་ནི་གཟུགས་ཀྱི་སྟོང་པ་ཉིད་དོ་ཞེས་གཟུགས་རྣམ་པར་འཁྲུག་པར་མི་བྱེད་དོ། །རང་བཞིན་སྟོང་པ་ཉིད་ནི་འདི་ནི་སྒྲའོ། །འདི་ནི་སྒྲའི་སྟོང་པ་ཉིད་དོ་ཞེས་སྒྲ་རྣམ་པར་འཁྲུག་པར་མི་བྱེད་དོ། །རང་བཞིན་སྟོང་པ་ཉིད་ནི་འདི་ནི་དྲིའོ། །འདི་ནི་དྲིའི་སྟོང་པ་ཉིད་དོ་ཞེས་དྲི་རྣམ་པར་འཁྲུག་པར་མི་བྱེད་དོ། །རང་བཞིན་སྟོང་པ་ཉིད་ནི་འདི་ནི་རོའོ། །འདི་ནི་རོའི་སྟོང་པ་ཉིད་དོ། །ཞེས་རོ་རྣམ་པར་འཁྲུག[1]པར་མི་བྱེད་དོ། །རང་བཞིན་སྟོང་པ་ཉིད་ནི་[2]འདི་ནི་རེག་གོ།། འདི་ནི་རེག་གི་སྟོང་པ་ཉིད་དོ་ཞེས་རེག་རྣམ་པར་འཁྲུག་པར་མི་བྱེད་དོ། །རང་བཞིན་སྟོང་པ་ཉིད་ནི་འདི་ནི་ཆོས་སོ། །འདི་ནི་ཆོས་ཀྱི་སྟོང་པ་ཉིད་དོ་ཞེས་ཆོས་རྣམ་པར་འཁྲུག་པར་མི་བྱེད་དོ། །རང་བཞིན་སྟོང་པ་ཉིད་ནི་འདི་ནི་མིག་གི་རྣམ་པར་ཤེས་པའོ། །འདི་ནི་མིག་གི་རྣམ་པར་ཤེས་པའི་སྟོང་པ་ཉིད་དོ་ཞེས་མིག་གི་རྣམ་པར་ཤེས་པ་རྣམ་པར་འཁྲུག་པར་མི་བྱེད་དོ། །རང་བཞིན་སྟོང་པ་ཉིད་ནི་འདི་ནི་རྣ་བའི་རྣམ་པར་ཤེས་པའོ། །འདི་ནི་རྣ་བའི་རྣམ་པར་ཤེས་པའི་སྟོང་པ་ཉིད་དོ་ཞེས་རྣ་བའི་རྣམ་པར་ཤེས་པ་རྣམ་པར་འཁྲུག་པར་མི་བྱེད་དོ། །རང་བཞིན་སྟོང་པ་ཉིད་ནི་འདི་ནི་སྣའི་རྣམ་པར་ཤེས་པའོ། །འདི་ནི་སྣའི་[3]རྣམ་པར་ཤེས་པའི་སྟོང་པ་ཉིད་དོ་ཞེས་སྣའི་རྣམ་པར་ཤེས་པ་རྣམ་པར་འཁྲུག་པར་མི་བྱེད་དོ། །རང་བཞིན་སྟོང་པ་ཉིད་ནི་འདི་ནི་ལྕེའི་རྣམ་པར་ཤེས་པའོ། །འདི་ནི་ལྕེའི་རྣམ་པར་ཤེས་པའི་སྟོང་པ་ཉིད་དོ་ཞེས་ལྕེའི་རྣམ་པར་ཤེས་པ་རྣམ་པར་འཁྲུག་པར་མི་བྱེད་དོ། །རང་བཞིན་སྟོང་པ་ཉིད་ནི་འདི་ནི་ལུས་ཀྱི་རྣམ་པར་ཤེས་པའོ། །འདི་ནི་ལུས་ཀྱི་རྣམ་པར་ཤེས་པའི་སྟོང་པ་ཉིད་དོ་ཞེས་ལུས་ཀྱི་རྣམ་པར་ཤེས་པ་རྣམ་པར་འཁྲུག་པར་མི་བྱེད་དོ། །རང་བཞིན་སྟོང་པ་ཉིད་ནི་འདི་

ནི་ཡིད་ཀྱི་རྣམ་པར་ཤེས་པའོ། །འདི་ནི་ཡིད་ཀྱི་རྣམ་པར་ཤེས་པའི་སྟོང་པ་ཉིད་དོ་ཞེས་ཡིད་ཀྱི་རྣམ་པར་ཤེས་པ་རྣམ་པར་འཁྲུག་པར་མི་བྱེད་དོ། །རང་བཞིན་སྟོང་པ་ཉིད་ནི་འདི་ནི་མིག་གི་འདུས་ཏེ་རེག་པའོ། །འདི་ནི་མིག་གི་འདུས་ཏེ་རེག་པའི་སྟོང་པ་ཉིད་དོ་ཞེས་མིག་གི་འདུས་ཏེ་རེག་པ་རྣམ་པར་འཁྲུག་པར་མི་བྱེད་དོ། །རང་བཞིན་སྟོང་པ་ཉིད་ནི་འདི་ནི་རྣ་བའི་འདུས་ཏེ་རེག་པའོ། །འདི་ནི་རྣ་བའི་འདུས་ཏེ་རེག་པའི་སྟོང་པ་ཉིད་དོ་ཞེས་རྣ་བའི་འདུས་ཏེ་རེག་པ་རྣམ་པར་འཁྲུག་པར་མི་བྱེད་དོ། །རང་བཞིན་སྟོང་པ་ཉིད་ནི་འདི་ནི་སྣའི་འདུས་ཏེ་རེག་པའོ། །འདི་ནི་སྣའི་འདུས་ཏེ་རེག་པའི་སྟོང་པ་ཉིད་དོ་ཞེས་སྣའི་འདུས་ཏེ་རེག་པ་རྣམ་པར་འཁྲུག་པར་མི་བྱེད་དོ། །རང་བཞིན་སྟོང་པ་ཉིད་ནི་འདི་ནི་ལྕེའི་འདུས་ཏེ་རེག་པའོ། །འདི་ནི་ལྕེའི་འདུས་ཏེ་རེག་པའི་སྟོང་པ་ཉིད་དོ་ཞེས་ལྕེའི་འདུས་ཏེ་རེག་པ་རྣམ་པར་འཁྲུག་པར་མི་བྱེད་དོ། །རང་བཞིན་སྟོང་པ་ཉིད་ནི་འདི་ནི་ལུས་ཀྱི་འདུས་ཏེ་རེག་པའོ། །འདི་ནི་ལུས་ཀྱི་འདུས་ཏེ་རེག་པའི་སྟོང་པ་ཉིད་དོ་ཞེས་ལུས་ཀྱི་འདུས་ཏེ་རེག་པ་རྣམ་པར་འཁྲུག་པར་མི་བྱེད་དོ། །རང་བཞིན་སྟོང་པ་ཉིད་ནི་འདི་ནི་ཡིད་ཀྱི་འདུས་ཏེ་རེག་པའོ། །འདི་ནི་ཡིད་ཀྱི་འདུས་ཏེ་རེག་པའི་སྟོང་པ་ཉིད་དོ་ཞེས་ཡིད་ཀྱི་འདུས་ཏེ་རེག་པ་རྣམ་པར་འཁྲུག་པར་མི་བྱེད་དོ། །རང་བཞིན་སྟོང་པ་ཉིད་ནི་འདི་ནི་མིག་གི་འདུས་ཏེ་རེག་པ་ལས་བྱུང་བའི་ཚོར་བའོ། །འདི་ནི་མིག་གི་འདུས་ཏེ་རེག་པ་ལས་བྱུང་བའི་ཚོར་བའི་སྟོང་པ་ཉིད་དོ་ཞེས་མིག་གི་འདུས་ཏེ་རེག་པ་ལས་བྱུང་བའི་ཚོར་བ་རྣམ་པར་འཁྲུག་པར་མི་བྱེད་དོ། །རང་བཞིན་སྟོང་པ་ཉིད་ནི་འདི་ནི་རྣ་བའི་འདུས་ཏེ་རེག་པ་ལས་བྱུང་བའི་ཚོར་བའོ། །འདི་ནི་རྣ་བའི་འདུས་ཏེ་རེག་པ་ལས་བྱུང་བའི་ཚོར་བའི་སྟོང་པ་ཉིད་དོ་ཞེས་རྣ་བའི་འདུས་ཏེ་རེག་པ་ལས་བྱུང་བའི་ཚོར་བ་

རྣམ་པར་འཕྲུག་པར་མི་བྱེད་དོ། །རང་བཞིན་སྟོང་པ་ཉིད་ནི་འདི་ནི་སྣའི་འདུས་
ཏེ་རེག་པ་ལས་བྱུང་བའི་ཚོར་བའོ། །འདི་ནི་སྣའི་འདུས་ཏེ་རེག་པ་ལས་བྱུང་
བའི་ཚོར་བའི་སྟོང་པ་ཉིད་དོ་ཞེས་སྣའི་འདུས་ཏེ་རེག་པ་ལས་བྱུང་བའི་ཚོར་བ་
རྣམ་པར་འཕྲུག་པར་མི་བྱེད་དོ། །རང་བཞིན་སྟོང་པ་ཉིད་ནི་འདི་ནི་ལྕེའི་འདུས་
ཏེ་རེག་པ་ལས་བྱུང་བའི་ཚོར་བའོ། །འདི་ནི་ལྕེའི་འདུས་ཏེ་རེག་པ་ལས་བྱུང་
བའི་ཚོར་བའི་[༡]སྟོང་པ་ཉིད་དོ་ཞེས་ལྕེའི་འདུས་ཏེ་རེག་པ་ལས་བྱུང་བའི་ཚོར་བ་
རྣམ་པར་འཕྲུག་པར་མི་བྱེད་དོ། །རང་བཞིན་སྟོང་པ་ཉིད་ནི་འདི་ནི་ལུས་ཀྱི་
འདུས་ཏེ་རེག་པ་ལས་བྱུང་བའི་ཚོར་བའོ། །འདི་ནི་ལུས་ཀྱི་འདུས་ཏེ་རེག་པ་
ལས་བྱུང་བའི་ཚོར་བའི་[༢]སྟོང་པ་ཉིད་དོ་ཞེས་ལུས་ཀྱི་འདུས་ཏེ་རེག་པ་ལས་བྱུང་
བའི་ཚོར་བ་རྣམ་པར་འཕྲུག་པར་མི་བྱེད་དོ། །རང་བཞིན་སྟོང་པ་ཉིད་ནི་འདི་
ནི་ཡིད་ཀྱི་འདུས་ཏེ་རེག་པ་ལས་བྱུང་བའི་ཚོར་བའོ། །འདི་ནི་ཡིད་ཀྱི་འདུས་ཏེ་
རེག་པ་ལས་བྱུང་བའི་ཚོར་བའི་[༣]སྟོང་པ་ཉིད་དོ་ཞེས་ཡིད་ཀྱི་འདུས་ཏེ་རེག་པ་ལས་
བྱུང་བའི་ཚོར་བ་རྣམ་པར་འཕྲུག་པར་མི་བྱེད་དོ། །རང་བཞིན་སྟོང་པ་ཉིད་ནི་
འདི་ནི་སའི་ཁམས་སོ། །འདི་ནི་སའི་ཁམས་ཀྱི་སྟོང་པ་ཉིད་དོ་ཞེས་སའི་ཁམས་
རྣམ་པར་འཕྲུག་པར་མི་བྱེད་དོ། །རང་བཞིན་སྟོང་པ་ཉིད་ནི་འདི་ནི་ཆུའི་ཁམས་
སོ། །འདི་ནི་ཆུའི་ཁམས་ཀྱི་སྟོང་པ་ཉིད་དོ་ཞེས་ཆུའི་ཁམས་རྣམ་པར་འཕྲུག་
པར་མི་བྱེད་དོ། །རང་བཞིན་སྟོང་པ་ཉིད་ནི་འདི་ནི་མེའི་ཁམས་སོ། །འདི་ནི་
མེའི་ཁམས་ཀྱི་སྟོང་པ་ཉིད་དོ་ཞེས་མེའི་ཁམས་རྣམ་པར་འཕྲུག་པར་མི་བྱེད་དོ།
རང་བཞིན་སྟོང་པ་ཉིད་ནི་འདི་ནི་རླུང་གི་ཁམས་སོ། །འདི་ནི་རླུང་གི་ཁམས་ཀྱི་
སྟོང་པ་ཉིད་དོ་ཞེས་རླུང་གི་ཁམས་རྣམ་པར་འཕྲུག་པར་མི་བྱེད་དོ། །རང་བཞིན་
སྟོང་པ་ཉིད་ནི་འདི་ནི་ནམ་མཁའི་ཁམས་སོ། །འདི་ནི་ནམ་མཁའི་ཁམས་ཀྱི་སྟོང་

པ་ཉིད་དོ་ཞེས་ནམ་མཁའི་ཁམས་རྣམ་པར་འཁྲུག་པར་མི་བྱེད་དོ། །རང་བཞིན་སྟོང་པ་ཉིད་ནི་འདི་ནི་རྣམ་པར་ཤེས་པའི་ཁམས་སོ། །འདི་ནི་རྣམ་པར་ཤེས་པའི་ཁམས་ཀྱི་སྟོང་པ་ཉིད་དོ་ཞེས་རྣམ་པར་ཤེས་པའི་ཁམས་རྣམ་པར་འཁྲུག་པར་མི་བྱེད་དོ། །རང་བཞིན་སྟོང་པ་ཉིད་ནི་འདི་ནི་མ་རིག་པའོ། །འདི་ནི་མ་རིག་པའི་སྟོང་པ་ཉིད་དོ་ཞེས་མ་རིག་པ་རྣམ་པར་འཁྲུག་པར་མི་བྱེད་དོ། །རང་བཞིན་སྟོང་པ་ཉིད་ནི་འདི་ནི་འདུ་བྱེད་དོ། །འདི་ནི་འདུ་བྱེད་ཀྱི་སྟོང་པ་ཉིད་དོ་ཞེས་འདུ་བྱེད་རྣམ་པར་འཁྲུག་པར་མི་བྱེད་དོ། །རང་བཞིན་སྟོང་པ་ཉིད་ནི་འདི་ནི་རྣམ་པར་ཤེས་པའོ། །འདི་ནི་རྣམ་པར་ཤེས་པའི་སྟོང་པ་ཉིད་དོ་ཞེས་རྣམ་པར་ཤེས་པ་རྣམ་པར་འཁྲུག་པར་མི་བྱེད་དོ། །རང་བཞིན་སྟོང་པ་ཉིད་ནི་འདི་ནི་མིང་དང་གཟུགས་སོ། །འདི་ནི་མིང་དང་གཟུགས་ཀྱི་སྟོང་པ་ཉིད་དོ་ཞེས་མིང་དང་གཟུགས་རྣམ་པར་འཁྲུག་པར་མི་བྱེད་དོ། །རང་བཞིན་སྟོང་པ་ཉིད་ནི་འདི་ནི་སྐྱེ་མཆེད་དྲུག་གོ། །འདི་ནི་སྐྱེ་མཆེད་དྲུག་གི་སྟོང་པ་ཉིད་དོ་ཞེས་སྐྱེ་མཆེད་དྲུག་རྣམ་པར་འཁྲུག་པར་མི་བྱེད་དོ། །རང་བཞིན་སྟོང་པ་ཉིད་ནི་འདི་ནི་རེག་པའོ། །འདི་ནི་རེག་པའི་སྟོང་པ་ཉིད་དོ་ཞེས་རེག་པ་རྣམ་པར་འཁྲུག་པར་མི་བྱེད་དོ། །རང་བཞིན་སྟོང་པ་ཉིད་ནི་འདི་ནི་ཚོར་བའོ། །འདི་ནི་ཚོར་བའི་སྟོང་པ་ཉིད་དོ་ཞེས་ཚོར་བ་རྣམ་པར་འཁྲུག་པར་མི་བྱེད་དོ། །རང་བཞིན་སྟོང་པ་ཉིད་ནི་འདི་ནི་སྲེད་པའོ། །འདི་ནི་སྲེད་པའི་⑦སྟོང་པ་ཉིད་དོ་ཞེས་སྲེད་པ་རྣམ་པར་འཁྲུག་པར་མི་བྱེད་དོ། །རང་བཞིན་སྟོང་པ་ཉིད་ནི་འདི་ནི་ལེན་པའོ། །འདི་ནི་ལེན་པའི་སྟོང་པ་ཉིད་དོ་ཞེས་ལེན་པ་རྣམ་པར་འཁྲུག་པར་མི་བྱེད་དོ། །རང་བཞིན་སྟོང་པ་ཉིད་ནི་འདི་ནི་སྲིད་པའོ། །འདི་ནི་སྲིད་པའི་སྟོང་པ་ཉིད་དོ་ཞེས་སྲིད་པ་རྣམ་པར་འཁྲུག་པར་མི་བྱེད་དོ། །རང་བཞིན་སྟོང་པ་ཉིད་ནི་འདི་

ནི་སྐྱེ་བའོ། །འདི་ནི་སྐྱེ་བའི་སྟོང་པ་ཉིད་དོ་ཞེས་སྐྱེ་བ་རྣམ་པར་འབྲུག་པར་མི་བྱེད་དོ། །རང་བཞིན་སྟོང་པ་ཉིད་ནི་འདི་ནི་ཆ་ཤེའོ། །འདི་ནི་ཆ་ཤེའི་སྟོང་པ་ཉིད་དོ་ཞེས་ཆ་ཤེ[༡]རྣམ་པར་འབྲུག་པར་མི་བྱེད་དོ[༢]། །རང་བཞིན་སྟོང་པ་ཉིད་ནི་འདི་ནི་སྦྱིན་པའི་ཕ་རོལ་ཏུ་ཕྱིན་པའོ། །འདི་ནི་སྦྱིན་པའི་ཕ་རོལ་ཏུ་ཕྱིན་པའི་སྟོང་པ་ཉིད་དོ་ཞེས་སྦྱིན་པའི་ཕ་རོལ་ཏུ་ཕྱིན་པ་རྣམ་པར་འབྲུག་པར་མི་བྱེད་དོ། །རང་བཞིན་སྟོང་པ་ཉིད་ནི་འདི་ནི་ཚུལ་ཁྲིམས་ཀྱི་ཕ་རོལ་ཏུ་ཕྱིན་པའོ། །འདི་ནི་ཚུལ་ཁྲིམས་ཀྱི་ཕ་རོལ་ཏུ་ཕྱིན་པའི་སྟོང་པ་ཉིད་དོ་ཞེས་ཚུལ་ཁྲིམས་ཀྱི་ཕ་རོལ་ཏུ་ཕྱིན་པ་རྣམ་པར་འབྲུག་པར་མི་བྱེད་དོ། །རང་བཞིན་སྟོང་པ་ཉིད་ནི་འདི་ནི་བཟོད་པའི་ཕ་རོལ་ཏུ་ཕྱིན་པའོ། །འདི་ནི་བཟོད་པའི་ཕ་རོལ་ཏུ་ཕྱིན་པའི་སྟོང་པ་ཉིད་དོ་ཞེས་བཟོད་པའི་ཕ་རོལ་ཏུ་ཕྱིན་པ་རྣམ་པར་འབྲུག་པར་མི་བྱེད་དོ། །རང་བཞིན་སྟོང་པ་ཉིད་ནི་འདི་ནི་བརྩོན་འགྲུས་ཀྱི་ཕ་རོལ་ཏུ་ཕྱིན་པའོ། །འདི་ནི་བརྩོན་འགྲུས་ཀྱི་ཕ་རོལ་ཏུ་ཕྱིན་པའི་སྟོང་པ་ཉིད་དོ་ཞེས་བརྩོན་འགྲུས་ཀྱི་ཕ་རོལ་ཏུ་ཕྱིན་པ་རྣམ་པར་འབྲུག་པར་མི་བྱེད་དོ། །རང་བཞིན་སྟོང་པ་ཉིད་ནི་འདི་ནི་བསམ་གཏན་གྱི་ཕ་རོལ་ཏུ་ཕྱིན་པའོ། །འདི་ནི་བསམ་གཏན་གྱི་ཕ་རོལ་ཏུ་ཕྱིན་པའི་སྟོང་པ་ཉིད་དོ་ཞེས་བསམ་གཏན་གྱི་ཕ་རོལ་ཏུ་ཕྱིན་པ་རྣམ་པར་འབྲུག་པར་མི་བྱེད་དོ། །རང་བཞིན་སྟོང་པ་ཉིད་ནི་འདི་ནི་ཤེས་རབ་ཀྱི་ཕ་རོལ་ཏུ་ཕྱིན་པའོ། །འདི་ནི་ཤེས་རབ་ཀྱི་ཕ་རོལ་ཏུ་ཕྱིན་པའི་སྟོང་པ་ཉིད་དོ་ཞེས་ཤེས་རབ་ཀྱི་ཕ་རོལ་ཏུ་ཕྱིན་པ་རྣམ་པར་འབྲུག་པར་མི་བྱེད་དོ[༣]། །རང་བཞིན་སྟོང་པ་ཉིད་ནི་འདི་ནི་ནང་སྟོང་པ་ཉིད་དོ། །འདི་ནི་ནང་སྟོང་པ་ཉིད་ཀྱི་སྟོང་པ་ཉིད་དོ་ཞེས་ནང་སྟོང་པ་ཉིད་རྣམ་པར་འབྲུག་པར་མི་བྱེད་དོ། །རང་བཞིན་སྟོང་པ་ཉིད་ནི་འདི་ནི་ཕྱི་སྟོང་པ་ཉིད་དོ། །འདི་ནི་ཕྱི་སྟོང་པ་ཉིད་ཀྱི་སྟོང་པ་ཉིད་དོ་

ཞེས་ཕྱི་སྟོང་པ་ཉིད་རྣམ་པར་འཁྲུག་པར་མི་བྱེད་དོ། །རང་བཞིན་སྟོང་པ་ཉིད་ནི་འདི་ནི་ཕྱི་ནང་སྟོང་པ་ཉིད་དོ། །འདི་ནི་ཕྱི་ནང་སྟོང་པ་ཉིད་ཀྱི་སྟོང་པ་ཉིད་དོ་ཞེས་ཕྱི་ནང་སྟོང་པ་ཉིད་རྣམ་པར་འཁྲུག་པར་མི་བྱེད་དོ། །རང་བཞིན་སྟོང་པ་ཉིད་ནི་འདི་ནི་སྟོང་པ་ཉིད་སྟོང་པ་ཉིད་དོ། །འདི་ནི་སྟོང་པ་ཉིད་སྟོང་པ་ཉིད་ཀྱི་སྟོང་པ་ཉིད་དོ་ཞེས་སྟོང་པ་ཉིད་སྟོང་པ་ཉིད་རྣམ་པར་འཁྲུག་པར་མི་བྱེད་དོ། །རང་བཞིན་སྟོང་པ་ཉིད་ནི་འདི་ནི་ཆེན་པོ་སྟོང་པ་ཉིད་དོ། །འདི་ནི་ཆེན་པོ་སྟོང་པ་ཉིད་ཀྱི་སྟོང་པ་ཉིད་དོ་ཞེས་ཆེན་པོ་སྟོང་པ་ཉིད་རྣམ་པར་འཁྲུག་པར་མི་བྱེད་དོ།། རང་བཞིན་སྟོང་པ་ཉིད་ནི་འདི་ནི་དོན་དམ་པ་སྟོང་པ་ཉིད་དོ། །འདི་ནི་དོན་དམ་པ་སྟོང་པ་ཉིད་ཀྱི་སྟོང་པ་ཉིད་དོ་ཞེས་དོན་དམ་པ་སྟོང་པ་ཉིད་རྣམ་པར་འཁྲུག་པར་མི་བྱེད་དོ། །རང་བཞིན་སྟོང་པ་ཉིད་ནི་འདི་ནི་འདུས་བྱས་སྟོང་པ་ཉིད་དོ། །འདི་ནི་འདུས་བྱས་སྟོང་པ་ཉིད་ཀྱི་སྟོང་པ་ཉིད་དོ། །ཞེས་འདུས་བྱས་སྟོང་པ་ཉིད་རྣམ་པར་འཁྲུག་པར་མི་བྱེད་དོ། །རང་བཞིན་སྟོང་པ་ཉིད་ནི༑ འདི་ནི་①འདུས་མ་བྱས་སྟོང་པ་ཉིད་དོ། །འདི་ནི་འདུས་མ་བྱས་སྟོང་པ་ཉིད་ཀྱི་སྟོང༑ པ་ཉིད་②དོ་ཞེས་འདུས་མ་བྱས་སྟོང་པ་ཉིད་རྣམ་པར་འཁྲུག་པར་མི་བྱེད་དོ། །རང་བཞིན་སྟོང་པ་ཉིད་ནི་འདི་ནི་མཐའ་ལས་འདས་པ་སྟོང་པ་ཉིད་དོ། །འདི་ནི་མཐའ་ལས་འདས་པ་སྟོང་པ་ཉིད་ཀྱི་སྟོང་པ་ཉིད་དོ་ཞེས་མཐའ་ལས་འདས་པ་སྟོང་པ་ཉིད་རྣམ་པར་འཁྲུག་པར་མི་བྱེད་དོ། །རང་བཞིན་སྟོང་པ་ཉིད་ནི་འདི་ནི་ཐོག་མ་དང་ཐ་མ་མེད་པ་སྟོང་པ་ཉིད་དོ། །འདི་ནི་ཐོག་མ་དང་ཐ་མ་མེད་པ་སྟོང་པ་ཉིད་ཀྱི་སྟོང་པ་ཉིད་དོ་ཞེས་ཐོག་མ་དང་ཐ་མ་མེད་པ་སྟོང་པ་ཉིད་རྣམ་པར་འཁྲུག་པར་མི་བྱེད་དོ། །རང་བཞིན་སྟོང་པ་ཉིད་ནི་འདི་ནི་དོར་བ་མེད་པ་སྟོང་པ་ཉིད་དོ། །འདི་ནི་དོར་བ་མེད་པ་སྟོང་པ་ཉིད་ཀྱི་སྟོང་པ་ཉིད་དོ་ཞེས་དོར་བ་

མྱེད་པ་སྟོང་པ་ཉིད་རྣམ་པར་འཕྲུག་པར་མྱི་བྱེད་དོ། །རང་བཞིན་སྟོང་པ་ཉིད་ནི་འདི་ནི་རང་བཞིན་སྟོང་པ་ཉིད་དོ། །འདི་ནི་རང་བཞིན་སྟོང་པ་ཉིད་ཀྱི་སྟོང་པ་ཉིད་དོ་ཞེས་རང་བཞིན་སྟོང་པ་ཉིད་རྣམ་པར་འཕྲུག་པར་མྱི་བྱེད་དོ། །རང་བཞིན་སྟོང་པ་ཉིད་ནི་འདི་ནི་ཆོས་ཐམས་ཅད་སྟོང་པ་ཉིད་དོ། །འདི་ནི་ཆོས་ཐམས་ཅད་སྟོང་པ་ཉིད་ཀྱི་སྟོང་པ་ཉིད་དོ་ཞེས་ཆོས་ཐམས་ཅད་སྟོང་པ་ཉིད་རྣམ་པར་འཕྲུག་པར་མྱི་བྱེད་དོ། །རང་བཞིན་སྟོང་པ་ཉིད་ནི་འདི་ནི་རང་གི་མཚན་ཉིད་སྟོང་པ་ཉིད་དོ། །འདི་ནི་རང་གི་མཚན་ཉིད་སྟོང་པ་ཉིད་ཀྱི[1]སྟོང་པ་ཉིད་དོ་ཞེས་རང་གི་མཚན་ཉིད་སྟོང་པ་ཉིད་རྣམ་པར་འཕྲུག་པར་མྱི་བྱེད་དོ། །རང་བཞིན་སྟོང་པ་ཉིད་ནི་འདི་ནི་མྱི་དམྱིགས་པ་སྟོང་པ་ཉིད་དོ། །འདི་ནི་མྱི་དམྱིགས་པ་སྟོང་པ་ཉིད་ཀྱི་སྟོང་པ་ཉིད་དོ་ཞེས་མྱི[2]དམྱིགས་པ་སྟོང་པ་ཉིད་རྣམ་པར་འཕྲུག་པར་མྱི་བྱེད་དོ། །རང་བཞིན་སྟོང་པ་ཉིད་ནི་འདི་ནི་དངོས་པོ་མྱེད་པ་སྟོང་པ་ཉིད་དོ། །འདི་ནི་དངོས་པོ་མྱེད་པ་སྟོང་པ་ཉིད་ཀྱི་སྟོང་པ་ཉིད་དོ་ཞེས་དངོས་པོ་མྱེད་པ་སྟོང་པ་ཉིད་རྣམ་པར་འཕྲུག་པར་མྱི་བྱེད་དོ། །རང་བཞིན་སྟོང་པ་ཉིད་ནི་འདི་ནི་ངོ་བོ་ཉིད་སྟོང་པ་ཉིད་དོ། །འདི་ནི་ངོ་བོ་ཉིད་སྟོང་པ་ཉིད་ཀྱི་སྟོང་པ་ཉིད་དོ་ཞེས་ངོ་བོ་ཉིད་སྟོང་པ་ཉིད་རྣམ་པར་འཕྲུག་པར་མྱི་བྱེད་དོ། །རང་བཞིན་སྟོང་པ་ཉིད་ནི་འདི་ནི་དངོས་པོ་མྱེད་པའི་ངོ་བོ་ཉིད་སྟོང་པ་ཉིད་དོ། །འདི་ནི་དངོས་པོ་མྱེད་པའི་ངོ་བོ་ཉིད་སྟོང་པ་ཉིད་ཀྱི་སྟོང་པ་ཉིད་དོ་ཞེས་དངོས་པོ་མྱེད་པའི་ངོ་བོ་ཉིད་སྟོང་པ་ཉིད་རྣམ་པར་འཕྲུག་པར་མྱི་བྱེད་དོ། །རང་བཞིན་སྟོང་པ་ཉིད་ནི་འདི་དག་ནི་དྲན་པ་ཉེ་བར་གཞག་པ་རྣམས་སོ། །འདི་ནི་དྲན་པ་ཉེ་བར་གཞག་པ་རྣམས་ཀྱི་སྟོང་པ་ཉིད་དོ་ཞེས་དྲན་པ་ཉེ་བར་གཞག་པ་རྣམས་རྣམ་པར་འཕྲུག་པར་མྱི་བྱེད་དོ། །རང་བཞིན་སྟོང་པ་ཉིད་ནི་འདི་དག[3]ནི་ཡང་

དག་པར་སྤྱོད་པ་རྣམས་སོ། །འདི་ནི་ཡང་དག་པར་སྤྱོད་པ་རྣམས་ཀྱི་སྟོང་པ་ཉིད་དོ་ཞེས་ཡང་དག་པར་སྤྱོད་པ་རྣམས་རྣམ་པར་འཕྲུག་པར་མི་བྱེད་དོ། །རང་བཞིན་སྟོང་པ་ཉིད་ནི་འདི་དག་[༡]ནི་རྫུ་འཕྲུལ་གྱི་རྐང་པ་རྣམས་སོ། །འདི་ནི་རྫུ་འཕྲུལ་གྱི་རྐང་པ་རྣམས་ཀྱི་སྟོང་པ་ཉིད་དོ་ཞེས་རྫུ་འཕྲུལ་གྱི་རྐང་པ་རྣམས་རྣམ་པར་འཕྲུག་པར་མི་བྱེད་དོ། །རང་བཞིན་སྟོང་པ་ཉིད་ནི་འདི་དག་ནི་དབང་པོ་རྣམས་སོ། །འདི་ནི་དབང་པོ་རྣམས་ཀྱི་སྟོང་པ་ཉིད་དོ་ཞེས་དབང་པོ་རྣམས་རྣམ་པར་འཕྲུག་པར་མི་བྱེད་དོ། །རང་བཞིན་སྟོང་པ་ཉིད་ནི་འདི་དག་ནི་སྟོབས་རྣམས་སོ། །འདི་ནི་སྟོབས་རྣམས་ཀྱི་སྟོང་པ་ཉིད་དོ་ཞེས་སྟོབས་རྣམས་རྣམ་པར་འཕྲུག་པར་མི་བྱེད་དོ། །རང་བཞིན་སྟོང་པ་ཉིད་ནི་འདི་དག་ནི་བྱང་ཆུབ་ཀྱི་ཡན་ལག་རྣམས་སོ། །འདི་ནི་བྱང་ཆུབ་ཀྱི་ཡན་ལག་རྣམས་ཀྱི་སྟོང་པ་ཉིད་དོ་ཞེས་བྱང་ཆུབ་ཀྱི་ཡན་ལག་རྣམས་རྣམ་པར་འཕྲུག་པར་མི་བྱེད་དོ། །རང་བཞིན་སྟོང་པ་ཉིད་ནི་འདི་དག་ནི་འཕགས་པའི་ལམ་ཡན་ལག་བརྒྱད་པའོ། །འདི་ནི་འཕགས་པའི་ལམ་ཡན་ལག་བརྒྱད་པའི་སྟོང་པ་ཉིད་དོ་ཞེས་འཕགས་པའི་ལམ་ཡན་ལག་བརྒྱད་པ་རྣམ་པར་འཕྲུག་པར་མི་བྱེད་དོ། །རང་བཞིན་སྟོང་པ་ཉིད་ནི་འདི་དག་ནི་འཕགས་པའི་བདེན་པ་རྣམས་སོ། །འདི་ནི་འཕགས་པའི་བདེན་པ་རྣམས་ཀྱི་སྟོང་པ་ཉིད་དོ་ཞེས་འཕགས་པའི་བདེན་པ་རྣམས་རྣམ་པར་འཕྲུག་པར་མི་བྱེད་དོ། །རང་བཞིན་སྟོང་པ་ཉིད་ནི་འདི་དག་ནི་བསམ་གཏན་རྣམས་སོ། །འདི་ནི་བསམ་གཏན་རྣམས་ཀྱི་སྟོང་པ་ཉིད་དོ་ཞེས་བསམ་གཏན་རྣམས་རྣམ་པར་འཕྲུག་པར་མི་བྱེད་དོ། །རང་བཞིན་སྟོང་པ་ཉིད་ནི་འདི་དག་ནི་ཚད་མེད་པ་རྣམས་སོ། །འདི་ནི་ཚད་མེད་པ་རྣམས་ཀྱི་སྟོང་པ་ཉིད་དོ་ཞེས་ཚད་མེད་པ་རྣམས་རྣམ་པར་འཕྲུག་པར་མི་བྱེད་དོ། །རང་བཞིན་སྟོང་པ་ཉིད་ནི་འདི་དག་ནི་

གཟུགས་མེད་པའི་སྙོམས་པར་འཇུག་པ་རྣམས་སོ། །འདི་ནི་གཟུགས་མེད་པའི་སྙོམས་པར་འཇུག་པ་རྣམས་ཀྱི་སྟོང་པ་ཉིད་དོ་ཞེས་གཟུགས་མེད་པའི་སྙོམས་པར་འཇུག་པ་རྣམས་རྣམ་པར་འཕྲུག་པར་མི་བྱེད་དོ། །རང་བཞིན་སྟོང་པ་ཉིད་ནི་འདི་དག་ནི་རྣམ་པར་ཐར་པ་རྣམས་སོ། །འདི་ནི་རྣམ་པར་ཐར་པ་རྣམས་ཀྱི་སྟོང་པ་ཉིད་དོ་ཞེས་རྣམ་པར་ཐར་པ་རྣམས་རྣམ་པར་འཕྲུག་པར་མི་བྱེད་དོ། །རང་བཞིན་སྟོང་པ་ཉིད་ནི་འདི་དག་ནི་མཐར་གྱིས་གནས་པའི་སྙོམས་པར་འཇུག་པ་རྣམས་སོ། །འདི་ནི་མཐར་གྱིས་གནས་པའི་སྙོམས་པར་འཇུག་པ་རྣམས་ཀྱི་སྟོང་པ་ཉིད་དོ་ཞེས་མཐར་གྱིས་གནས་པའི་སྙོམས་པར་འཇུག་པ་རྣམས་རྣམ་པར་འཕྲུག་པར་མི་བྱེད་དོ། །རང་བཞིན་སྟོང་པ་ཉིད་ནི་འདི་དག་ནི་སྟོང་པ་ཉིད་དང་། མཚན་མ་མེད་པ་དང་། སྨོན་པ་མེད་པའོ། །འདི་ནི་སྟོང་པ་ཉིད་དང་། མཚན་མ་མེད་པ་དང་། སྨོན་པ་མེད་པའི་སྟོང་པ་ཉིད་དོ་ཞེས་སྟོང་པ་ཉིད་དང་། མཚན་མ་མེད་པ་དང་། སྨོན་པ་མེད་པ་[༡]རྣམ་པར་འཕྲུག་པར་མི་བྱེད་དོ། །རང་བཞིན་སྟོང་པ་ཉིད་ནི་འདི་དག་ནི་མངོན་པར་ཤེས་པ་རྣམས་སོ། །འདི་ནི་མངོན་པར་ཤེས་པ་རྣམས་ཀྱི་སྟོང་པ་ཉིད་དོ་ཞེས་མངོན་པར་ཤེས་པ་རྣམས་རྣམ་པར་འཕྲུག་པར་མི་བྱེད་དོ། །རང་བཞིན་སྟོང་པ་ཉིད་ནི་འདི་དག་ནི་ཏིང་ངེ་འཛིན་རྣམས་སོ། །འདི་ནི་ཏིང་ངེ་འཛིན་རྣམས་ཀྱི་སྟོང་པ་ཉིད་དོ་ཞེས་ཏིང་ངེ་འཛིན་རྣམས་རྣམ་པར་འཕྲུག་པར་མི་བྱེད་དོ། །རང་བཞིན་སྟོང་པ་ཉིད་ནི་[༢]འདི་དག་ནི་གཟུངས་ཀྱི་སྒོ་རྣམས་སོ། །འདི་ནི་གཟུངས་ཀྱི་སྒོ་རྣམས་ཀྱི་སྟོང་པ་ཉིད་དོ་ཞེས་གཟུངས་ཀྱི་སྒོ་རྣམས་རྣམ་པར་འཕྲུག་པར་མི་བྱེད་དོ། །རང་བཞིན་སྟོང་པ་ཉིད་ནི་འདི་དག་ནི་དེ་བཞིན་གཤེགས་པའི་སྟོབས་བཅུའོ། །འདི་ནི་དེ་བཞིན་གཤེགས་པའི་སྟོབས་བཅུའི་སྟོང་པ་ཉིད་དོ་ཞེས་དེ་བཞིན་གཤེགས་པའི་

སྟོབས་བཅུ་⑦ རྣམ་པར་འགྲུག་པར་མི་བྱེད་དོ། །རང་བཞིན་སྟོང་པ་ཉིད་ནི་འདི་དག་ནི་མི་འཇིགས་པ་རྣམས་སོ། །འདི་ནི་མི་འཇིགས་པ་རྣམས་ཀྱི་སྟོང་པ་ཉིད་དོ་ཞེས་མི་འཇིགས་པ་རྣམས་རྣམ་པར་འགྲུག་པར་མི་བྱེད་དོ། །རང་བཞིན་སྟོང་པ་ཉིད་ནི་འདི་དག་ནི་སོ་སོ་ཡང་དག་པར་རིག་པ་རྣམས་སོ། །འདི་ནི་སོ་སོ་ཡང་དག་པར་རིག་པ་རྣམས་ཀྱི་སྟོང་པ་ཉིད་དོ་ཞེས་སོ་སོ་ཡང་དག་པར་རིག་པ་རྣམས་རྣམ་པར་འགྲུག་པར་མི་བྱེད་དོ། །རང་བཞིན་སྟོང་པ་ཉིད་ནི་འདི་ནི་བྱམས་པ་ཆེན་པོའོ། །འདི་ནི་བྱམས་པ་ཆེན་པོའི་སྟོང་པ་ཉིད་དོ་ཞེས་བྱམས་པ་ཆེན་པོ་རྣམ་པར་འགྲུག་པར་མི་བྱེད་དོ། །རང་བཞིན་སྟོང་པ་ཉིད་ནི་འདི་ནི་སྙིང་རྗེ་ཆེན་པོའོ། །འདི་ནི་སྙིང་རྗེ་ཆེན་པོའི་སྟོང་པ་ཉིད་དོ་ཞེས་སྙིང་རྗེ་ཆེན་པོ་རྣམ་པར་འགྲུག་པར་མི་བྱེད་དོ། །རང་བཞིན་སྟོང་པ་ཉིད་ནི་འདི་དག་ནི་སངས་རྒྱས་ཀྱི་ཆོས་མ་འདྲེས་པ་རྣམས་སོ། །འདི་ནི་སངས་རྒྱས་ཀྱི་ཆོས་མ་འདྲེས་པ་རྣམས་ཀྱི་སྟོང་པ་ཉིད་དོ་ཞེས་སངས་རྒྱས་ཀྱི་ཆོས་མ་འདྲེས་པ་རྣམས་རྣམ་པར་འགྲུག་པར་མི་བྱེད་དོ། །རང་བཞིན་སྟོང་པ་ཉིད་ནི་འདི་ནི་རྒྱུན་དུ་ཞུགས་པའི་འབྲས་བུའོ། །འདི་ནི་རྒྱུན་དུ་ཞུགས་པའི་འབྲས་བུའི་སྟོང་པ་ཉིད་དོ་ཞེས་རྒྱུན་དུ་ཞུགས་པའི་འབྲས་བུ་རྣམ་པར་འགྲུག་པར་མི་བྱེད་དོ། །རང་བཞིན་སྟོང་པ་ཉིད་ནི་འདི་ནི་ལན་ཅིག་ཕྱིར་འོང་བའི་འབྲས་བུའོ། །འདི་ནི་ལན་ཅིག་ཕྱིར་འོང་བའི་འབྲས་བུའི་སྟོང་པ་ཉིད་དོ་ཞེས་ལན་ཅིག་ཕྱིར་འོང་བའི་འབྲས་བུ་རྣམ་པར་འགྲུག་པར་མི་བྱེད་དོ། །རང་བཞིན་སྟོང་པ་ཉིད་ནི་འདི་ནི་ཕྱིར་མི་འོང་བའི་འབྲས་བུའོ། །འདི་ནི་ཕྱིར་མི་འོང་བའི་འབྲས་བུའི་སྟོང་པ་ཉིད་དོ་ཞེས་ཕྱིར་མི་འོང་བའི་འབྲས་བུ་རྣམ་པར་འགྲུག་པར་མི་བྱེད་དོ། །རང་བཞིན་སྟོང་པ་ཉིད་ནི་འདི་ནི་དགྲ་བཅོམ་པ་ཉིད་དོ། །འདི་ནི་དགྲ་བཅོམ་པ་ཉིད་ཀྱི་སྟོང་པ་ཉིད་དོ་ཞེས་དགྲ་

བཙོམ་པ་ཉིད་རྣམ་པར་འཕྲུག་པར་མི་བྱེད་དོ། །རང་བཞིན་སྟོང་པ་ཉིད་ནི་འདི་ནི་རང་བྱང་ཆུབ་བོ། །འདི་ནི་རང་བྱང་ཆུབ་ཀྱི་སྟོང་པ་ཉིད་དོ་ཞེས་རང་བྱང་ཆུབ་རྣམ་པར་འཕྲུག་པར་མི་བྱེད་དོ། །རང་བཞིན་སྟོང་པ་ཉིད་ནི་འདི་ནི་བྱང་ཆུབ་བོ། །འདི་ནི་བྱང་ཆུབ་ཀྱི་སྟོང་པ་ཉིད་དོ་ཞེས་བྱང་ཆུབ་རྣམ་པར་འཕྲུག་པར་མི་བྱེད་དོ།། ||

ཤེས་རབ་ཀྱི་ཕ་རོལ་ཏུ་ཕྱིན་པ་སྟོང་ཕྲག་བརྒྱ་པ། བམ་པོ་བཅུ་གཉིས་པ[༡]། རབ་འབྱོར་འདི་ལྟ་སྟེ་དཔེར་ན། ནམ་མཁའ་ནི་ནམ་མཁའ་རྣམ་པར་འཕྲུག་པར་མི་བྱེད་དེ[༣]། ནང་གི་ནམ་མཁའ་ནི་ཕྱིའི་ནམ་མཁའ་རྣམ་པར་འཕྲུག་པར་མི་བྱེད་དོ། །ཕྱིའི་ནམ་མཁའ་ནི་ནང་གི་ནམ་མཁའ་རྣམ་པར་འཕྲུག་པར་མི་བྱེད་དོ། །རབ་འབྱོར་དེ་བཞིན་དུ་གཟུགས་ཀྱང་སྟོང་པ་ཉིད་རྣམ་པར་འཕྲུག་པར་མི་བྱེད། སྟོང་པ་ཉིད་ཀྱང་གཟུགས་རྣམ་པར་འཕྲུག་པར་མི་བྱེད་དོ། །ཚོར་བ་ཡང་སྟོང་པ་ཉིད་རྣམ་པར་འཕྲུག་པར་མི་བྱེད། སྟོང་པ་ཉིད་ཀྱང་ཚོར་བ་རྣམ་པར་འཕྲུག་པར་མི་བྱེད་དོ། །འདུ་ཤེས་ཀྱང་སྟོང་པ་ཉིད་རྣམ་པར་འཕྲུག་པར་མི་བྱེད། སྟོང་པ་ཉིད་ཀྱང་འདུ་ཤེས་རྣམ་པར་འཕྲུག་པར་མི་བྱེད་དོ། །འདུ་བྱེད་ཀྱང་སྟོང་པ་ཉིད་རྣམ་པར་འཕྲུག་པར་མི་བྱེད། སྟོང་པ་ཉིད་ཀྱང་འདུ་བྱེད་རྣམ་པར་འཕྲུག་པར་མི་བྱེད་དོ། །རྣམ་པར་ཤེས་པ་ཡང་སྟོང་པ་ཉིད་རྣམ་པར་འཕྲུག་པར་མི་བྱེད། སྟོང་པ་ཉིད་ཀྱང་རྣམ་པར་ཤེས་པ་རྣམ་པར་འཕྲུག་པར་མི་བྱེད་དོ། །མིག་ཀྱང་སྟོང་པ་ཉིད་རྣམ་པར་འཕྲུག་པར་མི་བྱེད། སྟོང་པ་ཉིད་ཀྱང་མིག་རྣམ་པར་འཕྲུག་པར་མི་བྱེད་དོ། །རྣ་བ་ཡང་སྟོང་པ་ཉིད་རྣམ་པར་འཕྲུག་པར་མི་བྱེད། སྟོང་པ་ཉིད་ཀྱང་རྣ་བ་རྣམ་པར་འཕྲུག་པར་མི་བྱེད་དོ། །སྣ་ཡང་སྟོང་པ་ཉིད་རྣམ་པར་འཕྲུག་པར་མི་བྱེད། སྟོང་པ་ཉིད་ཀྱང་སྣ་རྣམ་པར་

འགྱུར་བར་མི་བྱེད་དོ། །ལྕེ་ཡང་སྟོང་པ་ཉིད་རྣམ་པར་འགྱུར་བར་མི་བྱེད། སྟོང་པ་ཉིད་ཀྱང་ལྕེ་རྣམ་པར་འགྱུར་བར་མི་བྱེད་དོ། །ལུས་ཀྱང་སྟོང་པ་ཉིད་རྣམ་པར་འགྱུར་བར་མི་བྱེད། སྟོང་པ་ཉིད་ཀྱང་ལུས་རྣམ་པར་འགྱུར་བར་མི་བྱེད་དོ། །ཡིད་ཀྱང་སྟོང་པ་ཉིད་རྣམ་པར་འགྱུར་བར་མི་བྱེད། སྟོང་པ་ཉིད་ཀྱང་ཡིད་རྣམ་པར་འགྱུར་བར་མི་བྱེད་དོ། །གཟུགས་ཀྱང་སྟོང་པ་ཉིད་རྣམ་པར་འགྱུར་བར་མི་བྱེད། སྟོང་པ་ཉིད་ཀྱང་གཟུགས་རྣམ་པར་འགྱུར་བར་མི་བྱེད་དོ། །སྒྲ་ཡང་སྟོང་པ་ཉིད་རྣམ་པར་འགྱུར་བར་མི་བྱེད། སྟོང་པ་ཉིད་ཀྱང་སྒྲ་རྣམ་པར་འགྱུར་བར་མི་བྱེད་དོ། །དྲི་ཡང་སྟོང་པ་ཉིད་རྣམ་པར་འགྱུར་བར་མི་བྱེད། སྟོང་པ་ཉིད་ཀྱང་དྲི་རྣམ་པར་འགྱུར་བར་མི་བྱེད་དོ། །རོ་ཡང་སྟོང་པ་ཉིད་རྣམ་པར་འགྱུར་བར་མི་བྱེད། སྟོང་པ་ཉིད་ཀྱང་རོ་རྣམ་པར་འགྱུར་བར་མི་བྱེད་དོ། །རེག་ཀྱང་སྟོང་པ་ཉིད་རྣམ་པར་འགྱུར་བར་མི་བྱེད། སྟོང་པ་ཉིད་ཀྱང་རེག་རྣམ་པར་འགྱུར་བར་མི་བྱེད་དོ། །ཆོས་ཀྱང་སྟོང་པ་ཉིད་རྣམ་པར་འགྱུར་བར་མི་བྱེད། སྟོང་པ་ཉིད་ཀྱང་ཆོས་རྣམ་པར་[7]འགྱུར་བར་མི་བྱེད་དོ། །མིག་གི་རྣམ་པར་ཤེས་པ་ཡང་སྟོང་པ་ཉིད་རྣམ་པར་འགྱུར་བར་མི་བྱེད། སྟོང་པ་ཉིད་ཀྱང་མིག་གི་རྣམ་པར་ཤེས་པ་རྣམ་པར་འགྱུར་བར་མི་བྱེད་དོ། །རྣ་བའི་རྣམ་པར་ཤེས་པ་ཡང་སྟོང་པ་ཉིད་རྣམ་པར་འགྱུར་བར་མི་བྱེད། སྟོང་པ་ཉིད་ཀྱང་རྣ་བའི་རྣམ་པར་ཤེས་པ་རྣམ་པར་འགྱུར་བར་མི་བྱེད་དོ། །སྣའི་རྣམ་པར་ཤེས་པ་ཡང་སྟོང་པ་ཉིད་རྣམ་པར་འགྱུར་བར་མི་བྱེད། སྟོང་པ་ཉིད་ཀྱང་སྣའི་རྣམ་པར་ཤེས་པ་རྣམ་པར་འགྱུར་བར་མི་བྱེད་དོ། །ལྕེའི་རྣམ་པར་ཤེས་པ་ཡང་སྟོང་པ་ཉིད་རྣམ་པར་འགྱུར་བར་མི་བྱེད། སྟོང་པ་ཉིད་ཀྱང་ལྕེའི་རྣམ་པར་ཤེས་པ་རྣམ་པར་འགྱུར་བར་མི་བྱེད་དོ། །ལུས་ཀྱི་རྣམ་པར་ཤེས་པ་ཡང་སྟོང་པ་ཉིད་རྣམ་པར་འགྱུར་

པར་མི་བྱེད། སྟོང་པ་ཉིད་ཀྱང་ལུས་ཀྱི་རྣམ་པར་ཤེས་པ་རྣམ་པར་འགྲུབ་པར་མི་བྱེད་དོ། །ཡིད་ཀྱི་རྣམ་པར་ཤེས་པ་ཡང་སྟོང་པ་ཉིད་རྣམ་པར་འགྲུབ་པར་མི་བྱེད། སྟོང་པ་ཉིད་ཀྱང་ཡིད་ཀྱི་རྣམ་པར་ཤེས་པ་རྣམ་པར་འགྲུབ་པར་མི་བྱེད་དོ། །མིག་གི་འདུས་ཏེ་རེག་པ་ཡང་སྟོང་པ་ཉིད་རྣམ་པར་འགྲུབ་པར་མི་བྱེད། སྟོང་པ་ཉིད་ཀྱང་མིག་གི་འདུས་ཏེ་རེག་པ་རྣམ་པར་འགྲུབ་པར་མི་བྱེད་དོ། །རྣ་བའི་འདུས་ཏེ་རེག་པ་ཡང་སྟོང་པ་ཉིད་རྣམ་པར་འགྲུབ་པར་མི་བྱེད། སྟོང་པ་ཉིད་ཀྱང་རྣ་བའི་འདུས་ཏེ་རེག་པ་རྣམ་པར་འགྲུབ་པར་མི་བྱེད་དོ། །སྣའི་འདུས་ཏེ་རེག་པ་ཡང་སྟོང་པ་ཉིད་རྣམ་པར་འགྲུབ་པར་མི་བྱེད། སྟོང་པ་ཉིད་ཀྱང་སྣའི་འདུས་ཏེ་རེག་པ་རྣམ་པར་འགྲུབ་པར་མི་བྱེད་དོ། །ལྕེའི་འདུས་ཏེ་རེག་པ་ཡང་སྟོང་པ་ཉིད་རྣམ་པར་འགྲུབ་པར་མི་བྱེད[1]། སྟོང་པ་ཉིད་ཀྱང་ལྕེའི་འདུས་ཏེ་རེག་པ་རྣམ་པར་འགྲུབ་པར་མི་བྱེད་དོ། །ལུས་ཀྱི་འདུས་ཏེ་རེག་པ་ཡང་སྟོང་པ་ཉིད་རྣམ་པར་འགྲུབ་པར་མི་བྱེད། སྟོང་པ་ཉིད་ཀྱང་ལུས་ཀྱི་འདུས་ཏེ་རེག་པ་རྣམ་པར་འགྲུབ་པར་མི་བྱེད་དོ། །ཡིད་ཀྱི་འདུས་ཏེ་རེག་པ་ཡང་སྟོང་པ་ཉིད་རྣམ་པར་འགྲུབ་པར་མི་བྱེད། སྟོང་པ་ཉིད་ཀྱང་ཡིད་ཀྱི་འདུས་ཏེ་རེག་པ་རྣམ་པར་འགྲུབ་པར་མི་བྱེད་དོ། །མིག་གི་འདུས་ཏེ་རེག་པ་ལས་བྱུང་བའི་ཚོར་བ་ཡང་སྟོང་པ་ཉིད་རྣམ་པར་འགྲུབ་པར་མི་བྱེད། སྟོང་པ་ཉིད་ཀྱང་མིག་གི་འདུས་ཏེ་རེག་པ་ལས་བྱུང་བའི་ཚོར་བ་རྣམ་པར་འགྲུབ་པར་མི་བྱེད་དོ། །རྣ་བའི་འདུས་ཏེ་རེག་པ་ལས་བྱུང་བའི་ཚོར་བ་ཡང་སྟོང་པ་ཉིད་རྣམ་པར་འགྲུབ་པར་མི་བྱེད༑ སྟོང་པ་ཉིད་ཀྱང་རྣ་བའི་འདུས་ཏེ་རེག་པ་ལས་བྱུང་བའི་ཚོར་བ་རྣམ་པར་འགྲུབ་པར་མི་བྱེད་དོ། །སྣའི་འདུས་ཏེ་རེག་པ་ལས་བྱུང་བའི་ཚོར་བ་ཡང་སྟོང་པ་ཉིད་རྣམ་པར་འགྲུབ་པར་མི་བྱེད། སྟོང་པ་ཉིད་ཀྱང་སྣའི་འདུས་ཏེ་རེག་

པ་ལས་བྱུང་བའི་ཚོར་བ་རྣམ་པར་འགྲུབ་པར་མི་བྱེད་དོ། །ལྕེའི་འདུས་ཏེ་རེག་པ་ལས་བྱུང་བའི་ཚོར་བ་ཡང་སྟོང་པ་ཉིད་རྣམ་པར་འགྲུབ་པར་མི་བྱེད། སྟོང་པ་ཉིད་ཀྱང་ལྕེའི་འདུས་ཏེ་རེག་པ་ལས་བྱུང་བའི་ཚོར་བ་རྣམ་པར་འགྲུབ་པར་མི་བྱེད་དོ། །ལུས་ཀྱི་འདུས་ཏེ་རེག་པ་ལས་(༧)བྱུང་བའི་ཚོར་བ་ཡང་སྟོང་པ་ཉིད་རྣམ་པར་འགྲུབ་པར་མི་བྱེད། སྟོང་པ་ཉིད་ཀྱང་ལུས་ཀྱི་འདུས་ཏེ་རེག་པ་ལས་བྱུང་བའི་ཚོར་བ་རྣམ་པར་འགྲུབ་པར་མི་བྱེད་དོ། །ཡིད་ཀྱི་འདུས་ཏེ་རེག་པ་ལས་བྱུང་བའི་ཚོར་བ་ཡང་(༢)སྟོང་པ་ཉིད་རྣམ་པར་འགྲུབ་པར་མི་བྱེད། སྟོང་པ་ཉིད་ཀྱང་ཡིད་ཀྱི་(༣)འདུས་ཏེ་རེག་པ་ལས་བྱུང་བའི་ཚོར་བ་རྣམ་པར་འགྲུབ་པར་མི་བྱེད་དོ། །སའི་ཁམས་ཀྱང་སྟོང་པ་ཉིད་རྣམ་པར་འགྲུབ་པར་མི་བྱེད། སྟོང་པ་ཉིད་ཀྱང་སའི་ཁམས་རྣམ་པར་འགྲུབ་པར་མི་བྱེད་དོ། །ཆུའི་ཁམས་ཀྱང་སྟོང་པ་ཉིད་རྣམ་པར་འགྲུབ་པར་མི་བྱེད། སྟོང་པ་ཉིད་ཀྱང་ཆུའི་ཁམས་རྣམ་པར་འགྲུབ་པར་མི་བྱེད་དོ། །མེའི་ཁམས་ཀྱང་སྟོང་པ་ཉིད་རྣམ་པར་འགྲུབ་པར་མི་བྱེད། སྟོང་པ་ཉིད་ཀྱང་མེའི་ཁམས་རྣམ་པར་འགྲུབ་པར་མི་བྱེད་དོ། །རླུང་གི་ཁམས་ཀྱང་སྟོང་པ་ཉིད་རྣམ་པར་འགྲུབ་པར་མི་བྱེད། སྟོང་པ་ཉིད་ཀྱང་རླུང་གི་ཁམས་རྣམ་པར་འགྲུབ་པར་མི་བྱེད་དོ། །ནམ་མཁའི་ཁམས་ཀྱང་སྟོང་པ་ཉིད་རྣམ་པར་འགྲུབ་པར་མི་བྱེད། སྟོང་པ་ཉིད་ཀྱང་ནམ་མཁའི་ཁམས་རྣམ་པར་འགྲུབ་པར་མི་བྱེད་དོ། །རྣམ་པར་ཤེས་པའི་ཁམས་ཀྱང་སྟོང་པ་ཉིད་རྣམ་པར་འགྲུབ་པར་མི་བྱེད། སྟོང་པ་ཉིད་ཀྱང་རྣམ་པར་ཤེས་པའི་ཁམས་རྣམ་པར་འགྲུབ་པར་མི་བྱེད་དོ། །མ་རིག་པ་ཡང་སྟོང་པ་ཉིད་རྣམ་པར་འགྲུབ་པར་མི་བྱེད། སྟོང་པ་ཉིད་ཀྱང་མ་རིག་པ་རྣམ་པར་འགྲུབ་པར་མི་བྱེད་དོ། །འདུ་བྱེད་ཀྱང་སྟོང་པ་ཉིད་རྣམ་པར་འགྲུབ་པར་མི་བྱེད། སྟོང་པ་ཉིད་ཀྱང་འདུ་བྱེད་རྣམ་པར་

འགྲུབ་པར་མི་བྱེད་དོ། །རྣམ་པར་ཤེས་པ་ཡང་སྟོང་པ་ཉིད་རྣམ་པར་འགྲུབ་པར་མི་བྱེད། སྟོང་པ་ཉིད་ཀྱང་རྣམ་པར་ཤེས་པ་རྣམ་པར་འགྲུབ་པར་མི་བྱེད་དོ། །མིང་དང་གཟུགས་ཀྱང་སྟོང་པ་ཉིད་རྣམ་པར་འགྲུབ་པར་མི་བྱེད། སྟོང་པ་ཉིད་ཀྱང་མིང་དང་གཟུགས་རྣམ་པར་འགྲུབ་པར་མི་བྱེད་དོ། །སྐྱེ་མཆེད་དྲུག་ཀྱང་སྟོང་པ་ཉིད་རྣམ་པར་འགྲུབ་པར་མི་བྱེད། སྟོང་པ་ཉིད་ཀྱང་སྐྱེ་མཆེད་དྲུག་རྣམ་པར་འགྲུབ་པར་མི་བྱེད་དོ། །རེག་པ་ཡང་སྟོང་པ་ཉིད་རྣམ་པར་འགྲུབ་པར་མི་བྱེད། སྟོང་པ་ཉིད་ཀྱང་རེག་པ་རྣམ་པར་འགྲུབ་པར་མི་བྱེད་དོ། །ཚོར་བ་ཡང་སྟོང་པ་ཉིད་རྣམ་པར་འགྲུབ་པར་མི་བྱེད། སྟོང་པ་ཉིད་ཀྱང་ཚོར་བ་རྣམ་པར་འགྲུབ་པར་མི་བྱེད་དོ། །སྲེད་པ་ཡང་སྟོང་པ་ཉིད་རྣམ་པར་འགྲུབ་པར་མི་བྱེད། སྟོང་པ་ཉིད་ཀྱང་སྲེད་པ་རྣམ་པར་འགྲུབ་པར་མི་བྱེད་དོ། །ལེན་པ་ཡང་སྟོང་པ་ཉིད་རྣམ་པར་འགྲུབ་པར་མི་བྱེད། སྟོང་པ་ཉིད་ཀྱང་ལེན་པ་རྣམ་པར་འགྲུབ་པར་མི་བྱེད་དོ། །སྲིད་པ་ཡང་སྟོང་པ་ཉིད་རྣམ་པར་འགྲུབ་པར་མི་བྱེད། སྟོང་པ་ཉིད་ཀྱང་སྲིད་པ་རྣམ་པར་འགྲུབ་པར་མི་བྱེད་དོ། །སྐྱེ་བ་ཡང་སྟོང་པ་ཉིད་རྣམ་པར་འགྲུབ་པར་མི་བྱེད། སྟོང་པ་ཉིད་ཀྱང་སྐྱེ་བ་རྣམ་པར་འགྲུབ་པར་མི་བྱེད་དོ། །རྒ་ཤི་ཡང་སྟོང་པ་ཉིད་རྣམ་པར་འགྲུབ་པར་མི་བྱེད། སྟོང་པ་ཉིད་ཀྱང་རྒ་ཤི་རྣམ་པར་འགྲུབ་པར་མི་བྱེད་དོ། །སྦྱིན་པའི་ཕ་རོལ་ཏུ་ཕྱིན་པ་ཡང་སྟོང་པ་ཉིད་རྣམ་པར་འགྲུབ་པར་མི་བྱེད། སྟོང་པ་ཉིད་ཀྱང་སྦྱིན་པའི་ཕ་རོལ་ཏུ་ཕྱིན་པ་རྣམ་པར་འགྲུབ་པར་མི་བྱེད་དོ། །ཚུལ་ཁྲིམས་ཀྱི་ཕ་རོལ་ཏུ་ཕྱིན་པ་ཡང་སྟོང་པ་ཉིད་རྣམ་པར་འགྲུབ་པར་མི་བྱེད། སྟོང་པ་ཉིད་ཀྱང་ཚུལ་ཁྲིམས་ཀྱི་ཕ་རོལ་ཏུ་ཕྱིན་པ་རྣམ་པར་འགྲུབ་པར་མི་བྱེད་དོ། །བཟོད་པའི་ཕ་རོལ་ཏུ་ཕྱིན་པ་ཡང་སྟོང་པ་ཉིད་རྣམ་པར་འགྲུབ་པར་མི་བྱེད། སྟོང་པ་ཉིད་ཀྱང་

བཟོད་པའི་ཕ་རོལ་ཏུ་ཕྱིན་པ་རྣམ་པར་འཁྲུག་པར་མི་བྱེད་དོ། །བརྩོན་འགྲུས་ཀྱི་ཕ་རོལ་ཏུ་ཕྱིན་པ་ཡང་སྟོང་པ་ཉིད་རྣམ་པར་འཁྲུག་པར་མི་བྱེད། སྟོང་པ་ཉིད་ཀྱང་བརྩོན་འགྲུས་ཀྱི་ཕ་རོལ་ཏུ་ཕྱིན་པ་རྣམ་པར་འཁྲུག་པར་མི་བྱེད་དོ། །བསམ་གཏན་གྱི་ཕ་རོལ་ཏུ་ཕྱིན་པ་ཡང་སྟོང་པ་ཉིད་རྣམ་པར་འཁྲུག་པར་མི་བྱེད། སྟོང་པ་ཉིད་ཀྱང་བསམ་གཏན་གྱི་ཕ་རོལ་ཏུ་ཕྱིན་པ་རྣམ་པར་འཁྲུག་པར་མི་བྱེད་དོ། །ཤེས་རབ་ཀྱི་ཕ་རོལ་ཏུ་ཕྱིན་པ་ཡང་སྟོང་པ་ཉིད་རྣམ་པར་འཁྲུག་པར་མི་བྱེད། སྟོང་པ་ཉིད་ཀྱང་ཤེས་རབ་ཀྱི་ཕ་རོལ་ཏུ་ཕྱིན་པ་རྣམ་པར་འཁྲུག་པར་མི་བྱེད་དོ། །ནང་སྟོང་པ་ཉིད་ཀྱང་སྟོང་པ་ཉིད་རྣམ་པར་འཁྲུག་པར་མི་བྱེད། སྟོང་པ་ཉིད་ཀྱང་ནང་སྟོང་པ་ཉིད་རྣམ་པར་འཁྲུག་པར་མི་བྱེད་དོ། །ཕྱི་སྟོང་པ་ཉིད་ཀྱང་སྟོང་པ་ཉིད་རྣམ་པར་འཁྲུག་པར་མི་བྱེད། སྟོང་པ་ཉིད་ཀྱང་ཕྱི་སྟོང་པ་ཉིད་རྣམ་པར་འཁྲུག་པར་མི་བྱེད་དོ། །ཕྱི་ནང་སྟོང་པ་ཉིད་ཀྱང་སྟོང་པ་ཉིད་རྣམ་པར་འཁྲུག་པར་མི་བྱེད། སྟོང་པ་ཉིད་ཀྱང་ཕྱི་ནང་སྟོང་པ་ཉིད་རྣམ་པར་འཁྲུག་པར་མི་བྱེད་དོ། །སྟོང་པ་ཉིད་སྟོང་པ་ཉིད་ཀྱང་སྟོང་པ་ཉིད་རྣམ་པར་འཁྲུག་པར་མི་བྱེད། སྟོང་པ་ཉིད་ཀྱང་སྟོང་པ་ཉིད་སྟོང་པ་ཉིད་རྣམ་པར་འཁྲུག་པར་མི་བྱེད་དོ། །ཆེན་པོ་སྟོང་པ་ཉིད་ཀྱང་སྟོང་པ་ཉིད་རྣམ་པར་འཁྲུག་པར་མི་བྱེད། སྟོང་པ་ཉིད་ཀྱང་ཆེན་པོ་སྟོང་པ་ཉིད་རྣམ་པར་འཁྲུག་པར་མི་བྱེད་དོ། །དོན་དམ་པ་སྟོང་པ་ཉིད་ཀྱང་སྟོང་པ་ཉིད་རྣམ་པར་འཁྲུག་པར་མི་བྱེད། སྟོང་པ་ཉིད་ཀྱང་དོན་དམ་པ་སྟོང་པ་ཉིད་རྣམ་པར་འཁྲུག་པར་མི་བྱེད་དོ། །འདུས་བྱས་སྟོང་པ་ཉིད་ཀྱང་སྟོང་པ་ཉིད་རྣམ་པར་འཁྲུག་པར་མི་བྱེད། སྟོང་པ་ཉིད་ཀྱང་འདུས་བྱས་སྟོང་པ་ཉིད་རྣམ་པར་འཁྲུག་པར་མི་བྱེད་དོ། །འདུས་མ་བྱས་སྟོང་པ་ཉིད་ཀྱང་སྟོང་པ་ཉིད་རྣམ་པར་འཁྲུག་པར་མི་བྱེད། སྟོང་པ་ཉིད་ཀྱང་འདུས་མ་བྱས་

སྟོང་པ་ཉིད་རྣམ་པར་འགྲུབ་པར་མི་བྱེད་དོ། །མཐའ་ལས་འདས་པ་སྟོང་པ་ཉིད་ཀྱང་སྟོང་པ་ཉིད་རྣམ་པར་འགྲུབ་པར་མི་བྱེད། སྟོང་པ་ཉིད་ཀྱང་མཐའ་ལས་འདས་པ་སྟོང་པ་ཉིད་རྣམ་པར་འགྲུབ་པར་མི་བྱེད་དོ། །ཐོག་མ་དང་ཐ་མ་མེད་པ་སྟོང་པ་ཉིད་ཀྱང་སྟོང་པ་ཉིད་རྣམ་པར་འགྲུབ་པར་མི་བྱེད། སྟོང་པ་ཉིད་ཀྱང་ཐོག་མ་དང་ཐ་མ་མེད་པ་སྟོང་པ་ཉིད་རྣམ་པར་འགྲུབ་པར་མི་བྱེད་དོ། །དོར་བ་མེད་པ་སྟོང་པ་ཉིད་ཀྱང་སྟོང་པ་ཉིད་རྣམ་པར་འགྲུབ་པར་མི་བྱེད། སྟོང་པ་ཉིད་ཀྱང་དོར་བ་མེད་པ་སྟོང་པ་ཉིད་རྣམ་པར་འགྲུབ་པར་མི་བྱེད་དོ། །རང་བཞིན་སྟོང་པ་ཉིད་ཀྱང་སྟོང་པ་ཉིད་རྣམ་པར་འགྲུབ་པར་མི་བྱེད། སྟོང་པ་ཉིད་ཀྱང་རང་བཞིན་སྟོང་པ་ཉིད་རྣམ་པར་འགྲུབ་པར་མི་བྱེད་དོ། །ཆོས་ཐམས་ཅད་སྟོང་པ་ཉིད་ཀྱང་སྟོང་པ་ཉིད་རྣམ་པར་འགྲུབ་པར་མི་བྱེད། སྟོང་པ་ཉིད་ཀྱང་ཆོས་ཐམས་ཅད་སྟོང་པ་ཉིད་རྣམ་པར་འགྲུབ་པར་མི་བྱེད་དོ། །རང་གི་མཚན་ཉིད་སྟོང་པ་ཉིད་ཀྱང་སྟོང་པ་ཉིད་རྣམ་པར་འགྲུབ་པར་མི་བྱེད། སྟོང་པ་ཉིད་ཀྱང་རང་གི་མཚན་ཉིད་སྟོང་པ་ཉིད་རྣམ་པར་འགྲུབ་པར་མི་བྱེད་དོ། །མི་དམིགས་པ་སྟོང་པ་ཉིད་ཀྱང་སྟོང་པ་ཉིད་རྣམ་པར་འགྲུབ་པར་མི་བྱེད། སྟོང་པ་ཉིད་ཀྱང་མི་དམིགས་པ་སྟོང་པ་ཉིད་རྣམ་པར་འགྲུབ་པར་མི་བྱེད་དོ། །དངོས་པོ་མེད་པ་སྟོང་པ་ཉིད་ཀྱང་སྟོང་པ་ཉིད་རྣམ་པར་འགྲུབ་པར་མི་བྱེད། སྟོང་པ་ཉིད་ཀྱང་དངོས་པོ་མེད་པ་སྟོང་པ་ཉིད་རྣམ་པར་འགྲུབ་པར་མི་བྱེད་དོ། །ངོ་བོ་ཉིད་སྟོང་པ་ཉིད་ཀྱང་སྟོང་པ་ཉིད་རྣམ་པར་འགྲུབ་པར་མི་བྱེད། སྟོང་པ་ཉིད་ཀྱང་ངོ་བོ་ཉིད་སྟོང་པ་ཉིད་རྣམ་པར་འགྲུབ་པར་མི་བྱེད་དོ། །དངོས་པོ་མེད་པའི་ངོ་བོ་ཉིད་སྟོང་པ་ཉིད་ཀྱང་སྟོང་པ་ཉིད་རྣམ་པར་འགྲུབ་པར་མི་བྱེད། སྟོང་པ་ཉིད་ཀྱང་དངོས་པོ་མེད་པའི་ངོ་བོ་ཉིད་སྟོང་པ་ཉིད་རྣམ་པར་འགྲུབ་པར་མི་བྱེད་དོ། །དྲན་པ་ཉེ་

བར་གཞག་པ་རྣམས་ཀྱང་སྟོང་པ་ཉིད་རྣམ་པར་འཁྲུག་པར་མི་བྱེད། སྟོང་པ་ཉིད་ཀྱང་དྲན་པ་ཉེ་བར་གཞག་པ་རྣམས་རྣམ་པར་འཁྲུག་པར་མི་བྱེད་དོ། །ཡང་དག་པར་སྤོང་བ་རྣམས་ཀྱང་སྟོང་པ་ཉིད་རྣམ་པར་འཁྲུག་པར་མི་བྱེད། སྟོང་པ་ཉིད་ཀྱང་ཡང་དག་པར་སྤོང་བ་རྣམས་རྣམ་པར་འཁྲུག་པར་མི་བྱེད་དོ། །རྫུ་འཕྲུལ་གྱི་རྐང་པ་རྣམས་ཀྱང་སྟོང་པ་ཉིད་རྣམ་པར་འཁྲུག་པར་(༡)མི་བྱེད། སྟོང་པ་ཉིད་ཀྱང་རྫུ་འཕྲུལ་གྱི་རྐང་པ་རྣམས་རྣམ་པར་འཁྲུག་(༢)པར་མི་བྱེད་དོ། །དབང་པོ་རྣམས་ཀྱང་སྟོང་པ་ཉིད་རྣམ་པར་འཁྲུག་པར་མི་བྱེད། སྟོང་པ་ཉིད་ཀྱང་དབང་པོ་རྣམས་རྣམ་པར་འཁྲུག་པར་མི་བྱེད་དོ། །སྟོབས་རྣམས་ཀྱང་སྟོང་པ་ཉིད་རྣམ་པར་འཁྲུག་པར་མི་བྱེད། སྟོང་པ་ཉིད་ཀྱང་སྟོབས་རྣམས་རྣམ་པར་འཁྲུག་པར་མི་བྱེད་དོ། །བྱང་ཆུབ་ཀྱི་ཡན་ལག་རྣམས་ཀྱང་སྟོང་པ་ཉིད་རྣམ་པར་འཁྲུག་པར་མི་བྱེད། སྟོང་པ་ཉིད་ཀྱང་བྱང་ཆུབ་ཀྱི་ཡན་ལག་རྣམས་རྣམ་པར་འཁྲུག་པར་མི་བྱེད་དོ། །འཕགས་པའི་ལམ་ཡན་ལག་བརྒྱད་པ་ཡང་སྟོང་པ་ཉིད་རྣམ་པར་འཁྲུག་པར་མི་བྱེད། སྟོང་པ་ཉིད་ཀྱང་འཕགས་པའི་ལམ་ཡན་ལག་བརྒྱད་པ་རྣམ་པར་འཁྲུག་པར་མི་བྱེད་དོ། །འཕགས་པའི་བདེན་པ་རྣམས་ཀྱང་སྟོང་པ་ཉིད་རྣམ་པར་འཁྲུག་པར་མི་བྱེད། སྟོང་པ་ཉིད་ཀྱང་འཕགས་པའི་བདེན་པ་རྣམས་རྣམ་པར་འཁྲུག་པར་མི་བྱེད་དོ། །བསམ་གཏན་རྣམས་ཀྱང་སྟོང་པ་ཉིད་རྣམ་པར་འཁྲུག་པར་མི་བྱེད། སྟོང་པ་ཉིད་ཀྱང་བསམ་གཏན་རྣམས་རྣམ་པར་འཁྲུག་པར་མི་བྱེད་དོ། །ཚད་མེད་པ་རྣམས་ཀྱང་སྟོང་པ་ཉིད་རྣམ་པར་འཁྲུག་པར་མི་བྱེད། སྟོང་པ་ཉིད་ཀྱང་ཚད་མེད་པ་རྣམས་རྣམ་པར་འཁྲུག་པར་མི་བྱེད་དོ། །གཟུགས་མེད་པའི་སྙོམས་པར་འཇུག་པ་རྣམས་ཀྱང་སྟོང་པ་ཉིད་རྣམ་པར་འཁྲུག་པར་(༣)མི་བྱེད། སྟོང་པ་ཉིད་ཀྱང་གཟུགས་མེད་

པའི་སྙོམས་པར་འཇུག་པ་རྣམས་རྣམ་པར་འགྲུག་པར་མི་བྱེད་དོ། །རྣམ་པར་ཐར་པ་བརྒྱད་ཀྱང་སྟོང་པ་ཉིད་རྣམ་པར་འགྲུག་པར་མྱི་བྱེད། སྟོང་པ་ཉིད་ཀྱང་རྣམ་པར་ཐར་པ་བརྒྱད་རྣམ་པར་འགྲུག་པར་མྱི་བྱེད་དོ། །མཐར་གྱིས་གནས་པའི་སྙོམས་པར་འཇུག་པ་[༧]དགུ་ཡང་སྟོང་པ་ཉིད་རྣམ་པར་འགྲུག་པར་མྱི་བྱེད། སྟོང་པ་ཉིད་ཀྱང་མཐར་གྱིས་གནས་པའི་སྙོམས་པར་འཇུག་པ་དགུ་རྣམ་པར་འགྲུག་པར་མྱི་བྱེད་དོ། །རྣམ་པར་ཐར་པའི་སྒོ་སྟོང་པ་ཉིད་དང་མཚན་མ་མྱེད་པ་དང་། སྨོན་པ་མྱེད་པ་ཡང་[༣]སྟོང་པ་ཉིད་རྣམ་པར་འགྲུག་པར་མྱི་བྱེད། སྟོང་པ་ཉིད་ཀྱང་རྣམ་པར་ཐར་པའི་སྒོ་སྟོང་པ་ཉིད་དང་། མཚན་མ་མྱེད་པ་དང་། སྨོན་པ་མྱེད་པ་རྣམ་པར་འགྲུག་པར་མྱི་བྱེད་དོ། །མངོན་པར་ཤེས་པ་རྣམས་ཀྱང་སྟོང་པ་ཉིད་རྣམ་པར་འགྲུག་པར་མྱི་བྱེད། སྟོང་པ་ཉིད་ཀྱང་མངོན་པར་ཤེས་པ་རྣམས་རྣམ་པར་འགྲུག་པར་མྱི་བྱེད་དོ། །ཏིང་ངེ་འཛིན་རྣམས་ཀྱང་སྟོང་པ་ཉིད་རྣམ་པར་འགྲུག་པར་མྱི་བྱེད། སྟོང་པ་ཉིད་ཀྱང་ཏིང་ངེ་འཛིན་རྣམས་རྣམ་པར་འགྲུག་པར་མྱི་བྱེད་དོ། །གཟུངས་ཀྱི་སྒོ་རྣམས་ཀྱང་སྟོང་པ་ཉིད་རྣམ་པར་འགྲུག་པར་མྱི་བྱེད། སྟོང་པ་ཉིད་ཀྱང་གཟུངས་ཀྱི་སྒོ་རྣམས་རྣམ་པར་འགྲུག་པར་མྱི་བྱེད་དོ། །དེ་བཞིན་གཤེགས་པའི་སྟོབས་བཅུ་ཡང་སྟོང་པ་ཉིད་རྣམ་པར་འགྲུག་པར་མྱི་བྱེད། སྟོང་པ་ཉིད་ཀྱང་དེ་བཞིན་གཤེགས་པའི་སྟོབས་བཅུ་རྣམ་པར་འགྲུག་པར་མྱི་བྱེད་དོ[༣]། །མྱི་འཇིགས་པ་བཞི་ཡང་སྟོང་པ་ཉིད་རྣམ་པར་འགྲུག་པར་མྱི་བྱེད། སྟོང་པ་ཉིད་ཀྱང་མྱི་འཇིགས་པ་བཞི་རྣམ་པར་འགྲུག་པར་མྱི་བྱེད་དོ། །སོ་སོ་ཡང་དག་པར་རིག་པ་བཞི་ཡང་སྟོང་པ་ཉིད་རྣམ་པར་འགྲུག་པར་མྱི་བྱེད། སྟོང་པ་ཉིད་ཀྱང་སོ་སོ་ཡང་དག་པར་རིག་པ་བཞི་རྣམ་པར་འགྲུག་པར་མྱི་བྱེད་དོ། །ཿསྙིང་རྗེ་ཆེན་པོ་ཡང་སྟོང་པ་ཉིད་རྣམ་པར་འགྲུག

པར་མི་བྱེད། སྟོང་པ་ཉིད་ཀྱང་སྙིང་རྗེ་ཆེན་པོ་རྣམ་པར་འཇིག་པར་མི་བྱེད་དོ། །[༧]སངས་རྒྱས་ཀྱི་ཆོས་མ་འདྲེས་པ་བཅོ་བརྒྱད་ཀྱང་སྟོང་པ་ཉིད་རྣམ་པར་འཇིག་པར་མི་བྱེད། སྟོང་པ་ཉིད་ཀྱང་སངས་རྒྱས་ཀྱི་ཆོས་མ་འདྲེས་པ་བཅོ་བརྒྱད་རྣམ་པར་འཇིག་པར་མི་བྱེད་དོ། །རྒྱུན་དུ་ཞུགས་པའི་འབྲས་བུ་ཡང་སྟོང་པ་ཉིད་རྣམ་པར་འཇིག་པར་མི་བྱེད། སྟོང་པ་ཉིད་ཀྱང་རྒྱུན་དུ་ཞུགས་པའི་འབྲས་བུ་རྣམ་པར་འཇིག་པར་མི་བྱེད་དོ། །ལན་ཅིག་ཕྱིར་འོང་བའི་འབྲས་བུ་ཡང་སྟོང་པ་ཉིད་རྣམ་པར་འཇིག་པར་མི་བྱེད། སྟོང་པ་ཉིད་ཀྱང་ལན་ཅིག་ཕྱིར་འོང་བའི་འབྲས་བུ་རྣམ་པར་འཇིག་པར་མི་བྱེད་དོ། །ཕྱིར་མི་འོང་བའི་འབྲས་བུ་ཡང་སྟོང་པ་ཉིད་རྣམ་པར་འཇིག་པར་མི་བྱེད། སྟོང་པ་ཉིད་ཀྱང་ཕྱིར་མི་འོང་བའི་འབྲས་བུ་རྣམ་པར་འཇིག་པར་མི་བྱེད་དོ། །དགྲ་བཅོམ་པ་ཉིད་ཀྱང་སྟོང་པ་ཉིད་རྣམ་པར་འཇིག་པར་མི་བྱེད། སྟོང་པ་ཉིད་ཀྱང་དགྲ་བཅོམ་པ་ཉིད་རྣམ་པར་འཇིག་པར་མི་བྱེད་དོ། །རང་བྱང་ཆུབ་ཀྱང་སྟོང་པ་ཉིད་རྣམ་པར་འཇིག་པར་མི་བྱེད། སྟོང་པ་ཉིད་ཀྱང་རང་བྱང་ཆུབ་རྣམ་པར་འཇིག་པར་མི་བྱེད་དོ། །[༢]བླ་ན་མེད་པ་ཡང་དག་པར་རྫོགས་པའི་བྱང་ཆུབ་ཀྱང་སྟོང་པ་ཉིད་རྣམ་པར་འཇིག་པར་མི་བྱེད། སྟོང་པ་ཉིད་ཀྱང་བླ་ན་མེད་པ་ཡང་དག་པར་རྫོགས་པའི་བྱང་ཆུབ་རྣམ་པར་འཇིག་པར་མི་བྱེད་དོ། །དེ་ཅིའི་ཕྱིར་ཞེ་ན། དེ་དག་ལ་[༣]གང་འདི་ལྟར་འདི་ནི་གཟུགས་འདི་ནི་སྟོང་པ་ཉིད་དོ། །འདི་ནི་ཚོར་བ་འདི་ནི་སྟོང་པ་ཉིད་དོ།། འདི་ནི་འདུ་ཤེས་འདི་ནི་སྟོང་པ་ཉིད་དོ། །འདི་ནི་འདུ་བྱེད་འདི་ནི་སྟོང་པ་ཉིད་དོ། །འདི་ནི་རྣམ་པར་ཤེས་པ་འདི་ནི་སྟོང་པ་ཉིད་དོ། །འདི་ནི་མིག་འདི་ནི་སྟོང་པ་ཉིད་དོ། །འདི་ནི་རྣ་བ་འདི་ནི་སྟོང་པ་ཉིད་དོ། །འདི་ནི་སྣ་འདི་ནི་སྟོང་པ་ཉིད་དོ། །འདི་ནི་ལྕེ་འདི་ནི་སྟོང་པ་ཉིད་དོ། །འདི་ནི་ལུས་འདི་ནི་

སྟོང་པ་ཉིད་དོ། །འདི་ནི་ཡིད་འདི་ནི་སྟོང་པ་ཉིད་དོ། །འདི་ནི་གཟུགས་འདི་ནི་སྟོང་པ་ཉིད་དོ། །འདི་ནི་སྒྲ་འདི་ནི་སྟོང་པ་ཉིད་དོ། །འདི་ནི་དྲི་① འདི་ནི་སྟོང་པ་ཉིད་དོ། །འདི་ནི་རོ་འདི་ནི་སྟོང་པ་ཉིད་དོ། །འདི་ནི་རེག་འདི་ནི་སྟོང་པ་ཉིད་དོ། །འདི་ནི་ཆོས་འདི་ནི་སྟོང་པ་ཉིད་དོ། །འདི་ནི་མིག་གི་རྣམ་པར་ཤེས་པ་འདི་ནི་སྟོང་པ་ཉིད་དོ། །འདི་ནི་རྣ་བའི་རྣམ་པར་ཤེས་པ་འདི་ནི་སྟོང་པ་ཉིད་དོ། །འདི་ནི་སྣའི་རྣམ་པར་ཤེས་པ་འདི་ནི་སྟོང་པ་ཉིད་དོ། །འདི་ནི་ལྗེའི་རྣམ་པར་ཤེས་པ་འདི་ནི་སྟོང་པ་ཉིད་དོ། །འདི་ནི་ལུས་ཀྱི་རྣམ་པར་ཤེས་པ་འདི་ནི་སྟོང་པ་ཉིད་དོ། །འདི་ནི་ཡིད་ཀྱི་རྣམ་པར་ཤེས་པ་འདི་ནི་སྟོང་པ་ཉིད་དོ། །འདི་ནི་མིག་གི་འདུས་ཏེ་རེག་པ་འདི་ནི་སྟོང་པ་ཉིད་དོ། །འདི་ནི་རྣ་བའི་འདུས་ཏེ་རེག་པ་འདི་ནི་སྟོང་པ་ཉིད་དོ། །འདི་ནི་སྣའི་འདུས་ཏེ་རེག་པ་འདི་ནི་སྟོང་པ་ཉིད་དོ། །འདི་ནི་ལྗེའི་འདུས་ཏེ་རེག་པ་འདི་ནི་སྟོང་པ་ཉིད་དོ། །འདི་ནི་ལུས་ཀྱི་འདུས་ཏེ་རེག་པ་འདི་ནི་སྟོང་པ་ཉིད་དོ། །འདི་ནི་ཡིད་ཀྱི་འདུས་ཏེ་རེག་པ་འདི་ནི་སྟོང་པ་ཉིད་དོ། །འདི་ནི་མིག་གི་འདུས་ཏེ་རེག་པའི་རྐྱེན་གྱིས་ཚོར་བ་འདི་ནི་སྟོང་པ་ཉིད་དོ། །འདི་ནི་རྣ་བའི་འདུས་ཏེ་རེག་པའི་རྐྱེན་གྱིས་ཚོར་བ་འདི་ནི་སྟོང་པ་ཉིད་དོ། །འདི་ནི་སྣའི་འདུས་ཏེ་རེག་པའི་རྐྱེན་གྱིས་ཚོར་བ་འདི་ནི་སྟོང་པ་ཉིད་དོ། །འདི་ནི་ལྗེའི་འདུས་ཏེ་རེག་པའི་རྐྱེན་གྱིས་ཚོར་བ་འདི་ནི་སྟོང་པ་ཉིད་དོ། །འདི་ནི་ལུས་ཀྱི་འདུས་ཏེ་རེག་པའི་རྐྱེན་གྱིས་ཚོར་བ་འདི་ནི་སྟོང་པ་ཉིད་དོ། །འདི་ནི་ཡིད་ཀྱི་འདུས་ཏེ་རེག་པའི་རྐྱེན་གྱིས་ཚོར་བ་འདི་ནི་སྟོང་པ་ཉིད་དོ། །འདི་ནི་སའི་ཁམས་འདི་ནི་སྟོང་པ་ཉིད་དོ། །འདི་ནི་ཆུའི་ཁམས་འདི་ནི་སྟོང་པ་ཉིད་དོ། །འདི་ནི་མེའི་ཁམས་འདི་ནི་སྟོང་པ་ཉིད་དོ། །འདི་ནི་རླུང་གི་ཁམས་འདི་ནི་སྟོང་པ་ཉིད་དོ། །འདི་ནི་ནམ་མཁའི་ཁམས་འདི་

ནི་སྟོང་པ་ཉིད་དོ། །འདི་ནི་རྣམ་པར་ཤེས་པའི་ཁམས་འདི་ནི་སྟོང་པ་ཉིད་དོ། །འདི་ནི་མ་རིག་པ་འདི་ནི་སྟོང་པ་ཉིད་དོ། །འདི་ནི་འདུ་བྱེད་འདི་ནི་སྟོང་པ་ཉིད་དོ༑ །འདི་ནི་རྣམ་པར་ཤེས་པ་འདི་ནི་སྟོང་པ་ཉིད་དོ། །འདི་ནི་མིང་དང་གཟུགས་འདི་ནི་སྟོང་པ་ཉིད་དོ། །འདི་ནི་སྐྱེ་མཆེད་དྲུག་འདི་ནི་སྟོང་པ་ཉིད་དོ། །འདི་ནི་རེག་པ་འདི་ནི་སྟོང་པ་ཉིད་དོ། །འདི་ནི་ཚོར་བ་འདི་ནི་སྟོང་པ་ཉིད་དོ། །འདི་ནི་སྲིད་པ་འདི་ནི་སྟོང་པ་ཉིད་དོ། །འདི་ནི་ལེན་པ་འདི་ནི་སྟོང་པ་ཉིད་དོ། །འདི་ནི་སྲིད་པ་འདི་ནི་སྟོང་པ་ཉིད་དོ། །འདི་ནི་སྐྱེ་བ་འདི་ནི་སྟོང་པ་ཉིད་དོ། །འདི་ནི་རྒ་ཤི་འདི་ནི་སྟོང་པ་ཉིད་དོ། །འདི་ནི་སྦྱིན་པའི་ཕ་རོལ་ཏུ་ཕྱིན་པ་འདི་ནི་སྟོང་པ་ཉིད་དོ། །འདི་ནི་ཚུལ་ཁྲིམས་ཀྱི་ཕ་རོལ་ཏུ་ཕྱིན་པ་འདི་ནི་སྟོང་པ་ཉིད་དོ༑ །འདི་ནི་བཟོད་པའི་ཕ་རོལ་ཏུ་ཕྱིན་པ་འདི་ནི་སྟོང་པ་ཉིད་དོ། །འདི་ནི་བརྩོན་འགྲུས་ཀྱི་ཕ་རོལ་ཏུ་ཕྱིན་པ་འདི་ནི་སྟོང་པ་ཉིད་དོ། །འདི་ནི་བསམ་གཏན་གྱི་ཕ་རོལ་ཏུ་ཕྱིན་པ་འདི་ནི་སྟོང་པ་ཉིད་དོ། །འདི་ནི་ཤེས་རབ་ཀྱི་ཕ་རོལ་ཏུ་ཕྱིན་པ་འདི་ནི་སྟོང་པ་ཉིད་དོ། །འདི་ནི་ནང་སྟོང་པ་ཉིད་འདི་ནི་སྟོང་པ་ཉིད་དོ༑ །འདི་ནི་ཕྱི་སྟོང་པ་ཉིད་འདི་ནི་སྟོང་པ་ཉིད་དོ། །འདི་ནི་ཕྱི་ནང་སྟོང་པ་ཉིད་འདི་ནི་སྟོང་པ་ཉིད་དོ། །འདི་ནི་སྟོང་པ་ཉིད་སྟོང་པ་ཉིད་འདི་ནི་སྟོང་པ་ཉིད་དོ། །འདི་ནི་ཆེན་པོ་སྟོང་པ་ཉིད་འདི་ནི་སྟོང་པ་ཉིད་དོ། །འདི་ནི་དོན་དམ་པ་སྟོང་པ་ཉིད་འདི་ནི་སྟོང་པ་ཉིད་དོ། །འདི་ནི་འདུས་བྱས་སྟོང་པ་ཉིད་འདི་ནི་སྟོང་པ་ཉིད་དོ། །འདི་ནི་འདུས་མ་བྱས་སྟོང་པ་ཉིད་འདི་ནི་སྟོང་པ་ཉིད་དོ༑ །འདི་ནི་མཐའ་ལས་འདས་པ་སྟོང་པ་ཉིད་འདི་ནི་སྟོང་པ་ཉིད་དོ། །འདི་ནི་ཐོག་མ་དང་ཐ་མ་མེད་པ་སྟོང་པ་ཉིད་འདི་ནི་སྟོང་པ་ཉིད་དོ། །འདི་ནི་དོར་བ་མེད་པ་སྟོང་པ་ཉིད་འདི་ནི་སྟོང་པ་ཉིད་དོ། །འདི་ནི་རང་བཞིན་སྟོང་པ་

ཉིད་འདི་ནི་སྟོང་པ་ཉིད་དོ། །འདི་ནི་ཆོས་ཐམས་ཅད་སྟོང་པ་ཉིད་འདི་ནི་སྟོང་པ་ཉིད་དོ། །འདི་ནི་རང་གི་མཚན་ཉིད་སྟོང་པ་ཉིད་འདི་ནི་སྟོང་པ་ཉིད་དོ། །འདི་ནི་མི་དམིགས་པ་སྟོང་པ་ཉིད་འདི་ནི་སྟོང་པ་ཉིད་དོ། །འདི་ནི་དངོས་པོ་མེད་པ་སྟོང་པ་ཉིད་འདི་ནི་སྟོང་པ་ཉིད་དོ། །འདི་ནི་ངོ་བོ་ཉིད་སྟོང་པ་ཉིད་འདི་ནི་སྟོང་པ་ཉིད་དོ། །འདི་ནི་དངོས་པོ་མེད་པའི་ངོ་བོ་ཉིད་སྟོང་པ་ཉིད་འདི་ནི་སྟོང་པ་ཉིད་དོ། །འདི་དག་ནི་དྲན་པ་ཉེ་བར་གཞག་པ་རྣམས་འདི་ནི་སྟོང་པ་ཉིད་དོ། །འདི་དག་ནི་ཡང་དག་པར་སྤོང་བ་རྣམས་འདི་ནི་སྟོང་པ་ཉིད་དོ། །འདི་དག་ནི་རྫུ་འཕྲུལ་གྱི་རྐང་པ་རྣམས་འདི་ནི་སྟོང་པ་ཉིད་དོ། །འདི་དག་ནི་དབང་པོ་རྣམས་འདི་ནི་སྟོང་པ་ཉིད་དོ། །འདི་དག་ནི་སྟོབས་རྣམས་འདི་ནི་སྟོང་པ་ཉིད་དོ། །འདི་དག་ནི་བྱང་ཆུབ་ཀྱི་ཡན་ལག་རྣམས་འདི་ནི་སྟོང་པ་ཉིད་དོ། །འདི་དག་ནི་འཕགས་པའི་ལམ་ཡན་ལག་བརྒྱད་པ་འདི་ནི་སྟོང་པ་ཉིད་དོ། །འདི་དག་ནི་འཕགས་པའི་བདེན་པ་རྣམས་འདི་ནི་སྟོང་པ་ཉིད་དོ། །འདི་དག་ནི་བསམ་གཏན་རྣམས་འདི་ནི་སྟོང་པ་ཉིད་དོ། །འདི་དག་ནི་ཚད་མེད་པ་རྣམས་འདི་ནི་སྟོང་པ་ཉིད་དོ། །འདི་དག་ནི་གཟུགས་མེད་པའི་སྙོམས་པར་འཇུག་པ་རྣམས་འདི་ནི་སྟོང་པ་ཉིད་དོ། །འདི་དག་ནི་རྣམ་པར་ཐར་པ་བརྒྱད་འདི་ནི་སྟོང་པ་ཉིད་དོ། །འདི་དག་ནི་མཐར་གྱིས[1]གནས་པའི་སྙོམས་པར་འཇུག་པ་དགུ་འདི་ནི་སྟོང་པ་ཉིད་དོ། །འདི་དག་ནི་རྣམ་པར་ཐར་པའི་སྒོ་སྟོང་པ་ཉིད་དང་། མཚན་མ་མེད་པ་དང་། སྨོན་པ་མེད་པ་འདི་ནི་སྟོང་པ་ཉིད་དོ། །འདི་དག་ནི་མངོན་པར་ཤེས་པ་རྣམས་འདི་ནི་སྟོང་པ་ཉིད་དོ། །འདི་དག་ནི་ཏིང་ངེ་འཛིན་རྣམས[2]འདི་ནི་སྟོང་པ་ཉིད་དོ། །འདི་དག་ནི་གཟུངས་ཀྱི་སྒོ་རྣམས་འདི་ནི་སྟོང་པ་ཉིད་དོ། །འདི་དག་ནི་དེ་བཞིན་གཤེགས་པའི་སྟོབས་བཅུ་

འདི་ནི་སྟོང་པ་ཉིད་དོ། །འདི་དག་ནི་མི་འཇིགས་པ་བཞི་འདི་ནི་སྟོང་པ་ཉིད་དོ།། འདི་དག་ནི་སོ་སོ་ཡང་དག་པར་རིག་པ་བཞི་འདི་ནི་སྟོང་པ་ཉིད་དོ། །འདི་(༡)ནི་བྱམས་པ་ཆེན་པོ་འདི་ནི་སྟོང་པ་ཉིད་དོ། །འདི་(༢)ནི་སྙིང་རྗེ་ཆེན་པོ་འདི་ནི་སྟོང་པ་ཉིད་དོ། །འདི་དག་ནི་སངས་རྒྱས་ཀྱི་ཆོས་མ་འདྲེས་པ་བཅོ་བརྒྱད་འདི་ནི་སྟོང་པ་ཉིད་དོ། །འདི་(༣)ནི་རྒྱུན་དུ་ཞུགས་པའི་འབྲས་བུ་འདི་ནི་སྟོང་པ་ཉིད་དོ། །འདི་ནི་ལན་ཅིག་ཕྱིར་འོང་བའི་འབྲས་བུ་འདི་ནི་སྟོང་པ་ཉིད་དོ། །འདི་ནི་ཕྱིར་མི་འོང་བའི་འབྲས་བུ་འདི་ནི་སྟོང་པ་ཉིད་དོ། །འདི་ནི་དགྲ་བཅོམ་པ་ཉིད་(༤)འདི་ནི་སྟོང་པ་ཉིད་དོ། །འདི་ནི་རང་བྱང་ཆུབ་(༥)འདི་ནི་སྟོང་པ་ཉིད་དོ། །འདི་ནི་ལམ་གྱི་རྣམ་པ་(༦)ཤེས་པ་ཉིད་འདི་ནི་སྟོང་པ་ཉིད་དོ། །འདི་ནི་བླ་ན་མེད་པ་ཡང་དག་པར་རྫོགས་པའི་བྱང་ཆུབ་འདི་ནི་སྟོང་པ་ཉིད་དོ་ཞེས་རྣམ་པར་འཕྲུག་(༧)པ་དེ་ལྟ་བུའི་རང་བཞིན་མེད་དོ། །རབ་འབྱོར་གྱིས་གསོལ་པ། བཅོམ་ལྡན་འདས་གལ་ཏེ་ཆོས་ཐམས་ཅད་དབྱེར་མ་མཆིས་ན་ཅིའི་སླད་དུ་བྱང་ཆུབ་སེམས་དཔའ་སེམས་དཔའ་ཆེན་པོ་བདག་ནི་བླ་ན་མེད་པ་ཡང་དག་པར་རྫོགས་པའི་བྱང་ཆུབ་ཏུ་ཡང་དག་པར་ཞུགས་པ་སྟེ། མངོན་པར་རྫོགས་པར་འཚང་རྒྱ་བར་བྱའོ་ཞེས་བགྱི་བར་སེམས་དཔར་(༨)གྱུར། བཅོམ་ལྡན་འདས་བྱང་ཆུབ་ནི་གཉིས་སུ་དབྱེར་མ་མཆིས་པ་སྟེ། གཉིས་སུ་འབྱེད་པས་ནི་བླ་ན་མེད་པ་ཡང་དག་པར་རྫོགས་པའི་བྱང་ཆུབ་ཏུ་མངོན་པར་རྫོགས་པར་འཚང་རྒྱ་བར་མི་ནུས་སོ། །བཅོམ་ལྡན་འདས་ཀྱིས་བཀའ་སྩལ་པ། རབ་འབྱོར་དེ་དེ་བཞིན་ནོ། །དེ་དེ་བཞིན་ཏེ། བྱང་ཆུབ་ནི་གཉིས་སུ་དབྱེར་མེད་པ་སྟེ། གཉིས་ལ་སྤྱོད་པ་ལ་བྱང་ཆུབ་མེད་དོ། །རབ་འབྱོར་བྱང་ཆུབ་ནི་གཉིས་སུ་མེད་དེ་གཉིས་སུ་དབྱེར་མེད་པས(༩)། བྱང་ཆུབ་སེམས་དཔའ་སེམས་དཔའ་ཆེན་པོའི་བྱང་ཆུབ་ནི་བྱང་ཆུབ་

པོ། །བྱང་ཆུབ་སེམས་དཔའོ་ཞེས་བྱ་བར་གཉིས་སུ་བྱ་བ་ལ་མྱི་སྤྱོད་དེ⑦། བྱང་ཆུབ་སེམས་དཔའ་སེམས་དཔའ་ཆེན་པོའི་བྱང་ཆུབ་དེ་ནི་གཟུགས་ལ་མྱི་སྤྱོད་དོ། །ཚོར་བ་ལ་མྱི་སྤྱོད་དོ། །འདུ་ཤེས་ལ་མྱི་སྤྱོད་དོ། །འདུ་བྱེད་ལ་མྱི་སྤྱོད་དོ། །རྣམ་པར་ཤེས་པ་ལ་མྱི་སྤྱོད་དོ། །མྱིག་ལ་མི་སྤྱོད་དོ། །རྣ་བ་ལ་མྱི་སྤྱོད་དོ། །སྣ་ལ་མྱི་སྤྱོད་དོ། །ལྗེ་ལ་མྱི་སྤྱོད་དོ། །ལུས་ལ་མྱི་སྤྱོད་དོ། །ཡིད་ལ་མྱི་སྤྱོད་དོ། །གཟུགས་ལ་མྱི་སྤྱོད་དོ། །སྒྲ་ལ་མི་སྤྱོད་དོ། །དྲི་ལ་མྱི་སྤྱོད་དོ། །རོ་ལ་མྱི་སྤྱོད་དོ། །རེག་ལ་མྱི་སྤྱོད་དོ། །ཆོས་ལ་མྱི་སྤྱོད་དོ། །མྱིག་གི་རྣམ་པར་ཤེས་པ་ལ་མྱི་སྤྱོད་དོ། །རྣ་བའི་རྣམ་པར་ཤེས་པ་ལ་མྱི་སྤྱོད་དོ། །སྣའི་རྣམ་པར་ཤེས་པ་ལ་མྱི་སྤྱོད་དོ། །ལྗེའི་རྣམ་པར་ཤེས་པ་ལ་མྱི་སྤྱོད་དོ། །ལུས་ཀྱི་རྣམ་པར་ཤེས་པ་ལ་མྱི་སྤྱོད་དོ། །ཡིད་ཀྱི་རྣམ་པར་ཤེས་པ་ལ་མྱི་སྤྱོད་དོ། །མྱིག་གི་འདུས་ཏེ་རེག་པ་ལ་མྱི་སྤྱོད་དོ། །རྣ་བའི་འདུས་ཏེ་རེག་པ་ལ་མྱི་སྤྱོད་དོ། །སྣའི་འདུས་ཏེ་རེག་པ་ལ་མྱི་སྤྱོད་དོ། །ལྗེའི་འདུས་ཏེ་རེག་པ་ལ་མྱི་སྤྱོད་དོ། །ལུས་ཀྱི་འདུས་ཏེ་རེག་པ་ལ་མྱི་སྤྱོད་དོ། །ཡིད་ཀྱི་འདུས་ཏེ་རེག་པ་ལ་མྱི་སྤྱོད་དོ། །མྱིག་གི་འདུས་ཏེ་རེག་པའི་རྐྱེན་གྱིས་ཚོར་བ་ལ་མྱི་སྤྱོད་དོ། །རྣ་བའི་འདུས་ཏེ་རེག་པའི་རྐྱེན་གྱིས་ཚོར་བ་ལ་མྱི་སྤྱོད་དོ། །སྣའི་འདུས་ཏེ་རེག་པའི་རྐྱེན་གྱིས་ཚོར་བ་ལ་མྱི་སྤྱོད་དོ། །ལྗེའི་འདུས་ཏེ་རེག་པའི་རྐྱེན་གྱིས་ཚོར་བ་ལ་མྱི་སྤྱོད་དོ། །ལུས་ཀྱི་འདུས་ཏེ་རེག་པའི་རྐྱེན་གྱིས་ཚོར་བ་ལ་མྱི་སྤྱོད་དོ། །ཡིད་ཀྱི་འདུས་ཏེ་རེག་པའི་རྐྱེན་གྱིས་ཚོར་བ་ལ་མྱི་སྤྱོད་དོ། །སའི་ཁམས་ལ་མྱི་སྤྱོད་དོ། །ཆུའི་ཁམས་ལ་མྱི་སྤྱོད་དོ། །མྱེའི་ཁམས་ལ་མི་སྤྱོད་དོ། །རླུང་གི་ཁམས་ལ་མྱི་སྤྱོད་དོ། །ནམ་མཁའི་ཁམས་ལ་མྱི་སྤྱོད་དོ། །རྣམ་པར་ཤེས་པའི་ཁམས་ལ་མྱི་སྤྱོད་དོ། །མ་རིག་པ་ལ་མྱི་སྤྱོད་དོ། །འདུ་བྱེད་ལ་མྱི་སྤྱོད་དོ། །རྣམ་པར་ཤེས་པ་ལ་མྱི་

སྤྱོད་དོ། །མིང་དང་གཟུགས་ལ་མི་སྤྱོད་དོ། །སྐྱེ་མཆེད་དྲུག་ལ་མི་སྤྱོད་དོ། །རེག་པ་ལ་མི་སྤྱོད་དོ། །ཚོར་བ་ལ་མི་སྤྱོད་དོ། །སྲེད་པ་ལ་མི་སྤྱོད་དོ། །ལེན་པ་ལ་མི་སྤྱོད་དོ། །སྲིད་པ་ལ་མི་སྤྱོད་དོ། །སྐྱེ་བ་ལ་མི་སྤྱོད་དོ། །རྒ་ཤི་ལ་མི་སྤྱོད་དོ། །སྦྱིན་པའི་ཕ་རོལ་ཏུ་ཕྱིན་པ་ལ་མི་སྤྱོད་དོ། །ཚུལ་ཁྲིམས་ཀྱི་ཕ་རོལ་ཏུ་ཕྱིན་པ་ལ་མི་སྤྱོད་དོ། །བཟོད་པའི་ཕ་རོལ་ཏུ་ཕྱིན་པ་ལ་མི་སྤྱོད་དོ། །བརྩོན་འགྲུས་ཀྱི་ཕ་རོལ་ཏུ་ཕྱིན་པ་ལ་མི་སྤྱོད་དོ། །བསམ་གཏན་གྱི་ཕ་རོལ་ཏུ་ཕྱིནད་པ་ལ་མི་སྤྱོད་དོ། །ཤེས་རབ་ཀྱི་ཕ་རོལ་ཏུ་ཕྱིན་པ་ལ་མི་སྤྱོད་དོ། །ནང་སྟོང་པ་ཉིད་ལ་མི་སྤྱོད་དོ། །ཕྱི་སྟོང་པ་ཉིད་ལ་མི་སྤྱོད་དོ། །ཕྱི་ནང་སྟོང་པ་ཉིད་ལ་མི་སྤྱོད་དོ། །སྟོང་པ་ཉིད་སྟོང་པ་ཉིད་ལ་མི་སྤྱོད་དོ། །ཆེན་པོ་སྟོང་པ་ཉིད་ལ་མི་སྤྱོད་དོ། །དོན་དམ་པ་སྟོང་པ་ཉིད་ལ་མི་སྤྱོད་དོ། །འདུས་བྱས་སྟོང་པ་ཉིད་ལ་མི་སྤྱོད་དོ། །འདུས་མ་བྱས་སྟོང་པ་ཉིད་ལ་མི་སྤྱོད་དོ། །མཐའ་ལས་འདས་པ་སྟོང་པ་ཉིད་ལ་མི་སྤྱོད་དོ། །ཐོག་མ་དང་ཐ་མ་མེད་པ་སྟོང་པ་ཉིད་ལ་མི་སྤྱོད་དོ། །དོར་བ་མེད་པ་སྟོང་པ་ཉིད་ལ་མི་སྤྱོད་དོ། །རང་བཞིན་སྟོང་པ་ཉིད་ལ་མི་སྤྱོད་དོ། །ཆོས་ཐམས་ཅད་སྟོང་པ་ཉིད་ལ་མི་སྤྱོད་དོ། །རང་གི་མཚན་ཉིད་སྟོང་པ་ཉིད་ལ་མི་སྤྱོད་དོ། །མི་དམིགས་པ་སྟོང་པ་ཉིད་ལ་མི་སྤྱོད་དོ། །དངོས་པོ་མེད་པ་སྟོང་པ་ཉིད་ལ་མི་སྤྱོད་དོ། །ངོ་བོ་ཉིད་སྟོང་པ་ཉིད་ལ་མི་སྤྱོད་དོ། །དངོས་པོ་མེད་པའི་ངོ་བོ་ཉིད་སྟོང་པ་ཉིད་ལ་མི་སྤྱོད་དོ། །དྲན་པ་ཉེ་བར་གཞག་པ་རྣམས་ལ་མི་སྤྱོད་དོ། །ཡང་དག་པར་སྤོང་བ་རྣམས་ལ་མི་སྤྱོད་དོ། །རྫུ་འཕྲུལ་གྱི་རྐང་པ་རྣམས་ལ་མི་སྤྱོད་དོ། །དབང་པོ་རྣམས་ལ་མི་སྤྱོད་དོ། །སྟོབས་རྣམས་ལ་མི་སྤྱོད་དོ། །བྱང་ཆུབ་ཀྱི་ཡན་ལག་རྣམས་ལ་མི་སྤྱོད་དོ། །འཕགས་པའི་ལམ་ཡན་ལག་བརྒྱད་པ་ལ་མི་སྤྱོད་དོ། །འཕགས་པའི་བདེན་པ་

རྣམས་ལ་མི་སྤྱོད་དོ། །བསམ་གཏན་རྣམས་ལ་མི་སྤྱོད་དོ། །ཚད་མེད་པ་རྣམས་ལ་མི་སྤྱོད་དོ། །གཟུགས་མེད་པའི་སྙོམས་པར་འཇུག་པ་རྣམས་ལ་མི་སྤྱོད་དོ། །རྣམ་པར་ཐར་པ་བརྒྱད་ལ་མི་སྤྱོད་དོ། །མཐར་(༡)གྱིས་གནས་པའི་སྙོམས་པར་འཇུག་པ་དགུ་ལ་མི་སྤྱོད་དོ། །རྣམ་པར་ཐར་པའི་སྒོ་སྟོང་པ་ཉིད་དང་། མཚན་མ་མེད་པ་དང་། སྨོན་པ་མེད་པ་ལ་མི་སྤྱོད་དོ། །མངོན་པར་ཤེས་པ་(༢)རྣམས་ལ་མི་སྤྱོད་དོ། །ཏིང་ངེ་འཛིན་རྣམས་ལ་མི་སྤྱོད་དོ། །གཟུངས་ཀྱི་སྒོ་རྣམས་ལ་མི་སྤྱོད་དོ། །དེ་བཞིན་གཤེགས་པའི་སྟོབས་བཅུ་ལ་མི་སྤྱོད་དོ། །མི་འཇིགས་པ་བཞི་ལ་མི་སྤྱོད་(༣)དོ། །སོ་སོ་ཡང་དག་པར་རིག་པ་བཞི་ལ་མི་སྤྱོད་དོ། །བྱམས་པ་ཆེན་པོ་ལ་མི་སྤྱོད་དོ། །སྙིང་རྗེ་ཆེན་པོ་ལ་མི་སྤྱོད་དོ། །སངས་རྒྱས་ཀྱི་ཆོས་མ་འདྲེས་པ་བཅོ་བརྒྱད་ལ་མི་སྤྱོད་དོ། །རྒྱུན་དུ་ཞུགས་པའི་འབྲས་བུ་ལ་མི་སྤྱོད་དོ། །ལན་ཅིག་ཕྱིར་འོང་བའི་འབྲས་བུ་ལ་མི་སྤྱོད་དོ། །ཕྱིར་མི་འོང་བའི་འབྲས་བུ་ལ་མི་སྤྱོད་དོ། །དགྲ་བཅོམ་པ་ཉིད་ལ་མི་སྤྱོད་དོ། །རང་བྱང་ཆུབ་ལ་མི་སྤྱོད་དོ། །ལམ་གྱི་རྣམ་པ་(༤)ཤེས་པ་ཉིད་ལ་མི་སྤྱོད་དོ། །བླ་ན་མེད་པ་ཡང་དག་པར་རྫོགས་པའི་བྱང་ཆུབ་ལ་མི་སྤྱོད་དོ། །དེ་ཅིའི་ཕྱིར་ཞེ་ན། བྱང་ཆུབ་ནི་བདག་དང་(༥)བདག་གིར་བྱ་བ་མེད་པ་སྟེ། བདག་གིས་གཟུགས་ལ་སྤྱོད་(༦)པར་བྱའོ་ཞེའམ(༧)། བདག་གི་(༨)གཟུགས་སོ་ཞེའམ། བདག་གིས་ཚོར་བ་ལ་སྤྱོད་པར་བྱའོ་ཞེའམ། བདག་གི་(༩)ཚོར་བའོ་ཞེའམ། བདག་གིས་འདུ་ཤེས་ལ་སྤྱོད་པར་བྱའོ་ཞེའམ། བདག་གི་འདུ་ཤེས་སོ་ཞེ་འམ། བདག་གིས་འདུ་བྱེད་ལ་སྤྱོད་པར་བྱའོ་ཞེ་འམ། བདག་གི་འདུ་བྱེད་དོ་ཞེ་འམ། བདག་གིས་རྣམ་པར་ཤེས་པ་ལ་སྤྱོད་པར་བྱའོ་ཞེའམ། བདག་གི་རྣམ་པར་ཤེས་པའོ་ཞེའམ། བདག་གིས་མིག་ལ་སྤྱོད་པར་བྱའོ་ཞེའམ། བདག་གི་མིག་གོ་ཞེ་འམ།

བདག་གིས་རྣ་བ་ལ་སྤྱོད་པར་བྱའོ་ཞེ་འམ། བདག་གི་རྣ་བའོ་ཞེ་འམ། བདག་གིས་(༡)སྣ་ལ་སྤྱོད་པར་བྱའོ་ཞེ་འམ། བདག་གི་སྣའོ་ཞེ་འམ། བདག་གིས་ལྕེ་ལ་སྤྱོད་པར་བྱའོ་ཞེ་འམ། བདག་གི་(༢)ལྕེའོ་ཞེ་འམ། བདག་གིས་ལུས་ལ་སྤྱོད་པར་བྱའོ་ཞེ་འམ། བདག་གི་(༣)ལུས་སོ་ཞེའམ(༤)། བདག་གིས་ཡིད་ལ་སྤྱོད་པར་བྱའོ་ཞེ་འམ། བདག་གི་ཡིད་དོ་ཞེ་འམ། བདག་གིས་གཟུགས་ལ་སྤྱོད་པར་བྱའོ་ཞེ་འམ། བདག་གི་(༥)གཟུགས་སོ་ཞེ་འམ། བདག་གིས་སྒྲ་ལ་སྤྱོད་པར་བྱའོ་ཞེ་འམ། བདག་གི་སྒྲའོ་ཞེ་འམ། བདག་གིས་དྲི་ལ་སྤྱོད་པར་བྱའོ་ཞེའམ། བདག་གི་(༦)དྲིའོ་ཞེ་འམ། བདག་གིས་རོ་ལ་སྤྱོད་པར་བྱའོ་ཞེ་འམ། བདག་གི་རོའོ་ཞེའམ། བདག་གིས་རེག་ལ་སྤྱོད་པར་བྱའོ་ཞེའམ། བདག་གི་རེག་གོ་ཞེའམ༑ བདག་གིས་(༧)ཆོས་ལ་སྤྱོད་པར་བྱའོ་ཞེའམ། བདག་གི་ཆོས་སོ་ཞེའམ༑ བདག་གིས་མིག་གི་རྣམ་པར་ཤེས་པ་ལ་སྤྱོད་པར་བྱའོ་ཞེའམ། བདག་གི་མིག་གི་རྣམ་པར་ཤེས་པའོ་ཞེའམ། བདག་གིས་རྣ་བའི་རྣམ་པར་ཤེས་པ་ལ་སྤྱོད་པར་བྱའོ་ཞེ་འམ། བདག་གི་རྣ་བའི་རྣམ་པར་ཤེས་པའོ་ཞེ་འམ། བདག་གིས་སྣའི་རྣམ་པར་ཤེས་པ་ལ་སྤྱོད་པར་བྱའོ་ཞེ་འམ། བདག་གི་སྣའི་རྣམ་པར་ཤེས་པའོ་ཞེ་འམ། བདག་གིས་ལྕེའི་རྣམ་པར་ཤེས་པ་ལ་སྤྱོད་པར་བྱའོ་ཞེ་འམ༑ བདག་གི་ལྕེའི་རྣམ་པར་ཤེས་པའོ་ཞེ་འམ། བདག་གིས་ལུས་ཀྱི་རྣམ་པར་ཤེས་པ་ལ་སྤྱོད་པར་བྱའོ་ཞེ་འམ། བདག་གི་ལུས་ཀྱི་རྣམ་པར་ཤེས་པའོ་ཞེ་འམ། བདག་གིས་ཡིད་ཀྱི་(༨)རྣམ་པར་ཤེས་པ་ལ་སྤྱོད་པར་བྱའོ་ཞེའམ། བདག་གི་(༩)ཡིད་ཀྱི་རྣམ་པར་ཤེས་པའོ་ཞེའམ། བདག་གིས་མིག་གི་(༡༠)འདུས་ཏེ་རེག་པ་ལ་སྤྱོད་པར་བྱའོ་ཞེའམ། བདག་གི་མིག་གི་འདུས་ཏེ་རེག་པའོ་ཞེའམ། བདག་གིས་རྣ་བའི་འདུས་ཏེ་རེག་པ་ལ་སྤྱོད་པར་བྱའོ་ཞེའམ། བདག་གི་རྣ་བའི་

འདུས་ཏེ་རེག་པའོ་ཞེའམ། བདག་གིས་སྣའི་འདུས་ཏེ་རེག་པ་ལ་སྤྱོད་པར་བྱའོ་ཞེ་འམ། བདག་གི་སྣའི་འདུས་ཏེ་རེག་པའོ་ཞེའམ། བདག་གིས་ལྕེའི་འདུས་ཏེ་རེག་པ་ལ་སྤྱོད་པར་བྱའོ་ཞེའམ། བདག་གི་ལྕེའི་འདུས་ཏེ་རེག་པའོ་ཞེའམ། བདག་གིས་ལུས་ཀྱི་འདུས་ཏེ་རེག་པ་ལ་སྤྱོད་པར་བྱའོ་ཞེའམ། བདག་གི་ལུས་ཀྱི་འདུས་ཏེ་རེག་པའོ་ཞེའམ། བདག་གིས་ཡིད་ཀྱི་འདུས་ཏེ་རེག་པ་ལ་སྤྱོད་པར་བྱའོ་ཞེའམ། བདག་གི་ཡིད་ཀྱི་འདུས་ཏེ་རེག་པའོ་ཞེའམ། བདག་གིས་མིག་གི་འདུས་ཏེ་རེག་པའི་རྐྱེན་གྱིས་ཚོར་བ་ལ་སྤྱོད་པར་བྱའོ་ཞེ་འམ། བདག་གི་མིག་གི་འདུས་ཏེ་རེག་པའི་རྐྱེན་གྱིས་ཚོར་བའོ་ཞེ་འམ། བདག་གིས་རྣ་བའི་འདུས་ཏེ་རེག་པའི་རྐྱེན་གྱིས་ཚོར་བ་ལ་སྤྱོད་པར་བྱའོ་ཞེའམ། བདག་གི་རྣ་བའི་འདུས་ཏེ་རེག་པའི་རྐྱེན་གྱིས་ཚོར་བའོ་ཞེ་འམ། བདག་གིས་སྣའི་འདུས་ཏེ་རེག་པའི་རྐྱེན་གྱིས་ཚོར་བ་ལ་སྤྱོད་པར་བྱའོ་ཞེའམ། བདག་གི་སྣའི་འདུས་ཏེ་རེག་པའི་རྐྱེན་གྱིས་ཚོར་བའོ་ཞེའམ། བདག་གིས་ལྕེའི་འདུས་ཏེ་རེག་པའི་རྐྱེན་གྱིས་ཚོར་བ་ལ་སྤྱོད་པར་བྱའོ་ཞེའམ། བདག་གི་ལྕེའི་འདུས་ཏེ་རེག་པའི་རྐྱེན་གྱིས་ཚོར་བའོ་ཞེའམ། བདག་གིས་ལུས་ཀྱི་འདུས་ཏེ་རེག་པའི་རྐྱེན་གྱིས་ཚོར་བ་ལ་སྤྱོད་པར་བྱའོ་ཞེའམ། བདག་གི་[༡]ལུས་ཀྱི་འདུས་ཏེ་རེག་པའི་རྐྱེན་གྱིས་ཚོར་བའོ་ཞེའམ། བདག་གིས་[༢]ཡིད་ཀྱི་འདུས་ཏེ་རེག་པའི་རྐྱེན་གྱིས་ཚོར་བ་ལ་སྤྱོད་པར་བྱའོ་ཞེའམ། བདག་གི་ཡིད་ཀྱི་འདུས་ཏེ་རེག་པའི་རྐྱེན་གྱིས་ཚོར་བའོ་ཞེའམ། བདག་གིས་སའི་ཁམས་ལ་སྤྱོད་པར་བྱའོ་ཞེའམ[༣]། བདག་གི་སའི་ཁམས་སོ་ཞེ་འམ། བདག་གིས་ཆུའི་ཁམས་ལ་སྤྱོད་པར་བྱའོ་ཞེའམ། བདག་གི་ཆུའི་ཁམས་སོ་ཞེ་འམ། བདག་གིས་མེའི་ཁམས་ལ་སྤྱོད་པར་བྱའོ་ཞེའམ། བདག་གི་མེའི་ཁམས་སོ་ཞེ་འམ། བདག་གིས་རླུང་གི་ཁམས་ལ་སྤྱོད་པར་བྱའོ་ཞེའམ། བདག་གི་རླུང་གི་ཁམས་སོ་

ཞེའམ། བདག་གིས་ནམ་མཁའི་ཁམས་ལ་སྤྱོད་པར་བགྱིའོ་ཞེའམ། བདག་གི་ནམ་མཁའི་ཁམས་སོ་ཞེའམ། བདག་གིས་རྣམ་པར་ཤེས་པའི་ཁམས་ལ་སྤྱོད་པར་བགྱིའོ་ཞེའམ། བདག་གི་རྣམ་པར་ཤེས་པའི་ཁམས་སོ་ཞེའམ། བདག་གིས་མ་རིག་པ་ལ་སྤྱོད་པར་བགྱིའོ་ཞེའམ། བདག་གི་མ་རིག་པའོ་ཞེའམ། བདག་གིས་འདུ་བྱེད་ལ་སྤྱོད་པར་བགྱིའོ་ཞེའམ། བདག་གི་འདུ་བྱེད་དོ་ཞེའམ། བདག་གིས་⑦རྣམ་པར་ཤེས་པ་ལ་སྤྱོད་པར་བགྱིའོ་ཞེའམ། བདག་གི་རྣམ་པར་ཤེས་པའོ་ཞེ་འམ། བདག་གིས་མིང་དང་གཟུགས་ལ་སྤྱོད་པར་བགྱིའོ་ཞེའམ། བདག་གི་མིང་དང་གཟུགས་སོ་ཞེའམ། བདག་གིས་སྐྱེ་མཆེད་དྲུག་ལ་སྤྱོད་པར་བགྱིའོ་ཞེའམ། བདག་གི་སྐྱེ་མཆེད་དྲུག་གོ་ཞེའམ། བདག་གིས་རེག་པ་ལ་སྤྱོད་པར་བགྱིའོ་ཞེ་འམ། བདག་གི་རེག་པའོ་ཞེའམ། བདག་གིས་ཚོར་བ་ལ་སྤྱོད་པར་བགྱིའོ་ཞེའམ། བདག་གི་ཚོར་བའོ་ཞེ་འམ། བདག་གིས་སྲིད་པ་ལ་སྤྱོད་པར་བགྱིའོ་ཞེ་འམ། བདག་གི་སྲིད་པའོ་ཞེ་འམ། བདག་གིས་ལེན་པ་ལ་སྤྱོད་པར་བགྱིའོ་ཞེ་འམ། བདག་གི་ལེན་པའོ་ཞེ་འམ། བདག་གིས་སྲིད་པ་ལ་སྤྱོད་པར་བགྱིའོ་ཞེའམ། བདག་གི་སྲིད་པའོ་ཞེའམ། བདག་གིས་སྐྱེ་བ་ལ་སྤྱོད་པར་བགྱིའོ་ཞེའམ། བདག་གི་སྐྱེ་བའོ་ཞེའམ། བདག་གིས་རྒ་ཤི་ལ་སྤྱོད་པར་བགྱིའོ་ཞེའམ། བདག་གི་རྒ་ཤིའོ་ཞེའམ། བདག་གིས་སྦྱིན་པའི་ཕ་རོལ་ཏུ་ཕྱིན་པ་ལ་སྤྱོད་པར་བགྱིའོ་ཞེའམ། བདག་གི་སྦྱིན་པའི་ཕ་རོལ་ཏུ་ཕྱིན་པའོ་ཞེའམ། བདག་གིས་ཚུལ་ཁྲིམས་ཀྱི་ཕ་རོལ་ཏུ་ཕྱིན་པ་ལ་སྤྱོད་པར་བགྱིའོ་ཞེའམ། བདག་གི་ཚུལ་ཁྲིམས་ཀྱི་ཕ་རོལ་ཏུ་ཕྱིན་པའོ་ཞེའམ། བདག་གིས་བཟོད་པའི་ཕ་རོལ་ཏུ་ཕྱིན་པ་ལ་སྤྱོད་པར་བགྱིའོ་ཞེའམ། བདག་གི་བཟོད་པའི་ཕ་རོལ་ཏུ་ཕྱིན་པའོ་ཞེའམ། བདག་གིས་བརྩོན་འགྲུས་ཀྱི་ཕ་རོལ་ཏུ་ཕྱིན་པ་ལ་སྤྱོད་པར་བགྱིའོ་ཞེའམ། བདག་གི་བརྩོན་

འགྲུས་ཀྱི་ཕ་རོལ་ཏུ་ཕྱིན་པའོ་ཞེའམ། བདག་གིས་བསམ་གཏན་གྱི་(༡)ཕ་རོལ་ཏུ་ཕྱིན་པ་ལ་སྤྱོད་པར་བྱའོ་ཞེའམ། བདག་གི་བསམ་གཏན་གྱི་ཕ་རོལ་ཏུ་ཕྱིན་པའོ་ཞེའམ། བདག་གིས་ཤེས་རབ་ཀྱི་ཕ་རོལ་ཏུ་ཕྱིན་པ་ལ་སྤྱོད་པར་བྱའོ་ཞེའམ། བདག་གི་ཤེས་རབ་ཀྱི་ཕ་རོལ་ཏུ་ཕྱིན་པའོ་ཞེའམ། བདག་གིས་ནང་སྟོང་པ་ཉིད་ལ་སྤྱོད་པར་བྱའོ་ཞེའམ། བདག་གི་ནང་སྟོང་པ་ཉིད་དོ་ཞེའམ། བདག་གིས་ཕྱི་སྟོང་པ་ཉིད་ལ་སྤྱོད་པར་བྱའོ་ཞེའམ། བདག་གི་ཕྱི་སྟོང་པ་ཉིད་དོ་ཞེའམ། བདག་གིས་(༢)ཕྱི་ནང་སྟོང་པ་ཉིད་ལ་སྤྱོད་པར་བྱའོ་ཞེའམ། བདག་གི་ཕྱི་ནང་སྟོང་པ་ཉིད་དོ་ཞེའམ། བདག་གིས་སྟོང་པ་ཉིད་སྟོང་པ་ཉིད་ལ་སྤྱོད་པར་བྱའོ་ཞེའམ། བདག་གི་སྟོང་པ་ཉིད་སྟོང་པ་ཉིད་དོ་ཞེའམ། བདག་གིས་ཆེན་པོ་སྟོང་པ་ཉིད་ལ་སྤྱོད་པར་བྱའོ་ཞེའམ། བདག་གི་ཆེན་པོ་སྟོང་པ་ཉིད་དོ་ཞེའམ། བདག་གིས་དོན་དམ་པ་སྟོང་པ་ཉིད་ལ་སྤྱོད་པར་བྱའོ་ཞེའམ། བདག་གི་དོན་དམ་པ་སྟོང་པ་ཉིད་དོ་ཞེའམ། བདག་གིས་འདུས་བྱས་སྟོང་པ་ཉིད་ལ་སྤྱོད་པར་བྱའོ་ཞེའམ། བདག་གི་འདུས་བྱས་སྟོང་པ་ཉིད་དོ་ཞེའམ། བདག་གིས་འདུས་མ་བྱས་སྟོང་པ་ཉིད་ལ་སྤྱོད་པར་བྱའོ་ཞེའམ། བདག་གི་འདུས་མ་བྱས་སྟོང་པ་ཉིད་དོ་ཞེའམ། བདག་གིས་མཐའ་ལས་འདས་པ་སྟོང་པ་ཉིད་ལ་སྤྱོད་པར་བྱའོ་ཞེའམ། བདག་གི་མཐའ་ལས་འདས་པ་སྟོང་པ་ཉིད་དོ་ཞེའམ། བདག་གིས་ཐོག་མ་དང་ཐ་མ་མེད་པ་སྟོང་པ་ཉིད་ལ་སྤྱོད་པར་བྱའོ་ཞེའམ(༣)། བདག་གི་ཐོག་མ་དང་ཐ་མ་མེད་པ་སྟོང་པ་ཉིད་དོ་ཞེའམ། བདག་གིས་དོར་བ་མེད་པ་སྟོང་པ་ཉིད་ལ་སྤྱོད་པར་བྱའོ་ཞེའམ། བདག་གི་དོར་བ་མེད་པ་སྟོང་པ་ཉིད་དོ་ཞེའམ། བདག་གིས་རང་བཞིན་སྟོང་པ་ཉིད་ལ་སྤྱོད་པར་བྱའོ་ཞེའམ། བདག་གི་རང་བཞིན་(༤)སྟོང་པ་ཉིད་དོ་ཞེའམ། བདག་གིས་ཆོས་ཐམས་ཅད་སྟོང་པ་ཉིད་ལ་(༥)

སྤྱོད་པར་བྱའོ་ཞེའམ། བདག་གི་ཆོས་ཐམས་ཅད་སྟོང་པ་ཉིད་དོ་ཞེའམ། བདག་གིས་རང་གི་མཚན་ཉིད་སྟོང་པ་ཉིད་ལ་སྤྱོད་པར་བྱའོ་ཞེའམ། བདག་གི་རང་གི་མཚན་ཉིད་སྟོང་པ་ཉིད་དོ་ཞེའམ། བདག་གིས་མི་དམིགས་པ་སྟོང་པ་ཉིད་ལ་སྤྱོད་པར་བྱའོ་ཞེའམ། བདག་གི་མི་དམིགས་པ་སྟོང་པ་ཉིད་དོ་ཞེའམ། བདག་གིས་དངོས་པོ་མེད་པ་སྟོང་པ་ཉིད་ལ་སྤྱོད་པར་བྱའོ་ཞེའམ། བདག་གི་② དངོས་པོ་མེད་པ་སྟོང་པ་ཉིད་དོ་ཞེའམ། བདག་གིས་ངོ་བོ་ཉིད་སྟོང་པ་ཉིད་ལ་སྤྱོད་པར་བྱའོ་ཞེའམ། བདག་གི་ངོ་བོ་ཉིད་སྟོང་པ་ཉིད་དོ་ཞེའམ། བདག་གིས་དངོས་པོ་མེད་པའི་ངོ་བོ་ཉིད་སྟོང་པ་ཉིད་ལ་སྤྱོད་པར་བྱའོ་ཞེའམ། བདག་གི་དངོས་པོ་མེད་པའི་ངོ་བོ་ཉིད་སྟོང་པ་ཉིད་དོ་ཞེའམ། བདག་གིས་དྲན་པ་ཉེ་བར་གཞག་པ་བཞི་ལ་སྤྱོད་པར་བྱའོ་ཞེའམ། བདག་གི་དྲན་པ་ཉེ་བར་གཞག་པ་བཞིའོ་ཞེའམ། བདག་གིས་ཡང་དག་པར་སྤོང་བ་བཞི་ལ་སྤྱོད་པར་བྱའོ་ཞེའམ། བདག་གི་ཡང་དག་པར་སྤོང་བ་བཞིའོ་ཞེའམ། བདག་གིས་རྫུ་འཕྲུལ་གྱི་རྐང་པ་བཞི་ལ་སྤྱོད་པར་བྱའོ་ཞེའམ། བདག་གི་རྫུ་འཕྲུལ་གྱི་རྐང་པ་བཞིའོ་ཞེའམ། བདག་གིས་དབང་པོ་ལྔ་ལ་སྤྱོད་པར་བྱའོ་ཞེའམ། བདག་གི་དབང་པོ་ལྔའོ་③ ཞེའམ། བདག་གིས་སྟོབས་ལྔ་ལ་སྤྱོད་པར་བྱའོ་ཞེའམ། བདག་གི་སྟོབས་ལྔའོ་ཞེའམ། བདག་གིས་བྱང་ཆུབ་ཀྱི་ཡན་ལག་བདུན་ལ་སྤྱོད་པར་བྱའོ་ཞེའམ། བདག་གི་བྱང་ཆུབ་ཀྱི་ཡན་ལག་བདུན་ནོ་ཞེའམ། བདག་གིས་འཕགས་པའི་ལམ་ཡན་ལག་བརྒྱད་པ་ལ་སྤྱོད་པར་བྱའོ་ཞེའམ། བདག་གི་འཕགས་པའི་ལམ་ཡན་ལག་བརྒྱད་པའོ་ཞེའམ། བདག་གིས་འཕགས་པའི་བདེན་པ་བཞི་ལ་སྤྱོད་པར་བྱའོ་ཞེའམ། བདག་གི་འཕགས་པའི་བདེན་པ་བཞིའོ་ཞེའམ། བདག་གིས་བསམ་གཏན་བཞི་ལ་སྤྱོད་པར་བྱའོ་ཞེའམ། བདག་གི་བསམ་གཏན་བཞིའོ་

ཞེའམ༏ བདག་གིས་ཚད་མེད་པ་བཞི་ལ་སྤྱོད་པར་བྱའོ་ཞེའམ། བདག་གི་[༡]ཚད་མེད་པ་བཞིའོ་ཞེའམ། བདག་གིས་གཟུགས་མེད་པའི་སྙོམས་པར་འཇུག་པ་བཞི་ལ་སྤྱོད་པར་བྱའོ་ཞེའམ། བདག་གི་གཟུགས་མེད་པའི་སྙོམས་པར་འཇུག་པ་བཞིའོ་ཞེའམ། བདག་གིས་རྣམ་པར་ཐར་པ་བརྒྱད་ལ་སྤྱོད་པར་བྱའོ་ཞེའམ། བདག་གི་རྣམ་པར་ཐར་པ་བརྒྱད་དོ་ཞེའམ། བདག་གིས་མཐར་གྱིས་གནས་པའི་སྙོམས་པར་འཇུག་པ་དགུ་ལ་སྤྱོད་པར་བྱའོ་ཞེའམ། བདག་གི་མཐར་གྱིས་གནས་པའི་སྙོམས་པར་འཇུག་པ་དགུའོ་ཞེའམ། བདག་གིས་རྣམ་པར་ཐར་པའི་སྒོ་སྟོང་པ་ཉིད་དང་། མཚན་མ་མེད་པ་དང་། སྨོན་པ་མེད་པ་ལ་སྤྱོད་པར་བྱའོ་ཞེའམ༏ བདག་གི་རྣམ་པར་ཐར་པའི་སྒོ་སྟོང་པ་ཉིད་དང་། མཚན་མ་མེད་པ་དང་། སྨོན་པ་མེད་པའོ་[༢]ཞེའམ། བདག་གིས་མངོན་པར་ཤེས་པ་རྣམས་ལ་སྤྱོད་པར་བྱའོ་ཞེའམ། བདག་གི་མངོན་པར་ཤེས་པ་རྣམས་སོ་ཞེའམ། བདག་གིས་ཏིང་ངེ་འཛིན་རྣམས་ལ་སྤྱོད་པར་བྱའོ་ཞེའམ། བདག་གི་ཏིང་ངེ་འཛིན་རྣམས་སོ་ཞེའམ། བདག་གིས་གཟུངས་ཀྱི་སྒོ་རྣམས་ལ་སྤྱོད་པར་བྱའོ་ཞེའམ༏ བདག་གི་གཟུངས་ཀྱི་སྒོ་རྣམས་སོ་ཞེའམ། བདག་གིས་དེ་བཞིན་གཤེགས་པའི་སྟོབས་བཅུ་ལ་སྤྱོད་པར་བྱའོ་ཞེའམ། བདག་གི་དེ་བཞིན་གཤེགས་པའི་སྟོབས་བཅུའོ་ཞེའམ། བདག་གིས་མི་འཇིགས་པ་བཞི་ལ་སྤྱོད་པར་བྱའོ་ཞེའམ༏ བདག་གི་མི་འཇིགས་པ་བཞིའོ་ཞེའམ། བདག་གིས་སོ་སོ་ཡང་དག་པར་རིག་པ་བཞི་ལ་སྤྱོད་པར་བྱའོ་ཞེའམ། བདག་གི་སོ་སོ་ཡང་དག་པར་རིག་པ་བཞིའོ་ཞེའམ། བདག་གིས་བྱམས་པ་ཆེན་པོ་ལ་སྤྱོད་པར་བྱའོ་ཞེའམ། བདག་གི་བྱམས་པ་ཆེན་པོའོ་ཞེའམ། བདག་གིས་སྙིང་རྗེ་ཆེན་པོ་ལ་སྤྱོད་པར་བྱའོ་ཞེའམ༏ བདག་གི་སྙིང་རྗེ་ཆེན་པོའོ་ཞེའམ། བདག་གིས་སངས་རྒྱས་ཀྱི་ཆོས་

མ་འདྲེས་པ་བཅོ་བརྒྱད་ལ་སྤྱོད་པར་བྱའོ་ཞེའམ། བདག་གི་སངས་རྒྱས་ཀྱི་ཆོས་མ་འདྲེས་པ་བཅོ་བརྒྱད་དོ་ཞེའམ། བདག་གིས་རྒྱུན་ཏུ་ཞུགས་པའི་འབྲས་བུ་ལ་སྤྱོད་པར་བྱའོ་ཞེའམ། བདག་གི་རྒྱུན་ཏུ་ཞུགས་པའི་འབྲས་བུའོ་ཞེའམ། བདག་གིས་ལན་ཅིག་ཕྱིར་འོང་བའི་འབྲས་བུ་ལ་སྤྱོད་པར་བྱའོ་ཞེའམ། བདག་གི་ལན་ཅིག་ཕྱིར་འོང་བའི་འབྲས་བུའོ་ཞེའམ། བདག་གིས་ཕྱིར་མི་འོང་བའི་འབྲས་བུ་ལ་སྤྱོད་པར་བྱའོ་ཞེའམ། བདག་གི་ཕྱིར་མི་འོང་བའི་འབྲས་བུའོ་ཞེའམ། བདག་གིས་དགྲ་བཅོམ་པ་ཉིད་ལ་སྤྱོད་པར་བྱའོ་ཞེའམ། བདག་གི་དགྲ་བཅོམ་པ་ཉིད་དོ་ཞེའམ། བདག་གིས་རང་བྱང་ཆུབ་ལ་སྤྱོད་པར་བྱའོ་ཞེའམ། བདག་གི་རང་བྱང་ཆུབ་བོ་ཞེའམ། བདག་གིས་ལམ་གྱི་[1]རྣམ་པ་[2]ཤེས་པ་ཉིད་ལ་སྤྱོད་པར་བྱའོ་ཞེའམ། བདག་གི་ལམ་གྱི་རྣམ་པ་[3]ཤེས་པ་ཉིད་དོ་ཞེའམ། བདག་གིས་རྣམ་པ་ཐམས་ཅད་མཁྱེན་པ་ཉིད་ལ་སྤྱོད་པར་བྱའོ་ཞེའམ། བདག་གི་རྣམ་པ་ཐམས་ཅད་མཁྱེན་པ་ཉིད་དོ་ཞེའམ། བདག་གིས་བླ་ན་མེད་པ་ཡང་དག་པར་རྫོགས་པའི་བྱང་ཆུབ་ལ་སྤྱོད་པར་བྱའོ་ཞེའམ། བདག་གི་བླ་ན་མེད་པ་ཡང་དག་པར་རྫོགས་པའི་བྱང་ཆུབ་བོ་ཞེས་བྱ་བར་བདག་དང་བདག་གིར་བྱ་བ་[4]མེད་དེ། བྱང་ཆུབ་སེམས་དཔའ་སེམས་དཔའ་ཆེན་པོའི་བྱང་ཆུབ་ནི་འཛིན་པ་ལ་མི་སྤྱོད། མི་འཛིན་པ་ལ་མི་སྤྱོད་དོ། །རབ་འབྱོར་གྱིས་གསོལ་པ། བཅོམ་ལྡན་འདས་གལ་ཏེ་དེ་ལྟར་བྱང་ཆུབ་སེམས་དཔའ་སེམས་དཔའ་ཆེན་པོའི་བྱང་ཆུབ་འཛིན་པ་ལ་ཡང་མི་སྤྱོད། མི་འཛིན་པ་ལ་ཡང་མི་སྤྱོད་ན། བྱང་ཆུབ་སེམས་དཔའ་སེམས་དཔའ་ཆེན་པོའི་བྱང་ཆུབ་ཅི་ལ་སྤྱོད་པ་ལགས། བཅོམ་ལྡན་འདས་ཀྱིས་བཀའ་སྩལ་པ། རབ་འབྱོར་དེ་ཇི་སྙམ་དུ་སེམས། དེ་བཞིན་གཤེགས་པས་[5]སྤྲུལ་པའི་བྱང་ཆུབ་འཛིན་པའམ། མི་འཛིན་པའམ། ཅི་ལ

ཡང་སྤྱོད་པ་ཡོད་དམ། གསོལ་པ། བཅོམ་ལྡན་འདས་དེ་ནི་མ་ལགས་སོ། །
བཅོམ་ལྡན་འདས་ཀྱིས་བཀའ་སྩལ་པ། རབ་འབྱོར་དེ་ཇི་སྙམ་དུ་སེམས།
དགྲ་བཅོམ་པའི་སྐྱེ་ལམ་གྱི། བློ་འཛིན་པའམ། སྐྱེ་འཛིན་པ་གང་ལ་ཡང་སྤྱོད་
དམ། གསོལ་པ། བཅོམ་ལྡན་འདས་དེ་ནི་མ་ལགས་ཏེ། བཅོམ་ལྡན་
འདས་དགྲ་བཅོམ་པ་ལ་ཡོང་[༡]ཡང་ཉལ་བ་མ་མཆིས་ན། དེའི་སྐྱེ་ལམ་གྱི་བློ་
འཛིན་པའམ། སྐྱེ་འཛིན༔པ་ལ[༢]། སྤྱོད་པར་འགྱུར་བ་ལྟ་ག་ལ་མཆིས[༣]།
བཅོམ་ལྡན་འདས་ཀྱིས་བཀའ་སྩལ་པ། རབ་འབྱོར་དེ་བཞིན་དུ་བྱང་ཆུབ་སེམས་
དཔའ་སེམས་དཔའ་ཆེན་པོའི་བྱང་ཆུབ་ཀྱང་འཛིན་པའམ། སྐྱེ་འཛིན་པ་ལ་སྤྱོད་
པ་མྱེད་དོ། །གསོལ་པ། བཅོམ་ལྡན་འདས་གལ་ཏེ་དེ་ལྟར་བྱང་ཆུབ་སེམས་
དཔའ་སེམས་དཔའ་ཆེན་པོའི་བྱང་ཆུབ་འཛིན་པ་ལ་[༤]ཡང་མྱི་སྤྱོད། མྱི་འཛིན་
པ་ལ་ཡང་མྱི་སྤྱོད། གཟུགས་ལ་ཡང་མྱི་སྤྱོད། ཚོར་བ་ལ་ཡང་མྱི་སྤྱོད། འདུ་
ཤེས་[༥]ལ་ཡང་མྱི་སྤྱོད། འདུ་བྱེད་[༦]ལ་ཡང་མྱི་སྤྱོད། རྣམ་པར་ཤེས་པ་ལ་ཡང་
མྱི་སྤྱོད། མྱིག་ལ་ཡང་མྱི་སྤྱོད། རྣ་བ་ལ་ཡང་མྱི་སྤྱོད། སྣ་ལ་ཡང་མྱི་སྤྱོད།
ལྱེ་ལ་ཡང་མྱི་སྤྱོད། ལུས་ལ་ཡང་མྱི་སྤྱོད། ཡིད་ལ་ཡང་མྱི་སྤྱོད། གཟུགས་ལ་
ཡང་མྱི་སྤྱོད། སྒྲ་ལ་ཡང་མྱི་སྤྱོད། དྲི་ལ་ཡང་མྱི་སྤྱོད། རོ་ལ་ཡང་མྱི་སྤྱོད།
རེག་ལ་ཡང་མྱི་སྤྱོད། ཆོས་[༧]ལ་ཡང་མྱི་སྤྱོད། མྱིག་གི་རྣམ་པར་ཤེས་པ་ལ་ཡང་
མྱི་སྤྱོད། རྣ་བའི་རྣམ་པར་ཤེས་པ་ལ་ཡང་མྱི་སྤྱོད། སྣའི་རྣམ་པར་ཤེས་པ་ལ་
ཡང་མྱི་སྤྱོད། ལྱེའི་རྣམ་པར་ཤེས་པ་ལ་ཡང་མྱི་སྤྱོད། ལུས་ཀྱི་རྣམ་པར་ཤེས་
པ་ལ་ཡང་མྱི་སྤྱོད། ཡིད་ཀྱི་རྣམ་པར་ཤེས་པ་ལ་ཡང་མྱི་སྤྱོད། མྱིག་གི་འདུས་
ཏེ་རེག་པ་ལ་ཡང་མྱི་སྤྱོད། རྣ་བའི་འདུས་ཏེ་རེག་པ་ལ་ཡང་མི་སྤྱོད། སྣའི་
འདུས་ཏེ་རེག་པ་ལ་ཡང་མྱི་སྤྱོད། ལྱེའི་འདུས་ཏེ་རེག་པ་ལ་ཡང་མྱི་སྤྱོད

ལུས་ཀྱི་འདུས་ཏེ་རེག་པ་ལ་ཡང་མི་སྤྱོད། ཡིད་ཀྱི་འདུས་ཏེ་རེག་པ་ལ་ཡང་མི་སྤྱོད། མིག་གི་འདུས་ཏེ་རེག་པའི་རྐྱེན་གྱིས་ཚོར་བ་ལ་ཡང་མི་སྤྱོད། རྣ་བའི་འདུས་ཏེ་རེག་པའི་རྐྱེན་གྱིས་ཚོར་བ་ལ་ཡང་མི་སྤྱོད། སྣའི་འདུས་ཏེ་རེག་པའི་རྐྱེན་གྱིས་⑦ཚོར་བ་ལ་ཡང་མི་སྤྱོད། ལྕེའི་འདུས་ཏེ་རེག་པའི་རྐྱེན་གྱིས་ཚོར་བ་ལ་ཡང་མི་སྤྱོད། ལུས་ཀྱི་འདུས་ཏེ་རེག་པའི་རྐྱེན་གྱིས་ཚོར་བ་ལ་ཡང་མི་སྤྱོད། ཡིད་ཀྱི་འདུས་ཏེ་རེག་པའི་རྐྱེན་གྱིས་ཚོར་བ་ལ་ཡང་མི་སྤྱོད། སའི་ཁམས་ལ་ཡང་མི་སྤྱོད། ཆུའི་ཁམས་ལ་ཡང་མི་སྤྱོད། མེའི་ཁམས་ལ་ཡང་མི་སྤྱོད། རླུང་གི་ཁམས་ལ་ཡང་མི་སྤྱོད། ནམ་མཁའི་ཁམས་ལ་ཡང་མི་སྤྱོད། རྣམ་པར་ཤེས་པའི་ཁམས་ལ་ཡང་མི་སྤྱོད། མ་རིག་པ་ལ་ཡང་མི་སྤྱོད། འདུ་བྱེད་ལ་ཡང་མི་སྤྱོད། རྣམ་པར་ཤེས་པ་ལ་ཡང་མི་སྤྱོད། མིང་དང་གཟུགས་ལ་ཡང་③མི་སྤྱོད། སྐྱེ་མཆེད་དྲུག་ལ་ཡང་མི་སྤྱོད། རེག་པ་ལ་ཡང་མི་སྤྱོད། ཚོར་བ་ལ་ཡང་མི་སྤྱོད། སྲེད་པ་ལ་ཡང་མི་སྤྱོད། ལེན་པ་ལ་ཡང་མི་སྤྱོད། སྲིད་པ་ལ་ཡང་མི་སྤྱོད། སྐྱེ་བ་ལ་ཡང་མི་སྤྱོད། རྒ་ཤི་ལ་ཡང་མི་སྤྱོད། སྦྱིན་པའི་ཕ་རོལ་ཏུ་ཕྱིན་པ་ལ་ཡང་མི་སྤྱོད། ཚུལ་ཁྲིམས་ཀྱི་ཕ་རོལ་ཏུ་ཕྱིན་པ་ལ་ཡང་མི་སྤྱོད། བཟོད་པའི་ཕ་རོལ་ཏུ་ཕྱིན་པ་ལ་ཡང་མི་སྤྱོད། བརྩོན་འགྲུས་ཀྱི་ཕ་རོལ་ཏུ་ཕྱིན་པ་ལ་ཡང་མི་སྤྱོད། བསམ་གཏན་གྱི་ཕ་རོལ་ཏུ་ཕྱིན་པ་ལ་ཡང་མི་སྤྱོད། ཤེས་རབ་ཀྱི་ཕ་རོལ་ཏུ་ཕྱིན་པ་ལ་ཡང་མི་སྤྱོད། ནང་སྟོང་པ་ཉིད་ལ་ཡང་མི་སྤྱོད། ཕྱི་སྟོང་པ་ཉིད་ལ་ཡང་མི་སྤྱོད། ཕྱི་ནང་སྟོང་པ་ཉིད་ལ་ཡང་མི་སྤྱོད། སྟོང་པ་ཉིད་སྟོང་པ་ཉིད་ལ་ཡང་མི་སྤྱོད། ཆེན་པོ་སྟོང་པ་ཉིད་ལ་ཡང་མི་སྤྱོད། དོན་དམ་པ་སྟོང་པ་ཉིད་ལ་ཡང་མི་སྤྱོད། འདུས་བྱས་སྟོང་པ་ཉིད་ལ་ཡང་མི་སྤྱོད། འདུས་མ་བྱས་སྟོང་པ་ཉིད་ལ་ཡང་མི་སྤྱོད། མཐའ་ལས་འདས་པ་སྟོང་པ་ཉིད་ལ་

ཡང་མི་སྤྱོད། ཐོག་མ་དང་ཐ་མ་མེད་པ་སྟོང་པ་ཉིད་ལ་ཡང་མི་སྤྱོད། དོར་བ་མེད་པ་སྟོང་པ་ཉིད་ལ་ཡང་མི་སྤྱོད། རང་བཞིན་སྟོང་པ་ཉིད་ལ་ཡང་མི་སྤྱོད། ཆོས་ཐམས་ཅད་སྟོང་པ་ཉིད་ལ་ཡང་མི་སྤྱོད། རང་གི་མཚན་ཉིད་སྟོང་པ་ཉིད་ལ་ཡང་མི་སྤྱོད། མི་དམིགས་པ་སྟོང་པ་ཉིད་ལ་ཡང་མི་སྤྱོད། དངོས་པོ་མེད་པ་སྟོང་པ་ཉིད་ལ་ཡང་མི་སྤྱོད། ངོ་བོ་ཉིད་སྟོང་པ་ཉིད་ལ་ཡང་མི་སྤྱོད། དངོས་པོ་མེད་པའི་ངོ་བོ་ཉིད་སྟོང་པ་ཉིད་ལ་ཡང་མི་སྤྱོད། དྲན་པ་ཉེ་བར་གཞག་པ་བཞི་ལ་ཡང་མི་སྤྱོད། ཡང་དག་པར་སྤོང་བ་བཞི་ལ་ཡང་མི་སྤྱོད། རྫུ་འཕྲུལ་གྱི་རྐང་པ་བཞི་ལ་ཡང་མི་སྤྱོད། དབང་པོ་ལྔ་ལ་ཡང་མི་སྤྱོད། སྟོབས་ལྔ་ལ་ཡང་མི་སྤྱོད་དོ⑦། །བྱང་ཆུབ་ཀྱི་ཡན་ལག་བདུན་ལ་ཡང་མི་སྤྱོད། འཕགས་པའི་ལམ་ཡན་ལག་བརྒྱད་པ་ལ་ཡང་མི་སྤྱོད། འཕགས་པའི་བདེན་པ་བཞི་ལ་ཡང་མི་སྤྱོད། བསམ་གཏན་བཞི་ལ་ཡང་མི་སྤྱོད། ཚད་མེད་པ་བཞི་ལ་ཡང་མི་སྤྱོད། གཟུགས་མེད་པའི་སྙོམས་པར་འཇུག་པ་བཞི་ལ་ཡང་མི་སྤྱོད། རྣམ་པར་ཐར་པ་བརྒྱད་ལ་ཡང་མི་སྤྱོད། མཐར་གྱིས་གནས་པའི་སྙོམས་པར་འཇུག་པ་དགུ་ལ་ཡང་མི་སྤྱོད། རྣམ་པར་ཐར་པའི་སྒོ་སྟོང་པ་ཉིད་དང་། མཚན་མ་མེད་པ་དང་། སྨོན་པ་མེད་པ་ལ་ཡང་མི་སྤྱོད། མངོན་པར་ཤེས་པ་རྣམས་ལ་ཡང་མི་སྤྱོད། ཏིང་ངེ་འཛིན་རྣམས་ལ་ཡང་མི་སྤྱོད། གཟུངས་ཀྱི་སྒོ་རྣམས་ལ་ཡང་མི་སྤྱོད། དེ་བཞིན་གཤེགས་པའི་སྟོབས་བཅུ་ལ་ཡང་མི་སྤྱོད། མི་འཇིགས་པ་བཞི་ལ་ཡང་མི་སྤྱོད། སོ་སོ་ཡང་དག་པར་རིག་པ་བཞི་ལ་ཡང་མི་སྤྱོད། བྱམས་པ་ཆེན་པོ་ལ་ཡང་མི་སྤྱོད། སྙིང་རྗེ་ཆེན་པོ་ལ་ཡང་མི་སྤྱོད། སངས་རྒྱས་ཀྱི་ཆོས་མ་འདྲེས་པ་བཅོ་བརྒྱད་ལ་ཡང་མི་སྤྱོད། རྒྱུན་དུ་ཞུགས་པའི་འབྲས་བུ་ལ་ཡང་མི་སྤྱོད། ལན་ཅིག་ཕྱིར་འོང་བའི་འབྲས་བུ་ལ་ཡང་མི་སྤྱོད། ཕྱིར་

མི་འོང་བའི་འབྲས་བུ་ལ་ཡང་མི་སྤྱོད། དགྲ་བཅོམ་པ་ཉིད་ལ་ཡང་མི་སྤྱོད། རང་བྱང་ཆུབ་ལ་ཡང་མི་སྤྱོད། ལམ་གྱི་རྣམ་པ་[༡]ཤེས་པ་ཉིད་ལ་ཡང་མི་སྤྱོད། རྣམ་པ་ཐམས་ཅད་མཁྱེན་པ་ཉིད་ལ་ཡང་མི་སྤྱོད་ན། ཇི་ལྟར་ན་[༢]བྱང་ཆུབ་སེམས་དཔའ་སེམས་དཔའ་ཆེན་པོ་ཕ་རོལ་ཏུ་ཕྱིན་པ་དྲུག་ལ་སྤྱོད[༣]། སྟོང་པ་ཉིད་བཅུ་བཞི་དང་། བྱང་ཆུབ་ཀྱི་ཕྱོགས་ཀྱི་ཆོས་སུམ་ཅུ་རྩ་བདུན་དང་། རྣམ་པར་ཐར་པའི་སྒོ་གསུམ་དང་། བསམ་གཏན་དང་། རྣམ་པར་ཐར་པ་དང་། ཏིང་ངེ་འཛིན་དང་། སྙོམས་པར་འཇུག་པ་ཐམས་ཅད་དང་། དེ་བཞིན་གཤེགས་པའི་སྟོབས་བཅུ་དང་། མི་འཇིགས་པ་བཞི་དང་། སོ་སོ་ཡང་དག་པར་རིག་པ་བཞི་དང་། བྱམས་པ་ཆེན་པོ་དང་། སྙིང་རྗེ་ཆེན་པོ་དང་། སངས་རྒྱས་ཀྱི་[༤]ཆོས་མ་འདྲེས་པ་བཅོ་བརྒྱད་ལ་སྤྱོད[༥]། བྱང་ཆུབ་སེམས་དཔའི་ས་བཅུ་ཡོངས་སུ་རྫོགས་པར་བགྱིས། མངོན་པར་ཤེས་པ་ལྔ་ལ་གནས། བྱང་ཆུབ་སེམས་དཔའི་སྨོན་ལམ་མཆིས་པ་ལ་ཞུགས། སངས་རྒྱས་ཀྱི་ཞིང་ཡོངས་སུ་དག་པར་བགྱིས། སེམས་ཅན་རྣམས་[༦]ཡོངས་སུ་སྨིན་པར་བགྱིས། མི་ཆེན་པོའི་མཚན་སུམ་ཅུ་རྩ་གཉིས་དང་། དཔེ་བྱད་བཟང་པོ་བརྒྱད་ཅུ་ཡོངས་སུ་བསྒྲུབས་ཤིང་། རྣམ་པ་ཐམས་ཅད་མཁྱེན་པ་ཉིད་དུ་མངོན་པར་རྫོགས་པར་འཚང་རྒྱ་བར་འགྱུར། བཅོམ་ལྡན་འདས་ཕ་རོལ་ཏུ་ཕྱིན་པ་དྲུག་ལ་མ་སྤྱད། སྟོང་པ་ཉིད་བཅུ་བཞི་ལ་མ་སྤྱད། བྱང་ཆུབ་ཀྱི་ཕྱོགས་ཀྱི་ཆོས་སུམ་ཅུ་རྩ་བདུན་ལ་མ་སྤྱད[༧]། རྣམ་པར་ཐར་པའི་སྒོ་གསུམ་ལ་མ་སྤྱད། བསམ་གཏན་དང་། རྣམ་པར་ཐར་པ་དང་། ཏིང་ངེ་འཛིན་དང་། སྙོམས་པར་འཇུག་པ་ཐམས་ཅད་ལ་མ་སྤྱད། དེ་བཞིན་གཤེགས་པའི་སྟོབས་བཅུ་ལ་མ་སྤྱད། མི་འཇིགས་པ་བཞི་ལ་མ་སྤྱད། སོ་སོ་ཡང་དག་པར་རིག་པ་བཞི་ལ་མ་སྤྱད། བྱམས་པ་···

ཆེན་པོ་ལ་མ་སྤྱོད[༡]། སྙིང་རྗེ་ཆེན་པོ་ལ་མ་སྤྱོད། སངས་རྒྱས་ཀྱི་ཆོས་མ་འདྲེས་པ་བཅོ་བརྒྱད་ལ་མ་སྤྱོད། བྱང་ཆུབ་སེམས་དཔའི་ས་བཅུ་ཡོངས་སུ་རྫོགས་པར་མ་བགྱིས། མངོན་པར་ཤེས་པ་ལྔ་ལ་མ་གནས། བྱང་ཆུབ་སེམས་དཔའི་སྐྱོན་མ་མཆིས་པར་མ་ཞུགས། སངས་རྒྱས་ཀྱི་ཞིང་ཡོངས་སུ་དག་པར་མ་བགྱིས། སེམས་ཅན་རྣམས་ཡོངས་སུ་སྨིན་པར་མ་བགྱིས། སྐྱེ་ཆེན་པོའི་མཚན་སུམ་ཅུ་རྩ་གཉིས་དང་། དཔེ་བྱད་བཟང་པོ་བརྒྱད་ཅུ་ཡོངས་སུ་མ་བསྒྲུབས་པར་ནི། བླ་ན་མེད་པ་ཡང་དག་པར་རྫོགས་པའི་བྱང་ཆུབ་ཏུ་མངོན་པར་རྫོགས་པར[༢]འཚང་རྒྱ་བར་མི་ནུས་སོ། །བཅོམ་ལྡན་འདས་ཀྱིས་བཀའ་སྩལ་པ། རབ་འབྱོར་དེ་དེ་བཞིན་ནོ། །དེ་དེ་བཞིན་ཏེ། ཇི་སྐད་དུ་སྨྲས་པ[༣]བཞིན་ཏེ། ཕ་རོལ་ཏུ་ཕྱིན་པ་དྲུག་ཡོངས་སུ་རྫོགས་པར་མ་བྱས། སྟོང་པ་ཉིད་བཅུ་བཞི་དང་། བྱང་ཆུབ་ཀྱི་ཕྱོགས་ཀྱི་ཆོས་སུམ་ཅུ་རྩ་བདུན་དང་། རྣམ་པར་ཐར་པའི་སྒོ་གསུམ་དང་། བསམ་གཏན་དང་། རྣམ་པར་ཐར་པ་དང་། ཏིང་ངེ་འཛིན་དང་། སྙོམས་པར་འཇུག་པ་ཐམས་ཅད་དང་། དེ་བཞིན་གཤེགས་པའི་སྟོབས་བཅུ་དང་། མི་འཇིགས[༤]པ་བཞི་དང་། སོ་སོ་ཡང་དག་པར་རིག་པ་བཞི་དང་། བྱམས་པ་ཆེན་པོ་དང་། སྙིང་རྗེ་ཆེན་པོ་དང་། སངས་རྒྱས་ཀྱི་ཆོས་མ་འདྲེས་པ་བཅོ་བརྒྱད༔ཡོངས་སུ་རྫོགས་པར་མ་བྱས[༥]། བྱང་ཆུབ་སེམས་དཔའི་ས་བཅུ་ཡོངས་སུ་མ[༦]རྫོགས[༧]། མངོན་པར་ཤེས་པ་ལྔ་ལ་མ་གནས། བྱང་ཆུབ་སེམས་དཔའི[༨]སྐྱོན་མེད་པར་མ་ཞུགས། སངས་རྒྱས་ཀྱི་ཞིང་ཡོངས་སུ་དག་པར་མ་བྱས། སེམས་ཅན་རྣམས་ཡོངས་སུ་སྨིན་པར་མ་བྱས། སྐྱེ་ཆེན་པོའི་མཚན་སུམ་ཅུ་རྩ་གཉིས་དང་། དཔེ་བྱད་བཟང་པོ་བརྒྱད་ཅུ་ཡོངས་སུ་མ་བསྒྲུབས[༩]པར། བླ་ན་མེད་པ་ཡང་དག་པར་རྫོགས་པའི་བྱང་ཆུབ་ཏུ་

མངོན་པར་རྫོགས་པར་འཚང་རྒྱ་བར་མི་ནུས་ཏེ། རབ་འབྱོར་བྱང་ཆུབ་སེམས་དཔའ་སེམས་དཔའ་ཆེན་པོས་ཕ་རོལ་ཏུ་ཕྱིན་པ་དྲུག་ཡོངས་སུ་རྫོགས་པར་བྱས། སྟོང་པ་ཉིད་ཐམས་ཅད་དང་། དྲན་པ་ཉེ་བར་གཞག་པ་བཞི་དང་། ཡང་དག་པར་སྤོང་བ་བཞི་དང་། རྫུ་འཕྲུལ་གྱི་རྐང་པ་བཞི་དང་། དབང་པོ་ལྔ་དང་། སྟོབས་ལྔ་དང་། བྱང་ཆུབ་ཀྱི་ཡན་ལག་བདུན་དང་། འཕགས་པའི་ལམ་ཡན་ལག་བརྒྱད་པ་དང་། རྣམ་པར་ཐར་པའི་སྒོ་སྟོང་པ་ཉིད་དང་། མཚན་མ་མེད་པ་དང་། སྨོན་པ་མེད་པ་དང་། བསམ་གཏན་དང་། རྣམ་པར་ཐར་པ་དང་། ཏིང་ངེ་འཛིན་དང་། སྙོམས་པར་འཇུག་པ་ཐམས་ཅད་དང་། དེ་བཞིན་གཤེགས་པའི་སྟོབས་བཅུ་དང་། མི་འཇིགས་པ་བཞི་དང་། སོ་སོ་ཡང་དག་པར་རིག་པ་བཞི་དང་། བྱམས་པ་ཆེན་པོ་དང་། སྙིང་རྗེ་ཆེན་པོ་དང་། སངས་རྒྱས་ཀྱི་ཆོས་མ་འདྲེས་པ་བཅོ་བརྒྱད་དང་། བྱང་ཆུབ་སེམས་དཔའི་ས་བཅུ་ཡོངས་སུ་རྫོགས་པར་བྱས། མངོན་པར་ཤེས་པ་ལྔ་ལ་གནས། བྱང་ཆུབ་སེམས་དཔའི་སྐྱོན་མེད་པར་ཞུགས། སངས་རྒྱས་ཀྱི་ཞིང་ཡོངས་སུ་དག་པར་བྱས། སེམས་ཅན་རྣམས་ཡོངས་སུ་སྨིན་པར་བྱས། མི་ཆེན་པོའི་མཚན་སུམ་ཅུ་རྩ་གཉིས་དང་། དཔེ་བྱད་བཟང་པོ་བརྒྱད་ཅུ་ཡོངས་སུ་བསྒྲུབས། མི་ཉམས②པའི་ཆོས་ཉིད་དང་། རྟག་ཏུ་བཏང་སྙོམས་སུ་རྣམ་པར་སྤྱོད་པ་ཡོངས་སུ་རྫོགས་པར་བྱས་ནས། རྣམ་པ་ཐམས་ཅད་མཁྱེན་པ་ཉིད་ཐོབ་པར་འགྱུར་རོ། །

རབ་འབྱོར་དེའང③གཟུགས་ཀྱི་རང་བཞིན་ལ་གནས། ཚོར་བའི་རང་བཞིན་ལ་གནས། འདུ་ཤེས་ཀྱི་རང་བཞིན་ལ་གནས། འདུ་བྱེད་ཀྱི་རང་བཞིན་ལ་གནས། རྣམ་པར་ཤེས་པའི་རང་བཞིན་ལ་གནས། མིག་གི་རང་བཞིན་ལ་གནས། རྣ་བའི་རང་བཞིན་ལ་གནས། སྣའི་རང་བཞིན་ལ་གནས། ལྕེའི་

རང་བཞིན་ལ་གནས། ལུས་ཀྱི་རང་བཞིན་ལ་གནས། ཡིད་ཀྱི་རང་བཞིན་ལ་གནས། གཟུགས་ཀྱི་རང་བཞིན་ལ་གནས། སྒྲའི་རང་བཞིན་ལ་གནས། དྲིའི་རང་བཞིན་ལ་གནས། རོའི་རང་བཞིན་ལ་གནས། རེག་གི་རང་བཞིན་ལ་གནས། ཆོས་ཀྱི་རང་བཞིན་ལ་གནས། མིག་གི་རྣམ་པར་ཤེས་པའི་རང་བཞིན་ལ་གནས། རྣ་བའི་རྣམ་པར་ཤེས་པའི་རང་བཞིན་ལ་གནས། སྣའི་རྣམ་པར་ཤེས་པའི་རང་བཞིན་ལ་གནས། ལྕེའི་རྣམ་པར་ཤེས་པའི་རང་བཞིན་ལ་གནས། ལུས་ཀྱི་རྣམ་པར་ཤེས་པའི་རང་བཞིན་ལ་གནས། ཡིད་ཀྱི་རྣམ་པར་ཤེས་པའི་རང་བཞིན་ལ་གནས། མིག་གི་འདུས་ཏེ་རེག་པའི་རང་བཞིན་ལ་གནས། རྣ་བའི་འདུས་ཏེ་རེག་པའི་རང་བཞིན་ལ་གནས། སྣའི་འདུས་ཏེ་རེག་པའི་རང་བཞིན་ལ་གནས། ལྕེའི་འདུས་ཏེ་རེག་པའི་རང་བཞིན་ལ་གནས། ལུས་ཀྱི་འདུས་ཏེ་རེག་པའི་རང་བཞིན་ལ་གནས། ཡིད་ཀྱི་འདུས་ཏེ་རེག་པའི་རང་བཞིན་ལ་གནས། མིག་གི་འདུས་ཏེ་རེགཿཔ་ལས་བྱུང་བའི་(༡)ཚོར་བའི་རང་བཞིན་ལ་གནས། རྣ་བའི་འདུས་ཏེ་རེགཿཔ་ལས་བྱུང་བའི་(༢)ཚོར་བའི་རང་བཞིན་ལ་གནས། སྣའི་འདུས་ཏེ་རེགཿཔ་ལས་བྱུང་བའི་(༣)ཚོར་བའི་རང་བཞིན་ལ་གནས། ལྕེའི་འདུས་ཏེ་རེགཿཔ་ལས་བྱུང་བའི་(༤)ཚོར་བའི་རང་བཞིན་ལ་གནས། ལུས་ཀྱི་འདུས་ཏེ་རེགཿཔ་ལས་བྱུང་བའི་(༥)ཚོར་བའི་རང་བཞིན་ལ་གནས། ཡིད་ཀྱི་འདུས་ཏེ་རེགཿཔ་ལས་བྱུང་བའི་(༦)ཚོར་བའི་རང་བཞིན་ལ་གནས། སའི་ཁམས་ཀྱི་རང་བཞིན་ལ་གནས། ཆུའི་ཁམས་ཀྱི་རང་བཞིན་ལ་གནས། མེའི་ཁམས་ཀྱི་རང་བཞིན་ལ་གནས། རླུང་གི་ཁམས་ཀྱི་རང་བཞིན་ལ་གནས། ནམ་མཁའི་ཁམས་ཀྱི་རང་བཞིན་ལ་གནས། རྣམ་པར་ཤེས་པའི་ཁམས་ཀྱི་རང་བཞིན་ལ་གནས། མ་རིག་པའི་རང་བཞིན་ལ་གནས། འདུ་བྱེད་ཀྱི་རང་

བཞིན་ལ་གནས། རྣམ་པར་ཤེས་པའི་རང་བཞིན་ལ་གནས། མིག་དང་···
གཟུགས་ཀྱི་རང་བཞིན་ལ་གནས། སྐྱེ་མཆེད་དྲུག་གི་རང་བཞིན་ལ་གནས།
རེག་པའི་རང་བཞིན་ལ་གནས། ཚོར་བའི་རང་བཞིན་ལ་གནས། སྲེད་པའི་··
རང་བཞིན་ལ་གནས། ལེན་པའི་རང་བཞིན་ལ་གནས། སྲིད་པའི་རང་བཞིན་
ལ་གནས། སྐྱེ་བའི་རང་བཞིན་ལ་གནས། རྒ་ཤིའི་རང་བཞིན་ལ་གནས།
སྦྱིན་པའི་ཕ་རོལ་ཏུ་ཕྱིན་པའི་རང་བཞིན་ལ་གནས། ཚུལ་ཁྲིམས་ཀྱི་ཕ་རོལ་ཏུ་···
ཕྱིན་པའི་རང་བཞིན་ལ་གནས། བཟོད་པའི་ཕ་རོལ་ཏུ་ཕྱིན་པའི་རང་བཞིན་ལ་
གནས། བརྩོན་འགྲུས་ཀྱི་ཕ་རོལ་ཏུ་ཕྱིན་པའི་རང་བཞིན་ལ་གནས། བསམ་
གཏན་གྱི་ཕ་རོལ་ཏུ་ཕྱིན་པའི་རང་བཞིན་ལ་གནས། ཤེས་རབ་ཀྱི་ཕ་རོལ་ཏུ་ཕྱིན་
པའི་རང་བཞིན་ལ་གནས། ནང་སྟོང་པ་ཉིད་ཀྱི་རང་བཞིན་ལ་གནས། ཕྱི་····
སྟོང་པ་ཉིད་ཀྱི་རང་བཞིན་ལ་གནས། ཕྱི་ནང་སྟོང་པ་ཉིད་ཀྱི་རང་བཞིན་ལ་··
གནས། སྟོང་པ་ཉིད་སྟོང་པ་ཉིད་ཀྱི་རང་བཞིན་ལ་གནས། ཆེན་པོ་སྟོང་པ་
ཉིད་ཀྱི་རང་བཞིན་ལ་གནས། དོན་དམ་པ་སྟོང་པ་ཉིད་ཀྱི་རང་བཞིན་ལ་གནས།
འདུས་བྱས་སྟོང་པ་ཉིད་ཀྱི་རང་བཞིན་ལ་གནས། འདུས་མ་བྱས་སྟོང་པ་ཉིད་ཀྱི་
རང་བཞིན་ལ་གནས། མཐའ་ལས་འདས་པ་སྟོང་པ་ཉིད་ཀྱི་རང་བཞིན་ལ་གནས།
ཐོག་མ་དང་ཐ་མ་མེད་པ་སྟོང་པ་ཉིད་ཀྱི་རང་བཞིན་ལ་གནས། དོར་བ་མེད་པ་
སྟོང་པ་ཉིད་ཀྱི་རང་བཞིན་ལ་གནས། རང་བཞིན་སྟོང་པ་ཉིད་ཀྱི་རང་བཞིན་ལ་
གནས། ཆོས་ཐམས་ཅད་སྟོང་པ་ཉིད་ཀྱི་རང་བཞིན་ལ་གནས། རང་གི་··
མཚན་ཉིད་སྟོང་པ་ཉིད་ཀྱི་རང་བཞིན་ལ་གནས། མི་དམིགས་པ་སྟོང་པ་ཉིད་ཀྱི་
རང་བཞིན་ལ་གནས། དངོས་པོ་མེད་པ་སྟོང་པ་ཉིད་ཀྱི་རང་བཞིན་ལ་གནས།
ངོ་བོ་ཉིད་སྟོང་པ་ཉིད་ཀྱི་རང་བཞིན་ལ་གནས། དངོས་པོ་མེད་པའི་ངོ་བོ་ཉིད་··

སྟོང་པ་ཉིད་ཀྱི་[༡]རང་བཞིན་ལ་གནས། དྲན་པ་ཉེ་བར་གཞག་པ་བཞིའི་རང་བཞིན་ལ་གནས། ཡང་དག་པར་སྤོང་བ་བཞིའི་རང་བཞིན་ལ་གནས། རྫུ་འཕྲུལ་གྱི་རྐང་པ་བཞིའི་རང་བཞིན་ལ་གནས། དབང་པོ་ལྔའི་རང་བཞིན་ལ་གནས། སྟོབས་ལྔའི་རང་བཞིན་ལ་གནས། བྱང་ཆུབ་ཀྱི་ཡན་ལག་བདུན་གྱི་རང་བཞིན་ལ་གནས། འཕགས་པའི་ལམ་ཡན་ལག་བརྒྱད་པའི་རང་བཞིན་ལ་གནས། འཕགས་པའི་བདེན་པ་བཞིའི་རང་བཞིན་ལ་གནས། བསམ་གཏན་བཞིའི་རང་བཞིན་ལ་གནས། ཚད་མེད་པ་བཞིའི་རང་བཞིན་ལ་གནས། གཟུགས་མེད་པའི་སྙོམས་པར་འཇུག་པ་བཞིའི་རང་བཞིན་ལ་གནས། རྣམ་པར་ཐར་པ་བརྒྱད་ཀྱི་རང་བཞིན་ལ་གནས། མཐར་གྱིས་གནས་པའི་སྙོམས་པར་འཇུག་པ་དགུའི་རང་བཞིན་ལ་གནས། རྣམ་པར་ཐར་པའི་སྒོ་སྟོང་པ་ཉིད་དང་། མཚན་མ་མེད་པ་དང་། སྨོན་པ་མེད་པའི་རང་བཞིན་ལ་གནས། མངོན་པར་ཤེས་པའི་རང་བཞིན་ལ་གནས། ཏིང་ངེ་འཛིན་གྱི་རང་བཞིན་ལ་གནས། གཟུངས་ཀྱིཿ སྒོ་རྣམས་ཀྱི་[༢]རང་བཞིན་ལ་གནས། དེ་བཞིན་གཤེགས་པའི་སྟོབས་བཅུའི་རང་བཞིན་ལ་གནས། མི་འཇིགས་པ་བཞིའི་རང་བཞིན་ལ་གནས། སོ་སོ་ཡང་དག་པར་རིག་པ་བཞིའི་རང་བཞིན་ལ་གནས། བྱམས་པ་ཆེན་པོའི་རང་བཞིན་ལ་གནས། སྙིང་རྗེ་ཆེན་པོའི་རང་བཞིན་ལ་གནས། སངས་རྒྱས་ཀྱི་ཆོས་མ་འདྲེས་པ་བཅོ་བརྒྱད་ཀྱི་རང་བཞིན་ལ་གནས། རྒྱུན་དུ་ཞུགས་པའི་འབྲས་བུའི་རང་བཞིན་ལ་གནས། ལན་ཅིག་ཕྱིར་འོང་བའི་འབྲས་བུའི་རང་བཞིན་ལ་གནས། ཕྱིར་མི་འོང་བའི་འབྲས་བུའི་རང་བཞིན་ལ་གནས། དགྲ་བཅོམ་པ་ཉིད་ཀྱི་རང་བཞིན་ལ་གནས། རང་བྱང་ཆུབ་ཀྱི་རང་བཞིན་ལ་གནས། ལམ་གྱི་རྣམ་པ་[༣]ཤེས་པ་ཉིད་ཀྱི་རང་བཞིན་ལ་གནས། བླ་ན་མེད་པ་ཡང་དག་

པར་རྫོགས་པའི་བྱང་ཆུབ་ཀྱི་རང་བཞིན་ལ་གནས་ཏེ། བྱང་ཆུབ་སེམས་དཔའ་
སེམས་དཔའ་ཆེན་པོ་བླ་ན་མེད་པ་ཡང་དག་པར་རྫོགས་པའི་བྱང་ཆུབ་ཏུ་མངོན་
པར་རྫོགས་པར་འཚང་རྒྱའོ། །རང་བཞིན༔དེ་ཡང་[1]ཉེ་བར་ཞི་བ་སྟེ། ཆོས་
གང་ཡང་འཕེལ་བར་བྱེད་པའམ། ༔འགྲི་བར་[2]བྱེད་པའམ། སྐྱེ་བའམ[3]།
འགག་པའམ། ཀུན་ནས་ཉོན་མོངས་པའམ། རྣམ་པར་བྱང་བ་འམ། ཐོབ་[4]
པའམ། མངོན་པར་རྟོགས་[5]པར་བྱེད་པ་མེད་དེ། དེ་[6]ཡང་འཇིག་རྟེན་གྱི་
ཐ་སྙད་དུ་བཏགས་པའི་[7]ཆོས་ཉིད་ཉེ་བར་བཟུང་ན། བྱང་ཆུབ་སེམས་དཔའ་
སེམས་དཔའ་ཆེན་པོ་བླ་ན་མེད་པ་ཡང་དག་པར་རྫོགས་པའི་བྱང་ཆུབ་ཏུ་མངོན་
པར་རྫོགས་པར་འཚང་རྒྱའོ[8]། །དོན་དམ་པར་ནི་གཟུགས་སམ། ཚོར་བའམ།
འདུ་ཤེས་སམ། འདུ་བྱེད་དམ། རྣམ་པར་ཤེས་པའམ། མིག་གམ། རྣ་
བའམ། སྣའམ། ལྗེའམ། ལུས་སམ། ཡིད་དམ། གཟུགས་སམ།
སྒྲའམ། དྲིའམ། རོའམ། རེག་གམ། ཆོས་སམ། མིག་གི་རྣམ་པར་
ཤེས་པའམ། རྣ་བའི་རྣམ་པར་ཤེས་པའམ། སྣའི་རྣམ་པར་ཤེས་པའམ།
ལྗེའི་རྣམ་པར་ཤེས་པའམ། ལུས་ཀྱི་རྣམ་པར་ཤེས་པའམ། ཡིད་ཀྱི་རྣམ་པར་
ཤེས་པའམ། མིག་གི་འདུས་ཏེ་རེག་པའམ། རྣ་བའི་འདུས་ཏེ་རེག་པའམ།
སྣའི་འདུས་ཏེ་རེག་པའམ། ལྗེའི་འདུས་ཏེ་རེག་པའམ། ལུས་ཀྱི་འདུས་ཏེ་
རེག་པའམ། ཡིད་ཀྱི་འདུས་ཏེ་རེག་པའམ། མིག་གི་འདུས་ཏེ་རེག་པའི་རྐྱེན་
གྱིས་ཚོར་བའམ། རྣ་བའི་འདུས་ཏེ་རེག་པའི་རྐྱེན་གྱིས་ཚོར་བའམ། སྣའི་
འདུས་ཏེ་རེག་པའི་རྐྱེན་གྱིས་ཚོར་བའམ། ལྗེའི་འདུས་ཏེ་རེག་པའི་རྐྱེན་གྱིས་
ཚོར་བའམ། ལུས་ཀྱི་འདུས་ཏེ་རེག་པའི་རྐྱེན་གྱིས་ཚོར་བའམ། ཡིད་ཀྱི་
འདུས་ཏེ་རེག་པའི་རྐྱེན་གྱིས་ཚོར་བའམ། སའི་ཁམས་སམ། ཆུའི་ཁམས་སམ།

མྱིའི་ཁམས་སམ། རླུང་གི་ཁམས་སམ། ནམ་མཁའི་ཁམས་སམ། རྣམ་པར་ཤེས་པའི་ཁམས་སམ། མ་རིག་པ་འམ། འདུ་བྱེད་དམ། རྣམ་པར་ཤེས་པ་འམ། མྱིང་དང་གཟུགས་སམ། སྐྱེ་མཆེད་དྲུག་གམ། རེག་པ་འམ། ཚོར་བ་འམ། སྲེད་པ་འམ། ལེན་པ་འམ། སྲིད་པ་འམ། སྐྱེ་བ་འམ། ར་ཤི་འམ། སྦྱིན་པའི་ཕ་རོལ་ཏུ་ཕྱིན་པའམ། ཚུལ་ཁྲིམས་ཀྱི་ཕ་རོལ་ཏུ་ཕྱིན་པའམ། བཟོད་པའི་ཕ་རོལ་ཏུ་ཕྱིན་པའམ། བརྩོན་འགྲུས་ཀྱི་ཕ་རོལ་ཏུ་ཕྱིན་པའམ། བསམ་གཏན་གྱི་ཕ་རོལ་ཏུ་ཕྱིན་པའམ། ཤེས་རབ་ཀྱི་ཕ་རོལ་ཏུ་ཕྱིན་པའམ། ནང་སྟོང་པ་ཉིད་དམ། ཕྱི་སྟོང་པ་ཉིད་དམ། ཕྱི་ནང་སྟོང་པ་ཉིད་དམ། སྟོང་པ་ཉིད་སྟོང་པ་ཉིད་དམ། ཆེན་པོ་སྟོང་པ་ཉིད་དམ། དོན་དམ་པ་སྟོང་པ་ཉིད་དམ། འདུས་བྱས་སྟོང་པ་ཉིད་དམ། འདུས་མ་བྱས་སྟོང་པ་ཉིད་དམ། མཐའ་ལས་འདས་པ་སྟོང་པ་ཉིད་དམ། ཐོག་མ་དང་ཐ་མ་མྱེད་པ་སྟོང་པ་ཉིད་དམ། དོར་བ་མྱེད་པ་སྟོང་པ་ཉིད་དམ། རང་བཞིན་སྟོང་པ་ཉིད་དམ། ཆོས་ཐམས་ཅད་སྟོང་པ་ཉིད་དམ། རང་གི་མཚན་ཉིད་སྟོང་པ་ཉིད་དམ། མྱི་དམྱིགས་པ་སྟོང་པ་ཉིད་དམ། དངོས་པོ་མྱེད་པ་སྟོང་པ་ཉིད་དམ། ངོ་བོ་ཉིད་སྟོང་པ་ཉིད་དམ། དངོས་པོ་མྱེད་པའི་ངོ་བོ་ཉིད་སྟོང་པ་ཉིད་དམ། དྲན་པ་ཉེ་བར་གཞག་པ་རྣམས་སམ། ཡང་དག་པར་སྤོང་བ་རྣམས་སམ། རྫུ་འཕྲུལ་གྱི་རྐང་པ་རྣམས་སམ། དབང་པོ་རྣམས་སམ། སྟོབས་རྣམས་སམ། བྱང་ཆུབ་ཀྱི་ཡན་ལག་རྣམས་སམ། འཕགས་⑦པའི་ལམ་ཡན་ལག་བརྒྱད་པའམ། འཕགས་པའི་བདེན་པ་རྣམས་སམ། བསམ་གཏན་རྣམས་སམ། ཚད་མྱེད་པ་རྣམས་སམ། གཟུགས་མྱེད་པའི་སྙོམས་པར་འཇུག་པ་རྣམས་སམ། རྣམ་པར་ཐར་པ་རྣམས་སམ། མཐར་ཀྱིས་གནས་པའི་སྙོམས་

པར་འཇུག་པ་རྣམས་སམ། རྣམ་པར་ཐར་པའི་སྒོ་སྟོང་པ་ཉིད་དང་[1]། མཚན་མ་མེད་པ་དང་། སྨོན་པ་མེད་པའམ། མངོན་པར་ཤེས་པ་རྣམས་སམ། ཏིང་ངེ་འཛིན་རྣམས་སམ། གཟུངས་ཀྱི་སྒོ་རྣམས་སམ། དེ་བཞིན་གཤེགས་པའི་སྟོབས་རྣམས་སམ། མི་འཇིགས་པ་རྣམས་སམ། སོ་སོ་ཡང་དག་པར་རིག་པ་རྣམས་སམ། བྱམས་པ་ཆེན་པོའམ། སྙིང་རྗེ་ཆེན་པོའམ། སངས་རྒྱས་ཀྱི་ཆོས་མ་འདྲེས་པ་བཅོ་བརྒྱད་དམ། རྒྱུན་ཏུ་ཞུགས་པའི་འབྲས་བུའམ། ལན་ཅིག་ཕྱིར་འོང་བའི་འབྲས་བུའམ། ཕྱིར་མི་འོང་བའི་འབྲས་བུའམ། དགྲ་བཅོམ་པ་ཉིད་དམ། རང་བྱང་ཆུབ་བམ[2]། ལམ་གྱི་རྣམ་པ་[3]ཤེས་པ་ཉིད་དམ། བླ་ན་མེད་པ་ཡང་དག་པར་རྫོགས་པའི་བྱང་ཆུབ་བམ[4]། གང་བྱང་ཆུབ་ཏུ་སྤྱོད་པའི་ཆོས་དེ་ལྟ་བུ་ཡང་མེད་དེ། ཆོས་དེ་དག་ཐམས་ཅད་ནི་འཇིག་རྟེན་གྱི་ཐ་སྙད་ཉེ་བར་བཟུང་སྟེ་བཏགས་པ་ཡིན་གྱི། དོན་དམ་པར་[5]ནི་མ་ཡིན་ནོ། །དེ་བས་ན་བྱང་ཆུབ་སེམས་དཔའ་སེམས་དཔའ་ཆེན་པོ་སེམས་དང་པོ་བསྐྱེད་[6]པ་ནས་ཉེ་བར་བཟུང་སྟེ། བྱང་ཆུབ་ཏུ་སྤྱོད་ཀྱང་སེམས་དེ་དག་མི་དམིགས་ཏེ[7]། སེམས་ཅན་རྣམས་ཀྱང་མི་དམིགས། ༑བྱང་ཆུབ་ཀྱང་མི་དམིགས།[8] སངས་རྒྱས་ཀྱང་མི་དམིགས་བྱང་ཆུབ་སེམས་དཔའ་ཡང་མི་དམིགས་སོ། །རབ་འབྱོར་དེ་ཇི་སྐད་དུ་སེམས། གང་གི་ཚེ་རབ་འབྱོར་ཁྱོད་ཀྱིས་འཇིག་ཚོགས་ལ་ལྟ་བ་[9]སྤང་བའི་ཕྱིར་དབང་པོ་རྣམས་ཐོབ་པར་གྱུར་པ་དང་། བར་ཆད་མེད་པའི་ཏིང་ངེ་འཛིན་ཏམ། རྒྱུན་ཏུ་ཞུགས་པའི་འབྲས་བུ་འཐོབ་[10]པའམ། ལན་ཅིག་ཕྱིར་འོང་བའི་འབྲས་བུའམ། ཕྱིར་མི་འོང་བའི་འབྲས་བུའམ། དགྲ་བཅོམ་པ་ཉིད་ཐོབ་པར་གྱུར་པ་དེའི་ཚེ། སྐྱེ་ལམ་མམ[11]། སེམས་སམ། ལམ་མམ[12]། འབྲས་བུ་དམིགས་པར་འགྱུར་བ་[13]ཡོད་དམ། གསོལ་པ། བཅོམ་ལྡན་འདས་

དེ་ཉི་མ་ལགས་སོ། །བཅོམ་ལྡན་འདས་ཀྱིས་བཀའ་སྩལ་པ། འོ་ན་ཇི་ལྟར་ཁྱོད་རབ་འབྱོར་གྱིས་དགྲ་བཅོམ་པ་འཛོབ①བོ་ཞེས་བྱ་བར་བཀའ་སྩལ་ཏེ། ལུང་བསྟན་པར་གྱུར། གསོལ་པ། བཅོམ་ལྡན་འདས་འཇིག་རྟེན་གྱི་ཐ་སྙད་ཉེ་བར་བཟུང་སྟེ། བཀས②ལུང་བསྟན་ཏོ། །བཅོམ་ལྡན་འདས་ཀྱིས་བཀའ་སྩལ་པ། རབ་འབྱོར་དེ③བཞིན་དུ་བྱང་ཆུབ་སེམས་དཔའ་ཡང་འཇིག་རྟེན་གྱི་ཐ་སྙད་དུ་བཏགས་པའོ། །གཟུགས་ཀྱང་འཇིག་རྟེན་གྱི་ཐ་སྙད་དུ་བཏགས་པའོ། །ཚོར་བ་ཡང་འཇིག་རྟེན་གྱི་ཐ་སྙད་དུ་བཏགས་པའོ། །འདུ་ཤེས་ཀྱང་འཇིག་རྟེན་གྱི་ཐ་སྙད་དུ་བཏགས་པའོ། །འདུ་བྱེད་ཀྱང་འཇིག་རྟེན་གྱི་ཐ་སྙད་དུ་བཏགས་པའོ། །རྣམ་པར་ཤེས་པ་ཡང་འཇིག་རྟེན་གྱི་ཐ་སྙད་དུ་བཏགས་པའོ། །མིག་ཀྱང་འཇིག་རྟེན་གྱི་ཐ་སྙད་དུ་བཏགས་པའོ། །རྣ་བ་ཡང་འཇིག་རྟེན་གྱི་ཐ་སྙད་དུ་བཏགས་པའོ། །སྣ་ཡང་འཇིག་རྟེན་གྱི་ཐ་སྙད་དུ་བཏགས་པའོ། །ལྕེ་ཡང་འཇིག་རྟེན་གྱི་ཐ་སྙད་དུ་བཏགས་པའོ། །ལུས་ཀྱང་འཇིག་རྟེན་གྱི་ཐ་སྙད་དུ་བཏགས་པའོ། །ཡིད་ཀྱང་འཇིག་རྟེན་གྱི་ཐ་སྙད་དུ་བཏགས་པའོ། །གཟུགས་ཀྱང་འཇིག་རྟེན་གྱི་ཐ་སྙད་དུ་བཏགས་པའོ། །སྒྲ་ཡང་འཇིག་རྟེན་གྱི་ཐ་སྙད་དུ་བཏགས་པའོ། །དྲི་ཡང་འཇིག་རྟེན་གྱི་ཐ་སྙད་དུ་བཏགས་པའོ། །རོ་ཡང་འཇིག་རྟེན་གྱི་ཐ་སྙད་དུ་བཏགས་པའོ། །རེག་ཀྱང་འཇིག་རྟེན་གྱི་ཐ་སྙད་དུ་བཏགས་པའོ། །ཆོས་ཀྱང་འཇིག་རྟེན་གྱི་ཐ་སྙད་དུ་བཏགས་པའོ། །མིག་གི་རྣམ་པར་ཤེས་པ་ཡང་འཇིག་རྟེན་གྱི་ཐ་སྙད་དུ་བཏགས་པའོ། །རྣ་བའི་རྣམ་པར་ཤེས་པ་ཡང་འཇིག་རྟེན་གྱི་ཐ་སྙད་དུ་བཏགས་པའོ། །སྣའི་རྣམ་པར་ཤེས་པ་ཡང་འཇིག་རྟེན་གྱི་ཐ་སྙད་དུ་བཏགས་པའོ། །ལྕེའི་རྣམ་པར་ཤེས་པ་ཡང་འཇིག་རྟེན་གྱི་ཐ་སྙད་དུ་བཏགས་པའོ། །ལུས་ཀྱི་རྣམ་པར་ཤེས་པ་ཡང་འཇིག་རྟེན་གྱི་ཐ་

སྙད་དུ་བཏགས་པའོ། །ཡིད་ཀྱི་རྣམ་པར་ཤེས་པ་ཡང་འཇིག་རྟེན་གྱི་ཐ་སྙད་དུ་བཏགས་པའོ། །མིག་གི་འདུས་ཏེ་རེག་པ་ཡང་འཇིག་རྟེན་གྱི་ཐ་སྙད་དུ་བཏགས་པའོ། །རྣ་བའི་འདུས་ཏེ་རེག་པ་ཡང་འཇིག་རྟེན་གྱི་ཐ་སྙད་དུ་བཏགས་པའོ། །སྣའི་འདུས་ཏེ་རེག་པ་ཡང་འཇིག་རྟེན་གྱི་ཐ་སྙད་དུ་བཏགས་པའོ། །ལྗེའི་འདུས་ཏེ་རེག་པ་ཡང་འཇིག་རྟེན་གྱི་ཐ་སྙད་དུ་བཏགས་པའོ། །ལུས་ཀྱི་འདུས་ཏེ་རེག་པ་ཡང་འཇིག་རྟེན་གྱི་ཐ་སྙད་དུ་བཏགས་པའོ། །ཡིད་ཀྱི་འདུས་ཏེ་རེག་པ་ཡང་འཇིག་རྟེན་གྱི་ཐ་སྙད་དུ་བཏགས་པའོ། །མིག་གི་འདུས་ཏེ་རེག་པའི་རྐྱེན་གྱིས་ཚོར་བ་ཡང་འཇིག་རྟེན་གྱི་ཐ་སྙད་དུ་བཏགས་པའོ། །རྣ་བའི་འདུས་ཏེ་རེག་པའི་རྐྱེན་གྱིས་ཚོར་བ་ཡང་འཇིག་རྟེན་གྱི་ཐ་སྙད་དུ་བཏགས་པའོ། །སྣའི་འདུས་ཏེ་རེག་པའི་རྐྱེན་གྱིས་ཚོར་བ་ཡང་འཇིག་རྟེན་གྱི་ཐ་སྙད་དུ་བཏགས་པའོ། །ལྗེའི་འདུས་ཏེ་རེག་པའི་རྐྱེན་གྱིས་[1]ཚོར་བ་ཡང་འཇིག་རྟེན་གྱི་ཐ་སྙད་དུ་བཏགས་པའོ། །ལུས་ཀྱི་འདུས་ཏེ་རེག་པའི་རྐྱེན་གྱིས་ཚོར་བ་ཡང་འཇིག་རྟེན་གྱི་ཐ་སྙད་དུ་བཏགས་པའོ། །ཡིད་ཀྱི་འདུས་ཏེ་རེག་པའི་རྐྱེན་གྱིས་[2]ཚོར་བ་ཡང་འཇིག་རྟེན་གྱི་ཐ་སྙད་དུ་བཏགས་པའོ། །སའི་ཁམས་ཀྱང་འཇིག་རྟེན་གྱི་ཐ་སྙད་དུ་བཏགས་པའོ། །ཆུའི་ཁམས་ཀྱང་འཇིག་རྟེན་གྱི་ཐ་སྙད་དུ་བཏགས་པའོ། །མེའི་ཁམས་ཀྱང་འཇིག་རྟེན་གྱི་ཐ་སྙད་དུ་བཏགས་པའོ། །རླུང་གི་ཁམས་ཀྱང་འཇིག་རྟེན་གྱི་ཐ་སྙད་དུ་བཏགས་པའོ། །ནམ་མཁའི་ཁམས་ཀྱང་འཇིག་རྟེན་གྱི་ཐ་སྙད་དུ་བཏགས་པའོ། །རྣམ་པར་ཤེས་པའི་ཁམས་ཀྱང་འཇིག་རྟེན་གྱི་ཐ་སྙད་དུ་བཏགས་པའོ། །མ་རིག་པ་ཡང་འཇིག་རྟེན་གྱི་ཐ་སྙད་དུ་བཏགས་པའོ། །འདུ་བྱེད་[2]ཀྱང་འཇིག་རྟེན་གྱི་ཐ་སྙད་དུ་བཏགས་པའོ། །རྣམ་པར་ཤེས་པ་ཡང་འཇིག་རྟེན་གྱི་ཐ་སྙད་དུ་བཏགས་པའོ། །མིང་དང་གཟུགས་ཀྱང་འཇིག་རྟེན་གྱི་

ཐ་སྙད་དུ་བཏགས་པའོ། །སྐྱེ་མཆེད་དྲུག་ཀྱང་འཇིག་རྟེན་གྱི་ཐ་སྙད་དུ་བཏགས་པའོ༔ །རེག་པ་ཡང་འཇིག་རྟེན་གྱི་ཐ་སྙད་དུ་བཏགས་པའོ། །ཚོར་བ་ཡང་འཇིག་རྟེན་གྱི་ཐ་སྙད་དུ་བཏགས་པའོ། །སྲེད་པ་ཡང་འཇིག་རྟེན་གྱི་ཐ་སྙད་དུ་[1]བཏགས་པའོ། །ལེན་པ་ཡང་འཇིག་རྟེན་གྱི་ཐ་སྙད་དུ་བཏགས་པའོ། །སྲིད་པ་ཡང་འཇིག་རྟེན་གྱི་ཐ་སྙད་དུ་བཏགས་པའོ། །སྐྱེ་བ་ཡང་འཇིག་རྟེན་གྱི་ཐ་སྙད་དུ་བཏགས་པའོ། །རྒ་ཤི་ཡང་འཇིག་རྟེན་གྱི་ཐ་སྙད་དུ་བཏགས་པའོ། །སྦྱིན་པའི་ཕ་རོལ་ཏུ་ཕྱིན་པ་ཡང་འཇིག་རྟེན་གྱི་ཐ་སྙད་དུ་བཏགས་པའོ། །ཚུལ་ཁྲིམས་ཀྱི་ཕ་རོལ་ཏུ་ཕྱིན་པ་ཡང་འཇིག་རྟེན་གྱི་ཐ་སྙད་དུ་བཏགས་[2]པའོ། །བཟོད་པའི་ཕ་རོལ་ཏུ་ཕྱིན་པ་ཡང་འཇིག་རྟེན་གྱི་ཐ་སྙད་དུ་བཏགས་པའོ། །བརྩོན་འགྲུས་ཀྱི་ཕ་རོལ་ཏུ་ཕྱིན་[3]པ་ཡང་འཇིག་རྟེན་གྱི་ཐ་སྙད་དུ་བཏགས་པའོ། །བསམ་གཏན་གྱི་ཕ་རོལ་ཏུ་ཕྱིན་པ་ཡང་འཇིག་རྟེན་གྱི་ཐ་སྙད་དུ་བཏགས་པའོ། །ཤེས་རབ་ཀྱི་ཕ་རོལ་ཏུ་ཕྱིན་པ་ཡང་འཇིག་རྟེན་གྱི་ཐ་སྙད་དུ་བཏགས་པའོ། །ནང་སྟོང་པ་ཉིད་ཀྱང་འཇིག་རྟེན་གྱི་ཐ་སྙད་དུ་བཏགས་པའོ། །ཕྱི་སྟོང་པ་ཉིད་ཀྱང་འཇིག་རྟེན་གྱི་ཐ་སྙད་དུ་བཏགས་པའོ། །ཕྱི་ནང་སྟོང་པ་ཉིད་ཀྱང་འཇིག་རྟེན་གྱི་ཐ་སྙད་དུ་བཏགས་པའོ། །སྟོང་པ་ཉིད་སྟོང་པ་ཉིད་ཀྱང་འཇིག་རྟེན་གྱི་ཐ་སྙད་དུ་བཏགས་པའོ། །ཆེན་པོ་སྟོང་པ་ཉིད་ཀྱང་འཇིག་རྟེན་གྱི་ཐ་སྙད་དུ་བཏགས་པའོ། །དོན་དམ་པ་སྟོང་པ་ཉིད་ཀྱང་འཇིག་རྟེན་གྱི་ཐ་སྙད་དུ་བཏགས་པའོ། །འདུས་བྱས་སྟོང་པ་ཉིད་ཀྱང་འཇིག་རྟེན་གྱི་ཐ་སྙད་དུ་བཏགས་པའོ། །འདུས་མ་བྱས་སྟོང་པ་ཉིད་ཀྱང་འཇིག་རྟེན་གྱི་ཐ་སྙད་དུ་བཏགས་པའོ། །མཐའ་ལས་འདས་པ་སྟོང་པ་ཉིད་ཀྱང་འཇིག་རྟེན་གྱི་ཐ་སྙད་དུ་བཏགས་པའོ། །ཐོག་མ་དང་ཐ་མ་མེད་པ་སྟོང་པ་ཉིད་ཀྱང་འཇིག་རྟེན་གྱི་ཐ་སྙད་དུ་བཏགས་པའོ། །དོར་བ་མེད་

པ་སྟོང་པ་ཉིད་ཀྱང་འཇིག་རྟེན་གྱི་ཐ་སྙད་དུ་བཏགས་པའོ། །རང་བཞིན་སྟོང་པ་ཉིད་ཀྱང་འཇིག་རྟེན་གྱི་ཐ་སྙད་དུ་བཏགས་པའོ། །ཆོས་ཐམས་ཅད་སྟོང་པ་ཉིད་ཀྱང་འཇིག་རྟེན་གྱི་ཐ་སྙད་དུ་བཏགས་པའོ། །རང་གི་མཚན་ཉིད་སྟོང་པ་ཉིད་ཀྱང་འཇིག་རྟེན་གྱི་ཐ་སྙད་དུ་བཏགས་པའོ། །མི་དམིགས་པ་སྟོང་པ་ཉིད་ཀྱང་འཇིག་རྟེན་གྱི་ཐ་སྙད་དུ་བཏགས་པའོ། །དངོས་པོ་མེད་པ་སྟོང་པ་ཉིད་ཀྱང་འཇིག་རྟེན་གྱི་ཐ་སྙད་དུ་བཏགས་པའོ། །ངོ་བོ་ཉིད་སྟོང་པ་ཉིད་ཀྱང་འཇིག་རྟེན་གྱི་ཐ་སྙད་དུ་བཏགས་པའོ། །དངོས་པོ་མེད་པའི་ངོ་བོ་ཉིད་སྟོང་པ་ཉིད་ཀྱང་འཇིག་རྟེན་གྱི་ཐ་སྙད་དུ་བཏགས་པའོ། །དྲན་པ་ཉེ་བར་གཞག་པ་རྣམས་ཀྱང་འཇིག་རྟེན་གྱི་ཐ་སྙད་དུ་བཏགས་པའོ། །ཡང་དག་པར་སྤོང་བ་རྣམས་ཀྱང་འཇིག་རྟེན་གྱི་ཐ་སྙད་དུ་བཏགས་པའོ། །རྫུ་འཕྲུལ་གྱི་རྐང་པ་རྣམས་ཀྱང་འཇིག་རྟེན་གྱི་ཐ་སྙད་དུ་བཏགས་པའོ། །དབང་པོ་ལྔ་ཡང་འཇིག་རྟེན་གྱི་ཐ་སྙད་དུ་བཏགས་པའོ། །སྟོབས་ལྔ་ཡང་འཇིག་རྟེན་གྱི་ཐ་སྙད་དུ་བཏགས་པའོ། །བྱང་ཆུབ་ཀྱི་ཡན་ལག་བདུན་ཡང་①འཇིག་རྟེན་གྱི་ཐ་སྙད་དུ་བཏགས་པའོ། །འཕགས་པའི་ལམ་ཡན་ལག་བརྒྱད་པ་ཡང་འཇིག་རྟེན་གྱི་ཐ་སྙད་དུ་བཏགས་པའོ། །འཕགས་པའི་བདེན་པ་བཞི་ཡང་འཇིག་རྟེན་གྱི་ཐ་སྙད་དུ་བཏགས་པའོ། །བསམ་གཏན་བཞི་ཡང་འཇིག་རྟེན་གྱི་ཐ་སྙད་དུ་བཏགས་པའོ། །ཚད་མེད་པ་བཞི་ཡང་འཇིག་རྟེན་གྱི་ཐ་སྙད་དུ་བཏགས་པའོ། །གཟུགས་མེད་པའི་སྙོམས་པར་འཇུག་པ་བཞི་ཡང་འཇིག་རྟེན་གྱི་ཐ་སྙད་དུ་བཏགས་པའོ། །རྣམ་པར་ཐར་པ་བརྒྱད་ཀྱང་འཇིག་རྟེན་གྱི་ཐ་སྙད་དུ་བཏགས་པའོ། །མཐར་གྱིས་གནས་པའི་སྙོམས་པར་འཇུག་པ་དགུ་ཡང་འཇིག་རྟེན་གྱི་ཐ་སྙད་དུ་བཏགས་པའོ། །རྣམ་པར་ཐར་པའི་སྒོ་སྟོང་པ་ཉིད་དང་། མཚན་མ་མེད་པ་དང་། སྨོན་པཿམེད་པ་③

ཡང་འཇིག་རྟེན་གྱི་ཐ་སྙད་དུ་བཏགས་པའོ། །མངོན་པར་ཤེས་པ་རྣམས་ཀྱང་
འཇིག་རྟེན་གྱི་ཐ་སྙད་དུ་བཏགས་པའོ། །ཏིང་ངེ་འཛིན་རྣམས་ཀྱང་འཇིག་རྟེན་
གྱི་ཐ་སྙད་དུ་བཏགས་པའོ། །གཟུངས་ཀྱི་སྒོ་རྣམས་ཀྱང་འཇིག་རྟེན་གྱི་ཐ་སྙད་དུ་
བཏགས་པའོ། །དེ་བཞིན་གཤེགས①པའི་སྟོབས་བཅུ་ཡང་འཇིག་རྟེན་གྱི་ཐ་སྙད་
དུ་བཏགས་པའོ། །མི་འཇིགས་པ་བཞི་ཡང་འཇིག་རྟེན་གྱི་ཐ་སྙད་དུ་བཏགས་
པའོ། །སོ་སོ་ཡང་དག་པར་རིག་པ་བཞི་ཡང་འཇིག་རྟེན་གྱི་ཐ་སྙད་དུ་བཏགས་
པའོ། །བྱམས་པ②ཆེན་པོ་ཡང་འཇིག་རྟེན་གྱི་ཐ་སྙད་དུ་བཏགས་པའོ། །
སྙིང་རྗེ་ཆེན་པོ་ཡང་འཇིག་རྟེན་གྱི③ཐ་སྙད་དུ་བཏགས་པའོ། །སངས་རྒྱས་ཀྱི་
ཆོས་མ་འདྲེས④པ་བཅོ་བརྒྱད་ཀྱང་འཇིག་རྟེན་གྱི་ཐ་སྙད་དུ་བཏགས་པའོ། །
རྒྱུན་དུ་ཞུགས་པའི་འབྲས་བུ་ཡང་འཇིག་རྟེན་གྱི་ཐ་སྙད་དུ་བཏགས་པའོ། །ལན་
ཅིག་ཕྱིར་འོང་བའི་འབྲས་བུ་ཡང་འཇིག་རྟེན་གྱི་ཐ་སྙད་དུ་བཏགས་པའོ། །ཕྱིར་
མི་འོང་བའི་འབྲས་བུ་ཡང་འཇིག་རྟེན་གྱི་ཐ་སྙད་དུ་བཏགས་པའོ། །༔དགྲ་
བཅོམ་པ་ཉིད་ཀྱང་འཇིག་རྟེན་གྱི་ཐ་སྙད་དུ་བཏགས་པའོ། །⑤རང་བྱང་ཆུབ་
ཀྱང་འཇིག་རྟེན་གྱི་ཐ་སྙད་དུ་བཏགས་པའོ། །ལམ་གྱི་རྣམ་པ⑥ཤེས་པ་ཉིད་ཀྱང་
འཇིག་རྟེན་གྱི་ཐ་སྙད་དུ་བཏགས་པའོ། །རྣམ་པ་ཐམས་ཅད་མཁྱེན་པ་ཉིད་ཀྱང་
འཇིག་རྟེན་གྱི་ཐ་སྙད་དུ་བཏགས་པའོ། །བྱང་ཆུབ་སེམས་དཔའ་སེམས་དཔའ་
ཆེན་པོས་ནི⑦ཆོས་གང་ལ་ཡང་འཕེལ་བར་བྱེད་པའམ། འགྲིབ་པར་བྱེད་པའམ།
ཕན་འདོགས་པ་འམ། གནོད་པར་བྱེད་པ་དེ་ལྟ་བུ་གང་ཡང་མ⑧དམིགས་ཏེ།
ཆོས་ཀྱི་རང་བཞིན་ཉེ་བར་བཟུང་ན་ཆོས་རྣམས་ཀྱི༔ཆོས་ཀྱི⑨རང་བཞིན་དེ་ཡང་མ་
དམིགས་ན། སེམས་དང་པོ་བསྐྱེད་པ་དམིགས་པར་འགྱུར་བ་ལྟ་ཅི་སྨོས་ཏེ⑪དེ་
ནི་གནས་མེད་དོ། །ས་བཅུའི་བར་དུ⑫དམིགས་པར་འགྱུར་བ་ལྟ་ཅི་སྨོས་ཏེ་དེ་

ནི་གནས་མེད་དོ། །སྦྱིན་པའི་ཕ་རོལ་ཏུ་ཕྱིན་པ་དམིགས་པར་འགྱུར་བ་ལྟ་ཅི་སྨོས་ཏེ་དེ་ནི་གནས་མེད་དོ། །ཚུལ་ཁྲིམས་ཀྱི་ཕ་རོལ་ཏུ་ཕྱིན་པ་དང་། བཟོད་པའི་ཕ་རོལ་ཏུ་ཕྱིན་པ་དང་། བརྩོན་འགྲུས་ཀྱི་ཕ་རོལ་ཏུ་ཕྱིན་པ་དང་། བསམ་གཏན་གྱི་ཕ་རོལ་ཏུ་ཕྱིན་པ་དང་། ཤེས་རབ་ཀྱི་ཕ་རོལ་ཏུ་ཕྱིན་པ་དམིགས་པར་འགྱུར་བ་ལྟ་ཅི་སྨོས་ཏེ་དེ་ནི་གནས་མེད་དོ། །ནང་སྟོང་པ་ཉིད་དམིགས་པར་འགྱུར་བ་ལྟ་ཅི་སྨོས་ཏེ་དེ་ནི་གནས་མེད་དོ། །ཕྱི་སྟོང་པ་ཉིད་དང་། ཕྱི་ནང་སྟོང་པ་ཉིད་དང་། སྟོང་པ་ཉིད་སྟོང་པ་ཉིད་དང་། ཆེན་པོ་སྟོང་པ་ཉིད་དང་། དོན་དམ་པ་སྟོང་པ་ཉིད་དང་། འདུས་བྱས་སྟོང་པ་ཉིད་དང་། འདུས་མ་བྱས་སྟོང་པ་ཉིད་དང་། མཐའ་ལས་འདས་པ་སྟོང་པ་ཉིད་དང་། ཐོག་མ་དང་ཐ་མ་མེད་པ་སྟོང་པ་ཉིད་དང་། དོར་བ་མེད་པ་སྟོང་པ་ཉིད་དང་། རང་བཞིན་སྟོང་པ་ཉིད་དང་། ཆོས་ཐམས་ཅད་①སྟོང་པ་ཉིད་དང་། རང་གི་མཚན་ཉིད་སྟོང་པ་ཉིད་དང་། མི་དམིགས་པ་སྟོང་པ་ཉིད་དང་། དངོས་པོ་མེད་པ་སྟོང་པ་ཉིད་དང་། ངོ་བོ་ཉིད་སྟོང་པ་ཉིད་②དང་། དངོས་པོ་མེད་པའི་ངོ་བོ་ཉིད་སྟོང་པ་ཉིད་དམིགས་པར་འགྱུར་བ་ལྟ་ཅི་སྨོས་ཏེ་དེ་ནི་གནས་མེད་དོ། །དྲན་པ་ཉེ་བར་གཞག་པ་བཞི་དམིགས་པར་འགྱུར་བ་ལྟ་ཅི་སྨོས་ཏེ་དེ་ནི་གནས་མེད་དོ། །ཡང་དག་པར་སྤོང་བ་བཞི་དམིགས་པར་འགྱུར་བ་ལྟ་ཅི་སྨོས་ཏེ་དེ་ནི་གནས་མེད་དོ། །རྫུ་འཕྲུལ་གྱི་རྐང་པ་བཞི་དམིགས་པར་འགྱུར་བ་ལྟ་ཅི་སྨོས་ཏེ་དེ་ནི་གནས་མེད་དོ། །དབང་པོ་ལྔ་དམིགས་པར་འགྱུར་བ་ལྟ་ཅི་སྨོས་ཏེ་དེ་ནི་གནས་མེད་དོ། །སྟོབས་ལྔ་དམིགས་པར་འགྱུར་བ་ལྟ་ཅི་སྨོས་ཏེ་དེ་ནི་གནས་མེད་དོ། །བྱང་ཆུབ་ཀྱི་ཡན་ལག་བདུན་དམིགས་པར་འགྱུར་བ་ལྟ་ཅི་སྨོས་ཏེ་དེ་ནི་གནས་མེད་དོ། །འཕགས་པའི་ལམ་③ཡན་ལག་བརྒྱད་པ་དམིགས་པར་

འགྱུར་བ་ལྟ་ཅི་སྨོས་ཏེ་དེ་ནི་གནས་མེད་དོ། །འཕགས་པའི་བདེན་པ་བཞི་དམིགས་པར་འགྱུར་བ་ལྟ་ཅི་སྨོས་ཏེ་དེ་ནི་གནས་མེད་དོ། །བསམ་གཏན་བཞི་དམིགས་པར་འགྱུར་བ་ལྟ་ཅི་སྨོས་ཏེ་དེ་ནི་གནས་མེད་དོ། །ཚད་མེད་པ་བཞི་དམིགས་པར་འགྱུར་བ་ལྟ་ཅི་སྨོས་ཏེ་དེ་ནི་གནས་མེད་དོ། །གཟུགས་མེད་པའི་སྙོམས་པར་འཇུག་པ་རྣམས་(༧)དམིགས་པར་འགྱུར་བ་ལྟ་ཅི་སྨོས་ཏེ་དེ་ནི་གནས་(༨)མེད་དོ། །རྣམ་པར་ཐར་པ་བརྒྱད་དམིགས་པར་འགྱུར་བ་ལྟ་ཅི་སྨོས་(༩)ཏེ་དེ་ནི་གནས་མེད་དོ། །མཐར་གྱིས་གནས་པའི་སྙོམས་པར་འཇུག་པ་དགུ་དམིགས་པར་འགྱུར་བ་ལྟ་ཅི་སྨོས་ཏེ་དེ་ནི་གནས་མེད་དོ། །རྣམ་པར་ཐར་པའི་སྒོ་སྟོང་པ་ཉིད་དང་། མཚན་མ་མེད་པ་དང་། སྨོན་པ་མེད་པ་དམིགས་པར་འགྱུར་བ་ལྟ་ཅི་སྨོས་ཏེ་དེ་ནི་གནས་མེད་དོ། །མངོན་པར་ཤེས་པ་རྣམས་དམིགས་པར་འགྱུར་བ་ལྟ་ཅི་སྨོས་ཏེ། དེ་ནི་གནས་མེད་དོ། །ཏིང་ངེ་འཛིན་རྣམས་དམིགས་པར་འགྱུར་བ་ལྟ་ཅི་སྨོས་ཏེ། དེ་ནི་གནས་མེད་དོ། །གཟུངས་ཀྱི་སྒོ་རྣམས་དམིགས་པར་འགྱུར་བ་ལྟ་ཅི་སྨོས་ཏེ། དེ་ནི་གནས་མེད་དོ། །དེ་བཞིན་གཤེགས་པའི་སྟོབས་བཅུ་དམིགས་པར་འགྱུར་བ་ལྟ་ཅི་སྨོས་ཏེ། དེ་ནི་གནས་མེད་དོ། །མི་འཇིགས་པ་བཞི་དམིགས་པར་འགྱུར་བ་ལྟ་ཅི་སྨོས་ཏེ། དེ་ནི་གནས་མེད་དོ། །སོ་སོ་ཡང་དག་པར་རིག་པ་བཞི་དམིགས་པར་འགྱུར་བ་ལྟ་ཅི་སྨོས་ཏེ། དེ་ནི་གནས་མེད་དོ། །བྱམས་པ་ཆེན་པོ་དམིགས་པར་འགྱུར་བ་ལྟ་ཅི་སྨོས་ཏེ། དེ་ནི་གནས་མེད་དོ། །སྙིང་རྗེ་ཆེན་པོ་དམིགས་པར་འགྱུར་བ་ལྟ་ཅི་སྨོས་ཏེ། དེ་ནི་གནས་མེད་དོ། །སངས་རྒྱས་ཀྱི་(༥)ཆོས་མ་འདྲེས་པ་བཅོ་བརྒྱད་དམིགས་པར་འགྱུར་བ་ལྟ་ཅི་སྨོས་ཏེ། དེ་ནི་གནས་མེད་དོ། །རྒྱུན་དུ་ཞུགས་པའི་འབྲས་བུ་དམིགས་པར་འགྱུར་བ་ལྟ་ཅི་སྨོས་ཏེ། དེ་ནི་གནས་མེད་དོ། །ལན་ཅིག་ཕྱིར་

འོང་བའི་འབྲས་བུ་དམིགས་པར་འགྱུར་བ་ལྟ་ཅི་སྨོས་ཏེ། དེ་ནི་གནས་མེད་དོ། །ཕྱིར་མི་འོང་བའི་འབྲས་བུ་དམིགས་པར་འགྱུར་བ་ལྟ་ཅི་སྨོས་ཏེ། དེ་ནི་གནས་མེད་དོ། །དགྲ་བཅོམ་པ་ཉིད་དམིགས་པར་འགྱུར་བ་ལྟ་ཅི་སྨོས་ཏེ། དེ་ནི་གནས་མེད་དོ། །རང་བྱང་ཆུབ་དམིགས་པར་འགྱུར་བ་ལྟ་ཅི་སྨོས་ཏེ། དེ་ནི་གནས་མེད་དོ། །ལམ་གྱི་རྣམ་པ་[༧]ཤེས་པ་ཉིད་དམིགས་པར་འགྱུར་བ་ལྟ་ཅི་སྨོས་ཏེ༑ དེ་ནི་གནས་མེད་དོ། །རྣམ་པ་ཐམས་ཅད་མཁྱེན་པ་ཉིད་དམིགས་པར་འགྱུར་བ་ལྟ་ཅི་སྨོས་ཏེ། དེ་ནི་གནས་མེད་དོ། །རབ་འབྱོར་དེ་ལྟར་བྱང་ཆུབ་སེམས་དཔའ་སེམས་དཔའ་ཆེན་པོ་བླ་ན་མེད་པ་ཡང་དག་པར་རྫོགས་པའི་བྱང་ཆུབ་ཏུ་སྤྱོད་[༨]ཅིང་། བླ་ན་མེད་པ་ཡང་དག་པར་རྫོགས་པའི་བྱང་ཆུབ་ཏུ་མངོན་པར་རྫོགས་པར་སངས་རྒྱས་ཏེ། སེམས་ཅན་རྣམས་ཀྱི་དོན་བྱེད་དོ། །ཤེས་རབ་ཀྱི་ཕ་རོལ་ཏུ་ཕྱིནད་པ་སྟོང་ཕྲག་བརྒྱ་པ་ལས། ལེའུ་དྲུག་ཅུ་ལྔ་པའོ[༡]།། ||

ཤེས་རབ་ཀྱི་ཕ་རོལད་ཏུ་ཕྱིནད་པ་སྟོང་ཕྲག་བརྒྱ་པ། བམ་པོ་བཅུ་གསུམ་[༢]པ༑ དེ་ནས་ཚེ་དང་ལྡན་པ་རབ་འབྱོརད་ཀྱིས། བཅོམ་ལྡན་འདས་ལ་འདི་སྐད་ཅེས་གསོལ་ཏོ། །བཅོམ་ལྡན་འདས་གལ་ཏེ། བྱང་ཆུབ་སེམས་དཔའ་སེམས་དཔའ་ཆེན་པོ་ཕ་རོལ་ཏུ་ཕྱིནད་པ་དྲུག་ལ་སྤྱོད་པ་དང་། སྟོང་པ་ཉིད་བཅུ་བཞི་ལ་སྤྱོད་པ་དང་། བྱང་ཆུབ་ཀྱི་ཕྱོགས་ཀྱི་ཆོས་སུམ་ཅུ་རྩ་བདུན་ལ་སྤྱོད་པ་དང་། རྣམ་པར་ཐར་པའི་སྒོ་གསུམ་ལ་སྤྱོད་པ་དང་། བསམ་གཏན་དང་། རྣམ་པར་ཐར་པ་དང་། ཏིང་ངེ་འཛིན་དང་། སྙོམས་པར་འཇུག་པ་ཐམས་ཅད་ལ་སྤྱོད་པ་དང་། འཕགས་པའི་བདེན་པ་བཞི་ལ་སྤྱོད་པ་དང་། མངོན་པར་ཤེས་པ་རྣམས་ལ་སྤྱོད་པ་དང་། ཏིང་ངེ་འཛིན་རྣམས་ལ་སྤྱོད་པ་དང་།

གཟུངས་ཀྱི་སྒོ་རྣམས་ལ་སྤྱོད་པ་དང་། དེ་བཞིན་གཤེགས་པའི་སྟོབས་བཅུ་ལ་སྤྱོད་པ་དང་། མི་འཇིགས་པ་བཞི་ལ་སྤྱོད་པ་དང་། སོ་སོ་ཡང་དག་པར་རིག་པ་བཞི་ལ་སྤྱོད་པ་དང་། བྱམས་པ་ཆེན་པོ་ལ་སྤྱོད་པ་དང་། སྙིང་རྗེ་ཆེན་པོ་ལ་སྤྱོད་པ་དང་། སངས་རྒྱས་ཀྱི་ཆོས་མ་འདྲེས་པ་བཅོ་བརྒྱད་ལ་སྤྱོད༑ པ་དང་[1]། བྱང་ཆུབ་ཀྱི་ལམ་ཡོངས་སུ་རྫོགས་པར་བགྱིས་ཀྱང་། བླ་ན་མེད་པ་ཡང་དག་པར་རྫོགས་པའི་བྱང་ཆུབ་ཏུ་མངོན་པར་རྫོགས་པར་འཚང་རྒྱ་བའི་སྐལ་བ་མ་མཆིས་ན། བཅོམ་ལྡན་འདས་དེ་ཇི་[2]ལྟར་བྱང་ཆུབ་སེམས་དཔའ་སེམས་དཔའ་ཆེན་པོ་བླ་ན་མེད་པ་ཡང་དག་པར་རྫོགས་པའི་བྱང་ཆུབ་ཏུ་མངོན་པར་རྫོགས་པར་འཚང་རྒྱ་[3]བར་འགྱུར་བ་ལགས། བཅོམ་ལྡན་འདས་ཀྱིས་བཀའ་སྩལ་པ། རབ་འབྱོར་ནམ་བྱང་ཆུབ་སེམས་དཔའ་སེམས་དཔའ་ཆེན་པོ་ཤེས་རབ་ཀྱི་ཕ་རོལ་ཏུ་ཕྱིན་པ་ལ་སྤྱོད་པའི་ཚེ། ཐབས་མཁས་པས། སྦྱིན་པའི་ཕ་རོལ་ཏུ་ཕྱིན་པ་ལ་སྤྱོད་ཀྱང་། སྦྱིན་པ་དང་། སྦྱིན་པའི་བདག་པོ་དང་། ལེན་པ་ཡང་མི་དམིགས། ཆོས་དེ་དག་ལས་གཞན་དུའང་[4]མི་སྤྱོད་ན། དེའི་ཚེ་བྱང་ཆུབ་སེམས་དཔའ་སེམས་དཔའ་ཆེན་པོ་བྱང་ཆུབ་ཀྱི་ལམ་ཐོབ་པར་འགྱུར་ཏེ། རབ་འབྱོར་བྱང་ཆུབ་སེམས་དཔའ་སེམས་དཔའ་ཆེན་པོ་ཤེས་རབ་ཀྱི་ཕ་རོལ་ཏུ་ཕྱིན་པ་ལ་[5]དེ་ལྟར་སྤྱོད་ན༔ ཐབས་མཁས་པས། བླ་ན་མེད་པ་ཡང་དག་པར་རྫོགས་པའི་བྱང་ཆུབ་ཏུ་མངོན་པར་རྫོགས་པར་འཚང་རྒྱའོ། །རབ་འབྱོར་གཞན་ཡང་ནམ་བྱང་ཆུབ་སེམས་དཔའ་སེམས་དཔའ་ཆེན་པོ་ཤེས་རབ་ཀྱི་ཕ་རོལ་ཏུ་ཕྱིན་པ་ལ་སྤྱོད་པའི་ཚེ། ཚུལ་ཁྲིམས་ཀྱི་ཕ་རོལ་ཏུ་ཕྱིན་པ་ལ་སྤྱོད་ཀྱང་[6]། ཚུལ་ཁྲིམས་དང་ཚུལ་ཁྲིམས་དང་ལྡན་པ་ཡང་མི་དམིགས། ཆོས་དེ་གཉིས་ལས་གཞན་དུའང་[7]མི་སྤྱོད་ན། དེའི་ཚེ་བྱང་ཆུབ་སེམས་དཔའ༑ སེམས་དཔའ་[8]ཆེན་པོ་བྱང་ཆུབ་ཀྱི་ལམ་འཐོབ་[9]

པར་འགྱུར་ཏེ། རབ་འབྱོར་བྱང་ཆུབ་སེམས་དཔའ་སེམས་དཔའ་ཆེན་པོ་ཤེས་རབ་ཀྱི་ཕ་རོལ་ཏུ་ཕྱིན་པ་ལ་[1]དེ་ལྟར་[2]སྤྱོད་ན། ཐབས་མཁས་པས། བླ་ན་མེད་པ་ཡང་དག་པར་རྫོགས་པའི་བྱང་ཆུབ་ཏུ་མངོན་པར་རྫོགས་པར་འཚང་རྒྱའོ། །རབ་འབྱོར་གཞན་ཡང་ནམ་བྱང་ཆུབ་སེམས་དཔའ་སེམས་དཔའ་ཆེན་པོ་ཤེས་རབ་ཀྱི་ཕ་རོལ་ཏུ་ཕྱིན་པ་ལ་སྤྱོད་པའི་ཚེ། བཟོད་པའི་ཕ་རོལ་ཏུ་ཕྱིན་པ་ལ་སྤྱོད་ཀྱང་བཟོད་པ་དང་། བཟོད་པ་དང་[3]ལྡན་པ་ཡང་མི་དམིགས། ཆོས་དེ་གཉིས་ལས་གཞན་དུ་ཡང་མི་སྤྱོད་ན། དེའི་ཚེ་བྱང་ཆུབ་སེམས་དཔའ་སེམས་དཔའ་ཆེན་པོ་བྱང་ཆུབ་ཀྱི་ལམ་ཐོབ་པར་འགྱུར་ཏེ་རབ་འབྱོར་བྱང་ཆུབ་སེམས་དཔའ་སེམས་དཔའ་ཆེན་པོ་ཤེས་རབ་ཀྱི་ཕ་རོལ་ཏུ་ཕྱིན་པ་ལ་དེ་ལྟར་སྤྱོད་ན། ཐབས་མཁས་པས། བླ་ན་མེད་པ་ཡང་དག་པར་རྫོགས་པའི་བྱང་ཆུབ་ཏུ་མངོན་པར་རྫོགས་པར་འཚང་རྒྱའོ། །རབ་འབྱོར་གཞན་ཡང་ནམ་[4]བྱང་ཆུབ་སེམས་དཔའ་སེམས་དཔའ་ཆེན་པོ་ཤེས་རབ་ཀྱི་ཕ་རོལ་ཏུ་ཕྱིན་པ་ལ་སྤྱོད་པའི་ཚེ། བརྩོན་འགྲུས་ཀྱི་ཕ་རོལ་ཏུ་ཕྱིན་པ་ལ་སྤྱོད་ཀྱང་བརྩོན་འགྲུས་དང་། བརྩོན་འགྲུས་རྩོམ་[5]པ་ཡང་མི་དམིགས། ཆོས་དེ་གཉིས་ལས་གཞན་དུ་ཡང་མི་སྤྱོད་ན། དེའི་ཚེ་བྱང་ཆུབ་སེམས་དཔའ་སེམས་དཔའ་ཆེན་པོ་བྱང་ཆུབ་ཀྱི་ལམ་ཐོབ་པར་འགྱུར་ཏེ། རབ་འབྱོར་བྱང་ཆུབ་སེམས་དཔའ་སེམས་དཔའ་ཆེན་པོ་ཤེས་རབ་ཀྱི་ཕ་རོལ་ཏུ་ཕྱིན་པ་ལ་དེ་ལྟར་སྤྱོད་ན། ཐབས་མཁས་པས། བླ་ན་མེད་པ་ཡང་དག་པར་རྫོགས་པའི་བྱང་ཆུབ་ཏུ་མངོན་པར་རྫོགས་པར་འཚང་རྒྱའོ། །རབ་འབྱོར་གཞན་ཡང་ནམ་བྱང་ཆུབ་སེམས་དཔའ་སེམས་དཔའ་ཆེན་པོ་ཤེས་རབ་ཀྱི་ཕ་རོལ་ཏུ་ཕྱིན་པ་ལ་སྤྱོད་པའི་ཚེ། བསམ་གཏན་གྱི་ཕ་རོལ་ཏུ་ཕྱིན་པ་ལ་སྤྱོད་ཀྱང་བསམ་གཏན་དང་བསམ་གཏན་[6]པ་ཡང་མི་དམིགས། ཆོས་དེ་གཉིས་ལས་གཞན་དུ་ཡང་མི་

སྒྱུར་ན། དེའི་ཚེ་བྱང་ཆུབ་སེམས་དཔའ་སེམས་དཔའ་ཆེན་པོ་བྱང་ཆུབ་ཀྱི་ལམ་
ཐོབ་པར་འགྱུར་ཏེ། རབ་འབྱོར་བྱང་ཆུབ་སེམས་དཔའ་སེམས་དཔའ་ཆེན་པོ་
ཤེས་རབ་ཀྱི་ཕ་རོལ་ཏུ་ཕྱིན་པ་ལ་དེ་ལྟར་སྒྱུར་ན། ཐབས་མཁས་པས། བླ་ན་
མེད་པ་ཡང་དག་པར་རྫོགས་པའི་བྱང་ཆུབ་ཏུ་མངོན་པར་རྫོགས་པར་འཚང་རྒྱའོ། །
རབ་འབྱོར་གཞན་ཡང་ནམ་བྱང་ཆུབ་སེམས་དཔའ་སེམས་དཔའ་ཆེན་པོ་ཤེས་རབ་
ཀྱི་ཕ་རོལ་ཏུ་ཕྱིན་པ་ལ་སྤྱོད་པའི་ཚེ། ཤེས་རབ་ཀྱི་ཕ་རོལ་ཏུ་ཕྱིན་པ་①སྣམ་ཡང་།
ཤེས་རབ་དང་ཤེས་རབ་དང་ལྡན་པ་ཡང་མི་དམིགས། ཆོས་དེ་གཉིས་ལས་
གཞན་དུ་ཡང་མི་སྤྱོད་ན། དེའི་ཚེ་བྱང་ཆུབ་སེམས་དཔའ་སེམས་དཔའ་ཆེན་པོ་
བྱང་ཆུབ་ཀྱི་ལམ་ཐོབ་པར་འགྱུར་ཏེ། རབ་འབྱོར་བྱང་ཆུབ་སེམས་དཔའ་སེམས་
དཔའ་ཆེན་པོ་ཤེས་རབ་ཀྱི་ཕ་རོལ་ཏུ་ཕྱིན་པ་ལ་དེ་ལྟར་སྤྱོད་ན། ཐབས་མཁས་
པས། བླ་ན་མེད་པ་ཡང་དག་པར་རྫོགས་པའི་བྱང་ཆུབ་ཏུ་མངོན་པར་རྫོགས་
པར་འཚང་རྒྱའོ། །རབ་འབྱོར་གཞན་ཡང་ནམ་བྱང་ཆུབ་སེམས་དཔའ་སེམས་
དཔའ་ཆེན་པོ་ཤེས་རབ་ཀྱི་ཕ་རོལ་ཏུ་ཕྱིན་པ་ལ་སྤྱོད་པའི་ཚེ། ནང་སྟོང་པ་ཉིད་
སྣམ་ཡང་ནང་སྟོང་པ་ཉིད་དང་། ནང་སྟོང་པ་ཉིད་སྣམ་པ་ཡང་མི་དམིགས།
ཆོས་དེ་གཉིས་ལས་གཞན་དུ་ཡང་མི་སྤྱོད་ན། དེའི་ཚེ་བྱང་ཆུབ་སེམས་དཔའ་
སེམས་དཔའ་ཆེན་པོ། བྱང་ཆུབ་ཀྱི་ལམ་ཐོབ་པར་འགྱུར་ཏེ། རབ་འབྱོར་
བྱང་ཆུབ་སེམས་དཔའ་སེམས་དཔའ་ཆེན་པོ་ཤེས་རབ་ཀྱི་ཕ་རོལ་ཏུ་ཕྱིན་པ་ལ་དེ་
ལྟར་སྤྱོད་ན། ཐབས་མཁས་པས། བླ་ན་མེད་པ་ཡང་དག་པར་རྫོགས་པའི་
བྱང་ཆུབ་ཏུ་མངོན་པར་རྫོགས་པར་འཚང་རྒྱའོ། །རབ་འབྱོར་གཞན་ཡང་ནམ་
བྱང་ཆུབ་སེམས་དཔའ་སེམས་དཔའ་ཆེན་པོ་ཤེས་རབ་ཀྱི་ཕ་རོལ་ཏུ་ཕྱིན་པ་ལ་སྤྱོད་
པའི་ཚེ། ཕྱི་སྟོང་པ་ཉིད་སྣམ་ཡང་། ཕྱི་སྟོང་པ་ཉིད་དང་། ཕྱི་སྟོང་པ་ཉིད་

སྒོམ་པ་ཡང་མི་དམིགས། ཆོས་དེ་གཉིས་ལས་གཞན་དུ་ཡང་མི་སྤྱོད་ན། ༑དེའི་ཚེ་བྱང་ཆུབ་སེམས་དཔའ་སེམས་དཔའ་ཆེན་པོ་བྱང་ཆུབ་ཀྱི་ལམ་ཐོབ་པར་འགྱུར་ཏེ༑ རབ་འབྱོར་བྱང་ཆུབ་སེམས་དཔའ་སེམས་དཔའ་ཆེན་པོ་ཤེས་རབ་ཀྱི་ཕ་རོལ་ཏུ་ཕྱིན་པ་ལ་དེ་ལྟར་སྤྱོད་ན།[༡] ཐབས་མཁས་པས། བླ་ན་མེད་པ་ཡང་དག་པར་རྫོགས་པའི་བྱང་ཆུབ་ཏུ་མངོན་པར་རྫོགས་པར་འཚང་རྒྱའོ། །རབ་འབྱོར་གཞན་ཡང་ནམ་[༢]བྱང་ཆུབ་སེམས་དཔའ་སེམས་དཔའ་ཆེན་པོ་ཤེས་རབ་ཀྱི་ཕ་རོལ་ཏུ་ཕྱིན་པ་ལ་སྤྱོད་པའི་ཚེ། ཕྱི་ནང་སྟོང་པ་ཉིད་སྒོམ་ཡང་། ཕྱི་ནང་སྟོང་པ་ཉིད་དང་། ཕྱི་ནང་སྟོང་པ་ཉིད་སྒོམ་པ་ཡང་མི་དམིགས། ཆོས་དེ་གཉིས་ལས་གཞན་དུ་ཡང་མི་སྤྱོད་ན། དེའི་ཚེ་བྱང་ཆུབ་སེམས་དཔའ་སེམས་དཔའ་ཆེན་པོ་བྱང་ཆུབ་ཀྱི་ལམ་ཐོབ་པར་འགྱུར་ཏེ། རབ་འབྱོར་བྱང་ཆུབ་སེམས་དཔའ་སེམས་དཔའ་ཆེན་པོ་ཤེས་རབ་ཀྱི་ཕ་རོལ་ཏུ་ཕྱིན་པ་ལ་དེ་ལྟར་སྤྱོད་ན། ཐབས་མཁས་པས། བླ་ན་མེད་པ་ཡང་དག་པར་རྫོགས་པའི་བྱང་ཆུབ་ཏུ་མངོན་པར་རྫོགས་པར་འཚང་རྒྱའོ། །རབ་འབྱོར་གཞན་ཡང་ནམ་བྱང་ཆུབ་སེམས་དཔའ་སེམས་དཔའ་ཆེན་པོ་ཤེས་རབ་ཀྱི་ཕ་རོལ་ཏུ་ཕྱིན་པ་ལ་སྤྱོད་པའི་ཚེ། སྟོང་པ་ཉིད་སྟོང་པ་ཉིད་སྒོམ་ཡང་། སྟོང་པ་ཉིད་སྟོང་པ་ཉིད་དང་། སྟོང་པ་ཉིད་སྟོང་པ་ཉིད་སྒོམ་པ་ཡང་མི་དམིགས། ཆོས་དེ་གཉིས་ལས་གཞན་དུ་ཡང་མི་སྤྱོད་ན༑ དེའི་ཚེ་བྱང་ཆུབ་སེམས་དཔའ་སེམས་དཔའ་ཆེན་པོ་བྱང་ཆུབ་ཀྱི་ལམ་ཐོབ་པར་འགྱུར་ཏེ། རབ་འབྱོར་བྱང་ཆུབ་སེམས་དཔའ་སེམས་དཔའ་ཆེན་པོ་ཤེས་རབ་ཀྱི་ཕ་རོལ་ཏུ་ཕྱིན་པ་ལ་དེ་ལྟར་སྤྱོད་ན། ཐབས་མཁས་པས། བླ་ན་མེད་པ་ཡང་དག་པར་རྫོགས་པའི་བྱང་ཆུབ་ཏུ་མངོན་པར་རྫོགས་པར་འཚང་རྒྱའོ། །རབ་འབྱོར་གཞན་ཡང་ནམ་བྱང་ཆུབ་སེམས་དཔའ་སེམས་དཔའ་ཆེན་པོ་ཤེས་རབ་

ཀྱི་ཕ་རོལ་ཏུ་ཕྱིན་པ་ལ་སྤྱོད་པའི་ཚེ། ཆེན་པོ་སྟོང་པ་ཉིད་སྒོམ་ཡང་། ཆེན་པོ་སྟོང་པ་ཉིད་དང་། ཆེན་པོ་སྟོང་པ་ཉིད་སྒོམ་པ་ཡང་མི་དམིགས། ཆོས་དེ་གཉིས་ལས་གཞན་དུ་ཡང་མི་སྤྱོད་ན། དེའི་ཚེ་བྱང་ཆུབ་སེམས་དཔའ་སེམས་དཔའ་ཆེན་པོ་བྱང་ཆུབ་ཀྱི་ལམ་ཐོབ་པར་འགྱུར་ཏེ། རབ་འབྱོར་བྱང་ཆུབ་སེམས་དཔའ་སེམས་དཔའ་ཆེན་པོ་ཤེས་རབ་ཀྱི་ཕ་རོལ་ཏུ་ཕྱིན་པ་ལ་དེ་ལྟར་སྤྱོད་ན། ཐབས་མཁས་པས། བླ་ན་མེད་པ་ཡང་དག་པར་རྫོགས་པའི་བྱང་ཆུབ་ཏུ་མངོན་པར་རྫོགས་པར་འཚང་རྒྱའོ། །རབ་འབྱོར་གཞན་ཡང་ནམ་བྱང་ཆུབ་སེམས་དཔའ་སེམས་དཔའ་ཆེན་པོ་ཤེས་རབ་ཀྱི་ཕ་རོལ་ཏུ་ཕྱིན་པ་ལ་སྤྱོད་པའི་ཚེ། དོན་དམ་པ་སྟོང་པ་ཉིད་སྒོམ་ཡང་། དོན་དམ་པ་སྟོང་པ་ཉིད་དང་། དོན་དམ་པ་སྟོང་པ་ཉིད་སྒོམ་པ་[7]ཡང་མི་དམིགས། ཆོས་དེ་གཉིས་ལས་གཞན་དུ་ཡང་མི་སྤྱོད་ན། དེའི་ཚེ་བྱང་ཆུབ་སེམས་དཔའ་སེམས་དཔའ་ཆེན་པོ་བྱང་ཆུབ་ཀྱི་ལམ་ཐོབ་པར་འགྱུར་ཏེ། རབ་འབྱོར་བྱང་ཆུབ་སེམས་དཔའ་སེམས་དཔའ་ཆེན་པོ་ཤེས་རབ་ཀྱི་ཕ་རོལ་ཏུ་ཕྱིན་པ་ལ་དེ་ལྟར་སྤྱོད་ན། ཐབས་མཁས་པས། བླ་ན་མེད་པ་ཡང་དག་པར་རྫོགས་པའི་བྱང་ཆུབ་ཏུ་མངོན་པར་རྫོགས་པར་འཚང་རྒྱའོ། །རབ་འབྱོར་གཞན་ཡང་ནམ་བྱང་ཆུབ་སེམས་དཔའ་སེམས་དཔའ་ཆེན་པོ་ཤེས་རབ་ཀྱི་ཕ་རོལ་ཏུ་ཕྱིན་པ་ལ་སྤྱོད་པའི་ཚེ། འདུས་བྱས་སྟོང་པ་ཉིད་སྒོམ་ཡང་། འདུས་བྱས་སྟོང་པ་ཉིད་དང་། འདུས་བྱས་སྟོང་པ་ཉིད་སྒོམ་པ་ཡང་མི་དམིགས། ཆོས་དེ་གཉིས་ལས་གཞན་དུ་ཡང་མི་སྤྱོད་ན། དེའི་ཚེ་བྱང་ཆུབ་སེམས་དཔའ་སེམས་དཔའ་ཆེན་པོ་བྱང་ཆུབ་ཀྱི་ལམ་ཐོབ་པར་འགྱུར་ཏེ། རབ་འབྱོར་བྱང་ཆུབ་སེམས་དཔའ་སེམས་དཔའ་ཆེན་པོ་ཤེས་རབ་ཀྱི་ཕ་རོལ་ཏུ་ཕྱིན་པ་ལ་དེ་ལྟར་སྤྱོད་ན། ཐབས་མཁས་པས། བླ་ན་མེད་པ་ཡང་དག་པར་རྫོགས་པའི་བྱང་

ཆུབ་ཏུ་མངོན་པར་རྫོགས་པར་འཚང་རྒྱའོ། །རབ་འབྱོར་གཞན་ཡང་ནམ་བྱང་ཆུབ་སེམས་དཔའ་སེམས་དཔའ་ཆེན་པོ་ཤེས་རབ་ཀྱི་ཕ་རོལ་ཏུ་ཕྱིན་པ་ལ་སྤྱོད་པའི་ཚེ། འདུས་མ་བྱས་སྟོང་པ་ཉིད་སྒོམ་ཡང་། འདུས་མ་བྱས་སྟོང་པ་ཉིད་དང་། འདུས་མ་བྱས་སྟོང་པ་ཉིད་སྒོམ་པ་ཡང་མི་དམིགས་ཆོས་དེ་གཉིས་ལས་གཞན་དུ་ཡང་མི་སྤྱོད་ན། དེའི་ཚེ་བྱང་ཆུབ་སེམས་དཔའ་སེམས་དཔའ་ཆེན་པོ་བྱང་ཆུབ་ཀྱི་ལམ་ཐོབ་པར་འགྱུར་ཏེ། རབ་འབྱོར་བྱང་ཆུབ་སེམས་དཔའ་སེམས་དཔའ་ཆེན་པོ་ཤེས་རབ་ཀྱི་ཕ་རོལ་ཏུ་ཕྱིན་པ་ལ་དེ་ལྟར་སྤྱོད་ན། ཐབས་མཁས་པས། བླ་ན་མེད་པ་ཡང་དག་པར་རྫོགས་པའི་བྱང་ཆུབ་ཏུ་མངོན་པར་རྫོགས་པར་འཚང་རྒྱའོ། །རབ་འབྱོར་གཞན་ཡང་ནམ་བྱང་ཆུབ་སེམས་དཔའ་སེམས་དཔའ་ཆེན་པོ་ཤེས་རབ་ཀྱི་ཕ་རོལ་ཏུ་ཕྱིན་པ་ལ་སྤྱོད་པའི་ཚེ། མཐའ་ལས་འདས་པ་སྟོང་པ་ཉིད་སྒོམ་ཡང་། མཐའ་ལས་འདས་པ་སྟོང་པ་ཉིད་དང་། མཐའ་ལས་འདས་པ་སྟོང་པ་ཉིད་སྒོམ་པ་ཡང་མི་དམིགས། ཆོས་དེ་གཉིས་ལས་གཞན་དུ་ཡང་མི་སྤྱོད་ན། དེའི་ཚེ་བྱང་ཆུབ་སེམས་དཔའ་སེམས་དཔའ་ཆེན་པོ་བྱང་ཆུབ་ཀྱི་ལམ་ཐོབ་པར་འགྱུར་ཏེ། རབ་འབྱོར་བྱང་ཆུབ་སེམས་དཔའ་སེམས་དཔའ་ཆེན་པོ་ཤེས་རབ་ཀྱི་ཕ་རོལ་ཏུ་ཕྱིན་པ་ལ་དེ་ལྟར་སྤྱོད་ན། ཐབས་མཁས་པས། བླ་ན་མེད་པ་ཡང་དག་པར་རྫོགས་པའི་བྱང་ཆུབ་ཏུ་མངོན་པར་རྫོགས་པར་འཚང་རྒྱའོ། །རབ་འབྱོར་གཞན་ཡང་ནམ་བྱང་ཆུབ་སེམས་དཔའ་སེམས་དཔའ་ཆེན་པོ་ཤེས་རབ་ཀྱི་ཕ་རོལ་ཏུ་ཕྱིན་པ་ལ་སྤྱོད་པའི་ཚེ། ཐོག་མ་དང་ཐ་མ་མེད་པ་སྟོང་པ་ཉིད་སྒོམ་ཡང་། ཐོག་མ་དང་ཐ་མ་མེད་པ་སྟོང་པ་ཉིད་དང་། ཐོག་མ་དང་ཐ་མ་མེད་པ་སྟོང་པ་ཉིད་སྒོམ་པ་ཡང་མི་དམིགས། ཆོས་དེ་གཉིས་ལས་གཞན་དུ་ཡང་མི་སྤྱོད་ན། དེའི་ཚེ་བྱང་ཆུབ་སེམས་དཔའ་སེམས་དཔའ་ཆེན་པོ་བྱང་ཆུབ་ཀྱི་

ལམ་ཐོབ་པར་འགྱུར་ཏེ། རབ་འབྱོར་བྱང་ཆུབ་སེམས་དཔའ་སེམས་དཔའ་ཆེན་པོ་ཤེས་རབ་ཀྱི་ཕ་རོལ་ཏུ་ཕྱིན་པ་ལ་དེ་ལྟར་སྤྱོད་ན། ཐབས་མཁས་པས། བླ་ན་མེད་པ་ཡང་དག་པར་རྫོགས་པའི་བྱང་ཆུབ་ཏུ་མངོན་པར་རྫོགས་པར་འཚང་རྒྱའོ། །རབ་འབྱོར་གཞན་ཡང་ནམ་བྱང་ཆུབ་སེམས་དཔའ་སེམས་དཔའ་ཆེན་པོ་ཤེས་རབ་ཀྱི་ཕ་རོལ་ཏུ་ཕྱིན་པ་ལ་སྤྱོད་པའི་ཚེ། ངོ་བོ་མེད་པ་སྟོང་པ་ཉིད་སྒོམ་ཡང་། ངོ་བོ་མེད་པ་སྟོང་པ་ཉིད་དང་། ངོ་བོ་མེད་པ་སྟོང་པ་ཉིད་སྒོམ་པ་ཡང་མི་དམིགས། ཆོས་དེ་གཉིས་ལས་གཞན་དུ་ཡང་མི་སྤྱོད་ན། དེའི་ཚེ་བྱང་ཆུབ་སེམས་དཔའ་སེམས་དཔའ་ཆེན་པོ་བྱང་ཆུབ་ཀྱི་ལམ་ཐོབ་པར་འགྱུར་ཏེ། རབ་འབྱོར་བྱང་ཆུབ་སེམས་དཔའ་སེམས་དཔའ་ཆེན་པོ་ཤེས་རབ་ཀྱི་ཕ་རོལ་ཏུ་ཕྱིན་པ་ལ་དེ་ལྟར་སྤྱོད་ན། ཐབས་མཁས་པས། བླ་ན་མེད་པ་ཡང་དག་པར་རྫོགས་པའི་བྱང་ཆུབ་ཏུ་མངོན་པར་རྫོགས་པར་འཚང་རྒྱའོ། །རབ་འབྱོར་གཞན་ཡང་ནམ་བྱང་ཆུབ་སེམས་དཔའ་སེམས་དཔའ་ཆེན་པོ་ཤེས་རབ་ཀྱི་ཕ་རོལ་ཏུ་ཕྱིན་པ་ལ་སྤྱོད་པའི་ཚེ། རང་བཞིན་སྟོང་པ་ཉིད་སྒོམ①ཡང་། རང་བཞིན་སྟོང་པ་ཉིད་དང་། རང་བཞིན་སྟོང་པ་ཉིད་སྒོམ་པ་ཡང་མི་དམིགས། ②ཆོས་དེ་གཉིས་ལས་གཞན་དུ་ཡང་མི་སྤྱོད་ན། དེའི་ཚེ་བྱང་ཆུབ་སེམས་དཔའ་སེམས་དཔའ་ཆེན་པོ་བྱང་ཆུབ་ཀྱི་ལམ་ཐོབ་པར་འགྱུར་ཏེ། རབ་འབྱོར་བྱང་ཆུབ་སེམས་དཔའ་སེམས་དཔའ་ཆེན་པོ་ཤེས་རབ་ཀྱི་ཕ་རོལ་ཏུ་ཕྱིན་པ་ལ་དེ་ལྟར་སྤྱོད་ན། ཐབས་མཁས་པས། བླ་ན་མེད་པ་ཡང་དག་པར་རྫོགས་པའི་བྱང་ཆུབ་ཏུ་མངོན་པར་རྫོགས་པར་འཚང་རྒྱའོ། །རབ་འབྱོར་གཞན་ཡང་ནམ་བྱང་ཆུབ་སེམས་དཔའ་སེམས་དཔའ་ཆེན་པོ་ཤེས་རབ་ཀྱི་ཕ་རོལ་ཏུ་ཕྱིན་པ་ལ་སྤྱོད་པའི་ཚེ། ཆོས་ཐམས་ཅད་སྟོང་པ་ཉིད་སྒོམ་ཡང་། ཆོས་ཐམས་ཅད་སྟོང་པ་ཉིད་

དང་། ཆོས་ཐམས་ཅད་སྟོང་པ་ཉིད་སྒོམ་པ་ཡང་མི་དམིགས། ཆོས་དེ་གཉིས་ལས་གཞན་དུ་ཡང་མི་སྤྱོད་ན། དེའི་ཚེ་བྱང་ཆུབ་སེམས་དཔའ་སེམས་དཔའ་ཆེན་པོ་བྱང་ཆུབ་ཀྱི་ལམ་ཐོབ་པར་འགྱུར་ཏེ། རབ་འབྱོར་བྱང་ཆུབ་སེམས་དཔའ་སེམས་དཔའ་ཆེན་པོ་ཤེས་རབ་ཀྱི་ཕ་རོལ་ཏུ་ཕྱིན་པ་ལ་དེ་ལྟར་སྤྱོད་ན། ཐབས་མཁས་པས། བླ་ན་མེད་པ་ཡང་དག་པར་རྫོགས་པའི་བྱང་ཆུབ་ཏུ་མངོན་པར་རྫོགས་པར་འཚང་རྒྱའོ། །རབ་འབྱོར་གཞན་ཡང་ནམ་བྱང་ཆུབ་སེམས་དཔའ་སེམས་དཔའ་ཆེན་པོ་ཤེས་རབ་ཀྱི་ཕ་རོལ་ཏུ་ཕྱིན་པ་ལ་སྤྱོད་པའི་ཚེ། རང་གི་མཚན་ཉིད་སྟོང་པ་ཉིད་སྒོམ་ཡང་། རང་གི་མཚན་ཉིད་སྟོང་པ་ཉིད་དང་། རང་གི་མཚན་ཉིད་སྟོང་པ་ཉིད་སྒོམ་པ་ཡང་མི་དམིགས། ཆོས་དེ་གཉིས་ལས་གཞན་དུ་ཡང་མི་སྤྱོད་ན། དེའི་ཚེ་བྱང་ཆུབ་སེམས་དཔའ་སེམས་དཔའ་ཆེན་པོ། བྱང་ཆུབ་ཀྱི་ལམ་ཐོབ་པར་འགྱུར་ཏེ། རབ་འབྱོར་བྱང་ཆུབ་སེམས་དཔའ་སེམས་དཔའ་ཆེན་པོ་ཤེས་རབ་ཀྱི་ཕ་རོལ་ཏུ་ཕྱིན་པ་ལ་དེ་ལྟར་སྤྱོད་ན། ཐབས་མཁས་པས། བླ་ན་མེད་པ་ཡང་དག་པར་རྫོགས་པའི་བྱང་ཆུབ་ཏུ་མངོན་པར་རྫོགས་པར་འཚང་རྒྱའོ། །རབ་འབྱོར་གཞན་ཡང་ནམ་བྱང་ཆུབ་སེམས་དཔའ་སེམས་དཔའ་ཆེན་པོ་ཤེས་རབ་ཀྱི་ཕ་རོལ་ཏུ་ཕྱིན་པ་ལ་སྤྱོད་པའི་ཚེ། མི་དམིགས་པ་སྟོང་པ་ཉིད་སྒོམ་ཡང་། མི་དམིགས་པ་སྟོང་པ་ཉིད་དང་། མི་དམིགས་པ་སྟོང་པ་ཉིད་སྒོམ་པ་ཡང་མི་དམིགས། ཆོས་དེ་གཉིས་ལས་གཞན་དུ་ཡང་མི་སྤྱོད་ན། དེའི་ཚེ་བྱང་ཆུབ་སེམས་དཔའ་སེམས་དཔའ་ཆེན་པོ་བྱང་ཆུབ་ཀྱི་ལམ་ཐོབ་པར་འགྱུར་ཏེ། རབ་འབྱོར་བྱང་ཆུབ་སེམས་དཔའ་སེམས་དཔའ་ཆེན་པོ་ཤེས་རབ་ཀྱི་ཕ་རོལ་ཏུ་ཕྱིན་པ་ལ་དེ་ལྟར་སྤྱོད་ན། ཐབས་མཁས་པས། བླ་ན་མེད་པ་ཡང་དག་པར་རྫོགས་པའི་བྱང་ཆུབ་ཏུ་མངོན་པར་རྫོགས་པར་འཚང་རྒྱའོ། །

རབ་འབྱོར་གཞན་ཡང་ནམ་བྱང་ཆུབ་སེམས་དཔའ་སེམས་དཔའ་ཆེན་པོ་ཤེས་རབ་
ཀྱི་ཕ་རོལ་ཏུ་ཕྱིན་པ་ལ་སྤྱོད་པའི་ཚེ། དངོས་པོ་མེད་པ་སྟོང་པ་ཉིད་སྒོམ་ཡང་།
དངོས་པོ་མེད་པ་སྟོང་པ་ཉིད་དང་། དངོས་པོ་མེད་པ་སྟོང་པ་ཉིད་སྒོམ་པ་ཡང་
མི་དམིགས། ཆོས་དེ་གཉིས་ལས་གཞན་དུ་ཡང་མི་སྤྱོད་ན། དེའི་ཚེ་བྱང་ཆུབ་
སེམས་དཔའ་སེམས་དཔའ་ཆེན་པོ། བྱང་ཆུབ་ཀྱི་ལམ་ཐོབ་པར་འགྱུར་ཏེ།
རབ་འབྱོར་བྱང་ཆུབ་སེམས་དཔའ་སེམས་དཔའ་ཆེན་པོ་ཤེས་རབ་ཀྱི་ཕ་རོལ་ཏུ་
ཕྱིན་པ་ལ་དེ་ལྟར་སྤྱོད་ན། ཐབས་མཁས་པས། བླ་ན་མེད་པ་ཡང་དག་པར་
རྫོགས་པའི་བྱང་ཆུབ་ཏུ་མངོན་པར་རྫོགས་པར་འཚང་རྒྱའོ། །རབ་འབྱོར་གཞན་
ཡང་ནམ་བྱང་ཆུབ་སེམས་དཔའ་སེམས་དཔའ་ཆེན་པོ་ཤེས་རབ་ཀྱི་ཕ་རོལ་ཏུ་ཕྱིན་
པ་ལ་སྤྱོད་པའི་ཚེ། ངོ་བོ་ཉིད་སྟོང་པ་ཉིད་སྒོམ་ཡང་། ངོ་བོ་ཉིད་སྟོང་པ་ཉིད་
དང་། ངོ་བོ་ཉིད་སྟོང་པ་ཉིད་སྒོམ་པ་ཡང་མི་དམིགས། ཆོས་དེ་གཉིས་ལས་
གཞན་དུ་ཡང་མི་སྤྱོད་ན། དེའི་ཚེ་བྱང་ཆུབ་སེམས་དཔའ་སེམས་དཔའ་ཆེན་པོ་
བྱང་ཆུབ་ཀྱི་ལམ་ཐོབ་པར་འགྱུར་ཏེ། རབ་འབྱོར་བྱང་ཆུབ་སེམས་དཔའ་སེམས་
དཔའ་ཆེན་པོ་ཤེས་རབ་ཀྱི་ཕ་རོལ་ཏུ་ཕྱིན་པ་ལ་དེ་ལྟར་སྤྱོད་ན། ཐབས་མཁས་
པས༑ བླ་ན་མེད་པ་ཡང་དག་པར་རྫོགས་པའི་བྱང་ཆུབ་ཏུ་མངོན་པར་རྫོགས་
པར་འཚང་རྒྱའོ། །རབ་འབྱོར་གཞན་ཡང་ནམ་བྱང་ཆུབ་སེམས་དཔའ་སེམས་
དཔའ་ཆེན་པོ་ཤེས་རབ་ཀྱི་ཕ་རོལ་ཏུ་ཕྱིན་པ་ལ་སྤྱོད་པའི་ཚེ། དངོས་པོ་མེད་
པའི་ངོ་བོ་ཉིད་སྟོང་པ་ཉིད་སྒོམ་ཡང་། དངོས་པོ་མེད་པའི་ངོ་བོ་ཉིད་སྟོང་པ་
ཉིད་དང་། དངོས་པོ་མེད་པའི་ངོ་བོ་ཉིད་སྟོང་པ་ཉིད་སྒོམ་པ་ཡང་མི་དམིགས
ཆོས་དེ་གཉིས་ལས་གཞན་དུ་ཡང་མི་སྤྱོད་ན། དེའི་ཚེ་བྱང་ཆུབ་སེམས་དཔའ
སེམས་དཔའ་ཆེན་པོ་བྱང་ཆུབ་ཀྱི་ལམ་ཐོབ་པར་འགྱུར་ཏེ། རབ་འབྱོར་བྱང་

ཆུབ་སེམས་དཔའ་①སེམས་དཔའ་ཆེན་པོ་ཤེས་རབ་ཀྱི་ཕ་རོལ་ཏུ་ཕྱིན་པ་ལ་དེ་ལྟར་སྤྱོད་ན། ཐབས་མཁས་པས། བླ་ན་མེད་པ་ཡང་དག་པར་རྫོགས་པའི་བྱང་ཆུབ་ཏུ་མངོན་པར་རྫོགས་པར་འཚང་རྒྱའོ། །རབ་འབྱོར་གཞན་ཡང་ནམ་བྱང་ཆུབ་སེམས་དཔའ་སེམས་དཔའ་ཆེན་པོ་ཤེས་རབ་ཀྱི་ཕ་རོལ་ཏུ་ཕྱིན་པ་ལ་སྤྱོད་པའི་ཚེ། དྲན་པ་ཉེ་བར་གཞག་པ་བཞི་སྒོམ་ཡང་། ༔དྲན་པ་ཉེ་བར་གཞག་པ་རྣམས་དང་།② དྲན་པ་ཉེ་བར་གཞག་པ་སྒོམ་པ་ཡང་མི་དམིགས། ཆོས་དེ་གཉིས་ལས་གཞན་དུ་ཡང་མི་སྤྱོད་ན། དེའི་ཚེ་བྱང་ཆུབ་སེམས་དཔའ་སེམས་དཔའ་ཆེན་པོ་བྱང་ཆུབ་ཀྱི་ལམ་ཐོབ་པར་འགྱུར་ཏེ། རབ་འབྱོར་བྱང་ཆུབ་སེམས་དཔའ་སེམས་དཔའ་ཆེན་པོ་ཤེས་རབ་ཀྱི་ཕ་རོལ་ཏུ་ཕྱིན་པ་ལ་དེ་ལྟར་སྤྱོད་ན། ཐབས་མཁས་པས། བླ་ན་མེད་པ་ཡང་དག་པར་རྫོགས་པའི་བྱང་ཆུབ་ཏུ་མངོན་པར་རྫོགས་པར་འཚང་རྒྱའོ། །རབ་འབྱོར་གཞན་ཡང་ནམ་བྱང་ཆུབ་སེམས་དཔའ་སེམས་དཔའ་ཆེན་པོ་ཤེས་རབ་ཀྱི་ཕ་རོལ་ཏུ་ཕྱིན་པ་ལ་སྤྱོད་པའི་ཚེ། ཡང་དག་པར་སྤོང་བ་བཞི་སྒོམ་ཡང་། ཡང་དག་པར༔སྤོང་བ་③རྣམས་དང་། ཡང་དག་པར་སྤོང་བ་སྒོམ་པ་ཡང་མི་དམིགས། ཆོས་དེ་གཉིས་ལས་གཞན་དུ་ཡང་④མི་སྤྱོད་ན། དེའི་ཚེ་བྱང་ཆུབ་སེམས་དཔའ་སེམས་དཔའ་ཆེན་པོ་བྱང་ཆུབ་ཀྱི་ལམ་ཐོབ་པར་འགྱུར་ཏེ། རབ་འབྱོར་བྱང་ཆུབ་སེམས་དཔའ་སེམས་དཔའ་ཆེན་པོ་ཤེས་རབ་ཀྱི་ཕ་རོལ་ཏུ་ཕྱིན་པ་ལ་དེ་ལྟར་སྤྱོད་ན། ཐབས་མཁས་པས། བླ་ན་མེད་པ་ཡང་དག་པར་རྫོགས་པའི་བྱང་ཆུབ་ཏུ་མངོན་པར་རྫོགས་པར་འཚང་རྒྱའོ། །རབ་འབྱོར་གཞན་ཡང་ནམ་བྱང་ཆུབ་སེམས་དཔའ་སེམས་དཔའ་ཆེན་པོ་ཤེས་རབ་ཀྱི་ཕ་རོལ་ཏུ་ཕྱིན་པ་ལ་སྤྱོད་པའི་ཚེ། རྫུ་འཕྲུལ་གྱི་རྐང་པ་བཞི་སྒོམ་ཡང་། རྫུ་འཕྲུལ་གྱི་རྐང་པ་རྣམས་དང་། རྫུ་འཕྲུལ་གྱི་རྐང་པ་སྒོམ་པ་ཡང་མི་

དམིགས། ཆོས་དེ་གཉིས་ལས་གཞན་དུ་ཡང་མི་སྤྱོད་ན། དེའི་ཚེ་བྱང་ཆུབ་སེམས་དཔའ་སེམས་དཔའ་ཆེན་པོ་བྱང་ཆུབ་ཀྱི་ལམ་ཐོབ་པར་འགྱུར་ཏེ། རབ་འབྱོར་བྱང་ཆུབ་སེམས་དཔའ་སེམས་དཔའ་ཆེན་པོ་ཤེས་རབ་ཀྱི་ཕ་རོལ་ཏུ་ཕྱིན་པ་ལ་དེ་ལྟར་སྤྱོད་ན། ཐབས་མཁས་པས། བླ་ན་མེད་པ་ཡང་དག་པར་རྫོགས་པའི་བྱང་ཆུབ་ཏུ་མངོན་པར་རྫོགས་པར་འཚང་རྒྱའོ། །རབ་འབྱོར་གཞན་ཡང་ནམ་བྱང་ཆུབ་སེམས་དཔའ་སེམས་དཔའ་ཆེན་པོ་ཤེས་རབ་ཀྱི་ཕ་རོལ་ཏུ་ཕྱིན་པ་ལ་སྤྱོད་པའི་ཚེ། དབང་པོ་ལྔ་སྒོམ་ཡང་། དབང་པོ་རྣམས་དང་། དབང་པོ་སྒོམ་པ་ཡང་མི་དམིགས། ཆོས་དེ་གཉིས་ལས་གཞན་དུ་ཡང་མི་སྤྱོད་ན། དེའི་ཚེ་བྱང་ཆུབ་སེམས་དཔའ་སེམས་དཔའ་ཆེན་པོ་བྱང་ཆུབ་ཀྱི་ལམ་ཐོབ་པར་འགྱུར་ཏེ། རབ་འབྱོར་བྱང་ཆུབ་སེམས་དཔའ་སེམས་དཔའ་ཆེན་པོ་ཤེས་རབ་ཀྱི་ཕ་རོལ་ཏུ་ཕྱིན་པ་ལ་དེ་ལྟར་སྤྱོད་ན། ཐབས་མཁས་པས། བླ་ན་མེད་པ་ཡང་དག་པར་རྫོགས་པའི་བྱང་ཆུབ་ཏུ་མངོན་པར་རྫོགས་པར་འཚང་རྒྱའོ། །རབ་འབྱོར་གཞན་ཡང་ནམ་བྱང་ཆུབ་སེམས་དཔའ་སེམས་དཔའ་ཆེན་པོ་ཤེས་རབ་ཀྱི་ཕ་རོལ་ཏུ་ཕྱིན་པ་ལ་སྤྱོད་པའི་ཚེ། སྟོབས་ལྔ་སྒོམ་ཡང་། སྟོབས་①རྣམས་དང་། སྟོབས་②སྒོམ་པ་ཡང་མི་དམིགས། ཆོས་དེ་གཉིས་ལས་གཞན་དུ་ཡང་མི་སྤྱོད་ན། དེའི་ཚེ་བྱང་ཆུབ་སེམས་དཔའ་སེམས་དཔའ་ཆེན་པོ་བྱང་ཆུབ་ཀྱི་ལམ་ཐོབ་པར་འགྱུར་ཏེ། རབ་འབྱོར་བྱང་ཆུབ་སེམས་དཔའ་སེམས་དཔའ་ཆེན་པོ་ཤེས་རབ་ཀྱི་ཕ་རོལ་ཏུ་ཕྱིན་པ་ལ་དེ་ལྟར་སྤྱོད་ན། ཐབས་མཁས་པས། བླ་ན་མེད་པ་ཡང་དག་པར་རྫོགས་པའི་བྱང་ཆུབ་ཏུ་མངོན་པར་རྫོགས་པར་③འཚང་རྒྱའོ། །རབ་འབྱོར་གཞན་ཡང་ནམ་བྱང་ཆུབ་སེམས་དཔའ་སེམས་དཔའ་ཆེན་པོ་ཤེས་རབ་ཀྱི་ཕ་རོལ་ཏུ་ཕྱིན་པ་ལ་སྤྱོད་པའི་ཚེ། བྱང་ཆུབ་ཀྱི་ཡན་ལག་བདུན་སྒོམ་ཡང་

བྱང་ཆུབ་ཀྱི་ཡན་ལག་རྣམས་དང་། བྱང་ཆུབ་ཀྱི་ཡན་ལག་སྒོམ་པ་ཡང་མི་དམིགས། ཆོས་དེ་གཉིས་ལས་གཞན་དུ་ཡང་མི་སྤྱོད་ན། དེའི་ཚེ་བྱང་ཆུབ་སེམས་དཔའ་སེམས་དཔའ་ཆེན་པོ་བྱང་ཆུབ་ཀྱི་ལམ་ཐོབ་པར་འགྱུར་ཏེ། རབ་འབྱོར་བྱང་ཆུབ་སེམས་དཔའ་སེམས་དཔའ་ཆེན་པོ་ཤེས་རབ་ཀྱི་ཕ་རོལ་ཏུ་ཕྱིན་པ་ལ་དེ་ལྟར་སྤྱོད་ན། ཐབས་མཁས་པས། བླ་ན་མྱེད་པ་ཡང་དག་པར་རྫོགས་པའི་བྱང་ཆུབ་ཏུ་མངོན་པར་རྫོགས་པར་འཚང་རྒྱའོ། །རབ་འབྱོར་གཞན་ཡང་ནམ་བྱང་ཆུབ་སེམས་དཔའ་སེམས་དཔའ་ཆེན་པོ་ཤེས་རབ་ཀྱི་ཕ་རོལ་ཏུ་ཕྱིན་པ་ལ་སྤྱོད་པའི་ཚེ། འཕགས་པའི་ལམ་ཡན་ལག་བརྒྱད་པ་སྒོམ་ཡང་། འཕགས་པའི་ལམ་ཡན་ལག་བརྒྱད་པ་དང་། འཕགས་པའི་ལམ་ཡན་ལག་བརྒྱད་པ་སྒོམ་པ་ཡང་མི་དམིགས། ཆོས་དེ་གཉིས་ལས་གཞན་དུའང་[7]མི་སྤྱོད་ན། དེའི་ཚེ་བྱང་ཆུབ་སེམས་དཔའ་སེམས་དཔའ་ཆེན་པོ། བྱང་ཆུབ་ཀྱི་ལམ་ཐོབ་པར་འགྱུར་ཏེ། རབ་འབྱོར་བྱང་ཆུབ་སེམས་དཔའ་སེམས་དཔའ་ཆེན་པོ་ཤེས་རབ་ཀྱི་ཕ་རོལ་ཏུ་ཕྱིན་པ་ལ་དེ་ལྟར་སྤྱོད་ན། ཐབས་མཁས་པས། བླ་ན་མེད་པ་ཡང་དག་པར་རྫོགས་པའི་བྱང་ཆུབ་ཏུ་མངོན་པར་རྫོགས་པར་འཚང་རྒྱའོ། །རབ་འབྱོར་གཞན་ཡང་ནམ་བྱང་ཆུབ་སེམས་དཔའ་སེམས་དཔའ་ཆེན་པོ་ཤེས་རབ་ཀྱི་ཕ་རོལ་ཏུ་ཕྱིན་པ་ལ་སྤྱོད་པའི་ཚེ། འཕགས་པའི་བདེན་པ་བཞི་སྒོམ་ཡང་། འཕགས་པའི་བདེན་པ་རྣམས་དང་། འཕགས་པའི་བདེན་པ་སྒོམ་པ་ཡང་མི་དམིགས། ཆོས་དེ་གཉིས་ལས་གཞན་དུ་ཡང་མི་སྤྱོད་ན། དེའི་ཚེ་བྱང་ཆུབ་སེམས་དཔའ་སེམས་དཔའ་ཆེན་པོ། བྱང་ཆུབ་ཀྱི་ལམ་ཐོབ་པར་འགྱུར་ཏེ། རབ་འབྱོར་བྱང་ཆུབ་སེམས་དཔའ་སེམས་དཔའ་ཆེན་པོ་ཤེས་རབ་ཀྱི་ཕ་རོལ་ཏུ་ཕྱིན་པ་ལ་དེ་ལྟར་སྤྱོད་ན། ཐབས་མཁས་པས། བླ་ན་མྱེད་པ་ཡང་དག་པར་

རྫོགས་པའི་བྱང་ཆུབ་ཏུ་མངོན་པར་རྫོགས་པར་འཚང་[1]རྒྱའོ། །རབ་འབྱོར་གཞན་ཡང་ནམ་བྱང་ཆུབ་སེམས་དཔའ་སེམས་དཔའ་ཆེན་པོ་ཤེས་རབ་ཀྱི་ཕ་རོལ་ཏུ་ཕྱིན་པ་ལ་སྤྱོད་པའི་ཚེ། བསམ་གཏན་བཞི་སྒོམ་ཡང་། བསམ་གཏན་རྣམས་དང་། བསམ་གཏན་སྒོམ་པ་ཡང་མི་དམིགས། ཆོས་དེ་གཉིས་ལས་གཞན་དུ་ཡང་མི་སྤྱོད་ན། དེའི་ཚེ་བྱང་ཆུབ་སེམས་དཔའ་སེམས་དཔའ་ཆེན་པོ་བྱང་ཆུབ་ཀྱི་ལམ་ཐོབ་པར་འགྱུར་ཏེ། རབ་འབྱོར་བྱང་ཆུབ་སེམས་དཔའ་སེམས་དཔའ་ཆེན་པོ་ཤེས་རབ་ཀྱི་ཕ་རོལ་ཏུ་ཕྱིན་པ་ལ་དེ་ལྟར་སྤྱོད་ན། ཐབས་མཁས་པས། བླ་ན་མེད་པ་ཡང་དག་པར་རྫོགས་པའི་བྱང་ཆུབ་ཏུ་མངོན་པར་རྫོགས་པར་འཚང་རྒྱའོ། །རབ་འབྱོར་གཞན་ཡང་ནམ་བྱང་ཆུབ་སེམས་དཔའ་སེམས་དཔའ་ཆེན་པོ་ཤེས་རབ་ཀྱི་ཕ་རོལ་ཏུ་ཕྱིན་པ་ལ་སྤྱོད་པའི་ཚེ། ཚད་མེད་པ་བཞི་སྒོམ་ཡང་། ཚད་མེད་པ་བཞི་[2]དང་། ཚད་མེད་པ་[3]སྒོམ་པ་ཡང་མི་དམིགས། ཆོས་དེ་གཉིས་ལས་གཞན་དུ་ཡང་མི་སྤྱོད་ན། དེའི་ཚེ་བྱང་ཆུབ་སེམས་དཔའ་སེམས་དཔའ་ཆེན་པོ་བྱང་ཆུབ་ཀྱི་ལམ་ཐོབ་པར་འགྱུར་ཏེ། རབ་འབྱོར་བྱང་ཆུབ་སེམས་དཔའ་སེམས་དཔའ་ཆེན་པོ་ཤེས་རབ་ཀྱི་ཕ་རོལ་ཏུ་ཕྱིན་པ་ལ་དེ་ལྟར་སྤྱོད་ན། ཐབས་མཁས་པས། བླ་ན་མེད་པ་ཡང་དག་པར་རྫོགས་པའི་བྱང་ཆུབ་ཏུ་མངོན་པར་རྫོགས་པར་འཚང་རྒྱའོ། །རབ་འབྱོར་གཞན་ཡང་ནམ་བྱང་ཆུབ་སེམས་དཔའ་སེམས་དཔའ་ཆེན་པོ་ཤེས་རབ་ཀྱི་ཕ་རོལ་ཏུ་ཕྱིན་པ་ལ་སྤྱོད་པའི་ཚེ། གཟུགས་མེད་པའི་སྙོམས་པར་འཇུག་པ་བཞི་སྒོམ་ཡང་གཟུགས་མེད་པའི་སྙོམས་པར་འཇུག་པ་བཞི་[4]དང་། གཟུགས་མེད་པའི་སྙོམས་པར་འཇུག་པ་བཞི་[5]སྒོམ་པ་ཡང་མི་དམིགས། ཆོས་དེ་གཉིས་ལས་གཞན་དུ་ཡང་མི་སྤྱོད་ན། དེའི་ཚེ་བྱང་ཆུབ་སེམས་དཔའ་སེམས་དཔའ་ཆེན་པོ་བྱང་ཆུབ་ཀྱི་ལམ་ཐོབ་པར་འགྱུར་

ཏེ། རབ་འབྱོར་བྱང་ཆུབ་སེམས་དཔའ་སེམས་དཔའ་ཆེན་པོ་ཤེས་རབ་ཀྱི་ཕ་རོལ་ཏུ་ཕྱིན་པ་ལ་དེ་ལྟར་སྤྱོད་ན། ཐབས་མཁས་པས། བླ་ན་མེད་པ་ཡང་དག་པར་རྫོགས་པའི་བྱང་ཆུབ་ཏུ་མངོན་པར་རྫོགས་པར་འཚང་རྒྱའོ། །རབ་འབྱོར་གཞན་ཡང་ནམ་བྱང་ཆུབ་སེམས་དཔའ་སེམས་དཔའ་ཆེན་པོ་ཤེས་རབ་ཀྱི་ཕ་རོལ་ཏུ་ཕྱིན་པ་ལ་སྤྱོད་པའི་ཚེ། རྣམ་པར་ཐར་པ་བརྒྱད་སྒོམ་ཡང་། རྣམ་པར་ཐར་པ་རྣམས་དང་། རྣམ་པར་ཐར་པ་སྒོམ་པ་ཡང་མི་དམིགས། ཆོས་དེ་གཉིས་ལས་གཞན་དུ་ཡང་མི་སྤྱོད་ན། དེའི་ཚེ་བྱང་ཆུབ་སེམས་དཔའ་སེམས་དཔའ་ཆེན་པོ་བྱང་ཆུབ་ཀྱི་ལམ་ཐོབ་པར་འགྱུར་ཏེ། རབ་འབྱོར་བྱང་ཆུབ་སེམས་དཔའ་སེམས་དཔའ་ཆེན་པོ་ཤེས་རབ་ཀྱི་ཕ་རོལ་ཏུ་ཕྱིན་པ་ལ་དེ་ལྟར་སྤྱོད་ན། ཐབས་མཁས་པས། བླ་ན་མེད་པ་ཡང་དག་པར་རྫོགས་པའི་བྱང་ཆུབ་ཏུ་མངོན་པར་རྫོགས་པར་འཚང་རྒྱའོ། །རབ་འབྱོར་གཞན་ཡང་ནམ་བྱང་ཆུབ་སེམས་དཔའ་སེམས་དཔའ་ཆེན་པོ་ཤེས་རབ་ཀྱི་ཕ་རོལ་ཏུ་ཕྱིན་པ་ལ་སྤྱོད་པའི་ཚེ། མཐར་གྱིས་གནས་པའི་སྙོམས་པར་འཇུག་པ་དགུ་སྒོམ་ཡང་། མཐར་གྱིས་གནས་པའི་སྙོམས་པར་འཇུག་པ་རྣམས་དང་། མཐར་གྱིས་གནས་པའི་སྙོམས་པར་འཇུག་པ་སྒོམ་པ་ཡང་མི་དམིགས། ཆོས་དེ་གཉིས་ལས་གཞན་དུ་ཡང་མི་སྤྱོད་ན། དེའི་ཚེ་བྱང་ཆུབ་སེམས་དཔའ་སེམས་དཔའ་ཆེན་པོ་བྱང་ཆུབ་ཀྱི་ལམ་ཐོབ་པར་འགྱུར་ཏེ་རབ་འབྱོར་བྱང་ཆུབ་སེམས་དཔའ་སེམས་དཔའ་ཆེན་པོ་ཤེས་རབ་ཀྱི་ཕ་རོལ་ཏུ་ཕྱིན་པ་ལ་དེ་ལྟར་སྤྱོད་ན། ཐབས་མཁས་པས། བླ་ན་མེད་པ་ཡང་དག་པར་རྫོགས་པའི་བྱང་ཆུབ་ཏུ་མངོན་པར་རྫོགས་པར་འཚང་རྒྱའོ། །རབ་འབྱོར་གཞན་ཡང་ནམ་བྱང་ཆུབ་སེམས་དཔའ་སེམས་དཔའ་ཆེན་པོ་ཤེས་རབ་ཀྱི་ཕ་རོལ་ཏུ་ཕྱིན་པ་ལ་སྤྱོད་པའི་ཚེ། རྣམ་པར་ཐར་པའི་སྒོ་སྟོང་པ་ཉིད་དང་།

མཚན་མ་མྱེད་པ་དང་། སྨོན་པ་མྱེད་པ་སྒོམ་ཡང་། རྣམ་པར་ཐར་པའི་སྒོ་སྟོང་པ་ཉིད་དང་[7]། མཚན་མ་མྱེད་པ་དང་། སྨོན་པ་མྱེད་པ་དང་། རྣམ་པར་ཐར་པའི་སྒོ་སྟོང་པ་ཉིད་དང་། མཚན་མ་མྱེད་པ་དང་། སྨོན་པ་མེད་པ་སྒོམ་པ་ཡང་མྱི་དམྱིགས། ཆོས་དེ་གཉིས་ལས་གཞན་དུ་ཡང་མྱི་སྤྱོད་ན། དེའི་ཚེ་བྱང་ཆུབ་སེམས་དཔའ་སེམས་དཔའ་ཆེན་པོ་བྱང་ཆུབ་ཀྱི་ལམ་ཐོབ་པར་འགྱུར་ཏེ། རབ་འབྱོར་བྱང་ཆུབ་སེམས་དཔའ་སེམས་དཔའ་ཆེན་པོ་ཤེས་རབ་ཀྱི་ཕ་རོལ་ཏུ་ཕྱིན་པ་ལ་དེ་ལྟར་སྤྱོད་ན། ཐབས་མཁས་པས། བླ་ན་མེད་པ་ཡང་དག་པར་རྫོགས་པའི་བྱང་ཆུབ་ཏུ་མངོན་པར་རྫོགས་པར་འཚང་རྒྱའོ། །རབ་འབྱོར་གཞན་ཡང་ནམ་བྱང་ཆུབ་སེམས་དཔའ་སེམས་དཔའ་ཆེན་པོ་ཤེས་རབ་ཀྱི་ཕ་རོལ་ཏུ་ཕྱིན་པ་ལ་སྤྱོད་པའི་ཚེ། མངོན་པར་ཤེས་པ་རྣམས་སྒོམ་ཡང་། མངོན་པར་ཤེས་པ་རྣམས་དང་། མངོན་པར་ཤེས་པ་སྒོམ་པ་ཡང་མྱི་དམྱིགས། ཆོས་དེ་གཉིས་ལས་གཞན་དུ་ཡང་མྱི་སྤྱོད་ན། དེའི་ཚེ་བྱང་ཆུབ་སེམས་དཔའ་སེམས་དཔའ་ཆེན་པོ་བྱང་ཆུབ་ཀྱི་ལམ་ཐོབ་པར་འགྱུར་ཏེ། རབ་འབྱོར་བྱང་ཆུབ་སེམས་དཔའ་སེམས་དཔའ་ཆེན་པོ་ཤེས་རབ་ཀྱི་ཕ་རོལ་ཏུ་ཕྱིན་པ་ལ༔ དེ་ལྟར་སྤྱོད་ན[8]། ཐབས་མཁས་པས། བླ་ན་མྱེད་པ་ཡང་དག་པར་རྫོགས་པའི་བྱང་ཆུབ་ཏུ་མངོན་པར་རྫོགས་པར་འཚང་རྒྱའོ། །རབ་འབྱོར་གཞན་ཡང་ནམ་བྱང་ཆུབ་སེམས་དཔའ་སེམས་དཔའ་ཆེན་པོ་ཤེས་རབ་ཀྱི་ཕ་རོལ་ཏུ་ཕྱིན་པ་ལ་སྤྱོད་པའི་ཚེ། ཏིང་ངེ་འཛིན་རྣམས[9]སྒོམ་ཡང་། ཏིང་ངེ་འཛིན་རྣམས་དང་། ཏིང་ངེ་འཛིན་སྒོམ་པ་ཡང་མྱི་དམྱིགས་ཆོས་དེ་གཉིས་ལས་གཞན་དུ་ཡང་མྱི་སྤྱོད་ན་དེའི་ཚེ་བྱང་ཆུབ་སེམས་དཔའ་སེམས་དཔའ་ཆེན་པོ་བྱང་ཆུབ་ཀྱི་ལམ་ཐོབ་པར་འགྱུར་ཏེ། རབ་འབྱོར་བྱང་ཆུབ་སེམས་དཔའ་སེམས་དཔའ་ཆེན་པོ་ཤེས་རབ་ཀྱི་ཕ་

རོལ་ཏུ་ཕྱིན་པ་ལ་དེ་ལྟར་སྤྱོད་ན། ཐབས་མཁས་པས། བླ་ན་མྱེད་པ་ཡང་དག་པར་རྫོགས་པའི་བྱང་ཆུབ་ཏུ་མངོན་པར་རྫོགས་པར་འཚང་རྒྱའོ། །རབ་འབྱོར་གཞན་ཡང་ནམ་བྱང་ཆུབ་སེམས་དཔའ་སེམས་དཔའ་ཆེན་པོ་ཤེས་རབ་ཀྱི་ཕ་རོལ་ཏུ་ཕྱིན་པ་ལ་སྤྱོད་པའི་ཚེ། གཟུངས་ཀྱི་སྒོ་རྣམས་སྒོམ་ཡང་། གཟུངས་ཀྱི་སྒོ་རྣམས་དང་། གཟུངས་ཀྱི་སྒོ་སྒོམ་པ་ཡང་མྱི་དམིགས། ཆོས་དེ་གཉིས་ལས་གཞན་དུ་ཡང་མི་སྤྱོད་ན། དེའི་ཚེ་བྱང་ཆུབ་སེམས་དཔའ་སེམས་དཔའ་ཆེན་པོ་བྱང་ཆུབ་ཀྱི་ལམ་ཐོབ་པར་འགྱུར་ཏེ། རབ་འབྱོར་བྱང་ཆུབ་སེམས་དཔའ་སེམས་དཔའ་ཆེན་པོ་ཤེས་རབ་ཀྱི་ཕ་རོལ་ཏུ་ཕྱིན་པ་ལ་དེ་ལྟར་སྤྱོད་ན། ཐབས་མཁས་པས། བླ་ན་མྱེད་པ་ཡང་དག་པར་རྫོགས་པའི་བྱང་ཆུབ་ཏུ་མངོན་པར་རྫོགས་པར་འཚང་རྒྱའོ། །རབ་འབྱོར་གཞན་ཡང་ནམ་བྱང་ཆུབ་སེམས་དཔའ་སེམས་དཔའ་ཆེན་པོ་ཤེས་རབ་ཀྱི་ཕ་རོལ་ཏུ་ཕྱིན་པ་ལ་སྤྱོད་པའི་ཚེ། དེ་བཞིན་གཤེགས་པའི་སྟོབས་བཅུ་སྒོམ་ཡང་། དེ་བཞིན་གཤེགས་པའི་སྟོབས་རྣམས་དང་། དེ་བཞིན་གཤེགས་པའི་སྟོབས་སྒོམ་པ་ཡང་མྱི་དམིགས། ཆོས་དེ་གཉིས་ལས་གཞན་དུ་ཡང་མྱི་སྤྱོད་ན། དེའི་ཚེ་བྱང་ཆུབ་སེམས་དཔའ་སེམས་དཔའ་ཆེན་པོ་བྱང་ཆུབ་ཀྱི་ལམ་ཐོབ་པར་འགྱུར་ཏེ། རབ་འབྱོར་བྱང་ཆུབ་སེམས་དཔའ་སེམས་དཔའ་ཆེན་པོ་ཤེས་རབ་ཀྱི་ཕ་རོལ་ཏུ་ཕྱིན་པ་ལ་དེ་ལྟར་སྤྱོད་ན། ཐབས་མཁས་པས། བླ་ན་མྱེད་པ་ཡང་དག་པར་རྫོགས་པའི་བྱང་ཆུབ་ཏུ་མངོན་པར་རྫོགས་པར་འཚང་རྒྱའོ། །རབ་འབྱོར་གཞན་ཡང་ནམ་བྱང་ཆུབ་སེམས་དཔའ་སེམས་དཔའ་ཆེན་པོ་ཤེས་རབ་ཀྱི་ཕ་རོལ་ཏུ་ཕྱིན་པ་ལ་སྤྱོད་པའི་ཚེ། མྱི་འཇིགས་པ་བཞི་སྒོམ་ཡང་། མྱི་འཇིགས་པ་རྣམས་དང་། མྱི་འཇིགས་པ་སྒོམ་པ་ཡང་མི་དམིགས། ཆོས་དེ་གཉིས་ལས་གཞན་དུ་ཡང་མྱི་སྤྱོད་ན། དེའི་ཚེ་

བྱང་ཆུབ་སེམས་དཔའ་སེམས་དཔའ་ཆེན་པོ་བྱང་ཆུབ་ཀྱི་ལམ་ཐོབ་པར་འགྱུར་ཏེ། རབ་འབྱོར་བྱང་ཆུབ་སེམས་དཔའ་སེམས་དཔའ་ཆེན་པོ་ཤེས་རབ་ཀྱི་ཕ་རོལ་ཏུ་ཕྱིན་པ་ལ་དེ་ལྟར་སྤྱོད་ན། ཐབས་མཁས་པས། བླ་ན་མེད་པ་ཡང་དག་པར་རྫོགས་པའི་བྱང་ཆུབ་ཏུ་མངོན་པར་རྫོགས་པར་འཚང་རྒྱའོ། །རབ་འབྱོར་གཞན་ཡང་ནམ་བྱང་ཆུབ་སེམས་དཔའ་སེམས་དཔའ་ཆེན་པོ་ཤེས་རབ་ཀྱི་ཕ་རོལ་ཏུ་ཕྱིན་པ་ལ་སྤྱོད་པའི་ཚེ། སོ་སོ་ཡང་དག་པར་རིག་པ་བཞི་སྒོམ་ཡང་། སོ་སོ་ཡང་དག་པར་རིག་པ་རྣམས་དང་། སོ་སོ་ཡང་དག་པར་རིག་པ་སྒོམ་པ་ཡང་མི་དམིགས༑ ཆོས་དེ་གཉིས་ལས་གཞན་དུ་ཡང་། མི་སྤྱོད་ན། དེའི་ཚེ་བྱང་ཆུབ་སེམས་དཔའ་སེམས་དཔའ་ཆེན་པོ་བྱང་ཆུབ་ཀྱི་ལམ་ཐོབ་པར་འགྱུར་ཏེ། རབ་འབྱོར་བྱང་ཆུབ་སེམས་དཔའ་སེམས་དཔའ་ཆེན་པོ་ཤེས་རབ་ཀྱི་ཕ་རོལ་ཏུ་ཕྱིན་པ་ལ་དེ་ལྟར་སྤྱོད་ན། ཐབས་མཁས་པས་བླ་ན་མེད་པ་ཡང་དག་པར་རྫོགས་པའི་བྱང་ཆུབ་ཏུ་མངོན་པར་རྫོགས་པར་འཚང་རྒྱའོ། །རབ་འབྱོར་གཞན་ཡང་ནམ་བྱང་ཆུབ་སེམས་དཔའ་སེམས་དཔའ་ཆེན་པོ་ཤེས་རབ་ཀྱི་ཕ་རོལ་ཏུ་ཕྱིན་པ་ལ་སྤྱོད་པའི་ཚེ། ༔བྱམས་པ་ཆེན་པོ་སྒོམ་ཡང་། བྱམས་པ་ཆེན་པོ་དང་། བྱམས་པ་ཆེན་པོ་སྒོམ་པ་ཡང་མི་དམིགས། ཆོས་དེ་གཉིས་ལས་གཞན་དུ་ཡང་མི་སྤྱོད་ན། དེའི་ཚེ་བྱང་ཆུབ་སེམས་དཔའ་སེམས་དཔའ་ཆེན་པོ་བྱང་ཆུབ་ཀྱི་ལམ་ཐོབ་པར་འགྱུར་ཏེ། རབ་འབྱོར་བྱང་ཆུབ་སེམས་དཔའ་སེམས་དཔའ་ཆེན་པོ་ཤེས་རབ་ཀྱི་ཕ་རོལ་ཏུ་ཕྱིན་པ་ལ་དེ་ལྟར་སྤྱོད་ན། ཐབས་མཁས་པས། བླ་ན་མེད་པ་ཡང་དག་པར་རྫོགས་པའི་བྱང་ཆུབ་ཏུ་མངོན་པར་རྫོགས་པར་འཚང་རྒྱའོ། །རབ་འབྱོར་གཞན་ཡང་ནམ་བྱང་ཆུབ་སེམས་དཔའ་སེམས་དཔའ་ཆེན་པོ་ཤེས་རབ་ཀྱི་ཕ་རོལ་ཏུ་ཕྱིན་པ་ལ་སྤྱོད་པའི་ཚེ།[7] སྙིང་རྗེ་ཆེན་པོ་སྒོམ་ཡང་། སྙིང་རྗེ་

ཆེན་པོ་དང་། སྙིང་རྗེ་ཆེན་པོ་སྟོམ་པ་ཡང་མི་དམིགས། ཆོས་དེ་གཉིས་ལས་གཞན་དུ་ཡང་མི་སྤྱོད་ན། དེའི་ཚེ་བྱང་ཆུབ་སེམས་དཔའ་སེམས་དཔའ་ཆེན་པོ་བྱང་ཆུབ་ཀྱི་ལམ་ཐོབ་པར་འགྱུར་ཏེ། རབ་འབྱོར་བྱང་ཆུབ་སེམས་དཔའ་སེམས་དཔའ་ཆེན་པོ་ཤེས་རབ་ཀྱི་ཕ་རོལ་ཏུ་ཕྱིན་པ་ལ་དེ་ལྟར་སྤྱོད་ན། ཐབས་མཁས་པས། བླ་ན་མེད་པ་ཡང་དག་པར་རྫོགས་པའི་བྱང་ཆུབ་ཏུ་མངོན་པར་རྫོགས་པར་འཚང་རྒྱའོ། །རབ་འབྱོར་གཞན་ཡང་ནམ་བྱང་ཆུབ་སེམས་དཔའ་སེམས་དཔའ་ཆེན་པོ་ཤེས་རབ་ཀྱི་ཕ་རོལ་ཏུ་ཕྱིན་པ་ལ་སྤྱོད་པའི་ཚེ། སངས་རྒྱས་ཀྱི་(༡)ཆོས་མ་འདྲེས་པ་བཅོ་བརྒྱད་སྟོམ་ཡང་། སངས་རྒྱས་ཀྱི་ཆོས་མ་འདྲེས་པ་རྣམས་དང་། སངས་རྒྱས་ཀྱི་ཆོས་མ་འདྲེས་པ་སྟོམ་པ་ཡང་མི་དམིགས། ཆོས་དེ་གཉིས་(༢)ལས་གཞན་དུ་ཡང་མི་སྤྱོད་ན། དེའི་ཚེ་བྱང་ཆུབ་སེམས་དཔའ་སེམས་དཔའ་ཆེན་པོ་བྱང་ཆུབ་ཀྱི་ལམ་ཐོབ་པར་འགྱུར་ཏེ། རབ་འབྱོར་བྱང་ཆུབ་སེམས་དཔའ་སེམས་དཔའ་ཆེན་པོ་ཤེས་རབ་ཀྱི་ཕ་རོལ་ཏུ་ཕྱིན་པ་ལ་དེ་ལྟར་སྤྱོད་ན། ཐབས་མཁས་པས། བླ་ན་མེད་པ་ཡང་དག་པར་རྫོགས་པའི་བྱང་ཆུབ་ཏུ་མངོན་པར་རྫོགས་པར་འཚང་རྒྱའོ། །དེ་ནས་ཚེ་དང་ལྡན་པ་ཤ་(༣)ར་དྭ་ཏིའི་བུས(༤)། བཅོམ་ལྡན་འདས་ལ་འདི་སྐད་ཅེས་གསོལ་ཏོ། །བཅོམ་ལྡན་འདས་ཇི་ལྟར་ན། བྱང་ཆུབ་སེམས་དཔའ་སེམས་དཔའ་ཆེན་པོ་ཤེས་རབ་ཀྱི་ཕ་རོལ་ཏུ་ཕྱིན་པ་ལ་སྤྱོད་པའི་ཚེ། བྱང་ཆུབ་ཀྱི་ལམ་ལ་བརྟེན་(༥)པར་བགྱིད་པ་ལགས། བཅོམ་ལྡན་འདས་ཀྱིས་(༦)བཀའ་སྩལ་པ། ཤ་ར་དྭ་ཏིའི་བུ་འདི་ལ་བྱང་ཆུབ་སེམས་དཔའ་སེམས་དཔའ་ཆེན་པོ་ཤེས་རབ་ཀྱི་ཕ་རོལ་ཏུ་ཕྱིན་པ་ལ་སྤྱོད་པའི་ཚེ། ཐབས་མཁས་པས། གཟུགས་མི་སྦྱོར་(༧)མི་འབྱེད་དེ། དེ་ཅིའི་ཕྱིར་ཞེ་ན། དེ་ནི་འདི་ལྟར་གང་སྦྱོར་(༨)བ་འམ། དབྱེ་བར་བྱ་བའི་གཟུགས་ལ་ངོ་བོ་ཉིད་མེད་དོ། །

ཆོར༔ བ་མི(༡)སྦྱོར་གྱི་འབྱེད་དེ། ༔དེ་ཅིའི་ཕྱིར་ཞེ་ན(༢)། དེ་ནི་འདི་ལྟར་གང་སྦྱར་(༣)བ་འམ། དབྱེ་བར་བྱ་བའི་ཚོར་བ་ལ་ངོ་བོ་ཉིད་མྱེད་དོ། །འདུ་ཤེས་ཀྱི་སྦྱོར་གྱི་འབྱེད་དེ། དེ་ཅིའི་ཕྱིར་ཞེ་ན། དེ་ནི་འདི་ལྟར་གང་སྦྱར་བའམ། དབྱེ་བར་བྱ་བའི་འདུ་ཤེས་ལ་ངོ་བོ་ཉིད་མེད་དོ། །འདུ་བྱེད་ཀྱི་སྦྱོར་(༤)གྱི་འབྱེད་དེ༑ དེ་ཅིའི་ཕྱིར་ཞེ་ན། དེ་ནི་འདི་ལྟར་གང་སྦྱར་བ་འམ། དབྱེ་(༥)བར་བྱ་བའི་འདུ་བྱེད་ལ་ངོ་བོ་ཉིད་མྱེད་དོ། །རྣམ་པར་ཤེས་པ་(༦)ཀྱི་སྦྱོར་གྱི་འབྱེད་དེ། དེ་ཅིའི་ཕྱིར་ཞེ་ན། དེ་ནི་འདི་ལྟར་གང་སྦྱར་བ་འམ། དབྱེ་བར་བྱ་བའི་རྣམ་པར་ཤེས་པ་ལ་ངོ་བོ་ཉིད་མྱེད་དོ། །མྱིག་གྱི་སྦྱོར་གྱི་འབྱེད་དེ། དེ་ཅིའི་ཕྱིར་ཞེ་ན༑ དེ་ནི་འདི་ལྟར་གང་སྦྱར་བ་འམ། དབྱེ་བར་བྱ་བའི་མྱིག་ལ་ངོ་བོ་ཉིད་མྱེད་དོ། །རྣ་བ་ཀྱི་སྦྱོར་མི་འབྱེད་དེ། དེ་ཅིའི་ཕྱིར་ཞེ་ན། དེ་ནི་འདི་ལྟར་གང་སྦྱར་བ་འམ། དབྱེ་བར་བྱ་བའི་རྣ་བ་ལ་ངོ་བོ་ཉིད་མྱེད་དོ། །སྣ་ཀྱི་སྦྱོར་ཀྱི་འབྱེད་དེ། དེ་ཅིའི་ཕྱིར་ཞེ་ན། དེ་ནི་འདི་ལྟར་གང་སྦྱར་(༧)བ་འམ། དབྱེ་བར་བྱ་བའི་སྣ་ལ་ངོ་བོ་ཉིད་མྱེད་དོ། །ལྗེ་ཀྱི་སྦྱོར་ཀྱི་འབྱེད་དེ། དེ་ཅིའི་ཕྱིར་ཞེ་ན། དེ་ནི་འདི་ལྟར་གང་སྦྱར་བ་འམ། དབྱེ་བར་བྱ་བའི་ལྗེ་ལ་ངོ་བོ་ཉིད་མྱེད་དོ། །ལུས་ཀྱི་སྦྱོར་མི་འབྱེད་དེ། དེ་ཅིའི་ཕྱིར་ཞེ་ན། དེ་ནི་འདི་ལྟར་གང་སྦྱར་བའམ། དབྱེ་བར་བྱ་བའི་ལུས་ལ་ངོ་བོ་ཉིད་མྱེད་དོ། །ཡིད་ཀྱི་སྦྱོར་ཀྱི་འབྱེད་དེ། དེ་ཅིའི་ཕྱིར་ཞེ་ན། དེ་ནི་འདི་ལྟར་གང་སྦྱར་བའམ། དབྱེ་བར་བྱ་བའི་ཡིད་ལ་ངོ་བོ་ཉིད་མྱེད་དོ། །གཟུགས་ཀྱི་སྦྱོར་ཀྱི་འབྱེད་དེ། དེ་ཅིའི་ཕྱིར་ཞེ་ན། དེ་ནི་འདི་ལྟར་གང་སྦྱར་བའམ། དབྱེ་བར་བྱ་བའི་གཟུགས་ལ་ངོ་བོ་ཉིད་མྱེད་དོ། །སྒྲ་ཀྱི་སྦྱོར་ཀྱི་འབྱེད་དེ། དེ་ཅིའི་ཕྱིར་ཞེ་ན། དེ་ནི་འདི་ལྟར་གང་སྦྱར་བ་འམ། དབྱེ་བར་བྱ་བའི་སྒྲ་ལ་ངོ་བོ་ཉིད་མེད་དོ། །དྲི་ཀྱི་

སྦྱོར་མྱི་འབྱེད་དེ། དེ་ཅིའི་ཕྱིར་ཞེ་ན། དེ་ནི་འདི་ལྟར་གང་སྦྱར་བ་འམ། དབྱེ་བར་བྱ་བའི་དྲི་ལ་ངོ་བོ་ཉིད་མྱེད་དོ། །རོ་མྱི་སྦྱོར་མྱི་འབྱེད་དེ། དེ་ཅིའི་ཕྱིར་ཞེ་ན། དེ་ནི་འདི་ལྟར་གང་སྦྱར་བ་འམ། དབྱེ་བར་བྱ་བའི་རོ་ལ་ངོ་བོ་ཉིད་མེད་དོ། །རེག་མི་སྦྱོར་མྱི་འབྱེད་དེ། དེ་ཅིའི་ཕྱིར་ཞེ་ན། དེ་ནི་འདི་ལྟར་གང་སྦྱར་བ་འམ། དབྱེ་བར་བྱ་བའི་རེག་ལ་ངོ་བོ་ཉིད་མྱེད་དོ། །ཆོས་མི་སྦྱོར་མྱི་འབྱེད་དེ། དེ་ཅིའི་ཕྱིར་ཞེ་ན། དེ་ནི་འདི་ལྟར་གང་སྦྱར་བ་འམ། དབྱེ་བར་བྱ་བའི་ཆོས་ལ་ངོ་བོ་ཉིད་མྱེད་དོ། །མྱིག་གི་རྣམ་པར་ཤེས་པ་མྱི་སྦྱོར་མྱི་འབྱེད་དེ[7]། དེ་ཅིའི་ཕྱིར་ཞེ་ན། དེ་ནི་འདི་ལྟར་གང་སྦྱར་བ་འམ། དབྱེ་བར་བྱ་བའི་མྱིག་གི་རྣམ་པར་ཤེས་པ་ལ་ངོ་བོ་ཉིད་མྱེད་དོ། །རྣ་བའི་རྣམ་པར་ཤེས་པ་མི་སྦྱོར་མི་འབྱེད་དེ། དེ་ཅིའི་ཕྱིར་ཞེ་ན། དེ་ནི་འདི་ལྟར་གང་སྦྱར་བ་འམ༑ དབྱེ་བར་བྱ་བའི་རྣ་བའི་རྣམ་པར་ཤེས་པ་ལ་ངོ་བོ་ཉིད་མྱེད་དོ། །སྣའི་རྣམ་པར་ཤེས་པ་མྱི་སྦྱོར་མྱི་འབྱེད་དེ། དེ་ཅིའི་ཕྱིར་ཞེ་ན། དེ་ནི་འདི་ལྟར་གང་སྦྱར་བ་འམ། དབྱེ་བར་བྱ་བའི་སྣའི་རྣམ་པར་ཤེས་པ་ལ་ངོ་བོ་ཉིད་མེད་དོ། །ལྕེའི་རྣམ་པར་ཤེས་པ་མྱི་སྦྱོར་མྱི་འབྱེད་དེ། དེ་ཅིའི་ཕྱིར་ཞེ་ན། དེ་ནི་འདི་ལྟར་གང་སྦྱར་བ་འམ། དབྱེ་བར་བྱ་བའི་ལྕེའི་རྣམ་པར་ཤེས་པ་ལ་ངོ་བོ་ཉིད་མྱེད་དོ། །ལུས་ཀྱི་རྣམ་པར་ཤེས་པ་མི་སྦྱོར་མྱི་འབྱེད་དེ། དེ་ཅིའི་ཕྱིར་ཞེ་ན། དེ་ནི་འདི་ལྟར་གང་སྦྱར་བ་འམ། དབྱེ་བར་བྱ་བའི་ལུས་ཀྱི་རྣམ་པར་ཤེས་པ་ལ་ངོ་བོ་ཉིད་མྱེད་དོ། །ཡིད་ཀྱི་རྣམ་པར་ཤེས་པ་མི་སྦྱོར་མྱི་འབྱེད་དེ། དེ་ཅིའི་ཕྱིར་ཞེ་ན། དེ་ནི་འདི་ལྟར་གང་སྦྱར་བ་འམ། དབྱེ་བར་བྱ་བའི་ཡིད་ཀྱི་རྣམ་པར་ཤེས་པ་ལ་ངོ་བོ་ཉིད་མྱེད་དོ། །མྱིག་གི་འདུས་ཏེ་རེག་པ་མྱི་སྦྱོར་མྱི་འབྱེད་དེ། དེ་ཅིའི་ཕྱིར་ཞེ་ན། དེ་ནི་འདི་ལྟར་གང་སྦྱར་བ་འམ། དབྱེ་བར་

བྱ་བའི་མྱིག་གི་འདུས་ཏེ་རེག་པ་ལ་ངོ་བོ་ཉིད་མེད་དོ། །རྣ་བའི་འདུས་ཏེ་རེག་པ་མྱི་སྦྱོར་མྱི་འབྱེད་དེ། དེ་ཅིའི་ཕྱིར་ཞེ་ན། དེ་ནི་འདི་ལྟར་གང་སྦྱར་བ་འམ། དགེ་བར་བྱ་བའི་རྣ་བའི་འདུས་ཏེ་རེག་པ་ལ་ངོ་བོ་ཉིད་མྱེད་དོ། །སྣའི་འདུས་ཏེ་རེག་པ་མྱི་སྦྱོར་མྱི་འབྱེད་དེ། དེ་ཅིའི་ཕྱིར་ཞེ་ན། དེ་ནི་འདི་ལྟར་གང་སྦྱར་བ་འམ། དགེ་བར་བྱ་བའི་སྣའི་འདུས་ཏེ་རེག་པ་ལ་ངོ་བོ་ཉིད་མེད་དོ། །ལྗེའི་འདུས་ཏེ་རེག་པ་མྱི་སྦྱོར་མྱི་འབྱེད་དེ། དེ་ཅིའི་ཕྱིར་ཞེ་ན། དེ་ནི་འདི་ལྟར་གང་སྦྱར་བ་འམ། དགེ་བར་བྱ་བའི་ལྗེའི་འདུས་ཏེ་རེག་པ་ལ་ངོ་བོ་ཉིད་མྱེད་དོ། །ལུས་ཀྱི་འདུས་ཏེ་རེག་པ་མྱི་སྦྱོར་མི་འབྱེད་དེ། དེ་ཅིའི་ཕྱིར་ཞེ་ན། དེ་ནི་འདི་ལྟར་གང་སྦྱར་བའམ། དགེ་བར་བྱ་བའི་ལུས་ཀྱི་འདུས་ཏེ་རེག་པ་ལ་ངོ་བོ་ཉིད་མེད་དོ། །ཡིད་ཀྱི་འདུས་ཏེ་རེག་པ་མྱི་སྦྱོར་མྱི་འབྱེད་དེ། དེ་ཅིའི་ཕྱིར་ཞེ་ན། དེ་ནི་འདི་ལྟར་གང་སྦྱར་བའམ། དགེ་བར་བྱ་བའི་ཡིད་ཀྱི་འདུས་ཏེ་རེག་པ་ལ་ངོ་བོ་ཉིད་མྱེད་དོ། །མིག་གི་འདུས་ཏེ་རེག་པའི་རྐྱེན་གྱིས་ཚོར་བ་མྱི་སྦྱོར་མྱི་འབྱེད་དེ། དེ་ཅིའི་ཕྱིར་ཞེ་ན། དེ་ནི་འདི་ལྟར་གང་སྦྱར་བའམ། དགེ་བར་བྱ་བའི་མྱིག་གི་འདུས་ཏེ་རེག་པའི་རྐྱེན་གྱིས་ཚོར་བ་ལ་ངོ་བོ་ཉིད་མྱེད་དོ། །རྣ་བའི་འདུས་ཏེ་རེག་པའི་རྐྱེན་གྱིས་ཚོར་བ་མྱི་སྦྱོར་མྱི་འབྱེད་དེ། དེ་ཅིའི་ཕྱིར་ཞེ་ན། དེ་ནི་འདི་ལྟར་གང་སྦྱར་བ་འམ། དགེ་བར་བྱ་བའི་རྣ་བའི་འདུས་ཏེ་རེག་པའི་རྐྱེན་གྱིས་ཚོར་བ་ལ་ངོ་བོ་ཉིད་མེད་དོ། །སྣའི་འདུས་ཏེ་རེག་པའི་རྐྱེན་གྱིས་ཚོར་བ་མྱི་སྦྱོར་མི་འབྱེད་དེ། དེ་ཅིའི་ཕྱིར་ཞེ་ན། དེ་ནི་འདི་ལྟར་གང་སྦྱར་བའམ། དགེ་བར་བྱ་བའི་སྣའི་འདུས་ཏེ་རེག་པའི་རྐྱེན་གྱིས་ཚོར་བ་ལ་ངོ་བོ་ཉིད་མྱེད་དོ། །ལྗེའི་འདུས་ཏེ་རེག་པའི་རྐྱེན་གྱིས་ཚོར་བ་མི་སྦྱོར་མྱི་འབྱེད་དེ། དེ་ཅིའི་ཕྱིར་ཞེ་ན། དེ་ནི་འདི་ལྟར་གང་སྦྱར་བའམ། དགེ་བར་བྱ་བའི་ལྗེའི་འདུས་ཏེ་རེག་པའི་རྐྱེན་

ཀྱིས་ཚོར་བ་ལ་ངོ་བོ་ཉིད་མེད་དོ། །ལུས་ཀྱི་འདུས་ཏེ་རེག་པའི་རྐྱེན་གྱིས་ཚོར་བ་མི་སྦྱོར་(༡)མི་འབྱེད་དེ། དེ་ཅིའི་ཕྱིར་ཞེ་ན། དེ་ནི་འདི་ལྟར་གང་སྦྱར་བ་འམ། དབྱེ་བར་བྱ་བའི་ལུས་ཀྱི་འདུས་ཏེ་རེག་པའི་རྐྱེན་གྱིས་(༢)ཚོར་བ་ལ་ངོ་བོ་ཉིད་མེད་དོ། །ཡིད་ཀྱི་འདུས་ཏེ་རེག་པའི་རྐྱེན་གྱིས་ཚོར་བ་མི་སྦྱོར་མི་འབྱེད་དེ། དེ་ཅིའི་ཕྱིར་ཞེ་ན། དེ་ནི་འདི་ལྟར་གང་སྦྱར་(༣)བའམ། དབྱེ་བར་བྱ་བའི༔ཡིད་ཀྱི་(༤)འདུས་ཏེ་རེག་པའི་རྐྱེན་གྱིས་(༥)ཚོར་བ་ལ་ངོ་བོ་ཉིད་མེད་དོ། །སའི་ཁམས་མི་སྦྱོར་མི་འབྱེད་དེ། དེ་ཅིའི་ཕྱིར་ཞེ་ན། དེ་ནི་འདི་ལྟར་གང་སྦྱར་བའམ། དབྱེ་བར་བྱ་བའི་སའི་ཁམས་ལ་ངོ་བོ་ཉིད་མེད་དོ། །ཆུའི་ཁམས་མི་སྦྱོར་མི་འབྱེད་དེ། དེ་ཅིའི་ཕྱིར་ཞེ་ན། དེ་ནི་འདི་ལྟར་གང་སྦྱར་བའམ། དབྱེ་བར་བྱ་བའི་ཆུའི་ཁམས་ལ་ངོ་བོ་ཉིད་མེད་དོ། །མེའི་ཁམས་མི་སྦྱོར་མི་འབྱེད་དེ། དེ་ཅིའི་ཕྱིར་ཞེ་ན། དེ་ནི་འདི་ལྟར་གང་སྦྱར་བའམ། དབྱེ་བར་བྱ་བའི་མེའི་ཁམས་ལ་ངོ་བོ་ཉིད་མེད་དོ། །རླུང་གི་ཁམས་མི་སྦྱོར་མི་འབྱེད་དེ། དེ་ཅིའི་ཕྱིར་ཞེ་ན། དེ་ནི་འདི་ལྟར་གང་སྦྱར་བའམ། དབྱེ་བར་བྱ་བའི་རླུང་གི་ཁམས་ལ་ངོ་བོ་ཉིད་མེད་དོ། །ནམ་མཁའི་ཁམས་མི་སྦྱོར་མི་འབྱེད་དེ། དེ་ཅིའི་ཕྱིར་ཞེ་ན། དེ་ནི་འདི་ལྟར་གང་སྦྱར་བའམ། དབྱེ་བར་བྱ་བའི་ནམ་མཁའི་ཁམས་ལ་ངོ་བོ་ཉིད་མེད་དོ། །རྣམ་པར་ཤེས་པའི་ཁམས་མི་སྦྱོར་མི་འབྱེད་དེ། དེ་ཅིའི་ཕྱིར་ཞེ་ན། དེ་ནི་འདི་ལྟར་གང་སྦྱར་བའམ། དབྱེ་བར་བྱ་བའི་རྣམ་པར་ཤེས་པའི་ཁམས་ལ་ངོ་བོ་ཉིད་མེད་དོ། །མ་རིག་པ་མི་སྦྱོར་མི་འབྱེད་དེ། དེ་ཅིའི་ཕྱིར་ཞེ་ན། དེ་ནི་འདི་ལྟར་གང་སྦྱར་བའམ། དབྱེ་བར་(༦)བྱ་བའི་(༧)མ་རིག་པ་ལ་ངོ་བོ་ཉིད་མེད་དོ༑ །འདུ་བྱེད་མི་སྦྱོར་མི་འབྱེད་དེ། དེ་ཅིའི་ཕྱིར་ཞེ་ན། དེ་ནི་འདི་ལྟར་གང་སྦྱར་བའམ། དབྱེ་བར་བྱ་བའི་འདུ་བྱེད་ལ་ངོ་བོ་ཉིད་མེད་དོ། །རྣམ་

པར་ཤེས་པ་མྱི་སྦྱོར་མྱི་འབྱེད་དེ། དེ་ཅིའི་ཕྱིར་ཞེ་ན། དེ་ནི་འདི་ལྟར་གང་སྦྱར་བའམ། (༡)དབྱེ་བར་བྱ་བའི་རྣམ་པར་ཤེས་པ་ལ་ངོ་བོ་ཉིད་མྱེད་དོ། །མྱིང་དང་གཟུགས་མྱི་སྦྱོར་མི་འབྱེད་དེ། དེ་ཅིའི་ཕྱིར་ཞེ་ན། དེ་(༢)ནི་འདི་ལྟར་གང་སྦྱར་བའམ། དབྱེ་བར་བྱ་བའི་མྱིང་དང་གཟུགས་ལ་ངོ་བོ་ཉིད་མྱེད་དོ། །སྐྱེ་མཆེད་དྲུགཿམི་སྦྱོར་(༣)མི་འབྱེད་དེ། དེ་ཅིའི་ཕྱིར་ཞེ་ན། དེ་ནི་འདི་ལྟར་གང་སྦྱར་བ་འམ། དབྱེ་བར་བྱ་བའི་སྐྱེ་མཆེད་དྲུག་ལ་ངོ་བོ་ཉིད་མེད་དོ། །རེག་པ་མྱི་སྦྱོར་མྱི་འབྱེད་དེ། དེ་ཅིའི་ཕྱིར་ཞེ་ན། དེ་ནི་འདི་ལྟར་གང་སྦྱར་བའམ། དབྱེ་བར་བྱ་བའི་རེག་པ་ལ་ངོ་བོ་ཉིད་མྱེད་དོ། །ཚོར་བ་མྱི་སྦྱོར་(༤)མི་འབྱེད་དེ། དེ་ཅིའི་ཕྱིར་ཞེ་ན། དེ་ནི་འདི་ལྟར་གང་སྦྱར་བ་འམ། དབྱེ་བར་བྱ་བའི་ཚོར་བ་ལ་ངོ་བོ་ཉིད་མྱེད་དོ། །སྲེད་པ་མི་སྦྱོར་མི་འབྱེད་དེ། དེ་ཅིའི་ཕྱིར་ཞེ་ན། དེ་ནི་འདི་ལྟར་གང་སྦྱར་བའམ། དབྱེ་བར་བྱ་བའི་སྲེད་པ་ལ་ངོ་བོ་ཉིད་མྱེད་དོ། །ལེན་པ་མྱི་སྦྱོར་མྱི་འབྱེད་དེ། དེ་ཅིའི་ཕྱིར་ཞེ་ན། དེ་ནི་འདི་ལྟར་གང་སྦྱར་བའམ། དབྱེ་བར་བྱ་བའི་ལེན་པ་ལ་ངོ་བོ་ཉིད་མྱེད་དོ། །སྲིད་པ་མི་སྦྱོར་མྱི་འབྱེད་དེ། དེ་ཅིའི་ཕྱིར་ཞེ་ན། དེ་ནི་འདི་ལྟར་གང་སྦྱར་བའམ། དབྱེ་བར་བྱ་བའི་སྲིད་པ་ལ་ངོ་བོ་ཉིད་མེད་དོ། །སྐྱེ་བ་མི་སྦྱོར་མྱི་འབྱེད་དེ། དེ་ཅིའི་ཕྱིར་ཞེ་ན། དེ་ནི་འདི་ལྟར་གང་སྦྱར་བའམ། དབྱེ་བར་བྱ་བའི་སྐྱེ་བ་ལ་ངོ་བོ་ཉིད་མྱེད་དོ། །རྒ་ཤི་མྱི་སྦྱོར་མྱི་འབྱེད་དེ། དེ་ཅིའི་ཕྱིར་ཞེ་ན། དེ་ནི་འདི་ལྟར་གང་སྦྱར་བའམ། དབྱེ་བར་བྱ་བའི་རྒ་ཤི་ལ་ངོ་བོ་ཉིད་མྱེད་དོ། །སྦྱིན་པའི་ཕ་རོལ་ཏུ་ཕྱིན་པ་མྱི་སྦྱོར་མྱི་འབྱེད་དེ། དེ་ཅིའི་ཕྱིར་ཞེ་ན། དེ་ནི་འདི་ལྟར་གང་སྦྱར་བའམ། དབྱེ་བར་བྱ་བའི་སྦྱིན་པའི་ཕ་རོལ་ཏུ་ཕྱིན་པ་ལ་ངོ་བོ་ཉིད་མྱེད་དོ། །ཚུལ་ཁྲིམས་ཀྱི་ཕ་རོལ་ཏུ་ཕྱིན་པ་མི་སྦྱོར་མི་འབྱེད་དེ།

དེ་ཅིའི་ཕྱིར་ཞེ་ན། དེ་ནི་འདི་ལྟར་གང་སྦྱར་བའམ། དབྱེ་བར་བྱ་བའི་ཚུལ་ཁྲིམས་ཀྱི་ཕ་རོལ་ཏུ་ཕྱིན་པ་ལ་ངོ་བོ་ཉིད་མྱེད་དོ། །བཟོད་པའི་ཕ་རོལ་ཏུ་ཕྱིན་པ་མི་སྦྱོར་མྱི་འབྱེད་དེ། དེ་ཅིའི་ཕྱིར་ཞེ་ན། དེ་ནི་འདི་ལྟར་གང་སྦྱར་བའམ། དབྱེ་བར་བྱ་བའི་བཟོད་པའི་ཕ་རོལ་ཏུ་ཕྱིན་པ་ལ་ངོ་བོ་ཉིད་མེད་དོ། །བརྩོན་འགྲུས་ཀྱི་ཕ་རོལ་ཏུ་ཕྱིན་པ་མི་སྦྱོར་མི་འབྱེད་དེ། དེ་ཅིའི་ཕྱིར་ཞེ་ན། དེ་ནི་འདི་ལྟར་གང་སྦྱར་བའམ། དབྱེ་བར་བྱ་བའི་བརྩོན་འགྲུས་ཀྱི་ཕ་རོལ་ཏུ་ཕྱིན་པ་ལ་ངོ་བོ་ཉིད་མྱེད་དོ། །བསམ་གཏན་གྱི་ཕ་རོལ་ཏུ་ཕྱིན་པ་མྱི་སྦྱོར་མྱི་འབྱེད་དེ། དེ་ཅིའི་ཕྱིར་ཞེ་ན། དེ་ནི་འདི་ལྟར་གང་སྦྱར་བའམ། དབྱེ་བར་བྱ་བའི་བསམ་གཏན་གྱི་ཕ་རོལ་ཏུ་ཕྱིན་པ་ལ་ངོ་བོ་ཉིད་མྱེད་དོ། །ཤེས་རབ་ཀྱི་ཕ་རོལ་ཏུ་ཕྱིན་པ་མྱི་སྦྱོར་མྱི་འབྱེད་དེ། དེ་ཅིའི་ཕྱིར་ཞེ་ན། དེ་ནི་འདི་ལྟར་གང་སྦྱར་བའམ། དབྱེ་བར་བྱ་བའི་ཤེས་རབ་ཀྱི་ཕ་རོལ་ཏུ་ཕྱིན་པ་ལ་ངོ་བོ་ཉིད་མྱེད་དོ། །ནང་སྟོང་པ་ཉིད་མི་སྦྱོར་མི་འབྱེད་དེ། དེ་ཅིའི་ཕྱིར་ཞེ་ན། དེ་ནི་འདི་ལྟར་གང་སྦྱར་བའམ། དབྱེ་བར་བྱ་བའི་ནང་སྟོང་པ་ཉིད་ལ་ངོ་བོ་ཉིད་མྱེད་དོ། །ཕྱི་སྟོང་པ་ཉིད་མྱི་སྦྱོར་མྱི་འབྱེད་དེ། དེ་ཅིའི་ཕྱིར་ཞེ་ན། དེ་ནི་འདི་ལྟར་གང་སྦྱར་བའམ། དབྱེ་བར་བྱ་བའི་ཕྱི་སྟོང་པ་ཉིད་ལ་ངོ་བོ་ཉིད་མྱེད་དོ། །ཕྱི་ནང་སྟོང་པ་ཉིད་མྱི་སྦྱོར་མྱི་འབྱེད་དེ། དེ་ཅིའི་ཕྱིར་ཞེ་ན། དེ་ནི་འདི་ལྟར་གང་སྦྱར་བའམ། དབྱེ་བར་བྱ་བའི་ཕྱི་ནང་སྟོང་པ་ཉིད་ལ་ངོ་བོ་ཉིད་མྱེད་དོ། །སྟོང་པ་ཉིད་སྟོང་པ་ཉིད་མྱི་སྦྱོར་མྱི་འབྱེད་དེ། དེ་ཅིའི་ཕྱིར་ཞེ་ན། དེ་ནི་འདི་ལྟར་གང་སྦྱར་བའམ། དབྱེ་བར་བྱ་བའི་སྟོང་པ་ཉིད་སྟོང་པ་ཉིད་ལ་ངོ་བོ་ཉིད་མྱེད་དོ། །ཆེན་པོ་སྟོང་པ་ཉིད་མྱི་སྦྱོར་མྱི་འབྱེད་དེ། དེ་ཅིའི་ཕྱིར་ཞེ་ན། དེ་ནི་འདི་ལྟར་གང་སྦྱར་བའམ། དབྱེ་བར་བྱ་བའི་ཆེན་པོ་སྟོང་པ་ཉིད་ལ་ངོ་བོ་

ཉིད་མེད་དོ། །དོན་དམ་པ་སྟོང་པ་ཉིད་ཀྱི་སྦྱོར་[1]མི་འབྱེད་དེ། དེ་ཅིའི་ཕྱིར་ཞེ་ན། དེ་ནི་འདི་ལྟར་གང་སྦྱོར་བའམ། དབྱེ་བར་བྱ་བའི་དོན་དམ་པ་སྟོང་པ་ཉིད་ལ་ངོ་བོ་ཉིད་མེད་དོ། །འདུས་བྱས་སྟོང་པ་ཉིད་ཀྱི་སྦྱོར་ཀྱི་འབྱེད་དེ། དེ་ཅིའི་ཕྱིར་ཞེ་ན། དེ་ནི་འདི་ལྟར་གང་སྦྱོར་བའམ། དབྱེ་བར་བྱ་བའི་འདུས་བྱས་སྟོང་པ་ཉིད་ལ་ངོ་བོ་ཉིད་མེད་དོ། །འདུས་མ་བྱས་སྟོང་པ་ཉིད་ཀྱི་སྦྱོར་ཀྱི་འབྱེད་དེ། དེ་ཅིའི་ཕྱིར་ཞེ་ན། དེ་ནི་འདི་ལྟར་གང་སྦྱོར་བའམ། དབྱེ་བར་བྱ་བའི་འདུས་མ་བྱས་སྟོང་པ་ཉིད་ལ་ངོ་བོ་ཉིད་མེད་དོ། །མཐའ་ལས་འདས་པ་སྟོང་པ་ཉིད་ཀྱི་སྦྱོར་ཀྱི་འབྱེད་དེ། དེ་ཅིའི་ཕྱིར་ཞེ་ན། དེ་ནི་འདི་ལྟར་གང་སྦྱོར་བའམ། དབྱེ་བར་བྱ་བའི་མཐའ་ལས་འདས་པ་སྟོང་པ་ཉིད་ལ་ངོ་བོ་ཉིད་མེད་དོ། །ཐོག་མ་དང་ཐ་མ་མེད་པ་སྟོང་པ་ཉིད་ཀྱི་སྦྱོར་ཀྱི་འབྱེད་དེ། དེ་ཅིའི་ཕྱིར་ཞེ་ན། དེ་ནི་འདི་ལྟར་གང་སྦྱོར་བའམ། དབྱེ་བར་བྱ་བའི་ཐོག་མ་དང་ཐ་མ་མེད་པ་སྟོང་པ་ཉིད་ལ་ངོ་བོ་ཉིད་མེད་དོ། །དོར་བ་མེད་པ་སྟོང་པ་ཉིད་ཀྱི་སྦྱོར་ཀྱི་འབྱེད་དེ། དེ་ཅིའི་ཕྱིར་ཞེ་ན། དེ་ནི་འདི་ལྟར་གང་སྦྱོར་བའམ། དབྱེ་བར་བྱ་བའི་དོར་བ་མེད་པ་སྟོང་པ་ཉིད་ལ་ངོ་བོ་ཉིད་མེད་དོ། །རང་བཞིན་སྟོང་པ་ཉིད་ཀྱི་སྦྱོར་ཀྱི་འབྱེད་དེ། དེ་ཅིའི་ཕྱིར་ཞེ་ན། དེ་ནི་འདི་ལྟར་གང་སྦྱོར་བའམ་དབྱེ་བར་བྱ་བའི་རང་བཞིན་སྟོང་པ་ཉིད་ལ་ངོ་བོ་ཉིད་མེད་དོ། ཆོས་ཐམས་ཅད་སྟོང་པ་ཉིད་ཀྱི་སྦྱོར་ཀྱི་འབྱེད་དེ། དེ་ཅིའི་ཕྱིར་ཞེ་ན། དེ་ནི་འདི་ལྟར་གང་སྦྱོར་བའམ། དབྱེ་བར་བྱ་བའི་ཆོས་ཐམས་ཅད་སྟོང་པ་ཉིད་ལ་ངོ་བོ་ཉིད་མེད་དོ། །རང་གི་མཚན་ཉིད་སྟོང་པ་ཉིད་ཀྱི་སྦྱོར་ཀྱི་འབྱེད་དེ། དེ་ཅིའི་ཕྱིར་ཞེ་ན། དེ་ནི་འདི་ལྟར་གང་སྦྱོར་བའམ། དབྱེ་བར་བྱ་བའི་རང་གི་མཚན་ཉིད་སྟོང་པ་ཉིད་ལ་ངོ་བོ་ཉིད་[2]མེད་དོ། །མི་དམིགས་པ་སྟོང་པ་ཉིད་ཀྱི

སྦྱོར་མྱི་འབྱེད་དེ། དེ་ཅིའི་ཕྱིར་ཞེ་ན། དེ་ནི་འདི་ལྟར་གང་སྦྱོར་བའམ། དབྱེ་བར་བྱ་བའི་མི་དམྱིགས་པ་སྟོང་པ་ཉིད་ལ་ངོ་བོ་ཉིད་མྱེད་དོ། །དངོས་པོ་མེད་པ་སྟོང་པ་ཉིད་མི་སྦྱོར་མྱི་འབྱེད་དེ། དེ་ཅིའི་ཕྱིར་ཞེ་ན། དེ་ནི་འདི་ལྟར་གང་སྦྱོར་བའམ། དབྱེ་བར་བྱ་བའི་དངོས་པོ་མྱེད་པ་སྟོང་པ་ཉིད་ལ་ངོ་བོ་ཉིད་མྱེད་དོ། །ངོ་བོ་ཉིད་སྟོང་པ་ཉིད་མི་སྦྱོར་མི་འབྱེད་དེ། དེ་ཅིའི་ཕྱིར་ཞེ་ན། དེ་ནི་འདི་ལྟར་གང་སྦྱོར་བའམ། དབྱེ་བར་བྱ་བའི་ངོ་བོ་ཉིད་སྟོང་པ་ཉིད་ལ་ངོ་བོ་ཉིད་མེད་དོ། །དངོས་པོ་མེད་པའི་ངོ་བོ་ཉིད་སྟོང་པ་ཉིད་མྱི་སྦྱོར་མྱི་འབྱེད་དེ། དེ་ཅིའི་ཕྱིར་ཞེ་ན། དེ་ནི་འདི་ལྟར་གང་སྦྱོར་བའམ། དབྱེ་བར་བྱ་བའི་དངོས་པོ་མེད་པའི་ངོ་བོ་ཉིད་སྟོང་པ་ཉིད་ལ་ངོ་བོ་ཉིད་མྱེད་དོ། །དྲན་པ་ཉེ་བར་གཞག་པ་བཞི་①མྱི་སྦྱོར་མྱི་འབྱེད་དེ། དེ་ཅིའི་ཕྱིར་ཞེ་ན། དེ་ནི་འདི་ལྟར་གང་སྦྱོར་བའམ། དབྱེ་བར་བྱ་བའི་དྲན་པ་ཉེ་བར་གཞག་པ་བཞི་ལ་ངོ་བོ་ཉིད་②མྱེད་དོ།། ཡང་དག་པར་སྤོང་བ་བཞི་མྱི་སྦྱོར་མྱི་འབྱེད་དེ། དེ་ཅིའི་ཕྱིར་ཞེ་ན། དེ་ནི་འདི་ལྟར་གང་སྦྱོར་བའམ། དབྱེ་བར་བྱ་བའི་ཡང་དག་པར་སྤོང་བ་བཞི་ལ་ངོ་བོ་ཉིད་མྱེད་དོ། །རྫུ་འཕྲུལ་གྱི་རྐང་པ་བཞི་མྱི་སྦྱོར་མྱི་འབྱེད་དེ། དེ་ཅིའི་ཕྱིར་ཞེ་ན། དེ་ནི་འདི་ལྟར་གང་སྦྱོར་བའམ། དབྱེ་བར་བྱ་བའི་རྫུ་འཕྲུལ་གྱི་རྐང་པ་བཞི་ལ་ངོ་བོ་ཉིད་མྱེད་དོ། །དབང་པོ་ལྔ་མི་སྦྱོར་མི་འབྱེད་དེ③། དེ་ཅིའི་ཕྱིར་ཞེ་ན། དེ་ནི་འདི་ལྟར་གང་སྦྱོར་བའམ། དབྱེ་བར་བྱ་བའི་དབང་པོ་ལྔ་ལ་ངོ་བོ་ཉིད་མྱེད་དོ། །སྟོབས་ལྔ་མྱི་སྦྱོར་མི་འབྱེད་དེ། དེ་ཅིའི་ཕྱིར་ཞེ་ན། དེ་ནི་འདི་ལྟར་གང་སྦྱོར་བའམ། དབྱེ་བར་བྱ་བའི་སྟོབས་ལྔ་ལ་ངོ་བོ་ཉིད་མྱེད་དོ། །བྱང་ཆུབ་ཀྱི་ཡན་ལག་བདུན་མྱི་སྦྱོར་④མྱི་འབྱེད་དེ། དེ་ཅིའི་ཕྱིར་ཞེ་ན། དེ་ནི་འདི་ལྟར་གང་སྦྱོར་བའམ། དབྱེ་བར་བྱ་བའི་བྱང་ཆུབ་ཀྱི་ཡན་ལག་བདུན་ལ་ངོ་

པོ་ཉིད་མེད་དོ། །འཕགས་པའི་ལམ་ཡན་ལག་བརྒྱད་པ་ཀྱི་སྦྱོར་ཀྱི་འབྱེད་དེ[7]། དེ་ཅིའི་ཕྱིར་ཞེ་ན། དེ་ནི་འདི་ལྟར་གང་སྦྱར་བའམ། དབྱེ་བར་བྱ་བའི་འཕགས་པའི་ལམ་ཡན་ལག་བརྒྱད་པ་ལ་ངོ་བོ་ཉིད་མྱེད་དོ། །འཕགས་པའི་བདེན་པ་བཞི་ཀྱི་སྦྱོར་ཀྱི་འབྱེད་དེ། དེ་ཅིའི་ཕྱིར་ཞེ་ན། དེ་ནི་འདི་ལྟར་གང་སྦྱར་བའམ། དབྱེ་བར་བྱ་བའི་འཕགས་པའི་བདེན་པ་བཞི་ལ་ངོ་བོ་ཉིད་མྱེད་དོ།། བསམ་གཏན་བཞི་ཀྱི་སྦྱོར་ཀྱི་འབྱེད་དེ། དེ་ཅིའི་ཕྱིར་ཞེ་ན། དེ་ནི་འདི་ལྟར་གང་སྦྱར་བའམ། དབྱེ་བར་བྱ་བའི་བསམ་གཏན་བཞི་ལ་ངོ་བོ་ཉིད་མྱེད་དོ། །ཚད་མེད་པ་བཞི་མི་སྦྱོར་ཀྱི་འབྱེད་དེ། དེ་ཅིའི་ཕྱིར་ཞེ་ན། དེ་ནི་འདི་ལྟར་གང་སྦྱར་བའམ། དབྱེ་བར་བྱ་བའི་ཚད་མྱེད་པ་བཞི་ལ་ངོ་བོ་ཉིད་མྱེད་དོ། །གཟུགས་མྱེད་པའི་སྙོམས་པར་འཇུག་པ་བཞི་མི་སྦྱོར་ཀྱི་འབྱེད་དེ། དེ་ཅིའི་ཕྱིར་ཞེ་ན། དེ་ནི་འདི་ལྟར་གང་སྦྱར་བ་འམ། དབྱེ་བར་བྱ་བའི་གཟུགས་མེད་པའི་སྙོམས་པར་འཇུག་པ་བཞི་ལ་ངོ་བོ་ཉིད་མྱེད་དོ། །རྣམ་པར་ཐར་པ་བརྒྱད་ཀྱི་སྦྱོར་ཀྱི་འབྱེད་དེ། དེ་ཅིའི་ཕྱིར་ཞེ་ན། དེ་ནི་འདི་ལྟར་གང་སྦྱར་བ་འམ། དབྱེ་བར་བྱ་བའི་རྣམ་པར་ཐར་པ་བརྒྱད་ལ་ངོ་བོ་ཉིད་མྱེད་དོ། །མཐར་གྱིས་གནས་པའི་སྙོམས་པར་འཇུག་པ་དགུ་མི་སྦྱོར་མི་འབྱེད་དེ། དེ་ཅིའི་ཕྱིར་ཞེ་ན། དེ་ནི་འདི་ལྟར་གང་སྦྱར་བའམ། དབྱེ་བར་བྱ་བའི་མཐར་གྱིས་གནས་པའི་སྙོམས་པར་འཇུག་པ་དགུ་ལ་ངོ་བོ་ཉིད་མྱེད་དོ། །རྣམ་པར་ཐར་པའི་སྒོ་སྟོང་པ་ཉིད་དང་། མཚན་མ་མྱེད་པ་དང་། སྨོན་པ་མྱེད་པ་ཀྱི་སྦྱོར་མི་འབྱེད་དེ། དེ་ཅིའི་ཕྱིར་ཞེ་ན། དེ་ནི་འདི་ལྟར་གང་སྦྱར་བའམ། དབྱེ་བར་བྱ་བའི་རྣམ་པར་ཐར་པའི་སྒོ་སྟོང་པ་ཉིད་དང་། མཚན་མ་མྱེད་པ་དང་། སྨོན་པ་མྱེད་པ་ལ་ངོ་བོ་ཉིད་མྱེད་དོ། །མངོན་པར་ཤེས་པ་རྣམས་ཀྱི་སྦྱོར་ཀྱི་འབྱེད་དེ། དེ་

ཅིའི་ཕྱིར་ཞེ་ན། དེ་ནི་འདི་ལྟར་གང་སྦྱར་བའམ། དབྱེ་བར་བྱ་བའི་མངོན་པར་ཤེས་པ་རྣམས་ལ་ངོ་བོ་ཉིད་མྱེད་དོ། །ཏིང་ངེ་འཛིན་རྣམས་མི་སྦྱོར་མྱི་འབྱེད་དེ། དེ་ཅིའི་ཕྱིར་ཞེ་ན། དེ་ནི་འདི་ལྟར་གང་སྦྱར་བའམ། དབྱེ་བར་བྱ་བའི་ཏིང་ངེ་འཛིན་རྣམས་ལ་ངོ་བོ་ཉིད་མེད་དོ། །གཟུངས་ཀྱི་སྒོ་རྣམས་མི་སྦྱོར་མི་འབྱེད་དེ། དེ་ཅིའི་ཕྱིར་ཞེ་ན། དེ་ནི་འདི་ལྟར་གང་སྦྱར་བའམ། དབྱེ་བར་བྱ་བའི་གཟུངས་ཀྱི་སྒོ་རྣམས་ལ་ངོ་བོ་ཉིད་མྱེད་དོ། །དེ་བཞིན་གཤེགས་པའི་སྟོབས་བཅུ་མི་སྦྱོར་མི་འབྱེད་དེ། དེ་ཅིའི་ཕྱིར་ཞེ་ན། དེ་ནི་འདི་ལྟར་གང་སྦྱར་བའམ། དབྱེ་བར་བྱ་བའི་དེ་བཞིན་གཤེགས་པའི་སྟོབས་རྣམས་ལ་ངོ་བོ་ཉིད་མྱེད་དོ། །མི་འཇིགས་པ་བཞི་མྱི་སྦྱོར་མི་འབྱེད་དེ། དེ་ཅིའི་ཕྱིར་ཞེ་ན། དེ་ནི་འདི་ལྟར་གང་སྦྱར་བའམ། དབྱེ་བར་བྱ་བའི་མྱི་འཇིགས་པ་རྣམས་ལ་ངོ་བོ་ཉིད་མེད་དོ། །སོ་སོ་ཡང་དག་པར་རིག་པ་བཞི་མྱི་སྦྱོར་མི་འབྱེད་དེ། དེ་ཅིའི་ཕྱིར་ཞེ་ན། དེ་ནི་འདི་ལྟར་གང་སྦྱར་བའམ། དབྱེ་བར་བྱ་བའི་སོ་སོ་ཡང་དག་པར་རིག་པ་རྣམས་ལ་ངོ་བོ་ཉིད་མེད་དོ། །[༡]སྙིང་རྗེ་ཆེན་པོ་མྱི་སྦྱོར་མྱི་འབྱེད་དེ། དེ་ཅིའི་ཕྱིར་ཞེ་ན། དེ་ནི་འདི་ལྟར་གང་སྦྱར་བའམ། དབྱེ་བར་བྱ་བའི་སྙིང་རྗེ་ཆེན་པོ་ལ་ངོ་བོ་ཉིད་མེད་དོ། །སངས་རྒྱས་ཀྱི་ཆོས་མ་འདྲེས་པ་བཅོ་བརྒྱད་མི་སྦྱོར་མི་འབྱེད་དེ། དེ་ཅིའི་ཕྱིར་ཞེ་ན། དེ་ནི་འདི་ལྟར་གང་སྦྱར་བའམ། དབྱེ་བར་བྱ་བའི་སངས་རྒྱས་ཀྱི་ཆོས་མ་འདྲེས་པ་རྣམས[༢]ལ་ངོ་བོ་ཉིད་མྱེད་དོ། །གསོལ་པ། བཅོམ་ལྡན་འདས[༣]ཆོས་གངཿལ་ཡང་གང་སྦྱོར་བའམ[༤]། དབྱེ་བར་བགྱི[༥]བའི་ངོ་བོ་ཉིད་མ་མཆིས་ན། གང་ལ[༦]བྱང་ཆུབ་སེམས་དཔའ་སེམས་དཔའ་ཆེན་པོས་བསླབ་པར་བགྱི་བའི་ཤེས་རབ་ཀྱི་ཕ་རོལ་ཏུ་ཕྱིན་པ་ཇི་ལྟར་མངོན་པར་འགྲུབ་པར་འགྱུར། ཤེས་རབ་ཀྱི་ཕ་རོལ་ཏུ་ཕྱིན་པ···

ལམ་བསླབས་[1]པར་ནི། བྱང་ཆུབ་སེམས་དཔའ་སེམས་དཔའ་ཆེན་པོས། བླ་ན་མེད་པ་ཡང་དག་པར་རྫོགས་པའི་བྱང་ཆུབ་ཏུ་མངོན་པར་རྫོགས་པར་འཚང་རྒྱ་བར་མི་ནུས་སོ། །བཅོམ་ལྡན་འདས་ཀྱིས་བཀའ་སྩལ་པ། ཤ་ར་དྭ་ཏིའི་བུ་དེ་དེ་བཞིན་ནོ[2]། །དེ་དེ་བཞིན་ཏེ། ཇི་[3]སྐད་དུ་སྨྲས་པ་བཞིན་ཏེ། ཤེས་རབ་ཀྱི་ཕ་རོལ་ཏུ་ཕྱིན་པ་ལ་མ་བསླབས་[4]པར། བྱང་ཆུབ་སེམས་དཔའ་སེམས་དཔའ་ཆེན་པོས་བླ་ན་མེད་པ་ཡང་དག་པར་རྫོགས་པའི་བྱང་ཆུབ་ཏུ་མངོན་པར་རྫོགས་པར་འཚང་རྒྱ་བར་[5]མི་ནུས་ཏེ། དེ་ཡང་ཐབས་མཁས་པས་ཡིན་གྱི། ཐབས་མི་མཁས་པས་མ་ཡིན་ནོ། །ཤ་ར་དྭ་ཏིའི་བུ་གལ་ཏེ་བྱང་ཆུབ་སེམས་དཔའ་སེམས་དཔའ་ཆེན་པོ་ཤེས་རབ་ཀྱི་ཕ་རོལ་ཏུ་ཕྱིན་པ་ལ་སྤྱོད་པའི་ཚེ། ཆོས་[6]གང་ལ་ལ་ཞིག་གི་[7]ངོ་བོ་ཉིད་དམིགས་ན་ནི། དེའི་ཕྱིར་འཛིན་པར་ཡང་འགྱུར་ན[8]། འོན་ཏེ་མི་དམིགས་ན་འདི་ནི་གཟུགས་སོ། །འདི་ནི་ཚོར་བའོ། །འདི་ནི་འདུ་[9]ཤེས་སོ། །འདི་ནི་འདུ་བྱེད་དོ། །འདི་ནི་རྣམ་པར་ཤེས་པའོ། །ཞེས་བྱ་བར་ཡང་ཅི་ཞིག་གཟུང་། འདི་དག་ནི་སྐྱེ་མཆེད་རྣམས་སོ། །འདི་དག་[10]ནི་ཁམས་རྣམས་སོ། །འདི་དག་[11]ནི་རྟེན་ཅིང་འབྲེལ་པར་འབྱུང་བའོ། །འདི་[12]ནི་མ་རིག་པའོ། །འདི་ནི་འདུ་བྱེད་དོ། །འདི་ནི་རྣམ་པར་ཤེས་པའོ། །འདི་ནི་མིང་དང་གཟུགས་སོ། །འདི་ནི་སྐྱེ་མཆེད་དྲུག་གོ། །འདི་ནི་རེག་པའོ། །འདི་ནི་ཚོར་བའོ། །འདི་ནི་སྲེད་པའོ། །འདི་ནི་ལེན་པའོ། །འདི་ནི་སྲིད་པའོ། །འདི་ནི་སྐྱེ་བའོ། །འདི་ནི་ རྒ་ཤིའོ། །འདི་ནི་སྦྱིན་པའི་ཕ་རོལ་ཏུ་ཕྱིན་པའོ། །འདི་ནི་ཚུལ་ཁྲིམས་ཀྱི་ཕ་རོལ་ཏུ་ཕྱིན་པའོ། །འདི་ནི་བཟོད་པའི་ཕ་རོལ་ཏུ་ཕྱིན་པའོ། །འདི་ནི་བརྩོན་འགྲུས་ཀྱི་ཕ་རོལ་ཏུ་ཕྱིན་པའོ། །འདི་ནི་བསམ་གཏན་གྱི་ཕ་རོལ་ཏུ་ཕྱིན་པའོ། །འདི་ནི་ཤེས་རབ་ཀྱི་ཕ་རོལ་ཏུ་ཕྱིན་པའོ།

འདི་ནི་ནང་སྟོང་པ་ཉིད་དོ། །འདི་ནི་ཕྱི་སྟོང་པ་ཉིད་དོ། །འདི་ནི་ཕྱི་ནང་སྟོང་པ་ཉིད་དོ། །འདི་ནི་སྟོང་པ་ཉིད་སྟོང་པ་ཉིད་དོ། །འདི་ནི་ཆེན་པོ་སྟོང་པ་ཉིད་དོ། །འདི་ནི་དོན་དམ་པ་སྟོང་པ་ཉིད་དོ། །འདི་ནི་འདུས་བྱས་སྟོང་པ་ཉིད་དོ། །འདི་ནི་འདུས་མ་བྱས་སྟོང་པ་ཉིད་དོ། །འདི་ནི་མཐའ་ལས་འདས་པ་སྟོང་པ་ཉིད་དོ། །འདི་ནི་ཐོག་མ་དང་ཐ་མ་མེད་པ་སྟོང་པ་ཉིད་དོ། །འདི་ནི་དོར་བ་མེད་པ་སྟོང་པ་ཉིད་དོ། །འདི་ནི་རང་བཞིན་སྟོང་པ་ཉིད་དོ། །འདི་ནི་ཆོས་ཐམས་ཅད་སྟོང་པ་ཉིད་དོ། །འདི་ནི་རང་གི་མཚན་ཉིད་སྟོང་པ་ཉིད་དོ། །འདི་ནི་མི་དམིགས་པ་སྟོང་པ་ཉིད་དོ། །འདི་ནི་དངོས་པོ་མེད་པ་སྟོང་པ་ཉིད་དོ། །འདི་ནི་ངོ་བོ་ཉིད་སྟོང་པ་ཉིད་དོ། །འདི་ནི་དངོས་པོ་མེད་པའི་ངོ་བོ་ཉིད་སྟོང་པ་ཉིད་དོ། །འདི་དག་ནི་དྲན་པ་ཉེ་བར་གཞག་པ་བཞིའོ། །འདི་དག་ནི་ཡང་དག་པར་སྤོང་བ་བཞིའོ། །འདི་དག་ནི་རྫུ་འཕྲུལ་གྱི་རྐང་པ་བཞིའོ། །འདི་དག་ནི་དབང་པོ་ལྔའོ། །འདི་དག་ནི་སྟོབས་ལྔའོ། །འདི་དག་ནི་བྱང་ཆུབ་ཀྱི་ཡན་ལག་བདུན་ནོ། །འདི་དག་ནི་འཕགས་པའི་ལམ་ཡན་ལག་བརྒྱད་པའོ། །འདི་དག་ནི་འཕགས་པའི་བདེན་པ་བཞིའོ། །འདི་དག་ནི་བསམ་གཏན་བཞིའོ། །འདི་དག་ནི་ཚད་མེད་པ་བཞིའོ། །འདི་དག་ནི་གཟུགས་མེད་པའི་⑦སྙོམས་པར་འཇུག་པ་བཞིའོ། །འདི་དག་ནི་རྣམ་པར་ཐར་པ་བརྒྱད་དོ། །འདི་དག་ནི་མཐར་གྱིས་གནས་པའི་སྙོམས་པར་འཇུག་པ་དགུའོ། །འདི་དག་ནི་རྣམ་པར་ཐར་པའི་སྒོ་སྟོང་པ་ཉིད་དང་། མཚན་མ་མེད་པ་དང་། སྨོན་པ་མེད་པའོ། །འདི་དག་ནི་མངོན་པར་ཤེས་པ་རྣམས་སོ། །འདི་དག་ནི་ཏིང་ངེ་འཛིན་རྣམས་སོ། །འདི་དག་ནི་གཟུངས་ཀྱི་སྒོ་རྣམས་སོ། །འདི་དག་ནི་དེ་བཞིན་གཤེགས་པའི་སྟོབས་བཅུའོ། །འདི་དག་ནི་མི་འཇིགས་པ་བཞིའོ། །འདི་དག་ནི་སོ་སོ་ཡང་

དག་པར་རིག་པ་བཞིའོ། །(༡)འདི་(༢)ནི་སྙིང་རྗེ་ཆེན་པོའོ། །འདི་དག་ནི་སངས་རྒྱས་ཀྱི་ཆོས་མ་འདྲེས་པ་བཅོ་བརྒྱད་དོ། །འདི་(༣)ནི་རྒྱུན་དུ་ཞུགས་པའི་འབྲས་བུའོ། །འདི་ནི་ལན་ཅིག་ཕྱིར་འོང་བའི་འབྲས་བུའོ། །འདི་ནི་ཕྱིར་མི་འོང་བའི་འབྲས་བུའོ། །འདི་ནི་དགྲ་བཅོམ་པ་ཉིད་དོ། །འདི་ནི་རང་བྱང་ཆུབ་བོ། །འདི་ནི་ལམ་གྱི་རྣམ་པ་(༤)ཤེས་པ་ཉིད་དོ། །འདི་ནི་རྣམ་པ་ཐམས་ཅད་མཁྱེན་པ་ཉིད་དོ། །ཞེས་བྱ་བར་ཡང་ཅི་ཞིག་གཟུང་(༥)སྟེ། ཤ་ར་དྭ་ཏིའི་བུ་ཤེས་རབ་ཀྱི་ཕ་རོལ་ཏུ་ཕྱིན་པ་ནི་གཟུང་དུ་མེད་པའོ། །བསམ་གཏན་གྱི་ཕ་རོལ་ཏུ་ཕྱིན་པ་ནི་གཟུང་དུ་མེད་པའོ། །བརྩོན་འགྲུས་ཀྱི་ཕ་རོལ་ཏུ་ཕྱིན་པ་ནི་གཟུང་དུ་མེད་པའོ། །བཟོད་པའི་ཕ་རོལ་ཏུ་ཕྱིན་པ་ནི་གཟུང་དུ་མེད་པའོ། །ཚུལ་ཁྲིམས་ཀྱི་ཕ་རོལ་ཏུ་ཕྱིན་པ་ནི་གཟུང་དུ་མེད་པའོ། །སྦྱིན་པའི་ཕ་རོལ་ཏུ་ཕྱིན་པ་ནི་གཟུང་དུ་མེད་པའོ། །ནང་སྟོང་པ་ཉིད་ནི་གཟུང་དུ་མེད་པའོ། །ཕྱི་སྟོང་པ་ཉིད་ནི་གཟུང་དུ་མེད་པའོ། །ཕྱི་ནང་སྟོང་པ་ཉིད་ནི་གཟུང་དུ་མེད་པའོ། །སྟོང་པ་ཉིད་སྟོང་པ་ཉིད་ནི་གཟུང་དུ་མེད་པའོ། །ཆེན་པོ་སྟོང་པ་ཉིད་ནི་གཟུང་དུ་མེད་པའོ། །དོན་དམ་པ་སྟོང་པ་ཉིད་ནི་གཟུང་དུ་མེད་པའོ། །འདུས་བྱས་སྟོང་པ་ཉིད་ནི་གཟུང་དུ་མེད་པའོ། །འདུས་མ་བྱས་སྟོང་པ་ཉིད་ནི་གཟུང་དུ་མེད་པའོ། །མཐའ་ལས་འདས་པ་སྟོང་པ་ཉིད་ནི་གཟུང་དུ་མེད་པའོ། །ཐོག་མ་དང་ཐ་མ་མེད་པ་སྟོང་པ་ཉིད་ནི་གཟུང་དུ་མེད་པའོ། །དོར་བ་མེད་པ་སྟོང་པ་ཉིད་ནི་(༦)གཟུང་དུ་མེད་པའོ། །རང་བཞིན་སྟོང་པ་ཉིད་ནི་གཟུང་དུ་མེད་པའོ། །ཆོས་ཐམས་ཅད་སྟོང་པ་ཉིད་ནི་གཟུང་དུ་མེད་པའོ། །རང་གི་མཚན་ཉིད་སྟོང་པ་ཉིད་ནི་གཟུང་དུ་མེད་པའོ། །མི་དམིགས་པ་སྟོང་པ་ཉིད་ནི་གཟུང་དུ་མེད་པའོ། །དངོས་པོ་མེད་པ་སྟོང་པ་ཉིད་ནི་གཟུང་དུ་མེད་པའོ། །ངོ་བོ་ཉིད་སྟོང་པ་ཉིད་ནི་

གཟུང་དུ་མེད་པའོ། །དངོས་པོ་མེད་པའི་ངོ་བོ་ཉིད་སྟོང་པ་ཉིད་ནི་གཟུང་དུ་མེད་པའོ༑ །དྲན་པ་ཉེ་བར་གཞག་པ་བཞི་ནི་གཟུང་དུ་མེད་པའོ། །ཡང་དག་པར་སྤོང་(༡)བ་བཞི་ནི་གཟུང་དུ་མེད་པའོ། །རྫུ་འཕྲུལ་གྱི་རྐང་པ་བཞི་ནི་གཟུང་དུ་མེད་པའོ། །དབང་པོ་ལྔ་ནི་གཟུང་དུ་མེད་པའོ། །སྟོབས་ལྔ་ནི་གཟུང་དུ་མེད་པའོ།། བྱང་ཆུབ་ཀྱི་ཡན་ལག་བདུན་ནི་གཟུང་དུ་མེད་པའོ། །འཕགས་པའི་ལམ་ཡན་ལག་བརྒྱད་པ་ནི་གཟུང་དུ་མེད་པའོ། །འཕགས་པའི་བདེན་པ་བཞི་ནི་གཟུང་དུ་མེད་པའོ། །བསམ་གཏན་བཞི་ནི་གཟུང་དུ་མེད་པའོ། །ཚད་མེད་པ་བཞི་ནི་གཟུང་དུ་མེད་པའོ། །གཟུགས་མེད་པའི་སྙོམས་པར་འཇུག་པ་བཞི་ནི་གཟུང་དུ་མེད་པའོ། །རྣམ་པར་ཐར་པ་བརྒྱད་ནི་གཟུང་དུ་མེད་པའོ། །མཐར་གྱིས་གནས་པའི་སྙོམས་པར་འཇུག་པ་དགུ་ནི་གཟུང་དུ་མེད་པའོ། །རྣམ་པར་ཐར་པའི་སྒོ་སྟོང་པ་ཉིད་དང་། མཚན་མ་མེད་པ་དང་། སྨོན་པ་མེད་པ་ནི་གཟུང་དུ་མེད་པའོ༑ །མངོན་པར་ཤེས་པ་རྣམས་ནི་གཟུང་དུ་མེད་པའོ། །ཏིང་ངེ་འཛིན་རྣམས་ནི་གཟུང་དུ་མེད་པའོ། །གཟུངས་(༢)ཀྱི་སྒོ་རྣམས་ནི་གཟུང་དུ་མེད་པའོ། །དེ་བཞིན་གཤེགས་པའི་སྟོབས་བཅུ་ནི་གཟུང་དུ་མེད་པའོ། །མི་འཇིགས་པ་བཞི་ནི་གཟུང་དུ་མེད་པའོ། །སོ་སོ་ཡང་དག་པར་རིག་པ་བཞི་ནི་གཟུང་དུ་མེད་པའོ། །(༣)སྙིང་རྗེ་ཆེན་པོ་ནི་གཟུང་དུ་མེད་པའོ། །སངས་རྒྱས་ཀྱི་ཆོས་མ་འདྲེས་པ་བཅོ་བརྒྱད་ནི་གཟུང་དུ་མེད་པའོ། །ཤ་ར་དྭ་ཏིའི་བུ་དེ་ནི་གཟུང་དུ་མེད་པའི་ཕ་རོལ་ཏུ་ཕྱིན་པ་སྟེ། འདི་ལྟར་ཤེས་རབ་ཀྱི་ཕ་རོལ་ཏུ་ཕྱིན་པའོ། །དེ་ལ་བྱང་ཆུབ་སེམས་དཔའ་སེམས་དཔའ་ཆེན་པོས་བསླབ་པར་བྱ་སྟེ། དེ་ལ་སློབ་(༤)པའི་བྱང་ཆུབ་སེམས་དཔའ་སེམས་(༥)དཔའ་ཆེན་པོས་ནི་བསླབ༔ པར་ཡང་(༦)མི་དམིགས་ན། ཤེས་རབ་ཀྱི་ཕ་རོལ་ཏུ་ཕྱིན་པ་ལྟ་ཅི་སྨོས། བྱང་ཆུབ་ལྟ་ཡང་ཅི་སྨོས། བྱང་ཆུབ་

ཀྱི་ཆོས་རྣམས་ལྟ་ཡང་ཅི་སྨོས། སངས་རྒྱས་ཀྱི་ཆོས་རྣམས་ལྟ་ཡང་ཅི་སྨོས། རང་སངས་རྒྱས་ཀྱི་ཆོས་རྣམས་ལྟ་ཡང་ཅི་སྨོས། ཉན་ཐོས་ཀྱི་[1]ཆོས་རྣམས་ལྟ་ཡང་ཅི་སྨོས། སོ་སོའི་སྐྱེ་བོའི་ཆོས་རྣམས་ལྟ་ཡང་ཅི་སྨོས། དེ་ཅིའི་ཕྱིར་ཞེ་ན། ཤ་ར་དྭ་ཏིའི་བུ་དེ་ནི་འདི་ལྟར་ཆོས་གང་ལ་ཡང་ངོ་བོ་ཉིད་མེད་དོ། །དེ་ལྟར་ཆོས་ཐམས་ཅད་དངོས་པོ་མེད་པའི་ངོ་བོ་ཉིད་ལ་སོ་སོའི་སྐྱེ་བོའི་ཆོས་ནི་གང་། རྒྱུན་ཏུ་ཞུགས་པ་ནི་གང་ཞིག་ཡོད། ལན་ཅིག་ཕྱིར་འོང་བ་ནི་གང་ཞིག་ཡོད། ཕྱིར་མི་འོང་བ་ནི་གང་ཞིག་ཡོད། དགྲ་བཅོམ་པ་ནི་གང་ཞིག་ཡོད། རང་སངས་རྒྱས་ནི་གང་ཞིག་ཡོད། བྱང་ཆུབ་སེམས་དཔའ་ནི་གང་ཞིག་ཡོད། དེ་བཞིན་གཤེགས་པ་དགྲ་བཅོམ་པ་ཡང་དག་པར་རྫོགས་པའི་སངས་རྒྱས་ནི་གང་ཞིག་ཡོད། གལ་ཏེ་གང་ཟག་དེ་དག་དམིགས་སུ་མེད་ན། ཆོས་གང་གིས་སོ་སོའི་སྐྱེ་བོའམ། རྒྱུན་ཏུ་ཞུགས་པའམ། ལན་ཅིག་ཕྱིར་འོང་བ་འམ། ཕྱིར་མི་འོང་བ་འམ། དགྲ་བཅོམ་པ་འམ། རང་སངས་རྒྱས་སམ། བྱང་ཆུབ་སེམས་དཔའ་འམ། དེ་བཞིན་གཤེགས་པ་དགྲ་བཅོམ་པ་ཡང་དག་པར་རྫོགས་པའི་སངས་རྒྱས་ཞེས་བྱ་བར་བརྗོད་པའི་ཆོས་དེ་དག་འབྱུང་བར་[2]ཡང་ག་ལ་འགྱུར།། །།

ཤེས་རབ་ཀྱི་ཕ་རོལ་ཏུ་ཕྱིན་པ་སྟོང་ཕྲག་བརྒྱ་པ། བམ་པོ་བཅུ་བཞི་པ[3]། གསོལ་པ། བཅོམ་ལྡན་འདས་ཆོས་ཐམས་ཅད་དངོས་པོ་མ་མཆིས་པ་ལ། འདི་ནི་སོ་སོའི་སྐྱེ་བོའོ་[4]ཞེས་བགྱི་བ་ནས། འདི་ནི་དེ་བཞིན་གཤེགས་པ་དགྲ་བཅོམ་པ་ཡང་དག་པར་རྫོགས་པའི་སངས་རྒྱས་སོ། །ཤེས་བགྱི་བའི་བར་དུ་འབྱུང་བ་ཅིའི་སླད་དུ་དམིགས་པར་འགྱུར[5]། བཅོམ་ལྡན་འདས་ཀྱིས་བཀའ་སྩལ་པ། ཤ་ར་དྭ་ཏིའི་བུ་ཅི་[6]གཟུགས་ཀྱི་དངོས་པོ་གང་ལ། བྱིས་པ་སོ་སོའི་སྐྱེ་བོ་རྣམས་མངོན་པར་ཞེན་པར་གྱུར་པ་[7]དེ་ལྟ་བུ་ཡོད་དམ། ༔ཡོད་པར་གྱུར་

ཏམ། ① ཡོད་པར་འགྱུར་②རམ། གསོལ་པ། བཅོམ་ལྡན་འདས་ཕྱིན་ཅི་ལོག་མ་གཏོགས་པར། དེ་ནི་མ་ལགས་སོ། །བཅོམ་ལྡན་འདས་ཀྱིས་བཀའ་སྩལ་པ། ཤཱ་ར་དྭ་ཏིའི་བུ་ཅི་ཚོར་བའི་དངོས་པོ་གང་ལ། བྱིས་པ་སོ་སོའི་སྐྱེ་བོ་རྣམས་མངོན་པར་ཞེན་པརཿགྱུར་པ་③དེ་ལྟ་བུ་ཡོད་དམ། ཡོད་པར་གྱུར་ཏམ། ཡོད་པར་འགྱུར་རམ། གསོལ་པ། བཅོམ་ལྡན་འདས་ཕྱིན་ཅི་ལོག་མ་གཏོགས་པར་དེ་ནི་མ་ལགས་སོ། །བཅོམ་ལྡན་འདས་ཀྱིས་བཀའ་སྩལ་པ། ཤཱ་ར་དྭ་ཏིའི་བུ་ཅི་འདུ་ཤེས་ཀྱི་དངོས་པོ་གང་ལ། བྱིས་པ་སོ་སོའི་སྐྱེ་བོ་རྣམས་④མངོན་པར་ཞེན་པར་གྱུར་པ་དེ་ལྟ་བུ་ཡོད་དམ། ཡོད་པར་གྱུར་ཏམ། ཡོད་པར་འགྱུར་རམ། གསོལ་པ། བཅོམ་ལྡན་འདས་ཕྱིན་ཅི་ལོག་མ་གཏོགས་པར་དེ་ནི་མ་ལགས་སོ། །བཅོམ་ལྡན་འདས་ཀྱིས་⑤བཀའ་སྩལ་པ། ཤཱ་ར་དྭ་ཏིའི་བུ་ཅི་འདུ་བྱེད་ཀྱི་དངོས་པོ་གང་ལ། བྱིས་པ་སོ་སོའི་སྐྱེ་བོ་རྣམས་མངོན་པར་ཞེན་པར་གྱུར་པ་དེ་ལྟ་བུ་ཡོད་དམ། ཡོད་པར་གྱུར་ཏམ། ཡོད་པར་འགྱུར་རམ། གསོལ་པ། བཅོམ་ལྡན་འདས་ཕྱིན་ཅི་ལོག་མ་གཏོགས་པར་དེ་ནི་མ་ལགས་སོ། །བཅོམ་ལྡན་འདས་ཀྱིས་བཀའ་སྩལ་པ། ཤཱ་ར་དྭ་ཏིའི་བུཿཅི་རྣམ་⑥པར་ཤེས་པའི་དངོས་པོ་གང་ལ་བྱིས་པ་སོ་སོའི་སྐྱེ་བོ་རྣམས་མངོན་པར་ཞེན་པར་གྱུར་པ་དེ་ལྟ་བུ་ཡོད་དམ། ཡོད་པར་གྱུར་ཏམ། ཡོད་པར་འགྱུར་རམ། གསོལ་པ། བཅོམ་ལྡན་འདས་ཕྱིན་ཅི་ལོག་མ་གཏོགས་པར་དེ་ནི་མ་ལགས་སོ། །བཅོམ་ལྡན་འདས་ཀྱིས་བཀའ་སྩལ་པ། ཤཱ་ར་དྭ་ཏིའི་བུ་ཅི་མིག་གི་དངོས་པོ་གང་ལ། བྱིས་པ་སོ་སོའི་སྐྱེ་བོ་རྣམས་མངོན་པར་ཞེན་པརཿགྱུར་པ་⑦དེ་ལྟ་བུ་ཡོད་དམ། ཡོད་པར་གྱུར་ཏམ། ཡོད་པར་འགྱུར་རམ། གསོལ་པ། བཅོམ་ལྡན་འདས་ཕྱིན་ཅི་ལོག་མ་གཏོགས་པར་དེ་ནི་མ་ལགས་སོ། །བཅོམ་ལྡན་འདས་ཀྱིས་བཀའ་སྩལ་པ། ཤཱ་ར་དྭ་

ཏིའི་བུ་ཅི་རྣ་བའི་དངོས་པོ་གང་ལ་བྱིས་པ་སོ་སོའི་སྐྱེ་བོ་རྣམས་མངོན་པར་ཞེན་པར་གྱུར་པ་དེ་ལྟ་བུ་ཡོད་དམ། ཡོད་པར་གྱུར་ཏམ། ཡོད་པར་འགྱུར་རམ། གསོལ་པ། བཅོམ་ལྡན་འདས་ཕྱིན་ཅི་ལོག་མ་གཏོགས་པར་དེ་ནི་མ་ལགས་སོ། །བཅོམ་ལྡན་འདས་ཀྱིས་བཀའ་སྩལ་པ། ཤ་ར་དྭ་ཏིའི་བུ་ཅི་སྣའི་དངོས་པོ་གང་ལ་བྱིས་པ་སོ་སོའི་སྐྱེ་བོ་རྣམས་མངོན་པར་ཞེན་པར་གྱུར་པ་དེ་ལྟ་བུ་ཡོད་དམ། ཡོད་པར་གྱུར་ཏམ། ཡོད་པར་འགྱུར་རམ། གསོལ་པ། བཅོམ་ལྡན་འདས་ཕྱིན་ཅི་ལོག་མ་གཏོགས་པར་དེ་ནི་མ་ལགས་སོ། །བཅོམ་ལྡན་འདས་ཀྱིས་བཀའ་སྩལ་པ། ཤ་ར་དྭ་ཏིའི་བུ་ཅི་ལྕེའི་དངོས་པོ་གང་ལ་བྱིས་པ་སོ་སོའི་སྐྱེ་བོ་རྣམས་མངོན་པར་ཞེན་པར་གྱུར་པ་དེ་ལྟ་བུ་ཡོད་དམ། ཡོད་པར་གྱུར་ཏམ། ཡོད་པར་འགྱུར་རམ། གསོལ་པ། བཅོམ་ལྡན་འདས་ཕྱིན་ཅི་ལོག་མ་གཏོགས་པར་དེ་ནི་མ་ལགས་སོ། །བཅོམ་ལྡན་འདས་ཀྱིས་བཀའ་སྩལ་པ། ཤ་ར་དྭ་ཏིའི་བུ་ཅི་ལུས་ཀྱི་དངོས་པོ་གང་ལ་བྱིས་པ་སོ་སོའི་སྐྱེ་བོ་རྣམས་མངོན་པར་ཞེན་པར་གྱུར་པ་དེ་ལྟ་བུ་ཡོད་དམ། ཡོད་པར་གྱུར་ཏམ། ཡོད་པར་འགྱུར་རམ། གསོལ་པ༑ བཅོམ་ལྡན་འདས་ཕྱིན་ཅི་ལོག་མ་གཏོགས་པར་དེ་ནི་མ་ལགས་སོ། །བཅོམ་ལྡན་འདས་ཀྱིས་བཀའ་སྩལ་པ། ཤ་ར་དྭ་ཏིའི་བུ་ཅི་ཡིད་ཀྱི་དངོས་པོ་གང་ལ༑ བྱིས་པ་སོ་སོའི་སྐྱེ་བོ་རྣམས་མངོན་པར་ཞེན་པར་གྱུར་པ་དེ་ལྟ་བུ་ཡོད་དམ[2]། ཡོད་པར་གྱུར་ཏམ། ཡོད་པར་འགྱུར་རམ། གསོལ་པ། བཅོམ་ལྡན་འདས་ཕྱིན་ཅི་ལོག་མ་གཏོགས་པར་དེ་ནི་མ་ལགས་སོ། །བཅོམ་ལྡན་འདས་ཀྱིས་བཀའ་སྩལ་པ། ཤ་ར་དྭ་ཏིའི་བུ་ཅི་གཟུགས་ཀྱི་དངོས་པོ་གང་ལ་བྱིས་པ་སོ་སོའི་སྐྱེ་བོ་རྣམས་མངོན་པར་ཞེན་པར་གྱུར་པ་དེ་ལྟ་བུ་ཡོད་དམ། ཡོད་པར་གྱུར་ཏམ། ཡོད་པར་འགྱུར་རམ། གསོལ་པ། བཅོམ་ལྡན་འདས་ཕྱིན་ཅི་ལོག་མ་གཏོགས་

པར་དེ་ནི་མ་ལགས་སོ། །བཅོམ་ལྡན་འདས་ཀྱིས་བཀའ་སྩལ་པ། ཤ་ར་དྭ་ཏིའི་བུ་ཅི①སྒྲའི་དངོས་པོ་གང་ལ། བྱིས་པ་སོ་སོའི་སྐྱེ་བོ་རྣམས་མངོན་པར་ཞེན་པརཿགྱུར་པ②དེ་ལྟ་བུ་ཡོད་དམ། ཡོད་པར་གྱུར་ཏམ། ཡོད་པར་འགྱུར་རམ། གསོལ་པ། བཅོམ་ལྡན་འདས་ཕྱིན་ཅི་ལོག་མ་གཏོགས་པར་དེ་ནི་མ་ལགས་སོ། །བཅོམ་ལྡན་འདས་ཀྱིས་བཀའ་སྩལ་པ། ཤ་ར་དྭ་ཏིའི་བུ་ཅི③དྲིའི་དངོས་པོ་གང་ལ་བྱིས་པ་སོ་སོའི་སྐྱེ་བོ་རྣམས་མངོན་པར་ཞེན་པར་གྱུར་པ་དེ་ལྟ་བུ་ཡོད་དམ། ཡོད④པར་གྱུར་ཏམ། ཡོད་པར་འགྱུར་རམ། གསོལ་པ། བཅོམ་ལྡན་འདས་ཕྱིན་ཅི་ལོག་མ་གཏོགས་པར་དེ་ནི་མ་ལགས་སོ། །བཅོམ་ལྡན་འདས་ཀྱིས་བཀའ་སྩལ་པ། ཤ་ར་དྭ་ཏིའི་བུཿཅི་རོའི⑤དངོས་པོ་གང་ལ་བྱིས་པ་སོ་སོའི་སྐྱེ་བོ་རྣམས་མངོན་པར་ཞེན་པར་གྱུར་པ་དེ་ལྟ་བུ་ཡོད་དམ། ཡོད་པར་གྱུར་ཏམ། ཡོད་པར་འགྱུར་རམ། གསོལ་པ། བཅོམ་ལྡན་འདས་ཕྱིན་ཅི་ལོག་མ་གཏོགས་པར་དེ་ནི་མ་ལགས་སོ། །བཅོམ་ལྡན་འདས་ཀྱིས་བཀའ་སྩལ་པ། ཤ་ར་དྭ་ཏིའི་བུ་ཅི⑥རེག་གི་དངོས་པོ་གང་ལ་བྱིས་པ་སོ་སོའི་སྐྱེ་བོ་རྣམས་མངོན་པར་ཞེན་པར་གྱུར་པ་དེ་ལྟ་བུ་ཡོད་དམ། ཡོད་པར་གྱུར་ཏམ། ཡོད་པར་འགྱུར་རམ། གསོལ་པ། བཅོམ་ལྡན་འདས་ཕྱིན་ཅི་ལོག་མ་གཏོགས་པར་དེ་ནི་མ་ལགས་སོ། །བཅོམ་ལྡན་འདས་ཀྱིས་བཀའ་སྩལ་པ། ཤ་ར་དྭ་ཏིའི་བུ་ཅི⑦ཆོས་ཀྱི⑧དངོས་པོ་གང་ལ་བྱིས་པ་སོ་སོའི་སྐྱེ་བོ་རྣམས་མངོན་པར་ཞེན་པར་གྱུར་པ་དེ་ལྟ་བུ་ཡོད་དམ། ཡོད་པར་གྱུར་ཏམ། ཡོད་པར་འགྱུར་རམ། གསོལ་པ། བཅོམ་ལྡན་འདས་ཕྱིན་ཅི་ལོག་མ་གཏོགས་པར་དེ་ནི་མ་ལགས་སོ། །བཅོམ་ལྡན་འདས་ཀྱིས⑨བཀའ་སྩལ་པ། ཤ་ར་དྭ་ཏིའི་བུ་ཅི⑩མིག་གི་རྣམ་པར་ཤེས་པའི་དངོས་པོ་གང་ལ་བྱིས་པ་སོ་སོའི་སྐྱེ་བོ་རྣམས་མངོན་པར་ཞེན་པར་གྱུར་པ་དེ་ལྟ་བུ་ཡོད་དམ།

ཡོད་པར་གྱུར་ཏམ། ཡོད་པར་འགྱུར་རམ། གསོལ་པ། བཅོམ་ལྡན་འདས་ཕྱིན་ཅི་ལོག་མ་གཏོགས་པར་དེ་ནི་མ་ལགས་སོ། །བཅོམ་ལྡན་འདས་ཀྱིས་བཀའ་སྩལ་པ། ཤ་ར་དྭ་ཏིའི་བུ་ཅི[༡]རྣ་བའི་རྣམ་པར་ཤེས་པའི་དངོས་པོ་གང་ལ་བྱིས་པ་སོ་སོའི་སྐྱེ་བོ་རྣམས་མངོན་པར་ཞེན་པར་གྱུར་པ་དེ་ལྟ་བུ་ཡོད་དམ། ཡོད་པར་གྱུར་ཏམ། ཡོད་པར་འགྱུར[༢]རམ། གསོལ་པ། བཅོམ་ལྡན་འདས་ཕྱིན་ཅི་ལོག་མ་གཏོགས་པར་དེ་ནི་མ་ལགས་སོ། །བཅོམ་ལྡན་འདས་ཀྱིས་བཀའ་སྩལ་པ། ཤ་ར་དྭ་ཏིའི་བུ་ཅི[༣]སྣའི་རྣམ་པར་ཤེས་པའི་དངོས་པོ་གང་ལ། བྱིས་པ་སོ་སོའི་སྐྱེ་བོ་རྣམས་མངོན་པར་ཞེན་པར་གྱུར་པ་དེ་ལྟ་བུ་ཡོད་དམ། ཡོད་པར་གྱུར་ཏམ། ཡོད་པར་འགྱུར་རམ། གསོལ་པ། བཅོམ་ལྡན་འདས་ཕྱིན་ཅི་ལོག་མ་གཏོགས་པར་དེ་ནི་མ་ལགས་སོ། །བཅོམ་ལྡན་འདས་ཀྱིས་བཀའ་སྩལ་པ། ཤ་ར་དྭ་ཏིའི་བུ་ཅི[༤]ལྕེའི་རྣམ་པར་ཤེས་པའི་དངོས་པོ་གང་ལ། བྱིས་པ་སོ་སོའི་སྐྱེ་བོ་རྣམས་མངོན་པར་ཞེན་པར་གྱུར་པ་དེ་ལྟ་བུ་ཡོད་དམ། ཡོད་པར་གྱུར་ཏམ། ཡོད་པར་འགྱུར་རམ། གསོལ་པ། བཅོམ་ལྡན་འདས་ཕྱིན་ཅི་ལོག་མ་གཏོགས་པར་དེ་ནི་མ་ལགས་སོ། །བཅོམ་ལྡན་འདས་ཀྱིས་བཀའ་སྩལ་པ། ཤ་ར་དྭ་ཏིའི་བུ་ཅི[༥]ལུས་ཀྱི་རྣམ་པར་ཤེས་པའི་དངོས་པོ་གང་ལ་བྱིས་པ་སོ་སོའི་སྐྱེ་བོ་རྣམས་མངོན་པར་ཞེན་པར་གྱུར་པ་དེ་ལྟ་བུ་ཡོད་དམ། ཡོད་པར་གྱུར[༦]ཏམ། ཡོད་པར་འགྱུར་རམ། གསོལ་པ། བཅོམ་ལྡན་འདས་ཕྱིན་ཅི་ལོག་མ་གཏོགས་པར་དེ་ནི་མ་ལགས་སོ། །བཅོམ་ལྡན་འདས་ཀྱིས་བཀའ་སྩལ་པ། ཤ་ར་དྭ་ཏིའི་བུ་ཅི[༧]ཡིད་ཀྱི་རྣམ་པར་ཤེས་པའི་དངོས་པོ་གང་ལ་བྱིས་པ་སོ་སོའི་སྐྱེ་བོ་རྣམས་མངོན་པར་ཞེན་པར་གྱུར་པ་དེ་ལྟ་བུ་ཡོད་དམ། ཡོད་པར་གྱུར་ཏམ། ཡོད་པར་འགྱུར་རམ། གསོལ་པ། བཅོམ་ལྡན་འདས་ཕྱིན་ཅི་ལོག་མ་གཏོགས་

པར་དེ་ནི་མ་ལགས་སོ། །བཅོམ་ལྡན་འདས་ཀྱིས་བཀའ་སྩལ་པ། ཤ་ར་དྭ་ཏིའི་བུ་ཅི་(༡)མིག་གི་འདུས་ཏེ་རེག་པའི་དངོས་པོ་གང་ལ་ཕྱིས་པ་སོ་སོའི་སྐྱེ་བོ་རྣམས་མངོན་པར་ཞེན་པར་གྱུར་པ་དེ་ལྟ་བུ་ཡོད་དམ། ཡོད་པར་གྱུར་ཏམ། ཡོད་པར་འགྱུར་རམ། གསོལ་པ། བཅོམ་ལྡན་འདས་ཕྱིན་ཅི་ལོག་མ་གཏོགས་པར་དེ་ནི་མ་ལགས་སོ། །བཅོམ་ལྡན་འདས་ཀྱིས་བཀའ་སྩལ་པ། ཤ་ར་དྭ་ཏིའི་བུ་ཅི་(༢)རྣ་བའི་འདུས་ཏེ་རེག་པའི་དངོས་པོ་གང་ལ་ཕྱིས་པ་སོ་སོའི་སྐྱེ་བོ་རྣམས་མངོན་པར་ཞེན་པར་གྱུར་པ་དེ་ལྟ་བུ་ཡོད་དམ། ཡོད་པར་གྱུར་ཏམ། ཡོད་པར་འགྱུར་རམ། གསོལ་པ། བཅོམ་ལྡན་འདས་ཕྱིན་ཅི་ལོག་མ་གཏོགས་པར་དེ་ནི་མ་ལགས་སོ། །བཅོམ་ལྡན་འདས་ཀྱིས་བཀའ་སྩལ་པ། ཤ་ར་དྭ་ཏིའི་བུ་ཅི་(༣)སྣའི་འདུས་ཏེ་རེག་པའི་དངོས་པོ་གང་ལ་ཕྱིས་པ་སོ་སོའི་སྐྱེ་བོ་རྣམས་མངོན་པར་ཞེན་པར་གྱུར་པ་དེ་ལྟ་བུ་ཡོད་དམ། ཡོད་པར་གྱུར་ཏམ། ཡོད་པར་འགྱུར་རམ། གསོལ་པ། བཅོམ་ལྡན་འདས་ཕྱིན་ཅི་ལོག་མ་གཏོགས་པར་དེ་ནི་མ་ལགས་སོ། །བཅོམ་ལྡན་འདས་ཀྱིས་བཀའ་སྩལ་པ། ཤ་ར་དྭ་ཏིའི་བུ་ཅི་(༤)ལྕེའི་འདུས་ཏེ་རེག་པའི་དངོས་པོ་གང་ལ། ཕྱིས་པ་སོ་སོའི་སྐྱེ་བོ་རྣམས་མངོན་པར་ཞེན་པར་གྱུར་པ་དེ་ལྟ་བུ་ཡོད་དམ། ཡོད་པར་གྱུར་ཏམ། ཡོད་པར་འགྱུར་རམ། གསོལ་པ། བཅོམ་ལྡན་འདས་ཕྱིན་ཅི་ལོག་མ་གཏོགས་པར་དེ་ནི་མ་ལགས་སོ། །བཅོམ་ལྡན་འདས་ཀྱིས་བཀའ་སྩལ་པ། ཤ་ར་དྭ་ཏིའི་བུ་ཅི་(༥)ལུས་ཀྱི་འདུས་ཏེ་རེག་པའི་དངོས་པོ་གང་ལ། ཕྱིས་པ་སོ་སོའི་སྐྱེ་བོ་རྣམས་མངོན་པར་ཞེན་པར་གྱུར་པ་དེ་ལྟ་བུ་ཡོད་དམ། ཡོད་པར་གྱུར་ཏམ། ཡོད་པར་འགྱུར་རམ། གསོལ་པ། བཅོམ་ལྡན་འདས་ཕྱིན་ཅི་ལོག་མ་གཏོགས་པར་དེ་ནི་མ་ལགས་སོ། །བཅོམ་ལྡན་འདས་ཀྱིས་བཀའ་སྩལ་པ། ཤ་ར་དྭ་ཏིའི་བུ་

ཅེ་(༡)ཡིད་ཀྱི་འདུས་ཏེ་རེག་པའི་དངོས་པོ་གང་ལ། བྱིས་པ་སོ་སོའི་སྐྱེ་བོ་རྣམས་མངོན་པར་ཞེན་པར་གྱུར་པ་དེ་ལྟ་བུ་ཡོད་དམ། ཡོད་པར་གྱུར་ཏམ། ཡོད་པར་འགྱུར་རམ། གསོལ་པ། བཅོམ་ལྡན་འདས་ཕྱིན་ཅི་ལོག་མ་གཏོགས་པར་དེ་ནི་མ་ལགས་སོ། །བཅོམ་ལྡན་འདས་ཀྱིས་བཀའ་སྩལ་པ། ཤ་ར་དྭ་ཏིའི་བུ་ཅེ་(༢)མིག་གི་འདུས་ཏེ་རེག་པའི་རྐྱེན་གྱིས་ཚོར་བའི་དངོས་པོ་གང་ལ། བྱིས་པ་སོ་སོའི་སྐྱེ་བོ་རྣམས་མངོན་པར་ཞེན་པར་གྱུར་པ་དེ་ལྟ་བུ་ཡོད་དམ། ཡོད་པར་གྱུར་ཏམ། ཡོད་པར་འགྱུར་རམ། གསོལ་པ། བཅོམ་ལྡན་འདས་ཕྱིན་ཅི་ལོག་མ་གཏོགས་པར་དེ་ནི་མ་ལགས་སོ། །བཅོམ་ལྡན་འདས་ཀྱིས་བཀའ་སྩལ་པ། ཤ་ར་དྭ་ཏིའི་བུ་ཅེ་(༣)རྣ་བའི་འདུས་ཏེ་རེག་པའི་རྐྱེན་གྱིས་ཚོར་བའི་དངོས་པོ་གང་ལ་བྱིས་པ་སོ་སོའི་སྐྱེ་བོ་རྣམས་མངོན་པར་ཞེན་པར་གྱུར་པ་དེ་ལྟ་བུ་ཡོད་དམ། ཡོད་པར་གྱུར་ཏམ། ཡོད་པར་འགྱུར་རམ། གསོལ་པ། བཅོམ་ལྡན་འདས་ཕྱིན་ཅི་ལོག་མ་གཏོགས་པར་དེ་ནི་མ་ལགས་སོ། །བཅོམ་ལྡན་འདས་ཀྱིས་བཀའ་སྩལ་པ། ཤ་ར་དྭ་ཏིའི་བུ་ཅེ་(༤)སྣའི་འདུས་ཏེ་རེག་པའི་རྐྱེན་གྱིས་ཚོར་བའི་དངོས་པོ་གང་ལ་བྱིས་པ་སོ་སོའི་སྐྱེ་བོ་རྣམས་མངོན་པར་ཞེན་པར་གྱུར་པ་དེ་ལྟ་བུ་ཡོད་དམ། ཡོད་པར་གྱུར་ཏམ། ཡོད་པར་འགྱུར་རམ། གསོལ་པ། བཅོམ་ལྡན་འདས་ཕྱིན་ཅི་ལོག་མ་གཏོགས་པར་དེ་ནི་མ་ལགས་སོ། །བཅོམ་ལྡན་འདས་ཀྱིས་བཀའ་སྩལ་པ། ཤ་ར་དྭ་ཏིའི་བུ་ཅེ་(༥)ལྕེའི་འདུས་ཏེ་རེག་པའི་རྐྱེན་གྱིས་ཚོར་བའི་དངོས་པོ་གང་ལ་བྱིས་པ་སོ་སོའི་སྐྱེ་བོ་རྣམས་མངོན་པར་ཞེན་པར་གྱུར་པ་དེ་ལྟ་བུ་ཡོད་དམ། ཡོད་པར་གྱུར་ཏམ། ཡོད་པར་འགྱུར་རམ། གསོལ་པ། བཅོམ་ལྡན་འདས་ཕྱིན་ཅི་ལོག་མ་གཏོགས་པར་དེ་ནི་མ་ལགས་སོ། །བཅོམ་ལྡན་འདས་ཀྱིས་བཀའ་སྩལ་པ། ཤ་ར་དྭ་ཏིའི་བུ་ཅེ་(༦)ལུས་ཀྱི་འདུས་ཏེ་རེག་པའི་རྐྱེན་

ཀྱིས་ཚོར་བའི་དངོས་པོ་གང་ལ། བྱིས་པ་སོ་སོའི་སྐྱེ་བོ་རྣམས་མངོན་པར་ཞེན་པར་གྱུར་པ་དེ་ལྟ་བུ་ཡོད་དམ། ཡོད་པར་གྱུར་ཏམ། ཡོད་པར་འགྱུར་རམ། གསོལ་པ། བཅོམ་ལྡན་འདས་ཕྱིན་ཅི་ལོག་མ་གཏོགས་པར་དེ་ནི་མ་ལགས་སོ། །བཅོམ་ལྡན་འདས་ཀྱིས་བཀའ་སྩལ་པ། ཤ་ར་དྭ་ཏིའི་བུ་ཅེ་①ཡིད་ཀྱི་②འདུས་ཏེ་རེག་པའི་རྐྱེན་ཀྱིས་ཚོར་བའི་དངོས་པོ་གང་ལ། བྱིས་པ་སོ་སོའི་སྐྱེ་བོ་རྣམས་མངོན་པར་ཞེན་པར་གྱུར་པ་དེ་ལྟ་བུ་ཡོད་དམ། ཡོད་པར་གྱུར་ཏམ། ཡོད་པར་འགྱུར་རམ། གསོལ་པ། བཅོམ་ལྡན་འདས་ཕྱིན་ཅི་ལོག་མ་གཏོགས་པར་དེ་ནི་མ་ལགས་སོ། །བཅོམ་ལྡན་འདས་ཀྱིས་བཀའ་སྩལ་པ། ཤ་ར་དྭ་ཏིའི་བུ་ཅེ་③སའི་ཁམས་ཀྱི་དངོས་པོ་གང་ལ། བྱིས་པ་སོ་སོའི་སྐྱེ་བོ་རྣམས་མངོན་པར་ཞེན་པར་གྱུར་པ་དེ་ལྟ་བུ་ཡོད་དམ། ཡོད་པར་གྱུར་ཏམ། ཡོད་པར་འགྱུར་རམ། གསོལ་པ། བཅོམ་ལྡན་འདས་ཕྱིན་ཅི་ལོག་མ་གཏོགས་པར་དེ་ནི་མ་ལགས་སོ། །བཅོམ་ལྡན་འདས་ཀྱིས་བཀའ་སྩལ་པ། ཤ་ར་དྭ་ཏིའི་བུ་ཅེ་④ཆུའི་ཁམས་ཀྱི་⑤དངོས་པོ་གང་ལ། བྱིས་པ་སོ་སོའི་སྐྱེ་བོ་རྣམས་མངོན་པར་ཞེན་པར་གྱུར་པ་དེ་ལྟ་བུ་ཡོད་དམ། ཡོད་པར་གྱུར་ཏམ། ཡོད་པར་འགྱུར་རམ། གསོལ་པ། བཅོམ་ལྡན་འདས་ཕྱིན་ཅི་ལོག་མ་གཏོགས་པར་དེ་ནི་མ་ལགས་སོ། །བཅོམ་ལྡན་འདས་ཀྱིས་བཀའ་སྩལ་པ། ཤ་ར་དྭ་ཏིའི་བུ་ཅེ་⑥མེའི་ཁམས་ཀྱི་དངོས་པོ་གང་ལ། བྱིས་པ་སོ་སོའི་སྐྱེ་བོ་རྣམས་མངོན་པར་ཞེན་པར་གྱུར་པ་དེ་ལྟ་བུ་ཡོད་དམ། ཡོད་པར་གྱུར་ཏམ། ཡོད་པར་འགྱུར་རམ། གསོལ་པ། བཅོམ་ལྡན་འདས་ཕྱིན་ཅི་ལོག་མ་གཏོགས་པར་དེ་ནི་མ་ལགས་སོ། །བཅོམ་ལྡན་འདས་ཀྱིས་བཀའ་སྩལ་པ། ཤ་ར་དྭ་ཏིའི་བུ་ཅེ་⑦རླུང་གི་ཁམས་ཀྱི་དངོས་པོ་གང་ལ་བྱིས་པ་སོ་སོའི་སྐྱེ་བོ་རྣམས་མངོན་པར་ཞེན་པར་གྱུར་པ་དེ་ལྟ་བུ་ཡོད་དམ།

ཡོད་པར་གྱུར་ཏམ། ཡོད་པར་འགྱུར་རམ། གསོལ་པ། བཅོམ་ལྡན་འདས་ཁྱེན་ཅི་ཡོག་མ་གཏོགས་པར་དེ་ནི་མ་ལགས་སོ། །བཅོམ་ལྡན་འདས་ཀྱིས་(༡)བཀའ་སྩལ་པ། ཤཱ་ར་དྭ་ཏིའི་བུ་ཅི་(༢)ནམ་མཁའི་ཁམས་ཀྱི་(༣)དངོས་པོ་གང་ལ་བྱིས་པ་སོ་སོའི་སྐྱེ་བོ་རྣམས་མངོན་པར་ཞེན་པར་གྱུར་པ་དེ་ལྟ་བུ་ཡོད་དམ། ཡོད་པར་གྱུར་ཏམ། ཡོད་པར་འགྱུར་རམ། གསོལ་པ། བཅོམ་ལྡན་འདས་ཁྱེན་ཅི་ཡོག་མ་གཏོགས་པར་དེ་ནི་མ་ལགས་སོ། །བཅོམ་ལྡན་འདས་ཀྱིས་བཀའ་སྩལ་པ། ཤཱ་ར་དྭ་ཏིའི་བུ་ཅི་(༤)རྣམ་པར་ཤེས་པའི་ཁམས་ཀྱི་དངོས་པོ་གང་ལ། བྱིས་པ་སོ་སོའི་སྐྱེ་བོ་རྣམས་མངོན་པར་ཞེན་པར་གྱུར་པ་དེ་ལྟ་བུ་ཡོད་དམ། ཡོད་པར་གྱུར་ཏམ། ཡོད་པར་འགྱུར་རམ། གསོལ་པ། བཅོམ་ལྡན་འདས་ཁྱེན་ཅི་ཡོག་མ་གཏོགས་པར་དེ་ནི་མ་ལགས་སོ། །བཅོམ་ལྡན་འདས་ཀྱིས་བཀའ་སྩལ་པ། ཤཱ་ར་དྭ་ཏིའི་བུ་ཅི་(༥)མ་རིག་པའི་དངོས་པོ་གང་ལ། བྱིས་པ་སོ་སོའི་སྐྱེ་བོ་རྣམས་མངོན་པར་ཞེན་པར་གྱུར་པ་དེ་ལྟ་བུ་ཡོད་དམ། ཡོད་པར་གྱུར་ཏམ། ཡོད་པར་འགྱུར་རམ། གསོལ་པ། བཅོམ་ལྡན་འདས་ཁྱེན་ཅི་ཡོག་མ་གཏོགས་པར་དེ་ནི་མ་ལགས་སོ། །བཅོམ་ལྡན་འདས་ཀྱིས་བཀའ་སྩལ་པ། ཤཱ་ར་དྭ་ཏིའི་བུ་ཅི་(༦)འདུ་བྱེད་ཀྱི་དངོས་པོ་གང་ལ། བྱིས་པ་སོ་སོའི་སྐྱེ་བོ་རྣམས་མངོན་པར་ཞེན་པར་གྱུར་པ་དེ་ལྟ་བུ་ཡོད་དམ། ཡོད་པར་གྱུར་ཏམ། ཡོད་པར་འགྱུར་རམ། གསོལ་པ་བཅོམ་ལྡན་འདས་ཁྱེན་ཅི་ཡོག་མ་གཏོགས་པར་དེ་ནི་མ་ལགས་སོ། །བཅོམ་ལྡན་འདས་ཀྱིས་བཀའ་སྩལ་པ། ཤཱ་ར་དྭ་ཏིའི་བུ་ཅི་(༧)རྣམ་པར་ཤེས་པའི་དངོས་པོ་གང་ལ། བྱིས་པ་སོ་སོའི་སྐྱེ་བོ་རྣམས་མངོན་པར་ཞེན་པར་གྱུར་པ་དེ་ལྟ་བུ་ཡོད་དམ། ཡོད་པར་གྱུར་ཏམ། ཡོད་པར་འགྱུར་རམ། གསོལ་པ། བཅོམ་ལྡན་འདས་ཁྱེན་ཅི་ཡོག་མ་གཏོགས་པར་དེ་ནི་མ་ལགས་སོ། །

བཅོམ་ལྡན་འདས་ཀྱིས་བཀའ་སྩལ་པ། ཤཱ་ར་དྭ་ཏིའི་བུ་ཅི་[༡]མིང་དང་གཟུགས་ཀྱི་དངོས་པོ་གང་ལ། བྱིས་པ་སོ་སོའི་སྐྱེ་བོ་རྣམས་མངོན་པར་ཞེན་པར་གྱུར་པ་དེ་ལྟ་བུ་ཡོད་དམ། ཡོད་པར་གྱུར་ཏམ། ཡོད་པར་འགྱུར་རམ། གསོལ་པ། བཅོམ་ལྡན་འདས་ཕྱིན་ཅི་ལོག་མ་གཏོགས་པར་དེ་ནི་མ་ལགས་སོ། །བཅོམ་ལྡན་འདས་ཀྱིས་བཀའ་སྩལ་པ། ཤཱ་ར་དྭ་ཏིའི་བུ་ཅི་[༢]སྐྱེ་མཆེད་དྲུག་གི་དངོས་པོ་གང་ལ་བྱིས་པ་སོ་སོའི་སྐྱེ་བོ་རྣམས་མངོན་པར་ཞེན་པར་གྱུར་པ་དེ་ལྟ་བུ་ཡོད་དམ། ཡོད་པར་གྱུར་ཏམ། ཡོད་པར་འགྱུར་རམ། གསོལ་པ། བཅོམ་ལྡན་འདས་ཕྱིན་ཅི་ལོག་མ་གཏོགས་པར་དེ་ནི་མ་ལགས་སོ། །བཅོམ་ལྡན་འདས་ཀྱིས་བཀའ་སྩལ་པ། ཤཱ་ར་དྭ་ཏིའི་བུ་ཅི་[༣]རེག་པའི་དངོས་པོ་གང་ལ་བྱིས་པ་སོ་སོའི་སྐྱེ་བོ་རྣམས་མངོན་པར་ཞེན་པར་གྱུར་པ་[༤]དེ་ལྟ་བུ་ཡོད་དམ། ཡོད་པར་གྱུར་ཏམ། ཡོད་པར་འགྱུར་[༥]རམ། གསོལ་པ། བཅོམ་ལྡན་འདས་ཕྱིན་ཅི་ལོག་མ་གཏོགས་པར་དེ་ནི་མ་ལགས་སོ། །བཅོམ་ལྡན་འདས་ཀྱིས་བཀའ་སྩལ་པ། ཤཱ་ར་དྭ་ཏིའི་བུ་ཅི་[༦]ཚོར་བའི་དངོས་པོ་གང་ལ་བྱིས་པ་སོ་སོའི་སྐྱེ་བོ་རྣམས་མངོན་པར་ཞེན་པར་གྱུར་པ་དེ་ལྟ་བུ་ཡོད་དམ། ཡོད་པར་གྱུར་ཏམ། ཡོད་པར་འགྱུར་རམ། གསོལ་པ། བཅོམ་ལྡན་འདས་ཕྱིན་ཅི་ལོག་མ་གཏོགས་པར་དེ་ནི་མ་ལགས་སོ། །བཅོམ་ལྡན་འདས་ཀྱིས་བཀའ་སྩལ་པ། ཤཱ་ར་དྭ་ཏིའི་བུ་ཅི་[༧]སྲེད་པའི་དངོས་པོ་གང་ལ་བྱིས་པ་སོ་སོའི་སྐྱེ་བོ་རྣམས་མངོན་པར་ཞེན་པར་གྱུར་པ་དེ་ལྟ་བུ་ཡོད་དམ། ཡོད་པར་གྱུར་ཏམ། ཡོད་པར་འགྱུར་རམ། གསོལ་པ། བཅོམ་ལྡན་འདས་ཕྱིན་ཅི་ལོག་མ་གཏོགས་པར་དེ་ནི་མ་ལགས་སོ། །བཅོམ་ལྡན་འདས་ཀྱིས་བཀའ་སྩལ་པ། ཤཱ་ར་དྭ་ཏིའི་བུ་ཅི་[༨]ལེན་པའི་དངོས་པོ་གང་ལ། བྱིས་པ་སོ་སོའི་སྐྱེ་བོ་རྣམས་མངོན་པར་ཞེན་པར་གྱུར་པ་དེ་ལྟ་བུ་ཡོད་

དམ༔ ཡོད་པར་གྱུར་ཏམ། ཡོད་པར་འགྱུར་རམ། གསོལ་པ། བཅོམ་ལྡན་འདས་ཕྱིན་ཅི་ལོག་མ་གཏོགས་པར་དེ་ནི་མ་ལགས་སོ། །བཅོམ་ལྡན་འདས་ཀྱིས་བཀའ་སྩལ་པ། ཤ་ར་དྭ་ཏིའི་བུ་ཅི་①སྲིད་པའི་དངོས་པོ་གང་ལ་བྱིས་པ་སོ་སོའི་སྐྱེ་བོ་རྣམས་མངོན་པར་ཞེན་པར་གྱུར་པ་དེ་ལྟ་བུ་ཡོད་དམ། ཡོད་པར་གྱུར་ཏམ༔ ཡོད་པར་འགྱུར་རམ། གསོལ་པ། བཅོམ་ལྡན་འདས་ཕྱིན་ཅི་ལོག་མ་གཏོགས་པར་དེ་ནི་མ་ལགས་སོ། །བཅོམ་ལྡན་འདས་ཀྱིས་བཀའ་སྩལ་པ། ཤ་ར་དྭ་ཏིའི་བུ་ཅི་②སྐྱེ་བའི་དངོས་པོ་གང་ལ་བྱིས་པ་སོ་སོའི་སྐྱེ་བོ་རྣམས་མངོན་པར་ཞེན་པར་གྱུར་པ་དེ་ལྟ་བུ་ཡོད་དམ། ཡོད་པར་གྱུར་ཏམ། ཡོད་པར་འགྱུར་རམ། གསོལ་པ། བཅོམ་ལྡན་འདས་ཕྱིན་ཅི་ལོག་མ་གཏོགས་པར་དེ་ནི་མ་ལགས་སོ། །བཅོམ་ལྡན་འདས་ཀྱིས་བཀའ་སྩལ་པ། ཤ་ར་དྭ་ཏིའི་བུ་ཅི་③ཆ་ཤིའི་དངོས་པོ་གང་ལ་བྱིས་པ་སོ་སོའི་སྐྱེ་བོ་རྣམས་མངོན་པར་ཞེན་པར་གྱུར་པ་དེ་ལྟ་བུ་ཡོད་དམ། ཡོད་པར་གྱུར་ཏམ། ཡོད་པར་འགྱུར་རམ། གསོལ་པ། བཅོམ་ལྡན་འདས་ཕྱིན་ཅི་ལོག་མ་གཏོགས་པར་དེ་ནི་མ་ལགས་སོ། །བཅོམ་ལྡན་འདས་ཀྱིས་བཀའ་སྩལ་པ། ཤ་ར་དྭ་ཏིའི་བུ་ཅི་④སྦྱིན་པའི་ཕ་རོལ་ཏུ་ཕྱིན་པའི་དངོས་པོ་གང་ལ། བྱིས་པ་སོ་སོའི་སྐྱེ་བོ་རྣམས་མངོན་པར་ཞེན་པར་གྱུར་པ་དེ་ལྟ་བུ་ཡོད་དམ། ཡོད་པར་གྱུར་ཏམ། ཡོད་པར་འགྱུར་རམ། གསོལ་པ། བཅོམ་ལྡན་འདས་ཕྱིན་ཅི་ལོག་མ་གཏོགས་པར་དེ་ནི་མ་ལགས་སོ། །བཅོམ་ལྡན་འདས་ཀྱིས་བཀའ་སྩལ་པ། ཤ་ར་དྭ་ཏིའི་བུ་ཅི་⑤ཚུལ་ཁྲིམས་ཀྱི་⑥ཕ་རོལ་ཏུ་ཕྱིན་པའི་དངོས་པོ་གང་ལ། བྱིས་པ་སོ་སོའི་སྐྱེ་བོ་རྣམས་མངོན་པར་ཞེན་པར་གྱུར་པ་དེ་ལྟ་བུ་ཡོད་དམ། ཡོད་པར་གྱུར་ཏམ། ཡོད་པར་འགྱུར་རམ། གསོལ་པ། བཅོམ་ལྡན་འདས་ཕྱིན་ཅི་ལོག་མ་གཏོགས་པར་དེ་ནི་མ་ལགས་སོ། །བཅོམ་ལྡན

འདས་ཀྱིས་བཀའ་སྩལ་པ། ཤཱ་ར་དྭ་ཏིའི་བུ་ཅི་①བཟོད་པའི་ཕ་རོལ་ཏུ་ཕྱིན་པའི་དངོས་པོ་གང་ལ། ཕྱིས་པ་སོ་སོའི་སྐྱེ་བོ་རྣམས་མངོན་པར་ཞེན་པར་གྱུར་པ་དེ་ལྟ་བུ་ཡོད་དམ། ཡོད་པར་གྱུར་ཏམ། ཡོད་པར་འགྱུར་རམ། གསོལ་པ། བཅོམ་ལྡན་འདས་ཕྱིན་ཅི་ལོག་མ་གཏོགས་②པར་དེ་ནི་མ་ལགས་སོ། །བཅོམ་ལྡན་འདས་ཀྱིས་བཀའ་སྩལ་པ། ཤཱ་ར་དྭ་ཏིའི་བུ་ཅི་③བརྩོན་འགྲུས་ཀྱི་ཕ་རོལ་ཏུ་ཕྱིན་པའི་དངོས་པོ་གང་ལ་ཕྱིས་པ་སོ་སོའི་སྐྱེ་བོ་རྣམས་མངོན་པར་ཞེན་པར་གྱུར་པ་དེ་ལྟ་བུ་ཡོད་དམ། ཡོད་པར་གྱུར་ཏམ། ཡོད་པར་འགྱུར་རམ། གསོལ་པ། བཅོམ་ལྡན་འདས་ཕྱིན་ཅི་ལོག་མ་གཏོགས་པར་དེ་ནི་མ་ལགས་སོ། །བཅོམ་ལྡན་འདས་ཀྱིས་བཀའ་སྩལ་པ། ཤཱ་ར་དྭ་ཏིའི་བུ་ཅི་④བསམ་གཏན་གྱི་⑤ཕ་རོལ་ཏུ་ཕྱིན་པའི་དངོས་པོ་གང་ལ་ཕྱིས་པ་སོ་སོའི་སྐྱེ་བོ་རྣམས་མངོན་པར་ཞེན་པར་གྱུར་པ་དེ་ལྟ་བུ་ཡོད་དམ། ཡོད་པར་གྱུར་ཏམ། ཡོད་པར་འགྱུར་རམ། གསོལ་པ། བཅོམ་ལྡན་འདས་ཕྱིན་ཅི་ལོག་མ་གཏོགས་པར་དེ་ནི་མ་ལགས་སོ། །བཅོམ་ལྡན་འདས་ཀྱིས་བཀའ་སྩལ་པ། ཤཱ་ར་དྭ་ཏིའི་བུ་ཅི་⑥ཤེས་རབ་ཀྱི་ཕ་རོལ་ཏུ་ཕྱིན་པའི་དངོས་པོ་གང་ལ་ཕྱིས་པ་སོ་སོའི་སྐྱེ་བོ་རྣམས་མངོན་པར་ཞེན་པར་གྱུར་པ་དེ་ལྟ་བུ་ཡོད་དམ། ཡོད་པར་གྱུར་ཏམ། ཡོད་པར་འགྱུར་རམ། གསོལ་པ། བཅོམ་ལྡན་འདས་ཕྱིན་ཅི་ལོག་མ་གཏོགས་པར་དེ་ནི་མ་ལགས་སོ། །བཅོམ་ལྡན་འདས་ཀྱིས་བཀའ་སྩལ་པ། ཤཱ་ར་དྭ་ཏིའི་བུ་ཅི་⑦ནང་སྟོང་པ་ཉིད་ཀྱི་⑧དངོས་པོ་གང་ལ་ཕྱིས་པ་སོ་སོའི་སྐྱེ་བོ་རྣམས་མངོན་པར་ཞེན་པར་གྱུར་པ་དེ་ལྟ་བུ་ཡོད་དམ། ཡོད་པར་གྱུར་ཏམ། ཡོད་པར་འགྱུར་རམ། གསོལ་པ། བཅོམ་ལྡན་འདས་ཕྱིན་ཅི་ལོག་མ་གཏོགས་པར་དེ་ནི་མ་ལགས་སོ། །བཅོམ་ལྡན་འདས་ཀྱིས་བཀའ་སྩལ་པ། ཤཱ་ར་དྭ་ཏིའི་བུ་ཅི་⑨ཕྱི་སྟོང་པ་ཉིད་ཀྱི་དངོས་པོ་

གང་ལ་ཕྱིས་པ་སོ་སོའི་སྐྱེ་བོ་རྣམས་མངོན་པར་ཞེན་པར་གྱུར་པ་དེ་ལྟ་བུ་ཡོད་དམ། ཡོད་པར་གྱུར་ཏམ། ཡོད་པར་འགྱུར་རམ། གསོལ་པ། བཅོམ་ལྡན་འདས་ཕྱིན་ཅི་ལོག་མ་གཏོགས་པར་དེ་ནི་མ་ལགས་སོ། །བཅོམ་ལྡན་འདས་ཀྱིས་བཀའ་སྩལ་པ། ཤ་ར་དྭ་ཏིའི་བུ་ཅི་[༢]ཕྱི་ནང་སྟོང་པ་ཉིད་ཀྱི་དངོས་པོ་གང་ལ། ཕྱིས་པ་སོ་སོའི་སྐྱེ་བོ་རྣམས་མངོན་པར་ཞེན་པར་གྱུར་པ་དེ་ལྟ་བུ་ཡོད་དམ[༣]། ཡོད་པར་གྱུར་ཏམ། ཡོད་པར་འགྱུར་རམ། གསོལ་པ། བཅོམ་ལྡན་འདས་ཕྱིན་ཅི་ལོག་མ་གཏོགས་པར་དེ་ནི་མ་ལགས་སོ། །བཅོམ་ལྡན་འདས་ཀྱིས་བཀའ་སྩལ་པ། ཤ་ར་དྭ་ཏིའི་བུ་ཅི་[༤]སྟོང་པ་ཉིད་སྟོང་པ་ཉིད་ཀྱི་དངོས་པོ་གང་ལ་ཕྱིས་པ་སོ་སོའི་སྐྱེ་བོ་རྣམས་མངོན་པར་ཞེན་པར་གྱུར་པ་དེ་ལྟ་བུ་ཡོད་དམ། ཡོད་པར་གྱུར་ཏམ། ཡོད་པར་འགྱུར་རམ། གསོལ་པ། བཅོམ་ལྡན་འདས་ཕྱིན་ཅི་ལོག་མ་གཏོགས་པར་དེ་ནི་མ་ལགས་སོ། །བཅོམ་ལྡན་འདས་ཀྱིས་བཀའ་སྩལ་པ། ཤ་ར་དྭ་ཏིའི་བུ་ཅི་[༥]ཆེན་པོ་སྟོང་པ་ཉིད་ཀྱི་དངོས་པོ་གང་ལ། ཕྱིས་པ་སོ་སོའི་སྐྱེ་བོ་རྣམས་མངོན་པར་ཞེན་པར་གྱུར་པ་དེ་ལྟ་བུ་ཡོད་དམ། ཡོད་པར་གྱུར་ཏམ། ཡོད་པར་འགྱུར་རམ། གསོལ་པ། བཅོམ་ལྡན་འདས་ཕྱིན་ཅི་ལོག་མ་གཏོགས་པར་དེ་ནི་མ་ལགས་སོ། །བཅོམ་ལྡན་འདས་ཀྱིས་བཀའ་སྩལ་པ། ཤ་ར་དྭ་ཏིའི་བུ་ཅི་[༦]དོན་དམ་པ་སྟོང་པ་ཉིད་ཀྱི་དངོས་པོ་གང་ལ། ཕྱིས་པ་སོ་སོའི་སྐྱེ་བོ་རྣམས་མངོན་པར་ཞེན་པར་གྱུར་པ་དེ་ལྟ་བུ་ཡོད་དམ། ཡོད་པར་གྱུར་ཏམ། ཡོད་པར་འགྱུར་རམ། གསོལ་པ། བཅོམ་ལྡན་འདས་ཕྱིན་ཅི་ལོག་མ་གཏོགས་པར་དེ་ནི་མ་ལགས་སོ། །བཅོམ་ལྡན་འདས་ཀྱིས་བཀའ་སྩལ་པ། ཤ་ར་དྭ་ཏིའི་བུ་ཅི་[༧]འདུས་བྱས་སྟོང་པ་ཉིད་ཀྱི་དངོས་པོ་གང་ལ་ཕྱིས་པ་སོ་སོའི་སྐྱེ་བོ་རྣམས་མངོན་པར་ཞེན་པར་གྱུར་པ་དེ་ལྟ་བུ་ཡོད་དམ། ཡོད་པར་གྱུར་ཏམ

ཡོད་པར་འགྱུར་རམ། གསོལ་པ། བཅོམ་ལྡན་འདས་ཕྱིན་ཆི་ལོག་མ་གཏོགས་
པར་དེ་ནི་མ་ལགས་སོ། །བཅོམ་ལྡན་འདས་ཀྱིས་བཀའ་སྩལ་པ། ཤ་ར་དྭ་
ཏིའི་བུ་ཅི་(༧)འདུས་མ་བྱས་སྟོང་པ་ཉིད་ཀྱི་དངོས་པོ་གང་ལ་བྱིས་པ་སོ་སོའི་སྐྱེ་བོ་
རྣམས་མངོན་པར་ཞེན་པར་གྱུར་པ་དེ་ལྟ་བུ་ཡོད་དམ། ཡོད་པར་གྱུར་ཏམ།
ཡོད་པར་འགྱུར་རམ། གསོལ་པ། བཅོམ་ལྡན་འདས་ཕྱིན་ཆི་ལོག་མ་གཏོགས་
པར་དེ་ནི་མ་ལགས་སོ། །བཅོམ་ལྡན་འདས་ཀྱིས་བཀའ་སྩལ་པ། ཤ་ར་དྭ་
ཏིའི་བུ་ཅི་(༣)མཐའ་ལས་འདས་པ་སྟོང་པ་ཉིད་ཀྱི་དངོས་པོ་གང་ལ་བྱིས་པ་སོ་སོའི་
སྐྱེ་བོ་རྣམས་མངོན་པར་ཞེན་པར་གྱུར་པ་དེ་ལྟ་བུ་ཡོད་དམ། ཡོད་པར་གྱུར་ཏམ།
ཡོད་པར་འགྱུར་རམ། གསོལ་པ། བཅོམ་ལྡན་འདས་ཕྱིན་ཆི་ལོག་མ་གཏོགས་
པར་དེ་ནི་མ་ལགས་སོ། །བཅོམ་ལྡན་འདས་ཀྱིས་བཀའ་སྩལ་པ། ཤ་ར་དྭ་
ཏིའི་བུ་ཅི་(༣)ཐོག་མ་དང་ཐ་མ་མེད་པ་སྟོང་པ་ཉིད་ཀྱི་དངོས་པོ་གང་ལ་བྱིས་པ་སོ་
སོའི་སྐྱེ་བོ་རྣམས་མངོན་པར་ཞེན་པར་གྱུར་པ་དེ་ལྟ་བུ་ཡོད་དམ། ཡོད་པར་གྱུར་
ཏམ། ཡོད་པར་འགྱུར་རམ། གསོལ་པ། བཅོམ་ལྡན་འདས་ཕྱིན་ཆི་ལོག་
མ་གཏོགས་པར་དེ་ནི་མ་ལགས་སོ། །བཅོམ་ལྡན་འདས་ཀྱིས་བཀའ་སྩལ་པ།
ཤ་ར་དྭ་ཏིའི་བུ་ཅི་(༢)དོར་བ་མེད་པ་སྟོང་པ་ཉིད་ཀྱི་དངོས་པོ་གང་ལ། བྱིས་པ་སོ་
སོའི་སྐྱེ་བོ་རྣམས་མངོན་པར་ཞེན་པར་གྱུར་པ་དེ་ལྟ་བུ་ཡོད་དམ། ཡོད་པར་གྱུར་
ཏམ། ཡོད་པར་འགྱུར་རམ། གསོལ་པ། བཅོམ་ལྡན་འདས་ཕྱིན་ཆི་ལོག་
མ་གཏོགས་པར་དེ་ནི་མ་ལགས་སོ། །བཅོམ་ལྡན་འདས་ཀྱིས་བཀའ་སྩལ་པ།
ཤ་ར་དྭ་ཏིའི་བུ་ཅི་(༤)རང་བཞིན་སྟོང་པ་ཉིད་ཀྱི་དངོས་པོ་གང་ལ། བྱིས་པ་སོ་
སོའི་སྐྱེ་བོ་རྣམས་མངོན་པར་ཞེན་པར་གྱུར་པ་དེ་ལྟ་བུ་ཡོད་དམ། ཡོད་པར་གྱུར་
ཏམ། ཡོད་པར་འགྱུར་རམ། གསོལ་པ། བཅོམ་ལྡན་འདས་ཕྱིན་ཆི་ལོག་

མ་གནོགས་པར་དེ་ཉི་མ་ལགས་སོ། །བཅོམ་ལྡན་འདས་ཀྱིས་བཀའ་སྩལ་པ། ཤཱ་ར་དྭ་ཏིའི་བུ་ཅི་①ཆོས་ཐམས་ཅད་སྟོང་པ་ཉིད་ཀྱི་དངོས་པོ་གང་ལ། ཕྱིས་པ་སོ་སོའི་སྐྱེ་བོ་རྣམས་མངོན་པར་ཞེན་པར་གྱུར་པ་དེ་ལྟ་བུ་ཡོད་དམ། ཡོད་པར་གྱུར་ཏམ། ཡོད་པར་འགྱུར་རམ། གསོལ་པ། བཅོམ་ལྡན་འདས་ཕྱིན་ཅི་ལོག་②མ་གནོགས་པར་དེ་ཉི་མ་ལགས་སོ། །བཅོམ་ལྡན་འདས་ཀྱིས་བཀའ་སྩལ་པ༑ ཤཱ་ར་དྭ་ཏིའི་བུ་ཅི་③རང་གི་མཚན་ཉིད་སྟོང་པ་ཉིད་ཀྱི་དངོས་པོ་གང་ལ། ཕྱིས་པ་སོ་སོའི་སྐྱེ་བོ་རྣམས་མངོན་པར་ཞེན་པར་གྱུར་པ་དེ་ལྟ་བུ་ཡོད་དམ། ཡོད་པར་གྱུར་ཏམ། ཡོད་པར་འགྱུར་རམ། གསོལ་པ། བཅོམ་ལྡན་འདས་ཕྱིན་ཅི་ལོག་མ་གནོགས་པར་དེ་ཉི་མ་ལགས་སོ། །བཅོམ་ལྡན་འདས་ཀྱིས་བཀའ་སྩལ་པ། ཤཱ་ར་དྭ་ཏིའི་བུ་ཅི་④མི་དམིགས་པ་སྟོང་པ་ཉིད་ཀྱི་⑤དངོས་པོ་གང་ལ་ཕྱིས་པ་སོ་སོའི་སྐྱེ་བོ་རྣམས་མངོན་པར་ཞེན་པར་གྱུར་པ་དེ་ལྟ་བུ་ཡོད་དམ། ཡོད་པར་གྱུར་ཏམ། ཡོད་པར་འགྱུར་རམ། གསོལ་པ། བཅོམ་ལྡན་འདས་ཕྱིན་ཅི་ལོག་མ་གནོགས་པར་དེ་ཉི་མ་ལགས་སོ། །བཅོམ་ལྡན་འདས་ཀྱིས་བཀའ་སྩལ་པ། ཤཱ་ར་དྭ་ཏིའི་བུ་ཅི་⑥དངོས་པོ་མེད་པ་སྟོང་པ་ཉིད་ཀྱི་དངོས་པོ་གང་ལ་ཕྱིས་པ་སོ་སོའི་སྐྱེ་བོ་རྣམས་མངོན་པར་ཞེན་པར་གྱུར་པ་དེ་ལྟ་བུ་ཡོད་དམ། ཡོད་པར་གྱུར་ཏམ། ཡོད་པར་འགྱུར་རམ། གསོལ་པ། བཅོམ་ལྡན་འདས་ཕྱིན་ཅི་ལོག་མ་གནོགས་པར་དེ་ཉི་མ་ལགས་སོ། །བཅོམ་ལྡན་འདས་ཀྱིས་བཀའ་སྩལ་པ། ཤཱ་ར་དྭ་ཏིའི་བུ་ཅི་⑦ངོ་བོ་ཉིད་སྟོང་པ་ཉིད་ཀྱི་དངོས་པོ་གང་ལ། ཕྱིས་པ་སོ་སོའི་སྐྱེ་བོ་རྣམས་མངོན་པར་ཞེན་པར་གྱུར་པ་དེ་ལྟ་བུ་ཡོད་དམ། ཡོད་པར་གྱུར་ཏམ། ཡོད་པར་འགྱུར་རམ། གསོལ་པ། བཅོམ་ལྡན་འདས་ཕྱིན་ཅི་ལོག་མ་གནོགས་པར་དེ་ཉི་མ་ལགས་སོ། །བཅོམ་ལྡན་འདས་ཀྱིས་བཀའ་

སྐུལ་པ། ཤཱ་ར་དྭ་ཏིའི་བུ་ཅི་①དངོས་པོ་མེད་པའི་ངོ་བོ་ཉིད་སྟོང་པ་ཉིད་ཀྱི་དངོས་པོ་གང་ལ་བྱིས་པ་སོ་སོའི་སྐྱེ་བོ་རྣམས་མངོན་པར་ཞེན་པར་གྱུར་པ་དེ་ལྟ་བུ་ཡོད་དམ། ཡོད་པར་གྱུར་ཏམ། ཡོད་པར་འགྱུར་རམ། གསོལ་པ། བཅོམ་ལྡན་འདས་ཕྱིན་ཅི་ལོག་མ་གཏོགས་པར་དེ་ནི་མ་ལགས་སོ། །བཅོམ་ལྡན་འདས་ཀྱིས་བཀའ་སྩལ་པ། ཤཱ་ར་དྭ་ཏིའི་བུ་ཅི་②དྲན་པ་ཉེ་བར་གཞག་པ་རྣམས་ཀྱི་དངོས་པོ་གང་ལ་བྱིས་པ་སོ་སོའི་སྐྱེ་བོ་རྣམས་མངོན་པར་ཞེན་པར་གྱུར་པ་དེ་ལྟ་བུ་ཡོད་དམ། ཡོད་པར་གྱུར་ཏམ། ཡོད་པར་འགྱུར་རམ། གསོལ་པ། བཅོམ་ལྡན་འདས་ཕྱིན་ཅི་ལོག་མ་གཏོགས་པར་དེ་ནི་མ་ལགས་སོ། །བཅོམ་ལྡན་འདས་ཀྱིས་བཀའ་སྩལ་པ། ཤཱ་ར་དྭ་ཏིའི་བུ་ཅི་③ཡང་དག་པར་སྤོང་བ་རྣམས་ཀྱི་དངོས་པོ་གང་ལ་བྱིས་པ་སོ་སོའི་སྐྱེ་བོ་རྣམས་མངོན་པར་ཞེན་པར་གྱུར་པ་དེ་ལྟ་བུ་ཡོད་དམ། ཡོད་པར་གྱུར་ཏམ། ཡོད་པར་འགྱུར་རམ། གསོལ་པ། བཅོམ་ལྡན་འདས་ཕྱིན་ཅི་ལོག་མ་གཏོགས་པར་དེ་ནི་མ་ལགས་སོ། །བཅོམ་ལྡན་འདས་ཀྱིས་བཀའ་སྩལ་པ། ཤཱ་ར་དྭ་ཏིའི་བུ་ཅི་④རྫུ་འཕྲུལ་གྱི་རྐང་པ་རྣམས་ཀྱི་དངོས་པོ་གང་ལ་བྱིས་པ་སོ་སོའི་སྐྱེ་བོ་རྣམས་མངོན་པར་ཞེན་པར་གྱུར་པ་དེ་ལྟ་བུ་ཡོད་དམ། ཡོད་པར་གྱུར་ཏམ། ཡོད་པར་འགྱུར་རམ། གསོལ་པ། བཅོམ་ལྡན་འདས་ཕྱིན་ཅི་ལོག་མ་གཏོགས་པར་དེ་ནི་མ་ལགས་སོ། །བཅོམ་ལྡན་འདས་ཀྱིས་བཀའ་སྩལ་པ། ཤཱ་ར་དྭ་ཏིའི་བུ་ཅི་⑤དབང་པོ་རྣམས་ཀྱི་དངོས་པོ་གང་ལ་བྱིས་པ་སོ་སོའི་སྐྱེ་བོ་རྣམས་མངོན་པར་ཞེན་པར་གྱུར་པ་དེ་ལྟ་བུ་ཡོད་དམ། ཡོད་པར་གྱུར་ཏམ། ཡོད་པར་འགྱུར་རམ། གསོལ་པ། བཅོམ་ལྡན་འདས་ཕྱིན་ཅི་ལོག་མ་གཏོགས་པར་དེ་ནི་མ་ལགས་སོ། །བཅོམ་ལྡན་འདས་ཀྱིས་བཀའ་སྩལ་པ། ཤཱ་ར་དྭ་ཏིའི་བུ་ཅི་⑥སྟོབས་རྣམས་ཀྱི་དངོས་པོ་གང་ལ་བྱིས་པ་སོ་སོའི་

སྐྱེ་བོ་རྣམས་མངོན་པར་ཞེན་པར་གྱུར་པ་དེ་ལྟ་བུ་ཡོད་དམ། ཡོད་པར་གྱུར་ཏམ།
ཡོད་པར་འགྱུར་རམ། གསོལ་པ། བཅོམ་ལྡན་འདས་ཕྱིན་ཅི་ལོག་མ་གཏོགས་
པར་དེ་ནི་མ་ལགས་སོ། །བཅོམ་ལྡན་འདས་ཀྱིས་བཀའ་སྩལ་པ། ཤཱ་ར་དྭ་
ཏིའི་བུ་ཅི་①བྱང་ཆུབ་ཀྱི་ཡན་ལག་རྣམས་ཀྱི་དངོས་པོ་གང་ལ་བྱིས་པ་སོ་སོའི་སྐྱེ་བོ་
རྣམས་མངོན་པར་ཞེན་པར་གྱུར་པ་དེ་ལྟ་བུ་ཡོད་དམ། ཡོད་པར་གྱུར་ཏམ།
ཡོད་པར་འགྱུར་རམ། གསོལ་པ། བཅོམ་ལྡན་འདས་ཕྱིན་ཅི་ལོག་མ་གཏོགས་
པར༔དེ་ནི་②མ་ལགས་སོ། །བཅོམ་ལྡན་འདས་ཀྱིས་བཀའ་སྩལ་པ། ཤཱ་ར་དྭ་
ཏིའི་བུ་ཅི་③འཕགས་པའི་ལམ་ཡན་ལག་བརྒྱད་པའི་དངོས་པོ་གང་ལ་བྱིས་པ་སོ་
སོའི་སྐྱེ་བོ་རྣམས་མངོན་པར་ཞེན་པར་གྱུར་པ་དེ་ལྟ་བུ་ཡོད་དམ། ཡོད་པར་གྱུར་
ཏམ། ཡོད་པར་འགྱུར་རམ། གསོལ་པ། བཅོམ་ལྡན་འདས་ཕྱིན་ཅི་ལོག་
མ་གཏོགས་པར་དེ་ནི་མ་ལགས་སོ། །བཅོམ་ལྡན་འདས་ཀྱིས་④བཀའ་སྩལ་པ།
ཤཱ་ར་དྭ་ཏིའི་བུ་ཅི་⑤འཕགས་པའི་བདེན་པ་རྣམས་ཀྱི་དངོས་པོ་གང་ལ་བྱིས་པ་སོ་
སོའི་སྐྱེ་བོ་རྣམས་མངོན་པར་ཞེན་པར་གྱུར་པ་དེ་ལྟ་བུ་ཡོད་དམ། ཡོད་པར་གྱུར་
ཏམ། ཡོད་པར་འགྱུར་རམ། གསོལ་པ། བཅོམ་ལྡན་འདས་ཕྱིན་ཅི་ལོག་
མ་གཏོགས་པར་དེ་ནི་མ་ལགས་སོ། །བཅོམ་ལྡན་འདས་ཀྱིས་བཀའ་སྩལ་པ།
ཤཱ་ར་དྭ་ཏིའི་བུ་ཅི་⑥བསམ་གཏན་རྣམས་ཀྱི་དངོས་པོ་གང་ལ་བྱིས་པ་སོ་སོའི་སྐྱེ་བོ་
རྣམས་མངོན་པར་ཞེན་པར་གྱུར་པ་དེ་ལྟ་བུ་ཡོད་དམ། ཡོད་པར་གྱུར་ཏམ།
ཡོད་པར་འགྱུར་རམ། གསོལ་པ། བཅོམ་ལྡན་འདས་ཕྱིན་ཅི་ལོག་མ་གཏོགས་
པར་དེ་ནི་མ་ལགས་སོ། །བཅོམ་ལྡན་འདས་ཀྱིས་བཀའ་སྩལ་པ། ཤཱ་ར་དྭ་
ཏིའི་བུ་ཅི་⑦ཚད་མེད༔པ་རྣམས་ཀྱི་⑧དངོས་པོ་གང་ལ་བྱིས་པ་སོ་སོའི་སྐྱེ་བོ་རྣམས་
མངོན་པར་ཞེན་པར་གྱུར་པ་དེ་ལྟ་བུ་ཡོད་དམ། ཡོད་པར་གྱུར་ཏམ། ཡོད་

པར་འགྱུར་རམ། གསོལ་པ། བཅོམ་ལྡན་འདས་ཕྱིན་ཅི་ལོག་མ་གཏོགས་པར་དེ་ནི་མ་ལགས་སོ། །བཅོམ་ལྡན་འདས་ཀྱིས་བཀའ་སྩལ་པ། ཤ་ར་དྭ་ཏིའི་བུ་ཅི་(༡)གཟུགས་མེད་པའི་སྙོམས་པར་འཇུག་པ་རྣམས་ཀྱི་དངོས་པོ་གང་ལ་བྱིས་པ་སོ་སོའི་སྐྱེ་བོ་རྣམས་མངོན་པར་ཞེན་པར་གྱུར་པ་དེ་ལྟ་བུ་ཡོད་དམ། ཡོད་པར་གྱུར་ཏམ། ཡོད་པར་འགྱུར་རམ། གསོལ་པ། བཅོམ་ལྡན་འདས་ཕྱིན་ཅི་ལོག་མ་གཏོགས་པར་དེ་ནི་མ་ལགས་སོ། །བཅོམ་ལྡན་འདས་ཀྱིས་བཀའ་སྩལ་པ། ཤ་ར་དྭ་ཏིའི་བུ་ཅི་(༢)རྣམ་པར་ཐར་པ་རྣམས་ཀྱི་དངོས་པོ་གང་ལ། བྱིས་པ་སོ་སོའི་སྐྱེ་བོ་རྣམས་མངོན་པར་ཞེན་པར་གྱུར་པ་དེ་ལྟ་བུ་ཡོད་དམ། ཡོད་པར་གྱུར་ཏམ། ཡོད་པར་འགྱུར་རམ། གསོལ་པ། བཅོམ་ལྡན་འདས་ཕྱིན་ཅི་ལོག་མ་གཏོགས་པར་དེ་ནི་མ་ལགས་སོ། །བཅོམ་ལྡན་འདས་ཀྱིས་བཀའ་སྩལ་པ། ཤ་ར་དྭ་ཏིའི་བུ་ཅི་(༣)མཐར་གྱིས་གནས་པའི་སྙོམས་པར་འཇུག་པ་རྣམས་ཀྱི་དངོས་པོ་གང་ལ་བྱིས་པ་སོ་སོའི་སྐྱེ་བོ་རྣམས་མངོན་པར་ཞེན་པར་གྱུར་པ་དེ་ལྟ་བུ་ཡོད་དམ། ཡོད་པར་གྱུར་ཏམ། ཡོད་པར་འགྱུར་རམ། གསོལ་པ། བཅོམ་ལྡན་འདས་ཕྱིན་ཅི་ལོག་མ་གཏོགས་པར་(༤)དེ་ནི་མ་ལགས་སོ། །བཅོམ་ལྡན་འདས་ཀྱིས་བཀའ་སྩལ་པ། ཤ་ར་དྭ་ཏིའི་བུ་ཅི་(༥)རྣམ་པར་ཐར་པའི་སྒོ་སྟོང་པ་ཉིད་དང་། མཚན་མ་མེད་པ་དང་། སྨོན་པ་མེད་པའི་དངོས་པོ་གང་ལ་བྱིས་པ་སོ་སོའི་སྐྱེ་བོ་རྣམས་མངོན་པར་ཞེན་པར་གྱུར་(༦)པ་དེ་ལྟ་བུ་ཡོད་དམ། ཡོད་པར་གྱུར་ཏམ། ཡོད་པར་འགྱུར་རམ། གསོལ་པ། བཅོམ་ལྡན་འདས་ཕྱིན་ཅི་ལོག་མ་གཏོགས་པར་དེ་ནི་མ་ལགས་སོ། །བཅོམ་ལྡན་འདས་ཀྱིས་བཀའ་སྩལ་པ། ཤ་ར་དྭ་ཏིའི་བུ་ཅི་(༧)མངོན་པར་ཤེས་པ་རྣམས་ཀྱི་དངོས་པོ་གང་ལ་བྱིས་པ་སོ་སོའི་སྐྱེ་བོ་རྣམས་མངོན་པར་ཞེན་པར་གྱུར་པ་དེ་ལྟ་བུ་ཡོད་དམ། ཡོད་པར་

གྱུར་ཏམ། ཡོད་པར་འགྱུར་རམ། གསོལ་པ། བཅོམ་ལྡན་འདས་ཕྱིན་ཅི་
ལོག་མ་གཏོགས་པར་དེ་ནི་མ་ལགས་སོ། །བཅོམ་ལྡན་འདས་ཀྱིས་བཀའ་སྩལ་པ།
ཤ་ར་དྭ་ཏིའི་བུ་ཅི་(༡)ཏིང་ངེ་འཛིན་རྣམས་(༢)ཀྱི་དངོས་པོ་གང་ལ་བྱིས་པ་སོ་སོའི་སྐྱེ་
བོ་རྣམས་མངོན་པར་ཞེན་པར་གྱུར་པ་དེ་ལྟ་བུ་ཡོད་དམ། ཡོད་པར་གྱུར་ཏམ།
ཡོད་པར་འགྱུར་རམ། གསོལ་པ། བཅོམ་ལྡན་འདས་ཕྱིན་ཅི་ལོག་མ་གཏོགས
པར་དེ་ནི་མ་ལགས་སོ། །བཅོམ་ལྡན་འདས་ཀྱིས་བཀའ་སྩལ་པ། ཤ་ར་དྭ་
ཏིའི་བུ་ཅི་(༣)གཟུངས་ཀྱི་སྒོ་རྣམས་ཀྱི་(༤)དངོས་པོ་གང་ལ། བྱིས་པ་སོ་སོའི་སྐྱེ་བོ་
རྣམས་མངོན་པར་ཞེན་པར་གྱུར་པ་དེ་ལྟ་བུ་ཡོད་དམ། ཡོད་པར་གྱུར་ཏམ།
ཡོད་པར་འགྱུར་རམ། གསོལ་པ། བཅོམ་ལྡན་འདས་ཕྱིན་ཅི་ལོག་མ་གཏོགས
པར་དེ་ནི་མ་ལགས་སོ། །བཅོམ་ལྡན་འདས་ཀྱིས་བཀའ་སྩལ་པ། ཤ་ར་དྭ་
ཏིའི་བུ་ཅི་(༥)དེ་བཞིན་གཤེགས་པའི་སྟོབས་རྣམས་ཀྱི་དངོས་པོ་གང་ལ་བྱིས་པ་སོ་
སོའི་སྐྱེ་བོ་རྣམས་མངོན་པར་ཞེན་པར་གྱུར་པ་དེ་ལྟ་བུ་ཡོད་དམ། ཡོད་པར་གྱུར་
ཏམ། ཡོད་པར་འགྱུར་རམ། གསོལ་པ། བཅོམ་ལྡན་འདས་ཕྱིན་ཅི་ལོག་
མ་གཏོགས་པར་དེ་ནི་མ་ལགས་སོ། །བཅོམ་ལྡན་འདས་ཀྱིས་བཀའ་སྩལ་པ།
ཤ་ར་དྭ་ཏིའི་བུ་ཅི་(༦)ཛྱི་འཇིགས་པ་རྣམས་ཀྱི་དངོས་པོ་གང་ལ། བྱིས་པ་སོ་སོའི་
སྐྱེ་བོ་རྣམས་མངོན་པར་ཞེན་པར་གྱུར་པ་དེ་ལྟ་བུ་ཡོད་དམ། ཡོད་པར་གྱུར་ཏམ།
ཡོད་པར་འགྱུར་རམ། གསོལ་པ། བཅོམ་ལྡན་འདས་ཕྱིན་ཅི་ལོག་མ་གཏོགས
པར་དེ་ནི་མ་ལགས་སོ། །བཅོམ་ལྡན་འདས་ཀྱིས་བཀའ་སྩལ་པ། ཤ་ར་དྭ་
ཏིའི་བུ་ཅི་(༧)སོ་སོ་ཡང་དག་པར་རིག་པ་རྣམས་ཀྱི་(༨)དངོས་པོ་གང་ལ། བྱིས་པ་སོ་
སོའི་སྐྱེ་བོ་རྣམས་མངོན་པར་ཞེན་པར་གྱུར་པ་དེ་ལྟ་བུ་ཡོད་དམ། ཡོད་པར་གྱུར་
ཏམ། ཡོད་པར་འགྱུར་རམ། གསོལ་པ། བཅོམ་ལྡན་འདས་ཕྱིན་ཅི་ལོག་

མ་གཏོགས་པར་དེ་ཉི་མ་ལགས་སོ། །བཅོམ་ལྡན་འདས་ཀྱིས་བཀའ་སྩལ་པ། [1]ཤ་ར་དྭ་ཏིའི་བུ་ཅི་[2]སྙིང་རྗེ་ཆེན་པོའི་དངོས་པོ་གང་ལ་བྱིས་པ་སོ་སོའི་སྐྱེ་བོ་རྣམས་[3]མངོན་པར་ཞེན་པར་གྱུར་པ་དེ་ལྟ་བུ་ཡོད་དམ། ཡོད་པར་གྱུར་ཏམ། ཡོད་པར་འགྱུར་རམ། གསོལ་པ། བཅོམ་ལྡན་འདས་ཕྱིན་ཅི་ལོག་མ་གཏོགས་པར་དེ་ཉི་མ་ལགས་སོ། །བཅོམ་ལྡན་འདས་ཀྱིས་བཀའ་སྩལ་པ། ཤ་ར་དྭ་ཏིའི་བུ་ཅི་[4]སངས་རྒྱས་ཀྱི་ཆོས་མ་འདྲེས་པ་བཅོ་བརྒྱད་ཀྱི་དངོས་པོ་གང་ལ་བྱིས་པ་སོ་སོའི་སྐྱེ་བོ་རྣམས་མངོན་པར་ཞེན་པར་གྱུར་པ་དེ་ལྟ་བུ་ཡོད་དམ། ཡོད་པར་གྱུར་ཏམ། ཡོད་པར་འགྱུར་རམ། གསོལ་པ། བཅོམ་ལྡན་འདས་ཕྱིན་ཅི་ལོག་མ་གཏོགས་པར་དེ་ཉི་མ་ལགས་སོ། །བཅོམ་ལྡན་འདས་ཀྱིས་བཀའ་སྩལ་པ། ཤ་ར་དྭ་ཏིའི་བུ་དེ་དེ་བཞིན་ནོ། །དེ་དེ་བཞིན་ཏེ། ཆོས་ཐམས་ཅད་དངོས་པོ་མེད་པ་ལ་ཕྱིན་ཅི་ལོག་གི་དབང་གིས་སེམས་ཅན་རྣམས་རྣམ་པར་རྟོག་སྟེ། དེའི་ཕྱིར་བྱང་ཆུབ་སེམས་དཔའ་སེམས་དཔའ་ཆེན་པོ་ཤེས་རབ་ཀྱི་ཕ་རོལ་ཏུ་ཕྱིན་པ་ལ་སྤྱོད་པའི་ཚེ། ཐབས་མཁས་པས། ཆོས་ཐམས་ཅད་དངོས་པོ་མེད་པར་མཐོང་ནས། བླ་ན་མེད་པ་ཡང་དག་པར་རྫོགས་པའི་བྱང་ཆུབ་ཏུ་ཡང་དག་པར་འཇུག་[5]གོ། །གསོལ་པ། བཅོམ་ལྡན་འདས་ཐབས་མཁས་པ་གང་གིས་བྱང་ཆུབ་སེམས་དཔའ་སེམས་དཔའ་ཆེན་པོ་ཆོས་ཐམས་ཅད་དངོས་པོ་མེད་པར་[6]མཐོང་ནས། བླ་ན་མེད་པ་ཡང་དག་པར་རྫོགས་པའི་བྱང་ཆུབ་ཏུ་ཡང་དག་པར་འཇུག་[7]པའི་ཐབས་མཁས་པ་དེ་གང་ལགས། བཅོམ་ལྡན་འདས་ཀྱིས་བཀའ་སྩལ་པ། ཤ་ར་དྭ་ཏིའི་བུ་འདི་ལ་བྱང་ཆུབ་སེམས་དཔའ་སེམས་དཔའ་ཆེན་པོ་ཤེས་རབ་ཀྱི་ཕ་རོལ་ཏུ་ཕྱིན་པ་ལ་སྤྱོད་པའི་ཚེ། ཆོས་གང་ཡང་གང་ལ་ཐོགས་པར་འགྱུར་བའི་དངོས་པོའམ[8]། གང་ལ་ཐོགས་པར་གྱུར་ནས། ཞུམ་པར༔ གྱུར་པའམ[9]། ཞུམ་

པར་གྱུར་ནས། སྦྲིད་ལུག་པར་འགྱུར་བ་འམ། སྦྲིད་ལུག་པར་གྱུར་ནས། ཚེ་(༡)ཚད་པར་འགྱུར་བའམ་ཚེ་(༢)ཚད་པར་གྱུར་ནས། ལེ་ལོར་འགྱུར་བའི་དངོས་པོ་ཡང་དག་པར་རྗེས་སུ་མི་མཐོང་(༣)སྟེ། ཤ་ར་དྭ་ཏིའི་བུ་སེམས་ཅན་རྣམས་སྦྱོངས་པས་ཕུང་པོ་ཞེས་བྱ་བའམ། ཁམས་ཤེས་བྱ་བ་འམ། སྐྱེ་མཆེད་ཅེས་བྱ་བ་འམ། རྟེན་ཅིང་འབྲེལ་པར་འབྱུང་བ་ཞེས་བྱ་བའམ་རྟེན་ཅིང་འབྲེལ་པར་འབྱུང་བའི་ཆོས་ཤེས་བྱ་བར་མངོན་པར་ཞེན་པ་(༤)མ་གཏོགས་པར། ཆོས་ཐམས་ཅད་ནི་དངོས་པོ་མེད་པའོ། །སྲོག་མེད་པའོ། །སྲོག་དང་བྲལ་བའོ། །དངོས་པོ་མེད་པའི་ངོ་བོ་ཉིད་དོ། །རང་བཞིན་གྱིས་སྟོང་པའོ། །རང་གི་མཚན་ཉིད་ཀྱིས་སྟོང་པའོ། །དེ་ལྟ་བས་ན་བྱང་ཆུབ་སེམས་དཔའ་སེམས་དཔའ་ཆེན་པོ་ཤེས་རབ་ཀྱི་ཕ་རོལ་ཏུ་ཕྱིན་པ་ལ་སྤྱོད་པའི་ཚེ། ཆོས་ཐམས་ཅད་དངོས་པོ་མེད་པའི་ངོ་བོ་ཉིད་དང་། རང་བཞིན་སྟོང་པ་(༥)དང་། རང་གི་མཚན་ཉིད་སྟོང་པར་ཡང་དག་པར་རྗེས་སུ་མཐོང་ནས་སྒྱུ་མའི་མཁན་པོ་ལྟ་བུའི་ལུས་བྱིན་གྱིས་བརླབས་ནས༑ སེམས་ཅན་རྣམས་ལ་ཆོས་སྟོན་ཏེ། སེམས་ཅན་གང་སེར་སྣ་ཅན་དུ་གྱུར་པ་དེ་དག་ལ་སྦྱིན་པའི་གཏམ་བྱེད་དོ། །ཚུལ་ཁྲིམས་ངན་པ་ཅན་རྣམས་ལ་ཚུལ་ཁྲིམས་ཀྱི་གཏམ་བྱེད་དོ། །གནོད་སེམས་ཅན་(༦)རྣམས་ལ་བཟོད་པའི་གཏམ་བྱེད་དོ། །ལེ་ལོ་ཅན་རྣམས་ལ་བརྩོན་འགྲུས་ཀྱི་གཏམ་བྱེད་དོ། །སེམས་གཡེང་(༧)བ་རྣམས་ལ་ཏིང་ངེ་འཛིན་གྱི་གཏམ་བྱེད་དོ། །ཤེས་རབ་འཆལ་བ་ཅན་(༨)རྣམས་ལ་ཤེས་རབ་ཀྱི་(༩)གཏམ་བྱེད་དོ། །གང་གི་ཚེ་སེམས་ཅན་དེ་དག་སྦྱིན་པ་ལ་བཀོད་པར་གྱུར་པ་དང་། ཚུལ་ཁྲིམས་ལ་བཀོད་པར་གྱུར་པ་དང་། བཟོད་པ་ལ་བཀོད་པར་གྱུར་པ་དང་། བརྩོན་འགྲུས་ལ་བཀོད་པར་གྱུར་པ་དང་། ཏིང་ངེ་འཛིན་ལ་བཀོད་པར་གྱུར་པ་དང་། ཤེས་རབ་ལ་བཀོད་པར་གྱུར་པ་དེའི་ཚེ།

དེ་ལས་གོང་དུ་སེམས་ཅན་དེ་དག་ལ་འཕགས་པའི་གདམ་འབྱུང་བར་འགྱུར་བ····
གང་གིས། རྒྱུན་དུ་ཞུགས་པའི་འབྲས་བུ་ཐོབ་པར་འགྱུར་བ་དང་། ལན་ཅིག་
ཕྱིར་འོང་བའི་འབྲས་བུ་ཐོབ་པར་འགྱུར་བ་དང་། ཕྱིར་མི་འོང་བའི་འབྲས་བུ···
ཐོབ་པར་འགྱུར་བ་①དང་། དགྲ་བཅོམ་པ་ཉིད་ཐོབ་པར་འགྱུར་བ་དང་།
རང་བྱང་ཆུབ་ཐོབ་པར་འགྱུར་བ་དང་། ལམ་གྱི་རྣམ་པ་②ཤེས་པ་ཉིད་ཐོབ་པར་
འགྱུར་བ་དང་། རྣམ་པ་ཐམས་ཅད་མཁྱེན་པ་ཉིད་ཐོབ་པར་འགྱུར་བ་དེ་ལྟ་བུའི་
གདམ་བྱེད་དོ། །གསོལ་པ། བཅོམ་ལྡན་འདས་བྱང་ཆུབ་སེམས་དཔའ་སེམས་
དཔའ་ཆེན་པོ་ཤེས་རབ་ཀྱི་ཕ་རོལ་ཏུ་ཕྱིན་པ་ལ་སྤྱོད་པའི་ཚེ། དེ་ལྟར་སེམས····
ཅན་མ་མཆིས་ཤིང་། ཡང་དག་པར་མ་མཆིས་པ་རྣམས་སྦྱིན་པ་ལ་སྦྱོར། ཚུལ··
ཁྲིམས་ལ་སྦྱོར། བཟོད་པ་ལ་སྦྱོར། བརྩོན་འགྲུས་ལ་སྦྱོར། ཏིང་ངེ་འཛིན··
ལ་སྦྱོར། ཤེས་རབ་ལ་སྦྱོར་ཞིང་③དེ་ལས་གོང་དུ་འཕགས་པའི་གདམ་འབྱུང··
བར་འགྱུར་བ་གང་གིས། རྒྱུན་དུ་ཞུགས་པའི་འབྲས་བུ་ཐོབ་པར་འགྱུར་བ་དང་།
ལན་ཅིག་ཕྱིར་འོང་བའི་འབྲས་བུ་ཐོབ་པར་འགྱུར་བ་དང་། ཕྱིར་མི་འོང་བའི···
འབྲས་བུ་ཐོབ་པར་འགྱུར་བ་དང་། དགྲ་བཅོམ་པ་ཉིད་ཐོབ་པར་འགྱུར་བ་དང་།
རང་བྱང་ཆུབ་ཐོབ་པར་འགྱུར་བ་དང་། ལམ་གྱི་རྣམ་པ་④ཤེས་པ་ཉིད་ཐོབ་པར་
འགྱུར་བ་དང་། རྣམ་པ་ཐམས་ཅད་མཁྱེན་པ་ཉིད་ཐོབ་པར་འགྱུར་བ་དེ་ལྟ་བུའི་
གདམ་བགྱིད་ན། ཇི་ལྟར་⑤དམིགས་པ་མ་མཆིས་པར་འགྱུར། བཅོམ་ལྡན··
འདས་ཀྱིས་བཀའ་སྩལ་པ། ཤ་ར་དྭ་ཏིའི་བུ་བྱང་ཆུབ་སེམས་དཔའ་སེམས···
དཔའ་ཆེན་པོ་ཤེས་རབ་ཀྱི་ཕ་རོལ་ཏུ་ཕྱིན་པ་ལ་སྤྱོད་པ་ལ་དམིགས་པ་གང་ཡང··
མེད་དེ། དེ་ཅིའི་ཕྱིར་ཞེ་ན། དེ་ནི་འདི་ལྟར་བྱང་ཆུབ་སེམས་དཔའ་སེམས··
དཔའ་ཆེན་པོ་དེ་ཤེས་རབ་ཀྱི་ཕ་རོལ་ཏུ་ཕྱིན་པ་ལ་སྤྱོད་པའི་ཚེ། ཀུན་རྫོབ་ཀྱི་

བརྟས་ཐ་སྙད་དུ་སྤྱོད་པ་མ་གཏོགས་པར། སེམས་ཅན་གང་ཡང་མི་དམྱིགས་ཏེ། ཤ་ར་དྭ་ཏིའི་བུ་དེ་ལ་བྱང་ཆུབ་སེམས་དཔའ་སེམས་དཔའ་ཆེན་པོ་འདི་ལྟ་སྟེ། ཀུན་རྫོབ་ཀྱི་བདེན་པ་དང་། དོན་དམ་པའི་བདེན་པ་དང་། བདེན་པ་གཉིས་ལ་གནས་ནས། སེམས་ཅན་རྣམས་ལ་ཆོས་སྟོན་ཀྱང་ཤ་ར་དྭ་ཏིའི་བུ་བདེན་[1]པ་གཉིས་[2]ལ་སེམས་ཅན་དུ་དམྱིགས་པ་མྱེད་དེ། སེམས་ཅན་དུ་གདགས་པ་ཡང་མྱེད་དོ། །འོན་ཀྱང་བྱང་ཆུབ་སེམས་དཔའ་སེམས་དཔའ་ཆེན་པོ་ཐབས་མཁས་པས་ཤེས་རབ་ཀྱི་ཕ་རོལ་ཏུ་ཕྱིན་པ་ལ་སྤྱོད་པའི་ཚེ། སེམས་ཅན་རྣམས་ལ་ཆོས་སྟོན་ན[3]། དེས་སེམས་ཅན་དེ་དག་ཚེ་འདི་ཉིད་ལ་བདག་ཏུ་མྱི་དམྱིགས་ན[4]། གང་ཐོབ་པར་བྱ་བ་དང་། གང་གིས་ཐོབ་པར་བྱ་བ་ལྟ་ཅི་སྨོས་ཏེ། ཤ་ར་དྭ་ཏིའི་བུ་དེ་ལྟར་བྱང་ཆུབ་སེམས་དཔའ་སེམས་དཔའ་ཆེན་པོ་ཤེས་རབ་ཀྱི་ཕ་རོལ་ཏུ་ཕྱིན་པ་ལ་སྤྱོད་པའི་ཚེ། ཐབས་མཁས་པས། སེམས་ཅན་རྣམས་ལ་ཆོས་སྟོན་ཏོ། །གསོལ་པ། བཅོམ་ལྡན་འདས་དེ་ལྟར་བྱང་ཆུབ་སེམས་དཔའ་སེམས་དཔའ་ཆེན་པོ་ཆོས་གང་ཡང་གཅིག་པའམ། ཐ་དད་པར་ཡང་མྱི་དམྱིགས་པ་[5]དེ་ལྟ་བུའི་གོ་ཆ་འཚལ་བ་དང་། གོ་ཆ་དེ་[6]འཚལ་བས་འདོད་པའི་ཁམས་ན་ཡང་མྱི་གདའ། གཟུགས་མཆིས་པའི་ཁམས་ན་ཡང་མི་གདའ། གཟུགས་མ་མཆིས་པའི་ཁམས་ན་ཡང་མྱི་གདའ། འདུས་བྱས་ཀྱི་ཁམས་ན་ཡང་མྱི་གདའ། འདུས་མ་བྱས་ཀྱི་ཁམས་ན་ཡང་མྱི་གདའ་ལ[7]། སེམས་ཅན་རྣམས་ཀྱང་ཁམས་གསུམ་ནས་འགྲོལ་ཅིང་། སེམས་ཅན་དུ་ཡང་མྱི་དམིགས། སེམས་ཅན་དུ་གདགས་པ་ཡང་མྱི་དམྱིགས་པ་[8]ནི༔ སྤྲོ་བ་[9]ཆེན་པོ་དང་ལྡན་པ་སྟེ། སེམས་ཅན་དུ་གདགས་པ་མ་མཆིས་པས། སེམས་ཅན་བཅིངས་པ་དང་གྲོལ་བ་མ་མཆིས་སེམས་ཅན་བཅིངས་པ་དང་གྲོལ་བ་མ་མཆིས་པས། ཀུན་ནས་ཉོན་མོངས་པ་

དང་། རྣམ་པར་བྱང་བ་མ་མཆིས། ཀུན་ནས་ཉོན་མོངས་པ་དང་། རྣམ་པར་བྱང་བ་མ་མཆིས་པས་ལམ་གྱི་རྒྱུད་རྣམས་ཐ་དད་པ༔ མི་དམིགས[1]། ལམ་གྱི་རྒྱུད་རྣམས་ཐ་དད་པ་མ་མཆིས་པ་ལ་ལས་དང་། ཉོན་མོངས་པ་མ་མཆིས་ཏེ[2]། ལས་དང་ཉོན་མོངས་པ[3] མཆིས་ན། རྣམ་པར་སྨིན་པ་གང་གིས་བདག་གམ། སེམས་ཅན་འགྲོ་བ་ལྔའི་འཁོར་བ་ན་གདའ་བར་འགྱུར་བའི་རྣམ་པར་སྨིན་པ་དེ་ལྟ་བུ་ཡང་ག༔ ལས་མཆི[4]། ༔བཅོམ་ལྡན་འདས་ཀྱིས[5] བཀའ་སྩལ་པ། ཤཱ་ར་དྭ་ཏིའི་བུ་དེ་དེ་བཞིན་ནོ། །དེ་དེ་བཞིན་ཏེ། ཚིག་ཇི་སྐད་དུ་བརྗོད་པ[6] བཞིན་ཏེ། གལ་ཏེ་སྔོན་སེམས་ཅན་ཞིག་བྱུང[7] བར་གྱུར[8] ལ་ཕྱིས་འབྱུང་བ་མེད་པར་གྱུར་ཏམ། འོ་ན་དེ་ནི་དེ་བཞིན་དུ་སྔོན་ཡོད་པ་ལས་ཕྱིས་མེད་པར་གྱུར་ཏམ། འགྲོ་བ་ལྔའི་འཁོར་བ་སྔོན་ཡོད་ལ། ཕྱིས་མེད་པར་གྱུར། དེ་བཞིན་གཤེགས་པ་དང་། བྱང་ཆུབ་སེམས་དཔའ་ལ་ཡང[9] འདས་པ་དེ་ལྟ་བུར་གྱུར[10]ན། ཤཱ་ར་དྭ་ཏིའི་བུ་དེ་བཞིན་གཤེགས་པ་རྣམས་བྱུང་ཡང་རུང་། དེ་བཞིན་གཤེགས་པ་རྣམས་མ་བྱུང་ཡང་རུང་སྟེ། ཆོས་དེ་དག་གི་དེ་བཞིན་ཉིད་དང་། མ་ནོར་བ་དེ་བཞིན་ཉིད་དང་། གཞན་མ་ཡིན་པ་དེ་བཞིན་ཉིད་དང་། ཆོས་ཉིད་དང་། ཆོས་ཀྱི་དབྱིངས་དང་། ཆོས་ཀྱི་གནས་ཉིད་དང་། ཆོས་སྐྱོན་མེད་པ་ཉིད་དང་། ཡང་དག་པའི་མཐའ་དང་། བསམ་གྱིས[11] མི་ཁྱབ་པའི་དབྱིངས་དེ་བཞིན[12] དུ་གནས་པ་སྟེ། དེ་ལ་བདག་ཀྱང་མེད། སེམས་ཅན་ཡང་མེད། སྲོག་ཀྱང་མེད། འགྲོ་བ་ཡང་མེད། གསོ་བ་ཡང་མེད། སྐྱེས[13] བུ་ཡང་མེད། གང་ཟག་ཀྱང་མེད། ཤེད་ཅན་ཡང་མེད། ཤེད་བདག་ཀྱང་མེད། བྱེད་པ་པོ་ཡང་མེད། ཚོར་བ་པོ་ཡང་མེད། ཤེས་པ་པོ་ཡང་མེད། མཐོང་བ་པོ་ཡང་མེད་ན[14]། དེ་པ་གཟུགས་ལྟ་ག་ལ་ཡོད། ཚོར་བ་ལྟ་ག་ལ་ཡོད། འདུ་ཤེས་ལྟ་ག་ལ་ཡོད།

འདུ་བྱེད་ལྷ་ག་ལ་ཡོད། རྣམ་པར་ཤེས་པ་ལྷ་ག་ལ་ཡོད། མིག་ལྷ་ག་ལ་ཡོད། རྣ་བ་ལྷ་ག་ལ་ཡོད། སྣ་ལྷ་ག་ལ་ཡོད། ལྕེ་ལྷ་ག་ལ་ཡོད། ལུས་ལྷ་ག་ལ་ཡོད། ཡིད་ལྷ་ག་ལ་ཡོད། གཟུགས་ལྷ་ག་ལ་ཡོད། སྒྲ་ལྷ་ག་ལ་ཡོད། དྲི་ལྷ་ག་ལ་ཡོད། རོ་ལྷ་ག་ལ་ཡོད། རེག་ལྷ་ག་ལ་ཡོད། ཆོས་ལྷ་ག་ལ་ཡོད། མིག་གི་རྣམ་པར་ཤེས་པ་ལྷ་ག་ལ་ཡོད། རྣ་བའི་རྣམ་པར་ཤེས་པ་ལྷ་ག་ལ་ཡོད། སྣའི་རྣམ་པར་ཤེས་པ་ལྷ་ག་ལ་ཡོད། ལྕེའི་རྣམ་པར་ཤེས་པ་ལྷ་ག་ལ་ཡོད། ལུས་ཀྱི་རྣམ་པར་ཤེས་པ་ལྷ་ག་ལ་ཡོད། ཡིད་ཀྱི་རྣམ་པར་ཤེས་པ་ལྷ་ག་ལ་ཡོད། མིག་གི་འདུས་ཏེ་རེག་པ་ལྷ་ག་ལ་ཡོད། རྣ་བའི་འདུས་ཏེ་རེག་པ་ལྷ་ག་ལ་(༡)ཡོད། སྣའི་འདུས་ཏེ་རེག་པ་ལྷ་ག་ལ་ཡོད། ལྕེའི་འདུས་ཏེ་རེག་པ་ལྷ་ག་ལ་ཡོད། ལུས་ཀྱི་འདུས་ཏེ་རེག་པ་ལྷ་ག་ལ་(༢)ཡོད། ཡིད་ཀྱི་འདུས་ཏེ་རེག་པ་ལྷ་ག་ལ་ཡོད། མིག་གི་འདུས་ཏེ་རེག་པའི་རྐྱེན་གྱིས་ཚོར་བ་ལྷ་ག་ལ་ཡོད། རྣ་བའི་འདུས་ཏེ་རེག་པའི་རྐྱེན་གྱིས་ཚོར་བ་ལྷ་ག་ལ་ཡོད། སྣའི་འདུས་ཏེ་རེག་པའི་རྐྱེན་གྱིས་ཚོར་བ་ལྷ་ག་ལ་ཡོད། ལྕེའི་འདུས་ཏེ་རེག་པའི་རྐྱེན་གྱིས་ཚོར་བ་ལྷ་ག་ལ་ཡོད། ལུས་ཀྱི་འདུས་ཏེ་རེག་པའི་རྐྱེན་གྱིས་ཚོར་བ་ལྷ་ག་ལ་ཡོད། ཡིད་ཀྱི་འདུས་ཏེ་རེག་པའི་རྐྱེན་གྱིས་ཚོར་བ་ལྷ་ག་ལ་ཡོད། སའི་ཁམས་ལྷ་ག་ལ་ཡོད། ཆུའི་ཁམས་ལྷ་ག་ལ་ཡོད། མེའི་ཁམས་ལྷ་ག་ལ་(༣)ཡོད། རླུང་གི་ཁམས་ལྷ་ག་ལ་ཡོད། ནམ་མཁའི་ཁམས་ལྷ་ག་ལ་ཡོད། རྣམ་པར་ཤེས་པའི་ཁམས་ལྷ་ག་ལ་ཡོད། མ་རིག་པ་ལྷ་ག་ལ་ཡོད། འདུ་བྱེད་ལྷ་ག་ལ་ཡོད། རྣམ་པར་ཤེས་པ་ལྷ་ག་ལ་ཡོད། མིང་དང་གཟུགས་ལྷ་ག་ལ་ཡོད། སྐྱེ་མཆེད་དྲུག་ལྷ་ག་ལ་ཡོད། རེག་པ་ལྷ་ག་ལ་ཡོད། ཚོར་བ་ལྷ་ག་ལ་ཡོད། སྲེད་པ་ལྷ་ག་ལ་ཡོད། ལེན་པ་ལྷ་ག་ལ་ཡོད། སྲིད་པ་ལྷ་ག་ལ་ཡོད། སྐྱེ་བ་ལྷ་ག་ལ་ཡོད། ཀ་ཤི་ལྷ་(༤)ག་ལ་ཡོད། རྟེན་ཅིང

འབྲེལ་པར་འབྱུང་བའི་ཆོས་རྣམས་ལྷའང་[1]ག་ལ་ཡོད་དེ[2]། ཆོས་དེ་དག་མེད་ན་འགྲོ་བ་ལྔའི་འཁོར་བ་གང་[3]ནས་སེམས་ཅན་རྣམས་དགྲོལ་བར་བྱ་བ་དེ་ལྟ་བུ་དག་ལྟ་ཡང་ག་ལ་ཡོད་དེ། ཤཱ་ར་དྭ་ཏིའི་བུ་དེ་ལ་བྱང་ཆུབ་སེམས་དཔའ་སེམས་དཔའ་ཆེན་པོ་སྔོན་གྱི་སངས་རྒྱས་བཅོམ་ལྡན་འདས་རྣམས་ལས་དེ་ལྟ་བུའི་ཆོས་ངོ་བོ་ཉིད་ཀྱིས་སྟོང་པ་དེ་དག་ཐོས་ནས། སེམས་ཅན་རྣམས་ཀྱི་དོན་དུ་བླ་ན་མེད་པ་ཡང་དག་པར་རྫོགས་པའི་བྱང་ཆུབ་ཏུ་མངོན་པར་འཇུག་སྟེ། ཕྱིན་ཅི་ལོག་གིས་[4]བྱིས་པ་སོ་སོའི་སྐྱེ་བོ་རྣམས་མངོན་པར་ཞེན་པ་མ་གཏོགས་པར་སེམས་ཅན་ནམ། ཆོས་གང་ཡང་དམིགས་པ་མེད་དོ། །ཤཱ་ར་དྭ་ཏིའི་བུ་བྱང་ཆུབ་སེམས་དཔའ་སེམས་དཔའ་ཆེན་པོ་ནི་དེ་ལྟ་བུའི་གོ་ཆ་ཆེན་པོ་གྱོན་ཏེ། གོ་ཆ་དེ་བགོས་པས་བླ་ན་མེད་པ་ཡང་དག་པར་རྫོགས་པའི་བྱང་ཆུབ་ལས་ཕྱིར་མི་ལྡོག་སྟེ། བདག་གིས་ནི་བླ་ན་མེད་པ་ཡང་དག་པར་རྫོགས་པའི་བྱང་ཆུབ་ཏུ་མངོན་པར་རྫོགས་པར་འཚང་མི་རྒྱ་བར་བྱ་བ་མ་ཡིན་གྱི[5]། གདོན་མི་ཟ་བར་བདག་གིས་ནི[6]བླ་ན་མེད་པ་ཡང་དག་པར་རྫོགས་པའི་བྱང་ཆུབ་ཏུ་མངོན་པར་རྫོགས་པར་འཚང་རྒྱ་བར་བྱའོ། །དེ་ལྟར་མངོན་པར་རྫོགས་པར་སངས་རྒྱས་ནས་ཀྱང་། སེམས་ཅན་རྣམས་ཀྱི་དོན་ཆོས་བཞིན་དུ་བྱ་སྟེ[7]། དོན་བྱ་བ་དེས་སེམས་ཅན་རྣམས་ཕྱིན་ཅི་ལོག་ལས་ཡོངས་སུ་དགྲོལ་བར་བྱའོ་སྙམ་མོ། །ཤཱ་ར་དྭ་ཏིའི་བུ་འདི་ལྟ་སྟེ་དཔེར་ན། སྒྱུ་མའི་མཁན་པོ་འམ། སྤྱུལ་[8]པའི་སློབ་བུ་ཞིག་གིས། སྤྱོག་ཆགས་བྱེ་བ་ཁྲག་ཁྲིག་བརྒྱ་སྟོང་མང་པོ་སྤྲུལ་ཏེ། བཟའ་བ་དང་། བཅའ་བ་ཞིམ་ཞིང་ཉམས་སུ་བདེ་བ་ཤིན་ཏུ་མང་བས་ཚིམ་པར་བྱས་ཏེ[9]། དེ་ལྟར་ཚིམ་པར་བྱས་ནས་བདག་གིས་ནི་བསོད་ནམས་མང་པོ་སྤེལ་ཏོ[10]། །བདག་གིས་ནི་བསོད་ནམས་མང་པོ་སྤེལ་ཏོ་ཞེས་ཆེད་དུ་བརྗོད་པ་[11]ཆེད་དུ་བརྗོད་ན། ཤཱ་ར་དྭ

ཉིའི་བུ་དེ་ཇི་སྙམ་དུ་སེམས་དེ་ལ། ལ་ལ་ཞིག་སྟོན་[༡]ཏེ། ཆོས་པར་བྱས་པ་འམ། ལ་ལས་བསོད་ནམས་འཕེལ་བར་བྱས་པ་[༢]ཡོད་དམ། གསོལ་པ། བཅོམ་ལྡན་འདས་དེ་ནི་མ་ལགས་སོ། །བཅོམ་ལྡན་འདས་ཀྱིས་བཀའ་སྩལ་པ། ཤ་ར་དྭ་ཉིའི་བུ་དེ་བཞིན་དུ་བྱང་ཆུབ་སེམས་དཔའ་སེམས་དཔའ་ཆེན་པོ་ཡང་སེམས་དང་པོ་བསྐྱེད་པ་ནས་ཉེ་བར་བཟུང་སྟེ། སྦྱིན་པའི་ཕ་རོལ་ཏུ་ཕྱིན་པ་ལ་སྤྱོད་པ་དང་། ཚུལ་ཁྲིམས་ཀྱི་ཕ་རོལ་ཏུ་ཕྱིན་པ་ལ་སྤྱོད་པ་དང་། བཟོད་པའི་ཕ་རོལ་ཏུ་ཕྱིན་པ་ལ་སྤྱོད་པ་[༣]དང་། བརྩོན་འགྲུས་ཀྱི་ཕ་རོལ་ཏུ་ཕྱིན་པ་ལ་སྤྱོད་པ་དང་། བསམ་གཏན་གྱི་ཕ་རོལ་ཏུ་ཕྱིན་པ་ལ་སྤྱོད་པ་དང་། ཤེས་རབ་ཀྱི་ཕ་རོལ་ཏུ་ཕྱིན་པ་ལ་སྤྱོད་པ་དང་། ནང་སྟོང་པ་ཉིད་ལ་སྤྱོད་པ་དང་། ཕྱི་སྟོང་པ་ཉིད་ལ་སྤྱོད་པ་དང་། ཕྱི་ནང་སྟོང་པ་ཉིད་ལ་སྤྱོད་པ་དང་། སྟོང་པ་ཉིད་སྟོང་པ་ཉིད་ལ་སྤྱོད་པ་[༤]དང་། ཆེན་པོ་སྟོང་པ་ཉིད་ལ་སྤྱོད་པ་དང་། དོན་དམ་པ་སྟོང་པ་ཉིད་ལ་སྤྱོད་པ་དང་། འདུས་བྱས་སྟོང་པ་ཉིད་ལ་སྤྱོད་པ་དང་། འདུས་མ་བྱས་སྟོང་པ་ཉིད་ལ་སྤྱོད་པ་དང་། མཐའ་ལས་འདས་པ་སྟོང་པ་ཉིད་ལ་སྤྱོད་[༥]པ་དང་། ཐོག་མ་དང་ཐ་མ་མེད་པ་སྟོང་[༦]པ་ཉིད་ལ་སྤྱོད་པ་དང་། དོར་བ་མེད་པ་སྟོང་པ་ཉིད་ལ་སྤྱོད་པ་དང་། རང་བཞིན་སྟོང་པ་ཉིད་ལ་སྤྱོད་པ་དང་། ཆོས་ཐམས་ཅད་སྟོང་པ་ཉིད་ལ་སྤྱོད་པ་དང་། རང་གི་མཚན་ཉིད་སྟོང་པ་ཉིད་ལ་སྤྱོད་པ་དང་། མི་དམིགས་པ་སྟོང་པ་ཉིད་ལ་སྤྱོད་པ་དང་། དངོས་པོ་མེད་པ་སྟོང་པ་ཉིད་ལ་སྤྱོད་པ་དང་། ངོ་བོ་ཉིད་སྟོང་པ་ཉིད་ལ་སྤྱོད་པ་དང་། དངོས་པོ་མེད་པའི་ངོ་བོ་ཉིད་སྟོང་པ་ཉིད་ལ་སྤྱོད་པ་དང་། དྲན་པ་ཉེ་བར་གཞག་པ་བཞི་ལ་སྤྱོད་པ་དང་། ཡང་དག་པར་སྤོང་བ་བཞི་ལ་སྤྱོད་པ་དང་། རྫུ་འཕྲུལ་གྱི་རྐང་པ་བཞི་ལ་སྤྱོད་པ་དང་། དབང་པོ་ལྔ་ལ་སྤྱོད་པ་དང་།

སྟོབས་ལྔ་ལ་སྤྱོད་པ་དང་། བྱང་ཆུབ་ཀྱི་ཡན་ལག་བདུན་ལ་སྤྱོད་པ་དང་། འཕགས་པའི་ལམ་ཡན་ལག་བརྒྱད་པ་ལ་སྤྱོད་པ་དང་། འཕགས་པའི་བདེན་པ་བཞི་ལ་སྤྱོད་པ་དང་། བསམ་གཏན་བཞི་ལ་སྤྱོད་པ་དང་། ཚད་མེད་པ་བཞི་ལ་སྤྱོད་པ་དང་། གཟུགས་མེད་པའི་སྙོམས་པར་འཇུག་པ་བཞི་ལ་སྤྱོད་པ་དང་། རྣམ་པར་ཐར་པ་བརྒྱད་ལ་[༧]སྤྱོད་པ་དང་། མཐར་གྱིས་གནས་པའི་སྙོམས་པར་འཇུག་པ་དགུ་ལ་སྤྱོད་པ་དང་། རྣམ་པར་ཐར་པའི་སྒོ་སྟོང་པ་ཉིད་དང་མཚན་མ་མེད་པ་དང་། སྨོན་པ་མེད་པ་ལ་སྤྱོད་པ་དང་། མངོན་པར་ཤེས་པ་རྣམས་ལ་སྤྱོད་པ་དང་། ཏིང་ངེ་འཛིན་ཐམས་ཅད་ལ་སྤྱོད་པ་དང་། གཟུངས་ཀྱི་སྒོ་ཐམས་ཅད་ལ་སྤྱོད་པ་དང་། དེ་བཞིན་གཤེགས་པའི་སྟོབས་བཅུ་ལ་སྤྱོད་པ་དང་། མི་འཇིགས་པ་བཞི་ལ་སྤྱོད་པ་དང་། སོ་སོ་ཡང་དག་པར་རིག་པ་བཞི་ལ་སྤྱོད་པ་དང་། བྱམས་པ་ཆེན་པོ་ལ་སྤྱོད་པ་དང་། སྙིང་རྗེ་ཆེན་པོ་ལ་སྤྱོད་པ་དང་། སངས་རྒྱས་ཀྱི་ཆོས་མ་འདྲེས་པ་བཅོ་བརྒྱད་ལ་སྤྱོད་པ་དང་། བྱང་ཆུབ་ཀྱི་ལམ་ཡོངས་སུ་རྫོགས་པར་བྱེད་པ་དང་། སངས་རྒྱས་ཀྱི་ཞིང་ཡོངས་སུ་དག་པར་བྱེད་པའི་ཚེ། སེམས་ཅན་རྣམས་ཡོངས་སུ་སྨིན་པར་བྱེད་དེ། སེམས་ཅན་ལ་ལ་ཞིག་དམིགས་པར་བྱས་ཤིང་གདུལ་བར་བྱ་བ་དེ་ལྷ་བུའི་སེམས་ཅན་གང་ཡང་མི་དམིགས་སོ།། །།

ཤེས་རབ་ཀྱི་ཕ་རོལ་ཏུ་ཕྱིན་པ་སྟོང་ཕྲག་བརྒྱ་པ། བམ་པོ༔ བཅོ་ལྔ་[༡]པ། དེ་ནས་ཚེ་དང་ལྡན་པ་རབ་འབྱོར་གྱིས། བཅོམ་ལྡན་འདས་ལ་འདི་སྐད་ཅེས་གསོལ་ཏོ། །བཅོམ་ལྡན་འདས་བྱང་ཆུབ་སེམས་དཔའ་སེམས་དཔའ་ཆེན་པོ་[༢]བྱང་ཆུབ་ཀྱི་ལམ་གང་ལ་སྤྱོད་[༣]དེ་སེམས་ཅན་རྣམས་ཡོངས་སུ་སྨིན་པར་བགྱི་བ་དང་། སངས་རྒྱས་ཀྱི་ཞིང་ཡོངས་སུ་དག་པར་བགྱི་བའི་བྱང་ཆུབ་སེམས་དཔའ་

སེམས་དཔའ་ཆེན་པོའི་བྱང་ཆུབ་ཀྱི་ལམ་གང་ལགས། བཅོམ་ལྡན་འདས་ཀྱིས་བཀའ་སྩལ་པ། རབ་འབྱོར་འདི་ལ་བྱང་ཆུབ་སེམས་དཔའ་སེམས་དཔའ་ཆེན་པོ་སེམས་དང་པོ་བསྐྱེད་པ་ནས་ཞེ་བར་བཟུང་སྟེ། སྦྱིན་པའི་ཕ་རོལ་ཏུ་ཕྱིན་པ་ལ་སྤྱོད། ཚུལ་ཁྲིམས་ཀྱི་ཕ་རོལ་ཏུ་ཕྱིན་པ་ལ་སྤྱོད། བཟོད་པའི་ཕ་རོལ་ཏུ་ཕྱིན་པ་ལ་སྤྱོད། བརྩོན་འགྲུས་ཀྱི་ཕ་རོལ་ཏུ་ཕྱིན་པ་ལ་སྤྱོད། བསམ་གཏན་གྱི་ཕ་རོལ་ཏུ་ཕྱིན་པ་ལ་སྤྱོད། ཤེས་རབ་ཀྱི་ཕ་རོལ་ཏུ་ཕྱིན་པ་ལ་སྤྱོད། ནང་སྟོང་པ་ཉིད་ལ་སྤྱོད། ཕྱི་སྟོང་པ་ཉིད་ལ་སྤྱོད། ཕྱི་ནང་སྟོང་པ་ཉིད་ལ་སྤྱོད། སྟོང་པ་ཉིད་སྟོང་པ་ཉིད་ལ་སྤྱོད། ཆེན་པོ་སྟོང་པ་ཉིད་ལ་སྤྱོད། དོན་དམ་པ་སྟོང་པ་ཉིད་ལ་སྤྱོད། འདུས་བྱས་སྟོང་པ་ཉིད་ལ་སྤྱོད། འདུས་མ་བྱས་སྟོང་པ་ཉིད་ལ་སྤྱོད། མཐའ་ལས་འདས་པ་སྟོང་པ་ཉིད་ལ་སྤྱོད། ཐོག་མ་དང་ཐ་མ་མེད་པ་སྟོང་པ་ཉིད་ལ་སྤྱོད། དོར་བ་མེད་པ་སྟོང་པ་ཉིད་ལ་སྤྱོད། རང་བཞིན་སྟོང་པ་ཉིད་ལ་སྤྱོད། ཆོས་ཐམས་ཅད་སྟོང་པ་ཉིད་ལ་སྤྱོད། རང་གི་མཚན་ཉིད་སྟོང་པ་ཉིད་ལ་སྤྱོད། མི་དམིགས་པ་སྟོང་པ་ཉིད་ལ་སྤྱོད། དངོས་པོ་མེད་པ་སྟོང་པ་ཉིད་ལ་སྤྱོད། ངོ་བོ་ཉིད་སྟོང་པ་ཉིད་ལ་སྤྱོད། དངོས་པོ་མེད་པའི་ངོ་བོ་ཉིད་སྟོང་པ་ཉིད་ལ་སྤྱོད། དྲན་པ་ཉེ་བར་གཞག་པ་བཞི་ལ་སྤྱོད། ཡང་དག་པར་སྤོང་བ་བཞི་ལ་སྤྱོད། རྫུ་འཕྲུལ་གྱི་རྐང་པ་བཞི་ལ་སྤྱོད། དབང་པོ་ལྔ་ལ་སྤྱོད། སྟོབས་ལྔ་ལ་སྤྱོད། བྱང་ཆུབ་ཀྱི་ཡན་ལག་བདུན་ལ་སྤྱོད། འཕགས་པའི་ལམ་ཡན་ལག་བརྒྱད་པ་ལ་སྤྱོད། འཕགས་པའི་བདེན་པ་བཞི་ལ་སྤྱོད། བསམ་གཏན་བཞི་ལ་སྤྱོད། ཚད་མེད་པ་བཞི་ལ་སྤྱོད། གཟུགས་མེད་པའི་སྙོམས་པར་འཇུག་པ་བཞི་ལ་སྤྱོད། རྣམ་པར་ཐར་པ་བརྒྱད་ལ་སྤྱོད། མཐར་གྱིས་གནས་པའི་སྙོམས་པར་འཇུག་པ་དགུ་ལ་སྤྱོད། རྣམ་པར་ཐར་པའི་སྒོ་སྟོང་

པ་ཉིད་དང་། མཚན་མ་མེད་པ་དང་། སྨོན་པ་མེད་[༡]པ་ལ་སྤྱོད། མངོན་པར་ཤེས་པ་ལྔ་ལ་སྤྱོད། ཏིང་ངེ་འཛིན་ཐམས་ཅད་ལ་སྤྱོད། གཟུངས་ཀྱི་སྒོ་ཐམས་ཅད་ལ་སྤྱོད། དེ་བཞིན་གཤེགས་པའི་སྟོབས་བཅུ་ལ་སྤྱོད། མི་འཇིགས་[༢]པ་བཞི་ལ་སྤྱོད། སོ་སོ་ཡང་དག་པར་རིག་པ་བཞི་ལ་སྤྱོད། བྱམས་པ་ཆེན་པོ་ལ་སྤྱོད། སྙིང་རྗེ་ཆེན་པོ་ལ་སྤྱོད། སངས་རྒྱས་ཀྱི་ཆོས་མ་འདྲེས་པ་བཅོ་བརྒྱད་ལ་སྤྱོད་ཅིང་། སེམས་ཅན་རྣམས་ཡོངས་སུ་སྨིན་པར་བྱེད་དོ། །སངས་རྒྱས་ཀྱི་ཞིང་ཡང་[༣]ཡོངས་སུ་དག་པར་བྱེད་དོ། །གསོལ་པ། བཅོམ་ལྡན་འདས་ཇི་ལྟར་ན་བྱང་ཆུབ་སེམས་དཔའ་སེམས་དཔའ་ཆེན་པོ་སྦྱིན་པའི་ཕ་རོལ་ཏུ་ཕྱིན་པ་ལ་སྤྱོད་ཅིང་། སེམས་ཅན་རྣམས་[༤]ཡོངས་སུ་སྨིན་པར་བགྱིད་པ་ལགས། བཅོམ་ལྡན་འདས་ཀྱིས་བཀའ་སྩལ་པ། རབ་འབྱོར་འདི་ལ་བྱང་ཆུབ་སེམས་དཔའ་སེམས་དཔའ་ཆེན་པོ་ཤེས་རབ་ཀྱི་ཕ་རོལ་ཏུ་ཕྱིན་པ་ལ་སྤྱོད་པའི་ཚེ། སེམས་ཅན་རྣམས་ལ་སྦྱིན་པ་ཡོངས་སུ་གཏོང་སྟེ། སྦྱིན་པ་བྱིན་ནས་འདི་སྐད་དུ་འདེམས་ཤིང་རྗེས་སུ་སྟོན་ཏེ། རིགས་ཀྱི་བུ་དག་སྦྱིན་པཿལ་གཟུང་བས་[༥]མ་འཛིན་ཅིག །སྦྱིན་པ་ལ་གཟུང་བས་འཛིན་[༦]འཛིན་ཅིང་ལུས་གང་མངོན་པར་གྲུབ་པས། སྡུག་བསྔལ་མང་པོ་ཉམས་སུ་མྱོང་བར་འགྱུར་བ་དེ་ལྟ་བུའི་ལུས་མངོན་པར་གྲུབ་པ་རེ[༧]། རིགས་ཀྱི་བུ་དག་འདི་ལ་དོན་དམ་པར་ན་[༨]སྦྱིན་པ་ཡང་མེད། སྦྱིན་པའི་འབྲས་བུ་ཡང་མེད། སྦྱིན་པའི་བདག་པོ་ཡང་མེད[༩]། ལེན་པ་ཡང་མེད་དེ། ཆོས་དེ་དག་ཐམས་ཅད་ནི་རང་བཞིན་གྱིས་སྟོང་པའོ། །རང་བཞིན་གྱིས་སྟོང་པའི་ཆོས་ནི་ལེན་པ་མེད་དེ[༡༠]། རང་བཞིན་[༡༡]སྟོང་པ་ཉིད་ནི་གཟུང་དུ་མེད་པའོ། །ཞེས་འདེམས་ཤིང་རྗེས་སུ་སྟོན་ཏེ། རབ་འབྱོར་བྱང་ཆུབ་སེམས་དཔའ་སེམས་དཔའ་ཆེན་པོ་ནི་སྦྱིན་པའི་ཕ་རོལ་ཏུ་ཕྱིན་པ་ལ་སྤྱོད་པའི་ཚེ། དེ་ལྟར་སེམས་

ཅན་རྣམས་ལ་སྦྱིན་པ་ཡོངས་སུ་གཏོང་ཡང་སྦྱིན་པ་མི་དམིགས་སོ། །སྦྱིན་པའི་བདག་པོ་མི་དམིགས་སོ། །ལེན་པ་མི་དམིགས་སོ། །དེ་ནི་མི་དམིགས་པའི་ཕ་རོལ་ཏུ་ཕྱིན་པ་སྟེ། འདི་ལྟར་སྦྱིན་པའི་ཕ་རོལ་ཏུ་ཕྱིན་པའོ། །དེ་[1]ཆོས་གསུམ་པོ་དེ་དག་ཐམས་ཅད་མི་དམིགས་པས། སེམས་ཅན་རྣམས་རྒྱུན་ཏུ་ཞུགས་[2]པའི་འབྲས་བུ་ལ་སྒྱུར་རོ། །ལན་ཅིག་ཕྱིར་འོང་བའི་འབྲས་བུ་ལ་སྒྱུར་རོ། །ཕྱིར་མི་འོང་བའི་འབྲས་བུ་ལ་སྒྱུར་རོ། །དགྲ་བཅོམ་པ་ཉིད་ལ་སྒྱུར་རོ། །རང་བྱང་ཆུབ་ལ་སྒྱུར་རོ། །ལམ་གྱི་རྣམ་པ་[3]ཤེས་པ་ཉིད་ལ་སྒྱུར་རོ། །བླ་ན་མེད་པ་ཡང་དག་པར་རྫོགས་པའི་བྱང་ཆུབ་ལ་སྒྱུར་རོ། །རབ་འབྱོར་དེ་ལྟར་བྱང་ཆུབ་སེམས་དཔའ་སེམས་དཔའ་ཆེན་པོ་སྦྱིན་པའི་ཕ་རོལ་ཏུ་ཕྱིན་པ་ལ་སྤྱོད་པའི་ཚེ། སེམས་ཅན་རྣམས་ཡོངས་སུ་སྨིན་པར་བྱེད་དེ། དེ་བདག་ཉིད་ཀྱང་སྦྱིན་པ་ཡོངས་སུ་གཏོང་ངོ་[4]། །གཞན་ཡང་སྦྱིན་པ་ལ་ཡང་དག་པར་སྐུལ་ལོ། །སྦྱིན་པའི་ལེགས་པ་[5]རྗོད་དོ། །སེམས་ཅན་གཞན་གང་སྦྱིན་པ་ཡོངས་སུ་གཏོང་བ་དེ་དག་གི་[6]ཡང་ལེགས་པ་རྗོད་ཅིང་མཐུན་པས་[7]དགའ་བར་སྤྱོད་དེ། དེ་ལྟར་བྱང་ཆུབ་སེམས་དཔའ་སེམས་དཔའ་ཆེན་པོ་དེ[8]། དེ་ལྟ་བུའི་སྦྱིན་པ་ཆེན་པོ་བྱིན་ཞིང་རྒྱལ་རིགས་ཆེ་ཞིང་མཐོ་བའི་རིགས་དང༔ སྐལ་བ་[9]མཉམ་པར་སྐྱེའོ། །བྲམ་ཟེ་[10]ཆེ་ཞིང་མཐོ་བའི་རིགས་དང་སྐལ་བ་མཉམ་པར་སྐྱེའོ། །ཁྱིམ་བདག་ཆེ་ཞིང་མཐོ་བའི་རིགས་དང་སྐལ་བ་མཉམ་པར་སྐྱེའོ། །ཁམས་ཀྱི་རྒྱལ་པོར་འགྱུར་རོ། །འཁོར་ལོས་སྒྱུར་[11]བའི་རྒྱལ་པོ་འཐོབ་བོ། །དེ་དེ་[12]དག་ན་ཡང་སེམས་ཅན་དེ་དག་བསྡུ་བའི་དངོས་པོ་བཞིས་ཡོངས་སུ་སྡུད་[13]དེ། བཞི་གང་ཞེ་ན། སྦྱིན་པ་དང༌། ཚིག་སྙན་པ་དང༌། དོན་སྤྱོད་པ་དང༌། དོན་མཐུན་པས་ཡོངས་སུ་སྡུད་[14]དོ། །དེ་དེ་[15]ལྟར་སྦྱིན་པས་ཡོངས་སུ་བསྡུས་པའི་སེམས་ཅན་དེ་དག་ཀྱང་[16]

རིམ་གྱིས་ཚུལ་ཁྲིམས་ལ་རབ་ཏུ་འགོད་དོ། །བཟོད་པ་ལ་རབ་ཏུ་འགོད་དོ། །
བརྩོན་འགྲུས་ལ་རབ་ཏུ་འགོད་དོ། །ཏིང་ངེ་འཛིན་ལ་རབ་ཏུ་འགོད་དོ། །
ཤེས་རབ་ལ་རབ་ཏུ་འགོད་དོ། །བསམ་གཏན་བཞི་ལ་རབ་ཏུ་འགོད་དོ། །
ཚད་མེད་པ་བཞི་ལ་རབ་ཏུ་འགོད་དོ། །གཟུགས་མེད་པའི་སྙོམས་པར་འཇུག་པ་
བཞི་ལ་རབ་ཏུ་འགོད་དོ། །དྲན་པ་ཉེ་བར་གཞག་པ་བཞི་ལ་རབ་ཏུ་འགོད་དོ། །
ཡང་དག་པར་སྤོང་བ་བཞི་ལ་རབ་ཏུ་འགོད་དོ། །རྫུ་འཕྲུལ་གྱི་རྐང་པ་བཞི་ལ་
རབ་ཏུ་འགོད་དོ། །དབང་པོ་ལྔ་ལ་རབ་ཏུ་འགོད་དོ། །སྟོབས་ལྔ་ལ་རབ་ཏུ་
འགོད་དོ། །བྱང་ཆུབ་ཀྱི་ཡན་ལག་བདུན་ལ་རབ་ཏུ་འགོད་དོ། །འཕགས་པའི་
ལམ་ཡན་ལག་བརྒྱད་པ་ལ་རབ་ཏུ་འགོད་དོ། །འཕགས་པའི་བདེན་པ་བཞི་ལ་
རབ་ཏུ་འགོད་དོ། །རྣམ་པར་ཐར་པ་བརྒྱད་ལ་རབ་ཏུ་འགོད་དོ། །མཐར་
གྱིས་གནས་པའི་སྙོམས་པར་འཇུག་པ་དགུ་ལ་རབ་ཏུ་འགོད་དོ། །རྣམ་པར་ཐར་
པའི་སྒོ་སྟོང་པ་ཉིད་དང་། མཚན་མ་མེད་པ་དང་། སྨོན་པ་མེད་པ་ལ་རབ་ཏུ་
འགོད་དོ། །མངོན་པར་ཤེས་པ་ལྔ་ལ་རབ་ཏུ་འགོད་དོ། །ཏིང་ངེ་འཛིན་
རྣམས་ལ་རབ་ཏུ་འགོད་དོ། །གཟུངས་ཀྱི་སྒོ་རྣམས་ལ་རབ་ཏུ་འགོད་དོ། །
ཡང་དག་པའི་སྐྱོན་མེད་པར་འཇུག་པར་[༡]བྱེད་དོ། །རྒྱུན་དུ་ཞུགས་པའི་འབྲས་
བུ་ཐོབ་པར་བྱེད་དོ། །ལན་ཅིག་ཕྱིར་འོང་བའི་འབྲས་བུ་ཐོབ་པར་བྱེད་དོ། །
ཕྱིར་མི་འོང་བའི་འབྲས་བུ་ཐོབ་པར་བྱེད་དོ། །དགྲ་བཅོམ་པ་ཉིད་ཐོབ་པར་བྱེད་
དོ། །རང་བྱང་ཆུབ་ཐོབ་པར་བྱེད་དོ། །བླ་ན་མེད་པ་ཡང་དག་པར་རྫོགས་
པའི་བྱང་ཆུབ་ཏུ་ཡང་དག་པར་སྐུལ་ལོ། །ཀྱེ་སྐྱེས་བུ་དག་བླ་ན་མེད་པ་ཡང་དག་
པར་རྫོགས་པའི་བྱང་ཆུབ་ནི་མངོན་པར་རྫོགས་པར་འཚང་[༢]རྒྱ་བར་མི་དཀའ་སྟེ།
ཕྱིན་ཅི་ལོག་གིས་སྡོངས་པའི་སེམས་ཅན་རྣམས་ཀྱིས་[༣]ཕོང་དུ་མི་[༤]ཚུད་པ་མ

གཏོགས་པར་ཆོས་གང་ལ་སེམས་ཅན་རྣམས་ཆགས་པར་གྱུར་པའི་ཆོས་དེ་ལྟ་བུ་གང་ཡང་ངོ་བོ་ཉིད་ཀྱིས་ཡོད་པ་མེད་ཀྱིས[1]། ཕྱིན་ཅི་ལོག་གི་འཛིན་པ་ཐམས་ཅད་རྒྱུན[2]ཆོད་ལ། འཁོར་བ་ལས་བདག་ཅག་ཀྱང་ཐར་བར་གྱིས་ཤིག ། གཞན་ཡང་ཐར་བར་གྱིས་ཤིག །དེ་ལྟར་ཁྱེད་ཆབདག་ཅག[3]ཀྱང་དོན་ཆེན་པོ་གྱིས་ཤིག །གཞན་ཡང་དོན་ཆེན་པོ་ལ་སྦྱོར་ཅིག་ཅེས་ཡང་དག་པར་སྐུལ་བ་བྱེད་དེ༑ རབ་འབྱོར་དེ་ལྟར་བྱང་ཆུབ་སེམས་དཔའ་སེམས་དཔའ་ཆེན་པོས[4]སྦྱིན་པའི་ཕ་རོལ་ཏུ་ཕྱིན་པ་ལ་སྤྱད་པར་བྱ་སྟེ། དེ་ལྟར་སྤྱོད་པའི་ཚེ་ཅི་ནས་ཀྱང་སེམས་དང་པོ་བསྐྱེད་པ་ནས་ཉེ་བར་བཟུང་སྟེ། ནམ་ཡང་ངན་སོང་དུ་མི་ལྟུང་བ་དང་། ནམ་ཡང་འཁོར་ལོས་སྒྱུར[5]བའི་རྒྱལ་པོ་མི་བྱེད་པར་མི་འགྱུར་བ་དེ་ལྟར་སྤྱོད་དོ། །དེ་ཅིའི་ཕྱིར་ཞེ་ན། ས་བོན་ཇི་ལྟ་བ་བཞིན་དུ་འབྲས་བུ་འབྱུང་སྟེ། འཁོར་ལོས་སྒྱུར་བའི་རྒྱལ་པོ་དེའི་དྲུང་དུ་སློང་མོ་པ་གང་ཇི་སྙེད་ཅིག[6]འོངས་ཀྱང་འཁོར་ལོས[7]སྒྱུར་བའི་རྒྱལ་པོ་དེ་འདི་སྙམ་དུ་སེམས་ཏེ། བདག་གིས་སེམས་ཅན་རྣམས་ཀྱི་དོན་མ་གཏོགས་པར། གཞན་གྱི[8]དོན་དུ་འཁོར་ལོས་སྒྱུར་བ་ཡོངས་སུ་མ་བཟུང་ངོ་། །ཞེས་དེ[9]འདི་སྐད་ཅེས་ཟེར་ཏེ། སུ་ཅི་འདོད་པ་དེ་ཁྱེད[10]བྱིན་གྱིས་འདི་ནི་ངའི་མ་ཡིན་གྱི་ཁྱེད་ཀྱིའོ། །ང[11]ནི་ནང་གི་གཟུགས་ལ་ཡང་དོན་དུ་གཉེར་བ་མེད་ན། གཞན་ལྟ[12]ཅི་སྨོས་ཏེ། གཞན་དུ་ན་ངས་སེམས་ཅན་རྣམས་ཀྱི་དོན་དུ་འཁོར་བ་ཡོངས་སུ་བཟུང[13]གི། བདག་ནི་འཁོར་བ་དོན་དུ་གཉེར་བ་མ་ཡིན་ནོ་ཞེས་ཏེ། དེ་སྙིང་བརྩེ་བས་སྙིང་རྗེ་ཆེན་པོ་ཡོངས་སུ་རྫོགས་པར་བྱས་ཤིང་། སྙིང་རྗེ་ཆེན་པོས་སེམས་ཅན་རྣམས་ཀྱི་དོན[14]བྱེད་ཀྱང་སེམས་ཅན་གང་ཡོངས་སུ་གྲུབ་པ་དེ་ལྟ་བུ་མི་དམིགས་ཏེ། གཞན་དུ་ན་འདུ་ཤེས་དང་མིང་དང་། ཐ་སྙད་ཀྱིས་རྣམ་པར་སྤྱོད་དེ[15]། རྣམ་པར་སྤྱོད་པ་དེ

ཡང་སྒྲ་བརྙན་[༡]ལྟ་བུར་རྣམ་པར་སྤྱོད་དུ་མེད་པར་ཤེས་སོ། །རབ་འབྱོར་བྱང་ཆུབ་སེམས་དཔའ་སེམས་དཔའ་ཆེན་པོས་སྦྱིན་པའི་ཕ་རོལ་ཏུ་ཕྱིན་པ་ལ་དེ་ལྟར་སྤྱད་[༢]པར༔ བྱ་སྟེ[༣]། སྤྱོད་པའི་ཚེ་ཅི་ནས་ཀྱང་བདག་གི་[༤]ཤ་ཡན་ཆད་[༥]ཀྱང་སེམས་ཅན་རྣམས་ལ་ཡོངས་སུ་མ་བཏང་[༦]བ་མེད་པར་བྱ་[༧]ན། ཕྱི་རོལ་གྱི་ཡོ་བྱད་གང་གིས་སེམས་ཅན་རྣམས་འཁོར་བ་ལས་ཡོངས་སུ་ཐར་བར་བྱ་བ་དག་ལྟ་སྨོས་སུ་ཡང་མེད་པ་[༨]དེ་ལྟར་སྤྱད་པར་བྱའོ། །གསོལ་པ། ཡོ་བྱད་དེ་དག་གང་ལགས། བཅོམ་ལྡན་འདས་ཀྱིས་བཀའ་སྩལ་པ། སྦྱིན་པའི་ཕ་རོལ་ཏུ་ཕྱིན་པ་ནི་ཡོ་བྱད་དོ། །ཚུལ་ཁྲིམས་ཀྱི་ཕ་རོལ་ཏུ་ཕྱིན་པ་ནི་ཡོ་བྱད་དོ། །བཟོད་པའི་ཕ་རོལ་ཏུ་ཕྱིན་པ་ནི་ཡོ་བྱད་དོ། །བརྩོན་འགྲུས་ཀྱི་ཕ་རོལ་ཏུ་ཕྱིན་པ་ནི་ཡོ་བྱད་དོ། །བསམ་གཏན་གྱི་ཕ་རོལ་ཏུ་ཕྱིན་པ་ནི་ཡོ་བྱད་དོ། །ཤེས་རབ་ཀྱི་ཕ་རོལ་ཏུ་ཕྱིན་པ་ནི་ཡོ་བྱད་དོ། །ནང་སྟོང་པ་ཉིད་ནི་ཡོ་བྱད་དོ། །ཕྱི་སྟོང་པ་ཉིད་ནི་ཡོ་བྱད་དོ། །ཕྱི་ནང་སྟོང་པ་ཉིད་ནི་ཡོ་བྱད་དོ། །སྟོང་པ་ཉིད་སྟོང་པ་ཉིད་ནི་ཡོ་བྱད་དོ། །ཆེན་པོ་སྟོང་པ་ཉིད་ནི་ཡོ་བྱད་དོ། །དོན་དམ་པ་སྟོང་པ་ཉིད་ནི་ཡོ་བྱད་དོ། །འདུས་བྱས་སྟོང་པ་ཉིད་ནི་ཡོ་བྱད་དོ། །འདུས་མ་བྱས་སྟོང་པ་ཉིད་ནི་ཡོ་བྱད་དོ། །མཐའ་ལས་འདས་པ་སྟོང་པ་ཉིད་ནི་[༩]ཡོ་བྱད་དོ། །ཐོག་མ་དང་ཐ་མ་མེད་པ་སྟོང་པ་ཉིད་ནི་ཡོ་བྱད་དོ། །དོར་བ་མེད་པ་སྟོང་པ་ཉིད་ནི་ཡོ་བྱད་དོ། །རང་བཞིན་སྟོང་པ་ཉིད་ནི་ཡོ་བྱད་དོ། །ཆོས་ཐམས་ཅད་སྟོང་པ་ཉིད་ནི་ཡོ་བྱད་དོ། །རང་གི་མཚན་ཉིད་སྟོང་པ་ཉིད་ནི་ཡོ་བྱད་དོ། །མི་དམིགས་པ་སྟོང་པ་ཉིད་ནི་ཡོ་བྱད་དོ། །དངོས་པོ་མེད་པ་སྟོང་པ་ཉིད་ནི་ཡོ་བྱད་དོ། །ངོ་བོ་ཉིད་སྟོང་པ་ཉིད་ནི་ཡོ་བྱད་དོ། །དངོས་པོ་མེད་པའི་ངོ་བོ་ཉིད་སྟོང་པ་ཉིད་ནི་ཡོ་བྱད་དོ། །དྲན་པ་ཉེ་བར་གཞག་པ་རྣམས་ནི་ཡོ་བྱད་དོ། །ཡང་དག་པར་སྤོང་བ་རྣམས་ནི་

ཡོ་བྱད་དོ། །རྫུ་འཕྲུལ་གྱི་རྐང་པ་རྣམས་ནི་ཡོ་བྱད་དོ། །དབང་པོ་རྣམས་ནི་ཡོ་བྱད་དོ། །སྟོབས་རྣམས་ནི་ཡོ་བྱད་དོ། །བྱང་ཆུབ་ཀྱི་ཡན་ལག་རྣམས་ནི་ཡོ་བྱད་དོ། །འཕགས་པའི་ལམ་ཡན་ལག་བརྒྱད་པ་ནི་ཡོ་བྱད་དོ། །འཕགས་པའི་བདེན་པ་རྣམས་ནི་ཡོ་བྱད་དོ། །བསམ་གཏན་རྣམས་ནི་ཡོ་བྱད་དོ། །ཚད་མེད་པ་རྣམས་ནི་ཡོ་བྱད་དོ། །གཟུགས་མེད་པའི་སྙོམས་པར་འཇུག་པ་རྣམས་ནི་ཡོ་བྱད་དོ། །རྣམ་པར་ཐར་པ་རྣམས་ནི་ཡོ་བྱད་དོ། །མཐར་གྱིས་གནས་པའི་སྙོམས་པར་འཇུག་པ་རྣམས་ནི་ཡོ་བྱད་དོ། །རྣམ་པར་ཐར་པའི་སྒོ་སྟོང་པ་ཉིད་དང་། མཚན་མ་མེད་པ་དང་། སྨོན་པ་མེད་པ་(༡)ནི་ཡོ་བྱད་དོ། །མངོན་པར་ཤེས་པ་རྣམས་ནི་ཡོ་བྱད་དོ། །ཏིང་ངེ་འཛིན་རྣམས་ནི་(༢)ཡོ་བྱད་དོ། །གཟུངས་ཀྱི་སྒོ་རྣམས་ནི་ཡོ་བྱད་དོ། །དེ་བཞིན་གཤེགས་པའི་སྟོབས་རྣམས་ནི་ཡོ་བྱད་དོ། །མི་འཇིགས་པ་རྣམས་ནི་ཡོ་བྱད་དོ། །སོ་སོ་ཡང་དག་པར་རིག་པ་རྣམས་ནི་ཡོ་བྱད་དོ། །(༣)སྙིང་རྗེ་ཆེན་པོ་ནི་ཡོ་བྱད་དོ། །སངས་རྒྱས་ཀྱི་ཆོས་མ་འདྲེས་པ་བཅོ་བརྒྱད་ནི་ཡོ་བྱད་དོ། །དེ་དག་ནི་ཡོ་བྱད་དེ། ཡོ་བྱད་དེ་དག་གིས་སེམས་ཅན་རྣམས་ཡོངས་སུ་བསྐུས་ཤིང་རིམ་གྱིས་ཉན་ཐོས་ཀྱི་ཐེག་པའམ། རང་སངས་རྒྱས་ཀྱི་ཐེག་པའམ། ཐེག་པ་ཆེན་པོ་འམ། ཐེག་པ་གསུམ་པོ་དེ་དག་གིས་ཡོངས་སུ་མྱ་ངན་ལས་བཟླ་(༤)སྟེ། རབ་འབྱོར་དེ་ལྟར་ན་བྱང་ཆུབ་སེམས་དཔའ་སེམས་དཔའ་ཆེན་པོ་སྦྱིན་པའི་ཕ་རོལ་ཏུ་ཕྱིན་པ་ལ་གནས་ཤིང་། སྦྱིན་པའི་ཕ་རོལ་ཏུ་ཕྱིན་པས་སེམས་ཅན་རྣམས་ཡོངས་སུ་སྡུད་(༥)པ་ཡིན་ནོ། །རབ་འབྱོར་ཇི་ལྟར་ན་བྱང་ཆུབ་སེམས་དཔའ་སེམས་དཔའ་ཆེན་པོ་སྦྱིན་པའི་ཕ་རོལ་ཏུ་ཕྱིན་པ་ལ་སྤྱོད་ཅིང་། སེམས་ཅན་རྣམས་ཚུལ་ཁྲིམས་ཀྱི་ཕ་རོལ་ཏུ་ཕྱིན་པ་ལ་སྦྱོར་བ་ཡིན་ཞེ་ན། རབ་འབྱོར་འདི་ལ་བྱང་ཆུབ་སེམས་དཔའ་སེམས་དཔའ་

ཆེན་པོ་སྦྱིན་པའི་ཕ་རོལ་ཏུ་ཕྱིན་པ་ལ་གནས་ཤིང་། སེམས་ཅན་རྣམས་ལ་སྦྱིན་པ་ཡོངས་སུ་གཏོང་[1]སྟེ། དེ་སྦྱིན་པ་གཏོང་བའི་ཚེ་འདི་སྐད་ཅེས་རྗོད་དོ། །རིགས་ཀྱི་བུ་དག་ཚུར་ཤོག །ཚུལ་ཁྲིམས་སྲུངས་[2]ཤིག །ངས་[3]ཁྱེད་ཟས་དང་། སྐོམ་དང་། གོས་དང་། ༔བཞོན་པ་དང་།[4] མལ་ཆ་དང་། མེ་ཏོག་དང་། བདུག་སྤོས་དང་། སྤོས་དང་། ཕྲེང་བ་དང་། བྱུག་པ་དང་། ཁྱིམ་དང་། ནོར་དང་། འབྲུ་དང་། ནོར་བུ་དང་། མུ་ཏིག་དང་། བཻ་ཌཱུཪྻ་དང་། དུང་དང་། མན་ཤེལ་དང་། བྱི་[5]རུ་དང་། གསེར་དང་། དངུལ་དང་། མིའི་རྐྱེན་[6]དང་། ཡོ་བྱད་གང་ཅི་ཡང་རུང་བའི་བར་གྱིས་ཕོངས་པ་མྱེད་པར་བྱའོ། །ཁྱེད་ཀྱང་ཕོངས་པས་ཚུལ་ཁྲིམས་ངན་པ་ལ༔ སྤྱོད་གྲང་[7]ན་ཁྱེད་ཡོ་བྱད་ཐམས་ཅད་དང་རིན་པོ་ཆེ་སྣ་[8]བདུན་གྱི་[9]བར་གྱིས་ཕོངས་པ་མེད་པར་བྱས[10]། དེས་ཁྱེད་སྡོམ་པའི་ཚུལ་ཁྲིམས་ལ་གནོས་[11]ལ། རིམ་གྱིས་ཉན་ཐོས་ཀྱི་ཐེག་པ་འམ། རང་སངས་རྒྱས་ཀྱི་ཐེག་པ་འམ། རྣམ་པ་ཐམས་ཅད་མཁྱེན་པ་ཉིད་ཀྱི་ཐེག་པ་འམ། ཐེག་པ་གསུམ་པོ་དེ་དག་གིས་སྡུག་བསྔལ་གྱི་[12]མཐར་ཕྱིན་པར་གྱིས་ཤིག་ཅེས་ནས། བྱང་ཆུབ་སེམས་དཔའ་སེམས་དཔའ་ཆེན་པོ་དེ་བདག་ཉིད་ཀྱང་ཚུལ་ཁྲིམས་སྲུང་ངོ་། །གཞན་ཡང་ཚུལ་ཁྲིམས་ལ་ཡང་དག་པར་སྐུལ་ལོ། །ཚུལ་ཁྲིམས་ཀྱི་ལེགས་པ་རྗོད་དོ། །སེམས་ཅན་གཞན་གང་ཚུལ་ཁྲིམས་སྲུང་བ་དེ་དག་གི་ཡང་ལེགས་པ་རྗོད་ཅིང་མཐུན་པས་[13]དགའ་བར་སྤྱོད་དོ། །[14]དེ་ལྟར་བྱང་ཆུབ་སེམས་དཔའ་སེམས་དཔའ་ཆེན་པོ་དེ་སེམས་ཅན་དེ་དག་དེ་ལྟར་ཚུལ་ཁྲིམས་ལ་སྦྱར་ཅིང་[15]། ཚུལ་ཁྲིམས་ལ་རབ་ཏུ་བཀོད་དེ། རིམ་གྱིས་ཐེག་པ་གསུམ་པོས་ཡོངས་སུ་མྱ་ངན་ལས་བཟླ་སྟེ། རབ་འབྱོར་དེ་ལྟར་ན་བྱང་ཆུབ་སེམས་དཔའ་སེམས་དཔའ་ཆེན་པོ་སྦྱིན་པའི་ཕ་རོལ་ཏུ་ཕྱིན་པ་ལ་གནས་ཤིང་། ཚུལ་

ཁྲིམས་ཀྱི་ཕ་རོལ་ཏུ་ཕྱིན་པས་སེམས་ཅན་རྣམས་ཡོངས་སུ་སྨིན་པ་ཡིན་ནོ། །རབ་འབྱོར་ཇི་ལྟར་ན་བྱང་ཆུབ་སེམས་དཔའ་སེམས་དཔའ་ཆེན་པོ་སྦྱིན་པའི་ཕ་རོལ་ཏུ་ཕྱིན་པ་ལ་སྤྱོད་ཅིང་། སེམས་ཅན་རྣམས་བཟོད་པའི་ཕ་རོལ་ཏུ་ཕྱིན་པ་ལ་སྦྱོར་བ་ཡིན་ཞེ་ན། རབ་འབྱོར་འདི་ལ་བྱང་ཆུབ་སེམས་དཔའ་སེམས་དཔའ་ཆེན་པོ་སྦྱིན་པའི་ཕ་རོལ་ཏུ་ཕྱིན་པ་ལ་གནས་ཤིང་། སེམས་ཅན་གང་ཁྲོ་བ་དང་། གནོད་སེམས་སུ་བྱེད་པ་དག་མཐོང་ན། དེ་དག་ལ་འདི་སྐད་ཅེས་ཟེར་རོ། །རིགས་ཀྱི་བུ་དག་ཁྱེད་ཅིའི་རྒྱུས་གནོད་སེམས་སུ་བྱེད་པར་གྱུར། ཁྱེད་གང་གིས་ཕོངས་ཤིང་གནོད་སེམས་སུ་བྱེད་པར་གྱུར་པ[1]དེ་དང་དེ་ང་ལས་ལོང་ཤིག[2] །ངས་ཁྱེད་ཟས་དང་། སྐོམ་དང་། གོས་དང་། བཞོན[3]པ་དང་། མལ་ཆ་དང་། མེ་ཏོག་དང་། བདུག་སྤོས་དང་། སྤོས་དང་། ཕྲེང་བ་དང་། བྱུག་པ་དང་། ཁྱིམ་དང་། ནོར་དང་། འབྲུ་དང་། ནོར་བུ་དང་། མུ་ཏིག་དང་། བཻ་ཌཱུརྱ་དང་། དུང་དང་། མན་ཤེལ་དང་། བྱི[4]རུ་དང་། གསེར་དང་། དངུལ་དང་། མིའི་རྒྱན་དང་། ཡོ་བྱད་གང་ཅི་ཡང་རུང་[5]བའི་བར་གྱིས་ཕོངས་པ་མེད་པར་བྱས[6]། ཁྲོ་བ་དང་། གནོད་སེམས[7]མེད་པར་གྱིས་ཤིག་ཅེས། དེ་ལྟར་བྱང་ཆུབ་སེམས་དཔའ་སེམས་དཔའ་ཆེན་པོ་སྦྱིན་པའི་ཕ་རོལ་ཏུ་ཕྱིན་པ་ལ་གནས་ཤིང་། སེམས་ཅན་དེ་དག་བཟོད་པ་ལ་སྦྱོར[8]ཏེ། འདི་སྐད་དུ་གཙུགས[9]གང་གིས་ཁྱེད་ཀྱི་ཁྲོ་བ་སྐྱེ་བར[10]གྱུར་པ་དེ་ནི་སྙིང་པོ་མེད་པ་སྟེ། དེ་ལ[11]དངོས་པོ་གང་ཡང་མེད་དོ། །ཁྲོ་བ་དེ་ནི་ཡང་དག་པ[12]མ་ཡིན་པར་ཡོངས་སུ་བརྟགས[13]པ་སྟེ། དངོས་པོ་གང་གི[14]ཕྱིར་ཁྱེད་འཐབ་ཅིང་མཁོན[15]པ་དང་། གནོད་སེམས་སུ་བྱེད་པར་གྱུར་པ་དང་། དེ་ལྟར་འཐབས་ཤིང་མཁོན[16]ཏེ། གནོད་སེམས་སུ་གྱུར་ནས། དམྱིག[17]པས་འགྱེད་པ་དང་།

མཚོན་གྱིས་འདྲེ་བ་དང་། ཕན་ཚུན་གྱི་སྲོག་ལ་རྒོལ་[1]བར་གྱུར་པའི་དངོས་པོ་དེ་ལ། དངོས་པོའི་རང་བཞིན་གང་ཡང་[2]མེད་ན། དེ་ལྟ་ཡིན་ཡང་ཁྱེད་ཡང་དག་པ་མ་ཡིན་པའི་ཡོངས་སུ་རྟོག་པས་འཁྲུགས་ན། སེམས་ཅན་དམྱལ་བ་དག་ཏུ་ལྟུང་བར་འགྱུར། བྱོལ་སོང་གི་སྐྱེ་གནས་དག་ཏུ་ལྟུང་བར་འགྱུར། གཤིན་རྗེའི་འཇིག་རྟེན་དག་ཏུ་ལྟུང་བར་འགྱུར། དེ་མ་ཡིན་པའི་ངན་སོང་གཞན་དག་ཏུ་ཡང་ཁྱེད་སྡུག་བསྔལ་མི་བཟད་[3]པ་དང་། ཚ་ཞིང་རྩུབ་ལ་ཡིད་དུ་མི་འོང་བའི་ཚོར་བ་ཉམས་སུ་མྱོང་བར་འགྱུར་གྱིས[4]། སྐྱེས་བུ་ཁྱེད་རྣམས་དངོས་པོ་མེད་པའི་ཆོས་རྣམས་[5]ཀྱི་དོན་དུ་ལས་གང་[6]ཡོངས་སུ་བཟུང་བས་ཕྱིར་སྐྱེ་བ་ཡང་འཐོབ་པར་མི་འགྱུར་ན། སངས་རྒྱས་འབྱུང་[7]བ་དང་འཕྲད་[8]པར་འགྱུར་བ་ལྟ་སྨོས་སུ་ཡང་མེད་པ་དེ་ལྟ་བུའི་ལུས་[9]ཡོངས་སུ་མ་འཛིན་ཅིག །གྲོགས་པོ་དག་སངས་རྒྱས་འབྱུང་བ་ནི་དཀོན་ནོ[10]། །ཕྱིར་སྐྱེ་བ་འཐོབ་པ་[11]ནི་དཀོན་ནོ། །དལ་བ་ཕུན་སུམ་ཚོགས་པ་ནི་དཀོན་ནོ། །འཁོར་བ་ལས་ཐར་བ་ནི་དཀོན་ནོ། །དེ་ལྟ་[12]ཡིན་གྱིས་[13]དལ་བ་འདི་དོན་[14]མེད་པར་མ་བྱེད་ཤིག[15] །ཕྱི་ཕོམ་པར་གྱུར་ཅིང་གསོར་མི་རུང་བར་གྱུར་ཏ་རེ་ཞེས་དེ་ལ་བྱང་ཆུབ་སེམས་དཔའ་སེམས་དཔའ་ཆེན་པོ་བདག་ཉིད་ཀྱང་བཟོད་པ་སྒྲུབ་[16]བོ། །གཞན་ཡང་བཟོད་པ་ལ་ཡང་དག་པར་སྐུལ་ལོ། །བཟོད་པའི་ལེགས་པ་བརྗོད་དོ། །སེམས་ཅན་གཞན་གང་བཟོད་པ་སྒོམ་པ་[17]དེ་དག་གི་ཡང་ལེགས་པ་བརྗོད་ཅིང་། མཐུན་པས་དགའ་བར་སྨྲོད་དོ།། དེ་ལྟར་བྱང་ཆུབ་སེམས་དཔའ་སེམས་དཔའ་ཆེན་[18]པོ་དེ་སེམས་ཅན་དེ་དག་དེ་ལྟར་བཟོད་པ་ལ་སྦྱོར་ཅིང་[19]། བཟོད་པ་ལ་རབ་ཏུ་བཀོད་དེ། རིམ་གྱིས་ཐེག་པ་གསུམ་པོས་ཡོངས་སུ་མྱ་ངན་ལས་ཟློ་སྟེ། རབ་འབྱོར་དེ་ལྟར་ན་བྱང་ཆུབ་སེམས་དཔའ་སེམས་དཔའ་ཆེན་པོ་སྦྱིན་པའི་ཕ་རོལ་ཏུ་ཕྱིན་པ་ལ་གནས་ཤིང་།

བཟོད་པའི་ཕ་རོལ་ཏུ་ཕྱིན་པས་སེམས་ཅན་རྣམས་ཡོངས་སུ་སྨིན་པ་ཡིན་ནོ། །རབ་འབྱོར་[༡]ཇི་ལྟར་ན་བྱང་ཆུབ་སེམས་དཔའ་སེམས་དཔའ་[༢]ཆེན་པོ་སྦྱིན་པའི་ཕ་རོལ་ཏུ་ཕྱིན་པ་ལ་སྤྱོད་ཅིང་། སེམས་ཅན་རྣམས་བརྩོན་འགྲུས་ཀྱི་ཕ་རོལ་ཏུ་ཕྱིན་པ་ལ་སྦྱོར་བ་ཡིན་ཞེ་ན། རབ་འབྱོར་འདི་ལ་བྱང་ཆུབ་སེམས་དཔའ་སེམས་དཔའ་ཆེན་པོ་སེམས་ཅན་ལེ་ལོ་ཅན། བརྩོན་འགྲུས་ཆུང་བ་དག་མཐོང་ན་འདི་སྐད་དུ་ཁྱེད་ཅིའི་ཕྱིར་ལེ་ལོ་བྱེད་ཅེས་རྗོད་དེ། དེ་དག་རྐྱེན་དང་མི་ལྡན་པའི་ཕྱིར་རོ་ཞེས་ཟེར་ན། དེ་ལ་བྱང་ཆུབ་སེམས་དཔའ་སེམས་དཔའ་ཆེན་པོ་སྦྱིན་པའི་ཕ་རོལ་ཏུ་ཕྱིན་པ་ལ་སྤྱོད་ཅིང་། སེམས་ཅན་དེ་དག་ལ་འདི་སྐད་ཅེས་ཟེར་ཏེ། ཀྱེ་སྐྱེས་བུ་དག་ངས་སྦྱིན་པའི་རྐྱེན་ཏམ། ཚུལ་ཁྲིམས་ཀྱི་རྐྱེན་ཏམ། བཟོད་པའི་རྐྱེན་ཏམ། གཞན་ཡང་རྣམ་པ་གང་དང་གང་གིས། བརྩོན་འགྲུས་བརྩམ་དུ་ཙུང་བ་དེ་དག་ཁྱེད་ལ་ངས་ཉེ་བར་[༣]བསྒྲུབ་པར་བྱས་[༤]། བརྩོན་འགྲུས་རྩོམས་[༥]ཤིག་ཅེས་ནས། སེམས་ཅན་དེ་དག་བྱང་ཆུབ་སེམས་དཔའ་སེམས་དཔའ་ཆེན་པོ་དེའི་ཡོ་བྱད་ལ་སྤྱོད་ཅིང་ལུས་སམ། སེམས་ཀྱི་བརྩོན་འགྲུས་རྩོམ་སྟེ། དེ་དག་ལུས་དང་སེམས་ཀྱི་བརྩོན་འགྲུས་ཀྱིས་དགེ་བའི་ཆོས་ཐམས་ཅད་ཡོངས་སུ་རྫོགས་པར་བྱེད་དེ། དགེ་བའི་ཆོས་དེ་དག་གིས་འཕགས་པ་[༦]ཟག་པ་མེད་པའི་ཆོས་རྣམས་སྒོམ་མོ། །དེ་དག་བསྒོམས་[༧]པས་རྒྱུན་དུ་ཞུགས་པའི་འབྲས་བུ་འཐོབ་བོ། །ལན་ཅིག་ཕྱིར་འོང་བའི་འབྲས་བུ་འཐོབ་བོ། །ཕྱིར་མི་འོང་བའི་འབྲས་བུ་འཐོབ་བོ། །དགྲ་བཅོམ་པ་ཉིད་འཐོབ་བོ། །རང་བྱང་ཆུབ་འཐོབ་བོ། །བླ་ན་མེད་པ་ཡང་དག་པར་རྫོགས་པའི་བྱང་ཆུབ་ཏུ་[༨]མངོན་པར་རྫོགས་པར་འཚང་རྒྱའོ། །དེ་ལ་བྱང་ཆུབ་སེམས་དཔའ་སེམས་དཔའ་ཆེན་པོ་བདག་ཉིད་ཀྱང་བརྩོན་འགྲུས་རྩོམ་[༩]མོ། །གཞན་ཡང་བརྩོན་འགྲུས་ལ་ཡང་དག་

པར་སྐུལ་ལོ། །བརྩོན་འགྲུས་ཀྱི་ལེགས་པ་རྗོད་དོ། །སེམས་ཅན་གཞན་གང་(༡) བརྩོན་འགྲུས་རྩོམ་པ་དེ་དག་གི་ཡང་ལེགས་པ་རྗོད་ཅིང་མཐུན་པས་དགའ་བར་སྨྲོད་དོ། །དེ་ལྟར་བྱང་ཆུབ་སེམས་དཔའ་སེམས་དཔའ་ཆེན་པོ་དེ་སེམས་ཅན་དེ་དག་དེ་ལྟར་བརྩོན་འགྲུས་ལ་སྦྱོར་ཅིང་། བརྩོན་འགྲུས་ལ་རབ་ཏུ་བཀོད་དེ། རིམ་གྱིས་ཐེག་པ་གསུམ་པོས་ཡོངས་སུ་མྱ་ངན་ལས་བཟློ་(༢)སྟེ། རབ་འབྱོར་དེ་ལྟར་ན་བྱང་ཆུབ་སེམས་དཔའ་སེམས་དཔའ་ཆེན་པོ་སྦྱིན་པའི་ཕ་རོལ་ཏུ་ཕྱིན་པ་ལ་གནས་ཤིང་(༣)། བརྩོན་འགྲུས་ཀྱི་ཕ་རོལ་ཏུ་ཕྱིན་པས་སེམས་ཅན་རྣམས་ཡོངས་སུ་སྡུད་པ་ཡིན་ནོ། །རབ་འབྱོར་ཇི་ལྟར་ན་བྱང་ཆུབ་སེམས་དཔའ་སེམས་དཔའ་ཆེན་པོ་སྦྱིན་པའི་ཕ་རོལ་ཏུ་ཕྱིན་པ་ལ་སྤྱོད་ཅིང་། བསམ་གཏན་གྱི་ཕ་རོལ་ཏུ་ཕྱིན་པ་ལ་སེམས་ཅན་རྣམས་སྦྱོར་བ་ཡིན་ཞེ་ན། རབ་འབྱོར་འདི་ལ་བྱང་ཆུབ་སེམས་དཔའ་སེམས་དཔའ་ཆེན་པོས་སེམས༔ གཡེངས་པར་(༤)གྱུར་པའི་སེམས་ཅན་དག་མཐོང་ན། འདི་སྐད་དུ་སེམས་ཅན་ཁྱེད་ཅིའི་ཕྱིར་བསམ་གཏན་ལ་མཉམ་པར་མི་གཞོག་(༥)ཅེས་རྗོད་དེ། དེ་དག་རྒྱན་དང་མི་ལྡན་པའི་ཕྱིར་རོ་ཞེས་ཟེར་ན། དེ་ལ་(༦)བྱང་ཆུབ་སེམས་དཔའ་སེམས་དཔའ་ཆེན་པོ་སྦྱིན་པའི་ཕ་རོལ་ཏུ་ཕྱིན་པ་ལ་སྤྱོད་ཅིང་། སེམས་ཅན་དེ་དག་ལ་འདི་སྐད་དུ་འདེམས་ཏེ། ཀྱེ་སེམས་ཅན་དག་ངས་རྒྱན་གང་དང་གང་གིས་ཕྱི་ནང་གི་ཆོས་ལ་རྣམ་པར་རྟོག་(༧)པར་མི་འགྱུར་བ་དེ་ལྟ་བུའི་རྒྱན་ཉེ་བར་བསྒྲུབ་པར་བྱའོ་ཞེས་ནས། བྱང་ཆུབ་སེམས་དཔའ་སེམས་དཔའ་ཆེན་པོ༔ དེ་སེམས་ཅན་(༨)དེ་དག་ལ་རྒྱན་གང་དང་གང་ཉེ་བར་བསྒྲུབས་པས། རྣམ་པར༔ རྟོག་པར་(༩)མི་འགྱུར་བ་དེ་ལྟ་བུའི་རྒྱན་ཉེ་བར༔ སྒྲུབ་སྟེ(༡༠)། དེའི་ཕྱིར་དེ་དག་རྣམ་པར་རྟོག་པ་ཆད་ནས། བསམ་གཏན་དང་པོ་ལ་སྙོམས་པར་འཇུག་གོ། །བསམ་གཏན་གཉིས་པ་ལ་སྙོམས་པར་འཇུག་གོ། །བསམ་

གཏན་གསུམ་པ་ལ་སྙོམས་པར་འཇུག་གོ། །བསམ་གཏན་བཞི་པ་ལ་སྙོམས་པར་འཇུག་གོ། །བྱམས་པ་ལ་སྙོམས་པར་འཇུག་གོ། །སྙིང་རྗེ་ལ་སྙོམས་པར་འཇུག་གོ། །དགའ་བ་ལ་སྙོམས་པར་འཇུག་གོ། །བཏང་སྙོམས་ལ་སྙོམས་པར་འཇུག་གོ། །ནམ་མཁའ་མཐའ་ཡས་སྐྱེ་མཆེད་ལ་སྙོམས་པར་འཇུག་གོ། །རྣམ་ཤེས་མཐའ་ཡས་སྐྱེ་མཆེད་ལ་སྙོམས་པར་འཇུག་གོ། །ཆུང་ཟད་མེད་པའི་སྐྱེ་མཆེད་ལ་སྙོམས་པར་འཇུག་གོ། །འདུ་ཤེས་མེད་འདུ་ཤེས་མེད་མིན་སྐྱེ་མཆེད་ལ་སྙོམས་པར་འཇུག་གོ། །དེ་དག་བསམ་གཏན་དང་། ཚད་མེད་པ་དང་། གཟུགས་མེད་པའི་སྙོམས་པར་འཇུག་པ་དེ་དག་གིས། སེམས་དུལ་བར་གྱུར་པས། དྲན་པ་ཉེ་བར་གཞག་པ་བཞི་སྒོམ་མོ། །ཡང་དག་པར་སྤོང་བ་བཞི་སྒོམ་མོ། །རྫུ་འཕྲུལ་གྱི་རྐང་པ་བཞི་སྒོམ་མོ། །དབང་པོ་ལྔ་སྒོམ་མོ། །སྟོབས་ལྔ་སྒོམ་མོ། །བྱང་ཆུབ་ཀྱི་ཡན་ལག་བདུན་སྒོམ་མོ། །འཕགས་པའི་ལམ་ཡན་ལག་བརྒྱད་པ་སྒོམ་མོ། །རྣམ་པར་ཐར་པའི་སྒོ་གསུམ་སྒོམ་མོ། །དེ་དག་བསྒོམས་པས་རིམ་གྱིས་ཐེག་པ་གསུམ་པོས་ཡོངས་སུ་མྱ་ངན་ལས་འདའ་སྟེ[1]། དེ་ལ་ལ་ལ་ནི་བླ་ན་མེད་པ་ཡང་དག་པར་རྫོགས་པའི་བྱང་ཆུབ་ཀྱི་བར་དུ་བྱང་ཆུབ་ཀྱི་ལམ་ལས་ཡོངས་སུ་མྱི་ཉམས་སྟེ[2]། རབ་འབྱོར་དེ་ལྟར་ན་[3]བྱང་ཆུབ་སེམས་དཔའ་སེམས་དཔའ་ཆེན་པོ་སྦྱིན་པའི་ཕ་རོལ་ཏུ་ཕྱིན་པ་ལ་གནས་ཤིང་། ཉིང་དེ་འཛིན་གྱི་ཕ་རོལ་ཏུ་ཕྱིན་པས། སེམས་ཅན་རྣམས་ཡོངས་སུ་སྨིན་པ་ཡིན་ནོ། །རབ་འབྱོར་ཇི་ལྟར་ན་བྱང་ཆུབ་སེམས་དཔའ་སེམས་དཔའ་ཆེན་པོ་སྦྱིན་པའི་ཕ་རོལ་ཏུ་ཕྱིན་པ་ལ་སྤྱོད་ཅིང་། ཤེས་རབ་ཀྱི་ཕ་རོལ་ཏུ་ཕྱིན་པས་སེམས་ཅན་རྣམས་[4]ཡོངས་སུ་སྨིན་པ་ཡིན་ཞེ་ན། རབ་འབྱོར་འདི་ལ་བྱང་ཆུབ་སེམས་དཔའ་སེམས་དཔའ་ཆེན་པོ་སྦྱིན་པའི་ཕ་རོལ་ཏུ་ཕྱིན་པ་ལ་གནས་ཤིང་། ཤེས་རབ་འཆལ་བར་གྱུར་པའི་

སེམས་ཅན་དག་མཐོང་ན། འདི་སྐད་དུ་སེམས་ཅན་ཁྱེད་ཅིའི་ཕྱིར་ཤེས་རབ་མི་སྒོམ་ཞེས་རྗོད་དེ[1]། དེ་དག་རྒྱན་དང་མི་ལྡན་པའི་ཕྱིར་རོ་ཞེས་ཟེར་ན། དེ་ལ་བྱང་ཆུབ་སེམས་དཔའ་སེམས་དཔའ་ཆེན་པོ་སྦྱིན་པའི་ཕ་རོལ་ཏུ་ཕྱིན་པ་ལ་གནས་ཤིང་། སེམས་ཅན་དེ་དག་ལ་འདི་སྐད་དུ་འདེམས་ཏེ། ང་[2]ལས་ཡོ་བྱད་རྣམས་ཡོང་[3]ལ། སྦྱིན་པ་བྱིན་ཅིག །ཚུལ་ཁྲིམས་སྲུངས་[4]ཤིག །བཟོད་པ་སྒོམས་[5]ཤིག །བརྩོན་འགྲུས་རྩོམས་[6]ཤིག །ཏིང་ངེ་འཛིན་ལ་མཉམ་པར་ཞོག་ཤིག[7] །རྣམ་པ་དེ་དག་ཡོངས་སུ་རྫོགས་པར་གྱིས་ལ། ཤེས་རབ་ཀྱི་ཕ་རོལ་ཏུ་ཕྱིན་པ་བསྒོམ་[8]པ་ལ་བདག་གམ། སེམས་ཅན་ནམ། སྲོག་གམ། འགྲོ་བ་འམ། གསོ་[9]བ་འམ། སྐྱེས་བུ་འམ།[10] གང་ཟག་གམ། ཤེད་ཅན་ནམ། ཤེད་བདག་གམ། བྱེད་པ་པོ་འམ། ཚོར་བ་པོ་འམ། ཤེས་པ་པོ་འམ།[11] མཐོང་བ་པོ་འམ། གཟུགས་སམ། ཚོར་བ་འམ། འདུ་ཤེས་སམ། འདུ་བྱེད་དམ། རྣམ་པར་ཤེས་པ་འམ། མིག་གམ། རྣ་བ་འམ། སྣ་འམ། ལྕེ་འམ། ལུས་སམ། ཡིད་དམ། གཟུགས་སམ། སྒྲ་འམ། དྲི་འམ། རོ་འམ། རེག་གམ། ཆོས་སམ། མིག་གི་རྣམ་པར་ཤེས་པ་འམ། རྣ་བའི་རྣམ་པར་ཤེས་པ་འམ། སྣའི་རྣམ་པར་ཤེས་པ་འམ། ལྕེའི་རྣམ་པར་ཤེས་པ་འམ། ལུས་ཀྱི་རྣམ་པར་ཤེས་པ་འམ། ཡིད་ཀྱི་རྣམ་པར་ཤེས་པ་འམ། མིག་གི་འདུས་ཏེ་རེག་པ་འམ། རྣ་བའི་འདུས་ཏེ་རེག་པ་འམ། སྣའི་འདུས་ཏེ་རེག་པ་འམ། ལྕེའི་འདུས་ཏེ་རེག་པ་འམ། ལུས་ཀྱི་འདུས་ཏེ་རེག་པ་འམ། ཡིད་ཀྱི་འདུས་ཏེ་རེག་པ་འམ། མིག་གི་[12]འདུས་ཏེ་རེག་པའི་རྐྱེན་གྱིས་ཚོར་བ་འམ། རྣ་བའི་འདུས་ཏེ་རེག་པའི་རྐྱེན་གྱིས་ཚོར་བ་འམ། སྣའི་འདུས་ཏེ་རེག་པའི་རྐྱེན་གྱིས་ཚོར་བ་འམ། ལྕེའི་འདུས་ཏེ་རེག་པའི་རྐྱེན་གྱིས་ཚོར་བ་འམ།

ལུས་ཀྱི་འདུས་ཏེ་རེག་པའི་རྐྱེན་གྱིས་ཚོར་བ་འམ། ཡིད་ཀྱི་འདུས་ཏེ་རེག་པའི་རྐྱེན་གྱིས་ཚོར་བ་འམ། སའི་ཁམས་སམ། ཆུའི་ཁམས་སམ། མེའི་ཁམས་སམ༑ རླུང་གི་ཁམས་སམ། ནམ་མཁའི་ཁམས་སམ། རྣམ་པར་ཤེས་པའི་ཁམས་སམ། མ་རིག་པའམ། འདུ་བྱེད་དམ། རྣམ་པར་ཤེས་པ་འམ། མིང་དང་གཟུགས་སམ། སྐྱེ་མཆེད་དྲུག་གམ། རེག་པ་འམ། ཚོར་བ་འམ། སྲེད་པའམ། ལེན་པ་འམ། སྲིད་པ་འམ། སྐྱེ་བ་འམ། རྒ་ཤི་འམ། སྦྱིན་པའི་ཕ་རོལ་ཏུ་ཕྱིན་པའམ། ཚུལ་ཁྲིམས་ཀྱི་ཕ་རོལ་ཏུ་ཕྱིན་པའམ། བཟོད་པའི་ཕ་རོལ་ཏུ་ཕྱིན་པའམ། བརྩོན་འགྲུས་ཀྱི་ཕ་རོལ་ཏུ་ཕྱིན་པའམ། བསམ་གཏན་གྱི་ཕ་རོལ་ཏུ་ཕྱིན་པའམ། ཤེས་རབ་ཀྱི་ཕ་རོལ་ཏུ་ཕྱིན་པའམ། ནང་སྟོང་པ་ཉིད་དམ། ཕྱི་སྟོང་པ་ཉིད་དམ། ཕྱི་ནང་སྟོང་པ་ཉིད་དམ། སྟོང་པ་ཉིད་སྟོང་པ་ཉིད་དམ། ཆེན་པོ་སྟོང་པ་ཉིད་དམ། དོན་དམ་པ་སྟོང་པ་ཉིད་དམ། འདུས་བྱས་སྟོང་པ་ཉིད་དམ། འདུས་མ་བྱས་སྟོང་པ་ཉིད་དམ། མཐའ་ལས་འདས་པ་སྟོང་པ་ཉིད་དམ། ཐོག་མ་དང་ཐ་མ་མེད་པ་སྟོང་པ་ཉིད་དམ༑ དོར་བ་མེད་པ་སྟོང་པ་ཉིད་དམ། རང་བཞིན་སྟོང་པ་ཉིད་དམ། ཆོས་ཐམས་ཅད་སྟོང་པ་ཉིད་དམ། རང་གི་མཚན་ཉིད་སྟོང་པ་ཉིད་དམ། མི་དམིགས་པ་སྟོང་པ་ཉིད་དམ། དངོས་པོ་[1]མེད་པ་སྟོང་པ་ཉིད་དམ། ངོ་བོ་ཉིད་སྟོང་པ་ཉིད་དམ། དངོས་པོ་མེད་པའི་ངོ་བོ་ཉིད་སྟོང་པ་ཉིད་དམ། དྲན་པ་ཉེ་བར་གཞག་པ་རྣམས་སམ། ཡང་དག་པར་སྤོང་བ་རྣམས་སམ། རྫུ་འཕྲུལ་གྱི་རྐང་པ་རྣམས་སམ། དབང་པོ་རྣམས་སམ། སྟོབས་རྣམས་སམ། བྱང་ཆུབ་ཀྱི་ཡན་ལག་རྣམས་སམ། འཕགས་པའི་ལམ་ཡན་ལག་བརྒྱད་པའམ། འཕགས་པའི་བདེན་པ་རྣམས་སམ། བསམ་གཏན་རྣམས་སམ། ཚད་མེད་པ་

རྣམས་སམ། གཟུགས་མེད་པའི་སྙོམས་པར་འཇུག་པ་རྣམས་སམ། རྣམ་པར་ཐར་པ་རྣམས་སམ། མཐར་གྱིས་གནས་པའི་སྙོམས་པར་འཇུག་པ་རྣམས་སམ། རྣམ་པར་ཐར་པའི་སྒོ་སྟོང་པ་ཉིད་དང་། མཚན་མ་མེད་པ་དང་། སྨོན་པ་མེད་པའམ། མངོན་པར་ཤེས་པ་རྣམས་སམ། ཏིང་ངེ་འཛིན་རྣམས་སམ། གཟུངས་ཀྱི་སྒོ་རྣམས་སམ། དེ་བཞིན་གཤེགས་པའི་སྟོབས་རྣམས་སམ། མི་འཇིགས་པ་རྣམས་སམ། སོ་སོ་ཡང་དག་པར་རིག་པ་རྣམས་སམ། [1]སྙིང་རྗེ་ཆེན་པོའམ[2]། སངས་རྒྱས་ཀྱི་ཆོས་མ་འདྲེས་པ་རྣམས་སམ། རྒྱུན་ཏུ་ཞུགས་པའི་འབྲས་བུའམ། ལན་ཅིག་ཕྱིར་འོང་བའི་འབྲས་བུའམ། ཕྱིར་མི་འོང་བའི་འབྲས་བུ་འམ། དགྲ་བཅོམ་པ་ཉིད་དམ[3]། རང་བྱང་ཆུབ་བམ[4]། ལམ་གྱི་རྣམ་པ་ཤེས་པ་ཉིད་དམ། རྣམ་པ་ཐམས་ཅད་མཁྱེན་པ་ཉིད་དམ། ཆོས་གང་ཡང་ཡོད་དམ། ཡོངས་སུ་རྟོགས་ཤིག་ཅེས་འདེམས་ཤིང་རྗེས་སུ་སྟོན་ཏོ། དེས་བྱང་ཆུབ་སེམས་དཔའ་སེམས་དཔའ་ཆེན་པོ་དེ་[5]ཤེས་རབ་ཀྱི་ཕ་རོལ་ཏུ་ཕྱིན་པ་ལ་སྤྱོད་པའི་ཚེ། ཆོས་གང་ལ་དམིགས་པས་[6]མངོན་པར་ཞེན་པར་འགྱུར་བ་དེ་ལྟ་བུའི་ཆོས་གང་ཡང་མི་དམིགས་ཏེ། དེ་ལ་མངོན་པར་ཞེན་པ་[7]མེད་པས། ཆོས་གང་[8]ཡང་སྐྱེ་བ་འམ། འགག་པ་འམ། ཀུན་ནས་ཉོན་མོངས་པ་འམ། རྣམ་པར་བྱང་བ་[9]ཡང་དག་པར་རྗེས་སུ་མི་མཐོང་སྟེ། ཡང་དག་པར་རྗེས་སུ་མ་མཐོང་བས། འདི་ནི་སེམས་ཅན་དམྱལ་བ་པའོ། །འདི་ནི་ཕྱུགས་སོང་གི་སྐྱེ་གནས་པའོ། །འདི་ནི་གཤིན་རྗེའི་འཇིག་རྟེན་པའོ། །འདི་ནི་ལྷ་མ་ཡིན་གྱི་[10]རིས་སུ་གཏོགས་པའོ། །འདི་ནི་ལྷའོ། །འདི་ནི་མིའོ། །འདི་ནི་ཚུལ་ཁྲིམས་དང་ལྡན་པའོ། །འདི་ནི་ཚུལ་ཁྲིམས་ངན་པ་ཅན་ནོ། །འདི་ནི་རྒྱུན་ཏུ་ཞུགས་པའོ། །འདི་ནི་ལན་ཅིག་ཕྱིར་འོང་བའོ། །འདི་ནི་ཕྱིར་མི་འོང་བའོ། །འདི་

ཉི་དགྲ་བཅོམ་པའོ། །འདི་ནི་རང་སངས་རྒྱས་སོ། །འདི་ནི་བྱང་ཆུབ་སེམས་
དཔའོ། །འདི་ནི་དེ་བཞིན་གཤེགས་པ་དགྲ་བཅོམ་པ་ཡང་དག་པར་རྫོགས་པའི་
སངས་རྒྱས་སོ་ཞེས་བྱ་བར་རྣམ་པར་མི་རྟོག་སྟེ། རབ་འབྱོར་དེ་ལྟར་ན་བྱང་
ཆུབ་སེམས་དཔའ་སེམས་དཔའ་ཆེན་པོ་སྦྱིན་པའི་ཕ་རོལ་ཏུ་ཕྱིན་པ་ལ་གནས་ཤིང་།
ཤེས་རབ་ཀྱི་ཕ་རོལ་ཏུ་ཕྱིན་པས་སེམས་ཅན་རྣམས་ཡོངས་སུ་སྨིན་པ་ཡིན་ནོ། །
རབ་འབྱོར་ཇི་ལྟར་ན་བྱང་ཆུབ་སེམས་དཔའ་སེམས་དཔའ་ཆེན་པོ་ཚུལ་ཁྲིམས་ཀྱི་
ཕ་རོལ་ཏུ་ཕྱིན་པ་ལ་སྤྱོད་ཅིང་། སྦྱིན་པའི་ཕ་རོལ་ཏུ་ཕྱིན་པ་ལ་སེམས་ཅན་
རྣམས་སྨིན་པར་ཡིན་ཞེ་ན། རབ་འབྱོར་འདི་ལ་བྱང་ཆུབ་སེམས་དཔའ་སེམས་
དཔའ་ཆེན་པོ་ཚུལ་ཁྲིམས་ཀྱི་ཕ་རོལ་ཏུ་ཕྱིན་པ་ལ་གནས་ཏེ། སེམས་ཅན་རྣམས་
ལ་འདི་སྐད་དུ་འདེམས་ཤིང་[༡]རྗེས་སུ་སྟོན་ཏོ། །སེམས་ཅན་ཁྱེད་ཅིའི་ཕྱིར་སྦྱིན་
པ་ཡོངས་སུ་མི་གཏོང་ཞེས་ཛེད་དེ། དེ་དག་རྒྱུན་དང་མི་ལྡན་པའི་ཕྱིར་རོ་ཞེས་
ཟེར་ན། དེ་དག་ལ་བྱང་ཆུབ་སེམས་དཔའ་སེམས་དཔའ་ཆེན་པོ་འདི་སྐད་ཅེས་[༢]
ཟེར་ཏེ། ང་[༣]ལས་ཡོ་བྱད་རྣམས་ལོང་[༤]ལ་སྦྱིན་པ་བྱིན་ཅིག །སྦྱིན་པ་དེ་ལ་
ཡང་འཛིན་པས་མ་འཛིན་ཅིག །སྦྱིན་པ་དེ་ལ་འཛིན་པས་འཛིན་འཛིན་[༥]ཅིང་།
ལུས་གང་མངོན་པར་གྲུབ་པས། སྡུག་བསྔལ་མང་པོ་ཉམས་སུ་མྱོང་བར་འགྱུར་
བ་དེ་ལྟ་བུའི་ལུས་མངོན་པར་གྲུབ་པ་རེ། རིགས་ཀྱི་བུ་དག་འདི་ལ་[༦]དོན་དམ
པར་ན་[༧]སྦྱིན་པ་ཡང་མེད། སྦྱིན་པའི་འབྲས་བུ་ཡང་མེད། སྦྱིན་པའི་བདག་
པོ་ཡང་མེད། ལེན་པ་ཡང་མེད་དེ། ཆོས་དེ་དག་[༨]ཐམས་ཅད་ནི་རང་བཞིན
གྱིས་སྟོང་ངོ་། །རང་བཞིན་གྱིས་སྟོང་པའི་ཆོས་ནི་འཛིན་པ་མེད་དེ[༩]། རང་
བཞིན་སྟོང་པ་ཉིད་ནི་གཟུང་དུ་མེད་པའོ་ཞེས་[༡༠]འདེམས་ཤིང་རྗེས་སུ་སྟོན་ཏེ
རབ་འབྱོར་དེ་ལྟར་བྱང་ཆུབ་སེམས་དཔའ་སེམས་དཔའ་ཆེན་པོ་ཚུལ་ཁྲིམས་ཀྱི་ཕ

རོལ་ཏུ་ཕྱིན་པ་ལ་སྤྱོད་ཅིང་། སེམས་ཅན་རྣམས་ལ་[1]སྦྱིན་པ་ཡོངས་སུ་གཏོང་ཡང་། དེ་ལ་སྦྱིན་པར་དམིགས་པ་མེད། སྦྱིན་པའི་བདག་པོར་དམིགས་པ་མེད། ལེན་པར་དམིགས་པ་མེད་དེ[2]། འདི་ལྟ་སྟེ་སྦྱིན་པའི་ཕ་རོལ་ཏུ་ཕྱིན་པ་འདི་ནི། དམིགས་པ་[3]མེད་པའི་ཕ་རོལ་ཏུ་ཕྱིན་པའོ། །དེ་ཆོས་གསུམ་པོ་དེ་དག་ཐམས་ཅད་ལ་མི་དམིགས་པས། སེམས་ཅན་རྣམས་རྒྱུན་དུ་ཞུགས་པའི་འབྲས་བུ་ལ་སྦྱོར་རོ། །ལན་ཅིག་ཕྱིར་འོང་བའི་འབྲས་བུ་ལ་སྦྱོར་རོ། །ཕྱིར་མི་འོང་བའི་འབྲས་བུ་ལ་སྦྱོར་རོ། །དགྲ་བཅོམ་པ་ཉིད་ལ་སྦྱོར་རོ། །རང་བྱང་ཆུབ་ལ་སྦྱོར་རོ། །བླ་ན་མེད་པ་ཡང་དག་པར་རྫོགས་པའི་བྱང་ཆུབ་ལ་སྦྱོར་རོ། །[4]རབ་འབྱོར་དེ་ལྟར་ན་བྱང་ཆུབ་སེམས་དཔའ་སེམས་དཔའ་ཆེན་པོ་ཚུལ་ཁྲིམས་ཀྱི་ཕ་རོལ་ཏུ་ཕྱིན་པ་ལ་སྤྱོད་ཅིང་། སྦྱིན་པའི་ཕ་རོལ་ཏུ་ཕྱིན་པས་སེམས་ཅན་རྣམས་ཡོངས་སུ་སྨིན་པར་བྱེད་དེ[5]། དེ་བདག་ཉིད་ཀྱང་སྦྱིན་པ་ཡོངས་སུ་གཏོང་ངོ་། །གཞན་ཡང་སྦྱིན་པ་ལ་ཡང་དག་པར་སྐུལ་ལོ། །སྦྱིན་པའི་ལེགས་པ་རྗོད་དོ། །སེམས་ཅན་གཞན་གང་སྦྱིན་པ་ཡོངས་སུ་གཏོང་བ་དེ་དག་གི་ཡང་ལེགས་པ་རྗོད་ཅིང་མཐུན་པས་དགའ་བར་སྤྱོད་དོ། །དེ་ལྟར་བྱང་ཆུབ་སེམས་དཔའ་སེམས་དཔའ་ཆེན་པོ་དེ་ཡང་དེ་ལྟ་བུའི་སྦྱིན་པ་ཆེན་པོ་བྱིན་པས། རྒྱལ་རིགས་ཆེ་ཞིང་མཐོ་བ་དག་དང་སྐལ་བ་མཉམ་པར་སྐྱེའོ། །བྲམ་ཟེའི་རིགས་ཆེ་ཞིང་མཐོ་བ་དག་དང་སྐལ་བ་མཉམ་པར་སྐྱེའོ། །ཁྱིམ་བདག་གི་རིགས་ཆེ་ཞིང་མཐོ་བ་དག་དང་སྐལ་བ་མཉམ་པར་སྐྱེའོ། །ཁམས་ཀྱི་རྒྱལ་པོར་འགྱུར་རོ[6]། །འཁོར་ལོས་སྒྱུར་བའི་རྒྱལ་སྲིད་འཐོབ་བོ། །དེ་དེ་དག་ན་ཡང་སེམས་ཅན་རྣམས་བསྡུ་བའི་དངོས་པོ་བཞིས་ཡོངས་སུ་སྡུད་དེ། བཞི་གང་ཞེ་ན། སྦྱིན་པ་དང་། ཚིག་སྙན་པ་དང་། དོན་སྤྱོད་པ་དང་། དོན་མཐུན་པས་ཡོངས་སུ་སྡུད་དོ། །

དེ་དེ་ལྟར་སེམས་ཅན་སྨིན་པས་ཡོངས་སུ་བསྡུས་པ་དེ་དག་ཀྱང་རིམ་གྱིས་ཚུལ་
ཁྲིམས་ལ་རབ་ཏུ་འགོད་དོ། །བཟོད་པ་ལ་རབ་ཏུ་འགོད་དོ། །བརྩོན་འགྲུས་
ལ་རབ་ཏུ་འགོད་དོ། །ཏིང་ངེ་འཛིན་ལ་རབ་ཏུ་འགོད་དོ། །ཤེས་རབ་ལ་རབ་
ཏུ་འགོད་དོ། །བསམ་གཏན་བཞི་ལ་རབ་ཏུ་འགོད་དོ། །ཚད་མེད་པ་བཞི་ལ་
རབ་ཏུ་འགོད་དོ། །གཟུགས་མེད་པའི་སྙོམས་པར་འཇུག་པ་བཞི་ལ་རབ་ཏུ་
འགོད་དོ། །དྲན་པ་ཉེ་བར་གཞག་པ་བཞི་ལ་རབ་ཏུ་འགོད་དོ། །ཡང་དག་
པར་སྤོང་བ་བཞི་ལ་རབ་ཏུ་འགོད་དོ། །རྫུ་འཕྲུལ་གྱི་རྐང་པ་བཞི་ལ་རབ་ཏུ་
འགོད་དོ། །དབང་པོ་ལྔ་ལ་རབ་ཏུ་འགོད་དོ། །སྟོབས་ལྔ་ལ་རབ་ཏུ་འགོད་དོ།།
བྱང་ཆུབ་ཀྱི་ཡན་ལག་བདུན་ལ་རབ་ཏུ་འགོད་དོ། །འཕགས་པའི་ལམ་ཡན་ལག་
བརྒྱད་པ་ལ་རབ་ཏུ་འགོད་དོ། །འཕགས་པའི་བདེན་པ་བཞི་ལ་རབ་ཏུ་འགོད་དོ།།
རྣམ་པར་ཐར་པ་བརྒྱད་ལ་རབ་ཏུ་འགོད་དོ། །མཐར་གྱིས་གནས་པའི་སྙོམས་
པར་འཇུག་པ་དགུ་ལ་རབ་ཏུ་འགོད་དོ། །རྣམ་པར་ཐར་པའི་སྒོ་སྟོང་པ་ཉིད་
དང་། མཚན་མ་མེད་པ་དང་། སྨོན་པ་མེད་པ་ལ་རབ་ཏུ་འགོད་དོ། །
མངོན་པར་ཤེས་པ་ལྔ་[1]ལ་རབ་ཏུ་འགོད་དོ། །ཏིང་ངེ་འཛིན་རྣམས་ལ་རབ་ཏུ་
འགོད་དོ། །གཟུངས་ཀྱི་སྒོ་རྣམས་ལ་རབ་ཏུ་འགོད་དོ། །ཡང་དག་པའི་སྐྱོན་
མེད་པར་འཇུག་པར་བྱེད་དོ། །རྒྱུན་དུ་ཞུགས་པའི་འབྲས་བུ་ཐོབ་[2]པར་བྱེད་དོ།།
ལན་ཅིག་ཕྱིར་འོང་བའི་འབྲས་བུ་ཐོབ་པར་བྱེད་དོ། །ཕྱིར་མི་འོང་བའི་འབྲས་བུ་[3]
ཐོབ་པར་བྱེད་དོ། །དགྲ་བཅོམ་པ་ཉིད་ཐོབ་པར་བྱེད་དོ། །རང་བྱང་ཆུབ་
ཐོབ་པར་བྱེད་དོ། །བླ་ན་མེད་པ་ཡང་དག་པར་རྫོགས་པའི་བྱང་ཆུབ་ཏུ་ཡང་
དག་པར་[4]སྐུལ་བར་[5]བྱེད་དོ། །ཀྱེ་སྐྱེས་བུ་དག་བླ་ན་མེད་པ་ཡང་དག་པར་
རྫོགས་པའི་བྱང་ཆུབ་ནི་མངོན་པར་རྫོགས་པར་འཚང་རྒྱ་བར་མི་དཀའ་[6]སྟེ།

དེ་ལ་ཕྱིན་ཅི་ལོག་གིས་རློངས་པའི་སེམས་ཀྱིས་ཁོང་དུ་མ་ཆུད་པ་མ་གཏོགས་པར་ཆོས་གང་ལ་སེམས་ཅན་རྣམས་ཆགས་པར་གྱུར་པའི་ཆོས་དེ་ལྟ་བུ་གང་ཡང་ངོ་བོ་ཉིད་ཀྱིས་ཡོད་པ་མེད་ཀྱིས①། དེ་བས་ན་ཕྱིན་ཅི་ལོག་གི་འཛིན་པ་ཐམས་ཅད་རྒྱུན་ཆོད་ལ་འཁོར་བ་ལས་བདག་ཀྱང་ཐར་བར་གྱིས་ཤིག །གཞན་ཡང་ཐར་བར་གྱིས་ཤིག །དེ་ལྟར་ན་ཁྱེད་བདག་ཅག་གི་དོན་དུ②ཡང་ཆེར་འགྱུར། གཞན་ཡང་དོན་ཆེན་པོ་ལ་འབྱོར་བར་འགྱུར་རོ་ཞེས་ཡང་དག་པར་སྐུལ་བ③བྱེད་དོ④། །རབ་འབྱོར་དེ་ལྟར་བྱང་ཆུབ་སེམས་དཔའ་སེམས་དཔའ་ཆེན་པོས་སྦྱིན་པའི་ཕ་རོལ་ཏུ་ཕྱིན་པ་ལ་སྤྱོད་པར་བྱ་སྟེ། དེ་ལྟར་སྤྱོད་པའི་ཚེ། ཅི་ནས་ཀྱང་སེམས་དང་པོ་བསྐྱེད་པ་ནས་ཉེ་བར་བཟུང⑤སྟེ། ནམ་ཡང་ངན་སོང་དུ་མི་ལྟུང་བ་དང་། ནམ་ཡང་འཁོར་ལོས་སྒྱུར་བའི་རྒྱལ་པོ་མི་བྱེད་པར་མི་འགྱུར་བ་དེ་ལྟར་སྤྱོད⑥དོ། །དེ་ཅིའི་ཕྱིར་ཞེ་ན། ས་བོན་ཇི་ལྟ་བུ⑦བཞིན་དུ་འབྲས་བུ་འབྱུང་སྟེ། འཁོར་ལོས་སྒྱུར་བའི་རྒྱལ་པོ་དེའི་དྲུང་དུ་སློངས⑧མོ་པ་གང་ཇི་སྙེད་ཅིག་འོངས་ཀྱང་འཁོར་ལོས་སྒྱུར་བའི་རྒྱལ་པོ་དེ་འདི་སྙམ⑨དུ་སེམས་ཏེ། བདག་གིས་སེམས་ཅན་རྣམས་ཀྱི་དོན་མ་གཏོགས་པར་གཞན་གྱི་དོན་དུ་འཁོར་ལོས་སྒྱུར་བ་ཡོངས་སུ་མ་བཟུང་ངོ་ཞེས་ནས། དེ་འདི་སྐད་ཅེས་ཟེར་ཏེ། སུ་ཅི་འདོད་པ་དེ་ཁྱེད⑩བྱིན་གྱིས⑪འདི་ནི་ངའི་མ་ཡིན་གྱི⑫ཁྱེད་ཀྱིའོ། །ང་ནི་ནང་གི་གཟུགས་ལ་ཡང་དོན་དུ་གཉེར་བ་མེད་ན། གཞན⑬ལྟ⑭ཅི་སྨོས་ཏེ། གཞན་དུ་ན་ངས་སེམས་ཅན་རྣམས་ཀྱི་དོན་དུ་འཁོར་བ་ཡོངས་སུ་བཟུང་གི། བདག་ནི་འཁོར་བ་དོན་དུ་གཉེར་བ་མ་ཡིན་ནོ་ཞེས་ཏེ⑮། དེ་སྙིང་བརྩེ་བས་སྙིང་རྗེ་ཆེན་པོ་ཡོངས་སུ་རྫོགས་པར་བྱས་ཤིང་། སྙིང་རྗེ་ཆེན་པོས་སེམས་ཅན་རྣམས་ཀྱི་དོན་བྱེད་ཀྱང་། སེམས་ཅན་གང་ཡོངས་སུ་གྲུབ⑯པ་དེ་ལྟ་བུ་མི་དམིགས་ཏེ།

གཞན་དུ་ན་འདུ་ཤེས་དང་། མྱིང་དང་བརྡའི་ཐ་སྙད་ཀྱིས་[༡]རྣམ་པར་སྤྱོད་དེ། རྣམ་པར་སྤྱོད་པ་དེ་ཡང་སྒྲ་བརྙན་ལྟ་བུར་རྣམ་པར་སྤྱད་[༢]དུ་མྱེད་པར་ཤེས་སོ། །རབ་འབྱོར་བྱང་ཆུབ་སེམས་དཔའ་སེམས་དཔའ་ཆེན་པོས་སྦྱིན་པའི་ཕ་རོལ་ཏུ་ཕྱིན་པ་ལ༔ དེ་ལྟར་[༣]སྤྱད་པར་བྱ་སྟེ། སྤྱོད་པའི་ཚེ་ཅི་ནས་ཀྱང་བདག་གི་ཤ་ཡན་ཚད་[༤]ཀྱང་སེམས་ཅན་རྣམས་ལ་ཡོངས་སུ་མ་གཏང་[༥]བ་མྱེད་པར་བྱ་[༦]ན། ཕྱི་རོལ་གྱི་ཡོ་བྱད་གང་གིས་སེམས་ཅན་རྣམས་འཁོར་བ་ལས་ཡོངས་སུ་ཐར་བར་བྱ་བ་དག་ལྟ་སྨོས་སུ་ཡང་མྱེད་པ་དེ་ལྟར་སྤྱད་པར་བྱའོ། །གསོལ་པ། ཡོ་བྱད་དེ་དག་གང་ལགས། བཅོམ་ལྡན་འདས་ཀྱིས་བཀའ་སྩལ་པ། སྦྱིན་པའི་ཕ་རོལ་ཏུ་ཕྱིན་པ་ནི་ཡོ་བྱད་དོ། །ཚུལ་ཁྲིམས་ཀྱི་ཕ་རོལ་ཏུ་ཕྱིན་པ་ནི་ཡོ་བྱད་དོ། །བཟོད་པའི་ཕ་རོལ་ཏུ་ཕྱིན་པ་ནི་ཡོ་བྱད་དོ། །བརྩོན་འགྲུས་ཀྱི་ཕ་རོལ་ཏུ་ཕྱིན་པ་ནི་ཡོ་བྱད་དོ། །བསམ་གཏན་གྱི་ཕ་རོལ་ཏུ་ཕྱིན་པ་ནི་ཡོ་བྱད་དོ། །ཤེས་རབ་ཀྱི་ཕ་རོལ་ཏུ་ཕྱིན་པ་ནི་ཡོ་བྱད་དོ། །ནང་སྟོང་པ་ཉིད་ནི་ཡོ་བྱད་དོ། །ཕྱི་སྟོང་པ་ཉིད་ནི་ཡོ་བྱད་དོ། །ཕྱི་ནང་སྟོང་པ་ཉིད་ནི་ཡོ་བྱད་དོ། །སྟོང་པ་ཉིད་སྟོང་པ་ཉིད་ནི་ཡོ་བྱད་དོ། །ཆེན་པོ་སྟོང་པ་ཉིད་ནི་ཡོ་བྱད་དོ། །དོན་དམ་པ་སྟོང་པ་ཉིད་ནི་ཡོ་བྱད་དོ། །འདུས་བྱས་སྟོང་པ་ཉིད་ནི་ཡོ་བྱད་དོ། །འདུས་མ་བྱས་སྟོང་པ་ཉིད་ནི་ཡོ་བྱད་དོ། །མཐའ་ལས་འདས་པ་སྟོང་པ་ཉིད་ནི་ཡོ་བྱད་དོ། །ཐོག་མ་དང་ཐ་མ་མྱེད་པ་སྟོང་པ་ཉིད་ནི་ཡོ་བྱད་དོ། །དོར་བ་མྱེད་པ་སྟོང་པ་ཉིད་ནི་ཡོ་བྱད་དོ[༧]། །རང་བཞིན་སྟོང་པ་ཉིད་ནི་ཡོ་བྱད་དོ། །ཆོས་ཐམས་ཅད་སྟོང་པ་ཉིད་ནི་ཡོ་བྱད་དོ། །རང་གི་མཚན་ཉིད་སྟོང་པ་ཉིད་ནི་ཡོ་བྱད་དོ། །མི་དམྱིགས་པ་སྟོང་པ་ཉིད་ནི་ཡོ་བྱད་དོ། །དངོས་པོ་མྱེད་པ་སྟོང་པ་ཉིད་ནི་ཡོ་བྱད་དོ། །ངོ་བོ་ཉིད་སྟོང་པ་ཉིད་ནི་ཡོ་བྱད་དོ། །དངོས་པོ་མྱེད་པའི་ངོ་བོ་

ཉིད་སྟོང་པ་ཉིད་ནི་ཡོ་བྱད་དོ། །དྲན་པ་ཉེ་བར་གཞག་པ་རྣམས་ནི་ཡོ་བྱད་དོ། །ཡང་དག་པར་སྤོང་བ་རྣམས་ནི་ཡོ་བྱད་དོ། །རྫུ་འཕྲུལ་གྱི་རྐང་པ་རྣམས་ནི་ཡོ་བྱད་དོ། །དབང་པོ་རྣམས་ནི་ཡོ་བྱད་དོ། །སྟོབས་རྣམས་ནི་ཡོ་བྱད་དོ། །བྱང་ཆུབ་ཀྱི་ཡན་ལག་རྣམས་ནི་ཡོ་བྱད་དོ། །འཕགས་པའི་ལམ་ཡན་ལག་བརྒྱད་པ་ནི་ཡོ་བྱད་དོ། །འཕགས་པའི་བདེན་པ་རྣམས་ནི་ཡོ་བྱད་དོ། །བསམ་གཏན་རྣམས་ནི་ཡོ་བྱད་དོ། །ཚད་མེད་པ་རྣམས་ནི་ཡོ་བྱད་དོ། །གཟུགས་མེད་པའི་སྙོམས་པར་འཇུག་པ་རྣམས་ནི་ཡོ་བྱད་དོ། །རྣམ་པར་ཐར་པ་རྣམས་ནི་ཡོ་བྱད་དོ། །མཐར་གྱིས་གནས་པའི་སྙོམས་པར་འཇུག་པ་རྣམས་ནི་ཡོ་བྱད་དོ། །རྣམ་པར་ཐར་པའི་སྒོ་སྟོང་པ་ཉིད་དང་། མཚན་མ་མེད་པ་དང་། སྨོན་པ་མེད་པ་ནི་ཡོ་བྱད་དོ། །མངོན་པར་ཤེས་པ་རྣམས་ནི་ཡོ་བྱད་དོ། །ཏིང་ངེ་འཛིན་རྣམས་ནི་ཡོ་བྱད་དོ། །གཟུངས་ཀྱི་(༡)སྒོ་རྣམས་ནི་ཡོ་བྱད་དོ། །དེ་བཞིན་གཤེགས་པའི་སྟོབས་རྣམས་ནི་ཡོ་བྱད་དོ། །མི་འཇིགས་(༢)པ་རྣམས་ནི་ཡོ་བྱད་དོ། །སོ་སོ་ཡང་དག་པར་རིག་པ་རྣམས་ནི་ཡོ་བྱད་དོ། །(༣)སྙིང་རྗེ་ཆེན་པོ་ནི་ཡོ་བྱད་དོ། །སངས་རྒྱས་ཀྱི་ཆོས་མ་འདྲེས་པ་རྣམས་(༤)ནི་ཡོ་བྱད་དོ། །དེ་དག་ནི་ཡོ་བྱད་དེ་(༥)ཡོ་བྱད་དེ་དག་གིས་(༦)སེམས་ཅན་རྣམས་ཡོངས་སུ་བསྐྱུས་ཤིང་། རིམ་གྱིས་ཉན་ཐོས་ཀྱི་ཐེག་པའམ། རང་སངས་རྒྱས་ཀྱི་ཐེག་པའམ། ཐེག་པ་ཆེན་པོ་འམ། ཐེག་པ་གསུམ་པོ་དེ་དག་གིས་ཡོངས་སུ་མྱ་ངན་ལས་བཟློ་སྟེ། རབ་འབྱོར་དེ་ལྟར་ན་བྱང་ཆུབ་སེམས་དཔའ་སེམས་དཔའ་ཆེན་པོ་ཚུལ་ཁྲིམས་ཀྱི་ཕ་རོལ་ཏུ་ཕྱིན་པ་ལ་གནས་ཤིང་། སྦྱིན་པའི་ཕ་རོལ་ཏུ་ཕྱིན་པས་(༧)སེམས་ཅན་རྣམས་ཡོངས་སུ་སྡུད་པ་ཡིན་ནོ། །རབ་འབྱོར་ཇི་ལྟར་ན་(༨)བྱང་ཆུབ་སེམས་དཔའ་སེམས་དཔའ་ཆེན་པོ་ཚུལ་ཁྲིམས་ཀྱི་ཕ་རོལ་ཏུ་ཕྱིན་པ་ལ་སྤྱོད་ཅིང་། ཚུལ་ཁྲིམས་ཀྱི་ཕ་རོལ་ཏུ་ཕྱིན་

པ་ལ་སེམས་ཅན་རྣམས་སྐྱོར་བ་ཡིན་ཞེ་ན། རབ་འབྱོར་འདི་ལ་བྱང་ཆུབ་སེམས་དཔའ་སེམས་དཔའ་ཆེན་པོ། ཚུལ་ཁྲིམས་ཀྱི་ཕ་རོལ་ཏུ་ཕྱིན་པ་ལ་གནས་ཤིང་། སེམས་ཅན་རྣམས་ལ་འདི་སྐད་དུ་ཀྱེ་སེམས་ཅན་དག་ཅིའི་ཕྱིར་ཁྱེད་[1]ཚུལ་ཁྲིམས་མི་སྲུང་ཞེས་འདེམས་ཤིང་རྗེས་སུ་སྟོན་པར་[2]བྱེད་དེ། དེ་དག་འདི་སྐད་དུ་རྐྱེན་དང་མི་ལྡན་པའི་ཕྱིར་རོ་ཞེས་ཟེར་ན། དེ་དག་ལ་བྱང་ཆུབ་སེམས་དཔའ་སེམས་དཔའ་ཆེན་པོ་དེ་འདི་སྐད་ཅེས་ཟེར་ཏེ། ཚུར་ཤོག་[3]རིགས་ཀྱི་བུ་དག་ཚུལ་ཁྲིམས་སྲུངས་[4]ཤིག །ངས་ཁྱེད་ཟས་དང་། སྐོམ་དང་། གོས་དང་། བཞོན་[5]པ་དང་། མལ་ཆ་དང་། མེ་ཏོག་དང་། བདུག་སྤོས་དང་། སྤོས་དང་། ཕྲེང་བ་དང་། བྱུག་པ་དང་། ཁྱིམ་དང་། ནོར་དང་། འབྲུ་དང་། ནོར་བུ་དང་། མུ་ཏིག་དང་། བཻ་ཌཱུརྱ་དང་། དུང་དང་། མན་ཤེལ་དང་། བྱི་[6]རུ་དང་། གསེར་དང་། དངུལ་དང་། མིའི་རྐྱེན་དང་། ཡོ་བྱད་གང་[7]ཡང་རུང་བའི་བར་གྱིས་ཕོངས་པ་མེད་པར་བྱའོ། །ཁྱེད་གང་གིས་ཕོངས་པའི་ཕྱིར་ཚུལ་ཁྲིམས་ངན་པ་ལ་སྤྱོད་པར་གྱུར་པའི་ཡོ་བྱད་དང་། ལོངས་སྤྱོད་པ་[8]ཐམས་ཅད་ཀྱིས་ཕོངས་པ་མེད་པར་བྱས[9]། ཁྱེད་སྡོམ་པའི་ཚུལ་ཁྲིམས་ལ་གནོས་[10]ལ། རིམ་གྱིས་ཉན་ཐོས་ཀྱི་ཐེག་པའམ། རང་སངས་རྒྱས་ཀྱི་ཐེག་པ་འམ། རྣམ་པ་ཐམས་ཅད་མཁྱེན་པ་ཉིད་ཀྱི་ཐེག་པ་འམ། ཐེག་པ་གསུམ་པོ་དེ་དག་གིས་སྡུག་བསྔལ་གྱི་[11]མཐར་ཕྱིན་པར་གྱིས་ཤིག་ཅེས་བྱང་ཆུབ་སེམས་དཔའ་སེམས་དཔའ་ཆེན་པོ་དེ་བདག་ཉིད་ཀྱང་[12]ཚུལ་ཁྲིམས་སྲུང་ངོ་། །གཞན་ཡང་ཚུལ་ཁྲིམས་ལ་སྦྱོར་རོ། །ཚུལ་ཁྲིམས་ཀྱི་[13]ལེགས་པ་བརྗོད་དོ། །སེམས་ཅན་གཞན་གང་ཚུལ་ཁྲིམས་སྲུང་བ་དེ་དག་གི་ལེགས་པ་བརྗོད་ཅིང་མཐུན་པས་དགའ་བར་སྤྱོད་དོ། །དེ་ལྟར་བྱང་ཆུབ་སེམས་དཔའ་སེམས་དཔའ་ཆེན་པོ་

དེ་སེམས་ཅན་དེ་དག་དེ་ལྟར་ཚུལ་ཁྲིམས་ལ་སྦྱར་ཅིང་[1]། ཚུལ་ཁྲིམས་ལ་རབ་ཏུ་བཀོད་དེ། རིམ་གྱིས་ཐེག་པ་གསུམ་པོས་ཡོངས་སུ་མྱ་ངན་ལས་ཟློ་སྟེ། རབ་འབྱོར་དེ་ལྟར་ན་བྱང་ཆུབ་སེམས་དཔའ་སེམས་དཔའ་ཆེན་པོ་ཚུལ་ཁྲིམས་ཀྱི་ཕ་རོལ་ཏུ་ཕྱིན་པ་ལ་གནས་ཤིང་། ཚུལ་ཁྲིམས་ཀྱི་ཕ་རོལ་ཏུ་ཕྱིན་པས་སེམས་ཅན་རྣམས་ཡོངས་སུ་སྡུད་པ་ཡིན་ནོ། །རབ་འབྱོར་ཇི་ལྟར་ན་བྱང་ཆུབ་སེམས་དཔའ་སེམས་དཔའ་ཆེན་པོ་ཚུལ་ཁྲིམས་ཀྱི་ཕ་རོལ་ཏུ་ཕྱིན་པ་ལ་སྤྱོད་ཅིང་། བཟོད་པའི་ཕ་རོལ་ཏུ་ཕྱིན་པ་ལ་སེམས་ཅན་རྣམས་སྦྱོར་བ་ཡིན་ཞེ་ན། རབ་འབྱོར་འདི་ལ་བྱང་ཆུབ་སེམས་དཔའ་སེམས་དཔའ་ཆེན་པོ་ཚུལ་ཁྲིམས་ཀྱི་ཕ་རོལ་ཏུ་ཕྱིན་པ་ལ་གནས་ཤིང་། སེམས་ཅན་གང་ཁྲོ་བ་དང་། གནོད་སེམས་སུ་བྱེད་པ་དག་མཐོང་ན། དེ་དག་ལ་འདི་སྐད་ཅེས་ཟེར་རོ། །རིགས་ཀྱི་བུ་དག་ཁྱེད་ཅིའི་རྒྱུས་གནོད་སེམས་སུ་བྱེད་པར་གྱུར[2]། གང་གིས་ཕོངས་ཤིང་གནོད་སེམས་སུ་བྱེད་པར་གྱུར་པ་དེ་[3]དང་དེ་ང་ལས༔ཡོངས་ཤིག[4] །ངས་ཁྱེད་ཟས་དང་། སྐོམ་དང་། གོས་དང་། བཞོན་[5]པ་དང་། མལ་ཆ་དང་། མེ་ཏོག་དང་། བདུག་སྤོས་དང་། སྤོས་དང་། ཕྲེང་བ་དང་། བྱུག་པ་དང་། ཁྱིམ་དང་། ནོར་དང་། འབྲུ་དང་། ནོར་བུ་དང་། མུ་ཏིག་དང་། བཻ་ཌཱུརྻ་དང་། དུང་དང་། མན་ཤེལ་དང་། བྱི་[6]རུ་དང་། གསེར་དང་། དངུལ་དང་། མྱིའི་རྒྱན་དང་། ཡོ་བྱད་གང་ཅི་ཡང་རུང་བའི་བར་གྱིས་ཕོངས་པ་མྱེད་པར་བྱས[7]། ཁྲོ་བ་དང་། གནོད་སེམས་མྱེད་པར་གྱིས་ཤིག་ཅེས[8]། དེ་ལྟར་བྱང་ཆུབ་སེམས་དཔའ་སེམས་དཔའ་ཆེན་པོ་ཚུལ་ཁྲིམས་ཀྱི་ཕ་རོལ་ཏུ་ཕྱིན་པ་ལ་གནས་ཤིང་སེམས་ཅན་དེ་དག་བཟོད་པ་ལ་སྦྱོར་ཏེ། འདི་སྐད་དུ་གཙུགས[9]གང་གིས་ཁྱེད་ཀྱིས[10]ཁྲོ་བ་སྐྱེ་བར་གྱུར་པ་དེ་ནི་སྙིང་པོ་མྱེད་པ་སྟེ། དེ་ལ་དངོས་པོ་གང་ཡང་

མེད་དོ། །ཁྲོ་བ་དེ་ནི་ཡང་དག་པ་མ་ཡིན་པར་ཡོངས་སུ་བརྟགས་[1]པ་སྟེ། དངོས་པོ་གང་གིས་ཕྱིར་ཁྲིད་འཐབ་ཅིང་འཕོན་[2]པ་དང་། གནོད་སེམས་སུ་བྱེད་[3]པར་གྱུར་པ་དང་[4]། དེ་ལྟར་འཐབས་ཤིང་འཕོན་[5]ཏེ། གནོད་སེམས་སུ་གྱུར་ནས་དབྱིག་[6]པས་འགྱེད་པ་དང་། མཚོན་གྱིས་འདེབ་པ་དང་། ཕན་ཚུན་གྱི་སྲོག་ལ་རྒོལ་[7]བར་གྱུར་པའི་དངོས་པོ་དེ་ལ་དངོས་པོའི་རང་བཞིན་གང་ཡང་མེད་ན། དེ་ལྟ་ཡིན་ཡང་ཁྲིད་ཡང་དག་པ་མ་ཡིན་པའི་ཡོངས་སུ་རྟོག་[8]པས་འཁྲུགས་ན། སེམས་ཅན་དམྱལ་བ་དག་ཏུ་ལྟུང་བར་འགྱུར་[9]། བྱོལ་སོང་གི་སྐྱེ་གནས་དག་ཏུ་ལྟུང་བར་འགྱུར། གཤིན་རྗེའི་འཇིག་རྟེན་དག་ཏུ་ལྟུང་བར་འགྱུར། དེ་མ་ཡིན་པའི་ངན་སོང་གཞན་དག་[10]ཏུ་ཡང་ཁྲིད་སྡུག་བསྔལ་མི་བཟོད་[11]པ་དང་[12]ཚ་ཞིང་རྩུབ་ལ་ཡིད་དུ་མི་འོང་བའི་ཚོར་བ་ཉམས་སུ་མྱོང་བར་འགྱུར་གྱིས་[13]། སྐྱེས་བུ་ཁྲིད་རྣམས་དངོས་པོ་མེད་པའི་ཆོས་ཀྱི་དོན་དུ་ལས་གང་ཡོངས་སུ་བཟུང་བས་མིར་སྐྱེ་བ་ཡང་འཐོབ་[14]པར་མི་འགྱུར་ན། སངས་རྒྱས་འབྱུང་[15]བ་དང་ཕྲད་པར་འགྱུར་བ་[16]ལྟ་སྨོས་སུ་ཡང་མེད་པ་དེ་ལྟ་བུའི་ལས་ཡོངས་སུ་[17]མ་འཛིན་ཅིག །གྲོགས་པོ་དག་སངས་རྒྱས་འབྱུང་བ་ནི་དཀོན་ནོ། །མིར་སྐྱེ་བ་འཐོབ་[18]པ་ནི་དཀོན་ནོ། །དལ་[19]བ་ཕུན་སུམ་ཚོགས་པ་ནི་དཀོན་ནོ། །འཁོར་བ་ལས་ཐར་བ་ནི་དཀོན་ནོ། །དེ་ལྟ་[20]ཡིན་གྱིས་[21]དལ་བ་འདི་[22]དོན་མེད་པར་མ་བྱེ་ཤིག་[23] །མི་ཁོམ་པར་གྱུར་ཅིང་གསོར་མི་རུང་བར་གྱུར་ཏ་རེ་ཞེས་དེ་ལ་[24]བྱང་ཆུབ་སེམས་དཔའ་སེམས་དཔའ་ཆེན་པོ་བདག་ཉིད་ཀྱང་བཟོད་པ་སྒྲུབ་[25]ལ། གཞན་ཡང་བཟོད་པ་ལ་ཡང་དག་པར་སྐུལ་ལོ། །བཟོད་པའི་ལེགས་པ་བརྗོད་དོ། །སེམས་ཅན་གཞན་གང་བཟོད་པ་སྒོམ་པ་དེ་དག་གི་ཡང་ལེགས་པ་བརྗོད་ཅིང་མཐུན་པས་དགའ་བར་སྤྱོད་དོ། །དེ་ལྟར་བྱང་ཆུབ་སེམས་དཔའ་སེམས་དཔའ་ཆེན་པོ་དེ་

སེམས་ཅན་དེ་དག་དེ་ལྟར་བཟོད་པ་ལ་སྦྱར་ཅིང་[1]། བཟོད་པ་ལ་རབ་ཏུ་བཀོད་དེ། རིམ་གྱིས་ཐེག་པ་གསུམ་པོས་ཡོངས་སུ་མྱ་ངན་ལས་འདའ་སྟེ། རབ་འབྱོར་དེ་ལྟར་ན་བྱང་ཆུབ་སེམས་དཔའ་སེམས་དཔའ་ཆེན་པོ་ཚུལ་ཁྲིམས་ཀྱི་ཕ་རོལ་ཏུ་ཕྱིན་པ་ལ་གནས་ཤིང་། བཟོད་པའི་ཕ་རོལ་ཏུ་ཕྱིན་པས་སེམས་ཅན་རྣམས་ཡོངས་སུ་སྡུད་པ་ཡིན་ནོ། །རབ་འབྱོར་ཇི་ལྟར་ན་བྱང་ཆུབ་སེམས་དཔའ་སེམས་དཔའ་ཆེན་པོ་ཚུལ་ཁྲིམས་ཀྱི་ཕ་རོལ་ཏུ་ཕྱིན་པ་ལ་སྤྱོད་ཅིང་། [2]བརྩོན་འགྲུས་ཀྱི་ཕ་རོལ་ཏུ་ཕྱིན་པ་ལ༔ སེམས་ཅན་རྣམས་[3]སྦྱོར་བ་ཡིན་ཞེ་ན། རབ་འབྱོར་འདི་ལ་བྱང་ཆུབ་སེམས་དཔའ་སེམས་དཔའ་ཆེན་པོ་སེམས་ཅན་ལེ་ལོ་ཅན་བརྩོན་འགྲུས་ཆུང་བ་དག་མཐོང་ན་འདི་སྐད་དུ་ཁྱེད་ཅིའི་ཕྱིར་ལེ་ལོ་བྱེད་ཅེས་རྗོད་དེ། དེ་དག་རྒྱེན་དང་མི་ལྡན་པའི་ཕྱིར་རོ་ཞེས་ཟེར་ན[4]། དེ་ལ་བྱང་ཆུབ་སེམས་དཔའ་སེམས་དཔའ་ཆེན་པོ་ཚུལ་ཁྲིམས་ཀྱི་ཕ་རོལ་ཏུ་ཕྱིན་པ་ལ་སྤྱོད་ཅིང་། སེམས་ཅན་དེ་དག་ལ་འདི་སྐད་ཅེས་ཟེར་ཏེ[5]། ཀྱེ་སྐྱེས་བུ་དག་ངས་སྦྱིན་པའི་རྒྱེན་ཏམ། ཚུལ་ཁྲིམས་ཀྱི་རྒྱེན་ཏམ། བཟོད་པའི་རྒྱེན་ཏམ། གཞན་ཡང་རྣམ་པ་གང་དང་གང་གིས་བརྩོན་འགྲུས་བརྩམ་དུ་རུང་བ་དེ་དག་ཁྱེད༔ ལ་ངས[6]ཉེ་བར་བསྒྲུབ་པར་བྱས[7]། བརྩོན་འགྲུས་རྩོམས[8]ཤིག་ཅེས་ནས། སེམས་ཅན་དེ་དག་བྱང་ཆུབ་སེམས་དཔའ་སེམས་དཔའ་ཆེན་པོ་དེའི་ཡོ་བྱད་ལ་སྤྱོད་ཅིང་། ལུས་སམ་སེམས་ཀྱི་བརྩོན་འགྲུས་རྩོམ་སྟེ། དེ་དག་ལུས་དང་སེམས་ཀྱི་བརྩོན་འགྲུས་ཀྱིས[9]དགེ་བའི་ཆོས་ཐམས་ཅད་ཡོངས་སུ[10]རྫོགས་པར་བྱེད་དེ། དགེ་བའི་ཆོས་དེ་དག་གིས་འཕགས་པ་ཟག་པ་མེད་པའི་ཆོས་རྣམས་སྒོམ་མོ། །དེ་དག་བསྒོམས་པས་རྒྱུན་ཏུ་ཞུགས་པའི་འབྲས་བུ་འཐོབ་བོ། །ལན་ཅིག་ཕྱིར་འོང་བའི་འབྲས་བུ་འཐོབ[11]བོ། །ཕྱིར་མི་འོང་བའི་འབྲས་བུ་འཐོབ་བོ། །དགྲ་བཅོམ་པ་ཉིད་

འཐོབ་བོ། །རང་བྱང་ཆུབ་འཐོབ་བོ། །བླ་ན་མེད་པ་ཡང་དག་པར་རྫོགས་པའི་བྱང་ཆུབ་ཏུ་མངོན་པར་རྫོགས་པར་འཚང་རྒྱའོ། །དེ་ལ་བྱང་ཆུབ་སེམས་དཔའ་སེམས་དཔའ་ཆེན་པོ་བདག་ཉིད་ཀྱང་བརྩོན་འགྲུས་རྩོམ་མོ། །གཞན་ཡང་བརྩོན་འགྲུས་ལ་ཡང་དག་པར་སྐུལ①ལོ། །བརྩོན་འགྲུས་ཀྱི་ལེགས་པ་བརྗོད་དོ། །སེམས་ཅན་གཞན་གང་བརྩོན་འགྲུས་རྩོམ་པ་དེ་དག་གི②ཡང་ལེགས་པ་བརྗོད་ཅིང་མཐུན་པས་དགའ་བར་སྤྱོད་དོ། །དེ་ལྟར་བྱང་ཆུབ་སེམས་དཔའ་སེམས་དཔའ་ཆེན་པོ་དེ་སེམས་ཅན་དེ་དག་དེ③ལྟར་བརྩོན་འགྲུས་ལ༔སྦྱར་ཅིང་④། བརྩོན་འགྲུས་ལ་རབ་ཏུ་བཀོད་དེ། རིམ་གྱིས་ཐེག་པ་གསུམ་པོས⑤ཡོངས་སུ་མྱ་ངན་ལས་ཟློ་སྟེ། རབ་འབྱོར་དེ་ལྟར་ན་བྱང་ཆུབ་སེམས་དཔའ་སེམས་དཔའ་ཆེན་པོ་ཚུལ་ཁྲིམས་ཀྱི་ཕ་རོལ་ཏུ་ཕྱིན་པ་ལ་གནས་ཤིང་། བརྩོན་འགྲུས་ཀྱི་ཕ་རོལ་ཏུ་ཕྱིན་པས་སེམས་ཅན⑥ཡོངས་སུ་སྡུད་པ་ཡིན་ནོ།། ||

ཤེས་རབ་ཀྱི་ཕ་རོལ་ཏུ་ཕྱིན་པ་སྟོང་ཕྲག་བརྒྱ་པ། བམ་པོ༔བཅུ་དྲུག⑦པ། རབ་འབྱོར་ཇི་ལྟར་ན་བྱང་ཆུབ་སེམས་དཔའ་སེམས་དཔའ་ཆེན་པོ་ཚུལ་ཁྲིམས་ཀྱི་ཕ་རོལ་ཏུ་ཕྱིན་པ་ལ་སྤྱོད་ཅིང་། བསམ་གཏན་གྱི་ཕ་རོལ་ཏུ་ཕྱིན་པ་ལ་སེམས་ཅན་རྣམས་སྡུད་པ་ཡིན་ཞེ་ན། རབ་འབྱོར་འདི་ལ་བྱང་ཆུབ་སེམས་དཔའ་སེམས་དཔའ་ཆེན་པོས⑧སེམས་གཡེངས་པར་གྱུར་པའི་སེམས་ཅན་དག་མཐོང་ན། འདི་སྐད་དུ་སེམས་ཅན་ཁྱེད་ཅིའི་ཕྱིར་བསམ་གཏན་ལ་མཉམ་པར་མི་གཞོག⑨ཅེས་བརྗོད་དེ། དེ་དག་རྐྱེན་དང་མི་ལྡན་པའི་ཕྱིར་རོ་ཞེས་ཟེར་ན། དེ་ལ་བྱང་ཆུབ་སེམས་དཔའ་སེམས་དཔའ་ཆེན་པོ་དེ⑩སེམས་ཅན་དེ⑪ལ་འདི་སྐད་དུ་འདེམས་ཏེ། ཀྱེ་སེམས་ཅན⑫དག་ངས་རྐྱེན་གང་དང་གང་གིས⑬ཕྱི་ནང་གི་ཆོས་ལ་རྣམ་པར་རྟོག་པར་མི་འགྱུར་བ་དེ་ལྟ་བུའི་རྐྱེན་ཉེ་བར་བསྒྲུབ་བོ་ཞེས་སྨྲས་སོ། །དེ་ནས

བྱང་ཆུབ་སེམས་དཔའ་སེམས་དཔའ་ཆེན་པོས་སེམས་ཅན་དེ་[1]དག་ལ་རྗེན་ཉེ་བར་བསྐྱབ་པར་བྱའོ་ཞེས་ནས། བྱང་ཆུབ་སེམས་དཔའ་སེམས་དཔའ་ཆེན་པོ༔ དེ་སེམས་ཅན་[2]དེ་དག་ལ་རྗེན་གང་དང་གང་ཉེ་བར་བསྐྱབས་[3]པས། རྣམ་པར་རྟོག་པར་མི་འགྱུར་བ་དེ་ལྟ་བུའི་རྗེན་ཉེ་བར༔ སྐྱབ་སྟེ[4]། དེའི་ཕྱིར་དེ་དག་རྣམ་པར་རྟོག་པ་ཆད་ནས། བསམ་གཏན་དང་པོ་ལ་སྙོམས་པར་འཇུག་གོ། །བསམ་གཏན་གཉིས་པ་ལ་སྙོམས་པར་འཇུག་གོ། །བསམ་གཏན་གསུམ་པ་ལ་སྙོམས་པར་འཇུག་གོ། །བསམ་གཏན་བཞི་པ་ལ་སྙོམས་པར་འཇུག་གོ། །བྱམས་པ་ལ་སྙོམས་པར་འཇུག་གོ། །སྙིང་རྗེ་ལ་སྙོམས་པར་འཇུག་གོ། །དགའ་བ་ལ་སྙོམས་པར་འཇུག་གོ། །བཏང་[5]སྙོམས་ལ་སྙོམས་པར་འཇུག་གོ། །གཟུགས་མེད་པའི་སྙོམས་པར་འཇུག་པ་བཞི་ལ་སྙོམས་པར་འཇུག་གོ། །དེ་དག་བསམ་གཏན་དང་། ཚད་མེད་པ་དང་། གཟུགས་མེད་པའི་སྙོམས་པར་འཇུག་པ་[6]དེ་དག་གིས་སེམས་དུལ་བར་གྱུར་པས། དྲན་པ་ཉེ་བར་གཞག་པ་བཞི་སྒོམ་མོ། །ཡང་དག་པར་སྤོང་བ་བཞི་སྒོམ་མོ། །རྫུ་འཕྲུལ་གྱི་རྐང་པ་བཞི་སྒོམ་མོ། །དབང་པོ་ལྔ་སྒོམ་མོ། །སྟོབས་ལྔ་སྒོམ་མོ། །བྱང་ཆུབ་ཀྱི་ཡན་ལག་བདུན་སྒོམ་མོ། །འཕགས་པའི་ལམ་ཡན་ལག་བརྒྱད་པ་སྒོམ་མོ། །རྣམ་པར་ཐར་པའི་སྒོ་གསུམ་སྒོམ་མོ། །དེ་དག་བསྒོམས་[7]པས་རིམ་གྱིས་ཐེག་པ་གསུམ་པོས་ཡོངས་སུ་མྱ་ངན་ལས་འདའ་སྟེ། དེ་ལ་ལ་ལ་ནི་བླ་ན་མེད་པ་ཡང་དག་པར་རྫོགས་པའི་བྱང་ཆུབ་ཀྱི་བར་དུ་བྱང་ཆུབ་ཀྱི་ལམ་ལས་ཡོངས་སུ་མི༔ ཉམས་སྟེ[8]། རབ་འབྱོར་དེ་ལྟར་ན་བྱང་ཆུབ་སེམས་དཔའ་སེམས་དཔའ་ཆེན་པོ་ཚུལ་ཁྲིམས་ཀྱི་ཕ་རོལ་ཏུ་ཕྱིན་པ་ལ་གནས་ཤིང་། ཉིད་དེ་འཛིན་གྱི་ཕ་རོལ་ཏུ་ཕྱིན་པས་སེམས་ཅན་རྣམས་ཡོངས་སུ་སྨིན་པ་ཡིན་ནོ། །རབ་འབྱོར་ཇི་ལྟར་ན་བྱང་ཆུབ་སེམས་

དཔའ་སེམས་དཔའ་ཆེན་པོ་ཚུལ་ཁྲིམས་ཀྱི་ཕ་རོལ་ཏུ་ཕྱིན་པ་ལ་སྤྱོད་ཅིང་། ཤེས་རབ་ཀྱི་ཕ་རོལ་ཏུ་ཕྱིན་པས་སེམས་ཅན་རྣམས་ཡོངས་སུ་[1]སྨུད་པ་ཡིན་ཞེ་ན། རབ་འབྱོར་འདི་ལ་བྱང་ཆུབ་སེམས་དཔའ་སེམས་དཔའ་ཆེན་པོ་ཚུལ་ཁྲིམས་ཀྱི་ཕ་རོལ་ཏུ་ཕྱིན་པ་ལ་གནས་ཤིང་། ཤེས་རབ་འཆལ་བར་གྱུར་པའི་སེམས་ཅན་དག་མཐོང་ན། འདི་སྐད་དུ་སེམས་ཅན་ཁྱེད་ཅིའི་ཕྱིར་ཤེས་རབ་མི་སྒོམ་[2]ཞེས་རྗོད་དོ[3]། །དེ་དག་རྐྱེན་དང་མི་ལྡན་པའི་ཕྱིར་རོ་ཞེས་ཟེར་ན། དེ་ལ་བྱང་ཆུབ་སེམས་དཔའ་སེམས་དཔའ་ཆེན་པོ་ཚུལ་ཁྲིམས་ཀྱི་ཕ་རོལ་ཏུ་ཕྱིན་པ་ལ་གནས་ཤིང་། སེམས་ཅན་དེ་དག་ལ་འདི་སྐད་དུ་འདེམས་ཏེ། ང་ལས་ཡོ་བྱད་རྣམས་ལོང་[4]ལ་སྦྱིན་པ་བྱིན་ཅིག །ཚུལ་ཁྲིམས་སྲུངས་[5]ཤིག །བཟོད་པ་སྒོམས་[6]ཤིག །བརྩོན་འགྲུས་རྩོམས་[7]ཤིག །ཏིང་ངེ་འཛིན་ལ་མཉམ་པར་ཞོག་ཤིག[8] །རྣམ་པ་དེ་དག་ཡོངས་སུ་རྫོགས་པར་གྱིས་ལ། ཤེས་རབ་ཀྱི་ཕ་རོལ་ཏུ་ཕྱིན་པ་བསྒོམ་[9]པ་ལ་བདག་གམ། སེམས་ཅན་ནམ། སྲོག་གམ། འགྲོ་བ་འམ། གསོ་[10]བ་འམ། སྐྱེས་བུ་འམ། གང་ཟག་གམ། ཤེད་ཅན་ནམ། ཤེད་བདག་གམ། བྱེད་པ་པོ་འམ། ཚོར་བ་པོ་འམ། ཤེས་པ་པོ་འམ། མཐོང་བ་པོ་འམ། གཟུགས་སམ། ཚོར་བ་འམ། འདུ་ཤེས་སམ། འདུ་བྱེད་དམ། རྣམ་པར་ཤེས་པ་འམ། ཁམས་རྣམས་[11]སམ། སྐྱེ་མཆེད་རྣམས་སམ། རྟེན་ཅིང་འབྲེལ་པར་འབྱུང་བའམ། འདོད་པའི་ཁམས་སམ། གཟུགས་ཀྱི་ཁམས་སམ། གཟུགས་མེད་པའི་ཁམས་སམ། ཕ་རོལ་ཏུ་ཕྱིན་པ་དྲུག་གམ། སྟོང་པ་ཉིད་ཐམས་ཅད་དམ། བྱང་ཆུབ་ཀྱི་ཕྱོགས་ཀྱི་ཆོས་སུམ་ཅུ་རྩ་བདུན་ནམ། འཕགས་པའི་བདེན་པ་རྣམས་སམ། བསམ་གཏན་རྣམས་སམ། ཚད་མེད་པ་རྣམས་སམ། གཟུགས་མེད་པའི་[12]སྙོམས་པར་འཇུག་པ་རྣམས་སམ། རྣམ་

པར་ཐར་པ་རྣམས་སམ། མཐར་གྱིས་གནས་པའི་སྙོམས་པར་འཇུག་པ་རྣམས་སམ། རྣམ་པར་ཐར་པའི་སྒོ་སྟོང་པ་ཉིད་དང་། མཚན་མ་མེད་པ་དང་། སྨོན་པ་མེད་པའམ[༡]། མངོན་པར་ཤེས་པ་རྣམས་སམ། ཏིང་ངེ་འཛིན་རྣམས་སམ། གཟུངས་ཀྱི་སྒོ་རྣམས་སམ། དེ་བཞིན་གཤེགས་པའི་སྟོབས་རྣམས་སམ། མི་འཇིགས་པ་རྣམས་སམ། སོ་སོ་ཡང་དག་པར་རིག་པ་རྣམས་སམ། [༢]སྙིང་རྗེ་ཆེན་པོ་འམ། སངས་རྒྱས་ཀྱི་ཆོས་མ་འདྲེས་པ་རྣམས་སམ། རྒྱུན་དུ་ཞུགས་པའི་འབྲས་བུ་འམ། ལན་ཅིག་ཕྱིར་འོང་བའི་འབྲས་བུ་འམ། ཕྱིར་མི་འོང་བའི་འབྲས་བུ་འམ། དགྲ་བཅོམ་པ་ཉིད་དམ། རང་བྱང་ཆུབ་བམ[༣]། བླ་ན་མེད་པ་ཡང་དག་པར་རྫོགས་པའི་བྱང་ཆུབ་ཀྱི་བར་དུ་ཆོས་གང་ཡང་ཡོད་དམ། རྟོགས་ཤིག[༤]ཅེས་འདེམས[༥]ཤིང་རྗེས་སུ་སྟོན་ཏེ། དེས་བྱང་ཆུབ་སེམས་དཔའ་སེམས་དཔའ་ཆེན་པོ་དེ་ཤེས་རབ་ཀྱི་ཕ་རོལ་ཏུ་ཕྱིན་པ་ལ་སྤྱོད་པའི་ཚེ། ཆོས་གང་ལ་དམིགས་པས་མངོན་པར་ཞེན་པར་འགྱུར་བ[༦]དེ་ལྟ་བུའི་ཆོས་གང་ཡང་མི་དམིགས་ཏེ། དེ་ལ་མངོན་པར་ཞེན་པ་མེད་པས། ཆོས་གང་ཡང་སྐྱེ་བ་འམ། འགག་པ་འམ། ཀུན་ནས་ཉོན་མོངས་པ་འམ། རྣམ་པར་བྱང་བར་ཡང་དག་པར་རྗེས་སུ་མི་མཐོང་སྟེ། ཡང་དག་པར་རྗེས་སུ་མ་མཐོང་བས། འདི་ནི་སེམས་ཅན་དམྱལ་བ[༧]པའོ། །འདི་ནི་ཕྱུལ་སོང་གི་སྐྱེ་གནས་པའོ[༨]། །འདི་ནི་གཤིན་རྗེའི་འཇིག་རྟེན་པའོ། །འདི་ནི་ལྷ་མ་ཡིན་གྱི[༩]རིས་སུ་གཏོགས་པའོ། །འདི་ནི་ལྷའོ། །འདི་ནི་མིའོ། །འདི་ནི་ཚུལ་ཁྲིམས་དང་ལྡན་པའོ། །འདི་ནི་ཚུལ་ཁྲིམས་ངན་པ་ཅན་ནོ། །འདི་ནི་རྒྱུན་དུ་ཞུགས་པའོ། །འདི་ནི་ལན་ཅིག་ཕྱིར་འོང་བའོ། །འདི་ནི་ཕྱིར་མི་འོང་བའོ། །འདི་ནི་དགྲ་བཅོམ་པའོ། །འདི་ནི་རང་སངས་རྒྱས་སོ། །འདི་ནི་བྱང་ཆུབ་སེམས་དཔའོ། །འདི་ནི་དེ་

བཞིན་གཤེགས་པ་དགྲ་བཅོམ་པ་ཡང་དག་པར་རྫོགས་པའི་སངས་རྒྱས་སོ་ཞེས་བྱ་བར་རྣམ་པར་མྱི་རྟོག་སྟེ། རབ་འབྱོར་དེ་ལྟར་ན་བྱང་ཆུབ་སེམས་དཔའ་སེམས་དཔའ་ཆེན་པོ་ཚུལ་ཁྲིམས་ཀྱི་ཕ་རོལ་ཏུ་ཕྱིན་པ་ལ་གནས་ཤིང་། ཤེས་རབ་ཀྱི་ཕ་རོལ་ཏུ་ཕྱིན་པས་སེམས་ཅན་རྣམས་ཡོངས་སུ་སྨྱུད་པ་ཡིན་ནོ། །རབ་འབྱོར་ཇི་ལྟར་ན་བྱང་ཆུབ་སེམས་དཔའ་སེམས་དཔའ་ཆེན་པོ་བཟོད་པའི་ཕ་རོལ་ཏུ་ཕྱིན་པ་ལ་སྦྱོད་ཅིང་། སྦྱིན་པའི་ཕ་རོལ་ཏུ་ཕྱིན་པས་སེམས་ཅན་[1]རྣམས་ཡོངས་སུ་སྨྱུད་པ་ཡིན་ཞེ་ན། རབ་འབྱོར་འདི་ལ་བྱང་ཆུབ་སེམས་དཔའ་སེམས་དཔའ་ཆེན་པོ་བཟོད་པའི་ཕ་རོལ་ཏུ་ཕྱིན་པ་ལཿགནས་ཤིང་[2]། སེམས་ཅན་རྣམས་ལ་སྦྱིན་པ་ཡོངས་སུ་གཏོང་[3]སྟེ། སྦྱིན་པ་ཡོངས་སུ་བཏང་ནས། འདི་སྐད་དུ་རིགས་ཀྱི་བུ་དག་སྦྱིན་པ་ལ་འཛིན་པས་མ་འཛིན་ཅིག །སྦྱིན་པ་ལ་འཛིན་པས་འཛིན་འཛིན་[4]ཅིང་། ལུས་གང་མངོན་པར་གྲུབ་པས། སྡུག་བསྔལ་མང་པོ་ཉམས་སུ་མྱོང་བར་འགྱུར་བ་དེ་ལྟ་བུའི་ལུས་མངོན་པར་གྲུབཿཔ་རེ[5]། རིགས་ཀྱི་བུ་དག་འདི་ལ་དོན་དམ་པར་ན[6]། སྦྱིན་པ་ཡང་མྱེད། སྦྱིན་པའི་འབྲས་བུ་ཡང་མྱེད། སྦྱིན་པའི་བདག་པོ་ཡང་མྱེད། ལེན་པ་ཡང་མྱེད་དེ[7]། ཆོས་དེ་དག་ཐམས་ཅད་ནི་རང་བཞིན་གྱིས་སྟོང་ངོ་། །རང་བཞིན་གྱིས་སྟོང་པའི་ཆོས་ནི་འཛིན་པ་མྱེད་དེ། རང་བཞིན་སྟོང་པ་ཉིད་ནི་གཟུང་དུ་མྱེད་པའོ་ཞེས་འདེམས་ཤིང་རྗེས་སུ་སྟོན་ཏེ། རབ་འབྱོར་དེ་ལྟར་བྱང་ཆུབ་སེམས་དཔའ་སེམས་དཔའ་ཆེན་པོ་བཟོད་པའི་ཕ་རོལ་ཏུ་ཕྱིན་པ་ལ་སྦྱོད་ཅིང་། སེམས་ཅན་རྣམས་ལ་སྦྱིན་པ་ཡོངས་སུ་གཏོང་ཡང་དེ་ལ་སྦྱིན་པར་དམྱིགས་པ་མྱེད[8]། སྦྱིན་པའི་བདག་པོར་དམྱིགས་པ་མྱེད། ལེན་པར་དམྱིགས་པ་མྱེད་དེ[9]། འདི་ལྟ་སྟེ། སྦྱིན་པའི་ཕ་རོལ་ཏུ་ཕྱིན་པ་འདི་ནི་དམྱིགས་སུ་མྱེད་པའི་ཕ་རོལ་ཏུ་ཕྱིན་པའོ། །དེ་ཆོས་གསུམ་པོ་དེ

དག་ཐམས་ཅད་ལ་མི་དམིགས་པས། སེམས་ཅན་རྣམས་རྒྱུན་ཏུ་ཞུགས་པའི་འབྲས་བུ་ལ་སྦྱོར་རོ། །ལན་ཅིག་ཕྱིར་འོང་བའི་འབྲས་བུ་ལ་སྦྱོར་རོ། །ཕྱིར་མི་འོང་བའི་འབྲས་བུ་ལ་སྦྱོར་རོ། །དགྲ་བཅོམ་པ་ཉིད་ལ་སྦྱོར་རོ། །རང་བྱང་ཆུབ་ལ་སྦྱོར་རོ། །བླ་ན་མེད་པ་ཡང་དག་པར་རྫོགས་པའི་བྱང་ཆུབ་ལ་སྦྱོར་རོ། །རབ་འབྱོར་དེ་ལྟར་ན་བྱང་ཆུབ་སེམས་དཔའ་སེམས་①དཔའ་ཆེན་པོ་བཟོད་པའི་ཕ་རོལ་ཏུ་ཕྱིན་པ་ལ་སྤྱོད་ཅིང་། སྦྱིན་②པའི་ཕ་རོལ་ཏུ་ཕྱིན་པས་སེམས་ཅན་རྣམས་ཡོངས་སུ་སྨིན་③པར་བྱེད་དེ④། དེ་བདག་ཉིད་ཀྱང་སྦྱིན་པ་ཡོངས་སུ་གཏོང་ངོ་། །གཞན་ཡང་སྦྱིན་པ་ལ་ཡང་དག་པར་སྐུལ་ལོ། །སྦྱིན་པའི་ལེགས་པ་བརྗོད་དོ⑤། །སེམས་ཅན་གཞན་གང་སྦྱིན་པ་ཡོངས་སུ་གཏོང་བ་དེ་དག་གི་ཡང་ལེགས་པ་བརྗོད་ཅིང་མཐུན་པས་དགའ་བར་སྤྱོད་དོ། །དེ་ལྟར་བྱང་ཆུབ་སེམས་དཔའ་སེམས་དཔའ་ཆེན་པོ༔ དེ་ཡང་།⑥ དེ་ལྟ་བུའི་སྦྱིན་པ་ཆེན་པོ་བྱིན་པས། རྒྱལ་རིགས་ཆེ་ཞིང་མཐོ་བ་དག་དང་སྐལ་བ་མཉམ་པར་སྐྱེའོ། །བྲམ་ཟེའི་རིགས་ཆེ་ཞིང་མཐོ་བ་དག་དང་སྐལ་བ་མཉམ་པར་སྐྱེའོ། །ཁྱིམ་བདག་གི་རིགས་ཆེ་ཞིང་མཐོ་བ་དག་དང་སྐལ་བ་མཉམ་པར་སྐྱེའོ། །ཁམས་ཀྱི་རྒྱལ་པོར་འགྱུར་རོ། །འཁོར་ལོས་སྒྱུར་བའི་རྒྱལ་སྲིད་འཐོབ་བོ། །དེ་དེ⑦དག་ན་ཡང་སེམས་ཅན་རྣམས་བསྡུ་བའི་དངོས་པོ་བཞིས་ཡོངས་སུ་སྡུད་དེ། བཞི་གང་ཞེ་ན། སྦྱིན་པ་དང་། ཚིག་སྙན་པ་དང་། དོན་སྤྱོད་པ་དང་། དོན་མཐུན་པས་ཡོངས་སུ་སྡུད་དོ། །དེ་དེ་ལྟར་སེམས་ཅན་སྦྱིན་པས་ཡོངས་སུ་བསྡུས་པ་དེ་དག་ཀྱང་རིམ་གྱིས་ཚུལ་ཁྲིམས་ལ་རབ་ཏུ་འགོད་དོ། །བཟོད་པ་ལ་རབ་ཏུ་འགོད་དོ། །བརྩོན་འགྲུས་ལ་རབ་ཏུ་འགོད་དོ། །ཏིང་ངེ་འཛིན་ལ་རབ་ཏུ་འགོད་དོ། །ཤེས་རབ་ལ་རབ་ཏུ་འགོད་དོ༑ །བསམ་གཏན་བཞི་ལ་རབ་ཏུ་འགོད་དོ། །ཚད་མེད་པ་བཞི་ལ་རབ་ཏུ་

འགོད་དོ། །གཟུགས་མེད་པའི་སྙོམས་པར་འཇུག་པ་བཞི་ལ་རབ་ཏུ་འགོད་དོ། །དྲན་པ་ཉེ་བར་གཞག་པ་བཞི་ལ་རབ་ཏུ་འགོད་དོ། །ཡང་དག་པར་སྤོང་བ་བཞི་ལ་རབ་ཏུ་འགོད་དོ། །རྫུ་①འཕྲུལ་གྱི་རྐང་པ་བཞི་ལ་རབ་ཏུ་འགོད་དོ། །དབང་པོ་ལྔ་ལ་རབ་ཏུ་འགོད་དོ། །སྟོབས་ལྔ་ལ་རབ་ཏུ་འགོད་དོ། །བྱང་ཆུབ་ཀྱི་ཡན་ལག་བདུན་ལ་རབ་ཏུ་འགོད་དོ། །འཕགས་པའི་ལམ་ཡན་ལག་བརྒྱད་པ་ལ་རབ་ཏུ་འགོད་དོ། །འཕགས་པའི་བདེན་པ་བཞི་ལ་རབ་ཏུ་འགོད་དོ། །རྣམ་པར་ཐར་པ་བརྒྱད་ལ་རབ་ཏུ་འགོད་དོ། །མཐར་གྱིས་གནས་པའི་སྙོམས་པར་འཇུག་པ་དགུ་ལ་རབ་ཏུ་འགོད་དོ། །རྣམ་པར་ཐར་པའི་སྒོ་སྟོང་པ་ཉིད་དང་། མཚན་མ་མེད་པ་དང་། སྨོན་པ་མེད་པ་ལ་རབ་ཏུ་འགོད་དོ། །མངོན་པར་ཤེས་པ་རྣམས་ལ་རབ་ཏུ་འགོད་དོ། །ཏིང་ངེ་འཛིན་རྣམས་ལ་རབ་ཏུ་འགོད་དོ། །གཟུངས་ཀྱི་སྒོ་རྣམས་ལ་②རབ་ཏུ་འགོད་དོ། །ཡང་དག་པའི་སྐྱོན་མེད་པར་འཇུག་པར་བྱེད་དོ། །རྒྱུན་ཏུ་ཞུགས་པའི་འབྲས་བུ་ཐོབ་པར་བྱེད་དོ། །ལན་ཅིག་ཕྱིར་འོང་བའི་འབྲས་བུ་ཐོབ་པར་བྱེད་དོ། །ཕྱིར་མི་འོང་བའི་འབྲས་བུ་ཐོབ་པར་བྱེད་དོ། །དགྲ་བཅོམ་པ་ཉིད་ཐོབ་པར་བྱེད་དོ། །རང་བྱང་ཆུབ་ཐོབ་པར་བྱེད་དོ། །བླ་ན་མེད་པ་ཡང་དག་པར་རྫོགས་པའི་བྱང་ཆུབ་ཏུ་ཡང་དག་པར་སྐུལ་བར་③བྱེད་དོ། །ཀྱེ་སྐྱེས་བུ་དག་བླ་ན་མེད་པ་④ཡང་དག་པར་རྫོགས་པའི་བྱང་ཆུབ་⑤ནི་མངོན་པར་རྫོགས་པར་འཚང་རྒྱ་⑥བར་མི་དཀའ་སྟེ་དེ་ལ་ཕྱིན་ཅི་ལོག་གིས་རྨོངས་པའི་སེམས་ཀྱིས་ཡོང་དུ་མ་⑦ཆུད་པ་མ་གཏོགས་པར་ཆོས་གང་ལ་སེམས་ཅན་རྣམས་ཆགས་པར་གྱུར་པའི་ཆོས་དེ་ལྟ་བུ་གང་ཡང་ངོ་བོ་ཉིད་ཀྱིས་ཡོད་པ་མེད་ཀྱིས་⑧དེ་བས་ན། ཕྱིན་ཅི་ལོག་གི་འཛིན་པ་ཐམས་ཅད་རྒྱུན་ཆོད་ལ། འཁོར་བ་ལས་བདག་ཅག་ཀུང་ཐར་བར་གྱིས་ཤིག །གཞན་

ཡང་ཐར་བར་གྱིས་ཤིག །དེ་ལྟར་ཁྱེད་བདག་ཅག་གི་དོན་དུ་ཡང་ཆེར་འགྱུར། གཞན་ཡང་[1]དོན་ཆེན་པོ་ལ་འབྱོར་བར་འགྱུར་རོ། །ཞེས་ཡང་དག་པར་སྐུལ་བ་[2]བྱེད་དེ། རབ་འབྱོར་དེ་ལྟར་བྱང་ཆུབ་སེམས་དཔའ་སེམས་དཔའ་ཆེན་པོས་བཟོད་པའི་ཕ་རོལ་ཏུ་ཕྱིན་པ་ལ་སྤྱད་པར་བྱ་སྟེ། དེ་ལྟར་སྤྱོད་པའི་ཚེ་ཅི་ནས་ཀྱང་སེམས་དང་པོ་[3]བསྐྱེད་པ་ནས་ཉེ་བར་བཟུང་སྟེ། ནམ་ཡང་ངན་སོང་དུ་མི་ལྟུང་བ་དང་། ནམ་ཡང་འཁོར་ལོས་སྒྱུར་བའི་རྒྱལ་པོ་མི་བྱེད་པར་མི་འགྱུར་བ་དེ་ལྟར་སྤྱོད་[4]དོ། །དེ་ཅིའི་ཕྱིར་ཞེ་ན། ས་བོན་ཇི་ལྟ་བ་བཞིན་དུ་འབྲས་བུ་འབྱུང་སྟེ། འཁོར་ལོས་སྒྱུར་བའི་རྒྱལ་པོ་དེའི་དྲུང་དུ་སློངས་[5]མོ་པ་གང་ཇི་སྙེད་ཅིག་འོངས་ཀྱང་འཁོར་ལོས་སྒྱུར་བའི་རྒྱལ་པོ་དེ་འདི་སྙམ་དུ་སེམས་ཏེ། བདག་གིས་སེམས་ཅན་རྣམས་ཀྱི་དོན་མ་གཏོགས་པར་གཞན་གྱི་དོན་དུ་འཁོར་ལོས་སྒྱུར་བ་[6]ཡོངས་སུ་མ་བཟུང་ངོ་ཞེས་ནས[7]། དེ་འདི་སྐད་ཅེས་ཟེར་ཏེ། སུ་ཅི་འདོད་པ་[8]ཁྱེད་[9]བྱིན་གྱིས་[10]འདི་ནི་ངའི་མ་ཡིན་གྱིས་[11]ཁྱེད་ཀྱིའོ། །ང་[12]ནི་ནང་གི་གཟུགས་ལ་ཡང་དོན་དུ་གཉེར་བ་མེད་ན། གཞན་ལྟ་ལ་ཅི་སྨོས་ཏེ། གཞན་དུ་ན་ངས་སེམས་ཅན་རྣམས་ཀྱི་དོན་དུ་འཁོར་བ་ཡོངས་སུ་བཟུང་[13]གི། བདག་ནི་འཁོར་བ་དོན་དུ་གཉེར་བ་མ་ཡིན་ནོ། །ཞེས་ཏེ་[14]དེ་སྙིང་བརྩེ་བས་སྙིང་རྗེ་ཆེན་པོ་ཡོངས་སུ་རྫོགས་པར་བྱས་ཤིང་[15]། སྙིང་རྗེ་ཆེན་པོས་སེམས་ཅན་རྣམས་ཀྱི་དོན་བྱེད་ཀྱང་། སེམས་ཅན་གང་ཡོངས་སུ་གྲུབ་པ་དེ་ལྟ་བུ་མི་དམིགས་ཏེ། གཞན་དུ་ན་འདུ་ཤེས་དང་མིང་དང་བརྡའི་ཐ་སྙད་ཀྱིས་རྣམ་པར་སྤྱོད་དེ[16]། རྣམ་པར་སྤྱོད་པ་དེ་ཡང་སྒྲ་བརྙན་ལྟ་བུར་རྣམ་པར་སྤྱད་དུ་མེད་པར་ཤེས་སོ། །

རབ་འབྱོར་བྱང་ཆུབ་སེམས་དཔའ་སེམས་དཔའ་ཆེན་པོ་[17]བཟོད་པའི་ཕ་རོལ་ཏུ་ཕྱིན་པ་ལ་གནས་ཤིང་། སྦྱིན་པའི་ཕ་རོལ་ཏུ་ཕྱིན་པ་ལ་དེ་ལྟར་སྤྱད་པར་བྱའོ[18]། །

སྤྱོད་པའི་ཚེ་ཅི་ནས་ཀྱང་བདག་གི་ཤ་ཡན་ཆད་[1] ཀྱང་སེམས་ཅན་རྣམས་ལ་ཡོངས་སུ་མ་བཏང་བ་མྱེད་པར་བྱ་ན། ཕྱི་རོལ་གྱི་ཡོ་བྱད་གང་གིས་སེམས་ཅན་རྣམས་འཁོར་བ་ལས་ཡོངས་སུ་ཐར་བར་བྱ་བ་དག་ལྟ་སྨོས་སུ་ཡང་མྱེད་པ་དེ་ལྟར་སྤྱད་པར་བྱའོ། །གསོལ་པ། ཡོ་བྱད་དེ་དག་གང་ལགས། བཅོམ་ལྡན་འདས་ཀྱིས་བཀའ་སྩལ་པ། སྦྱིན་པའི་ཕ་རོལ་ཏུ་ཕྱིན་པ་ནི་ཡོ་བྱད་དོ། །ཚུལ་ཁྲིམས་ཀྱི་ཕ་རོལ་ཏུ་ཕྱིན་པ་ནི་ཡོ་བྱད་དོ། །བཟོད་པའི་ཕ་རོལ་ཏུ་ཕྱིན་པ་ནི་ཡོ་བྱད་དོ། །བརྩོན་འགྲུས་ཀྱི་ཕ་རོལ་ཏུ་ཕྱིན་པ་ནི་ཡོ་བྱད་དོ། །བསམ་གཏན་གྱི་ཕ་རོལ་ཏུ་ཕྱིན་པ་ནི་ཡོ་བྱད་དོ། །ཤེས་རབ་ཀྱི་ཕ་རོལ་ཏུ་ཕྱིན་པ་ནི་ཡོ་བྱད་དོ། །ནང་སྟོང་པ་ཉིད་ནི་ཡོ་བྱད་དོ། །ཕྱི་སྟོང་པ་ཉིད་ནི་ཡོ་བྱད་དོ། །ཕྱི་ནང་སྟོང་པ་ཉིད་ནི་ཡོ་བྱད་དོ། །སྟོང་པ་ཉིད་སྟོང་པ་ཉིད་ནི་ཡོ་བྱད་དོ། །ཆེན་པོ་སྟོང་པ་ཉིད་ནི་ཡོ་བྱད་དོ། །དོན་དམ་པ་སྟོང་པ་ཉིད་ནི་ཡོ་བྱད་དོ། །འདུས་བྱས་སྟོང་པ་ཉིད་ནི་ཡོ་བྱད་དོ། །འདུས་མ་བྱས་སྟོང་པ་ཉིད་ནི་ཡོ་བྱད་དོ། །མཐའ་ལས་འདས་པ་སྟོང་པ་ཉིད་ནི་ཡོ་བྱད་དོ། །ཐོག་མ་དང་ཐ་མ་མྱེད་པ་སྟོང་པ་ཉིད་ནི་ཡོ་བྱད་དོ། །དོར་བ་མྱེད་པ་སྟོང་པ་ཉིད་ནི་ཡོ་བྱད་དོ། །རང་བཞིན་སྟོང་པ་ཉིད་ནི་ཡོ་བྱད་དོ། །ཆོས་ཐམས་ཅད་སྟོང་པ་ཉིད་ནི་ཡོ་བྱད་དོ། །རང་གི་མཚན་ཉིད་སྟོང་པ་ཉིད་ནི་ཡོ་བྱད་དོ། །མྱི་དམྱིགས་པ་སྟོང་པ་ཉིད་ནི་ཡོ་བྱད་དོ།། དངོས་པོ་མྱེད་པ་སྟོང་པ་ཉིད་ནི་ཡོ་བྱད་དོ། །ངོ་བོ་ཉིད་སྟོང་པ་ཉིད་ནི་ཡོ་བྱད་དོ།། དངོས་པོ་མྱེད་པའི་ངོ་བོ་ཉིད་སྟོང་པ་ཉིད་ནི་ཡོ་བྱད་དོ། །དྲན་པ་ཉེ་བར་གཞག་པ་རྣམས་ནི་ཡོ་བྱད་དོ། །ཡང་དག་པར་སྤོང་བ་རྣམས་ནི་ཡོ་བྱད་དོ། །རྫུ་འཕྲུལ་གྱི་རྐང་པ་རྣམས་ནི་ཡོ་བྱད་དོ། །དབང་པོ་རྣམས་ནི་ཡོ་བྱད་དོ། །སྟོབས་རྣམས་ནི་ཡོ་བྱད་དོ། །བྱང་ཆུབ་ཀྱི་ཡན་ལག་རྣམས་ནི་ཡོ་བྱད་དོ། །

འཕགས་པའི་ལམ་ཡན་ལག་བརྒྱད་པ་ནི་ཡོ་བྱད་དོ། །འཕགས་པའི་བདེན་པ་
རྣམས་ནི་ཡོ་བྱད་དོ། །བསམ་གཏན་རྣམས་ནི་ཡོ་བྱད་དོ། །ཚད་མེད་པ་
རྣམས་ནི་ཡོ་བྱད་དོ། །གཟུགས་མེད་པའི་སྙོམས་པར་འཇུག་པ་རྣམས་ནི་ཡོ་བྱད་
དོ། །རྣམ་པར་ཐར་པ་རྣམས་ནི་ཡོ་བྱད་དོ། །མཐར་གྱིས་གནས་པའི་སྙོམས་
པར་འཇུག་པ་རྣམས་ནི་ཡོ་བྱད་དོ། །རྣམ་པར་ཐར་པའི་སྒོ་སྟོང་པ་ཉིད་དང་།
མཚན་མ་མེད་པ་དང་། སྨོན་པ་མེད་པ་ནི་ཡོ་བྱད་དོ། །མངོན་པར་ཤེས་པ་
རྣམས་ནི་ཡོ་བྱད་དོ། །ཏིང་ངེ་འཛིན་རྣམས་ནི་ཡོ་བྱད་དོ། །ཿགཟུངས་ཀྱི་སྒོ་
རྣམས་ནི་ཡོ་བྱད་དོ། །[༡]དེ་བཞིན་གཤེགས་པའི་སྟོབས་རྣམས་[༢]ནི་ཡོ་བྱད་དོ། །
མི་འཇིགས་པ་རྣམས་ནི་ཡོ་བྱད་དོ། །སོ་སོ་ཡང་དག་པར་རིག་པ་རྣམས་ནི་ཡོ་
བྱད་དོ། །[༣]སྙིང་རྗེ་ཆེན་པོ་ནི་ཡོ་བྱད་དོ། །སངས་རྒྱས་ཀྱི་ཆོས་མ་འདྲེས་པ་
རྣམས་ནི་ཡོ་བྱད་དོ། །དེ་དག་ནི་ཡོ་བྱད་དེ[༤]། ཡོ་བྱད་དེ་དག་གིས་སེམས་
ཅན་རྣམས་ཡོངས་སུ་བསྡུས་ཞིང་རིམ་གྱིས་[༥]ཉན་ཐོས་ཀྱི་ཐེག་པ་འམ། རང་
སངས་རྒྱས་ཀྱི་ཐེག་པ་འམ། ཐེག་པ་ཆེན་པོ་འམ། ཐེག་པ་གསུམ་པོ་དེ་དག་
གིས་ཡོངས་སུ་མྱ་ངན་ལས་ཟློ་སྟེ། རབ་འབྱོར་དེ་ལྟར་ན་བྱང་ཆུབ་སེམས་དཔའ་
སེམས་དཔའ་ཆེན་པོ་བཟོད་པའི་ཕ་རོལ་ཏུ་ཕྱིན་པ་ལ་གནས་ཤིང་། སྦྱིན་པའི་ཕ་
རོལ་ཏུ་ཕྱིན་པས་སེམས་ཅན་རྣམས་ཡོངས་སུ་སྡུད་པ་ཡིན་ནོ། །རབ་འབྱོར་ཇི་[༦]
སྟར་ན་བྱང་ཆུབ་སེམས་དཔའ་སེམས་དཔའ་ཆེན་པོ་བཟོད་པའི་ཕ་རོལ་ཏུ་ཕྱིན་པ་
པ་སྐྱོད་ཅིང་། ཚུལ་ཁྲིམས་ཀྱི་ཕ་རོལ་ཏུ་ཕྱིན་པ་ལ་སེམས་ཅན་རྣམས་སྐྱོར་བ་
ཡིན་ཞེ་ན། རབ་འབྱོར་འདི་ལ་བྱང་ཆུབ་སེམས་དཔའ་སེམས་དཔའ་ཆེན་པོ་
བཟོད་པའི་ཕ་རོལ་ཏུ་ཕྱིན་པ་ལ་གནས་ཤིང་། སེམས་ཅན་རྣམས་ལ་འདི་སྐད་དུ་
ཚུར་ཤིག[༧] །རིགས་ཀྱི་བུ་དག་ཚུལ་ཁྲིམས་སྲུངས་[༨]ཤིག །ངས་ཁྱོད་[༩]ལ་ཟས་

དང་། སྨན་དང་། གོས་དང་། བཙོན་[1]པ་དང་། མལ་ཆ་དང་། མི་རྟོག་དང་། བདུག་སྤོས་དང་། སྤོས་དང་། ཕྲེང་བ་དང་། བྱུག་པ་དང་། ཁྲིམ་དང་། ནོར་དང་། འབྲུ་དང་། ནོར་བུ་དང་། མུ་ཏིག་དང་། བཻ་ཌཱུརྻ་དང་། དུང་དང་། མན་ཤེལ་དང་། བྱི་[2]ཙུ་དང་། གསེར་དང་། དངུལ་དང་། མྱིའི་རྐྱེན་དང་། ཡོ་བྱད་གང་ཅི་ཡང་རུང་བའི་[3]བར་གྱིས་ཕོངས་པ་མྱེད་པར་བྱའོ། །ཁྱེད་ཀྱང་ཕོངས་པའི་ཕྱིར་ཚུལ་ཁྲིམས་ངན་པ་ལ་སྤྱོད་པར་གྱུར་གྲང་ན། ཁྱེད་ཟས་དང་། སྨན་དང་། གོས་དང་། བཙོན་[4]པ་དང་། མལ་ཆ་དང་། མི་རྟོག་དང་། བདུག་སྤོས་དང་། སྤོས་དང་། ཕྲེང་བ་དང་། བྱུག་པ་དང་། ཁྲིམ་དང་། ནོར་[5]དང་། འབྲུ་དང་། ༔ནོར་བུ་དང་།[6] མུ་ཏིག་དང་། བཻ་ཌཱུརྻ་དང་། དུང་དང་། མན་ཤེལ་དང་། བྱི་[7]ཙུ་དང་། གསེར་དང་། དངུལ་དང་། མྱིའི་རྐྱེན་དང་། ཡོ་བྱད་གང་ཅི་ཡང་རུང་བ་[8]རིན་པོ་ཆེ་སྣ་བདུན༔གྱི་བར་[9]གྱིས་ཕོངས་པ་མྱེད་པར་བྱས[10]༑ ཁྱེད་སྡོམ་པའི་ཚུལ་ཁྲིམས་ལ་གནོས་[11]ལ། རིམ་གྱིས་ཉན་ཐོས་ཀྱི་ཐེག་པའམ། རང་སངས་རྒྱས་ཀྱི་ཐེག་པའམ། རྣམ་པ་ཐམས་ཅད་མཁྱེན་པ་ཉིད་ཀྱི་ཐེག་པའམ། ཐེག་པ་གསུམ་པོ་དེ་དག་གིས་སྡུག་བསྔལ་གྱི་མཐར་ཕྱིན་པར་གྱིས་ཤིག་ཅེས་བྱང་ཆུབ་སེམས་དཔའ་སེམས་དཔའ་ཆེན་པོ་དེ་བདག་ཉིད་ཀྱང་ཚུལ་ཁྲིམས་སྲུང་ངོ་། །གཞན་ཡང་ཚུལ་ཁྲིམས་ལ་སྦྱོར་རོ། །ཚུལ་ཁྲིམས་ཀྱི་ལེགས་པ་བརྗོད་དོ། །སེམས་ཅན་གཞན་གང་ཚུལ་ཁྲིམས་སྲུང་བ་དེ་དག་གི་ཡང་ལེགས་པ་བརྗོད་ཅིང་མཐུན་པས་དགའ་བར་སྤྱོད་དོ། །དེ་ལྟར་བྱང་ཆུབ་སེམས་དཔའ་སེམས་དཔའ་ཆེན་པོ་དེ་སེམས་ཅན་དེ་དག་དེ་ལྟར་ཚུལ་ཁྲིམས་ལ༔སྦྱོར་ཅིང་ཚུལ་ཁྲིམས་ལ་རབ་ཏུ་འགོད་[12]དེ། རིམ་གྱིས་ཐེག་པ་གསུམ་པོས་ཡོངས་སུ་མྱ་

ངན་ལས་ཀློ་སྟེ། རབ་འབྱོར་དེ་ལྟར་ན་བྱང་ཆུབ་སེམས་དཔའ་སེམས་དཔའ་ཆེན་པོ་བཟོད་པའི་ཕ་རོལ་ཏུ་ཕྱིན་པ་ལ་གནས་ཤིང་། ཚུལ་ཁྲིམས་ཀྱི་ཕ་རོལ་ཏུ་ཕྱིན་པས་སེམས་ཅན་རྣམས་ཡོངས་སུ་སྨིན་པ་ཡིན་ནོ[1]། །རབ་འབྱོར་ཇི་ལྟར་ན་བྱང་ཆུབ་སེམས་དཔའ་སེམས་དཔའ་ཆེན་པོ་བཟོད་པའི་ཕ་རོལ་ཏུ་ཕྱིན་པ་ལ་སྤྱོད་ཅིང་། [2]བཟོད་པའི་ཕ་རོལ་ཏུ་ཕྱིན་པ་ལ་[3]སེམས་ཅན་རྣམས་སྦྱོར་བ་ཡིན་ཞེ་ན། རབ་འབྱོར་འདི་ལ་བྱང་ཆུབ་སེམས་དཔའ་སེམས་དཔའ་ཆེན་པོ་བཟོད་པའི་ཕ་རོལ་ཏུ་ཕྱིན་པ་ལ་གནས་ཤིང་སེམས་ཅན་གང་ཁྲོ་བ་དང་། གནོད་སེམས་སུ་བྱེད་པ་དག་མཐོང་ན། དེ་ལ་འདི་སྐད་ཅེས་ཟེར་རོ། །རིགས་ཀྱི་བུ་དག་ཁྱེད་ཅིའི་རྒྱུས་གནོད་སེམས་སུ་བྱེད་པར་འགྱུར། གང་གིས་ཕོངས་ཤིང་གནོད་སེམས་སུ[4]འགྱུར་པ་དེ་དང་དེ་ང་ལས༔ཡོང་ཞིག[5] །ངས་ཁྱེད་ཟས་དང་། སྐོམ་དང་། གོས་དང་། བཙོན[6]པ་དང་། མལ་ཆ་དང་། མེ་ཏོག་དང་། བདུག་སྤོས་དང་། སྤོས་དང་། ཕྲེང་བ་དང་། བྱུག་པ་དང་། ཁྱིམ་དང་། ནོར་དང་། འབྲུ་དང་། ནོར་བུ་དང་། མུ་ཏིག་དང་། བཻ་ཌཱུརྻ་དང་། དུང་དང་། མན་ཤེལ་དང་། བྱི[7]རུ་དང་། གསེར་དང་། དངུལ་དང་། མྱིའི་རྐྱེན་དང་། ཡོ་བྱད་གང་ཅི་ཡང་རུང་བའི་བར་གྱིས་ཕོངས་པ་མྱེད་པར་བྱས[8]། ཁྲོ་བ་དང་། གནོད་སེམས་མྱེད་པར་གྱིས་ཤིག་ཅེས[9]དེ་ལྟར་བྱང་ཆུབ་སེམས་དཔའ་སེམས་དཔའ་ཆེན་པོ་བཟོད་པའི་ཕ་རོལ་ཏུ་ཕྱིན་པ་ལ་གནས་ཤིང་། སེམས་ཅན་དེ་དག་བཟོད་པ་ལ་སྦྱོར[10]ཏེ། འདི་སྐད་དུ་གཟུགས[11]གང་གིས་ཁྱེད་ཀྱི་ཁྲོ་བ་སྐྱེ་བར༔འགྱུར་བ[12]དེ་ནི་སྙིང་པོ་མྱེད་པ་སྟེ། དེ་ལ[13]དངོས་པོ་གང་ཡང་མྱེད་དོ། །ཁྲོ་བ་དེ་ནི་ཡང་དག་པ་མ་ཡིན་པར་ཡོངས་སུ་བརྟགས[14]པ་སྟེ། དངོས་པོ་གང་གིས[15]ཕྱིར་ཁྱེད་འཐབ་ཅིང་འཁོན[16]པ་དང་། གནོད་སེམས་སུ་

བྱེད་པར་གྱུར་པ་དང་། དེ་ལྟརཿའཐབས་ཤིང་འཁོན་[1]ཏེ། གནོད་སེམས་སུ་གྱུར་ནས་དབྱུག་[2]པས་འགྱེད་པ་དང་། མཚོནཿགྱིས་འདྲེ་[3]བ་དང་། ཕན་ཚུན་གྱི་སྲོག་ལ་རྐོལ་[4]བར་གྱུར་པའི་དངོས་པོ་དེ་ལ་དངོས་པོའི་རང་བཞིན་གང་ཡང་མེད་ན། དེ་ལྟ་ཡིན་ཡང་ཁྱེད་ཡང་དག་པ་མ་ཡིན་པའི་[5]ཡོངས་སུ་རྟོག་[6]པས་འཁྲུགས་[7]ན། སེམས་ཅན་དམྱལ་བ་དག་ཏུ་ལྟུང་བར་འགྱུར། བྱོལ་སོང་གི་སྐྱེ་[8]གནས་དག་ཏུ་ལྟུང་བར་འགྱུར། གཤིན་རྗེའི་འཇིག་རྟེན་དག་ཏུ་ལྟུང་བར་འགྱུར། དེ་མ་ཡིན་པའི་ངན་སོང་གཞན་དག་ཏུ་ཡང་ཁྱེད་སྡུག་བསྔལ་མི་བཟད་པ་ཚ་ཞིང་རྩུབ་ལ་ཡིད་དུ་མི་འོང་བའི་ཚོར་བ་ཉམས་སུ་མྱོང་བར་འགྱུར་གྱིས[9]། སྐྱེས་བུ་ཁྱེད་རྣམས་དངོས་པོ་མེད་པའི་ཆོས་ཀྱི་དོན་དུ་ལས་གང་ཡོངས་སུ་བཟུང་བས་མིར་སྐྱེ་བ་ཡང་འཐོབ་[10]པར་མི་འགྱུར་ན། སངས་རྒྱས་འབྱུང་[11]བ་དང་ཕྲད་པར་འགྱུར་བ་ལྟ་སྨོས་སུ་ཡང་མེད་པ་དེ་ལྟ་བུའི་ལས་ཡོངས་སུ་མ་འཛིན་ཅིག །གྲོགས་པོ་དག་སངས་རྒྱས་འབྱུང་བ་ནི་དཀོན་ནོ། །མིར་སྐྱེ་བ་འཐོབ་[12]པ་ནི་དཀོན་ནོ། །དལ་བ་ཕུན་སུམ་ཚོགས་པ་ནི་དཀོན་ནོ། །འཁོར་བ་ལས་ཐར་བ་ནི་དཀོན་ནོ། །དེ་ལྟ་ཡིན་གྱིས་[13]དལ་བ་འདི་[14]དོན་མེད་པར་མ་བྱེད་ཤིག[15] །མི་ཁོམ་པར་གྱུར་ཅིང་གསོར་མི་རུང་བར་གྱུར་ཏ་རེ་ཞེས་དེ་ལ་བྱང་ཆུབ་སེམས་དཔའ་སེམས་དཔའ་ཆེན་པོ་བདག་ཉིད་ཀྱང་བཟོད་པ་[16]སྒྲུབ་བོ། །གཞན་ཡང་བཟོད་པ་ལ་ཡང་དག་པར་སྐུལ་ལོ། །བཟོད་པའི་ལེགས་པ་བརྗོད་དོ། །སེམས་ཅན་གཞན་གང་བཟོད་པ་སྒོམ་[17]པ་དེ་དག་གི་ཡང་ལེགས་པ་བརྗོད་ཅིང་མཐུན་པས་དགའ་བར་སྤྱོད་དོ། །དེ་ལྟར་བྱང་ཆུབ་སེམས་དཔའ་སེམས་དཔའ་ཆེན་པོ་དེ་སེམས་ཅན་དེ་དག་དེ་ལྟར་བཟོད་པ་ལཿསྦྱར་ཅིང་[18]། བཟོད་པ་ལ་རབ་ཏུ་བཀོད་[19]དེ། རིམ་གྱིས་ཐེག་པ་གསུམ་པོས་ཡོངས་སུ་མྱ་ངན་ལས་ཟློ་སྟེ། རབ་འབྱོར་

དེ་ལྟར་ན་བྱང་ཆུབ་སེམས་དཔའ་སེམས་དཔའ་ཆེན་པོ་བཟོད་པའི་ཕ་རོལ་ཏུ་ཕྱིན་པ་ལ་གནས་ཤིང་། བཟོད་པའི་ཕ་རོལ་ཏུ་ཕྱིན་པས་སེམས་ཅན་རྣམས་ཡོངས་སུ་སྨིན་པ་ཡིན་ནོ། །རབ་འབྱོར་ཇི་ལྟར་ན་བྱང་ཆུབ་སེམས་དཔའ་སེམས་དཔའ་ཆེན་པོ་བཟོད་པའི་ཕ་རོལ་ཏུ་ཕྱིན་པ་ལ་སྤྱོད་ཅིང་། སེམས་ཅན་རྣམས་བརྩོན་འགྲུས་ཀྱི་ཕ་རོལ་ཏུ་ཕྱིན་པ་ལ་སྦྱོར་བ་ཡིན་ཞེ་ན། རབ་འབྱོར་འདི་ལ་བྱང་ཆུབ་སེམས་དཔའ་སེམས་དཔའ་ཆེན་པོ་སེམས་ཅན་ལེ་ལོ་ཅན་བརྩོན་འགྲུས་ཆུང་བ་དག་མཐོང་ན་འདི་སྐད་དུ་ཁྱེད་ཅིའི་ཕྱིར་ལེ་ལོ་བྱེད་ཅེས་ཟེར་ཏེ། དེ་དག་རྒྱུན་དང་མི་ལྡན་པའི་ཕྱིར་རོ་ཞེས་ཟེར་ན། དེ་ལ་བྱང་ཆུབ་སེམས་དཔའ་སེམས་དཔའ་ཆེན་པོ་བཟོད་པའི་ཕ་རོལ་ཏུ་ཕྱིན་པ་ལ་སྤྱོད་ཅིང་། སེམས་ཅན་དེ་དག་ལ་[1]འདི་སྐད་ཅེས་ཟེར་ཏེ། ཀྱེ་སྐྱེས་བུ་དག་ངས་སྦྱིན་པའི་རྒྱུན་ཏམ། ཚུལ་ཁྲིམས་ཀྱི་རྒྱུན་ཏམ། བཟོད་པའི་རྒྱུན་ཏམ། གཞན་ཡང་རྣམ་[2]པ་གང་དང་གང་གིས་བརྩོན་འགྲུས་བརྩམ་དུ་རུང་བ་དེ་དག་ཁྱེད་ལ་ངས་ཉེ་བར་བསྒྲུབ་པར་བྱས། བརྩོན་འགྲུས་རྩོམས་[3]ཤིག་ཅེས་ནས། སེམས་ཅན་དེ་དག་བྱང་ཆུབ་སེམས་དཔའ་སེམས་དཔའ་ཆེན་པོ་དེའི་ཡོ་བྱད་ལ་སྤྱོད་ཅིང་། ལུས་སམ་སེམས་ཀྱི་བརྩོན་འགྲུས་རྩོམ་སྟེ། དེ་དག་ལུས་དང་སེམས་ཀྱི་བརྩོན་འགྲུས་ཀྱིས་དགེ་བའི་ཆོས་ཐམས་ཅད་ཡོངས་སུ་རྫོགས་པར་བྱེད་དེ། དགེ་བའི་ཆོས་དེ་དག་གིས་འཕགས་པ་ཟག་པ་མེད་པའི་ཆོས་རྣམས་[4]སྒོམ་མོ། །དེ་དག་བསྒོམས་[5]པས་རྒྱུན་དུ་ཞུགས་པའི་འབྲས་བུ་འཐོབ་[6]བོ། །ལན་ཅིག་ཕྱིར་འོང་བའི་འབྲས་བུ་འཐོབ་[7]བོ། །ཕྱིར་མི་འོང་བའི་འབྲས་བུ་འཐོབ་[8]བོ། །དགྲ་བཅོམ་པ་ཉིད་འཐོབ་བོ། །རང་བྱང་ཆུབ་འཐོབ་[9]བོ། །བླ་ན་མེད་པ་ཡང་དག་པར་རྫོགས་པའི་བྱང་ཆུབ་ཏུ་མངོན་པར་རྫོགས་པར་འཚང་རྒྱའོ། །དེ་ལ་བྱང་ཆུབ་སེམས་དཔའ་སེམས་དཔའ་

ཆེན་པོ་བདག་ཉིད་ཀྱང་བརྩོན་འགྲུས་རྩོམ་མོ། །གཞན་ཡང་བརྩོན་འགྲུས་ལ་ཡང་དག་པར་སྐུལ་ལོ། །བརྩོན་འགྲུས་ཀྱི་ལེགས་པ་རྗོད་དོ། །སེམས་ཅན་གཞན་གང་བརྩོན་འགྲུས་རྩོམ①པ་དེ་དག་གི་ཡང་ལེགས་པ་རྗོད་ཅིང་མཐུན་པས་དགའ་བར་སྤྱོད་དོ། །དེ་ལྟར་བྱང་ཆུབ་སེམས་དཔའ་སེམས་དཔའ་ཆེན་པོ་དེ་སེམས་ཅན་དེ་དག་དེ་ལྟར་བརྩོན་འགྲུས་ལ་སྦྱོར་ཅིང②། བརྩོན་འགྲུས་ལ་རབ་ཏུ་བཀོད③དེ། རིམ་གྱིས་ཐེག་པ་གསུམ་པོས་ཡོངས་སུ་མྱ་ངན་ལས་བཟློ་སྟེ། རབ་འབྱོར་དེ་ལྟར་ན་བྱང་ཆུབ་སེམས་དཔའ་སེམས་དཔའ་ཆེན་པོ་བཟོད་པའི་ཕ་རོལ་ཏུ་ཕྱིན་པ་ལ་གནས་ཤིང་། བརྩོན་འགྲུས་ཀྱི་ཕ་རོལ་ཏུ་ཕྱིན་པས④སེམས་ཅན་རྣམས་ཡོངས་སུ་སྨིན་པ་ཡིན་ནོ། །རབ་འབྱོར་ཇི་ལྟར་ན་བྱང་ཆུབ་སེམས་དཔའ་སེམས་དཔའ་ཆེན་པོ་བཟོད་པའི་ཕ་རོལ་ཏུ་ཕྱིན་པ་ལ་སྤྱོད་ཅིང་། བསམ་གཏན་གྱི་ཕ་རོལ་ཏུ་ཕྱིན་པ་ལ་སེམས་ཅན་རྣམས⑤སྦྱོར་བ་ཡིན་ཞེ་ན། རབ་འབྱོར་འདི་ལ་བྱང་ཆུབ་སེམས་དཔའ་སེམས་དཔའ་ཆེན་པོས་སེམས་གཡེངས་པར་གྱུར་པའི་སེམས་ཅན་དག་མཐོང་ན། འདི་སྐད་དུ་སེམས་ཅན་ཁྱོད་ཅིའི་ཕྱིར་བསམ་གཏན་ལ་མཉམ་པར་མི་གཞོག⑥ཅེས་རྗོད་དེ⑦། དེ་དག་རྒྱུན་དང་ལྡན་པའི་ཕྱིར་རོ་ཞེས་ཟེར་ན། དེ་ལ་བྱང་ཆུབ་སེམས་དཔའ་སེམས་དཔའ་ཆེན་པོ་བཟོད་པའི་ཕ་རོལ་ཏུ་ཕྱིན་པ་ལ་སྤྱོད་ཅིང་། སེམས་ཅན་དེ་དག་ལ་འདི་སྐད་དུ་འདེམས་ཏེ། ཀྱེ་སེམས་ཅན་དག་ངས་རྒྱན་གང་དང་གང་གིས་ཕྱི་ནང་གི་ཆོས་ལ⑧རྣམ་པར་རྟོག་པར་མི་འགྱུར་བ་དེ་ལྟ་བུའི་རྒྱན་ཉེ་བར་བསྒྲུབ་པར་བྱའོ་ཞེས⑨ནས། བྱང་ཆུབ་སེམས་དཔའ་སེམས་དཔའ་ཆེན་པོ༔དེ་སེམས་ཅན⑩དེ་དག་ལ་རྒྱན་གང་དང་གང་ཉེ་བར་བསྒྲུབས⑪པས་རྣམ་པར་རྟོག་པར་མི་འགྱུར་བ་དེ་ལྟ་བུའི་རྒྱན་ཉེ་བར་སྒྲུབ⑫སྟེ། དེའི་ཕྱིར་དེ་དག་རྣམ་པར་རྟོག་པ་ཚད⑬ནས་བསམ་གཏན་དང་

པོ་ལ་སྙོམས་པར་འཇུག་གོ། །བསམ་གཏན་གཉིས་པ་ལ་སྙོམས་པར་འཇུག་གོ། །བསམ་གཏན་གསུམ་པ་ལ་སྙོམས་པར་འཇུག་གོ། །བསམ་གཏན་བཞི་པ་ལ་སྙོམས་པར་འཇུག་གོ། །བྱམས་པ་ལ་སྙོམས་པར་འཇུག་གོ། །སྙིང་རྗེ་ལ་སྙོམས་པར་འཇུག་གོ། །དགའ་བ་ལ་སྙོམས་པར་འཇུག་གོ། །བཏང་སྙོམས་ལ་སྙོམས་པར་འཇུག་གོ། །གཟུགས་མེད་པའི་སྙོམས་པར་འཇུག་པ་བཞི་ལ་སྙོམས་པར་འཇུག་གོ། །དེ་དག་བསམ་གཏན་དང༌། ཚད་མེད་པ་དང༌། གཟུགས་མེད་པའི་སྙོམས་པར་འཇུག་པ་དེ་དག་གིས་སེམས་དུལ་བར་གྱུར་པས། དྲན་པ་ཉེ་བར་གཞག་པ་བཞི་སྒོམ་མོ། །ཡང་དག་པར་སྤོང་བ་བཞི་སྒོམ་མོ། །རྫུ་འཕྲུལ་གྱི་རྐང་པ་བཞི་སྒོམ་མོ། །དབང་པོ་ལྔ་སྒོམ་མོ། །སྟོབས་ལྔ་སྒོམ་མོ། །བྱང་ཆུབ་ཀྱི་ཡན་ལག་བདུན་སྒོམ་མོ། །འཕགས་པའི་ལམ་ཡན་ལག་བརྒྱད་པ་[༡]སྒོམ་མོ། །རྣམ་པར་ཐར་པའི་སྒོ་གསུམ་སྒོམ་མོ། །དེ་དག་བསྒོམས་[༢]པས། རིམ་གྱིས་ཐེག་པ་གསུམ་པོས་ཡོངས་སུ་མྱ་ངན་ལསཿ འདའ་སྟེ[༣]། དེ་ལ་ལ་ལ་ནི་བླ་ན་མེད་པ་ཡང་དག་པར་རྫོགས་པའི་བྱང་ཆུབ་ཀྱི་བར་དུ་བྱང་ཆུབ་ཀྱི་ལམ་ལས་ཡོངས་སུ་མྱིཿ ཉམ་སྟེ[༤]། རབ་འབྱོར་དེ་ལྟར་ན་བྱང་ཆུབ་སེམས་དཔའ་སེམས་དཔའ་ཆེན་པོ་བཟོད་པའི་ཕ་རོལ་ཏུ་ཕྱིན་པ་ལ་གནས་ཤིང༌། ཏིང་ངེ་འཛིན་གྱི་ཕ་རོལ་ཏུ་ཕྱིན་པས་སེམས་ཅན་རྣམས་ཡོངས་སུ་སྡུད་པ་ཡིན་ནོ། །རབ་འབྱོར་ཇི་ལྟར་ན་བྱང་ཆུབ་སེམས་དཔའ་སེམས་དཔའ་ཆེན་པོ་བཟོད་པའི་ཕ་རོལ་ཏུ་ཕྱིན་པ་ལ་སྤྱོད་ཅིང༌། ཤེས་རབ་ཀྱི་ཕ་རོལ་ཏུ་ཕྱིན་པས་སེམས་ཅན་རྣམས་ཡོངས་སུ་སྡུད་པ་ཡིན་ཞེ་ན། རབ་འབྱོར་འདི་ལ་བྱང་ཆུབ་སེམས་དཔའ་སེམས་དཔའ་ཆེན་པོ་བཟོད་པའི་ཕ་རོལ་ཏུ་ཕྱིན་པ་ལ་གནས་ཤིང་ཤེས་རབ་འཆལ་བར་གྱུར་པའི་སེམས་ཅན་དག་མཐོང་ན[༥]། འདི་[༦]སྐད་དུ་སེམས་ཅན་ཁྱེད་ཅིའི་ཕྱིར་ཤེས་རབ་མི་སྒོམ་[༧]

ཞེས་རྗོད་དེ[1]། དེ་དག་རྒྱེན་དང་མི་ལྡན་པའི་ཕྱིར་རོ་ཞེས་ཟེར་ན། དེ་ལ་བྱང་ཆུབ་སེམས་དཔའ་སེམས་དཔའ་ཆེན་པོ་བཟོད་པའི་ཕ་རོལ་ཏུ་ཕྱིན་པ་ལ་གནས་ཤིང་། སེམས་ཅན་དེ་དག་ལ་འདི་སྐད་དུ་འདེམས་ཏེ། ང་ལས་ཡོ་བྱད་རྣམས་ཡོང་[2]ལ་སྦྱིན་པ་བྱིན་ཅིག །ཚུལ་ཁྲིམས་སྲུངས་[3]ཤིག །བཟོད་པ་སྒོམས་[4]ཤིག། བརྩོན་འགྲུས་རྩོམས་[5]ཤིག །ཏིང་ངེ་འཛིན་ལ་མཉམ་[6]པར་ཞོག་ཤིག[7] །རྣམ་པ་དེ་དག་ཡོངས་སུ་རྫོགས་པར་གྱིས་ལ། ཤེས་རབ་ཀྱི་ཕ་རོལ་ཏུ་ཕྱིན་པ་བསྒོམ་[8]པ་ལ་བདག་གམ། སེམས་ཅན་ནམ། སྲོག་གམ། འགྲོ་བ་འམ། གསོ་[9]བ་འམ། སྐྱེས་བུ་འམ། གང་ཟག་གམ། ཤེད་ཅན་ནམ། ཤེད་བདག་གམ། བྱེད་པ་པོ་འམ། ཚོར་བ་པོ་འམ། ཤེས་པ་པོ་འམ། མཐོང་བ་པོ་འམ། གཟུགས་སམ། ཚོར་བ་འམ། འདུ་ཤེས་སམ། འདུ་བྱེད་དམ། རྣམ་པར་ཤེས་པའམ། འདོད་པའི་ཁམས་སམ། གཟུགས་ཀྱི་ཁམས་སམ། གཟུགས་མེད་པའི་ཁམས་སམ། སྦྱིན་པའི་ཕ་རོལ་ཏུ་ཕྱིན་པའམ། ཚུལ་ཁྲིམས་ཀྱི་ཕ་རོལ་ཏུ་ཕྱིན་པའམ། བཟོད་པའི་ཕ་རོལ་ཏུ་ཕྱིན་པའམ། བརྩོན་འགྲུས་ཀྱི་ཕ་རོལ་ཏུ་ཕྱིན་པའམ། བསམ་གཏན་གྱི་ཕ་རོལ་ཏུ་ཕྱིན་པའམ། ཤེས་རབ་ཀྱི་ཕ་རོལ་ཏུ་ཕྱིན་པ་འམ། ནང་སྟོང་པ་ཉིད་དམ། ཕྱི་སྟོང་པ་ཉིད་དམ། ཕྱི་ནང་སྟོང་པ་ཉིད་དམ། སྟོང་པ་ཉིད་སྟོང་པ་ཉིད་དམ། ཆེན་པོ་སྟོང་པ་ཉིད་དམ། དོན་དམ་པ་སྟོང་པ་ཉིད་དམ། འདུས་བྱས་སྟོང་པ་ཉིད་དམ། འདུས་མ་བྱས་སྟོང་པ་ཉིད་དམ། མཐའ་ལས་འདས་པ་སྟོང་པ་ཉིད་དམ། ཐོག་མ་དང་ཐ་མ་མེད་པ་སྟོང་པ་ཉིད་དམ། དོར་བ་མེད་པ་སྟོང་པ་ཉིད་དམ། རང་བཞིན་སྟོང་པ་ཉིད་དམ། ཆོས་ཐམས་ཅད་སྟོང་པ་ཉིད་དམ། རང་གི་མཚན་ཉིད་སྟོང་པ་ཉིད་དམ། མི་དམིགས་པ་སྟོང་པ་ཉིད་དམ། དངོས་པོ་མེད་པ་སྟོང་པ་ཉིད་

དམ༑ ངོ་བོ་ཉིད་སྟོང་པ་ཉིད་དམ། དངོས་པོ་མེད་པའི་ངོ་བོ་ཉིད་སྟོང་པ་ཉིད་དམ། དྲན་པ་ཉེ་བར་གཞག་པ་རྣམས་སམ། ཡང་དག་པར་སྤོང་བ་རྣམས་སམ། རྫུ་འཕྲུལ་གྱི་རྐང་པ་རྣམས་སམ། དབང་པོ་རྣམས་སམ། སྟོབས་རྣམས་སམ། བྱང་ཆུབ་ཀྱི་ཡན་ལག་རྣམས་སམ། འཕགས་པའི་ལམ་ཡན་ལག་བརྒྱད་པའམ། འཕགས་པའི་བདེན་པ་རྣམས་སམ། བསམ་གཏན་རྣམས་སམ། ཚད་མེད་པ་རྣམས་སམ། གཟུགས་མེད་པའི་སྙོམས་པར་འཇུག་པ་རྣམས་སམ། རྣམ་པར་ཐར་པ་རྣམས་སམ། མཐར་གྱིས་གནས་པའི་སྙོམས་པར་འཇུག་པ་རྣམས་སམ། རྣམ་པར་ཐར་པའི་སྒོ་སྟོང་པ་ཉིད་དང་མཚན་མ་མེད་པ་དང་སྨོན་པ་མེད་པའམ། མངོན་པར་ཤེས་པ་རྣམས་སམ། ཏིང་ངེ་འཛིན་རྣམས་སམ། གཟུངས་ཀྱི་སྒོ་རྣམས་སམ། དེ་བཞིན་གཤེགས་པའི་སྟོབས་རྣམས་སམ། མི་འཇིགས་པ་རྣམས་སམ། སོ་སོ་ཡང་དག་པར་རིག་པ་རྣམས་སམ། བྱམས་པ་ཆེན་པོ་འམ། སྙིང་རྗེ་ཆེན་པོ་འམ། སངས་རྒྱས་ཀྱི་ཆོས་མ་འདྲེས་པ་རྣམས་སམ། རྒྱུན་དུ་ཞུགས་པའི་འབྲས་བུའམ། ལན་ཅིག་ཕྱིར་འོང་བའི་འབྲས་བུའམ། ཕྱིར་མི་འོང་བའི་འབྲས་བུའམ། དགྲ་བཅོམ་པ་ཉིད་དམ། རང་བྱང་ཆུབ་བམ། ལམ་གྱི་རྣམ་པ་[7]ཤེས་པ་ཉིད་དམ། བླ་ན་མེད་པ་ཡང་དག་པར་[2]རྫོགས་པའི་བྱང་ཆུབ་བམ[3]། ཆོས་གང་ཡང་ཡོད་དམ། རྟོགས་ཤིག་[6]ཅེས་འདྲིས་ཤིང་རྗེས་སུ་སྟོན་ཏེ། དེས་[5]བྱང་ཆུབ་སེམས་དཔའ་སེམས་དཔའ་ཆེན་པོ་དེ་[8]ཤེས་རབ་ཀྱི་ཕ་རོལ་ཏུ་ཕྱིན་པ་ལ་སྤྱོད་པའི་ཚེ། ཆོས་གང་ལ་དམིགས་པས་མངོན་པར་ཞེན་པར་འགྱུར་བ་དེ་ལྟ་བུའི་ཆོས་གང་ཡང་མི་དམིགས་ཏེ། དེ་ལ་མངོན་པར་ཞེན་པ་མེད་པས་ཆོས་གང་ཡང་སྐྱེ་བའམ། འགག་པ་འམ། ཀུན་ནས་ཉོན་མོངས་པའམ། རྣམ་པར་བྱང་བར་ཡང་དག་

པར་རྗེས་སུ་མི་མཐོང་སྟེ། ཡང་དག་པར་རྗེས་སུ་མ་མཐོང་བས། འདི་ནི་སེམས་ཅན་དམྱལ་བ་པའོ། །འདི་ནི་[1]ཡུལ་སོང་གི་སྐྱེ་གནས་པའོ། །འདི་ནི་གཤིན་རྗེའི་འཇིག་རྟེན་པའོ། །འདི་ནི་ལྷ་མ་ཡིན་གྱི་རིས་སུ་གཏོགས་པའོ། །འདི་ནི་ལྷའོ། །འདི་ནི་མིའོ། །འདི་ནི་ཚུལ་ཁྲིམས་དང་ལྡན་པའོ། །འདི་ནི་ཚུལ་ཁྲིམས་ངན་པ་ཅན་ནོ། །འདི་ནི་རྒྱུན་དུ་ཞུགས་པའོ། །འདི་ནི་ལན་ཅིག་ཕྱིར་འོང་བའོ། །འདི་ནི་ཕྱིར་མི་འོང་བའོ། །འདི་ནི་དགྲ་བཅོམ་པའོ། །འདི་ནི་རང་སངས་རྒྱས་སོ། །འདི་ནི་བྱང་ཆུབ་སེམས་དཔའོ། །འདི་ནི་དེ་བཞིན་གཤེགས་པ་དགྲ་བཅོམ་པ་ཡང་དག་པར་རྫོགས་པའི་སངས་རྒྱས་སོ་ཞེས་བྱ་བར་རྣམ་པར་མི་རྟོག་སྟེ། རབ་འབྱོར་དེ་ལྟར་ན་བྱང་ཆུབ་སེམས་དཔའ་སེམས་དཔའ་ཆེན་པོ་བཟོད་པའི་ཕ་རོལ་ཏུ་ཕྱིན་པ་ལ་གནས་ཤིང་། ཤེས་རབ་ཀྱི་ཕ་རོལ་ཏུ་ཕྱིན་པས་སེམས་ཅན་རྣམས་ཡོངས་སུ་སྨིན་པ་ཡིན་ནོ། །རབ་འབྱོར་ཇི་ལྟར་ན་བྱང་ཆུབ་སེམས་དཔའ་སེམས་དཔའ་ཆེན་པོ་བརྩོན་འགྲུས་ཀྱི་ཕ་རོལ་ཏུ་ཕྱིན་པ་ལ་སྤྱོད་ཅིང་། [2]སྦྱིན་པའི་ཕ་རོལ་ཏུ་ཕྱིན་པས་སེམས་ཅན་རྣམས་ཡོངས་སུ་སྨིན་པ་ཡིན་ཞེ་ན། རབ་འབྱོར་འདི་ལ་བྱང་ཆུབ་སེམས་དཔའ་སེམས་དཔའ་ཆེན་པོ་བརྩོན་འགྲུས་ཀྱི་ཕ་རོལ་ཏུ་ཕྱིན་པ་ལ་གནས་ཤིང་སེམས་ཅན་རྣམས་ལ་སྦྱིན་པ་ཡོངས་སུ་གཏོང་སྟེ། སྦྱིན་པ་ཡོངས་སུ་བཏང་[3]ནས་འདི་སྐད་དུ་རིགས་ཀྱི་བུ་དག་སྦྱིན་པ་ལ་འཛིན་པས་མ་འཛིན་ཅིག །སྦྱིན་པ་ལ་འཛིན་པས་འཛིན་འཛིན་[4]ཅིང་ལུས་གང་མངོན་པར་གྲུབ་པས་སྡུག་བསྔལ་མང་པོ་ཉམས་སུ་མྱོང་བར་འགྱུར་བ་དེ་ལྟ་བུའི་ལུས་མངོན་པར་གྲུབ་པ་རེ། རིགས་ཀྱི་བུ་དག་འདི་ལ་དོན་དམ་པར་ནི[5]། སྦྱིན་པ་ཡང་[6]མེད། སྦྱིན་པའི་འབྲས་བུ་ཡང་མེད། སྦྱིན་པའི་བདག་པོ་ཡང་མེད། ལེན་པ་ཡང་མེད་དེ། ཆོས་དེ་དག་ཐམས་ཅད་ནི་

རང་བཞིན་གྱིས་སྟོང་ངོ་། །རང་བཞིན་གྱིས་སྟོང་པའི་ཆོས་ནི་འཛིན་པ་མེད་དེ།
རང་བཞིན་སྟོང་པ་ཉིད་ནི། གཟུང་[7]དུ་མེད་པའོ། །ཞེས་འདེམས་ཤིང་རྗེས་
སུ་སྟོན་ཏེ་རབ་འབྱོར་དེ་ལྟར་བྱང་ཆུབ་སེམས་དཔའ་སེམས་དཔའ་ཆེན་པོ་བརྩོན་
འགྲུས་ཀྱི་ཕ་རོལ་ཏུ་ཕྱིན་པ་ལ་སྤྱོད་ཅིང་། སེམས་ཅན་རྣམས་ལ་སྦྱིན་པ་ཡོངས་
སུ་གཏོང་ཡང་དེ་ལ་སྦྱིན་པར་དམིགས་པ་མེད། སྦྱིན་པའི་བདག་པོར་དམིགས་
པ་མེད། ལེན་པར་དམིགས་པ་མེད་དེ་འདི་ལྟ་སྟེ། ཤེས་རབ་ཀྱི་ཕ་རོལ་ཏུ་
ཕྱིན་པ་འདི་ནི་དམིགས་སུ་མེད་པའི་ཕ་རོལ་ཏུ་ཕྱིན་པའོ། །དེ་ཆོས་གསུམ་པོ་དེ་
དག་ཐམས་ཅད་ལ་མི་དམིགས་པས། སེམས་ཅན་རྣམས་རྒྱུན་ཏུ་ཞུགས་པའི་
འབྲས་བུ་ལ་སྦྱོར་རོ། །ལན་ཅིག་ཕྱིར་འོང་བའི་འབྲས་བུ་ལ་སྦྱོར་རོ། །ཕྱིར་མི་
འོང་བའི་འབྲས་བུ་ལ་སྦྱོར་རོ། །དགྲ་བཅོམ་པ་ཉིད་ལ་སྦྱོར་རོ། །རང་བྱང་
ཆུབ་ལ་སྦྱོར་རོ། །བླ་ན་མེད་པ་ཡང་དག་པར་རྫོགས་པའི་བྱང་ཆུབ་ལ་སྦྱོར་རོ། །
རབ་འབྱོར་དེ་ལྟར་ན་བྱང་ཆུབ་སེམས་དཔའ་སེམས་དཔའ་ཆེན་པོཿབརྩོན་འགྲུས་[3]
ཀྱི་ཕ་རོལ་ཏུ་ཕྱིན་པ་ལ་སྤྱོད་ཅིང་། སྦྱིན་པའི་ཕ་རོལ་ཏུ་ཕྱིན་པས་སེམས་ཅན་
རྣམས་ཡོངས་སུ་སྨིན་པར་བྱེད་དེ། དེ་བདག་ཉིད་ཀྱང་སྦྱིན་པ་ཡོངས་སུ་གཏོང་
ངོ་། །གཞན་ཡང་སྦྱིན་པ་ལ་ཡང་དག་པར་སྐུལ་ལོ། །སྦྱིན་པའི་ལེགས་པ་[3]
ད་དོ། །སེམས་ཅན་གཞན་གང་སྦྱིན་པ་ཡོངས་སུ་གཏོང་བ་དེ་དག་གི་ཡང་
གས་པ་རྗོད་ཅིང་མཐུན་པས་དགའ་བར་སྤྱོད་དོ། །དེ་ལྟར་བྱང་ཆུབ་སེམས་
པའ་སེམས་དཔའ་ཆེན་པོ་དེ་ཡང་དེ་ལྟ་བུའི་སྦྱིན་པ་ཆེན་པོ་བྱིན་པས་རྒྱལ་རིགས་
ཞིང་མཐོ་བ་དག་དང་སྐལ་བ་མཉམ་པར་སྐྱེའོ། །བྲམ་ཟེའི་རིགས་ཆེ་ཞིང་མཐོ་
དག་དང་སྐལ་བ་མཉམ་པར་སྐྱེའོ། །ཁྱིམ་བདག་གི་རིགས་ཆེ་ཞིང་མཐོ་བ་དག་
ང་སྐལ་བ་མཉམ་པར་སྐྱེའོ། །ཁམས་ཀྱི་རྒྱལ་པོར་འགྱུར་རོ། །འཁོར་ལོས་

སྒྱུར་བའི་རྒྱལ་སྲིད་འཐོབ་[1]བོ། །དེ་དེ་དག་ན་ཡང་སེམས་ཅན་རྣམས་བསྡུ་[2]
བའི་དངོས་པོ་བཞིས་[3]ཡོངས་སུ་སྡུད་དེ[4]། བཞི་གང་ཞེ་ན། སྦྱིན་པ་དང་།
ཚིག་སྙན་པ་དང་། དོན་སྤྱོ་བ་དང་། དོན་མཐུན་པས་ཡོངས་སུ་སྡུད་དོ།
དེ་དེ་ལྟར་སེམས་ཅན་[5]སྦྱིན་པས་ཡོངས་སུ་བསྡུས་པ་དེ་དག་ཀྱང་། རིམ་གྱིས་
ཚུལ་ཁྲིམས་ལ་རབ་ཏུ་འགོད་དོ། །བཟོད་པ་ལ་རབ་ཏུ་འགོད་དོ། །བརྩོན་
འགྲུས་ལ་རབ་ཏུ་འགོད་དོ། །ཏིང་ངེ་འཛིན་ལ་རབ་ཏུ་འགོད་དོ། །ཤེས་རབ་
ལ་རབ་[6]ཏུ་འགོད་དོ། །བསམ་གཏན་བཞི་ལ་རབ་ཏུ་འགོད་དོ། །ཚད་མེད་པ་
བཞི་ལ་རབ་ཏུ་འགོད་དོ། །གཟུགས་མེད་པའི་སྙོམས་པར་འཇུག་པ་བཞི་ལ་རབ་
ཏུ་འགོད་དོ། །དྲན་པ་ཉེ་བར་གཞག་པ་བཞི་ལ་རབ་ཏུ་འགོད་དོ། །ཡང་དག་
པར་སྤོང་བ་བཞི་ལ་རབ་ཏུ་འགོད་དོ། །རྫུ་འཕྲུལ་གྱི་རྐང་པ་བཞི་ལ་རབ་ཏུ་
འགོད་དོ། །དབང་པོ་ལྔ་ལ་རབ་ཏུ་འགོད་དོ། །སྟོབས་ལྔ་ལ་རབ་ཏུ་འགོད་དོ།
བྱང་ཆུབ་ཀྱི་ཡན་ལག་བདུན་ལ་རབ་ཏུ་འགོད་དོ། །འཕགས་པའི་ལམ་ཡན་ལག
བརྒྱད་པ་ལ་རབ་ཏུ་འགོད་དོ། །འཕགས་པའི་བདེན་པ་བཞི་ལ་རབ་ཏུ་འགོད་དོ།
རྣམ་པར་ཐར་པ་བརྒྱད་ལ་རབ་ཏུ་འགོད་དོ། །མཐར་གྱིས་གནས་པའི་སྙོམས་
པར་འཇུག་པ་དགུ་ལ་རབ་ཏུ་འགོད་དོ། །རྣམ་པར་ཐར་པའི་སྒོ་སྟོང་པ་ཉིད
དང་། མཚན་མ་མེད་པ་དང་། སྨོན་པ་མེད་པ་ལ་རབ་ཏུ་འགོད་དོ།
མངོན་པར་ཤེས་པ་ལྔ་ལ་རབ་ཏུ་འགོད་དོ། །ཏིང་ངེ་འཛིན་རྣམས་ལ་རབ་ཏུ་
འགོད་དོ། །གཟུངས་ཀྱི་སྒོ་རྣམས་ལ་རབ་ཏུ་འགོད་དོ། །ཡང་དག་པའི་སྐྱོན
མེད་པར་འཇུག་པར་བྱེད་དོ། །རྒྱུན་ཏུ་ཞུགས་པའི་འབྲས་བུ་ཐོབ་པར་བྱེད་དོ།
ལན་ཅིག་ཕྱིར་འོང་བའི་འབྲས་བུ་ཐོབ་པར་བྱེད་དོ། །ཕྱིར་མི་འོང་བའི་འབྲས་བུ
ཐོབ་པར་བྱེད་དོ། །དགྲ་བཅོམ་པ་ཉིད་ཐོབ་པར་བྱེད་དོ། །རང་བྱང་ཆུབ

ཐོབ་པར་བྱེད་དོ། །བླ་ན་མེད་པ་ཡང་དག་པར་རྫོགས་པའི་བྱང་ཆུབ་ཏུ་ཡང་དག་པར་སྐུལ་བ[༡]བྱེད་དོ། །ཀྱེ་སྐྱེས་བུ་དག་བླ་ན་མེད་པ་ཡང་དག་པར་རྫོགས་པའི་བྱང་ཆུབ་ནི་མངོན་པར་རྫོགས་པར་འཚང་རྒྱ་བར་མི་དཀའ[༢]སྟེ། དེ་ལ་ཕྱིན་ཅི་ལོག་གིས་རྨོངས[༣]པའི་སེམས་ཀྱིས་ཕོང་དུ་མ་ཆུད་པ་མ་གཏོགས་པར་ཆོས་གང་ལ་སེམས་ཅན་རྣམས་ཆགས་པར་གྱུར་པའི་ཆོས་དེ་ལྟ་བུ་གང་ཡང་ངོ་བོ་ཉིད་ཀྱིས་ཡོད་པ་མེད་ཀྱིས[༤]། དེ་བས་ན་ཕྱིན་ཅི་ལོག་གི་འཛིན་པ་ཐམས་ཅད་རྒྱུན་ཆོད་ལ། འཁོར་བ་ལས་བདག་ཅག[༥]ཀྱང་ཐར་བར་གྱིས་ཤིག །གཞན་ཡང་ཐར་བར་གྱིས་ཤིག །དེ་ལྟར་ཁྱེད་བདག་ཅག་གི་དོན་དུ་ཡང་ཆེར་འགྱུར། གཞན་ཡང་དོན་ཆེན་པོ་ལ་འབྱོར་བར་འགྱུར་རོ[༦]ཞེས་ཡང་དག་པར་སྐུལཿབ་བྱེད་དེ[༧]། རབ་འབྱོར་དེ་ལྟར་བྱང་ཆུབ་སེམས་དཔའ་སེམས་དཔའ་ཆེན་པོས་བརྩོན་འགྲུས་ཀྱི་ཕ་རོལ་ཏུ་ཕྱིན་པ་ལ་སྤྱོད་པར་བྱ་སྟེ། དེ་ལྟར་སྤྱོད་པའི་ཚེ་ཅི་ནས་ཀྱང་སེམས་དང་པོ་བསྐྱེད་པ་ནས་ཉེ་བར་བཟུང་སྟེ། ནམ་ཡང་ངན་སོང་དུ་མི་ལྟུང་བ་དང་། ནམ་ཡང་འཁོར་ལོས་སྒྱུར་བའི་རྒྱལ་པོ་མི་བྱེད་པར་མི་འགྱུར་བ་དེ་ལྟར་སྤྱོད[༨]དོ། །དེ་ཅིའི་ཕྱིར་ཞེ་ན། ས་བོན་ཇི་ལྟ་བ་བཞིན་དུ་འབྲས་བུ་འབྱུང་སྟེ། འཁོར་ལོས་སྒྱུར་བའི་རྒྱལ་པོ་དེའི་དྲུང་དུ་སློངས[༩]མོ་པ་གང་ཇི་སྙེད་ཅིག་འོངས་ཀྱང་། འཁོར་ལོས་སྒྱུར་བའི་རྒྱལ་པོ་དེ་འདི་སྙམ་དུ་སེམས་ཏེ[༡༠]། བདག་གིས་སེམས་ཅན་རྣམས་ཀྱི་དོན་མ་གཏོགས་པར་གཞན་གྱི[༡༡]དོན་དུ་འཁོར་ལོས་སྒྱུར་བ་ཡོངས་སུ་མ་བཟུང་ངོ་ཞེས་ནས། དེ[༡༢]འདི་སྐད་ཅེས་ཟེར་ཏེ། སུ་ཅི་འདོད་པ་དེ་ཁྱེད[༡༣]བྱིན་གྱིས། འདི་ནི་ངའི་མ་ཡིན་གྱི[༡༤]ཁྱེད་ཀྱིའོ། །ང་ནི་རང་གི་གཟུགས་ལ་ཡང་དོན་དུ་གཉེར་བ་མེད་ན། གཞནཿལྟ་ལ[༡༥]ཅི་སྨོས་ཏེ། གཞན་དུ་ན་ངས[༡༦]སེམས་ཅན་རྣམས་ཀྱི་དོན་དུ་འཁོར་བ་ཡོངས་སུ་བཟུང་གི།

བདག་ཉི་[༡]འཁོར་བ་དོན་དུ་གཉེར་བ་མ་ཡིན་ནོ་ཞེས་ཏེ[༢]། དེ་སྙིང་བརྩེ་[༣]བས་སྙིང་རྗེ་ཆེན་པོ་ཡོངས་སུ་རྫོགས་པར་བྱས་ཞིང་[༤]། སྙིང་རྗེ་ཆེན་པོས་སེམས་ཅན་རྣམས་ཀྱི་དོན་བྱེད་ཀྱང་སེམས་ཅན་གང་ཡོངས་སུ་གྲུབ་པ་དེ་ལྟ་བུ་མི་དམིགས་ཏེ་གཞན་དུ་ན་འདུ་ཤེས་དང་མིང་དང་བརྡའི་ཐ་སྙད་ཀྱིས་རྣམ་པར་སྤྱོད་དེ། རྣམ་པར་སྤྱོད་པ་དེ་ཡང་སྒྲ་བརྙན་ལྟ་བུར་རྣམ་པར་སྤྱོད་དུ་མེད་པར་ཤེས་སོ། །རབ་འབྱོར་བྱང་ཆུབ་སེམས་དཔའ་སེམས་དཔའ་ཆེན་པོས་བརྩོན་འགྲུས་ཀྱི་ཕ་རོལ་ཏུ་ཕྱིན་པ་ལ་གནས་ཞིང་། སྦྱིན་པའི་ཕ་རོལ་ཏུ་ཕྱིན་པ་ལ་དེ་ལྟར་སྤྱོད་པར་བྱ་སྟེ་སྤྱོད་པའི་ཚེ་ཅི་ནས་ཀྱང་བདག་གི་ཤ་ཡན་ཆད་[༥]ཀྱང་སེམས་ཅན་རྣམས་ལ་ཡོངས་སུ་མ་བཏང་བ་མེད་པར་བྱ་ན། ཕྱི་[༦]རོལ་གྱི་ཡོ་བྱད་གང་གིས་སེམས་ཅན་རྣམས་འཁོར་བ་ལས་ཡོངས་སུ་ཐར་བར་བྱ་བ་དག་ལྟ་སྨོས་སུ་ཡང་མེད་པ་དེ་ལྟར་སྤྱོད་པར་བྱའོ། །གསོལ་པ། ཡོ་བྱད་དེ་དག་གང་ལགས། བཅོམ་ལྡན་འདས་ཀྱིས་[༧]བཀའ་སྩལ་པ། སྦྱིན་པའི་ཕ་རོལ་ཏུ་ཕྱིན་པ་ནི་ཡོ་བྱད་དོ། །ཚུལ་ཁྲིམས་ཀྱི་ཕ་རོལ་ཏུ་ཕྱིན་པ་ནི་ཡོ་བྱད་དོ། །བཟོད་པའི་ཕ་རོལ་ཏུ་ཕྱིན་པ་ནི་ཡོ་བྱད་དོ། བརྩོན་འགྲུས་ཀྱི་ཕ་རོལ་ཏུ་ཕྱིན་པ་ནི་ཡོ་བྱད་དོ། །བསམ་གཏན་གྱི་ཕ་རོལ་ཏུ་ཕྱིན་པ་ནི་ཡོ་བྱད་དོ། །ཤེས་རབ་ཀྱི་ཕ་རོལ་ཏུ་ཕྱིན་པ་ནི་ཡོ་བྱད་དོ། །ནང་སྟོང་པ་ཉིད་ནི་ཡོ་བྱད་དོ། །ཕྱི་སྟོང་པ་ཉིད་ནི་ཡོ་བྱད་དོ། །ཕྱི་ནང་སྟོང་པ་ཉིད་ནི་ཡོ་བྱད་དོ། །སྟོང་པ་ཉིད་སྟོང་པ་ཉིད་ནི་ཡོ་བྱད་དོ། །ཆེན་པོ་སྟོང་པ་ཉིད་ནི་ཡོ་བྱད་དོ། །དོན་དམ་པ་སྟོང་པ་ཉིད་ནི་ཡོ་བྱད་དོ། །འདུས་བྱས་སྟོང་པ་ཉིད་ནི་ཡོ་བྱད་དོ། །འདུས་མ་བྱས་སྟོང་པ་ཉིད་ནི་ཡོ་བྱད་དོ། །མཐའ་ལས་འདས་པ་སྟོང་པ་[༨]ཉིད་ནི་ཡོ་བྱད་དོ། །ཐོག་མ་དང་ཐ་མ་མེད་པ་སྟོང་པ་ཉིད་ནི་ཡོ་བྱད་དོ། །དོར་བ་མེད་པ་སྟོང་པ་ཉིད་ནི་ཡོ་བྱད་དོ། །རང་བཞིན་སྟོང་པ

ཉིད་ནི་ཡོ་བྱད་དོ། །ཆོས་ཐམས་ཅད་སྟོང་པ་ཉིད་ནི་ཡོ་བྱད་དོ། །རང་གི་མཚན་ཉིད་སྟོང་པ་ཉིད་ནི་ཡོ་བྱད་དོ། །མི་དམིགས་པ་སྟོང་པ་ཉིད་ནི་ཡོ་བྱད་དོ།། དངོས་པོ་མེད་པ་སྟོང་པ་ཉིད་ནི་ཡོ་བྱད་དོ། །ངོ་བོ་ཉིད་སྟོང་པ་ཉིད་ནི་ཡོ་བྱད་དོ།། དངོས་པོ་མེད་པའི་ངོ་བོ་ཉིད་སྟོང་པ་ཉིད་ནི་ཡོ་བྱད་དོ། །དྲན་པ་ཉེ་བར་གཞག་པ་རྣམས་ནི་ཡོ་བྱད་དོ། །ཡང་དག་པར་སྤོང་བ་རྣམས་ནི་ཡོ་བྱད་དོ། །རྫུ་འཕྲུལ་གྱི་རྐང་པ་རྣམས་ནི་ཡོ་བྱད་དོ། །དབང་པོ་རྣམས་ནི་ཡོ་བྱད་དོ། །སྟོབས་རྣམས་ནི་ཡོ་བྱད་དོ། །བྱང་ཆུབ་ཀྱི་ཡན་ལག་རྣམས་ནི་ཡོ་བྱད་དོ། །འཕགས་པའི་ལམ་ཡན་ལག་བརྒྱད་པ་ནི་ཡོ་བྱད་དོ། །འཕགས་པའི་བདེན་པ་རྣམས་ནི་ཡོ་བྱད་དོ། །བསམ་གཏན་རྣམས་ནི་ཡོ་བྱད་དོ། །ཚད་མེད་པ་རྣམས་ནི་ཡོ་བྱད་དོ། །གཟུགས་མེད་པའི་སྙོམས་པར་འཇུག་པ་རྣམས་ནི་ཡོ་བྱད་དོ། །རྣམ་པར་ཐར་པ་རྣམས་ནི་ཡོ་བྱད་དོ། །མཐར་གྱིས་གནས་པའི་སྙོམས་པར་འཇུག་པ་རྣམས་ནི་ཡོ་བྱད་དོ། །རྣམ་པར་ཐར་པའི་སྒོ་སྟོང་པ་ཉིད་དང་། མཚན་མ་མེད་པ་དང་། སྨོན་པ་མེད་པ་ནི་ཡོ་བྱད་དོ། །མངོན་པར་ཤེས་པ་རྣམས་ནི་ཡོ་བྱད་དོ། །ཏིང་ངེ་འཛིན་རྣམས་ནི་ཡོ་བྱད་དོ། །གཟུངས་ཀྱི་སྒོ་རྣམས་ནི་ཡོ་བྱད་དོ། །དེ་བཞིན་གཤེགས་པའི་སྟོབས་རྣམས་ནི་ཡོ་བྱད་དོ། །མི་འཇིགས་པ་རྣམས་ནི་ཡོ་བྱད་དོ། །སོ་སོ་ཡང་དག་པར་རིག་པ་རྣམས་ནི་ཡོ་བྱད་དོ། །བྱམས་པ་ཆེན་པོ་ནི་ཡོ་བྱད་དོ། །[1]སྙིང་རྗེ་ཆེན་པོ་ནི་ཡོ་བྱད་དོ། །སངས་རྒྱས་ཀྱི་ཆོས་མ་འདྲེས་པ་རྣམས་ནི་ཡོ་བྱད་དོ། །དེ་དག་ནི་ཡོ་བྱད་དེ་ཡོ་བྱད་དེ་དག་གིས་སེམས་ཅན་རྣམས་ཡོངས་སུ་བསྡུས་ཤིང་རིམ་གྱིས་ཉན་ཐོས་ཀྱི[2] ཐེག་པའམ། རང་སངས་རྒྱས་ཀྱི་ཐེག་པའམ། ཐེག་པ་ཆེན་པོ་འམ། ཐེག་པ་གསུམ་པོ་དེ་དག་གིས་ཡོངས་སུ་མྱ་ངན་ལས་ཟློ་སྟེ། རབ་འབྱོར་དེ་ལྟར་ན

བྱང་ཆུབ་སེམས་དཔའ་སེམས་དཔའ་ཆེན་པོ་བརྩོན་འགྲུས་ཀྱི་ཕ་རོལ་ཏུ་ཕྱིན་པ་ལ་གནས་ཤིང་། སྦྱིན་པའི་ཕ་རོལ་ཏུ་ཕྱིན་པས་སེམས་ཅན་རྣམས་ཡོངས་སུ་སྡུད་པ་ཡིན་ནོ། །རབ་འབྱོར་དེ་[1]ལྟར་ན་བྱང་ཆུབ་སེམས་དཔའ་སེམས་དཔའ་ཆེན་པོ་བརྩོན་འགྲུས་ཀྱི་ཕ་རོལ་ཏུ་ཕྱིན་པ་ལ་སྤྱོད་ཅིང་། ཚུལ་ཁྲིམས་ཀྱི་ཕ་རོལ་ཏུ་ཕྱིན་པ་ལ་སེམས་ཅན་རྣམས་སྦྱོར་བ་ཡིན་ཞེ་ན། རབ་འབྱོར་འདི་ལ་བྱང་ཆུབ་སེམས་དཔའ་སེམས་དཔའ་ཆེན་པོ་བརྩོན་འགྲུས་ཀྱི་ཕ་རོལ་ཏུ་ཕྱིན་པ་ལ་གནས་ཤིང་། སེམས་ཅན་རྣམས་ལ་འདི་སྐད་དུ་ཚུར་ཤོག[2] །རིགས་ཀྱི་བུ་དག་[3]ཚུལ་ཁྲིམས་སྲུངས་[4]ཤིག །ངས་ཁྱེད་ལ་ཟས་དང་། སྐོམ་དང་། གོས་དང་། བཞོན་[5]པ་དང་། མལ་ཆ་དང་། མེ་ཏོག་དང་། བདུག་སྤོས་དང་། སྤོས་དང་། ཕྲེང་བ་དང་། བྱུག་པ་དང་། ཁྱིམ་དང་། ནོར་དང་། འབྲུ་དང་། ནོར་བུ་དང་། མུ་ཏིག་དང་། བཻ་ཌཱུརྻ་དང་། དུང་དང་། མན་ཤེལ་དང་། བྱི་[6]རུ་དང་། གསེར་དང་། དངུལ་དང་། མིའི་རྒྱན་དང་། ཡོ་བྱད་གང་ཅི་ཡང་རུང་བའི་བར་གྱིས་ཕོངས་པ་མེད་པར་བྱའོ། །ཁྱེད་ཀྱིས་ཕོངས་པར་གྱུར་པའི་ཕྱིར་ཚུལ་ཁྲིམས་ངན་པ་ལ་སྤྱོད་པར་གྱུར་གྲང་ན། ཁྱེད་ཟས་དང་སྐོམ་དང་། གོས་དང་། བཞོན་པ་དང་། མལ་ཆ་དང་། མེ་ཏོག་དང་། བདུག་སྤོས་དང་། སྤོས་དང་། ཕྲེང་བ་དང་། བྱུག་པ་དང་། ཁྱིམ་དང་། ནོར་དང་། འབྲུ་དང་། :ནོར་བུ་དང་།[7] མུ་ཏིག་དང་། བཻ་ཌཱུརྻ་དང་། དུང་དང་། མན་[8]ཤེལ་དང་། བྱི་[9]རུ་དང་། གསེར་དང་། དངུལ་དང་། མྱིའི་རྒྱན་དང་། ཡོ་བྱད་གང་ཅི་ཡང་རུང་བ་རིན་པོ་ཆེ་སྣ་བདུན་གྱིཿབར་གྱིས་[10]ཕོངས་པ་མེད་པར་བྱས[11]། ཁྱེད་སྡོམ་པའི་ཚུལ་ཁྲིམས་ལ་གནོས་[12]ལ། རིམ་གྱིས་ཉན་ཐོས་ཀྱི་ཐེག་པའམ། རང་སངས་རྒྱས་ཀྱི་ཐེག་པའམ། རྣམ་པ་ཐམས་ཅད་མཁྱེན་པ་ཉིད་ཀྱི་ཐེག་པའམ།

ཐེག་པ་[༡]གསུམ་པོ་དེ་དག་[༢]གིས་སྡུག་བསྔལ་གྱི་མཐར་ཕྱིན་པར་གྱིས་ཤིག་ཅེས། བྱང་ཆུབ་སེམས་དཔའ་སེམས་དཔའ་ཆེན་པོ་དེ་བདག་ཉིད་ཀྱང་། ཚུལ་ཁྲིམས་སྲུང་ངོ་། །གཞན་ཡང་ཚུལ་ཁྲིམས་ལ་སྦྱོར་རོ། །ཚུལ་ཁྲིམས་ཀྱི་ལེགས་པ་བརྗོད་དོ[༣]།། སེམས་ཅན་གཞན་གང་ཚུལ་ཁྲིམས་སྲུང་བ་[༤]དེ་དག་གི་ཡང་[༥]ལེགས་པ་བརྗོད་ཅིང་མཐུན་པས་དགའ་བར་སྨྲོད་དོ། །དེ་ལྟར་བྱང་ཆུབ་སེམས་དཔའ་སེམས་དཔའ་ཆེན་པོ་དེ་སེམས་ཅན་དེ་དག་དེ་ལྟར་ཚུལ་ཁྲིམས་ལ༔སྦྱོར་ཅིང་[༦]། ཚུལ་ཁྲིམས་ལ་རབ་ཏུ་བཀོད་དེ། རིམ་གྱིས་ཐེག་པ་གསུམ་པོས་ཡོངས་སུ་མྱ་ངན་ལས་ཟློ་སྟེ། རབ་འབྱོར་དེ་ལྟར་ན་བྱང་ཆུབ་སེམས་དཔའ་སེམས་དཔའ་ཆེན་པོ་[༧]བརྩོན་འགྲུས་ཀྱི་ཕ་རོལ་ཏུ་ཕྱིན་པ་ལ་གནས་ཤིང་། ཚུལ་ཁྲིམས་ཀྱི་ཕ་རོལ་ཏུ་ཕྱིན་པས་སེམས་ཅན་རྣམས༔ཡོངས་སུ་[༨]སྡུད་པ་ཡིན་ནོ།། ||

ཤེས་རབ་ཀྱི་ཕ་རོལ་ཏུ་ཕྱིན་པ་སྟོང་ཕྲག་བརྒྱ་པ། བམ་པོ༔བཅུ་བདུན་[༩]པ། རབ་འབྱོར་ཇི་ལྟར་ན་བྱང་ཆུབ་སེམས་དཔའ་སེམས་[༡༠]དཔའ་ཆེན་པོ་བརྩོན་འགྲུས་ཀྱི་ཕ་རོལ་ཏུ་ཕྱིན་པ་ལ་སྤྱོད་ཅིང་། བཟོད་པའི་ཕ་རོལ་ཏུ་ཕྱིན་པ་ལ་སེམས་ཅན་རྣམས་སྦྱོར་བ་ཡིན་ཞེ་ན། རབ་འབྱོར་འདི་ལ་བྱང་ཆུབ་སེམས་དཔའ་སེམས་དཔའ་ཆེན་པོ་བརྩོན་འགྲུས་ཀྱི་ཕ་རོལ་ཏུ་ཕྱིན་པ་ལ་གནས་ཤིང་། སེམས་ཅན་གང་ཁྲོ་བ་དང་། གནོད་སེམས་སུ་བྱེད་པ་དག་མཐོང་ན། དེ་དག་ལ་འདི་སྐད་ཅེས་ཟེར་རོ། །རིགས་ཀྱི་བུ་དག་ཁྱེད་ཅིའི་རྒྱུས་གནོད་སེམས་སུ་བྱེད་པར་གྱུར། གང་གིས་ཕོངས་ཤིང་གནོད་སེམས་སུ་བྱེད་པར༔གྱུར་པ་[༡༡]དེ་དང་དེ་ང་ལས༔ཡོང་ཤིག[༡༢] །ངས་ཁྱེད་ལ་[༡༣]ཟས་དང་། སྐོམ་དང་། ༔གོས་དང་།[༡༤] བཞོན་པ་དང་། མལ་ཆ་དང་། མེ་ཏོག་དང་། བདུག་སྤོས་དང་། སྤོས་དང་། ཕྲེང་བ་དང་། བྱུག་པ་དང་། ཁྱིམ་དང་། ནོར་དང་། འབྲུ་

དང་། ནོར་བུ་དང་། མུ་ཏིག་དང་། བཻ་ཌཱུརྱ་དང་། དུང་དང་། མན་
ཤེལ་དང་། བྱི་[1]རུ་དང་། གསེར་དང་། དངུལ་དང་། མྱིའི་རྒྱེན་དང་།
ཡོ་བྱད་གང་ཅི་ཡང་རུང་བའི་བར་གྱིས་ཕོངས་པ་མྱེད་པར་བྱས[2]། ཁྲོ་བ་དང་།
གནོད་སེམས་མྱེད་པར་གྱིས་ཤིག་ཅེས། དེ་ལྟར་བྱང་ཆུབ་སེམས་དཔའ་སེམས་
དཔའ་ཆེན་པོ་བརྩོན་འགྲུས་ཀྱི་ཕ་རོལ་ཏུ་ཕྱིན་པ་ལ་གནས་ཤིང་། སེམས་ཅན་དེ་
དག་བཟོད་པ་ལ་སྦྱོར་ཏེ། འདི་སྐད་དུ་གཙུགས་[3]གང་གིས་ཁྱེད་ཀྱི་ཁྲོ་བ་སྐྱེ་བར་
གྱུར་པ་དེ་ནི་སྙིང་པོ་མྱེད་པ་སྟེ། དེ་ལ་དངོས་པོ་གང་ཡང་མྱེད་དོ། །ཁྲོ་བ་དེ་
ནི་ཡང་དག་པ་མ་ཡིན་པར་ཡོངས་སུ་བརྟགས་པ་སྟེ། དངོས་པོ་གང་གི་ཕྱིར་ཁྱེད་
འཐབ་ཅིང་འཁོན་[4]པ་དང་། གནོད་སེམས་སུ་བྱེད་པར་གྱུར་པ་དང་། དེ་
ལྟར༔འཐབས་ཤིང་འཁོན་ཏེ[5]། གནོད་སེམས་སུ་གྱུར་ནས་དབྱིག་[6]པས་འགྱེད་
པ་དང་། མཚོན་གྱིས་འདྲེ་བ་དང་། ཕན་ཚུན་གྱི་སྲོག་ལ་རྐོལ་[7]བར་གྱུར་པའི་
དངོས་པོ་དེ་[8]ལ་དངོས་པོའི་རང་བཞིན་གང་ཡང་མྱེད་ན། དེ་ལྟ་ཡིན་ཡང་ཁྱེད་
ཡང་དག་པ་མ་ཡིན་པའི་ཡོངས་སུ་རྟོག་[9]པས་འཁྲུགས་[10]ན། [11]སེམས་ཅན་
དམྱལ་བ་དག་ཏུ་ལྟུང་བར་འགྱུར། ཕྱུལ་སོང་གི་སྐྱེ་གནས་དག་ཏུ་ལྟུང་བར་
འགྱུར༑ གཤིན་རྗེའི་འཇིག་རྟེན་དག་ཏུ་ལྟུང་བར་འགྱུར། དེ་མ་ཡིན་པའི་
ངན་སོང་གཞན་དག་ཏུ་ཡང་ཁྱེད་སྡུག་བསྔལ་མྱི་བཟད་པ་ཚ་ཞིང་རྩུབ་ལ་ཡིད་དུ་
མྱི་འོང་བའི་ཚོར་བ་ཉམས་སུ་མྱོང་བར་འགྱུར་གྱིས་[12]རྐྱེས་བུ་ཁྱེད་རྣམས་དངོས་པོ་
མྱེད་པའི་ཆོས་ཀྱི་དོན་དུ་ལས་གང་[13]ཡོངས་སུ་བཟུང་[14]བས་མྱིར་སྐྱེ་བ་ཡང་[15]ཐོབ་
པར་མྱི་འགྱུར་ན། སངས་རྒྱས་འབྱུང་[16]བ་དང་ཕྲད་པར་འགྱུར་བ་ལྟ་སྨོས་སུ་
ཡང་མྱེད་པ[17]། དེ་ལྟ་བུའི་ལས་ཡོངས་སུ་མ་འཛིན་ཅིག །གྲོགས་པོ་དག་
སངས་རྒྱས་འབྱུང་བ་ནི་དཀོན་ནོ། །མྱིར་སྐྱེ་བ་འཐོབ་[18]པ་ནི་དཀོན་ནོ། །དལ་

བ་ཕུན་སུམ་ཚོགས་པ་ནི་དཀོན་ནོ། །འཁོར་བ་ལས་ཐར་པ་ནི་དཀོན་ནོ། །དེ་ལྟ་ཡིན་ཀྱིས་[1]དལ་བ་འདི་དོན་མེད་པར་མ་བྱེད་ཤིག[2] །མི་ཁོམ་པར་གྱུར་[3]ཅིང་གསོར་མི་རུང་བར་གྱུར་ཏ་[4]རེ་ཞེས་དེ་ལ་བྱང་ཆུབ་སེམས་དཔའ་སེམས་དཔའ་ཆེན་པོ་བདག་ཉིད་ཀྱང་བཟོད་པ་སྐྱབ་[5]བོ། །གཞན་ཡང་བཟོད་པ་ལ་ཡང་དག་པར་སྐྱལ་[6]ལོ། །བཟོད་པའི་ལེགས་པ་བརྗོད་དོ། །སེམས་ཅན་གཞན་ཡང་[7]བཟོད་པ་སྒོམ་པ་དེ་དག་གི་ཡང་ལེགས་པ་བརྗོད་ཅིང་མཐུན་པས་དགའ་བར་སྤྱོད་དོ།། དེ་ལྟར་བྱང་ཆུབ་སེམས་དཔའ་སེམས་དཔའ་ཆེན་པོ་དེ་སེམས་ཅན་དེ་[8]དག་དེ་ལྟར་བཟོད་པ་ལ་སྦྱར་ཅིང་[9]། བཟོད་པ་ལ་རབ་ཏུ་བཀོད་དེ། རིམ་གྱིས་[10]ཐེག་པ་གསུམ་པོས་ཡོངས་སུ་མྱ་ངན་ལས་ཟློ་སྟེ། རབ་འབྱོར་དེ་ལྟར་ན་བྱང་ཆུབ་སེམས་དཔའ་སེམས་དཔའ་ཆེན་པོ་བརྩོན་འགྲུས་ཀྱི་ཕ་རོལ་ཏུ་ཕྱིན་པ་ལ་གནས་ཤིང་། བཟོད་པའི་ཕ་རོལ་ཏུ་ཕྱིན་པས་སེམས་ཅན་རྣམས་ཡོངས་སུ་སྡུད་པ་ཡིན་ནོ༑ །རབ་འབྱོར་ཇི་ལྟར་ན། བྱང་ཆུབ་སེམས་དཔའ་སེམས་དཔའ་ཆེན་པོ་བརྩོན་འགྲུས་ཀྱི་ཕ་རོལ་ཏུ་ཕྱིན་པ་ལ་སྤྱོད་ཅིང་། སེམས་ཅན་རྣམས་བརྩོན་འགྲུས་ཀྱི་ཕ་རོལ་ཏུ་ཕྱིན་པ་ལ་སྦྱོར་བ་ཡིན་ཞེ་ན། རབ་འབྱོར་འདི་ལ་བྱང་ཆུབ་སེམས་དཔའ་སེམས་དཔའ་ཆེན་པོ་སེམས་ཅན་ལེ་ལོ་ཅན་བརྩོན་འགྲུས་ཆུང་བ་དག་མཐོང་ན། འདི་སྐད་དུ་ཁྱེད་ཅིའི་ཕྱིར་ལེ་ལོ་བྱེད་ཅེས་བརྗོད་དེ། དེ་དག་རྒྱན་དང་མི་ལྡན་པའི་ཕྱིར་རོ་ཞེས་ཟེར་ན། དེ་ལ་བྱང་ཆུབ་སེམས་དཔའ་སེམས་དཔའ་ཆེན་པོ་བརྩོན་འགྲུས་ཀྱི་ཕ་རོལ་ཏུ་ཕྱིན་པ་ལ་སྤྱོད་ཅིང་། སེམས་ཅན་དེ་དག་ལ་འདི་སྐད་ཅེས་ཟེར་ཏེ། ཀྱེ་སྐྱེས་བུ་དག་ངས་སྦྱིན་པའི་རྒྱན་ཏམ་[11]ཚུལ་ཁྲིམས་ཀྱི་རྒྱན་ཏམ། བཟོད་པའི་རྒྱན་ཏམ། གཞན་ཡང་རྣམ་པ་གང་དང་གང་གིས་བརྩོན་འགྲུས་བཙམ་[12]དུ་རུང་བ་དེ་དག་ཁྱེད་ལ་ངས་ཉེ་བར་བསྒྲུབ་པར་

བྱས་①བརྩོན་འགྲུས་རྩོམས་②ཤིག་ཅེས་ནས། སེམས་ཅན་དེ་དག་བྱང་ཆུབ་སེམས་དཔའ་སེམས་དཔའ་ཆེན་པོ་དེའི་ཡོ་བྱད་ལ་སྤྱོད་ཅིང་ལུས་སམ། སེམས་ཀྱིས་བརྩོན་འགྲུས་རྩོམ་སྟེ། དེ་དག་ལུས་དང་③སེམས་ཀྱི་བརྩོན་འགྲུས་ཀྱིས་དགེ་བའི་ཆོས་ཐམས་ཅད་ཡོངས་སུ་རྫོགས་པར་བྱེད་དེ། དགེ་བའི་ཆོས་དེ་དག་གིས་འཕགས་པ་ཟག་པ་མེད་པའི་ཆོས་རྣམས་སྒོམ་མོ། །དེ་དག་བསྒོམས་པས་རྒྱུན་དུ་ཞུགས་པའི་འབྲས་བུ་འཐོབ་པོ། །ལན་ཅིག་ཕྱིར་འོང་བའི་འབྲས་བུ་འཐོབ་④པོ། །ཕྱིར་མི་འོང་བའི་འབྲས་བུ་འཐོབ་⑤པོ། །དགྲ་བཅོམ་པ་ཉིད་འཐོབ་⑥པོ། །རང་བྱང་ཆུབ་འཐོབ་⑦པོ། །བླ་ན་མེད་པ་ཡང་དག་པར་རྫོགས་པའི་བྱང་ཆུབ་ཏུ་མངོན་པར་རྫོགས་པར་འཚང་རྒྱའོ། །དེ་ལ་བྱང་ཆུབ་སེམས་དཔའ་སེམས་དཔའ་ཆེན་པོ་བདག་ཉིད་ཀྱང་བརྩོན་འགྲུས་རྩོམ་མོ། །གཞན་ཡང་བརྩོན་འགྲུས་ལ་ཡང་དག་པར་སྐུལ་ལོ། །བརྩོན་འགྲུས་ཀྱི་ལེགས་པ་བརྗོད་དོ། །སེམས་ཅན་གཞན་གང་བརྩོན་འགྲུས་རྩོམ་པ་དེ་དག་གི་ཡང་⑧ལེགས་པ་བརྗོད་ཅིང་མཐུན་པས་དགའ་བར་སྤྱོད་དོ། །དེ་ལྟར་བྱང་ཆུབ་སེམས་དཔའ་སེམས་དཔའ་ཆེན་པོ་དེ་སེམས་ཅན་དེ་དག་དེ་ལྟར་བརྩོན་འགྲུས་ལ་སྦྱར་ཅིང་⑨། བརྩོན་འགྲུས་ལ་རབ་ཏུ་⑩བཀོད་དེ⑪། རིམ་གྱིས་ཐེག་པ་གསུམ་པོས་ཡོངས་སུ་མྱ་ངན་ལས་བཟླ་སྟེ། རབ་འབྱོར་དེ་ལྟར་ན་བྱང་ཆུབ་སེམས་དཔའ་སེམས་དཔའ་ཆེན་པོ་བརྩོན་འགྲུས་ཀྱི་ཕ་རོལ་ཏུ་ཕྱིན་པ་ལ་གནས་ཤིང་། བརྩོན་འགྲུས་ཀྱི་ཕ་རོལ་ཏུ་ཕྱིན་པས་སེམས་ཅན་རྣམས་ཡོངས་སུ་སྨིན་པ་ཡིན་ནོ། །རབ་འབྱོར་ཇི་ལྟར་ན་བྱང་ཆུབ་སེམས་དཔའ་སེམས་དཔའ་ཆེན་པོ་བརྩོན་འགྲུས་ཀྱི་ཕ་རོལ་ཏུ་ཕྱིན་པ་ལ་སྤྱོད་ཅིང་། བསམ་གཏན་གྱི་ཕ་རོལ་ཏུ་ཕྱིན་པ་ལ་སེམས་ཅན་རྣམས་སྦྱོར་⑫བ་ཡིན་ཞེ་ན། རབ་འབྱོར་འདི་ལ་བྱང་ཆུབ་སེམས་དཔའ་སེམས་དཔའ་ཆེན་པོས་སེམས་གཡེངས་

པར་གྱུར་པའི་སེམས་ཅན་དག་མཐོང་ན། འདི་སྐད་དུ་སེམས་ཅན་ཁྱེད་ཅིའི་ཕྱིར་བསམ་གཏན་ལ་མཉམ་པར་མི་གཞོག(༡)ཅེས་རྗོད་དེ། དེ་དག་རྐྱེན་དང་མི་ལྡན་པའི་ཕྱིར་རོ་ཞེས་ཟེར་ན། དེ་ལ་བྱང་ཆུབ་སེམས་དཔའ་སེམས་དཔའ་ཆེན་པོ་སེམས་ཅན་དེ་དག་ལ་འདི་སྐད་དུ་འདེམས་ཏེ། ཀྱེ་སེམས་ཅན་དག་ངས་རྐྱེན་གང་དང་གང་གིས(༢)ཆོས་ལ་རྣམ་པར་རྟོག་པར་མི་འགྱུར་བ་དེ་ལྟ་བུའི་རྐྱེན་ཉེ་བར་བསྒྲུབ་པར་བྱའོ་ཞེས་ནས། (༣)བྱང་ཆུབ་སེམས་དཔའ་སེམས་དཔའ་ཆེན་པོ་དེ་སེམས་ཅན་དེ་དག་ལ་རྐྱེན་གང་དང་གང་ཉེ་བར་བསྒྲུབས(༤)པས། རྣམ་པར་རྟོག་པར་མི་འགྱུར་བ་དེ་ལྟ་བུའི་རྐྱེན་ཉེ་བར་སྒྲུབ་སྟེ། དེའི་ཕྱིར་དེ་དག་རྣམ་པར་རྟོག་པ་ཆད་ནས་བསམ་གཏན་དང་པོ་ལ་སྙོམས་པར་འཇུག་གོ། །བསམ་གཏན་གཉིས་པ་ལ་སྙོམས་པར་འཇུག་གོ། །བསམ་གཏན་གསུམ་པ་ལ་སྙོམས་པར་འཇུག་གོ། །བསམ་གཏན་བཞི་པ་ལ་སྙོམས་པར་འཇུག་གོ། །བྱམས་པ་ལ་སྙོམས་པར་འཇུག་གོ། །སྙིང་རྗེ་ལ་སྙོམས་པར་འཇུག་གོ། །དགའ་བ་ལ་སྙོམས་པར་འཇུག་གོ། །བཏང་སྙོམས་ལ་སྙོམས་པར་འཇུག་གོ། །གཟུགས་མེད་པའི་སྙོམས་པར་འཇུག་པ་བཞི་ལ་སྙོམས་པར་འཇུག་གོ། །དེ་དག་བསམ་གཏན་དང་། ཚད་མེད་པ་དང་། གཟུགས་མེད་པའི་སྙོམས་པར(༥)འཇུག་པ་དེ་དག་གིས(༦)སེམས་དུལ་བར་གྱུར་པས། དྲན་པ་ཉེ་བར་གཞག་པ་བཞི་སྒོམ་མོ། །ཡང་དག་པར་སྤོང་བ་བཞི་སྒོམ་མོ། །རྫུ་འཕྲུལ་གྱི་རྐང་པ་བཞི་སྒོམ་མོ། །དབང་པོ་ལྔ་སྒོམ་མོ། །སྟོབས་ལྔ་སྒོམ་མོ། །བྱང་ཆུབ་ཀྱི་ཡན་ལག་བདུན་སྒོམ་མོ། །འཕགས་པའི་ལམ་ཡན་ལག་བརྒྱད་པ་སྒོམ་མོ། །རྣམ་པར་ཐར་པའི་སྒོ་གསུམ་སྒོམ་མོ། །དེ་དག་བསྒོམས(༧)པས་རིམ་གྱིས་ཐེག་པ་གསུམ་པོས་ཡོངས་སུ་མྱ་ངན་ལས༔འདའ་སྟེ(༨)། དེ་ལ་ལ་ལ་ནི་བླ་ན་མེད་པ་ཡང་དག་པར་རྫོགས་པའི་བྱང་

ཆུབ་ཀྱི་བར་དུ་བྱང་ཆུབ་ཀྱི་ལམ་ལས་ཡོངས་སུ་མི་ཉམས་སྟེ[1]། རབ་འབྱོར་དེ་ལྟར་ན་བྱང་ཆུབ་སེམས་དཔའ་སེམས་དཔའ་ཆེན་པོ་བརྩོན་འགྲུས་ཀྱི་ཕ་རོལ་ཏུ་ཕྱིན་པ་ལ་གནས་ཤིང་། ཏིང་ངེ་འཛིན་གྱི་ཕ་རོལ་ཏུ་ཕྱིན་པས་སེམས་ཅན་རྣམས་ཡོངས་སུ་སྡུད་པ་ཡིན་ནོ། །རབ་འབྱོར་ཇི་ལྟར་ན་བྱང་ཆུབ་སེམས་དཔའ་སེམས་དཔའ་ཆེན་པོ་བརྩོན་འགྲུས་ཀྱི་ཕ་རོལ་ཏུ་ཕྱིན་པ་ལ་སྤྱོད་ཅིང་། ཤེས་རབ་ཀྱི་ཕ་རོལ་ཏུ་ཕྱིན་པས་སེམས་ཅན་རྣམས་ཡོངས་སུ་སྡུད་པ་ཡིན་ཞེ་ན། རབ་འབྱོར་འདི་ལ་བྱང་ཆུབ་སེམས་དཔའ་སེམས་དཔའ་ཆེན་པོ་བརྩོན་འགྲུས་ཀྱི་ཕ་རོལ་ཏུ་ཕྱིན་པ་ལ་གནས་ཤིང་། ཤེས་རབ་འཆལ་པར་གྱུར་པའི་སེམས་ཅན་དག་མཐོང་ན། འདི་སྐད་དུ་སེམས་ཅན་ཁྱོད་ཅིའི་ཕྱིར་ཤེས་རབ་མི་སྒོམ་ཞེས་ཟེར་ཏེ། དེ་དག་རྒྱུན་དང་མི་ལྡན་པའི་ཕྱིར་རོ་ཞེས་ཟེར་ན། དེ་ལ་བྱང་ཆུབ་སེམས་དཔའ་སེམས་དཔའ་ཆེན་པོ་བརྩོན་འགྲུས་ཀྱི་ཕ་རོལ་ཏུ་ཕྱིན་པ་ལ་གནས་ཤིང་། སེམས་ཅན་དེ་དག་ལ་འདི་སྐད་དུ་འདེམས་ཏེ། ང་[2]ལས་ཡོ་བྱད་རྣམས་ལོང་[3]ལ། སྦྱིན་པ་བྱིན་ཅིག །ཚུལ་ཁྲིམས་སྲུངས་[4]ཤིག །བཟོད་པ་སྒོམས་[5]ཤིག །བརྩོན་འགྲུས་རྩོམས་[6]ཤིག །ཏིང་ངེ་འཛིན་ལ་མཉམ་པར་ཞོག་ཤིག[7] །རྣམ་པ་དེ་དག་ཡོངས་སུ་རྫོགས་པར་གྱིས་ལ་ཤེས་རབ་ཀྱི་ཕ་རོལ་ཏུ་ཕྱིན་པ་བསྒོམ་[8]པ་ལ་བདག་གམ། སེམས་ཅན་ནམ། སྲོག་གམ། འགྲོ་བ་འམ། གསོ་[9]བ་འམ། སྐྱེས་བུ་འམ། གང་ཟག་གམ། ཤེད་ཅན་ནམ། ཤེད་བདག་གམ། བྱེད་པ་པོ་འམ། ཚོར་བ་པོའམ།[10] ཤེས་པ་པོ་འམ། མཐོང་བ་པོ་འམ། གཟུགས་སམ། ཚོར་བ་འམ། འདུ་ཤེས་སམ། འདུ་བྱེད་དམ། རྣམ་པར་ཤེས་པའམ། འདོད་པའི་ཁམས་སམ། གཟུགས་ཀྱི་ཁམས་སམ། གཟུགས་མེད་པའི་ཁམས་སམ། སྦྱིན་པའི་ཕ་རོལ་ཏུ་ཕྱིན་པའམ། ཚུལ་ཁྲིམས་ཀྱི་ཕ་

རོལ་ཏུ་ཕྱིན་པའམ། བཟོད་པའི་ཕ་རོལ་ཏུ་ཕྱིན་པའམ། བརྩོན་འགྲུས་ཀྱི་ཕ་རོལ་ཏུ་ཕྱིན་པའམ། བསམ་གཏན་གྱི་ཕ་རོལ་ཏུ་ཕྱིན་པའམ། ཤེས་རབ་ཀྱི་ཕ་རོལ་ཏུ་ཕྱིན་པའམ། ནང་སྟོང་པ་ཉིད་དམ། ཕྱི་སྟོང་པ་ཉིད་དམ། ཕྱི་ནང་སྟོང་པ་ཉིད་དམ། སྟོང་པ་ཉིད་སྟོང་པ་ཉིད་དམ། ཆེན་པོ་སྟོང་པ་ཉིད་དམ། དོན་དམ་པ་སྟོང་པ་ཉིད་དམ། འདུས་བྱས་སྟོང་པ་ཉིད་དམ། འདུས་མ་བྱས་སྟོང་པ་ཉིད་དམ། མཐའ་ལས་འདས་པ་སྟོང་པ་ཉིད་དམ། ཐོག་མ་དང་ཐ་མ་མེད་པ་སྟོང་པ་ཉིད་དམ། དོར་བ་མེད་པ་སྟོང་པ་ཉིད་དམ①། རང་བཞིན་སྟོང་པ་ཉིད་དམ། ཆོས་ཐམས་ཅད་སྟོང་པ་ཉིད་དམ། རང་གི་②མཚན་ཉིད་སྟོང་པ་ཉིད་དམ། མི་དམིགས་པ་སྟོང་པ་ཉིད་དམ། དངོས་པོ་མེད་པ་སྟོང་པ་ཉིད་དམ། ངོ་བོ་ཉིད་སྟོང་པ་ཉིད་དམ། དངོས་པོ་མེད་པའི་ངོ་བོ་ཉིད་སྟོང་པ་ཉིད་དམ། དྲན་པ་ཉེ་བར་གཞག་པ་རྣམས་སམ། ཡང་དག་པར་སྤོང་བ་རྣམས་སམ། རྫུ་འཕྲུལ་གྱི་རྐང་པ་རྣམས་སམ། དབང་པོ་རྣམས་སམ། སྟོབས་རྣམས་སམ། བྱང་ཆུབ་ཀྱི་ཡན་ལག་རྣམས་སམ། འཕགས་པའི་ལམ་ཡན་ལག་བརྒྱད་པའམ། འཕགས་པའི་བདེན་པ་རྣམས་སམ། བསམ་གཏན་རྣམས་སམ། ཚད་མེད་པ་རྣམས་སམ། གཟུགས་མེད་པའི་སྙོམས་པར་འཇུག་པ་རྣམས་སམ། རྣམ་པར་ཐར་པ་རྣམས་སམ། མཐར་གྱིས་གནས་པའི་སྙོམས་པར་འཇུག་པ་རྣམས་སམ། རྣམ་པར་ཐར་③པའི་སྒོ་སྟོང་པ་ཉིད་དང་། མཚན་མ་མེད་པ་དང་། སྨོན་པ་མེད་པའམ། མངོན་པར་ཤེས་པ་རྣམས་སམ། ཏིང་ངེ་འཛིན་རྣམས་སམ། གཟུངས་ཀྱི་སྒོ་རྣམས་སམ། དེ་བཞིན་གཤེགས་པའི་སྟོབས་རྣམས་སམ། མི་འཇིགས་པ་རྣམས་སམ། སོ་སོ་ཡང་དག་པར་རིག་པ་རྣམས་སམ། བྱམས་པ་ཆེན་པོའམ། སྙིང་རྗེ་ཆེན་པོའམ། སངས་

རྒྱས་ཀྱི་ཆོས་མ་འདྲེས་པ་རྣམས་སམ། རྒྱུན་ཏུ་ཞུགས་པའི་འབྲས་བུའམ།
ལན་ཅིག་ཕྱིར་འོང་བའི་འབྲས་བུའམ། ཕྱིར་མི་འོང་བའི་འབྲས་བུའམ། དགྲ་
བཅོམ་པ་ཉིད་དམ། རང་བྱང་ཆུབ་བམ[1]། ལམ་གྱི་རྣམ་པ[2]ཤེས་པ་ཉིད་དམ།
བླ་ན་མེད་པ་ཡང་དག་པར་རྫོགས་པའི་བྱང་ཆུབ་ཀྱི[3]ཆོས་གང་ཡང[4]ཡོད་དམ་
རྟོགས[5]ཤིག་ཅེས་འདེམས་ཤིང་རྗེས་སུ་སྟོན་ཏོ། དེ་ལྟར་བྱང་ཆུབ་སེམས་དཔའ་
སེམས་དཔའ་ཆེན་པོ་དེ་ཤེས་རབ་ཀྱི་ཕ་རོལ་ཏུ་ཕྱིན་པ་ལ་སྤྱོད་པའི་ཚེ། ཆོས་
གང་ལ་དམིགས་པས་མངོན་པར་ཞེན་པར༔ གྱུར་པ[6]དེ་ལྟ་བུའི་ཆོས་གང་ཡང་མི་
དམིགས་ཏེ། དེ་ལ[7]མངོན་པར་ཞེན་པ་མེད་པས་ཆོས་གང་ཡང་སྐྱེ་བའམ།
འགག་པའམ། ཀུན་ནས་ཉོན་མོངས་པའམ། རྣམ་པར་བྱང་བར་ཡང་དག་
པར༔ རྗེས་སུ[8]མི་མཐོང་སྟེ། ཡང་དག་པར་རྗེས་སུ་མ་མཐོང་བས། འདི་ནི་
སེམས་ཅན་དམྱལ་བ[9]པའོ། །འདི་ནི་ཕྱུལ་སོང་གི་སྐྱེ་གནས་པའོ། །འདི་ནི་
གཤིན་རྗེའི་འཇིག་རྟེན་པའོ། །འདི་ནི་ལྷ་མ་ཡིན་གྱི[10]རིས་སུ་གཏོགས་པའོ། །
འདི་ནི་ལྷའོ། །འདི་ནི་མིའོ། །འདི་ནི་ཚུལ་ཁྲིམས་དང་ལྡན་པའོ། །འདི་ནི་
ཚུལ་ཁྲིམས་ངན་པ་ཅན་ནོ། །འདི་ནི་རྒྱུན་ཏུ་ཞུགས་པའོ། །འདི་ནི་ལན་ཅིག་
ཕྱིར་འོང་བའོ། །འདི་ནི་ཕྱིར་མི་འོང་བའོ། །འདི་ནི་དགྲ་བཅོམ་པའོ། །
འདི་ནི་རང་སངས་རྒྱས་སོ། །འདི་ནི་བྱང་ཆུབ་སེམས་དཔའོ། །འདི་ནི་དེ་
བཞིན་གཤེགས་པ་དགྲ་བཅོམ་པ་ཡང་དག་པར་རྫོགས་པའི་སངས་རྒྱས་སོ་ཞེས་བྱ་
བར་རྣམ་པར་མི་རྟོག་སྟེ། རབ་འབྱོར་དེ་ལྟར་ན་བྱང་ཆུབ་སེམས་དཔའ་སེམས་
དཔའ་ཆེན་པོ་བརྩོན་འགྲུས་ཀྱི་ཕ་རོལ་ཏུ་ཕྱིན་པ་ལ་གནས་ཤིང་། ཤེས་རབ་ཀྱི་
ཕ་རོལ་ཏུ་ཕྱིན་པས་སེམས་ཅན་རྣམས་ཡོངས་སུ་སྨིན་པ་ཡིན་ནོ། །རབ་འབྱོར་ཇི་
ལྟར་ན་བྱང་ཆུབ་སེམས་དཔའ་སེམས་དཔའ་ཆེན་པོ་བསམ་གཏན་གྱི་ཕ་རོལ་ཏུ་

ཕྱིན་པ་ལ་སྤྱོད་ཅིང་། སྦྱིན་པའི་ཕ་རོལ་ཏུ་ཕྱིན་པ་ལ་སེམས་ཅན་རྣམས་སྦྱོར་བ་ཡིན་ཞེ་ན། རབ་འབྱོར་འདི་ལ་བྱང་ཆུབ་སེམས་དཔའ་སེམས་དཔའ་ཆེན་པོ་བསམ་གཏན་གྱི་ཕ་རོལ་ཏུ་ཕྱིན་པ་ལ་གནས་ཤིང་། སེམས་ཅན་རྣམས་ལ་སྦྱིན་པ་ཡོངས་སུ་གཏོང་སྟེ། སྦྱིན་པ་ཡོངས་སུ་བཏང་ནས་འདི་སྐད་དུ་རིགས་ཀྱི་བུ་དག་སྦྱིན་པ་ལ་འཛིན་པས་མ་འཛིན་ཅིག །སྦྱིན་པ་ལ་འཛིན་པས་འཛིན་འཛིན[1]ཅིང་། ལུས་གང་མངོན་པར་གྲུབ་པས། སྡུག་བསྔལ་མང་པོ་ཉམས་སུ་མྱོང་བར་འགྱུར་བ[2]དེ་ལྟ་བུའི་ལུས་མངོན་པར་གྲུབ་པ་རེ། རིགས་ཀྱི་བུ་དག་འདི་ལ་དོན་དམ་པར་ན། སྦྱིན་པ་ཡང་མེད། སྦྱིན་པའི་འབྲས་བུ་ཡང་མེད[3]། སྦྱིན་པའི་བདག་པོ་ཡང་མེད། ལེན་པ་ཡང་མེད་དེ[4]། ཆོས་དེ་དག་ཐམས་ཅད་ནི་རང་བཞིན་གྱིས་སྟོང་ངོ་། །རང་བཞིན་གྱིས་སྟོང་པའི་ཆོས་ནི་འཛིན་པ་མེད་དེ། རང་བཞིན་སྟོང་པ་ཉིད་ནི་གཟུང[5]དུ་མེད་པའོ་ཞེས་འདེམས་ཤིང་རྗེས་སུ་སྟོན་ཏེ། རབ་འབྱོར་དེ་ལྟར་བྱང་ཆུབ་སེམས་དཔའ་སེམས་དཔའ་ཆེན་པོ་བསམ་གཏན་གྱི་ཕ་རོལ་ཏུ་ཕྱིན་པ་ལ་སྤྱོད་ཅིང་། སེམས་ཅན་རྣམས་ལ་སྦྱིན་པ་ཡོངས་སུ་གཏོང་ཡང་། དེ་ལ་སྦྱིན་པར་དམིགས་པ་མེད། སྦྱིན་པའི་བདག་པོར་དམིགས་པ་མེད། ལེན་པར་དམིགས་པ་མེད་དེ། འདི་ལྟ་སྟེ། སྦྱིན་པའི་ཕ་རོལ་ཏུ་ཕྱིན་པ་འདི་ནི་དམིགས་སུ[6]མེད་པའི་ཕ་རོལ་ཏུ་ཕྱིན་པའོ། །དེ་ཆོས་གསུམ་པོ་དེ་དག་ཐམས་ཅད་ལ་མི་དམིགས་པས་སེམས་ཅན་རྣམས[7]རྒྱུན་དུ་ཞུགས་པའི་འབྲས་བུ་ལ་སྦྱོར་རོ། །ལན་ཅིག་ཕྱིར་འོང་བའི་འབྲས་བུ[8]ལ་སྦྱོར་རོ། །ཕྱིར་མི་འོང་བའི་འབྲས་བུ་ལ་སྦྱོར་རོ། །དགྲ་བཅོམ་པ་ཉིད་ལ་སྦྱོར་རོ། །རང་བྱང་ཆུབ་ལ་སྦྱོར་རོ། །བླ་ན་མེད་པ་ཡང་དག་པར་རྫོགས་པའི་བྱང་ཆུབ་ལ་སྦྱོར་རོ། །རབ་འབྱོར་དེ་ལྟར་ན་བྱང་ཆུབ་སེམས་དཔའ་སེམས་དཔའ་ཆེན་པོ་བསམ་གཏན་གྱི།

ཕ་རོལ་ཏུ་ཕྱིན་པ་ལ་སྤྱོད་ཅིང་། སྦྱིན་པའི་ཕ་རོལ་ཏུ་ཕྱིན་པས་སེམས་ཅན་རྣམས་ཡོངས་སུ་སྨིན་པར་བྱེད་དེ། དེ་བདག་ཉིད་ཀྱང་སྦྱིན་པ་ཡོངས་སུ་གཏོང་ངོ་། །གཞན་ཡང་སྦྱིན་པ་ལ་ཡང་དག་པར་སྐུལ་ལོ། །སྦྱིན་པའི་ལེགས་པ་བརྗོད་དོ། །སེམས་ཅན་གཞན་གང་སྦྱིན་པ་ཡོངས་སུ་གཏོང་བ་དེ་དག་གི་ཡང་ལེགས་པ་བརྗོད་ཅིང་མཐུན་པས་དགའ་བར་སྤྱོད་དོ། །དེ་ལྟར་བྱང་ཆུབ་སེམས་དཔའ་སེམས་དཔའ་ཆེན་པོ་དེ་ཡང་[1]དེ་ལྟ་བུའི་སྦྱིན་པ་ཆེན་པོ་བྱིན་པས། རྒྱལ་རིགས་ཆེ་ཞིང་མཐོ་བ་དག་དང་སྐལ་བ་མཉམ་པར་སྐྱེའོ། །བྲམ་ཟེའི་རིགས་ཆེ་ཞིང་མཐོ་བ་དག་དང་སྐལ་བ་མཉམ་པར་སྐྱེའོ། །ཁྱིམ་བདག་གི་རིགས་ཆེ་ཞིང་མཐོ་བ་དག་དང་སྐལ་བ་མཉམ་པར་སྐྱེའོ། །ཁམས་ཀྱི་རྒྱལ་པོར་འགྱུར་རོ། །འཁོར་ལོས་སྒྱུར་བའི་རྒྱལ་སྲིད་འཐོབ་བོ། །དེ་དེ་དག་ན་ཡང་སེམས་ཅན་རྣམས་བསྡུ་[2]བའི་དངོས་པོ་བཞིས་ཡོངས་སུ་སྡུད་དེ། བཞི་གང་ཞེ་ན། སྦྱིན་པ་དང་། ཚིག་སྙན་པ་དང་། དོན་སྤྱོ་བ་དང་། དོན་མཐུན་པས་ཡོངས་སུ་སྡུད་དོ། །དེ་དེ་ལྟར་སེམས་ཅན་སྦྱིན་པས་ཡོངས་སུ་བསྡུས་[3]པ་དེ་དག་ཀྱང་རིམ་གྱིས་ཚུལ་ཁྲིམས་ལ་རབ་ཏུ་འགོད་དོ། །བཟོད་པ་ལ་རབ་ཏུ་འགོད་དོ། །བརྩོན་འགྲུས་ལ་རབ་ཏུ་འགོད་དོ། །ཏིང་ངེ་འཛིན་ལ་རབ་ཏུ་འགོད་དོ། །ཤེས་རབ་ལ་རབ་ཏུ་འགོད་དོ། །[4]བསམ་གཏན་བཞི་ལ་རབ་ཏུ་འགོད་དོ། །ཚད་མེད་པ་བཞི་ལ་རབ་ཏུ་འགོད་དོ། །གཟུགས་མེད་པའི་སྙོམས་པར་འཇུག་པ་བཞི་ལ་རབ་ཏུ་འགོད་དོ། །དྲན་པ་ཉེ་བར་གཞག་པ་བཞི་ལ་རབ་ཏུ་འགོད་དོ། །ཡང་དག་པར་སྤོང་བ་བཞི་ལ་རབ་ཏུ་འགོད་དོ། །རྫུ་འཕྲུལ་གྱི་རྐང་པ་བཞི་ལ་རབ་ཏུ་འགོད་དོ། །དབང་པོ་ལྔ་ལ་རབ་ཏུ་འགོད་དོ། །སྟོབས་ལྔ་ལ་རབ་ཏུ་འགོད་དོ། །བྱང་ཆུབ་ཀྱི་ཡན་ལག་བདུན་ལ་རབ་ཏུ་འགོད་དོ། །འཕགས་པའི་ལམ་ཡན་ལག

བརྒྱད་པ་ལ་རབ་ཏུ་འགོད་དོ། །འཕགས་པའི་བདེན་པ་བཞི་ལ་རབ་ཏུ་འགོད་དོ།།
རྣམ་པར་ཐར་པ་བརྒྱད་ལ་རབ་ཏུ་འགོད་དོ། །མཐར་གྱིས་གནས་པའི་སྙོམས་
པར་འཇུག་པ་དགུ་ལ་རབ་ཏུ་འགོད་དོ། །རྣམ་པར་ཐར་པའི་སྒོ་སྟོང་པ་ཉིད་
དང་། མཚན་མ་མེད་པ་དང་། སྨོན་པ་མེད་པ་ལ་རབ་ཏུ་འགོད་དོ། །
མངོན་པར་ཤེས་པ་ལྔ་ལ་རབ་ཏུ་འགོད་དོ། །ཏིང་ངེ་འཛིན་[1]རྣམས་ལ་རབ་ཏུ་
འགོད་དོ། །གཟུངས་ཀྱི་སྒོ་རྣམས་ལ་རབ་ཏུ་འགོད་དོ། །ཡང་དག་པའི་སྐྱོན་
མེད་པར་འཇུག་པར་བྱེད་དོ། །རྒྱུན་ཏུ་ཞུགས་པའི་འབྲས་བུ་ཐོབ་པར་བྱེད་དོ། །
ལན་ཅིག་ཕྱིར་འོང་བའི་འབྲས་བུ་ཐོབ་པར་བྱེད་དོ། །ཕྱིར་མི་འོང་བའི་འབྲས་བུ་
ཐོབ་པར་བྱེད་དོ། །དགྲ་བཅོམ་པ་ཉིད་ཐོབ་པར་བྱེད་དོ། །རང་བྱང་ཆུབ་
ཐོབ་པར་བྱེད་དོ། །བླ་ན་མེད་པ་ཡང་དག་པར་རྫོགས་པའི་བྱང་ཆུབ་ཏུ་ཡང་
དག་པར་སྐུལ་བར་[2]བྱེད་དོ། །ཀྱེ་སྐྱེས་བུ་དག་བླ་ན་མེད་པ་ཡང་དག་པར་
རྫོགས་པའི་བྱང་ཆུབ་ནི་མངོན་པར་རྫོགས་པར་འཚང་རྒྱ་བར་མི་དཀའ་སྟེ། དེ་
ལ་ཕྱིན་ཅི་ལོག་གིས་རྨོངས་པའི་སེམས་ཀྱིས་[3]ཕོང་དུ་མ་ཆུད་པ་མ་གཏོགས་པར།
ཆོས་གང་ལ་སེམས་ཅན་རྣམས་ཆགས་པར༔འགྱུར་བའི་[4]ཆོས་དེ་ལྟ་བུ་གང་ཡང་ངོ་
བོ་ཉིད་ཀྱིས་ཡོད་པ་མེད་ཀྱིས། དེ་ལྟ་བས་ན་ཕྱིན་ཅི་ལོག་གི་[5]འཛིན་པ་ཐམས་
ཅད་རྒྱུན་ཆོད་[6]ལ། འཁོར་བ་ལས་བདག་ཅག་[7]ཀྱང་ཐར་བར་གྱིས་ཤིག །
གཞན་ཡང་ཐར་བར་གྱིས་ཤིག །དེ་ལྟར་ན་ཁྱེད་བདག་ཅག་གི་དོན་དུ་ཡང་ཆེར་
འགྱུར༑ གཞན་ཡང་དོན་ཆེན་པོ་ལ་འབྱོར་བར་འགྱུར་རོ་ཞེས་ཡང་དག་པར་སྐུལ་
བ་[8]བྱེད་དེ[9]། རབ་འབྱོར་དེ་ལྟར་[10]བྱང་ཆུབ་སེམས་དཔའ་སེམས་དཔའ་ཆེན་
པོས་བསམ་གཏན་གྱི་ཕ་རོལ་ཏུ་ཕྱིན་པ་ལ་སྤྱོད་[11]པར་བྱ་སྟེ། དེ་ལྟར་སྤྱོད་པའི་
ཚེ་ཅི་ནས་ཀྱང་སེམས་དང་པོ་བསྐྱེད་པ་ནས་[12]ཉེ་བར་བཟུང་སྟེ། ནམ་ཡང་ངན་

སོང་དུ་མི་ལྟུང་བ་དང་། ནམ་ཡང་འཁོར་ལོས་སྒྱུར་བའི་རྒྱལ་པོ་མི་བྱེད་པར་མི་འགྱུར་བ་དེ་ལྟར་སྤྱོད་[1]དོ། །དེ་ཅིའི་ཕྱིར་ཞེ་ན། ས་བོན་ཇི་ལྟ་བ་བཞིན་དུ་འབྲས་བུ་འབྱུང་སྟེ། འཁོར་ལོས་སྒྱུར་བའི་རྒྱལཿ་པོ་དེའི་[2]དྲུང་དུ་སློང་བ་མོ་བ་གང་[3]ཇི་སྙེད་ཅིག་འོངས་ཀྱང་འཁོར་ལོས་སྒྱུར་བའི་རྒྱལ་པོ་དེ་འདི་སྙམ་དུ་སེམས་ཏེ། བདག་གིས་[4]སེམས་ཅན་རྣམས་ཀྱི་དོན་མ་གཏོགས་པར། གཞན་གྱི་[5]དོན་དུ་འཁོར་ལོས་སྒྱུར་བ་ཡོངས་སུ་མ་བཟུང་ངོ་ཞེས་ནས་དེ་[6]འདི་སྐད་ཅེས་ཟེར་ཏེ། གང་སུ་ཅི་འདོད་པ་དེ་[7]ཿཁྱེད་བྱིན་གྱིས་[8]འདི་ནི་ངའི་མ་ཡིན་གྱི་ཁྱེད་ཀྱིའོ། །ང་ནི་ནང་གི་གཟུགས་ལའང་དོན་དུ་གཉེར་བ་མེད་པ་[9]ན་གཞན་[10]ལྟ་ལ་ཅི་སྨོས་ཏེ། གཞན་དུ་ན་ངས་སེམས་ཅན་རྣམས་ཀྱི་དོན་དུ་འཁོར་བ་ཡོངས་སུ་བཟུང་གི་བདག་ནི་འཁོར་བ་དོན་དུ་གཉེར་བ་མ་ཡིན་ནོ་ཞེས་ཏེ[11]། དེ་སྙིང་བརྩེ་བས་སྙིང་རྗེ་ཆེན་པོ་ཡོངས་སུ་རྫོགས་པར་བྱས་ཤིང[12]། སྙིང་རྗེ་ཆེན་པོས་སེམས་ཅན་རྣམས་ཀྱི་དོན་བྱེད་ཀྱང་སེམས་ཅན་གང་ཡོངས་སུ་གྲུབ་པ་དེ་ལྟ་བུ་མི་དམིགས་ཏེ། གཞན་དུ་ན་འདུ་ཤེས་དང་མིང་དང་བརྡའི་ཐ་སྙད་ཀྱིས་རྣམ་པར་སྤྱོད་དེ། རྣམ་པར་སྤྱོད་པ་དེ་ཡང་སྒྲ་བརྙན་ལྟ་བུར་རྣམ་པར་སྤྱད་དུ་མེད་པར་ཤེས་སོ། །རབ་འབྱོར་བྱང་ཆུབ་སེམས་དཔའ་སེམས་དཔའ་ཆེན་པོས་བསམ་གཏན་གྱི་ཕ་རོལ་ཏུ་ཕྱིན་པ་ལ་དེ་ལྟར་སྤྱད་པརཿབྱ་སྟེ[13]། སྤྱོད་པའི་ཚེ་ཅི་ནས་ཀྱང་བདག་གི་ཤ་ཡན་ཚད་[14]ཀྱང་སེམས་ཅན་རྣམས་ལ་ཡོངས་སུ་མ་བཏང་[15]བ་མེད་པརཿབྱ་ན[16]། ཕྱི་རོལ་གྱི་ཡོ་བྱད་གང་གིས་སེམས་ཅན་རྣམས་འཁོར་བ་ལས་[17]ཡོངས་སུ་ཐར་བརཿབྱ་བ་[18]དག་ལྟ་སྨོས་སུ་ཡང་མེད་པ་དེ་ལྟར་སྤྱད་པར་བྱའོ། །གསོལ་པ། ཡོ་བྱད་དེ་དག་གང་ལགས། བཅོམ་ལྡན་འདས་ཀྱིས་བཀའ་སྩལ་པ། སྦྱིན་པའི་ཕ་རོལ་ཏུ་ཕྱིན་པ་ནི་ཡོ་བྱད་དོ། །ཚུལ་ཁྲིམས་ཀྱི་ཕ་རོལ་ཏུ་ཕྱིན་པ་ནི་ཡོ་བྱད་དོ།

བཟོད་པའི་ཕ་རོལ་ཏུ་ཕྱིན་པ་ནི་ཡོ་བྱད་དོ། །བརྩོན་འགྲུས་ཀྱི་ཕ་རོལ་ཏུ་ཕྱིན་པ་ནི་ཡོ་བྱད་དོ། །བསམ་གཏན་གྱི་ཕ་རོལ་ཏུ་ཕྱིན་པ་ནི་ཡོ་བྱད་དོ། །ཤེས་རབ་ཀྱི་ཕ་རོལ་ཏུ་ཕྱིན་པ་ནི་ཡོ་བྱད་དོ། །ནང་སྟོང་པ་ཉིད་ནི་ཡོ་བྱད་དོ། །ཕྱི་སྟོང་པ་ཉིད་ནི་ཡོ་བྱད་དོ། །ཕྱི་ནང་སྟོང་པ་ཉིད་ནི་ཡོ་བྱད་དོ། །སྟོང་པ་ཉིད་སྟོང་པ་ཉིད་ནི་ཡོ་བྱད་དོ། །ཆེན་པོ་སྟོང་པ་ཉིད་ནི་ཡོ་བྱད་དོ། །དོན་དམ་པ་སྟོང་པ་ཉིད་ནི་ཡོ་བྱད་དོ། །འདུས་བྱས་སྟོང་པ་ཉིད་ནི་ཡོ་བྱད་དོ། །འདུས་མ་བྱས་སྟོང་པ་ཉིད་ནི་ཡོ་བྱད་དོ། །མཐའ་ལས་འདས་པ་སྟོང་པ་ཉིད་ནི་ཡོ་བྱད་དོ། །ཐོག་མ་དང་ཐ་མ་མེད་པ་སྟོང་པ་ཉིད་ནི་ཡོ་བྱད་དོ། །དོར་བ་མེད་པ་སྟོང་པ་ཉིད་ནི་ཡོ་བྱད་དོ། །རང་བཞིན་སྟོང་པ་ཉིད་ནི་ཡོ་བྱད་དོ། །ཆོས་ཐམས་ཅད་སྟོང་པ་ཉིད་ནི་ཡོ་བྱད་དོ། །རང་གི་①མཚན་ཉིད་སྟོང་པ་ཉིད་ནི་ཡོ་བྱད་དོ། །མི་དམིགས་པ་སྟོང་པ་ཉིད་ནི་ཡོ་བྱད་དོ། །དངོས་པོ་མེད་པ་སྟོང་པ་ཉིད་ནི་ཡོ་བྱད་དོ། །ངོ་བོ་ཉིད་སྟོང་པ་ཉིད་ནི་ཡོ་བྱད་དོ། །དངོས་པོ་མེད་པའི་ངོ་བོ་ཉིད་སྟོང་པ་ཉིད་ནི་ཡོ་བྱད་དོ། །དྲན་པ་ཉེ་བར་གཞག་པ་རྣམས་ནི་ཡོ་བྱད་དོ། །ཡང་དག་པར་སྤོང་བ་རྣམས་ནི་ཡོ་བྱད་དོ། །རྫུ་འཕྲུལ་གྱི་རྐང་པ་རྣམས་ནི་ཡོ་བྱད་དོ། །དབང་པོ་རྣམས་ནི་ཡོ་བྱད་དོ། །སྟོབས་རྣམས་ནི་ཡོ་བྱད་དོ། །བྱང་ཆུབ་ཀྱི་ཡན་ལག་རྣམས་ནི་ཡོ་བྱད་དོ། །འཕགས་པའི་ལམ་ཡན་ལག་བརྒྱད་པ་ནི་ཡོ་བྱད་དོ། །འཕགས་པའི་བདེན་པ་རྣམས་ནི་ཡོ་བྱད་དོ། །བསམ་གཏན་རྣམས་ནི་ཡོ་བྱད་དོ། །ཚད་མེད་པ་རྣམས་ནི་ཡོ་བྱད་དོ། །གཟུགས་མེད་པའི་སྙོམས་པར་འཇུག་པ་རྣམས་ནི་ཡོ་བྱད་དོ། །རྣམ་པར་ཐར་པ་རྣམས་ནི་ཡོ་བྱད་དོ། །མཐར་གྱིས་གནས་པའི་སྙོམས་པར་འཇུག་པ་རྣམས་ནི་ཡོ་བྱད་དོ། །རྣམ་པར་ཐར་པའི་སྒོ་སྟོང་པ་ཉིད་དང་། མཚན་མ་མེད་པ་དང་། སྨོན་པ་

མྱེད་པ་ནི་ཡོ་བྱད་དོ། །མངོན་པར་ཤེས་པ་རྣམས་ནི་ཡོ་བྱད་དོ། །ཏིང་ངེ་
འཛིན་རྣམས་ནི་ཡོ་བྱད་དོ། །གཟུངས་ཀྱི་སྒོ་རྣམས་ནི་ཡོ་བྱད་དོ། །དེ་བཞིན་
གཤེགས་པའི་སྟོབས་རྣམས་ནི་ཡོ་བྱད་དོ། །མི་འཇིགས་པ་རྣམས་ནི་ཡོ་བྱད་དོ། །
སོ་སོ་ཡང་དག་པར་རིག་པ་རྣམས་ནི་ཡོ་བྱད་དོ། །[༡]སྙིང་རྗེ་ཆེན་པོ་ནི་ཡོ་བྱད་དོ། །
སངས་རྒྱས་ཀྱི་ཆོས་མ་འདྲེས་པ་རྣམས་[༢]ནི་ཡོ་བྱད་དོ། །དེ་དག་ནི་ཡོ་བྱད་དེ་ཡོ་
བྱད་དེ་དག་གིས་སེམས་ཅན་རྣམས་ཡོངས་སུ་བསྐྱུས་ཤིང་། རིམ་གྱིས་ཉན་ཐོས་
ཀྱི་ཐེག་པའམ། རང་སངས་རྒྱས་ཀྱི་ཐེག་པའམ། ཐེག་པ་ཆེན་པོ་འམ།
ཐེག་པ་གསུམ་པོ་དེ་དག་གིས་ཡོངས་སུ་མྱ་ངན་ལས་ཟློ་སྟེ། རབ་འབྱོར་དེ་ལྟར་[༣]
བྱང་ཆུབ་སེམས་དཔའ་སེམས་དཔའ་ཆེན་པོ་བསམ་གཏན་གྱི་ཕ་རོལ་ཏུ་ཕྱིན་པ་ལ་
གནས་ཤིང་། སྦྱིན་པའི་ཕ་རོལ་ཏུ་ཕྱིན་པས་སེམས་ཅན་རྣམས་ཡོངས་སུ་སྨྱུད་པ་
ཡིན་ནོ། །རབ་འབྱོར་ཇི་ལྟར་ན་བྱང་ཆུབ་སེམས་དཔའ་སེམས་དཔའ་ཆེན་པོ་
བསམ་གཏན་གྱི་ཕ་རོལ་ཏུ་ཕྱིན་པ་ལ་སྤྱོད་ཅིང་། ཚུལ་ཁྲིམས་ཀྱི་ཕ་རོལ་ཏུ་ཕྱིན་
པ་ལ་སེམས་ཅན་རྣམས་སྦྱོར་བ་ཡིན་ཞེ་ན། རབ་འབྱོར་འདི་ལ་བྱང་ཆུབ་སེམས་
དཔའ་སེམས་དཔའ་ཆེན་པོ་བསམ་གཏན་གྱི་ཕ་རོལ་ཏུ་ཕྱིན་པ་ལ་གནས་ཤིང་
སེམས་ཅན་རྣམས་ལ་འདི་སྐད་དུ་ཚུར་ཤོག །རིགས་ཀྱི་བུ་དག་ཚུལ་ཁྲིམས་
སྲུངས་[༤]ཤིག །ངས་ཁྱེད་ཟས་དང་། སྐོམ་དང་། གོས་དང་། བཞོན་པ་
དང་། མལ་ཆ་དང་། མེ་ཏོག་དང་། བདུག་སྤོས་དང་། སྤོས་དང་
ཕྲེང་བ་དང་། བྱུག་པ་དང་། ཁྱིམ་དང་། ནོར་དང་། འབྲུ་དང་
ནོར་བུ་དང་། མུ་ཏིག་དང་། བཻ་ཌཱུརྻ་དང་། དུང་དང་། མན་ཤེལ་དང་
བྱི་[༥]རུ་དང་། གསེར་དང་། དངུལ་དང་། མྱིའི་རྒྱེན་དང་། ཡོ་བྱད་གང
ཅི་[༦]ཡང་རུང་བའི་བར་གྱིས་ཐོངས་[༧]པ་མྱེད་པར་བྱའོ། །ཁྱེད་ཀྱང་ཐོངས་པའི་

ཕྱིར་ཚུལ་ཁྲིམས་ངན་པ་ལ་སྤྱོད་པར་གྱུར་ཀྱང་ན། ཟས་དང་། སྐོམ་དང་། གོས་དང་། བཞོན་པ་དང་། མལ་ཆ་དང་། མེ་ཏོག་དང་། བདུག[1]སྤོས་དང་། སྤོས་དང་། ཕྲེང་བ་དང་། བྱུག་པ་དང་། ཁྱིམ་དང་། ནོར་དང་། འབྲུ་དང་། ནོར་བུ་དང་། མུ་ཏིག་དང་། བཻ་ཌཱུརྱ་དང་། དུང་དང་། མན་ཤེལ་དང་། བྱི[2]རུ་དང་། གསེར་དང་། དངུལ་དང་། མྱིའི་རྐྱེན་དང་། ཡོ་བྱད་གང་ཅི[3]ཡང་རུང་བའི[4]རིན་པོ་ཆེ་སྣ་བདུན་གྱི་བར་གྱིས་ཕོངས་པ་མྱེད་པར་བྱས[5]། ཁྲིད་སྡོམ[6]པའི་ཚུལ་ཁྲིམས་ལ་གནོས[7]ལ། རིམ་གྱིས་ཉན་ཐོས་ཀྱི་ཐེག་པའམ། རང་སངས་རྒྱས་ཀྱི[8]ཐེག་པའམ། རྣམ་པ་ཐམས་ཅད་མཁྱེན་པ་ཉིད་ཀྱི་ཐེག་པའམ། ཐེག་པ་གསུམ་པོ་དེ་དག་གིས་སྡུག་བསྔལ་གྱི་མཐར་ཕྱིན་པར་གྱིས་ཤིག་ཅེས། བྱང་ཆུབ་སེམས་དཔའ་སེམས་དཔའ་ཆེན་པོ་དེ་བདག་ཉིད་ཀྱང་ཚུལ་ཁྲིམས་སྲུང་ངོ་། །གཞན་ཡང་ཚུལ་ཁྲིམས་ལ་སྦྱོར་རོ། །ཚུལ་ཁྲིམས་ཀྱི་ལེགས་པ་རྗོད་དོ། །སེམས་ཅན་གཞན་གང་ཚུལ་ཁྲིམས་སྲུང་བ་དེ་དག་གི[9]ལེགས་པ་རྗོད་ཅིང་མཐུན་པས་དགའ་བར་སྤྱོད་དོ[10]། །དེ་ལྟར་བྱང་ཆུབ་སེམས་དཔའ་སེམས་དཔའ་ཆེན་པོ་དེ་སེམས་ཅན་དེ་དག༑་དེ་ལྟར[11]ཚུལ་ཁྲིམས་ལ༑་སྦྱར་ཅིང[12]། ཚུལ་ཁྲིམས་ལ་རབ་ཏུ་བཀོད་དེ། རིམ་གྱིས་ཐེག་པ་གསུམ་པོས་ཡོངས་སུ་མྱ་ངན་ལས་ཟློ་སྟེ། རབ་འབྱོར་དེ་ལྟར་ན་བྱང་ཆུབ་སེམས་དཔའ་སེམས་དཔའ་ཆེན་པོ[13]བསམ་གཏན་གྱི་ཕ་རོལ་ཏུ་ཕྱིན་པ་ལ་གནས་ཤིང་། ཚུལ་ཁྲིམས་ཀྱི་ཕ་རོལ་ཏུ་ཕྱིན་པས[14]སེམས་ཅན་རྣམས་ཡོངས་སུ་སྡུད་པ་ཡིན་ནོ། །རབ་འབྱོར་ཇི་ལྟར་ན་བྱང་ཆུབ་སེམས་དཔའ་སེམས་དཔའ་ཆེན་པོ་བསམ་གཏན་གྱི་ཕ་རོལ་ཏུ་ཕྱིན་པ་ལ་སྤྱོད་ཅིང་། བཟོད་པའི་ཕ་རོལ་ཏུ་ཕྱིན་པ་ལ་སེམས་ཅན་རྣམས་སྦྱོར་བ་ཡིན་ཞེ་ན། རབ་འབྱོར་འདི་ལ་བྱང་ཆུབ་སེམས་

དཔའ་སེམས་དཔའ་ཆེན་པོ་བསམ་གཏན་གྱི་ཕ་རོལ་ཏུ་ཕྱིན་པ་ལ་གནས་ཤིང་། སེམས་ཅན་གང་ཁྲོ་བ་དང་གནོད་སེམས་སུ་བྱེད་པ་དག་མཐོང་ན། དེ་དག་ལ་འདི་སྐད་ཅེས་ཟེར་རོ། །[༡]རིགས་ཀྱི་བུ་དག་ཁྱེད་ཅིའི་རྒྱུས་གནོད་སེམས་སུ་བྱེད་པར་གྱུར། ༔གང་གིས་ཕོངས་ཤིང་གནོད་སེམས་སུ་བྱེད་པར་གྱུར་[༢]པ་དེ་དང་དེ་ང་ལས༔ཡོང་ཞིག[༣] །ངས་ཕྲེད་[༤]ཟས་དང་། སྐོམ་དང་། གོས་དང་། བཞོན་པ་དང་། མལ་ཆ་དང་། མེ་ཏོག་དང་། བདུག་སྤོས་དང་། སྤོས་དང་། ཕྲེང་བ་དང་། བྱུག་པ་དང་། ཁྱིམ་དང་། ནོར་དང་། འབྲུ་དང་། ནོར་བུ་དང་། མུ་ཏིག་དང་། བཻ་ཌཱུཪྻ་དང་། དུང་དང་། མན་[༥]ཤེལ་དང་། བྱི་[༦]རུ་དང་། གསེར་དང་། དངུལ་དང་། མིའི་རྐྱེན་དང་། ཡོ་བྱད་གང་ཅི་ཡང་རུང་བའི་བར་གྱིས་ཕོངས་པ་མེད་པར་བྱས[༧]། ཁྲོ་བ་དང་། གནོད་སེམས་མེད་པར་གྱིས་ཤིག་ཅེས་དེ་ལྟར་བྱང་ཆུབ་སེམས་དཔའ་སེམས་དཔའ་ཆེན་པོ་བསམ་གཏན་གྱི་ཕ་རོལ་ཏུ་ཕྱིན་པ་ལ་གནས་ཤིང་། སེམས་ཅན་དེ་དག་བཟོད་པ་ལ་སྦྱོར་ཏེ། འདི་སྐད་དུ་གཅུགས་[༨]གང་གིས་ཁྱེད་ཀྱིས་[༩]ཁྲོ་བ་སྐྱེ་བར་གྱུར་པ་དེ་ནི་སྙིང་པོ་མེད་པ་སྟེ། དེ་ལ་དངོས་པོ་གང་ཡང་མེད་དོ། །ཁྲོ་བ་དེ་ནི་ཡང་དག་པ་མ་ཡིན་པར་ཡོངས་སུ་བརྟགས་པ་སྟེ། དངོས་པོ་གང་གི་ཕྱིར་ཁྱེད་འཐབ་ཅིང་འཁོན་[༡༠]པ་དང་། གནོད་སེམས་སུ་བྱེད་པར་གྱུར་པ་དང་[༡༡]། [༡༢]དེ་ལྟར་ཁྱེད་[༡༣]འཐབས་ཤིང་འཁོན་[༡༤]ཏེ། གནོད་སེམས་སུ་གྱུར་ནས་དབྱིགས་[༡༥]པས་འགྱེད་པ་དང་། མཚོན་གྱིས་འདྲེ་བ་དང་། ཕན་ཚུན་གྱི་[༡༦]སྲོག་ལ་རྒོལ་[༡༧]བར་གྱུར་པའི༔དངོས་པོ་དེ་ལ་[༡༨]དངོས་པོའི་རང་བཞིན་གང་ཡང་མེད་ན། དེ་ལྟ་ཡིན་ཡང་ཁྱེད་ཡང་དག་པ་མ་ཡིན་པའི་ཡོངས་སུ་རྟོག་པས་འཁྲུགས་ན་[༡༩]སེམས་ཅན་དམྱལ་བ་དག་ཏུ་ལྟུང་བར་འགྱུར། དུད་འགྲོའི་སྐྱེ་གནས་དག་ཏུ་ལྟུང་བར་

འགྱུར། གཉིན་རྗེའི་འཇིག་རྟེན་དག་ཏུ་ལྟུང་བར་འགྱུར། དེ་མ་ཡིན་པའི་ངན་སོང་གཞན་དག་ཏུ་ཡང་ཕྱེད་[1]སྡུག་བསྔལ་མི་བཟད་[2]པ་[3]ཚ་ཞིང་རྩུབ་ལ་ཡིད་དུ་མི་འོང་བའི་ཚོར་བ་ཉམས་སུ་མྱོང་བར་འགྱུར་གྱིས[4]། སྐྱེས་བུ་ཕྱེད་རྣམས་དངོས་པོ་མེད་པའི་ཆོས་ཀྱི་[5]དོན་དུ་ལས་གང་ཡོངས་སུ་བཟུང་བས། མིར་སྐྱེ་བ་ཡང་འཐོབ་[6]པར་མི་འགྱུར་ན། སངས་རྒྱས་འབྱུང་[7]བ་དང་ཕྲད་པར་འགྱུར་བ་ལྟ་སྨོས་སུ་ཡང་[8]མེད་པ[9]། དེ་ལྟ་བུའི་ལས་ཡོངས་སུ་མ་འཛིན་ཅིག །གྲོགས་པོ་དག་སངས་རྒྱས་འབྱུང་བ་ནི་དཀོན་ནོ། །མིར་སྐྱེ་བ་འཐོབ་[10]པ་ནི་དཀོན་ནོ། །དལ་བ་ཕུན་སུམ་ཚོགས་[11]པ་ནི་དཀོན་ནོ། །འཁོར་བ་ལས་ཐར་པ་ནི་དཀོན་ནོ། །དེ་ལྟ་ཡིན་གྱིས་[12]དལ་བ་འདི་དོན་མེད་པར་མ་བྱེད་ཤིག[13] །མི་ཕོམ་པར་གྱུར་ཅིང་གསོར་མི་རུང་བར་གྱུར་ཏ་རེ་ཞེས་དེ་ལ་བྱང་ཆུབ་སེམས་དཔའ་སེམས་དཔའ་ཆེན་པོ་བདག་ཉིད་ཀྱང་བཟོད་པ་[14]སྒྲུབ་བོ། །གཞན་ཡང་བཟོད་པ་ལ་ཡང་དག་པར་སྐུལ་ལོ། །བཟོད་པའི་ལེགས་པ་བརྗོད་དོ། །སེམས་ཅན་གཞན་གང་བཟོད་པ་སྒོམ་པ་དེ་དག་གི་[15]ལེགས་པ་བརྗོད་ཅིང་མཐུན་པས་དགའ་བར་སྨྲ་དོ། །དེ་ལྟར་བྱང་ཆུབ་སེམས་དཔའ་སེམས་དཔའ་ཆེན་པོ་དེ་སེམས་ཅན་དེ་དག་དེ་ལྟར་བཟོད་པ་ལ་སྦྱོར་ཅིང་[16]། བཟོད་པ་ལ་རབ་ཏུ་བཀོད་དེ། རིམ་གྱིས་ཐེག་པ་གསུམ་པོས་ཡོངས་སུ་མྱ་ངན་ལས་ཟློ་སྟེ། རབ་འབྱོར་དེ་ལྟར་ན་བྱང་ཆུབ་སེམས་དཔའ་སེམས་དཔའ་ཆེན་པོ་བསམ་གཏན་གྱི་ཕ་རོལ་ཏུ་ཕྱིན་པ་ལ་གནས་ཤིང་། བཟོད་པའི་ཕ་རོལ་ཏུ་ཕྱིན་པས་སེམས་ཅན་རྣམས་ཡོངས་སུ་སྡུད་པ་ཡིན་ནོ། །རབ་འབྱོར་ཇི་ལྟར་ན་བྱང་ཆུབ་སེམས་དཔའ་སེམས་དཔའ་ཆེན་པོ་བསམ་གཏན་གྱི་ཕ་རོལ་ཏུ་ཕྱིན་པ་ལ་སྤྱོད་ཅིང་། སེམས་ཅན་རྣམས་བརྩོན་འགྲུས་ཀྱི་ཕ་རོལ་ཏུ་ཕྱིན་པ་ལ་སྦྱོར་བ་ཡིན་ཞེ་ན། རབ་འབྱོར་འདི་ལ་བྱང་ཆུབ་སེམས་དཔའ་སེམས་

དཔའ་ཆེན་པོ་སེམས་ཅན་ལེ་ལོ་ཅན་བརྩོན་འགྲུས་ཆུང་བ་དག་མཐོང་ན། འདི་སྐད་དུ་ཁྱེད་ཅིའི་ཕྱིར་ལེ་ལོ་བྱེད་ཅེས༔ རྗོད་དོ[1]། །དེ་དག་རྒྱེན་དང་མི་ལྡན་པའི་ཕྱིར་རོ་ཞེས་ཟེར་ན། དེ་ལ་བྱང་ཆུབ་སེམས་དཔའ་སེམས་དཔའ་ཆེན་པོ་བསམ་གཏན་གྱི་ཕ་རོལ་ཏུ་ཕྱིན་པ་ལ་[2]སྤྱོད་ཅིང་། སེམས་ཅན་དེ་དག་ལ་འདི་སྐད་ཅེས་ཟེར་ཏེ[3]། ཀྱེ་སྐྱེས་བུ་དག་ངས་སྦྱིན་པའི་རྒྱེན་ཏམ། ཚུལ་ཁྲིམས་ཀྱི་རྒྱེན་ཏམ༑ བཟོད་པའི་རྒྱེན་ཏམ། གཞན་ཡང་རྣམ་པ་གང་དང་གང་གིས་བརྩོན་འགྲུས་བརྩམ་[4]དུ་རུང་བ་དེ་དག་ཁྱེད་[5]ལ་ངས་ཉེ་བར་བསྒྲུབ་པར་བྱས[6]། བརྩོན་འགྲུས་རྩོམས་[7]ཤིག་ཅེས་ནས་སེམས་ཅན་དེ་དག་བྱང་ཆུབ་སེམས་དཔའ་སེམས་དཔའ་ཆེན་པོ་དེའི་ཡོ་བྱད་ལ་སྤྱོད་ཅིང་། ལུས་སམ་སེམས་ཀྱི་བརྩོན་འགྲུས་རྩོམ་སྟེ། དེ་དག་ལུས་དང་སེམས་ཀྱི་བརྩོན་འགྲུས་ཀྱིས་[8]དགེ་བའི་ཆོས་ཐམས་ཅད་ཡོངས་སུ་རྫོགས་པར་བྱེད་དེ[9]། དགེ་བའི་ཆོས་དེ་དག་གིས་འཕགས་པ་ཟག་པ་མེད་པའི་ཆོས་རྣམས་སྒོམ་མོ། །དེ་དག་བསྒོམས་[10]པས་རྒྱུན་དུ་ཞུགས་པའི་འབྲས་བུ་འཐོབ་པོ། །ལན་ཅིག་ཕྱིར་འོང་བའི་འབྲས་བུ་འཐོབ་པོ། །ཕྱིར་མི་འོང་བའི་འབྲས་བུ་འཐོབ་པོ། །དགྲ་བཅོམ་པ་ཉིད་འཐོབ་པོ། །རང་བྱང་ཆུབ་འཐོབ་པོ། །བླ་ན་མེད་པ་ཡང་དག་པར་རྫོགས་པའི་བྱང་ཆུབ་ཏུ་མངོན་པར་རྫོགས་པར་འཚང་རྒྱའོ། །དེ་ལ་བྱང་ཆུབ་སེམས་དཔའ་སེམས་དཔའ་ཆེན་པོ་བདག་ཉིད་ཀྱང་བརྩོན་འགྲུས་རྩོམ་མོ། །གཞན་ཡང་བརྩོན་འགྲུས་ལ་ཡང་དག་པར་སྐུལ་ལོ། །བརྩོན་འགྲུས་ཀྱི་ལེགས་པ་རྗོད་དོ། །སེམས་ཅན་གཞན་གང་[11]བརྩོན་འགྲུས་རྩོམ་པ་དེ་དག་གི་[12]ལེགས་པ་རྗོད་ཅིང་མཐུན་པས་དགའ་བར་སྤྱོད་དོ། །དེ་ལྟར་བྱང་ཆུབ་སེམས་དཔའ་སེམས་དཔའ་ཆེན་པོ་དེ་[13]སེམས་ཅན་དེ་དག་འདི་ལྟར་བརྩོན་འགྲུས་ལ༔ རབ་ཏུ་[14]སྦྱར་ཅིང་[15]། ༔བརྩོན་འགྲུས་ལ་རབ་ཏུ་བཀོད་དེ།[16]

རིམ་གྱིས་ཐེག་པ་གསུམ་པོས་ཡོངས་སུ་མྱ་ངན་ལས་ཟློ་སྟེ། རབ་འབྱོར་དེ་ལྟར་ན་བྱང་ཆུབ་སེམས་དཔའ་སེམས་དཔའ་ཆེན་པོ་བསམ་གཏན་གྱི་ཕ་རོལ་ཏུ་ཕྱིན་པ་ལ་གནས་ཤིང་། བརྩོན་འགྲུས་ཀྱི་ཕ་རོལ་ཏུ་ཕྱིན་པས་སེམས་ཅན་རྣམས་ཡོངས་སུ་སྡུད་པ་ཡིན་ནོ། །རབ་འབྱོར་ཇི་ལྟར་ན་བྱང་ཆུབ་སེམས་དཔའ་སེམས་དཔའ་ཆེན་པོ་བསམ་གཏན་གྱི་ཕ་རོལ་ཏུ་ཕྱིན་པ་ལ་སྤྱོད་ཅིང་། བསམ་གཏན་གྱི་ཕ་རོལ་ཏུ་ཕྱིན་པ་ལ་སེམས་ཅན་རྣམས་སྤྱོར་བ་ཡིན་ཞེ་ན། རབ་འབྱོར་འདི་ལ་བྱང་ཆུབ་སེམས་དཔའ་སེམས་དཔའ་ཆེན་པོས་སེམས་གཡེངས་པར་གྱུར་པའི་སེམས་ཅན་དག་མཐོང་ན། འདི་སྐད་དུ་སེམས་ཅན་ཁྱེད་ཅིའི་ཕྱིར་བསམ་གཏན་ལ་མཉམ་པར་མི་གཞོག[1] ཅེས་ཟེར་དོ[2]། །དེ་དག་རྐྱེན་དང་མི་ལྡན་པའི་ཕྱིར་རོ་ཞེས་ཟེར་ན། དེ་ལ་བྱང་ཆུབ་སེམས་དཔའ་སེམས་དཔའ་ཆེན་པོ་དེ་སེམས་ཅན་དེ་དག་ལ་འདི་སྐད་དུ་འདེམས[3] ཏེ། ཀྱེ་སེམས་ཅན་དག[4] ངས་ཁྱེད[5] རྐྱེན་གང་དང་གང་གིས་ཁྱེད་ནང་གི་ཆོས་ལ་རྣམ་པར་རྟོག་པར་མི་འགྱུར་བ་དེ་ལྟ་བུའི་རྐྱེན་ཉེ་བར་བསྒྲུབ་པར་བྱའོ་ཞེས་ནས[6]། བྱང་ཆུབ་སེམས་དཔའ་སེམས་དཔའ་ཆེན་པོ་དེ་སེམས་ཅན་དེ་དག་ལ་རྐྱེན་གང་དང་གང་ཉེ་བར་བསྒྲུབས[7] པས་རྣམ་པར་རྟོག་པར་མི་འགྱུར་བ་དེ་ལྟ་བུའི་རྐྱེན་ཉེ་བར་སྒྲུབ་སྟེ[8]། དེའི་ཕྱིར་དེ་དག་རྣམ་པར་རྟོག་པ་ཆད་ནས། བསམ་གཏན་དང་པོ་ལ་སྙོམས་པར་འཇུག་གོ། །བསམ་གཏན་གཉིས་པ་ལ་སྙོམས་པར་འཇུག་གོ། །བསམ་གཏན་གསུམ་པ་ལ་སྙོམས་པར་འཇུག་གོ། །བསམ་གཏན་བཞི་པ་ལ་སྙོམས་པར་འཇུག་གོ། །བྱམས་པ་ལ་སྙོམས་པར་འཇུག་གོ། །སྙིང་རྗེ[9] ལ་སྙོམས་པར་འཇུག་གོ། །དགའ་བ་ལ་སྙོམས་པར་འཇུག་གོ། །བཏང་སྙོམས་ལ་སྙོམས་པར་འཇུག་གོ། །གཟུགས་མེད་པའི་སྙོམས་པར་འཇུག་པ་བཞི་ལ་སྙོམས་པར་འཇུག་གོ། །དེ་དག་བསམ་

གཏན་དང་། ཚད་མེད་པ་དང་། གཟུགས་མེད་པའི་སྙོམས་པར་འཇུག་པ་དེ་དག་གིས་སེམས་དུལ་བར་གྱུར་པས[༡]། དྲན་པ་ཉེ་བར་གཞག་པ་བཞི་སྒོམ་མོ། །ཡང་དག་པར་སྤོང་བ་བཞི་སྒོམ་མོ། །རྫུ་འཕྲུལ་གྱི་རྐང་པ་བཞི་སྒོམ་མོ། །དབང་པོ་ལྔ་སྒོམ་མོ། །སྟོབས་ལྔ་སྒོམ་མོ། །བྱང་ཆུབ་ཀྱི་ཡན་ལག་བདུན་སྒོམ་མོ། །འཕགས་པའི་ལམ་ཡན་ལག་བརྒྱད་པ་སྒོམ[༢]མོ། །རྣམ་པར་ཐར་པའི་སྒོ་གསུམ་སྒོམ་མོ། །དེ་དག་བསྒོམས་པས་རིམ་གྱིས་ཐེག་པ་གསུམ་པོས་ཡོངས་སུ་མྱ་ངན་ལས་འདའ་སྟེ[༣]། དེ་ལ་ལ་ལ་ནི་བླ་ན་མེད་པ་ཡང་དག་པར་རྫོགས་པའི་བྱང་ཆུབ་ཀྱི་བར་དུ་བྱང་ཆུབ་ཀྱི་ལམ་ལས་ཡོངས་སུ[༤]མྱི་ཉམས་སྟེ[༥]། རབ་འབྱོར་དེ་ལྟར་ན་བྱང་ཆུབ་སེམས་དཔའ་སེམས་དཔའ་ཆེན་པོ་བསམ་གཏན་གྱི་ཕ་རོལ་ཏུ་ཕྱིན་པ་ལ་གནས་ཤིང་། ཏིང་ངེ་འཛིན་གྱི་ཕ་རོལ་ཏུ་ཕྱིན་པས་སེམས་ཅན་རྣམས་ཡོངས་སུ་སྨིན་པ་ཡིན་ནོ། །རབ་འབྱོར་ཇི་ལྟར་ན་བྱང་ཆུབ་སེམས་དཔའ་སེམས་དཔའ་ཆེན་པོ་བསམ་གཏན་གྱི་ཕ་རོལ་ཏུ་ཕྱིན་པ་ལ་སྤྱོད་ཅིང་། ཤེས་རབ་ཀྱི་ཕ་རོལ་ཏུ་ཕྱིན་པས་སེམས་ཅན་རྣམས་ཡོངས་སུ་སྨིན[༦]པ་ཡིན་ཞེ་ན[༧]། རབ་འབྱོར་འདི་ལ་བྱང་ཆུབ་སེམས་དཔའ་སེམས་དཔའ་ཆེན་པོ་བསམ་གཏན་གྱི་ཕ་རོལ་ཏུ་ཕྱིན་པ་ལ་གནས་ཤིང་། ཤེས་རབ་འཆལ་པར་གྱུར་པའི་སེམས་ཅན་དག་མཐོང་ན། འདི་སྐད་དུ་སེམས་ཅན་ཁྱེད་ཅིའི་ཕྱིར་ཤེས་རབ་མྱི་སྒོམ་ཞེས་རྗོད་དེ། དེ་དག་རྐྱེན་དང་མྱི་ལྡན་པའི་ཕྱིར་རོ་ཞེས་ཟེར་ན། དེ་ལ་བྱང་ཆུབ་སེམས་དཔའ་སེམས་དཔའ་ཆེན་པོ་བསམ་གཏན་གྱི་ཕ་རོལ་ཏུ་ཕྱིན་པ་ལ་གནས་ཤིང་། སེམས་ཅན་དེ་དག་ལ་འདི་སྐད་དུ་འདེམས[༨]ཏེ། ང[༩]ལས་ཡོ་བྱད་རྣམས་ལོང[༡༠]ལ་སྦྱིན་པ་བྱིན་ཅིག །ཚུལ་ཁྲིམས་སྲུངས[༡༡]ཤིག །བཟོད་པ་སྒོམས[༡༢]ཤིག །བརྩོན་འགྲུས་རྩོམས[༡༣]ཤིག །ཏིང་ངེ་འཛིན་ལ་མཉམ་པར་ཞོག་ཤིག[༡༤] །རྣམ་པ་དེ་དག

ཡོངས་སུ་རྫོགས་པར་གྱིས་ལ། ཤེས་རབ་ཀྱི་ཕ་རོལ་ཏུ་ཕྱིན་པ་བསྒོམ་[༧]པ་ལ···བདག་གམ། སེམས་ཅན་ནམ། སྲོག་གམ། འགྲོ་བ་འམ། གསོ་[༣]བ་འམ། སྐྱེས་བུ་འམ། གང་ཟག་གམ། ཤེད་ཅན་ནམ། ཤེད་བདག་གམ། བྱེད་པ་པོ་འམ། ཚོར་བ་པོ་འམ། ཤེས་པ་པོ་འམ། མཐོང་བ་པོ་འམ། གཟུགས་སམ༑ ཚོར་བ་འམ། འདུ་ཤེས་སམ། འདུ་བྱེད་དམ། རྣམ་པར་ཤེས་པ་འམ༑ འདོད་པའི་ཁམས་སམ། གཟུགས་ཀྱི་ཁམས་སམ། གཟུགས་མེད···པའི་ཁམས་སམ། སྦྱིན་པའི་ཕ་རོལ་ཏུ་ཕྱིན་པའམ། ཚུལ་ཁྲིམས་ཀྱི་ཕ་རོལ་ཏུ་ཕྱིན་པའམ། བཟོད་པའི་ཕ་རོལ་ཏུ་ཕྱིན་པའམ། བརྩོན་འགྲུས་ཀྱི་ཕ་རོལ་ཏུ་ཕྱིན་པའམ། བསམ་གཏན་གྱི་ཕ་རོལ་ཏུ་ཕྱིན་པའམ། ཤེས་རབ་ཀྱི་ཕ་རོལ་ཏུ་ཕྱིན་པའམ། ནང་སྟོང་པ་ཉིད་དམ། ཕྱི་སྟོང་པ་ཉིད་དམ། ཕྱི་ནང་སྟོང་པ་ཉིད་དམ། སྟོང་པ་ཉིད་སྟོང་པ་ཉིད་དམ། ཆེན་པོ་སྟོང་པ་ཉིད་དམ། དོན་དམ་པ་སྟོང་པ་ཉིད་དམ། འདུས་བྱས་སྟོང་པ་ཉིད་དམ། འདུས་མ་བྱས་སྟོང་པ་ཉིད་དམ། མཐའ་ལས་འདས་པ་སྟོང་པ་ཉིད་དམ། ཐོག་མ་དང་ཐ་མ་མེད་པ་སྟོང་པ་ཉིད་དམ། དོར་བ་མེད་པ་སྟོང་པ་ཉིད་དམ། རང་བཞིན་སྟོང་པ···ཉིད་དམ། ཆོས་ཐམས་ཅད་སྟོང་པ་ཉིད་དམ། རང་གི་མཚན་ཉིད་སྟོང་པ····ཉིད་དམ། མི་དམིགས་པ་སྟོང་པ་ཉིད་དམ། དངོས་པོ་མེད་པ་སྟོང་པ་ཉིད···དམ༑ ངོ་བོ་ཉིད་སྟོང་པ་ཉིད་དམ། དངོས་པོ་མེད་པའི་ངོ་བོ་ཉིད་སྟོང་པ···ཉིད་དམ། དྲན་པ་ཉེ་བར་གཞག་པ་རྣམས་སམ། ཡང་དག་པར་སྤོང་བ··རྣམས་སམ། རྫུ་འཕྲུལ་གྱི་རྐང་པ་རྣམས་སམ། དབང་པོ་རྣམས་སམ། སྟོབས་རྣམས་སམ། བྱང་ཆུབ་ཀྱི་ཡན་ལག་རྣམས་སམ། འཕགས་པའི་ལམ···ཡན་ལག་བརྒྱད་པའམ། འཕགས་པའི་བདེན་པ་རྣམས་སམ། བསམ་གཏན་

རྣམས་སམ། ཚད་མེད་པ་རྣམས་སམ། གཟུགས་མེད་པའི་སྙོམས་པར་འཇུག་པ་རྣམས་སམ། རྣམ་པར་ཐར་པ་རྣམས་སམ། མཐར་གྱིས་གནས་པའི་སྙོམས་པར་འཇུག་པ་རྣམས་སམ། རྣམ་པར་ཐར་པའི་སྒོ་སྟོང་པ་ཉིད་དང་། མཚན་མ་མེད་པ་དང་། སྨོན་པ་མེད་པའམ། མངོན་པར་ཤེས་པ་རྣམས་སམ། ཏིང་ངེ་འཛིན་རྣམས་སམ། གཟུངས་ཀྱི་སྒོ་རྣམས་སམ། དེ་བཞིན་གཤེགས་པའི་སྟོབས་རྣམས་སམ། མི་འཇིགས་པ་རྣམས་སམ། སོ་སོ་ཡང་དག་པར་རིག་པ་རྣམས་སམ། བྱམས་པ་ཆེན་པོ་འམ། སྙིང་རྗེ་ཆེན་པོ་འམ། སངས་རྒྱས་ཀྱི་ཆོས་མ་འདྲེས་པ་རྣམས་སམ། རྒྱུན་དུ་ཞུགས་པའི་འབྲས་བུ་འམ། ལན་ཅིག་ཕྱིར་འོང་བའི་འབྲས་བུ་འམ། ཕྱིར་མི་འོང་བའི་འབྲས་བུ་འམ། དགྲ་བཅོམ་པ་ཉིད་དམ། རང་བྱང་ཆུབ་བམ[1]། ལམ་གྱི་རྣམ་པ་ཤེས་པ་ཉིད་དམ༑ བླ་ན་མེད་པ་ཡང་དག་པར་རྫོགས་པའི་བྱང་ཆུབ་བམ[2]། ཆོས་གང་ཡང་ཡོད་དམ་རྟོགས་[3]ཤིག་ཅེས་འདེམས་ཤིང་རྗེས་སུ་སྟོན་ཏེ[4]། དེས་བྱང་ཆུབ་སེམས་དཔའ་སེམས་དཔའ་ཆེན་པོ་དེ་ཤེས་རབ་ཀྱི་ཕ་རོལ་ཏུ་ཕྱིན་པ་ལ་སྤྱོད་པའི་ཚེ། ཆོས་གང་ལ་དམིགས་པས་མངོན་པར་ཞེན་པར་གྱུར་པ་དེ་ལྟ་བུའི་ཆོས་གང་ཡང་མི་དམིགས་ཏེ། དེ་ལ་མངོན་པར་ཞེན་པ་མེད་པས་ཆོས་གང་ཡང་སྐྱེ་བའམ། འགག་པའམ། ཀུན་ནས་ཉོན་མོངས་པའམ། རྣམ་པར་བྱང་བར་ཡང་དག་པར་རྗེས་སུ་མི་མཐོང་སྟེ། ཡང་དག་པར་རྗེས་སུ་མ་མཐོང་བས། འདི་ནི་སེམས་ཅན་དམྱལ་བ་པའོ། །འདི་ནི་ཕྱུགས་སོང་གི་སྐྱེ་གནས་པའོ། །འདི་ནི་གཤིན་རྗེའི་འཇིག་རྟེན་པའོ། །འདི་ནི་ལྷ་[5]མ་ཡིན་གྱི་རིས་སུ་གཏོགས་པའོ། །འདི་ནི་ལྷའོ། །འདི་ནི་མིའོ། །འདི་ནི་ཚུལ་ཁྲིམས་དང་ལྡན་པའོ། །འདི་ནི་ཚུལ་ཁྲིམས་ངན་པ་ཅན་ནོ། །འདི་ནི་རྒྱུན་དུ་ཞུགས་པའོ། །འདི་ནི་ལན་ཅིག་

ཕྱིར་འོང་བའོ། །འདི་ནི་ཕྱིར་མི་འོང་བའོ། །འདི་ནི་དགྲ་བཅོམ་པའོ། །འདི་ནི་①རང་སངས་རྒྱས་སོ། །འདི་ནི་བྱང་ཆུབ་སེམས་དཔའོ། །འདི་ནི་དེ་བཞིན་གཤེགས་པ་དགྲ་བཅོམ་པ་ཡང་དག་པར་རྫོགས་པའི་སངས་རྒྱས་སོ་ཞེས་བྱ་བར་རྣམ་པར་མི་རྟོག་སྟེ། རབ་འབྱོར་དེ་ལྟར་ན་བྱང་ཆུབ་སེམས་དཔའ་སེམས་དཔའ་ཆེན་པོ་བསམ་གཏན་གྱི་ཕ་རོལ་ཏུ་ཕྱིན་པ་ལ་གནས་ཤིང་། ཤེས་རབ་ཀྱི་ཕ་རོལ་ཏུ་ཕྱིན་པས་སེམས་ཅན་རྣམས་ཡོངས་སུ་སྡུད་པ་ཡིན་ནོ། །རབ་འབྱོར་ཇི་ལྟར་ན་བྱང་ཆུབ་སེམས་དཔའ་སེམས་དཔའ་ཆེན་པོ་ཤེས་རབ་ཀྱི་ཕ་རོལ་ཏུ་ཕྱིན་པ་ལ་སྤྱོད་ཅིང་། སྦྱིན་པའི་ཕ་རོལ་ཏུ་ཕྱིན་པས་སེམས་ཅན་རྣམས་ཡོངས་སུ་སྡུད་པ་ཡིན་ཞེ་ན། རབ་འབྱོར་འདི་ལ་བྱང་ཆུབ་སེམས་དཔའ་སེམས་དཔའ་ཆེན་པོ་ཤེས་རབ་ཀྱི་ཕ་རོལ་ཏུ་ཕྱིན་པ་ལ་གནས་ཤིང་། སེམས་ཅན་རྣམས་ལ་སྦྱིན་པ་ཡོངས་སུ་གཏོང་སྟེ། སྦྱིན་པ་ཡོངས་སུ་བཏང་②ནས་འདི་སྐད་དུ། རིགས་ཀྱི་བུ་དག་སྦྱིན་པ་དེ་ལ་③འཛིན་པས་མ་འཛིན་ཅིག །སྦྱིན་པ་ལ་འཛིན་པས་འཛིན་④ཅིང་། ལུས་གང་མངོན་པར་གྲུབ་པས། སྡུག་བསྔལ་མང་པོ་ཉམས་སུ་མྱོང་བར་འགྱུར་བ་དེ་ལྟ་བུའི་ལུས་མངོན་པར་གྲུབ་པ་རེ། རིགས་ཀྱི་བུ་འདི་ལ་དོན་དམ་པར་ན་⑤སྦྱིན་པ་ཡང་མེད། སྦྱིན་པའི་འབྲས་བུ་ཡང་མེད། སྦྱིན་པའི་བདག་པོ་ཡང་མེད། ལེན་པ་ཡང་མེད་དེ⑥། ཆོས་དེ་དག་ཐམས་ཅད་ནི་རང་བཞིན་གྱིས་སྟོང་ངོ་། །རང་བཞིན་གྱིས་སྟོང་པའི་ཆོས་ནི་འཛིན་པ་མེད་དེ། རང་བཞིན་⑦སྟོང་པ་ཉིད་ནི་གཟུང་དུ་མེད་པའོ་ཞེས་འདེམས་ཤིང་རྗེས་སུ་སྟོན་ཏེ། རབ་འབྱོར་དེ་ལྟར་⑧བྱང་ཆུབ་སེམས་དཔའ་སེམས་དཔའ་ཆེན་པོ་ཤེས་རབ་ཀྱི་ཕ་རོལ་ཏུ་ཕྱིན་པ་ལ་སྤྱོད་ཅིང་། སེམས་ཅན་རྣམས་ལ་སྦྱིན་པ་ཡོངས་སུ་གཏོང་ཡང་དེ་ལ་སྦྱིན་པར་⑨དམིགས་པ་མེད། སྦྱིན་པའི་བདག་པོར་དམིགས་པ་མེད།

ཞེན་པར་དམིགས་པ་མེད་དེ། འདི་ལྟ་སྟེ། ཤེས་རབ་ཀྱི་ཕ་རོལ་ཏུ་ཕྱིན་པ་འདི་ནི་དམིགས་སུ་མེད་པའི་ཕ་རོལ་ཏུ་ཕྱིན་པའོ། །དེ་ཆོས་གསུམ་པོ་དེ་དག་ཐམས་ཅད་ལ་མི་དམིགས་པས། སེམས་ཅན་རྣམས་རྒྱུན་དུ་ཞུགས་པའི་འབྲས་བུ་(༡)ལ་སྦྱོར་རོ། །ལན་ཅིག་ཕྱིར་འོང་བའི་འབྲས་བུ་(༢)ལ་སྦྱོར་རོ། །ཕྱིར་མི་འོང་བའི་འབྲས་བུ་ལ་སྦྱོར་རོ། །དགྲ་བཅོམ་པ་ཉིད་ལ་སྦྱོར་རོ། །རང་བྱང་ཆུབ་ལ་སྦྱོར་རོ། །བླ་ན་མེད་པ་ཡང་དག་པར་རྫོགས་པའི་བྱང་ཆུབ་ལ་སྦྱོར་རོ། །རབ་འབྱོར་དེ་ལྟར་བྱང་ཆུབ་སེམས་དཔའ་སེམས་དཔའ་ཆེན་པོ་ཤེས་རབ་ཀྱི་ཕ་རོལ་ཏུ་ཕྱིན་པ་ལ་སྦྱོར་(༣)ཅིང་། སྦྱིན་པའི་ཕ་རོལ་ཏུ་ཕྱིན་པས་སེམས་ཅན་རྣམས་ཡོངས་སུ་སྨིན་པར་བྱེད་དེ(༤)། དེ་བདག་ཉིད་ཀྱང་སྦྱིན་པ་ཡོངས་སུ་གཏོང་ངོ་། །གཞན་ཡང་སྦྱིན་པ་ལ་ཡང་དག་པར་སྐུལ་ལོ། །སྦྱིན་པའི་ལེགས་པ་བརྗོད་དོ། །སེམས་ཅན་གཞན་གང་སྦྱིན་པ་ཡོངས་སུ་གཏོང་བ་དེ་དག་གི་ཡང་ལེགས་པ་བརྗོད་ཅིང་མཐུན་པས་དགའ་བར་སྨྲོད་དོ། །དེ་ལྟར་བྱང་ཆུབ་སེམས་དཔའ་སེམས་དཔའ་ཆེན་པོ་དེ་ཡང་དེ་ལྟ་བུའི་སྦྱིན་པ་ཆེན་པོ་བྱིན་པས། རྒྱལ་རིགས་ཆེ་ཞིང་མཐོ་བ་དག་དང་སྐལ་བ་མཉམ་པར་སྐྱེའོ། །བྲམ་ཟེའི་རིགས་ཆེ་ཞིང་མཐོ་བ་དག་དང་སྐལ་བ་མཉམ་པར་སྐྱེའོ། །ཁྱིམ་བདག་གི་(༥)རིགས་ཆེ་ཞིང་མཐོ་བ་དག་དང་སྐལ་བ་མཉམ་(༦)པར་སྐྱེའོ། །ཁམས་ཀྱི་རྒྱལ་པོར་འགྱུར་རོ། །འཁོར་ལོས་སྒྱུར་བའི་རྒྱལ་སྲིད་འཛིན་པོ། །དེ་(༧)དེ་དག་ན་ཡང་སེམས་ཅན་རྣམས་བསྡུ་བའི་དངོས་པོ་བཞིས་ཡོངས་སུ་སྡུད་དེ(༨)། བཞི་གང་ཞེ་ན། སྦྱིན་པ་དང་། ཚིག་སྙན་པ་དང་། དོན་སྤྱོད་པ་(༩)དང་། དོན་མཐུན་པས་ཡོངས་སུ་སྡུད་དེ། (༡༠)དེ་ལྟར་སེམས་ཅན་སྦྱིན་པས་ཡོངས་སུ་བསྡུས་པ་དེ་དག་ཀྱང་རིམ་གྱིས་(༡༡)ཚུལ་ཁྲིམས་ལ་རབ་ཏུ་འགོད་དོ། །བཟོད་པ་ལ་རབ་ཏུ་འགོད་དོ། །བརྩོན་འགྲུས་ལ་རབ་

ཏུ་འགོད་དོ། །བསམ་གཏན་ལ་རབ་ཏུ་འགོད་དོ། །ཤེས་རབ་ལ་རབ་ཏུ་འགོད་དོ། །བསམ་གཏན་བཞི་ལ་རབ་ཏུ་འགོད་དོ། །ཚད་མེད་པ་བཞི་ལ་རབ་ཏུ་འགོད་དོ། །གཟུགས་མེད་པའི་སྙོམས་པར་འཇུག་པ་བཞི་ལ་རབ་ཏུ་འགོད་དོ། །དྲན་པ་ཉེ་བར་གཞག་པ་བཞི་ལ་རབ་ཏུ་འགོད་དོ། །ཡང་དག་པར་སྤོང་བ་བཞི་ལ་རབ་ཏུ་འགོད་དོ། །རྫུ་འཕྲུལ་གྱི་རྐང་པ་བཞི་ལ་རབ་ཏུ་འགོད་དོ། །དབང་པོ་ལྔ་ལ་རབ་ཏུ་འགོད་དོ། །སྟོབས་ལྔ་ལ་རབ་ཏུ་འགོད་དོ།། བྱང་ཆུབ་ཀྱི་ཡན་ལག་བདུན་[༡]ལ་རབ་ཏུ་འགོད་དོ། །འཕགས་པའི་ལམ་ཡན་ལག་བརྒྱད་པ་ལ་རབ་ཏུ་འགོད་དོ། །འཕགས་པའི་བདེན་པ་བཞི་ལ་རབ་ཏུ་འགོད་དོ། །རྣམ་པར་ཐར་པ་བརྒྱད་ལ་རབ་ཏུ་འགོད་དོ། །མཐར་གྱིས་གནས་པའི་སྙོམས་པར་འཇུག་པ་དགུ་ལ་རབ་ཏུ་འགོད་དོ། །རྣམ་པར་ཐར་པའི་སྒོ་སྟོང་པ་ཉིད་དང༌། མཚན་མ་མེད་པ་དང༌། སྨོན་པ་མེད་པ་ལ་རབ་ཏུ་འགོད་དོ། །མངོན་པར་ཤེས་པ་རྣམས་ལ་རབ་ཏུ་འགོད་དོ། །ཏིང་ངེ་འཛིན་རྣམས་ལ་རབ་ཏུ་འགོད་དོ། །གཟུངས་ཀྱི་སྒོ་རྣམས་ལ་རབ་ཏུ་འགོད་དོ། །[༢]ཡང་དག་པར་[༢]སྐྱོན་མེད་པར་འཇུག་པར༔ བྱེད་དོ[༣]། །རྒྱུན་ཏུ་ཞུགས་པའི་འབྲས་བུ་ཐོབ་པར་བྱེད་དོ། །ལན་ཅིག་ཕྱིར་འོང་བའི་འབྲས་བུ་ཐོབ་པར་བྱེད་དོ། །ཕྱིར་མི་འོང་བའི་འབྲས་བུ་ཐོབ་པར་བྱེད་དོ། །དགྲ་བཅོམ་པ་ཉིད་ཐོབ་པར་བྱེད་དོ། །རང་བྱང་ཆུབ་ཐོབ་པར་བྱེད་དོ། །[༤]བླ་ན་མེད་པ་ཡང་དག་པར་རྫོགས་པའི་བྱང་ཆུབ་ཏུ་ཡང་དག་པར་སྐྱེལ་བ་[༥]བྱེད་དོ། །ཀྱེ་སྐྱེས་བུ་དག་བླ་ན་མེད་པ་ཡང་དག་པར་རྫོགས་པའི་བྱང་ཆུབ་ནི་མངོན་པར་རྫོགས་པར་འཚང་རྒྱ་བར་མི་དཀའ་[༦]སྟེ། དེ་ལ་ཕྱིན་ཅི་ལོག་གིས་རྨོངས་པའི་སེམས་ཀྱིས་ཕོང་དུ་མ་ཆུད་པ་མ་གཏོགས་པར་ཆོས་གང་ལ་སེམས་ཅན་རྣམས་ཆགས་པར་གྱུར་པའི་ཆོས་དེ་ལྟ་བུ་གང་ཡང་ངོ་བོ་

ཉིད་ཀྱིས་ཡོད་པ་མེད་ཀྱིས་[1] དེ་ལྟ་བས་ན་ཕྱིན་ཅི་ལོག་གི་འཛིན་པ་ཐམས་ཅད་རྒྱུན་ཆོད་[2]ལ། འཁོར་བ་ལས་བདག་ཅག་ཀྱང་ཐར་བར་གྱིས་ཤིག །གཞན་ཡང་ཐར་བར་གྱིས་ཤིག །དེ་ལྟར་ན་ཁྱེད་བདག་ཅག་གི་དོན་དུ་ཡང་ཆེར་འགྱུར། གཞན་ཡང་དོན་ཆེན་པོ་ལ་འབྱོར་བར་འགྱུར་རོ་ཞེས་ཡང་དག་པར་སྐུལ་བ་བྱེད་དོ། །རབ་འབྱོར་དེ་ལྟར་བྱང་ཆུབ་སེམས་དཔའ་སེམས་དཔའ་ཆེན་པོས་[3] ཤེས་རབ་ཀྱི་ཕ་རོལ་ཏུ་ཕྱིན་པ་ལ་སྤྱད་པར་བྱ་སྟེ། དེ་ལྟར་སྤྱོད་པའི་ཚེ་ཅི་ནས་ཀྱང་སེམས་དང་པོ་བསྐྱེད་པ་ནས་ཉེ་བར་བཟུང་སྟེ། ནམ་ཡང་ངན་[4]སོང་དུ་མི་ལྟུང་བ་དང་། ནམ་ཡང་འཁོར་ལོས་སྒྱུར་བའི་རྒྱལ་པོ་མི་བྱེད་པར་མི་འགྱུར་བ་དེ་ལྟར་སྤྱོད་དོ། །དེ་ཅིའི་ཕྱིར་ཞེ་ན། ས་བོན་ཇི་ལྟ་བ་བཞིན་དུ་འབྲས་བུ་འབྱུང་སྟེ། འཁོར་ལོས་སྒྱུར་བའི་རྒྱལ་པོ་དེའི་དྲུང་དུ་སློང་མོ་པ་གང་ཇི་སྙེད་ཅིག་འོངས་ཀྱང་འཁོར་ལོས་སྒྱུར་བའི་རྒྱལ་པོ་དེ་འདི་སྙམ་དུ་སེམས་ཏེ། བདག་གིས་སེམས་ཅན་རྣམས་ཀྱི་དོན་མ་གཏོགས་པར་གཞན་གྱི་དོན་དུ་འཁོར་ལོས་སྒྱུར་བ་ཡོངས་སུ་མ་བཟུང་ངོ་ཞེས་ནས། དེ་འདི་སྐད་ཅེས་ཟེར་ཏེ། སུ་ཅི་འདོད་པ་དེ་ཁྱེད་[5]བྱིན་གྱིས་[6] འདི་ནི་ངའི་མ་ཡིན་གྱི་ཁྱེད་ཀྱིའོ། །ང་[7]ནི་ནང་གི་གཟུགས་ལ་ཡང་དོན་དུ་གཉེར་བ་མེད་ན། གཞན་ལྟ་ལ་ཅི་སྨོས་ཏེ། གཞན་དུ་ན་ངས་སེམས་ཅན་རྣམས་ཀྱི་དོན་དུ་འཁོར་བ་ཡོངས་སུ་བཟུང་གི། བདག་ནི་འཁོར་བ་དོན་དུ་གཉེར་པ་མ་ཡིན་ནོ་ཞེས་ཏེ[8]། དེ་སྙིང་བརྩེ་བས་སྙིང་རྗེ་ཆེན་པོ་ཡོངས་སུ་རྫོགས་པརཿབྱས་ཤིང་[9]། སྙིང་རྗེ་ཆེན་པོས་སེམས་ཅན་རྣམས་ཀྱི་དོན་བྱེད་ཀྱང་སེམས་ཅན་གང་[10]ཡོངས་སུ་གྲུབ་པ་དེ་ལྟ་བུ་མི་དམིགས་ཏེ[11]། གཞན་དུ་ན་[12]འདུ་ཤེས་དང་མིང་དང་བརྡའི་ཐ་སྙད་ཀྱིས་རྣམ་པར་སྤྱོད་དེ[13]། རྣམ་པར་སྤྱོད་པ་དེ་ཡང་སྒྲ་བརྙན་ལྟ་བུར་[14]རྣམ་པར་སྤྱད་དུ་མེད་པར་ཤེས་སོ། །རབ་འབྱོར་བྱང་ཆུབ

སེམས་དཔའ་སེམས་དཔའ་ཆེན་པོ་[༡] ཤེས་རབ་ཀྱི་ཕ་རོལ་ཏུ་ཕྱིན་པ་ལ་གནས་ཞིང་།
སྦྱིན་པའི་ཕ་རོལ་ཏུ་ཕྱིན་པ་ལ་དེ་ལྟར་སྤྱོད་པར་བྱ་སྟེ[༢]། སྤྱོད་པའི་ཚེ་ཅི་ནས་
ཀྱང་བདག་གི་ཞ་ཡན་ཆད་[༣] ཀྱང་སེམས་ཅན་རྣམས་ལ་ཡོངས་སུ་མ་བཏང་[༤] བ་
མེད་པར་བྱ་ན། ཕྱི་རོལ་གྱི་ཡོ་བྱད་གང་གིས་སེམས་ཅན་རྣམས་འཁོར་བ་ལས་
ཡོངས་སུ་ཐར་བར་བྱ་བ་དག་ལྟ་སྨོས་སུ་ཡང་མེད་པ་དེ་ལྟར་སྤྱོད་པར་བྱའོ། །
གསོལ་པ། ཡོ་བྱད་དེ་དག་གང་ལགས། བཅོམ་ལྡན་འདས་ཀྱིས་བཀའ་སྩལ་པ།
སྦྱིན་པའི་ཕ་རོལ་ཏུ་ཕྱིན་པ་ནི་ཡོ་བྱད་དོ། །ཚུལ་ཁྲིམས་ཀྱི་ཕ་རོལ་ཏུ་ཕྱིན་པ་ནི་
ཡོ་བྱད་དོ། །བཟོད་པའི་ཕ་རོལ་ཏུ་ཕྱིན་པ་ནི་ཡོ་བྱད་དོ། །བརྩོན་འགྲུས་ཀྱི་ཕ་
རོལ་ཏུ་ཕྱིན་པ་ནི་ཡོ་བྱད་དོ། །བསམ་གཏན་གྱི་ཕ་རོལ་ཏུ་ཕྱིན་པ་ནི་ཡོ་བྱད་དོ། །
ཤེས་རབ་ཀྱི་ཕ་རོལ་ཏུ་ཕྱིན་པ་ནི་ཡོ་བྱད་དོ། །ནང་སྟོང་པ་ཉིད་ནི་ཡོ་བྱད་དོ། །
ཕྱི་སྟོང་པ་ཉིད་ནི་ཡོ་བྱད་དོ། །ཕྱི་ནང་སྟོང་པ་ཉིད་ནི་ཡོ་བྱད་དོ། །སྟོང་པ་
ཉིད་སྟོང་པ་ཉིད་ནི་ཡོ་བྱད་དོ། །ཆེན་པོ་སྟོང་པ་ཉིད་ནི་ཡོ་བྱད་དོ། །དོན་
དམ་པ་སྟོང་པ་ཉིད་ནི་ཡོ་བྱད་དོ། །འདུས་བྱས་སྟོང་པ་ཉིད་ནི་ཡོ་བྱད་དོ། །
འདུས་མ་བྱས་སྟོང་པ་ཉིད་ནི་ཡོ་བྱད་དོ། །མཐའ་ལས་འདས་པ་སྟོང་པ་ཉིད་ནི་
ཡོ་བྱད་དོ། །ཐོག་མ་དང་ཐ་མ་མེད་པ་སྟོང་པ་ཉིད་ནི་ཡོ་བྱད་དོ། །དོར་བ་
མེད་པ་སྟོང་པ་ཉིད་ནི་ཡོ་བྱད་དོ། །རང་བཞིན་སྟོང་པ་ཉིད་ནི་ཡོ་བྱད་དོ། །
ཆོས་ཐམས་ཅད་སྟོང་པ་ཉིད་ནི་ཡོ་བྱད་དོ། །རང་གི་མཚན་ཉིད་སྟོང་པ་ཉིད་ནི་
ཡོ་བྱད་དོ། །མི་དམིགས་པ་སྟོང་པ་ཉིད་ནི་ཡོ་བྱད་དོ། །དངོས་པོ་མེད་པ་སྟོང་
པ་ཉིད་ནི་ཡོ་བྱད་དོ། །ངོ་བོ་ཉིད་སྟོང་པ་ཉིད་ནི་ཡོ་བྱད་དོ། །དངོས་པོ་མེད་
པའི་ངོ་བོ་ཉིད་སྟོང་པ་ཉིད་ནི་ཡོ་བྱད་དོ། །དྲན་པ་ཉེ་བར་གཞག་པ་རྣམས་ནི་ཡོ་
བྱད་དོ། །ཡང་དག་པར་སྤོང་བ་རྣམས་ནི་ཡོ་བྱད་དོ། །རྫུ་འཕྲུལ་གྱི་རྐང་པ་

རྣམས་ནི་ཡོ་བྱད་དོ། །དབང་པོ་རྣམས་ནི་ཡོ་བྱད་དོ། །སྟོབས་རྣམས་ནི་ཡོ་བྱད་དོ། །བྱང་ཆུབ་ཀྱི་ཡན་ལག་རྣམས་ནི་ཡོ་བྱད་དོ། །འཕགས་པའི་ལམ་ཡན་ལག་བརྒྱད་པ་ནི་ཡོ་བྱད་དོ། །འཕགས་པའི་བདེན་པ་རྣམས་ནི་ཡོ་བྱད་དོ། །བསམ་གཏན་རྣམས་ནི་ཡོ་བྱད་དོ། །ཚད་མེད་པ་རྣམས་ནི་ཡོ་བྱད་དོ། །གཟུགས་མེད་པའི་སྙོམས་པར་འཇུག་པ་རྣམས་ནི་ཡོ་བྱད་དོ། །རྣམ་པར་ཐར་པ་རྣམས་ནི་ཡོ་བྱད་དོ། །མཐར་གྱིས་གནས་པའི་སྙོམས་པར་[༡]འཇུག་པ་རྣམས་ནི་ཡོ་བྱད་དོ། །རྣམ་པར་ཐར་པའི་སྒོ་སྟོང་པ་ཉིད་དང་། མཚན་མ་མེད་པ་དང་། སྨོན་པ་མེད་པ་ནི་ཡོ་བྱད་དོ། །མངོན་པར་ཤེས་པ་རྣམས་ནི་ཡོ་བྱད་དོ། །ཏིང་ངེ་འཛིན་རྣམས་ནི་ཡོ་བྱད་དོ། །གཟུངས་ཀྱི་སྒོ་རྣམས་ནི་ཡོ་བྱད་དོ། །དེ་བཞིན་གཤེགས་པའི་སྟོབས་རྣམས་ནི་ཡོ་བྱད་དོ། །མི་འཇིགས་པ་རྣམས་ནི་ཡོ་བྱད་དོ། །སོ་སོ་ཡང་དག་པར་རིག་པ་རྣམས་ནི་ཡོ་བྱད་དོ། །[༢]སྙིང་རྗེ་ཆེན་པོ་ནི་ཡོ་བྱད་དོ། །སངས་རྒྱས་ཀྱི་ཆོས་མ་འདྲེས་པ་རྣམས་ནི་ཡོ་བྱད་དོ[༣]། །དེ་དག་ནི་ཡོ་བྱད་དོ[༤]། །ཡོ་བྱད་དེ་[༥]དག་གིས་[༦]སེམས་ཅན་རྣམས་ཡོངས་སུ་བསྡུས་ཤིང་། རིམ་གྱིས་ཉན་ཐོས་ཀྱི་ཐེག་པའམ། རང་སངས་རྒྱས་[༧]ཀྱི་ཐེག་པའམ། ཐེག་པ་ཆེན་པོ་འམ། ཐེག་པ་གསུམ་པོ་དེ་དག་གིས་ཡོངས་སུ་མྱ་ངན་ལས་ཟློ་སྟེ། རབ་འབྱོར་དེ་ལྟར་ན་བྱང་ཆུབ་སེམས་དཔའ་སེམས་དཔའ་ཆེན་པོ་ཤེས་རབ་ཀྱི་ཕ་རོལ་ཏུ་ཕྱིན་པ་ལ་གནས་ཤིང་། སྦྱིན་པའི་ཕ་རོལ་ཏུ་ཕྱིན་པས་སེམས་ཅན་རྣམས་ཡོངས་སུ་སྡུད་པ་ཡིན་ནོ།། །།

ཤེས་རབ་ཀྱི་ཕ་རོལ་ཏུ་ཕྱིནད་པ་སྟོང་ཕྲག་བརྒྱ་པ། བམ་པོ་བཅོ་བརྒྱད་[༡]པ༔ རབ་འབྱོར་ཇི་ལྟར་ན་བྱང་ཆུབ་སེམས་དཔའ་སེམས་དཔའ་ཆེན་པོ་ཤེས་རབ་ཀྱི་ཕ་རོལ་ཏུ་ཕྱིན་པ་ལ་སྤྱོད་ཅིང་། ཚུལ་ཁྲིམས་ཀྱི་ཕ་རོལ་ཏུ་ཕྱིན་པ་ལ་

སེམས་ཅན་རྣམས་སྐྱོར་བ་ཡིན་ཞེ་ན། རབ་འབྱོར་འདི་ལ་བྱང་ཆུབ་སེམས་དཔའ་སེམས་དཔའ་ཆེན་པོ་ཤེས་རབ་ཀྱི་ཕ་རོལ་ཏུ་ཕྱིན་པ་ལ་གནས་ཤིང་། སེམས་ཅན་རྣམས་ལ་འདི་སྐད་དུ་ཚུར་ཤེག །རིགས་ཀྱི་བུ་དག་ཚུལ་ཁྲིམས་སྲུངས་[1]ཤིག །ངས་ཁྱེད་ལ་ཟས་དང་། སྐོམ་དང་། གོས་དང་། བཞོན་པ་དང་། མལ་ཆ་དང་། མེ་ཏོག་དང་། བདུག་སྤོས་དང་། སྤོས་དང་། ཕྲེང་བ་དང་། བྱུག་པ་དང་། ཁྱིམ་དང་། ནོར་དང་། འབྲུ་དང་། ནོར་བུ་དང་། མུ་ཏིག་དང་། བཻ་ཌཱུརྻ་དང་། དུང་དང་། མན་ཤེལ་དང་། བྱི་[2]རུ་དང་། གསེར་དང་། དངུལ་དང་། སྤྱིའི་རྐྱེན་དང་། ཡོ་བྱད་གང་ཅི་ཡང་རུང་བའི་བར་གྱིས་ཕོངས་པ་མེད་པར་བྱའོ། །ཁྱེད་ཕོངས་པའི་ཕྱིར་[3]ཚུལ་ཁྲིམས་ངན་པ་ལ་སྤྱོད་པར་གྱུར་གྲང་ན། ཁྱེད་ཟས་དང་། སྐོམ་དང་། གོས་དང་། བཞོན་པ་དང་། མལ་ཆ་དང་། མེ་ཏོག་དང་། བདུག་སྤོས་དང་། སྤོས་[4]དང་། ཕྲེང་བ་དང་། བྱུག་པ་དང་། ཁྱིམ་དང་། ནོར་དང་། འབྲུ་དང་། ནོར་བུ་དང་། མུ་ཏིག་དང་། བཻ་ཌཱུརྻ་དང་། དུང་དང་། མན་[5]ཤེལ་དང་། བྱི་[6]རུ་དང་། གསེར་དང་། དངུལ་དང་། སྤྱིའི་རྐྱེན་དང་། ཡོ་བྱད་གང་ཅི་ཡང་རུང་སྟེ། རིན་པོ་ཆེ་[7]སྣ་བདུན་གྱི་བར་[8]གྱིས་ཕོངས་པ་མེད་པར་བྱས[9]། དེ་བས་ན་ཁྱེད་སྡོམ་པའི་ཚུལ་ཁྲིམས་གནོས་[10]པ༔ རིམ་གྱིས་[11]ཉན་ཐོས་ཀྱི་ཐེག་པའམ། རང་སངས་རྒྱས་ཀྱི་ཐེག་པའམ། རྣམ་པ་ཐམས་ཅད་མཁྱེན་པ་ཉིད་ཀྱི་ཐེག་པའམ། ཐེག་པ་གསུམ་པོ་དེ་དག་གིས་སྡུག་བསྔལ་གྱི་མཐར་ཕྱིན་པར་གྱིས་ཤིག་ཅེས། བྱང་ཆུབ་སེམས་དཔའ་སེམས་དཔའ་ཆེན་པོ་དེ་བདག་[12]ཉིད་ཀྱང་ཚུལ་ཁྲིམས་སྲུང་ངོ་། །གཞན་ཡང་ཚུལ་ཁྲིམས་ལ་སྐྱོར་རོ། །ཚུལ་ཁྲིམས་ཀྱི་ལེགས་པ་བརྗོད་དོ། །སེམས་ཅན་གཞན་གང་

ཚུལ་ཁྲིམས་སྲུང་བ་དེ་དག་གི་ཡང་ལེགས་པ་རྫོད་ཅིང་མཐུན་པས་དགའ་བར་སྤྱོད་དོ། །དེ་ལྟར་[1]བྱང་ཆུབ་སེམས་དཔའ་སེམས་དཔའ་ཆེན་པོ་དེ་སེམས་ཅན་དེ་དག་དེ་ལྟར་ཚུལ་ཁྲིམས་ལཿསྦྱར་ཅིང་[2]། ཚུལ་ཁྲིམས་ལ་རབ་ཏུ་བཀོད་དེ། རིམ་གྱིས་ཐེག་པ་གསུམ་པོས་[3]ཡོངས་སུ་མྱ་ངན་ལས་བློ་སྐྱེ[4]། རབ་འབྱོར་དེ་ལྟར་ན་བྱང་ཆུབ་སེམས་དཔའ་སེམས་དཔའ་ཆེན་པོ་ཤེས་རབ་ཀྱི་ཕ་རོལ་ཏུ་ཕྱིན་པ་ལ་གནས་ཤིང་ཚུལ་ཁྲིམས་ཀྱི་ཕ་རོལ་ཏུ་ཕྱིན་པས་སེམས་ཅན་རྣམས་ཡོངས་སུ་སྡུད་པ་ཡིན་ནོ། །རབ་འབྱོར་ཇི་ལྟར་ན་བྱང་ཆུབ་སེམས་དཔའ་སེམས་དཔའ་ཆེན་པོ་ཤེས་རབ་ཀྱི་ཕ་རོལ་ཏུ་ཕྱིན་པ་ལ་[5]སྤྱོད་ཅིང་། བཟོད་པའི་ཕ་རོལ་ཏུ་ཕྱིན་པ་ལ་སེམས་ཅན་རྣམས་སྦྱོར་བ་ཡིན་ཞེ་ན་རབ་འབྱོར་འདི་[6]ལ་བྱང་ཆུབ་སེམས་དཔའ་སེམས་དཔའ་ཆེན་པོ་ཤེས་རབ་ཀྱི་ཕ་རོལ་ཏུ་ཕྱིན་པ་ལ་གནས་ཤིང་། སེམས་ཅན་གང་ཁྲོ་བ་དང་། གནོད་སེམས་སུ་བྱེད་པ་[7]དག་མཐོང་ན་དེ་དག་ལ་འདི་སྐད་ཅེས་ཟེར་རོ། །རིགས་ཀྱི་བུ་དག་ཁྱེད་ཅིའི་རྒྱུས་གནོད་སེམས་སུ་བྱེད་པར་གྱུར་གང་གིས་ཕོངས་ཤིང་གནོད་སེམས་སུ་བྱེད་པར་གྱུར་པ་དེ་དང་། དེ་ང་ལས ཿཡོང་ཞིག[8] །ངས་ཁྱེད་ལ་[9]ཟས་དང་། སྐོམ་དང་། ཿགོས་དང་།[10] བཞོན་པ་དང་། མལ་ཆ་དང་། མེ་ཏོག་དང་། བདུག་སྤོས་དང་། སྤོས་དང་། ཕྲེང་བ་དང་། བྱུག་པ་དང་། ཁྱིམ་དང་། ནོར་དང་། འབྲུ་དང་། ནོར་བུ་དང་། མུ་ཏིག་དང་། བཻ་ཌཱུརྻ་དང་། དུང་དང་། མན་[11]ཤེལ་དང་། བྱི་[12]རུ་དང་། གསེར་དང་། དངུལ་དང་། མྱིའི་རྐྱེན་དང་ཡོ་བྱད་གང་ཅི་ཡང་རུང་བའི་བར་གྱིས་ཕོངས་པ་མྱེད་པར་བྱས[13]། ཁྲོ་བ་དང་གནོད་སེམས་མྱེད་པར་གྱིས་ཤིག་ཅེས[14]། དེ་ལྟར་བྱང་ཆུབ་སེམས་དཔའ་སེམས་དཔའ་ཆེན་པོ་ཤེས་རབ་ཀྱི་ཕ་རོལ་ཏུ་ཕྱིན་པ་ལ་གནས་ཤིང་། སེམས་ཅན་དེ་

དག་བཟོད་པ་ལ་སྦྱོར་ཏེ། འདི་སྐད་དུ་གཙུགས་[1]གང་གིས་ཁྱེད་ཀྱི་ཁྲོ་བ་སྐྱེ་
བར་གྱུར་པ་[2]དེ་ནི་སྙིང་པོ་མེད་པ་སྟེ། དེ་ལ་དངོས་པོ་གང་ཡང་མེད་དོ། །ཁྲོ་
བ་དེ་ནི་ཡང་དག་པ་མ་ཡིན་པར་ཡོངས་སུ་བརྟགས་པ་སྟེ། དངོས་པོ་གང་གི་[3]
ཕྱིར་ཁྱེད་འཐབ་ཅིང་འཕོན་[4]ཏེ། གནོད་[5]སེམས་སུ་བྱེད་པར་གྱུར་པ་དང་།
དེ་ལྟར་འཐབས་ཤིང་འཕོན་[6]ཏེ། གནོད་སེམས་སུ་གྱུར་ནས་དབྱིག་[7]པས་
འགྲེད་པ་དང་། མཚོན་གྱིས་འདྲེ་[8]བ་དང་། ཕན་ཚུན་གྱི་སྲོག་ལ་རྒོལ་[9]བར་
གྱུར་པའི་དངོས་པོ་དེ་ལ་དངོས་པོའི་རང་བཞིན་གང་ཡང་མེད་ན། དེ་ལྟ་ཡིན་
ཡང་ཁྱེད་ཡང་དག་པ་མ་ཡིན་པ་ཡོངས་སུ་རྟོག་པས་འཁྲུགས་ན། སེམས་ཅན་
དམྱལ་བ་དག་ཏུ་ལྟུང་བར་འགྱུར། ཕྱུལ་སོང་གི་སྐྱེ་གནས་དག་ཏུ་ལྟུང་བར་
འགྱུར། གཤིན་རྗེའི་འཇིག་རྟེན་དག་ཏུ་ལྟུང་བར་[10]འགྱུར། དེ་མ་ཡིན་པའི་
ངན་སོང་གཞན་དག་ཏུ་ཡང་ཁྱེད་སྡུག་བསྔལ་མི་བཟད་[11]པ་ཚ་ཞིང་རྩུབ་ལ་[12]ཡིད་
དུ་མི་འོང་བའི་ཚོར་བ་ཉམས་སུ་མྱོང་བར་འགྱུར་གྱིས[13]། སྐྱེས་བུ་ཁྱེད་རྣམས་
དངོས་པོ་མེད་པའི་ཆོས་ཀྱི་[14]དོན་དུ་ལས་གང་ཡོངས་སུ་བཟུང་བས་མིར་སྐྱེ་བ་ཡང་
འཐོབ་པར་མི་འགྱུར་ན། སངས་རྒྱས་འབྱུང་[15]བ་དང་ཕྲད་པར་འགྱུར་བ་[16]ལྟ་
སྨོས་སུ་ཡང་མེད་པ་དེ་ལྟ་བུའི་ལས་ཡོངས་སུ་མ་འཛིན་ཅིག །གྲོགས་པོ་དག་
སངས་རྒྱས་འབྱུང་བ་ནི་དཀོན་ནོ། །མིར་སྐྱེ་བ་འཐོབ་[17]པ་ནི་དཀོན་ནོ། །དལ་
བ་ཕུན་སུམ་ཚོགས་པ་ནི་དཀོན་ནོ། །འཁོར་བ་ལས་ཐར་བ་ནི་དཀོན་ནོ། །
དེ་ལྟ་ཡིན་གྱིས་[18]དལ་བ་འདི་དོན་མེད་པར་མ་བྱེ་ཤིག་[19]མི་ཕོམ་པར་གྱུར་ཅིང་
གསོར་མི་རུང་བར་གྱུར་ཏ་རེ་ཞེས། དེ་ལ་བྱང་ཆུབ་སེམས་དཔའ་སེམས་དཔའ་
ཆེན་པོ་བདག་ཉིད་ཀྱང་བཟོད་པ་སྒྲུབ་བོ། །གཞན་ཡང་བཟོད་པ་ལ་ཡང་དག་
པར་སྐུལ་ལོ། །བཟོད་པའི་ལེགས་པ་[20]བརྗོད་དོ[21]། །སེམས་ཅན་གཞན་གང་

བཟོད་པ་སྒོམ་[1]པ་དེ་[2]དག་གི་ཡང་ལེགས་པ་རྫོད་ཅིང་མཐུན་པས་དགའ་བར་སྤྱོད་དོ། །དེ་ལྟར་བྱང་ཆུབ་སེམས་དཔའ་སེམས་དཔའ་ཆེན་པོ་དེ་སེམས་ཅན་དེ་དག་དེ་ལྟར་བཟོད་པ་ལ་སྦྱར་ཅིང་[3]། བཟོད་པ་ལ་རབ་ཏུ་བཀོད་དེ། རིམ་གྱིས་ཐེག་པ་གསུམ་པོས་ཡོངས་སུ་མྱ་ངན་ལས་ཟློ་སྟེ། རབ་འབྱོར་དེ་ལྟར་ན་བྱང་ཆུབ་སེམས་དཔའ་སེམས་དཔའ་ཆེན་པོ་ཤེས་རབ་ཀྱི་ཕ་རོལ་ཏུ་ཕྱིན་པ་ལ་གནས་ཤིང་། བཟོད་པའི་ཕ་རོལ་ཏུ་ཕྱིན་པས་སེམས་ཅན་རྣམས་ཡོངས་སུ་སྡུད་[4]པ་ཡིན་ནོ། །རབ་འབྱོར་ཇི་ལྟར་ན་བྱང་ཆུབ་སེམས་དཔའ་སེམས་དཔའ་ཆེན་པོ་ཤེས་རབ་ཀྱི་ཕ་རོལ་ཏུ་ཕྱིན་པ་ལ་[5]སྤྱོད་ཅིང་། སེམས་ཅན་རྣམས་བརྩོན་འགྲུས་ཀྱི་ཕ་རོལ་ཏུ་ཕྱིན་པ་ལ་སྦྱོར་བ་ཡིན་ཞེ་ན། རབ་འབྱོར་འདི་ལ་བྱང་ཆུབ་སེམས་དཔའ་སེམས་དཔའ་ཆེན་པོ་སེམས་ཅན་ལེ་ལོ་ཅན་བརྩོན་འགྲུས་ཆུང་བ་དག་མཐོང་ན། འདི་སྐད་དུ་[6]ཁྱོད་ཅིའི་ཕྱིར་ལེ་ལོ་བྱེད་ཅེས་རྫོད་དེ། དེ་དག་རྒྱུན་དང་མི་ལྡན་པའི་ཕྱིར་རོ་ཞེས་ཟེར་ན། དེ་ལ་བྱང་ཆུབ་སེམས་དཔའ་སེམས་[7]དཔའ་ཆེན་པོ་ཤེས་རབ་ཀྱི་ཕ་རོལ་ཏུ་ཕྱིན་པ་ལ་སྤྱོད་ཅིང་། སེམས་ཅན་དེ་དག་ལ་འདི་སྐད་ཅེས་ཟེར་ཏེ། ཀྱི་སྐྱེས་བུ་དག་[8]ངས་སྦྱིན་པའི་རྒྱུན་ཏམ། ཚུལ་ཁྲིམས་ཀྱི་རྒྱུན་ཏམ། བཟོད་པའི་རྒྱུན་ཏམ། གཞན་ཡང་རྣམ་པ་གང་དང་གང་གིས་བརྩོན་འགྲུས་བརྩམ་དུ་ཉུང་བ་དེ་དག༔ཁྱེད་ལ་[9]ངས༔ཉེ་བར་[10]བསྒྲུབ་པར་བྱས[11]། བརྩོན་འགྲུས་རྩོམས་[12]ཤིག་ཅེས་ནས། སེམས་ཅན་དེ་དག་བྱང་ཆུབ་སེམས་དཔའ་སེམས་དཔའ་ཆེན༔པོ་དེའི་[13]ཡོ་བྱད་ལ་སྤྱོད་ཅིང་ལུས་སམ་སེམས་ཀྱི་བརྩོན་འགྲུས་རྩོམ་སྟེ། དེ་དག་ལུས་དང་སེམས་ཀྱི་བརྩོན་འགྲུས་ཀྱིས་དགེ་བའི་ཆོས་ཐམས་ཅད་ཡོངས་སུ་རྫོགས་པར་བྱེད་དེ། དགེ་བའི་ཆོས་དེ་དག་གིས་འཕགས་པ་[14]ཟག་པ་མེད་པའི་ཆོས་རྣམས་སྒོམ་མོ། །དེ་དག་བསྒོམས་པས

རྒྱུན་ཏུ་ཞུགས་པའི་འབྲས་བུ་འཐོབ་བོ། །ལན་ཅིག་ཕྱིར་འོང་བའི་འབྲས་བུ་འཐོབ་བོ། །ཕྱིར་མི་འོང་བའི་འབྲས་བུ་འཐོབ་བོ། །དགྲ་བཅོམ་པ་ཉིད་འཐོབ①བོ། །རང་བྱང་ཆུབ་འཐོབ②བོ། །བླ་ན་མེད་པ་ཡང་དག་པར་རྫོགས་པའི་བྱང་ཆུབ་ཏུ་མངོན་པར་རྫོགས་པར་འཚང་རྒྱའོ། །དེ་ལ་བྱང་ཆུབ་སེམས་དཔའ་སེམས་དཔའ་ཆེན་པོ་བདག་ཉིད་ཀྱང་བརྩོན་འགྲུས་སྒོམ་མོ། །གཞན་ཡང་བརྩོན་འགྲུས་ལ་ཡང་དག་པར་སྐུལ་ལོ། །བརྩོན་འགྲུས་ཀྱི③ལེགས་པ④བརྗོད་དོ། །སེམས་ཅན་གཞན་གང་བརྩོན་འགྲུས་སྒོམ⑤པ་དེ་དག་གི་ཡང་ལེགས་པ་བརྗོད་ཅིང་མཐུན་པས་དགའ་བར་སྤྱོད་དོ། །དེ་ལྟར་བྱང་ཆུབ་སེམས་དཔའ་སེམས་དཔའ་ཆེན་པོ་དེས་སེམས་ཅན་དེ་དག་དེ་ལྟར་བརྩོན་འགྲུས་ལ་སྦྱོར་ཅིང⑥། བརྩོན་འགྲུས་ལ་རབ་ཏུ་བཀོད་དེ། རིམ་གྱིས་ཐེག་པ་གསུམ་པོས་ཡོངས་སུ་མྱ་ངན་ལས་འདའ་སྟེ། རབ་འབྱོར་དེ་ལྟར⑦བྱང་ཆུབ་སེམས་དཔའ་སེམས་དཔའ་ཆེན་པོ⑧ཤེས་རབ་ཀྱི་ཕ་རོལ་ཏུ་ཕྱིན་པ་ལ་གནས་ཤིང་། བརྩོན་འགྲུས་ཀྱི་ཕ་རོལ་ཏུ་ཕྱིན་པས་སེམས་ཅན་རྣམས་ཡོངས་སུ་སྨིན་པ་ཡིན་ནོ། །རབ་འབྱོར་ཇི་ལྟར་ན་བྱང་ཆུབ་སེམས་དཔའ་སེམས་དཔའ་ཆེན་པོ་ཤེས་རབ་ཀྱི་ཕ་རོལ་ཏུ་ཕྱིན་པ་ལ་སྤྱོད་ཅིང་། བསམ་གཏན་གྱི་ཕ་རོལ་ཏུ་ཕྱིན་པ་ལ་སེམས་ཅན་རྣམས་སྦྱོར་བ་ཡིན་ཞེ་ན། །རབ་འབྱོར་འདི་ལ་བྱང་ཆུབ་སེམས་དཔའ་སེམས་དཔའ་ཆེན་པོས་སེམས་གཡེངས་པར་གྱུར་པའི་སེམས་ཅན་དག་མཐོང་ན། འདི་སྐད་དུ་སེམས་ཅན་ཁྱེད་ཅིའི་ཕྱིར་བསམ་གཏན་ལ་མཉམ་པར་མི་གཞོག⑨ཅེས་བརྗོད་དེ། དེ་དག་རྐྱེན་དང་མི་ལྡན་པའི་ཕྱིར་རོ་ཞེས་ཟེར་ན། དེ་ལ་བྱང་ཆུབ་སེམས་དཔའ་སེམས་དཔའ་ཆེན་པོ་དེ་སེམས་ཅན་དེ་དག་ལ་འདི་སྐད་དུ་འདེམས་ཏེ། ཀྱེ་སེམས་ཅན་དག་ངས་རྐྱེན་གང་དང་གང་གིས་ཕྱི་ནང་གི་ཆོས་ལ་རྣམ་པར་རྟོག་པར་མི་འགྱུར་བ་དེ་ལྟ་

བུའི་རྐྱེན་ཉེ་བར་བསྒྲུབ་པར་བྱའོ་ཞེས་ནས། བྱང་ཆུབ་སེམས་དཔའ་སེམས་དཔའ་ཆེན་པོ་དེ་སེམས་ཅན་དེ་དག་ལ་རྐྱེན་གང་དང་གང་ཉེ་བར་བསྒྲུབས་[1]པས་རྣམ་པར་རྟོག་པར་མི་འགྱུར་བ་དེ་ལྟ་བུའི་རྐྱེན་ཉེ་བར་སྒྲུབ་[2]སྟེ། དེའི་ཕྱིར་དེ་དག་རྣམ་པར་རྟོག་པ་ཆད་ནས། བསམ་གཏན་དང་པོ་ལ་སྙོམས་པར་འཇུག་གོ། །བསམ་གཏན་གཉིས་པ་ལ་སྙོམས་པར་འཇུག་གོ། །བསམ་གཏན་གསུམ་པ་ལ་སྙོམས་པར་འཇུག་གོ། །བསམ་གཏན་བཞི་པ་ལ་སྙོམས་པར་འཇུག་གོ། །བྱམས་པ་ལ་སྙོམས་པར་འཇུག་གོ། །སྙིང་རྗེ་ལ་སྙོམས་པར་འདུག་[3]གོ། །དགའ་བ་ལ་སྙོམས་པར་འཇུག་གོ། །བཏང་སྙོམས་ལ་སྙོམས་པར་འཇུག་གོ། །གཟུགས་མེད་པའི་སྙོམས་པར་འཇུག་པ་བཞི་ལ་སྙོམས་པར་འཇུག་གོ། །དེ་དག་[4]བསམ་གཏན་དང་། ཚད་མེད་པ་དང་། གཟུགས་མེད་པའི་སྙོམས་པར་འཇུག་པ་དེ་དག་གིས་སེམས་དུལ་བར་གྱུར་པས། དྲན་པ་ཉེ་བར་གཞག་པ་བཞི་སྒོམ་མོ། །ཡང་དག་པར་སྤོང་བ་བཞི་སྒོམ་མོ། །རྫུ་འཕྲུལ་གྱི་རྐང་པ་བཞི་སྒོམ་མོ། །དབང་པོ་ལྔ་སྒོམ་མོ། །སྟོབས་ལྔ་སྒོམ་མོ། །བྱང་ཆུབ་ཀྱི་ཡན་ལག་བདུན་སྒོམ་མོ། །འཕགས་པའི་ལམ་ཡན་ལག་བརྒྱད་པ་སྒོམ་མོ། །རྣམ་པར་ཐར་པའི་སྒོ་གསུམ་སྒོམ་མོ། །དེ་དག་བསྒོམས་[5]པས་རིམ་གྱིས་ཐེག་པ་གསུམ་པོས་ཡོངས་སུ་མྱ་ངན་ལས་འདའ་སྟེ[6]། དེ་ལ་ལ་ལ་ནི་བླ་ན་མེད་པ་ཡང་དག་པར་རྫོགས་[7]པའི་[8]བྱང་ཆུབ་ཀྱི་བར་[9]དུ་བྱང་ཆུབ་ཀྱི་ལམ་ལས་ཡོངས་སུ་མྱི་ཉམས་སྟེ[10]། རབ་འབྱོར་དེ་ལྟར་ན་བྱང་ཆུབ་སེམས་དཔའ་སེམས་དཔའ་ཆེན་པོ་ཤེས་རབ་ཀྱི་ཕ་རོལ་ཏུ་ཕྱིན་པ་ལ་གནས་ཤིང་། ཉིད་དེ་འཛིན་གྱི་ཕ་རོལ་ཏུ་ཕྱིན་པས་སེམས་ཅན་རྣམས་ཡོངས་སུ་སྨྱུད་པ་ཡིན་ནོ། །རབ་འབྱོར་ཇི་ལྟར་ན་བྱང་ཆུབ་སེམས་དཔའ་སེམས་དཔའ་ཆེན་པོ་ཤེས་རབ་ཀྱི་ཕ་རོལ་ཏུ་ཕྱིན་པ་ལ་སྤྱོད་ཅིང་། ཤེས་

རབ་ཀྱི་ཕ་རོལ་ཏུ་ཕྱིན་པས་སེམས་ཅན་རྣམས་ཡོངས་སུ་སྨིན་པ་ཡིན་ཞེ་ན། རབ་འབྱོར་འདི་ལ་བྱང་ཆུབ་སེམས་དཔའ༔ སེམས་དཔའ་[༡]ཆེན་པོ་ཤེས་རབ་ཀྱི་ཕ་རོལ་ཏུ་ཕྱིན་པ་ལ་གནས་ཤིང་། ཤེས་རབ་འཆལ་པར་གྱུར་པའི་སེམས་ཅན་དག་མཐོང་ན། འདི་སྐད་དུ་སེམས་ཅན་ཁྱོད་ཅིའི་ཕྱིར་ཤེས་རབ་མི་སྒོམ་ཞེས་རྗོད་དེ། དེ་དག་རྒྱན་དང་མི་ལྡན་པའི་ཕྱིར་རོ་[༢]ཞེས་ཟེར་ན། དེ་ལ་བྱང་ཆུབ་སེམས་དཔའ་སེམས་དཔའ་ཆེན་པོ་ཤེས་རབ་ཀྱི་ཕ་རོལ་ཏུ་ཕྱིན་པ་ལ་གནས་ཤིང་། སེམས་ཅན་དེ་དག་ལ་འདི་སྐད་དུ་འདེམས་ཏེ། ང་[༣]ལས་ཡོ་བྱད་རྣམས་ལོང་[༤]ལ་སྦྱིན་པ་བྱིན་ཅིག །ཚུལ་ཁྲིམས་སྲུངས་[༥]ཤིག །བཟོད་པ་སྒོམས་[༦]ཤིག །བརྩོན་འགྲུས་རྩོམས་[༧]ཤིག །ཏིང་ངེ་འཛིན་ལ་མཉམ་པར༔ ཞོག་ཤིག[༨] །རྣམ་པ་དེ་དག་ཡོངས་སུ་རྫོགས་པར་གྱིས་ལ། ཤེས་རབ་ཀྱི་ཕ་རོལ་ཏུ་ཕྱིན་པ་བསྒོམ་[༩]པ་ལ། བདག་གམ། སེམས་ཅན་ནམ། སྲོག་གམ། འགྲོ་བའམ། གསོ་[༡༠]བ་འམ། སྐྱེས་བུ་འམ། གང་ཟག་གམ། ཤེད་ཅན་ནམ། ཤེད་བདག་གམ། བྱེད་པ་པོ་འམ། ཚོར་བ་པོ་འམ། ཤེས་པ་པོ་འམ། མཐོང་བ་པོ་འམ། གཟུགས་སམ། ཚོར་བ་འམ། འདུ་ཤེས་སམ། འདུ་བྱེད་དམ། རྣམ་པར་ཤེས་པ་འམ། འདོད་པའི་ཁམས་སམ། གཟུགས་ཀྱི་ཁམས་སམ། གཟུགས་མེད་པའི་ཁམས་སམ། སྦྱིན་པའི་ཕ་རོལ་ཏུ་ཕྱིན་པའམ། ཚུལ་ཁྲིམས་ཀྱི་ཕ་རོལ་ཏུ་ཕྱིན་པའམ། བཟོད་པའི་ཕ་རོལ་ཏུ་[༡༡]ཕྱིན་པ་འམ། བརྩོན་འགྲུས་ཀྱི་ཕ་རོལ་ཏུ་ཕྱིན་པའམ། བསམ་གཏན་གྱི་ཕ་རོལ་ཏུ་ཕྱིན་པའམ། ཤེས་རབ་ཀྱི་ཕ་རོལ་ཏུ་ཕྱིན་པའམ། ནང་སྟོང་པ་ཉིད་དམ། ཕྱི་སྟོང་པ་ཉིད་དམ། །ཕྱི་ནང་སྟོང་པ་ཉིད་དམ། སྟོང་པ་ཉིད་སྟོང་པ་ཉིད་དམ། ཆེན་པོ་སྟོང་པ་ཉིད་དམ། དོན་དམ་པ་སྟོང་པ་ཉིད་དམ། འདུས་བྱས་སྟོང་པ་ཉིད་དམ།

འདུས་མ་བྱས་སྟོང་པ་ཉིད་དམ། མཐའ་ལས་འདས་པ་སྟོང་པ་ཉིད་དམ། ཐོག་མ་དང་ཐ་མ་མེད་པ་སྟོང་པ་ཉིད་དམ། དོར་བ་མེད་པ་སྟོང་པ་ཉིད་དམ། རང་བཞིན་སྟོང་པ་ཉིད་དམ། ཆོས་ཐམས་ཅད་སྟོང་པ་ཉིད་དམ། རང་གི་མཚན་ཉིད་སྟོང་པ་ཉིད་དམ། མི་དམིགས་པ་སྟོང་པ་ཉིད་དམ། དངོས་པོ་མེད་པ་སྟོང་པ་ཉིད་དམ། ངོ་བོ་ཉིད་སྟོང་པ་ཉིད་དམ། དངོས་པོ་མེད་པའི་ངོ་བོ་ཉིད་སྟོང་པ་ཉིད་དམ། དྲན་པ་ཉེ་བར་གཞག་པ་རྣམས་སམ། ཡང་དག་པར་སྤོང་བ་རྣམས་སམ། རྫུ་འཕྲུལ་གྱི་རྐང་པ་རྣམས་སམ། དབང་པོ་རྣམས་སམ། སྟོབས་རྣམས་སམ། བྱང་ཆུབ་ཀྱི་ཡན་ལག་རྣམས་སམ། འཕགས་པའི་ལམ་ཡན་ལག་བརྒྱད་པའམ། འཕགས་པའི་བདེན་པ་རྣམས་སམ། བསམ་གཏན་རྣམས་སམ། ཚད་མེད་པ་རྣམས་སམ། གཟུགས་མེད་པའི་སྙོམས་པར་འཇུག་པ་རྣམས་སམ། རྣམ་པར་ཐར་པ་རྣམས་སམ། མཐར་གྱིས་གནས་པའི་སྙོམས་པར་འཇུག་པ་རྣམས་སམ། རྣམ་པར་ཐར་པའི་སྒོ་སྟོང་པ་ཉིད་དང་། མཚན་མ་མེད་པ་དང་། སྨོན་པ་མེད་པ་འམ། མངོན་པར་ཤེས་པ་རྣམས་སམ། ཏིང་ངེ་འཛིན་རྣམས་སམ། གཟུངས་ཀྱི་སྒོ་རྣམས་སམ། དེ་བཞིན་གཤེགས་པའི་སྟོབས་རྣམས་སམ། མི་འཇིགས་པ་རྣམས་སམ། སོ་སོ་ཡང་དག་པར་རིག་པ་རྣམས་སམ། བྱམས་པ་ཆེན་པོ་འམ། སྙིང་རྗེ་ཆེན་པོ་འམ། སངས་རྒྱས་ཀྱི་ཆོས་མ་འདྲེས་པ་རྣམས་སམ། རྒྱུན་དུ་ཞུགས་པའི་འབྲས་བུ་འམ། ལན་ཅིག་ཕྱིར་འོང་བའི་འབྲས་བུ་འམ། ཕྱིར་མི་འོང་བའི་འབྲས་བུ་འམ། དགྲ་བཅོམ་པ་ཉིད་དམ། རང་བྱང་ཆུབ་བམ[༡]། ལམ་གྱི་རྣམ་པ་[༢]ཤེས་པ་ཉིད་དམ། བླ་ན་མེད་པ་ཡང་དག་པར་རྫོགས་པའི་བྱང་ཆུབ་བམ[༣]། ཆོས་གང་ཡང་ཡོད་དམ་རྟོགས་[༤]ཤིག་ཅེས་འདེམས་ཤིང་རྗེས་སུ་སྟོན་ཏེ།

དེས་བྱང་ཆུབ་སེམས་དཔའ་སེམས་དཔའ་ཆེན་པོ་དེ་[༡] ཤེས་རབ་ཀྱི་ཕ་རོལ་ཏུ་ཕྱིན་པ་ལ་སྤྱོད་པའི་ཚེ། ཆོས་གང་ལ་དམིགས་པས་མངོན་པར་ཞེན་པར་འགྱུར་བ་[༢] དེ་ལྟ་བུའི་ཆོས་གང་ཡང་མི་དམིགས་ཏེ། དེ་ལ་མངོན་པར་ཞེན་པ་མེད་པས་[༣] ཆོས་གང་ཡང་སྐྱེ་བའམ། འགག་པ་འམ། ཀུན་ནས་ཉོན་མོངས་པའམ། རྣམ་པར་བྱང་བར་ཡང་དག་པར་རྗེས་སུ་མི་མཐོང་སྟེ། ཡང་དག་པར་རྗེས་སུ་མ་མཐོང་བས། འདི་ནི་སེམས་ཅན་དམྱལ་བ་[༤] པའོ། །འདི་ནི་ཕྱུགས་སོང་གི་སྐྱེ་གནས་པའོ། །འདི་ནི་གཤིན་རྗེའི་འཇིག་རྟེན་པའོ། །འདི་ནི་ལྷ་མ་ཡིན་གྱི་རིས་སུ་གཏོགས་པའོ། །འདི་ནི་ལྷའོ། །འདི་ནི་མིའོ། །འདི་ནི་ཚུལ་ཁྲིམས་དང་ལྡན་པའོ། །འདི་ནི་ཚུལ་ཁྲིམས་ངན་པ་ཅན་ནོ། །འདི་ནི་རྒྱུན་ཏུ་ཞུགས་པའོ། །འདི་ནི་ལན་ཅིག་ཕྱིར་འོང་བའོ། །འདི་ནི་ཕྱིར་མི་འོང་བའོ། །འདི་ནི་དགྲ་བཅོམ་པའོ། །འདི་ནི་རང་སངས་རྒྱས་སོ། །འདི་ནི་བྱང་ཆུབ་སེམས་དཔའོ། །འདི་ནི་དེ་བཞིན་གཤེགས་པ་དགྲ་བཅོམ་པ་ཡང་དག་པར་རྫོགས་པའི་སངས་རྒྱས་སོ་ཞེས་བྱ་བར་རྣམ་པར་མི་རྟོག་སྟེ། རབ་འབྱོར་དེ་ལྟར་ན་བྱང་ཆུབ་སེམས་དཔའ་སེམས་དཔའ་ཆེན་པོ་ཤེས་རབ་ཀྱི་ཕ་རོལ་ཏུ་ཕྱིན་པ་ལ་གནས་ཤིང་། ཤེས་རབ་ཀྱི་ཕ་རོལ་ཏུ་ཕྱིན་པས་སེམས་ཅན་རྣམས་ཡོངས་སུ་སྨིན་པ་ཡིན་ནོ། །རབ་འབྱོར་ཇི་ལྟར་ན་བྱང་ཆུབ་སེམས་དཔའ་སེམས་དཔའ་ཆེན་པོ་སྦྱིན་པའི་ཕ་རོལ་ཏུ་ཕྱིན་པ་ལ་གནས་ཤིང་། དྲན་པ་ཉེ་བར་གཞག་པ་བཞི་ལ་སེམས་ཅན་རྣམས་སྦྱོར་བ་[༥] ཡིན་ཞེ་ན། རབ་འབྱོར་འདི་ལ་བྱང་ཆུབ་སེམས་དཔའ་སེམས་དཔའ་ཆེན་པོ་སེམས་ཅན་དག་ལ་ཡོ་བྱད་རྣམས་ཉེ་བར་སྒྲུབ་སྟེ། ཡོ་བྱད་དེ་དག་གིས་ཡོངས་སུ་ཟིན་པའི་སེམས་ཅན་རྣམས་དྲན་པ་ཉེ་བར་གཞག་པ་[༦] བཞི་སྒོམ་སོ། །དྲན་པ་ཉེ་བར་གཞག་པ་དེ་དག་བསྒོམས་པས། འཁོར་བ་ལས་ཡོངས་སུ་ཐར་

བར་འགྱུར་རོ། རབ་འབྱོར་དེ་ལྟར་ན་བྱང་ཆུབ་སེམས་དཔའ་སེམས་དཔའ་ཆེན་པོ་སྦྱིན་པའི་ཕ་རོལ་ཏུ་ཕྱིན་པ་ལ་གནས་ཤིང་། དྲན་པ་ཉེ་བར་གཞག་པ་བཞི་ལ་སེམས་ཅན་རྣམས་སྦྱོར་བ་ཡིན་ནོ། །རབ་འབྱོར་ཇི་ལྟར་ན་བྱང་ཆུབ་སེམས་དཔའ་སེམས་དཔའ་ཆེན་པོ་སྦྱིན་པའི་ཕ་རོལ་ཏུ་ཕྱིན་པ་ལ་གནས་ཤིང་། ཡང་དག་པར་སྤོང་བ་བཞི་ལ་སེམས་ཅན་རྣམས་སྦྱོར་བ་ཡིན་ཞེ་ན། རབ་འབྱོར་འདི་ལ་[༡]བྱང་ཆུབ་སེམས་དཔའ་སེམས་དཔའ་ཆེན་པོ་སེམས་ཅན་[༢]དག་ལ་ཡོ་བྱད་རྣམས་ཉེ་བར་སྐྱབ་སྟེ། ཡོ་བྱད་དེ་དག་གིས་ཡོངས་སུ་ཟིན་པའི་སེམས་ཅན་རྣམས་ཡང་དག་པར་སྤོང་བ་བཞི༔ སྒོམ་མོ། །ཡང་དག་པར་སྤོང་བ་རྣམས་[༣]བསྒོམས་[༤]པས་འཁོར་བ་ལས་ཡོངས་སུ་ཐར་བར་འགྱུར་རོ། རབ་འབྱོར་དེ་ལྟར་ན་བྱང་ཆུབ་སེམས་དཔའ་སེམས་དཔའ་ཆེན་པོ་སྦྱིན་པའི་ཕ་རོལ་ཏུ་ཕྱིན་པ་ལ་གནས་ཤིང་། ཡང་དག་པར་སྤོང་བ་བཞི་ལ་སེམས་ཅན་རྣམས་སྦྱོར་བ་ཡིན་ནོ། །རབ་འབྱོར་ཇི་ལྟར་ན་བྱང་ཆུབ་སེམས་དཔའ་སེམས་དཔའ་[༥]ཆེན་པོ་སྦྱིན་པའི་ཕ་རོལ་ཏུ་ཕྱིན་པ་ལ་གནས་ཤིང་། རྫུ་འཕྲུལ་གྱི་རྐང་པ་བཞི་ལ་སེམས་ཅན་རྣམས་སྦྱོར་བ་ཡིན་ཞེ་ན། རབ་འབྱོར་འདི་ལ་བྱང་ཆུབ་སེམས་དཔའ་སེམས་དཔའ་ཆེན་པོ་སེམས་ཅན་དག་ལ་ཡོ་བྱད་རྣམས་ཉེ་བར་སྐྱབ་[༦]སྟེ། ཡོ་བྱད་དེ་དག་གིས་[༧]ཡོངས་སུ་ཟིན་པའི་སེམས་ཅན་རྣམས་རྫུ་འཕྲུལ་གྱི་རྐང་པ་བཞི་སྒོམ་མོ། །རྫུ་འཕྲུལ་གྱི་རྐང་པ་རྣམས་བསྒོམས་[༨]པས། འཁོར་བ་ལས་ཡོངས་སུ་ཐར་བར་འགྱུར་རོ། རབ་འབྱོར་དེ་[༩]ལྟར་ན་བྱང་ཆུབ་སེམས་དཔའ་སེམས་དཔའ་ཆེན་པོ་སྦྱིན་པའི་ཕ་རོལ་ཏུ་ཕྱིན་པ་ལ་གནས་ཤིང་། རྫུ་འཕྲུལ་གྱི་རྐང་པ་བཞི་ལ་སེམས་ཅན་རྣམས་སྦྱོར་བ་ཡིན་ནོ། །རབ་འབྱོར་ཇི་ལྟར་ན་བྱང་ཆུབ་སེམས་དཔའ་སེམས་དཔའ་ཆེན་པོ་སྦྱིན་པའི་ཕ་རོལ་ཏུ་ཕྱིན་པ་ལ་གནས་ཤིང་། དབང་པོ་ལྔ

ལ་སེམས་ཅན་རྣམས་སྨིན་པར་བྱེད་པ་ཡིན་ནོ། རབ་འབྱོར་འདི་ལ་བྱང་ཆུབ་སེམས་དཔའ་སེམས་དཔའ་ཆེན་པོ་སེམས་ཅན་དག་ལ་ཡོ་བྱད་རྣམས་ཉེ་བར་སྒྲུབ་སྟེ། ཡོ་བྱད་དེ་དག་གིས་ཡོངས་སུ་ཟིན་པའི་སེམས་ཅན་རྣམས་དབང་པོ་ལྔ་སྒོམ་མོ། །དབང་པོ་རྣམས་བསྒོམས[༡]པས་འཁོར་བ་ལས་ཡོངས་སུ་ཐར་བར་འགྱུར་ཏེ[༢]། རབ་འབྱོར་དེ་ལྟར་ན་བྱང་ཆུབ་སེམས་དཔའ་སེམས་དཔའ་ཆེན་པོ་སྦྱིན་པའི་ཕ་རོལ་ཏུ་ཕྱིན་པ་ལ་གནས་ཤིང་། དབང་པོ་ལྔ་ལ་སེམས་ཅན་རྣམས་སྨིན་པར་བྱེད་པ་ཡིན་ནོ།། རབ་འབྱོར་ཇི་ལྟར་ན་བྱང་ཆུབ་སེམས་དཔའ་སེམས་དཔའ་ཆེན་པོ་སྦྱིན་པའི་ཕ་རོལ་ཏུ་ཕྱིན་པ་ལ་གནས་ཤིང་། སྟོབས[༣]ལྔ་ལ་སེམས་ཅན་རྣམས་སྨིན་པར་བྱེད་པ་ཡིན་ཞེ་ན། རབ་འབྱོར་འདི་ལ་བྱང་ཆུབ་སེམས་དཔའ་སེམས་དཔའ་ཆེན་པོ་སེམས་ཅན་དག་ལ་ཡོ་བྱད་རྣམས་ཉེ་བར་སྒྲུབ་སྟེ། ཡོ་བྱད་དེ་དག་གིས་ཡོངས་སུ་ཟིན་པའི་སེམས་ཅན་རྣམས་སྟོབས་ལྔ་སྒོམ[༤]མོ། །སྟོབས་རྣམས་བསྒོམས[༥]པས་འཁོར་བ་ལས་ཡོངས་སུ་ཐར་བར་གྱུར[༦]ཏེ། རབ་འབྱོར་དེ་ལྟར་ན་བྱང་ཆུབ་སེམས་དཔའ་སེམས་དཔའ་ཆེན་པོ་སྦྱིན་པའི་ཕ་རོལ་ཏུ་ཕྱིན་པ་ལ་གནས་ཤིང་སྟོབས་ལྔ་ལ་སེམས་ཅན་རྣམས་སྨིན་པར་བྱེད་པ་ཡིན་ནོ། །རབ་འབྱོར་ཇི་ལྟར་ན་བྱང་ཆུབ་སེམས་དཔའ་སེམས་དཔའ་ཆེན་པོ་སྦྱིན་པའི་ཕ་རོལ་ཏུ་ཕྱིན་པ་ལ་གནས་ཤིང་། བྱང་ཆུབ་ཀྱི་ཡན་ལག་བདུན་ལ་སེམས་ཅན་རྣམས་སྨིན་པར་བྱེད་པ་ཡིན་ཞེ་ན། རབ་འབྱོར་འདི་ལ་བྱང་ཆུབ་སེམས་དཔའ་སེམས་དཔའ་ཆེན་པོ་སེམས་ཅན་དག་ལ་ཡོ་བྱད་རྣམས་ཉེ་བར་སྒྲུབ་སྟེ། ཡོ་བྱད་དེ་དག་གིས་ཡོངས་སུ་ཟིན་པའི་སེམས་ཅན་རྣམས་བྱང་ཆུབ་ཀྱི་ཡན་ལག་བདུན་སྒོམ་མོ། །བྱང་ཆུབ་ཀྱི་ཡན་ལག་བདུན་བསྒོམས་པས། འཁོར་བ་ལས་ཡོངས་སུ་ཐར་བར་འགྱུར་ཏེ། རབ་འབྱོར་དེ་ལྟར་ན་བྱང་ཆུབ་སེམས་དཔའ་སེམས་དཔའ་ཆེན་པོ་སྦྱིན་པའི་ཕ་རོལ་ཏུ་ཕྱིན་པ་ལ་

གནས་ཤིང་། བྱང་ཆུབ་ཀྱི་ཡན་ལག་བདུན་ལ་སེམས་ཅན་རྣམས་སྦྱོར་བ་ཡིན་ནོ།། རབ་འབྱོར་ཇི་ལྟར་ན་བྱང་ཆུབ་སེམས་དཔའ་སེམས་དཔའ་ཆེན་པོ་སྦྱིན་པའི་ཕ་རོལ་ཏུ་ཕྱིན་པ་ལ་གནས་ཤིང་། འཕགས་པའི་ལམ་ཡན་ལག་བརྒྱད་པ་ལ་སེམས་ཅན་རྣམས་སྦྱོར་བ་ཡིན་ཞེ་ན། རབ་འབྱོར་འདི་ལ་བྱང་ཆུབ་སེམས་དཔའ་སེམས་དཔའ་ཆེན་པོ་སེམས་ཅན་དག་ལ་[1]ཡོ་བྱད་རྣམས་ཉེ་བར་སྒྲུབ་སྟེ། ཡོ་བྱད་དེ་དག་གིས་ཡོངས་སུ་ཟིན་པའི་སེམས་ཅན་རྣམས་འཕགས་པའི་ལམ་ཡན་ལག་[2]བརྒྱད་པ་སྒོམ་མོ། །འཕགས་པའི་ལམ་ཡན་ལག་བརྒྱད་པ་བསྒོམས་[3]པས། འཁོར་བ་ལས་ཡོངས་སུ་ཐར་བར་འགྱུར་ཏེ། རབ་འབྱོར་དེ་[4]ལྟར་ན་བྱང་ཆུབ་སེམས་དཔའ་སེམས་དཔའ་ཆེན་པོ་སྦྱིན་པའི་ཕ་རོལ་ཏུ་ཕྱིན་པ་ལ་གནས་ཤིང་། འཕགས་པའི་ལམ་ཡན་ལག་བརྒྱད་པ་ལ་སེམས་ཅན་རྣམས་སྦྱོར་བ་ཡིན་ནོ། །རབ་འབྱོར་ཇི་ལྟར་ན་བྱང་ཆུབ་སེམས་དཔའ་སེམས་དཔའ་ཆེན་པོ་ཚུལ་ཁྲིམས་ཀྱི་ཕ་རོལ་ཏུ་ཕྱིན་པ་ལ་གནས་ཤིང་། དྲན་པ་ཉེ་བར་གཞག་པ་བཞི་ལ་སེམས་ཅན་རྣམས་སྦྱོར་བ་ཡིན་ཞེ་ན། རབ་འབྱོར་འདི་ལ་བྱང་ཆུབ་སེམས་དཔའ་སེམས་དཔའ་ཆེན་པོ་སེམས་ཅན་དག་ལ་ཡོ་བྱད་རྣམས་ཉེ་བར་སྒྲུབ་སྟེ། ཡོ་བྱད་དེ་དག་གིས་ཡོངས་སུ་ཟིན་པའི་སེམས་ཅན་རྣམས་དྲན་པ་ཉེ་བར་གཞག་པ་བཞི་སྒོམ་མོ། །དྲན་པ་ཉེ་བར་གཞག་པ་བཞི་བསྒོམས་[5]པས་འཁོར་བ་ལས་ཡོངས་སུ་ཐར་བར་འགྱུར་ཏེ། རབ་འབྱོར་དེ་ལྟར་ན་བྱང་ཆུབ་སེམས་དཔའ་སེམས་དཔའ་ཆེན་པོ་ཚུལ་ཁྲིམས་ཀྱི་ཕ་རོལ་ཏུ་ཕྱིན་པ་ལ་གནས་ཤིང་། དྲན་པ་ཉེ་བར་གཞག་པ་བཞི་ལ་སེམས་ཅན་རྣམས་སྦྱོར་བ་ཡིན་ནོ། །རབ་འབྱོར་ཇི་ལྟར་ན་བྱང་ཆུབ་སེམས་དཔའ་སེམས་དཔའ་ཆེན་པོ་ཚུལ་ཁྲིམས་ཀྱི་ཕ་རོལ་ཏུ་ཕྱིན་པ་ལ་གནས་ཤིང་། ཡང་དག་པར་སྤོང་བ་བཞི་ལ་སེམས་ཅན་རྣམས་སྦྱོར་བ་ཡིན་ཞེ་ན། རབ་འབྱོར་

འདི་ལ་བྱང་ཆུབ་སེམས་དཔའ་སེམས་དཔའ་ཆེན་པོ་སེམས་ཅན་དག་ལ་ཡོ་བྱད་རྣམས་ཉེ་བར་སྒྲུབ་སྟེ། ཡོ་བྱད་དེ་དག་གིས་ཡོངས་སུ་ཟིན་པའི་སེམས་ཅན་རྣམས་ཡང་དག་པར་སྤོང་བ་བཞི་སྒོམ་མོ། །ཡང་དག་པར་སྤོང་བ་བཞི་བསྒོམས་པས། འཁོར་བ་ལས་ཡོངས་སུ་ཐར་བར་འགྱུར་ཏེ། རབ་འབྱོར་དེ་ལྟར་ན་བྱང་ཆུབ་སེམས་དཔའ་སེམས་དཔའ་ཆེན་པོ་ཚུལ་ཁྲིམས་ཀྱི་ཕ་རོལ་ཏུ་ཕྱིན་པ་ལ་གནས་ཤིང་། ཡང་དག་པར་སྤོང་བ་བཞི་ལ་སེམས་ཅན་རྣམས་སྦྱོར་བ་ཡིན་ནོ[༡]།། རབ་འབྱོར་ཇི་ལྟར་ན་བྱང་ཆུབ་སེམས་དཔའ་སེམས་དཔའ་ཆེན་པོ་ཚུལ་ཁྲིམས་ཀྱི་ཕ་རོལ་ཏུ་ཕྱིན་པ་ལ་གནས་ཤིང་། རྫུ་འཕྲུལ་གྱི་རྐང་པ་བཞི་ལ་སེམས་ཅན་རྣམས་སྦྱོར་བ་ཡིན་ཞེ་ན། རབ་འབྱོར་འདི་ལ་བྱང་ཆུབ་སེམས་དཔའ་སེམས་དཔའ་ཆེན་པོ་སེམས་ཅན་དག་ལ་ཡོ་བྱད་རྣམས་ཉེ་བར་སྒྲུབ[༢]སྟེ། ཡོ་བྱད་དེ་དག་གིས་ཡོངས་སུ་ཟིན་པའི་སེམས་ཅན་རྣམས་རྫུ་འཕྲུལ་གྱི་རྐང་པ་བཞི་སྒོམ་མོ། །རྫུ་འཕྲུལ་གྱི་རྐང་པ་བཞི་བསྒོམས[༣]པས་འཁོར་བ་ལས་ཡོངས་སུ་ཐར་བར་འགྱུར་ཏེ། རབ་འབྱོར་དེ་ལྟར་ན་བྱང་ཆུབ་སེམས་དཔའ་སེམས་དཔའ་ཆེན་པོ་ཚུལ་ཁྲིམས་ཀྱི་ཕ་རོལ་ཏུ་ཕྱིན་པ་ལ་གནས་ཤིང་། རྫུ་འཕྲུལ་གྱི་རྐང་པ་བཞི་ལ་སེམས་ཅན་རྣམས་སྦྱོར་བ་ཡིན་ནོ། །རབ་འབྱོར་ཇི་ལྟར་ན་བྱང་ཆུབ་སེམས་དཔའ་སེམས་དཔའ་ཆེན་པོ་ཚུལ་ཁྲིམས་ཀྱི་ཕ་རོལ་ཏུ་ཕྱིན་པ་ལ་གནས་ཤིང་། དབང་པོ་ལྔ་ལ་སེམས་ཅན་རྣམས་སྦྱོར་བ་ཡིན་ཞེ་ན། རབ་འབྱོར་འདི་ལ་བྱང་ཆུབ་སེམས་དཔའ་སེམས་དཔའ་ཆེན་པོ་སེམས་ཅན་དག་ལ་ཡོ་བྱད་རྣམས་ཉེ་བར་སྒྲུབ་སྟེ[༤]། ཡོ་བྱད་དེ་དག་གིས་ཡོངས་སུ་ཟིན་པའི་སེམས་ཅན་རྣམས་དབང་པོ་ལྔ་སྒོམ་མོ། །དབང་པོ་ལྔ་བསྒོམས[༥]པས། འཁོར་བ་ལས་ཡོངས་སུ་ཐར་བར་འགྱུར་ཏེ། རབ་འབྱོར་དེ་ལྟར་ན་བྱང་ཆུབ་སེམས་དཔའ་སེམས་དཔའ་ཆེན་པོ་ཚུལ་ཁྲིམས་ཀྱི་

ཕ་རོལ་ཏུ་ཕྱིན་པ་ལ་གནས་ཤིང་། དབང་པོ་ལྔ་ལ་སེམས་ཅན་རྣམས་སྦྱོར་བ་ཡིན་ནོ། །རབ་འབྱོར་ཇི་ལྟར་ན་བྱང་ཆུབ་སེམས་དཔའ་སེམས་དཔའ་ཆེན་པོ་ཚུལ་ཁྲིམས་ཀྱི་ཕ་རོལ་ཏུ་ཕྱིན་པ་ལ་གནས་ཤིང་། སྟོབས་ལྔ་ལ་སེམས་ཅན་རྣམས་སྦྱོར་བ་ཡིན་ཞེ་ན། རབ་འབྱོར་འདི་ལ་བྱང་ཆུབ་སེམས་དཔའ་སེམས་དཔའ་ཆེན་པོ་སེམས་ཅན་དག་ལ་ཡོ་བྱད་རྣམས་ཉེ་བར་སྒྲུབ་སྟེ[1]། ཡོ་བྱད་དེ་དག་གིས་ཡོངས་སུ་ཟིན་པའི་སེམས་ཅན་རྣམས་སྟོབས་ལྔ་སྒོམ་མོ། །སྟོབས་ལྔ་བསྒོམས་པས། འཁོར་བ་ལས་ཡོངས་སུ་ཐར་བར་འགྱུར་ཏེ། རབ་འབྱོར་དེ་ལྟར་ན་བྱང་ཆུབ་སེམས་དཔའ་སེམས་དཔའ་ཆེན་པོ་ཚུལ་ཁྲིམས་ཀྱི་ཕ་རོལ་ཏུ་ཕྱིན་པ་ལ་གནས་ཤིང་། སྟོབས་ལྔ་ལ་སེམས་ཅན་རྣམས་སྦྱོར་བ་ཡིན་ནོ། །རབ་འབྱོར་ཇི་ལྟར་ན་བྱང་ཆུབ་སེམས་དཔའ་སེམས་དཔའ་ཆེན་པོ་ཚུལ་ཁྲིམས་ཀྱི་ཕ་རོལ་ཏུ་ཕྱིན་པ་ལ་གནས་ཤིང་། བྱང་ཆུབ་ཀྱི་ཡན་ལག་བདུན་ལ་སེམས་ཅན་རྣམས་སྦྱོར་བ་ཡིན་ཞེ་ན། རབ་འབྱོར་འདི་ལ་བྱང་ཆུབ་སེམས་དཔའ་སེམས་དཔའ་ཆེན་པོ་སེམས་ཅན་དག་ལ་ཡོ་བྱད་རྣམས་ཉེ་བར་སྒྲུབ་སྟེ། ཡོ་བྱད་དེ་དག་གིས་ཡོངས་སུ་ཟིན་པའི་སེམས་ཅན་རྣམས་བྱང་ཆུབ་ཀྱི་ཡན་ལག་བདུན་སྒོམ[2]མོ། །བྱང་ཆུབ་ཀྱི་ཡན་ལག[3]བསྒོམས་པས། འཁོར་བ་ལས་ཡོངས་སུ་ཐར་བར་འགྱུར་ཏེ། རབ་འབྱོར་དེ་ལྟར་ན་བྱང་ཆུབ་སེམས་དཔའ་སེམས་དཔའ་ཆེན་པོ་ཚུལ་ཁྲིམས་ཀྱི་ཕ་རོལ་ཏུ་ཕྱིན་པ་ལ་གནས་ཤིང་། བྱང་ཆུབ་ཀྱི་ཡན་ལག་བདུན་ལ་སེམས་ཅན་རྣམས་སྦྱོར་བ་ཡིན་ནོ། རབ་འབྱོར་ཇི་ལྟར་ན་བྱང་ཆུབ་སེམས་དཔའ་སེམས་དཔའ་ཆེན་པོ་ཚུལ་ཁྲིམས་ཀྱི་ཕ་རོལ་ཏུ་ཕྱིན་པ་ལ་གནས་ཤིང་། འཕགས་པའི་ལམ[4]ཡན་ལག་བརྒྱད་པ་ལ་སེམས་ཅན་རྣམས་སྦྱོར་བ་ཡིན་ཞེ་ན། རབ་འབྱོར་འདི་ལ་བྱང་ཆུབ་སེམས་དཔའ་སེམས་དཔའ་ཆེན་པོ[5]སེམས་ཅན་དག་ལ་ཡོ་བྱད་རྣམས་ཉེ་བར༔སྒྲུབ་སྟེ[6]

ཡོ་བྱད་དེ་དག་གིས་ཡོངས་སུ་ཟིན་པའི་སེམས་ཅན་རྣམས་འཕགས་པའི་ལམ་ཡན་ལག་བརྒྱད་པ་སྒོམ་[༡]མོ། །འཕགས་པའི་ལམ་ཡན་ལག་བརྒྱད་པ་བསྒོམས་[༢]པས། འཁོར་བ་ལས་ཡོངས་སུ་ཐར་བར་འགྱུར་ཏེ། རབ་འབྱོར་དེ་ལྟར་ན་བྱང་ཆུབ་སེམས་དཔའ་སེམས་དཔའ་ཆེན་པོ་ཚུལ་ཁྲིམས་ཀྱི་ཕ་རོལ་ཏུ་ཕྱིན་པ་ལ་གནས་ཤིང་། འཕགས་པའི་ལམ་ཡན་ལག་བརྒྱད་པ་ལ་སེམས་ཅན་རྣམས་སྦྱོར་བ་ཡིན་ནོ། །རབ་འབྱོར་ཇི་ལྟར་ན་བྱང་ཆུབ་སེམས་དཔའ་སེམས་དཔའ་ཆེན་པོ་བཟོད་པའི་ཕ་རོལ་ཏུ་ཕྱིན་པ་ལ་གནས་ཤིང་། དྲན་པ་ཉེ་བར་གཞག་པ་བཞི་ལ་སེམས་ཅན་རྣམས་སྦྱོར་བ་ཡིན་ཞེ་ན། རབ་འབྱོར་འདི་ལ་བྱང་ཆུབ་སེམས་དཔའ་སེམས་དཔའ་ཆེན་པོ་སེམས་ཅན་དག་ལ་ཡོ་བྱད་རྣམས་ཉེ་བར་སྒྲུབ་སྟེ། ཡོ་བྱད་དེ་དག་གིས་ཡོངས་སུ་ཟིན་པའི་སེམས་ཅན་རྣམས་དྲན་པ་ཉེ་བར་གཞག་པ་བཞི་སྒོམ་མོ། །དྲན་པ་ཉེ་བར་གཞག་པ་བཞི་བསྒོམས་[༣]པས། འཁོར་བ་ལས་ཡོངས་སུ་ཐར་བར་འགྱུར་ཏེ། རབ་འབྱོར་དེ་ལྟར་ན་[༤]བྱང་ཆུབ་སེམས་དཔའ་སེམས་དཔའ་ཆེན་པོ་བཟོད་པའི་ཕ་རོལ་ཏུ་ཕྱིན་པ་ལ་གནས་ཤིང་། དྲན་པ་ཉེ་བར་གཞག་པ་བཞི་ལ་སེམས་ཅན་རྣམས་སྦྱོར་བ་ཡིན་ནོ། །རབ་འབྱོར་ཇི་ལྟར་ན་བྱང་ཆུབ་སེམས་དཔའ་སེམས་དཔའ་ཆེན་པོ་བཟོད་པའི་ཕ་རོལ་ཏུ་ཕྱིན་པ་ལ་གནས་ཤིང་། ཡང་དག་པར་སྤོང་བ་བཞི་ལ་སེམས་ཅན་རྣམས་སྦྱོར་བ་ཡིན་ཞེ་ན། རབ་འབྱོར་འདི་ལ་བྱང་ཆུབ་སེམས་དཔའ་སེམས་དཔའ་ཆེན་པོ་སེམས་ཅན་དག་ལ་ཡོ་བྱད་རྣམས་ཉེ་བར་སྒྲུབ་སྟེ། ཡོ་བྱད་དེ་དག་གིས་ཡོངས་སུ་ཟིན་པའི་སེམས་ཅན་རྣམས་ཡང་དག་པར་སྤོང་བ་བཞི་སྒོམ་མོ། །ཡང་དག་པར་སྤོང་བ་བཞི་བསྒོམས་[༥]པས། འཁོར་བ་ལས་ཡོངས་སུ་ཐར་བར་འགྱུར་ཏེ། རབ་འབྱོར་དེ་ལྟར་ན་བྱང་ཆུབ་སེམས་དཔའ་སེམས་དཔའ་ཆེན་པོ་བཟོད་པའི་ཕ་རོལ་ཏུ་ཕྱིན་པ་ལ་

གནས་ཤིང་། ཡང་དག་པར་སྤོང་བ་བཞི་ལ་སེམས་ཅན་རྣམས་སྦྱོར་བ་ཡིན་ནོ། །
རབ་འབྱོར་ཇི་ལྟར་ན་བྱང་ཆུབ་སེམས་དཔའ་སེམས་དཔའ་ཆེན་པོ་བཟོད་པའི་ཕ་
རོལ་ཏུ[༧]ཕྱིན་པ་ལ་གནས་ཤིང་། རྫུ་འཕྲུལ་གྱི་རྐང་པ་བཞི་ལ་སེམས་ཅན་རྣམས་
སྦྱོར་བ་ཡིན་ཞེ་ན། རབ་འབྱོར་འདི་ལ་བྱང་ཆུབ་སེམས་དཔའ་སེམས་དཔའ་
ཆེན་པོ་སེམས་ཅན་དག་ལ་ཡོ་བྱད་རྣམས་ཉེ་བར་སྒྲུབ་སྟེ། ཡོ་བྱད་དེ་དག་གིས་
ཡོངས་སུ་ཟིན་པའི་སེམས་ཅན་རྣམས་རྫུ་འཕྲུལ་གྱི་རྐང་པ་བཞི་སྒོམ་མོ། །རྫུ་
འཕྲུལ་གྱི་རྐང་པ་བཞི་བསྒོམས་པས། འཁོར་བ་ལས་ཡོངས་སུ་ཐར་བར་འགྱུར་ཏེ།
རབ་འབྱོར་དེ་ལྟར་ན་བྱང་ཆུབ་སེམས་དཔའ་སེམས་དཔའ་ཆེན་པོ་བཟོད་པའི་ཕ་
རོལ་ཏུ་ཕྱིན་པ་ལ་གནས་ཤིང་། རྫུ་འཕྲུལ་གྱི་རྐང་པ་བཞི་ལ་སེམས་ཅན་རྣམས་
སྦྱོར་བ་ཡིན་ནོ། །རབ་འབྱོར་ཇི་ལྟར་ན་བྱང་ཆུབ་སེམས་དཔའ་སེམས་དཔའ་
ཆེན་པོ་བཟོད་པའི་ཕ་རོལ་ཏུ་ཕྱིན་པ་ལ་གནས་ཤིང་། དབང་པོ་ལྔ་ལ་སེམས་
ཅན་རྣམས་སྦྱོར་བ་ཡིན་ཞེ་ན། རབ་འབྱོར་འདི་ལ་བྱང་ཆུབ་སེམས་དཔའ་
སེམས་དཔའ་ཆེན་པོ་སེམས་ཅན་དག་ལ་ཡོ་བྱད་རྣམས་ཉེ་བར་སྒྲུབ་སྟེ། ཡོ་བྱད་
དེ་དག་གིས་ཡོངས་སུ་ཟིན་པའི་སེམས་ཅན་རྣམས་དབང་པོ་ལྔ་སྒོམ[༩]མོ། །
དབང་པོ་ལྔ་བསྒོམས་པས་འཁོར་བ་ལས་ཡོངས་སུ་ཐར་བར་འགྱུར་ཏེ། །རབ་
འབྱོར་དེ་ལྟར་ན་བྱང་ཆུབ་སེམས་དཔའ་སེམས་དཔའ་ཆེན་པོ་བཟོད་པའི་ཕ་རོལ་
ཏུ་ཕྱིན་པ་ལ་གནས་ཤིང་། དབང་པོ་ལྔ་ལ་སེམས་ཅན་རྣམས་སྦྱོར་བ་ཡིན་ནོ། །
རབ་འབྱོར་ཇི་ལྟར་ན་བྱང་ཆུབ་སེམས་དཔའ་སེམས་དཔའ་ཆེན་པོ་བཟོད་པའི་ཕ་
རོལ་ཏུ་ཕྱིན་པ་ལ་གནས་ཤིང་། སྟོབས་ལྔ་ལ་སེམས་ཅན་རྣམས་སྦྱོར་བ་ཡིན་ཞེ་ན།
རབ་འབྱོར་འདི་ལ་བྱང་ཆུབ་སེམས་དཔའ་སེམས་དཔའ་ཆེན་པོ་སེམས་ཅན་དག་
ལ་ཡོ་བྱད་རྣམས་ཉེ་བར་སྒྲུབ་སྟེ། ཡོ་བྱད་དེ་དག་གིས་ཡོངས་སུ་ཟིན་པའི་སེམས་

ཅན་རྣམས་སྟོབས་ལྔ་སྒོམ་མོ། །སྟོབས་ལྔ་བསྒོམས་[༡]པས་འཁོར་བ་ལས་ཡོངས་སུ་ཐར་བར་འགྱུར་ཏེ། རབ་འབྱོར་ཇི་[༢]ལྟར་ན་བྱང་ཆུབ་སེམས་དཔའ་སེམས་དཔའ་ཆེན་པོ་བཟོད་པའི་ཕ་རོལ་ཏུ་ཕྱིན་པ་ལ་གནས་ཤིང་། སྟོབས་ལྔ་ལ་སེམས་ཅན་རྣམས་སྦྱོར་བ་ཡིན་ནོ། །རབ་འབྱོར་ཇི་ལྟར་ན་བྱང་ཆུབ་སེམས་དཔའ་སེམས་དཔའ་ཆེན་པོ་བཟོད་པའི་ཕ་རོལ་ཏུ་ཕྱིན་པ་ལ་གནས་ཤིང་། བྱང་ཆུབ་ཀྱི་ཡན་ལག་བདུན་ལ་སེམས་ཅན་རྣམས་སྦྱོར་བ་ཡིན་ཞེ་ན། རབ་འབྱོརད་འདི་ལ་བྱང་ཆུབ་སེམས་དཔའ་སེམས་དཔའ་ཆེན་པོ་སེམས་ཅན་དག་ལ་ཡོ་བྱད་རྣམས་ཉེ་བར་སྩལ་ཏེ། ཡོ་བྱད་དེ་དག་གིས་ཡོངས་སུ་ཟིན་པའི་སེམས་ཅན་རྣམས་བྱང་ཆུབ་ཀྱི་ཡན་ལག་བདུན་སྒོམ་[༣]མོ། །བྱང་ཆུབ་ཀྱི་ཡན་ལག་[༤]བསྒོམས་པས། འཁོར་བ་ལས་ཡོངས་སུ་ཐར་བར་འགྱུར་ཏེ། རབ་འབྱོར་དེ་ལྟར་ན་བྱང་ཆུབ་སེམས་དཔའ་སེམས་དཔའ་ཆེན་པོ་བཟོད་པའི་ཕ་རོལ་ཏུ་ཕྱིན་པ་ལ་གནས་ཤིང་། བྱང་ཆུབ་ཀྱི་ཡན་ལག་བདུན་ལ་སེམས་ཅན་རྣམས་སྦྱོར་བ་ཡིན་ནོ། །རབ་འབྱོར་ཇི་[༥]ལྟར་ན་བྱང་ཆུབ་སེམས་དཔའ་སེམས་དཔའ་ཆེན་པོ་བཟོད་པའི་ཕ་རོལ་ཏུ་ཕྱིན་པ་ལ་གནས་ཤིང་། འཕགས་པའི་ལམ་ཡན་ལག་བརྒྱད་པ་ལ་སེམས་ཅན་རྣམས་སྦྱོར་བ་ཡིན་ཞེ་ན། རབ་འབྱོར་འདི་ལ་བྱང་ཆུབ་སེམས་དཔའ་སེམས་དཔའ་ཆེན་པོ་སེམས་ཅན་དག་ལ་ཡོ་བྱད་རྣམས་ཉེ་བར་སྩལ་ཏེ། ཡོ་བྱད་དེ་དག་གིས་ཡོངས་སུ་ཟིན་པའི་སེམས་ཅན་རྣམས་འཕགས་པའི་ལམ་ཡན་ལག་བརྒྱད་པ་སྒོམ་མོ། །འཕགས་པའི་ལམ་ཡན་ལག་བརྒྱད་པ་བསྒོམས་[༦]པས། འཁོར་བ་ལས་ཡོངས་སུ་ཐར་བར་འགྱུར་ཏེ། རབ་འབྱོར་དེ་ལྟར་ན་བྱང་ཆུབ་སེམས་དཔའ་སེམས་དཔའ་ཆེན་པོ་བཟོད་པའི་ཕ་རོལ་ཏུ་ཕྱིན་པ་ལ་གནས་ཤིང་། འཕགས་པའི་ལམ་ཡན་ལག་བརྒྱད་པ་ལ་སེམས་ཅན་རྣམས་སྦྱོར་བ་ཡིན་ནོ། །

རབ་འབྱོར་ཇི་ལྟར་ན་བྱང་ཆུབ་སེམས་དཔའ་སེམས་དཔའ་ཆེན་པོ་བརྩོན་འགྲུས་ཀྱི་ཕ་རོལ་ཏུ་ཕྱིན་པ་ལ་གནས་ཤིང་། དྲན་པ་ཉེ་བར་གཞག་པ་བཞི་ལ་སེམས་ཅན་རྣམས་སྦྱོར་བ་ཡིན་ཞེ་ན། རབ་འབྱོར་འདི་ལ་བྱང་ཆུབ་སེམས་དཔའ་སེམས་དཔའ་ཆེན་པོ་སེམས་ཅན་དག་ལ་ཡོ་བྱད་རྣམས་ཉེ་བར་སྒྲུབ་སྟེ། ཡོ་བྱད་དེ་དག་གིས་ཡོངས་སུ་ཟིན་པའི་སེམས་ཅན་རྣམས་དྲན་པ་ཉེ་བར་གཞག་པ་བཞི་སྒོམ་མོ། །དྲན་པ་ཉེ་བར་གཞག་པ་བཞི་①བསྒོམས་པས། འཁོར་བ་ལས་ཡོངས་སུ་ཐར་བར་འགྱུར་ཏེ། རབ་འབྱོར་དེ་ལྟར་ན་བྱང་ཆུབ་སེམས་དཔའ་སེམས་དཔའ་ཆེན་པོ་བརྩོན་འགྲུས་ཀྱི་ཕ་རོལ་ཏུ་ཕྱིན་པ་ལ་གནས་ཤིང་། དྲན་པ་ཉེ་བར་གཞག་པ་བཞི་ལ་སེམས་ཅན་རྣམས་སྦྱོར་བ་ཡིན་ནོ། །རབ་འབྱོར་ཇི་ལྟར་ན་བྱང་ཆུབ་སེམས་དཔའ་སེམས་དཔའ་ཆེན་པོ་བརྩོན་འགྲུས་ཀྱི་ཕ་རོལ་ཏུ་ཕྱིན་པ་ལ་གནས་ཤིང་། ཡང་དག་པར་②སྤོང་བ་བཞི་ལ་སེམས་ཅན་རྣམས་སྦྱོར་བ་ཡིན་ཞེ་ན། རབ་འབྱོར་འདི་ལ་བྱང་ཆུབ་སེམས་དཔའ་སེམས་དཔའ་ཆེན་པོ་སེམས་ཅན་དག་ལ་ཡོ་བྱད་རྣམས་ཉེ་བར་སྒྲུབ་སྟེ། ཡོ་བྱད་དེ་དག་གིས་ཡོངས་སུ་ཟིན་པའི་སེམས་ཅན་རྣམས་ཡང་དག་པར་སྤོང་བ་བཞི་སྒོམ་མོ། །ཡང་དག་པར་སྤོང་བ་བཞི་བསྒོམས་པས། འཁོར་བ་ལས་ཡོངས་སུ་ཐར་བར་འགྱུར་ཏེ། རབ་འབྱོར་དེ་③ལྟར་ན་བྱང་ཆུབ་སེམས་དཔའ་སེམས་དཔའ་ཆེན་པོ་བརྩོན་འགྲུས་ཀྱི་ཕ་རོལ་ཏུ་ཕྱིན་པ་ལ་གནས་ཤིང་། ཡང་དག་པར་སྤོང་བ་བཞི་ལ་སེམས་ཅན་རྣམས་སྦྱོར་བ་ཡིན་ནོ། །རབ་འབྱོར་ཇི་ལྟར་ན་བྱང་ཆུབ་སེམས་དཔའ་སེམས་དཔའ་ཆེན་པོ་བརྩོན་འགྲུས་ཀྱི་ཕ་རོལ་ཏུ་ཕྱིན་པ་ལ་གནས་ཤིང་། རྫུ་འཕྲུལ་གྱི་རྐང་པ་བཞི་ལ་སེམས་ཅན་རྣམས་སྦྱོར་བ་ཡིན་ཞེ་ན། རབ་འབྱོར་འདི་ལ་བྱང་ཆུབ་སེམས་དཔའ་སེམས་དཔའ་ཆེན་པོ་སེམས་ཅན་དག་ལ་ཡོ་བྱད་རྣམས་ཉེ་བར་སྒྲུབ་

སྟེ། ཡོ་བྱད་དེ་དག་གིས་ཡོངས་སུ་ཟིན་པའི་སེམས་ཅན་རྣམས་རྫུ་འཕྲུལ་གྱི་རྐང་པ་བཞི་སྒོམ་མོ། །རྫུ་འཕྲུལ་གྱི་རྐང་པ་བཞི་བསྒོམས་①པས། འཁོར་བ་ལས་ཡོངས་སུ་ཐར་བར་འགྱུར་ཏེ། རབ་འབྱོར་དེ་ལྟར་ན་བྱང་ཆུབ་སེམས་དཔའ་སེམས་དཔའ་ཆེན་པོ་བརྩོན་འགྲུས་ཀྱི་ཕ་རོལ་ཏུ་ཕྱིན་པ་ལ་གནས་ཤིང་། རྫུ་འཕྲུལ་གྱི་རྐང་པ་བཞི་ལ་སེམས་ཅན་རྣམས་སྦྱོར་བ་ཡིན་ནོ། །རབ་འབྱོར་ཇི་ལྟར་ན་བྱང་ཆུབ་སེམས་དཔའ་སེམས་དཔའ་ཆེན་པོ་བརྩོན་འགྲུས་ཀྱི་ཕ་རོལ་ཏུ་ཕྱིན་པ་ལ་གནས་ཤིང་། དབང་པོ་ལྔ་ལ་སེམས་ཅན་རྣམས་སྦྱོར་བ་ཡིན་ཞེ་ན། རབ་འབྱོར་འདི་ལ་བྱང་ཆུབ་སེམས་དཔའ་སེམས་དཔའ་ཆེན་པོ་སེམས་ཅན་དག་ལ་ཡོ་བྱད་རྣམས་ཉེ་བར་སྒྲུབ་②སྟེ། ཡོ་བྱད་དེ་དག་གིས་ཡོངས་སུ་ཟིན་པའི་སེམས་ཅན་རྣམས་དབང་པོ་ལྔ་སྒོམ་མོ། །དབང་པོ་ལྔ་③བསྒོམས་པས་འཁོར་བ་ལས་ཡོངས་སུ་ཐར་བར་འགྱུར་ཏེ། རབ་འབྱོར་དེ་ལྟར་ན་བྱང་ཆུབ་སེམས་དཔའ་སེམས་དཔའ་ཆེན་པོ་བརྩོན་འགྲུས་ཀྱི་ཕ་རོལ་ཏུ་ཕྱིན་པ་ལ་གནས་ཤིང་། དབང་པོ་ལྔ་ལ་སེམས་ཅན་རྣམས་སྦྱོར་བ་ཡིན་ནོ། །རབ་འབྱོར་ཇི་ལྟར་ན་བྱང་ཆུབ་སེམས་དཔའ་སེམས་དཔའ་ཆེན་པོ་བརྩོན་འགྲུས་ཀྱི་ཕ་རོལ་ཏུ་ཕྱིན་པ་ལ་གནས་ཤིང་། སྟོབས་ལྔ་ལ་སེམས་ཅན་རྣམས་སྦྱོར་བ་ཡིན་ཞེ་ན། རབ་འབྱོར་འདི་ལ་བྱང་ཆུབ་སེམས་དཔའ་སེམས་དཔའ་ཆེན་པོ་སེམས་ཅན་དག་ལ་ཡོ་བྱད་རྣམས་ཉེ་བར་སྒྲུབ་སྟེ། ཡོ་བྱད་དེ་དག་གིས་ཡོངས་སུ་ཟིན་པའི་སེམས་ཅན་རྣམས་སྟོབས་ལྔ་སྒོམ་མོ། །སྟོབས་ལྔ་བསྒོམས་པས། འཁོར་བ་ལས་ཡོངས་སུ་ཐར་བར་འགྱུར་ཏེ། རབ་འབྱོར་དེ་ལྟར་ན་བྱང་ཆུབ་སེམས་དཔའ་སེམས་དཔའ་ཆེན་པོ་བརྩོན་འགྲུས་ཀྱི་ཕ་རོལ་ཏུ་ཕྱིན་པ་ལ་གནས་ཤིང་། སྟོབས་ལྔ་ལ་སེམས་ཅན་རྣམས་སྦྱོར་བ་ཡིན་ནོ། །རབ་འབྱོར་ཇི་ལྟར་ན་བྱང་ཆུབ་སེམས་དཔའ་

སེམས་དཔའ་ཆེན་པོ་བརྩོན་འགྲུས་ཀྱི་ཕ་རོལ་ཏུ་ཕྱིན་པ་ལ་གནས་ཤིང་། བྱང་ཆུབ་ཀྱི་ཡན་ལག་བདུན་ལ་སེམས་ཅན་རྣམས་སྦྱོར་བ་ཡིན་ཞེ་ན། རབ་འབྱོར་འདི་ལ་བྱང་ཆུབ་སེམས་དཔའ་སེམས་དཔའ་ཆེན་པོ་སེམས་ཅན་①དག་ལ་ཡོ་བྱད་རྣམས་ཉེ་བར་སྒྲུབ་སྟེ། ཡོ་བྱད་དེ་དག་གིས་ཡོངས་སུ་ཟིན་པའི་སེམས་ཅན་རྣམས་བྱང་ཆུབ་ཀྱི་ཡན་ལག་བདུན་སྒོམ་མོ། །བྱང་ཆུབ་ཀྱི་ཡན་ལག་བདུན་བསྒོམས་པས། འཁོར་བ་ལས་ཡོངས་སུ་ཐར་བར་འགྱུར་ཏེ། རབ་འབྱོར་དེ་ལྟར་ན་བྱང་ཆུབ་སེམས་དཔའ་སེམས་དཔའ་ཆེན་པོ་བརྩོན་འགྲུས་ཀྱི་ཕ་རོལ་ཏུ་ཕྱིན་པ་ལ་གནས་ཤིང་། བྱང་ཆུབ་ཀྱི་ཡན་ལག་བདུན་ལ་སེམས་ཅན་རྣམས་སྦྱོར་བ་ཡིན་ནོ། །རབ་འབྱོར་ཇི་ལྟར་ན་བྱང་ཆུབ་སེམས་དཔའ་སེམས་དཔའ་ཆེན་པོ་བརྩོན་འགྲུས་ཀྱི་ཕ་རོལ་ཏུ་ཕྱིན་པ་ལ་གནས་ཤིང་། འཕགས་པའི་ལམ་ཡན་ལག་བརྒྱད་པ་ལ་སེམས་ཅན་རྣམས་སྦྱོར་བ་ཡིན་ཞེ་ན། རབ་འབྱོར་འདི་ལ་བྱང་ཆུབ་སེམས་དཔའ་སེམས་དཔའ་ཆེན་པོ་སེམས་ཅན་དག་ལ་ཡོ་བྱད་རྣམས་ཉེ་བར་སྒྲུབ་སྟེ། ཡོ་བྱད་དེ་དག་གིས་ཡོངས་སུ་ཟིན་པའི་སེམས་ཅན་རྣམས་འཕགས་པའི་ལམ་ཡན་ལག་བརྒྱད་པ་སྒོམ་མོ། །འཕགས་པའི་ལམ་ཡན་ལག་བརྒྱད་པ་བསྒོམས་②པས། འཁོར་བ་ལས་ཡོངས་སུ་ཐར་བར་འགྱུར་ཏེ། རབ་འབྱོར་དེ་ལྟར་ན་བྱང་ཆུབ་སེམས་དཔའ་སེམས་དཔའ་ཆེན་པོ་བརྩོན་འགྲུས་ཀྱི་ཕ་རོལ་ཏུ་ཕྱིན་པ་ལ་གནས་ཤིང་། འཕགས་པའི་ལམ་ཡན་ལག་བརྒྱད་པ་ལ་སེམས་ཅན་རྣམས་སྦྱོར་བ་ཡིན་ནོ། །རབ་འབྱོར་ཇི་ལྟར་ན་བྱང་ཆུབ་སེམས་དཔའ༔སེམས་དཔའ་③ཆེན་པོ་བསམ་གཏན་གྱི་ཕ་རོལ་ཏུ་ཕྱིན་པ་ལ་གནས་ཤིང་། དྲན་པ་ཉེ་བར་གཞག་པ་བཞི་ལ་སེམས་ཅན་རྣམས་སྦྱོར་བ་ཡིན་ཞེ་ན། རབ་འབྱོར་འདི་ལ་བྱང་ཆུབ་སེམས་དཔའ་སེམས་དཔའ་ཆེན་པོ་སེམས་ཅན་དག་ལ་ཡོ་བྱད་རྣམས་ཉེ་

བར་སྐྱབ་སྟེ། ཡོ་བྱད་དེ་དག་གིས་ཡོངས་སུ་ཟིན་པའི་སེམས་ཅན་རྣམས་དྲན་པ་ཉེ་བར་གཞག་པ་བཞི་སྒོམ་མོ། །དྲན་པ་ཉེ་བར་གཞག་པ་བཞི་བསྒོམས[༢]པས། འཁོར་བ་ལས་ཡོངས་སུ་ཐར་བར་འགྱུར་ཏེ། རབ་འབྱོར་དེ་ལྟར་ན་བྱང་ཆུབ་སེམས་དཔའ་སེམས་དཔའ་ཆེན་པོ་བསམ་གཏན་གྱི་ཕ་རོལ་ཏུ་ཕྱིན་པ་ལ་གནས་ཤིང་། དྲན་པ་ཉེ་བར་གཞག་པ་བཞི་ལ་སེམས་ཅན་རྣམས་སྦྱོར་བ་ཡིན་ནོ། །རབ་འབྱོར་ཇི་ལྟར་ན་བྱང་ཆུབ་སེམས་དཔའ་སེམས་དཔའ་ཆེན་པོ་བསམ་གཏན་གྱི་ཕ་རོལ་ཏུ་ཕྱིན་པ་ལ་གནས་ཤིང་། ཡང་དག་པར་སྤོང་བ་བཞི་ལ་སེམས་ཅན་རྣམས་སྦྱོར་བ་ཡིན་ཞེ་ན། རབ་འབྱོར་འདི་ལ་བྱང་ཆུབ་སེམས་དཔའ་སེམས་དཔའ་ཆེན་པོ་སེམས་ཅན་དག་ལ་ཡོ་བྱད་རྣམས་ཉེ་བར་སྐྱབ[༣]སྟེ། ཡོ་བྱད་དེ་དག་གིས་ཡོངས་སུ་ཟིན་པའི་སེམས་ཅན་རྣམས་ཡང་དག་པར་སྤོང་བ་བཞི་སྒོམ་མོ།། ཡང་དག་པར་སྤོང་བཿབཞི་བསྒོམས[༤]པས། འཁོར་བ་ལས་ཡོངས་སུ་ཐར་བར་འགྱུར་ཏེ། རབ་འབྱོར་དེ་ལྟར་ན་བྱང་ཆུབ་སེམས་དཔའ་སེམས་དཔའ་ཆེན་པོ་བསམ་གཏན་གྱི་ཕ་རོལ་ཏུ་ཕྱིན་པ་ལ་གནས་ཤིང་། ཡང་དག་པར་སྤོང་བ་བཞི་ལ་སེམས་ཅན་རྣམས་སྦྱོར་བ་ཡིན་ནོ། །རབ་འབྱོར་ཇི་ལྟར་ན་བྱང་ཆུབ་སེམས་དཔའ་སེམས་དཔའ་ཆེན་པོ་བསམ་གཏན་གྱི་ཕ་རོལ་ཏུ་ཕྱིན་པ་ལ་གནས་ཤིང་། རྫུ་འཕྲུལ་གྱི་རྐང་པ་བཞི་ལ་སེམས་ཅན་རྣམས་སྦྱོར་བ་ཡིན་ཞེ་ན། རབ་འབྱོར་འདི་ལ་བྱང་ཆུབ་སེམས་དཔའ་སེམས་དཔའ་ཆེན་པོ་སེམས་ཅན་དག་ལ་ཡོ་བྱད་རྣམས་ཉེ་བར་སྐྱབ་སྟེ། ཡོ་བྱད་དེ་དག་གིས་ཡོངས་སུ་ཟིན་པའི་སེམས་ཅན་རྣམས་རྫུ་འཕྲུལ་གྱི་རྐང་པ་བཞི་སྒོམ་མོ། །རྫུ་འཕྲུལ་གྱི་རྐང་པ་བཞི་བསྒོམས་པས། འཁོར་བ་ལས་ཡོངས་སུ་ཐར་བར་འགྱུར་ཏེ། རབ་འབྱོར་དེ་ལྟར་ན་བྱང་ཆུབ་སེམས་དཔའ་སེམས་དཔའ་ཆེན་པོ་བསམ་གཏན་གྱི་ཕ་རོལ་ཏུ་ཕྱིན་པ་ལ་གནས་

ཤིང་། རྫུ་འཕྲུལ་གྱི་རྐང་པ་བཞི་ལ་སེམས་ཅན་རྣམས་སྦྱོར་བ་ཡིན་ནོ། །རབ་འབྱོར་ཇི་ལྟར་ན་བྱང་ཆུབ་སེམས་དཔའ་སེམས་དཔའ་ཆེན་པོ་བསམ་གཏན་གྱི་ཕ་རོལ་ཏུ་ཕྱིན་པ་ལ་གནས་ཤིང་། དབང་པོ་ལྔ་ལ་སེམས་ཅན་རྣམས་སྦྱོར་བ་ཡིན་ཞེ་ན། རབ་འབྱོར་འདི་ལ་བྱང་ཆུབ་སེམས་དཔའ་སེམས་དཔའ་ཆེན་པོ་སེམས་ཅན་དག་ལ་ཡོ་བྱད་རྣམས་ཉེ་བར་སྒྲུབ་སྟེ། ཡོ་བྱད་དེ་དག་གིས་ཡོངས་སུ་ཟིན་པའི་སེམས་ཅན་རྣམས་དབང་པོ་ལྔ་སྒོམ་མོ། །དབང་པོ་ལྔ་བསྒོམས་པས། འཁོར་བ་ལས་ཡོངས་སུ་ཐར་བར་འགྱུར་ཏེ། རབ་འབྱོར་དེ་ལྟར་ན་བྱང་ཆུབ་སེམས་དཔའ་སེམས་དཔའ་ཆེན་པོ་བསམ་གཏན་གྱི་ཕ་རོལ་ཏུ་ཕྱིན་པ་ལ་གནས་ཤིང་། དབང་པོ་ལྔ་ལ་སེམས་ཅན་རྣམས་སྦྱོར་བ་ཡིན་ནོ། །རབ་འབྱོར་ཇི་ལྟར་ན་བྱང་ཆུབ་སེམས་དཔའ་སེམས་དཔའ་ཆེན་པོ་བསམ་གཏན་གྱི་ཕ་རོལ་ཏུ་ཕྱིན་པ་ལ་གནས་ཤིང་། སྟོབས་ལྔ་ལ་སེམས་ཅན་རྣམས་སྦྱོར་བ་ཡིན་ཞེ་ན། རབ་འབྱོར་འདི་ལ་བྱང་ཆུབ་སེམས་དཔའ་སེམས་དཔའ་ཆེན་པོ་སེམས་ཅན་དག་ལ་ཡོ་བྱད་རྣམས་ཉེ་བར་སྒྲུབ་སྟེ[7]། ཡོ་བྱད་དེ་དག་གིས་ཡོངས་སུ་ཟིན་པའི་སེམས་ཅན་རྣམས་སྟོབས་ལྔ་སྒོམ་མོ། །སྟོབས་ལྔ་བསྒོམས་པས། འཁོར་བ་ལས་ཡོངས་སུ་ཐར་བར་འགྱུར་ཏེ། རབ་འབྱོར་དེ་ལྟར་ན་བྱང་ཆུབ་སེམས་དཔའ་སེམས་དཔའ་ཆེན་པོ་བསམ་གཏན་གྱི་ཕ་རོལ་ཏུ་ཕྱིན་པ་ལ་གནས་ཤིང་། སྟོབས་ལྔ་ལ་སེམས་ཅན་རྣམས་སྦྱོར་བ་ཡིན་ནོ། །རབ་འབྱོར་ཇི་ལྟར་ན་བྱང་ཆུབ་སེམས་དཔའ་སེམས་དཔའ་ཆེན་པོ་བསམ་གཏན་གྱི་ཕ་རོལ་ཏུ་ཕྱིན་པ་ལ་གནས་ཤིང་། བྱང་ཆུབ་ཀྱི་ཡན་ལག་བདུན་ལ་སེམས་ཅན་རྣམས་སྦྱོར་བ་ཡིན་ཞེ་ན། རབ་འབྱོར་འདི་ལ་བྱང་ཆུབ་སེམས་དཔའ་སེམས་དཔའ་ཆེན་པོ་སེམས་ཅན་དག་ལ་ཡོ་བྱད་རྣམས་ཉེ་བར་སྒྲུབ་སྟེ། ཡོ་བྱད་དེ་དག་གིས་ཡོངས་སུ་ཟིན་པའི་སེམས་

ཅན་རྣམས་བྱང་ཆུབ་ཀྱི་ཡན་ལག་བདུན་སྒོམ་མོ། །བྱང་ཆུབ་ཀྱི་ཡན་ལག་བདུན་བསྒོམས་པས་འཁོར་བ་ལས་ཡོངས་སུ་ཐར་བར་འགྱུར་ཏེ། རབ་འབྱོར་དེ་ལྟར་ན་བྱང་ཆུབ་སེམས་དཔའ་སེམས་དཔའ་ཆེན་པོ་བསམ་གཏན་གྱི་ཕ་རོལ་ཏུ་ཕྱིན་པ་ལ་གནས་ཤིང་། བྱང་ཆུབ་ཀྱི་ཡན་ལག་བདུན་ལ་སེམས་ཅན་རྣམས་སྦྱོར་བ་ཡིན་ནོ། །རབ་འབྱོར་ཇི་ལྟར་ན་བྱང་ཆུབ་སེམས་དཔའ་སེམས་དཔའ་ཆེན་པོ་བསམ་གཏན་གྱི་ཕ་རོལ་ཏུ་ཕྱིན་པ་ལ་གནས་ཤིང་། འཕགས་པའི་ལམ་ཡན་ལག་བརྒྱད་པ་ལ་སེམས་ཅན་རྣམས་སྦྱོར་བ་ཡིན་ཞེ་ན། རབ་འབྱོར་འདི་ལ་བྱང་ཆུབ་སེམས་དཔའ་སེམས་དཔའ་ཆེན་པོ་སེམས་ཅན་དག་ལ་ཡོ་བྱད་རྣམས་ཉེ་བར་སྒྲུབ་སྟེ། ཡོ་བྱད་དེ་དག་གིས་ཡོངས་སུ་ཟིན་པའི་སེམས་ཅན་རྣམས་འཕགས་པའི་ལམ་ཡན་ལག་བརྒྱད་པ་སྒོམ་མོ། །འཕགས་[2]པའི་ལམ་ཡན་ལག་བརྒྱད་པ་བསྒོམས་པས། འཁོར་བ་ལས་ཡོངས་སུ་ཐར་བར་འགྱུར་ཏེ། རབ་འབྱོར་དེ་ལྟར་ན་བྱང་ཆུབ་སེམས་དཔའ་སེམས་དཔའ་ཆེན་པོས་[3]བསམ་གཏན་གྱི་ཕ་རོལ་ཏུ་ཕྱིན་པ་ལ་གནས་ཤིང་། འཕགས་པའི་ལམ་ཡན་ལག་བརྒྱད་པ་ལ་སེམས་ཅན་རྣམས་སྦྱོར་བ་ཡིན་ནོ། །རབ་འབྱོར་ཇི་ལྟར་ན་བྱང་ཆུབ་སེམས་དཔའ་སེམས་དཔའ་ཆེན་པོ་ཤེས་རབ་ཀྱི་ཕ་རོལ་ཏུ་ཕྱིན་པ་ལ་གནས་ཤིང་། དྲན་པ་ཉེ་བར་གཞག་པ་བཞི་ལ་སེམས་ཅན་རྣམས་སྦྱོར་བ་ཡིན་ཞེ་ན། རབ་འབྱོར་འདི་ལ་བྱང་ཆུབ་སེམས་དཔའ་སེམས་དཔའ་ཆེན་པོ་ཤེས་རབ་ཀྱི་ཕ་རོལ་ཏུ་ཕྱིན་པ་ལ་གནས་ཤིང་། སེམས་ཅན་དག་ལ་ཡོ་བྱད་རྣམས་ཉེ་བར་སྒྲུབ་སྟེ། ཡོ་བྱད་དེ་དག་གིས་ཡོངས་སུ་ཟིན་པའི་སེམས་ཅན་རྣམས་དྲན་པ་ཉེ་བར་གཞག་པ་བཞི་སྒོམ་མོ། །དྲན་པ་ཉེ་བར་གཞག་པ་བཞི་བསྒོམས་པས། འཁོར་བ་ལས་ཡོངས་སུ་ཐར་བར་འགྱུར་ཏེ། རབ་འབྱོར་དེ་ལྟར་ན་བྱང་ཆུབ་སེམས་དཔའ་སེམས་དཔའ་ཆེན་པོ་ཤེས་རབ་ཀྱི་ཕ་

རོལ་ཏུ་ཕྱིན་པ་ལ་གནས་ཤིང་། དྲན་པ་ཉེ་བར་གཞག་པ་བཞི་ལ་སེམས་ཅན་རྣམས་སྦྱོར་བ་ཡིན་ནོ། །རབ་འབྱོར་ཇི་ལྟར་ན་བྱང་ཆུབ་སེམས་དཔའ་སེམས་དཔའ་ཆེན་པོ་ཤེས་རབ་ཀྱི་ཕ་རོལ་ཏུ་ཕྱིན་པ་ལ་གནས་ཤིང་། ཡང་དག་པར་སྤོང་བ་བཞི་ལ་སེམས་ཅན་རྣམས་སྦྱོར་བ་ཡིན་ཞེ་ན། རབ་འབྱོར་འདི་ལ་བྱང་ཆུབ་སེམས་དཔའ་སེམས་དཔའ་ཆེན་པོ་ཤེས་རབ་ཀྱི་ཕ་རོལ་ཏུ་ཕྱིན་པ་ལ་གནས་ཤིང་། སེམས་ཅན་དག་ལ་ཡོ་བྱད་རྣམས་ཉེ་བར་སྒྲུབ་སྟེ། ཡོ་བྱད་དེ་དག་གིས་ཡོངས་སུ་ཟིན་པའི་སེམས་ཅན་རྣམས་ཡང་དག་པར་སྤོང་བ་བཞི་སྒོམ་མོ། །ཡང་དག་པར་སྤོང་བ་བཞི་བསྒོམས་པས། འཁོར་བ་ལས་ཡོངས་སུ་ཐར་བར་འགྱུར་ཏེ། རབ་འབྱོར་དེ་ལྟར་ན[1]བྱང་ཆུབ་སེམས་དཔའ་སེམས་དཔའ་ཆེན་པོ་ཤེས་རབ་ཀྱི་ཕ་རོལ་ཏུ་ཕྱིན་པ་ལ་གནས་ཤིང་། ཡང་དག་པར་སྤོང་བ་བཞི་ལ་སེམས་ཅན་རྣམས་སྦྱོར་བ་ཡིན་ནོ། །རབ་འབྱོར་ཇི་ལྟར་ན་བྱང་ཆུབ་སེམས་དཔའ་སེམས་དཔའ་ཆེན་པོ་ཤེས་རབ་ཀྱི་ཕ་རོལ་ཏུ་ཕྱིན་པ་ལ་གནས་ཤིང་། རྫུ་འཕྲུལ་གྱི་རྐང་པ་བཞི་ལ་སེམས་ཅན་རྣམས་སྦྱོར་བ་ཡིན་ཞེ་ན། རབ་འབྱོར་འདི་ལ་བྱང་ཆུབ་སེམས་དཔའ་སེམས་དཔའ་ཆེན་པོ་ཤེས་རབ་ཀྱི་ཕ་རོལ་ཏུ་ཕྱིན་པ་ལ་གནས་ཤིང་། སེམས་ཅན་དེ་[2]དག་ལ་ཡོ་བྱད་རྣམས་ཉེ་བར་སྒྲུབ་སྟེ། ཡོ་བྱད་དེ་དག་གིས་ཡོངས་སུ་ཟིན་པའི་སེམས་ཅན་རྣམས་རྫུ་འཕྲུལ་གྱི་རྐང་པ་བཞི་སྒོམ་མོ། །རྫུ་འཕྲུལ་གྱི་རྐང་པ་བཞི་བསྒོམས་པས། འཁོར་བ་ལས་ཡོངས་སུ་ཐར་བར་འགྱུར་ཏེ། རབ་འབྱོར་དེ་ལྟར་ན་བྱང་ཆུབ་སེམས་དཔའ་སེམས་དཔའ་ཆེན་པོ་ཤེས་རབ་ཀྱི་ཕ་རོལ་ཏུ་ཕྱིན་པ་ལ་གནས་ཤིང་། རྫུ་འཕྲུལ་གྱི་རྐང་པ་བཞི་ལ་སེམས་ཅན་རྣམས་སྦྱོར་བ་ཡིན་ནོ། །རབ་འབྱོར་ཇི་ལྟར་ན་བྱང་ཆུབ་སེམས་དཔའ་སེམས་དཔའ་ཆེན་པོ་ཤེས་རབ་ཀྱི་ཕ་རོལ་ཏུ་ཕྱིན་པ་ལ་གནས་ཤིང་། དབང་

པོ་ལྔ་ལ་སེམས་ཅན་རྣམས་སྦྱོར་བ་ཡིན་ཞེ་ན། རབ་འབྱོར་འདི་ལ་བྱང་ཆུབ་སེམས་དཔའ་སེམས་དཔའ་ཆེན་པོ་ཤེས་རབ་ཀྱི་ཕ་རོལ་ཏུ་ཕྱིན་པ་ལ་གནས་ཤིང་། སེམས་ཅན་[1]དག་ལ་ཡོ་བྱད་རྣམས་ཉེ་བར་སྒྲུབ་སྟེ། ཡོ་བྱད་དེ་དག་གིས་ཡོངས་སུ་ཟིན་པའི་སེམས་ཅན་རྣམས་དབང་པོ་རྣམས་སྒོམ་མོ། །དབང་པོ་ལྔ་[2]བསྒོམས་པས། འཁོར་བ་ལས་ཡོངས་སུ་ཐར་བར་འགྱུར་ཏེ། རབ་འབྱོར་དེ་ལྟར་ན་བྱང་ཆུབ་སེམས་དཔའ་སེམས་དཔའ་ཆེན་པོ་[3]ཤེས་རབ་ཀྱི་ཕ་རོལ་ཏུ་ཕྱིན་པ་ལ་གནས་ཤིང་། དབང་པོ་ལྔ་[4]ལ་སེམས་ཅན་རྣམས་སྦྱོར་བ་ཡིན་ནོ། །རབ་འབྱོར་ཇི་ལྟར་ན་བྱང་ཆུབ་སེམས་དཔའ་སེམས་དཔའ་ཆེན་པོ་ཤེས་རབ་ཀྱི་ཕ་རོལ་ཏུ་ཕྱིན་པ་ལ་གནས་ཤིང་། སྟོབས་ལྔ་ལ་སེམས་ཅན་རྣམས་སྦྱོར་བ་ཡིན་ཞེ་ན། རབ་འབྱོར་འདི་ལ་བྱང་ཆུབ་སེམས་དཔའ་སེམས་དཔའ་ཆེན་པོ་ཤེས་རབ་ཀྱི་ཕ་རོལ་ཏུ་ཕྱིན་པ་ལ་གནས་ཤིང་། སེམས་ཅན་དག་ལ་ཡོ་བྱད་རྣམས་ཉེ་བར་སྒྲུབ་སྟེ། ཡོ་བྱད་དེ་དག་གིས་ཡོངས་སུ་ཟིན་པའི་སེམས་ཅན་རྣམས་སྟོབས་ལྔ་སྒོམ་མོ། །སྟོབས་ལྔ་བསྒོམས་པས། འཁོར་བ་ལས་ཡོངས་སུ་ཐར་བར་འགྱུར་ཏེ། རབ་འབྱོར་དེ་ལྟར་ན་བྱང་ཆུབ་སེམས་དཔའ་སེམས་དཔའ་ཆེན་པོ་ཤེས་རབ་ཀྱི་ཕ་རོལ་ཏུ་ཕྱིན་པ་ལ་གནས་ཤིང་། སྟོབས་ལྔ་ལ་སེམས་ཅན་རྣམས་སྦྱོར་བ་ཡིན་ནོ། །རབ་འབྱོར་ཇི་ལྟར་ན་བྱང་ཆུབ་སེམས་དཔའ་སེམས་དཔའ་ཆེན་པོ་ཤེས་རབ་ཀྱི་ཕ་རོལ་ཏུ་ཕྱིན་པ་ལ་གནས་ཤིང་། བྱང་ཆུབ་ཀྱི་ཡན་ལག་བདུན་ལ་སེམས་ཅན་རྣམས་སྦྱོར་བ་ཡིན་ཞེ་ན། རབ་འབྱོརཿའདི་ལ་[5]བྱང་ཆུབ་སེམས་དཔའ་སེམས་དཔའ་ཆེན་པོ་ཤེས་རབ་ཀྱི་ཕ་རོལ་ཏུ་ཕྱིན་པ་ལ་གནས་ཤིང་། སེམས་ཅན་དག་ལ་ཡོ་བྱད་རྣམས་ཉེ་བར་སྒྲུབ་སྟེ། ཡོ་བྱད་དེ་དག་གིས་ཡོངས་སུ་ཟིན་པའི་སེམས་ཅན་རྣམས་བྱང་ཆུབ་ཀྱི་ཡན་ལག་བདུན་སྒོམ་མོ། །བྱང་ཆུབ་ཀྱི་ཡན་ལག་བདུན་

བསྒོམས་པས་འཁོར་བ་ལས་ཡོངས་སུ་ཐར་བར་འགྱུར་ཏེ། རབ་འབྱོར་དེ་ལྟར་ན་བྱང་ཆུབ་སེམས་དཔའ་སེམས་དཔའ་ཆེན་པོ་ཤེས་རབ་ཀྱི་ཕ་རོལ་ཏུ་ཕྱིན་པ་ལ་གནས་ཤིང་། བྱང་ཆུབ་ཀྱི་ཡན་ལག་བདུན་ལ་སེམས་ཅན་རྣམས་སྦྱོར་བ་ཡིན་ནོ།། རབ་འབྱོར་ཇི་ལྟར་ན་བྱང་ཆུབ་སེམས་དཔའ་སེམས་དཔའ་ཆེན་པོ་ཤེས་རབ་ཀྱི་ཕ་རོལ་ཏུ་ཕྱིན་པ་ལ་གནས་ཤིང་། འཕགས་པའི་ལམ་ཡན་ལག་བརྒྱད་པ་ལ་སེམས་ཅན་རྣམས་སྦྱོར་བ་ཡིན་ཞེ་ན། རབ་འབྱོར་འདི་ལ་བྱང་ཆུབ་སེམས་དཔའ་སེམས་དཔའ་ཆེན་པོ་ཤེས་རབ་ཀྱི་ཕ་རོལ་ཏུ་ཕྱིན་པ་ལ་གནས་ཤིང་། སེམས་ཅན་དག་ལ་ཡོ་བྱད་རྣམས་ཉེ་བར་སྒྲུབ་སྟེ། ཡོ་བྱད་དེ་དག་གིས་ཡོངས་སུ་ཟིན་པའི་སེམས་ཅན་རྣམས་འཕགས་པའི་ལམ་ཡན་ལག་བརྒྱད་པ་སྒོམ་མོ། །འཕགས་པའི་ལམ་ཡན་ལག་བརྒྱད་པ་བསྒོམས་པས། འཁོར་བ་ལས་ཡོངས་སུ་ཐར་བར་འགྱུར་ཏེ༑ རབ་འབྱོར་དེ་ལྟར་ན་བྱང་ཆུབ་སེམས་དཔའ་སེམས་དཔའ་ཆེན་པོ་ཤེས་རབ་ཀྱི་ཕ་རོལ་ཏུ་ཕྱིན་པ་ལ་གནས་ཤིང་། འཕགས་པའི་ལམ་ཡན་ལག་བརྒྱད་པ་ལ་སེམས་ཅན་རྣམས་སྦྱོར་བ་ཡིན་ནོ།། །།

ཤེས་རབ་ཀྱི་ཕ་རོལ་ཏུ་ཕྱིན་པ་སྟོང་ཕྲག་བརྒྱ་པ། བམ་པོ་བཅུ་དགུ་①པ།

རབ་འབྱོར་གཞན་ཡང་བྱང་ཆུབ་སེམས་དཔའ་སེམས་དཔའ་ཆེན་པོ་སྦྱིན་པའི་ཕ་རོལ་ཏུ་ཕྱིན་པ་ལ་སྤྱོད་ཅིང་། སེམས་ཅན་མགོན་མེད་པ། སྡུག་བསྔལ་བ། ཁ་ཟས་དང་། གོས་ཀྱིས②ཕོངས་པ་དག་མཐོང་ན། འདི་ལྟར་ཡོངས་སུ་སྦྱིན་པར་བྱེད་དེ③། རིགས་ཀྱི་བུ་དག་ཁྱེད་ཚུར་ཤོག་ང་ལས་ཟས་དང་། སྐོམ་དང་། གོས་དང་། བཞོན་པ་དང་། མལ་ཆ④དང་། མེ་ཏོག་དང་། བདུག་སྤོས་དང་། སྤོས་དང་། ཕྲེང་བ་དང་། བྱུག་པ་དང་། ཁྱིམ་དང་། ནོར་དང་། འབྲུ་དང་། ནོར་བུ་དང་། མུ་ཏིག་དང་། བཻ་ཌཱུརྱ་དང་། དུང་

དང་། མན་[1]ཤེལ་དང་། བྱི་[2]རུ་དང་། གསེར་དང་། དངུལ་དང་། མྱིའི་རྐྱེན་དང་། ཡོ་བྱད་གང་ཅི་ཡང་རུང་བའི་[3]རིན་པོ་ཆེ་སྣ་[4]བདུན་གྱི་བར་དུ་ཡོང་[5]ལ་སེམས་ཅན་རྣམས་ལ་ཕན་ཐོགས་ཤིག །དེ་ནི་ཁྱེད་ལ་ཡུན་རིང་པོར་དོན་དང་ཕན་པ་དང་བདེ་བར་འགྱུར་གྱིས[6]། འདི་ལྟར་དོན་འདི་ནི༔ཕ་བིའི་[7]ཡིན་ཀྱི[8]། བདག་གི་མ་ཡིན་ནོ་སྙམ་དུ་[9]བསམ་པར་མི་[10]བྱའོ། །དོན་འདི་ནི་བདག་གིས་ཡུན་རིང་པོ་ནས་སེམས་ཅན་རྣམས་ཀྱི་དོན་དུ་བསྒྲུབས་[11]པ་ཡིན་ནོ་ཞེས་དེ་ལྟར་ཁྱེད་ཀྱིས་བདག་གི་ཡིན༔པར་སོམས་[12]ལ། སེམས་ཅན་རྣམས་ལ་[13]ཡོངས་སུ་ཐོང་ཤིག[14] །སྦྱིན་པ་དེས་ཀྱང་ཚུལ་ཁྲིམས་ལ་སྦྱོར་ཅིག །བཟོད་པ་ལ་སྦྱོར་ཅིག །བརྩོན་འགྲུས་ལ་སྦྱོར་ཅིག །བསམ་གཏན་ལ་སྦྱོར་ཅིག །ཤེས་རབ་ལ་སྦྱོར་ཅིག །ནང་སྟོང་པ་ཉིད་ལ་སྦྱོར་ཅིག །ཕྱི་སྟོང་པ་ཉིད་ལ་སྦྱོར་ཅིག། ཕྱི་ནང་སྟོང་པ་ཉིད་ལ་སྦྱོར་ཅིག །སྟོང་པ་ཉིད་སྟོང་པ་ཉིད་ལ་སྦྱོར་ཅིག །ཆེན་པོ་སྟོང་པ་ཉིད་ལ་སྦྱོར་ཅིག །དོན་དམ་པ་སྟོང་པ་ཉིད་ལ་སྦྱོར་ཅིག །འདུས་བྱས་སྟོང་པ་ཉིད་ལ་སྦྱོར་ཅིག །འདུས་མ་བྱས་སྟོང་པ་ཉིད་ལ་སྦྱོར་ཅིག །མཐའ་ལས་འདས་པ་སྟོང་པ་ཉིད་ལ་སྦྱོར་ཅིག །ཐོག་མ་དང་ཐ་མ་མེད་པ་སྟོང་པ་ཉིད་ལ་སྦྱོར་ཅིག །དོར་བ་མེད་པ་སྟོང་པ་ཉིད་ལ་སྦྱོར་ཅིག །རང་བཞིན་སྟོང་པ་ཉིད་ལ་སྦྱོར་ཅིག །ཆོས་ཐམས་ཅད་སྟོང་པ་ཉིད་ལ་སྦྱོར་ཅིག །རང་གི་[15]མཚན་ཉིད་སྟོང་པ་ཉིད་ལ་སྦྱོར་ཅིག །མི་དམིགས་པ་སྟོང་པ་ཉིད་ལ་སྦྱོར་ཅིག །དངོས་པོ་མེད་པ་སྟོང་པ་ཉིད་ལ་སྦྱོར་ཅིག །ངོ་བོ་ཉིད་སྟོང་པ་ཉིད་ལ་སྦྱོར་ཅིག །དངོས་པོ་མེད་པའི་ངོ་བོ་ཉིད་སྟོང་པ་ཉིད་ལ་སྦྱོར་ཅིག །དྲན་པ་ཉེ་བར་གཞག་པ་རྣམས་ལ་སྦྱོར་ཅིག །ཡང་དག་པར་སྤོང་བ་རྣམས་ལ་སྦྱོར་ཅིག །རྫུ་འཕྲུལ་གྱི་རྐང་པ་རྣམས་ལ་སྦྱོར་ཅིག །དབང་པོ་རྣམས་ལ་སྦྱོར་ཅིག །སྟོབས་རྣམས་

ལ་སྦྱོར་ཅིག །བྱང་ཆུབ་ཀྱི་ཡན་ལག་རྣམས་ལ་སྦྱོར་ཅིག །འཕགས་པའི་ལམ་ཡན་ལག་བརྒྱད་པ་ལ་སྦྱོར་ཅིག །འཕགས་པའི་བདེན་པ་རྣམས་ལ་སྦྱོར་ཅིག །བསམ་གཏན་རྣམས་ལ་སྦྱོར་ཅིག །ཚད་མེད་པ་རྣམས་ལ་སྦྱོར་ཅིག །གཟུགས་མེད་པའི་སྙོམས་པར་འཇུག་པ་རྣམས་ལ་སྦྱོར་ཅིག །རྣམ་པར་ཐར་པ་བརྒྱད་ལ་སྦྱོར་ཅིག །མཐར་གྱིས་གནས་པའི་སྙོམས་པར་འཇུག་པ་དགུ་ལ་སྦྱོར་ཅིག །རྣམ་པར་ཐར་པའི་སྒོ་སྟོང་པ་ཉིད་དང་། མཚན་མ་མེད་པ་དང་། སྨོན་པ་མེད་པ་ལ་སྦྱོར་ཅིག །མངོན་པར་ཤེས་པ་རྣམས་ལ་སྦྱོར་ཅིག །ཏིང་ངེ་འཛིན་རྣམས་ལ་སྦྱོར་ཅིག །གཟུངས་ཀྱི་སྒོ་རྣམས་ལ་སྦྱོར་ཅིག །དེ་བཞིན་གཤེགས་པའི་སྟོབས་བཅུ་ལ་སྦྱོར་ཅིག །མི་འཇིགས་པ་བཞི་ལ་སྦྱོར་ཅིག །སོ་སོ་ཡང་དག་པར་རིག་པ་བཞི་ལ་སྦྱོར་ཅིག །[༡]སྙིང་རྗེ་ཆེན་པོ་ལ་སྦྱོར་ཅིག །སངས་རྒྱས་ཀྱི་ཆོས་མ་འདྲེས་པ་རྣམས་ལ་སྦྱོར་ཅིག །དེ་ཙམ་གྱིས་དགའ་བར་མ་སེམས་པར་གོང་དུ་འཕགས་པའི་ཆོས་ཟག་པ་མེད་པ་རྣམས་ལ་ཕོད་ཅིག །འདི་ལྟ་སྟེ། རྒྱུན་དུ་ཞུགས་པའི་འབྲས་བུ་ལ་ཕོད་[༢]ཅིག །ལན་ཅིག་ཕྱིར་འོང་བའི་འབྲས་བུ་ལ་ཕོད་ཅིག །ཕྱིར་མི་འོང་བའི་འབྲས་བུ་ལ་ཕོད་[༣]ཅིག །དགྲ་བཅོམ་པ་ཉིད་ལ་ཕོད་[༤]ཅིག །རང་བྱང་ཆུབ་ལ་ཕོད་[༥]ཅིག །བླ་ན་མེད་པ་ཡང་དག་པར་རྫོགས་པའི་བྱང་ཆུབ་ལ་ཕོད་[༦]ཅིག་ཅེས་འདེམས་ཤིང་རྗེས་སུ་སྟོན་ཏོ། །རབ་འབྱོར་དེ་ལྟར་ན་[༧]བྱང་ཆུབ་སེམས་དཔའ་སེམས་དཔའ་ཆེན་པོ་སྦྱིན་པའི་ཕ་རོལ་ཏུ་ཕྱིན་པ་ལ་གནས་ཤིང་། སེམས་ཅན་རྣམས་ཡོངས་སུ་སྨིན་པར་བྱེད་དེ། དེ་ལྟར་[༨]ཡོངས་སུ་སྨིན་པར་བྱས་པའི་སེམས་ཅན་[༩]རྣམས་ངན་སོང་གསུམ་ལས་ཡོངས་སུ་འཐར་བ་[༡༠]ནས། འཁོར་བ་ཐམས་ཅད་ཀྱི་བར་ལས་ཡོངས་སུ་འཐར་[༡༡]རོ། །རབ་འབྱོར་གཞན་ཡང་བྱང་ཆུབ་སེམས་དཔའ་སེམས་དཔའ་ཆེན་པོས

ཚུལ་ཁྲིམས་ཀྱི་ཕ་རོལ་ཏུ་ཕྱིན་པ་ལ་གནས་ཏེ[1]། སེམས་ཅན་རྣམས་[2]འདི་ལྟར་ཡོངས་སུ་སྨིན་པར་བྱེད[3]། །རྒྱུན་གང་དང་མ་[4]ལྡན་པས་ཁྱེད་ཚུལ་ཁྲིམས་ངན་པ་བྱེད་པར་གྱུར་པའི་[5]རྒྱུན་དེ་དག་ངས་ཁྱེད་ལ་བཤུགས་ཀྱིས[6]། ཟས་དང་། སྐོམ་དང་། གོས་དང་། བཞོན་པ་དང་། མལ་ཆ་[7]དང་། མེ་ཏོག་དང་། བདུག་སྤོས་དང་། སྤོས་དང་། ཕྲེང་བ་དང་། བྱུག་པ་དང་། ཁྱིམ་དང་། ནོར་དང་། འབྲུ་དང་། ནོར་བུ་དང་། མུ་ཏིག་དང་། བཻ་ཌཱུརྱ་དང་། དུང་དང་། མན་ཤེལ་དང་། བྱི་[8]རུ་དང་། གསེར་དང་། དངུལ་དང་། མིའི་རྒྱན་དང་། ཡོ་བྱད་གང་ཅི་ཡང་རུང་སྟེ། རིན་པོ་ཆེ་སྣ་[9]བདུན་གྱི་བར་དུ་ཡོང་[10]ལ་སེམས་ཅན་རྣམས་ལ་ཕན་ཐོགས་ཤིག་ཅེས་འདེམས་ཤིང་རྗེས་སུ་སྟོན་ཏོ། །[11]ཚུལ་ཁྲིམས་ཀྱི་ཕ་རོལ་ཏུ་ཕྱིན་པ་ལ་གནས་ཤིང་། སེམས་ཅན་དེ་དག་ལ་ཕན་པ་དེ་ལྟ་བུས་ཕན་འདོགས་ཏེ། ཕན་པ་དེ་ལྟ་བུས་ཕན་བཏགས་པས། དེ་དག་དགེ་བ་བཅུའི་ལས་ཀྱི་ལམ་ཡང་དག་པར་བླངས་ཤིང་གནས་ཏེ། དེ་དག་སྡོམ་པའི་ཚུལ་ཁྲིམས་མ་ཞིག་པ་མ་གོད་པ་མ་འདྲེས་པ་སྐྱོན་མེད་པ་མ་ཉམས་པ་རང་དབང་ཡོད་པ། མཁས་པས་བསྔགས་པ། ཤིན་ཏུ་ཟློགས་པ[12]། ཏིང་ངེ་འཛིན་གྱི་རྒྱུར་འགྱུར་བ་ལ་གནས་ཤིང་། སྦྱིན་པའི་ཕ་རོལ་ཏུ་ཕྱིན་པ་ལ་གནས། ཚུལ་ཁྲིམས་ཀྱི་ཕ་རོལ་ཏུ་ཕྱིན་པ་ལ་གནས། བཟོད་པའི་ཕ་རོལ་ཏུ་ཕྱིན་པ་ལ་གནས། བརྩོན་འགྲུས་ཀྱི་ཕ་རོལ་ཏུ་ཕྱིན་པ་ལ་གནས། བསམ་གཏན་གྱི་ཕ་རོལ་ཏུ་ཕྱིན་པ་ལ་གནས། ཤེས་རབ་ཀྱི་ཕ་རོལ་ཏུ་ཕྱིན་པ་ལ་གནས། ནང་སྟོང་པ་ཉིད་ལ་གནས། ཕྱི་སྟོང་པ་ཉིད་ལ་གནས། ཕྱི་ནང་སྟོང་པ་ཉིད་ལ་གནས། སྟོང་པ་ཉིད་སྟོང་པ་ཉིད་ལ་གནས། ཆེན་པོ་སྟོང་པ་ཉིད་ལ་གནས། དོན་དམ་པ་སྟོང་པ་ཉིད་ལ་གནས། འདུས་བྱས་སྟོང་པ་ཉིད་ལ་གནས། འདུས་

མ་བྱས་སྟོང་པ་ཉིད་ལ་གནས། མཐའ་ལས་འདས་པ༔སྟོང་པ་[༡]ཉིད་ལ་གནས། ཐོག་མ་དང་ཐ་མ་མེད་པ་སྟོང་པ་ཉིད་ལ་གནས། དོར་བ་མེད་པ་སྟོང་པ་ཉིད་ལ་གནས། རང་བཞིན་སྟོང་པ་ཉིད་ལ་གནས། ཆོས་ཐམས་ཅད་སྟོང་པ་ཉིད་ལ་གནས། རང་གི་མཚན་ཉིད་སྟོང་པ་ཉིད་ལ་གནས། མི་དམིགས་པ་སྟོང་པ་ཉིད་ལ་གནས། དངོས་པོ་མེད་པ་སྟོང་པ་ཉིད་ལ་གནས། ངོ་བོ་ཉིད་སྟོང་པ་ཉིད་ལ་གནས། དངོས་པོ་མེད་པའི་ངོ་བོ་ཉིད་སྟོང་པ་ཉིད་ལ་གནས། དྲན་པ་ཉེ་བར་གཞག་པ་བཞི་ལ་གནས། ཡང་དག་པར་སྤོང་བ་བཞི་ལ་གནས། རྫུ་འཕྲུལ་གྱི་རྐང་པ་བཞི་ལ་གནས། དབང་པོ་ལྔ་ལ་གནས། སྟོབས་ལྔ་ལ་གནས། བྱང་ཆུབ་ཀྱི་ཡན་ལག་བདུན་ལ་གནས། འཕགས་པའི་ལམ་ཡན་ལག་བརྒྱད་པ་ལ་གནས། འཕགས་པའི་བདེན་པ་རྣམས་[༢]ལ་གནས། བསམ་གཏན་རྣམས་[༣]ལ་གནས། ཚད་མེད་པ་རྣམས་[༤]ལ་གནས། གཟུགས་མེད་པའི་སྙོམས་པར་འཇུག་པ་རྣམས་[༥]ལ་གནས། རྣམ་པར་ཐར་པ་བརྒྱད་ལ་གནས། མཐར་གྱིས་གནས་པའི་སྙོམས་པར་འཇུག་པ་དགུ་[༦]ལ་གནས། རྣམ་པར་ཐར་པའི་སྒོ་སྟོང་པ་ཉིད་དང་། མཚན་མ་མེད་པ་དང་། སྨོན་པ་མེད་པ་ལ་གནས། མངོན་པར་ཤེས་པ་རྣམས་ལ་གནས། ཏིང་ངེ་འཛིན་རྣམས་ལ་གནས། གཟུངས་ཀྱི་སྒོ་རྣམས་ལ་གནས། དེ་བཞིན་གཤེགས་པའི་སྟོབས་བཅུ་ལ་གནས། མི་འཇིགས་པ་བཞི་ལ་གནས། སོ་སོ་ཡང་དག་པར་རིག་[༧]པ་བཞི་ལ་གནས། [༨]སྙིང་རྗེ་ཆེན་པོ་ལ་གནས། སངས་རྒྱས་ཀྱི་ཆོས་མ་འདྲེས་པ་རྣམས་[༩]ལ་གནས་[༡༠]ཤིང་། རྣམ་པ་ཐམས་ཅད་མཁྱེན་པ་ཉིད་རྗེས་སུ་ཐོབ་པར་བྱེད་དོ། །རབ་འབྱོར་གཞན་ཡང་བྱང་ཆུབ་སེམས་དཔའ་སེམས་དཔའ་ཆེན་པོ་བཟོད་པའི་ཕ་རོལ་ཏུ་ཕྱིན་པ་ལ་གནས་ཤིང་། སེམས་ཅན་སེམས་འཁྲུགས་[༡༡]པ

དང་། གནོད་སེམས་སུ་གྱུར་པ་དག་མཐོང་ན། འདི་ལྟར་ཡོངས་སུ་སྨིན་པར་བྱེད་དེ། རྐྱེན་གང་དང་མ་[1]ལྡན་པས་ཁྱེད་གནོད་སེམས་སུཿབྱེད་པར་[2]ཿགྱུར་པའི་[3]རྐྱེན་དེ་དག་ངས་ཁྱེད་ལཿབཤུགས་ཀྱིས[4]། ཟས་དང་། སྐོམ་དང་། གོས་དང་། བཞོན་[5]པ་དང་། མལ་ཆ་[6]དང་། མེ་ཏོག་དང་། བདུག་སྤོས་དང་། སྤོས་དང་། ཕྲེང་བ་དང་། བྱུག་པ་དང་། ཁྱིམ་དང་། ནོར་དང་། འབྲུ་དང་། ནོར་བུ་དང་། མུ་ཏིག་དང་། བཻ་ཌཱུརྻ་དང་། དུང་དང་། མན་[7]ཤེལ་དང་། བྱི་[8]རུ་དང་། གསེར་དང་། དངུལ་དང་། མྱིའི་རྐྱེན་དང་། ཡོ་བྱད་གང་ཅི་ཡང་རུང་བའི་[9]རིན་པོ་ཆེ་སྣ་[10]བདུན་གྱི་བར་དུཿཡོད་ཤིག་[11]ཅེས་ནས། དེས་[12]བཟོད་པའི་ཕ་རོལ་ཏུ་ཕྱིན་པ་ལ་གནས་ཤིང་། སེམས་ཅན་དེ་དག་ལ་ཕན་པ་དེ་ལྟ་བུས་ཕན་འདོགས་ཏེ[13]། ཕན་པ་དེ་ལྟ་བུས་ཕན་བཏགས་པས། དེ་དག་བཟོད་པ་སྒོམ་[14]སྟེ། འཕྲུག་[15]པ་མེད་པ་དང་། གནོད་སེམས་མེད་པའི་སེམས་སུ་གྱུར་པ་དེ་དག་བཟོད་པའི་ཕ་རོལ་ཏུ་ཕྱིན་པ་ལ་གནས་ཤིང་། སྦྱིན་པའི་ཕ་རོལ་ཏུ་ཕྱིན་པ་ལ་གནས། ཚུལ་ཁྲིམས་ཀྱི་ཕ་རོལ་ཏུ་ཕྱིན་པ་ལ་གནས། ཿབཟོད་པའི་ཕ་རོལ་ཏུ་ཕྱིན་པ་ལ་གནས།[16] བརྩོན་འགྲུས་ཀྱི་ཕ་རོལ་ཏུ་ཕྱིན་པ་ལ་གནས། བསམ་གཏན་གྱི་ཕ་རོལ་ཏུ་ཕྱིན་པ་ལ་གནས། ཤེས་རབ་ཀྱི་ཕ་རོལ་ཏུ་ཕྱིན་པ་ལ་གནས། ནང་སྟོང་པ་ཉིད་ལ་གནས། ཕྱི་སྟོང་པ་ཉིད་ལ་གནས། ཕྱི་ནང་སྟོང་པ་ཉིད་ལ་གནས། སྟོང་པ་ཉིད་སྟོང་པ་ཉིད་ལ་གནས། ཆེན་པོ་སྟོང་པ་ཉིད་ལ་གནས། དོན་དམ་པ་སྟོང་པ་ཉིད་ལ་གནས། འདུས་བྱས་སྟོང་པ་ཉིད་ལ་གནས། འདུས་མ་བྱས་སྟོང་པ་ཉིད་ལ་གནས། མཐའ་ལས་འདས་པ་སྟོང་པ་ཉིད་ལ་གནས། ཐོག་མ་དང་ཐ་མ་མེད་པ་སྟོང་པ་ཉིད་ལ་གནས། དོར་བ་མེད་པ་སྟོང་པ་ཉིད་ལ་གནས།

རང་བཞིན་སྟོང་པ་ཉིད་ལ་གནས། ཆོས་ཐམས་ཅད་སྟོང་པ་ཉིད་ལ་གནས། རང་གི་མཚན་ཉིད་སྟོང་པ་ཉིད་ལ་གནས། མི་དམིགས་པ་སྟོང་པ་ཉིད་ལ་གནས། དངོས་པོ་མེད་པ་སྟོང་པ་ཉིད་ལ་གནས། ངོ་བོ་ཉིད་སྟོང་པ་ཉིད་ལ་གནས། དངོས་པོ་མེད་པའི་ངོ་བོ་ཉིད་སྟོང་པ་ཉིད་ལ་གནས། དྲན་པ་ཉེ་བར་གཞག་པ་བཞི་ལ་གནས། ཡང་དག་པར་སྤོང་བ་བཞི་ལ་གནས། རྫུ་འཕྲུལ་གྱི་རྐང་པ་བཞི་ལ་གནས། དབང་པོ་ལྔ་ལ་གནས། སྟོབས་ལྔ་ལ་གནས། བྱང་ཆུབ་ཀྱི་ཡན་ལག་བདུན་ལ་གནས། འཕགས་པའི་ལམ་ཡན་ལག་བརྒྱད་པ་ལ་གནས། འཕགས་པའི་བདེན་པ་རྣམས་ལ་གནས། བསམ་གཏན་རྣམས་ལ་གནས། ཚད་མེད་པ་རྣམས་ལ་གནས། གཟུགས་མེད་པའི་སྙོམས་པར་འཇུག་པ་རྣམས་ལ་གནས། རྣམ་པར་ཐར་པ་བརྒྱད་ལ་གནས། མཐར་གྱིས་གནས་པའི་སྙོམས་པར་འཇུག་པ་དགུ་ལ་གནས། རྣམ་པར་ཐར་པའི་སྒོ་སྟོང་པ་ཉིད་དང་། མཚན་མ་མེད་པ་དང་། སྨོན་པ་མེད་པ་ལ་གནས། མངོན་པར་ཤེས་པ་རྣམས་ལ་གནས། ཏིང་ངེ་འཛིན་རྣམས་ལ་གནས། གཟུངས་ཀྱི་སྒོ་རྣམས་ལ་གནས། དེ་བཞིན་གཤེགས་པའི་སྟོབས་བཅུ་ལ་གནས། མི་འཇིགས་པ་བཞི་ལ་གནས། སོ་སོ་ཡང་དག་པར་རིག་པ་བཞི་ལ་གནས། [1]སྙིང་རྗེ་ཆེན་པོ་ལ་གནས། སངས་རྒྱས་ཀྱི་ཆོས་མ་འདྲེས་པ་རྣམས་ལ་གནས་ཤིང་། རྣམ་པ་ཐམས་ཅད་མཁྱེན་པ་ཉིད་རྗེས་སུ་ཐོབ་པར་བྱེད་དོ། །རབ་འབྱོར་གཞན་ཡང་བྱང་ཆུབ་སེམས་དཔའ་སེམས་དཔའ་ཆེན་པོ། བརྩོན་འགྲུས་ཀྱི་[2]ཕ་རོལ་ཏུ་ཕྱིན་པ་ལ་གནས་ཤིང་། སེམས་ཅན་[3]ལེ་ལོ་ཅན་བརྩོན་འགྲུས་ཆུང་བ་དག་མཐོང་ན། འདི་ལྟར་ཡོངས་སུ་སྨིན་པར་བྱེད་དེ། རྐྱེན་གང་དང་མ་[4]ལྡན་པས་ཁྱོད་ལེ་ལོ་བྱེད་པར་གྱུར་པའི་[5]རྐྱེན་དེ་དག་ངས་ཁྱོད་ལ་བསྒྲུབས་ཀྱིས[6]། ཟས་དང་།

སྐྱམ་དང་། གོས་དང་། བཞོན་པ་དང་། མལ་ཆ་[༧]དང་། མེ་ཏོག་དང་།
བདུག་སྤོས་དང་། སྤོས་དང་། ཕྲེང་བ་དང་། བྱུག་པ་དང་། ཁྱིམ་དང་།
ནོར་དང་། འབྲུ་དང་། ནོར་བུ་དང་། མུ་ཏིག་དང་། བཻ་ཌཱུརྱ་དང་།
དུང་དང་། མན་[༢]ཤེལ་དང་། བྱི་[༣]རུ་དང་། གསེར་དང་། དངུལ་དང་།
མྱིའི་རྒྱན་དང་། ཡོ་བྱད་གང་ཅི་ཡང་རུང་བ་རིན་པོ་ཆེ་སྣ་[༨]བདུན་གྱི་[༥]བར་་
དུ༔ ཡོང་ཤིག་[༦]ཅེས་ནས། དེ་བསྟོན་འགྲུས་ཀྱི་ཕ་རོལ་ཏུ་ཕྱིན་པ་ལ་གནས་ཤིང་།
སེམས་ཅན་དེ་དག་ལ་ཕན་པ་དེ་ལྟ་བུས་ཕན་འདོགས་ཏེ། ཕན་པ་དེ་ལྟ་བུས་་
ཕན་བཏགས་པས། དེ་དག་བརྩོན་འགྲུས་རྩོམ་སྟེ། ལེ་ལོ་མྱེད་ཅིང་བརྩོན་་
འགྲུས་རྩོམ་པར་གྱུར་པ་དེ་དག་བརྩོན་འགྲུས་ཀྱི་ཕ་རོལ་ཏུ་ཕྱིན་པ་ལ་གནས་ཤིང་།
སྦྱིན་པའི་ཕ་རོལ་ཏུ་ཕྱིན་པ་ལ་གནས། ཚུལ་ཁྲིམས་ཀྱི་ཕ་རོལ་ཏུ་ཕྱིན་པ་ལ་གནས།
བཟོད་པའི་ཕ་རོལ་ཏུ་ཕྱིན་པ་ལ་གནས། བརྩོན་འགྲུས་ཀྱི་ཕ་རོལ་ཏུ་ཕྱིན་པ་ལ་་
གནས༑ བསམ་གཏན་གྱི་ཕ་རོལ་ཏུ་ཕྱིན་པ་ལ་གནས། ཤེས་རབ་ཀྱི་ཕ་རོལ་
ཏུ་ཕྱིན་པ་ལ་གནས། ནང་སྟོང་པ་ཉིད་ལ་གནས། ཕྱི་སྟོང་པ་ཉིད་ལ་གནས།
ཕྱི་ནང་སྟོང་པ་ཉིད་ལ་གནས། སྟོང་པ་ཉིད་སྟོང་པ་ཉིད་ལ་གནས། ཆེན་པོ་་
སྟོང་པ་ཉིད་ལ་གནས། དོན་དམ་པ་སྟོང་པ་ཉིད་ལ་གནས། འདུས་བྱས་སྟོང་
པ་ཉིད་ལ་གནས། འདུས་མ་བྱས་སྟོང་པ་ཉིད་ལ་གནས། མཐའ་ལས་འདས་
པ་སྟོང་པ་ཉིད་ལ་གནས། ཐོག་མ་དང་ཐ་མ་མྱེད་པ་སྟོང་པ་ཉིད་ལ་གནས།
དོར་བ་མྱེད་པ་སྟོང་པ་ཉིད་ལ་གནས། རང་བཞིན་སྟོང་པ་ཉིད་ལ་གནས།
ཆོས་ཐམས་ཅད་སྟོང་པ་ཉིད་ལ་གནས། རང་གི་མཚན་ཉིད་སྟོང་པ་ཉིད་ལ་་་
གནས༑ མྱི་དམྱིགས་པ་སྟོང་པ་ཉིད་ལ་གནས། དངོས་པོ་མྱེད་པ་སྟོང་པ་་
ཉིད་ལ་གནས། ངོ་བོ་ཉིད་སྟོང་པ་ཉིད་ལ་གནས། དངོས་པོ་མྱེད་པའི་ངོ་བོ་་

ཉིད་སྟོང་པ་ཉིད་ལ་གནས། དྲན་པ་ཉེ་བར་གཞག་པ་བཞི་ལ་གནས། ཡང་དག་པར་སྤོང་བ་བཞི་ལ་གནས། རྫུ་འཕྲུལ་གྱི་རྐང་པ་བཞི་ལ་གནས། དབང་པོ་ལྔ་ལ་གནས། སྟོབས་ལྔ་ལ་གནས། བྱང་ཆུབ་ཀྱི་ཡན་ལག་བདུན་ལ་གནས། འཕགས་པའི་ལམ་ཡན་ལག་བརྒྱད་པ་ལ་གནས། འཕགས་པའི་བདེན་པ་རྣམས་ལ་[༡]གནས། བསམ་གཏན་རྣམས་ལ་གནས། ཚད་མེད་པ་རྣམས་ལ་གནས། གཟུགས་མེད་པའི་སྙོམས་པར་འཇུག་པ་རྣམས་ལ་གནས། རྣམ་པར་ཐར་པ་བརྒྱད་ལ་གནས། མཐར་གྱིས་གནས་པའི་སྙོམས་པར་འཇུག་པ་དགུ་ལ་གནས། རྣམ་པར་ཐར་པའི་སྒོ་སྟོང་པ་ཉིད་དང་། མཚན་མ་མེད་པ་དང་། སྨོན་པ་མེད་པ་ལ་གནས། མངོན་པར་ཤེས་པ་རྣམས་ལ་གནས། ཏིང་ངེ་འཛིན་རྣམས་ལ་གནས། གཟུངས་ཀྱི་སྒོ་རྣམས་ལ་གནས། དེ་བཞིན་གཤེགས་པའི་སྟོབས་བཅུ་ལ་གནས། མི་འཇིགས་པ་བཞི་ལ་གནས། སོ་སོ་ཡང་དག་པར་རིག་པ་བཞི་ལ་གནས། [༢]སྙིང་རྗེ་ཆེན་པོ་ལ་གནས། སངས་རྒྱས་ཀྱི་ཆོས་མ་འདྲེས་པ་རྣམས་ལ་གནས་ཤིང་[༣]། རྣམ་པ་ཐམས་ཅད་མཁྱེན་པ་ཉིད་རྗེས་སུ་ཐོབ་པར་བྱེད་དོ། །རབ་འབྱོར་གཞན་ཡང་བྱང་ཆུབ་སེམས་དཔའ་སེམས་དཔའ་ཆེན་པོ་བསམ་གཏན་གྱི་ཕ་རོལ་ཏུ་ཕྱིན་པ་ལ་གནས་ཤིང་། སེམས་ཅན་སེམས་གཡེངས་པར་གྱུར་པ་དག་མཐོང་ན། འདི་ལྟར་ཡོངས་སུ་སྨིན་པར་བྱེད་དེ། རྒྱུན་གང་དང་མི་[༤]ལྡན་པས་[༥]ཁྱེད་སེམས་གཡེངས་པར་གྱུར་པའི་རྒྱུན་དེ་དག་ངས་ཁྱེད་ལ་བསྒྲུགས་ཀྱིས[༦]། ཟས་དང་། སྐོམ་དང་། གོས་དང་། བཞོན་པ་དང་། མལ་ཆ་དང་། མེ་ཏོག་དང་། བདུག་སྤོས་དང་། སྤོས་དང་། ཕྲེང་བ་དང་། བྱུག་པ་དང་། ཁྱིམ་དང་། ནོར་དང་། འབྲུ་དང་། ནོར་བུ་དང་། མུ་ཏིག་དང་། བཻ་ཌཱུརྱ་དང་། དུང་དང་། མན་[༧]ཤེལ་

དང་། བྱི་[1]རུ་དང་། གསེར་དང་། དངུལ་དང་། མྱིའི་རྒྱན་དང་། ཡོ་བྱད་གང་ཅི་ཡང་རུང་བ་རིན་པོ་ཆེ་སྣ་[2]བདུན་གྱི་བར་དུ༔ ཡོད་ཞིག་[3]ཅེས་ནས། དེ་བསམ་གཏན་གྱི་ཕ་རོལ་ཏུ་ཕྱིན་པ་ལ་གནས་ཤིང་། སེམས་ཅན་དེ་དག་ལ་ཕན་པ་དེ་ལྟ་བུས་ཕན་འདོགས་ཏེ[4]། ཕན་པ་དེ་ལྟ་བུས་ཕན་བཏགས་པས་དེ་དག་བསམ་གཏན་སྒོམ་སྟེ[5]། སེམས་གཡེང་[6]བ་མྱེད་ཅིང་མཉམ་པར་གཞག་པར་གྱུར་པ་དེ་དག་བསམ་གཏན་གྱི་ཕ་རོལ་ཏུ་ཕྱིན་པ་ལ་གནས་ཤིང་། སྦྱིན་པའི་ཕ་རོལ་ཏུ་ཕྱིན་པ་ལ་གནས། ཚུལ་ཁྲིམས་ཀྱི་ཕ་རོལ་ཏུ་ཕྱིན་པ་ལ་གནས། བཟོད་པའི་ཕ་རོལ་ཏུ་ཕྱིན་པ་ལ་གནས། བརྩོན་འགྲུས་ཀྱི་ཕ་རོལ་ཏུ་ཕྱིན་པ་ལ་གནས། བསམ་གཏན་གྱི་ཕ་རོལ་ཏུ་ཕྱིན་པ་ལ་གནས། ཤེས་རབ་ཀྱི་ཕ་རོལ་ཏུ་ཕྱིན་པ་ལ་གནས། ནང་སྟོང་པ་ཉིད་ལ་གནས། ཕྱི་སྟོང་པ་ཉིད་ལ་གནས། ཕྱི་ནང་སྟོང་པ་ཉིད་ལ་གནས། སྟོང་པ་ཉིད་སྟོང་པ་ཉིད་ལ་གནས། ཆེན་པོ་སྟོང་པ་ཉིད་ལ་གནས། དོན་དམ་པ་སྟོང་པ་ཉིད་ལ་གནས། འདུས་བྱས་སྟོང་པ་ཉིད་ལ་གནས། འདུས་མ་བྱས་སྟོང་པ་ཉིད་ལ་གནས། མཐའ་ལས་འདས་པ་སྟོང་པ་ཉིད་ལ་གནས། ཐོག་མ་དང་ཐ་མ་མྱེད་པ་སྟོང་པ་ཉིད་ལ་གནས། དོར་བ་མྱེད་པ་སྟོང་པ་ཉིད་ལ་གནས། རང་བཞིན་སྟོང་པ་ཉིད་ལ་གནས། ཆོས་ཐམས་ཅད་སྟོང་པ་ཉིད་ལ་གནས། རང་གི་མཚན་ཉིད་སྟོང་པ་ཉིད་ལ་གནས། མྱི་དམིགས་པ་སྟོང་པ་ཉིད་ལ་གནས། དངོས་པོ་མྱེད་པ་སྟོང་པ་ཉིད་ལ་གནས། ངོ་བོ་ཉིད་སྟོང་པ་ཉིད་ལ་གནས། དངོས་པོ་མྱེད་པའི་ངོ་བོ་ཉིད་སྟོང་པ་ཉིད་ལ་གནས། དྲན་པ་ཉེ་བར་གཞག་པ་རྣམས་ལ་གནས། ཡང་དག་པར་སྤོང་བ་རྣམས་ལ་གནས། རྫུ་འཕྲུལ་གྱི་རྐང་པ་རྣམས་ལ་གནས། དབང་པོ་རྣམས་ལ་གནས། སྟོབས་རྣམས་ལ་གནས། བྱང་ཆུབ་ཀྱི་ཡན་ལག་

རྣམས་ལ་གནས། འཕགས་པའི་ལམ་ཡན་ལག་[1]བརྒྱད་པ་ལ་གནས། འཕགས་པའི་བདེན་པ་རྣམས་ལ་གནས། བསམ་གཏན་རྣམས་ལ་གནས། ཚད་མེད་པ་རྣམས་ལ་གནས། གཟུགས་མེད་པའི་སྙོམས་པར་འཇུག་པ་རྣམས་ལ་གནས། རྣམ་པར་ཐར་པ་བརྒྱད་ལ་གནས། མཐར་གྱིས་གནས་པའི་སྙོམས་པར་འཇུག་པ་དགུ་ལ་གནས། རྣམ་པར་ཐར་པའི་སྒོ་སྟོང་པ་ཉིད་དང་། མཚན་མ་མེད་པ་དང་། སྨོན་པ་མེད་པ་ལ་གནས། མངོན་པར་ཤེས་པ་རྣམས་ལ་གནས། ཏིང་ངེ་འཛིན་རྣམས་ལ་གནས། གཟུངས་ཀྱི་སྒོ་རྣམས་ལ་གནས། དེ་བཞིན་གཤེགས་པའི་སྟོབས་བཅུ་ལ་གནས། མི་འཇིགས་པ་བཞི་ལ་གནས། སོ་སོ་ཡང་དག་པར་རིག་པ་བཞི་ལ་གནས། [2]སྙིང་རྗེ་ཆེན་པོ་ལ་གནས། སངས་རྒྱས་ཀྱི་ཆོས་མ་འདྲེས་པ་བཅོ་བརྒྱད་ལ་གནས་ཤིང་། རྣམ་པ་ཐམས་ཅད་མཁྱེན་པ་ཉིད་རྗེས་སུ་ཐོབ་པར་བྱེད་དེ། རབ་འབྱོར་དེ་ལྟར་[3]བྱང་ཆུབ་སེམས་དཔའ་སེམས་དཔའ་ཆེན་པོ་བསམ་གཏན་གྱི་ཕ་རོལ་ཏུ་ཕྱིན་པ་ལ་གནས་ཤིང་། སེམས་ཅན་རྣམས་ཡོངས་སུ་སྨིན་པར་བྱེད་དེ། དེ་ལྟར་ཡོངས་སུ་སྨིན་པར་བྱས༔ པའི་སེམས་ཅན་[4]རྣམས་ངན་སོང་གསུམ་ལས་ཡོངས་སུ་འཐར་[5]བ་ནས། འཁོར་བ་ཐམས་ཅད་ཀྱི་བར་ལས་ཡོངས་སུ༔ འཐར་རོ[6]། །རབ་འབྱོར་གཞན་ཡང་བྱང་ཆུབ་སེམས་དཔའ་སེམས་དཔའ་ཆེན་པོ་ཤེས་རབ་ཀྱི་ཕ་རོལ་ཏུ་ཕྱིན་པ་ལ་གནས་ཤིང་། སེམས་ཅན་ཤེས་རབ་འཆལ་པར་གྱུར་པ་ བློ་ཆུང་བ་དག་མཐོང་ན། འདི་ལྟར་ཡོངས་སུ་སྨིན་པར་བྱེད་དེ། རྒྱན་གང་དང་མ་[7]ལྡན་པས་ཁྱོད་ཤེས་རབ་འཆལ་པར་གྱུར་པའི་རྒྱན་དེ་དག་ངས་ཁྱོད་ལ་བསྒྲུགས་ཀྱིས[8]། ཟས་དང་། སྐོམ་དང་། གོས་དང་། བཞོན་པ་དང་། མལ་ཆ་དང་། མེ་ཏོག་དང་། བདུག་[9]སྤོས་དང་། སྤོས་དང་། ཕྲེང་བ་དང་། བྱུག་པ་དང་། ཁྱིམ་དང་།

ནོར་དང་། འབྲུ་(༡)དང་། ནོར་བུ་(༢)དང་། མུ་ཏིག་དང་། བཻ་ཌཱུརྱ་དང་། དུང་དང་། མན་(༣)ཤེལ་དང་། བྱུ་(༤)རུ་དང་། གསེར་དང་། དངུལ་དང་། སྤྱིའི་རྒྱན་དང་། ཡོ་བྱད་གང་ཅི་ཡང་རུང་བ་(༥)རིན་པོ་ཆེ་སྣ་(༦)བདུན་གྱི་བར་དུ་ཡོད་(༧)ཤིག་ཅེས་ནས། དེ་ཤེས་རབ་ཀྱི་ཕ་རོལ་ཏུ་ཕྱིན་པ་ལ་གནས་ཤིང་། སེམས་ཅན་དེ་དག་ལ་ཕན་པ་དེ་ལྟ་བུས་ཕན་འདོགས་ཏེ། ཕན་པ་དེ་ལྟ་བུས་ཕན་བཏགས་པས། རློམས་པ་མེད་ཅིང་། ཤེས་རབ་དང་ལྡན་པར་གྱུར་པ་དེ་དག་ཤེས་རབ་ཀྱི་ཕ་རོལ་ཏུ་ཕྱིན་པ་ལ་གནས་ཤིང་། བསམ་གཏན་གྱི་ཕ་རོལ་ཏུ་ཕྱིན་པ་ལ་གནས། བརྩོན་འགྲུས་ཀྱི་ཕ་རོལ་ཏུ་ཕྱིན་པ་ལ་གནས། བཟོད་པའི་ཕ་རོལ་ཏུ་ཕྱིན་པ་ལ་གནས། ཚུལ་ཁྲིམས་ཀྱི་ཕ་རོལ་ཏུ་ཕྱིན་པ་ལ་གནས། སྦྱིན་པའི་ཕ་རོལ་ཏུ་ཕྱིན་པ་ལ་གནས། ནང་སྟོང་པ་ཉིད་ལ་གནས། ཕྱི་སྟོང་པ་ཉིད་ལ་གནས། ཕྱི་ནང་སྟོང་པ་ཉིད་(༨)ལ་གནས། སྟོང་པ་ཉིད་སྟོང་པ་ཉིད་ལ་གནས། ཆེན་པོ་སྟོང་པ་ཉིད་ལ་གནས། དོན་དམ་པ་སྟོང་པ་ཉིད་ལ་གནས། འདུས་བྱས་སྟོང་པ་ཉིད་ལ་གནས། འདུས་མ་བྱས་སྟོང་པ་ཉིད་ལ་གནས། མཐའ་ལས་འདས་པ་སྟོང་པ་ཉིད་ལ་གནས། ཐོག་མ་དང་ཐ་མ་མེད་པ་སྟོང་པ་ཉིད་ལ་གནས། དོར་བ་མེད་པ་སྟོང་པ་ཉིད་ལ་གནས། རང་བཞིན་སྟོང་པ་ཉིད་ལ་གནས། ཆོས་ཐམས་ཅད་སྟོང་པ་ཉིད་ལ་གནས། རང་གི་མཚན་ཉིད་སྟོང་པ་ཉིད་ལ་གནས། མི་དམིགས་པ་སྟོང་པ་ཉིད་ལ་གནས། དངོས་པོ་མེད་པ་སྟོང་པ་ཉིད་ལ་གནས། ངོ་བོ་ཉིད་སྟོང་པ་ཉིད་ལ་གནས། དངོས་པོ་མེད་པའི་ངོ་བོ་ཉིད་སྟོང་པ་ཉིད་ལ་གནས། དྲན་པ་ཉེ་བར་གཞག་པ་རྣམས་ལ་གནས། ཡང་དག་པར་སྤོང་བ་རྣམས་ལ་གནས། རྫུ་འཕྲུལ་གྱི་རྐང་པ་རྣམས་ལ་གནས། དབང་པོ་རྣམས་ལ་གནས། སྟོབས་རྣམས་ལ་གནས། བྱང་ཆུབ་ཀྱི་ཡན་ལག་

རྣམས་ལ་གནས། འཕགས་པའི་ལམ་ཡན་ལག་བརྒྱད་པ་ལ་གནས། འཕགས་པའི་བདེན་པ་རྣམས་ལ་གནས། བསམ་གཏན་རྣམས་ལ་གནས། ཚད་མེད་པ་རྣམས་ལ་གནས། གཟུགས་མེད་པའི་སྙོམས་པར་འཇུག་པ་རྣམས་ལ་གནས། རྣམ་པར་ཐར་པ་[༡]བརྒྱད་ལ་གནས། མཐར་གྱིས་གནས་པའི་སྙོམས་པར་འཇུག་པ་དགུ་ལ་གནས། རྣམ་པར་ཐར་པའི་སྒོ་སྟོང་པ་ཉིད་དང་། མཚན་མ་མེད་པ་དང་། སྨོན་པ་མེད་པ་ལ་གནས། མངོན་པར་ཤེས་པ་རྣམས་ལ་གནས། ཏིང་ངེ་འཛིན་རྣམས་ལ་གནས། གཟུངས་ཀྱི་སྒོ་རྣམས་ལ་གནས། དེ་བཞིན་གཤེགས་པའི་སྟོབས་བཅུ་ལ་གནས། མི་འཇིགས་པ་བཞི་ལ་གནས། སོ་སོ་ཡང་དག་པར་རིག་པ་བཞི་ལ་གནས། [༢]སྙིང་རྗེ་ཆེན་པོ་ལ་གནས། སངས་རྒྱས་ཀྱི་ཆོས་མ་འདྲེས་པ་བཅོ་བརྒྱད་ལ་གནས་ཤིང་། རྣམ་པ་ཐམས་ཅད་མཁྱེན་པ་ཉིད་རྗེས་སུ་ཐོབ་པར་བྱེད་དེ། རབ་འབྱོར་དེ་ལྟར་[༣]བྱང་ཆུབ་སེམས་དཔའ་སེམས་དཔའ་ཆེན་པོ་ཤེས་རབ་ཀྱི་ཕ་རོལ་ཏུ་ཕྱིན་པ་ལ་གནས་ཤིང་སེམས་ཅན་རྣམས་ཡོངས་སུ་སྨིན་པར་བྱེད་དེ[༤]། དེ་ལྟར་ཡོངས་སུ་སྨིན་པར་བྱས་པའི་[༥]རྣམས་ངན་སོང་གསུམ་ལས་ཡོངས་སུ་འཐར་བ་[༦]ནས། འཁོར་བ་ཐམས་ཅད་ཀྱི་བར་ལས་ཡོངས་སུ་འཐར་[༧]རོ། །ཤེས་རབ་ཀྱི་ཕ་རོལ་ཏུ་ཕྱིན་པ་སྟོང་ཕྲག་བརྒྱ་པ་ལས། ལེའུ་དྲུག་ཅུ་རྩ་དྲུག་གོ[༨]།། །།

དེ་ནས་ཚེ་དང་ལྡན་པ་རབ་འབྱོར་འདི་སྐད་ཅེས་གསོལ་ཏོ། བྱང་ཆུབ་སེམས་དཔའ་སེམས་དཔའ་ཆེན་པོས་[༩]དེ་ལྟ་བུའི་གོ་[༡༠]བགོ་བར་བྱ་ན། དེ་ལ་བྱང་ཆུབ་སེམས་དཔའ་སེམས་དཔའ་ཆེན་པོའི་བྱང་ཆུབ་ཀྱི་ལམ་ཇི་ལྟ་བུ་ཞིག་ཡོད་སྙམ་པ་དང་། དེ་ནས་བཅོམ་ལྡན་འདས་ཀྱིས་ཚེ་དང་ལྡན་པ་རབ་འབྱོར་གྱི་སེམས་ཀྱི་

ཡོངས་སུ་རྫོགས་པ་ཐུགས་སུ་ཆུད་(༡)ནས། ཆོ་དང་ལྡན་པ་རབ་(༢)འབྱོར་ལ་འདི་སྐད་ཅེས་བཀའ་སྩལ་ཏོ། །རབ་འབྱོར་སྦྱིན་པའི་ཕ་རོལ་ཏུ་ཕྱིན་པ་ནི་བྱང་ཆུབ་སེམས་དཔའ་སེམས་དཔའ་ཆེན་པོའི་ལམ་མོ། །རབ་འབྱོར་ཚུལ་ཁྲིམས་ཀྱི་ཕ་རོལ་ཏུ་ཕྱིན་པ་ནི་བྱང་ཆུབ་སེམས་དཔའ་སེམས་དཔའ་ཆེན་པོའི་ལམ་མོ། །རབ་འབྱོར་བཟོད་པའི་ཕ་རོལ་ཏུ་ཕྱིན་པ་ནི་བྱང་ཆུབ་སེམས་(༣)དཔའ་སེམས་དཔའ་ཆེན་པོའི་ལམ་མོ། །རབ་འབྱོར་བརྩོན་འགྲུས་ཀྱི་ཕ་རོལ་ཏུ་ཕྱིན་པ་ནི་བྱང་ཆུབ་སེམས་དཔའ་སེམས་དཔའ་ཆེན་པོའི་ལམ་མོ། །རབ་འབྱོར་བསམ་གཏན་གྱི་ཕ་རོལ་ཏུ་ཕྱིན་པ་ནི་བྱང་ཆུབ་སེམས་དཔའ་སེམས་དཔའ་ཆེན་པོའི་ལམ་མོ། །རབ་འབྱོར་ཤེས་རབ་ཀྱི་ཕ་རོལ་ཏུ་ཕྱིན་པ་ནི་བྱང་ཆུབ་སེམས་དཔའ་སེམས་དཔའ་ཆེན་པོའི་ལམ་མོ། །རབ་འབྱོར་ནང་སྟོང་པ་ཉིད་ནི་བྱང་ཆུབ་སེམས་དཔའ་སེམས་དཔའ་ཆེན་པོའི་ལམ་མོ། །རབ་འབྱོར་ཕྱི་སྟོང་པ་ཉིད་ནི་བྱང་ཆུབ་སེམས་དཔའ་སེམས་དཔའ་ཆེན་པོའི་ལམ་མོ། །རབ་འབྱོར་ཕྱི་ནང་སྟོང་པ་ཉིད་ནི་བྱང་ཆུབ་སེམས་དཔའ་སེམས་དཔའ་ཆེན་པོའི་ལམ་མོ། །རབ་འབྱོར་སྟོང་པ་ཉིད་སྟོང་པ་ཉིད་ནི་བྱང་ཆུབ་སེམས་དཔའ་སེམས་དཔའ་ཆེན་པོའི་ལམ་མོ། །རབ་འབྱོར་ཆེན་པོ་སྟོང་པ་ཉིད་ནི་བྱང་ཆུབ་སེམས་དཔའ་སེམས་དཔའ་ཆེན་པོའི་ལམ་མོ། །རབ་འབྱོར་དོན་དམ་པ་སྟོང་པ་(༤)ཉིད་ནི་བྱང་ཆུབ་སེམས་དཔའ་སེམས་དཔའ་ཆེན་པོའི་ལམ་མོ། །རབ་འབྱོར་འདུས་བྱས་སྟོང་པ་ཉིད་ནི་བྱང་ཆུབ་སེམས་དཔའ་སེམས་དཔའ་ཆེན་པོའི་ལམ་མོ། །རབ་འབྱོར་འདུས་མ་བྱས་སྟོང་པ་ཉིད་ནི་བྱང་ཆུབ་སེམས་དཔའ་སེམས་དཔའ་ཆེན་པོའི་ལམ་མོ། །རབ་འབྱོར་མཐའ་ལས་འདས་པ་སྟོང་པ་ཉིད་ནི་བྱང་ཆུབ་སེམས་དཔའ་སེམས་དཔའ་ཆེན་པོའི་ལམ་མོ། །རབ་འབྱོར་ཐོག་མ་དང་ཐ་མ་མེད་(༥)པ་སྟོང་པ་ཉིད་ནི་བྱང་ཆུབ་སེམས་དཔའ་སེམས་

དཔའ་ཆེན་པོའི་ལམ་མོ། །རབ་འབྱོར་དོར་བ་མེད་པ་སྟོང་པ་ཉིད་ནི་བྱང་ཆུབ་སེམས་དཔའ་སེམས་དཔའ་ཆེན་པོའི་ལམ་མོ། །རབ་འབྱོརཾ་རང་བཞིན་⑦སྟོང་པ་ཉིད་ནི་བྱང་ཆུབ་སེམས་དཔའ་སེམས་དཔའ་ཆེན་པོའི་ལམ་མོ། །རབ་འབྱོར་ཆོས་ཐམས་ཅད་སྟོང་པ་ཉིད་ནི་བྱང་ཆུབ་སེམས་དཔའ་སེམས་དཔའ་ཆེན་པོའི་ལམ་མོ། །རབ་འབྱོར་རང་གི་③མཚན་ཉིད་སྟོང་པ་ཉིད་ནི་བྱང་ཆུབ་སེམས་དཔའ་སེམས་དཔའ་ཆེན་པོའི་ལམ་མོ། །རབ་འབྱོར་མི་དམིགས་པ་སྟོང་པ་ཉིད་ནི་བྱང་ཆུབ་སེམས་དཔའ་སེམས་དཔའ་ཆེན་པོའི་ལམ་མོ། །རབ་འབྱོར་དངོས་པོ་མེད་པ་སྟོང་པ་ཉིད་ནི་བྱང་ཆུབ་སེམས་དཔའ་སེམས་དཔའ་ཆེན་པོའི་ལམ་མོ། །རབ་འབྱོར་ངོ་བོ་ཉིད་སྟོང་པ་ཉིད་ནི་བྱང་ཆུབ་སེམས་དཔའ་སེམས་དཔའ་ཆེན་པོའི་ལམ་མོ། །རབ་འབྱོར་དངོས་པོ་མེད་པའི་ངོ་བོ་ཉིད་སྟོང་པ་ཉིད་ནི་བྱང་ཆུབ་སེམས་དཔའ་སེམས་དཔའ་ཆེན་པོའི་ལམ་མོ། །རབ་འབྱོར་དྲན་པ་ཉེ་བར་གཞག་པ་བཞི་ནི་བྱང་ཆུབ་སེམས་དཔའ་སེམས་དཔའ་ཆེན་པོའི་ལམ་མོ། །རབ་འབྱོར་ཡང་དག་པར་སྤོང་བ་བཞི་ནི་བྱང་ཆུབ་སེམས་དཔའ་སེམས་དཔའ་ཆེན་པོའི་ལམ་མོ། །རབ་འབྱོར་རྫུ་འཕྲུལ་གྱི་རྐང་པ་བཞི་ནི་བྱང་ཆུབ་སེམས་དཔའ་སེམས་དཔའ་ཆེན་པོའི་ལམ་མོ། །རབ་འབྱོར་དབང་པོ་ལྔ་ནི་བྱང་ཆུབ་སེམས་དཔའ་སེམས་དཔའ་ཆེན་པོའི་ལམ་མོ། །རབ་འབྱོར་སྟོབས་ལྔ་ནི་བྱང་ཆུབ་སེམས་དཔའ་སེམས་དཔའ་ཆེན་པོའི་ལམ་མོ། །རབ་འབྱོར་བྱང་ཆུབ་ཀྱི་ཡན་ལག་བདུན་ནི་བྱང་ཆུབ་སེམས་དཔའ་སེམས་དཔའ་ཆེན་པོའི་ལམ་མོ། །རབ་འབྱོར་འཕགས་པའི་ལམ་ཡན་ལག་བརྒྱད་པ་ནི་བྱང་ཆུབ་སེམས་དཔའ་སེམས་དཔའ་ཆེན་པོའི་ལམ་མོ། །རབ་འབྱོར་འཕགས་པའི་བདེན་པ་བཞི་ནི་བྱང་ཆུབ་སེམས་དཔའ་སེམས་③དཔའ་ཆེན་པོའི་ལམ་མོ། །རབ་འབྱོར་བསམ་གཏན་བཞི་

ནི་བྱང་ཆུབ་སེམས་དཔའ་སེམས་དཔའ་ཆེན་པོའི་ལམ་སོ། །རབ་འབྱོར་ཚད་མེད་པ་བཞི་ནི་བྱང་ཆུབ་སེམས་དཔའ་སེམས་དཔའ་ཆེན་པོའི་ལམ་སོ། །རབ་འབྱོར་གཟུགས་མེད་པའི་སྙོམས་པར་འཇུག་པ་བཞི་ནི་བྱང་ཆུབ་སེམས་དཔའ་སེམས་དཔའ་ཆེན་པོའི་ལམ་སོ། །རབ་འབྱོར་རྣམ་པར་ཐར་པ་བརྒྱད་ནི་བྱང་ཆུབ་སེམས་དཔའ་སེམས་དཔའ་ཆེན་པོའི་ལམ་སོ། །རབ་འབྱོར་མཐར་གྱིས་གནས་པའི་[༧]སྙོམས་པར་འཇུག་པ་དགུ་ནི་བྱང་ཆུབ་སེམས་དཔའ་སེམས་དཔའ་ཆེན་པོའི་ལམ་སོ། །རབ་འབྱོར་རྣམ་པར་ཐར་པའི་སྒོ་སྟོང་པ་ཉིད་དང་། མཚན་མ་མེད་པ་དང་། སྨོན་པ་མེད་པ་ནི་བྱང་ཆུབ་སེམས་དཔའ་སེམས་དཔའ་ཆེན་པོའི་ལམ་སོ། །རབ་འབྱོར་མངོན་པར་ཤེས་པ་རྣམས་ནི་བྱང་ཆུབ་སེམས་དཔའ་སེམས་དཔའ་ཆེན་པོའི་ལམ་སོ། །རབ་འབྱོར་ཏིང་ངེ་འཛིན་རྣམས་ནི་བྱང་ཆུབ་སེམས་དཔའ་སེམས་དཔའ་ཆེན་པོའི་ལམ་སོ། །རབ་འབྱོར་གཟུངས་ཀྱི་སྒོ་རྣམས་ནི་བྱང་ཆུབ་སེམས་དཔའ་སེམས་དཔའ་ཆེན་པོའི་ལམ་སོ། །རབ་འབྱོར་དེ་བཞིན་གཤེགས་པའི་སྟོབས་བཅུ་ནི་བྱང་ཆུབ་སེམས་དཔའ་སེམས་དཔའ་ཆེན་པོའི་ལམ་སོ། །རབ་འབྱོར་མི་འཇིགས་པ་བཞི་ནི་བྱང་ཆུབ་སེམས་དཔའ་སེམས་དཔའ་ཆེན་པོའི་ལམ་སོ། །རབ་འབྱོར་སོ་སོ་ཡང་དག་པར་རིག་པ་བཞི་ནི་བྱང་ཆུབ་སེམས་དཔའ་སེམས་དཔའ་ཆེན་པོའི་ལམ་སོ། །[༢]རབ་འབྱོར་སྙིང་རྗེ་ཆེན་པོ་ནི་བྱང་ཆུབ་སེམས་དཔའ་སེམས་དཔའ་ཆེན་པོའི་ལམ་སོ། །རབ་འབྱོར་སངས་རྒྱས་ཀྱི་ཆོས་མ་འདྲེས་པ་བཅོ་བརྒྱད་ནི་བྱང་ཆུབ་སེམས་དཔའ་སེམས་དཔའ་ཆེན་པོའི་ལམ་སོ། །རབ་འབྱོར་གཞན་ཡང་ཆོས་ཐམས་ཅད་ནི་བྱང་ཆུབ་སེམས་དཔའ་སེམས་དཔའ་[༣]ཆེན་པོའི་ལམ་སོ། །རབ་འབྱོར་དེ་ཇི་སྙམ་དུ་སེམས། ཆོས་གང་ལ་བྱང་ཆུབ་སེམས་དཔའ་སེམས་དཔའ་ཆེན་པོས་བསླབ་པར་མི་བྱ་བ་…

དང་། གང་ལ་མ་བསླབས་(༡)ཀྱང་བླ་ན་མེད་པ་ཡང་དག་པར་རྫོགས་པའི་བྱང་ཆུབ་ཏུ་མངོན་པར་རྫོགས་པར་འཚང་རྒྱ་བ་(༢)དེ་ལྟ་བུའི་ཆོས་གང་ཡང་ཡོད་དམ། རབ་འབྱོར་གང་ལ་བྱང་ཆུབ་སེམས་དཔའ་སེམས་དཔའ་ཆེན་པོས་བསླབ་པར་མི་བྱ་བ་དེ་ལྟ་བུའི་ཆོས་གང་ཡང་མེད་དེ། ཆོས་ཐམས་ཅད་ལ་མ་བསླབས་(༣)པའི་བྱང་ཆུབ་སེམས་དཔའ་སེམས་དཔའ་ཆེན་པོས་ནི། རྣམ་པ་ཐམས་ཅད་མཁྱེན་པ་ཉིད་ཐོབ་པར་མི་ནུས་སོ། །རབ་འབྱོར་གྱིས་གསོལ་པ། བཅོམ་ལྡན་འདས་གལ་ཏེ་ཆོས་ཐམས་ཅད་སྟོང་པ་ལགས་ན། བྱང་ཆུབ་སེམས་དཔའ་སེམས་དཔའ་ཆེན་པོས་ཆོས་ཐམས་ཅད་(༤)ཇི་ལྟར་བསླབ་པར་བགྱི་སྟེ། བཅོམ་ལྡན་འདས་འདི་སྙེད་(༥)དོ་ཞེས་བགྱི་བའམ། འདི་(༦)དག་གོ་ཞེས་བགྱིཿབ་དང་(༧)། འཇིག་རྟེན་པའི་ཆོས་ནི་འདི་དག་གོ། །འཇིག་རྟེན་ལས་འདས་པའི་ཆོས་ནི་འདི་དག་གོ། །ཟག་པ་དང་བཅས་པའི་ཆོས་ནི་འདི་དག་གོ། །ཟག་པ་མེད་པའི་ཆོས་ནི་འདི་དག་གོ། །འདུས་བྱས་ཀྱི་ཆོས་ནི་འདི་དག་གོ། །འདུས་མ་བྱས་ཀྱི་ཆོས་ནི་འདི་དག་གོ། །སོ་སོའི་སྐྱེ་བོའི་ཆོས་ནི་འདི་དག་གོ། །རྒྱུན་ཏུ་ཞུགས་པའི་ཆོས་ནི་འདི་དག་གོ། །ལན་ཅིག་ཕྱིར་འོང་བའི་ཆོས་ནི་འདི་དག་གོ། །ཕྱིར་མི་འོང་བའི་ཆོས་ནི་འདི་དག་གོ། །དགྲ་བཅོམ་པའི་ཆོས་ནི་འདི་དག་གོ། །རང་སངས་རྒྱས་ཀྱི་ཆོས་ནི་འདི་དག་གོ། །བྱང་ཆུབ་སེམས་དཔའི་ཆོས་ནི་འདི་དག་གོ། །སངས་རྒྱས་ཀྱི་ཆོས་ནི་འདི་དག་གོ། །ཞེས་བགྱི་བ་ནི་སྦྲུལ་པ་ལྟ་མཆིས་པ་འགྲོ་བར་བགྱིད་པའོ། །བཅོམ་ལྡན་འདས་ཀྱིས་བཀའ་སྩལ་པ། རབ་འབྱོར་དེ་དེ་བཞིན་ནོ། །དེ་དེ་བཞིན་ཏེ། ཆོས་ཐམས་ཅད་ནི་སྟོང་པའོ། །རབ་འབྱོར་གལ་ཏེ་ཆོས་ཐམས་ཅད་ངོ་བོ་ཉིད་ཀྱིས་སྟོང་པ་མ་ཡིན་ན་ནི། བྱང་ཆུབ་སེམས་དཔའ་སེམས་དཔའ་ཆེན་པོ་ཡང་ཆོས་ཐམས་ཅད་ལ་བསླབས་(༨)ཤིང་། བླ་ན་

མྱེད་པ་ཡང་དག་པར་རྫོགས་པའི་བྱང་ཆུབ་ཏུ་མངོན་པར་རྫོགས་པར་འཚང་[༡]མྱི་རྒྱ་སྟེ། རབ་འབྱོར་ཆོས་ཐམས་ཅད་སྟོང་པས་དེའི་ཕྱིར་བྱང་ཆུབ་སེམས་དཔའ་སེམས་དཔའ་ཆེན་པོ་[༢]ཆོས་ཐམས་ཅད་ལ་བསླབས་ཤིང་། བླ་ན་མྱེད་པ་ཡང་དག་པར་རྫོགས་པའི་བྱང་ཆུབ་ཏུ་མངོན་པར་རྫོགས་པར་འཚང་རྒྱའོ། །རབ་འབྱོར་ཁྱོད་ཀྱིས་གཞན་ཡང་གང་འདི་སྐད་དུ་གལ་ཏེ་ཆོས་ཐམས་ཅད་ངོ་བོ་ཉིད་ཀྱིས་[༣]སྟོང་ན། བྱང་ཆུབ་སེམས་དཔའ་སེམས་དཔའ་ཆེན་པོས་འདི་སྙེད་[༤]ངོ་ཞེས༔བྱ་བའམ[༥]། འདི་དག་གོ་ཞེས་[༦]བྱ་བ་དང་། འཇིག་རྟེན་པའི་ཆོས་ནི་འདི་དག་གོ། །འཇིག་རྟེན་ལས་འདས་པའི་ཆོས་ནི་འདི་དག་གོ། །ཟག་པ་དང་བཅས་པའི་ཆོས་ནི་འདི་དག་གོ། །ཟག་པ་མྱེད་པའི་ཆོས་ནི་འདི་དག་གོ། །འདུས་བྱས་ཀྱི་ཆོས་ནི་འདི་དག་གོ། །འདུས་མ་བྱས་ཀྱི་ཆོས་ནི་འདི་དག་གོ། །སོ་སོའི་སྐྱེ་བོའི་ཆོས་ནི་འདི་དག་གོ། །རྒྱུན་དུ་ཞུགས་པའི་ཆོས་ནི་འདི་དག་གོ། །ལན་ཅིག་ཕྱིར་འོང་བའི་[༧]ཆོས་ནི་འདི་དག་གོ། །ཕྱིར་མྱི་འོང་བའི་ཆོས་ནི་འདི་དག་གོ། །དགྲ་བཅོམ་པའི་ཆོས་ནི་འདི་དག་གོ། །རང་སངས་རྒྱས་ཀྱི་ཆོས་ནི་འདི་དག་གོ། །བྱང་ཆུབ་སེམས་དཔའི་ཆོས་ནི་འདི་དག་གོ། །སངས་རྒྱས་ཀྱི་ཆོས་ནི་འདི་དག་གོ་ཞེས་བྱ་བར་ཆོས་རྣམ་པར་དབྱེ་བར་འགྱུར་ཞེས་བྱ་བ་ནི། རབ་འབྱོར་ཅི་སེམས་ཅན་འདི་དག་གིས་དེ་ལྟར་ཆོས་ཐམས་ཅད་སྟོང་ངོ་ཞེས་བྱ་བར་ཤེས་སམ། གལ་ཏེ་ཤེས་ན་ནི་བྱང་ཆུབ་སེམས་དཔའ་སེམས་དཔའ་ཆེན་པོ་ཡང་ཆོས་ཐམས་ཅད་ལ་བསླབས་ཤིང་། རྣམ་པ་ཐམས་ཅད་མཁྱེན་པ་ཉིད་ཐོབ་པར་མྱི་བྱེད་དེ། རབ་འབྱོར་སེམས་ཅན་འདི་དག་ཆོས་ཐམས་ཅད་སྟོང་ངོ་ཞེས་བྱ་བར་མྱི་ཤེས་པས་དེའི་ཕྱིར་བྱང་ཆུབ་སེམས་དཔའ་སེམས་དཔའ་ཆེན་པོ་བླ་ན་མྱེད་པ་ཡང་དག་པར་རྫོགས་པའི་བྱང་ཆུབ་ཏུ་མངོན་པར་རྫོགས་པར་སངས་རྒྱས་

ནས་ཆོས་རྣམ་པར་དགོད་པར་[༧]བྱས་ཤིང་། སེམས་ཅན་རྣམས་ལ་ཆོས་སྟོན་ཏོ། ། རབ་འབྱོར་དེ་ལ་བྱང་ཆུབ་སེམས་དཔའ་སེམས་དཔའ་ཆེན་པོ་བྱང་ཆུབ་ཀྱི་ལམ་ལ་སྤྱོད་པས། ཐོག་མ་ཉིད་དུ་འདི་ལྟར་ཡོངས་སུ་བརྟག་པར་བྱ་སྟེ། མངོན་པར་འདུ་བྱ་བ་མ་གཏོགས་པར་འདི་ལ་ཆོས་གང་ཡང་ངོ་བོ་ཉིད་ཀྱིས་དམིགས་སུ་མེད་དོ་ཞེས་བྱ་བར་ཡོངས་སུ་བརྟག་པར་བྱའོ། །དེ་ཆོས་ཐམས་ཅད་ཀྱི་ངོ་བོ་ཉིད་ལ་དེ་ལྟར་རྟོག་པས། སྦྱིན་པའི་ཕ་རོལ་ཏུ་ཕྱིན་པའམ། །ཚུལ་ཁྲིམས་ཀྱི་ཕ་རོལ་ཏུ་ཕྱིན་པའམ། བཟོད་པའི་ཕ་རོལ་ཏུ་ཕྱིན་པའམ། བརྩོན་འགྲུས་ཀྱི་ཕ་རོལ་ཏུ་ཕྱིན་པའམ། བསམ་གཏན་གྱི་ཕ་རོལ་ཏུ་ཕྱིན་པའམ། ཤེས་རབ་ཀྱི་ཕ་རོལ་ཏུ་ཕྱིན་པའམ། ནང་སྟོང་པ་ཉིད་དམ། ཕྱི་སྟོང་པ་ཉིད་དམ། ཕྱི་ནང་སྟོང་པ་ཉིད་དམ། སྟོང་པ་ཉིད་སྟོང་པ་ཉིད་དམ། ཆེན་པོ་སྟོང་པ་ཉིད་དམ། དོན་དམ་པ་སྟོང་པ་ཉིད་དམ། འདུས་བྱས་སྟོང་པ་ཉིད་དམ། འདུས་མ་བྱས་སྟོང་པ་ཉིད་དམ། མཐའ་ལས་འདས་པ་སྟོང་པ་ཉིད་དམ། ཐོག་མ་དང་ཐ་མ་མེད་པ་སྟོང་པ་ཉིད་དམ། དོར་བ་མེད་པ་སྟོང་པ་ཉིད་དམ། རང་བཞིན་སྟོང་པ་ཉིད་དམ། ཆོས་ཐམས་ཅད་སྟོང་པ་ཉིད་དམ། རང་གི་མཚན་ཉིད་སྟོང་པ་ཉིད་དམ། མི་དམིགས་པ་སྟོང་པ་ཉིད་དམ། དངོས་པོ་མེད་པ་སྟོང་པ་ཉིད་དམ། ངོ་བོ་ཉིད་སྟོང་པ་ཉིད་དམ། དངོས་པོ་མེད་པའི་ངོ་བོ་ཉིད་སྟོང་པ་ཉིད་དམ། དྲན་པ་ཉེ་བར་གཞག་པ་བཞི་འམ། ཡང་དག་པར་སྤོང་བ་བཞི་འམ། རྫུ་འཕྲུལ་གྱི་རྐང་པ་བཞི་འམ། དབང་པོ་ལྔ་འམ། སྟོབས་ལྔ་འམ། བྱང་ཆུབ་ཀྱི་ཡན་ལག་བདུན་ནམ། འཕགས་པའི་ལམ་ཡན་ལག་བརྒྱད་པའམ། འཕགས་པའི་བདེན་པ་བཞིའམ། བསམ་གཏན་བཞིའམ། ཚད་མེད་པ་བཞིའམ། གཟུགས་མེད་པའི་སྙོམས་པར་འཇུག་པ་བཞིའམ། རྣམ་པར་ཐར་

པ་བརྒྱད་དམ། མཐར་གྱིས་གནས་པའི་སྙོམས་པར་འཇུག་པ་དགུའམ། རྣམ་པར་ཐར་པའི་སྒོ་སྟོང་པ་ཉིད་དང་། མཚན་མ་མེད་པ་དང་། སྨོན་པ་མེད་པ་འམ། མངོན་པར་ཤེས་པ་རྣམས་སམ། ཏིང་ངེ་འཛིན་རྣམས་སམ། གཟུངས་ཀྱི་སྒོ་རྣམས་སམ། དེ་བཞིན་གཤེགས་པའི་སྟོབས་བཅུའམ། མི་འཇིགས་པ་བཞིའམ། སོ་སོ་ཡང་དག་པར་རིག་པ་བཞིའམ། [༡]སྙིང་རྗེ་ཆེན་པོའམ། སངས་རྒྱས་ཀྱི་ཆོས་མ་འདྲེས་པ་བཅོ་བརྒྱད་དམ། རྒྱུན་ཏུ་ཞུགས་པའི་འབྲས་བུའམ། ལན་ཅིག་ཕྱིར་འོང་བའི་འབྲས་བུའམ། ཕྱིར་མི་འོང་བའི་འབྲས་བུའམ། དགྲ་བཅོམ་པ་ཉིད་དམ། རང་བྱང་ཆུབ་བམ། ལམ་གྱི་རྣམ་པ་[༢]ཤེས་པ་ཉིད་དམ། བླ་ན་མེད་པ་ཡང་དག་པར་རྫོགས་པའི་བྱང་ཆུབ་བམ[༣]། ཆོས་གང་ལ་ཡང་མངོན་པར་ཆགས་པར་མི་འགྱུར་རོ། །དེ་ཅིའི་ཕྱིར་ཞེ་ན། དེ་ནི་འདི་ལྟར་ཆོས་ཐམས་ཅད་ནི་ངོ་བོ་ཉིད་ཀྱིས་[༤]ཿཆོས་ཐམས་ཅད་ཀྱིས་[༥]སྟོང་སྟེ། ཿསྟོང་པ་ཉིད་ནི་[༦]སྟོང་པ་ཉིད་ལ་མངོན་པར་ཞེན་པར་མི་འགྱུར་རོ། །སྟོང་པ་ཉིད་ཀྱང་དམིགས་སུ་མེད་ན། གང་སྟོང་པ་ཉིད་ལ་མངོན་པར་ཞེན་པར་འགྱུར་བ་ལྟ་ཅི་སྨོས་ཏེ། རབ་འབྱོར་དེ་ལྟར་ན་བྱང་ཆུབ་སེམས་དཔའ་སེམས་དཔའ་ཆེན་པོ་ཆོས་ཐམས་ཅད་ལ་[༧]མངོན་པར་ཞེན་པ་མེད་པར་ཆོས་ཐམས་ཅད་ཀྱིས་རྣམ་པར་སྤྱོད་དོ། །དེ་བསླབས་[༨]པ་འདི་ལ་གནས་ཤིང་། སེམས་ཅན་འདི་དག་ཅི་ལ་སྤྱོད་ཅེས་སེམས་ཅན་གྱི་སྤྱོད་པ་ལ་ལྟ་སྟེ། དེ་འདི་སྙམ་དུཿཀྱི་མ་[༩]སེམས་ཅན་འདི་དག་ནི་ཡང་དག་པ་མ་ཡིན་པའི་འཛིན་པ་ལ་སྤྱོད་དེ། ཀྱི་མ་སེམས་ཅན་འདི་དག་ནི་ཡང་དག་པ་མ་ཡིན་པའི་འཛིན་པ་ལས་དགྲོལ་བར་བྱ་ན་དཀའ་[༡༠]བ་བྱེད་དོ་ཞེས་ནས། དེའི་ཚེ་ཐབས་མཁས་པས་ཤེས་རབ་ཀྱི་ཕ་རོལ་ཏུ་ཕྱིན་པ་ལ་གནས་ཏེ། འདི་སྐད་དུ་[༡༡]སྟོན་ཏོ[༡༢]། །[༡༣]ཀྱེ་སེམས་ཅན་དག་ཚུར་ཤོག །

སྨིན་པ་བྱིན་ཅིག་དེས་ཁྱེད་ཡོངས་(༡)སྤྱོད་དང་ལྡན་པར་འགྱུར་གྱིས། ཡོངས་(༢)སྤྱོད་དེས་ཀྱང་ཚོམ་(༣)སེམས་སུ་མ་བྱེད་ཅིག་དེ་ལ་སྙིང་པོ་གང་ཡང་མེད་དོ། །དེ་བཞིན་དུ་ཚུལ་ཁྲིམས་ལ་འདེམས་ཏེ། ཀྱེ་སེམས་ཅན་དག་ཚུར་ཤོག་ཚུལ་ཁྲིམས་སྲུངས་ཤིག་ཚུལ་ཁྲིམས་དེས་ཀྱང་ཚོམ་སེམས་སུ་མ་བྱེད་ཅིག་དེ་ལ་སྙིང་པོ་གང་ཡང་མེད་དོ། །དེ་བཞིན་དུ་བཟོད་པ་ལ་འདེམས་ཏེ། ཀྱེ་སེམས་ཅན་དག་ཚུར་ཤོག་བཟོད་པ་སྒོམས་(༤)ཤིག་བཟོད་པ་དེས་ཀྱང་ཚོམ་སེམས་སུ་མ་བྱེད་ཅིག་དེ་ལ་སྙིང་པོ་གང་ཡང་མེད་དོ། །དེ་བཞིན་དུ་བརྩོན་འགྲུས་ལ་འདེམས་ཏེ། ཀྱེ་སེམས་ཅན་དག་ཚུར་ཤོག་བརྩོན་འགྲུས་རྩོམས་(༥)ཤིག་བརྩོན་འགྲུས་དེས་ཀྱང་ཚོམ་སེམས་སུ་མ་བྱེད་ཅིག་དེ་ལ་སྙིང་པོ་གང་ཡང་མེད་དོ། །དེ་བཞིན་དུ་ཏིང་ངེ་འཛིན་ལ་འདེམས་ཏེ། ཀྱེ་སེམས་ཅན་དག་ཚུར་ཤོག་(༦)ཏིང་ངེ་འཛིན་ལ་མཉམ་པར་ཞོག་ཤིག་(༧)ཏིང་ངེ་འཛིན་དེས་ཀྱང་ཚོམ་སེམས་སུ་མ་བྱེད་ཅིག་དེ་ལ་སྙིང་པོ་གང་ཡང་མེད་དོ། །དེ་བཞིན་དུ་ཤེས་རབ་ལ་འདེམས་ཏེ། ཀྱེ་སེམས་ཅན་དག་ཚུར་ཤོག་ཤེས་རབ་སྒོམས་(༨)ཤིག །ཤེས་རབ་དེས་ཀྱང་ཚོམ་སེམས་སུ་མ་བྱེད་ཅིག་དེ་ལ་སྙིང་པོ་གང་ཡང་མེད་དོ། །དེ་བཞིན་དུ་ནང་སྟོང་པ་ཉིད་ལ་འདེམས་ཏེ། ཀྱེ་སེམས་ཅན་དག་ཚུར་ཤོག །ནང་སྟོང་པ་ཉིད་སྒོམས་(༩)ཤིག་ནང་སྟོང་པ་ཉིད་དེས་ཀྱང་ཚོམ་སེམས་སུ་མ་བྱེད་ཅིག་དེ་ལ་སྙིང་པོ་གང་ཡང་མེད་དོ། །དེ་བཞིན་དུ་ཕྱི་སྟོང་པ་ཉིད་ལ་འདེམས་ཏེ། ཀྱེ་སེམས་ཅན་དག་ཚུར་ཤོག་ཕྱི་སྟོང་པ་ཉིད་སྒོམས་ཤིག་ཕྱི་སྟོང་པ་ཉིད་དེས་ཀྱང་ཚོམ་སེམས་སུ་མ་བྱེད་ཅིག །དེ་ལ་སྙིང་པོ་གང་ཡང་མེད་དོ། །དེ་བཞིན་དུ་ཕྱི་ནང་སྟོང་པ་ཉིད་ལ་འདེམས་ཏེ། ཀྱེ་སེམས་ཅན་དག་ཚུར་ཤོག་ཕྱི་ནང་སྟོང་པ་ཉིད་སྒོམས་ཤིག་ཕྱི་ནང་སྟོང་པ་ཉིད་དེས་ཀྱང་ཚོམ་སེམས་སུ་མ་བྱེད་ཅིག་དེ་ལ་སྙིང་པོ་གང་ཡང་མེད་དོ། །དེ་བཞིན་དུ་

སྟོང་པ་ཉིད་སྟོང་པ་ཉིད་ལ་འདེམས་ཏེ། ཀྱེ་སེམས་ཅན་དག་ཚུར་ཤོག་སྟོང་པ་ཉིད་སྟོང་པ་ཉིད་[7]སྒོམས་ཤིག །སྟོང་པ་ཉིད་སྟོང་པ་ཉིད་དེས་ཀྱང་ཀློམ་སེམས་སུ་མ་བྱེད་ཅིག་དེ་ལ་སྙིང་པོ་གང་ཡང་མེད་དོ། །དེ་བཞིན་དུ་ཆེན་པོ་སྟོང་པ་ཉིད་ལ་འདེམས་ཏེ། ཀྱེ་སེམས་ཅན་དག་ཚུར་ཤོག་ཆེན་པོ་སྟོང་པ་ཉིད་སྒོམས་ཤིག་ཆེན་པོ་སྟོང་པ་ཉིད་དེས་ཀྱང་ཀློམ་སེམས་སུ་མ་བྱེད་ཅིག་དེ་ལ་སྙིང་པོ་གང་ཡང་མྱེད་དོ། །དེ་བཞིན་དུ་དོན་དམ་པ་སྟོང་པ་ཉིད་ལ་འདེམས་ཏེ། ཀྱེ་སེམས་ཅན་དག་ཚུར་ཤོག །དོན་དམ་པ་སྟོང་པ་ཉིད་སྒོམས་ཤིག་དོན་དམ་པ་སྟོང་པ་ཉིད་དེས་ཀྱང་ཀློམ་སེམས་སུ་མ་བྱེད་ཅིག་དེ་ལ་སྙིང་པོ་གང་ཡང་མྱེད་དོ། །དེ་བཞིན་དུ་འདུས་བྱས་སྟོང་པ་ཉིད་ལ་འདེམས་ཏེ། ཀྱེ་སེམས་ཅན་དག་ཚུར་ཤོག་འདུས་བྱས་སྟོང་པ་ཉིད་སྒོམས་ཤིག་འདུས་བྱས་སྟོང་པ་ཉིད་དེས་ཀྱང་ཀློམ་སེམས་སུ་མ་བྱེད་ཅིག་དེ་ལ་སྙིང་པོ་གང་ཡང་མེད་དོ། །དེ་བཞིན་དུ་འདུས་མ་བྱས་སྟོང་པ་ཉིད་ལ་འདེམས་ཏེ། ཀྱེ་སེམས་ཅན་དག་ཚུར་ཤོག་འདུས་མ་བྱས་སྟོང་པ་ཉིད་སྒོམས་ཤིག་འདུས་མ་བྱས་སྟོང་པ་ཉིད་དེས་ཀྱང་ཀློམ་སེམས་སུ་མ་བྱེད་ཅིག་དེ་ལ་སྙིང་པོ་གང་ཡང་མེད་དོ། །དེ་བཞིན་དུ་མཐའ་ལས་འདས་པ་སྟོང་པ་ཉིད་ལ་འདེམས་ཏེ། ཀྱེ་སེམས་ཅན་དག་ཚུར་ཤོག་མཐའ་ལས་འདས་པ་སྟོང་པ་ཉིད་སྒོམས་ཤིག་མཐའ་ལས་འདས་པ་སྟོང་པ་ཉིད་དེས་ཀྱང་ཀློམ་སེམས་སུ་མ་བྱེད་ཅིག་དེ་ལ་སྙིང་པོ་གང་ཡང་མེད་དོ། །དེ་བཞིན་དུ་ཐོག་མ་དང་ཐ་མ་མྱེད་པ་སྟོང་པ་ཉིད་ལ་[3]འདེམས་ཏེ། ཀྱེ་སེམས་ཅན་དག་ཚུར་ཤོག་ཐོག་མ་དང་ཐ་མ་མྱེད་པ་སྟོང་པ་ཉིད་སྒོམས་ཤིག །ཐོག་མ་དང་ཐ་མ་མྱེད་པ་སྟོང་པ་ཉིད་དེས་ཀྱང་ཀློམ་སེམས་སུ་མ་བྱེད་ཅིག །དེ་ལ་སྙིང་པོ་གང་ཡང་མྱེད་དོ། །དེ་བཞིན་དུ་དོར་བ་མྱེད་པ་སྟོང་པ་ཉིད་ལ་འདེམས་ཏེ། ཀྱེ་སེམས་ཅན་དག་ཚུར་ཤོག །དོར་བ་

མྱེད་པ་སྟོང་པ་ཉིད་སྒོམས་ཤིག །དོར་བ་མྱེད་པ་སྟོང་པ་ཉིད་དེས་ཀྱང་རློམ་སེམས་སུ་མ་བྱེད་ཅིག །དེ་ལ་སྙིང་པོ་གང་ཡང་མྱེད་དོ། །དེ་བཞིན་དུ་རང་བཞིན་སྟོང་པ་ཉིད་ལ་འདེམས་ཏེ། ཀྱེ་སེམས་ཅན་དག་ཚུར་ཤོག །རང་བཞིན་སྟོང་པ་ཉིད་སྒོམས་ཤིག །རང་བཞིན་སྟོང་པ་ཉིད་དེས་ཀྱང་རློམ་སེམས་སུ་མ་བྱེད་ཅིག །དེ་ལ་སྙིང་པོ་གང་ཡང་①མྱེད་དོ། །དེ་བཞིན་དུ་ཆོས་ཐམས་ཅད་སྟོང་པ་ཉིད་ལ་འདེམས་ཏེ། ཀྱེ་སེམས་ཅན་དག་ཚུར་ཤོག །ཆོས་ཐམས་ཅད་སྟོང་པ་ཉིད་སྒོམས་ཤིག །ཆོས་ཐམས་ཅད་སྟོང་པ་ཉིད་དེས་ཀྱང་རློམ་སེམས་སུ་མ་བྱེད་ཅིག །དེ་ལ་སྙིང་པོ་གང་ཡང་མྱེད་དོ། །དེ་བཞིན་དུ་རང་གི་མཚན་ཉིད་སྟོང་པ་ཉིད་ལ་འདེམས་ཏེ། ཀྱེ་སེམས་ཅན་དག་ཚུར་ཤོག །རང་གི་མཚན་ཉིད་སྟོང་པ་ཉིད་སྒོམས་ཤིག །རང་གི་མཚན་ཉིད་སྟོང་པ་ཉིད་དེས་ཀྱང་རློམ་སེམས་སུ་མ་བྱེད་ཅིག །དེ་ལ་སྙིང་པོ་གང་ཡང་མྱེད་དོ། །དེ་བཞིན་དུ་མྱི་དམྱིགས་པ་སྟོང་པ་ཉིད་ལ་འདེམས་ཏེ། ཀྱེ་སེམས་ཅན་དག་ཚུར་ཤོག །མྱི་དམྱིགས་པ་སྟོང་པ་ཉིད་སྒོམས་ཤིག །མྱི་དམྱིགས་པ་སྟོང་པ་ཉིད་དེས་ཀྱང་རློམ་སེམས་སུ་མ་བྱེད་ཅིག །དེ་ལ་སྙིང་པོ་གང་ཡང་མྱེད་དོ། །དེ་བཞིན་དུ་དངོས་པོ་མྱེད་པ་སྟོང་པ་ཉིད་ལ་འདེམས་ཏེ། ཀྱེ་སེམས་ཅན་དག་ཚུར་ཤོག །དངོས་པོ་མྱེད་པ་སྟོང་པ་ཉིད་སྒོམས་ཤིག །དངོས་པོ་མྱེད་པ་②སྟོང་པ་ཉིད་དེས་ཀྱང་རློམ་སེམས་སུ་མ་བྱེད་ཅིག །དེ་ལ་སྙིང་པོ་གང་ཡང་མྱེད་དོ། །དེ་བཞིན་དུ་ངོ་བོ་ཉིད་སྟོང་པ་ཉིད་ལ་འདེམས་ཏེ། ཀྱེ་སེམས་ཅན་དག་ཚུར་ཤོག །ངོ་བོ་ཉིད་སྟོང་པ་ཉིད་སྒོམས་ཤིག །ངོ་བོ་ཉིད་སྟོང་པ་ཉིད་དེས་ཀྱང་རློམ་སེམས་སུ་མ་བྱེད་ཅིག །དེ་ལ་སྙིང་པོ་གང་ཡང་མྱེད་དོ། །དེ་བཞིན་དུ་དངོས་པོ་མྱེད་པའི་ངོ་བོ་ཉིད་སྟོང་པ་ཉིད་ལ་འདེམས་ཏེ། ཀྱེ་སེམས་ཅན་དག་ཚུར་ཤོག །

དངོས་པོ་མེད་པའི་ངོ་བོ་ཉིད་སྟོང་པ་ཉིད་སྒོམས་ཤིག །དངོས་པོ་མེད་པའི་ངོ་བོ་ཉིད་སྟོང་པ་ཉིད་དེས་ཀྱང་རློམ་སེམས་སུ་མ་བྱེད་ཅིག །དེ་ལ་སྙིང་པོ་གང་ཡང་མེད་དོ། །དེ་བཞིན་དུ་དྲན་པ་ཉེ་བར་གཞག་པ་རྣམས་ལ་འདེམས་ཏེ། ཀྱེ་སེམས་ཅན་དག་ཚུར་ཤོག །དྲན་པ་ཉེ་བར་གཞག་པ་རྣམས་སྒོམས་ཤིག །དྲན་པ་ཉེ་བར་གཞག་པ་དེ་དག་གིས་ཀྱང་རློམ་སེམས་སུ་མ་བྱེད་ཅིག །དེ་ལ་སྙིང་པོ་གང་ཡང་མེད་དོ[1]། །དེ་བཞིན་དུ་ཡང་དག་པར་སྤོང་བ་རྣམས་ལ་འདེམས་ཏེ། ཀྱེ་སེམས་ཅན་དག་ཚུར་ཤོག །ཡང་དག་པར་སྤོང་བ་རྣམས་སྒོམས་ཤིག །ཡང་དག་པར་སྤོང་བ་དེ་དག་གིས་ཀྱང་རློམ་སེམས་སུ་མ་བྱེད་ཅིག །དེ་ལ་སྙིང་པོ་གང་ཡང་མེད་དོ། །དེ་བཞིན་དུ་རྫུ་འཕྲུལ་གྱི་རྐང་པ་རྣམས་ལ་འདེམས་ཏེ། ཀྱེ་སེམས་ཅན་དག་ཚུར་ཤོག །རྫུ་འཕྲུལ་གྱི་རྐང་པ་རྣམས་སྒོམས་ཤིག །རྫུ་འཕྲུལ་གྱི་རྐང་པ་དེ་དག་གིས་ཀྱང་རློམ་སེམས་སུ་མ་བྱེད་ཅིག །དེ་ལ་སྙིང་པོ་གང་ཡང་མེད་དོ། །དེ་བཞིན་དུ་དབང་པོ་རྣམས་ལ་འདེམས་ཏེ། ཀྱེ་སེམས་ཅན་དག་ཚུར་ཤོག །དབང་པོ་རྣམས་སྒོམས་ཤིག །དབང་པོ་དེ་དག་གིས་ཀྱང་རློམ་སེམས་སུ་མ་བྱེད་ཅིག །དེ་ལ་སྙིང་པོ་གང་ཡང་མེད་དོ། །དེ་བཞིན་དུ་སྟོབས་རྣམས་ལ་འདེམས་ཏེ། ཀྱེ་སེམས་ཅན་དག་ཚུར་ཤོག །སྟོབས་རྣམས་སྒོམས་ཤིག །སྟོབས་དེ་དག་གིས་ཀྱང་རློམ་སེམས་སུ་མ་བྱེད་ཅིག དེ་ལ་སྙིང་པོ་གང་ཡང་མེད་དོ། །དེ་བཞིན་དུ་བྱང་ཆུབ་ཀྱི་ཡན་ལག་རྣམས་ལ་འདེམས་ཏེ། ཀྱེ་སེམས་ཅན་དག་ཚུར་ཤོག །བྱང་ཆུབ་ཀྱི་ཡན་ལག་རྣམས་སྒོམས་ཤིག །བྱང་ཆུབ་ཀྱི་ཡན་ལག་དེ་དག་གིས་ཀྱང་རློམ་སེམས་སུ་མ་བྱེད་ཅིག །དེ་ལ་སྙིང་པོ་གང་ཡང་མེད་དོ། །དེ་བཞིན་དུ་འཕགས་པའི་ལམ[3]ཡན་ལག་བརྒྱད་པ་ལ་འདེམས་ཏེ། ཀྱེ་སེམས་ཅན་དག་ཚུར་ཤོག །འཕགས་པའི་ལམ་

ཡན་ལག་བརྒྱད་པ་སྨོམས་ཤིག །འཕགས་པའི་ལམ་ཡན་ལག་བརྒྱད་པ་དེ་དག་གིས་ཀྱང་རློམ་སེམས་སུ་མ་བྱེད་ཅིག །དེ་ལ་སྙིང་པོ་གང་ཡང་མྱེད་དོ། །དེ་བཞིན་དུ་འཕགས་པའི་བདེན་པ་རྣམས་ལ་འདེམས་ཏེ། ཀྱེ་སེམས་ཅན་དག་ཚུར་ཤིག །འཕགས་པའི་བདེན་པ་རྣམས་སྨོམས་ཤིག །འཕགས་པའི་བདེན་པ་དེ་དག་གིས་ཀྱང་རློམ་སེམས་སུ་མ་བྱེད་ཅིག །དེ་ལ་སྙིང་པོ་གང་ཡང་མྱེད་དོ། །དེ་བཞིན་དུ་བསམ་གཏན་རྣམས་ལ་འདེམས་ཏེ། ཀྱེ་སེམས་ཅན་དག་ཚུར་ཤིག །བསམ་གཏན་རྣམས་སྨོམས་ཤིག །བསམ་གཏན་དེ་དག་གིས་ཀྱང་རློམ་སེམས་སུ་མ་བྱེད་ཅིག །དེ་ལ་སྙིང་པོ་གང་ཡང་མེད་དོ། །དེ་བཞིན་དུ་ཚད་མྱེད་པ་རྣམས་ལ་འདེམས་ཏེ། ཀྱེ་སེམས་ཅན་དག་ཚུར་ཤིག །ཚད་མྱེད་པ་རྣམས་སྨོམས་ཤིག །ཚད་མྱེད་པ་དེ་དག་གིས་ཀྱང་རློམ་སེམས་སུ་མ་བྱེད་ཅིག །དེ་ལ་སྙིང་པོ་གང་ཡང་མྱེད་དོ། །དེ་བཞིན་དུ་གཟུགས་མྱེད་པའི་སྙོམས་པར་འཇུག་པ་རྣམས་ལ་འདེམས་ཏེ། ཀྱེ་སེམས་ཅན་དག་ཚུར་ཤིག །གཟུགས་མྱེད་པའི་སྙོམས་པར་འཇུག་པ་རྣམས་སྨོམས་ཤིག །གཟུགས་མྱེད་པའི་སྙོམས་པར་འཇུག་པ་དེ་དག་གིས་ཀྱང་རློམ་སེམས་སུ་མ་བྱེད་ཅིག །དེ་ལ་སྙིང་པོ་གང་ཡང་མྱེད་དོ། །དེ་བཞིན་དུ་རྣམ་པར་ཐར་པ་རྣམས་ལ་འདེམས་ཏེ། ཀྱེ་སེམས་ཅན་དག་ཚུར་ཤིག །རྣམ་པར་ཐར་པ་རྣམས་[7]སྨོམས་ཤིག །རྣམ་པར་ཐར་པ་དེ་དག་གིས་ཀྱང་རློམ་སེམས་སུ་མ་བྱེད་ཅིག །དེ་ལ་སྙིང་པོ་གང་ཡང་མྱེད་དོ། །དེ་བཞིན་དུ་མཐར་གྱིས་གནས་པའི་སྙོམས་པར་འཇུག་པ་རྣམས་ལ་འདེམས་ཏེ། ཀྱེ་སེམས་ཅན་དག་ཚུར་ཤིག །མཐར་གྱིས་གནས་པའི་སྙོམས་པར་འཇུག་པ་རྣམས་སྨོམས་ཤིག །མཐར་གྱིས་གནས་པའི་སྙོམས་པར་འཇུག་པ་དེ་དག་གིས་ཀྱང་རློམ་སེམས་སུ་མ་བྱེད་ཅིག །དེ་ལ་སྙིང་པོ་གང་ཡང་མྱེད་དོ། །དེ་བཞིན་དུ་རྣམ་པར་ཐར

པའི་སྒོ ༑ སྟོང་པ་①ཉིད་དང་། མཚན་མ་མེད་པ་དང་། སྨོན་པ་མེད་པ་ལ་འདེམས་ཏེ། ཀྱེ་སེམས་ཅན་དག་ཚུར་ཤོག །རྣམ་པར་ཐར་པའི་སྒོ་སྟོང་པ་ཉིད་དང་། མཚན་མ་མེད་པ་དང་། སྨོན་པ་མེད་པ་སྒོམས་ཤིག །རྣམ་པར་ཐར་པའི་སྒོ ༑ སྟོང་པ་ཉིད་དང་། མཚན་མ་མེད་པ་དང་། སྨོན་པ་མེད་པ་②དེ་དག་གིས་ཀྱང་རློམ་སེམས་སུ་མ་བྱེད་ཅིག །དེ་ལ་སྙིང་པོ་གང་ཡང་མེད་དོ། །དེ་བཞིན་དུ་མངོན་པར་ཤེས་པ་རྣམས་ལ་འདེམས་ཏེ། ཀྱེ་སེམས་ཅན་དག་ཚུར་ཤོག །མངོན་པར་ཤེས་པ་རྣམས་③སྒོམས་ཤིག །མངོན་པར་ཤེས་པ་དེ་དག་གིས་ཀྱང་རློམ་སེམས་སུ་མ་བྱེད་ཅིག །དེ་ལ་སྙིང་པོ་གང་ཡང་མེད་དོ། །དེ་བཞིན་དུ་ཏིང་ངེ་འཛིན་རྣམས་ལ་འདེམས་ཏེ། ཀྱེ་སེམས་ཅན་དག་ཚུར་ཤོག །ཏིང་ངེ་འཛིན་རྣམས་སྒོམས་ཤིག །ཏིང་ངེ་འཛིན་དེ་དག་གིས་ཀྱང་རློམ་སེམས་སུ་མ་བྱེད་ཅིག །དེ་ལ་སྙིང་པོ་གང་ཡང་མེད་དོ། །དེ་བཞིན་དུ་གཟུངས་ཀྱི་སྒོ་རྣམས་ལ་འདེམས་ཏེ། ཀྱེ་སེམས་ཅན་དག་ཚུར་ཤོག །གཟུངས་ཀྱི་སྒོ་རྣམས་སྒོམས་ཤིག །གཟུངས་ཀྱི་སྒོ་དེ་དག་གིས་ཀྱང་རློམ་སེམས་སུ་མ་བྱེད་ཅིག །དེ་ལ་སྙིང་པོ་གང་ཡང་མེད་དོ། །དེ་བཞིན་དུ་དེ་བཞིན་གཤེགས་པའི་སྟོབས་བཅུ་ལ་འདེམས་ཏེ། ཀྱེ་སེམས་ཅན་དག་ཚུར་ཤོག །དེ་བཞིན་གཤེགས་པའི་སྟོབས་བཅུ་སྒོམས་ཤིག །དེ་བཞིན་གཤེགས་པའི་སྟོབས་བཅུ་པོ་④དེ་དག་གིས་ཀྱང་རློམ་སེམས་སུ་མ་བྱེད་ཅིག །དེ་ལ་སྙིང་པོ་གང་ཡང་མེད་དོ། །དེ་བཞིན་དུ་མི་འཇིགས་པ་བཞི་⑤ལ་འདེམས་ཏེ། ཀྱེ་སེམས་ཅན་དག་ཚུར་ཤོག །མི་འཇིགས་པ་བཞི་⑥སྒོམས་ཤིག །མི་འཇིགས་པ་དེ་དག་གིས་ཀྱང་རློམ་སེམས་སུ་མ་བྱེད་ཅིག །དེ་ལ་སྙིང་པོ་གང་ཡང་མེད་དོ། །དེ་བཞིན་དུ་སོ་སོ་ཡང་དག་པར་རིག་པ་བཞི་⑦ལ་འདེམས་ཏེ། ཀྱེ་སེམས་ཅན་དག་ཚུར་ཤོག །སོ་སོ་ཡང་དག་པར་

རིག་པ་བཞི་①སྨོམས་ཤིག །སོ་སོ་ཡང་དག་པར་རིག་པ་དེ་དག་གིས་ཀྱང་ཚོམ་སེམས་སུ་མ་བྱེད་ཅིག །དེ་ལ་སྙིང་པོ་གང་ཡང་མེད་དོ། །②དེ་བཞིན་དུ་སྙིང་རྗེ་ཆེན་པོ་ལ་འདེམས་ཏེ། ཀྱེ་སེམས་ཅན་དག་ཚུར་ཤོག །སྙིང་རྗེ་ཆེན་པོ་སྨོམས་ཤིག །སྙིང་རྗེ་ཆེན་པོ་དེས་ཀྱང་ཚོམ་སེམས་སུ་མ་བྱེད་ཅིག །དེ་ལ་སྙིང་པོ་གང་ཡང་མྱེད་དོ། །དེ་བཞིན་དུ་སངས་རྒྱས་ཀྱི་ཆོས་མ་འདྲེས་པ་རྣམས་ལ་འདེམས་ཏེ། ཀྱེ་སེམས་ཅན་དག་ཚུར་ཤོག །སངས་རྒྱས་ཀྱི་ཆོས་མ་འདྲེས་པ་རྣམས་སྨོམས་ཤིག །སངས་རྒྱས་ཀྱི་ཆོས་མ་འདྲེས་པ་དེ་དག་གིས་ཀྱང་ཚོམ་སེམས་སུ་མ་བྱེད་ཅིག །དེ་ལ་སྙིང་པོ་གང་ཡང་མྱེད་དོ། །དེ་བཞིན་དུ་རྒྱུན་དུ་ཞུགས་པའི་འབྲས་བུ་ལ་འདེམས་ཏེ། ཀྱེ་སེམས་ཅན་དག་ཚུར་ཤོག །རྒྱུན་དུ་ཞུགས་པའི་འབྲས་བུ་སྨོམས་ཤིག །རྒྱུན་དུ་ཞུགས་པའི་འབྲས་བུ་དེས་ཀྱང་ཚོམ་སེམས་སུ་མ་③བྱེད་ཅིག །དེ་ལ་སྙིང་པོ་གང་ཡང་མེད་དོ། །དེ་བཞིན་དུ་ལན་ཅིག་ཕྱིར་འོང་བའི་འབྲས་བུ་ལ་འདེམས་ཏེ། ཀྱེ་སེམས་ཅན་དག་ཚུར་ཤོག །ལན་ཅིག་ཕྱིར་འོང་བའི་འབྲས་བུ་སྨོམས་ཤིག །ལན་ཅིག་ཕྱིར་འོང་བའི་འབྲས་བུ་དེས་ཀྱང་ཚོམ་སེམས་སུ་མ་བྱེད་ཅིག །དེ་ལ་སྙིང་པོ་གང་ཡང་མྱེད་དོ། །དེ་བཞིན་དུ་ཕྱིར་མི་འོང་བའི་འབྲས་བུ་ལ་འདེམས་ཏེ། ཀྱེ་སེམས་ཅན་དག་ཚུར་ཤོག །ཕྱིར་མྱི་འོང་བའི་འབྲས་བུ་སྨོམས་ཤིག །ཕྱིར་མྱི་འོང་བའི་འབྲས་བུ་དེས་ཀྱང་ཚོམ་སེམས་སུ་མ་བྱེད་ཅིག །དེ་ལ་སྙིང་པོ་གང་ཡང་མྱེད་དོ། །དེ་བཞིན་དུ་དགྲ་བཅོམ་པ་ཉིད་ལ་འདེམས་ཏེ། ཀྱེ་སེམས་ཅན་དག་ཚུར་ཤོག །དགྲ་བཅོམ་པ་ཉིད་སྨོམས་ཤིག །དགྲ་བཅོམ་པ་དེས་④ཀྱང་ཚོམ་སེམས་སུ་མ་བྱེད་ཅིག །དེ་ལ་སྙིང་པོ་གང་ཡང་མྱེད་དོ། །དེ་བཞིན་དུ་རང་བྱང་ཆུབ་ལ་འདེམས་ཏེ། ཀྱེ་སེམས་ཅན་དག་ཚུར་ཤོག །རང་བྱང་ཆུབ་སྨོམས་ཤིག །རང་

བྱང་ཆུབ་དེས་ཀྱང་ཚོམ་སེམས་སུ་མ་བྱེད་ཅིག །དེ་ལ་སྙིང་པོ་གང་ཡང་མེད་དོ། །དེ་བཞིན་དུ་ལམ་གྱི་རྣམ་པ་[1]ཤེས་པ་ཉིད་ལ་འདེམས་ཏེ། ཀྱེ་སེམས་ཅན་དག་ཚུར་ཤོག །ལམ་གྱི་རྣམ་པ་[2]ཤེས་པ་ཉིད་སློམས་ཤིག །ལམ་གྱི་རྣམ་པ་[3]ཤེས་པ་ཉིད་དེས་ཀྱང་ཚོམ་སེམས་སུ་མ་བྱེད་ཅིག །དེ་ལ་སྙིང་པོ་གང་ཡང་མེད་དོ། །དེ་བཞིན་དུ་རྣམ་པ་ཐམས་ཅད་མཁྱེན་པ་ཉིད་ལ་འདེམས་ཏེ། ཀྱེ་སེམས་ཅན་དག་ཚུར་ཤོག །རྣམ་པ་ཐམས་ཅད་མཁྱེན་པ་ཉིད་སློམས་ཤིག །རྣམ་པ་ཐམས་ཅད་མཁྱེན་པ་ཉིད་དེས་ཀྱང་ཚོམ་སེམས་སུ་མ་བྱེད་ཅིག །དེ་ལ་སྙིང་པོ་གང་ཡང་མེད་དོ། །ཞེས་དེ་དེ་ལྟར་སེམས་ཅན་རྣམས་ལ་འདེམས་པ་དང་། རྗེས་སུ་སྟོན་[4]པ་བྱེད་ཅིང་བྱང་ཆུབ་སེམས་དཔའི་ལམ་ལ་སྤྱོད་ཀྱང་། གང་ལ་ཡང་མངོན་པར་ཞེན་པ་མེད་དོ། །དེ་ཅིའི་ཕྱིར་ཞེ་ན། ཆོས་ཐམས་ཅད་ནི་མངོན་པར་ཞེན་པ་མེད་པ་སྟེ། དེ་ནི་འདི་ལྟར་དེ་དག་ལ་སྟོང་པ་ཉིད་ཀྱིཿ ངོ་བོ་ཉིད་ཀྱི་[5]ཕྱིར། གང་གིས་མངོན་པར་ཞེན་པར་བྱ་བའི་ངོ་བོ་ཉིད་མེད་དོ།། ||

ཤེས་རབ་ཀྱི་ཕ་རོལ་ཏུ་ཕྱིན་པ་སྟོང་ཕྲག་[6]བརྒྱ་པ། བམ་པོཿ ཉི་ཤུ་[7]པ། རབ་འབྱོར་དེ་ལྟར་བྱང་ཆུབ་སེམས་དཔའ་སེམས་དཔའ་ཆེན་པོ་བྱང་ཆུབ་ཀྱི་ལམ་ལ་སྤྱོད་ཀྱང་གང་ལ་ཡང་མི་གནས་ཏེ། དེ་[8]གནས་པ་མེད་པའི་ཚུལ་གྱིས་སྦྱིན་པའི་ཕ་རོལ་ཏུ་ཕྱིན་པ་ལ་སྤྱོད་ཀྱང་དེ་ལ་མི་གནས་སོ། །ཚུལ་ཁྲིམས་ཀྱི་ཕ་རོལ་ཏུ་ཕྱིན་པ་ལ་སྤྱོད་ཀྱང་དེ་ལ་མི་གནས་སོ། །བཟོད་པའི་ཕ་རོལ་ཏུ་ཕྱིན་པ་ལ་སྤྱོད་ཀྱང་དེ་ལ་མི་གནས་སོ། །བརྩོན་འགྲུས་ཀྱི་ཕ་རོལ་ཏུ་ཕྱིན་པ་ལ་སྤྱོད་ཀྱང་དེ་ལ་མི་གནས་སོ། །བསམ་གཏན་གྱི་ཕ་རོལ་ཏུ་ཕྱིན་པ་ལ་སྤྱོད་ཀྱང་དེ་ལ་མི་གནས་སོ། །ཤེས་རབ་ཀྱི་ཕ་རོལ་ཏུ་ཕྱིན་པ་ལ་སྤྱོད་ཀྱང་དེ་ལ་མི་གནས་སོ། །དེ་[9]བསམ་གཏན་དང་པོ་ལ་སྙོམས་པར་འཇུག་ཀྱང་དེ་ལ་མི་གནས་ཏེ[10]། དེ་ཅིའི་ཕྱིར་ཞེ་ན།

དེ་ནི་འདི་ལྟར་བསམ་གཏན་དང་པོ་ནི། བསམ་གཏན་གྱི་རང་བཞིན་གྱིས་སྟོང་ངོ་། །གང་མཉམ་པར་གཞོག་པ་དེ་ཡང་རང་བཞིན་གྱིས་སྟོང་ངོ་། །རྣམ་པ་གང་གིས་མཉམ་པར་གཞག[1]པའི་རྣམ་པ་དེ་དག་ཀྱང་རང་བཞིན་གྱིས་སྟོང་ངོ་། །དེ་བསམ་གཏན་གཉིས་པ་ལ་སྙོམས་པར་འཇུག་ཀྱང་དེ་ལ་མྱི་གནས་ཏེ། དེ་ཅིའི་ཕྱིར་ཞེ་ན། དེ་ནི་འདི་ལྟར་བསམ་གཏན་གཉིས་པ་ནི་བསམ་གཏན་གྱི[2]རང་བཞིན་གྱིས་སྟོང་ངོ་། །གང་མཉམ་པར་གཞོག[3]པ་དེ་ཡང་རང་བཞིན་གྱིས་སྟོང་ངོ་། །རྣམ་པ་གང་གིས་མཉམ་པར་གཞག་པའི་རྣམ་པ་དེ་དག་ཀྱང་རང་བཞིན་གྱིས་སྟོང་ངོ་། །དེ་བསམ་གཏན་གསུམ་པ་ལ་སྙོམས་པར་འཇུག་ཀྱང་དེ་ལ་མྱི་གནས་ཏེ། དེ་ཅིའི་ཕྱིར་ཞེ་ན། དེ་ནི་འདི་ལྟར་བསམ་གཏན་གསུམ་པ་ནི་བསམ་གཏན་གྱི་རང་བཞིན་གྱིས་སྟོང་ངོ་། །གང་མཉམ་པར་གཞོག་པ་དེ་ཡང་རང་བཞིན་གྱིས་སྟོང་ངོ་། །རྣམ་པ་གང་གིས་མཉམ་པར་གཞག་པའི་རྣམ་པ་དེ་དག་ཀྱང་རང་བཞིན་གྱིས་སྟོང་ངོ་། །དེ་བསམ་གཏན་བཞི་པ་ལ་སྙོམས་པར་འཇུག་ཀྱང་དེ་ལ་མི་གནས་ཏེ། དེ་ཅིའི་ཕྱིར་ཞེ་ན། དེ་ནི་འདི་ལྟར་བསམ་གཏན་བཞི་པ་ནི་བསམ་གཏན་གྱི[4]རང་བཞིན་གྱིས་སྟོང་ངོ་། །གང་མཉམ་པར་གཞོག་པ་དེ་ཡང་རང་བཞིན་གྱིས་སྟོང་ངོ་། །རྣམ་པ་གང་གིས་མཉམ་པར་གཞག་པའི་རྣམ་པ་དེ་དག་ཀྱང་རང་བཞིན་གྱིས་སྟོང་ངོ་། །དེ་བྱམས་པ་ལ་སྙོམས་པར་འཇུག་ཀྱང་དེ་ལ་མྱི་གནས་ཏེ། དེ་ཅིའི་ཕྱིར་ཞེ་ན། དེ་ནི་འདི་ལྟར་བྱམས་པ་ནི་བྱམས་པའི་རང་བཞིན་གྱིས་སྟོང་ངོ་། །གང་མཉམ་པར་གཞོག་པ་དེ་ཡང་རང་བཞིན་གྱིས་སྟོང་ངོ་། །རྣམ་པ་གང་གིས་མཉམ་པར་གཞག་པའི་རྣམ་པ་དེ་དག་ཀྱང་རང་བཞིན་གྱིས་སྟོང་ངོ་། །དེ་སྙིང་རྗེ་ལ་སྙོམས་པར་འཇུག་ཀྱང་དེ་ལ་མི་གནས་ཏེ། དེ་ཅིའི་ཕྱིར་ཞེ་ན། དེ་ནི་འདི་ལྟར་སྙིང་རྗེ་ནི་སྙིང་རྗེའི་རང་

བཞིན་གྱིས་སྟོང་ངོ་། །གང་མཉམ་པར་གཞོག་པ་དེ་ཡང་རང་བཞིན་གྱིས་སྟོང་ངོ་།། རྣམ་པ་གང་གིས་མཉམ་པར་གཞག་པའི་རྣམ་པ་དེ་དག་ཀྱང་རང་བཞིན་གྱིས་སྟོང་ངོ་། །དེ་དགའ་བ་ལ་སྙོམས་པར་འཇུག་ཀྱང་དེ་ལ་མི་གནས་ཏེ། དེ་ཅིའི་ཕྱིར་ཞེ་ན། དེ་ནི་འདི་ལྟར་དགའ་བ་ནི་དགའ་བའི་རང་བཞིན་གྱིས་སྟོང་ངོ་། །གང་མཉམ་པར་གཞོག་པ་དེ་ཡང་རང་བཞིན་གྱིས་སྟོང་ངོ་། །རྣམ་པ་གང་གིས་མཉམ་པར་གཞག་པའི་རྣམ་པ་དེ་དག་ཀྱང་རང་བཞིན་གྱིས་སྟོང་ངོ་། །དེ་བཏང་སྙོམས་ལ་སྙོམས་པར་འཇུག་ཀྱང་དེ་ལ་མྱི་གནས་ཏེ། དེ་ཅིའི་ཕྱིར་ཞེ་[1]ན། དེ་ནི་འདི་ལྟར་བཏང་སྙོམས་ནི་བཏང་སྙོམས་ཀྱི་རང་བཞིན་གྱིས་[2]སྟོང་ངོ་། །གང་མཉམ་པར་གཞོག་པ་དེ་ཡང་རང་བཞིན་གྱིས་སྟོང་ངོ་། །རྣམ་པ་གང་གིས་མཉམ་པར་གཞག་པའི་རྣམ་པ་དེ་དག་ཀྱང་རང་བཞིན་གྱིས་སྟོང་ངོ་། །དེ་ནམ་མཁའ་མཐའ་ཡས་སྐྱེ་མཆེད་ལ་སྙོམས་པར་འཇུག་ཀྱང་དེ་ལ་མྱི་གནས་ཏེ། དེ་ཅིའི་ཕྱིར་ཞེ་ན། དེ་ནི་འདི་ལྟར་ནམ་མཁའ་མཐའ་ཡས་སྐྱེ་མཆེད་ནི། ནམ་མཁའ་མཐའ་ཡས་སྐྱེ་མཆེད་ཀྱི་རང་བཞིན་གྱིས་སྟོང་ངོ་། །གང་མཉམ་པར་གཞོག་པ་དེ་ཡང་རང་བཞིན་གྱིས་སྟོང་ངོ་། །རྣམ་པ་གང་གིས་མཉམ་པར་གཞག་པའི་རྣམ་པ་དེ་དག་ཀྱང་རང་བཞིན་གྱིས་སྟོང་ངོ་། །དེ་རྣམ་ཤེས་མཐའ་ཡས་སྐྱེ་མཆེད་ལ་སྙོམས་པར་འཇུག་ཀྱང་དེ་ལ་མྱི་གནས་ཏེ། དེ་ཅིའི་ཕྱིར་ཞེ་ན། དེ་ནི་འདི་ལྟར་རྣམ་ཤེས་མཐའ་ཡས་སྐྱེ་མཆེད་ནི་རྣམ་ཤེས་མཐའ་ཡས་སྐྱེ་མཆེད་ཀྱི་[3]རང་བཞིན་གྱིས་སྟོང་ངོ་། །གང་མཉམ་པར་གཞོག་པ་དེ་ཡང་རང་བཞིན་གྱིས་སྟོང་ངོ་།། རྣམ་པ་གང་གིས་མཉམ་པར་གཞག་པའི་རྣམ་པ་དེ་དག་ཀྱང་རང་བཞིན་གྱིས་སྟོང་ངོ་། །དེ་ཆུང་ཟད་མྱེད་པའི་སྐྱེ་མཆེད་ལ་སྙོམས་པར་འཇུག་ཀྱང་དེ་ལ་མྱི་གནས་ཏེ། དེ་ཅིའི་ཕྱིར་ཞེ་ན། དེ་ནི་འདི་ལྟར་ཆུང་ཟད་མྱེད་པའི་སྐྱེ་མཆེད་ནི་ཆུང་

ཟད་མྱེད་པའི་སྐྱེ་མཆེད་ཀྱི་རང་བཞིན་གྱིས་སྟོང་ངོ་། །གང་མཉམ་པར་གཞོག་པ་དེ་ཡང་རང་བཞིན་གྱིས་སྟོང་ངོ་། །རྣམ་པ་གང་གིས་མཉམ་པར་གཞག་པའི་རྣམ་པ་དེ་དག་ཀྱང་རང་བཞིན་གྱིས་སྟོང་ངོ་། །དེ་འདུ་ཤེས་མྱེད་འདུ་ཤེས་མྱེད་མྱིན་སྐྱེ་མཆེད་ལ་སྙོམས་པར་འཇུག་ཀྱང་དེ་ལ་མྱི་གནས་ཏེ། དེ་ཅིའི་ཕྱིར་ཞེ་ན། དེ་ནི་འདི་ལྟར་འདུ་ཤེས་མྱེད་འདུ་ཤེས་མྱེད་མྱིན་སྐྱེ་མཆེད་ནི་འདུ་ཤེས་མྱེད་འདུ་ཤེས་མྱེད་མྱིན་སྐྱེ་མཆེད་ཀྱི་རང་བཞིན་གྱིས་[༡]སྟོང་ངོ་། །གང་མཉམ་པར་གཞོག་པ་དེ་ཡང་རང་བཞིན་གྱིས་སྟོང་ངོ་། །རྣམ་པ་གང་གིས་མཉམ་པར་གཞག་པའི་རྣམ་པ། དེ་དག་ཀྱང་རང་བཞིན་གྱིས་སྟོང་ངོ་། །དེ་རྣམ་པར་ཐར་པ་བརྒྱད་ལ་སྙོམས་པར་འཇུག་ཀྱང་དེ་ལ་མྱི་གནས་ཏེ། དེ་ཅིའི་ཕྱིར་ཞེ་ན། དེ་ནི་འདི་ལྟར་རྣམ་པར་ཐར་པ་རྣམས་ནི་རྣམ་པར་ཐར་པ་རྣམས་ཀྱི་རང་བཞིན་གྱིས་སྟོང་ངོ་། །གང་མཉམ་པར་གཞོག་པ་དེ་ཡང་[༢]རང་བཞིན་གྱིས་སྟོང་ངོ་། །རྣམ་པ་གང་གིས་མཉམ་པར་གཞག་པའི་རྣམ་པ་དེ་དག་ཀྱང་རང་བཞིན་གྱིས་སྟོང་ངོ་། །དེ་མཐར་གྱིས་གནས་པའི་སྙོམས་པར་འཇུག་པ་དགུ་ལ་སྙོམས་པར་འཇུག་ཀྱང་དེ་ལ་མྱི་གནས་ཏེ། དེ་ཅིའི་ཕྱིར་ཞེ་ན། དེ་ནི་འདི་ལྟར་མཐར་གྱིས་གནས་པའི་སྙོམས་པར་འཇུག་པ་རྣམས་ནི་མཐར་གྱིས་གནས་པའི་སྙོམས་པར་འཇུག་པ་རྣམས་ཀྱི་[༣]རང་བཞིན་གྱིས་སྟོང་ངོ་། །གང་མཉམ་པར་གཞོག་པ་དེ་ཡང་རང་བཞིན་གྱིས་སྟོང་ངོ་། །རྣམ་པ་གང་གིས་མཉམ་པར་གཞོག་[༤]པའི་རྣམ་པ་དེ་དག་ཀྱང་རང་བཞིན་གྱིས་སྟོང་ངོ་། །དེ་དྲན་པ་ཉེ་བར་གཞག་པ་བཞི་ལ་སྙོམས་པར་འཇུག་ཀྱང་དེ་ལ་མྱི་གནས་ཏེ། དེ་ཅིའི་ཕྱིར་ཞེ་ན། དེ་ནི་འདི་ལྟར་དྲན་པ་ཉེ་བར་གཞག་པ་རྣམས་ནི་དྲན་པ་ཉེ་བར་གཞག་པ་རྣམས་ཀྱི་[༥]རང་བཞིན་གྱིས་སྟོང་ངོ་། །གང་མཉམ་པར་གཞོག་པ་དེ་ཡང་རང་བཞིན་གྱིས་སྟོང་ངོ་། །རྣམ་པ་གང་གིས་

མཉམ་པར་གཞག་པའི་རྣམ་པ་དེ་དག་ཀྱང་རང་བཞིན་གྱིས་སྟོང་ངོ་། །དེ་ཡང་དག་པར་སྤྱོད་པ་བཞི་ལ་སྙོམས་པར་འཇུག་ཀྱང་དེ་ལ་མི་གནས་ཏེ། དེ་ཅིའི་ཕྱིར་ཞེ་ན། དེ་ནི་འདི་ལྟར་ཡང་དག་པར་སྤྱོད་པ་རྣམས་ནི། ཡང་དག་པར་སྤྱོད་པ་རྣམས་ཀྱི་②རང་བཞིན་གྱིས་སྟོང་ངོ་། །གང་མཉམ་པར་གཞོག་པ་དེ་ཡང་རང་བཞིན་གྱིས་སྟོང་ངོ་། །རྣམ་པ་གང་གིས་མཉམ་པར་གཞག་པའི་རྣམ་པ་དེ་དག་ཀྱང་རང་བཞིན་གྱིས་སྟོང་ངོ་། །དེ་རྫུ་འཕྲུལ་གྱི་རྐང་པ་བཞི་ལ་སྙོམས་པར་འཇུག་ཀྱང་དེ་ལ་མི་གནས་ཏེ། དེ་ཅིའི་ཕྱིར་ཞེ་ན། དེ་ནི་འདི་ལྟར་རྫུ་འཕྲུལ་གྱི་རྐང་པ་རྣམས་ནི་རྫུ་འཕྲུལ་གྱི་③རྐང་པ་རྣམས་ཀྱི་རང་བཞིན་གྱིས་སྟོང་ངོ་། །གང་མཉམ་པར་གཞོག་པ་དེ་ཡང་རང་བཞིན་གྱིས་སྟོང་ངོ་། །རྣམ་པ་གང་གིས་མཉམ་པར་གཞག་པའི་རྣམ་པ་དེ་དག་ཀྱང་རང་བཞིན་གྱིས་སྟོང་ངོ་། །དེ་དབང་པོ་ལྔ་ལ་སྙོམས་པར་འཇུག་ཀྱང་དེ་ལ་མི་གནས་ཏེ། དེ་ཅིའི་ཕྱིར་ཞེ་ན། དེ་ནི་འདི་ལྟར་དབང་པོ་རྣམས་ནི་དབང་པོ་རྣམས་ཀྱི་རང་བཞིན་གྱིས་སྟོང་ངོ་། །གང་མཉམ་པར་གཞོག་པ་དེ་ཡང་རང་བཞིན་གྱིས་སྟོང་ངོ་། །རྣམ་པ་གང་གིས་མཉམ་པར་གཞག་པའི་རྣམ་པ་དེ་དག་ཀྱང་རང་བཞིན་གྱིས་སྟོང་ངོ་། །དེ་སྟོབས་ལྔ་ལ་སྙོམས་པར་འཇུག་ཀྱང་དེ་ལ་མི་གནས་ཏེ། དེ་ཅིའི་ཕྱིར་ཞེ་ན། དེ་ནི་འདི་①ལྟར་སྟོབས་རྣམས་ནི་སྟོབས་རྣམས་ཀྱི་རང་བཞིན་གྱིས་སྟོང་ངོ་། །གང་མཉམ་པར་གཞོག་པ་དེ་ཡང་རང་བཞིན་གྱིས་སྟོང་ངོ་། །རྣམ་པ་གང་གིས་མཉམ་པར་གཞག་པའི་རྣམ་པ་དེ་དག་ཀྱང་རང་བཞིན་གྱིས་སྟོང་ངོ་། །དེ་བྱང་ཆུབ་ཀྱི་ཡན་ལག་བདུན་ལ་སྙོམས་པར་འཇུག་ཀྱང་དེ་ལ་མི་གནས་ཏེ། དེ་ཅིའི་ཕྱིར་ཞེ་ན། དེ་ནི་འདི་ལྟར་བྱང་ཆུབ་ཀྱི་ཡན་ལག་རྣམས་ནི་བྱང་ཆུབ་ཀྱི་ཡན་ལག་རྣམས་ཀྱི་རང་བཞིན་གྱིས་སྟོང་ངོ་། གང་མཉམ་པར་གཞོག་པ་དེ་ཡང་རང་བཞིན་གྱིས་

སྟོང་ངོ། །རྣམ་པ་གང་གིས་མཉམ་པར་གཞག་པའི་རྣམ་པ་དེ་དག་ཀུང་རང་བཞིན་གྱིས་སྟོང་ངོ། །དེ་འཕགས་པའི་ལམ་ཡན་ལག་བརྒྱད་པ་ལ་སྒོམས་པར་འཇུག་ཀྱང་དེ་ལ་མི་གནས་ཏེ། དེ་ཅིའི་ཕྱིར་ཞེ་ན། དེ་ནི་འདི་ལྟར་འཕགས་པའི་ལམ་ཡན་ལག་བརྒྱད་པ་ནི་འཕགས་པའི་ལམ་ཡན་ལག་བརྒྱད་པའི་རང་བཞིན་གྱིས་སྟོང་ངོ། །གང་མཉམ་པར་གཞོག་པ་དེ་ཡང་རང་བཞིན་གྱིས་སྟོང་ངོ།། རྣམ་པ་གང་གིས་མཉམ་པར་གཞག་པའི་རྣམ་པ་དེ་དག་ཀུང་རང་བཞིན་གྱིས་སྟོང་ངོ། །དེ་འཕགས་པའི་བདེན་པ་བཞི་ལ་སྒོམས་པར་འཇུག་ཀྱང་དེ་ལ་མི་གནས་ཏེ། དེ་ཅིའི་ཕྱིར་ཞེ་ན། དེ་ནི་འདི་ལྟར་འཕགས་པའི་བདེན་པ་རྣམས་ནི་འཕགས་པའི་བདེན་པ་རྣམས་ཀྱི[1]རང་བཞིན་གྱིས་སྟོང་ངོ། །གང་མཉམ་པར་གཞོག་པ་དེ་ཡང་རང་བཞིན་གྱིས་སྟོང་ངོ། །རྣམ་པ་གང་གིས་མཉམ་པར་གཞག་པའི་རྣམ་པ་དེ་དག་ཀུང་རང་བཞིན་གྱིས་སྟོང་ངོ། །དེ་རྣམ་པར་ཐར་པའི་སྒོ་སྟོང་པ་ཉིད་དང་། མཚན་མ་མེད་པ་དང་། སྨོན་པ་མེད་པ་ལ་སྒོམས་པར་འཇུག་ཀྱང་དེ་ལ་མི་གནས་ཏེ། དེ་ཅིའི་ཕྱིར་ཞེ་ན། དེ་ནི་འདི་ལྟར་རྣམ་པར་ཐར་པའི་སྒོ་སྟོང་པ་ཉིད་དང་། མཚན་མ་མེད་པ་དང་། སྨོན་པ་མེད་པ་ནི[2]རྣམ་པར་ཐར་པའི་སྒོ་སྟོང་པ་ཉིད་དང་མཚན་མ་མེད་པ་དང་སྨོན་པ[3]མེད་པའི་རང་བཞིན་གྱིས་སྟོང་ངོ། །གང་མཉམ་པར་གཞོག་པ་དེ་ཡང་རང་བཞིན་གྱིས་སྟོང་ངོ། །རྣམ་པ་གང་གིས་མཉམ་པར་གཞག་པའི་རྣམ་པ་དེ་དག་ཀུང་རང་བཞིན་གྱིས་སྟོང་ངོ། །དེ་མངོན་པར་ཤེས་པ་ལྔ[4]ལ་སྒོམས་པར་འཇུག་ཀྱང་དེ་ལ་མི་གནས་ཏེ། དེ་ཅིའི་ཕྱིར་ཞེ་ན། དེ་ནི་འདི་ལྟར་མངོན་པར་ཤེས་པ་རྣམས་ནི་མངོན་པར་ཤེས་པ་རྣམས་ཀྱི་རང[5]བཞིན་གྱིས་སྟོང་ངོ། །གང་མཉམ་པར་གཞོག་པ་དེ་ཡང་རང་བཞིན་གྱིས་སྟོང་ངོ། །རྣམ་པ་གང་གིས་མཉམ་པར་གཞག་པའི་རྣམ་པ་དེ་དག

ཀྱང་རང་བཞིན་གྱིས་སྟོང་ངོ་། །དེ་[1]རྒྱུན་ཏུ་ཞུགས་པའི་འབྲས་བུ་འཐོབ་[2]ཀྱང་དེ་ལ་མི་གནས་སོ། །དེ་ལན་ཅིག་ཕྱིར་འོང་བའི་འབྲས་བུ་འཐོབ་[3]ཀྱང་དེ་ལ་མི་གནས་སོ། དེ་ཕྱིར་མི་འོང་བའི་འབྲས་བུ་འཐོབ་[4]ཀྱང་དེ་ལ་མི་གནས་སོ། །དེ་དགྲ་བཅོམ་པ་ཉིད་འཐོབ་[5]ཀྱང་དེ་ལ་མི་གནས་སོ། །དེ་རང་བྱང་ཆུབ་འཐོབ་[6]ཀྱང་དེ་ལ་མི་གནས་སོ། །གསོལ་པ། ཅིའི་སླད་དུ་མི་གནས། བཅོམ་ལྡན་འདས་ཀྱིས་བཀའ་སྩལ་པ། རྣམ་པ་གཉིས་ཀྱིས་[7]ཕྱིར་མི་གནས་ཏེ། གཉིས་གང་ཞེ་ན། ངོ་བོ་ཉིད་དང་ངོ་བོ་ཉིད་མེད་པ་སྟེ། དེ་གཉིས་ཀྱི་ཕྱིར་གང་ལ་གནས་པའམ། གང་གིས་[8]གནས་པ་འམ། གང་གནས་པར་འགྱུར་བ་དེ་ལྟ་བུའི་འབྲས་བུ་དེ་དག་ལ་མེད་དོ། །དེ་ཙམ་གྱིས་དགའ་བར་ཡང་མི་འཛིན་ཏེ། དེ་ཅིའི་ཕྱིར་ཞེ་ན། འདི་ལྟར་དེ་འདི་སྙམ་[9]དུ་བདག་གིས་རྒྱུན་ཏུ་ཞུགས་པའི་འབྲས་བུ་ཐོབ་པར་མི་བྱ་བ་མ་ཡིན་ཏེ། དེ་ལ་གནས་པར་མི་བྱའོ། །བདག་གིས་ལན་ཅིག་ཕྱིར་འོང་བའི་འབྲས་བུ་ཐོབ་པར་མི་བྱ་བ་མ་ཡིན་ཏེ། དེ་ལ་གནས་པར་མི་བྱའོ། །བདག་གིས་ཕྱིར་མི་འོང་བའི་འབྲས་བུ་ཐོབ་པར་མི་བྱ་བ་མ་ཡིན་ཏེ། དེ་ལ་གནས་པར་མི་བྱའོ། །བདག་གིས་དགྲ་བཅོམ་པ་ཉིད་ཐོབ་པར་མི་བྱ་བ་མ་ཡིན་ཏེ། དེ་ལ་གནས་པར་མི་བྱའོ། །བདག་གིས་རང་སངས་རྒྱས་ཀྱི་སའི་བར་དུ་ཐོབ་[10]པར་མི་བྱ་བ་མ་ཡིན་ཏེ། དེ་ལ་གནས་པར་མི་བྱའི། བླ་ན་མེད་པ་ཡང་དག་པར་རྫོགས་པའི་བྱང་ཆུབ་ཀྱི་བར་དུ་མངོན་པར་རྫོགས་པར་འཚང་རྒྱ་བར་བྱའོ། །དེ་ཅིའི་ཕྱིར་ཞེ་ན། བདག་གིས་ནི་སེམས་དང་པོ་བསྐྱེད་པ་ནས་ཉེ་བར་བཟུང་སྟེ། བླ་ན་མེད་པ་ཡང་དག་པར་རྫོགས་པའི་བྱང་ཆུབ་ཏུ་སེམས་བསྐྱེད་པ་མ་གཏོགས་པར་སེམས་གཞན་གང་ཡང་མ་བསྐྱེད་[11]དོ། །དེ་ཅིའི་ཕྱིར་ཞེ་ན། བདག་གིས་ནི་ས་དང་པོ་ནས་ཉེ་བར་བཟུང་སྟེ། བླ་ན་མེད་

པ་ཡང་དག་པར་རྫོགས་པའི་བྱང་ཆུབ་ཏུ་སེམས་བསྐྱེད་པ་མ་གཏོགས་པར་སེམས་གཞན་གང་ཡང་མ་བསྐྱེད་དོ། །བདག་གིས་ནི་ས་གཉིས་པ་ནས་ཉེ་བར་བཟུང་སྟེ། བླ་ན་མེད་པ་ཡང་དག་པར་རྫོགས་པའི་བྱང་ཆུབ་ཏུ་སེམས་བསྐྱེད་པ་མ་གཏོགས་པར་སེམས་གཞན་གང་ཡང་མ་བསྐྱེད་དོ། །བདག་གིས་ནི་ས་གསུམ་པ་[༡]ནས་ཉེ་བར་བཟུང་སྟེ། བླ་ན་མེད་པ་ཡང་དག་པར་རྫོགས་པའི་བྱང་ཆུབ་ཏུ་སེམས་བསྐྱེད་པ་མ་གཏོགས་པར་སེམས་གཞན་གང་ཡང་མ་[༢]བསྐྱེད་དོ། །བདག་གིས་ནི་ས་བཞི་པ་ནས་ཉེ་བར་བཟུང་སྟེ། བླ་ན་མེད་པ་ཡང་དག་པར་རྫོགས་པའི་བྱང་ཆུབ་ཏུ་སེམས་བསྐྱེད་པ་མ་གཏོགས་པར་སེམས་གཞན་གང་ཡང་མ་བསྐྱེད་དོ། །བདག་གིས་ནི་ས་ལྔ་པ་ནས་ཉེ་བར་བཟུང་སྟེ། བླ་ན་མེད་པ་ཡང་དག་པར་རྫོགས་པའི་བྱང་ཆུབ་ཏུ་སེམས་བསྐྱེད་པ་མ་གཏོགས་པར་སེམས་གཞན་གང་ཡང་མ་[༣]བསྐྱེད་དོ། །བདག་གིས་ནི་ས་དྲུག་པ་ནས་ཉེ་བར་བཟུང་སྟེ། བླ་ན་མེད་པ་ཡང་དག་པར་རྫོགས་པའི་བྱང་ཆུབ་ཏུ་སེམས་བསྐྱེད་པ་མ་གཏོགས་པར་སེམས་གཞན་གང་ཡང་མ་བསྐྱེད་དོ། །བདག་གིས་ནི་ས་བདུན་པ་ནས་ཉེ་བར་བཟུང་སྟེ། བླ་ན་མེད་པ་ཡང་དག་པར་རྫོགས་པའི་བྱང་ཆུབ་ཏུ་སེམས་བསྐྱེད་པ་མ་གཏོགས་པར་སེམས་གཞན་གང་ཡང་མ་བསྐྱེད་དོ། །བདག་གིས་ནི་ས་བརྒྱད་པ་ནས་ཉེ་བར་བཟུང་སྟེ། བླ་ན་མེད་པ་ཡང་དག་པར་རྫོགས་པའི་བྱང་ཆུབ་ཏུ་སེམས་བསྐྱེད་པ་མ་གཏོགས་པར་སེམས་གཞན་གང་ཡང་མ་བསྐྱེད་དོ། །བདག་གིས་ནི་ས་དགུ་པ་ནས་ཉེ་བར་བཟུང་སྟེ། བླ་ན་མེད་པ་ཡང་དག་པར་རྫོགས་པའི་བྱང་ཆུབ་ཏུ་སེམས་བསྐྱེད་པ་མ་གཏོགས་པར་སེམས་གཞན་གང་ཡང་མ་བསྐྱེད་དོ། །བདག་གིས་ནི་ས་བཅུ་པ་ནས་ཉེ་བར་བཟུང་སྟེ། བླ་ན་མེད་པ་ཡང་དག་པར་རྫོགས་པའི་བྱང་ཆུབ་ཏུ་སེམས་བསྐྱེད་པ་མ་གཏོགས་པར་སེམས་གཞན་གང་ཡང་

མ་བསྐྱེད་དོ། །བྱང་ཆུབ་སེམས་དཔའི་སྐྱོན་མེད་པར་ཞུགས་ནས། བླ་ན་མེད་པ་[༡]ཡང་དག་པར་རྫོགས་པའི་བྱང་ཆུབ་ཏུ་སེམས་བསྐྱེད་པ་མ་གཏོགས་པར་སེམས་གཞན་གང་ཡང་མ་བསྐྱེད་དོ་སྙམ་སྟེ། རབ་འབྱོར་བྱང་ཆུབ་སེམས་དཔའ་སེམས་དཔའ་ཆེན་པོ་[༢]ནི། སེམས་གཡེང་བ་མེད་པར་ལུས་སམ། ངག་གམ། ཡིད་ཀྱིས་གང་སྤྱོད་ཀྱང་རུང་སྟེ། བྱང་ཆུབ་ཀྱི་སེམས་ཀྱིས་མི་སྤྱོད་པ་མེད་དེ། [༣]བྱང་ཆུབ་སེམས་དཔའ་སེམས་དཔའ་ཆེན་པོ་དེ་ནི། བྱང་ཆུབ་ཀྱི་སེམས་ལ་གནས་ནས། ཡིད་གཡེང་བ་མེད་པར་བྱང་ཆུབ་ཀྱི་ལམ་སྒྲུབ་བོ། །གསོལ་པ། བཅོམ་ལྡན་འདས་གལ་ཏེ་ཆོས་ཐམས་ཅད་མ་སྐྱེས་[༤]པ་ལགས་ན། བྱང་ཆུབ་སེམས་དཔའ་སེམས་དཔའ་ཆེན་པོས་བྱང་ཆུབ་ཀྱི་ལམ་ཇི་ལྟར་བསྒྲུབ་པར་བགྱི། བཅོམ་ལྡན་འདས་ཀྱིས་བཀའ་སྩལ་པ། རབ་འབྱོར་དེ་དེ་བཞིན་ནོ། །དེ་དེ་བཞིན་ཏེ། ཆོས་ཐམས་ཅད་ནི་མ་སྐྱེས་པ་སྟེ། དེ་[༥]ཇི་ལྟ་བུ་ཞེས་བྱས་ན[༦]། གང་མངོན་པར་འདུ་མི་བྱེད་པ་དེ་དག་ལ་[༧]ནི་ཆོས་ཐམས་ཅད་མ་སྐྱེས་པའོ། །གསོལ་པ། བཅོམ་ལྡན་འདས་འོ་ན་དེ་བཞིན་གཤེགས་པ་[༨]རྣམས་བྱུང་ཡང་རུང་། དེ་བཞིན་གཤེགས་པ་རྣམས་མ་བྱུང་ཡང་རུང་སྟེ། ཆོས་རྣམས་ཀྱི་ཆོས་ཉིད་དེ་བཞིན་དུ་གནས་པ་མ་ལགས་སམ། བཅོམ་ལྡན་འདས་ཀྱིས་བཀའ་སྩལ་པ། རབ་འབྱོར་དེ་དེ་བཞིན་ནོ། །དེ་དེ་བཞིན་ཏེ། དེ་བཞིན་གཤེགས་པ་རྣམས་བྱུང་ཡང་རུང་། དེ་བཞིན་གཤེགས་པ་རྣམས་མ་བྱུང་ཡང་རུང་སྟེ། ཆོས་རྣམས་ཀྱི་[༩]གནས་ཉིད་ནི་དེ་བཞིན་དུ་གནས་སོ། །དེ་ལ་གང་ཡང་[༡༠]ཆོས་ཀྱི་[༡༡]གནས་ཉིད་དེ་ལྟ་བུ་མི་ཤེས་པ་དེ་དག་གི་[༡༢]དོན་དུ་བྱང་ཆུབ་སེམས་དཔའ་སེམས་དཔའ་ཆེན་པོ་བྱང་ཆུབ་ཀྱི་ལམ་སྐྱེད་[༡༣]དེ། ལམ་དེས་སེམས་ཅན་རྣམས་འཁོར་བ་ལས་ཡོངས་སུ་ཐར་བར་བྱེད་དོ། །གསོལ་པ། བཅོམ་ལྡན་འདས་ཅི་

ལགས། སྐྱེས་པར་གྱུར་པའི་ལམ་གྱིས་བྱང་ཆུབ་ཐོབ[༡]པར་འགྱུར་བ[༢]ལགས་སམ། བཅོམ་ལྡན་འདས་ཀྱིས་བཀའ་སྩལ་པ་མ་ཡིན་ནོ། །གསོལ་པ། བཅོམ་ལྡན་འདས་འོ་ན་མ་སྐྱེས་པའི་ལམ་གྱིས། བྱང་ཆུབ་ཐོབ་པར་འགྱུར་བ་ལགས་སམ། བཅོམ་ལྡན་འདས་ཀྱིས་བཀའ་སྩལ་པ། མ་ཡིན་ནོ། །གསོལ་པ། བཅོམ་ལྡན་འདས་འོ་ན[༣]སྐྱེས་ཀྱང་སྐྱེས་ལ་མ་སྐྱེས་ཀྱང་མ་སྐྱེས་པའི་ལམ་གྱིས་བྱང་ཆུབ་ཐོབ་པར་འགྱུར་བ་ལགས་སམ། བཅོམ་ལྡན་འདས་ཀྱིས་བཀའ་སྩལ་པ། མ་ཡིན་ནོ། །གསོལ་པ། བཅོམ་ལྡན་འདས[༤]འོ་ན་སྐྱེས་པ་ཡང་མ་ལགས། མ་སྐྱེས་པ་ཡང་མ་ལགས་པའི་ལམ་གྱིས་བྱང་ཆུབ་ཐོབ[༥]པར་འགྱུར་བ་ལགས་སམ། བཅོམ་ལྡན་འདས་ཀྱིས་བཀའ་སྩལ་པ། མ་ཡིན་ནོ། །གསོལ་པ། བཅོམ་ལྡན་འདས་འོ་ན་བྱང་ཆུབ་ཇི་ལྟར་ཐོབ་པར་འགྱུར། བཅོམ་ལྡན་འདས་ཀྱིས་བཀའ་སྩལ་པ། རབ་འབྱོར་བྱང་ཆུབ་ནི[༦]ལམ་གྱིས་འཐོབ[༧]པ་ཡང་མ་ཡིན། ལམ་མ་ཡིན་པས་འཐོབ[༨]པ་ཡང་མ་ཡིན་ཏེ། བྱང་ཆུབ་ཉིད་ཀྱང་ལམ་མོ། །ལམ་ཉིད་ཀྱང་བྱང་ཆུབ་བོ། །གསོལ་པ། བཅོམ་ལྡན་འདས་གལ་ཏེ་དེ་ལྟར་བྱང་ཆུབ་ཉིད་ཀྱང་ལམ་ལ། ལམ་ཉིད་ཀྱང་བྱང་ཆུབ་ལགས་ན། བྱང་ཆུབ་སེམས་དཔའ་སེམས་དཔའ་ཆེན་པོས་བྱང་ཆུབ་སྔ་ནས་འཐོབ[༩]པར་འགྱུར་ན། དེ་བཞིན་གཤེགས་པ་དགྲ་བཅོམ་པ་ཡང་དག་པར་རྫོགས་པའི་སངས་རྒྱས་སུ་མི་ཆེན་པོའི་མཚན་སུམ་ཅུ་རྩ་གཉིས་དང་། དཔེ་བྱད་བཟང་པོ་བརྒྱད་ཅུ་དང་། དེ་བཞིན་གཤེགས་པའི་སྟོབས་བཅུ་དང་། མི་འཇིགས་པ་བཞི་དང་། སོ་སོ་ཡང་དག་པར་རིག་པ་བཞི་དང་། ཐུགས[༡༠]རྗེ་ཆེན་པོ་དང་། སངས་རྒྱས་ཀྱི་ཆོས་མ་འདྲེས་པ་བཅོ་བརྒྱད་ཀྱིས་བརྗོད་དོ་ཞེས་ཀྱང་ཅིའི་སླད་དུ་བསྟན། བཅོམ་ལྡན་འདས་ཀྱིས་བཀའ་སྩལ་པ། རབ་འབྱོར་དེ་ཇི་སྙམ་དུ་སེམས

སངས་རྒྱས་ཞིག་⑦བྱང་ཆུབ་ཐོབ་པར་བྱེད་པ་ཡིན་ནམ། གསོལ་པ། བཅོམ་ལྡན་འདས་དེ་ནི་མ་ལགས་སོ། །སངས་རྒྱས་ནི་བྱང་ཆུབ་ཐོབ་པར་མི་མཛད་དེ། སངས་རྒྱས་ཉིད་ཀྱང་བྱང་ཆུབ་བོ། །བྱང་ཆུབ་ཉིད་ཀྱང་སངས་རྒྱས་སོ། ། བཅོམ་ལྡན་འདས་ཀྱིས་བཀའ་སྩལ་པ། རབ་འབྱོར་གང་ཁྱོད་ཀྱིས་འདི་སྐད་དུ། བྱང་ཆུབ་སེམས་དཔའ་སེམས་དཔའ་ཆེན་པོས་བྱང་ཆུབ་སྣ་ནས་ཐོབ་པར་འགྱུར་རོ་ཞེས་སྨྲས་པ། རབ་འབྱོར་འདི་ལ་བྱང་ཆུབ་སེམས་དཔའ་སེམས་དཔའ་ཆེན་པོ་ནི་སྦྱིན་པའི་ཕ་རོལ་ཏུ་ཕྱིན་པ་ཡོངས་སུ་རྫོགས་པར་བྱས། ཚུལ་ཁྲིམས་ཀྱི་ཕ་རོལ་ཏུ་ཕྱིན་པ་ཡོངས་སུ་རྫོགས་པར་བྱས། བཟོད་པའི་ཕ་རོལ་ཏུ་ཕྱིན་པ་ཡོངས་སུ་རྫོགས་པར་བྱས། བརྩོན་འགྲུས་ཀྱི་ཕ་རོལ་ཏུ་ཕྱིན་པ་ཡོངས་སུ་རྫོགས་པར་བྱས༏ བསམ་གཏན་གྱི་ཕ་རོལ་ཏུ་ཕྱིན་པ་ཡོངས་སུ་རྫོགས་པར་བྱས། ཤེས་རབ་ཀྱི་ཕ་རོལ་ཏུ་ཕྱིན་པ་ཡོངས་སུ་རྫོགས་པར་བྱས། ནང་སྟོང་པ་ཉིད་ཡོངས་སུ་རྫོགས་པར་བྱས། ཕྱི་སྟོང་པ་ཉིད་ཡོངས་སུ་རྫོགས་པར་བྱས། ཕྱི་ནང་སྟོང་པ་ཉིད་ཡོངས་སུ་རྫོགས་པར་བྱས། སྟོང་པ་ཉིད་སྟོང་པ་ཉིད་ཡོངས་སུ་རྫོགས་པར་བྱས༏ ཆེན་པོ་སྟོང་པ་ཉིད་ཡོངས་སུ་རྫོགས་པར་བྱས། དོན་དམ་པ་སྟོང་པ་ཉིད་ཡོངས་སུ་རྫོགས་པར་བྱས། འདུས་བྱས་སྟོང་པ་ཉིད་ཡོངས་སུ་རྫོགས་པར་བྱས༏ འདུས་མ་བྱས་སྟོང་པ་ཉིད་ཡོངས་སུ་རྫོགས་པར་བྱས། མཐའ་ལས་འདས་པ་སྟོང་པ་ཉིད་ཡོངས་སུ་རྫོགས་པར་བྱས། ཐོག་མ་དང་ཐ་མ་མེད་པ་སྟོང་པ་ཉིད་ཡོངས་སུ་རྫོགས་པར་བྱས། དོར་བ་མེད་པ་སྟོང་པ་ཉིད་ཡོངས་སུ་རྫོགས་པར་བྱས། རང་བཞིན་སྟོང་པ་ཉིད་ཡོངས་སུ་རྫོགས་པར་བྱས། ཆོས་ཐམས་ཅད་སྟོང་པ་ཉིད་ཡོངས་སུ་རྫོགས་པར་བྱས། རང་གི་མཚན་ཉིད་སྟོང་པ་ཉིད་ཡོངས་སུ་རྫོགས་པར་བྱས། མི་དམིགས་པ་སྟོང་པ་ཉིད་ཡོངས་སུ་རྫོགས་པར་བྱས།

དངོས་པོ་མེད་པ་སྟོང་པ་ཉིད་ཡོངས་སུ་རྫོགས་པར་བྱས། ངོ་བོ་ཉིད་སྟོང་པ་ཉིད་ཡོངས་སུ་རྫོགས་པར་བྱས། དངོས་པོ་མེད་པའི་ངོ་བོ་ཉིད་སྟོང་པ་ཉིད་ཡོངས་སུ་རྫོགས་པར་བྱས། དྲན་པ་ཉེ་བར་གཞག་པ་བཞི་ཡོངས་སུ་རྫོགས་པར་བྱས། ཡང་དག་པར་སྤོང་བ་བཞི་ཡོངས་སུ་རྫོགས་པར་བྱས། རྫུ་འཕྲུལ་གྱི་རྐང་པ་བཞི་ཡོངས་སུ་རྫོགས་པར་བྱས། དབང་པོ་ལྔ་ཡོངས་སུ་རྫོགས་པར་བྱས། སྟོབས་ལྔ་ཡོངས་སུ་རྫོགས་པར་བྱས། བྱང་ཆུབ་ཀྱི་ཡན་ལག་བདུན་ཡོངས་སུ་རྫོགས་པར་བྱས། འཕགས་པའི་ལམ་ཡན་ལག་བརྒྱད་པ་ཡོངས་སུ་རྫོགས་པར་བྱས། འཕགས་པའི་བདེན་པ་བཞི་ཡོངས་སུ་རྫོགས་པར་བྱས། བསམ་གཏན་བཞི་ཡོངས་སུ་རྫོགས་པར་བྱས། ཚད་མེད་པ་བཞི་ཡོངས་སུ་རྫོགས་པར་བྱས། གཟུགས་མེད་པའི་སྙོམས་པར་འཇུག་པ་བཞི་ཡོངས་སུ་རྫོགས་པར་བྱས། རྣམ་པར་ཐར་པ་བརྒྱད་ཡོངས་སུ་རྫོགས་པར་བྱས། མཐར་གྱིས་གནས་པའི་སྙོམས་པར་འཇུག་པ་དགུ་ཡོངས་སུ་རྫོགས་པར་བྱས། རྣམ་པར་ཐར་པའི་སྒོ་སྟོང་པ་ཉིད་དང་། མཚན་མ་མེད་པ་དང་། སྨོན་པ་མེད་པ་ཡོངས་སུ་རྫོགས་པར་བྱས། མངོན་པར་ཤེས་པ་རྣམས་ཡོངས་སུ་རྫོགས་པར་བྱས། ཏིང་ངེ་འཛིན་རྣམས་ཡོངས་སུ་རྫོགས་པར་བྱས། གཟུངས་ཀྱི་སྒོ་རྣམས་ཡོངས་སུ་རྫོགས་པར་བྱས། དེ་བཞིན་གཤེགས་པའི་སྟོབས་བཅུ་ཡོངས་སུ་རྫོགས་པར་བྱས། མི་འཇིགས་པ་བཞི་ཡོངས་སུ་རྫོགས་པར་བྱས། སོ་སོ་ཡང་དག་པར་རིག་པ་བཞི་ཡོངས་སུ་རྫོགས་པར་བྱས། བྱམས་པ་ཆེན་པོ་ཡོངས་སུ་རྫོགས་པར་བྱས། སྙིང་རྗེ་ཆེན་པོ་ཡོངས་སུ་རྫོགས་པར་བྱས། སངས་རྒྱས་ཀྱི་ཆོས་མ་འདྲེས་པ་བཅོ་བརྒྱད་ཡོངས་སུ་རྫོགས་པར་བྱས་ཤིང་། རྡོ་རྗེ་ལྟ་བུའི་ཏིང་ངེ་འཛིན་གྱིས་སྐད་ཅིག་གཅིག་དང་ལྡན་པའི་ཤེས་རབ་ཀྱིས། བླ་ན་མེད་པ་ཡང་དག་པར་རྫོགས་པའི་

བྱང་ཆུབ་ཏུ་མངོན་པར་རྫོགས་པར་འཚང་རྒྱ་སྟེ། བླ་ན་མེད་པ་ཡང་དག་པར་···
རྫོགས་པའི་བྱང་ཆུབ་ཏུ་མངོན་པར་རྫོགས་པར་སངས་རྒྱས་ཕྱིན་ཆད་[༡]དེ་བཞིན་···
གཤེགས་པ་ཐམས་ཅད་གཟིགས་པ་ཆོས་ཐམས་ཅད་ལ་[༢]དབང་སྒྱུར་[༣]བ་ཞེས་བྱའོ།།
རབ་འབྱོར་གྱིས་གསོལ་པ། བཅོམ་ལྡན་འདས་གལ་ཏེ་ཆོས་ཐམས་ཅད་རང་···
བཞིན་གྱིས་དབེན་པ་ལགས་ན། ཇི་ལྟར་བྱང་ཆུབ་སེམས་དཔའ་སེམས་དཔའ་···
ཆེན་པོས་སངས་རྒྱས་ཀྱི་ཞིང་ཡོངས་སུ་དག་པར་བགྱི། བཅོམ་ལྡན་འདས་ཀྱིས་···
བཀའ་སྩལ་པ། རབ་འབྱོར་འདི་ལ་བྱང་ཆུབ་སེམས་དཔའ་སེམས་དཔའ་ཆེན་···
པོས་སེམས་དང་པོ་བསྐྱེད་[༤]པ་ནས་ཉེ་བར་བཟུང་སྟེ། བདག་དང་གཞན་གྱི་[༥]
ལུས་ཀྱི་གནས་ངན་ལེན་དང་། ངག་གི་གནས་ངན་ལེན་དང་། ཡིད་ཀྱི་གནས་
ངན་ལེན་[༦]ཡོངས་སུ་སྦྱོང་སྟེ། དེ་ཡོངས་སུ་དག་པར་བྱས་པས་[༧]སངས་རྒྱས་ཀྱི་
ཞིང་ཡོངས་སུ་དག་པར་བྱེད་དོ། །གསོལ་པ། བཅོམ་ལྡན་འདས་ལུས་ཀྱི་···
གནས་ངན་ལེན་ནི་གང་ལགས། ངག་གི་གནས་ངན་ལེན་ནི་གང་ལགས།
ཡིད་ཀྱི་གནས་ངན་ལེན་ནི་གང་ལགས། བཅོམ་ལྡན་འདས་ཀྱིས་བཀའ་སྩལ་པ།
ལུས་ཀྱི་ལས་མི་དགེ་བ་སྲོག་གཅོད་པ་དང་། མ་བྱིན་པར་ལེན་པ་དང་།
འདོད་པས་ལོག་པར་སྤྱོད་པ་ནི་བྱང་ཆུབ་སེམས་དཔའི་ལུས་ཀྱི་གནས་ངན་ལེན་ནོ།།
ངག་གི་ལས་མི་དགེ་བ་བརྫུན་དུ་སྨྲ་བ་དང་། ཕྲ་མ་དང་། ཚིག་རྩུབ་པོ་དང་། ཚིག་ཀྱལ་[༨]པ་ནི་བྱང་ཆུབ་སེམས་དཔའི་ངག་གི་གནས་ངན་ལེན་ནོ། །
ཡིད་ཀྱི་ལས་མི་དགེ་བ་ཆགས་སེམས་དང་། གནོད་སེམས་དང་། ལོག་པར་ལྟ་
བ་ནི་བྱང་ཆུབ་སེམས་དཔའི་ཡིད་ཀྱི་གནས་ངན་ལེན་ནོ། །རབ་འབྱོར་གཞན་···
ཡང་སེར་སྣའི་སེམས་ནི་བྱང་ཆུབ་སེམས་དཔའི་ཡིད་ཀྱི་གནས་ངན་ལེན་ནོ། །
ཚུལ་ཁྲིམས་ངན་པའི་སེམས་ནི་བྱང་ཆུབ་སེམས་དཔའི་ཡིད་ཀྱི་གནས་ངན་ལེན་ནོ། །

སེམས་འཁྲུག་པ་གང་ཡིན་པ་དེ་ནི་བྱང་ཆུབ་སེམས་དཔའི་ཡིད་ཀྱི་གནས་ངན་ལེན་ནོ༎ །ལེ་ལོའི་སེམས་ནི་བྱང་ཆུབ་སེམས་དཔའི་ཡིད་ཀྱི་གནས་ངན་ལེན་ནོ། །གཡེང་བའི་སེམས་ནི་བྱང་ཆུབ་སེམས་དཔའི་ཡིད་ཀྱི་གནས་ངན་ལེན་ནོ། །མཉམ་པར་མ་བཞག[1]པའི་སེམས་ནི་བྱང་ཆུབ་སེམས་དཔའི་ཡིད་ཀྱི་གནས་ངན་ལེན་ནོ། །ཤེས་རབ་འཆལ་པའི་སེམས་ནི་བྱང་ཆུབ་སེམས་དཔའི་ཡིད་ཀྱི་གནས་ངན་ལེན་ནོ། །རབ་འབྱོར་གཞན་ཡང་ཚུལ་ཁྲིམས་ཡོངས་སུ་མ་དག་པ་[2]ནི་བྱང་ཆུབ་སེམས་དཔའི་[3]གནས་ངན་ལེན་ནོ། །རབ་འབྱོར་གཞན་ཡང་དྲན་པ་ཉེ་བར་གཞག་པ་བཞི་དང་བྲལ་བ་ནི་བྱང་ཆུབ་སེམས་དཔའི་གནས་ངན་ལེན་ནོ། །ཡང་དག་པར་སྤོང་བ་བཞི་དང་བྲལ་བ་ནི་བྱང་ཆུབ་སེམས་དཔའི་གནས་ངན་ལེན་ནོ༎ །རྫུ་འཕྲུལ་གྱི་རྐང་པ་བཞི་དང་བྲལ་བ་ནི་བྱང་ཆུབ་སེམས་དཔའི་གནས་ངན་ལེན་ནོ། །དབང་པོ་ལྔ་དང་བྲལ་བ་ནི་བྱང་ཆུབ་སེམས་དཔའི་གནས་ངན་ལེན་ནོ། །སྟོབས་ལྔ་དང་བྲལ་བ་ནི་བྱང་ཆུབ་སེམས་དཔའི་གནས་ངན་ལེན་ནོ། །བྱང་ཆུབ་ཀྱི་ཡན་ལག་བདུན་དང་བྲལ་བ་ནི་བྱང་ཆུབ་སེམས་དཔའི་གནས་ངན་ལེན་ནོ། །འཕགས་པའི་ལམ་ཡན་ལག་བརྒྱད་པ་དང་བྲལ་བ་ནི་བྱང་ཆུབ་སེམས་དཔའི་གནས་ངན་ལེན་ནོ། །འཕགས་པའི་བདེན་པ་བཞི་དང་བྲལ་བ་ནི་བྱང་ཆུབ་སེམས་དཔའི་གནས་ངན་ལེན་ནོ། །བསམ་གཏན་བཞི་དང་བྲལ་བ་ནི་བྱང་ཆུབ་སེམས་དཔའི་གནས་ངན་ལེན་ནོ། །ཚད་མེད་པ་བཞི་དང་བྲལ་བ་ནི་བྱང་ཆུབ་སེམས་དཔའི་གནས་ངན་ལེན་ནོ། །གཟུགས་མེད་པའི་སྙོམས་པར་འཇུག་པ་བཞི་དང་བྲལ་བ་ནི་བྱང་ཆུབ་སེམས་དཔའི་གནས་ངན་ལེན་ནོ། །རྣམ་པར་ཐར་པ་བརྒྱད་དང་བྲལ་བ་ནི་བྱང་ཆུབ་སེམས་དཔའི་གནས་ངན་ལེན་ནོ། །མཐར་གྱིས་གནས་པའི་སྙོམས་པར་འཇུག་པ་དགུ་དང་བྲལ་བ་ནི་བྱང་ཆུབ་སེམས་དཔའི་

གནས་ངན་ལེན་ཏོ། །རྣམ་པར་ཐར་པའི་སྒོ་སྟོང་པ་ཉིད་དང་། མཚན་མ་མེད་པ་དང་། སྨོན་པ་མེད་པ་དང་བྲལ་བ་ནི་བྱང་ཆུབ་སེམས་དཔའི་གནས་ངན་ལེན་ཏོ། །རབ་འབྱོར་གཞན་ཡང་རྒྱུན་ཏུ་ཞུགས་པའི་འབྲས་བུ་མངོན་ཏུ་བྱེད་པའམ། དེ་ལ་འདོད་པ་སྐྱེད་[༧]པ་ནི་བྱང་ཆུབ་སེམས་དཔའི་གནས་ངན་ལེན་ཏོ། །རབ་འབྱོར་གཞན་ཡང་ལན་ཅིག་ཕྱིར་འོང་བའི་འབྲས་བུ་མངོན་དུ་བྱེད་པའམ། དེ་ལ་འདོད་པ་སྐྱེད་པ་ནི་བྱང་ཆུབ་སེམས་དཔའི་གནས་ངན་ལེན་ཏོ། །རབ་འབྱོར་གཞན་ཡང་ཕྱིར་མི་འོང་བའི་འབྲས་བུ་མངོན་དུ་བྱེད་པའམ། དེ་ལ་འདོད་པ་སྐྱེད་པ་ནི་བྱང་ཆུབ་སེམས་དཔའི་གནས་ངན་ལེན་ཏོ། །རབ་འབྱོར་གཞན་ཡང་དགྲ་བཅོམ་པ་ཉིད་མངོན་དུ་བྱེད་པའམ། དེ་ལ་འདོད་པ་སྐྱེད་པ་ནི་བྱང་ཆུབ་སེམས་དཔའི་གནས་ངན་ལེན་ཏོ། །རབ་འབྱོར་གཞན་ཡང་རང་བྱང་ཆུབ་མངོན་དུ་བྱེད་པའམ། དེ་ལ་འདོད་པ་སྐྱེད་པ་ནི་བྱང་ཆུབ་སེམས་དཔའི་གནས་ངན་ལེན་ཏོ། །རབ་འབྱོར་གཞན་ཡང་གཟུགས་ཀྱི་འདུ་ཤེས་ནི་གནས་ངན་ལེན་ཏོ། །ཚོར་བའི་འདུ་ཤེས་ནི་གནས་ངན་ལེན་ཏོ། །འདུ་ཤེས་ཀྱི་འདུ་ཤེས་ནི་གནས་ངན་ལེན་ཏོ། །འདུ་བྱེད་ཀྱི་འདུ་ཤེས་ནི་གནས་ངན་ལེན་ཏོ། །རྣམ་པར་ཤེས་པའི་འདུ་ཤེས་ནི་གནས་ངན་ལེན་ཏོ། །མིག་གི་འདུ་ཤེས་ནི་གནས་ངན་ལེན་ཏོ། །རྣ་བའི་འདུ་ཤེས་ནི་གནས་ངན་ལེན་ཏོ། །སྣའི་འདུ་ཤེས་ནི་གནས་ངན་ལེན་ཏོ། །ལྕེའི་འདུ་ཤེས་ནི་གནས་ངན་ལེན་ཏོ། །ལུས་ཀྱི་འདུ་ཤེས་ནི་གནས་ངན་ལེན་ཏོ། །ཡིད་ཀྱི་འདུ་ཤེས་ནི་གནས་ངན་ལེན་ཏོ། །གཟུགས་ཀྱི་འདུ་ཤེས་ནི་གནས་ངན་ལེན་ཏོ། །སྒྲའི་འདུ་ཤེས་ནི་གནས་ངན་ལེན་ཏོ། །དྲིའི་འདུ་ཤེས་ནི་གནས་ངན་ལེན་ཏོ། །རོའི་འདུ་ཤེས་ནི་གནས་ངན་ལེན་ཏོ། །རེག་གི་འདུ་ཤེས་ནི་གནས་ངན་ལེན་ཏོ། །ཆོས་ཀྱི་འདུ་ཤེས་ནི་

གནས་ངན་ལེན་ཏོ། །མིག་གི་རྣམ་པར་ཤེས་པའི་འདུ་ཤེས་ནི་གནས་ངན་ལེན་ཏོ།། རྣ་བའི་རྣམ་པར་ཤེས་པའི་འདུ་ཤེས་ནི་གནས་ངན་ལེན་ཏོ། །སྣའི་རྣམ་པར་ཤེས་པའི་འདུ་ཤེས་ནི་གནས་ངན་ལེན་ཏོ། །ལྕེའི་རྣམ་པར་ཤེས་པའི་འདུ་ཤེས་ནི་གནས་ངན་[༡]ལེན་ཏོ། །ལུས་ཀྱི་རྣམ་པར་ཤེས་པའི་འདུ་ཤེས་ནི་གནས་ངན་ལེན་ཏོ། །ཡིད་ཀྱི་རྣམ་པར་ཤེས་པའི་འདུ་ཤེས་ནི་གནས་ངན་ལེན་ཏོ། །མིག་གི་འདུས་ཏེ་རེག་པའི་འདུ་ཤེས་ནི་གནས་ངན་ལེན་ཏོ། །རྣ་བའི་འདུས་ཏེ་རེག་པའི་འདུ་ཤེས་ནི་གནས་ངན་ལེན་ཏོ། །སྣའི་འདུས་ཏེ་རེག་པའི་འདུ་ཤེས་ནི་གནས་ངན་ལེན་[༢]ཏོ། །ལྕེའི་འདུས་ཏེ་རེག་པའི་འདུ་ཤེས་ནི་གནས་ངན་ལེན་ཏོ། །ལུས་ཀྱི་འདུས་ཏེ་རེག་པའི་འདུ་ཤེས་ནི་གནས་ངན་ལེན་ཏོ། །ཡིད་ཀྱི་འདུས་ཏེ་རེག་པའི་འདུ་ཤེས་ནི་གནས་ངན་ལེན་ཏོ། །མིག་གི་འདུས་ཏེ་རེག་པའི་རྐྱེན་གྱིས་ཚོར་བའི་འདུ་ཤེས་ནི་གནས་ངན་ལེན་ཏོ། །རྣ་བའི་འདུས་ཏེ་རེག་པའི་རྐྱེན་གྱིས་ཚོར་བའི་འདུ་ཤེས་ནི་གནས་ངན་ལེན་ཏོ། །སྣའི་འདུས་ཏེ་རེག་པའི་རྐྱེན་གྱིས་ཚོར་བའི་འདུ་ཤེས་ནི་གནས་ངན་ལེན་[༣]ཏོ། །ལྕེའི་འདུས་ཏེ་རེག་པའི་རྐྱེན་གྱིས་ཚོར་བའི་འདུ་ཤེས་ནི་གནས་ངན་ལེན་ཏོ། །ལུས་ཀྱི་འདུས་ཏེ་རེག་པའི་རྐྱེན་གྱིས་ཚོར་བའི་འདུ་ཤེས་ནི་གནས་ངན་ལེན་ཏོ། །ཡིད་ཀྱི་འདུས་ཏེ་རེག་པའི་རྐྱེན་གྱིས་ཚོར་བའི་འདུ་ཤེས་ནི་གནས་ངན་ལེན་ཏོ། །སའི་ཁམས་ཀྱི་འདུ་ཤེས་ནི་གནས་ངན་ལེན་ཏོ། །ཆུའི་ཁམས་ཀྱི་འདུ་ཤེས་[༤]ནི་གནས་ངན་ལེན་[༥]ཏོ། །མེའི་ཁམས་ཀྱི་འདུ་ཤེས་ནི་གནས་ངན་ལེན་ཏོ། །རླུང་གི་ཁམས་ཀྱི་འདུ་ཤེས་ནི་གནས་ངན་ལེན་ཏོ། །ནམ་མཁའི་ཁམས་ཀྱི་འདུ་ཤེས་ནི་གནས་ངན་ལེན་ཏོ། །རྣམ་པར་ཤེས་པའི་ཁམས་ཀྱི་འདུ་ཤེས་ནི་གནས་ངན་ལེན་ཏོ། །མ་རིག་པའི་འདུ་ཤེས་ནི་གནས་ངན་ལེན་ཏོ། །འདུ་བྱེད་ཀྱི་འདུ་ཤེས་ནི་གནས་ངན་ལེན་ཏོ། །རྣམ

པར་ཤེས་པའི་འདུ་ཤེས་ནི་གནས་ངན་ལེན་ནོ། །མིང་དང་གཟུགས་ཀྱི་འདུ་ཤེས་ནི་གནས་ངན་ལེན་ནོ། །སྐྱེ་མཆེད་དྲུག་གི་འདུ་ཤེས་ནི་གནས་ངན་ལེན་ནོ། །རེག་པའི་འདུ་ཤེས་ནི་གནས་ངན་ལེན་ནོ། །ཚོར་བའི་འདུ་ཤེས་ནི་གནས་ངན་ལེན་ནོ། །སྲེད་པའི་འདུ་ཤེས་ནི་གནས་ངན་ལེན་ནོ། །ལེན་པའི་འདུ་ཤེས་ནི་གནས་ངན་ལེན་ནོ། །སྲིད་པའི་འདུ་ཤེས་ནི་གནས་ངན་ལེན་ནོ། །སྐྱེ་བའི་འདུ་ཤེས་ནི་གནས་ངན་ལེན་ནོ། །རྒ་ཤིའི་འདུ་ཤེས་ནི་གནས་ངན་ལེན་ནོ། །བུད་མེད་ཀྱི་འདུ་ཤེས་ནི་གནས་ངན་ལེན་ནོ། །སྐྱེས་པའི་འདུ་ཤེས་ནི་གནས་ངན་ལེན་ནོ། །འདོད་པའི་ཁམས་ཀྱི་འདུ་ཤེས་ནི་གནས་ངན་ལེན་ནོ། །གཟུགས་ཀྱི་ཁམས་ཀྱི་འདུ་ཤེས་ནི་གནས་ངན་ལེན་ནོ། །གཟུགས་མེད་པའི་ཁམས་ཀྱི་འདུ་ཤེས་ནི་གནས་ངན་ལེན་ནོ། །དགེ་བའི་འདུ་ཤེས་ནི་གནས་ངན་ལེན་ནོ། །མི་དགེ་(༡)བའི་འདུ་ཤེས་ནི་གནས་ངན་ལེན་ནོ། །འཇིག་རྟེན་པའི་འདུ་ཤེས་ནི་གནས་ངན་ལེན་ནོ། །འཇིག་རྟེན་ལས་འདས་པའི་འདུ་ཤེས་ནི་གནས་ངན་ལེན་ནོ(༢)། །ཟག་པ་དང་བཅས་པའི་འདུ་ཤེས་ནི་གནས་ངན་ལེན་ནོ། །ཟག་པ་མེད་པའི་འདུ་ཤེས་ནི་གནས་ངན་ལེན་ནོ། །འདུས་བྱས་ཀྱི་འདུ་ཤེས་ནི་གནས་ངན་ལེན་ནོ། །འདུས་མ་བྱས་ཀྱི་འདུ་ཤེས་ནི་གནས་ངན་ལེན་ནོ། །རབ་འབྱོར་དེ་དག་ནི་བྱང་ཆུབ་སེམས་དཔའི་ལུས་ཀྱི་གནས་ངན་ལེན་དང་། ངག་གི་གནས་ངན་ལེན་དང་། ཡིད་ཀྱི་གནས་ངན་ལེན་ཏེ(༣)། བྱང་ཆུབ་སེམས་དཔའ་སེམས་དཔའ་ཆེན་པོ་ཤེས་རབ་ཀྱི་ཕ་རོལ་ཏུ་ཕྱིན་པ་ལ་སྤྱོད་པའི་ཚེ། གནས་ངན་ལེན་དེ་(༤)ཐམས་ཅད་རྣམ་པར་སྤངས་ཤིང་བདག་ཀྱང་སྦྱིན་པ་ཡོངས་སུ་གཏོང་སྟེ(༥)། གཞན་ཡང་སྦྱིན་པ་ལ་ཡང་དག་པར་སྐུལ་ཏེ། དེ་ཟས་འདོད་པ་ལ་ནི་(༦)ཟས་ཡོངས་སུ་གཏོང་ངོ་། །སྐོམ་འདོད་པ་ལ་ནི་སྐོམ། གོས་འདོད་པ་ལ་ནི་གོས།

བཞིན་པ་འདོད་པ་ལ་ནི་བཞིན་[1]པ། མལ་ཆ་འདོད་པ་ལ་ནི་མལ་ཆ། མེ་ཏོག་འདོད་པ་ལ་ནི་མེ་ཏོག །བདུག་སྤོས་འདོད་པ་ལ་ནི་བདུག་སྤོས། སྤོས་འདོད་པ་ལ་ནི་སྤོས། ཕྲེང་བ་འདོད་པ་ལ་ནི་ཕྲེང་བ། བྱུག་པ་འདོད་པ་ལ་ནི་བྱུག་པ། གནས་འདོད་པ་ལ་ནི་གནས། ནོར་དང་འབྲུ་དང་། ནོར་བུ་དང་། མུ་ཏིག་དང་། བི་ཧླཏ་དང་། དུང་དང་། མན་ཤེལ་དང་། ཐུ་[2]ཏ་དང་། གསེར་དང་། དངུལ་འདོད་པ་ལ་ནི་ནོར་དང་། འབྲུ་དང་། ནོར་བུ་དང་། མུ་ཏིག་དང་། བི་ཧླཏ་དང་། དུང་དང་། མན་ཤེལ་དང་། ཐུ་[3]ཏ་དང་། གསེར་དང་དངུལ་ཡོངས་སུ་གཏོང་ངོ་། །མིའི་རྒྱན་དང་ཡོ་བྱད་གང་ཅི་ཡང་རུང་བའི་བར་དུ་འདོད་པ་ལ་ནི་དེ་དག་ཡོངས་སུ་གཏོང་སྟེ། གཞན་ཡང་མིའི་རྒྱན་དང་ཡོ་བྱད་གང་ཅི་ཡང་རུང་བའི་བར་དུ་ཡོངས་སུ་གཏོང་བ་ལ་ཡང་དག་པར་སྐུལ་ཞིང་རབ་ཏུ་བཀོད་དེ[4]། དེའི་དགེ་བའི་རྩ་བ་གང་ཇི་སྙེད་པ་དེ་དག་ཀྱང་སེམས་ཅན་ཐམས་ཅད་དང་ཐུན་མོང་དུ་བྱས་ཤིང་སངས་རྒྱས་ཀྱི་ཞིང་ཡོངས་སུ་དག་པར་བྱ་བའི་ཕྱིར་ཡོངས་སུ་སྔོའོ[5]། །དེ་བདག་ཉིད་ཀྱང་ཚུལ་ཁྲིམས་སྲུང་ངོ་། ། གཞན་ཡང་ཚུལ་ཁྲིམས་ལ་ཡང་དག་པར་སྐུལ་ལོ། །བདག་ཀྱང་བཟོད་པ་སྒོམ་[6]མོ། །གཞན་ཡང་བཟོད་པ་ལ་ཡང་དག་པར་སྐུལ་ལོ། །བདག་ཀྱང་བརྩོན་འགྲུས་རྩོམ་མོ། །གཞན་ཡང་བརྩོན་འགྲུས་ལ་ཡང་དག་པར་སྐུལ་ལོ། །བདག་ཀྱང་བསམ་གཏན་ལ་སྙོམས་པར་འཇུག་གོ། །གཞན་ཡང་བསམ་གཏན་ལ་ཡང་དག་པར་སྐུལ་ལོ། །བདག་ཀྱང་ཤེས་རབ་སྒོམ་མོ། །གཞན་ཡང་ཤེས་རབ་ལ་ཡང་དག་པར་སྐུལ་[7]ཞིང་། གཞོག་གོ། །འདུལ་ལོ། །རབ་ཏུ་འགོད་དོ། ། དགེ་བའི་རྩ་བ་དེ་དག་ཀྱང་སེམས་ཅན་ཐམས་ཅད་དང་ཐུན་[8]མོང་དུ་བྱས་ཤིང་། སངས་རྒྱས་ཀྱི་ཞིང་ཡོངས་སུ་དག་པར་བྱ་བའི་ཕྱིར་ཡོངས་སུ་སྔོ་[9]སྟེ། སྟོང་

གསུམ་གྱི་སྟོང་ཆེན་པོའི་འཇིག་རྟེན་གྱི་ཁམས་རིན་པོ་ཆེ་སྣ་བདུན་གྱིས་ཡོངས་སུ་བཀང་ཞིང་། དཀོན་མཆོག་གསུམ་ལ་འབུལ་[༡]བ་བྱེད་ཀྱང་། དེ་[༢]འདི་སྙམ་དུ་དགེ་བའི་རྩ་བ་འདིས་བདག་གི་སངས་རྒྱས་ཀྱི་ཞིང་རིན་པོ་ཆེ་སྣ་བདུན་གྱི་རྒྱུ་ལས་གྲུབ་པར་གྱུར་ཅིག་ཅེས་བྱ་བར་སེམས་སྐྱེད་དོ། །རབ་འབྱོར་གཞན་ཡང་བྱང་ཆུབ་སེམས་དཔའ་སེམས་དཔའ་ཆེན་པོ་སངས་རྒྱས་ཀྱི་སྤྱན་སྔ་འམ། སངས་རྒྱས་ཀྱི་མཆོད་རྟེན་གྱི་[༣]དྲུང་དུ་ལྷ་རྫས་ཀྱི་རོལ་མོ་བརྟུང་[༤]བ་[༥]དཀྲོལ་བ་བྱེད་ཀྱང་དེ་[༦]འདི་སྙམ་དུ་དགེ་བའི་རྩ་བ་འདིས་བདག་གི་[༧]སངས་རྒྱས་ཀྱི་ཞིང་དུ་ལྷ་རྫས་ཀྱི་སྒྲ་[༨]ཡིད་དུ་འོང་བ་རྟག་ཏུ་རྒྱུན་མི་ཆད་[༩]པར༔འབྱུང་བར་[༡༠]གྱུར་ཅིག་ཅེས་བྱ་བར་སེམས་སྐྱེད་དོ། །རབ་འབྱོར་གཞན་ཡང་སྟོང་གསུམ་གྱི་སྟོང་ཆེན་པོའི་འཇིག་རྟེན་གྱི་ཁམས་ལྷ་རྫས་ཀྱི་སྤོས་ཀྱིས་[༡༡]ཡོངས་སུ་བཀང་ཞིང་། སངས་རྒྱས་རྣམས་སམ། སངས་རྒྱས་ཀྱི་མཆོད་རྟེན་དག་ལ་འབུལ་[༡༢]བ་བྱེད་ཀྱང་དེ་འདི་སྙམ་དུ། དགེ་བའི་རྩ་བ་འདིས་བདག་གི་སངས་རྒྱས་ཀྱི་ཞིང་དེར་[༡༣]རྟག་ཏུ་རྒྱུན་མི་ཆད་[༡༤]པར་ལྷ་རྫས་ཀྱི་སྤོས་ཀྱི་དྲི་ལྡང་བར་གྱུར་ཅིག །ཅེས་བྱ་བར་སེམས་སྐྱེད་དོ། །རབ་འབྱོར་གཞན་ཡང་། བྱང་ཆུབ་སེམས་དཔའ་སེམས་དཔའ་ཆེན་པོ། རོ་བརྒྱ་དང་ལྡན་པའི་ཁ་ཟས་དེ་བཞིན་གཤེགས་པ་རྣམས་སམ། དེ་བཞིན་གཤེགས་པའི་ཉན་ཐོས་ལ༔འབུལ་བར་[༡༥]བྱེད་ཅིང་[༡༦]། དེ་འདི་སྙམ་དུ་དགེ་བའི་རྩ་བ་འདིས། བདག་གི་སངས་རྒྱས་ཀྱི་ཞིང་དེར། བདག་[༡༧]བླ་ན་མེད་པ་ཡང་དག་པར་རྫོགས་པའི་བྱང་ཆུབ་ཏུ་མངོན་པར་རྫོགས་པར་སངས་རྒྱས་པར་གྱུར་པ་དང་། ཉན་ཐོས་ཀྱི་དགེ་འདུན་དང་[༡༨]བཅས༔པའི་མནབས་སྣུལ་[༡༩]རོ་བརྒྱ་དང་ལྡན་པ་[༢༠]མངོན་པར་གྲུབ་པར་གྱུར་ཅིག་ཅེས་བྱ་བར་སེམས་སྐྱེད་དོ། །རབ་འབྱོར་གཞན་ཡང་བྱང་ཆུབ་སེམས་དཔའ་སེམས་དཔའ་ཆེན་པོ་དེ་བཞིན་གཤེགས་པ་རྣམས་སམ།

དེ་བཞིན་གཤེགས་པའི་མཆོད་རྟེན་དག་ལ་ལྷ་རྫས་ཀྱི་བྱུག་པ་ཡོངས་སུ་འབུལ་བར་[༡]བྱེད་ཀྱང་། དེ་འདི་སྐམ་དུ་དགེ་བའི་རྩ་བ་འདིས་བདག་[༢]བླ་ན་མེད་པ་ཡང་དག་པར་རྫོགས་པའི་བྱང་ཆུབ་ཏུ་མངོན་པར་རྫོགས་པར་སངས་རྒྱས་[༣]པའི་སངས་རྒྱས་ཀྱི་ཞིང་དེའི་སེམས་ཅན་ཐམས་ཅད་ལྷ་རྫས་ཀྱི་རེག་[༤]དང་ལྡན་པར་གྱུར་ཅིག་ཅེས་བྱ་བར་སེམས་སྐྱེད་དོ། །རབ་འབྱོར་གཞན་ཡང་བྱང་ཆུབ་སེམས་དཔའ་སེམས་དཔའ་ཆེན་པོ་[༥]འདི་སྐམ་དུ་ཡིད་ཀྱིས་བསམས་པ་ཙམ་[༦]གྱིས་ཡིད་དུ་འོང་བའི་གཟུགས་དང་། སྒྲ་དང་། དྲི་དང་། རོ་དང་། རེག་[༧] །སངས་རྒྱས་བཅོམ་ལྡན་འདས་རྣམས་དང་། ཉན་ཐོས་རྣམས་དང་། སེམས་ཅན་ཐམས་ཅད་ལ་དབུལ་[༨]ཞིང་། ཡོངས་སུ་གཏང་[༩]བར་བྱའོ་སྐམ་དུ་སེམས་ཏེ། དེ་དེ་ལྟར་སེམས་པའི་[༡༠]ཚེ། འདི་སྐམ་དུ་དགེ་བའི་རྩ་བ་འདིས། བདག་གི་སངས་རྒྱས་ཀྱི་ཞིང་དེར། བདག་བླ་ན་མེད་པ་ཡང་དག་པར་རྫོགས་པའི་བྱང་ཆུབ་ཏུ་མངོན་པར་[༡༡]རྫོགས་པར་སངས་རྒྱས་པ་དང་། ཉན་ཐོས་ཀྱི་དགེ་འདུན་དུ་བཅས་པ་དང་། སེམས་ཅན་ཐམས་ཅད་ཀྱང་ཡིད་ཀྱིས་བསམས་[༡༢]པ་ཙམ་གྱིས་ཡིད་དུ་འོང་བའི་གཟུགས་དང་། སྒྲ་དང་དྲི་དང་རོ་དང་། [༡༣]རེག་ཡོངས་སུ་གྲུབ་པར་གྱུར་ཅིག་ཅེས་བྱ་བར་སེམས་སྐྱེད་དོ། །རབ་འབྱོར་གཞན་ཡང་[༡༤]བྱང་ཆུབ་སེམས་དཔའ་སེམས་དཔའ་ཆེན་པོ། ཤེས་རབ་ཀྱི་ཕ་རོལ་ཏུ་ཕྱིན་པ་ལ་སྤྱོད་པའི་ཚེ། འདི་སྐམ་དུ་སེམས་ཏེ། མ་ལ་བདག་ཉིད་ཀྱིས་ཀྱང་བསམ་གཏན་དང་པོ་ལ་མཉམ་པར་གཞག་གོ། །སེམས་ཅན་ཐམས་ཅད་ཀྱང་བསམ་གཏན་དང་པོ་ལ་འགོད་[༡༥]དོ། །མ་ལ་བདག་ཉིད་ཀྱིས་[༡༦]ཀྱང་བསམ་གཏན་གཉིས་པ་ལ་མཉམ་པར་གཞག་གོ། །སེམས་ཅན་ཐམས་ཅད་ཀྱང་བསམ་གཏན་གཉིས་པ་ལ་འགོད་[༡༧]དོ། །མ་ལ་བདག་ཉིད་ཀྱིས་ཀྱང་བསམ་གཏན་གསུམ་པ་ལ་མཉམ་

པར་གཞག་གོ། །སེམས་ཅན་ཐམས་ཅད་ཀྱང་བསམ་གཏན་གསུམ་པ་ལ་འགོད་[1]དོ། །མ་ལ་བདག་ཉིད་ཀྱིས་ཀྱང་བསམ་གཏན་བཞི་པ་ལ་མཉམ་པར་གཞག་གོ། །སེམས་ཅན་ཐམས་ཅད་ཀྱང་བསམ་གཏན་བཞི་པ་ལ་འགོད་[2]དོ། །མ་ལ་བདག་ཉིད་ཀྱིས་ཀྱང་བྱམས་པ་ལ་མཉམ་པར་གཞག་གོ། །སེམས་ཅན་ཐམས་ཅད་ཀྱང་བྱམས་པ་ལ་འགོད་[3]དོ། །མ་ལ་བདག་ཉིད་ཀྱིས་ཀྱང་སྙིང་རྗེ་ལ་མཉམ་པར་གཞག་གོ། །སེམས་ཅན་ཐམས་ཅད་ཀྱང་སྙིང་རྗེ་ལ་འགོད་[4]དོ། །མ་ལ་བདག་ཉིད་ཀྱིས་ཀྱང་དགའ་བ་ལ་མཉམ་པར་གཞག་གོ། །སེམས་ཅན་ཐམས་ཅད་ཀྱང་དགའ་བ་ལ་འགོད་[5]དོ། །མ་ལ་བདག་ཉིད་ཀྱིས་ཀྱང་བཏང་སྙོམས་ལ་མཉམ་པར་གཞག་གོ། །སེམས་ཅན་ཐམས་ཅད་ཀྱང་བཏང་སྙོམས་ལ་འགོད་[6]དོ། །མ་ལ་བདག་ཉིད་ཀྱིས་ཀྱང་ནམ་མཁའ་མཐའ་ཡས་སྐྱེ་མཆེད་ལ་མཉམ་པར་གཞག་གོ། །སེམས་ཅན་ཐམས་ཅད་ཀྱང་ནམ་མཁའ་[7]མཐའ་ཡས་སྐྱེ་མཆེད་ལ་འགོད་[8]དོ། །མ་ལ་བདག་ཉིད་ཀྱིས་ཀྱང་། རྣམ་ཤེས་མཐའ་ཡས་སྐྱེ་མཆེད་ལ་མཉམ་པར་གཞག་གོ། །སེམས་ཅན་ཐམས་ཅད་ཀྱང་རྣམ་ཤེས་མཐའ་ཡས་སྐྱེ་མཆེད་ལ་འགོད་[9]དོ། །མ་ལ་བདག་ཉིད་ཀྱིས་ཀྱང་ཆུང་ཟད་མྱེད་པའི་སྐྱེ་མཆེད་ལ་མཉམ་པར་གཞག་གོ། །སེམས་ཅན་ཐམས་ཅད་ཀྱང་ཆུང་ཟད་མེད་པའི་སྐྱེ་མཆེད་ལ་འགོད་[10]དོ། །མ་ལ་བདག་ཉིད་ཀྱིས་ཀྱང་འདུ་ཤེས་མྱེད་འདུ་ཤེས་མྱེད་མྱིན་སྐྱེ་མཆེད་ལ་མཉམ་པར་གཞག་གོ། །སེམས་ཅན་ཐམས་ཅད་ཀྱང་འདུ་ཤེས་མྱེད་འདུ་ཤེས་མྱེད་མྱིན་སྐྱེ་མཆེད་ལ་འགོད་[11]དོ། །མ་ལ་བདག་ཉིད་ཀྱིས་ཀྱང་དྲན་པ་ཉེ་བར་གཞག་པ་རྣམས་བསྒོམ་པར་བྱའོ། །སེམས་ཅན་ཐམས་ཅད་ཀྱང་དྲན་པ་ཉེ་བར་གཞག་པ་རྣམས་ལ་འགོད་[12]དོ། །མ་ལ་བདག་[13]ཉིད་ཀྱིས་ཀྱང་ཡང་དག་པར་སྤོང་བ་རྣམས་བསྒོམ་[14]པར་བྱའོ། །སེམས་ཅན་ཐམས་ཅད་ཀྱང་ཡང་དག་

པར་སྤྱོད་པ་རྣམས་ལ་འགོད་[༡]དོ། །མ་ལ་བདག་ཉིད་ཀྱིས་ཀྱང་རྫུ་འཕྲུལ་གྱི་རྐང་པ་རྣམས་བསྒོམ་[༢]པར་བྱའོ། །སེམས་ཅན་ཐམས་ཅད་ཀྱང་རྫུ་འཕྲུལ་གྱི་རྐང་པ་རྣམས་ལ་འགོད་[༣]དོ། །མ་ལ་བདག་ཉིད་ཀྱིས་ཀྱང་དབང་པོ་རྣམས་བསྒོམ་[༤]པར་བྱའོ༑ །སེམས་ཅན་ཐམས་ཅད་ཀྱང་དབང་པོ་རྣམས་ལ་འགོད་[༥]དོ། །མ་ལ་བདག་ཉིད་ཀྱིས་ཀྱང་སྟོབས་རྣམས་བསྒོམ་[༦]པར་བྱའོ། །སེམས་ཅན་ཐམས་ཅད་ཀྱང་སྟོབས་རྣམས་ལ་འགོད་[༧]དོ། །མ་ལ་བདག་ཉིད་ཀྱིས་ཀྱང་བྱང་ཆུབ་ཀྱི་ཡན་ལག་རྣམས་བསྒོམ་[༨]པར་བྱའོ། །སེམས་ཅན་ཐམས་ཅད་ཀྱང་བྱང་ཆུབ་ཀྱི་ཡན་ལག་རྣམས་ལ་འགོད་[༩]དོ། །མ་ལ་བདག་ཉིད་ཀྱིས་ཀྱང་འཕགས་པའི་ལམ་ཡན་ལག་བརྒྱད་པ་བསྒོམ་པར་བྱའོ། །སེམས་ཅན་ཐམས་ཅད་ཀྱང་འཕགས་པའི་ལམ་ཡན་ལག་བརྒྱད་པ་ལ་འགོད་[༡༠]དོ། །མ་ལ་བདག་ཉིད་ཀྱིས་ཀྱང་རྣམ་པར་ཐར་[༡༡]པའི་སྒོ་སྟོང་པ་ཉིད་དང་། མཚན་མ་[༡༢]མེད་པ་དང་། སྨོན་པ་མེད་པ་བསྒོམ་[༡༣]པར་བྱའོ། །སེམས་ཅན་ཐམས་ཅད་ཀྱང་རྣམ་པར་ཐར་པའི་སྒོ་སྟོང་པ་ཉིད་དང་། མཚན་མ་མེད་པ་དང་། སྨོན་པ་མེད་པ་ལ་འགོད་[༡༤]དོ་སྙམ་སྟེ། དེ་དེ་ལྟར་སེམས་པའི་[༡༥]ཚེ། ༔དེ་འདི་[༡༦]སྙམ་དུ་དགེ་བའི་རྩ་བ་འདིས། བདག་བླ་ན་མེད་པ་ཡང་དག་པར་རྫོགས་པའི་བྱང་ཆུབ་ཏུ་མངོན་པར༔རྫོགས་པར་[༡༧]སངས་རྒྱས་པའི་སངས་རྒྱས་ཀྱི་ཞིང་དེའི་སེམས་ཅན་ཐམས་ཅད། བསམ་གཏན་བཞི་དང་མི༔འབྲལ་ཞིང་[༡༨]། ༔ཚད་མེད་པ་བཞི་དང་མི་འབྲལ་བ་དང་།[༡༩] གཟུགས་མེད་པའི་སྙོམས་པར་འཇུག་པ་བཞི་དང་། བྱང་ཆུབ་ཀྱི་ཕྱོགས་ཀྱི་ཆོས་སུམ་ཅུ་རྩ་བདུན་དང་། རྣམ་པར་ཐར་པའི་སྒོ་སྟོང་པ་ཉིད་དང་། མཚན་མ་མེད་པ་དག་[༢༠]དང་། སྨོན་པ་མེད་པ་དག་དང་མི་འབྲལ་[༢༡]བར་ཤོག་ཤིག[༢༢] །ཅེས་བྱ་བར་སེམས་སྐྱེད་དོ། །རབ་འབྱོར་དེ་དེ་ལྟར་བྱང་ཆུབ་སེམས་དཔའ་སེམས་

དཔའ་ཆེན་པོ་ཤེས་རབ་ཀྱི་ཕ་རོལ་ཏུ་ཕྱིན་པ་ལ་སྤྱོད་པའི་ཚེ། སངས་རྒྱས་ཀྱི་ཞིང་ཡོངས་སུ་དག་པར་བྱེད་དེ། ནམ་[1]བསམ་པ་དེ་དག་ཐམས་ཅད་ཡོངས་སུ་རྫོགས་པར་མ་གྱུར་གྱི་བར་དུ། བླ་ན་མེད་པ་ཡང་དག་པར་རྫོགས་པའི་བྱང་ཆུབ་ཏུ་མངོན་པར་རྫོགས་པར་འཚང་མི་རྒྱ་སྟེ། [2]དེ་བདག་ཉིད་ཀུན་དགེ་བའི་རྩ་བ་ཐམས་ཅད་དང་ལྡན་པ་ཡིན། སེམས་ཅན་ཐམས་ཅད་ཀུན་དགེ་བའི་རྩ་བ་དང་ལྡན་པ་ཡིན། སེམས་ཅན་དེ་དག་ཐམས་ཅད་ཀུན་[3]། དགེ་བའི་རྩ་བ་དང་ལྡན་པར་བྱེད་པ་ཡིན་ཏེ། དེ་བདག་ཉིད་ཀྱི་ལུས་ཀུན་མཛེས་པ་ཡིན། སེམས་ཅན་གང་བྱང་ཆུབ་སེམས་དཔའ་སེམས་དཔའ་ཆེན་པོ་དེས་ཡོངས་སུ་སྨིན་པར་བྱས་པ་དེ་དག་ཀུན་འདི་ལྟ་སྟེ། བསོད་ནམས་ཀྱིས་ཡོངས་སུ་བཟུང་བའི་ཕྱིར། གཟུགས་བཟང་ཞིང་མཛེས་ལ། ཡིད་དུ་འོང་བའི་གཟུགས་མངོན་པར་འགྲུབ་[4]སྟེ༔ རབ་འབྱོར་བྱང་ཆུབ་སེམས་དཔའ་སེམས་དཔའ་ཆེན་པོ་ནི། སངས་རྒྱས་ཀྱི་ཞིང་དེ་ལྟར་ཡོངས་སུ་དག་པར་བྱེད་དོ[5]། །ཅི་ནས་ཀུན་ངན་སོང་གསུམ་དུ་གདགས་པའི་མིང་ཡང་མི་སྲིད་པ་དང་། ལྟ་བ་[6]རྣམ་པར་གདགས་པའི་མིང་ཡང་མི་སྲིད་པ་དང་། འདོད་ཆགས་དང་། ཞེ་སྡང་དང་། གཏི་མུག་ཏུ་གདགས་པའི་མིང་ཡང་མི་སྲིད་པ་དང་། བུད་མེད་དང་། སྐྱེས་པར་གདགས་པའི་མིང་ཡང་མི་སྲིད་པ་དང་། ཐེག་པ་གཉིས་སུ་གདགས་པའི་མིང་ཡང་མི་སྲིད་པ་དང་། མི་རྟག་པ་དང་། སྡུག་བསྔལ་བ་[7]དང་། བདག་མེད་པར་གདགས་པའི་མིང་ཡང་མི་སྲིད་པ་དང་། ཡོངས་སུ་འཛིན་པར་གདགས་པའི་མིང་ཡང་མི་སྲིད་པ་དང་། བདག་དང་བདག་གིར༔བྱ་བར་[8]གདགས་པའི་མིང་ཡང་མི་སྲིད་པ་དང་། བག་ལ་ཉལ་བ་དང་། ཀུན་ནས་ལྡང་བར་གདགས་པའི་མིང་ཡང་མི་སྲིད་པ་དང་། ཕྱིན་ཅི་ལོག་ཏུ་གདགས་པའི་མིང་ཡང་མི་སྲིད་

པ་དང་། འབྲས་བུར་གདགས་པའི་མྱིང་ཡང་མྱི་སྲིད་ཿ་པ་དང་[༡]། གཞན་དུ་ན་སེམས་ཅན་དེ་དག་འདོད་པ་བཞིན་དུ་ཤིང་ཿ་རླུང་གིས་[༢]བཏབ་པའམ། ཕྱི་ནང་གི་དངོས་པོ་དག་ལས་འདི་ལྟ་སྟེ། སྟོང་པ་ཉིད་ཀྱི་སྒྲ་དང་། མཚན་མ་མྱེད་པའི་སྒྲ་དང་། སྨོན་པ་མྱེད་པའི་སྒྲ་དང་། མྱི་སྐྱེ། མྱི་འགག་པའི་སྒྲ་དང་། ཆོས་ཐམས་ཅད་ངོ་བོ་ཉིད་མྱེད་པའི་སྒྲ་དང་། ཆོས་ཐམས་ཅད། ཆོས་ཐམས་ཅད་ཀྱིས་སྟོང་པའི་སྒྲ་འབྱུང་བ་དང་། ཆོས་དེ་དག་གི་ངོ་བོ་ཉིད་ཇི་ལྟ་བ་བཞིན་དུ། ངོ་བོ་ཉིད་མེད་པའི་སྒྲ་དང་། དེ་བཞིན་གཤེགས་པ་རྣམས་བྱུང་ཡང་རུང་། དེ་བཞིན་གཤེགས་པ་རྣམས་མ་བྱུང་ཡང་རུང་སྟེ། ཆོས་ཐམས་ཅད། ཆོས་ཐམས་ཅད་ཀྱིས་སྟོང་ངོ་། །གང་སྟོང་པ་དེ་ལ་ནི་མཚན་མ་མྱེད་དོ། །གང་ལ་མཚན་མ་མྱེད་པ་དེ་ལ་ནི་སྨོན་པ་མྱེད་དོ་ཞེས་བྱ་བར་ཆོས་བསྟན་[༣]པའི་སྒྲ་ཉིན་མཚན་རྒྱུན་མྱི་ཆད་[༤]པར་འགྲོ་ཡང་རུང་། འདུག་ཀྱང་རུང་། སྡོད་ཀྱང་རུང་། ཉལ་[༥]ཡང་རུང་སྟེ། རྟག་ཏུ་འབྱུང་བར་འགྱུར་བ་དེ་ལྟ་བུར། སངས་རྒྱས་ཀྱི་ཞིང་[༦]ཡོངས་སུཿ་སྦྱོང་ངོ་[༧]། །དེ་ལྟ་བུའི་སངས་རྒྱས་ཀྱི་ཞིང་དེར་བླ་ན་མྱེད་པ་ཡང་དག་པར་རྫོགས་པའི་བྱང་ཆུབ་ཏུ་མངོན་པར་རྫོགས་པར་སངས་རྒྱས་ནས་ཀྱང་། དེ་བཞིན་གཤེགས་པ་དགྲ་བཅོམ་པ་ཡང་དག་པར་རྫོགས་པའི་སངས་རྒྱས་དེ་ལ་ཕྱོགས་བཅུའི་འཇིག་རྟེན་གྱི་ཁམས་དག་ན། སངས་རྒྱས་བཅོམ་ལྡན་འདས་གང་ཇི་སྙེད་ཅིག་བཞུགས་པ་དེ་[༨]ཐམས་ཅད་ལེགས་པ་[༩]རྗོད་པར་འགྱུར་ཏེ། སེམས་ཅན་གང་གིས་དེ་བཞིན་གཤེགས་པ་དེའི་མཚན་ཐོས་པ་དེ་ཐམས་ཅད་ཀྱང་། བླ་ན་མྱེད་པ་ཡང་དག་པར་རྫོགས་པའི་བྱང་ཆུབ་ཏུ་ངེས་པར་འགྱུར་ཏེ། དེ་བཞིན་གཤེགས་པ་དགྲ་བཅོམ་པ་ཡང་དག་པར་རྫོགས་པའི་སངས་རྒྱས་དེས་ཆོས་བསྟན་[༡༠]ན། སེམས་ཅན་གང་ཡང་འདི་ནི་ཆོས་སོ། །འདི་ནི་ཆོས་མ་ཡིན་ནོ། །

ཞེས་བྱ་བར་ཐེ་ཚོམ[1]ཟ་བར་མི་འགྱུར་རོ། །དེ་ཅིའི་ཕྱིར་ཞེ་ན། དེ་ནི་འདི་ལྟར་ཆོས་རྣམས་ཀྱི་ཆོས་ཉིད་གང་ཡིན་པ་དེ་ལ་ནི། ཆོས་མ་ཡིན་པ་གང་ཡང་མེད་དེ། ཐམས་ཅད་ཀྱང་ཆོས་སོ། །དེ་ལ་སེམས་ཅན་གང་མི་དགེ་བའི་རྩ་བས་ནོན་པ་དང་། སངས་རྒྱས་སམ། སངས་རྒྱས་ཀྱི་ཉན་ཐོས་རྣམས་ལ་དགེ་བའི་རྩ་བ་མ་བསྐྱེད་པ། མི་དགེ་བའི་བཤེས་གཉེན་གྱིས་ཡོངས་སུ་ཟིན་པ། བདག་ཏུ[2]ལྟ་བར༔ བྱེད་པ[3]ནས་ལྟ་བའི་རྣམ་པ་ཐམས་ཅད་ཀྱི་བར་དུ་བྱེད་པ། རྟག་པ་འམ། ཆད་པའི་མཐའ་ལ་གནས་པ། ལོག་པར་འཛིན་པས་ཡང་དག་པར་རྫོགས་པའི་སངས་རྒྱས་མ་ཡིན་པ་ལ་ནི། ཡང་དག་པར་རྫོགས་པའི་སངས་རྒྱས་ཡིན་པར་འདུ་ཤེས་པ། ཡང་དག་པར་རྫོགས་པའི་སངས་རྒྱས་ཡིན་པ་ལ་ནི། ཡང་དག་པར་རྫོགས་པའི་སངས་རྒྱས་མ་ཡིན་པར་འདུ་ཤེས་པ་དེ་དག་ནི། ཆོས་མ་ཡིན་པ་ལ་ཡང་ཆོས་སོ་ཞེས་ཟེར[4]། ཆོས་ལ་ཡང་ཆོས་མ་ཡིན་ནོ་ཞེས་ཟེར་ཏེ། དེ་དག་ཆོས་ལ་སྐྱོང་བར་འགྱུར་ཏེ། དེ་ལྟར་ཆོས་སྤངས་ནས་ལུས་ཞིག་པའི་འོག་ཏུ། ཤི་ནས་ངན་སོང་དང་། ངན་འགྲོ་དང་། ལོག་པར་ལྟུང[5]བ་སེམས་ཅན་དམྱལ་བ་དག་ཏུ་སྐྱེ་བར་འགྱུར་ཏེ། དེ་ལྟ་བུ་དག་ལ་ཡང[6]སངས་རྒྱས་བཅོམ་ལྡན་འདས་དེ་དག་བླ་ན་མེད་པ་ཡང་དག་པར་རྫོགས་པའི་བྱང་ཆུབ་ཏུ་མངོན་པར༔ རྫོགས་པར[7]སངས་རྒྱས་ཤིང་འཁོར་བའི་ཁོངས་སུ་ཆུད་པའི་སེམས་ཅན་དེ་དག །ཕྱིན་ཅི་ལོག་པར་ལྟ་བའི་རྣམ་པ་དེ་དག་ལས་རྣམ་པར་འགྲོལ[8]ཏེ། དེ་ལྟར་རྣམ་པར་བཀྲོལ[9]ནས་ངེས་པའི་ཕུང་པོར[10]རབ་ཏུ་འགོད་དེ[11]། དེར༔ བཀོད་པའི[12]རྣམས་ཕྱིན་ཅད[13]ངན་སོང་དུ་ལྟུང་བར་མི་འགྱུར་རོ། །རབ་འབྱོར་དེ་ལྟར་ན་བྱང་ཆུབ་སེམས་དཔའ་སེམས་དཔའ་ཆེན་པོ། སངས་རྒྱས་ཀྱི་ཞིང་ཡོངས་སུ་དག་པར་བྱེད་པ་ཡིན་ཏེ། དེ་ལྟར་ཡོངས་སུ་སྦྱངས་པས་སེམས་ཅན་རྣམས་འཇིག

རྟེན་པའི་ཆོས་སམ། འཇིག་རྟེན་ལས་འདས་པའི་ཆོས་སམ། ཟག་པ་དང་བཅས་པའི་ཆོས་སམ། ཟག་པ་མེད་པའི་ཆོས་སམ། འདུས་བྱས་ཀྱི་ཆོས་སམ། འདུས་མ་བྱས་ཀྱི་ཆོས་གང་ལ་ཡང་གནས་པར་མི་འགྱུར་ཏེ[1]། བླ་ན་མེད་པ་ཡང་དག་པར་རྫོགས་པའི་བྱང་ཆུབ་ཀྱི་བར་དུ་ངེས་པར་འགྱུར་རོ། །ཤེས་རབ་ཀྱི་ཕ་རོལ་ཏུ་ཕྱིན་པ་སྟོང་ཕྲག་བརྒྱ་པ་ལས། ལེའུ་དྲུག་ཅུ[2]་བདུན་ནོ[3]།། །།

དེ་ནས་ཚེ་དང་ལྡན་པ་རབ་འབྱོར་གྱིས་བཅོམ་ལྡན་འདས་ལ་འདི་སྐད་ཅེས་གསོལ་ཏོ། །བཅོམ་ལྡན་འདས་བྱང་ཆུབ་སེམས་དཔའ་སེམས་དཔའ་ཆེན་པོ་ངེས་ཞེས༔བགྱི་བའམ[4]། མ་ངེས་ཞེས་བགྱི། བཅོམ་ལྡན་འདས་ཀྱིས་བཀའ་སྩལ་པ། རབ་འབྱོར་བྱང་ཆུབ་སེམས་དཔའ་སེམས་དཔའ་ཆེན་པོ་ནི་ངེས་པ་སྟེ། མ་ངེས་པ་མ་ཡིན་ནོ། །གསོལ་པ། ཉན་ཐོས་ཀྱི་ཕུང་པོ་འམ། རང་སངས་རྒྱས་ཀྱི་ཕུང་པོ་འམ། སངས་རྒྱས་ཀྱི་ཕུང་པོ་འམ། ཕུང་པོ་གང་དུ་ངེས་པ་ལགས། བཅོམ་ལྡན་འདས་ཀྱིས་བཀའ་སྩལ་པ། རབ་འབྱོར་བྱང་ཆུབ་སེམས་དཔའ་སེམས་དཔའ་ཆེན་པོ་ནི་ཉན་ཐོས་ཀྱི་ཕུང་པོར་ངེས་པའམ། རང་སངས་རྒྱས་ཀྱི་ཕུང་པོར་ངེས་པ་མ་ཡིན་གྱི། རབ་འབྱོར་བྱང་ཆུབ་སེམས་དཔའ་སེམས་དཔའ་ཆེན་པོ་ནི། སངས་རྒྱས་ཀྱི་ཕུང་པོར་ངེས་པའོ། །གསོལ་པ། བཅོམ་ལྡན་འདས་སེམས་དང་པོ་བསྐྱེད་[5]པའི་བྱང་ཆུབ་སེམས་དཔའ་སེམས་དཔའ་ཆེན་པོ་ངེས་ཞེས་བགྱིའམ[6]། འོན་ཏམ་ཕྱིར་མི་ལྡོག་པ་ངེས་[7]ཞེས་བགྱིའམ[8]། འོན་ཏམ་སྲིད་པ་ཐ་མ་པ་[9]ངེས་ཞེས་བགྱི། བཅོམ་ལྡན་འདས་ཀྱིས་བཀའ་སྩལ་པ། རབ་འབྱོར་སེམས་དང་པོ་བསྐྱེད་[10]པའི་བྱང་ཆུབ་སེམས་དཔའ་སེམས་དཔའ་ཆེན་པོ་ནི་ངེས་པའོ། །ཕྱིར་མི་ལྡོག་པ་ནི་ངེས་པའོ། །སྲིད་པ་གཅིག་[11]གིས་ཐོགས

པ་ནི་ངེས་པའོ། །གསོལ་པ་བཅོམ་ལྡན་འདས་ངེས་པའི་བྱང་ཆུབ་སེམས་དཔའ་སེམས་དཔའ་ཆེན་པོ་ངན་སོང་རྣམས་སུ་སྐྱེ་བར་འགྱུར་འམ[1]མི་འགྱུར། བཅོམ་ལྡན་འདས་ཀྱིས་བཀའ་སྩལ་པ། རབ་འབྱོར་དེ་ནི་མ་ཡིན་ཏེ། རབ་འབྱོར་ངེས་པའི་བྱང་ཆུབ་སེམས་དཔའ་སེམས་དཔའ་ཆེན་པོ་ནི་ངན་སོང་དུ་མི་སྐྱེའོ། །རབ་འབྱོར་དེ་ཇི་སྙམ་དུ་སེམས། བརྒྱད་པ་འམ། རྒྱུན་ཏུ་ཞུགས་པ་འམ། ལན་ཅིག་ཕྱིར་འོང་བ་འམ། ཕྱིར་མི་འོང་བ་འམ། དགྲ་བཅོམ་པ་འམ། རང་སངས་རྒྱས་ངན་སོང་དུ་སྐྱེ་བར[2]འགྱུར་རམ། གསོལ་པ། བཅོམ་ལྡན་འདས་དེ་ནི་མ་ལགས་སོ། །བཅོམ་ལྡན་འདས་ཀྱིས་བཀའ་སྩལ་པ། རབ་འབྱོར་དེ་བཞིན་དུ། བྱང་ཆུབ་སེམས་དཔའ་སེམས་དཔའ[3]ཆེན་པོ། གང་སེམས་དང་པོ་བསྐྱེད[4]པ་ནས་ཉེ་བར་བཟུང་སྟེ། སྦྱིན་པ་གཏོང་བ་དང་། ཚུལ་ཁྲིམས་སྲུང་བ་དང་། བཟོད་ཕ་སྒྲུབ[5]པ་དང་། བརྩོན་འགྲུས་རྩོམ[6]པ་དང་། ཏིང་ངེ་འཛིན་ལ་སྙོམས་པར་འཇུག་པ་དང་། ཤེས་རབ་སྒོམ[7]པ་དང་། མི་དགེ་བའི་ཆོས་ཐམས་ཅད་སྤང་བའི་དོན་དུ་གནས་པ་དེ་ནི། ངན་སོང་དུ་སྐྱེ་བར་འགྱུར་བའི་གནས་མེད་དོ། །ལྷ་ཚེ་རིང[8]པོར་སྐྱེ་བའི་གནས་མེད་དོ། །གང་ན་དགེ[9]བའི་ཆོས་རྣམས་མི་སྤྱོད་པ་དེ་ལྟ་བུར[10]སྐྱེ་བའི་གནས་མེད་དོ། །གླེན་པ་དང་། ལྐུགས[11]པར་འགྱུར་བའི་ཡུལ་དུ། སྐྱེ་བའི་གནས་མེད་དོ། །མཐའ་འཁོབ་ཀྱི་ཀླ་ཀློ་དང་། མི་སྲུན་ཞིང[12]འཁོར་བཞི་རྒྱུར་མེད་པའི་ཡུལ་དུ་སྐྱེ་བའི་གནས་མེད་དོ། །ལོག་པར་ལྟ་བའི་རིགས་སུ་སྐྱེ་བའི་གནས་མེད་དོ། །གང་ན་སངས་རྒྱས་ཀྱི་སྒྲ་མི་གྲག་པ་དང་། ཆོས་ཀྱི་སྒྲ་མི་གྲག་པ་དང་། དགེ་འདུན་གྱི་སྒྲ་མི་གྲག་པ་དེ་ལྟ་བུར་སྐྱེ་བའི་གནས་མེད་དོ། །བྱ་བ་མ་ཡིན་པའི་ལྟ་བར་ལྟུང་བའི་གནས་མེད་དོ། །རབ་འབྱོར་བྱང་ཆུབ་སེམས་དཔའ་སེམས་དཔའ་

ཆེན་པོ་སེམས་དང་པོ་བསྐྱེད་པ་ནས་ཉེ་བར་བཟུང་སྟེ། བླ་ན་མེད་པ་ཡང་དག་པར་རྫོགས་པའི་བྱང་ཆུབ་ཏུ་ལྷག་པའི་བསམ་པས་ཡང་དག་པར་ཞུགས་པ་ནི། མི་དགེ་[༡]བ་བཅུའི་ལས་ཀྱི་ལམ་ལ་སྤྱོད་ཅེས་བྱ་བའི་གནས་མེད་དོ། །གསོལ་པ། བཅོམ་ལྡན་འདས་གལ་ཏེ་དེ་ལྟར་ངེས་པའི་བྱང་ཆུབ་སེམས་དཔའ་སེམས་དཔའ་ཆེན་པོ་དེ་ལྟ་བུའི་དགེ་བའི་རྩ་བ་དང་ལྡན་ཞིང་། ཚུལ་དང་མི་འདྲ་བའི་གནས་སུ་མི་སྐྱེ་བ་ལགས་ན། གང་འདི་ལྟར་དེ་བཞིན་གཤེགས་པ་ཉིད་ཀྱང་བྱོལ་སོང་གི་རྒྱུད་དུ་སྐྱེས་པའི་རབས་[༢]བསྟན་ན། དེའི་ཚེ་དགེ་བའི་རྩ་བ་དེ་དག་གང་དུ་མཆིས། བཅོམ་ལྡན་འདས་ཀྱིས་བཀའ་སྩལ་པ། རབ་འབྱོར་བྱང་ཆུབ་སེམས་དཔའ་སེམས་དཔའ་ཆེན་པོ་ནི། མི་དགེ་བའི་ལས་ཀྱིས་བྱོལ་སོང་གི་རྒྱུད་དུ་སྐྱེ་[༣]བ་མ་ཡིན་གྱི། ལུས་གང་དང་གང་གིས་སེམས་ཅན་རྣམས་ཀྱི་དོན་དུ་འགྱུར་བ་དེ་དང་དེ་ལྟ་བུའི་ལུས་ཆེད་དུ་བསམས་ཤིང་[༤]། སེམས་ཅན་རྣམས་ཀྱི་དོན་དུ་[༥]ཡོངས་སུ་འཛིན་ཅིང་[༦]། རབ་འབྱོར་དེ་ལྟར་ཐབས་མཁས་པས་བྱང་ཆུབ་སེམས་དཔའ་སེམས་དཔའ་[༧]ཆེན་པོ་བྱོལ་སོང་གི་སྐྱེ་གནས་སུ་སྐྱེས་ཤིང་། དེ་ལ་ལ་ལ་[༨]ཞིག་གསོད་དུ་འོངས་ཀྱང་བླ་ན་མེད་པའི་བཟོད་པས་བདག་ཡོངས་སུ་གཏོང་ཞིང་། སེམས་ཅན་དེ་དག་ལ་གནོད་པར་མི་བྱེད་པ་དེ་ལྟ་བུའི་ཐབས་མཁས་པ་དག་[༩]དགྲ་བཅོམ་པའམ། རང་སངས་རྒྱས་དག་ལ་ཡོད་དམ། རབ་འབྱོར་དེ་བས་ན་རྣམ་གྲངས་དེས་ཀྱང་། འདི་ལྟར་བྱང་ཆུབ་སེམས་དཔའ་སེམས་དཔའ་ཆེན་པོ་ནི་སེམས་ཅན་རྣམས་ཀྱི་ཕྱིར། བླ་ན་མེད་པ་ཡང་དག་པར་རྫོགས་པའི་བྱང་ཆུབ་ཀྱི་དོན་དུ་སྙིང་རྗེ་ཆེན་པོ་ཡོངས་སུ་རྫོགས་པར་བྱེད་ཅིང་། བྱོལ་སོང་གི་སྐྱེ་གནས་སུ་སྐྱེ་ཡང་། བྱོལ་སོང་གི་སྐྱེ་གནས་ཀྱི་རྒྱུད་ཀྱི་ཉེས་པས་མི་གོས་པར་རིག་པར་བྱའོ། །གསོལ་པ། བཅོམ་ལྡན་འདས་དགེ་བའི་ཆོས་གང་ལ་གནས་ཤིང་།

བྱང་ཆུབ་སེམས་དཔའ་སེམས་དཔའ་ཆེན་པོས་དེ་ལྟ་བུའི་ལུས་ཡོངས་སུ་འཛིན། བཅོམ་ལྡན་འདས་ཀྱིས་བཀའ་སྩལ་པ། རབ་འབྱོར་བྱང་ཆུབ་སེམས་དཔའ་སེམས་དཔའ་ཆེན་པོས་ཡོངས་སུ་རྫོགས་པར་མི་བྱ་བའི་དགེ་བའི་ཆོས་དེ་ལྟ་བུ་གང་ཞིག་(༡)ཡོད་དེ། (༢)དགེ་བའི་ཆོས་ཐམས་ཅད་ཡོངས་སུ་རྫོགས་པ་ནི། བླ་ན་མེད་པ་ཡང་དག་པར་རྫོགས་པའི་བྱང་ཆུབ་སྟེ། དེ་ལྟར་བྱང་ཆུབ་སེམས་དཔའ་སེམས་དཔའ་ཆེན་པོས་སེམས་དང་པོ་བསྐྱེད་པ་ནས་ཉེ་བར་བཟུང་སྟེ། སྙིང་པོ་བྱང་ཆུབ་ལ་འདུག་གི་བར་དུ་དགེ་བའི་ཆོས་གང་ཡང་(༣)ཡོངས་སུ་རྫོགས་པར་མི་བྱ་བ་མེད་དོ། །དགེ་བའི་ཆོས་གང་ཡོངས་སུ་རྫོགས་པར་(༤)མ་བྱས་པར། བླ་ན་མེད་པ་ཡང་དག་པར་རྫོགས་པའི་བྱང་ཆུབ་ཏུ་མངོན་པར་རྫོགས་པར་འཚང་རྒྱ་བར་འགྱུར་བ་དེ་ལྟ་བུ་མེད་དེ་དེ་ནི་གནས་མ་(༥)ཡིན་ནོ། །རབ་འབྱོར་དེ་ལྟ་བས་ན་བྱང་ཆུབ་སེམས་དཔའ་སེམས་དཔའ་ཆེན་པོས(༦)། སེམས་དང་པོ་བསྐྱེད་པ་ནས་ཉེ་བར་བཟུང་སྟེ། དགེ་བའི་ཆོས་ཐམས་ཅད་ཡོངས་སུ་རྫོགས་པར་བྱ་བ་ལ་བསླབ་པར་བྱ་སྟེ། དེ་ལ་བསླབས་(༧)ན། རྣམ་པ་ཐམས་ཅད་མཁྱེན་པ་ཉིད་རྗེས་སུ་འཐོབ་བོ། །བག་ཆགས་ཀྱི་མཚམས་སྦྱོར་བ་ཐམས་ཅད་ཀྱང་ཡོངས་སུ་སྤོང་ངོ་། །གསོལ་པ། བཅོམ་ལྡན་འདས་ཇི་ལྟར་ན། བྱང་ཆུབ་སེམས་དཔའ་སེམས་དཔའ་ཆེན་པོ་འཕགས་པའི་ཆོས་དཀར་པོ་ཟག་པ་མ་མཆིས་པ་དེ་ལྟ་བུ་དང་ལྡན་པ་ངན་སོང་ངམ། ཁྱིམ་སོང་གི་སྐྱེ་གནས་སུ་སྐྱེ་བར་འགྱུར། བཅོམ་ལྡན་འདས་ཀྱིས་བཀའ་སྩལ་པ། རབ་འབྱོར་དེ་བཞིན་གཤེགས་པ་འཕགས་པ་ཟག་པ་མེད་པ་ཡིན་ནམ། གསོལ་པ། བཅོམ་ལྡན་འདས་དེ་དེ་ལགས། བདེ་བར་གཤེགས་པ་དེ་དེ་ལགས་ཏེ། དེ་(༨)བཞིན་གཤེགས་པ་ནི་འཕགས་ཤིང་ཟག་པ་མི་མངའ་བའོ། །བཅོམ་ལྡན་འདས་ཀྱིས་བཀའ་སྩལ་པ།

རབ་འབྱོར་དེ་བཞིན་གཤེགས་པས་བྱོལ་སོང་གི་①སྐྱེ་གནས་སུ་གཏོགས་པའི་སྲོག་ཆགས་མངོན་པར་སྤྲུལ་པ་མཛད་ཅིང་། དེ་མངོན་པར་སྤྲུལ་ནས་སངས་རྒྱས་ཀྱི་འཕྲིན་②ལས་མཛད་པ་དེ་ལྟ་བུ་ཡོད་དམ་སྙེད། གསོལ་པ། བཅོམ་ལྡན་འདས་③མཆིས་སོ། །བཅོམ་ལྡན་འདས་ཀྱིས་བཀའ་སྩལ་པ། རབ་འབྱོར་དེས། དེ་བཞིན་གཤེགས་པ་བྱོལ་སོང་གི་སྐྱེ་གནས་པར་འགྱུར་རམ། གསོལ་པ། བཅོམ་ལྡན་འདས་དེ་ནི་མ་ལགས་སོ། །བཅོམ་ལྡན་འདས་ཀྱིས་བཀའ་སྩལ་པ། རབ་འབྱོར་དེ་བཞིན་གཤེགས་པས་བྱོལ་སོང་གི་སྐྱེ་གནས་ཀྱི་④སྡུག་བསྔལ་མྱོང་བར་འགྱུར་རམ། གསོལ་པ། བཅོམ་ལྡན་འདས་དེ་ལྟ་བུ་⑤མ་ལགས་སོ། །བཅོམ་ལྡན་འདས་ཀྱིས་བཀའ་སྩལ་པ། རབ་འབྱོར་དེ་བཞིན་དུ། བྱང་ཆུབ་སེམས་དཔའ་སེམས་དཔའ་ཆེན་པོ་འཕགས་པའི་ཆོས་ཟག་པ་མྱེད་པ་དང་ལྡན་པ་ཡང་ཆེད་དུ་བསམས་ཤིང་⑥དེ་ལྟ་བུའི་ལུས་ཡོངས་སུ་འཛིན་ཏེ། ལུས་དེ་དག་གིས་སེམས་ཅན་རྣམས་ཅི་རིགས་ཅི་ཚུལ་དུ་ཡོངས་སུ་སྨིན་པར་བྱེད་དོ། །རབ་འབྱོར་དེ་ཇི་སྙམ་དུ་སེམས། དགྲ་བཅོམ་པས་སྤྲུལ་པ་མངོན་པར་སྤྲུལ་ནས⑦། སྤྲུལ་པ་དེས་དགྲ་བཅོམ་པའི་ལས་བྱས་⑧ཤིང་། ལས་དེས་གཞན་གྱི་དགེ་བ་སྐྱེ་བར་འགྱུར་བ་ཡོད་དམ། རབ་འབྱོར་གྱིས་གསོལ་པ། བཅོམ་ལྡན་འདས་དེ་དེ་བཞིན་ཏེ། ⑨མཆིས་སོ། །བཅོམ་ལྡན་འདས་ཀྱིས་བཀའ་སྩལ་པ། རབ་འབྱོར་དེ་བཞིན་དུ་བྱང་ཆུབ་སེམས་དཔའ་སེམས་དཔའ་ཆེན་པོ་འཕགས་པའི་ཆོས་ཟག་པ་མེད་པ་དང་ལྡན་པ་ཡང་ཆེད་དུ་བསམས་ཤིང་⑩དེ་ལྟ་བུའི་ལུས་ཡོངས་སུ་འཛིན་ཏེ། ཅི་རིགས་ཅི་ཚུལ་དུ་སེམས་ཅན་རྣམས་ཡོངས་སུ་སྨིན་པར་བྱེད་དོ། །དེ་ལྟ་བུའི་ལུས་དེས་སྡུག་བསྔལ་དུའང་⑪མི་འགྱུར་ཏེ། སྡུག་བསྔལ་གྱི་ཚོར་བ་ཡང་ཉམས་སུ་མྱི་མྱོང་ངོ་། །རབ་འབྱོར་དེ་ཇི་སྙམ་དུ་སེམས། སྒྱུ་མའི་མཁན་

པོས་སྒྱུ་མ་ལས་གླང་པོའི་གཟུགས་སམ། རྟའི་གཟུགས་སམ། གླང་གི་གཟུགས་
ཤིག་བསྟན་ཏམ། གཞན་ཡང་སྒྱུ་མ་རྣམ་པ་སྣ་ཚོགས་བསྟན་ན། དེ་དག་གླང་
པོའི་གཟུགས་སམ། རྟའི་གཟུགས་སམ་གླང་གི་གཟུགས་སམ། སྤྲོག་ཆགས་ཀྱི་
རིགས་གཞན་དག་ཏུའང་[༡]འགྱུར་བ་ཡོད་དམ། གསོལ་པ། བཅོམ་ལྡན་
འདས་དེ་ནི་མ་མཆིས་སོ། །བཅོམ་ལྡན་འདས་ཀྱིས་བཀའ་སྩལ་པ། རབ་
འབྱོར་དེ་བཞིན་དུ་བྱང་ཆུབ་སེམས་དཔའ་སེམས་དཔའ་ཆེན་པོ་འཕགས་པའི་ཆོས་
ཟག་པ་མེད་པ་དང་ལྡན་པ་ཡང་ཆེད་དུ༔ བསམས་ཤིང་[༢]དེ་ལྟ་བུའི་ལུས་ཡོངས་སུ་
འཛིན་ཏེ། ལུས་དེ་དག་གིས་[༣]སེམས་ཅན་རྣམས་ཀྱི་དོན་བྱེད་དེ། སྡུག་བསྔལ་
གྱི་ཚོར་བར་[༤]འགྱུར་བ་གང་ཡང་མེད་དོ། །རབ་འབྱོར་གྱིས་གསོལ་པ། ཀྱེ་མ་
བཅོམ་ལྡན་འདས་དེ་ལྟར་བྱང་ཆུབ་སེམས་དཔའ་སེམས་དཔའ་ཆེན་པོ་འཕགས་
པའི་ཡེ་ཤེས་ཟག་པ་མ་མཆིས་པ་[༥]དེ༔ལྟ་བུ་དང་[༦]ལྡན་ཞིང་། ལུས་གང་དང་
གང་[༧]གིས་སེམས་ཅན་རྣམས་ཀྱི་དོན་དུ་འགྱུར་བ་དེ་དང་། དེ་ལྟ་བུའི་ལུས་
ཡོངས་སུ་འཛིན་པ་ནི། ཐབས་ཤིན་ཏུ་མཁས་པ་སྟེ། དེ་ནི་ངོ་མཚར་ཆེའོ། །
བཅོམ་ལྡན་འདས་བྱང་ཆུབ་སེམས་དཔའ་སེམས་དཔའ་ཆེན་པོ་ཆོས་དཀར་པོ་གང་
དང་གང་ལ་གནས་ཤིང་། དེ་ལྟ་བུའི་ཐབས་མཁས་པ་བསྐྱེད་ཀྱང་། ལས་
དེ་ལྟ་བུས་མི་གོས་པར་སྤྱོད་པ་ལགས། བཅོམ་ལྡན་འདས་ཀྱིས་བཀའ་སྩལ་པ།
རབ་འབྱོར་ཤེས་རབ་ཀྱི་ཕ་རོལ་ཏུ་ཕྱིན་པ་ལ་གནས་ཤིང་བྱང་ཆུབ་སེམས་དཔའ་
སེམས་དཔའ་ཆེན་པོ་དེ་ལྟ་བུའི་ཐབས་མཁས་པ་ལ་སྤྱོད་དེ། ཐབས་མཁས་པ་དེ་
དག་གིས་[༨]ཕྱོགས་བཅུའི་ཕྱོགས་རེ་རེའི་འཇིག་རྟེན་གྱི་ཁམས་གངྒཱའི་ཀླུང་གི་བྱེ་མ་
སྙེད་དག་ཏུ་[༩]སེམས་ཅན་རྣམས་ཀྱི་དོན་བྱེད་ཀྱང་དེས་དེ་ལ་གང་ཡང་རེག་པར་
འགྱུར་བ་མེད་དོ། །དེ་ཅིའི་ཕྱིར་ཞེ་ན། དེ་ནི་[༡༠]འདི་ལྟར་བྱང་ཆུབ་སེམས་

དཔའ་སེམས་དཔའ་ཆེན་པོས་གང་རིག་པར་བྱེད་པ་དང༌། གང་གིས་རིག་པར་བྱ་བ་དང༌། གང་ལ་རིག་པར་བྱ་བ་དེ་ལྟ་བུའི་ཆོས་གསུམ་པོ་དེ་དག་ཐམས་ཅད་མི་དམིགས་ཏེ། དེ་ཅིའི་ཕྱིར་ཞེ་ན། དེ་ནི་འདི་ལྟར་ཆོས་གསུམ་པོ་དེ་དག་ཐམས་ཅད་ངོ་བོ་ཉིད་ཀྱིས་སྟོང་པས། སྟོང་པ་ཉིད་ནི་སྟོང་པ་ཉིད་ལ་རིག་པར་མི་བྱེད་དོ། །སྟོང་པ་ཉིད་ཀྱིས་ཆོས་གང་ལ་ཡང་རིག་པར་མི་འགྱུར་རོ། །སྟོང་པ་ཉིད་(༡)ཀྱང་རིག་པར་བྱ་བ་མ་ཡིན་ནོ། །དེ་ཅིའི་ཕྱིར་ཞེ་ན། དེ་ནི་འདི་ལྟར་སྟོང་པ་ཉིད་ལ༔ སྟོང་པ་ཉིད་(༢)མི་དམིགས་སོ། །དེ་ནི་མི་དམིགས་པ་སྟོང་པ་ཉིད་དེ༔ དེ་ལ་གནས་ཤིང་བྱང་ཆུབ་སེམས་དཔའ་སེམས་དཔའ་ཆེན་པོ་བླ་ན་མེད་པ་ཡང་དག་པར་རྫོགས་པའི་བྱང་ཆུབ་ཏུ་མངོན་པར་རྫོགས་པར་འཚང་རྒྱའོ། །གསོལ་པ། བཅོམ་ལྡན་འདས་ཇི་(༣)ལགས། བྱང་ཆུབ་སེམས་དཔའ་སེམས་དཔའ་ཆེན་པོ་ཆོས་གཞན་ལ་མི་གནས་ཀྱི། ཤེས་རབ་ཀྱི་ཕ་རོལ་ཏུ་ཕྱིན་པ་འབའ་ཞིག་(༤)ལ་གནས་ཤིང༌། རྣམ་པ་དེ་ལྟ་བུའི་ཐབས་མཁས་པ་ལ་སྤྱོད་པ་ལགས་སམ། བཅོམ་ལྡན་འདས་ཀྱིས་བཀའ་སྩལ་པ། རབ་འབྱོར་ཆོས་གང་ཡང་(༥)ཤེས་རབ་ཀྱི་ཕ་རོལ་ཏུ་ཕྱིན་པའི་ཁོངས་སུ་མ་ཆུད་པ་དེ་ལྟ་བུ་ཡོད་དམ། གསོལ་པ། བཅོམ་ལྡན་འདས་གལ་ཏེ་ཤེས་རབ་ཀྱི་ཕ་རོལ་ཏུ་ཕྱིན་པ་ངོ་བོ་ཉིད་ཀྱིས་སྟོང་ན། ཇི་ལྟར་ཤེས་རབ་ཀྱི་ཕ་རོལ་ཏུ་ཕྱིན་པའི་ཁོངས་སུ་ཆོས་ཐམས་ཅད་འདུ་བ་ལགས(༦)། བཅོམ་ལྡན་འདས་སྟོང་པ་ཉིད་ལ་ནི༔ ཆོས་གང་ཡང་(༧)ཁོངས་སུ་ཆུད་པའམ། ཁོངས་སུ་མ་ཆུད་པ་ཞེས་བགྱི་བ་མ་མཆིས་སོ། །བཅོམ་ལྡན་འདས་ཀྱིས་བཀའ་སྩལ་པ། རབ་འབྱོར་ཆོས་ཐམས་ཅད་ཆོས་ཐམས་ཅད་ཀྱིས་མི་སྟོང་ངམ། གསོལ་པ། བཅོམ་ལྡན་འདས་སྟོང་ངོ༌། །བཅོམ་ལྡན་འདས་ཀྱིས་བཀའ་སྩལ་པ༔ རབ་འབྱོར་དེ་སྐེ་(༨)ཆོས་ཐམས་ཅད་ཆོས་ཐམས་ཅད་ཀྱིས་སྟོང་ན། ཆོས་

ཐམས་ཅད་སྟོང་པ་ཉིད་དུ་མ་[༡]འདུས་སམ། གསོལ་པ། བཅོམ་ལྡན་འདས་དེ་དེ་ལགས་སོ། །བཅོམ་ལྡན་འདས་ཀྱིས་བཀའ་སྩལ་པ། རབ་འབྱོར་རྣམ་གྲངས་དེས་ན་ཁྱོད་ཀྱིས་འདི་ལྟར་བྱང་ཆུབ་སེམས་དཔའ་སེམས་དཔའ་ཆེན་པོ་ནི་ཤེས་རབ་ཀྱི་ཕ་རོལ་ཏུ་ཕྱིན་པ་ལ་གནས་ཤིང་། དེ་ལྟ་བུའི་ཐབས་མཁས་པ་ལ་སྤྱོད་པར་རིག་པར་བྱའོ། །དེ་ནས་ཚེ་དང་ལྡན་པ་རབ་འབྱོར་གྱིས་བཅོམ་ལྡན་འདས་ལ་འདི་སྐད་ཅེས་གསོལ་ཏོ། །བཅོམ་ལྡན་འདས་བྱང་ཆུབ་སེམས་དཔའ་སེམས་དཔའ་ཆེན་པོ་ཤེས་རབ་ཀྱི་ཕ་རོལ་ཏུ་ཕྱིན་པ་ལ་སྤྱོད་ཅིང་། ཆོས་ཐམས་ཅད་[༢]ལ་གནས་ཏེ[༣]། མངོན་པར་ཤེས་པ་གང་ལ་གནས་ཤིང་། ཕྱོགས་བཅུའི་ཕྱོགས་རེ་རེའི་འཇིག་རྟེན་གྱི་ཁམས་གང྄་གཱའི་ཀླུང་གི་བྱེ་མ་སྙེད་དག་ཏུ་མཆི་བ་དང་། འཇིག་རྟེན་གྱི་ཁམས་དེ་དག་ན། སངས་རྒྱས་བཅོམ་ལྡན་འདས་གང་ཇི་སྙེད་ཅིག་བཞུགས་ཤིང་འཚོ་སྐྱོང་བ་དང་། ཆོས་སྟོན་པ་དེ་དག་ལ་བསྙེན་བཀུར་བགྱིད་པ་དང་། ཆོས་ཉན་ཅིང་སངས་རྒྱས་བཅོམ་ལྡན་འདས་དེ་དག་ལ་དགེ་བའི་རྩ་བ་བསྐྱེད་[༤]པའི་མངོན་པར་ཤེས་པའི་ཕ་རོལ་ཏུ་ཕྱིན་པ་མངོན་པར་སྒྲུབ་[༥]པ་ལགས། དེ་སྐད་ཅེས་གསོལ་པ་དང་། བཅོམ་ལྡན་འདས་ཀྱིས་ཚེ་དང་ལྡན་པ་རབ་འབྱོར་ལ་འདི་སྐད་ཅེས་བཀའ་སྩལ་ཏོ། །རབ་འབྱོར་འདི་ལ་བྱང་ཆུབ་སེམས་དཔའ་སེམས་དཔའ་ཆེན་པོ་ཤེས་རབ་ཀྱི་ཕ་རོལ་ཏུ་ཕྱིན་པ་ལ་སྤྱོད་པའི་ཚེ། ཕྱོགས་བཅུའི་ཕྱོགས་རེ་རེའི་འཇིག་རྟེན་གྱི་ཁམས་གང྄་གཱའི་ཀླུང་གི་བྱེ་མ་སྙེད་པོ་དེ་དག་ཐམས་ཅད་ངོ་བོ་ཉིད་ཀྱིས་སྟོང་པར་མཐོང་ངོ་། །འཇིག་རྟེན་གྱི་ཁམས་དེ་དག་ན། སངས་རྒྱས་བཅོམ་ལྡན་འདས་གང་ཇི་སྙེད་ཅིག་བཞུགས་པའི་སངས་རྒྱས་བཅོམ་ལྡན་འདས་དེ་དག་ཀྱང་ངོ་བོ་ཉིད་ཀྱིས་སྟོང་པར་མཐོང་ངོ་[༦]། །གཞན་དུ་ན་མིང་དང་བརྡར་[༧]གདགས་པ་ཉེ་བར་བཟུང་ཞིང་བསྟན་པ་མ་གཏོགས་

ཏེ། གདགས་པ་ཀུན་ཀྱང་ངོ་བོ་ཉིད་ཀྱིས་སྟོང་ངོ་། །ཁལ་ཏེ་འཇིག་རྟེན་གྱི་ཁམས་དེ་དག་ཀྱང་ངོ་བོ་ཉིད་ཀྱིས་མི་སྟོང་ལ། སངས་རྒྱས་བཅོམ་ལྡན་འདས་དེ་དག་ཀྱང་ངོ་བོ་ཉིད་ཀྱིས་མི་སྟོང་སྟེ། གདགས་པའི་རྒྱུད་དེ་དག་ཀྱང་ངོ་བོ་ཉིད་ཀྱིས་མི་སྟོང་པ་ཞིག་ཡིན་ན་ནི། ཉི་ཚེ་[༡]བའི་སྟོང་པ་ཉིད་དུ་འགྱུར་ཏེ། དེ་ཡང་སྟོང་པ་ཉི་ཚེ་[༢]བ་མ་ཡིན་ནོ། །དེའི་ཕྱིར་ཆོས་ཐམས་ཅད་ཆོས་ཐམས་ཅད་ཀྱིས་སྟོང་སྟེ[༣]། དེ་ཉིད་ཀྱི་ཕྱིར་བྱང་ཆུབ་སེམས་དཔའ་སེམས་དཔའ་ཆེན་པོ་ཐབས་མཁས་པས། ཤེས་རབ་ཀྱི་ཕ་རོལ་ཏུ་ཕྱིན་པ་ལ་སྤྱོད་ཅིང་། མངོན་པར་ཤེས་པའི་ཕ་རོལ་ཏུ་ཕྱིན་པ་མངོན་པར་སྒྲུབ་སྟེ། མངོན་པར་ཤེས་པ་དེ་དག་ལ་གནས་ཤིང་། ལྷའི་མིག་དང་། ལྷའི་རྣ་བ་དང་། རྫུ་འཕྲུལ་གྱི་རྣམ་པ་དང་། ཕ་རོལ་གྱི་སེམས་ཤེས་པ་དང་། སྔོན་གྱི་གནས་དྲན་པ་དང་། འཆི་[༤]འཕོ་ཤེས་པ་མངོན་པར་སྒྲུབ་སྟེ། མངོན་པར་ཤེས་པ་མ་བསྐྱེད་[༥]པར་བྱང་ཆུབ་སེམས་དཔའ་སེམས་དཔའ་ཆེན་པོས། བླ་ན་མེད་པ་ཡང་དག་པར་རྫོགས་པའི་བྱང་ཆུབ་ཏུ་མངོན་པར་རྫོགས་པར་འཚང་རྒྱ་བར་མི་ནུས་སོ། །དེ་ཅིའི་ཕྱིར་ཞེ་ན། འདི་ལྟར་བྱང་ཆུབ་སེམས་དཔའ་སེམས་དཔའ་ཆེན་པོའི་བྱང་ཆུབ་ནི་[༦]མངོན་པར་ཤེས་པའི་ཕ་རོལ་ཏུ་ཕྱིན་པར་འདུས་ཏེ[༧]། མངོན་པར་ཤེས་པ་དེ་དག་ལས་བྱང་ཆུབ་ཡོངས་སུ་བཙལ་བར་བྱའོ། །དེ་ཚོལ་བའི་ཚེ། ལྷའི་མིག་རྣམ་པར་དག་པ་མི་ལས་འདས་པས་བདག་ཉིད་ཀྱིས་[༨]ཀྱང་དགེ་བའི་ཆོས་ཐམས་ཅད་མཐོང་། གཞན་ཡང་དགེ་བའི་ཆོས་ཐམས་ཅད་ལ་སྦྱོར་ཏེ[༩]། དགེ་བའི་ཆོས་དེ་དག་ལ་མངོན་པར་ཞེན་པར་འགྱུར་བ་མེད་དོ། །དེ་ཅིའི་ཕྱིར་ཞེ་ན། དགེ་བའི་ཆོས་དེ་དག་ཐམས་ཅད་ནི་ངོ་བོ་ཉིད་ཀྱིས་སྟོང་པ་[༡༠]སྟེ། སྟོང་པ་ཉིད་ནི་གང་ལ་མངོན་པར་ཞེན་ཅིང་། རོ་མྱོང་བར་བྱེད་པར་མངོན་པར་ཞེན་པར་འགྱུར་བ

མེད་དེ[༡]། སྟོང་པ་ཉིད་ནི་རོ་མྱོང་བར་ བྱེད་པ་མེད་[༢]དོ།། །།

ཤེས་རབ་ཀྱི་ཕ་རོལ་ཏུ་ཕྱིན་པ་སྟོང་ཕྲག་བརྒྱ་པ། བམ་པོ་ ཉི་ཤུ་གཅིག་[༣]པ། དེ་ལྟར་བྱང་ཆུབ་སེམས་དཔའ་སེམས་དཔའ་ཆེན་པོ་[༤]ཤེས་རབ་ཀྱི་ཕ་རོལ་ཏུ་ཕྱིན་པ་ལ་སྤྱོད་པའི་ཚེ་ལྷའི་མིག་མངོན་པར་སྒྲུབ་སྟེ། ལྷའི་མིག་དེས་ཆོས་ཐམས་ཅད་ཀྱང་སྟོང་པ་ཉིད་དུ་མཐོང་སྟེ། དེ་ཆོས་དེ་དག་ལ་གནས་ཤིང་ལས་མངོན་པར་སྒྲུབ་[༥]བོ། །ལས་མངོན་པར་སྒྲུབ་པ་དེས་སེམས་ཅན་རྣམས་ལ་ཆོས་སྟོན་ཏེ། སེམས་ཅན་ནམ་སེམས་ཅན་དག་ཏུ་[༦]གདགས་པར་[༧]དམིགས་པ་མེད་དོ། །དེ་ལྟར་མི་དམིགས་པའི་ཚུལ་གྱིས་བྱང་ཆུབ་སེམས་དཔའ་སེམས་དཔའ་ཆེན་པོ་མངོན་པར་ཤེས་པའི་ཕ་རོལ་ཏུ་ཕྱིན་པ་མངོན་པར་སྒྲུབ་སྟེ། མངོན་པར་ཤེས་པ་དེ་དག་གིས་མངོན་པར་ཤེས་པར་[༨]བྱ་བའི་ཆོས་གང་ཇི་སྙེད་པ་དེ་དག་བྱེད་དོ། །དེ་ལྷའི་མིག་རྣམ་པར་དག་པ་མི་ལས་འདས་པ་དེ་ཉིད་ཀྱིས། ཤར་ཕྱོགས་ཀྱི་འཇིག་རྟེན་གྱི་ཁམས་ཐམས་ཅད་མཐོང་སྟེ། དེ་དེ་དག་ཏུ་རྫུ་འཕྲུལ་གྱིས་སོང་ཞིང་། སྦྱིན་པ་འམ། ཚུལ་ཁྲིམས་སམ། བཟོད་པ་འམ། བརྩོན་འགྲུས་སམ། བསམ་གཏན་ནམ། ཤེས་རབ་བམ[༩]། དྲན་པ་ཉེ་བར་གཞག་པ་རྣམས་སམ། ཡང་དག་པར་སྤོང་བ་རྣམས་སམ། རྫུ་འཕྲུལ་གྱི་རྐང་པ་རྣམས་སམ། དབང་པོ་རྣམས་སམ། སྟོབས་རྣམས་སམ། བྱང་ཆུབ་ཀྱི་ཡན་ལག་རྣམས་སམ། འཕགས་པའི་ལམ་ཡན་ལག་བརྒྱད་པའམ། རྣམ་པར་ཐར་པའི་སྒོ་སྟོང་པ་ཉིད་དང་། མཚན་མ་མེད་པ་དང་། སྨོན་པ་མེད་པ་འམ། བསམ་གཏན་རྣམས་སམ། ཚད་མེད་པ་རྣམས་སམ། གཟུགས་མེད་པའི་སྙོམས་པར་འཇུག་པ་རྣམས་སམ། རྣམ་པར་ཐར་པ་རྣམས་སམ། ཏིང་ངེ་འཛིན་རྣམས་སམ། མཐར་གྱིས་གནས་པའི་སྙོམས་པར་འཇུག་པ་རྣམས་སམ།

དེ་བཞིན་གཤེགས་པའི་སྟོབས་རྣམས་སམ། མི་འཇིགས་པ་རྣམས་སམ། སོ་སོ་ཡང་དག་པར་རིག་པ་རྣམས་སམ། [1]སངས་རྒྱས་ཀྱི་ཆོས་མ་འདྲེས་པ་རྣམས་སམ། ཉན་ཐོས་ཀྱིཿཆོས་སམ[2]། རང་སངས་རྒྱས་ཀྱི་ཆོས་སམ། བྱང་ཆུབ་སེམས་དཔའི་ཆོས་སམ། [3]སངས་རྒྱས་ཀྱི་ཆོས་ཀྱིས་སེམས་ཅན་རྣམས་ཀྱི་དོན་བྱེད་ཅིང་། སེམས་ཅན་དེ་དག་གི་བྱ་བ་བྱེད་དེ། དེ་ལ་སེམས་ཅན་སེར་སྣ་ཅན་གང་ཇི་སྙེད་པ་དེ་དག་ལ་འདི་སྐད་དུ་[4]ཆོས་སྟོན་ཏེ[5]། སྦྱིན་པ་བྱིན་ཅིག །ཕོངས་པ་ནི་སྡུག་བསྔལ་བ་སྟེ། ཕོངས་པས་ནི་བདགཿགི་དོན་[6]ཀྱང་བྱ་བར་མི་ནུས་ན། གཞན་གྱི་[7]དོན་ལྟ་ཅི་སྨོས་ཀྱིས[8]། དེ་ལྟར་ཁྱེད་[9]ཀྱིས་སྦྱིན་པ་བྱིན་ལ། བདག་ཅག་[10]ཀྱང་བདེ་བར་གྱིས་ཤིག །གཞན་ཡང་བདེ་བར་གྱིས་ཤིག །ཕོངས་པས་ཟིལ་ཀྱིས་ནོན་ཅིང་། ཉིང་ཤ་ཉིང་གིས་ཟོས་ཏེ། ངན་སོང་གསུམ་ལས་མི་ཐར་བར་གྱུར་ཏ་རེ་ཞེས་ཆོས་སྟོན་ཏོ། །སེམས་ཅན་ཚུལ་ཁྲིམས་ངན་པ་ཅན་གང་ཇི་སྙེད་པ་དེ་དག་ལ་འདི་སྐད་དུ་[11]ཆོས་སྟོན་ཏེ། ཀྱེ་སྐྱེས་བུ་དག་ཚུལ་ཁྲིམས་ངན་པ་ནི་སྡུག་བསྔལ་བ་སྟེ། ཚུལ་ཁྲིམས་ངན་པས་ནི་བདག་གི་དོན་ཀྱང་བྱ་བར་མི་ནུས་ན། གཞན་གྱི་[12]དོན་ལྟ་ཅི་སྨོས་ཏེ། ཚུལ་ཁྲིམས་ངན་པའི་རྣམ་པར་སྨིན་པ་ནི། སེམས་ཅན་དམྱལ་བ་འམ། ཕྱོལ་སོང་གི་སྐྱེ་གནས་སམ། གཤིན་རྗེའི་འཇིག་རྟེན་ཡིན་ཏེ། དེ་ལྟར་ཁྱོད་[13]ངན་སོང་གསུམ་དུ་ལྟུང་[14]ན། བདག་ཅག་ཀྱང་གདོན་པར་མི་ནུས་ན། གཞན་གདོན་པར་ལྟ་ཅི་སྨོས་ཀྱིས[15]། ཿདེའི་ཕྱིར་ཁྱོད་ཀྱིས་[16]ཚུལ་ཁྲིམས་ངན་པའི་སེམས་འགའ་ཙམ་གྱི་གོ་སྐབས་ཀྱང་མི་དབྱེའོ།། ཕྱིས་འགྱོད་པ་ཅན་དུ་གྱུར་ཏ་རེ་ཞེས་ཆོས་སྟོན་ཏེ[17]། སེམས་ཅན་ཕན་ཚུན་གནོད་སེམས་སུ་[18]གྱུར་པ་[19]ཇི་སྙེད་པ་དེ་དག་ལ་འདི་སྐད་དུ་ཆོས་སྟོན་ཏེ[20]། དེ་ལྟར་ཁྱེད་གཅིག་[21]ལ་གཅིག་གནོད་སེམས་སུ་མ་བྱེད་ཅིག །སེམས་འཁྲུགས་པར་

ཀྱུར་པ་ལ། དགེ་བའི་ཆོས་གང་ཡང་སྐྱེ་བར་མི་འགྱུར་ཏེ[1]། དེ་ལྟ་བས་ན་ཁྱེད་ཕན་ཚུན་སེམས་འཁྲུག[2]་པར་གྱུར་ན། སེམས་ཅན་དམྱལ་བར་སྐྱེ་བ་འམ། བྱོལ་སོང་གི་སྐྱེ་གནས་སུ་སྐྱེ་བ་འམ། གཤིན་རྗེའི་འཇིག་རྟེན་དུ་སྐྱེ་བའི[3]་གནས་ཡོད་ཀྱིས[4]། དེ་བས་ན་ཁྱེད་ཀྱིས་འཁྲུག་པའི་སེམས་འགའ་ཙམ་གྱི་གོ་སྐབས་ཀྱང་མི་དབྱེའོ[5]། །ཕྱིས་འགྱོད་པ་ཅན་དུ་གྱུར་ཏ་རེ་ཞེས་ཆོས་སྟོན་ཏོ། །སེམས་ཅན་ལེ་ལོ་ཅན་གང་ཇི་སྙེད་པ་དེ་དག་ལ་འདི་སྐད་དུ་ཆོས་སྟོན་ཏེ[6]། ཀྱེ་སྐྱེས་བུ་དག་ལེ་ལོ་ནི་སྡུག་བསྔལ་བ[7]་སྟེ། ལེ་ལོས་ནི་བདག་གི[8]་དོན་ཀྱང་བྱ་བར་མི་ནུས་ན། གཞན་གྱི་དོན་ལྟ་ཅི་སྨོས་ཏེ། ལེ་ལོའི་རྣམ་པར་སྨིན་པ་ནི་སེམས་ཅན་དམྱལ་བ་འམ། བྱོལ་སོང་གི་སྐྱེ་གནས་སམ། གཤིན་རྗེའི་འཇིག་རྟེན་ཡིན་ཏེ། དེ་ལྟར་ཁྱེད་ངན་སོང་གསུམ་དུ་ལྟུང་ན། བདག་ཅག་ཀྱང་གདོན་པར་མི་ནུས་ན། གཞན་གདོན་པར་ལྟ་ཅི་སྨོས་ཀྱིས[9]། དེའི་ཕྱིར་ཁྱེད་ཀྱིས་ལེ་ལོའི་སེམས་འགའ་ཙམ་གྱི[10]་གོ་སྐབས་ཀྱང་མི་དབྱེའོ། །ཕྱིས་འགྱོད་པ་ཅན་དུ་གྱུར་ཏ་རེ་ཞེས་ཆོས་སྟོན་ཏོ། །སེམས་ཅན་སེམསཿགཡེང་བ[11]་གང་ཇི་སྙེད་པ་དེ་དག་ལ་འདི་སྐད་དུ་ཆོས་སྟོན་ཏེ[12]། ཀྱེ་སྐྱེས་བུ་དག་སེམས་གཡེང་བ་ནི་སྡུག་བསྔལཿབ་སྟེ[13]། གང་སེམས་གཡེང་བའི་རྣམ་པར་སྨིན་པ་ནི། སེམས་ཅན་དམྱལ་བ་འམ། བྱོལ་སོང་གི་སྐྱེ་གནས་སམ། གཤིན་རྗེའི་འཇིག་རྟེན་ཡིན་ཏེ། དེ་ལྟར་ཁྱེད་ངན་སོང་གསུམ་དུ་ལྟུང[14]་ན། བདག་ཅག་ཀྱང་གདོན་པར་མི་ནུས་ན། གཞན་གདོན་པར་ལྟ་ཅི[15]་སྨོས་ཀྱིས[16]། དེའི་ཕྱིར་ཁྱེད་ཀྱིས་གཡེང་བའི་སེམས་འགའ་ཙམ་གྱི་གོ་སྐབས་ཀྱང་མི་དབྱེའོ། །ཕྱིས་འགྱོད་པ་ཅན་དུ་གྱུར་ཏ་རེ་ཞེས་ཆོས་སྟོན་ཏོ། །སེམས་ཅན་ཤེས་རབ་འཆལ་པ་ཅན་གང་ཇི་སྙེད་པ་དེ་དག་ལ་འདི་སྐད་དུ་ཆོས་སྟོན་ཏེ[17]། ཀྱེ་སྐྱེས་བུ་དག་ཤེས་རབ་འཆལ་པ་ནི་སྡུག་བསྔལཿབ་སྟེ[18]།

ཤེས་རབ་འཆལ་པས་ནི་བདག་གི་དོན་ཀྱང་[1]བྱ་བར་མི་ནུས་ན། གཞན་གྱི་[2]དོན་ལྟ་ཅི་སྨོས་ཏེ། དེ་ལྟར་[3]ཤེས་རབ་འཆལ་པའི་རྣམ་པར་སྨིན་པ་ནི། སེམས་ཅན་དམྱལ་བ་འམ། ཡུལ་སོང་གི་སྐྱེ་གནས་སམ། གཤིན་རྗེའི་འཇིག་རྟེན་ཡིན་ཏེ། དེ་ལྟར་ཁྱེད་ཀྱིས་ཤེས་རབ་འཆལ་པའི་སེམས་འགའ་ཙམ་གྱི་གོ་སྐབས་ཀྱང་མི་དབྱེའོ། །ཁྱིམ་འཁོད་པ་ཅན་དུ་གྱུར་ཏ་རེ་ཞེས་ཆོས་སྟོན་ཏོ། །འདོད་ཆགས་ཀྱི་སྤྱོད་པ་ཅན་གང་ཇི་སྙེད་པ་དེ་[4]དག་མི་སྡུག་པ་ལ་སྦྱོར་རོ། །ཞེ་སྡང་གི་སྤྱོད་པ་ཅན་གང་ཇི་སྙེད་པ་དེ་དག་བྱམས་པ་ལ་སྦྱོར་རོ། །གཏི་མུག་གི་སྤྱོད་པ་ཅན་གང་ཇི་སྙེད་པ་དེ་[5]དག་རྟེན་ཅིང་འབྲེལ་པར་འབྱུང་བ་ལ་སྦྱོར་རོ། །ལམ་ངན་པར་ཞུགས་པ་ལ་སྤྱོད་པ་[6]དག་ནི་ཡང་དག་པའི་ལམ་ལ་སྦྱོར་ཏེ། ཉན་ཐོས་ཀྱི་ལམ་མམ[7]། རང་སངས་རྒྱས་ཀྱི་ལམ་མམ[8]། སངས་རྒྱས་ཀྱི་ལམ་ལ་སྦྱོར་ཞིང་། དེ་དག་ལ་འདི་སྐད་དུ་ཆོས་སྟོན་ཏེ། ཁྱེད་ཆོས་གང་ལ་མངོན་པར་ཞེན་པར་གྱུར་པའི་ཆོས་དེ་དག་ནི་ངོ་བོ་ཉིད་ཀྱིས་སྟོང་སྟེ། ངོ་བོ་ཉིད་ཀྱིས་སྟོང་པའི་ཆོས་རྣམས་ལ་ནི་མངོན་པར་ཞེན་པར་མི་ནུས་ཏེ། སྟོང་པ་ཉིད་ལ་[9]མངོན་པར་ཞེན་པ་མེད་དོ་ཞེས་ཆོས་སྟོན་ཏེ[10]། རབ་འབྱོར་དེ་ལྟར་བྱང་ཆུབ་སེམས་དཔའ་སེམས་དཔའ་ཆེན་པོ་ཤེས་རབ་ཀྱི་ཕ་རོལ་ཏུ་ཕྱིན་པ་ལ་སྤྱོད་པའི་ཚེ། མངོན་པར་ཤེས་པ་རྣམས་ལ་གནས་ཤིང་། སེམས་ཅན་རྣམས་ཀྱི་དོན་བྱེད་པ་ཡིན་ནོ། །དེ་ལྟའི་མིག་རྣམ་པར་དག་པ་མི་ལས་འདས་པ་དེ་ཉིད་ཀྱིས་ལྷ་ཕྱོགས་ཀྱི་འཇིག་རྟེན་གྱི་ཁམས་ཐམས་ཅད་མཐོང་སྟེ། དེ་དེ་དག་ཏུ་རྫུ་འཕྲུལ་གྱིས་སོང་ཞིང་། སྦྱིན་པ་འམ། ཚུལ་ཁྲིམས་སམ། བཟོད་པའམ། བརྩོན་འགྲུས་སམ། བསམ་གཏན་ནམ། ཤེས་རབ་བམ། དྲན་པ་ཉེ་བར་གཞག་པ་རྣམས་སམ། ཡང་དག་པར་སྤོང་བ་རྣམས་སམ། རྫུ་འཕྲུལ་གྱི་རྐང་པ་རྣམས་

སམ༔ དབང་པོ་རྣམས་སམ། སྟོབས་རྣམས་སམ། བྱང་ཆུབ་ཀྱི་ཡན་ལག་རྣམས་སམ། འཕགས་པའི་ལམ་ཡན་ལག་བརྒྱད་པའམ། རྣམ་པར་ཐར་པའི་སྒོ་སྟོང་པ་ཉིད་དང་། མཚན་མ་མེད་པ་དང་། སྨོན་པ་མེད་པ་འམ། བསམ་གཏན་རྣམས་སམ། ཚད་མེད་པ་རྣམས་སམ། གཟུགས་མེད་པའི་སྙོམས་པར་འཇུག་པ་རྣམས་སམ། རྣམ་པར་ཐར་པ་རྣམས་སམ། ཏིང་ངེ་འཛིན་རྣམས་སམ། མཐར་གྱིས་གནས་པའི་སྙོམས་པར་འཇུག་པ་རྣམས་སམ། དེ་བཞིན་གཤེགས་པའི་སྟོབས་རྣམས་སམ། མི་འཇིགས་པ་རྣམས་སམ། སོ་སོ་ཡང་དག་པར་རིག་པ་རྣམས་སམ། (༡)སངས་རྒྱས་ཀྱི་ཆོས་མ་འདྲེས་པ་རྣམས་སམ། ཉན་ཐོས་ཀྱི་(༢)ཆོས་སམ། རང་སངས་རྒྱས་ཀྱི་ཆོས་སམ། བྱང་ཆུབ་སེམས་དཔའི་ཆོས་སམ། སངས་རྒྱས་ཀྱི་ཆོས་ཀྱིས་སེམས་ཅན་རྣམས་ཀྱི་དོན་བྱེད་ཅིང་། སེམས་ཅན་དེ་དག་གི་(༣)བྱ་བ་བྱེད་དེ། དེ་ལ་སེམས་ཅན་སེར་སྣ་ཅན་གང་ཇི་སྙེད་པ་དེ་དག་ལ་འདི་སྐད་དུ་ཆོས་སྟོན་ཏེ(༤)། སྦྱིན་པ་བྱིན་ཅིག་ཕོངས་པ་ནི་སྡུག་བསྔལ་བ་སྟེ། ཕོངས་པས་ནི་བདག་གི་དོན་ཀྱང་བྱ་བར་མི་ནུས་ན། གཞན་གྱི་(༥)དོན་ལྟ་ཅི་སྨོས་ཀྱིས(༦)། དེ་ལྟར་ཁྱེད་ཀྱིས་སྦྱིན་པ་བྱིན་ལ། བདག་ཅག་ཀྱང་བདེ་བར་གྱིས་ཤིག །གཞན་ཡང་བདེ་བར་གྱིས་ཤིག །ཕོངས་པས་ཟིལ་གྱིས་ནོན་ཅིང་ཉིང་ཤ་ཉིང་གིས་ཟོས་ཏེ། ངན་སོང་གསུམ་(༧)ལས་མི་ཐར་བར་གྱུར་ཏ་རེ་ཞེས་ཆོས་སྟོན་ཏོ། །སེམས་ཅན་ཚུལ་ཁྲིམས་ངན་པ་ཅན་གང་ཇི་སྙེད་པ་དེ་དག་ལ་འདི་སྐད་དུ་ཆོས་སྟོན་ཏེ། ཀྱེ་སྐྱེས་བུ་དག་ཚུལ་ཁྲིམས་ངན་པ་(༨)ནི་སྡུག་བསྔལ་བ་སྟེ། ཚུལ་ཁྲིམས་ངན་པས་ནི་བདག་གི་དོན་ཀྱང་(༩)བྱ་བར་མི་ནུས་ན། གཞན་གྱི་དོན་ལྟ་ཅི་སྨོས་ཏེ། ཚུལ་ཁྲིམས་ངན་པའི་རྣམ་པར་སྨིན་པ་ནི་སེམས་ཅན་དམྱལ་བའམ་ཕྱུལ་སོང་གི་སྐྱེ་གནས་སམ། གཤིན་རྗེའི་འཇིག་རྟེན་

ཡིན་ཏེ། དེ་ལྟར་ཁྱེད་[༡]ངན་སོང་གསུམ་དུ་ལྟུང་[༢]ན། བདག་ཅག་ཀྱང་གནོན་པར་མི་ནུས་ན། གཞན་གནོན་པར་ལྟ་ཅི་སྨོས་ཀྱིས[༣]། དེའི་ཕྱིརཿ ཁྱེད་ཀྱིས་[༤]ཚུལ་ཁྲིམས་ངན་པའི་སེམས་འགའ་ཙམ་གྱི་[༥]གོ་སྐབས་ཀྱང་མི་དབྱེའོ། །ཕྱིས་འགྱོད་པ་ཅན་དུ་གྱུར་ཏ་རེ་ཞེས་ཆོས་སྟོན་ཏོ། །སེམས་ཅན་ཕན་ཚུན་དུ་[༦]གནོད་སེམས་སུ་གྱུར་པ་[༧]ཇི་སྙེད་པ་[༨]དེ་དག་ལ་འདི་སྐད་དུ་ཆོས་སྟོན་ཏེ། དེ་ལྟར་ཁྱེད་གཅིག་ལ་གཅིག་གནོད་སེམས་སུ་མ་བྱེད་ཅིག །སེམས་འཁྲུགས་པར་གྱུར་པ་ལ་དགེ་བའི་ཆོས་གང་ཡང་སྐྱེ་བར་མི་འགྱུར་ཏེ། དེ་ལྟ་བས་ན་ཁྱེད་ཕན་ཚུན་དུ་[༩]སེམས་འཁྲུག་[༡༠]པར་གྱུར་ན། སེམས་ཅན་དམྱལ་བར་སྐྱེ་བའམ། ཡུལ་སོང་གི་སྐྱེ་གནས་སུ་སྐྱེ་བའམ། གཤིན་རྗེའི་འཇིག་རྟེན་དུ་སྐྱེ་བའི་གནས་ཡོད་ཀྱིས། དེ་བས་ན་ཁྱེད་ཀྱིས་འཁྲུག་[༡༡]པའི་སེམས་འགའ་ཙམ་གྱི་[༡༢]གོ་སྐབས་ཀྱང་མི་དབྱེའོ། །ཕྱིས་འགྱོད་པ་ཅན་དུ་གྱུར་ཏ་རེ་ཞེས་ཆོས་སྟོན་ཏོ། །སེམས་ཅན་ལེ་ལོ་ཅན་གང་ཇི་སྙེད་པ་དེ་དག་ལ་འདི་སྐད་དུ་ཆོས་སྟོན་ཏེ། ཀྱེ་སྐྱེས་བུ་དག་ལེ་ལོ་[༡༣]ནི་སྡུག་བསྔལ་བ་སྟེ། ལེ་ལོས་ནི་བདག་གི་དོན་ཀྱང་བྱ་བར་མི་ནུས་ན། གཞན་གྱི་དོན་ལྟ་ཅི་སྨོས་ཏེ། ལེ་ལོའི་རྣམ་པར་སྨིན་པ་ནི་སེམས་ཅན་དམྱལ་བའམ། ཡུལ་སོང་གི་སྐྱེ་གནས་སམ། གཤིན་རྗེའི་འཇིག་རྟེན་ཡིན་ཏེ། དེ་ལྟར་ཁྱེད་ངན་སོང་གསུམ་དུ་ལྟུང་ན། བདག་ཅག་ཀྱང་གནོན་པར་མི་ནུས་ན། གཞན་གནོན་པར་ལྟ་ཅི་སྨོས་ཀྱིས[༡༤]། དེའི་ཕྱིར་ཁྱེད་ཀྱིས་[༡༥]ལེ་ལོའི་སེམས་འགའ་ཙམ་གྱི་གོ་སྐབས་ཀྱང་མི་དབྱེའོ། །ཕྱིས་འགྱོད་པ་ཅན་དུ་གྱུར་ཏ་རེ་ཞེས་ཆོས་སྟོན་ཏོ། །སེམས་ཅན་སེམས་གཡེང་བ་གང་ཇི་སྙེད་པ་དེ་དག་ལ་འདི་སྐད་དུ་ཆོས་སྟོན་ཏེ། ཀྱེ་སྐྱེས་བུ་དག་སེམས་གཡེང་བ་ནི་སྡུག་བསྔལཿབ་སྟེ[༡༦]། གང་སེམས་གཡེང་བའི་རྣམ་པར་སྨིན་པ་ནི་སེམས་ཅན་དམྱལ་བའམ། ཡུལ་སོང་གི་སྐྱེ་གནས་སམ།

གཤིན་རྗེའི་འཇིག་རྟེན་ཡིན་ཏེ། དེ་[༡]དེ་ལྟར་ཁྱེད་ངན་སོང་གསུམ་དུ་ལྟུང་[༢]ན། བདག་ཅག་ཀྱང་གདོན་པར་མི་ནུས་ན། གཞན་གདོན་པར་ལྟ་ཅི་སྨོས་ཀྱིས[༣]། དེའི་ཕྱིར་ཁྱེད་ཀྱིས་[༤]གཡེང་བའི་སེམས་འགའ་ཙམ་གྱི་གོ་སྐབས་ཀྱང་མི་དབྱེའོ། །ཕྱིས་འགྱོད་པ་ཅན་དུ་གྱུར་ཏ་རེ་ཞེས་ཆོས་སྟོན་ཏོ། །སེམས་ཅན་ཤེས་རབ་འཆལ་པ་ཅན་གང་ཇི་སྙེད་པ་དེ་དག་ལ་འདི་སྐད་དུ་ཆོས་སྟོན་ཏེ[༥]། ཀྱེ་སྐྱེས་བུ་དག་ཤེས་རབ་འཆལ་པ་ནི་སྡུག་བསྔལ་བ་སྟེ[༦]། ཤེས་རབ་འཆལ་པས་ནི་བདག་གི་དོན་ཀྱང་བྱ་བར་མི་ནུས་ན། གཞན་གྱི་དོན་ལྟ་ཅི་སྨོས་ཏེ། ཤེས་རབ་འཆལ་པའི་རྣམ་པར་སྨིན་པ་ནི། སེམས་ཅན་དམྱལ་བ་འམ། ཕྱུགས་སོང་གི་སྐྱེ་གནས་སམ། གཤིན་རྗེའི་འཇིག་རྟེན་ཡིན་ཏེ། དེ་ལྟར་ཁྱེད་ཀྱིས་ཤེས་རབ་འཆལ་པའི་སེམས་འགའ་ཙམ་གྱི་གོ་སྐབས་ཀྱང་མི་དབྱེའོ། །ཕྱིས་འགྱོད་པ་ཅན་དུ་གྱུར་ཏ་རེ་ཞེས་ཆོས་སྟོན་ཏོ། །འདོད་ཆགས་ཀྱི་སྤྱོད་པ་ཅན་གང་ཇི་སྙེད་པ་དེ་དག་མི་སྡུག་པ་ལ་སྦྱོར་རོ། །ཞེ་སྡང་གི་སྤྱོད་པ་ཅན་གང་ཇི་སྙེད་པ་དེ་དག་བྱམས་པ་ལ་སྦྱོར་རོ། །གཏི་མུག་གི་སྤྱོད་པ་ཅན་གང་ཇི་སྙེད་པཿདེ་དག་[༧]རྟེན་ཅིང་འབྲེལ་པར་འབྱུང་བ་ལ་སྦྱོར་རོ། །ལམ་ངན་པར་ཞུགས་པ་གང་ཇི་སྙེད་པ་དེ་དག་ཡང་དག་པའི་ལམ་ལ་སྦྱོར་ཏེ། ཉན་ཐོས་ཀྱི་ལམ་མམ། རང་སངས་རྒྱས་ཀྱི་ལམ་མམ། སངས་རྒྱས་ཀྱི་ལམ་ལ་སྦྱོར་ཞིང་དེ་དག་ལ་འདི་སྐད་དུ་ཆོས་སྟོནཿཏེ། ཁྱེད་[༨]ཆོས་གང་ལ་མངོན་པར་ཞེན་པར་གྱུར་པའི་ཆོས་དེ་དག་ནི་ངོ་བོ་ཉིད་ཀྱིས་སྟོང་སྟེ། ངོ་བོ་ཉིད་ཀྱིས་སྟོང་པའི་ཆོས་རྣམས་ནི་མངོན་པར་ཞེན་པར་མི་ནུས་ཏེ། སྟོང་པ་ཉིད་ལ་མངོན་པར་ཞེན་པ་[༩]མེད་དོ་ཞེས་ཆོས་སྟོན་ཏོ། །རབ་འབྱོརཿདེ་ལྟར་ན་[༡༠]བྱང་ཆུབ་སེམས་དཔའ་སེམས་དཔའ་ཆེན་པོ་ཤེས་རབ་ཀྱི་ཕ་རོལ་ཏུ་ཕྱིན་པ་ལ་སྤྱོད་པའི་ཚེ། མངོན་པར་ཤེས་པ་རྣམས་ལ་གནས་ཤིང་། སེམས་ཅན…

རྣམས་ཀྱི་དོན་བྱེད་པ་ཡིན་ནོ། །དེ་ལྟའི་མིག་རྣམ་པར་དག་པ་མི་ལས་འདས་པ་དེ་ཉིད་ཀྱིས་ནུབ་ཕྱོགས་ཀྱི་འཇིག་རྟེན་གྱི་ཁམས་ཐམས་ཅད་མཐོང་སྟེ། དེ་དེ་དག་ཏུ་རྫུ་འཕྲུལ་གྱིས་སོང་ཞིང་། སྦྱིན་པ་འམ། ཚུལ་ཁྲིམས་སམ། བཟོད་པའམ། བརྩོན་འགྲུས་སམ། བསམ་གཏན་នམ། ཤེས་རབ་བམ། དྲན་པ་ཉེ་བར་གཞག་པ་རྣམས་སམ། ཡང་དག་པར་སྤོང་བ་རྣམས་སམ། རྫུ་འཕྲུལ་གྱི་རྐང་པ་རྣམས་སམ། དབང་པོ་རྣམས་སམ། སྟོབས་རྣམས་སམ། བྱང་ཆུབ་ཀྱི་ཡན་ལག་[༡]རྣམས་སམ། འཕགས་པའི་ལམ་ཡན་ལག་བརྒྱད་པའམ། རྣམ་པར་ཐར་པའི་སྒོ་སྟོང་པ་ཉིད་དང་། མཚན་མ་མེད་པ་དང་། སྨོན་པ་མེད་པ་འམ། བསམ་གཏན་རྣམས་སམ། ཚད་མེད་པ་རྣམས་སམ།[༢] གཟུགས་མེད་པའི་སྙོམས་པར་འཇུག་པ་རྣམས་སམ། རྣམ་པར་ཐར་པ་རྣམས་སམ། [༣] ཏིང་ངེ་འཛིན་རྣམས་སམ། མཐར་གྱིས་གནས་པའི་སྙོམས་པར་འཇུག་པ་རྣམས་སམ། དེ་བཞིན་གཤེགས་པའི་སྟོབས་རྣམས་སམ། མི་འཇིགས་པ་རྣམས་སམ། སོ་སོ་ཡང་དག་པར་རིག་པ་རྣམས་སམ། [༤]སངས་རྒྱས་ཀྱི་ཆོས་མ་འདྲེས་པ་རྣམས་སམ། ཉན་ཐོས་ཀྱི་ཆོས་སམ། རང་སངས་རྒྱས་ཀྱི་ཆོས་སམ། བྱང་ཆུབ་སེམས་དཔའི་ཆོས་སམ། སངས་རྒྱས་ཀྱི་ཆོས་ཀྱིས་སེམས་ཅན་རྣམས་ཀྱི་དོན་བྱེད་ཅིང་། སེམས་ཅན་དེ་དག་གི་བྱ་བ་བྱེད་དེ། དེ་ཡང་[༥]སེམས་ཅན་སེར་སྣ་ཅན་གང་ཇི་སྙེད་པ་དེ་དག་ལ་འདི་སྐད་དུ་ཆོས་སྟོན་ཏེ[༦]། སྦྱིན་པ་བྱིན་ཅིག །ཕོངས་པ་ནི་སྡུག་བསྔལ་བ་སྟེ། ཕོངས་པས་ནི་བདག་གི་དོན་ཀྱང་བྱ་བར་མི་ནུས་ན། གཞན་གྱི་དོན་ལྟ་ཅི་སྨོས་ཀྱིས[༧]། དེ་ལྟར་ཁྱེད་ཀྱིས་སྦྱིན་པ་བྱིན་ལ་བདག་ཅག་ཀྱང་བདེ་བར་གྱིས་[༨]ཤིག །གཞན་ཡང་བདེ་བར་གྱིས་[༩]ཤིག །ཕོངས་པས་ཟིལ་གྱིས་ནོན་ཅིང་ཉིང་ཤ་ཉིང་གིས་ཟོས་ཏེ

ངན་སོང་གསུམ་ལས་མི་ཐར་བར་གྱུར་ཏ་རེ་ཞེས་ཆོས་སྟོན་ཏོ། །སེམས་ཅན་ཚུལ་ཁྲིམས་ངན་པ་ཅན་གང་ཇི་སྙེད་པ་དེ་དག་ལ་འདི་སྐད་དུ་ཆོས་སྟོན་ཏེ[1]། ཀྱེ་སྐྱེས་བུ་དགཿ ཚུལ་ཁྲིམས་ངན་པ་ནི་སྡུག་བསྔལ་བ་སྟེ[2]། ཚུལ་ཁྲིམས་ངན་པས་ནི་བདག་གི་དོན་ཀྱང་བྱ་བར་མི་ནུས་ན། གཞན་གྱི་དོན་ལྟ་ཅི་སྨོས་ཏེ། ཚུལ་ཁྲིམས་ངན་པའི་རྣམ་པར་སྨིན་པ་ནི་སེམས་ཅན་དམྱལ་བའམ། བྱོལ་སོང་གི་སྐྱེ་གནས་སམ། གཤིན་རྗེའི་འཇིག་རྟེན་ཡིན་ཏེ། དེ་ལྟར་ཁྱེད་ངན་སོང་གསུམ་དུ་ལྟུང་ན། བདག་ཅག[3]ཀྱང་གདོན་པར་མི་ནུས་ན། གཞན་གདོན་པར་ལྟ་ཅི་སྨོས་ཀྱིས[4]། དེའི་ཕྱིར་ཁྱེད་ཀྱིས་ཚུལ་ཁྲིམས་ངན་པའི་སེམས་འགའ་ཙམ་གྱི་གོ་སྐབས་ཀྱང་མི་དབྱེའོ། །ཕྱིས་འགྱོད་པ་ཅན་དུ་གྱུར་ཏ་རེ་ཞེས་ཆོས་སྟོན་ཏོ། །སེམས་ཅན་ཕན་ཚུན་གནོད་སེམས་སུ་གྱུར་པ[5]ཇི་སྙེད་པ་དེ་དག་ལ་འདི་སྐད་དུ་ཆོས་སྟོན་ཏེ[6]། དེ་ལྟར་ཁྱེད་གཅིག[7]ལ་གཅིག་གནོད་སེམས་སུ་མ་བྱེད་ཅིག །སེམས་འཁྲུགས་པར་གྱུར་པ་ལ་དགེ་བའི་ཆོས་གང་ཡང་སྐྱེ་བར་མི་འགྱུར་ཏེ། དེ་ལྟ་བས་ན་ཁྱེད་ཕན་ཚུན་སེམས་འཁྲུག[8]པར་གྱུར་ན། སེམས་ཅན་དམྱལཿབར་སྐྱེ[9]བའམ། བྱོལ་སོང་གི་སྐྱེ་གནས་སུ་སྐྱེ་བའམ། གཤིན་རྗེའི་འཇིག་རྟེན་དུ་སྐྱེ་བའི་གནས་ཡོད་ཀྱིས[10]། དེ་བས་ན་ཁྱེད་ཀྱིས[11]འཁྲུག་པའི་སེམས་འགའ་ཙམ་གྱི་གོ་སྐབས་ཀྱང་མི་དབྱེའོ། །ཕྱིས་འགྱོད་པ་ཅན་དུ་གྱུར་ཏ་རེ་ཞེས་ཆོས་སྟོན་ཏོ། །སེམས་ཅན་ལེ་ལོ་ཅན་གང་ཇི་སྙེད་པ་དེ་དག་ལ་འདི་སྐད་དུ་ཆོས་སྟོན་ཏེ། ཀྱེ་སྐྱེས་བུ་དག་ལེ་ལོ་ནི་སྡུག་བསྔལ་བ་སྟེ། ལེ་ལོས་ནི་བདག་གི་དོན་ཀྱང་བྱ་བར་མི་ནུས་ན། གཞན་གྱི་དོན་ལྟ་ཅི་སྨོས་ཏེ། ལེ་ལོའི་རྣམ་པར་སྨིན་པ་ནི་སེམས་ཅན་དམྱལ་བའམ། བྱོལ་སོང་གི་སྐྱེ་གནས་སམ། གཤིན་རྗེའི་འཇིག་རྟེན་ཡིན་ཏེ། དེ་ལྟར་ཁྱེད་ངན་སོང་གསུམ་དུ་ལྟུང་ན། བདག་ཅག་ཀྱང་གདོན་པར་

མི་ནུས་ན། གཞན་གདོན་པར་ལྟ་ཅི་སྨོས་ཀྱིས[1]། དེའི་ཕྱིར་ཁྱེད་ཀྱིས་ལེ་ལོའི་སེམས་འགའ་ཙམ་གྱི་གོ་སྐབས་ཀྱང་མི་དབྱེའོ། །ཕྱིས་འགྱོད་པ་ཅན་དུ་གྱུར་ཏ་རེ་ཞེས་ཆོས་སྟོན་ཏོ། །སེམས་ཅན་སེམས་གཡེང་བ་གང་ཇི་སྙེད་པ་དེ་དག་ལ་འདི་སྐད་དུ་ཆོས་སྟོན་ཏེ[2]། ཀྱེ་སྐྱེས་བུ་དག་སེམས་གཡེང་བ་ནི་སྡུག་བསྔལཿབ་སྟེ[3]། གང་སེམས་གཡེང་བའི་རྣམ་པར་སྨིན་པ་ནི། སེམས་ཅན་དམྱལ་བའམ། བྱོལ་སོང་གི་སྐྱེ་གནས་སམ། གཤིན་རྗེའི་འཇིག་རྟེན་ཡིན་ཏེ། དེ་ལྟར་ཁྱེད[4]་ངན་སོང་གསུམ་དུ་ལྷུང[5]་ན། བདག་ཅག་ཀྱང་གདོན་པར་མི་ནུས་ན། གཞན་གདོན་པར་ལྟ་ཅི་སྨོས་ཀྱིས[6]། ཿདེའི་ཕྱིར་ཁྱེད་ཀྱིས[7]་གཡེང་བའི་སེམས་འགའ་ཙམ་གྱི་གོ་སྐབས་ཀྱང་མི་དབྱེའོ། །ཕྱིས་འགྱོད་པ་ཅན་དུ་གྱུར་ཏ་རེ་ཞེས་ཆོས་སྟོན་ཏོ། །སེམས་ཅན་ཤེས་རབ་འཆལ་པ་ཅན་གང་ཇི་སྙེད་པ་དེ་དག་ལ[8]་འདི་སྐད་དུ་ཆོས་སྟོན་ཏེ། ཀྱེ་སྐྱེས་བུ་དག་ཤེས་རབ་འཆལ་པ་ནི་སྡུག་བསྔལཿབ་སྟེ[9]། ཤེས་རབ་འཆལ་པས་ནི་བདག་གི་དོན་ཀྱང་བྱ་བར་མི་ནུས་ན། གཞན་གྱི་དོན་ལྟ་ཅི་སྨོས་ཏེ། གང་ཤེས་རབ་འཆལ་པའི་རྣམ་པར་སྨིན་པ་ནི་སེམས་ཅན་དམྱལ་བའམ། བྱོལ་སོང་གི་སྐྱེ་གནས་སམ། གཤིན་རྗེའི་འཇིག་རྟེན་ཡིན་ཏེ། དེ་ལྟར་ཁྱེད་ཀྱིས་ཤེས་རབ་འཆལ་པའི་སེམས་འགའ་ཙམ་གྱི་གོ་སྐབས་ཀྱང་མི་དབྱེའོ། །ཕྱིས་འགྱོད་པ་ཅན་དུ་གྱུར་ཏ་རེ་ཞེས་ཆོས་སྟོན་ཏོ། །འདོད་ཆགས་ཀྱི་སྤྱོད་པ་ཅན་གང་ཇི་སྙེད་པ་དེ་དག་མི་སྡུག་པ་ལ་སྦྱོར་རོ། །ཞེ་སྡང་གི་སྤྱོད་པ་ཅན་གང་ཇི་སྙེད་པ་དེ་དག་བྱམས་པ་ལ་སྦྱོར་རོ། །གཏི་མུག་གི་སྤྱོད་པ་ཅན་གང་ཇི་སྙེད་པ་དེ་དག་རྟེན་ཅིང་འབྲེལ་པར་འབྱུང་བ་ལ་སྦྱོར་རོ། །ལམ་ངན་པར་ཞུགས་པ་གང་ཇི་སྙེད་པ་དེ་དག་ཡང་དག་པའི་ལམ་ལ་སྦྱོར་ཏེ། ཉན་ཐོས་ཀྱི་ལམ་མམ། རང་སངས་རྒྱས་ཀྱི་ལམ་མམ། སངས་རྒྱས་ཀྱི་ལམ་ལ་སྦྱོར་ཞིང་དེ་དག་ལ་འདི་སྐད་དུ་

ཆོས་སྟོན་ཏེ། ཁྱེད་[༧]ཆོས་གང་ལ་མངོན་པར་ཞེན་པར་གྱུར་པའི་ཆོས་དེ་དག་ནི་ངོ་བོ་ཉིད་ཀྱིས་སྟོང་སྟེ། ངོ་བོ་ཉིད་ཀྱིས་སྟོང་པའི་ཆོས་རྣམས་ནི། མངོན་པར་ཞེན་པར་མི་ནུས་ཏེ། སྟོང་པ་ཉིད་ལ་མངོན་པར་ཞེན་པ་མེད་དོ་ཞེས་ཆོས་སྟོན་ཏོ།། རབ་འབྱོར་དེ་ལྟར་ན་བྱང་ཆུབ་སེམས་དཔའ་སེམས་དཔའ་ཆེན་པོ་ཤེས་རབ་ཀྱི་ཕ་རོལ་ཏུ་ཕྱིན་པ་ལ་སྤྱོད་པའི་ཚེ། མངོན་པར་ཤེས་པ་རྣམས་ལ་གནས་ཤིང་། སེམས་ཅན་རྣམས་ཀྱི་དོན་བྱེད་པ་ཡིན་ནོ། །དེ་ལྟའི་མིག་རྣམ་པར་དག་པ་མི་ལས་འདས་པ་དེ་ཉིད་ཀྱིས་བྱང་ཕྱོགས་ཀྱི་འཇིག་རྟེན་གྱི་ཁམས་ཐམས་ཅད་མཐོང་སྟེ། དེ་དེ་དག་ཏུ་རྫུ་འཕྲུལ་གྱིས་སོང་ཞིང་། སྦྱིན་པ་འམ། ཚུལ་ཁྲིམས་སམ། བཟོད་པ་འམ། བརྩོན་འགྲུས་སམ། བསམ་གཏན་ནམ། ཤེས་རབ་བམ། ཉན་པ་ཉེ་བར་གཞག་པ་རྣམས་སམ[༣]། ཡང་དག་པར་སྤོང་བ་རྣམས་སམ། རྫུ་འཕྲུལ་གྱི་རྐང་པ་རྣམས་སམ། དབང་པོ་རྣམས་སམ། སྟོབས་རྣམས་སམ། བྱང་ཆུབ་ཀྱི་ཡན་ལག་རྣམས་སམ། འཕགས་པའི་ལམ་ཡན་ལག་བརྒྱད་པའམ། རྣམ་པར་ཐར་པའི་སྒོ་སྟོང་པ་ཉིད་དང་། མཚན་མ་མེད་པ་དང་། སྨོན་པ་མེད་པ་འམ། བསམ་གཏན་རྣམས་སམ། ཚད་མེད་པ་རྣམས་སམ། གཟུགས་མེད་པའི་སྙོམས་པར་འཇུག་པ་རྣམས་སམ། རྣམ་པར་ཐར་པ་རྣམས་སམ། ཏིང་ངེ་འཛིན་རྣམས་སམ། མཐར་གྱིས་གནས་པའི་སྙོམས་པར་འཇུག་པ་རྣམས་སམ། དེ་བཞིན་གཤེགས་པའི་སྟོབས་རྣམས་སམ། མི་འཇིགས་པ་རྣམས་སམ། སོ་སོ་ཡང་དག་པར་རིག་པ་རྣམས་སམ། [༣]སངས་རྒྱས་ཀྱི་ཆོས་མ་འདྲེས་པ་རྣམས་སམ། ཉན་ཐོས་ཀྱི་ཆོས་སམ། རང་སངས་རྒྱས་ཀྱི་ཆོས་སམ། བྱང་ཆུབ་སེམས་དཔའི་ཆོས་སམ། སངས་རྒྱས་ཀྱི་ཆོས་ཀྱིས་སེམས་ཅན་རྣམས་ཀྱི་[༢]དོན་བྱེད་ཅིང་། སེམས་ཅན་དེ་དག་གི་[༥]བྱ་བ་བྱེད་དེ[༦]། དེ་

ལ་སེམས་ཅན་སེར་སྣ་ཅན་གང་ཇི་སྙེད་པ་དེ་དག་ལ་འདི་སྐད་དུ་ཆོས་སྟོན་ཏེ།
སྦྱིན་པ་བྱིན་ཅིག །ཕོངས་པ་ནི་སྡུག་བསྔལ་བ་སྟེ། ཕོངས་པས་ནི་བདག་གི
དོན་ཀྱང་བྱ་བར་མི་ནུས་ན། གཞན་གྱི་དོན་ལྟ་ཅི་སྨོས་ཀྱིས[༡]། དེ་ལྟར་ཁྱེད
ཀྱིས་[༢]སྦྱིན་པ་བྱིན་ལ། བདག་ཅག་ཀྱང་བདེ་[༣]བར་གྱིས་ཤིག །གཞན་ཡང
བདེ་བར་གྱིས་ཤིག །ཕོངས་པས་ཟིལ་ཀྱིས་ནོན་ཅིང་ཉིང་ཤ་ཉིང་གིས་ཟོས་ཏེ།
ངན་སོང་གསུམ་ལས་མི་ཐར་བར་གྱུར་ཏ་རེ་ཞེས་ཆོས་སྟོན་ཏོ། །སེམས་ཅན་ཚུལ
ཁྲིམས་ངན་པ་ཅན་གང་ཇི་སྙེད་པ་དེ་དག་ལ་འདི་སྐད་དུ་ཆོས་སྟོན་ཏེ[༤]། ཀྱེ
སྐྱེས་བུ་དག་ཚུལ་ཁྲིམས་ངན་པ་ནི་སྡུག་བསྔལ་བ་སྟེ། ཚུལ་ཁྲིམས་ངན་པས་ནི
བདག་གི་དོན་ཀྱང་བྱ་བར་མི་ནུས་ན། གཞན་གྱི་དོན་ལྟ་ཅི་སྨོས་ཏེ། ཚུལ
ཁྲིམས་ངན་པའི་རྣམ་པར་སྨིན་པ་ནི་སེམས་ཅན་དམྱལ་བའམ། ཡི་དྭགས་ཀྱི་སྐྱེ
གནས་སམ། གཤིན་རྗེའི་འཇིག་རྟེན་ཡིན་ཏེ། དེ་ལྟར་ཁྱེད་ངན་སོང་གསུམ
དུ་ལྷུང་ན། བདག་ཅག་ཀྱང་གནོད་པར་མི་ནུས་ན། གཞན་གནོད་པར་ལྟ་ཅི
སྨོས་ཀྱིས[༥]། དེའི་ཕྱིར་ཁྱོད་[༦]ཀྱིས་ཚུལ་ཁྲིམས་ངན་པའི་སེམས་འགའ་ཙམ་གྱི་གོ
སྐབས་ཀྱང་མི་དབྱེའོ། །ཕྱིས་འགྱོད་པ་ཅན་དུ་གྱུར་ཏ་རེ་ཞེས་ཆོས་སྟོན་ཏོ། །
སེམས་ཅན་ཕན་ཚུན་[༧]གནོད་སེམས་སུ་གྱུར་པ་[༨]ཇི་སྙེད་པ་དེ་དག་ལ་འདི་སྐད་དུ
ཆོས་སྟོན་ཏེ། དེ་ལྟར་ཁྱེད་གཅིག་[༩]ལ་གཅིག་གནོད་[༡༠]སེམས་སུ་མ་བྱེད་ཅིག །
སེམས་འཁྲུགས་[༡༡]པར་གྱུར་པ་ལ། དགེ་བའི་ཆོས་གང་ཡང་སྐྱེ་བར་མི་འགྱུར་ཏེ།
དེ་ལྟ་བས་ན་ཁྱེད་ཕན་ཚུན་དུ་སེམས་འཁྲུག་[༡༢]པར་གྱུར་ན། སེམས་ཅན་དམྱལ
བར་སྐྱེ་བའམ། ཡི་དྭགས་ཀྱི་སྐྱེ་གནས་སུ་སྐྱེ་བའམ། གཤིན་རྗེའི་འཇིག་རྟེན
དུ་སྐྱེ་བའི་གནས་ཡོད་ཀྱིས[༡༣]། དེ་བས་ན་ཁྱེད་ཀྱིས་འཁྲུག་[༡༤]པའི་སེམས་འགའ
ཙམ་གྱི་གོ་སྐབས་ཀྱང་མི་དབྱེའོ། །ཕྱིས་འགྱོད་པ་ཅན་དུ་གྱུར་ཏ་རེ་ཞེས་ཆོས

སྟོན་ཏོ། །སེམས་ཅན་ལེ་ལོ་ཅན་གང་ཇི་སྙེད་པ་དེ་དག་ལ་འདི་སྐད་དུ་ཆོས་སྟོན་ཏེ༏ ཀྱེ་སྐྱེས་བུ་དག་ལེ་ལོ་ནི་སྡུག་བསྔལ་བ་སྟེ། ལེ་ལོས་ནི་བདག་གི་དོན་ཀྱང་བྱ་བར་མི་ནུས་ན། གཞན་གྱི་དོན་ལྟ་ཅི་སྨོས་ཏེ[1]། ལེ་ལོའི་རྣམ་པར་སྨིན་པ་ནི་སེམས་ཅན་དམྱལ་བའམ། ཕྱུལ་སོང་གི་སྐྱེ་གནས་སམ། གཤིན་རྗེའི་འཇིག་རྟེན་ཡིན་ཏེ། དེ་ལྟར་ཁྱེད་[2]ངན་སོང་གསུམ་དུ་ལྟུང་[3]ན། བདག་ཅག་ཀྱང་གདོན་པར་མི་ནུས་ན། གཞན་གདོན་པར་ལྟ་ཅི་སྨོས་ཀྱིས[4]། དེའི་ཕྱིར་ཁྱེད་ཀྱིས་ལེ་ལོའི་སེམས་འགའ་ཙམ་གྱི་[5]གོ་སྐབས་ཀྱང་མི་དབྱེའོ། །ཕྱིས་འགྱོད་པ་ཅན་དུ་གྱུར་ཏ་རེ་ཞེས་ཆོས་སྟོན་ཏོ། །སེམས་ཅན་སེམས་གཡེང་བ་[6]གང་ཇི་སྙེད་པ་དེ་དག་ལ་འདི་སྐད་དུ་ཆོས་སྟོན་ཏེ[7]། ཀྱེ་སྐྱེས་བུ་དག་སེམས་གཡེང་བ་ནི་སྡུག་བསྔལ་བ་སྟེ[8]། གང་སེམས་གཡེང་བའི་རྣམ་པར་སྨིན་པ་ནི་སེམས་ཅན་དམྱལ་བ་འམ། ཕྱུལ་སོང་གི་སྐྱེ་གནས་སམ། གཤིན་རྗེའི་འཇིག་རྟེན་ཡིན་ཏེ། དེ་ལྟར་ཁྱེད་ངན་སོང་གསུམ་དུ་ལྟུང་[9]ན། བདག་ཅག་ཀྱང་གདོན་པར་མི་ནུས་ན༏ གཞན་གདོན་པར་ལྟ་ཅི་སྨོས་ཀྱིས[10]། དེའི་ཕྱིར་ཁྱེད་ཀྱིས་གཡེང་བའི་སེམས་འགའ་ཙམ་གྱི་[11]གོ་སྐབས་ཀྱང་མི་[12]དབྱེའོ། །ཕྱིས་འགྱོད་པ་ཅན་དུ་གྱུར་ཏ་རེ་ཞེས་ཆོས་སྟོན་ཏོ། །སེམས་ཅན་ཤེས་རབ་འཆལ་པ་ཅན་གང་ཇི་སྙེད་པ་དེ་དག་ལ་འདི་སྐད་དུ་ཆོས་སྟོན་ཏེ[13]། ཀྱེ་སྐྱེས་བུ་དག་ཤེས་རབ་འཆལ་པ་ནི་སྡུག་བསྔལ་བ་སྟེ[14]། ཤེས་རབ་འཆལ་པས་ནི་བདག་གི་དོན་ཀྱང་བྱ་བར་མི་ནུས་ན། གཞན་གྱི་དོན་ལྟ་ཅི་སྨོས་ཏེ། ཤེས་རབ་འཆལ་པའི་རྣམ་པར་སྨིན་པ་ནི་སེམས་ཅན་དམྱལ་བའམ། ཕྱུལ་སོང་གི་སྐྱེ་གནས་སམ། གཤིན་རྗེའི་འཇིག་རྟེན་ཡིན་ཏེ༏ དེ་ལྟར་ཁྱེད་ཀྱིས་ཤེས་རབ་འཆལ་པའི་སེམས་འགའ་ཙམ་གྱི་[15]གོ་སྐབས་ཀྱང་མི་དབྱེའོ། །ཕྱིས་[16]འགྱོད་པ་ཅན་དུ་གྱུར་ཏ་རེ་ཞེས་ཆོས་སྟོན་ཏོ། །འདོད་

ཆགས་ཀྱི་སྤྱོད་པ་ཅན་གང་ཇི་སྙེད་པ་དེ་དག་མི་སྡུག་པ་ལ་སྦྱོར་རོ། །ཞེ་སྡང་གི་སྤྱོད་པ་ཅན་གང་ཇི་སྙེད་པ་དེ་དག་བྱམས་པ་ལ་སྦྱོར་རོ། །གཏི་མུག་གི་སྤྱོད་པ་ཅན་གང་ཇི་སྙེད་པ་དེ་དག་རྟེན་ཅིང་འབྲེལ་པར་འབྱུང་བ་ལ་སྦྱོར་རོ། །ལམ་ངན་པར་ཞུགས་པ་གང་ཇི་སྙེད་པ་དེ་དག་ཡང་དག་པའི་ལམ་ལ་སྦྱོར་ཏེ། ཉན་ཐོས་ཀྱི་ལམ་མམ། རང་སངས་རྒྱས་ཀྱི་ལམ་མམ། སངས་རྒྱས་ཀྱི་ལམ་ལ་སྦྱོར་ཞིང་དེ་དག་ལ་འདི་སྐད་དུ་ཆོས་སྟོན་ཏེ[1]། ཁྱེད་ཆོས་གང་ལ་མངོན་པར་ཞེན་པར་གྱུར་པའི་ཆོས་དེ་དག་ནི་ངོ་བོ་ཉིད་ཀྱིས[2]སྟོང་སྟེ། ངོ་བོ་ཉིད་ཀྱིས[2]སྟོང་པའི་ཆོས་རྣམས་ལ་ནི་མངོན་པར་ཞེན་པར་མི་ནུས་ཏེ། སྟོང་པ་ཉིད་ལ་མངོན་པར་ཞེན་པ་མེད་དོ་ཞེས་ཆོས་སྟོན་ཏོ། །རབ་འབྱོར་དེ་ལྟར་ན་བྱང་ཆུབ་སེམས་དཔའ་སེམས་དཔའ་ཆེན་པོ་ཤེས་རབ་ཀྱི་ཕ་རོལ་ཏུ་ཕྱིན་པ་ལ་སྤྱོད་པའི་ཚེ། མངོན་པར་ཤེས་པ་རྣམས་ལ་གནས་ཤིང་། སེམས་ཅན་རྣམས་ཀྱི་དོན་བྱེད་པ་ཡིན་ནོ། །དེ་ལྟའི་མིག་རྣམ་པར་དག་པ་མི་ལས་འདས་པ་དེ་ཉིད་ཀྱིས། བྱང་ཤར་གྱི་ཕྱོགས་མཚམས་ཀྱི་འཇིག་རྟེན་གྱི་ཁམས་ཐམས་ཅད་མཐོང་སྟེ། དེ་དེ་དག་ཏུ་རྫུ་འཕྲུལ་གྱིས་སོང་ཞིང་། སྦྱིན་པ་འམ། ཚུལ་ཁྲིམས་སམ། བཟོད་པའམ། བརྩོན་འགྲུས་སམ། བསམ་གཏན་ནམ། ཤེས་རབ་བམ[3]། དྲན་པ་ཉེ་བར་གཞག་པ་རྣམས་སམ། ཡང་དག་པར་སྤོང་བ་རྣམས་སམ། རྫུ་འཕྲུལ་གྱི་རྐང་པ་རྣམས་སམ། དབང་པོ་རྣམས་སམ། སྟོབས་རྣམས་སམ། བྱང་ཆུབ་ཀྱི་ཡན་ལག་རྣམས་སམ། འཕགས་པའི་ལམ་ཡན་ལག་བརྒྱད་པའམ། རྣམ་པར་ཐར་པའི་སྒོ་སྟོང་པ་ཉིད་དང་། མཚན་མ་མེད་པ་དང་། སྨོན་པ་མེད་པ་འམ། བསམ་གཏན་རྣམས་སམ། ཚད་མེད་པ་རྣམས་སམ། གཟུགས་མེད་པའི་སྙོམས་པར་འཇུག་པ་རྣམས་སམ། རྣམ་པར་ཐར་པ་རྣམས་

སམ། ཏིང་ངེ་འཛིན་རྣམས་སམ། མཐར་གྱིས་གནས་པའི་སྙོམས་པར་འཇུག་པ་རྣམས་སམ། དེ་བཞིན་གཤེགས་པའི་སྟོབས་རྣམས་སམ། མི་འཇིགས་པ་རྣམས་སམ། སོ་སོ་ཡང་དག་པར་རིག་པ་རྣམས་སམ། [༡]སངས་རྒྱས་ཀྱི་ཆོས་མ་འདྲེས་པ་རྣམས་སམ། ཉན་ཐོས་ཀྱི་ཆོས་སམ། ཿརང་སངས་རྒྱས་ཀྱི་ཆོས་སམ། [༢] བྱང་ཆུབ་སེམས་དཔའི་ཆོས་སམ། སངས་རྒྱས་ཀྱི་ཆོས་ཀྱིས་སེམས་ཅན་རྣམས་ཀྱི་དོན་བྱེད་ཅིང་སེམས་ཅན་དེ་དག་གི་བྱ་བ་བྱེད་དེ། དེ་ལ་སེམས་ཅན་སེར་སྣ་ཅན་གང་ཇི་སྙེད་པ་དེ་དག་ལ་འདི་སྐད་དུ་ཆོས་སྟོན་ཏེ། སྦྱིན་པ་བྱིན་ཅིག །ཕོངས་པ་ནི་སྡུག་བསྔལ་བ་སྟེ། ཕོངས་པས་ནི་བདག་གི་དོན་ཀྱང་བྱ་བར་མི་ནུས་ན། གཞན་གྱི་དོན་ལྟ་ཅི་སྨོས་ཀྱིས[༣]། དེ་ལྟར་ཁྱེད་ཀྱིས་[༤]སྦྱིན་པ་བྱིན་ལ་བདག་ཅག་ཀྱང་བདེ་བར་གྱིས་ཤིག །གཞན་ཡང་བདེ་བར་གྱིས་ཤིག ། ཕོངས་པས་ཟིལ་གྱིས་ནོན་ཅིང་ཉིང་ཤ་ཉིང་གིས་ཟོས་ཏེ། ངན་སོང་གསུམ་ལས་མི་ཐར་བར་འགྱུར་ཏ་རེ་ཞེས་ཆོས་སྟོན་ཏོ། །སེམས་ཅན་ཚུལ་ཁྲིམས་ངན་པ་ཅན་གང་ཇི་སྙེད་པ་དེ་དག་ལ་འདི་སྐད་དུ་ཆོས་སྟོན་ཏེ། ཀྱེ་སྐྱེས་བུ་དག་ཚུལ་ཁྲིམས་ངན་པ་ནི་སྡུག་བསྔལ་བ་སྟེ། ཚུལ་ཁྲིམས་ངན་པས་ནི་བདག་གི་དོན་ཀྱང་བྱ་བར་མི་ནུས་ན། གཞན་གྱི་དོན་ལྟ་ཅི་སྨོས་ཏེ། གང་ཚུལ་ཁྲིམས་ངན་པའི་རྣམ་པར་སྨིན་པ་ནི་སེམས་ཅན་དམྱལ་བའམ། དུད་འགྲོ་སྐྱེ་གནས་སམ། གཤིན་རྗེའི་འཇིག་རྟེན་ཡིན་ཏེ། དེ་ལྟར་ཁྱེད་ངན་སོང་གསུམ་དུ་ལྟུང་ན། བདག་ཅག་ཀྱང་གདོན་པར་མི་ནུས་ན། གཞན་གདོན་པར་ལྟ་ཅི་སྨོས་ཀྱིས[༥]། དེའི་ཕྱིར་ཁྱེད་ཀྱིས་ཚུལ་ཁྲིམས་ངན་པའི་སེམས་འགའ་ཙམ་གྱི་གོ་སྐབས་ཀྱང་མི་དབྱེའོ། །ཕྱིས་འགྱོད་པ་ཅན་དུ་གྱུར་ཏ་རེ་ཞེས་ཆོས་སྟོན་ཏོ[༦]། །སེམས་ཅན་ཕན་ཚུན་དུ[༧] གནོད་སེམས་སུ་གྱུར་པ[༨]ཇི་སྙེད་པ་དེ་དག་ལ་འདི་སྐད་དུ་ཆོས་སྟོན་ཏེ། དེ་

ལྟར་ཁྱེད་གཅིག་[༡]ལ་གཅིག་གནོད་སེམས་སུ་མ་བྱེད་ཅིག །སེམས་འཁྲུགས་པར་གྱུར་པ་ལ་དགེ་བའི་ཆོས་གང་ཡང་སྐྱེ་བར་མི་འགྱུར་ཏེ། དེ་ལྟ་བས་ན་ཁྱེད་ཕན་ཚུན་[༢]སེམས་འཁྲུག་[༣]པར་གྱུར་ན། སེམས་ཅན་དམྱལ་བར་སྐྱེ་བའམ། བྱོལ་སོང་གི་སྐྱེ་གནས་སུ་སྐྱེ་བ་འམ། གཤིན་རྗེའི་འཇིག་རྟེན་དུ་སྐྱེ་བའི་གནས་ཡོད་ཀྱིས[༤]། དེ་བས་ན་ཁྱེད་ཀྱིས་འཁྲུག་པའི་སེམས་འགའ་ཙམ་གྱི་གོ་སྐབས་ཀྱང་མི་དབྱེའོ། །ཁྲེལ་འགྱོད་པ་ཅན་དུ་གྱུར་ཏ་རེ་ཞེས་ཆོས་སྟོན་ཏོ། །སེམས་ཅན་ལེ་ལོ་ཅན་གང་ཇི་སྙེད་པ་དེ་དག་ལ་འདི་སྐད་དུ་ཆོས་སྟོན་ཏེ། ཀྱེ་སྐྱེས་བུ་དག་ལེ་ལོ་ནི་སྡུག་བསྔལ་བ་སྟེ། ལེ་ལོས་ནི་བདག་གི་དོན་ཀྱང་བྱ་བར་མི་ནུས་ན། གཞན་གྱི་དོན་ལྟ་ཅི་སྨོས་ཏེ། ལེ་ལོའི་རྣམ་པར་སྨིན་པ་ནི། སེམས་ཅན་དམྱལ་བའམ། བྱོལ་སོང་གི་སྐྱེ་གནས་སམ། གཤིན་རྗེའི་འཇིག་རྟེན་ཡིན་ཏེ། དེ་ལྟར་ཁྱེད་ངན་སོང་གསུམ་དུ་ལྟུང་ན[༥]། བདག་ཅག་ཀྱང་གདོན་པར་མི་ནུས་ན། གཞན་གདོན་པར་ལྟ་ཅི་སྨོས་ཀྱིས[༦]། དེའི་ཕྱིར་ཁྱེད་ཀྱིས་ལེ་ལོའི་སེམས་འགའ་ཙམ་གྱི་གོ་སྐབས་ཀྱང་མི་དབྱེའོ། །ཁྲེལ་འགྱོད་པ་ཅན་དུ་གྱུར་ཏ་རེ་ཞེས་ཆོས་སྟོན་ཏོ། །སེམས་ཅན་སེམས་གཡེང་བ་གང་ཇི་སྙེད་པ་དེ་དག་ལ་འདི་སྐད་དུ་ཆོས་སྟོན་ཏེ། ཀྱེ་སྐྱེས་བུ་དག་སེམས་གཡེང་བ་ནི་སྡུག་བསྔལཿབ་སྟེ[༧]། གང་སེམས་གཡེང་བའི་རྣམ་པར་སྨིན་པ་ནི་སེམས་ཅན་དམྱལ་བའམ། བྱོལ་སོང་གི་སྐྱེ་གནས་སམ། གཤིན་རྗེའི་འཇིག་རྟེན་[༨]ཡིན་ཏེ། དེ་ལྟར་ཁྱེད་ངན་སོང་གསུམ་དུ་ལྟུང་ན། བདག་ཅག་ཀྱང་གདོན་པར་མི་ནུས་ན། གཞན་གདོན་པར་ལྟ་ཅི་སྨོས་ཀྱིས[༩]། དེའི་ཕྱིར་ཁྱེད་ཀྱིས་གཡེང་བའི་སེམས་འགའ་ཙམ་གྱི་གོ་སྐབས་ཀྱང་མི་དབྱེའོ། །ཁྲེལ་འགྱོད་པ་ཅན་དུ་གྱུར་ཏ་རེ་ཞེས་ཆོས་སྟོན་ཏོ། །སེམས་ཅན་ཤེས་རབ་འཆལ་པ་ཅན་གང་ཇི་སྙེད་པ་དེ་དག་ལ་འདི་སྐད་དུ་ཆོས་

སྟོན་ཏེ། ཀྱེ་སྐྱེས་བུ་དག་ཤེས་རབ་འཆལ་པ་ནི་སྡུག་བསྔལ་བ་སྟེ[༡]། ཤེས་རབ་འཆལ་པས་ནི་བདག་གི་དོན་ཀུང་བྱ་བར་མི་ནུས་ན། གཞན་གྱི་དོན་ལྟ་ཅི་སྨོས་ཏེ། ཤེས་རབ་འཆལ་པའི་རྣམ་པར་སྨིན་པ[༢]་ནི་སེམས་ཅན་དམྱལ་བ་འམ། ཕྱུལ་སོང་གི་སྐྱེ་གནས་སམ། གཤིན་རྗེའི་འཇིག་རྟེན་ཡིན་ཏེ། དེ་ལྟར་ཁྱེད་ཀྱིས་ཤེས་རབ་འཆལ་པའི་སེམས་འགའ་ཙམ་གྱི་གོ་སྐབས་ཀུང་མི་དབྱེའོ། །ཕྱིས་འགྱོད་པ་ཅན་དུ་གྱུར་ཏ་རེ་ཞེས་ཆོས་སྟོན་ཏོ། །འདོད་ཆགས་ཀྱི་སྤྱོད་པ་ཅན་གང་ཇི་སྙེད་པ་དེ་དག་མི་སྡུག་པ་ལ་སྦྱོར་རོ། །ཞེ་སྡང་གི་སྤྱོད་པ་ཅན་གང་ཇི་སྙེད་པ་དེ་དག་བྱམས་པ་ལ་སྦྱོར་རོ། །གཏི་མུག་གི་སྤྱོད་པ་ཅན་གང་ཇི་སྙེད་པ་དེ་དག་རྟེན་ཅིང་འབྲེལ་པར་འབྱུང་བ་ལ་སྦྱོར་རོ། །ལམ་ངན་པར་ཞུགས་པ་གང་ཇི་སྙེད་པ་དེ་དག་ཡང་དག་པའི་ལམ་ལ་སྦྱོར་ཏེ། ཉན་ཐོས་ཀྱི་ལམ་མམ། རང་སངས་རྒྱས་ཀྱི་ལམ་མམ། སངས་རྒྱས་ཀྱི་ལམ་ལ་སྦྱོར་ཞིང་། དེ་དག་ལ་འདི་སྐད་དུ་ཆོས་སྟོན་ཏེ། ཁྱེད་ཆོས་གང་ལ་མངོན་པར་ཞེན་པར་གྱུར་པའི[༣]་ཆོས་དེ་དག་ནི་ངོ་བོ་ཉིད་ཀྱིས་སྟོང་སྟེ། ངོ་བོ་ཉིད་ཀྱིས་སྟོང་པའི་ཆོས་རྣམས་ལ་ནི[༤]་མངོན་པར་ཞེན་པར་མི་ནུས་ཏེ། སྟོང་པ་ཉིད་ལ་མངོན་པར་ཞེན་པ[༥]་མྱེད་དོ་ཞེས་ཆོས་སྟོན་ཏོ། །རབ་འབྱོར་དེ་ལྟར་ན་བྱང་ཆུབ་སེམས་དཔའ་སེམས་དཔའ་ཆེན་པོ་ཤེས་རབ་ཀྱི་ཕ་རོལ་ཏུ་ཕྱིན་པ་ལ་སྤྱོད་པའི་ཚེ། མངོན་པར་ཤེས་པ་རྣམས་ལ་གནས་ཤིང་། སེམས་ཅན་རྣམས་ཀྱི་དོན་བྱེད་པ་ཡིན་ནོ། །དེ་ལྟའི་མིག་རྣམ་པར་དག་པ་མི་ལས་འདས་པ་དེ་ཉིད་ཀྱིས་ཤར་ལྷོའི་ཕྱོགས་མཚམས་ཀྱི་འཇིག་རྟེན་གྱི་ཁམས་ཐམས་ཅད་མཐོང་སྟེ་དེ་དེ་དག་ཏུ་རྫུ་འཕྲུལ་གྱིས[༦]་སོང་ཞིང་། སྦྱིན་པ་འམ། ཚུལ་ཁྲིམས་སམ། བཟོད་པ་འམ། བརྩོན་འགྲུས་སམ། བསམ་གཏན་ནམ། ཤེས་རབ་བམ[༧]། དྲན་པ་ཉེ་བར་གཞག་པ་རྣམས་སམ། ཡང་དག་པར་སྤོང་

བ་རྣམས་སམ། རྫུ་འཕྲུལ་གྱི་རྐང་པ་རྣམས་སམ། དབང་པོ་རྣམས་སམ། སྟོབས་རྣམས་སམ། བྱང་ཆུབ་ཀྱི་ཡན་ལག་རྣམས་སམ། འཕགས་པའི་ལམ་ཡན་ལག་བརྒྱད་པའམ། རྣམ་པར་ཐར་པའི་སྒོ་སྟོང་པ་ཉིད་དང་། མཚན་མ་མེད་པ་དང་། སྨོན་པ་མེད་པ་འམ། བསམ་གཏན་རྣམས་སམ། ཚད་མེད་པ་རྣམས་སམ། གཟུགས་མེད་པའི་སྙོམས་པར་འཇུག་པ་རྣམས་སམ། རྣམ་པར་ཐར་པ་རྣམས་སམ། ཏིང་ངེ་འཛིན་རྣམས་སམ། མཐར་གྱིས་གནས་པའི་སྙོམས་པར་འཇུག་པ་རྣམས་སམ། དེ་བཞིན་གཤེགས་པའི་སྟོབས་རྣམས་སམ། མི་འཇིགས་པ་རྣམས་སམ། སོ་སོ་ཡང་དག་པར་རིག་པ་རྣམས་སམ། ༡སངས་རྒྱས་ཀྱི་ཆོས་མ་འདྲེས་པ་རྣམས་སམ། ཉན་ཐོས་ཀྱི་ཆོས་སམ། རང་སངས་རྒྱས་ཀྱི་ཆོས་སམ། བྱང་ཆུབ་སེམས་དཔའི་ཆོས་སམ། སངས་རྒྱས་ཀྱི་ཆོས་ཀྱིས་སེམས་ཅན་རྣམས་ཀྱི་དོན་བྱེད་ཅིང་། སེམས་ཅན་དེ་དག་གི་བྱ་བ་བྱེད་དེ། དེ་ལ་༢སེམས་ཅན་སེར་སྣ་ཅན་གང་ཇི་སྙེད་པ་དེ་དག་ལ་འདི་སྐད་དུ་ཆོས་སྟོན་ཏེ། སྦྱིན་པ་བྱིན་ཅིག །ཕོངས་པ་ནི་སྡུག་བསྔལ་བ་སྟེ། ཕོངས་པས་ནི་བདག་གི་དོན་ཀྱང་བྱ་བར་མི་ནུས་ན། གཞན་གྱི་དོན་ལྟ་ཅི་སྨོས་ཀྱིས༣། དེ་ལྟར་བྱེད་ཀྱིས་༤སྦྱིན་པ་བྱིན་ལ། བདག་ཅག་ཀྱང་བདེ་བར་གྱིས་ཤིག །གཞན་ཡང་བདེ་བར་གྱིས་ཤིག །ཕོངས་པས་ཟིལ་གྱིས་ནོན་ཅིང་ཉིང་ཤ་ཉིང་གིས་ཟོས་ཏེ། ངན་སོང་གསུམ་ལས་མི་ཐར་བར་གྱུར་ཏ་རེ་ཞེས་ཆོས་སྟོན་ཏོ༥། །སེམས་ཅན་ཚུལ་ཁྲིམས་ངན་པ་ཅན་གང་ཇི་སྙེད་པ་དེ་དག་ལ་འདི་སྐད་དུ་ཆོས་སྟོན་ཏེ༦། ཀྱེ་སྐྱེས་བུ་དག་ཚུལ་ཁྲིམས་ངན་པ་ནི་སྡུག་བསྔལ་བ་སྟེ། ཚུལ་ཁྲིམས་ངན་པས་ནི་བདག་གི་དོན་ཀྱང་བྱ་བར་མི་ནུས་ན། གཞན་གྱི་དོན་ལྟ་ཅི་སྨོས་ཏེ། ཚུལ་ཁྲིམས་ངན་པའི་རྣམ་པར་སྨིན་པ་ནི། སེམས་ཅན་དམྱལ་བའམ། ཕྱུལ་སོང་

གི་སྐྱེ་གནས་སམ། གཤིན་རྗེའི་འཇིག་རྟེན་ཡིན་ཏེ། དེ་ལྟར་ཁྲིད་ངན་སོང་གསུམ་དུ་ལྟུང་[༡]ན། བདག་ཅག་ཀུང་གདོན་པར་མི་ནུས་ན། གཞན་གདོན་པར་ལྟ་ཅི་སྨོས་ཀྱིས། དེའི་[༢]ཕྱིར་ཁྲིད་ཀྱིས་ཚུལ་ཁྲིམས་[༣]ངན་པའི་སེམས་འགའ་ཙམ་གྱི་གོ་སྐབས་ཀྱང་མི་དབྱེའོ། །ཕྱིས་འགྱོད་པ་ཅན་དུ་གྱུར་ཏ་རེ་ཞེས་ཆོས་སྟོན་ཏོ། །སེམས་ཅན་ཕན་ཚུན་[༤]གནོད་སེམས་སུ་གྱུར་པ་[༥]ཇི་སྙེད་པ་དེ་དག་ལ་འདི་སྐད་དུ་ཆོས་སྟོན་ཏེ། དེ་ལྟར་ཁྲིད་གཅིག་[༦]ལ་གཅིག་གནོད་སེམས་སུ་མ་བྱེད་ཅིག །སེམས་འཁྲུགས་[༧]པར་གྱུར་པ་ལ་དགེ་བའི་ཆོས་གང་ཡང་སྐྱེ་བར་མི་འགྱུར་ཏེ། དེ་ལྟ་བས་ན་ཁྲིད་ཕན་ཚུན་[༨]སེམས་འཁྲུག་[༩]པར་གྱུར་ན། སེམས་ཅན་དམྱལ་བར་སྐྱེ་བའམ། ཕྱོལ་སོང་གི་སྐྱེ་གནས་སུ་སྐྱེ་བའམ། གཤིན་རྗེའི་འཇིག་རྟེན་དུ་སྐྱེ་བའི་གནས་ཡོད་ཀྱིས[༡༠]། ༔དེ་བས་ན་ཁྲིད་ཀྱིས་[༡༡]འཁྲུག་[༡༢]པའི་སེམས་འགའ་ཙམ་གྱི་གོ་སྐབས་ཀྱང་མི་དབྱེའོ། །ཕྱིས་འགྱོད་པ་ཅན་དུ་གྱུར་ཏ་རེ་ཞེས་ཆོས་སྟོན་ཏོ། །སེམས་ཅན་ལེ་ལོ་ཅན་གང་ཇི་སྙེད་པ་དེ་དག་ལ་འདི་སྐད་དུ་ཆོས་སྟོན་ཏེ[༡༣]། ཀྱེ་སྐྱེས་བུ་དག་ལེ་ལོ་ནི་སྡུག་བསྔལ་བ་སྟེ། ལེ་ལོས་ནི་བདག་གི་དོན་ཀྱང་བྱ་བར་མི་ནུས་ན། གཞན་གྱི་དོན་ལྟ་ཅི་སྨོས་ཏེ། ལེ་ལོའི་རྣམ་པར་སྨིན་པ་ནི་སེམས་ཅན་དམྱལ་བའམ། ཕྱོལ་སོང་གི་སྐྱེ་གནས་སམ། གཤིན་རྗེའི་འཇིག་རྟེན་ཡིན་ཏེ། དེ་ལྟར་ཁྲིད་ངན་སོང་གསུམ་དུ་ལྟུང་[༡༤]ན། བདག་ཅག་ཀུང་གདོན་པར་མི་ནུས་ན། གཞན་གདོན་པར་ལྟ་ཅི་སྨོས་ཀྱིས[༡༥]། དེའི་ཕྱིར་ཁྲིད་ཀྱིས་ལེ་ལོའི་སེམས་འགའ་ཙམ་གྱི་གོ་སྐབས་ཀྱང་མི་དབྱེའོ། །ཕྱིས་འགྱོད་པ་ཅན་དུ་གྱུར་ཏ་རེ་ཞེས་ཆོས་སྟོན་ཏོ། །སེམས་ཅན་སེམས་གཡེང་བ་གང་ཇི་སྙེད་པ་དེ་དག་ལ་འདི་སྐད་དུ་ཆོས་སྟོན་ཏེ། ཀྱེ་སྐྱེས་བུ་དག་སེམས་གཡེང་བ་ནི་སྡུག་བསྔལ་བ་སྟེ[༡༦]། གང་སེམས་གཡེང་བའི་རྣམ་པར་སྨིན་པ་ནི་སེམས་ཅན་

དམྱལ་བའམ། ཡི་དྭགས་ཀྱི་ཁམས་སུ་ལྟུང་ཁ་ཡིན་ཏེ། དུད་འགྲོའི་སྐྱེ་གནས་སམ། གཤིན་རྗེའི་འཇིག་རྟེན་ཡིན་ཏེ། དེ་ལྟར་ཁྱོད་ངན་སོང་གསུམ་དུ་ལྟུང་[1]ན། བདག་ཅག་ཀྱང་གདོན་པར་མི་ནུས་ན། གཞན་གདོན་པར་ལྟ་ཅི་སྨོས་ཀྱིས[2]། དེའི་ཕྱིར་ཁྱོད་ཀྱིས་གཡེང་བའི་སེམས་འགའ་ཙམ་གྱི་གོ་སྐབས་ཀྱང་མི་དབྱེའོ། །ཕྱིས་འགྱོད་པ་ཅན་དུ་གྱུར་ཏ་རེ་ཞེས་ཆོས་སྟོན་ཏོ། །སེམས་ཅན་ཤེས་རབ་འཆལ་པ་ཅན་[3]གང་�་སྙེད་པ་དེ་དག་ལ་འདི་སྐད་དུ་ཆོས་སྟོན་ཏེ། ཀྱེ་སྐྱེས་བུ་དག་ཤེས་རབ་འཆལ་པ་ནི་སྡུག་བསྔལ་བ་སྟེ[4]། ཤེས་རབ་འཆལ་པས་ནི་བདག་གི་དོན་ཀྱང་བྱ་བར་མི་ནུས་ན། གཞན་གྱི་དོན་ལྟ་ཅི་སྨོས་ཀྱིས[5]། ཤེས་རབ་འཆལ་པའི་རྣམ་པར་སྨིན་པ་ནི། སེམས་ཅན་དམྱལ་བའམ། ཡི་དྭགས་ཀྱི་ཁམས་སམ། གཤིན་རྗེའི་འཇིག་རྟེན་ཡིན་ཏེ། དེ་ལྟར་ཁྱོད་ཀྱིས་ཤེས་རབ་འཆལ་པའི་སེམས་འགའ་ཙམ་གྱི་གོ་སྐབས་ཀྱང་མི་དབྱེའོ། །ཕྱིས་འགྱོད་པ་ཅན་དུ་གྱུར་ཏ་རེ་ཞེས་ཆོས་སྟོན་ཏོ། །འདོད་ཆགས་ཀྱི་སྤྱོད་པ་ཅན་གང་ཇི་སྙེད་པ་དེ་དག་མི་སྡུག་པ་ལ་སྦྱོར་རོ། །ཞེ་སྡང་གི་སྤྱོད་པ་ཅན་གང་ཇི་སྙེད་པ་དེ་དག་བྱམས་པ་ལ་སྦྱོར་རོ། །གཏི་མུག་གི་སྤྱོད་པ་ཅན་གང་ཇི་སྙེད་པ་དེ་དག་རྟེན་ཅིང་འབྲེལ་པར་འབྱུང་བ་ལ་སྦྱོར་རོ། །ལམ་ངན་པར་ཞུགས་པ་གང་ཇི་སྙེད་པ་དེ་དག་ཡང་དག་པའི་ལམ་ལ་སྦྱོར་ཏེ[6]། ཉན་ཐོས་ཀྱི་ལམ་མམ། རང་སངས་རྒྱས་ཀྱི་ལམ་མམ། སངས་རྒྱས་ཀྱི་ལམ་ལ་སྦྱོར་ཞིང་། དེ་དག་ལ་འདི་སྐད་དུ་ཆོས་སྟོན་ཏེ། ཁྱོད་ཆོས་གང་ལ་མངོན་པར་ཞེན་པར་གྱུར་པའི་ཆོས་དེ་དག་ནི་ངོ་བོ་ཉིད་ཀྱིས་སྟོང་སྟེ། ངོ་བོ་ཉིད་ཀྱིས་སྟོང་པའི་ཆོས་རྣམས་ལ་ནི་མངོན་པར་ཞེན་པར་མི་ནུས་ཏེ། སྟོང་པ་ཉིད་ལ་མངོན་པར་ཞེན་པ[7]མེད་དོ་ཞེས་ཆོས་སྟོན་ཏོ། །རབ་འབྱོར་དེ་ལྟར[8]བྱང་ཆུབ་སེམས་དཔའ་སེམས་དཔའ་ཆེན་པོ་ཤེས་རབ་ཀྱི་ཕ་རོལ་ཏུ་ཕྱིན་པ་ལ་སྤྱོད་པའི་ཚེ།

མངོན་པར་ཤེས་པ་རྣམས་ལ་གནས་ཤིང་། སེམས་ཅན་རྣམས་ཀྱི་དོན་[༡]བྱེད་པ་ཡིན་ནོ། །དེ་ལྟའི་ཕྱིག་རྣམ་པར་དག་པ་མི་ལས་འདས་པ་དེ་ཉིད་ཀྱིས། སྟོང་གསུམ་གྱི་སྟོང་ཆེན་པོའི་འཇིག་རྟེན་གྱི་ཁམས་ཐམས་ཅད་མཐོང་སྟེ། དེ་དེ་དག་ཏུ་རྫུ་འཕྲུལ་གྱིས་སོང་ཞིང་། སྦྱིན་པ་འམ། ཚུལ་ཁྲིམས་སམ། བཟོད་པ་འམ། བརྩོན་འགྲུས་སམ། བསམ་གཏན་ནམ། ཤེས་རབ་བམ། དྲན་པ་ཉེ་བར་གཞག་པ་རྣམས་སམ། ཡང་དག་པར་སྤོང་བ་རྣམས་སམ། རྫུ་འཕྲུལ་གྱི་རྐང་པ་རྣམས་སམ། དབང་པོ་རྣམས་སམ། སྟོབས་རྣམས་སམ། བྱང་ཆུབ་ཀྱི་ཡན་ལག་རྣམས་སམ། འཕགས་པའི་ལམ་ཡན་ལག་བརྒྱད་པའམ། རྣམ་པར་ཐར་པའི་སྒོ་སྟོང་པ་ཉིད་དང་། མཚན་མ་མེད་པ་དང་། སྨོན་པ་མེད་པ་འམ། བསམ་གཏན་རྣམས་སམ། ཚད་མེད་པ་རྣམས་སམ། གཟུགས་མེད་པའི་སྙོམས་པར་འཇུག་པ་རྣམས་སམ། ཿརྣམ་པར་ཐར་པ་རྣམས་སམ།[༢] ཏིང་ངེ་འཛིན་རྣམས་སམ། མཐར་གྱིས་གནས་པའི་སྙོམས་པར་འཇུག་པ་རྣམས་སམ། དེ་བཞིན་གཤེགས་པའི་སྟོབས་རྣམས་སམ། མི་འཇིགས་པ་རྣམས་སམ། སོ་སོ་ཡང་དག་པར་རིག་པ་རྣམས་སམ། [༣]སངས་རྒྱས་ཀྱི་ཆོས་མ་འདྲེས་པ་རྣམས་སམ། ཉན་ཐོས་ཀྱི་ཆོས་སམ། རང་སངས་རྒྱས་ཀྱི་ཆོས་སམ། བྱང་ཆུབ་སེམས་དཔའི་ཆོས་སམ། སངས་རྒྱས་ཀྱི་ཆོས་རྣམས་ཀྱིས་སེམས་ཅན་རྣམས་ཀྱི་དོན་བྱེད་ཅིང་སེམས་ཅན་དེ་དག་གི་བྱ་བ་བྱེད་དེ། དེ་ལ་སེམས་ཅན་སེར་སྣ་ཅན་གང་ཇི་སྙེད་པ་དེ་དག་ལ་འདི་སྐད་དུ་ཆོས་སྟོན་ཏེ། སྦྱིན་པ་བྱིན་ཅིག །ཕོངས་པ་ནི་སྡུག་བསྔལ་བ་སྟེ། ཕོངས་པས་ནི་བདག་གི་དོན་ཀྱང་བྱ་བར་མི་ནུས་ན། གཞན་གྱི་དོན་ལྟ་ཅི་སྨོས་ཀྱིས[༤]། དེ་ལྟར་བྱེད་[༥]ཀྱིས་སྦྱིན་པ་བྱིན་ལ་བདག་ཅག་ཀྱང་བདེ་བར་གྱིས་ཤིག །གཞན་ཡང་བདེ་བར་

གྱིས་ཤིག །ཕོངས་པས་ཟིལ་གྱིས་ནོན་ཅིང་ཉེད་ཤ་ཉེད་གིས་ཟོས་ཏེ། ངན་སོང་གསུམ་ལས་མི་ཐར་བར་གྱུར་ཏ་རེ་ཞེས་ཆོས་སྟོན་ཏོ། །སེམས་ཅན་ཚུལ་ཁྲིམས་ངན་པ་ཅན་གང་ཇི་སྙེད་པ་དེ་དག་ལ་འདི་སྐད་དུ་ཆོས་སྟོན་ཏེ། ཀྱེ་སྐྱེས་བུ་དག་ཚུལ་ཁྲིམས་ངན་པ་ནི་སྡུག་བསྔལ་བ་སྟེ། ཚུལ་ཁྲིམས་ངན་པས་ནི་བདག་གི་དོན་ཀྱང་བྱ་བར་མི་ནུས་ན། གཞན་གྱི་དོན་ལྟ་ཅི་སྨོས་ཏེ། ཚུལ་ཁྲིམས་ངན་པའི་རྣམ་པར་སྨིན་པ་ནི། སེམས་ཅན་དམྱལ་བ་འམ། ཕྱུལ་སོང་གི་སྐྱེ་གནས་སམ། གཤིན་རྗེའི་འཇིག་རྟེན་ཡིན་ཏེ། དེ་ལྟར་ཁྱེད་ངན་སོང་གསུམ་དུ་ལྡུང་[༡]ན། བདག་ཅག་ཀྱང་གདོན་པར་མི་ནུས་ན། གཞན་གདོན་པར་ལྟ་ཅི་སྨོས་ཀྱིས[༢]། དེའི་ཕྱིར་ཁྱེད་ཀྱིས་ཚུལ་ཁྲིམས་ངན་པའི་སེམས་འགའ་ཙམ་གྱི་གོ་སྐབས་ཀྱང་མི་དབྱེའོ། །ཕྱིས་འགྱོད་པ་ཅན་དུ་གྱུར་ཏ[༣]་རེ་ཞེས་ཆོས་སྟོན་ཏོ། །སེམས་ཅན་ཕན་ཚུན་གནོད་སེམས་སུ་གྱུར་པ་གང་[༤]ཇི་སྙེད་པ་དེ་དག་ལ་འདི་སྐད་དུ་ཆོས་སྟོན་ཏེ། དེ་ལྟར་ཁྱེད་གཅིག[༥]ལ་གཅིག་གནོད་སེམས་སུ་མ་བྱེད་ཅིག །སེམས་འཁྲུགས་པར་གྱུར་པ་ལ་དགེ་བའི་ཆོས་གང་ཡང་སྐྱེ་བར་མི་འགྱུར་ཏེ། དེ་ལྟ་བས་ན་ཁྱེད་ཕན་ཚུན་སེམས་འཁྲུག[༦]པར་གྱུར་ན། སེམས་ཅན་དམྱལ་བར་སྐྱེ་བའམ། ཕྱུལ་སོང་གི་སྐྱེ་གནས་སུ་སྐྱེ་བ་འམ། གཤིན་རྗེའི་འཇིག་རྟེན་དུ་སྐྱེ་བའི་གནས་ཡོད་ཀྱིས[༧]། དེ་བས་ན་ཁྱེད་ཀྱིས་འཁྲུག[༨]པའི་སེམས་འགའ་ཙམ་གྱི་གོ་སྐབས་ཀྱང་མི་དབྱེའོ། །ཕྱིས་འགྱོད་པ་ཅན་དུ་གྱུར་ཏ་རེ་ཞེས་ཆོས་སྟོན་ཏོ། །སེམས་ཅན་ལེ་ལོ་ཅན་གང་ཇི་སྙེད་པ་དེ་དག་ལ་འདི་སྐད་དུ་ཆོས་སྟོན་ཏེ། ཀྱེ་སྐྱེས་བུ་དག་ལེ་ལོ་ནི་སྡུག་བསྔལ་བ་སྟེ། ལེ་ལོས་ནི་བདག་གི་དོན་ཀྱང་[༩]བྱ་བར་མི་ནུས་ན། གཞན་གྱི་དོན་ལྟ་ཅི་སྨོས་ཏེ། ལེ་ལོའི་རྣམ་པར་སྨིན་པ་ནི། སེམས་ཅན་དམྱལ་བའམ། ཕྱུལ་སོང་གི་སྐྱེ་གནས་སམ། གཤིན་རྗེའི་འཇིག

རྙེན་ཡིན་ཏེ། དེ་ལྟར་ཁྱེད་ངན་སོང་གསུམ་དུ་ལྟུང་[༡]ན། བདག་ཅག་ཀྱང་གདོན་པར་མི་ནུས་ན། གཞན་གདོན་པར་ལྟ་ཅི་སྨོས་ཀྱིས[༢]། དེའི་ཕྱིར་ཁྱེད་ཀྱིས་ལེ་ལོའི་སེམས་འགའ་ཙམ་གྱི་གོ་སྐབས་ཀྱང་མི་[༣]དབྱེའོ། །ཕྱིས་འགྱོད་པ་ཅན་དུ་གྱུར་ཏ་རེ་ཞེས་ཆོས་སྟོན་ཏོ། །སེམས་ཅན་སེམས་གཡེང་བ་གང་ཇི་སྙེད་པ་དེ་དག་ལ་འདི་སྐད་དུ་ཆོས་སྟོན་ཏེ། ཀྱེ་སྐྱེས་བུ་དག་སེམས་གཡེང་བ་ནི་སྡུག་བསྔལ་ཿབ་སྟེ[༤]། གང་སེམས་གཡེང་བའི་རྣམ་པར་སྨིན་པ་ནི་སེམས་ཅན་དམྱལ་བ་འམ། ཕྱུལ་སོང་གི་སྐྱེ་གནས་སམ། གཤིན་རྗེའི་འཇིག་རྟེན་ཡིན་ཏེ། དེ་ལྟར་ཁྱེད་ངན་སོང་གསུམ་དུ་ལྟུང་[༥]ན། བདག་ཅག་ཀྱང་གདོན་པར་མི་ནུས་ན། གཞན་གདོན་པར་ལྟ་ཅི་སྨོས་ཀྱིས[༦]། དེའི་ཕྱིར་ཁྱེད་ཀྱིས་གཡེང་བའི་སེམས་འགའ་ཙམ་གྱི་[༧]གོ་སྐབས་ཀྱང་མི་དབྱེའོ། །ཕྱིས་འགྱོད་པ་ཅན་དུ་གྱུར་ཏ་རེ་ཞེས་ཆོས་སྟོན་ཏོ། །སེམས་ཅན་ཤེས་རབ་འཆལ་པ་ཅན་གང་ཇི་སྙེད་པ་དེ་དག་ལ་འདི་སྐད་དུ་ཆོས་སྟོན་ཏེ། ཀྱེ་སྐྱེས་བུ་དག་ཤེས་རབ་འཆལ་པ་ནི་སྡུག་བསྔལ་ཿབ་སྟེ[༨]། ཤེས་རབ་འཆལ་པས་ནི་བདག་གི་[༩]དོན་ཀྱང་བྱ་བར་མི་ནུས་ན། གཞན་གྱི་[༡༠]དོན་ལྟ་ཅི་སྨོས་ཏེ། གང་ཤེས་རབ་འཆལ་པའི་རྣམ་པར་སྨིན་པ་ནི། སེམས་ཅན་དམྱལ་བའམ། ཕྱུལ་སོང་གི་སྐྱེ་གནས་སམ། གཤིན་རྗེའི་འཇིག་རྟེན་ཡིན་ཏེ། དེ་ལྟར་ཁྱེད་ཀྱིས་ཤེས་རབ་འཆལ་པའི་སེམས་འགའ་ཙམ་གྱི་གོ་སྐབས་ཀྱང་མི་དབྱེའོ། །ཕྱིས་འགྱོད་པ་ཅན་དུ་གྱུར་ཏ་རེ་ཞེས་ཆོས་སྟོན་ཏོ། །འདོད་ཆགས་ཀྱི་སྤྱོད་པ་ཅན་གང་ཇི་སྙེད་པ་དེ་དག་མི་སྡུག་པ་ལ་སྦྱོར་རོ། །ཞེ་སྡང་གི་སྤྱོད་པ་ཅན་གང་ཇི་སྙེད་པ་དེ་དག་བྱམས་པ་ལ་སྦྱོར་རོ། །གཏི་མུག་གི་སྤྱོད་པ་ཅན་གང་ཇི་སྙེད་པ་དེ་དག་རྟེན་ཅིང་འབྲེལ་པར་འབྱུང་བ་ལ་སྦྱོར་རོ། །ལམ་ངན་པར་ཞུགས་པ་གང་ཇི་སྙེད་པ་དེ་དག་ཡང་དག་པའི་ལམ་ལ་སྦྱོར་ཏེ།

ཉན་ཐོས་ཀྱི་ལམ་མམ། རང་སངས་རྒྱས་ཀྱི་ལམ་མམ། སངས་རྒྱས་ཀྱི་ལམ་ལ་སྦྱོར་ཞིང་། དེ་དག་ལ་འདི་སྐད་དུ་ཆོས་སྟོན་ཏེ། ①ཁྱེད་ཆོས་གང་ལ་མངོན་པར་ཞེན་པར་གྱུར་པའི་②ཆོས་དེ་དག་ནི་ངོ་བོ་ཉིད་ཀྱིས་སྟོང་སྟེ། ངོ་བོ་ཉིད་ཀྱིས་སྟོང་པའི་ཆོས་རྣམས་ལ་③ནི་མངོན་པར་ཞེན་པར་མི་ནུས་ཏེ། སྟོང་པ་ཉིད་ལ་མངོན་པར་ཞེན་པ་མེད་དོ་ཞེས་ཆོས་སྟོན་ཏོ། །རབ་འབྱོར་དེ་ལྟར་ན་བྱང་ཆུབ་སེམས་དཔའ་སེམས་དཔའ་ཆེན་པོ་ཤེས་རབ་ཀྱི་ཕ་རོལ་ཏུ་ཕྱིན་པ་ལ་སྤྱོད་པའི་ཚེ། མངོན་པར་ཤེས་པ་རྣམས་ལ་གནས་ཤིང་། སེམས་ཅན་རྣམས་ཀྱི་དོན་བྱེད་པ་ཡིན་ནོ། །དེ་ལྟའི་མིག་རྣམ་པར་དག་པ་མི་ལས་འདས་པ་དེ་ཉིད་ཀྱིས། ནུབ་བྱང་གི་ཕྱོགས་མཚམས་ཀྱི་འཇིག་རྟེན་གྱི་ཁམས་ཐམས་ཅད་མཐོང་སྟེ། དེ་དེ་དག་ཏུ་རྫུ་འཕྲུལ་གྱིས་སོང་ཞིང་། སྦྱིན་པ་འམ། ཚུལ་ཁྲིམས་སམ། བཟོད་པའམ། བརྩོན་འགྲུས་སམ། བསམ་གཏན་ནམ། ཤེས་རབ་བམ། དྲན་པ་ཉེ་བར་གཞག་པ་རྣམས་སམ། ཡང་དག་པར་སྤོང་བ་རྣམས་སམ། རྫུ་འཕྲུལ་གྱི་རྐང་པ་རྣམས་སམ། དབང་པོ་རྣམས་སམ། སྟོབས་རྣམས་སམ། བྱང་ཆུབ་ཀྱི་ཡན་ལག་རྣམས་སམ། འཕགས་པའི་ལམ་ཡན་ལག་བརྒྱད་པའམ། རྣམ་པར་ཐར་པའི་སྒོ་སྟོང་པ་ཉིད་དང་། མཚན་མ་མེད་པ་དང་། སྨོན་པ་མེད་པ་འམ། བསམ་གཏན་རྣམས་སམ། ཚད་མེད་པ་རྣམས་སམ། གཟུགས་མེད་པའི་སྙོམས་པར་འཇུག་④པ་རྣམས་སམ། རྣམ་པར་ཐར་པ་རྣམས་སམ། ཏིང་ངེ་འཛིན་རྣམས་སམ། མཐར་གྱིས་གནས་པའི་སྙོམས་པར་འཇུག་པ་རྣམས་སམ། དེ་བཞིན་གཤེགས་པའི་སྟོབས་རྣམས་སམ། མི་འཇིགས་པ་རྣམས་སམ། སོ་སོ་ཡང་དག་པར་རིག་པ་རྣམས་སམ། ⑤སངས་རྒྱས་ཀྱི་ཆོས་མ་འདྲེས་པ་རྣམས་སམ། ཉན་ཐོས་ཀྱི་ཆོས་སམ། རང་སངས་རྒྱས་ཀྱི་ཆོས་

སམ། བྱང་ཆུབ་སེམས་དཔའི་ཆོས་སམ། སངས་རྒྱས་ཀྱི་ཆོས་རྣམས་[1]ཀྱིས་
སེམས་ཅན་རྣམས་ཀྱི་དོན་བྱེད་ཅིང་། སེམས་ཅན་དེ་དག་གི་བྱ་བ་བྱེད་དེ།
དེ་ལ་སེམས་ཅན་སེར་སྣ་ཅན་གང་ཇི་སྙེད་པ་དེ་དག་ལ་འདི་སྐད་དུ་ཆོས་སྟོན་ཏེ[2]།
སྦྱིན་པ་བྱིན་ཅིག[3] །ཕོངས་པ་ནི་སྡུག་བསྔལ་བ་སྟེ། ཕོངས་པས་ནི་བདག་གི་
དོན་ཀྱང་བྱ་བར་མི་ནུས་ན། གཞན་གྱི་དོན་ལྟ་ཅི་སྨོས་ཀྱིས[4]དེ་ལྟར་ཁྱེད་ཀྱིས་
སྦྱིན་པ་བྱིན་ལ། བདག་ཅག་ཀྱང་བདེ་བར་གྱིས་ཤིག །གཞན་ཡང་བདེ་བར་
གྱིས་ཤིག །ཕོངས་པས་ཟིལ་གྱིས་ནོན་ཅིང་ཉིང་ཤ་ཉིང་གིས་ཟོས་ཏེ། ངན་
སོང་གསུམ་ལས་མི་ཐར་བར་གྱུར་ཏ་རེ་ཞེས་ཆོས་སྟོན་ཏོ། །སེམས་ཅན་ཚུལ་
ཁྲིམས་ངན་པ་ཅན་གང་ཇི་སྙེད་པ་དེ་དག་ལ་འདི་སྐད་དུ་ཆོས་སྟོན་ཏེ། ཀྱེ་སྐྱེས་
བུ་དག་ཚུལ་ཁྲིམས་ངན་པ་ནི་སྡུག་བསྔལ་བ་སྟེ། ཚུལ་ཁྲིམས་ངན་པས་ནི་བདག་
གི་[5]དོན་ཀྱང་བྱ་བར་མི་ནུས་ན། གཞན་ཀྱི་དོན་ལྟ་ཅི་སྨོས་ཏེ། ཚུལ་ཁྲིམས་
ངན་པའི་རྣམ་པར་སྨིན་པ་ནི། སེམས་ཅན་དམྱལ་བའམ། ཡུལ་སོང་གི་སྐྱེ་
གནས་སམ། གཤིན་རྗེའི་འཇིག་རྟེན་ཡིན་ཏེ། དེ་ལྟར་ཁྱེད་ངན་སོང་གསུམ་
དུ་ལྟུང་ན། བདག་ཅག་ཀྱང་གདོན་པར་མི་ནུས་ན། གཞན་གདོན་པར་ལྟ་ཅི་
སྨོས་ཀྱིས[6]། དེའི་ཕྱིར་ཁྱེད་ཀྱིས་ཚུལ་ཁྲིམས་ངན་པའི་སེམས་འགའ་ཙམ་གྱི་གོ་
སྐབས་ཀྱང་མི་དབྱེའོ། །ཕྱིས་འགྱོད་པ་ཅན་དུ་གྱུར་ཏ་རེ་ཞེས་ཆོས་སྟོན་ཏོ། །
སེམས་ཅན་ཕན་ཚུན[7]གནོད་སེམས་སུ་གྱུར་པ་གང་[8]ཇི་སྙེད་པ་དེ་དག་ལ་འདི་
སྐད་དུ་ཆོས་སྟོན་ཏེ། དེ་ལྟར་ཁྱེད་གཅིག་ལ་གཅིག་གནོད་སེམས་སུ་མ་བྱེད་
ཅིག །སེམས་འཁྲུགས་པར་གྱུར་པ་ལ་དགེ་བའི་ཆོས་གང་ཡང་སྐྱེ་བར་མི་འགྱུར་
ཏེ། དེ་ལྟ་བས་ན་ཁྱེད་ཕན་ཚུན་སེམས་འཁྲུག[9]པར་གྱུར་ན། སེམས་ཅན་
དམྱལ་བར་སྐྱེ་བ་འམ། ཡུལ་སོང་གི་སྐྱེ་གནས་སུ་སྐྱེ་བ་འམ། གཤིན་རྗེའི་

འཇིག་རྟེན་དུ་སྐྱེ་བའི་གནས་ཡོད་ཀྱིས[1]། དེ་བས་ན་ཁྱེད་ཀྱིས་འཁྲུག[2]པའི་སེམས་འགའ་ཙམ་གྱི[3]གོ་སྐབས་ཀྱང་མི་དབྱེའོ། །ཁྱིས་འགྱོད་པ་ཅན་དུ་གྱུར་ཏ་རེ[4]ཆོས་སྟོན་ཏོ། །སེམས་ཅན་ལེ་ལོ་ཅན་གང་ཇི་སྙེད་པ་དེ་དག་ལ་འདི་སྐད་དུ་ཆོས་སྟོན་ཏེ། ཀྱེ་སྐྱེས་བུ་དག་ལེ་ལོ་ནི་སྡུག་བསྔལ་བ་སྟེ། ལེ་ལོས་ནི་བདག་གི་དོན་ཀྱང་བྱ་བར་མི་ནུས་ན། གཞན་གྱི་དོན་ལྟ་ཅི་སྨོས་ཏེ། ལེ་ལོའི་རྣམ་པར་སྨིན་པ་ནི་སེམས་ཅན་དམྱལ་བའམ། བྱོལ་སོང་གི་སྐྱེ་གནས་སམ། གཤིན་རྗེའི་འཇིག་རྟེན་ཡིན་ཏེ། དེ་ལྟར་ཁྱེད་ངན་སོང་གསུམ་དུ་ལྷུང་ན། བདག་ཅག་ཀྱང་གདོན་པར་མི་ནུས་ན། གཞན་གདོན་པར་ལྟ་ཅི་སྨོས་ཀྱིས[5]། དེའི་ཕྱིར་ཁྱེད་ཀྱིས་ལེ་ལོའི་སེམས་འགའ་ཙམ་གྱི་གོ་སྐབས་ཀྱང་མི་དབྱེའོ། །ཁྱིས་འགྱོད་པ་ཅན་དུ་གྱུར་ཏ་རེ་ཞེས་ཆོས་སྟོན་ཏོ། །སེམས་ཅན་སེམས་གཡེང་བ་གང་ཇི་སྙེད་པ་དེ་དག[6]ལ་འདི་སྐད་དུ་ཆོས་སྟོན་ཏེ། ཀྱེ་སྐྱེས་བུ་དག་སེམས་གཡེང་བ་ནི་སྡུག་བསྔལཿབ་སྟེ[7]། གང་སེམས་གཡེང་བའི་རྣམ་པར་སྨིན་པ་ནི་སེམས་ཅན་དམྱལ་བའམ། བྱོལ་སོང་གི་སྐྱེ་གནས་སམ། གཤིན་རྗེའི་འཇིག་རྟེན་ཡིན་ཏེ༑ དེ་ལྟར་ཁྱེད་ངན་སོང་གསུམ་དུ་ལྷུང་ན། བདག་ཅག་ཀྱང་གདོན་པར་མི་ནུས་ན། གཞན་གདོན་པར་ལྟ་ཅི་སྨོས་ཀྱིས[8]། དེའི་ཕྱིར་ཁྱེད་ཀྱིས་གཡེང་བའི་སེམས་འགའ་ཙམ་གྱི་གོ་སྐབས་ཀྱང་མི་དབྱེའོ། །ཁྱིས་འགྱོད་པ་ཅན་དུ་གྱུར་ཏ་རེ་ཞེས་ཆོས་སྟོན་ཏོ། །སེམས་ཅན་ཤེས་རབ་འཆལ་པ་ཅན་གང་ཇི་སྙེད་པ་དེ་དག་ལ་འདི་སྐད་དུ་ཆོས་སྟོན་ཏེ། ཀྱེ་སྐྱེས་བུ་དག་ཤེས་རབ་འཆལ་པ[9]ནི་སྡུག་བསྔལཿབ་སྟེ[10]། ཤེས་རབ་འཆལ་པས་ནི་བདག་གི་དོན་ཀྱང་བྱ་བར་མི་ནུས་ན། གཞན་གྱི་དོན་ལྟ་ཅི་སྨོས་ཏེ། ཤེས་རབ་འཆལ་བའི་རྣམ་པར་སྨིན་པ་ནི། སེམས་ཅན་དམྱལ་བའམ། བྱོལ་སོང[11]གི་སྐྱེ་གནས་སམ། གཤིན་རྗེའི་འཇིག

རྟེན་ཡིན་ཏེ། དེ་ལྟར་ཁྱེད་ཀྱིས་ཤེས་རབ་འཆལ་བའི་སེམས་འགའ་ཙམ་གྱི་གོ་སྐབས་ཀྱང་མི་དབྱེའོ། །ཁྱིས་འཁྱོད་པ་ཅན་དུ་གྱུར་ཏ་རེ་ཞེས་ཆོས་སྟོན་ཏོ། །འདོད་ཆགས་ཀྱི་སྤྱོད་པ་ཅན་གང་ཇི་སྙེད་པ་དེ་དག་མི་སྡུག་པ་ལ་སྦྱོར་རོ། །ཞེ་སྡང་གི་སྤྱོད་པ་ཅན་གང་ཇི་སྙེད་པ་དེ་དག་བྱམས་པ་ལ་སྦྱོར་རོ། །གཏི་མུག་གི་སྤྱོད་པ་ཅན་གང་ཇི་སྙེད་པ་དེ་དག་རྟེན་ཅིང་འབྲེལ་པར་འབྱུང་བ་ལ་སྦྱོར་རོ། །ལམ་ངན་པར་ཞུགས་པ་གང་ཇི་སྙེད་པ་དེ་དག་[༡]ཡང་དག་པའི་[༢]ལམ་ལ་སྦྱོར་ཏེ། ཉན་ཐོས་ཀྱི་ལམ་མམ། རང་སངས་རྒྱས་ཀྱི་ལམ་མམ། སངས་རྒྱས་ཀྱི་ལམ་ལ་སྦྱོར་ཞིང་། དེ་དག་ལ་འདི་སྐད་དུ་ཆོས་སྟོན་ཏེ། ཁྱེད་ཆོས་གང་ལ་མངོན་པར་ཞེན་པར་གྱུར་པའི་ཆོས་དེ་དག་ནི་ངོ་བོ་ཉིད་ཀྱིས་སྟོང་སྟེ། ངོ་བོ་ཉིད་ཀྱིས་སྟོང་པའི་ཆོས་རྣམས་ལ་ནི་[༣]མངོན་པར་ཞེན་པར་མི་ནུས་ཏེ། སྟོང་པ་ཉིད་ལ་མངོན་པར་ཞེན་པ་མེད་དོ་ཞེས་ཆོས་སྟོན་ཏོ[༤]། །རབ་འབྱོར་དེ་ལྟར་ན་བྱང་ཆུབ་སེམས་དཔའ་སེམས་དཔའ་ཆེན་པོ་ཤེས་རབ་ཀྱི་ཕ་རོལ་ཏུ་ཕྱིན་པ་ལ་སྤྱོད་པའི་ཚེ། མངོན་པར་ཤེས་པ་རྣམས་ལ་གནས་ཤིང་། སེམས་ཅན་རྣམས་ཀྱི་དོན་བྱེད་པ་ཡིན་ནོ། །དེ་ལྟའི་མིག་རྣམ་པར་དག་པ་མི་ལས་འདས་པ་དེ་ཉིད་ཀྱིས་འོག་གི་ཕྱོགས་ཀྱི་འཇིག་རྟེན་གྱི་[༥]ཁམས་ཐམས་ཅད་མཐོང་སྟེ། དེ་དེ་དག་ཏུ་རྫུ་འཕྲུལ་གྱིས་སོང་ཞིང་། སྦྱིན་པ་འམ། ཚུལ་ཁྲིམས་སམ། བཟོད་པ་འམ། བརྩོན་འགྲུས་སམ། བསམ་གཏན་ནམ། ཤེས་རབ་བམ། དྲན་པ་ཉེ་བར་གཞག་པ་རྣམས་སམ། ཡང་དག་པར་སྤོང་བ་རྣམས་སམ། རྫུ་འཕྲུལ་གྱི་རྐང་པ་རྣམས་སམ། དབང་པོ་རྣམས་སམ། སྟོབས་རྣམས་སམ། བྱང་ཆུབ་ཀྱི་ཡན་ལག་རྣམས་སམ། འཕགས་པའི་ལམ་ཡན་ལག་བརྒྱད་པའམ། རྣམ་པར་ཐར་པའི་སྒོ་སྟོང་པ་ཉིད་དང་། མཚན་མ་མེད་པ་དང་། སྨོན་པ་མེད་པ་འམ།

བསམ་གཏན་རྣམས་སམ། ཚད་མེད་པ་རྣམས་སམ། གཟུགས་མེད་པའི་
སྙོམས་པར་འཇུག་པ་རྣམས་སམ། རྣམ་པར་ཐར་པ་རྣམས་སམ། ཏིང་ངེ་
འཛིན་རྣམས་སམ། མཐར་གྱིས་(༡)གནས་པའི་སྙོམས་པར་འཇུག་པ་རྣམས་སམ།
དེ་བཞིན་གཤེགས་པའི་སྟོབས་རྣམས་སམ་མི་འཇིགས་པ་རྣམས་སམ། སོ་སོ་ཡང་
དག་པར་རིག་པ་རྣམས་སམ། (༢)སངས་རྒྱས་ཀྱི་ཆོས་མ་འདྲེས་པ་རྣམས་སམ།
ཉན་ཐོས་ཀྱི་ཆོས་སམ། རང་སངས་རྒྱས་ཀྱི་ཆོས་སམ། བྱང་ཆུབ་སེམས་
དཔའི་ཆོས་སམ། སངས་རྒྱས་ཀྱི་ཆོས་རྣམས་(༣)ཀྱིས་སེམས་ཅན་གྱི་(༤)དོན་བྱེད་
ཅིང་། སེམས་ཅན་དེ་དག་གི་(༥)བྱ་བ་བྱེད་དེ། དེ་ལ་སེམས་ཅན་སེར་སྣ་ཅན་
གང་ཇི་སྙེད་པ་དེ་དག་ལ་འདི་སྐད་དུ་ཆོས་སྟོན་ཏེ(༦)། སྦྱིན་པ་བྱིན་ཅིག །
ཉོངས་པ་ནི་སྡུག་བསྔལ་བ་སྟེ།(༧) ཉོངས་པས་ནི་བདག་གི་དོན་ཀྱང་བྱ་བར་མི་
ནུས་ན། གཞན་གྱི་དོན་ལྟ་ཅི་སྨོས་ཀྱིས(༨)། དེ་ལྟར་ཁྱེད་ཀྱིས་སྦྱིན་པ་བྱིན་ལ།
བདག་ཅག་ཀྱང་བདེ་བར་གྱིས་ཤིག །གཞན་ཡང་བདེ་བར་གྱིས་ཤིག །ཉོངས་
པས་ཟིལ་གྱིས་ནོན་ཅིང་ཉེད་ཤ་ཉེད་གེས་ཟོས་ཏེ། ངན་སོང་གསུམ་ལས་མི་ཐར་
བར་གྱུར་ཏ་རེ་ཞེས་ཆོས་སྟོན་ཏོ། །སེམས་ཅན་ཚུལ་ཁྲིམས་ངན་པ་ཅན་གང་ཇི་
སྙེད་པ་དེ་དག་ལ་འདི་སྐད་དུ་ཆོས་སྟོན་ཏེ། ཀྱེ་སྐྱེས་བུ་དག་ཚུལ་ཁྲིམས་ངན་པ་
ནི་སྡུག་བསྔལ་བ་སྟེ། ཚུལ་ཁྲིམས་ངན་པས་ནི་བདག་གི་(༩)དོན་ཀྱང་བྱ་བར་མི་
ནུས་ན། གཞན་གྱི་(༡༠)དོན་ལྟ་ཅི་སྨོས་ཏེ། གང་ཚུལ་ཁྲིམས་ངན་པའི་རྣམ་པར་
སྨིན་པ་ནི། སེམས་ཅན་དམྱལ་བའམ། དུད་འགྲོའི་སྐྱེ་གནས་སམ། གཤིན་
རྗེའི་འཇིག་རྟེན་(༡༡)ཡིན་ཏེ། དེ་ལྟར་ཁྱེད་ངན་སོང་གསུམ་དུ་ལྟུང་(༡༢)ན། བདག་
ཅག་ཀྱང་གདོན་པར་མི་ནུས་ན། གཞན་གདོན་པར་ལྟ་ཅི་སྨོས་ཏེ(༡༣)། དེའི་
ཕྱིར་ཁྱེད་ཀྱིས་ཚུལ་ཁྲིམས་ངན་པའི་སེམས་འགའ་ཙམ་གྱི་(༡༤)གོ་སྐབས་ཀྱང་མི་དབྱེའོ།

ཕྱིས་འགྲོད་པ་ཅན་དུ་གྱུར་ཏ་རེ་ཞེས་ཆོས་སྟོན་ཏོ། །སེམས་ཅན་ཕན་ཚུན་གནོད་སེམས་སུ་གྱུར་པ་གང་ཇི་སྙེད་པ་དེ་དག་ལ་འདི་སྐད་དུ་ཆོས་སྟོན་ཏེ། དེ་ལྟར་ཁྱེད་གཅིག་[1]ལ་གཅིག་གནོད་སེམས་སུ་མ་བྱེད་ཅིག །སེམས་འཁྲུགས་[2]པར་གྱུར་པ་ལ་དགེ་བའི་ཆོས་གང་ཡང་སྐྱེ་[3]བར་མི་འགྱུར་ཏེ། དེ་ལྟ་བས་ན་ཁྱེད་ཕན་ཚུན་སེམས་འཁྲུག་[4]པར་གྱུར་ན[5]། སེམས་ཅན་དམྱལ་བར་སྐྱེ་བའམ། བྱོལ་སོང་གི་སྐྱེ་གནས་སུ་སྐྱེ་བའམ། གཤིན་རྗེའི་འཇིག་རྟེན་དུ་སྐྱེ་བའི་གནས་ཡོད་ཀྱིས[6]། དེ་བས་ན་ཁྱེད་ཀྱིས་འཁྲུག་[7]པའི་སེམས་འགའ་ཙམ་གྱི་གོ་སྐབས་ཀྱང་མི་དབྱེའོ། །ཕྱིས་འགྲོད་པ་ཅན་དུ་གྱུར་ཏ་རེ་ཞེས་ཆོས་སྟོན་ཏོ། །སེམས་ཅན་ལེ་ལོ་ཅན་གང་ཇི་སྙེད་པ་དེ་དག་ལ་འདི་སྐད་དུ་ཆོས་སྟོན་ཏེ། ཀྱེ་སྐྱེས་བུ་དག་ལེ་ལོ་ནི་སྡུག་བསྔལ་བ་སྟེ། ལེ་ལོས་ནི་བདག་གི་དོན་ཀྱང་བྱ་བར་མི་ནུས་ན། གཞན་གྱི་དོན་ལྟ་ཅི་སྨོས་ཏེ། ལེ་ལོའི་རྣམ་པར་སྨིན་པ་ནི་སེམས་ཅན་དམྱལ་བའམ། བྱོལ་སོང་གི་སྐྱེ་གནས་སམ། གཤིན་རྗེའི་འཇིག་རྟེན་ཡིན་ཏེ། དེ་ལྟར་ཁྱེད་ངན་སོང་གསུམ་དུ་ལྷུང་ན། བདག་ཅག་ཀྱང་གདོན་པར་མི་ནུས་ན། གཞན་གདོན་པར་ལྟ་ཅི་སྨོས་ཀྱིས[8]། དེའི་ཕྱིར་ཁྱེད་ཀྱིས་[9]ལེ་ལོའི་སེམས་འགའ་ཙམ་གྱི་གོ་སྐབས་ཀྱང་མི་དབྱེའོ། །ཕྱིས་འགྲོད་པ་ཅན་དུ་གྱུར་ཏ་རེ་ཞེས་ཆོས་སྟོན་ཏོ། །སེམས་ཅན་སེམས་གཡེང་བ་གང་ཇི་སྙེད་པ་དེ་དག་ལ་འདི་སྐད་དུ་ཆོས་སྟོན་ཏེ། ཀྱེ་སྐྱེས་བུ་དག་སེམས་གཡེང་བ་ནི་སྡུག་བསྔལ་བ་[10]སྟེ། གང་སེམས་གཡེང་བའི་རྣམ་པར་སྨིན་པ་ནི་སེམས་ཅན་དམྱལ་བའམ། བྱོལ་སོང་གི་སྐྱེ་གནས་སམ། གཤིན་རྗེའི་འཇིག་རྟེན་ཡིན་ཏེ། དེ་ལྟར་ཁྱེད་ངན་སོང་གསུམ་དུ་ལྷུང་ན། བདག་ཅག་ཀྱང་གདོན་པར་མི་ནུས་ན། གཞན་གདོན་པར་ལྟ་ཅི་སྨོས་ཀྱིས[11]། དེའི་ཕྱིར་ཁྱེད་ཀྱིས་གཡེང་བའི་སེམས་འགའ་ཙམ་གྱི་[12]གོ་

སྐབས་ཀྱང་མི་དབྱེའོ། །ཕྱིས་འགྱོད་པ་ཅན་དུ་གྱུར་ཏ་[1]རེ་ཞེས་ཆོས་སྟོན་ཏོ། །སེམས་ཅན་ཤེས་རབ་འཆལ་པ་ཅན་གང་ཇི་སྙེད་པ་དེ་དག་ལ་འདི་སྐད་དུ་ཆོས་སྟོན་ཏེ། ཀྱེ་སྐྱེས་བུ་དག་ཤེས་རབ་འཆལ་པ་ནི་སྡུག་བསྔལཿབ་སྟེ[2]། ཤེས་རབ་འཆལ་པས་ནི་བདགཿགི་དོན་[3]ཀྱང་བྱ་བར་མི་ནུས་ན། གཞནཿགྱི་དོན་[4]ལྟ་ཅི་སྨོས་ཏེ། ཤེས་རབ་འཆལ་པའི་རྣམ་པར་སྨིན་པ་ནི། སེམས་ཅན་དམྱལ་བའམ། བྱོལ་སོང་གི་སྐྱེ་གནས་སམ། གཤིན་རྗེའི་འཇིག་རྟེན་ཡིན་ཏེ། དེ་ལྟར་ཁྱེད་ཀྱིས་[5]ཤེས་རབ་འཆལ་པའི་སེམས་འགའ་ཙམ་གྱི་གོ་སྐབས་ཀྱང་མི་དབྱེའོ། །ཕྱིས་འགྱོད་པ་ཅན་དུ་གྱུར་ཏ་རེ་ཞེས་ཆོས་སྟོན་ཏོ། །འདོད་ཆགས་ཀྱི་སྤྱོད་པ་ཅན་གང་ཇི་སྙེད་པ་དེ་དག་མི་སྡུག་པ་ལ་སྦྱོར་རོ། །ཞེ་སྡང་གི་སྤྱོད་པ་ཅན་གང་ཇི་སྙེད་པ་དེ་དག་བྱམས་པ་ལ་སྦྱོར་རོ། །གཏི་མུག་གི་སྤྱོད་པ་ཅན་གང་ཇི་སྙེད་པ་དེ་དག་རྟེན་ཅིང་འབྲེལ་པར་འབྱུང་བ་ལ་སྦྱོར་རོ། །ལམ་ངན་པར་ཞུགས་པ་[6]གང་ཇི་སྙེད་པ་དེ་དག་ཡང་དག་པའི་ལམ་ལ་སྦྱོར་ཏེ། ཉན་ཐོས་ཀྱི་ལམ་མམ། རང་སངས་རྒྱས་ཀྱི་ལམ་མམ། སངས་རྒྱས་ཀྱི་ལམ་ལ་སྦྱོར་ཞིང་དེ་དག་ལ་འདི་སྐད་དུ་ཆོས་སྟོན་ཏེ། ཁྱེད་ཆོས་གང་ལ་མངོན་པར་ཞེན་པརཿགྱུར་པའི་[7]ཆོས་དེ་དག་ནི་ངོ་བོ་ཉིད་ཀྱིས་སྟོང་སྟེ། ངོ་བོ་ཉིད་ཀྱིས་སྟོང་པའི་ཆོས་རྣམས་ལ་ནི་མངོན་པར་ཞེན་པར་མི་ནུས་ཏེ། སྟོང་པ་ཉིད་ལ་མངོན་པར་ཞེན་པ་མེད་དོཿཞེས་ཆོས་སྟོན་ཏོ། །[8]རབ་འབྱོར་དེ་ལྟར་ན་བྱང་ཆུབ་སེམས་དཔའ་སེམས་དཔའ་ཆེན་པོ་ཤེས་རབ་ཀྱི་ཕ་རོལ་ཏུ་ཕྱིན་པ་ལ་སྤྱོད་པའི་ཚེ། མངོན་པར་ཤེས་པ་རྣམས་ལ་གནས་ཤིང་། སེམས་ཅན་རྣམས་ཀྱི་[9]དོན་བྱེད་པ་ཡིན་ནོ།། ||

ཤེས་རབ་ཀྱི་ཕ་རོལ་ཏུ་ཕྱིནད་པ་སྟོང་ཕྲག་བརྒྱ་པ། །བམ་པོཿཉི་ཤུ་གཉིས་པ[10]། དེ་ལྷའི་མིག་རྣམ་པར་དགཿཔ་མི་ལས་[11]འདས་པ་དེ་ཉིད་ཀྱིས། སྟེང་

གི་ཕྱོགས་ཀྱི་འཇིག་རྟེན་གྱི་ཁམས་ཐམས་ཅད་མཐོང་སྟེ་དེ་དེ་དག་ཏུ་རྫུ་འཕྲུལ་གྱིས་སོང་ཞིང་། སྦྱིན་པ་འམ། ཚུལ་ཁྲིམས་སམ། བཟོད་པ་འམ། བརྩོན་འགྲུས་སམ། བསམ་གཏན་ནམ། ཤེས་རབ་བམ། དྲན་པ་ཉེ་བར་གཞག་པ་རྣམས་སམ། ཡང་དག་པར་སྤོང་བ་རྣམས་སམ། རྫུ་འཕྲུལ་གྱི་རྐང་པ་རྣམས་སམ། དབང་པོ་རྣམས་སམ། སྟོབས་རྣམས་སམ། བྱང་ཆུབ་ཀྱི་ཡན་ལག་རྣམས་སམ། འཕགས་པའི་ལམ་ཡན་ལག་བརྒྱད་པའམ། རྣམ་པར་ཐར་པའི་སྒོ་སྟོང་པ་ཉིད་དང་། མཚན་མ་མེད་པ་དང་། སྨོན་པ་མེད་པ་འམ། བསམ་གཏན་རྣམས་སམ། ཚད་མེད་པ་རྣམས་སམ། གཟུགས་མེད་པའི་སྙོམས་པར་འཇུག་པ་རྣམས་སམ། རྣམ་པར་ཐར་པ་རྣམས་སམ། ཏིང་ངེ་འཛིན་རྣམས་སམ། མཐར་གྱིས་གནས་པའི་སྙོམས་པར་འཇུག་པ་རྣམས་སམ། དེ་བཞིན་གཤེགས་པའི་སྟོབས་རྣམས་སམ། མི་འཇིགས་པ་རྣམས་སམ། སོ་སོ་ཡང་དག་པར་རིག་པ་རྣམས་སམ། ༡སངས་རྒྱས་ཀྱི་ཆོས་མ་འདྲེས་པ་རྣམས་སམ། ཉན་ཐོས་ཀྱི་ཆོས་སམ། རང་སངས་རྒྱས་ཀྱི་ཆོས་སམ། བྱང་ཆུབ་སེམས་དཔའི་ཆོས་སམ། སངས་རྒྱས་ཀྱི་ཆོས་ཀྱིས་སེམས་ཅན་རྣམས་ཀྱི་དོན་བྱེད་ཅིང་། སེམས་ཅན་དེ་དག་གི་བྱ་བ་བྱེད་དེ། དེ་ལ་སེམས་ཅན་སེར་སྣ་ཅན་གང་ཇི་སྙེད་པ་དེ་དག་ལ་འདི་སྐད་དུ་ཆོས་སྟོན་ཏེ། སྦྱིན་པ་བྱིན་ཅིག །ཕོངས་པ་ནི་སྡུག་བསྔལ་བ་སྟེ། ཕོངས་པས་ནི་བདག་གི་༢དོན་ཀྱང་བྱ་བར་མི་ནུས་ན། གཞན་གྱི་༣དོན་ལྟ་ཅི་སྨོས་ཀྱིས༤། དེ་ལྟར་ཁྱེད་ཀྱིས་སྦྱིན་པ་བྱིན་ལ་བདག་ཅག་ཀྱང་བདེ་བར་གྱིས་ཤིག །གཞན་ཡང་བདེ་བར་གྱིས་ཤིག །ཕོངས་པས་ཟིལ་གྱིས་ནོན་ཅིང་ཉིང་ཤ་ཉིང་གིས་ཟོས་ཏེ། ངན་སོང་གསུམ་ལས་མི་ཐར་བར་གྱུར་ཏ་རེ་ཞེས་ཆོས་སྟོན་ཏོ། །སེམས་ཅན་ཚུལ་ཁྲིམས་ངན་པ་ཅན་གང་ཇི་སྙེད་པ་དེ་དག

ལ་འདི་སྐད་དུ་ཆོས་སྟོན་ཏེ། ཀྱེ་སྐྱེས་བུ་དག་ཚུལ་ཁྲིམས་ངན་པ་ནི་སྡུག་བསྔལ་བ་སྟེ། ཚུལ་ཁྲིམས་ངན་པས་ནི་བདག་གི[1]དོན་ཀྱང་བྱ་བར་མི་ནུས་ན། གཞན་གྱི[2]དོན་ལྟ་ཅི་སྨོས་ཏེ། ཚུལ་ཁྲིམས་ངན་པའི་རྣམ་པར་སྨིན་པ་ནི། སེམས་ཅན་དམྱལ་བ་འམ། ཕྱུགས་སོང་གི་སྐྱེ་གནས་སམ། གཤིན་རྗེའི་འཇིག་རྟེན་ཡིན་ཏེ། དེ་ལྟར་ཁྱེད་ངན་སོང་གསུམ་དུ་ལྡང[3]ན། བདག་ཅག་ཀྱང་གདོན་པར་མི་ནུས་ན། གཞན་གདོན་པར་ལྟ་ཅི་སྨོས་ཀྱིས[4]། དེའི་ཕྱིར་ཁྱེད་ཀྱིས་ཚུལ་ཁྲིམས་ངན་པའི་སེམས་འགའ་ཙམ་གྱི[5]གོ་སྐབས་ཀྱང་མི་དབྱེའོ། །ཕྱིས་འགྱོད་པ་ཅན་དུ་གྱུར་ཏ་རེ་ཞེས་ཆོས་སྟོན་ཏོ། །སེམས་ཅན་ཕན་ཚུན་གནོད་སེམས་སུ་གྱུར་པ་གང[6]ཇི་སྙེད་པ་དེ་དག་ལ་འདི་སྐད་དུ་ཆོས་སྟོན་ཏེ། དེ་ལྟར་ཁྱེད་གཅིག[7]ལ་གཅིག་གནོད་སེམས་སུ་མ་བྱེད་ཅིག །སེམས་འཁྲུགས[8]པར་གྱུར་པ་ལ་དགེ་བའི་ཆོས་གང་ཡང་སྐྱེ་བར་མི་འགྱུར་ཏེ། དེ་ལྟ་བས་ན་ཁྱེད་ཕན་ཚུན་སེམས་འཁྲུག[9]པར་གྱུར་ན། སེམས་ཅན་དམྱལ་བར་སྐྱེ་བའམ། ཕྱུགས་སོང་གི་སྐྱེ་གནས་སུ་སྐྱེ་བ་འམ། གཤིན་རྗེའི་འཇིག་རྟེན་དུ་སྐྱེ་བའི་གནས་ཡོད་ཀྱིས[10]། དེ་བས་ན༔ ཁྱོད་ཀྱིས་འཁྲུག[11]པའི་སེམས་འགའ་ཙམ་གྱི་གོ་སྐབས་ཀྱང་མི་དབྱེའོ། །ཕྱིས་འགྱོད་པ་ཅན་དུ་གྱུར་ཏ་རེ་ཞེས་ཆོས་སྟོན་ཏོ། །སེམས་ཅན་ལེ་ལོ་ཅན་གང་ཇི་སྙེད་པ་དེ་དག་ལ་འདི་སྐད་དུ་ཆོས་སྟོན་ཏེ། ཀྱེ་སྐྱེས་བུ་དག་ལེ་ལོ་ནི་སྡུག་བསྔལ་བ་སྟེ། ལེ་ལོས་ནི་བདག་གི་དོན་ཀྱང་བྱ་བར་མི་ནུས་ན། གཞན་གྱི་དོན་ལྟ་ཅི་སྨོས་ཏེ། ལེ་ལོའི་རྣམ་པར་སྨིན་པ་ནི། སེམས་ཅན་དམྱལ་བའམ། ཕྱུགས་སོང་གི་སྐྱེ་གནས་སམ། གཤིན་རྗེའི་འཇིག་རྟེན་ཡིན་ཏེ། དེ་ལྟར་ཁྱེད་ངན་སོང་གསུམ་དུ་ལྡང་ན། བདག་ཅག་ཀྱང་གདོན་པར་མི་ནུས་ན། གཞན་གདོན་པར་ལྟ་ཅི་སྨོས་ཀྱིས[12]། དེའི་ཕྱིར་ཁྱོད་ཀྱིས་ལེ་ལོའི་སེམས་འགའ་

ཙམ་གྱི་ཕོ་སྐབས་ཀྱང་མི་དབྱེའོ། །ཕྱིས་འགྱོད་པ་ཅན་དུ་གྱུར་ཏ་རེ་ཞེས་ཆོས་སྟོན་ཏོ[1]། །ཿསེམས་ཅན་སེམས་གཡེང་བ་གང་ཇི་སྙེད་པ་དེ་དག་ལ་འདི་སྐད་དུ་ཆོས་སྟོན་ཏེ།[2] ཀྱེ་སྐྱེས་བུ་དག་སེམས་གཡེང་བ་ནི་སྡུག་བསྔལ་ཿབ་སྟེ[3]། གང་སེམས་གཡེང་བའི་རྣམ་པར་སྨིན་པ་ནི་སེམས་ཅན་དམྱལ་བ་འམ། བྱོལ་སོང་གི་སྐྱེ་གནས་སམ། གཤིན་རྗེའི་འཇིག་རྟེན་ཡིན་ཏེ། དེ་ལྟར་ཁྱོད་[4]ངན་སོང་གསུམ་དུ་ལྟུང་[5]ན། བདག་ཅག་ཀྱང་གདོན་པར་མི་ནུས་ན། གཞན་གདོན་པར་ལྟ་ཅི་སྨོས་ཀྱིས[6]། དེའི་ཕྱིར་ཁྱོད་[7]ཀྱིས་གཡེང་བའི་སེམས་འགའ་ཙམ་གྱི་ཕོ་སྐབས་ཀྱང་མི་དབྱེའོ། །ཕྱིས་འགྱོད་པ་ཅན་དུ་གྱུར་ཏ་རེ་ཞེས་ཆོས་སྟོན་ཏོ། །སེམས་ཅན་ཤེས་རབ་འཆལ་པ་ཅན་གང་ཇི་སྙེད་པ་དེ་དག་ལ་འདི་སྐད་དུ་ཆོས་སྟོན་ཏེ། ཀྱེ་སྐྱེས་བུ་དག་ཤེས་རབ་འཆལ་པ་ནི་སྡུག་བསྔལ་ཿབ་སྟེ[8]། ཤེས་རབ་འཆལ་པས་ནི་བདག་གི་དོན་ཀྱང་བྱ་བར་མི་ནུས་ན། གཞན་གྱི་དོན་ལྟ་ཅི་སྨོས་ཏེ། གང་ཤེས་རབ་འཆལ་པའི་རྣམ་པར་སྨིན་པ་[9]ནི། སེམས་ཅན་དམྱལ་བ་འམ། བྱོལ་སོང་གི་སྐྱེ་གནས་སམ། གཤིན་རྗེའི་འཇིག་རྟེན་ཡིན་ཏེ། དེ་ལྟར་ཁྱོད་ཀྱིས་ཤེས་རབ་འཆལ་པའི་སེམས་འགའ་ཙམ་གྱི་ཕོ་སྐབས་ཀྱང་མི་དབྱེའོ། །ཕྱིས་འགྱོད་པ་ཅན་དུ་གྱུར་ཏ་རེ་ཞེས་ཆོས་སྟོན་ཏོ། །འདོད་ཆགས་ཀྱི་སྤྱོད་པ་ཅན་གང་ཇི་སྙེད་པ་དེ་དག་ནི་མི་སྡུག་པ་ལ་སྦྱོར་རོ། །ཞེ་སྡང་གི་སྤྱོད་པ་ཅན་གང་ཇི་སྙེད་པ་[10]དེ་དག་ནི་བྱམས་པ་ལ་སྦྱོར་རོ། །གཏི་མུག་གི་སྤྱོད་པ་ཅན་གང་ཇི་སྙེད་པ་དེ་དག་ནི་རྟེན་ཅིང་འབྲེལ་པར་འབྱུང་བ་ལ་[11]སྦྱོར་རོ། །ལམ་ངན་པར་ཞུགས་པ་གང་ཇི་སྙེད་པ་དེ་དག་ནི་[12]ཡང་དག་པའི་ལམ་ལ་སྦྱོར་ཏེ། ཉན་ཐོས་ཀྱི་ལམ་མམ༑ རང་སངས་རྒྱས་ཀྱི་ལམ་མམ། སངས་རྒྱས་ཀྱི་ལམ་ལ་སྦྱོར་ཞིང་དེ་དག་ལ་འདི་སྐད་དུ་ཆོས་སྟོན་ཏེ། ཁྱེད་ཆོས་གང་ལ་མངོན་པར་ཞེན་པར་གྱུར

པའི་ཆོས་དེ་དག་ནི་ངོ་བོ་ཉིད་ཀྱིས་སྟོང་སྟེ། ངོ་བོ་ཉིད་ཀྱིས་སྟོང་པའི་ཆོས་རྣམས་ལ་①ནི་མངོན་པར་ཞེན་པར་མི་ནུས་ཏེ②། སྟོང་པ་ཉིད་ལ་མངོན་པར་ཞེན་པ་མེད་དོ་ཞེས་ཆོས་སྟོན་ཏོ། །རབ་འབྱོར་དེ་ལྟར་ན་བྱང་ཆུབ་སེམས་དཔའ་སེམས་དཔའ་ཆེན་པོ་ཤེས་རབ་ཀྱི་ཕ་རོལ་ཏུ་ཕྱིན་པ་ལ་སྤྱོད་པའི་ཚེ། མངོན་པར་ཤེས་པ་རྣམས་ལ་གནས་ཤིང་། སེམས་ཅན་རྣམས་ཀྱི་དོན་བྱེད་པ་ཡིན་ནོ། །རབ་འབྱོར་བྱང་ཆུབ་སེམས་དཔའ་སེམས་དཔའ་ཆེན་པོས་ནི། མངོན་པར་ཤེས་པ་རྣམས་ལ་མ་③གནས་པར་④སེམས་ཅན་རྣམས་ལ་ཆོས་བསྟན་པར་མི་ནུས་ཏེ། ལམ་གོལ་བར་ཞུགས་པའི་སེམས་ཅན་རྣམས་ཀྱང་ལམ་དུ་གཟུད་པར་⑤མི་ནུས་སོ། །རབ་འབྱོར་འདི་ལྟ་སྟེ་དཔེར་ན། བྱ་འདབ་⑥མ་སྐྱེད་པས་ནི། ནམ་མཁའ་ལ་⑦འགྲོ་བར་མི་ནུས་སོ། །རབ་འབྱོར་དེ་བཞིན་དུ་བྱང་ཆུབ་སེམས་དཔའ་སེམས་དཔའ་ཆེན་པོས་ཀྱང་མངོན་པར་ཤེས་པ་རྣམས་ལ་མ་བརྟེན་པར་སེམས་ཅན་རྣམས་ལ་ཆོས་བསྟན་⑧པར་མི་ནུས་སོ། །རབ་འབྱོར་དེ་ལྟ་བས་ན་བྱང་ཆུབ་སེམས་དཔའ་སེམས་དཔའ་ཆེན་པོས་⑨ཤེས་རབ་ཀྱི་ཕ་རོལ་ཏུ་ཕྱིན་པ་ལ་སྤྱོད་པའི་ཚེ། མངོན་པར་ཤེས་པ་རྣམས་མངོན་པར་བསྒྲུབ་པར་བྱ་སྟེ། དེ་མངོན་པར་ཤེས་པ་མངོན་པར་བསྒྲུབས་⑩པ་དེ་དག་གིས། སེམས་ཅན་རྣམས་ཀྱི་དོན་ཅི་བྱ་བར་དགའ་བ་དེ་བདེ་བར་བྱེད་དོ། །དེས་ལྷའི་⑪མིག་གིས་ཤར་ཕྱོགས་ཀྱི་འཇིག་རྟེན་གྱི་ཁམས་གངྒཱའི་ཀླུང་⑫གི་བྱེ་མ་སྙེད་མཐོང་སྟེ། དེ་དག་ཏུ་སེམས་ཅན་གང་ཇི་སྙེད་ཅིག་སྐྱེས་པ་དེ་དག་ཀྱང་མཐོང་ངོ་། །དེ་ལྟར་མཐོང་ནས་ཀྱང་རྫུ་འཕྲུལ་གྱིས་དེ་དག་ཏུ་སོང་ཞིང་། སེམས་ཅན་དེ་དག་གི་སེམས་སེམས་ཀྱིས་ཕོང་དུ་ཆུད་པར་བྱས་ནས། དེ་དང་མཐུན་པར་སྦྱིན་པའི་གཏམ་མམ། ཚུལ་ཁྲིམས་ཀྱི་གཏམ་མམ། བཟོད་པའི་གཏམ་མམ། བརྩོན་འགྲུས་ཀྱི་གཏམ་མམ།

བསམ་གཏན་གྱི་གནས་མམ། ཤེས་རབ་ཀྱི་གནས་མམ། འཕགས་པའི་བདེན་པའི་གནས་མམ། འབྱུང་བའི་གནས་ཀྱི་བར་དུ་ཆོས་སྟོན་ཏོ། །དེས་ལྷའི་མིག་གིས་ལྷོ་ཕྱོགས་ཀྱི་འཇིག་རྟེན་གྱི་ཁམས་གངྒཱའི་ཀླུང་གི་བྱེ་མ་སྙེད་མཐོང་སྟེ། དེ···དག་ཏུ་སེམས་ཅན་གང་ཇི་སྙེད་ཅིག་སྐྱེས་པ་དེ་དག་ཀྱང་མཐོང་ངོ་། །དེ་ལྟར···མཐོང་ནས་ཀྱང་རྫུ་འཕྲུལ་གྱིས་དེ་དག་ཏུ་སོང་ཞིང་སེམས་ཅན་དེ་དག་གི་སེམས···སེམས་ཀྱིས་ཡོངས་སུ་ཆུད་པར་བྱས་ནས(༡)། དེ་དང་མཐུན་པར་སྦྱིན་པའི་གནས···མམ༔ ཚུལ་ཁྲིམས་ཀྱི་གནས་མམ། བཟོད་པའི་གནས་མམ། བརྩོན་འགྲུས་ཀྱི་གནས་མམ། བསམ་གཏན་གྱི་གནས་མམ། ཤེས་རབ་ཀྱི་གནས་མམ། འཕགས་པའི་བདེན་པའི་གནས་མམ། འབྱུང་བའི་གནས་ཀྱི་བར་དུ་ཆོས་སྟོན་ཏོ།། དེས་ལྷའི་མིག་གིས་ནུབ་ཕྱོགས་ཀྱི་འཇིག་རྟེན་གྱི་ཁམས། གངྒཱའི་ཀླུང་གི་བྱེ་མ····སྙེད་མཐོང་སྟེ། དེ་དག་ཏུ་སེམས་ཅན་གང་ཇི་སྙེད་ཅིག་སྐྱེས་པ་དེ་དག་ཀྱང་མཐོང་ངོ་། །དེ་ལྟར་མཐོང་ནས་ཀྱང་རྫུ་འཕྲུལ་གྱིས་དེ་དག་ཏུ་སོང་ཞིང་། སེམས་ཅན་དེ་དག་གི་(༢)སེམས་སེམས་ཀྱིས་ཡོངས་སུ་ཆུད་པར་བྱས་ནས། དེ་དང་མཐུན་པར་སྦྱིན་པའི་གནས་མམ། ཚུལ་ཁྲིམས་ཀྱི་(༣)གནས་མམ། བཟོད་པའི་གནས་མམ། བརྩོན་འགྲུས་ཀྱི་གནས་མམ། བསམ་གཏན་གྱི་གནས་མམ། ཤེས་རབ་ཀྱི་གནས་མམ། འཕགས་པའི་བདེན་པའི་གནས་མམ། འབྱུང་བའི་གནས་ཀྱི་བར་དུ་ཆོས་སྟོན་ཏོ། །དེས་ལྷའི་མིག་གིས་བྱང་ཕྱོགས་ཀྱི་འཇིག་རྟེན་གྱི་ཁམས་གངྒཱའི་ཀླུང་གི་བྱེ་མ་སྙེད་མཐོང་སྟེ། དེ་དག་ཏུ་སེམས་ཅན་གང་ཇི་སྙེད···ཅིག་སྐྱེས་པ་དེ་དག་ཀྱང་མཐོང་ངོ་། །དེ་ལྟར་མཐོང་ནས་ཀྱང་རྫུ་འཕྲུལ་གྱིས་དེ་དག་ཏུ་སོང་ཞིང་། སེམས་ཅན་དེ་དག་གི་སེམས་སེམས་ཀྱིས་ཡོངས་སུ་ཆུད་པར···བྱས་ནས། དེ་དང་མཐུན་པར་སྦྱིན་པའི་གནས་མམ། ཚུལ་ཁྲིམས་ཀྱི་(༤)གནས་མ་

མམ། བཟོད་པའི་གཏམ་མམ། བརྩོན་འགྲུས་ཀྱི་གཏམ་མམ། བསམ་གཏན་གྱི་གཏམ་མམ། ཤེས་རབ་ཀྱི་གཏམ་མམ། འཕགས་པའི་བདེན་པའི་གཏམ་མམ། འབྱུང་བའི་གཏམ་གྱི་བར་དུ་ཆོས་སྟོན་ཏོ། །དེས་ལྷའི་མིག་གིས་བྱང་ཤར་གྱི་ཕྱོགས་མཚམས་ཀྱི་འཇིག་རྟེན་གྱི་ཁམས་གངྒའི་ཀླུང་གི་བྱེ་མ་སྙེད་མཐོང་སྟེ། དེ་དག་ཏུ་སེམས་ཅན་གང་ཇི་སྙེད་ཅིག་སྐྱེས་པ་དེ་དག་ཀུང་མཐོང་ངོ་། །དེ་ལྟར་མཐོང་ནས་ཀུང་རྫུ་འཕྲུལ་གྱིས་[༡]དེ་དག་ཏུ་སོང་ཞིང་། སེམས་ཅན་དེ་དག་གི་སེམས་སེམས་ཀྱིས་ཡོང་དུ་ཚུད་པར་བྱས་ནས། དེ་དང་མཐུན་པར་སྦྱིན་པའི་གཏམ་མམ། ཚུལ་ཁྲིམས་ཀྱི་གཏམ་མམ། བཟོད་པའི་གཏམ་མམ། བརྩོན་འགྲུས་ཀྱི་གཏམ་མམ། བསམ་གཏན་གྱི་གཏམ་མམ། ཤེས་རབ་ཀྱི་གཏམ་མམ། འཕགས་པའི་བདེན་པའི་གཏམ་མམ། འབྱུང་བའི་གཏམ་གྱི་བར་དུ་ཆོས་སྟོན་ཏོ། །དེས་ལྷའི་མིག་གིས་ཤར་ལྷོའི་ཕྱོགས་མཚམས་ཀྱི་འཇིག་རྟེན་གྱི་ཁམས་གངྒའི་ཀླུང་གི་བྱེ་མ་སྙེད་མཐོང་སྟེ། དེ་དག་ཏུ་སེམས་ཅན་གང་ཇི་སྙེད་ཅིག་སྐྱེས་པ་དེ་དག་ཀུང་མཐོང་ངོ་། །དེ་ལྟར་མཐོང་ནས་ཀུང་རྫུ་འཕྲུལ་གྱིས་དེ་དག་ཏུ་སོང་ཞིང་། སེམས་ཅན་དེ་དག་གི་སེམས་སེམས་ཀྱིས་ཡོང་དུ་ཚུད་པར་བྱས་ནས། དེ་དང་མཐུན་པར་སྦྱིན་པའི་གཏམ་མམ། ཚུལ་ཁྲིམས་ཀྱི་གཏམ་མམ། བཟོད་པའི་གཏམ་མམ། བརྩོན་འགྲུས་ཀྱི་གཏམ་མམ། བསམ་གཏན་གྱི་གཏམ་མམ། ཤེས་རབ་ཀྱི་གཏམ་མམ། འཕགས་པའི་བདེན་པའི་གཏམ་མམ། འབྱུང་བའི་གཏམ་གྱི་བར་དུ་ཆོས་སྟོན་ཏོ། །དེས་ལྷའི་མིག་གིས་ལྷོ་ནུབ་ཀྱི་ཕྱོགས་མཚམས་ཀྱི་འཇིག་རྟེན་གྱི་ཁམས་གངྒའི་ཀླུང་གི་བྱེ་མ་སྙེད་མཐོང་སྟེ། དེ་དག་ཏུ་སེམས་ཅན་གང་ཇི་སྙེད་ཅིག་སྐྱེས་པ་དེ་དག་ཀུང་མཐོང་ངོ་། །དེ་ལྟར་མཐོང་ནས་ཀུང་རྫུ་འཕྲུལ་གྱིས་དེ་དག་ཏུ་སོང་ཞིང་། སེམས་ཅན་དེ་དག

གིས་[༧]སེམས་སེམས་ཀྱིས་ཕོང་དུ་ཆུད་པར་བྱས་ནས། དེ་དང་མཐུན་པར་སྦྱིན་
པའི་གདམ་མམ། ཚུལ་ཁྲིམས་ཀྱི་གདམ་མམ། བཟོད་པའི་གདམ་མམ།
བརྩོན་འགྲུས་ཀྱི་གདམ་མམ། བསམ་གཏན་གྱི་གདམ་མམ། ཤེས་རབ་ཀྱི་
གདམ་མམ། འཕགས་པའི་བདེན་པའི་གདམ་མམ། འབྱུང་བའི་གདམ་གྱི་
བར་དུ་ཆོས་སྟོན་ཏོ། །དེས་ལྷའི་མིག་གིས་ནུབ་ཕྱོགས་མཚམས་ཀྱི་འཇིག་
རྟེན་གྱི་ཁམས་གང་གའི་ཀླུང་གི་བྱེ་མ་སྙེད་མཐོང་སྟེ། དེ་དག་ཏུ་སེམས་ཅན་གང་ཇི་
སྙེད་ཅིག་སྐྱེས་པ་དེ་དག་ཀུང་མཐོང་ངོ་། །དེ་ལྟར་མཐོང་ནས་ཀུང་རྫུ་འཕྲུལ་
གྱིས་དེ་དག་ཏུ་སོང་ཞིང་། སེམས་ཅན་དེ་དག་གི་སེམས་སེམས་ཀྱིས་ཕོང་དུ་ཆུད་
པར་བྱས་ནས། དེ་དང་མཐུན་པར་སྦྱིན་པའི་གདམ་མམ། ཚུལ་ཁྲིམས་ཀྱི་
གདམ་མམ། བཟོད་པའི་གདམ་མམ། བརྩོན་འགྲུས་ཀྱི་གདམ་མམ།
བསམ་གཏན་གྱི་གདམ་མམ། ཤེས་རབ་ཀྱི་གདམ་མམ། འཕགས་པའི་བདེན་
པའི་གདམ་མམ། འབྱུང་བའི་གདམ་གྱི་བར་དུ་ཆོས་སྟོན་ཏོ། །དེས་ལྷའི་མིག་
གིས་[༣]འོག་གི་[༣]ཕྱོགས་ཀྱི་འཇིག་རྟེན་གྱི་ཁམས་གང་གའི་ཀླུང་གི་བྱེ་མ་སྙེད་མཐོང་སྟེ།
དེ་དག་ཏུ་སེམས་ཅན་གང་ཇི་སྙེད་ཅིག་སྐྱེས་པ་དེ་དག་ཀུང་མཐོང་ངོ་། །དེ་ལྟར་
མཐོང་ནས་ཀུང་རྫུ་འཕྲུལ་གྱིས་དེ་དག་ཏུ་སོང་ཞིང་། སེམས་ཅན་དེ་དག་གི་
སེམས་སེམས་ཀྱིས་ཕོང་དུ་ཆུད་པར་བྱས་ནས། དེ་དང་མཐུན་པར་སྦྱིན་པའི་
གདམ་མམ། ཚུལ་ཁྲིམས་ཀྱི་གདམ་མམ། བཟོད་པའི་གདམ་མམ། བརྩོན་
འགྲུས་ཀྱི་[༨]གདམ་མམ། བསམ་གཏན་གྱི་གདམ་མམ། ཤེས་རབ་ཀྱི་གདམ་
མམ། འཕགས་པའི་བདེན་པའི་གདམ་མམ། འབྱུང་བའི་གདམ་གྱི་བར་དུ་
ཆོས་སྟོན་ཏོ། །དེས་ལྷའི་མིག་གིས་སྟེང་གི་ཕྱོགས་ཀྱི་འཇིག་[༥]རྟེན་གྱི་ཁམས་
གང་གའི་ཀླུང་གི་བྱེ་མ་སྙེད་མཐོང་སྟེ། དེ་དག་ཏུ་སེམས་ཅན་གང་ཇི་སྙེད་ཅིག་སྐྱེས་

པ་དེ་དག་ཀྱང་མཐོང་ངོ་། །དེ་ལྟར་མཐོང་ནས་ཀྱང་རྫུ་འཕྲུལ་གྱིས་དེ་དག་ཏུ་
སོང་ཞིང་། སེམས་ཅན་དེ་དག་གི་སེམས་སེམས་ཀྱིས་ཡོང་དུ་ཚུད་པར་བྱས་ནས།
དེ་དང་མཐུན་པར་སྦྱིན་པའི་གཏམ་མམ། ཚུལ་ཁྲིམས་ཀྱི་གཏམ་མམ། བཟོད་
པའི་གཏམ་མམ། བརྩོན་འགྲུས་ཀྱི་གཏམ་མམ། བསམ་གཏན་གྱི་གཏམ་མམ།
༔ཤེས་རབ་ཀྱི་གཏམ་མམ།[1] འཕགས་པའི་བདེན་པའི་གཏམ་མམ། འབྱུང་
བའི་གཏམ་གྱི་བར་དུ་ཆོས་སྟོན་ཏོ། །དེ་[2]ལྷའི་རྣ་བའི་ཁམས་ཀྱིས་འདི་ལྟ་སྟེ།
ལྷ་དང་མི་གཉིས་ཀའི་སྒྲ་ཡང་ཐོས་ཏེ། དེ་ཤར་ཕྱོགས་ཀྱི་འཇིག་རྟེན་གྱི་ཁམས་
གངྒཱའི་ཀླུང་གི་བྱེ་མ་སྙེད་དག་ན། སངས་རྒྱས་བཅོམ་ལྡན་འདས་གང་ཇི་སྙེད་
ཅིག་ཆོས་སྟོན་པ་དེ་དག་གི་ཆོས་ལྷའི་རྣ་བས་ཉན་ཏེ། ཐོས་ནས་ཀྱང་དེ་བཞིན་
ཉིད་དུ༔འཛིན་ཏོ། །དེ་བཞིན་ཉིད་དུ་བཟུང་ནས།[3] དེ་བཞིན་ཉིད་དུ་སེམས་
ཅན་རྣམས་ལ་ཆོས་སྟོན་ཏོ[4]། །སྦྱིན་པའི་གཏམ་མམ། ཚུལ་ཁྲིམས་ཀྱི་གཏམ་
མམ། བཟོད་པའི་གཏམ་མམ། བརྩོན་འགྲུས་ཀྱི་གཏམ་མམ། བསམ་
གཏན་གྱི་གཏམ་མམ། ཤེས་རབ་ཀྱི་གཏམ་མམ། འཕགས་པའི་བདེན་པའི་
གཏམ་མམ། འབྱུང་བའི་གཏམ་གྱི་བར་དུ་ཆོས་སྟོན་ཏོ། །དེ་ལྷོ་ཕྱོགས་ཀྱི་
འཇིག་རྟེན་གྱི་ཁམས་གངྒཱའི་ཀླུང་གི་བྱེ་མ་སྙེད་དག་ན། སངས་རྒྱས་བཅོམ་ལྡན་
འདས་གང་ཇི་སྙེད་ཅིག་ཆོས་སྟོན་པ་དེ་དག་གི་ཆོས་ལྷའི་རྣ་བས་ཉན་ཏེ[5]། ཐོས་
ནས་ཀྱང་དེ་བཞིན་ཉིད་དུ་འཛིན་ཏོ། །དེ་བཞིན་ཉིད་དུ་བཟུང་ནས། དེ་
བཞིན་ཉིད་དུ་སེམས་ཅན་རྣམས་ལ་ཆོས་སྟོན་ཏེ། སྦྱིན་པའི་གཏམ་མམ།
ཚུལ་ཁྲིམས་ཀྱི་གཏམ་མམ། བཟོད་པའི་གཏམ་མམ། བརྩོན་འགྲུས་ཀྱི་གཏམ་
མམ། བསམ་གཏན་གྱི་གཏམ་མམ། ཤེས་རབ་ཀྱི་གཏམ་མམ། འཕགས་
པའི་བདེན་པའི་གཏམ་མམ། འབྱུང་བའི་གཏམ་གྱི་བར་དུ་ཆོས་སྟོན་ཏོ། །དེ་

ནུབ་ཕྱོགས་ཀྱི་འཇིག་རྟེན་གྱི་ཁམས་གངྒཱའི་ཀླུང་གི་བྱེ་མ་སྙེད་དག་ན། སངས་···· རྒྱས་བཅོམ་ལྡན་འདས་གང་ཇི་སྙེད་ཅིག་ཆོས་སྟོན་པ་དེ་དག་གི་(༡)ཆོས་ལྷའི་རྣ་བས་ཉན་ཏེ། ཐོས་ནས་ཀྱང་དེ་བཞིན་ཉིད་དུ་འཛིན་ཏོ། །དེ་བཞིན་ཉིད་དུ་བཟུང་ནས། དེ་བཞིན་ཉིད་དུ་སེམས་ཅན་རྣམས་ལ་ཆོས་སྟོན་ཏེ། སྦྱིན་པའི་གཏམ་མམ། ཚུལ་ཁྲིམས་ཀྱི་གཏམ་མམ། བཟོད་པའི་གཏམ་མམ། བརྩོན་འགྲུས་ཀྱི་གཏམ་མམ། བསམ་གཏན་གྱི་གཏམ་མམ། ཤེས་རབ་ཀྱི་གཏམ་མམ། འཕགས་པའི་བདེན་པའི་གཏམ་མམ། འབྱུང་བའི་གཏམ་(༣)གྱི་བར་དུ་ཆོས་སྟོན་ཏོ། །དེ་བྱང་ཕྱོགས་ཀྱི་འཇིག་རྟེན་གྱི་ཁམས་གངྒཱའི་ཀླུང་གི་བྱེ་མ་སྙེད་དག་ན། སངས་རྒྱས་བཅོམ་ལྡན་འདས་གང་ཇི་སྙེད་ཅིག་ཆོས་སྟོན་པ་དེ་དག་གི་ཆོས་ལྷའི་རྣ་བས་ཉན་ཏེ། ཐོས་ནས་ཀྱང་དེ་བཞིན་ཉིད་དུ་འཛིན་ཏོ། །དེ་བཞིན་ཉིད་དུ་· བཟུང་ནས། དེ་བཞིན་ཉིད་དུ་སེམས་ཅན་རྣམས་ལ་ཆོས་སྟོན་ཏེ། སྦྱིན་པའི་གཏམ་མམ། ཚུལ་ཁྲིམས་ཀྱི་གཏམ་མམ། བཟོད་པའི་གཏམ་མམ། བརྩོན་འགྲུས་ཀྱི་གཏམ་མམ། བསམ་གཏན་གྱི་གཏམ་མམ། ཤེས་རབ་ཀྱི་གཏམ་མམ། འཕགས་པའི་བདེན་པའི་གཏམ་མམ། འབྱུང་བའི་གཏམ་གྱི་(༣)བར་དུ་ཆོས་སྟོན་ཏོ། །དེ་(༢)བྱང་ཤར་གྱི་ཕྱོགས་མཚམས་ཀྱི་འཇིག་རྟེན་གྱི་ཁམས་གངྒཱའི་ཀླུང་གི་· བྱེ་མ་སྙེད་དག་ན། སངས་རྒྱས་བཅོམ་ལྡན་འདས་གང་ཇི་སྙེད་ཅིག་ཆོས་སྟོན་པ་དེ་དག་གི་ཆོས་ལྷའི་རྣ་བས་ཉན་ཏེ(༤)། ཐོས་ནས་ཀྱང་དེ་བཞིན་ཉིད་དུ་འཛིན་ཏོ། །དེ་བཞིན་ཉིད་དུ་བཟུང་ནས། དེ་བཞིན་ཉིད་དུ་སེམས་ཅན་རྣམས་ལ་ཆོས་སྟོན་ཏེ། སྦྱིན་པའི་གཏམ་མམ། ཚུལ་ཁྲིམས་ཀྱི་གཏམ་མམ། བཟོད་པའི་གཏམ་མམ། བརྩོན་འགྲུས་ཀྱི་གཏམ་མམ། བསམ་གཏན་གྱི་གཏམ་མམ། ཤེས་རབ་ཀྱི་གཏམ་མམ། འཕགས་པའི་བདེན་པའི་གཏམ་མམ། འབྱུང་བའི་

གདམ་གྱི་བར་དུ་ཆོས་སྟོན་ཏོ། །དེ་[༡]ཤར་ལྷོའི་ཕྱོགས་མཚམས་ཀྱི་འཇིག་རྟེན་གྱི་ཁམས་གངྒཱའི་ཀླུང་གི་བྱེ་མ་སྙེད་དག་ན། སངས་རྒྱས་བཅོམ་ལྡན་འདས་གང་ཇི་སྙེད་ཅིག་ཆོས་སྟོན་པ་དེ་དག་གི་ཆོས་ལྷའི་རྣ་བས་ཉན་ཏེ། ཐོས་ནས་ཀྱང་དེ་བཞིན་ཉིད་དུ་འཛིན་ཏོ། །དེ་བཞིན་ཉིད་དུ་བཟུང་ནས། དེ་བཞིན་ཉིད་དུ་སེམས་ཅན་རྣམས་ལ་ཆོས་སྟོན་ཏེ། སྦྱིན་པའི་གདམ་མམ། ཚུལ་ཁྲིམས་ཀྱི་གདམ་མམ། ༔བཟོད་པའི་གདམ་མམ།[༢] བརྩོན་འགྲུས་ཀྱི་གདམ་མམ། བསམ་གཏན་གྱི་གདམ་མམ། ཤེས་རབ་ཀྱི་གདམ་མམ། འཕགས་པའི་བདེན་པའི་གདམ་མམ། འབྱུང་བའི་གདམ་གྱི་བར་དུ་ཆོས་སྟོན་ཏོ། །དེ་[༣]ལྷོ་ནུབ་ཀྱི་ཕྱོགས་མཚམས་ཀྱི་འཇིག་རྟེན་གྱི་ཁམས་གངྒཱའི་ཀླུང་གི་བྱེ་མ་སྙེད་དག་ན། སངས་རྒྱས་བཅོམ་ལྡན་འདས་གང་ཇི་སྙེད་ཅིག་ཆོས་སྟོན་པ་དེ་དག་གིས་[༤]ཆོས་ལྷའི་རྣ་བས་ཉན་ཏེ[༥]། ཐོས་ནས་ཀྱང་དེ་བཞིན་ཉིད་དུ་འཛིན་ཏོ། །དེ་བཞིན་ཉིད་དུ་བཟུང་ནས། དེ་བཞིན་ཉིད་དུ་སེམས་ཅན་རྣམས་ལ་ཆོས་སྟོན་ཏེ། སྦྱིན་པའི་གདམ་མམ། ཚུལ་ཁྲིམས་ཀྱི་གདམ་མམ། བཟོད་པའི་གདམ་མམ། བརྩོན་འགྲུས་ཀྱི་གདམ་མམ། བསམ་གཏན་གྱི་གདམ་མམ། ཤེས་རབ་ཀྱི་གདམ་མམ། འཕགས་པའི་བདེན་པའི་གདམ་མམ། འབྱུང་བའི་གདམ་གྱི་བར་དུ་ཆོས་སྟོན་ཏོ། །དེ་ནུབ་བྱང་གི་ཕྱོགས་མཚམས་ཀྱི་འཇིག་རྟེན་གྱི་ཁམས་གངྒཱའི་ཀླུང་གི་བྱེ་མ་སྙེད་དག་ན། སངས་རྒྱས་བཅོམ་ལྡན་འདས་གང་ཇི་སྙེད་ཅིག་ཆོས་སྟོན་པ་དེ་དག་གི་ཆོས་ལྷའི་རྣ་བས་ཉན་ཏེ། ཐོས་ནས་ཀྱང་དེ་བཞིན་ཉིད་དུ་འཛིན་ཏོ། །དེ་བཞིན་ཉིད་དུ་བཟུང་ནས། དེ་བཞིན་ཉིད་དུ་སེམས་ཅན་རྣམས་ལ་ཆོས་སྟོན་ཏེ། སྦྱིན་པའི་གདམ་མམ། ཚུལ་ཁྲིམས་ཀྱི་གདམ་མམ། བཟོད་པའི་གདམ་མམ། བརྩོན་འགྲུས་ཀྱི་གདམ་མམ། ༔བསམ་གཏན་གྱི་

གཏམ་མམ①། ཤེས་རབ་ཀྱི་གཏམ་མམ། འཕགས་པའི་བདེན་པའི་གཏམ་མམ། འབྱུང་བའི་གཏམ་གྱི་བར་དུ་ཆོས་②སྟོན་ཏོ། །དེ་འོག་③གི་ཕྱོགས་ཀྱི་འཇིག་རྟེན་གྱི་ཁམས་གཏན་ཚིགས་ཀྱི་ཤིང་གི་ཕྲེང་བ་ན། ཟངས་མ་སྲིད་པ་ཏེ་ཧ་ར་སོགས་ཀྱི་ཚོང་ལ་བསམ་གཏན་པ་དང་ཆོས་སྟོན་པ་དེ་དག་གི་ཆོས་ལྟའི་རྣ་བས་ཉན་ཏེ། ཐོས་ནས་ཀྱང་དེ་བཞིན་ཉིད་དུ་འཛིན་ཏོ། །དེ་བཞིན་ཉིད་དུ་བཟུང་ནས། དེ་བཞིན་ཉིད་དུ་སེམས་ཅན་རྣམས་ལ་ཆོས་སྟོན་ཏེ④། སྦྱིན་པའི་གཏམ་མམ། ཚུལ་ཁྲིམས་ཀྱི་གཏམ་མམ། བཟོད་པའི་གཏམ་མམ། བརྩོན་འགྲུས་ཀྱི་གཏམ་མམ། བསམ་གཏན་གྱི་གཏམ་མམ། ཤེས་རབ་ཀྱི་གཏམ་མམ། འཕགས་པའི་བདེན་པའི་གཏམ་མམ། འབྱུང་བའི་གཏམ་གྱི་བར་དུ་ཆོས་སྟོན་ཏོ། །དེ་སྟེང་གི་ཕྱོགས་ཀྱི་འཇིག་རྟེན་གྱི་ཁམས་གཏན་ཚིགས་ཀྱི་ཤིང་གི་ཕྲེང་བ་ན། སངས་རྒྱས་བཅོམ་ལྡན་འདས་གང་ཇི་སྙེད་ཅིག་ཆོས་སྟོན་པ་དེ་དག་གི་ཆོས་ལྟའི་རྣ་བས་ཉན་ཏེ། ཐོས་ནས་ཀྱང་དེ་བཞིན་ཉིད་དུ་འཛིན་ཏོ། །དེ་བཞིན་ཉིད་དུ་བཟུང་ནས། དེ་བཞིན་ཉིད་དུ་སེམས་ཅན་རྣམས་ལ་ཆོས་སྟོན་ཏེ⑤། སྦྱིན་པའི་གཏམ་མམ། ཚུལ་ཁྲིམས་ཀྱི་གཏམ་མམ། བཟོད་པའི་གཏམ་མམ། བརྩོན་འགྲུས་ཀྱི་གཏམ་མམ། བསམ་གཏན་གྱི་གཏམ་མམ། ཤེས་རབ་ཀྱི་གཏམ་མམ། འཕགས་པའི་བདེན་པའི་གཏམ་མམ། འབྱུང་བའི་གཏམ་གྱི་བར་དུ་ཆོས་སྟོན་ཏོ། །དེ་སེམས་ཀྱི་རྣམ་གྲངས་ཤེས་པ་ཤིན་ཏུ་རྣམ་པར་དག་པ་དང་ལྡན་པ་ཡིན་ཏེ། དེ་སེམས་ཀྱི་རྣམ་གྲངས་ཤེས་པ་⑥དེས་སེམས་ཅན་རྣམས་ཀྱི་སེམས་ཤེས་པར་བྱས་ཤིང་། དེ་དག་ལ་དེ་བཞིན་ཉིད་དུ་ཆོས་སྟོན་ཏེ⑦། སྦྱིན་པའི་གཏམ་མམ། ཚུལ་ཁྲིམས་ཀྱི་གཏམ་མམ། བཟོད་པའི་གཏམ་མམ། བརྩོན་འགྲུས་ཀྱི་གཏམ་མམ། བསམ་གཏན་གྱི་གཏམ་མམ། ཤེས་རབ་ཀྱི་གཏམ་མམ། འཕགས་

པའི་བདེན་པའི་གཏམ་མམ། འབྱུང་བའི་གཏམ་གྱི་བར་དུ་ཆོས་སྟོན་ཏོ། །དེ་བདག་གམ་གཞན་གྱི་སྔོན་གྱི་གནས་རྣམ་པ་དུ་མར་[1]རྗེས་སུ་དྲན་ཏེ། སྔོན་གྱི་གནས་རྗེས་སུ་དྲན་པའི་ཤེས་པ་དེས། སྔོན་གྱི་དེ་བཞིན་གཤེགས་པ་དགྲ་བཅོམ་པ་ཡང་དག་པར་རྫོགས་པའི་སངས་རྒྱས་མཚན་[2]འདི་ཞེས་བྱ་བ་ཉན་ཐོས་ཀྱི་དགེ་འདུན་དང་བཅས་པ་བྱུང་ངོ་ཞེས་བྱ་བར་ཡང་ཤེས་ཏེ། སེམས་ཅན་སྔོན་གྱི་གནས་རྗེས་སུ་དྲན་པ་ལ་མོས་པ་གང་ཇི་སྙེད་པ་དེ་དག་ལ་ཡང་དག་པ་[3]ཉིད་དུ་ཆོས་སྟོན་ཏེ[4]། སྦྱིན་པའི་གཏམ་མམ། ཚུལ་ཁྲིམས་ཀྱི་གཏམ་མམ། །བཟོད་པའི་གཏམ་མམ། བརྩོན་འགྲུས་ཀྱི་གཏམ་མམ། བསམ་གཏན་གྱི་གཏམ་མམ། ཤེས་རབ་ཀྱི་གཏམ་མམ། འཕགས་པའི་བདེན་པའི་གཏམ་མམ། འབྱུང་བའི་གཏམ་གྱི་བར་དུ་ཆོས་སྟོན་ཏོ། །དེ་[5]ཟླ་འཕྲུལ་གྱིས་ཕྱོགས་བཅུའི་འཇིག་རྟེན་གྱི་ཁམས་གང་གའི་ཀླུང་གི་བྱེ་མ་སྙེད་དག་ཏུ་སོང་ཞིང་། སངས་རྒྱས་བཅོམ་ལྡན་འདས་རྣམས་ལ་བསྙེན་བཀུར་བྱེད་དེ། བསྙེན་བཀུར་བྱས་ནས། མངོན་པར་ཤེས་པའི་ཡེ་ཤེས་ཀྱིས་སེམས་ཅན་[6]རྣམས་ལ་ཆོས་སྟོན་ཏེ། སྦྱིན་པའི་གཏམ་མམ། ཚུལ་ཁྲིམས་ཀྱི་གཏམ་མམ། བཟོད་པའི་གཏམ་མམ། བརྩོན་འགྲུས་ཀྱི་གཏམ་མམ༑ བསམ་གཏན་གྱི་གཏམ་མམ། ཤེས་རབ་ཀྱི་གཏམ་མམ། འཕགས་པའི་བདེན་པའི་གཏམ་མམ། འབྱུང་བའི་གཏམ་གྱི་བར་དུ་ཆོས་སྟོན་ཏོ། །དེ་ཟག་པ་མེད་པ་མངོན་དུ་བྱ་བའི་ཤེས་པ་ཤིན་ཏུ་རྣམ་པར་དག་པ་དང་ལྡན་པ་ཡིན་ཏེ༑ དེ་ཟག་པ་མེད་པ་མངོན་དུ་བྱ་བའི་ཤེས་པ་ཤིན་ཏུ་རིག་པ་དེས་སེམས་ཅན་རྣམས་ལ་ཆོས་སྟོན་ཏེ། སྦྱིན་པའི་གཏམ་མམ། ཚུལ་ཁྲིམས་ཀྱི་གཏམ་མམ། བཟོད་པའི་གཏམ་མམ། བརྩོན་འགྲུས་ཀྱི་གཏམ་མམ། བསམ་གཏན་གྱི་གཏམ་མམ། ཤེས་རབ་ཀྱི་གཏམ་མམ། འཕགས་པའི་བདེན་པའི་གཏམ་མམ།

འབྱུང་བའི་གཏམ་གྱི་བར་དུ་ཆོས་སྟོན་ཏོ། །རབ་འབྱོར་དེ་ལྟར་བྱང་ཆུབ་སེམས་དཔའ་སེམས་དཔའ་ཆེན་པོས། ཤེས་རབ་ཀྱི་ཕ་རོལ་ཏུ་ཕྱིན་པ་ལ་སྤྱོད་པའི་ཚེ། མངོན་པར་ཤེས་པ་རྣམས་མངོན་པར་བསྒྲུབ་པར་བྱ་སྟེ①། དེ་མངོན་②པར་ཤེས་པ་ཤིན་ཏུ་འདྲིས་པ་དེ་དག་གིས་ལུས་ཅི་དང་ཅི་③ལྟ་བུ་ཡོངས་སུ་གཟུང་④བར་འདོད་པ་དེ་དང་དེ་ལྟ་བུའི་ལུས་ཡོངས་སུ་གཟུང་⑤ཞིང་མོས་པ་ཇི་ལྟ་བ་བཞིན་དུ་སེམས་ཅན་རྣམས་ཀྱི་དོན་བྱེད་ཅིང་⑥བདེ་བའམ། སྡུག་བསྔལ་བ་⑦དེ་དག་གིས་གོས་པར་མི་འགྱུར་རོ། །རབ་འབྱོར་འདི་ལྟ་སྟེ་⑧དཔེར་ན། དེ་བཞིན་གཤེགས་པས་⑨སྤྲུལ་པའི་སྐྱེས་བུ་ནི། དགོས་པ་ཐམས་ཅད་བྱེད་ཀྱང་བདེ་བའམ། སྡུག་བསྔལ་བ་⑩དེས་གོས་པར་འགྱུར་བ་མེད་དོ། །རབ་འབྱོར་⑪དེ་བཞིན་དུ་བྱང་ཆུབ་སེམས་དཔའ་སེམས་དཔའ་ཆེན་པོས་ཤེས་རབ་ཀྱི་ཕ་རོལ་ཏུ་ཕྱིན་པ་ལ་གནས་ཤིང་། མངོན་པར་ཤེས་པས་རྣམ་པར་རྩེ་ཞིང་ཕྱོགས་བཅུའི་འཇིག་རྟེན་གྱི་ཁམས་གཉྫའི་ཀླུང་གི་བྱེ་མ་སྙེད་དག་ཏུ་མོས་པ་ཇི་ལྟ་བ་བཞིན་དུ་ཆོས་སྟོན་ཀྱང་བདེ་བའམ། སྡུག་བསྔལ་བ་⑫དེས་ཞྲགས་⑬པར་མི་འགྱུར་རོ། །རབ་འབྱོར་བྱང་ཆུབ་སེམས་དཔའ་སེམས་དཔའ་ཆེན་པོས། ཤེས་རབ་ཀྱི་ཕ་རོལ་ཏུ་ཕྱིན་པ་ལ་སྤྱོད་པའི་ཚེ། དེ་ལྟར་མངོན་པར་ཤེས་པས། རྣམ་པར་བརྩེ་⑭བར་བྱ་སྟེ⑮། ཅི་ནས་ཀྱང་སངས་རྒྱས་ཀྱི་ཞིང་ཡོངས་སུ་དག་པར་འགྱུར་བ་དང་། སེམས་ཅན་ཡོངས་སུ་སྨིན་པར་འགྱུར་བ་དེ་ལྟར་བརྩེ་⑯བར་བྱ་སྟེ⑰། རབ་འབྱོར་བྱང་ཆུབ་སེམས་དཔའ་སེམས་དཔའ་ཆེན་པོས་ནི། སངས་རྒྱས་ཀྱི་ཞིང་ཡོངས་སུ་དག་པར་མ་བྱས⑱། སེམས་ཅན་⑲ཡོངས་སུ་སྨིན་པར་མ་བྱས་པར། བླ་ན་མེད་པ་ཡང་དག་པར་རྫོགས་པའི་བྱང་ཆུབ་ཏུ་མངོན་པར་རྫོགས་པར་འཚང་རྒྱ་⑳བར་མི་ནུས་སོ། །རབ་འབྱོར་དེ་ཅིའི་ཕྱིར་ཞེ་ན། ལམ་གྱི་ཡན་ལག་དང་མི་ལྡན་པའི་

བྱང་ཆུབ་སེམས་དཔའ་སེམས་དཔའ་ཆེན་པོ་ལ། བླ་ན་མེད་པ་ཡང་དག་པར་རྫོགས་པའི་བྱང་ཆུབ་མེད་དོ། །རབ་འབྱོར་གྱིས་གསོལ་པ། བཅོམ་ལྡན་འདས་བྱང་ཆུབ་སེམས་དཔའ་སེམས་དཔའ་ཆེན་པོ་ལམ་གྱི་ཡན་ལག་ཡོངས་སུ་རྫོགས་པར་བགྱིས་ཤིང་། བླ་ན་མེད་པ་ཡང་དག་པར་རྫོགས་པའི་བྱང་ཆུབ་ཏུ་མངོན་པར་རྫོགས་པར་འཚང་རྒྱ[༡]བར་འགྱུར་བའི་ལམ꞉གྱི་ཡན་ལག[༢]དེ་དག་གང་ལགས། བཅོམ་ལྡན་འདས་ཀྱིས་བཀའ་སྩལ་པ། རབ་འབྱོར་དགེ་བའི་ཆོས་ཐམས་ཅད་ནི་བྱང་ཆུབ་སེམས་དཔའ་སེམས་དཔའ་ཆེན་པོའི་ལམ་གྱི་ཡན་ལག་གོ། །གསོལ་པ། བཅོམ་ལྡན་འདས་ལམ་གྱི་ཡན་ལག་གང་གིས[༣]། བླ་ན་མེད་པ་ཡང་དག་པར་རྫོགས་པའི་བྱང་ཆུབ་ཏུ་མངོན་པར꞉རྫོགས་པར[༤]འཚང་རྒྱ་བར་འགྱུར་བའི་ལམ་གྱི་ཡན་ལག[༥]དགེ་བའི་ཆོས་དེ་དག་གང་ལགས། བཅོམ་ལྡན་འདས་ཀྱིས་བཀའ་སྩལ་པ། སེམས་དང་པོ་བསྐྱེད་པ་ནས་ཉེ་བར་བཟུང་སྟེ། དགེ་བའི་ཆོས་སྦྱིན་པའི་ཕ་རོལ་ཏུ་ཕྱིན་པ་ལ་སྤྱོད་ཀྱང་། དེ་ལ་མི་རྟག་ཅིང་དེ་ཡོངས་སུ་གཏོང་བའི་ཚེ། ངོ་བོ་ཉིད་ཀྱིས[༦]སྟོང꞉པ་ཉིད་ཀྱི[༧]ཕྱིར་འདི་ནི་སྦྱིན་པའོ། །འདི་ལ་ཡོངས་སུ་གཏང[༨]བར་བྱའོ། །བདག་གིས[༩]སྦྱིན་པར་བྱའོ་ཞེས་གསུམ་པོ་དེ་དག་ལ་མི་རྟོག་པ་སྟེ་སྦྱིན་པའི་ཕ་རོལ་ཏུ་ཕྱིན་པ་གང་གིས་བདག་ཀྱང་འཁོར་བ་ལས་སྒྲོལ་ཞིང་། གཞན་ཡང་སྒྲོལ་བ་འདི་ནི་ལམ་གྱི་ཡན་ལག་དགེ་བའི་ཆོས་སོ། །སེམས་དང་པོ་བསྐྱེད་པ་ནས་ཉེ་བར་བཟུང་སྟེ། དགེ་བའི་ཆོས་ཚུལ་ཁྲིམས་ཀྱི་ཕ་རོལ་ཏུ་ཕྱིན་པ་ལ་སྤྱོད་ཀྱང་དེ་ལ་མི་རྟག་ཅིང་། དེ[༡༠]ཚུལ་ཁྲིམས꞉སྲུང་བའི[༡༡]ཚེ། ངོ་བོ་ཉིད་ཀྱིས[༡༢]སྟོང་པ་ཉིད་ཀྱི་ཕྱིར་འདི་ནི་ཚུལ་ཁྲིམས་སོ། །བདག་གིས[༡༣]ཚུལ་ཁྲིམས་བསྲུང[༡༤]ངོ་། །འདིའི་དོན་དུ་ཚུལ་ཁྲིམས་བསྲུང་ངོ་། །ཞེས་གསུམ་པོ་དེ་དག་ལ་མི་རྟོག་པ་སྟེ། ཚུལ་ཁྲིམས་ཀྱི་ཕ་རོལ་ཏུ་

ཕྱིན་པ་གང་གིས་བདག་ཀྱང་འཁོར་བ་ལས་སྒྲོལ་ཞིང་། གཞན་ཡང་སྒྲོལ་བ་འདི་
ནི་ལམ་གྱི་ཡན་ལག་དགེ་བའི་ཆོས་སོ། །སེམས་དང་པོ་བསྐྱེད་པ་ནས་ཉེ་བར་
བཟུང་སྟེ། དགེ་བའི་ཆོས་བཟོད་པའི་ཕ་རོལ་ཏུ་ཕྱིན་པ་ལ་སྦྱོད་ཀྱང་དེ་ལ་མྱི་
རྟོག་ཅིང་[1]། [2]བཟོད་པ་སྒོམ་པའི་ཚེ། ངོ་བོ་ཉིད་ཀྱིས་[3]སྟོང་པ་ཉིད་ཀྱི་ཕྱིར་
འདི་ནི་བཟོད་པའོ། །བདག་གིས་[4]བཟོད་པ་བསྒོམ་[5]མོ། །འདིའི་དོན་དུ་
བཟོད་པ་བསྒོམ་[6]པར་བྱའོ། །ཞེས་གསུམ་པོ་དེ་དག་ལ་མྱི་རྟོག་པ་སྟེ། བཟོད་
པའི་ཕ་རོལ་ཏུ་ཕྱིན་པ་གང་གིས་བདག་ཀྱང་འཁོར་བ་ལས་སྒྲོལ་ཞིང་། གཞན་
ཡང་སྒྲོལ་བ་འདི་ནི་ལམ་གྱི་ཡན་ལག་དགེ་བའི་ཆོས་སོ། །སེམས་དང་པོ་བསྐྱེད་
པ་ནས་ཉེ་བར་བཟུང་སྟེ། དགེ་བའི་ཆོས་བརྩོན་འགྲུས་ཀྱི་ཕ་རོལ་ཏུ་ཕྱིན་པ་ལ་
སྦྱོད་ཀྱང་དེ་ལ་མྱི་རྟོག་ཅིང་། [7]བརྩོན་འགྲུས་རྩོམ་[8]པའི་ཚེ། ངོ་བོ་ཉིད་ཀྱིས་[9]
སྟོང་པ་ཉིད་ཀྱི་ཕྱིར་འདི་ནི་བརྩོན་འགྲུས་སོ། །བདག་གིས་བརྩོན་འགྲུས་བརྩམ་
མོ། །འདིའི་དོན་དུ་བརྩོན་འགྲུས་བརྩམཿཔར་བྱའོ[10]། །ཞེས་གསུམ་པོ་དེ་
དག་ལ་མྱི་རྟོག་པ་[11]སྟེ། བརྩོན་འགྲུས་ཀྱི་ཕ་རོལ་ཏུ་ཕྱིན་པ་གང་གིས་བདག་ཀྱང་
འཁོར་བ་ལས་སྒྲོལ་ཞིང་། གཞན་ཡང་སྒྲོལ་བ་འདི་ནི་ལམ་གྱི་ཡན་ལག་དགེ་བའི་
ཆོས་སོ། །སེམས་དང་པོ་བསྐྱེད་པ་ནས་ཉེ་བར་བཟུང་སྟེ། དགེ་བའི་ཆོས་
བསམ་གཏན་གྱི་ཕ་རོལ་ཏུ་ཕྱིན་པ་ལ་སྦྱོད་ཀྱང་དེ་ལ་མྱི་རྟོག་ཅིང་། དེ་བསམ་
གཏན་ལ་མཉམ་པར་གཞོག་པའི་ཚེ། ངོ་བོ་ཉིད་ཀྱིས་[12]སྟོང་པ་ཉིད་ཀྱི་ཕྱིར།
འདི་ནི་བསམ་གཏན་ནོ། །[13]བདག་གིས་བསམ་གཏན་ལ་མཉམ་པར་གཞག་གོ། །
འདིའི་དོན་དུ་བསམ་གཏན་ལ་མཉམ་པར་གཞག་གོ་ཞེས་གསུམ་པོ་དེ་དག་ལ་མྱི་
རྟོག་པ་སྟེ། བསམ་གཏན་གྱི་ཕ་རོལ་ཏུ་ཕྱིན་པཿགང་གིས་[14]བདག་ཀྱང་འཁོར་བ་
ལས་སྒྲོལ་ཞིང་། གཞན་ཡང་སྒྲོལ་བ་འདི་ནི་ལམ་གྱི་ཡན་ལག་དགེ་བའི་ཆོས་སོ། །

སེམས་དང་པོ་བསྐྱེད་པ་ནས་ཉེ་བར་བཟུང་སྟེ། ༔དགེ་བའི་ཆོས་[༡]ཤེས་རབ་ཀྱི་ཕ་རོལ་ཏུ་ཕྱིན་པ་ལ་སྤྱོད་ཀྱང་། དེ་ལ་མྱི་རྟག་ཅིང་དེ་[༢]ཤེས་རབ་སྒོམ་[༣]པའི་ཚེ། ངོ་བོ་ཉིད་ཀྱིས་[༤]སྟོང་པ་ཉིད་ཀྱི་ཕྱིར་འདི་ནི་ཤེས་རབ་པོ། །བདག་གིས་ནི་[༥]ཤེས་རབ་བསྒོམ་[༦]མོ། །འདིའི་དོན་དུ་ཤེས་རབ་བསྒོམ་[༧]མོ་ཞེས་གསུམ་པོ་དེ་དག་ལ་མྱི་རྟག་པ་སྟེ། ཤེས་རབ་ཀྱི་ཕ་རོལ་ཏུ་ཕྱིན་པ་གང་གིས་བདག་ཀྱང་འཁོར་བ་ལས་སྒྲོལ་ཞིང་། གཞན་ཡང་སྒྲོལ་བ་འདི་ནི་ལམ་གྱི་ཡན་ལག་དགེ་བའི་ཆོས་སོ། །སེམས་དང་པོ་བསྐྱེད་པ་ནས་ཉེ་བར་བཟུང་སྟེ། དགེ་བའི་ཆོས་ནང་སྟོང་པ་ཉིད་ལ་སྤྱོད་ཀྱང་དེ་ལ་མྱི་རྟག་ཅིང་། ནང་སྟོང་པ་ཉིད་སྒོམ་པའི་ཚེ། ངོ་བོ་ཉིད་ཀྱིས་[༨]སྟོང་པ་ཉིད་ཀྱི་ཕྱིར་འདི་ནི་ནང་སྟོང་པ་ཉིད་དོ། །བདག་གིས་ནང་སྟོང་པ་ཉིད་བསྒོམ་པར་བྱའོ། །འདིའི་དོན་དུ་ནང་སྟོང་པ་ཉིད་བསྒོམ་མོ་ཞེས་གསུམ་པོ་དེ་དག་ལ་མྱི་རྟག་པ་སྟེ། ནང་སྟོང་པ་ཉིད་གང་གིས་བདག་ཀྱང་འཁོར་བ་ལས་སྒྲོལ་ཞིང་། གཞན་ཡང་སྒྲོལ་བ་འདི་ནི་ལམ་གྱི་ཡན་ལག་དགེ་བའི་ཆོས་སོ། །སེམས་དང་པོ་བསྐྱེད་པ་ནས་ཉེ་བར་བཟུང་སྟེ། དགེ་བའི་ཆོས་ཕྱི་སྟོང་པ་ཉིད་ལ་སྤྱོད་ཀྱང་དེ་ལ་མྱི་རྟག་ཅིང་། ཕྱི་སྟོང་པ་ཉིད་སྒོམ་པའི་ཚེ། ངོ་བོ་ཉིད་ཀྱིས་[༩]སྟོང་པ་ཉིད་ཀྱི་ཕྱིར་འདི་ནི་ཕྱི་སྟོང་པ་ཉིད་དོ། །བདག་གིས་ཕྱི་སྟོང་པ་ཉིད་བསྒོམ་པར་བྱའོ། །འདིའི་དོན་དུ་ཕྱི་སྟོང་པ་ཉིད་བསྒོམ་མོ་ཞེས་གསུམ་པོ་དེ་དག་ལ་མྱི་རྟག་པ་སྟེ། ཕྱི་སྟོང་པ་ཉིད་གང་གིས་བདག་ཀྱང་འཁོར་བ་ལས་སྒྲོལ་ཞིང་། གཞན་ཡང་སྒྲོལ་བ་འདི་ནི་ལམ་གྱི་ཡན་ལག་དགེ་བའི་ཆོས་སོ། །སེམས་དང་པོ་བསྐྱེད་པ་ནས་ཉེ་བར་བཟུང་སྟེ། དགེ་བའི་ཆོས་ཕྱི་ནང་སྟོང་པ་ཉིད་ལ་སྤྱོད་ཀྱང་དེ་[༡༠]ལ་མྱི་རྟག་ཅིང་། ཕྱི་ནང་སྟོང་པ་ཉིད་སྒོམ་པའི་ཚེ། ངོ་བོ་ཉིད་ཀྱིས་[༡༡]སྟོང་པ་ཉིད་ཀྱི་ཕྱིར་འདི་ནི་ཕྱི་ནང་སྟོང་པ་ཉིད་དོ། །བདག་གིས་[༡༢]ཕྱི་ནང་སྟོང་པ་

ཉིད་བསྒོམ་པར་བྱའོ། །འདིའི་དོན་དུ་ཕྱི་ནང་སྟོང་པ་ཉིད་བསྒོམ་མོ་ཞེས་གསུམ་པོ་དེ་དག་ལ་མི་རྟོག་པ་སྟེ། ཕྱི་ནང་སྟོང་པ་ཉིད་གང་གིས་བདག་ཀྱང་འཁོར་བ་ལས་གྲོལ་ཞིང་། གཞན་ཡང་གྲོལ་བ་འདི་ནི་ལམ་གྱི་ཡན་ལག་དགེ་བའི་ཆོས་སོ། །སེམས་དང་པོ་བསྐྱེད་[1]པ་ནས་ཉེ་བར་བཟུང་སྟེ། དགེ་བའི་ཆོས་སྟོང་པ་ཉིད་ཿསྟོང་པ་ཉིད་[2]ལ་སྤྱོད་ཀྱང་དེ་ལ་མི་རྟོག་ཅིང་། སྟོང་པ་ཉིདཿསྟོང་པ་ཉིད་[3]སྒོམ་པའི་ཚེ། ངོ་བོ་ཉིད་ཀྱིས་[4]སྟོང་པ་ཉིད་ཀྱི་ཕྱིར་འདི་ནི་སྟོང་པ་ཉིདཿསྟོང་པ་ཉིད་[5]དོ། །བདག་གིས་སྟོང་པ་ཉིད་སྟོང་པ་ཉིད་བསྒོམ་པར་བྱའོ། །[6]འདིའི་དོན་དུ་སྟོང་པ་ཉིད་སྟོང་པ་ཉིད་བསྒོམ་མོ། །ཞེས་གསུམ་པོ་དེ་དག་ལ་མི་རྟོག་པ་སྟེ། སྟོང་པ་ཉིད་སྟོང་པ་ཉིད་གང་གིས་བདག་ཀྱང་འཁོར་བ་ལས་གྲོལ་ཞིང་། གཞན་ཡང་གྲོལ་བ་འདི་ནི་ལམ་གྱི་ཡན་ལག་དགེ་བའི་ཆོས་སོ། །སེམས་དང་པོ་བསྐྱེད་པ་ནས་ཉེ་བར་བཟུང་སྟེ། དགེ་བའི་ཆོས་ཆེན་པོ་སྟོང་པ་ཉིད་ལ་སྤྱོད་ཀྱང་དེ་ལ་མི་རྟོག་ཅིང་། ཆེན་པོ་སྟོང་པ་ཉིད་སྒོམ་པའི་ཚེ། ངོ་བོ་ཉིད་ཀྱིས་[7]སྟོང་པ་ཉིད་ཀྱི་ཕྱིར་འདི་ནི་ཆེན་པོ་སྟོང་པ་ཉིད་དོ། །བདག་གིས་ཆེན་པོ་སྟོང་པ་ཉིད་བསྒོམ་པར་བྱའོ། །འདིའི་དོན་དུ་ཆེན་པོ་སྟོང་པ་ཉིད་བསྒོམ་མོ་ཞེས་གསུམ་པོ་དེ་དག་ལ་མི་རྟོག་པ་སྟེ། ཆེན་པོ་སྟོང་པ་ཉིད་གང་གིས་བདག་ཀྱང་[8]འཁོར་བ་ལས་གྲོལ་ཞིང་། གཞན་ཡང་གྲོལ་བ་འདི་ནི་ལམ་གྱི་ཡན་ལག་དགེ་བའི་ཆོས་སོ། །སེམས་དང་པོ་བསྐྱེད་[9]པ་ནས་ཉེ་བར་བཟུང་སྟེ། དགེ་བའི་ཆོས་དོན་དམ་པ་སྟོང་པ་ཉིད་ལ་སྤྱོད་ཀྱང་དེ་ལ་མི་རྟོག་ཅིང་། དོན་དམ་པ་སྟོང་པ་ཉིད་བསྒོམ་[10]པའི་ཚེ། ངོ་བོ་ཉིད་ཀྱིས་[11]སྟོང་པ་ཉིད་ཀྱི་ཕྱིར། འདི་ནི་དོན་དམ་པ་སྟོང་པ་ཉིད་དོ། །བདག་གིས་དོན་དམ་པ་སྟོང་པ་ཉིད་བསྒོམ་[12]པར་བྱའོ། །འདིའི་དོན་དུ་དོན་དམ་པ་སྟོང་པ་ཉིད་བསྒོམ་མོ་ཞེས་གསུམ་པོ་དེ་དག་ལ་མི་རྟོག་པ་སྟེ།

དོན་དམ་པ་སྟོང་པ་ཉིད་གང་གིས་བདག་ཀྱང་འཁོར་བ་ལས་གྲོལ་ཞིང་། གཞན་ཡང་གྲོལ་བ་འདི་ནི་ལམ་གྱི་ཡན་ལག་དགེ་བའི་ཆོས་སོ། །སེམས་དང་པོ་བསྐྱེད་པ་ནས་ཉེ་བར་བཟུང་སྟེ། དགེ་བའི་ཆོས་འདུས་བྱས་སྟོང་པ་ཉིད་ལ་སྤྱོད་ཀྱང་དེ་ལ་མི་རྟོག་ཅིང་། འདུས་བྱས་སྟོང་པ་ཉིད་སྒོམ་པའི་ཚེ། ངོ་བོ་ཉིད་ཀྱིས་[༡]སྟོང་པ་ཉིད་ཀྱི་ཕྱིར་འདི་ནི་འདུས་བྱས་སྟོང་པ་ཉིད་དོ། །བདག་གིས་འདུས་བྱས་སྟོང་པ་ཉིད་བསྒོམ་པར་བྱའོ། །འདིའི་དོན་དུ་འདུས་བྱས་སྟོང་པ་ཉིད་བསྒོམ་མོ་ཞེས་གསུམ་པོ་དེ་དག་ལ་མི་རྟོག་པ་སྟེ། འདུས་བྱས་སྟོང་པ་ཉིད་གང་གིས་བདག་ཀྱང་འཁོར་བ་ལས་གྲོལ་ཞིང་། གཞན་ཡང་གྲོལ་བ་འདི་ནི་ལམ་གྱི་ཡན་ལག་དགེ་བའི་ཆོས་སོ། །སེམས་དང་པོ་བསྐྱེད་པ་ནས་ཉེ་བར་བཟུང་སྟེ། དགེ་བའི་ཆོས་འདུས་མ་བྱས་སྟོང་པ་ཉིད་ལ་སྤྱོད་ཀྱང་། དེ་ལ་མི་རྟོག་ཅིང་། འདུས་མ་བྱས་སྟོང་པ་ཉིད་སྒོམ་པའི་ཚེ། ངོ་བོ་ཉིད་ཀྱིས་[༢]སྟོང་པ་ཉིད་ཀྱི་ཕྱིར། འདི་ནི་འདུས་མ་བྱས་སྟོང་པ་ཉིད་དོ། །བདག་གིས་[༣]འདུས་མ་བྱས་སྟོང་པ་ཉིད་བསྒོམ་པར་བྱའོ། །འདིའི་དོན་དུ་འདུས་མ་བྱས་སྟོང་པ་ཉིད་སྒོམ་[༤]མོ་ཞེས་གསུམ་པོ་དེ་དག་ལ་མི་རྟོག་པ་སྟེ། འདུས་མ་བྱས་སྟོང་པ་ཉིད་གང་གིས་བདག་ཀྱང་འཁོར་བ་ལས་གྲོལ་ཞིང་། གཞན་ཡང་གྲོལ་བ་འདི་ནི་ལམ་གྱི་[༥]ཡན་ལག་དགེ་བའི་ཆོས་སོ། །སེམས་དང་པོ་[༦]བསྐྱེད་པ་ནས་ཉེ་བར་བཟུང་སྟེ། དགེ་བའི་ཆོས་མཐའ་ལས་འདས་པ་སྟོང་པ་ཉིད་ལ་སྤྱོད་ཀྱང་དེ་ལ་མི་རྟོག་ཅིང་། མཐའ་ལས་འདས་པ་སྟོང་པ་ཉིད་སྒོམ་པའི་ཚེ། ངོ་བོ་ཉིད་ཀྱིས་[༧]སྟོང་པ་ཉིད་ཀྱི་ཕྱིར་འདི་ནི༔མཐའ་ལས་འདས་པ་སྟོང་པ་ཉིད་དོ། །བདག་གིས་[༨]མཐའ་ལས་འདས་པ་སྟོང་པ་ཉིད་བསྒོམ་པར་བྱའོ། །འདིའི་དོན་དུ་མཐའ་ལས་འདས་པ་སྟོང་པ་ཉིད་བསྒོམ་མོ་ཞེས་གསུམ་པོ་དེ་དག་ལ་མི་རྟོག་པ་[༩]སྟེ། མཐའ་ལས་འདས་པ་སྟོང་པ་ཉིད།

གང་གིས་བདག་ཀྱང་འཁོར་བ་ལས་གྲོལ་ཞིང་གཞན་ཡང་གྲོལ་བ་འདི་ནི་ལམ་གྱི་ཡན་ལག་དགེ་བའི་ཆོས་སོ། །སེམས་དང་པོ་བསྐྱེད་པ་ནས་ཉེ་བར་བཟུང་སྟེ། དགེ་བའི་ཆོས་ཐོག་མ་དང་ཐ་མ་མྱེད་པ་སྟོང་པ་ཉིད་ལ་སྤྱོད་ཀྱང་། དེ་ལ་མྱི་རྟོག་ཅིང་། ཐོག་མ་དང་ཐ་མ་མྱེད་པ་སྟོང་པ་ཉིད་བསྒོམ[1]པའི་ཚེ། ངོ་བོ་ཉིད་ཀྱིས[2]སྟོང་པ་ཉིད་ཀྱི་ཕྱིར་འདི་ནི་ཐོག་མ་དང་ཐ་མ་མྱེད་པ་སྟོང་པ་ཉིད་དོ། །བདག་གིས་ཐོག་མ་དང་ཐ་མ་མྱེད་པ་སྟོང་པ་ཉིད་བསྒོམ[3]པར་བྱའོ། །འདིའི་དོན་དུ་ཐོག་མ་དང་ཐ་མ་མྱེད་པ་སྟོང་པ་ཉིད་བསྒོམ་མོ་ཞེས་གསུམ་པོ་དེ་དག་ལ་མྱི་རྟོག་པ[4]སྟེ། ཐོག་མ་དང་ཐ་མ་མྱེད་པ་སྟོང་པ་ཉིད་གང་གིས་བདག[5]ཀྱང་འཁོར་བ་ལས་གྲོལ་ཞིང་། གཞན་ཡང་གྲོལ་བ་འདི་ནི་ལམ་གྱི་ཡན་ལག་དགེ་བའི་ཆོས་སོ། །སེམས་དང་པོ་བསྐྱེད་པ་ནས་ཉེ་བར་བཟུང་སྟེ། དགེ་བའི་ཆོས་དོར་བ་མྱེད་པཿསྟོང་པ[6]ཉིད་ལ་སྤྱོད་ཀྱང་དེ་ལ་མྱི་རྟོག་ཅིང་། དོར་བ་མྱེད་པ་སྟོང་པ་ཉིད་བསྒོམ[7]པའི་ཚེ། ངོ་བོ་ཉིད་ཀྱིས[8]སྟོང་པ་ཉིད་ཀྱི[9]ཕྱིར། འདི་ནི་དོར་བ་མྱེད་པ་སྟོང་པ་ཉིད་དོ། །བདག་གིས་དོར་བ་མྱེད་པ་སྟོང་པ་ཉིད་བསྒོམ་པར་བྱའོ། །འདིའི་དོན་དུ་དོར་བ་མྱེད་པ་སྟོང་པ་ཉིད་བསྒོམ་མོ་ཞེས་གསུམ་པོ་དེ་དག་ལ་མྱི་རྟོག་པ[10]སྟེ། དོར་བ་མྱེད་པ་སྟོང་པ་ཉིད་གང་གིས་བདག་ཀྱང་འཁོར་བ་ལས་གྲོལ་ཞིང་། གཞན་ཡང་གྲོལ་བ་འདི་ནི་ལམ་གྱི་ཡན་ལག་དགེ་བའི་ཆོས་སོ། །སེམས་དང་པོ་བསྐྱེད་པ་ནས་ཉེ་བར་བཟུང་སྟེ། དགེ་བའི་ཆོས་རང་བཞིན་སྟོང་པ་ཉིད་ལ་སྤྱོད་ཀྱང་། དེ་ལ་མྱི་རྟོག་ཅིང་། རང་བཞིན་སྟོང་པ་ཉིད་སྒོམ[11]པའི་ཚེ། ངོ་བོ་ཉིད་ཀྱིས[12]སྟོང་པ་ཉིད་ཀྱི་ཕྱིར་འདི་ནི་རང་བཞིན་སྟོང་པ་ཉིད་དོ།། བདག་གིས་རང་བཞིན་སྟོང་པ་ཉིད་བསྒོམ་པར་བྱའོ། །འདིའི་དོན་དུ་རང་བཞིན་སྟོང་པ་ཉིད་བསྒོམ་མོ་ཞེས་གསུམ་པོ་དེ་དག་ལ་མྱི་རྟོག་པ་སྟེ། རང་བཞིན་

སྟོང་པ་ཉིད་གང་གིས་བདག་ཀྱང་འཁོར་བ་ལས་སྒྲོལ་ཞིང་། གཞན་ཡང་སྒྲོལ་བ་འདི་ནི་ལམ་གྱི་ཡན་ལག་དགེ་བའི་ཆོས་སོ། །སེམས་དང་པོ་བསྐྱེད་པ་ནས་ཉེ་བར་བཟུང་སྟེ། དགེ་བའི་ཆོས་ཆོས་[༡]ཐམས་ཅད་སྟོང་པ་ཉིད་ལ་སྤྱོད་ཀྱང་དེ་ལ་མི་རྟོག་ཅིང་། ཆོས་ཐམས་ཅད་སྟོང་པ་ཉིད་སྒོམ་[༢]པའི་ཚེ། ངོ་བོ་ཉིད་ཀྱིས་[༣]སྟོང་པ་ཉིད་ཀྱི་ཕྱིར་འདི་ནི་ཆོས་ཐམས་ཅད་སྟོང་པ་ཉིད་དོ། །བདག་གིས་[༤]ཆོས་ཐམས་ཅད་སྟོང་པ་ཉིད་བསྒོམ་[༥]པར་བྱའོ། །འདིའི་དོན་དུ་ཆོས་ཐམས་ཅད་སྟོང་པ་ཉིད་བསྒོམ་[༦]མོ་ཞེས་གསུམ་པོ་དེ་[༧]དག་ལ་མི་རྟོག་པ་[༨]སྟེ། ཆོས་ཐམས་ཅད་སྟོང་པ་ཉིད་གང་གིས་བདག་ཀྱང་འཁོར་བ་ལས་སྒྲོལ་ཞིང་། གཞན་ཡང་སྒྲོལ་བ་འདི་ནི་ལམ་གྱི་ཡན་ལག་དགེ་བའི་ཆོས་སོ། །སེམས་དང་པོ་བསྐྱེད་པ་ནས་ཉེ་བར་བཟུང་སྟེ། དགེ་བའི་ཆོས་རང་གི་མཚན་ཉིད་སྟོང་པ་ཉིད་ལ་སྤྱོད་ཀྱང་། དེ་ལ་མི་རྟོག་ཅིང་། རང་གི་མཚན་ཉིད་སྟོང་པ་ཉིད་སྒོམ་[༩]པའི་ཚེ། ངོ་བོ་ཉིད་ཀྱིས་[༡༠]སྟོང་པ་ཉིད་ཀྱི་ཕྱིར་འདི་ནི་རང་གི་མཚན་ཉིད་སྟོང་པ་ཉིད་དོ། །བདག་གིས་རང་གི་མཚན་ཉིད་སྟོང་པ་ཉིད་བསྒོམ་པར་བྱའོ། །འདིའི་དོན་དུ་རང་གི་མཚན་ཉིད་སྟོང་པ་ཉིད་བསྒོམ་མོ་ཞེས་གསུམ་པོ་དེ་དག་ལ་མི་རྟོག་པ་སྟེ། རང་གི་མཚན་ཉིད་སྟོང་པ་ཉིད་གང་གིས་བདག་ཀྱང་འཁོར་བ་ལས་སྒྲོལ་ཞིང་། གཞན་ཡང་སྒྲོལ་བ་འདི་ནི་ལམ་གྱི་ཡན་ལག་དགེ་བའི་ཆོས་སོ། །སེམས་དང་པོ་བསྐྱེད་པ་ནས་ཉེ་བར་བཟུང་སྟེ། དགེ་བའི་ཆོས་མི་དམིགས་པ་སྟོང་པ་ཉིད་ལ་སྤྱོད་ཀྱང་། དེ་ལ་མི་རྟོག་ཅིང་། མི་དམིགས་པ་སྟོང་པ་ཉིད་སྒོམ་[༡༡]པའི་ཚེ། ངོ་བོ་ཉིད་ཀྱིས་[༡༢]སྟོང་པ་ཉིད་ཀྱི་ཕྱིར་འདི་ནི་མི་དམིགས་པ་སྟོང་པ་ཉིད་དོ། །བདག་གིས་མི་དམིགས་པ་སྟོང་པ་ཉིད་བསྒོམ་[༡༣]པར་བྱའོ། །འདིའི་དོན་དུ་མི་དམིགས་པ་སྟོང་པ་ཉིད་བསྒོམ་མོ་ཞེས་གསུམ་པོ་དེ་དག་ལ་མི་རྟོག་པ་སྟེ། མི་

དམིགས་པ་སྟོང་པ་ཉིད་གང་གིས་བདག་ཀྱང་འཁོར་བ་ལས་སྒྲོལ་ཞིང་། གཞན་ཡང་སྒྲོལ་བ་འདི་ནི་ལམ་(༡)གྱི་ཡན་ལག་དགེ་བའི་ཆོས་སོ། །སེམས་དང་པོ་བསྐྱེད་པ་ནས་ཉེ་བར་བཟུང་སྟེ། དགེ་བའི་ཆོས་དངོས་པོ་མེད་པ་སྟོང་པ་ཉིད་ལ་སྤྱོད་ཀྱང་དེ་ལ་མི་རྟོག་ཅིང་། དངོས་པོ་མེད་པ་(༢)སྟོང་པ་ཉིད་སྒོམ་(༣)པའི་ཚེ། ངོ་བོ་ཉིད་ཀྱིས་(༤)སྟོང་པ་ཉིད་ཀྱི་ཕྱིར། འདི་ནི་དངོས་པོ་མེད་པ་སྟོང་པ་ཉིད་དོ། །བདག་གིས་དངོས་པོ་མེད་པ་སྟོང་པ་ཉིད་བསྒོམ་པར་བྱའོ། །འདིའི་དོན་དུ་དངོས་པོ་མེད་པ་སྟོང་པ་ཉིད་བསྒོམ་མོ་ཞེས་གསུམ་པོ་དེ་དག་ལ་མི་རྟོག་པ་སྟེ། དངོས་པོ་མེད་པ་སྟོང་པ་ཉིད་གང་གིས་བདག་ཀྱང་འཁོར་བ་ལས་སྒྲོལ་ཞིང་། གཞན་ཡང་སྒྲོལ་བ་འདི་ནི་ལམ་གྱི་ཡན་ལག་དགེ་བའི་ཆོས་སོ། །སེམས་དང་པོ་བསྐྱེད་པ་ནས་ཉེ་བར་བཟུང་སྟེ། དགེ་བའི་ཆོས་ངོ་བོ་ཉིད་སྟོང་པ་ཉིད་ལ་སྤྱོད་ཀྱང་དེ་ལ་མི་རྟོག་ཅིང་། ངོ་བོ་ཉིད་(༥)སྟོང་པ་ཉིད་སྒོམ་པའི་ཚེ། ངོ་བོ་ཉིད་ཀྱིས་(༦)སྟོང་པ་ཉིད་ཀྱི་ཕྱིར། འདི་ནི་ངོ་བོ་ཉིད་སྟོང་པ་ཉིད་དོ། །བདག་གིས་ངོ་བོ་ཉིད་སྟོང་པ་ཉིད་བསྒོམ་(༧)པར་བྱའོ། །འདིའི་དོན་དུ་ངོ་བོ་ཉིད་སྟོང་པ་ཉིད་བསྒོམ་མོ་ཞེས་གསུམ་པོ་དེ་དག་ལ་མི་རྟོག་(༨)པ་སྟེ། ངོ་བོ་ཉིད་སྟོང་པ་ཉིད་གང་གིས་བདག་ཀྱང་འཁོར་བ་ལས་སྒྲོལ་ཞིང་། གཞན་ཡང་སྒྲོལ་བ་འདི་ནི་ལམ་གྱི་ཡན་ལག་དགེ་བའི་ཆོས་སོ། །སེམས་དང་པོ་བསྐྱེད་པ་ནས་ཉེ་བར་བཟུང་སྟེ། དགེ་བའི་ཆོས་དངོས་པོ་མེད་པའི་ངོ་བོ་ཉིད་སྟོང་པ་ཉིད་ལ་སྤྱོད་ཀྱང་དེ་ལ་མི་རྟོག་ཅིང་། དངོས་པོ་མེད་པའི་ངོ་བོ་ཉིད་སྟོང་པ་ཉིད་སྒོམ་པའི་ཚེ། ངོ་བོ་ཉིད་ཀྱིས་(༩)སྟོང་པ་ཉིད་ཀྱི་ཕྱིར། འདི་ནི་དངོས་པོ་མེད་པའི་ངོ་བོ་ཉིད་སྟོང་པ་ཉིད་དོ།། བདག་གིས་དངོས་པོ་མེད་པའི་ངོ་བོ་ཉིད་སྟོང་པ་ཉིད་བསྒོམ་(༡༠)པར་བྱའོ། །འདིའི་དོན་དུ་དངོས་པོ་མེད་པའི་ངོ་བོ་ཉིད་སྟོང་པ་ཉིད་བསྒོམ་(༡༡)མོ་ཞེས་གསུམ་པོ་

དེ་དག་ལ་མི་རྟོག་པ་(༡)སྟེ། དངོས་པོ་མེད་པའི་ངོ་བོ་ཉིད་སྟོང་པ་ཉིད་གང་གིས་བདག་ཀྱང་འཁོར་བ་ལས་གྲོལ་ཞིང་། གཞན་ཡང་གྲོལ་བ་འདི་ནི་ལམ་གྱི་ཡན་ལག་དགེ་བའི་ཆོས་སོ། །སེམས་དང་པོ་བསྐྱེད་པ་ནས་ཉེ་བར་བཟུང་སྟེ། བྱང་ཆུབ་སེམས་དཔའ་སེམས་དཔའ་ཆེན་པོའི་དགེ་བའི་ཆོས་དྲན་པ་ཉེ་བར་གཞག་པ་བཞི་ལ་སྤྱོད་ཀྱང་དེ་ལ་མི་རྟོག་ཅིང་། དྲན་པ་ཉེ་བར་གཞག་པ་རྣམས་སྒོམ་(༢)པའི་ཚེ། ངོ་བོ་ཉིད་ཀྱིས་(༣)སྟོང་པ་ཉིད་ཀྱི་ཕྱིར། འདི་དག་ནི་དྲན་པ་ཉེ་བར་གཞག་པ་རྣམས་སོ། །བདག་གིས་དྲན་པ་ཉེ་བར་གཞག་པ་རྣམས་བསྒོམ་པར་བྱའོ། །འདིའི་དོན་དུ་དྲན་པ་ཉེ་བར་གཞག་པ་རྣམས་བསྒོམ་མོ་ཞེས་གསུམ་པོ་དེ་དག་ལ་མི་རྟོག་པ་སྟེ། དྲན་པ་ཉེ་བར་གཞག་པ་གང་གིས་བདག་ཀྱང་འཁོར་བ་ལས་གྲོལ་ཞིང་། གཞན་ཡང་གྲོལ་བ་འདི་ནི་ལམ་གྱི་ཡན་ལག་དགེ་བའི་ཆོས་སོ། །སེམས་དང་པོ་བསྐྱེད་པ་ནས་ཉེ་བར་བཟུང་སྟེ། བྱང་ཆུབ་སེམས་དཔའ་སེམས་དཔའ་ཆེན་པོའི་(༤)དགེ་བའི་ཆོས་ཡང་དག་པར་སྤོང་བ་བཞི་ལ་སྤྱོད་ཀྱང་དེ་ལ་མི་རྟོག་ཅིང་ཡང་དག་པར་སྤོང་བ་རྣམས་སྒོམ་(༥)པའི་ཚེ། ངོ་བོ་ཉིད་ཀྱིས་(༦)སྟོང་པ་ཉིད་ཀྱི་ཕྱིར། འདི་དག་ནི་ཡང་དག་པར་སྤོང་བ་རྣམས་སོ། །བདག་གིས་ཡང་དག་པར་སྤོང་བ་རྣམས་བསྒོམ་པར་བྱའོ། །འདིའི་དོན་དུ་ཡང་དག་པར་སྤོང་བ་རྣམས་བསྒོམ་(༧)མོ་ཞེས་གསུམ་པོ་དེ་དག་ལ་མི་རྟོག་པ་སྟེ། ཡང་དག་པར་སྤོང་བ་གང་གིས་བདག་ཀྱང་འཁོར་བ་ལས་གྲོལ་ཞིང་། གཞན་ཡང་གྲོལ་བ་འདི་ནི་ལམ་གྱི་ཡན་ལག་དགེ་བའི་ཆོས་སོ། །སེམས་དང་པོ་བསྐྱེད་པ་ནས་ཉེ་བར་བཟུང་སྟེ། བྱང་ཆུབ་སེམས་དཔའ་སེམས་དཔའ་ཆེན་པོའི་དགེ་བའི་ཆོས་རྫུ་འཕྲུལ་གྱི་རྐང་པ་བཞི་ལ་སྤྱོད་ཀྱང་། དེ་ལ་མི་རྟོག་ཅིང་། རྫུ་འཕྲུལ་གྱི་རྐང་པ་བཞི་སྒོམ་(༨)པའི་ཚེ། ངོ་བོ་ཉིད་ཀྱིས་(༩)སྟོང་པ་ཉིད་ཀྱི་ཕྱིར། འདི་དག་ནི་རྫུ་འཕྲུལ་གྱི་རྐང་པ

རྣམས་སོ། །བདག་གིས་རྫུ་འཕྲུལ་གྱི་རྐང་པ་རྣམས་བསྒོམ་པར་བྱའོ། །འདིའི་དོན་དུ་རྫུ་འཕྲུལ་གྱི་རྐང་པ་རྣམས་བསྒོམ་མོ་ཞེས་གསུམ་པོ་དེ་དག་ལ་མྱི་རྟོག་པ་སྟེ། རྫུ་འཕྲུལ་གྱི་རྐང་པ་གང་གིས་བདག་ཀྱང་འཁོར་བ་ལས་སྒྲོལ་ཞིང་། གཞན་ཡང་སྒྲོལ་བ་འདི་ནི་ལམ་གྱི་ཡན་ལག་དགེ་བའི་ཆོས་སོ། །སེམས་དང་པོ་བསྐྱེད་པ་ནས་ཉེ་བར་བཟུང་སྟེ། བྱང་ཆུབ་སེམས་དཔའ་སེམས་དཔའ་ཆེན་པོའི་དགེ་བའི་ཆོས་དབང་པོ་ལྔ་ལ་སྤྱོད་ཀྱང་དེ་ལ་མྱི་རྟོག་ཅིང་། དབང་པོ་ལྔ་སྒོམ[1]པའི་ཚེ། ངོ་བོ་ཉིད་ཀྱིས[2]སྟོང་པ་ཉིད་ཀྱི་ཕྱིར། འདི་དག་ནི་དབང་པོ་རྣམས་སོ། །བདག་གིས་དབང་པོ་རྣམས་བསྒོམ་པར་བྱའོ། །འདིའི་དོན་དུ་དབང་པོ་རྣམས་བསྒོམ་མོ་ཞེས་གསུམ་པོ་དེ་དག་ལ་མྱི་རྟོག་པ་སྟེ། དབང་པོ་གང་གིས་བདག་ཀྱང་འཁོར་བ་ལས་སྒྲོལ་ཞིང་། གཞན་ཡང་སྒྲོལ་བ་འདི་ནི་ལམ་གྱི་ཡན་ལག་དགེ་བའི་ཆོས་སོ། །སེམས་དང་པོ་བསྐྱེད་པ་ནས་ཉེ་བར་བཟུང་སྟེ། བྱང་ཆུབ་སེམས་དཔའ་སེམས་དཔའ་ཆེན་པོའི་དགེ་བའི་ཆོས་སྟོབས་ལྔ་ལ་སྤྱོད་ཀྱང་། དེ་ལ་མྱི་རྟོག་ཅིང་། སྟོབས་རྣམས་སྒོམ[3]པའི་ཚེ། ངོ་བོཿཉིད་ཀྱིས་སྟོང་པ[4]ཉིད་ཀྱི་ཕྱིར། འདི་དག་ནི་སྟོབས་རྣམས་སོ། །བདག་གིས་སྟོབས་རྣམས་བསྒོམ་པར་བྱའོ། །འདིའི་དོན་དུ་སྟོབས་རྣམས་བསྒོམ[5]མོ་ཞེས་གསུམ་པོ་དེ་དག་ལ་མྱི་རྟོག་པ་སྟེ། སྟོབས་གང་གིས་བདག་ཀྱང་འཁོར་བ་ལས་སྒྲོལ་ཞིང་། གཞན་ཡང་སྒྲོལ་བ་འདི་ནི་ལམ་གྱི་ཡན་ལག་དགེ་བའི་ཆོས་སོ། །སེམས་དང་པོ་བསྐྱེད་པ[6]ནས་ཉེ་བར་བཟུང་སྟེ། བྱང་ཆུབ་སེམས་དཔའ་སེམས་དཔའ་ཆེན་པོའི་དགེ་བའི་ཆོས་བྱང་ཆུབ་ཀྱི་ཡན་ལག་བདུན་ལ་སྤྱོད་ཀྱང་། དེ་ལ་མྱི་རྟོག་ཅིང་། བྱང་ཆུབ་ཀྱི་ཡན་ལག་རྣམས་སྒོམ[7]པའི་ཚེ། ངོ་བོ་ཉིད་ཀྱིས[8]སྟོང་པ་ཉིད་ཀྱི་ཕྱིར། འདི་དག་ནི་བྱང་ཆུབ་ཀྱི་ཡན་ལག་རྣམས་སོ། །བདག་གིས་བྱང་ཆུབ་

ཀྱི་ཡན་ལག་རྣམས་བསྒོམ་པར་བྱའོ། །འདིའི་དོན་དུ་བྱང་ཆུབ་ཀྱི་ཡན་ལག་
རྣམས་བསྒོམ་མོ་ཞེས་གསུམ་པོ་དེ་དག་ལ་མྱི་རྟོག་པ་སྟེ། བྱང་ཆུབ་ཀྱི་ཡན་ལག་
གང་གིས་བདག་ཀྱང་འཁོར་བ་ལས་སྒྲོལ་ཞིང་གཞན་ཡང་སྒྲོལ་བ་འདི་ནི་ལམ་གྱི་
ཡན་ལག་དགེ་བའི་ཆོས་སོ། །སེམས་དང་པོ་བསྐྱེད་པ་ནས་ཉེ་བར་བཟུང་སྟེ།
བྱང་ཆུབ་སེམས་དཔའ་སེམས་དཔའ་ཆེན་པོའི་དགེ་བའི་ཆོས་འཕགས་པའི་ལམ་
ཡན་ལག་བརྒྱད་པ་ལ་སྤྱོད་ཀྱང་། དེ་ལ་མྱི་རྟོག་ཅིང་འཕགས་པའི་ལམ་[༡]ཡན་
ལག་བརྒྱད་པ་སྒོམ་[༢]པའི་ཚེ། ངོ་བོ་ཉིད་ཀྱིས་[༣]སྟོང་པ་ཉིད་ཀྱི་ཕྱིར། འདི་ནི་
འཕགས་པའི་ལམ་ཡན་ལག་བརྒྱད་པའོ། །བདག་གིས་[༤]འཕགས་པའི་ལམ་ཡན་
ལག་[༥]བརྒྱད་པ་བསྒོམ་པར་བྱའོ། །འདིའི་དོན་དུ་འཕགས་པའི་ལམ་ཡན་ལག་
བརྒྱད་པ་བསྒོམ་མོ་ཞེས་གསུམ་པོ་དེ་དག་ལ་མྱི་རྟོག་པ་སྟེ། འཕགས་པའི་ལམ་
ཡན་ལག་བརྒྱད་པ་གང་གིས་བདག་ཀྱང་འཁོར་བ་ལས་སྒྲོལ་ཞིང་། གཞན་ཡང་
སྒྲོལ་བ་འདི་ནི་ལམ་གྱི་ཡན་ལག་དགེ་བའི་ཆོས་སོ། །སེམས་དང་པོ་བསྐྱེད་པ་
ནས་ཉེ་བར་བཟུང་སྟེ། བྱང་ཆུབ་སེམས་དཔའ་སེམས་དཔའ་ཆེན་པོའི་དགེ་བའི་
ཆོས་[༦]འཕགས་པའི་བདེན་པ་བཞི་ལ་སྤྱོད་ཀྱང་དེ་ལ་མྱི་རྟོག་ཅིང་། འཕགས་
པའི་བདེན་པ་རྣམས་སྒོམ་པའི་ཚེ། ངོ་བོ་ཉིད་ཀྱིས་[༧]སྟོང་པ་ཉིད་ཀྱི་ཕྱིར།
འདི་དག་ནི་འཕགས་པའི་བདེན་པ་རྣམས་སོ། །བདག་གིས་འཕགས་པའི་བདེན་
པ་རྣམས་བསྒོམ་པར་བྱའོ། །འདིའི་དོན་དུ་འཕགས་པའི་བདེན་པ་རྣམས་བསྒོམ་
མོ་ཞེས་གསུམ་པོ་དེ་དག་ལ་མྱི་རྟོག་པ་སྟེ། འཕགས་པའི་བདེན་པ་གང་གིས་
བདག་ཀྱང་འཁོར་བ་ལས་སྒྲོལ་ཞིང་། གཞན་ཡང་སྒྲོལ་བ་འདི་ནི་ལམ་གྱི་ཡན་
ལག་དགེ་བའི་ཆོས་སོ། །སེམས་དང་པོ་བསྐྱེད་པ་ནས་ཉེ་བར་བཟུང་སྟེ། བྱང་
ཆུབ་སེམས་དཔའ་སེམས་དཔའ་ཆེན་པོའི་དགེ་བའི་ཆོས་བསམ་གཏན་བཞི་ལ་སྤྱོད་

ཀྱང་དེ་ལ་མྱི་རྟོག་ཅིང་། བསམ་གཏན་རྣམས་སྒོམ་(༡)པའི་ཚེ། ངོ་བོ་ཉིད་ཀྱིས་(༢)
སྟོང་པ་ཉིད་ཀྱི་ཕྱིར། འདི་དག་ནི་བསམ་གཏན་རྣམས་སོ། །བདག་གིས་
བསམ་གཏན་རྣམས་བསྒོམ་(༣)པར་བྱའོ། །འདིའི་དོན་དུ་བསམ་གཏན་རྣམས་
བསྒོམ་མོ། །ཞེས་གསུམ་པོ་དེ་དག་ལ་མྱི་རྟོག་པ་སྟེ། བསམ་གཏན་གང་གིས་
བདག་ཀྱང་འཁོར་བ་ལས་སྒྲོལ་ཞིང་། གཞན་ཡང་སྒྲོལ་བ་འདི་ནི་ལམ་གྱི་ཡན་
ལག་དགེ་བའི་ཆོས་སོ། །སེམས་དང་པོ་བསྐྱེད་པ་ནས་ཉེ་བར་བཟུང་སྟེ། བྱང་
ཆུབ་སེམས་དཔའ་སེམས་དཔའ་ཆེན་པོའི་དགེ་བའི་ཆོས་ཚད་མྱེད་པ་བཞི་ལ་སྤྱོད་
ཀྱང་དེ་ལ་མྱི་རྟོག་ཅིང་། ཚད་མྱེད་པ་རྣམས་སྒོམ་(༤)པའི་ཚེ། ངོ་བོ་ཉིད་ཀྱིས་(༥)
སྟོང་པ་ཉིད་ཀྱི་ཕྱིར། འདི་དག་ནི་ཚད་མྱེད་པ་རྣམས་སོ། །བདག་གིས་ཚད་
མྱེད་པ་རྣམས་བསྒོམ་པར་བྱའོ། །འདིའི་དོན་དུ་ཚད་མྱེད་པ་རྣམས་བསྒོམ་མོ
ཞེས་གསུམ་པོ་དེ་དག་ལ་མྱི་རྟོག་པ་སྟེ། ཚད་མྱེད་པ་གང་གིས་བདག་ཀྱང་འཁོར་
བ་ལས་སྒྲོལ་ཞིང་། གཞན་ཡང་སྒྲོལ་བ་འདི་ནི་ལམ་གྱི་ཡན་ལག་དགེ་བའི་ཆོས་སོ། །
སེམས་དང་པོ་བསྐྱེད་པ་ནས་ཉེ་བར་བཟུང་སྟེ། བྱང་ཆུབ་སེམས་དཔའ་སེམས་
དཔའ་ཆེན་པོའི་དགེ་བའི་ཆོས་གཟུགས་མྱེད་པའི་སྙོམས་པར་འཇུག་པ་བཞི་ལ་
སྤྱོད་ཀྱང་། དེ་ལ་མྱི་རྟོག་ཅིང་། གཟུགས་མྱེད་པའི་སྙོམས་པར་འཇུག་པ་
རྣམས་སྒོམ་(༦)པའི་ཚེ། ངོ་བོ་ཉིད་ཀྱིས་(༧)སྟོང་པ་ཉིད་ཀྱི་ཕྱིར། འདི་དག་ནི་
གཟུགས་མྱེད་པའི་སྙོམས་པར་འཇུག་པ་རྣམས་སོ། །བདག་གིས་གཟུགས་མྱེད་
པའི་སྙོམས་པར་འཇུག་པ་རྣམས་བསྒོམ་པར་བྱའོ། །འདིའི་དོན་དུ་གཟུགས་མྱེད་
པའི་སྙོམས་པར་འཇུག་པ་རྣམས་བསྒོམ་མོ་ཞེས་གསུམ་པོ་དེ་དག་ལ་མྱི་རྟོག་པ་སྟེ།
གཟུགས་མྱེད་པའི་སྙོམས་པར་འཇུག་པ་གང་གིས་བདག་ཀྱང་འཁོར་བ་ལས་སྒྲོལ་
ཞིང་། གཞན་ཡང་སྒྲོལ་བ་འདི་ནི་ལམ་(༨)གྱི་ཡན་ལག་དགེ་བའི་ཆོས་སོ། །

སེམས་དང་པོ་བསྐྱེད་པ་ནས་ཉེ་བར་བཟུང་སྟེ། བྱང་ཆུབ་སེམས་དཔའ་སེམས་
དཔའ་ཆེན་པོའི་དགེ་བའི་ཆོས་རྣམ་(༡)པར་ཐར་པ་བརྒྱད་ལ་སྤྱོད་ཀྱང་། དེ་ལ་མྱི་
རྟོག་ཅིང་། རྣམ་པར་ཐར་པ་བརྒྱད་སྒོམ་(༢)པའི་ཚེ། ངོ་བོ་ཉིད་ཀྱིས་(༣)སྟོང་པ་
ཉིད་ཀྱི་ཕྱིར། འདི་དག་ནི་རྣམ་པར་ཐར་པ་བརྒྱད་དོ། །བདག་གིས་རྣམ་པར་
ཐར་པ་བརྒྱད་བསྒོམ་པར་བྱའོ། །འདིའི་དོན་དུ་རྣམ་པར་ཐར་པ་བརྒྱད་བསྒོམ་
མོ་ཞེས་གསུམ་པོ་དེ་དག་ལ་མྱི་རྟོག་པ་སྟེ། རྣམ་པར་ཐར་པ་བརྒྱད་གང་གིས་
བདག་ཀྱང་འཁོར་བ་ལས་སྒྲོལ་ཞིང་། གཞན་ཡང་སྒྲོལ་བ་འདི་ནི་ལམ་གྱི་ཡན་
ལག་དགེ་བའི་ཆོས་སོ། །སེམས་དང་པོ་བསྐྱེད་པ་ནས་ཉེ་བར་བཟུང་སྟེ། བྱང་
ཆུབ་སེམས་དཔའ་སེམས་དཔའ་ཆེན་པོའི་དགེ་བའི་ཆོས་མཐར་གྱིས་གནས་པའི་
སྙོམས་པར་འཇུག་པ་དགུ་ལ་སྤྱོད་ཀྱང་དེ་ལ་མྱི་རྟོག་ཅིང་། མཐར་གྱིས་གནས་
པའི་སྙོམས་པར་འཇུག་པ་རྣམས་སྒོམ་(༤)པའི་ཚེ། ངོ་བོ་ཉིད་ཀྱིས་(༥)སྟོང་པ་ཉིད་
ཀྱི་ཕྱིར། འདི་དག་(༦)ནི་མཐར་གྱིས་གནས་པའི་སྙོམས་པར་འཇུག་པ་རྣམས་སོ། །
བདག་གིས་མཐར་གྱིས་གནས་པའི་སྙོམས་པར་འཇུག་པ་རྣམས་བསྒོམ་(༧)པར་བྱའོ། །
འདིའི་དོན་དུ་མཐར་གྱིས་གནས་པའི་སྙོམས་པར་འཇུག་པ་རྣམས་བསྒོམ་(༨)མོ་ཞེས་
གསུམ་པོ་དེ་དག་ལ་མྱི་རྟོག་པ་སྟེ། མཐར་གྱིས་གནས་པའི་སྙོམས་པར་འཇུག་པ་
གང་གིས་བདག་ཀྱང་འཁོར་བ་ལས་སྒྲོལ་ཞིང་། གཞན་ཡང་སྒྲོལ་བ་འདི་ནི་ལམ་
གྱི་ཡན་ལག་དགེ་བའི་ཆོས་སོ། །སེམས་དང་པོ་བསྐྱེད་པ་ནས་ཉེ་བར་བཟུང་སྟེ།
བྱང་ཆུབ་སེམས་དཔའ་སེམས་དཔའ་ཆེན་པོའི་དགེ་བའི་ཆོས་རྣམ་པར་ཐར་པའི་
སྒོ་སྟོང་པ་ཉིད་དང་། མཚན་མ་མྱེད་པ་དང་། སྨོན་པ་མྱེད་པ་ལ་སྤྱོད་ཀྱང་དེ་
ལ་མྱི་རྟོག་ཅིང་། རྣམ་པར་ཐར་པའི་སྒོ་སྟོང་པ་ཉིད་དང་། མཚན་མ་མྱེད་པ་
དང་། སྨོན་པ་མྱེད་པ་སྒོམ་པའི་ཚེ། ངོ་བོ་ཉིད་ཀྱིས་(༩)སྟོང་པ་ཉིད་ཀྱི་ཕྱིར།

འདི་དག་[༧]ནི་རྣམ་པར་ཐར་པའི་སྒོ་སྟོང་པ་ཉིད་དང་། མཚན་མ་མེད་པ་དང་། སྨོན་པ་མེད་པའོ། །བདག་གིས་རྣམ་པར་ཐར་པའི་སྒོ་སྟོང་པ་ཉིད་དང་། མཚན་མ་མེད་པ་དང་། སྨོན་པ་མེད་པ་བསྒོམ་པར་བྱའོ། །འདིའི་དོན་དུ་རྣམ་པར་ཐར་པའི་སྒོ་སྟོང་པ་ཉིད་དང་། མཚན་མ་མེད་པ་དང་། སྨོན་པ་མེད་པ་བསྒོམ་མོ་ཞེས་གསུམ་པོ་དེ་དག་ལ་མི་རྟོག་པ་སྟེ། རྣམ་པར་ཐར་པའི་སྒོ་སྟོང་པ་ཉིད་དང་། མཚན་མ་མེད་པ་དང་། སྨོན་པ་མེད་པ་གང་གིས་བདག་ཀྱང་འཁོར་བ་ལས་གྲོལ་ཞིང་། གཞན་ཡང་གྲོལ་བ་འདི་ནི་ལམ་གྱི་ཡན་ལག་དགེ་བའི་ཆོས་སོ། །སེམས་དང་པོ་བསྐྱེད་པ་ནས་ཉེ་བར་བཟུང་སྟེ། བྱང་ཆུབ་སེམས་དཔའ་སེམས་དཔའ་ཆེན་པོའི་དགེ་བའི་ཆོས་མངོན་པར་ཤེས་པ་རྣམས་ལ་སྤྱོད་ཀྱང་དེ་ལ་མི་རྟོག་ཅིང་། མངོན་པར་ཤེས་པ་རྣམས་སྒོམ་[༣]པའི་ཚེ། ངོ་བོ་ཉིད་ཀྱིས་[༣]སྟོང་པ་ཉིད་ཀྱི་ཕྱིར། འདི་དག་ནི་མངོན་པར་ཤེས་པ་རྣམས་སོ། །བདག་གིས་མངོན་པར་ཤེས་པ་རྣམས་བསྒོམ་པར་བྱའོ། །འདིའི་དོན་དུ་མངོན་པར་ཤེས་པ་རྣམས་བསྒོམ་མོ་ཞེས་གསུམ་པོ་དེ་དག་ལ་མི་རྟོག་པ་སྟེ། མངོན་པར་ཤེས་པ་གང་གིས་བདག་ཀྱང་འཁོར་བ་ལས་གྲོལ་ཞིང་། གཞན་ཡང་གྲོལ་བ་འདི་ནི་ལམ་གྱི་ཡན་ལག་དགེ་བའི་ཆོས་སོ། །སེམས་དང་པོ་བསྐྱེད་པ་ནས་ཉེ་བར་བཟུང་སྟེ། བྱང་ཆུབ་སེམས་དཔའ་སེམས་དཔའ་ཆེན་པོའི་དགེ་བའི་ཆོས་ཏིང་ངེ་འཛིན་རྣམས་ལ་སྤྱོད་ཀྱང་དེ་ལ་མི་རྟོག་ཅིང་། ཏིང་ངེ་འཛིན་རྣམས་སྒོམ་[༦]པའི་ཚེ། ངོ་བོ་ཉིད་ཀྱིས་[༥]སྟོང་པ་ཉིད་ཀྱི་ཕྱིར། འདི་དག་ནི་ཏིང་ངེ་འཛིན་རྣམས་སོ། །བདག་གིས་ཏིང་ངེ་འཛིན་རྣམས་བསྒོམ་པར་བྱའོ། །འདིའི་དོན་དུ་ཏིང་ངེ་འཛིན་རྣམས་བསྒོམ་མོ་ཞེས་གསུམ་པོ་དེ་དག་ལ་མི་རྟོག་པ་སྟེ། ཏིང་ངེ་འཛིན་གང་གིས་བདག་ཀྱང་འཁོར་བ་ལས་གྲོལ་ཞིང་། གཞན་ཡང་གྲོལ་བ

འདི་ནི་ལམ་གྱི་ཡན་ལག་དགེ་བའི་ཆོས་སོ། །སེམས་དང་པོ་བསྐྱེད་པ་ནས་ཉེ་
བར་བཟུང་སྟེ། བྱང་ཆུབ་སེམས་དཔའ་སེམས་དཔའ་ཆེན་པོའི་དགེ་བའི་ཆོས་
གཟུངས་ཀྱི་སྒོ་རྣམས་ལ་སྤྱོད་ཀྱང་དེ་ལ་མི་རྟོག་ཅིང་། གཟུངས་ཀྱི་སྒོ་རྣམས་
བསྒོམ་[1]པའི་ཚེ། ངོ་བོ་ཉིད་ཀྱིས་[2]སྟོང་པ་ཉིད་ཀྱི་ཕྱིར། འདི་དག་ནི་གཟུངས་
ཀྱི་སྒོ་རྣམས་སོ། །བདག་གིས་གཟུངས་ཀྱི་སྒོ་རྣམས་བསྒོམ་པར་བྱའོ། །འདིའི་[3]
དོན་དུ་གཟུངས་ཀྱི་སྒོ་རྣམས་བསྒོམ་མོ་ཞེས་གསུམ་པོ་དེ་དག་ལ་མི་རྟོག་པ་སྟེ།
གཟུངས་ཀྱི་སྒོ་གང་གིས་བདག་ཀྱང་འཁོར་བ་ལས་སྒྲོལ་ཞིང་། གཞན་ཡང་སྒྲོལ་
བ་འདི་ནི་ལམ་གྱི་ཡན་ལག་དགེ་བའི་ཆོས་སོ། །སེམས་དང་པོ་བསྐྱེད་པ་ནས་ཉེ་
བར་བཟུང་སྟེ། བྱང་ཆུབ་སེམས་དཔའ་སེམས་དཔའ་ཆེན་པོའི་དགེ་བའི་ཆོས་དེ་
བཞིན་གཤེགས་པའི་སྟོབས་བཅུ་ལ་སྤྱོད་ཀྱང་[4]དེ་ལ་མི་རྟོག་ཅིང་། དེ་བཞིན་
གཤེགས་པའི་སྟོབས་བཅུ་སྒོམ་[5]པའི་ཚེ། ངོ་བོ་ཉིད་ཀྱིས་[6]སྟོང་པ་ཉིད་ཀྱི་ཕྱིར།
འདི་དག་ནི་དེ་བཞིན་གཤེགས་པའི་སྟོབས་རྣམས་སོ། །བདག་གིས་དེ་བཞིན་
གཤེགས་པའི་སྟོབས་བཅུ་བསྒོམ་པར་བྱའོ། །འདིའི་དོན་དུ་དེ་བཞིན་གཤེགས་
པའི་སྟོབས་བཅུ་བསྒོམ་མོ་ཞེས་གསུམ་པོ་དེ་དག་ལ་མི་རྟོག་པ་སྟེ། དེ་བཞིན་
གཤེགས་པའི་སྟོབས་གང་གིས་བདག་ཀྱང་འཁོར་བ་ལས་སྒྲོལ་ཞིང་གཞན་ཡང་སྒྲོལ་
བ་འདི་ནི་ལམ་གྱི་ཡན་ལག་དགེ་བའི་ཆོས་སོ། །སེམས་དང་པོ་བསྐྱེད་པ་ནས་ཉེ་
བར་བཟུང་སྟེ། བྱང་ཆུབ་སེམས་དཔའ་སེམས་དཔའ་ཆེན་པོའི་དགེ་བའི་ཆོས་མི་
འཇིགས་པ་རྣམས་ལ་སྤྱོད་ཀྱང་དེ་[7]ལ་མི་རྟོག་ཅིང་། མི་འཇིགས་པ་རྣམས་སྒོམ་[8]
པའི་ཚེ། ངོ་བོ་ཉིད་ཀྱིས་[9]སྟོང་པ་ཉིད་ཀྱི་ཕྱིར། འདི་དག་ནི་མི་འཇིགས་པ་
རྣམས་སོ། །བདག་གིས་མི་འཇིགས་པ་རྣམས་བསྒོམ་པར་བྱའོ། །འདིའི་དོན་
དུ་མི་འཇིགས་པ་རྣམས་བསྒོམ་མོ་ཞེས་གསུམ་པོ་དེ་དག་ལ་མི་རྟོག་པ་སྟེ། མི་

འཇིགས་པ་གང་གིས་བདག་ཀྱང་འཁོར་བ་ལས་སྒྲོལ་ཞིང་། གཞན་ཡང་སྒྲོལ་བ་འདི་ནི་ལམ་གྱི་ཡན་ལག་དགེ་བའི་ཆོས་སོ། །སེམས་དང་པོ་བསྐྱེད་པ་ནས་ཉེ་བར་བཟུང་སྟེ། བྱང་ཆུབ་སེམས་དཔའ་སེམས་དཔའ་ཆེན་པོའི་དགེ་བའི་ཆོས་སོ་སོ་ཡང་དག་པར་རིག་པ་རྣམས་ལ་སྤྱོད་ཀྱང་། དེ་ལ་མི་རྟོག་ཅིང་། སོ་སོ་ཡང་དག་པར་རིག་པ་རྣམས་སྒོམ་[༡]པའི་ཚེ། ངོ་བོ་ཉིད་ཀྱིས་[༢]སྟོང་པ་ཉིད་ཀྱི་ཕྱིར། འདི་དག་ནི་སོ་སོ་ཡང་དག་པར་རིག་པ་རྣམས་སོ། །བདག་གིས་སོ་སོ་ཡང་དག་པར་རིག་པ་རྣམས་བསྒོམ་པར་བྱའོ། །འདིའི་དོན་དུ་སོ་སོ་ཡང་དག་པར་རིག་པ་རྣམས་བསྒོམ་མོ་ཞེས་གསུམ་པོ་དེ་དག་ལ་མི་རྟོག་པ་སྟེ། སོ་སོ་ཡང་དག་པར་རིག་པ་གང་གིས་བདག་ཀྱང་འཁོར་བ་ལས་སྒྲོལ་ཞིང་། གཞན་ཡང་སྒྲོལ་བ་འདི་ནི་ལམ་གྱི་ཡན་ལག་དགེ་བའི་ཆོས་སོ། །[༣]སེམས་དང་པོ་བསྐྱེད་པ་ནས་ཉེ་བར་བཟུང་སྟེ། བྱང་ཆུབ་སེམས་དཔའ་སེམས་དཔའ་ཆེན་པོའི་དགེ་བའི་ཆོས་སྙིང་རྗེ་ཆེན་པོ་ལ་སྤྱོད་ཀྱང་དེ་ལ་མི་རྟོག་ཅིང་། སྙིང་རྗེ་ཆེན་པོ་སྒོམ་[༤]པའི་ཚེ། ངོ་བོ་ཉིད་ཀྱིས་[༥]སྟོང་པ་ཉིད་ཀྱི་ཕྱིར། འདི་ནི་སྙིང་རྗེ་ཆེན་པོའོ། །བདག་གིས་སྙིང་རྗེ་ཆེན་པོ་བསྒོམ་པར་བྱའོ། །འདིའི་དོན་དུ་སྙིང་རྗེ་ཆེན་པོ་བསྒོམ་མོ་ཞེས་གསུམ་པོ་དེ་དག་ལ་མི་རྟོག་པ་སྟེ། སྙིང་རྗེ་ཆེན་པོ་གང་གིས་[༦]བདག་ཀྱང་འཁོར་བ་ལས་སྒྲོལ་ཞིང་། གཞན་ཡང་སྒྲོལ་བ་འདི་ནི་ལམ་གྱི་ཡན་ལག་དགེ་བའི་ཆོས་སོ། །སེམས་དང་པོ་བསྐྱེད་པ་ནས་ཉེ་བར་བཟུང་སྟེ། བྱང་ཆུབ་སེམས་དཔའ་སེམས་དཔའ་ཆེན་པོའི་དགེ་བའི་ཆོས་སངས་རྒྱས་ཀྱི་ཆོས་མ་འདྲེས་པ་བཅོ་བརྒྱད་ལ་སྤྱོད་ཀྱང་དེ་ལ་མི་རྟོག་ཅིང་། སངས་རྒྱས་ཀྱི་ཆོས་མ་འདྲེས་པ་བཅོ་བརྒྱད་སྒོམ་[༧]པའི་ཚེ། ངོ་བོ་ཉིད་ཀྱིས་[༨]སྟོང་པ་ཉིད་ཀྱི་ཕྱིར། འདི་དག་ནི་སངས་རྒྱས་ཀྱི་ཆོས་མ་འདྲེས་པ་རྣམས་སོ། །བདག་གིས་སངས་རྒྱས་ཀྱི་ཆོས་མ་འདྲེས་པ་རྣམས་

བསྒོམ་པར་བྱའོ། །འདིའི་དོན་དུ་སངས་རྒྱས་ཀྱི་ཆོས་མ་འདྲེས་པ་རྣམས་བསྒོམ[1] མོ་ཞེས་གསུམ་པོ་དེ་དག་ལ་མི་རྟོག་པ་སྟེ། སངས་རྒྱས་ཀྱི་ཆོས་མ་འདྲེས་པ་གང་གིས་བདག་ཀྱང་འཁོར་བ་ལས་སྒྲོལ་ཞིང་། གཞན་ཡང་སྒྲོལ་བ་འདི་ནི་ལམ་གྱི་ཡན་ལག་དགེ་བའི་ཆོས་སོ། །རབ་འབྱོར་དགེ་བའི་ཆོས་དེ་དག་ནི་བྱང་ཆུབ་སེམས་དཔའ་སེམས་དཔའ་ཆེན་པོའི་བླ་ན་མེད་པ་ཡང་དག་པར་རྫོགས་པའི་བྱང་ཆུབ་ཀྱི་ལམ་སྟེ། ལམ་དེས་འདས་པ་དང་མ་འོངས་པ་དང་། ད་ལྟར་གྱི་བྱང་ཆུབ་སེམས་དཔའ་སེམས་དཔའ་ཆེན་པོ་རྣམས་སེམས་ཅན་ཚད་མེད་པ་དེད་དེ[2]། འཁོར་བའི་རྒྱ་མཚོ་ལས་རྒལ[3]བར་གྱུར་པ་དང་། རྒལ[4]བ་དང་། རྒལ་བར་འགྱུར་བ་སྟེ། ལམ་དེ་ཡོངས་སུ་རྫོགས་པར་བྱས་ཤིང་། བྱང་ཆུབ་སེམས་དཔའ་སེམས་དཔའ་ཆེན་པོ་རྣམ་པ་ཐམས་ཅད་མཁྱེན་པ་ཉིད་ཐོབ་པར་བྱེད་དོ། །རྣམ་པ་ཐམས་ཅད་མཁྱེན་པ་ཉིད་ཐོབ་པར་བྱས་ནས་ཆོས་ཀྱི་འཁོར་ལོ་བསྐོར་རོ[5]། །ཆོས་ཀྱི་འཁོར་ལོ་བསྐོར་ཏེ། སེམས་ཅན་རྣམས་ཀྱི་དོན་བྱེད་དོ། །ཤེས་རབ་ཀྱི་ཕ་རོལ་ཏུ་ཕྱིན་པ་སྟོང་ཕྲག་བརྒྱ་པ་ལས། ལེའུ་དྲུག་ཅུ་བརྒྱད་དོ[6]།། །།

དེ་ནས་ཚེ་དང་ལྡན་པ་རབ་འབྱོར་གྱིས། བཅོམ་ལྡན་འདས་ལ་འདི་སྐད་ཅེས་གསོལ་ཏོ། །བཅོམ་ལྡན་འདས་གལ་ཏེ་ཆོས་དེ་དག་བྱང་ཆུབ་སེམས་དཔའི་ཆོས་ལགས་ན། སངས་རྒྱས་ཀྱི་ཆོས་གང་ལགས། བཅོམ་ལྡན་འདས་ཀྱིས་བཀའ་སྩལ་པ། རབ་འབྱོར་གང་འདི[1]སྐད་དུ་གལ་ཏེ་ཆོས་དེ[2]དག་བྱང་ཆུབ་སེམས་དཔའི་ཆོས་ཡིན་ན། སངས་རྒྱས་ཀྱི་ཆོས་གང་ཡིན་ཞེས་ཟེར་བ་ནི། རབ་འབྱོར་སངས་རྒྱས་ཀྱི་ཆོས་ཀྱང་ཆོས་དེ་དག་ཉིད་རྣམ་པ་ཐམས་ཅད[3]དུ་མངོན་པར་རྫོགས་པར་འཚང་རྒྱ་བར་ཟད་དེ། དེ་རྣམ་པ་ཐམས་ཅད་མཁྱེན་པ་

ཉིད་ཐོབ་ནས། བག་ཆགས་ཀྱི་མཚམས་སྦྱོར་བ་ཐམས་ཅད་ཡོངས་སུ་སྤོང་(༡)ངོ་། །དེ་ལ་བྱང་ཆུབ་སེམས་དཔའ་སེམས་དཔའ་ཆེན་པོ་ནི་མངོན་པར་རྫོགས་པར་འཚང་རྒྱའོ། །དེ་བཞིན་གཤེགས་པ་དགྲ་བཅོམ་པ་ཡང་དག་པར་རྫོགས་པའི་སངས་རྒྱས་ནི་ཆོས་ཐམས་ཅད་སྐད་ཅིག་གཅིག་དང་ལྡན་པའི་ཤེས་རབ་ཀྱིས་མངོན་པར་རྫོགས་པར་སངས་རྒྱས་པས། དེ་བཞིན་གཤེགས་པ་ཞེས་བྱ་བའི་གྲངས་སུ་འགྲོ་སྟེ། བྱང་ཆུབ་སེམས་དཔའ་སེམས་དཔའ་ཆེན་པོ་དང་། དེ་བཞིན་གཤེགས་པ་དགྲ་བཅོམ་པ་ཡང་དག་པར་རྫོགས་པའི་སངས་རྒྱས་ལ་ཁྱད་པར་དེ་ཡོད་དོ། །རབ་འབྱོར་འདི་ལྟ་སྟེ་དཔེར་ན། ཞུགས་པ་ཡང་གཞན་ལ། འབྲས་བུ་ལ་གནས་པ་ཡང་གཞན་ཏེ། དེ་གཉིས་ཀ་ཡང་འཕགས་པའི་གང་ཟག་མ་ཡིན་ཞེས་མི་(༢)བྱའོ། །རབ་འབྱོར་དེ་བཞིན་དུ་བྱང་ཆུབ་སེམས་དཔའ་སེམས་དཔའ་ཆེན་པོ་ནི་བར་ཆད་མེད་པའི་ལམ་དུ་ཞུགས་པ་ཡིན། དེ་བཞིན་གཤེགས་པ་དགྲ་བཅོམ་པ་ཡང་དག་པར་རྫོགས་པའི་སངས་རྒྱས་ནི་ཆོས་ཐམས་ཅད་ལ་སྒྲིབ་པ་མེད་པའི་ཡེ་ཤེས་བརྙེས་(༣)པ་སྟེ། རབ་འབྱོར་དེ་ནི་བྱང་ཆུབ་སེམས་དཔའ་སེམས་དཔའ་ཆེན་པོ་དང་། དེ་བཞིན་གཤེགས་པ་དགྲ་བཅོམ་པ་ཡང་དག་པར་རྫོགས་པའི་སངས་རྒྱས་ཀྱི་ཁྱད་པར་རོ། །རབ་འབྱོར་གྱིས་གསོལ་པ། བཅོམ་ལྡན་འདས་གལ་ཏེ་ཆོས་ཐམས་ཅད་རང་གི་མཚན་ཉིད་ཀྱིས་(༤)སྟོང་པ་(༥)ལགས་ན། རང་གི་མཚན་ཉིད་ཀྱིས་སྟོང་པའི་ཆོས་དེ་དག་ལ་ནི་(༦)འདི་ནི་སེམས་ཅན་དམྱལ་བ་པའོ། །འདི་ནི་ཡི་དྭགས་ཀྱི་ཡུལ་སོང་གི་སྐྱེ་གནས་པའོ། །འདི་ནི་གཤིན་རྗེའི་འཇིག་རྟེན་པའོ། །འདི་ནི་ལྷའོ། །འདི་ནི་མིའོ། །འདི་ནི་རིགས་ཀྱི་སའོ། །འདི་ནི་བརྒྱད་པའོ། །འདི་ནི་རྒྱུན་ཏུ་ཞུགས་པའོ། །འདི་ནི་ལན་ཅིག་ཕྱིར་འོང་(༧)བའོ། །འདི་ནི་ཕྱིར་མི་འོང་བའོ། །འདི་ནི་དགྲ་བཅོམ་པའོ། །འདི་ནི་རང་སངས་

རྒྱས་སོ། །འདི་ནི་བྱང་ཆུབ་སེམས་དཔའོ། །འདི་ནི་དེ་བཞིན་གཤེགས་པ་དགྲ་བཅོམ་པ་ཡང་དག་པར་རྫོགས་པའི་སངས་རྒྱས་སོ་ཞེས་བགྱི་[1]བར་བྱུད་པར་དང་། རྣམ་པར་དབྱེ་བར་ཇི་ལྟར་འགྱུར། བཅོམ་ལྡན་འདས་ཇི་ལྟར་གང་ཟག་དེ་དག་དམིགས་སུ་མ་མཆིས་པ་དེ་བཞིན་དུ་ལས་ཀྱང་དམིགས་སུ་མ་མཆིས། ལས་ཇི་ལྟར་དམིགས་སུ་མ་མཆིས་པ་དེ་བཞིན་དུ་ལས་ཀྱི་རྣམ་པར་སྨིན་པ་[2]ཡང་དམིགས་སུ་མ་མཆིས་སོ། །བཅོམ་ལྡན་འདས་ཀྱིས་བཀའ་སྩལ་པ། རབ་འབྱོར་དེ་དེ་བཞིན་ཏེ[3]། དེ་དེ་བཞིན་ནོ[4]། །ཇི་སྐད་[5]སྨྲས་པ་དེ་བཞིན་ཏེ། ཆོས་ཐམས་ཅད་རང་གི་མཚན་ཉིད་ཀྱིས་[6]སྟོང་པ་ལ། ལས་དང་ལས་ཀྱི་རྣམ་[7]པར་སྨིན་པ་[8]མི་དམིགས་སོ། །རབ་འབྱོར་ཿགང་གིས་[9]རང་གི་མཚན་ཉིད་ཀྱིས་སྟོང་པའི་ཆོས་ཐམས་ཅད་དེ་ལྟར་མ་ཤེས་པ་དེ་དག་ཿནི་ངན་[10]པར་[11]སྤྱད་པའམ། ལེགས་པར་[12]སྤྱད་པ་འམ། མི་གཡོ་བའི་ལས་མངོན་པར་འདུ་བྱེད་དེ། དེ་དག་ངན་པར་སྤྱད་པའི་ལས་ཀྱིས་ངན་སོང་གསུམ་དུ་ལྟུང་[13]ངོ་། །ལེགས་པར་སྤྱད་པའི་ལས་ཀྱིས་[14]ལྷ་དང་མིར་སྐྱེའོ། །ཉམས་པ་མེད་པའི་ལས་ཀྱིས་[15]གཟུགས་ཀྱི་ཁམས་སམ། གཟུགས་མེད་པའི་ཁམས་སུ་སྐྱེའོ། །དེ་ལ་བྱང་ཆུབ་སེམས་དཔའ་སེམས་དཔའ་ཆེན་པོ་ནི་སྦྱིན་པའི་ཕ་རོལ་ཏུ་ཕྱིན་པ་ལ་སྤྱད། ཚུལ་ཁྲིམས་ཀྱི་ཕ་རོལ་ཏུ་ཕྱིན་པ་ལ་སྤྱད། བཟོད་པའི་ཕ་རོལ་ཏུ་ཕྱིན་པ་ལ་སྤྱད། བརྩོན་འགྲུས་ཀྱི་ཕ་རོལ་ཏུ་ཕྱིན་པ་ལ་སྤྱད། བསམ་གཏན་གྱི་ཕ་རོལ་ཏུ་ཕྱིན་པ་ལ་སྤྱད། ཤེས་རབ་ཀྱི་ཕ་རོལ་ཏུ་ཕྱིན་པ་ལ་སྤྱད། ནང་སྟོང་པ་ཉིད་ལ་སྤྱད། ཕྱི་སྟོང་པ་ཉིད་ལ་སྤྱད། ཕྱི་ནང་སྟོང་པ་ཉིད་ལ་སྤྱད། སྟོང་པ་ཉིད་སྟོང་པ་ཉིད་ལ་སྤྱད། ཆེན་པོ་སྟོང་པ་ཉིད་ལ་སྤྱད། དོན་དམ་པ་སྟོང་པ་ཉིད་ལ་སྤྱད། འདུས་བྱས་སྟོང་པ་ཉིད་ལ་སྤྱད[16]། འདུས་མ་བྱས་སྟོང་པ་ཉིད་ལ་སྤྱད། མཐའ་ལས་འདས་པ་སྟོང་པ་

ཉིད་ལ་སྤྱད། ཐོག་མ་དང་ཐ་མ་མེད་པ་སྟོང་པ་ཉིད་ལ་སྤྱད། དོར་བ་མེད་པ་སྟོང་པ་ཉིད་ལ་སྤྱད། རང་བཞིན་སྟོང་པ་ཉིད་ལ་སྤྱད། ཆོས་ཐམས་ཅད་སྟོང་པ་ཉིད་ལ་སྤྱད། རང་གི་མཚན་ཉིད་སྟོང་པ་ཉིད་ལ་སྤྱད། མི་དམིགས་པ་[༡] སྟོང་པ་ཉིད་ལ་སྤྱད། དངོས་པོ་མེད་པ་སྟོང་པ་ཉིད་ལ་སྤྱད། ངོ་བོ་ཉིད་སྟོང་པ་ཉིད་ལ་སྤྱད། དངོས་པོ་མེད་པའི་ངོ་བོ་ཉིད་སྟོང་པ་ཉིད་ལ་སྤྱད། དྲན་པ་ཉེ་བར་གཞག་པ་རྣམས་[༢] ལ་སྤྱད། ཡང་དག་པར་སྤོང་བ་རྣམས་ལ་སྤྱད། རྫུ་འཕྲུལ་གྱི་རྐང་པ་[༣] རྣམས་ལ་སྤྱད། དབང་པོ་རྣམས་ལ་སྤྱད། སྟོབས་རྣམས་ལ་སྤྱད༑ བྱང་ཆུབ་ཀྱི་ཡན་ལག་རྣམས་ལ་སྤྱད། འཕགས་པའི་ལམ་ཡན་ལག་བརྒྱད་པ་ལ་སྤྱད། འཕགས་པའི་བདེན་པ་རྣམས་ལ་སྤྱད། བསམ་གཏན་རྣམས་ལ་སྤྱད། ཚད་མེད་པ་རྣམས་ལ་སྤྱད། གཟུགས་མེད་པའི་སྙོམས་པར་འཇུག་པ་རྣམས་ལ་སྤྱད། རྣམ་པར་ཐར་པ་རྣམས་ལ་སྤྱད། མཐར་གྱིས་གནས་པའི་སྙོམས་པར་འཇུག་པ་རྣམས་ལ་སྤྱད། རྣམ་པར་ཐར་པའི་སྒོ་སྟོང་པ་ཉིད་དང་[༤]། མཚན་མ་མེད་པ་དང་། སྨོན་པ་མེད་པ་ལ་སྤྱད། མངོན་པར་ཤེས་པ་རྣམས་ལ་སྤྱད། ཏིང་ངེ་འཛིན་རྣམས་ལ་སྤྱད། གཟུངས་ཀྱི་སྒོ་རྣམས་ལ་སྤྱད། དེ་བཞིན་གཤེགས་པའི་སྟོབས་རྣམས་ལ་སྤྱད། མི་འཇིགས་པ་རྣམས་ལ་སྤྱད། སོ་སོ་ཡང་དག་པར་རིག་པ་རྣམས་ལ་སྤྱད། ༔བྱམས་པ་ཆེན་པོ་ལ་སྤྱད༑ [༥] སྙིང་རྗེ་ཆེན་པོ་[༦] ལ་སྤྱད། སངས་རྒྱས་ཀྱི་ཆོས་མ་འདྲེས་པ་བཅོ་བརྒྱད་ལ་སྤྱད་དེ། ཉམས་པ་མེད་པའི་སྤྱོད་པས་བྱང་ཆུབ་ཀྱི་ལམ་[༧] བསྐྱེད་ནས། རྡོ་རྗེ་ལྟ་བུའི་ཏིང་ངེ་འཛིན་བྱང་ཆུབ་ཀྱི་ཡན་ལག་གི་འཁོར་དང་ལྡན་པ་ལ་མཉམ་པར་གཞག་ཅིང་། བླ་ན་མེད་པ་ཡང་དག་པར་རྫོགས་པའི་བྱང་ཆུབ་ཏུ་མངོན་པར་རྫོགས་པར་འཚང་རྒྱ་སྟེ། མངོན་པར་རྫོགས་པར་སངས་རྒྱས་ནས།

སེམས་ཅན་རྣམས་ཀྱི་དོན་བྱེད་དེ[༡]། དོན་བྱས་ནས་ཅི་ནས་ཀྱང་ཕྱིས་ཆུདཿམ་
ཟོས་ཤིང་[༢]། རྒྱུད་ལྔའི་འཁོར་བར་སྐྱེཿལྡང་བ་[༣]དེ་ལྟར་དོན་བྱེད་དོ། །གསོལ་
པ། བཅོམ་ལྡན་འདས་ཅི་ལགས། བཅོམ་ལྡན་འདས་ཀྱིས་[༤]བླ་ན་མེད་པ་
ཡང་དག་པར་རྫོགས་པའི་བྱང་ཆུབ་ཏུ་མངོན་པར་རྫོགས་པར་སངས་རྒྱས་ནས།
རྒྱུད་ལྔའི་འཁོར་བ་[༥]གཟིགས་སམ། བཅོམ་ལྡན་འདས་ཀྱིས་བཀའ་སྩལ་པ།
རབ་འབྱོར་མ་ཡིན་ནོ། །གསོལ་པ། བཅོམ་ལྡན་འདས་ཅི་ལགས། དེ་
བཞིན་གཤེགས་པས་ཆོས་ནག་[༦]པོའམ་དཀར་པོའམཿགནག་པའམ[༧]། དཀར་
བ་འམ། མི་གནག་[༨]མི་དཀརཿབ་དམིགས་[༩]ལགས་སམ། བཅོམ་ལྡན་འདས་
ཀྱིས་བཀའ་སྩལ་པ། མ་ཡིན་ནོ། །གསོལ་པ། བཅོམ་ལྡན་འདས་དེ་སྙེ་མ་[༡༠]
དམིགས་ན། སེམས་ཅན་དམྱལ་བ་འམ། ཡུལ་སོང་གི་སྐྱེ་གནས་སམ།
གཤིན་རྗེའི་འཇིག་རྟེན་དུ་ཇི་ལྟར་གདགས་པ་མཛད། ལྷ་དང་མིར་ཇི་ལྟར་
གདགས་པ་མཛད། རྒྱུན་དུ་ཞུགས་པར་ཇི་ལྟར་གདགས་པ་མཛད། ལན་ཅིག་
ཕྱིར་འོང་བར་ཇི་ལྟར་གདགས་པ་མཛད། ཕྱིར་མི་འོང་བར་ཇི་ལྟར་གདགས་པ་
མཛད། དགྲ་བཅོམ་པར་ཇི་ལྟར་གདགས་པ་མཛད། རང་སངས་རྒྱས་སུ་ཇི་
ལྟར་གདགས་པ་[༡༡]མཛད། བྱང་ཆུབ་སེམས་དཔར་[༡༢]ཇི་ལྟར་གདགས་པ་[༡༣]མཛད།
དེ་བཞིན་གཤེགས་པ་དགྲ་བཅོམ་པ་ཡང་དག་པར་རྫོགས་པའི་སངས་རྒྱས་སུ་ཇི་
ལྟར་གདགས་པ་[༡༤]མཛད། བཅོམ་ལྡན་འདས་ཀྱིས་བཀའ་སྩལ་པ། རབ་
འབྱོར་ཅི་སེམས་ཅན་འདི་དག་ཆོས་རྣམས་རང་གི་མཚན་ཉིད་ཀྱིས་སྟོང་པར་ཤེས་
སམ། གསོལ་པ། ཿབཅོམ་ལྡན་འདས་[༡༥]མ་ལགས་སོ། །བཅོམ་ལྡན་འདས་
ཀྱིས་བཀའ་སྩལ་པ་རབ་འབྱོར་གལ་ཏེ་སེམས་ཅན་དེ་[༡༦]དག་འདི་ལྟར་ཆོས་རྣམས་
རང་གི་མཚན་ཉིད་ཀྱིས་སྟོང་ངོ་ཞེས་བྱ་བར་ཤེས་ན་ནི། བྱང་ཆུབ་སེམས་དཔའ་

སེམས་དཔའ་ཆེན་པོ་ཡངཿབླ་ན་མེད་པ་ཡང་①དག་པར་རྫོགས་པའི་བྱང་ཆུབ་ཏུ་མི་འཇུག་②སྟེ། བླ་ན་མེད་པ་ཡང་དག་པར་རྫོགས་པའི་བྱང་ཆུབ་ཏུ་མ་ཞུགས་ན། སེམས་ཅན་རྣམས་ཀྱང་ངན་སོང་གསུམ་དང་། འཁོར་བའི་རྒྱུད་རྣམས་ནས་མི་འགྲོལ་ཏེ། རབ་འབྱོར་སེམས་ཅན་དེ་དག་ཆོས་རྣམས་རང་གི་མཚན་ཉིད་ཀྱིས་སྟོང་པརཿམི་ཤེས་ལ③། མི་ཤེས་པས་རྒྱུད་ལྔའི་འཁོར་བ་ལས་ཡོངས་སུ་མི་འགྲོལ་བས། དེའི་ཕྱིར་བྱང་ཆུབ་སེམས་དཔའ་སེམས་དཔའ་ཆེན་པོ་ཡང་སངས་རྒྱས་བཅོམ་ལྡན་འདས་དེ་དག་ལས་ཆོས་ཐམས་ཅད་རང་གི་མཚན་ཉིད་ཀྱིས་སྟོང་པར་ཐོས་ནས། སེམས་ཅན་རྣམས་ཀྱི་དོན་དུ་བླ་ན་མེད་པ་ཡང་དག་པར་རྫོགས་པའི་བྱང་ཆུབ་ཏུ་འཇུག་སྟེ། ཆོས་འདི་དག་ནི་ཇི་ལྟར་བྱིས་པ་སོ་སོའི་སྐྱེ་བོ་རྣམས་ཀྱིས་མངོན་པར་ཆགས་པར་བྱ་བ་དེ་ལྟར་ཡོད་པ་མ་ཡིན་ན། དེ་དག་ནི་མེད་ཅིང་ཡང་དག་པ་མ་ཡིན་པའི་ཆོས་རྣམས་ལ་ཡོད་པར་བརྟགས་ཤིང་། སེམས་ཅན་མེད་པ་ལ་སེམས་ཅན་དུ་འདུ་ཤེས། གཟུགས་མེད་པ་ལ་གཟུགས་སུ་འདུ་ཤེས། ཚོར་བ་མེད་པ་ལ་ཚོར་བར་འདུ་ཤེས། འདུ་ཤེས་མེད་པ་ལ་འདུ་ཤེས་སུ་འདུ་ཤེས། འདུ་བྱེད་མེད་པ་ལ་འདུ་བྱེད་དུ་འདུ་ཤེས། རྣམ་པར་ཤེས་པ་མེད་པ་ལ་རྣམ་པར་ཤེས་པར་འདུ་ཤེས། མིག་མེད་པ་ལ་མིག་ཏུ་འདུ་ཤེས། རྣ་བ་མེད་པ་ལ་རྣ་བར་འདུ་ཤེས། སྣ་མེད་པ་ལ་སྣར་འདུ་ཤེས། ལྕེ་མེད་པ་ལ་ལྕེར་འདུ་ཤེས། ལུས་མེད་པ་ལ་ལུས་སུ་འདུ་ཤེས། ཡིད་མེད་པ་ལ་ཡིད་དུ་འདུ་ཤེས། གཟུགས་མེད་པ་ལ་གཟུགས་སུ་འདུ་ཤེས། སྒྲ་མེད་པ་ལ་སྒྲར་འདུ་ཤེས། དྲི་མེད་པ་ལ་དྲིར་④འདུ་ཤེས། རོ་མེད་པ་ལ་རོར་འདུ་ཤེས། རེག་མེད་པ་ལ་རེག་ཏུ་འདུ་ཤེས། ཆོས་མེད་པ་ལ་ཆོས་སུ་འདུ་ཤེས། མིག་གི་རྣམ་པར་ཤེས་པ་མེད་པ་ལ་མིག་གི་རྣམ་པརཿཤེས་པར་⑤འདུ་ཤེས། རྣ་བའི་རྣམ་པར་

ཞེས་པ་མྱེད་པ་ལ་རྣ་བའི་རྣམ་པར་ཤེས་པར་འདུ་ཤེས། སྣའི་རྣམ་པར་ཤེས་པ་མྱེད་པ་ལ་སྣའི་རྣམ་པར་ཤེས་པར་འདུ་ཤེས། ལྗེའི་རྣམ་པར་ཤེས་པ་མྱེད་པ་ལ་ལྗེའི་རྣམ་པར་ཤེས་པར་འདུ་ཤེས། ལུས་ཀྱི་རྣམ་པར་ཤེས་པ་མྱེད་པ་ལ་ལུས་ཀྱི་རྣམ་པར་ཤེས་པར་འདུ་ཤེས། ཡིད་ཀྱི་རྣམ་པར་ཤེས་པ་མྱེད་པ་ལ་ཡིད་ཀྱི་རྣམ་པར་ཤེས་པར་འདུ་ཤེས། མྱིག་གི་འདུས་ཏེ་རེག་པ་མྱེད་པ་ལ་མྱིག་གི་འདུས་ཏེ་རེག་པར་འདུ་ཤེས། རྣ་བའི་འདུས་ཏེ་རེག་པ་མྱེད་པ་ལ་རྣ་བའི་འདུས་ཏེ་རེག་པར་འདུ་ཤེས། སྣའི་འདུས་ཏེ་རེག་པ་མྱེད་པ་ལ་སྣའི་འདུས་ཏེ་རེག་པར་འདུ་ཤེས། ལྗེའི་འདུས་ཏེ་རེག་པ་མྱེད་པ་ལ་ལྗེའི་འདུས་ཏེ་རེག་པར་འདུ་ཤེས། ལུས་ཀྱི་(༧)འདུས་ཏེ་རེག་པ་མྱེད་པ་ལ་ལུས་ཀྱི་འདུས་ཏེ་རེག་པར་འདུ་ཤེས། ཡིད་ཀྱི་(༨)འདུས་ཏེ་རེག་པ་མྱེད་པ་ལ་ཡིད་ཀྱི་འདུས་ཏེ་རེག་པར་འདུ་ཤེས། མྱིག་གི་འདུས་ཏེ་རེག་པའི་རྐྱེན་གྱིས་ཚོར་བ་མྱེད་པ་ལ་མྱིག་གི་འདུས་ཏེ་རེག་པའི་རྐྱེན་གྱིས་ཚོར་བར་འདུ་ཤེས། རྣ་བའི་འདུས་ཏེ་རེག་པའི་རྐྱེན་གྱིས་ཚོར་བ་མྱེད་པ་ལ་རྣ་བའི་འདུས་ཏེ་རེག་པའི་རྐྱེན་གྱིས་ཚོར་བར་འདུ་ཤེས། སྣའི་འདུས་ཏེ་རེག་པའི་རྐྱེན་གྱིས་ཚོར་བ་མྱེད་པ་ལ་སྣའི་འདུས་ཏེ་རེག་པའི་རྐྱེན་གྱིས་ཚོར་བར་འདུ་(༩)ཤེས། ལྗེའི་འདུས་ཏེ་རེག་པའི་རྐྱེན་གྱིས་ཚོར་བ་མྱེད་པ་ལ་ལྗེའི་འདུས་ཏེ་རེག་པའི་རྐྱེན་གྱིས་ཚོར་བར་འདུ་ཤེས། ལུས་ཀྱི་འདུས་ཏེ་རེག་པའི་རྐྱེན་གྱིས་ཚོར་བ་མྱེད་པ་ལ་ལུས་ཀྱི་འདུས་ཏེ་རེག་པའི་རྐྱེན་གྱིས་(༡༠)ཚོར་བར་འདུ་ཤེས། ཡིད་ཀྱི་འདུས་ཏེ་རེག་པའི་རྐྱེན་གྱིས་ཚོར་བ་མྱེད་པ་ལ་ཡིད་ཀྱི་འདུས་ཏེ་རེག་པའི་རྐྱེན་གྱིས་ཚོར་བར་འདུ་ཤེས། སའི་ཁམས་མྱེད་པ་ལ་སའི་ཁམས་སུ་འདུ་ཤེས། ཆུའི་ཁམས་མྱེད་པ་ལ་ཆུའི་ཁམས་སུ་འདུ་ཤེས། མྱེའི་ཁམས་མྱེད་པ་ལ་མྱེའི་ཁམས་སུ་འདུ་ཤེས། རླུང་གི་ཁམས་མྱེད་པ་ལ་རླུང་གི་ཁམས་སུ་འདུ་ཤེས།

ནམ་མཁའི་ཁམས་མེད་པ་ལ་ནམ་མཁའི་ཁམས་སུ་འདུ་ཤེས། རྣམ་པར་ཤེས་པའི་ཁམས་མེད་པ་ལ་རྣམ་པར་ཤེས་པའི་ཁམས་སུ་འདུ་ཤེས། མ་རིག་པ་མེད་པ་ལ་མ་རིག་པར་འདུ་ཤེས། འདུ་བྱེད་མེད་པ་ལ་འདུ་བྱེད་དུ་འདུ་ཤེས། རྣམ་པར་ཤེས་པ་མེད་པ་ལ་རྣམ་པར་ཤེས་པར་འདུ་ཤེས། མིང་དང་གཟུགས་མེད་པ་ལ་མིང་དང་གཟུགས་སུ་འདུ་ཤེས། སྐྱེ་མཆེད་དྲུག་མེད་པ་ལ་སྐྱེ་མཆེད་དྲུག་ཏུ་འདུ་ཤེས། རེག་པ་མེད་པ་ལ་རེག་པར་འདུ་ཤེས། ཚོར་བ་མེད་པ་ལ་ཚོར་བར་འདུ་ཤེས། སྲེད་པ་མེད་པ་ལ་སྲེད་པར་འདུ་ཤེས། ལེན་པ་མེད་པ་ལ་ལེན་པར་འདུ་ཤེས། སྲིད་པ་མེད་པ་ལ་སྲིད་པར་འདུ་ཤེས། སྐྱེ་བ་མེད་པ་ལ་སྐྱེ་བར་འདུ་ཤེས། རྒ་ཤི་མེད་པ་ལ་རྒ་ཤིར་འདུ་ཤེས། འཇིག་རྟེན་པའི་ཆོས་མེད་པ་ལ་འཇིག་རྟེན་པའི་ཆོས་སུ་འདུ་ཤེས། འཇིག་རྟེན་ལས་འདས་པའི་ཆོས་མེད་པ་ལ་འཇིག་རྟེན་ལས་འདས་པའི་ཆོས་སུ་འདུ་ཤེས། ཟག་པ་དང་བཅས་པའི་ཆོས་མེད་པ་ལ་ཟག་པ་དང་བཅས་པའི་ཆོས་སུ་འདུ་ཤེས། ཟག་པ་མེད་པའི་ཆོས་མེད་པ་ལ་ཟག་པ་མེད་པའི་ཆོས་སུ་འདུ་ཤེས། འདུས་བྱས་ཀྱི་ཆོས་མེད་པ་ལ་འདུས་བྱས་ཀྱི་ཆོས་སུ་འདུ་ཤེས། འདུས་མ་བྱས་ཀྱི་ཆོས་མེད་པ་ལ་འདུས་མ་བྱས་ཀྱི་ཆོས་སུ་འདུ་ཤེས་ནས། ཡོད་པ་མ་ཡིན་པའི་ཕྱིན་ཅི་ལོག་གིས། ཕྱིན་ཅི་ལོག་ཏུ་གྱུར་པའི་སེམས་དང་ལྡན་པ་རྣམས། ལུས་དང་ངག་དང་ཡིད་ཀྱི་ལས་མངོན་པར་འདུ་བྱེད་པ་དེ་དག་རྒྱུད་ལྔའི་འཁོར་བ་ལས་ཡོངས་སུ་མི་①འགྲོལ་བའི་ཕྱིར། བྱང་ཆུབ་སེམས་དཔའ་སེམས་དཔའ་ཆེན་པོ་ཤེས་རབ་ཀྱི་ཕ་རོལ་ཏུ་ཕྱིན་པར་དགེ་བའི་ཆོས་ཐམས་ཅད་འདུས་པར་བྱས་ཏེ། བྱང་ཆུབ་སེམས་དཔའི་སྤྱོད་པ་སྤྱོད་ཅིང་། བླ་ན་མེད་པ་ཡང་དག་པར་རྫོགས་པའི་བྱང་ཆུབ་ཏུ་མངོན་པར་རྫོགས་པར་འཚང་རྒྱའོ། །མངོན་པར་རྫོགས་པར་སངས་རྒྱས་ནས། རྒྱུད་ལྔའི་

འཁོར་བ་ལས་སེམས་ཅན་རྣམས་ཡོངས་སུ་འགྲོལ་ཏོ།། ||

ཤེས་རབ་ཀྱི་ཕ་རོལ་ཏུ་ཕྱིན་པ་སྟོང་ཕྲག་བརྒྱ་པ། བམ་པོ༔ ཉི་ཤུ་གསུམ་པ[༡]། རབ་འབྱོར་གྱིས་གསོལ་པ། གལ་ཏེ་ཆོས་ཐམས་ཅད་རང་གི་མཚན་ཉིད་ཀྱིས་སྟོང་པ་ལགས་ན། ཇི་ལྟར་[༢]བྱང་ཆུབ་སེམས་དཔའ་སེམས་དཔའ་ཆེན་པོ། བླ་ན་མེད་པ་ཡང་དག་པར་རྫོགས་པའི་བྱང་ཆུབ་ཏུ་མངོན་པར་རྫོགས་པར་སངས་རྒྱས་ཏེ། རྒྱུད་ལྔའི་འཁོར་བ་ལས་སེམས་ཅན་རྣམས་ཡོངས་སུ་འགྲོལ་[༣]བ་ལགས། བཅོམ་ལྡན་འདས་ཀྱིས་བཀའ་སྩལ་པ། རབ་འབྱོར་འདི་ལ་བྱང་ཆུབ་སེམས་དཔའ་སེམས་དཔའ་ཆེན་པོ་བླ་ན་མེད་པ་ཡང་དག་པར་རྫོགས་པའི་བྱང་ཆུབ་ཏུ་མངོན་པར་རྫོགས་པར་སངས་རྒྱས་ཏེ། སྡུག་བསྔལ་[༤]དང་། སྡུག་བསྔལ་ཀུན་འབྱུང་བ་དང། སྡུག་བསྔལ་འགོག་པ་དང་། སྡུག་བསྔལ་འགོག་པར་འགྲོ་བའི་ལམ་སེམས་ཅན་རྣམས་ལ་སྟོན་ཏོ། །འཆད་དོ། །འཛོག་གོ། །འགོད་དོ[༥]། །འགྲེལ་ཏོ། །རྣམ་པར་འགྲེལ་ཏོ། །གསལ་བར་བྱེད་དོ། །ཡང་དག་པར་རྗོད་དོ། །འཕགས་པའི་བདེན་པ་བཞི་པོ་འདིར་དགེ་བའི་ཆོས་བྱང་ཆུབ་ཀྱི་ཕྱོགས་གང་ཇི་སྙེད་པ་གང་གིས་དཀོན་མཆོག་གསུམ་རྣམ[༦]པར་འགོད[༧]པ་དེ་ཐམས་ཅད་ཡོངས་སུ་འདུས་ཏེ། སངས་རྒྱས་དཀོན་མཆོག་དང་། ཆོས་དཀོན་མཆོག་དང་། དགེ་འདུན་དཀོན་མཆོག[༨]གསུམ་འཇིག་རྟེན་དུ་བྱུང[༩]བས། སེམས་ཅན་རྣམས་ལམ་རྒྱུད་ལྔའི་འཁོར་བ་ལས་ཡོངས་སུ༔ དགྲོལ་ལོ[༡༠]། །རབ་འབྱོར་གྱིས་གསོལ་པ། བཅོམ་ལྡན་འདས་སྡུག་བསྔལ་འཚལ་བས་ཡོངས་སུ་མྱ་ངན་ལས་འདའ་བར་འགྱུར་རམ། འོན་ཏེ་སྡུག་བསྔལ་གྱིས་མྱ་ངན་ལས་འདའ་བར་འགྱུར། ཀུན་འབྱུང་བ་འཚལ་བས། ཡོངས་སུ་མྱ་ངན་ལས་འདའ་བར་འགྱུར་རམ། འོན་ཏེ་ཀུན་འབྱུང་བས་མྱ་ངན་ལས་འདའ་བར་འགྱུར།

སྡུག་བསྔལ་འགོག་པ་[1]འཚལ་བས་ཡོངས་སུ་མྱ་ངན་ལས་འདའ་བར་འགྱུར་རམ། འོན་ཏེ་སྡུག་བསྔལ་འགོག་[2]པས་མྱ་ངན་ལས་འདའ་བར་འགྱུར། ལམ་འཚལ་བས་ཡོངས་སུ་མྱ་ངན་ལས་འདའ་བར་འགྱུར་རམ། འོན་ཏེ་ལམ་གྱིས་[3]མྱ་ངན་ལས་འདའ་བར་འགྱུར། བཅོམ་ལྡན་འདས་ཀྱིས་བཀའ་སྩལ་པ། རབ་འབྱོར་སྡུག་བསྔལ་ཤེས་པས་ཡོངས་སུ་མྱ་ངན་ལས་མྱི་འདའ་སྟེ། སྡུག་བསྔལ་གྱིས་ཀྱང་མ་ཡིན་ནོ། །ཀུན་འབྱུང་བ་ཤེས་པས་ཡོངས་སུ་མྱ་ངན་ལས་མྱི་འདའ་སྟེ། ཀུན་འབྱུང་བས་ཀྱང་མ་ཡིན་ནོ། །སྡུག་བསྔལ་འགོག་པ་ཤེས་པས། ཡོངས་སུ་མྱ་ངན་ལས་མྱི་འདའ་སྟེ། སྡུག་བསྔལ་འགོག་པས་ཀྱང་མ་ཡིན་ནོ། །ལམ་ཤེས་པས་ཡོངས་སུ་མྱ་ངན་ལས་མྱི་འདའ་སྟེ། ལམ་གྱིས་ཀྱང་མ་ཡིན་ནོ། །རབ་འབྱོར་འཕགས་པའི་བདེན་པ་བཞི་པོ་དེ་དག་མཉམ་པ་ཉིད་གང་ཡིན་པ་དེ་ནི་མྱ་ངན་ལས་འདའ་བར་ངས་གསུངས་ཏེ། སྡུག་བསྔལ་ཤེས་པས་ཡོངས་སུ་མྱ་ངན་ལས་[4]འདའ་བ་མ་ཡིན་ནོ[5]། །སྡུག་བསྔལ་གྱིས་ཀྱང་མ་ཡིན་ནོ། །ཀུན་འབྱུང་བ་ཤེས་པས་ཡོངས་སུ་མྱ་ངན་ལས་འདའ་བ་མ་ཡིན་ནོ[6]། །ཀུན་འབྱུང་བས་ཀྱང་མ་ཡིན་ནོ། །[7]སྡུག་བསྔལ༔འགོག་པ་ཤེས་པས་[8]ཡོངས་སུ་[9]མྱ་ངན་ལས་འདའ་བ་མ་ཡིན[10]། སྡུག་བསྔལ་འགོག་པས་ཀྱང་མ་ཡིན་ནོ། །ལམ་ཤེས་པས་ཡོངས་སུ་མྱ་ངན་ལས་འདའ་བ་མ་ཡིན[11]། ལམ་གྱིས་ཀྱང་མ་ཡིན་ནོ། །གསོལ་པ། བཅོམ་ལྡན་འདས་གང་ལ་སྡུག་བསྔལ་ཡང་མ་མཆིས། སྡུག་བསྔལ་འཚལ་བ་ཡང་མ་མཆིས། ཀུན་འབྱུང་བ་ཡང་མ་མཆིས། ཀུན་འབྱུང་བ་འཚལ་བ་ཡང་མ་མཆིས། འགོག་པ་ཡང་མ་མཆིས། འགོག་པ་འཚལ་བ་ཡང་མ་མཆིས། ལམ་ཡང་མ་མཆིས། ལམ་འཚལ་བ་ཡང་མ་མཆིས་པའི་འཕགས་པའི་བདེན་པ་བཞི་མཉམ་པ་ཉིད་ཅེས་བགྱི་བ་དེ་གང་ལགས། བཅོམ་ལྡན་

འདས་ཀྱིས་བཀའ་སྩལ་པ། དེ་ནི་འཕགས་པའི་བདེན་པ་བཞི་པོ་དེ༑ དག་གི་[1]དེ་བཞིན་ཉིད་དང་། མ་ནོར་བ་དེ་བཞིན་ཉིད་དང་། ༑གཞན་མ་ཡིན་པ་དེ་བཞིན་ཉིད་དང་[2]། ཆོས་ཉིད་དང་། ཆོས་ཀྱི་དབྱིངས་དང་། ཆོས་ཀྱི་གནས་ཉིད་དང་། ཆོས་སྐྱོན་མེད་པ་ཉིད་[3]དང་། ཡང་དག་པའི་མཐའ་[4]དེ་བཞིན་གཤེགས་པ་རྣམས་བྱུང་ཡང་རུང་། དེ་བཞིན་གཤེགས་པ་རྣམས་མ་བྱུང་ཡང་རུང་སྟེ། དེ་བཞིན་གནས་[5]པའི་དབྱིངས། ཆོས་ཀྱི་དབྱིངས་མི་ཉམ་[6]། མི་འགྲིབ་པར་འདུག་པ་སྟེ། དེའི་ཕྱིར་བྱང་ཆུབ་སེམས་དཔའ་སེམས་དཔའ་ཆེན་པོ་ཤེས་རབ་ཀྱི་ཕ་རོལ་ཏུ་ཕྱིན་པ་ལ་སྤྱོད་པའི་ཚེ། བདེན་པ་ཁོང་དུ་ཆུད་པར་[7]ཇི་ལྟར་བྱ་བ་[8]བཞིན་དུ། བདེན་པ་ཁོང་དུ་ཆུད་པར་བྱ་བའི་དོན་དུ་སྤྱོད་དོ། །

རབ་འབྱོར་གྱིས་གསོལ་པ། བཅོམ་ལྡན་འདས་བྱང་ཆུབ་སེམས་དཔའ་སེམས་དཔའ་ཆེན་པོ་ཤེས་རབ་ཀྱི་ཕ་རོལ་ཏུ་ཕྱིན་པ་ལ་[9]ཇི་ལྟར་སྤྱོད་ན། བདེན་པ་རྟོགས་པའི་དོན་དུ་སྤྱོད་པ་ལགས། ཇི་ལྟར་སྤྱོད་ན་བདེན་པ་རྟོགས་ཤིང་འཚལ་ཏེ། ཁོང་དུ་ཆུད་ནས་ཉན་ཐོས་ཀྱི་ས་འམ། རང་སངས་རྒྱས་ཀྱི་སར་མི་ལྟུང་ཞིང་བྱང་ཆུབ་སེམས་དཔའི་སྐྱོན་མ་མཆིས་པར་འཇུག་པ་ལགས། བཅོམ་ལྡན་འདས་ཀྱིས་བཀའ་སྩལ་པ། རབ་འབྱོར་འདི་ལ་བྱང་ཆུབ་སེམས་དཔའ་སེམས་དཔའ་ཆེན་པོ་ཤེས་རབ་ཀྱི་ཕ་རོལ་ཏུ་ཕྱིན་པ་ལ་སྤྱོད་པའི་ཚེ། ཆོས་དེ་དག་ཅི་ནས་ཀྱང་ཆོས་གང་ཡང་དམིགས་སུ་མེད་པ་དེ་ལྟར་མཐོང་སྟེ། ཆོས་ཐམས་ཅད་མ་[10]དམིགས་པས་བདེན་པར་གཏོགས་[11]པའམ། བདེན་པར་མ་གཏོགས་[12]པའི་ཆོས་ཐམས་ཅད་སྟོང་པར་མཐོང་སྟེ། དེས་དེ་ལྟར་མཐོང་བས་སྐྱོན་མེད་པར་[13]ཆུད་པའི་བྱང་ཆུབ་སེམས་དཔའ་སེམས་དཔའ་ཆེན་པོ་རིགས་ཀྱི་ས་ལ་གནས་པར་འགྱུར་[14]ཏེ། བྱང་ཆུབ་སེམས༔དཔའ་དེ་[15]རིགས་ཀྱི་ས་ལ་གནས་པར་གྱུར་ནས།

སྲི་བོར་ལྷུང་བར་མི་འགྱུར་ཏེ། དེ་ལ་ཉན་ཐོས་ཀྱི་སའམ། རང་སངས་རྒྱས་ཀྱི་སར་ལྷུང་བའི་སྲི་བོར་(༡)ལྷུང་བ་མེད་དོ། །དེ་བྱང་ཆུབ་སེམས་དཔའི་རིགས་ཀྱི་ས་དེ་ལ་གནས་ཤིང་། བསམ་གཏན་བཞི་སྐྱབ་པོ། །ཚད་མེད་པ་བཞི་སྐྱབ་པོ། །གཟུགས་མེད་པའི་སྙོམས་པར་འཇུག་པ་བཞི་སྐྱབ་པོ། །དེ་ལྟག་མཐོང་གིས་(༢)དེ་ལ་གནས་ཤིང་། ཆོས་ཐམས་ཅད་རབ་ཏུ་ཤེས་པར་བྱེད་དེ། འཕགས་པའི་བདེན་པ་བཞི་ཡོང་དུ་ཆུད་པར་བྱེད་དོ། །དེ་སྡུག་བསྔལ་ཡོངས་སུ་ཤེས་ཀྱང་སྡུག་བསྔལ་ལ་དམིགས་པའི་སེམས་མི་སྐྱེད་དོ། །ཀུན་འབྱུང་བ་རབ་ཏུ་སྤངས་ཀྱང་(༣)། ཀུན་འབྱུང་བ་ལ་དམིགས་པའི་སེམས་མི་སྐྱེད་(༤)དོ། །འགོག་པ་མངོན་དུ་བྱེད་ཀྱང་འགོག་པ་ལ་དམིགས་པའི་སེམས་མི་སྐྱེད་(༥)དོ། །ལམ་སྒོམ་ཡང་ལམ་ལ་དམིགས་པའི་སེམས་མི་སྐྱེད་དོ(༦)། །གཞན་དུ་ན་བྱང་ཆུབ་ལ་གཞོལ་བའི་སེམས་ཀྱིས་ཆོས་ཐམས་ཅད་ཡང་དག་པ་ཇི་ལྟ་བ་བཞིན་དུ་(༧)མཐོང་བར་བྱེད་དོ། །གསོལ་པ། བཅོམ་ལྡན་འདས་ཆོས་ཐམས་ཅད་ཀྱི་ཡང་དག་པ་ཇི་ལྟ་བ་བཞིན་ཞེས་བགྱི་(༨)བ་དེ་གང་ལགས། བཅོམ་ལྡན་འདས་ཀྱིས་བཀའ་སྩལ་པ། སྟོང་པ་ཉིད་དོ། །གསོལ་པ། སྟོང་པ་ཉིད་གང་ལགས། བཅོམ་ལྡན་འདས་ཀྱིས་བཀའ་སྩལ་པ། རང་གི་མཚན་ཉིད་སྟོང་པ་ཉིད་དེ། རྣམ་པ་དེ་ལྟ་བུའི་ལྷག་མཐོང་གིས་ཆོས་ཐམས་ཅད་སྟོང་པའོ་ཞེས་བྱ་བར་ལྟ་སྟེ། ངོ་བོ་ཉིད་གང་ལ་གནས་ཤིང་བྱང་ཆུབ་ཏུ་མངོན་པར་རྫོགས་པར་འཚང་རྒྱ་བར་བྱ་བ་དེ་ལྟ་བུའི་ངོ་བོ་ཉིད་ཆོས་གང་ལ་ཡང་ངོ་བོ་ཉིད་ཡོད་པར་མི་(༩)མཐོང་ངོ་། །དངོས་པོ་མེད་པ་ནི་བྱང་ཆུབ་སྟེ། དེ་ནི་སངས་རྒྱས་ཀྱིས་མ་མཛད(༡༠)། རང་སངས་རྒྱས་ཀྱིས་མ་བྱས། དགྲ་བཅོམ་པས་མ་བྱས། ཕྱིར་མི་འོང་བས་མ་བྱས། ལན་ཅིག་ཕྱིར་འོང་བས་མ་བྱས། རྒྱུན་དུ་ཞུགས་པས་མ་བྱས། དེ་དག་ལ་ཞུགས་པས་ཀྱང་མ་

བྱས། གང་བྱང་ཆུབ་འདི་ལ་སྤྱོད་པའི་བྱང་ཆུབ་སེམས་དཔའ་སེམས་དཔའ་ཆེན་པོ་དེ་དག་གིས་ཀྱང་[༡]མ་བྱས་ཏེ། གཞན་དུ་ན་ཡང་དག་པ་ཇི་ལྟ་བ་དེ་སེམས་ཅན་རྣམས་ཀྱིས་མི་ཤེས་མི་མཐོང་བས་དེའི་ཕྱིར་བྱང་ཆུབ་སེམས་དཔའ་སེམས་དཔའ་ཆེན་པོ་ཤེས་རབ་ཀྱི་ཕ་རོལ་ཏུ་ཕྱིན་པ་ལ་སྤྱོད་ཅིང་། ཐབས་མཁས་པས་སེམས་ཅན་རྣམས་ལ་ཆོས་སྟོན་ཏོ། །ཤེས་རབ་ཀྱི་ཕ་རོལད་ཏུ་ཕྱིནད་པ་སྟོང་ཕྲག་བརྒྱ་པ་ལས། ལེའུ་དྲུག་ཅུ་དགུའོ[༢]།། །།

དེ་ནས་ཚེ་དང་ལྡན་པ་རབ་འབྱོར་གྱིས་བཅོམ་ལྡན་འདས་ལ་འདི་སྐད་ཅེས་གསོལ་ཏོ། །བཅོམ་ལྡན་འདས་གལ་ཏེ་ཆོས་ཐམས་ཅད་དངོས་པོ་མ་མཆིས་ཏེ། དེ་དག་སངས་རྒྱས་ཀྱིས་ཀྱང་མ་མཛད། རང་སངས་རྒྱས་ཀྱིས་ཀྱང་མ་བགྱིས། དགྲ་བཅོམ་པས་ཀྱང་མ་བགྱིས། ཕྱིར་མི་འོང་བས་ཀྱང་མ་བགྱིས། ལན་ཅིག་ཕྱིར་འོང་བས་ཀྱང་མ་བགྱིས། རྒྱུན་དུ་ཞུགས་པས་ཀྱང་མ་བགྱིས། དེ་དག་ལ་ཞུགས་པས་ཀྱང་མ་བགྱིས། གང་བྱང་ཆུབ་འདི་ལ་སྤྱོད་པའི་བྱང་ཆུབ་སེམས་དཔའ་སེམས་དཔའ་ཆེན་པོ་དེ་དག་གིས་ཀྱང་མ་བགྱིས་ན། ཆོས་དེ་དག་ལ་འདི་དག་ནི་སེམས་ཅན་དམྱལཿབ་པའོ[༣]། །འདི་དག་ནི་བྱོལ་སོང་གི་སྐྱེ་གནས་པའོ། །འདི་དག་ནི་གཤིན་རྗེའི་འཇིག་རྟེན་པའོ། །འདི་དག་ནི་ལྷའོ། །འདི་དག་ནི་[༤]མིའོ། །ལས་འདིས་ནི་སེམས་ཅན་དམྱལ་བཿཔ་དང་[༥]། བྱོལ་སོང་གི་སྐྱེ་གནས་པ་དང་། གཤིན་རྗེའི་འཇིག་རྟེན་པར་འགྱུར་རོ། །ལས་འདིས་ནི་མིར་འགྱུར་རོ། །ལས་འདིས་ནི་རྒྱལ་ཆེན་བཞིའི་རིས་ཀྱི་ལྷར་འགྱུར་རོ། །ལས་འདིས་ནི་སུམ་ཅུ་རྩ་གསུམཿགྱི་ལྷར་[༦]འགྱུར་རོ། །ལས་འདིས་ནི་མཚོ་མའི་ལྷར་[༧]འགྱུར་རོ། །ལས་འདིས་ནི་དགའ་ལྡན་གྱི་ལྷར་འགྱུར་རོ། །ལས་འདིས་ནི་

འཕྲུལ་དགའི་ལྷར་འགྱུར་རོ། །ལས་འདིས་ནི་གཞན་འཕྲུལ་དབང་བྱེད་ཀྱི་ལྷར་
འགྱུར་རོ། །ལས་འདིས་ནི་ཚངས་རིས་ཀྱི་ལྷར་འགྱུར་རོ། །ལས་འདིས་ནི་
ཚངས་ལྷ་ཉེ་ཕན་གྱི་ལྷར་འགྱུར་རོ། །ལས་འདིས་ནི་ཚངས་པ་ཀུན་འཁོར་གྱི་ལྷར་
འགྱུར་རོ། །ལས་འདིས་ནི་ཚངས་ཆེན་གྱི་①ལྷར་འགྱུར་རོ། །ལས་འདིས་ནི་
སྣང་བའི་ལྷར་འགྱུར་རོ། །ལས་འདིས་ནི་ཆུང༌སྣང་གི་②ལྷར་འགྱུར་རོ། །ལས་
འདིས་ནི་ཚད་མེད་སྣང་བའི་ལྷར་འགྱུར་རོ། །ལས་འདིས་ནི་ཀུན་སྣང་དང་བའི་
ལྷར་འགྱུར་རོ། །ལས་འདིས་ནི་དགེ་བའི་ལྷར་འགྱུར་རོ། །༑ལས་འདིས་ནི་
ཆུང་དགེའི་ལྷར་འགྱུར་རོ། །③ལས་འདིས་ནི་ཚད་མེད་དགེ་བའི་ལྷར་འགྱུར་རོ། །
ལས་འདིས་ནི་དགེ་རྒྱས་ཀྱི་ལྷར་འགྱུར་རོ། །ལས་འདིས་ནི་ཆེ་བའི་ལྷར་འགྱུར་རོ། །
ལས་འདིས་ནི་ཆུང་ཆེའི་ལྷར་འགྱུར་རོ། །ལས་འདིས་ནི་ཚད་མེད་ཆེ་བའི་ལྷར་
འགྱུར་རོ། །ལས་འདིས་ནི་འབྲས་བུ་ཆེ་བའི་ལྷར་འགྱུར་རོ། །ལས་འདིས་ནི་
མི་ཆེ་བའི་ལྷར་འགྱུར་རོ། །ལས་འདིས་ནི་མི་གདུང་བའི་ལྷར་འགྱུར་རོ། །
ལས་འདིས་ནི་ཤིན་ཏུ་མཐོང་བའི་ལྷར་འགྱུར་རོ། །ལས་འདིས་ནི་གྱ་ནོམ་སྣང་④
བའི་ལྷར་འགྱུར་རོ། །ལས་འདིས་ནི་འོག་མིན་གྱི་⑤ལྷར་འགྱུར་རོ། །ལས་
འདིས་ནི་ནམ་མཁའ་མཐའ་ཡས་⑥སྐྱེ་མཆེད་ཀྱི་ལྷར་འགྱུར་རོ། །ལས་འདིས་ནི་
རྣམ་ཤེས་མཐའ་ཡས་སྐྱེ་མཆེད་ཀྱི་ལྷར་འགྱུར་རོ། །ལས་འདིས་ནི་ཆུང་ཟད་མེད་
པའི་སྐྱེ་མཆེད་ཀྱི་ལྷར་འགྱུར་རོ། །ལས་འདི་⑦ནི་འདུ་ཤེས་མེད་འདུ་ཤེས་མེད་⑧
མིན་སྐྱེ་མཆེད་ཀྱི་ལྷར་འགྱུར་རོ། །ལས་འདིས་ནི་རྒྱུན་ཏུ་ཞུགས་པའི་འབྲས་བུར་
འགྱུར་རོ། །ལས་འདིས་ནི་ལན་ཅིག་ཕྱིར་འོང་བའི་འབྲས་བུར་འགྱུར་རོ། །
ལས་འདིས་ནི་ཕྱིར་མི་འོང་བའི་འབྲས་བུར་འགྱུར་རོ། །༑ལས་འདིས་ནི་དགྲ་
བཅོམ་པ་ཉིད་དུ་འགྱུར་རོ། །⑨ལས་འདིས་ནི་རང་སངས་རྒྱས་སུ་འགྱུར་རོ། །

ལས་འདིས་ནི་བྱང་ཆུབ་སེམས་དཔའ་སེམས་དཔའ་ཆེན་པོར་འགྱུར་རོ། །ལས་
འདིས་ནི་དེ་བཞིན་གཤེགས་པ་དགྲ་བཅོམ་པ་ཡང་དག་པར་རྫོགས་པའི་སངས་
རྒྱས་སུ་འགྱུར་རོ་ཞེས་བགྱི་བར་ཐ་དད་དུ་དབྱེ་བའམ། རྣམ་པར་དགོད་པ་[1]
ཡང་ཇི་ལྟར་འགྱུར། བཅོམ་ལྡན་འདས་དངོས་པོ་མ་མཆིས་པ་ལ་ནི་བགྱི་བ་གང་
ཡང་མ་མཆིས་ཏེ། བགྱི་བ་གང་གིས་སེམས་ཅན་དམྱལ་བར༔མཆི་བའམ[2]།
ཕྱུགས་སོང་གི་སྐྱེ་གནས་སུ༔མཆི་བའམ[3]། གཤིན་རྗེའི་འཇིག་རྟེན་དུ་མཆི[4]་བའམ།
མིར་སྐྱེ་བའམ། རྒྱལ་ཆེན་བཞིའི་རིས་ཀྱི་ལྷར་སྐྱེ་བའམ། སུམ་ཅུ་རྩ་གསུམ་གྱི་
ལྷར་སྐྱེ་བ་འམ། མཚོ་མའི་ལྷར་སྐྱེ་བའམ། དགའ་ལྡན་གྱི་ལྷར་སྐྱེ་བའམ།
འཕྲུལ་དགའི་ལྷར་སྐྱེ་བའམ། གཞན་འཕྲུལ་དབང་བྱེད་ཀྱི་ལྷར་སྐྱེ་བའམ།
ཚངས་རིས་ཀྱི[5]་ལྷར་སྐྱེ་བའམ། ཚངས་ལྷ་ཉེ་ཕན་གྱི་ལྷར་སྐྱེ་བའམ། ཚངས་
པ་ཀུན་འཁོར་གྱི་ལྷར་སྐྱེ་བའམ། ཚངས་ཆེན་གྱི་ལྷར་སྐྱེ་བའམ། སྣང་བའི་
ལྷར་སྐྱེ་བའམ། ཆུང་སྣང་གི་ལྷར་སྐྱེ་བའམ[6]། ཚད་མེད་སྣང་བའི་ལྷར་སྐྱེ་
བའམ༔ ཀུན་སྣང་དང་བའི་ལྷར་སྐྱེ་བའམ། དགེ་བའི་ལྷར་སྐྱེ་བའམ། ཆུང་
དགེའི[7]་ལྷར་སྐྱེ་བའམ། ཚད་མེད་དགེ་བའི་ལྷར་སྐྱེ་བ་འམ། དགེ་རྒྱས་ཀྱི་ལྷར་སྐྱེ་
བའམ༔ ཆེ་བའི་ལྷར་སྐྱེ་བའམ། ཆུང་ཆེའི་ལྷར་སྐྱེ་བའམ། ཚད་མེད་ཆེ་བའི་
ལྷར་སྐྱེ་བའམ། འབྲས་བུ་ཆེ་བའི་ལྷར་སྐྱེ་བའམ། མི་ཆེ་བའི་ལྷར་སྐྱེ་བའམ། མི་
གདུང་བའི་ལྷར་སྐྱེ་བའམ། ཤིན་ཏུ་མཐོང་བའི་ལྷར་སྐྱེ་བ་འམ། གྱ་ནོམ་སྣང་
བའི་ལྷར་སྐྱེ་བའམ། འོག་མིན་གྱི་ལྷར་སྐྱེ་བ་འམ། ནམ་མཁའ་མཐའ་ཡས་སྐྱེ་
མཆེད་ཀྱི་ལྷར་སྐྱེ་བའམ། རྣམ་ཤེས་མཐའ་ཡས་སྐྱེ་མཆེད་ཀྱི་ལྷར་སྐྱེ་བའམ།
ཆུང་ཟད་མེད་པའི་སྐྱེ་མཆེད་ཀྱི་ལྷར་སྐྱེ་བའམ། འདུ་ཤེས་མེད་འདུ་ཤེས་མེད་མིན་
སྐྱེ་མཆེད་ཀྱི་ལྷར་སྐྱེ་བའམ། རྒྱུན་དུ་ཞུགས་པའི་འབྲས་བུ་ཐོབ་པར་འགྱུར་བ་འམ།

ལན་ཅིག་ཕྱིར་འོང་བའི་འབྲས་བུ་ཐོབ་པར་འགྱུར་བའམ། ཕྱིར་མི་འོང་བའི་འབྲས་བུ་ཐོབ་པར་འགྱུར་བའམ། དགྲ་བཅོམ་པ་ཉིད་ཐོབ་པར་འགྱུར་བའམ། རང་བྱང་ཆུབ་ཐོབ་པར་འགྱུར་བའམ། བྱང་ཆུབ་སེམས་དཔའ་སེམས་དཔའ་ཆེན་པོའི་ལམ་ལ་སྤྱོད་པར་འགྱུར་བའམ། རྣམ་པ་ཐམས་ཅད་མཁྱེན་པ་ཉིད་ཐོབ་པར་འགྱུར་བའམ། ཐོབ་པར་གྱུར་ནས་སེམས་ཅན་རྣམས་འཁོར་བ་ལས་ཡོངས་སུ་དགྲོལ་བར་འགྱུར་རོ་ཞེས་བྱ⑦་བ་དེ་ལྟ་བུ་གང་ཡང་མ་མཆིས་སོ། །དེ་སྐད་ཅེས་གསོལ་པ་དང་། བཅོམ་ལྡན་འདས་ཀྱིས་ཚེ་དང་ལྡན་པ་རབ་འབྱོར་ལ་འདི་སྐད་ཅེས་བཀའ་སྩལ་ཏོ། །རབ་འབྱོར་དེ་དེ་བཞིན་ནོ། །དེ་དེ་བཞིན་ཏེ⑧། ཇི་སྐད་དུ་སྨྲས་པ⑨་བཞིན་ཏེ། རབ་འབྱོར་དངོས་པོ་མེད་པ་ལ་ནི་ལས་ཀྱང་མེད། བྱ་བ་ཡང་མེད། འབྲས་བུ་ཡང་མེད་ན། འོན་ཀྱང་བྱིས་པ་སོ་སོའི་སྐྱེ་བོ། འཕགས་པའི་ཆོས་ལ་མི་མཁས་པ་རྣམས་ཀྱིས་ཆོས་རྣམས་དངོས་པོ་མེད་པའི་ངོ་བོ་ཉིད་དུ་མི་ཤེས་ཏེ། ཕྱིན་ཅི་ལོག་ལས་བྱུང་བའི་སེམས་ཀྱིས་ལས་སྣ་ཚོགས་མངོན་པར་འདུ་བྱེད་པས། དེ་དག་གི་ལུས་རྣམ་པ་དེ་བཞིན་དུ་མངོན་པར་འགྲུབ་སྟེ། སེམས་ཅན་དམྱལ་བའམ། ཕྱོལ་སོང་གི་སྐྱེ་གནས་སམ། གཤིན་རྗེའི་འཇིག་རྟེན་ནམ། མིའམ། རྒྱལ་ཆེན་བཞིའི་རིས་ཀྱི་ལྷའམ། སུམ་ཅུ་རྩ་གསུམ་གྱི་ལྷའམ། མཆེ་མའི་ལྷའམ། དགའ་ལྡན་གྱི་ལྷའམ། འཕྲུལ་དགའི་ལྷའམ། གཞན་འཕྲུལ་དབང་བྱེད་ཀྱི་ལྷའམ། ཚངས་རིས་ཀྱི་ལྷའམ། ཚངས་ལྷ་ཉེ་ཕན་གྱི་ལྷའམ། ཚངས་པ་ཀུན་འཁོར་གྱི་ལྷའམ། ཚངས་ཆེན་གྱི་ལྷའམ། སྣང་བའི་ལྷའམ། ཆུང་སྣང་གི་ལྷའམ། ཚད་མེད་སྣང་བའི་ལྷའམ། ཀུན་སྣང་དང་བའི་ལྷའམ། དགེ་བའི་ལྷའམ། ཆུང་དགེའི⑩་ལྷའམ། ཚད་མེད་དགེ་བའི་ལྷའམ། དགེ་རྒྱས་ཀྱི་ལྷའམ། ཆེ་བའི་ལྷའམ། ཆུང་ཆེའི་ལྷའམ།

ཚད་མེད་ཆེ་བའི་ལྷའམ། འབྲས་བུ་ཆེ་བའི་ལྷའམ། མི་ཆེ་བའི་ལྷའམ། མི་གདུང་བའི་ལྷའམ། ཤིན་ཏུ་མཐོང་བའི་ལྷའམ། གྱ་ནོམ་སྣང་བའི་ལྷའམ། འོག་མིན་གྱི་ལྷའམ། ནམ་མཁའ་མཐའ་ཡས་སྐྱེ་མཆེད་ཀྱི་ལྷའམ། རྣམ་ཤེས་མཐའ་ཡས་སྐྱེ་མཆེད་ཀྱི་ལྷའམ། ཅུང་ཟད་མེད་པའི་སྐྱེ་མཆེད་ཀྱི་ལྷའམ། འདུ་ཤེས་མེད་འདུ་ཤེས་མེད་མིན་སྐྱེ་མཆེད་ཀྱི་ལྷའི་ནང་དུ་ལུས་མངོན་པར་འགྲུབ་སྟེ། དངོས་པོ་མེད་པ་ལ་ནི་ལས་སམ། བྱ་བའམ། འབྲས་བུ་མེད་དེ། དངོས་པོ་མེད་པ་གང་ཡིན་པ་དེ་ནི་དངོས་པོ་མེད་པ་ཉིད་དོ། །རབ་འབྱོར་དེ་ལ་འདི་སྐད་དུ་དངོས་པོ་མེད་པ་ལ་ནི་བྱ་བ་གང་ཡང་མེད་དེ། བྱ་བ་གང་གིས་སེམས་ཅན་དམྱལ་བར་འགྲོ་བའམ། བྱོལ་སོང་གི་སྐྱེ་གནས་སུ་འགྲོ་བའམ། གཤིན་རྗེའི་འཇིག་རྟེན་དུ་འགྲོ་བའམ། མིར་སྐྱེ་བའམ། རྒྱལ་ཆེན་བཞིའི་རིས་ཀྱི་ལྷར་སྐྱེ་བའམ། སུམ་ཅུ་རྩ་གསུམ་གྱི་ལྷར་སྐྱེ་བའམ། མཚོ་མའི་ལྷར་སྐྱེ་བའམ། དགའ་ལྡན་གྱི་ལྷར་སྐྱེ་བའམ། འཕྲུལ་དགའི་ལྷར་སྐྱེ་བའམ། གཞན་འཕྲུལ་དབང་བྱེད་ཀྱི་ལྷར་སྐྱེ་བའམ། ཚངས་རིས་ཀྱི་ལྷར་སྐྱེ་བའམ། ཚངས་ལྷ་ཉེ་ཕན་གྱི་[༡]ལྷར་སྐྱེ་བའམ། ཚངས་པ་ཀུན་འཁོར་གྱི་ལྷར་སྐྱེ་བའམ། ཚངས་ཆེན་གྱི་ལྷར་སྐྱེ་བའམ། སྣང་བའི་ལྷར་སྐྱེ་བའམ། ཆུང་སྣང་གི་ལྷར་སྐྱེ་བའམ། ཚད་མེད་སྣང་བའི་ལྷར་སྐྱེ་བའམ། ཀུན་སྣང་དང་བའི་ལྷར་སྐྱེ་བའམ། དགེ་བའི་ལྷར་སྐྱེ་བའམ། ཆུང་དགེའི་[༢]ལྷར་སྐྱེ་བའམ། ཚད་མེད་དགེ་བའི་ལྷར་སྐྱེ་བའམ། དགེ་རྒྱས་ཀྱི་ལྷར་སྐྱེ་བའམ། ཆེ་བའི་ལྷར་སྐྱེ་བའམ། ཆུང་ཆེའི་[༣]ལྷར་སྐྱེ་བའམ། ཚད་མེད་ཆེ་བའི་ལྷར་སྐྱེ་བའམ། འབྲས་བུ་ཆེ་བའི་ལྷར་སྐྱེ་བའམ། མི་ཆེ་བའི་ལྷར་སྐྱེ་བའམ། མི་གདུང་བའི་ལྷར་སྐྱེ་བའམ། ཤིན་ཏུ་མཐོང་བའི་ལྷར་སྐྱེ་བའམ། གྱ་ནོམ་སྣང་བའི་ལྷར་སྐྱེ་བའམ། འོག་

སྤྱིན་གྱི་(༧)ལྷར་སྐྱེ་བའམ། ནམ་མཁའ་མཐའ་ཡས་སྐྱེ་མཆེད་ཀྱི་ལྷར་སྐྱེ་བའམ། རྣམ་ཤེས་མཐའ་ཡས་སྐྱེ་མཆེད་ཀྱི་ལྷར་སྐྱེ་བའམ། ཆུང་ཟད་མེད་པའི་སྐྱེ་མཆེད་ཀྱི་ལྷར་སྐྱེ་བའམ། འདུ་ཤེས་མེད་འདུ་ཤེས་མེད་མིན་སྐྱེ་མཆེད་ཀྱི་ལྷར་སྐྱེ་བའམ། རྒྱུན་ཏུ་ཞུགས་པའི་འབྲས་བུ་ཐོབ་པར་འགྱུར་བའམ། ལན་ཅིག་ཕྱིར་འོང་བའི་འབྲས་བུ་ཐོབ་པར་འགྱུར་བའམ། ཕྱིར་མི་འོང་བའི་འབྲས་བུ་ཐོབ་པར་འགྱུར་བའམ། དགྲ་བཅོམ་པ་ཉིད་ཐོབ་པར་འགྱུར་བའམ། རང་བྱང་ཆུབ་ཐོབ་པར་འགྱུར་བའམ། བྱང་ཆུབ་སེམས་དཔའ་སེམས་དཔའ་ཆེན་པོའི་ལམ་ལ་(༣)སྤྱོད་པའམ། རྣམ་པ་ཐམས་ཅད་མཁྱེན་པ་ཉིད་ཐོབ་པར་འགྱུར་བའམ། དེ་ཐོབ་ནས་(༣)སེམས་ཅན་རྣམས་འཁོར་བ་ལས་ཡོངས་སུ་དགྲོལ་བར་འགྱུར་བ་དེ་ལྟ་བུའི་བྱ་བ་གང་ཡང་མེད་དོ་ཞེས་ཟེར་བ་ནི། རབ་འབྱོར་དེ་ཇི་སྙམ་དུ་སེམས། ལམ་དངོས་པོ་མེད་པ་མ་ཡིན་ནམ། རྒྱུན་ཏུ་ཞུགས་པའི་འབྲས་བུཿདངོས་པོ་(༦)མེད་པ་མ་ཡིན་ནམ། ལན་ཅིག་ཕྱིར་འོང་བའི་འབྲས་བུ་དངོས་པོ་མེད་པ་མ་ཡིན་ནམ། ཕྱིར་མི་འོང་བའི་འབྲས་བུ་དངོས་པོ་མེད་པ་མ་ཡིན་ནམ། དགྲ་བཅོམ་པ་ཉིད་དངོས་པོ་མེད་པ་མ་ཡིན་ནམ། རང་བྱང་ཆུབ་དངོས་པོ་མེད་པ་མ་ཡིན་ནམ། ལམ་གྱི་རྣམ་པ་ཤེས་པ་ཉིད་དངོས་པོ་མེད་པ་མ་ཡིན་ནམ། རྣམ་པ་ཐམས་ཅད་མཁྱེན་པ་ཉིད་དངོས་པོ་མེད་པ་མ་ཡིན་ནམ། གསོལ་པ། བཅོམ་ལྡན་འདས་ལམ་ནི་དངོས་པོ་མ་མཆིས་པའོ། །རྒྱུན་ཏུ་ཞུགས་པའི་འབྲས་བུ་ནི་དངོས་པོ་(༥)མ་མཆིས་པའོ། །ལན་ཅིག་ཕྱིར་འོང་བའི་འབྲས་བུ་ནི་དངོས་པོ་མ་མཆིས་པའོ། །ཕྱིར་མི་འོང་བའི་འབྲས་བུ་ནི་དངོས་པོ་མ་མཆིས་པའོ། །དགྲ་བཅོམ་པ་ཉིད་ནི་དངོས་པོ་མ་མཆིས་པའོ། །རང་བྱང་ཆུབ་ནི་དངོས་པོ་མ་མཆིས་པའོ། །ལམ་གྱི་རྣམ་པ་ཤེས་པ་ཉིད་ནི་དངོས་པོ་མ་མཆིས་པའོ། །རྣམ་

པ་ཐམས་ཅད་མཁྱེན་པ་ཉིད་ནི་དངོས་པོ་མ་མཆིས་པའོ། །བཅོམ་ལྡན་འདས་ཀྱིས་བཀའ་སྩལ་པ། རབ་འབྱོར་དེ་ཇི་སྙམ་དུ་སེམས། དངོས་པོ་མེད་པའི་ཆོས་ཤིག་[༡]དངོས་པོ་མེད་པའི་ཆོས་ཐོབ་པར་བྱེད་སྙམ་མམ། གསོལ་པ། བཅོམ་ལྡན་འདས་དེ་[༢]ནི་མ་ལགས་སོ། །བཅོམ་ལྡན་འདས་ཀྱིས་བཀའ་སྩལ་པ། རབ་འབྱོར་དེ་ལྟར་ན་དངོས་པོ་མེད་པ་གང་ཡིན་པ་དང་། ལམ་གང་ཡིན་པའི་ཆོས་དེ་གཉིས་ཀ་ཡང་ལྡན་པ་ཡང་མ་ཡིན་མི་ལྡན་པ་ཡང་མ་ཡིན་གཟུགས་མེད་པ། བསྟན་དུ་མེད་པ། ཐོགས་པ་མེད་པ། མཚན་ཉིད་མེད་པ[༣]། མཚན་ཉིད་གཅིག་[༤]པ་སྟེ། འདི་ལྟར་མཚན་ཉིད་མེད་པའོ། །རབ་འབྱོར་དེ་ལ་བྱང་ཆུབ་སེམས་དཔའ་སེམས་དཔའ་ཆེན་པོ་ཤེས་རབ་ཀྱི་ཕ་རོལ་ཏུ་ཕྱིན་པ་ལ་སྤྱོད་པའི་ཚེ། ཐབས་མཁས་པས་སེམས་ཅན་ཕྱིན་ཅི་ལོག་བཞིས་ཕྱུང་པོ་ལྔ་ལ་མངོན་པར་ཞེན་པ་མི་རྟག་པ་ལ་རྟག་པའི་འདུ་ཤེས་སུ་གྱུར་པ། སྡུག་བསྔལ་བ་ལ་[༥]བདེ་བའི་འདུ་ཤེས་སུ་གྱུར་པ། བདག་མེད་པ་ལ་བདག་གི་འདུ་ཤེས་སུ་གྱུར་པ། མི་སྡུག་པ་ལ་སྡུག་པའི་འདུ་ཤེས་སུ་གྱུར་པ། དངོས་པོ་ལ་མངོན་པར་ཞེན་པ་རྣམས་དངོས་པོ་ལས་རྣམ་པར་འགྲེལ་[༦]ཏོ། །རབ་འབྱོར་[༧]ཀྱིས་གསོལ་པ། བཅོམ་ལྡན་འདས་ཅི་ལགས། བྱིས་པ་སོ་སོའི་སྐྱེ་བོ་རྣམས་གང་ལ༔ དངོས་པོར་ཞེས་[༨]ནས་མངོན་པར༔ ཞེན་པར་[༩]གྱུར་པ་དེ༔ ལྟ་བུའི་[༡༠]དངོས་པོ་དེ་བཞིན་མ་ནོར་བ་དེ་བཞིན་ཞེས་བགྱི་བ་མ་མཆིས་སམ། དེ་སྟེ་མ་མཆིས་ན་ནི་ལས་[༡༡]མངོན་པར་འདུ་བགྱིད་པར་ཡང་ཇི་ལྟར་འགྱུར། སུག་ལས་དེས་[༡༢]ཀྱང་ཤུལ་རྒྱུད་ལྔའི་འཁོར་བ་ལས་[༡༣]ཅི་སྟེ་མི་འགྲོལ། བཅོམ་ལྡན་འདས་ཀྱིས་བཀའ་སྩལ་པ། རབ་འབྱོར་ཕྱིན་ཅི་ལོག་མ་གཏོགས་པར་གང་ལ་གནས་ཏེ། བྱིས་[༡༤]པ་སོ་སོའི་སྐྱེ་བོ་རྣམས་ལས་མངོན་པར་འདུ་བྱེད་པའི་དངོས་པོ་ནི་ཆུང་ངུ་ན། སྐྲའི་རྩེ་མོའི་ཆ་ཤས་བཞག་[༡༥]

པ་ཙམ་ཡང་མེད་དོ། །རབ་འབྱོར་དེ་ལྟ་བས་ན་ཅི་ནས་ཀྱང་དོན་འདི་གསལ་ཞིང་རྫོགས་པ་དང་། མཁས་པས་ཤེས་པར་བྱ་བའི་ཕྱིར་ཁྱོད་ལ་དཔེ་[1]བཤད་དོ།། རབ་འབྱོར་དེ་ཇི་སྙམ་དུ་སེམས། ཀྱི་ལམ་དུ༔ མཐོང་བ་ལ་ཀྱི་ལམ་[2]མཐོང་བ་དེ་གང་ལ་གནས་ཤིང་། འདོད་པའི་ཡོན་ཏན་ལྔས་ཡོངས་སུ་སྤྱོད་པ་དེ་ལྟ་བུའི་དངོས་པོ་གང་ཡང་ཡོད་དམ། གསོལ་པ། བཅོམ་ལྡན་འདས་ཀྱི་ལམ་ཉིད་ཀྱང་མ་མཆིས་ན། ཀྱི་ལམ་མཐོང་བ་དེ་ལ་[3]གནས་ཤིང་། འདོད་པའི་ཡོན་ཏན་ལྔས་ཡོངས་སུ་སྤྱོད་པ་[4]ལྟ་སྨོས་ཀྱང་ཅི་འཚལ་ཏེ་མ་མཆིས་སོ། །བཅོམ་ལྡན་འདས་ཀྱིས་བཀའ་སྩལ་པ། རབ་འབྱོར་དེ་[5]ཇི་སྙམ་དུ་སེམས། འཇིག་རྟེན་པའམ། འཇིག་རྟེན་ལས་འདས་པའམ། ཟག་པ་དང་བཅས་པའམ། ཟག་པ་མེད་པའམ། འདུས་བྱས་སམ། འདུས་མ་བྱས་ཀྱི་ཆོས་གང་ལ་ཀྱི་ལམ་དང་འདྲ་བ་མ་ཡིན་པ་དེ་ལྟ་བུ་ཡོད་དམ། གསོལ་པ། བཅོམ་ལྡན་འདས་འཇིག་རྟེན་པའམ། འཇིག་རྟེན་ལས་འདས་པའམ། ཟག་པ་དང་བཅས་པའམ། ཟག་པ་མ་མཆིས་པའམ། འདུས་བྱས་སམ། འདུས་མ་བྱས་ཀྱི་ཆོས་གང་ཡང་ཀྱི་ལམ་ལྟ་བུ་མ་ལགས་པ་དེ་ལྟ་བུ་མ་[6]མཆིས་སོ[7]། །བཅོམ་ལྡན་འདས་ཀྱིས་བཀའ་སྩལ་པ། ཅི་ཀྱི་ལམ་ལ་རྒྱུད་ལྔའི་འཁོར་བ་ཡོད་དམ། གསོལ་པ། བཅོམ་ལྡན་འདས་དེ་ནི་མ་ལགས་སོ། །བཅོམ་ལྡན་འདས་ཀྱིས་བཀའ་སྩལ་པ། རབ་འབྱོར་དེ་ཇི་སྙམ་དུ་སེམས། ཀྱི་ལམ་ལ་ལམ་བསྒོམས་[8]པས། ཀུན་ནས་ཉོན་མོངས་པར་ཡང་མི་འགྱུར་ལ། རྣམ་པར་བྱང་བར་ཡང་མི་འགྱུར་བ་དེ་ལྟ་བུའི་ལམ་བསྒོམ་[9]པ་ཡོད་དམ། གསོལ་པ། བཅོམ་ལྡན་འདས་དེ་ནི་མ་ལགས་སོ༔ །བཅོམ་ལྡན་འདས་དེ་ནི་དངོས་པོ་མ་མཆིས་ཏེ[10]། བརྗོད་པ་དང་། ཚིག་དང་། སྒྲ་དང་། ཡི་གེ་ཐམས་ཅད་ཀྱིས་གདགས་སུ་མ་མཆིས་པའོ། །

བཅོམ་ལྡན་འདས་ཀྱིས་བཀའ་སྩལ་པ། རབ་འབྱོར་དེ་ཇི་སྙམ་དུ་སེམས། མི་ཡོང་ལ་གཟུགས་བརྙན་སྣང་བ་དེ་ལ་གང་ལས་མངོན་པར་འདུ་བྱེད་ཅིང་། མངོན་པར་འདུ་བྱས་པས། སེམས་ཅན་དམྱལ་བར་འགྲོ་བའམ། ཡུལ་སོང་གི་སྐྱེ་གནས་སུ་འགྲོ་བའམ། གཤིན་རྗེའི་འཇིག་རྟེན་དུ་འགྲོ་བའམ། མི་དང་ལྷར་འགྱུར་བ་དེ་ལྟ་བུའི་དངོས་པོ་ཡོད་དམ། གསོལ་པ། བཅོམ་ལྡན་འདས་དེ་ནི་མ་ལགས་སོ། །བཅོམ་ལྡན་འདས་དེ་ནི་གཞན་དུ་ན། བྱིས་པ་རྣམས་ལ་བསླུ་[1]བ་མ་གཏོགས་པར་དངོས་པོ་མ་མཆིས་པ་སྟེ། གཟུགས་བརྙན་ཉིད་ཀྱང་མ་མཆིས་ན། གང་ལས་[2]མངོན་པར་འདུ་བགྱིད་ཅིང་། མངོན་པར་འདུ་བགྱིས་པས[3]། སེམས་ཅན་དམྱལ་བར་མཆི་བའམ། ཡུལ་སོང་གི་སྐྱེ་གནས་སུ་མཆི་བའམ། གཤིན་རྗེའི་འཇིག་རྟེན་དུ་མཆི་བའམ། མི་དང་ལྷར་འགྱུར་བའི་སྲུག་ལས་ལྟ་སྨོས་ཀྱང་ཅི་འཚལ་ཏེ་མ་མཆིས་སོ། །བཅོམ་ལྡན་འདས་ཀྱིས་བཀའ་སྩལ་པ། རབ་འབྱོར་དེ་ཇི་[4]སྙམ་དུ་སེམས། དེ་ལ་ལམ་[5]བསྒོམས་[6]པས་ཀུན་ནས་ཉོན་མོངས་པར་ཡང་མི་འགྱུར་ལ། རྣམ་པར་བྱང་བར་ཡང་མི་འགྱུར་བ་དེ་ལྟ་བུའི་ལམ་བསྒོམ་[7]པ་ཡོད་དམ། གསོལ་པ། བཅོམ་ལྡན་འདས༔ ལམ་བསྒོམ་པ་[8]དེ་ནི་མ་ལགས་སོ། །བཅོམ་ལྡན་འདས་གཟུགས་བརྙན་ཉིད་ཀྱང་དངོས་པོ་མ་མཆིས་ན། ལམ་བསྒོམས་པས་ཀུན་ནས་ཉོན་མོངས་པར་ཡང་མི་འགྱུར་ལ། རྣམ་པར་བྱང་བར་ཡང་མི་འགྱུར་བ་དེ་ལྟ༔ བུའི་ལམ་བསྒོམ་པ་[9]ལྟ་སྨོས་ཀྱང་ཅི་འཚལ་ཏེ་མ་མཆིས་སོ། །བཅོམ་ལྡན་འདས་ཀྱིས་བཀའ་སྩལ་པ། རབ་འབྱོར་དེ་[10]ཇི་སྙམ་དུ་སེམས། ནགས་སྟུག་པོ་དང་། རི་དང་། གཙང་རོང་དང་། ལུང་པ་ནས་སྒྲ་བརྙན་[11]བྱུང་ན་སྒྲ་བརྙན་[12]དེ༔ ལ་ལས་གང་[13]མངོན་པར་འདུ་བྱེད་ཅིང་། མངོན་པར་འདུ་བྱས་པས། སེམས་ཅན་དམྱལ་བར་འགྲོ་[14]བའམ།

ཕྱིལ་སོང་གི་སྐྱེ་གནས་སུ་འགྲོ་བའམ། གཞིན་རྗེའི་འཇིག་རྟེན་དུ་འགྲོ་བའམ།
ལྷ་དང་མིར་འགྱུར་བ་དེ་ལྟ་བུའི་དངོས་པོ་ཡོད་དམ། ༔གསོལ་པ།(༡) བཅོམ་···
ལྡན་འདས་དེ་ནི་མ་ལགས་ཏེ། བཅོམ་ལྡན་འདས་སྨྲ་བརྙན་དེ་ཉིད་ཀྱང་དངོས་
པོ་མ་མཆིས་ན། དེ་ལ་གང་སུག་ལས་མངོན་པར་འདུ༔བགྱིད་ཅིང་(༢)མངོན་པར་
འདུ་བགྱིས་ན་སེམས་ཅན་དམྱལ་བར་མཆི་བའམ། ཕྱིལ་སོང་གི་སྐྱེ་གནས་སུ་
མཆི་བའམ། གཞིན་རྗེའི་འཇིག་རྟེན་དུ་མཆི་བའམ། ༔ལྷ་དང་(༣)མིར་སྐྱེ་བའམ།
རྒྱལ་ཆེན་བཞིའི་རིས་ཀྱི་ལྷར་སྐྱེ་བའམ། སུམ་ཅུ་རྩ་གསུམ་གྱི་ལྷར་སྐྱེ་བའམ།
མཚེ་མའི་ལྷར་སྐྱེ་བའམ། དགའ་ལྡན་གྱི་ལྷར་སྐྱེ་བའམ། འཕྲུལ་དགའི་ལྷར་··
སྐྱེ་བའམ། གཞན་འཕྲུལ་དབང་བྱེད་ཀྱི་ལྷར་སྐྱེ་བའམ། ཚངས་རིས་ཀྱི་(༤)ལྷར་
སྐྱེ་བའམ། ཚངས་ལྷ་ཉེ་ཕན་གྱི་ལྷར་སྐྱེ་བའམ། ཚངས་པ་ཀུན་འཁོར་གྱི་ལྷར་
སྐྱེ་བའམ། ཚངས་ཆེན་གྱི་ལྷར་སྐྱེ་བའམ། སྣང་བའི་ལྷར་སྐྱེ་བའམ། ཆུང་··
སྣང་གི་ལྷར་སྐྱེ་བའམ། ཚད་མེད་སྣང་བའི་ལྷར་སྐྱེ་བའམ། ཀུན་སྣང་དང་····
བའི་ལྷར་སྐྱེ་བའམ། དགེ་བའི་ལྷར་སྐྱེ་བའམ། ཆུང་དགེའི་ལྷར་སྐྱེ་བའམ།
ཚད་མེད་དགེ་བའི་ལྷར་སྐྱེ་བའམ། དགེ་རྒྱས་ཀྱི་ལྷར་སྐྱེ་བའམ། ཆེ་བའི་ལྷར་
སྐྱེ་བའམ། ཆུང་ཆེའི་ལྷར་སྐྱེ་བའམ། ཚད་མེད་ཆེ་བའི་ལྷར་སྐྱེ་བའམ།
འབྲས་བུ་ཆེ་བའི་ལྷར་སྐྱེ་བའམ། མི་ཆེ་བའི་ལྷར་སྐྱེ་བའམ། མི་གདུང་བའི་···
ལྷར་སྐྱེ་བའམ། ཤིན་ཏུ་མཐོང་བའི་ལྷར་སྐྱེ་བའམ། གྱ་ནོམ་སྣང་བའི་ལྷར་སྐྱེ་
བའམ༑ འོག་མིན་གྱི་ལྷར་སྐྱེ་བའམ། ནམ་མཁའ་མཐའ་(༥)ཡས་སྐྱེ་མཆེད་ཀྱི་
ལྷར་སྐྱེ་བའམ། རྣམ་ཤེས་མཐའ་ཡས་སྐྱེ་མཆེད་ཀྱི་ལྷར་སྐྱེ་བའམ། ཆུང་ཟད་
མེད་པའི་སྐྱེ་མཆེད་ཀྱི་ལྷར་སྐྱེ་བའམ། འདུ་ཤེས་མེད་འདུ་ཤེས་མེད་མིན་སྐྱེ་··
མཆེད་ཀྱི་ལྷར་སྐྱེ་བ་ལྟ་སྨོས་(༦)ཀྱང་ཅི་འཚལ་ཏེ་མ་མཆིས་སོ། །བཅོམ་ལྡན་འདས་

ཀྱིས་བཀའ་སྩལ་པ། རབ་འབྱོར་དེ་[༡]ཇི་སྙམ་དུ་སེམས། སྲ་བརྟན་ཿདེ་ལ་[༢]ལམ་གང་[༣]བསྒོམས་པས། ཀུན་ནས་ཉོན་མོངས་པར་ཡང་མི་འགྱུར་ལ། རྣམ་པར་བྱང་བར་ཡང་[༤]མི་འགྱུར་བའི་[༥]ལམ་བསྒོམ་[༦]པ་དེ་ལྟ་བུ་ཡོད་དམ། གསོལ་པ༔ བཅོམ་ལྡན་འདས་དེ་ནི་མ་ལགས་ཏེ། [༧]བཅོམ་ལྡན་འདས་སྲ་བརྟན་ཉིད་ཀྱང་ཤིན་ཏུ་མ་མཆིས་པ་ལགས་ན[༨]། ལམ་གང་[༩]བསྒོམས་པས། ཀུན་ནས་ཉོན་མོངས་པར་ཡང་མི་འགྱུར་ལ། རྣམ་པར་བྱང་བར་[༡༠]མི་འགྱུར་བའི་ལམཿབསྒོམ་པ་[༡༡]ལྟ་སྨོས་ཀྱང་ཅི་འཚལ་ཏེ་མ་མཆིས་སོ། །བཅོམ་ལྡན་འདས་ཀྱིས་བཀའ་སྩལ་པ། རབ་འབྱོར་དེ་ཇི་སྙམ་དུ་སེམས། སྐྱིག་[༡༢]རྒྱུ་ལ་ཆུ་མེད་པར་ཆུའི་འདུ་ཤེས་སུ་གྱུར་པ་དང་། [༡༣]སྐྱུང་མེད་པར་[༡༤]སྐྱུང་གི་འདུ་ཤེས་སུ་གྱུར་པ་དང་། གྲོང་ཁྱེར་མེདཿཔ་ལ་[༡༥]གྲོང་ཁྱེར་གྱི་འདུ་ཤེས་སུ་གྱུར་པ་དང་། སྐྱེད་མོས་ཚལ་མེད་པར་སྐྱེད་མོས་ཚལ་གྱི་[༡༦]འདུ་ཤེས་སུ་གྱུར་པ་དེ་ལ་འདུ་ཤེས་ཀྱི་ལས་[༡༧]གང་མངོན་པར་འདུ་བྱས་པས། སེམས་ཅན་དམྱལ་བར་འགྲོ་བའམ། བྱོལ་སོང་གི་སྐྱེ་གནས་སུ་འགྲོ་བའམ། གཤིན་རྗེའི་འཇིག་རྟེན་དུ་འགྲོ་བའམ། མིར་སྐྱེ་བའམ། རྒྱལ་ཆེན་བཞིའི་རིས་ཀྱི་ལྷར་སྐྱེ་བའམ། སུམ་ཅུ་རྩ་གསུམ་གྱི་ལྷར་སྐྱེ་བའམ[༡༨]། མཆོ་མའི་ལྷར་སྐྱེ་བའམ། དགའ་ལྡན་གྱི་ལྷར་སྐྱེ་བའམ། འཕྲུལ་དགའི་ལྷར་སྐྱེ་བའམ། གཞན་འཕྲུལ་དབང་བྱེད་ཀྱི་ལྷར་སྐྱེ་བའམ། ཚངས་རིས་ཀྱི་ལྷར་སྐྱེ་བའམ། ཚངས་ལྷ་ཉེ་ཕན་གྱི་ལྷར་སྐྱེ་བའམ། ཚངས་པ་ཀུན་འཁོར་གྱི་ལྷར་སྐྱེ་བའམ། ཚངས་ཆེན་གྱི་ལྷར་སྐྱེ་བའམ། སྣང་བའི་ལྷར་སྐྱེ་བའམ། ཆུང་སྣང་གི་ལྷར་སྐྱེ་བའམ། ཚད་མེད་སྣང་བའི་ལྷར་སྐྱེ་བའམ། ཀུན་སྣང་དང་བའི་ལྷར་སྐྱེ་བའམ། དགེ་བའི་ལྷར་སྐྱེ་བའམ། ཆུང་དགེའི་[༡༩]ལྷར་སྐྱེ་བའམ། ཿཚད་མེད་དགེ་བའི་ལྷར་སྐྱེ་བའམ།[༢༠] དགེ་རྒྱས་ཀྱི་ལྷར་སྐྱེ་

བའམ། ཆེ་བའི་ལྷར་སྐྱེ་བའམ། ཆུང་ཆེའི་ལྷར་སྐྱེ་བའམ། ཚད་མེད་ཆེ་བའི་ལྷར་སྐྱེ་བའམ། འབྲས་བུ་ཆེ་བའི་ལྷར་སྐྱེ་བའམ། མི་ཆེ་བའི་ལྷར་སྐྱེ་བའམ། མི་གདུང་བའི་ལྷར་སྐྱེ་བའམ། ༑ཤིན་ཏུ་མཐོང་བའི་ལྷར་སྐྱེ་བའམ།[༡] གྱ་ནོམ་སྣང་བའི་ལྷར་སྐྱེ་བའམ། འོག་མིན་གྱི་ལྷར་སྐྱེ་བའམ། ནམ་མཁའ་མཐའ་ཡས་སྐྱེ་མཆེད་ཀྱི་ལྷར་སྐྱེ་བའམ། རྣམ་ཤེས་མཐའ་ཡས་སྐྱེ་མཆེད་ཀྱི་ལྷར་སྐྱེ་བའམ། ཆུང་ཟད་མེད་པའི་སྐྱེ་མཆེད་ཀྱི་ལྷར་སྐྱེ་བའམ། འདུ་ཤེས་མེད་འདུ་ཤེས་མེད་མིན་སྐྱེ་མཆེད་ཀྱི་ལྷར་སྐྱེ་བ་དེ་ལྟ་བུ་ཡོད་དམ། གསོལ་པ། བཅོམ་ལྡན་འདས་སྨིག་རྒྱུ་ལ་འདུ་ཤེས་ཕྱིན་ཅི[༢]ལོག་ཏུ་གྱུར་པ་དང་། མིག་གིས[༣]ལོག་པར་མཐོང་བ་མ་གཏོགས་པར་ཆུ་ཀླུང་དང་། གྲོང་ཁྱེར་དང་། སྐྱེད་མོས་ཚལ་ཤིན་ཏུ་མ་མཆིས་ན། སུག་ལས་གང་མངོན་པར་འདུ་བགྱིས་པས། སེམས་ཅན་དམྱལ་བར་མཆི་བའམ། ཕྱུལ་སོང་གི་སྐྱེ་གནས་སུ་མཆི་བའམ། གཤིན་རྗེའི་འཇིག་རྟེན་དུ་མཆི་བའམ། མིར་སྐྱེ་བའམ། རྒྱལ་ཆེན་བཞིའི་རིས་ཀྱི་ལྷར་སྐྱེ་བའམ། སུམ་ཅུ་རྩ་གསུམ་གྱི་ལྷར་སྐྱེ་བའམ། མཆོ་མའི་ལྷར་སྐྱེ་བའམ། དགའ་ལྡན་གྱི་ལྷར་སྐྱེ་བའམ། འཕྲུལ་དགའི་ལྷར་སྐྱེ་བའམ། གཞན་འཕྲུལ་དབང་བྱེད་ཀྱི་ལྷར་སྐྱེ་བའམ། ཚངས་རིས་ཀྱི་ལྷར་སྐྱེ་བའམ། ཚངས་ལྷ་ཉེ་ཕན་གྱི་ལྷར་སྐྱེ་བའམ། ཚངས་པ་ཀུན་འཁོར་གྱི་ལྷར་སྐྱེ་བའམ། ཚངས་ཆེན་གྱི་ལྷར་སྐྱེ་བའམ། སྣང་བའི་ལྷར་སྐྱེ་བའམ། ཆུང་སྣང་གི་ལྷར་སྐྱེ་བའམ། ཚད་མེད་སྣང་བའི་ལྷར་སྐྱེ་བའམ། ཀུན་སྣང་དང་བའི་ལྷར་སྐྱེ་བའམ། [༤]དགེ་བའི་ལྷར་སྐྱེ་བའམ། ༑ཆུང་དགེའི་ལྷར་སྐྱེ་བའམ།[༥] ཚད་མེད་དགེ་བའི་ལྷར་སྐྱེ་བའམ། དགེ་རྒྱས་ཀྱི་ལྷར་སྐྱེ་བའམ། ཆེ་བའི་ལྷར་སྐྱེ་བའམ། ཆུང་ཆེའི་ལྷར་སྐྱེ་བའམ། ཚད་མེད་ཆེ་བའི་ལྷར་སྐྱེ་བའམ།

འབྲས་བུ་ཆེ་བའི་ལྷར་སྐྱེ་བའམ། མི་ཆེ་བའི་ལྷར་སྐྱེ་བའམ། མི་གདུང་བའི་ལྷར་སྐྱེ་བའམ། ཤིན་ཏུ་མཐོང་བའི་ལྷར་སྐྱེ་བའམ། གྱ་ནོམ་སྣང་བའི་ལྷར་སྐྱེ་བའམ། འོག་མིན་གྱི་ལྷར་སྐྱེ་བའམ། ནམ་མཁའ་མཐའ་ཡས་སྐྱེ་མཆེད་ཀྱི་ལྷར་སྐྱེ་བའམ། རྣམ་ཤེས་མཐའ་ཡས་སྐྱེ་མཆེད་ཀྱི་ལྷར་སྐྱེ་བའམ། ཆུང་ཟད་མེད་པའི་སྐྱེ་མཆེད་ཀྱི་ལྷར་སྐྱེ་བའམ། འདུ་ཤེས་མེད་འདུ་ཤེས་མེད་མིན་སྐྱེ་མཆེད་ཀྱི་ལྷར་སྐྱེ་བར་[༡]འགྱུར་བ་ལྟ་སྨོས་ཀྱང་ཅི་འཚལ་ཏེ། མ་མཆིས་སོ། །བཅོམ་ལྡན་འདས་ཀྱིས་བཀའ་སྩལ་པ། རབ་འབྱོར་དེ་ཇི་སྙམ་དུ་སེམས། ཁྱིན་ཅི་ཡོག་གི་འདུ་ཤེས་དེ་[༢]ལ་ལམ་གང་བསྒོམས་[༣]པས། ཀུན་ནས་ཉོན་མོངས་པར་ཡང་[༤]མི་འགྱུར་ལ། རྣམ་པར་བྱང་བར་ཡང་མི་འགྱུར་བ་དེ་ལྟ་བུའི་ལམ་བསྒོམ་[༥]པ་ཡོད་དམ། གསོལ་པ། བཅོམ་ལྡན་འདས་དེ་ནི་མ་ལགས་ཏེ། བཅོམ་ལྡན་འདས་ཁྱིན་ཅི་ཡོག་གི་འདུ་ཤེས་དེ་ཉིད་ཀྱང་དངོས་པོ་མ་མཆིས་པ་ལགས་ན། ལམ་གང་བསྒོམས་པས། ཀུན་ནས་ཉོན་མོངས་པར་ཡང་མི་འགྱུར་ལ། རྣམ་པར་བྱང་བར་ཡང་མི་འགྱུར་བའི་ལམ༔ བསྒོམ་པ་[༦]ལྟ་སྨོས་ཀྱང་ཅི་འཚལ་ཏེ་མ་མཆིས་སོ། །བཅོམ་ལྡན་འདས་ཀྱིས་བཀའ་སྩལ་པ། རབ་འབྱོར་དེ་ཇི་སྙམ་དུ་སེམས། སྒྱུ་མའི་མཁན་པོས་སྒྱུ་མ་སྣ་ཚོགས༔ གླང་པོའི་ཚོགས་[༧]སམ། རྟའི་ལུས་[༨]ཚོགས་སམ། གླང་གི་ལུས་[༩]ཚོགས་སམ། དཔུང་བུ་ཆུང་གི་[༡༠]ཚོགས་སམ། བུད་མེད་ཀྱི་གཟུགས་[༡༡]སམ། སྐྱེས་པའི་གཟུགས་མངོན་པར་སྤྲུལ་ནས་[༡༢]། སྒྱུ་མ་དེ་ལ༔ ལས་གང་[༡༣]མངོན་པར་འདུ་བྱས་པས། སེམས་ཅན་དམྱལ་བར་འགྲོ་བའམ། བྱོལ་སོང་གི་སྐྱེ་གནས་སུ་འགྲོ་[༡༤]བའམ། གཤིན་རྗེའི་འཇིག་རྟེན་དུ་འགྲོ་[༡༥]བའམ། མིར་སྐྱེ་བའམ། རྒྱལ་ཆེན་བཞིའི༔ རིས་ཀྱི་[༡༦]ལྷར་སྐྱེ་བའམ། སུམ་ཅུ་རྩ་གསུམ་གྱི་ལྷར་སྐྱེ་བའམ། མཆོ་མའི་ལྷར་སྐྱེ་བའམ།

དགའ་ལྡན་གྱི་ལྷར་སྐྱེ་བའམ། འཕྲུལ་དགའི་ལྷར་སྐྱེ་བའམ། གཞན་འཕྲུལ་དབང་བྱེད་ཀྱི་ལྷར་སྐྱེ་བའམ། ཚངས་རིས་ཀྱི་ལྷར་སྐྱེ་བའམ། ཚངས་ལྷ་ཉེ་ཕན་གྱི་ལྷར་སྐྱེ་བའམ། ཚངས་པ་ཀུན་འཁོར་ཀྱི་ལྷར་སྐྱེ་བའམ(༡)། ཚངས་ཆེན་གྱི་ལྷར་སྐྱེ་བའམ། སྣང་བའི་ལྷར་སྐྱེ་བའམ། ཆུང་སྣང་གི་ལྷར་སྐྱེ་བའམ། ཚད་མྱེད་སྣང་བའི་ལྷར་སྐྱེ་བའམ། ཀུན་སྣང་དང་བའི་ལྷར་སྐྱེ་བའམ། དགེ་བའི་ལྷར་སྐྱེ་བའམ། ཆུང་དགེའི་(༢)ལྷར་སྐྱེ་བའམ། ཚད་མྱེད་དགེ་བའི་ལྷར་སྐྱེ་བའམ། དགེ་རྒྱས་ཀྱི་ལྷར་སྐྱེ་བའམ། ཆེ་བའི་ལྷར་སྐྱེ་བའམ། ཆུང་ཆེའི་ལྷར་སྐྱེ་བའམ། ཚད་མྱེད་ཆེ་བའི་ལྷར་སྐྱེ་བའམ། འབྲས་བུ་ཆེ་བའི་ལྷར་སྐྱེ་བའམ། མྱི་ཆེ་བའི་ལྷར་སྐྱེ་བའམ། མྱི་གདུང་བའི་ལྷར་སྐྱེ་བའམ། ཤིན་ཏུ་མཐོང་བའི་ལྷར་སྐྱེ་བའམ། གྱ་ནོམ་སྣང་བའི་ལྷར་སྐྱེ་བའམ། འོག་མྱིན་གྱི་ལྷར་སྐྱེ་བའམ། ནམ་མཁའ་མཐའ་ཡས་སྐྱེ་མཆེད་ཀྱི་ལྷར་སྐྱེ་བའམ། རྣམ་ཤེས་མཐའ་ཡས་སྐྱེ་མཆེད་ཀྱི་ལྷར་སྐྱེ་བའམ། ཆུང་ཟད་མྱེད་པའི་སྐྱེ་མཆེད་ཀྱི་ལྷར་སྐྱེ་བའམ། འདུ་ཤེས་མྱེད་འདུ་ཤེས་མྱེད་མྱིན་སྐྱེ་མཆེད་ཀྱི་ལྷར་སྐྱེ་བ་(༣)དེ་ལྟ་བུའི་དངོས་པོ་ཡོད་དམ། གསོལ་པ། བཅོམ་ལྡན་འདས་དེ་ནི་མ་ལགས་ཏེ། སྒྱུ་མ་དེ་ལ་(༤)གང་གནས་ཏེ། ꞉སྒྱུག་ལས་དེ་གང་མངོན་པར་འདུ་བགྱིད་པ་དང་།(༥) སྒྱུག་ལས་(༦)གང་མངོན་པར་འདུ་བགྱིས་(༧)པས། སེམས་ཅན་དམྱལ་བར་མཆི་བའམ། ཕྱུལ་སོང་གི་སྐྱེ་གནས་སུ་མཆི་བའམ། གཤིན་རྗེའི་འཇིག་རྟེན་དུ་མཆི་བའམ། མྱིར་སྐྱེ་བའམ། རྒྱལ་ཆེན་བཞིའི་རིས་ཀྱི་ལྷར་སྐྱེ་བའམ། སུམ་ཅུ་རྩ་གསུམ་གྱི་ལྷར་སྐྱེ་བའམ། མཚེ་མའི་ལྷར་སྐྱེ་བའམ། དགའ་ལྡན་གྱི་ལྷར་སྐྱེ་བའམ། འཕྲུལ་དགའི་ལྷར་སྐྱེ་བའམ། གཞན་འཕྲུལ་དབང་བྱེད་ཀྱི་ལྷར་སྐྱེ་བའམ། ཚངས་རིས་ཀྱི་ལྷར་སྐྱེ་བའམ། ཚངས་ལྷ་ཉེ་ཕན་གྱི་ལྷར་སྐྱེ་བའམ།

ཚངས་པ་ཀུན་འཁོར་གྱི་ལྷར་སྐྱེ་བའམ། ཚངས་ཆེན་གྱི་ལྷར་སྐྱེ་བའམ། སྣང་བའི་ལྷར་སྐྱེ་བའམ། ཆུང་སྣང་གི་ལྷར་སྐྱེ་བའམ། ཚད་མེད་སྣང་བའི་ལྷར་སྐྱེ་བའམ། ཀུན་སྣང་དང་བའི་ལྷར་སྐྱེ་བའམ། དགེ་བའི་ལྷར་སྐྱེ་བའམ། ཆུང་དགེའི་[༡]ལྷར་སྐྱེ་བའམ། ཚད་མེད་དགེ་བའི་ལྷར་སྐྱེ་བའམ། དགེ་རྒྱས་ཀྱི་ལྷར་སྐྱེ་བའམ། ཆེ་བའི་ལྷར་སྐྱེ་བའམ། ཆུང་ཆེའི་ལྷར་སྐྱེ་བའམ། ཚད་མེད་ཆེ་བའི་ལྷར་སྐྱེ་བའམ། འབྲས་བུ་ཆེ་བའི་ལྷར་སྐྱེ་བའམ། མི་ཆེ་བའི་ལྷར་སྐྱེ་བའམ། མི་གདུང་བའི་ལྷར་སྐྱེ་བའམ། ཤིན་ཏུ་མཐོང་བའི་ལྷར་སྐྱེ་བའམ། གྱ་ནོམ་སྣང་བའི་ལྷར་སྐྱེ་བའམ། འོག་མིན་གྱི་ལྷར་སྐྱེ་བའམ། ནམ་མཁའ་མཐའ་ཡས་སྐྱེ་མཆེད་ཀྱི་ལྷར་སྐྱེ་བའམ། རྣམ་ཤེས་མཐའ་ཡས་སྐྱེ་མཆེད་ཀྱི་ལྷར་སྐྱེ་བའམ། ཆུང་ཟད་མེད་པའི་སྐྱེ་མཆེད་ཀྱི་ལྷར་སྐྱེ་བའམ། འདུ་ཤེས་མེད་འདུ་ཤེས་མེད་མིན་སྐྱེ་མཆེད་ཀྱི་ལྷར་སྐྱེ་བར་[༢]འགྱུར་བ་ནི་སྐྲའི་རྩེ་མོའི་[༣]ཆ་ཤས་བཞག་[༤]པ་ཙམ་ཡང་མ་མཆིས་སོ། །བཅོམ་ལྡན་འདས་ཀྱིས་བཀའ་སྩལ་པ། རབ་འབྱོར་དེ་ཇི་སྙམ་དུ་སེམས། སྒྱུ་མ་ལ་ལམ་གང་[༥]བསྒོམས་པས། ཀུན་ནས་ཉོན་མོངས་པར་ཡང་མི་འགྱུར་ལ། རྣམ་པར་བྱང་བར་ཡང་མི་འགྱུར་བ་དེ་ལྟ་བུའི་ལམ་བསྒོམ་པ་གང་[༦]ཡང་ཡོད་དམ། གསོལ་པ། བཅོམ་ལྡན་འདས་དེ་ནི་མ་ལགས་ཏེ། བཅོམ་ལྡན་འདས་དངོས་པོ་མ་མཆིས་པའི་ཆོས་ལ་ཀུན་ནས་[༧]ཉོན་མོངས་པའམ། རྣམ་པར་བྱང་བར་[༨]འགྱུར་བ་ལྟ་ག་ལ་མཆིས། བཅོམ་ལྡན་འདས་ཀྱིས་བཀའ་སྩལ་པ། རབ་འབྱོར་དེ་ཇི་སྙམ་དུ་སེམས། དེ་བཞིན་གཤེགས་པས་སྤྲུལ་པ་མཛད་ན། སྤྲུལ་པ་དེ་ལ་[༩]ལས་གང་མངོན་པར་འདུ་བྱས་པས། སེམས་ཅན་དམྱལ་བར་[༡༠]འགྲོ་བའམ། ཕྱུལ་སོང་གི་སྐྱེ་གནས་སུ་འགྲོ་བའམ། གཤིན་རྗེའི་འཇིག་རྟེན་དུ་འགྲོ་བའམ། མིར་སྐྱེ་བའམ། རྒྱལ་

ཆེན་བཞིའི་རིས་ཀྱི་ལྷར་སྐྱེ་བའམ། སུམ་ཅུ་རྩ་གསུམ་གྱི་ལྷར་སྐྱེ་བའམ། མཚོ་མའི་ལྷར་སྐྱེ་བའམ། དགའ་ལྡན་གྱི་ལྷར་སྐྱེ་བའམ། འཕྲུལ་དགའི་ལྷར་སྐྱེ་བའམ། གཞན་འཕྲུལ་དབང་བྱེད་ཀྱི་ལྷར་སྐྱེ་བའམ། ཚངས་རིས་ཀྱི་ལྷར་སྐྱེ་བའམ། ཚངས་ལྷ་ཉེ་ཕན་གྱི་ལྷར་སྐྱེ་བའམ། ཚངས་པ་ཀུན་འཁོར་གྱི་ལྷར་སྐྱེ་བའམ། ཚངས་ཆེན་གྱི་ལྷར་སྐྱེ་བའམ། སྣང་བའི་ལྷར་སྐྱེ་བའམ། ཆུང་སྣང་གི་ལྷར་སྐྱེ་བའམ། ཚད་མེད་སྣང་བའི་ལྷར་སྐྱེ་བའམ། ཀུན་སྣང་དངབའི་ལྷར་སྐྱེ་བའམ། དགེ་བའི་ལྷར་སྐྱེ་བའམ། ཆུང་དགེའི་(༡)ལྷར་སྐྱེ་བའམ། ཚད་མེད་དགེ་བའི་ལྷར་སྐྱེ་བའམ། དགེ་རྒྱས་ཀྱི་ལྷར་སྐྱེ་བའམ། ཆེ་བའི་ལྷར་སྐྱེ་བའམ། ཆུང་ཆེའི་ལྷར་སྐྱེ་བའམ། ཚད་མེད་ཆེ་བའི་ལྷར་སྐྱེ་བའམ། འབྲས་བུ་ཆེ་བའི་ལྷར་སྐྱེ་བའམ། མི་ཆེ་བའི་ལྷར་སྐྱེ་བའམ། མི་གདུང་བའི་ལྷར་(༢)སྐྱེ་བའམ། ཤིན་ཏུ་མཐོང་བའི་ལྷར་སྐྱེ་བའམ། གྱ་ནོམ་སྣང་བའི་ལྷར་སྐྱེ་བའམ། འོག་མིན་གྱི་ལྷར་སྐྱེ་བའམ། ནམ་མཁའ་མཐའ་ཡས་སྐྱེ་མཆེད་ཀྱི་ལྷར་སྐྱེ་བའམ། རྣམ་ཤེས་མཐའ་ཡས་སྐྱེ་མཆེད་ཀྱི་ལྷར་སྐྱེ་བའམ། ཆུང་ཟད་མེད་པའི་སྐྱེ་མཆེད་ཀྱི་ལྷར་སྐྱེ་བའམ། འདུ་ཤེས་མེད་འདུ་ཤེས་མེད་མིན་སྐྱེ་མཆེད་ཀྱི་ལྷར་སྐྱེ་བར་(༣)འགྱུར་བ་དེ་ལྟ་བུའི་དངོས་པོ་ཡོད་དམ། གསོལ་པ། བཅོམ་ལྡན་འདས་དེ་ནི་མ་ལགས་ཏེ། བཅོམ་ལྡན་འདས་སྤྲུལ་པ་དེ་ལ་དངོས་པོ་མ་མཆིས་སོ། །བཅོམ་ལྡན་འདས་ཀྱིས་བཀའ་སྩལ་པ། རབ་འབྱོར་དེ་ཇི་སྙམ་དུ་སེམས། སྤྲུལ་པ་དེ་ལ་ལམ་གང་བསྒོམས་པས། ཀུན་ནས་ཉོན་མོངས་པར་ཡང་མི་འགྱུར་ལ། རྣམ་པར་བྱང་བར་ཡང་མི་འགྱུར་བ་དེ་ལྟ་བུའི་ལམ་བསྒོམ་(༤)པ་ཡོད་དམ། གསོལ་པ། བཅོམ་ལྡན་འདས་དེ་ནི་མ་ལགས་སོ། །བཅོམ་ལྡན་འདས་ཀྱིས་བཀའ་སྩལ་པ། རབ་འབྱོར་དེ་ཇི་སྙམ་དུ་སེམས། དེ་ལ་གང་ལ་ལ་ཞིག་ཀུན་ནས་

ཉོན་མོངས་པའམ། རྣམ་པར་བྱང་བར་འགྱུར་བ་ཡོད་དམ། གསོལ་པ། བཅོམ་ལྡན་འདས་དེ་ནི་མ་ལགས་སོ། །བཅོམ་ལྡན་འདས་ཀྱིས་བཀའ་སྩལ་པ། རབ་འབྱོར་དེ་དེ་བཞིན་ཏེ། ཇི་ལྟར་ཀུན་ནས་ཉོན་མོངས་པའམ། རྣམ་པར་བྱང་བར་འགྱུར་བ་གང་ཡང་མེད་པ་དེ་བཞིན་དུ། ཀུན་ནས་ཉོན་མོངས་པ་དང་། རྣམ་པར་བྱང་བ་ཡང་མེད་དོ། །དེ་ཅིའི་ཕྱིར་ཞེ་ན། བདག་དང་བདག་གིར་[1]བྱ་བ་ལ་གནས་ཤིང་། སེམས་ཅན་རྣམས་[2]ཀུན་ནས་ཉོན་མོངས་པའམ། རྣམ་པར་བྱང་བར་འགྱུར་ཀྱི[3]། ཡང་དག་པ་མཐོང་བ་ནི་ཀུན་ནས་ཉོན་མོངས་པའམ། རྣམ་པར་བྱང་བར་འགྱུར་བ་མེད་དོ། །ཇི་ལྟར་ཡང་དག་པ་མཐོང་བ་ལ་ཀུན་ནས་ཉོན་མོངས་པའམ། རྣམ་པར་བྱང་བར་འགྱུར་བ་མེད་པ་དེ་བཞིན་དུ། ཀུན་ནས་ཉོན་མོངས་པ་དང་། རྣམ་པར་བྱང་བ་མེད་དོ། །ཤེས་རབ་ཀྱི་ཕ་རོལ་ཏུ་ཕྱིན་པ་སྟོང་ཕྲག་བརྒྱ་པ་ལས། ལེའུ་བདུན་ཅུ་པའོ[4]།། །།

དེ་ནས་ཚེ་དང་ལྡན་པ་རབ་འབྱོར་གྱིས། བཅོམ་ལྡན་འདས་ལ་འདི་སྐད་ཅེས་གསོལ་ཏོ། །བཅོམ་ལྡན་འདས་ཡང་དག་པ་[5]མཐོང་བ་ལ་ཀུན་ནས་ཉོན་མོངས་པར་འགྱུར་བའམ། རྣམ་པར་བྱང་བར་འགྱུར་བ་ཡང་[6]མ་མཆིས་པ་དེ་[7]བཞིན་དུ། ཡང་དགཿཔ་མ་[8]མཐོང་བཿལ་ཡང་[9]ཀུན་ནས་ཉོན་མོངས་པའམ། རྣམ་པར་བྱང་བར་འགྱུར་བ་མ་མཆིས་ཏེ། དེ་ནི་ཆོས་ཐམས་ཅད་དངོས་པོ་མ་མཆིས་པའི་ངོ་བོ་ཉིད་པས། བཅོམ་ལྡན་འདས་དངོས་པོ་མ་མཆིས་པ་ལ་ནི་ཀུན་ནས་ཉོན་མོངས་པའམ། རྣམ་པར་བྱང་བ་མ་མཆིས་ཏེ། བཅོམ་ལྡན་འདས་ངོ་བོ་ཉིད་ལ་ཀུན་ནས་ཉོན་མོངས་པ་དང་། རྣམ་པར་བྱང་བ་མ་མཆིས་ཏེ། དངོས་པོ་མ་མཆིས་པའི་ངོ་བོ་ཉིདཿལ་ཡང་[10]ཀུན་ནས་ཉོན་མོངསཿཔ་དང་[11]

རྣམ་པར་བྱང་བ་མ་མཆིས་ན། བཅོམ་ལྡན་འདས་ཀྱིས་རྣམ་པར་བྱང་བར་གསུངས་པ་དེ་ཇི་ལྟ་བུ་ལགས། བཅོམ་ལྡན་འདས་ཀྱིས་བཀའ་སྩལ་པ། རབ་འབྱོར་ཆོས་ཐམས་ཅད་ཀྱི་མཉམ་པ་ཉིད་གང་ཡིན་པ་དེ་ནི་ངས་རྣམ་པར་བྱང་བར་གསུངས་སོ། །གསོལ་པ། བཅོམ་ལྡན་འདས་ཆོས་ཐམས་ཅད་ཀྱི་མཉམ་པ་ཉིད་དེ་གང་ལགས། བཅོམ་ལྡན་འདས་ཀྱིས་བཀའ་སྩལ་པ། དེ་བཞིན་ཉིད་དང༌། མ་ནོར་བ་དེ་བཞིན་ཉིད་དང༌། གཞན་མ་ཡིན་པ་དེ་བཞིན་ཉིད་དང༌། ཆོས་ཉིད་དང༌། ཆོས་ཀྱི་དབྱིངས་ཉིད་[༡]དང༌། ཆོས་ཀྱི་གནས་ཉིད་དང༌། ཆོས་སྐྱོན་མེད་པ་ཉིད་དང༌། ཡང་དག་པའི་མཐའ་གང་དེ་བཞིན་གཤེགས་པ་རྣམས་བྱུང་ཡང་རུང༌། དེ་བཞིན་གཤེགས་པ་རྣམས་མ་བྱུང་ཡང་རུང་སྟེ། དེ་བཞིན་དུ་གནས་པའི་ཆོས་ཀྱི་གནས་ཉིད་དང༌། [༢]དབྱིངས་འདི་ལྟ་སྟེ། ཆོས་ཀྱི་དབྱིངས་ཞེས་བྱ་བ་འདི་ནི་རབ་འབྱོར་རྣམ་པར་བྱང་བ་སྟེ། དེ་ནི་འཇིག་རྟེན་གྱི་ཐ་སྙད་ཀྱིས་བརྗོད་ཀྱི། དེ་ནི་བརྗོད་དུ་མེད་ཅིང་སྨྲས་སུ་མེད་པ་སྟེ། སྒྲ་དང་ཚིག་ཐམས་ཅད་ཀྱི་ལམ་ལས་འདས་པའི་ཆོས་སོ། །གསོལ་པ། བཅོམ་ལྡན་འདས་གལ་ཏེ་ཆོས་ཐམས་ཅད་རྨི་ལམ་ལྟ་བུ། སྒྲ་བརྙན་ལྟ་བུ། མིག་ཡོར་ལྟ་བུ། སྨིག་རྒྱུ་ལྟ་བུ། སྒྱུ་མ་ལྟ་བུ་སྤྲུལ་པ་ལྟ་བུ་ལགས་ན། ཇི་ལྟར་བྱང་ཆུབ་སེམས་དཔའ་སེམས་དཔའ་ཆེན་པོ་[༣]ཆོས༔ཐམས་ཅད་[༤]རྨི་ལམ་ལྟ་བུ་དང༌། ཆོས་ཐམས་ཅད་སྒྲ་བརྙན་ལྟ་བུ་དང་[༥]། ཆོས་ཐམས་ཅད་མིག་ཡོར་ལྟ་བུ་དང༌། ཆོས་ཐམས་ཅད་སྨིག་རྒྱུ་ལྟ་བུ་དང༌། ཆོས་ཐམས་ཅད་སྒྱུ་མ་ལྟ་བུ་དང༌། ཆོས་ཐམས་ཅད་སྤྲུལ་པ་ལྟ་བུ་སྟེ[༦]། དངོས་པོ་མ་མཆིས་པ། རྫས་མ་མཆིས་པ་ལ། བདག་གིས་སྦྱིན་པའི་ཕ་རོལ་ཏུ་ཕྱིན་པ་ཡོངས་སུ་རྫོགས་པར་བྱའོ། །ཚུལ་ཁྲིམས་ཀྱི་ཕ་རོལ་ཏུ་ཕྱིན་པ་ཡོངས་སུ་རྫོགས་པར་བྱའོ། །བཟོད་པའི་ཕ་རོལ་ཏུ་ཕྱིན་པ་

ཡོངས་སུ་རྫོགས་པར་བྱའོ། །བརྩོན་འགྲུས་ཀྱི་ཕ་རོལ་ཏུ་ཕྱིན་པ་ཡོངས་སུ་རྫོགས་པར་བྱའོ། །བསམ་གཏན་གྱི་ཕ་རོལ་ཏུ་ཕྱིན་པ་ཡོངས་སུ་རྫོགས་པར་བྱའོ། །ཤེས་རབ་ཀྱི་ཕ་རོལ་ཏུ་ཕྱིན་པ་ཡོངས་སུ་རྫོགས་པར་བྱའོ། །ཐབས་མཁས་པའི་ཕ་རོལ་ཏུ་ཕྱིན་པ་ཡོངས་སུ་རྫོགས་པར་བྱའོ། །སྨོན་ལམ་གྱི་ཕ་རོལ་ཏུ་ཕྱིན་པ་ཡོངས་སུ་རྫོགས་པར་བྱའོ། །སྟོབས་ཀྱི་ཕ་རོལ་ཏུ་ཕྱིན་པ་ཡོངས་སུ་རྫོགས་པར་བྱའོ༔ །ཡེ་ཤེས་ཀྱི་ཕ་རོལ་ཏུ་ཕྱིན་པ་ཡོངས་སུ་རྫོགས་པར་བྱའོ། །ནང་སྟོང་པ་ཉིད་ཡོངས་སུ་རྫོགས་པར་བྱའོ། །ཕྱི་སྟོང་པ་ཉིད་ཡོངས་སུ་རྫོགས་པར་བྱའོ། །ཕྱི་ནང་སྟོང་པ་ཉིད་ཡོངས་སུ་རྫོགས་པར་བྱའོ། །སྟོང་པ་ཉིད་སྟོང་པ་ཉིད་ཡོངས་སུ་རྫོགས་པར་བྱའོ། །ཆེན་པོ་སྟོང་པ་ཉིད་ཡོངས་སུ་རྫོགས་པར་བྱའོ། །དོན་དམ་པ་⑦སྟོང་པ་ཉིད་ཡོངས་སུ་རྫོགས་པར་བྱའོ། །འདུས་བྱས་སྟོང་པ་ཉིད་ཡོངས་སུ་རྫོགས་པར་བྱའོ། །འདུས་མ་བྱས་སྟོང་པ་ཉིད་ཡོངས་སུ་རྫོགས་པར་བྱའོ༔ །མཐའ་ལས་འདས་པ་སྟོང་པ་ཉིད་ཡོངས་སུ་རྫོགས་པར་བྱའོ། །ཐོག་མ་དང་ཐ་མ་མེད་པ་སྟོང་པ་ཉིད་ཡོངས་སུ་རྫོགས་པར་བྱའོ། །དོར་བ་མེད་པ་སྟོང་པ་ཉིད་ཡོངས་སུ་རྫོགས་པར་བྱའོ། །རང་བཞིན་སྟོང་པ་ཉིད་ཡོངས་སུ་རྫོགས་པར་བྱའོ། །ཆོས་ཐམས་ཅད་སྟོང་པ་ཉིད་ཡོངས་སུ་རྫོགས་པར་བྱའོ། །རང་གི་མཚན་ཉིད་སྟོང་པ་ཉིད་ཡོངས་སུ་①རྫོགས་པར་བྱའོ། །མི་དམིགས་པ་སྟོང་པ་ཉིད་ཡོངས་སུ་རྫོགས་པར་བྱའོ། །དངོས་པོ་མེད་པ་སྟོང་པ་ཉིད་ཡོངས་སུ་རྫོགས་པར་བྱའོ། །ངོ་བོ་ཉིད་སྟོང་པ་ཉིད་ཡོངས་སུ་རྫོགས་པར་བྱའོ། །དངོས་པོ་མེད་པའི་ངོ་བོ་ཉིད་སྟོང་པ་ཉིད་ཡོངས་སུ་རྫོགས་པར་བྱའོ། །དྲན་པ་ཉེ་བར་གཞག་པ་བཞི་ཡོངས་སུ་རྫོགས་པར་བྱའོ། །ཡང་དག་པར་སྤོང་བ་བཞི་ཡོངས་སུ་རྫོགས་པར་བྱའོ། །རྫུ་འཕྲུལ་གྱི་རྐང་པ་བཞི་ཡོངས་སུ་རྫོགས་པར་བྱའོ། །

དབང་པོ་ལྔ་ཡོངས་སུ་རྫོགས་པར་བྱའོ། །སྟོབས་ལྔ་ཡོངས་སུ་རྫོགས་པར་བྱའོ། །
བྱང་ཆུབ་ཀྱི་ཡན་ལག་བདུན་ཡོངས་སུ་རྫོགས་པར་བྱའོ། །འཕགས་པའི་ལམ་
ཡན་ལག་བརྒྱད་པ་ཡོངས་སུ་རྫོགས་པར་བྱའོ། །འཕགས་པའི་བདེན་པ་བཞི་
ཡོངས་སུ་རྫོགས་པར་བྱའོ། །བསམ་གཏན་བཞི་ཡོངས་སུ་རྫོགས་པར་བྱའོ། །
ཚད་མེད་པ་བཞི་ཡོངས་སུ་རྫོགས་པར་བྱའོ། །གཟུགས་མེད་པའི་སྙོམས་པར་
འཇུག་པ་བཞི་ཡོངས་སུ་རྫོགས་པར་བྱའོ། །རྣམ་པར་ཐར་པ་བརྒྱད་ཡོངས་སུ་
རྫོགས་པར་བྱའོ། །མཐར་གྱིས་གནས་པའི་སྙོམས་པར་འཇུག་པ་དགུ་ཡོངས་སུ་
རྫོགས་པར་བྱའོ། །རྣམ་པར་ཐར་པའི་སྒོ་སྟོང་པ་ཉིད་དང་། མཚན་མ་མེད་
པ་དང་། སྨོན་པ་མེད་པ་ཡོངས་སུ་རྫོགས་པར་བྱའོ། །མངོན་པར་ཤེས་པ་ལྔ་
ཡོངས་སུ་རྫོགས་པར་བྱའོ། །ཏིང་ངེ་འཛིན་ཐམས་ཅད་ཡོངས་སུ་རྫོགས་པར་བྱའོ། །
གཟུངས་ཀྱི་སྒོ་ཐམས་ཅད་ཡོངས་སུ་རྫོགས་པར་བྱའོ། །དེ་བཞིན་གཤེགས་པའི་
སྟོབས་བཅུ་ཡོངས་སུ་རྫོགས་པར་བྱའོ། །མི་འཇིགས་པ་བཞི་ཡོངས་སུ་རྫོགས་
པར་བྱའོ། །སོ་སོ་ཡང་དག་པར་རིག་པ་བཞི་ཡོངས་སུ་རྫོགས་པར་བྱའོ། །
(༧)སྙིང་རྗེ་ཆེན་པོ་ཡོངས་སུ་རྫོགས་པར་བྱའོ། །སངས་རྒྱས་ཀྱི་ཆོས་མ་འདྲེས་པ་བཅོ་
བརྒྱད་ཡོངས་སུ་རྫོགས་པར་བྱའོ། །མི་ཆེན་པོའི་མཚན་སུམ་ཅུ་རྩ་གཉིས་ཡོངས་
སུ་རྫོགས་པར་བྱའོ། །དཔེ་བྱད་བཟང་པོ་བརྒྱད་ཅུ་ཡོངས་སུ་རྫོགས་པར་བྱའོ། །
འོད་ཆེན་པོ་ཡོངས་སུ་རྫོགས་པར་བྱའོ། །ཕྱོགས་བཅུའི་འཇིག་རྟེན་གྱི་ཁམས་ཀྱི་
སེམས་ཅན་རྣམས་ཀྱི་སེམས་ཀྱ྄ི་རྟོག་པ་(༢)སེམས་ཀྱིས་ཡོངས་སུ་ཤེས་པར༔བྱ་སྟེ(༡)།
དབྱངས་གཅིག་གིས་སོས་པ་ཇི་ལྟ་བ་བཞིན་དུ་ཆོས་བསྟན་(༠)པའི་ཚངས་པའི་
དབྱངས་ཡོངས་སུ་རྫོགས་པར་བྱའོ། །ཞེས་བགྱི་བར་བླ་ན་མེད་པ་ཡང་དག་པར་
རྫོགས་པའི་བྱང་ཆུབ་ཏུ་སེམས་བསྐྱེད་པ་ལགས། བཅོམ་ལྡན་འདས་ཀྱིས་བཀའ་

སྐུལ་པ། རབ་འབྱོར་དེ་ཇི་སྙམ་དུ་སེམས། གང་ཁྱོད་ཀྱིས་བརྗོད་པའི་ཆོས་དེ་
དག་སྐྱེ་ལམ་ལྟ་བུ་དང་། སྒྲ་བརྙན་ལྟ་བུ་དང་། མིག་ཡོར་ལྟ་བུ་དང་། སྨིག་
རྒྱུ་ལྟ་བུ་དང་། སྒྱུ་མ་ལྟ་བུ་དང་། སྤྲུལ་པ་ལྟ་བུ་མ་ཡིན་ནམ། གསོལ་པ།
བཅོམ་ལྡན་འདས་གལ་ཏེ་ཆོས་དེ་དག་སྐྱེ་ལམ་ལྟ་བུ་དང་། སྒྲ་བརྙན་ལྟ་བུ་དང་།
མིག་ཡོར་ལྟ་བུ་དང་། སྨིག་རྒྱུ་ལྟ་བུ་དང་། སྒྱུ་མ་ལྟ་བུ་དང་། སྤྲུལ་པ་ལྟ་བུ་
ལགས་ན། ཇི་ལྟར་བྱང་ཆུབ་སེམས་དཔའ་སེམས་དཔའ་ཆེན་པོས་[1] ཤེས་རབ་ཀྱི་
ཕ་རོལ་ཏུ་ཕྱིན་པ་ལ་སྤྱོད་པར་བགྱི། བཅོམ་ལྡན་འདས་སྐྱེ་ལམ་ནི་ཡང་དག་པ་
མ་ལགས། སྒྲ་བརྙན་ནི་ཡང་དག་པ་མ་ལགས། མིག་ཡོར་ནི་ཡང་དག་པ་མ་
ལགས། སྨིག་རྒྱུ་ནི་ཡང་དག་པ་མ་ལགས། ༔སྒྱུ་མ་ནི་ཡང་དག་པ་མ་ལགས།[2]
སྤྲུལ་པ་ནི་ཡང་དག་པ་མ་ལགས་ཏེ། བཅོམ་ལྡན་འདས་ཡང་དག་པ་མ་ལགས་
པས། སྦྱིན་པའི་ཕ་རོལ་ཏུ་ཕྱིན་པ་ལ་སྤྱོད་པ་དང་། ཚུལ་ཁྲིམས་ཀྱི་ཕ་རོལ་
ཏུ་ཕྱིན་པ་ལ་སྤྱོད་པ་དང་། བཟོད་པའི་ཕ་རོལ་ཏུ་ཕྱིན་པ་ལ་སྤྱོད་པ་[3] དང་།
བརྩོན་འགྲུས་ཀྱི་ཕ་རོལ་ཏུ་ཕྱིན་པ་ལ་སྤྱོད་པ་དང་། བསམ་གཏན་གྱི་ཕ་རོལ་
ཏུ་ཕྱིན་པ་ལ་སྤྱོད་པ་དང་། ཤེས་རབ་ཀྱི་ཕ་རོལ་ཏུ་ཕྱིན་པ་ལ་སྤྱོད་པ་དང་།
ནང་སྟོང་པ་ཉིད་ལ་སྤྱོད་པ་དང་། ཕྱི་སྟོང་པ་ཉིད་ལ་སྤྱོད་པ་དང་། ཕྱི་ནང་
སྟོང་པ་ཉིད་ལ་སྤྱོད་པ་དང་། སྟོང་པ་ཉིད་སྟོང་པ་ཉིད་ལ་སྤྱོད་པ་དང་། ཆེན་
པོ་སྟོང་པ་ཉིད་ལ་སྤྱོད་པ་དང་། དོན་དམ་པ་སྟོང་པ་ཉིད་ལ་སྤྱོད་པ་དང་།
འདུས་བྱས་སྟོང་པ་ཉིད་ལ་སྤྱོད་པ་དང་། འདུས་མ་བྱས་སྟོང་པ་ཉིད་ལ་སྤྱོད་པ་
དང་། མཐའ་ལས་འདས་པ་སྟོང་པ་ཉིད་ལ་སྤྱོད་པ་དང་། ཐོག་མ་དང་ཐ་མ་
མེད་པ་སྟོང་པ་ཉིད་ལ་སྤྱོད་པ་དང་། དོར་བ་མེད་པ་སྟོང་པ་ཉིད་ལ་སྤྱོད་པ་དང་།
རང་བཞིན་སྟོང་པ་ཉིད་ལ་སྤྱོད་པ་དང་། ཆོས་ཐམས་ཅད་སྟོང་པ་ཉིད་ལ་སྤྱོད་

པ་དང་། རང་གི་མཚན་ཉིད་སྟོང་པ་ཉིད་ལ་སྤྱོད་པ་དང་། མི་དམིགས་པ་[༡] སྟོང་པ་ཉིད་ལ་སྤྱོད་པ་དང་། དངོས་པོ་མེད་པ་སྟོང་པ་ཉིད་ལ་སྤྱོད་པ་དང་། ངོ་བོ་ཉིད་སྟོང་པ་ཉིད་ལ་སྤྱོད་པ་དང་། དངོས་པོ་མེད་པའི་ངོ་བོ་ཉིད་སྟོང་པ་ཉིད་ལ་སྤྱོད་པ་དང་། དྲན་པ་ཉེ་བར་གཞག་པ་བཞི་ལ་སྤྱོད་པ་དང་། ཡང་དག་པར་སྤོང་བ་བཞི་ལ་སྤྱོད་པ་དང་། རྫུ་འཕྲུལ་གྱི་རྐང་པ་བཞི་ལ་སྤྱོད་པ་དང་། དབང་པོ་ལྔ་ལ་སྤྱོད་པ་དང་། སྟོབས་ལྔ་ལ་སྤྱོད་པ་དང་། བྱང་ཆུབ་ཀྱི་ཡན་ལག་བདུན་ལ་སྤྱོད་པ་དང་། འཕགས་པའི་ལམ་ཡན་ལག་བརྒྱད་པ་ལ་སྤྱོད་པ་དང་། ༔འཕགས་པའི་བདེན་པ་བཞི་ལ་སྤྱོད་པ་དང་།[༢] བསམ་གཏན་བཞི་ལ་སྤྱོད་པ་དང་། ཚད་མེད་པ་བཞི་ལ་སྤྱོད་པ་དང་། གཟུགས་མེད་པའི་སྙོམས་པར་འཇུག་པ་བཞི་ལ་སྤྱོད་པ་དང་། རྣམ་པར་ཐར་པ་བརྒྱད་ལ་སྤྱོད་པ་དང་། མཐར་གྱིས་གནས་པའི་སྙོམས་པར་འཇུག་པ་དགུ་ལ་སྤྱོད་པ་དང་། རྣམ་པར་ཐར་པའི་སྒོ་སྟོང་པ་ཉིད་དང་། མཚན་མ་མེད་པ་དང་། སྨོན་པ་མེད་པ་ལ་སྤྱོད་པ་དང་། མངོན་པར་ཤེས་པ་ལྔ་ལ་སྤྱོད་པ་དང་། ཏིང་ངེ་འཛིན་ཐམས་ཅད་ལ་སྤྱོད་པ་དང་། གཟུངས་ཀྱི་སྒོ་ཐམས་ཅད་ལ་སྤྱོད་པ་དང་། དེ་བཞིན་གཤེགས་པའི་སྟོབས་བཅུ་ལ་སྤྱོད་པ་དང་། མི་འཇིགས་པ་བཞི་ལ་སྤྱོད་པ་དང་། སོ་སོ་ཡང་དག་པར་རིག་པ་བཞི་ལ་སྤྱོད་པ་དང་། [༣]སྙིང་རྗེ་ཆེན་པོ་ལ་སྤྱོད་པ་དང་། སངས་རྒྱས་ཀྱི་ཆོས་མ་འདྲེས་པ་བཅོ་བརྒྱད་ལ་སྤྱོད་པས། བླ་ན་མེད་པ་ཡང་དག་པར་རྫོགས་པའི་བྱང་ཆུབ་ཏུ་མངོན་པར་[༤]འཚང་རྒྱ་བར་མི་ནུས་སོ། །

བཅོམ་ལྡན་འདས་ཀྱིས་བཀའ་སྩལ་པ། རབ་འབྱོར་དེ་དེ་བཞིན་ཏེ། ཡང་དག་པ་མ་ཡིན་པས་སྦྱིན་པའི་ཕ་རོལ་ཏུ་ཕྱིན་པ་ལ་སྤྱོད་པ་དང་། ཚུལ་ཁྲིམས་ཀྱི་ཕ་རོལ་ཏུ་ཕྱིན་པ་ལ་སྤྱོད་པ་དང་། བཟོད་པའི་ཕ་རོལ་ཏུ་ཕྱིན་པ་ལ་སྤྱོད་པ་དང་།

བརྩོན་འགྲུས་ཀྱི་ཕ་རོལ་ཏུ་ཕྱིན་པ་ལ་སྤྱོད་པ་དང་། བསམ་གཏན་གྱི་ཕ་རོལ་ཏུ་ཕྱིན་པ་ལ་སྤྱོད་པ་དང་། ཤེས་རབ་ཀྱི་ཕ་རོལ་ཏུ་ཕྱིན་པ་ལ་སྤྱོད་པ་དང་། ནང་སྟོང་པ་ཉིད་ལ་སྤྱོད་པ་དང་། ཕྱི་སྟོང་པ་ཉིད་ལ་སྤྱོད་པ་དང་། ཕྱི་ནང་སྟོང་པ་ཉིད་ལ་སྤྱོད་པ་དང་། སྟོང་པ་ཉིད་སྟོང་པ་ཉིད་ལ་སྤྱོད་པ་དང་། ཆེན་པོ་སྟོང་པ་ཉིད་ལ་སྤྱོད་པ་དང་། དོན་དམ་པ་སྟོང་པ་ཉིད་ལ་སྤྱོད་པ་དང་། འདུས་བྱས་སྟོང་པ་ཉིད་ལ་སྤྱོད་པ་དང་། འདུས་མ་བྱས་སྟོང་པ་ཉིད་ལ་སྤྱོད་པ་དང་། མཐའ་ལས་འདས་པ་སྟོང་པ་ཉིད་ལ་སྤྱོད་པ་དང་། ཐོག་མ་དང་ཐ་མ་མེད་པ་སྟོང་པ་⑦ཉིད་ལ་སྤྱོད་པ་དང་། དོར་བ་མེད་པ་སྟོང་པ་ཉིད་ལ་སྤྱོད་པ་དང་། རང་བཞིན་སྟོང་པ་ཉིད་ལ་སྤྱོད་པ་དང་། ཆོས་ཐམས་ཅད་སྟོང་པ་ཉིད་ལ་སྤྱོད་པ་དང་། རང་གི་མཚན་ཉིད་སྟོང་པ་ཉིད་ལ་སྤྱོད་པ་དང་། མི་དམིགས་པ་སྟོང་པ་ཉིད་ལ་སྤྱོད་པ་དང་། དངོས་པོ་མེད་པ་སྟོང་པ་ཉིད་ལ་སྤྱོད་པ་དང་། ངོ་བོ་ཉིད་སྟོང་པ་ཉིད་ལ་སྤྱོད་པ་དང་། དངོས་པོ་མེད་པའི་ངོ་བོ་ཉིད་སྟོང་པ་ཉིད་ལ་སྤྱོད་པ་དང་། དྲན་པ་ཉེ་བར་གཞག་པ་བཞི་ལ་སྤྱོད་པ་དང་། ཡང་དག་པར་སྤོང་བ་བཞི་ལ་སྤྱོད་པ་དང་། རྫུ་འཕྲུལ་གྱི་རྐང་པ་བཞི་ལ་སྤྱོད་པ་དང་། དབང་པོ་ལྔ་ལ་སྤྱོད་པ་དང་། སྟོབས་ལྔ་ལ་སྤྱོད་པ་དང་། བྱང་ཆུབ་ཀྱི་ཡན་ལག་བདུན་ལ་སྤྱོད་པ་དང་། འཕགས་པའི་ལམ་ཡན་ལག་བརྒྱད་པ་ལ་སྤྱོད་པ་དང་། འཕགས་པའི་བདེན་པ་བཞི་ལ་སྤྱོད་པ་དང་། བསམ་གཏན་བཞི་ལ་སྤྱོད་པ་དང་། ཚད་མེད་པ་བཞི་ལ་སྤྱོད་པ་དང་། གཟུགས་མེད་པའི་སྙོམས་པར་འཇུག་པ་བཞི་ལ་སྤྱོད་པ་དང་། རྣམ་པར་ཐར་པ་བརྒྱད་ལ་སྤྱོད་པ་དང་། མཐར་གྱིས་གནས་པའི་སྙོམས་པར་འཇུག་པ་དགུ་ལ་སྤྱོད་པ་དང་། རྣམ་པར་ཐར་པའི་སྒོ་སྟོང་པ་ཉིད་དང་། མཚན་མ་མེད་པ་དང་། སྨོན་པ་

མྱེད་པ་ལ་སྤྱོད་པ་དང་། མངོན་པར་ཤེས་པ་ལྔ་ལ་སྤྱོད་པ་དང་། ཏིང་ངེ་འཛིན་ཐམས་ཅད་ལ་སྤྱོད་པ་དང་། གཟུངས་ཀྱི་སྒོ་ཐམས་ཅད་ལ་སྤྱོད་པ་དང་། དེ་བཞིན་གཤེགས་པའི་སྟོབས་བཅུ་ལ་སྤྱོད་པ་དང་། མྱི་འཇིགས་པ་བཞི་ལ་སྤྱོད་པ་དང་། སོ་སོ་ཡང་དག་པར་རིག་པ་བཞི་ལ་སྤྱོད་པ་དང་། (༧)སྙིང་རྗེ་ཆེན་པོ་ལ་སྤྱོད་པ་དང་། སངས་རྒྱས་ཀྱི་ཆོས་མ་འདྲེས་པ་བཅོ་བརྒྱད་ལ་སྤྱོད་པས། བླ་ན་མྱེད་པ་ཡང་དག་པར་རྫོགས་པའི་བྱང་ཆུབ་ཏུ་མངོན་པར་རྫོགས་པར་འཚང་རྒྱ་བར་(༣)མྱི་ནུས་སོ།། ||

ཤེས་རབ་ཀྱི་ཕ་རོལ་ཏུ་ཕྱིནད་པ་སྟོང་ཕྲག་བརྒྱ་པ། བམ་པོ༔ ཉི་ཤུ་བཞི་(༣)པ༏ རབ་འབྱོརད་དེ་ཇི་སྙམ་དུ་སེམས། སྦྱིན་པའི་ཕ་རོལད་ཏུ་ཕྱིནད་པ་བླ་ན་མྱེད་པ་ཡང་དག་པར་རྫོགས་པའི་བྱང་ཆུབ་ཏུ་མངོན་པར་རྫོགས་པར་འཚང་རྒྱའམ༏ གསོལ་པ། བཅོམ་ལྡན་འདས་དེ་ནི་མ་ལགས་སོ། །བཅོམ་ལྡན་འདས་ཀྱིས་བཀའ་སྩལ་པ། རབ་འབྱོར་དེ་ཇི་སྙམ་དུ་སེམས། ཚུལ་ཁྲིམས་ཀྱི་ཕ་རོལ་ཏུ་ཕྱིན་པ་བླ་ན་མྱེད་པ་ཡང་དག་པར་རྫོགས་པའི་བྱང་ཆུབ་ཏུ་མངོན་པར་རྫོགས་པར་འཚང་རྒྱའམ། གསོལ་པ། བཅོམ་ལྡན་འདས་དེ་ནི་མ་ལགས་སོ། །བཅོམ་ལྡན་འདས་ཀྱིས་བཀའ་སྩལ་པ། རབ་འབྱོར་དེ་ཇི་སྙམ་དུ་སེམས། བཟོད་པའི་ཕ་རོལ་ཏུ་ཕྱིན་པ་བླ་ན་མྱེད་པ་ཡང་དག་པར་རྫོགས་པའི་བྱང་ཆུབ་ཏུ་མངོན་པར་རྫོགས་པར་འཚང་རྒྱའམ། གསོལ་པ། བཅོམ་ལྡན་འདས་དེ་ནི་མ་ལགས་སོ། །བཅོམ་ལྡན་འདས་ཀྱིས་བཀའ་སྩལ་པ། རབ་འབྱོར་དེ་ཇི་སྙམ་དུ་སེམས། བརྩོན་འགྲུས་ཀྱི་(༤)ཕ་རོལ་ཏུ་ཕྱིན་པ་བླ་ན་མྱེད་པ་ཡང་དག་པར་རྫོགས་པའི་བྱང་ཆུབ་ཏུ་མངོན་པར་རྫོགས་པར་འཚང་རྒྱའམ། གསོལ་པ། བཅོམ་ལྡན་འདས་དེ་ནི་མ་ལགས་སོ། །བཅོམ་ལྡན་འདས་ཀྱིས་བཀའ་སྩལ་པ།

རབ་འབྱོར་དེ་ཇི་སྙམ་དུ་སེམས། བསམ་གཏན་གྱི་ཕ་རོལ་ཏུ་ཕྱིན་པ་བླ་ན་མེད་པ་ཡང་དག་པར་རྫོགས་པའི་བྱང་ཆུབ་ཏུ་མངོན་པར་རྫོགས་པར་འཚང་རྒྱའམ། གསོལ་པ། བཅོམ་ལྡན་འདས་དེ་ནི་མ་ལགས་སོ། །བཅོམ་ལྡན་འདས་ཀྱིས་བཀའ་སྩལ་པ། རབ་འབྱོར་དེ་ཇི་སྙམ་དུ་སེམས། ཤེས་རབ་ཀྱི་ཕ་རོལ་ཏུ་ཕྱིན་པ་བླ་ན་མེད་པ་ཡང་དག་པར་རྫོགས་པའི་བྱང་ཆུབ་ཏུ་མངོན་པར་རྫོགས་པར་འཚང་རྒྱའམ། གསོལ་པ། བཅོམ་ལྡན་འདས་དེ་ནི་མ་ལགས་སོ། །བཅོམ་ལྡན་འདས་ཀྱིས་བཀའ་སྩལ་པ། རབ་འབྱོར་དེ་ཇི་སྙམ་དུ་སེམས། ནང་སྟོང་པ་ཉིད་བླ་ན་མེད་པ་ཡང་དག་པར་རྫོགས་པའི་བྱང་ཆུབ་ཏུ་མངོན་པར་རྫོགས་པར་འཚང་རྒྱའམ། གསོལ་པ། བཅོམ་ལྡན་འདས་དེ་ནི་མ་ལགས་སོ། །བཅོམ་ལྡན་འདས་ཀྱིས་བཀའ་སྩལ་པ། རབ་འབྱོར་དེ་ཇི་སྙམ་དུ་སེམས། ཕྱི་སྟོང་པ་ཉིད་བླ་ན་མེད་པ་ཡང་དག་པར་རྫོགས་པའི་བྱང་ཆུབ་ཏུ་མངོན་པར་རྫོགས་པར་འཚང་རྒྱའམ། གསོལ་པ། བཅོམ་ལྡན་འདས་དེ་ནི་མ་ལགས་སོ། །བཅོམ་ལྡན་འདས་ཀྱིས་བཀའ་སྩལ་པ། རབ་འབྱོར་དེ་ཇི་སྙམ་དུ་སེམས། ཕྱི་ནང་སྟོང་པ་ཉིད་བླ་ན་མེད་པ་ཡང་དག་པར་རྫོགས་པའི་བྱང་ཆུབ་ཏུ་མངོན་པར་རྫོགས་པར་འཚང་རྒྱའམ། གསོལ་པ། བཅོམ་ལྡན་འདས་དེ་ནི་མ་ལགས་སོ། །བཅོམ་ལྡན་འདས་ཀྱིས་བཀའ་སྩལ་པ། རབ་འབྱོར་དེ་ཇི་སྙམ་དུ་སེམས། སྟོང་པ་ཉིད་སྟོང་པ་ཉིད་བླ་ན་མེད་པ་ཡང་དག་པར་རྫོགས་པའི་བྱང་ཆུབ་ཏུ་མངོན་པར་རྫོགས་པར་འཚང་རྒྱའམ། གསོལ་པ། བཅོམ་ལྡན་འདས་དེ་ནི་མ་ལགས་སོ། །བཅོམ་ལྡན་འདས་ཀྱིས་བཀའ་སྩལ་པ། རབ་འབྱོར་དེ་ཇི་སྙམ་དུ་སེམས། ཆེན་པོ་སྟོང་པ་ཉིད་བླ་ན་མེད་པ་ཡང་དག་པར་རྫོགས་པའི་བྱང་ཆུབ་ཏུ་མངོན་པར་རྫོགས་པར་འཚང་རྒྱའམ། གསོལ་པ། བཅོམ་ལྡན་འདས་དེ་ནི་

མ་ལགས་སོ། །བཅོམ་ལྡན་འདས་ཀྱིས་བཀའ་སྩལ་པ། རབ་འབྱོར་དེ་ཇི་སྙམ་དུ་སེམས། དོན་དམ་པ་སྟོང་པ་ཉིད་བླ་ན་མེད་པ་ཡང་དག་པར་རྫོགས་པའི་བྱང་ཆུབ་ཏུ་མངོན་པར་རྫོགས་པར་འཚང་རྒྱའམ། གསོལ་པ། བཅོམ་ལྡན་འདས་དེ་ནི་མ་ལགས་སོ། །བཅོམ་ལྡན་འདས་ཀྱིས་བཀའ་སྩལ་པ། རབ་འབྱོར་དེ་ཇི་སྙམ་དུ་སེམས། འདུས་བྱས་སྟོང་པ་ཉིད་བླ་ན་མེད་པ་ཡང་དག་པར་རྫོགས་པའི་བྱང་ཆུབ་ཏུ་མངོན་པར་རྫོགས་པར་འཚང་རྒྱའམ། གསོལ་པ། བཅོམ་ལྡན་འདས་དེ་ནི་མ་ལགས་སོ། །བཅོམ་ལྡན་འདས་ཀྱིས་བཀའ་སྩལ་པ། རབ་འབྱོར་དེ་ཇི་སྙམ་དུ་སེམས། འདུས་མ་བྱས་སྟོང་པ་ཉིད་བླ་ན་མེད་པ་ཡང་དག་པར་རྫོགས་པའི་བྱང་ཆུབ་ཏུ་མངོན་པར་རྫོགས་པར་འཚང་རྒྱའམ། གསོལ་པ། བཅོམ་ལྡན་འདས་དེ་ནི་མ་ལགས་སོ། །བཅོམ་ལྡན་འདས་ཀྱིས་བཀའ་སྩལ་པ། རབ་འབྱོར་དེ་ཇི་སྙམ་དུ་སེམས། མཐའ་ལས་འདས་པ་སྟོང་པ་ཉིད་བླ་ན་མེད་པ་ཡང་དག་པར་རྫོགས་པའི་བྱང་ཆུབ་ཏུ་མངོན་པར༔ རྫོགས་པར་[7]འཚང་རྒྱའམ། གསོལ་པ། བཅོམ་ལྡན་འདས་དེ་ནི་མ་ལགས་སོ། །བཅོམ་ལྡན་འདས་ཀྱིས་བཀའ་སྩལ་པ། རབ་འབྱོར་དེ་ཇི་སྙམ་དུ་སེམས། ཐོག་མ་དང་ཐ་མ་མེད་པ་སྟོང་པ་ཉིད་བླ་ན་མེད་པ་ཡང་དག་པར་རྫོགས་པའི་བྱང་ཆུབ་ཏུ་མངོན་པར་རྫོགས་པར་འཚང་རྒྱའམ། གསོལ་པ། བཅོམ་ལྡན་འདས་དེ་ནི་མ་ལགས་སོ། །བཅོམ་ལྡན་འདས་ཀྱིས་བཀའ་སྩལ་པ། རབ་འབྱོར་དེ་ཇི་སྙམ་དུ་སེམས། དོར་བ་མེད་པ་སྟོང་པ་ཉིད་བླ་ན་མེད་པ་ཡང་དག་པར་རྫོགས་པའི་བྱང་ཆུབ་ཏུ་མངོན་པར་རྫོགས་པར་འཚང་རྒྱའམ། གསོལ་པ། བཅོམ་ལྡན་འདས་དེ་ནི་མ་ལགས་སོ། །བཅོམ་ལྡན་འདས་ཀྱིས་བཀའ་སྩལ་པ། རབ་འབྱོར་དེ་ཇི་སྙམ་དུ་སེམས༑ རང་བཞིན་སྟོང་པ་ཉིད་བླ་ན་མེད་པ་ཡང་དག་པར་རྫོགས་པའི་བྱང་

ཆུབ་ཏུ་མངོན་པར་རྫོགས་པར་འཚང་རྒྱའམ། གསོལ་པ། བཅོམ་ལྡན་འདས་དེ་ནི་མ་ལགས་སོ། །བཅོམ་ལྡན་འདས་ཀྱིས་བཀའ་སྩལ་པ། རབ་འབྱོར་དེ་ཇི་སྙམ་དུ་སེམས། ཆོས་ཐམས་ཅད་སྟོང་པ་ཉིད་ བླ་ན་མྱེད་པ་ཡང་དག་པར་རྫོགས་པའི་བྱང་ཆུབ་ཏུ་མངོན་པར་རྫོགས་པར་འཚང་རྒྱའམ། གསོལ་པ། བཅོམ་ལྡན་འདས་དེ་ནི་མ་ལགས་སོ། །བཅོམ་ལྡན་འདས་ཀྱིས་བཀའ་སྩལ་པ། རབ་འབྱོར་དེ་ཇི་སྙམ་དུ་སེམས། རང་གི་མཚན་ཉིད་སྟོང་པ་ཉིད་བླ་ན་མྱེད་པ་ཡང་དག་པར་རྫོགས་པའི་བྱང་ཆུབ་ཏུ་མངོན་པར་རྫོགས་པར་འཚང་རྒྱའམ། གསོལ་པ། བཅོམ་ལྡན་འདས་དེ་ནི་མ་ལགས་སོ། །བཅོམ་ལྡན་འདས་ཀྱིས་བཀའ་སྩལ་པ། རབ་འབྱོར་དེ་ཇི་སྙམ་དུ་སེམས། མྱི་དམྱིགས་པ་སྟོང་པ་ཉིད་བླ་ན་མྱེད་པ་ཡང་དག་པར་རྫོགས་པའི་བྱང་ཆུབ་ཏུ་མངོན་པར་རྫོགས་པར་འཚང་རྒྱའམ། གསོལ་པ། བཅོམ་ལྡན་འདས་དེ་ནི་མ་ལགས་སོ། །བཅོམ་ལྡན་འདས་ཀྱིས་བཀའ་སྩལ་པ། རབ་འབྱོར་དེ་ཇི་སྙམ་དུ་སེམས། དངོས་པོ་མྱེད་པ་སྟོང་པ་ཉིད་བླ་ན་མྱེད་པ་ཡང་དག་པར་རྫོགས་པའི་བྱང་ཆུབ་ཏུ་མངོན་པར་རྫོགས་པར་འཚང་རྒྱའམ། གསོལ་པ། བཅོམ་ལྡན་འདས་དེ་ནི་མ་ལགས་སོ། །བཅོམ་ལྡན་འདས་ཀྱིས་བཀའ་སྩལ་པ། རབ་འབྱོར་དེ་ཇི་སྙམ་དུ་སེམས། ངོ་བོ་ཉིད་སྟོང་པ་ཉིད་བླ་ན་མྱེད་པ་ཡང་དག་པར་རྫོགས་པའི་བྱང་ཆུབ་ཏུ་མངོན་པར་རྫོགས་པར་འཚང་རྒྱའམ། གསོལ་པ། བཅོམ་ལྡན་འདས་དེ་ནི་མ་ལགས་སོ། །བཅོམ་ལྡན་འདས་ཀྱིས་བཀའ་སྩལ་པ། རབ་འབྱོར་དེ་ཇི་སྙམ་དུ་སེམས། དངོས་པོ་མྱེད་པའི་ངོ་བོ་ཉིད་སྟོང་པ་ཉིད་བླ་ན་མྱེད་པ་ཡང་དག་པར་རྫོགས་པའི་བྱང་ཆུབ་ཏུ་མངོན་པར་རྫོགས་པར་འཚང་རྒྱའམ། གསོལ་པ། བཅོམ་ལྡན་འདས་དེ་ནི་མ་ལགས་སོ། །བཅོམ་ལྡན་འདས་ཀྱིས་བཀའ་སྩལ་པ། རབ་

འཁོར་དེ་ཇི་སྙམ་དུ་སེམས། དྲན་པ་ཉེ་བར་གཞག་པ་རྣམས་བླ་ན་མེད་པ་ཡང་དག་པར་རྫོགས་པའི་བྱང་ཆུབ་ཏུ་མངོན་པར་རྫོགས་པར་འཚང་རྒྱའམ། གསོལ་པ། བཅོམ་ལྡན་འདས་དེ་ནི་མ་ལགས་སོ། །བཅོམ་ལྡན་འདས་ཀྱིས་བཀའ་སྩལ་པ། རབ་འབྱོར་དེ་ཇི་སྙམ་དུ་སེམས། ཡང་དག་པར་སྤོང་བ་རྣམས་བླ་ན་མེད་པ་ཡང་དག་པར་རྫོགས་པའི་བྱང་ཆུབ་ཏུ་མངོན་པར་རྫོགས་པར་འཚང་རྒྱའམ། གསོལ་པ། བཅོམ་ལྡན་འདས་དེ་ནི་མ་ལགས་སོ། །བཅོམ་ལྡན་འདས་ཀྱིས་བཀའ་སྩལ་པ། རབ་འབྱོར་དེ་ཇི་སྙམ་དུ་སེམས། རྫུ་འཕྲུལ་གྱི་[1] རྐང་པ་རྣམས་བླ་ན་མེད་པ་ཡང་དག་པར་རྫོགས་པའི་བྱང་ཆུབ་ཏུ་མངོན་པར་རྫོགས་པར་འཚང་རྒྱའམ། གསོལ་པ། བཅོམ་ལྡན་འདས་དེ་ནི་མ་ལགས་སོ། །བཅོམ་ལྡན་འདས་ཀྱིས་བཀའ་སྩལ་པ། རབ་འབྱོར་དེ་ཇི་སྙམ་དུ་སེམས། དབང་པོ་རྣམས་བླ་ན་མེད་པ་ཡང་དག་པར་རྫོགས་པའི་བྱང་ཆུབ་ཏུ་མངོན་པར་རྫོགས་པར་འཚང་རྒྱའམ། གསོལ་པ། བཅོམ་ལྡན་འདས་དེ་ནི་མ་ལགས་སོ། །བཅོམ་ལྡན་འདས་ཀྱིས་བཀའ་སྩལ་པ། རབ་འབྱོར་དེ་ཇི་སྙམ་དུ་སེམས། སྟོབས་རྣམས་བླ་ན་མེད་པ་ཡང་དག་པར་རྫོགས་པའི་བྱང་ཆུབ་ཏུ་མངོན་པར་རྫོགས་པར་འཚང་རྒྱའམ། གསོལ་པ། བཅོམ་ལྡན་འདས་དེ་ནི་མ་ལགས་སོ། །བཅོམ་ལྡན་འདས་ཀྱིས་བཀའ་སྩལ་པ། རབ་འབྱོར་དེ་ཇི་སྙམ་དུ་སེམས། བྱང་ཆུབ་ཀྱི་ཡན་ལག་རྣམས་བླ་ན་མེད་པ་ཡང་དག་པར་རྫོགས་པའི་བྱང་ཆུབ་ཏུ་མངོན་པར་རྫོགས་པར་འཚང་རྒྱའམ། གསོལ་པ། བཅོམ་ལྡན་འདས་དེ་ནི་མ་ལགས་སོ། །བཅོམ་ལྡན་འདས་ཀྱིས་བཀའ་སྩལ་པ། རབ་འབྱོར་དེ་ཇི་སྙམ་དུ་སེམས། འཕགས་པའི་ལམ་ཡན་ལག་བརྒྱད་པ་བླ་ན་མེད་པ་ཡང་དག་པར་རྫོགས་པའི་བྱང་ཆུབ་ཏུ་མངོན་པར་རྫོགས་པར་འཚང་རྒྱའམ། གསོལ་པ། བཅོམ་ལྡན་འདས་

དེ་ནི་མ་ལགས་སོ། །བཅོམ་ལྡན་འདས་ཀྱིས་བཀའ་སྩལ་པ། རབ་འབྱོར་དེ་ཇི་སྙམ་དུ་སེམས། འཕགས་པའི་བདེན་པ་རྣམས་བླ་ན་མེད་པ་ཡང་དག་པར་རྫོགས་པའི་བྱང་ཆུབ་ཏུ་མངོན་པར་རྫོགས་པར་འཚང་རྒྱའམ། གསོལ་པ། བཅོམ་ལྡན་འདས་དེ་ནི་མ་ལགས་སོ། །བཅོམ་ལྡན་འདས་ཀྱིས་བཀའ་སྩལ་པ། རབ་འབྱོར་དེ་ཇི་སྙམ་དུ་སེམས། བསམ་གཏན་རྣམས་བླ་ན་མེད་པ་ཡང་དག་པར་རྫོགས་པའི་བྱང་ཆུབ་ཏུ་མངོན་པར་རྫོགས་པར་འཚང་རྒྱའམ། གསོལ་པ། བཅོམ་ལྡན་འདས་དེ་ནི་མ་ལགས་སོ། །བཅོམ་ལྡན་འདས་ཀྱིས་བཀའ་སྩལ་པ། རབ་འབྱོར་དེ་ཇི་སྙམ་དུ་སེམས། ཚད་མེད་པ་རྣམས་བླ་ན་མེད་པ་ཡང་དག་པར་རྫོགས་པའི་བྱང་ཆུབ་ཏུ་མངོན་པར་རྫོགས་པར་འཚང་རྒྱའམ། གསོལ་པ། བཅོམ་ལྡན་འདས་དེ་ནི་མ་ལགས་སོ། །བཅོམ་ལྡན་འདས་ཀྱིས་བཀའ་སྩལ་པ། རབ་འབྱོར་དེ་ཇི་སྙམ་དུ་སེམས། གཟུགས་མེད་པའི་སྙོམས་པར་འཇུག་པ་རྣམས་བླ་ན་མེད་པ་ཡང་དག་པར་རྫོགས་པའི་བྱང་ཆུབ་ཏུ་མངོན་པར་རྫོགས་པར་འཚང་རྒྱའམ། གསོལ་པ། བཅོམ་ལྡན་འདས་དེ་ནི་མ་ལགས་སོ། །བཅོམ་ལྡན་འདས་ཀྱིས་བཀའ་སྩལ་པ། རབ་འབྱོར་དེ་ཇི་སྙམ་དུ་སེམས། རྣམ་པར་ཐར་པ་རྣམས་བླ་ན་མེད་པ་ཡང་དག་པར་རྫོགས་པའི་བྱང་ཆུབ་ཏུ་མངོན་པར་རྫོགས་པར་འཚང་རྒྱའམ། གསོལ་པ། བཅོམ་ལྡན་འདས་དེ་ནི་མ་ལགས་སོ། །བཅོམ་ལྡན་འདས་ཀྱིས་བཀའ་སྩལ་པ། རབ་འབྱོར་དེ་ཇི་སྙམ་དུ་སེམས། མཐར་གྱིས་གནས་པའི་སྙོམས་པར་འཇུག་པ་རྣམས་བླ་ན་མེད་པ་ཡང་དག་པར་རྫོགས་པའི་བྱང་ཆུབ་ཏུ་མངོན་པར་རྫོགས་པར་འཚང་རྒྱའམ། གསོལ་པ། བཅོམ་ལྡན་འདས་དེ་ནི་མ་ལགས་སོ། །བཅོམ་ལྡན་འདས་ཀྱིས་བཀའ་སྩལ་པ། རབ་འབྱོར་དེ་ཇི་སྙམ་དུ་སེམས། རྣམ་པར་ཐར་པའི་སྒོ་སྟོང་པ་ཉིད་དང་།

མཚན་མ་མེད་པ་དང་། སྨོན་པ་མེད་པ་བླ་ན་མེད་པ་ཡང་དག་པར་རྫོགས་པའི་བྱང་ཆུབ་ཏུ་མངོན་པར་རྫོགས་པར་འཚང་རྒྱའམ། གསོལ་པ། བཅོམ་ལྡན་འདས་དེ་ནི་མ་ལགས་སོ། །བཅོམ་ལྡན་འདས་ཀྱིས་བཀའ་སྩལ་པ། རབ་འབྱོར་དེ་ཇི་སྙམ་དུ་སེམས། མངོན་པར་ཤེས་པ་རྣམས་བླ་ན་མེད་པ་ཡང་དག་པར་རྫོགས་པའི་བྱང་ཆུབ་ཏུ་མངོན་པར་རྫོགས་པར་འཚང་རྒྱའམ། གསོལ་པ། བཅོམ་ལྡན་འདས་དེ་ནི་མ་ལགས་སོ། །བཅོམ་ལྡན་འདས་ཀྱིས་བཀའ་སྩལ་པ། རབ་འབྱོར་དེ་ཇི་སྙམ་དུ་སེམས། ཏིང་ངེ་འཛིན་རྣམས་བླ་ན་མེད་པ་ཡང་དག་པར་རྫོགས་པའི་བྱང་ཆུབ་ཏུ་མངོན་པར་རྫོགས་པར་འཚང་རྒྱའམ། གསོལ་པ། བཅོམ་ལྡན་འདས་[1]དེ་ནི་མ་ལགས་སོ། །བཅོམ་ལྡན་འདས་ཀྱིས་བཀའ་སྩལ་པ། རབ་འབྱོར་དེ་ཇི་སྙམ་དུ་སེམས། གཟུངས་ཀྱི་སྒོ་རྣམས་བླ་ན་མེད་པ་ཡང་དག་པར་རྫོགས་པའི་བྱང་ཆུབ་ཏུ་མངོན་པར་རྫོགས་པར་འཚང་རྒྱའམ། གསོལ་པ། བཅོམ་ལྡན་འདས་དེ་ནི་མ་ལགས་སོ། །བཅོམ་ལྡན་འདས་ཀྱིས་བཀའ་སྩལ་པ། རབ་འབྱོར་དེ་ཇི་སྙམ་དུ་སེམས། དེ་བཞིན་གཤེགས་པའི་སྟོབས་རྣམས་བླ་ན་མེད་པ་ཡང་དག་པར་རྫོགས་པའི་བྱང་ཆུབ་ཏུ་མངོན་པར་རྫོགས་པར་འཚང་རྒྱའམ། གསོལ་པ། བཅོམ་ལྡན་འདས་དེ་ནི་མ་ལགས་སོ། །བཅོམ་ལྡན་འདས་ཀྱིས་བཀའ་སྩལ་པ། རབ་འབྱོར་དེ་ཇི་སྙམ་དུ་སེམས། མི་འཇིགས་པ་རྣམས་བླ་ན་མེད་པ་ཡང་དག་པར་རྫོགས་པའི་བྱང་ཆུབ་ཏུ་མངོན་པར་རྫོགས་པར་འཚང་རྒྱའམ། གསོལ་པ། བཅོམ་ལྡན་འདས་དེ་ནི་མ་ལགས་སོ། །བཅོམ་ལྡན་འདས་ཀྱིས་བཀའ་སྩལ་པ། རབ་འབྱོར་དེ་ཇི་སྙམ་དུ་སེམས། སོ་སོ་ཡང་དག་པར་རིག་པ་རྣམས་བླ་ན་མེད་པ་ཡང་དག་པར་རྫོགས་པའི་བྱང་ཆུབ་ཏུ་མངོན་པར་རྫོགས་པར་འཚང་རྒྱའམ། གསོལ་པ། བཅོམ་ལྡན་འདས་དེ་ནི་མ་ལགས་སོ། །[3]བཅོམ་

ལྡན་འདས་ཀྱིས་བཀའ་སྩལ་པ། རབ་འབྱོར་དེ་ཇི་སྙམ་དུ་སེམས། སྙིང་རྗེ་ཆེན་པོ་བླ་ན་མེད་པ་ཡང་དག་པར་རྫོགས་པའི་བྱང་ཆུབ་ཏུ་མངོན་པར་རྫོགས་པར་འཚང་རྒྱའམ། གསོལ་པ། བཅོམ་ལྡན་འདས་དེ་ནི་མ་ལགས་སོ། །བཅོམ་ལྡན་འདས་ཀྱིས་བཀའ་སྩལ་པ། རབ་འབྱོར་དེ་ཇི་སྙམ་དུ་སེམས། སངས་རྒྱས་ཀྱི་ཆོས་མ་འདྲེས་པ་བཅོ་བརྒྱད་བླ་ན་མེད་པ་ཡང་དག་པར་རྫོགས་པའི་བྱང་ཆུབ་ཏུ་མངོན་པར་རྫོགས་པར་འཚང་རྒྱའམ། གསོལ་པ། བཅོམ་ལྡན་འདས་དེ་ནི་མ་ལགས་སོ། །བཅོམ་ལྡན་འདས་ཀྱིས་བཀའ་སྩལ་པ། རབ་འབྱོར་དེ་དེ་བཞིན་ནོ། །དེ་དེ་བཞིན་ཏེ། སྦྱིན་པའི་ཕ་རོལ་ཏུ་ཕྱིན་པ་བླ་ན་མེད་པ་ཡང་དག་པར་རྫོགས་པའི་བྱང་ཆུབ་ཏུ་མངོན་པར་རྫོགས་པར་འཚང་མི་རྒྱའོ། །ཚུལ་ཁྲིམས་ཀྱི་ཕ་རོལ་ཏུ་ཕྱིན་པ་བླ་ན་མེད་པ་ཡང་དག་པར་རྫོགས་པའི་བྱང་ཆུབ་ཏུ་མངོན་པར་རྫོགས་པར་འཚང་མི་རྒྱའོ། །བཟོད་པའི་ཕ་རོལད་ཏུ་ཕྱིནད་པ་བླ་ན་མེད་པ་ཡང་དག་པར་རྫོགས་པའི་བྱང་ཆུབ་ཏུ་མངོན་པར་རྫོགས་པར་འཚང་མི་རྒྱའོ༑ །བརྩོན་འགྲུས་ཀྱི་ཕ་རོལ་ཏུ་ཕྱིན་པ་བླ་ན་མེད་པ་ཡང་དག་པར་རྫོགས་པའི་བྱང་ཆུབ་ཏུ་མངོན་པར་རྫོགས་པར་འཚང་མི་རྒྱའོ། །བསམ་གཏན་གྱི་ཕ་རོལ་ཏུ་ཕྱིན་པ་བླ་ན་མེད་པ་ཡང་དག་པར་རྫོགས་པའི་བྱང་ཆུབ་ཏུ་མངོན་པར་རྫོགས་པར་འཚང་མི་རྒྱའོ། །ཤེས་རབ་ཀྱི་ཕ་རོལ་ཏུ་ཕྱིན་པ་བླ་ན་མེད་པ་ཡང་དག་པར་རྫོགས་པའི་བྱང་ཆུབ་ཏུ་མངོན་པར་རྫོགས་པར་འཚང་མི་རྒྱའོ། །ནང་སྟོང་པ་ཉིད་བླ་ན་མེད་པ་ཡང་དག་པར་རྫོགས་པའི་བྱང་ཆུབ་ཏུ་མངོན་པར་རྫོགས་པར་འཚང་མི་རྒྱའོ། །ཕྱི་སྟོང་པ་ཉིད་བླ་ན་མེད་པ་ཡང་དག་པར་རྫོགས་པའི་བྱང་ཆུབ་ཏུ་མངོན་པར་རྫོགས་པར་འཚང་མི་རྒྱའོ། །ཕྱི་ནང་སྟོང་པ་ཉིད་བླ་ན་མེད་པ་ཡང་དག་པར་རྫོགས་པའི་བྱང་ཆུབ་ཏུ་མངོན་པར་རྫོགས་པར་འཚང་མི་

རྒྱའོ། །སྟོང་པ་ཉིད་སྟོང་པ་ཉིད་བླ་ན་མེད་པ་ཡང་དག་པར་རྫོགས་པའི་བྱང་ཆུབ་ཏུ་མངོན་པར་རྫོགས་པར་འཚང་མི་རྒྱའོ། །ཆེན་པོ་སྟོང་པ་ཉིད་བླ་ན་མེད་པ་ཡང་དག་པར་རྫོགས་པའི་བྱང་ཆུབ་ཏུ་མངོན་པར་རྫོགས་པར་འཚང་མི་རྒྱའོ། །དོན་དམ་པ་སྟོང་པ་ཉིད་བླ་ན་མེད་པ་ཡང་དག་པར་རྫོགས་པའི་བྱང་ཆུབ་ཏུ་མངོན་པར་རྫོགས་པར་འཚང་མི་རྒྱའོ། །འདུས་བྱས་སྟོང་པ་ཉིད་བླ་ན་མེད་པ་ཡང་དག་པར་རྫོགས་པའི་བྱང་ཆུབ་ཏུ་མངོན་པར་རྫོགས་པར་འཚང་མི་རྒྱའོ། །འདུས་མ་བྱས་སྟོང་པ་ཉིད་བླ་ན་མེད་པ་ཡང་དག་པར་རྫོགས་པའི་བྱང་ཆུབ་ཏུ་མངོན་པར་རྫོགས་པར་འཚང་མི་རྒྱའོ། །མཐའ་ལས་འདས་པ་སྟོང་པ་ཉིད་བླ་ན་མེད་པ་ཡང་དག་པར་རྫོགས་པའི་བྱང་ཆུབ་ཏུ་མངོན་པར་རྫོགས་པར་འཚང་མི་རྒྱའོ། །ཐོག་མ་དང་ཐ་མ་མེད་པ་སྟོང་པ་ཉིད་བླ་ན་མེད་པ་ཡང་དག་པར་རྫོགས་པའི་བྱང་ཆུབ་ཏུ་མངོན་པར་རྫོགས་པར་འཚང་མི་རྒྱའོ། །དོར་བ་མེད་པ་སྟོང་པ་ཉིད་བླ་ན་མེད་པ་ཡང་དག་པར་རྫོགས་པའི་བྱང་ཆུབ་ཏུ་མངོན་པར་རྫོགས་པར་འཚང་མི་རྒྱའོ། །རང་བཞིན་སྟོང་པ་ཉིད་བླ་ན་མེད་པ་ཡང་དག་པར་རྫོགས་པའི་བྱང་ཆུབ་ཏུ་མངོན་པར་རྫོགས་པར་འཚང་མི་རྒྱའོ། །ཆོས་ཐམས་ཅད་སྟོང་པ་ཉིད་བླ་ན་མེད་པ་ཡང་དག་པར་རྫོགས་པའི་བྱང་ཆུབ་ཏུ་མངོན་པར་རྫོགས་པར་འཚང་མི་རྒྱའོ། །རང་གི་མཚན་ཉིད་སྟོང་པ་ཉིད་བླ་ན་མེད་པ་ཡང་དག་པར་རྫོགས་པའི་བྱང་ཆུབ་ཏུ་མངོན་པར་རྫོགས་པར་འཚང་མི་རྒྱའོ། །མི་དམིགས་པ་སྟོང་པ་ཉིད་བླ་ན་མེད་པ་ཡང་དག་པར་རྫོགས་པའི་བྱང་ཆུབ་ཏུ་མངོན་པར་རྫོགས་པར་འཚང་མི་རྒྱའོ། །དངོས་པོ་མེད་པ་སྟོང་པ་ཉིད་བླ་ན་མེད་པ་ཡང་དག་པར་རྫོགས་པའི་བྱང་ཆུབ་ཏུ་མངོན་པར་རྫོགས་པར་འཚང་མི་རྒྱའོ། །ངོ་བོ་ཉིད་སྟོང་པ་ཉིད་བླ་ན་མེད་པ་ཡང་དག་པར་རྫོགས་པའི་བྱང་ཆུབ་ཏུ་མངོན་པར་རྫོགས་པར་

འཚང་མི་རྒྱའོ། །དངོས་པོ་མེད་པའི་ངོ་བོ་ཉིད་སྟོང་པ་ཉིད་བླ་ན་མེད་པ་ཡང་དག་པར་རྫོགས་པའི་བྱང་ཆུབ་ཏུ་མངོན་པར་རྫོགས་པར་འཚང་མི་རྒྱའོ། །དྲན་པ་ཉེ་བར་གཞག་པ་རྣམས་བླ་ན་མེད་པ་ཡང་དག་པར་རྫོགས་པའི་བྱང་ཆུབ་ཏུ་མངོན་པར་རྫོགས་པར་འཚང་མི་རྒྱའོ། །ཡང་དག་པར་སྤོང་བ་རྣམས་བླ་ན་མེད་པ་ཡང་དག་པར་རྫོགས་པའི་བྱང་ཆུབ་ཏུ་མངོན་པར་རྫོགས་པར་འཚང་མི་རྒྱའོ། །རྫུ་འཕྲུལ་གྱི་རྐང་པ་རྣམས་བླ་ན་མེད་པ་ཡང་དག་པར་རྫོགས་པའི་བྱང་ཆུབ་ཏུ་མངོན་པར་རྫོགས་པར་འཚང་མི་རྒྱའོ། །དབང་པོ་རྣམས་བླ་ན་མེད་པ་ཡང་དག་པར་རྫོགས་པའི་བྱང་ཆུབ་ཏུ་མངོན་པར་རྫོགས་པར་འཚང་མི་རྒྱའོ། །སྟོབས་རྣམས་བླ་ན་མེད་པ་ཡང་དག་པར་རྫོགས་པའི་བྱང་ཆུབ་ཏུ་མངོན་པར་རྫོགས་པར་འཚང་མི་རྒྱའོ། །བྱང་ཆུབ་ཀྱི་ཡན་ལག་རྣམས་བླ་ན་མེད་པ་ཡང་དག་པར་རྫོགས་པའི་བྱང་ཆུབ་ཏུ་མངོན་པར་རྫོགས་པར་འཚང་མི་རྒྱའོ། །འཕགས་པའི་ལམ་ཡན་ལག་བརྒྱད་པ་བླ་ན་མེད་པ་ཡང་དག་པར་རྫོགས་པའི་བྱང་ཆུབ་ཏུ་མངོན་པར་རྫོགས་པར་འཚང་མི་རྒྱའོ། །འཕགས་པའི་བདེན་པ་རྣམས་བླ་ན་མེད་པ་ཡང་དག་པར་རྫོགས་པའི་བྱང་ཆུབ་ཏུ་མངོན་པར་རྫོགས་པར་འཚང་མི་རྒྱའོ། །བསམ་གཏན་རྣམས་བླ་ན་མེད་པ་ཡང་དག་པར་རྫོགས་པའི་བྱང་ཆུབ་ཏུ་མངོན་པར་རྫོགས་པར་འཚང་མི་རྒྱའོ། །ཚད་མེད་པ་རྣམས་བླ་ན་མེད་པ་ཡང་དག་པར་རྫོགས་པའི་བྱང་ཆུབ་ཏུ་མངོན་པར་རྫོགས་པར་འཚང་མི་རྒྱའོ། །གཟུགས་མེད་པའི་སྙོམས་པར་འཇུག་པ་རྣམས་བླ་ན་མེད་པ་ཡང་དག་པར་རྫོགས་པའི་བྱང་ཆུབ་ཏུ་མངོན་པར་རྫོགས་པར་འཚང་མི་རྒྱའོ། །རྣམ་པར་ཐར་པ་རྣམས་བླ་ན་མེད་པ་ཡང་དག་པར་རྫོགས་པའི་བྱང་ཆུབ་ཏུ་མངོན་པར་རྫོགས་པར་འཚང་མི་རྒྱའོ། །མཐར་གྱིས་གནས་པའི་སྙོམས་པར་འཇུག་པ་རྣམས་བླ་ན་མེད་པ་ཡང་དག་པར་

རྫོགས་པའི་བྱང་ཆུབ་ཏུ་མངོན་པར་རྫོགས་པར་འཚང་མི་རྒྱའོ། །རྣམ་པར་ཐར་པའི་སྒོ་སྟོང་པ་ཉིད་དང་། མཚན་མ་མེད་པ་དང་། སྨོན་པ་མེད་པ་བླ་ན་མེད་པ་ཡང་དག་པར་རྫོགས་པའི་བྱང་ཆུབ་ཏུ་མངོན་པར༔ རྫོགས་པར་①འཚང་མི་རྒྱའོ། །མངོན་པར་ཤེས་པ་རྣམས་བླ་ན་མེད་པ་ཡང་དག་པར་རྫོགས་པའི་བྱང་ཆུབ་ཏུ་མངོན་པར་རྫོགས་པར་འཚང་མི་རྒྱའོ། །ཏིང་ངེ་འཛིན་རྣམས་བླ་ན་མེད་པ་ཡང་དག་པར་རྫོགས་པའི་བྱང་ཆུབ་ཏུ་མངོན་པར་རྫོགས་པར་འཚང་མི་རྒྱའོ། །གཟུངས་ཀྱི་སྒོ་རྣམས་བླ་ན་མེད་པ་ཡང་དག་པར་རྫོགས་པའི་བྱང་ཆུབ་ཏུ་མངོན་པར་རྫོགས་པར་འཚང་མི་རྒྱའོ། །དེ་བཞིན་གཤེགས་པའི་སྟོབས་རྣམས་བླ་ན་མེད་པ་ཡང་དག་པར་རྫོགས་པའི་བྱང་ཆུབ་ཏུ་མངོན་པར་རྫོགས་པར་འཚང་མི་རྒྱའོ། །མི་འཇིགས་པ་རྣམས་བླ་ན་མེད་པ་ཡང་དག་པར་རྫོགས་པའི་བྱང་ཆུབ་ཏུ་མངོན་པར་རྫོགས་པར་འཚང་མི་རྒྱའོ། །སོ་སོ་ཡང་དག་པར་རིག་②པ་རྣམས་བླ་ན་མེད་པ་ཡང་དག་པར་རྫོགས་པའི་བྱང་ཆུབ་ཏུ་མངོན་པར་རྫོགས་པར་འཚང་མི་རྒྱའོ། །③སྙིང་རྗེ་ཆེན་པོ་བླ་ན་མེད་པ་ཡང་དག་པར་རྫོགས་པའི་བྱང་ཆུབ་ཏུ་མངོན་པར་རྫོགས་པར་འཚང་མི་རྒྱའོ། །སངས་རྒྱས་ཀྱི་ཆོས་མ་འདྲེས་པ་བཅོ་བརྒྱད་བླ་ན་མེད་པ་ཡང་དག་པར་རྫོགས་པའི་བྱང་ཆུབ་ཏུ་མངོན་པར་རྫོགས་པར་འཚང་མི་རྒྱའོ། །རབ་འབྱོར་དེ་ཅིའི་ཕྱིར་ཞེ་ན། འདི་ལྟར་ཆོས་དེ་དག་ཐམས་ཅད་ཀྱང་འདུས་བྱས་པ་མངོན་པར་འདུས་བྱས་པ་སྟེ། འདུས་བྱས་པ་དང་། མངོན་པར་འདུས་བྱས་པའི་ཆོས་ཀྱིས་ནི། རྣམ་པ་ཐམས་ཅད་མཁྱེན་པ་ཉིད་ཐོབ་པར་མི་ནུས་སོ། །རབ་འབྱོར་འོན་ཀྱང་ཆོས་དེ་དག་ནི་ཐམས་ཅད་ཀྱང་ལམ་བསྒྲུབ་④པ་དང་། ལམ་བསྐྱེད་⑤པའི་རྒྱུར་འགྱུར་བ་སྟེ། འབྲས་བུ་ཐོབ་པའི་ཕྱིར་ནི་མ་ཡིན་ནོ། །ཆོས་དེ་དག་གི་མི་སྐྱེ་བ་དང་། མི་འབྱུང་བ་གང་ཡིན་པ་⑥

ཉི་མཚན་ཉིད་མེད་པ་ཡང་དེ་ཡིན་ཏེ། དེ་ལྟ་བས་ན་བྱང་ཆུབ་སེམས་དཔའ་སེམས་དཔའ་ཆེན་པོ་སེམས་དང་པོ་བསྐྱེད་པ་ནས་ཉེ་བར་བཟུང་སྟེ། དགེ་བའི་ཆོས་སྦྱིན་པའི་ཕ་རོལ་ཏུ་ཕྱིན་པའམ། ཚུལ་ཁྲིམས་ཀྱི་ཕ་རོལ་ཏུ་ཕྱིན་པའམ། བཟོད་པའི་ཕ་རོལ་ཏུ་ཕྱིན་པའམ། བརྩོན་འགྲུས་ཀྱི་ཕ་རོལ་ཏུ་ཕྱིན་པའམ། བསམ་གཏན་གྱི་ཕ་རོལ་ཏུ་ཕྱིན་པའམ། ཤེས་རབ་ཀྱི་ཕ་རོལ་ཏུ་ཕྱིནད་པའམ། ནང་སྟོང་པ་ཉིད་དམ། ཕྱི་སྟོང་པ་ཉིད་དམ། ཕྱི་ནང་སྟོང་པ་ཉིད་དམ། སྟོང་པ་ཉིད་སྟོང་པ་ཉིད་དམ། ཆེན་པོ་སྟོང་པ་ཉིད་དམ། དོན་དམ་པ་སྟོང་པ་ཉིད་དམ། འདུས་བྱས་སྟོང་པ་ཉིད་དམ། འདུས་མ་བྱས་སྟོང་པ་ཉིད་དམ། མཐའ་ལས་འདས་པ་སྟོང་པ་ཉིད་དམ། ཐོག་མ་དང་ཐ་མ་མེད་པ་སྟོང་པ་ཉིད་དམ༑ དོར་བ་མེད་པ་སྟོང་པ་ཉིད་དམ། རང་བཞིན་སྟོང་པ་ཉིད་དམ། ཆོས་ཐམས་ཅད་སྟོང་པ་ཉིད་དམ། རང་གི་མཚན་ཉིད་སྟོང་པ་ཉིད་དམ། མི་དམིགས་པ་སྟོང་པ་ཉིད་དམ། དངོས་པོ་མེད་པ་སྟོང་པ་ཉིད་དམ། ངོ་བོ་ཉིད་སྟོང་པ་ཉིད་དམ། དངོས་པོ་མེད་པའི་ངོ་བོ་ཉིད་སྟོང་པ་ཉིད་དམ། དྲན་པ་ཉེ་བར་གཞག་པ་རྣམས་སམ། ཡང་དག་པར་སྤོང་བ་རྣམས་སམ། རྫུ་འཕྲུལ་གྱི་རྐང་པ་རྣམས་སམ། དབང་པོ་རྣམས་སམ། སྟོབས་རྣམས་སམ། བྱང་ཆུབ་ཀྱི་ཡན་ལག་རྣམས་སམ། འཕགས་པའི་ལམ་ཡན་ལག་བརྒྱད་པའམ། འཕགས་པའི་བདེན་པ་རྣམས་སམ། བསམ་གཏན་རྣམས་སམ། ཚད་མེད་པ་རྣམས་སམ། གཟུགས་མེད་པའི་སྙོམས་པར་འཇུག་པ་རྣམས་སམ། རྣམ་པར་ཐར་པཿབརྒྱད་དམ[7]། མཐར་གྱིས་གནས་པའི་སྙོམས་པར་འཇུག་པ་རྣམས་སམ། རྣམ་པར་ཐར་པའི་སྒོ་སྟོང་པ་ཉིད་དང༌། མཚན་མ་མེད་པ་དང༌། སྨོན་པ་མེད་པའམ༑ མངོན་པར་ཤེས་པ་རྣམས་སམ། ཏིང་ངེ་འཛིན་རྣམས་སམ།

གཟུངས་ཀྱི་སྒོ་རྣམས་སམ། དེ་བཞིན་གཤེགས་པའི་སྟོབས་རྣམས་སམ། མི་འཇིགས་པ་རྣམས་སམ། སོ་སོ་ཡང་དག་པར་རིག་པ་རྣམས་སམ། ②སྙིང་རྗེ་ཆེན་པོའམ། སངས་རྒྱས་ཀྱི་ཆོས་མ་འདྲེས་པ་རྣམས་སམ། དགེ་བའི་ཆོས་གང་དང་གང་ཙོམ་ཡང་དེ་ཐམས་ཅད་སྒྱུ་མ་ལྟ་བུ་ཞེས་བྱ་བར་རབ་ཏུ་ཤེས་ཏེ། སྦྱིན་པའི་ཕ་རོལ་ཏུ་ཕྱིན་པ་དང་། ཚུལ་ཁྲིམས་ཀྱི་ཕ་རོལ་ཏུ་ཕྱིན་པ་དང་། བཟོད་པའི་ཕ་རོལ་ཏུ་ཕྱིན་པ་དང་། བརྩོན་འགྲུས་ཀྱི་ཕ་རོལ་ཏུ་ཕྱིན་པ་དང་། བསམ་གཏན་གྱི་ཕ་རོལ་ཏུ་ཕྱིནད་པ་དང་། ཤེས་རབ་ཀྱི་ཕ་རོལ་ཏུ་ཕྱིན་པ་དང་། ནང་སྟོང་པ་ཉིད་དང་། ཕྱི་སྟོང་པ་ཉིད་དང་། ཕྱི་ནང་སྟོང་པ་ཉིད་དང་། སྟོང་པ་ཉིད་སྟོང་པ་ཉིད་དང་། ཆེན་པོ་སྟོང་པ་ཉིད་དང་། དོན་དམ་པ་སྟོང་པ་ཉིད་དང་། འདུས་བྱས་སྟོང་པ་ཉིད་དང་། འདུས་མ་བྱས་སྟོང་པ་ཉིད་དང་། མཐའ་ལས་འདས་པ་སྟོང་པ་ཉིད་དང་། ཐོག་མ་དང་ཐ་མ་མེད་པ་སྟོང་པ་ཉིད་དང་། དོར་བ་མེད་པ་སྟོང་པ་ཉིད་དང་། རང་བཞིན་སྟོང་པ་ཉིད་དང་། ཆོས་ཐམས་ཅད་སྟོང་པ་ཉིད་དང་། རང་གི་མཚན་ཉིད་སྟོང་པ་ཉིད་དང་། མི་དམིགས་པ་སྟོང་པ་ཉིད་དང་། དངོས་པོ་མེད་པ་སྟོང་པ་ཉིད་དང་། ངོ་བོ་ཉིད་སྟོང་པ་ཉིད་དང་། དངོས་པོ་མེད་པའི་ངོ་བོ་ཉིད་སྟོང་པ་ཉིད་དང་། དྲན་པ་ཉེ་བར་གཞག་པ་རྣམས་དང་། ཡང་དག་པར་སྤོང་བ་རྣམས་དང་། རྫུ་འཕྲུལ་གྱི་རྐང་པ་རྣམས་དང་། དབང་པོ་རྣམས་དང་། སྟོབས་རྣམས་དང་། བྱང་ཆུབ་ཀྱི་ཡན་ལག་རྣམས་དང་། འཕགས་པའི་ལམ་ཡན་ལག་③བརྒྱད་པ་དང་། འཕགས་པའི་བདེན་པ་རྣམས་དང་། བསམ་གཏན་རྣམས་དང་། ཚད་མེད་པ་རྣམས་དང་། གཟུགས་མེད་པའི་སྙོམས་པར་འཇུག་པ་རྣམས་དང་། ༑རྣམ་པར་ཐར་པ་རྣམས་དང་།③ མཐར་གྱིས་

གནས་པའི་སྙོམས་པར་འཇུག་པ་རྣམས་དང་། རྣམ་པར་ཐར་པའི་སྒོ་སྟོང་པ་ཉིད་དང་། མཚན་མ་མེད་པ་དང་། སྨོན་པ་མེད་པ་དང་། མངོན་པར་ཤེས་པ་རྣམས་དང་། ཏིང་ངེ་འཛིན་རྣམས་དང་། གཟུངས་ཀྱི་སྒོ་རྣམས་དང་། དེ་བཞིན་གཤེགས་[༡]པའི་སྟོབས་རྣམས་དང་། མི་འཇིགས་པ་རྣམས་དང་། སོ་སོ་ཡང་དག་པར་རིག་པ་རྣམས་དང་། [༢]སྙིང་རྗེ་ཆེན་པོ་[༣]དང་། སངས་རྒྱས་ཀྱི་ཆོས་མ་འདྲེས་པ་བཅོ་བརྒྱད་པོ་[༤]དེ་དག་ཡོངས་སུ་རྫོགས་པར་མ་བྱས་པར། སེམས་ཅན་རྣམས་ཡོངས་སུ་སྨིན་པར་བྱ་བའམ། རྣམ་པ་ཐམས་ཅད་མཁྱེན་པ་ཉིད་ཐོབ་པར་བྱ་བར་མི་ནུས་པས[༥]། དེའི་ཕྱིར་དེ་ལྟ་བས་ན་བྱང་ཆུབ་སེམས་དཔའ་སེམས་དཔའ་ཆེན་པོ་ཤེས་རབ་ཀྱི་ཕ་རོལ་ཏུ་ཕྱིན་པ་ལ་སྤྱོད་ཅིང་། དགེ་བའི་ཆོས་གང་དང་གང་རྩོམ་ཡང་[༦]དེ་ཐམས་ཅད་རྨི་ལམ་ལྟ་བུར་ཞེས་སོ། །སྒྲ་བརྙན་ལྟ་བུར་ཞེས་སོ། །མིག་ཡོར་ལྟ་བུར་ཞེས་སོ། །སྨིག་རྒྱུ་ལྟ་བུར་ཞེས་སོ། །སྒྱུ་མ་ལྟ་བུར་ཞེས་སོ། །སྤྲུལ་པ་ལྟ་བུར་ཞེས་སོ། །དེ་ཤེས་རབ་ཀྱི་ཕ་རོལ་ཏུ་ཕྱིན་པ་ལ་སྤྱོད་པའི་ཚེ། སྦྱིན་པའི་ཕ་རོལ་ཏུ་ཕྱིན་པ་རྨི་ལམ་ལྟ་བུར་ཞེས་སོ། །སྒྲ་བརྙན་ལྟ་བུ་དང་། མིག་ཡོར་ལྟ་བུ་དང་། སྨིག་རྒྱུ་ལྟ་བུ་དང་། སྒྱུ་མ་ལྟ་བུ་དང་། སྤྲུལ་པ་ལྟ་བུར་ཞེས་[༧]སོ། །དེ་ཤེས་རབ་ཀྱི་ཕ་རོལ་ཏུ་ཕྱིན་པ་ལ་སྤྱོད་པའི་ཚེ། ཚུལ་ཁྲིམས་ཀྱི་ཕ་རོལ་ཏུ་ཕྱིན་པ་[༨]རྨི་ལམ་ལྟ་བུར་ཞེས་སོ། །སྒྲ་བརྙན་ལྟ་བུ་དང་། མིག་ཡོར་ལྟ་བུ་དང་། སྨིག་རྒྱུ་ལྟ་བུ་དང་། སྒྱུ་མ་ལྟ་བུ་དང་། སྤྲུལ་པ་ལྟ་བུར་ཞེས་སོ། །དེ་ཤེས་རབ་ཀྱི་ཕ་རོལ་ཏུ་ཕྱིན་པ་ལ་སྤྱོད་པའི་ཚེ། བཟོད་པའི་ཕ་རོལ་ཏུ་ཕྱིན་པ་རྨི་ལམ་ལྟ་བུར་ཞེས་སོ། །སྒྲ་བརྙན་ལྟ་བུ་དང་། མིག་ཡོར་ལྟ་བུ་དང་། སྨིག་རྒྱུ་ལྟ་བུ་དང་། སྒྱུ་མ་ལྟ་བུ་དང་། སྤྲུལ་པ་ལྟ་བུར་ཞེས་སོ། །དེ་ཤེས་རབ་ཀྱི་ཕ་རོལ་ཏུ་ཕྱིན་པ་ལ་སྤྱོད་པའི་ཚེ།

བརྩོན་འགྲུས་ཀྱི་ཕ་རོལ་ཏུ་ཕྱིན་པ་རྨི་ལམ་ལྟ་བུར་ཤེས་སོ། །སྒྲ་བརྙན་ལྟ་བུ་དང་། མིག་ཡོར་ལྟ་བུ་དང་། སྨིག་རྒྱུ་ལྟ་བུ་དང་། སྒྱུ་མ་ལྟ་བུ་དང་། སྤྲུལ་པ་ལྟ་བུར་ཤེས་སོ། །དེ་ཤེས་རབ་ཀྱི་ཕ་རོལ་ཏུ་ཕྱིན་པ་ལ་སྤྱོད་པའི་ཚེ། བསམ་གཏན་གྱི་ཕ་རོལ་ཏུ་ཕྱིན་པ་རྨི་ལམ་ལྟ་བུར་ཤེས་སོ། །སྒྲ་བརྙན་ལྟ་བུ་དང་། མིག་ཡོར་ལྟ་བུ་དང་། སྨིག་རྒྱུ་ལྟ་བུ་དང་། སྒྱུ་མ་ལྟ་བུ་དང་། སྤྲུལ་པ་ལྟ་བུར་ཤེས་སོ། །དེ་ཤེས་རབ་ཀྱི་ཕ་རོལ་ཏུ་ཕྱིནད་པ་ལ་སྤྱོད་པའི་ཚེ། ཤེས་རབ་ཀྱི་ཕ་རོལ་ཏུ་ཕྱིན་པ་རྨི་ལམ་ལྟ་བུར་ཤེས་སོ། །སྒྲ་བརྙན་ལྟ་བུ་དང་། མིག་ཡོར་ལྟ་བུ་དང་། སྨིག་རྒྱུ་ལྟ་བུ་དང་། སྒྱུ་མ་ལྟ་བུ་དང་། སྤྲུལ་པ་ལྟ་བུར་ཤེས་སོ། །དེ་ཤེས་རབ་ཀྱི་ཕ་རོལ་ཏུ་ཕྱིནད་པ་ལ་སྤྱོད་པའི་ཚེ། ནང་སྟོང་པ་ཉིད་རྨི་ལམ་ལྟ་བུར་ཤེས་སོ། །སྒྲ་བརྙན་ལྟ་བུ་དང་། མིག་ཡོར་ལྟ་བུ་དང་། སྨིག་རྒྱུ་ལྟ་བུ་དང་། སྒྱུ་མ་ལྟ་བུ་དང་། སྤྲུལ་པ་ལྟ་བུར་ཤེས་སོ། །དེ་ཤེས་རབ་ཀྱི་ཕ་རོལད་ཏུ་ཕྱིནད་པ་ལ་སྤྱོད་པའི་ཚེ། ཕྱི་སྟོང་པ་ཉིད་རྨི་ལམ་ལྟ་བུར་ཤེས་སོ། །སྒྲ་བརྙན་ལྟ་བུ་དང་། མིག་ཡོར་ལྟ་བུ་དང་། སྨིག་རྒྱུ་ལྟ་བུ་དང་། སྒྱུ་མ་ལྟ་བུ་དང་། སྤྲུལ་པ་ལྟ་བུར་ཤེས་སོ། །དེ་ཤེས་རབ་ཀྱི་ཕ་རོལ་ཏུ་ཕྱིན་པ་ལ་སྤྱོད་པའི་ཚེ། ཕྱི་ནང་སྟོང་པ་ཉིད་རྨི་ལམ་ལྟ་བུར་ཤེས་སོ། །སྒྲ་བརྙན་ལྟ་བུ་དང་། མིག་ཡོར་ལྟ་བུ་དང་། སྨིག་རྒྱུ་ལྟ་བུ་དང་། སྒྱུ་མ་ལྟ་བུ་དང་། སྤྲུལ་པ་ལྟ་བུར་ཤེས་སོ། །དེ་ཤེས་རབ་ཀྱི་ཕ་རོལད་ཏུ་ཕྱིནད་པ་ལ་སྤྱོད་པའི་ཚེ། སྟོང་པ་ཉིད་སྟོང་པ་ཉིད་རྨི་ལམ་ལྟ་བུར་ཤེས་སོ། །སྒྲ་བརྙན་ལྟ་བུ་དང་། མིག་ཡོར་ལྟ་བུ་དང་། སྨིག་རྒྱུ་ལྟ་བུ་དང་། སྒྱུ་མ་ལྟ་བུ་དང་། སྤྲུལ་པ་ལྟ་བུར་ཤེས་སོ། །དེ་ཤེས་རབ་ཀྱི་ཕ་རོལ་ཏུ་ཕྱིནད་པ་ལ་སྤྱོད་པའི་ཚེ། ཆེན་པོ་སྟོང་པ་ཉིད་རྨི་ལམ་ལྟ་བུར་ཤེས་སོ། །སྒྲ་བརྙན་ལྟ་བུ་དང་། མིག་ཡོར་ལྟ་བུ་

དང་། སྨིག་རྒྱུ་ལྟ་བུ་དང་། སྒྱུ་མ་ལྟ་བུ་དང་། སྤྲུལ་པ་ལྟ་བུར་ཤེས་སོ། ། དེ་ཤེས་རབ་ཀྱི་ཕ་རོལ་ཏུ་ཕྱིན་པ་ལ་སྤྱོད་པའི་ཚེ། དོན་དམ་པ་སྟོང་པ་ཉིད་ཀྱི་ལམ་ལྟ་བུར་ཤེས་སོ། །སྒྲ་བརྙན་ལྟ་བུ་དང་། མིག་ཡོར་ལྟ་བུ་དང་། སྨིག་རྒྱུ་ལྟ་བུ་དང་། སྒྱུ་མ་ལྟ་བུ་དང་། སྤྲུལ་པ་ལྟ་བུར་ཤེས་སོ། །དེ་ཤེས་རབ་ཀྱི་ཕ་རོལ་ཏུ་ཕྱིན་པ་ལ་སྤྱོད་པའི་ཚེ། འདུས་བྱས་སྟོང་པ་ཉིད་ཀྱི་ལམ་ལྟ་བུར་ཤེས་སོ། །སྒྲ་བརྙན་ལྟ་བུ་དང་། མིག་ཡོར་ལྟ་བུ་དང་། སྨིག་རྒྱུ་ལྟ་བུ་དང་། སྒྱུ་མ་ལྟ་བུ་དང་། སྤྲུལ་པ་ལྟ་བུར་ཤེས་སོ། །དེ་ཤེས་རབ་ཀྱི་ཕ་རོལ་ཏུ་ཕྱིན་པ་ལ་སྤྱོད་པའི་ཚེ། འདུས་མ་བྱས་སྟོང་པ་ཉིད་ཀྱི་ལམ་ལྟ་བུར་ཤེས་སོ། །སྒྲ་བརྙན་ལྟ་བུ་དང་། མིག་ཡོར་ལྟ་བུ་དང་། སྨིག་རྒྱུ་ལྟ་བུ་དང་། སྒྱུ་མ་ལྟ་བུ་དང་། སྤྲུལ་པ་ལྟ་བུར་ཤེས་སོ། །དེ་ཤེས་རབ་ཀྱི་ཕ་རོལ་ཏུ་ཕྱིན་པ་ལ་སྤྱོད་པའི་ཚེ། མཐའ་ལས་འདས་པ་སྟོང་པ་ཉིད་ཀྱི་ལམ་ལྟ་བུར་ཤེས་སོ། །སྒྲ་བརྙན་ལྟ་བུ་དང་། མིག་ཡོར་ལྟ་བུ་དང་། སྨིག་རྒྱུ་ལྟ་བུ་དང་། སྒྱུ་མ་ལྟ་བུ་དང་། སྤྲུལ་པ་ལྟ་བུར་ཤེས་སོ། །དེ་ཤེས་རབ་ཀྱི་ཕ་རོལ་ཏུ་ཕྱིནད་པ་ལ་སྤྱོད་པའི་ཚེ། ཐོག་མ་དང་ཐ་མ་མེད་པ་སྟོང་པ་ཉིད་ཀྱི་ལམ་ལྟ་བུར་ཤེས་སོ། །སྒྲ་བརྙན་ལྟ་བུ་དང་། མིག་ཡོར་ལྟ་བུ་[༡]དང་། སྨིག་རྒྱུ་ལྟ་བུ་དང་། སྒྱུ་མ་ལྟ་བུ་དང་། སྤྲུལ་པ་ལྟ་བུར་ཤེས་སོ། །དེ་ཤེས་རབ་ཀྱི་ཕ་རོལ་ཏུ་ཕྱིནད་པ་ལ་སྤྱོད་པའི་ཚེ། དོར་བ་མེད་པ་སྟོང་པ་ཉིད་ཀྱི་ལམ་ལྟ་བུར་ཤེས་སོ། །སྒྲ་[༢]བརྙན་ལྟ་བུ་དང་། མིག་ཡོར་ལྟ་བུ་དང་། སྨིག་རྒྱུ་ལྟ་བུ་དང་། སྒྱུ་མ་ལྟ་བུ་དང་། སྤྲུལ་པ་ལྟ་བུར་ཤེས་སོ། །དེ་ཤེས་རབ་ཀྱི་ཕ་རོལ་ཏུ་ཕྱིན་པ་ལ་སྤྱོད་པའི་ཚེ། རང་བཞིན་སྟོང་པ་ཉིད་ཀྱི་ལམ་ལྟ་བུར་ཤེས་སོ། །སྒྲ་བརྙན་ལྟ་བུ་དང་། མིག་ཡོར་ལྟ་བུ་དང་། སྨིག་རྒྱུ་ལྟ་བུ་དང་། སྒྱུ་མ་ལྟ་བུ་དང་། སྤྲུལ་པ་ལྟ་བུར་ཤེས་སོ། །དེ་ཤེས་

རབ་[༡]ཀྱི་ཕ་རོལ་ཏུ་ཕྱིན་པ་ལ་སྤྱོད་པའི་ཚེ། ཆོས་ཐམས་ཅད་སྟོང་པ་ཉིད་ཀྱི་ལམ་ལྟ་བུར་ཤེས་སོ། །སྒྲ་བརྙན་ལྟ་[༢]བུ་དང་། མིག་ཡོར་ལྟ་བུ་དང་། སྨིག་རྒྱུ་ལྟ་བུ་དང་། སྒྱུ་མ་ལྟ་བུ་དང་། སྤྲུལ་པ་ལྟ་བུར་ཤེས་སོ། །དེ་ཤེས་རབ་ཀྱི་ཕ་རོལ་ཏུ་ཕྱིན་པ་ལ་སྤྱོད་པའི་ཚེ། རང་གི་མཚན་ཉིད་སྟོང་པ་ཉིད་ཀྱི་ལམ་ལྟ་བུར་ཤེས་སོ། །སྒྲ་བརྙན་ལྟ་བུ་དང་། མིག་ཡོར་ལྟ་བུ་དང་། སྨིག་རྒྱུ་ལྟ་བུ་དང་། སྒྱུ་མ་ལྟ་བུ་དང་། སྤྲུལ་པ་ལྟ་བུར་ཤེས་སོ། །དེ་ཤེས་རབ་ཀྱི་ཕ་རོལ་ཏུ་ཕྱིན་པ་ལ་སྤྱོད་པའི་ཚེ། མི་དམིགས་པ་སྟོང་པ་ཉིད་ཀྱི་ལམ་ལྟ་བུར་ཤེས་སོ། །སྒྲ་བརྙན་ལྟ་བུ་དང་། མིག་ཡོར་ལྟ་བུ་དང་། སྨིག་རྒྱུ་ལྟ་བུ་དང་། སྒྱུ་མ་ལྟ་བུ་དང་། སྤྲུལ་པ་ལྟ་བུར་ཤེས་སོ། །དེ་ཤེས་རབ་ཀྱི་ཕ་རོལ་ཏུ་ཕྱིན་པ་ལ་སྤྱོད་པའི་ཚེ། དངོས་པོ་མེད་པ་སྟོང་པ་ཉིད་ཀྱི་ལམ་ལྟ་བུར་ཤེས་སོ། །སྒྲ་བརྙན་ལྟ་བུ་དང་། མིག་ཡོར་ལྟ་བུ་དང་། སྨིག་རྒྱུ་ལྟ་བུ་དང་། སྒྱུ་མ་ལྟ་བུ་དང་། སྤྲུལ་པ་ལྟ་བུར་ཤེས་སོ། །དེ་ཤེས་རབ་ཀྱིཿཕ་རོལ་ཏུ་[༣]ཕྱིན་པ་ལ་སྤྱོད་པའི་ཚེ། ངོ་བོ་ཉིད་སྟོང་པ་ཉིད་ཀྱི་ལམ་ལྟ་བུར་ཤེས་སོ། །སྒྲ་བརྙན་ལྟ་བུ་དང་། མིག་ཡོར་ལྟ་བུ་དང་། སྨིག་རྒྱུ་ལྟ་བུ་དང་། སྒྱུ་མ་ལྟ་བུ་དང་། སྤྲུལ་པ་ལྟ་བུར་ཤེས་སོ། །དེ་ཤེས་རབ་ཀྱི་ཕ་རོལ་ཏུ་ཕྱིན་པ་ལ་སྤྱོད་པའི་ཚེ། དངོས་པོ་མེད་པའི་ངོ་བོ་ཉིད་སྟོང་པ་ཉིད་ཀྱི་ལམ་[༤]ལྟ་བུར་ཤེས་སོ། །སྒྲ་བརྙན་ལྟ་བུ་དང་། མིག་ཡོར་ལྟ་བུ་དང་། སྨིག་རྒྱུ་ལྟ་བུ་དང་། སྒྱུ་མ་ལྟ་བུ་དང་། སྤྲུལ་པ་ལྟ་བུར་ཤེས་སོ། །དེ་ཤེས་རབ་ཀྱི་ཕ་རོལ་ཏུ་ཕྱིན་པ་ལ་སྤྱོད་པའི་ཚེ། དྲན་པ་ཉེ་བར་གཞག་པ་རྣམས་ཀྱི་ལམ་ལྟ་བུར་ཤེས་སོ། །སྒྲ་བརྙན་ལྟ་བུ་དང་། མིག་ཡོར་ལྟ་བུ་དང་། སྨིག་རྒྱུ་ལྟ་བུ་དང་། སྒྱུ་མ་ལྟ་བུ་དང་། སྤྲུལ་པ་ལྟ་བུར་ཤེས་སོ། །དེ་ཤེས་རབ་ཀྱི་ཕ་རོལ་ཏུ་ཕྱིན་པ་ལ་སྤྱོད་པའི་ཚེ། ཡང་དག་པར་

སྤྱོད་པ་རྣམས་(༡)རྨི་ལམ་ལྟ་བུར་ཞེས་སོ། །སྒྲ་བརྙན་ལྟ་བུ་དང་། མིག་ཡོར་ལྟ་བུ་དང་། སྨིག་རྒྱུ་(༢)ལྟ་བུ་དང་། སྒྱུ་མ་ལྟ་བུ་དང་། སྤྲུལ་པ་ལྟ་བུར་ཞེས་སོ། །དེ་ཤེས་རབ་ཀྱི་ཕ་རོལ་ཏུ་ཕྱིན་པ་ལ་སྤྱོད་པའི་ཚེ། རྫུ་འཕྲུལ་གྱི་(༣)རྐང་པ་རྣམས་རྨི་ལམ་ལྟ་བུར་ཞེས་སོ། །སྒྲ་བརྙན་ལྟ་བུ་དང་། མིག་ཡོར་ལྟ་བུ་དང་། སྨིག་རྒྱུ་ལྟ་བུ་དང་། སྒྱུ་མ་ལྟ་བུ་དང་། སྤྲུལ་པ་ལྟ་བུར་ཞེས་སོ། །དེ་ཤེས་རབ་ཀྱི་ཕ་རོལ་ཏུ་ཕྱིན་པ་ལ་སྤྱོད་པའི་ཚེ། དབང་པོ་རྣམས་རྨི་ལམ་ལྟ་བུར་ཞེས་སོ། །སྒྲ་བརྙན་ལྟ་བུ་དང་། མིག་ཡོར་ལྟ་བུ་དང་། སྨིག་རྒྱུ་ལྟ་བུ་དང་། སྒྱུ་མ་ལྟ་བུ་དང་། སྤྲུལ་པ་ལྟ་བུར་ཞེས་སོ། །དེ་ཤེས་རབ་ཀྱི་ཕ་རོལ་ཏུ་ཕྱིན་པ་ལ་སྤྱོད་པའི་ཚེ། སྟོབས་རྣམས་རྨི་ལམ་ལྟ་བུར་ཞེས་སོ། །སྒྲ་བརྙན་ལྟ་བུ་དང་། མིག་ཡོར་ལྟ་བུ་དང་། སྨིག་རྒྱུ་ལྟ་བུ་དང་། སྒྱུ་མ་ལྟ་བུ་དང་། སྤྲུལ་པ་ལྟ་བུར་ཞེས་སོ། །དེ་ཤེས་རབ་ཀྱི་ཕ་རོལ་ཏུ་ཕྱིན་པ་ལ་སྤྱོད་པའི་ཚེ། བྱང་ཆུབ་ཀྱི་ཡན་ལག་རྣམས་རྨི་ལམ་ལྟ་བུར་ཞེས་སོ། །སྒྲ་བརྙན་ལྟ་བུ་དང་། མིག་ཡོར་ལྟ་བུ་དང་། སྨིག་རྒྱུ་ལྟ་བུ་དང་། སྒྱུ་མ་ལྟ་བུ་དང་། སྤྲུལ་པ་ལྟ་བུར་ཞེས་སོ། །དེ་ཤེས་རབ་ཀྱི་ཕ་རོལ་ཏུ་ཕྱིན་པ་ལ་སྤྱོད་པའི་ཚེ། འཕགས་པའི་ལམ་ཡན་ལག་བརྒྱད་པ་རྨི་ལམ་ལྟ་བུར་ཞེས་སོ། །སྒྲ་བརྙན་ལྟ་བུ་དང་། མིག་ཡོར་ལྟ་བུ་དང་། སྨིག་རྒྱུ་ལྟ་བུ་དང་། སྒྱུ་མ་ལྟ་བུ་དང་། སྤྲུལ་པ་ལྟ་བུར་ཞེས་སོ། །དེ་ཤེས་རབ་ཀྱི་ཕ་རོལ་ཏུ་ཕྱིན་པ་ལ་སྤྱོད་པའི་ཚེ། འཕགས་པའི་བདེན་པ་རྣམས་(༤)རྨི་ལམ་ལྟ་བུར་ཞེས་སོ། །སྒྲ་བརྙན་ལྟ་བུ་དང་། མིག་ཡོར་ལྟ་བུ་དང་། སྨིག་རྒྱུ་ལྟ་བུ་དང་། སྒྱུ་མ་ལྟ་བུ་དང་། སྤྲུལ་པ་ལྟ་བུར་ཞེས་སོ། །དེ་ཤེས་རབ་ཀྱི་ཕ་རོལ་ཏུ་ཕྱིན་པ་ལ་སྤྱོད་པའི་ཚེ། བསམ་གཏན་རྣམས་རྨི་ལམ་ལྟ་བུར་ཞེས་སོ། །སྒྲ་བརྙན་ལྟ་བུ་དང་། མིག་ཡོར་ལྟ་བུ་དང་། སྨིག་རྒྱུ་ལྟ་བུ་དང་། སྒྱུ་མ་ལྟ་

བུ་དང་། སྤྲུལ་པ་ལྟ་བུར་ཤེས་སོ། །དེ་ཤེས་རབ་ཀྱི་ཕ་རོལ་ཏུ་ཕྱིན་པ་ལ་སྤྱོད་པའི་ཚེ། ཚད་མེད་པ་རྣམས་རྨི་ལམ་ལྟ་བུར་ཤེས་སོ། །སྒྲ་བརྙན་ལྟ་བུ་དང་། མིག་ཡོར་ལྟ་བུ་དང་། སྨིག་རྒྱུ་ལྟ་བུ་དང་། སྒྱུ་མ་ལྟ་བུ་དང་། སྤྲུལ་པ་ལྟ་བུར་ཤེས་སོ། །དེ་ཤེས་རབ་ཀྱི་ཕ་རོལ་ཏུ་ཕྱིན་པ་ལ་སྤྱོད་པའི་ཚེ། གཟུགས་མེད་པའི་སྙོམས་པར་འཇུག་པ་རྣམས་རྨི་ལམ་ལྟ་བུར་ཤེས་སོ། །སྒྲ་བརྙན་ལྟ་བུ་དང་། མིག་ཡོར་ལྟ་བུ་དང་། སྨིག་རྒྱུ་ལྟ་བུ་དང་། སྒྱུ་མ་ལྟ་བུ་དང་། སྤྲུལ་པ་ལྟ་བུར་ཤེས་སོ། །དེ་ཤེས་རབ་ཀྱི་ཕ་རོལ་ཏུ་ཕྱིན་པ་ལ་སྤྱོད་པའི་ཚེ། རྣམ་པར་ཐར་པ་རྣམས་རྨི་ལམ་ལྟ་བུར་ཤེས་སོ། །སྒྲ་བརྙན་ལྟ་བུ་དང་། མིག་ཡོར་ལྟ་བུ་དང་། སྨིག་རྒྱུ་ལྟ་བུ་[༧]དང་། སྒྱུ་མ་ལྟ་བུ་དང་། སྤྲུལ་པ་ལྟ་བུར་ཤེས་སོ། །དེ་ཤེས་རབ་ཀྱི་ཕ་རོལ་ཏུ་ཕྱིན་པ་ལ་སྤྱོད་པའི་ཚེ། མཐར་ཀྱིས་གནས་པའི་སྙོམས་པར་འཇུག་པ་རྣམས་རྨི་ལམ་ལྟ་བུར་ཤེས་སོ། །སྒྲ་བརྙན་ལྟ་བུ་དང་། མིག་ཡོར་ལྟ་བུ་དང་། སྨིག་རྒྱུ་ལྟ་བུ་དང་། སྒྱུ་མ་ལྟ་བུ་དང་། སྤྲུལ་པ་ལྟ་བུར་ཤེས་སོ། །དེ་ཤེས་རབ་ཀྱི་ཕ་རོལ་ཏུ་ཕྱིན་པ་ལ་སྤྱོད་པའི་ཚེ། རྣམ་པར་ཐར་པའི་སྒོ་སྟོང་པ་ཉིད་དང་། མཚན་མ་མེད་པ་དང་། སྨོན་པ་མེད་པ་རྨི་ལམ་ལྟ་བུར་ཤེས་སོ། །སྒྲ་བརྙན་ལྟ་བུ་དང་། མིག་ཡོར་ལྟ་བུ་དང་། སྨིག་རྒྱུ་ལྟ་བུ་དང་། སྒྱུ་མ་ལྟ་བུ་དང་། སྤྲུལ་པ་ལྟ་བུར་ཤེས་སོ། །དེ་ཤེས་རབ་ཀྱི་ཕ་རོལ་ཏུ་ཕྱིན་པ་ལ་སྤྱོད་པའི་ཚེ། མངོན་པར་ཤེས་པ་རྣམས་རྨི་ལམ་ལྟ་བུར་ཤེས་སོ། །སྒྲ་བརྙན་ལྟ་བུ་དང་། མིག་ཡོར་ལྟ་བུ་དང་། སྨིག་རྒྱུ་ལྟ་བུ་དང་། སྒྱུ་མ་ལྟ་བུ་དང་། སྤྲུལ་པ་ལྟ་བུར་ཤེས་སོ། །དེ་ཤེས་རབ་ཀྱི་ཕ་རོལ་ཏུ་ཕྱིན་པ་ལ་སྤྱོད་པའི་ཚེ། ཏིང་ངེ་འཛིན་རྣམས་རྨི་ལམ་ལྟ་བུར་ཤེས་སོ། །སྒྲ་བརྙན་ལྟ་བུ་དང་། མིག་ཡོར་ལྟ་བུ་དང་། སྨིག་རྒྱུ་ལྟ་བུ་དང་། སྒྱུ་མ་ལྟ་བུ་

དང་། སྤྲུལ་པ་ལྟ་བུར་ཤེས་སོ། །དེ་ཤེས་རབ་ཀྱི་ཕ་རོལ་ཏུ་ཕྱིན་པ་ལ་སྤྱོད་
པའི་ཚེ། གཟུངས་ཀྱི་སྒོ་རྣམས་ཀྱི་ལམ་ལྟ་བུར་ཤེས་སོ། །སྒྲ་བརྙན་ལྟ་བུ་དང་།
མིག་ཡོར་ལྟ་བུ་དང་། སྨིག་རྒྱུ་ལྟ་བུ་དང་། སྒྱུ་མ་ལྟ་བུ་དང་། སྤྲུལ་པ་ལྟ་
བུར་ཤེས་སོ། །དེ་ཤེས་རབ་ཀྱི་ཕ་རོལ་ཏུ་ཕྱིན་པ་ལ་སྤྱོད་པའི་ཚེ། དེ་བཞིན་
གཤེགས་པའི་སྟོབས་རྣམས་ཀྱི་ལམ་ལྟ་བུར་ཤེས་སོ། །སྒྲ་བརྙན་ལྟ་བུ་དང་།
མིག་ཡོར་ལྟ་བུ་དང་། སྨིག་རྒྱུ་ལྟ་བུ་དང་། སྒྱུ་མ་ལྟ་བུ་དང་། སྤྲུལ་པ་ལྟ་
བུར་ཤེས་སོ། །དེ་ཤེས་རབ་ཀྱི་ཕ་རོལ་ཏུ་ཕྱིན་པ་ལ་སྤྱོད་པའི་ཚེ། མི་འཇིགས་
པ་རྣམས་ཀྱི་ལམ་ལྟ་[༡]བུར་ཤེས་སོ། །སྒྲ་བརྙན་ལྟ་བུ་དང་། མིག་ཡོར་ལྟ་བུ་དང་།
སྨིག་རྒྱུ་ལྟ་བུ་དང་། སྒྱུ་མ་ལྟ་བུ་དང་། སྤྲུལ་པ་ལྟ་བུར་ཤེས་སོ། །དེ་ཤེས་
རབ་ཀྱི་ཕ་རོལ་ཏུ་ཕྱིན་པ་ལ་སྤྱོད་པའི་ཚེ། སོ་སོ་ཡང་དག་པར་རིག་པ་རྣམས་ཀྱི་
ལམ་ལྟ་བུར་ཤེས་སོ། །སྒྲ་བརྙན་ལྟ་བུ་དང་། མིག་ཡོར་ལྟ་བུ་དང་། སྨིག་རྒྱུ་
ལྟ་བུ་དང་། སྒྱུ་མ་ལྟ་བུ་དང་། སྤྲུལ་པ་ལྟ་བུར་ཤེས་སོ། །[༢]དེ་ཤེས་རབ་ཀྱི་
ཕ་རོལ་ཏུ་ཕྱིན་པ་ལ་སྤྱོད་པའི་ཚེ། སྙིང་རྗེ་ཆེན་པོ་ཀྱི་ལམ་ལྟ་བུར་ཤེས་སོ། །
སྒྲ་བརྙན་ལྟ་བུ་དང་། མིག་ཡོར་ལྟ་བུ་དང་། སྨིག་རྒྱུ་ལྟ་བུ་དང་། སྒྱུ་མ་ལྟ་
བུ་དང་། སྤྲུལ་པ་ལྟ་བུར་ཤེས་སོ། །དེ་ཤེས་རབ་ཀྱི་ཕ་རོལ་ཏུ་ཕྱིན་པ་ལ་སྤྱོད་
པའི་ཚེ། སངས་རྒྱས་ཀྱི་ཆོས་མ་འདྲེས་པ་བཅོ་བརྒྱད་ཀྱི་ལམ་ལྟ་བུར་ཤེས་སོ། །
སྒྲ་བརྙན་ལྟ་བུ་དང་། །མིག་ཡོར་ལྟ་བུ་དང་། །སྨིག་རྒྱུ་ལྟ་བུ་དང་། སྒྱུ་མ་ལྟ་
བུ་དང་། སྤྲུལ་པ་ལྟ་བུར་ཤེས་སོ། །དེ་ཤེས་རབ་ཀྱི་ཕ་རོལ་ཏུ་ཕྱིན་པ་ལ་སྤྱོད་
པའི་ཚེ། ཐམས་ཅད་ཤེས་པ་ཉིད་ཀྱི་ལམ་ལྟ་བུར་ཤེས་སོ། །སྒྲ་བརྙན་ལྟ་བུ་
དང་། མིག་ཡོར་ལྟ་བུ་དང་། སྨིག་རྒྱུ་ལྟ་བུ་དང་། སྒྱུ་མ་ལྟ་བུ་དང་།
སྤྲུལ་པ་ལྟ་བུར་ཤེས་སོ། །དེ་ཤེས་རབ་ཀྱི་ཕ་རོལ་ཏུ་ཕྱིན་པ་ལ་སྤྱོད་པའི་ཚེ།

ལམ་གྱི་རྣམ་པ་ཤེས་པ་ཉིད་ཀྱི་ལམ་ལྟ་བུར་ཤེས་སོ། །གཟུ་བརྟན་ལྟ་བུ་དང་།
མིག་ཡོར་ལྟ་བུ་དང་། སྨིག་རྒྱུ་ལྟ་བུ་དང་། སྒྱུ་མ་ལྟ་བུ་དང་། སྤྲུལ་པ་ལྟ་···
བུར་ཤེས་སོ། །དེ་ཤེས་རབ་ཀྱི་ཕ་རོལ་ཏུ་ཕྱིན་པ་ལ་སྤྱོད་པའི་ཚེ། རྣམ་པ་··
ཐམས་ཅད་མཁྱེན་པ་ཉིད་ཀྱི་ལམ་ལྟ་བུར་ཤེས་སོ། །གཟུ་བརྟན་ལྟ་བུ་དང་།
མིག་ཡོར་ལྟ་བུ་དང་། སྨིག་རྒྱུ་ལྟ་བུ་དང་། སྒྱུ་མ་ལྟ་བུ་དང་། སྤྲུལ་པ་ལྟ་··
བུར་ཤེས་སོ། །༔དེ་ཤེས་རབ་ཀྱི་ཕ་རོལ་ཏུ་ཕྱིན་པ་ལ་སྤྱོད་པའི་ཚེ།[༡] སེམས་···
ཅན་དེ་དག་ཐམས་ཅད་ཀྱང་ཀྱི་ལམ་ལ་སྤྱོད་དོ་ཞེས་བྱ་བར་ཤེས་སོ། །གཟུ་བརྟན་
ལ་སྤྱོད་དོ་ཞེས་བྱ་བར་ཤེས་སོ། །མིག་ཡོར་ལ་སྤྱོད་དོ་ཞེས་བྱ་བར་ཤེས་སོ། །
སྨིག་རྒྱུ་ལ་སྤྱོད་དོ་ཞེས་བྱ་བར་ཤེས་སོ། །སྒྱུ་མ་ལ་སྤྱོད་དོ་ཞེས་བྱ་བར་ཤེས་སོ། །
སྤྲུལ་པ་ལ་སྤྱོད་དོ་ཞེས་བྱ་བར་ཤེས་སོ། །དེ་བས་ན་བྱང་ཆུབ་སེམས་དཔའ་···
སེམས་དཔའ་ཆེན་པོ་ཤེས་རབ་ཀྱི་ཕ་རོལ་ཏུ་ཕྱིན་པ་ལ་སྤྱོད་པའི་ཚེ། ཀྱི་ལམ་ལྟ་
བུའི་ཆོས་རྣམས་དངོས་པོ་མེད་པར་འཛིན་ཏེ[༢]། དེ་ལྟར་བཟུང་ཞིང་རྣམ་པ་···
ཐམས་ཅད་མཁྱེན་པ་ཉིད་ཐོབ་པར་བྱེད་དོ། །ཤེས་རབ་ཀྱི་ཕ་རོལ་ཏུ་ཕྱིན་པ་ལ་
སྤྱོད་པའི་ཚེ། གཟུ་བརྟན་ལྟ་བུའི་ཆོས་རྣམས་དངོས་པོ་མེད་པར་འཛིན་ཏེ། དེ་
ལྟར་བཟུང་ཞིང་རྣམ་པ་ཐམས་ཅད་མཁྱེན་པ་ཉིད་ཐོབ་པར་བྱེད་དོ། །ཤེས་རབ་
ཀྱི་ཕ་རོལ་ཏུ་ཕྱིན་པ་ལ་སྤྱོད་པའི་ཚེ། མིག་ཡོར་ལྟ་བུའི་[༣]ཆོས་རྣམས་དངོས་པོ་··
མེད་པར་འཛིན་ཏེ། དེ་ལྟར་བཟུང་ཞིང་རྣམ་པ་ཐམས་ཅད་མཁྱེན་པ་ཉིད་ཐོབ་
པར་བྱེད་དོ། །ཤེས་རབ་ཀྱི་ཕ་རོལ་ཏུ་ཕྱིན་པ་ལ་སྤྱོད་པའི་ཚེ། སྨིག་རྒྱུ་ལྟ་བུའི་
ཆོས་རྣམས་དངོས་པོ་མེད་པར་འཛིན་ཏེ། དེ་ལྟར་བཟུང་ཞིང་རྣམ་པ་ཐམས་··
ཅད་མཁྱེན་པ་ཉིད་ཐོབ་པར་བྱེད་དོ། །ཤེས་རབ་ཀྱི་ཕ་རོལ་ཏུ་ཕྱིན་པ་ལ་སྤྱོད་
པའི་ཚེ། སྒྱུ་མ་ལྟ་བུའི་ཆོས་རྣམས་དངོས་པོ་མེད་པར་འཛིན་ཏེ། དེ་ལྟར···

བཟུང་ཞིང་རྣམ་པ་ཐམས་ཅད་མཁྱེན་པ་ཉིད་ཐོབ་པར་བྱེད་དོ། །ཤེས་རབ་ཀྱི་ཕ་རོལ་ཏུ་ཕྱིན་པ་ལ་སྤྱོད་པའི་ཚེ། སྤྲུལ་པ་ལྟ་བུའི་ཆོས་རྣམས་དངོས་པོ་[༧]མེད་པར་འཛིན་ཏེ། དེ་ལྟར་བཟུང་ཞིང་རྣམ་པ་ཐམས་ཅད་མཁྱེན་པ་ཉིད་ཐོབ་པར་བྱེད་དོ། །ཤེས་རབ་ཀྱི་ཕ་རོལ་ཏུ་ཕྱིནད་པ་ཡང་གཟུང་[༨]དུ་མེད་དོ། །བསམ་གཏན་གྱི་ཕ་རོལ་ཏུ་ཕྱིན་པ་ཡང་གཟུང་[༩]དུ་མེད་དོ། །བརྩོན་འགྲུས་ཀྱི་ཕ་རོལ་ཏུ་ཕྱིན་པ་ཡང་གཟུང་དུ་མེད་དོ། །བཟོད་པའི་ཕ་རོལ་ཏུ་ཕྱིན་པ་ཡང་གཟུང་དུ་མེད་དོ། །ཚུལ་ཁྲིམས་ཀྱི་ཕ་རོལ་ཏུ་ཕྱིན་པ་ཡང་གཟུང་དུ་མེད་དོ། །སྦྱིན་པའི་ཕ་རོལ་ཏུ་ཕྱིན་པ་ཡང་གཟུང་དུ་མེད་དོ། །ནང་སྟོང་པ་ཉིད་ཀྱང་གཟུང་དུ་མེད་དོ། །ཕྱི་སྟོང་པ་ཉིད་ཀྱང་གཟུང་དུ་མེད་དོ། །ཕྱི་ནང་སྟོང་པ་ཉིད་ཀྱང་གཟུང་དུ་མེད་དོ། །སྟོང་པ་ཉིད་སྟོང་པ་ཉིད་ཀྱང་གཟུང་དུ་མེད་དོ། །ཆེན་པོ་སྟོང་པ་ཉིད་ཀྱང་གཟུང་དུ་མེད་དོ། །དོན་དམ་པ་སྟོང་པ་ཉིད་ཀྱང་གཟུང་དུ་མེད་དོ། །འདུས་བྱས་སྟོང་པ་ཉིད་ཀྱང་གཟུང་དུ་མེད་དོ། །འདུས་མ་བྱས་སྟོང་པ་ཉིད་ཀྱང་གཟུང་དུ་མེད་དོ། །མཐའ་ལས་འདས་པ་སྟོང་པ་ཉིད་ཀྱང་གཟུང་དུ་མེད་དོ། །ཐོག་མ་དང་ཐ་མ་མེད་པ་སྟོང་པ་ཉིད་ཀྱང་གཟུང་དུ་མེད་དོ།། དོར་བ་མེད་པ་སྟོང་པ་ཉིད་ཀྱང་གཟུང་དུ་མེད་དོ། །རང་བཞིན་སྟོང་པ་ཉིད་ཀྱང་གཟུང་དུ་མེད་དོ། །ཆོས་ཐམས་ཅད་སྟོང་པ་ཉིད་ཀྱང་གཟུང་དུ་མེད་དོ། །རང་གི་མཚན་ཉིད་སྟོང་པ་ཉིད་ཀྱང་གཟུང་དུ་མེད་དོ། །མི་དམིགས་པ་སྟོང་པ་ཉིད་ཀྱང་གཟུང་དུ་མེད་དོ། །དངོས་པོ་མེད་པ་སྟོང་པ་ཉིད་ཀྱང་གཟུང་དུ་མེད་དོ།། ངོ་བོ་ཉིད་སྟོང་པ་ཉིད་ཀྱང་གཟུང་དུ་མེད་དོ། །དངོས་པོ་མེད་པའི་ངོ་བོ་ཉིད་སྟོང་པ་ཉིད་ཀྱང་གཟུང་དུ་མེད་དོ། །དྲན་པ་ཉེ་བར་གཞག་པ་རྣམས་ཀྱང་གཟུང་དུ་མེད་དོ། །ཡང་དག་པར་སྤོང་བ་རྣམས་ཀྱང་གཟུང་དུ་མེད་དོ། །རྫུ་འཕྲུལ་

ཀྱི་ཁང་པ་རྣམས་ཀྱང་གཟུང་དུ་མེད་དོ། །དབང་པོ་རྣམས་ཀྱང་གཟུང་དུ་མྱེད་དོ།། སྟོབས་རྣམས་ཀྱང་གཟུང་དུ་མྱེད་དོ། །བྱང་ཆུབ་ཀྱི་ཡན་ལག་རྣམས་ཀྱང་གཟུང་དུ་མྱེད་དོ། །འཕགས་པའི་ལམ་ཡན་ལག་བརྒྱད་པ་ཡང་གཟུང་དུ་མྱེད་དོ། །འཕགས་པའི་བདེན་པ་རྣམས་ཀྱང་གཟུང་དུ་མྱེད་དོ། །བསམ་གཏན་རྣམས་ཀྱང་གཟུང་དུ་མྱེད་དོ། །ཚད་མྱེད་པ་རྣམས་ཀྱང་གཟུང་དུ་མྱེད་དོ། །གཟུགས་མྱེད་པའི་སྙོམས་པར་འཇུག་པ་རྣམས་ཀྱང་གཟུང་དུ་མྱེད་དོ། །རྣམ་པར་ཐར་པ་རྣམས་ཀྱང་གཟུང་དུ་མྱེད་དོ། །མཐར་གྱིས་གནས་པའི་སྙོམས་པར་འཇུག་པ་རྣམས་ཀྱང་གཟུང་དུ་མྱེད་དོ། །རྣམ་པར་ཐར་པའི་སྒོ་སྟོང་པ་ཉིད་དང་། མཚན་མ་མྱེད་པ་དང་། སྨོན་པ་མྱེད་པ་ཡང་གཟུང་དུ་མྱེད་དོ། །མངོན་པར་ཤེས་པ་རྣམས་ཀྱང་གཟུང་དུ་མྱེད་དོ། །ཏིང་ངེ་འཛིན་རྣམས་ཀྱང་གཟུང་དུ་མྱེད་དོ། །གཟུངས་ཀྱི་སྒོ་རྣམས་ཀྱང་གཟུང་དུ་མྱེད་དོ། །དེ་བཞིན་གཤེགས་པའི་སྟོབས་རྣམས་ཀྱང་གཟུང་དུ་མེད་དོ། །མི་འཇིགས་པ་རྣམས་ཀྱང་གཟུང་དུ་མྱེད་དོ། །སོ་སོ་ཡང་དག་པར་རིག་པ་རྣམས་ཀྱང་གཟུང་དུ་མྱེད་དོ། །ཿབྱམས་པ་ཆེན་པོ་ཡང་གཟུང་དུ་མྱེད་དོ། །[1]སྙིང་རྗེ་ཆེན་པོ་ཡང་གཟུང་དུ་མྱེད་དོ། །སངས་རྒྱས་ཀྱི་ཆོས་མ་འདྲེས་པ་རྣམས་ཀྱང་གཟུང་དུ་མྱེད་དོ། །དེ་བས་ན་བྱང་ཆུབ་སེམས་དཔའ་སེམས་དཔའ་ཆེན་པོ་ཆོས་ཐམས་ཅད་གཟུང་དུ་མྱེད་པར་ཤེས་པར་བྱས་ཤིང་བླ་ན་མྱེད་པ་ཡང་དག་པར་རྫོགས་པའི་བྱང་ཆུབ[2]དོན་དུ་གཉེར་ཏོ།། དེ་ཅིའི་ཕྱིར་ཞེ་ན། འདི་ལྟར་ཆོས་ཐམས་ཅད་ནི[3]གཟུང་དུ་མྱེད་ཅིང་དངོས་པོ་མྱེད་པ་སྟེ། སྒྱུ་ལམ་ལྟ་བུ[4]སྒྲ་བརྙན་ལྟ་བུ[5]མྱིག་ཡོར་ལྟ་བུ[6]། སྨྱིག་རྒྱུ་ལྟ་བུ[7]། སྒྱུ་མ་ལྟ་བུ[8]། སྤྲུལ་པ་ལྟ་བུ་སྟེ། སེམས་ཅན་རྣམས་ཀྱི[9]ཆོས་དེ་དག་མ་ཤེས་མ[10]མཐོང་བ་མཿགཏོགས་པར[11]གཟུང་དུ་མྱེད་པའི་ཆོས་ཀྱིས་གཟུང་དུ་མྱེད་པའི་ཆོས་

གང་ཡང་ཐོབ་པར་མི་ནུས་པས། དེའི་ཕྱིར་བྱང་ཆུབ་སེམས་དཔའ་སེམས་དཔའ་ཆེན་པོ་སེམས་ཅན་ཐམས་ཅད་ཀྱི་དོན་དུ། བླ་ན་མེད་པ་ཡང་དག་པར་རྫོགས་པའི་བྱང་ཆུབ་ཏུ་ཡང་དག་པར་འཇུག་སྟེ། དེ་[1]སེམས་དང་པོ་བསྐྱེད་པ་ནས་ཉེ་བར་བཟུང་[2]སྟེ། སྦྱིན་པ་གང་ཅི་གཏོང་ཡང་སེམས་ཅན་ཐམས་ཅད་ཀྱི་དོན་དུ་གཏོང་ངོ་། །ཚུལ་ཁྲིམས་གང་ཅི་སྲུང་[3]ཡང་སེམས་ཅན་ཐམས་ཅད་ཀྱི་དོན་དུ་སྲུང་[4]ངོ་། །བཟོད་པ་གང་ཅི་སྒོམ་ཡང་། སེམས་ཅན་ཐམས་ཅད་ཀྱི་དོན་དུ་སྒོམ་མོ། །བརྩོན་འགྲུས་གང་ཅི་རྩོམ་ཡང་སེམས་ཅན་ཐམས་ཅད་ཀྱི་དོན་དུ་རྩོམ་[5]མོ། །བསམ་གཏན་གང་ཅི་ལ་མཉམ་པར་གཞོག་ཀྱང་སེམས་ཅན་ཐམས་ཅད་ཀྱི་དོན་དུ་མཉམ་པར་གཞོག་གོ། །ཤེས་རབ་གང་ཅི་སྒོམ་[6]ཡང་སེམས་ཅན་ཐམས་ཅད་[7]ཀྱི་དོན་དུ་སྒོམ་སྟེ། བདག་གི་དོན་དུ་[8]མ་ཡིན་ནོ། །བྱང་ཆུབ་སེམས་དཔའ་སེམས་དཔའ་ཆེན་པོ་ནི་སེམས་ཅན་རྣམས་ཀྱི་དོན་མ་གཏོགས་པར། བླ་ན་མེད་པ་ཡང་དག་པར་རྫོགས་པའི་བྱང་ཆུབ་ཏུ་མི་འཇུག་སྟེ། དེ་ཤེས་རབ་ཀྱི་ཕ་རོལ་ཏུ་ཕྱིན་པ་ལ་སྤྱོད་པའི་ཚེ། སེམས་ཅན་གང་སེམས་ཅན་མེད་པ་ལ་སེམས་ཅན་གྱི་འདུ་ཤེས་སུ་གནས་པ་དང་། བདག་མེད་པ་ལ་བདག་གི་[9]འདུ་ཤེས་སུ་གནས་པ་དང་། སྲོག་མེད་པ་ལ་སྲོག་གི་འདུ་ཤེས་སུ་གནས་པ་དང་། འགྲོ་བ་མེད་པ་ལ་འགྲོ་བའི་འདུ་ཤེས་སུ་གནས་པ་དང་། གསོ་[10]བ་མེད་པ་ལ་གསོ་[11]བའི་འདུ་ཤེས་སུ་གནས་པ་དང་། སྐྱེས་བུ་མེད་པ་ལ་སྐྱེས་བུའི་འདུ་ཤེས་སུ་གནས་པ་དང་། གང་ཟག་མེད་པ་ལ་གང་ཟག་གི་འདུ་ཤེས་སུ་གནས་པ་དང་། ཤེད་ཅན་མེད་པ་ལ་ཤེད་ཅན་གྱི་འདུ་ཤེས་སུ་གནས་པ་དང་། ཤེད་བདག་མེད་པ་ལ་ཤེད་བདག་གི་འདུ་ཤེས་སུ་གནས་པ་དང་། བྱེད་པ་པོ་མེད་པ་[12]ལ་བྱེད་པ་པོའི་འདུ་ཤེས་སུ་གནས་པ་དང་། བྱེད་དུ་འཇུག་པ་པོ་མེད་པ་ལ་བྱེད་དུ་འཇུག་པ་

པོའི་འདུ་ཤེས་སུ་གནས་པ་དང་། སྣང་བ་པོ་མེད་པ་ལ་སྣང་བ་པོའི་འདུ་ཤེས་སུ་གནས་པ་དང་། སྣང་དུ་འཇུག་པ་པོ་མེད་པ་[1]ལ་སྣང་དུ་འཇུག་པ་པོའི་འདུ་ཤེས་སུ་གནས་པ་དང་། ཚོར་བ་པོ་མེད་པ་ལ་ཚོར་བ་པོའི་འདུ་ཤེས་སུ་གནས་པ་དང་། ཚོར་དུ་[2]འཇུག་པ་པོ་མེད་པ་ལ་ཚོར་དུ་འཇུག་པ་པོའི་འདུ་ཤེས་སུ་གནས་པ་དང་། ཤེས་པ་[3]པོ་མེད་པ་ལ་ཤེས་པ་པོའི་འདུ་ཤེས་སུ་གནས་པ་དང་། མཐོང་བ་པོ་མེད་པ་ལ་མཐོང་བ་པོའི་འདུ་ཤེས་སུ་གནས་པ་[4]དེ་དག་ཕྱིན་ཅི་ལོག་ལས་རྣམ་པར་འགྲོལ་ཏེ[5]། ཕྱིན་ཅི་ལོག་ལས་རྣམ་པར་བཀྲོལ་[6]ཞིང་འཆི་བ་མེད་པའི་དབྱིངས་སུ་འགོད་དོ། །དེ་ལ་བཀོད་[7]ནས་རྒྱུ་བ་འདི་དག་ཡོངས་སུ་མི་རྒྱུ་སྟེ། བདག་གི་འདུ་ཤེས་སམ། སེམས་ཅན་གྱི་འདུ་ཤེས་སམ། སྲོག་གི་འདུ་ཤེས་སམ། འགྲོ་བའི་འདུ་ཤེས་སམ། གསོ་[8]བའི་འདུ་ཤེས་སམ། སྐྱེས་བུའི་འདུ་ཤེས་སམ། གང་ཟག་གི་འདུ་ཤེས་སམ། ཤེད་ཅན་གྱི་འདུ་ཤེས་སམ། ཤེད་བདག་གི་འདུ་ཤེས་སམ། བྱེད་པ་པོའི་འདུ་ཤེས་སམ། བྱེད་དུ་འཇུག་པ་པོའི་འདུ་ཤེས་སམ། སྣང་བ་པོའི་འདུ་ཤེས་སམ། སྣང་དུ་འཇུག་པ་པོའི་འདུ་ཤེས་སམ། ཚོར་བ་པོའི་འདུ་[9]ཤེས་སམ། ཚོར་དུ་འཇུག་པ་པོའི་འདུ་ཤེས་སམ། ཤེས་པ་པོའི་འདུ་ཤེས་སམ། མཐོང་བ་པོའི་འདུ་ཤེས་ཡོངས་སུ་མི་རྒྱུ་སྟེ། དེ་གཡོ་བ་དང་། ཀློམ་སེམས་དང་། འདར་[10]བ་དང་། སྤྲོས་པ་འདི་དག་བཏང་ནས། སྤྲོས་པ་མེད་པའི་སེམས་ཀྱིས། ཉེ་བར་བསྒྲུབས་[11]ཤིང་མང་[12]དུ་སྤྱོད་དེ[13]། རབ་འབྱོར་རྣམ་གྲངས་དེས་ན[14]། བྱང་ཆུབ་སེམས་དཔའ་སེམས་དཔའ་ཆེན་པོ་ཤེས་རབ་ཀྱི་ཕ་རོལ་ཏུ་ཕྱིན་པ་ལ་སྤྱོད་པའི་ཚེ། བདག་ཉིད་ཀྱང་ཆོས་གང་ལ་ཡང་མངོན་པར་ཞེན་པ་མེད་ལ། སེམས་ཅན་ཐམས་ཅད་ཀྱང་མངོན་པར་ཞེན་པ་མེད་པ་ལ་རབ་ཏུ་འགོད་དེ། དེ་ནི་འཇིག་རྟེན་གྱི་ཐ་སྙད་ཀྱི་[15]

དོན་དམ་པར་ནི་མ་ཡིན་ནོ། །གསོལ་པ། བཅོམ་ལྡན་འདས་དེ་བཞིན་གཤེགས་པས་ཆོས་གང་མངོན་པར་རྫོགས་པར་སངས་རྒྱས་པ་དེ། འཇིག་རྟེན་གྱི་ཐ་སྙད་དུ་མངོན་པར་རྫོགས་པར་སངས་རྒྱས་སམ། མ་ལགས་ཀྱི་དོན་དམ་པར་མངོན་པར་རྫོགས་པར་སངས་རྒྱས། བཅོམ་ལྡན་འདས་ཀྱིས་བཀའ་སྩལ་པ། དེ་བཞིན་གཤེགས་པས་ཆོས་འདི་མངོན་པར་རྫོགས་པར་སངས་རྒྱས་སོ། །ཞེས་བྱ་བ་ནི་འཇིག་རྟེན་གྱི་ཐ་སྙད་དུ་བརྗོད་པ་སྟེ། དེ་[1]ལ་ཆོས་འདིས་ཆོས་འདི་ལྟ་བུ་ཞིག་མངོན་པར་རྫོགས་པར་སངས་རྒྱས་སོ་ཞེས་བྱ་བ་དེ་ལྟ་བུ་གང་ཡང་མི་དམིགས་ཏེ། དེ་ཅིའི་ཕྱིར་ཞེ་ན། འདི་ལྟ་སྟེ། ཆོས་འདིས་ཆོས་འདི་ལྟ་བུ་ཞིག་མངོན་པར་རྫོགས་པར་སངས་[2]རྒྱས་སོ་ཞེས་བྱ་བ་ནི་[3]དམིགས་པ་སྟེ། གཉིས་ཀྱིས་ནི་གང་ཡང་ཐོབ་པའམ། མངོན་པར་རྟོགས་[4]པར་འགྱུར་བ་མེད་དོ། །གསོལ་པ། བཅོམ་ལྡན་འདས་དེ་སྟེ་གཉིས་ཀྱིས་ཐོབ་པ་དང་། མངོན་པར་རྟོགས་པར་འགྱུར་བ་མ་མཆིས་ན། གཉིས་སུ་མ་མཆིས་པས་ཐོབ་པ་དང་། མངོན་པར་རྟོགས་པར་འགྱུར་རམ། བཅོམ་ལྡན་འདས་ཀྱིས་བཀའ་སྩལ་པ། གཉིས་ཀྱིས་ཀྱང་ཐོབ་པ་དང་། མངོན་པར་རྟོགས་པར་འགྱུར་བ་མེད་དེ[5]། ༑གཉིས་སུ་མེད་པས་ཀྱང་ཐོབ་པ་དང་མངོན་པར་རྟོགས་པར་འགྱུར་བ་མེད་དེ།[6] གང་ལ་གཉིས་ཀྱང་མེད་[7]ལ། མི་གཉིས་པ་ཡང་མེད་པ་ནི་ཐོབ་པ་དང་། མངོན་པར་རྟོགས་པ་ཞེས་བྱའོ། །དེ་ཅིའི་ཕྱིར་ཞེ་ན། འདི་ལྟར་འདི་[8]ནི་ཐོབ་པའོ[9]༔ །འདི་ནི་མངོན་པར་རྟོགས་པའོ་ཞེས་བྱ་བ་ནི་སྤྲོས་པ་སྟེ། ཆོས་མཉམ་པ་ཉིད་ལ་སྤྲོས་པ་མེད་དེ། སྤྲོས་པ་མེད་པ་ནི་ཆོས་མཉམ་པ་ཉིད་དོ། །གསོལ་པ། བཅོམ་ལྡན་འདས་ཆོས་དངོས་པོ་མ་མཆིས་པའི་ངོ་བོ་ཉིད་རྣམས་ལ། ཆོས་ཀྱི་མཉམ་པ་ཉིད་དེས་[10]བགྱི་བ་ཡང་གང་ཞིག་མཆིས། བཅོམ་ལྡན་འདས་

ཀྱིས་བཀའ་[1]སྩལ་པ། གང་ལ་[2]དངོས་པོ་མེད་པ་དང་། དངོས་པོ་མེད་པ་ཡང་[3]མ་ཡིན་པ་དང་། ངོ་བོ་ཉིད་[4]མེད་པ་དང་། ཡོངས་སུ་བརྗོད་པ་མེད་པ་འདི་ནི། ཆོས་མཉམ་པ་ཉིད་དེ། ཆོས་མཉམ་པ་ཉིད་པོ་དེ་ནི་བརྗོད་དུ་མེད་པའོ[5]༔ །ཆོས་མཉམ་པ་ཉིད་མ་གཏོགས་པར་ཡང་དམིགས་པར་འགྱུར་བའི་[6]ཆོས་གང་ཡང་མེད་དེ། ཆོས་མཉམ་པ་ཉིད་[7]ནི་ཆོས་ཐམས་ཅད་ལས་རྣམ་པར་འདས་པའོ། །ཆོས་མཉམ་པ་ཉིད་[8]ནི་བྱིས་པའམ། འཕགས་པའམ། ཆོས་གང་གིས་[9]ཀྱང་ཤེས་པར་མི་ནུས་ཤིང་། ཡུལ་མ་ཡིན་པའོ། །གསོལ་པ། བཅོམ་ལྡན་འདས་ཆོས་མཉམ་པ་ཉིད་པོ་དེ་[10]དེ་བཞིན་གཤེགས་པའི་ཡུལ་ཡང་[11]མ་ལགས་སམ། བཅོམ་ལྡན་འདས་ཀྱིས་བཀའ་སྩལ་པ། རབ་འབྱོར་ཆོས་མཉམ་པ་ཉིད་ནི་འཕགས་པ་ཐམས་ཅད་ཀྱི་ཡུལ་མ་ཡིན་ཏེ། རྒྱུན་དུ་ཞུགས་པའམ། ལན་ཅིག་ཕྱིར་འོང་བའམ། ཕྱིར་མི་འོང་བའམ། དགྲ་བཅོམ་པའམ། རང་བྱང་ཆུབ་བམ[12]། བྱང་ཆུབ་སེམས་དཔའའམ། དེ་བཞིན་གཤེགས་པའི་ཡུལ་མ་ཡིན་ནོ། །གསོལ་པ། བཅོམ་ལྡན་འདས་དེ་བཞིན་གཤེགས་པ་དགྲ་བཅོམ་པ་ཡང་དག་པར་རྫོགས་པའི་སངས་རྒྱས་ནི་ཆོས་ཐམས་ཅད་ཀྱི་ཡུལ་ལ་མངའ་སྒྱུར་[13]བ་མ་ལགས་སམ། བཅོམ་ལྡན་འདས་ཀྱིས་བཀའ་སྩལ་པ། རབ་འབྱོར་གལ་ཏེ་ཆོས༔མཉམ་པ་[14]ཉིད་ཀྱང་གཞན་ལ། དེ་བཞིན་གཤེགས་པ་དགྲ་བཅོམ་པ་ཡང་དག་པར་རྫོགས་པའི་སངས་རྒྱས་ཀྱང་གཞན་ཞིག་ཡིན་ན་ནི། དེ་བཞིན་གཤེགས་པ་དགྲ་བཅོམ་པ་ཡང་དག་པར་རྫོགས་པའི་སངས་རྒྱས་ཆོས་ཐམས་ཅད་ཀྱི་ཡུལ་ལ་མངའ་སྒྱུར་[15]བར་ཡང་འགྱུར་ན། རབ་འབྱོར་སོ་སོའི་སྐྱེ་བོ་རྣམས་ཀྱི་ཆོས་མཉམ་པ་ཉིད་གང་ཡིན་པ་དང་། རྒྱུན་དུ་ཞུགས་པ་རྣམས་ཀྱི་ཆོས་མཉམ་པ་ཉིད་གང་ཡིན་པ་དང་། ལན་ཅིག་ཕྱིར་འོང་བ་རྣམས་ཀྱི་ཆོས་མཉམ་པ་ཉིད་གང་

ཡིན་པ་དང་། ཕྱིར་མི་འོང་བ་རྣམས་ཀྱི་ཆོས་མཉམ་པ་ཉིད་གང་ཡིན་པ་དང་། དགྲ་བཅོམ་པ་རྣམས་ཀྱི་ཆོས་མཉམ་པ་ཉིད་གང་ཡིན་པ་དང་། རང་སངས་རྒྱས་རྣམས་ཀྱི་ཆོས་མཉམ་པ་ཉིད་གང་ཡིན་པ་དང་། བྱང་ཆུབ་སེམས་དཔའ་རྣམས་ཀྱི་ཆོས་མཉམ་པ་ཉིད་གང་ཡིན་པ་དང་། དེ་བཞིན་གཤེགས་པ་རྣམས་ཀྱི་ཆོས་མཉམ་པ་ཉིད་གང་ཡིན་པ་དེ་ནི་མཉམ་པ་ཉིད་གཅིག་པ་སྟེ། མཉམ་པ་ཉིད་དང་མི་མཉམ་པ་ཉིད་ལ་བྱེ་བྲག་གང་ཡང་མེད་དོ། །དེ་ལྟར་སོ་སོའི་སྐྱེ་བོ་རྣམས་ཀྱི་མཉམ་པ་ཉིད་གང་ཡིན་པ་དང་། འཕགས་པ་ཐམས་ཅད་ཀྱི་མཉམ་པ་ཉིད་གང་ཡིན་པ་དེ་ནི་མཉམ་པ་ཉིད་གཅིག་པ་སྟེ། མཉམ་པ་ཉིད་གཅིག་པ་ལ་འདི་ནི་སོ་སོའི༔སྐྱེ་བོའོ[༡]། །འདི་ནི་རྒྱུན་དུ་ཞུགས་པའོ། །འདི་ནི་ལན་ཅིག་ཕྱིར་འོང་བའོ།། འདི་ནི་ཕྱིར་མི་འོང་བའོ། །འདི་ནི་དགྲ་བཅོམ་པའོ། །འདི་ནི་རང་སངས་རྒྱས་སོ། །འདི་ནི་བྱང་ཆུབ་སེམས་དཔའོ། །འདི་ནི་དེ་བཞིན་གཤེགས་པ་དགྲ་བཅོམ་པ་ཡང་དག་པར་རྫོགས་པའི་སངས་རྒྱས་སོ་ཞེས་བྱ་བར་གཉིས་སུ༔བྱ་བ[༢] མེད་དེ། རྣམ་པར་རྟོག་པ་དེ་དག་ནི་མཉམ་པ་ཉིད་ལ་མི་དམིགས་སོ། །གསོལ་པ། བཅོམ་ལྡན་འདས་དེ་སྟེ། ཆོས་ཐམས་ཅད་མཉམ་པ་ཉིད་ལ་འདི་ནི་སོ་སོའི་སྐྱེ་བོའོ། །འདི་ནི་རྒྱུན་དུ་ཞུགས་པའོ། །འདི་ནི་ལན་ཅིག་ཕྱིར་འོང་བའོ། །འདི་ནི་ཕྱིར་མི་འོང་བའོ། །འདི་ནི་དགྲ་བཅོམ་པའོ། །འདི་ནི་རང་སངས་རྒྱས་སོ། །འདི་ནི་བྱང་ཆུབ་སེམས་དཔའོ། །འདི་ནི་དེ་བཞིན་གཤེགས་པ་དགྲ་བཅོམ་པ་ཡང་དག་པར་རྫོགས་པའི་སངས་རྒྱས་སོ་ཞེས་བགྱི་བའི[༣] རྣམ་པར་རྟོག་པ་དེ་དག་མི་དམིགས་ན། དེས་སོ་སོའི་སྐྱེ་བོ་རྣམས་དང་། རྒྱུན་དུ་ཞུགས་པ་རྣམས་དང་། ལན་ཅིག་ཕྱིར་འོང་བ་རྣམས་དང་། ཕྱིར་མི་འོང་བ་རྣམས་དང་། དགྲ་བཅོམ་པ་རྣམས་དང་། རང་སངས་རྒྱས་རྣམས་དང་།

བྱང་ཆུབ་སེམས་དཔའ་རྣམས་དང་། དེ་བཞིན་གཤེགས་པ་དགྲ་བཅོམ་པ་ཡང་དག་པར་རྫོགས་པའི་སངས་རྒྱས་རྣམས་ཁྱད་པར་མ་མཆིས་པར་འགྱུར་རོ། །བཅོམ་ལྡན་འདས་ཀྱིས་བཀའ་སྩལ་པ། རབ་འབྱོར་དེ་དེ་བཞིན་ནོ། །དེ་དེ་བཞིན་ཏེ། ཆོས་ཐམས་ཅད་མཉམ་པ་ཉིད་ལ་སོ་སོའི་སྐྱེ་བོ་རྣམས་དང་། རྒྱུན་ཏུ་ཞུགས་པ་རྣམས་དང་། ལན་ཅིག་ཕྱིར་འོང་བ་རྣམས་དང་། ཕྱིར་མི་འོང་བ་རྣམས་དང་། དགྲ་བཅོམ་པ་རྣམས་དང་། རང་སངས་རྒྱས་རྣམས་དང་། བྱང་ཆུབ་སེམས་དཔའ་[1]རྣམས་དང་། དེ་བཞིན་གཤེགས་པ་[2]དགྲ་བཅོམ་པ་ཡང་དག་པར་རྫོགས་པའི་སངས་རྒྱས་རྣམས་ལ་[3]ཁྱད་པར་[4]མྱེད་དོ། །གསོལ་པ། བཅོམ་ལྡན་འདས་དེ་སྟེ། ཆོས་ཐམས་ཅད་མཉམ་པ་ཉིད་ལ་སོ་སོའི་སྐྱེ་བོ་རྣམས་དང་། རྒྱུན་ཏུ་ཞུགས་པ་རྣམས་དང་། ལན་ཅིག་ཕྱིར་འོང་བ་རྣམས་དང་། ཕྱིར་མི་འོང་བ་རྣམས་དང་། དགྲ་བཅོམ་པ་རྣམས་དང་། རང་སངས་རྒྱས་རྣམས་དང་། བྱང་ཆུབ་སེམས་དཔའ་རྣམས་དང་། དེ་བཞིན་གཤེགས་པ་དགྲ་བཅོམ་པ་ཡང་དག་པར་རྫོགས་པའི་སངས་རྒྱས་[5]རྣམས་ལ་ཁྱད་པར་མ་མཆིས་ན། བཅོམ་ལྡན་འདས་དེ་[6]ཅིའི་སླད་དུ་སངས་རྒྱས་དཀོན་མཆོག་དང་། ཆོས་དཀོན་མཆོག་དང་། དགེ་འདུན་དཀོན་མཆོག་དང་། དཀོན་མཆོག་གསུམ་པོ་དེ་དག་འཇིག་རྟེན་དུ་འབྱུང་བར་འགྱུར་བ་ལགས། བཅོམ་ལྡན་འདས་ཀྱིས་བཀའ་སྩལ་པ། རབ་འབྱོར་དེ་ཇི་སྙམ་དུ་སེམས། སངས་རྒྱས་དཀོན་མཆོག་ཀྱང་གཞན་ལ། ཆོས་དཀོན་མཆོག་ཀྱང་གཞན་ཏེ། དགེ་འདུན་དཀོན་མཆོག་ཀྱང་གཞན་ཞིག་ལ། ཆོས་མཉམ་པ་ཉིད་ཀྱང་གཞན་ཞིག་ཡིན་སྙམ་མམ། གསོལ་པ། བཅོམ་ལྡན་འདས་བདག་གིས་བཅོམ་ལྡན་འདས་ཀྱིས་གསུངས་པའི་དོན་འཚལ་བ་ལྟར་ན། སངས་རྒྱས་དཀོན་མཆོག་ཀྱང་གཞན་ལ། ཆོས་དཀོན་

མཆོག་ཀུང་གཞན་ཏེ། དགེ་འདུན་དཀོན་མཆོག་ཀུང་གཞན་ཞིག་ལ། ཆོས་མཉམ་པ་ཉིད་ཀུང་གཞན་པ་[༡]མ་ལགས་ཀྱི། བཅོམ་ལྡན་འདས་སངས་རྒྱས་དཀོན་མཆོག་གང་ལགས་པ་དང་། ཆོས་དཀོན་མཆོག་གང་ལགས་པ་དང་། དགེ་འདུན་དཀོན་མཆོག་གང་ལགས་པ་དེ་ཉིད་ཆོས་མཉམ་པ་ཉིད་དེ[༢]། ཆོས་དེ་དག་ཐམས་ཅད་ནི་[༣]ལྡན་པ་ཡང་མ་ལགས། མི་ལྡན་པ་ཡང་མ་ལགས། གཟུགས་མ་མཆིས་པ་[༤]བསྟན་དུ་མ་མཆིས་པ། ཐོགས་པ་མ་མཆིས་པ་མཚན་ཉིད་གཅིག་པ་སྟེ། འདི་ལྟར་མཚན་ཉིད༔མ་མཆིས་[༥]པའོ། །དེ་ལྟར་ཆོས་རྣམས་མཚན་ཉིད་མ་མཆིས་པ་ལ་འདི་ནི་སོ་སོའི༔སྐྱེ་བོའོ[༦]། །འདི་ནི་རྒྱུན་དུ་ཞུགས་པའོ། །འདི་ནི་ལན་ཅིག་ཕྱིར་འོང་བའོ། །འདི་ནི་[༧]ཕྱིར་མི་འོང་བའོ། །འདི་ནི་དགྲ་བཅོམ་པའོ། །འདི་ནི་རང་སངས་རྒྱས་སོ། །འདི་ནི་བྱང་ཆུབ་སེམས་དཔའོ། །འདི་ནི་དེ་བཞིན་གཤེགས་པ་དགྲ་བཅོམ་པ་ཡང་དག་པར་རྫོགས་པའི་སངས་རྒྱས་སོ་ཞེས་རྣམ་པར་དགོད་པར་བགྱི་བ་དེ་ནི་བཅོམ་ལྡན་འདས་ཀྱི་ཡུལ་ལོ། །བཅོམ་ལྡན་འདས་ཀྱིས་བཀའ་སྩལ་པ། རབ་འབྱོར་དེ་དེ་བཞིན་ནོ། །དེ་དེ་བཞིན་ཏེ། མཚན་ཉིད་མེད་པའི་ཆོས་རྣམས་རྣམ་པར་དགོད་པ༔དེ་ནི་དེ་བཞིན་གཤེགས་པའི་ཡུལ།[༨] དེ་ནི་དེ་བཞིན་གཤེགས་པའི་མཐུའོ[༩]༑ །རབ་འབྱོར་དེ་ཇི་སྙམ་དུ་སེམས། ༔དེ་སྟེ་[༡༠]དེ་བཞིན་གཤེགས་པ་དགྲ་བཅོམ་པ་ཡང་དག་པར་རྫོགས་པའི་སངས་རྒྱས་བྱང་ཆུབ་ཏུ་མངོན་པར་རྫོགས་པར་སངས་མ་[༡༡]རྒྱས་ལ། མངོན་པར་རྫོགས་པར་སངས་མ་[༡༢]རྒྱས་པའི་ཕྱིར༑ ཆོས་རྣམས་རྣམ་པར་དགོད་པ་[༡༣]མ་མཛད་ན། སེམས་ཅན་[༡༤]དམྱལ་བ་ཡོད་པར་མངོན་ནམ། བྱོལ་སོང་གི་སྐྱེ་གནས་ཡོད་པར་མངོན་ནམ། གཤིན་རྗེའི་འཇིག་རྟེན་ཡོད་པར་མངོན་ནམ། མི་ཡོད་པར་མངོན་ནམ། རྒྱལ་ཆེན་

བཞིའི་རིས་ཀྱི་ལྷ་ཡོད་པར་མངོན་ནམ། སུམ་ཅུ་རྩ་གསུམ་གྱི་ལྷ་ཡོད་པར་མངོན་ནམ། མཆོ་མའི་ལྷ་རྣམས་①ཡོད་པར་མངོན་ནམ། དགའ་ལྡན་གྱི་ལྷ་ཡོད་པར་མངོན་ནམ། འཕྲུལ་དགའི་ལྷ་ཡོད་པར་མངོན་ནམ། གཞན་འཕྲུལ་དབང་བྱེད་ཀྱི་ལྷ་ཡོད་པར་མངོན་ནམ། ཚངས་རིས་ཀྱི་ལྷ་ཡོད་པར་མངོན་ནམ། ཚངས་ལྷ་ཉེ་ཕན་གྱི་ལྷ་ཡོད་པར་མངོན་ནམ། ཚངས་པ་ཀུན་འཁོར་གྱི་ལྷ་ཡོད་པར་མངོན་ནམ། ཚངས་ཆེན་གྱི་ལྷ་ཡོད་པར་མངོན་ནམ། སྣང་བའི་ལྷ་ཡོད་པར་མངོན་ནམ། ཆུང་སྣང་གི་ལྷ་ཡོད་པར་མངོན་ནམ། ཚད་མེད་སྣང་བའི་ལྷ་ཡོད་པར་མངོན་ནམ། ཀུན་སྣང་དང་བའི་ལྷ་ཡོད་པར་མངོན་ནམ། དགེ་བའི་ལྷ་ཡོད་པར་མངོན་ནམ། ཆུང་དགེའི་②ལྷ་ཡོད་པར་མངོན་ནམ། ཚད་མེད་དགེ་བའི་ལྷ་ཡོད་པར་མངོན་ནམ། དགེ་རྒྱས་ཀྱི་ལྷ་ཡོད་པར་③མངོན་ནམ། ཆེ་བའི་ལྷ་ཡོད་པར་མངོན་ནམ། ཆུང་ཆེའི་ལྷ་ཡོད་པར་མངོན་ནམ། ཚད་མེད་ཆེ་བའི་ལྷ་ཡོད་པར་མངོན་ནམ། འབྲས་བུ་ཆེ་བའི་ལྷ་ཡོད་པར་མངོན་ནམ། མི་ཆེ་བའི་ལྷ་ཡོད་པར་མངོན་ནམ། མི་གདུང་བའི་ལྷ་ཡོད་པར་མངོན་ནམ། ཤིན་ཏུ་མཐོང་བའི་ལྷ་ཡོད་པར་མངོན་ནམ། གྱ་ནོམ་སྣང་བའི་ལྷ་ཡོད་པར་མངོན་ནམ། འོག་མིན་གྱི་ལྷ་ཡོད་པར་མངོན་ནམ། ནམ་མཁའ་མཐའ་ཡས་སྐྱེ་མཆེད་ཀྱི་ལྷ་ཡོད་པར་མངོན་ནམ། རྣམ་ཤེས་མཐའ་ཡས་སྐྱེ་མཆེད་ཀྱི་ལྷ་ཡོད་པར་མངོན་ནམ། ཆུང་ཟད་མེད་པའི་སྐྱེ་མཆེད་ཀྱི་ལྷ་ཡོད་པར་མངོན་ནམ། འདུ་ཤེས་མེད་འདུ་ཤེས་མེད་མིན་སྐྱེ་མཆེད་ཀྱི་ལྷ་ཡོད་པར་མངོན་ནམ། སྦྱིན་པའི་ཕ་རོལ་ཏུ་ཕྱིན་པ་ཡོད་པར་མངོན་ནམ། ཚུལ་ཁྲིམས་ཀྱི་ཕ་རོལ་ཏུ་ཕྱིན་པ་ཡོད་པར་མངོན་ནམ། བཟོད་པའི་ཕ་རོལ་ཏུ་ཕྱིན་པ་ཡོད་པར་མངོན་ནམ། བརྩོན་འགྲུས་ཀྱི་ཕ་རོལ་ཏུ་ཕྱིན་པ་ཡོད་པར་མངོན་ནམ། བསམ་གཏན་གྱི་ཕ་

རོལ་ཏུ་ཕྱིན་པ་ཡོད་པར་མངོན་ནམ། ཤེས་རབ་ཀྱི་ཕ་རོལ་ཏུ་ཕྱིན་པ་ཡོད་པར་མངོན་ནམ། བྱང་ཆུབ་སེམས་དཔའི་ས་བཅུ་ཡོད་པར་མངོན་ནམ། ནང་སྟོང་པ་ཉིད་ཡོད་པར་མངོན་ནམ། ཕྱི་སྟོང་པ་ཉིད་ཡོད་པར་མངོན་ནམ། ཕྱི་ནང་སྟོང་པ་ཉིད་ཡོད་པར་མངོན་ནམ། སྟོང་པ་ཉིད་སྟོང་པ་ཉིད་ཡོད་པར་མངོན་ནམ། ཆེན་པོ་སྟོང་པ་ཉིད་ཡོད་པར་མངོན་ནམ། དོན་དམ་པ་སྟོང་པ་ཉིད་ཡོད་པར་མངོན་ནམ། འདུས་བྱས་སྟོང་པ་ཉིད་ཡོད་པར་མངོན་ནམ། འདུས་མ་བྱས་སྟོང་པ་ཉིད་ཡོད་པར་མངོན་ནམ། མཐའ་ལས་འདས་པ་སྟོང་པ་ཉིད་ཡོད་པར་མངོན་ནམ། ཐོག་མ་དང་ཐ་མ་མེད་པ་སྟོང་པ་ཉིད་ཡོད་པར་མངོན་ནམ། དོར་བ་མེད་པ་སྟོང་པ་ཉིད་ཡོད་པར་མངོན་ནམ། རང་བཞིན་སྟོང་པ་ཉིད་ཡོད་པར་མངོན་ནམ། ཆོས་ཐམས་ཅད་སྟོང་པ་ཉིད་ཡོད་པར་མངོན་ནམ། རང་གི་མཚན་ཉིད་སྟོང་པ་ཉིད་ཡོད་པར་མངོན་ནམ། མི་དམིགས་པ་སྟོང་པ་ཉིད་ཡོད་པར་མངོན་ནམ། དངོས་པོ་མེད་པ་སྟོང་པ་ཉིད་ཡོད་པར་མངོན་ནམ། ངོ་བོ་ཉིད་སྟོང་པ་ཉིད་ཡོད་པར་མངོན་ནམ། དངོས་པོ་མེད་པའི་ངོ་[༧]བོ་ཉིད་སྟོང་པ་ཉིད་ཡོད་པར་མངོན་ནམ། དྲན་པ་ཉེ་བར་གཞག་པ་རྣམས་ཡོད་པར་མངོན་ནམ། ཡང་དག་པར་སྤོང་བ་རྣམས་ཡོད་པར་མངོན་ནམ། རྫུ་འཕྲུལ་གྱི་རྐང་པ་རྣམས་ཡོད་པར་མངོན་ནམ། དབང་པོ་རྣམས་ཡོད་པར་མངོན་ནམ། སྟོབས་རྣམས་ཡོད་པར་མངོན་ནམ། བྱང་ཆུབ་ཀྱི་ཡན་ལག་རྣམས་ཡོད་པར་མངོན་ནམ། འཕགས་པའི་ལམ་ཡན་ལག་བརྒྱད་པ་ཡོད་པར་མངོན་ནམ། འཕགས་པའི་བདེན་པ་རྣམས་ཡོད་པར་མངོན་ནམ། བསམ་གཏན་རྣམས་ཡོད་པར་མངོན་ནམ། ཚད་མེད་པ་རྣམས་ཡོད་པར་མངོན་ནམ། གཟུགས་མེད་པའི་སྙོམས་པར་འཇུག་པ་རྣམས་ཡོད་པར་མངོན་ནམ། རྣམ་པར་ཐར་པ་རྣམས་

ཡོད་པར་མངོན་ནམ། མཐར་གྱིས་གནས་པའི་སྙོམས་པར་འཇུག་པ་རྣམས་ཡོད་པར་མངོན་ནམ། རྣམ་པར་ཐར་པའི་སྒོ་སྟོང་པ་ཉིད་དང་། མཚན་མ་མེད་པ་དང་། སྨོན་པ་མེད་པ་ཡོད་པར་མངོན་ནམ། མངོན་པར་ཤེས་པ་རྣམས་ཡོད་པར་མངོན་ནམ། ཏིང་ངེ་འཛིན་རྣམས་ཡོད་པར་མངོན་ནམ། གཟུངས་ཀྱི་སྒོ་རྣམས་ཡོད་པར་མངོན་ནམ། དེ་བཞིན་གཤེགས་པའི་སྟོབས་རྣམས་ཡོད་པར་མངོན་ནམ། མི་འཇིགས་པ་རྣམས་ཡོད་པར་མངོན་ནམ། སོ་སོ་ཡང་དག་པར་རིག་པ་རྣམས་ཡོད་པར་མངོན་ནམ། བྱམས་པ་ཆེན་པོ་ཡོད་པར་མངོན་ནམ། སྙིང་རྗེ་ཆེན་པོ་ཡོད་པར་མངོན་ནམ། སངས་རྒྱས་ཀྱི་ཆོས་མ་འདྲེས་པ་རྣམས་ཡོད་པར་མངོན་ནམ། སྐྱེ་ཆེན་པོའི་མཚན་སུམ་ཅུ་རྩ་གཉིས་ཡོད་པར་མངོན་ནམ། དཔེ་བྱད་བཟང་པོ་བརྒྱད་ཅུ་ཡོད་པར་མངོན་ནམ། སངས་རྒྱས་དཀོན་མཆོག་ཡོད་པར་མངོན་ནམ། ཆོས་དཀོན་མཆོག་ཡོད་པར་མངོན་ནམ། དགེ་འདུན་དཀོན་མཆོག་ཡོད་པར་མངོན་ནམ། ཉན་ཐོས་ཀྱི་ཐེག་པ་ཡོད་པར་མངོན་ནམ། རང་སངས་རྒྱས་ཀྱི་ཐེག་པ་ཡོད་པར་མངོན་ནམ། སངས་རྒྱས་ཀྱི་ཐེག་པ་ཡོད་པར་མངོན་ནམ། ཐེག་པ་ཆེན་པོ་ཡོད་པར་མངོན་ནམ། དད་པའི་རྗེས་སུ་འབྲང་བ་ཡོད་པར་མངོན་ནམ། ཆོས་ཀྱི་རྗེས་སུ་འབྲང་བ་ཡོད་པར་མངོན་ནམ། བརྒྱད་པ་ཡོད་པར་མངོན་ནམ། རྒྱུན་དུ་ཞུགས་པ་ཡོད་པར་མངོན་ནམ། ལན་ཅིག་ཕྱིར་འོང་བ་ཡོད་པར་མངོན་ནམ། ཕྱིར་མི་འོང་བ་ཡོད་པར་མངོན་ནམ། དགྲ་བཅོམ་པ་ཡོད་པར་མངོན་ནམ། རང་སངས་རྒྱས་ཡོད་པར་མངོན་ནམ། བྱང་ཆུབ་སེམས་དཔའ་ཡོད་པར་མངོན་ནམ། དེ་བཞིན་གཤེགས་པ་དགྲ་བཅོམ་པ་ཡང་དག་པར་རྫོགས་པའི་སངས་རྒྱས་ཡོད་པར་མངོན་ནམ། གསོལ་པ། བཅོམ་ལྡན་འདས་ཆོས་དེ་དག་ཐམས་ཅད་ནི་⑦

མཆིས་པར་མངོན་པར་སྨྲི་[1]འགྱུར་རོ། །བཅོམ་ལྡན་འདས་ཀྱིས་བཀའ་སྩལ་པ། རབ་འབྱོརད་དེ་ལྟ་བས་ན། དེ་ལྟར་ཆོས་ཐམས་ཅད་[2]མཉམ་པ་ཉིད་ལས་ཀྱང་མྱི་གཡོ་ལ། ཆོས་རྣམས་རྣམ་པར་དགོད་པ་[3]མཛད་པ་ནི། དེ་བཞིན་གཤེགས་པའི་མཐུའོ།། །།

ཞེས་རབ་ཀྱི་ཕ་རོལ་ཏུ་ཕྱིནད་པ་སྟོང་ཕྲག་བརྒྱ་པ། བམ་པོ་ཉི་ཤུ་ལྔ་པ[4]། གསོལད་པ། བཅོམ་ལྡན་འདས་ཇི་ལྟར་དེ་བཞིན་གཤེགས་པ་ཆོས་མཉམ་པ་ཉིད་ལས་མྱི་གཡོ་བ་དེ་བཞིན་དུ། སོ་སོའི་སྐྱེ་བོ་རྣམས་ཀྱང་ཆོས་མཉམ་པ་ཉིད་ལས་མྱི་གཡོ་བ་ལགས་སམ། དེ་བཞིན་དུ་དད་པའི་རྗེས་སུ་འབྲང་བ་རྣམས་ཀྱང་ཆོས་མཉམ་པ་ཉིད་ལས་མྱི་གཡོ་བ་ལགས་སམ། དེ་བཞིན་དུ་ཆོས་ཀྱི་རྗེས་སུ་འབྲང་བ་རྣམས་ཀྱང་ཆོས་མཉམ་པ་ཉིད་ལས་མྱི་གཡོ་བ་ལགས་སམ། དེ་བཞིན་དུ་བརྒྱད་པ་ཡང་ཆོས་མཉམ་པ་ཉིད་ལས་མྱི་གཡོ་བ་ལགས་སམ། དེ་བཞིན་དུ་རྒྱུན་ཏུ་ཞུགས་པ་རྣམས་ཀྱང་ཆོས་མཉམ་པ་ཉིད་ལས་མྱི་གཡོ་བ་ལགས་སམ། དེ་བཞིན་དུ་ལན་ཅིག་ཕྱིར་འོང་བ་རྣམས་ཀྱང་ཆོས་མཉམ་པ་ཉིད་ལས་མྱི་གཡོ་བ་ལགས་སམ། དེ་བཞིན་དུ་ཕྱིར་མྱི་འོང་བ་རྣམས་ཀྱང་ཆོས་མཉམ་པ་ཉིད་ལས་མྱི་གཡོ་བ་ལགས་སམ། དེ་བཞིན་དུ་དགྲ་བཅོམ་པ་རྣམས་ཀྱང་ཆོས་མཉམ་པ་ཉིད་ལས་མྱི་གཡོ་བ་ལགས་སམ། དེ་བཞིན་དུ་རང་སངས་རྒྱས་རྣམས་[5]ཀྱང་ཆོས་མཉམ་པ་ཉིད་ལས་མྱི་གཡོ་བ་ལགས་སམ། དེ་བཞིན་དུ་བྱང་ཆུབ་སེམས་དཔའ་ཡང་ཆོས་མཉམ་པ་ཉིད་ལས་མྱི་གཡོ་བ་ལགས་སམ། བཅོམ་ལྡན་འདས་ཀྱིས་བཀའ་སྩལ་པ། རབ་འབྱོར་དེ་དེ་བཞིན་ནོ། །དེ་དེ་བཞིན་ཏེ། རབ་འབྱོར་ཆོས་ཐམས་ཅད་ནི་ཆོས་[6]མཉམ་པ་ཉིད་ལས་མྱི་གཡོའོ། །ཆོས་མཉམ་པ་ཉིད་ལས་མྱི་འདའོ། །རབ་འབྱོར་དེ་ཅིའི་ཕྱིར་ཞེ་ན། དེ་ནི་འདི་ལྟར་དེ་བཞིན་གཤེགས་པ་དགྲ་བཅོམ་

པ་ཡང་དག་པར་རྫོགས་པའི་སངས་རྒྱས་རྣམས་ཀྱི་དེ་བཞིན་ཉིད་དང་། མ་ནོར་བ་དེ་བཞིན་ཉིད་དང་། གཞན་མ་ཡིན་པ་དེ་བཞིན་ཉིད་དང་། ཆོས་ཉིད་དང་། ཆོས་ཀྱི་དབྱིངས་དང་། ཆོས་ཀྱི་གནས་ཉིད་དང་། ཆོས་སྐྱོན་མེད་པ་ཉིད་དང་། ཡང་དག་པའི་མཐའ་གང་ཡིན་པ་དེ་ཉིད་ནི[༧]། སོ་སོའི་སྐྱེ་བོ་རྣམས་ཀྱི་དེ་བཞིན་ཉིད་དང་། མ་ནོར་བ་དེ་བཞིན་ཉིད་དང་། གཞན་མ་ཡིན་པ་དེ་བཞིན་ཉིད་དང་། ༔ཆོས་ཉིད་དང་།[༨] ཆོས་ཀྱི་དབྱིངས་དང་། ཆོས་ཀྱི་གནས་ཉིད་དང་། ཆོས་སྐྱོན་མེད་པ་ཉིད་དང་། ཡང་དག་པའི་མཐའ་སྟེ། དེ་[༩]ཉིད་ནི་དད་པའི་རྗེས་སུ་འབྲང་བ་རྣམས་ཀྱི་དེ་བཞིན་ཉིད་དང་། མ་ནོར་བ་དེ་བཞིན་ཉིད་དང་། གཞན་མ་ཡིན་པ་དེ་བཞིན་ཉིད་དང་། ཆོས་ཉིད་དང་། ཆོས་ཀྱི་དབྱིངས་དང་། ཆོས་ཀྱི་གནས་ཉིད་དང་། ཆོས་སྐྱོན་མེད་པ་ཉིད་དང་། ཡང་དག་པའི་མཐའོ[༡༠]། །དེ་ཉིད་ནི་ཆོས་ཀྱི་རྗེས་སུ་འབྲང་བ་རྣམས་ཀྱི་དེ་བཞིན་ཉིད་དང་། མ་ནོར་བ་དེ་བཞིན་ཉིད་དང་། གཞན་མ་ཡིན་པ་དེ་བཞིན་ཉིད་དང་། ཆོས་ཉིད་དང་། ཆོས་ཀྱི་དབྱིངས་དང་། ཆོས་ཀྱི་གནས་ཉིད་དང་། ཆོས་སྐྱོན་མེད་པ་ཉིད་དང་། ཡང་དག་པའི་མཐའོ། །དེ་ཉིད་ནི་བརྒྱད་པ་རྣམས་ཀྱི་དེ་བཞིན་ཉིད་དང་། མ་ནོར་བ་དེ་བཞིན་ཉིད་དང་། གཞན་མ་ཡིན་པ་དེ་བཞིན་ཉིད་དང་། ཆོས་ཉིད་དང་། ཆོས་ཀྱི་དབྱིངས་དང་། ཆོས་ཀྱི་གནས་ཉིད་དང་། ཆོས་སྐྱོན་མེད་པ་ཉིད་དང་། ཡང་དག་པའི་མཐའོ། །དེ་ཉིད་ནི་རྒྱུན་དུ་ཞུགས་པ་རྣམས་ཀྱི་དེ་བཞིན་ཉིད་དང་། མ་ནོར་བ་དེ་བཞིན་ཉིད་དང་། གཞན་མ་ཡིན་པ་དེ་བཞིན་ཉིད་དང་། ཆོས་ཉིད་དང་། ཆོས་ཀྱི་དབྱིངས་དང་། ཆོས་ཀྱི་གནས་ཉིད་དང་། ཆོས་སྐྱོན་མེད་པ་ཉིད་དང་། ཡང་དག་པའི་མཐའོ། །དེ་ཉིད་ནི་ལན་ཅིག་ཕྱིར་འོང་བ་

རྣམས་ཀྱི་དེ་བཞིན་ཉིད་དང་། མ་ནོར་བ་དེ་བཞིན་ཉིད་དང་། གཞན་མ་ཡིན་པ་དེ་བཞིན་ཉིད་དང་། ཆོས་ཉིད་དང་། ཆོས་ཀྱི་དབྱིངས་དང་། ཆོས་ཀྱི་གནས་ཉིད་དང་། ཆོས་སྐྱོན་མེད་པ་ཉིད་དང་། ཡང་དག་པའི་མཐའོ། །དེ་ཉིད་ནི༑ ཕྱིར་མི་འོང་བ་[༡]རྣམས་ཀྱི་དེ་བཞིན་ཉིད་དང་། མ་ནོར་བ་དེ་བཞིན་ཉིད་དང་། གཞན་མ་ཡིན་པ་དེ་བཞིན་ཉིད་དང་། ཆོས་ཉིད་དང་། ཆོས་ཀྱི་དབྱིངས་དང་། ཆོས་ཀྱི་གནས་ཉིད་དང་། ཆོས་སྐྱོན་མེད་པ་ཉིད་དང་། ཡང་དག་པའི་མཐའོ[༢]། །དེ་ཉིད་ནི་དགྲ་བཅོམ་པ་རྣམས་ཀྱི་དེ་བཞིན་ཉིད་དང་། མ་ནོར་བ་དེ་བཞིན་ཉིད་དང་། གཞན་མ་ཡིན་པ་[༣]དེ་བཞིན་ཉིད་དང་། ཆོས་ཉིད་དང་། ཆོས་ཀྱི་དབྱིངས་དང་། ཆོས་ཀྱི་གནས་ཉིད་དང་། ཆོས་སྐྱོན་མེད་པ་ཉིད་དང་། ཡང་དག་པའི་མཐའོ། །དེ་ཉིད་ནི་རང་སངས་རྒྱས་རྣམས་ཀྱི་དེ་བཞིན་ཉིད་དང་། མ་ནོར་བ་དེ་བཞིན་ཉིད་དང་། གཞན་མ་ཡིན་པ་དེ་བཞིན་ཉིད་དང་། ཆོས་ཉིད་དང་། ཆོས་ཀྱི་དབྱིངས་དང་། ཆོས་ཀྱི་གནས་ཉིད་དང་། ཆོས་སྐྱོན་མེད་པ་ཉིད་དང་། ཡང་དག་པའི་མཐའོ། །དེ་ཉིད་ནི་བྱང་ཆུབ་སེམས་དཔའ་སེམས་དཔའ་ཆེན་པོ་རྣམས་ཀྱི་དེ་བཞིན་ཉིད་དང་། མ་ནོར་བ་དེ་བཞིན་ཉིད་དང་། གཞན་མ་ཡིན་པ་དེ་བཞིན་ཉིད་དང་། ཆོས་ཉིད་དང་། ཆོས་ཀྱི་དབྱིངས་དང་། ཆོས་ཀྱི་གནས་ཉིད་དང་། ཆོས་སྐྱོན་མེད་པ་ཉིད་དང་། ཡང་དག་པའི་མཐའ་[༤]སྟེ། དེ་དག་ཐམས་ཅད་ནི་ཆོས་མཉམ་པ་ཉིད༑ དེ་དེ་[༥]ལས༑ རྣམ་པར་[༦]མི་འདའོ། །དེ་ཅིའི་ཕྱིར་ཞེ་ན། དེ་དག་གི་ཆོས་ཉིད་དང་། ཆོས་ཀྱི་དབྱིངས་དང་། ཆོས་ཀྱི་གནས་ཉིད་དང་། ཆོས་སྐྱོན་མེད་པ་ཉིད་དང་། དེ་བཞིན་ཉིད་དང་། མ་ནོར་བ་དེ་བཞིན་ཉིད་དང་། གཞན་མ་[༧]ཡིན་པ་དེ་བཞིན་ཉིད་དང་། ཡང་དག་པའི་མཐའ་ནི་དེ་

༔ཉིད་ཡིན་[༡]ཏེ། དེ་དག་ལས་ཆོས་མཉམ་པ་ཉིད་ཅེས་བྱ་བ་གཞན་གང་ཡང་མྱེད་དོ༔ །རབ་འབྱོརད་ཀྱིས་གསོལད་པ། བཅོམ་ལྡན་འདས་གལ་ཏེ་དེ་ལྟར་སོ་སོའི་སྐྱེ་བོ་རྣམས་ཀྱི་ཆོས་མཉམ་པ་ཉིད་གང་ལགས་པ་དེ་[༢]ཉིད། དད་པའི་རྗེས་སུ་འབྲང་བ་རྣམས་ཀྱི་ཆོས་མཉམ་པ་ཉིད། དེ་ཉིད་ཆོས་ཀྱི་རྗེས་སུ་འབྲང་བ་རྣམས་ཀྱི་ཆོས་མཉམ་པ་ཉིད། དེ་ཉིད་བརྒྱད་པ་རྣམས་ཀྱི་ཆོས་མཉམ་པ་ཉིད། དེ་ཉིད་རྒྱུན་དུ་ཞུགས་པ་རྣམས་ཀྱི་ཆོས་མཉམ་པ་ཉིད། དེ་ཉིད་ལན་ཅིག་ཕྱིར་འོང་བ་རྣམས་ཀྱི་ཆོས་མཉམ་པ་ཉིད། དེ་ཉིད་ཕྱིར་མྱི་འོང་བ་རྣམས་ཀྱི་ཆོས་མཉམ་པ་ཉིད། དེ་ཉིད་དགྲ་བཅོམ་པ་རྣམས་ཀྱི་ཆོས་མཉམ་པ་ཉིད། དེ་ཉིད་རང་སངས་རྒྱས་རྣམས་[༣]ཀྱི་ཆོས་མཉམ་པ་ཉིད། དེ་ཉིད་བྱང་ཆུབ་སེམས་དཔའ་སེམས་དཔའ་ཆེན་པོ་རྣམས་ཀྱི་ཆོས་མཉམ་པ་ཉིད[༤]། དེ་ཉིད་དེ་བཞིན་གཤེགས་པ་དགྲ་བཅོམ་པ་ཡང་དག་པར་རྫོགས་པའི་སངས་རྒྱས་རྣམས་ཀྱི་ཆོས་མཉམ་པ་ཉིད་ལགས་ན། བཅོམ་ལྡན་འདས་མཚན་ཉིད་མྱི་འདྲ་བའི་ཆོས་འདི་ལྟ་སྟེ། གཟུགས་དང་། ཚོར་བ་དང་། འདུ་ཤེས་དང་། འདུ་བྱེད་དང་། རྣམ་པར་ཤེས་པ་དང་། མྱིག་དང་། རྣ་བ་དང་། སྣ་དང་། ལྗེ་དང་། ལུས་དང་། ཡིད་དང་། གཟུགས་དང་། སྒྲ་དང་། དྲི་དང་། རོ་དང་། རེག་དང་། ཆོས་དང་། མྱིག་གི་རྣམ་པར་ཤེས་པ་དང་། མྱིག་གི་འདུས་ཏེ་རེག་པ་དང་། མྱིག་གི་འདུས་ཏེ་རེག་པའི་རྐྱེན་གྱིས་ཚོར་བ་དང་། རྣ་བའི་རྣམ་པར་ཤེས་པ་དང་། རྣ་བའི་འདུས་ཏེ་རེག་པ་དང་། རྣ་བའི་འདུས་ཏེ་རེག་པའི་རྐྱེན་གྱིས་ཚོར་བ་དང་། སྣའི་རྣམ་པར་ཤེས་པ་དང་། སྣའི་འདུས་ཏེ་རེག་པ་དང་། སྣའི་འདུས་ཏེ་རེག་པའི་རྐྱེན་གྱིས་ཚོར་བ་དང་། ལྗེའི་རྣམ་པར་ཤེས་པ་དང་། ལྗེའི་འདུས་ཏེ་རེག་པ་དང་། ལྗེའི་འདུས་ཏེ་རེག་པའི་

རྐྱེན་གྱིས་ཚོར་བ་དང་། ལུས་ཀྱི་རྣམ་པར་ཤེས་པ་དང་། ལུས་ཀྱི་འདུས་ཏེ་རེག་པ་དང་། ལུས་ཀྱི་འདུས་ཏེ་རེག་པའི་རྐྱེན་གྱིས་ཚོར་བ་དང་། ཡིད་ཀྱི་རྣམ་པར་ཤེས་པ་དང་། ཡིད་ཀྱི་འདུས་ཏེ་རེག་པ་དང་། ཡིད་ཀྱི་འདུས་ཏེ་རེག་པའི་རྐྱེན་གྱིས་ཚོར་བ་དང་། སའི་ཁམས་དང་། ཆུའི་ཁམས་དང་། མེའི་ཁམས་དང་། རླུང་གི་ཁམས་དང་། ནམ་མཁའི་ཁམས་དང་། རྣམ་པར་ཤེས་པའི་ཁམས་དང་། ༑རྟེན་ཅིང་འབྲེལ་པར་འབྱུང་བ་དང་།[1] རྟེན་ཅིང་འབྲེལ་བར་འབྱུང་བའི་ཡན་ལག་དང་། འདོད་ཆགས་དང་། ཞེ་སྡང་དང་། གཏི་མུག་དང་། ལྟ་བའི་རྣམ་པ་ཐམས་ཅད་དང་། བསམ་གཏན་དང་། ཚད་མེད་པ་དང་། གཟུགས་མེད་པའི་སྙོམས་པར་འཇུག་པ་རྣམས་དང་། སྦྱིན་པའི་ཕ་རོལ་ཏུ་ཕྱིན་པ་དང་། ཚུལ་ཁྲིམས་ཀྱི་ཕ་རོལ་ཏུ་ཕྱིན་པ་དང་། བཟོད་པའི་ཕ་རོལ་ཏུ་ཕྱིན་པ་དང་། བརྩོན་འགྲུས་ཀྱི་ཕ་རོལ་ཏུ་ཕྱིན་པ་དང་། བསམ་གཏན་གྱི་ཕ་རོལ་ཏུ་ཕྱིན་པ་དང་། ཤེས་རབ་ཀྱི་ཕ་རོལ་ཏུ་ཕྱིན་པ་དང་། ཐབས་མཁས་པའི་ཕ་རོལ་ཏུ་ཕྱིན་པ་དང་། སྨོན་ལམ་གྱི་ཕ་རོལ་ཏུ་ཕྱིན་པ་དང་། སྟོབས་ཀྱི་ཕ་རོལ་ཏུ་ཕྱིན་པ་དང་། ཡེ་ཤེས་ཀྱི་ཕ་རོལ་ཏུ་ཕྱིན་པ་དང་། བྱང་ཆུབ་སེམས་དཔའི་ས་བཅུ་དང་། དྲན་པ་ཉེ་བར་གཞག་པ་རྣམས་དང་། ཡང་དག་པར་སྤོང་བ་རྣམས་དང་། རྫུ་འཕྲུལ་གྱི་རྐང་པ་རྣམས་དང་། དབང་པོ་རྣམས་དང་། སྟོབས་རྣམས་དང་། བྱང་ཆུབ་ཀྱི་ཡན་ལག་རྣམས་དང་། འཕགས་[2]པའི་ལམ་ཡན་ལག་བརྒྱད་པ་དང་། འཕགས་པའི་བདེན་པ་རྣམས་དང་། རྣམ་པར་ཐར་པའི་སྒོ་སྟོང་པ་ཉིད་དང་། མཚན་མ་མེད་པ་དང་། སྨོན་པ་མེད་པ་དང་། ནང་སྟོང་པ་ཉིད་དང་། ཕྱི་སྟོང་པ་ཉིད་དང་། ཕྱི་ནང་སྟོང་པ་ཉིད་དང་། སྟོང་པ་ཉིད་སྟོང་པ་ཉིད་དང་།

ཆེན་པོ་སྟོང་པ་ཉིད་དང་། དོན་དམ་པ་སྟོང་པ་ཉིད་དང་། འདུས་བྱས་སྟོང་པ་ཉིད་དང་། འདུས་མ་བྱས་སྟོང་པ་ཉིད་དང་། མཐའ་ལས་འདས་པ་སྟོང་པ་ཉིད་དང་། ཐོག་མ་དང་ཐ་མ་མེད་པ་སྟོང་པ་ཉིད་དང་། དོར་བ་མེད་པ་སྟོང་པ་ཉིད་དང་། རང་བཞིན་སྟོང་པ་ཉིད་དང་། ཆོས་ཐམས་ཅད་སྟོང་པ་ཉིད་དང་། རང་གི་མཚན་ཉིད་སྟོང་པ་ཉིད་དང་། མི་དམིགས་པ་སྟོང་པ་ཉིད་དང་། དངོས་པོ་མེད་པ་སྟོང་པ་ཉིད་དང་། ངོ་བོ་ཉིད་སྟོང་པ་ཉིད་དང་། དངོས་པོ་མེད་པའི་ངོ་བོ་ཉིད་སྟོང་པ་ཉིད་དང་། རྣམ་པར་ཐར་པ་བརྒྱད་དང་། མཐར་གྱིས་གནས་པའི་སྙོམས་པར་འཇུག་པ་དགུ་དང་། མངོན་པར་ཤེས་པ་ལྔ་དང་། ཏིང་ངེ་འཛིན་ཐམས་ཅད་དང་། གཟུངས་ཀྱི་སྒོ་ཐམས་ཅད་དང་། དེ་བཞིན་གཤེགས་པའི་སྟོབས་བཅུ་དང་། མི་འཇིགས་པ་བཞི་དང་། སོ་སོ་ཡང་དག་པར་རིག་པ་བཞི་དང་། བྱམས་པ་ཆེན་པོ་དང་། སྙིང་རྗེ་ཆེན་པོ་དང་། སངས་རྒྱས་ཀྱི་ཆོས་མ་འདྲེས་པ་བཅོ་བརྒྱད་དང་། མི་ཆེན་པོའི་མཚན་སུམ་ཅུ་རྩ་གཉིས་དང་། དཔེ་བྱད་བཟང་པོ་བརྒྱད་ཅུ་དང་། འདུས་བྱས་ཀྱི་ཁམས་དང་། འདུས་མ་བྱས་ཀྱི་ཁམས་ཏེ། བཅོམ་ལྡན་འདས་ཆོས་དེ་དག་ནི་ཀུན་[1]ཀྱང་གཅིག་དང་གཅིག་[2]ཏུ་མི་འདྲ་བ། གཅིག་ལས་གཅིག་འདས་པའོ། །བཅོམ་ལྡན་འདས་དེ་[3]ཅིའི་སླད་དུ་ཞེ་ན། དེ་ནི་འདི་ལྟར་གཟུགས་ཀྱི་ཆོས་ཉིད་ཀྱང་གཞན་ལ། ཚོར་བའི་ཆོས་ཉིད་ཀྱང་གཞན། འདུ་ཤེས་ཀྱི་ཆོས་ཉིད་ཀྱང་གཞན། འདུ་བྱེད་ཀྱི་ཆོས་ཉིད་ཀྱང་གཞན། རྣམ་པར་ཤེས་པའི་ཆོས་ཉིད་ཀྱང་གཞན་ཏེ[4]། མིག་གི་ཆོས་ཉིད་ཀྱང་གཞན། རྣ་བའི་ཆོས་ཉིད་ཀྱང་གཞན། སྣའི་ཆོས་ཉིད་ཀྱང་གཞན། ལྕེའི་ཆོས་ཉིད་ཀྱང་གཞན། ལུས་ཀྱི་ཆོས་ཉིད་ཀྱང་གཞན། ཡིད་ཀྱི་ཆོས་ཉིད་ཀྱང་གཞན། གཟུགས་ཀྱི་ཆོས་ཉིད་ཀྱང་གཞན།

སྒྲའི་ཆོས་ཉིད་ཀྱང་གཞན། དྲིའི་ཆོས་ཉིད་ཀྱང་གཞན། རོའི་ཆོས་ཉིད་ཀྱང་གཞན། རེག་གི་ཆོས་ཉིད་ཀྱང་གཞན། ཆོས་ཀྱི་ཆོས་ཉིད་ཀྱང་གཞན། མིག་གི་རྣམ་པར་ཤེས་པའི་ཆོས་ཉིད་ཀྱང་གཞན། རྣ་བའི་རྣམ་པར་ཤེས་པའི་ཆོས་ཉིད་ཀྱང་གཞན། སྣའི་རྣམ་པར་ཤེས་པའི་ཆོས་ཉིད་ཀྱང་གཞན། ལྗེའི་རྣམ་པར་ཤེས་པའི་ཆོས་ཉིད་ཀྱང་གཞན། ལུས་ཀྱི་རྣམ་པར་ཤེས་པའི་ཆོས་ཉིད་ཀྱང་གཞན། ཡིད་ཀྱི་རྣམ་པར་ཤེས་པའི་ཆོས་ཉིད་ཀྱང་གཞན། མིག་གི་འདུས་ཏེ་རེག་པའི་ཆོས་ཉིད་ཀྱང་གཞན[༡]། རྣ་བའི་འདུས་ཏེ་རེག་པའི་ཆོས་ཉིད་ཀྱང་གཞན། སྣའི་འདུས་ཏེ་རེག་པའི་ཆོས་ཉིད་ཀྱང་གཞན། ལྗེའི་འདུས་ཏེ་རེག་པའི་ཆོས་ཉིད་ཀྱང་གཞན། ལུས་ཀྱི་འདུས་ཏེ་རེག་པའི་ཆོས་ཉིད་ཀྱང་གཞན། ཡིད་ཀྱི་འདུས་ཏེ་རེག་པའི་ཆོས་ཉིད་ཀྱང་གཞན། མིག་གི་འདུས་ཏེ་རེག་པའི་རྐྱེན་གྱིས་ཚོར་བའི་ཆོས་ཉིད་ཀྱང་གཞན། རྣ་བའི་འདུས་ཏེ་རེག་པའི་རྐྱེན་གྱིས་ཚོར་བའི་ཆོས་ཉིད་ཀྱང་གཞན[༢]། སྣའི་འདུས་ཏེ་རེག་པའི་རྐྱེན་གྱིས་ཚོར་བའི་ཆོས་ཉིད་ཀྱང་གཞན། ལྗེའི་འདུས་ཏེ་རེག་པའི་རྐྱེན་གྱིས་ཚོར་བའི་ཆོས་ཉིད་ཀྱང་གཞན། ལུས་ཀྱི་འདུས་ཏེ་རེག་པའི་རྐྱེན་གྱིས་ཚོར་བའི་ཆོས་ཉིད་ཀྱང་གཞན། ཡིད་ཀྱི་འདུས་ཏེ་རེག་པའི་རྐྱེན་གྱིས་ཚོར་བའི་ཆོས་ཉིད་ཀྱང་གཞན། སའི་ཁམས་ཀྱི་ཆོས་ཉིད་ཀྱང་གཞན། ཆུའི་ཁམས་ཀྱི་ཆོས་ཉིད་ཀྱང་གཞན། མེའི་ཁམས་ཀྱི་ཆོས་ཉིད་ཀྱང་གཞན། རླུང་གི་ཁམས་ཀྱི་ཆོས་ཉིད་ཀྱང་གཞན། ནམ་མཁའི་ཁམས་ཀྱི་ཆོས་ཉིད་ཀྱང་གཞན། རྣམ་པར་ཤེས་པའི་ཁམས་ཀྱི་ཆོས་ཉིད་ཀྱང་གཞན། མ་རིག་པའི་ཆོས་ཉིད་ཀྱང་གཞན། འདུ་བྱེད་ཀྱི་ཆོས་ཉིད་ཀྱང་གཞན། རྣམ་པར་ཤེས་པའི་[༣]ཆོས་ཉིད་ཀྱང་གཞན། མིང་དང་གཟུགས་ཀྱི་ཆོས་ཉིད་ཀྱང་གཞན། སྐྱེ་མཆེད་དྲུག་གི་ཆོས་ཉིད་ཀྱང་གཞན། རེག་པའི་

ཆོས་ཉིད་ཀྱང་གཞན། ཚོར་བའི་ཆོས་ཉིད་ཀྱང་གཞན། སྲིད་པའི་ཆོས་ཉིད་ཀྱང་གཞན། ལེན་པའི་ཆོས་ཉིད་ཀྱང་གཞན། སྲིད་པའི་ཆོས་ཉིད་ཀྱང་གཞན། སྐྱེ་བའི་ཆོས་ཉིད་ཀྱང་གཞན། རྒ་ཤིའི་ཆོས་ཉིད་ཀྱང་གཞན། འདོད་ཆགས་ཀྱི་ཆོས་ཉིད་ཀྱང་གཞན། ཞེ་སྡང་གི་ཆོས་ཉིད་ཀྱང་གཞན། གཏི་མུག་གི་ཆོས་ཉིད་ཀྱང་གཞན། ལྟ་བའི་རྣམ་པའི་ཆོས་ཉིད་ཀྱང་གཞན། སྦྱིན་པའི་ཕ་རོལ་ཏུ་ཕྱིན་པའི་(༡)ཆོས་ཉིད་ཀྱང་གཞན། ཚུལ་ཁྲིམས་ཀྱི་ཕ་རོལ་ཏུ་ཕྱིན་པའི་ཆོས་ཉིད་ཀྱང་གཞན། བཟོད་པའི་ཕ་རོལ་ཏུ་ཕྱིན་པའི་ཆོས་ཉིད་ཀྱང་གཞན། བརྩོན་འགྲུས་ཀྱི་ཕ་རོལ་ཏུ་ཕྱིན་པའི་ཆོས་ཉིད་ཀྱང་གཞན། བསམ་གཏན་གྱི་ཕ་རོལ་ཏུ་ཕྱིན་པའི་ཆོས་ཉིད་ཀྱང་གཞན། ཤེས་རབ་ཀྱི་ཕ་རོལ་ཏུ་ཕྱིན་པའི་ཆོས་ཉིད་ཀྱང་གཞན། ནང་སྟོང་པ་ཉིད་ཀྱི་ཆོས་ཉིད་ཀྱང་གཞན། ཕྱི་སྟོང་པ་ཉིད་ཀྱི་ཆོས་ཉིད་ཀྱང་གཞན། ཕྱི་ནང་སྟོང་པ་ཉིད་ཀྱི་ཆོས་ཉིད་ཀྱང་གཞན། སྟོང་པ་ཉིད་སྟོང་པ་ཉིད་ཀྱི་ཆོས་ཉིད་ཀྱང་གཞན། ཆེན་པོ་སྟོང་པ་ཉིད་ཀྱི་(༢)ཆོས་ཉིད་ཀྱང་གཞན། དོན་དམ་པ་སྟོང་པ་ཉིད་ཀྱི་ཆོས་ཉིད་ཀྱང་གཞན། འདུས་བྱས་སྟོང་པ་ཉིད་ཀྱི་ཆོས་ཉིད་ཀྱང་གཞན། འདུས་མ་བྱས་སྟོང་པ་ཉིད་ཀྱི་ཆོས་ཉིད་ཀྱང་གཞན། མཐའ་ལས་འདས་པ་སྟོང་པ་ཉིད་ཀྱི་ཆོས་ཉིད་ཀྱང་གཞན། ཐོག་མ་དང་ཐ་མ་མེད་པ་སྟོང་པ་ཉིད་ཀྱི་ཆོས་ཉིད་ཀྱང་གཞན། དོར་བ་མེད་པ་སྟོང་པ་ཉིད་ཀྱི་ཆོས་ཉིད་ཀྱང་གཞན། རང་བཞིན་སྟོང་པ་ཉིད་ཀྱི་ཆོས་ཉིད་ཀྱང་གཞན། ཆོས་ཐམས་ཅད་སྟོང་པ་ཉིད་ཀྱི་(༣)ཆོས་ཉིད་ཀྱང་གཞན། རང་གི་མཚན་ཉིད་སྟོང་པ་ཉིད་ཀྱི་ཆོས་ཉིད་ཀྱང་གཞན། མི་དམིགས་པ་སྟོང་པ་ཉིད་ཀྱི་ཆོས་ཉིད་ཀྱང་གཞན། དངོས་པོ་མེད་པ་སྟོང་པ་ཉིད་ཀྱི་ཆོས་ཉིད་ཀྱང་གཞན། ངོ་བོ་ཉིད་སྟོང་པ་ཉིད་ཀྱི་ཆོས་ཉིད་ཀྱང་གཞན། དངོས་པོ་མེད་པའི་ངོ་བོ་ཉིད་

སྟོང་པ་ཉིད་ཀྱི་ཆོས་ཉིད་ཀྱང་གཞན། དྲན་པ་ཉེ་བར་གཞག་པ་རྣམས་ཀྱི་ཆོས་ཉིད་ཀྱང་གཞན། ཡང་དག་པར་སྤོང་བ་རྣམས་ཀྱི་ཆོས་ཉིད་ཀྱང་གཞན། རྫུ་འཕྲུལ་གྱི་རྐང་པ་རྣམས་ཀྱི་ཆོས་ཉིད་ཀྱང་གཞན། དབང་པོ་རྣམས་ཀྱི་ཆོས་ཉིད་ཀྱང་གཞན། སྟོབས་རྣམས་ཀྱི་ཆོས་ཉིད་ཀྱང་གཞན། བྱང་ཆུབ་ཀྱི་ཡན་ལག་རྣམས་ཀྱི་ཆོས་ཉིད་ཀྱང་གཞན། འཕགས་པའི་ལམ་ཡན་ལག་བརྒྱད་པའི་ཆོས་ཉིད་ཀྱང་གཞན། འཕགས་པའི་བདེན་པ་རྣམས་ཀྱི་ཆོས་ཉིད་ཀྱང་གཞན། བསམ་གཏན་རྣམས་ཀྱི་ཆོས་ཉིད་ཀྱང་གཞན། ཚད་མེད་པ་རྣམས་ཀྱི་ཆོས་ཉིད་ཀྱང་གཞན། གཟུགས་མེད་པའི་སྙོམས་པར་འཇུག་པ་རྣམས་ཀྱི་ཆོས་ཉིད་ཀྱང་གཞན། རྣམ་པར་ཐར་པ་རྣམས་ཀྱི་ཆོས་ཉིད་ཀྱང་གཞན། མཐར་གྱིས་གནས་པའི་སྙོམས་པར་འཇུག་པ་རྣམས་ཀྱི་ཆོས་ཉིད་ཀྱང་གཞན། རྣམ་པར་ཐར་པའི་སྒོ་སྟོང་པ་ཉིད་དང་། མཚན་མ་མེད་པ་དང་། སྨོན་པ་མེད་པའི་ཆོས་ཉིད་ཀྱང་གཞན། མངོན་པར་ཤེས་པ་རྣམས་ཀྱི་ཆོས་ཉིད་ཀྱང་གཞན། ཏིང་ངེ་འཛིན་རྣམས་ཀྱི་ཆོས་ཉིད་ཀྱང་གཞན། གཟུངས་ཀྱི་སྒོ་རྣམས་ཀྱི་ཆོས་ཉིད་ཀྱང་གཞན། དེ་བཞིན་གཤེགས་པའི་སྟོབས་རྣམས་ཀྱི་ཆོས་ཉིད་ཀྱང་གཞན། མི་འཇིགས་པ་རྣམས་ཀྱི་ཆོས་ཉིད་ཀྱང་གཞན། སོ་སོ་ཡང་དག་པར་རིག་པ་རྣམས་ཀྱི་ཆོས་ཉིད་ཀྱང་གཞན། བྱམས་པ་ཆེན་པོའི་ཆོས་ཉིད་ཀྱང་གཞན། སྙིང་རྗེ་ཆེན་པོའི་ཆོས་ཉིད་ཀྱང་གཞན། སངས་རྒྱས་ཀྱི་ཆོས་མ་འདྲེས་པ་རྣམས་ཀྱི་ཆོས་ཉིད་ཀྱང་གཞན། སྐྱེ་ཆེན་པོའི་མཚན་རྣམས་ཀྱི་ཆོས་ཉིད་ཀྱང་གཞན། དཔེ་བྱད་བཟང་པོ་རྣམས་ཀྱི་ཆོས་ཉིད་ཀྱང་གཞན། འདུས་བྱས་ཀྱི་ཁམས་ཀྱི་ཆོས་ཉིད་ཀྱང་གཞན། འདུས་མ་བྱས་ཀྱི་ཁམས་ཀྱི་ཆོས་ཉིད་ཀྱང་གཞན་ན[1]། བཅོམ་ལྡན་འདས་ཇི་ལྟར་མཚན་ཉིད་མི་འདྲ་བའི་ཆོས་རྣམས་ཀྱི་ཆོས་ཉིད[2]མཚན་

ཉིད་གཅིག་པར་འགྱུར་བ་ལགས། ཆོས་རྣམ་པར་དགོད་[1]པར་ནི་ཇི་ལྟར་འགྱུར། བྱང་ཆུབ་སེམས་དཔའ་སེམས་དཔའ་ཆེན་པོ་ནི་ཤེས་རབ་ཀྱི་ཕ་རོལ་ཏུ་ཕྱིན་པ་ལ་སྤྱོད་པའི་ཚེ། གང་ལ་གནས་ཤིང་ཆོས་རྣམས་ཐ་དད་དུ་བགྱིད་པ་ལགས། ཆོས་རྣམས་ཐ་དད་དུ་མ་བགྱིས་པར་ནི། བྱང་ཆུབ་སེམས་དཔའ་སེམས་དཔའ་ཆེན་པོས་ཀྱང་། ཤེས་རབ་ཀྱི་ཕ་རོལ་ཏུ་ཕྱིནད་པ་ལ་སྤྱོད་པར་མི་ནུས་ན། ཇི་ལྟར་བྱང་ཆུབ་སེམས་དཔའ་སེམས་དཔའ་ཆེན་པོས། ཤེས་རབ་ཀྱི་ཕ་རོལ་ཏུ་ཕྱིན་པ་ལ་སྤྱོད་པའི་ཚེ། ས་ནས་སར་འཕར་[2]ཞིང་སྐྱོན་མེད་པར་འཇུག་པ་ལགས། ཇི་ལྟར་སྐྱོན་མེད་པར་ཞུགས་ནས། ཉན་ཐོས་དང་། རང་སངས་རྒྱས་ཀྱི་ས་ལས་འདས་ཏེ། མངོན་པར་ཤེས་པ་[3]ཡོངས་སུ་རྫོགས་པར་བགྱིད་པ་ལགས། ཇི་ལྟར་མངོན་པར་ཤེས་པས་རྣམ་པར་རྩེ་[4]ཞིང་སྦྱིན་པའི་ཕ་རོལ་ཏུ་ཕྱིན་པ་ཡོངས་སུ་རྫོགས་པར་བགྱི་བ་དང་། ཚུལ་ཁྲིམས་ཀྱི་ཕ་རོལ་ཏུ་ཕྱིན་པ་ཡོངས་སུ་རྫོགས་པར་བགྱི་བ་དང་། བཟོད་པའི་ཕ་རོལ་ཏུ་ཕྱིན་པ་ཡོངས་སུ་རྫོགས་པར༔བགྱི་བ་[5]དང་། བརྩོན་འགྲུས་ཀྱི་ཕ་རོལད་ཏུ་ཕྱིནད་པ་ཡོངས་སུ་རྫོགས་པར་བགྱི་བ་དང་། བསམ་གཏན་གྱི་ཕ་རོལད་ཏུ་ཕྱིན་པ་ཡོངས་སུ་རྫོགས་པར་བགྱི་བ་དང་། ཤེས་རབ་ཀྱི་ཕ་རོལད་ཏུ་ཕྱིནད་པ་ཡོངས་སུ་རྫོགས་པར་བགྱི༔བ་དང་[6]། དེ་དག་ལ་རྣམ་པར་རྩེ་[7]བས། སངས་རྒྱས་ཀྱི་ཞིང་ནས་སངས་རྒྱས་ཀྱི་ཞིང་དུ་མཆི་བ་ལགས། སངས་རྒྱས་བཅོམ་ལྡན་འདས་རྣམས་ལ་བསྙེན་བཀུར་བགྱིད་པ་ལགས། དེ་དག་ཏུ་ཡང་དགེ་བའི་རྩ་བ་སྐྱེད་པ་ལགས། དགེ་བའི་རྩ་བ་དེས་སེམས་ཅན་རྣམས་ཡོངས་སུ་སྨིན་པར་བགྱིད་པ་ལགས། སངས་རྒྱས་ཀྱི་ཞིང་ཡོངས་སུ་འཛིན་པ་ལགས། བཅོམ་ལྡན་འདས་ཀྱིས་བཀའ་སྩལ་པ། རབ་འབྱོརད་གང་འདི་སྐད་དུ་དེ་སྐད། ཆོས་ཐམས་ཅད་ཀྱི་ཆོས་

མཉམ་པ་ཉིད་གང་ཡིན་པ་དེ་ཉིད་སོ་སོའི་སྐྱེ་བོ་རྣམས་ཀྱི་ཆོས་མཉམ་པ་ཉིད་དེ། དེ་ཉིད་དད་པའི་རྗེས་སུ་འབྲང་བ་རྣམས་ཀྱི་ཆོས་མཉམ་པ་ཉིད། དེ་ཉིད་ཆོས་ཀྱི་རྗེས་སུ་འབྲང་བ་རྣམས་ཀྱི་ཆོས་མཉམ་པ་ཉིད།[1] དེ་ཉིད་བརྒྱད་པ་རྣམས་ཀྱི་ཆོས་མཉམ་པ་ཉིད། དེ་ཉིད་རྒྱུན་དུ་ཞུགས་པ་རྣམས་ཀྱི་ཆོས་མཉམ་པ་ཉིད། དེ་ཉིད་ལན་ཅིག་ཕྱིར་འོང་བ་རྣམས་ཀྱི་ཆོས་མཉམ་པ་ཉིད། དེ་ཉིད་ཕྱིར་མི་འོང་བ་རྣམས་ཀྱི་[2]ཆོས་མཉམ་པ་ཉིད། དེ་ཉིད་དགྲ་བཅོམ་པ་རྣམས་ཀྱི་[3]ཆོས་མཉམ་པ་ཉིད། དེ་ཉིད་རང་སངས་རྒྱས་རྣམས་ཀྱི་ཆོས་མཉམ་པ་ཉིད། དེ་ཉིད་བྱང་ཆུབ་སེམས་དཔའ་སེམས་དཔའ་ཆེན་པོ་རྣམས་ཀྱི་ཆོས་མཉམ་པ་ཉིད། དེ་ཉིད་དེ་བཞིན་གཤེགས་པ་དགྲ་བཅོམ་པ་ཡང་དག་པར་རྫོགས་པའི་སངས་རྒྱས་རྣམས་ཀྱི་ཆོས་མཉམ་པ་ཉིད་ཡིན་ན། མཚན་ཉིད་མི་འདྲ་བའི་ཆོས་རྣམས་ཀྱི་[4]མཉམ་པ་ཉིད་ཇི་ལྟར་མཚན་ཉིད་གཅིག་[5]པར་འགྱུར་ཞེས་ཟེར་བ་ནི། རབ་འབྱོར་དེ་ཇི་སྙམ་དུ་སེམས། གཟུགས་ཀྱི་ཆོས་ཉིད་གང་ཡིན་པ་དེ་ཉིད་སྟོང་པ་ཉིད་མ་ཡིན་ནམ། ཚོར་བའི་ཆོས་ཉིད་གང་ཡིན་པ་དེ་ཉིད་སྟོང་པ་ཉིད་མ་ཡིན་ནམ། འདུ་ཤེས་ཀྱི་ཆོས་ཉིད་གང་ཡིན་པ་དེ་ཉིད་སྟོང་པ་ཉིད་མ་ཡིན་ནམ། འདུ་བྱེད་ཀྱི་ཆོས་ཉིད་གང་ཡིན་པ་དེ་ཉིད་སྟོང་པ་ཉིད་མ་ཡིན་ནམ། རྣམ་པར་ཤེས་པའི་ཆོས་ཉིད་གང་ཡིན་པ་དེ་ཉིད་སྟོང་པ་ཉིད་མ་ཡིན་ནམ། མིག་གི་ཆོས་ཉིད་གང་ཡིན་པ་དེ་ཉིད་སྟོང་པ་ཉིད་མ་ཡིན་ནམ། རྣ་བའི་ཆོས་ཉིད་གང་ཡིན་པ་དེ་ཉིད་སྟོང་པ་ཉིད་མ་ཡིན་ནམ། སྣའི་ཆོས་ཉིད་གང་ཡིན་པ་དེ་ཉིད་སྟོང་པ་ཉིད་མ་ཡིན་ནམ། ལྕེའི་ཆོས་ཉིད་གང་ཡིན་པ་དེ་ཉིད་སྟོང་པ་ཉིད་མ་ཡིན་ནམ། ལུས་ཀྱི་ཆོས་ཉིད་གང་ཡིན་པ་དེ་ཉིད་སྟོང་པ་ཉིད་མ་ཡིན་ནམ། ཡིད་ཀྱི་ཆོས་ཉིད་གང་ཡིན་པ་དེ་ཉིད་སྟོང་པ་ཉིད་མ་ཡིན་ནམ། གཟུགས་ཀྱི་ཆོས་ཉིད་གང་ཡིན་པ་

དེ་ཉིད་སྟོང་པ་ཉིད་མ་ཡིན་ནམ། སྣའི་ཆོས་ཉིད་གང་ཡིན་པ་དེ་ཉིད་སྟོང་པ་ཉིད་མ་ཡིན་ནམ། ལྗེའི་ཆོས་ཉིད་གང་ཡིན་པ་དེ་ཉིད་སྟོང་པ་ཉིད་མ་ཡིན་ནམ། རོའི་ཆོས་ཉིད་གང་ཡིན་པ་དེ་ཉིད་སྟོང་པ་ཉིད་མ་ཡིན་ནམ། རེག་གི་ཆོས་ཉིད་གང་ཡིན་པ་དེ་ཉིད་སྟོང་པ་ཉིད་མ་ཡིན་ནམ། ཆོས་ཀྱི་ཆོས་ཉིད་གང་ཡིན་པ་དེ་ཉིད་སྟོང་པ་ཉིད་མ་ཡིན་ནམ། མིག་གི་རྣམ་པར་ཤེས་པའི་ཆོས་ཉིད་གང་ཡིན་པ་དེ་ཉིད་སྟོང་པ་ཉིད་མ་ཡིན་ནམ། རྣ་བའི་རྣམ་པར་ཤེས་པའི་ཆོས་ཉིད་གང་ཡིན་པ་དེ་ཉིད་སྟོང་པ་ཉིད་མ་ཡིན་ནམ། སྣའི་རྣམ་པར་ཤེས་པའི་ཆོས་ཉིད་གང་ཡིན་པ། དེ་ཉིད་སྟོང་པ་ཉིད་མ་ཡིན་ནམ[༡]། ལྗེའི་རྣམ་པར་ཤེས་པའི་ཆོས་ཉིད་གང་ཡིན་པ་དེ་ཉིད་སྟོང་པ་ཉིད་མ་ཡིན་ནམ། ལུས་ཀྱི་རྣམ་པར་ཤེས་པའི་ཆོས་ཉིད་གང་ཡིན་པ་དེ་ཉིད་སྟོང་པ་ཉིད་མ་ཡིན་ནམ། ཡིད་ཀྱི་རྣམ་པར་ཤེས་པའི་ཆོས་ཉིད་གང་ཡིན་པ་དེ་ཉིད་སྟོང་པ་ཉིད[༢]་མ་ཡིན་ནམ། མིག་གི་འདུས་ཏེ་རེག་པའི་ཆོས་ཉིད་གང་ཡིན་པ་དེ་ཉིད་སྟོང་པ་ཉིད་མ་ཡིན་ནམ། རྣ་བའི་འདུས་ཏེ་རེག་པའི་ཆོས་ཉིད་གང་ཡིན་པ་དེ་ཉིད་སྟོང་པ་ཉིད་མ་ཡིན་ནམ། སྣའི་འདུས་ཏེ་རེག་པའི་ཆོས་ཉིད་གང་ཡིན་པ་དེ་ཉིད་སྟོང་པ་ཉིད་མ་ཡིན་ནམ། ལྗེའི་འདུས་ཏེ་རེག་པའི་ཆོས་ཉིད་གང་ཡིན་པ་དེ་ཉིད་སྟོང་པ་ཉིད་མ་ཡིན་ནམ། ལུས་ཀྱི་འདུས་ཏེ་རེག་པའི་ཆོས་ཉིད་གང་ཡིན་པ་དེ་ཉིད་སྟོང་པ་ཉིད་མ་ཡིན་ནམ། ཡིད་ཀྱི་འདུས་ཏེ་རེག་པའི་ཆོས་ཉིད་གང་ཡིན་པ་དེ་ཉིད་སྟོང་པ་ཉིད་མ་ཡིན་ནམ། མིག་གི་འདུས་ཏེ་རེག་པའི་རྐྱེན་གྱིས་ཚོར་བའི་ཆོས་ཉིད་གང་ཡིན་པ་དེ་ཉིད་སྟོང་པ་ཉིད་མ་ཡིན་ནམ། རྣ་བའི་འདུས་ཏེ་རེག་པའི་རྐྱེན་གྱིས་ཚོར་བའི་ཆོས་ཉིད་གང་ཡིན་པ་དེ་ཉིད་སྟོང་པ་ཉིད་མ་ཡིན་ནམ། སྣའི་འདུས་ཏེ་རེག་པའི་རྐྱེན་གྱིས་ཚོར་བའི་ཆོས་ཉིད་གང་ཡིན་པ་དེ་ཉིད་སྟོང་པ་ཉིད་མ་ཡིན་ནམ། ལྗེའི་འདུས་ཏེ་རེག་

པའི་རྐྱེན་གྱིས་ཚོར་བའི་ཆོས་ཉིད་གང་ཡིན་པ་དེ་ཉིད་སྟོང་པ་ཉིད་མ་ཡིན་ནམ། ལུས་ཀྱི་འདུས་ཏེ་རེག་པའི་རྐྱེན་གྱིས་ཚོར་བའི་ཆོས་ཉིད་གང་ཡིན་པ་དེ་ཉིད་སྟོང་པ་ཉིད་མ་ཡིན་ནམ། ཡིད་ཀྱི་འདུས་ཏེ་རེག་པའི་རྐྱེན་གྱིས་ཚོར་བའི་ཆོས་ཉིད་གང་ཡིན་པ་དེ་ཉིད་སྟོང་པ་ཉིད་མ་ཡིན་ནམ། སའི་ཁམས་ཀྱི་ཆོས་ཉིད་གང་ཡིན་པ་དེ་ཉིད་སྟོང་པ་ཉིད་མ་ཡིན་ནམ། ཆུའི་ཁམས་ཀྱི་ཆོས་ཉིད་གང་ཡིན་པ་དེ་ཉིད་སྟོང་པ་ཉིད་མ་ཡིན་ནམ། མེའི་ཁམས་ཀྱི་ཆོས་ཉིད་གང་ཡིན་པ་དེ་ཉིད་སྟོང་པ་ཉིད་མ་ཡིན་ནམ། རླུང་གི་ཁམས་ཀྱི་ཆོས་ཉིད་གང་ཡིན་པ་དེ་ཉིད་སྟོང་པ་ཉིད་མ་ཡིན་ནམ། ནམ་མཁའི་ཁམས་ཀྱི་ཆོས་ཉིད་གང་ཡིན་པ་དེ་ཉིད་སྟོང་པ་ཉིད་མ་ཡིན་ནམ། རྣམ་པར་ཤེས་པའི་ཁམས་ཀྱི་ཆོས་[7]ཉིད་གང་ཡིན་པ་དེ་ཉིད་སྟོང་པ་ཉིད་མ་ཡིན་ནམ། མ་རིག་པའི་ཆོས་ཉིད་གང་ཡིན་པ་དེ་ཉིད་སྟོང་པ་ཉིད་མ་ཡིན་ནམ། འདུ་བྱེད་ཀྱི་ཆོས་ཉིད་གང་ཡིན་པ་དེ་ཉིད་སྟོང་པ་ཉིད་མ་ཡིན་ནམ། རྣམ་པར་ཤེས་པའི་ཆོས་ཉིད་གང་ཡིན་པ་དེ་ཉིད་སྟོང་པ་ཉིད་མ་ཡིན་ནམ། མིང་དང་གཟུགས་ཀྱི་ཆོས་ཉིད་གང་ཡིན་པ་དེ་ཉིད་སྟོང་པ་ཉིད་མ་ཡིན་ནམ། སྐྱེ་མཆེད་དྲུག་གི་ཆོས་ཉིད་གང་ཡིན་པ་དེ་ཉིད་སྟོང་པ་ཉིད་མ་ཡིན་ནམ། རེག་པའི་ཆོས་ཉིད་གང་ཡིན་པ་དེ་ཉིད་སྟོང་པ་ཉིད་མ་ཡིན་ནམ། ཚོར་བའི་ཆོས་ཉིད་གང་ཡིན་པ་དེ་ཉིད་སྟོང་པ་ཉིད་མ་ཡིན་ནམ། སྲེད་པའི་ཆོས་ཉིད་གང་ཡིན་པ་དེ་ཉིད་སྟོང་པ་ཉིད་མ་ཡིན་ནམ། ལེན་པའི་ཆོས་ཉིད་གང་ཡིན་པ་དེ་ཉིད་སྟོང་པ་ཉིད་མ་ཡིན་ནམ། སྲིད་པའི་ཆོས་ཉིད་གང་ཡིན་པ་དེ་ཉིད་སྟོང་པ་ཉིད་མ་ཡིན་ནམ། སྐྱེ་བའི་ཆོས་ཉིད་གང་ཡིན་པ་དེ་ཉིད་སྟོང་པ་ཉིད་མ་ཡིན་ནམ། རྒ་ཤིའི་ཆོས་ཉིད་གང་ཡིན་པ་དེ་ཉིད་སྟོང་པ་ཉིད་མ་ཡིན་ནམ། སྦྱིན་པའི་ཕ་རོལ་ཏུ་ཕྱིན་པའི་ཆོས་ཉིད་གང་ཡིན་པ་དེ་ཉིད་སྟོང་པ་ཉིད་མ་ཡིན་ནམ། ཚུལ་

ཁྲིམས་ཀྱི་ཕ་རོལད་ཏུ་ཕྱིནད་པའི་ཆོས་ཉིད་གང་ཡིན་པ་དེ་ཉིད་སྟོང་པ་ཉིད་མ་
ཡིན་ནམ། བཟོད་པའི་ཕ་རོལ་ཏུ་ཕྱིན་པའི་ཆོས་ཉིད་གང་ཡིན་པ་དེ་ཉིད་སྟོང་པ་
ཉིད་མ་ཡིན་ནམ། བརྩོན་འགྲུས་ཀྱི་ཕ་རོལ་ཏུ་ཕྱིན་པའི་ཆོས་ཉིད་གང་ཡིན་པ་དེ་
ཉིད་སྟོང་པ་ཉིད་མ་ཡིན་ནམ། བསམ་གཏན་གྱི་ཕ་རོལ་ཏུ་ཕྱིན་པའི་ཆོས་ཉིད་
གང་ཡིན་པ་དེ་ཉིད་སྟོང་པ་ཉིད་མ་ཡིན་ནམ། ཤེས་རབ་ཀྱི་ཕ་རོལ་ཏུ་ཕྱིན་པའི་
ཆོས་ཉིད་གང་ཡིན་པ་དེ་ཉིད་སྟོང་པ་ཉིད་མ་ཡིན་ནམ། ནང་སྟོང་པ་ཉིད་ཀྱི་
ཆོས་ཉིད་གང་ཡིན་པ་དེ་ཉིད་སྟོང་པ་ཉིད་མ་ཡིན་ནམ། ཕྱི་སྟོང་པ་ཉིད་ཀྱི་ཆོས་
ཉིད་གང་ཡིན་པ་དེ་ཉིད་སྟོང་པ་ཉིད་མ་ཡིན་ནམ། ཕྱི་ནང་སྟོང་པ་ཉིད་ཀྱི་ཆོས་
ཉིད་གང་ཡིན་པ་དེ་ཉིད་སྟོང་པ་ཉིད་མ་ཡིན་ནམ། སྟོང་པ་ཉིད་སྟོང་པ་ཉིད་ཀྱི་
ཆོས་ཉིད་གང་ཡིན་པ་དེ་ཉིད་སྟོང་པ་ཉིད་མ་ཡིན་ནམ། ཆེན་པོ་སྟོང་པ་ཉིད་ཀྱི་
ཆོས་ཉིད་གང་ཡིན་པ་དེ་ཉིད་སྟོང་པ་ཉིད་མ་ཡིན་ནམ། དོན་དམ་པ་སྟོང་པ་
ཉིད་ཀྱི་ཆོས་ཉིད་གང་ཡིན་པ་དེ་ཉིད་སྟོང་པ་ཉིད་མ་ཡིན་ནམ། འདུས་བྱས་སྟོང་
པ་ཉིད་ཀྱི་ཆོས་ཉིད་གང་ཡིན་པ་དེ་ཉིད་སྟོང་པ་ཉིད་མ་ཡིན་ནམ། འདུས་
མ་བྱས་སྟོང་པ་ཉིད་ཀྱི་ཆོས་ཉིད་གང་ཡིན་པ་དེ་ཉིད་སྟོང་པ་ཉིད་མ་ཡིན་ནམ།
མཐའ་ལས་འདས་པ་སྟོང་པ་ཉིད་ཀྱི་ཆོས་ཉིད་གང་ཡིན་པ་དེ་ཉིད་སྟོང་པ་ཉིད་མ་
ཡིན་ནམ། ཐོག་མ་དང་ཐ་མ་མེད་པ་སྟོང་པ་ཉིད་ཀྱི་ཆོས་ཉིད་གང་ཡིན་པ་དེ་
ཉིད་སྟོང་པ་ཉིད་མ་ཡིན་ནམ། དོར་བ་མེད་པ་སྟོང་པ་ཉིད་ཀྱི་ཆོས་ཉིད་གང་
ཡིན་པ་དེ་ཉིད་སྟོང་པ་ཉིད་མ་ཡིན་ནམ། རང་བཞིན་སྟོང་པ་ཉིད་ཀྱི་ཆོས་ཉིད་
གང་ཡིན་པ་དེ་ཉིད་སྟོང་པ་ཉིད་མ་ཡིན་ནམ། ཆོས་ཐམས་ཅད་སྟོང་པ་ཉིད་ཀྱི་
ཆོས་ཉིད་གང་ཡིན་པ་དེ་ཉིད་སྟོང་པ་ཉིད་མ་ཡིན་ནམ། རང་གི་མཚན་ཉིད་སྟོང་
པ་ཉིད་ཀྱི་ཆོས་ཉིད་གང་ཡིན་པ་དེ་ཉིད་སྟོང་པ་ཉིད་མ་ཡིན་ནམ། མི་

དམིགས་པ་སྟོང་པ་ཉིད་ཀྱི་ཆོས་ཉིད་གང་ཡིན་པ་དེ་ཉིད་སྟོང་པ་ཉིད་མ་ཡིན་ནམ། དངོས་པོ་མེད་པ་སྟོང་པ་ཉིད་ཀྱི་ཆོས་ཉིད་གང་ཡིན་པ་དེ་ཉིད་སྟོང་པ་ཉིད་མ་ཡིན་ནམ། ངོ་བོ་ཉིད་སྟོང་པ་ཉིད་ཀྱི་ཆོས་ཉིད་གང་ཡིན་པ་དེ་ཉིད་སྟོང་པ་ཉིད་མ་ཡིན་ནམ། དངོས་པོ་མེད་པའི་ངོ་བོ་ཉིད་སྟོང་པ་ཉིད་ཀྱི་ཆོས་ཉིད་གང་ཡིན་པ་དེ་ཉིད་སྟོང་པ་ཉིད་མ་ཡིན་ནམ། དྲན་པ་ཉེ་བར་གཞག་པ་རྣམས་ཀྱི་ཆོས་ཉིད་གང་ཡིན་པ་དེ་ཉིད་སྟོང་པ་ཉིད་མ་ཡིན་ནམ། ཡང་དག་པར་སྤོང་བ་རྣམས་ཀྱི་ཆོས་ཉིད་གང་ཡིན་པ་དེ་ཉིད་སྟོང་པ་ཉིད་མ་ཡིན་ནམ། རྫུ་འཕྲུལ་གྱི་རྐང་པ་རྣམས་ཀྱི་ཆོས་ཉིད་གང་ཡིན་པ་དེ་ཉིད་སྟོང་པ་ཉིད་མ་ཡིན་ནམ། དབང་པོ་རྣམས་ཀྱི་ཆོས་ཉིད་གང་ཡིན་པ་དེ་ཉིད་སྟོང་པ་ཉིད་མ་ཡིན་ནམ། སྟོབས་རྣམས་ཀྱི་ཆོས་ཉིད་གང་ཡིན་པ་དེ་ཉིད་སྟོང་པ་ཉིད་མ་ཡིན་ནམ། བྱང་ཆུབ་ཀྱི་ཡན་ལག་རྣམས་ཀྱི་ཆོས་ཉིད་གང་ཡིན་པ་དེ་ཉིད་སྟོང་པ་ཉིད་མ་ཡིན་ནམ། འཕགས་པའི་ལམ་ཡན་ལག་བརྒྱད་པའི་ཆོས་ཉིད་གང་ཡིན་པ་དེ་ཉིད་སྟོང་པ་ཉིད་མ་ཡིན་ནམ། འཕགས་པའི་བདེན་པ་རྣམས་ཀྱི་ཆོས་ཉིད་གང་ཡིན་པ་དེ་ཉིད་སྟོང་པ་ཉིད་མ་ཡིན་ནམ། བསམ་གཏན་རྣམས་ཀྱི་ཆོས་ཉིད་གང་ཡིན་པ་དེ་ཉིད་སྟོང་པ་ཉིད་མ་ཡིན་ནམ། ཚད་མེད་པ་རྣམས་ཀྱི་ཆོས་ཉིད་གང་ཡིན་པ་དེ་ཉིད་སྟོང་པ་ཉིད་མ་ཡིན་ནམ། གཟུགས་མེད་པའི་སྙོམས་པར་འཇུག་པ་རྣམས་ཀྱི་ཆོས་ཉིད་གང་ཡིན་པ་དེ་ཉིད་སྟོང་པ་ཉིད་མ་ཡིན་ནམ། རྣམ་པར་ཐར་པ་རྣམས་ཀྱི་ཆོས་ཉིད་གང་ཡིན་པ་དེ་ཉིད་སྟོང་པ་ཉིད་མ་ཡིན་ནམ། མཐར་གྱིས་གནས་པའི་སྙོམས་པར་འཇུག་པ་རྣམས་ཀྱི་ཆོས་ཉིད་གང་ཡིན་པ་དེ་ཉིད་སྟོང་པ་ཉིད་མ་ཡིན་ནམ། རྣམ་པར་ཐར་པའི་སྒོ་སྟོང་པ་ཉིད་དང་། མཚན་མ་མེད་པ་དང་། སྨོན་པ་མེད་པའི་ཆོས་ཉིད་གང་ཡིན་པ་དེ་ཉིད་སྟོང་པ་ཉིད་མ་ཡིན་ནམ། མངོན་

པར་ཤེས་པ་རྣམས་ཀྱི་ཆོས་ཉིད་གང་ཡིན་པ་དེ་ཉིད་སྟོང་པ་ཉིད་མ་ཡིན་ནམ། ཏིང་ངེ་འཛིན་རྣམས་ཀྱི་ཆོས་ཉིད་གང་ཡིན་པ་དེ་ཉིད་སྟོང་པ་ཉིད་མ་ཡིན་ནམ། གཟུངས་ཀྱི་སྒོ་རྣམས་ཀྱི་ཆོས་ཉིད་གང་ཡིན་པ་དེ་ཉིད་སྟོང་པ་ཉིད་མ་ཡིན་ནམ། དེ་བཞིན་གཤེགས་པའི་སྟོབས་རྣམས་ཀྱི་ཆོས་ཉིད་གང་ཡིན་པ་དེ་ཉིད་སྟོང་པ་ཉིད་མ་ཡིན་ནམ། མི་འཇིགས་པ་རྣམས་ཀྱི་ཆོས་ཉིད་གང་ཡིན་པ་དེ་ཉིད་སྟོང་པ་ཉིད་མ་ཡིན་ནམ། སོ་སོ་ཡང་དག་པར་རིག་པ་རྣམས་ཀྱི་ཆོས་ཉིད་གང་ཡིན་པ་དེ་ཉིད་སྟོང་པ་ཉིད་མ་ཡིན་ནམ། སྙིང་རྗེ་ཆེན་པོའི་ཆོས་ཉིད་གང་ཡིན་པ་དེ་ཉིད་སྟོང་པ་ཉིད་མ་ཡིན་ནམ། སངས་རྒྱས་ཀྱི་ཆོས་མ་འདྲེས་པ་རྣམས་ཀྱི་ཆོས་ཉིད་གང་ཡིན་པ་དེ་ཉིད་སྟོང་པ་ཉིད་མ་ཡིན་ནམ། རྒྱུན་དུ་ཞུགས་པའི་འབྲས་བུའི་ཆོས་ཉིད་གང་ཡིན་པ་དེ་ཉིད་སྟོང་པ་ཉིད་མ་ཡིན་ནམ། ལན་ཅིག་ཕྱིར་འོང་བའི་འབྲས་བུའི་ཆོས་ཉིད་གང་ཡིན་པ་དེ་ཉིད་སྟོང་པ་ཉིད་མ་ཡིན་ནམ། ཕྱིར་མི་འོང་བའི་འབྲས་བུའི་ཆོས་ཉིད་གང་ཡིན་པ་དེ་ཉིད་སྟོང་པ་ཉིད་མ་ཡིན་ནམ། དགྲ་བཅོམ་པ་ཉིད་ཀྱི་ཆོས་ཉིད་གང་ཡིན་པ་དེ་ཉིད་སྟོང་པ་ཉིད་མ་ཡིན་ནམ། རང་བྱང་ཆུབ་ཀྱི་ཆོས་ཉིད་གང་ཡིན་པ་དེ་ཉིད་སྟོང་པ་ཉིད་མ་ཡིན་ནམ། ལམ་གྱི་རྣམ་པ་ཤེས་པ་ཉིད་ཀྱི་ཆོས་ཉིད་གང་ཡིན་པ་དེ་ཉིད་སྟོང་པ་ཉིད་མ་ཡིན་ནམ། རྣམ་པ་ཐམས་ཅད་མཁྱེན་པ་ཉིད་ཀྱི་ཆོས་ཉིད་གང་ཡིན་པ་དེ་ཉིད་སྟོང་པ་ཉིད་མ་ཡིན་ནམ། རྒྱུན་དུ་ཞུགས་པའི་ཆོས་ཉིད་གང་ཡིན་པ་དེ་ཉིད་སྟོང་པ་ཉིད་མ་ཡིན་ནམ། ལན་ཅིག་ཕྱིར་འོང་བའི་ཆོས་ཉིད་གང་ཡིན་པ་དེ་ཉིད་སྟོང་པ་ཉིད་མ་ཡིན་ནམ། ཕྱིར་མི་འོང་བའི་ཆོས་ཉིད་གང་ཡིན་པ་དེ་ཉིད་སྟོང་པ་ཉིད་མ་ཡིན་ནམ། དགྲ་བཅོམ་པའི་ཆོས་ཉིད་གང་ཡིན་པ་དེ་ཉིད་སྟོང་པ་ཉིད་མ་ཡིན་ནམ། རང་སངས་རྒྱས་ཀྱི་ཆོས་ཉིད་གང་ཡིན་པ་དེ་ཉིད་སྟོང་པ་ཉིད་མ་ཡིན་ནམ། བྱང་

ཆུབ་སེམས་དཔའི་ཆོས་ཉིད་གང་ཡིན་པ་དེ་ཉིད་སྟོང་པ་ཉིད་མ་ཡིན་ནམ། དེ་
བཞིན་གཤེགས་པའི་ཆོས་ཉིད་གང་ཡིན་པ་དེ་ཉིད་①སྟོང་པ་ཉིད་མ་ཡིན་ནམ།
གསོལ་པ། བཅོམ་ལྡན་འདས་དེ་ནི་སྟོང་པ་ཉིད་དོ། །བཅོམ་ལྡན་འདས་ཀྱིས་
བཀའ་སྩལ་པ། འོ་ན་སྟོང་པ་ཉིད་ལ་གཟུགས་ཀྱི་མཚན་ཉིད་དམ། ཚོར་བའི་
མཚན་ཉིད་དམ། འདུ་ཤེས་ཀྱི་མཚན་ཉིད་དམ། འདུ་བྱེད་ཀྱི་མཚན་ཉིད་དམ།
རྣམ་པར་ཤེས་པའི་མཚན་ཉིད་དམ། མིག་གི་མཚན་ཉིད་དམ། རྣ་བའི་
མཚན་ཉིད་དམ། སྣའི་མཚན་ཉིད་དམ། ལྕེའི་མཚན་ཉིད་དམ། ལུས་ཀྱི་
མཚན་ཉིད་དམ། ཡིད་ཀྱི་མཚན་ཉིད་དམ། གཟུགས་②ཀྱི་མཚན་ཉིད་དམ།
སྒྲའི་མཚན་ཉིད་དམ། དྲིའི་མཚན་ཉིད་དམ། རོའི་མཚན་ཉིད་དམ། རེག་
གི་མཚན་ཉིད་དམ། ཆོས་ཀྱི་མཚན་ཉིད་དམ། མིག་གི་རྣམ་པར་ཤེས་པའི་
མཚན་ཉིད་དམ། རྣ་བའི་རྣམ་པར་ཤེས་པའི་མཚན་ཉིད་དམ། སྣའི་རྣམ་
པར་ཤེས་པའི་མཚན་ཉིད་དམ། ལྕེའི་རྣམ་པར་ཤེས་པའི་མཚན་ཉིད་དམ།
ལུས་ཀྱི་རྣམ་པར་ཤེས་པའི་མཚན་ཉིད་དམ། ཡིད་ཀྱི་རྣམ་པར་ཤེས་པའི་མཚན་
ཉིད་དམ། མིག་གི་འདུས་ཏེ་རེག་པའི་མཚན་ཉིད་དམ། རྣ་བའི་འདུས་ཏེ་
རེག་པའི་མཚན་ཉིད་དམ། སྣའི་འདུས་ཏེ་རེག་པའི་མཚན་ཉིད་དམ། ལྕེའི་
འདུས་ཏེ་རེག་པའི་མཚན་ཉིད་དམ། ལུས་ཀྱི་འདུས་ཏེ་རེག་པའི་མཚན་ཉིད་དམ།
ཡིད་ཀྱི་འདུས་ཏེ་རེག་པའི་མཚན་ཉིད་དམ། མིག་གི་འདུས་ཏེ་རེག་པའི་རྐྱེན་
གྱིས་ཚོར་བའི་མཚན་ཉིད་དམ། རྣ་བའི་འདུས་ཏེ་རེག་པའི་རྐྱེན་གྱིས་ཚོར་བའི་
མཚན་ཉིད་དམ། སྣའི་འདུས་ཏེ་རེག་པའི་རྐྱེན་གྱིས་ཚོར་བའི་མཚན་ཉིད་དམ།
ལྕེའི་འདུས་ཏེ་རེག་པའི་རྐྱེན་གྱིས་ཚོར་བའི་མཚན་ཉིད་དམ། ལུས་ཀྱི་འདུས་ཏེ་
རེག་པའི་རྐྱེན་གྱིས་ཚོར་བའི་མཚན་ཉིད་དམ། ཡིད་ཀྱི་འདུས་ཏེ་རེག་པའི་རྐྱེན་

ཀྱིས་ཚོར་བའི་མཚན་ཉིད་དམ། སའི་ཁམས་ཀྱི་མཚན་ཉིད་དམ། ཆུའི་ཁམས་ཀྱི་མཚན་ཉིད་དམ། མེའི་ཁམས་ཀྱི་མཚན་ཉིད་དམ། རླུང་གི་ཁམས་ཀྱི་མཚན་ཉིད་དམ། ནམ་མཁའི་ཁམས་ཀྱི་མཚན་ཉིད་དམ། རྣམ་པར་ཤེས་པའི་ཁམས་ཀྱི་[༡]མཚན་ཉིད་དམ། མ་རིག་པའི་མཚན་ཉིད་དམ། འདུ་བྱེད་ཀྱི་མཚན་ཉིད་དམ། རྣམ་པར་ཤེས་པའི་མཚན་ཉིད་དམ། མིང་དང་གཟུགས་ཀྱི་མཚན་ཉིད་དམ། སྐྱེ་མཆེད་དྲུག་གི་མཚན་ཉིད་དམ། རེག་པའི་མཚན་ཉིད་དམ། ཚོར་བའི་མཚན་ཉིད་དམ། སྲེད་པའི་མཚན་ཉིད་དམ། ལེན་པའི་མཚན་ཉིད་དམ། སྲིད་པའི་མཚན་ཉིད་དམ། སྐྱེ་བའི་མཚན་ཉིད་དམ། རྒ་ཤིའི་མཚན་ཉིད་དམ། སྦྱིན་པའི་ཕ་རོལ་ཏུ་ཕྱིན་པའི་མཚན་ཉིད་དམ། ཚུལ་ཁྲིམས་ཀྱི་ཕ་རོལ་ཏུ་ཕྱིན་པའི་མཚན་ཉིད་དམ། བཟོད་པའི་ཕ་རོལ་ཏུ་ཕྱིན་པའི་མཚན་ཉིད་དམ། བརྩོན་འགྲུས་ཀྱི་ཕ་རོལ་ཏུ་ཕྱིན་པའི་མཚན་ཉིད་དམ། བསམ་གཏན་གྱི་ཕ་རོལ་ཏུ་ཕྱིན་པའི་མཚན་ཉིད་དམ། ཤེས་རབ་ཀྱི་ཕ་རོལ་ཏུ་ཕྱིན་པའི་མཚན་ཉིད་དམ། ནང་སྟོང་པ་ཉིད་ཀྱི་མཚན་ཉིད་དམ། ཕྱི་སྟོང་པ་ཉིད་ཀྱི་མཚན་ཉིད་དམ། ཕྱི་ནང་སྟོང་པ་ཉིད་ཀྱི་མཚན་ཉིད་དམ། སྟོང་པ་ཉིད་སྟོང་པ་ཉིད་ཀྱི་མཚན་ཉིད་དམ། ཆེན་པོ་སྟོང་པ་ཉིད་ཀྱི་མཚན་ཉིད་དམ། དོན་དམ་པ་སྟོང་པ་ཉིད་ཀྱི་མཚན་ཉིད་དམ། འདུས་བྱས་སྟོང་པ་ཉིད་ཀྱི་མཚན་ཉིད་དམ། འདུས་མ་བྱས་སྟོང་པ་ཉིད་ཀྱི་མཚན་ཉིད་དམ། མཐའ་ལས་འདས་པ་སྟོང་པ་ཉིད་ཀྱི་མཚན་ཉིད་དམ། ཐོག་མ་དང་ཐ་མ་མེད་པ་སྟོང་པ་ཉིད་ཀྱི་མཚན་ཉིད་དམ། དོར་བ་མེད་པ་སྟོང་པ་ཉིད་ཀྱི་མཚན་ཉིད་དམ། རང་བཞིན་སྟོང་པ་ཉིད་ཀྱི་མཚན་ཉིད་དམ། ཆོས་ཐམས་ཅད་སྟོང་པ་ཉིད་ཀྱི་མཚན་ཉིད་དམ། རང་གི་མཚན་ཉིད་སྟོང་པ་ཉིད་ཀྱི་མཚན་ཉིད་[༢]དམ། མི་

དམིགས་པ་སྟོང་པ་ཉིད་ཀྱི་མཚན་ཉིད་དམ། དངོས་པོ་མེད་པ་སྟོང་པ་ཉིད་ཀྱི་མཚན་ཉིད་དམ། ངོ་བོ་ཉིད་སྟོང་པ་ཉིད་ཀྱི་མཚན་ཉིད་དམ། དངོས་པོ་མེད་པའི་ངོ་བོ་ཉིད་①སྟོང་པ་ཉིད་ཀྱི་མཚན་ཉིད་དམ། དྲན་པ་②ཉེ་བར་གཞག་པ་རྣམས་ཀྱི་མཚན་ཉིད་དམ། ཡང་དག་པར་སྤོང་བ་རྣམས་ཀྱི་མཚན་ཉིད་དམ། རྫུ་འཕྲུལ་གྱི་③རྐང་པ་རྣམས་ཀྱི་མཚན་ཉིད་དམ། དབང་པོ་རྣམས་ཀྱི་མཚན་ཉིད་དམ། སྟོབས་རྣམས་ཀྱི་མཚན་ཉིད་དམ། བྱང་ཆུབ་ཀྱི་ཡན་ལག་རྣམས་ཀྱི་མཚན་ཉིད་དམ། འཕགས་པའི་ལམ་ཡན་ལག་བརྒྱད་པའི་མཚན་ཉིད་དམ། འཕགས་པའི་བདེན་པ་རྣམས་ཀྱི་མཚན་ཉིད་དམ། བསམ་གཏན་རྣམས་ཀྱི་མཚན་ཉིད་དམ། ཚད་མེད་པ་རྣམས་ཀྱི་མཚན་ཉིད་དམ། གཟུགས་མེད་པའི་སྙོམས་པར་འཇུག་པ་རྣམས་ཀྱི་མཚན་ཉིད་དམ། རྣམ་པར་ཐར་པ་རྣམས་ཀྱི་མཚན་ཉིད་དམ། མཐར་གྱིས་གནས་པའི་སྙོམས་པར་འཇུག་པ་རྣམས་ཀྱི་མཚན་ཉིད་དམ། རྣམ་པར་ཐར་པའི་སྒོ་སྟོང་པ་ཉིད་དང་། མཚན་མ་མེད་པ་དང་། སྨོན་པ་མེད་པའི་མཚན་ཉིད་དམ། མངོན་པར་ཤེས་པ་རྣམས་ཀྱི་མཚན་ཉིད་དམ། ཏིང་ངེ་འཛིན་རྣམས་④ཀྱི་མཚན་⑤ཉིད་དམ། གཟུངས་ཀྱི་སྒོ་རྣམས་ཀྱི་མཚན་ཉིད་དམ། དེ་བཞིན་གཤེགས་པའི་སྟོབས་རྣམས་ཀྱི་མཚན་ཉིད་དམ། མི་འཇིགས་པ་རྣམས་ཀྱི་མཚན་ཉིད་དམ། སོ་སོ་ཡང་དག་པར་རིག་པ་རྣམས་ཀྱི་མཚན་ཉིད་དམ། ⑥སྙིང་རྗེ་ཆེན་པོའི་མཚན་ཉིད་དམ། སངས་རྒྱས་ཀྱི་ཆོས་མ་འདྲེས་པ་རྣམས་ཀྱི་མཚན་ཉིད་དམ། རྒྱུན་དུ་ཞུགས་པའི་འབྲས་བུའི་མཚན་ཉིད་དམ། ལན་ཅིག་ཕྱིར་འོང་བའི་འབྲས་བུའི་མཚན་ཉིད་དམ། ཕྱིར་མི་འོང་བའི་འབྲས་བུའི་མཚན་ཉིད་དམ། དགྲ་བཅོམ་པ་ཉིད་⑦ཀྱི་མཚན་ཉིད་དམ། རང་བྱང་ཆུབ་ཀྱི་མཚན་ཉིད་དམ། ལམ་གྱི་རྣམ་པ་ཤེས་པ་ཉིད་ཀྱི་མཚན་ཉིད་

དམ། རྣམ་པ་ཐམས་ཅད་མཁྱེན་པ་ཉིད་ཀྱི་མཚན་ཉིད་དམ། རྒྱུན་ཏུ་ཞུགས་པའི་མཚན་ཉིད་དམ། ལན་ཅིག་ཕྱིར་འོང་བའི་མཚན་ཉིད་དམ། ཕྱིར་མི་འོང་བའི་མཚན་ཉིད་དམ། དགྲ་བཅོམ་པའི་མཚན་ཉིད་དམ། རང་སངས་རྒྱས་ཀྱི་མཚན་ཉིད་དམ། བྱང་ཆུབ་སེམས་དཔའི་མཚན་ཉིད་དམ། དེ་བཞིན་གཤེགས་པའི་མཚན་ཉིད་དམ། ཆོས་ཀྱི་མཚན་ཉིད་(༡)ཐ་དད་པར་འགྱུར་བ་དེ་ལྟ་བུའི་ཆོས་གང་ཡང་དམིགས་སམ། གསོལ་པ། བཅོམ་ལྡན་འདས་དེ་ནི་མ་ལགས་སོ། །བཅོམ་ལྡན་འདས་ཀྱིས་བཀའ་སྩལ་པ། རབ་འབྱོར་དེ་ལྟ་བས་ན་རྣམ་གྲངས་དེས་འདི་ལྟར་རིག་པར་བྱ་སྟེ། ཆོས་ཐམས་ཅད་ཀྱི་ཆོས་ཉིད་གང་ཡིན་པ་དེ་ལ་ཡང་སོ་སོའི་སྐྱེ་བོ་མེད། སོ་སོའི་སྐྱེ་བོ་ལས་གུད་ན་ཡང་དེ་མེད། དེ་ལ་ཡང་དད་པའི་རྗེས་སུ་འབྲང་བ་(༢)མེད། དད་པའི་རྗེས་སུ་འབྲང་བ་ལས་གུད་ན་ཡང་དེ་མེད། དེ་ལ་(༣)ཡང་ཆོས་ཀྱི་རྗེས་སུ་འབྲང་བ་མེད(༤)། ཆོས་ཀྱི་རྗེས་སུ་འབྲང་བ་ལས་གུད་ན་ཡང་དེ་མེད། དེ་ལ་ཡང་བརྒྱད་པ་མེད། བརྒྱད་པ་ལས་གུད་ན་ཡང་དེ་མེད། དེ་ལ་ཡང་རྒྱུན་ཏུ་ཞུགས་པ་མེད། རྒྱུན་ཏུ་ཞུགས་པ་ལས་གུད་ན་ཡང་དེ་མེད། དེ་ལ་ཡང་ལན་ཅིག་ཕྱིར་འོང་བ་མེད། ལན་ཅིག་ཕྱིར་འོང་བ་ལས་གུད་ན་ཡང་དེ་མེད། དེ་ལ་ཡང་ཕྱིར་མི་འོང་བ་མེད། ཕྱིར་མི་འོང་བ་ལས་གུད་ན་ཡང་དེ་མེད། དེ་ལ་ཡང་དགྲ་བཅོམ་པ་མེད། དགྲ་བཅོམ་པ་ལས་གུད་ན་ཡང་དེ་མེད། དེ་ལ་ཡང་རང་སངས་རྒྱས་མེད། རང་སངས་རྒྱས་ལས་(༥)གུད་ན་ཡང་དེ་མེད། དེ་ལ་ཡང་བྱང་ཆུབ་སེམས་དཔའ་མེད། བྱང་ཆུབ་སེམས་དཔའ་ལས་གུད་ན་ཡང་དེ་མེད། དེ་ལ་(༦)ཡང་དེ་བཞིན་གཤེགས་པ་མེད། དེ་བཞིན་གཤེགས་པ་ལས་གུད་ན་ཡང་དེ་མེད་པར་རིག་པར་བྱའོ། །གསོལ་པ། (༧)ཆོས་ཉིད་དེ་འདུས༔བགྱིས་པ་(༨)ལགས་སམ།

འདུས་མཿབགྲིས་པ་[1]ལགས། བཅོམ་ལྡན་འདས་ཀྱིས་བཀའ་སྩལ་པ། དེ་ནི་འདུས་བྱས་ཀྱང་མ་ཡིན། འདུས་མ་བྱས་ཀྱང་མ་ཡིན་ཏེ། འདུས་བྱས་ལས་གུད་ན་ཡང་འདུས་མ་བྱས་དམིགས་སུ་མེད་དོ། །འདུས་མ་བྱས་ལས་གུད་ན་ཡང་འདུས་བྱས་དམིགས་སུ་མེད་དེ[2]། རབ་འབྱོར་དེ་ལྟར་[3]འདུས་བྱས་ཀྱི་ཁམས་གང་ཡིན་པ་དང་། འདུས་མ་བྱས་ཀྱི་ཁམས་གང་ཡིན་པའི་ཆོས་དེ་གཉིས་ཀ་ཡང་ལྡན་པ་ཡང་མ་ཡིན། མི་ལྡན་པ་ཡང་མ་ཡིན་ཏེ། གཟུགས་མེད་པ་བསྟན་དུ་མེད་པ། ཐོགས་[4]པ་མེད་པ། མཚན་ཉིད་གཅིག་པ་སྟེ། འདི་ལྟར་མཚན་ཉིད་མེད་པའོ། །དེ་ཡང་དེ་བཞིན་གཤེགས་པས་འཇིག་རྟེན་གྱི་ཐ་སྙད་དུ་བརྗོད་ཀྱི། དོན་དམ་པར་ནི་[5]མ་ཡིན་ཏེ། དོན་དམ་པ་ལ་ལུས་ཀྱི་འདུ་བྱེད་དམ། ངག་གི་འདུ་བྱེད་དམ། ཡིད་ཀྱི་འདུ་བྱེད་མེད་དེ[6]། ལུས་ཀྱི་འདུ་བྱེད་དང་། ངག་གི་འདུ་བྱེད་དང་། ཡིད་ཀྱི་འདུ་བྱེད་ལས་གུད་ན་ཡང་དོན་དམ་པ་དམིགས་སུ་མེད་དོ། །འོན་ཀྱང་འདུས་བྱས་དང་། འདུས་མ་བྱས་ཀྱི་ཆོས་རྣམས་ཀྱི་ཆོས་[7]མཉམ་པ་ཉིད་གང་ཡིན་པ་དེ་ནི་དོན་དམ་པ་སྟེ། དེའི་ཕྱིར་བྱང་ཆུབ་སེམས་དཔའ་སེམས་དཔའ་ཆེན་པོ་ཤེས་རབ་ཀྱི་ཕ་རོལ་ཏུ་ཕྱིན་པ་ལ་སྤྱོད་པའི་ཚེ། དོན་དམ་པ་ལས་ཀྱང་མི་གཡོ་ལ། བྱང་ཆུབ་སེམས་དཔའི་སྤྱོད་པ་ཡང་བྱེད་དོ། །ཤེས་རབ་ཀྱི་ཕ་རོལ་ཏུ་ཕྱིན་པ་སྟོང་ཕྲག་བརྒྱ་པ་ལས། ལེའུ་བདུན་ཅུ་[8]གཅིག་པོ[9]།།

དེ་ནས་ཚེ་དང་ལྡན་པ་རབ་འབྱོར་གྱིས། བཅོམ་ལྡན་འདས་ལ་འདི་སྐད་ཅེས་གསོལ་ཏོ། །བཅོམ་ལྡན་འདས་ཆོས་ཐམས་ཅད་ཀྱི་མཉམ་པ་ཉིད་ནི་རང་བཞིན་གྱིས་སྟོང་པ་སྟེ། དེའི་སྐད་དུ་ཆོས་གང་ལ་ཡང་གང་ཡང་ཅི་ཡང་བགྲིད་[10]པ་མ་མཆིས་ན། དེ་ལྟར་ཆོས་ཐམས་ཅད་ཅི་[11]ཡང་བགྲིད་པ་མ་མཆིས་ཤིང་།

ཅི་[༡]ཡང་མ་ལགས་པ་ཅི་[༢]ལྟར་བྱང་ཆུབ་སེམས་དཔའ་སེམས་དཔའ་ཆེན་པོ་ཤེས་རབ་ཀྱི་ཕ་རོལ་ཏུ་ཕྱིན་པ་ལ་སྤྱོད་པའི་ཚེ། དོན་དམ་པ་ལས་ཀྱང་མི་གཡོ་ལ། སྦྱིན་པ་དང་། ཚིག་སྙན་[༣]པ་དང་། དོན་བགྱི་བ་[༤]དང་། དོན་མཐུན་པས་ཀྱང་སེམས་ཅན་ཐམས་ཅད་ཀྱི་དོན་བགྱིད་པ་ལགས[༥]། བཅོམ་ལྡན་འདས་ཀྱིས་བཀའ་སྩལ་པ། རབ་འབྱོར་དེ་དེ་བཞིན་ནོ། །དེ་དེ་བཞིན་ཏེ། ཇི་སྐད་དུ་སྨྲས་པ་བཞིན་ཏེ། སྟོང་པ་ཉིད་གང་ཡིན་པ་དེ་ནི་གང་ལ་ཡང་ཅི་ཡང་[༦]བྱེད་པ་ཡང་མེད། ཅི་ཡང་མི་བྱེད་པ་ཡང་མེད་དེ། གལ་ཏེ་སེམས་ཅན་འདི་དག་བདག་ཅག་ཉིད་ཀྱིས་སྟོང་པ་ཉིད་ཤེས་ན་ནི། དེ་ལྟར་སྟོང་པ་ཉིད་ལས་ཀྱང་མི་གཡོ་[༧]ལ། སེམས་ཅན་རྣམས་ཀྱང་བདག་གི་འདུ་ཤེས་དང་བྲལ་བར་བྱེད་ཅིང་། བདག་གི་འདུ་ཤེས་དང་བྲལ་ནས། སྟོང་པ་ཉིད་ཀྱིས་འཁོར་བ་ལས་འགྲོལ་པ་དང་། སེམས་ཅན་གྱི་[༨]འདུ་ཤེས་དང་བྲལ་བར་བྱེད་ཅིང་། སེམས་ཅན་གྱི་[༩]འདུ་ཤེས་དང་བྲལ་ནས། སྟོང་པ་ཉིད་ཀྱིས་[༡༠]འཁོར་བ་ལས་འགྲོལ་པ་དང་། སྲོག་གི་འདུ་ཤེས་དང་བྲལ་བར་བྱེད་ཅིང་། སྲོག་གི་འདུ་ཤེས་དང་བྲལ་ནས། སྟོང་པ་ཉིད་ཀྱིས་[༡༡]འཁོར་བ་ལས་འགྲོལ་པ་དང་། འགྲོ་བའི་འདུ་ཤེས་དང་བྲལ་བར་བྱེད་ཅིང་། འགྲོ་བའི་འདུ་ཤེས་དང་བྲལ་ནས། སྟོང་པ་ཉིད་ཀྱིས་[༡༢]འཁོར་བ་ལས་འགྲོལ་པ་དང་། གསོ་[༡༣]བའི་འདུ་ཤེས་དང་བྲལ་བར་བྱེད་ཅིང་། གསོ་[༡༤]བའི་འདུ་ཤེས་དང་བྲལ་[༡༥]ནས། སྟོང་པ་ཉིད་ཀྱིས་འཁོར་བ་ལས་འགྲོལ་པ་དང་། སྐྱེས་[༡༦]བུའི་འདུ་ཤེས་དང་བྲལ་བར་བྱེད་ཅིང་། སྐྱེས་[༡༧]བུའི་འདུ་ཤེས་དང་བྲལ་ནས། སྟོང་པ་ཉིད་ཀྱིས་[༡༨]འཁོར་བ་ལས་འགྲོལ་པ་དང་། གང་ཟག་གི་འདུ་ཤེས་དང་བྲལ་བར་བྱེད་ཅིང་། གང་ཟག་གི་འདུ་ཤེས་དང་བྲལ་ནས། སྟོང་པ་ཉིད་ཀྱིས་[༡༩]འཁོར་བ་ལས་འགྲོལ་པ་དང་། ཤེད་[༢༠]ཅན་གྱི་འདུ་ཤེས་དང་

བྲལ་བར་བྱེད་ཅིང་། ཤེད་ཅན་གྱི་འདུ་ཤེས་དང་བྲལ་ནས། སྟོང་པ་ཉིད་ཀྱིས་①འཁོར་བ་ལས་འགྲོལ་པ་དང་། ཤེད་བདག་གི་འདུ་ཤེས་དང་བྲལ་བར་བྱེད་ཅིང་། ཤེད་བདག་གི་འདུ་ཤེས་དང་བྲལ་ནས། སྟོང་པ་ཉིད་ཀྱིས་འཁོར་བ་ལས་འགྲོལ་པ་དང་། བྱེད་པ་པོའི་འདུ་ཤེས་དང་བྲལ་བར་བྱེད་ཅིང་། བྱེད་པ་པོའི་འདུ་ཤེས་དང་བྲལ་ནས། སྟོང་པ་ཉིད་ཀྱིས་འཁོར་བ་ལས་འགྲོལ་པ་དང་། ཚོར་བ་པོའི་འདུ་ཤེས་དང་བྲལ་བར་བྱེད་ཅིང་། ཚོར་བ་པོའི་འདུ་ཤེས་དང་བྲལ་ནས། སྟོང་པ་ཉིད་ཀྱིས་②འཁོར་བ་ལས་འགྲོལ་པ་དང་། ཤེས་པ་པོའི་འདུ་ཤེས་དང་བྲལ་བར་བྱེད་ཅིང་། ཤེས་པ་པོའི་འདུ་ཤེས་དང་བྲལ་ནས་སྟོང་པ་ཉིད་ཀྱིས་འཁོར་བ་ལས་འགྲོལ་པ་དང་། མཐོང་བ་པོའི་འདུ་ཤེས་དང་བྲལ་བར་བྱེད་ཅིང་། མཐོང་བ་པོའི་འདུ་ཤེས་དང་བྲལ་ནས། སྟོང་པ་ཉིད་ཀྱིས་③འཁོར་བ་ལས་འགྲོལ་པ་དང་། གཟུགས་ཀྱི་འདུ་ཤེས་དང་བྲལ་བར་བྱེད་ཅིང་། གཟུགས་ཀྱི་འདུ་ཤེས་དང་བྲལ་ནས། སྟོང་པ་ཉིད་ཀྱིས་འཁོར་བ་ལས་འགྲོལ་པ་དང་། ཚོར་བའི་འདུ་ཤེས་དང་བྲལ་བར་བྱེད་ཅིང་། ཚོར་བའི་འདུ་ཤེས་དང་བྲལ་④ནས། སྟོང་པ་ཉིད་ཀྱིས་འཁོར་བ་ལས་འགྲོལ་པ་དང་། འདུ་ཤེས་ཀྱི་འདུ་ཤེས་དང་བྲལ་བར་བྱེད་ཅིང་། འདུ་ཤེས་ཀྱི་འདུ་ཤེས་དང་བྲལ་ནས། སྟོང་པ་ཉིད་ཀྱིས་འཁོར་བ་ལས་འགྲོལ་པ་དང་། འདུ་བྱེད་རྣམས་ཀྱི་འདུ་ཤེས་དང་བྲལ་བར་བྱེད་ཅིང་། འདུ་བྱེད་རྣམས་ཀྱི་⑤འདུ་ཤེས་དང་བྲལ་ནས། སྟོང་པ་ཉིད་ཀྱིས་འཁོར་བ་ལས་འགྲོལ་⑥པ་དང་། རྣམ་པར་ཤེས་པའི་འདུ་ཤེས་དང་བྲལ་བར་བྱེད་ཅིང་། རྣམ་པར་ཤེས་པའི་འདུ་ཤེས་དང་བྲལ་ནས། སྟོང་པ་ཉིད་ཀྱིས་⑦འཁོར་བ་ལས་འགྲོལ་པ་དང་། མིག་གི་འདུ་ཤེས་དང་བྲལ་བར་བྱེད་ཅིང་། མིག་གི་འདུ་ཤེས་དང་བྲལ་ནས། སྟོང་པ་ཉིད་ཀྱིས་འཁོར་བ་ལས་འགྲོལ་པ་དང་།

རྣ་བའི་འདུ་ཤེས་དང་བྲལ་བར་བྱེད་ཅིང་། རྣ་བའི་འདུ་ཤེས་དང་ཕྲལ་[༡]ནས། སྟོང་པ་ཉིད་ཀྱིས་[༢]འཁོར་བ་ལས་འགྲོལ་པ་དང་། སྣའི་འདུ་ཤེས་དང་བྲལ་བར་བྱེད་ཅིང་། སྣའི་འདུ་ཤེས་དང་ཕྲལ་ནས། སྟོང་པ་ཉིད་ཀྱིས་འཁོར་བ་ལས་འགྲོལ་པ་དང་། ལྕེའི་འདུ་ཤེས་དང་བྲལ་བར་བྱེད་ཅིང་། ལྕེའི་འདུ་ཤེས་དང་ཕྲལ་ནས། སྟོང་པ་ཉིད་ཀྱིས་འཁོར་བ་ལས་འགྲོལ་[༣]པ་དང་། ལུས་ཀྱི་འདུ་ཤེས་དང་ཕྲལ་[༤]བར་བྱེད་ཅིང་། ལུས་ཀྱི་འདུ་ཤེས་དང་ཕྲལ་ནས། སྟོང་པ་ཉིད་ཀྱིས་འཁོར་བ་ལས་འགྲོལ་པ་དང་། ཡིད་ཀྱི་འདུ་ཤེས་དང་བྲལ་བར་བྱེད་ཅིང་། ཡིད་ཀྱི་འདུ་ཤེས་དང་ཕྲལ་ནས། སྟོང་པ་ཉིད་ཀྱིས་འཁོར་བ་ལས་འགྲོལ་པ་དང་། གཟུགས་ཀྱི་འདུ་ཤེས་དང་བྲལ་བར་བྱེད་ཅིང་། གཟུགས་ཀྱི་འདུ་ཤེས་དང་ཕྲལ་ནས། སྟོང་པ་ཉིད་ཀྱིས་[༥]འཁོར་བ་ལས་འགྲོལ་པ་དང་། སྒྲའི་འདུ་ཤེས་དང་བྲལ་བར་བྱེད་ཅིང་། སྒྲའི་འདུ་ཤེས་དང་ཕྲལ་ནས། སྟོང་པ་ཉིད་ཀྱིས་འཁོར་བ་ལས་འགྲོལ་[༦]པ་དང་། དྲིའི་འདུ་ཤེས་དང་བྲལ་བར་བྱེད་ཅིང་། དྲིའི་འདུ་ཤེས་དང་ཕྲལ་ནས། སྟོང་པ་ཉིད་ཀྱིས་འཁོར་བ་ལས་འགྲོལ་[༧]པ་དང་། རོའི་འདུ་ཤེས་དང་བྲལ་བར་བྱེད་ཅིང་། རོའི་འདུ་ཤེས་དང་ཕྲལ་ནས། སྟོང་པ་ཉིད་ཀྱིས་འཁོར་བ་ལས་འགྲོལ་པ་དང་། རེག་གི་འདུ་ཤེས་དང་བྲལ་བར་བྱེད་ཅིང་། རེག་གི་འདུ་ཤེས་དང་ཕྲལ་ནས། སྟོང་པ་ཉིད་ཀྱིས་འཁོར་བ་ལས་འགྲོལ་པ་དང་། ཆོས་ཀྱི་འདུ་ཤེས་དང་བྲལ་བར་བྱེད་ཅིང་། ཆོས་ཀྱི་འདུ་ཤེས་དང་ཕྲལ་[༨]ནས། སྟོང་པ་ཉིད་ཀྱིས་[༩]འཁོར་བ་ལས་འགྲོལ་པ་དང་། མིག་གི་རྣམ་པར་ཤེས་པའི་འདུ་ཤེས་དང་བྲལ་བར་བྱེད་ཅིང་། མིག་གི་རྣམ་པར་ཤེས་པའི་འདུ་ཤེས་དང་ཕྲལ་ནས། སྟོང་པ་ཉིད་ཀྱིས་འཁོར་བ་ལས་འགྲོལ་པ་དང་། རྣ་བའི་རྣམ་པར་ཤེས་པའི་འདུ་ཤེས་དང་བྲལ་བར་བྱེད་ཅིང་།

རྣ་བའི་རྣམ་པར་ཤེས་པའི་འདུ་ཤེས་དང་བྲལ་(༡)ནས། སྟོང་པ་ཉིད་ཀྱིས་འཁོར་བ་ལས་འགྲོལ་པ་དང་། སྣའི་རྣམ་པར་ཤེས་པའི་འདུ་ཤེས་དང་བྲལ་བར་བྱེད་ཅིང་། སྣའི་རྣམ་པར་ཤེས་པའི་འདུ་ཤེས་དང་བྲལ་ནས། སྟོང་པ་ཉིད་ཀྱིས་འཁོར་བ་ལས་འགྲོལ་པ་(༢)དང་། ལྕེའི་རྣམ་པར་ཤེས་པའི་འདུ་ཤེས་དང་བྲལ་བར་བྱེད་ཅིང་། ལྕེའི་རྣམ་པར་ཤེས་པའི་འདུ་ཤེས་དང་བྲལ་ནས། སྟོང་པ་ཉིད་ཀྱིས་འཁོར་བ་ལས་འགྲོལ་པ་དང་། ལུས་ཀྱི་རྣམ་པར་ཤེས་པའི་འདུ་ཤེས་དང་བྲལ་བར་བྱེད་ཅིང་། ལུས་ཀྱི་རྣམ་པར་ཤེས་པའི་འདུ་ཤེས་དང་བྲལ་ནས། སྟོང་པ་ཉིད་ཀྱིས་(༣)འཁོར་བ་ལས་འགྲོལ་(༤)པ་དང་། ཡིད་ཀྱི་རྣམ་པར་ཤེས་པའི་འདུ་ཤེས་དང་བྲལ་བར་བྱེད་ཅིང་། ཡིད་ཀྱི་རྣམ་པར་ཤེས་པའི་འདུ་ཤེས་དང་བྲལ་ནས། སྟོང་པ་ཉིད་ཀྱིས་(༥)འཁོར་བ་ལས་འགྲོལ་པ་དང་། མིག་གི་འདུས་ཏེ་རེག་པའི་འདུ་ཤེས་དང་བྲལ་བར་བྱེད་ཅིང་། མིག་གི་འདུས་ཏེ་རེག་པའི་འདུ་ཤེས་དང་བྲལ་ནས། སྟོང་པ་ཉིད་ཀྱིས་(༦)འཁོར་བ་ལས་འགྲོལ་པ་དང་། རྣ་བའི་འདུས་ཏེ་རེག་པའི་འདུ་ཤེས་དང་བྲལ་བར་བྱེད་ཅིང་། རྣ་བའི་འདུས་ཏེ་རེག་པའི་འདུ་ཤེས་དང་བྲལ་ནས། སྟོང་པ་ཉིད་ཀྱིས་(༧)འཁོར་བ་ལས་འགྲོལ་པ་དང་། སྣའི་འདུས་ཏེ་རེག་པའི་འདུ་ཤེས་དང་བྲལ་བར་བྱེད་ཅིང་། སྣའི་འདུས་ཏེ་རེག་པའི་འདུ་ཤེས་དང་བྲལ་ནས། སྟོང་པ་ཉིད་ཀྱིས་(༨)འཁོར་བ་ལས་འགྲོལ་པ་དང་། ལྕེའི་འདུས་ཏེ་རེག་པའི་འདུ་ཤེས་དང་བྲལ་བར་བྱེད་ཅིང་། ལྕེའི་འདུས་ཏེ་རེག་པའི་འདུ་ཤེས་དང་བྲལ་ནས། སྟོང་པ་ཉིད་ཀྱིས་(༩)འཁོར་བ་ལས་འགྲོལ་པ་དང་། ལུས་ཀྱི་འདུས་ཏེ་རེག་པའི་འདུ་ཤེས་དང་བྲལ་བར་བྱེད་ཅིང་། ལུས་ཀྱི་(༡༠)འདུས་ཏེ་རེག་པའི་འདུ་ཤེས་དང་བྲལ་ནས། སྟོང་པ་ཉིད་ཀྱིས་འཁོར་བ་ལས་འགྲོལ་པ་དང་། ཡིད་ཀྱི་འདུས་ཏེ་རེག་པའི་འདུ་ཤེས་དང་

བྲལ་བར་བྱེད་ཅིང་། ཡིད་ཀྱི་འདུས་ཏེ་རེག་པའི་འདུ་ཤེས་དང་ཕྲལ་ནས། སྟོང་པ་ཉིད་ཀྱིས་①འཁོར་བ་ལས་འགྲོལ་པ་དང་། མིག་གི་འདུས་ཏེ་རེག་པའི་རྐྱེན་གྱིས་ཚོར་བའི་འདུ་ཤེས་དང་བྲལ་བར་བྱེད་ཅིང་། མིག་གི་འདུས་ཏེ་རེག་པའི་རྐྱེན་གྱིས་ཚོར་བའི་འདུ་ཤེས་དང་ཕྲལ་ནས། སྟོང་པ་ཉིད་ཀྱིས་②འཁོར་བ་ལས་འགྲོལ་③པ་དང་། རྣ་བའི་འདུས་ཏེ་རེག་པའི་རྐྱེན་གྱིས་ཚོར་བའི་འདུ་ཤེས་དང་བྲལ་བར་བྱེད་ཅིང་། རྣ་བའི་འདུས་ཏེ་རེག་པའི་རྐྱེན་གྱིས་ཚོར་བའི་འདུ་ཤེས་དང་ཕྲལ་ནས། སྟོང་པ་ཉིད་ཀྱིས་འཁོར་བ་ལས་འགྲོལ་པ་དང་། སྣའི་འདུས་ཏེ་རེག་པའི་རྐྱེན་གྱིས་④ཚོར་བའི་འདུ་ཤེས་དང་བྲལ་བར་བྱེད་ཅིང་། སྣའི་འདུས་ཏེ་རེག་པའི་རྐྱེན་གྱིས་ཚོར་བའི་འདུ་ཤེས་དང་ཕྲལ་ནས། སྟོང་པ་ཉིད་ཀྱིས་འཁོར་བ་ལས་འགྲོལ་པ་དང་། ལྗེའི་འདུས་ཏེ་རེག་པའི་རྐྱེན་གྱིས་⑤ཚོར་བའི་འདུ་ཤེས་དང་བྲལ་བར་བྱེད་ཅིང་། ལྗེའི་འདུས་ཏེ་རེག་པའི་རྐྱེན་གྱིས་⑥ཚོར་བའི་འདུ་ཤེས་དང་ཕྲལ་ནས། སྟོང་པ་ཉིད་ཀྱིས་འཁོར་བ་ལས་འགྲོལ་པ་དང་། ལུས་ཀྱི་འདུས་ཏེ་རེག་པའི་རྐྱེན་གྱིས་⑦ཚོར་བའི་འདུ་ཤེས་དང་བྲལ་བར་བྱེད་ཅིང་། ལུས་ཀྱི་འདུས་ཏེ་རེག་པའི་རྐྱེན་གྱིས་ཚོར་བའི་འདུ་ཤེས་དང་ཕྲལ་ནས། སྟོང་པ་ཉིད་ཀྱིས་འཁོར་བ་ལས་འགྲོལ་པ་དང་། ཡིད་ཀྱི་འདུས་ཏེ་རེག་པའི་རྐྱེན་གྱིས་ཚོར་བའི་འདུ་ཤེས་དང་བྲལ་བར་བྱེད་ཅིང་། ཡིད་ཀྱི་འདུས་ཏེ་རེག་པའི་རྐྱེན་གྱིས་⑧ཚོར་བའི་འདུ་ཤེས་དང་ཕྲལ་ནས། སྟོང་པ་ཉིད་ཀྱིས་⑨འཁོར་བ་ལས་འགྲོལ་པ་དང་། སའི་ཁམས་ཀྱི་འདུ་ཤེས་དང་བྲལ་བར་བྱེད་ཅིང་། སའི་ཁམས་ཀྱི་འདུ་ཤེས་དང་ཕྲལ་ནས། སྟོང་པ་ཉིད་ཀྱིས་འཁོར་བ་ལས་འགྲོལ་པ་དང་། ཆུའི་ཁམས་ཀྱི་འདུ་ཤེས་དང་བྲལ་བར་བྱེད་ཅིང་། ཆུའི་ཁམས་ཀྱི་འདུ་ཤེས་དང་ཕྲལ་ནས། སྟོང་པ་ཉིད་ཀྱིས་⑩འཁོར་བ་ལས་འགྲོལ་པ་དང་།

མྱེའི་ཁམས་ཀྱི་འདུ་ཤེས་དང་བྲལ་བར་བྱེད་ཅིང་། མྱེའི་ཁམས་ཀྱི་འདུ་ཤེས་དང་བྲལ་ནས། སྟོང་པ་ཉིད་ཀྱིས་འཁོར་བ་ལས་འགྲོལ་པ་དང་། རླུང་གི་ཁམས་ཀྱི་འདུ་ཤེས་དང་བྲལ་བར་བྱེད་ཅིང་། རླུང་གི་ཁམས་ཀྱི་འདུ་ཤེས་དང་བྲལ་ནས། སྟོང་པ་ཉིད་ཀྱིས་①འཁོར་བ་ལས་འགྲོལ་པ་དང་། ནམ་མཁའི་ཁམས་ཀྱི་འདུ་ཤེས་དང་བྲལ་བར་བྱེད་ཅིང་། ནམ་མཁའི་ཁམས་ཀྱི་འདུ་ཤེས་དང་བྲལ་ནས། སྟོང་པ་ཉིད་ཀྱིས་②འཁོར་བ་ལས་འགྲོལ་པ་དང་། རྣམ་པར་ཤེས་པའི་ཁམས་ཀྱི་འདུ་ཤེས་དང་བྲལ་བར་བྱེད་ཅིང་། རྣམ་པར་ཤེས་པའི་ཁམས་ཀྱི་འདུ་ཤེས་དང་བྲལ་ནས། སྟོང་པ་ཉིད་ཀྱིས་འཁོར་བ་ལས་འགྲོལ་པ་དང་། མ་རིག་པའི་འདུ་ཤེས་དང་བྲལ་བར་བྱེད་ཅིང་། མ་རིག་པའི་འདུ་ཤེས་དང་③བྲལ་ནས། སྟོང་པ་ཉིད་ཀྱིས་འཁོར་བ་ལས་འགྲོལ་པ་དང་། འདུ་བྱེད་ཀྱི་འདུ་ཤེས་དང་བྲལ་བར་བྱེད་ཅིང་། འདུ་བྱེད་ཀྱི་འདུ་ཤེས་དང་བྲལ་ནས། སྟོང་པ་ཉིད་ཀྱིས་④འཁོར་བ་ལས་འགྲོལ་པ་དང་། རྣམ་པར་ཤེས་པའི་འདུ་ཤེས་དང་བྲལ་བར་བྱེད་ཅིང་། རྣམ་པར་ཤེས་པའི་འདུ་ཤེས་དང་བྲལ་ནས། སྟོང་པ་ཉིད་ཀྱིས་འཁོར་བ་ལས་འགྲོལ་པ་དང་། མྱིང་དང་གཟུགས་ཀྱི་འདུ་ཤེས་དང་བྲལ་བར་བྱེད་ཅིང་། མྱིང་དང་གཟུགས་ཀྱི་འདུ་ཤེས་དང་བྲལ་ནས། སྟོང་པ་ཉིད་ཀྱིས་⑤འཁོར་བ་ལས་འགྲོལ་པ་དང་། སྐྱེ་མཆེད་དྲུག་གི་⑥འདུ་ཤེས་དང་བྲལ་བར་བྱེད་ཅིང་། སྐྱེ་མཆེད་དྲུག་གི་འདུ་ཤེས་དང་བྲལ་ནས། སྟོང་པ་ཉིད་ཀྱིས་འཁོར་བ་ལས་འགྲོལ་པ་དང་། རེག་པའི་འདུ་ཤེས་དང་བྲལ་བར་བྱེད་ཅིང་། རེག་པའི་འདུ་ཤེས་དང་བྲལ་ནས། སྟོང་པ་ཉིད་ཀྱིས་⑦འཁོར་བ་ལས་འགྲོལ་པ་དང་། ཚོར་བའི་འདུ་ཤེས་དང་བྲལ་བར་བྱེད་ཅིང་། ཚོར་བའི་འདུ་ཤེས་དང་བྲལ་ནས། སྟོང་པ་ཉིད་ཀྱིས་⑧འཁོར་བ་ལས་འགྲོལ་པ་དང་། སྲིད་པའི་འདུ་ཤེས་དང་བྲལ་

བར་བྱེད་ཅིང་། སྲིད་པའི་འདུ་ཤེས་དང་ཕྲལ་ནས། སྟོང་པ་ཉིད་ཀྱིས་[༡]འཁོར་བ་ལས་འགྲིལ་པ་དང་། ལེན་པའི་འདུ་ཤེས་དང་བྲལ་བར་བྱེད་ཅིང་། ལེན་པའི་འདུ་ཤེས་དང་ཕྲལ་ནས། སྟོང་པ་ཉིད་ཀྱིས་[༢]འཁོར་བ་ལས་འགྲིལ་པ་དང་། སྲིད་པའི་འདུ་ཤེས་དང་བྲལ་བར་བྱེད་ཅིང་། སྲིད་པའི་འདུ་ཤེས་དང་ཕྲལ་ནས། སྟོང་པ་ཉིད་ཀྱིས་[༣]འཁོར་བ་ལས་འགྲིལ་པ་དང་། སྐྱེ་བའི་འདུ་ཤེས་དང་བྲལ་བར་བྱེད་ཅིང་། སྐྱེ་བའི་འདུ་ཤེས་དང་ཕྲལ་[༤]ནས། སྟོང་པ་ཉིད་ཀྱིས་འཁོར་བ་ལས་འགྲིལ་པ་དང་། ཀ་ཤིའི་འདུ་ཤེས་དང་བྲལ་བར་བྱེད་ཅིང་། ཀ་ཤིའི་འདུ་ཤེས་དང་ཕྲལ་ནས། སྟོང་པ་ཉིད་ཀྱིས་[༥]འཁོར་བ་ལས་འགྲིལ་པ་དང་། འདུས་བྱས་ཀྱི་ཁམས་ཀྱི་འདུ་ཤེས་དང་བྲལ་བར་བྱེད་ཅིང་། འདུས་བྱས་ཀྱི་ཁམས་ཀྱི་འདུ་ཤེས་དང་ཕྲལ་ནས། [༦]འདུས་མ་བྱས་ཀྱི་དབྱིངས་སྟོང་པ་[༧]ཡིན་ཡང་། འདུས་མ་བྱས་ཀྱི་དབྱིངས་སུ་འགོད་པ་ཡང་དེ་བཞིན་གཤེགས་པའི་ཁྱུ་མཆོག་གི་མཐུར་མི་འགྱུར་རོ། །གསོལ་པ། བཅོམ་ལྡན་འདས་དེ་ཅིས་སྟོང་པ་ལགས། བཅོམ་ལྡན་འདས་ཀྱིས་བཀའ་སྩལ་པ། [༨]འདུ་ཤེས་ཐམས་ཅད་ཀྱིས་སྟོང་སྟེ། རབ་འབྱོར་ལ་ལ་ཞིག་གིས་སྨྲུལ་པ་ཞིག་སྤྲུལ་ན[༩]། དེ་ལ་གང་སྟོང་པ་ཉིད་མ་ཡིན་པ་དེ་ལྟ་བུའི་དངོས་པོ་གང་ཡང་ཡོད་དམ། གསོལ་པ། བཅོམ་ལྡན་འདས་དེ་ནི་མ་ལགས་སོ། །སྤྲུལ་པ་དེ་ལ་གང་སྟོང་པ་ཉིད་མ་ལགས་པ་དེ་ལྟ་བུའི་དངོས་པོ་གང་ཡང་མ་མཆིས་ཏེ[༡༠]། སྟོང་པ་ཉིད་གང་ལགས་པ་དང་། སྤྲུལ་པ་གང་ལགས་པའི་ཆོས་དེ་གཉིས་ཀ་ཡང་ལྡན་པ་ཡང་མ་ལགས། མི་ལྡན་པ་ཡང་མ་ལགས་ཏེ། དེ་གཉིས་ཀ་ཡང་སྟོང་པ་ཉིད་ཀྱིས་སྟོང་ན། དེ་ཅིའི་སླད་དུ། འདི་ནི་སྟོང་པ་ཉིད་དོ[༡༡]། །འདི་ནི་[༡༢]སྤྲུལ་པའོ། །ཞེས་བགྱི་བར་རྣམ་པར་བཅབ་པ་[༡༣]མཛད། དེ་ཅིའི་སླད་དུ་[༡༤]ཞེ་ན། དེ་ནི་

འདི་ལྟ་སྟེ། སྟོང་པ་ཉིད་དང་། སྤྲུལ་པ་གཉིས་ཀ་ཡང་སྟོང་པ་ཉིད་ལ་དམིགས་སུ་མ་མཆིས་སོ། །བཅོམ་ལྡན་འདས་ཀྱིས་བཀའ་སྩལ་པ། རབ་འབྱོར་གཟུགས་སམ། ཚོར་བའམ། འདུ་ཤེས་སམ། འདུ་བྱེད་དམ། རྣམ་པར་ཤེས་པ་གང་སྤྲུལ་པ་མ་ཡིན་པ་དེ་ལྟ་བུ་ཡོད་དམ། གང་སྤྲུལ་པ་དེ་ནི་སྟོང་པའོ། །གསོལ་པ། བཅོམ་ལྡན་འདས་གལ་ཏེ་འཇིག་རྟེན་པའི་ཆོས་སྤྲུལ་པ་ལགས་ཀྱང་། འཇིག་རྟེན་ལས་འདས་པའི་ཆོས་འདི་ལྟ་སྟེ། དྲན་པ་ཉེ་བར་གཞག་པ་བཞི་དང་། ཡང་དག་པར་(༡)སྤོང་བ་བཞི་དང་། རྫུ་འཕྲུལ་གྱི་རྐང་པ་བཞི་དང་། དབང་པོ་ལྔ་དང་། སྟོབས་ལྔ་དང་། བྱང་ཆུབ་ཀྱི་ཡན་ལག་བདུན་དང་། འཕགས་པའི་ལམ་ཡན་ལག་བརྒྱད་པ་དང་། རྣམ་པར་ཐར་པའི་སྒོ་གསུམ་དང་། འཕགས་པའི་བདེན་པ་བཞི་དང་། སྟོང་པ་ཉིད་ཐམས་ཅད་དང་། རྣམ་པར་ཐར་པ་བརྒྱད་དང་། མཐར་གྱིས་གནས་པའི་སྙོམས་པར་འཇུག་པ་དགུ་དང་། ཏིང་ངེ་འཛིན་ཐམས་ཅད་དང་། གཟུངས་ཀྱི་སྒོ་ཐམས་ཅད་དང་། དེ་བཞིན་གཤེགས་(༢)པའི་སྟོབས་བཅུ་དང་། མི་འཇིགས་པ་བཞི་དང་། སོ་སོ་ཡང་དག་པར་རིག་(༣)པ་བཞི་དང་། བྱམས་པ་ཆེན་པོ་དང་། སྙིང་རྗེ་ཆེན་པོ་དང་། སངས་རྒྱས་ཀྱི་ཆོས་མ་འདྲེས་པ་བཅོ་བརྒྱད་དང་། དེ་དག་གི་(༤)འབྲས་བུ་གང་གིས་གང་ཟག་རྒྱུན་དུ་ཞུགས་པ་དང་། ལན་ཅིག་(༥)ཕྱིར་འོང་བ་དང་། ཕྱིར་མི་འོང་བ་དང་། དགྲ་བཅོམ་པ་དང་། རང་སངས་རྒྱས་དང་། དེ་བཞིན་གཤེགས་(༦)པ་དགྲ་བཅོམ་པ་ཡང་དག་པར་རྫོགས་པའི་སངས་རྒྱས་ཞེས་གང་ཟག་རྣམ་པར་དགོད་པའི་ཆོས་དེ་དག་ཀྱང་སྤྲུལ་པ་ལགས་སམ། བཅོམ་ལྡན་འདས་ཀྱིས་བཀའ་སྩལ་པ། རབ་འབྱོར་ཆོས་ཐམས་ཅད་ནི་སྤྲུལ་པ་སྟེ། ༑དེ་ལ་(༧)ལ་ལ་ནི་ཉན་ཐོས་ཀྱིས་(༨)སྤྲུལ་པའོ། །ལ་ལ་ནི་རང་

སངས་རྒྱས་ཀྱིས་སྤྲུལ་པའོ། །ལ་ལ་ནི་བྱང་ཆུབ་སེམས་དཔས་སྤྲུལ་པའོ། །ལ་ལ་ནི་དེ་བཞིན་གཤེགས་པས་སྤྲུལ་པའོ། །ལ་ལ་ནི་ཉོན་མོངས་པས་སྤྲུལ་པའོ། །ལ་ལ་ནི་ལས་ཀྱིས་(༡)སྤྲུལ་པའོ། །རབ་འབྱོར་རྣམ་གྲངས་དེས་ན་ཆོས་ཐམས་ཅད་ནི་སྤྲུལ་པའོ། །གསོལ་པ། བཅོམ་ལྡན་འདས་གང་སྤངས་པ་ཞེས་བགྱི་བ(༢)། རྒྱུན་དུ་ཞུགས་པའི་འབྲས་བུའམ། ལན་ཅིག་ཕྱིར་འོང་བའི་འབྲས་བུའམ། ཕྱིར་མི་འོང་བའི་འབྲས་བུའམ། དགྲ་བཅོམ་པ་ཉིད་དམ། རང་སངས་རྒྱས་ཀྱི་སའམ། སངས་རྒྱས་ཀྱི་སའམ། བག་ཆགས་ཀྱི་མཚམས་སྦྱོར་བ་ཐམས་ཅད་སྤངས་པའི་ཆོས་དེ་དག་ཐམས་ཅད་(༣)ཀྱང་སྤྲུལ་པ་ལགས་སམ། བཅོམ་ལྡན་འདས་ཀྱིས་བཀའ་སྩལ་པ། རབ་འབྱོརད་བསྐྱེད་པའམ། བཀག་པའི་ཆོས་གང་ཅི་ཡང་རུང་སྟེ། དེ་ཐམས་ཅད་ནི་སྤྲུལ་པའོ། །གསོལད་པ། བཅོམ་ལྡན་འདས་(༤)གང་མ་སྤྲུལ་པའི་ཆོས་དེ་གང་ལགས། བཅོམ་ལྡན་འདས་ཀྱིས་བཀའ་སྩལད་པ། ཆོས་གང་ལ་(༥)སྐྱེ་བ་ཡང་མེད། འགག་པ་ཡང་མེད་པ་དེ་ནི་མ་སྤྲུལ་པའོ། །གསོལད་པ། (༦)དེ་གང་ལགས། བཅོམ་ལྡན་འདས་ཀྱིས་བཀའ་སྩལད་པ། མི་མཉམ་པའི་མྱ་ངན་ལས་འདས་པ་སྟེ། ཆོས་དེ་ནི་མ་སྤྲུལ་པའོ། །གསོལད་པ། བཅོམ་ལྡན་འདས་ཀྱིས་(༧)འདི་སྐད་དུ་སྟོང་པ་ཉིད་ལས་ཀྱང་མི་གཡོ་ལ། གཉིས་སུ་ཡང་མི་དམིགས་ཏེ། ཆོས་གང་ཡང་སྟོང་པ་ཉིད་མ་ཡིནད་པ་དེ་ལྟ་བུ་མེད་དོ། །ཞེས་བཀའ་སྩལད་པ་ལྟར་ན། བཅོམ་ལྡན་འདས་མི་མཉམ་པའི་མྱ་ངན་ལས་འདས་པ་ཡང་སྤྲུལ་པར་འགྱུར་རོ། །བཅོམ་ལྡན་འདས་ཀྱིས་བཀའ་སྩལད་པ། རབ་འབྱོརད་དེ་དེ་བཞིན་ནོ། །དེ་དེ་བཞིནད་དེ(༨)། རབ་འབྱོརད་ཆོས་ཐམས་ཅད་ནི་སྟོང་པ་སྟེ། དེ་དག་ནི་ཉན་ཐོས་ཀྱིས་(༩)མ་བྱས། རང་སངས་རྒྱས་ཀྱིས་མ་བྱས། བྱང་ཆུབ་སེམས་དཔའ་སེམས་དཔའ་ཆེན་པོས་མ་

བྱས། དེ་བཞིན་གཤེགས་པ་དགྲ་བཅོམ་པ་ཡང་དག་པར་རྫོགས་པའི་སངས་རྒྱས་ཀྱིས་མ༔ བྱས་ཏེ①། ངོ་བོ་ཉིད་ཀྱིས་②སྟོང་པ་ཉིད་གང་ཡིན་པ་དེ་ནི་མྱ་ངན་ལས་འདས་པའོ། །རབ་འབྱོར་རད་ཀྱིས་གསོལ་པ། བཅོམ་ལྡན་འདས་ལས་དང་པོ་པའི་གང་ཟག་གིས་ངོ་བོ་ཉིད་ཀྱིས་སྟོང་པ་ཉིད་ཡོངས་སུ་འཚལ་③བར་བགྱི་ན། ཇི་ལྟར་གདམས་④ཤིང་རྗེས་སུ་བསྟན་པར་བགྱི། བཅོམ་ལྡན་འདས་ཀྱིས་བཀའ་སྩལད་པ། རབ་འབྱོརད་ཅི་སྔོན་དངོས་པོ་ཡོད་པར་གྱུར་ལ། ཕྱིས་དངོས་པོ་མྱེད་པར་འགྱུར་བ་ཡོད་དམ། རབ་འབྱོརད་འདི་ལ་དངོས་པོ་ཡོད་པ་ཡང་མེད། དངོས་པོ་མྱེད་པ་ཡང་མྱེད། ངོ་བོ་ཉིད་ཀྱང་མྱེད། གཞན་གྱི་དངོས་པོ་ཡང་མྱེད་ན། དེ་ལ་གང་ཡོངས་སུ་ཤེས་པར་བྱ་བའི་ངོ་བོ་ཉིད་སྟོང་པ་ཉིད་⑤ཅེས་བྱ་བ་⑥ལྟ་ཡོད་པར་འགྱུར་རེ་⑦སྙན། ཤེས་རབ་ཀྱི་ཕ་རོལད་ཏུ་ཕྱིནད་པ་སྟོང་ཕྲག་བརྒྱ་པ་ལས། ༔ཆོས་ཉིད་མྱི་འགྱུར་བ་བསྟན་པའི་⑧ལེའུ་སྟེ⑨། བདུན་ཙུ་རྩ་⑩གཉིས་སོ⑪།། །།⑫

བསྡུར་མཆན།

༣ ①མཚན་བྱང་འདི་ཆོས་ཚན་འདིའི་སྟོད་འབུམ་ཀ་དུམ་པའི་མཚན་བོད་སྐད་དུ་སྨོས་པ་ལྟར་བཀོད། ②«གཡུང་»«ལི་»«པེ་»«སྣར་»«ཅོ་»«ཞོལ་»–གླེགས་བམ་བཅུ་གཉིས་པ། ③«གཡུང་»«པེ་»ཉིས་བརྒྱ་བདུན་བཅུ་དྲུག་པ། «ལི་»བཅུ་གསུམ་པ། «སྣར་»«ཅོ་»ཉིས་བརྒྱ་དོན་དྲུག་པ། «ཞོལ་»ཉིས་བརྒྱ་དོན་བདུན་པ། ④«གཡུང་»«པེ་»«སྣར་»«ཅོ་»«ཞོལ་»མེད། (པོད་འདིའི་ནང་དུ་མྱེད་དམྱིགས་སྨྱིན་སོགས་རྒྱང་བརྟགས་འཕྲུལ་ཅན་གྱི་མ་ལ་ཡ་བཏགས་ཡོད་པ་རྣམས་«གཡུང་»«པེ་»«སྣར་»«ཅོ་»«ཞོལ་»ལ་ཡ་བཏགས་མེད་པ་དང་«ལི་»«ཁྲུ་»ལ་ཕལ་ཆེ་བར་«སྣེ་»ལྟར་ཡ་བཏགས་ཡོད་ཀྱང་སྐབས་འགར་དེ་དག་གོ་ཕྱོག་སྟེ་«སྣེ་»ལ་ཡ་བཏགས་མེད་པ་རྣམས་དཔེ་ཁག་གཞན་ལ་ཡོད་པ་སོགས་འཕོད་ཀྱང་གཤམ་དུ་བསྡུར་མཆན་དུ་བཀོད་མེད།)

༤ ①«སྣར་»བཞི། ②«སྣར་»–དུ། ③«གཡུང་»+པ། ④«ཞོལ་»–དེ། ⑤«གཡུང་»–མྱེད། ⑥«ཅོ་»+རང་། ⑦«ཅོ་»–མྱེད།

༥ ①«སྣར་»–ཆོར། ②«ལི་»ཀྱིས། ③«གཡུང་»«པེ་»མཁའ།

༦ ①«ལི་»དེ། ②«ཅོ་»–མྱེད། ③«ཞོལ་»+རང་།

༧ ①«ཅོ་»–མྱེད།

༨ ①«སྣར་»བཞག (པོད་འདིའི་ནང་དུ་ཉེ་བར་གཞག་ཅེས་པ་རྣམས་«སྣར་»ལ་ཉེ་བར་བཞག་དང་«གཡུང་»«ལི་»«པེ་»«ཁྲུ་»«ཞོལ་»ལ་སྐབས་འགར་ཉེ་བར་བཞག་ཅེས་འཕོད་ཀྱང་གཤམ་དུ་བསྡུར་མཆན་དུ་བཀོད་མེད།) ②«གཡུང་»+ལ། ③«ཁྲུ་»–ལ།

༩ ①«གཡུང་»བཙྭ། «སྣར་»«ཅོ་»«ཞོལ་»བཙོ། (པོད་འདིའི་ནང་དུ་བཙྭ་བརྒྱད་ཅེས་པ་རྣམས་«གཡུང་»ལ་བཙྭ་བརྒྱད་དང་«སྣར་»«ཅོ་»«ཞོལ་»ལ་བཙོ་བརྒྱད་ཅེས་འཕོད་ཀྱང་གཤམ་དུ་བསྡུར་མཆན་དུ་བཀོད་མེད།) ②«ཞོལ་»གཅིག (པོད་འདིའི་ནང་དུ་ལན་ཅིག་ཅེས་པ་རྣམས་«ཞོལ་»ལ་ལན་གཅིག་ཅེས་འཕོད་ཀྱང་གཤམ་དུ་བསྡུར་མཆན་དུ་བཀོད་མེད།) ③«སྣར་»དོ།

༡༠ ①«གཡུང་»«པེ་»«ཅོ་»པར། ②«གཡུང་»པོ། ③«ལི་»«པེ་»«སྣར་»«ཞོལ་»པའི། ④«གཡུང་»«པེ་»–དེ། ⑤«གཡུང་»«ལི་»«པེ་»«སྣར་»«ཞོལ་»འདུས། ⑥«ཅོ་»ནི། ⑦«ཁྲུ་»ཏོ། ⑧«གཡུང་»«པེ་»«ཅོ་»སྐོར། ⑨«གཡུང་»«པེ་»«ཅོ་»སྐོར། ⑩«ཅོ་»བཞན།

༡༡ ①«གཡུང་»«པེ་»ཅི། ②«གཡུང་»«པེ་»གཡོར། ③«ཅོ་»པར་ཊི་ལྟ་བ། «ཁྲུ་»–ཊི་ལྟ་བ། ④«ཅོ་»ཐོང་། ⑤«ཅོ་»པོ།

༡༢ ①«གཡུང་»+སྙིད། ②«གཡུང་»«པེ་»+མ། ③«ཅོ་»མཐོས། ④«གཡུང་»«ལི་»«པེ་»«སྣར་»

«ཅོ་»«ཞོལ་»ཏོ།

༡༣ ①«གཡུང་»པར། ②«གཡུང་»–དེ། ③«གཡུང་»གྱུར་པ་ཞིགས། «ཁུ་»འགྱུར་བ་ཞིག ④«ཅོ་»+པའི། ⑤«ཅོ་»–པ། ⑥«ཅོ་»མ།

༡༤ ①«ཅོ་»མ། ②«ཅོ་»+བྱ།

༡༥ ①«གཡུང་»དེ། ②«སྣར་»«ཞོལ་»དེའང་། (པོད་འདིའི་ནང་དུ་དེ་ཡང་དང་བ་ཡང་སོགས་ཀྱི་ཡང་ཞེས་པ···ནམས་«སྣར་»«ཞོལ་»ལ་འང་ཞེས་འཁོད་ཀྱང་གཤམ་དུ་བསྒྱུར་མཚན་དུ་བཀོད་མེད།) ③«ལི་»«པེ་»«སྣར་»«ཞོལ་»དེ། «ཁུ་»དེ། ④«ལི་»«སྣར་»«ཅོ་»«ཁུ་»«ཞོལ་»–ཏེ། ⑤«ལི་»«པེ་»«སྣར་»«ཁུ་»«ཞོལ་»+དེ། ⑥«ལི་»«སྣར་»«ཁུ་»«ཞོལ་»–ཏེ། ⑦«ལི་»«པེ་»«སྣར་»«ཁུ་»«ཞོལ་»+དེ།

༡༦ ①«ཅོ་»འདོད། ②«ལི་»«སྣར་»«ཁུ་»«ཞོལ་»–ཏེ། ③«ལི་»«པེ་»«སྣར་»«ཁུ་»«ཞོལ་»+དེ། ④«གཡུང་»«ལི་»«པེ་»«སྣར་»«ཅོ་»«ཁུ་»«ཞོལ་»+ལ། ⑤«གཡུང་»«པེ་»+ཏེ། ⑥«གཡུང་»«ཅོ་»–དེ། ⑦«ལི་»«སྣར་»«ཁུ་»«ཞོལ་»–ཏེ། ⑧«ལི་»«པེ་»«སྣར་»«ཁུ་»«ཞོལ་»+དེ། ⑨«ཅོ་»+པ། ⑩«ལི་»«སྣར་»«ཅོ་»«ཁུ་»«ཞོལ་»–ཏེ། ⑪«ལི་»«སྣར་»«ཅོ་»«ཁུ་»«ཞོལ་»+དེ། ⑫«ལི་»«སྣར་»«ཅོ་»«ཁུ་»«ཞོལ་»–ཏེ། ⑬«ལི་»«སྣར་»«ཅོ་»«ཁུ་»«ཞོལ་»+དེ། ⑭«གཡུང་»དེ། ⑮«ལི་»«སྣར་»«ཅོ་»«ཁུ་»«ཞོལ་»–ཏེ། ⑯«ལི་»«པེ་»«སྣར་»«ཁུ་»«ཞོལ་»+དེ།

༡༧ ①«ལི་»«སྣར་»«ཅོ་»«ཁུ་»«ཞོལ་»–ཏེ། ②«ལི་»«པེ་»«སྣར་»«ཁུ་»«ཞོལ་»+དེ། ③«གཡུང་»«ཅོ་»ལ་སྤྱོད་ཅིང་། «ལི་»«སྣར་»«ཞོལ་»–འདི། «པེ་»ལ་ནས་ཤིང་། ④«ཅོ་»–ཀྱང་། ⑤«ཁུ་»–ཉིད། ⑥«ཁུ་»ཀྱི། ⑦«ཁུ་»སླམས། ⑧«ཁུ་»བསམ། ⑨«ཁུ་»བཞུགས། ⑩«ལི་»འམ། ⑪«གཡུང་»བྱང་ཆུབ་འམ། «ལི་»«པེ་»«སྣར་»«ཞོལ་»–བྱང་ཆུབ། «ཅོ་»བྱང་ཆུབ་བམ།

༡༨ ①«གཡུང་»«ལི་»«པེ་»«སྣར་»«ཅོ་»«ཞོལ་»–དཔལ། ②«ཅོ་»ཀྱི། ③«གཡུང་»«པེ་»དེ། «ཞོལ་»–ང་། ④«གཡུང་»«པེ་»«སྣར་»«ཞོལ་»ཞེས། (པོད་འདིའི་ནང་དུ་ཚིག་ཕྲད་ཅེས་ཞེས་ཤེས···གསུམ་ནམས་དཔེ་ཁག་འགའ་རེར་བརྗ་སྤྲོད་ཀྱི་འགྲོས་དང་མི་མཐུན་པར་གོ་རིམ་ངེས་མེད་དུ་འབྱུང་བ་དང་། སྐབས་འགར་«སྡེ་»ལའང་གོ་ལོག་སྐྱེ་གཅིག་གྱུར་མིན་པས་འདིར་གསལ་བཤད་ཀྱིས་འཐུས་པར་བྱས་ཏེ་གཤམ་དུ་བསྒྱུར་མཚན་དུ་བཀོད་མེད།) ⑤«ཁུ་»ཀྱི།

༡༩ ①«ཅོ་»ཞི། ②«ཞོལ་»–ཏུ། ③«ཅོ་»གྱིས། ④«ཅོ་»བྱས་པའམ། ⑤«ཁུ་»+བྱ་བ།

༢༠ ①«གཡུང་»ས། ②«གཡུང་»«པེ་»«སྣར་»«ཅོ་»«ཞོལ་»–ནམས། ③«ལི་»ཀྱིས། ④⑤«ཅོ་»སོངས།

༢༡ ①«ཁུ་»འདི། ②«སྣར་»«ཞོལ་»+ན། ③«གཡུང་»–ནམས། «ཅོ་»+སུ། ④«སྣར་»«ཞོལ་»ཏོ། ⑤«གཡུང་»«པེ་»བཅུ་གཉིས་སོ། «ལི་»ཅུ་རྩ་གཉིས་སོ། «སྣར་»«ཞོལ་»ཅུ་རྩ་གཉིས་པའོ། «ཅོ་»ཅུ་གསུམ་སོ།

༢༢ ①«གཡུང་»–ཀྱིས། ②«ཅོ་»ལག་ན། ③«གཡུང་»«པེ་»བ། ④«གཡུང་»«པེ་»+ན། ⑤«ཅོ་»+མི་ལམ་ལྟ་བུ། ⑥«ལི་»«པེ་»«སྣར་»+དང་།

༢༣ ①«གཡུང་»«པེ་»པ་ཉིད། ②«ཁུ་»ཕྱི་བ། ③«ཅོ་»སོ། ④«གཡུང་»སོ། །མིག «ཅོ་»ལོ། མིག «ཁུ་»ལ། དམིག ⑤«ཅོ་»—ཡང་། ⑥«លི་»«སྣར་»«ཞོལ་»+ལ། ⑦«ཁུ་»+ཡང་། ⑧«ཁུ་»ཀྱི། «ཅོ་»ཀྱིས་བ། ⑨«ཅོ་»+མངོན་པར། ⑩«གཡུང་»«པེ་»«ཅོ་»+མངོན་པར། ⑪«ལི་»མ྄ི་གཡོའ། «ཅོ་»མིག་གཡོ། ⑫«ཞོལ་»དཔའི། ⑬«ཁུ་»+ཕྱིན།

༢༤ ①«ཅོ་»པོ། ②«ལི་»«པེ་»«སྣར་»«ཞོལ་»+པོ། ③«ལི་»«པེ་»ན། ④«ལི་»«པེ་»—འདི་ལ། ⑤«ལི་»«སྣར་»«ཞོལ་»མཐོང་བ། ⑥«པེ་»དེ། ⑦«ལི་»«པེ་»«ཞོལ་»ཁྱོད། ⑧«ཅོ་»—ནི། ⑨«གཡུང་»—སུ། «པེ་» པུ།

༢༥ ①«ལི་»—དེ། ②«ཅོ་»མཐོང་། ③«གཡུང་»«པེ་»«སྣར་»«ཅོ་»«ཞོལ་»ཅུང་། (ཡོད་འདིའི་ནང་དུ་ཆུང་ཟད་ཅེས་པ་རྣམས་«གཡུང་»«པེ་»«སྣར་»«ཅོ་»«ཞོལ་»ལ་ཅུང་ཟད་ཅེས་འཁོད་ཀྱང་གཤམ་དུ་བསྡུར·····མཆན་དུ་བཀོད་མེད།) ④«པེ་»སླེམས། ⑤«གཡུང་»«པེ་»«ཅོ་»—ཚུལ་ཁྲིམས་དང་།

༢༦ ①«ཅོ་»བཞག ②«ལི་»གཟིང་བསྡོད། «སྣར་»«ཅོ་»«ཞོལ་»གཟིངས་བསྡོད། (ཡོད་འདིའི་ནང་དུ་གཟིང་སྡོད་ཅེས་པ་རྣམས་«སྣར་»«ཅོ་»«ཞོལ་»ལ་གཟིངས་བསྡོད་དང་«ལི་»«པེ་»ལ་སྐབས་འགར་གཟིང་བསྡོད་ཅེས་འཁོད་ཀྱང་གཤམ་དུ་བསྡུར་མཆན་དུ་བཀོད་མེད།) ③«པེ་»དོ། ④«ཁུ་»བསྐུལ། ⑤«པེ་»གང་། ⑥«ཁུ་»བསྐུལ། ⑦«ཁུ་»བསྐུལ། ⑧⑨«གཡུང་»«པེ་»«ཁུ་»སྡོད།

༢༧ ①«གཡུང་»«ཅོ་»རྣམ་པར་ཐར་པའི་སྒོ་གསུམ། ②«གཡུང་»«ལི་»«སྣར་»«ཅོ་»«ཞོལ་»—ཚད་མེད་པ····བཞི་ལ······ རབ་ཏུ་འགོད་དོ།། ③«ཅོ་»པའི། ④«ཅོ་»ཀྱིར། ⑤«ཅོ་»—སྟོན་ཏོ། །ཡང་དག་པར།

༢༨ ①«ཅོ་»བསྟོན།

༢༩ ①«ཅོ་»—གང་། ②«ཅོ་»འོངས། ③«ཅོ་»དོ། ④«ལི་»«པེ་»«སྣར་»—ལ། ⑤«གཡུང་»«པེ་»རྫོད། ⑥«གཡུང་»པར་དགལ། «པེ་»པའི་དགལ། ⑦«ཅོ་»—ན། ⑧«གཡུང་»«ལི་»«པེ་»«སྣར་»«ཅོ་»«ཞོལ་»—ཆུ་ཟླ་ལྟ་བུ་དང་། ⑨«གཡུང་»«ལི་»«པེ་»«སྣར་»«ཅོ་»«ཞོལ་»དང་། ⑩«ཁུ་»འགོད། ⑪«ལི་»«ཅོ་»—མ།

༣༠ ①«གཡུང་»«པེ་»+གི། ②«གཡུང་»པ། ③«ལི་»«སྣར་»«ཅོ་»«ཞོལ་»—ཉིད།

༣༡ ①«ཅོ་»—དག ②«གཡུང་»«པེ་»གིས། ③«ཅོ་»+དག ④«ཁུ་»ཀྱི། ⑤«ཁུ་»+སེམས། ⑥«གཡུང་»«པེ་»གནོན། «སྣར་»«ཅོ་»«ཞོལ་»མནན། ⑦«ཅོ་»ཀྱི། ⑧«ཅོ་»+འ། ⑨«ཅོ་»—པར། ⑩«གཡུང་»«པེ་»བཅུ། (ཡོད་འདིའི་ནང་དུ་སུམ་ཅུ་དང་བརྒྱད་ཅུ་སོགས་ཀྱི་ཅུ་ཞེས་པ་རྣམས་«གཡུང་»«པེ་»ལ་བཅུ་ཞེས···འཁོད་ཀྱང་གཤམ་དུ་བསྡུར་མཆན་དུ་བཀོད་མེད།)

༣༢ ①«གཡུང་»རྒྱད། ②«ཅོ་»—ལྔ། ③«ཅོ་»—རྣམས། ④«ཅོ་»གཟུགས། ⑤«ལི་»«ཅོ་»འཇིག ⑥«ཅོ་»ཀྱིས།

༣༣ ①②«ཅོ་»ཀྱི། ③«གཡུང་»«ལི་»«པེ་»—ལ། ④«གཡུང་»པས། ⑤«ཅོ་»+སོ། ⑥«ཅོ་»མཐས། ⑦«ལི་»«སྣར་»—སྐྱེ་མཆེད་ཀྱི། ⑧«ཅོ་»པ། ⑨«ཅོ་»+པས།

༣༤ ༡«ཅོ་»ཀྱི། ༢«གཡུང་»«པེ་»«ཅོ་»རྣམས་ཀྱིས། ༣«སྣར་»«ཞོལ་»བཞིས། ༤«པེ་»+སེམས་ཅན་…
གང་ལ་བསམ་གཏན་བཞིས་ཕན་གདགས་པར་བྱ་བ་དེ་དག་ལ་ནི། བསམ་གཏན་བཞིས་ཕན་འདོགས་སོ། །
སེམས་ཅན་གང་ལ་ཚད་མེད་པ་བཞིས་ཕན་གདགས་པར་བྱ་བ་དེ་དག་ལ་ནི། ཚད་མེད་པ་བཞིས་ཕན་འདོགས་སོ།།
སེམས་ཅན་གང་ལ་གཟུགས་མེད་པའི་སྙོམས་པར་འཇུག་པ་བཞིས་ཕན་གདགས་པར་བྱ་བ་དེ་དག་ལ་ནི། གཟུགས་
མེད་པའི་སྙོམས་པར་འཇུག་པ་བཞིས་ཕན་འདོགས་སོ།། ༥«ཁུ་»ལ།

༣༥ ༡«གཡུང་»«པེ་»པས། ༢«གཡུང་»«པེ་»«ཅོ་»པས། ༣«ཅོ་»—ལ། ༤«གཡུང་»«པེ་»གདོགས།
༥«ཁུ་»འདགས། ༦«ཅོ་»རྗེས།

༣༦ ༡«ཅོ་»ཀྱི། ༢«གཡུང་»«པེ་»གདོགས། ༣«ཅོ་»པོས། ༤«གཡུང་»«པེ་»«ཅོ་»ཕན། ༥«ལི་»
«ཅོ་»གཞོན། ༦«གཡུང་»«ལི་»«པེ་»གཞོན། ༧«ཅོ་»ལམ། ༨«གཡུང་»བྲི་དྷྣཱ། «ལི་»བེ་དུཾ།
«པེ་»བྲིདྷྣཱ། «ཅོ་»བི་ཏྲུཾ། «ཁུ་»བི་ཏྲཾ། (པོད་འདིའི་ནང་དུ་བི་ཏྲཾ་ཞེས་པ་རྣམས་«གཡུང་»ལ་བྲི་དྷྣཱ…
དང་བེ་དྷྣཱ། «ལི་»ལ་བི་དུཾ་དང་བེ་དུཾ། «པེ་»ལ་བྲི་དྷྣཱ་དང་བི་དྷྣཱ། «ཅོ་»ལ་བི་ཏྲུཾ། «ཁུ་»ལ་བི་ཏྲཾ་དང་
བི་དྷྣཱ་ཞེས་འཁོད་ཀྱང་གཤམ་དུ་བསྟུར་མཆན་དུ་བཀོད་མེད།) ༩«སྣར་»«ཞོལ་»བྱུ། ༡༠«ཁུ་»སེར།
༡༡«སྣར་»«ཞོལ་»བྱུ། ༡༢«གཡུང་»«པེ་»«ཅོ་»འདུལ། ༡༣«གཡུང་»«པེ་»«སྣར་»«ཅོ་»«ཞོལ་»སོང་།

༣༧ ༡«གཡུང་»«པེ་»གཞག ༢«གཡུང་»«ལི་»«པེ་»«སྣར་»«ཅོ་»«ཞོལ་»པ། ༣«ལི་»«སྣར་»«ཞོལ་»
ལྟ་སྟེ། ༤«ཅོ་»ཏུ་སེམས་སྐྱེད། «ཞོལ་»—ཏུ། ༥«ཁུ་»དེ། ༦«གཡུང་»—ནི། ༧«ཁུ་»པ། ༨«གཡུང་»
«པེ་»གདགས། ༩«ཁུ་»འདི། ༡༠«ཅོ་»ཀྱི། ༡༡«ལི་»«སྣར་»—གྱིས། ༡༢༡༣«ཁུ་»—ལས།

༣༨ ༡«པེ་»སླམ་བམ། «སྣར་»«ཅོ་»«ཞོལ་»སླམ་པའམ། ༢«པེ་»བྱའོ། ༣«གཡུང་»«ལི་»«པེ་»«སྣར་»
«ཅོ་»—དེ་ལྟར། ༤«ཅོ་»སྨོད། ༥«ཞོལ་»ཅིའམ། ༦«གཡུང་»«པེ་»«ཅོ་»གདབ། «སྣར་»
«ཞོལ་»—བཏབ། ༧«ཅོ་»«ཞོལ་»སྨོད། ༨«གཡུང་»«པེ་»«སྣར་»«ཅོ་»«ཞོལ་»ར། ༩«གཡུང་»
«པེ་»འགྱུར་བའམ། ༡༠«ཅོ་»འོང་། ༡༡«གཡུང་»«ལི་»«པེ་»«སྣར་»སློངས། ༡༢«སྣར་»བཅད།
(པོད་འདིའི་ནང་དུ་ཞིང་ལག་གཅད་དང་ཆོས་ལ་གཅད་སོགས་ཀྱི་གཅད་ཅེས་པ་རྣམས་«སྣར་»ལ་བཅད་དང་
«ལི་»«ཅོ་»«ཞོལ་»ལ་སྐབས་འགར་བཅད་ཅེས་འཁོད་ཀྱང་གཤམ་དུ་བསྟུར་མཆན་དུ་བཀོད་མེད།) ༡༣«ཁུ་»དེ།
༡༤«ཞོལ་»བསམ་སྟེ། (པོད་འདིའི་ནང་དུ་བསམས་ཏེ་ཞེས་པ་རྣམས་«ཞོལ་»ལ་བསམ་སྟེ་ཞེས་འཁོད་ཀྱང་གཤམ་
དུ་བསྟུར་མཆན་དུ་བཀོད་མེད།) ༡༥«ལི་»+ཏུ། ༡༦«གཡུང་»«པེ་»གི། ༡༧«གཡུང་»«ལི་»«པེ་»
«ཅོ་»གཟུང་གཟུང་། ༡༨«གཡུང་»«པེ་»«ཅོ་»པར། ༡༩«གཡུང་»«པེ་»«ཅོ་»དེང་། ༢༠«གཡུང་»
«པེ་»«ཅོ་»«ཞོལ་»བྱ་སྟེ།

༣༩ ༡«གཡུང་»—ལ། ༢«ཅོ་»པོས། «ཞོལ་»པོས་སློང་། ༣«ཞོལ་»+ངོ་། ༤«གཡུང་»«པེ་»—ནི།
༥«ཅོ་»+གནས། ༦«གཡུང་»—ལ། ༧«ཞོལ»འཕྲོག ༨«ཅོ་»དེ། ༩«ལི་»«སྣར་»«ཅོ་»«ཞོལ་»
པོས། ༡༠«གཡུང་»དོ། ༡༡«ཅོ་»དེ། ༡༢«སྣར་»དྲུག ༡༣«གཡུང་»ཡང་འཕྲུབ་འམ། «ཅོ་»འཕྲུབ་བམ།
༡༤«གཡུང་»«ལི་»«པེ་»«ཞོལ་»གཅོད། ༡༥«ལི་»བསླམ།

༤༠ ①《གཡུང་》《པེ་》ཉིས་བརྒྱ་བདུན་ཅུ་བདུན། 《ལི་》བཅུ་བཞི། 《སྣར་》《ཅོ་》ཉིས་བརྒྱ་དོན་བདུན། 《ཞོལ་》ཉིས་བརྒྱ་དོན་བརྒྱད། ②《གཡུང་》《ལི་》《པེ་》གང་གའི། 《ཅོ་》གངྒའི། (ཡོད་འདིའི་ནང་དུ་གངྒའི་ཞེས་པ་རྣམས་《གཡུང་》《ལི》《པེ་》《ཅོ་》ལ་གང་གའི་དང་《ཅོ་》ལ་གངྒའི་དང་《ཞོལ་》ལ་སྐབས་འགར་གངྒའི་ཞེས····འཁོད་ཀྱང་གཤམ་དུ་བསྒྱུར་མཚན་དུ་བཀོད་མེད།) ③《ལི་》བསམ། ④《ཁུ་》+བ། ⑤《ཅོ་》གི། ⑥《ལི་》གི་བར་བྱས་ཏེ། 《ཅོ་》ཞི་བར་བྱ་སྟེ། ⑦《ཅོ་》གཏང་། ⑧《གཡུང་》སོགས། ⑨《ཅོ་》ནུབ།

༤༡ ①《ལི》—སེམས་ཅན་དམྱལ་བ་ཆེན་པོ་དག་ཏུ་དོང་ཞིང་། ②《ལི་》—ནས། ③《ཅོ་》ཆོས། ④《གཡུང་》《པེ་》པོ། ⑤《སྣར་》བྱམ། ⑥《གཡུང་》+དེ། ⑦《ཅོ》—ཏེ། ⑧《ཅོ་》བསྐལ། ⑨《ལི་》《སྣར་》《ཞོལ་》སོང་།

༤༢ ①《ལི་》《སྣར་》ཀྱི། ②《པེ་》《སྣར་》《ཞོལ་》ཏོ། ③《ཅོ་》—ནས། ④《ཁུ་》མྱལ།

༤༣ ①《གཡུང་》—སེམས། ②《ཁུ་》མྱལ། ③《ཅོ་》པའི། ④《ཅོ་》སྤྱལ།

༤༤ ①《ཁུ་》བསྐལ་པ། ②《ཅོ་》ཆོད།

༤༥ ①《ཅོ་》ཆོས། ②《ཅོ་》《ཁུ་》བའི། ③《ཅོ་》གྱིས་ཆོས། ④《ཁུ་》བསྐལ་པ། ⑤《ཅོ་》ཀྱི། ⑥《གཡུང་》+འཇིག་རྟེན་གྱི། ⑦《ཅོ་》པ། ⑧《ཅོ་》ཆོས།

༤༦ ①《ཅོ་》བཏོང་། ②《ཁུ་》བསྐལ་པ། ③《ལི་》སྟན།

༤༧ ①《ཁུ་》+སེམས། ②《ཅོ་》པོས། ③《གཡུང་》《པེ་》—ཉིད།

༤༨ ①《ལི་》《པེ་》《སྣར་》《ཞོལ་》བས། 《ཅོ་》བ། ②《གཡུང་》《ལི་》《པེ་》《སྣར་》《ཅོ་》《ཞོལ་》ཀྱི། ③《སྣར་》—པས། ④《གཡུང་》《ལི་》《པེ་》《སྣར་》《ཅོ་》《ཞོལ་》གྱི། ⑤《ལི་》《པེ་》《སྣར་》+ལ། ⑥《གཡུང་》《པེ་》《སྣར་》གཟུང་། ⑦《ཅོ་》བཟོན། ⑧《སྣ་》—དཔའ། ⑨《ལི་》《ཅོ་》བར། 《པེ་》《སྣར་》《ཞོལ་》བས།

༤༩ ①《སྣར་》《ཞོལ་》བས། 《ཅོ་》བ། ②《སྣར་》གཟུང་། ③《ལི་》རྣམ། 《ཅོ་》—རྣམས། ④《ལི་》《སྣར་》《ཞོལ་》བས། ⑤《ལི་》《སྣར་》པ་དང་།

༥༠ ①《ཅོ་》+དེ་དག ②《གཡུང་》《སྣར་》《ཅོ་》《ཞོལ་》རྣམས། ③《སྣར་》《ཞོལ་》བས། ④《སྣར་》《ཞོལ་》བས། ⑤《ལི་》《ཞོལ་》མ།

༥༡ ①《ལི་》—རྒྱས། 《ཞོལ་》རྒྱས་ཀྱིས། ②《ལི་》བ། 《སྣ་》《ཞོལ་》བས། ③《གཡུང་》《པེ་》འཚམས། (ཡོད་འདིའི་ནང་དུ་ཕྱོགས་མཚམས་དང་སྨིན་མཚམས་སོགས་ཀྱི་མཚམས་རྣམས་《གཡུང་》《པེ་》ལ་འཚམས་ཞེས་འཁོད་ཀྱང་གཤམ་དུ་བསྒྱུར་མཚན་དུ་བཀོད་མེད།) ④《སྣར་》—བྱང་། ⑤《སྣར་》《ཞོལ་》བས།

༥༢ ①《ཅོ་》པ། ②《ཅོ་》ཀྱིས། ③《སྣར་》《ཞོལ་》བས། ④《གཡུང་》པས་དང་། 《པེ་》པས། ⑤《ལི་》《སྣ་》《ཞོལ་》—གང་། ⑥《ཅོ་》—རྣམས།

༥༣ ①《གཡུང་》《པེ་》+སེམས་དཔའ། ②《སྣར་》《ཞོལ་》བས། 《ཅོ་》བ། ③《གཡུང་》《པེ་》པོའི། ④《ལི་》

«པེ་»«སྣར་»«ཁུ་»«ཞོལ་»–ཡང་། ⑤«གཡུང་»–ཉིད། ⑥«ཅོ་»+དེ། ⑦«གཡུང་»ཡམ། ⑧«གཡུང་»«ལི་»«པེ་»«སྣར་»«ཅོ་»«ཞོལ་»+སུ་གཏོགས། ⑨«ཁུ་»སྐྱེ། ⑩«ཅོ་»ལ།

༥༤ ①«ལི་»«པེ་»+དུ། ②«ཅོ་»ལ། ③«ཅོ་»འཛིང་། ④«ཅོ་»–གང་། ⑤«ཅོ་»སྐྱེད། ⑥«གཡུང་»གའི། ⑦«ལི་»«པེ་»«སྣར་»«ཞོལ་»+སུ་སྐྱེས། ⑧«ཅོ་»+རྣམས། ⑨«ལི་»«ཞོལ་»སོལ། ⑩«གཡུང་»+དེ་དག་གིས་བྱང་ཆུབ་སེམས་དཔའ་སེམས་དཔའ་ཆེན་པོ། ⑪«གཡུང་»–དེ། ⑫«ཅོ་»–སྐྱེ། ⑬«ཅོ་»–ཀྱང་། ⑭«ཅོ་»ལས། ⑮«ཅོ་»–ཉིད།

༥༥ ①«ཅོ་»པ་དེ། ②«གཡུང་»«པེ་»འདས་པ། ③«གཡུང་»–སེམས་དཔའ་ཆེན་པོ་གང་། ④«ཅོ་»གཏུབ་སྟེ། ⑤«ཅོ་»–ཉིད། ⑥«ཅོ་»+སངས་རྒྱས་ཀྱི་ཞིག་པའམ།

༥༦ ①«གཡུང་»«པེ་»+དེ། ②«ཁུ་»–ཀྱང་། ③«ཅོ་»བསྐུར།

༥༧ ①«ཅོ་»པོ་དང་། ②«ཁུ་»འདས་པ།

༥༨ ①«གཡུང་»«པེ་»+དེ། ②«ཁུ་»དག ③«ཅོ་»བསྙེར། «ཁུ་»སྙེན། ④«ཅོ་»ལ། ⑤«ཁུ་»སྟེ། ⑥«ཅོ་»–རིམ་གྱིས་ཡོངས་སུ། ⑦«ཁུ་»འདས་པ། ⑧«ཅོ་»སྐྱེད།

༥༩ ①«ཅོ་»བར། ②«ཅོ་»སྐྱེས། ③«གཡུང་»«པེ་»འཛིབ། ④«ཅོ་»–ལས། ⑤«གཡུང་»«པེ་»–དང་། ⑥«གཡུང་»«པེ་»རིམས། ⑦«གཡུང་»«པེ་»འདས་པ།

༦༠ ①«གཡུང་»«པེ་»སྟེ། ②«ཅོ་»པར། ③«ཅོ་»དུ། ④«ཅོ་»ལས།

༦༡ ①«ཅོ་»སྐྱེད། ②«ཅོ་»གྱིས།

༦༢ ①«གཡུང་»–འཛིབ་པ་དང་། དེ་དག་བྱམས་པ། «ཅོ་»འཛིབ་པ་དང་། དེ་དག་ལ་བྱམས་པ། ②«གཡུང་»«པེ་»སྟེ། ③«ལི་»འདས། ④«ཅོ་»སྐྱེད། ⑤«སྣར་»+ཞུས་དག ⑥«གཡུང་»«པེ་»ཉིས་བརྒྱ་བདུན་ཅུ་བརྒྱད། «ལི་»བཙོ་ལྔ། «སྣར་»«ཅོ་»ཉིས་བརྒྱ་དོན་བརྒྱད། «ཞོལ་»ཉིས་བརྒྱ་དོན་དགུ། ⑦«གཡུང་»«པེ་»+ཡང་།

༦༣ ①«ཁུ་»«ཞོལ་»དྭགས། (པོད་འདིའི་ནང་དུ་ཡི་དགས་དང་རི་དགས་སོགས་ཀྱི་དགས་ཞེས་པ་རྣམས་«ཞོལ་»ལ་དྭགས་དང་«ཁུ་»ལ་སྐབས་འགར་དྭགས་ཞེས་འཁོད་ཀྱང་གཞམ་དུ་བསྡུར་མཆན་དུ་བཀོད་མེད།) ②«གཡུང་»«པེ་»སྐྱེད། ③«ཅོ་»སྟེ། ④«གཡུང་»«པེ་»«སྣར་»«ཅོ་»«ཞོལ་»+ཀྱི། ⑤«གཡུང་»«པེ་»«ཅོ་»སྐྱེད། ⑥«གཡུང་»«པེ་»སྐྱེས་སྟེ། «ཅོ་»སྐྱེ་སྟེ། (པོད་འདིའི་ནང་དུ་སྐྱེས་ཏེ་ཞེས་པ་རྣམས་«གཡུང་»«པེ་»ལ་སྐབས་འགར་སྐྱེས་སྟེ་དང་«ཅོ་»ལ་སྐྱེ་སྟེ་ཞེས་འཁོད་ཀྱང་གཞམ་དུ་བསྡུར་མཆན་དུ་བཀོད་མེད།)

༦༤ ①«གཡུང་»«པེ་»«ཅོ་»སྐྱེད། ②«ཁུ་»ཀྱི། ③«གཡུང་»«ཅོ་»གྱི། ④«གཡུང་»«པེ་»སེམས་སྐྱེད། «ཅོ་»–སེམས། ⑤«ཅོ་»–དེ་དག ⑥«ལི་»བའི།

༦༥ ①«གཡུང་»«པེ་»«ཅོ་»སྐྱེད།

༦༦ ①«གཡུང་»«ཅོ་»སྐྱེད། ②«ཅོ་»–སྐྱེ། ③«ཅོ་»–པའི། ④«ཅོ་»–དག ⑤«གཡུང་»«ཅོ་»སྐྱེད།

⑥«ཅོ་»རྣམས།

༦༧ ①«ལི་»+པ། ②«ཅོ་»–ན། ③«གཡུང་»«ལི་»«པེ་»«ཅོ་»སྐྱེད། ④«གཡུང་»«པེ་»ཅི། ⑤«གཡུང་»«པེ་»–ཅིག ⑥«གཡུང་»«ལི་»«པེ་»«ཅོ་»སྐྱེད།

༦༨ ①«ཅོ་»–ཡི་དགས། ②«གཡུང་»«སྣ་»«ཅོ་»«ཞོལ་»–ཡོངས་སུ། ③«ཁུ་»–ན། ④«ཅོ་»–པ། ⑤«ཅོ་»+པ། ⑥«གཡུང་»«ལི་»«པེ་»«ཅོ་»སྐྱེད། ⑦«གཡུང་»«པེ་»–ལས། ⑧«ཅོ་»–ལས། ⑨«གཡུང་»«པེ་»གི།

༦༩ ①«པེ་»ཤེས། ②«པེ་»ཤེས།

༧༠ ①«པེ་»«སྣར་»ཤེས། «ཅོ་»–ཤས། ②«ཅོ་»སྐྱོང་། ③«གཡུང་»«པེ་»+དང་། ④«སྣར་»ནོ། ⑤«ཅོ་»ལས། ⑥«གཡུང་»+ཆུབ་ཀྱི།

༧༡ ①«ཅོ་»–ལས། ②«གཡུང་»«པེ་»གི། ③«གཡུང་»«པེ་»འདའ་བར།

༧༢ ①«ཅོ་»རྣམ།

༧༣ ①«གཡུང་»«པེ་»–ནི། ②«གཡུང་»«པེ་»–ཡིད། ③«གཡུང་»«པེ་»གྱི། ④«ཅོ་»པོ། ⑤«གཡུང་»«པེ་»འདས་པ། ⑥«གཡུང་»«པེ་»–ལ། ⑦«ཅོ་»འཕེབས། ⑧«གཡུང་»–རྟེན།

༧༤ ①«ཅོ་»བུའི། ②«གཡུང་»«པེ་»–དེ། ③«ཅོ་»+འདས། ④«པེ་»བ། ⑤«ལི་»–ཅན།

༧༥ ①«ཅོ་»–གང་། ②«ཅོ་»པ། ③«ཅོ་»དུ་འབྱེད། «ཁུ་»དུ་བྱེད། ④«ཅོ་»–ཅད། ⑤«ཅོ་»མོ། ⑥«གཡུང་»«པེ་»བུའི། ⑦«གཡུང་»–ལས། ⑧«ཅོ་»འགྱུར་བར།

༧༦ ①«གཡུང་»རྣམ། ②«ལི་»«སྣར་»«ཞོལ་»བསྐྱེད། (པོད་འདིའི་ནང་དུ་ལྟ་བ་སྐྱེད་དང་སྐྱེད་མོས་ཚལ་སོགས་ཀྱི་སྐྱེད་ཅེས་པ་རྣམས་«ལི་»«སྣར་»«ཞོལ་»ལ་བསྐྱེད་ཅེས་དང་«གཡུང་»«པེ་»«ཅོ་»«ཁུ་»ལ་སྐབས་འགར་བསྐྱེད་ཅེས་འཁོད་ཀྱང་གཤམ་དུ་བསྟུར་མཆན་དུ་བཀོད་མེད།) ③«ཁུ་»+ཅད།

༧༧ ①«ཅོ་»+ན།

༧༨ ①«ཅོ་»–ཞིག ②«ཅོ་»–སེམས་དཔའ། ③«ཅོ་»+ལྟ།

༧༩ ①«གཡུང་»«པེ་»པའི། ②«ཅོ་»+རབ་འབྱོར་དེ་ནི་ངོ་མཚར་ཆེ་སྟེ། ③«ལི་»«ཅོ་»ཏེ། ④«ཅོ་»རྣམ། ⑤«ཅོ་»བྱེད། ⑥«ཅོ་»–ལྟ་བ་སྐྱེད་ཅེས། ⑦«ཁུ་»བ།

༨༠ ①«ཅོ་»–པོ། ②«ལི་»ཏེ། ③«ཅོ་»གྱི། ④«ཅོ་»–རྟེན། ⑤«ཅོ་»སྤྱོད། (པོད་འདིའི་ནང་དུ་དོན་སྤྱོད་ཅེས་པ་རྣམས་«ཅོ་»ལ་དོན་སྤྱོད་ཅེས་འཁོད་ཀྱང་གཤམ་དུ་བསྟུར་མཆན་དུ་བཀོད་མེད།) ⑥«གཡུང་»«ལི་»«པེ་»«ཅོ་»འཐུན། (པོད་འདིའི་ནང་དུ་དོན་མཐུན་པ་དང་སྐྱེ་བོར་མཐུན་པར་སོགས་ཀྱི་མཐུན་ཞེས་པ་རྣམས་«གཡུང་»«ལི་»«པེ་»«ཅོ་»ལ་འཐུན་ཞེས་འཁོད་ཀྱང་གཤམ་དུ་བསྟུར་མཆན་དུ་བཀོད་མེད།)

༨༡ ①«གཡུང་»–ཡང་། ②«ཅོ་»གྱི། ③«གཡུང་»གནས། ④«གཡུང་»–ཆེན་པོ། ⑤«ཁུ་»བསྟུད། ⑥«གཡུང་»སྟུ།

༨༢ ①«ཅོ་»–སྤྱན་གྱིས། ②③«ཅོ་»གྱི། ④«ཅོ་»རྣམ་སྟུ། ⑤«གཡུང་»«པེ་»ཉིས་བརྒྱ་བདུན་བཅུ་དགུ།

«ལི་»བཅུ་དྲུག «སྣར་»«ཅོ་»ཉིས་བརྒྱ་དོན་དགུ། «ཞོལ་»ཉིས་བརྒྱ་བརྒྱད་ཅུ།

༨༣ ①«ལི་»«པེ་»«སྣར་»«ཞོལ་»+གི། ②«ལི་»«པེ་»«སྣར་»«ཞོལ་»+ཀྱི། ③«གཡུང་»འམ། ④«གཡུང་»«པེ་»«ཅོ་»བྱི། ⑤«གཡུང་»«ལི་»འམ། ⑥«གཡུང་»«ལི་»འམ། ⑦«གཡུང་»«པེ་»«ཅོ་»«ཞོལ་»ཁྲིང་། ⑧«ཅོ་»པོ། ⑨«ཅོ་»–བདག་པོ། ⑩«ཞོལ་»སྔོག ⑪«ཞོལ་»ལོངས། ⑫«གཡུང་»«ལི་»«པེ་»«ཅོ་»དེང་། ⑬«གཡུང་»–སྦྱིན་པ། ⑭«གཡུང་»«པེ་»+དེ། ⑮«ལི་»+ལ། ⑯«ཅོ་»–ལས་ཀྱི།

༨༤ ①«ལི་»–ནི། ②«ལི་»ལྷ། ③«གཡུང་»«པེ་»བཙང་། ④«གཡུང་»«སྣར་»«ཅོ་»«ཞོལ་»ལ་སོགས། (པོད་འདིའི་ནང་དུ་ལ་སྩོགས་ཞེས་པ་རྣམས་«གཡུང་»«སྣར་»«ཅོ་»«ཞོལ་»ལ་སོགས་དང་«པེ་»ལ་ཕལ་ཆེ་བར་ལ་སོགས་ཞེས་འཁོད་ཀྱང་གཞམ་དུ་བསྟུར་མཚན་དུ་བཀོད་མེད།) ⑤«གཡུང་»«ལི་»«པེ་»«སྣར་»«ཅོ་»«ཞོལ་»+སུ། ⑥«ཅོ་»རྟོག ⑦«པེ་»+ན། ⑧«ཁུ་»བསྐུལ། ⑨«ཅོ་»འཛིག ⑩«ཁུ་»བསྐུལ།

༨༥ ①②«ཁུ་»བསྐུལ། ③«གཡུང་»«ལི་»«པེ་»དཔེའ། (པོད་འདིའི་ནང་དུ་དཔེ་བྱད་ཅེས་པ་རྣམས······«གཡུང་»«ལི་»«པེ་»ལ་དཔེའ་བྱད་ཅེས་འཁོད་ཀྱང་གཞམ་དུ་བསྟུར་མཚན་དུ་བཀོད་མེད།) ④«གཡུང་»+བ། ⑤«གཡུང་»«པེ་»པས། ⑥«གཡུང་»པ། «པེ་»པ་ལ། ⑦«ཅོ་»བསྐུལ། ⑧«གཡུང་»«ལི་»«པེ་»«སྣར་»«ཅོ་»«ཞོལ་»–ན། ⑨«ལི་»གཏང་། ⑩«གཡུང་»«པེ་»པ་ཡང་། ⑪«ཅོ་»མངོན་པར།

༨༦ ①«ཅོ་»རྣམས། ②«གཡུང་»«པེ་»«སྣར་»«ཅོ་»«ཞོལ་»གྱི། «ལི་»ཀྱི། ③«ཁུ་»པའི། ④«ཅོ་»ལྟང་། ⑤«གཡུང་»«པེ་»སྐྱིད་དེ། དེ་ལས། «ལི་»«སྣར་»–བསྐྱེད་དེ་དེ་ལས། «ཅོ་»བསྐྱེད་དོ། །དེ་ལས། ⑥«གཡུང་»«ལི་»«པེ་»«སྣར་»«ཅོ་»–རྣམས།

༨༧ ①«ཅོ་»ཤེའོ། ②«ཅོ་»–པ། ③«གཡུང་»པ།

༨༨ ①«ཅོ་»ཤེའོ། ②«གཡུང་»«པེ་»གཏོག ③«ལི་»«སྣར་»–རྣམས། ④«ཅོ་»ཀྱི། ⑤«གཡུང་»«པེ་»«སྣར་»«ཅོ་»«ཞོལ་»ཐོབ། ⑥«ལི་»«སྣར་»«ཞོལ་»པོས། ⑦«ཅོ་»པོ།

༨༩ ①«སྣར་»«ཞོལ་»པོས། ②«གཡུང་»«པེ་»«ཅོ་»+ལ། ③«གཡུང་»«པེ་»«ཅོ་»འཐོབ། ④«ཅོ་»རྟེན། ⑤«ཅོ་»–པའི་སྦྱིན། ⑥«གཡུང་»བྱི། ⑦«གཡུང་»«ལི་»«པེ་»«སྣར་»«ཅོ་»–ཚད་མེད་པ···བཞི་དང་། ⑧«ཞོལ་»གནས།

༩༠ ①«གཡུང་»«ལི་»«པེ་»«སྣར་»«ཅོ་»–མཐའ་དག་གི་སྐྱེ་མཆེད་······ དབང་བཅུ་དང་། (ཞེས་པའི་གཡུང་དྲུང་རྟགས་བར་གྱི་ཡི་གེ་རྣམས་«གཡུང་»«ལི་»«པེ་»«སྣར་»«ཅོ་»ལ་ཆད།) ②«ཅོ་»སོར། ③«གཡུང་»«ལི་»«པེ་»«སྣར་»«ཅོ་»–བསྡུང་དུ་མེད་པ་གསུམ་དང་།······ སྙིང་རྗེ་ཆེན་པོ་དང་། ④«གཡུང་»«ལི་»«པེ་»«སྣར་»«ཅོ་»བྱམས་པ་ཆེན་པོ་དང་། སྙིང་རྗེ་ཆེན་པོ། ⑤«གཡུང་»«སྣར་»«ཅོ་»«ཞོལ་»བསལ། ⑥«ཅོ་»–ལུས་ལ་ཀུན་འབྱུང་བའི་རྗེས་སུ་ལྟ་ཞིང་རྣམ་པར་སྤྱོད་དོ།། ⑦«གཡུང་»«སྣར་»«ཅོ་»«ཞོལ་»བསལ། ⑧«གཡུང་»«པེ་»«སྣར་»«ཅོ་»«ཞོལ་»–དུ།

༩༡ ①«ཅོ་»–རྣམ་པར། ②«ལི་»ཕྱིའི། ③«ཅོ་»–སེམས་ལ། ④«གཡུང་»«ལི་»«པེ་»«སྣར་»«ཅོ་»«ཞོལ་»བསལ། ⑤«གཡུང་»«པེ་»«ཅོ་»–ཆོས་ལ། ⑥«གཡུང་»གསལ། «ལི་»«པེ་»«སྣར་»«ཅོ་»«ཞོལ་»བསལ། ⑦«ཅོ་»–ཆོས་ལ་ཀུན་འབྱུང་…… རྣམ་པར་སྤྱོད་དོ།། ⑧«གཡུང་»«ལི་»«པེ་»«སྣར་»«ཅོ་»«ཞོལ་»སྤང་།

༩༢ ①«ཞོལ་»སྒོམ། ②«གཡུང་»«པེ་»སྟེ། ③«གཡུང་»དག་པ། ④«ལི་»«སྣར་»«ཞོལ་»སྤྱངས་པ། ⑤«གཡུང་»པི།

༩༣ ①«གཡུང་»«ཅོ་»པའི། ②«ཅོ་»–ལ།

༩༤ ①«ཅོ་»པ། ②«ཅོ་»ཀྱི། ③«ཅོ་»–པ། ④«ཅོ་»–བ། ⑤«གཡུང་»«པེ་»–ལ། ⑥«གཡུང་»«པེ་»+ལ། «ཅོ་»+དག ⑦«གཡུང་»«པེ་»བཅས། ⑧«པེ་»ཞེང་། ⑨«ལི་»ཅིག ⑩«ཅོ་»པར། ⑪«ཅོ་»པའི། ⑫«གཡུང་»–བ། ⑬«གཡུང་»«པེ་»བ་ལ། «ཅོ་»བ། ⑭«གཡུང་»«པེ་»«ཅོ་»–བ། ⑮«ཅོ་»གཏང་། ⑯«ཅོ་»པ། ⑰«གཡུང་»«པེ་»ལ། ⑱«གཡུང་»«པེ་»«ཅོ་»–ཏེ།

༩༥ ①«ལི་»ཏེ། ②«གཡུང་»«པེ་»མཆོན། ③«ལི་»«པེ་»«སྣར་»«ཞོལ་»པ། ④«གཡུང་»«ལི་»«པེ་»«སྣར་»«ཅོ་»«ཞོལ་»མོ།

༩༦ ①«ལི་»«པེ་»«སྣར་»«ཞོལ་»པ། ②«གཡུང་»«པེ་»གྱིས་མཆོན། «ཅོ་»གྱི་གཆོན། ③«ལི་»གྱུ། ④«གཡུང་»«པེ་»པ་འདི། «ཅོ་»པའི་དེ། ⑤«ཅོ་»པོ། ⑥«གཡུང་»ཁ་དོག ⑦«གཡུང་»«པེ་»བླ་རྣ་ན་སྲིར། «སྣར་»བ་ར་ཧྣ་སིར། «ཞོལ་»ཕླ་ར་ཧྣ་སིར། ⑧«གཡུང་»«པེ་»སྔོན་པོ། ⑨«གཡུང་»ཁ་དོག «པེ་»དོག ⑩«གཡུང་»ཀར་ཤི་རའི། «སྣར་»«ཞོལ་»ཀ་ཤི་ཀ་རིའི། «ཅོ་»ཀར་ཤིང་ཀ་རའི། «ཁུ་»ཀྐར་ཤིང་ཀ་རིའི། ⑪«གཡུང་»བླ་རྣ་ཊ་སིར། «པེ་»བླ་རྣ་ཊ་སྲིར། «སྣར་»བ་ར་ཧྣ་སིར། «ཞོལ་»ཕླ་ར་ཧྣ་སིར། ⑫«ཅོ་»བ། ⑬«ཅོ་»+དེ་དག ⑭«ཅོ་»པོ། ⑮«གཡུང་»མན་འཛེ། «ལི་»«པེ་»མན་དུ་ཛེ། «སྣར་»«ཞོལ་»མཉྫུ་ཛེ། «ཅོ་»མན་ཏུ་འཛེ། ⑯«གཡུང་»«པེ་»བླ་རྣ་ན་སྲིར། «སྣར་»བ་ར་ཧྣ་སིར། «ཞོལ་»ཕླ་ར་ཧྣ་སིར།

༩༧ ①«ཅོ་»པོ། ②«གཡུང་»«པེ་»བླ་རྣ་ན་སྲིར། «སྣར་»བ་ར་ཧྣ་སིར། «ཞོལ་»ཕླ་ར་ཧྣ་སིར། ③«ཅོ་»གྱི། ④«ལི་»–ཤེས། ཟིལ་ཀྱིས་མནན་ཏེ། ⑤«ལི་»«སྣར་»པའི། ⑥«ཁུ་»གྲུབ། ⑦«གཡུང་»«ལི་»«པེ་»«སྣར་»«ཅོ་»«ཞོལ་»–དེ་ལ། ⑧«ཅོ་»ཀྱི། ⑨«གཡུང་»«པེ་»«སྣར་»«ཅོ་»«ཞོལ་»ཅིང་།

༩༨ ①«ཅོ་»–བ། ②«སྣར་»«ཞོལ་»པའི། ③«ཅོ་»པར། ④«ཅོ་»–རབ་ཏུ། ⑤«གཡུང་»«པེ་»«ཅོ་»«ཁུ་»«ཞོལ་»ཀྱི། ⑥«ཅོ་»པར།

༩༩ ①«ཁུ་»འགོད། ②«ཅོ་»–ཚེ་རབས་བརྒྱ་སྟོང་དང་། ③«གཡུང་»རབ། ④«གཡུང་»«པེ་»–ཕྲག ⑤«གཡུང་»«པེ་»«ཅོ་»–ཕྲག ⑥«གཡུང་»ཀྱི། ⑦«གཡུང་»«པེ་»མཐའི། ⑧«ཁུ་»འདོད་པའི། ⑨«ཁུ་»ཏོ། ⑩«གཡུང་»–པ། ⑪«ཅོ་»–ལྡན་པ།

༡༠༠ ①«གཡུང་»«པེ་»«ཅོ་»ཀྱི། ②«ཅོ་»–ལ། ③«ཅོ་»–པ། ④«གཡུང་»«པེ་»«ཅོ་»–དང་། ⑤«གཡུང་»

«པེ་»ཧོ། ⑥«གཡུང་»«ལི་»«པེ་»«སྣར་»«ཅོ་»«ཞོལ་»པར། ⑦«གཡུང་»«པེ་»ནས། ⑧«ཅོ་»
–སོ། ⑨«གཡུང་»«པེ་»བ། ⑩«ཞོལ་»རྒྱུའི། ⑪«གཡུང་»«པེ་»–ཡང་། ⑫«གཡུང་»«ལི་»
«པེ་»«སྣར་»«ཅོ་»«ཞོལ་»–དེ་ལ། ⑬«ལི་»«ཞོལ་»སྒྲོག «པེ་»བསྒྲོག ⑭«ཅོ་»གི།

༡༠༡ ①«ཅོ་»སྐྱེས་དགུའི། «ཞོལ་»སྐྱེ་རྒྱུའི། ②«གཡུང་»«པེ་»སུ་ཡང་། ③«ལི་»འཛོབ། ④«གཡུང་»
«པེ་»«ཅོ་»«ཁུ་»པར། ⑤«པེ་»བསྒྲོག «ཞོལ་»སྒྲོག ⑥«ཁུ་»དག ⑦«ཅོ་»–བར་ཆད་ཀྱི་ཚོས།
⑧«གཡུང་»«ཁུ་»«ཞོལ་»བསྟན། «ཅོ་»སྟོན། ⑨«ཞོལ་»བརྟེན། «ཅོ་»རྟེན། ⑩«ཞོལ་»རྒྱུའི།
⑪«གཡུང་»«པེ་»«ཅོ་»སུ་ཡང་། ⑫«ཅོ་»–མ། ⑬«ཞོལ་»པ། ⑭«ཅོ་»བརླབས། ⑮«གཡུང་»
«པེ་»བསྒྲོག «ཞོལ་»སྒྲོག

༡༠༢ ①«གཡུང་»«པེ་»འགྱུར་བར། «ལི་»«སྣར་»«ཞོལ་»–འགྱུར་བ། «ཅོ་»འགྱུར་བར་མི་འགྱུར་བར།
②«ཞོལ་»རྒྱུའི། ③«གཡུང་»«པེ་»སུ་ཡང་། «ཅོ་»སུས་ཀྱང་། ④«གཡུང་»«པེ་»པ། ⑤«ཅོ་»
+གིས། ⑥«ཅོ་»པར། ⑦«ཅོ་»«ཞོལ་»པ། ⑧«ཅོ་»བརླབས། ⑨«པེ་»བསྒྲོག «ཞོལ་»སྒྲོག
⑩«ལི་»«སྣར་»«ཞོལ་»སུའང་། «ཅོ་»སུ་ཀྱང་། ⑪«ཅོ་»གི། ⑫«ལི་»+ལ། ⑬«ཅོ་»སོར།
⑭«ལི་»«པེ་»«སྣར་»+ངོ་། ⑮«སྣར་»«ཞོལ་»བཅབས།

༡༠༣ ①«སྣར་»«ཞོལ་»བཅབས། ②«ཅོ་»–པ། ③«སྣར་»«ཞོལ་»བཅབས། ④«གཡུང་»མི།
⑤«གཡུང་»«པེ་»ལ་ལས། «ཅོ་»འདི་ལ། ⑥«གཡུང་»«ལི་»«པེ་»«སྣར་»«ཅོ་»«ཞོལ་»+བ།
⑦«གཡུང་»«ལི་»«པེ་»«སྣར་»«ཅོ་»«ཞོལ་»མཉན། ⑧«ཁུ་»ཞོག ⑨«གཡུང་»«ལི་»«པེ་»
«སྣར་»«ཅོ་»«ཞོལ་»+བ། ⑩«གཡུང་»«ལི་»«པེ་»«སྣར་»«ཅོ་»མཉན། ⑪«ཅོ་»པ། ⑫«ཅོ་»
ཚོས། ⑬«གཡུང་»«ལི་»«པེ་»«སྣར་»«ཅོ་»«ཞོལ་»+བ། ⑭«ཅོ་»+མི། ⑮«གཡུང་»«ལི་»«པེ་»
«སྣར་»«ཅོ་»«ཞོལ་»མཉན། ⑯«གཡུང་»«ལི་»«པེ་»«སྣར་»«ཅོ་»«ཞོལ་»+བ། ⑰«གཡུང་»
«ལི་»«པེ་»«སྣར་»«ཞོལ་»མཉན། «ཅོ་»མཉམ།

༡༠༤ ①«ཅོ་»པ། ②«གཡུང་»«པེ་»+ཚོས། ③«ཅོ་»སྐྱུར། ④«ལི་»«ཁུ་»འདའ། ⑤«ཅོ་»
པའི། ⑥«ལི་»«ཅོ་»བཟའ། ⑦«ཅོ་»ཅིངས་བཀྱིབས། ⑧«ལི་»«སྣར་»–ལ། ⑨«ཅོ་»ཏན། ⑩«ཁུ་»
འདའོ། (པོད་འདིའི་ནང་དུ་མི་མངའོ་ཞེས་པ་རྣམས་«ཁུ་»ལ་མི་འདའོ་ཞེས་འཕོད་ཀྱང་གཤམ་དུ་བསྒྱུར་མཆན་
དུ་བཀོད་མེད།) ⑪«གཡུང་»«པེ་»+པ། ⑫«གཡུང་»«པེ་»«སྣར་»«ཞོལ་»གཞག

༡༠༥ ①«གཡུང་»«པེ་»ཐྲིན། ②«གཡུང་»–བ། ③«ཅོ་»«ཞོལ་»འཐྲིན། ④«ཅོ་»+ཀྱི། ⑤«ཅོ་»
«ཞོལ་»ཀྱི་འཐྲིན། «ཁུ་»རྗེ་ཕྲིན། ⑥«གཡུང་»–བ། ⑦«ལི་»«པེ་»«སྣར་»«ཅོ་»«ཞོལ་»པའོ།
⑧«ལི་»«པེ་»«སྣར་»–པ། ⑨«གཡུང་»«ལི་»«པེ་»«སྣར་»«ཅོ་»–དང་། ⑩«ལི་»«ཞོལ་»བསྒྱུར།
⑪«གཡུང་»«ལི་»«པེ་»«སྣར་»«ཅོ་»«ཞོལ་»པའི། ⑫«ལི་»ན། ⑬«ཞོལ་»བས།

༡༠༦ ①«གཡུང་»«ལི་»«པེ་»ནི། «ཅོ་»ཅུ། ②«ཅོ་»«ཞོལ་»སླེབ། ③«གཡུང་»«ལི་»«པེ་»«སྣར་»
«ཅོ་»«ཞོལ་»–ལྡན་པ་དང་། ④«གཡུང་»«པེ་»«སྣར་»«ཞོལ་»གོ་ནྲ། «ལི་»ཀོ་ནྲ། ⑤«ཅོ་»

–ཕྱི་བུ། ⑥«གཡུང་»«པེ་»«ཅོ་»+ཤིན་ཏུ། ⑦«ཅོ་»གནག ⑧«གཡུང་»«ལི་»«པེ་»«སྣར་»«ཅོ་»«ཞོལ་»ཡོ། ⑨«གཡུང་»«པེ་»«ཅོ་»–དུ། ⑩«ལི་»བཀོས། «བྲུ་»བསྐོས། ⑪«ཅོ་»ཀྱིས། ⑫«ཅོ་»པ། ⑬«ཞོལ་»བས། ⑭«སྣར་»«ཞོལ་»བའུ། «པེ་»ལའུ། ⑮«ཅོ་»གྱིས། ⑯«གཡུང་»«ལི་»«པེ་»«སྣར་»«ཅོ་»«ཞོལ་»–དང་ལྷག་པའི་ཕྱོགས་ན། ⑰«གཡུང་»–སོར་མོ་རིང་བས། ⑱«གཡུང་»བདུན།

༡༠༧ ①«ཅོ་»པོའོ། ②«བྲུ་»མོ། ③«གཡུང་»«ལི་»«པེ་»«སྣར་»ནི། ④«ལི་»«པེ་»ཟླུམ། «བྲུ་»ལྷུན། ⑤«ཅོ་»–དར་བ། ⑥«བྲུ་»མཉམ། ⑦«གཡུང་»«པེ་»«ཅོ་»རིམས་ཀྱིས། ⑧«གཡུང་»«ལི་»«པེ་»«སྣར་»ནི། ⑨«ཅོ་»བདུད། ⑩«ཅོ་»–ཀྱིས། ⑪«ཅོ་»སྦོབ། «ཞོལ་»སྦིབ། ⑫«བྲུ་»འདུག ⑬«པེ་»པ་བ། ⑭«ཅོ་»རྒྱ། ⑮«ཅོ་»པས། ⑯«བྲུ་»ཕྱིས། ⑰«ལི་»ཁྲིས། ⑱«བྲུ་»ཞིང་། ⑲«ལི་»མདོམ། «སྣར་»«ཞོལ་»+གང་། ⑳«སྣར་»«ཞོལ་»རྣ།

༡༠༨ ①«གཡུང་»«པེ་»ཤིང་། ②«གཡུང་»«ལི་»«པེ་»མདབ། ③«གཡུང་»«པེ་»«སྣར་»«ཅོ་»«ཞོལ་»ལྷར། ④«གཡུང་»«པེ་»«ཅོ་»མཐོན། ⑤«ཅོ་»མས། ⑥«གཡུང་»«པེ་»–ལ། ⑦«ཅོ་»འདོད། ⑧«ལི་»དཀྱིས་དགུ། «སྣར་»«ཞོལ་»དགེ་དགུ། «ཅོ་»–ཏུ། «བྲུ་»ཏུ་གེ་དགུ། ⑨«ཅོ་»ཤིང་། ⑩«གཡུང་»«ལི་»«པེ་»«སྣར་»«ཅོ་»«ཞོལ་»ཡོག ⑪«ཅོ་»གནག ⑫«གཡུང་»«པེ་»བསུ་སྐྱིལ། «ཞོལ་»བསུ་སྐྱིལ། «བྲུ་»སུ་བསྐྱིལ། ⑬«གཡུང་»«ལི་»«པེ་»«སྣར་»«ཅོ་»«བྲུ་»བསྐྱུབ། ⑭«ཅོ་»–དུ། ⑮«ཅོ་»པ་བགྱི་བ། ⑯«ཅོ་»ཡོ། ⑰«ལི་»«སྣར་»«ཞོལ་»སྤྱད། ⑱«ཅོ་»སྤུ། ⑲«གཡུང་»«པེ་»«ཞོལ་»བས། ⑳«གཡུང་»«པེ་»འདུལ།

༡༠༩ ①«གཡུང་»«ལི་»«པེ་»«སྣར་»«ཅོ་»«ཞོལ་»–ཤིན་ཏུ། ②«ཅོ་»འཐོབ། ③«ཅོ་»–སྤྱག་གི་རིམ་གྲོ་བྱས་པ་དང་། ④«གཡུང་»«པེ་»«ཅོ་»ཅིང་། ⑤«ཅོ་»ཉམས། «ཞོལ་»མཉམ། ⑥«ཞོལ་»+ལ། ⑦«གཡུང་»«ལི་»«པེ་»«སྣར་»ནི། «ཅོ་»ཐུ། ⑧«གཡུང་»«པེ་»བླངས། «ཅོ་»བསླང་། ⑨«ཅོ་»སྦོབ། «ཞོལ་»སྦིབ། ⑩«གཡུང་»«པེ་»«ཅོ་»འགྲོགས། ⑪«གཡུང་»«པེ་»«སྣར་»པ་མ་ཕྱེ། «ལི་»པ་ཕྱེ། «ཅོ་»པ་མ་བྱེ། «ཞོལ་»མ་སྐྱེ། ⑫«གཡུང་»«ལི་»«པེ་»«སྣར་»«ཅོ་»–བསྡུམས་པ་དང་། ⑬«ཅོ་»སྐྱུལ། ⑭«ཅོ་»བསྒུང་བས། ⑮«གཡུང་»མད་པའི། «ལི་»«སྣར་»མང་པོའི། «པེ་»མེད་པའི། ⑯«གཡུང་»«པེ་»འཐོབ།

༡༡༠ ①«ཅོ་»གྲོ། ②«ཅོ་»–སུ། ③«བྲུ་»– མྱི། ④«ལི་»«སྣར་»ནད་ཞུང་བའི། ⑤«ཅོ་»ན། ⑥«གཡུང་»«པེ་»+པ། ⑦«གཡུང་»«པེ་»གྲོར། ⑧«ཅོ་»འཚལ། ⑨«གཡུང་»«པེ་»«ཅོ་»ཕྲེང་། ⑩«སྣར་»«ཞོལ་»རྣ། ⑪«ཅོ་»ཙུག ⑫«ལི་»«སྣར་»+བ། ⑬«ཅོ་»+པའི། ⑭«ཅོ་»ཏོ། ⑮«ཅོ་»–མངའ། ⑯«ཅོ་»ཟང་། ⑰«ལི་»«སྣར་»«ཅོ་»«ཞོལ་»བཏང་། ⑱«སྣར་»«ཞོལ་»བཀྲལ།

༡༡༡ ①«ཅོ་»ཀྱི། ②«གཡུང་»«པེ་»«སྣར་»«ཅོ་»«ཞོལ་»བསགས། ③«ལི་»«སྣར་»ཆེམས། «ཅོ་»–ཆོག ④«ཅོ་»སྨྲས་པས། ⑤«ཅོ་»ཐག ⑥«གཡུང་»«པེ་»བཙུར། ⑦«གཡུང་»ཁྲུད། «ལི་»«པེ་»

«སྣར་»«ཅོ་»«ཞོལ་»འབྱུད། (༨)«ཅོ་»བསམས། (༩)«ཅོ་»སྤྲ། (༡༠)«ལི་»+མྱིག (༡༡)«ཅོ་»གནག (༡༢)«ལི་»«སྣར་»«ཞོལ་»+སྐྱེས་བུ་ཆེན་པོའི། (༡༣)«གཡུང་»«པེ་»–ནི། (༡༤)«ཅོ་»རྣམས། (༡༥)«ལི་»རིག (༡༦)«ལི་»འབྱུང་། (༡༧)«སྣར་»–ལ། (༡༨)«ཅོ་»–བ། (༡༩)«ཁུ་»–འདས། (༢༠)«སྣར་»གཞལ། (༢༡)«ཁུ་»–འདས། (༢༢)«གཡུང་»«པེ་»ཕྲིན།

༡༡༢ (༡)«ཅོ་»«ཞོལ་»འཁྲོལ། (༢)«ཅོ་»ལ། (༣)«ཁུ་»+རྒྱས། (༤)«ལི་»«ཅོ་»ལས།

༡༡༣ (༡)«ལི་»ཀུན། (༢)«གཡུང་»འཁྲིགས། «ལི་»འཁྲུགས་པ་མྱེད། «པེ་»འཁྲུགས་པ་མེད། (༣)«ལི་»«པེ་»ཞོལ། (༤)«ལི་»«པེ་»ཟག (༥)«ལི་»«སྣར་»«ཞོལ་»བཟློག

༡༡༤ (༡)«ཅོ་»པར། (༢)«ལི་»«སྣར་»«ཞོལ་»བ། (༣)«ཅོ་»–བ། (༤)«གཡུང་»«ལི་»«པེ་»«སྣར་»«ཅོ་»–དང་གནག་བག (༥)«པེ་»«ཅོ་»འཐོབ། (༦)«ཁུ་»བུ། (༧)«ཞོལ་»སྦྱོར། (༨)«ཁུ་»–ནི། (༩)«ཅོ་»–མྱི། (༡༠)«ལི་»«སྣར་»«ཅོ་»«ཞོལ་»–ཡང་། (༡༡)«ཅོ་»སྐྱེ། (༡༢)«ལི་»«སྣར་»«ཅོ་»–ལ།

༡༡༥ (༡)«སྣར་»«ཞོལ་»པ་སོ་སོའི། (༢)«ལི་»«པེ་»–པ། (༣)«ཅོ་»ནི། (༤)«ལི་»«སྣར་»«ཅོ་»«ཞོལ་»–པར། (༥)«ཅོ་»པའི། (༦)«ལི་»–དང་། (༧)«གཡུང་»«ཅོ་»བུར། (༨)«ཅོ་»–བར་སྣ། (༩)«སྣར་»«ཞོལ་»+ཚེམས། (༡༠)«ཅོ་»རྣམ། (༡༡)«གཡུང་»–པོ། (༡༢)«ཅོ་»རིངས།

༡༡༦ (༡)«གཡུང་»«སྣར་»«ཞོལ་»བསགས། (༢)«པེ་»+ནི། (༣)«ཅོ་»གནག (༤)«གཡུང་»«པེ་»མདབ། (༥)«གཡུང་»«ལི་»«པེ་»«སྣར་»«ཅོ་»«ཞོལ་»བྱ་བ། (༦)«ཅོ་»གནག (༧)«གཡུང་»«ཅོ་»མདབ། (༨)«ལི་»ཀྱིས། (༩)«གཡུང་»–ཡངས་པ། (༡༠)«ཅོ་»སློན།

༡༡༧ (༡)«ཅོ་»པོ། (༢)«ལི་»«སྣར་»«ཞོལ་»བཟློག «ཅོ་»དག་པ་ཟླེག (༣)«ཁུ་»སྦྱོང་། (༤)«ཅོ་»+སྣ། (༥)«གཡུང་»«ལི་»«པེ་»«སྣར་»འཛིང་བ། (༦)«ཅོ་»པ། (༧)«གཡུང་»«པེ་»«སྣར་»«ཅོ་»«ཞོལ་»+ཏེ། (༨)«ཅོ་»–དང་། (༩)«གཡུང་»+ཨེ་མ་ཧོ། རྒྱལ་བའི་གསུང་རབ་བཀའ་འགྱུར་འདི་ཕྱོགས་སུ། །གོང་མ་རྒྱལ་པོ་ཧ་མིང་གཙོ་མཛད་ཀྱིས། །ལུས་ངག་ཡིད་གསུམ་བསྐོལ་ཅིང་འབད་པ་དང་། །ནམ་མཁའི་མཐས་ཁྱབ་འགྲོ་བ་མ་ལུས་པ། །སྐྱེ་བ་གཅིག་གིས་སངས་རྒྱས་ཐོབ་པར་ཤོག །ཡེ་རྣམ་ཧེ་ཏུ་པྲ་བྷ་བཱ་ཧེ་ཏུན་ཏེ་ཥཱན་ཏ་ཐཱ་ག་ཏོ་ཧྱ་བ་དཏ། ཏེ་ཥཱཉྩ་ཡོ་ནི་རོ་དྷ་ཨེ་ཝཾ་བཱ་དཱི་མ་ཧཱ་ཤྲ་མ་ཎཿ། «པེ་»+ཨེ་མ་ཧོ། རྒྱལ་བའི་གསུང་རབ་བཀའ་འགྱུར་འདི་ཕྱོགས་སུ། །གོང་མ་རྒྱལ་པོ་ཧའི་མིང་གཙོ་མཛད་ཀྱིས། །ལུས་ངག་ཡིད་གསུམ་བསྐོལ་ཅིང་འབད་པ་དང་། །ནམ་མཁའི་མཐས་ཁྱབ་འགྲོ་བ་མ་ལུས་པ། །སྐྱེ་བ་གཅིག་གིས་སངས་རྒྱས་ཐོབ་པར་ཤོག །ཡེ་རྣམ་ཧེ་ཏུ་པྲ་བྷ་བཱ་ཧེ་ཏུན་ཏེ་ཥཱན་ཏ་ཐཱ་ག་ཏོ་ཧྱ་བ་དཏ། ཏེ་ཥཱཉྩ་ཡོ་ནི་རོ་དྷ་ཨེ་ཝཾ་བཱ་དཱི་མ་ཧཱ་ཤྲ་མ་ཎཿ། (༡༠)«གཡུང་»«པེ་»+དུམ་བུ་བཅུ་བཞི་པ། (༡༡)«གཡུང་»«པེ་»ཉིས་བརྒྱ་བརྒྱད་བཅུ། «སྣར་»«ཅོ་»ཉིས་བརྒྱ་བརྒྱད་ཅུ། «ལི་»བཅུ་བདུན། «ཞོལ་»ཉིས་བརྒྱ་གྱ་གཅིག (༡༢)«ཅོ་»པོའི།

༡༡༨ (༡)«ཅོ་»–རྣམས། (༢)«ཞོལ་»བསྡུས། (༣)«པེ་»དོ། (༤)«ལི་»«པེ་»+དེ། (༥)«ཅོ་»–རྣམས། (༦)«ཅོ་»གི། (༧)«ཞོལ་»བསྡུས། (༨)«ཅོ་»–ན།

༡༡༩ (༡)«ཞོལ་»བསྡུས། (༢)«ཅོ་»–རྣམས། (༣)«གཡུང་»«པེ་»«ཅོ་»འདོམས། «ལི་»«སྣར་»«ཞོལ་»དུ་

འདོམས། (༤)«པེ་»«ཅོ་»«ཁུ་»ཏོག (༥)«གཡུང་»«པེ་»«ཅོ་»«ཞོལ་»སྒྲུབ། (༦)«ཅོ་»«ཞོལ་»སྒོམ «ཁུ་»སྒོམས། (༧)«ཅོ་»«ཞོལ་»སྒོམ། (༨)«ཞོལ་»སྒྲུབ། (༩)«གཡུང་»«པེ་»–ལ། (༡༠)«གཡུང་» «ལི་»«པེ་»«སྣར་»བྱ་ན། ལ། «ཅོ་»བྱ་ན། ལམ། (༡༡)«ཞོལ་»སྒྲུབ། (༡༢)«གཡུང་»«ལི་»«པེ་» «སྣར་»«ཅོ་»–ནི།

༡༢༠ (༡)«ལི་»«པེ་»«སྣར་»«ཞོལ་»+ལ། (༢)«གཡུང་»«པེ་»«ཅོ་»བྲལ། (༣)«ཅོ་»པའི། (༤)«གཡུང་» «སྣར་»«ཅོ་»«ཞོལ་»+ལ་སྤྱོད་པ། (༥)«ཅོ་»ཀྱིས། (༦)«ལི་»«པེ་»«སྣར་»+བཞི། (༧)«ལི་»«པེ་» «སྣར་»+རྩ། (༨)«ཅོ་»གྱི། (༩)«གཡུང་»པ།

༡༢༢ (༡)«ཅོ་»–མ། (༢)«ལི་»–ཁམས།

༡༢༣ (༡)«ཁུ་»–དམིགས་སུ། (༢)«ལི་»–མ་མཆིས། (༣)«གཡུང་»«པེ་»+མ། (༤)«ཅོ་»གྱིས།

༡༢༤ (༡)«ཁུ་»–བྱས། (༢)«ལི་»–སྟོང་པ་ཉིད།

༡༢༥ (༡)«ལི་»+མི། «པེ་»+མི། (༢)«ཅོ་»རིགས།

༡༢༦ (༡)«ལི་»འདུས།

༡༢༨ (༡)«ཁུ་»–ཉིད། (༢)«གཡུང་»«སྣར་»«ཅོ་»«ཞོལ་»ལྡེ། (༣)«གཡུང་»«སྣར་»«ཅོ་»«ཞོལ་»ལྡེ། (༤)«ཅོ་»གྱི། (༥)«གཡུང་»«པེ་»+རྣམ་པར་ཐར་པའི་སྒོ།

༡༢༩ (༡)«ཅོ་»པར། (༢)«གཡུང་»–ལྟ། (༣)«གཡུང་»«པེ་»«ཅོ་»མཆི། (༤)«ལི་»–སྤྲུལ་པ། (༥)«ཁུ་»འདི། (༦)«ཅོ་»པ།

༡༣༠ (༡)«ཁུ་»–པ། (༢)«ལི་»གསོལ། (༣)«པེ་»+བྱེད་པར།

༡༣༡ (༡)«པེ་»+མངོན་པར་ཤེས་པ་རྣམས་སྟོང་པ་ཉིད་དུ་རིག་པར་བྱའོ། །ཏིང་ངེ་འཛིན་རྣམས་སྟོང་པ་ཉིད་དུ་རིག་པར་བྱའོ། །གཟུངས་ཀྱི་སྒོ་རྣམས་སྟོང་པ་ཉིད་དུ་རིག་པར་བྱའོ།། «སྣར་»«ཞོལ་»+མངོན་པར་ཤེས་པ་སྟོང་པ་ཉིད་དུ་རིག་པར་བྱའོ། །ཏིང་ངེ་འཛིན་སྟོང་པ་ཉིད་དུ་རིག་པར་བྱའོ། །གཟུངས་ཀྱི་སྒོ་སྟོང་པ་ཉིད་དུ་རིག་པར་བྱའོ།། «ཅོ་»+མངོན་པར་ཤེས་པ་སྟོང་པ་ཉིད་དུ་རིག་པར་བྱའོ། །ཏིང་ངེ་འཛིན་ཐམས་ཅད་སྟོང་པ་ཉིད་དུ་རིག་པར་བྱའོ། །གཟུངས་ཀྱི་སྒོ་ཐམས་ཅད་སྟོང་པ་ཉིད་དུ་རིག་པར་བྱའོ།། (༢)«ཞོལ་»–པ། (༣)«ཅོ་» –ལན་ཅིག (༤)«ལི་»–ཉིད། «ཁུ་»–སྟོང་པ་ཉིད། (༥)«པེ་»+མཇིན། (༦)«ལི་»མཐོང་བར་འགྱུར་བའི། «པེ་»མཐོང་བར་གྱུར་པའི། (༧)«གཡུང་»«ཅོ་»ཏེ། ཌེ། «ཁུ་»ཏོ། །དེ། (༨)«པེ་»+དུ། (༩)«གཡུང་» པ། «པེ་»པར།

༡༣༢ (༡)«ཅོ་»–བཞི། (༢)«ཅོ་»གྱི། (༣)«ཅོ་»–ལ་ལ་ཕྱིར་མི་འོང་བའི་འབྲས་བུ་ལ་སྦྱོར། (༤)«ཅོ་»པར།

༡༣༣ (༡)«གཡུང་»–ལ། (༢)«ཁུ་»ཀྱི། (༣)«གཡུང་»«ལི་»«པེ་»«ཅོ་»+ཡང་། «སྣར་»«ཞོལ་»ཕོའང་། (༤)«ཅོ་»ཏོ། (༥)«པེ་»+ལ། (༦)«ཁུ་»བགྲོལ། (༧)«ཁུ་»–རབ་ཏུ། (༨)«ཁུ་»+མ། (༩)«ཅོ་»+རྣམས།

༡༣༤ (༡)«ཅོ་»+ཡང་། (༢)«ཅོ་»མི། (༣)«གཡུང་»པས། (༤)«ཁུ་»སྐྱེས་པ།

༡༣༥ (༡)«ཁུ་»མིགས། (༢)«ཁུ་»–པའི། (༣)«ཁུ་»–པ། (༤)«ཁུ་»–མ།

༡༣༦ ①«ཅོ་»པར། ②«ཞོལ་»–སྟེ། ③«ཅོ་»བ།

༡༣༧ ①«ཅོ་»–ཉིད། ②«ཅོ་»གྱི།

༡༣༨ ①«བྲུ་»ཀྱིས། ②«ཞོལ་»མེའི། ③«ཞོལ་»པར།

༡༣༩ ①«ལི་»སྲི་བའི། ②«བྲུ་»+དེ། ③«ལི་»སྲི་བ། ④«པེ་»སྲིད། ⑤«བྲུ་»ཤེའི།

༡༤༠ ①«ཅོ་»–སྟོང་པ་ཉིད།

༡༤༢ ①②«གཡུང་»«ཅོ་»རྣམས། ③«གཡུང་»«པེ་»«ཅོ་»རྣམས། ④«སྣར་»«ཞོལ་»+ལམ་གྱི་རྣམ་པ་ཤེས་པ་ཉིད་ཀྱི་མ་བཅིངས་མ་གྲོལ་བ་ཉིད་གང་ཡིན་པ་དེ་ལམ་གྱི་རྣམ་པ་ཤེས་པ་ཉིད་མ་ཡིན་ནོ།། «ཅོ་»+ལམ་གྱི་རྣམ་པ་ཤེས་པ་ཉིད་མ་བཅིངས་མ་གྲོལ་བ་ཉིད་གང་ཡིན་པ་དེ། ལམ་གྱི་རྣམ་པར་ཤེས་པ་ཉིད་མ་ཡིན་ནོ།།

༡༤༤ ①«གཡུང་»པ།

༡༤༥ ①«གཡུང་»«སྣར་»«ཅོ་»«ཞོལ་»ལྔ། ②«གཡུང་»«སྣར་»«ཅོ་»«ཞོལ་»ལྔ། ③«སྣར་»པའི།

༡༤༦ ①«ལི་»–ཤེན། ②«ཅོ་»པར།

༡༤༨ ①«བྲུ་»–པ།

༡༥༠ ①«ལི་»«སྣ་»«ཞོལ་»–མངོན་པར་ཤེས་...... པའི་ཚུལ་དང་། ②«གཡུང་»«པེ་»«ཅོ་»+བཞི། ③«ཅོ་»པར། ④«གཡུང་»«ལི་»«པེ་»«སྣར་»«ཅོ་»«ཞོལ་»–སྟོང་པ་ཉིད་...... འདུས་མ་བྱས་ཀྱི་ཆོས་རྣམས། ⑤«གཡུང་»«པེ་»«ཅོ་»+ལ། ⑥«ལི་»–པོ།

༡༥༡ ①«ཅོ་»+ཆེ། ②«ལི་»ན། «ཅོ་»པས། ③«ལི་»«པེ་»ལ་ཡང་། «སྣར་»«ཞོལ་»ལའང་། ④«གཡུང་»«པེ་»ཉིས་བརྒྱ་བརྒྱད་བཅུ་གཅིག «ལི་»བརྒྱ་བརྒྱད། «སྣར་»«ཅོ་»ཉིས་བརྒྱ་གྱ་གཅིག «ཞོལ་»ཉིས་བརྒྱ་གྱ་གཉིས།

༡༥༣ ①«ཅོ་»–ཡང་།

༡༥༤ ①«ཅོ་»+ཆོས་ཀྱི།

༡༥༨ ①«ཅོ་»+ཉིད། ②«བྲུ་»+ཀྱང་།

༡༦༠ ①«ལི་»གཟུགས།

༡༦༡ ①«བྲུ་»+ལ། ②«ཅོ་»+ཉིད།

༡༦༣ ①«ཅོ་»–མ།

༡༦༤ ①«ཅོ་»གཞན།

༡༦༧ ①«ཅོ་»+མཐའ། ②«བྲུ་»–པའི།

༡༧༢ ①«བྲུ་»–ཀྱང་།

༡༧༣ ①«ལི་»–ཀྱང་།

༡༧༥ ①«ཅོ་»ཀྱང་། ②«གཡུང་»སང་། «ཅོ་»–ཡང་། ③«ཅོ་»–ཀྱང་།

༡༧༧ ①«བྲུ་»ཡས། ②«གཡུང་»«ལི་»«པེ་»«སྣར་»«ཅོ་»«བྲུ་»«ཞོལ་»+སྟོང་པ།

༡༧༨ (༡)«ཁུ་»ཀྱིང་།

༡༧༩ (༡)«ཅོ་»–ཀྱི། (༢)«ཁུ་»གྱི།

༡༨༠ (༡)«གཡུང་»«ལི་»«པེ་»«སྣར་»«ཅོ་»«ཁུ་»«ཞོལ་»–ལ། (༢)«ལི་»མོ། (༣)«ཁུ་»བཞུགས།

༡༨༡ (༡)«ཅོ་»–ཀྱི། (༢)«ཅོ་»པར། (༣)«ཅོ་»–པ། (༤)«གཡུང་»«པེ་»+དང་། (༥)«གཡུང་»«པེ་»མིའི།
(༦)«ཅོ་»གནག (༧)«ཁུ་»–རྣམས། (༨)«གཡུང་»«པེ་»«ཅོ་»–ཉམས། (༩)«ཅོ་»ནག (༡༠)«ཅོ་»+མི།
(༡༡)«ཅོ་»+མི།

༡༨༢ (༡)«པེ་»པར། (༢)«ཅོ་»པ། (༣)«གཡུང་»«པེ་»རྟག (༤)«པེ་»ལ་རྫོབ། (༥)«གཡུང་»«པེ་»+དུ།
«ཅོ་»སྙེད། (༦)«ཅོ་»མི། (༧)«ཅོ་»མེད། (༨)«ཅོ་»+ན། (༩)«ཅོ་»–ཕྱིར་མྱི་འོང་བའི་འབྲས་བུ་དང་།
(༡༠)«ཅོ་»–ཅི། (༡༡)«ལི་»+མྱི། (༡༢)«པེ་»ཅི། (༡༣)«ལི་»«པེ་»འམ། (༡༤)«ཁུ་»འགོད།

༡༨༣ (༡)«གཡུང་»«པེ་»«ཞོལ་»སྒོམ། (༢)«ཅོ་»པ། (༣)«ཞོལ་»སྒོམ། (༤)«ཅོ་»དེ། (༥)«ཅོ་»སྒོམ། (༦)«ལི་»
«སྣར་»«ཅོ་»ཐོབ། (༧)«ལི་»«པེ་»«སྣར་»+མ། (༨)(༩)«ཅོ་»བསྒོམ། (༡༠)«ཅོ་»ཐོབ། (༡༡)«གཡུང་»
«པེ་»«ཅོ་»གྱི། (༡༢)«ཅོ་»ཐོབ། (༡༣)«གཡུང་»«པེ་»+གང་། (༡༤)«གཡུང་»རྣབ། (༡༥)«ཅོ་»
སྤྲབས། (༡༦)«གཡུང་»«པེ་»གྱིས། (༡༧)«ཅོ་»–པས། (༡༨)«གཡུང་»«པེ་»གྱིས།

༡༨༤ (༡)«ཅོ་»ཆ། (༢)«ཁུ་»འདུ། (༣)«གཡུང་»«པེ་»+ཀྱི། (༤)«ཅོ་»གཅད། (༥)«ལི་»འམ། (༦)«ཅོ་»
བགྱིའོ། (༧)«ཅོ་»གཅད། (༨)«ཅོ་»ཤེས་འམ། «ཞོལ་»ཞེས་སམ། (༩)«ཁུ་»–རབ།

༡༨༥ (༡)«ལི་»གཟུང་། (༢)«ཅོ་»གཅད། (༣)«ཅོ་»+ཕྱིན་ཏུ། (༤)«ཅོ་»པ་ཆེན་པོའམ། (༥)«ཅོ་»ཆེན་པོའམ།
(༦)«གཡུང་»«པེ་»ལམ་འམ། «སྣར་»«ཅོ་»«ཞོལ་»ལམ་མམ།

༡༨༦ (༡)«ཁུ་»+རྣམས། (༢)«ལི་»–པ། (༣)«ཅོ་»+ལ། (༤)«གཡུང་»«པེ་»+ཅོས། (༥)«གཡུང་»«ལི་»
«པེ་»«སྣར་»«ཅོ་»«ཞོལ་»ལྟར། (༦)«གཡུང་»«ཅོ་»–དོ། (༧)«གཡུང་»«ལི་»«པེ་»«སྣར་»«ཅོ་»
«ཞོལ་»དེ། (༨)«སྣར་»«ཞོལ་»འདའ། (༩)«ཁུ་»བསྐྱུང་། (༡༠)«སྣར་»«ཞོལ་»ལས་འདའ། «ཅོ་»
–ལས། (༡༡)«གཡུང་»«པེ་»«ཅོ་»བསྒོམ། (༡༢)«གཡུང་»«སྣར་»«ཅོ་»«ཁུ་»དེ། (༡༣)«སྣར་»«ཞོལ་»
འདའ། (༡༤)«ཅོ་»«ཁུ་»བསྒོམ།

༡༨༧ (༡)«སྣར་»«ཞོལ་»འདའ། (༢)«ཅོ་»བསྒོམ། (༣)«སྣར་»«ཞོལ་»འདའ། (༤)«ཅོ་»བསྒོམ། (༥)«སྣར་»
«ཞོལ་»འདའ། (༦)«ཅོ་»«ཁུ་»བསྒོམ། (༧)«སྣར་»«ཅོ་»བསྒོམ། (༨)«སྣར་»«ཞོལ་»འདའ། (༩)«ཅོ་»
བསྒོམ། (༡༠)«ཅོ་»–འཇིག་རྟེན་པ་དང་། (༡༡)«ལི་»«སྣར་»བསྒོམ། (༡༢)«སྣར་»«ཞོལ་»འདའ། (༡༣)«ཅོ་»
བསྒོམ། (༡༤)«གཡུང་»«ཞོལ་»«ཁུ་»སྒོམ་ཡང་། «སྣར་»«ཅོ་»བསྒོམ་ཡང་། (༡༥)«ཁུ་»སྐྱེད།

༡༨༨ (༡)«ལི་»–ན། (༢)«སྣར་»«ཞོལ་»འདའ། (༣)«ཅོ་»བསྒོམ། (༤)«ལི་»«སྣར་»«ཞོལ་»–ཆོས་ཀྱི།
(༥)«ཅོ་»«ཞོལ་»སྐྱབ། (༦)«སྣར་»«ཞོལ་»གསུམ་པའོ། «ཅོ་»བཞི་པའོ། (༧)«གཡུང་»«པེ་»ཉིས་བརྒྱ་
བརྒྱད་བཅུ་གཉིས། «ལི་»གཅིག «སྣར་»«ཅོ་»ཉིས་བརྒྱ་གྱ་གཉིས། «ཞོལ་»ཉིས་བརྒྱ་གྱ་གསུམ། (༨)«ཅོ་»
–དེ་ནས། (༩)«གཡུང་»–བ།

༡༨༩ ①«ཅོ་»–ལ།

༡༩༠ ①«ཅོ་»–ཀྱི།

༡༩༡ ①«ཅོ་»–ལག

༡༩༢ ①«ཅོ་»སྤྱོད། ②«གཡུང་»«པེ་»ལས། ③«གཡུང་»དེ། ④«ཅོ་»+པ་མེད། ⑤«ཅོ་»བ། ⑥«ཅོ་»འདའ། ⑦«སྣར་»«ཞོལ་»པས།

༡༩༣ ①«ཁུ་»པ། ②«ཅོ་»+ནི། ③«གཡུང་»«པེ་»–ལྷ་བུ། ④«ཅོ་»+སོ།

༡༩༤ ①«ཅོ་»ལྟར། ②«ཅོ་»སྤྱིལ་པ། ③«ཅོ་»ཏེ། ④«ཞོལ་»པ།

༡༩༥ ①«གཡུང་»«པེ་»–ལ། ②«ཅོ་»སྐལ། ③«གཡུང་»«པེ་»+ལ། ④«གཡུང་»«པེ་»མ། ⑤«ཅོ་»སྐལ། ⑥«ལི་»«པེ་»«སྣར་»ནས། ⑦«ཅོ་»–ལ། ⑧«སྣར་»«ཞོལ་»བསྐྱོད།

༡༩༦ ①«ཅོ་»རྟགས། ②«ཅོ་»གི། ③«ཅོ་»–ཤེས། ④«གཡུང་»«ལི་»«པེ་»«སྣར་»«ཅོ་»«ཞོལ་»+པ། ⑤«ལི་»«པེ་»«སྣར་»«ཞོལ་»+པ། ⑥«གཡུང་»«ལི་»«པེ་»«སྣར་»«ཅོ་»«ཞོལ་»+པ། ⑦«ཅོ་»–འདི། ⑧«ཅོ་»–རབ་འབྱོར་...... པ་སྟེ། ⑨«ཅོ་»འདུ།

༡༩༧ ①«ཞོལ་»གྱི། ②«གཡུང་»«པེ་»པས། ③«གཡུང་»«པེ་»པའི། ④«གཡུང་»«ཅོ་»བ། ⑤«ཅོ་»འགྱུར་བའི། ⑥«ཅོ་»–མ་འོངས་པ་དང་། ⑦«ཅོ་»རྟོགས། ⑧«གཡུང་»«ལི་»«པེ་»«སྣར་»«ཞོལ་»གཟུང་། ⑨«ཅོ་»མཚན་མ། ⑩«ཅོ་»–ལ། ⑪«གཡུང་»«ལི་»«པེ་»«སྣར་»«ཞོལ་»གཟུང་། «ཅོ་»གཟུངས།

༡༩༨ ①«སྣར་»«ཞོལ་»ཅིང་། ②«གཡུང་»«སྣར་»«ཅོ་»«ཞོལ་»དེ། ③«གཡུང་»«ལི་»«སྣར་»«ཞོལ་»འཐོབ། «པེ་»འཐོབ་པ། ④«ཅོ་»–པ། ⑤«སྣར་»བཞག ⑥«གཡུང་»གི། ⑦«གཡུང་»གང་ན། ⑧«ཅོ་»ཐོབ། ⑨«ཅོ་»ཀྱིས། ⑩«པེ་»+དོ། «སྣར་»«ཞོལ་»+པར། ⑪«ཅོ་»གྱི། ⑫«ཞོལ་»–མ།

༡༩༩ ①«གཡུང་»«ལི་»«པེ་»«སྣར་»«ཅོ་»«ཞོལ་»–མཚན་མ་མྱེད་པའི་...... བྱེད་དོ།།

༢༠༠ ①«ཅོ་»+པ།

༢༠༡ ①«གཡུང་»«པེ་»«ཅོ་»གཞག ②«ཅོ་»+གི། ③«ཅོ་»–པ། ④«གཡུང་»བྱ་བ། ⑤«གཡུང་»«པེ་»ཀྱི། ⑥«ཅོ་»–འདི་ལྟར། ⑦«ཅོ་»–འདི་དག་ནི་མྱི་དགེ་བའི་ཆོས་སོ།།

༢༠༢ ①«ཅོ་»–སོ། ②«གཡུང་»«པེ་»«སྣར་»«ཅོ་»«ཞོལ་»འདི། ③«སྣར་»«ཞོལ་»དེ་ལྟ། «ཅོ་»–དེ། ④«སྣར་»«ཞོལ་»+ལྟ། ⑤«གཡུང་»«པེ་»+ནི།

༢༠༣ ①«ཁུ་»–ལམ།

༢༠༤ ①«ཅོ་»–སྙིང་རྗེ་ཆེན་པོ་དང་། ②«ལི་»«སྣར་»«ཞོལ་»–འདི། «ཅོ་»འདི་དག ③«ཅོ་»དོ། ④«གཡུང་»–ཉིད། «པེ་»–ནི། ⑤«ཅོ་»པའི། ⑥«ཅོ་»ཀྱིས།

༢༠༥ ①«ཅོ་»གིས།

༢༠༦ ①«ཅོ་»གིས། ②«ལི་»དེ། ③«གཡུང་»«པེ་»པར། ④«གཡུང་»«པེ་»པོའི། ⑤«གཡུང་»«པེ་»

སྟོང་། «ཞོལ་»ལྡང་། ⑥«ལི་»«པེ་»གསེག «སྣར་»གས། «ཅོ་»བསེ། ⑦«ཅོ་»པ། ⑧«ཅོ་»
«ཞོལ་»+ན། ⑨«ཅོ་»«ཁུ་»འཇིགས། ⑩«གཡུང་»«པེ་»པ་དེ། «ཅོ་»ཏེ། ⑪«གཡུང་»«ལི་»
«པེ་»«སྣར་»«ཅོ་»–ན། ⑫«ཅོ་»–ན། ⑬«ཅོ་»–ཏེ། ⑭«ཅོ་»+པ། ⑮«གཡུང་»«ལི་»«པེ་»
«སྣར་»«ཅོ་»«ཞོལ་»+ཉིད། ⑯«ཅོ་»+པ།

༢༠༧ ①②«ཅོ་»འཇིགས། ③«གཡུང་»«ལི་»«པེ་»«སྣར་»«ཅོ་»«ཞོལ་»+ཉིད། ④«ཅོ་»དེ། ⑤«ལི་»
–ཤིན་ཏུ། ⑥«ཅོ་»+དེ། ⑦«གཡུང་»«ལི་»«པེ་»«སྣར་»«ཅོ་»«ཞོལ་»+ཉིད། ⑧«ཅོ་»དེ།

༢༠༨ ①«གཡུང་»«ཞོལ་»ན། ②«གཡུང་»–ན། ③«ཅོ་»ནས། ④«གཡུང་»«ལི་»«པེ་»«སྣར་»«ཅོ་»
«ཞོལ་»+ཉིད། ⑤«ལི་»འོངས། ⑥«གཡུང་»«ལི་»«པེ་»«སྣར་»«ཅོ་»དེ་ནི།

༢༠༩ ①«གཡུང་»«ལི་»«པེ་»«སྣར་»«ཅོ་»«ཞོལ་»+ཉིད། ②«ཅོ་»ཀྱི། ③«ཅོ་»ཀྱིས། ④«ཁུ་»ཀྱི།

༢༡༠ ①«ལི་»སྟེ། «པེ་»པ་ཏེ། «སྣར་»«ཞོལ་»པ་སྟེ། ②«ཅོ་»–ཤེས་པ། ③«ལི་»–འབྲེལ་པར།
④«ཅོ་»ཅིག ⑤«ཅོ་»+སྟེ། ⑥«གཡུང་»«ལི་»«པེ་»«སྣར་»«ཅོ་»«ཞོལ་»+ཏེ། ⑦«ཁུ་»–ན།
⑧«ལི་»«པེ་»«སྣར་»«ཞོལ་»+ནོ། ⑨«གཡུང་»«ཅོ་»–ཏེ།

༢༡༡ ①«གཡུང་»«ལི་»«པེ་»«སྣར་»དཀྲུག ②«གཡུང་»འམ། ③«གཡུང་»«པེ་»དཀྲུག ④«ཞོལ་»
དཔའམ། ⑤«གཡུང་»«ལི་»«པེ་»«ཅོ་»ཀྱིས། ⑥«གཡུང་»«པེ་»«སྣར་»«ཅོ་»«ཞོལ་»མི། «ལི་»
སྨྲི། ⑦«པེ་»«ཅོ་»མི། ⑧«ཅོ་»+ན། ⑨«གཡུང་»«པེ་»«ཅོ་»བསླབས། ⑩«ཅོ་»«ཞོལ་»བསླབ།

༢༡༢ ①«ལི་»«སྣར་»«ཞོལ་»དེ། ②«ལི་»«པེ་»+ཆོས་ཏེ། ③«ལི་»«པེ་»དོ། ④«གཡུང་»«ལི་»
«པེ་»«སྣར་»«ཅོ་»བསླབས། «ཞོལ་»བསླབ། ⑤«ལི་»«པེ་»ལ། ⑥«ལི་»བསླབས། ⑦«ཁུ་»
–ཀྱི། ⑧«ལི་»«པེ་»«སྣར་»«ཞོལ་»བསམ་གཏན།

༢༡༣ ①«ཅོ་»པ། ②«ཁུ་»–པ་ཉིད།

༢༡༤ ①«ཅོ་»གྱི། ②«ཅོ་»འཇིག ③«ཅོ་»འགྲུབ། ④«གཡུང་»«པེ་»ཟེའི་རིགས། ⑤«གཡུང་»–ལྟར།

༢༡༥ ①«ལི་»བགྱིད། ②«ཞོལ་»སླར། ③«ཅོ་»–ཆུང་། ④«ཅོ་»+ཇི་ལྟར་ཆུང་སྟང་དགེ་བའི་ལྟར་སྐྱེ་བར་
བགྱི་བ་ལ་བསླབ་པར་བགྱི། ⑤«གཡུང་»དགེའི། ⑥«ལི་»«པེ་»«སྣར་»«ཞོལ་»གྱི་ལྟར། ⑦«ལི་»
«སྣར་»«ཞོལ་»བ་ལ། «པེ་»བ་ལ་སླད་དུ། ⑧«ཅོ་»དེ། ⑨«ཅོ་»ལ།

༢༡༦ ①«ཅོ་»«ཞོལ་»བསླབ་ཅིང་།

༢༡༧ ①«ལི་»–བགྱི།

༢༡༨ ①«ཅོ་»པར།

༢༡༩ ①«གཡུང་»«པེ་»ཉིས་བརྒྱ་བརྒྱད་བཅུ་གསུམ། «ལི་»གཉིས། «སྣར་»«ཅོ་»ཉིས་བརྒྱ་གྱ་གསུམ། «ཞོལ་»
ཉིས་བརྒྱ་གྱ་བཞི།

༢༢༠ ①«ཅོ་»+ཉིད། ②«ཅོ་»+ཉིད།

༢༢༡ ①«གཡུང་»«པེ་»ལ། ②«ཁུ་»ཀྱིང་།

༢༢༢ ①«ཅོ་»–ཀྱི་དབྱིངས།

༢༢༤ ①«པེ་»–ཏེ། ②«ཞོལ་»སྐྱིད།

༢༢༥ ①②③«ཅོ་»–ཉིད།

༢༢༧ ①«ཅོ་»–ཉིད།

༢༢༨ ①«གཡུང་»–ཉིད། ②«གཡུང་»–ཉིད། ③«ཅོ་»–ཉིད།

༢༢༩ ①«གཡུང་»–ཉིད། ②«གཡུང་»བྱང་། ③«លི་»ལ། ④«གཡུང་»–ཉིད། ⑤«གཡུང་»–ཉིད།

༢༣༠ ①«លི་»«པེ་»+ཀྱང་། ②«លི་»གཞགས།

༢༣༡ ①«གཡུང་»–རྣམས།

༢༣༢ ①«ཅོ་»–ན།

༢༣༣ ①«གཡུང་»«པེ་»པ། ②«ཅོ་»–ཆེན་པོ།

༢༣༤ ①«ཅོ་»ཡང་། ②«གཡུང་»«លི་»«པེ་»«སྣར་»«ཅོ་»«ཞོལ་»–ཉིད། ③«གཡུང་»«པེ་»«ཅོ་»–ཉིད། ④«ཅོ་»–ཉིད། ⑤«གཡུང་»«លི་»«པེ་»«སྣར་»«ཅོ་»«ཞོལ་»–ཉིད། ⑥«གཡུང་»«ཅོ་»–ཉིད། ⑦«ཅོ་»–དུ། ⑧«སྣར་»«ཅོ་»«ཞོལ་»+དེ།

༢༣༥ ①«ཁུ་»–ཀྱང་། ②«གཡུང་»«པེ་»+རྣམས། ③«ཅོ་»–པ།

༢༣༦ ①②③«ཅོ་»ཡང།

༢༣༧ ①«ཅོ་»ཡང།

༢༣༨ ①②③④⑤⑥⑦«གཡུང་»–ཉིད།

༢༣༩ ①②③④⑤⑥⑦⑧⑨«གཡུང་»–ཉིད། ⑩⑪«གཡུང་»–ཉིད།

༢༤༠ ①«ཅོ་»–མྱིད་པ།

༢༤༡ ①«གཡུང་»«លི་»«པེ་»«སྣར་»«ཅོ་»«ཁུ་»«ཞོལ་»–ཉིད། ②«ཅོ་»པའོ། ③«གཡུང་»«ཅོ་»–ཉིད། ④«གཡུང་»«ཅོ་»–ཉིད།

༢༤༢ ①«ཅོ་»–རབ་འབྱོར་གལ་ཏེ་ཡང་།

༢༤༣ ①«ཁུ་»+ཞིས།

༢༤༤ ①②③«ཅོ་»+དག

༢༤༥ ①«ཅོ་»+ཚོས། ②«ཅོ་»ནས། ③«ཅོ་»གླང་། ④«གཡུང་»«លི་»«པེ་»«སྣར་»དགའ། ⑤«གཡུང་»«លི་»«པེ་»«སྣར་»«ཅོ་»«ཞོལ་»–རྒྱ་གླང་ཞམས་དགའ་བ་དག་གམ། ⑥«གཡུང་»«លི་»«པེ་»«སྣར་»«ཅོ་»«ཞོལ་»བཏང་། ⑦«གཡུང་»«པེ་»སྲུང་བའམ། «ཞོལ་»བསྲུངས་པའམ། ⑧«གཡུང་»«པེ་»པས་བསླུབ། «លི་»«སྣར་»«ཞོལ་»པ་བསླུབས། ⑨«លི་»«སྣར་»«ཞོལ་»བཙམས། ⑩«གཡུང་»«លི་»«པེ་»«སྣར་»བརྩེ་བའམ། «ཞོལ་»རྩེས་པའམ། ⑪«ཞོལ་»བསྒོམས། ⑫«ཅོ་»ཟེའི་རིགས།

༢༤༦ ①«ཅོ་»དགེ་བའི། ②«ཁུ་»+རྣམས། ③«លི་»«སྣར་»«ཞོལ་»–གཟུགས་མྱིད་པ། ④«លི་»«པེ་»

+ཉིད།

༢༤༧ ①«ལི་»«སྣར་»«ཞོལ་»+འཕགས་པའི་བདེན་པ་རྣམས་དང་།

༢༤༨ ①«སྣ་»«ཞོལ་»དཔའ། ②«ལི་»«པེ་»«སྣར་»«ཞོལ་»+པར་འཇུག «ཅོ་»+པ་ལ་འཇུག ③«གཡུང་»«ལི་»«པེ་»«སྣར་»«ཅོ་»བསྒྲུབ། ④«སྣར་»བཟི། ⑤«ཅོ་»+ཡང་། ⑥«ཅོ་»+ཐམས་ཅད། ⑦«གཡུང་»«ལི་»«པེ་»«སྣར་»«ཅོ་»«ཞོལ་»གཏོང་། ⑧⑨«ལི་»«སྣར་»བསྒྲུབ། ⑩⑪«ལི་»«སྣར་»བསྒྲུབ། ⑫«སྣར་»+བྱམས་པ་ཆེན་པོ་མངོན་པར་བསྒྲུབ་པ་དང་། «ཞོལ་»+བྱམས་པ་ཆེན་པོ་མངོན་པར་སྒྲུབ་པ་དང་། ⑬«ལི་»«སྣར་»བསྒྲུབ། ⑭«ཅོ་»–ཐམས་ཅད། ⑮«གཡུང་»«པེ་»«ཅོ་»–དུ། ⑯«ཅོ་»«ཞོལ་»བསླབ། ⑰«ཅོ་»ཆེའོ། ⑱«སྣར་»བ། ⑲«ཅོ་»པོ་ཆེའི། ⑳«ལི་»«སྣར་»«ཞོལ་»བལ།

༢༤༩ ①②③«ཅོ་»བར། ④«ཅོ་»བུར། ⑤«གཡུང་»«པེ་»«ཅོ་»བཏང་། «ལི་»«སྣར་»«ཞོལ་»གཏོང་། ⑥«གཡུང་»«པེ་»«ཞོལ་»སྤྱུང་། ⑦«གཡུང་»«པེ་»པས་སྐྱབ། «ཞོལ་»པ་སྐྱབ། ⑧«ཞོལ་»རྫོམ། ⑨«གཡུང་»«ལི་»«པེ་»«སྣར་»བཟི། ⑩«གཡུང་»«པེ་»«ཞོལ་»སྒོམ།

༢༥༠ ①«ཅོ་»རྣམ། ②«ཅོ་»གྱིས། ③«གཡུང་»«ལི་»«པེ»«སྣར་»«ཅོ་»+རྣམས་སྟོན་པ་དང་། ④«པེ་»པའི་ལྷ། ⑤«གཡུང་»«པེ་»པའི་འབྲས་བུ། ⑥«ལི་»«པེ་»«སྣར་»+སྟོན་པ། ⑦«ཅོ་»–པོ། ⑧«བྲུ་»–པ།

༢༥༡ ①«ལི་»«པེ་»+འཕགས་པའི་བདེན་པ་རྣམས་དང་། «སྣར་»«ཅོ་»«ཞོལ་»+འཕགས་པའི་བདེན་པ་རྣམས་ལ་སྤྱོད་པ་དང་། ②«གཡུང་»–པ། ③④⑤⑥⑦⑧⑨⑩«གཡུང་»–པ། ⑪«ལི་»«སྣར་»«ཅོ་»བསྒྲུབ། ⑫«ལི་»«སྣར་»«བྲུ་»བཟི།

༢༥༢ ①«ལི་»«པེ་»«སྣར་»«ཞོལ་»སྐུའི། ②«གཡུང་»«པེ་»པ། ③«སྣར་»ཏེ། ④«ལི་»«པེ་»«སྣར་»བ༑ ⑤«ཅོ་»–པོ། ⑥«གཡུང་»–ཡང་། ⑦«སྣར་»«ཅོ་»«ཞོལ་»བརྗོད། (པོད་འདིའི་ནང་དུ⋯ལེགས་པ་རྗོད་ཅེས་པ་རྣམས་«སྣར་»«ཅོ་»«ཞོལ་»ལ་ལེགས་པ་བརྗོད་དང་«གཡུང་»«པེ་»ལ་སྐབས་འགར⋯ལེགས་པ་བརྗོད་ཅེས་འཕོད་ཀྱང་གཞམ་དུ་བསྡུར་མཆན་དུ་བཀོད་མེད།)

༢༥༣ ①«སྣར་»བསྒོམ། (པོད་འདིའི་ནང་དུ་བཟོད་པ་སྒོམ་ཞེས་པ་རྣམས་«སྣར་»ལ་བཟོད་པ་བསྒོམ་དང་«གཡུང་»«ལི་»«པེ་»«ཞོལ་»ལ་སྐབས་འགར་བཟོད་པ་བསྒོམ་ཞེས་འཕོད་ཀྱང་གཞམ་དུ་བསྡུར་མཆན་དུ་བཀོད་མེད།) ②③«ལི་»གསོའ།

༢༥༤ ①«སྣར་»«ཞོལ་»–སེམས་ཅན། ②③«ཅོ་»ཡང་།

༢༥༥ ①«ཅོ་»ཡང་། ②«ལི་»–མཐའ།

༢༥༦ ①«ཅོ་»–ཡང་དག་པར།

༢༥༧ ①«ཅོ་»+སྒོམ་པ།

༢༥༨ ①«གཡུང་»«པེ་»«ཅོ་»«བྲུ་»+སྒོམ་པ། «ལི་»«སྣར་»«ཞོལ་»+པོ། ②«ཅོ་»ཡང་། ③«སྣར་»«ཞོལ་»+རྣམས། ④«ལི་»«པེ་»«སྣར་»«ཞོལ་»+རྣམས། ⑤«གཡུང་»«ཅོ་»–རྣམས།

༢༥༩ ①《ཞོལ་》པ། ②《ཁུ་》ཡང་།

༢༦༠ ①《ཅོ་》–རྫོད་པ། ②《གཡུང་》《ལི་》《པེ་》《སྣར་》《ཞོལ་》–དེ། 《ཅོ་》–དེ་སྟོན། ③《གཡུང་》《པེ་》+དུ། ④《ཅོ་》–བྱེད་པར། ⑤《གཡུང་》《པེ་》དུ་བར། 《ཅོ་》–བར།

༢༦༡ ①《ཅོ་》+ཕ་རོལ་ཏུ། ②《སྣར་》–མཉམ་པ་ཉིད་དུ་བསྟན་པའི། ③《སྣར་》《ཞོལ་》–སྟེ། ④《ལི་》《སྣར་》《ཞོལ་》རྩ་བཞི་པའོ། 《ཅོ་》ལྔའོ། ⑤《གཡུང་》《པེ་》ཉིས་བརྒྱ་བརྒྱད་བཅུ་བཞི། 《ལི་》གསུམ། 《སྣར་》《ཅོ་》ཉིས་བརྒྱ་གྱ་བཞི། 《ཞོལ་》ཉིས་བརྒྱ་གྱ་ལྔ། ⑥《ལི་》+དག་མ། 《པེ་》《སྣར་》+ཞིག་མ། ⑦《ཞོལ་》པོའི།

༢༦༢ ①《ཅོ་》–ཡང་དག་པའི་མཐའ། ②③《གཡུང་》《ལི་》《པེ་》《སྣར་》《ཅོ་》《ཞོལ་》འགྱུར། ④《ཅོ་》–ན། ⑤《ཅོ་》ནོ། ⑥《ཅོ་》《ཞོལ་》འབྲུག ⑦《གཡུང་》《པེ་》《ཅོ་》–པ། ⑧《གཡུང་》《ལི་》《པེ་》《སྣར་》《ཅོ་》–ལ་མཁས་པ་དེ།

༢༦༣ ①《ལི་》བསྒོད། ②《གཡུང་》《ལི་》《པེ་》《སྣར་》《ཅོ་》《ཞོལ་》དེའི། ③《གཡུང་》《པེ་》《སྣར་》《ཅོ་》《ཞོལ་》སྟོན་ཏེ། 《ལི་》སྟོད་ཏེ། ④《ཞོལ་》ཀྱི། ⑤《ལི་》《སྣར་》《ཞོལ་》འདི། ⑥《ཅོ་》ཀྱི།

༢༦༤ ①《ཞོལ་》པར། ②《གཡུང་》《པེ་》《སྣར་》《ཞོལ་》དེ། ③《ཅོ》+ཕྱོད། ④《གཡུང་》《ལི་》《པེ་》《སྣར་》《ཅོ་》《ཞོལ་》བརྟེན། ⑤《སྣར་》སྦྱོངས་པ། 《ཅོ་》སྦྱོང་ལ། ⑥⑦《ལི་》《པེ་》ཁྲོལ། 《སྣར་》《ཞོལ་》འཁྲོལ། ⑧《ཅོ་》ཕྱོད། ⑨《ཞོལ་》ཀྱི། ⑩《གཡུང་》སེམས་ཏང་། 《ལི་》《སྣར་》སེམས་དང་། 《པེ་》སེམས་ཏང་། ⑪《གཡུང་》《ལི་》《པེ་》《སྣར་》《ཅོ་》《ཞོལ་》གི། ⑫《པེ་》《ཅོ་》《ཁུ་》《ཞོལ་》གཅོད། 《སྣར་》བཅད། ⑬《གཡུང་》《ལི་》《པེ་》《སྣར་》《ཅོ་》–སྦྱོག་གཅད་པར་བཏགས་པ་དང་། 《ཞོལ་》སྦྱོག་གཅོད་པར་བཏགས་པ་དང་། ⑭《པེ་》གཅོད། 《སྣར་》བཅད། ⑮《ཅོ་》–དང་། ⑯《ལི་》རྫུན། ⑰《གཡུང་》《ལི་》《པེ་》《སྣར་》《ཅོ་》《ཞོལ་》བརྫུན།

༢༦༥ ①《གཡུང་》《པེ་》མར། ②《ཅོ་》+བར་བྱ། ③④⑤《ལི་》《སྣར་》《ཞོལ་》འཁྲོལ། 《པེ་》ཁྲོལ། ⑥《གཡུང་》《ལི་》《པེ་》《སྣར་》《ཞོལ་》+ལྡ་བ། ⑦《གཡུང་》《ལི་》《པེ་》《སྣར་》《ཅོ་》《ཞོལ་》པར། ⑧《གཡུང་》《པེ་》《ཅོ་》པར། ⑨《གཡུང་》《པེ་》ཅིང་། ⑩《གཡུང་》《ལི་》《པེ་》《སྣར་》《ཅོ་》འདས་ཏེ།

༢༦༦ ①《སྣར་》《ཞོལ་》དུ་ཡིན་གྱི། ②《གཡུང་》《པེ་》པ། 《སྣར་》《ཞོལ་》+ནི། ③《ཅོ་》པའི། ④《ཞོལ་》འདོམས། (པོད་འདིའི་ནང་དུ་འདེམས་ཤིང་ཞེས་པ་རྣམས་《ཞོལ་》ལ་འདོམས་ཤིང་ཞེས་འཁོད་ཀྱང་གཞམ་དུ་བསྒྱུར་མཆན་དུ་བཀོད་མེད།) ⑤《གཡུང་》《པེ་》པས་བསྐྱབས། 《ལི་》《སྣར་》པས་སྐྱབས། ⑥《ལི་》ནང་དུ། 《སྣར་》ན་དང་། ⑦《པེ་》+གིས། ⑧《གཡུང་》《ལི་》《པེ་》《སྣར་》《ཅོ་》《ཞོལ་》གྱིས། ⑨《ཞོལ་》གྱི། ⑩《ལི་》《ཅོ་》སེམས། ⑪《གཡུང་》《ལི་》《པེ་》《སྣར་》《ཅོ་》《ཞོལ་》དེ། ⑫《ཅོ་》པ། ⑬《ཅོ་》པའོ།

༢༦༧ ①《ཞོལ་》ཚང་། ②《གཡུང་》《ལི་》《པེ་》《སྣར་》《ཅོ་》–ཀུན་སྣང་དང་བ་དང་། ③《གཡུང་》《ལི་》

«པེ་»«སྣར་»«ཅོ་»«ཞོལ་»+གྱིས། ④«གཡུང་»«ལི་»«པེ་»«སྣར་»«ཅོ་»«ཞོལ་»—གྱིས། ⑤«ལི་»«པེ་»ཡང་། ⑥«གཡུང་»«ལི་»«པེ་»«སྣར་»«ཅོ་»«ཞོལ་»དེ། ⑦«གཡུང་»པ།

༢༦༨ ①«གཡུང་»—གྱིས། ②«ཞོལ་»གྱི། ③«གཡུང་»«ལི་»«པེ་»«ཅོ་»འོར། ④«ལི་»«པེ་»འམ།

༢༦༩ ①«གཡུང་»«ལི་»«པེ་»—ལ། ②«གཡུང་»«ལི་»«པེ་»«ཅོ་»+ལ། ③«གཡུང་»«ཅོ་»—བྱར། ④«གཡུང་»ཏོ།

༢༧༠ ①«གཡུང་»«ལི་»«པེ་»འམ། ②«སྣར་»«ཞོལ»—ཡང་ན། ③«ཅོ་»ཀྱིས། ④«གཡུང་»«པེ་»བརྩོམས།

༢༧༡ ①«ལི་»«སྣར་»—པ། ②«སྣར་»«ཅོ་»—ཡང་། ③«ཅོ་»—ཡང་། ④«ཅོ་»+མི། ⑤«ཞོལ་»—ལ། ⑥«ཅོ་»དེ་ལྟར། ⑦«ཅོ་»+གྱིས། ⑧«གཡུང་»བ་དང་། ⑨«གཡུང་»«པེ་»ཕྱིད། ⑩«གཡུང་»—ལ། ⑪«གཡུང་»«པེ་»ཀྱི་དགེ། «ཞོལ་»ཀྱིས་དག ⑫«གཡུང་»«པེ་»བསྲུང་། ⑬«གཡུང་»འམ། «ལི་»«སྣར་»«ཞོལ་»པའམ། ⑭«གཡུང་»«པེ་»བརྩོམ་འམ། «ལི་»«སྣར་»«ཞོལ་»རྩོམ་པའམ། ⑮«གཡུང་»«པེ་»«ཅོ་»སྐྱིད་པའམ། ⑯«གཡུང་»«ལི་»«པེ་»འམ།

༢༧༢ ①«ལི་»«པེ་»«སྣར་»«ཞོལ་»ནམས།

༢༧༣ ①«ཅོ་»ལ། ②«ཅོ་»ཏོ། ③«ཅོ་»དོ། ④«ཅོ་»«ཞོལ་»འཆད། ⑤«ཅོ་»—མ། ⑥«གཡུང་»«པེ་»—དུ། ⑦«ཞོལ་»བརྗེས། ⑧«གཡུང་»«པེ་»«སྣར་»«ཅོ་»ཆད། ⑨«ཅོ་»ཐོབས།

༢༧༤ ①«སྣར་»«ཞོལ་»ཉམས། ②«གཡུང་»«པེ་»«སྣར་»ཆད། ③«ཅོ་»+དུ། ④«གཡུང་»«པེ་»དེ། ⑤«ཅོ་»སྒོམ། ⑥⑦⑧«གཡུང་»«ལི་»«པེ་»འམ། ⑨«ལི་»«སྣར་»བསྒོམ། ⑩«གཡུང་»པན་པར། ⑪«ཅོ་»སྒོམ། ⑫«པེ་»དོ། ⑬«ཅོ་»—ཀྱང་། ⑭«ལི་»«པེ་»«སྣར་»«ཞོལ་»ཉམས་སོ། ⑮«ཅོ་»+དུ། ⑯«སྣར་»«ཞོལ་»+དུ། ⑰«གཡུང་»«ལི་»«པེ་»«སྣར་»«ཅོ་»«ཞོལ་»གམ། ⑱«ཅོ་»—དང་། ⑲«སྣར་»«ཅོ་»«ཞོལ་»ཉམས།

༢༧༥ ①②«སྣར་»«ཅོ་»«ཞོལ་»ཉམས། ③«གཡུང་»«པེ་»ཅིག ④«གཡུང་»«པེ་»+མི། ⑤«སྣར་»«ཞོལ་»ཉམས། ⑥«གཡུང་»«ལི་»«པེ་»«སྣར་»«ཅོ་»—པར་བྱེད་དེ་རང་བཞིན་གྱིས་སྟོང་པ་ཉིད་ལ······འདུད་པར་བྱེད། ⑦«གཡུང་»«ལི་»«པེ་»«སྣར་»«ཅོ་»ཏོ། ⑧«གཡུང་»«ལི་»«པེ་»«སྣར་»«ཅོ་»—པ་དང་། རང་བཞིན་གྱིས་སྟོང་པ་ཉིད་ལ་འདུད། ⑨«གཡུང་»«ལི་»«པེ་»«སྣར་»«ཅོ་»«ཞོལ་»—དུ། ⑩«ཅོ་»སྐྱབ། ⑪«ཅོ་»—ལས་ཀྱི། ⑫«གཡུང་»«པེ་»+མ།

༢༧༦ ①«གཡུང་»—ཡིན། ②③«གཡུང་»«པེ་»«སྣར་»«ཅོ་»ཆད། ④«གཡུང་»«པེ་»སྒོམས། «ལི་»«སྣར་»«ཅོ་»བསྒོམ། ⑤«གཡུང་»«པེ་»«སྣར་»«ཅོ་»ཆད། ⑥«གཡུང་»«པེ་»«སྣར་»ཆད། ⑦«ལི་»«སྣར་»བསྒོམ། ⑧«གཡུང་»«པེ་»«སྣར་»ཆད། ⑨«གཡུང་»«པེ་»«སྣར་»«ཅོ་»ཆད། ⑩«ཅོ་»—ལ། ⑪⑫«གཡུང་»«པེ་»«སྣར་»ཆད། ⑬«ཅོ་»—སྒོམ་པ། ⑭«གཡུང་»«པེ་»«ཅོ་»+རྟག་ཏུ། ⑮«ཁུ་»མཁའི།

༢༧༧ ①«གཡུང་»«པེ་»—ལ། ②«གཡུང་»པ།

༢༧༩ ①«གཡུང་»«པེ་»«སྣར་»«ཅོ་»«ཞོལ་»—ལ། ②«ཅོ་»—དགུ།

༢༨༠ ①«གཡུང་»«པེ་»—བའི། ②«ཅོ་»—ཡང་།

༢༨༡ ①«ཅོ་»—ཏེ། ②«གཡུང་»«པེ་»པ། ③«ཅོ་»—ལ། ④«གཡུང་»«ལི་»«པེ་»«སྣར་»«ཅོ་»«ཞོལ་»—གྱིས། ⑤«ཅོ་»ཉིད། ⑥«ཅོ་»—ཀྱང་།

༢༨༢ ①«ལི་»རིག

༢༨༣ ①«ལི་»རིག ②«གཡུང་»གམས། ③«གཡུང་»བཞིམ། ④«གཡུང་»«པེ་»གྱིས།

༢༨༥ ①«ལི་»ཕོའི། «པེ་»མོའི། ②«ལི་»—ཉིད།

༢༨༦ ①«ཅོ་»—འཕགས་པའི་བདེན་པ་བཞི་ནི་རང་བཞིན་གྱིས་སྟོང་ངོ་ཞེས་བྱ་བར་ཆོས་སྟོན་ཏོ།།

༢༨༧ ①«གཡུང་»—ངོ་། ②«ལི་»«པེ་»བསྟོན། (ཕོད་འདིའི་ནང་དུ་ཆོས་བསྟན་ཞེས་པ་རྣམས་«ལི་»«པེ་»ལ… ཆོས་བསྟོན་དང་«ལི་»ལ་སྐབས་འགར་ཆོས་སྟོན་ཞེས་འཁོད་ཀྱང་གཞམ་དུ་བསྒྱུར་མཆན་དུ་བཀོད་མེད།)

༢༨༨ ①«ཅོ་»+ནི། ②«ཁྲུ་»གིས།

༢༨༩ ①«གཡུང་»«པེ་»པའི།

༢༩༠ ①«གཡུང་»«ལི་»«པེ་»«སྣར་»«ཞོལ་»རོ། །དེའི། «ཅོ་»རོ། །དེ་ཅིའི། ②«ཅོ་»+ཞེ་ན། ③④«ལི་»«པེ་»+ཡང་། ⑤«ལི་»«སྣར་»«ཞོལ་»—ཡང་། ⑥«ཅོ་»—བ། ⑦«ལི་»«པེ་»གང་ལ་ཡང་། «ཅོ་»—གང་ཡང་། ⑧«གཡུང་»«ལི་»«པེ་»«སྣར་»«ཅོ་»«ཞོལ་»བ། ⑨«གཡུང་»«པེ་»འགོད་པ། «ལི་»འགྲི། ⑩«ལི་»«སྣར་»«ཞོལ་»འགོག་པ། ⑪«ཅོ་»—པ་དམིགས་པ། ⑫«གཡུང»«པེ་»+སེམས་དཔའ། ⑬«ཅོ་»+མི། ⑭«ཅོ་»པ། ⑮«གཡུང་»«པེ་»པར། ⑯«ཅོ་»+མི། ⑰«ཅོ་»བདག ⑱«ཅོ་»+ཡང་།

༢༩༡ ①«ལི་»«པེ་»བུར། ②«གཡུང་»«ལི་»«པེ་»«སྣར་»«ཅོ་»«ཞོལ་»བར། ③«ལི་»«ཅོ་»བར།

༢༩༧ ①«གཡུང་»«ལི་»«པེ་»«སྣར་»«ཞོལ་»+སོ།

༢༩༨ ①«ཅོ་»སུ། ②«ལི་»བརྒྱ། ③«ལི་»«ཅོ་»ཅོམ། ④«ཅོ་»པའི། ⑤«ཅོ་»ག་ལ་ཡོད། ⑥«གཡུང་»«པེ་»—པ། ⑦«གཡུང་»«པེ་»བྱས་ཏེ། ⑧«གཡུང་»འཁྲིབ། «པེ་»འཁྲིད། ⑨«ཞོལ་»རྒྱུ།

༢༩༩ ①«གཡུང་»«པེ་»རྟོགས། ②«ཅོ་»—མྱེད་པ། ③«གཡུང་»«པེ་»སྐྱེ།

༣༠༠ ①«ཁྲུ་»པ། ②«གཡུང་»ཕོ།

༣༠༡ ①«གཡུང་»«པེ་»མཐར། ②«ཁྲུ་»—གཟུངས་ཀྱི་སྒོ་རྣམས་མྱེད་དོ།། ③«ཅོ་»—དེ་ལ། ④«ཁྲུ་»+གཟུངས་ཀྱི་སྒོ་རྣམས་མྱེད་དོ།། ⑤«ལི་»+ཐམས་ཅད་ཤེས་པ་ཉིད་མྱེད་དོ།། «པེ་»«སྣར་»«ཞོལ་»+ཐམས་ཅད་ཤེས་པ་ཉིད་མེད་དོ།། ⑥«གཡུང་»«པེ་»ཉིས་བརྒྱ་བརྒྱད་བཅུ་ལྔ། «ལི་»བཞི། «སྣར་»«ཅོ་»ཉིས་བརྒྱ་གྱ་ལྔ། «ཞོལ་»ཉིས་བརྒྱ་གྱ་དྲུག ⑦«གཡུང་»+པ།

༣༠༣ ①«གཡུང་»«པེ་»སྟེང་། ②«ལི་»«པེ་»«སྣར་»«ཞོལ་»རྣམས། ③«གཡུང་»«ལི་»«པེ་»«སྣར་»«ཅོ་»«ཞོལ་»དགུ། ④«གཡུང་»«པེ་»—མྱེད་པ།

༣༠༤ ①《གཡུང་》《པེ་》《སྣར་》《ཅོ་》《ཞོལ་》+གང་ལ་ཐམས་ཅད་ཤེས་པ་ཉིད་མེད་པ་དང་། ②《ལི་》–ཤེས་རབ་ཀྱི་ཕ་རོལ་ཏུ་ཕྱིན་པ་ལ་སྤྱོད་དེ། 《ཅོ་》ཤེས་རབ་ཀྱི་ཕ་རོལ་ཏུ་ཕྱིན་པ་ལ་པའི་ཚེ། ③《པེ་》ཏོ། ④《གཡུང་》《པེ་》+ཅན། ⑤《ཅོ་》+བསམ་གཏན་བཞི་དང་། ཚད་མེད་པ་བཞི་དང་། གཟུགས་མེད་པའི་སྙོམས་པར་འཇུག་པ་བཞི་དང་། ⑥《ཅོ་》འདི།

༣༠༥ ①《ཅོ་》–པོ། ②《ལི་》《པེ་》《སྣར་》《ཞོལ་》+པོ། ③《གཡུང་》–ཀྱི།

༣༠༦ ①《གཡུང་》–པ།

༣༠༧ ①②《ལི་》《པེ་》《སྣར་》《ཞོལ་》རྣམས། ③《གཡུང་》《པེ་》སྲུ། ④《ལི་》–རང་བྱང་ཆུབ་སྐྱེད་དོ། ། ⑤《པེ་》དོ། ⑥《གཡུང་》《ལི་》《པེ་》《སྣར་》《ཅོ་》《ཞོལ་》+ཀྱིས། ⑦《གཡུང་》《པེ་》《ཅོ་》ཅན། ⑧⑨《གཡུང་》《ལི་》《པེ་》《སྣར་》《ཅོ་》《ཞོལ་》+ཀྱིས། ⑩《གཡུང་》《པེ་》《ཅོ་》–ཀྱིས། 《ལི་》ཀྱི། ⑪《ཅོ་》–སེམས་ཅན་རྣམས་ཀྱི། ⑫《ཅོ་》–ཡོངས། ⑬《ལི་》+ལ། ⑭《གཡུང་》《པེ་》《ཅོ་》དོ།

༣༠༨ ①《གཡུང་》《པེ་》《སྣ་》《ཅོ་》《ཞོལ་》+རྣམས། ②《ལི་》དེ་ཚེའི། 《པེ་》དེའི་ཚེ། ③《གཡུང་》–རྫོགས་པའི་བྱང་ཆུབ་ཏུ་མངོན་པར། ④《ཅོ་》–ཀྱི། ⑤《ལི་》–ཅིག ⑥《གཡུང་》《པེ་》དེ། ⑦《གཡུང་》《པེ་》《ཅོ་》དག་ཅིག 《ལི་》གཅིག ⑧《གཡུང་》《པེ་》གིས། ⑨《གཡུང་》《པེ་》《སྣར་》《ཅོ་》དེ། ⑩《གཡུང་》《པེ་》+འདི། ⑪《ལི་》《སྣར་》《ཅོ་》《ཞོལ་》ཉམས།

༣༠༩ ①《ལི་》《པེ་》+རང་བཞིན་ནོ།། ②《པེ་》བཞིན།

༣༡༡ ①《བྲུ་》+ཡང་།

༣༡༢ ①《གཡུང་》–རང་བཞིན་སྟོང་པ་ཉིད་ཀྱང་གཞན་ནོ། །རང་བཞིན་སྟོང་པ་ཉིད་ཀྱང་གཞན་ནོ།།

༣༡༣ ①《བྲུ་》པ། ②《ལི་》–དགུ།

༣༡༤ ①《ལི་》《སྣར་》《ཞོལ་》འཕྲུགས། ②《ཅོ་》བཀྲིས། ③《ཅོ་》དེ།

༣༡༦ ①《ལི་》–རང་བཞིན།

༣༡༩ ①《གཡུང་》《ཅོ་》–རང་བཞིན་སྟོང་པ་ཉིད་...... སྟོང་པ་ཉིད་དོ།། ②《ཞོལ་》–པ། ③《པེ་》–པ། ④《པེ་》–ཀྱི། ⑤《ཅོ་》རྣམས།

༣༢༠ ①《ལི་》《པེ་》རྣམས།

༣༢༡ ①《ཞོལ་》–བྱང་། ②《ཅོ་》པའི།

༣༢༢ ①《ཅོ་》+དེ།

༣༢༥ ①《ཅོ་》–གཞན། ②《གཡུང་》《ཅོ་》–རང་བཞིན་...... ཀྱང་གཞན། ③《ལི་》+ལ།

༣༢༦ ①《ཅོ་》རྣམས་ཀྱང་།

༣༢༧ ①《གཡུང་》《ལི་》《པེ་》《སྣར་》《ཅོ་》《ཞོལ་》+ཡིན། ②《ལི་》–གལ་ཏེ། ③《ཅོ་》–ཞིག

༣༣༠ ①《ལི་》རྒྱུའོ། ②《ལི་》–ན། ③《གཡུང་》《པེ་》《ཅོ་》+ཡང་། 《སྣར་》《ཞོལ་》+པོའང་། ④《པེ་》རྒྱུའོ།

(༥)«ཁྲ་»–ཚུབ།

༣༣༡ (༡)«ལི་»–རོ།

༣༣༢ (༡)«ཅོ་»+ཡང་དག་པ།

༣༣༣ (༡)«ཁྲ་»–ཚུབ། (༢)«ཅོ་»གྱི།

༣༣༤ (༡)«པེ་»ཕྱིའི།

༣༣༧ (༡)«ཅོ་»ཀྱིས།

༣༣༨ (༡)«གཡུང་»སེམ།

༣༤༡ (༡)«ཁྲ་»ག (༢)«ཁྲ་»–བྱས།

༣༤༣ (༡)«གཡུང་»«པེ་»ཉིས་བརྒྱ་བརྒྱད་བཅུ་དྲུག «ལི་»ལྔ། «སྣར་»«ཅོ་»ཉིས་བརྒྱ་གྱ་དྲུག «ཞོལ་»ཉིས་བརྒྱ་
གྱ་བདུན།

༣༤༥ (༡)«ཁྲ་»གྱི།

༣༤༦ (༡)«ཅོ་»«ཞོལ་»–ཆེན་པོ།

༣༤༨ (༡)«ཅོ་»–ཡང་། (༢)«ལི་»–ངོ་།

༣༥༡ (༡)«ཁྲ་»ཞགས། (༢)«ཁྲ་»–པར།

༣༥༢ (༡)«ཅོ་»+སེམས་དཔའ།

༣༥༣ (༡)«ལི་»–གྱིས།

༣༥༤ (༡)«ཅོ་»པ།

༣༥༥ (༡)«ཅོ་»+ཡང་། (༢)«ཁྲ་»–པར། (༣)«ལི་»«སྣར་»«ཞོལ་»དགུ།

༣༥༦ (༡)«གཡུང་»རྣམ་པ།

༣༥༧ (༡)«ལི་»–པོ།

༣༥༨ (༡)«ལི་»«པེ་»བཙོ་བརྒྱད། «སྣར་»«ཞོལ་»བཅོ་བརྒྱད། «ཅོ་»བཅོ་བརྒྱད་རྣམས། (༢)«ལི་»«པེ་»བཙོ་
བརྒྱད། «སྣར་»«ཞོལ་»བཅོ་བརྒྱད།

༣༥༩ (༡)«ལི་»–གང་གི་ཕྱིར། (༢)«ཞོལ་»གིས་ཕྱིར། (༣)«གཡུང་»«པེ་»–ཕྱིར།

༣༦༠ (༡)«ཁྲ་»–པ། (༢)«ཁྲ་»–རྫོགས་པར། (༣)«ཅོ་»གྱིས། (༤)«གཡུང་»«ལི་»«པེ་»«སྣར་»«ཞོལ་»
+རབ་འབྱོར།

༣༦༡ (༡)«གཡུང་»ལྡན། (༢)«ཅོ་»–རབ་འབྱོར། (༣)«གཡུང་»«པེ་»+དུ། (༤)«ལི་»«སྣར་»«ཞོལ་»+གྱིས།
(༥)«ཅོ་»སྤྱད། (༦)«གཡུང་»«པེ་»གིས་ཚོར་བའོ། «སྣར་»«ཞོལ་»ནི། ཚོར་བ་དང་ལྡན་ནོ། (༧)«སྣར་»
«ཞོལ་»དང་ལྡན་ནོ། (༨)«ཅོ་»+པར།

༣༦༢ (༡)«ཞོལ་»གིས། (༢)«ཞོལ་»བར། (༣)«གཡུང་»«པེ་»+དངོས་པོའི། (༤)«གཡུང་»«པེ་»+ཆགས། (༥)«ཅོ་»
+སོ། །ཞེན་ཅིང་ཆགས་པ། (༦)«ཅོ»ཁྲུག «ཁྲ་»འཁྲུགས། (༧)«གཡུང་»«པེ་»གྱི། (༨)«ཁྲ་»འཁྲུགས།

༣༦༣ ①«ཁུ་»–མྱི། ②«ལི་»–འོན་ཏམ། ③«ཁུ་»+མྱི།

༣༦༥ ①«ཁུ་»འདུས།

༣༦༦ ①«ལི་»–པ། ②«པེ་»བ།

༣༦༧ ①«ཁུ་»–འགྲུབ་པར།

༣༦༨ ①«ཅོ་»རྣམས། ②«ཅོ་»འཇིག ③«གཡུང་»«པེ་»«ཅོ་»བཞི། ④«ཁུ་»ཡོན། ⑤«ཅོ་»–བར།

༣༧༠ ①«ཁུ་»འགྲུབས། ②«གཡུང་»«པེ་»–ནི། ③«གཡུང་»–སྣའི།

༣༧༢ ①«ཅོ་»བ། ②«གཡུང་»«པེ་»བ། ③«ལི་»བ།

༣༧༣ ①«ཅོ་»པ།

༣༧༤ ①«གཡུང་»«པེ་»ཤིའི། ②«ཞོལ་»དེ། ③«ཞོལ་»དེ།

༣༧༥ ①«གཡུང་»«པེ་»–ཉིད་ནི། ②«ཁུ་»–པ་ཉིད།

༣༧༦ ①«ལི་»–སྟོང་པ་ཉིད་ཀྱི། ②«ཞོལ་»མ། ③«ཅོ་»–དག

༣༧༧ ①«ཅོ་»–དག

༣༧༨ ①«ཅོ་»+རྣམས། ②«གཡུང་»«པེ་»–ནི།

༣༧༩ ①«ལི་»«སྣར་»«ཞོལ་»རྣམས།

༣༨༠ ①«གཡུང་»«པེ་»ཉིས་བརྒྱ་བརྒྱད་བཅུ་བདུན། «ལི་»དྲུག «སྣར་»«ཅོ་»ཉིས་བརྒྱ་གྱ་བདུན། «ཞོལ་»ཉིས་བརྒྱ་གྱ་བརྒྱད། ②«གཡུང་»«པེ་»«སྣར་»«ཅོ་»དོ།

༣༨༡ ①«ལི་»+མྱི། «པེ་»+མི།

༣༨༢ ①«པེ་»+དོ།

༣༨༣ ①«ཅོ་»–ལས། ②«ཅོ་»–ཡང་། ③«ལི་»ཀྱིས།

༣༨༧ ①«གཡུང་»«པེ་»པ། ②«གཡུང་»«པེ་»འགྲུབས། ③«ལི་»–འགྲུབ་པར།

༣༨༨ ①«ཁུ་»–པ། ②«ལི་»«པེ་»རྣམས་ཀྱང་། ③«ཅོ་»དེ།

༣༨༩ ①«གཡུང་»«ལི་»«ཅོ་»–སྙིང་རྗེ་ཆེན་པོ་ཡང་...... མྱི་བྱེད་དོ།། «པེ་»བྱམས་པ་ཆེན་པོ་ཡང་སྟོང་པ་ཉིད་རྣམ་པར་འགྲུབ་པར་མི་བྱེད། སྟོང་པ་ཉིད་ཀྱང་བྱམས་པ་ཆེན་པོ་རྣམ་པར་འགྲུབ་པར་མི་བྱེད་དོ། «སྣར་»«ཞོལ་»+བྱམས་པ་ཆེན་པོའང་...... འགྲུབ་པར་མི་བྱེད་དོ།། ②«སྣར་»«ཞོལ་»+ལམ་གྱི་རྣམ་པ་ཤེས་པ་ཉིད་ཀྱང་...... སྟོང་པ་ཉིད་རྣམ་པར་འགྲུབ་པར་མི་བྱེད། སྟོང་པ་ཉིད་ཀྱང་ལམ་གྱི་རྣམ་པ་ཤེས་པ་ཉིད་རྣམ་པར་འགྲུབ་པར་མི་བྱེད་དོ།། ③«གཡུང་»–ལ།

༣༩༠ ①«གཡུང་»འདྲི།

༣༩༢ ①«ཁུ་»ཀྱི། ②«གཡུང་»+སོ།

༣༩༣ ①②③«ཅོ་»+དག ④«ཅོ་»–ཉིད། ⑤«ཅོ་»+པོ། ⑥«པེ་»པར། ⑦«གཡུང་»«པེ་»འགྲུབས། ⑧«གཡུང་»«པེ་»«སྣར་»«ཅོ་»«ཞོལ་»པར། ⑨«པེ་»+ན།

༣༩༥ ①«ཅོ་»«ཞོལ་»དོ།

༣༩༦ ①«ཁུ་»ཐར། ②«གཡུང་»+ལ། ③«ཁུ་»བྱེད། ④«གཡུང་»«པེ་»པར། ⑤«གཡུང་»«པེ་»«སྣར་»«ཅོ་»«ཞོལ་»གམ། ⑥«ཁུ་»སྤྱོད། ⑦«གཡུང་»«པེ་»ཞེས་འམ། ⑧«ཁུ་»གིས། ⑨«གཡུང་»«པེ་»«ཁུ་»གིས།

༣༩༧ ①«ཅོ་»གི། ②③«ཅོ་»གིས། ④«གཡུང་»«པེ་»ཞེས་འམ། ⑤⑥«ཅོ»གིས། ⑦«ཅོ་»གི། ⑧«ཅོ་»ཀྱིས། ⑨⑩«གཡུང་»«པེ་»གིས།

༣༩༨ ①«གཡུང་»«པེ་»གིས། ②«ལི་»གི། ③«ལི་»–ཞིའམ།

༣༩༩ ①«ལི་»«སྣར་»«ཞོལ་»གི།

༤༠༠ ①«གཡུང་»«པེ་»གྱིས། ②«ཞོལ་»གི། ③«ལི་»–ཞིའམ། ④«གཡུང་»«པེ་»གཞིན། ⑤«ལི་»–ལ།

༤༠༡ ①«ཅོ་»གིས། ②«སྣར་»ལྡའི།

༤༠༢ ①«ཞོལ་»གིས། ②«པེ་»པའི།

༤༠༣ ①«ཅོ་»གྱིས། ②③«གཡུང་»«པེ་»པར། ④«གཡུང་»«ལི་»«པེ་»«སྣར་»«ཅོ་»«ཞོལ་»བྱེད་པ། ⑤«ལི་»པའི།

༤༠༤ ①«ཅོ་»–ཡོང་། ②«ཁུ་»པའམ། ③«ལི་»+སོ། ④«ཅོ་»–ལ། ⑤⑥«ཅོ་»+པ། ⑦«གཡུང་»«པེ་»«ཅོ་»+རྣམས།

༤༠༥ ①«ལི་»–ཀྱིས། ②«གཡུང་»ཡང་ལ།

༤༠༦ ①«གཡུང་»«ལི་»«པེ་»«སྣར་»«ཅོ་»«ཁུ་»«ཞོལ་»–དོ།

༤༠༧ ①«གཡུང་»«པེ་»པར། ②«གཡུང་»«སྣར་»«ཅོ་»«ཞོལ་»–ན། ③«ལི་»«པེ་»«ཞོལ་»སྤྱོད། ④«གཡུང་»«པེ་»ཀྱིས། ⑤«ལི་»«པེ་»«ཞོལ་»སྤྱོད། ⑥«ལི་»«སྣར་»«ཞོལ་»–རྣམས། ⑦«ལི་»«པེ་»སྤྱོད།

༤༠༨ ①«གཡུང་»«ལི་»«པེ་»«སྣར་»«ཅོ་»«ཞོལ་»དང་། ②«གཡུང་»–རྟོགས་པར། ③«ཅོ་»+དེ། ④«ཅོ་»འཇིག ⑤«པེ་»དང་། ⑥«ཅོ་»–མ། ⑦«པེ་»+པར་བྱས། ⑧«ཁུ་»དཔའ། ⑨«ཅོ་»བསྒྲུབ།

༤༠༩ ①«སྣར་»«ཞོལ་»ཉམས། ②«གཡུང་»«པེ་»«ཅོ་»དེ་ཡང་།

༤༡༠ ①«གཡུང་»པ་ལ་བྱུང་བའི། «ལི་»«སྣར་»«ཞོལ་»པའི་རྐྱེན་གྱིས། ②③④⑤⑥«ལི་»«སྣར་»«ཞོལ་»པའི་རྐྱེན་གྱིས།

༤༡༢ ①«ལི་»ཀྱིས། ②«གཡུང་»«ཅོ་»སྒོའི། «པེ་»སྒོའི་རྣམས། ③«གཡུང་»«པེ་»པར།

༤༡༣ ①«ཅོ་»–དེ་ཡང་། ②«སྣར་»«ཞོལ་»འགྲིབ་པར། ③«ཅོ་»བར་བྱེད་པའམ། ④«ཅོ་»འཐོབ། ⑤«ལི་»«སྣར་»«ཞོལ་»རྟོགས། ⑥«གཡུང་»–དེ། ⑦«པེ་»པས། ⑧«གཡུང་»«ལི་»«པེ་»«སྣར་»«ཅོ་»རྒྱའི།

༤༡༤ ①《ཅོ་》འཕག

༤༡༥ ①《ཅོ་》དམ། ②《གཡུང་》《པེ་》འམ། ③《གཡུང་》《པེ་》པར། ④《པེ་》འམ། ⑤《གཡུང་》《པེ་》པ། ⑥《གཡུང་》《པེ་》སྐྱིད། ⑦《གཡུང་》《པེ་》སྐྱེ། ⑧《ཅོ་》–བྱང་ཆུབ་ཀྱང་མི་དམིགས། ⑨《ཅོ་》བར། ⑩《གཡུང་》《པེ་》《ཅོ་》《ཞོལ་》ཐོབ། ⑪《གཡུང་》《ལི་》《པེ་》འམ། ⑫《གཡུང་》《ལི་》《པེ་》འམ། 《ཅོ་》ལམ། ⑬《ཅོ་》+ཡང་།

༤༡༦ ①《གཡུང་》《པེ་》ཐོབ། ②《པེ་》བཀའ། ③《ཅོ་》+དེ།

༤༡༧ ①《ལི་》ཀྱི། ②《ཅོ་》གྱི། ③《ཅོ་》+རྣམས།

༤༡༨ ①《ཅོ་》སུ། ②《གཡུང་》《པེ་》གཏགས། ③《ཅོ་》–ཕྱིན།

༤༡༩ ①《གཡུང་》《པེ་》《སྣར་》《ཞོལ་》ཀྱང་། ②《གཡུང་》《པེ་》–མྱེད་པ།

༤༢༠ ①《ཅོ་》གཤེག ②《ཞོལ་》–པ། ③《ཞོལ་》–གྱི། ④《ཅོ་》འདྲེན། ⑤《ཅོ་》–དགྲ་བཅོམ་པ་…… བཏགས་པའོ།། ⑥《གཡུང་》《པེ་》པར། ⑦《གཡུང་》《ཅོ་》+ཆོས་གང་། ⑧《པེ་》མི། ⑨《ཅོ་》–ཆོས་ཀྱི། ⑩《གཡུང་》《པེ་》མི། ⑪《ཅོ་》–ཏེ། ⑫《ཅོ་》–དུ།

༤༢༡ ①《གཡུང་》–ཅད། ②《ཅོ་》དང་། ③《ཅོ་》–ལམ།

༤༢༢ ①《གཡུང་》《པེ་》《ཅོ་》བཞི། ②《པེ་》+པ། ③《ཅོ་》སླས། ④《གཡུང་》《པེ་》+ཆོས།

༤༢༣ ①《གཡུང་》《པེ་》པར། ②《སྣར་》《ཞོལ་》སྤྱོད། ③《སྣར་》《ཞོལ་》རྗ་ལྡེ་པའོ། 《ཅོ་》དྲུག་གོ། ④《གཡུང་》《པེ་》ཉིས་བརྒྱ་བརྒྱད་བཅུ་བརྒྱད། 《ལི་》བདུན། 《སྣར་》《ཅོ་》ཉིས་བརྒྱ་གྱ་བརྒྱད། 《ཞོལ་》ཉིས་བརྒྱ་གྱ་དགུ།

༤༢༤ ①《གཡུང་》《ལི་》《པེ་》《སྣར་》《ཞོལ་》པས། ②《གཡུང་》《པེ་》ཅི། ③《གཡུང་》《པེ་》བརྒྱ། ④《གཡུང་》《པེ་》དུ་ཡང་། ⑤《ཞོལ་》+སྤྱོད་པ་ལ། ⑥《ཅོ་》ཅིང་། ⑦《གཡུང་》《པེ་》དུ་ཡང་། ⑧《ཞོལ་》–སེམས་དཔའ། ⑨《གཡུང་》《པེ་》《སྣར་》《ཅོ་》《ཞོལ་》ཐོབ།

༤༢༥ ①《གཡུང་》–ལ། ②《གཡུང་》《པེ་》+ན། ③《གཡུང་》《པེ་》+ཡང་། ④《ལི་》–ནམ། ⑤《གཡུང་》《པེ་》བཙོམ། ⑥《ཅོ་》+དང་ལྡན།

༤༢༦ ①《པེ་》《ཅོ་》+ལ།

༤༢༧ ①《ཅོ་》–དེའི་ཚེ་བྱང་ཆུབ་སེམས་དཔའ་…… དེ་ལྟར་སྤྱོད་ན། ②《ལི་》–ནམ།

༤༢༨ ①《གཡུང་》《པེ་》པར།

༤༣༠ ①《གཡུང་》《པེ་》+པ། ②《ལི་》《སྣར་》+དེ།

༤༣༣ ①《ཞོལ་》+ཆེན། ②《ལི་》–དྲན་པ་ཉེ་བར་གཞག་པ་རྣམས་དང་། ③《ཞོལ་》སྤྱོད་པ། ④《ཅོ་》–ཡང་།

༤༣༤ ①②《ཅོ་》+ལྡེ། ③《ལི་》ཇོག་པར། 《ཞོལ་》–ཇོགས་པར།

༤༣༥ ①《གཡུང་》《ལི་》《པེ་》《ཁུ་》དུ་ཡང་།

༤༣༦ ①《གཡུང་》《པེ་》མཚང་། ②《སྣར་》《ཞོལ་》རྣམས། ③《གཡུང་》《པེ་》《ཅོ་》+བཞི། ④《སྣར་》

«ཞོལ་»རྣམས། ⑤«ལི་»«སྣར་»«ཅོ་»«ཞོལ་»–བཞི།

༤༣༨ ①«གཡུང་»–དང་། ②«ཅོ་»སྤྱོད་པའི་ཚེ། ③«བྲུ་»–རྣམས།

༤༤༠ ①«གཡུང་»«ཅོ་»–བྱམས་པ་ཆེན་པོ་སྨོམ་ཡང་།...... བྱང་ཆུབ་སེམས་དཔའ་སེམས་དཔའ་ཆེན་པོ་ཤེས་རབ་ཀྱི་ཕ་རོལ་ཏུ་ཕྱིན་པ་ལ་སྤྱོད་པའི་ཚེ།

༤༤༡ ①«ཅོ་»ཀྱིས། ②«ཞོལ་»ཉིད། ③«གཡུང་»«པེ་»«སྣར་»«ཅོ་»«ཞོལ་»ཤྲཱ། (པོད་འདིའི་ནང་དུ་ཤ་ར་དྭ་ཏིའི་ཞེས་པ་རྣམས་«གཡུང་»«པེ་»«སྣར་»«ཅོ་»«ཞོལ་»ལ་ཤྲཱ་ར་དྭ་ཏིའི་ཞེས་འཁོད་ཀྱང་གཤམ་དུ་བསྡུར་མཆན་དུ་བཀོད་མེད།) ④«པེ་»བུ། ⑤«གཡུང་»«པེ་»སྟོན། ⑥«ལི་»ཀྱི། ⑦«བྲུ་»འགྱུར། «ཅོ་»+བ། ⑧«སྣ་»«ཞོལ་»སྦྱོར།

༤༤༢ ①«ཞོལ་»བའི། ②«ཅོ་»–དེ་ཅིའི་ཕྱིར་ཞེ་ན། ③«ཞོལ་»སྦྱོར། ④«གཡུང་»འགྱུར། ⑤«གཡུང་»འབྱེ། ⑥«ཅོ་»+ལ། ⑦«ཅོ་»སྦྱོར།

༤༤༣ ①«ཞོལ་»དོ།

༤༤༥ ①«གཡུང་»«པེ་»+བ། «ལི་»སྦྱར། ②«ཅོ་»པའི། ③«གཡུང་»«པེ་»+བྱ། ④«གཡུང་»–ཡིད་ཀྱི། ⑤«གཡུང་»ཀྱི། ⑥«ཞོལ་»–བར། ⑦«ཅོ་»བྱའི།

༤༤༦ ①«ལི་»+དགེ་བར་བྱ་བའི་འདུ་བྱེད་ལ་ངོ་བོ་ཉིད་མྱེད་དོ། །རྣམ་པར་ཤེས་པ་མྱི་སྦྱོར་མྱི་འབྱེད་དེ། དེ་ཅིའི་ཕྱིར་ཞེ་ན། དེ་ནི་འདི་ལྟར་གང་སྦྱར་བའམ། ②«བྲུ་»འདི། ③«ལི་»–མི་སྦྱོར། ④«ཞོལ་»+མི་འབྱེད།

༤༤༨ ①«ཅོ་»སྤྱོད། ②«གཡུང་»+ལ།

༤༤༩ ①«གཡུང་»«ལི་»«པེ་»«སྣར་»«ཅོ་»«ཞོལ་»རྣམས། ②«གཡུང་»–ཉིད། ③«གཡུང་»«པེ་»དོ། ④«གཡུང་»འགྱུར།

༤༥༠ ①«གཡུང་»དོ།

༤༥༡ ①«སྣར་»«ཞོལ་»+བྱམས་པ་ཆེན་པོ་མི་སྦྱོར་མི་འབྱེད་དེ། དེ་ཅིའི་ཕྱིར་ཞེ་ན། དེ་ནི་འདི་ལྟར་གང་སྦྱར་བའམ། དགེ་བར་བྱ་བའི་བྱམས་པ་ཆེན་པོ་ལ་ངོ་བོ་ཉིད་མེད་དོ།། ②«ལི་»བཙྭ་བརྒྱད། «སྣར་»«ཞོལ་»བཅོ་བརྒྱད། ③«པེ་»+ཀྱི། ④«གཡུང་»ལ་འདི་གང་སྦྱར་འམ། «པེ་»ལ་ཡང་གང་སྦྱར་བའི་མི། «ཅོ་»ལ་ཡང་སྦྱར་···· བའམ། «ཞོལ་»ལའང་གང་སྦྱར་བའམ། ⑤«ལི་»«བྲུ་»བྱ། ⑥«ཅོ་»–ལ།

༤༥༢ ①«ཅོ་»«ཞོལ་»བསླབ། ②«ཅོ་»ཏེ། ③«གཡུང་»«ཅོ་»ནོ། །ཇི། «པེ་»ཏེ། དེ། ④«ཅོ་»«ཞོལ་»བསླབ། ⑤«ཅོ་»–བར། ⑥«ལི་»«པེ་»–ཆོས། ⑦«ཞོལ་»གིས། ⑧«ཅོ་»+ནི། ⑨«ལི་»འདུས། ⑩«ཅོ་»–དག ⑪«གཡུང་»«པེ་»«ཅོ་»–དག ⑫«ཞོལ་»+དག

༤༥༣ ①«ཞོལ་»པར།

༤༥༤ ①«སྣར་»«ཞོལ་»+འདི་ནི། བྱམས་པ་ཆེན་པོའོ།། «ཅོ་»+འདི་དག་ནི་བྱམས་པ་ཆེན་པོའོ།། ②«གཡུང་»«པེ་»«ཅོ་»+དག ③«པེ་»+དག ④«གཡུང་»«པེ་»པར། ⑤«གཡུང་»«པེ་»བཟུང་། ⑥«ལི་»–ནི།

༤༥༥ ①«ལི་»སྟོང་། ②«ལི་»གཟུང་། ③«སྣར་»«ཅོ་»«ཞོལ་»+བྱམས་པ་ཆེན་པོ་ནི་གཟུང་དུ་མེད་པའོ།། ④«ཅོ་»བསླབ། ⑤«ལི་»–སེམས། ⑥«གཡུང་»«ལི་»«པེ་»«ཅོ་»པ་ཡང་། «སྣར་»«ཞོལ་»པའང་།

༤༥༦ ①«གཡུང་»«ལི་»«པེ་»པའི། ②«ཅོ་»བ། ③«གཡུང་»«པེ་»ཉིས་བརྒྱ་བརྒྱད་བཅུ་དགུ། «ལི་»བརྒྱད། «སྣར་»«ཅོ་»ཉིས་བརྒྱ་གྱ་དགུ། «ཞོལ་»ཉིས་བརྒྱ་དགུ་བཅུ། ④«ཅོ་»པོ། ⑤«གཡུང་»«པེ་»གྱུར། ⑥«ཅོ་»–ཅི། ⑦«ཅོ་»འགྱུར་བ།

༤༥༧ ①«ལི་»–ཡོད་པར་གྱུར་ཏམ། ②«བྲུ་»གྱུར། ③«ཅོ་»འགྱུར་བ། ④«ཅོ་»–རྣམས། ⑤«ལི་»ཀྱི། ⑥«ཅོ་»རྣམས། ⑦«གཡུང་»«པེ་»འགྱུར་བ།

༤༥༨ ①«ཅོ་»དོ།

༤༥༩ ①«གཡུང་»–ཅི། ②«བྲུ་»འགྱུར་བ། ③«གཡུང་»–ཅི། ④«ཅོ་»+དམ། ⑤«གཡུང་»–ཅི། «པེ་»ཅི་དྲིའི། ⑥⑦«གཡུང་»–ཅི། ⑧«གཡུང་»«པེ་»ཀྱིས། ⑨«ལི་»ཀྱི། ⑩«གཡུང་»–ཅི།

༤༦༠ ①«གཡུང་»–ཅི། ②«བྲུ་»གྱུར། ③④⑤«གཡུང་»–ཅི། ⑥«གཡུང་»«པེ་»འགྱུར། ⑦«གཡུང་»–ཅི།

༤༦༡ ①②«གཡུང་»–ཅི། ③④⑤«གཡུང་»–ཅི།

༤༦༢ ①②③④⑤⑥«གཡུང་»–ཅི།

༤༦༣ ①«གཡུང་»–ཅི། ②«ཅོ་»ཀྱིས། ③④«གཡུང་»–ཅི། ⑤«གཡུང་»«པེ་»ཀྱིས། ⑥⑦«གཡུང་»–ཅི།

༤༦༤ ①«ལི་»ཀྱི། ②«གཡུང་»–ཅི། ③«ཅོ་»ཀྱིས། ④⑤⑥⑦«གཡུང་»–ཅི།

༤༦༥ ①②③«གཡུང་»–ཅི། ④«ལི་»པར། ⑤«བྲུ་»གྱུར། ⑥⑦⑧«གཡུང་»–ཅི།

༤༦༦ ①②③④⑤«གཡུང་»–ཅི། ⑥«ལི་»ཀྱིས།

༤༦༧ ①«གཡུང་»–ཅི། ②«ལི་»གཏོག ③«གཡུང་»–ཅི། ④«གཡུང་»–ཅི། ⑤«གཡུང་»«པེ་»ཀྱིས། ⑥⑦«གཡུང་»–ཅི། ⑧«གཡུང་»«པེ་»ཀྱིས། ⑨«གཡུང་»«ལི་»–ཅི།

༤༦༨ ①«གཡུང་»«ལི་»–ཅི། ②«ཅོ་»དོ། ③④⑤⑥«གཡུང་»«ལི་»–ཅི།

༤༦༩ ①«གཡུང་»«ལི་»«པེ་»–ཅི། ②③④⑤«གཡུང་»«ལི་»«པེ་»–ཅི།

༤༧༠ ①«གཡུང་»«ལི་»«པེ་»–ཅི། ②«ལི་»སོགས། ③④«གཡུང་»«ལི་»«པེ་»–ཅི། ⑤«གཡུང་»«པེ་»ཀྱིས། ⑥⑦«གཡུང་»«ལི་»«པེ་»–ཅི།

༤༧༡ ①②③④⑤⑥«གཡུང་»«ལི་»«པེ་»–ཅི།

༤༧༢ ①«གཡུང་»«ལི་»«པེ་»–ཅི། ②«བྲུ་»–དེ་ནི། ③«གཡུང་»«ལི་»«པེ་»–ཅི། ④«ལི་»ཀྱི། ⑤⑥⑦«གཡུང་»«ལི་»«པེ་»–ཅི། ⑧«གཡུང་»«པེ་»རྣམས་ཀྱིས། «ཅོ་»པའི།

༤༧༣ ①«གཡུང་»«ལི་»«པེ་»–ཅི། ②③«གཡུང་»«ལི་»«པེ་»–ཅི། ④«གཡུང་»–པར། ⑤«གཡུང་»«ལི་»«པེ་»–ཅི། ⑥«བྲུ་»+གྱུར། ⑦«གཡུང་»«ལི་»«པེ་»–ཅི།

༤༧༤ ①«གཡུང་»«ལི་»«པེ་»–ཅི། ②«ཅོ་»–རྣམས། ③«གཡུང་»«ལི་»«པེ་»–ཅི། ④«ཞོལ་»ཀྱིས། ⑤⑥⑦«གཡུང་»«ལི་»«པེ་»–ཅི། ⑧«གཡུང་»«པེ་»ཀྱིས།

༨༧༥ ①«སྣར་»«ཞོལ་»+ཤྲཱ་ར་དྭ་ཏིའི་བུ་ཅི་བྱམས་པ་ཆེན་པོའི་དངོས་པོ་གང་ལ་ཕྱིས་པ་སོ་སོའི་སྐྱེ་བོ་རྣམས་མངོན་… པར་ཞེན་པར་གྱུར་པ་དེ་ལྟ་བུ་ཡོད་དམ། ཡོད་པར་གྱུར་ཏམ། ཡོད་པར་འགྱུར་རམ། གསོལ་པ། བཅོམ་ལྡན་འདས་ཕྱིན་ཅི་ལོག་མ་གཏོགས་པར་དེ་ནི་མ་ལགས་སོ། །བཅོམ་ལྡན་འདས་ཀྱིས་བཀའ་སྩལ་པ། ②«གཡུང་»«ལི་»«པེ་»—ཅི། ③«ཅོ་»རྣམ། ④«གཡུང་»«ལི་»«པེ་»—ཅི། ⑤«གཡུང་»«པེ་»«ཅོ་»འཇོག ⑥«གཡུང་»«པེ་»པ། ⑦«ཅོ་»འཇོག ⑧«ཅོ་»གང་ལ། ⑨«སྣར་»«ཞོལ་»འགྱུར་བའམ།

༨༧༦ ①«ལི་»«པེ་»ཚེ། ②«ལི་»ཚེ། ③«སྣར་»མཐིང་། ④«ཅོ་»པར། ⑤«ལི་»«པེ་»«སྣར་»«ཅོ་»«ཞོལ་»+ཉིད། ⑥«པེ་»—ཅན། ⑦«ཅོ་»གཡེངས། ⑧«ཅོ་»—ཅན། ⑨«ལི་»ཀྱིས།

༨༧༧ ①«གཡུང་»«པེ་»གྱུར་པ། ②«གཡུང་»«པེ་»པར། ③«ཅོ་»ཤིང་། ④«གཡུང་»«པེ་»པར། ⑤«གཡུང་»ལྟ།

༨༧༨ ①«ཞོལ་»རིགས། ②«གཡུང་»«པེ་»+ལ། ③«ཅོ་»ཏེ། ④«ཅོ་»—ན། ⑤«གཡུང་»«པེ་»«ཅོ་»—པ། «ལི་»«སྣར་»«ཞོལ་»པས། ⑥«ལི་»«སྣར་»«ཅོ་»«ཞོལ་»—དེ། ⑦«ཅོ་»—ལ། ⑧«ལི་»«སྣར་»«ཞོལ་»+དེ། ⑨«བྲུ་»སྦྱོས་པ།

༨༧༩ ①«ལི་»«སྣར་»«ཞོལ་»མ་མཆིས། ②«གཡུང་»«པེ་»སྡེ། ③«གཡུང་»«པེ་»«སྣར་»«ཅོ་»«ཞོལ་»+མ། ④«ལི་»ལས་མཆིས། «ཅོ་»ལ་མཆིས། ⑤«ལི་»—བཅོམ་ལྡན་འདས་ཀྱིས། ⑥«ཅོ་»+དེ། ⑦«ཅོ་»འབྱུང་། ⑧«ཅོ་»འགྱུར། ⑨«པེ་»མེད། ⑩«གཡུང་»«པེ་»«ཅོ་»འགྱུར། ⑪«ཅོ་»གྱི། ⑫«གཡུང་»«པེ་»+ཉིད། ⑬«ཞོལ་»+བུ། ⑭«ཅོ་»—ན།

༨༨༠ ①②«གཡུང་»«པེ་»—ལ། ③«ཞོལ་»—ལ། ④«ཞོལ་»རྟ།

༨༨༡ ①«གཡུང་»«པེ་»ལྟ་ཡང་། «ཅོ་»ལྟ། ②«ཅོ་»—དེ། ③«ཅོ་»—གང་། ④«ལི་»«སྣར་»«ཞོལ་»གི། ⑤«གཡུང་»—གྱི། ⑥«གཡུང་»«ལི་»«པེ་»«སྣར་»«ཅོ་»«ཞོལ་»—ནི། ⑦«ལི་»«སྣར་»«ཅོ་»«ཞོལ་»བྱས་ཏེ། ⑧«གཡུང་»སྤྱམ། ⑨«བྲུ་»བྱ་སྡེ། ⑩«གཡུང་»ཏེ། ⑪«ལི་»«སྣར་»«ཞོལ་»—ཆེད་དུ་བརྗོད་པ།

༨༨༢ ①«སྣར་»«ཞོལ་»བསྟན། «ཅོ་»བསྟོན། ②«གཡུང་»བ། ③«གཡུང་»«པེ་»པའི། ④«བྲུ་»ལ། ⑤«གཡུང་»སྟོང་། ⑥«བྲུ་»སྦྱོད།

༨༨༣ ①«བྲུ་»པ། ②«གཡུང་»«པེ་»«སྣར་»«ཅོ་»ཉིས་བརྒྱ་དགུ་བཅུ། «ལི་»དགུ། «ཞོལ་»ཉིས་བརྒྱ་གོ་… གཅིག ③«གཡུང་»«པེ་»«སྣར་»«ཞོལ་»པོས། ④«གཡུང་»«སྣར་»«ཅོ་»«ཞོལ་»སྤྱད།

༨༨༥ ①«བྲུ་»བྱེད། ②«ལི་»འཇིག ③«སྣར་»«ཞོལ་»—ཡང་། ④«ཅོ་»—རྣམས། ⑤«གཡུང་»«ལི་»«པེ་»«སྣར་»ལ་བཟུང་བས། «ཅོ་»བཟུང་བ་དག ⑥«ལི་»«སྣར་»«ཅོ་»«ཞོལ་»—འཛིན། ⑦«པེ་»«བྲུ་»དེ། ⑧«གཡུང་»«པེ་»«སྣར་»ནི། ⑨«ལི་»«པེ་»+དེ། ⑩«ལི་»དོ། «ཅོ་»—དེ། ⑪«གཡུང་»«པེ་»«ཅོ་»+གྱིས།

༩༨༦ ①«ཅོ་»–དེ། ②«ལི་»བཞུག ③«གཡུང་»«པེ་»པར། ④«ཅོ་»–ཪ་། ⑤«གཡུང་»«པེ་»པར། ⑥«ཅོ་»གིས། ⑦«ཅོ་»པའི། ⑧«གཡུང་»«ལི་»«པེ་»«ཞོལ་»–དེ། ⑨«གཡུང་»«པེ་»བསྐལ་པ། ⑩«ལི་»ཟེའི་རིགས། «པེ་»ཟེའི་རིག «ཅོ་»ཟེའི་རིས། ⑪«གཡུང་»«པེ་»«ཞོལ་»བསྒྱུར། ⑫«གཡུང་» «ལི་»«པེ་»«སྣར་»«ཞོལ་»–དེ། ⑬⑭«ཅོ་»བསྡུད། ⑮«ཅོ་»–དེ། ⑯«ཅོ་»–ཀྱང་།

༩༨༧ ①«པེ་»རབ། ②«ལི་»འཚངས། ③«གཡུང་»«པེ་»ཀྱི། ④«ལི་»«སྣར་»«ཅོ་»«ཞོལ་»མ།

༩༨༨ ①«ཞོལ་»ཀྱི། ②«ཅོ་»རྒྱུད། ③«གཡུང་»གདག་ཅག «པེ་»བདག་གཅག ④«ཅོ་»པོ། ⑤«ཞོལ་» བསྒྱུར། (པོད་འདིའི་ནང་དུ་འཁོར་ལོས་སྒྱུར་ཞེས་པ་རྣམས་«ཞོལ་»ལ་འཁོར་ལོས་བསྒྱུར་དང་«ལི་»སྐབས···· འགར་ལ་འཁོར་ལོས་བསྒྱུར་ཞེས་འཁོད་ཀྱང་གཞམ་དུ་བསྡུར་མཆན་དུ་བཀོད་མེད།) ⑥«གཡུང་»–ཅིག ⑦«ཅོ་»ལོ། ⑧«ཅོ་»གྱིས། ⑨«ལི་»«པེ་»«སྣ་»«ཞོལ་»+ལ། ⑩«སྣར་»«ཅོ་»«ཞོལ་»+ལ། ⑪«པེ་»དེ། ⑫«གཡུང་»«ཅོ་»+ལ། ⑬«གཡུང་»«པེ་»གཟུང་། ⑭«ཅོ་»–དོན། ⑮«ལི་»«པེ་»དོ།

༩༨༩ ①«ཅོ་»སྣན། ②«སྣར་»«ཁུ་»སྤྱོད། ③«ལི་»«སྣར་»«ཞོལ་»བྱས་ཏེ། ④«གཡུང་»«པེ་» «ཅོ་»གིས། ⑤«གཡུང་»«པེ་»ཅད། ⑥«ཅོ་»གཏང་། ⑦«ཅོ་»+བ། ⑧«གཡུང་»«པེ་» པར། ⑨«ལི་»–ནི།

༩༩༠ ①«ཅོ་»+རྣམས། ②«ལི་»–ནི། ③«སྣར་»«ཞོལ་»+བྱམས་པ་ཆེན་པོ་ནི་ཡོ་བྱད་དོ།། ④«ལི་»བཟློ། ⑤«ཅོ་»བསྡུད།

༩༩༡ ①«ཅོ་»བཏོང་། ②«གཡུང་»«པེ་»སྤུང་། ③«གཡུང་»«པེ་»ངེས། ④«གཡུང་»«པེ་»«ཅོ་» –བཞིན་པ་དང་། ⑤«སྣར་»«ཞོལ་»བྱ། ⑥«གཡུང་»སྐྱིན། ⑦«ཅོ་»ཡོད་གང་། ⑧«གཡུང་»«པེ་» «ཅོ་»–སྣ། ⑨«ཅོ་»གྱིས། ⑩«ཞོལ་»བྱའི། ⑪«ལི་»«སྣར་»«ཅོ་»«ཞོལ་»མནོས། ⑫«ལི་» «སྣར་»«ཞོལ་»–གྱི། ⑬«གཡུང་»«པེ་»པ། ⑭«ཅོ་»+དེ་ལྟར་སྤྱོད་པས་དགའ་བར་སྤྱོད་དེ། ⑮«སྣར་»«ཞོལ་»ཞིང་།

༩༩༢ ①«ཅོ་»འགྱུར་བ། ②«གཡུང་»«པེ་»ལས་ལོང་ཤིང་། «ལི་»ལ་ལོང་ཤིག་དང་། «སྣར་»ལས་ལོང་ཞིག་ དང་། «ཞོལ་»ལས་ལོངས་ཤིག་དང་། ③«ལི་»གཞོན། ④«སྣར་»«ཞོལ་»བྱ། ⑤«ཅོ་»–ཅི་ཡང་རུང་། ⑥«ཞོལ་»བྱའི། ⑦«གཡུང་»«པེ་»+སུ། ⑧«སྣར་»སྤྱུར། ⑨«ལི་»«པེ་»«ཅོ་»བཙུགས། ⑩«ལི་» «པེ་»སྐྱིད་པར། ⑪«གཡུང་»«ལི་»«པེ་»«སྣར་»«ཅོ་»«ཞོལ་»ལྟར། ⑫«གཡུང་»«པེ་»པར། ⑬«པེ་»བཏགས། ⑭«ཁུ་»གིས། ⑮«ལི་»«སྣར་»«ཅོ་»«ཞོལ་»འཁོན། ⑯«ལི་»འཐབ་ཅིང་མཁོན «སྣར་»«ཞོལ་»འཐབ་ཅིང་འཁོན། «ཅོ་»འཐབ་ཤིང་འཁོན། ⑰«ཅོ་»དགུག

༩༩༣ ①«གཡུང་»«ལི་»«པེ་»«སྣར་»«ཅོ་»ཀལ། ②«པེ་»ལ། ③«གཡུང་»«པེ་»ཟད། «ཅོ་»བཟོད། ④«ཞོལ་»ཀྱི། ⑤«གཡུང་»«ཅོ་»–རྣམས། ⑥«ཅོ་»–གང་། ⑦«གཡུང་»«པེ་»«སྣར་»«ཅོ་»བྱུང་། ⑧«གཡུང་»«ལི་»«པེ་»«སྣར་»«ཅོ་»«ཞོལ་»ཕྲད། ⑨«གཡུང་»«པེ་»«སྣར་»«ཅོ་»«ཞོལ་»ལས། ⑩«ཅོ་»–ནོ། ⑪«ཅོ་»–འཐོབ་པ། ⑫«ཅོ་»+མ། ⑬«ཞོལ་»ཀྱི། ⑭«ཅོ་»–དོན། ⑮«ལི་»

བྱས་ཤིག «སྣར་»«ཞོལ་»བྱ་ཞིག ⑮«པེ་»བསྒྲུབ། ⑯«ཅོ་»–སྒོམ་པ། ⑰«ཅོ་»–ཆེན། ⑱«ཞོལ་»ཞིང་།

༤༩༤ ①«ཅོ་»+འདི་ལ། ②«ལི་»–དཔའ། ③«ལི་»–བར། ④«ཞོལ་»བྱའི། ⑤«གཡུང་»«པེ་»རྩོམ། ⑥«ཅོ་»པའི། ⑦«གཡུང་»«པེ་»བསྒོམ། «ཅོ་»སྒོམས། ⑧«ཅོ་»–ཏུ། ⑨«ཅོ་»བརྩོམ།

༤༩༥ ①«གཡུང་»མང་། ②«ལི་»བཟློ། ③«པེ་»ཤིག ④«གཡུང་»«པེ་»གཡེང་བར། ⑤«སྣར་»«ཞོལ་»འཇོག ⑥«ཅོ་»–ལ། ⑦«གཡུང་»«པེ་»རྟོགས། ⑧«ཅོ་»–དེ་སེམས་ཅན། ⑨«ཅོ་»–རྟོག་པར། ⑩«གཡུང་»«པེ་»བསྒྲུབ་ཏེ། «ལི་»«སྣར་»«ཞོལ་»བསྒྲུབས་ཏེ། «ཅོ་»བསྒྲུབ་སྟེ།

༤༩༦ ①«གཡུང་»«ལི་»«པེ་»འདས་ཏེ། ②«སྣར་»«ཞོལ་»ཉམས་ཏེ། «ཅོ་»ཉམས་སྟེ། ③«ཅོ་»–ན། ④«གཡུང་»«པེ་»–རྣམས།

༤༩༧ ①«ཞོལ་»དོ། ②«གཡུང་»«པེ་»དེ། ③«ཞོལ་»ལོངས། ④«གཡུང་»«པེ་»སྲུང་། ⑤«གཡུང་»«པེ་»སྒོམ། ⑥«གཡུང་»«པེ་»རྩོམ། ⑦«གཡུང་»«ལི་»«པེ་»«ཅོ་»ཞོག་ཤིག «སྣར་»«ཞོལ་»གཞོག་ཅིག ⑧«ཅོ་»«ཞོལ་»སྒོམ། ⑨«གཡུང་»«ལི་»གསོའ། ⑩«ཅོ་»–སྐྱེས་བུའམ། ⑪«ཅོ་»–ཚོར་བ…པོའམ། ཤེས་པ་པོ་འམ། ⑫«ཅོ་»གིས།

༤༩༨ ①«གཡུང་»«པེ་»+མེད་པོ།

༤༩༩ ①«སྣ་»«ཞོལ་»+བྱམས་པ་ཆེན་པོའམ། ②«ཅོ་»རྣམས་སམ། ③«གཡུང་»«པེ་»དང་། ④«གཡུང་»«པེ་»འམ། ⑤«གཡུང་»«པེ་»དེས། ⑥«གཡུང་»«པེ་»«སྣར་»«ཅོ་»«ཞོལ་»པ། ⑦«ཞོལ་»པར། ⑧«གཡུང་»«པེ་»+ལ། ⑨«གཡུང་»«པེ་»«སྣ་»«ཅོ་»«ཞོལ་»བར། ⑩«ཅོ་»གྱིས།

༥༠༠ ①«ཅོ་»ཏེ། ②«ཅོ་»–ཅེས། ③«པེ་»དེ། ④«ཞོལ་»ལོངས། ⑤«གཡུང་»«སྣར་»«ཅོ་»«ཞོལ་»–འཛིན། ⑥«ལི་»–འདི་ལ། ⑦«གཡུང་»«པེ་»ནི། ⑧«ཅོ་»–དེ་དག ⑨«གཡུང་»«ལི་»«པེ་»«སྣར་»«ཅོ་»–དེ། ⑩«ཅོ་»+ཟེར་ཏེ།

༥༠༡ ①«གཡུང་»«པེ་»–ལ། ②«སྣར་»«ཞོལ་»དོ། «ཅོ་»–དེ། ③«གཡུང་»«ལི་»«པེ་»«སྣར་»«ཅོ་»«ཞོལ་»སུ། ④«ཅོ་»+རབ་འབྱོར་དེ་ལྟར་ན་བྱང་ཆུབ་ལ་སྦྱོར་རོ།། ⑤«ཁུ་»དོ། ⑥«གཡུང་»–རོ།

༥༠༢ ①«ཅོ་»–ལྡེ། ②«ཅོ་»འཐོབ། ③«ལི་»བ། ④«པེ་»དང་། ⑤«གཡུང་»«ཅོ་»བ། ⑥«ཞོལ་»དགའ།

༥༠༣ ①«ཞོལ་»ཀྱི། ②«ལི་»–ཏུ། ③«གཡུང་»«པེ་»«ཞོལ་»བར། ④«གཡུང་»«ལི་»«པེ་»«སྣར་»«ཞོལ་»དེ། ⑤«ཞོལ་»གཟུང་། ⑥«གཡུང་»«པེ་»སྤྱད། ⑦«གཡུང་»«ལི་»«པེ་»«སྣར་»«ཅོ་»«ཁུ་»«ཞོལ་»བ། ⑧«ཞོལ་»སྲོང་། ⑨«ལི་»སླམས། ⑩«སྣར་»«ཅོ་»+ལ། «ཞོལ་»ཕྱོད་ལ། ⑪«ཞོལ་»གྱི། ⑫«གཡུང་»«པེ་»གྱིས། ⑬«ལི་»«སྣར་»«ཞོལ་»+ལ། ⑭«གཡུང་»+ལ། ⑮«གཡུང་»«པེ་»སྟེ། ⑯«གཡུང་»«པེ་»སྒྲུབ།

༥༠༤ ①«ཅོ་»ཀྱི། ②«ལི་»སྤྱོད། ③«ཅོ་»–དེ་ལྟར། ④«གཡུང་»«པེ་»ཅད། ⑤«གཡུང་»«ལི་»«པེ་»«སྣར་»«ཞོལ་»བཏང་། ⑥«ལི་»«སྣར་»«ཞོལ་»བྱེད། «པེ་»བྱེ། «ཅོ་»བྱིན། ⑦«གཡུང་»དེ།

༥༠༥ ①«ལི་»ཀྱིས། ②«ཅོ་»འཇིག ③«སྣར་»«ཞོལ་»+བྱམས་པ་ཆེན་པོ་ནི། ཕོ་བྱད་དོ།། ④«གཡུང་»«པེ་»བཙྭ་བརྒྱད། «ལི་»བཙྭོ་བརྒྱད། «སྣར་»«ཅོ་»«ཞོལ་»བཅོ་བརྒྱད། ⑤«པེ་»དོ། ⑥«ཞོལ་»གི། ⑦«ཅོ་»པ་ལ། ⑧«ཅོ་»–ན།

༥༠༦ ①«ཅོ་»–ཕྱིད། ②«གཡུང་»«ཅོ་»པ། ③«པེ་»ཤིག «ཅོ་»ཤིགས། ④«གཡུང་»«པེ་»སྤུང་། ⑤«ཅོ་»གཞོན། ⑥«སྣར་»«ཞོལ་»བྱུ། ⑦«གཡུང་»«པེ་»+ཅི། ⑧«གཡུང་»«ལི་»«པེ་»«སྣར་»«ཅོ་»«ཞོལ་»–པ། ⑨«ཞོལ་»བྱའོ། ⑩«ལི་»«སྣར་»«ཅོ་»«ཞོལ་»མཚོས། ⑪«ཅོ་»«ཞོལ་»ཀྱིས། ⑫«སྣར་»ཀྱིང་། ⑬«ཅོ་»+ཕ་རོལ་ཏུ་ཕྱིན་པའི།

༥༠༧ ①«སྣར་»«ཞོལ་»ཞིང་། ②«ཅོ་»འགྱུར། ③«ཅོ་»–དེ། ④«གཡུང་»«ལི་»«པེ་»«ཅོ་»ཡོང་ཤིག «སྣར་»ཡོང་ཞིག ⑤«གཡུང་»«པེ་»གཞོན། ⑥«སྣར་»«ཞོལ་»བྱུ། ⑦«ཞོལ་»བྱའི། ⑧«གཡུང་»«ལི་»«པེ་»«སྣར་»«ཅོ་»«ཞོལ་»+བྱའོ། ⑨«པེ་»གཙུགས། «ཅོ་»བཙུགས། ⑩«གཡུང་»«པེ་»ཀྱི། «ཅོ་»–ཀྱིས།

༥༠༨ ①«ཅོ་»བཏགས། ②«གཡུང་»«ལི་»«པེ་»མཁོན། ③«ལི་»མྱེད། ④«གཡུང་»«ལི་»«པེ་»«ཅོ་»པ་ཡང་། «སྣར་»«ཞོལ་»པའང་། ⑤«གཡུང་»«ལི་»«པེ་»འཐབས་ཤིང་མཁོན། «ཞོལ་»འཐབ་ཅིང་འཁོན། ⑥«ཅོ་»དབྱུགས། ⑦«གཡུང་»«ལི་»«པེ་»«སྣར་»«ཅོ་»རྒལ། ⑧«ཅོ་»རྟོགས། ⑨«ཅོ་»+རོ། ⑩«གཡུང་»«པེ་»«ཅོ་»–དག ⑪«གཡུང་»«ལི་»«པེ་»«སྣར་»«ཞོལ་»བཟད། ⑫«ལི་»«ཞོལ་»–དང་། ⑬«ཞོལ་»གྱི། ⑭«ཅོ་»ཐོབ། ⑮«གཡུང་»«ལི་»«པེ་»«སྣར་»«ཅོ་»བྱུང་། ⑯«ལི་»«སྣར་»«ཞོལ་»གྱུར་པ། ⑰«ཅོ་»–སུ། ⑱«གཡུང་»«པེ་»«ཞོལ་»ཐོབ། ⑲«ལི་»«པེ་»ལྟ། ⑳«ཅོ་»ལྟར། ㉑«ཞོལ་»གྱི། ㉒«ཅོ་»བའི། ㉓«སྣར་»«ཞོལ་»ཞིག ㉔«ལི་»ལྟར། ㉕«གཡུང་»«པེ་»པས་སྒྲུབ། «ཅོ་»པ་བསྒྲུབས།

༥༠༩ ①«སྣར་»«ཞོལ་»ཞིང་། ②«གཡུང་»«པེ་»+སེམས་ཅན་རྣམས། ③«གཡུང་»«པེ་»–སེམས་ཅན་… རྣམས། ④«ཅོ་»ཏེ། ⑤«ལི་»ན། ⑥«གཡུང་»དེ་ལས། ⑦«ཞོལ་»བྱའི། ⑧«གཡུང་»«པེ་»རྩོམ། ⑨«ཞོལ་»ཀྱི། ⑩«ཅོ་»–སུ། ⑪«ཞོལ་»ཐོབ།

༥༡༠ ①«ཁུ་»བསྐུལ། ②«ཅོ་»གིས། ③«ཁུ་»འདི། ④«པེ་»«ཅོ་»སྤྱོར་ཅིང་། «སྣར་»«ཞོལ་»སྦྱར་ཞིང་། ⑤«ཅོ་»པོ། ⑥«གཡུང་»«པེ་»«སྣར་»«ཅོ་»«ཞོལ་»+རྣམས། ⑦«གཡུང་»«པེ་»ཉིས་བརྒྱ་དགུ་བཅུ་གཅིག «ལི་»བཅུ། «སྣར་»«ཅོ་»ཉིས་བརྒྱ་གོ་གཅིག «ཞོལ་»ཉིས་བརྒྱ་གོ་གཉིས། ⑧«ཅོ་»པོ། ⑨«སྣར་»«ཞོལ་»འཇོག ⑩«ཅོ་»–དེ། ⑪«གཡུང་»«པེ་»«སྣར་»«ཅོ་»«ཞོལ་»+དག ⑫«ཅོ་»+གང་། ⑬«ཅོ་»གི།

༥༡༡ ①«ཅོ་»–དེ། ②«ཅོ་»–དེ་སེམས་ཅན། ③«ཅོ་»བསྒྲུབ། ④«གཡུང་»«པེ་»«ཅོ་»བསྒྲུབས་ཏེ། «ལི་»«སྣར་»«ཁུ་»བསྒྲུབ་སྟེ། ⑤«གཡུང་»«པེ་»གཏང་། ⑥«ཅོ་»–པ། ⑦«ཅོ་»སྒོམས། ⑧«སྣར་»«ཞོལ་»ཉམས་ཏེ།

༥༧༢ ①«ཅོ་»–སུ། ②«སྣར་»ཀོམ། «ཅོ་»+མོ། ③«གཡུང་»«པེ་»«ཅོ་»«སྣར་»«ཞོལ་»དེ། ④«ཞོལ་»ཡོངས། ⑤«གཡུང་»«ལི་»«པེ་»སྲུང་། ⑥«གཡུང་»«ལི་»«པེ་»སྨོམ། ⑦«གཡུང་»«པེ་»རྩོམ། ⑧«སྣར་»«ཞོལ་»གཞོག་ཅིག ⑨«ལི་»«སྣར་»«ཞོལ་»སྨོམ། ⑩«གཡུང་»«ལི་»གསོའ། ⑪«གཡུང་»«པེ་»–རྣམས། ⑫«གཡུང་»–པའི།

༥༧༣ ①«ལི་»པ་དང་། ②«སྣར་»«ཞོལ་»+བྱམས་པ་ཆེན་པོའམ། ③«ལི་»ཆུད་འམ། ④«གཡུང་»«པེ་»རྟོག་ཤིག «ལི་»རྟོགས་ཅིག ⑤«པེ་»འདོམས། ⑥«ཁུ་»གྱུར་པ། ⑦«ཅོ་»–བ། ⑧«ཅོ་»སོ། ⑨«ཞོལ་»གྱིས།

༥༧༤ ①«ཅོ་»–ཅན། ②«ཅོ་»སྒྱོད་ཅིང་། ③«ཅོ་»བཏོང་། ④«སྣར་»«ཅོ་»«ཞོལ་»–འཛིན། ⑤«པེ་»པར། ⑥«གཡུང་»«པེ་»ནི། ⑦«ཅོ་»–དེ། ⑧«གཡུང་»«པེ་»«ཅོ་»+དེ། ⑨«ཅོ་»–དེ།

༥༧༥ ①«ཅོ་»སེམ། ②«གཡུང་»«པེ་»བཟོད། ③«གཡུང་»«པེ་»སྦྱིན། ④«ཅོ་»དོ། ⑤«ཅོ་»དེ། ⑥«ལི་»–དེ་ཡང་། ⑦«ཅོ་»–དེ།

༥༧༦ ①«ལི་»རྫུལ། ②«གཡུང་»–ལ། ③«གཡུང་»«ལི་»«པེ་»«སྣར་»སྐུལ་བ། «ཅོ་»བསྐུར་བར། ④«གཡུང་»«པེ་»པར། ⑤«ཅོ་»+ཏུ། ⑥«གཡུང་»བརྒྱ། ⑦«གཡུང་»«པེ་»–མ། ⑧«ཞོལ་»ཀྱི།

༥༧༧ ①«ལི་»«སྣར་»«ཞོལ་»དག་ཀུང་། ②«གཡུང་»«པེ་»«ཅོ་»«ཞོལ་»བར། ③«ཞོལ་»པོར། ④«གཡུང་»«པེ་»སྦྱུད། ⑤«ཞོལ་»སྨོང་། ⑥«ལི་»«སྣར་»«ཞོལ་»བའི་རྒྱལ་པོ། ⑦«ཅོ་»ན། ⑧«གཡུང་»«པེ་»«སྣར་»«ཅོ་»«ཞོལ་»+དེ། ⑨«སྣར་»«ཅོ་»«ཞོལ་»ལ། ⑩«ཞོལ་»གྱི། ⑪«གཡུང་»«པེ་»«ཞོལ་»གྱི། ⑫«པེ་»དེ། ⑬«ལི་»གཟུང་། ⑭«གཡུང་»«པེ་»སོ། ⑮«ཅོ་»–ཤིང་། «ཞོལ་»བྱེད་ཅིང་། ⑯«གཡུང་»«པེ་»དོ། ⑰«ཅོ་»པོས། ⑱«གཡུང་»«པེ་»«སྣར་»«ཅོ་»«ཞོལ་»བྱ་སྟེ།

༥༧༨ ①«གཡུང་»«པེ་»ཅད།

༥༧༩ ①«ཅོ་»–གཟུངས་ཀྱི་སྔོ་རྣམས་ནི་ཡོ་བྱད་དོ།། ②«ལི་»–རྣམས། ③«སྣར་»«ཞོལ་»+བྱམས་པ་ཆེན་པོ་ནི། ཡོ་བྱད་དོ།། ④«ལི་»«ཅོ་»དོ། ⑤«ཅོ་»གྱི། ⑥«ཁུ་»དེ། ⑦«པེ་»«ཁུ་»ཤིག ⑧«གཡུང་»«པེ་»སྲུང་། ⑨«གཡུང་»«ལི་»«པེ་»«སྣར་»«ཅོ་»«ཞོལ་»ཁྲིད།

༥༨༠ ①«གཡུང་»«པེ་»གཞོན། ②«སྣར་»«ཞོལ་»བྱུ། ③«ཅོ་»–བའི། ④«གཡུང་»«པེ་»«ཅོ་»གཞོན། ⑤«ཅོ་»+དང་། ⑥«ཅོ་»–ནོར་བུ་དང་། ⑦«སྣར་»«ཞོལ་»བྱུ། ⑧«ལི་»«སྣར་»«ཁུ་»བའི། ⑨«ཅོ་»–གྱི་བར། ⑩«ཞོལ་»བྱའི། ⑪«ལི་»«སྣར་»«ཞོལ་»མནོས། ⑫«ལི་»«པེ་»སྦྱོར་ཅིང་། «སྣར་»«ཞོལ་»སྦྱར་ཞིང་། ⑬«གཡུང་»«པེ་»«སྣར་»«ཞོལ་»བཀོད།

༥༨༡ ①«ལི་»«པེ་»ཞེ་ན། ②«ཅོ་»+སེམས་ཅན་རྣམས། ③«ཅོ་»+སྦྱོར་བ་ཡིན་ཞེ་ན། ④«གཡུང་»«པེ་»«སྣར་»«ཅོ་»«ཞོལ་»+བྱེད་པར། ⑤«སྣར་»ཡོང་ཞིག «ཞོལ་»ཡོངས་ཤིག ⑥«གཡུང་»«པེ་»གཞོན། ⑦«སྣར་»«ཞོལ་»བྱུ། ⑧«ཞོལ་»བྱའི། ⑨«ཅོ་»–ཅེས། ⑩«གཡུང་»སྦྱོད། ⑪«གཡུང་»«པེ་»«ཅོ་»བཙུགས། ⑫«གཡུང་»«པེ་»«སྣར་»«ཅོ་»«ཞོལ་»གྱུར་པ། ⑬«གཡུང་»«པེ་»«སྣར་»«ཅོ་»

«ཞོལ་»ལྷར། ⑭«ལི་»བཏགས། ⑮«གཡུང་»«པེ་»«སྣར་»«ཅོ་»«ཞོལ་»གི། ⑯«ལི་»མཁོན།

༥༢༢ ①««ལི་»འཐབ་ཅིང་མཁོན། «སྣར་»«ཞོལ་»འཐབ་ཅིང་འཁོན། «ཅོ་»འཐབས་ཅིང་འཁོན། ②«སྣར་»«ཞོལ་»དཔྱིག ③«ལི་»ཀྱིས་འདྲེན། «ཅོ་»གྱི་འདྲེ། ④«གཡུང་»«ལི་»«པེ་»«སྣར་»«ཅོ་»རྒྱལ། ⑤«ཅོ་»པ། ⑥«ཅོ་»རྟོགས། ⑦«ཅོ་»འཁྲུག ⑧«གཡུང་»«པེ་»སྐྱེས། ⑨«ཞོལ་»གྱི། ⑩«གཡུང་»«ལི་»«པེ་»«སྣར་»«ཅོ་»«ཞོལ་»ཐོབ། ⑪«གཡུང་»«ལི་»«པེ་»«སྣར་»«ཅོ་»བྱུང་། ⑫«གཡུང་»«པེ་»«ཅོ་»«ཞོལ་»ཐོབ། ⑬«ཞོལ་»གྱི། ⑭«ཅོ་»—འདི། ⑮«སྣར་»«ཞོལ་»ཞིག ⑯«གཡུང་»«པེ་»པས། ⑰«ཕུ་»བསྒོམ། ⑱«ལི་»«པེ་»སྒྱུར་ཅིང་། «སྣར་»«ཞོལ་»སྒྱུར་ཞིང་། «ཕུ་»སྒྱུད་ཅིང་། ⑲«ལི་»འགོད།

༥༢༣ ①«ལི་»བ། ②«ལི་»རྣམས། ③«གཡུང་»«པེ་»རྫོམ། ④«ཅོ་»—རྣམས། ⑤«ཅོ་»བསྒོམ། ⑥«ཅོ་»ཐོབ། ⑦⑧⑨«ཅོ་»ཐོབ།

༥༢༤ ①«གཡུང་»«པེ་»རྫོན། ②«སྣར་»«ཞོལ་»ཞིང་། ③«ལི་»འགོད། ④«གཡུང་»«པེ་»པ་ལ། ⑤«ཅོ་»—རྣམས། ⑥«སྣར་»«ཞོལ་»འཇོག ⑦«གཡུང་»«པེ་»དོ། ⑧«ཅོ་»—ལ། ⑨«ལི་»+ཟེར། ⑩«ལི་»—དེ་སེམས་ཅན། ⑪«གཡུང་»«ལི་»«པེ་»«སྣར་»«ཅོ་»བསྒྲུབ། ⑫«གཡུང་»«པེ་»«ཅོ་»བསྒྲུབ། ⑬«ལི་»ཅད། «ཞོལ་»བཅད།

༥༢༥ ①«གཡུང་»—པ། ②«ལི་»བསྒོམ། «ཅོ་»སྒོམས། ③«གཡུང་»«ལི་»«པེ་»འདས་ཏེ། ④«སྣར་»«ཅོ་»«ཞོལ་»ཉམས་ཏེ། ⑤«ལི་»«པེ་»ནས། ⑥«ཅོ་»ཛེ། ⑦«ལི་»«པེ་»+སོ།

༥༢༦ ①«གཡུང་»«པེ་»དོ། ②«ཞོལ་»ཡོངས། ③«གཡུང་»«པེ་»སྤྱང་། ④«གཡུང་»«ལི་»«པེ་»སྒོམ། ⑤«གཡུང་»«པེ་»རྫོམ། ⑥«ཅོ་»སྒོམས། ⑦«སྣར་»«ཞོལ་»གཞོག་ཅིག ⑧«གཡུང་»«ལི་»«པེ་»«ཞོལ་»སྒོམ། ⑨«ལི་»གསོལ།

༥༢༧ ①«གཡུང་»«པེ་»པར། ②«ལི་»པའི། ③«ལི་»འམ། ④«གཡུང་»«ལི་»«པེ་»«སྣར་»«ཅོ་»«ཞོལ་»—རྟོགས་ཤིག ⑤«ཕུ་»དེ་ལ། ⑥«ལི་»—དེ།

༥༢༨ ①«ལི་»+རྒྱལ། ②«ལི་»+སྦྱིན་པའི་ཕ་རོལ་ཏུ་ཕྱིན་པ་ལ་སྤྱོད་ཅིང་། ③«སྣར་»གཏང་། ④«སྣར་»«ཅོ་»«ཞོལ་»—འཛིན། ⑤«གཡུང་»«སྣར་»«ཅོ་»«ཞོལ་»ན། ⑥«ཅོ་»—ཡང་།

༥༢༩ ①«གཡུང་»«པེ་»བཟུང་། ②«ལི་»ཤེས་རབ། ③«ཅོ་»པར།

༥༣༠ ①«གཡུང་»«པེ་»ཐོབ། ②«ཅོ་»སྤུ། ③«ཞོལ་»གཞིས། ④«ལི་»དོ། ⑤«ལི་»«པེ་»«སྣར་»«ཞོལ་»+རྣམས། ⑥«གཡུང་»—རབ།

༥༣༡ ①«ཅོ་»«ཞོལ་»བར། ②«གཡུང་»བཀའ། ③«གཡུང་»«པེ་»ཉོན་མོངས། ④«ཞོལ་»ཀྱི། ⑤«གཡུང་»«ལི་»«པེ་»«སྣར་»«ཅོ་»«ཞོལ་»—ཅག ⑥«གཡུང་»བོ། ⑦«ལི་»«པེ་»«སྣར་»བ་བྱེད་དོ། «ཞོལ་»བར་བྱེད་དོ། ⑧«གཡུང་»སྤྱད། ⑨«ཞོལ་»སྤྱོང་། ⑩«གཡུང་»«པེ་»སྤེ། ⑪«ཅོ་»གྱིས། ⑫«གཡུང་»«པེ་»—དེ། ⑬«ལི་»«སྣར་»«ཅོ་»«ཞོལ་»+ལ། ⑭«ཕུ་»གྱིས། ⑮«ལི་»«པེ་»ལ་ལྟ།

(༡༦)«གཡུང་»དང་།

༥༣༢ (༡)«ཅོ་»ཉིད། (༢)«གཡུང་»«པེ་»སྙེ། (༣)«ཅོ་»རྗེ། (༤)«ཞོལ་»བྱེད་ཅིང་། (༥)«གཡུང་»«པེ་»
«བྲུ་»ཅན། (༦)«གཡུང་»བྱིན་པ། «པེ་»བྱིན་ནམ། (༧)«ལི་»ཀྱི། (༨)«ཅོ་»–སྟོང་པ།

༥༣༣ (༡)«གཡུང་»«ཅོ་»–བྱམས་པ་ཆེན་པོ་ནི་ཡོ་བྱད་དོ།། «བྲུ་»བྱམས་པ་ཆེན་པོའི་ནི་ཡོ་བྱད་དོ།། (༢)«གཡུང་»
«པེ་»ཀྱིས།

༥༣༤ (༡)«གཡུང་»«པེ་»དེ། (༢)«ཅོ་»ཤེགས། (༣)«གཡུང་»«པེ་»«ཅོ་»–དག (༤)«གཡུང་»«པེ་»སྲུང་།
(༥)«གཡུང་»«པེ་»གཞོན། (༦)«སྣར་»«ཞོལ་»བྱ། (༧)«ཅོ་»–ནོར་བུ་དང་། (༨)«གཡུང་»«པེ་»མལ།
(༩)«སྣར་»«ཞོལ་»བྱ། (༡༠)«ཅོ་»–བར་གྱིས། (༡༡)«ཞོལ་»བྱའི། (༡༢)«སྣར་»«ཅོ་»«ཞོལ་»མནོས།

༥༣༥ (༡)«གཡུང་»«པེ་»+ཆེན་པོ། (༢)«ཞོལ་»བདག (༣)«ཅོ་»དེ། (༤)«གཡུང་»«པེ་»+ཡོད་པ། (༥)«ཅོ་»–ཡང་།
(༦)«ཅོ་»སྤྱོད་ཅིང་། «ཞོལ་»སྤྱར་ཞིང་། (༧)«ཅོ་»+དེ། (༨)«ཅོ་»–ཡོངས་སུ། (༩)«གཡུང་»«པེ་»ཉིས་
བརྒྱ་དགུ་བཅུ་གཉིས། «ལི་»བཅུ་གཅིག «སྣར་»«ཅོ་»ཉིས་བརྒྱ་གོ་གཉིས། «ཞོལ་»ཉིས་བརྒྱ་གོ་གསུམ།
(༡༠)«གཡུང་»སེམ། (༡༡)«ལི་»འགྱུར་བ། (༡༢)«སྣར་»ཡོང་ཞིག «ཅོ་»«ཞོལ་»ཡོངས་ཤིག (༡༣)«གཡུང་»
«ཅོ་»–ལ། (༡༤)«ཅོ་»–གོས་དང་།

༥༣༦ (༡)«སྣར་»«ཞོལ་»བྱ། (༢)«ཞོལ་»བྱའི། (༣)«གཡུང་»«པེ་»བཙུགས། «ལི་»གཙུག «ཅོ་»
བཙུག (༤)«ལི་»མཁོན། (༥)«ལི་»འཐབས་ཤིང་མཁོན་ཏེ། «ཅོ་»འཐབ་ཤིང་འཁོན་དེ། «ཞོལ་»འཐབ་
ཅིང་འཁོན་ཏེ། (༦)«ཅོ་»དབྱུག (༧)«གཡུང་»«ལི་»«པེ་»«སྣར་»«ཅོ་»«ཞོལ་»རྒལ། (༨)«ཅོ་»+དག
(༩)«ཅོ་»རྟོགས། (༡༠)«ཅོ་»འབྲུག (༡༡)«ལི་»«པེ་»+ཕྱིད། (༡༢)«ཞོལ་»གྱི། (༡༣)«ཅོ་»+ཡང་།
(༡༤)«ཅོ་»གཟུང་། (༡༥)«ཅོ་»–ཡང་། (༡༦)«གཡུང་»«ལི་»«པེ་»«སྣར་»བྱུང། (༡༧)«གཡུང་»«ལི་»«པེ་»
«སྣར་»«ཅོ་»«ཞོལ་»དེ། (༡༨)«ཅོ་»«ཞོལ་»ཐོབ།

༥༣༧ (༡)«ཞོལ་»གྱི། (༢)«སྣར་»«ཞོལ་»ཞིག (༣)«ལི་»འགྱུར། (༤)«ལི་»ཏེ། (༥)«གཡུང་»«པེ་»པས་སྒྲུབ།
«ལི་»«སྣར་»པ་བསྒྲུབ། (༦)«གཡུང་»སྒྲུལ། (༧)«སྣར་»«ཞོལ་»གཞན་གང་། «ཅོ་»གད། (༨)«ཅོ་»
–དེ། (༩)«སྣར་»«ཞོལ་»ཞིང་། (༡༠)«ཅོ་»གྱི། (༡༡)«གཡུང་»«པེ་»+གལ་ཏེ། (༡༢)«པེ་»བརྩོམ།

༥༣༨ (༡)«ཞོལ་»བྱའི། (༢)«གཡུང་»«པེ་»རྩོམ། (༣)«ཅོ་»སམ། (༤)(༥)(༦)(༧)«ཞོལ་»ཐོབ། (༨)«ཅོ་»–ཡང་།
(༩)«སྣར་»«ཞོལ་»ཞིང་། (༡༠)«ཅོ་»–རབ་ཏུ། (༡༡)«གཡུང་»«པེ་»ཏེ། (༡༢)«པེ་»སྤྱར།

༥༣༩ (༡)«སྣར་»«ཞོལ་»འཇོག (༢)«སྣར་»«ཞོལ་»+ཕྱི་ནང་གི། (༣)«ཅོ་»+དེ་ལྟར། (༤)«ཅོ་»བསྒྲུབ།
(༥)«བྲུ་»–པར། (༦)«ཞོལ་»གི། (༧)«ཅོ་»སྒོམས། (༨)«གཡུང་»«ལི་»«པེ་»འདས་ཏེ།

༥༤༠ (༡)«གཡུང་»«པེ་»«སྣར་»«ཞོལ་»ཉམས་ཏེ། (༢)«པེ་»དེ། (༣)«ཞོལ་»ཡོངས། (༤)«ལི་»སྲུང་། (༥)«གཡུང་»
«ལི་»«པེ་»སྒོམ། (༦)«གཡུང་»«ལི་»«པེ་»རྩོམ། (༧)«སྣར་»«ཞོལ་»གཞོག་ཅིག «ཅོ་»གཞོག་ཤིག
(༨)«གཡུང་»«པེ་»«ཅོ་»སྒོམ། (༩)«གཡུང་»«ལི་»གསོལ། (༡༠)«ཅོ་»–ཚོར་བ་པོའམ།

༥༤༡ (༡)«ཅོ་»–དམ། (༢)«ལི་»གིས། (༣)«གཡུང་»–ཐར།

༥༩༢ ①«ལི་»འམ། ②«གཡུང་»«པེ་»པར། ③«ལི་»འམ། «ཅོ་»བམ། ④«ཅོ་»–ཡང་། ⑤«གཡུང་»«པེ་»རྟོག ⑥«གཡུང་»«པེ་»འགྱུར་བ། ⑦«ཅོ་»ལྟ། ⑧«ཅོ་»–རྗེས་སུ། ⑨«ཅོ་»–བ། ⑩«ཅོ་»གྱིས།

༥༩༣ ①«སྣར་»«ཅོ་»«ཞོལ་»–འཛིན། ②«ཅོ་»གྱུར་པ། ③«ཅོ་»+ན། ④«ཅོ་»–དེ། ⑤«གཡུང་»«པེ་»«ཅོ་»བཟུང་། ⑥«གཡུང་»པ། ⑦«ཅོ་»–རྣམས། ⑧«ཅོ་»–བུ།

༥༩༤ ①«ཞོལ་»དང་། ②«ཅོ་»སྤྱ། ③«གཡུང་»བཏངས། ④«ཅོ་»–ཤེས་རབ་ལ་རབ་ཏུ་འགོད་དོ།།

༥༩༥ ①«ཅོ་»+ལ། ②«གཡུང་»«པེ་»«སྣར་»«ཅོ་»«ཞོལ་»བ། ③«ཅོ་»ཀྱི། ④«གཡུང་»«ཅོ་»གྱུར་···པའི། ⑤«ཞོལ་»གིས། ⑥«གཡུང་»ཆད། ⑦«སྣར་»«ཞོལ་»–ཅག ⑧«ཅོ་»བར། ⑨«གཡུང་»«པེ་»དོ། ⑩«ཅོ་»+ན་བྱང་ཆུབ། ⑪«གཡུང་»«ཅོ་»སྤྱད། ⑫«ཅོ་»ན།

༥༩༦ ①«གཡུང་»«སྣར་»«ཅོ་»«ཞོལ་»སྤྱད། ②«ཅོ་»པོའི། ③«ཅོ་»–གང་། ④«ཅོ་»གི། ⑤«ཅོ་»གྱིས། ⑥«ཅོ་»–དེ། ⑦«གཡུང་»–དེ། ⑧«སྣར་»ཕྱིད་ལ་བྱིན་གྱིས། «ཅོ་»ཕྱིར་ལ་བྱིན་ཅིག «ཞོལ་»ཕྱོད་ལ་བྱིན་གྱིས། ⑨«གཡུང་»«སྣར་»«ཅོ་»«ཞོལ་»–པ། ⑩«གཡུང་»«པེ་»+ཡང་། ⑪«གཡུང་»«པེ་»སྟེ། ⑫«ཞོལ་»ཅིང་། ⑬«གཡུང་»«པེ་»བྱས་ཏེ། ⑭«གཡུང་»«པེ་»ཅད། ⑮«ཅོ་»གཏང་། ⑯«གཡུང་»བྱིན། ⑰«ལི་»–ལས། ⑱«གཡུང་»«པེ་»«ཅོ་»བྱ་བ་དེ། «ལི་»«སྣར་»«ཞོལ་»བྱེད་པ་དེ།

༥༩༧ ①«ལི་»གིས།

༥༩༨ ①«སྣར་»«ཞོལ་»+བྱམས་པ་ཆེན་པོ་ནི། ཕོ་བྲད་དོ།། ②«གཡུང་»«པེ་»བཅུ་བརྒྱད། «ཅོ་»བཅོ་བརྒྱད། ③«གཡུང་»«པེ་»«སྣར་»«ཅོ་»«ཞོལ་»+ན། ④«གཡུང་»«ལི་»«པེ་»སྤུང་། ⑤«སྣར་»«ཞོལ་»བྱ། ⑥«ཅོ་»–ཅི། ⑦«ལི་»འཕོངས།

༥༩༩ ①«ཅོ་»བདུས། ②«སྣར་»«ཞོལ་»བྱ། ③«གཡུང་»«ཅོ་»–ཅི། ④«གཡུང་»«པེ་»«སྣར་»«ཅོ་»«ཞོལ་»བ། ⑤«ཞོལ་»བྱའི། ⑥«སྣར་»«ཅོ་»སྔམ། ⑦«སྣར་»«ཅོ་»«ཞོལ་»མཐོས། ⑧«གཡུང་»«པེ་»–ཀྱི། ⑨«སྣར་»«ཞོལ་»གིའང་། «ཅོ་»གིས། ⑩«ཁུ་»དེ། ⑪«ཅོ་»–དེ་ལྟར། ⑫«སྣར་»«ཞོལ་»སྤྱར་ཞིང་། «ཅོ་»སྤྱོར་ཅིང་། ⑬«གཡུང་»«པེ་»པོས། ⑭«གཡུང་»«པེ་»པ་ལ།

༥༥༠ ①«སྣར་»«ཞོལ་»+ཀྱི། ②«གཡུང་»«པེ་»–གང་གིས་ཕོངས་ཤིང་གནོད་སེམས་སུ་བྱེད་པར་གྱུར། ③«སྣར་»ཕོང་ཞིག «ཞོལ་»ཕོངས་ཤིག ④«ཅོ་»+ལ། ⑤«གཡུང་»«པེ་»མལ། ⑥«སྣར་»«ཞོལ་»བྱ། ⑦«ཞོལ་»བྱའི། ⑧«གཡུང་»«པེ་»བཙུགས། ⑨«གཡུང་»«པེ་»«ཅོ་»ཀྱི། ⑩«ལི་»མཁོན། ⑪«གཡུང་»«པེ་»+མངོན་པར་ཞེན་ཏོ།། «སྣར་»«ཅོ་»«ཞོལ་»ལ་མངོན་པར་ཞེན་ཏོ།། ⑫«ཅོ་»+དེ། ⑬«གཡུང་»«པེ་»«ཅོ་»–ཕྱིད། ⑭«ལི་»མཁོན། ⑮«གཡུང་»«པེ་»«སྣར་»«ཞོལ་»དབྱིག «ཅོ་»དབྱུག ⑯«གཡུང་»«པེ་»གྱིས། ⑰«གཡུང་»«ལི་»«པེ་»«སྣར་»«ཅོ་»ཀལ། ⑱«ཁུ་»–དངོས་པོ་དེ་ལ། ⑲«ལི་»ནས།

༥༥༡ ①«ཅོ་»–ཕྱིད། ②«ཅོ་»ཟད། ③«གཡུང་»«པེ་»+དང་། ④«ཞོལ་»གྱི། ⑤«ཅོ་»ཀྱིས།

(༦)«གཡུང་»«ལི་»«པེ་»«ཅོ་»«ཞོལ་»ཐོབ། «སྣར་»ཐབ། (༧)«གཡུང་»«ལི་»«པེ་»«སྣར་»«ཅོ་»བྱུང་།
(༨)«ཅོ་»–ཡང་། (༩)«གཡུང་»«པེ་»དེ། (༡༠)«སྣར་»«ཅོ་»«ཞོལ་»ཐོབ། (༡༡)«གཡུང་»«པེ་»འཚོགས།
(༡༢)«ཞོལ་»གྱི། (༡༣)«སྣར་»«ཞོལ་»ཞིག (༡༤)«གཡུང་»«པེ་»པས། (༡༥)«གཡུང་»«པེ་»«ཅོ་»+ཡང་།
«སྣར་»«ཞོལ་»གིའང་། (༡༦)«སྣར་»«ཞོལ་»ཞིང་།

༥༥༢ (༡)«གཡུང་»«པེ་»«ཅོ་»རྫོད་དེ། «སྣར་»བརྫོད་དེ། «ཞོལ་»བརྫོད་དོ། (༢)«ཅོ་»–ལ། (༣)«གཡུང་»
–ཏེ། (༤)«གཡུང་»«པེ་»བརྩོམ། (༥)«ཅོ་»–བྱེད། (༦)«ཞོལ་»བྱའི། (༧)«གཡུང་»«པེ་»རྩོམ།
(༨)«ཅོ་»ཀྱི། (༩)«ཅོ་»དོ། (༡༠)«ཅོ་»བསྒོམ། (༡༡)«གཡུང་»«པེ་»+ཡང་། (༡༢)«གཡུང་»«པེ་»«ཅོ་»+ཡང་།
«སྣར་»«ཞོལ་»གིའང་། (༡༣)«གཡུང་»«ཅོ་»–དེ། «སྣར་»«ཞོལ་»དེས། (༡༤)«གཡུང་»«ཅོ་»–རབ་ཏུ།
(༡༥)«སྣར་»«ཞོལ་»ཞིང་། (༡༦)«ཅོ་»–བརྩོན་འགྲུས་ལ་རབ་ཏུ་བཀོད་དེ།

༥༥༣ (༡)«སྣར་»«ཞོལ་»འཇོག (༢)«གཡུང་»«སྣར་»«ཅོ་»«ཞོལ་»དེ། (༣)«ལི་»«པེ་»འདོམས། (༤)«ཅོ་»
–དག (༥)«གཡུང་»«པེ་»«སྣར་»«ཅོ་»«ཞོལ་»–བྱེད། (༦)«ཅོ་»–ནས། (༧)«ལི་»«སྣར་»«ཅོ་»
བསྒྲུབ། (༨)«གཡུང་»«ལི་»«པེ་»བསྒྲུབས་ཏེ། «ཅོ་»བསྒྲུབ་ཏེ། (༩)«ལི་»«པེ་»+ཆེན་པོ།

༥༥༤ (༡)«ཅོ་»–པས། (༢)«ལི་»བསྒོམ། (༣)«གཡུང་»«པེ་»འདས་སྟེ། «ལི་»འདས་ཏེ། (༤)«གཡུང་»«ཅོ་»
–བྱང་ཆུབ་ཀྱི་ལམ་ལས་ཡོངས་སུ། (༥)«གཡུང་»«པེ་»ཉམས་སྟེ། «སྣར་»«ཞོལ་»ཉམས་ཏེ། «ཅོ་»མཉམ་
སྟེ། (༦)«གཡུང་»«པེ་»བསྟུད། (༧)«ཅོ་»ནོ། (༨)«པེ་»འདོམས། (༩)«པེ་»དེ། (༡༠)«ཞོལ་»ཡོངས།
(༡༡)«གཡུང་»«ལི་»«པེ་»སྤྱང་། (༡༢)«གཡུང་»«ལི་»«པེ་»སྒོམ། (༡༣)«གཡུང་»«ལི་»«པེ་»རྩོམ། (༡༤)«སྣར་»
«ཞོལ་»གཞོག་ཅིག

༥༥༥ (༡)«གཡུང་»«པེ་»«ཅོ་»སྒོམ། (༢)«གཡུང་»«ལི་»གསོའ།

༥༥༦ (༡)«ལི་»འམ། (༢)«གཡུང་»«ལི་»«པེ་»འམ། (༣)«གཡུང་»«པེ་»རྟོག (༤)«ཅོ་»ཏོ། (༥)«ཅོ་»ལྷག

༥༥༧ (༡)«གཡུང་»ན། (༢)«ཅོ་»གཏང་། (༣)«ཅོ་»དག (༤)«སྣར་»«ཞོལ་»–འཛིན། (༥)«ཅོ་»ནི།
(༦)«ཅོ་»–དེ། (༧)«ཞོལ་»+གྱི། (༨)«ལི་»«པེ་»+ན། (༩)«ཅོ་»པ།

༥༥༨ (༡)«ལི་»པ། (༢)«ཅོ་»–བུ། (༣)«གཡུང་»«པེ་»«སྣར་»«ཅོ་»«ཞོལ་»སྤྱོད། (༤)«ཅོ་»དོ། (༥)«ཅོ་»
–གི། (༦)«ལི་»སླམ། (༧)«གཡུང་»«པེ་»–དེ། (༨)«གཡུང་»«ལི་»«པེ་»«སྣར་»«ཅོ་»«ཞོལ་»དོ།
(༩)«ལི་»–བ། (༡༠)«ལི་»+དེ། (༡༡)«གཡུང་»«པེ་»གྱི།

༥༥༩ (༡)«ལི་»རྣམས། (༢)«སྣར་»«ཞོལ་»+དེ་བཞིན་གཤེགས་པའི་སྟོབས་བཅུ་ལ་རབ་ཏུ་འགོད་དོ། །མི་འཇིགས་
པ་བཞི་ལ་རབ་ཏུ་འགོད་དོ། །སོ་སོ་ཡང་དག་པར་རིག་པ་བཞི་ལ་རབ་ཏུ་འགོད་དོ། །བྱམས་པ་ཆེན་པོ་ལ་རབ་
ཏུ་འགོད་དོ། །སྙིང་རྗེ་ཆེན་པོ་ལ་རབ་ཏུ་འགོད་དོ། །སངས་རྒྱས་ཀྱི་ཆོས་མ་འདྲེས་པ་བཅོ་བརྒྱད་ལ་རབ་ཏུ་····
འགོད་དོ།། (༣)«གཡུང་»«པེ་»«སྣར་»«ཅོ་»«ཞོལ་»པའི། (༤)«གཡུང་»«པེ་»བྱའོ། (༥)«ཞོལ་»
+རང་བྱང་ཆུབ་ཐོབ་པར་བྱེད་དོ།། (༦)«ལི་»«པེ་»«ཅོ་»«ཁུ་»བར། (༧)«གཡུང་»«ཅོ་»བཀའ།

༥༦༠ (༡)«ཞོལ་»གྱི། (༢)«པེ་»ཆད། (༣)«ཅོ་»པོ། (༤)«ཅོ་»ནང་། (༥)«སྣར་»«ཅོ་»«ཞོལ་»+ལ། (༦)«ཞོལ་»གྱི།

⑦«གཡུང་»དེ། ⑧«གཡུང་»«པེ་»སྟེ། ⑨«ཞོལ་»བྱེད་ཅིང་། ⑩«གཡུང་»«ལི་»«པེ་»«ཅོ་»–གང་། ⑪«གཡུང་»«པེ་»སྟེ། ⑫«ཅོ་»–ན། ⑬«ལི་»«སྣར་»«ཞོལ་»དོ། ⑭«ཅོ་»བུ།

༥༦༡ ①«གཡུང་»«པེ་»«ཅོ་»པོས། ②«གཡུང་»«པེ་»བྱས་ཏེ། ③«གཡུང་»«པེ་»ཅད། ④«ཕུ་»གཏང་།

༥༦༢ ①«གཡུང་»«པེ་»སྟོམས་པ། «ཅོ་»སྟོམ་པར། ②«སྣར་»«ཞོལ་»+བྱམས་པ་ཆེན་པོ་ནི། ཕོ་བྱད་དོ། ③«ཅོ་»དེ། ④«གཡུང་»«པེ་»«སྣར་»«ཞོལ་»དེ། ⑤«པེ་»དོ། ⑥«ཅོ་»གི། ⑦«ཅོ་»–རྒྱས། ⑧«གཡུང་»«པེ་»ཉིས་བརྒྱ་དགུ་བཅུ་གསུམ། «ལི་»བཅུ་གཉིས། «སྣར་»«ཅོ་»ཉིས་བརྒྱ་གོ་གསུམ། «ཞོལ་»ཉིས་བརྒྱ་གོ་བཞི།

༥༦༣ ①«ལི་»སྤུང་། ②«སྣར་»«ཞོལ་»བུ། ③«ལི་»ཕོངས་པས། «ཅོ་»འཕོངས་པའི་ཕྱིར། ④«གཡུང་»སྐོམ། ⑤«གཡུང་»«པེ་»མལ། ⑥«སྣར་»«ཞོལ་»བུ། ⑦«གཡུང་»–ཆེ། ⑧«ཅོ་»གྲིས་པར། «ཞོལ་»གྲིས་ར། ⑨«ཞོལ་»བྱའི། ⑩«གཡུང་»«པེ་»«ཕུ་»ལ་གནོས། «སྣར་»«ཅོ་»«ཞོལ་»ལ་མནོས། ⑪«གཡུང་»«པེ་»རིམས་ཀྱིས། ⑫«ཅོ་»དག

༥༦༤ ①«ལི་»+ན། ②«སྣར་»«ཞོལ་»སྤྱུར་ཞིང་། «ཅོ་»སྦྱོར་ཅིང་། ③«ལི་»«ཅོ་»གྱིས། ④«གཡུང་»«པེ་»སྟོ། ⑤«གཡུང་»–ལ། ⑥«ལི་»«སྣར་»དེ། ⑦«གཡུང་»«ལི་»«པེ་»«སྣར་»«ཅོ་»«ཞོལ་»+དེ། ⑧«སྣར་»ཡོང་ཞིག «ཞོལ་»ཡོངས་ཤིག ⑨«གཡུང་»«སྣར་»«ཅོ་»«ཞོལ་»–ལ། ⑩«ཅོ་»–གོས་དང་། ⑪«གཡུང་»«པེ་»མལ། ⑫«སྣར་»«ཞོལ་»བུ། ⑬«ཞོལ་»བྱའི། ⑭«གཡུང་»«ཅོ་»–ཅེས།

༥༦༥ ①«གཡུང་»«པེ་»བཙུགས། ②«ཅོ་»འགྱུར་བ། ③«ཅོ་»«ཕུ་»གིས། ④«ལི་»མཁོན། ⑤«ཅོ་»གནོས། ⑥«ལི་»འཐབས་ཤིང་མཁོན། «ཅོ་»«ཞོལ་»འཐབ་ཅིང་འཁོན། ⑦«ལི་»དབྱིགས། «ཅོ་»དབྱུག ⑧«གཡུང་»འདྲ། ⑨«གཡུང་»«ལི་»«པེ་»«སྣར་»«ཅོ་»རྒལ། ⑩«ཞོལ་»–ལྟུང་བར། ⑪«ཅོ་»ཟད། ⑫«གཡུང་»«སྣར་»«ཅོ་»«ཞོལ་»པ། ⑬«གཡུང་»«ཅོ་»–གྱིས། «ཞོལ་»གྱི། ⑭«གཡུང་»«པེ་»«ཅོ་»–ཚོས་ཀྱི། ⑮«གཡུང་»«ལི་»«པེ་»«སྣར་»«ཅོ་»བྱུང་། ⑯«གཡུང་»«ལི་»«པེ་»«སྣར་»«ཞོལ་»གྱུར་པ། ⑰«གཡུང་»«པེ་»ཐོབ། ⑱«གཡུང་»«ཅོ་»ལྷར། «པེ་»«ཞོལ་»ལྷ་ཡིན་གྱི། ⑲«སྣར་»«ཞོལ་»ཞིག ⑳«ཅོ་»+ཡང་། ㉑«ཅོ་»དེ།

༥༦༦ ①«ཅོ་»བསྒོམ། ②«ལི་»«སྣར་»«ཞོལ་»–དེ། ③«སྣར་»«ཞོལ་»ཞིང་། ④«ཅོ་»བསྐྱུད། ⑤«གཡུང་»«པེ་»–ལ། ⑥«ལི་»+སེམས་ཅན། ⑦«ཅོ་»–སེམས། ⑧«ཅོ་»+བྲིད་ལ། ⑨«ཅོ་»–བྲིད་ལ། ⑩«གཡུང་»«ཅོ་»–ཉེ་བར། ⑪«ཞོལ་»བྱའི། ⑫«གཡུང་»«པེ་»རྩོམ། «ཅོ་»བརྩོམ། ⑬«གཡུང་»པོའི། «པེ་»པོའི་དེའི། ⑭«པེ་»པའི།

༥༦༧ ①②«ཅོ་»ཐོབ། ③«ཕུ་»གྱིས། ④«ཅོ་»+ཡང་། ⑤«ཅོ་»བརྩོམ། ⑥«སྣར་»«ཞོལ་»ཞིང་། ⑦«ཅོ་»+ན། ⑧«ཅོ་»པོས། ⑨«སྣར་»«ཞོལ་»འཛོག

༥༦༨ ①②«ཅོ་»བསྐྱབ། ③«ལི་»འཇུགས། ④«པེ་»+གི། ⑤«ལི་»«ཅོ་»སྒོམས། ⑥«གཡུང་»«ལི་»

«པེ་»འདས་ཏེ། «ཅོ་»འདས་སྟེ། ⑦«ཅོ་»–པར་རྫོགས། ⑧«པེ་»+བྱང་ཆུབ་ཏུ། ⑨«ལི་»«ཅོ་»–ཀྱི་བར། ⑩«སྣར་»«ཞོལ་»ཉམས་ཏེ།

༥༦༩ ①«ལི་»–སེམས་དཔའ། ②«གཡུང་»རོལ། ③«པེ་»དེ། ④«ཞོལ་»ལོངས། ⑤«གཡུང་»«ལི་»«པེ་»སྤྱང་། ⑥«གཡུང་»«པེ་»སྒོམ། «ལི་»བསྒོམས། ⑦«གཡུང་»«ལི་»«པེ་»རྩོམ། ⑧«སྣར་»«ཞོལ་»གཞོག་ཅིག ⑨«ལི་»«པེ་»«ཞོལ་»སྒོམ། ⑩«གཡུང་»«ལི་»གསོའ། ⑪«བྲུ་»–ཏུ།

༥༧༠ ①«ལི་»འམ། ②«ཅོ་»པར། ③«གཡུང་»«ལི་»«པེ་»འམ། ④«གཡུང་»«པེ་»«ཅོ་»རྟོག

༥༧༡ ①«གཡུང་»«ལི་»«པེ་»«སྣར་»«ཅོ་»«ཞོལ་»–དེ། ②«གཡུང་»«པེ་»གྱུར་པ། ③«ཅོ་»པར་འགྱུར་བ་དེ། ④«ཅོ་»–བ། ⑤«ཅོ་»བར། ⑥«ཅོ་»–པ།

༥༧༢ ①«ཅོ་»–ལ། ②«ལི་»«སྣར་»«ཞོལ་»+དེ། ③«ཅོ་»–སྒོམ་མོ། །ཡང་དག་པར་སྤྱོད་པ་རྣམས། ④«ཅོ་»སྒོམས། ⑤«གཡུང་»«པེ་»+སེམས་དཔའ། ⑥«ཅོ་»བསྐྱབ། ⑦«ཅོ་»གི། ⑧«ཅོ་»བསྒོམ། ⑨«བྲུ་»ཇི།

༥༧༣ ①«གཡུང་»«པེ་»ལྟ་སྒོམས། «ཅོ་»བསྒོམ། ②«བྲུ་»སྟེ། ③«ཅོ་»+ལྟ། ④«ཅོ་»སྒོམས། ⑤«ཅོ་»«བྲུ་»བསྒོམ། ⑥«གཡུང་»«པེ་»«སྣར་»«ཅོ་»«བྲུ་»«ཞོལ་»འགྱུར།

༥༧༤ ①«ཅོ་»–ལ། ②«ཞོལ་»–ཡན་ལག ③«ཅོ་»བསྒོམ། ④«ལི་»ཇི། ⑤«ཅོ་»«བྲུ་»སྒོམ།

༥༧༥ ①«ལི་»«སྣར་»«ཞོལ་»ཞེ་ན། ②«ཞོལ་»བསྐྱབ། ③«ཅོ་»སྒོམ། ④«གཡུང་»«པེ་»ཏེ། ⑤«ཅོ་»བསྒོམ།

༥༧༦ ①«གཡུང་»«པེ་»ཏེ། ②«ཅོ་»བསྒོམ། ③«གཡུང་»«པེ་»«སྣར་»«ཅོ་»«བྲུ་»«ཞོལ་»+བདུན། ④«བྲུ་»–ལམ། ⑤«ཅོ་»པོས། ⑥«གཡུང་»སྒོམས་ཏེ།

༥༧༧ ①«ཅོ་»བསྒོམ། ②«ཅོ་»སྒོམས། ③«ལི་»སྒོམ། ④«ལི་»–ན། ⑤«ཅོ་»སྒོམས།

༥༧༨ ①«ཅོ་»–ཏུ། ②«ལི་»བསྒོམ།

༥༧༩ ①«ཅོ་»སྒོམས། ②«གཡུང་»«པེ་»«སྣར་»«ཅོ་»«བྲུ་»«ཞོལ་»དེ། ③«ཅོ་»བསྒོམ། ④«གཡུང་»«པེ་»«སྣར་»«ཅོ་»«ཞོལ་»+བདུན། ⑤«ཅོ་»དེ། ⑥«ཅོ་»བསྒོམ།

༥༨༠ ①«གཡུང་»«ལི་»«པེ་»«སྣར་»«ཅོ་»«ཞོལ་»རྣམས། ②«བྲུ་»–པར། ③«ལི་»ཇི།

༥༨༡ ①«ཅོ་»སྒོམས། ②«གཡུང་»གྲུབ། ③«གཡུང་»«པེ་»རྣམས།

༥༨༢ ①«ཅོ་»+དེ། ②«ཅོ་»སྒོམ། ③«ལི་»–སེམས་དཔའ།

༥༨༣ ①«ཅོ་»བསྒོམ། ②«ཅོ་»བསྐྱབ། ③«ཅོ་»བཞི་སྒོམས། «ཞོལ་»–བཞི།

༥༨༤ ①«གཡུང་»ཏེ།

༥༨༥ ①«ལི་»འཕག ②«གཡུང་»«པེ་»«ཅོ་»པོ།

༥༨༦ ①«ཅོ་»ལ། ②«གཡུང་»«པེ་»«ཅོ་»–དེ།

༥༨༧ ①«ཅོ་»+དེ། ②«གཡུང་»«ལི་»«པེ་»«སྣར་»«ཅོ་»«ཞོལ་»རྣམས། ③«ཅོ་»–པོ། ④«གཡུང་»

«ལི་»«པེ་»«སྣར་»«ཅོ་»«ཞོལ་»རྣམས། ⑤«གཡུང་»ཇི་ལྟར་ན།

༥༨༨ ①«གཡུང་»«པེ་»ཉིས་བརྒྱ་དགུ་བཅུ་བཞི། «ལི་»བཅུ་གསུམ། «སྣར་»«ཅོ་»ཉིས་བརྒྱ་གོ་བཞི། «ཞོལ་»ཉིས་བརྒྱ་གོ་ལྔ། ②«ཅོ་»ཀྱི། ③«ཅོ་»—དེ། ④«གཡུང་»ཅ།

༥༨༩ ①«གཡུང་»«པེ་»མལ། ②«སྣར་»«ཞོལ་»བྱུ། ③«གཡུང་»«པེ་»«སྣར་»«ཅོ་»«ཞོལ་»བ། ④«གཡུང་»—སྣ། ⑤«ཞོལ་»ཕོངས། ⑥«ཞོལ་»གྱི། ⑦«ལི་»ཕའི། «སྣར་»«ཞོལ་»ཕ་རོལ་ཕོའི། ⑧«ཅོ་»གྱིས། ⑨«གཡུང་»«པེ་»«སྣར་»«ཅོ་»«ཞོལ་»—དུ། ⑩«གཡུང་»«སྣར་»«ཅོ་»«ཞོལ་»—མི༑ ⑪«ཅོ་»བསྒྲུབ། ⑫«གཡུང་»པར་སེམས། «ཅོ་»པས་སོམས། ⑬«ཅོ་»+སྦྱིན་པ། ⑭«སྣར་»«ཞོལ་»ཞིག ⑮«ལི་»གིས།

༥༩༠ ①«སྣར་»«ཞོལ་»+བྱམས་པ་ཆེན་པོ་ལ་སྨྲོར་ཅིག ②③④⑤⑥«ཅོ་»འཁོད། ⑦«གཡུང་»«པེ་»«སྣར་»«ཞོལ་»—ན། ⑧«ཅོ་»+ན། ⑨«གཡུང་»«ལི་»«པེ་»—སེམས་ཅན། «ཅོ་»པ། ⑩«ལི་»«སྣར་»«ཞོལ་»ཐར་པ། «ཅོ་»—བ། ⑪«སྣར་»«ཅོ་»«ཞོལ་»ཐར།

༥༩༡ ①«གཡུང་»«པེ་»སྟེ། «ཅོ་»ཤིང་། ②«ལི་»+ལ། «སྣར་»«ཞོལ་»ཚུལ་ཁྲིམས་ངན་པ་དག་མཐོང་ན། ③«སྣར་»«ཞོལ་»བྱེད་དེ། ④«གཡུང་»«ལི་»«པེ་»«སྣར་»«ཅོ་»«ཞོལ་»མི། ⑤«ཅོ་»འགྱུར་བའི། ⑥«ཞོལ་»ཀྱི། ⑦«གཡུང་»«པེ་»ཅ། ⑧«སྣར་»«ཞོལ་»བྱུ། ⑨«གཡུང་»—སྣ། ⑩«ཞོལ་»ཕོངས། ⑪«གཡུང་»«པེ་»«སྣར་»«ཅོ་»«ཞོལ་»+དེ། ⑫«སྣར་»«ཞོལ་»པའི།

༥༩༢ ①«གཡུང་»«པེ་»—སྟོང་པ། ②③④⑤«ལི་»«སྣར་»«ཞོལ་»བཞི། ⑥«ཅོ་»རྣམས། ⑦«ལི་»རིགས། ⑧«སྣ་»«ཞོལ་»+བྱམས་པ་ཆེན་པོ་ལ་གནས། ⑨«ལི་»—རྣམས། «སྣར་»«ཞོལ་»བཅོ་བརྒྱད། ⑩«ལི་»+གནས༑ ⑪«ཅོ་»འབྲུག

༥༩༣ ①«གཡུང་»«ལི་»«པེ་»«སྣར་»«ཅོ་»«ཞོལ་»མི། ②«ལི་»—བྱེད་པར། ③«གཡུང་»«པེ་»གྱུར་པ། «ཅོ་»འགྱུར་བ། ④«ལི་»ཤུགས་ཀྱིས། «ཞོལ་»བཤུགས་ཀྱི། ⑤«ཅོ་»གཞོན། ⑥«གཡུང་»ཅ། ⑦«གཡུང་»«པེ་»མལ། ⑧«སྣར་»«ཞོལ་»བྱུ། ⑨«གཡུང་»«པེ་»«སྣར་»«ཅོ་»«ཞོལ་»བ། ⑩«གཡུང་»—སྣ། ⑪«སྣར་»ཕོང་ཞིག «ཞོལ་»ཕོངས་ཤིག ⑫«གཡུང་»«ལི་»«པེ་»«སྣར་»«ཅོ་»«ཞོལ་»དེ། ⑬«གཡུང་»«པེ་»སྡེ། ⑭«ཅོ་»བསྒོམ། ⑮«བྲུ་»འབྲུགས། ⑯«གཡུང་»«པེ་»«ཅོ་»—བཟོད་པའི་ཕ་རོལ་ཏུ་ཕྱིན་པ་ལ་གནས།

༥༩༤ ①«སྣར་»«ཞོལ་»+བྱམས་པ་ཆེན་པོ་ལ་གནས། ②«ལི་»ཀྱིས། ③«ལི་»«པེ་»+སེམས། ④«གཡུང་»«པེ་»«ཅོ་»«ཞོལ་»མི། ⑤«ལི་»འགྱུར་བའི། ⑥«ཞོལ་»ཀྱི།

༥༩༥ ①«གཡུང་»ཅ། ②«གཡུང་»མལ། ③«སྣར་»«ཞོལ་»བྱུ། ④«གཡུང་»—སྣ། ⑤«ཅོ་»གྱིས། ⑥«སྣར་»ཕོང་ཞིག «ཞོལ་»ཕོངས་ཤིག

༥༩༦ ①«ལི་»པ། ②«སྣར་»«ཞོལ་»+བྱམས་པ་ཆེན་པོ་ལ་གནས། ③«གཡུང་»—ཤིང་། ④«ལི་»མ། ⑤«བྲུ་»པའི། ⑥«ཞོལ་»ཀྱི། ⑦«གཡུང་»«པེ་»མལ།

༥༩༧ ①«སྣར་»«ཞོལ་»བྱུ། ②«གཡུང་»—སྣ། ③«སྣར་»ཡོད་ཞིག «ཞོལ་»ཡོངས་ཤིག ④«ཅོ་»དེ། ⑤«གཡུང་»«པེ་»ཏེ། ⑥«ཅོ་»གཡེངས།

༥༩༨ ①«གཡུང་»—ལག ②«སྣར་»«ཞོལ་»+བྱམས་པ་ཆེན་པོ་ལ་གནས། ③«ལི་»«སྣར་»«ཅོ་»«ཞོལ་»+ན། ④«གཡུང་»«པེ་»—སེམས་ཅན། «ལི་»«སྣར་»«ཅོ་»«ཞོལ་»པ། ⑤«སྣར་»«ཅོ་»«ཞོལ་»ཐར། ⑥«གཡུང་»མཐོང་ངོ་། «ལི་»མཐར། «པེ་»«སྣར་»«ཅོ་»«ཞོལ་»ཐར་རོ། ⑦«གཡུང་»«པེ་»«ཅོ་»«ཞོལ་»མི། ⑧«ཞོལ་»ཀྱི། ⑨«ལི་»བདུགས།

༥༩༩ ①«ལི་»འབྱུ། ②«ལི་»བྱུ། ③«གཡུང་»མལ། ④«གཡུང་»«པེ་»«ཕུ་»བྱི། ⑤«ཅོ་»བར། ⑥«གཡུང་»—སྣ། ⑦«ཞོལ་»ཡོངས། ⑧«གཡུང་»ཏྲི།

༦༠༠ ①«ལི་»པའི། ②«སྣར་»«ཞོལ་»+བྱམས་པ་ཆེན་པོ་ལ་གནས། ③«སྣར་»«ཅོ་»«ཞོལ་»+ན། ④«ལི་»དོ། ⑤«ལི་»«སྣར་»«ཞོལ་»པ། «ཅོ་»«ཕུ་»+སེམས་ཅན། ⑥«སྣར་»«ཞོལ་»ཐར་བ། «ཅོ་»ཐར་…བར། ⑦«ལི་»«སྣར་»«ཅོ་»«ཞོལ་»ཐར། ⑧«གཡུང་»«པེ་»—ཙ། «སྣར་»«ཞོལ་»ཙ་དྲུག་པའོ། «ཅོ་»བདུན་ནོ། ⑨«ཅོ་»པོ། ⑩«ལི་»«སྣར་»«ཞོལ་»+ཆ།

༦༠༡ ①«ཅོ་»+པ། ②«གཡུང་»—རབ། ③«ཅོ་»སེམ། ④«གཡུང་»«པེ་»+སྟོང་པ། ⑤«གཡུང་»«པེ་»+པ།

༦༠༢ ①«ལི་»གི་མཚན་ཉིད། ②«ལི་»གིས། ③«ཅོ་»ས།

༦༠༣ ①«གཡུང་»—པའི། «པེ་»པར། ②«སྣར་»«ཞོལ་»+རབ་འབྱོར་བྱམས་པ་ཆེན་པོ་ནི་བྱང་ཆུབ་སེམས་དཔའ་སེམས་དཔའ་ཆེན་པོའི་ལམ་མོ།། ③«ལི་»+སེམས།

༦༠༤ ①«ཅོ་»«ཞོལ་»བསླབ། ②«ཅོ་»བར། ③«ཅོ་»བསླབ། ④«གཡུང་»«པེ་»«སྣར་»«ཅོ་»«ཞོལ་»+ལ། ⑤«ཅོ་»རྙེད། ⑥«ཅོ་»དེ། ⑦«སྣར་»«ཞོལ་»བའམ། ⑧«ཅོ་»བསླབ།

༦༠༥ ①«ཕུ་»+རྒྱ། ②«སྣར་»«ཞོལ་»+པོའང་། ③«ཞོལ་»—ཀྱིས། ④«ཅོ་»རྙེད། ⑤«གཡུང་»«པེ་»བྱའམ། ⑥«གཡུང་»«པེ་»—ཞེས། ⑦«གཡུང་»«པེ་»+འབྲས་བུའི།

༦༠༦ ①«ལི་»«སྣར་»«ཅོ་»«ཞོལ་»པ།

༦༠༧ ①«སྣར་»«ཞོལ་»+བྱམས་པ་ཆེན་པོའམ། ②«ཅོ་»པར། ③«ལི་»འམ། ④«གཡུང་»«པེ་»ཀྱི། ⑤«ཅོ་»—ཆོས་ཐམས་ཅད་ཀྱིས། ⑥«ཅོ་»—སྟོང་པ་ཉིད་ནི། ⑦«གཡུང་»«པེ་»—ལ། ⑧«གཡུང་»«པེ་»«ཞོལ་»བསླབ། ⑨«ཅོ་»སེམས། ⑩«གཡུང་»«པེ་»དགའ། ⑪«སྣར་»«ཞོལ་»+ཆོས། ⑫«སྣར་»«ཞོལ་»ཏེ། ⑬«ཅོ་»+སྦྱིན་པ་ལ་འདེམས་ཏེ།

༦༠༨ ①«གཡུང་»«པེ་»ཡོད་། ②«གཡུང་»འགྱུར་གྱིས། ཡོད་། «ཅོ་»གྱུར་གྱིས། ཡོངས། «ཞོལ་»འགྱུར་གྱི། ཡོངས། ③«ལི་»རློམས། (པོད་འདིའི་ནང་དུ་རློམ་སེམས་ཞེས་པ་རྣམས་«ལི་»ལ་རློམས་སེམས་ཞེས་འཁོད་ཀྱང་གཤམ་དུ་བསྡུར་མཆན་དུ་བཀོད་མེད།) ④«པེ་»སྒོམ། «ཅོ་»བསྒོམས། ⑤«ཅོ་»བཙོམ། ⑥«ཕུ་»ཤིག ⑦«སྣར་»«ཞོལ་»གཞོག་ཅིག ⑧«གཡུང་»«པེ་»ལ་སྒོམས། «ཅོ་»ལ་བསྒོམས། ⑨«གཡུང་»

«པེ་»སྒོམ། «ཅོ་»བསྒོམས། (པོད་འདིའི་ནང་དུ་སྒོམས་ཤིག་ཅེས་པ་རྣམས་«གཡུང་»«པེ་»ལ་སྒོམ་ཤིག་དང་«ལི་»«ཅོ་»ལ་སྐབས་འགར་བསྒོམས་ཤིག་ཅེས་འཁོད་ཀྱང་གཤམ་དུ་བསྟར་མཚན་དུ་བཀོད་མེད།)

༨༠༩ ①«ཅོ་»+ལ། ②«ཅོ་»–ལ།

༨༡༠ ①«ཅོ་»–ཡང་། ②«གཡུང་»–པ།

༨༡༡ ①«ཅོ་»–དོ། ②«གཡུང་»«པེ་»–ལམ།

༨༡༢ ①«ཅོ་»–རྣམས།

༨༡༣ ①«ཞོལ་»རྣམས། ②«ཅོ་»–སྟོང་པ་ཉིད་དང་། མཚན་མ་མེད་པ་དང་། སྨོན་པ་མེད་པ། ③«ཅོ་»+ལ། ④«ཅོ་»–པོ། ⑤⑥⑦«གཡུང་»«པེ་»«ཅོ་»རྣམས།

༨༡༤ ①«གཡུང་»«པེ་»«ཅོ་»རྣམས། ②«སྣར་»«ཞོལ་»+དེ་བཞིན་དུ་བྱམས་པ་ཆེན་པོ་ལ་འདོམས་ཏེ། ཀྱི… སེམས་ཅན་དག་ཙུར་ཤིག །བྱམས་པ་ཆེན་པོ་སྒོམས་ཤིག །བྱམས་པ་ཆེན་པོ་དེས་ཀྱང་རློམ་སེམས་སུ་མ་བྱེད…ཅིག །དེ་ལ་སྙིང་པོ་གང་ཡང་མེད་དོ། ③«ཅོ་»མི། ④«སྣར་»«ཞོལ་»ཉིད་དེས། «ཅོ་»ཉིད།

༨༡༥ ①«ཅོ་»པར། ②«ལི་»«པེ་»«ཅོ་»པར། ③«ལི་»«པེ་»«ཅོ་»པར། ④«ཅོ་»བསྟོན། ⑤«གཡུང་»–ངོ་བོ་ཉིད་ཀྱི། ⑥«ཅོ་»པ། ⑦«གཡུང་»«པེ་»ཉིས་བརྒྱ་དགུ་བཅུ་ལྔ། «ལི་»བཅུ་བཞི། «སྣར་»«ཅོ་»ཉིས་བརྒྱ་གོ་ལྔ། «ཞོལ་»ཉིས་བརྒྱ་གོ་དྲུག ⑧⑨«གཡུང་»«པེ་»+ལ། ⑩«ལི་»«པེ་»སོ།

༨༡༦ ①«སྣར་»«ཞོལ་»གཞོག «སྣར་»«ཞོལ་»བཞག ②«ཅོ་»«ཞོལ་»གྱིས། ③«སྣར་»གཞག ④«ཅོ་»གྱིས།

༨༡༧ ①«ཞོལ་»–ཞེ། ②«ཅོ་»གྱི། ③«ཅོ་»ཀྱིས།

༨༡༨ ①«ཅོ་»གྱི། ②«ཅོ་»–ཡང་། ③«ཅོ་»ཀྱིས། ④«གཡུང་»«པེ་»གཞག ⑤«ཅོ་»ཀྱིས།

༨༡༩ ①«ཅོ་»ཀྱིས། ②«ཅོ་»གྱིས། ③«པེ་»དེ་དེ།

༨༢༠ ①«ཞོལ་»ཀྱིས། ②«པེ་»ན། ③«ཅོ་»པའི། ④«གཡུང་»«པེ་»«ཅོ་»–ལྔ། «ལི་»«སྣར་»«ཞོལ་»རྣམས། ⑤«གཡུང་»«པེ་»+རང་།

༨༢༡ ①«ཅོ་»–དེ། ②«ལི་»«སྣར་»«ཞོལ་»ཐོབ། ③④⑤⑥«སྣར་»«ཞོལ་»ཐོབ། ⑦«གཡུང་»«པེ་»«སྣར་»«ཅོ་»«ཞོལ་»ཀྱི། ⑧«ཅོ་»གི། ⑨«ལི་»སླམས། ⑩«ལི་»འཐོབ། ⑪«གཡུང་»«པེ་»སྐྱེད།

༨༢༢ ①«ཅོ་»–པ། ②③«ལི་»མི།

༨༢༣ ①«ཅོ་»པར། ②«ལི་»«པེ་»+དེ། ③«ཅོ་»དོ། ④«ཅོ་»བསྐྱེད། ⑤«ལི་»«སྣར་»«ཞོལ་»–དེ། ⑥«པེ་»བྱ་ན། «ཅོ་»བྱས་ནས། ⑦«ལི་»«སྣར་»«ཞོལ་»–ལ། ⑧«ཅོ་»–པ། ⑨«ཅོ»ཀྱིས། ⑩«གཡུང་»«ལི་»«པེ་»«ཅོ་»ལ་ཡང་གང་། «སྣར་»«ཞོལ་»ལའང་གང་། ⑪«ཅོ་»ཀྱིས། ⑫«ཅོ་»གིས། ⑬«ལི་»«སྣར་»«ཞོལ་»བསྐྱེད།

༨༢༤ ①«གཡུང་»«ལི་»«པེ་»འཐོབ། ②«ཅོ་»–བ། ③«ཅོ་»+མ། ④«ཅོ་»+འདས། ⑤«ལི་»འཐོབ། ⑥«ཅོ་»ཀྱི། ⑦«གཡུང་»«ལི་»«པེ་»«སྣར་»«ཅོ་»«ཞོལ་»ཐོབ། ⑧«སྣར་»«ཞོལ་»ཐོབ། ⑨«གཡུང་»

«པེ་»«སྣར་»«ཅོ་»«ཞོལ་»ཐོབ། ⑩«ཅོ་»སྙིང་།

༤༢༥ ①«ལི་»«སྣར་»«ཅོ་»«ཞོལ་»ཤིག

༤༢༧ ①«གཡུང་»«པེ་»ཅད། ②«གཡུང་»«པེ་»«ཅོ་»–ལ། ③«ཅོ་»«ཞོལ་»བསྒྱུར། ④«ཅོ་»སྐྱེད། ⑤«ཅོ་»གྱིས། ⑥«ཅོ་»+དང་། ⑦«གཡུང་»«ལི་»«པེ་»«སྣར་»བྱ་བས། ⑧«སྣར་»«ཞོལ་»བཀྱལ།

༤༢༨ ①«གཡུང་»«ལི་»«པེ་»«ཅོ་»གཞག ②«ཅོ་»པར། ③«ཅོ་»ཡིད་ཀྱི།

༤༢༩ ①«གཡུང་»«པེ་»«ཅོ་»བསྐྱེད།

༤༣༠ ①«གཡུང་»+ལེན། ②«ལི་»ལེན། ③«ཅོ་»–ལེན། ④«ལི་»+ཀྱི། ⑤«ལི་»–ལེན།

༤༣༡ ①«གཡུང་»དགེའ། ②«གཡུང་»«ལི་»«པེ་»«སྣར་»«ཅོ་»«ཁུ་»«ཞོལ་»ཏོ། ③«གཡུང་»«པེ་»«སྣར་»«ཞོལ་»ཏོ། ④«སྣར་»«ཅོ་»«ཞོལ་»+དག ⑤«སྣར་»«ཞོལ་»ལ། ⑥«ལི་»–ནི།

༤༣༢ ①«གཡུང་»«པེ་»གཞོན། ②«གཡུང་»«པེ་»བྱི། ③«གཡུང་»«པེ་»«ཅོ་»བྱི། ④«ཅོ་»དོ། ⑤«ལི་»«ཞོལ་»«ཅོ་»བསྔོའོ། ⑥«གཡུང་»«ལི་»«པེ་»«སྣར་»བསྒོམ། ⑦«ཅོ་»+ས། ⑧«ལི་»ཐོན། «ཅོ་»མཐུན། ⑨«ལི་»«སྣར་»«ཞོལ་»བསྔོ།

༤༣༣ ①«ལི་»«སྣར་»«ཞོལ་»དབུལ། ②«ཅོ་»+དག ③«ཅོ་»–གྱི། ④«ལི་»བརྟངས། ⑤«ལི་»«པེ་»«སྣར་»«ཞོལ་»+དང་། ⑥«ལི་»–དེ། «ཅོ་»+ལ། ⑦«ཅོ་»གིས། ⑧«གཡུང་»སྐྱི། ⑨«གཡུང་»«ལི་»«པེ་»འཆད། ⑩«ཅོ་»–འབྱུང་བར། ⑪«ཅོ་»ཀྱི། ⑫«ལི་»«སྣར་»«ཅོ་»«ཞོལ་»དབུལ། ⑬«ཞོལ་»དུ་ར། ⑭«ལི་»འཆད། ⑮«གཡུང་»«པེ་»འབུལ་བ། «ལི་»«སྣར་»«ཞོལ་»དབུལ་བར། ⑯«ཞོལ་»ཀྱང་། ⑰«ལི་»«པེ་»«སྣར་»«ཞོལ་»–བདག ⑱«གཡུང་»«ལི་»«པེ་»«སྣར་»«ཅོ་»«ཞོལ་»དུ། ⑲«གཡུང་»པའི་མཐབ་བསལ། «ལི་»«པེ་»པ་རྣམས། «སྣར་»«ཞོལ་»པའི་ཞལ་ཟས། «ཅོ་»པའི་མཐབ་སྐྱལ། ⑳«ལི་»«པེ་»+ནི།

༤༣༤ ①«གཡུང་»«ཅོ་»འབུལ་བ། «ལི་»«སྣར་»«ཞོལ་»དབུལ་བར། ②«གཡུང་»«ཅོ་»–བདག ③«ཅོ་»–པར་སངས་རྒྱས། ④«ལི་»«པེ་»«སྣར་»«ཞོལ་»+བྱ། ⑤«སྣར་»«ཞོལ་»+དེ། ⑥«གཡུང་»«པེ་»«ཞོལ་»བསམ་པ་ཅམ། «ཅོ་»བསམ་པ་བརྩམ། ⑦«གཡུང་»«ལི་»«པེ་»+དང་། «སྣར་»«ཞོལ་»+དག ⑧«ཅོ་»འབུལ། ⑨«ལི་»«སྣར་»བཏང་། ⑩«ཅོ་»དཔའི། ⑪«ལི་»–རྫོགས་པའི་བྱང་ཆུབ་ཏུ་མངོན་པར། ⑫«གཡུང་»སེམས། «ཅོ་»«ཞོལ་»བསམ། ⑬«ཅོ་»+རིག་དང་། ⑭«གཡུང་»«པེ་»–གཞན་ཡང་། ⑮«གཡུང་»«པེ་»«སྣར་»«ཅོ་»«ཞོལ་»དགོད། ⑯«ལི་»–ཀྱིས། ⑰«གཡུང་»«ལི་»«པེ་»«སྣར་»«ཅོ་»«ཞོལ་»དགོད།

༤༣༥ ①«གཡུང་»«ལི་»«པེ་»«སྣར་»«ཞོལ་»དགོད། ②«གཡུང་»«ལི་»«པེ་»«སྣར་»«ཅོ་»«ཞོལ་»དགོད། ③«གཡུང་»«ལི་»«པེ་»«སྣར་»«ཅོ་»«ཞོལ་»དགོད། ④⑤⑥«གཡུང་»«ལི་»«སྣར་»«ཅོ་»«ཞོལ་»དགོད། ⑦«ལི་»–མཁའ། ⑧«གཡུང་»«ལི་»«པེ་»«སྣར་»«ཞོལ་»དགོད། ⑨«གཡུང་»«ལི་»«པེ་»«སྣར་»«ཅོ་»«ཞོལ་»དགོད། ⑩«གཡུང་»«ལི་»«པེ་»«སྣར་»«ཞོལ་»དགོད། ⑪«གཡུང་»

«ལི་»«པེ་»«སྣར་»«ཞོལ་»དགོད། ⑫«གཡུང་»«ལི་»«པེ་»«སྣར་»«ཞོལ་»དགོད། ⑬«ལི་»མདག ⑭«ཅོ་»བསྒོམས།

༤༣༦ ①«གཡུང་»«ལི་»«པེ་»«སྣར་»«ཞོལ་»དགོད། ②«ཅོ་»སྒོམས། ③«གཡུང་»«ལི་»«པེ་»«སྣར་»«ཅོ་»«ཞོལ་»དགོད། ④«ཅོ་»བསྒོམས། ⑤«གཡུང་»«ལི་»«པེ་»«སྣར་»«ཅོ་»«ཞོལ་»དགོད། ⑥«ཅོ་»བསྒོམས། ⑦«གཡུང་»«ལི་»«པེ་»«སྣར་»«ཞོལ་»དགོད། ⑧«ཅོ་»བསྒོམས། ⑨«གཡུང་»«ལི་»«པེ་»«སྣར་»«ཞོལ་»དགོད། ⑩«གཡུང་»«ལི་»«པེ་»«སྣར་»«ཅོ་»«ཞོལ་»དགོད། ⑪«ཅོ་»མཐར། ⑫«གཡུང་»«པེ་»+མ། ⑬«ཅོ་»སྒོམ། ⑭«གཡུང་»«ལི་»«པེ་»«སྣར་»«ཅོ་»«ཞོལ་»དགོད། ⑮«པེ་»«ཅོ་»དཔའི། ⑯«གཡུང་»«པེ་»—འདི། «ཅོ་»—དེ། ⑰«པེ་»རྫོགས་པས། «ཅོ་»—རྫོགས་པར། ⑱«གཡུང་»«པེ་»བྲལ་བ་དང་། «ལི་»འབྲལ་བ་དང་། ⑲«ལི་»—ཚད་མེད་པ་བཞི་དང་མི་འབྲལ་བ་དང་། ⑳«གཡུང་»«ལི་»«པེ་»«སྣར་»«ཅོ་»«ཞོལ་»—དག ㉑«གཡུང་»«པེ་»བྲལ། ㉒«སྣར་»«ཞོལ་»ཅིག

༤༣༧ ①«གཡུང་»«པེ་»«ལི་»«སྣར་»«ཅོ་»ནས། ②«ལི་»«པེ་»+དེ་བདག་ཉིད་ཀྱི་ལུས་ཀྱང་མཛེས་པ་ཡིན། ③«ལི་»«སྣར་»«ཅོ་»«ཞོལ་»—ཀྱང་། ④«ཅོ་»གྲུབ། ⑤«གཡུང་»«པེ་»«སྣར་»«ཅོ་»«ཞོལ་»དེ། ⑥«སྣར་»«ཞོལ་»བར། «ཅོ་»བའི། ⑦«ཅོ་»—བ། ⑧«ཅོ་»བྱས་པར།

༤༣༨ ①«གཡུང་»«པེ་»«སྣར་»«ཅོ་»«ཞོལ་»ཅིང་། ②«ཅོ་» སླུང་གི། ③«ཅོ་»སྟོན། ④«གཡུང་»«པེ་»འཆད། ⑤«ལི་»«སྣར་»ཉན། ⑥«གཡུང་»«པེ་»«ཅོ་»ཆོས། ⑦«པེ་»སྤྱོད་དོ། ⑧«ཅོ་»+དག ⑨«གཡུང་»«པེ་»«ཅོ་»པར། ⑩«ལི་»«པེ་»«སྣར་»«ཞོལ་»+པ།

༤༣༩ ①«གཡུང་»«ལི་»«པེ་»«ཅོ་»ཅོམ། ②«ཅོ་»—ཏུ། ③«སྣར་»«ཞོལ་»བྱེད་པ། ④«ཅོ་»+ རོ། ⑤«གཡུང་»«པེ་»«སྣར་»ལྷུང་། ⑥«གཡུང་»—ཡང་། ⑦«གཡུང་»«ཅོ་»—རྫོགས་པར། ⑧⑨«ཅོ་»གྲོལ། ⑩«ཅོ་»པོ། ⑪«ཅོ་»དོ། ⑫«ལི་»«སྣར་»«ཁུ་»«ཞོལ་»བཀོད་པ། «ཅོ་»བཟོད་པའི། ⑬«སྣར་»«ཅོ་»«ཞོལ་»ཆད།

༤༤༠ ①«པེ་»ཏོ། ②«སྣར་»«ཞོལ་»+ཟ། ③«སྣར་»«ཞོལ་»པའོ། ④«ལི་»«སྣར་»«ཞོལ་»—བ། ⑤«ཅོ་»སྐྱིད། ⑥«ཅོ་»བགྱི་བའམ། ⑦«ཅོ་»+པར། ⑧«གཡུང་»«པེ་»«ཅོ་»བགྱི་བའམ། ⑨«གཡུང་»«པེ་»—པ། ⑩«ཅོ་»སྐྱིད། ⑪«ལི་»ཅིག

༤༤༡ ①«གཡུང་»«ལི་»«པེ་»«སྣར་»«ཅོ་»«ཞོལ་»རམ། ②«ཅོ་»བ། ③«ཅོ་»—དཔའ། ④«ཅོ་»སྐྱིད། ⑤«གཡུང་»«པེ་»པས་སྐྱབ། «ཅོ་»པ་བསྐྱབ། ⑥«ཅོ་»བཙོམ། ⑦«ཅོ་»སྒོམས། ⑧«གཡུང་»«ལི་»«པེ་»རིངས། ⑨«གཡུང་»དགའ། ⑩«ལི་»«སྣར་»བུ། ⑪«ལི་»«སྣར་»«ཅོ་»«ཞོལ་»ལྷུག ⑫«གཡུང་»«པེ་»«ཅོ་»ཅིང་།

༤༤༢ ①«གཡུང་»དགའ། ②«ཅོ་»རབ། ③«ལི་»སྐྱེས། ④«ཞོལ་»བསམ་ཞིང་། ⑤«སྣར་»«ཞོལ་»+སྐྱེ་བ། ⑥«གཡུང་»«པེ་»«ཅོ་»ཀྱང་། ⑦«ཅོ་»—དཔའ། ⑧«ཅོ་»—ལ། ⑨«ཅོ་»པས།

༦༤༣ ①«གཡུང་»«ཅོ་»–ཞིག ②«ལི་»«སྣར་»«ཅོ་»«ཞོལ་»+དེ། ③«ཅོ་»–ཡང་། ④«ལི་»–མྱི་བྱ་བ་མྱེད་དོ། །དགེ་བའི་ཆོས་གང་ཡོངས་སུ་རྫོགས་པར། ⑤«ཅོ་»མེད་པ། ⑥«གཡུང་»«པེ་»པོ། ⑦«ཅོ་»«ཞོལ་»བསླབ། ⑧«ལི་»+དེ།

༦༤༤ ①«ཅོ་»གིས། ②«ཅོ་»ཕྲིན། ③«ཅོ་»+མ། ④«ཅོ་»ཀྱིས། ⑤«སྣར་»«ཞོལ་»–བུ། ⑥«ཅོ་»བསམ་ཤིང་། «ཞོལ་»བསམ་ཞིང་། ⑦«གཡུང་»«ལི་»«པེ་»«སྣར་»«ཁུ་»«ཞོལ་»ན། ⑧«ཁུ་»གྱིས། ⑨«ཅོ་»+མ། ⑩«ཞོལ་»བསམ་ཞིང་། ⑪«གཡུང་»«པེ་»དུ་ཡང་།

༦༤༥ ①«གཡུང་»«པེ་»ཏུ་ཡང་། ②«ཞོལ་»བསམ་ཞིང་། ③«ལི་»གི། ④«ཅོ་»བས། ⑤«གཡུང་»«ལི་»«པེ་»«སྣར་»«ཅོ་»«ཞོལ་»+དང་། ⑥«གཡུང་»«ལི་»«པེ་»«སྣར་»«ཅོ་»«ཞོལ་»ལྟར། ⑦«གཡུང་»དག ⑧«ཅོ་»གི། ⑨«གཡུང་»ན། ⑩«གཡུང་»«པེ་»ལ།

༦༤༦ ①«ལི་»«པེ་»+ཀྱིས། ②«ཅོ་»–སྟོང་པ་ཉིད། ③«གཡུང་»«ལི་»«པེ་»«སྣར་»«ཅོ་»«ཞོལ་»ཅི། ④«གཡུང་»«པེ་»«ཅོ་»ཤིག ⑤«གཡུང་»«པེ་»«ཅོ་»–ཡང་། ⑥«གཡུང་»«པེ་»+སམ། ⑦«ཅོ་»–ཆོས་གང་ཡང་། ⑧«ཅོ་»ལྟར།

༦༤༧ ①«གཡུང་»ཡང་། ②«གཡུང་»«པེ་»«སྣར་»«ཅོ་»«ཞོལ་»+སྟོང་པ་ཉིད། ③«གཡུང་»«པེ་»སྟེ། ④«ཅོ་»སྐྱེད། ⑤«ཅོ་»བསྒྲུབ། ⑥«ཅོ་»–ངོ་། ⑦«ལི་»བཏང།

༦༤༨ ①②«གཡུང་»«པེ་»ཅེ། ③«ཅོ་»ངོ་། ④«གཡུང་»«པེ་»ཤི། ⑤«གཡུང་»«པེ་»«སྣར་»«ཅོ་»«ཞོལ་»མེད། «ལི་»མྱེད། ⑥«གཡུང་»«པེ་»ཏུ། ⑦«སྣར་»«ཅོ་»«ཞོལ་»པ་སྟེ། ⑧«ཁུ་»–ཀྱིས། ⑨«ཅོ་»སྟེ། ⑩«ཅོ་»–པ།

༦༤༩ ①«ཅོ་»དོ། ②«ཅོ་»མི་བྱེད། ③«གཡུང་»«པེ་»ཉིས་བརྒྱ་དགུ་བཅུ་དྲུག «ལི་»བཅོ་ལྔ། «སྣར་»«ཅོ་»ཉིས་བརྒྱ་གོ་དྲུག «ཞོལ་»ཉིས་བརྒྱ་གོ་བདུན། ④«ཅོ་»པོས། ⑤«གཡུང་»«པེ་»པར་བསྒྲུབ། «ཁུ་»–པར། ⑥«གཡུང་»«ལི་»«པེ་»«སྣར་»«ཅོ་»«ཞོལ་»དུ། ⑦«ཅོ་»+མི། ⑧«གཡུང་»«ལི་»«པེ་»«སྣར་»པས། ⑨«ལི་»འམ།

༦༥༠ ①«སྣར་»«ཞོལ་»+བྱམས་པ་ཆེན་པོའམ། སྙིང་རྗེ་ཆེན་པོའམ། ②«ལི་»ས་འམ། ③«ལི་»«པེ་»+རང་། ④«ཅོ་»–དུ། ⑤«ལི་»«པེ་»«སྣར་»«ཞོལ་»ཅིང་། ⑥«ཅོ་»གིས། ⑦«ཅོ་»ཀྱིས། ⑧«ཞོལ་»ཀྱི། ⑨«ཁུ་»ཁྱོད། ⑩«གཡུང་»«ལི་»«པེ་»«སྣར་»«ཅོ་»«ཞོལ་»–ཅག ⑪«ཅོ་»ཅེས། ⑫«ཅོ་»ཀྱིས། ⑬«གཡུང་»«པེ་»«ཅོ་»ཁྱེད། ⑭«གཡུང་»«པེ་»«སྣར་»«ཞོལ་»ལྷུང་། ⑮«ཞོལ་»ཀྱི། ⑯«གཡུང་»«པེ་»«ཅོ་»དེའི་ཕྱིར་ཁྱེད་ཀྱིས། «ལི་»–དེའི་ཕྱིར་ཁྱོད་ཀྱིས། ⑰«གཡུང་»«པེ་»«སྣར་»«ཅོ་»«ཞོལ་»ཏོ། «ལི་»ཅིང་། ⑱«ཞོལ་»དུ། ⑲«ལི་»«པེ་»+གང་། ⑳«ཅོ་»ཏོ། ㉑«ཅོ་»ཅིག

༦༥༡ ①«གཡུང་»«པེ་»སྟེ། ②«ལི་»«སྣར་»«ཞོལ་»འཁྲུགས། ③«ཞོལ་»+གང་། ④«ཞོལ་»ཀྱི། ⑤«ལི་»འཕྲོའ། ⑥«ལི་»ཏོ། ⑦«ལི་»–བ། ⑧«ཅོ་»གིས། ⑨«ལི་»«སྣར་»«ཞོལ་»ཏེ། ⑩«ཅོ་»

གྱིས། (༡༡)«གཡུང་»«ལི་»«པེ་»«སྣར་»«ཞོལ་»གཡེངས་པ། (༡༢)«ལི་»«ཅོ་»ཏོ། (༡༣)«གཡུང་»«ཅོ་»ཏེ། (༡༤)«ཅོ་»ལྟུང་། (༡༥)«ཞོལ་»–ཅི། (༡༦)«ཞོལ་»ཀྱི། (༡༧)«ཅོ་»«པྲུ་»ཏོ། (༡༨)«གཡུང་»ཏེ།

༨༥༢ (༡)«ཅོ་»ཡང་། (༢)«ཅོ་»གྱིས། (༣)«གཡུང་»«པེ་»«སྣར་»«ཅོ་»«ཞོལ་»+ན། (༤)«ཅོ་»–དེ། (༥)«གཡུང་»«ཅོ་»–དེ། (༦)«ལི་»«པེ་»«སྣར་»«ཞོལ་»+དེ། (༧)«གཡང་»«ལི་»འམ། (༨)«གཡུང་»«ལི་»«པེ་»«ཅོ་»འམ། (ཡོད་འདིའི་ནང་དུ་ལམ་མམ་ཞེས་པ་རྣམས་«གཡུང་»«ལི་»«པེ་»«ཅོ་»ལ་ལམ་འམ་ཞེས་འཕོད་ཀྱང་གཤམ་དུ་བསྒྱུར་མཆན་དུ་བཀོད་མེད།) (༩)«ཅོ་»+ནི། (༡༠)«ཅོ་»ཏོ།

༨༥༣ (༡)«སྣར་»«ཞོལ་»+བྱམས་པ་ཆེན་པོའམ། སྙིང་རྗེ་ཆེན་པོའམ། (༢)«ཅོ་»ཀྱིས། (༣)«ཅོ་»གིས། (༤)«ལི་»ཏོ། (༥)«ཅོ་»གྱིས། (༦)«ཞོལ་»ཀྱི། (༧)«ཅོ་»+དུ། (༨)«ཅོ་»+ཅན། (༩)«ཅོ་»ཡང་།

༨༥༤ (༡)«གཡུང་»–ཕྱིད། (༢)«གཡུང་»«ལི་»«པེ་»«སྣར་»«ཞོལ་»ལྟུང་། (༣)«ཞོལ་»ཀྱི། (༤)«གཡུང་»«པེ་»ཕྱིད་ཀྱིས། «ཅོ་»ཕྱིད་ཀྱི། (༥)«པྲུ་»གྱིས། (༦)«གཡུང་»«སྣར་»«ཅོ་»«ཞོལ་»–དུ། (༧)«སྣར་»«ཅོ་»«ཞོལ་»+གང་། (༨)«གཡུང་»–པ། (༩)«གཡུང་»«སྣར་»«ཅོ་»«ཞོལ་»–དུ། (༡༠)(༡༡)«ལི་»«སྣར་»«ཞོལ་»འབྲུགས། (༡༢)«ཅོ་»གྱིས། (༡༣)«ལི་»པོའི། (༡༤)«ཞོལ་»ཀྱི། (༡༥)«ལི་»«སྣར་»«ཞོལ་»ཀྱི། (༡༦)«གཡུང་»ཏེ། «པེ་»བ་ཏེ།

༨༥༥ (༡)«གཡུང་»«པེ་»«སྣར་»«པྲུ་»«ཞོལ་»–དེ། (༢)«གཡུང་»«ལི་»«པེ་»«སྣར་»«ཞོལ་»ལྟུང་། (༣)«ཞོལ་»ཀྱི། (༤)«ཅོ་»«ཞོལ་»ཀྱི། (༥)«ཅོ་»ཏོ། (༦)«གཡུང་»ཏེ། «པེ་»བ་ཏེ། (༧)«ལི་»–དེ་དག (༨)«པེ་»ཏེ་ཕྱེད། «ཅོ་»ཏོ། །ཕྱིད། (༩)«ཅོ་»པར། (༡༠)«གཡུང་»«ཅོ་»–དེ་ལྟར་ན།

༨༥༦ (༡)«ཅོ་»བདུན། (༢)«ཅོ་»–ཚད་མེད་པ་རྣམས་སམ། (༣)«ཅོ་»–རྣམ་པར་ཐར་པ་རྣམས་སམ། (༤)«སྣར་»«ཞོལ་»+བྱམས་པ་ཆེན་པོའམ། སྙིང་རྗེ་ཆེན་པོའམ། (༥)«གཡུང་»«སྣར་»«ཅོ་»«ཞོལ་»ལ། (༦)«པྲུ་»ཏོ། (༧)«ཞོལ་»ཀྱི། (༨)«གཡུང་»«པེ་»བཀྱིས། (༩)«ཅོ་»བཀྱིས།

༨༥༧ (༡)«ལི་»«པེ་»«སྣར་»«ཅོ་»ཏོ། (༢)«ལི་»–ཚུལ་ཁྲིམས་ངན་པ་ནི་སྡུག་བསྔལ་བ་སྟེ། (༣)«ཅོ་»–ཅག (༤)«ཞོལ་»ཀྱི། (༥)«སྣར་»«ཅོ་»«ཞོལ་»+གང་། (༦)«ཅོ་»ཏོ། (༧)«ཅོ་»ཅིག (༨)«ལི་»«སྣར་»«ཞོལ་»འབྲུགས། (༩)«ཅོ་»–བར་སྐྱེ། (༡༠)«ཞོལ་»ཀྱི། (༡༡)«ཅོ་»ཀྱི།

༨༥༨ (༡)«ཞོལ་»ཀྱི། (༢)«ཞོལ་»ཏོ། (༣)«གཡུང་»ཏེ། «པེ་»བ་ཏེ། (༤)«ཅོ་»+ཀྱི། (༥)«གཡུང་»«ལི་»«པེ་»«སྣར་»«ཅོ་»«ཞོལ་»ལྟུང་། (༦)«ཞོལ་»ཀྱི། (༧)«ལི་»–དེའི་ཕྱིར་ཕྱིད་ཀྱིས། (༨)«ཅོ་»–ལ། (༩)«གཡུང་»ཏེ། «པེ་»བ་ཏེ།

༨༥༩ (༡)«ཅོ་»ཕྱོད། (༢)«ཅོ་»པའམ། (༣)«སྣར་»«ཞོལ་»+བྱམས་པ་ཆེན་པོའམ། སྙིང་རྗེ་ཆེན་པོའམ། (༤)«ལི་»ཀྱིས། (༥)«ཅོ་»ལ། (༦)«ཅོ་»དོ།

༨༦༠ (༡)«ཅོ་»–ཀྱིས། «ཞོལ་»ཀྱི། (༢)«ཅོ་»ཀྱི། (༣)«གཡུང་»«པེ་»བདེའི། (༤)«གཡུང་»«པེ་»ཏོ། (༥)«ཞོལ་»ཀྱི། (༦)«གཡུང་»«ལི་»«པེ་»«སྣར་»«ཅོ་»«ཞོལ་»ཕྱིད། (༧)«ལི་»«པེ་»+དུ། (༨)«གཡུང་»«པེ་»«སྣར་»«ཞོལ་»+གང་། (༩)«ཅོ་»ཅིག (༡༠)«པེ་»+པ། (༡༡)«ཅོ་»འབྲུག (༡༢)«ལི་»«སྣར་»«ཅོ་»

«ཞོལ་»འབྲུགས། ⑬«ཞོལ་»གྱི། ⑭«ཅོ་»འབྲུགས།

༦༦༡ ①«ཅོ་»གྱིས། ②«སྣར་»བྱེད། «ཅོ་»ན་བྱེད། ③«གཡུང་»«པེ་»«སྣར་»«ཅོ་»«ཞོལ་»ལྷུང་། ④«ཞོལ་»གྱི། ⑤«ཅོ་»གྱིས། ⑥«ལི་»«སྣར་»«ཞོལ་»+ཅན། ⑦«ཅོ་»ཏོ། ⑧«གཡུང་»ཏེ། «ལི་»«པེ་»བ་ཏེ། ⑨«གཡུང་»«ལི་»«པེ་»«སྣར་»«ཅོ་»«ཞོལ་»ལྷུང་། ⑩«ཞོལ་»གྱི། ⑪«ཅོ་»གྱིས། ⑫«བྲུ་»–ཀྱི། ⑬«ཅོ་»ཏོ། ⑭«གཡུང་»ཏེ། «པེ་»བ་ཏེ། ⑮«ཅོ་»གྱིས། ⑯«ཅོ་»+པ།

༦༦༢ ①«ཅོ་»ཏོ། ②«ཅོ་»གྱི། ③«ཅོ་»གྱི། ④«ལི་»འམ།

༦༦༣ ①«སྣར་»«ཞོལ་»+བྱམས་པ་ཆེན་པོའམ། སྙིང་རྗེ་ཆེན་པོའམ། ②«ལི་»–རང་སངས་རྒྱས་ཀྱི་ཚོས་སམ། ③«ཞོལ་»གྱི། ④«ཅོ་»གྱི། ⑤«ཞོལ་»གྱི། ⑥«གཡུང་»ཏེ། ⑦«གཡུང་»«སྣར་»«ཅོ་»«ཞོལ་»–དུ། ⑧«གཡུང་»«པེ་»«སྣར་»«ཅོ་»«ཞོལ་»+གང་།

༦༦༤ ①«ཅོ་»ཅིག ②«པེ་»+དུ། ③«ལི་»«སྣར་»«ཞོལ་»འབྲུགས། ④«ཞོལ་»གྱི། ⑤«ཅོ་»ནས། ⑥«ཞོལ་»གྱི། ⑦«གཡུང་»«པེ་»ཏེ། ⑧«སྣར་»–རྟེན། ⑨«ཞོལ་»གྱི།

༦༦༥ ①«གཡུང་»«པེ་»ཏེ། ②«ཅོ་»པས། ③«ཅོ་»འགྱུར་བའི། ④«ཅོ་»–ནི། ⑤«ཅོ་»+ཞེན… པར། ⑥«ཅོ་»གྱི། ⑦«ལི་»འམ།

༦༦༦ ①«སྣར་»«ཞོལ་»+བྱམས་པ་ཆེན་པོའམ། སྙིང་རྗེ་ཆེན་པོའམ། ②«ཞོལ་»ལྟ། ③«ཞོལ་»གྱི། ④«ཞོལ་»གྱི། ⑤«ལི་»«སྣར་»«ཞོལ་»ཏེ། ⑥«ཅོ་»ཏོ།

༦༦༧ ①«གཡུང་»«པེ་»«སྣར་»«ཅོ་»«ཞོལ་»ལྷུང་། ②«ཅོ་»གྱིས། དེ་ཅིའི། «ཞོལ་»གྱི། དེའི། ③«ཅོ་»གྱི… ཚུལ་ཁྲིམ། ④«ལི་»«པེ་»+དུ། ⑤«གཡུང་»«པེ་»«སྣར་»«ཅོ་»«ཞོལ་»+གང་། ⑥«ཅོ་»ཅིག ⑦«ཅོ་»འབྲུག ⑧«གཡུང་»«པེ་»+དུ། ⑨«ལི་»«སྣར་»«ཅོ་»«ཞོལ་»འབྲུགས། ⑩«ཞོལ་»གྱི། ⑪«ལི་»–དེ་བས་ན་བྱེད་གྱིས། ⑫«ཅོ་»འབྲུགས། ⑬«ཅོ་»ཏོ། ⑭«གཡུང་»«པེ་»«ཅོ་»«ཞོལ་»ལྷུང་། ⑮«ཞོལ་»གྱི། ⑯«གཡུང་»«པེ་»ཏེ།

༦༦༨ ①«གཡུང་»«ལི་»«པེ་»«སྣར་»«ཅོ་»«ཞོལ་»ལྷུང་། ②«ཞོལ་»གྱི། ③«ཅོ་»–ཅན། ④«གཡུང་»«པེ་»ཏེ། ⑤«གཡུང་»«པེ་»«སྣར་»«ཅོ་»«ཞོལ་»ཏེ། ⑥«ཅོ་»ཏོ། ⑦«ཅོ་»པར། ⑧«གཡུང་»«པེ་»«ཅོ་»+ན།

༦༦༩ ①«གཡུང་»«པེ་»+དེ་ལྟར། ②«ཅོ་»–རྣམ་པར་ཐར་པ་རྣམས་སམ། ③«སྣར་»«ཞོལ་»+བྱམས་པ་ཆེན་པོའམ། སྙིང་རྗེ་ཆེན་པོའམ། ④«ཞོལ་»གྱི། ⑤«བྲུ་»བྱེད།

༦༧༠ ①«གཡུང་»«ལི་»«པེ་»«སྣར་»«ཅོ་»«ཞོལ་»ལྷུང་། ②«ཞོལ་»གྱི། ③«ཞོལ་»ཏེ། ④«ཅོ་»–གང་། ⑤«ཅོ་»ཅིག ⑥«ལི་»«སྣར་»«ཅོ་»«ཞོལ་»འབྲུགས། ⑦«གཡུང་»«པེ་»ཀྱང་། «ཞོལ་»གྱི། ⑧«ཅོ་»འབྲུགས། ⑨«བྲུ་»–ཀྱང་།

༦༧༡ ①«གཡུང་»«ལི་»«པེ་»«སྣར་»«ཅོ་»«ཞོལ་»ལྷུང་། ②«ཞོལ་»གྱི། ③«བྲུ་»–ཀྱི། ④«གཡུང་»ཏེ། «པེ་»བ་ཏེ། ⑤«གཡུང་»«ལི་»«པེ་»«སྣར་»«ཅོ་»«ཞོལ་»ལྷུང་། ⑥«ཞོལ་»གྱི། ⑦«ཅོ་»གྱིས།

⑧«གཡུང་»«པེ་»ཏེ། ⑨«ཅོ་»གིས། ⑩«ཅོ་» གྱིས།

༤༧༢ ①«གཡུང་»«པེ་»+ཀྱི། ②«ཅོ་»འགྱུར་བའི། ③«གཡུང་»«ལི་»«པེ་»—ལ། «ཅོ་»—རྣམས་ལ། ④«ལི་»འཇུགས། ⑤«སྣར་»«ཞོལ་»+བྱམས་པ་ཆེན་པོའམ། སྙིང་རྗེ་ཆེན་པོའམ།

༤༧༣ ①«ཅོ་»—རྣམས། ②«ཅོ་»ཏོ། ③«ལི་»«སྣར་»«ཞོལ་»ཅིང་། ④«ཞོལ་»ཀྱི། ⑤«ཅོ་»གིས། ⑥«ཞོལ་»ཀྱི། ⑦«ལི་»«པེ་»+དུ། ⑧«ལི་»«ཅོ་»—གང་། ⑨«ལི་»«སྣར་»«ཅོ་»«ཞོལ་»འཁྲུགས།

༤༧༤ ①«ཞོལ»ཀྱི། ②«ལི་»«ཅོ་»འཁྲུགས། ③«ཅོ་»གྱིས། ④«གཡུང་»«ལི་»«པེ་»«སྣར་»«ཅོ་»«ཁུ་»«ཞོལ་»+ཞེས། ⑤«ཞོལ་»ཀྱི། ⑥«ཅོ་»—དག ⑦«གཡུང་»«པེ་»ཏེ། ⑧«ཞོལ་»ཀྱི། ⑨«ལི་»བས། ⑩«གཡུང་»ཏེ། «པེ་»བ་ཏེ། ⑪«གཡུང་»གསོང་།

༤༧༥ ①«པེ་»+ལ། ②«པེ་»པ། ③«ཅོ་»—ནི། ④«ཁུ་»ཏེ། ⑤«ཁུ་»— གྱི།

༤༧༦ ①«ཅོ་»གྱི། ②«སྣར་»«ཞོལ་»+བྱམས་པ་ཆེན་པོའམ། སྙིང་རྗེ་ཆེན་པོའམ། ③«གཡུང་»«པེ་»«སྣར་»«ཅོ་»«ཞོལ་»—རྣམས། ④«གཡུང་»«པེ་»«སྣར་»«ཞོལ་»རྣམས་ཀྱི། «ཅོ་»རྣམས་ཀྱིས། ⑤«ཅོ་»གིས། ⑥«ཅོ་»ཏོ། ⑦«ཅོ་»—ཡོངས་པ་ནི་སྡུག་བསྔལ་བ་སྟེ། ⑧«ཞོལ་»ཀྱི། ⑨«ཅོ་»གིས། ⑩«ཅོ་»གྱིས། ⑪«ཅོ་»+པ། ⑫«གཡུང་»«ལི་»«པེ་»«སྣར་»«ཅོ་»«ཞོལ་»ལྷུང་། ⑬«གཡུང་»«པེ་»«སྣར་»«ཅོ་»ཀྱིས། «ཞོལ་»ཀྱི། ⑭«ཅོ་»གྱིས།

༤༧༧ ①«ཅོ་»ཅིག ②«ཅོ་»འབྲུག ③«ཁུ་»སྐྱི། ④«ལི་»«སྣར་»«ཅོ་»«ཞོལ་»འབྲུགས། ⑤«ཅོ་»པ་ནི། ⑥«ཞོལ་»ཀྱི། ⑦«ཅོ་»འབྲུགས། ⑧«ཞོལ་»ཀྱི། ⑨«ཅོ་»ཀྱི། ⑩«གཡུང་»«པེ་»—བ། ⑪«ཞོལ་»ཀྱི། ⑫«ཅོ་»གྱིས།

༤༧༨ ①«ཅོ་»ལྟ། ②«གཡུང་»«པེ་»ཏེ། ③«པེ་»གདོན། ④«ཅོ་»གདོན་པར། ⑤«ཅོ་»—ཀྱིས། ⑥«ཅོ་»པའི་སྤྱོད་པ་ཅན། ⑦«ཅོ་»འགྱུར་བའི། ⑧«ལི་»—ཞེས་ཆོས་སྟོན་ཏོ།། ⑨«ལི་»ཀྱིས། ⑩«གཡུང་»«པེ་»ཉིས་བརྒྱ་དགུ་བཅུ་བདུན་པ། «ལི་»བཅུ་དྲུག «སྣར་»«ཅོ་»ཉིས་བརྒྱ་གོ་བདུན་པ། «ཞོལ་»ཉིས་བརྒྱ་གོ་བརྒྱད་པ། ⑪«གཡུང་»«པེ་»པའི་མི་ལས། «ཁུ་»པ་མི་ལམ།

༤༧༩ ①«སྣར་»«ཞོལ་»+བྱམས་པ་ཆེན་པོའམ། སྙིང་རྗེ་ཆེན་པོའམ། ②«ཅོ་»གིས། ③«ཅོ་»གྱིས། ④«ཞོལ་»ཀྱི།

༤༨༠ ①«ཅོ་»གིས། ②«ཅོ་»གྱིས། ③«གཡུང་»«ལི་»«པེ་»«ཅོ་»«ཞོལ་»ལྷུང་། ④«ཞོལ་»ཀྱི། ⑤«ཅོ་»གྱིས། ⑥«གཡུང་»«པེ་»—གང་། ⑦«ཅོ་»ཅིག ⑧«ཅོ་»འབྲུག ⑨«ལི་»«སྣར་»«ཅོ་»«ཞོལ་»འབྲུགས། ⑩«ཞོལ་»ཀྱི། ⑪«གཡུང་»«པེ་»ཁྱེད་ཀྱིས་འབྲུག «ཅོ་»ཁྱེད་ཀྱིས་འབྲུགས། ⑫«ཞོལ་»ཀྱི།

༤༨༡ ①«ཞོལ་»ཏེ། ②«ཅོ་»—སེམས་ཅན་སེམས་གཡེང་བ་གང་ཇི་སྙེད་པ་དེ་དག་ལ་འདི་སྐད་དུ་ཆོས་སྟོན་ཏེ། ③«གཡུང་»«པེ་»ཏེ། ④«གཡུང་»+ས། ⑤«གཡུང་»«ལི་»«པེ་»«སྣར་»«ཅོ་»«ཞོལ་»ལྷུང་། ⑥«ཞོལ་»ཀྱི། ⑦«གཡུང་»«པེ་»ཁྱེད། ⑧«གཡུང་»ཏེ། «པེ་»བ་ཏེ། ⑨«སྣར་»«ཞོལ་»+དེ། ⑩«ཁུ་»—པ། ⑪«ཅོ་»—ལ། ⑫«གཡུང་»«པེ་»—ནི།

༦༨༢ ①«ལི་»«སྣར་»«ཅོ་»«ཞོལ་»—ལ། ②«གཡུང་»«པེ་»སྟེ། ③«ཁུ་»མི། ④«གཡུང་»པས། «པེ་»
མས། ⑤«གཡུང་»གཟུང་བར། «ལི་»«ཁུ་»བཟུང་བར། ⑥«གཡུང་»«ལི་»«པེ་»མདབ། ⑦«གཡུང་»
«པེ་»ལས། ⑧«གཡུང་»«པེ་»སྟོན། ⑨«ལི་»པོ། ⑩«ཅོ་»བསྒྲུབ། ⑪«པེ་»«སྣར་»ལྟའི།
⑫«ཅོ་»ភ្លुང་།

༦༨༣ ①«གཡུང་»«པེ་»ན། ②«ཅོ་»གིས། ③④«ཅོ་»ཀྱིས།

༦༨༤ ①«ཅོ་»གྱི།

༦༨༥ ①«གཡུང་»«པེ་»«སྣར་»«ཞོལ་»གི། ②«གཡུང་»སྟིར། ③«ཅོ་»གིས། ④«ཅོ་»ཀྱིས། ⑤«ལི་»འཇིགས།

༦༨༦ ①«ལི་»—ཤེས་རབ་ཀྱི་གཏམ་མམ། ②«ཅོ་»«ཞོལ་»དེས། «སྣར་»དེའི། ③«གཡུང་»«པེ་»འཛིན་ནོ། །
དེ་བཞིན་ཉིད་དུ། «ཅོ་»—འཛིན་ཏོ། །དེ་བཞིན་ཉིད་དུ། ④«གཡུང་»«ལི་»«པེ་»«སྣར་»«ཅོ་»
«ཞོལ་»ཏེ། ⑤«ཅོ་»ཏོ།

༦༨༧ ①«ཅོ་»གིས། ②«གཡུང་»གཏན། ③«ཅོ་»གྱིས། ④«ལི་»—དེ། ⑤«ཅོ་»ཏོ།

༦༨༨ ①«ཁུ་»+ས། ②«ཁུ་»—བཟོད་པའི་གཏམ་མམ། ③«ཅོ་»—དེ། ④«གཡུང་»«པེ་»«སྣར་»«ཅོ་»
«ཞོལ་»གི། ⑤«ཅོ་»ཏོ།

༦༨༩ ①«ལི་»—བསམ་གཏན་གྱི་གཏམ་མམ། ②«ཅོ་»+ཚོས། ③«པེ་»སྙིང་། ④«ཁུ་»ཏོ། ⑤«པེ་»ཏོ།
⑥«ཅོ་»—ཤེས་པ། ⑦«པེ་»«ཅོ་»ཏོ།

༦༩༠ ①«ཅོ་»མ། ②«ཅོ་»+ཉིད། ③«ཅོ་»པར། ④«ཅོ་»ཏོ། ⑤«ཅོ་»—དེ། ⑥«ལི་»—ཅན།

༦༩༡ ①«ལི་»བྱས་ཏེ། ②«ཁུ་»མ། ③«གཡུང་»«པེ་»«ཅོ་»ཇི། ④«གཡུང་»«པེ་»«ཅོ་»བཟུང་།
⑤«གཡུང་»«པེ་»«ཅོ་»བཟུང་། ⑥«གཡུང་»«པེ་»«སྣར་»«ཅོ་»«ཞོལ་»དེ། ⑦«གཡུང་»«པེ་»
«ཅོ་»—བ། ⑧«ཅོ་»—འདི་ལྟ་སྟེ། ⑨«ཅོ་»པའི། ⑩«གཡུང་»«ཅོ་»—བ། ⑪«གཡུང་»«པེ་»+དེ།
⑫«གཡུང་»«ཅོ་»—བ། ⑬«གཡུང་»«པེ་»«ཅོ་»འཕྲོགས། «ཞོལ་»འཕྲོག ⑭«གཡུང་»«ལི་»«པེ་»
«སྣར་»«ཅོ་»«ཞོལ་»རྗེ། ⑮«ལི་»«སྣར་»«ཞོལ་»བྱས་ཏེ། ⑯«ཅོ་»«ཞོལ་»རྗེ། ⑰«ལི་»
«སྣར་»«ཞོལ་»བྱས་ཏེ། ⑱«ལི་»«པེ་»«སྣར་»«ཞོལ་»གྱུར་པ་དང་། ⑲«གཡུང་»«པེ་»«ཅོ་»
+རྣམས། ⑳«ལི་»རྒྱལ།

༦༩༢ ①«ལི་»རྒྱལ། ②«གཡུང་»«ལི་»«པེ་»«སྣར་»«ཅོ་»«ཞོལ་»—གྱི་ཡན་ལག ③«ཅོ་»གི། ④«ཅོ་»
—རྫོགས་པར། ⑤«གཡུང་»«པེ་»+དེ། ⑥«གཡུང་»«པེ་»«ཅོ་»—ཀྱིས། ⑦«ལི་»པའི། ⑧«སྣར་»
«ཅོ་»བཏང་། «ཞོལ་»གཏོང་། ⑨«ཅོ་»གི། ⑩«གཡུང་»«ཅོ་»—དེ། ⑪«ཅོ་»སྤྱངས་པའི།
⑫«གཡུང་»«པེ་»«ཅོ་»—ཀྱིས། ⑬«ཅོ་»གི། ⑭«གཡུང་»«པེ་»སྤྱང་།

༦༩༣ ①«ལི་»པ་སྟེ། ②«སྣར་»«ཞོལ་»+དེ། ③«གཡུང་»«ཅོ་»—ཀྱིས། ④«ཅོ་»གི། ⑤«ལི་»སྒོམ།
⑥«ཅོ་»སྒོམ། ⑦«གཡུང་»«པེ་»«སྣར་»«ཅོ་»«ཞོལ་»+དེ། ⑧«གཡུང་»«པེ་»«ཅོ་»བཙོམ།

⑨«གཡུང་»«ཅོ་»–ཀྱིས། ⑩«གཡུང་»«ལི་»«པེ་»«སྣར་»«ཅོ་»«ཞོལ་»སོ། ⑪«ཅོ་»–པ། ⑫«གཡུང་»«ཅོ་»–ཀྱིས། ⑬«ལི་»+བདག་གིས་བསམ་གཏན་ནོ།། ⑭«གཡུང་»«པེ་»«ཅོ་»དེས།

༦༩༤ ①«གཡུང་»«ཅོ་»–དགེ་བའི་ཆོས། ②«གཡུང་»«པེ་»«ཅོ་»–དེ། ③«ལི་»«སྣར་»བསྒོམ། ④«གཡུང་»«ཅོ་»–ཀྱིས། ⑤«གཡུང་»«ཅོ་»–ནི། ⑥⑦«ཅོ་»སྒོམ། ⑧«གཡུང་»«ཅོ་»–ཀྱིས། ⑨«གཡུང་»«ཅོ་»–ཀྱིས། ⑩«ལི་»«པེ་»+དག ⑪«གཡུང་»«ཅོ་»–ཀྱིས། ⑫«ཅོ་»གི།

༦༩༥ ①«ཅོ་»སྐྱེད། ②③«ཅོ་»–སྟོང་པ་ཉིད། ④«གཡུང་»«པེ་»«ཅོ་»«ཁུ་»–ཀྱིས། ⑤«ལི་»–སྟོང་པ་ཉིད། ⑥«ལི་»+འདིའི་དོན་ཏུ་སྟོང་པ་ཉིད་སྟོང་པ་ཉིད་བསྒོམ་པར་བྱའོ།། ⑦«གཡུང་»«ལི་»«པེ་»«ཅོ་»–ཀྱིས། ⑧«ཅོ་»གིས། ⑨«ཅོ་»སྐྱེད། ⑩«གཡུང་»«པེ་»སྒོམ། ⑪«གཡུང་»«ཅོ་»–ཀྱིས། ⑫«ཅོ་»སྒོམས།

༦༩༦ ①«གཡུང་»«ཅོ་»–ཀྱིས། ②«གཡུང་»«ཅོ་»–ཀྱིས། ③«ཅོ་»གི། ④«གཡུང་»«པེ་»«སྣར་»«ཅོ་»«ཞོལ་»བསྒོམ། ⑤«ཁུ་»གྱིས། ⑥«ཅོ་»–པོ། ⑦«གཡུང་»«ཅོ་»–ཀྱིས། ⑧«ལི་»–མཐའ་ལས་འདས་པ་སྟོང་པ་ཉིད་དོ། །བདག་གིས། ⑨«ལི་»–པ།

༦༩༧ ①«གཡུང་»«པེ་»«ཅོ་»«ཁུ་»«ཞོལ་»སྒོམ། ②«གཡུང་»«ཅོ་»–ཀྱིས། ③«ཅོ་»བསྒོམས། ④«ལི་»–པ། ⑤«ཅོ་»+ཅག ⑥«ཞོལ་»–སྟོང་པ། ⑦«གཡུང་»«པེ་»«ཅོ་»«ཞོལ་»སྒོམ། ⑧«གཡུང་»«ཅོ་»–ཀྱིས། ⑨«ཅོ་»གྱིས། ⑩«ལི་»–པ། ⑪«སྣར་»«ཅོ་»བསྒོམ། ⑫«གཡུང་»«པེ་»«ཅོ་»–ཀྱིས།

༦༩༨ ①«གཡུང་»«པེ་»–ཆོས། ②«ལི་»«སྣར་»བསྒོམ། ③«གཡུང་»«ཅོ་»–ཀྱིས། ④«ཅོ་»གི། ⑤«ཅོ་»བསྒོམས། ⑥«ཅོ་»སྒོམ། ⑦«ཅོ་»–དེ། ⑧«ལི་»–པ། ⑨«ལི་»«སྣར་»བསྒོམ། «ཅོ་»སྒོམས། ⑩«གཡུང་»«ཅོ་»–ཀྱིས། ⑪«ཅོ་»སྒོམས། ⑫«གཡུང་»«ཅོ་»–ཀྱིས། ⑬«ཅོ་»བསྒོམས།

༦༩༩ ①«ལི་»ལན། ②«ལི་»པའི། ③«ལི་»«སྣར་»བསྒོམ། ④«གཡུང་»«ཅོ་»–ཀྱིས། ⑤«པེ་»+ཀྱིས། ⑥«གཡུང་»«ཅོ་»–ཀྱིས། ⑦«ཅོ་»བསྒོམས། ⑧«ཁུ་»རྟོགས། ⑨«གཡུང་»«ཅོ་»–ཀྱིས། ⑩«ཅོ་»བསྒོམས། ⑪«ཅོ་»སྒོམ།

༧༠༠ ①«ལི་»«སྣར་»«ཞོལ་»–པ། ②«ལི་»«སྣར་»«ཞོལ་»བསྒོམ། ③«གཡུང་»«ཅོ་»–ཀྱིས། ④«ཅོ་»པོ། ⑤«ལི་»«སྣར་»བསྒོམ། «ཅོ་»སྒོམས། ⑥«གཡུང་»«ཅོ་»–ཀྱིས། ⑦«ཅོ་»སྒོམ། ⑧«ཅོ་»«སྣར་»བསྒོམ། ⑨«གཡུང་»«ཅོ་»–ཀྱིས།

༧༠༡ ①«གཡུང་»«པེ་»ལ་སྒོམ། «ལི་»«སྣར་»བསྒོམ། ②«གཡུང་»«ཅོ་»–ཀྱིས། ③«ལི་»«སྣར་»«ཅོ་»བསྒོམ། ④«གཡུང་»«ཅོ་»–ཀྱིས། «ཞོལ་»–ཉིད་ཀྱིས་སྟོང་པ། ⑤«ཅོ་»སྒོམ། ⑥«ཅོ་»–པ། ⑦«ལི་»«ཅོ་»བསྒོམ། ⑧«གཡུང་»«ཅོ་»–ཀྱིས།

༧༠༢ ①«ལི་»–ལམ། ②«ལི་»«སྣར་»«ཅོ་»བསྒོམ། ③«གཡུང་»«ཅོ་»–ཀྱིས། ④«ཅོ་»གི། ⑤«ཅོ་»–ལག ⑥«ཅོ་»+སོ། ⑦«གཡུང་»«ཅོ་»–ཀྱིས།

༧༠༣ ①«ལི་»«སྣར་»བསྒོམ། ②«གཡུང་»«ཅོ་»–ཀྱིས། ③«ཅོ་»སྒོམ། ④«ལི་»«སྣར་»«ཅོ་»བསྒོམ།

⑤«གཡུང་»«ཅོ་»–ཀྱིས། ⑥«ལི་»«སྣར་»«ཅོ་»བསྒོམ། ⑦«གཡུང་»«ཅོ་»–ཀྱིས། ⑧«བྲུ་»ལས།

༧༠༤ ①«ལི་»རྣམས། ②«ལི་»«སྣར་»«ཅོ་»བསྒོམ། ③«གཡུང་»«ཅོ་»–ཀྱིས། ④«ལི་»«སྣར་»བསྒོམ། ⑤«གཡུང་»«ཅོ་»–ཀྱིས། ⑥«ཅོ་»–དག ⑦«ཅོ་»བསྒོམས། ⑧«ལི་»«ཅོ་»སྒོམ། ⑨«གཡུང་»«ཅོ་»–ཀྱིས།

༧༠༥ ①«གཡུང་»«པེ་»«ཅོ་»–དག ②«ལི་»«སྣར་»བསྒོམ། «ཅོ་»སྒོམས། ③«གཡུང་»«ཅོ་»–ཀྱིས། ④«ལི་»«སྣར་»བསྒོམ། «ཅོ་»བསྒོམས། ⑤«གཡུང་»«ཅོ་»–ཀྱིས།

༧༠༦ ①«གཡུང་»«པེ་»«ཅོ་»«ཞོལ་»སྒོམ། ②«གཡུང་»«ཅོ་»–ཀྱིས། ③«གཡུང་»འདའི། ④«ཅོ་»ཅིང་། ⑤«ལི་»«སྣར་»བསྒོམ། ⑥«གཡུང་»«ཅོ་»–ཀྱིས། ⑦«ལི་»«པེ་»«སྣར་»«ཞོལ་»+དག ⑧«ལི་»«སྣར་»བསྒོམ། ⑨«གཡུང་»«ཅོ་»–ཀྱིས།

༧༠༧ ①«ལི་»«སྣར་»བསྒོམ། ②«གཡུང་»«ཅོ་»–ཀྱིས། ③«སྣར་»«ཞོལ་»+སེམས་དང་པོ་བསྐྱེད་པ་ནས་ཉེ་བར་བཟུང་སྟེ། བྱང་ཆུབ་སེམས་དཔའ་སེམས་དཔའ་ཆེན་པོའི་དགེ་བའི་ཆོས་བྱམས་པ་ཆེན་པོ་ལ་སྤྱོད་ཀྱང་དེ་ལ་མི་རྟོག་ཅིང་། བྱམས་པ་ཆེན་པོ་སྒོམ་པའི་ཚེ། ངོ་བོ་ཉིད་ཀྱིས་སྟོང་པ་ཉིད་ཀྱི་ཕྱིར། འདི་ནི་བྱམས་པ་ཆེན་པོའོ། །བདག་གིས་བྱམས་པ་ཆེན་པོ་བསྒོམ་པར་བྱའོ། །འདིའི་དོན་དུ་བྱམས་པ་ཆེན་པོ་བསྒོམ་མོ་ཞེས····གསུམ་པོ་དེ་དག་ལ་མི་རྟོག་པ་སྟེ། བྱམས་པ་ཆེན་པོ་གང་གིས་བདག་ཀྱང་འཁོར་བ་ལས་སྒྲོལ་ཞིང་། གཞན···ཡང་སྒྲོལ་བ་འདི་ནི་ལམ་གྱི་ཡན་ལག་དགེ་བའི་ཆོས་སོ།། ④«ལི་»«སྣར་»བསྒོམ། ⑤«གཡུང་»«ཅོ་»–ཀྱིས། ⑥«ཅོ་»གི། ⑦«ལི་»«སྣར་»བསྒོམ། ⑧«གཡུང་»«ཅོ་»–ཀྱིས།

༧༠༨ ①«ཅོ་»སྒོམ། ②«གཡུང་»«པེ་»«སྣར་»«ཞོལ་»མེད་པ་དེ་དག «ལི་»པ་དེ་དག ③④«སྣར་»«ཞོལ་»བཏགས། ⑤«ཅོ་»བསྐོར། «ཞོལ་»བསྐོར་རོ། ⑥«སྣར་»«ཞོལ་»བརྒྱད་པའོ། «ཅོ་»དགུའོ། ⑦«ཅོ་»ཟེ། ⑧«ཅོ་»འདི། ⑨«གཡུང་»–ཅད། «ལི་»«པེ་»+མཁྱེན་པ་ཉིད།

༧༠༩ ①«ལི་»སྤང་། ②«ཞོལ་»–སྔོ། ③«གཡུང་»«པེ་»རྗེས། ④«ཅོ་»–ཀྱིས། ⑤«ཅོ་»+ཉིད། ⑥«གཡུང་»«པེ་»«སྣར་»«ཅོ་»«ཞོལ་»–ནི། ⑦«གཡུང་»–འོང་།

༧༡༠ ①«ལི་»«སྣར་»«ཞོལ་»བྱེ། ②«ཅོ་»+ལ། ③«གཡུང་»«པེ་»«ཅོ་»ནོ། ④«གཡུང་»«པེ་»«ཅོ་»ཏེ། ⑤«གཡུང་»«པེ་»+དུ། ⑥«ཅོ་»ཀྱི། ⑦«ལི་»རྣམས། ⑧«ལི་»«པེ་»+ཡང་། «སྣར་»«ཞོལ་»པའང་། ⑨«ཅོ་»–གང་གིས། ⑩«བྲུ་»མདོན། ⑪«ལི་»«པེ་»+མ། ⑫«ལི་»«པེ་»+མ། ⑬«གཡུང་»«ལི་»«སྣར་»«ཅོ་»«ཞོལ་»ལྷུང་། ⑭«ཅོ་»ཀྱི། ⑮«ཅོ་»–ཀྱིས། ⑯«ལི་»སྦྱོད།

༧༡༡ ①«ཅོ་»+ཉི། ②«ལི་»རྣས། ③«གཡུང་»«པེ་»–པ། ④«ཅོ་»ལ་སྤྱད། ⑤«གཡུང་»«པེ་»«ཅོ་»–བྱམས་པ་ཆེན་པོ་ལ་སྤྱད། ⑥«ཅོ་»+རྣམས། ⑦«ཅོ་»ཡན་ལག

༧༡༢ ①«སྣར་»«ཞོལ་»དོ། ②«གཡུང་»«པེ་»«སྣར་»མི་ཟློས་ཤིང་། «ལི་»སྨྲ་ཟློས་ཤིང་། «ཅོ་»–མ། «ཞོལ་»མི་ཟ་ཞིང་། ③«ཅོ་»ལྷུང་བ། «སྣར་»«ཞོལ་»ལྷུང་བར། ④«ཅོ་»ཀྱི། ⑤«ཅོ་»+ལས། ⑥«ལི་»གནག ⑦«སྣར་»«ཅོ་»གནག་པ་དང་། «སྣར་»«ཞོལ་»ནག་པ་དང་། ⑧«ཞོལ་»ནག

(༩)«གཡུང་»–དམིགས། «ཅོ་»བའི་ལས་དེ་གཟིགས། (༡༠)«གཡུང་»«པེ་»མི། «ལི་»མྱི། (༡༡)«ཅོ་»པར། (༡༢)«ལི་»དཔའ། «སྣར་»པར། (༡༣)«ཅོ་»པར། (༡༤)«ཅོ་»པར། (༡༥)«གཡུང་»«ལི་»«པེ་»«སྣར་»«ཅོ་»«ཞོལ་»–བཅོམ་ལྡན་འདས། (༡༦)«ཅོ་»–དེ།

༧༡༣ (༡)«ཅོ་»–བླ་ན་མེད་པ་ཡང་། (༢)«ལི་»«པེ་»+པ། (༣)«ལི་»«སྣར་»«ཞོལ་»–མི་ཤེས་ལ། (༤)«ལི་»དྲི། (༥)«ལི་»–ཤེས་པར།

༧༡༤ (༡)«གཡུང་»«པེ་»+འདུས་ཀྱི། (༢)«ལི་»ཀྱིས། (༣)«ལི་»འདུས། (༤)«ཅོ་»གྱི།

༧༡༥ (༡)«ཅོ་»–མི།

༧༡༦ (༡)«གཡུང་»«པེ་»ཉིས་བརྒྱ་དགུ་བཅུ་བརྒྱད་པ། «ལི་»བཅུ་བདུན། «སྣར་»«ཅོ་»ཉིས་བརྒྱ་གོ་བརྒྱད་པ། «ཞོལ་»ཉིས་བརྒྱ་གོ་དགུ་པ། (༢)«ལི་»«པེ་»«སྣར་»+ན། (༣)«གཡུང་»«པེ་»འགྲོལ། (༤)«སྣར་»«ཅོ་»«ཞོལ་»+བ། (༥)«ལི་»ཧོ། (༦)«ལི་»རྣམས། (༧)«གཡུང་»«པེ་»དགོད། (༨)«ཅོ་»+དང་། (༩)«ཅོ་»འབྱུང་། (༡༠)«གཡུང་»«ལི་»«པེ་»འགྲེལ་ལོ། «སྣར་»འགྲེལ་ཏོ། «ཞོལ་»འགྲོལ་ཏོ།

༧༡༧ (༡)«ཅོ་»པས། (༢)«པེ་»དགོག (༣)«སྣར་»+ཡོངས་སུ། «ཅོ་»གྱི། (༤)«གཡུང་»–ལས། (༥)«གཡུང་»–ནོ། (༦)«གཡུང་»«སྣར་»«ཞོལ་»–ནོ། (༧)«ལི་»–ཀུན་འབྱུང་བས་ཀྱང་མ་ཡིན་ནོ།། (༨)«གཡུང་»–འགོག་པ་ཞེས་པས། (༩)«གཡུང་»+ཞེས་པས། (༡༠)(༡༡)«ཅོ་»+ནོ།

༧༡༨ (༡)«ཅོ་»དག་གིས། «པྲུ་»བདག་གི། (༢)«སྣར་»གཞན་མ་ཡིན་ལ་དེ་བཞིན་ཉིད་དང་། «ཅོ་»–གཞན་མ་ཡིན་པ་དེ་བཞིན་ཉིད་དང་། (༣)«གཡུང་»«པེ་»«ཅོ་»–ཉིད། (༤)«ལི་»«སྣར་»«ཞོལ་»+དེ་ནི། (༥)«ལི་»«པེ་»«སྣར་»«ཞོལ་»གཤེགས། «ཅོ་»དུ་གནས། (༦)«ལི་»«སྣར་»«ཞོལ་»ཉམས། «ཅོ་»མཉམ། (༧)«ཅོ་»པ། (༨)«ཅོ་»–བ། (༩)«ཅོ་»–ལ། (༡༠)«ལི་»མྱི། «པེ་»མི། (༡༡)(༡༢)«ལི་»«སྣར་»«ཞོལ་»རྟོགས། (༡༣)«ཅོ་»པ། (༡༤)«ཅོ་»གྱུར། (༡༥)«ཅོ་»དཔའི།

༧༡༩ (༡)«ཅོ་»–ལྷུང་བའི་སྤྱི་བོར། (༢)«གཡུང་»«པེ་»གི། (༣)«ཅོ་»སྤྱོད་ཡང་། (༤)«གཡུང་»«པེ་»བསྐྱེད། (༥)«ཅོ་»བསྐྱེད། (༦)«ཅོ་»བསྐྱེད་དེ། (༧)«གཡུང་»«ཅོ་»«སྣར་»«ཞོལ་»+བྱེད་པ། (༨)«གཡུང་»«ལི་»«པེ་»«སྣར་»«ཞོལ་»བྱ། (༩)«གཡུང་»མ། (༡༠)«ཅོ་»བྱས།

༧༢༠ (༡)«ལི་»–ཀྱང་། (༢)«གཡུང་»«པེ་»བཅུ་ཆ་དགུའོ། «ལི་»བཅུ་ཆ་དགུ་པའོ། «སྣར་»«ཞོལ་»ཅུ་དགུ་པའོ། «ཅོ་»བདུན་ཅུ་པའོ། (༣)«ལི་»བའོ། (༤)«ལི་»–ནི། (༥)«ཅོ་»འམ། (༦)«ལི་»གྱི་ལྟར། «ཅོ་»གྱིས… ལྟར། (༧)«ལི་»ལྟར།

༧༢༡ (༡)«ལི་»གྱིས། (༢)«ལི་»སྣང་གྱི། «ཅོ་»སྣིང་གི། (༣)«ལི་»–ལས་འདིས་ནི་ཆུང་དགེའི་ལྟར་འགྱུར་རོ།། «ཅོ་»ལས་འདིས་ནི་ཆུང་དགེ་བའི་ལྟར་འགྱུར་རོ།། (༤)«ཅོ་»ནང་། (༥)«ལི་»ནི། (༦)«ལི་»ལས། (༧)«གཡུང་»«པེ་»«སྣར་»«ཅོ་»«ཞོལ་»འདིས། (༨)«ལི་»–མེད། (༩)«གཡུང་»«པེ་»«སྣར་»«ཅོ་»«ཞོལ་»ལས་འདིས་ནི་དགྲ་བཅོམ་པར་འགྱུར་རོ།། «ལི་»–ལས་འདིས་ནི་དགྲ་བཅོམ་པ་ཉིད་དུ་འགྱུར་རོ།།

༧༢༢ (༡)«གཡུང་»«པེ་»«སྣར་»«ཅོ་»«ཞོལ་»པར། (༢)«གཡུང་»«པེ་»འཆི་བའམ། «པྲུ་»མཆིས་པ།

③«གཡུང་»«པེ་»འཆི་བའམ། «ཁུ་»མཆིས་པ། ④«གཡུང་»«པེ་»«ཅོ་»འཆི། ⑤«ལི་»ཀྱིས། ⑥«ཅོ་»+ཆུང་དགེ་བའི་ལྷར་སྐྱེ་བའམ། ⑦«ཅོ་»དགེ་བའི།

༧༢༣ ①«གཡུང་»«པེ་»«ཅོ་»བགྱི། ②«གཡུང་»ནོ། ③«ཅོ་»+དེ། ④«ལི་»«ཅོ་»དགེ་བའི།

༧༢༤ ①«ལི་»ཀྱིས། ②③«ཅོ་»དགེ་བའི།

༧༢༥ ①«ལི་»གི། ②«ཅོ་»–ལ། ③«ལི་»བས། ④«གཡུང་»«པེ་»–དངོས་པོ། ⑤«ལི་»–པོ།

༧༢༦ ①«ལི་»ཞིག ②«པེ་»ཀྱི། ③«གཡུང་»«པེ་»–མྱེད་པ། ④«གཡུང་»«པེ་»«སྣར་»«ཅོ་»«ཞོལ་»མ་མེད། «ལི་»མ་མྱེད། ⑤«ཅོ་»+ནི། ⑥«གཡུང་»«པེ་»འགྲོལ། ⑦«ཅོ་»བྱུར། ⑧«ལི་»མངོན་པར་ཞེན་པའོ་ཞེ། «སྣར་»«ཞོལ་»དངོས་པོ་ཞེན་པའོ་ཞེས། ⑨«ཅོ་»–ཞེན་པར། ⑩«པེ་»ལྟར་དེ། ⑪«གཡུང་»«ལི་»«པེ་»«སྣར་»«ཅོ་»«ཞོལ་»–ལས། ⑫«ལི་»དེ། ⑬«གཡུང་»«པེ་»«སྣར་»«ཞོལ་»ནས། ⑭«ཅོ་»«ཞོལ་»ཕྱིས། ⑮«གཡུང་»«པེ་»གཞག «སྣར་»བཞགས། «ཞོལ་»གཞགས།

༧༢༧ ①«གཡུང་»«པེ་»དཔེའ། ②«གཡུང་»«ལི་»«པེ་»–མཐོང་བ་ལ་སྐྱི་ལམ། ③«ཅོ་»–ལ། ④«ལི་»«པེ་»+དེ། ⑤«ལི་»+ཅེ། ⑥«གཡུང་»«པེ་»–མ། ⑦«གཡུང་»«ལི་»«པེ་»སམ། ⑧«ཅོ་»བསྒོམ། ⑨«གཡུང་»«པེ་»«ཞོལ་»སྒོམ། «ཁུ་»བསྒོམས། ⑩«གཡུང་»«པེ་»«སྣར་»«ཅོ་»«ཞོལ་»པ་སྟེ།

༧༢༨ ①«ལི་»«ཅོ་»སྨྲ། ②«གཡུང་»«ལི་»«པེ་»«སྣར་»«ཅོ་»–ལས། ③«ཅོ་»–པས། ④«ལི་»ཅེ། ⑤«སྣར་»«ཞོལ་»+གང་། ⑥«ལི་»བསྒོམ། «ཅོ་»སྒོམས། ⑦«ཞོལ་»སྒོམ། ⑧«གཡུང་»«སྣར་»«ཅོ་»«ཞོལ་»–ལམ་བསྒོམ་པ། «ལི་»ལམ་སྒོམ་པ། ⑨«ལི་»–ལམ་བསྒོམ་པ། «ཅོ་»བུ་ལམ་སྒོམ་པ། «ཞོལ་»བུའི་ལམ་སྒོམ་པ། ⑩«ཁུ་»འདི། ⑪«ཅོ་»སླན། ⑫«ཅོ་»བསླན། ⑬«གཡུང་»«ལི་»«པེ་»–ལས་གང་། «སྣར་»«ཅོ་»ལས། «ཞོལ་»–གང་། ⑭«ལི་»སྐྱེ།

༧༢༩ ①«ཅོ་»–གསོལ་པ། ②«ལི་»བགྱི་ཅིང་། «སྣར་»«ཞོལ་»བགྱི་ཞིང་། ③«གཡུང་»–ལྷ་དང་། ④«ལི་»ཀྱིས། ⑤«ཅོ་»–མཐའ། ⑥«གཡུང་»སོས།

༧༣༠ ①«ཁུ་»འདི། ②«གཡུང་»«ལི་»«པེ་»«སྣར་»གྱི། «ཅོ་»«ཁུ་»«ཞོལ་»འདི། ③«གཡུང་»«ལི་»«པེ་»«སྣར་»«ཅོ་»«ཞོལ་»+ལ། ④«ཅོ་»–ཡང་། ⑤«གཡུང་»«ལི་»«པེ་»«སྣར་»«ཅོ་»«ཞོལ་»བ་དེ་ལྟ་བུའི། ⑥«ཞོལ་»སྒོམ། ⑦«ལི་»«པེ་»+བཅོམ་ལྡན་འདས་དེ་ནི་མ་ལགས་ན། ⑧«ལི་»–ན། ⑨«ཅོ་»+ལ། ⑩«གཡུང་»«པེ་»«སྣར་»«ཅོ་»«ཞོལ་»+ཡང་། ⑪«ཅོ་»སྒོམ་པར། «ཞོལ་»སྒོམ་པ། ⑫«གཡུང་»«པེ་»ཐིག ⑬«ལི་»«སྣར་»«ཅོ་»«ཞོལ་»+ཆུ། ⑭«གཡུང་»«ལི་»«པེ་»«སྣར་»«ཅོ་»+ཆུ། «ཞོལ་»པ་ལ་ཆུ། ⑮«གཡུང་»«ཅོ་»པར། «པེ་»པས། ⑯«ཅོ་»གྱིས། ⑰«གཡུང་»«ལི་»«པེ་»«སྣར་»«ཅོ་»ལམ། ⑱«ཅོ་»–བའམ། ⑲«ཅོ་»དགེ་བའི། ⑳«ཅོ་»–ཚད་མྱེད་དགེ་བའི་ལྷར་སྐྱེ་བ་འམ།

༧༣༡ ①«ལི་»–ཤིན་ཏུ་མཐོང་བའི་ལྷར་སྐྱེ་བའམ། ②«ཅོ་»ཅིག ③«ཅོ་»གི། ④«ཅོ་»+ཆུང་། ⑤«ཅོ་»

–ཚུང་དགེའི་ལྷར་སྐྱེ་བའམ།

༧༣༢ (༡)«ཅོ་»བ། (༢)«གཡུང་»«པེ་»–དེ། (༣)«ཅོ་»བསྒོམ། (༤)«ཞོལ་»–ཡང་། (༥)«ཞོལ་»སྒོམ། (༦)«གཡུང་»«པེ་»བསྒོམས་པས། «ཞོལ་»སྒོམ་པ། (༧)«ཅོ་»–སྣང་པོའི་ཚོགས། (༨)(༩)«ལི་»«པེ་»«སྣར་»«ཞོལ་»–ལུས། (༡༠)«གཡུང་»+ལུས། (༡༡)«ལི་»ཚོགས། (༡༢)«གཡུང་»«པེ་»«ཅོ་»ན། (༡༣)«གཡུང་»«པེ་»«སྣར་»«ཞོལ་»–ལས། «ལི་»–ལས་གང་། (༡༤)(༡༥)«གཡུང་»«པེ་»སྐྱེ། (༡༦)«གཡུང་»«པེ་»–རིས་ཀྱི།

༧༣༣ (༡)«གཡུང་»བམ། (༢)«ཅོ་»དགེ་བའི། (༣)«ཅོ་»བའམ། (༤)«ཅོ་»ལས། (༥)«ཅོ་»–སུག་ལས་དེ་གང་མངོན་པར་འདུ་བགྱིད་པ་དང་། (༦)«ཅོ་»+དེ། (༧)«ཅོ་»བགྱིད།

༧༣༤ (༡)«ཅོ་»དགེ་བའི། (༢)«ཅོ་»བ། (༣)«གཡུང་»«པེ་»མོ། (༤)«གཡུང་»«པེ་»«ཅོ་»གཞག «སྣར་»བཤགས། «ཞོལ་»གཤགས། (༥)«གཡུང་»«ལི་»«པེ་»«ཅོ་»གང་ལམ། (༦)«གཡུང་»«པེ་»–གང་། «ཅོ་»བསྒོམ་པར་གང་། «ཞོལ་»སྒོམ་པ་གང་། (༧)«གཡུང་»«ལི་»«པེ་»«སྣར་»«ཅོ་»«ཞོལ་»–ཀུན་ནས། (༨)«གཡུང་»«པེ་»+ཡང་། (༩)«ཅོ་»–ལ། (༡༠)«ཅོ་»བ།

༧༣༥ (༡)«ཅོ་»དགེ་བའི། (༢)«གཡུང་»ལྟར། (༣)«ཅོ་»བ། (༤)«ཞོལ་»སྒོམ།

༧༣༦ (༡)«ལི་»གིས། (༢)«ཅོ་»–རྣམས། (༣)«གཡུང་»«པེ་»གྱིས། (༤)«སྣར་»«ཞོལ་»ཅུ་པའོ། «ཅོ་»ཅུ་གཅིག་པའོ། (༥)«ཅོ་»པར། (༦)«གཡུང་»«པེ་»–ཡང་། (༧)«གཡུང་»«ཅོ་»–དེ། (༨)«ཅོ་»པར། (༩)(༡༠)«གཡུང་»ལའང་། (༡༡)«གཡུང་»«པེ་»པའམ།

༧༣༧ (༡)«གཡུང་»«སྣར་»«ཅོ་»«ཞོལ་»–ཉིད། (༢)«ཅོ་»+ཆོས་ཀྱི། (༣)«ཅོ་»པོས། (༤)«གཡུང་»–ཐམས་ཅད། (༥)«ཅོ་»–དང་། (༦)«ཅོ་»དང་།

༧༣༨ (༡)«གཡུང་»–པ། (༢)«ཅོ་»སུར།

༧༣༩ (༡)«སྣར་»«ཞོལ་»+བྱམས་པ་ཆེན་པོ་ཡོངས་སུ་རྫོགས་པར་བྱའོ།། (༢)«ཅོ་»–རྟོག་པ། (༣)«ཅོ་»བྱས་ཏེ། (༤)«གཡུང་»«པེ་»སྣན།

༧༤༠ (༡)«གཡུང་»«པེ་»«ཅོ་»པོ། (༢)«ལི་»–སྒྱུ་མ་ནི་ཡང་དག་པ་མ་ལགས། (༣)«ཅོ་»+པ།

༧༤༡ (༡)«ཞོལ་»–པ། (༢)«གཡུང་»–འཕགས་པའི་བདེན་པ་བཞི་ལ་སྤྱད་པ་དང་། (༣)«སྣར་»«ཞོལ་»+བྱམས་པ་ཆེན་པོ་ལ་སྤྱད་པ་དང་། (༤)«གཡུང་»«པེ་»«སྣར་»«ཅོ་»«ཞོལ་»+རྫོགས་པར།

༧༤༢ (༡)«གཡུང་»«པེ་»–པ།

༧༤༣ (༡)«སྣར་»«ཞོལ་»+བྱམས་པ་ཆེན་པོ་ལ་སྤྱད་པ་དང་། (༢)«ཅོ་»–བར། (༣)«གཡུང་»«པེ་»ཉིས་བརྒྱ་དགུ་བཅུ་དགུ། «ལི་»བཅྭ་བརྒྱད། «སྣར་»«ཅོ་»ཉིས་བརྒྱ་གོ་དགུ། «ཁུ་»ཉི་ཤུ་རྩ་བཞི། «ཞོལ་»སུམ་བརྒྱ། (༤)«ཅོ་»ཀྱིས།

༧༤༥ (༡)«ཅོ་»–རྫོགས་པར།

༧༤༧ (༡)«ཅོ་»གྱིས།

༧༤༩ ①«ཅོ་»+ཀྱིས། ②«སྣར་»«ཞོལ་»བཅོམ་ལྡན་འདས་ཀྱིས་བཀའ་སྩལ་པ། རབ་འབྱོར་དེ་ཇི་སྙམ་དུ་སེམས། བྱམས་པ་ཆེན་པོ་བླ་ན་མེད་པ་ཡང་དག་པར་རྫོགས་པའི་བྱང་ཆུབ་ཏུ་མངོན་པར་རྫོགས་པར་འཚང་རྒྱའམ། གསོལ་པ། བཅོམ་ལྡན་འདས་དེ་ནི་མ་ལགས་སོ།

༧༥༣ ①«ཅོ་»–རྫོགས་པར། ②«ཅོ་»རིགས། ③«སྣར་»«ཞོལ་»+བྱམས་པ་ཆེན་པོ་བླ་ན་མེད་པ་ཡང་དག་པར་རྫོགས་པའི་བྱང་ཆུབ་ཏུ་མངོན་པར་རྫོགས་པར་འཚང་མི་རྒྱའོ།། ④«ཅོ་»«ཞོལ་»སྒྲུབ། ⑤«ཞོལ་»སྐྱེད། ⑥«ཅོ་»+དེ།

༧༥༤ ①«སྣར་»«ཞོལ་»རྣམས་སམ།

༧༥༥ ①«སྣར་»«ཞོལ་»+བྱམས་པ་ཆེན་པོའམ། ②«ཕུ་»–ལག ③«ཅོ་»–རྣམ་པར་ཐར་པ་རྣམས་དང་།

༧༥༦ ①«ཕུ་»གཞིག ②«སྣར་»«ཞོལ་»+བྱམས་པ་ཆེན་པོ་དང་། ③«ཅོ་»+རྣམས། ④«པེ་»པ། ⑤«ཅོ་»པ། ⑥«ཅོ་»པ། ⑦«ལི་»–ཞེས། ⑧«ལི་»པས།

༧༥༨ ①«ཞོལ་»བུར། ②«ཅོ་»བསྒྲ།

༧༥༩ ①«ཅོ་»–རབ། ②«ཅོ་»–ལྡ། ③«ཕུ་»–ཕ་རོལ་ཏུ། ④«ལི་»–ལམ།

༧༦༠ ①«ཅོ་»–རྣམས། ②«པེ་»སྒྲུ། ③«ཕུ་»– གྱི། ④«གཡུང་»«པེ་»རྣམ།

༧༦༡ ①«ལི་»–བུ།

༧༦༢ ①«ལི་»–ལྡ། ②«སྣར་»«ཞོལ་»+དེ་ཞེས་རབ་ཀྱི་ཕ་རོལ་ཏུ་ཕྱིན་པ་ལ་སྤྱོད་པའི་ཚེ། བྱམས་པ་ཆེན་པོ་རྨི་ལམ་ལྟ་བུར་ཞེས་སོ། །སྒྲ་བརྙན་ལྟ་བུ་དང་། མིག་ཡོར་ལྟ་བུ་དང་། སྨིག་རྒྱུ་ལྟ་བུ་དང་། སྒྱུ་མ་ལྟ་བུ་དང་། སྤྲུལ་པ་ལྟ་བུར་ཞེས་སོ།།

༧༦༣ ①«གཡུང་»«སྣར་»«ཅོ་»«ཞོལ་»–དེ་ཞེས་རབ་ཀྱི་ཕ་རོལ་ཏུ་ཕྱིན་པ་ལ་སྤྱོད་པའི་ཚེ། ②«ཅོ་»ཏོ། ③«ཅོ་»བུར།

༧༦༤ ①«ཅོ་»–པོ། ②③«ཅོ་»བཟུང་།

༧༦༥ ①«གཡུང་»«ཅོ་»–བྱམས་པ་ཆེན་པོ་ཡང་གཟུང་དུ་མེད་དོ།། ②«ཅོ་»+ཏུ། ③«ལི་»«ཅོ་»–ནི། ④⑤⑥⑦⑧«གཡུང་»«པེ་»+དང་། ⑨«གཡུང་»«པེ་»«ཅོ་»ཀྱིས། ⑩«ལི་»–མ། ⑪«གཡུང་»«པེ་»རྟོགས་པར། «ཅོ་»གཏོགས་པ།

༧༦༦ ①«ལི་»«སྣར་»«ཅོ་»«ཞོལ་»–དེ། ②«ཅོ་»གཟུང་། ③«ཅོ་»སྲུངས། ④«སྣར་»བསྲུང་། ⑤«སྣར་»བརྫོམ། ⑥«ཅོ་»བསྒོམ། ⑦«གཡུང་»«པེ་»«ཅོ་»རྣམས། ⑧«ཅོ་»+ཡང་། ⑨«ཅོ་»གིས། ⑩⑪«གཡུང་»«ལི་»«པེ་»གསོའ། ⑫«ཞོལ་»པོ།

༧༦༧ ①«ཞོལ་»–པ། ②«ཅོ་»བ། ③«ལི་»–པ། ④«ཕུ་»+དང་། ⑤«གཡུང་»«པེ་»ཏོ། ⑥«གཡུང་»«པེ་»དཀྲོལ། «ཅོ་»འགྲོལ། ⑦«པེ་»བགོད། ⑧«གཡུང་»«པེ་»གསོའ། ⑨«ཅོ་»–འདུ། ⑩«གཡུང་»«སྣར་»འདོར། «ལི་»«པེ་»འབར། ⑪«ཅོ་»བསྒྲུབ། ⑫«གཡུང་»«པེ་»མེད། ⑬«གཡུང་»«པེ་»དོ། ⑭«གཡུང་»–ན། ⑮«སྣར་»«ཞོལ་»དུ་ཡིན་གྱི།

༧༦༨ ①«གཡུང་»«པེ་»འདི། ②«ཅོ་»–སངས། ③«གཡུང་»«པེ་»+མི། ④«གཡུང་»«པེ་»གཏོགས། ⑤«ཅོ་»–དེ། «ཁུ་»དོ། ⑥«ལི་»–གཉིས་སུ་མེད་པས་ཀྱང་ཐོབ་པ་དང་མངོན་པར་རྫོགས…· པར་འགྱུར་བ་མེད་དེ། «སྣར་»«ཞོལ་»གཉིས་སུ་མེད་…… འགྱུར་བ་མེད་དོ།། ⑦«ཅོ་»+པ། ⑧«གཡུང་»«པེ་»དེ། ⑨«ཅོ་»པར་བྱའོ། ⑩«གཡུང་»«ལི་»«པེ་»«སྣར་»«ཅོ་»«ཞོལ་»ཅེས།

༧༦༩ ①«ཞོལ་»–བཀའ། ②«ཅོ་»–ལ། ③«ལི་»«པེ་»ལ་ཡང་། «སྣར་»«ཞོལ་»ལའང་། ④«གཡུང་»«ཅོ་»–ཉིད། ⑤«གཡུང་»པའི། ⑥«ཁུ་»བ་ནི། ⑦«ཅོ་»+འདི། ⑧«ཅོ་»–ཉིད། ⑨«ཅོ་»གཉིས། ⑩«ལི་»«པེ་»«སྣར་»«ཞོལ་»+ནི། ⑪«ཅོ་»–ཡང་། ⑫«ལི་»འམ། ⑬«ཞོལ་»བསྒྱུར། ⑭«ཅོ་»ཐམས་ཅད་མཉམ། ⑮«ཞོལ་»བསྒྱུར།

༧༧༠ ①«གཡུང་»སྐྱོའོ། ②«གཡུང་»«པེ་»བྱར། ③«ཅོ་»བར།

༧༧༡ ①«པེ་»+རྣམས་དང་། ②«ཅོ་»–པ། ③«ཅོ་»–ལ། ④«ཅོ་»–པར། ⑤«ལི་»–རྒྱས། ⑥«གཡུང་»«སྣར་»«ཅོ་»«ཞོལ་»–དེ།

༧༧༢ ①«གཡུང་»«པེ་»«ཅོ་»–པ། ②«ཞོལ་»དོ། ③«གཡུང་»–ནི། ④«ཅོ་»–པ། ⑤«ལི་»མེད། ⑥«གཡུང་»སྐྱེ་བའོ། «པེ་»སྐྱེ་བོའོ། ⑦«གཡུང་»«པེ་»+ལན་ཅིག ⑧«ལི་»«སྣར་»«ཞོལ་»–དེ་ནི་དེ་བཞིན་གཤེགས་པའི་ཡུལ། ⑨«ཅོ་»མཐའོ། ⑩«ལི་»དེས། «ཅོ་»–དེ་སྟེ། ⑪«གཡུང་»«པེ་»«སྣར་»«ཅོ་»–མ། ⑫«སྣར་»«ཅོ་»–མ། ⑬«སྣར་»«ཞོལ་»པར། ⑭«ཁུ་»–ཅན།

༧༧༣ ①«གཡུང་»«པེ་»«སྣར་»«ཅོ་»«ཞོལ་»–རྣམས། ②«ཅོ་»དགེ་བའི། ③«ཁུ་»–པར།

༧༧༤ ①«ཅོ་»–ཇོ་།

༧༧༥ ①«ཅོ་»+མ།

༧༧༦ ①«ཅོ་»–མི། ②«གཡུང་»«ཅོ་»–ཐམས་ཅད། ③«སྣར་»«ཅོ་»«ཞོལ་»པར། ④«གཡུང་»«པེ་»སུམ་བརྒྱ་པ་སྟེ་ཐ་མ། «ལི་»བཅུ་དགུ་པ། «སྣར་»«ཅོ་»སུམ་བརྒྱ་པ། «ཞོལ་»སུམ་བརྒྱ་གཅིག་པ། ⑤«གཡུང་»«ལི་»«པེ་»«ཅོ་»–རྣམས། ⑥«ཅོ་»–ཚོས།

༧༧༧ ①«ཅོ་»–ནི། ②«ཅོ་»–ཆོས་ཉིད་དང་། ③«གཡུང་»«པེ་»+བཞིན། ④«ལི་»མཐའ་སྟེ།

༧༧༨ ①«ཅོ་»དགྲ་བཅོམ་པ། ②«ཅོ་»མཐོའོ། ③«གཡུང་»«པེ་»པའི། ④«གཡུང་»མཐའོ། ⑤«གཡུང་»«པེ་»«སྣར་»«ཅོ་»«ཞོལ་»–དེ། «ལི་»–དེ་དེ། ⑥«ལི་»–རྣམ་པར། ⑦«ལི་»+ཡིན་པ།

༧༧༩ ①«ཅོ་»བཞིན། ②«གཡུང་»«ལི་»«པེ་»«སྣར་»«ཅོ་»«ཞོལ་»–དེ། ③«གཡུང་»«པེ་»–རྣམས། ④«ཅོ་»+ཀྱི།

༧༨༠ ①«ཅོ་»–རྟེན་ཅིང་འབྲེལ་པར་འབྱུང་བ་དང་། ②«ཅོ་»འཕག

༧༨༡ ①«ཅོ་»+ནས། ②«ཅོ་»ཅིག ③«གཡུང་»«པེ་»–དེ། ④«ཅོ་»–ཏེ།

༧༨༢ ①«ཁུ་»–གཞན། ②«ཅོ་»+ལ། ③«ལི་»«པེ་»+ཁམས་ཀྱི།

༧༨༣ ①«ལི་»པ་ཡི། ②③«ཅོ་»ཀྱིས།

༧༨༤ ①«ལི་»«སྣར་»«ཞོལ་»–ན། ②«ཅོ་»+ཀྱང་།

༧༨༥ ①«ཅོ་»འགོད། ②«ཅོ་»འཕགས། ③«གཡུང་»«པེ་»པས། ④«ལི་»«སྣར་»བརྗེ། ⑤«ལི་»
བཀྲིད་པ། ⑥«ཅོ་»བས། ⑦«གཡུང་»«ལི་»«པེ་»«སྣར་»བརྗེ།

༧༨༦ ①«གཡུང་»«ལི་»«པེ་»«ཅོ་»–དེ་ཉིད་ཆོས་ཀྱི་རྗེས་སུ་འབྲང་བ་རྣམས་ཀྱི་ཆོས་མཉམ་པ་ཉིད། ②③«ཅོ་»
ཀྱིས། ④«གཡུང་»«པེ་»+ཆོས། ⑤«ཅོ་»ཅིག

༧༨༧ ①«ཅོ་»ནོ། ②«གཡུང་»«པེ་»–ཉིད།

༧༨༨ ①«ལི་»སྟོང་པ།

༧༩༢ ①«ཅོ་»ནི། ②«ཅོ་»བྲུགས།

༧༩༣ ①«གཡུང་»«པེ་»–ཁམས་ཀྱི། ②«ཅོ་»–ཉིད།

༧༩༤ ①«ཅོ་»+སྟོང་པ་ཉིད། ②«ཅོ་»པར། ③«པེ་»གྱིས། ④«གཡུང་»ཐམས་ཅད། ⑤«གཡུང་»ཆོས།
⑥«སྣར་»«ཞོལ་»+བྱམས་པ་ཆེན་པོའི་མཚན་ཉིད་དམ། ⑦«ཅོ་»རྣམས།

༧༩༥ ①«གཡུང་»«པེ་»+དེ་ལྟ་བུ། ②«གཡུང་»«པེ་»+ཡང་། ③«ཅོ་»ལས། ④«གཡུང་»«པེ་»ཡང་
མེད། «ཅོ་»དེ། ⑤«ཅོ་»ལ། ⑥«ཅོ་»ལས། ⑦«ལི་»«པེ་»«སྣར་»«ཞོལ་»+བཅོམ་ལྡན····
འདས། ⑧«ཅོ་»བཀྲི་བ།

༧༩༦ ①«ཅོ་»བཀྲི་བ། ②«ལི་»«པེ་»«སྣར་»«ཁྲུ་»«ཞོལ་»དོ། ③«ཅོ་»+དེ། ④«ལི་»«ཅོ་»ཐོག
⑤«གཡུང་»«ལི་»«པེ་»«སྣར་»«ཅོ་»«ཞོལ་»–ནི། ⑥«ཅོ་»–དེ། ⑦«གཡུང་»«སྣར་»«ཅོ་»
«ཞོལ་»–ཆོས། ⑧«ལི་»«པེ་»«སྣར་»«ཞོལ་»+ཙ། ⑨«སྣར་»«ཞོལ་»པའོ། ⑩«ཅོ་»བཀྲིས།
⑪«ལི་»+ལ།

༧༩༧ ①«ལི་»+ལ། ②«གཡུང་»«པེ་»ལགས་པ་ལ་ཇི། «ལི་»ཆགས་པ་ཅི། «ཅོ་»ལགས་པ་ལ་ཇི།
③«ཅོ་»བསྟན། ④«ལི་»བཀྲིད་པ། «ཅོ་»བྱ་བ། ⑤«ཅོ་»+སོ། ⑥«ལི་»«པེ་»«ཅོ་»ལ་ཡང་།
«སྣར་»«ཞོལ་»ལའང་། ⑦«གཡུང་»«པེ་»«ཅོ་»+བ། ⑧⑨«ཅོ་»གྱིས། ⑩«ཅོ་»ཀྱི། ⑪⑫«ཅོ་»
ཀྱི། ⑬⑭«ལི་»གསོའ། ⑮«གཡུང་»སྤྲལ། ⑯⑰«ཅོ་»སྐྱི། ⑱«གཡུང་»«པེ་»«ཅོ་»ཀྱི། ⑲«ཅོ་»ཀྱི།
⑳«ལི་»ཤེས།

༧༩༨ ①«ཅོ་»ཀྱི། ②③«ཅོ་»ཀྱི། ④«ལི་»+བ། ⑤«ཅོ་»ཀྱིས། ⑥«ཅོ་»འབྲེལ། ⑦«ཅོ་»ཀྱི།

༧༩༩ ①«ཅོ་»བྲལ། ②«ཅོ་»ཀྱི། ③«ཞོལ་»འགྲོལ། ④«གཡུང་»«པེ་»«སྣར་»«ཅོ་»«ཁྲུ་»
«ཞོལ་»བྲལ། ⑤«གཡུང་»–ཀྱིས། ⑥«ཞོལ་»འགྲོལ། ⑦«ཅོ་»འབྲལ། ⑧«ཅོ་»
བྲལ། ⑨«ཅོ་»ཀྱི།

༨༠༠ ①«སྣར་»«ཞོལ་»བྲལ། ②«ཅོ་»པར། ③«གཡུང་»«པེ་»ཀྱི། ④«ཞོལ་»འགྲོལ། ⑤⑥⑦⑧«ཅོ་»
ཀྱི། ⑨«གཡུང་»«པེ་»ཀྱི། ⑩«ཅོ་»ཀྱིས།

༨༠༡ ①«ཅོ་»ཀྱི། ②«ཅོ་»ཀྱི། ③«ཅོ་»བགྲེལ། ④«ཅོ་»ཀྱི། ⑤⑥«ཅོ་»ཀྱི། ⑦«ཅོ་»ཀྱི། ⑧«ཅོ་»

ཀྱི། ⑨⑩«ཅོ་»ཀྱི།

༨༠༢ ①«ཞོལ་»ཀྱི། ②«ཅོ་»ཀྱི། ③«ཅོ་»–དང་། ④⑤«ཅོ་»ཀྱི། ⑥«ཅོ་»གིས། ⑦⑧«ཅོ་»ཀྱི།

༨༠༣ ①②③«ཅོ་»ཀྱི། ④«སྣར་»«ཅོ་»«ཞོལ་»ཐལ། ⑤«ཅོ་»ཀྱི། ⑥«ལི་»«པེ་»«སྣར་»«ཞོལ་»+སྟོང་པ་ཉིད་ཀྱིས་འཁོར་བ་ལས་འགྲོལ་པ་དང་། «ཅོ་»+སྟོང་པ་ཉིད་ཀྱི་འཁོར་བ་ལས་འགྲོལ་པ་དང་། ⑦«སྣར་»«ཅོ་»«ཞོལ་»+ཉིད། ⑧«ལི་»«པེ་»«སྣར་»«ཞོལ་»+འདུ་ཤེས། ⑨«ཁུ་»ནས། ⑩«པེ་»སོ། ⑪«ཅོ་»–ཉིད་དོ། ⑫«གཡུང་»–ནི། ⑬«ལི་»«པེ་»«སྣར་»«ཞོལ་»པར། ⑭«ཅོ་»ཕྱིར།

༨༠༤ ①«ཅོ་»+སྟོང་། ②«ལི་»གཞིག ③«ཅོ་»རིགས། ④«ཅོ་»གིས། ⑤«ཅོ་»ཅི། ⑥«ཅོ་»གཞིག ⑦«ཅོ་»–དེ་ལ། ⑧«ཅོ་»ཀྱི།

༨༠༥ ①«ཅོ་»ཀྱི། ②«ཞོལ་»བའམ། ③«གཡུང་»«ལི་»«པེ་»«སྣར་»«ཅོ་»«ཞོལ་»–ཐམས་ཅད། ④«ཅོ་»+དེ། ⑤«ཅོ་»+ཡང་། ⑥«ཅོ་»+བཅོམ་ལྡན་འདས། ⑦«ཅོ་»–ཀྱིས། ⑧«གཡུང་»ནོ། ⑨«ཅོ་»ཀྱི།

༨༠༦ ①«སྣར་»«ཞོལ་»མཛད་དེ། ②«ཅོ་»ཀྱི། ③«པེ་»འགྲོལ། ④«ཅོ་»བདགས། ⑤«གཡུང་»«པེ་»+ཡོད། ⑥«ཅོ་»བར། ⑦«ཁུ་»རོ། ⑧«སྣར་»«ཞོལ་»–ཆོས་ཉིད་ཀྱི་འགྱུར་བ་བསྟན་པའི། ⑨«སྣར་»«ཞོལ་»–སྟེ། ⑩«གཡུང་»«ཅོ་»–ཟ། ⑪«སྣར་»«ཞོལ་»པའོ། ⑫«གཡུང་»+ཡེ་དྷརྨཱ་ཧེ་ཏུ་པྲ་བྷ་ཝཱ་ཧེ་ཏུན་ཏེ་ཥཱན་ཏ་ཐཱ་ག་ཏོ་ཧྱ་བ་དཏ། ཏེ་ཥཱཉྩ་ཡོ་ནི་རོ་དྷ་ཨེ་པཾ་ཝཱ་དཱི་མ་ཧཱ་ཤྲ་མ་ཎཿ། སརྦ་པཱ་པསྱ་ཀ་ར་ཎཾ། ཀུ་ཤལསྱོ་པ་སམྤ་དཾ། སྭ་ཙིཏྟཾ་པ་རི་ད་མ་ནཾ། ཨེཏ་བུདྡྷཱ་ནུ་ཤཱ་ས་ནཾ། «ལི་»+ ༄༅། །བསོད་ནམས་འདི་ཡིས་ཐམས་ཅད་གཟིགས་པ་ཉིད། །ཐོབ་ནས་ཉེས་པའི་དགྲ་རྣམས་ཕམ་བྱས་ཏེ། །སྐྱེ་རྒ་ན་འཆིའི་ཐ་ཀློང་འཁྲུག་པ་ཡི། །སྲིད་པའི་མཚོ་ལས་འགྲོ་ཀུན་སྒྲུར་སྒྲོལ་ཤོག ། བཀའ་འགྱུར་འདི་ཡོངས་སུ་རྫོགས་པ་རྒྱལ་བ་ཐམས་ཅད་མཁྱེན་པ་ཞྭ་དམར་ཅོད་པན་འཛིན་པ་དྲུག་པའི་སྤྱན་སྔར་གཏུགས་ཏེ་དག་པར་ཞུས་ནས་སླར་པར་གྱི་ཚོགས་ཀྱང་དག་པར་བགྱིས་སོ། །དགེའོ།། «པེ་»+ཡེ་དྷརྨཱ་ཧེ་ཏུ་པྲ་བྷ་ཝཱ་ཧེ་ཏུན་ཏེ་ཥཱན་ཏ་ཐཱ་ག་ཏོ་ཧྱ་བ་དཏ། ཏེ་ཥཱཉྩ་ཡོ་ནི་རོ་དྷ་ཨེ་པཾ་ཝཱ་དཱི་མ་ཧཱ་ཤྲ་མ་ཎཿ། སརྦ་པཱ་པསྱ་ཀ་ར་ཎཾ། ཀུ་ཤ་ལསྱོ་པ་སམྤ་དཾ། སྭ་ཙིཏྟཾ་པ་རི་ད་མ་ནཾ། ཨེ་ཏ་བུདྡྷཱ་ནུ་ཤཱ་ས་ནཾ། «སྣར་»«ཞོལ་»+ཤེས་རབ་ཀྱི་ཕ་རོལ་ཏུ་ཕྱིན་པ་སྟོང་ཕྲག་བརྒྱ་པ། བམ་པོ་སུམ་བརྒྱ་གཉིས་(གཅིག་)པ། དེ་ནས་བཅོམ་ལྡན་འདས་ལ་བྱང་ཆུབ་སེམས་དཔའ་བྱམས་པས་ཞུས་པ། བཅོམ་ལྡན་འདས། བྱང་ཆུབ་སེམས་དཔའ་སེམས་དཔའ་ཆེན་པོ་ཤེས་རབ་ཀྱི་ཕ་རོལ་ཏུ་ཕྱིན་པ་ལ་སྤྱོད་པ་བྱང་ཆུབ་སེམས་དཔའི་བསླབ་པ་ལ་སློབ་པར་འཚལ་བས། གཟུགས་ལ་ཇི་ལྟར་བསླབ་པར་བགྱི། ཚོར་བ་དང་། འདུ་ཤེས་དང་། འདུ་བྱེད་རྣམས་དང་། རྣམ་པར་ཤེས་པ་ལ་ཇི་ལྟར་བསླབ་པར་བགྱི། མིག་གི་སྐྱེ་མཆེད་དང་། རྣ་བའི་སྐྱེ་མཆེད་དང་། སྣའི་སྐྱེ་མཆེད་དང་། ལྗེའི་སྐྱེ་མཆེད་དང་། ལུས་ཀྱི་སྐྱེ་མཆེད་དང་། ཡིད་ཀྱི་སྐྱེ་མཆེད་ལ་ཇི་ལྟར་བསླབ་པར་བགྱི། གཟུགས་ཀྱི་སྐྱེ་མཆེད་དང་། སྒྲའི་སྐྱེ་མཆེད་དང་། དྲིའི་སྐྱེ་མཆེད་དང་། རོའི་སྐྱེ་མཆེད་དང་། རེག་བྱའི་སྐྱེ་མཆེད་དང་། ཆོས་ཀྱི་སྐྱེ་མཆེད་ལ་ཇི་ལྟར་བསླབ་པར་བགྱི། མིག་གི་ཁམས་དང་། གཟུགས་ཀྱི་ཁམས་དང་། མིག་གི་རྣམ་པར་ཤེས་པའི་ཁམས་དང་། རྣ་བའི་ཁམས་དང་། སྒྲའི་ཁམས་དང་། རྣ་བའི་རྣམ་པར་ཤེས་པའི་ཁམས་དང་།

སྣའི་ཁམས་དང་། དྲིའི་ཁམས་དང་། སྣའི་རྣམ་པར་ཤེས་པའི་ཁམས་དང་། ལྕེའི་ཁམས་དང་། རོའི་ཁམས་དང་། ལྕེའི་རྣམ་པར་ཤེས་པའི་ཁམས་དང་། ལུས་ཀྱི་ཁམས་དང་། རེག་བྱའི་ཁམས་དང་། ལུས་ཀྱི་རྣམ་པར་ཤེས་པའི་ཁམས་དང་། ཡིད་ཀྱི་ཁམས་དང་། ཆོས་ཀྱི་ཁམས་དང་། ཡིད་ཀྱི་རྣམ་པར་ཤེས་པའི་ཁམས་ལ་ཇི་ལྟར་བསླབ་པར་བགྱི། མིག་གི་རེག་པའི་སྐྱེ་མཆེད་དང་། རྣ་བ་དང་། སྣ་དང་། ལྕེ་དང་། ལུས་དང་། ཡིད་ཀྱི་རེག་པའི་སྐྱེ་མཆེད་ལ་ཇི་ལྟར་བསླབ་པར་བགྱི། མ་རིག་པ་ལ་ཇི་ལྟར་བསླབ་པར་བགྱི། འདུ་བྱེད་རྣམས་དང་། རྣམ་པར་ཤེས་པ་དང་། མིང་དང་གཟུགས་དང་། སྐྱེ་མཆེད་དྲུག་དང་། རེག་པ་དང་། ཚོར་བ་དང་། སྲེད་པ་དང་། ལེན་པ་དང་། སྲིད་པ་དང་། སྐྱེ་བ་དང་། རྒ་ཤི་ལ་ཇི་ལྟར་བསླབ་པར་བགྱི། སྡུག་བསྔལ་གྱི་བདེན་པ་ལ་ཇི་ལྟར་བསླབ་པར་བགྱི། ཀུན་འབྱུང་བའི་བདེན་པ་དང་། འགོག་པའི་བདེན་པ་དང་། ལམ་གྱི་བདེན་པ་ལ་ཇི་ལྟར་བསླབ་པར་བགྱི། གཟུགས་ཅན་ཀྱི་(གྱི་)ཆོས་རྣམས་ལ་ཇི་ལྟར་བསླབ་པར་བགྱི། གཟུགས་ཅན་མ་ལགས་པ་དང་། བསྟན་དུ་མཆིས་པ་དང་། བསྟན་དུ་མ་མཆིས་པ་དང་། ཐོགས་པ་དང་བཅས་པ་དང་། ཐོགས་པ་མ་མཆིས་པ་དང་། འདུས་བགྱིས་པ་དང་། འདུས་མ་བགྱིས་པ་དང་། ཟག་པ་དང་བཅས་པ་དང་། ཟག་པ་མ་མཆིས་པ་དང་། ཁ་ན་མ་ཐོ་བ་དང་བཅས་པ་དང་། ཁ་ན་མ་ཐོ་བ་མ་མཆིས་པ་དང་། བསྟན་པར་བགྱི་བ་དང་། བསྟན་པར་བགྱི་བ་མ་ལགས་པ་དང་། ངན་པ་དང་། གྱ་ནོམ་པ་དང་། ནང་དང་། ཕྱི་དང་། མཐོང་བ་དང་། ཐོས་པ་དང་། བྱེ་བྲག་ཕྱེད་པ་དང་། རྣམ་པར་ཤེས་པ་དང་། འདས་པ་དང་། མ་འོངས་པ་དང་། ད་ལྟར་བྱུང་བ་དང་། དགེ་བ་དང་། མི་དགེ་བ་དང་། ལུང་དུ་མ་བསྟན་པ་དང་། འདོད་པ་དང་རབ་ཏུ་ལྡན་པ་དང་། གཟུགས་དང་རབ་ཏུ་ལྡན་པ་དང་། གཟུགས་མེད་པ་དང་རབ་ཏུ་ལྡན་པ་དང་། ལྡན་པ་མ་ལགས་པ་དང་། སློབ་པ་དང་། མི་སློབ་པ་དང་། འདོད་ཆགས་དང་། ཁོང་ཁྲོ་བ་དང་། ང་རྒྱལ་དང་། མ་རིག་པ་དང་། ལྟ་བ་དང་། ཐེ་ཚོམ་ལ་ཇི་ལྟར་བསླབ་པར་བགྱི། སེར་སྣ་དང་། སྦྱིན་པ་དང་། འཆལ་བའི་ཚུལ་ཁྲིམས་དང་། ཚུལ་ཁྲིམས་བཟང་པོ་དང་། གནོད་སེམས་དང་། བཟོད་པ་དང་། ལེ་ལོ་དང་། བརྩོན་འགྲུས་དང་། རྣམ་པར་གཡེང་བ་དང་། བསམ་གཏན་དང་། འཆལ་བའི་ཤེས་རབ་དང་། ཤེས་རབ་ལ་ཇི་ལྟར་བསླབ་པར་བགྱི། རྣམ་པར་རྟོག་པ་དང་། སྟོང་པ་ཉིད་དང་། མཚན་མ་མེད་པ་དང་། མཚན་མ་མཆིས་པ་དང་། ལོག་པའི་སྨོན་ལམ་དང་། སྨོན་པ་མ་མཆིས་པ་དང་། མི་སྡུག་པའི་ཆོས་རྣམས་དང་། མི་རྟག་པ་དང་། སྡུག་བསྔལ་བ་དང་། བདག་མེད་པ་རྣམས་ལ་ཇི་ལྟར་བསླབ་པར་བགྱི། ཉོན་མོངས་པ་རྣམས་དང་། ཉོན་མོངས་པ་སྤངས་པ་དང་། ཀུན་ནས་ཉོན་མོངས་པ་དང་། རྣམ་པར་བྱང་བ་དང་། འཁོར་བ་དང་། མྱ་ངན་ལས་འདས་པ་དང་། བྱང་ཆུབ་དང་། སངས་རྒྱས་ཀྱི་ཆོས་རྣམས་ལ་ཇི་ལྟར་བསླབ་པར་བགྱི། དེ་སྐད་ཅེས་གསོལ་པ་དང་། བཅོམ་ལྡན་འདས་ཀྱིས་བྱང་ཆུབ་སེམས་དཔའ་བྱམས་པ་ལ་བཀའ་སྩལ་པ། བྱམས་པ། བྱང་ཆུབ་སེམས་དཔའ་སེམས་དཔའ་ཆེན་པོ་ཤེས་རབ་ཀྱི་ཕ་རོལ་ཏུ་ཕྱིན་པ་ལ་སྤྱོད་པ་བྱང་ཆུབ་སེམས་དཔའི་བསླབ་པ་ལ་སློབ་པར་འདོད་པས། གཟུགས་མིང་ཙམ་མོ། །ཞེས་བྱ་བར་བསླབ་པར་བྱའོ། ། ཚོར་བ་དང་། འདུ་ཤེས་དང་། འདུ་བྱེད་རྣམས་དང་། རྣམ་པར་ཤེས་པ་མིང་ཙམ་མོ། །ཞེས་བྱ་བ་ནས་

སངས་རྒྱས་ཀྱི་ཆོས་རྣམས་ཀྱི་བར་དུ་མིང་ཙམ་མོ། །ཞེས་བྱ་བར་བསླབ་པར་བྱའོ། །དེ་སྐད་ཅེས་བཀའ་སྩལ་པ་དང་། བཅོམ་ལྡན་འདས་ལ་བྱང་ཆུབ་སེམས་དཔའ་བྱམས་པས་འདི་སྐད་ཅེས་གསོལ་ཏོ། །བཅོམ་ལྡན་འདས། གང་གི་ཚེ་འདི་ལྟ་སྟེ། གཟུགས་ཞེས་བགྱི་བའི་མིང་འདི་དངོས་པོ་དང་བཅས་པར་དམིགས། འདི་ལྟ་སྟེ། ཚོར་བ་དང་། འདུ་ཤེས་དང་། འདུ་བྱེད་རྣམས་དང་། རྣམ་པར་ཤེས་པ་ཞེས་བགྱི་བའི་མིང་འདི་དངོས་པོ་དང་བཅས་པར་དམིགས་པ་ནས་འདི་ལྟ་སྟེ། སངས་རྒྱས་ཀྱི་ཆོས་རྣམས་ཞེས་བགྱི་བའི་བར་གྱི་མིང་འདི་ནི། འདུ་བྱེད་ཀྱི་མཚན་མ་ཉེ་བར་བཟུང་སྟེ་དངོས་པོ་དང་བཅས་པར་དམིགས་པ་ལགས་ན། ཇི་ལྟར་བྱང་ཆུབ་སེམས་དཔས་གཟུགས་མིང་ཙམ་ཞེས་བགྱི་བར་བསླབ་པར་བགྱི། ཚོར་བ་དང་། འདུ་ཤེས་དང་། འདུ་བྱེད་རྣམས་དང་། རྣམ་པར་ཤེས་པ་མིང་ཙམ་ཞེས་བགྱི་བ་ནས་སངས་རྒྱས་ཀྱི་ཆོས་རྣམས་ཀྱི་བར་དུ་མིང་ཙམ་ཞེས་བགྱི་བར་ཇི་ལྟར་བསླབ་པར་བགྱི། དངོས་པོ་མ་མཆིས་ལགས་ན། དེའི་མིང་དེའང་མིང་ཙམ་པོ་ན་ཞེས་བགྱིར་མི་རུང་ལགས་ཏེ། འདི་ལྟ་སྟེ། གཟུགས་ཞེས་བགྱི་བ་ནི། མིང་ཙམ་པོ་ན་ཞེས་བགྱིར་མི་རུང་ལགས་སོ། ། འདི་ལྟ་སྟེ། ཚོར་བ་དང་། འདུ་ཤེས་དང་། འདུ་བྱེད་རྣམས་དང་། རྣམ་པར་ཤེས་པ་ཞེས་བགྱི་བ་ནི། མིང་ཙམ་པོ་ན་ཞེས་བགྱིར་མི་རུང་ལགས་སོ། །སངས་རྒྱས་ཀྱི་ཆོས་རྣམས་ཞེས་བགྱི་བའི་བར་དུའང་མིང་ཙམ་པོ་ན་ཞེས་བགྱིར་མི་རུང་ལགས་སོ། །དེ་སྐད་ཅེས་གསོལ་པ་དང་། བཅོམ་ལྡན་འདས་ཀྱིས་བྱང་ཆུབ་སེམས་དཔའ་བྱམས་པ་ལ་བཀའ་སྩལ་པ། བྱམས་པ། འདི་ལྟ་སྟེ། གཟུགས་ཞེས་བྱ་བ་དེ་དང་། འདུ་བྱེད་ཀྱི་མཚན་མའི་དངོས་པོ་དེ་དང་དེ་ལ་གློ་བུར་དུ་མིང་བཏགས་པའོ། །འདི་ལྟ་སྟེ། ཚོར་བ་དང་། འདུ་ཤེས་དང་། འདུ་བྱེད་རྣམས་དང་། རྣམ་པར་ཤེས་པ་ཞེས་བྱ་བ་དེ་ནི། གློ་བུར་དུ་མིང་བཏགས་པའོ། །འདི་ལྟ་སྟེ། སངས་རྒྱས་ཀྱི་ཆོས་ཞེས་བྱ་བའི་བར་འདིའང་གློ་བུར་དུ་མིང་བཏགས་པའོ། །དེ་སྐད་ཅེས་བཀའ་སྩལ་པ་དང་། བཅོམ་ལྡན་འདས་ལ་བྱང་ཆུབ་སེམས་དཔའ་བྱམས་པས་འདི་སྐད་ཅེས་གསོལ་ཏོ། །བཅོམ་ལྡན་འདས། འདི་ལྟར་གཟུགས་ཞེས་བགྱི་བའི་མིང་མ་མཆིས་པར་ནི། འདུ་བྱེད་ཀྱི་མཚན་མའི་དངོས་པོ་དེས་མིང་དེ་རིག་པ་དང་། རྟོགས་པ་དང་། འཚལ་བར་ཡང་མི་འགྱུར་ལ་གཟུགས་ཞེས་བགྱི་བའི་མིང་དེས་ནི། འདུ་བྱེད་ཀྱི་མཚན་མའི་དངོས་པོ་དེ་རྟོགས་པ་དང་། འཚལ་བར་ཡང་འགྱུར་ན། འདི་ལྟ་སྟེ། གཟུགས་ཞེས་བྱ་བ་འདི་ནི། འདུ་བྱེད་ཀྱི་མཚན་མའི་དངོས་པོ་དེ་ལ་གློ་བུར་དུ་མིང་བཏགས་སོ། །ཞེས་བགྱི་བར་ཇི་ལྟར་འགྱུར། བཅོམ་ལྡན་འདས་འདི་ལྟར་འདུ་བྱེད་ཀྱི་མཚན་མའི་དངོས་པོ་དེས་ཚོར་བ་ཞེས་བགྱི་བ་དང་། འདུ་ཤེས་ཞེས་བགྱི་བ་དང་། འདུ་བྱེད་རྣམས་ཞེས་བགྱི་བ་དང་། རྣམ་པར་ཤེས་པ་ཞེས་བགྱི་བ་དང་། བཅོམ་ལྡན་འདས། འདི་ལྟར་འདུ་བྱེད་ཀྱི་མཚན་མའི་དངོས་པོ་དེས་སངས་རྒྱས་ཀྱི་ཆོས་རྣམས་ཞེས་བགྱི་བའི་བར་གྱི་མིང་རིག་པ་དང་། རྟོགས་པ་དང་། འཚལ་བར་ཡང་མི་འགྱུར་ལ། ཚོར་ཞེས་བགྱི་བ་དང་། འདུ་ཤེས་ཞེས་བགྱི་བ་དང་། འདུ་བྱེད་རྣམས་ཞེས་བགྱི་བ་དང་། རྣམ་པར་ཤེས་པ་ཞེས་བགྱི་བ་དེ་དང་། སངས་རྒྱས་ཀྱི་ཆོས་ཞེས་བགྱི་བའི་བར་དེས་ནི། འདུ་བྱེད་ཀྱི་མཚན་མའི་དངོས་པོ་དེ་ཉིད་རིག་པ་དང་། རྟོགས་པ་དང་། འཚལ་བར་ཡང་འགྱུར་ན། འདི་ལྟ་སྟེ། གཟུགས་ཞེས་བྱ་བ་དང་། འདི་ལྟ་སྟེ། ཚོར་བ་དང་། འདུ་ཤེས་དང་། འདུ་བྱེད་རྣམས་དང་། རྣམ་པར་ཤེས་པ་ཞེས་བྱ་བ་དང་། འདི་ལྟ་སྟེ། སངས་རྒྱས་ཀྱི་

ཆོས་རྣམས་ཞེས་བྱ་བའི་བར་དུ་འདུ་བྱེད་ཀྱི་མཚན་མའི་དངོས་པོ་དེ་དང་དེ་ལ་གློ་བུར་དུ་མིང་བཏགས་སོ། །
ཞེས་བགྱི་བར་ཇི་ལྟར་འགྱུར། དེ་སྐད་ཅེས་གསོལ་པ་དང་། བཅོམ་ལྡན་འདས་ཀྱིས་བྱང་ཆུབ་སེམས་དཔའ་
བྱམས་པ་ལ་བཀའ་སྩལ་པ། བྱམས་པ། དེའི་ཕྱིར་ཁྱོད་ཉིད་ལ་དྲིའི་(དྲིས།) ཁྱོད་ཀྱིས་ཇི་ལྟར་བཟོད་པ་དེ་
བཞིན་དུ་ལན་ཐོབ་ཅིག །བྱམས་པ། འདི་ཇི་སྙམ་དུ་སེམས། འདི་ལྟ་སྟེ། ཁྱོད་འདུ་བྱེད་ཀྱི་མཚན་མའི་
དངོས་པོ་དེ་དང་དེ་ལ་གཟུགས་ཞེས་བྱ་བའི་མིང་དེ་ལ་མ་བརྟེན། མ་གནས། གནས་མ་བཅས་པར་འདུ་བྱེད་
ཀྱི་མཚན་མའི་དངོས་པོ་དེ་དང་དེ་ལ་འདི་ནི། གཟུགས་ཡིན་ནོ། །ཞེས་བྱ་བར་དེ་ཇི་ག་དེ་སྙམ་དུ་སེམས་སམ།
བཅོམ་ལྡན་འདས། དེ་ནི། མ་ལགས་སོ། །བྱམས་པ། དེ་ཇི་སྙམ་དུ་སེམས། ཁྱོད་འདུ་བྱེད་ཀྱི་མཚན་
མའི་དངོས་པོ་དེ་དང་དེ་ལ་འདི་ལྟ་སྟེ། ཚོར་བ་ཞེས་བྱ་བ་དང་། འདུ་ཤེས་ཞེས་བྱ་བ་དང་། འདུ་བྱེད་
རྣམས་ཞེས་བྱ་བ་དང་། རྣམ་པར་ཤེས་པ་ཞེས་བྱ་བ་དང་། བྱམས་པ། འདི་ཇི་སྙམ་དུ་སེམས། འདུ་བྱེད་
ཀྱི་མཚན་མའི་དངོས་པོ་དེ་དང་དེ་ལ་འདི་ལྟ་སྟེ། སངས་རྒྱས་ཀྱི་ཆོས་རྣམས་ཞེས་བྱ་བའི་བར་གྱི་མིང་དེ་ལ་མ་
བརྟེན། མ་གནས། གནས་མ་བཅས་པར་འདུ་བྱེད་ཀྱི་མཚན་མའི་དངོས་པོ་དེ་དང་དེ་ལ་ཚོར་བ་དང་།
འདུ་ཤེས་དང་། འདུ་བྱེད་རྣམས་དང་། རྣམ་པར་ཤེས་པ་ནས་སངས་རྒྱས་ཀྱི་ཆོས་ཞེས་བྱ་བའི་བར་ལ་ཁྱོད་ཇི་
ག་དེ་སྙམ་དུ་སེམས་སམ། གསོལ་པ། བཅོམ་ལྡན་འདས། དེ་ནི། མ་ལགས་སོ། །བྱམས་པ། རྣམ་
གྲངས་འདིས་ཀྱང་འདི་ལྟ་སྟེ། གཟུགས་ཞེས་བྱ་བ་དང་། ཚོར་བ་ཞེས་བྱ་བ་དང་། འདུ་ཤེས་ཞེས་བྱ་བ་
དང་། འདུ་བྱེད་རྣམས་ཞེས་བྱ་བ་དང་། རྣམ་པར་ཤེས་པ་ཞེས་བྱ་བ་འདི་ནི། འདུ་བྱེད་ཀྱི་མཚན་མའི་
དངོས་པོ་དེ་དང་དེ་ལ་གློ་བུར་དུ་མིང་བཏགས་པ་དང་། འདི་ལྟ་སྟེ། སངས་རྒྱས་ཀྱི་ཆོས་རྣམས་ཞེས་བྱ་བའི་
བར་དེའང་འདུ་བྱེད་ཀྱི་མཚན་མའི་དངོས་པོ་དེ་དང་དེ་ལ་གློ་བུར་དུ་མིང་བཏགས་པ་ཡིན་པར་དེ་ལྟར་རིག་པར་
བྱའོ། །བྱམས་པ། འདི་ཇི་སྙམ་དུ་སེམས། མིང་དང་། བརྡ་དང་། ཐ་སྙད་དང་། བཏགས་པ་རྣམ་
པ་སྣ་ཚོགས་ཀྱིས་འདུ་བྱེད་ཀྱི་མཚན་མའི་དངོས་པོ་དེ་ལ་ཉེ་བར་འདོགས་པའམ། ཐ་སྙད་དམ། འདོགས་
པའམ། མངོན་པར་ཞེན་པ་ཡིན་ནམ། བཅོམ་ལྡན་འདས། དེ་ལྟ་ལགས་སོ། །བྱམས་པ། རྣམ་གྲངས་
འདིས་ཀྱང་འདི་ལྟ་སྟེ། གཟུགས་ཞེས་བྱ་བ་དང་། འདི་ལྟ་སྟེ། ཚོར་བ་དང་། འདུ་ཤེས་དང་། འདུ་
བྱེད་རྣམས་དང་། རྣམ་པར་ཤེས་པ་དང་། འདི་ལྟ་སྟེ། སངས་རྒྱས་ཀྱི་ཆོས་རྣམས་ཞེས་བྱ་བའི་བར་དེ་ནི།
འདུ་བྱེད་ཀྱི་མཚན་མའི་དངོས་པོ་དེ་ལ་གློ་བུར་དུ་མིང་བཏགས་པ་ཡིན་པར་དེ་ལྟར་རིག་པར་བྱའོ། །བྱམས་པ།
འདི་ཇི་སྙམ་དུ་སེམས། འདི་ལ་འགའ་ཞིག་འདུ་བྱེད་ཀྱི་མཚན་མའི་དངོས་པོ་དེ་ཉིད་ལ་དེ་ལས་གཞན་པའི་འདུ་
བྱེད་ཀྱི་མཚན་མའི་དངོས་པོར་མིང་འདོགས་སམ། འདུ་ཤེས་སམ། རྗེས་སུ་ཐ་སྙད་འདོགས་སམ། མངོན་
པར་ཞེན་པར་བྱེད་དམ། བཅོམ་ལྡན་འདས། དེ་ལྟ་ལགས་སོ། །བྱམས་པ། རྣམ་གྲངས་འདིས་ཀྱང་འདི་
ལྟ་སྟེ། གཟུགས་ཞེས་བྱ་བ་དང་། འདི་ལྟ་སྟེ། ཚོར་བ་དང་། འདུ་ཤེས་དང་། འདུ་བྱེད་རྣམས་དང་།
རྣམ་པར་ཤེས་པ་དང་། འདི་ལྟ་སྟེ། སངས་རྒྱས་ཀྱི་ཆོས་རྣམས་ཞེས་བྱ་བའི་བར་འདི་ནི། གློ་བུར་དུ་མིང་
བཏགས་པ་ཡིན་པར་དེ་ལྟར་རིག་པར་བྱའོ། །དེ་སྐད་ཅེས་བཀའ་སྩལ་པ་དང་། བཅོམ་ལྡན་འདས་ལ་བྱང་
ཆུབ་སེམས་དཔའ་བྱམས་པས་འདི་སྐད་ཅེས་གསོལ་ཏོ། །བཅོམ་ལྡན་འདས། དེ་ལྟ་ལགས་ན་ནི། འདི་ལྟ་སྟེ།

གཟུགས་ཞེས་བགྱི་བ་དང་། འདི་ལྟ་སྟེ། ཚོར་བ་དང་། འདུ་ཤེས་དང་། འདུ་བྱེད་རྣམས་དང་། རྣམ་པར་ཤེས་པ་དང་། འདི་ལྟ་སྟེ། སངས་རྒྱས་ཀྱི་ཆོས་རྣམས་ཞེས་བགྱི་བའི་བར་དུ་འདུ་བྱེད་ཀྱི་མཚན་མའི་དངོས་པོ་གང་ཞེ་བར་བཟུང་ནས་མིང་དང་། འདུ་ཤེས་དང་། འདོགས་པ་དང་། རྗེས་སུ་ཐ་སྙད་འདོགས་པར་འགྱུར་བ། གཟུགས་ཀྱི་ངོ་བོ་ཉིད་དམིགས་པ་ཁོ་ནར་མི་འགྱུར་ལགས་སམ། དེ་སྐད་ཅེས་གསོལ་པ་དང་། བཅོམ་ལྡན་འདས་ཀྱིས་བྱང་ཆུབ་སེམས་དཔའ་བྱམས་པ་ལ་བཀའ་སྩལ་པ། བྱམས་པ། འདི་ལྟ་སྟེ། འདུ་བྱེད་ཀྱི་མཚན་མའི་དངོས་པོ་ལ་གཟུགས་ཞེས་བྱ་བར་མིང་དང་། འདུ་ཤེས་དང་། འདོགས་པ་དང་། རྗེས་སུ་ཐ་སྙད་འདོགས་པར་བྱེད་པ་ལ། བྱམས་པ། འདི་ཇི་སྙམ་དུ་སེམས། དེ་གཟུགས་ཀྱི་ངོ་བོ་ཉིད་ཡིན་ནམ། བཏགས་པ་ཙམ་དུ་ཟད། གསོལ་པ། བཅོམ་ལྡན་འདས། བཏགས་པ་ཙམ་དུ་བས་ལགས་སོ། །བྱམས་པ། འོ་ན་འདི་ལྟ་སྟེ། འདུ་བྱེད་ཀྱི་མཚན་མའི་དངོས་པོ་ལ་ཚོར་བ་དང་། འདུ་ཤེས་དང་། འདུ་བྱེད་རྣམས་དང་། རྣམ་པར་ཤེས་པ་དང་། སངས་རྒྱས་ཀྱི་ཆོས་རྣམས་ཞེས་བྱ་བའི་བར་ནི། གཟུགས་ཀྱི་ངོ་བོ་ཉིད་དུ་དམིགས་པ་ཁོ་ནའོ། །ཞེས་བྱ་བར་བྱམས་པ་ཁྱོད་ཇི་ལྟར་དེ་སྙམ་དུ་སེམས། བྱམས་པ། འདི་ཇི་སྙམ་དུ་སེམས། ཚོར་བ་དང་། འདུ་ཤེས་དང་། འདུ་བྱེད་རྣམས་དང་། རྣམ་པར་ཤེས་པ་དང་། སངས་རྒྱས་ཀྱི་ཆོས་རྣམས་ཀྱི་བར་གྱི་ངོ་བོ་ཉིད་དེ་བཏགས་པ་ཙམ་དུ་ཟད་དམ། བཅོམ་ལྡན་འདས། བཏགས་པ་ཙམ་དུ་བས་ལགས་སོ། །བྱམས་པ། འོ་ན་ཚོར་བ་དང་། འདུ་ཤེས་དང་། འདུ་བྱེད་རྣམས་དང་། རྣམ་པར་ཤེས་པ་དང་། སངས་རྒྱས་ཀྱི་ཆོས་རྣམས་ཀྱི་བར་གྱི་ངོ་བོ་ཉིད་དམིགས་པ་ཁོ་ནའོ། །ཞེས་བྱ་བར་ཁྱོད་ཇི་ལྟར་དེ་ཇི་སྙམ་དུ་སེམས། དེ་སྐད་ཅེས་བཀའ་སྩལ་པ་དང་། བཅོམ་ལྡན་འདས་ལ་བྱང་ཆུབ་སེམས་དཔའ་བྱམས་པས་འདི་སྐད་ཅེས་གསོལ་ཏོ། །བཅོམ་ལྡན་འདས། གལ་ཏེ་གཟུགས་མིང་དང་། འདུ་ཤེས་དང་། བརྡ་དང་། བཏགས་པ་དང་། ཐ་སྙད་ཙམ་ཁོ་ན་ལགས་ཤིང་། ཚོར་བ་དང་། འདུ་ཤེས་དང་། འདུ་བྱེད་རྣམས་དང་། རྣམ་པར་ཤེས་པ་དང་། སངས་རྒྱས་ཀྱི་ཆོས་རྣམས་ཀྱི་བར་དུ་མིང་དང་། འདུ་ཤེས་དང་། བརྡ་དང་། བཏགས་པ་དང་། ཐ་སྙད་ཙམ་ཁོ་ན་ལགས་ན། དེ་ལྟ་ན། འདི་ལྟ་སྟེ། མིང་དང་། འདུ་ཤེས་དང་། བརྡ་དང་། བཏགས་པ་དང་། ཐ་སྙད་ཙམ་ཞེས་བགྱི་བས་གཟུགས་ཀྱི་ངོ་བོ་ཉིད་དམིགས་པ་ཁོ་ནར་མི་འགྱུར་ལགས་སམ། དེ་ལྟ་ན། ཚོར་བ་དང་། འདུ་ཤེས་དང་། འདུ་བྱེད་རྣམས་དང་། རྣམ་པར་ཤེས་པ་དང་། སངས་རྒྱས་ཀྱི་ཆོས་རྣམས་ཀྱི་ངོ་བོ་ཉིད་དམིགས་པ་ཁོ་ནར་མི་འགྱུར་ལགས་སམ། དེ་སྐད་ཅེས་གསོལ་པ་དང་། བཅོམ་ལྡན་འདས་ཀྱིས་བྱང་ཆུབ་སེམས་དཔའ་བྱམས་པ་ལ་འདི་སྐད་ཅེས་བཀའ་སྩལ་ཏོ། །བྱམས་པ། འདི་ཇི་སྙམ་དུ་སེམས། གཟུགས་ཞེས་བྱ་བའི་མིང་དང་། འདུ་ཤེས་དང་། བརྡ་དང་། བཏགས་པ་དང་། ཐ་སྙད་ཙམ་ཁོ་ན་གང་ཡིན་པ་དེ་ལ་ཇི་ག་སྐྱེ་བའམ། འཇིག་པའམ། ཀུན་ནས་ཉོན་མོངས་པའམ། རྣམ་པར་བྱང་བ་ཡོད་དམ། བཅོམ་ལྡན་འདས། དེ་ནི། མ་མཆིས་ལགས་སོ། །བཀའ་སྩལ་པ། བྱམས་པ། འོ་ན་ཁྱོད་འདི་སྙམ་དུ། གཟུགས་ཀྱི་ངོ་བོ་ཉིད་དམིགས་པ་ཁོ་ནའོ། །སྙམ་དུ་སེམས་པ་དེ་ཅི་ལས་གྱུར། བྱམས་པ། འདི་ཇི་སྙམ་དུ་སེམས། ཚོར་བ་དང་། འདུ་ཤེས་དང་། འདུ་བྱེད་རྣམས་དང་། རྣམ་པར་ཤེས་པ་དང་། སངས་རྒྱས་ཀྱི་ཆོས་ཞེས་བྱ་བའི་བར་གྱི་མིང་དང་། འདུ་ཤེས་དང་།

བརྗོད་དང་། བཏགས་པ་དང་། ཐ་སྙད་ཙམ་པོ་ན་གང་ཡིན་པ་དེ་ལ་ཇི་ག་སྐྱེ་བའམ། འཇིག་པའམ། ཀུན་ནས་ཉོན་མོངས་པའམ། རྣམ་པར་བྱང་བ་ཡོད་དམ། གསོལ་པ། བཅོམ་ལྡན་འདས། དེ་ནི། མ་མཆིས་ལགས་སོ། །བཀའ་སྩལ་པ། བྱམས་པ། འོ་ན་ཁྱོད་འདི་སྙམ་དུ། ཚོར་བ་དང་། འདུ་ཤེས་དང་། འདུ་བྱེད་རྣམས་དང་། རྣམ་པར་ཤེས་པ་དང་། དེ་བཞིན་དུ་སྦྱར་ཏེ་སངས་རྒྱས་ཀྱི་ཆོས་རྣམས་ཀྱི་བར་གྱི་ངོ་བོ་ཉིད་དམིགས་པ་པོ་ནའོ། །སྙམ་དུ་སེམས་པ་དེ་ཅི་ལས་གྱུར། དེ་སྐད་ཅེས་བཀའ་སྩལ་པ་དང་། བཅོམ་ལྡན་འདས་ལ་བྱང་ཆུབ་སེམས་དཔའ་བྱམས་པས་འདི་སྐད་ཅེས་གསོལ་ཏོ། །བཅོམ་ལྡན་འདས། ཅི་རྣམ་པ་ཐམས་ཅད་དུ་མཚན་ཉིད་ཐམས་ཅད་ཀྱིས་གཟུགས་མ་མཆིས་པ་པོ་ན་ལགས་སམ། བཅོམ་ལྡན་འདས། ཅི་རྣམ་པ་ཐམས་ཅད་དུ་མཚན་ཉིད་ཐམས་ཅད་ཀྱིས་ཚོར་བ་དང་། འདུ་ཤེས་དང་། འདུ་བྱེད་རྣམས་དང་། རྣམ་པར་ཤེས་པ་དང་། སངས་རྒྱས་ཀྱི་ཆོས་རྣམས་ཀྱི་བར་དུ་མ་མཆིས་པ་པོ་ན་ལགས་སམ། དེ་སྐད་ཅེས་གསོལ་པ་དང་། བཅོམ་ལྡན་འདས་ཀྱིས་བྱང་ཆུབ་སེམས་དཔའ་བྱམས་པ་ལ་བཀའ་སྩལ་པ། བྱམས་པ། རྣམ་པ་ཐམས་ཅད་དུ་མཚན་ཉིད་ཐམས་ཅད་ཀྱིས་གཟུགས་མེད་དོ། །ཞེས་ང་མི་སྨྲའོ། །བྱམས་པ། རྣམ་པ་ཐམས་ཅད་དུ་མཚན་ཉིད་ཐམས་ཅད་ཀྱིས་ཚོར་བ་དང་། འདུ་ཤེས་དང་། འདུ་བྱེད་རྣམས་དང་། རྣམ་པར་ཤེས་པ་དང་། སངས་རྒྱས་ཀྱི་ཆོས་རྣམས་ཀྱི་བར་དུ་མེད་དོ། །ཞེས་ང་མི་སྨྲའོ། །དེ་སྐད་ཅེས་བཀའ་སྩལ་པ་དང་། བཅོམ་ལྡན་འདས་ལ་བྱང་ཆུབ་སེམས་དཔའ་བྱམས་པས་འདི་སྐད་ཅེས་གསོལ་ཏོ། །བཅོམ་ལྡན་འདས། ཇི་ལྟར་ན། གཟུགས་མཆིས་པ་ལགས། བཅོམ་ལྡན་འདས། ཇི་ལྟར་ན། ཚོར་བ་དང་། འདུ་ཤེས་དང་། འདུ་བྱེད་རྣམས་དང་། རྣམ་པར་ཤེས་པ་དང་། སངས་རྒྱས་ཀྱི་ཆོས་རྣམས་ཀྱི་བར་དུ་མཆིས་པ་ལགས། དེ་སྐད་ཅེས་གསོལ་པ་དང་། བཅོམ་ལྡན་འདས་ཀྱིས་བྱང་ཆུབ་སེམས་དཔའ་བྱམས་པ་ལ་བཀའ་སྩལ་པ། བྱམས་པ། འཇིག་རྟེན་གྱི་བརྗོད་དང་། ཐ་སྙད་ཀྱིས་གཟུགས་ཡོད་ཀྱི། དོན་དམ་པར་ནི། མ་ཡིན་ནོ། །བྱམས་པ། འཇིག་རྟེན་གྱི་བརྗོད་དང་། ཐ་སྙད་ཀྱིས་ཚོར་བ་དང་། འདུ་ཤེས་དང་། འདུ་བྱེད་རྣམས་དང་། རྣམ་པར་ཤེས་པ་དང་། སངས་རྒྱས་ཀྱི་ཆོས་རྣམས་ཀྱི་བར་ཡོད་ཀྱི། དོན་དམ་པར་ནི། མ་ཡིན་ནོ། །དེ་སྐད་ཅེས་བཀའ་སྩལ་པ་དང་། བཅོམ་ལྡན་འདས་ལ་བྱང་ཆུབ་སེམས་དཔའ་བྱམས་པས་འདི་སྐད་ཅེས་གསོལ་ཏོ། །བཅོམ་ལྡན་འདས། བདག་གིས་བཅོམ་ལྡན་འདས་ཀྱིས་གསུངས་པའི་དོན་འཚལ་བ་ལྟར་ན། དབྱིངས་འདི་ནི། དོན་དམ་པར་ན་བརྗོད་དུ་མ་མཆིས་པའོ། །བཅོམ་ལྡན་འདས། གལ་ཏེ་བརྗོད་དུ་མ་མཆིས་པའི་དབྱིངས་དོན་དམ་པར་མཆིས་སུ་ལགས་ན། འོ་ན་འདུ་བྱེད་ཀྱི་མཚན་མའི་དངོས་པོ་གང་ལ་གཟུགས་ཞེས་བགྱི་བར་གློ་བུར་དུ་མིང་དུ་འདོགས་པར་ཇི་ལྟར་འགྱུར། དོན་དམ་པར་མཆིས་ན། འདུ་བྱེད་ཀྱི་མཚན་མའི་དངོས་པོ་གང་ལ་ཚོར་བ་དང་། འདུ་ཤེས་དང་། འདུ་བྱེད་རྣམས་དང་། རྣམ་པར་ཤེས་པ་དང་། སངས་རྒྱས་ཀྱི་ཆོས་རྣམས་ཞེས་བགྱི་བའི་བར་དུ་གློ་བུར་དུ་མིང་དུ་འདོགས་པར་ཇི་ལྟར་འགྱུར། གལ་ཏེ་དོན་དམ་པར་མ་མཆིས་ན་ནི། འོ་ན་བརྗོད་དུ་མ་མཆིས་པའི་དབྱིངས་སུའང་ཇི་ལྟར་འགྱུར་ཏེ། འདུ་བྱེད་ཀྱི་མཚན་མའི་དངོས་པོ་ནི། བརྗོད་དུ་མ་མཆིས་པའི་དབྱིངས་ཞེས་བགྱིར་མི་རུང་ལགས་སོ། །དེ་སྐད་ཅེས་གསོལ་པ་དང་། བཅོམ་ལྡན་འདས་ཀྱིས་བྱང་ཆུབ་སེམས་དཔའ་བྱམས་པ་ལ་བཀའ་སྩལ་པ། བྱམས་པ།

དེའི་ཕྱིར་ཁྱོད་ཉིད་ལ་དྲིའི་(དྲིས)། ཇི་ལྟར་བཟོད་པ་དེ་བཞིན་དུ་ལན་ཐོབ་ཅིག །ཁྱེའུ་འཇམ་དཔལ། འདི་ཇི་སྙམ་དུ་སེམས། གང་གི་ཚེ་བརྗོད་དུ་མེད་པའི་དབྱིངས་དང་འབྲེལ་པའི་ཤེས་རབ་ཀྱི་སྤྱོད་པ་ལ་གནས་པ་དེའི་ཚེ་འདུ་བྱེད་ཀྱི་མཚན་མའི་དངོས་པོ་གང་ལ་འདི་ལྟ་སྟེ། གཟུགས་ཞེས་བྱ་བ་དང་། ཚོར་བ་ཞེས་བྱ་བ་དང་། འདུ་ཤེས་ཞེས་བྱ་བ་དང་། འདུ་བྱེད་རྣམས་ཞེས་བྱ་བ་དང་། རྣམ་པར་ཤེས་པ་ཞེས་བྱ་བ་དང་། སངས་རྒྱས་ཀྱི་ཆོས་རྣམས་ཞེས་བྱ་བའི་བར་དུ་གློ་བུར་དུ་མིང་དུ་བཏགས་པ་འདི་ཁྱོད་ཀྱིས་དམིགས་སམ། གསོལ་པ། བཅོམ་ལྡན་འདས། དེ་ནི། མི་དམིགས་ལགས་སོ། །བཀའ་སྩལ་པ། ཁྱེའུ་འཇམ་དཔལ། རྣམ་གྲངས་འདིས་འདུ་བྱེད་ཀྱི་མཚན་མའི་དངོས་པོ་གང་ཡིན་པ་དེ་བརྗོད་དུ་མེད་པའི་དབྱིངས་ཀྱང་མ་ཡིན་ལ། འདུ་བྱེད་ཀྱི་མཚན་མའི་དངོས་པོ་དེ་ལས་བརྗོད་དུ་མེད་པའི་དབྱིངས་གཞན་པ་འང་མ་ཡིན་པར་རིག་པར་བྱའོ། །འདི་ལྟ་སྟེ། གཟུགས་ཞེས་བྱ་བ་དང་། ཚོར་བ་ཞེས་བྱ་བ་དང་། འདུ་ཤེས་ཞེས་བྱ་བ་དང་། འདུ་བྱེད་རྣམས་ཞེས་བྱ་བ་དང་། རྣམ་པར་ཤེས་པ་ཞེས་བྱ་བ་དང་། སངས་རྒྱས་ཀྱི་ཆོས་རྣམས་ཞེས་བྱ་བའི་བར་དུ་གང་ལ་གློ་བུར་དུ་མིང་དུ་བཏགས་པའི་འདུ་བྱེད་ཀྱི་མཚན་མའི་དངོས་པོ་དེ་ལ་གལ་ཏེ་བརྗོད་དུ་མེད་པའི་དབྱིངས་ཡིན་དུ་ཟིན་ན། འོ་ན་ནི། བྱིས་པ་སོ་སོའི་སྐྱེ་བོ་ཐམས་ཅད་ཀྱང་ཡོངས་སུ་མྱ་ངན་ལས་འདས་པར་འགྱུར་ཞིང་། བླ་ན་མེད་པ་ཡང་དག་པར་རྫོགས་པའི་བྱང་ཆུབ་མངོན་པར་རྫོགས་པར་སངས་རྒྱས་པར་ཡང་འགྱུར་རོ། །ཁྱེའུ་པ། གལ་ཏེ་འདུ་བྱེད་ཀྱི་མཚན་མའི་དངོས་པོ་ལས་བརྗོད་དུ་མེད་པའི་དབྱིངས་གཞན་ཡིན་དུ་ཟིན་ན་ནི། འོ་ན་མཚན་མ་དེའང་མི་དམིགས་ན། འདི་ལྟར་བརྗོད་དུ་མེད་པའི་དབྱིངས་དེ་རྟོགས་པར་འགྱུར་རམ། ཁྱེའུ་པ། རྣམ་གྲངས་འདིས་ཀྱང་འདུ་བྱེད་ཀྱི་མཚན་མ་དེ་ལས་བརྗོད་དུ་མེད་པའི་དབྱིངས་གཞན་པའང་མ་ཡིན་ལ། འདི་ལྟ་སྟེ། གཟུགས་ཞེས་བྱ་བ་དང་། ཚོར་བ་ཞེས་བྱ་བ་དང་། འདུ་ཤེས་ཞེས་བྱ་བ་དང་། འདུ་བྱེད་རྣམས་ཞེས་བྱ་བ་དང་། རྣམ་པར་ཤེས་པ་ཞེས་བྱ་བ་དང་། སངས་རྒྱས་ཀྱི་ཆོས་རྣམས་ཞེས་བྱ་བའི་བར་དུ་གང་ལ་གློ་བུར་དུ་མིང་དུ་བཏགས་པ་དེ་ལས་བརྗོད་དུ་མེད་པའི་དབྱིངས་གཞན་མ་ཡིན་པའང་མ་ཡིན་པར་རིག་པར་བྱའོ། །དེ་སྐད་ཅེས་བཀའ་སྩལ་པ་དང་། བཅོམ་ལྡན་འདས་ལ་བྱང་ཆུབ་སེམས་དཔའ་ཁྱེའུ་པས་འདི་སྐད་ཅེས་གསོལ་ཏོ། །བཅོམ་ལྡན་འདས། གལ་ཏེ་བྱང་ཆུབ་སེམས་དཔའ་བརྗོད་དུ་མ་མཆིས་པའི་དབྱིངས་དང་འབྲེལ་བའི་ཤེས་རབ་ཀྱི་སྤྱོད་པ་ལ་གནས་པ་ན། འདི་ལྟ་སྟེ། གཟུགས་ཞེས་བགྱི་བ་དང་། ཚོར་བ་ཞེས་བགྱི་བ་དང་། འདུ་ཤེས་ཞེས་བགྱི་བ་དང་། འདུ་བྱེད་རྣམས་ཞེས་བགྱི་བ་དང་། རྣམ་པར་ཤེས་པ་ཞེས་བགྱི་བ་དང་། སངས་རྒྱས་ཀྱི་ཆོས་རྣམས་ཞེས་བགྱི་བའི་བར་དག་གང་ལ་གློ་བུར་དུ་མིང་དུ་བཏགས་པའི་འདུ་བྱེད་ཀྱི་མཚན་མའི་དངོས་པོ་དེ་མི་དམིགས་ན། བཅོམ་ལྡན་འདས། ཅི་མཆིས་པ་མི་དམིགས་པ་ལགས་སམ། འོ་ན་ཏེ་མ་མཆིས་པ་མི་དམིགས་ལགས། དེ་སྐད་ཅེས་གསོལ་པ་དང་། བཅོམ་ལྡན་འདས་ཀྱིས་བྱང་ཆུབ་སེམས་དཔའ་ཁྱེའུ་པ་ལ་བཀའ་སྩལ་པ། ཁྱེའུ་པ། འདུ་བྱེད་ཀྱི་མཚན་མའི་དངོས་པོ་དེ་ལ་ནི། རང་དབང་ཉིད་དམ། ཡོད་པ་ཉིད་གང་ཡང་མེད་དོ། །དེ་ཅིའི་ཕྱིར་ཞེ་ན། ཁྱེའུ་པ། གང་གི་ཚེ་ཁྱོད་འདུ་བྱེད་ཀྱི་མཚན་མའི་དངོས་པོ་དེ་ལ་རྣམ་པར་རྟོག་པ་དེའི་ཚེ་འདུ་བྱེད་ཀྱི་མཚན་མའི་དངོས་པོ་དེ། རྣམ་པར་རྟོག་པ་རྣམས་ཀྱིས་གཟུང་བར་འགྱུར་རམ། གང་གི་ཚེ་བརྗོད་དུ་མེད་པའི་དབྱིངས་དང་འབྲེལ་པའི་ཤེས་རབ་ཀྱི་སྤྱོད་པ་ལ་གནས་ཏེ་རྣམ་པར་

མི་རྟོག་པ་དེའི་ཚེ་རྣམ་པར་མི་རྟོག་པར་གཟུང་བར་འགྱུར་རམ། བཅོམ་ལྡན་འདས། དེ་ལྟ་ལགས་སོ། བྱམས་པ། དེ་ལྟ་ཡིན་ན། འདི་ལྟ་སྟེ། འདུ་བྱེད་ཀྱི་མཚན་མའི་དངོས་པོ་གང་ལ་འདི་ལྟར་གཟུགས་ཞེས་བྱ་བ་དང་། ཚོར་བ་ཞེས་བྱ་བ་དང་། འདུ་ཤེས་ཞེས་བྱ་བ་དང་། འདུ་བྱེད་རྣམས་ཞེས་བྱ་བ་དང་། རྣམ་པར་ཤེས་པ་ཞེས་བྱ་བ་དང་། སངས་རྒྱས་ཀྱི་ཆོས་རྣམས་ཞེས་བྱ་བའི་བར་གློ་བུར་དུ་མིང་དུ་བཏགས་པ་དེ་རྣམ་པར་རྟོག་པ་ཙམ་དུ་མ་ཟད་དམ། རྣམ་པར་རྟོག་པ་ཙམ་ཉིད་དོ། །དེ་དེ་ལྟར་རྣམ་པར་མི་རྟོག་པའི་དབྱིངས་ལ་གནས་ཏེ་རྣམ་པར་རྟོག་པ་རྣམས་དང་བྲལ་བར་གྱུར་པ་ན། འདི་ལྟ་སྟེ། གཟུགས་ཞེས་བྱ་བ་དང་། ཚོར་བ་ཞེས་བྱ་བ་དང་། འདུ་ཤེས་ཞེས་བྱ་བ་དང་། འདུ་བྱེད་རྣམས་ཞེས་བྱ་བ་དང་། རྣམ་པར་ཤེས་པ་ཞེས་བྱ་བ་དང་། སངས་རྒྱས་ཀྱི་ཆོས་རྣམས་ཞེས་བྱ་བའི་བར་དུ་གང་ལ་གློ་བུར་དུ་མིང་དུ་བཏགས་པ་དེ་ལ་ཡོད་པ་གང་ཡིན་གང་ཡོད་པ་ནི། དམིགས་པར་འགྱུར་རོ། །དེ་སྐད་ཅེས་བཀའ་སྩལ་པ་དང་། བཅོམ་ལྡན་འདས་ལ་བྱང་ཆུབ་སེམས་དཔའ་བྱམས་པས་འདི་སྐད་ཅེས་གསོལ་ཏོ། །བཅོམ་ལྡན་འདས། བྱང་ཆུབ་སེམས་དཔའ་ཤེས་རབ་ཀྱི་ཕ་རོལ་ཏུ་ཕྱིན་པ་ལ་སྤྱོད་པ་ཆོས་རབ་ཏུ་དབྱེ་བ་མཁས་པ་ལ་ཞུགས་པས་གཟུགས་རབ་ཏུ་དབྱེ་བའི་བཏགས་པ་རྣམ་པ་དུ་ཞིག་ཏུ་རྟོགས་པར་བགྱི། ཚོར་བ་དང་། འདུ་ཤེས་དང་། འདུ་བྱེད་རྣམས་དང་། རྣམ་པར་ཤེས་པ་དང་། སངས་རྒྱས་ཀྱི་ཆོས་རྣམས་ཀྱི་བར་དུ་རབ་ཏུ་དབྱེ་བའི་བཏགས་པ་རྣམ་པ་དུ་ཞིག་ཏུ་རྟོགས་པར་བགྱི་ལགས། དེ་སྐད་ཅེས་གསོལ་པ་དང་། བཅོམ་ལྡན་འདས་ཀྱིས་བྱང་ཆུབ་སེམས་དཔའ་བྱམས་པ་ལ་བཀའ་སྩལ་པ། བྱམས་པ། བྱང་ཆུབ་སེམས་དཔའ་ཤེས་རབ་ཀྱི་ཕ་རོལ་ཏུ་ཕྱིན་པ་ལ་སྤྱོད་པ་ཆོས་རབ་ཏུ་དབྱེ་བ་མཁས་པ་ལ་ཞུགས་པས། གཟུགས་རབ་ཏུ་དབྱེ་བའི་བཏགས་པ་རྣམ་པ་གསུམ་དུ་རྟོགས་པར་བྱ། ཚོར་བ་དང་། འདུ་ཤེས་དང་། འདུ་བྱེད་རྣམས་དང་། རྣམ་པར་ཤེས་པ་དང་། སངས་རྒྱས་ཀྱི་ཆོས་རྣམས་ཀྱི་བར་དུ་རབ་ཏུ་དབྱེ་བའི་བཏགས་པ་རྣམ་པ་གསུམ་དུ་རྟོགས་པར་བྱ་སྟེ། འདི་ལྟ་སྟེ། འདི་ནི། ཀུན་བཏགས་(བརྟགས་)པའི་གཟུགས་སོ། །འདི་ནི། རྣམ་པར་བཏགས་པའི་གཟུགས་སོ། །འདི་ནི། ཆོས་ཉིད་ཀྱི་གཟུགས་སོ། །འདི་ལྟ་སྟེ། འདི་ནི། ཀུན་བཏགས་(བརྟགས་)པའི་ཚོར་བའོ། །འདི་ནི། རྣམ་པར་བཏགས་པའི་ཚོར་བའོ། །འདི་ནི། ཆོས་ཉིད་ཀྱི་ཚོར་བའོ། །འདི་ལྟ་སྟེ། འདི་ནི། ཀུན་བཏགས་(བརྟགས་)པའི་འདུ་ཤེས་སོ། །འདི་ནི། རྣམ་པར་བཏགས་པའི་འདུ་ཤེས་སོ། །འདི་ནི། ཆོས་ཉིད་ཀྱི་འདུ་ཤེས་སོ། །འདི་ལྟ་སྟེ། འདི་དག་ནི། ཀུན་བཏགས་(བརྟགས་)པའི་འདུ་བྱེད་རྣམས་སོ། །འདི་དག་ནི། རྣམ་པར་བཏགས་པའི་འདུ་བྱེད་རྣམས་སོ། །འདི་དག་ནི། ཆོས་ཉིད་ཀྱི་འདུ་བྱེད་རྣམས་སོ། །འདི་ལྟ་སྟེ། འདི་ནི། ཀུན་བཏགས་(བརྟགས་)པའི་རྣམ་པར་ཤེས་པའོ། །འདི་ནི། རྣམ་པར་བཏགས་པའི་རྣམ་པར་ཤེས་པའོ། །འདི་ནི། ཆོས་ཉིད་ཀྱི་རྣམ་པར་ཤེས་པའོ། །འདི་ལྟ་སྟེ། འདི་དག་ནི། ཀུན་བཏགས་(བརྟགས་)པའི་སངས་རྒྱས་ཀྱི་ཆོས་རྣམས་ཀྱི་བར་དག་གོ། །འདི་དག་ནི། རྣམ་པར་བཏགས་(བརྟགས་)པའི་སངས་རྒྱས་ཀྱི་ཆོས་རྣམས་སོ། །འདི་དག་ནི། ཆོས་ཉིད་ཀྱི་སངས་རྒྱས་ཀྱི་ཆོས་རྣམས་སོ། །ཞེས་བྱ་བའོ། ། དེ་སྐད་ཅེས་བཀའ་སྩལ་པ་དང་། བཅོམ་ལྡན་འདས་ལ་བྱང་ཆུབ་སེམས་དཔའ་བྱམས་པས་འདི་སྐད་ཅེས་གསོལ་ཏོ། །བཅོམ་ལྡན་འདས། ཀུན་བཏགས་པའི་གཟུགས་ནི། གང་ལགས། རྣམ་པར་

བརྟགས་(བཏགས་)པའི་གཟུགས་ནི། གང་ལགས། ཆོས་ཉིད་ཀྱི་གཟུགས་ནི། གང་ལགས། བཅོམ་ལྡན་
འདས། ཀུན་བཏགས་(བརྟགས་)པའི་ཚོར་བ་དང་། འདུ་ཤེས་དང་། འདུ་བྱེད་རྣམས་དང་། རྣམ་
པར་ཤེས་པ་དང་། ཀུན་བཏགས་(བརྟགས་)པའི་སངས་རྒྱས་ཀྱི་ཆོས་རྣམས་ཀྱི་བར་དུ་ནི། གང་ལགས།
རྣམ་པར་བཏགས་པའི་སངས་རྒྱས་ཀྱི་ཆོས་རྣམས་ནི། གང་ལགས། ཆོས་ཉིད་ཀྱི་སངས་རྒྱས་ཀྱི་ཆོས་རྣམས་ནི།
གང་ལགས། བཅོམ་ལྡན་འདས་ཀྱིས་བཀའ་སྩལ་པ། བྱམས་པ། གང་འདུ་བྱེད་ཀྱི་མཚན་མའི་དངོས་པོ་དེ་
དང་དེ་ལ་གཟུགས་ཞེས་བྱ་བའི་མིང་དང་། འདུ་ཤེས་དང་། བཏགས་པ་དང་། ཐ་སྙད་ལ་བརྟེན་ནས་
གཟུགས་ཀྱི་ངོ་བོ་ཉིད་དུ་ཡོངས་སུ་རྟོག་པ་འདི་ནི། ཀུན་བཏགས་(བརྟགས་)པའི་གཟུགས་སོ། །བྱམས་པ།
གང་འདུ་བྱེད་ཀྱི་མཚན་མའི་དངོས་པོ་དེ་དང་དེ་ལ་ཚོར་བ་ཞེས་བྱ་བ་དང་། འདུ་ཤེས་ཞེས་བྱ་བ་དང་། འདུ་
བྱེད་རྣམས་ཞེས་བྱ་བ་དང་། རྣམ་པར་ཤེས་པ་ཞེས་བྱ་བ་དང་། སངས་རྒྱས་ཀྱི་ཆོས་རྣམས་ཞེས་བྱ་བའི་བར་
གྱི་མིང་དང་། འདུ་ཤེས་དང་། བཏགས་པ་དང་། ཐ་སྙད་ལ་བརྟེན་ནས་ཚོར་བའི་ངོ་བོ་ཉིད་དང་།
འདུ་ཤེས་དང་། འདུ་བྱེད་རྣམས་དང་། རྣམ་པར་ཤེས་པ་དང་། སངས་རྒྱས་ཀྱི་ཆོས་རྣམས་ཀྱི་བར་གྱི་ངོ་བོ་
ཉིད་དུ་ཡོངས་སུ་རྟོག་པ་འདི་ནི། ཀུན་བཏགས་(བརྟགས་)པའི་ཚོར་བ་དང་། འདུ་ཤེས་དང་། འདུ་བྱེད་
རྣམས་དང་། རྣམ་པར་ཤེས་པའོ། །འདི་དག་ནི། ཀུན་བཏགས་(བརྟགས་)པའི་སངས་རྒྱས་ཀྱི་ཆོས་རྣམས་
ཀྱི་བར་དག་གོ། །འདུ་བྱེད་ཀྱི་མཚན་མའི་དངོས་པོ་དེ་རྣམ་པར་རྟོག་པ་ཙམ་གྱི་ཆོས་ཉིད་ལ་གནས་པའི་རྣམ་
པར་རྟོག་པ་ལ་བརྟེན་ནས་མངོན་པར་བརྗོད་དེ། གང་ལ་འདི་ནི། གཟུགས་སོ། །ཞེས་བྱ་བ་དང་།
ཚོར་བའོ། །ཞེས་བྱ་བ་དང་། འདུ་ཤེས་སོ། །ཞེས་བྱ་བ་དང་། འདུ་བྱེད་རྣམས་སོ། །ཞེས་བྱ་བ་དང་།
རྣམ་པར་ཤེས་པའོ། །ཞེས་བྱ་བ་དང་། སངས་རྒྱས་ཀྱི་ཆོས་རྣམས་སོ། །ཞེས་བྱ་བའི་བར་གྱི་མིང་དང་།
འདུ་ཤེས་དང་། བཏགས་པ་དང་། ཐ་སྙད་གང་ཡིན་པ་འདི་ནི། རྣམ་པར་བཏགས་པའི་གཟུགས་སོ། །
འདི་ནི། རྣམ་པར་བཏགས་པའི་ཚོར་བའོ། །འདི་ནི། རྣམ་པར་བཏགས་པའི་འདུ་ཤེས་སོ། །འདི་དག་ནི།
རྣམ་པར་བཏགས་པའི་འདུ་བྱེད་རྣམས་སོ། །འདི་ནི། རྣམ་པར་བཏགས་པའི་རྣམ་པར་ཤེས་པའོ། །འདི་
དག་ནི། རྣམ་པར་བཏགས་པའི་སངས་རྒྱས་ཀྱི་ཆོས་རྣམས་ཀྱི་བར་དག་གོ། །གང་དེ་བཞིན་གཤེགས་པ་རྣམས་
བྱུང་ཡང་རུང་། དེ་བཞིན་གཤེགས་པ་རྣམས་མ་བྱུང་ཡང་རུང་སྟེ། ཆོས་ཉིད་འདི་ནི། གནས་པ་ཉིད་དང་།
ཆོས་གནས་པའི་དབྱིངས་དང་། གང་ཀུན་བཏགས་(བརྟགས་)པའི་གཟུགས་དེས་རྣམ་པར་བཏགས་པའི་
གཟུགས་རྟག་པ་རྟག་པའི་དུས་དང་། ཐེར་ཟུག་ཐེར་ཟུག་གི་དུས་སུ་ངོ་བོ་ཉིད་མེད་པ་ཁོ་ན་དང་། ཆོས་ལ་
བདག་མེད་པ་ཉིད་དང་། དེ་བཞིན་ཉིད་དང་། ཡང་དག་པའི་མཐའ་འདི་ནི། ཆོས་ཉིད་ཀྱི་གཟུགས་སོ། །
འདི་ནི། ཆོས་ཉིད་ཀྱི་ཚོར་བ་དང་། འདུ་ཤེས་དང་། འདུ་བྱེད་རྣམས་དང་། རྣམ་པར་ཤེས་པའོ། །
འདི་དག་ནི། ཆོས་ཉིད་ཀྱི་སངས་རྒྱས་ཀྱི་ཆོས་རྣམས་ཀྱི་བར་དག་གོ། །དེ་སྐད་ཅེས་བཀའ་སྩལ་པ་དང་།
བཅོམ་ལྡན་འདས་ལ་བྱང་ཆུབ་སེམས་དཔའ་བྱམས་པས་འདི་སྐད་ཅེས་གསོལ་ཏོ། །བཅོམ་ལྡན་འདས།
གཟུགས་གསུམ་པོ་འདི་དག་ལས་རྫས་སུ་མ་མཆིས་པར་བལྟ་བའི་གཟུགས་ནི། གང་ལགས། རྫས་སུ་མཆིས་
པར་བལྟ་བ་ནི། གང་ལགས། རྫས་སུ་མ་མཆིས་པའང་མ་ལགས་ལ། རྫས་སུ་མཆིས་པའང་མ་ལགས་ཤིང་

དོན་དམ་པས་རབ་ཏུ་ཕྱེ་བར་བལྟ་བ་ནི། གང་ལགས། ཚོར་བ་གསུམ་པོ་འདི་དག་དང་། འདུ་ཤེས་གསུམ་པོ་འདི་དག་དང་། འདུ་བྱེད་གསུམ་པོ་འདི་དག་དང་། རྣམ་པར་ཤེས་པ་གསུམ་པོ་འདི་དག་དང་། སངས་རྒྱས་ཀྱི་ཆོས་རྣམས་ཀྱི་བར་དུ་གསུམ་པོ་འདི་དག་ལས་རྫས་སུ་མ་མཆིས་པ་དག་ནི། གང་ལགས། རྫས་སུ་མཆིས་པ་དག་ནི། གང་ལག་(ལགས་)རྫས་སུ་མ་མཆིས་པའང་མ་ལགས་ལ། རྫས་སུ་མཆིས་པའང་མ་ལགས་ཤིང་དོན་དམ་པས་རབ་ཏུ་ཕྱེ་བ་དག་ནི། གང་ལགས། དེ་སྐད་ཅེས་གསོལ་པ་དང་། བཅོམ་ལྡན་འདས་ཀྱིས་བྱང་ཆུབ་སེམས་དཔའ་བྱམས་པ་ལ་བཀའ་སྩལ་པ། བྱམས་པ། གང་ཀུན་བཏགས་(བརྟགས་)པའི་གཟུགས་དེ་ནི། རྫས་སུ་མེད་པར་བལྟ་བར་བྱའོ། །རྣམ་པར་བཏགས་པའི་གཟུགས་གང་ཡིན་པ་དེ་ནི། རྣམ་པར་རྟོག་པ་རྫས་སུ་ཡོད་པའི་ཕྱིར་རྫས་སུ་ཡོད་པར་བལྟ་བར་བྱ་སྟེ། རང་དབང་དུ་འབྱུང་བའི་ཕྱིར་ནི། མ་ཡིན་ནོ། །གང་ཆོས་ཉིད་ཀྱི་གཟུགས་དེ་ནི། རྫས་སུ་མེད་པའང་མ་ཡིན། རྫས་སུ་ཡོད་པའང་མ་ཡིན་ཞིང་དོན་དམ་པས་རབ་ཏུ་ཕྱེ་བར་བལྟ་བར་བྱའོ། །གང་ཀུན་བཏགས་(བརྟགས་)པའི་ཚོར་བ་དང་། འདུ་ཤེས་དང་། འདུ་བྱེད་རྣམས་དང་། རྣམ་པར་ཤེས་པ་དང་། གང་དག་ཀུན་བཏགས་(བརྟགས་)པའི་སངས་རྒྱས་ཀྱི་ཆོས་རྣམས་ཀྱི་བར་དེ་དག་ནི། རྫས་སུ་མེད་པར་བལྟ་བར་བྱའོ། །གང་རྣམ་པར་བཏགས་པའི་ཚོར་བ་དང་། འདུ་ཤེས་དང་། འདུ་བྱེད་རྣམས་དང་། རྣམ་པར་ཤེས་པ་དང་། གང་དག་རྣམ་པར་བཏགས་པའི་སངས་རྒྱས་ཀྱི་ཆོས་རྣམས་ཀྱི་བར་དེ་དག་ནི། རྣམ་པར་རྟོག་པ་རྫས་སུ་ཡོད་པའི་ཕྱིར་རྫས་སུ་ཡོད་པར་བལྟ་བར་བྱ་སྟེ། རང་དབང་དུ་འབྱུང་བའི་ཕྱིར་ནི། མ་ཡིན་ནོ། །བྱམས་པ། གང་ཆོས་ཉིད་ཀྱི་ཚོར་བ་དང་། འདུ་ཤེས་དང་། འདུ་བྱེད་རྣམས་དང་། རྣམ་པར་ཤེས་པ་དང་། བྱམས་པ། གང་དག་ཆོས་ཉིད་ཀྱི་སངས་རྒྱས་ཀྱི་ཆོས་རྣམས་ཀྱི་བར་དེ་དག་ནི། རྫས་སུ་མེད་པའང་མ་ཡིན་ལ། རྫས་སུ་ཡོད་པའང་མ་ཡིན་ཞིང་དོན་དམ་པས་རབ་ཏུ་ཕྱེ་བར་བལྟ་བར་བྱའོ། །དེ་སྐད་ཅེས་བཀའ་སྩལ་པ་དང་། བཅོམ་ལྡན་འདས་ལ་བྱང་ཆུབ་སེམས་དཔའ་བྱམས་པས་འདི་སྐད་ཅེས་གསོལ་ཏོ། །བཅོམ་ལྡན་འདས། དེ་ལྟར་གཟུགས་རབ་ཏུ་དབྱེ་བའི་བཏགས་པའང་མཆིས་ལ། དེ་ལྟར་ཚོར་བ་དང་། འདུ་ཤེས་དང་། འདུ་བྱེད་རྣམས་དང་། རྣམ་པར་ཤེས་པ་དང་། སངས་རྒྱས་ཀྱི་ཆོས་རྣམས་ཀྱི་བར་དུ་རབ་ཏུ་དབྱེ་བའི་བཏགས་པའང་མཆིས་ན། འདི་ལྟ་སྟེ། གཟུགས་ཞེས་བྱ་བ་དེ་ནི། གཉིས་སུ་མེད་པའི་གྲངས་སུ་བྱས་པའོ། །འདི་ལྟ་སྟེ། ཚོར་བ་ཞེས་བྱ་བ་དང་། འདུ་ཤེས་ཞེས་བྱ་བ་དང་། འདུ་བྱེད་རྣམས་ཞེས་བྱ་བ་དང་། རྣམ་པར་ཤེས་པ་ཞེས་བྱ་བ་དང་། སངས་རྒྱས་ཀྱི་ཆོས་རྣམས་ཞེས་བྱ་བའི་བར་འདི་ནི། གཉིས་སུ་མེད་པའི་གྲངས་སུ་བྱས་པའོ། །ཞེས་བཅོམ་ལྡན་འདས་ཀྱིས་གང་བཀའ་སྩལ་པ་དེ། བཅོམ་ལྡན་འདས་ཀྱིས་ཅི་ལ་དགོངས་ནས་འདི་ལྟ་སྟེ། གཟུགས་ཞེས་བྱ་བ་དེ་ནི། གཉིས་སུ་མེད་པའི་གྲངས་སུ་བྱས་པའོ། །འདི་ལྟ་སྟེ། ཚོར་བ་ཞེས་བྱ་བ་དང་། འདུ་ཤེས་ཞེས་བྱ་བ་དང་། འདུ་བྱེད་རྣམས་ཞེས་བྱ་བ་དང་། རྣམ་པར་ཤེས་པ་ཞེས་བྱ་བ་དང་། སངས་རྒྱས་ཀྱི་ཆོས་ཀྱི་བར་ཞེས་བྱ་བ་དེ་ནི། གཉིས་སུ་མེད་པའི་གྲངས་སུ་བྱས་པའོ། །ཞེས་བཀའ་སྩལ། དེ་སྐད་ཅེས་གསོལ་པ་དང་། བཅོམ་ལྡན་འདས་ཀྱིས་བྱང་ཆུབ་སེམས་དཔའ་བྱམས་པ་ལ་བཀའ་སྩལ་པ། བྱམས་པ། འདི་ཇི་སྙམ་དུ་སེམས། ཀུན་བཏགས་(བརྟགས་)པའི་གཟུགས་ལ་རྫས་སུ་མེད་པ་ཉིད་གང་ཡིན་པ་དེ་གཟུགས་ཡིན་ནམ།

འོན་ཏེ་མ་ཡིན། གསོལ་པ། བཅོམ་ལྡན་འདས། དེ་ནི། མ་ལགས་སོ། །དེ་ལ་གཟུགས་ཞེས་བྱ་བ་མིང་
དང་། འདུ་ཤེས་དང་། བཏགས་པ་དང་། ཐ་སྙད་ཙམ་གང་ཡིན་པ་དེ་ཇི་ག་གཟུགས་ཡིན་ནམ། གསོལ་པ།
བཅོམ་ལྡན་འདས། དེ་ནི། མ་ལགས་སོ། །བྱམས་པ། རྣམ་གྲངས་འདིས་གང་ཀུན་བཏགས་པའི་གཟུགས་
དེ་གཟུགས་ཀྱང་མ་ཡིན། གཟུགས་མ་ཡིན་པའང་མ་ཡིན་ཏེ། གང་གཟུགས་ཀྱང་མ་ཡིན་ལ།
གཟུགས་མ་ཡིན་པའང་མ་ཡིན་པ་དེ་ནི། གཉིས་སུ་མེད་པ་སྟེ། ངས་འདི་ལ་དགོངས་ནས་འདི་ལྟ་སྟེ།
གཟུགས་ཞེས་བྱ་བ་དེ་ནི། གཉིས་སུ་མེད་པའི་གྲངས་སུ་བྱས་པའོ། །ཞེས་བཀའ་སྩལ་པར་རིག་པར་བྱའོ། །
བྱམས་པ། འདི་ཇི་སྙམ་དུ་སེམས། གང་ལ་བརྟེན་ནས་གཟུགས་ཞེས་བྱ་བའི་མིང་དང་། བཏགས་པ་དང་།
ཐ་སྙད་དུ་འགྱུར་བ་རྣམ་པར་བཏགས་པའི་གཟུགས་རྫས་སུ་ཡོད་པ་ཉིད་གང་ཡིན་པ་དེ་ཇི་ག་གཟུགས་མ་ཡིན་པ་
ཡིན་ནམ། གསོལ་པ། བཅོམ་ལྡན་འདས། དེ་ནི། མ་ལགས་སོ། །བྱམས་པ། འདི་ཇི་སྙམ་དུ་སེམས།
རྣམ་པར་བཏགས་པའི་གཟུགས་དེ་ཉིད་ལ་ཀུན་བཏགས་པའི་གཟུགས་དེས་དེའི་ངོ་བོ་ཉིད་མ་ཡིན་ཞིང་། དེའི་
མཚན་ཉིད་མ་ཡིན་པ་གང་ཡིན་པ་དེ་གཟུགས་ཡིན་ནམ། གསོལ་པ། བཅོམ་ལྡན་འདས། དེ་ནི། མ་
ལགས་སོ། །བྱམས་པ། རྣམ་གྲངས་འདིས་ཀྱང་འདི་ལྟར་གང་རྣམ་པར་བཏགས་པའི་གཟུགས་དེའང་གཟུགས་
ཀྱང་མ་ཡིན་ལ། གཟུགས་མ་ཡིན་པའང་མ་ཡིན་ཏེ། གང་གཟུགས་ཀྱང་མ་ཡིན་ལ། གཟུགས་མ་ཡིན་པའང་
མ་ཡིན་པ་དེ་གཉིས་སུ་མེད་པ་སྟེ། ངས་དེ་ལ་དགོངས་ནས་འདི་ལྟ་སྟེ། གཟུགས་ཞེས་བྱ་བ་དེ་ནི། གཉིས་སུ་
མེད་པའི་གྲངས་སུ་བྱས་པའོ། །ཞེས་བཀའ་སྩལ་པར་རིག་པར་བྱའོ། །བྱམས་པ། འདི་ཇི་སྙམ་དུ་སེམས།
གང་ཆོས་ཉིད་ཀྱི་(ཀྱིས་)གཟུགས་བདག་མེད་པས་རབ་ཏུ་ཕྱེ་བའི་གཟུགས་དེ་ཇི་ག་གཟུགས་ཡིན་ནམ། གསོལ་པ།
བཅོམ་ལྡན་འདས། དེ་ནི། མ་ལགས་སོ། །ཆོས་ཉིད་ཀྱི་གཟུགས་དེ་ཉིད་ཀྱི་གཟུགས་ཀྱི་ཆོས་ཉིད་གང་ཡིན་
པ་དེ་གཟུགས་མ་ཡིན་ནམ། གསོལ་པ། བཅོམ་ལྡན་འདས། དེ་ནི། མ་ལགས་སོ། །བྱམས་པ། རྣམ་
གྲངས་འདིས་ཀྱང་འདི་ལྟར་ཆོས་ཉིད་ཀྱི་གཟུགས་གང་ཡིན་པ་དེའང་གཟུགས་ཀྱང་མ་ཡིན་ལ། གཟུགས་མ་ཡིན་
པའང་མ་ཡིན་ཏེ། གང་གཟུགས་ཀྱང་མ་ཡིན་ལ། གཟུགས་མ་ཡིན་པའང་མ་ཡིན་པ་དེ་ནི། གཉིས་སུ་མེད་པ་
སྟེ། ངས་དེ་ལ་དགོངས་ནས་འདི་ལྟ་སྟེ། གཟུགས་ཞེས་བྱ་བ་དེ་ནི། གཉིས་སུ་མེད་པའི་གྲངས་སུ་བྱས་པའོ། །
ཞེས་བཀའ་སྩལ་པར་རིག་པར་བྱ་སྟེ། དེ་བཞིན་དུ་ཚོར་བ་དང་། འདུ་ཤེས་དང་། འདུ་བྱེད་རྣམས་དང་།
རྣམ་པར་ཤེས་པ་རྣམས་དང་། སངས་རྒྱས་ཀྱི་ཆོས་རྣམས་ཀྱི་བར་ལའང་སྦྱར་བར་བྱའོ། །དེ་སྐད་ཅེས་བཀའ་
སྩལ་པ་དང་། བཅོམ་ལྡན་འདས་ལ་བྱང་ཆུབ་སེམས་དཔའ་བྱམས་པས་འདི་སྐད་ཅེས་གསོལ་ཏོ། །བཅོམ་ལྡན་
འདས། བྱང་ཆུབ་སེམས་དཔའ་ཤེས་རབ་ཀྱི་ཕ་རོལ་ཏུ་ཕྱིན་པ་ལ་སྤྱོད་པ་དེ་ལྟར་གཟུགས་ལ་གཉིས་སུ་མ······
མཆིས་པའི་མཚན་ཉིད་ལ་མཁས་ཤིང་། དེ་ལྟར་ཚོར་བ་དང་། འདུ་ཤེས་དང་། འདུ་བྱེད་རྣམས་དང་།
རྣམ་པར་ཤེས་པ་དང་། སངས་རྒྱས་ཀྱི་ཆོས་རྣམས་ཀྱི་བར་དག་ལ་མཚན་ཉིད་མ་མཆིས་པ་ལ་མཁས་པ།
མཐའ་གཉིས་སྤངས་ནས་དབུ་མའི་ལམ་ལ་ཞུགས་པའི་ཡོངས་སུ་འཚལ་བའི་མཚན་ཉིད་ནི། ཇི་ལྟ་བུ། སྤོང་
བའི་མཚན་ཉིད་ནི། ཇི་ལྟ་བུ། མངོན་སུམ་དུ་བགྱིད་པའི་མཚན་ཉིད་ནི། ཇི་ལྟ་བུ། སྒོམ་པའི་མཚན་
ཉིད་ནི། ཇི་ལྟ་བུར་བལྟ་བར་བགྱི། དེ་སྐད་ཅེས་གསོལ་པ་དང་། བཅོམ་ལྡན་འདས་ཀྱིས་བྱང་ཆུབ་སེམས

དཔའ་བྱམས་པ་ལ་བཀའ་སྩལ་པ། བྱམས་པ། བྱང་ཆུབ་སེམས་དཔའ་ཤེས་རབ་ཀྱི་ཕ་རོལ་ཏུ་ཕྱིན་པ་ལ་སྤྱོད་པ་མཐའ་གཉིས་སྤངས་ནས་འདི་ལྟར་དབུ་མའི་ལམ་ལ་ཞུགས་པས་གང་གཟུགས་ཡོངས་སུ་ཤེས་པའང་མ་ཡིན། ཡོངས་སུ་མི་ཤེས་པའང་མ་ཡིན་པ་དེ་ཉིད་དེའི་ཡོངས་སུ་ཤེས་པའོ། །གང་ཚོར་བ་དང་། འདུ་ཤེས་དང་། འདུ་བྱེད་རྣམས་དང་། རྣམ་པར་ཤེས་པ་དང་། སངས་རྒྱས་ཀྱི་ཆོས་རྣམས་ཀྱི་བར་དུ་ཡོངས་སུ་ཤེས་པའང་མ་ཡིན། ཡོངས་སུ་མི་ཤེས་པའང་མ་ཡིན་པ་དེ་ཉིད་དེའི་ཡོངས་སུ་ཤེས་པའོ། །གང་གཟུགས་སྤོང་བའང་མ་ཡིན་མི་སྤོང་བའང་མ་ཡིན་པ་དེ་ཉིད་དེའི་སྤོང་བའོ། །གང་ཚོར་བ་དང་། འདུ་ཤེས་དང་། འདུ་བྱེད་རྣམས་དང་། རྣམ་པར་ཤེས་པ་དང་། སངས་རྒྱས་ཀྱི་ཆོས་རྣམས་ཀྱི་བར་དུ་སྤོང་བའང་མ་ཡིན། མི་སྤོང་བའང་མ་ཡིན་པ་དེ་ཉིད་དེའི་སྤོང་བའོ། །གང་གཟུགས་སྤོང་(སྤང་)བ་མངོན་སུམ་དུའང་མི་བྱེད་ལ། མངོན་སུམ་དུ་མི་བྱེད་པའང་མ་ཡིན་པ་དེ་ཉིད་དེའི་མངོན་སུམ་དུ་བྱེད་པའོ། །གང་གཟུགས་སྤོང་བའི་ཕྱིར་ལམ་སྒོམ་པའང་མ་ཡིན། མི་སྒོམ་པའང་མ་ཡིན་པ་དེ་ཉིད་དེའི་སྒོམ་པའོ། །དེ་བཞིན་དུ་ཚོར་བ་དང་། འདུ་ཤེས་དང་། འདུ་བྱེད་རྣམས་དང་། རྣམ་པར་ཤེས་པ་དང་། སངས་རྒྱས་ཀྱི་ཆོས་རྣམས་ཀྱི་བར་ལའང་སྦྱར་བར་བྱའོ། །དེ་སྐད་ཅེས་བཀའ་སྩལ་པ་དང་། བཅོམ་ལྡན་འདས་ལ་བྱང་ཆུབ་སེམས་དཔའ་བྱམས་པས་འདི་སྐད་ཅེས་གསོལ་ཏོ། །བཅོམ་ལྡན་འདས། བྱང་ཆུབ་སེམས་དཔའ་སེམས་དཔའ་ཆེན་པོ་ཤེས་རབ་ཀྱི་ཕ་རོལ་ཏུ་ཕྱིན་པ་ལ་སྤྱོད་པ་འདི་ལྟ་བུའི་ཡོངས་སུ་འཚོལ་བ་དང་། སྤོང་བ་དང་། མངོན་སུམ་དུ་བགྱིད་པ་དང་། སྒོམ་(བསྒོམ་)པ་དང་ལྡན་པའི་མྱ་ངན་ལས་འདས་པ་གང་ལགས། དེ་སྐད་ཅེས་གསོལ་པ་དང་། བཅོམ་ལྡན་འདས་ཀྱིས་བྱང་ཆུབ་སེམས་དཔའ་བྱམས་པ་ལ་བཀའ་སྩལ་པ། བྱམས་པ། བྱང་ཆུབ་སེམས་དཔའ་རྣམས་ཀྱི་མྱ་ངན་ལས་འདས་པ་ནི། ཟབ་པོ། །མཆོག་ཏུ་ཟབ་པོ། །དེ་སྐད་ཅེས་བཀའ་སྩལ་པ་དང་། བཅོམ་ལྡན་འདས་ལ་བྱང་ཆུབ་སེམས་དཔའ་བྱམས་པས་འདི་སྐད་ཅེས་གསོལ་ཏོ། །བཅོམ་ལྡན་འདས། ཅིའི་སླད་དུ་བྱང་ཆུབ་སེམས་དཔའ་རྣམས་ཀྱི་མྱ་ངན་ལས་འདས་པ་འདི་ལྟར་ཟབ་པ་དང་། མཆོག་ཏུ་ཟབ་པ་ལགས། བཅོམ་ལྡན་འདས་ཀྱིས་བཀའ་སྩལ་པ། བྱམས་པ། བྱང་ཆུབ་སེམས་དཔའ་རྣམས་ཀྱི་མྱ་ངན་ལས་འདས་པ་ནི། འདི་ལྟར། མྱ་ངན་ལས་འདས་པའང་མ་ཡིན། མྱ་ངན་ལས་མི་འདས་པའང་མ་ཡིན་ཏེ། དེའི་ཕྱིར་ཟབ་པ་དང་། མཆོག་ཏུ་ཟབ་པ་ཞེས་བྱའོ། །དེ་སྐད་ཅེས་བཀའ་སྩལ་པ་དང་། བཅོམ་ལྡན་འདས་ལ་བྱང་ཆུབ་སེམས་དཔའ་བྱམས་པས་འདི་སྐད་ཅེས་གསོལ་ཏོ། །བཅོམ་ལྡན་འདས། ཇི་ལྟར་ན། བྱང་ཆུབ་སེམས་དཔའ་རྣམས་ཀྱི་མྱ་ངན་ལས་འདས་པ་ནི། མྱ་ངན་ལས་འདས་པའང་མ་ལགས། མྱ་ངན་ལས་མ་འདས་པའང་མ་ལགས། བཅོམ་ལྡན་འདས་ཀྱིས་བཀའ་སྩལ་པ། བྱམས་པ། གཞན་གྱི་དོན་ལས་བརྩམས་ཏེ་འཁོར་བ་ཡོངས་སུ་མི་གཏོང་བས་མྱ་ངན་ལས་འདས་པའང་མ་ཡིན་ནོ། །བདག་གི་དོན་ལས་བརྩམས་ཏེ་མྱ་ངན་ལས་འདས་པ་ཡོངས་སུ་མི་གཏོང་བས། མྱ་ངན་ལས་མ་འདས་པའང་མ་ཡིན་ནོ། །དེ་སྐད་ཅེས་བཀའ་སྩལ་པ་དང་། བཅོམ་ལྡན་འདས་ལ་བྱང་ཆུབ་སེམས་དཔའ་བྱམས་པས་འདི་སྐད་ཅེས་གསོལ་ཏོ། །བཅོམ་ལྡན་འདས། གལ་ཏེ་བྱང་ཆུབ་སེམས་དཔའ་གཞན་གྱི་དོན་ལས་བརྩམས་ཏེ་འཁོར་བ་ཡོངས་སུ་མི་གཏོང་ན། དེ་འཁོར་བ་ཡོངས་སུ་མ་བཏང་བས། འདིས་ཇི་ལྟར་མྱ་ངན་ལས་འདས་པ་ཡོངས་སུ་བཏང་བར་མི་འགྱུར། བཅོམ་ལྡན་འདས། གལ་ཏེ

བྱང་ཆུབ་སེམས་དཔའ་བདག་གི་དོན་ལས་བརྩམས་ཏེ་མྱ་ངན་ལས་འདས་པ་ཡོངས་སུ་མི་གཏོང་ན། འདིས་ཇི་ལྟར་འཁོར་བ་ཡོངས་སུ་བཏང་བར་མི་འགྱུར་ལགས། བཅོམ་ལྡན་འདས་ཀྱིས་བཀའ་སྩལ་པ། བྱམས་པ། འདི་ལ་བྱང་ཆུབ་སེམས་དཔའ་ཤེས་རབ་ཀྱི་ཕ་རོལ་ཏུ་ཕྱིན་པ་ལ་སྤྱོད་པ་འཁོར་བ་ལའང་འཁོར་བ་ཉིད་དུ་རྣམ་པར་མི་རྟོག །མྱ་ངན་ལས་འདས་པ་ལའང་མྱ་ངན་ལས་འདས་པ་ཉིད་དུ་རྣམ་པར་མི་རྟོག་སྟེ། དེ་དེ་ལྟར་རྣམ་པར་མི་རྟོག་པས། འདི་ལྟ་སྟེ། འཁོར་བ་དང་། མྱ་ངན་ལས་འདས་པ་དེ་དག་མཉམ་པས་མཉམ་པར་འགྱུར་རོ། །དེ་ཅིའི་ཕྱིར་ཞེ་ན། འདི་ལྟར་དེ་འཁོར་བ་ལ་འཁོར་བ་ཉིད་དུ་རྣམ་པར་མི་རྟོག་པས། འཁོར་བ་ལས་ཡིད་འབྱུང་(བྱུང་)བར་མི་འགྱུར་རོ། །དེ་བཞིན་དུ་མྱ་ངན་ལས་འདས་པ་ལའང་མྱ་ངན་ལས་འདས་པ་ཉིད་དུ་མི་རྟོག་པས། མྱ་ངན་ལས་འདས་པ་ལས་ཉམས་པར་ཡང་མི་འགྱུར་ཏེ། དེ་བཞིན་དུ་འཁོར་བ་ནའང་མི་ཉམས་སོ། །དེ་ལྟར་རྣམ་པར་མི་རྟོག་པའི་དབྱིངས་ལ་གནས་པ་དེ། རིགས་པ་འདིས་འཁོར་བའང་ཡོངས་སུ་མི་གཏོང་ལ། མྱ་ངན་ལས་འདས་པའང་ཡོངས་སུ་མི་གཏོང་བར་རིག་པར་བྱའོ། །དེ་སྐད་ཅེས་བཀའ་སྩལ་པ་དང་། བཅོམ་ལྡན་འདས་ལ་བྱང་ཆུབ་སེམས་དཔའ་བྱམས་པས་འདི་སྐད་ཅེས་གསོལ་ཏོ། །བཅོམ་ལྡན་འདས། འོ་ན་བྱང་ཆུབ་སེམས་དཔའ་ཤེས་རབ་ཀྱི་ཕ་རོལ་ཏུ་ཕྱིན་པ་ལ་སྤྱོད་པ། རྣམ་པར་མི་རྟོག་པའི་དབྱིངས་ལ་གནས་པས་འཁོར་བ་ཇི་ལྟར་མ་བཏང་བ་དེ་ལྟར་བླངས་པའང་མ་མཆིས་ཤིང་། མྱ་ངན་ལས་འདས་པ་ཇི་ལྟར་མ་བཏང་བ་དེ་ལྟར་བླངས་པའང་མ་མཆིས་པར་མི་འགྱུར་ལགས་སམ། བཅོམ་ལྡན་འདས། གལ་ཏེ་བླངས་པ་མ་མཆིས་ན༑ ཇི་ལྟར་མ་བཏང་བ་ལགས། བཅོམ་ལྡན་འདས་ཀྱིས་བཀའ་སྩལ་པ། བྱམས་པ། ང་ནི། འདི་ལྟར་འཁོར་བ་ལེན་ཏོ། །ཞེའམ། མི་ལེན་ཏོ། །ཞེས་མི་སྨྲའོ། །བྱམས་པ། འོན་ཀྱང་ཤེས་རབ་ཀྱི་ཕ་རོལ་ཏུ་ཕྱིན་པ་ལ་སྤྱོད་པའི་བྱང་ཆུབ་སེམས་དཔའ་རྣམ་པར་མི་རྟོག་པའི་དབྱིངས་ལ་དམིགས་པའི་ཡེ་ཤེས་ཀྱིས་སེམས་ལ་དབང་ཐོབ་པ། ཐབས་ལ་མཁས་པས་འཁོར་བ་བསྟན་པའི་ཕྱིར་ཕྱོགས་བཅུའི་འཇིག་རྟེན་ན་འཇིག་རྟེན་གྱི་ཁམས་གནྒཱའི་ཀླུང་གི་བྱེ་མ་སྙེད་དག་ཏུ་ཡོངས་སུ་མྱ་ངན་ལས་འདས་པའི་བྱང་ཆུབ་སེམས་དཔའ་རྣམས་ལ་འཁོར་བ་ཡོངས་སུ་མི་གཏོང་བའོ། །ཞེས་ང་མི་སྨྲའོ། །སྟོང་པ་ཉིད་མི་དམིགས་པའི་དབྱིངས་ལ་གནས་པའི་ཕྱིར་མྱ་ངན་ལས་འདས་པ་ཡོངས་སུ་མི་གཏོང་བའོ། །ཞེས་ང་སྨྲའོ། །དེ་སྐད་ཅེས་བཀའ་སྩལ་པ་དང་། བཅོམ་ལྡན་འདས་ལ་བྱང་ཆུབ་སེམས་དཔའ་བྱམས་པས་འདི་སྐད་ཅེས་གསོལ་ཏོ། །བཅོམ་ལྡན་འདས། རྣམ་པར་མི་རྟོག་པའི་མཚན་ཉིད་འདུས་པ་ཇི་ལྟར་བལྟ་བར་བགྱི། བཅོམ་ལྡན་འདས་ཀྱིས་བཀའ་སྩལ་པ། བྱམས་པ། གཟུགས་གང་ཡིན་པ་དང་། ཚོར་བ་གང་ཡིན་པ་དང་། འདུ་ཤེས་གང་ཡིན་པ་དང་། འདུ་བྱེད་རྣམས་གང་ཡིན་པ་དང་། རྣམ་པར་ཤེས་པ་གང་ཡིན་པ་དང་། སངས་རྒྱས་ཀྱི་ཆོས་རྣམས་ཀྱི་བར་དུ་གང་ཡིན་པ་དང་། སངས་རྒྱས་ཀྱི་ཆོས་རྣམས་ཀྱི་བར་གྱི་སྟོང་པ་ཉིད་གང་ཡིན་པ་དང་། ཆོས་དེ་དག་དང་། སྟོང་པ་ཉིད་དེའི་དངོས་པོ་དང་། དངོས་པོ་མེད་པ། གཉིས་སུ་མེད་པ། སྤྲོས་པ་མེད་པ་གང་ཡིན་པ་དེ་ནི། བྱམས་པ། རྣམ་པར་མི་རྟོག་པའི་མཚན་ཉིད་འདུས་པར་བལྟའོ། །དེ་སྐད་ཅེས་བཀའ་སྩལ་པ་དང་། བཅོམ་ལྡན་འདས་ལ་བྱང་ཆུབ་སེམས་དཔའ་བྱམས་པས་འདི་སྐད་ཅེས་གསོལ་ཏོ། །བཅོམ་ལྡན་འདས། ཅི་ཉན་ཐོས་ཐམས་ཅད་གཅིག་ཏུ་ངེས་པར་གཏན་དུ་མྱ་ངན་ལས་འདས་པ་ལ་གནས་པ་ལགས་སམ། བཅོམ་ལྡན་འདས་ཀྱིས་བཀའ་སྩལ་

པ། བྱམས་པ། དེ་ནི། མ་ཡིན་ནོ། །དེ་ཅིའི་ཕྱིར་ཞེ་ན། བྱམས་པ། འཇིག་རྟེན་འདི་ནི། ཁམས་
སྣ་ཚོགས་པ། ཁམས་དུ་མ་པ་སྟེ། ཁམས་སྣ་ཚོགས་པ། ཁམས་དུ་མ་པའི་འཇིག་རྟེན་དེ་ན་སེམས་ཅན་གྱི་
རིགས་དང་། རང་བཞིན་མང་དུ་དམིགས་ཏེ། བྱམས་པ། གང་ཐོག་མ་ཉིད་ནས་བཟང་པོའི་ཐེ་ཚུག་དོན་དུ་
གཉེར་ཏེ། བཟང་པོའི་ཐེ་ཚུག་ཉིད་ཐོབ་པར་འགྱུར་བའི་སེམས་ཀྱི་རིགས་ཀྱི་རྣམ་པ་དེ་ལྟ་བུའང་ཡོད། གང་ཐོག་
མ་ཉིད་ནས་དམན་པའི་ཐེ་ཚུག་དོན་དུ་གཉེར་ཏེ་དམན་པ་ཉིད་ཐོབ་ལ། དེ་ཉིད་ཀྱིས་ཆོག་པར་འཛིན་པའི་རིགས་
ཀྱི་རྣམ་པ་དེ་ལྟ་བུའང་ཡོད། གང་ཐོག་མ་ཉིད་ནས་དམན་པའི་ཐེ་ཚུག་དོན་དུ་གཉེར་ཏེ་དམན་པ་ཉིད་ཐོབ་ལ།
དམན་པར་ཤེས་ནས་དེ་ཙམ་གྱིས་ཆོག་པར་མི་འཛིན་གྱི། དེའི་གོང་དུ་བཟང་པོའི་ཐེ་ཚུག་ཚོལ་ཞིང་བཟང་པོ
ཐོབ་པར་འགྱུར་བའི་རིགས་ཀྱི་ཐེ་ཚུག་དེ་ལྟ་བུའང་ཡོད་དོ། །དེ་སྐད་ཅེས་བཀའ་སྩལ་པ་དང་།
བཅོམ་ལྡན་འདས་ལ་བྱང་ཆུབ་སེམས་དཔའ་བྱམས་པས་འདི་སྐད་ཅེས་གསོལ་ཏོ། །བཅོམ་ལྡན་འདས།
སེམས་ཅན་རྣམས་ཀྱི་རིགས་ཀྱི་རྣམ་པ་གསུམ་པོ་གང་ལགས་པ་དེ། དགྲ་བཅོམ་པ་ཉིད་ཐོབ་ནས་བླ་ན་མེད་པ
ཡང་དག་པར་རྫོགས་པའི་བྱང་ཆུབ་དོན་དུ་གཉེར་ཀྱང་སྐྱེ་བ་མ་མཆིས་པས་ཇི་ལྟར་ཐོབ་པར་འགྱུར། སྒྲུབ་
(བསྒྲུབ་)པ་ཉིད་དེའི་སྐྱེ་བ་ལགས་པར་ནི། བཅོམ་ལྡན་འདས་ཀྱིས་བཀའ་མ་སྩལ་ལགས་སོ། །བཅོམ་ལྡན
འདས་ཀྱིས་བཀའ་སྩལ་པ། བྱམས་པ། དེའི་སྐྱེ་བ་ལས་དང་། ཉོན་མོངས་པའི་དབང་གིས་འགྱུར་བར་ནི།
ང་མི་འདོགས་ཀྱི། དེའི་སྐྱེ་བ་བསམ་གྱིས་མི་ཁྱབ་པ་དང་། སྤྲུལ་པ་དང་། ཡོངས་སུ་བསྔོས་པའོ། །ཞེས
ང་འདོགས་སོ། །དེ་སྐད་ཅེས་བཀའ་སྩལ་པ་དང་། བཅོམ་ལྡན་འདས་ལ་བྱང་ཆུབ་སེམས་དཔའ་བྱམས་པས
འདི་སྐད་ཅེས་གསོལ་ཏོ། །བཅོམ་ལྡན་འདས། འདི་ལྟར་ཐོག་མ་ཉིད་ནས་བཟང་པོའི་ཐེ་ཚུག་དོན་དུ་གཉེར
ཞིང་བཟང་པོའི་ཐེ་ཚུག་ཉིད་ཐོབ་པར་འགྱུར་བ་བྱང་ཆུབ་སེམས་དཔའ་སེམས་དཔའ་ཆེན་པོའི་བསམ་པ་རླབས་པོ་
ཆེ་དང་། ཆེ་བའི་ལྷག་པའི་བསམ་པ་ནི། ངོ་མཚར་ལགས་སོ། །བཅོམ་ལྡན་འདས། བྱང་ཆུབ་སེམས་དཔའ
རྣམས་ཀྱི་བསམ་པ་རླབས་པོ་ཆེ་ནི། གང་ལགས། ཆེ་བའི་ལྷག་པའི་བསམ་པ་ཉིད་ནི། གང་ལགས། བཅོམ་ལྡན
འདས་ཀྱིས་བཀའ་སྩལ་པ། བྱམས་པ། བྱང་ཆུབ་སེམས་དཔའ་རྣམས་བརྒྱ་བྱིན་ཉིད་དང་། ཚངས་པ་ཉིད་དང་།
འཇིག་རྟེན་སྐྱོང་བ་ཉིད་དང་། འཁོར་ལོས་བསྒྱུར་བ་ཉིད་ཐམས་ཅད་དང་། འཇིག་རྟེན་གྱི་ཕུན་སུམ་ཚོགས
པ་ཐམས་ཅད་དོན་དུ་གཉེར་བ་མ་ཡིན་གྱི། དེ་དག་ལ་མི་ཆགས་ཤིང་མི་འཛིན་པ་གང་ཡིན་པ་འདི་ནི། བྱང
ཆུབ་སེམས་དཔའ་རྣམས་ཀྱི་བསམ་པ་རླབས་པོ་ཆེའོ། །བྱང་ཆུབ་སེམས་དཔའ་རྣམས་འདི་ལྟ་སྟེ། འདུ་བྱེད
ཡོངས་སུ་མི་གཏོང་བས། དེ་ལ་མ་ཆགས་པའི་བདེ་བ་དང་། འཛིན་པ་མེད་པའི་བདེ་བ་དང་། མྱ་ངན་ལས
འདས་པའི་བདེ་བ་སེམས་ཅན་ཐམས་ཅད་དང་ཐུན་མོང་དུ་བྱ་བར་འདོད་ཅིང་བླ་ན་མེད་པ་ཡང་དག་པར་རྫོགས་
པའི་བྱང་ཆུབ་ཏུ་བསྔོ་བར་བྱེད་པ་གང་ཡིན་པ་འདི་ནི། དེ་དག་གི་ཆེ་བ་ཉིད་ཀྱི་ལྷག་པའི་བསམ་པར་བལྟ་བར་
བྱའོ། །དེ་སྐད་ཅེས་བཀའ་སྩལ་པ་དང་། བཅོམ་ལྡན་འདས་ལ་བྱང་ཆུབ་སེམས་དཔའ་བྱམས་པས་འདི་སྐད་ཅེས་
གསོལ་ཏོ། །བཅོམ་ལྡན་འདས། བྱང་ཆུབ་སེམས་དཔའི་ཆོས་རྣམས་ནི། ངོ་མཚར་རྨད་དུ་བྱུང་བ་ལགས་སོ།།
བྱང་ཆུབ་སེམས་དཔའི་བསླབ་པ་ནི། ངོ་མཚར་རྨད་དུ་བྱུང་བ་ལགས་སོ། །བཅོམ་ལྡན་འདས། རིགས་ཀྱི
བུའམ་རིགས་ཀྱི་བུ་མོ་བྱང་ཆུབ་སེམས་དཔའི་ཆོས་ངོ་མཚར་རྨད་དུ་བྱུང་བ་རྣམས་ལ་སློབ་པར་འཚལ་བས། བླ་

ན་མེད་པ་ཡང་དག་པར་རྫོགས་པའི་བྱང་ཆུབ་ཏུ་སེམས་བསྐྱེད་པར་བགྱི་ལགས་སོ།། །།

ཤེས་རབ་ཀྱི་ཕ་རོལ་ཏུ་ཕྱིན་པ་སྟོང་ཕྲག་བརྒྱ་པ། བམ་པོ་སུམ་བརྒྱ་གསུམ་(གཉིས་)པ། དེ་ནས་བཅོམ་ལྡན་འདས་ཀྱིས་ཚེ་དང་ལྡན་པ་རབ་འབྱོར་ལ་བཀའ་སྩལ་པ། རབ་འབྱོར། རིགས་ཀྱི་བུའམ་རིགས་ཀྱི་བུ་མོ་གང་ལ་ལ་ཤེས་རབ་ཀྱི་ཕ་རོལ་ཏུ་ཕྱིན་པ་ཚོལ་བར་འདོད་པའི་རིགས་ཀྱི་བུ་དང་རིགས་ཀྱི་བུ་མོ་དེས་ཇི་ལྟར་བྱང་ཆུབ་སེམས་དཔའ་སེམས་དཔའ་ཆེན་པོ་རྟག་ཏུ་ངུ་དེ་ལྟར་དེ་བཞིན་གཤེགས་པ་དགྲ་བཅོམ་པ་ཡང་དག་པར་རྫོགས་པའི་སངས་རྒྱས་སྒྲ་དབྱངས་མི་ཟད་པར་སྒྲོག་པའི་དྲུང་ན་ཚངས་པར་སྤྱད་པ་སྤྱོད་པ་དེས་ཡོངས་སུ་བཙལ་བ་དེ་བཞིན་དུ་ཤེས་རབ་ཀྱི་ཕ་རོལ་ཏུ་ཕྱིན་པ་འདི་ཡོངས་སུ་བཙལ་བར་བྱའོ། །དེ་སྐད་ཅེས་བཀའ་སྩལ་པ་དང་། བཅོམ་ལྡན་འདས་ལ་ཚེ་དང་ལྡན་པ་རབ་འབྱོར་གྱིས་འདི་སྐད་ཅེས་གསོལ་ཏོ། །བཅོམ་ལྡན་འདས། བྱང་ཆུབ་སེམས་དཔའ་སེམས་དཔའ་ཆེན་པོ་རྟག་ཏུ་ངུས་ཤེས་རབ་ཀྱི་ཕ་རོལ་ཏུ་ཕྱིན་པ་འདི་ཡོངས་སུ་ཚོར་བ་ན་ཇི་ལྟར་ཡོངས་སུ་བཙལ་ལགས། དེ་སྐད་ཅེས་གསོལ་པ་དང་། བཅོམ་ལྡན་འདས་ཀྱིས་ཚེ་དང་ལྡན་པ་རབ་འབྱོར་ལ་འདི་སྐད་ཅེས་བཀའ་སྩལ་ཏོ། །བྱང་ཆུབ་སེམས་དཔའ་སེམས་དཔའ་ཆེན་པོ་རྟག་ཏུ་ངུ་སྔོན་ཤེས་རབ་ཀྱི་ཕ་རོལ་ཏུ་ཕྱིན་པ་ཡོངས་སུ་ཚོལ་བ་ན་ལུས་ལ་ཆེད་ཆེར་མི་འཛིན། སྲོག་ལ་མི་ལྟ། རྙེད་པ་དང་། བཀུར་སྟི་དང་། ཚིགས་སུ་བཅད་པ་དག་ལ་མི་གནས་པར་ཡོངས་སུ་བཙལ་བས་ཡོངས་སུ་བཙལ་ཏོ། །དེ་ཤེས་རབ་ཀྱི་ཕ་རོལ་ཏུ་ཕྱིན་པ་ཡོངས་སུ་ཚོལ་ཞིང་འབྲོག་དགོན་པ་ཞིག་ཏུ་ཕྱིན་པ་ན་བར་སྣང་ལས་སྒྲ་བྱོན་པར་གྱུར་ཏེ། རིགས་ཀྱི་བུ། ཤར་ཕྱོགས་སུ་སོང་ཞིག་དང་། ཤེས་རབ་ཀྱི་ཕ་རོལ་ཏུ་ཕྱིན་པ་ཐོས་པར་འགྱུར་གྱི(གྱིས)། ཅི་ནས་ལུས་ངལ་བ་ཡིད་ལ་བྱེད་པ་མི་བསྐྱེད་པ་དང་། གཉིད་དང་རྨུགས་པ་ཡིད་ལ་བྱེད་པ་མི་བསྐྱེད་པ་དང་། བཟའ་བ་ཡིད་ལ་བྱེད་པ་མི་བསྐྱེད་པ་དང་། བཏུང་བ་ཡིད་ལ་བྱེད་པ་མི་བསྐྱེད་པ་དང་། མཚན་མོ་ཡིད་ལ་བྱེད་པ་མི་བསྐྱེད་པ་དང་། ཉིན་མོ་ཡིད་ལ་བྱེད་པ་མི་བསྐྱེད་པ་དང་། གྲང་བ་ཡིད་ལ་བྱེད་པ་མི་བསྐྱེད་པ་དང་། ཚ་བ་ཡིད་ལ་བྱེད་པ་མི་བསྐྱེད་པ་དེ་ལྟར་སོང་ཞིག །ནང་དམ་ཕྱི་རོལ་གང་ལའང་སེམས་སྨྲོན་པར་མ་བྱེད་ཅིག །རིགས་ཀྱི་བུ། ཤར་དང་། ལྷོར་མ་ལྟ་བར་སོང་ཞིག །ནུབ་དང་། བྱང་དང་། སྟེང་དང་། འོག་དང་། ཕྱོགས་མཚམས་སུའང་མ་ལྟ་བར་སོང་ཞིག །རིགས་ཀྱི་བུ། ཅི་ནས་འཇིག་ཚོགས་ལས་ཀྱང་མ་གཡོས་པ་དང་། ཅི་ནས་གཟུགས་ལས་ཀྱང་མ་གཡོས་པ་དང་། ཅི་ནས་ཚོར་བ་དང་། འདུ་ཤེས་དང་། འདུ་བྱེད་རྣམས་དང་། རྣམ་པར་ཤེས་པ་ལས་ཀྱང་མ་གཡོས་པ་དེ་ལྟར་སོང་ཞིག །གང་འདི་ལས་གཡོས་པ་དེ་ནི། རྣམ་པར་ཉམས་པར་འགྱུར་རོ། །ཅི་ལས་ཉམས་པར་འགྱུར་ཞེ་ན། སངས་རྒྱས་ཀྱི་ཆོས་རྣམས་ལས་ཉམས་པར་འགྱུར་རོ། །གང་སངས་རྒྱས་ཀྱི་ཆོས་རྣམས་ལས་ཉམས་པར་འགྱུར་བ་དེ་ནི། འཁོར་བ་ལ་སྤྱོད་དོ། །གང་འཁོར་བ་ལ་སྤྱོད་པ་དེ་ནི། ཤེས་རབ་ཀྱི་ཕ་རོལ་ཏུ་ཕྱིན་པ་རྗེས་སུ་མི་ཐོབ་པོ། །དེ་སྐད་ཅེས་སྨྲས་པ་དང་། བྱང་ཆུབ་སེམས་དཔའ་སེམས་དཔའ་ཆེན་པོ་རྟག་ཏུ་ངུས་སྒྲ་དེ་ལ་འདི་སྐད་ཅེས་སྨྲས་སོ། །དེ་བཞིན་དུ་བྱའོ། །དེ་ཅིའི་ཕྱིར་ཞེ་ན༑ བདག་ནི། སེམས་ཅན་ཐམས་ཅད་ལ་སྣང་བ་བྱེད་པར་འདོད་པ་དང་། སངས་རྒྱས་ཀྱི་ཆོས་ཐམས་ཅད་སྒྲུབ་པར་འདོད་པའི་ཕྱིར་རོ། །དེ་སྐད་ཅེས་སྨྲས་པ་དང་། སྒྲ་དེས་བྱང་ཆུབ་སེམས་དཔའ་སེམས་དཔའ་ཆེན་པོ་རྟག་ཏུ་ངུ་ལ་འདི་སྐད་ཅེས་སྨྲས་སོ། །རྟག་ཏུ་ངུ། ལེགས་སོ། །ལེགས་སོ། །དེ་ནས་བྱང་ཆུབ་

སེམས་དཔའ་སེམས་དཔའ་ཆེན་པོ་རྟག་ཏུ་ངུས་ཡང་སྒྲ་ཐོས་ཏེ་འདི་སྐད་དུ། རིགས་ཀྱི་བུ། ཁྱོད་ཀྱིས་སྟོང་པ་ཉིད་དང་། མཚན་མ་མེད་པ་དང་། སྨོན་པ་མེད་པའི་ཆོས་དག་ལ་མོས་པ་བསྐྱེད་ལ་ཤེས་རབ་ཀྱི་ཕ་རོལ་ཏུ་ཕྱིན་པ་ཡོངས་སུ་བཙལ་བར་བྱའོ། །ཁྱོད་ཀྱིས་མཚན་མ་ཡོངས་སུ་སྤང་བར་བྱ། དངོས་པོ་ཡོངས་སུ་སྤང་བར་བྱ། སེམས་ཅན་དུ་ལྟ་བ་ཡོངས་སུ་སྤང་བར་བྱའོ། །རིགས་ཀྱི་བུ། ཁྱོད་ཀྱིས་སྡིག་པའི་གྲོགས་པོ་དག་སྤང་བར་བྱའོ། །དགེ་བའི་བཤེས་གཉེན་གང་དག་སྟོང་པ་ཉིད་དང་། མཚན་མ་མེད་པ་དང་། སྨོན་པ་མེད་པ་དང་། མ་བྱུང་བ་དང་། མ་སྐྱེས་པ་དང་། དངོས་པོ་མེད་པ་དང་། མ་འགག་པའི་ཆོས་རྣམས་སྟོན་པ་དག་ལ་བསྙེན་པར་བྱ། བསྟེན་(སྟེན་)པར་བྱ། བསྙེན་བཀུར་བྱའོ། །རིགས་ཀྱི་བུ། ཁྱོད་ཀྱིས་དེ་ལྟར་བསྒྲུབས་ན། རིང་པོར་མི་ཐོགས་པར་ཤེས་རབ་ཀྱི་ཕ་རོལ་ཏུ་ཕྱིན་པ་གླེགས་བམ་དུ་ཆུད་པའམ། དགེ་སློང་ཆོས་སྨྲ་བའི་ལུས་ལ་ཡོད་པ་ཐོས་པར་འགྱུར་ཏེ། རིགས་ཀྱི་བུ། གང་ལས་ཤེས་རབ་ཀྱི་ཕ་རོལ་ཏུ་ཕྱིན་པ་འདི་ཐོས་པ་དེ་ལ་རིགས་ཀྱི་བུ། ཁྱོད་ཀྱིས་སྟོན་པར་འདུ་ཤེས་བསྐྱེད་པར་བྱ་ཞིང་། ཁྱོད་ཀྱིས་བྱས་པ་གཟོ་བ་དང་། བྱས་པ་ཚོར་བར་བྱ་སྟེ། གང་ལས་ཤེས་རབ་ཀྱི་ཕ་རོལ་ཏུ་ཕྱིན་པ་འདི་ཐོས་པ་འདི་ནི། བདག་གི་དགེ་བའི་བཤེས་གཉེན་ཡིན་ཏེ། ཤེས་རབ་ཀྱི་ཕ་རོལ་ཏུ་ཕྱིན་པ་དེ་བདག་གིས་ཐོས་པས་མྱུར་དུ་བླ་ན་མེད་པ་ཡང་དག་པར་རྫོགས་པའི་བྱང་ཆུབ་ལས་ཕྱིར་མི་ལྡོག་པར་འགྱུར། དེ་བཞིན་གཤེགས་པ་དགྲ་བཅོམ་པ་ཡང་དག་པར་རྫོགས་པའི་སངས་རྒྱས་རྣམས་ལ་བསྙེན་པར་འགྱུར་ཞིང་། སངས་རྒྱས་ཀྱི་ཞིང་དེ་བཞིན་གཤེགས་པ་དང་མ་བྲལ་བ་རྣམས་སུ་སྐྱེ་བར་འགྱུར་རོ། །མི་ཁོམ་པ་རྣམས་སྤོང་བར་འགྱུར་རོ། །དལ་བ་ཕུན་སུམ་ཚོགས་པ་ཐོབ་པར་འགྱུར་རོ། །རིགས་ཀྱི་བུ། ཕན་ཡོན་འདི་རྣམས་ཁྱོད་ཀྱིས་ཡོངས་སུ་རྟོགས་ལ་དགེ་སློང་ཆོས་སྨྲ་བ་ལ་སྟོན་པ་ཡིན་པར་འདུ་ཤེས་བསྐྱེད་པར་བྱའོ། །རིགས་ཀྱི་བུ། ཁྱོད་ཀྱིས་འཇིག་རྟེན་གྱི་ཟང་ཟིང་དང་ལྡན་པའི་སེམས་ཀྱི་རྒྱུད་ཀྱིས་དགེ་སློང་ཆོས་སྨྲ་བའི་ཕྱི་བཞིན་འབྲང་བར་མི་བྱའོ། །ཁྱོད་ཀྱིས་དགེ་སློང་ཆོས་སྨྲ་བ་ལ་ཆོས་དོན་དུ་གཉེར་བ་དང་། ཆོས་ལ་གུས་པར་བྱ་བས་ཕྱི་བཞིན་འབྲང་བར་བྱའོ། །ཁྱོད་ཀྱིས་བདུད་ཀྱི་ལས་རྣམས་རྟོགས་པར་བྱ་སྟེ། རིགས་ཀྱི་བུ། བདུད་སྡིག་ཅན་ནི། བྱང་ཆུབ་སེམས་དཔའ་སེམས་དཔའ་ཆེན་པོ་རྣམས་ལ་གཟུགས་དང་། སྒྲ་དང་། དྲི་དང་། རོ་དང་། རེག་པ་དག་བསྙེན་པ་དང་། བསྟེན་པ་དང་། སྤྱད་པར་བྱ་བའི་ཕྱིར་ཉེ་བར་སྒྲུབ་སྟེ། དེ་དག་དེས་ཟིལ་གྱིས་མནན་ནས་ཐབས་ལ་མཁས་པས་འགྲོགས་ཤིང་བསྟེན་པ་དང་། བསྙེན་པར་བྱེད་པའང་ཡོད་དེ། རིགས་ཀྱི་བུ། ཁྱོད་ཀྱིས་ཆོས་སྨྲ་བ་དེ་ལ་མི་དད་པ་བསྐྱེད་པར་མི་བྱའོ། །གཞན་དུ་ན་སེམས་འདི་ལྟར་བསྐྱེད་པར་བྱ་སྟེ། བདག་ནི། ཐབས་མཁས་པ་དེ་མི་ཤེས་ཀྱི། འདི་ནི། ཐབས་མཁས་པ་རབ་ཏུ་ཤེས་སོ། །འདི་ནི། སེམས་ཅན་གྱི་ཚུལ་གྱིས་སེམས་ཅན་རྣམས་ཀྱི་དགེ་བའི་རྩ་བ་ཡོངས་སུ་གཟུང་བའི་ཕྱིར་ཆོས་འདི་དག་ལ་བསྟེན་ཅིང་འགྲོགས་ཏེ་བསྙེན་པར་བྱེད་ཀྱི། བྱང་ཆུབ་སེམས་དཔའ་སེམས་དཔའ་ཆེན་པོ་རྣམས་ནི། གང་ལའང་ཆགས་པའམ། སྒྲིབ་པ་མེད་ཀྱི། སྐད་ཅིག་དེ་ཉིད་ལ་རིགས་ཀྱི་བུ། ཁྱོད་ཉིད་ཀྱིས་ཡང་དག་པའི་ཚུལ་སོ་སོ་བརྟག་པར་བྱའོ། །རིགས་ཀྱི་བུ། ཆོས་རྣམས་ཀྱི་ཡང་དག་པའི་ཚུལ་གང་ཞེ་ན། འདི་ལྟ་སྟེ། ཆོས་ཐམས་ཅད་ཀུན་ནས་ཉོན་མོངས་པ་མ་ཡིན། རྣམ་པར་བྱང་བ་མ་ཡིན་ནོ། །དེ་ཅིའི་ཕྱིར་ཞེ་ན། ཆོས་ཐམས་ཅད་ནི། ངོ་བོ་ཉིད་ཀྱིས་སྟོང་པའི་ཕྱིར་ཏེ། ཆོས་

ཐམས་ཅད་ནི། སེམས་ཅན་མེད་པ། སྲོག་མེད་པ། གང་ཟག་མེད་པ། སྒྱུ་མ་ལྟ་བུ། རྨི་ལམ་ལྟ་བུ།
བྲག་ཅ་ལྟ་བུ། མིག་ཡོར་ལྟ་བུ་སྟེ། རིགས་ཀྱི་བུ། ཆོས་རྣམས་ཀྱི་ཡང་དག་པའི་ཚུལ་དེ་ལྟར་རྟོག་ཅིང་ཆོས་
སྨྲ་བའི་(བར་)ཕྱིར་འབྲང་ན། རིང་པོར་མི་ཐོགས་པར་ཤེས་རབ་ཀྱི་ཕ་རོལ་ཏུ་ཕྱིན་པ་ལ་ངེས་པར་འབྱུང་བར་
འགྱུར་རོ། །གཞན་ཡང་རིགས་ཀྱི་བུ། ཁྱོད་ཀྱིས་བདུད་ཀྱི་ལས་ལ་སོམས་ཤིག །རིགས་ཀྱི་བུ། གལ་ཏེ་
ཆོས་སྨྲ་བ་དག་ཤེས་རབ་ཀྱི་ཕ་རོལ་ཏུ་ཕྱིན་པ་འདོད་པའི་རིགས་ཀྱི་བུ་ལ་བརྙས་པར་བྱེད་ཅིང་མི་སེམས་ན། དེ་
ལ་རིགས་ཀྱི་བུ། ཁྱོད་ཀྱིས་ཕྱིར་དགྱེད་པར་མི་བྱ་སྟེ། གཞན་དུ་ན་ཆོས་དོན་དུ་གཉེར་བ་ཉིད་དང་། ཆོས་ལ་
གུས་པར་བྱེད་པ་ཉིད་དང་། ཡིད་མི་སྐྱོ་བས་དགེ་སློང་ཆོས་སྨྲ་བའི་ཕྱི་བཞིན་འབྲང་བར་བྱའོ། །ཞེས་ཐོས་སོ། །
དེ་ནས་བྱང་ཆུབ་སེམས་དཔའ་སེམས་དཔའ་ཆེན་པོ་རྟག་ཏུ་ངུས་སྨྲ་དེ་ལས་རྗེས་སུ་བསྟན་པ་འདི་ཐྭངས་ནས་ཤར་
ཕྱོགས་ག་ལ་བ་དེར་སོང་བ་དང་། རིང་པོར་མ་ཕྱིན་པར་དེ་འདི་སྙམ་དུ་སེམས་ཏེ། བདག་གིས་སྨྲ་དེ་ལ་ཇི་
སྲིད་དུ་འགྲོ་བར་བྱ་བ་མ་དྲིས་སོ། །སྙམ་ནས་དེ་ས་ཕྱོགས་དེ་ཉིད་ན་ངུ་ཞིང་མྱ་ངན་བྱེད་དེ་སྨྲེ་ཞིང་འདུག་གོ། །
དེ་ས་ཕྱོགས་དེ་ན་ཉིན་ཞག་གཅིག་འདས་པར་བྱེད། ཉིན་ཞག་གཉིས་སམ། གསུམ་མམ། བཞིའམ།
ལྔའམ། བདུན་འདས་ཀྱང་ཤེས་རབ་ཀྱི་ཕ་རོལ་ཏུ་ཕྱིན་པ་ཐོས་པར་མ་གྱུར་གྱི་བར་དུ་ལུས་ངལ་བ་ཡིད་ལ་བྱེད་
པ་མི་བསྐྱེད། ཀྲུགས་པ་དང་གཉིད་ཡིད་ལ་བྱེད་པ་མི་བསྐྱེད། བཟའ་བ་ཡིད་ལ་བྱེད་པ་མི་བསྐྱེད། བཏུང་
བ་ཡིད་ལ་བྱེད་པ་མི་བསྐྱེད། མཚན་མོ་ཡིད་ལ་བྱེད་པ་མི་བསྐྱེད། ཉིན་མོ་ཡིད་ལ་བྱེད་པ་མི་བསྐྱེད། གྲང་
བ་ཡིད་ལ་བྱེད་པ་མི་བསྐྱེད། ཚ་བ་ཡིད་ལ་བྱེད་པ་མི་བསྐྱེད་དོ། །རབ་འབྱོར། འདི་ལྟ་སྟེ། དཔེར་ན།
སྐྱེས་བུ་ལ་ལ་ཞིག་བུ་གཅིག་པ་འཆི་བའི་དུས་བྱས་ན། སྡུག་བསྔལ་བ་དང་། ཡིད་མི་བདེ་བ་ཆེན་པོ་དང་ལྡན་
པར་འགྱུར་ཏེ། དེ་ལྟ་བུའི་མྱ་ངན་གྱིས་བུ་གཅིག་པུ་ཡིད་ལ་བྱེད་པ་འབྱུང་བ་མ་གཏོགས་པར་ཡིད་ལ་བྱེད་པ་
གཞན་གང་ཡང་མི་འབྱུང་ངོ་། །རབ་འབྱོར། དེ་བཞིན་དུ་བྱང་ཆུབ་སེམས་དཔའ་སེམས་དཔའ་ཆེན་པོ་
རྟག་ཏུ་ངུའང་དེའི་ཚེ་བདག་གིས་ནམ་ཤེས་རབ་ཀྱི་ཕ་རོལ་ཏུ་ཕྱིན་པ་ཐོས་པར་འགྱུར་སྙམ་པ་མ་གཏོགས་པར་ཡིད་
ལ་བྱེད་པ་གཞན་གང་ཡང་མི་འབྱུང་ངོ་། །རབ་འབྱོར། དེ་ནས་བྱང་ཆུབ་སེམས་དཔའ་སེམས་དཔའ་ཆེན་པོ་
རྟག་ཏུ་ངུ་དེ་ལྟར་གདུང་ཞིང་འདུག་པའི་མདུན་དུ་དེ་བཞིན་གཤེགས་པའི་གཟུགས་ཤིག་བཞུགས་ནས་ལེགས་སོ། །
ཞེས་བྱ་བ་བྱིན་ཏེ། རིགས་ཀྱི་བུ། ཁྱོད་ཚིག་དེ་སྐད་སྨྲ་བ་ལེགས་སོ། །ལེགས་སོ། །ཇི་ལྟར་ཁྱོད་ཀྱིས་དེ་
ལྟར་ཡོངས་སུ་བཙལ་བ་དེ་བཞིན་དུ། སྔོན་གྱི་དེ་བཞིན་གཤེགས་པ་དགྲ་བཅོམ་པ་ཡང་དག་པར་རྫོགས་པའི་
སངས་རྒྱས་རྣམས་ཀྱིས་ཀྱང་སྔོན་བྱང་ཆུབ་སེམས་དཔའི་སྤྱད་པ་སྤྱོད་པ་ན་ཤེས་རབ་ཀྱི་ཕ་རོལ་ཏུ་ཕྱིན་པ་ཡོངས་སུ་
བཙལ་ཏོ། །རིགས་ཀྱི་བུ། དེའི་ཕྱིར་ཁྱོད་ཀྱིས་བརྩོན་འགྲུས་འདི་དང་། སྤྲོ་བ་འདི་དང་། དོན་དུ་གཉེར་
བ་འདི་དང་། འདོད་པ་འདི་ལྟ་བུས་རྗེས་སུ་འབྲང་ཞིང་ཤར་ཕྱོགས་ཉིད་དུ་སོང་ཞིག་དང་། རིགས་ཀྱི་བུ།
འདི་ནས་དཔག་ཚད་ལྔ་བརྒྱ་ན་སྤོས་ལྡན་ཞེས་བྱ་བའི་གྲོང་ཁྱེར་རིན་པོ་ཆེ་སྣ་བདུན་ལས་བྱས་པའི་ར་བ་རིམ་པ
བདུན་གྱིས་བསྐོར་བ། ཤོབས་རིམ་པ་བདུན་དང་། ཤིང་ཏ་ལའི་ཕྲེང་བ་རིམ་པ་བདུན་གྱིས་ཡོངས་སུ་བསྐོར་བ།
ཆུར་དཔག་ཚད་བཅུ་གཉིས། ཞེང་དུ་དཔག་ཚད་བཅུ་གཉིས་ཡོད་པ། འབྱོར་པ་རྒྱས་པ། བདེ་བ། ལོ་
ལེགས་པ། སྐྱེ་བོ་མང་པོ་དང་མིས་གང་བ། གྲོང་བར་དང་སྲང་མཉམ་ཞིང་མཚུངས་པ་ལྔ་བརྒྱ་དག་གིས་རི

མོར་བྲིས་པ་བཞིན་དུ་གཏམས་པ། ཁྲོགས་ཁྲི་ཉམ་མི་ང་བ་དང་། བར་བར་དག་ཏུ་ཟམ་པ་བཏགས་པ། གྲོང་ཁྱེར་ཀྱི་(གྱི་)ཁོར་ཡུག་ཏུ་ཞོལ་གྱི་ཕྱི་ར་བ་རིན་པོ་ཆེ་སྣ་བདུན་ལས་ལེགས་པར་བྱས་ཤིང་བསྐོར་བ། རིན་པོ་ཆེ་སྣ་བདུན་གྱི་ར་བ་དེ་དག་གི་མདའ་ཡབ་རྣམས་ནི། ཛམྦུ་ཆུ་བོའི་གསེར་ལས་བྱས་པ། མཐོ་ཞིང་ཚད་དང་ལྡན་པ། མདའ་ཡབ་ཐམས་ཅད་ཀྱི་རྩེ་མོ་ལས་ཀྱང་རིན་པོ་ཆེ་སྣ་བདུན་གྱི་ཤིང་སྐྱེས་ཏེ་རིན་པོ་ཆེ་སྣ་ཚོགས་ཀྱི་ཤིང་ཐོག་གི་འབྲས་བུ་ཆགས་པ། མདའ་ཡབ་ལས་ཤིང་སྐྱེས་པ་ཐམས་ཅད་ལས་ཀྱང་རིན་པོ་ཆེའི་ཐ་གུ་བྱུང་བས་མདའ་ཡབ་གཉིས་པ་གཞན་དང་འབྲེལ་བ། གྲོང་ཁྱེར་ཐམས་ཅད་གསེར་གྱི་དྲིལ་བུ་གཡེར་ཁའི་དྲ་བས་ཁེབས་ཏེ་གསེར་གྱི་དྲིལ་བུ་གཡེར་ཁ་དེ་དག་ལ་རླུང་གིས་བཏབ་ན། སྒྲ་འཇམ་ཞིང་སྙན་པ་ཡིད་དུ་འོང་བ་དག་འབྱུང་བ་འདི་ལྟ་སྟེ། དཔེར་ན། ཡན་ལག་ལྔ་དང་ལྡན་པའི་རོལ་མོ་ཚོགས་པ་རོལ་མོ་མཁན་མཁས་པས་བརྡུངས་ཤིང་བླངས་ན། སྒྲ་འཇམ་ཞིང་སྙན་ལ་ཡིད་དུ་འོང་བ་དག་འབྱུང་བ་དེ་བཞིན་དུ་དྲིལ་བུ་གཡེར་ཁ་དེ་དག་ལ་རླུང་གིས་བཏབ་ན། སྒྲ་འཇམ་ཞིང་སྙན་པ་ཡིད་དུ་འོང་བ་དག་འབྱུང་སྟེ། སྒྲ་དེས་སེམས་ཅན་དེ་དག་རྩེ་དགའ་ཞིང་དགའ་མགུར་སྤྱོད་དོ། །གྲོང་ཁྱེར་དེ་ཁོར་ཡུག་ཏུ་འོབས་ཆུ་འབབ་པས་གང་ཞིང་། ཆུ་ཏ་ཅང་ཡང་མི་གྲང་། ཆུ་ཏ་ཅང་ཡང་མི་དྲོ་བས་གང་བ་དག་ཡོད་དོ། །ཆུ་དེ་ལ་སྔོན་གྱི་རྣམ་པར་སྨིན་པས་གྲུབ་པ་རིན་པོ་ཆེ་སྣ་བདུན་གྱི་གྲུ་དག་ཡོད་དེ། དེར་སེམས་ཅན་དེ་དག་ཞུགས་ནས་རྩེ་དགའ་ཞིང་རབ་ཏུ་རྒྱུའོ། །ཆུ་དེ་ཐམས་ཅད་ཀྱང་མེ་ཏོག་ཨུཏྤ་ལ་དང་། ཀུ་མུ་ད་དང་། པདྨ་དཀར་པོ་དག་གིས་ཁེབས་པ། མེ་ཏོག་གི་རིགས་ཆེ་ཞིང་བཟང་ལ། དྲི་ཞིམ་པོའི་ངད་ལྡན་པ་གཞན་དག་གིས་ཀྱང་ཁེབས་ཏེ། སྟོང་གསུམ་གྱི་སྟོང་ཆེན་པོའི་འཇིག་རྟེན་གྱི་ཁམས་ན་ཡོད་པའི་མེ་ཏོག་གི་རིགས་ལས་དེ་ན་མེད་པ་གང་ཡང་མེད་དོ། །གྲོང་ཁྱེར་དེའི་ནང་ན་སྐྱེད་མོས་ཚལ་ལྔ་བརྒྱ་ཡོད་དེ། ཐམས་ཅད་ཀྱང་རིན་པོ་ཆེ་སྣ་བདུན་ལས་བྱས་པ་རྣམ་པར་བཀྲ་ཞིང་བལྟ་ན་སྡུག་པ་ཤ་སྟག་སྟེ། སྐྱེད་མོས་ཚལ་དེ་དག་རེ་རེ་ནའང་རྫིང་བུ་ཁོ་ར་ཡུག་ཏུ་རྒྱང་གྲགས་ཀྱི་ཚད་ཙམ་ལྔ་བརྒྱ་ལྔ་བརྒྱ་ཡོད་དེ། རྫིང་བུ་དེ་དག་གི་ཁོ་ར་ཡུག་ཐམས་ཅད་ནས་རིན་པོ་ཆེ་སྣ་བདུན་གྱི་མེ་ཏོག་ཨུཏྤ་ལ་དང་། ཀུ་མུ་ད་དང་། པདྨ་དཀར་པོ་རྣམ་པར་བཀྲ་ཞིང་བལྟ་ན་སྡུག་པ་དག་སྐྱེས་ཏེ། དེ་དག་གིས་ཆུ་དེ་ཁེབས་ཤིང་མེ་ཏོག་ཨུཏྤ་ལ་དང་། ཀུ་མུ་ད་དང་། པདྨ་དཀར་པོ་དེ་དག་ཐམས་ཅད་ཀྱང་ཆུ་ཞེང་དུ་ཤིང་རྟའི་འཕང་ལོ་ཙམ་སྟེ། སྔོན་པོ། ཁ་དོག་སྔོན་པོ། སྔོན་པོ་ལྟ་བུར་སྣང་བ། འོད་སྔོན་པོ་འབྱུང་བ། སེར་པོ། ཁ་དོག་སེར་པོ། སེར་པོ་ལྟ་བུར་སྣང་བ། འོད་སེར་པོ་འབྱུང་བ། དམར་པོ། ཁ་དོག་དམར་པོ། དམར་པོ་ལྟ་བུར་སྣང་བ། འོད་དམར་པོ་འབྱུང་བ། དཀར་པོ། ཁ་དོག་དཀར་པོ། དཀར་པོ་ལྟ་བུར་སྣང་བ། འོད་དཀར་པོ་འབྱུང་བ་དག་ཡོད་དོ། །རྫིང་བུ་དེ་དག་ཐམས་ཅད་ན་ངང་ངུར་དང་། ཁྲུང་ཁྲུང་དང་། བྱ་ཀ་རནྡ་བ་དང་། བཞད་སྒྲ་འབྱིན་པ་དག་ཡོད་དོ། །སྐྱེད་མོས་ཚལ་དེ་དག་ཐམས་ཅད་ཀྱང་ང་ཡིར་བྱ་བ་མེད་ཅིང་རིས་སུ་བཅད་པ་མེད་དེ། འདི་ལྟར་སེམས་ཅན་དག་ཡུན་རིང་པོར་ཤེས་རབ་ཀྱི་ཕ་རོལ་ཏུ་ཕྱིན་པ་ལ་སྤྱོད་ཅིང་། ཡུན་རིང་པོར་ཆོས་ཟབ་མོ་ལ་མོས་པའི་སེམས་ཅན་དེ་དག་གི་སྔོན་གྱི་ལས་ཀྱི་རྣམ་པར་སྨིན་པས་གྲུབ་པ་ཡིན་ནོ། །རིགས་ཀྱི་བུ། གྲོང་ཁྱེར་དེ་དག་གི་དབུས་ཀྱི་བཞི་མདོ་ན་བྱང་ཆུབ་སེམས་དཔའ་སེམས་དཔའ་ཆེན་པོ་ཆོས་འཕགས་ཀྱི་ཁང་པ་རིན་པོ་ཆེ་སྣ་བདུན་ལས་བྱས་པ། ཁོ་ར་ཡུག་ཏུ་དཔག་ཚད་ཀྱི་ཚད་ཙམ་ཡོད་པ། རྣམ་པར་བཀྲ་ཞིང་བལྟ་ན་སྡུག་པ། ར་

བ་རིམ་པ་བདུན་དང་། ཏ་ལའི་ཕྲེང་བ་རིམ་པ་བདུན་གྱིས་ཡོངས་སུ་བསྐོར་བ་ཞིག་ཡོད་དེ། ཁང་པ་དེ་ན་ཁང་པའི་ཡོངས་སྤྱོད་དུ་རྟག་ཏུ་རབ་དགའ་ཞེས་བྱ་བའི་སྐྱེད་མོས་ཚལ་དང་། སྨྲ་ངན་མེད་ཅེས་བྱ་བ་དང་། སྨྲ་ངན་བྲལ་ཞེས་བྱ་བ་དང་། མེ་ཏོག་སྣ་ཚོགས་པ་ཞེས་བྱ་བའི་སྐྱེད་མོས་ཚལ་དང་སྐྱེད་མོས་ཚལ་བཞི་ཡོད་དེ། སྐྱེད་མོས་ཚལ་དེ་དག་རེ་རེ་ནའང་རྫིང་བུ་བཟང་པོ་ཞེས་བྱ་བ་དང་། བཟང་མཆོག་ཅེས་བྱ་བ་དང་། དགའ་བ་ཞེས་བྱ་བ་དང་། དགའ་མཆོག་ཅེས་བྱ་བ་དང་། བདེ་བ་ཞེས་བྱ་བ་དང་། བདེ་ལྡན་ཞེས་བྱ་བ་དང་། ངེས་པ་ཞེས་བྱ་བ་དང་། མི་འབབ་ཅེས་བྱ་བ་བརྒྱད་བརྒྱད་ཡོད་དེ། རྫིང་བུ་དེ་དག་གི་ངོས་གཅིག་ནི། གསེར་ལས་བྱས། ངོས་གཉིས་པ་ནི། དངུལ་ལས་བྱས། ངོས་གསུམ་པ་ནི། བཻ་ཌཱུརྻ་ལས་བྱས། ངོས་བཞི་པ་ནི། ཤེལ་ལས་བྱས། ནང་གི་ས་གཞི་ནི། ཀ་ཀེ་ཏ་ལ་གསེར་གྱི་བྱེ་མ་བདལ་བ་སྟེ། རྫིང་བུ་དེ་དག་རེ་རེ་ལའང་ཐེམ་སྐས་ཐེམ་པ་རིན་པོ་ཆེ་སྣ་ཚོགས་རྣམ་པ་ཐ་དད་པས་བརྒྱན་པ་བརྒྱད་བརྒྱད་ཡོད་དེ། ཐེམ་སྐས་དེ་དག་ཐམས་ཅད་ཀྱི་བར་ནས་ཀྱང་ཛམྦུ་ཆུ་བོའི་གསེར་གྱི་ཤིང་ལྗོན་པ་དག་སྐྱེས་སོ། །རྫིང་བུ་དེ་དག་ཐམས་ཅད་ཀྱི་ཆུ་ནི། མེ་ཏོག་ཀུ་མུ་ད་དང་། ཨུཏྤ་ལ་དང་། པདྨ་དཀར་པོ་སྣ་ཚོགས་ཀྱིས་ཁེབས་ཤིང་ངང་དུར་དང་། ཁྲུང་ཁྲུང་དང་། བཞད་རྣམས་སྐད་འབྱིན་ཏོ། །རྫིང་བུ་དེ་དག་གི་ཁོ་ར་ཡུག་ཏུ་མེ་ཏོག་གི་ཤིང་རྣམ་པ་སྣ་ཚོགས་སྐྱེས་ཏེ། ཤིང་དེ་དག་རླུང་གིས་བསྐྱོད་པ་དང་། མེ་ཏོག་རྣམས་རྫིང་བུའི་ནང་དུ་ལྷུང་བས། རྫིང་བུ་དེ་ཐམས་ཅད་ཀྱི་ཆུའང་ཙནྡན་གྱི་དྲིར་ཕྱོགས་ཤིང་ཁ་དོག་དང་ལྡན། དྲི་དང་ལྡན་ནོ། །དེ་ན་བྱང་ཆུབ་སེམས་དཔའ་སེམས་དཔའ་ཆེན་པོ་ཆོས་འཕགས་འཁོར་དང་བཅས་པ་བུད་མེད་དྲུག་ཁྲི་བརྒྱད་སྟོང་དང་ལྷན་ཅིག་ཏུ་འདོད་པའི་ཡོན་ཏན་ལྔ་དང་ལྡན་ཞིང་འགྱུར་ཏེ། རྩེ་དགའ་ཞིང་དགའ་མགུར་སྤྱོད་དོ། །གྲོང་ཁྱེར་དེ་ན་སེམས་ཅན་སྐྱེས་པ་དང་། བུད་མེད་གང་གཞན་དག་འཁོད་པ་དེ་དག་ཐམས་ཅད་ཀྱང་སྐྱེད་མོས་ཚལ་ལམ། རྫིང་བུ་དག་ན་རྟག་ཏུ་དགའ་ཞིང་འདོད་པའི་ཡོན་ཏན་ལྔ་དང་ལྡན་ཏེ། རྩེ་དགའ་ཞིང་དགའ་མགུར་སྤྱོད་དོ། །བྱང་ཆུབ་སེམས་དཔའ་སེམས་དཔའ་ཆེན་པོ་ཆོས་འཕགས་དེ་འཁོར་རྣམས་དང་ལྷན་ཅིག་ཏུ་རྩེ་དགའ་སྟེ། དགའ་མགུར་སྤྱོད་ཅིང་། དེ་ན་དུས་གསུམ་དུ་ཤེས་རབ་ཀྱི་ཕ་རོལ་ཏུ་ཕྱིན་པ་སྟོན་ཏོ། །སེམས་ཅན་གང་དག་གྲོང་ཁྱེར་སྤོས་ལྡན་ན་འཁོད་པ་དེ་དག་ཀྱང་གྲོང་ཁྱེར་གྱི་དབུས་ཀྱི་བཞི་མདོར་བྱང་ཆུབ་སེམས་དཔའ་སེམས་དཔའ་ཆེན་པོ་ཆོས་འཕགས་ཀྱི་ཁྲི་གསེར་གྱི་རྐང་པ་དང་། དངུལ་གྱི་རྐང་པ་དང་། བཻ་ཌཱུརྻའི་རྐང་པ་དང་། ཤེལ་གྱི་རྐང་པ་བཙུགས་པ། ཤིང་བལ་བཏིང་བ། སྟན་ནང་ཚངས་ཅན་བཏིང་བ། སྟན་སྙིང་པོ་ཅན་དུ་བྱས་པ། ཀ་ཤི་ཀའི་རས་བཏིང་བ། འཕང་དུ་རྒྱང་གྲགས་ཕྱེད་ཡོད་པ་བཤམས་ཏེ། སྟེང་གི་བར་སྣང་ལ་རས་ཀྱི་བླ་རེ་མུ་ཏིག་གིས་བརྒྱན་པ་བྲེས་ཤིང་། དེ་ལྟར་ཆོས་ལ་གུས་པར་བྱེད་པས་ས་ཕྱོགས་དེ་ཁོ་ར་ཡུག་ཀྱང་མེ་ཏོག་ཁ་དོག་སྣ་ལྔ་པ་དག་མདོན་པར་གཏོར་ཅིང་། ས་ཕྱོགས་དེའང་སྤོས་སྣ་ཚོགས་དང་། བདུག་པ་སྣ་ཚོགས་ཀྱིས་ཤིན་ཏུ་བདུག་པར་བྱེད་དེ། དེ་ལ་བྱང་ཆུབ་སེམས་དཔའ་སེམས་དཔའ་ཆེན་པོ་ཆོས་འཕགས་འདུག་ནས་ཤེས་རབ་ཀྱི་ཕ་རོལ་ཏུ་ཕྱིན་པ་སྟོན་ཏེ། རིགས་ཀྱི་བུ། སེམས་ཅན་དེ་དག་ནི། དེ་ལྟ་བུར་གུས་པར་བྱེད་ཅིང་། བྱང་ཆུབ་སེམས་དཔའ་སེམས་དཔའ་ཆེན་པོ་ཆོས་འཕགས་ལས་ཤེས་རབ་ཀྱི་ཕ་རོལ་ཏུ་ཕྱིན་པ་ཉན་ཏོ། །དེ་ན་གང་དག་ཉན་པའི་ལྷ་དང་། མི་སྲོག་ཆགས་བརྒྱ་ཕྲག་མང་པོ། སྲོག་ཆགས་སྟོང་ཕྲག་མང་པོ། སྲོག་ཆགས་

འབུམ་ཕྲག་མང་པོ་ཚོགས་པ་དེ་དག་ལས་ལ་ལ་ནི། ལུང་ནོད། ལ་ལ་ནི། ཁ་ཏོན་བྱེད་དེ། ལ་ལ་ནི། ཡི་གེར་འབྲི། ལ་ལ་ནི། ཚུལ་བཞིན་ཡིད་ལ་བྱེད་པས་རྟོགས་པར་བྱེད་དེ། སེམས་ཅན་དེ་དག་ཐམས་ཅད་ཀྱང་ལོག་པར་མི་ལྟུང་བའི་ཆོས་ཅན་ཏེ། བླ་ན་མེད་པ་ཡང་དག་པར་རྫོགས་པའི་བྱང་ཆུབ་ལས་ཕྱིར་མི་ལྡོག་པ་ཤ་སྟག་གོ། །རིགས་ཀྱི་བུ། བྱང་ཆུབ་སེམས་དཔའ་སེམས་དཔའ་ཆེན་པོ་ཆོས་འཕགས་དེའི་དྲུང་དུ་སོང་ཞིག་དང་། དེ་ནས་ཤེས་རབ་ཀྱི་ཕ་རོལ་ཏུ་ཕྱིན་པ་ཐོས་པར་འགྱུར་རོ། །རིགས་ཀྱི་བུ། དེ་ནི། យུན་རིང་པོ་ནས་ཁྱོད་ཀྱི་དགེ་བའི་བཤེས་གཉེན་ཡིན་ཏེ། བླ་ན་མེད་པ་ཡང་དག་པར་རྫོགས་པའི་བྱང་ཆུབ་ཡང་དག་པར་སྟོན་པ། ཡང་དག་པར་འཛིན་དུ་འཇུག་པ། ཡང་དག་པར་གཟེངས་བསྟོད་པ། ཡང་དག་པར་རབ་ཏུ་དགའ་བར་བྱེད་པ་ཡིན་នོ། །རིགས་ཀྱི་བུ། དེས་ཀྱང་སྔོན་ད་ལྟར་ཁྱོད་ཇི་ལྟར་ཚོལ་བ་བཞིན་དུ་ཤེས་རབ་ཀྱི་ཕ་རོལ་ཏུ་ཕྱིན་པ་ཡོངས་སུ་བཙལ་གྱི། རིགས་ཀྱི་བུ། ཁྱོད་ཉིན་མཚན་དུ་ཡིད་ལ་བྱེད་པ་རྒྱུན་མ་བཅད་པར་སོང་ཞིག་དང་། རིང་པོར་མི་ཐོགས་པར་ཤེས་རབ་ཀྱི་ཕ་རོལ་ཏུ་ཕྱིན་པ་ཐོས་པར་འགྱུར་རོ། །དེ་ནས་བྱང་ཆུབ་སེམས་དཔའ་སེམས་དཔའ་ཆེན་པོ་རྟག་ཏུ་ངུས་དེ་ཐོས་ནས་དགའ་མགུ་ཡིད་རངས། རབ་ཏུ་མགུ་ཞིང་དགའ་བ་དང་། ཡིད་བདེ་བ་སྐྱེས་པར་གྱུར་པས། འདི་ལྟ་སྟེ། དཔེར་ན། སྐྱེས་བུ་མདེའུ་དུག་ཅན་ཞིག་གིས་ཐོག་ན། ཡིད་ལ་བྱེད་པ་གཞན་མི་བསྐྱེད་ཀྱི། གང་བདག་སྡུག་བསྔལ་འདི་ལས་ཐར་བར་བྱེད་པ། ཟུག་རྔུ་འབྱིན་པའི་སྨན་པ་བདག་གིས་ནམ་རྙེད་སྙམ་སེམས་པ་དེ་བཞིན་དུ་བྱང་ཆུབ་སེམས་དཔའ་སེམས་དཔའ་ཆེན་པོ་རྟག་ཏུ་ངུའང་གང་བདག་ལ་ཤེས་རབ་ཀྱི་ཕ་རོལ་ཏུ་ཕྱིན་པ་ཐོས་པར་བྱེད་ཅིང་། ཆོས་གང་ཐོས་ནས་བདག་གི་དམིགས་པ་ཡིད་ལ་བྱེད་པ་སྤོང་བར་འགྱུར་བའི་རིགས་ཀྱི་བུ་དེ་བདག་གིས་ནམ་མཐོང་སྙམ་སེམས་པ་མ་གཏོགས་པར་ཆོས་གང་ཡང་ཡིད་ལ་མི་བྱེད་དོ། །དེ་ནས་བྱང་ཆུབ་སེམས་དཔའ་སེམས་དཔའ་ཆེན་པོ་རྟག་ཏུ་ངུས་ས་ཕྱོགས་དེ་ཉིད་དུ་འདུག་སྟེ། ཆོས་ཐམས་ཅད་ལ་མི་གནས་པའི་འདུ་ཤེས་བསྐྱེད་ནས་ཏིང་ངེ་འཛིན་གྱི་སྒོ་དུ་མ་མངོན་དུ་གྱུར་པ་འདི་ལྟ་སྟེ། ཆོས་ཐམས་ཅད་ཀྱི་ངོ་བོ་ཉིད་ལ་ལྟ་བ་ཞེས་བྱ་བའི་ཏིང་ངེ་འཛིན་དང་། ཆོས་ཐམས་ཅད་ཀྱི་ངོ་བོ་ཉིད་མི་དམིགས་པ་ཞེས་བྱ་བའི་ཏིང་ངེ་འཛིན་དང་། ཆོས་ཐམས་ཅད་མི་ཤེས་པ་དང་བྲལ་བ་ཞེས་བྱ་བའི་ཏིང་ངེ་འཛིན་དང་། ཆོས་ཐམས་ཅད་འགྱུར་བ་མེད་པར་མཐོང་བ་ཞེས་བྱ་བའི་ཏིང་ངེ་འཛིན་དང་། ཆོས་ཐམས་ཅད་སྣང་བར་བྱེད་པ་ཞེས་བྱ་བའི་ཏིང་ངེ་འཛིན་དང་། ཆོས་ཐམས་ཅད་མུན་པ་དང་བྲལ་བ་ཞེས་བྱ་བའི་ཏིང་ངེ་འཛིན་དང་། ཆོས་ཐམས་ཅད་མི་ཤེས་པ་སེལ་བ་ཞེས་བྱ་བའི་ཏིང་ངེ་འཛིན་དང་། ཆོས་ཐམས་ཅད་མི་དམིགས་པ་ཞེས་བྱ་བའི་ཏིང་ངེ་འཛིན་དང་། མེ་ཏོག་བཀྲམ་པ་ཞེས་བྱ་བའི་ཏིང་ངེ་འཛིན་དང་། ཆོས་ཐམས་ཅད་བདག་གི་དངོས་པོ་མི་སྐྱུབ་པ་ཞེས་བྱ་བའི་ཏིང་ངེ་འཛིན་དང་། སྒྱུ་མ་རྣམ་པར་སྤངས་པ་ཞེས་བྱ་བའི་ཏིང་ངེ་འཛིན་དང་། མེ་ལོང་གི་དཀྱིལ་འཁོར་སྣང་བ་སྒྲུབ་པ་ཞེས་བྱ་བའི་ཏིང་ངེ་འཛིན་དང་། སེམས་ཅན་ཐམས་ཅད་ཀྱི་སྒྲ་སྒྲུབ་(བསྒྲུབ་)པ་ཞེས་བྱ་བའི་ཏིང་ངེ་འཛིན་དང་། ཆོས་ཐམས་ཅད་ཐ་དད་པ་མེད་པ་ཞེས་བྱ་བའི་ཏིང་ངེ་འཛིན་དང་། སེམས་ཅན་ཐམས་ཅད་མངོན་པར་དགའ་བ་ཞེས་བྱ་བའི་ཏིང་ངེ་འཛིན་དང་། སེམས་ཅན་ཐམས་ཅད་ཀྱི་སྒྲ་ལ་མཁས་པའི་རྗེས་སུ་སོང་བ་ཞེས་བྱ་བའི་ཏིང་ངེ་འཛིན་དང་། སྒྲ་དང་། ཚིག་དང་། འབྲུ་སྣ་ཚོགས་སྒྲུབ་པ་ཞེས་བྱ་བའི་ཏིང་ངེ་འཛིན་དང་། མ་ཁྱེངས་པ་ཞེས་བྱ་བའི་

ཏིང་ངེ་འཛིན་དང་། རང་བཞིན་རྣམ་པར་བལྟས་པ་ཞེས་བྱ་བའི་ཏིང་ངེ་འཛིན་དང་། སྒྲིབ་པ་མེད་པའི་རྣམ་
པར་ཐར་པ་ཐོབ་པ་ཞེས་བྱ་བའི་ཏིང་ངེ་འཛིན་དང་། རྡུལ་དང་བྲལ་བ་ཞེས་བྱ་བའི་ཏིང་ངེ་འཛིན་དང་།
མིང་དང་། ངེས་པའི་སྒྲ་དང་། ཚིག་དང་། འབྲུ་ཞེས་བྱ་བའི་ཏིང་ངེ་འཛིན་དང་། ཆོས་ཐམས་ཅད་ལ་
རྣམ་པར་ལྟ་བ་ཞེས་བྱ་བའི་ཏིང་ངེ་འཛིན་དང་། ཆོས་ཐམས་ཅད་ལ་སྒྲིབ་པ་མེད་པའི་མཐའ་ཞེས་བྱ་བའི་ཏིང་
ངེ་འཛིན་དང་། ནམ་མཁའ་དང་མཚུངས་པ་ཞེས་བྱ་བའི་ཏིང་ངེ་འཛིན་དང་། རྡོ་རྗེ་ལྟ་བུ་ཞེས་བྱ་བའི་ཏིང་
ངེ་འཛིན་དང་། གཟུགས་ཀྱི་རྡུལ་སེལ་ཅེས་བྱ་བའི་ཏིང་ངེ་འཛིན་དང་། རྒྱལ་བ་ཐོབ་པ་ཞེས་བྱ་བའི་ཏིང་ངེ་
འཛིན་དང་། ཕྱིར་མི་ལྡོག་པའི་མིག་ཅེས་བྱ་བའི་ཏིང་ངེ་འཛིན་དང་། ཆོས་ཀྱི་དབྱིངས་ལས་ངེས་པར་བྱུང་བ་
ཞེས་བྱ་བའི་ཏིང་ངེ་འཛིན་དང་། དབུགས་འབྱིན་པ་སྦྱིན་པ་ཞེས་བྱ་བའི་ཏིང་ངེ་འཛིན་དང་། སེང་གེ་མངོན་
པར་བསྒྲགས་པ་ཞེས་བྱ་བའི་ཏིང་ངེ་འཛིན་དང་། སེམས་ཅན་ཐམས་ཅད་ཟིལ་གྱིས་གནོན་པ་ཞེས་བྱ་བའི་ཏིང་
ངེ་འཛིན་དང་། རྡུལ་མེད་པ་ཞེས་བྱ་བའི་ཏིང་ངེ་འཛིན་དང་། ཀུན་ནས་ཉོན་མོངས་པ་མེད་པ་ཞེས་བྱ་བའི་
ཏིང་ངེ་འཛིན་དང་། པདྨ་བཀོད་པ་ཞེས་བྱ་བའི་ཏིང་ངེ་འཛིན་དང་། ནེམ་ནུར་གཅོད་པ་ཞེས་བྱ་བའི་ཏིང་ངེ་
འཛིན་དང་། སྙིང་པོ་ཐམས་ཅད་ཀྱི་(ཀྱིས་)རྗེས་སུ་སོང་བ་ཞེས་བྱ་བའི་ཏིང་ངེ་འཛིན་དང་། ཆོས་ཐམས་
ཅད་ལས་མངོན་པར་འཕགས་པ་ཞེས་བྱ་བའི་ཏིང་ངེ་འཛིན་དང་། མངོན་པར་ཤེས་པ་དང་། སྟོབས་དང་།
མི་འཇིགས་པ་ཐོབ་པ་ཞེས་བྱ་བའི་ཏིང་ངེ་འཛིན་དང་། ཆོས་ཐམས་ཅད་ལས་ངེས་པར་འཕིགས་པ་ཞེས་བྱ་བའི་
ཏིང་ངེ་འཛིན་དང་། ཆོས་ཐམས་ཅད་ཀྱི་འགྱུར་པ་རྒྱ་མཚོ་ཞེས་བྱ་བའི་ཏིང་ངེ་འཛིན་དང་། ཆོས་ཐམས་ཅད་
བྱེ་བྲག་མེད་པར་ལྟ་བ་ཞེས་བྱ་བའི་ཏིང་ངེ་འཛིན་དང་། ལྟ་བར་གྱུར་པའི་ཐིབས་པོ་ཐམས་ཅད་རྣམ་པར་སྤོང་
བ་ཞེས་བྱ་བའི་ཏིང་ངེ་འཛིན་དང་། མུན་པ་དང་བྲལ་བ་ཞེས་བྱ་བའི་ཏིང་ངེ་འཛིན་དང་། ཆོས་ཐམས་ཅད་
མཚན་མ་དང་བྲལ་བ་ཞེས་བྱ་བའི་ཏིང་ངེ་འཛིན་དང་། ཆགས་པ་ཐམས་ཅད་ལས་རྣམ་པར་གྲོལ་བ་ཞེས་བྱ་བའི་
ཏིང་ངེ་འཛིན་དང་། ལེ་ལོ་ཐམས་ཅད་དང་བྲལ་བ་ཞེས་བྱ་བའི་ཏིང་ངེ་འཛིན་དང་། ཆོས་ཟབ་མོའི་འོད་བྱེད་
པ་ཞེས་བྱ་བའི་ཏིང་ངེ་འཛིན་དང་། རི་རབ་འདྲ་བ་ཞེས་བྱ་བའི་ཏིང་ངེ་འཛིན་དང་། མི་འཕྲོག་པ་ཞེས་བྱ་
བའི་ཏིང་ངེ་འཛིན་དང་། བདུད་ཀྱི་དཀྱིལ་འཁོར་རྣམ་པར་འཇོམས་པར་བྱེད་པ་ཞེས་བྱ་བའི་ཏིང་ངེ་འཛིན་
དང་། འཇིག་རྟེན་གསུམ་ལ་མངོན་པར་མ་ཞེན་པ་ཞེས་བྱ་བའི་ཏིང་ངེ་འཛིན་དང་། འོད་ཟེར་སྤྲུབ་པ་ཞེས་བྱ་
བའི་ཏིང་ངེ་འཛིན་དང་། དེ་བཞིན་གཤེགས་པ་མཐོང་བ་ཞེས་བྱ་བའི་ཏིང་ངེ་འཛིན་རྣམས་མངོན་དུ་གྱུར་ཏེ།
དེ་ཏིང་ངེ་འཛིན་དེ་དག་ལ་གནས་པས་ཕྱོགས་བཅུའི་འཇིག་རྟེན་གྱི་ཁམས་རྣམས་ན་སངས་རྒྱས་བཅོམ་ལྡན་འདས་
གྲངས་མེད་དཔག་ཏུ་མེད་པ་དག་བྱང་ཆུབ་སེམས་དཔའ་སེམས་དཔའ་ཆེན་པོ་དག་ལ་ཤེས་རབ་ཀྱི་ཕ་རོལ་ཏུ་ཕྱིན་
པ་འདི་རབ་ཏུ་སྟོན་པ་དག་མཐོང་སྟེ། དེ་བཞིན་གཤེགས་པ་དེ་དག་གིས་ལེགས་སོ། །ཞེས་བྱ་བ་བྱིན་ནས་
དབུགས་དབྱུང་བ་མཛད་དེ། ཚིག་འདི་སྐད་ཀྱང་གསུང་ངོ་། །རིགས་ཀྱི་བུ། ངེད་ཀྱིས་ཀྱང་བྱང་ཆུབ་སེམས་
དཔའི་སྤྱད་པ་སྤྱོད་པ་ན་ཤེས་རབ་ཀྱི་ཕ་རོལ་ཏུ་ཕྱིན་པ་འདི་བཞིན་དུ་བཙལ་ཏེ། ཡོངས་སུ་ཚོལ་བ་ན་འང་ཏིང་
ངེ་འཛིན་འདི་དག་ཐོབ་སྟེ། ཏིང་ངེ་འཛིན་འདི་དག་ཐོབ་ནས་ཤེས་རབ་ཀྱི་ཕ་རོལ་ཏུ་ཕྱིན་པ་རྫོགས་པར་ཁོང་དུ་
ཆུད་པར་གྱུར་ཏེ། ཕྱིར་མི་ལྡོག་པའི་སངས་རྒྱས་ཀྱི་ཆོས་ལ་གནས་པར་གྱུར་ཏོ། །ངེད་ཀྱིས་ཏིང་ངེ་འཛིན་འདི་

དག་གི་ངོ་བོ་ཉིད་དང་རང་བཞིན་ལ་བལྟས་ན། གང་མཉམ་པར་གཞག་པར་བྱ་བའམ། ལྡང་བར་བྱ་བའམ། བྱང་ཆུབ་ཏུ་སྨྲད་པའམ། གང་བླ་ན་མེད་པ་ཡང་དག་པར་རྫོགས་པའི་བྱང་ཆུབ་ཏུ་མངོན་པར་རྫོགས་པར་འཚང་རྒྱ་བར་བྱ་བའི་ཆོས་དེ་གང་ཡང་ཡང་དག་པར་རྗེས་སུ་མི་མཐོང་ངོ་། །རིགས་ཀྱི་བུ། འདི་ནི། ཤེས་རབ་ཀྱི་ཕ་རོལ་ཏུ་ཕྱིན་པ་དེ་ཡིན་ཏེ། རིགས་ཀྱི་བུ། ཆོས་གང་གིས་ཀྱང་རློམ་སེམས་སམ། རློམ་སེམས་མེད་པར་མི་བྱེད་པ་ལ་གནས་ནས་ངེད་ཀྱིས་ཀྱང་འདི་འདྲ་བའི་ལུས་གསེར་གྱི་ཁ་དོག་ལྟ་བུ་ཐོབ་སྟེ། སྐྱེས་བུ་ཆེན་པོའི་མཚན་སུམ་ཅུ་རྩ་གཉིས་དང་། དཔེ་བྱད་བཟང་པོ་བརྒྱད་ཅུ་དང་། འོད་འདོམ་གང་བ་དང་། སངས་རྒྱས་ཀྱི་ཡེ་ཤེས་དང་། སངས་རྒྱས་ཀྱི་ཤེས་རབ་བསམ་གྱིས་མི་ཁྱབ་པ་དང་། སངས་རྒྱས་ཀྱི་ཏིང་ངེ་འཛིན་བླ་ན་མེད་པ་དང་། ཡོན་ཏན་ཐམས་ཅད་ཀྱི་ཕ་རོལ་ཏུ་ཕྱིན་པ་རྗེས་སུ་ཐོབ་སྟེ། ཡོན་ཏན་གྱི་ཕ་རོལ་ཏུ་ཕྱིན་པ་དེ་ལ་དེ་བཞིན་གཤེགས་པ་དག་གིས་ཀྱང་ཚད་གཟུང་བའམ། མཐའ་བསྟན་པར་མི་ནུས་ན། ཉན་ཐོས་དང་། རང་སངས་རྒྱས་དག་གིས་ལྟ་ཅི་སྨོས། རིགས་ཀྱི་བུ། དེ་ལྟ་བས་ན། ཁྱོད་ཀྱིས་ཆོས་འདི་དག་ཉིད་ལ་རབ་ཏུ་དོན་དུ་གཉེར་བ་དང་། འདུན་པས་གུས་པ་མཆོག་ཏུ་བསྐྱེད་པར་བྱ་སྟེ། རིགས་ཀྱི་བུ། དོན་དུ་གཉེར་བ་དང་། འདུན་པ་ལ་ནི། བླ་ན་མེད་པ་ཡང་དག་པར་རྫོགས་པའི་བྱང་ཆུབ་རྙེད་པར་དཀའ་བ་མ་ཡིན་ནོ། །ཁྱོད་ཀྱིས་དགེ་བའི་བཤེས་གཉེན་ལ་ཤིན་ཏུ་གུས་པ་བསྐྱེད་པར་བྱའོ། །ཕང་བར་བྱའོ། །དགེ་བའི་བཤེས་གཉེན་གྱིས་ཡོངས་སུ་ཟིན་པའི་བྱང་ཆུབ་སེམས་དཔའ་སེམས་དཔའ་ཆེན་པོ་ནི། མྱུར་དུ་བླ་ན་མེད་པ་ཡང་དག་པར་རྫོགས་པའི་བྱང་ཆུབ་ཏུ་མངོན་པར་རྫོགས་པར་འཚང་རྒྱའོ། །དེ་ནས་དེ་བཞིན་གཤེགས་པ་དེ་དག་ལ་བྱང་ཆུབ་སེམས་དཔའ་སེམས་དཔའ་ཆེན་པོ་རྟག་ཏུ་ངུས་འདི་སྐད་ཅེས་གསོལ་ཏོ། །བདག་གི་དགེ་བའི་བཤེས་གཉེན་གང་ལགས། དེ་དག་གིས་དེ་ལ་འདི་སྐད་ཅེས་བཀའ་སྩལ་ཏོ། །རིགས་ཀྱི་བུ། ཁྱོད་ཡུན་རིང་པོ་ནས་བྱང་ཆུབ་སེམས་དཔའ་སེམས་དཔའ་ཆེན་པོ་ཆོས་འཕགས་ཀྱིས་བླ་ན་མེད་པ་ཡང་དག་པར་རྫོགས་པའི་བྱང་ཆུབ་ཏུ་ཡོངས་སུ་སྨིན་པར་བྱས་ཤིང་ཡོངས་སུ་བཟུང་སྟེ་ཤེས་རབ་ཀྱི་ཕ་རོལ་ཏུ་ཕྱིན་པ་དང་། ཐབས་ལ་མཁས་པ་ལ་བསླབ་བོ(སོ)། །རིགས་ཀྱི་བུ། དེ་ནི། ཁྱོད་ཡོངས་སུ་འཛིན་པའི་དགེ་བའི་བཤེས་གཉེན་ཡིན་གྱི(གྱིས)། དེས་ཁྱོད་ལ་ཅི་བསྒོ་བ་བཞིན་དུ་ཟུངས་ཤིག(ཟུང་ཞིག) །རིགས་ཀྱི་བུ། གལ་ཏེ་ཁྱོད་ཀྱིས་བྱང་ཆུབ་སེམས་དཔའ་སེམས་དཔའ་ཆེན་པོ་ཆོས་འཕགས་ལ་བསྐལ་པའམ། བསྐལ་པ་གཉིས་སམ། བསྐལ་པ་བརྒྱའམ། བསྐལ་པ་སྟོང་ངམ། དེ་ལས་ལྷག་པར་ཡང་མགོ་ལ་ཐོད་བཞིན་དུ་ཐོགས་ཤིང་བདེ་བའི་ཡོ་བྱད་ཐམས་ཅད་ཀྱིས་རིམ་གྲོ་བྱས་ཏེ། སྟོང་གསུམ་གྱི་སྟོང་ཆེན་པོའི་འཇིག་རྟེན་གྱི་ཁམས་ན་གཟུགས་དང་། སྒྲ་དང་། དྲི་དང་། རོ་དང་། རེག་པ་ཇི་སྙེད་ཡོད་པ་དེ་དག་ཐམས་ཅད་ཕུལ་ཡང་རིགས་ཀྱི་བུ། ཁྱོད་ཀྱིས་དེ་ལ་ལན་ལོན་པ་མ་ཡིན་ནོ། །དེ་ཅིའི་ཕྱིར་ཞེ་ན། རིགས་ཀྱི་བུ། དེའི་མཐུས་ཁྱོད་ཀྱིས་ཏིང་ངེ་འཛིན་འདི་ལྟ་བུ་དག་རྙེད་པར་གྱུར་ཏེ། ཤེས་རབ་ཀྱི་ཕ་རོལ་ཏུ་ཕྱིན་པ་དང་། ཐབས་ལ་མཁས་པ་ཐོས་ཤིང་ཤེས་རབ་ཀྱི་ཕ་རོལ་ཏུ་ཕྱིན་པ་ཐོབ་པར་གྱུར་ཏོ། །དེ་ནས་དེ་བཞིན་གཤེགས་པ་དེ་དག་གིས་བྱང་ཆུབ་སེམས་དཔའ་སེམས་དཔའ་ཆེན་པོ་རྟག་ཏུ་ངུ་དབུགས་ཕྱུང་ནས་མི་སྣང་བར་གྱུར་ཏོ། །རིགས་ཀྱི་བུ་དེའང་ཏིང་ངེ་འཛིན་དེ་དག་ལས་ལངས་ཏེ། ལངས་ནས་ཀྱང་འདི་སྙམ་དུ་སེམས་སོ། །དེ་བཞིན་གཤེགས་པ་དེ་དག་གང་ནས་བྱོན། དེ་བཞིན་གཤེགས་པ

དེ་དག་གང་དུ་བཞུད་སྙམ་སྟེ། དེ་བཞིན་གཤེགས་པ་དེ་དག་མ་མཐོང་བས་རབ་ཏུ་གདུང་ཞིང་མི་དགའ་བར་གྱུར་ཏོ། །ཡང་དེ་འདི་སྙམ་དུ་སེམས་ཏེ། བྱང་ཆུབ་སེམས་དཔའ་སེམས་དཔའ་ཆེན་པོ་ཆོས་འཕགས་ནི། གཟུངས་ཐོབ་པ། མངོན་པར་ཤེས་པ་ལྔ་དང་ལྡན་པ། སྔོན་གྱི་རྒྱལ་བ་རྣམས་ལ་ལྷག་པར་བྱ་བ་བྱས་པ་སྟེ། བདག་ཡོངས་སུ་འཛིན་པ། བདག་གི་དགེ་བའི་བཤེས་གཉེན། ཡུན་རིང་པོ་ནས་དེས་བདག་གི་དོན་བྱས་པ་ཡིན་གྱི། བདག་བྱང་ཆུབ་སེམས་དཔའ་སེམས་དཔའ་ཆེན་པོ་ཆོས་འཕགས་ཀྱི་དྲུང་དུ་མངོན་པར་སོང་སྟེ་ཕྱིན་ནས་དེ་བཞིན་གཤེགས་པ་དེ་དག་གང་ནས་བྱོན། དེ་བཞིན་གཤེགས་པ་དེ་དག་གང་དུ་བཞུད་ཅེས་དོན་འདི་ཉིད་དྲིའོ། །སྙམ་མོ། །དེ་ནས་བྱང་ཆུབ་སེམས་དཔའ་སེམས་དཔའ་ཆེན་པོ་རྟག་ཏུ་ངུ་བྱང་ཆུབ་སེམས་དཔའ་སེམས་དཔའ་ཆེན་པོ་ཆོས་འཕགས་ལ་དགའ་བ་དང་། དད་པ་དང་། རི་མོ་དང་། གུས་པར་བྱ་བ་ཉེ་བར་བཞག་སྟེ། ཉེ་བར་བཞག་ནས་འདི་སྙམ་དུ་སེམས་སོ། །བདག་གིས་ཇི་ལྟ་བུའི་བཀུར་སྟི་བྱ་བས་བྱང་ཆུབ་སེམས་དཔའ་སེམས་དཔའ་ཆེན་པོ་ཆོས་འཕགས་དེའི་དྲུང་དུ་འགྲོ་བར་བྱ། བདག་ནི། དབུལ་ཏེ་གང་གིས་བྱང་ཆུབ་སེམས་དཔའ་སེམས་དཔའ་ཆེན་པོ་ཆོས་འཕགས་ལ་བདག་གིས་བཀུར་སྟིར་བྱ་བའི་གོས་རིན་པོ་ཆེའམ། གསེར་རམ། ནོར་བུའམ། མུ་ཏིག་གམ། བཻ་ཌཱུརྻའམ། དུང་ངམ། མན་ཤེལ་ལམ། བྱུ་རུའམ། དངུལ་ལམ། ས་ལེ་སྦྲམ་མམ། མེ་ཏོག་གམ། སྤོས་སམ། མེ་ཏོག་ཕྲེང་ངམ། བྱུག་པའམ། གདུགས་དེ་ལྟ་བུའང་བདག་ལ་མེད་ན། བདག་འདི་བཞིན་དུ་བྱང་ཆུབ་སེམས་དཔའ་ཆོས་འཕགས་ཀྱི་དྲུང་དུ་སོང་ན་ནི། བདག་གིས་ཚུལ་མ་ཡིན་པ་བྱས་པར་འགྱུར་ཏེ། བདག་དགའ་བའམ། རངས་པའང་མི་སྐྱེའོ། །སྙམ་དུ་སེམས་སོ། །དེ་ནས་བྱང་ཆུབ་སེམས་དཔའ་སེམས་དཔའ་ཆེན་པོ་རྟག་ཏུ་ངུ་དེ་ལྟ་བུའི་ཡོན་ཏན་དག་དང་། བླ་མ་ལ་གུས་པ་ཡིད་ལ་བྱེད་པ་དང་ལྡན་པས་སོང་ནས་མཐར་གྱིས་གྲོང་གཞན་ཞིག་ཏུ་ཕྱིན་པ་དང་། དེའི་གྲོང་བར་གྱི་དབུས་སུ་དེ་འདི་སྙམ་དུ་སེམས་ཏེ། འདི་ལྟར་བདག་གིས་ལུས་བཙོངས་ལ་དེའི་རིན་གྱིས་བྱང་ཆུབ་སེམས་དཔའ་སེམས་དཔའ་ཆེན་པོ་ཆོས་འཕགས་ལ་བཀུར་སྟི་བྱའོ། །ཡུན་རིང་པོ་ནས་བདག་གི་ལུས་སྟོང་ཞིག་ཅིང་ཟད་དེ་བཙོངས་ལ། འཁོར་བ་དཔག་ཏུ་མེད་པ་དག་ན་འདོད་པའི་རྒྱུས་ཡང་དང་ཡང་སེམས་ཅན་དམྱལ་བའི་སྡུག་བསྔལ་དཔག་ཏུ་མེད་པ་དག་མྱོང་ཡང་འདི་ལྟ་བུའི་ཆོས་ཀྱི་ཕྱིར་རམ། འདི་ལྟ་བུའི་སེམས་ཅན་ཆེན་པོ་ལ་བཀུར་སྟི་བྱ་བའི་ཕྱིར་ནི། མ་ཡིན་ནོ། །སྙམ་མོ། །དེ་ནས་བྱང་ཆུབ་སེམས་དཔའ་སེམས་དཔའ་ཆེན་པོ་རྟག་ཏུ་ངུས་གྲོང་བར་དུ་འདུག་སྟེ། མི་སུ་ཉོ་འདོད། མི་སུ་ཉོ་འདོད་ཅེས་སྒྲ་བསྒྲགས་ཤིང་སྐད་ཀྱིས་ཐོས་སོ། །དེ་ནས་བདུད་སྡིག་ཅན་འདི་སྙམ་དུ་སེམས་ཏེ། བྱང་ཆུབ་སེམས་དཔའ་སེམས་དཔའ་ཆེན་པོ་རྟག་ཏུ་ངུ་འདི་ནི། ཆོས་འདོད་པའི་ཕྱིར་བདག་ཉིད་བཙོངས་ནས་བྱང་ཆུབ་སེམས་དཔའ་སེམས་དཔའ་ཆེན་པོ་ཆོས་འཕགས་ལ་བཀུར་སྟི་བྱེད་ཅིང་། བྱང་ཆུབ་སེམས་དཔའ་སེམས་དཔའ་ཆེན་པོ་ཤེས་རབ་ཀྱི་ཕ་རོལ་ཏུ་ཕྱིན་པ་ལ་ཇི་ལྟར་སྦྱད་ན། མྱུར་དུ་བླ་ན་མེད་པ་ཡང་དག་པར་རྫོགས་པའི་བྱང་ཆུབ་ཡོངས་སུ་རྫོགས་པར་འགྱུར། ཐོས་པ་རྒྱ་མཚོ་རྗེས་སུ་ཐོབ་པར་འགྱུར། བདུད་དང་བདུད་ཀྱི་རིས་ཀྱི་ལྷ་དག་གིས་མི་ཐུབ་པར་འགྱུར། ཡོན་ཏན་ཐམས་ཅད་ཀྱི་ཕ་རོལ་ཏུ་ཕྱིན་པ་རྗེས་སུ་ཐོབ་པར་འགྱུར་ཞིང་ཤེས་རབ་ཀྱི་ཕ་རོལ་ཏུ་ཕྱིན་པ་དང་། ཐབས་ལ་མཁས་པ་ཡོངས་སུ་འདྲི་བར་འགྱུར་ཏེ། དེར་སེམས་ཅན་མང་པོ་དག་གི་དོན་བྱེད་པར་འགྱུར། བླ་ན་མེད་པ་ཡང་དག

པར་རྫོགས་པའི་བྱང་ཆུབ་མངོན་པར་རྫོགས་པར་སངས་རྒྱས་ནས་དེ་དག་ཀྱང་ངའི་ཡུལ་ལས་འདའ་བར་བྱེད། སེམས་ཅན་གཞན་དག་ཀྱང་ངའི་ཡུལ་ལས་འདའ་བར་བྱེད་པར་འགྱུར་གྱི(གྱིས)། བདག་གིས་འདི་ལ་བར་ཆད་བྱའོ། །སྙམ་ནས་བདུད་སྡིག་ཅན་གྱིས་ཅི་ནས་བྲམ་ཟེ་དང་། ཁྱིམ་བདག་དེ་དག་གིས་བྱང་ཆུབ་སེམས་དཔའ་སེམས་དཔའ་ཆེན་པོ་རྟག་ཏུ་ངུས་མི་སུ་ཉོ་འདོད། སུ་ང་ཉོ་བར་འདོད་ཅེས་ཟེར་བའི་སྒྲ་མི་ཐོས་པར་འགྱུར་བ་དེ་ལྟ་བུར་ཡོངས་སུ་བསྒྲིབས་སོ། །དེ་ནས་བྱང་ཆུབ་སེམས་དཔའ་སེམས་དཔའ་ཆེན་པོ་རྟག་ཏུ་ངུ་གང་གི་ཚེ་བདག་ཉོ་བ་མ་རྙེད་པ་དེའི་ཚེ་ཕྱོགས་གཅིག་ཏུ་སོང་ནས་མཆི་མ་ཕྱུང་(བྱུང་)སྟེ། འདི་ལྟར་བདག་གི་ལུས་བཙོངས་ལ་བྱང་ཆུབ་སེམས་དཔའ་སེམས་དཔའ་ཆེན་པོ་ཆོས་འཕགས་ལ་བཀུར་སྟི་བྱ་སྙམ་ན། ལུས་ཉོ་བའང་བདག་གིས་མ་རྙེད་དེ། ཀྱི་མ་བདག་ནི། རྙེད་པ་ངན་པ་རྙེད་དོ། །སྙམ་མོ། །དེ་ནས་ལྷའི་དབང་པོ་བརྒྱ་བྱིན་འདི་སྙམ་དུ་སེམས་ཏེ། འདི་ལྟར་བྱང་ཆུབ་སེམས་དཔའ་སེམས་དཔའ་ཆེན་པོ་རྟག་ཏུ་ངུ་འདི་ལྟ་སྟེ། ཆོས་འདོད་པའི་ཕྱིར་བདག་གི་ལུས་ཡོངས་སུ་བཏང་བར་ལྷག་པའི་བསམ་པ་ཕུན་སུམ་ཚོགས་པ་ཡིན་ནམ་མ་ཡིན་པ་བྱང་ཆུབ་སེམས་དཔའ་སེམས་དཔའ་ཆེན་པོ་རྟག་ཏུ་ངུ་ལ་བདག་གིས་བགམ་པར་བྱའོ། །སྙམ་སྟེ། ལྷའི་དབང་པོ་བརྒྱ་བྱིན་བྲམ་ཟེའི་ཁྱེའུའི་ཆ་བྱད་དུ་མངོན་པར་སྤྲུལ་ནས་བྱང་ཆུབ་སེམས་དཔའ་སེམས་དཔའ་ཆེན་པོ་རྟག་ཏུ་ངུ་ག་ལ་བ་དེར་སོང་སྟེ་ཕྱིན་ནས་བྱང་ཆུབ་སེམས་དཔའ་སེམས་དཔའ་ཆེན་པོ་རྟག་ཏུ་ངུ་ལ་འདི་སྐད་ཅེས་སྨྲས་སོ། །རིགས་ཀྱི་བུ། ཁྱོད་འདི་ལྟར་ཡིད་མི་དགའ་ཞིང་ཡིད་གདུང་ལ་མཆི་མ་འབྱུང་བ་ཅི་ཞེས། དེས་སྨྲས་པ། བྲམ་ཟེའི་ཁྱེའུ། ཁོ་བོ་ནི། ཆོས་འདོད་པའི་ཕྱིར་བདག་ཉིད་བཙོངས་ཏེ་ཆོས་ལ་མཆོད་པ་བྱ་བར་འདོད་ན། ལུང་(ལུས་)ཉོ་བ་དེ་ཁོ་བོས་མ་རྙེད་ནས་དེ་ལ་ཁོ་བོ་འདི་སྙམ་དུ་སེམས་སོ། །ཀྱི་མ་ང་ནི། བསོད་ནམས་ཆུང་བས་འདི་ལྟར་ལུས་བཙོངས་ལ་ཤེས་རབ་ཀྱི་ཕ་རོལ་ཏུ་ཕྱིན་པ་ལ་མཆོད་པ་བྱ་བ་དང་། འཕགས་པ་བྱང་ཆུབ་སེམས་དཔའ་སེམས་དཔའ་ཆེན་པོ་ཆོས་འཕགས་ལའང་བཀུར་སྟི་བྱ་སྙམ་ན། བདག་གིས་ལུས་ཉོ་བའང་མ་རྙེད་དོ། །སྙམ་མོ། །དེ་ནས་བྲམ་ཟེའི་ཁྱེའུ་དེས་བྱང་ཆུབ་སེམས་དཔའ་སེམས་དཔའ་ཆེན་པོ་རྟག་ཏུ་ངུ་ལ་འདི་སྐད་ཅེས་སྨྲས་སོ། །རིགས་ཀྱི་བུ། ཁོ་བོ་ལ་མིས་ནི། བྱ་བ་མེད་ཀྱི། འོན་ཀྱང་ཁོ་བོ་མཆོད་སྦྱིན་ཞིག་བྱེད་དེ། དེར་མིའི་སྙིང་དང་། ཁྲག་དང་། རུས་པ་དང་། རྐང་དག་ཁོ་བོ་ལ་དགོས་ན། དེ་རིན་གྱིས་ཉོར་བྱིན་ཅིག་ཅེས་བྱས་པ་དང་། བྱང་ཆུབ་སེམས་དཔའ་སེམས་དཔའ་ཆེན་པོ་རྟག་ཏུ་ངུ་འདི་སྙམ་དུ་སེམས་ཏེ། གང་བདག་གིས་བྲམ་ཟེའི་ཁྱེའུ་བདག་གི་སྙིང་དང་། ཁྲག་དང་། རུས་པ་དང་། རྐང་ཉོ་བ་རྙེད་པ་འདི་ནི། བདག་གིས་རྙེད་པའི་མཆོག་ལེགས་པར་རྙེད་དོ། །བདག་གི་ལུས་ནི། ཤེས་རབ་ཀྱི་ཕ་རོལ་ཏུ་ཕྱིན་པ་དང་ཐབས་ལ་མཁས་པ་རྣམས་ལ་ཡོངས་སུ་རྫོགས་པར་གྱུར་ཏོ། །སྙམ་སྟེ། དེ་སེམས་དགའ་དང་། སེམས་བདེ་བ་དང་། སེམས་རབ་ཏུ་དགའ་བར་གྱུར་ནས་བྲམ་ཟེའི་ཁྱེའུ་ལ་འདི་སྐད་ཅེས་སྨྲས་སོ། །བྲམ་ཟེའི་ཁྱེའུ། ཁོ་བོའི་ལུས་འདི་ལས་ཁྱོད་གང་འདོད་པ་སྦྱིན་ནོ། །དེས་དེ་ལ་འདི་སྐད་ཅེས་སྨྲས་སོ། །རིགས་ཀྱི་བུ། ཁྱོད་རིན་དུ་ཅི་འདོད་པ་སྦྱིན་ནོ། །ཞེས་བྱས་པ་དང་། དེས་དེ་ལ་འདི་སྐད་ཅེས་སྨྲས་སོ། །བྲམ་ཟེའི་ཁྱེའུ། ཁྱོད་ཀྱིས་གང་ཡོངས་སུ་བཏང་བ་དེ་ཁོ་བོ་ལ་བྱིན་ཅིག །དེ་ནས་བྱང་ཆུབ་སེམས་དཔའ་སེམས་དཔའ་ཆེན་པོ་རྟག་ཏུ་ངུ་མཚོན་རྣོན་པོ་ཐོགས་ནས་ལག་པ་གཡས་པ་ཕུག་སྟེ་ཁྲག་གཟགས་སོ། །བརླ་གཡས་པ་ཤ་མེད་པར་

བརྟགས་ནས་ཉུས་པ་གཙོག་ཏུ་རྩིག་པའི་དྲུང་དུ་སོང་ངོ་། །དེ་ནས་ཚོང་དཔོན་གྱི་བུ་མོ་ཞིག་ཁང་པའི་ཡང་ཐོག་
ན་འདུག་པ་དེས་བྱང་ཆུབ་སེམས་དཔའ་སེམས་དཔའ་ཆེན་པོ་རྟག་ཏུ་ངུ་བཀྲ་ཤ་མེད་པར་བརྟགས་ནས་ཉུས་པ····
གཙོག་ཏུ་རྩིག་པའི་དྲུང་དུ་སོང་བ་མཐོང་ནས་དེ་འདི་སྙམ་དུ་སེམས་ཏེ། རིགས་ཀྱི་བུ་འདི་ཅིའི་ཕྱིར་བདག་ཉིད་
ལ་བདག་ཉིད་འདི་ལྟ་བུའི་ན་ཚ་བྱེད་པ། བདག་རིགས་ཀྱི་བུ་དེའི་དྲུང་དུ་སོང་སྟེ་དྲིའོ། །སྙམ་ནས་ཚོང་དཔོན་
གྱི་བུ་མོ་དེ་བྱང་ཆུབ་སེམས་དཔའ་སེམས་དཔའ་ཆེན་པོ་རྟག་ཏུ་ངུ་ག་ལ་བ་དེར་སོང་སྟེ་ཕྱིན་ནས་བྱང་ཆུབ་སེམས་
དཔའ་སེམས་དཔའ་ཆེན་པོ་རྟག་ཏུ་ངུ་ལ་འདི་སྐད་ཅེས་སྨྲས་སོ། །རིགས་ཀྱི་བུ། ཁྱོད་ཅིའི་ཕྱིར་ཁྱོད་བདག··
ཉིད་ལ་འདི་ལྟ་བུའི་ན་ཚ་དག་བྱེད། ཁྲག་དང་། ཉུས་པ་དང་། རྐང་འདིས་ཅི་ཞིག་བྱ། རྟག་ཏུ་ངུས་བུ་
མོ་དེ་ལ་འདི་སྐད་ཅེས་སྨྲས་སོ། །བྲམ་ཟེའི་ཁྱེའུ་འདི་ལ་བཙོངས་ཏེ་ཤེས་རབ་ཀྱི་ཕ་རོལ་ཏུ་ཕྱིན་པ་ལ་མཆོད་པར་
བྱའོ། །འཕགས་པ་བྱང་ཆུབ་སེམས་དཔའ་སེམས་དཔའ་ཆེན་པོ་ཆོས་འཕགས་ལའང་བསྙེན་བཀུར་བྱའོ། །དེ་
ནས་ཚོང་དཔོན་གྱི་བུ་མོ་དེས་བྱང་ཆུབ་སེམས་དཔའ་སེམས་དཔའ་ཆེན་པོ་རྟག་ཏུ་ངུ་ལ་འདི་སྐད་ཅེས་སྨྲས་སོ། །
རིགས་ཀྱི་བུ། ཁྱོད་འདི་ལྟར་བདག་གི་སྙིང་དང་། ཁྲག་དང་། ཉུས་པ་དང་། རྐང་ཡང་བཙོངས་ཏེ··
རིགས་ཀྱི་བུ་དེ་ལ་བཀུར་སྟི་བྱ་བར་འདོད་པ་ཁྱོད་ལ་ཡོན་ཏན་གྱི་རྣམ་པ་ཅི་ཞིག་འགྲུབ་པར་འགྱུར། དེས་དེ་ལ་
སྨྲས་པ། བུ་མོ། རིགས་ཀྱི་བུ་དེ་ནི། གང་ལ་ཕོ་ཐོས་བསླབ་པར་བྱ་བའི་ཤེས་རབ་ཀྱི་ཕ་རོལ་ཏུ་ཕྱིན་པ་དང་།
ཐབས་ལ་མཁས་པ་དག་སྟོན་པར་འགྱུར་ཏེ། ཕོ་ཐོས་དེ་ལ་བསླབ་(བསླབས་)ན། བླ་ན་མེད་པ་ཡང་དག་པར་
རྫོགས་པའི་བྱང་ཆུབ་མངོན་པར་རྫོགས་པར་སངས་རྒྱས་ནས་སེམས་ཅན་ཐམས་ཅད་ཀྱི་རྟེན་དུ་འགྱུར། ལུས····
གསེར་གྱི་ཁ་དོག་ལྟ་བུའང་ཐོབ་པར་འགྱུར། སྐྱེས་བུ་ཆེན་པོའི་མཚན་སུམ་ཅུ་རྩ་གཉིས་དང་། འོད་འདོམ··
གང་པ་དང་། འོད་ཟེར་མཐའ་ཡས་པ་དང་། བྱམས་པ་ཆེན་པོ་དང་། སྙིང་རྗེ་ཆེན་པོ་དང་། དགའ་བ་
ཆེན་པོ་དང་། བཏང་སྙོམས་ཆེན་པོ་དང་། མི་འཇིགས་པ་བཞི་དང་། སོ་སོ་ཡང་དག་པར་རིག་པ་བཞི་
དང་། སངས་རྒྱས་ཀྱི་ཆོས་མ་འདྲེས་པ་བཅོ་བརྒྱད་ཀྱང་ཐོབ་པར་འགྱུར། མངོན་པར་ཤེས་པ་དྲུག་དང་།
ཚུལ་ཁྲིམས་རྣམ་པར་དག་པ་བསམ་གྱིས་མི་ཁྱབ་པ་དང་། ཏིང་ངེ་འཛིན་རྣམ་པར་དག་པ་བསམ་གྱིས་མི་ཁྱབ་པ་
དང་། ཤེས་རབ་རྣམ་པར་དག་པ་བསམ་གྱིས་མི་ཁྱབ་པ་དང་། དེ་བཞིན་གཤེགས་པའི་སྟོབས་བཅུ་དང་།
བླ་ན་མེད་པ་ཡང་དག་པར་རྫོགས་པའི་ཡེ་ཤེས་ཀྱང་མངོན་པར་རྫོགས་པར་འཚང་རྒྱ་བར་འགྱུར། གང་གིས··
སེམས་ཅན་ཐམས་ཅད་ལ་ཀུན་དུ་བགོ་བཤའ་བྱ་བའི་བླ་ན་མེད་པའི་ཆོས་རིན་པོ་ཆེའང་རབ་ཏུ་ཐོབ་པར་འགྱུར་རོ། །
དེ་ནས་ཚོང་དཔོན་གྱི་བུ་མོ་དེས་བྱང་ཆུབ་སེམས་དཔའ་སེམས་དཔའ་ཆེན་པོ་རྟག་ཏུ་ངུ་ལ་འདི་སྐད་ཅེས་སྨྲས་སོ། །
རིགས་ཀྱི་བུ། ཁྱོད་ཀྱིས་འདི་ལྟར་ཆོས་རྒྱ་ཆེན་པོ་འདི་དག་ཡོངས་སུ་བརྗོད་པ་ནི། ངོ་མཚར་ཏེ། རིགས་ཀྱི་
བུ། ཆོས་འདི་ལྟ་བུ་རེ་རེའི་ཕྱིར་ཡང་བསྐལ་པ་གང྄འི་ཀླུང་གི་བྱེ་མ་སྙེད་དུ་ལུས་ཡོངས་སུ་གཏང་བར་བྱ་བ་ཡིན་
ན། གཅིག་ལྟ་ཅི་སྨོས་ཏེ། དེ་ཙམ་དུ་ཁྱོད་ཀྱིས་ཆོས་འདི་དག་རྒྱ་ཆེར་ཡོངས་སུ་བརྗོད་ན། རིགས་ཀྱི་བུ།
ཁྱོད་གང་གིས་བྱང་ཆུབ་སེམས་དཔའ་སེམས་དཔའ་ཆེན་པོ་ཆོས་འཕགས་ལ་བཀུར་སྟི་བྱ་བའི་གསེར་རམ། ནོར་
བུའམ། མུ་ཏིག་གམ། བཻ་ཌཱུརྱའམ། དངུལ་ལམ། མེ་ཏོག་གམ། བདུག་པའམ། སྤོས་སམ། མེ··
ཏོག་ཕྲེང་ངམ། བྱུག་པའམ། ཕྱེ་མའམ། གོས་སམ། གདུགས་སམ། ཁྱོད་ལ་ཅི་དགོས་པ་དེ་ཁྱོད་ལ་

སྦྱིན་གྱི(གྱིས)། བདག་ཉིད་ལ་འདི་ལྟ་བུའི་སྡུག་བསྔལ་མ་བྱེད་ཅིག །བདག་ཀྱང་ཁྱོད་དང་འགྲོགས་ཏེ་བྱང་ཆུབ་སེམས་དཔའ་སེམས་དཔའ་ཆེན་པོ་ཆོས་འཕགས་ག་ལ་བ་དེར་དོང་ལ་བདག་ཀྱང་ཁྱོད་དང་ལྷན་ཅིག་ཏུ་འདི་ལྟ་སྟེ། དེ་ལྟ་བུའི་ཆོས་འདི་དག་ཐོབ་པར་བྱ་བའི་ཕྱིར་དགེ་བའི་རྩ་བ་བསྐྱེད་པར་བྱའོ། །དེ་ནས་ལྷའི་དབང་པོ་བརྒྱ་བྱིན་གྱིས་བྲམ་ཟེའི་ཁྱེའུའི་ཆ་བྱད་མི་སྣང་བར་བྱས་ནས་བདག་ཉིད་ཀྱི་ལུས་སུ་བྱང་ཆུབ་སེམས་དཔའ་སེམས་དཔའ་ཆེན་པོ་རྟག་ཏུ་ངུའི་མདུན་དུ་འདུག་ནས་འདི་སྐད་ཅེས་སྨྲས་སོ། །རིགས་ཀྱི་བུ། ཁྱོད་དེ་ལྟར་ཡི་དམ་ལ་བརྟན་པ་ནི། ལེགས་སོ། །ལེགས་སོ། །འདི་ལྟ་བུའི་ཆོས་འདོད་པས་སྔོན་གྱི་དེ་བཞིན་གཤེགས་པ་དགྲ་བཅོམ་པ་ཡང་དག་པར་རྫོགས་པའི་སངས་རྒྱས་དག་གིས་ཀྱང་སྔོན་བྱང་ཆུབ་སེམས་དཔའི་སྤྱད་པ་སྤྱོད་པ་ན་ཤེས་རབ་ཀྱི་ཕ་རོལ་ཏུ་ཕྱིན་པ་དང་། ཐབས་ལ་མཁས་པ་ཡོངས་སུ་རྫོགས་པར་མཛད་དེ། བླ་ན་མེད་པ་ཡང་དག་པར་རྫོགས་པའི་བྱང་ཆུབ་མངོན་པར་རྫོགས་པར་སངས་རྒྱས་སོ། །རིགས་ཀྱི་བུ། ཁོ་བོ་ལ་སྙིང་དང་། ཁྲག་དང་། རྐང་གིས་བྱ་བ་མེད་ཀྱི། ཁོ་བོ་ཁྱོད་སད་པའི་ཕྱིར་འདིར་འོངས་ཀྱི(ཀྱིས)། རིགས་ཀྱི་བུ། ཁྱོད་ཀྱིས་དམ་པ་སློངས་ཤིག །རིགས་ཀྱི་བུ། ཁྱོད་ལ་དམ་པ་ཇི་ལྟ་བུ་ཞིག་སྦྱིན་པར་བྱ། དེས་དེ་ལ་སྨྲས་པ། བརྒྱ་བྱིན། སངས་རྒྱས་ཀྱི་ཆོས་བླ་ན་མེད་པ་བདག་ལ་སྩོལ་ཅིག །བརྒྱ་བྱིན་གྱིས་སྨྲས་པ། རིགས་ཀྱི་བུ། ཡུལ་འདི་ཁོ་བོའི་ཡུལ་དུ་གྱུར་པ་མ་ཡིན་ཏེ། ཡུལ་འདི་སངས་རྒྱས་བཅོམ་ལྡན་འདས་རྣམས་ཀྱི་ཡུལ་དུ་གྱུར་པ་ཡིན་གྱི། དམ་པ་གཞན་སློངས་ཤིག །བྱང་ཆུབ་སེམས་དཔའ་རྟག་ཏུ་ངུས་སྨྲས་པ། བདག་གི་ལུས་ཡོངས་སུ་རྫོགས་པར་བྱ་བའི་གནས་འདི་ལ་ནི། ལྷའི་དབང་པོ་བསྟེན་པ་ཆུང་བར་གྱིས་ཤིག །ལྷའི་དབང་པོ། བདག་ཉིད་ཀྱིས་བདེན་པའི་བྱིན་གྱི་རླབས་(གྱིས་བརླབས་)བྱའོ། །ལྷའི་དབང་པོ། བདེན་པ་གང་གིས་བདག་བླ་ན་མེད་པ་ཡང་དག་པར་རྫོགས་པའི་བྱང་ཆུབ་ལས་ཕྱིར་མི་ལྡོག་པར་དེ་བཞིན་གཤེགས་པ་དགྲ་བཅོམ་པ་ཡང་དག་པར་རྫོགས་པའི་སངས་རྒྱས་རྣམས་ཀྱིས་ལུང་བསྟན་ཏེ། བདག་གིས་ལྷག་པའི་བསམ་པ་གཡོ་མེད་པར་མཁྱེན་ཅེ་ན། བདེན་པ་དེ་དང་བདེན་པའི་ཚིག་དེས་བདག་གི་ལུས་སྔོན་གྱི་བཞིན་དུ་གྱུར་ཅིག་ཅེས་བྱས་པ་དང་། སྐད་ཅིག་ཐང་གཅིག་(ཅིག་)ཡུད་ཙམ་དེ་ཉིད་ལ་སངས་རྒྱས་ཀྱི་མཐུ་དང་། ལྷག་པའི་བསམ་པ་ཡོངས་སུ་དག་པས། བྱང་ཆུབ་སེམས་དཔའ་སེམས་དཔའ་ཆེན་པོ་རྟག་ཏུ་ངུའི་ལུས་སྔོན་གྱི་བཞིན་དུ་གནས་པར་གྱུར་ཏོ། །དེ་ནས་ལྷའི་དབང་པོ་བརྒྱ་བྱིན་སྤོབས་པ་མེད་པར་གྱུར་ནས་བྱང་ཆུབ་སེམས་དཔའ་སེམས་དཔའ་ཆེན་པོ་རྟག་ཏུ་ངུ་ལ་ལན་གླན་པར་སྤོབས་པ་མ་སྐྱེས་ནས་དེ་ཉིད་དུ་མི་སྣང་བར་གྱུར་ཏོ། །དེ་ནས་ཚོང་དཔོན་གྱི་བུ་མོ་དེས་བྱང་ཆུབ་སེམས་དཔའ་སེམས་དཔའ་ཆེན་པོ་རྟག་ཏུ་ངུ་ལ་འདི་སྐད་ཅེས་སྨྲས་སོ། །རིགས་ཀྱི་བུ་ཚུར་ཤོག །ཁོ་མོའི་ཁྱིམ་ག་ལ་བ་དེར་འདོང་ངོ་། །ཁོ་མོས་ཕ་མ་ལས་ནོར་བླངས་ཏེ། དེས་ཤེས་རབ་ཀྱི་ཕ་རོལ་ཏུ་ཕྱིན་པ་དེའང་མཆོད་པར་བྱ་བ་དང་། བྱང་ཆུབ་སེམས་དཔའ་སེམས་དཔའ་ཆེན་པོ་ཆོས་འཕགས་དེ་ལའང་བཀུར་སྟི་བྱ་བ་སྦྱིན་ནོ། །དེ་ནས་བྱང་ཆུབ་སེམས་དཔའ་སེམས་དཔའ་ཆེན་པོ་རྟག་ཏུ་ངུ་དང་ཚོང་དཔོན་གྱི་བུ་མོ་དེ་འགྲོགས་ནས་དེ་རང་གི་ཁྱིམ་ག་ལ་བ་དེར་དོང་ངོ་། །དེ་ནས་ཚོང་དཔོན་གྱི་བུ་མོ་དེ་བདག་གི་ཁྱིམ་དུ་ཕྱིན་ནས་ཕ་མ་ལ་འདི་སྐད་ཅེས་སྨྲས་སོ། །ཡབ་ཡུམ། གསེར་དང་། དངུལ་དང་། རིན་པོ་ཆེ་དང་། ནོར་བུ་དང་། མེ་ཏོག་དང་། བདུག་པ་དང་། སྤོས་དང་། མེ་ཏོག་ཕྲེང་དང་། བྱུག་པ་དང་། ཕྱེ་མ་དང་། གོས་དང་། གདུགས་

དང་། རྒྱལ་མཚན་དང་། བ་དན་དང་། རོལ་མོའི་ཆ་བྱད་མང་པོ་དག་སྦྲེལ་ཅིག །བདག་ཀྱང་ཁྱོད་ཀྱིས་སྦྲེལ་བའི་གཡོག་མོ་ལྔ་བརྒྱ་འདི་དག་དང་ལྷན་ཅིག་དགྱེར་གསོལ། བྱང་ཆུབ་སེམས་དཔའ་སེམས་དཔའ་ཆེན་པོ་རྟག་ཏུ་ངུ་དང་བདག་ཅག་འགྲོགས་ཏེ་བྱང་ཆུབ་སེམས་དཔའ་སེམས་དཔའ་ཆེན་པོ་ཆོས་འཕགས་ལ་མཆོད་པ་བགྱི་བའི་སླད་དུ་མཆིའོ། །དེའང་བདག་ཅག་ལ་ཆོས་སྟོན་པར་འགྱུར་རོ། །དེ་ནས་བུ་མོ་དེའི་ཕ་མས་བུ་མོ་དེ་ལ་འདི་སྐད་ཅེས་སྨྲས་སོ། །བུ་མོ། བྱང་ཆུབ་སེམས་དཔའ་སེམས་དཔའ་ཆེན་པོ་རྟག་ཏུ་ངུ་དེ་སུ་ཞིག །བུ་མོ། རིགས་ཀྱི་བུ་དེ་ད་ལྟར་གང་ན་འདུག །བུ་མོས་སྨྲས་པ། རིགས་ཀྱི་བུ་དེ་ད་ལྟར་འོ་སྐོལ་གྱི་སྒོ་དྲུང་ན་མཆིས་ཏེ། རིགས་ཀྱི་བུ་དེ་ནི། ལྷག་པའི་བསམ་པས་བླ་ན་མེད་པ་ཡང་དག་པར་རྫོགས་པའི་བྱང་ཆུབ་ཏུ་ཡང་དག་པར་ཞུགས་པ་འདི་ལྟ་སྟེ། སེམས་ཅན་ཐམས་ཅད་འཁོར་བའི་སྡུག་བསྔལ་དཔག་ཏུ་མ་མཆིས་པ་ལས་ཐར་བར་བགྱི་བར་འཚལ་བས། དེ་ཆོས་འཚལ་བའི་སླད་དུ་བདག་ཉིད་བཙོངས་ལ་ཤེས་རབ་ཀྱི་ཕ་རོལ་ཏུ་ཕྱིན་པ་ལ་མཆོད་པ་བགྱི་བར་འཚལ། བྱང་ཆུབ་སེམས་དཔའ་སེམས་དཔའ་ཆེན་པོ་ཆོས་འཕགས་ལ་བཀུར་སྟི་བགྱི་བར་འཚལ་ན། དེའི་ལུས་ཉོ་བར་སུའང་མ་བྱུང་སྟེ། དེ་སྡུག་བསྔལ་ཞིང་ཡིད་མི་བདེ་ནས་མི་དགའ་བར་སེམས་ཤིང་མཆིས་ཏེ། དེས་ང་ནི། ལུས་འཚོང་བར་འདོད་ན། ལུས་ཉོ་བ་མ་རྙེད་དོ། །ཞེས་བགྱིས་པ་དང་། བརྒྱ་བྱིན་བྲམ་ཟེའི་ཁྱེའུའི་གཟུགས་སུ་བསྒྱུར་ཏེ་དེ་ལ་འདི་སྐད་དུ། རིགས་ཀྱི་བུ། ཁྱོད་གང་གི་ཕྱིར་ལུས་འཚོང་བར་འདོད་ཅེས་བགྱིས་པ་དང་། རྟག་ཏུ་ངུ་དེས་ཤེས་རབ་ཀྱི་ཕ་རོལ་ཏུ་ཕྱིན་པ་ལ་མཆོད་པར་བྱ་བ་དང་། བྱང་ཆུབ་སེམས་དཔའ་སེམས་དཔའ་ཆེན་པོ་ཆོས་འཕགས་དེ་ལའང་བཀུར་སྟིར་བྱའོ། །ངའི་སངས་རྒྱས་ཀྱི་ཆོས་རྣམས་ནི། དེ་ལ་རག་ལས་པས་འདི་ལྟ་སྟེ། ཆོས་འདོད་པའི་ཕྱིར་རོ། །ཞེས་བགྱིས་པ་དང་། བརྒྱ་བྱིན་བྲམ་ཟེའི་ཁྱེའུའི་གཟུགས་སུ་བསྒྱུར་བས་འདི་སྐད་ཅེས་སྨྲས་སོ། །ཁྱོད་ནི། ང་མི་འདོད་དེ། འོན་ཀྱང་ང་མཆོད་སྦྱིན་ཞིག་བྱེད་པ་དེར་མིའི་སྙིང་དང་། ཁྲག་དང་། རུས་པ་དང་། རྐང་དག་དགོས་སོ། །ཞེས་བགྱིས་པ་དང་། རིགས་ཀྱི་བུ་དེས་ཡི་མ་སད་པར་དེ་ལ་འདི་སྐད་དུ་སྦྱིན་ནོ། །ཞེས་སྨྲས་ནས་དེ་མཚོན་རྣོན་པོ་ཐོགས་ཏེ་བདག་གི་ལག་པ་ཕྱུག་ནས་ཁྲག་གཟགས། བརླའི་ཤ་བཏོགས་ཏེ་རུས་པ་གཅོག་ཏུ་སོང་ནས་ཕྱོགས་གཅིག་ཏུ་འདུག་སྟེ་རུས་པ་དང་། རྐང་སྦྱིན་ནོ། །སྙམ་ནས་དེ་ཁྲག་གཟགས་པ་བདག་ཁང་པའི་ཡང་ཐོག་ན་མཆིས་པས་མཐོང་སྟེ། དེ་ལ་བདག་འདི་སྙམ་དུ་བགྱིད་དོ། །མི་འདི་ཅིའི་སླད་དུ་འདི་ལྟ་བུར་བདག་ཉིད་ལ་ན་ཚ་དག་བགྱིད་སྙམ་སྟེ། དེའི་ཐད་དུ་མཆིས་ནས་འདི་སྐད་བགྱིས་སོ། །རིགས་ཀྱི་བུ། འདི་ལྟར་བདག་ཉིད་ཀྱིས་ལུས་ཀྱི་ཁྲག་གཟགས་པ་འདིས་ཅི་ཞིག་བྱ་ཞེས་བགྱིས་པ་དང་། དེ་བདག་ལ་འདི་སྐད་མཆི་སྟེ། བྲམ་ཟེའི་ཁྱེའུ་འདི་ལ་ཁྲག་དང་། སྙིང་དང་། རུས་པ་དང་། རྐང་སྦྱིན་ནོ། །དེ་ཅིའི་ཕྱིར་ཞེ་ན། ང་ནི། དབུལ་ཏེ། ང་ལ་ནོར་གཞན་ཅིའང་མེད་དོ། །ཞེས་མཆིའོ། །བདག་གིས་ཁྱོད་ལ་ནོར་གྱིས་ཅི་ཞིག་བྱ་ཞེས་བགྱིས་པ་དང་། དེ་བདག་ལ་འདི་སྐད་དུ་འདི་ལྟ་སྟེ། ཆོས་འདོད་པའི་ཕྱིར་ཤེས་རབ་ཀྱི་ཕ་རོལ་ཏུ་ཕྱིན་པ་མཆོད་པར་བྱའོ། །བྱང་ཆུབ་སེམས་དཔའ་སེམས་དཔའ་ཆེན་པོ་ཆོས་འཕགས་ལའང་བཀུར་སྟི་བྱའོ། །ཞེས་མཆི་ནས་བདག་གིས་དེ་ལ་འདི་སྐད་ཅེས་བགྱིས་ཏེ། རིགས་ཀྱི་བུ། དེས་ཁྱོད་ལ་ཡོན་ཏན་གྱི་རྣམ་པའམ། ཁྱད་པར་ཅི་ཞིག་འབྱུང་བར་འགྱུར། དེ་བདག་ལ་འདི་སྐད་དུ་སངས་རྒྱས་ཀྱི་ཡོན་ཏན་བསམ་གྱིས་མི་ཁྱབ་པ་དང་། སངས་རྒྱས་ཀྱི་ཆོས

དཔག་ཏུ་མེད་པ་རྣམས་རབ་ཏུ་སྟོན་པར་འགྱུར་རོ། །འདི་ལྟ་བུའི་ཆོས་རྣམས་དེ་ལས་འབྱུང་བར་འགྱུར་རོ། །ཞེས་མཆི་སྟེ། སངས་རྒྱས་ཀྱི་ཡོན་ཏན་བསམ་གྱིས་མི་ཁྱབ་པ་དེ་དག་ཐོས་ནས་བདག་ཀྱང་དགའ་བ་དང་། རབ་ཏུ་མགུ་བ་ཆེན་པོ་སྐྱེས་ནས་འདི་སྙམ་བགྱིད་དེ། རིགས་ཀྱི་བུ། འདི་ལྟ་བུའི་གནས་ལ་སྤྲོ་བར་བགྱིད་པ་ནི། ཤིན་ཏུ་དགའ་བ་བགྱིད་པ་སྟེ། ངོ་མཚར་ཏོ། །རིགས་ཀྱི་བུ། འདི་ནི། ཆོས་འདོད་པའི་ཕྱིར་བདག་ཉིད་ཀྱང་ཡོངས་སུ་གཏོང་ན། བདག་ཅག་ལ་ལོངས་སྤྱོད་རྒྱ་ཆེན་པོ་དག་ཡོད་ལ། ཅིའི་ཕྱིར་ཆོས་ལ་མཆོད་པ་མི་བགྱི། འདི་ལྟ་བུའི་གནས་དག་ལ་སྨོན་ལམ་ཅིའི་ཕྱིར་མི་གདབ་སྙམ་ནས་རིགས་ཀྱི་བུ་དེ་ལ་བདག་གིས་འདི་སྐད་ཅེས་བགྱིས་སོ། །རིགས་ཀྱི་བུ། ཁྱོད་བདག་ཉིད་ལ་འདི་ལྟ་བུའི་ན་ཚ་དག་མ་བྱེད་ཅིག །ཁྱོད་འདོད་པ་གང་གིས་འཕགས་པ་བྱང་ཆུབ་སེམས་དཔའ་སེམས་དཔའ་ཆེན་པོ་ཆོས་འཕགས་ལ་བཀུར་སྟི་བྱ་བའི་ནོར་མང་པོ་དེ་དག་ཁྱོད་ལ་སྦྱིན་ནོ། །བདག་ཀྱང་ཁྱོད་ཉིད་དང་འགྲོགས་ཏེ་བྱང་ཆུབ་སེམས་དཔའ་སེམས་དཔའ་ཆེན་པོ་ཆོས་འཕགས་ག་ལ་བ་དེར་མཆིའོ། །བདག་གིས་ཀྱང་རིགས་ཀྱི་བུ་དེ་ལ་མཆོད་པ་བགྱིའོ། །གང་ཁྱོད་ཀྱི་ཡོངས་སུ་བརྗོད་པ་འདི་ལྟ་སྟེ། སངས་རྒྱས་ཀྱི་ཆོས་བླ་ན་མེད་པ་དག་བདག་གིས་ཀྱང་ཐོབ་པར་བགྱིའོ། །ཞེས་བགྱིས་ཤིང་མཆིས་ན། ཡབ་ཡུམ་གྱིས་དཀོར་གྱི་ཕུང་པོ་ཆེན་པོ་བདག་ལ་སྩལ་དུ་གསོལ། བདག་གིས་ཀྱང་རིགས་ཀྱི་བུ་དེ་དང་ལྷན་ཅིག་ཏུ་བྱང་ཆུབ་སེམས་དཔའ་སེམས་དཔའ་ཆེན་པོ་ཆོས་འཕགས་ལ་མཆོད་པ་བགྱིའོ།། ||

ཤེས་རབ་ཀྱི་ཕ་རོལ་ཏུ་ཕྱིན་པ་སྟོང་ཕྲག་བརྒྱ་པ། བམ་པོ་སུམ་བརྒྱ་བཞི་(གསུམ་)པ་སྟེ། ཐ་མ། དེ་ནས་བུ་མོ་དེའི་ཕ་མས་བུ་མོ་དེ་ལ་འདི་སྐད་ཅེས་སྨྲས་སོ། །རིགས་ཀྱི་བུ་དེའི་དགའ་བའི་གནས་དག་ཁྱོད་ཀྱིས་བསྟན་པ་ལས་ན། ཆོས་དེ་དག་ནི། གཅིག་ཏུ་ངེས་པར་བསམ་གྱིས་མི་ཁྱབ་པ། འཇིག་རྟེན་ཐམས་ཅད་ལས་བྱེ་བྲག་ཏུ་འཕགས་པ། སེམས་ཅན་ཐམས་ཅད་བདེ་བ་ཐོབ་པར་བྱེད་པ་ཡིན་ཏེ། རིགས་ཀྱི་བུ། དེའི་ཕྱིར་དེ་ལྟ་བུའི་དགའ་བའི་གནས་ལ་སྤྲོ་བར་བྱེད་ན། ཁྱོད་ངེད་ཀྱིས་གནང་གི། བུ་མོ་ངེད་ཀྱང་ཁྱོད་དང་ལྷན་ཅིག་ཏུ་བྱང་ཆུབ་སེམས་དཔའ་སེམས་དཔའ་ཆེན་པོ་ཆོས་འཕགས་བལྟ་ཞིང་མཆོད་དུ་(+ངེད་ཀྱང་།)འགྲོ་ཡི(ཡིས)། ངེད་འགྲོ་བའི་སྐབས་བྱེ་ཞིག(ཤིག) །དེ་ནས་བུ་མོ་དེ་བྱང་ཆུབ་སེམས་དཔའ་སེམས་དཔའ་ཆེན་པོ་ཆོས་འཕགས་ལ་མཆོད་པ་བྱ་བ་དང་། བཀུར་སྟི་བྱ་བའི་ཕྱིར་ཆས་ཏེ་ཕ་མ་ལ་འདི་སྐད་ཅེས་སྨྲས་སོ། །བདག་ནི། དགེ་བའི་ཕྱོགས་གང་གིའང་བར་ཆད་མི་བགྱིད་དོ། །དེ་ནས་ཚོང་དཔོན་གྱི་བུ་མོ་དེས་ཤིང་རྟ་ལྔ་བརྒྱའང་རྒྱན་གྱིས་བརྒྱན། བུ་མོ་ལྔ་བརྒྱ་དེ་དག་ཀྱང་རྒྱན་གྱིས་བརྒྱན་ཏོ། །རྒྱན་གྱིས་བརྒྱན་ནས་མེ་ཏོག་ཁ་དོག་སྣ་ཚོགས་ཐོགས། བདུག་པ་དང་། སྤོས་དང་། མེ་ཏོག་ཕྲེང་དང་། བྱུག་པ་དང་། ཕྱེ་མ་དང་། གོས་དང་། གདུགས་དང་། རྒྱལ་མཚན་དང་། བ་དན་དག་ཐོགས། གསེར་དང་། དངུལ་གྱི་མེ་ཏོག་དག་ཐོགས། རིན་པོ་ཆེ་སྣ་ཚོགས་རྣམ་པ་ཐ་དད་པ་དག་ཀྱང་ཐོགས་ཏེ། བཟའ་བ་དང་། བཅའ་བ་དང་། སྨྱང་བ་མང་པོ་མང་དུ་བསྐུར་ནས་བྱང་ཆུབ་སེམས་དཔའ་སེམས་དཔའ་ཆེན་པོ་རྟག་ཏུ་ངུ་དང་ཤིང་རྟ་གཅིག་ཏུ་ཞུགས་ཏེ་བུ་མོ་ལྔ་བརྒྱ་ཤིང་རྟ་ལྔ་བརྒྱའི་ནང་དུ་ཞུགས་པ་དེ་དག་གིས་ཡོངས་སུ་བསྐོར་ཅིང་མདུན་དུ་བདར་ནས་ཕ་མ་ལ་སོགས་པ་འཁོར་མང་པོ་དང་ཤར་ཕྱོགས་ག་ལ་བ་དེ་ལོགས་སུ་དོང་སྟེ་མཐར་གྱིས་སོང་བ་དང་། བྱང་ཆུབ་སེམས་དཔའ་སེམས་དཔའ་ཆེན་པོ་རྟག་ཏུ་ངུས་རྒྱང་རིང་མོ་ཞིག་ནས་གྲོང་ཁྱེར་སྤོས་ལྡན་རིན་པོ་ཆེ་སྣ་བདུན་རྣམ་པར་བཀྲ་བ།

བལྟ་ན་སྡུག་པ་ལས་བྱས་པ། རིན་པོ་ཆེ་སྣ་བདུན་གྱི་ར་བ་རིམ་བདུན་གྱིས་བསྐོར་བ། རྟ་བབས་བདུན་ཡོད་པ།
འོབས་རིམ་བདུན་དང་། ཏ་ལའི་ཕྲེང་རིམ་བདུན་གྱིས་ཡོངས་སུ་བསྐོར་བ། ཆུར་དཔག་ཚད་བཅུ་གཉིས།
ཞེང་དུ་དཔག་ཚད་བཅུ་གཉིས་ཡོད་པ། འབྱོར་ཅིང་རྒྱས་པ། བདེ་བ། ལོ་ལེགས་པ། མི་དང་སྐྱེ་བོ་མང་
པོས་གང་བ། གྲོང་ཁྱེར་(བར་)དང་སྲང་མཉམ་ཞིང་མཚུངས་པ་ལྟ་བརྒྱ་དག་གིས་རི་མོར་བྲིས་པ་བཞིན་དུ་
གནམས་པ། ཕྱོགས་ཁྲི་ཉམ་མི་ང་བ་དང་། བར་བར་དག་ཏུ་ཟམ་པ་བཏགས་པ་ལེགས་པར་བྱས་པ་མཐོང་ངོ་། །
དེའི་དབུས་ཀྱི་བཞི་མདོ་ན་བྱང་ཆུབ་སེམས་དཔའ་སེམས་དཔའ་ཆེན་པོ་ཆོས་འཕགས་ཆོས་ཀྱི་ཁྲི་ལ་འདུག་ནས་
འཁོར་བརྒྱ་ཕྲག་དུ་མ་དང་། སྟོང་ཕྲག་དུ་མ་དང་། འབུམ་ཕྲག་དུ་མས་ཡོངས་སུ་བསྐོར་ཅིང་མདུན་གྱིས་
བལྟས་ནས་ཆོས་འཆད་པ་མཐོང་སྟེ། མཐོང་མ་ཐག་ཏུ་དེ་དགའ་བ་དང་། བདེ་བ་ཐོབ་པ་འདི་ལྟ་སྟེ།
དཔེར་ན། དགེ་སློང་བསམ་གཏན་དང་པོ་རྩེ་གཅིག་ཏུ་ཡིད་ལ་བྱེད་པས་སྙོམས་པར་ཞུགས་པ་བཞིན་ནོ། །དེ་
མཐོང་ནས་འདི་སྙམ་དུ་སེམས་ཏེ། བདག་ཤིང་རྟའི་ནང་དུ་ཞུགས་བཞིན་དུ་བྱང་ཆུབ་སེམས་དཔའ་སེམས་
དཔའ་ཆེན་པོ་ཆོས་འཕགས་ཀྱི་དྲུང་དུ་འགྲོ་བ་ནི། བདག་གིས་མི་ཚའོ། །སྙམ་ནས་དེ་ནས་ཤིང་རྟ་དེ་ལས་
བབས་པ་དང་། ཚོང་དཔོན་གྱི་བུ་མོ་དང་། བུ་མོ་ལྔ་བརྒྱ་དེ་དག་དང་མཉམ་དུ་ཤིང་རྟ་དེ་ལས་བབས་སོ། །
དེ་ནས་བྱང་ཆུབ་སེམས་དཔའ་སེམས་དཔའ་ཆེན་པོ་རྟག་ཏུ་ངུ་ཚོང་དཔོན་གྱི་བུ་མོ་ལ་སོགས་པ་བུ་མོ་ལྔ་བརྒྱས་
ཡོངས་སུ་བསྐོར་ཅིང་མདུན་དུ་བདར་ཏེ་བཀོད་པ་ཚད་མེད་པ་དང་། བྱང་ཆུབ་སེམས་དཔའ་སེམས་དཔའ་ཆེན་
པོ་ཆོས་འཕགས་ག་ལ་བ་དེར་ དོང་ངོ་། །དེའི་ཚེ་བྱང་ཆུབ་སེམས་དཔའ་སེམས་དཔའ་ཆེན་པོ་ཆོས་འཕགས་ཀྱིས་
ཤེས་རབ་ཀྱི་ཕ་རོལ་ཏུ་ཕྱིན་པའི་ཁང་བུ་བརྩེགས་པ་རིན་པོ་ཆེ་སྣ་བདུན་ལས་བྱས་པ། ཙནྡན་དམར་པོས་བརྒྱན་
ཅིང་། མུ་ཏིག་གི་དྲ་བས་གཡོགས་པ་ཞིག་བྱེད་དུ་བཅུག་སྟེ། ཁང་བུ་བརྩེགས་པ་དེའི་(དེར་)གྲྭ་བཞིར་ནོར་
བུ་རིན་པོ་ཆེ་བཞག་པར་གྱུར་ཏེ། དེ་དག་སྒྲོན་མའི་བྱ་བ་བྱེད་དོ། །བདུག་སྤོས་ཀྱི་སྣོད་དངུལ་ལས་བྱས་པ་
བཞིའང་ཕྱོགས་བཞིར་བཏགས་ཏེ། འདི་ལྟ་སྟེ། ཤེས་རབ་ཀྱི་ཕ་རོལ་ཏུ་ཕྱིན་པ་ལ་མཆོད་པར་བྱ་བའི་ཕྱིར་ཨ་
ག་རུ་ནག་པོ་འབབ་ཞིག་གིས་བདུག་པར་བྱེད་དོ། །ཁང་བུ་བརྩེགས་པ་དེའི་དབུས་སུ་རིན་པོ་ཆེ་སྣ་བདུན་གྱི་ཁྲི་
བཞི་བཙུགས་ཏེ། དེའི་སྟེང་དུ་རིན་པོ་ཆེའི་སྒྲོམ་བཞི་བཞག་ནས་དེའི་ནང་དུ་ཤེས་རབ་ཀྱི་ཕ་རོལ་ཏུ་ཕྱིན་པ་
གསེར་གྱི་གླེགས་བམ་ལ་བཻ་ཌཱུརྱ་བཞུ་བས་བྲིས་པ་བཅུག་སྟེ། ཁང་བུ་བརྩེགས་པ་དེའང་དར་གྱི་ཆུན་པོ་སྣ་ཚོགས་
རྣམ་པ་ཐ་དད་པ་འཕྱང་བས་བརྒྱན་ཏོ། །དེ་ནས་བྱང་ཆུབ་སེམས་དཔའ་སེམས་དཔའ་ཆེན་པོ་རྟག་ཏུ་ངུ་ཚོང་
དཔོན་གྱི་བུ་མོ་ལ་སོགས་ཏེ། བུ་མོ་ལྔ་བརྒྱ་དང་བཅས་པས་ཁང་བུ་བརྩེགས་པ་དེ་བཀོད་པ་ཚད་མེད་པས་བརྒྱན་
པ་མཐོང་། ལྷ་སྟོང་ཕྲག་དུ་མ་དག་ཀྱང་མཐོང་སྟེ། ལྷའི་དབང་པོ་བརྒྱ་བྱིན་ཡང་ལྷའི་མེ་ཏོག་མནྡཱ་ར་བ་དང་།
ལྷའི་ཙནྡན་གྱི་ཕྱེ་མ་དང་། ལྷའི་གསེར་གྱི་ཕྱེ་མ་དང་། ལྷའི་དངུལ་སིལ་མ་དག་གིས་ཁང་བུ་བརྩེགས་པ་དེ་ལ་
འཐོར། མངོན་པར་འཐོར། མངོན་པར་རབ་ཏུ་འཐོར་བར་མཐོང་ངོ་། །ལྷའི་སིལ་སྙན་དག་ཀྱང་ཐོས་སོ། །
མཐོང་ཞིང་ཐོས་ནས་བྱང་ཆུབ་སེམས་དཔའ་སེམས་དཔའ་ཆེན་པོ་རྟག་ཏུ་ངུས་ལྷའི་དབང་པོ་བརྒྱ་བྱིན་ལ་འདི་
སྐད་ཅེས་སྨྲས་སོ། །ལྷའི་དབང་པོ། ཁྱོད་ལྷ་སྟོང་ཕྲག་དུ་མ་དག་དང་རིན་པོ་ཆེའི་ཁང་བུ་བརྩེགས་པ་འདི་ལ་
ཅིའི་ཕྱིར་མེ་ཏོག་མནྡཱ་ར་བ་དང་། ཙནྡན་གྱི་ཕྱེ་མ་དག་གིས་འཐོར་ཞིང་། མངོན་པར་འཐོར། མངོན་པར་

རབ་ཏུ་འཐོར། ལྷའི་སིལ་སྙན་འདི་དག་ཀྱང་ལྷ་རྣམས་པར་སྣང་ལ་ཅིའི་ཕྱིར་རྟུང་། དེ་སྐད་ཅེས་སྨྲས་པ་དང་། ལྷའི་དབང་པོ་བརྒྱ་བྱིན་གྱིས་བྱང་ཆུབ་སེམས་དཔའ་སེམས་དཔའ་ཆེན་པོ་རྟག་ཏུ་ངུ་ལ་འདི་སྐད་ཅེས་སྨྲས་སོ། །རིགས་ཀྱི་བུ། འདི་ནི། ཤེས་རབ་ཀྱི་ཕ་རོལ་ཏུ་ཕྱིན་པ་བྱང་ཆུབ་སེམས་དཔའ་སེམས་དཔའ་ཆེན་པོ་རྣམས་ཀྱི་ཡུམ་དང་། ཡོངས་སུ་འདྲེན་པ་ཡིན་ཏེ། འདི་ལ་བསླབ་(བསླབས་)པས་བྱང་ཆུབ་སེམས་དཔའ་སེམས་དཔའ་ཆེན་པོ་དག་ཡོན་ཏན་ཐམས་ཅད་ཀྱི་ཕ་རོལ་ཏུ་ཕྱིན་པ་དང་། སངས་རྒྱས་ཀྱི་ཆོས་ཐམས་ཅད་དང་། ཐམས་ཅད་མཁྱེན་པ་ཉིད་ཀྱང་མྱུར་དུ་ཐོབ་པར་འགྱུར་བ་ཡིན་ན། ཁྱོད་མི་ཤེས་སམ། དེ་སྐད་ཅེས་སྨྲས་པ་དང་། བྱང་ཆུབ་སེམས་དཔའ་སེམས་དཔའ་ཆེན་པོ་རྟག་ཏུ་ངུས་ལྷའི་དབང་པོ་བརྒྱ་བྱིན་ལ་འདི་སྐད་ཅེས་སྨྲས་སོ། །ཀཽ་ཤི་ཀ །ཤེས་རབ་ཀྱི་ཕ་རོལ་ཏུ་ཕྱིན་པ་བྱང་ཆུབ་སེམས་དཔའ་སེམས་དཔའ་ཆེན་པོ་རྣམས་ཀྱི་ཡུམ་དང་། ཡོངས་སུ་འདྲེན་པ་དེ་གང་ན་བཞུགས། བརྒྱ་བྱིན་གྱིས་སྨྲས་པ། དེ་ནི། ཁང་བུ་བརྩེགས་པ་འདིའི་ནང་ན་གསེར་གྱི་གླེགས་བམ་ལ་བཻ་ཌཱུརྱ་བཞུ་བས་བྲིས་པ་བྱང་ཆུབ་སེམས་དཔའ་སེམས་དཔའ་ཆེན་པོ་ཆོས་འཕགས་ཀྱིས་རྒྱ་རིམ་བདུན་གྱིས་བཏབ་ནས་བཞག་སྟེ། ཁོ་བོ་ཅག་གིས་ཁྱོད་ལ་བསྟན་པར་དཀའོ། །དེ་ནས་བྱང་ཆུབ་སེམས་དཔའ་སེམས་དཔའ་ཆེན་པོ་རྟག་ཏུ་ངུ་ཚོང་དཔོན་གྱི་བུ་མོ་ལ་སོགས་ཏེ། བུ་མོ་ལྔ་བརྒྱ་དག་དང་ཚོགས་ནས་དེ་དག་གིས་མེ་ཏོག་དང་། མེ་ཏོག་ཕྲེང་གི་ཚུན་པོ་དང་། གོས་རིན་པོ་ཆེ་དང་། བདུག་པ་དང་། སྤོས་དང་། མེ་ཏོག་ཕྲེང་དང་། བྱུག་པ་དང་། ཕྱེ་མ་དང་། གོས་དང་། གདུགས་དང་། རྒྱལ་མཚན་དང་། བ་དན་དང་། གསེར་དང་། དངུལ་གྱི་མེ་ཏོག་ཇི་སྙེད་ཐོགས་ཏེ་འོངས་པ་དེ་དག་གིས་ཤེས་རབ་ཀྱི་ཕ་རོལ་ཏུ་ཕྱིན་པ་ལ་མཆོད་པ་བྱས་ཏེ། དེ་དག་ལས་བྱང་ཆུབ་སེམས་དཔའ་སེམས་དཔའ་ཆེན་པོ་ཆོས་འཕགས་ལ་བཀུར་སྟི་བྱ་བའི་ཕྱིར་ཤས་ཤས་ཀྱིས་བཞག་གོ། །དེ་ནས་བྱང་ཆུབ་སེམས་དཔའ་སེམས་དཔའ་ཆེན་པོ་རྟག་ཏུ་ངུས་མེ་ཏོག་དང་། བདུག་པ་དང་། སྤོས་དང་། མེ་ཏོག་ཕྲེང་དང་། བྱུག་པ་དང་། ཕྱེ་མ་དང་། ན་བཟའ་དང་། རྒྱལ་མཚན་དང་། བ་དན་ལ་སོགས་པས་ཤེས་རབ་ཀྱི་ཕ་རོལ་ཏུ་ཕྱིན་པ་ལ་སྔར་མཆོད་པ་བྱས་ནས་བྱང་ཆུབ་སེམས་དཔའ་སེམས་དཔའ་ཆེན་པོ་ཆོས་འཕགས་ག་ལ་བ་དེར་སོང་སྟེ་ཕྱིན་ནས་ཆོས་ལ་མཆོད་པ་ཉིད་ཀྱི་ཕྱིར་བྱང་ཆུབ་སེམས་དཔའ་སེམས་དཔའ་ཆེན་པོ་ཆོས་འཕགས་ལ་མེ་ཏོག་དང་། བདུག་པ་དང་། སྤོས་དང་། མེ་ཏོག་ཕྲེང་དང་། བྱུག་པ་དང་། ཕྱེ་མ་དང་། ཆོས་གོས་དང་། གདུགས་དང་། རྒྱལ་མཚན་དང་། བ་དན་དང་། ཙནྡན་གྱི་ཕྱེ་མ་དང་། གསེར་དང་། དངུལ་གྱི་མེ་ཏོག་གིས་གཏོར། མངོན་པར་གཏོར། མངོན་པར་རབ་ཏུ་གཏོར་ཏོ། །དེ་ནས་མེ་ཏོག་དེ་དག་བྱང་ཆུབ་སེམས་དཔའ་སེམས་དཔའ་ཆེན་པོ་ཆོས་འཕགས་ཀྱི་སྤྱི་བོའི་སྟེང་ན་མེ་ཏོག་གི་ཁང་པ་བརྩེགས་པ་ཞིག་ཏུ་གྱུར་ཏོ། །གསེར་དང་། དངུལ་གྱི་མེ་ཏོག་དག་ནམ་མཁའ་ལ་གཞལ་མེད་ཁང་འདྲ་བར་འདུག་པར་གྱུར་ཏོ། །ཆོས་གོས་དང་། གོས་རིན་པོ་ཆེ་དེ་དག་ཀྱང་རིན་པོ་ཆེ་སྣ་ཚོགས་ཀྱི་སྤྲིན་གྱི་དཀྱིལ་འཁོར་འདྲ་བར་འདུག་པར་གྱུར་ཏོ། །བྱང་ཆུབ་སེམས་དཔའ་སེམས་དཔའ་ཆེན་པོ་རྟག་ཏུ་ངུ་དང་། ཚོང་དཔོན་གྱི་བུ་མོ་ལ་སོགས་པ་བུ་མོ་ལྔ་བརྒྱ་དེ་དག་གིས་བྱང་ཆུབ་སེམས་དཔའ་སེམས་དཔའ་ཆེན་པོ་ཆོས་འཕགས་ཀྱི་རྫུ་འཕྲུལ་གྱི་ཆོ་འཕྲུལ་དེ་ལྟ་(ལྟར་)བུ་མཐོང་ནས་དེ་དག་འདི་སྙམ་དུ་སེམས་ཏེ་ངོ་མཚར་ཏོ། །བྱང་ཆུབ་སེམས་དཔའ་སེམས་དཔའ་ཆེན་པོ་ཆོས་འཕགས་འདི་འདི་

ལྟར་རྫུ་འཕྲུལ་ཆེ་ཞིང་འདི་ལྟར་མཐུ་ཆེ། འདི་ལྟར་གཟི་བརྗིད་ཆེ་སྟེ། རིགས་ཀྱི་བུ་འདི་བྱང་ཆུབ་སེམས་དཔའི་སྤྱོད་པ་སྤྱོད་པ་ནའང་རྫུ་འཕྲུལ་རྣམ་པར་སྤྲུལ་པ་འདི་འདྲ་ན། བླ་ན་མེད་པ་ཡང་དག་པར་རྫོགས་པའི་བྱང་ཆུབ་མངོན་པར་རྫོགས་པར་སངས་རྒྱས་པའི་ཚེ་ཅི་འདྲ་བར་འགྱུར་སྙམ་མོ། །དེ་ནས་ཚོང་དཔོན་གྱི་བུ་མོ་ལ་སོགས་པ་བུ་མོ་ལྔ་བརྒྱ་དེ་དག་གིས་བྱང་ཆུབ་སེམས་དཔའ་སེམས་དཔའ་ཆེན་པོ་ཆོས་འཕགས་ལ་དགའ་བ་བསྐྱེད་ནས་དེ་དག་ཐམས་ཅད་ཀྱིས་བླ་ན་མེད་པ་ཡང་དག་པར་རྫོགས་པའི་བྱང་ཆུབ་ཏུ་སེམས་བསྐྱེད་དེ། འདི་སྐད་དུ་དགེ་བའི་རྩ་བ་འདིས་བདག་ཅག་མ་འོངས་པའི་དུས་ན་དེ་བཞིན་གཤེགས་པ་དགྲ་བཅོམ་པ་ཡང་དག་པར་རྫོགས་པའི་སངས་རྒྱས་སུ་གྱུར་ཅིག །བྱང་ཆུབ་སེམས་དཔའི་སྤྱོད་པ་སྤྱོད་པ་ནའང་བྱང་ཆུབ་སེམས་དཔའ་སེམས་དཔའ་ཆེན་པོ་ཆོས་འཕགས་ཀྱིས་ཆོས་གང་ཐོབ་པར་གྱུར་པ་འདི་ལྟ་བུའི་ཆོས་རྣམས་ཐོབ་པར་གྱུར་ཅིག །བདག་ཅག་བྱང་ཆུབ་སེམས་དཔའི་སྤྱོད་པ་སྤྱོད་པ་ནའང་འདི་ལྟ་བུའི་ཆོས་རྣམས་མངོན་སུམ་དུ་གྱུར་ཅིག །ཤེས་རབ་ཀྱི་ཕ་རོལ་ཏུ་ཕྱིན་པ་ལའང་ཇི་ལྟར་བྱང་ཆུབ་སེམས་དཔའ་སེམས་དཔའ་ཆེན་པོ་ཆོས་འཕགས་བཀུར་སྟི་བྱེད་པ་འདི་བཞིན་དུ་ཤེས་རབ་ཀྱི་ཕ་རོལ་ཏུ་ཕྱིན་པ་ལ་བཀུར་སྟི་བྱེད་པར་ཤོག་ཅིག །བྱང་ཆུབ་སེམས་དཔའ་སེམས་དཔའ་ཆེན་པོ་ཆོས་འཕགས་ཇི་ལྟར་སྟོན་པ་བཞིན་དུ་བདག་ཅག་ཀྱང་སྐྱེ་བོ་མང་པོ་ལ་སྟོན་པར་གྱུར་ཅིག །ཇི་ལྟར་བྱང་ཆུབ་སེམས་དཔའ་སེམས་དཔའ་ཆེན་པོ་ཆོས་འཕགས་འདི་ཤེས་རབ་ཀྱི་ཕ་རོལ་ཏུ་ཕྱིན་པ་དང་། ཐབས་ལ་མཁས་པ་དང་ལྡན་ཞིང་ཡོངས་སུ་རྫོགས་པ་འདི་བཞིན་དུ་བདག་ཅག་ཀྱང་ཤེས་རབ་ཀྱི་ཕ་རོལ་ཏུ་ཕྱིན་པ་དང་། ཐབས་ལ་མཁས་པ་དང་ལྡན་ཞིང་ཡོངས་སུ་རྫོགས་པར་ཤོག་ཅིག་ཅེས་སྨྲས་སོ། །དེ་ནས་བྱང་ཆུབ་སེམས་དཔའ་སེམས་དཔའ་ཆེན་པོ་རྟག་ཏུ་ངུ་དང་། ཚོང་དཔོན་གྱི་བུ་མོ་ལ་སོགས་པ་བུ་མོ་ལྔ་བརྒྱ་དེ་དག་གིས་ཤེས་རབ་ཀྱི་ཕ་རོལ་ཏུ་ཕྱིན་པ་ལ་མཆོད་པ་བྱས་ཤིང་། བྱང་ཆུབ་སེམས་དཔའ་སེམས་དཔའ་ཆེན་པོ་ཆོས་འཕགས་ལའང་བཀུར་སྟིར་བྱས་ཏེ། བྱང་ཆུབ་སེམས་དཔའ་སེམས་དཔའ་ཆེན་པོ་ཆོས་འཕགས་ཀྱི་རྐང་པ་ལ་མགོ་བོས་ཕྱག་འཚལ་ནས་ཞེ་ས་བྱེད་ཅིང་ཐལ་མོ་སྦྱར་ཏེ་ཕྱོགས་གཅིག་ཏུ་འདུག་གོ། །ཕྱོགས་གཅིག་ཏུ་འདུག་ནས་བྱང་ཆུབ་སེམས་དཔའ་སེམས་དཔའ་ཆེན་པོ་ཆོས་འཕགས་ལ་བྱང་ཆུབ་སེམས་དཔའ་སེམས་དཔའ་ཆེན་པོ་རྟག་ཏུ་ངུས་འདི་སྐད་ཅེས་སྨྲས་སོ། །རིགས་ཀྱི་བུ། འདི་ལ་བདག་ཤེས་རབ་ཀྱི་ཕ་རོལ་ཏུ་ཕྱིན་པ་ཚོལ་ཞིང་འཚྭོག་དགོན་པ་ཞིག་ཏུ་ཕྱིན་པ་ན་སྒྲ་ཐོས་པ། རིགས་ཀྱི་བུ། ཤར་ཕྱོགས་སུ་སོང་ཞིག་དང་། ཤེས་རབ་ཀྱི་ཕ་རོལ་ཏུ་ཕྱིན་པ་ཐོས་པར་འགྱུར་རོ། །ཞེས་བདག་གིས་སྒྲ་དེ་ཐོས་ནས་ཤར་ཕྱོགས་ག་ལ་བ་དེ་ཡོགས་སུ་མཆིས་ནས་འདི་སྙམ་དུ་བསམ་སྟེ། བདག་གིས་སྒྲ་དེ་ལ་ཇི་སྲིད་ཅིག་ཏུ་མཆི་བར་བགྱི། སུ་ལས་ཤེས་རབ་ཀྱི་ཕ་རོལ་ཏུ་ཕྱིན་པ་མཉན་པ་རྙེད་པར་འགྱུར་བ་མ་དྲིས་སོ། །སྙམ་ཏེ། དེས་བདག་ཡིད་མི་བདེ་ཞིང་ཤིན་ཏུ་གདུང་བར་གྱུར་ནས་ས་ཕྱོགས་དེ་ཉིད་དུ་ཞག་བདུན་འདས་ཏེ། དེ་ལྟར་ཤིན་ཏུ་གདུང་བས་ཟས་ལ་སེམས་པ་ནི། མ་བྱུང་གི། གཞན་དུ་ན་ཤེས་རབ་ཀྱི་ཕ་རོལ་ཏུ་ཕྱིན་པ་འབའ་ཞིག་ཡིད་ལ་བགྱིས་ཏེ་ཇི་སྲིད་དུ་མཆི་བར་བགྱི་བ་དང་། ཤེས་རབ་ཀྱི་ཕ་རོལ་ཏུ་ཕྱིན་པ་འདི་སུ་ལས་མཉན་པ་རྙེད་པར་འགྱུར་བ་སྒྲ་དེ་ལ་མ་དྲིས་སོ། །སྙམ་པ་དང་། དེ་ནས་བདག་གི་མདུན་དུ་དེ་བཞིན་གཤེགས་པའི་སྐུ་གཟུགས་ཤིག་བྱུང་སྟེ། དེ་འདི་སྐད་གསུང་ངོ་། །རིགས་ཀྱི་བུ། ཁྱོད་འདི་ནས་དཔག་ཚད་ལྔ་བརྒྱར་སོང་དང་གྲོང་ཁྱེར་སྤོས་ལྡན་ཞེས་བྱ་བ་དེ་ན་བྱང་ཆུབ་སེམས་དཔའ་སེམས་དཔའ་ཆེན་པོ་ཆོས་

འཕགས་ཤེས་རབ་ཀྱི་ཕ་རོལ་ཏུ་ཕྱིན་པ་འཆད་པ་མཐོང་བར་འགྱུར་རོ། །ཞེས་གསུངས་ཏེ། དེ་བཞིན་གཤེགས་པའི་སྐུ་གཟུགས་དེ་དག་ལས་བདག་གིས་འདི་ཐོས་ནས་ཇི་ལྟར་གཏམས་པ་བཞིན་དུ་ཤར་ཕྱོགས་ག་ལ་བ་དེ་ཡོགས་སུ་ཞུགས་ཏེ་མཆིས་པ་དང་། རྒྱང་རིང་མོ་ཞིག་ནས་འཕགས་པ་ཆོས་སྟོན་པ་མཐོང་སྟེ། མཐོང་མ་ཐག་ཏུ་བདག་ལ་བདེ་བ་འདི་ལྟ་བུ་སྐྱེས་པ་དཔེར་ན། དགེ་སློང་བསམ་གཏན་དང་པོ་ལ་ཞུགས་པ་བཞིན་ཏེ། བདག་དགའ་བ་དང་། རབ་ཏུ་དགའ་བ་དེས་ཁྱབ་པར་གྱུར་ནས་ས་ཕྱོགས་དེ་ནས་མ་བསྒྲོད་པར་ཁྱོད་ལས་ཤེས་རབ་ཀྱི་ཕ་རོལ་ཏུ་ཕྱིན་པ་ཐོས་སོ། །དེ་ཉན་པ་ནི་ཏིང་ངེ་འཛིན་གྱི་སྒོ་མང་པོ་སྐྱེས་པར་གྱུར་ཏོ། །བདག་དེ་ན་མཆིས་པ་ན་ཕྱོགས་བཅུའི་འཇིག་རྟེན་གྱི་ཁམས་ཀྱི་སངས་རྒྱས་བཅོམ་ལྡན་འདས་རྣམས་ཀྱིས་དབུགས་དབྱུང་བ་མཛད་དེ། རིགས་ཀྱི་བུ། ལེགས་སོ། །ལེགས་སོ། །ཁྱོད་ཀྱི་ཏིང་ངེ་འཛིན་འདི་དག་ནི། ཤེས་རབ་ཀྱི་ཕ་རོལ་ཏུ་ཕྱིན་པ་ལས་སྐྱེས་པ་ཡིན་ཏེ། འདི་ལ་གནས་པས་ངེད་ཀྱིས་ཀྱང་སངས་རྒྱས་ཀྱི་ཆོས་རྣམས་ཡོངས་སུ་རྫོགས་པར་བྱས་སོ། །ཞེས་དེ་བཞིན་གཤེགས་པ་དེ་དག་གིས་བདག་ལ་ཤིན་ཏུ་ལེགས་པར་བསྟན་ནས་མི་སྣང་བར་གྱུར་ཏོ། །བདག་ཀྱང་ཏིང་ངེ་འཛིན་དེ་ལས་ལངས་ནས་འདི་སྙམ་དུ་བསམ་སྟེ། དེ་བཞིན་གཤེགས་པ་དེ་དག་གང་ནས་བྱོན། དེ་བཞིན་གཤེགས་པ་དེ་དག་གང་དུ་བཞུད་སྙམ་མོ། །དེ་ནས་ཡང་བདག་གིས་འདི་སྙམ་དུ་བསམ་སྟེ། (བསམས་ཏེ།) བྱང་ཆུབ་སེམས་དཔའ་སེམས་དཔའ་ཆེན་པོ་འཕགས་པ་ཆོས་འཕགས་ནི། སྔོན་གྱི་རྒྱལ་བ་ལ་བགྱི་བ་བགྱིས་པ། དགེ་བའི་རྩ་བ་བསྐྱེད་པ། ཤེས་རབ་ཀྱི་ཕ་རོལ་ཏུ་ཕྱིན་པ་དང་། ཐབས་ལ་མཁས་པ་ལ་ཤིན་ཏུ་བསླབ་པ་ལགས་ཏེ། དེ་དེ་བཞིན་གཤེགས་པ་དེ་དག་གང་ནས་བྱོན་པ་དང་། དེ་བཞིན་གཤེགས་པ་དེ་དག་གང་དུ་བཞུད་པ་དེ་བདག་ལ་སྟོན་པར་འགྱུར་སྙམ་ནས་རིགས་ཀྱི་བུ། ཁྱོད་ལ་དེ་བཞིན་གཤེགས་པ་དེ་དག་གང་ནས་བྱོན་པ་དང་། དེ་བཞིན་གཤེགས་པ་དེ་དག་གང་དུ་བཞུད་པ་བདག་ཞུ་ན། ཅི་ནས་བདག་དེ་བཞིན་གཤེགས་པ་དེ་དག་བྱོན་པ་དང་། བཞུད་པ་འཚལ་ཞིང་དེ་བཞིན་གཤེགས་པ་མཐོང་བ་དང་མི་འབྲལ་བར་འགྱུར་བ་དེ་ལྟར (–བ་དེ་ལྟར་) དེ་བཞིན་གཤེགས་པ་དེ་དག་བྱོན་པ་དང་། བཞུད་པ་བདག་ལ་བཤད་དུ་གསོལ། ཤེས་རབ་ཀྱི་ཕ་རོལ་ཏུ་ཕྱིན་པ་སྟོང་ཕྲག་བརྒྱ་པ་ལས་རྟག་ཏུ་ངུའི་ལེའུ་ཞེས་བྱ་སྟེ། བདུན་ཅུ་རྩ་གསུམ་པའོ།། །།

དེ་སྐད་ཅེས་སྨྲས་པ་དང་། བྱང་ཆུབ་སེམས་དཔའ་སེམས་དཔའ་ཆེན་པོ་ཆོས་འཕགས་ཀྱིས་བྱང་ཆུབ་སེམས་དཔའ་སེམས་དཔའ་ཆེན་པོ་རྟག་ཏུ་ངུ་ལ་འདི་སྐད་ཅེས་སྨྲས་སོ། །རིགས་ཀྱི་བུ། དེ་བཞིན་གཤེགས་པ་དེ་དག་ནི། གང་ནས་ཀྱང་མ་བྱོན། གང་དུའང་མ་བཞུད་དེ། དེ་བཞིན་ཉིད་ལས་མ་གཡོས་སོ། །དེ་བཞིན་ཉིད་གང་ཡིན་པ་དེ་ནི། དེ་བཞིན་གཤེགས་པའོ། །རིགས་ཀྱི་བུ། མི་སྐྱེ་བ་ལ་འོང་བའམ་འགྲོ་བ་མེད་དེ། མི་སྐྱེ་བ་གང་ཡིན་པ་དེ་ནི། དེ་བཞིན་གཤེགས་པའོ། །རིགས་ཀྱི་བུ། ཡང་དག་པའི་མཐའ་ལ་འོང་བའམ་འགྲོ་བ་མེད་དེ། ཡང་དག་པའི་མཐའ་གང་ཡིན་པ་དེ་ནི། དེ་བཞིན་གཤེགས་པའོ། །རིགས་ཀྱི་བུ། སྟོང་པ་ཉིད་ལ་འོང་བའམ། འགྲོ་བ་མེད་དེ། སྟོང་པ་ཉིད་གང་ཡིན་པ་དེ་ནི། དེ་བཞིན་གཤེགས་པའོ། །རིགས་ཀྱི་བུ། ཇི་ལྟ་བ་བཞིན་ལ་འོང་བའམ་འགྲོ་བ་མེད་དེ། ཇི་ལྟ་བ་བཞིན་གང་ཡིན་པ་དེ་ནི། དེ་བཞིན་གཤེགས་པའོ། །རིགས་ཀྱི་བུ། འདོད་ཆགས་དང་བྲལ་བ་ལ་འོང་བའམ་འགྲོ་བ་མེད་དེ། འདོད་ཆགས་དང་

བྲལ་བ་གང་ཡིན་པ་དེ་ནི། དེ་བཞིན་གཤེགས་པའོ། །རིགས་ཀྱི་བུ། འགོག་པ་ལ་འོང་བའམ་འགྲོ་བ་མེད་དེ། འགོག་པ་གང་ཡིན་པ་དེ་ནི། དེ་བཞིན་གཤེགས་པའོ། །རིགས་ཀྱི་བུ། ནམ་མཁའི་ཁམས་ལ་འོང་བའམ། འགྲོ་བ་མེད་དེ། ནམ་མཁའི་ཁམས་གང་ཡིན་པ་དེ་ནི། དེ་བཞིན་གཤེགས་པའོ། །རིགས་ཀྱི་བུ། ཆོས་དེ་དག་ལས་དེ་བཞིན་གཤེགས་པ་གུད་ན་མེད་དེ། རིགས་ཀྱི་བུ། ཆོས་འདི་དག་གི་དེ་བཞིན་ཉིད་གང་ཡིན་པ་དང་། དེ་བཞིན་གཤེགས་པའི་དེ་བཞིན་ཉིད་གང་ཡིན་པ་འདི་ནི། དེ་བཞིན་ཉིད་གཅིག་སྟེ། རིགས་ཀྱི་བུ། དེ་བཞིན་ཉིད་ལ་གཉིས་སུ་བྱར་མེད་དོ། །རིགས་ཀྱི་བུ། དེ་བཞིན་ཉིད་གཅིག་སྟེ། འདི་ལྟ་སྟེ། མེད་པའི་ཕྱིར་གཉིས་སམ་གསུམ་དུ་བགྲང་བ་ལས་འདས་པའོ། །རིགས་ཀྱི་བུ། འདི་ལྟ་སྟེ། དཔེར་ན། མི་ཉི་མས་གདུངས་པས་སོས་ཀའི་ཟླ་བ་ཐ་མ་ལ་ཉི་མ་གུང་གི་དུས་ལ་བབ་པའི་ཚེ་སྨིག་རྒྱུ་གཡོ་བ་མཐོང་ནས་དེར་ཆུ་བཏུང་ངོ་། །ཞེས་དེ་དང་དེར་རྒྱུག་ན། རིགས་ཀྱི་བུ། འདི་ཇི་སྙམ་དུ་སེམས། ཆུ་དེ་གང་ནས་འོངས། གང་དུ་སོང་། ཆུ་དེ་ཤར་ཕྱོགས་ཀྱི་རྒྱ་མཚོའམ། ལྷོ་ཕྱོགས་ཀྱི་རྒྱ་མཚོའམ། ནུབ་ཕྱོགས་ཀྱི་རྒྱ་མཚོའམ། བྱང་ཕྱོགས་ཀྱི་རྒྱ་མཚོ་གང་དུ་སོང་། རྟག་ཏུ་ངུས་སྨྲས་པ། རིགས་ཀྱི་བུ། སྨིག་རྒྱུ་ལ་ཆུ་མ་མཆིས་ན། འོང་བའམ་འགྲོ་བ་ལྟ་ག་ལ་མཆིས་ཏེ། རིགས་ཀྱི་བུ། མི་ཉི་མས་གདུངས་ཤིང་བྱིས་པའི་རང་བཞིན་ཅན། ཤེས་རབ་འཆལ་པའི་རང་བཞིན་ཅན་གྱིས་སྨིག་རྒྱུ་མཐོང་ནས་ཆུ་མ་མཆིས་པ་ལ་ཆུར་འདུ་ཤེས་བསྐྱེད་(སྐྱེད་)ཀྱི། དེ་ལ་ཆུ་ནི། རང་བཞིན་གྱིས་མ་མཆིས་སོ། །ཆོས་འཕགས་ཀྱིས་སྨྲས་པ། རིགས་ཀྱི་བུ། དེ་དེ་བཞིན་ནོ། །དེ་དེ་བཞིན་ཏེ། དེ་བཞིན་དུ་རིགས་ཀྱི་བུ། གང་སུ་དག་དེ་བཞིན་གཤེགས་པ་ལ་གཟུགས་སམ། སྒྲར་མངོན་པར་ཞེན་པར་བྱེད་པ་དེ་དག་ནི། དེ་བཞིན་གཤེགས་པ་ལ་བྱོན་པའམ་བཞུད་པར་རྟོག་གོ། །གང་དེ་བཞིན་གཤེགས་པ་ལ་བྱོན་པའམ་བཞུད་པར་རྟོག་པ་དེ་དག་ཐམས་ཅད་ནི། བྱིས་པའི་རང་བཞིན་ཅན། ཤེས་རབ་འཆལ་པའི་རང་བཞིན་ཅན་ཞེས་བྱ་སྟེ། དཔེར་ན། མི་དེ་ཆུ་མེད་པ་ལ་ཆུར་འདུ་ཤེས་བསྐྱེད་པ་བཞིན་ནོ། །དེ་ཅིའི་ཕྱིར་ཞེ་ན། དེ་བཞིན་གཤེགས་པ་ནི། གཟུགས་ཀྱི་སྐུར་མི་བལྟ་སྟེ། དེ་བཞིན་གཤེགས་པ་ནི། ཆོས་ཀྱི་སྐུའོ། །རིགས་ཀྱི་བུ། ཆོས་ཉིད་ནི། འོང་བའམ། འགྲོ་བ་མེད་དེ། རིགས་ཀྱི་བུ། དེ་བཞིན་དུ་དེ་བཞིན་གཤེགས་པ་རྣམས་ལ་བྱོན་པའམ་བཞུད་པ་མེད་དོ། །རིགས་ཀྱི་བུ། འདི་ལྟ་སྟེ། དཔེར་ན། སྒྱུ་མ་སྤྲུལ་པའི་གླང་པོ་ཆེའི་ཚོགས་སམ། རྟའི་ཚོགས་སམ། ཤིང་རྟའི་ཚོགས་སམ། དཔུང་བུ་ཆུང་གི་ཚོགས་ལ་འོང་བའམ་འགྲོ་བ་མེད་དོ། །རིགས་ཀྱི་བུ། དེ་བཞིན་གཤེགས་པའི་སྐུ་ལའང་བྱོན་པའམ་བཞུད་པ་མེད་དོ། །རིགས་ཀྱི་བུ། འདི་ལྟ་སྟེ། དཔེར་ན། སྐྱེས་བུ་གཉིད་ཀྱིས་ལོག་པའི་རྨི་ལམ་དུ་དེ་བཞིན་གཤེགས་པ་གཅིག་གམ། གཉིས་སམ། གསུམ་མམ། བཞིའམ། ལྔའམ། བཅུའམ། ཉི་ཤུའམ། སུམ་ཅུའམ། བཞི་བཅུའམ། ལྔ་བཅུའམ། དེ་ལས་ལྷག་པ་ཞིག་མཐོང་བ་ལས་སད་པ་དང་། དེ་བཞིན་གཤེགས་པ་གཅིག་ཀྱང་མ་མཐོང་ན། རིགས་ཀྱི་བུ། འདི་ཇི་སྙམ་དུ་སེམས། དེ་བཞིན་གཤེགས་པ་དེ་དག་གང་ནས་བྱོན། གང་དུ་བཞུད། རྟག་ཏུ་ངུས་སྨྲས་པ། རིགས་ཀྱི་བུ། རྨི་ལམ་ལ་ཆོས་གང་ཡང་གྲུབ་པ་མི་གདའོ། །རྨི་ལམ་ནི། རྫུན་ཏེ། ཡང་དག་པ་མ་ལགས་པའོ། །ཆོས་འཕགས་ཀྱིས་སྨྲས་པ། རིགས་ཀྱི་བུ། དེ་དེ་བཞིན་ཏེ། ཆོས་ཐམས་ཅད་ནི། དེ་བཞིན་གཤེགས་པས་རྨི་ལམ་ལྟ་བུའོ། །ཞེས་གསུངས་སོ། །རིགས་ཀྱི་བུ། གང་སུ་དག་དེ་བཞིན་གཤེགས་

པས་ཆོས་ཐམས་ཅད་རྨི་ལམ་ལྟ་བུར་ཡང་དག་པ་ཇི་ལྟ་བ་བཞིན་དུ་བསྟན་པ་མི་ཤེས་པ་དེ་དག་ནི། མིང་མཚན་
གྱི་སྒྲ་དང་། གཟུགས་ཀྱི་སྐུར་མངོན་པར་ཞེན་པར་བྱེད་དེ། དེ་ལྟར་ཆོས་ཉིད་མི་ཤེས་པས་དེ་བཞིན་གཤེགས་
པ་ལ་ཕྱོན་པ་དང་བཞུད་པར་རྟོག་གོ། །གང་དག་དེ་བཞིན་གཤེགས་པ་ལ་ཕྱོན་པ་དང་བཞུད་པར་འདོད་པའི···
བྱིས་པ་སོ་སོའི་སྐྱེ་བོ་དེ་དག་ཐམས་ཅད་ནི། འཁོར་བ་འགྲོ་བ་དྲུག་པོར་འོང་བ། འདོང་བ། འདོང་བར···
འགྱུར་བའོ། །དེ་དག་ཐམས་ཅད་ནི། ཤེས་རབ་ཀྱི་ཕ་རོལ་ཏུ་ཕྱིན་པ་ལས་རྒྱང་རིང་དུ་གྱུར་པའོ། །དེ་དག་
ཐམས་ཅད་ནི། །སངས་རྒྱས་ཀྱི་ཆོས་ལས་རྒྱང་རིང་དུ་གྱུར་པའོ། །ཡང་རིགས་ཀྱི་བུ། གང་དག་ཆོས་ཐམས་
ཅད་རྨི་ལམ་ལྟ་བུ་ལ་དེ་བཞིན་གཤེགས་པས་ཆོས་ཐམས་ཅད་རྨི་ལམ་ལྟ་བུའོ། །ཞེས་ཡང་དག་པ་ཇི་ལྟ་བ་བཞིན་
དུ་བསྟན་པ་ཤེས་པ་དེ་དག་ནི། ཆོས་གང་ལའང་འོང་བའམ། འགྲོ་བའམ། སྐྱེ་བའམ། འགག་པར་མི···
རྟོག་གོ། གང་དག་ཆོས་གང་ལའང་འོང་བའམ། འགྲོ་བའམ། སྐྱེ་བའམ། འགག་པར་མི་རྟོག་པ་དེ་དག
ནི། དེ་བཞིན་གཤེགས་པ་ཆོས་ཉིད་དུ་རབ་ཏུ་ཤེས་སོ། །གང་དག་དེ་བཞིན་གཤེགས་པ་ཆོས་ཉིད་དུ་རབ་ཏུ་
ཤེས་པ་དེ་དག་ནི། དེ་བཞིན་གཤེགས་པ་ལ་ཕྱོན་པའམ་བཞུད་པར་མི་རྟོག་གོ། །གང་དག་དེ་བཞིན་གཤེགས་
པའི་ཆོས་ཉིད་དེ་ལྟ་བུ་རབ་ཏུ་ཤེས་པ་དེ་དག་ནི། བླ་ན་མེད་པ་ཡང་དག་པར་རྫོགས་པའི་བྱང་ཆུབ་ལ་ཉེ་བར་
གྱུར་པ་སྟེ། ཤེས་རབ་ཀྱི་ཕ་རོལ་ཏུ་ཕྱིན་པ་ལ་སྤྱོད་པའོ། །བཅོམ་ལྡན་འདས་ཀྱི་ཉན་ཐོས་དེ་དག་ནི། ཡུལ་
འཁོར་གྱི་བསོད་སྙོམས་དོན་ཡོད་པར་ཟ་སྟེ། དེ་དང་དེ་དག་ནི། འཇིག་རྟེན་གྱི་སྦྱིན་གནས་སོ། །རིགས་ཀྱི་
བུ། འདི་ལྟ་སྟེ། དཔེར་ན། རྒྱ་མཚོ་ཆེན་པོའི་ནང་ན་རིན་པོ་ཆེ་དག་ཡོད་པ་ནི། ཤར་ཕྱོགས་ནས་ཀྱང་
མ་འོངས། ལྷོ་དང་། ནུབ་དང་། བྱང་དང་། ཕྱོགས་མཚམས་དང་། སྟེང་དང་། འོག་དང་།
ཕྱོགས་བཅུ་གང་ནས་ཀྱང་མ་འོངས་མོད་ཀྱི། སེམས་ཅན་དེ་དག་གི་དགེ་བའི་རྩ་བ་ལ་བརྟེན་ནས་རྒྱ་མཚོ་ཆེན···
པོའི་ནང་ནས་རིན་པོ་ཆེ་དག་འབྱུང་སྟེ། དེ་དག་ཀྱང་རྒྱུ་མེད་པར་བྱུང་བ་མ་ཡིན་གྱི། རྒྱུ་དང་། རྐྱེན་དང་།
གཞི་ལ་རག་ལས་པ་ཡིན་ཏེ། བརྟེན་ནས་བྱུང་ངོ་། །རིན་པོ་ཆེ་དེ་དག་འགག་པའང་ཕྱོགས་བཅུའི་འཇིག་རྟེན་
གང་དུའང་མི་འཕོ་མོད་ཀྱི། རྐྱེན་དེ་དག་ཡོད་ན། རིན་པོ་ཆེ་དེ་དག་རབ་ཏུ་འབྱེད་དོ། །རྐྱེན་དེ་དག་མེད་
ན། རིན་པོ་ཆེ་དེ་དག་རབ་ཏུ་དབྱེ་བའང་མེད་པར་འགྱུར་རོ། །རིགས་ཀྱི་བུ། དེ་བཞིན་དུ་དེ་བཞིན···
གཤེགས་པ་དེ་དག་གི་སྐུ་མངོན་པར་གྲུབ་པའང་གང་ནས་ཀྱང་མ་ཕྱོན། ཕྱོགས་བཅུའི་འཇིག་རྟེན་གང་དུའང་མ་
བཞུད་དོ། །སངས་རྒྱས་བཅོམ་ལྡན་འདས་དེ་དག་གི་སྐུ་རྒྱུ་མེད་པའང་མ་ཡིན་ཏེ། སྔོན་གྱི་སྤྱོད་པས་ཡོངས་སུ་
གྲུབ་པ་ཡིན་པས། རྒྱུ་དང་རྐྱེན་ལ་རག་ལས་པ། སྔོན་གྱི་འཕྲིན་ལས་རྣམ་པར་སྨིན་པའི་རྒྱུ་ལས་བྱུང་བ་ཡིན་ནོ། །
དེ་དག་ཀྱང་རྐྱེན་རྣམས་ཡོད་ན། སྐུ་མངོན་པར་འགྲུབ་པར་འགྱུར་ཏེ། རྐྱེན་དག་མེད་ན། སྐུ་མངོན་པར···
འགྲུབ་པའང་མི་སྣང་ངོ་། །རིགས་ཀྱི་བུ། འདི་ལྟ་སྟེ། དཔེར་ན། པི་ཝང་གི་སྒྲ་བྱུང་བའང་གང་ནས་ཀྱང་
མ་འོངས། འགགས་པའང་གང་དུའང་མི་འགྲོ། གང་དུའང་མི་འཕོ་སྟེ། བརྟེན་ནས་འབྱུང་བ། རྒྱུ་ལ···
རག་ལས། རྐྱེན་ལ་རག་ལས་པའོ། །འདི་ལྟ་སྟེ། པི་ཝང་གི་ཁོག་པ་ལ་བརྟེན། པགས་པ་ལ་བརྟེན།
རྒྱུད་ལ་བརྟེན། ཤིང་བུ་ལ་བརྟེན། རྒྱུད་རྟེན་ལ་བརྟེན། མི་དེ་ལས་སྐྱེས་པའི་རྩོལ་བ་ལ་བརྟེན་ནས་པི་ཝང་
དེ་ལས་སྒྲ་འབྱུང་སྟེ། སྒྲ་དེའང་པི་ཝང་གི་ཁོག་པ་ལས་མ་བྱུང་། པགས་པ་ལས་མ་བྱུང་། རྒྱུད་ལས་མ་བྱུང་།

ཤིང་བུ་ལས་མ་བྱུང་། རྒྱུད་རྟེན་ལས་མ་བྱུང་། མི་དེ་ལས་སྐྱེས་པའི་རྩོལ་བ་ལས་སྒྲ་མ་བྱུང་མོད་ཀྱི། དེ་དག་ཐམས་ཅད་འདུས་པ་ལས་ཀྱང་སྒྲར་གྲག་ལ། སྒྲ་དེ་འགག་པའང་གང་དུའང་མི་འགྲོ་བ་དེ་བཞིན་དུ་རིགས་ཀྱི་བུ། སངས་རྒྱས་བཅོམ་ལྡན་འདས་རྣམས་ཀྱི་སྐུ་ཡོངས་སུ་གྲུབ་པའང་རྒྱུ་ལ་རག་ལས་པ། རྐྱེན་ལ་རག་ལས་པ། དགེ་བའི་རྩ་བ་དུ་མས་ཡོངས་སུ་གྲུབ་པ་ཡིན་ཏེ། རྒྱུ་གཅིག་གིས་མ་ཡིན། རྐྱེན་གཅིག་གིས་མ་ཡིན། དགེ་བའི་རྩ་བ་གཅིག་གིས་སངས་རྒྱས་ཀྱི་རབ་ཏུ་དབྱེ་བ་མ་ཡིན་ཏེ། རྒྱུ་མེད་པའང་མ་ཡིན་ནོ། །རྒྱུ་དང་རྐྱེན་མང་པོ་ཚོགས་པ་ལས་བྱུང་བ་ཡིན་ཏེ། དེ་ནི། གང་ནས་ཀྱང་མ་བྱོན་ཏེ། རྒྱུ་དང་རྐྱེན་ཚོགས་པ་མེད་ཀྱང་གང་དུའང་མི་བཞུད་དེ། རིགས་ཀྱི་བུ། ཁྱོད་ཀྱིས་དེ་བཞིན་གཤེགས་པ་དེ་དག་བྱོན་པ་དང་། བཞུད་པ་དེ་ལྟར་བལྟའོ། །རིགས་ཀྱི་བུ། ཆོས་ཐམས་ཅད་ཀྱི་ཆོས་ཉིད་ཀྱང་ཁྱོད་ཀྱིས་འདི་བཞིན་དུ་ཁོང་དུ་ཆུད་པར་གྱིས་ཤིག །རིགས་ཀྱི་བུ། ཁྱོད་གང་ཚུན་ཆད་དེ་ལྟར་དེ་བཞིན་གཤེགས་པ་དང་ཆོས་ཐམས་ཅད་སྐྱེ་བ་མེད་པ་དང་། འགག་པ་མེད་པར་ཤེས་པ་དེ་ཚུན་ཆད་ཁྱོད་བླ་ན་མེད་པ་ཡང་དག་པར་རྫོགས་པའི་བྱང་ཆུབ་ཏུ་ངེས་ཤིང་། ཤེས་རབ་ཀྱི་ཕ་རོལ་ཏུ་ཕྱིན་པ་དང་། ཐབས་མཁས་པ་ལ་ངེས་པར་སྤྱོད་པར་འགྱུར་རོ། །དེ་བཞིན་གཤེགས་པ་བྱོན་པ་དང་། བཞུད་པ་མེད་པ་འདི་བཤད་པའི་ཚེ་ས་གཡོ་བ་ཆེན་པོ་བྱུང་སྟེ། སྟོང་གསུམ་གྱི་སྟོང་ཆེན་པོའི་འཇིག་རྟེན་གྱི་ཁམས་འདི་ཐམས་ཅད་རྣམ་པ་དྲུག་ཏུ་གཡོས་པ་འདི་ལྟ་སྟེ། གཡོས། རབ་ཏུ་གཡོས། ཀུན་ཏུ་རབ་ཏུ་གཡོས། འགུལ། རབ་ཏུ་འགུལ། ཀུན་ཏུ་རབ་ཏུ་འགུལ་ཏེ། བདུད་ཀྱི་གནས་ཐམས་ཅད་ཀྱང་དཀྲུགས་ཤིང་སྤྱ་བཀོང་བར་གྱུར་ཏོ། །སྟོང་གསུམ་གྱི་སྟོང་ཆེན་པོའི་འཇིག་རྟེན་གྱི་ཁམས་ན་རྩྭ་དང་། ཤིང་གེལ་པ་དང་། ནགས་ཚལ་ཇི་སྙེད་ཡོད་པ་དེ་དག་ཐམས་ཅད་བྱང་ཆུབ་སེམས་དཔའ་སེམས་དཔའ་ཆེན་པོ་ཆོས་འཕགས་ག་ལ་བ་དེ་ཕྱོགས་སུ་རབ་ཏུ་འདུད་པར་གྱུར་ཏོ། །དུས་མ་ཡིན་པའི་མེ་ཏོག་དག་ཀྱང་སྙིང་གི་བར་སྣང་ལས་འཐོར་ཞིང་། མེ་ཏོག་གི་ཆར་དག་ཀྱང་བབ་བོ། །ལྷའི་དབང་པོ་བརྒྱ་བྱིན་དང་། རྒྱལ་པོ་ཆེན་པོ་བཞི་དག་ཀྱང་བྱང་ཆུབ་སེམས་དཔའ་སེམས་དཔའ་ཆེན་པོ་རྟག་ཏུ་ངུ་ལ་ལྷའི་ཙནྡན་གྱི་ཕྱེ་མ་དང་། ལྷའི་མེ་ཏོག་གིས་འཐོར། མངོན་པར་འཐོར། མངོན་པར་རབ་ཏུ་འཐོར་ཞིང་ཚིག་འདི་སྐད་ཅེས་རིགས་ཀྱི་བུ། ཁྱོད་ཀྱི་མཐུས་དེང་བདག་ཅག་གིས་ཀྱང་དོན་དམ་པ་ལས་བྱུང་བའི་གཏམ། འཇིག་རྟེན་ཐམས་ཅད་དང་མི་མཐུན་པ་གང་འཇིག་ཚོགས་ལ་གནས་པ་ཐམས་ཅད་ཀྱིས་མ་ཡིན་པ་བསྟན་པ་ཐོས་སོ། །ཞེས་འཛེར་ཏོ། །དེ་ནས་བྱང་ཆུབ་སེམས་དཔའ་སེམས་དཔའ་ཆེན་པོ་ཆོས་འཕགས་ལ་བྱང་ཆུབ་སེམས་དཔའ་སེམས་དཔའ་ཆེན་པོ་རྟག་ཏུ་ངུས་འདི་སྐད་ཅེས་སྨྲས་སོ། །རིགས་ཀྱི་བུ། ས་གཡོས་པ་ཆེན་པོ་བྱུང་བ་འདིའི་རྒྱུ་གང་ལགས། རྐྱེན་གང་ལགས། ཆོས་འཕགས་ཀྱིས་སྨྲས་པ། རིགས་ཀྱི་བུ། དེ་བཞིན་གཤེགས་པ་རྣམས་མ་བྱོན་མི་བཞུད་པ་འདི་ཁྱོད་ཀྱིས་དྲིས་ཏེ་ཁོ་བོས་བསྟན་པས་སྲོག་ཆགས་བརྒྱད་སྟོང་མི་སྐྱེ་བའི་ཆོས་ལ་བཟོད་པ་ཐོབ་པར་གྱུར་པ་དང་། སྲོག་ཆགས་ཁྲག་ཁྲིག་ཕྲག་བརྒྱད་ཅུས་བླ་ན་མེད་པ་ཡང་དག་པར་རྫོགས་པའི་བྱང་ཆུབ་ཏུ་སེམས་བསྐྱེད་པ་དང་། སྲོག་ཆགས་དྲུག་ཁྲི་བཞི་སྟོང་ཆོས་རྣམས་ལ་ཆོས་ཀྱི་མིག་རྡུལ་མེད་ཅིང་དྲི་མ་དང་བྲལ་བ་རྣམ་པར་དག་པར་གྱུར་པའི་ཕྱིར་རོ། །དེ་ནས་བྱང་ཆུབ་སེམས་དཔའ་སེམས་དཔའ་ཆེན་པོ་རྟག་ཏུ་ངུ་དགའ་བ་དང་། རངས་པ་རྒྱ་ཆེན་པོ་དང་ལྡན་པར་གྱུར་ཏེ། བདག་གིས་ཤེས་རབ་ཀྱི་ཕ་རོལ་ཏུ་ཕྱིན་པ་དང་། དེ་བཞིན་གཤེགས་པ་རྣམས་བྱོན་

པ་དང་། བཞུད་པ་མེད་པ་བསྟན་པ་འདི་དྲིས་པས་སེམས་ཅན་འདི་སྙེད་ཀྱི་དོན་བྱས་པར་གྱུར་པ་ནི། བདག་
གིས་རྙེད་པ་ལེགས་པར་རྙེད་དོ། །འདི་ཉིད་ཀྱིས་བདག་བླ་ན་མེད་པ་ཡང་དག་པར་རྫོགས་པའི་བྱང་ཆུབ་འགྲུབ་
པར་བྱ་བའི་དགེ་བའི་རྩ་བ་མཆོག་གིས་བླ་ན་མེད་པ་ཡང་དག་པར་རྫོགས་པའི་བྱང་ཆུབ་ལ་ཕྱིར་ཐེ་ཚོམ་མི་བྱའོ། །
བདག་ནི། ཐེ་ཚོམ་མེད་པར་དེ་བཞིན་གཤེགས་པ་དགྲ་བཅོམ་པ་ཡང་དག་པར་རྫོགས་པའི་སངས་རྒྱས་སུ་འགྱུར་
རོ། །སྙམ་པ་དང་། དེ་དགའ་བ་དང་རངས་པ་དེ་དང་ལྡན་པས་ཏ་ལ་བདུན་དུ་ནམ་མཁའ་ལ་འཕགས་ནས་
ཏ་ལ་བདུན་ཙམ་ན་འདུག་སྟེ། བདག་ནམ་མཁའ་ལ་འདུག་ནས་བྱང་ཆུབ་སེམས་དཔའ་སེམས་དཔའ་ཆེན་པོ་
ཆོས་འཕགས་ལ་བཀུར་སྟི་བྱའོ། །སྙམ་དུ་(–དུ་)སེམས་སོ། །དེ་ལས་(ནས་)ལྷའི་དབང་པོ་བརྒྱ་བྱིན་གྱིས་
བྱང་ཆུབ་སེམས་དཔའ་སེམས་དཔའ་ཆེན་པོ་རྟག་ཏུ་ངུ་མངོན་པར་འཕགས་པ་མཐོང་ནས་དེའི་སེམས་སེམས་ཀྱིས་
ཤེས་ནས་དེ་ལ་ལྷའི་མེ་ཏོག་མནྡཱ་ར་བ་དག་བྱིན་ཏེ་འདི་སྐད་དུ། རིགས་ཀྱི་བུ། མེ་ཏོག་འདི་དག་གིས་བྱང་
ཆུབ་སེམས་དཔའ་སེམས་དཔའ་ཆེན་པོ་ཆོས་འཕགས་ལ་བཀུར་སྟི་གྱིས་ཤིག །འདི་ནི། ངས་ཁྱོད་ཡོངས་སུ་
བཟུང་བ་ཡིན་ཏེ། རིགས་ཀྱི་བུ། ཁྱོད་ཀྱི་མཐུས་སྟོག་ཆགས་སྟོང་ཕྲག་མང་པོའི་དོན་བྱས་ཏེ། རིགས་ཀྱི་བུ།
གང་སེམས་ཅན་ཐམས་ཅད་ཀྱི་ཕྱིར་ཇི་ལྟར་ཁྱོད་སྤྲོ་བར་བྱེད་པ་དེ་ལྟ་བུར་བསྐལ་པ་གྲངས་མེད་དཔག་ཏུ་མེད་པར་
སྤྲོ་བར་བྱེད་པའི་སེམས་ཅན་དེ་དག་ནི། རྙེད་པར་དཀའོ། །ཞེས་སྨྲས་སོ། །དེ་ནས་བྱང་ཆུབ་སེམས་དཔའ་
སེམས་དཔའ་ཆེན་པོ་རྟག་ཏུ་ངུས་ལྷའི་དབང་པོ་བརྒྱ་བྱིན་ལས་མེ་ཏོག་དེ་དག་བླངས་ཏེ་བྱང་ཆུབ་སེམས་དཔའ་
སེམས་དཔའ་ཆེན་པོ་ཆོས་འཕགས་ལ་གཏོར། མངོན་པར་གཏོར། མངོན་པར་རབ་ཏུ་གཏོར་ནས་བདག་གི་
ལུས་ཀྱིས་བྱང་ཆུབ་སེམས་དཔའ་སེམས་དཔའ་ཆེན་པོ་ཆོས་འཕགས་ལ་མངོན་པར་བཀབ་སྟེ་ཚིག་འདི་སྐད་ཅེས་
སྨྲས་སོ། །རིགས་ཀྱི་བུ། དེང་སླན་ཆད་ཁྱོད་ཀྱི་རིམ་གྲོ་དང་། ཞབས་རིང་བགྱི་བའི་སླད་དུ་བདག་གི་ལུས་
ཁྱོད་ལ་འབུལ་ལོ། །དེས་བདག་གི་ལུས་ཕུལ་ནས་བྱང་ཆུབ་སེམས་དཔའ་སེམས་དཔའ་ཆེན་པོ་ཆོས་འཕགས་ཀྱི་
མདུན་དུ་ཐལ་མོ་སྦྱར་ཏེ་འདུག་གོ། །དེ་ནས་ཚོང་དཔོན་གྱི་བུ་མོ་དེ་དང་། འཁོར་ལྔ་བརྒྱ་དེ་དག་གིས་བྱང་
ཆུབ་སེམས་དཔའ་སེམས་དཔའ་ཆེན་པོ་རྟག་ཏུ་ངུ་ལ་འདི་སྐད་ཅེས་སྨྲས་སོ། །རིགས་ཀྱི་བུ། བདག་ཅག་ཀྱང་
ཁྱོད་ལ་ལུས་འབུལ་གྱི། བདག་ཅག་ཀྱང་དགེ་བའི་རྩ་བ་འདིས་ཆོས་དེ་དག་ཐོབ་པར་གྱུར་ཅིག །ཁྱོད་ཉིད་
དང་ལྷན་ཅིག་ཏུ་སངས་རྒྱས་རྣམས་དང་། བྱང་ཆུབ་སེམས་དཔའ་རྣམས་ལ་བཀུར་སྟིར་བགྱི། དེ་དག་དང་ཉེ་
བར་གྱུར་པར་བགྱིའོ། །དེ་ནས་བྱང་ཆུབ་སེམས་དཔའ་རྟག་ཏུ་ངུས་ཚོང་དཔོན་གྱི་བུ་མོ་ལ་སོགས་པ་བུ་མོ་ལྔ་
བརྒྱ་ལ་འདི་སྐད་ཅེས་སྨྲས་སོ། །བུ་མོ་དག །ཁྱེད་ཁོ་བོ་ལ་ལྷག་པའི་བསམ་པས་གནས་པར་བྱེད་ན། ཁོ་བོ་
ལ་ལྷག་པའི་བསམ་པས་བདག་ཉིད་བྱིན་ཅིག་དང་། བུ་མོ་ཁྱེད་ཁོ་བོས་བླང་ངོ་། །བུ་མོ་དེ་དག་གིས་སྨྲས་པ།
ཁྱོད་ལ་ལྷག་པའི་བསམ་པ་ཐག་པ་ནས་ཁྱོད་ཀྱི་རྗེས་སུ་མཐུན་པར་འཇུག་གོ། །ཁྱོད་ལ་ལྷག་པའི་བསམ་པས་ཅི་
འདོད་པ་བྱ་བར་བདག་ཉིད་འབུལ་ལོ། །དེ་ནས་བྱང་ཆུབ་སེམས་དཔའ་སེམས་དཔའ་ཆེན་པོ་རྟག་ཏུ་ངུས་ཚོང་
དཔོན་གྱི་བུ་མོ་ལ་སོགས་པ་བུ་མོ་ལྔ་བརྒྱ་དེ་དག་རྒྱན་ཐམས་ཅད་ཀྱིས་བརྒྱན་ཏེ། ཤིང་རྟ་ལྔ་བརྒྱའང་བརྒྱན་ནས་
ཐམས་ཅད་བྱང་ཆུབ་སེམས་དཔའ་སེམས་དཔའ་ཆེན་པོ་ཆོས་འཕགས་ལ་ཕུལ་ཏེ། རིགས་ཀྱི་བུ་བདག་ནི།
འཁོར་འདི་དག་དང་། ཤིང་རྟ་ལྔ་བརྒྱ་འདི་དག་ཀྱང་ཡོངས་སུ་ལོངས་སྤྱད་པའི་ཕྱིར་ཁྱོད་ལ་འབུལ་ལོ། །དེ་

ནས་ལྷའི་དབང་པོ་བརྒྱ་བྱིན་གྱིས་རིགས་ཀྱི་བུ་དེ་ལ་ལེགས་སོ། །ཞེས་བྱ་བ་བྱིན་ཏེ། རིགས་ཀྱི་བུ། ལེགས་སོ། ། ལེགས་སོ། །དེ་ལྟར་བྱང་ཆུབ་སེམས་དཔའ་སེམས་དཔའ་ཆེན་པོ་དག་གིས་བདག་པ་ཐམས་ཅད་ཡོངས་སུ་གཏང་བར་བྱའོ། །ཡོངས་སུ་གཏོང་བའི་སེམས་དེ་ལྟ་བུས་མྱུར་དུ་བླ་ན་མེད་པ་ཡང་དག་པར་རྫོགས་པའི་བྱང་ཆུབ་མངོན་པར་རྫོགས་པར་འཚང་རྒྱའོ། །དེ་ལྟར་ན། ཆོས་སླ་བ་དག་ལ་མཆོད་པ་བྱས་ནས་ཤེས་རབ་ཀྱི་ཕ་རོལ་ཏུ་ཕྱིན་པ་དང་། ཐབས་ལ་མཁས་པ་ཉན་ནུས་ཏེ། སྔོན་གྱི་དེ་བཞིན་གཤེགས་པ་དགྲ་བཅོམ་པ་ཡང་དག་པར་རྫོགས་པའི་སངས་རྒྱས་དེ་དག་གིས་ཀྱང་སྔོན་བྱང་ཆུབ་སེམས་དཔའི་སྤྱད་པ་སྤྱོད་པ་ན་འདི་ལྟ་བུའི་གཏོང་བ་ལ་གནས་ནས་བླ་ན་མེད་པ་ཡང་དག་པར་རྫོགས་པའི་བྱང་ཆུབ་ཡང་དག་པར་བསྒྲུབས་ཏེ་ཤེས་རབ་ཀྱི་ཕ་རོལ་ཏུ་ཕྱིན་པ་དང་། ཐབས་ལ་མཁས་པ་ཡོངས་སུ་དྲིས་སོ། །དེ་ནས་བྱང་ཆུབ་སེམས་དཔའ་སེམས་དཔའ་ཆེན་པོ་ཆོས་འཕགས་ཀྱིས་ཚོང་དཔོན་གྱི་བུ་མོ་ལ་སོགས་པ་བུ་མོ་ལྔ་བརྒྱ་པོ་དེ་དག་དང་། ཤིང་རྟ་ལྔ་བརྒྱ་པོ་དེ་དག་བྱང་ཆུབ་སེམས་དཔའ་སེམས་དཔའ་ཆེན་པོ་རྟག་ཏུ་ངུའི་དགེ་བའི་རྩ་བ་ཡོངས་སུ་བསྔང་བའི་ཕྱིར་བླངས་ཏེ་བླངས་ནས་རིགས་ཀྱི་བུ་རྟག་ཏུ་ངུ་ལ་བྱིན་ནོ། །དེ་ནས་བྱང་ཆུབ་སེམས་དཔའ་སེམས་དཔའ་ཆེན་པོ་ཆོས་འཕགས་སྟན་ལས་ལངས་ཏེ་བདག་གི་ཁྱིམ་དུ་ཞུགས་པ་དང་ཉི་མ་ནུབ་པར་གྱུར་ནས་དེ་ནས་བྱང་ཆུབ་སེམས་དཔའ་སེམས་དཔའ་ཆེན་པོ་རྟག་ཏུ་ངུ་འདི་སྙམ་དུ་སེམས་ཏེ། འདི་ལྟར་བདག་ཆོས་འདོད་པའི་ཕྱིར་འོངས་ལ། འདུག་པའམ། ཉལ་བར་བྱེད་པ་ནི། བདག་གིས་མི་ཆ་ལ། འདི་ནི། མ་ལེགས་ཀྱི། བྱང་ཆུབ་སེམས་དཔའ་སེམས་དཔའ་ཆེན་པོ་ཆོས་འཕགས་འདི་ལྟ་སྟེ། ཆོས་སྟོན་དུ་ཕྱིར་མ་བྱུང་གི་བར་དུ་བདག་འགྲེང་བ་དང་། འཆག་པའི་སྤྱོད་ལམ་གཉིས་ཀྱིས་གནས་པར་བྱའོ། །སྙམ་མོ། །དེ་ནས་བྱང་ཆུབ་སེམས་དཔའ་སེམས་དཔའ་ཆེན་པོ་ཆོས་འཕགས་ལོ་བདུན་གྱི་བར་དུ་ཏིང་ངེ་འཛིན་གཅིག་ལ་སྙོམས་པར་ཞུགས་པར་གྱུར་ཅིང་། བྱང་ཆུབ་སེམས་དཔའི་ཏིང་ངེ་འཛིན་གྲངས་མེད་དཔག་ཏུ་མེད་པ་དག་དང་། ཤེས་རབ་ཀྱི་ཕ་རོལ་ཏུ་ཕྱིན་པ་དང་། ཐབས་མཁས་པ་ལས་བྱུང་བ་ལ་གནས་པར་གྱུར་ཏེ། བྱང་ཆུབ་སེམས་དཔའ་སེམས་དཔའ་ཆེན་པོ་རྟག་ཏུ་ངུའང་ལོ་བདུན་གྱི་བར་དུ་འདོད་པའི་རྟོག་པ་མ་བྱུང་། གནོད་སེམས་ཀྱི་རྟོག་པ་མ་བྱུང་། རྣམ་པར་འཚེ་བའི་རྟོག་པ་མ་བྱུང་། རོ་ལ་བརྐམ་པ་མ་སྐྱེས་ཏེ། གཞན་དུ་ན་བྱང་ཆུབ་སེམས་དཔའ་སེམས་དཔའ་ཆེན་པོ་ཆོས་འཕགས་ནམ་ལྡང་བར་འགྱུར། བདག་ཅག་ཀྱང་བྱང་ཆུབ་སེམས་དཔའ་སེམས་དཔའ་ཆེན་པོ་ཆོས་འཕགས་ཀྱི་ཆོས་ཀྱི་ཁྲི་གང་ལ་རིགས་ཀྱི་བུ་དེ་འདུག་ནས་ཆོས་སྟོན་པར་འགྱུར་བའི་ཆོས་ཀྱི་ཁྲི་བཤམས་ན། བདག་གིས་ས་ཕྱོགས་འདི་ཆག་ཆག་བཏབ་ཀྱི(ཀྱིས)། ལེགས་པར་བྱུགས་ལ་མེ་ཏོག་སྣ་ཚོགས་གཏོར་ཏེ་ས་ཕྱོགས་གང་དུ་བྱང་ཆུབ་སེམས་དཔའ་སེམས་དཔའ་ཆེན་པོ་ཆོས་འཕགས་ཤེས་རབ་ཀྱི་ཕ་རོལ་ཏུ་ཕྱིན་པ་དང་། ཐབས་ལ་མཁས་པ་རབ་ཏུ་སྟོན་པར་འགྱུར་བ་དེར་ལེགས་པར་བྱུག་པར་བྱའོ། །སྙམ་མོ། །ཚོང་དཔོན་གྱི་བུ་མོ་ལ་སོགས་པ་བུ་མོ་ལྔ་བརྒྱ་དེ་དག་ཀྱང་བྱང་ཆུབ་སེམས་དཔའ་སེམས་དཔའ་ཆེན་པོ་རྟག་ཏུ་ངུའི་རྗེས་སུ་སློབ་ཅིང་། སྤྱོད་ལམ་གཉིས་ཀྱིས་དུས་འདའ་བར་བྱེད་དེ། བྱ་བ་ཐམས་ཅད་ཀྱང་དེའི་རྗེས་སུ་འཇུག་གོ། །དེ་ནས་བྱང་ཆུབ་སེམས་དཔའ་སེམས་དཔའ་ཆེན་པོ་རྟག་ཏུ་ངུས་ལྷའི་སྒྲ་ཐོས་ཏེ། བྱང་ཆུབ་སེམས་དཔའ་སེམས་དཔའ་ཆེན་པོ་ཆོས་འཕགས་ཞག་བདུན་ན་ཏིང་ངེ་འཛིན་ལས་ལྡང་སྟེ། ལངས་ནས་གྲོང་ཁྱེར་གྱི་དབུས་སུ་འདུག(འཇུག)སྟེ་ཆོས་སྟོན་པར་

འགྱུར་རོ། །ཞེས་གྲག་ནས་བྱང་ཆུབ་སེམས་དཔའ་སེམས་དཔའ་ཆེན་པོ་རྟག་ཏུ་ངུ་ལྷའི་སྒྲ་དེ་ཐོས་པ་དང་།
དགའ་མགུ་ཡིད་(ཡི་)རངས་རབ་ཏུ་མགུ་ཞིང་དགའ་བ་དང་། ཡིད་བདེ་བ་སྐྱེས་ཏེ། ཚོང་དཔོན་གྱི་བུ་མོ་ལ་
སོགས་པ་བུ་མོ་ལྔ་བརྒྱ་དང་ས་ཕྱོགས་དེ་ཕྱུགས་ནས་ཆོས་ཀྱི་ཁྲི་རིན་པོ་ཆེ་ཐམས་ཅད་ཀྱིས་སྦྲུས་པ་བཤམས་སོ། །
དེ་ནས་བུ་མོ་དེ་དག་གིས་རང་རང་གི་བླ་གོས་ཕུད་དེ་སྟན་གང་ལ་བྱང་ཆུབ་སེམས་དཔའ་སེམས་དཔའ་ཆེན་པོ་
ཆོས་འཕགས་འདུག་ནས་ཆོས་སྟོན་པར་འགྱུར་བ་དེར་བཏིང་ངོ་། །དེ་ནས་བྱང་ཆུབ་སེམས་དཔའ་སེམས་དཔའ་
ཆེན་པོ་རྟག་ཏུ་ངུས་ཕྱོགས་དེར་ཆག་ཆག་གདབ་པར་འདོད་ན། བདུད་སྡིག་ཅན་གྱིས་ཆུ་ཐམས་ཅད་མི་སྣང་
བར་བྱས་ནས་ཅི་ནས་བྱང་ཆུབ་སེམས་དཔའ་སེམས་དཔའ་ཆེན་པོ་རྟག་ཏུ་ངུ་ཆུ་མ་རྙེད་ནས་ཡིད་མི་དགའ་ཞིང་
སེམས་སྡུག་བསྔལ་ཏེ་སེམས་གཞན་དུ་འགྱུར་བ་དང་། དགེ་བའི་རྩ་བ་ནུབ་པར་འགྱུར་བ་དང་། མཆོད་པ་
དེའང་མི་མཛེས་པར་བྱ་བའི་ཕྱིར་ཆུ་དེ་དག་མི་སྣང་བར་བྱས་ནས་ཀུན་ཏུ་ཆུ་བཙལ་ན་ཆུ་མ་རྙེད་དོ། །དེ་ནས་
བྱང་ཆུབ་སེམས་དཔའ་སེམས་དཔའ་ཆེན་པོ་རྟག་ཏུ་ངུ་འདི་སྙམ་དུ་སེམས་ཏེ། བདག་གི་ལུས་ཕུག་ནས་ཁྲག་
གིས་ས་ཕྱོགས་འདི་ཆག་ཆག་གདབ་བོ། །དེ་ཅིའི་ཕྱིར་ཞེ་ན། ས་ཕྱོགས་འདི་ནི། རྡུལ་ཆེ་སྟེ། འདི་ནས་
(–འདི་ནས་)རྡུལ་གྱི་ཁམས་(+འདི་ནས་)བྱུང་བས་བྱང་ཆུབ་སེམས་དཔའ་ཆེན་པོ་ཆོས་འཕགས་
ཀྱི་ལུས་ལ་ཐོག་ན་མི་རུང་གི། བདག་གི་ལུས་གདོན་མི་ཟ་བར་འཇིག་པ་འདིས་(འདི་)ཅི་ཞིག་བྱ། བདག་གི་
ལུས་འདི་ལྟ་བུའི་བྱ་བ་ལ་ཞིག་པ་ནི། ལྷའི། ནུས་པ་མེད་པའི་བྱ་བ་ལ་འདོད་པའི་ཕྱིར་འདོད་པའི་གཞིས་
འཁོར་བ་དག་ན་བདག་གི་ལུས་བརྒྱ་སྟོང་མང་པོ་དེ་ལྟ་བུའི་གནས་སུ་ཞིག་པ་ནི། ཅིར་ཡང་མ་རུང་སྙམ་མོ། །
དེ་ནས་བྱང་ཆུབ་སེམས་དཔའ་སེམས་དཔའ་ཆེན་པོ་རྟག་ཏུ་ངུས་མཚོན་རྣོན་པོ་བླངས་ཏེ་བདག་གི་ལུས་ལ་ཀུན་ཏུ་
ཕུག་ནས་རང་གི་ཁྲག་གིས་ས་ཕྱོགས་དེ་ཁོ་ར་ཁོར་ཡུག་ཏུ་ཆག་ཆག་བཏབ་བོ། །བྱང་ཆུབ་སེམས་དཔའ་སེམས་
དཔའ་ཆེན་པོ་རྟག་ཏུ་ངུའི་རྗེས་སུ་སློབ་པ་ཚོང་དཔོན་གྱི་བུ་མོ་ལ་སོགས་པ་བུ་མོ་ལྔ་བརྒྱ་དེ་དག་ཐམས་ཅད་ཀྱིས་
ཀྱང་མཚོན་རྣོན་པོ་བླངས་ཏེ་རང་རང་གི་ལུས་ཕུག་ནས་རང་རང་གི་ཁྲག་གིས་ས་ཕྱོགས་དེ་ཆག་ཆག་བཏབ་སྟེ།
གང་དེ་དག་ལ་བདུད་སྡིག་ཅན་གྱིས་དགེ་བའི་ཕྱོགས་ཀྱི་བར་ཆད་བྱ་བའི་སྐབས་རྙེད་པར་མི་འགྱུར་བར་བྱང་ཆུབ་
སེམས་དཔའ་སེམས་དཔའ་ཆེན་པོ་རྟག་ཏུ་ངུ་དང་། བུ་མོ་དེ་དག་སེམས་གཞན་དུ་གྱུར་པ་མེད་དོ། །དེ་ནས་
ལྷའི་དབང་པོ་བརྒྱ་བྱིན་འདི་སྙམ་དུ། བྱང་ཆུབ་སེམས་དཔའ་སེམས་དཔའ་ཆེན་པོ་རྟག་ཏུ་ངུ་འདི། འདི་ལྟར་
ཆོས་འདོད་པ་དང་། འདི་ལྟར་ཡི་དམ་ལ་བརྟན་པ་དང་། འདི་ལྟར་གོ་ཆ་ཆེན་པོ་བགོས་པ་དང་། ལུས་
དང་། སྲོག་དང་། ལོངས་སྤྱོད་རྣམས་ལ་མི་ལྟ་བ་དང་། བླ་ན་མེད་པ་ཡང་དག་པར་རྫོགས་པའི་བྱང་ཆུབ་
ཐོབ་པར་བྱ་བའི་ཕྱིར་འདི་ལྟ་སྟེ། བླ་ན་མེད་པ་ཡང་དག་པར་རྫོགས་པའི་བྱང་ཆུབ་མངོན་པར་རྫོགས་པར་
སངས་རྒྱས་ནས་འཁོར་བའི་སྡུག་བསྔལ་དཔག་ཏུ་མེད་པ་ལས་སེམས་ཅན་ཐར་པར་བྱའོ། །སྙམ་དུ་ལྷག་པའི་
བསམ་པ་ལ་ཞུགས་པ་ནི། ངོ་མཚར་ཏོ། །སྙམ་དུ་སེམས་སོ། །དེ་ནས་ལྷའི་དབང་པོ་བརྒྱ་བྱིན་གྱིས་ཁྲག་དེ་
དག་ཐམས་ཅད་ལྷའི་ཙནྡན་གྱི་ཆུར་བྱིན་གྱིས་བརླབས་ཏེ། ལྷའི་ཙནྡན་གྱི་ཆུ་དེའི་དྲི་དམ་པ་རྒྱ་ཆེ་བ་བསམ་གྱིས་
མི་ཁྱབ་པས་ས་ཕྱོགས་དེ་ཁོ་ར་ཁོར་ཡུག་ཏུ་དཔག་ཚད་ལྔ་བརྒྱ་ཚང་བར་དྲིས་ཁྱབ་བོ། །དེ་ནས་ལྷའི་དབང་པོ་
བརྒྱ་བྱིན་གྱིས་བྱང་ཆུབ་སེམས་དཔའ་སེམས་དཔའ་ཆེན་པོ་རྟག་ཏུ་ངུ་ལ་འདི་སྐད་ཅེས་སྨྲས་སོ། །རིགས་ཀྱི་བུ།

ལེགས་སོ། །ལེགས་སོ། །ཁྱོད་ཀྱི་བརྩོན་འགྲུས་བསམ་གྱིས་མི་ཁྱབ་བོ། །ཁྱོད་ཀྱི་ཆོས་འདོད་པ་དང་། ཆོས་
ཡོངས་སུ་ཚོལ་བ་བླ་ན་མེད་དོ། །རིགས་ཀྱི་བུ། སྔོན་གྱི་དེ་བཞིན་གཤེགས་པ་དགྲ་བཅོམ་པ་ཡང་དག་པར་
རྫོགས་པའི་སངས་རྒྱས་དེ་དག་གིས་ཀྱང་ལྷག་པའི་བསམ་པ་འདི་ལྟ་བུ་དང་། བརྩོན་འགྲུས་འདི་ལྟ་བུ་དང་།
ཆོས་འདོད་པ་འདི་ལྟ་བུས་བླ་ན་མེད་པ་ཡང་དག་པར་རྫོགས་པའི་བྱང་ཆུབ་ཡང་དག་པར་བསྒྲུབས་སོ། །དེ་ནས་
བྱང་ཆུབ་སེམས་དཔའ་སེམས་དཔའ་ཆེན་པོ་རྟག་ཏུ་ངུ་འདི་སྙམ་དུ་སེམས་ཏེ། བདག་གིས་བྱང་ཆུབ་སེམས་
དཔའ་སེམས་དཔའ་སེམས་དཔའ་ཆེན་པོ་ཆོས་འཕགས་ཀྱི་ཆོས་ཀྱི་སྟན་ནི། བཏིང་། ས་ཕྱོགས་འདི་ཕྱག་དར་
ནི། བྱས། ཆག་ཆག་ནི། བཏབ་ན། བདག་གིས་(གི་)མེ་ཏོག་གང་དག་གིས་ས་ཕྱོགས་འདིར་གཏོར་
བར་བྱ་བ་དང་། བྱང་ཆུབ་སེམས་དཔའ་སེམས་དཔའ་ཆེན་པོ་ཆོས་འཕགས་ཆོས་འཆད་པ་ལ་གཏོར་བར་བྱ་
བའི་མེ་ཏོག་དེ་དག་གང་ནས་རྙེད་པར་འགྱུར་སྙམ་དུ་སེམས་སོ། །དེ་ནས་ལྷའི་དབང་པོ་བརྒྱ་བྱིན་གྱིས་བྱང་ཆུབ་
སེམས་དཔའ་སེམས་དཔའ་ཆེན་པོ་རྟག་ཏུ་ངུ་ལ་འདི་སྐད་ཅེས་སྨྲས་སོ། །རིགས་ཀྱི་བུ། ལྷའི་མེ་ཏོག་མནྡཱ་ར་བ་
འདི་དག་ཡོངས་(ཡོད་)ལ་ཁྱོད་ཀྱིས་ས་ཕྱོགས་འདི་དག་ཏུ་མེ་ཏོག་བཀྲམ་པ་གྱིས་ཤིག །བྱང་ཆུབ་སེམས་དཔའ་
སེམས་དཔའ་ཆེན་པོ་ཆོས་འཕགས་ཆོས་སྟོན་ཅིང་སེང་གེའི་ཁྲི་ལ་འདུག་པ་ལའང་གཏོར་ཅིག །ཅེས་དེས་དེ་ལ་ལྷའི་
མེ་ཏོག་མནྡཱ་ར་བ་ཁལ་སྟོང་བྱིན་ནོ། །དེ་ནས་བྱང་ཆུབ་སེམས་དཔའ་སེམས་དཔའ་ཆེན་པོ་རྟག་ཏུ་ངུས་མེ་ཏོག་
དེ་དག་བླངས་ཏེ། མེ་ཏོག་ཁ་ཅིག་གིས་ནི། ས་ཕྱོགས་དེར་མེ་ཏོག་བཀྲམ་པ་བྱས་སོ། །མེ་ཏོག་ཁ་ཅིག་གིས་
ནི། བྱང་ཆུབ་སེམས་དཔའ་སེམས་དཔའ་ཆེན་པོ་ཆོས་འཕགས་ལ་གཏོར་ཏོ། །དེ་ནས་བྱང་ཆུབ་སེམས་
དཔའ་སེམས་དཔའ་ཆེན་པོ་ཆོས་འཕགས་ལོ་བདུན་འདས་པ་དང་ཏིང་ངེ་འཛིན་དེ་ལས་ལངས་ཏེ་ཆོས་ཀྱི་སྟན་
གང་ན་ཡོད་པ་དེར་འོངས་ནས་སྟན་བཏིང་བ་ལ་འདུག་སྟེ། འཁོར་བརྒྱ་སྟོང་ཕྲག་དུ་མས་ཡོངས་སུ་བསྐོར་ཅིང་
མདུན་གྱིས་བལྟས་ནས་ཤེས་རབ་ཀྱི་ཕ་རོལ་ཏུ་ཕྱིན་པ་སྟོན་ཏོ། །དེ་ནས་བྱང་ཆུབ་སེམས་དཔའ་སེམས་དཔའ་
ཆེན་པོ་རྟག་ཏུ་ངུས་བྱང་ཆུབ་སེམས་དཔའ་སེམས་དཔའ་ཆེན་པོ་ཆོས་འཕགས་མཐོང་མ་ཐག་ཏུ་འདི་ལྟ་སྟེ།
དཔེར་ན། བསམ་གཏན་དང་པོ་ལ་སྙོམས་པར་ཞུགས་པའི་དགེ་སློང་རྩེ་གཅིག་ཏུ་ཡིད་ལ་བྱེད་པ་བཞིན་དུ་བདེ་
བ་དེ་ལྟ་བུ་ཐོབ་བོ། །དེ་ནས་བྱང་ཆུབ་སེམས་དཔའ་སེམས་དཔའ་ཆེན་པོ་ཆོས་འཕགས་ཤེས་རབ་ཀྱི་ཕ་རོལ་ཏུ་
ཕྱིན་པ་སྟོན་པ་ནི། འདི་ལྟ་སྟེ། ཆོས་ཐམས་ཅད་མཉམ་པ་ཉིད་པས་ཤེས་རབ་ཀྱི་ཕ་རོལ་ཏུ་ཕྱིན་པ་མཉམ་པ་
ཉིད་དོ། །ཆོས་ཐམས་ཅད་དབེན་པ་ཉིད་པས་ཤེས་རབ་ཀྱི་ཕ་རོལ་ཏུ་ཕྱིན་པ་དབེན་པ་ཉིད་དོ། །ཆོས་ཐམས་
ཅད་གཡོ་བ་མེད་པ་ཉིད་པས་ཤེས་རབ་ཀྱི་ཕ་རོལ་ཏུ་ཕྱིན་པ་གཡོ་བ་མེད་པ་ཉིད་དོ། །ཆོས་ཐམས་ཅད་རློམ་
སེམས་མེད་པ་ཉིད་པས་ཤེས་རབ་ཀྱི་ཕ་རོལ་ཏུ་ཕྱིན་པ་རློམ་སེམས་མེད་པ་ཉིད་དོ། །ཆོས་ཐམས་ཅད་ཁེངས་པ་
མེད་པ་ཉིད་པས་ཤེས་རབ་ཀྱི་ཕ་རོལ་ཏུ་ཕྱིན་པ་ཁེངས་པ་མེད་པ་ཉིད་དོ། །ཆོས་ཐམས་ཅད་རོ་གཅིག་པ་ཉིད་
པས་ཤེས་རབ་ཀྱི་ཕ་རོལ་ཏུ་ཕྱིན་པ་རོ་གཅིག་པ་ཉིད་དོ། །ཆོས་ཐམས་ཅད་མུ་མེད་པ་ཉིད་པས་ཤེས་རབ་ཀྱི་ཕ་
རོལ་ཏུ་ཕྱིན་པ་མུ་མེད་པ་ཉིད་དོ། །ཆོས་ཐམས་ཅད་སྐྱེ་བ་མེད་པ་ཉིད་པས་ཤེས་རབ་ཀྱི་ཕ་རོལ་ཏུ་ཕྱིན་པ་སྐྱེ་བ་
མེད་པ་ཉིད་དོ། །ཆོས་ཐམས་ཅད་འགག་པ་མེད་པ་ཉིད་པས་ཤེས་རབ་ཀྱི་ཕ་རོལ་ཏུ་ཕྱིན་པ་འགག་པ་མེད་པ་
ཉིད་དོ། །ནམ་མཁའ་མུ་མེད་པ་ཉིད་པས་ཤེས་རབ་ཀྱི་ཕ་རོལ་ཏུ་ཕྱིན་པ་མུ་མེད་པ་ཉིད་དོ། །རྒྱ་མཚོ་མུ་མེད་

པ་ཉིད་པས་ཤེས་རབ་ཀྱི་ཕ་རོལ་ཏུ་ཕྱིན་པ་མུ་མེད་པ་ཉིད་དོ། །རི་རབ་སྣ་ཚོགས་པ་ཉིད་པས་ཤེས་རབ་ཀྱི་ཕ་
རོལ་ཏུ་ཕྱིན་པ་སྣ་ཚོགས་ཉིད་དོ། །ནམ་མཁའ་རྟོག་པ་མེད་པ་ཉིད་པས་ཤེས་རབ་ཀྱི་ཕ་རོལ་ཏུ་ཕྱིན་པ་རྟོག་པ་
མེད་པ་ཉིད་དོ། །གཟུགས་མུ་མེད་པ་ཉིད་པས་ཤེས་རབ་ཀྱི་ཕ་རོལ་ཏུ་ཕྱིན་པ་མུ་མེད་པ་ཉིད་དོ། །དེ་བཞིན་དུ་
ཚོར་བ་དང་། འདུ་ཤེས་དང་། འདུ་བྱེད་རྣམས་དང་། རྣམ་པར་ཤེས་པ་མུ་མེད་པ་ཉིད་པས་ཤེས་རབ་ཀྱི་
ཕ་རོལ་ཏུ་ཕྱིན་པ་མུ་མེད་པ་ཉིད་དོ། །སའི་ཁམས་མུ་མེད་པ་ཉིད་པས་ཤེས་རབ་ཀྱི་ཕ་རོལ་ཏུ་ཕྱིན་པ་མུ་མེད་པ་
ཉིད་དོ། །ཆུའི་ཁམས་དང་། མེའི་ཁམས་དང་། རླུང་གི་ཁམས་མུ་མེད་པ་ཉིད་པས་ཤེས་ཀྱི་ཕ་རོལ་ཏུ་ཕྱིན་
པ་མུ་མེད་པ་ཉིད་དོ། །ནམ་མཁའི་ཁམས་མུ་མེད་པ་ཉིད་པས་ཤེས་རབ་ཀྱི་ཕ་རོལ་ཏུ་ཕྱིན་པ་མུ་མེད་པ་ཉིད་དོ། །
རྡོ་རྗེ་ལྟ་བུའི་ཆོས་མཉམ་པ་ཉིད་པས་ཤེས་རབ་ཀྱི་ཕ་རོལ་ཏུ་ཕྱིན་པ་མཉམ་པ་ཉིད་དོ། །ཆོས་ཐམས་ཅད་མ་
འདྲེས་པ་ཉིད་པས་ཤེས་རབ་ཀྱི་ཕ་རོལ་ཏུ་ཕྱིན་པ་མ་འདྲེས་པ་ཉིད་དོ། །ཆོས་ཐམས་ཅད་དམིགས་སུ་མེད་པ་
ཉིད་པས་ཤེས་རབ་ཀྱི་ཕ་རོལ་ཏུ་ཕྱིན་པ་དམིགས་སུ་མེད་པ་ཉིད་དོ། །ཆོས་ཐམས་ཅད་རྣམ་པར་འཇིག་པ་མཉམ་
པ་ཉིད་པས་ཤེས་རབ་ཀྱི་ཕ་རོལ་ཏུ་ཕྱིན་པ་རྣམ་པར་འཇིག་པ་མཉམ་པ་ཉིད་དོ། །ཆོས་ཐམས་ཅད་བྱེད་པ་མེད་
པ་ཉིད་པས་ཤེས་རབ་ཀྱི་ཕ་རོལ་ཏུ་ཕྱིན་པ་བྱེད་པ་མེད་པ་ཉིད་དོ། །ཆོས་ཐམས་ཅད་བསམ་གྱིས་མི་ཁྱབ་པ་ཉིད་
པས་ཤེས་རབ་ཀྱི་ཕ་རོལ་ཏུ་ཕྱིན་པ་བསམ་གྱིས་མི་ཁྱབ་པ་ཉིད་དུ་རིག་པར་བྱའོ། །དེ་ནས་བྱང་ཆུབ་སེམས་
དཔའ་སེམས་དཔའ་ཆེན་པོ་རྟག་ཏུ་ངུ་དེ་ལྟར་འདུག་བཞིན་དུ་དེའི་ཚེ་ཆོས་ཐམས་ཅད་མཉམ་པ་ཉིད་ཅེས་བྱ་བའི་
ཏིང་ངེ་འཛིན་སྐྱེས་པར་གྱུར་ཏོ། །ཆོས་ཐམས་ཅད་དབེན་པ་ཞེས་བྱ་བའི་ཏིང་ངེ་འཛིན་དང་། ཆོས་ཐམས་
ཅད་གཡོ་བ་མེད་པ་ཞེས་བྱ་བའི་ཏིང་ངེ་འཛིན་དང་། ཆོས་ཐམས་ཅད་རློམ་སེམས་མེད་པ་ཞེས་བྱ་བའི་ཏིང་ངེ་
འཛིན་དང་། ཆོས་ཐམས་ཅད་ཁེངས་པ་མེད་པ་ཞེས་བྱ་བའི་ཏིང་ངེ་འཛིན་དང་། ཆོས་ཐམས་ཅད་རོ་གཅིག་
པ་ཞེས་བྱ་བའི་ཏིང་ངེ་འཛིན་དང་། ཆོས་ཐམས་ཅད་མུ་མེད་པ་ཞེས་བྱ་བའི་ཏིང་ངེ་འཛིན་དང་། ཆོས་ཐམས་
ཅད་སྐྱེ་བ་མེད་པ་ཞེས་བྱ་བའི་ཏིང་ངེ་འཛིན་དང་། ཆོས་ཐམས་ཅད་འགག་པ་མེད་པ་ཞེས་བྱ་བའི་ཏིང་ངེ་
འཛིན་དང་། ནམ་མཁའ་མུ་མེད་པ་ཞེས་བྱ་བའི་ཏིང་ངེ་འཛིན་དང་། རྒྱ་མཚོ་མུ་མེད་པ་ཞེས་བྱ་བའི་ཏིང་ངེ་
འཛིན་དང་། རི་རབ་སྣ་ཚོགས་ཞེས་བྱ་བའི་ཏིང་ངེ་འཛིན་དང་། ནམ་མཁའ་རྟོག་པ་མེད་པ་ཞེས་བྱ་བའི་
ཏིང་ངེ་འཛིན་དང་། གཟུགས་མུ་མེད་པ་ཞེས་བྱ་བའི་ཏིང་ངེ་འཛིན་དང་། ཚོར་བ་དང་། འདུ་ཤེས་དང་།
འདུ་བྱེད་རྣམས་དང་། རྣམ་པར་ཤེས་པ་མུ་མེད་པ་ཞེས་བྱ་བའི་ཏིང་ངེ་འཛིན་དང་། སའི་ཁམས་མུ་མེད་པ་
ཞེས་བྱ་བའི་ཏིང་ངེ་འཛིན་དང་། ཆུའི་ཁམས་དང་། མེའི་ཁམས་དང་། རླུང་གི་ཁམས་མུ་མེད་པ་ཞེས་བྱ་
བའི་ཏིང་ངེ་འཛིན་དང་། ནམ་མཁའི་ཁམས་མུ་མེད་པ་ཞེས་བྱ་བའི་ཏིང་ངེ་འཛིན་དང་། རྡོ་རྗེ་ལྟ་བུ་ཞེས་བྱ་བའི་
ཏིང་ངེ་འཛིན་དང་། ཆོས་ཐམས་ཅད་མ་འདྲེས་པ་ཞེས་བྱ་བའི་ཏིང་ངེ་འཛིན་དང་། ཆོས་ཐམས་ཅད་ཀྱི་རང་
བཞིན་དམིགས་སུ་མེད་པ་ཞེས་བྱ་བའི་ཏིང་ངེ་འཛིན་དང་། ཆོས་ཐམས་ཅད་རྣམ་པར་འཇིག་པ་མཉམ་པ་ཉིད་
ཅེས་བྱ་བའི་ཏིང་ངེ་འཛིན་དང་། ཆོས་ཐམས་ཅད་བྱེད་པ་མེད་པ་ཞེས་བྱ་བའི་ཏིང་ངེ་འཛིན་དང་། ཆོས་ཐམས་
ཅད་བསམ་གྱིས་མི་ཁྱབ་ཅེས་བྱ་བའི་ཏིང་ངེ་འཛིན་ཐོབ་པར་གྱུར་ཏེ། བྱང་ཆུབ་སེམས་དཔའ་སེམས་དཔའ་ཆེན་
པོ་རྟག་ཏུ་ངུས་དེ་ལ་སོགས་པའི་ཏིང་ངེ་འཛིན་གྱི་སྒོ་འབུམ་ཕྲག་དྲུག་ཅུ་ཐོབ་པར་གྱུར་ཏོ། །ཤེས་རབ་ཀྱི་ཕ་རོལ་ཏུ་

ཕྱིན་པ་སྟོང་ཕྲག་བརྒྱ་པ་ལས། ཆོས་འཕགས་ཀྱི་ལེའུ་ཞེས་བྱ་སྟེ། བདུན་ཅུ་རྩ་བཞི་པའོ།། །།

རབ་འབྱོར། བྱང་ཆུབ་སེམས་དཔའ་སེམས་དཔའ་ཆེན་པོ་རྟག་ཏུ་ངུས་ཏིང་ངེ་འཛིན་གྱི་སྒོ་འབུམ་ཕྲག་དྲུག་ཅུ་ཐོབ་མ་ཐག་ཏུ་ཤར་ཕྱོགས་དང་། ལྷོ་ཕྱོགས་དང་། ནུབ་ཕྱོགས་དང་། བྱང་ཕྱོགས་དང་། ཕྱོགས་མཚམས་དང་། འོག་དང་། སྟེང་གི་ཕྱོགས་དང་། ཕྱོགས་བཅུའི་འཇིག་རྟེན་གྱི་ཁམས་གང་གཱའི་ཀླུང་གི་བྱེ་མ་སྙེད་དག་ན་སངས་རྒྱས་བཅོམ་ལྡན་འདས་གང་གཱའི་ཀླུང་གི་བྱེ་མ་སྙེད་དག་དགེ་སློང་གི་དགེ་འདུན་གྱིས་ཡོངས་སུ་བསྐོར་ཅིང་བྱང་ཆུབ་སེམས་དཔའི་ཚོགས་ཀྱིས་མདུན་གྱིས་བལྟས་ཏེ་ཚུལ་འདི་ལྟ་བུ་ཉིད་དང་། མིང་འདི་ཉིད་དང་། ཡི་གེ་འདི་ཉིད་ཀྱིས་ཤེས་རབ་ཀྱི་ཕ་རོལ་ཏུ་ཕྱིན་པ་འདི་འཆད་པ་མཐོང་ངོ་། །འདི་ལྟ་སྟེ། དཔེར་ན། ད་ལྟར་ང་སྟོང་གསུམ་གྱི་སྟོང་ཆེན་པོའི་འཇིག་རྟེན་གྱི་ཁམས་འདི་ན་ཆོས་སྟོན་པ། དགེ་སློང་གི་དགེ་འདུན་གྱི་(ཀྱིས་)ཡོངས་སུ་བསྐོར་ཅིང་བྱང་ཆུབ་སེམས་དཔའི་ཚོགས་ཀྱིས་མདུན་གྱིས་བལྟས་ཏེ་ཚུལ་འདི་ཉིད་དང་། མིང་འདི་ཉིད་དང་། ཡི་གེ་འདི་ཉིད་ཀྱིས་ཤེས་རབ་ཀྱི་ཕ་རོལ་ཏུ་ཕྱིན་པ་འདི་འཆད་པ་བཞིན་ནོ། །དེ་མང་དུ་ཐོས་པ་བསམ་གྱིས་མི་ཁྱབ་པ་དང་། ཐོས་པ་རྒྱ་མཚོ་ལྟ་བུ་དང་ལྡན་པར་གྱུར་ཏེ། གར་སྐྱེས་པ་ཐམས་ཅད་དུའང་སངས་རྒྱས་དང་མི་འབྲལ་བར་འགྱུར་ཏེ། སྐྱེ་བ་ཐམས་ཅད་དུའང་གང་དང་གང་དུ་སངས་རྒྱས་བཅོམ་ལྡན་འདས་རྣམས་མངོན་སུམ་དུ་འགྱུར་བ་དེ་དང་དེ་དག་ཏུ་སྐྱེ་སྟེ། ཐ་ན་རྨི་ལམ་ནའང་སངས་རྒྱས་བཅོམ་ལྡན་འདས་དག་དང་མི་འབྲལ་བར་གྱུར་ཏོ། །དེས་མི་ཁོམ་པ་ཐམས་ཅད་ནི། སྤངས། དལ་བ་ཕུན་སུམ་ཚོགས་པ་ནི། བསྒྲུབས་སོ། །རབ་འབྱོར། རྣམ་གྲངས་འདིས་ཀྱང་ཤེས་རབ་ཀྱི་ཕ་རོལ་ཏུ་ཕྱིན་པ་འདི་བྱང་ཆུབ་སེམས་དཔའ་སེམས་དཔའ་ཆེན་པོ་རྣམས་ཀྱི་ཐམས་ཅད་མཁྱེན་པའི་ཡེ་ཤེས་སྒྲུབ་(བསྒྲུབས་)པ་ཡིན་པར་རིག་པར་བྱའོ། །རབ་འབྱོར། དེ་ལྟ་བས་ན། བྱང་ཆུབ་སེམས་དཔའ་སེམས་དཔའ་ཆེན་པོ་ཐམས་ཅད་མཁྱེན་པའི་ཡེ་ཤེས་ཐོབ་པར་འདོད་པ་དག་གིས་ཤེས་རབ་ཀྱི་ཕ་རོལ་ཏུ་ཕྱིན་པ་འདི་ལ་སྤྱད་པར་བྱའོ། །དེ་ནས་བཅོམ་ལྡན་འདས་ཀྱིས་ཚེ་དང་ལྡན་པ་ཀུན་དགའ་བོ་ལ་བཀའ་སྩལ་པ། ཀུན་དགའ་བོ། བྱང་ཆུབ་སེམས་དཔའ་རྣམས་ཡང་དག་པར་ཡོངས་སུ་གཟུང་བའི་ཕྱིར་ཤེས་རབ་ཀྱི་ཕ་རོལ་ཏུ་ཕྱིན་པ་འདི་ཟུངས་ཤིག་(ཟུང་ཞིག) །ཆོངས་ཤིག །ཀློགས་ཤིག །ཀུན་ཆུབ་པར་གྱིས་ཤིག །གཞན་དག་ལའང་རྒྱ་ཆེར་རབ་ཏུ་སྟོན་ཅིག །ཀུན་དགའ་བོ། ཤེས་རབ་ཀྱི་ཕ་རོལ་ཏུ་ཕྱིན་པ་འདི་བྱང་ཆུབ་སེམས་དཔའ་སེམས་དཔའ་ཆེན་པོ་དག་གིས་མཉན་པར་བྱ། གཟུང་བར་བྱ། བཅང་བར་བྱ། བཀླག་(ཀློག་)པར་བྱ། ཀུན་ཆུབ་པར་བྱ། གདོན་པར་བྱ། ལུང་ནོད་པར་བྱ། བསྟན་པར་བྱ། ཁ་ཏོན་དུ་བྱ། དེ་བཞིན་གཤེགས་པའི་བྱིན་གྱི་རླབས་(བརླབས་)ཀྱིས་གླེགས་བམ་ཆེན་པོ་ལ་ཡི་གེ་གསལ་ཞིང་རབ་ཏུ་གསལ་བ་ལེགས་པར་བྲིས་ཏེ་མེ་ཏོག་དང་། བདུག་པ་དང་། སྤོས་དང་། བྱུག་པ་དང་། ཕྱེ་མ་དང་། གོས་དང་། གདུགས་དང་། རྒྱལ་མཚན་དང་། བ་དན་དང་། ཁོར་ཡུག་ཏུ་མར་མེའི་ཕྲེང་བ་དང་། མཆོད་པ་རྣམ་པ་མང་པོ་དག་གིས་བཀུར་སྟིར་བྱ། བླ་མར་བྱ། རི་མོར་བྱ། མཆོད་པར་བྱ། བརྗེད་པར་བྱ། གསོལ་བར་བྱ་སྟེ། ཀུན་དགའ་བོ། འདི་ནི། ངའི་གདམས་ངག་གོ། །དེ་ཅིའི་ཕྱིར་ཞེ་ན། (+ཤེས་རབ་ཀྱི་ཕ་རོལ་ཏུ་ཕྱིན་པ་འདི་ལས་ཐམས་ཅད་མཁྱེན་པའི་ཡེ་ཤེས་ཡོངས་སུ་རྫོགས་པར་འགྱུར་རོ། །)ཀུན་དགའ་བོ། འདི་ཇི་སྙམ་དུ་སེམས། དེ་བཞིན་གཤེགས་པ་ཁྱོད་ཀྱི་སྟོན་པ་ཡིན་ནམ།

ཀུན་དགའ་བོས་གསོལ་པ། བཅོམ་ལྡན་འདས་བདག་གི་སྟོན་པ་ལགས་སོ། །བདེ་བར་གཤེགས་པ་བདག་གི་སྟོན་པ་ལགས་སོ། །དེ་སྐད་ཅེས་གསོལ་པ་དང་། བཅོམ་ལྡན་འདས་ཀྱིས་ཚེ་དང་ལྡན་པ་ཀུན་དགའ་བོ་ལ་འདི་སྐད་ཅེས་བཀའ་སྩལ་ཏོ། །ཀུན་དགའ་བོ། ཁྱོད་ཀྱི་སྟོན་པ་དེ་བཞིན་གཤེགས་པ་ལ་ཀུན་དགའ་བོ་ཁྱོད་ཀྱིས་ལུས་ཀྱི་ལས་བྱམས་པ་ཡིད་དུ་འོང་བ་དང་། ངག་གི་ལས་བྱམས་པ་ཡིད་དུ་འོང་བ་དང་། ཡིད་ཀྱི་ལས་བྱམས་པ་ཡིད་དུ་འོང་བས་རིམ་གྲོ་བྱས་སོ། །ཀུན་དགའ་བོ། དེ་ལྟ་བས་ན། ད་ལྟར་ང་བཞུགས་ཏེ་འཚོ་ཞིང་གཞེས་པའི་སྐུ་འདི་ལ་ཁྱོད་ཀྱིས་ཕངས་པ་དང་། དད་པ་དང་། གུས་པར་བྱས་པ་དེ་བཞིན་དུ་ང་འདས་ནས་ཤེས་རབ་ཀྱི་ཕ་རོལ་ཏུ་ཕྱིན་པ་འདི་ལའང་གྱིས་ཤིག །ཀུན་དགའ་བོ། ཅི་ནས་ཤེས་རབ་ཀྱི་ཕ་རོལ་ཏུ་ཕྱིན་པ་འདི་ནུབ་པར་མི་འགྱུར་ཞིང་། ཅི་ནས་ཁྱོད་སྐྱེས་བུ་ཐ་མར་མི་འགྱུར་བར་ཁྱོད་ལ་ལན་གཉིས་ལན་གསུམ་དུ་ཡོངས་སུ་གཏད་དོ། །རྗེས་སུ་ཡོངས་སུ་གཏད་དོ། །ཀུན་དགའ་བོ། ཤེས་རབ་ཀྱི་ཕ་རོལ་ཏུ་ཕྱིན་པ་འདི་འཇིག་རྟེན་ན་ཇི་སྲིད་དུ་སྤྱོད་པ་དེ་སྲིད་དུ་དེ་བཞིན་གཤེགས་པ་བཞུགས་པར་རིག་པར་བྱའོ། །ཀུན་དགའ་བོ། དེ་སྲིད་དུ་དེ་བཞིན་གཤེགས་པ་ཆོས་སྟོན་པར་རིག་པར་བྱའོ། །ཀུན་དགའ་བོ། གང་ཤེས་རབ་ཀྱི་ཕ་རོལ་ཏུ་ཕྱིན་པ་འདི་ཉན་པ་དང་། འཛིན་པ་དང་། འཆང་བ་དང་། ཀློག་པ་དང་། ཀུན་ཆུབ་པར་བྱེད་པ་དང་། རབ་ཏུ་འདོན་པ་དང་། ལུང་ནོད་པ་དང་། སྟོན་པ་དང་། ཁ་ཏོན་བྱེད་པ་དང་། ཡི་གེར་འབྲི་བ་དང་། མེ་ཏོག་དང་། བདུག་པ་དང་། སྤོས་དང་། མེ་ཏོག་ཕྲེང་དང་། བྱུག་པ་དང་། ཕྱེ་མ་དང་། གོས་དང་། གདུགས་དང་། རྒྱལ་མཚན་དང་། བ་དན་དག་དང་། ཁོར་ཡུག་ཏུ་མར་མེའི་ཕྲེང་བ་དང་། མཆོད་པ་རྣམ་པ་མང་པོ་དག་གིས་བཀུར་སྟི་བྱེད། བླ་མར་བྱེད། རི་མོར་བྱེད། མཆོད་པར་བྱེད། རྗེད་པར་བྱེད། གསོལ་བར་བྱེད་པའི་སེམས་ཅན་དེ་དག་ནི། སངས་རྒྱས་མཐོང་བ་དང་མ་བྲལ་བ་དང་། དམ་པའི་ཆོས་ཉན་པ་དང་མ་བྲལ་བ་དང་། དགེ་འདུན་ལ་རིམ་གྲོ་བྱེད་པ་དང་མ་བྲལ་བར་རིག་པར་བྱའོ། །ཀུན་དགའ་བོ། སེམས་ཅན་དེ་དག་ནི། དེ་བཞིན་གཤེགས་པའི་དྲུང་ན་སྤྱོད་པར་རིག་པར་བྱའོ། །བཅོམ་ལྡན་འདས་ཀྱིས་དེ་སྐད་ཅེས་བཀའ་སྩལ་ནས་བྱང་ཆུབ་སེམས་དཔའ་སེམས་དཔའ་ཆེན་པོ་བྱམས་པ་ལ་སོགས་པ་དང་། ཚེ་དང་ལྡན་པ་རབ་འབྱོར་དང་། ཚེ་དང་ལྡན་པ་ཤཱ་རིའི་བུ་དང་། ཚེ་དང་ལྡན་པ་ཀུན་དགའ་བོ་དང་། ལྷ་དང་། མི་དང་། ལྷ་མ་ཡིན་དང་། དྲི་ཟར་བཅས་པའི་འཇིག་རྟེན་ཡིད་(ཡི་)རངས་ཏེ་བཅོམ་ལྡན་འདས་ཀྱིས་གསུངས་པ་ལ་མངོན་པར་བསྟོད་དོ། །ཤེས་རབ་ཀྱི་ཕ་རོལ་ཏུ་ཕྱིན་པ་སྟོང་ཕྲག་བརྒྱ་པ་ལས། ཡོངས་སུ་གཏད་པའི་ལེའུ་ཞེས་བྱ་སྟེ། བདུན་ཅུ་རྩ་ལྔ་པའོ།། ||

རྒྱ་གར་གྱི་མཁན་པོ་ཛི་ན་མི་ཏྲ་དང་། སུ་རེནྡྲ་བོ་དྷི་དང་། ཞུ་ཆེན་གྱི་ལོ་ཙྪ་བ་བནྡེ་ཡེ་ཤེས་སྡེ་ལ་སོགས་པས་བསྒྱུར་ཅིང་ཞུས་ཏེ་གཏན་ལ་ཕབ་པའོ། །(+ཞུས་དག)

(གོང་གི་འདི་རྣམས་«སྣར་»«ཞོལ་»གཉིས་ལ་ལྷག་ཅིང་། དེ་ཡང་«ཞོལ་»ལ་གཞི་བཟུང་སྟེ་«སྣར་»གྱི་མི་འདྲ་བ་དང་ཆད་ལྷག་ཤོར་བ་རྣམས་གུག་རྟགས་ཀྱིས་མཚོན་པར་བྱས་ཡོད།)

བསྡུར་འབྲས་རེའུ་མིག

ཤེར་ཕྱིན།

དཔེ་གཞི།	སྡེ་ཚན།	པོད་རྟགས།	ཚན་གྲངས།	ལེའུ།	བམ་པོ།	ལྡེབ།	ཕྲེང་།	ཚིག་ཁྲིམ།
སྡེ་དགེ།	འབུམ།	ཨ	༡	༦༢ — ༧༢	༡ — ༢༥	༡ན༡ — ༣༨༥ན༧	༥༥༡༣	༢༧༠༢༨༧
གཡུང་ལོ།	འབུམ།	པ	༡	༦༢ — ༧༢	༢༧༦ — ༣༠༠	༣༠༠ན༦ — ༣༥༦ན༧	༤༨༤	༢༦༨༤༧༦
		ཕ				༡ན༡ — ༣༢༠ན༧	༥༡༠༣	
ལི་ཐང་།	འབུམ།	བ	༡	༦༢ — ༧༢	༡༣ — ༡༤	༢༡༤ན༩ — ༣༠༤ན༧	༡༩༩༩	༢༧༨༠༩༥
		ཨ			༡ — ༡༨	༡ན༡ — ༣༡༡ན༣	༩༨༥༥	
པེ་ཅིན།	ཡུམ།	ཨི	༡	༦༢ — ༧༢	༢༧༦ — ༣༠༠	༣༠༠ན༧ — ༣༥༦ན༧	༤༨༧	༢༧༠༡༩༡
		ཨྀ				༡ན༡ — ༣༢༠ན༧	༥༡༠༣	
སྣར་ཐང་།	འབུམ།	ང	༡	༦༢ — ༧༥	༢༧༦ — ༣༠༠	༩༨༣བ༧ — ༥༣༡ན༦	༥༢༥	༢༧༠༤༨༥
		ན				༡ན༡ — ༩༤༩ན༥	༦༧༥༣	
ཅོ་ནེ།	འབུམ།	བ	༡	༦༣ — ༧༢	༢༧༦ — ༣༠༠	༢༡༣ན༡ — ༣༢༤ན༧	༡༤༩༧	༢༥༨༤༩༢
		མ				༡ན༡ — ༥༣༦ན༥	༤༥༥༢	
ཁྲ་རེ།	འབུམ།	ཨ	༡	༦༢ — ༧༢	༡ — ༢༥	༡ན༡ — ༣༨༥ན༦	༥༥༡༣	༢༧༠༢༤༨
ཞོལ།	འབུམ།	ང	༡	༦༢ — ༧༥	༢༧༧ — ༣༠༡	༥༠༡ན༡ — ༥༩༠ན༣	༥༩༨	༢༧༠༨༤༦
		ན				༡ན༡ — ༩༧༡བ༧	༦༥༤༢	

༄། །སངས་རྒྱས་ཀུན་གྱི་ཡེ་ཤེས་ཐུགས། །མངོན་མཚན་བྱང་ཆུབ་མཆོད་པའི་རྟེན། །

༄། །བཀའ་འགྱུར་ལས་འདུམ། ཉི་ཁྲི།
བརྒྱད་སྟོང་བཞུགས་སོ། །

འདུམ། ཨེ

ཀྲུང་གོའི་བོད་རིག་པ་ཞིབ་འཇུག་ལྟེ་གནས་ཀྱི་བཀའ་བསྟན་
དཔེ་སྡུར་ཁང་གིས་དཔེ་སྡུར་ཞུས།

*

ཀྲུང་གོའི་བོད་རིག་པ་དཔེ་སྐྲུན་ཁང་གིས་བསྐྲུན་ཏེ་བགྲམས།
ཀྲུང་གོའི་གློག་བརྙན་དཔེ་སྐྲུན་ཁང་པར་ཁང་གིས་དཔར་བཏབ།
སྤྱི་ལོ་༢༠༡༢ལོའི་ཟླ་༨པར་པར་གཞི་དང་པོ་བསྒྲིགས།
སྤྱི་ལོ་༢༠༡༢ལོའི་ཟླ་༨པར་པར་ཐེངས་དང་པོ་བཏབ།
དེབ་ཚད། ༡༧༨mm × ༡༠༩༢mm ༡/༡༦
དཔར་གྲངས། ༠༠༠༡—༡༠༠༠
ISBN 978 - 7—80253—528 - 2/B · 146
རིན་སྒོར(དེབ་༡–༡༦ཡ)། ༣༩༠༠.༠༠